Thailand

China Williams

Mark Beales, Tim Bewer, Catherine Bodry,
Austin Bush, Brandon Presser

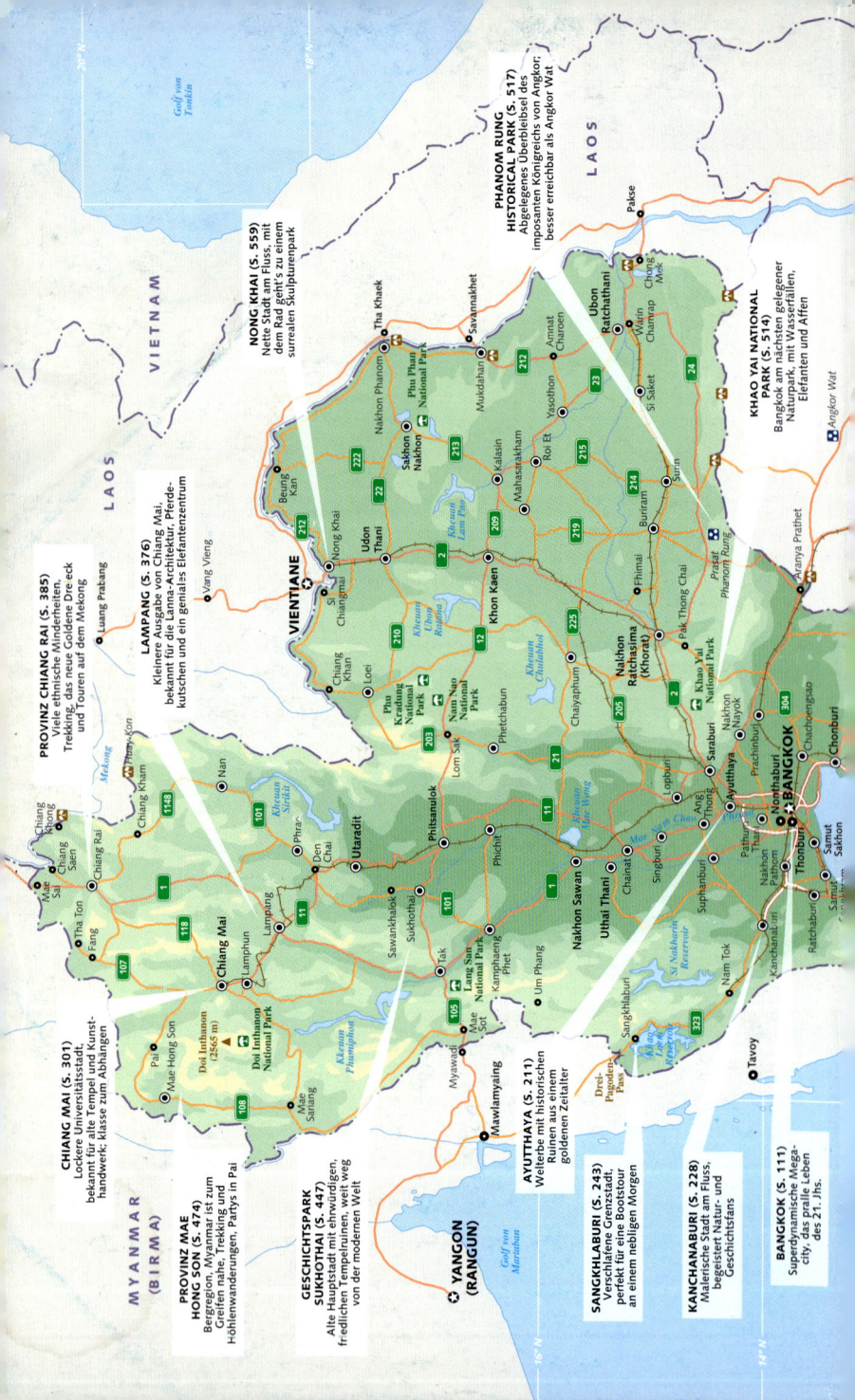

Highlights

Auf den folgenden Seiten berichten Traveller, Mitarbeiter und Autoren von Lonely Planet von ihren tollsten Erlebnissen in Thailand. Sind Sie mit unserer Auswahl einverstanden, oder haben wir ein paar Favoriten vergessen? Auf www.lonelyplanet.com/thailand ist Platz für Ihre ganz persönlichen Glanzpunkte.

MICHAEL COYNE

1 CHIANG MAI

Da ich noch nie auf einem Motorrad gesessen hatte, war es vielleicht nicht gerade die cleverste Idee, einen Motorroller zu mieten und damit auf den Berg, der über Chiang Mai thront, bis zum buddhistischen Tempel Wat Phra That Doi Suthep (S. 324) zu fahren. Nichtsdestotrotz hatte es einen gewissen Reiz, auf der vielspurigen Buckelpiste, die sich Straße nannte, mitten in einem Chaos von Túk-Túks, Motorrollern und Autos um sein Leben zu fürchten. Aber all diese Strapazen waren vergessen, als ich schließlich mein Ziel erreichte: den antiken Tempel mit dem atemberaubenden Blick über die Stadt.

Robyn Loughnane, Australien

VIVIANE

2 ELEPHANT NATURE PARK, CHIANG MAI

In diesem Schutzgebiet (S. 327) bei Chiang Mai kann man Elefanten füttern, sie baden und mit ihnen spazieren gehen. Mal ganz abgesehen von den unvergleichlichen Erlebnissen und Fotomotiven, die man dabei mitnimmt, hilft der Einrichtung jede Unterstützung – ob von Besuchern oder von freiwilligen Helfern. Hier leben misshandelte und ausgemusterte Tiere, die von der Tourismusindustrie missbraucht wurden, oder von der Abholzung bedrohte Dickhäuter. Man wird die Erfahrungen, die man hier sammelt, aber auch die sanften, geschundenen Kreaturen, nie mehr vergessen.

Debra Herrmann, Australien

AUSTIN

3 ANG THONG MARINE NATIONAL PARK

Als Australierin unterwegs in Übersee war ich von den vielgepriesenen Stränden nicht gerade begeistert – mit Ausnahme des Ang Thong Marine National Park (S. 684). Dieser kommt dem Bild eines tropischen Paradieses, das wohl jeder in seinem Kopf hat, sehr nahe: weicher, weißer Sand, türkisfarbenes Wasser, üppige Palmen, alles unberührt und rein. Nicht einmal die Tatsache, dass ich seekrank wurde, konnte mir die Freude an diesem traumhaften Strandabschnitt verderben.

Emma Chapple, Australien

MAE HONG SON

Die meisten Besucher zieht es nach einem Aufenthalt in Chiang Mai oder Chiang Rai in den Süden des Landes, aber wer zwischen November und Januar hier ist, sollte auf keinen Fall Mai Hong Son (S. 474) verpassen. Die sich in den Wolken verlierende Provinz liegt hoch oben auf den Hügeln nördlich von Chiang Mai und wirkt wie ein wahr gewordener Traum.

oranutt (Username)

JOE CUMMINGS

4

ĐÔM YAM

Meine persönliche Mission in Bangkok galt der Suche nach dem besten *đôm yam* (S. 94). Und ich forschte unermüdlich danach, versuchte bis zu drei Portionen des köstlichen Gerichts an einem Tag! Gewonnen hat letztlich die Empfehlung eines Tuk-Tuk-Fahrers: der von einer Familie geführte Imbiss gegenüber dem Hualamphong-Bahnhof. Träume aus Kaffernlimette, Zitronengras, Tamarinden, Pilze, Frühlingszwiebeln, Galgant, Ingwer und Chinakohl … einfach lecker!

Martine Power, Australien

5

JULIET COC

ANDREW LUBRAN

6

DIE ANDERE SEITE DES (VOLL-)MONDES

Ko Tao mag besonders bei Tauchern als geheimer Schatz der Inseln Thailands gelten, aber die ruhigere Seite von Ko Pha-Ngan (S. 653) ist genauso sehenswert. Wer ohne Leuchtstäbe unterwegs ist und Pilze am liebsten im Omelett mag, ist in einer Hängematte an der ruhigeren Ostküste der Insel mit Blick auf den Strand genau richtig, und Vollmondanbeter finden einsame Strände für ihre Passion.

Chris Girdler, Australien

CHRIS ME

7

CHIANG RAI

Zweifellos eines der Highlights meines Thailand-Trips war es, in Chiang Rai (S. 385) ein Fahrrad zu mieten und damit den Mekong entlangzuradeln, vorbei an kleinen Dörfern, grünen Feldern und Hügeln mit zerfallenen und überwucherten Tempeln.

Christina Tunnah, USA

DALLAS STR

8 KO PHI-PHI

Ko Phi-Phi (S. 761) ist genau das, was man sich unter einem Thai-Paradies vorstellt. Beim Blick in Richtung Phi Phi Leh (dem Drehort von *Der Strand*) bilden der Sonnenuntergang über der Insel und die Fischerboote im Wasser das perfekte Fotomotiv. In den kleinen Gassen voller Restaurants, Läden und einigen Bars gibt's jede Menge Unterhaltung und freundliche Leute.

Karen Burrows, Neuseeland

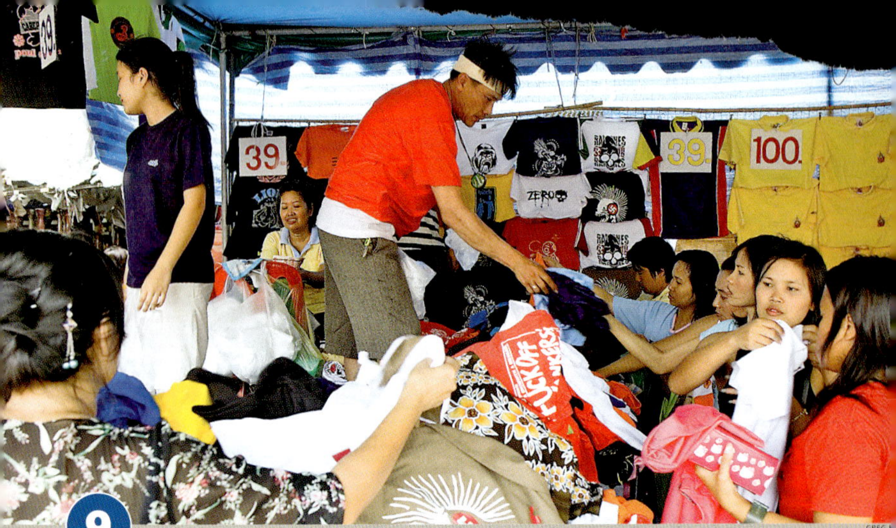

GREG E

9 BANGKOK

Märkte gibt's überall auf der Welt, aber das Maß aller Dinge hat Bangkok: den Chatuchak-Markt am Wochenende (S. 194). Hier findet man endlich die Sachen, von denen man gar nicht wusste, dass man sie so dringend will oder braucht – und zwar in jeder nur erdenklichen Größe und Farbe.

Mark Broadhead, Australien

CRAIG PERSH

10 KO LANTA

Ko Lanta ist das Ziel vieler Taucher, die sich zwischen den berühmten Felsformationen Hin Daeng und Hin Muang (S. 770) tummeln, um hier eine außergewöhnliche Fülle von Meereslebewesen zu erleben. Nicht-Taucher können sich ein Motorrad schnappen und die gesamte Küste von Ko Lanta abfahren; unterwegs schaut man bei den einheimischen Urak Lawoi vorbei und trudelt dann abends in Saladen ein, wo man vor dem wohlverdienten Schlaf noch einen Teller mit würzigem gegrilltem Fisch verspeist.

Kristian Daely, Australien

DER STRAND VON RAILAY

Railay (S. 757) liegt zwischen Krabi und Ao Nang und ist ein Paradies für Bergsteiger. Ich selbst bin zwar keiner, aber die Kalksteinklippen, der dichte Dschungel und die schönen Strände haben mich dennoch in ihren Bann gezogen. Chillen auf einem riesigen Kissen, köstlicher würziger Fisch, ein Bier und zur Unterhaltung eifrige Bergsteiger, die enorme Höhen erklettern – that's life!

Jessica Racklyeft, Australien

ANDREW BAIN

NOBORU F

12 SUKHOTHAI

Diese Ruinen waren einst eine große, antike Stadt, die vom dichten südostasiatischen Urwald zurückerobert, irgendwann wiederentdeckt und nun in einen historischen Park verwandelt wurden. Klingt nach Angkor Wat, ist aber tatsächlich Sukhothai (S. 446), die ummauerte ehemalige Hauptstadt des gleichnamigen Königreichs. Vielleicht ist es weniger grandios als Angkor Wat, aber dafür bietet Sukhothai fast 200 Ruinen voll religiöser Kunst, Skulpturen und Schnitzereien auf über 70 km² Urwald. Und Bescheidenheit hat auch Vorteile: Während Angkor Wat fast 365 Tage im Jahr von Touristen heimgesucht wird, ist Sukhothai noch immer nur ein winziger Punkt auf den Karten Südostasiens, und an manchen Tagen hat man die Geister der Vergangenheit hier ganz für sich.

Joshua Samuel Brown, USA

ANTON

13 DIE ERAWAN FALLS

Im Erawan National Park (S. 237) nahe Kanchanaburi erwarten einen eine etwa einstündige Wanderung vorbei an zahllosen herrlichen Kalksteinbecken und Wasserfällen, Affen, die von den Bäumen ins Wasser springen (und wenn sich Menschen nähern schnell wieder heraus, weil sie auf Erdnüsse spekulieren), sowie ein riesiger Karpfen, der in den milchig-blauen Becken unterhalb der Fälle seine Runden zieht und bevorzugt die Zehen badender Touristen anknabbert.

Bruce Evans, Australien

Inhalt

Regionalkarten

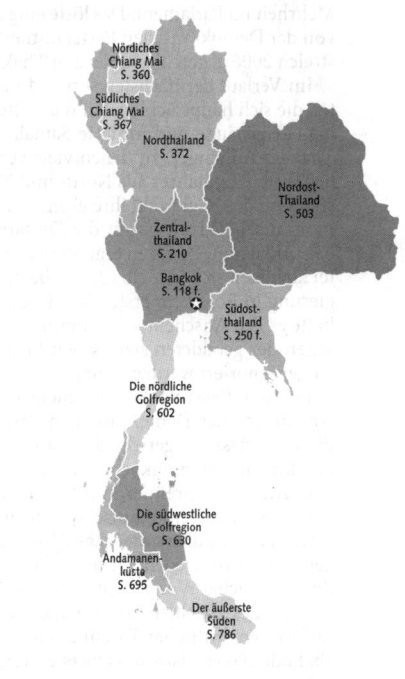

Nördiches
Chiang Mai
S. 360

Südliches
Chiang Mai
S. 367

Nordthailand
S. 372

Nordost-
Thailand
S. 503

Zentral-
thailand
S. 210

Bangkok
S. 118 f.

Südost-
thailand
S. 250 f.

Die nördliche
Golfregion
S. 602

Die südwestliche
Golfregion
S. 630

Andamanen-
küste
S. 695

Der äußerste
Süden
S. 786

Reiseziel Thailand

Eigentlich sind Elefanten auf Bangkoks Straßen ja nicht erlaubt, aber wenn man zur richtigen Jahreszeit (wenn die Reisbauern ihre Ernte eingefahren haben) hier ist, kommt man gar nicht umhin, den riesigen Tieren über den Weg zu laufen. Sie trotten neben ihren Besitzern durch die überfüllten Gassen und werden von allen ignoriert – außer von ausländischen Travellern. Für die meisten Besucher ist es unbegreiflich, dass solche Kolosse einfach nicht zur Kenntnis genommen werden. Doch das ist Thailand – ein Land, in dem die Menschen Experten darin geworden sind, die, metaphorisch gesagt, Elefanten in ihrer Gesellschaft schlichtweg zu ignorieren.

Seit der Abschaffung der absoluten Monarchie im Jahre 1932 ist Thailand politisch immer relativ unstabil gewesen. Die letzten Unruhen begannen 2006 mit dem Staatsstreich (dem 18. in 70 Jahren), der Premierminister Thaksin Shinawatra aus seinem Amt ins Exil fegte. Es folgte eine Militärherrschaft. Anderswo würde so etwas die Menschen vielleicht zum Protest auf die Straßen treiben, aber in Bangkok sorgte dieser Putsch noch nicht einmal für Verkehrsstaus: Je nach politischer Einstellung akzeptierten die Thais den Wechsel mit zurückhaltender Freude oder stiller Resignation.

Die folgenden 15 Monate des Übergangsregimes waren von Stillstand geprägt und von so unerfreulichen Dingen wie Einschränkungen der Pressefreiheit und einem beträchtlichen Rückgang des Wirtschaftswachstums. Trotzdem blieben Proteste der Bevölkerung weitgehend – eigentlich fast gänzlich – aus. Bei den endlich Ende 2007 abgehaltenen Wahlen gewann die PPP von Samak Sundaravej, einem treuen Gefolgsmann von Thaksin, die Mehrheit im Parlament. Das löste eine Reihe von Demonstrationen aus, die von der Demokratischen Partei initiiert wurden, die schon vor dem Staatsstreich 2006 gegen die Regierung Thaksin demonstriert hatte.

Im Verlauf der nächsten sechs Monate besetzte die Demokratische Partei, die sich hauptsächlich auf die Mittelschicht in Bangkok stützt, das Parlamentsgebäude und forderte Samaks Rücktritt. Infolgedessen gründeten Thaksin-Anhänger, zu denen viele vergleichsweise arme Bauern, Landarbeiter und Taxifahrer aus Nord- und Nordostthailand gehören, zur Unterstützung der Regierung ihre eigene Allianz, die sogenannte Vereinigte Demokratische Front gegen die Diktatur (UDD). Selbst gemäßigte Thais begannen nun, Partei zu ergreifen: Die Anhänger der Demokratischen Partei kleideten sich in Gelb (die Farbe der Monarchie), die Anhänger der Regierung in Rot. Zum ersten Mal in der neueren thailändischen Geschichte hatte es den Anschein, dass zumindest ein „Elefant" – der tiefe Graben zwischen der gebildeten städtischen Elite und den Armen vom Land – nicht länger ignoriert werden konnte.

Im Juni 2008, als das Parlamentsgebäude schon mehrere Wochen von Anhängern der Demokratischen Partei besetzt war, erklärte das thailändische Verfassungsgericht, dass Samak, der nebenbei noch als bezahlter Moderator einer Fernsehkochshow auftrat, damit eine Tätigkeit ausübe, die mit dem Amt eines Premierministers unvereinbar sei, und deshalb zurücktreten müsse. Die Demokratische Partei hatte einen Staatsstreich gefordert; insofern kam ihr die richterliche Absetzung des amtierenden Premiers entgegen. Die Unzufriedenheit hielt aber an, denn Samak wurde ausgerechnet durch Somchai Wongsawat, Thaksins Schwager, als Premier ersetzt.

Unterdessen lebten Thaksin und seine Frau Potjaman die meiste Zeit weiter in ihrem britischen Exil und statteten Thailand nur sporadische Besuche ab. Ende 2008 erklärte das Oberste Gericht Thaksin der Korruption für schul-

dig und verurteilte ihn zu zwei Jahren Haft. Seine Frau Potjaman wurde später zu drei Jahren Haft wegen Steuerbetrugs verurteilt. Großbritannien entzog ihnen daraufhin das britische Einreisevisum. Seither hält sich das Paar von Großbritannien und natürlich auch von Thailand fern.

Im Oktober und November 2008 nahmen die Zusammenstöße zwischen Anhängern der Demokratischen Partei, der Polizei und Anhängern der Regierung zu. Zwei Mitglieder der Demokratischen Partei kamen zu Tode. Gerüchte über einen neuen Militärputsch machten die Runde, und weitere blutige Zusammenstöße wurden befürchtet. Die Ereignisse fanden ihren Höhepunkt Ende November, als mehrere Tausend Demonstranten der Demokratischen Partei beide Flughäfen Bangkoks besetzten und damit den Tourismus für mehr als eine Woche vollständig lahmlegten. Erst als das Verfassungsgericht die Auflösung der Regierungspartei verfügte, räumten die Demonstranten schließlich die Flughäfen.

Nach zähem politischen Ringen wurde im Dezember eine wackelige neue Koalition gebildet, an deren Spitze als fünfter Premierminister des Jahres 2008 der in Oxford ausgebildete Führer der Demokratischen Partei, Abhisit Vejjajiva, steht. Nach Abhisits Ernennung blieb es zunächst relativ ruhig, doch die gewalttätigen Demonstrationen rot gekleideter Thaksin-Anhänger in Bangkok und Pattaya, zu denen es Anfang 2009 kam, beweisen, dass der frühere Premierminister auch aus dem Exil heraus noch immer die einflussreichste und umstrittenste Figur auf dem politischen Parkett Thailands ist.

Aber der vielleicht größte aller „Elefanten", über den niemand in Thailand spricht, ist die Tatsache, dass das Land in nicht so ferner Zukunft ohne seinen derzeitigen Monarchen auskommen muss. Thailands König Bhumibol Adulyadej ist das dienstälteste Staatsoberhaupt der Welt und wird von der großen Mehrheit der Thais nun schon mehr als 60 Jahre lang geradezu vergöttert. Der König ist inzwischen über 80 Jahre alt, und mit seiner Gesundheit geht's bergab. Es bleibt abzuwarten, wie die Thais ohne ihren König, der für die meisten Einwohner ihr ganzes Leben lang eine Selbstverständlichkeit war, zurechtkommen werden. Sicherlich werden die meisten Thais trauern, wenn er stirbt; in der Innenpolitik wird der vergleichsweise stabilisierende Einfluss des Königs fehlen, und das brisante Thema der Erbfolge dürfte große Auswirkungen auf Thailands nähere Zukunft haben.

Doch trotz der scheinbar endlosen Krisen ist Thailand weiterhin auf dem Weg, eine moderne, wohlhabende Gesellschaft zu werden. Bangkoks Infrastruktur wird ausgebaut: Es gibt ehrgeizige Pläne, das Metro- und Skytrain-Netz auszubauen; der lang erwartete Airport Link soll 2009 seinen Betrieb aufnehmen. Alle Ortschaften, die am Zweiten Weihnachtsfeiertag 2004 vom Tsunami verwüstet wurden, sind inzwischen wieder aufgebaut. Das Straßennetz in die entfernten Teile des Landes wird immer besser, und dank der vielen billigen Inlandsflüge kommt man auch leicht in entlegene Winkel.

Trotz aller politischen Krisen bleibt Thailand das wohl vielfältigste und lohnendste Reiseziel in Südostasien. Dank den freundlichen und toleranten Menschen und einer soliden Infrastruktur braucht man keine große Reiseerfahrung, um sich hier wohlzufühlen. Aber die vielen unterschiedlichen Ziele und Aktivitäten – von tropischen Stränden bis hin zu Kochkursen – sprechen auch weitgereiste Globetrotter an.

Die Fähigkeit der Thais, die „Elefanten" einfach zu ignorieren, war während des langen und oft steinigen thailändischen Demokratie-Experiments ein konstanter Faktor. Solange es dem Land nicht gelingt, Probleme wie die Klassenspaltung, den polarisierenden Einfluss Thaksin Shinawatras und die Erbfrage im Königspalast zur Kenntnis zu nehmen und anzugehen, solange wird Thailands Zukunft auch weiterhin von politischer Instabilität geprägt bleiben.

KURZINFOS

Fläche: 514 000 km^2

Nachbarländer: Kambodscha, Laos, Malaysia, Myanmar

Bevölkerung: 65 493 296

Inflationsrate: 2,2 %

BIP pro Kopf: 8000 US$

Religion: 95 % Buddhisten

Alphabetisierungsrate: 92,6 %

Ursprünglicher Name: Siam

Anzahl der Staatsstreiche seit 1932: 18

Zahl der 7-Eleven-Supermärkte: derzeit 3912

Höchster Punkt: Doi Inthanon (2565 m)

Reiseexporte: 2008 verschiffte Thailand als weltweit größter Reisexporteur 10,02 Mio. t

Bevor es losgeht

Die meisten Traveller empfinden eine Reise durch Thailand als relativ einfach und günstig. Doch natürlich ist ein wenig Vorbereitung ein großer Schritt zu einer problemlosen Reise, die Spaß macht.

REISEZEIT

Die beste Reisezeit für den größten Teil Thailands ist zwischen November und Februar, weil es da am wenigsten regnet und nicht zu heiß ist. In diese Zeit fallen auch viele Feste, z. B. Loi Krathong und Songkran.

Wer hauptsächlich die nördlichen Provinzen besuchen möchte, kann auch in der heißen Jahreszeit (März–Mai) und zu Beginn der Regenzeit (Juni–Juli) fahren, da die Temperaturen in höheren Lagen gemäßigter sind. Den Nordosten Thailands und die Landesmitte sollte man allerdings zwischen März und Mai meiden, denn da können die Temperaturen auf über 40 °C klettern. Im Süden sind die Temperaturunterschiede während des Jahres kleiner (weil er näher am Äquator liegt), deshalb sind die Strände und Inseln Südthailands eine gute Wahl, um eine Ruhepause einzulegen, wenn es im restlichen Land erbärmlich heiß ist.

Die Hauptsaison in Thailand dauert von November bis Ende März, zwei weitere Besucherspitzen gibt es im Juli und August. Wer Menschenmassen vermeiden und von günstigeren Zimmerpreisen profitieren möchte, sollte sich die Monate aussuchen, in denen weniger Besucher kommen (in der Regel April–Juni, Sept. & Okt.).

Auch wenn die Regenzeit (etwa Juli–Okt.) einen schlechten Ruf hat, bietet sie auch Vorteile: Die Temperaturen sind niedriger, es gibt weniger Touristen und die Landschaft ist üppig und grün. Je nach Region und Monat können die Regengüsse am Nachmittag stundenlang anhalten. Im Oktober ist es meist am nassesten.

PREISE

Thailand ist wegen der vorteilhaften Wechselkurse und des erschwinglichen Lebensstandards ein günstiges Reiseland. Wer aufs Geld achten muss, sollte außerhalb Bangkoks und der großen Badeinseln mit etwa 600 bis 700 B am Tag auskommen. Darin sind einfaches Essen, Unterkunft in einer Pension und Fahrten mit öffentlichen Verkehrsmitteln enthalten, nicht jedoch nächtliche Trinkgelage, Touren, Fernverkehr oder Mietfahrzeuge. Reisende

---

Weitere Infos gibt's in den Klimatabellen auf S. 821.

WAS KOSTET WIE VIEL?

Schlafwagenabteil 2. Klasse mit Klimaanlage, von Bangkok nach Surat Thani: 758–848 B

Strandbungalow auf Ko Pha-Ngan: 350–500 B

Eintägiger Thai-Kochkurs in Chiang Mai: 900 B

Eintritt zu Nationalparks: 200 B

Abendessen für zwei Personen im mittelteuren Restaurant 300–500 B

S. auch den Lonely Planet Index auf der Umschlaginnenseite.

AN ALLES GEDACHT?

Ins Gepäck gehören pflegeleichte, luftige Kleidung und ein Pulli (Sweatshirt) oder eine leichte Jacke für kühle Busfahrten und die Berge im Norden. Praktisch sind Slipper oder Sandalen. Wäschewaschen ist in Thailand billig, daher reicht es völlig, Kleidung für eine Woche mitzunehmen.

Zahnpasta, Seife und die meisten anderen Kosmetikartikel gibt es fast überall in Thailand zu kaufen. Internationale Ketten wie Boots verkaufen in der Regel Tampons und Deos, die stark genug sind, um die Folgen der tropischen Hitze zu bekämpfen. Auf S. 849 findet sich eine Liste der Dinge, die in die Reiseapotheke gehören.

Ebenfalls sinnvoll sind eine kleine Taschenlampe, ein Sarong (trocknet besser als ein Handtuch), ein wasserdichter Behälter für Geld und Ausweis (bei Badeausflügen), Ohrstöpsel und Sonnencreme (solche mit hohem Lichtschutzfaktor kriegt man außerhalb der großen Städte nicht überall).

Es empfiehlt sich, vor der Abreise zu prüfen, ob es amtliche Reisewarnungen für Thailand gibt. S. Gefahren & Ärgernisse (S. 815) zu allgemeinen Sicherheitsproblemen.

TOP PICKS

THAILAND
Bangkok
Kambodscha

Am besten bereitet man sich auf eine Thailandtour vor, indem man ins Träumen gerät. Hier sind ein paar Highlights:

DIE SCHÖNSTEN PLÄTZE FÜR ÖKOBEWUSSTE

- Chiang Rai – das Zentrum für sozial verträgliche Wandertouren zu den Bergstämmen; einige Veranstalter beschäftigen Angehörige der Bergstämme als Führer oder unterstützen staatliche Entwicklungsprogramme (S. 385)
- Nordostthailand – jede Menge Privatunterkünfte in den Dörfern dieser ländlichen Gegend bringen Besucher in Kontakt mit Menschen und Reisfeldern (S. 501)
- Chiang Mai – eine hübsche Stadt im Norden, die sich zu einem Radfahrmekka entwickelt; man kann in der Stadt herumfahren und auch querfeldein (S. 300)

DIE SCHÖNSTEN AUSSICHTEN

- Nachtfähre von Chumphon nach Ko Tao – die Fähre ist nur ein einfaches Fischerboot mit Matten auf dem Oberdeck, aber am Himmel blinken die Sterne (S. 683)
- Lokalzug nach Mahachai – auf der Tagestour kann man eine Auszeit von Bangkok nehmen; man rumpelt durch Wälder, Marschland und vorbei an Märkten (S. 207)
- Abstecher nach Mae Sa–Samoeng – die Bergtour ist vergleichbar mit einer Achterbahnfahrt, man erklimmt, streift und windet sich um die Gipfel außerhalb von Chiang Mai (S. 359)
- Busfahrt von Kanchanaburi nach Sangkhlaburi – die Blechkiste, die hier als Bus dient, tuckert zwischen den zahnförmigen grünen Bergen herum (S. 246)

DIE SCHÖNSTEN ERINNERUNGEN AN THAILAND

- Gerüche und Geräusche – kochender Reis am Morgen, der Duft der Räucherstäbchen, das irre Gehupe der Fernbusse, das tiefe Dröhnen der Tempelglocken, das Türklingeln der 7-Eleven-Märkte, bellende *jing•jòk* (Hauseidechsen)
- Religiöse Gegenstände – Jasmingirlanden, Amulette an Rückspiegeln und zeremonielle Stoffe, die um heilige Bäume gewickelt sind
- Rauch und Husten – rülpsende Dieselbusse, Chiliduftwolken aus dem Wok eines Straßenhändlers, verbrutzelnde *gài yâhng* (Brathähnchen)
- Wasser, Wasser überall – Teiche und Wassergärten an den Straßen vor Läden und Wohnungen, dunkle *klorng* (Kanäle), Schweiß aus jeder Pore, Plastikflaschen mit Wasser zu 5 B, Ozeane glitzernd wie Edelsteine

mit größerem Budget werden merken, dass das Leben mit etwa 1500 B am Tag oder mehr recht komfortabel sein kann.

Bangkok ist ein guter Ort, um für ein Hotel zur Erholung nach einem langen Flug Geld zu verprassen oder um die Rückkehr in die „Zivilisation" zu feiern. In den Provinzen sind Gasthäuser auch für größere Budgets der beste Deal. Essen vom Markt ist billiger und leckerer als das im Gasthaus, aber man braucht ein paar Sprachkenntnisse und einen abenteuerlustigen Magen.

Geldautomaten gibt's fast überall; sie sind die einfachste Möglichkeit, an thailändische Baht zu kommen. Ein Bargeldvorrat in US-Dollar schadet

nicht, falls man kurz über die Grenze muss, um sein Visum zu verlängern („Visa-Run"; knisternde neue Banknoten werden am liebsten genommen). Kreditkarten werden in den großen Städten und den Resorthotels akzeptiert, aber nicht in familiengeführten Gasthäusern oder Restaurants.

REISELEKTÜRE

Eine erste Annäherung an das Königreich könnte mit Geschichten gelingen, verfasst von unglücklichen Travellern, die zu einfühlsamen Autoren wurden oder von Thais, die den Spagat zwischen den Kulturen versucht haben. Die meisten Bücher sind zweitklassige Thriller, in denen es um Barmädchen und Gangster geht, aber die folgenden Titel gewähren scharfsichtige und spannende Einblicke in die Kultur.

- *Fieldwork* (2008) von Mischa Berlinski spielt in einem fiktionalen Dorf eines Bergstammes im Norden Thailands. Die Personen sind Anthropologen, Missionare und ein Journalist ohne Ziel, die alle ihre eigene Art von Feldforschung (also *fieldwork*) betreiben.
- *Sightseeing* (2005) ist die erste Kurzgeschichtensammlung von Rattawut Lapcharoensap, die Lesern eine „Sightseeing-Tour" in thailändische Haushalte und Momente des Erwachsenwerdens ermöglicht.
- *Thailand Confidential* (2005) vom Ex–*Rolling Stone*-Korrespondenten Jerry Hopkins enthüllt, was Auswanderer und Traveller an Thailand lieben und auch, was sie nicht mögen.
- *Der Jadereiter* (2004) von John Burdett ist auf den ersten Blick ein Krimi für Hartgesottene, aber die Hauptfigur, ein thailändisch-abendländischer Polizist, erweist sich als ausgezeichneter Vermittler des Thai-Buddhismus.
- *Der Kuss des Drachen* (1992) ist das Tagebuch von Karen Connelly, einer Kanadierin, die mit 17 als Freiwillige in einem Dorf im Norden Thailands arbeitete. Ihr Buch über Kultur und Kulturschocks wird bei Buchtauschaktionen von auf dem Land lebenden Auswanderern gern weiter gegeben.
- *Der Strand* (1998) von Alex Garland ist die ultimative Strandlektüre über einen Backpacker, der vermeintlich ein abgeschiedenes Inselparadies vor Ko Samui findet.
- *Jasmin, Homer und das Chamäleon* (1995) von S. P. Somtow ist ein Roman über das Erwachsenwerden im Bangkok der 1960er-Jahre.
- *Mai Pen Rai Means Never Mind* (1965) von Carol Hollinger ist die klassische Geschichte einer Annäherung an Thailand, geschrieben von einer in Bangkok lebenden Hausfrau in den 1960ern.

INFOS IM INTERNET

Lonely Planet (www.lonelyplanet.com; www.lonelyplanet.de) Länderspezifische Informationen und Austausch der User im Forum Thorn Tree.

One Stop Thailand (www.onestopthailand.com) Umfassende Infos zu beliebten Reisezielen in Thailand.

Thai Students Online (www.thaistudents.com) Die Sriwittayapaknam-Schule in Samut Prakan betreut das größte und informativste Internetportal zur thailändischen Kultur und Gesellschaft.

Thailand Daily (www.thailanddaily.com) Teil von World News Network, bietet eine sorgfältige Zusammenfassung relevanter Nachrichten zu Thailand aus englischsprachigen Quellen.

ThaiVisa.com (www.thaivisa.com) Ausführliche Infos zu Visa, außerdem User-Foren und neueste Nachrichten.

Thailändisches Fremdenverkehrsamt (www.thailandtourismus.de) Beschreibungen der Provinzen, Infos zu thailändischen Festen und aktuelle Nachrichten.

Festkalender

Die meisten Feste im thailändischen Kalender haben einen religiösen Feiertag als Anlass. Das heißt aber nicht, dass dabei nur gebetet und Buddha gehuldigt wird. Die genauen Termine variieren von Jahr zu Jahr, da sich viele religiöse Feiertage nach dem Mondkalender richten. Die genauen Daten erhält man auf der Internetseite der Tourism Authority of Thailand (TAT) unter www.tourismthailand.org. Die vielen kleineren Feste gewähren einen interessanten Einblick in die Kulturen der einzelnen Provinzen. Ausführliche Infos finden sich in den jeweiligen Regionenkapitel.

JANUAR–FEBRUAR

CHINESISCHES NEUJAHRSFEST Jan./Feb.
Beim sogenannten *drùt jeen* feiern die Thais chinesischer Abstammung eine ganze Woche lang den Beginn des neuen Mondjahres. Das mit einem großen Hausputz und viel Feuerwerk begangene Ereignis ist eigentlich eher ein Familienfest, lediglich in Phuket (S. 712), Bangkok (S. 160) und Nakhon Sawan gibt's offizielle Festivitäten in der ganzen Stadt.

MAKHA BUCHA Feb./März
Makha Bucha *(Mah·ká Boo·chah)*, einer der drei religiösen Feiertage zur Erinnerung an wichtige Momente in Buddhas Leben, wird am Tag des dritten Vollmonds des Mondjahres gefeiert. Gedacht wird der Predigt Buddhas vor 1250 erleuchteten Mönchen, die sich "ohne vorherige Einberufung" zu ihm begaben. Der gesetzliche Feiertag wird vor allem für Tempelbesuche genutzt, wobei oft ganze Abteilungen und Schulklassen gemeinsam zum örtlichen Tempel pilgern.

APRIL

SONGKRAN 12.–14. April
Mit den berühmten Wasserschlachten begrüßen die Thais das neue Jahr (12.–14. April; wechselndes Datum). Zu den traditionellen religiösen Handlungen, die morgens durchgeführt werden, gehört es, älteren Menschen und den heiligen Bildnissen in den Tempeln Respekt zu erweisen, indem man sie mit Wasser bespritzt. Danach bewaffnen sich die Thais in Chiang Mai (S. 332) und Bangkok (S. 160) mit ihren Wasserpistolen und liefern sich wilde "Straßenschlachten": Ob man nun will oder nicht – man wird sicher von umherstreifenden Fußtruppen und von Pickup-Lastern aus ausgiebig und mittels unterschiedlichster Hilfsmittel mit Wasser "bombardiert".

MAI–JUNI

KÖNIGLICHE PFLUGZEREMONIE Mai
Die Pflugzeremonie vereint Astrologie und ein altes brahmanisches Ritual und markiert traditionell den Beginn der Reispflanzsaison. Heilige Ochsen werden vor einen Holzpflug gespannt und über die Grünfläche von Sanam Luang (S. 148) in Bangkok geführt. Nachdem der König das Ritual in den 1960er-Jahren wieder aufleben ließ, wird es heute von Kronprinz Maha Vajiralongkorn geleitet.

RAKETENFEST Mai/Juni
Im regenarmen Nordosten basteln die Dorfbewohner Bambusraketen *(bâng fai)*, die sie dann in den Himmel schießen, um den für die anstehende Reispflanzung notwendigen Regen zu erflehen. Besonders groß gefeiert wird das Fest in Yasothon (S. 542), Ubon Ratchathani (S. 533) und Nong Khai (S. 563).

VISAKHA BUCHA Mai/Juni
Der religiöse Feiertag Visakha Bucha *(Wí·säh·kà Boo·chah)* zum Gedenken an Buddhas Geburt, Erleuchtung und *parinibbana* (Tod) wird am 15. Tag des zunehmenden Monds im sechsten Monat des Mondjahres begangen. Gefeiert wird rund um die Tempel.

BUN PHRA WET Juni
Der buddhistische Feiertag wird im Dorf Dan Sai mit dem karnevalartigen Festival Phi Ta Khon (S. 577) gefeiert. Die Festgemeinde verkleidet sich mit grellen Geisterkostümen und marschiert durch die Straßen des Dorfes. Dabei schwingt sie hölzerne Penisse und schüttet Unmengen von Reisschnaps in sich hinein. Das Fest erinnert an eine buddhistische Legende, nach der ein Medium *(pêe* oder *phi)* den zukünftigen Buddha, damals noch Prinz Vessantara bzw. Phra Wet, bei seiner vorletzten Wiedergeburt begrüßte.

JULI

ASALHA BUCHA   Juli
Am Tag des Vollmonds im achten Mondmonat
wird der ersten Predigt Buddhas (*Ah·sähn·hà
Boo·chah*) gedacht. Beim Fest Khao Phansaa bringen die Gläubigen Kerzen und andere Dinge des
täglichen Bedarfs in die Tempel und wohnen den
Mönchsordinationen bei.

KHAO PHANSAA   Juli
Am Tag nach Asalha Bucha, also am ersten Tag des
abnehmenden Mondes im achten Mondmonat,
beginnt die buddhistische Fastenzeit, in der traditionell junge Männer zu Mönchen geweiht werden. Gleichzeitig markiert der Tag den Beginn der
Regenzeit, in der sich die Mönche für gewöhnlich
für einige Zeit in die Klöster zurückziehen, um
sich dem Studium und der Meditation zu widmen.
Beim Kerzenfest (S. 533) in Ubon Ratchathani werden kunstvoll verzierte Wachskerzen durch die
Straßen getragen.

AUGUST

GEBURTSTAG DER KÖNIGIN   12. Aug.
Der Geburtstag der Königin am 12. August ist ein
gesetzlicher Feiertag und gleichzeitig Muttertag.
An diesem Tag ist die königliche Prachtstraße Th
Ratchadamnoen Klang in Bangkok in festliches
Licht getaucht. Auf der Grünfläche Sanam Luang
(S. 138) finden kulturelle Darbietungen statt.

SEPTEMBER–OKTOBER

VEGETARIERFEST   Sept./Okt.
Beim Vegetarierfest im neunten Monat des
Mondjahres wird neun Tage lang auf Fleisch verzichtet. Nach chinesisch-buddhistischem Glauben
dient das der Reinigung von Körper und Geist.
In Bangkok (S. 161), Trang (S. 775), Krabi (S. 748)
und anderen Städten, in denen viele Chinesen
leben, sind alle vegetarischen Geschäfte mit
gelben Fähnchen geschmückt. Viele der in
Weiß gekleideten Gläubigen ziehen sich in die
Meditationszentren zurück. In Phuket wird das
Fest besonders ausgiebig gefeiert: Hier versetzen
sich die Prozessionsteilnehmer in Trance, um sich
in menschliche Schaschlikspieße verwandeln zu
können (S. 729).

ORK PHANSAA   Okt./Nov.
Das Ende der buddhistischen Fastenzeit wird
drei Mondmonate nach Khao Phansaa mit der

gà·tĭn-Zeremonie gefeiert, bei der die Gläubigen
den Mönchen neue Gewänder überreichen.
Zeitgleich mit dem Fest Ork Phansaa ist das einzigartige Phänomen der *naga*-Feuerbälle (S. 566)
zu bewundern.

NOVEMBER

SURIN-ELEFANTENFEST   Nov.
Am dritten Wochenende im November werden
die berühmtesten Bewohner der nordöstlichen
Provinz Surin mit der größten Elefantenschau
Thailands (Elephant Round-Up) gefeiert. Das Fest
in Surin (S. 521) beginnt mit einer farbenprächtigen Elefantenparade, die mit einem opulenten
Früchtebuffet für die Dickhäuter endet. Außerdem
werden Schlachten aus der thailändischen Geschichte nachgespielt, bei denen die Elefanten
und ihre Führer in die prächtigen Gewänder der
königlichen Armee gekleidet sind.

LOI KRATHONG   Nov./Dez.
Eines der beliebtesten Feste Thailands ist Loi
Krathong, das am Tag des ersten Vollmonds im
zwölften Mondmonat gefeiert wird. Mit diesem
Fest danken die Gläubigen der Flussgöttin für
die Fruchtbarkeit ihrer Felder und bitten sie um
Vergebung für die Verschmutzung der Umwelt
durch die Menschen. Kleine, selbst gebastelte
Boote, die sogenannten *kràthong* oder *grà·tong*,
werden auf den Gewässern des ganzen Landes
ausgesetzt. Die kunstvoll aus Bananenblättern
gefalteten Schiffchen werden mit Blumen,
Räucherstäbchen, Kerzen und Münzen verziert.
Loi Krathong ist ein typisch thailändisches Fest,
das wahrscheinlich in Sukhothai (S. 450) seinen
Ursprung hat. In Chiang Mai wird das Fest Yi Peng
(S. 332) genannt.

DEZEMBER

GEBURTSTAG DES KÖNIGS   5. Dez.
Der Geburtstag des Königs am 5. Dezember ist
ein gesetzlicher Feiertag und zugleich der thailändische Vatertag. Er wird mit Paraden und religiösen Zeremonien begangen. In Bangkok (S. 161)
wird die königliche Straße Th Ratchadamnoen
Klang mit Lichtern und königlichen Insignien
geschmückt. An diesem Tag tragen fast alle Thais
gelbe Hemden oder Shirts – Gelb ist die Farbe des
Königs. In der ersten Dezemberwoche findet zu
Ehren des Monarchen auch die Kings Cup Regatta
vor Phuket (S. 712) statt.

Reiserouten

KLASSISCHE ROUTEN

NUR GANZ KURZ
2 Wochen/von Bangkok nach Bangkok

Dank günstiger Inlandsflüge kann man sich in Thailand eine schöne Reiseroute zusammenstellen und in kurzer Zeit eine Menge sehen. Start ist in **Bangkok** (S. 111), von dort geht's zu den tropischen Strandresorts von **Ko Samui** (S. 631) oder **Phuket** (S. 712). Diese beiden internationalen Stars bieten zahlreiche ruhige Ecken und so unterschiedliche Strände, dass für jeden was dabei ist. Wer „sein" Fleckchen gefunden hat, informiert sich am besten direkt über die Preise in den anderen Orten der Insel – vielleicht möchte man ja gar nicht mehr weiterziehen ...

Wer genug hat von Sand und Sonne, setzt sich in den Flieger nach **Chiang Mai** (S. 300), wo man einen Kochkurs machen oder Tempel besichtigen kann. Die Umgebung lässt sich prima bei Ausflügen über die zahlreichen Bergstraßen oder bei einer Trekkingtour zu einem Bergstamm kennenlernen. Im **Doi Inthanon National Park** (S. 368) wartet Thailands höchster Gipfel auf Touristen, die ihm ihre Ehrerbietung erweisen.

Am Ende kehrt man braungebrannt, mit einem thailändischen Kochbuch unterm Arm und jeder Menge spannender Reiseerlebnisse fürs Büro im Gepäck nach Bangkok zurück.

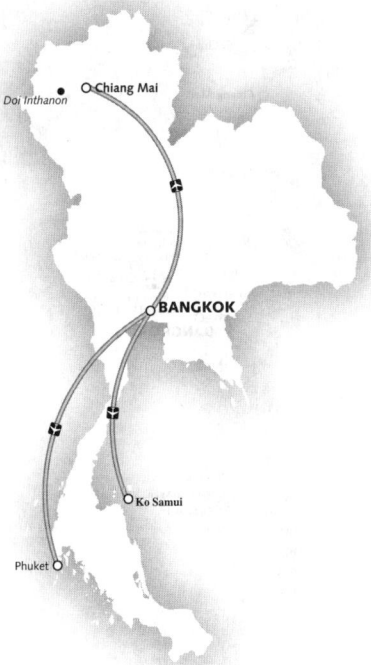

Mit dem Flieger von Bangkok nach Ko Samui oder Phuket, zurück in Bangkok erneut mit dem Flugzeug oder mit dem Zug oder dem Bus nach Chiang Mai, und mit dem Mietwagen in die Umgebung von Chiang Mai.

VON ALLEM EIN BISSCHEN

1 Monat/von Bangkok nach Nakhon Ratchasima

Wer einen ganzen Monat Zeit hat, sollte zuerst ein paar Tage in **Bangkok** (S. 111) verbringen und dann gemütlich gen Norden ziehen – natürlich nicht ohne in der antiken Hauptstadt **Ayutthaya** (S. 211) und in der Affenstadt **Lopburi** (S. 222) Halt zu machen. Nach noch mehr historischen Ruinen in **Sukhothai** (S. 446) geht's weiter in die Kulturhauptstadt des Nordens von Thailand, nach **Chiang Mai** (S. 301). In den Bergen in **Pai** (S. 484) kann man sich wie ein Hippie fühlen oder in **Chiang Rai** (S. 385) an einer wohltätigen Trekkingtour teilnehmen. Wer noch tiefer in den Norden eintauchen möchte, sollte der Akklimatisierungs-Route (S. 26) folgen.

Dann ruft leise, aber ausdauernd der Strand, also fährt man durch Bangkok wieder zurück und weiter zu den Inselklassikern **Ko Samui** (S. 631), *dem* Ziel für die Partyfraktion, **Ko Pha-Ngan** (S. 653), der Favoritin der Badenixen, und **Ko Tao** (S. 669), dem Magneten für Tiefseetaucher.

Bei einem Ausflug zur Küste der Andamanen beeindruckt ein fotogenes aus dem Meer ragendes Kalksteingebirge. **Phuket** (S. 712) ist interessant, aber **Ko Phi-Phi** (S. 761) ist das wahre Juwel; ein Zimmer mit Meerblick verlangt in beiden nach einem Beutel voller Baht. Backpacker und Kletterer wählen meist **Krabi** (S. 748). Auf dem Rückweg nach Norden bietet sich ein Abstecher zu den Regenwäldern im **Khao Sok National Park** (S. 701) an.

Wer in den landwirtschaftlich geprägten Nordosten reist, passiert erneut Bangkok. Im **Khao Yai National Park** (S. 514) kann man durch den Urwald wandern. Von **Nakhon Ratchasima** (S. 505) aus erreicht man die Angkor-Ruinen in **Phimai** (S. 511) und das Keramikzentrum **Dan Kwian** (S. 510).

Von Bangkok mit dem Zug nach Ayutthaya, Lopburi und Phitsanulok, mit dem Bus nach Sukhothai und Chiang Mai. Von dort wiederum mit dem Bus nach Pai oder Chiang Rai und via Flugzeug, Zug oder Bus nach Bangkok. Dann weiter mit dem Bus nach Surat Thani und mit der Fähre zum Samui-Archipel oder von Bangkok aus direkt mit dem Flugzeug nach Ko Samui oder Phuket; mit dem Bus nach Krabi und mit der Fähre nach Ko Phi-Phi, im Bus oder Flugzeug (von Phuket) zurück nach Bangkok und mit dem Bus weiter nach Nakhon Ratchasima, Phimai und Dan Kwian.

SAND, SAND & NOCHMAL SAND

3 Wochen/von Surat Thani nach Khao Lak

Falls einen die Angeber zuhause mit einer langen Liste von „Stränden, die man einfach gesehen haben muss", nach Thailand geschickt haben, reist man am besten nur mit leichtem Gepäck – ein Marathonrennen durch die Inseln und Buchten der Malaiischen Halbinsel erwartet einen. Los geht's an der Inselgruppe Gulf Islands direkt vor der Küste von **Surat Thani** (S. 631), z. B. auf **Ko Samui** (S. 631), **Ko Pha-Ngan** (S. 653) oder **Ko Tao** (S. 669).

Anschließend reist man quer über die Halbinsel und erobert auf den Andamanen Berühmtheiten wie **Phuket** (S. 712), **Krabi** (S. 748) und **Ko Phi-Phi** (S. 761). Bei aller Begeisterung für diese sollte man aber auch den Backpacker-Liebling **Ko Lanta** (S. 768) nicht vergessen.

Hier lohnt sich auch ein Besuch des **Khao Lak/Lamru National Park** (S. 704); dieser wurde von dem Tsunami 2004 schwer verwüstet, lockt heute aber wieder mit einem herrlichen Dünenstrand in einer türkisfarbenen Bucht. In Khao Lak ist man nicht weit von einem international beliebten Tauchspot entfernt, dem **Similan Islands Marine National Park** (S. 708).

Von Surat Thani mit dem Schiff zu den Gulf Islands, dann mit dem Bus von Surat Thani nach Phuket und von dort wieder mit dem Schiff nach Ko Phi-Phi (oder mit dem Bus nach Krabi). Von Krabi aus entweder mit dem Schiff nach Ko Phi-Phi oder Ko Lanta oder mit dem Bus nach Khao Lak, und schließlich mit dem Schiff zum Similan Islands Marine National Park.

UNBEKANNTE ROUTEN

AKKLIMATISIERUNG   3 Wochen/von Mae Sot nach Chiang Rai

Im Grenzgebiet zwischen Thailand, Myanmar und Laos kann man tief in die grüne Bergwelt eintauchen und ethnischen Minderheiten begegnen.

In **Mae Sot** (S. 462) leben Thailänder und vertriebene Karen und Birmanen. Sein Grenzübergang ist beliebt für die sogenannten Visa-Runs, es gibt viele Hilfsarbeiter; in zahlreichen Flüchtlingslagern und Schulen vor Ort kann man Freiwilligenarbeit leisten. Neben den üblichen Touristenaktivitäten sind lohnende Touren für Tier- und Pflanzenfreunde im Angebot.

Auf Nebenstraßen geht's in die Trekking-Hochburgen **Mae Sariang** (S. 497) und **Mae Hong Son** (S. 474). Hier kann man ethnische Minderheiten kennenlernen, die in der bewaldeten Gebirgslandschaft leben. Die meisten sind viel enger mit Myanmar verbunden als mit Thailand. Skulpturen in unterirdischen Höhlen sind in **Soppong** (S. 493) zu bewundern. Im abgelegenen **Pai** (S. 484) kann man den Hippie raushängen, ausgiebig wandern und feiern. Eine kurvige Gebirgsstraße führt hinunter ins urbane **Chiang Mai** (S. 301), in dem man sich Meditationen oder Massagekursen hingeben kann.

Mehr Berge gibt's weiter nördlich in **Chiang Dao** (S. 361). Auf Nebenstraßen erreicht man **Fang** (S. 363) und reist im Zickzack über den Gebirgsrücken nach **Mae Salong** (S. 394), einer yunnanesischen Teesiedlung. Dann gleitet man in die Stadt **Chiang Rai** (S. 385) hinein, deren sozial verantwortliche Trekking-Industrie von einer Art Genossenschaft der Bergstämme geführt wird. Man kann in einer Reihe von Privatunterkünften nächtigen.

Mit dem Bus von Mae Sot über Mae Sariang, Mae Hong Son, Soppong und Pai zum Verkehrszentrum Chiang Mai, dann wiederum im Bus nach Chaing Dao, Fang und Mae Salong oder auch nach Chiang Rai.

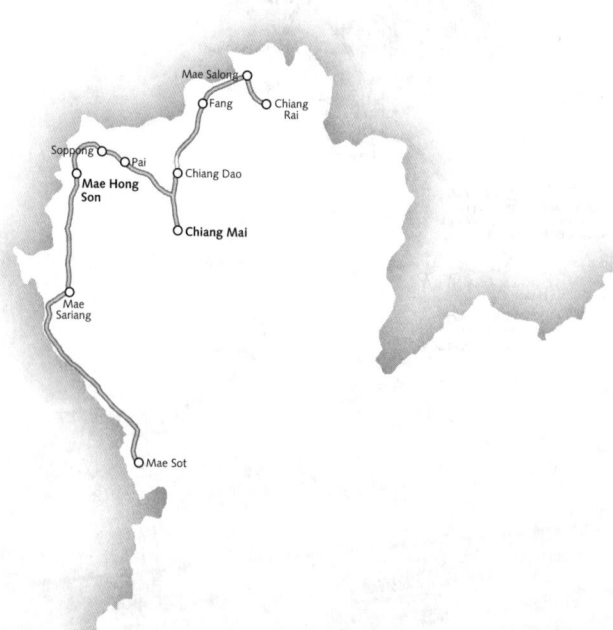

MASSGESCHNEIDERTE TOUREN

LEBENSART & KULTUR IM SÜDEN

Im Süden will man an weißen Sandstränden Sonne tanken, aber die Kultur Südthailands, die im Altertum von Händlern aus China, Malaysia und Indonesien bereichert wurde, ist mindestens ebenso eine Reise wert. Von Bangkok aus rastet man auf der langen Fahrt gen Süden in **Phetchaburi** (S. 603) und genießt Heiligtümer in Höhlen, Paläste in Bergen und lokale Spezialitäten. Die Gulf Islands laden zum Spazierengehen ein (s. S. 25), die Provinz **Nakhon Si Thammarat** (S. 690) hält die Schattenspiel-Tradition lebendig, und in **Ao Khanom** (S. 689) saugt man die Erhabenheit der unberührten Küstenlandschaft ein. Diese fast völlig verlassene Bucht ist so schön wie Samui, aber nicht so überlaufen.

Weiter entlang der windgepeitschten Küste warten in **Songkhla** (S. 802) Meeresfrüchte und landestypischer Strandurlaub. Oder man spaziert nach **Satun** (S. 789), einer muslimischen Stadt nahe dem Hafen, in dem die Boote zum **Ko Tarutao Marine National Park** (S. 792) ablegen. Der Park umfasst neben Strandschönheiten wie Ko Lipe (S. 795) auch so wenig bekannte Exemplare wie Ko Adang (S. 799).

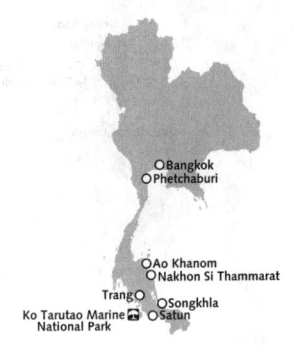

In **Trang** (S. 775) dopt man sich in einem Café im Hokkien-Stil mit Koffein und besucht den berühmten Höhlensee Ko Muks (S. 781). Die Krönung: Entspannung auf den auf S. 25 beschriebenen Königinnen der Andamanen.

BILDUNGSSCHOCK

Lust auf richtig altes Zeug? Perfekt! In Thailand gibt's verfallene Ruinen, halb zerstörte Tempel und Buddhastatuen ohne Gliedmaßen im Überfluss – da braucht es schon eine große Speicherkarte für die Digicam. Diese Route passiert mehrere ehemalige königliche Hauptstädte und einstige Außenposten des Angkor-Reiches, das sich vom Westen Kambodschas bis nach Thailand erstreckte.

Man beginnt in der antiken Hauptstadt **Ayutthaya** (S. 211), einen Tagestrip von Bangkok entfernt, dann geht's in eine der ältesten Städte Thailands und das ehemalige Zentrum Angkors, nach **Lopburi** (S. 222). Von hier reist man gen Norden nach **Sukhothai** (S. 446), angeblich das erste thailändische Königreich, und zu den am besten erhaltenen antiken Ruinen des Landes. Ganz in der Nähe im **Si Satchanalai-Chaliang Historical Park** (S. 454) gibt's (natürlich) noch mehr Ruinen.

Mit dem Nachtbus fährt man nach **Nakhon Ratchasima** (S. 505), von wo aus die Ruinen in **Phimai** (S. 511) gut zu erreichen sind. Der Angkor-Wanderweg führt in die Provinz Buriram, wo auf einem erloschenen Vulkan die bedeutendste und imposanteste Angkor-Tempelanlage **Phanom Rung** (S. 517) steht. **Prasat Meuang Tam** (S. 520) in der Nähe ist bekannt für seine Abgeschiedenheit und glitzernden Lilienteiche.

DEN MÄCHTIGEN MEKONG ENTLANG

In Thailands ländlichem Nordosten, der Isaan-Region, gibt's kaum große Attraktionen, aber dafür altmodische Lebensart, entspannte Menschen und interessante Privatunterkünfte zwischen Reisfeldern, in denen man nicht nur übernachten, sondern auch ausspannen kann. Die malerischste Route durch Isaan führt am Mekong entlang, der Thailand von Laos trennt. Die Bewohner dieser Städte ignorieren die Grenze aber und haben mit den ausländischen Nachbarn mehr gemeinsam als mit ihren Landsleuten.

Die Reise beginnt im charmanten **Nong Khai** (S. 559), das nur einen Steinwurf von Laos entfernt und ein praktischer Grenzübergang ist. Wem es hier

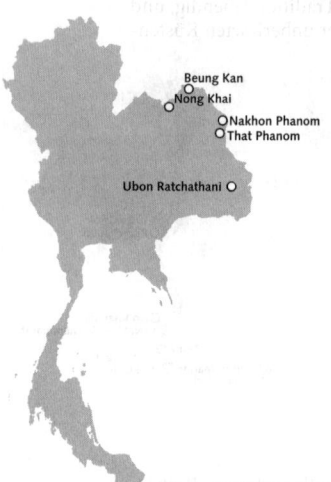

zu hektisch ist, der folgt der Flussstraße in östlicher Richtung nach **Beung Kan** (S. 568), einem staubigen Fleckchen, in dessen Nähe auf einem steinigen Felsvorsprung ein Tempel steht. Rundum sind ein paar private Unterkünfte zu finden, die Ausflüge in ein Gebiet anbieten, in dem sich wild lebende Elefanten aufhalten. In der Stadt **Nakhon Phanom** (S. 580) kann man an der malerischen Flusspromenade entlangspazieren, aber zum Übernachten bietet sich eher das winzige Dörfchen **That Phanom** (S. 584) an, das mit einem berühmten Tempel im laotischen Stil aufwartet. Dieser wird jedes Jahr im Januar bzw. Februar zehn Tage lang mit einem lebhaften Festival geehrt.

Um das urbane Isaan kennenzulernen, fährt man am besten nach **Ubon Ratchathani** (S. 529), das vom Pha Taem National Park, Stromschnellen und auf Kunsthandwerk spezialisierten Dörfern umgeben ist. Im Anschluss kann man der „Bildungsschock"-Reiseroute (S. 27) in umgekehrter Richtung folgen.

THAILAND MIT KINDERN

Ein Familienurlaub sollte kein Marathon von Attraktion zu Attraktion sein. Das vielseitige **Bangkok** (S. 111) bietet für jedes Alter etwas (und wenn es im Hotel dann noch einen Pool gibt, ist alles in Butter). Der nahe kompakte Ministaat von **Muang Boran** (S. 142) vermittelt Kultur und Geschichte.

In **Lopburi** (S. 222) mit all seinen wilden Kreaturen können die Kleinen ihre Fantasie trainieren. Hier lebt eine Affenschar, die beim traditionellen Stadtfestival ein Festbankett bekommt. Lopburi liegt an der Zugstrecke von Bangkok, die die Lokfans in der Familie begeistern wird. Das ebenfalls via Zug erreichbare **Surin** (S. 521) feiert ein jährliches Elefantenfestival mit Scheinkämpfen und einem Frühstücksbuffet für die Dickhäuter.

Wer nicht während der Festivals im Land ist, erkundet z. B. auf einem Elefanten-Trek oder beim Bambus-Rafting den dichten Urwald rund um **Kanchanaburi** (S. 227).

Die Reise endet am Strand – am besten an einem, an dem keine lärmempfindlichen älteren europäischen Touristen (etwa Hua Hin, Teile von Phuket, Samui) sind. Toll ist z. B. die halbwilde Insel **Ko Samet** (S. 267) unweit von Bangkok.

Geschichte

PRÄHISTORISCHE BESIEDLUNG

Wer sich mit der Geschichte Thailands beschäftigt, wird kaum um die Frage umhinkommen, woher die Thais kamen und wie sie zu Thais wurden. Lange Zeit ging man davon aus, dass die Vorfahren der Thais etwa im 13. Jh. aus Südchina ins fruchtbare Festland Südostasiens vordrangen. Neuerdings wurde dies jedoch in Frage gestellt und die Forderung nach einer thailändischen Geschichtsschreibung wurde laut, die auch das Leben und das Erbe der Menschen berücksichtigen sollte, die den Neuankömmlingen vorausgingen. Knochenreste des *Homo erectus*, die man unlängst in der thailändischen Nordprovinz Lampang entdeckte, wurden auf ein Alter von mindestens 500 000 Jahre geschätzt. Ban Chiang, die bedeutendste prähistorische Siedlung Thailands, liegt in der nordöstlichen Provinz Udon Thani; die dort entdeckten Funde belegen, dass es schon zwischen 4000 und 2500 v. Chr. Tonwaren, Bronzewerkzeuge und den Reisanbau gab.

Der Lampang-Mensch ist das älteste Zeugnis für die Existenz des *Homo erectus* in Asien außerhalb Indonesiens und Chinas.

DIE EINWANDERUNG DER TAI

Die Menschen, die die heutige thailändische Identität begründeten, kamen vor etwa 1000 Jahren in das Gebiet des heutigen Thailands. Sie wurden „Tai" genannt. Im 1. Jt. n. Chr. verbreiteten sich Migranten aus Südchina in aufeinander folgenden Wellen über das Hinterland Südostasiens. Sie sprachen Tai-Kadai, das zur Familie der einsilbigen Tonsprachen zählt und als bedeutendste ethnolinguistische Gruppe Südostasiens gilt. Die Menschen lebten als Bauern, Jäger und Händler in Dörfern. Die Netzwerke dieser Dörfer waren als *mueang* (meu·ang) organisiert, Verbände von miteinander verwandten Dörfern bzw. solchen, die unter der Herrschaft von Fürsten standen. Die *meuang* bildeten die Ausgangsbasis für die staatliche Organisation der Tai.

Ende des 1. Jts. lebten bereits viele Tai im Gebiet des heutigen Thailands, wo sie sich mit Mon- und Khmervölker vermischt oder mit ihnen arrangiert, bzw. sie vertrieben hatten. Andere Gruppen, die Tai-Kadai sprachen, spalteten sich ab und durchwanderten das sudostasiatische Festland, beispielsweise nach Laos (die Lao) und Myanmar (die Shan). Im 9. und 10. Jh. erlebten die Reiche in Südchina (Nanzhao), Vietnam (Champa) und Kambodscha (Angkor) eine Blütezeit. Die Tai hingegen waren nicht zentralistisch organisiert und lebten weiterhin an den „Rändern der Geschichte".

DER AUFSTIEG DER TAI-REICHE
Dvaravati, Angkor & Srivijaya

Vor der Ankunft der Tai rangen die Mon und Khmer um die Vorherrschaft in der zentralen Tiefebene des heutigen Thailands, die Khmer im Nordosten

ZEITACHSE

4000–2500 v. Chr.	1000–800 v. Chr.	um 250 v. Chr.
Die prähistorischen Bewohner Nordostthailands entwickeln die Töpferei, den Reisanbau und die Bronzeherstellung.	Die Khmer weiten ihr Einflussgebiet bis nach Thailand auf.	Vom indischen König Ashoka gesandte Mönche gelangen in das Gebiet um die heutige Stadt Nakhon Pathom und verkünden die Lehre Buddhas.

und die Malaien im Süden. Im Zentrum und Nordosten Thailands entwickelte sich zwischen dem 6. und 9. Jh. die buddhistische Kultur der Mon, die als Dvaravati bezeichnet wird. In Nakhon Pathom wurden mehrere Münzen mit der Aufschrift „Herrscher von Dvaravati" gefunden, die darauf hindeuten könnte, dass Dvaravati ein Königreich und Nakhon Pathom seine Hauptstadt war. Möglicherweise war es ein lockeres Bündnis von Stadtstaaten, darunter Ku Bua (Ratburi), Srimahosot (Prachinburi), Nakhon Ratchasima, U Thong und Nakhon Pathom als Zentrum, deren Klammer eine gemeinsame Kultur war. Artefakte, die in Grabstätten von Dvaravati gefunden wurden, und die geographische Verteilung der Orte deuten auf die Existenz eines Handelsnetzes hin, das im Westen nach Kambodscha, im Norden nach Chiang Mai und Laos und im Nordosten zum Khorat-Plateau reichte.

Die städtische Zivilisation von Dvaravati hinterließ eine charakteristische Kunst, Architektur und in der Mon-Sprache verfasste Steininschriften. Verschiedene Aspekte der Dvaravati-Zivilisation weisen indische Einflüsse auf, beispielsweise Stadtnamen, religiöse Überzeugungen und die materielle Kultur. Der Prozess der Entwicklung von Staat und Zivilisation im alten Südostasien wurde einst als „Indisierung" interpretiert; heute spricht man eher von einer „Lokalisierung", bei der die indische Kultur nicht einfach übernommen, sondern an die lokalen Verhältnisse angepasst wurde.

Als sich das Khmer-Reich im 11. Jh. nach Westen über das Zentrum und den Nordosten Thailands ausdehnte, schrumpfte die Macht der Mon-Dvaravati-Stadtstaaten rasch zusammen. Lavo (Lopburi), Sukhothai und Phimai (Nakhon Ratchasima) waren regionale Verwaltungszentren der Khmer. Zwischen diesen Zentren bildeten Straßen und Tempel im Khmerstil eine gute Infrastruktur und sichtbare Symbole imperialer Macht. Die Kulturgüter Thailands aus dieser Zeit weisen Merkmale der Khmer auf: Brahmanismus, Theravada- und Mahayana-Buddhismus. Auf Reliefs in Angkor Wat aus dem frühen 12. Jh. sind Tai-Söldner zu sehen, die in den Armeen der Khmer dienten. Die Khmer nannten sie „Syam" – der Name eines Thai-Königreichs, aus dem später möglicherweise der Name „Sayam" oder „Siam" abgeleitet wurde.

Zwischen dem 8. und 13. Jh. stand Südthailand unter der Herrschaft der Seemacht Srivijaya, die den Handel zwischen dem Südchinesischen Meer und dem Indischen Ozean kontrollierte. Chaiya (nahe Surat Thani) war das regionale Zentrum. In Srivijaya kam es zu einer kulturellen Differenzierung, die für Südostasien große Bedeutung erlangte: Der Stadtstaat Tambralinga (Nakhon Si Thammarat) bekannte sich zum Buddhismus, während die malaiischen Stadtstaaten weiter im Süden zum Islam übertraten. Seit dem 15. Jh. existierte auf der Halbinsel eine bleibende Religionsgrenze zwischen dem buddhistischen Festland Südostasiens und dem muslimischen Malaya.

Während die großen Reiche zwischen dem 12. und 16. Jh. einen Niedergang erfuhren, errichteten die Tai-Völker im Hinterland Südostasiens erfolg-

---

Sehr zu empfehlen sind die Bücher *Thailand: A Short History* (2003) von David K. Wyatt und *A History of Thailand* (2005) von Chris Baker und Pasuk Phongpaichit.

Der französische Historiker Georges Cœdès gehört zu den Wissenschaftlern, die von der „Indisierung" aller frühen Staaten Südostasiens ausgehen.

Srivijaya war das bedeutendste Handelsimperium im alten Südostasien. Sein Zentrum lag vermutlich in Palembang auf Sumatra.

6.–11. Jh.	10. Jh.	1238–1350
Die Stadtstaaten von Dvaravati, die von der Mon-Kultur und dem Theravada-Buddhismus durchdrungen waren, erleben in Zentralthailand ihre Blütezeit.	Ankunft der Tai-Völker in Thailand.	Das Königreich Sukhothai entwickelte sich zu einer Regionalmacht in Südostasien. Heute gilt es als Wiege Thailands.

reich neue Staaten. Die buddhistischen Gemeinwesen von Lanna und Sukhothai entwickelten sich zu Zentren der Tai-Welt, bald gefolgt von Ayutthaya.

Das Königreich Lanna

Das Königreich Lanna wurde von König Mangrai gegründet, der Chiang
Mai („neue Stadt") 1292 zu seiner Hauptstadt machte. Der Erfolg des Königs
beruhte darauf, dass er eine gemeinsame Tai-Identität und ein Netzwerk mit
den wichtigen benachbarten Tai-Herrschern schuf, insbesondere König
Ngam Muang aus Phayao und König Ramkhamhaeng aus Sukhothai. Sein
Rechtskodex, *Die Urteile von Mangrai*, war menschlich und angemessen.
    In der zweiten Hälfte des 14. Jhs. etablierte der gebildete König Kü Na
eine singhalesische Schultradition des Theravada-Buddhismus. Lanna erlangte die kulturelle Vorherrschaft über die nördlichen Tai (Tai Yuan). Die
lange Herrschaft von König Tilok im 15. Jh. stärkte die Hegemonie von
Lanna. Eine weitere Periode Förderung des Buddhismus durch den König
in den 1520er-Jahren ermöglichte die Abfassung der einzigartigen Chronik
Jinakalamali auf Pali (die von der Lebensgeschichte Buddhas und der Verbreitung des Buddhismus handelt). Allerdings hatte Lanna unter Palastintri-
gen und vielen kriegerischen Auseinandersetzungen zu leiden, vor allem mit
Sukhothai und Ayutthaya. Und Mitte des 16. Jh. schließlich fiel das Königs-
reich dem Machtkampf zwischen Laos und Ayutthaya zum Opfer.

Das Königreich Sukhothai

Mitte des 13. Jh. verdrängten die Tai-Fürsten Pha Muang und Bang Klang
Hao gemeinsam die wichtigsten Vorposten der Khmer aus der Region von
Sukhothai. Mit Zustimmung Pha Muangs wurde Bang Klang Hao zum König
Sri Indraditya gekrönt. Unter der Führung seines Sohns Ramkhamhaeng
entwickelte sich das Königreich Sukhothai zu einer Regionalmacht mit
Vasallenstaaten im Osten (Phitsanulok und Vientiane), Süden (Nakhon
Sawan, Chainat, Suphanburi, Ratburi, Phetburi und Nakhon Si Thammarat),

---

DIE STELE VON RAMKAMHAENG

In einer Inschrift von 1292 stellt König Ramkhamhaeng sein Reich als idyllisch und frei von
Zwängen und sich selbst als gutmütigen Patriarchen dar:

> In den Zeiten König Ramkhamhaengs blüht das Land von Sukhothai. Die Gewässer sind
> voller Fisch, die Felder voller Reis … Wer mit Elefanten handeln will, darf das tun; wer mit
> Pferden handeln will, darf das tun; … wenn ein Gemeiner etwas auf dem Herzen hat …,
> ist das kein Problem; er geht hin und schlägt die Glocke, die der König aufgehängt hat;
> Ramkhamhaeng … hört den Ruf; er geht zum Mann, befragt ihn, untersucht den Fall und
> spricht ein gerechtes Urteil.

1275–1298	**1292**	**1351**
In der bedeutsamen Regierungszeit König Ramkhamhaengs wird in Sukhothai u. a. die thailändische Schrift entwickelt.	Chiang Mai wird die Hauptstadt von Lanna.	Der Legende nach gründet der Fürst U Thong um kurz nach 9 Uhr morgens das Königreich Ayutthaya.

Westen (Pegu und Martaban) und Norden (Phrae, Nan und Luang Prabang). Diese Gebiete wurden nicht zwangsläufig mit Gewalt erobert. Die südlichen Gebiete gingen wahrscheinlich durch Verwandtschaft oder Heirat mit Lokalherrschern auf Ramkhamhaeng über. Siamesisches Tai wurde zur Sprache der Elite. Der König soll 1283 eine Schrift erfunden haben, die Vorläuferin des heutigen Thai war. Sukhothai war ein Zentrum des Theravada-Buddhismus auf dem südostasiatischen Festland, was Kunstwerke und der bedeutende buddhistische Text *Traiphum Phra Ruang* bezeugen, den König Li Thai 1339 verfasste. Nach Ramkhamhaengs Tod zerfiel das Reich jedoch.

Traiphum Phra Ruang (Die drei Welten von König Ruang) beschreibt die Kosmologie des Buddhismus. Es begründet die gesellschaftliche Hierarchie mit ungleichen religiösen Verdiensten und legitimiert so die Monarchie von Sukhothai.

Die lange Ayutthaya-Periode

Mitte des 14. Jh. entstand im Flusstal des Chao Phraya eine neue Macht, das Königreich Ayutthaya. Außerhalb Thailands wurde es in zeitgenössischen Quellen oft Siam genannt. Über seinen legendären Begründer, König U Thong, ist wenig bekannt. Er stammte vielleicht aus Phetchaburi oder China. Quellen deuten darauf hin, dass er durch Heirat mit den mächtigen Herrscherfamilien von Suphanburi und Lopburi verbunden war.

Der Aufstieg Ayutthayas beruhte auf der Fähigkeit des Herrschers, die notwendigen Arbeiter zu rekrutieren und Profite mit dem Fernhandel zu erzielen. Durch Reichtum und Handelsverbindungen erlangte Ayutthaya im 16. Jh. privilegierten Zugang zu portugiesischen Schusswaffen und Söldnern. Die befestigte Hauptstadt lag auf einer kleinen Insel, die von Flüssen umzingelt war.

Einige Wissenschaftler nehmen an, dass es sich bei Ramkhamhaengs Inschrift um eine Fälschung aus dem 19. Jh. handelt, die beweisen sollte, dass Sukhothai einst ein Teil Siams war.

Ayutthayas Innenpolitik zeugt von einer Geschichte der Gewalt – in einem Zeitraum von 416 Jahren hatte das Reich 36 Könige und fünf Dynastien. Je absoluter die Macht eines Königs über das Volk, das Land und die Ressourcen war, desto umkämpfter war sein Thron. Königliche Opfer von Intrigen entledigte man sich auf groteske Weise, in dem man sie verhüllte und mit einem Stock aus Sandelholz (das selten und teuer war) totschlug. Ihr heiliges Blut durfte dabei nicht in die Erde sickern.

König Trailok (der von 1448 bis 1488 herrschte) verbesserte das Verwaltungssystem und ordnete per Gesetze die zivilen, militärischen und provinziellen Hierarchien, indem er durch detaillierte Auflistungen offizieller Posten mit Titel und Rang Klarheit in die Verwaltungsstruktur brachte. Sie legten auch die Position der Menschen in der komplexen hierarchischen Gesellschaft von Ayutthaya fest. Der gesellschaftliche Rang einer Person wurde nach einem Maß namens *sàk·dì·nah* bestimmt – der Menge Land, die sich in seinem (virtuellen) Besitz befand. Bußgelder und Strafen richteten sich nach dem *sàk·dì·nah* der jeweiligen Person. Ganz allgemein bestand die Gesellschaft von Ayutthaya aus Königshaus, Adligen und Gemeinen. Die Gemeinen waren entweder *prai* (Freie) oder *tâht* (Sklaven). Jeder Freie war einem königlichen oder adligen Oberhaupt zugeordnet. Sechs Monate im Jahr mussten sie Arbeitsdienste für die herrschende Elite leisten, indem sie

Zwischen dem 13. und dem 15. Jh. haben wohl zuerst Chinesen und Araber, später dann Portugiesen Schusswaffen nach Südostasien eingeführt.

1518	1569	1684
Ayutthaya schließt den ersten Vertrag mit einer europäischen Macht; es handelt sich um ein einvernehmliches Handelsabkommen mit Portugal.	Das durch Kämpfe um die Thronfolge geschwächte Reich von Ayutthaya wird von Birma besiegt. 1593 drängt Naresuan von Ayutthaya die Birmanen wieder aus dem Land.	Eine siamesische Delegation findet in Versailles huldvolle Aufnahme am Hof des Sonnenkönigs Ludwig XIV.

persönliche Dienste, öffentliche Arbeiten oder Militärdienst verrichteten. Trotz der klaren Hierarchie war soziale Mobilität durch persönliches Geschick, Verbindungen (auch Heirat) und königliche Gunst möglich.

Die Einflusssphäre Ayutthayas wurde durch die Grenzstädte Khorat im Osten, Kanchanaburi im Westen, Phitsanulok im Norden und Nakhon Si Thammarat im Süden gesichert. Nachdem Ayutthaya 1431/32 Angkor besiegt hatte, eignete sich die Elite die Hofsitten, die Hochsprache und Herrschaftsvorstellungen der Khmer an. Während sich der Herrscher im Sinne der Khmer als *devaraja* (Gottkönig) und nicht als *dhammaraja* (gerechter König) im Sinne Sukhothais stilisierte, zollte Ayutthaya weiterhin dem chinesischen Kaiser Tribut, der die rituelle Unterwerfung mit großzügigen Geschenken und beneidenswerten Handelsprivilegien belohnte. Das siamesische Königreich hatte ebenfalls Vasallenstaaten, die gezwungen waren, Soldaten und Tributgeschenke zu liefern. Zu den Staaten zählten die Königreiche Songkhla, Kambodscha und Pattani. Die Unterwerfung wurde symbolisch durch prächtig gearbeitete Bäume aus Silber und Gold ausgedrückt.

Südostasien erlebte in der Ära Ayutthayas ein „Zeitalter des Handels". Das Reich war ein politisches und ökonomisches Zentrum, der Seehandel spielte dabei die entscheidende Rolle. Ayutthaya war eine Königs- und zugleich eine große Hafenstadt; Flüsse verbanden es gut mit dem Hinterland. Der Fernhandel besaß eine große Bedeutung, ganz gleich ob zur See oder zu Land. Neben Reis waren Waldprodukte das Hauptexportgut von Ayutthaya. Die Bürokratie schuf das Ministerium Phra Khlang, das für Auswärtiges und den Handel zuständig war. Das Ministerium hatte das Monopol

Die erste siamesische *Abhandlung über den siegreichen Krieg* wurde 1498 für die Armeen von König Ramathibodi II. verfasst. 2008 entdeckte man ein echtes Exemplar aus der frühen Bangkok-Periode in Phetchabun.

Im 17. Jh. wurden Tierhäute in großer Zahl nach Japan exportiert – rund 100 000 pro Jahr.

KÖNIG NARAIS WELT

König Narais Interesse am Rest der Welt äußerte sich darin, dass er in den 1680er-Jahren Botschafter mit den bedeutenden Herrschern Persiens, Frankreichs, Portugals und des Vatikans austauschte. Besonders die nach Frankreich entsandte siamesische Gesandtschaft schlug hohe Wellen. Der König kaufte und konsumierte gerne ausländische Produkte, Kulturen und Ideen. Sein Hof bestellte Gegenstände wie Ferngläser, Sanduhren, Papier, Walnussbäume, Käse, Wein und Marmorspringbrunnen. Bevor er gemeinsam mit französischen Jesuiten in seinem Palast in Lopburi die Sonnenfinsternis studierte, hatte der siamesische Monarch viele Geschenke erhalten, darunter einen Globus von König Ludwig XIV.

In den 1680er-Jahren beschäftigte Narai den griechischen Abenteurer Constantine Phaulkon. Als Mittelsmann zwischen Siam und dem Westen missbrauchte Phaulkon seine Macht als hoher Minister und Günstling des Königs.

Als König Narai starb, ohne einen Erben zu hinterlassen, stand Phaulkon auf der Verliererseite und fiel Intrigen des siamesischen Hofs während der „Palastrevolution von 1688" zum Opfer, in der er eine wichtige Rolle gespielt hatte. Viele zeitgenössische Schriftsteller schrieben über den Aufstieg und Niedergang des Constantine Phaulkon.

1688	**1767**	**1768–1782**
Nach dem Tod von König Narai kommt es zu einer Palastrevolution, dem dramatischen Tod des Griechen Constantine Phaulkon und der Ausweisung der Franzosen.	Nach einer einjährigen Belagerung legen die Birmanen Ayutthaya in Schutt und Asche. Nach mehr als 400 Jahren endet die Geschichte des Reiches von Ayutthaya.	König Taksin füllt das Machtvakuum aus und herrscht von seiner neuen Hauptstadt Thonburi aus.

für bestimmte Einfuhr- und Ausfuhrgüter inne und legte die Zölle und Preise fest. Vom 17. Jh. an expandierte die Handelswirtschaft Ayutthayas.

Das in Ayutthaya viele Ausländer ansässig waren, kann man noch heute an den Überresten der Siedlungen von Japanern, Holländern und Franzosen an den Flussufern rund um die Insel und alten chinesischen, maurischen und englischen Karten erkennen. Berichte ausländischer Besucher erwähnen die kosmopolitischen Märkte und den Hof von Ayutthaya. Die Ausländer verwalteten sich zwar selbst, doch die Führer der ausländischen Gemeinden gingen in der siamesischen Bürokratie derart auf, dass sie noch mehr auf die Gunst des Königs angewiesen waren. Westliche Besucher jener Zeit beschreiben entsetzt das siamesische Recht und seine harten körperlichen Strafen. 1664 forderten und erhielten die Holländer als erste extraterritoriale Rechte und entgingen damit der siamesischen Rechtsprechung.

Der imposante Reichtum Ayutthayas, der auf Einnahmen und Handelsprofiten beruhte, war in der europäischen Reiseliteratur jener Zeit ein gängiges Thema. Die Zurschaustellung von Reichtum gehörte zur königlichen Propaganda, die sich noch heute im historischen Gebiet Ayutthayas zeigt.

Der Blütezeit Ayutthayas setzte die birmanische Expansion eine Ende. 1569 eroberte der große birmanische König Bayinnaung die Stadt, die freilich unter König Naresuan ihre Unabhängigkeit zurückgewinnen konnte. Doch in den 1760er Jahren expandierte die ehrgeizige neue birmanische Dynastie Kongbaung erneut nach Osten und beseitigte Ayutthaya endgültig als politischen und kommerziellen Rivalen. Die birmanischen Truppen belagerten die Hauptstadt über ein Jahr, legten sie schließlich 1767 in Schutt und Asche und radierten ihre 1 Mio. Menschen zählende Bevölkerung nahezu vollständig aus. Auch die Umgebung wurde entvölkert. Tatsächlich war die Eroberung und Zerstörung Ayutthayas so grauenhaft, dass die Birmanen vielen Thais noch heute als erbarmungslose Feinde und Aggressoren gelten.

DIE BANGKOK-PERIODE
Phönix aus der Asche

Die Königsnachfolge hatte ein abruptes Ende gefunden und ein Machtvakuum hinterlassen. Ein ehemaliger General namens Taksin erhob Anspruch auf die Herrschaft. Nachdem er seine Konkurrenten besiegt hatte, darunter einen Bruder des letzten Königs von Ayutthaya, erklärte er Thonburi zu seiner Hauptstadt. Der Ort lag flussabwärts, besaß eine von den Franzosen errichtete Festung, war leichter zu verteidigen und besser an die Handelswege angeschlossen als Ayutthaya. König Taksin, Sohn eines chinesischen Immigranten und einer Thai, festigte seine Macht und förderte den Handel mit China. Gegen Ende seiner 15 Jahre dauernden Herrschaft soll der König geistig umnachtet gewesen sein. Er wandelte sich zum despotischen Herrscher und ließ selbst buddhistische Mönche auspeitschen. 1782 putschten zwei seiner wichtigsten Generäle gegen ihn und ließen ihn hinrichten. Einer von

Lesenswerte europäische Berichte über Ayutthaya schrieben im 17. Jh. Jeremias van Vliet, Simon de la Loubère, Nicolas Gervaise und Engelbert Kaempfer.

König Naresuan wird als Nationalheld verehrt. Als eine Art Kultfigur genießt er besonders bei der thailändischen Armee ein hohes Ansehen. Seine Lebensgeschichte ist Gegenstand des kostspieligen Dreiteilers Naresuan von Regisseur Chatrichalerm Yukol.

1782	1805	1851–1868
Tod König Taksins: Die Chakri-Dynastie wird begründet und Bangkok zur neuen Hauptstadt ernannt.	Kodifizierung des Dreisiegelgesetzes.	Herrschaft von König Mongkut (Rama IV.): Der chinesische Einfluss wird zugunsten eines westlichen Einflusses zurückgedrängt.

FRAUEN IN DER THAILÄNDISCHEN GESCHICHTE

Ausländischen Besuchern der Ayutthaya-Periode fiel auf, dass Frauen den größten Teil der Arbeit verrichteten und auch den Handel kontrollierten. Und doch schaffte erst 1868 König Mongkut (Rama IV.) das Recht des Mannes ab, seine Frau oder ihre Kinder gegen ihren Willen zu veräußern. Das ältere Recht behandelte die Frau, „als sei sie ein Wasserbüffel". In einem Buch, *Suphasit Son Ying* (Sprichwörter für Frauen), heißt es Mitte des 19. Jh., dass Frauen aus der Oberschicht ein Mitspracherecht bei der Gattenwahl und den Familiengeschäften haben wollten. Die Sprichwörter gaben ihnen Ratschläge für beide Angelegenheiten.

---

ihnen, Chao Phraya Chakri, wurde als König Yot Fa (Rama I.) gekrönt. Er begründete damit die Chakri-Dynastie. Der neue Monarch ließ die Hauptstadt erneut verlegen, diesmal auf die andere Seite des Flusses Chao Phraya. Der neue Ort, Bangkok, wurde als „Rattanakosin" (Indras Edelstein) oder noch häufiger als „Krungthep" (Stadt der Engel) gepriesen.

In den 70 Jahren zwischen der Herrschaft König Taksins und König Nangklaos (Rama III.) konzentrierten sich die neuen Herrscher darauf, die Siamesen zu einen und das Vorbild Ayutthayas am Leben zu erhalten. Überliefertes Wissen und Bräuche wurden konserviert oder in neue Gesetze, Verwaltungsvorschriften sowie religiöse und historische Texte integriert. Zugleich verfuhren die neuen Machthaber nach dem Motto „Angriff ist die beste Verteidigung" und dehnten ihren Einfluss in alle Richtungen aus. Siam zerstörte die Hauptstädte von Laos und Kambodscha, hielt Birma in Schach und machte Chiang Mai zum Vassallen, das ebenfalls von birmanischen Angriffen betroffen gewesen war. Die besiegten Völker wurden umgesiedelt und trugen sehr zur Steigerung der Reisproduktion Siams bei, die größtenteils nach China exportiert wurde. König Nangklao war sehr am Handel mit China und an der chinesischen Kultur interessiert. Im Gegensatz zu den Herrschern von Ayutthaya, die sich mit dem Hindu-Gott Vishnu identifiziert hatten, etablierten sich die Chakri-Könige als Wahrer des Buddhismus, die Textsammlungen, Übersetzungen wichtiger buddhistischer Texte ins Thailändische und viele königliche Tempelbauten in Auftrag gaben. Gleichzeitig entwickelten sich eine neue Gesellschaftsordnung und eine Marktwirtschaft.

Die Dreisiegelgesetze in der Frühphase Bangkoks basierten teilweise auf erhaltenen Rechtstexten aus Ayutthaya. Sie legten den rechtlichen Standard in der frühen Bangkok-Periode fest.

Modernisierung und Verwestlichung

Die siamesische Elite hatte China lange Zeit bewundert. Diese Faszination verschwand jedoch in den 1850er-Jahren, als sich Siam dem Westen öffnete. In der Folge führte die herrschende Elite eine begrenzte Modernisierung nach westlichem Vorbild durch, die u. a. Wissenschaft, Bürokratie, Militär, Bildungswesen, Infrastruktur und Rechtssystem erfasste.

Vor seiner Thronbesteigung lebte König Mongkut (Rama IV.) 27 Jahre lang als Mönch. Er gründete die Thammayut-Sekte, die die strenge Diszi-

---

1855

Unterzeichnung des siamesisch-britischen Freundschaftsvertrag, der die Marktwirtschaft fördert und britische Untertanen in Siam Extraterritorialität zusichert.

1868–1910

Herrschaft von Chulalongkorn (Rama V.): Thailand wird modernisiert und zugleich Objekt des europäischen Imperialismus.

1869

In Bangkok wird die erste gepflasterte Straße für den Verkehr freigegeben. Sie trägt den bedeutungsvollen Namen Charoen Krung („Es gedeihe die Hauptstadt")

Der Bangkok Recorder veröffentlichte lokale und internationale Nachrichten und Berichte aus den Bereichen Wissenschaft, Politik und Religion.

plin der Mon-Mönche übernahm, die er selbst zuvor als Mönch befolgt hatte. Während seines langen Aufenthaltes im Kloster hatte er nicht nur sehr gut Pali und Sanskrit erlernt, sondern auch Latein und Englisch. Zudem studierte er westliche Wissenschaften. Während der Herrschaft Ramas III. hatte der amerikanische Missionar James Low die erste Druckerpresse nach Siam gebracht. Die Druckverfahren in thailändischer Schrift entwickelte sich weiter, als Dan Bradley, ein weiterer amerikanischer Missionar, in den 1840er- und 1860er-Jahren die erste thailändische Zeitung, den *Bangkok Recorder*, veröffentlichte. Zu den Abonnenten der Zeitung zählten König Mongkut und Angehörige der siamesischen Elite.

Derweil dauerte die unter Rama III. begonnene Debatte über die zusammenhängenden Probleme der Wirtschaft, der Gesellschaftsordnung und des Umgangs mit westlichen Einflüssen fort. Die Reformer vertraten die Ansicht, dass mehr Handel mit dem Westen, eine Befreiung der Arbeitskräfte und der Zugang zu neuen Technologien zu Wirtschaftswachstum führen müsse. König Mongkut hatte zwar nichts für das Christentum übrig, war aber sehr fasziniert von der westlichen Idee materiellen Fortschritts. Einer seiner Berater, Chaophraya Thiphakorawong, verfasste eine Sammlung von Essays, *Sadaeng Kitjanukit*, die Kinder dazu anregten, die westliche Wissenschaften zu erlernen, aber das Christentum abzulehnen.

Zucker war das wichtigste Exportgut Siams, bis er in den 1870er-Jahren durch Reis verdrängt wurde.

Unter Mongkut schloss Siam Verträge mit westlichen Staaten. Vor allem infolge des von John Bowring ausgehandelten siamesisch-britischen Freundschaftsvertrags von 1855 öffnete sich das Königreich dem Weltmarkt. Der siamesische Hof gab königliche Monopole auf und verlieh den Briten extraterritoriale Rechte. Weitere westliche Staaten folgten dem Vorbild des Empires.

Die Briefsammlung Klai Ban gibt es auch in deutscher Übersetzung.

Mongkuts Sohn König Chulalongkorn (Rama V.) unternahm noch größere Anstrengungen, um die alte politische Ordnung durch das Modell eines Nationalstaats zu ersetzen. Er schaffte die Sklaverei und die Corvée (Frondienst) ab, die seit der Ayutthaya-Periode fortbestanden hatten. Die Kontrolle des Arbeitsmarkts wurde stetig schwieriger, da eine riesige Zahl chinesischer Immigranten und Bauern aus den Grenzregionen ins Land strömte,

---

CHULALONGKORN, DER REISEKÖNIG

Als Kind reiste König Chulalongkorn nach Singapur, Java, Malaya, Birma und Indien, um herauszufinden, „was geeignete Modelle für den künftigen Wohlstand Siams sein könnten". 1897, vier Jahre nach dem „Zwischenfall von Paknam" mit den Franzosen, besuchte er Europa. Er wollte beweisen, dass Siam ein zivilisiertes Land sei, das wie eine europäische Macht behandelt werden sollte. Aus seiner zweiten Reise 1907 ging *Klai Ban* (Weit weg von der Heimat) hervor, eine Sammlung von Briefen, die er auf seiner Reise an seine Tochter in Siam geschrieben hatte. Diese sind ein weitsichtiger Bericht über das Europa im frühen 20. Jh.

1874	1890	1892
•	•	•
Erlass zur Abschaffung der Sklaverei.	Eröffnung der ersten Bahnlinie Siams von Bangkok nach Nakhon Ratchasima.	Neue Regierung: Das Kabinett umfasst zwölf Ministerien, darunter die Vorgänger des Verteidigungs-, des Innen-, des Justiz- und des Bildungsministeriums.

während die Untertanen westlicher Staaten Extraterritorialität genossen. Unter Chulalongkorn wurden ein Berufsbeamtentum, eine Polizei und ein stehendes Heer geschaffen. Seine Reformen vereinheitlichten den Gesetzeskodex, die Gerichtsverfahren und die Steuerbehörden. Während sich immer mehr Bauern in den Grenzregionen niederließen, wurden im siamesischen Kernland Bewässerungssysteme angelegt. Schulen nach europäischem Vorbild wurden eingerichtet. Eine allgemeine Wehrpflicht und eine Kopfsteuer machte alle Menschen zu Untertanen des Königs.

Bei der „Zivilisierung" seines Landes stützte sich Chulalongkorn stark auf ausländische – vor allem britische – Berater. Bei Hof wurde ein Großteil des jahrhundertealten Protokolls abgeschafft und durch westliche Gepflogenheiten ersetzt. Italienische Künstler gaben dem Staat ein neues repräsentatives Gesicht und entwarfen beispielsweise die neuen Thronsäle. Entgegen alten Traditionen ließ sich der König in der Öffentlichkeit sehen, fotografieren, in Gemälden und Skulpturen porträtieren und auf Münzen, Briefmarken und Postkarten abbilden. (Der erste siamesische König, der sich fotografieren ließ und dem einfachen Volk zeigte, war jedoch Mongkut.)

König Chulalongkorn verleibte dem Reich Lanna, Khorat und Phuket ein. 1893 wurde zur Kontrolle der Provinzen ein Innenministerium geschaffen. Gleichzeitig wurden Eisenbahnlinien gebaut, um die weit entfernten Zentren miteinander zu verbinden. Allerdings musste Siam auch Gebiete an Französisch-Indochina (Laos 1893 und Kambodscha 1907) und Britisch-Malaya (drei malaiische Staaten 1909) abzutreten. Damit wurde Siam ein im modernen Sinn geografisch genau umrissener Staat. Seit 1913 gelten alle Menschen, die innerhalb seiner Grenzen lebten, als „Thai".

Im Angesicht der imperialistischen Bedrohung und innenpolitischen Unordnung hielt die siamesische Elite die westliche Modernisierung für die logische Antwort. Die Einrichtung eines Parlaments war jedoch ein Schritt, zu dem sich König Chulalongkorn und sein Nachfolger noch nicht durchringen konnten. Dessen ungeachtet veranlasste der in England ausgebildete König Vajiravudh (Rama VI.) weitere Reformen und führte u. a. die allgemeine Schulpflicht ein. Er passte den thailändischen Kalender dem westlichen Modell an und förderte einen Nationalismus mit monarchistischer Note. 1917 wurde die neue dreifarbige Nationalflagge – Rot, Weiß und Blau symbolisieren die Nation, Religion und König – für die thailändischen Einheiten entworfen, die mit den Alliierten in Europa kämpften. Außerdem mussten die Thais einen Nachnamen annehmen. Und da die thailändische Regierung befürchtete, die Chinesen im Land könnten sich in die politischen Geschehnisse in China einmischen und republikanischen und revolutionären Ideen im Land Vorschub leisten, erließ sie 1913 ein Nationalitätsgesetz, das es Nachkommen chinesischer Immigranten erlaubte, thailändische Bürger zu werden.

Beim „Zwischenfall von Paknam" reagierte Siam 1893 mit militärischer Gewalt, nachdem Frankreich Gebiete am Ostufer des Mekong annektiert hatte. Frankreich sandte zwei Kanonenboote, die auf dem Chao Phraya aufkreuzten und Siam zum Nachgeben zwangen. Der Zwischenfall hatte das Französisch-Siamesische Abkommen zur Folge, das den Mekong als klare Grenze zwischen Siam und Französisch-Indochina festlegte.

1893	**1909**	**1913**
Die französische Blockade des Chao Phraya („Zwischenfall von Paknam") verstärkt die Bedrohung Thailands durch den europäischen Imperialismus.	Ein Vertrag zwischen England und Siam legt die Grenzen Siams fest.	Die Regierung von König Vajiravudh erlässt das Nationalitäts- und das Nachnamengesetz.

DAS DEMOKRATISCHE THAILAND
Die Revolution von 1932

Die Volkspartei wurde von einer Gruppe von Studenten (darunter Phibul und Pridi) gegründet, die in den 1920er-Jahren in Paris studierten und die Vision eines demokratischen Thailands nach westlichem Vorbild teilten.

1932 gelang einer Gruppe junger Offiziere und Bürokraten, die sich Khana Ratsadon (Volkspartei) nannte, ein unblutiger Staatsstreich, durch den Thailand in eine konstitutionelle Monarchie mit einer demokratisch gewählten Volksvertretung umgewandelt wurde. Die Anführer des Umsturzes waren Verfechter demokratischen Ideen, die sie während ihres Studiums in Europa kennengelernt hatten. Nach der Abdankung von König Prajathipok (Rama VII.) und seinem freiwilligen Gang ins Exils nach Großbritannien im Jahre 1935 ernannte die demokratische Regierung seinen zehnjährigen Neffen, Ananda Mahidol als Rama VIII. zum Thronfolger. Die Volkspartei konnte sich zwar erfolgreich gegen royalistische Reaktionäre durchsetzen, wurde aber in den Jahren nach dem Staatsstreich von dem inneren Zwist zwischen ihren zwei Fraktionen aufgerieben. General Phibul Songkhram führte die militärische Fraktion an, Pridi Phanomyong die zivile.

Pridi Phanomyong (1900–83) hatte in Frankreich studiert, war Anwalt, ziviler Anführer der Revolution von 1932, Gallionsfigur von Seri Thai und Premierminister Thailands. Seine demokratischen Reformen in Thailand stützten sich auf verfassungsrechtliche Maßnahmen und die Beschränkung des militärischen Einflusses auf die thailändische Politik. Er befürwortete die Verstaatlichung von Land und Arbeit, die Industrialisierung unter Führung des Staats und den Schutz von Arbeiterrechten. 1934 gründete er die Thammasat-Universität. Nachdem er des „Kommunismus" bezichtigt worden war, spielte er ab Mitte der 1950er-Jahre in der Politik keine unmittelbare Rolle mehr. 2000 wählte ihn die Unesco unter die großen Persönlichkeiten des 20. Jhs.

Aus dem gewalttätigen Konflikt ging jedoch Phibul als Sieger hervor. Starke nationalistische Tendenzen prägten seine diktatorische Herrschaft, die mit dem Zweiten Weltkrieg zusammenfiel. Die Begriffe „Nation" und „Thai" standen im Mittelpunkt: So wurde unter Phibuls Ägide 1939 der alte englische Landesnamen Siam endgültig in Thailand umgeändert, das Land der Thai – des freien Volkes.

Als Japan im Zweiten Weltkrieg Südostasien angriff, stellte sich Phibul auf die Seite Japans, in der Hoffnung, seine internationale Verhandlungsposition zu verbessern und Land von den Franzosen zurückzuerhalten. Thailand wollte Großbritannien und den USA den Krieg erklären. Doch der von Pridi angeführten antijapanischen Befreiungsbewegung namens Seri Thai gelang es, Phibul zur Abdankung zu zwingen. Und da Seni Pramoj, thailändischer Botschafter in Washington und Mitglied von Seri Thai, sich geweigert hatte, eine offizielle Kriegserklärung auszusprechen, blieb Thailand von den harten Konsequenzen verschont, die die Verlierermächte trafen.

Die demokratische Nachkriegsregierung war nur von kurzer Dauer. Die Regierung Pridi verabschiedete 1946 eine Verfassung, nach der die Legisla-

1916	**1917**	**1932**
Gründung der ersten Universität des Landes, der Chulalongkorn-Universität.	Siam unterstützt die Alliierten im Ersten Weltkrieg mit insgesamt 1300 Soldaten, die in Frankreich kämpfen.	Die von einer bürgerlichen Elite und jungen Offizieren angeführte, gewaltlose Revolution beendet die absolute Monarchie.

tive allein nach demokratischen Regeln bestimmt wurde. Im selben Jahr wurde der junge König Ananda Mahidol erschossen – die Umstände seines Todes sind bis heute ungeklärt. Sein jüngerer Bruder bestieg als König Bhumibol (Rama IX.) den Thron. 1947 stürzten Mitglieder des Militärs, die sich durch liberale und sozialistische Tendenzen bedroht fühlten, die Regierung und schickten Pridi ins Exil. Phibul wurde Chef einer neuen, entschieden antikommunistischen Regierung.

Militärherrschaft & Kalter Krieg

1957 ergriff General Sarit Thanarat die Macht und errichtete in Thailand eine Militärdiktatur: Er setzte die Verfassung außer Kraft, löste das Parlament auf und verbot alle politischen Parteien. In den 1950er-Jahren begann auch das direkte Engagement der USA in Südostasien zur Eindämmung des Kommunismus in der Region. Vor dem Hintergrund des Kalten Krieges unterstützten die Amerikaner die Regierung Sarit ökonomisch und militärisch.

Sarit befürwortete die Stärkung der Rolle des Königs, da er in ihm eine „einigende Autorität" sah. König Bhumibol und Königin Sirikit machten Staatsbesuche im Ausland und präsentierten Thailand als einen traditionsbewussten, aber modernen Staat. Im Inland engagierten sie sich für die Entwicklung des ländlichen Raums. 1969 wurde die Royal Project Foundation gegründet, deren Ziele es waren, die Bergstämme im Norden zur Beendigung des Opiumanbaus zu bewegen und eine ausgewogene, nachhaltige Nutzung von Boden und Wald zu forcieren.

Von 1963 bis 1973 führten die Generäle Thanom Kittikachorn und Praphat Charusathien die Militärherrschaft fort. Den USA gestatteten sie während des Vietnamkriegs, ihre Truppen in Thailand zu stationieren. Der krisenanfällige Mix aus Kapitalismus, amerikanischem Imperialismus, Militärdiktatur und marxistischer Ideologie rief eine Opposition aus Intellektuellen, Studenten, Arbeitern und Bauern auf den Plan. 1973 demonstrierten in Bangkok und in den Provinzzentren mehr als 500 000 Menschen für eine Verfassung. Die blutige Auflösung einer Kundgebung in Bangkok am 14. Oktober führte schließlich zum Sturz des Regimes.

In den darauffolgenden Jahren vertieften sich Gräben zwischen linken und rechten Kräften, die von der Studentenbewegung auf der einen und vom Militär und von extremen Rechten auf der einen Seite verkörpert wurden, bis schließlich antikommunistische Kräfte am 6. Oktober 1976 unter Studenten der Thammasat-Universität ein Blutbad anrichteten. Viele Studenten und Intellektuelle schlossen sich daraufhin den bewaffneten kommunistischen Rebellen im Dschungel an.

Wirtschaftliche Entwicklung & ihre Folgen

Im letzten Viertel des 20. Jhs. erlebte Thailand einen rasanten Wirtschaftswachstum, der einen sozialen Wandel mit sich brachte. Zu den Indikatoren

1950 war Thailand das erste asiatische Land, das den USA Soldaten für den Koreakrieg anbot. 1954 trat es dem den USA nahestehenden Verteidigungsbündnis Southeast Asia Treaty Organization (SEATO) bei.

1988 erhielt die Royal Project Foundation den prestigeträchtigen Ramon Magsaysay Award für Entwicklungsarbeit.

1939	**1941**	**1942**
Der englische Name des Landes wird offiziell von Siam in Thailand geändert.	Nachdem Thailand zunächst die Nähe Japans gesucht hat, wird es doch noch von japanischen Truppen besetzt.	Erneute Gründung der Kommunistischen Partei Thailands (CPT).

des Wandel wie der Ausbildung einer individualistischen Konsumgesellschaft gesellten sich neuartige Probleme – die Auflösung ländlicher Gemeinschaften, die Ausbeutung von Arbeitern und die Zunahme der Prostitution. Und natürlich blieb auch die thailändische Politik nicht vom Boom unberührt.

In den 1980er-Jahren erlebte die Regierung des „politischen Soldaten" und Generals Prem Tinsulanonda eine Periode politischer und wirtschaftlicher Stabilität. Prem gelang es, die kommunistische Bewegung durch militärische Aktionen und Amnestieprogramme zu zerschlagen. Doch eine neue Generation von Geschäftsleuten und Politikern, für die das Wirtschaftswachstum an erster Stelle stand, begann das Militär, seinen Haushalt und seine Rolle in der Politik zu kritisieren. 1988 wurde Prem von Chatichai Choonhavan abgelöst. Seine Partei Chat Thai war eng mit aufstrebenden Geschäftsleuten aus der Provinz verbunden, die es verstanden, Wählergruppen zu manipulieren. Unter Chatichai wurden das Verteidigungs-, das Innen- und das Finanzministerium nicht mehr Technokraten und Generälen, sondern gewählten Politikern übertragen. Die Regierung Chatichai versuchte, die Macht weg von der Bürokratie und dem Militär hin zum Kabinett und zu wirtschaftlichen Interessengruppen zu verlagern. Die Regionalpolitik der Regierung verabschiedete sich von der Mentalität des Kalten Krieges und bemühte sich darum, „Schlachtfelder in Märkte" zu verwandeln, die Konflikte im kommunistischen Indochina zu beenden und die wirtschaftliche Liberalisierung auszunutzen.

Doch auch die zunehmende „Politik des Geldes" blieb in den 1980er-Jahren nicht ohne Widerspruch, Gegner sammelten sich vor allem in der städtischen Mittelschicht. 1985 wurde Chamlong Srimuang, ein ehemaliger Soldat, zum Bürgermeister von Bangkok gewählt. Er war mit dem Versprechen angetreten, die Korruption zu bekämpfen. Seine Partei Phalang Tham (Moralische Macht) trat auch bei den landesweiten Wahlen an. Derweil wurde im Februar 1991 die Regierung Chatichai durch einen Staatsstreich gestürzt, nachdem Exzesse wie ihr berüchtigtes „Büffetkabinett", eine profitable Rotation lukrativer Ministerposten, überhand genommen hatten.

Während sich das Militär bemühte, seine privilegierten Stellung zu sichern, fand der Staatsstreich die Zustimmung bei den aufsteigenden Geschäftsleuten und Bildungsbürgern aus Bangkok, denen der Klüngel aus Geschäftsleuten und Provinzpolitikern ein Dorn im Auge war. Anand Panyarachun, Geschäftsmann und ehemaliger Diplomat, wurde zum Premierminister ernannt. Er bemühte sich um liberale Wirtschaftsreformen. Bald erregte der Machtmissbrauch der Generäle zu ihrem persönlichen Vorteil neue Kritik. Dennoch errangen in den Wahlen vom März 1992 militärnahe Kreise, der auch frühere Chat-Thai-Mitglieder angehörten, die Mehrheit der Parlamentssitze. Mitten während der Regierungsbildung aber wurde ihr Kandidat für den Posten des Premierministers des Drogenhandels beschuldigt. General Suchinda Kraprayoon, Anführer des Staatsstreichs, sprang als neuer Premier-

Prem Tinsulanonda fungiert bis zu seinem Tod als Chef des Geheimen Rats von König Bhumibol.

1942	**1945**	**1946**
Phibul erklärt Großbritannien und den USA den Krieg – die Kriegserklärung wird aber nicht rechtskräftig, da sich der Botschafter Pridi weigert, diese zu überreichen.	Ende des Zweiten Weltkriegs: Thailand muss Gebiete räumen, die es während des Zweiten Weltkriegs in Laos, Kambodscha und Malaya annektiert hat.	König Bhumibol Adulyadej (Rama IX.) besteigt den thailändischen Thron. Thailand tritt der UNO bei.

minister ein. Doch als dieser drei der Korruption überführte Chat-Thai-Politiker ins Kabinett berief, machte er die Rechnung ohne die Bangkoker Mittelschicht. Unter der Führung von Chamlong Srimuang versammelten sich am 17. Mai 1992 in Bangkok rund 200 000 Demonstranten zu einer Massenkundgebung. Sie erhielten den Spitznamen „Handymob" – ihre Telefone wiesen sie als Mitglieder der aufstrebenden gebildeten, städtischen Mittelschicht aus. In drei Nächten versuchten bewaffnete Soldaten, die Demonstrationen gewaltsam zu ersticken. Die thailändische und internationale Presse berichtete ausführlich über die Ereignisse. Auch deshalb rief König Bhumibol am Abend des 20. Mai Chamlong und Suchinda in den Palast und gab ihnen unmissverständlich zu verstehen, dass sie der Gewalt ein Ende setzen sollten. Anand kehrte zurück, um eine Übergangsregierung zu leiten.

> Chamlong Srimuang ist überzeugter Buddhist und Mitglied der antimaterialistischen, antikonsumistischen Sekte Santi Asoke.

Nach den Wirren im „Schwarzen Mai" forderten Anhänger der Demokratie nachdrücklich eine Verfassungsreform, eine Machtbalance zwischen Staat und Zivilgesellschaft, die Abschaffung militärischer Kontrolle über elektronische Medien und eine demokratische Dezentralisierung.

In den 1990er-Jahren dominierte zumeist die Demokratische Partei das Parlament. Sie repräsentierte die Hoffnung von Wirtschaft und städtischer Mittelschicht, dass Thailand erfolgreich mit der Globalisierung Schritt halten könne. Ihre Wähler stammten vor allem aus den Ballungsgebieten Südthailands, sie lebten in den alten Hafenstädten und verdienten ihr Einkommen im Tourismus und in exportorientierten Branchen (Gummi, Zinn und Fischerei). Am anderen Ende des politischen Spektrums standen die ehemals mit dem Militär unter einer Decke steckenden Politiker aus der zentralen Tiefebene und die Bewohner der neuen Provinzzentren aus dem ländlichen Nordosten, die an Finanzspritzen für ihre Provinzen interessiert waren.

> Die Demokratische Partei („Phak Prachathipat") wurde 1946 gegründet und ist die älteste existierende Partei Thailands.

Die Demokraten stellten die Regierung unter Chuan Leekpai, die zum traditionellen System des Kompromisses zwischen Bürokratie und Politik zurückkehrte. Reformen wurden kaum umgesetzt. Die Plünderung natürlicher Ressourcen – vor allem die Landnutzung durch Regierung und Verwaltungsbeamte – rief lokale Proteste hervor und nagte am Ansehen der Demokraten. Allerdings gelang es auch den beiden folgenden Regierungen unter den Parteien Chat Thai und New Aspiration nicht, Thailand vor den verheerenden Auswirkungen der Asienkrise von 1997 zu schützen.

Zwischen 1985 und 1996 kletterte Thailands jährliches Wirtschaftswachstum durchschnittlich über 9 %. 1997 aber riss die Überschuldung des Immobiliensektors die Wirtschaft des Landes, die bereits mit einem Berg Auslandsschulden zu kämpfen hatte, weiter in den Abgrund. Die thailändische Regierung vermochte den Baht nicht gegen massive internationale Spekulation zu stützen und musste den Wechselkurs freigeben. Die Schwächung der Währung zog eine Entwertung der Kapitalmärkte und massive Inflation nach sich. Es folgten explodierende Privatschulden, Entlassungswellen und persönliche Schicksalsschläge für weite Teile der Bevölkerung. Die Krise griff

> Innerhalb weniger Monate wurde der Thailändische Baht 1997 um mehr als die Hälfte abgewertet.

1957	**1959**	**1965**
Der erfolgreiche Staatsstreich von Sarit Thanarat ist der Auftakt einer langen Militärherrschaft, die bis 1973 dauern wird.	Gründung der thailändischen Tourismusbehörde.	Thailand gestattet den USA, während des Vietnamkriegs Soldaten auf thailändischem Staatsgebiet zu stationieren.

rasend auf weitere Tigerstaaten über. Der Internationale Währungsfonds (IWF) knüpfte sein Rettungsprogramm an die Bedingung, finanzpolitische und rechtliche Reformen und eine Liberalisierung der Märkte durchzuführen. Mehr als 17 Mrd. US$ wurden in die Stabilisierung der thailändischen Währung gepumpt.

Nach der Krise war es für die Demokraten ein leichtes Spiel, wieder an die Macht zu gelangen. Doch ähnlich schnell verloren sie die Unterstützung, da es ihnen in den folgenden drei Jahren nicht gelang, den wirtschaftlichen Abschwung abzubremsen. Geschäftsleute und die städtische Mittelschicht protestierten offen gegen unfähige Politiker, staatliches Missmanagement und eine als unfair empfundene IWF-Politik (wie die erzwungene Liberalisierung und Öffnung thailändischer Unternehmen für ausländische Investoren). Ein Durchbruch schien mit dem Versprechen einer Verfassung möglich, die ein neues besseres politisches System schaffen sollte. Diese „Volksverfassung" wurde am 27. September 1997 verabschiedet. Sie umfasste Menschen- und Bürgerrechte wie das Recht zur freien Meinungsäußerung und räumte der Zivilgesellschaft mehr Möglichkeiten ein, gegen Korruption vorzugehen.

Derweil gerieten die Folgen der Globalisierung zunehmend ins Kreuzfeuer ländlicher Bevölkerungsgruppen und Graswurzelbewegungen. Thailand musste beispielsweise eine Antwort auf die Frage finden, wie die ländliche Gesellschaft die große Zahl heimkehrender Arbeitsloser bewältigen kann. So unterstrich König Bhumibol in der Rede zu seinem Geburtstag im Dezember 1997 die Idee der Autarkie: „Wichtig ist, genug zu essen und zu leben zu haben; und eine Wirtschaft zu haben, die genug zu essen und zu leben liefert … Wir müssen zurückgehen, um voranzukommen."

Thaksinokratie

2000 schwächte sich die Wirtschaftskrise ab. Thailand musste dringend neue Wege in der Entwicklungspolitik gehen. Die Wirtschaft hatte längst das Militär als stärkste Kraft in der Politik abgelöst. 1998 gründete Thaksin Shinawatra, ein ehemaliger Polizist, der in der Telekommunikation Milliarden verdient hatte, die Partei Thai Rak Thai (TRT; „Thais lieben Thais"), die dem aufkeimenden Nationalismus im Land nach der Asienkrise ein Sprachrohr verlieh. Thaksin wandte sich an zwei große Gruppen, die schwer unter der Krise zu leiden hatten: Geschäftsleute und Landbevölkerung. Mit ihrem Versprechen, der Wirtschaft wieder auf die Beine zu helfen, gewann die TRT Unterstützung etwa seitens der CP Group und der Bangkok Bank. Zu ihrem Programm zählten Forderungen nach einer Stärkung der Gemeinden und einer Wirtschaftsförderung, die an der Basis ansetzen sollte (z.B. durch Agrarkredite, Kapitalfonds für Dörfer und eine günstige Gesundheitsversorgung).

Thaksin, der bei den Wahlen 2001 nahezu die absolute Mehrheit gewann, wurde schließlich Premierminister. Dank des deutlichen Stimmenüberge-

Die in den 1920er-Jahren von der Familie Chearavanont gegründete Gruppe Charoen Pokphand (CP) ist das größte Konglomerat und multinationale Unternehmen Thailands. Es ist u. a. in der Landwirtschaft, im Einzelhandel der und Telekommunikation tätig.

1968

Thailand ist Gründungsmitglied der Association of Southeast Asian Nations (ASEAN), einem Pendant der Europäischen Gemeinschaft.

1973

Thailändische Studenten, Arbeiter und Bauern stürzen gemeinsam die Militärdiktatur – eine demokratisch gewählte Regierung wird eingesetzt.

1976

Militär und Rechte schlagen Studentproteste gewaltsam nieder.

wichts und einer Verfassung, die die Position des Premierministers stärkte, saß seine Regierung fest im Sattel. Er bediente sich weit mehr als seine Vorgänger moderner massenmedialer und kommunikativer Mittel, um den Kontakt zum Wahlvolk aufrechtzuerhalten, und beherrschte fast nach Belieben Presse und Fernsehnachrichten. Seinen Wahlversprechen ließ er rasch Taten folgen. Und so konnte Thaksin, der an der Basis des Volkes außergewöhnlich beliebt war, 2005 erneut einen klaren Wahlsieg erringen.

Doch im In- wie im Ausland wurde Thaksin zunehmend wegen seines „Krieges gegen Drogen" kritisiert, den er 2003 begann. Die Maßnahmen richteten sich gegen einflussreiche Gruppen, denen Verbindungen zum Drogenhandel vorgeworfen wurden und die die Lokalpolitik und Wahlen dominierten. Menschenrechtsgruppen wie Amnesty International zufolge verloren in dem „Krieg" über 2700 Menschen ihr Leben, wobei viele davon nicht legalisierten Hinrichtungen durch die thailändische Polizei zum Opfer fielen.

> Thaksin war der erste Premierminister der thailändischen Geschichte, der die volle Amtszeit von vier Jahren beendete.

Ärger im tiefen Süden

2001 unternahmen muslimische Separatisten, in Pattani, Narathiwat und Yala, den südlichsten Provinzen Thailands, erste Anschläge auf staatliche Einrichtungen und Beamte. Die drei Provinzen bildeten einst das Königreich Pattani, bevor sie von den Chakri-Königen erobert wurden. Infolge der Verwaltungsreformen König Chulalongkorns büßten sie ihre administraive Eigenständigkeit weitgehend ein – die herrschende Elite der Region wurde durch Gouverneure und Bürokraten aus Bangkok ersetzt. Im Zweiten Weltkrieg verfolgte dann Phibuls Regime eine ultranationalistische Politik, in der Minderheiten keinen Platz hatten. Ziel war es, eine multiethnische Gesellschaft in eine homogene thailändische, buddhistische Nation umzubauen. In den südlichen Provinzen formierte sich daraufhin Widerstand, der sich schon in den 1940er-Jahre in einer starken separatistischen Bewegung sammelte und für die Unabhängigkeit Pattanis kämpfte. Doch erst in den 1980er- und 1990er-Jahren schaffte die Regierung Prem die Politik der erzwungenen Assimilation ab. Prem versprach, die kulturellen Rechte und die religiöse Freiheit der Muslime zu schützen, bot den Aufständischen eine Generalamnestie an und entwarf einen Plan zur wirtschaftlichen Entwicklung der Region. Nichtsdestotrotz hinken die drei Provinzen in wirtschaftlichen und bildungspolitischen Belangen dem Rest des Landes weiterhin deutlich hinterher. In den 1990er-Jahren verfolgte die Regierung Chuan deswegen den Ansatz, durch wirtschaftliche Entwicklung für Sicherheit zu sorgen – ein Ansatz, der nur von 1999 bis 2003 umgesetzt wurde.

> 2002 sagte Thaksin Shinawatra: „Es gibt keinen Separatismus und keine ideologischen Terrorismus, sondern nur gewöhnliche Banditen."

Denn die Regierung Thaksin beschloss, die südlichen Provinzen wieder stärker unter eine zentralistische Kontrolle zu bringen. Dieser Paradigmenwechsel war der verschleierte Versuch, die traditionelle Vorherrschaft der Demokratischen Partei im Süden zu brechen. Und tatsächlich gelang es Thaksin, die Bande zwischen lokaler Elite, Wählerschaft im Süden und den De-

1979	**1980–1988**	**1988**
Nach drei Jahren Militärherrschaft werden Wahlen abgehalten und das Parlament wieder eingeführt.	Die Regierung Prem Tinsulananonda schwächt die Bewegung aufständischer Kommunisten und findet schließlich eine politische Lösung.	Chatichai Choonhavan ist der seit 1976 erste gewählte Premierminister. Handelsbeziehungen mit Indochina werden aufgenommen.

mokraten, die sie im Parlament vertraten, zu lockern – allerdings auf Kosten der in dieser Region tief verwurzelten muslimischen Kultur: 2002 löste die Regierung das alte Southern Border Province Administration Center auf, das gemeinsam von Bürgern, Militär und Polizei unterhalten worden war, und übertrug die Sicherheit für die Region der Polizei. Damit machte er die alte Struktur des Dialogs zwischen thailändischer Regierung und Muslimen im Süden zunichte und ersetzte sie durch eine mächtige von Bangkok aus gesteuerte Provinzpolizei, die schnell zum Hassobjekt der muslimischen Bevölkerung wurde. Thaksin indes brandmarkte 2004 die Aufstände als einen hinterhältigen Versuch, die Tourismusindustrie Thailands zu unterminieren, und leugnete damit den politischen, separatistischen Geist der Aufständischen. Gleichzeitig weigerte sich die Regierung, die den Separatisten mit unnachgiebiger Härte begegnete, die Verantwortung für zwei Vorfälle des Vorjahres zu übernehmen: Regierungstruppen hatten Aufständische angegriffen, die sich in der historischen, von den Muslimen der Region als heilig verehrte Moschee Krue Se verschanzt hatten, und einige von ihnen getötet. Und in Tak Bai wurden Hunderte Einheimische verhaftet, nachdem sie für die Freilassung mutmaßlicher Aufständischer demonstriert hatten – beim Transport zum Verhör in einem Militärlager erstickten 78 von ihnen in überfüllten Lkws. Doch obwohl die beiden Übergriffe insgesamt mehr als 100 Menschenleben forderten, kamen die Verantwortlichen mit milden Strafen davon. Mehr noch: 2005 wurde das Kriegsrecht über das Gebiet verhängt.

Internationale Organisationen wie Human Rights Watch konstatieren, dass beide Seiten gegen Menschenrechte verstoßen haben. Die Aufständischen griffen nicht nur Soldaten, Polizisten und ihre Einrichtungen an, sondern auch Lehrer, Schüler und staatliche Schulen. Bislang forderte der Konflikt mehr als 3000 Menschenleben. Die meisten Opfer waren Dorfbewohner – Muslime wie Buddhisten. Dabei weiß man noch immer nicht genau, wer die Strippenzieher der Separatisten sind. Und bislang haben sie auch noch keine konkreten Forderungen vorgelegt.

2006 BIS HEUTE – EIN LAND IN DER KRISE?

2006 wurden Vorwürfe gegen Premierminister Thaksin Shinawatra laut, seine Position massiv zum eigenen Vorteil genutzt zu haben: Die Familie Shinawatra hatte ihre Anteile an der Shin Corporation für 73 Mrd. B (1,88 Mrd. US$) an den Staat Singapur verkauft. Doch dank einer Gesetzesänderung, die Individuen von der Kapitalertragssteuer befreit hatte, war für diese beachtliche Summe kein Satang Steuer angefallen. Zudem kratzten mehrere Gerichtsverfahren gegen Kritiker des Premierministers an dessen Image und führten schließlich zu einer Kampagne gegen Thaksin. Auf seine Forderung nach umgehenden Neuwahlen reagierten die Demokraten mit einem Boykott. Doch der Plan Thaksins scheiterte, als das Verfassungsgericht schließlich die Wahlen für ungültig erklärte und einen neuen Urnengang anordnete.

1991/1992	1995	1997
General Suchinda versucht einen Staatsstreich. König Bhumibol schreitet ein, um nach den Protesten im „Schwarzen Mai" einen Bürgerkrieg zu verhindern.	Staatliche Unternehmen bieten die ersten Internetverbindungen für die thailändische Öffentlichkeit an.	Thailand leidet unter den Folgen der Asienkrise. Die „Volksverfassung" wird verabschiedet.

Im Juni erholten sich die Thais kurzfristig von der überhitzten Politik und feierten den 60. Jahrestag der Thronbesteigung ihres Königs, das Goldene Jubiläum. (Der äußerst populäre König Bhumibol ist der am längsten regierende Monarch der Welt.) Doch schon am 19. September 2006 ging die Staatskrise in eine neue Runde: Dem Militär gelang unter der Führung von General Sonthi Boonyaratglin ein unblutiger Putsch, in dessen Folge Thaksin gezwungen wurde, ins Exil zu gehen. Der ehemalige General Surayud Chulanont wurde zum provisorischen Premierminister ernannt.

Die offizielle Webseite der königlichen Familie: kanchanapisek.or.th

2007 löste das Verfassungsgericht die Partei TRT wegen Wahlbetrugs auf. Zudem verboten die Richter 111 führenden Mitglieder der Partei politische Handlungen für einen Zeitraum von fünf Jahren. In einem Volksentscheid nahmen die Thailänder mit knapper Mehrheit eine neue Verfassung an. Wie bei ihrem Antritt versprochen, hielt die provisorische Regierung im Dezember Wahlen ab und übergab das Land wieder in die Obhut demokratisch gewählter Politiker. Im Januar 2008 errang die Thaksin nahe stehende People's Power Party (PPP) die Mehrheit und bildete eine Regierung unter Samak Sundaravej.

Doch damit gelangte Thailand keineswegs in ruhigeres Fahrwasser: Aufstände im äußersten Süden, Gebietsstreitigkeiten mit dem benachbarten Kambodscha, steigende Ölpreise und eine extreme politische Polarisierung der Gesellschaft hielten das Land auch 2008 in Atem: Nachdem die Unesco den alten Khmertempel Phra Wihan („Preah Vihear" auf Khmer) offiziell zum Weltkulturerbe erklärte, kochten nationalistische Emotionen auf beiden Seiten hoch. Kambodscha und Thailand verlegten Truppen in die umkämpfte Region, kehrten dann aber doch an den Verhandlungstisch zurück. Der abgesetzte Premierminister Thaksin kehrte für kurze Zeit nach Thailand zurück, ging dann aber wieder ins Exil (zunächst nach Großbritannien, dann nach Bonn; in der Zwischenzeit besitzt er einen Diplomatenpass Nicaraguas. Am 21. Oktober 2008 wurde er in Abwesenheit zu einer zweijährigen Haft wegen Amtsmissbrauchs verurteilt.

1907 zeigte eine französische Karte den Tempel Phra Wihan ohne seine Umgebung in Kambodscha. 2008 erhob Kambodscha Anspruch auf das strittige Gebiet um den Tempel als Teil des designierten Weltkulturerbes.

Unterdessen hatte Samaks von der PPP geführte Regierung mit der außerparlamentarischen Taktik der oppositionellen People's Alliance for Democracy (PAD) zu kämpfen. Der frühere Bürgermeister von Bangkok, Chamlong Srimuang, und der Zeitungsverleger Sondhi Limthongkul setzten sich an die Spitze von Demonstrationen. Die Bewegung verband die Opposition gegen Thaksin und die PPP (die als verlängerter Arm Thaksins gilt) mit royalistischen Bestrebungen. Die Demonstranten kleideten sich nach der Farbe des Königs gelb und wurden daher „Gelbhemden" genannt. Zu ihren Reihen gehörten zahlreiche Mitglieder der Mittelschicht, aber auch einige Angehörige der Oberschicht.

Von Anfang an war die PAD gut organisiert. Täglich entwickelte sie neue Strategien, um die Arbeit der Regierung und des Kabinetts zu behindern. Sie besetzte öffentliche Plätze und Gebäude und errichtete etwa vor dem Re-

2001	**2003**	**2004**
Der Telekommunikations-Multi Thaksin Shinawatra wird zum Premierminister gewählt.	Medien berichten, eine thailändische Schauspieler habe Kambodscha vorgeworfen, Angkor Wat unrechtmäßig zu besitzen. In Phnom Penh wird daraufhin die thailändische Botschaft niedergebrannt.	Erneuter Ausbruch von Gewalt im tiefen Süden. Der Tsunami am 26. Dezember 2004 trifft die Andamanenküste Thailands, fordert 5000 Menschenleben und schädigt Tourismus und Fischereiwirtschaft.

gierungsgebäude über Monate hinweg Lager. Die fast unaufhörliche Belagerung, die mit Essen und Trinken versorgt und durch Musik und Reden unterhalten wurde, verschlimmerte das Verkehrschaos in der Hauptstadt, entwickelte sich aber zu einer Art Touristenattraktion.

Die Anhänger Thaksins und der PPP-Regierung organisierten eine Gegenbewegung, zu erkennen an ihrer roten Bekleidung. Die „Rothemden" repräsentierten die Gefolgschaft von TRT und PPP, stammten vor allem aus dem Norden und Nordosten und hatten sich zuvor schon als Aktivisten gegen den Staatsstreich betätigt. Beide Lager wurden jeweils von Politikern und Akademikern unterstützt. Bei Konflikten in Bangkok und anderen Provinzen starben mehr als ein Dutzend Menschen. Einige Beobachter deuten die Ausschreitungen als Indiz dafür, dass der alte, lange unterdrückte Gegensatz zwischen den Klassen und der Stadt-Land-Konflikt jetzt offen zu Tage treten.

Im September 2008 musste Samak Sundaravej aufgrund eines Urteils des Verfassungsgerichts als Premierminister zurücktreten – er war in Kochsendungen aufgetreten, während er gleichzeitig ein Regierungsamt ausgeübt hatte. Die Besetzung der wichtigsten Flughäfen Thailands, Suvarnabhumi und Don Muang, im November 2008, war die mutigste und riskanteste Maßnahme der PAD, den Rücktritt von Samaks Nachfolger, Somchai Wongsawat, einem Schwager Thaksins, zu erzwingen. Die Besetzung führte zu einer wochenlangen Schließung beider Flughäfen und fügte der thailändischen Wirtschaft – besonders dem Tourismus und dem Export – einen enormen Schaden zu. Während der Krise wahrte das Militär offiziell seine „Neutralität", doch als der Oberbefehlshaber der Armee, General Anuphong Phaochinda, öffentlich Neuwahlen und den Rückzug der PAD forderte, wurde das von Regierungsangehörigen als stiller Putsch bezeichnet.

Mitten in der Krise zwang ein Urteil des Verfassungsgerichts auch Somchai zum Rücktritt. Die Richter lösten die des Stimmenkaufs bezichtigte PPP auf und untersagten ihren Führern für fünf Jahre sämtliche politische Aktivitäten. Nachdem die Demokratische Partei mehrere Wochen daran gearbeitet hatte, kleine Parteien dazu zu bewegen, die Fronten zu wechseln, wählte das Parlament am 15. Dezember 2008 den Demokraten Abhisit Vejjajiva zum 27. Premierminister Thailands.

Doch damit ist die Staatskrise noch nicht überwunden. Während die Anhänger Thaksins der neuen Führung feindselig gegenüberstehen und sie weiterhin aktiv bekämpfen, muss Abhisit künftig die Herkulesaufgabe meistern, das thailändische Volk zu versöhnen und im Angesicht globaler Rezession das Vertrauen in die Wirtschaft des Landes wiederherzustellen. Bleibt nur die Frage, wie viel Zeit ihm dafür bleibt.

Am 7. Oktober 2008 versammelten sich Anhänger der PAD vor dem Parlament und forderten den Rücktritt von Somchai als Premierminister, der in ihren Augen lediglich eine politische Marionette Thaksins war. Bei Auseinandersetzungen mit der Polizei wurden mehrere PAD-Anhänger getötet; zudem gab es auf beiden Seiten zahlreiche Verletzte.

2006

Die Nation feiert das 60. Thronjubiläum von König Bhumibol. Nach Demonstrationen gegen Thaksin Shinawatra wird er im September aus dem Amt geputscht.

2007

Im Dezember kehrt die Demokratie mit Neuwahlen nach Thailand zurück. Einen Monat später wird Samak zum Premierminister erklärt.

2008

Demonstrationen gegen die Regierung, der Streit um den Tempel Phra Wihan, die Schließung der beiden größten Flughäfen Bangkoks und die weltweite Rezession stürzen Thailand in die Krise.

Zu Gast in Thailand

VERANTWORTUNGSBEWUSST REISEN

Thailand schließt man schnell ins Herz: Der Alltag verläuft geruhsam, die Menschen sind in der Regel freundlich und Kurzzeitbesucher spüren nur wenig von den Spannungen. Ein Lächeln wirkt Wunder, ein Plausch ist wichtiger als alle anstehenden Erledigungen, und das Verteilen von Komplimenten ist geradezu ein Nationalsport.

Das heißt aber nicht, dass alle Thais ewig grinsende Optimisten sind. Es kommen und gehen so viele Ausländer und verhalten sich völlig ignorant der Kultur und den Sitten gegenüber, dass viele Thais in der Tourismusbranche an einem regelrechten „Fremdenüberdruss" leiden. Hinzu kommt, dass der Tourismus eine recht lukrative Branche ist, die nicht nur solide Geschäftsleute anzieht, sondern auch Betrüger und Spekulanten, die schnell zu Geld wollen. Und für die Besucher, die sich in Sprache und Kultur nicht auskennen, ist es schwer, die schwarzen Schafen in der Herde auszumachen.

Wer sich ein bisschen über das Land informiert, hat nicht nur eine angenehmere Reise, sondern ist auch ein angenehmerer Gast. Auf Traveller, die Wärme und Fröhlichkeit ausstrahlen, reagieren Thais instinktiv sehr herzlich. Wer sich in der Öffentlichkeit angemessen höflich verhält, erntet selbst von mürrischen „Oberlehrern" ein Lächeln. Ein paar Brocken Thai reichen schon aus, um sich unter all den Menschen – vom Nudelverkäufer bis zum Taxifahrer – schnell neue Freunde zu machen.

www.responsible-travel. org hat allgemeine Tipps zum verantwortungsbewussten Reisen.

KULTUR

Allgemein tolerieren Thais die meisten Verhaltensweisen – sie nehmen einfach an, dass der Löwenanteil der Fremden nichts über ihr Land weiß. Aber wer sich nur ein klein wenig an die Etikette hält, rennt bei Thais offene Türen ein. Informationen zu einem umfassenden Verständnis der Thaikultur gibt's ab S. 58.

Die Monarchie respektieren

Auch wenn man sich sonst nicht wirklich in die Kultur einfühlt – der Monarchie und der Religion (die oft als eng verbunden betrachtet werden) muss man ein Höchstmaß an Achtung entgegenbringen. Den Thais gelten sämtliche Abbildungen des Königs und der königlichen Familie als heilig. Da das Abbild des Königs auf der thailändischen Währung prangt, sind die Schuhe als Geldbörse absolut tabu und auf heruntergefallenes Geld darf man nie treten.

Travellern wird zudem empfohlen, die Königsfamilie weder zu kritisieren noch zu verunglimpfen. Thais sind extrem auf der Hut, wenn es um Diskussionen zu negativen Aspekten der Monarchie geht. Sie haben Angst, jemanden zu kränken oder schlimmstenfalls wegen Majestätsbeleidigung ins Kittchen zu wandern.

Wer nicht aufrecht steht, wenn die National- oder Königshymne erklingt, missachtet das thailändische Nationalgefühl und die Monarchie. Thailändische Radio- und Fernsehstationen senden die Nationalhymne täglich um 8 und 18 Uhr. In Städten und Dörfern schallt sie aus öffentlichen Lautsprechern, in Bangkok ist die Nationalhymne im Skytrain und in den U-Bahn-Stationen zu vernehmen. Sobald die Musik erklingt, lassen Thais alles liegen und stellen sich kerzengerade hin – von Besuchern wird das auch erwartet. (Wenn man sich allerdings gerade zu Hause oder einem Laden be-

findet, muss man nicht aufstehen.) Öffentliche Kinos spielen die königliche Hymne vor den Filmen. Auch dann erhebt sich das Publikum und bleibt bis zum letzten Ton stehen.

Verhalten in Tempeln

Bei Tempelbesuchen ist angemessene Bekleidung extrem wichtig: Ellbogen und Knöchel müssen bedeckt sein. Falls ein Gebäude ein Abbild Buddhas beherbergt, muss man grundsätzlich vor dem Betreten seine Schuhe ausziehen. Darstellungen des Erleuchteten gelten als heilig, deshalb ist es mehr als unangebracht, davor zu Fotozwecken zu posieren. Dass man nicht hinaufklettert, versteht sich von selbst. Wer sich in einem religiösen Gebäude hinsetzt, sollte darauf achten, dass seine Füße nicht auf ein Abbild Buddhas zeigen – dazu die „Meerjungfrau"-Sitzposition einnehmen: die geschlossenen Beine so anwinkeln, dass die Füße nach hinten zeigen.

Für königliche Tempel gilt ein noch etwas strengerer Dresscode und manche verleihen Hosen oder lange Sarongs, falls Touristen in kurzen Hosen ankommen.

Für Frauen ist es tabu, Mönche zu berühren. Wenn eine Frau einem Mönch etwas zukommen lassen will, sollte der Gegenstand in Reichweite des Mönchs oder auf seinem „Empfangstuch" platziert und nie direkt überreicht werden.

Die meisten Tempel finanzieren sich über Spenden. Daher ist es mehr als angebracht, wenn Traveller bei Besuchen ihr Scherflein beitragen.

Gesellschaftliche Konventionen & Gestik

Traditionell begrüßen sich Thais mit der gebetsartigen Geste *wâi*, bei der die Handflächen aufeinander gelegt werden. Wer in den Genuss eines *wâi* kommt, sollte den Gruß auf dieselbe Weise erwidern – außer Kindern oder Servicepersonal gegenüber. Ein übertriebener Gebrauch des *wâi* wird nicht gern gesehen. Auch eine zu niedrige Handhaltung gilt als unschicklich. In diesen beiden Fällen wird ein äußerst komplizierter Brauch ins Lächerliche gezogen.

Die Einheimischen sind zu Beginn Fremden gegenüber vielleicht etwas ängstlich. Das Eis können Traveller aber wunderbar brechen – und zwar mit einem Lächeln in Verbindung mit einem fröhlichen *sà·wàt·dee kráp* (als Mann) oder einem *sà·wàt·dee kâ* (als Frau). Der thailändische „Universalgruß" funktioniert so gut wie immer.

In traditionell geprägten Landesteilen gilt es als unangemessen, wenn sich andersgeschlechtliche Personen – ob nun Liebespaare oder Freunde – gegenseitig berühren. Außerhalb der Großstädte wie Bangkok erntet man fürs Händchenhalten finstere Blicke. Berührungen zwischen gleichgeschlechtlichen Personen sind dagegen an der Tagesordnung – es ist ein typisches Zeichen für Freundschaft und nicht für sexuelle Anziehung. Genauso wie sich Kumpels gegenseitig auf den Rücken klopfen, fassen ältere Thais jüngeren Männern häufig an die Oberschenkel. Thaifrauen sitzen oft nah beisammen oder haken die Arme ineinander.

Thais strecken ihre Arme leicht aus, wenn sie Busse oder Taxis anhalten. Die Hand befindet sich dabei unterhalb der Taille und vollführt eine Winkbewegung nach unten. Im Westen winkt man jemanden herbei, indem man die Hand mit der Handfläche nach oben schwingt. Die Thailänder verwenden dieses Zeichen jedoch nur gegenüber Tieren. Menschen hingegen werden mit der Handfläche nach unten herangewinkt.

Wer anderen Personen einen Gegenstand überreicht oder etwas bekommt, kann sich der ultimativen Höflichkeitsgeste bedienen: die rechte Hand ausstrecken, während die linke Hand den rechten Ellenbogen sanft umfasst.

Die Höflichkeit gebietet, dass man seinen Kopf leicht senkt, wenn man an zwei miteinander redenden Menschen oder an einem Mönch vorbeigeht.

Wenn man bei Thais zu Hause eingeladen ist, geht man nicht mit leeren Händen dorthin. Man bringt z. B. vom Markt Obst oder etwas zu trinken (je nach Geldbeutel Bier, Wein oder Fanta) mit.

Bekleidung & Hygiene

Thais legen sehr großen Wert auf angemessene, bescheidene Kleidung. Knielange Shorts, ärmellose Hemden, Tanktops oder sonstige Beachwear sind fehl am Platze – außer am Strand, beim Sport oder in Bangkok. Wer sich unbedingt freizügiger anziehen will, sollte das in Bangkok tun. Dort werden die internationalen Standards der „Hautentblößung" eher akzeptiert. Das feuchtheiße Klima ist übrigens kein Grund, sich auszuziehen. Locker-leichte Stoffe sind der beste Sonnenschutz. Und regelmäßig zu duschen erfrischt und hilft dabei, auch ohne Spaghettiträgertop oder Muskelshirt durch den Tag zu kommen.

Auch am Strand ist angemessene Bekleidung wichtig. Bis auf die Einwohner Bangkoks steigen die meisten Thais in voller Montur ins kühle Nass.

ZU BESUCH BEI BERGSTÄMMEN

Die ethnischen Minderheiten Thailands, die in den Gebirgen im Norden leben, haben trotz des seit 30 Jahren zunehmenden Austauschs mit der Mehrheitsgesellschaft ihre eigene kulturelle Identität bewahrt. Auch dort, wo Einflüsse von außen – etwa das Christentum oder der Buddhismus, aber auch Kleidung im westlichen Stil – übernommen wurden, pflegen viele Bergstämme in ihren Dörfern weiterhin ihre animistischen Traditionen mit den damit einhergehenden sozialen Tabus und Konventionen. Wer plant, mit einem Tourveranstalter Dörfer der Bergstämme zu besuchen, sollte sich vorher mit dem Reiseleiter darüber unterhalten, welches Verhalten angemessen ist und welches nicht. Hier ein paar allgemeine Tipps:

- Bevor man ein Foto von Stammesangehörigen macht, sollte man grundsätzlich deren Zustimmung einholen. Das gilt besonders für private Situationen innerhalb der Wohnungen. In vielen traditionellen Glaubensrichtungen wird das Fotografieren mit Argwohn betrachtet.

- Religiöse Symbole und Rituale verdienen Respekt. Von Totems am Dorfeingang oder anderen heiligen Gegenständen, die an den Bäumen hängen, die Finger lassen. Bei Zeremonien und dergleichen hat man nichts verloren, solange man nicht ausdrücklich dazu eingeladen wird.

- Besonders Kindern gegenüber sollte man die Bettelkultur gar nicht erst fördern. Wenn man nicht gleichzeitig auch für moderne Zahnbehandlungen sorgen kann, sollte man auch keine Süßigkeiten verteilen. Stattdessen kann man der Schule vor Ort eine Spende zukommen lassen. Dabei kann der Reiseleiter möglicherweise behilflich sein.

- In der Öffentlichkeit immer auf angemessene Kleidung achten. Beim Aus- oder Umziehen nie vor offenen Fenstern stehen, wo plötzlich Kinder auftauchen könnten.

- Das Flirten mit Stammesangehörigen ist grundsätzlich unangebracht – es sei denn, man will die entsprechende Person heiraten. Mit den Dorfbewohnern niemals Alkohol trinken oder Drogen einnehmen; wenn man betrunken ist, entstehen schneller kulturell bedingte Missverständnisse.

- Die Dorfbewohner immer anlächeln, selbst wenn sie einen anstarren. Am besten fragt man seinen Reiseleiter, wie man in der Stammessprache „Guten Tag" sagt.

- Öffentliche Gefühlsausbrüche unterlassen, denn in manchen traditionellen Systemen betrachtet man das als Beleidigung der Geisterwelt.

- Die Tiere, die im Dorf gehalten werden (selbst die freilaufenden Schweine), sind kein Spielzeug, sondern wertvolle Güter. Auch die Tiere aus dem Dschungel lässt man besser in Ruhe, denn in manchen Glaubensrichtungen gelten sie als Geister, die das Dorf besuchen.

- Keinen Müll hinterlassen.

- Hier gelten dieselben Fußtabus wie in der thailändischen Kultur (s. S. 51). Außerdem: Nicht auf die Türschwelle eines Hauses treten, die Füße nicht ans Feuer halten, und drinnen prinzipiell keine Schuhe tragen.

Aus diesem Grund stehen hüllenloses Sonnenbaden oder „Oben ohne" nicht zur Debatte und sind teilweise sogar illegal.

Thais sind zudem penibel auf ihr Äußeres bedacht und verlieren auch an den heißesten Tagen kaum einen Schweißtropfen. Neuankömmlingen rinnt dagegen das Wasser in Strömen von der Stirn. Regelmäßige Bäder helfen, und Talkumpuder reduziert Feuchtigkeit und Ausdünstungen und hilft prima gegen Hitzepickel.

Außer bei den meisten offiziellen Anlässen machen Traveller in Sandalen oder Slippern immer eine gute Figur.

Kopf- & Fußtabus

Mithilfe dieses praktischen Online-Portals (www.ediplomat.com) meistert man die thailändische Etikette so sicher wie ein Diplomat.

Aus praktischen und spirituellen Gründen betrachten Thais den Kopf als höchsten und heiligsten Körperteil, während die Füße als niedrigste und schmutzigste Extremitäten gelten. Viele „Fußtabus" haben auch einen praktischen Sinn: Traditionell essen und schlafen Thais auf dem Fußboden ihrer Häuser. Möbel sind so gut wie nicht vorhanden.

Um die Wohnungen sauber zu halten, gibt es deshalb bezüglich Füßen und Schuhen diverse Regeln. Je besser man sich mit der thailändischen Kultur auskennt, desto sinnvoller erscheinen sie einem. Bis dahin sollte man die folgenden Tipps beherzigen.

Ganz besonders sollte darauf geachtet werden, vor dem Betreten von Privatwohnungen sowie manchen Pensionen und Geschäften die Schuhe auszuziehen. In Tempeln ist dies ein absolutes Muss. Nicht alle Einrichtungen bestehen aufs Ausziehen der Schuhe – ein untrügliches Zeichen dafür, dass Barfüßigkeit erwünscht ist, sind Schuhstapel am Eingang. In Gebäuden Schuhe zu tragen, ist in den Augen der Einheimischen anstößig. Man sollte auch nicht auf die Türschwelle treten, denn dort befindet sich nach allgemeinem Glauben der „Geist" des Hauses.

Vor allem in Restaurants und Pensionen haben Füße auf Stühlen oder Tischen nichts verloren. Schließlich benimmt man sich in öffentlichen Einrichtungen daheim auch nicht wie im eigenen Wohnzimmer – warum also damit in Gegenwart einer Kultur anfangen, die eine ausgesprochene Abneigung gegen Füße hat? In Bussen und 3.-Klasse-Zügen legen Thais dennoch ab und zu die Füße hoch. Das ist zwar auch nicht gerade die feine englische Art, geht aber grundsätzlich mit ausgezogenen Schuhen vonstatten. Zudem ziehen Thais immer erst die Schuhe aus, bevor sie auf einen Stuhl oder Sitz steigen.

Nicht einmal in proppevollen 3.-Klasse-Zügen sollten Traveller über Fahrgäste oder deren persönlichen Besitz hinwegsteigen. Stattdessen quetscht man sich um das Hindernis herum oder bittet um Durchgang. Dieses Prinzip gilt auch für Mahlzeiten, die auf Matten oder auf dem Fußboden serviert werden – in ländlichen Gebieten oder auf Tempelmärkten ist dies an der Tagesordnung. Wer mit einer Gruppe Thais beisammen sitzt, sollte die „Meerjungfrau"-Position einnehmen. Durch das Abwinkeln der geschlossenen Beine wird gewährleistet, dass die Fußsohlen nicht auf heilige Bilder oder hochrangige Personen zeigen. Außerdem sollten Schuhe nie auf der Außenseite des Rucksacks baumeln, denn so könnten sie aus Versehen jemanden streifen (geht gar nicht!) oder – noch schlimmer – andere Personen am Kopf berühren (absolut undenkbar!).

Angehörige westlicher Kulturkreise denken sich nichts dabei, ihre Füße als Ersatzhände zu benutzen: Wir schließen vielleicht die Kühlschranktür mit einem Fußtritt oder zeigen mit den Füßen in eine bestimmte Richtung. Das betrachten Thais als Gipfel der Unverschämtheit – finstere Blicke sind dem *faràng* da sicher. Wer auf etwas deuten, Gegenstände bewegen oder berühren will, sollte das immer mit den Händen tun. Das geht schnell in Fleisch

und Blut über – schon bald wird man Personen seltsam finden, die sich nicht an diese Konventionen halten.

Nun zu den Kopftabus: Thais sollte man niemals am Kopf berühren oder ihre Haare zerzausen! Das wird nicht als Zeichen der Zuneigung gewertet, sondern als persönlicher Angriff. Ab und zu sieht man junge Leute, die sich gegenseitig am Kopf berühren. Dabei handelt es sich jedoch lediglich um eine harmlose Neckerei unter Freunden. Kopfkissen nicht als Sitzunterlagen verwenden!

KONTAKT ZU EINHEIMISCHEN

Sicherlich zählen haarsträubende Abenteuer und Bilderbuchfotos zu den schönsten Souvenirs. Doch die Reiseerlebnisse, von denen man ein Leben lang zehrt, sind anderer Art: Das sind die Momente, in denen man kein ausländischer Eindringling mehr ist und die Einheimischen näher kennenlernt. Darunter fallen Gespräche an der Bushaltestelle oder die Einladung zu einem Familienpicknick – prima Gelegenheiten, um „Schnappschuss"-Freundschaften zu schließen, eine zeitweilige Verbindung zwischen Fremden. Mitten im „Touristengetto" wird man wohl kaum in diesen Genuss kommen – dazu muss man sich schon zu den kleinen Gemeinden aufmachen. Dort besitzen die Einwohner noch genug Zeit und Neugier, um sich mit Fremden anzufreunden.

> Chiang Mai (S. 300) ist Thailands „Klassenzimmer". Dort kann man Kurse zur Sprache und Kultur sowie Kochkurse belegen.

Unters Volk mischen kann man sich schon bei einzelnen Abstechern in Gebiete außerhalb der Touristenzonen. Besser noch legen sich Besucher vorübergehend eine thailändische Adresse zu und geben über die Teilnahme an einem Freiwilligenprogramm etwas an das Land zurück.

Freiwilligenarbeit

Bei einer Auslandsreise erkennt man die Kluft zwischen Arm und Reich meistens deutlicher und hat Mitleid mit den Leuten, die ganz unten stehen. In Thailand gibt es eine Vielzahl von Organisationen, die sich für notleidende Einheimische einsetzen und die Unterstützung von hilfsbereiten Besuchern gerne annehmen.

Freiwillige finden in erster Linie auf dem Bildungssektor Jobs. Das thailändische Bildungssystem ermöglicht allen legal im Land lebenden Bürgern eine kostenlose zwölfjährige Schulbildung. Die Definition von „legaler Bürger" schließt manche in Bergdörfern lebenden Stämme der nördlichen Gebirgsregionen sowie überwiegend im Norden oder in Großstädten wie Bangkok lebende erfasste birmanische Flüchtlinge und Einwanderer aus. Aber auch Angehörige dieser Bevölkerungsgruppen, die die notwendigen Papiere haben, können sich oftmals die für eine Schulbildung anfallenden Ausgaben (Uniform, Zubehör, Bücher usw.) nicht leisten. Die Kosten für solche Dinge sind auch für viele normal anerkannte, aber arme Bürger im Nordosten des Landes zu hoch. Man schätzt, dass 1,3 Mio. Kinder im schulfähigen Alter in Thailand nicht zur Schule gehen können – aus wirtschaftlichen, geographischen oder staatsbürgerschaftlichen Gründen.

> Indem man Kaffee, Textilien und Kunsthandwerk aus regionaler Herstellung kauft, hilft man Dorfbewohnern, neue Jobs in ihrer Region zu schaffen.

Wenn man als Traveller in Thailand einen Lehrerjob annimmt, steigt man nicht nur vom vernachlässigungswürdigen Touristen zum ehrenwerten Gast auf, sondern wird in den Gemeinden auch freudig begrüßt und lernt das Leben hier besser kennen. Lehrer sind in Thailand hoch angesehen, und wer als Ausländer ein wenig Thai spricht, den halten die Leute oft für einen Lehrer und verhalten sich entsprechend respektvoll.

Als Englischlehrer findet man relativ leicht einen Job, da Leute, die gut Englisch können, immer gesucht werden. Aber eine Stelle zu finden, die auch zu den eigenen Interessen passt, ist schon ein bisschen aufwändiger. Wer nicht nur einen Job im Ausland, sondern sich auch einer kulturellen

Herausforderung stellen möchte, sollte in ländliche Gebiete gehen, wo die Menschen kaum Englisch können und es nur wenig Ausländer gibt. Unter solchen Bedingungen lernt man schneller Thai und hat die Chance, mit einer Lebensweise in Kontakt zu kommen, die stärker in der Vergangenheit verwurzelt ist.

Die im Folgenden aufgeführten Organisationen für Freiwilligenarbeit sind nach Regionen gegliedert. Einzelheiten zu den Stellen und den Kosten erfährt man direkt bei ihnen.

NORDOSTTHAILAND

Im Nordosten finden Freiwillige Arbeit vor allem in ländlichen Schulen in der landwirtschaftlich wichtigsten Region Thailands.

LemonGrass Volunteering (☎ 08 1977 5300; www.lemongrass-volunteering.com) ist eine thailändische Organisation, die Freiwillige als Englischlehrer in Kursen und Schülercamps in der Surin-Region unterbringt.

Open Mind Projects (☎ 0 4241 3578; www.openmindprojects.org; 856/9 Mu 15, Th Prachak, Nong Khai) bietet viele Stellen für Freiwillige, z. B. im IT-Bereich, bei Projekten des gemeindeorientierten Ökotourismus und als Englischlehrer in Schulen, Tempeln und Waisenhäusern. Alle Freiwilligen absolvieren ein dreitägiges Schulungsprogramm, bevor sie die Arbeit aufnehmen.

Travel to Teach (☎ 08 4246 0351; www.travel-to-teach.org; 1161/2 Soi Chitta Panya, Th Nong Khai-Phon Phisai, Nong Khai) bietet flexible Freiwilligenjobs zwischen zwei Wochen und einem halben Jahr Länge als Englischlehrer in Schulen, Lerncamps oder in Tempeln, wo Mönche unterrichtet werden. Den Freiwilligen wird das Lehren beigebracht. Die Stellen in Nong Khai, Mae Hong Son und Chiang Mai sind mit einer Unterbringung bei Gastfamilien verbunden.

Volunthai (www.volunthai.com; 86/124 Soi Kanprapa, Bang Sue, Bangkok) ist eine freundliche Organisation, die Freiwillige als Lehrer an ländliche Schulen vermittelt und bei Gastfamilien unterbringt. Hier muss keine frühere Lehrtätigkeit nachgewiesen werden. Dieses Programm eignet sich am besten für Leute, die wie kulturelle Chamäleons einmal ganz anders leben wollen.

NORDTHAILAND

In Nordthailand, insbesondere in Chiang Mai und Chiang Rai, gibt es eine Reihe von Organisationen, die sich für benachteiligte Bergstämme einsetzen und freiwillige Mitarbeiter suchen. In Chiang Mai und Mae Sot gibt es auch viele Gemeinden von birmanischen Flüchtlingen und Einwanderern, denen Zugang zu Bildung und Gesundheitsversorgung ermöglicht werden soll.

Die **Akha Association for Education and Culture in Thailand** (Afect; ☎ 0 5371 4250, 08 1952 2179; www.akhaasia.multiply.com; 468 Th Rimkok, Chiang Rai) hat ein Programm, in dessen Rahmen Freiwillige in einem Akha-Dorf mit einheimischen Familien zusammenleben und -arbeiten. Je nach Jahreszeit können die Tage hier ganz schön anstrengend sein: Man arbeitet in den Feldern, hilft beim Bau eines Hauses oder sammelt Essbares im Wald. Die Aufenthalte dauern mindestens sieben Tage. Die Zahl der Plätze ist allerdings begrenzt; deshalb sollte man seine Teilnahme schon vor der Reise vereinbaren. Die Einnahmen aus dem Life-Stay-Programm fließen in Form von Gesundheits- und Bildungsprogrammen in die Gemeinde zurück.

Cultural Canvas Thailand (☎ 08 6920 2451; www.culturalcanvas.com; Chiang Mai) vermittelt Freiwilligen Stellen in verschiedenen in Chiang Mai ansässigen Organisationen, die sich für soziale Gerechtigkeit einsetzen und z. B. Lernzentren für Migranten oder Schulen für Bergstämme unterhalten. Man kann sich für einen Tag verpflichten (z. B. in Kunstworkshops), aber auch für eine monatelange Tätigkeit als Englischlehrer.

Die **Hill Area and Community Development Foundation** (☎ 0 5371 5696; www.hadf. or.th; 129/1 Mu 4, Th Pa-Ngiw, Soi 4, Rop Wiang, Chiang Rai) hilft Bergstämmen bei Problemen in allen möglichen Bereichen von Umweltmanagement bis sozialer Entwicklung. Im Moment werden vor allem Englischlehrer gesucht, die sich in der Region Mae Chan/Mae Salong auf sechs Monate verpflichten, aber vielleicht sind auch kürzer befristete Stellen frei.

Die **Mae Tao Clinic** (Klinik von Dr. Cynthia; ☎ 0 5556 3644; www.maetaoclinic.org, Mae Sot) wurde 1989 von Dr. Cynthia Maung, die zu den Karen-Flüchtlingen gehört, gegründet. Behandelt

werden jährlich kostenlos bis zu 80 000 birmanische Migranten. Kranke, für deren Behandlung die Möglichkeiten in der Klinik nicht ausreichen, werden finanziell unterstützt, damit sie sich in einem der Krankenhäuser von Mae Sot versorgen lassen können. Freiwillige mit medizinischer Ausbildung können sich hier für eine auf mindestens sechs Monate befristete Stelle verpflichten. Darüber hinaus gibt es auch Stellen in der Verwaltung oder als Englischlehrer; da verpflichtet man sich für mindestens drei Monate.

Die **Mirror Art Group** (☎ 0 5373 7412-3; www.mirrorartgroup.org; 106 Moo 1, Ban Huay Khom, Tambon Mae Yao, Chiang Rai) ist eine Nichtregierungsorganisation (NGO), die mit Bergstämmen im Gebiet von Mae Yao arbeitet, 15 km westlich von Chiang Rai. Freiwillige sollen hier vor allem Englisch- und IT-Kenntnisse vermitteln. Man verpflichtet sich auf mindestens fünf Tage. Spenden in Form von Büchern, Spielzeug und Kleidung sind immer willkommen.

Auch das Ban Thai Guest House (S. 466) in Mae Sot kann Besuchern bei ihrer Suche nach Freiwilligenjobs in Schulen, Kindergärten und Zentren für HIV-Infizierte helfen. Man verpflichtet sich in der Regel mindestens für einen Monat.

ZENTRAL- & SÜDOSTTHAILAND

Das Hilltribe Learning Centre liegt einsam an einem Hügel 10 km südlich von Sangkhlaburi. Hier baute die buddhistische Nonne Pimjai Maneerat ihre Schule für ethnische Minderheiten. Die Nonne meditierte gern an diesem Ort, und schließlich wurde sie von Dorfbewohnern angesprochen, ob sie den Kindern nicht einfache Grundbildung vermitteln könnte. Im Moment besuchen 70 Kinder diese behelfsmäßige Schule, die meisten von ihnen gehören zur Volksgruppe der Karen. Sie lernen hier Thai und elementare Fertigkeiten fürs tägliche Leben. Mae Chee Pimjai führt die Schule fast ganz allein und kann Freiwillige als Englischlehrer oder als Helfer bei der täglichen Hausarbeit immer brauchen. Für jeden, der ein paar Tage bleibt, gibt es einfache Unterkunft (Kontakt über P Guest House, S. 245).

In den Waisenhäusern Baan Unrak (S. 245) in Sangkhlaburi und Pattaya Orphanage (S. 259) im Ferienort Pattaya werden immer Freiwillige gesucht, die sich für längere Zeit verpflichten.

Aufenthalte bei Familien

Man kann das Land auf eigene Faust bereisen und dabei viel von der Kultur mitbekommen, wenn man bei einer thailändischen Familie wohnt („Homestay"). Solche Homestay-Unterkünfte, die vor allem bei thailändischen Touristen beliebt sind, unterscheiden sich von Pensionen (Guesthouses): Man wohnt mit einer Familie zusammen, das das normalerweise in einem kleinen Dorf abseits der Touristenpfade. Die Unterbringung ist einfach. Man schläft auf einer Matte oder Faltmatratze auf dem Fußboden; gelegentlich stellt einem die Familie auch ein ganzes Zimmer zur Verfügung. Im Preis inbegriffen sind die Unterbringung, die Mahlzeiten mit der Familie und kulturelle Aktivitäten, bei denen man die traditionelle Lebensweise in der Region kennenlernt – von der Reisernte bis zur Seidenweberei. Sehr oft sprechen die Leute nicht fließend Englisch, sodass ein solcher Aufenthalt auch eine gute Gelegenheit ist, um seine Thai-Kenntnisse auszubauen.

In jedem Regionalbüro der Tourist Authority of Thailand (TAT) gibt es eine Liste der registrierten Homestays. Aber Achtung: Hinter dem Begriff „Homestay" verbirgt sich manchmal auch einfach nur eine Pension ohne kulturelles Zusatzprogramm.

Die meisten der echten Familienunterkünfte gibt es im Nordosten, darunter das preisgekrönte Homestay-Programm in Ban Prasat (S. 510). Eine weitere gut organisierte Option ist in Ban Kham Pia (S. 569), einem Dorf in der Nähe eines Elefantenreservats. Auch im Dorf, das sich in den Ruinen

Seit 1969 unterstützt der König landwirtschaftliche Projekte in Nordthailand, um Brandrodung zu verhindern und den Opiumanbau auszurotten. Im Rahmen der königlichen Projekte werden in ungefähr 274 Dörfern in sechs Provinzen hauptsächlich Ökoprodukte angebaut.

AUSGEBEUTETE KINDER

Gerät eine Familie in Armut oder ist nur noch ein Elternteil vorhanden, müssen alle Familienmitglieder Geld verdienen. Oft führt das dazu, dass Kinder in der Sexindustrie arbeiten. Prostitution ist in Thailand eigentlich verboten, aber es handelt sich um ein althergebrachtes kulturelles Phänomen, und auch viele Erwachsene verdingen sich als Prostituierte. Bestürzend ist allerdings die Tatsache, dass in vielen Bordellen und Karaokebars Kinder missbraucht und auch oft gezwungen werden, sich auf der Straße zu prostituieren.

In Großstädten wie Bangkok und Chiang Mai und Grenzorten wie Mae Sai und Mae Sot leben viele Menschen, die vertrieben wurden oder zu Randgruppen gehören (birmanische Einwanderer, Angehörige von Bergstämmen sowie verarmte Thais vom Land). Hier ist die Prostitution Minderjähriger (unter 18 Jahren) ausgeprägter; die „Kunden" kommen aus dem In- und Ausland. Thailand ist außerdem eine Drehscheibe und ein Ziel des Menschenhandels (auch des Handels mit Kindern) aus ärmeren Ländern wie Myanmar und Kambodscha.

Die thailändischen Behörden haben einiges getan, um die Kinderprostitution zu unterbinden, die einen unerwünschten Typus von ausländischen Touristen ins Land zieht. In vielen Ländern (auch in Deutschland) gibt es Gesetze, die es gestatten, Personen, die sich im Ausland des Kindesmissbrauchs schuldig gemacht haben, im eigenen Land anzuklagen und zu bestrafen. Verantwortungsbewusste Traveller können aktiv dazu beitragen, Thailand von der Geißel des Kindersextourismus zu befreien, indem sie verdächtiges Verhalten über eine eigens eingerichtete **Hotline** (☎ 1300) melden. Wenn man die Nationalität des Straftäters kennt, sollte man die Botschaft dieses Landes informieren.

Zu den Organisationen, die grenzübergreifend gegen Kinderprostitution vorgehen, gehören **ECPAT** (End Child Prostitution & Trafficking; www.ecpat.net) und sein australischer Ableger **Child Wise** (www.childwise.net). Die Organisation hat sich in der Vergangenheit an Trainingsmaßnahmen für die thailändische Tourismusindustrie beteiligt, die dem Kindersextourismus entgegenwirken sollen.

von Prasat Meuang Tam (S. 520) befindet, einer Stadt aus der Angkor-Ära, gibt es Familienunterkünfte. Im Dorf Ban Tha Klang (S. 523) werden Elefanten aufgezogen; Besucher finden hier ein Bett und die Gelegenheit, den Tieren näher zu kommen. Das Dorf Dan Sai (S. 577) ist für sein ausgelassenes Geisterfest bekannt; hier gibt es ein vielgelobtes Homestay-Programm bei Familien, die Englisch können.

Erwähnenswert sind auch die Familienunterkünfte auf Ko Yao Noi (s. S. 747), einer Insel, auf der muslimische Fischer leben – eine umweltverträgliche Alternative zum üblichen Strandtourismus. Unweit von Chiang Mai kann man in dem hoch gelegenen (und daher moskitofreien) Dorf Ban Mae Kampong (S. 366) bei Familien unterkommen und Einblicke in den Alltag einer Gemeinschaft erhalten, die vom Wald lebt.

Eine wunderbare Website, über die man thailändisch lernen und so mehr über das Land erfahren kann, ist www. thai-language.com.

NATUR & UMWELT

Die meisten Thailand-Traveller haben recht oberflächliche Ansichten zu den Auswirkungen menschlicher Besiedelung auf sensible Naturlandschaften. Wen der Bilderbuchanblick der gut gepflegten thailändischen Strände dazu gebracht hat, zu glauben, hier sei mit der Umwelt alles in Ordnung, der braucht nur einmal am frühen Morgen am Strand entlang zu gehen, bevor die Verkäufer Zeit hatten, den ganzen Abfall wegzuräumen, den die Flut an den Strand gespült hat. Das dürfte genügen, um einen wieder wach werden zu lassen.

Thailand hat in Sachen Umweltschutz große Fortschritte gemacht. Das Sprengen von Korallenriffen wurde verboten und Nationalparks wurden eingerichtet. Weniger erfreulich sieht es aus, was die Umsetzung von Einschränkungen der kommerziellen Erschließungen betrifft. Und auch die Entsorgungsinfrastruktur auszubauen, sodass sie in der Lage wäre, mit dem

Müll fertig zu werden, den die zunehmenden Menschenmassen hinterlassen, ist noch nicht gelungen. Das gilt vor allem für Touristenzentren, wo oft mehr Besucher als Einheimische zu finden sind.

Umweltbewusste Traveller hoffen vielleicht, dass sich mit ein paar kleinen eigenen Maßnahmen die schädlichen Auswirkungen des Tourismus reduzieren ließen. In Wirklichkeit kommen solche Maßnahmen aber kaum gegen die Versäumnisse der Verwaltung und die mangelnde Durchsetzung von Verboten an. Ein ziemlich radikaler Ansatz wäre es, Gebiete einfach nicht zu besuchen, in denen es für die Unterbringung größerer Touristenmengen noch keine ausreichenden sanitären Einrichtungen gibt. Was die Inseln betrifft, so sind touristisch gut erschlossene Orte wie Phuket und in geringerem Ausmaß auch Phi-Phi, Samui und Samet besser darauf vorbereitet, den Auswirkungen des Tourismus Herr zu werden als die kleineren, weniger besuchten Inseln.

Wer Outdoor-Aktivitäten plant, sollte sein Hotel oder seine Pension so nahe an den Veranstaltungsorten wie möglich wählen. Ein abschreckendes

> Flugzeuge, Züge und Autos verursachen CO_2-Emissionen, die für den weltweiten Klimawandel mitverantwortlich sind. Die Ausstoßmenge bei einem Flug nach Thailand können Traveller mit Hilfe des CO_2-Rechners unter www.co2balance.com ermitteln.

AKTIVE BEITRÄGE ZUM UMWELTSCHUTZ

- Um den Benzinverbrauch zu reduzieren sollte man öffentliche Verkehrsmittel nutzen oder sich ein Fahrrad ausleihen.
- Man kann sich mit anderen Travellern zusammentun und gemeinsam ein Fahrzeug mieten.
- Die Klimaanlage drosseln.
- Lieber kalt duschen.
- Um die Wasserverschmutzung zu verringern, unbedingt biologisch abbaubare Seife benutzen.
- Plastikverpackungen sollten zu Hause gelassen werden, damit nicht noch zusätzlicher Müll ins Land gebracht wird.
- Plastikbeutel mehrfach benutzen. Noch besser bringt man für den Einkauf auf dem Markt gleich selber Leinenbeutel mit.
- Zigarettenkippen gehören in den Müll, nicht an den Strand, auf die Straße oder ins Meer.
- Im Dschungel auf Jetski und motorisierte Fahrzeuge verzichten. Der Lärm stört die Tiere.
- Bei einem Ausflug in die Natur allen Müll, der angefallen ist, wieder mitnehmen.
- Wild- und Meerestiere dürfen nicht gefüttert werden.
- Keine Korallen oder Muscheln kaufen.

VERANTWORTUNGSBEWUSST TAUCHEN

Dass Thailand bei Tauchern so beliebt ist, bedeutet Gefahr für seine fragilen Korallenriffe. Zum Schutz der Natur sollte man ein paar einfache Regeln beherzigen.

- Hände weg von lebenden Meeresbewohnern! Niemals auf Korallen steigen oder die Taucherausrüstung (z. B. Flossen) quer über das Riff schleifen. Korallenpolypen können schon durch leichteste Berührungen beschädigt werden.
- Beim Waten durch flache Riffzonen möglichst keine Sandwolken aufwirbeln, denn daran könnten die empfindlichen Rifforganismen ersticken.
- Besondere Vorsicht ist in Unterwasserhöhlen geboten: Aufsteigende Luftblasen können sich an der Decke sammeln und die nur unter Wasser lebensfähigen Meeresorganismen quasi an die Luft setzen.
- An den von Tauchläden auf Ko Tao and Ko Samui ins Leben gerufenen Initiativen zur Säuberung der Korallenriffe sollte man sich beteiligen.

DICKHÄUTER AUF BANGKOKS STRASSEN

Hitze, Händler und Huren – auch so ist Bangkok bei Nacht schon ein Zoo. Und dann ist da auf einmal ein Elefant, der mit einem Blinklicht am Schwanz die Straße hinuntertrottet. Für ein paar Baht drückt einem der spindeldürre Elefantenführer ein Bündel Bananen in die Hand, mit dem man das Tier dann füttern darf. Total surreal. Und fast immer auch herzzerreißend.

Thailand hat ein echtes Dickhäuterproblem. Im Lauf seiner gesamten Geschichte hat man die Stärke, Ausdauer und Intelligenz der Tiere hier immer geschätzt. Unter der Leitung ihrer Führer wurden sie zum Schleppen von Baumstämmen oder zum Transport von Gütern durch gebirgiges Gelände eingesetzt. Doch dann hielt die Moderne Einzug – und die Elefanten waren auf einmal überflüssig.

Als 1989 das Holzfällen in Thailand verboten wurde, sank der Bedarf an dressierten Elefanten. Arbeitselefanten werden normalerweise schon in jungen Jahren von zwei Mahuts – meistens von Vater und Sohn – ausgebildet, die sich dann auch sein ganzes Leben lang um das Tier kümmern. Das Arbeitsleben eines Elefanten dauert ungefähr 50 Jahre. Nach dem thailändischen Gesetz müssen Elefanten mit 61 Jahren ausgemustert und freigelassen werden. Oft werden sie 80 Jahre oder noch älter.

Wie alle anderen Wirtschaftsflüchtlinge im ganzen Land kommen auch die Elefanten mit den von ihnen abhängigen Mahuts auf der Suche nach Arbeit in die Großstadt. Aber was gibt es für einen Elefanten schon großartig zu tun in der Ära der Flugzeuge, Züge und Autos? Da bleibt ihnen ja nur, wie ein Bettler die Straßen abzuklappern.

Eine vielversprechende Alternative sind Elefantenschutzgebiete, die sich über den Tourismus finanzieren. Das Elephant Mahout Project in Pattaya (s. Kasten S. 260), das Thai Elephant Conservation Center in Lampang (S. 383), der Elephant Nature Park in Chiang Mai (S. 327) und die Patara Elephant Farm (S. 327) sind nur einige der Einrichtungen, die eine kreative Lösung zur Bewahrung der Würde und der Lebensqualität dieser Tiere bieten.

Beispiel sind die Touchtourveranstalter auf Ko Samui: Die karren Taucher zu Stätten vor der Küste in der Nähe von Ko Pha-Ngan oder Ko Tao – allein die Anfahrt dauert schon zwei Stunden. Wenn man hingegen auf Ko Tao wohnt, erreicht man die meisten dieser Stätten in nur einer halben Stunde. Dasselbe gilt für Wandertouren: Veranstalter in Chiang Mai bringen ihre Leute zum Wandern oder zu Höhlentrips in entlegene Gegenden in der Provinz Mae Hong Son. Da ist es doch viel besser, seinen Urlaub nicht als „Ferienpendler" zu verbringen, sondern lieber dort zu wohnen, wo man auch etwas unternehmen möchte. Allgemein gilt: Der Weg vom Hotel oder von der Pension zu einem Ausflug oder einer Aktivität sollte nicht mehr als eine Stunde in Anspruch nehmen.

Freiwilligenarbeit

Viele Initiativen in Thailand brauchen Freiwillige, die ihnen bei der Arbeit im Tier- und Umweltschutz helfen.

Elephant Nature Park (☎ 0 5320 8246; www.elephantnaturepark.org; Mae Taeng) Sangduen Chailerts preisgekröntes Elefantenasyl freut sich über Freiwillige, die bei der Versorgung der großen, grauen Dickhäuter helfen. Willkommen sind hauptsächlich Tierärzte, aber auch alle anderen, solange sie gut zupacken können. Man verpflichtet sich für eine, zwei oder vier Wochen. Weitere Infos gibt's auf S. 327.

Highland Farm Gibbon Sanctuary (☎ 0 9958 0821; www.highland-farm.or; Mae Sot) Diese Einrichtung gibt verwaisten, verlassenen oder misshandelten Gibbons diese Affenart wurde in Thailand lange bejagt – ein dauerhaftes Asyl. Freiwillige müssen einen Monat bleiben und bei der täglichen Arbeit auf der Farm helfen.

Starfish Ventures (☎ 44 800 1974817; www.starfishvolunteers.com) Vermittelt Freiwillige an das Turtle Conservation Centre (S. 266), ein thailändisches Programm für Meeresschildköten, das seinen Sitz auf einer geschützten Insel vor der Küste von Rayong hat. An Starfish Ventures können

sich auch Freiwillige wenden, die Interesse haben, in einem Gibbon-Rehabilitationszentrum in Phuket oder beim Bau und der Renovierung von Schulen in armen, ländlichen Gebieten zu helfen, oder die als Lehrer arbeiten möchten.

Wild Animal Rescue Foundation (WAR; www.warthai.org) Diese thailändische Nichtregierungsorganisation betreibt das Phuket Gibbon Rehabilitation Centre (S. 723), ein Schutzprojekt für Meeresschildkröten sowie ein Umweltschulungszentrum in der Provinz Ranong an der Andamanenküste. Die Stiftung ist gänzlich auf Freiwilligenarbeit und Spenden angewiesen. Zu den angebotenen Stellen gehören die Hilfe bei der täglichen Versorgung von Gibbons, die auf die Auswilderung vorbereitet werden, oder auch das Zählen und Überwachen von Nestern der Meeresschildkröten.

Wildlife Friends of Thailand Rescue Centre (S. 612) Bei dieser Organisation können sich Freiwillige als Pfleger für Malaienbären, Makaken und Gibbons betätigen, die aus Tiershows befreit oder Besitzern abgenommen wurden, die sie misshandelten.

Auf den Ferieninseln Ko Chang und Ko Samui betreiben Tierfreunde Hunderettungszentren (Ko Chang s. S. 284, Ko Samui s. S. 636).

Kultur

MENTALITÄT

Ein großer Teil von Thailands Kultur basiert auf einem Wertesystem, das auf dem Respekt vor der Familie, der Religion und der Monarchie fußt. Innerhalb dieses Systems kennt jeder Einzelne seinen Platz, und thailändische Kinder werden streng dazu erzogen, sich an die Gruppe anzupassen, Ältere zu respektieren und Ansichten zu unterdrücken, die zu Konfrontationen führen könnten. Thais sind auch für ihr Desinteresse bekannt, besonders in Situationen in der Öffentlichkeit, in denen man ein Chaos leicht verhindern könnte, indem man eine Schlange bildet oder etwas Ritterlichkeit walten lässt (Konzepte, die Thais völlig fremd sind). Traveller werden aber schnell feststellen, dass die meisten Thais sehr herzlich und freundlich sind und großen Wert darauf legen, ihr Leben zu genießen.

Sà·nùk

Very Thai (2005) von Philip Cornwell-Smith erklärt die thailändischen Eigenarten, über die man sich schon immer gewundert hat. Dazu gibt's bewegende Fotos von John Goss.

Der thailändische Ausdruck sà·nùk bedeutet „Spaß", und alles, was getan werden muss, sollte auf Spaß basieren. Selbst Arbeit und Studium müssen etwas sà·nùk mit sich bringen, sonst werden sie automatisch zur Fronarbeit. Das bedeutet nicht, dass Thais nicht arbeiten wollen, sie arbeiten nur am besten in der Gruppe, um nicht zu vereinsamen und das Ganze ein wenig spielerisch anzugehen. Nichts ist für ein Vorhaben tödlicher, als mâi sà·nùk (keinen Spaß) zu machen. Die für den Rücken anstrengende Arbeit auf den Reisfeldern, die Eintönigkeit am Steuer bei langen Überlandbusfahrten, die Gefahren auf einer Baustelle: Thais mixen ihre Aufgaben oft mit einer gesunden Dosis Gemeinschaftlichkeit. Wenn man diesen Arbeitern zusieht, stellt man fest, dass sie miteinander flirten, sich Beleidigungen an den Kopf werfen oder Witze reißen. Das berühmte thailändische Lächeln rührt also zu einem Teil auch einfach vom Wunsch der Menschen her, sich zu amüsieren.

Das Gesicht wahren

Der Glaube an das Konzept, stets das Gesicht wahren zu müssen, ist bei Thais tief verankert. Konfrontationen gehen sie beispielsweise aus dem Weg und sie bemühen sich immer, sich und andere nicht zu blamieren (es sei denn, das wäre sà·nùk). Wer in dieser Kunst perfekt ist, bringt in Unterhaltungen keine negativen Themen zur Sprache, drückt seine Überzeugung oder Meinung nicht ungeniert aus und behauptet nicht, Experte auf einem bestimmten Gebiet zu sein. Zustimmung und Harmonie gelten als die wichtigsten sozialen Tugenden.

Während Menschen aus dem Westen eine hitzige Diskussion oft als sportliche Herausforderung betrachten, vermeiden Thais solche Auseinandersetzungen und empfinden Personen, die laut werden, als unhöflich und launisch. Die Beherrschung zu verlieren, bedeutet für alle Anwesenden einen Gesichtsverlust, und Thais, die verärgert wurden, reagieren oft sehr extrem.

Thailands skurrile, kuriose und praktische Sitten und Gebräuche erläutert Kultur-Knigge Thailand (1986) von Robert und Nanthapa Cooper.

Kleinere Peinlichkeiten wie ein Stolpern oder Hinfallen können eine Gruppe von Thais möglicherweise zum Kichern bringen. Das ist dann aber keine Schadenfreude über das Missgeschick, man will dem Betroffenen nur dabei helfen, sein Gesicht zu wahren, indem man den Zwischenfall einfach weglacht.

Soziale Stellung & Verpflichtungen

Alle Beziehungen in der traditionellen thailändischen Gesellschaft – und auch alle im modernen Thailand – richten sich nach der sozialen Stellung,

die durch Alter, Vermögen, Status und die persönliche und politische Weltanschauung definiert ist. Der soziale Rang der Älteren wird *pôo yài* (wörtlich: „große Person") genannt und Eltern, Vorgesetzten, Dorfvorstehern oder Beamten zugeschrieben. Die Stellung der Jüngeren heißt *pôo nóy* („kleine Person"). Der Begriff beschreibt alle, die in der Rangfolge unterhalb einer *pôo yài* stehen. Diese Stufen sind bis zu einem gewissen Grad auch in vielen anderen Gesellschaften auf der Welt erkennbar, doch das Besondere an der thailändischen Form sind die gegenseitigen Verpflichtungen, die „Ältere" und „Jüngere" haben.

Pôo nóy sind verpflichtet, den *pôo yài* gegenüber Gehorsam und Respekt zu erweisen (diese Konzepte fallen unter den thailändischen Begriff *greng jai*). Für Menschen mit einem niedrigeren Status ziemt es sich nicht, einen Älteren in Frage zu stellen oder zu kritisieren, sei es im Büro, zu Hause oder innerhalb der Regierung. Für die Arbeitswelt bedeutet das, dass jüngere Mitarbeiter in Besprechungen nicht dazu ermutigt werden, etwas beizusteuern, und dass von ihnen erwartet wird, dass sie unkommentiert tun, was ihr Chef ihnen aufträgt.

Im Gegenzug verpflichten sich die *pôo yài*, sich um die *pôo nóy* zu kümmern und sie zu fördern. Es handelt sich also um eine patriarchalische Beziehung, in der ein *pôo nóy* einen *pôo yài* um einen Gefallen bitten kann, z. B. in Bezug auf Geld oder eine Arbeitsstelle. *Pôo yài* bestätigen ihre Stellung, indem sie diese Bitten erfüllen, wenn es ihnen möglich ist; sie abzulehnen, würde einen Gesichts- und Statusverlust bedeuten. Im Restaurant, bei Ausflügen oder anderen Freizeitbeschäftigungen übernehmen die *pôo yài* stets die Rechnung. Wenn eine ganze Gruppe beisammen ist, bezahlt die Person mit dem höchsten sozialen Rang für alle Anwesenden, selbst wenn er oder sie dann keinen müden Baht mehr hat. Sollte ein *pôo nóy* versuchen, zu bezahlen, würde das „unsere Kultur zerstören", wie uns ein thailändischer Freund erklärte. Sein Vermögen mit den Personen seines Umkreises oder seiner Familie zu teilen, stärkt die Position eines Älteren. Diese Komponente der familiären Verpflichtungen führt in Ehen zwischen Thais und Abendländern auch oft zu Verwirrung.

Das Protokoll, das von der sozialen Hierarchie definiert ist, beeinflusst fast jeden Aspekt des Verhaltens innerhalb der Familie, im Geschäftsleben, in der Schule und in der Regierung. Gewählte oder ernannte Offizielle haben

> Thai World View (www.thaiworldview.com) ist eine Lehrstunde in Sachen Kultur mit jeder Menge nützlicher Vokabeln zu einfach allem, von Gesten bis zu Seifenopern.

THAILÄNDISCHE TÊE·O

Wenn es um *wan yùt* (Urlaub) geht, gibt es wohl keinen Thai, der zu Hause bleibt und es sich mit einem guten Buch gemütlich macht. Stattdessen trommeln Thais alle ihre Freunde zusammen und machen einen *têe·o* (Kurztrip oder Ausflug). Universitätsstudenten packen ihre Gitarre und eine Whiskyflasche ein und brechen zu einem Campingausflug in den nächsten Nationalpark auf. Damen der Mittelklasse ziehen ihre feinsten Seidenkleider an und versuchen in einem berühmten Tempel religiöse Verdienste zu erlangen. Und Dorfbewohner klettern auf die Ladefläche eines Pick-ups und fahren zum Einkaufen zu einem Secondhandmarkt an der Grenze. Egal, was das jeweilige Ziel ist, alle *têe·o* haben etwas gemeinsam: Normalerweise gehört eine ordentliche Portion chaotischen Autofahrens dazu (wenn man zu einem *têe·o* eingeladen wird, bloß nicht auf dem Vordersitz setzen), und in der Regel verbringt man mehr Zeit mit essen als mit dem eigentlichen Besuch des Ausflugsziels. Natürlich gehört zu jeder Ausfahrt auch der obligatorische Halt in der Mittagspause, und dann gibt's auch noch diverse Boxenstopps für kleine Snacks und köstliche Spezialitäten. Vor der Abfahrt wird so viel Zeit damit verbracht, überall in der Stadt Freunde einzusammeln und andere Dinge zu erledigen, dass man sich irgendwann wie in einer albernen Komödie vorkommt. Das Warten und die Umwege sind aber fester Bestandteil des Ausflugs, und die plaudernden Freunde bekommen die vielen Unterbrechungen gar nicht mit.

einige der höchsten Positionen auf der sozialen Leiter inne und betrachten sich oft als Versorger der Menschen – ein starker Kontrast zum demokratischen Ideal, demzufolge sie die Stimme des Volkes sein sollen. Die komplizierte persönliche Hierarchie in Thailand steht einer Zusammenarbeit oft im Weg, besonders zwischen Personen mit konkurrierendem Rang.

Die meisten ausländischen Besucher werden in Form von *pêe* (ältere Geschwister) und *nórng* (jüngere Geschwister) mit einer vereinfachten Version dieser Beziehungsstruktur zu tun haben. Alle Thais sprechen voneinander, indem sie Verwandtschaftsgrade benutzen. Selbst bei Personen, mit denen man nicht blutsverwandt ist, legt man schnell fest, wer *pêe* und wer *nórng* ist. Das ist auch der Grund, weshalb Thais neue Bekannte gleich zu Beginn fragen: „Wie alt bist Du?"

LEBENSART

Der Lebensstil eines jeden hängt vom familiären Hintergrund, vom Einkommen und von der Region ab, in der er lebt. In vielerlei Hinsicht ist Bangkok ein ganz eigenes Phänomen, denn hier erwärmen sich die Thais der Mittelklasse immer mehr für sämtliche modernen Annehmlichkeiten: SMS, Chats, Fast Food, japanische Popmusik und Modetrends. Nirgendwo sonst in Thailand gibt's soviel verfügbares Einkommen wie in Bangkok. Bangkoks Arbeiterklasse besteht hingegen hauptsächlich aus Arbeitsmigranten aus den nordöstlichen Provinzen, immer mehr auch aus Myanmar. Während die Reisfelder brachliegen, arbeiten Bauern aus Isan in Bangkok als Taxifahrer oder auf Baustellen. In der Mittagspause werden sie dann von geschäftstüchtigen Frauen aus Isan versorgt, die Spezialitäten aus dem Nordosten anbieten, die noch vor zwanzig Jahren in der kulinarischen Welt der Hauptstadt völlig unbekannt waren. Die Mittzwanziger aus den Provinzen Roi Et oder Si Saket, die nicht zur Universität gehen, nehmen Jobs in der Dienstleistungsbranche an, etwa in Pensionen, und bilden ihre eigenen Stadtstämme. Auf den Ferieninseln im Süden ist ein ähnliches Migrationsmuster zu beobachten: Thais aus Isan arbeiten als Hotelbedienstete oder auf Baustellen, Einheimische als Wachmänner und die gebildeten Bangkoker sitzen auf den Managementpositionen. Egal welchen Job sie auch haben, die meisten Thais schicken einen Anteil ihres Gehalts nach Hause, um ihre ärmeren Eltern oder ihre Kinder zu unterstützen.

In den Provinzhauptstädten überall im Land sind noch eher traditionelle Familienverbunde und Berufe zu finden. Die Beamten – Lehrer und Regierungsangestellte, die den Großteil der thailändischen Mittelklasse ausmachen – leben meist in Kernfamilien in Reihenhäusern außerhalb des Stadtzentrums. Einige wohnen auch in älteren Stadtteilen mit Vorgärten, in denen Papaya-, Mango- und andere Obstbäume wachsen. Geschäftsleute logieren im Zentrum der Stadt, meist in einer Wohnung über einem Laden – praktisch für Pendler, aber eben sehr laut und städtisch. In den kühlen Stunden des Tages strömen Erwerbstätige und Studenten in den nächsten Park, um zu joggen, Badminton zu spielen oder bei einem der städtisch organisierten Aerobic-Kurse mitzumachen.

Obwohl heute weniger Menschen in den Reisfeldern schuften als früher, überleben auch die Dörfer am Stadtrand noch. Hier ist das Leben den Jahreszeiten angepasst, Kleidung kauft man auf dem Markt, und wenn die Wasserbüffel sprechen könnten, wären sie eine gute Quelle für sämtlichen Dorftratsch. In ländlichen Gegenden erben die weiblichen Familienmitglieder in der Regel das Land, und in ganz Thailand sind meist die Frauen für die Finanzen der Familie zuständig.

Überall im Land sind Motorräder ein Sinnbild für das moderne thailändische Leben. Babys werden zusammen mit den Einkäufen am Lenker hän-

Thais haben eine spezielle Sprache, die sie benutzen, wenn sie mit einem Monarchen sprechen. Schulkinder lernen *râht-chá-sàp* (die königliche Sprache), aber es ist bekannt, dass Prinzessin Srindhorn diese Konvention umgeht, indem sie englisch spricht.

gend transportiert, und Schüler in kurzen Hosen sausen in den Nebenstraßen hin und her. Eine thailändische Redewendung besagt: Wer alt genug ist, um zu lachen, ist auch alt genug, um zu fahren. Daraus ergibt sich ein gesellschaftliches Problem, dem die Regierung mit verschiedenen Kampagnen zur öffentlichen Sicherheit beizukommen versucht. Autos sind noch immer ein Zeichen für Wohlstand, und wegen der günstigen Steuern sind Pick-ups bei den Autokäufern mit Abstand am beliebtesten. Auch Handys sind mittlerweile im Alltag fast aller Thais angekommen, sogar bei ärmeren Dorfbewohnern und kleinen Markthändlern.

Allgemein genießen die Thais heute einen höheren Lebensstandard als in den vergangenen Jahrzehnten. Die Überlandbusse mit den Ventilatoren, die an jedem Baum halten und zahnlose alte Omas und junge Männer mit Kampfhähnen unter dem Arm aufsammeln, gehören inzwischen der Vergangenheit an. Heute haben die Menschen ein eigenes Transportmittel oder können sich einen Bus mit Klimaanlage leisten. In demografischer Hinsicht befindet sich Thailand an einem Scheideweg: Es hat sich von einem Entwicklungsland zu einer Industrienation gewandelt. Die Lebenserwartung ist auf ein Durchschnittsalter von 70 Jahren für Männer bzw. 75 Jahren für Frauen gestiegen; die Geburtenrate liegt konstant bei 1,82. Das Durchschnittsalter im Land beträgt 33 Jahre, sodass im Moment ausreichend Arbeitskräfte vorhanden sind, die eine rückläufige Geburtenrate und eine wachsende Zahl von älteren Mitbürgern ausgleichen könnten.

Die sozialen Normen zwischen den Geschlechtern befinden sich ebenfalls im Wandel. Noch vor zehn Jahren galt es als Schande, wenn Frauen Alkohol tranken oder rauchten, und bei einer anständigen Mittelklassefeier waren die Gäste nach Geschlechtern getrennt. Heute sind die meisten dieser Tabus keine mehr. Ein Zeichen der Zeit ist auch die Beliebtheit, der sich das Wort *gík* heute erfreut – ein umgangssprachlicher Ausdruck, der ursprünglich „momentane Geliebte" bedeutete (heute wird er eher als Bezeichnung für die Freundin bzw. den Freund benutzt) und mittlerweile jemanden beschreibt, mit dem man ohne jegliche Form der emotionalen oder finanziellen Verantwortung Sex hat. Das ist ein relativ neues Konzept, das sich von dem der traditionellen Sexpartner – Geliebte, feste Freundinnen oder Prostituierte – unterscheidet. *Gík* kann sich auf Personen beiderlei Geschlechts beziehen und wird immer mehr zu einer Quelle der Frustration für verheiratete Paare. In der vorangegangenen Generationen haben diese sich vielleicht noch um zu häufige Bordellbesuche gestritten oder es gab Ärger, weil der eine entdeckt hatte, dass der andere fremdging. Diese sexuelle Revolution wirkt sich allmählich auch auf das Arbeitsfeld der Prostitution aus. Einer Regierungsstudie zufolge hatten Prostituierte 2001 durchschnittlich nur noch einen Kunden pro Nacht, im Jahr 1997 waren es noch 1,5. Außerdem gaben weniger Männer zwischen 20 und 30 an, ein Bordell

Thai-Blogs (www.thai
-blogs.com) wirft einen
Blick in das Leben von
Thais und hier ansässigen
Ausländern und berichtet
von ihren ungewöhn-
lichen Erlebnissen und
Unternehmungen.

DEMOGRAFISCHE FAKTEN

- Durchschnittliches Heiratsalter für einen Thai/eine Thai: 27/24 Jahre
- Mindesttageslohn in Bangkok: 203 B
- Mindesttageslohn in Nakhon Ratchasima: 170 B
- Monatliches Einstiegsgehalt für Regierungsmitarbeiter: etwa 9000 B
- Angestellte im Dienstleistungssektor verdienen zwischen 4500 und 6500 B pro Monat
- Lehrer, die mindestens zwei Jahrzehnte Berufserfahrung haben, verdienen pro Monat 24 000 B

aufgesucht zu haben – der Anteil fiel von 55 % im Jahr 1995 auf nur noch 10 % im Jahr 2001.

Obwohl sich das viktorianische Korsett Thailands gelockert hat, spielt Religion noch immer eine aktive und wichtige Rolle in der modernen Gesellschaft, und noch haben die Thais im Gegensatz zu den Europäern kein säkulares Weltbild angenommen. Weitere Informationen gibt's auf S. 71.

WIRTSCHAFT

Thailands Wirtschaft wird als sich entwickelnd eingestuft, etwa 70 % des Bruttoinlandsprodukts (BIP) stammen aus Exporten. Damit kann das Land die zweitstärkste Wirtschaft in Südostasien vorweisen (Indonesien besitzt die stärkste), und gefertigte Exportgüter, vor allem Elektroartikel und Autos, drängen die traditionellen landwirtschaftlichen Produkte wie Reis und Kautschuk allmählich in den Hintergrund. Die wichtigsten Handelspartner sind die USA, Japan und China.

Thailand wird oft als Reiskorb der Welt gepriesen, auch wenn es sich mit Vietnam um die Spitzenposition streitet. Landwirtschaftliche Erzeugnisse bringen 11 % des BIP ein, in diesem Bereich sind 37 % aller Arbeitskräfte tätig. Weitere landwirtschaftliche Exportgüter sind Shrimps von Zuchtfarmen und Maniok. Auch die Lebensmittelverarbeitung wird zu einem immer wichtigeren Industriezweig.

Vor nicht allzu langer Zeit wurde Thailand außerdem als das „Detroit Asiens" gelobt. Die Automobilindustrie ist für 15 % des BIP verantwortlich, und Thailand hat den größten Automobilmarkt und ist der größte Autohersteller aller asiatischen Nationen. Besonders im Bereich der Produktion und der Inlandsverkäufe von Eintonner-Pick-ups zeigt sich das sehr stark. Toyota und Isuzu sind mit ihren Fabriken am Stadtrand von Bangkok *die* Autohersteller in Thailand. Etwa die Hälfte der 1,2 Mio. Fahrzeuge, die im Jahr 2006 produziert wurden, wurde ins Ausland exportiert. Der Einbruch der Weltwirtschaft hat aber auch in Thailand zu sinkenden Produktions- und Verkaufszahlen für Autos geführt.

Trotz einer recht stabilen Wirtschaft hat sich der andauernde politische Machtkampf nach dem Militärputsch im Jahr 2006 negativ auf das zukünftige Wirtschaftswachstum des Landes ausgewirkt. Man hatte gehofft, im Jahr 2008 wieder eine Wachstumsrate von 4 bis 5 % erreichen zu können, aber nach der einwöchigen Lahmlegung beider Flughäfen in Bangkok durch Regierungsgegner Ende 2008 wurde dieser Prozentsatz auf 2 % korrigiert.

Am schlimmsten ist die Tourismusindustrie von solchen politischen und wirtschaftlichen Krisen betroffen. Noch 2007 machte sie 6 % der Gesamtwirtschaft aus und lockte 14 Mio. Besucher ins Land. Zu Beginn des Jahres 2008 hoffte die Regierung, die Besucherzahl auf 15 Mio. steigern zu können, aber Anfang 2009 wurde sie dann mit 10 Mio. angegeben. Dass Bangkoks Flughäfen geschlossen waren, hat schätzungsweise einen Verlust von 3,8 Mrd. US$ verursacht, da Einnahmen ausblieben und auch Frachtschiffe, Import bzw. Export, Personenverkehr und Tourismus betroffen waren. Man befürchtet, dass die Tourismusindustrie einen noch größeren, langfristigen Einbruch erleidet als nach dem Tsunami im Indischen Ozean im Jahr 2004.

Wirtschaftswissenschaftler sagen schwere Zeiten für Thailand voraus; laut Schätzungen werden sich im Jahr 2009 2 % der Arbeitnehmer (also etwa 1 Mio. Menschen) arbeitslos melden, immerhin aber noch weniger als beim Rekordstand von 4,4 % während der asiatischen Finanzkrise 1997.

BEVÖLKERUNG

Mit geschätzten 63 Mio. Einwohnern ist Thailand das bevölkerungsreichste Land auf dem südostasiatischen Festland. Über ein Drittel aller Thais lebt

---

Viele Thais fragen Mönche oder Hellseher um Rat, wenn sie nach einem Glück verheißenden Datum für eine Hochzeit oder die Eröffnung eines neuen Geschäfts suchen.

in städtischen Gebieten; die meisten wohnen in der Hauptstadt Bangkok (6,3 Mio.) und ihren industriellen Vororten Smaut Prakan (379 000) und Nonthaburi (292 000). Obwohl er für seinen ländlichen Charakter bekannt ist, liegen in Thailands Nordosten zwei der größten Städte des Landes: Udon Thani (222 000) und Nakhon Ratchasima (205 000). Der Verkehrsknotenpunkt Hat Yai (188 000) im Süden in der Grenzregion zu Malaysia sowie die Küstenstadt Chonburi (183 000) sind weitere Ballungszentren. Chiang Mai (174 000) hingegen, das oft als kulturelle Hauptstadt bezeichnet wird, schafft es gerade mal so in die Top 10.

> Thailand ist nach den USA der zweitgrößte Markt für Pick-ups weltweit.

Thailand wird als homogenes Land angesehen, aber die Realität ist etwas komplizierter, besonders in den Provinzen im Grenzgebiet oder in Gegenden, die eine historische Verbindung zu anderen Nationen haben. Thailands eingewanderte Bevölkerung besteht größtenteils aus Chinesen, wenngleich in der jüngeren Vergangenheit auch viele Wirtschaftsflüchtlinge aus Myanmar ins Land kamen.

Die thailändische Mehrheit

Ungefähr 75 % der Bevölkerung sind thailändischer Herkunft, die wiederum in vier Gruppen unterteilt werden können: Zentralthais oder Siamesen aus dem Chao-Phraya-Delta, Thai-Lao im Nordosten, Thai Pak Tai im Süden und Nordthais. Jede Gruppe spricht einen eigenen Dialekt und befolgt bis zu einem gewissen Grad Bräuche, die es nur in ihrer Region gibt. Politisch und ökonomisch sind die Zentralthais die dominierende Gruppe. Kleinere Minderheiten, die Thai-Dialekte sprechen, sind die Lao-Song (Phetchaburi und Ratchaburi), Phuan (Chaiyaphum, Phetchaburi, Prachinburi), die Phu Thai (Sakon Nakhon, Nakhon Phanom, Mukdahan), die Shan (Mae Hong Son), die Thai Khorat bzw. Suay (Khorat), die Thai Lü (Nan, Chiang Rai), die Thai-Malaien (Satun, Trang, Krabi) und die Yaw (Nakhon Phanom, Sakon Nakhon).

> In Thailand hat man eine Vorliebe für Guinness-Weltrekorde, so gehen die Rekorde für die längste Kondomkette, die meisten Unterwasser-Hochzeiten und die längste Mini-Cooper-Kolonne (444 geparkte Autos schrieben „Lang lebe der König") an das Land.

Die Chinesen

Menschen mit chinesischer Abstammung – Hakka, Teochew, Han-Chinesen und Kantonesen der zweiten oder dritten Generation – machen 14 % der Gesamtbevölkerung aus. In Bangkok und in den nahen Küstenregionen leben viele Einwanderer aus China, die zu Beginn und in der Mitte des 20. Jhs. wegen der besseren wirtschaftlichen Möglichkeiten ins Land kamen. In Nordthailand gibt es außerdem eine recht große Gruppe muslimischer Hui-Chinesen, die im späten 19. Jh. aus Yunnan einwanderte, um während der Qing-Dynastie religiöser und ethnischer Verfolgung zu entgehen.

Die chinesische Bevölkerung in Thailand hat sehr wahrscheinlich ein besseres Verhältnis zu den meisten ihrer Mitbürger als in irgendeinem anderen Land in Südostasien. So haben beispielsweise viele Chinesen Thailänderinnen geheiratet und traditionelle chinesische Bräuche in die thailändische Kultur einfließen lassen. Schon früher boten wohlhabende Chinesen ihre Töchter als Gemahlinnen bei Hofe an, sodass königliche Verbindungen und ein chinesischer Stammbaum entstanden, der bis zum heutigen König reicht.

> *Botan – Briefe aus Thailand* (1969) handelt von einem chinesischen Einwanderer, der nach dem Zweiten Weltkrieg nach Thailand kommt. Der Held erzählt durch Briefe an seine Mutter davon, wie er beruflich erfolgreich wurde und heiratete.

Andere Minderheiten

Malaien stellen die zweitgrößte Minderheit (4,6 %) – die meisten leben in den Provinzen im tiefen Süden. Ansonsten finden sich noch weitere Minderheiten, die kein Thai sprechen und kleinere Anteile stellen: Vietnamesen, Khmer, Mon, Semang (Sakai), Moken (*chow lair*, „Menschen des Meeres" oder „Seezigeuner"), Htin, Mabri, Khamu und verschiedene Bergstämme.

Eine kleine Anzahl Europäer und anderer Nicht-Asiaten residiert in Bangkok und den Provinzen.

Bergstämme

Ethnische Minderheiten in den Bergregionen Nordthailands werden oft als „Bergstämme" bzw. in der thailändischen Mundart als *chow kŏw* (Bergleute) bezeichnet. Jeder Bergstamm hat eine eigene Sprache, eigene Bräuche und Trachten und seinen eigenen Glauben.

DIE BERGSTÄMME AUS DEM BLICKWINKEL DER MODERNE

Die Bergstämme haben meist den niedrigsten Lebensstandard in Thailand. Obwohl es naheliegend wäre, diese niedrige Lebensqualität mit ihrer traditionellen Lebensart in Verbindung zu bringen, rührt diese Situation doch in den meisten Fällen daher, dass Angehörige der Bergstämme keine thailändischen Staatsbürger sind. Ohne diese Staatsbürgerschaft haben die Bergstämme auch nicht das Recht, Land zu besitzen, ihre Kinder zur Schule zu schicken oder Mindestlöhne zu verlangen, und auch der Zugang zu medizinischer Versorgung bleibt ihnen verwehrt. In den letzten beiden Jahrzehnten wurden an einige Angehörige von Bergstämmen thailändische Ausweise vergeben, die es ihnen ermöglichen, an nationalen Programmen teilzunehmen (jedenfalls theoretisch, praktisch können sich viele Familien aufgrund zusätzlicher „Gebühren" noch immer keinen Schulbesuch und keine Krankenversicherung leisten). Andere Familien erhielten Wohnsitzbescheinigungen, die ihnen das Verlassen eines zugewiesenen Gebietes verboten, was sie wiederum daran hinderte, bestimmte Jobs anzunehmen und ihnen den Zugang zu anderen Dingen versagte, die mit einer modernen, mobilen Gesellschaft einhergehen.

Darüber hinaus verfolgt die thailändische Regierung seit 30 Jahren eine Umsiedlungspolitik, im Rahmen derer oft ganze Dörfer von fruchtbarem Ackerland auf unfruchtbares umgesiedelt werden, sodass das bewährte Lebenshaltungssystem der Stämme, in dem die Stammesbräuche noch intakt sind, in ein Marktkorsett gezwängt wird, in dem es sich nicht behaupten kann und durch das die Lebensweise der Stämme zerstört wird.

Manche sagen, die Erträge der thailändischen Trekkingunternehmen würden die Bergstämme dabei unterstützen, ihre ethnische Identität zu erhalten. Und es stimmt, dass ein geringer Prozentsatz der Gewinne aus der Trekkingindustrie einzelnen Familien in einem Bergstammdorf zugute kommt, sodass sie über ein kleines Einkommen verfügen und möglicherweise nicht in die Großstadt fliehen müssen. Ein Führer, mit dem wir sprachen, schätzte sehr optimistisch, dass 50 % der Tourkosten für Lebensmittel, Unterkünfte und Verpflegung ausgegeben werden, von denen die Händler in den jeweiligen Dörfern direkt profitieren.

Allgemein ist die Trekkingindustrie für soziale Belange sensibler geworden, als sie es in den vergangenen Jahrzehnten war. Die meisten Unternehmen beschränken heute die Anzahl der Besucher in bestimmten Gegenden, um deren Auswirkungen auf das tägliche Leben der Dorfbevölkerung abzumildern. Die Industrie hat aber noch immer einen langen Weg vor sich. Es sollte auch erwähnt werden, dass alle Trekking-Unternehmen in thailändischer Hand sind und thailändische Führer beschäftigen – ein weiteres Hindernis für ethnische Minderheiten, denen die thailändische Staatsangehörigkeit verweigert wird. Ohne Ausweis erhalten Führer, die einem Bergstamm angehören, keine Lizenz der Tourist Authority of Thailand (TAT) und haben daher bei einer Bewerbung fast keine Chance.

In den letzten zehn Jahren ist der Tourismus weit in die Bergregionen im Norden des Landes vorgedrungen und ist so zu einer Bedrohung für die Unabhängigkeit der Bergstammdörfer geworden. Spekulanten aus der Stadt kaufen den Bergstammbauern ihr Land zu relativ kleinen Preisen ab, nur um es sofort wieder für einen entschieden höheren Betrag – meist an Hotelketten – zu verkaufen, sofern sie sich die Besitzurkunde beschaffen können (in vielen Fällen besitzt der Bergbauer die Landrechte ohnehin nicht und hat so wenig Verhandlungsspielraum, wenn Außenstehende ihm einen Kauf anbieten). Der vertriebene Bauer und seine Familie ziehen dann oft in die Stadt, sie verlieren die Verbindung zur ländlichen Lebensweise ihres Stammes und haben nur wenige Möglichkeiten, sich in der Gesellschaft im Flachland zu behaupten.

Die meisten sind halbnomadischen Ursprungs und kamen während der letzten 200 Jahre aus Tibet, Myanmar, China und Laos ins Land. Sie sind Menschen der „vierten Welt" – weder gehören sie den großen anerkannten Mächten an, noch den Entwicklungsländern. Vielmehr kreuzen sie nach wie vor Landesgrenzen, oft um Repressionen zu entfliehen, ohne sich um Nationalitäten zu kümmern.

Sprache und Kultur bestimmen die Grenzen des „Reichs" der Bergstämme. Einige Gruppen leben immer noch wie vor Jahrhunderten, während andere sich Schritt für Schritt dem modernen Leben anpassen. Weil die Bergregionen nach und nach entwaldet werden, ziehen viele Stämme inzwischen ins Tiefland.

Die Stämme, mit denen Traveller bei einer Thailandreise am ehesten in Berührung kommen, lassen sich in drei linguistische Hauptgruppen gliedern: das Tibeto-Birmanische (Lisu, Lahu, Akha), das Karen (Karen, Kayah) und das Austro-Thai (Hmong, Mien). In den einzelnen Gruppierungen gibt es dann wiederum zahlreiche Untergruppen, beispielsweise Blaue Hmong und Weiße Hmong; deren Namen beziehen sich normalerweise auf die auffälligsten Elemente ihrer Kleidung, weil die zwischen den Untergruppen variieren.

Das Tribal Research Institute in Chiang Mai hat zehn verschiedene Bergstämme ausgemacht, wahrscheinlich existieren aber sogar bis zu 20. Die genannte Anzahl der Angehörigen basiert jeweils auf jüngsten Schätzungen. Die folgenden Angaben zum Kleidungsstil beziehen sich vorrangig auf die Kleidung der Frauen, da die Männer der Bergstämme sich meist wie thailändische Bauern kleiden. Allerdings ziehen die Bergdorfbewohner heute zunehmend gespendete Kleidung ihrer traditionellen vor. Auch die Häuser werden mittlerweile mehr und mehr aus modernen Materialien errichtet, etwa aus Wellblech.

AKHA (I-KAW)

Angehörige: 68 600
Herkunft: Tibet
Heutige Standorte: Thailand, Laos, Myanmar, Yunnan
Wirtschaft: Reis, Getreide, Bohnen, Paprika
Glaube: Animismus mit Schwerpunkt auf Ahnenkult; einige Gruppen sind Christen
Kulturelle Charakteristika: Die Akha zählen zu den ärmsten der ethnischen Minderheiten in Thailand; sie leben größtenteils in den Provinzen Chiang Mai und Chiang Rai, auf Gebirgskämmen oder an steilen Abhängen in 1000 bis 1400 m Höhe. Sie werden von den meisten Thailändern als geschickte Bauern angesehen, aber oft auf Anordnung der Regierung von ihrem fruchtbaren Land vertrieben. Zu ihrer traditionellen Kleidung gehört u. a. auch eine Kopfbedeckung mit Perlen, Federn und herabhängendem Silberschmuck. Die berühmte Schaukelzeremonie der Akha findet jedes Jahr in der Zeit von Mitte August bis Mitte September statt, also zwischen der Pflanz- und der Erntezeit. Die Häuser der Akha bestehen aus Holz und Bambus, sie sind meist auf kurzen Holzstelzen erbaut und haben ein Dach aus Gras. Am Eingang jedes traditionellen Akha-Dorfes steht ein einfaches Holztor, das aus zwei senkrechten Stützen besteht, die mit einem Oberbalken verbunden sind. Akha-Schamanen bringen verschiedene Talismane aus Bambusstreifen am Tor an, um bösartige Geister fernzuhalten. Neben jedem Tor eines Dorfes stehen die grob geformten Holzfiguren eines Mannes und einer Frau, die jeweils mit übertrieben großen Geschlechtsorganen ausgestattet sind, da die Akha glauben, die Geisterwelt fände die menschliche Sexualität verabscheuenswert.

Queen of Langkasuka (2008) von Nonzee Nimibutr ist ein umfangreiches Historiendrama frei nach dem Vorbild des malaiischen Königreichs Pattani – ein Teil der Geschichte, über den die meisten nicht-malaiischen Thais nur sehr wenig wissen. Bereits in den ersten Wochen nach dem Start hatte der Film mehr eingespielt als jeder andere in diesem Jahr.

Hilltribe.org (www. hilltribe.org) ist eine informative Quelle zu allen Fragen rund um die Kultur und die Geschichte der Bergstämme.

LAHU (MUSOE)
Angehörige: 102 876
Herkunft: Tibet
Heutige Standorte: Südchina, Thailand, Myanmar
Wirtschaft: Reis, Getreide
Glaube: theistischer Animismus (die übergeordnete Gottheit ist Geusha);
einige Gruppen sind Christen
Kulturelle Charakteristika: Die thailändische Bezeichnung für diesen Stamm,
moo·seu, leitet sich von einem birmanischen Wort für „Jäger" ab, was sich
auf ihre Tradition als Waldvolk bezieht. Die Lahu leben meist in 1000 m
Höhe, vor allem in den abgelegenen Gegenden der Provinzen Chiang Mai,
Chiang Rai und Tak. Es gibt fünf Hauptgruppen – Rote Lahu, Schwarze Lahu,
Weiße Lahu, Gelbe Lahu und Sheleh-Lahu. Ihre traditionelle Kleidung besteht
aus schwarz-roten Jacken und engen Röcken bei den Frauen bzw. leuchtend
grünen oder blaugrünen weiten Hosen bei den Männern. Die Behausungen
sind aus Holz, Bambus und Gras, meist stehen sie auf kurzen Holzpfählen.
Die Lahu essen vermutlich von allen Bergstämmen am schärfsten.

LISU (LISAW)
Angehörige: 55 000
Herkunft: Tibet
Heutige Standorte: Thailand, Yunnan
Wirtschaft: Reis, Getreide, Vieh
Glaube: Animismus mit Ahnenkult und Geisterbeschwörung
Kulturelle Charakteristika: Lisu-Dörfer liegen normalerweise im Gebirge in
einer Höhe von etwa 1000 m; sie sind in acht thailändischen Provinzen zu
finden: Chiang Mai, Chiang Rai, Mae Hong Son, Phayao, Tak, Kamphaeng
Phet, Sukhothai und Lampang. Die Frauen tragen lange, bunte Tuniken über
ihren Hosen, manchmal auch Turbane mit Quasten. Die Männer kleiden
sich in weite grüne oder blaue Hosen, die an den Knöcheln zusammenge-
bunden werden. Für die patrilinearen Clans gilt ein personenübergreifendes
Rechtssystem, das die Lisu unter den verschiedenen Bergstämmen einmalig
macht (die meisten Stämme übertragen diese Macht zentral einem Schamanen oder einem Dorfvorsteher). Die Häuser stehen auf dem Boden und
werden hauptsächlich aus Bambus und Stroh gebaut. Ältere Häuser, die
heute ziemlich selten sind, bestehen aus Lehmziegeln oder Lehm, Bambus
und Stroh.

MIEN (YAO)
Angehörige: 45 500
Herkunft: Zentralchina
Heutige Standorte: Thailand, Südchina, Laos, Myanmar, Vietnam
Wirtschaft: Reis, Getreide
Glaube: Animismus mit Ahnenkult und Taoismus
Kulturelle Charakteristika: Die Mien sind fantastische Kunsthandwerker, das
beweisen sie mit ihrer Stickkunst oder als Silberschmiede. Sie lassen sich in
der Nähe von Gebirgsquellen in einer Höhe zwischen 1000 und 1200 m
nieder und leben hauptsächlich in den Provinzen Nan, Phayao und Chiang
Rai, vereinzelt sind aber auch in Chiang Mai, Lampang und Sukhothai
Gemeinden anzutreffen. Während des Krieges, als die Mien mit der CIA
gegen die Truppen des Pathet Lao zusammenarbeiteten, nahm die Zahl der
Einwanderer zu; 50 000 Mien-Flüchtlinge wurden in die USA umgesiedelt.
Die Frauen tragen Hosen, schwarze, kunstvoll bestickte Jacken mit roten,
fellartigen Kragen und dazu große dunkelblaue oder schwarze Turbane. Die
Mien sind stark von chinesischen Traditionen beeinflusst und haben bei-

spielsweise die chinesischen Zeichen für ihre Schriftsprache übernommen. Die Familienstruktur ist patrilinear aufgebaut, Ehen sind polygam. Die Häuser werden auf dem Boden gebaut, sie bestehen aus Holz oder Bambus und Stroh.

HMONG (MONG ODER MAEW)

Angehörige: 151 000
Herkunft: Südchina
Heutige Standorte: Südchina, Thailand, Laos, Vietnam
Wirtschaft: Reis, Getreide, Kohl, Erdbeeren
Glaube: Animismus
Kulturelle Charakteristika: Die Hmong sind die zweitgrößte Gruppe unter den Bergstämmen Thailands. Sie sind vor allem in der Provinz Chiang Mai sehr zahlreich, kleinere Enklaven finden sich in den anderen nördlichen Provinzen des Landes. Normalerweise leben sie auf Berggipfeln oder -plateaus in über 1000 m Höhe. Die Stammesangehörigen tragen einfache schwarze Jacken und indigoblaue oder schwarze weit geschnittene Hosen (Weiße Hmong) mit gestreifter Borte bzw. indigoblaue Röcke (Blaue Hmong) und Silberschmuck. Manchmal werden Schärpen um die Taille gebunden und bestickte Schürzen über Bauch und Rücken getragen. Die meisten Frauen binden ihr Haar zu einem großen Knoten zusammen. Die Häuser stehen auf dem Boden. Die Familienstruktur ist patrilinear, Polygamie ist erlaubt.

KAREN (YANG ODER KARIANG)

Angehörige: 428 000
Herkunft: Myanmar
Heutige Standorte: Thailand, Myanmar
Wirtschaft: Reis, Gemüse, Vieh
Glaube: je nach Gruppe Animismus, Buddhismus oder Christentum
Kulturelle Charakteristika: Die Karen sind die größte Bergstammgruppierung in Thailand; zu ihnen gehören etwa 47 % der gesamten Stammesbevölkerung. Karen leben meist in den Tälern des Tieflandes und betreiben eine Wechselwirtschaft als Brandrodungsackerbau. Aufgrund ihrer Anzahl und ihrer Nähe zur „normalen" Bevölkerung, sind sie die am besten integrierte und wirtschaftlich erfolgreichste Gruppe der Bergstämme. Typischerweise werden dicht gewebte Tuniken mit V-Ausschnitt in den unterschiedlichsten Farben getragen (unverheiratete Frauen tragen Weiß). Die Familienstruktur ist matrilinear, es gibt nur monogame Ehen. Die Häuser der Karen werden auf niedrigen Stelzen oder Pfählen erbaut, die Dächer reichen oft sehr tief nach unten. Man unterscheidet vier Karen-Gruppen: die Skaw- (Weißen) Karen, die Pwo-Karen, die Pa-O- (Schwarzen) Karen und die Kayah- (Roten) Karen.

BILDUNG

Der Besuch einer öffentlichen Schule ist kostenlos, neun Schuljahre sind Pflicht, möglich sind aber zwölf. Bevor gegen Ende des 19. Jhs. ein Bildungsministerium eingerichtet wurde, leisteten die buddhistischen Tempel den größten Teil der öffentlichen Bildungsarbeit. Davon profitierten alle Jungen, die sich ins Kloster begaben. Obwohl Bildung als wichtiges Gut angesehen wird, werden Thailands öffentliche Schulen oft kritisiert, weil sie eher auf stumpfes (Auswendig-)Lernen als auf kritisches Denken setzen. Von 2000 an gab es mehrere Versuche, das Schulsystem zu reformieren, indem man auf Kinder zugeschnittene Lehrmethoden ausprobierte, aber angeblich führten diese Versuche nur zu wenig greifbaren Ergebnissen. Die öffentlichen Schulen in Thailand sind besonders erfolgreich, wenn es darum geht,

Staatsbürger mit fester nationaler siamesischer (oder zentralthailändischer) Identität hervorzubringen, und diese Tatsache ist für Minderheitengruppen, etwa für die malaiischen Muslime in den Südprovinzen, ein bedeutender Streitpunkt. Das Klassenzimmer ist einer der wichtigsten Mikrokosmen für die tief verwurzelte soziale Hierarchie: Die Schüler glauben, dass die Lehrer die verehrte Stellung des „Älteren" innehaben, die Gehorsam und Respekt verdient. Diese Bildungskultur ist ein Vorteil im Bereich des Zusammenlebens in der thailändischen Gesellschaft, aber sie kann manchmal ein Hindernis sein, wenn es darum geht, sich auf akademischer Ebene mit anderen Nationen zu messen.

Thailands öffentliches Schulwesen ist folgendermaßen organisiert: Die Grundstufe *bà·tŏm* umfasst sechs Jahre. Die Schulpflicht beginnt im Alter von sechs Jahren, im Anschluss folgen entweder drei oder sechs Jahre weiterführende Bildung, *má·tá·yom*. Der dreijährige Zug richtet sich an diejenigen, die im Anschluss drei bis fünf Jahre eine *wí·chah·chêep* (Handelsschule) besuchen wollen, während Schüler, die auch noch die dritte Stufe *ù·dom*, etwa durch den Besuch einer Universität, anhängen wollen, sich für den sechsjährigen Zug *má·tá·yom* entscheiden. Etwa 69 % gehen länger als nur die neun Pflichtjahre zur Schule, 15 % haben nur eine sehr geringe oder gar keine Schulbildung.

Private und internationale Schulen für die ausländische und nationale Elite sind in Bangkok und Chiang Mai sowie in anderen großen Provinzstädten zu finden. Das Land kann sich über dreißig öffentlicher Universitäten rühmen, hinzu kommen 41 Ausbildungseinrichtungen für Lehrer (Rajabhat) und neun technische Schulen (Rajamangala), die ebenfalls in den Rang einer Hochschule oder einer Universität erhoben wurden. Außerdem gibt's jede Menge Handelsschulen und technische Schulen. Thammasat und Chulalongkorn sind zwei der prestigeträchtigsten Universitäten des Landes.

SPORT

Moo·ay tai

Ob im Ring oder auf der Tribüne, bei dieser Kampfsportart ist alles möglich. *Moo·ay tai* ist ein Sport mit intensivem Körperkontakt. Jeder Kampf wird eingeleitet mit einem farbenprächtigen rituellen Zeremonientanz und begleitet von einem Volksmusikorchester. In der ganzen Arena werden wahnwitzige Wetten abgeschlossen.

Als mögliches Angriffsziel gelten alle Bereiche des gegnerischen Körpers und jeder Körperteil, ausgenommen der Kopf, kann im Kampf benutzt werden, um auf den Kontrahenten einzuschlagen. Gängig sind Kicks in den Nacken, Ellbogenstöße ins Gesicht oder auf den Kopf, Schläge mit dem Knie in die Rippen und Kicks in die Waden. Faustschläge gelten als die schwächste Art, jemanden anzugreifen, während die Kicks lediglich dazu dienen, den Gegner „mürbe" zu machen – die entscheidenden Attacken werden in den meisten Wettkämpfen mit dem Knie oder Ellbogen ausgeführt.

Jedem Kampf geht ein *ram moo·ay* (Boxtanz) voraus. Die Zeremonie, bei der man den Kampflehrern *(kroo)* und den Schutzgeistern des Thai-Boxens seine Ehrerbietung bezeugt, dauert für gewöhnlich etwa fünf Minuten. Die komplizierten Gesten und Bewegungsabläufe werden musikalisch von Klängen der thailändischen *bèe* (Oboe) und Trommeln am Rand des Rings begleitet.

Als Glücksbringer und Bitte um göttliche Unterstützung tragen die Kämpfer heilige Stirn- und Armbänder. Das Stirnband wird nach dem *ram muay* abgelegt; das Armband hingegen, das ein kleines Buddhabild enthält, wird während des ganzen Kampfes getragen.

Panrit „Gor" Daoruang hat schon im Alter von zwölf Jahren damit begonnen, seinen Schüleralltag auf www.thailandlife.com zu dokumentieren. Heute ist er 22 und sitzt eine dreijährige Strafe wegen Drogenbesitzes ab, stellt aber auf www.thaiprisonlife.com hin und wieder immer noch Berichte aus erster Hand ins Netz.

Thailand gewann bei den Olympischen Spielen in Peking 2008 zwei Goldmedaillen, eine im Gewichtheben der Frauen, die andere beim Boxen der Männer.

In den Arenen jedes Provinznests und auf Tempelmärkten im ganzen Land werden Kämpfe ausgetragen, von Meisterschaften bis zu Einsteigerwettbewerben. Die spannendsten finden in zwei Bangkoker Arenen statt: Ratchadamnoen und Lumphini.

Grà·bèe Grà·borng

Eine andere Kampfsportart, *grà·bèe grà·borng*, wird mit Handwaffen ausgeführt, besonders mit dem *grà·bèe* (Schwert), dem *plorng* (Kampfstab), dem *ngów* (Hellebarde), dem *dàhp sŏrng meu* (ein Schwert in jeder Hand) und dem *mái sŭn·sòrk* (ein Paar Keulen). Heutzutage ist der Sport ein Ritual, das nur noch bei Festivals oder für Touristen aufgeführt wird; trotzdem wird er noch immer feierlich und nach der 400 Jahre alten Tradition gelehrt, wie sie aus dem Wat Phutthaisawan in Ayutthaya überliefert ist. Die Elite-Bodyguards des thailändischen Königs werden in *grà·bèe grà·borng* trainiert. Für viele Experten der thailändischen Kultur gilt *grà·bèe grà·borng* im Vergleich zu *moo·ay tai* als die reinere, aristokratischere Sportart.

Moderne Kämpfe werden in einem markierten Kreis ausgetragen. Sie beginnen mit einer *wâi-kroo*-Zeremonie und werden musikalisch von einem Orchester begleitet. Die Techniken des Thai-Boxens und judoähnliche Würfe werden mit Waffentechniken kombiniert. Obwohl geschärfte Waffen verwendet werden, geht es nicht darum, auf den Gegner einzuschlagen – Sieger ist der, der die größere Ausdauer und die besseren technischen Fertigkeiten unter Beweis gestellt hat.

Dà·grôr

In einigen alten englischen Texten auch als siamesischer Fußball bezeichnet, wird beim *dà·grôr* ein gewebter Rattanball (Durchmesser etwa 12 cm) zwischen den gegnerischen Spielern hin und her gekickt.

Bei der traditionellen Spielweise stehen die Teilnehmer in einem Kreis (die Größe hängt von der Anzahl der Mitspieler ab) und versuchen schlicht, den Ball in der Luft zu halten, indem sie ihn wie beim Fußball kicken. Es werden Punkte für Stil, Schwierigkeitsgrad und Vielfalt der Ballmanöver vergeben. Diese Form des Spiels wird oft unter Freunden und Kollegen gespielt, wo immer sie ein kleines bisschen Platz haben: auf einem leeren Parkplatz, auf dem Schulhof und am Strand.

Eine beliebte Variante des *dà·grôr* – sie wird auch bei Universitäts- oder internationalen Wettkämpfen gespielt – ist dem Volleyball nicht unähnlich: Es gibt ein Netz, aber man darf den Ball nur mit den Füßen und dem Kopf berühren. Es ist wirklich faszinierend, den Spielern bei ihren Pirouetten in der Luft zuzusehen, wenn sie den Ball über das Netz schießen. Bei einer weiteren Variante kicken die Spieler das Spielgerät in einen in 4,5 m Höhe angebrachten Ring – Basketball mit den Füßen, aber ohne Korbbrett!

Da der Sport auch in vielen Nachbarländern beliebt ist, wurde *dà·grôr* von Thailand bei den Südostasien-Spielen eingeführt, und die internationalen Titel wandern zwischen den Thais und den Malaysiern hin und her.

MEDIEN

Die Regierungen in Südostasien sind typischerweise nicht sonderlich begeistert von unzensierten Medien, aber Thailand hat sich dieser Tatsache in den 1990er-Jahren oft widersetzt und in seiner Verfassung im Jahr 1997 sogar die Pressefreiheit verankert, wenn auch mit recht großen Schlupflöchern. Diese Ära endete mit dem Aufstieg von Thaksin Shinawatra, einem Telekommunikationstycoon, und seiner Partei Thai Rak Thai (TRT) zu Beginn des neuen Jahrtausends. Just vor der entscheidenden Parlamentswahl im Jahr 2001 erwarb Thaksins Unternehmen Shin Corp die Mehrheitsanteile

von iTV, Thailands einzigem unabhängigen Fernsehsender. Kurz darauf feuerte der Vorstand 23 iTV-Journalisten, die sich darüber beschwerten, der Sender berichtete einseitig positiv über Thaksin und die TRT. Beinahe über Nacht wurde der Sender von einem unabhängigen, investigativen Kanal zu einem Pro-Thaksin-Sprachrohr.

Als Thaksin zum Ministerpräsidenten ernannt wurde und seine Partei die Mehrheit im Parlament übernahm, sah sich die Presse derselben Zensur und gesetzlichen Bedrohung ausgesetzt wie während der Militärdiktaturen seit den 1970ern. 2002 wurden zwei westlichen Journalisten, Shawn W. Crispin und Rodney Tasker, die für den Far Eastern Economic Review arbeiteten, die Ausweisung angedroht, nachdem die thailändischen Behörden am 10. Januar 2002 einen ihrer Artikel als eine Beleidigung für das ganze Land einstuften. 2004 wurde Veera Prateepchaikul, Chefredakteur der *Bangkok Post*, aufgrund des durch gewisse Vorstandsmitglieder mit Verbindungen zur TRT ausgeübten Drucks entlassen, nachdem er sich zu Thaksins Verhalten während der Vogelgrippe-Krise von 2003/2004 kritisch geäußert hatte. Die TRT-Regierung reichte außerdem eine ganze Reihe von Verleumdungsklagen gegen kritische Einzelpersonen, Veröffentlichungen und Mediengruppen ein, die peinliche Enthüllungen über das Regime verbreitet hatten.

Nachdem Thaksin 2006 aus seinem Amt verdrängt worden war, gelang es den Medien, ihre Pressefreiheit auch in der neuen Verfassung wieder zu verankern. Papier ist jedoch bekanntlich geduldig, und so änderte sich nicht viel an den Drohungen, Klagen und körperlichen Angriffen. Die Militärjunta und ihre Übergangsregierung nahmen sich sämtliche Freiheiten, wenn es darum ging, Thaksin-freundliche Berichte oder Stimmen zum Schweigen zu bringen. Das Militär unterband beispielsweise die Übertragung eines CNN-Interviews im thailändischen Kabelfernsehen und im Internet, das Thaksin einige Monate nach dem Putsch gab. Der pro-Thaksin-Sender iTV wurde vom Militär übernommen und ging kurze Zeit später als Thai PBS, jetzt ein werbefreier öffentlicher Kanal, wieder auf Sendung. Durch die Wahl nach dem Putsch kam Thaksins alte Partei wieder an die Macht, und sie brachte umgehend die Zensur aller Medien zurück, die über die andere Seite des politischen Grabens, also die Demonstrationen gegen die Regierung, berichteten. Die neue Regierung führte außerdem den staatlich kontrollierten Kanal National Broadcasting Thailand (NBT) ein, einen „öffentlichen" Konkurrenzsender für Thai PBS, der von der Bevölkerung aber nur als Regierungssprachrohr während der kurzen Rückkehr der ehemaligen TRT im Jahr 2008 angesehen wurde. Zweimal stürmten Demonstranten der Antiregierungsorganisation Peoples Alliance for Democracy (PAD) das Gebäude des NBT, unterbrachen das Programm und griffen Nachrichtensprecher an.

Der politische Unfriede im Land ist letztendlich eine Auseinandersetzung zwischen zwei Medienmoguln, die beide ihre Zeitungen und Sendeanstalten als politische Instrumente missbrauchen. Die Opposition wird von der nach dem Putsch gewählten Regierung zusammen mit Sondhi Limthongkul, einem ehemaligen Journalisten, geführt. Dieser baute ein Zeitungs- und Medienimperium auf, das er nutzte, um in der Opposition gegen das Thaksin-Regime zu wettern. Sein privater Sender Asia Satellite Television (ASTV) übertrug beinahe rund um die Uhr von den Aufständen der PAD und versuchte, über das Fernsehen Anhänger gegen die polizeilichen Eingriffe zu mobilisieren.

Die Einschüchterung der Presse ist in Thailand durch die Majestätsbeleidigungsgesetze begünstigt – die Würde des Königs darf nicht angegriffen werden –, die eine Haftstrafe von drei bis fünfzehn Jahren vorsehen. Oft üben sich die Medien in Bezug auf die Monarchie in Selbstzensur, hauptsächlich aus Respekt vor der Krone, aber auch aus Angst davor, dass poli-

> „Die Medien üben sich in Bezug auf die Monarchie in Selbstzensur, hauptsächlich aus Respekt vor der Krone, aber auch aus Angst davor, dass politische Gegner wegen Majestätsbeleidigung klagen könnten."

tische Gegner wegen Majestätsbeleidigung klagen könnten. Seit 2006 wurden acht Klagen wegen Majestätsbeleidigung eingereicht, u. a. von Thaksin und Sondhi gegen den jeweils anderen sowie gegen thailändische und ausländische Journalisten. Die meisten Klagen werden nicht weiter verfolgt, aber kürzlich wurde der Australier Harry Nicolaides zu einer dreijährigen Haftstrafe in einem thailändischen Gefängnis verurteilt, weil er ein Buch veröffentlichte, das in Romanform von den Indiskretionen des Kronprinzen berichtete. Er verbüßte etwas mehr als einen Monat, bevor er vom König begnadigt und nach Australien zurückkehren konnte. Bezeichnender für die Unterdrückung von Informationen ist das Verbot historischer Bücher (und die Klagen wegen Majestätsbeleidigung gegen die Autoren), von denen die Regierung behauptet, sie würden davon handeln, dass die Monarchie in der modernen Politik eine manipulierende Rolle spielte.

RELIGION

Die Religion erfreut sich in Thailand größter Beliebtheit, und die farbenprächtigen Beispiele des täglichen Gottesdienstes sind an beinahe jeder Ecke zu finden. Wer früh am Morgen durch die Straßen geht, kann die feierliche Prozession buddhistischer Mönche mit rasierten Köpfen und orangefarbenen Umhängen beobachten, die sich dem *bin·dá·bàht* widmen, der alltäglichen Sammlung milder Essensgaben, bei der die Mönche von Haus zu Haus ziehen.

Obwohl das Land vorwiegend buddhistisch ist, praktizieren die Anhänger der Minderheitenreligionen oft Seite an Seite. An den grünen Zwiebeltürmen der Moscheen erkennt man in Bangkok und in südlichen Städten die muslimischen Stadtteile. In urbanen Zentren zeigen große, abgerundete Tore mit chinesischen Schriftzeichen, die mit roten Papierlaternen geschmückt sind, dass hier ein *sǎhn jôw* steht, ein chinesischer Tempel, der buddhistischen, taoistischen und konfuzianischen Gottheiten gewidmet ist.

Buddhismus

Etwa 95 % der thailändischen Bevölkerung sind Theravada-Buddhisten. Sie gehören einem Zweig des Buddhismus an, der während der Sukhothai-Zeit aus Sri Lanka ins Land kam. Die Theravada-Lehre wird oft als südliche Lehre bezeichnet, weil sie vom indischen Subkontinent nach Südostasien kam, während sich der Mahayana-Buddhismus in der gesamten Nordregion in Nepal, Tibet, China und im Rest Ostasiens ausbreitete.

Vor der Ankunft singhalesischer Mönche im 13. Jh. existierte eine indische Form des Theravada während des Reiches von Dvaravati (6.–10. Jh.); der tantrische Mahayana-Buddhismus wurde in den nordöstlichen Gebieten während der Herrschaft der Khmer im 10. bis 11. Jh. verbreitet.

Die Theravada-Lehre betont drei wesentliche Aspekte der Existenz: *dukkha* (Stress, Unzufriedenheit, Krankheit), *anicca* (Unbeständigkeit, Vergänglichkeit aller Dinge) und *anatta* (Unwirklichkeit oder Unwesentlichkeit der Realität – keine beständige „Seele"). Als diese drei Konzepte von Siddhartha Gautama im 6. Jh. v. Chr. entwickelt wurden, standen sie in unmittelbarem Widerspruch zum Glauben der Hindus an *paramatman*, ein ewiges, glückseliges Selbst, und wurden für „Ketzerei" gegen die indische brahmanische Religion gehalten. Gautama, ein Inder, der sich vom Prinzen zum Asketen wandelte, setzte sich viele Jahre härtesten Entbehrungen aus, bevor er verstand, dass das nicht der richtige Weg war, dem Leiden ein Ende zu bereiten. Als Buddha, „der Erleuchtete" oder „der Erwachte", sprach er von vier edlen Wahrheiten, die die Kraft haben, jeden Menschen zu erlösen.

Das endgültige Ziel des Theravada-Buddhismus ist das *nibbana* („Nirvana" in Sanskrit), das wörtlich übersetzt „Ausblasen" bedeutet, also das

Eine der umfassendsten Materialsammlungen über den Theravada-Buddhismus gibt's bei Access to Insight (www.accesstoinsight.org).

TEMPELBESUCHE

Da thailändische Buddhisten nicht an strikte wöchentliche Tempelbesuche gebunden sind (obwohl es heilige Mondtage gibt), stehen die Tempel in Thailand stets für alle offen, die *bun* verrichten wollen. Vor einem solchen Besuch kauft der Gläubige die traditionellen Opfergaben – Lotusknospen, Räucherstäbchen und Kerzen – bei einem Händler in der Nähe. Er legt die Blumen auf den Altar, kniet vor dem Buddha nieder (oder bleibt stehen, falls sich der Altar im Freien befindet) und zündet drei Räucherstäbchen an, die er in einer gebetsartigen Geste zwischen den Händen hält. Er senkt den Kopf und führt dann die Hände dreimal vom Herz zum Kopf, bevor er die Räucherstäbchen am Altar anbringt. Es ist ein sehr einfaches und individuelles Ritual. Man kann seine Ehrerbietung auch erweisen, indem man Lebensmittel an die *sangha* (Gemeinde) des Tempels spendet, meditiert (allein oder in der Gruppe), den *suttas* (buddhistische Vorträge) der Mönche zuhört oder an einer *têht* oder *dhamma* (Unterrichtsstunde) des Abts oder eines anderen respektierten Lehrers teilnimmt.

Auslöschen aller Begierden und dementsprechend aller Leiden *(dukkha)*. Entsprechend beendet das *nibbana* auch den Kreislauf der Wiedergeburt (sowohl von Moment zu Moment als auch von Leben zu Leben), der die Existenz ausmacht.

Im normalen Leben streben thailändische Buddhisten eher eine Wiedergeburt in ein „besseres" Leben an als das überirdische Ziel des *nibbana*. Indem sie Mönchen zu essen geben, im Tempel spenden und regelmäßig am Gottesdienst im heimischen Wat (Kloster) teilnehmen, hoffen sie, ihr Schicksal zu verbessern und genug Verdienste (*puñña* in Pali; *bun* in Thai) zu sammeln, um die Zahl ihrer Wiedergeburten zu verringern. Der Glaube an die Wiedergeburt wird fast überall in Thailand uneingeschränkt geteilt, sogar von Nicht-Buddhisten. Die buddhistische Theorie des Karma findet ihren Ausdruck im Thai-Sprichwort *tam dee, dâi dee; tam chôoa, dâi chôoa* – gute Taten bringen Gutes hervor, schlechte Taten Schlechtes.

Alle Tiratana (Drei Juwelen), auf die sich die thailändischen Buddhisten beziehen – Buddha, *dhamma* (die Lehre) und *sangha* (die buddhistische Gemeinschaft) – sind überall in Thailand präsent. Buddha findet man in Form von unzähligen Skulpturen, sowohl auf einem einfachen Brett in den billigsten Restaurants am Straßenrand als auch in den Lounges von Bangkoks teuersten Hotels. *Dhamma* wird jeden Morgen und Abend in den Tempeln gesungen und jeder thailändische Bürger wird in der Grundschule darin unterrichtet. Und die *Sangha* ist insbesondere am frühen Morgen nicht zu übersehen, wenn die orangefarben gekleideten Mönche ihre Almosen sammeln.

Der thailändische Buddhismus kennt keinen speziellen „Sonntag", „Sabbat" oder sonstigen Wochentag, der dem Tempelbesuch vorbehalten ist. Thailändische Buddhisten besuchen den Tempel, wann immer ihnen danach ist, am häufigsten am *wan prá* (heiliger Tag), den es abhängig von den Mondphasen alle sieben oder acht Tage gibt.

MÖNCHE & NONNEN

Die Gesellschaft erwartet von jedem thailändischen Mann, dass er zumindest für eine kurze Zeit als Mönch lebt (*bhikkhu* auf Pali; *prá* oder *prá pík·sù* auf Thai), am besten nach seiner Schulzeit und vor dem Eintritt ins Berufsleben oder bevor er heiratet. Männer oder Jungen unter zwanzig Jahren können der *sangha* als Novizen beitreten (*samanera* auf Pali; *nairn* auf Thai). Eine Familie, deren Sohn „Kutte und Schale annimmt", wird sehr hoch angesehen. Traditionell verbringen die Männer in der *pan-säh* (buddhistische Fastenzeit), die im Juli beginnt und mit der Regenzeit zusammenfällt, drei Monate im

Wát. Heutzutage müssen sie jedoch nur noch eine Woche bleiben, um die Verdienste eines Mönches anzuhäufen.

Mönche, die in den Städten leben, widmen sich normalerweise dem Studium buddhistischer Schriften, während jene in den Waldtempeln mehr Wert auf Meditation legen.

Im Thai-Buddhismus wird Frauen, die es ins klösterliche Leben zieht, nur eine untergeordnete Rolle im Tempel zugestanden, die nicht mit dem Mönchstum gleichzusetzen ist. Eine buddhistische Nonne wird *mâa chee* (Mutter Priesterin) genannt, sie lebt als *atthasila*- (Acht-Gebote-)Nonne. Diese Rolle wird traditionell nur von Frauen ausgefüllt, die keinen anderen Platz in der Gesellschaft finden. Thailändische Nonnen rasieren sich die Köpfe, tragen weiße Kutten und kümmern sich um kleine Arbeiten im Tempel. Allgemein gesagt sind *mâa chee* nicht so hoch geschätzt wie Mönche und erfüllen auch keinerlei Funktion bei den Ritualen der Gläubigen.

Im Lauf der Jahre hat es einige Rebellinnen gegeben, die für die Gleichstellung mit den Mönchen kämpften. Eine der bekanntesten war Voramai Kabilsingh, die nach Taiwan reiste, um die volle Ordination als *bhikkhuni* (die weibliche Version eines *bhikku* oder männlichen Mönchs) in der Mahayana-Tradition zu erlangen. Sie kehrte nach Thailand zurück und gründete den Wat Songtham Kalayanee in Nakhon Pathom. Ihre Tochter Chatsumarn Kabilsingh setzte die Tradition fort, indem sie 2003 in Sri Lanka eine Theravada-Ordination erlangte; heute leitet sie den Tempel, den ihre Mutter einst gründete. Die Wiederbelebung der längst ausgestorbenen Tradition weiblicher Mönche im Thai-Buddhismus hat zu Debatten zwischen den etablierten Orden geführt, aber der stille Widerstand im Tempel geht weiter: 2002 fand die erste Ordination einer Frau auf thailändischem Boden statt.

MONARCHIE

Historisch ist die Position des thailändischen Königs in den Grundfesten des Landes und der Religion tief verankert, oft wird er sogar als Halbgott gesehen und verehrt. Der amtierende thailändische König, seine Majestät Bhumibol Adulyadej, sitzt seit 62 Jahren auf dem Thron und ist damit der am längsten regierende Monarch der Welt. Die königlichen Zeremonien in Thailand sind noch immer fast ausschließlich eine Domäne des Brahmanismus, einer der ältesten religiösen Traditionen, die noch im Königreich praktiziert werden. Weiß gekleidete Priester indischer Abstammung mit aufwändigem Kopfschmuck halten eine Reihe geheimnisvoller Rituale am Leben, die, so glaubt man, regelmäßig vollzogen werden müssen, um die drei Säulen der thailändischen Nation zu erhalten: Staatshoheit, Religion und Monarchie. Die Rituale werden daher regelmäßig in einem Schreinkomplex in der Nähe des Wat Suthat in Bangkok durchgeführt.

Andere Religionen

Etwa 4,6 % der Bevölkerung gehören dem Islam an. Der Rest setzt sich aus Christen, u. a. missionierten Bergstämmen und vietnamesischen Einwanderern, sowie Konfuzianern, Taoisten, Mahayana-Buddhisten und Hindus zusammen.

Being Dharma: The Essence of the Buddha's Teachings (2001) ist eine inspirierende Sammlung von Vorträgen des verstorbenen thailändischen Waldmönchs Ajahn Chah über buddhistische Praktiken.

Kunst & Kultur

Thailand hat eine visuell sehr präsente Kultur. Die Wertschätzung der Schönheit durchdringt die kühnen Tempelgebäude, die einfachen altmodischen Häuser und die für den Königshof entwickelten reichen Künste.

ARCHITEKTUR
Traditionelle Wohnarchitektur

Thai House: History and Evolution (2002) von Ruethai Chaichongrak erklärt die dekorativen und funktionellen Aspekte thailändischer Wohnarchitektur.

Traditionelle Thai-Wohnhäuser verkörperten eine harmonische Mischung aus Funktion und Stil. Sie wurden dem Wetter, dem Familienleben und den künstlerischen Vorstellungen ihrer Zeit angepasst. Die antiken Exemplare waren bescheidene Wohnhäuser aus Holz. Sie bestanden aus einem einzigen Raum, der auf Pfählen stand. Bei kunstvolleren Wohnhäuser, z. B. denen des Dorfoberhauptes oder des niederen Adels, waren oft eine Reihe von einzelnen Räumen durch angehobene Stege miteinander verbunden. Weil viele thailändische Dörfer in der Nähe von Flüssen gebaut wurden, bot die höhere Lage während des jährlichen Monsuns Schutz vor Überschwemmung. Während der Trockenzeit wurde der Platz unter dem Haus als Zufluchtsort vor der Tageshitze, als Küche im Freien oder als Stall für die Tiere genutzt. Später bot der Mehrzweckraum Unterstellmöglichkeit für Fahrräder und Motorräder. Das einst üppig in Thailands Wäldern vorhandene Teakholz war für Holzbauten immer das Material der Wahl. Seine Verwendung ist meist ein Hinweis darauf, dass das Haus mindestens 50 Jahre alt ist.

Die Dächer in Zentral-, Nord- und Südthailand sind sehr schräg. An den Ecken oder Giebeln findet man oft Motive, die im Zusammenhang mit *naga* stehen, einer mythischen Seeschlange, die lange Zeit in ganz Asien als spirituelle Schutzmacht der thailändischen Kultur angesehen wurde.

Es gibt jede Menge geografische Unterschiede. Sie spiegeln oft Einflüsse aus Nachbarländern wider. In Thailands Südprovinzen ist es nicht ungewöhnlich, Häuser malaysischer Bauart zu sehen, bei denen statt Holzpfählen hohes Mauerwerk oder Sockel verwendet werden. Im Süden werden manchmal auch Bambus und Palmblätter verwendet, die reichlicher vorhanden sind als Holz. Im Norden wurden die Häuser von Gemeindeoberhäuptern oft mit einem kunstvollen hornförmigen Motiv verziert. Dieses sogenannte *galare* ist ein Schmuckelement, das zu einem Kürzel für alte Lanna-Architektur geworden ist. Die Dächer aus Ziegeln oder Stroh sind meistens weniger steil und weiter im Norden gibt's auch abgerundete Giebel (ein Merkmal, das aus Myanmar stammt).

Tempelarchitektur

Eindrucksvollster Bestandteil von Thailands architektonischem Erbe sind die buddhistischen Tempel, die mit ihren wilden Farben und aufsteigenden Dächern in der tropischen Sonne glitzern. Thailändische Tempel (Wat) sind Verbindungen aus verschiedenen Gebäuden, die bestimmten religiösen Funktionen dienen. Die wichtigsten Bauwerke sind u. a. das *uposatha* (*bôht* auf zentralthailändisch, *sĭm* auf nord- und nordostthailändisch), eine geweihte Kapelle, in der Mönchsweihen abgehalten werden, und der *wíhaan*, wo wichtige Buddha-Darstellungen aufbewahrt werden.

Ein anderer klassischer Bestandteil der Tempelarchitektur sind ein oder mehrere Stupas (*chedi* auf Thailändisch), ein massives halbkugelförmiges Monument, das der dauerhaften Stabilität des Buddhismus Anerkennung zollt. Die *chedi* gibt's in unzähligen Stilarten von einfachen kugelförmigen Ausführungen, die aus Sri Lanka importiert wurden, bis zu komplizierteren

HÄUSER DER GEISTER

Viele Wohnhäuser oder Behausungen in Thailand haben ein zugehöriges „Geisterhaus", das gebaut wurde, um den *prá poom* (Schutzgeistern) des Grundstücks ein Domizil zu bieten. Die Schutzgeister, die auf animistischen Glaubensvorstellungen beruhen, die vor dem Buddhismus verbreitet waren, sollen in Flüssen, Bäumen und anderen Naturdingen wohnen und müssen geehrt (und versöhnlich gestimmt) werden. Der Schutzgeist eines bestimmten Grundstücks ist das übernatürliche Äquivalent einer Schwiegermutter – ein geehrtes aber manchmal lästiges Familienmitglied. Um die Geister geschickterweise zu beschäftigen, errichten die Thais kunstvolle puppenhausähnliche Gebäude auf dem Grundstück, wo die Geister bequem abgesondert von den menschlichen Angelegenheiten „leben" können. Um die guten Beziehungen und das Glück weiter zu pflegen, werden dem Geisterhaus täglich Opfergaben bestehend aus Reis, Obst, Blumen und Wasser gebracht. Wird das menschliche Haus vergrößert, muss auch das Geisterhaus vergrößert werden, damit die Geister nicht beleidigt sind. Die Geisterhäuser müssen von einem Brahmanen-Priester geweiht werden.

Kunstvollere Geisterschreine stehen neben Hotels und Bürogebäuden und sind manchmal einer Hindu-Gottheit, z. B. Brahma oder Shiva, gewidmet. Vor allem in Bangkok sind viele der gigantisch großen Geisterhäuser beliebt, weil sie für bestimmte Arten von Gebeten zuständig sind. Sie haben sich in der modernen Welt zu urbanen Schreinen voll mit bittenden Besuchern entwickelt.

achteckigen Gebilden, wie sie sich in Nordthailand finden. Viele sollen Reliquien (oft Knochenstücke) des historischen Buddhas enthalten. In Nord- und Nordostthailand sind solche Stupas als *tâht* bekannt. Eine Stupa-Spielart, die vom Angkor-Königreich geerbt wurde, ist der maiskolbenförmige *prang*, ein Merkmal in den antiken Thai-Tempeln von Sukhothai und Ayuthaya. Die Böden der meisten Tempel sind mit kleineren quadratischen *chedi* gesprenkelt, bekannt als *tâht grà·dòok* (Knochenreliquien), die die Asche verstorbener Buddhisten enthalten.

Weitere, typischerweise in Tempelanlagen vorhandene Elemente sind u. a. ein oder mehrere *säh·lah* (Unterstand), die für Versammlungen der Gemeinschaft und *dhamma*-Vorlesungen genutzt werden, eine Reihe von *gù·dì* (Mönchsquartiere), ein *hŏr drai* (Tripitaka-Bibliothek), wo buddhistische Schriften aufbewahrt werden, ein *hŏr glorng* (Trommelturm), manchmal mit einem *hŏr rá·kang* (Glockenturm) sowie mehrere Nebengebäude, z. B. Schulen oder Kliniken.

Der architektonische Symbolismus dieser Tempelgebäude setzt stark auf die hindu-buddhistische Ikonografie. *Naga*, die mythische Schlange, die Buddha während der Meditation bewachte, ist im Dach des Tempel dargestellt, wo die grünen und goldenen Ziegel die Schuppen der Schlange (andere sagen, die Ziegel verkörpern das Land und den König) und die hoch aufragenden Traufen ihren rautenförmigen Kopf verkörpern sollen. An der Dachspitze befindet sich die Silhouette von *chôr fáh*: meist vogelförmige Verzierungen in goldener Farbe. Die Dächer sind normalerweise in drei Ebenen abgestuft, die die drei Juwelen des Buddhismus verkörpern: Buddha, *dhamma* (die buddhistische Philosophie) und *sangha* (die buddhistische Gemeinschaft).

Die Lotusknospe ist ein weiteres heiliges Motiv, das verwendet wird, um die Spitzen von Tempeltoren, Verandasäulen und die Turmspitzen der *chedis* aus der Sukhothai-Ära zu verzieren. Darstellungen von Buddha zeigen ihn oft beim Meditieren auf einem lotusblütenförmigen Sockel. Vor der Einführung von mönchsähnlichen Bildern, die Buddha darstellen, wurde die Lotusknospe ausgiebig verwendet. Sie erinnert an die Lehren des Buddhismus. Praktisch gesehen kann die Lotuspflanze selbst im dreckigsten Teich eine wunderbare Blume ausbilden – ein Naturphänomen, das die Gläubigen

> „Der architektonische Symbolismus dieser Tempelgebäude setzt stark auf die hindu-buddhistische Ikonografie."

HIMMEL AUF ERDEN

Wer einen Tempel betritt, denkt womöglich, dass der Grundriss genauso planlos ist wie alles andere in Thailand. Wenn man ihn jedoch aus der Vogelperspektive betrachten würde, würde man von oben auf ein antikes und heiliges Mandala schauen, das auf dem hindu-buddhistischen Glauben eines Universums aus verschiedenen vertikalen und horizontalen Ebenen beruht, die ungefähr Himmel, Erde und Hölle entsprechen. Im Mittelpunkt des Universums steht der Berg Sumeru (oder in Hindu-Texten Berg Meru), wo Brahma und andere wichtige Gottheiten wohnen und um den sich Sonne und Mond drehen. Der Berg Sumeru wird oft durch einen zentralen *chedi* symbolisiert. Kleinere *chedi* weisen in die Haupthimmelsrichtungen, um kleinere Berge und Meere darzustellen, die Sumeru umgeben. Der zentrale *chedi* in einem thailändischen Tempel ist oft eine der verehrtesten Bauten und zeigt verschiedene Merkmale, die die verschiedenen Kunstperioden geprägt haben (weitere Informationen s. S. 77).

---

an die religiöse Vollkommenheit erinnert. Viele thailändische Märkte verkaufen Lotusknospen, die in Thailand nur für religiöse Zwecke und nicht für simple Dekoration verwendet werden.

Zeitgenössische Architektur

Die Thais begannen Ende des 19., Anfang des 20. Jhs. traditionelle Architektur mit europäischen Formen zu mischen, wie es beispielhaft in Bangkoks Vimanmek Teak Mansion (S. 149) und an manchen Gebäuden des Grand Palace (S. 135) zu sehen ist.

Thailands Hafenstädte, u. a. Bangkok und Phuket, zeigen schöne Beispiele sino-portugiesischer Architektur – Gebäude mit stuckierten Ziegeln, die mit einer kunstvollen Fassade ausgestattet sind. Diesen Stil prägten die Seefahrer während der Kolonialzeit. In Bangkok wird er oft als „Altes Bangkok" oder „Ratanakosin" bezeichnet.

Gebäude mit gemischtem Erbe im Norden und Nordosten weisen französische und englische Merkmale auf, während die im Süden normalerweise portugiesischen Einfluss zeigen. Shophouses *(hôrng tǎa·ou)* im ganzen Land, egal ob 100 Jahre oder 100 Tage alt, sind alle im einfachen chinesischen Shophouse-Design gebaut, wo das Erdgeschoss Handelszwecken vorbehalten ist, während die oberen Etagen Büro- oder Wohnräume enthalten.

In den 1960er- und 1970er-Jahren verlagerte sich der Trend in der modernen thailändischen Architektur, inspiriert von der europäischen Bauhaus-Bewegung, in Richtung eines sachlichen Funktionalismus. Das durchschnittliche Gebäude sah wie eine riesige, auf die Seite gelegte Eierschachtel aus. Als thailändische Architekten während des Baubooms Mitte der 1980er-Jahre mit „Form über Funktion" zu experimentieren begannen, war das Ergebnis High-Tech-Designs wie Sumet Jumsais berühmtes Robot Building auf der Th Sathon Tai in Bangkok. Rangsan Torsuwan, ein Absolvent des Massachusetts Institute of Technology (MIT), leitete den neoklassischen (oder neo-thailändischen) Stil ein. Pinyo Suwankiri, ein Spezialist für traditionelle Gebäude, entwirft Tempel, Regierungsgebäude und Schreine für Krankenhäuser und Universitäten. Seine Arbeit ist allgegenwärtig und Blaupause für eine institutionelle Ästhetik traditioneller Architektur.

Im neuen Jahrtausend hat Duangrit Bunnag die Designwelt mit seinen fast unverkleideten Glaskästen begeistert, die für den Modernismus der Jahrhundertmitte eine zeitgenössische Wende bedeutete. Der H1 Komplex auf der Soi Thonglor in Bangkok besteht aus einer Reihe von miteinander verbundenen geometrischen Würfeln mit flachen Kragdächern, vorgehängten Glasfassaden und freiliegenden Stahlrippen, die ganz wie bei einem traditionellen thailändischen Haus um einen Innenhof herum angeordnet sind.

Bangkok: Thai Interior Design (2006) von Brian Mertens dokumentiert den Designboom des Landes und porträtiert Künstler und Kunsthandwerker.

Andere Werke des Architekten sind u. a. das Pier Restaurant auf Ko Samui und Costa Lanta auf Ko Lanta. Er hat sich jetzt sogar mit seinem minimalistischen Anyroom-Design-Label den Weg zur Innenarchitektur geebnet.

MALEREI & BILDHAUEREI
Traditionelle Kunst

Thailands künstlerische Fundgruben sind überwiegend die Tempel. Kunstvolle Wandgemälde stellen die hindu-buddhistische Mythologie dar, und Buddha-Skulpturen sind überhaupt Thailands berühmtester Beitrag zur Welt der religiösen Kunst.

Tempelwandgemälde, die immer eine erzieherische Absicht haben, zeigen oft Szenen der *jataka* (Geschichten aus Buddhas vergangenem Leben) und der thailändischen Version des Hindu-Epos *Ramayana*. Um die Wandgemälde zu verstehen, braucht man sowohl Wissen über diese religiösen Geschichten als auch ein Verständnis der räumlichen Beziehung und Chronologie der Wandgemälde. Die meisten Wandgemälde sind in Szenen unterteilt, in denen das Hauptthema im Zentrum dargestellt wird und die sich daraus ergebenden Ereignisse ober- und unterhalb der zentralen Handlung stattfinden. In den Ecken einer dramatischen Episode zwischen den Charakteren der Geschichte befinden sich normalerweise unabhängige Szenen thailändischen Dorflebens: Frauen, die in Bambuskörben Essen tragen, Männer beim Fischen oder eine fröhliche Zusammenkunft; dieses einfache Dorfvolk hat immer das allgegenwärtige Lächeln der Thais aufgesetzt.

> Bangkoks National Museum (S. 137) bietet einen umfassenden und vergleichenden Blick auf buddhistische Kunst aller Zeiten.

Weil sie nicht so haltbar ist wie andere Kunstformen, ist die religiöse Malerei aus der Zeit vor dem 19. Jh. nur in sehr wenigen erhaltenen Beispielen präsent. Die frühsten Werke finden sich in Ayuthayas Wat Ratburana (1424; S. 215), im Wat Chong Nonsi in Bangkok (1657–1707; S. 139) und in Phetchaburis Wat Yai Suwannaram (spätes 17. Jh.).

Der religiösen Malerei des 19. Jhs. ist es besser ergangen. Die Ratanakosin-Tempelkunst wird sogar für ihre Malerei mehr geschätzt als für die skulpturale Kunst oder die Architektur. Typische Tempelwandgemälde weisen prächtige Farben und anschauliche Details auf. Einige der schönsten finden sich in der Buddhaisawan-Kapelle in Bangkoks National Museum und in Thonburis Wat Suwannaram. Mehr Informationen zu Bangkoks Tempelwandgemälden gibt's auf S. 139.

Die Techniken, mit denen die Wandgemälde erstellt wurden, sind immer weiter gelehrt und praktiziert worden. Heutige Fachleute verwenden meist verbesserte Techniken und Farben, die versprechen, viel länger zu halten als die alten Tempelwandgemälde.

Neben den lebendigen Wandgemälden gibt es in den heiligen Tempelräumen verehrte Buddha-Darstellungen, die Thailands bildhauerische Entwicklung nachzeichnen. Das Land ist vor allem für seine anmutigen und gelassenen Buddhas berühmt, die während der Sukhothai-Ära entstanden. Kunstsammler und Liebhaber religiöser Skulpturen pilgern zu ihnen.

KUNSTPERIODEN

Die Entwicklung der religiösen Kunst und Architektur in Thailand wird in verschiedene Perioden oder Schulen unterteilt, die von der Gunst der herrschenden Hauptstadt bestimmt wurden. Die besten Beispiele für die Merkmale einer Periode sieht man in den Veränderungen der *chedi*-Form und in den Zügen der Buddha-Skulpturen. *Chedi*-Stile variieren oft in der Form des Sockels und der zentralen Glocke, dann laufen sie spitz zu. Bei den Buddha-Skulpturen sind die Kunstperioden oft anhand von Unterschieden in den Gesichtszügen, der Verzierung auf dem Kopf, der Kleidung und der Position der Füße bei der Meditation zu erkennen.

BUDDHA-POSEN

Wie andere buddhistische Kulturen hat Thailand die religiöse Ikonografie und den Symbolismus, der zuerst in Indien entstand, übernommen und adaptiert. Basierend auf von indischen Künstlern festgelegten Regeln wird Buddha in Posen *(mudra)* dargestellt, die symbolisch für einen bestimmten Abschnitt in seinem Leben oder für religiöse Gebote stehen. Ein stehender Buddha mit einer oder beiden Händen in der Luft und den Handflächen Richtung Betrachter stellt etwa dar, dass seinen Anhängern die Angst genommen wird. Buddha im Lotussitz mit gefalteten Händen und den Handflächen nach oben verkörpert die Meditation. Wenn Buddha in der Grundmeditationsposition zu sehen ist, aber die rechte Hand auf die Erde zeigt, dann besiegt er Mara. Der Dämon versuchte, Buddha in Versuchung zu führen. Ein liegender Buddha steht für den Moment seines Todes.

Dvaravati (7.–11. Jh.)

Diese Periode bezieht sich auf das Mon-Königreich, das Gegenden von Nordwest- und Zentralthailand beherrscht hat. Die Buddha-Skulpturen haben mit der üppigen Körperform, langen Locken, gewölbten Augenbrauen, die einen fliegenden Vogel darstellen, vorstehenden Augen, dicken Lippen und einer flachen Nase ziemlich viel aus den indischen Perioden von Amaravati und Gupta übernommen. Beispiele gibt's im Phra Pathom Chedi (S. 207) in Nakhon Pathom. Lamphun (S. 373) in Nordthailand war auch ein Außenposten des Mon-Königreichs und umfasst mehrere Tempel, die die mit dieser Periode assoziierten nadelähnlichen *chedi*-Spitzen aufweisen.

Steven Van Beeks *The Arts of Thailand* (1999) ist eine sorgfältige Darstellung künstlerischer Bewegungen in Thailand von der Bronzezeit bis zur Ratanakosin-Ära.

Srivijaya (7.–13. Jh.)

Ein südliches Königreich, das sich über die gesamte malaysische Halbinsel und über Teile von Indonesien erstreckte. Srivijayas künstlerische Schöpfungen waren eng mit indischen Formen verbunden und sinnlicher und stilisierter als das, was man in Zentral- und Nordthailand findet. Beispiele gibt's in Chaiyas Wat Phra Boromathat und in Nakhon Si Thammarats Wat Phra Mahathat Woramahawihaan (S. 691).

Khmer (9.–11. Jh.)

Das große Angkor-Reich mit Sitz im heutigen Kambodscha, das seinen künstlerischen Namenszug einst in den thailändischen Boden ritzte, spiegelt sich in den Darstellungen von Buddha wider, wie er unter einem Schutzdach der siebenköpfigen *naga* und auf einem Lotussockel meditiert. Der bedeutendste Khmer-Beitrag zur Tempelarchitektur ist der zentrale maiskolbenförmige Stupa, *prang* genannt. Beispiele sieht man im Sukhothai Historical Park (S. 447) und Phimai (S. 511).

Chiang Saen-Lanna (11.–13. Jh.)

Dieses nordthailändische Königreich ließ sich bei der Darstellung Buddhas von seinen Nachbarn aus Laos, Shan und Birma inspirieren: füllige Figur, ein rundes, lachendes Gesicht, und beide Fußsohlen zeigen in der Meditationshaltung nach oben. Stehende Buddhas wurden oft in der Haltung der Angst-Beseitigung oder dem Geben von Anweisungen gezeigt. Tempel im Lanna-Stil wurden normalerweise aus Teakholz angefertigt und die *chedi* sind oft eingekerbt. Exemplare finden sich in den Tempeln und Museen von Chiang Mai (S. 300) und im Chiang Saen National Museum (S. 404).

Sukhothai (13.–15. Jh.)

Sukhothai, das oft als erstes „thailändisches" Königreich angesehen wird, legte die grundlegende Ästhetik der nachfolgenden thailändischen Kunst fest. Buddha-Bilder waren anmutig und gelassen und stellten ihn oft „im

Gehen" dar, aber ohne anatomische Genauigkeit. Die Absicht war, Buddhas spirituelle Werte und nicht seinen menschlichen Zustand hervorzuheben. Die enthüllenden Sukhothai-*chedi* haben ziemlich schlanke Spitzen, die von einem Lotusknospen-Motiv gekrönt sind. Exemplare gibt's im Sukhothai Historical Park (S. 447).

Ayuthaya (14.–18. Jh.)

Ayuthaya, das Elemente aus den Khmer- und Sukhothai-Königreichen mit einbezog, verwandelte das Bild Buddhas in einen König, der eine mit Edelsteinen besetzte Krone und königliche Insignien anstatt einer asketischen Mönchsrobe trug. Der glockenförmige *chedi* der Periode, mit einer länglichen, kegelförmigen Spitze, kann im Ayuthaya Historical Park (S. 215) betrachtet werden.

Bangkok-Ratanakosin (19. Jh.–heute)

Die religiöse Kunst der modernen Hauptstadt ist berühmt dafür, dass sie traditionelle thailändische Stile mit westlichen Einflüssen mischt. Der Wat Phra Kaew und der Grand Palace (S. 135) sind ein guter Ausgangspunkt.

Zeitgenössische Kunst

Die Übertragung traditioneller Themen und Ästhetiken auf die säkulare Malerei begann um die Jahrhundertwende zum 20. Jh., als die westlichen Einflüsse ins Land schwappten. Allgemein zieht die thailändische Malerei die Abstraktion gegenüber dem Realismus vor und hält an der Flächigkeit der traditionellen Wandgemälde fest. Zwei Haupttrends bestimmen die thailändische Kunst: die Aktualisierung religiöser Themen und ironisch-sozialkritische Arbeiten. Bei jüngeren Künstler überlagern sich oft diese beiden Trends.

Als Vater der modernen thailändischen Kunst gilt der italienische Künstler Corrado Feroci. Er wurde von Rama VI. erstmals 1924 nach Thailand eingeladen. Er schuf das Bangkoker Demokratiedenkmal und die militaristische Statue von Rama I., die an der Auffahrt zur Memorial Bridge steht. Feroci gründete 1933 das erste Institut für bildende Kunst, das später zur Silpakorn-Universität weiterentwickelt wurde – Thailands erste Ausbildungsstätte für Künstler. Aus Dankbarkeit gewährte die Regierung Feroci die thailändische Staatsbürgerschaft: unter dem neuen Namen Silpa Bhirasri.

In den 1970er-Jahren begannen thailändische Künstler, buddhistische Themen durch abstrakten Expressionismus zu modernisieren. Zu den wichtigsten Werken gehören der farbenfrohe Surrealismus von Pichai Nirand, die mystischen Federzeichnungen von Thawan Duchanee und die naturalistischen Öl- und Aquarellbilder von Pratuang Emjaroen. Montien Boonma verwendet Materialien von buddhistischen Verdienst-Ritualen wie Blattgold, Glocken und Kerzenwachs, um abstrakte spirituelle Orte im Museum zu installieren. Andere bekannte Künstler sind Songdej Thipthong mit seinen reduzierten Mandalas, Surasit Saokong mit seinen realistischen Gemälden ländlicher Tempel und Monchai Kaosamang mit seinen flüchtigen Aquarellen. Jitr (Prakit) Buabusaya malte im Stil der französischen Impressionisten.

Parallel dazu gibt es eine politisch motivierte Bewegung in der zeitgenössischen thailändischen Kunst. Durch die rapiden Industrialisierungsprozesse im Land konnten Künstler verfolgen, wie Reisfelder zu Fabriken wurden und die Erträge direkt in die Taschen derjenigen wanderten, die der Politik nahe stehen. Während der Studentenbewegung in den 1970er-Jahren versammelten sich unzufriedene Kreative unter dem Banner Art for Life Movement, um u. a. gegen die Militärdiktatur und für Arbeiterrechte zu

Rama IX Art Museum (www.rama9art.org) ist eine Online-Informationsquelle, die auf thailändische zeitgenössische Künstler und Galerien ausgerichtet ist.

kämpfen. Sompote Upa-In und Chang Saetang sind zwei wichtige Künstler dieser Zeit.

Während und nach dem Boom in den 1980er-Jahren entwickelte sich in den Arbeiten der Fireball-Schule eine antiautoritäre Haltung im Punk-Stil. Manit Sriwanichpoom wurde durch seine „Pink Man On Tour"-Aktionen bekannt, in der er den Künstler Sompong Thawee in einen pinkfarbigen Anzug und einen gleichfarbigen Einkaufswagen steckte und ihn zu den wichtigsten thailändischen Sehenswürdigkeiten schob. Weniger bekannt sind Manits aufrüttelnde Schwarzweiß-Fotografien, die Kapitalismus und Konsumterror als unwillkommene westliche Importe brandmarken. Vasan Sitthikets Arbeiten sind noch provozierender. In seinen Mixed-Media-Installationen verurteilt er die Korruption. Seine Werke wurden in Thailand verboten und stark als antithailändisch kritisiert.

In den 1990er-Jahren gab es Bemühungen, die Kunst aus der „Totzone" der Museen herauszuholen und in den öffentlichen Raum zu bringen. Navin Rawanchaikul, ein Künstler und Kunstveranstalter, begann seine Projekte im öffentlichen Raum in seiner Heimatstadt Chiang Mai und brachte seine großen Ideen dann nach Bangkok, wo er die Taxis der Stadt mit Kunstinstallationen füllte, eine Show, die buchstäblich Straßenkunst war. Seine anderen Arbeiten hatten mit Worten zu tun, z. B. das Mixed-Media-Stück *We Are the Children of Rice (Wine)* 2002, und mit seiner Wut auf die Kommerzialisierung der Museen. Sein gewaltiges Gemälde mit dem Titel *Super (M)art Bangkok Survivors* (2004) zeigt Künstler, Kuratoren und Entscheidungsträger in einer überfüllten Paolo-Veronese-Szenerie. Das Werk ist von den Kämpfen inspiriert, die die thailändische Kunstgemeinde austrug: Sie wollten das neue zeitgenössische Kunstmuseum von Bangkok eröffnen, ohne dass es zu einem getarnten Einkaufszentrum wird.

Die Arbeiten von Thaweesak Srithongdee sind reiner Pop. Er malt auffallend cartoonartige menschliche Figuren verwoben mit Elementen traditionellen thailändischen Kunsthandwerks oder seiner Symbolik. Auf ähnliche Art schickt Jirapat Tasanasomboon traditionelle thailändische Figuren in comicartige Kämpfe oder in sinnliche Umarmungen mit westlichen Ikonen. In *Hanuman is Upset!* zerkaut der Affenkönig die geometrischen Linien von Piet Mondrians berühmtem rasterartigen Gemälde.

Kritsana Chaikitwattana arbeitet in düsteren Farb-Collage-Entwürfen, er schuf u. a. eine Reihe von Selbstporträts, die von seinen Jahren als buddhistischer Mönch inspiriert sind. Jaruwat Boonwaedlom hingegen erkundet mit ihren prismaähnlichen Zeichnungen von Bangkoks Straßenszenen den modernen Realismus, ein bei thailändischen Künstlern dünn besetztes Genre.

Auch wenn es ihr an kommerzieller Aufmerksamkeit fehlt, so wird die thailändische Bildhauerei oft als die stärkste der zeitgenössischen Künste angesehen – was nicht weiter überrascht, wenn man die Beziehung des Landes zu den Buddha-Figuren bedenkt. Auf der nichtreligiösen Bühne ist Khien Yimsiri der moderne Meister, der elegante menschliche und mythische Formen aus Bronze schafft. Sakarin Krue-On wird oft gefeiert, weil er Bildhauerei und Installation zusammenbringt. Seine Arbeit *Phawang Si Leuang* (Yellow Simple) besteht aus einem riesigen, hohlen Buddha-Kopf aus einer Mischung aus Ton, Lehm, Pappmaché und Kurkuma. Manop Suwanpinta modelliert auf ähnliche Weise die menschliche Anatomie in fantastische Formen, die sich oft mit technologischen Merkmalen kreuzen, z. B. aufklappbare Gesichter, die beim Öffnen leblosen Inhalt enthüllen. Kamin Lertchaiprasert erkundet in seinen bildhauerischen Installationen, die oft eine Armee an Pappmaché-Figuren beinhalten, den Gegenstand von Spiritualität und Alltag. Eine seiner letzten Ausstellungen, „*Ngern Nang*" (Sitzendes

Steven Pettifor konzentriert sich in *Flavours – Thai Contemporary Art* (2003) auf das Werk einiger von Thailands berühmtesten zeitgenössischen Künstlern.

THAI-DESIGN

Das Kunsthandwerk hat in Thailand eine lange Tradition. Sie reicht von gewebten Bambuskörben, die verwendet werden, um Werkzeuge und frisch gefangenen Fisch zu tragen, bis zu verzierter Lackware und Seladontöpferwaren, mit denen man den Königshof bedient hat. Auch wenn ein großer Teil des „traditionellen" Handwerks jetzt massenhaft für die Touristenmärkte produziert wird, bleibt die künstlerische Empfindsamkeit erhalten und wurde überwiegend in Bangkok in eine Welle von modernem Industriedesign kanalisiert. Viele Designer dieser Bewegung haben während der Boomzeiten der 1990er-Jahre im Ausland studiert. Sie sind während der asiatischen Finanzkrise nach Thailand zurückgekehrt, um ihre Kreativität einzubringen. Das Ergebnis ist eine einnehmende Verschmelzung von Stilen wie dem skandinavischem Minimalismus mit tropischen Materialien, etwa Rattan und Wasserhyazinthen.

Es gibt eine Reihe von sehr bekannten Unternehmen und kreativen Einzelpersonen, die heute in diesem neuen Bereich arbeiten. Das Designunternehmen Yothaka war eines der ersten, das den Weg für die Verwendung von Wasserhyazinthen gebahnt hat, einer aufdringlichen Pflanze, die lange Zeit die Wasserwege des Landes verstopft hat. Planet 2001 hat einige von Thailands kultigsten Haute-Design-Rattanstühlen entwickelt, während Jitrin Jintaprechas preisgekrönter i-Kon Revolving Lounge Chair Wasserhyazinthen in eine künstlerische Variante eines Sitzsackes verwandelt. Crafactor ist ein führendes Designunternehmen, das Anspruch auf solche Talente erhebt wie Eggarat Wongcharit, Thailands Frank Gehry des Möbeldesigns, der nichtlineare geformte Plastikstücke kreiert, und Paiwate Wangbon, der lieber Naturmaterialien in kurvenreiche Formen verdreht.

Geld), umfasste eine Reihe von Figuren aus ausrangierten Banknoten von der Nationalbank, die mit poetischen Anweisungen für das Leben und die Liebe verschönert waren.

MUSIK

In ganz Thailand gibt es eine Vielzahl unterschiedlicher Musikrichtungen und -stile, angefangen bei der heiteren Hofmusik, die das klassische Tanzdrama begleitet, bis hin zum hämmernden House-Beat in den Clubs.

Traditionelle Musik

Klassisches *pleng tai deum* (zentralthailändische Musik) zeichnet sich aus durch eine unglaubliche Vielfalt an Klangstrukturen und Finessen, haarsträubenden Tempi und pastoralen Melodien. Das klassische Orchester heißt *'bèe pâht* und besteht aus fünf bis 20 Musikern. Zu den traditionellen Instrumenten gehört das *'bèe*, ein Holzblasinstrument mit Schilfmundstück – gut zu hören bei Thai-Boxkämpfen. Das viersaitige *pǐn*, das wie eine Gitarre gezupft wird, verleiht der Musik einen subtilen Kontrapunkt, während das *rá·nâht èhk*, ein xylophonartiges Schlaginstrument aus Bambus, die Hauptmelodien spielt. Die Singende Säge, ein Bogeninstrument mit einem Resonanzkörper aus Kokosschalen, sorgt für ähnlich erhebende musikalische Schnörkel wie die *klòo·i* (thailändische Holzflöte).

Eines der prominenteren Instrumente, das *kórng wong yài*, besteht aus gestimmten Gongs, die in einem Halbkreis aufgestellt werden. Verschiedene Trommeln liefern den Beat. Dabei wechselt das Tempo oft mehrmals innerhalb eines einzigen Lieds. Die wichtigste ist die *dà·pohn (tohn)*, eine doppelte Handtrommel, die das ganze Ensemble bestimmt. Vor einem Konzert opfern die Musiker der *dà·phon*, die als Dirigent angesehen wird, Räucherstäbchen und Blumen.

Die normale thailändische Tonleiter teilt den Oktavraum in sieben Vollintervalle ohne Halbtöne. Thailändische Tonleitern wurden erstmals vom thailändisch-deutschen Komponisten Peter Feit (thailändischer Name: Phra

> „Klassisches pleng tai deum zeichnet sich aus durch eine unglaubliche Vielfalt an Klangstrukturen und Finessen, haarsträubenden Tempi und pastoralen Melodien."

Chen Duriyanga) transkribiert, der 1932 auch die thailändische Nationalhymne komponiert hat.

Ursprünglich begleitete das *běe pâht*-Ensemble das klassische Tanztheater. Heute gibt es auch unabhängige Aufführungen.

Mehr Infos über thailändische Musik gefällig? Auf www.ethaimusic.com kann man transkribierte und übersetzte Texte lesen und beliebte Songs kaufen.

Die klassische Thai-Musik gehört nicht einer längst vergessenen Vergangenheit an, sondern wird heute mit internationalen Jazz-Elementen kombiniert. Fong Nam, ein thailändisches Orchester unter der Leitung des amerikanischen Komponisten Bruce Gaston, realisiert eine interessante Mischung aus klassischen westlichen und thailändischen Themen, die gerne für Soundtracks, Fernsehspots und touristische Werbung verwendet wird. Wichtig ist auch der Komponist und Instrumentalist Tewan Sapsanyakorn (auch bekannt als Tong Tewan), der Saxophon so virtuos spielt wie Geige und *klòo·i*.

Lôok Tûng & Mör Lam

Die beliebteste aller modernen Musikrichtungen in Thailand ist nach wie vor *lôok tûng* (wörtlich „Kind der Felder"), die bis in die 1940er-Jahre zurückgeht. Analog zur Country- und Westernmusik in den USA ist es eine Musikrichtung, die vor allem Thais der Arbeiterklasse anzusprechen scheint. Der Inhalt widmet sich fast immer Geschichten von verlorener Liebe, tragischem frühen Tod und der schlimmen Situation der Bauern, die tagein, tagaus arbeiten und am Ende des Jahres noch immer Schulden haben. Es gibt zwei wesentliche Stile: den originalen Suphanburi-Stil mit Texten auf Standardthailändisch und den Ubon-Stil, der im Isan-Dialekt gesungen wird.

Wenn *lôok tûng* Thailands Country und Western ist, dann ist *mör lam* der Blues. *Mör lam* ist eine Volkstradition, die tief im Nordosten Thailands verwurzelt ist und auf den Liedern beruht, die auf dem laotisch-isanischen *kaan* (einem Blasinstrument, gestaltet aus einer Doppelreihe von bambusähnlichen Rohren, die in einem Resonanzkörper aus Hartholz sitzen) gespielt werden. Den älteste Stil kann man vor allem noch bei Dorfversammlungen oder Paraden hören. Er hat einen einfachen, aber sehr eindringlichen Bass-Beat, gekrönt von klingenden Melodien, und wird oft im Isan-Dialekt gesungen. Er hatte traditionell ein „Landei"-Image und wurde oft in lustigen Musikvideos mit übertrieben bescheidenen Texten eingesetzt. *Mör lam* hat aber inzwischen den Zaun zwischen den Generationen übersprungen und es gibt jetzt eine elektrisierte Pop-Version.

Im letzten Jahrzehnt, als Arbeitsimmigranten von Isan nach Bangkok gezogen sind, verschmolzen die beiden Musikrichtungen allmählich und schufen einen Mix, der *lôok tûng ʼbrá·yúk* heißt. Zeitgenössische Sänger wechseln oft von einem Stil zum anderen und haben ein paar Lieder dazwischen – die Begriffe werden oft inkonsequent verwendet.

Thailands berühmteste *lôok-tûng*-Sängerin war Pumpuang Duangjan. Als sie 1992 starb, erhielt sie eine königlich finanzierte Feuerbestattung und einen großen Schrein in Suphanburis Wat Thapkradan. Noch heute strömen die Verehrer dorthin. Nach ihrem Tod befürchteten viele, dass das Genre mit ihr sterben könnte. Aber Siriporn Amphaipong mit ihrer rauen Stimme half, die Tradition fortzuführen. Obwohl sie langsam das Rentenalter erreicht hat, ist sie noch immer einer der heiß geliebten *lôok-tûng*-Superstars. Eine vielversprechende junge Nachwuchskünstlerin ist Tai Orathai, die diese dramatischen Töne wie einen klagenden Schrei zittern kann.

Jintara Poonlarp ist ein aktueller Bestandteil der *mör-lam/lôok-tûng-ʼbrá·yúk*-Konstellation; sie ist ziemlich hip und trägt einen modischen Haarschnitt und Klamotten im Bangkok-Stil anstatt des Bauernmädchenlooks. Mike Pirompon tut sich mit den ach-so-traurigen *lôok-tûng*-Melodien hervor, während Rock Salaeng mit Songs, die mehr Rock als *lôok tûng* sind, Jeans-Coolness auf die *mör-lam*-Bühne bringt.

Thai-Rock & -Pop

Die 1970er-Jahre leiteten einen neuen Stil ein, der vom politisch bewussten Folk Rock der USA und Europas inspiriert war. Die Thais nennen ihn *pleng pêu·a chee·wít* („Lieder fürs Leben"). Dieser Stil, der hauptsächlich mit der thailändischen Band Caravan in Verbindung gebracht wird, ist der größte musikalische Wandel in Thailand, seit *lôok tûng* in den 1940er-Jahren entstanden ist. Statt den üblichen Liebesthemen widmen sich die Lieder dieser Gattung eher politischen und ökologischen Themen. Während der autoritären Diktaturen der 1970er-Jahre waren viele Songs von Caravan offiziell verboten. Ein weiterer langjähriger Vertreter dieses Stils, Carabao, nahm *pleng pêu·a chee·wít* und verschmolz es mit *lôok tûng*, Rock und Heavy Metal und brachte eine ganze Generation von Nachahmern hervor – und eine Kette von Veranstaltungsorten.

365 Jukebox (www. 365jukebox.com) wertet die Hits für alle beliebten Radiosender aus, u. a. Fat FM 104.5 (Alternative Rock), Seed FM 97.5 (T-Pop) und Luk Thung FM 95.0 (*lôok tûng* und *mŏr lam*).

Thailand hat auch eine blühende Teen-Pop-Industrie – manchmal als T-Pop bezeichnet. Sie konzentriert sich auf Künstler, die wegen ihres guten Aussehens ausgewählt wurden. Das bedeutet meistens, dass sie *lôok krêung* (halb Thai, halb *fa·ràng*) sind und englische Namen haben. Thailands King of Pop ist Thongchai „Bird" Mcintyre (auch bekannt als Pi Bird). Sein erstes Album kam 1986 heraus, und seitdem hat er fast jedes Jahr eine neue Platte aufgenommen. Er hat die Ausdauer von Madonna gepaart mit dem Nice-Guy-Image. Bei Thais zwischen 30 und 50 macht Pi Bird oft den größten Teil der CD-Sammlung aus.

Pop-Queens waren früher süße „Mädchen von nebenan", aber Tata Young ist mit ihrem Album *Sexy, Naughty, Bitchy* von der Pop-Prinzessin zur scharfzüngigen Königin gereift. 2006 begann sie, mit der Veröffentlichung von zwei englischsprachigen Alben im Ausland um Anerkennung zu buhlen. Heute rümpfen thailändische Teens die Nase darüber, dass sie eher ein Star als eine Sängerin ist. Ein Gegenbild zu Tata ist die gefühlvolle Palmy (halb Thai, halb Belgierin), die eine erfolgreiche Hippie-Rolle kultiviert hat. In der Abteilung Mädchenschwarm gibt's Golf + Mike, zwei Teenie-Brüder mit einer Parallelkarriere in Japan. Ebenfalls beliebt ist Aof Pongsak, der mit seiner süßen Stimme und sensiblen Songs die Herzen der Mädchen zum Schmelzen bringt.

GMM Grammy Entertainment ist Thailands führender Musikproduzent, der seit Jahrzehnten Popstars hervorgebracht hat. Aber ein paar neue Schnulzensänger steigen heute durch Gesangswettbewerbe im TV wie „Star" und „Academy Fantasia" auf.

Die 1990er-Jahre brachten eine alternative Popszene hervor – bekannt als *glorng săir·ree* (Free Drum), *pleng dâi din* (Underground Musik) oder einfach nur als „Indie". Das unabhängige Plattenlabel Bakery Music hat ihr den Weg gebahnt. Es sah eine jugendliche Revolution, die musikalisch anspruchsvoller war als die Grammy-Mainstream-Maschine. Bakery Music stahl Grammy bei den MTV Asia Awards 2002 die Schau, ist aber seitdem kommerzieller geworden, weil es von einem größeren Konzern gekauft wurde. Während der Blütezeit des Independent instrumentierte Modern Dog, bestehend aus vier Absolventen der Chulalongkorn-Universität, das musikalische Erwachsenwerden der Generation. Nach zehn Jahren in der alternativen Rockszene ist Modern Dog noch immer ein heiß geliebter Veteran. Ihr letztes Album, das 2008 erschien, wurde sehnlichst erwartet. Eine weitere Indie-Gruppe ist Loso (von „low society" im Gegensatz zur High Society), die Carabaos Liebe für thailändische Volksmelodien und Rhythmen fortschreibt. Beide Bands sind für ihre Hymnen bekannt – die meisten thailändischen Twens können ihre größten Hits mitsingen.

Dank kleinerer Plattenlabel wie Mind the Gap und Compilations von Künstlern ohne Plattenvertrag unter dem Namen Sanamluang Zine gibt's in Bangkok noch immer eine blühende Undergroundszene. Abuse the Youth, the Papers und Slur sind alles Chartbreaker beim Indie-Sender Fat 104.5 und haben MySpace-Ruhm. The Kai-Jo Brothers haben Thai mit Reggae-Beat versehen und Blue on Blue macht eine asiatische Version von BB King.

Thais lieben es zu singen. Jede große Band und jeder Sänger veröffentlicht Video-CDs (VCD), die speziell für Karaoke formatiert sind.

THAI-SOUNDTRACK

Auf der Suche nach Melodien aus dem Königreich? Dann sollte man diese Hits und Kuriositäten unter die Lupe nehmen:

- *Ting Nong Noy* (Modern Dog) – Das neuste Album von Thailands Alternative-Rock-Gurus.

- *Thai Pop Spectacular 1960s–1980s* – LP-Compilation von Sublime Frequencies mit Doo-Wop-Hits wie „Look Who's Underwear is Showing".

- *Made in Thailand* (Carabao) – Thailands klassisches Klassikrock-Album.

- *Best* (Pumpuang Duangjan) – Compilation der berühmtesten Melodien der verstorbenen *lôok-tûng*-Diva.

- *Captain Loma* (Captain Loma) – Easy Listening ohne die Geschmacklosigkeit; der Captain rockt die Zehenwipper, die zu alt fürs Headbanging sind.

- *Newbie Party* – Eine Compilationserie neuer Indie-Rocker, etwa Abuse the Youth, Tabasco und andere Mind the Gappers.

THEATER & TANZ

Im traditionellen thailändischen Theater gibt es im Wesentlichen sechs dramatische Formen: *kŏhn* (formelles maskiertes Tanzdrama, das Szenen aus dem *Ramakian*, der thailändischen Version des indischen *Ramayana*, darstellt), *lá·kon* (ein Überbegriff für mehrere Arten von Tanzdrama), *lí·gair* (ein teilweise improvisiertes, oft derbes Volksstück bestehend aus Tanz, Komödie, Melodram und Musik), *má·noh·rah* (das südthailändische Äquivalent zum *lí·gair*, das jedoch auf einer 2000 Jahre alten indischen Geschichte basiert), *năng* (Schattenspiele, die auf Südthailand begrenzt sind), *lá·kon lék* oder *hùn lóo·ang* (Puppentheater) und *lá·kon pôot* (zeitgenössisches Sprechtheater).

Kŏhn

In allen *kŏhn*-Aufführungen sind vier Arten von Charakteren vertreten: Männer, Frauen, Affen und Dämonen. Die Affen- und Dämonenfiguren sind immer mit den kunstvollen Kopfbedeckungen maskiert, die man oft in touristischen Werbematerialien sieht. Alle Schauspieler hinter den Masken und dem Make-up sind Männer. Das traditionelle *kŏhn* ist eine sehr teure Produktion – Ravanas Gefolge allein (Ravana ist der Hauptbösewicht des *Ramakians*) besteht aus über 100 Dämonen, jeder mit einer anderen Maske ausgestattet.

Die Szenen, die in traditionellen *kŏhn-* (und *lá·kon-*) Aufführungen vorgeführt werden, stammen aus der epischen Reise des *Ramayana*, auf Thailändisch bekannt als das *Ramakian*. Die zentrale Geschichte dreht sich um Prinz Ramas Suche nach seiner geliebten Prinzessin Sita, die vom bösen zehnköpfigen Dämon Ravana entführt und auf die Insel Lanka gebracht wurde.

Vielleicht weil es einst nur am königlichen Hof aufgeführt werden durfte und daher nie eine Anhängerschaft unter dem Volk gewann, ist die Tradition des *kŏhn-* oder *Ramakian*-Tanzdramas in Thailand fast ausgestorben (Informationen zu aktuellen *kŏhn*-Aufführungen stehen im Kapitel Bangkok; S. 189).

Lá·kon

Das formellere *lá·kon nai* („inneres" *lá·kon*, innerhalb des Palastes aufgeführt) wurde ursprünglich für den niederen Adel von nur aus Frauen bestehenden Ensembles aufgeführt. Heute ist es eine aussterbende Kunst, mehr noch als

das königliche *köhn*. Neben Szenen aus dem *Ramakian* können *lá·kon nai*-Aufführungen auch traditionelle thailändische Volkssagen enthalten; egal welche Geschichte, der Text wird immer gesungen. *Lá·kon nôrk* („äußeres", außerhalb des Palastes aufgeführt) hat ausschließlich Volkssagen zum Thema und besteht aus einer Mischung aus gesungenem und gesprochenem Text, manchmal mit Improvisation. Sowohl männliche als auch weibliche Darsteller sind zugelassen. Aufführungen werden, wie auch bei *köhn* und *lá·kon nai*, immer seltener.

Viel verbreiteter ist heute das weniger kultivierte *lá·kon chah·dree*, ein rasantes, kostümiertes Tanzdrama, das normalerweise bei Tempelfesten im Landesinneren oder an Schreinen (vom Verehrer eines Schreins in Auftrag gegeben, dessen Wunsch ihm durch die Gottheit des Schreins gewährt wurde) aufgeführt wird. *Chah·dree*-Geschichten wurden durch das ältere *má·noh·rah*-Theater aus Südthailand beeinflusst.

Lá·kon gâa bon, eine Variante des *chah·dree*, die sich besonders für die Verehrung des Schreins herausgebildet hat, erfordert ein Ensemble von etwa 20 Mitgliedern, u. a. Musiker. An einem wichtigen Schrein wie Bangkoks Lak Meuang können sich vier verschiedene *gâa·bon*-Truppen mit Aufführungen abwechseln. Meistens gibt's eine Liste von Gläubigen, die darauf warten, sie zu engagieren.

Lí·gair

In abseits gelegenen Stadtvierteln der Arbeiterklasse in Bangkok kann man Glück haben und das grelle, laute *lí·gair* sehen. Diese theatralische Kunstform soll von dramatischen Ritualen abstammen, die von arabischen und malaysischen Händlern nach Südthailand gebracht wurden. Die erste eigene öffentliche Aufführung in Zentralthailand fand statt, als eine Gruppe thailändischer Muslime ein *lí·gair* für Rama V. während der Begräbnisfeier von Königin Sunandha in Bangkok aufführte. *Lí·gair* wurde unter Rama VI. sehr beliebt, erreichte im frühen 20. Jh. seinen Höhepunkt und ist seit den 1960er-Jahren langsam verblasst.

Lí·gair, das am häufigsten bei buddhistischen Festen von Wandertruppen aufgeführt wird, bietet eine bunte Mischung aus Volks- und klassischer Musik, grellen Kostümen, Melodrama, Situationskomik, sexuellen Andeutungen und aktuellen Kommentaren zur thailändischen Politik und Gesellschaft. Ausländer – selbst diejenigen, die fließend thailändisch sprechen – bleiben bei der hochgradig idiomatischen, kulturspezifischen Sprache und Gestik oft auf der Strecke.

Marionetten

Lá·kon lék (kleines Theater), auch bekannt als *hùn lŏo·ang* (königliche Puppen), war wie *köhn* einst für Aufführungen am Hof reserviert. Meterhohe Marionetten aus *kòi*-Papier und Draht mit kunstvollen Kostümen, die die der *köhn* zum Vorbild haben, werden verwendet, um ähnliche Themen, Musik und Tanzbewegungen auszudrücken.

Es braucht zwei bis drei Puppenspieler, um jede *hùn lŏo·ang* durch lange Stangen befestigte Drähte zu bedienen. Die Geschichten stammen aus thailändischen Volksmärchen, vor allem *Phra Aphaimani*, und manchmal aus dem *Ramakian*. Die *hùn·lŏo·ang*-Puppen selbst sind bei Sammlern begehrt. Sogar das Bangkok National Museum hat nur ein Exemplar in seiner Sammlung. Eine kleinere, 30 cm große Hofversion, die *hùn lék* (kleine Puppen) genannt wird, wird manchmal bei Live-Aufführungen verwendet.

Hùn grà·bòrk (Zylinderpuppen), ein weiteres thailändisches Puppentheater, basiert auf den beliebten hainanesischen Puppenspielen. Es benutzt 30 cm große, aus Holz geschnitzte Handpuppen.

Einer der wenigen verbliebenen thailändischen Puppenspieler, Sakorn Yangkhiawsod (Spitzname Joe Louis), half in der zweiten Hälfte des 20. Jhs. mit seiner beliebten in Bangkok ansässigen Puppentruppe, die aussterbende *hùn-lék*-Tradition wiederzubeleben. Das Familienoberhaupt starb 2007, aber seine Kinder setzen die Tradition im Aksra Theatre (S. 189) fort.

Năng

Das Schattenpuppentheater – in einer nächtlichen Aufführung werden zweidimensionale Figuren zwischen einer Leinwand und einer Lichtquelle bewegt – ist seit etwa fünf Jahrhunderten eine südostasiatische Tradition. Die Technik, die ursprünglich von orientalischen Händlern auf die malaiische Halbinsel gebracht wurde, breitete sich schließlich auf alle Teile des Festlands und der Halbinsel Südostasiens aus; in Thailand ist es vor allem im Süden verbreitet. Wie in Malaysia und Indonesien werden die Schattenpuppen in Thailand aus getrockneten Büffel- oder Kuhhäuten geschnitten *(năng)*.

In Thailand haben zwei unterschiedliche Schattenspieltraditionen überlebt. Die verbreitetste, *năng dà·lung*, ist nach der Provinz Phattalung benannt, wo sie sich aus malaysischen Mustern entwickelte. Wie ihre malaysisch-indonesischen Kollegen verkörpern thailändische Schattenpuppen eine Reihe von Charakteren aus klassischen und Volksdramen, in Thailand vor allem dem *Ramakian* und *Phra Aphaimani*. Ein einziger Puppenspieler bedient die ausgeschnittenen Figuren mithilfe von Griffen aus Büffelhorn. *Năng dà·lung* sieht man gelegentlich noch bei Tempelfesten im Süden, meist in den Provinzen Songkhla und Nakhon Si Thammarat. Aufführungen finden ebenfalls regelmäßig für Reisegruppen oder Würdenträger statt, die aus Bangkok zu Besuch kommen.

Die zweite Tradition, *năng yài* (große Haut), verwendet viel größere ausgeschnittene Puppen, von denen jede an zwei Stäbe aus Holz gebunden ist, die von einem Puppenspieler gehalten werden; es kann sein, dass mehrere Puppenspieler bei einer einzigen Aufführung mitwirken. *Năng yài* wird wegen des Mangels an ausgebildeten *năng*-Meistern und der Kosten der Schattenpuppen heute selten aufgeführt. Die meisten *năng yài*, die heute hergestellt werden, werden an Innenarchitekten oder Touristen verkauft.

KINO

Im thailändischen Filmgeschäft gibt es normalerweise zwei parallele Strömungen: die Filme, die finanziell erfolgreich sind, und die Filme, die als filmisch verdienstvoll angesehen werden; Überschneidungen gibt's nur gelegentlich.

Populäres thailändisches Kino wurde in den 1960er- und 1970er-Jahren groß, vor allem während der Zeit, als die Regierung eine Steuer auf Hollywood-Importe erhob und so eine einheimische Industrie hervorbrachte. Die Mehrheit der Filme waren billige Actionstreifen mit Titeln wie *nám nôw* (stinkendes Wasser); aber die unwahrscheinlichen, sogar unsinnigen Handlungen und prächtigen Farben hinterließen einen bleibenden Eindruck bei späteren thailändischen Filmemachern, die diese Elemente in moderne Kontexte eingefügt haben.

Das maßgebliche Paar des Action-Genres waren Mitr Chaibancha und Petchara Chaowarat, ein Duo, das in etwa 75 Filmen zusammen spielte. Ihr letzter Film war *Insee Thong* (Goldener Adler) von 1970. Mitr, der den Helden des Films spielte, kam bei einem Helikopter-Stunt für die finale Szene des Films auf tragische Weise ums Leben.

Ein weiterer geliebter Film dieser Ära war *Mon Rak Luk Thung*. Das Musical ließ das thailändische Leben auf dem Land hochleben. Isan-Musicals waren zu dieser Zeit ein absoluter Publikumsliebling und tauchten 2001 wieder auf: In den Kinos liefen *Monpleng Luk Thung FM* (Hoedown Showdown) und Pen-Ek Ratanaruangs *Monrak Transistor*, die der Musik von Suraphol Sombatcharoen Tribut zollten. 2005 schrieb der Komiker-Schauspieler-Regisseur Petchtai Wongkamlao *Yam Yasothon*, eine farbenfrohe Hommage an die Musicals der 1970er-Jahre. Er führte dabei auch Regie und spielte natürlich mit.

Criticine (www.criticine.com) ist ein Online-Magazin über südostasiatisches Kino. Hier schreiben in Bangkok ansässige Filmkritiker, die auf Englisch über neue Filme und News aus der Branche schreiben.

In einem Land, das für seinen Sinn für Humor berühmt ist, sind Komödien immer ein sicherer Kassenschlager. Die klassische Komödie der 1960er-
Jahre war *Ngern Ngern Ngern* (Geld, Geld, Geld) mit dem Komödianten Lor
Tork in der Hauptrolle. In den modernen Komödien spielen ohne Ausnahme
gà·teu·i (Transvestiten und Transsexuelle) mit – beim thailändischen Humor
ein weiterer garantierter Lacher. Der Film *Satree Lek* (Eiserne Ladys) aus
dem Jahr 2000, bei dem Yongyoot Thongkongtoon Regie führte, bringt die
auf wahren Tatsachen beruhenden Heldentaten eines Volleyballteams aus
Lampang auf die Leinwand, das fast vollständig aus *gà·teu·i* besteht.

Der Regisseur Rattana Pestonj wird oft als Vater der thailändischen New-
Wave-Bewegung angesehen. Sein Film *Rong Raem Narok* (Landhotel) von
1957 ist eine finstere Komödie, die in einer Bangkoker Bar spielt und mit
nur einer Kamera gedreht wurde.

Gegenwärtig gibt's mehrere Generationen von wirklich guten Regisseuren,
von denen einige im Ausland Film studiert haben und bei internationalen
Filmfestivals begehrt sind. Nonzee Nimibutr wird als der massentauglichste
(und gewinnträchtigste) der sogenannten New-Wave-Filmemacher angesehen. Sein Film *Nang Nak* von 1998 war die Nacherzählung einer berühmten
thailändischen Geistergeschichte, die zuvor nicht weniger als 20 cineasti-
sche Versionen erlebt hat. Der Film war einer der umsatzstärksten Filme in
der thailändischen Geschichte und übertraf sogar *Titanic*. Nonzees nachfolgenden Filme, z. B. *Ok Baytong* (2003) und *Queens of Langkasuka* (2008),
luden die buddhistische Mehrheit ein, etwas über die Regionen der muslimischen Minderheit in Thailand zu erfahren. *Queens of Langkasuka* war ein
teurer Blockbuster, der die Vorstellungskraft der einheimischen und internationalen Kinobesucher gefangennahm – keine Überraschung, da große
historische Epen dazu neigen, Baht zu scheffeln.

Regisseur Pen-Ek Ratanaruangs Filme sind düster und satirisch. Sie begeistern Kinofans und nicht nur Fans von Thailand. Sein Debütfilm war *Fun
Bar Karaoke*, eine 1997er-Farce über das Bangkoker Lebens, in der die Haupt-
figuren ein alternder thailändischer Playboy und seine Tochter sind. Aber
es ist *Ruang Rak Noi Nid Mahasan* (Leben nach dem Tod in Bangkok; 2003),
geschrieben von Prabda Yoon, der ihm einen Platz im Tresor der internationalen Kinoklassiker sichern wird. Sein jüngster Film *Kham Phiphaksa
Khong Mahasamut* (Invisible Waves; 2006) wurde als der düsterste bisher
beschrieben und spielt in Macao und Phuket.

Einer der stolzesten Momente des thailändischen Kinos kam, als Cannes
2002 *Sut Sanaeha* (Blissfully Yours) für die begehrte Un-Certain-Regard-
Vorführung auswählte. Apichatpong Weerasethakul, Thailands führender
cinéma-vérité-Regisseur, dramatisiert in diesem Film eine Romanze zwischen einer thailändischen Frau und einem illegalen Immigranten aus Myanmar. Nur zwei Jahre später gewann Apichatpongs traumähnliches *Sut Pra-
lat* (Tropical Malady – Liebe kennt nur den Moment) den Preis der Jury in
Cannes. Sein sehnlichst erwarteter Film *Sang Satawat* (Syndromes and a
Century; 2006) wurde von den thailändischen Zensoren wegen unange-
brachter Szenen gestoppt, u. a. Ärzte beim Whiskeytrinken und Küssen in
einem Krankenhaus. Anstatt die Szenen, wie gefordert, zu entfernen, zog
der Regisseur den Film von der Vorführung in Thailand zurück, was wiederum eine Protestbewegung der unabhängigen Filmemacher des Landes
gegen die Filmzensur entfachte.

Apichatpong ist zu einem Vorbild für die nächste Generation von New
Wavern geworden, von denen viele aufgrund von Budgetbeschränkungen
an Kurzfilmen arbeiten. Pimpaka Tohveera hat für *One-Night Husband*
(2003) gute Kritiken bekommen. Thunska Pansittivorakul wurde 2003 mit
dem von der Regierung gesponserten Silpathorn Award, der an zeitgenös-

A Century of Thai Cinema
von Dome Sukwong
ist ein Hochglanzbild-
band, der eine visuelle
Geschichte des Films im
Königreich erzählt.

Alle filmischen und
gedruckten Darstellungen
von Anna Leonowens
am Hofe von Siam, vor
allem bekannt durch das
1950er-Musical *The King
& I* und die 1999-Neu-
verfilmung *Anna und der
König* mit Jodie Foster,
sind in Thailand verboten.

sische Künstler verliehen wird, geehrt. Sein Dokumentarfilm *Happy Berry* (2003) folgt vier coolen Freunden, die versuchen, den Bangkoker Traum von Mode und Musik leben.

Farbenfrohe Geschichten, die Mythos und Realität verschmelzen, sind wesentliche Bestandteile der thailändischen Fantasie. *Fah Talai Jone* (Tears of the Black Tiger; 2000), unter der Regie von Wisit Sasanatieng, schlug mit einer kitschigen Hommage eine Brücke zwischen New Wave und dem Action-Genre der 1960er, während Jira Malikuls *Mekhong Sipha Kham Deuan Sip-et* (Mekong Full Moon Party; 2002) den Volksglauben über mysteriöse „Drachenlichter", die vom Mekong River ausgehen, den skeptischen Bangkoker Wissenschaftlern gegenüberstellt.

Thailand mit seiner Kampfkunst-Tradition und einer blühenden Mafia ist ein fruchtbarer Boden für einheimische Actionstreifen. Die Pang Brothers (Danny und Oxide) importierten mit ihrem 1999er-Erfolg *Bangkok Dangerous* über einen taubstummen Auftragskiller filmisches Know-how aus Hong Kong nach Thailand. Der Film wurde 2008 noch einmal gedreht mit Nicholas Cage in der (allerdings sprechenden) Hauptrolle. Prachya Pinkaews *Ong Bak* (2004) und seine Nachfolger *Tom-Yum-Goong* (2005) und *Ong Bak 2* (2008) schufen mit Tony Jaa einen internationalen *moo·ay-tai*-Helden, der oft mit dem jüngeren Jackie Chan verglichen wird.

Die Nachwuchsfilmemacher haben dank Thailands Reichtum an Geistergeschichten und magischen Künsten eine Vorliebe für den Horror. *Art of the Devil I* und *II* (2004/2005) ist eine Reihe von Filmen, die außer durch den gemeinsamen Namen in keinem Zusammenhang stehen. Sie wurden von einem Kollektiv thailändischer Filmemacher gedreht, genannt das Ronin Team, das auf Grotesque Gore und schwarze Magie spezialisiert ist. *See Phrang* (4bia) ist ein Film in vier Teilen von vier Regisseuren, u. a. von Yongyoot Thongkongtoon. Er gilt als einer der besten Horrorfilme von 2008 und erzählt spannungsgeladene Geschichten über Phobien.

Rak Haeng Siam (Love of Siam; 2007), ein aufsehenerregender Kinoerfolg unter der Regie von Chookiat Sakveerakul, fesselte sowohl die Arthouse-Snobs als auch verliebte Teenies. Die Geschichte ist ein düsteres Drama über eine Familie, die nach dem Verlust einer Tochter mehr tot als lebendig ist. Charakterfilme haben dank des Films *Kod* (Handle Me with Care; 2008) einen Höhenflug: Darin erzählt der vom Drehbuchautor zum Regisseur mutierte Kondej Jaturanrasamee die Geschichte eines dreiarmigen Jungen, der nach Bangkok reist, um sich den zusätzlichen Arm in einer Operation entfernen zu lassen.

LITERATUR

Das geschriebene Wort hat in Thailand eine lange Tradition, die bis ins 11. und 12. Jh. zurückzuverfolgen ist, als das erste thailändische Schriftstück aus dem älteren Mon-Alphabet erstellt wurde. Das erste bekannte literarische Werk, das in Thai verfasst wurde, dichtete vermutlich Phaya Lithai in Sukhothai im Jahr 1345. Es heißt *Traiphum Phra Ruang* und ist eine Abhandlung, die die drei Reiche der Existenz nach der hinduistisch-buddhistischen Kosmologie beschreibt. Heutigen Wissenschaftlern zufolge hatte und hat dieses Werk und sein Symbolismus einen nicht zu unterschätzenden Einfluss auf das künstlerische und kulturelle Universum Thailands.

Klassik

Das 30 000 Zeilen lange *Phra Aphaimani* wurde vom Dichter Sunthorn Phu im späten 18. Jh. geschrieben und ist das bekannteste Werk der klassischen thailändischen Literatur. Wie viele seiner epischen Vorgänger weltweit erzählt es die Geschichte eines verbannten Prinzen, der erst eine Odyssee mit Lie-

beshändel und Kampfhandlungen hinter sich bringen muss, bevor er siegreich in sein Königreich zurückkehren kann.

In der gesamten klassischen Thai-Literatur ist jedoch kein anderes Werk so präsent und so enorm einflussreich wie das *Ramakian*. Sein indischer Vorläufer, das *Ramayana*, kam mit den Khmer vor 900 Jahren nach Thailand und tauchte erstmals auf Steinreliefs am Prasat Hin Phimai und in anderen Angkor-Tempeln im Nordosten auf. Schließlich entwickelten die Thais eine eigene Version des Epos, die zum ersten Mal während der Regentschaft Rama I. niedergeschrieben wurde. Sie umfasst 60 000 Strophen und ist um ein Viertel länger als das Originalepos in Sanskrit.

> Thailands Alphabetisierungsrate liegt bei tollen 92,6 %, aber irgendetwas anderes als die Zeitung oder einen Comic zu lesen, gilt als ein exzentrisches Hobby.

Zwar blieben die Hauptthemen die gleichen, doch schmückten die Thais das *Ramayana* mit zahlreichen biografischen Details über den Erzbösewicht Ravana (im *Ramakian* Thotsakan oder „zehnhalsig" genannt) und seine Frau Montho aus. Hanuman, der Affengott, unterscheidet sich im thailändischen Epos durch seinen koketten Charakter (in der Hindu-Version folgt er strikt seinem Keuschheitsgelübde) erheblich von der indischen Vorlage. Eines der klassischen *Ramakian*-Reliefs im Bangkoker Wat Pho stellt Hanuman dar, wie er die entblößte Brust eines jungen Mädchens wie einen Apfel umgreift.

Ebenfalls aus der indischen Tradition stammen die zahlreichen *Jataka*-Geschichten aus dem Leben Buddhas (*chah-dòk* auf Thai). Von den 547 *Jataka*-Fabeln im Pali-*Tripitaka* (buddhistischer Kanon) beschreibt jede ein anderes vergangenes Leben. Die meisten der Geschichten, die erstmalig in Sri Lanka niedergeschrieben worden waren, wurden Wort für Wort ins Thailändische übertragen.

50 Extra-Geschichten, basierend auf thailändischen Volksmärchen dieser Zeit, fügten Pali-Gelehrte aus Chiang Mai vor etwa 300 bis 400 Jahren hinzu. Die beliebteste *Jataka* in Thailand gehört zu den Originalgeschichten und heißt *Mahajati* oder *Mahavessantara* – es ist die Beschreibung von Buddhas vorletztem Leben.

Während der Ayuthaya-Periode entwickelte Thailand eine klassische poetische Tradition, die auf fünf Versarten basierte *chăn, gàhp, klong, glorn* und *râi*. Jede dieser Formen verwendet einen komplexen Satz strenger Regeln, um Versmaß, Reim und Silbenzahl zu regulieren. Alle diese poetischen Systeme nutzen zwar die thailändische Sprache, *chăn* und *gàhp* sind jedoch von Sanskrit-Versformen aus Indien abgeleitet, während *klong, glorn* und *râi* einheimische Formen sind. Die indischen Formen sind aus dem Gebrauch des 21. Jhs. fast verschwunden.

Gegenwart

Der erste Roman in thailändischer Sprache war eine direkte Nachahmung westlicher Modelle. Leider ist ein Großteil der thailändischen Belletristik, sowohl frühere als auch aktuelle, nicht ins Englische übersetzt. Empfehlungen für englischsprachige Reiseliteratur stehen auf S. 20.

The Circus of Life (Thailändisch 1929; Englisch 1994) von Arkartdamkeung Rapheephat, der als erster thailändischer Roman von Substanz angesehen wird, folgt einem jungen Thai der Oberklasse auf seiner Reise um die Welt. Die Tatsache, dass der Autor, selbst ein thailändischer Prinz, sich im Alter von 26 Jahren das Leben nahm, hat die mystische Atmosphäre dieses Werkes verstärkt.

Der verstorbene und verehrte Kukrit Pramoj, ehemaliger Botschafter und thailändischer Premierminister, thematisierte in *Four Reigns* (Thailändisch 1935; Englisch 1981) das Bangkoker Leben am Hof vom Ende des 19. Jhs. bis in die 1940er-Jahre. Es ist der längste Roman, der jemals auf Thailändisch publiziert wurde. *The Story of Jan Darra* (Thailändisch 1966; Englisch

1994) des Journalisten und Autors von Kurzgeschichten Utsana Phleungtham zeichnet die sexuellen Obsessionen eines thailändischen Aristokraten nach. Praphatsorn Seiwikuns gut abgestimmtes, rasantes *Time in a Bottle* (Thailändisch 1984; Englisch 1996) machte das Lebensdilemma einer fiktionalen Bangkoker Mittelklassefamilie zu einem Bestseller. Unter dem Pseudonym Siburapha (viele thailändische Schriftsteller benutzen Pseudonyme) schrieb Kulap Saipradit viele durchgedrehte Liebesgeschichten, u. a. den Roman *Behind the Painting* (1937) über einen Studenten, der sich während der Nachkriegsära in einen verheirateten Aristokraten verliebt.

In der zweiten Hälfte des 20. Jhs. wandte sich die thailändische Belletristik zunehmend dem einfachen Volk zu, teilweise weil nun auch Schriftsteller mit einem niedrigeren sozialen Hintergrund ihren Abschluss an der Bangkok University machten. Anstatt von den privilegierten Aristokraten ließen sie sich für ihre Geschichten von ihren Eltern und Nachbarn inspirieren und zeichneten die Lebensgeschichten der normalen Thais in entlegenen Gegenden des Landes nach, meist der Arbeiterklasse. Chart Korbjitti, bekannt als Sozialkritiker in Erzählform, ist zweimaliger Gewinner des Southeast Asian Writers Award (SEA Write) für *The Judgement* (1981) über einen jungen Mann aus einem Dorf, der fälschlicherweise von seinen neugierigen Nachbarn beschuldigt wird, und für seinen Roman *Time* (1993). Die Misere von Noi, einem verwitweten Fischausnehmer, wird in *Of Time and Tide* (1985) bittersüß von Atsiri Thammachoat erzählt, einem Journalisten und Zeitungsredakteur, der oft als Thailands „Meeresbarde" gefeiert wird. Pira Sudham, der ausschließlich auf Englisch schreibt, um ein weltweites Publikum zu erreichen, fängt in seinen Büchern *The Force of Karma, Monsoon Country, People of Esarn* und *Shadowed Country* die Kämpfe des verarmten Nordostens ein. Er wurde in eine arme Bauernfamilie geboren und nach Bangkok geschickt, um eine Ausbildung als Tempeljunge zu erhalten.

Auch Thais der Mittelklasse griffen während der zweiten Hälfte des 20. Jhs. zur Feder. In *Married to the Demon King* verlegte Sri Daoruang das *Ramakian* ins moderne Bangkok und gab einer Familie der Mittelklasse die Hauptrollen des Epos. Eine schöne Sammlung moderner Kurzgeschichten von Schriftstellerinnen findet man in *A Lioness in Bloom*, übersetzt von Susan Kepner, die für den Kontext hilfreiche kulturelle und historische Anmerkungen enthält.

Wenige der postmodernen Schriftsteller wurden ins Englische übersetzt, aber ihre Themen reichen von Vereinsamung und modernen Veränderungen bis zu persönlichen Perspektiven auf aktuelle Ereignisse. Prabda Yoons Kurzgeschichte „Probability" gewann 2002 den SEA Write Preis. Das englischsprachige Publikum kennt ihn vor allem für sein Drehbuch für *Leben nach dem Tod in Bangkok* und andere Filme unter der Regie von Pen-Ek Ratanaruang.

Die aktuelle politische Krise hat thailändischen Schriftstellern eine Gelegenheit beschert, sich die kollektive Psyche zu Nutze zu machen. Chartvut Bunyarak erkundet in der Kurzgeschichte „Thor Sor 2549" (Taxi 2006) die politischen Spannungen, die der Amtsenthebung des damaligen Premierministers Thaksin Shinawatra 2006 vorausgingen. Erzählt wird von einem Kunden, der aus dem Taxi geworfen wird, weil er mit dem pro-Thaksin-Fahrer streitet. Der Schriftsteller und Dichter Siriworn Kaewkan gewann den von der Regierung gesponserten Silpathorn Award für zeitgenössische Literatur dank seines wortreich betitelten Buches, das in etwa mit *Geschichten eines Schriftstellers, die ihm ein Märchenerzähler einmal berichtet hat* übersetzt werden kann.

Neugierig auf einen Thai-Prize-Gewinner? Silkworm Books veröffentlicht *The SEA Write Anthology of Thai Short Stories & Poems*.

Englische Übersetzungen von thailändischer Literatur sind schwer zu bekommen (deutsche gibt es quasi nicht), aber der Online-Shop DCO Thai (www.dcothai.com) hat eine ansehnliche Leseliste und zweisprachige Thai-Lernbücher, ein paar auf Deutsch.

Essen & Trinken

Thailand-Besucher erwartet ein ganzes Universum erstaunlicher Gerichte, wenn sie erst einmal über „Pad Thai" und grünen Curry hinaus sind, und für viele ist das regionale Essen einer der Hauptgründe für eine Reise nach Thailand. Noch bemerkenswerter allerdings ist die Liebe der Einheimischen zu ihrer Küche: Die Thailänder sind genauso aufgeregt wie die Touristen, wenn sie vor einer Schüssel gut zubereiteter Nudeln sitzen oder am Stand eines berühmten Straßenhändlers Platz nehmen. Diese ungenierte Begeisterung fürs Essen, ganz zu schweigen von der Fülle faszinierender Zutaten und Einflüsse, hat eine Küche kreiert, deren Spaßfaktor und Facettenreichtum in der Welt ihresgleichen suchen.

TYPISCHES & SPEZIALITÄTEN
Reis

Reis ist so grundlegend für die hiesige Esskultur, dass das gebräuchlichste Wort für „essen" *gin kôw* – wörtlich „Reis essen" – ist und man sich üblicherweise mit *Gin kôw rĕu yang?* („Haben Sie schon Reis gegessen?") grüßt. Essen bedeutet in Thailand Reis essen, und fast überall im Land ist eine Mahlzeit ohne Reis unvorstellbar.

Es gibt viele Reissorten in Thailand, und das Land ist seit den 1960er-Jahren einer der größten Reisexporteure weltweit. Die wertvollste Sorte ist *kôw hŏrm má·lí* (Jasminreis), ein duftender Langkornreis, der in den Nachbarländern so begehrt ist, dass das Hinausschmuggeln frischer Vorräte angeb-

Appon's Thai Food (www.khiewchanta.com) bietet eine Fülle authentischer und gut organisierter lokaler Rezepte von einem gebürtigen Thailänder.

GESCHMACKSREISEN

Die Küche Thailands ist regional sehr unterschiedlich und in fast jeder Stadt gibt's ein spezielles Gericht, das außerhalb ihrer Grenzen nicht erhältlich (oder zumindest nicht so lecker) ist. Wer wie ein Einheimischer essen will, dem hilft diese Liste mit einigen köstlichen regionalen Spezialitäten:

- **Ayutthaya**: *gŏo·ay dĕe·o reu·a* („Bootsnudeln") Reisnudeln in einer dunklen, stark gewürzten Brühe.

- **Chiang Mai**: *nám prík nùm* und *kâab mŏo* (geröstete Chilipaste und frittierter Schweinekrustenbraten) Die beiden Gerichte passen wunderbar zusammen und sind auf wirklich jedem Markt der Stadt erhältlich; man isst meist kurz gegartes Gemüse und Klebreis dazu.

- **Hat Yai**: *gài tôrt hàht yài* Dieses Hähnchen, ein Namensvetter der Stadt, wird in einer trockenen Gewürzmischung mariniert, die ihm einen markanten roten Farbton verleiht, und dann gebraten.

- **Khon Kaen**: *gài yâhng* Mariniertes Freiland-Hähnchen *(gài bâhn)*, über heißen Kohlen gegrillt – diese Spezialität aus dem Nordosten gilt als bestes lokales Gericht.

- **Lampang**: *kôw taan* Klebreiskuchen mit Wassermelonensaft, die mit Palmzucker bestäubt werden, sind in dieser Stadt im Norden eine beliebte Leckerei.

- **Nong Khai**: *năam neu·ang* Das vietnamesische Gericht aus Schweinefleischbällchen, die in Reispapier gehüllt und mit einem Korb voller Kräuter serviert werden, hat im Nordosten Thailands eine Heimat gefunden.

- **Phetchaburi**: *kôw châa* Dieses seltsame, aber köstliche Gericht der Mon aus gekühltem Duftreis mit süß-sauren Beilagen soll hier in der Landesmitte das beste sein.

- **Trang**: *mŏo yâhng* Geröstetes Schwein „mit Haut und Haar", das typischerweise im Rahmen eines Dim-Sum-Brunches gegessen wird, ist eine Spezialität dieser Stadt im Süden.

(KON)FUSIONS-KÜCHE

Ein beliebtes Gericht in den Restaurants landesweit ist *kôw pàt à·me·rí·gan*, „gebratener Reis auf amerikanische Art". Der Reis wird zusammen mit Ketchup, Rosinen, Erbsen, Schinkenscheiben und frittierten Hotdogs gebraten, und oben drauf kommt ein Spiegelei – klingt, nun ja, abscheulich ... Und genau so schmeckt es auch! Aber zumindest hat es eine interessante Geschichte: Gebratener Reis auf amerikanische Art stammt aus der Ära des Vietnamkriegs, als Tausende US-Truppen in Nordostthailand stationiert waren. Ein einheimischer Koch entschied offenbar, das allgegenwärtige „amerikanische Frühstück" (Spiegelei mit Schinken und/oder Hotdogs und Weißbrot, gewöhnlich mit Ketchup gegessen) auf thailändische Art zuzubereiten, und gab die Zutaten einfach mit Reis in die Pfanne.

Diese kulinarische Fremdbestäubung ist nur einer der zahlreichen jüngeren Beweise für die Tendenz thailändischer Köche, querbeet aus den ihnen zur Verfügung stehenden Küchen zu wählen. Weitere (deutlich besser genießbare) Beispiele sind *gaang màt·sà·màn*, „Mussaman (Moslem)-Curry", inzwischen ein Klassiker, das Kochstile der Thai und des Nahen Ostens mixt, und das berühmte *pàt tai*, im Wesentlichen eine Mischung aus chinesischen Garmethoden (kurz anbraten) und Zutaten (Reisnudeln) mit thailändischen Aromen (Fischsauce, Chilis, Tamarinden).

lich ein konstantes Schwarzmarktgeschäft ist. Die Menschen im Norden und Nordosten Thailands essen *kôw nĕe·o*, „klebrigen Reis", einen glutenhaltigen Rundkornreis, der gedämpft statt gekocht wird. Die übliche Kohlenhydratbeilage in Chinarestaurants ist *kôw dôm*, „gekochter Reis", ein wässriger Brei, für den manchmal brauner oder violetter Reis verwendet wird.

Reis wird gewöhnlich als Beilage zu Currys, Kurzgebratenem oder Suppen serviert, die unter dem Begriff *gàp kôw* (mit Reis) zusammengefasst werden. Wer im Restaurant nur Reis möchte, bestellt *kôw 'blòw*, „blanken Reis", oder *kôw sŏoay*, „schönen Reis"; die Beilage wird dann gewöhnlich auf einem extra Teller (*jahn*) gereicht oder in einer *tŏh*, einer großen Schüssel mit Deckel, die sie warm und feucht hält.

Nudeln

Besuchern geht der Zungenbrecher *gŏo·ay dĕe·o*, das zunächst einschüchternde Wort für „Nudelsuppe", nach kurzer Zeit recht leicht über die Lippen. Nudeln wurden zwar ursprünglich aus China eingeführt, sind heute aber ein fester Bestandteil der Thai-Küche, und die meisten Thailänder essen fast täglich eine oder zwei Schüsseln voll.

In Thailand gibt's grundsätzlich vier Arten von Nudeln. Da die Einheimischen so auf Reis fixiert sind, überrascht es kaum, dass *sên gŏo·ay dĕe·o* so beliebt ist: Reismehl wird mit Wasser zu einem Teig vermischt, der dann zu breiten flachen Blättern gedämpft wird. Man faltet die Blätter und verarbeitet sie zu *sên yài* (2–3 cm breite Bandnudeln), *sên lék* (5 mm breite Fadennudeln) oder *sên mèe* (nur 1–2 mm breite Bandnudeln). In den meisten Restaurants oder in auf *gŏo·ay dĕe·o* spezialisierten Garküchen gibt man bei der Bestellung an, welche Sorte man haben möchte.

Das einfachste Gericht, das es überall gibt, ist *gŏo·ay dĕe·o nám*, eine Schüssel mit Nudeln, die mit Fleischbrühe, Fleischbällchen und verschiedenem Gemüse, einschließlich einer Garnierung aus *pàk chee* (Korianderblatt) serviert wird. Man isst es rund um die Uhr, als Snack vor der Arbeit, nach dem Einkaufen oder Ausgehen oder als Bestandteil normaler Mahlzeiten.

Bei Ausländern am bekanntesten ist zweifellos *gŏo·ay dĕe·o pàt tai* (meist *pàt tai* abgekürzt). Dünne Reisnudeln werden dazu mit getrockneten oder frischen Shrimps, Sojasprossen, Tofu, Ei und Gewürzen kurzgebraten und kommen traditionell mit Limettenhälften, ein paar Stängeln chinesischem Schnittlauch und einer aufgeschnittenen Bananenblüte auf den Tisch.

Für *kà·nŏm jeen* wird Reismehlteig durch ein Sieb in kochendes Wasser gedrückt, ähnlich wie bei deutschen Nudeln. *Kà·nŏm jeen* wird gerne vormittags auf den Märkten gegessen. Dazu gibt's verschiedene würzige Currys sowie frisches und eingelegtes Gemüse nach Wahl und Kräuter obenauf.

Die dritte Nudelart, *bà·mèe*, besteht aus Weizenmehl und Eiern, ist gelblich und wird nur frisch hergestellt verkauft. Die Nudeln werden kurz angekocht und dann mit Brühe und Fleisch, gewöhnlich gegrilltem Schweine- oder Krabbenfleisch, gemischt – fertig ist *bà·mèe nám*. In einer Schüssel mit etwas Knoblauchöl und ohne Brühe serviert, heißt es *bà·mèe hâang*. In Restaurants oder an Verkaufsständen, die *bà·mèe* verkaufen, gibt es typischerweise auch *gée·o*, eine mit Hackfleisch gefüllte *bà·mèe*-Teigtasche.

Und dann wäre da noch *wún·sên* (wörtlich „Geleefaden"). Die Glasnudeln aus Mungobohnenmehl und Wasser werden nur getrocknet verkauft und vor der Verwendung einige Minuten in heißem Wasser eingeweicht. Am häufigsten macht man *yam wún sên* daraus, einen scharfen, würzigen Salat mit Limettensaft, frisch geschnittenen *prík kêe nŏo* (kleine Chilischoten), Shrimps, Schweinehackfleisch und Gewürzen. Glasnudeln gehören auch in *ʾboo òp wún·sên*, bei dem sie mit Krabben (manchmal auch mit Shrimps) und Gewürzen im geschlossenen Tontopf gegart werden; und *gaang jèut*, eine klare Suppe aus der chinesischen Küche, wird mit Hackfleisch, weichem Tofu und einer Handvoll Glasnudeln zubereitet.

Thai Food (2002) von David Thompson gilt allgemein als maßgebliches Werk zur Thaiküche.

Currys & Suppen

Das thailändische *gaang* – gesprochen wie „Gang" (für Bande) – wird oft mit „Curry" übersetzt, meint aber tatsächlich jedes Gericht mit viel Flüssigkeit und kann deshalb sowohl Suppen (wie *gaang jèut*) als auch die klassischen Chili-Currys bezeichnen, für die die thailändische Küche berühmt ist. Die Zubereitung von Chili-Curry beginnt mit *krê·uang gaang*, wobei ein Bündel frischer Zutaten mit Mörser und Stößel zerdrückt, zerrieben und zermalmt wird, um eine aromatische, außerordentlich scharf schmeckende und ziemlich dicke Paste zu erhalten. Zu den typischen Zutaten in einem *krê·uang gaang* gehören getrocknete Chilischoten, Galgant, Zitronengras, Blätter der Kaffernlimette, Schalotten, Knoblauch, Garnelenpaste und Salz.

Die thailändische Curry-Küche dreht sich hauptsächlich um drei *gaang*. *Gaang pèt* (scharfes Curry) ist das traditionellste von ihnen und wird oft als Grundlage für andere Varianten genutzt. Die Currypaste ist ziemlich würzig: Ihre tiefrote Farbe kommt von einer riesigen Menge getrockneter Chilis. Im Gegensatz dazu ist *Gaang pá·naang* ein relativ mildes Curry, dessen Schärfe durch die Zugabe gemahlener Erdnüsse gemildert ist. Im *gaang kĕe·o wähn*, wörtlich „süßes grünes Curry", werden die roten durch frische grüne

---

NUDELMIXOLOGIE

Ein Stahlgestell mit vier verschlossenen Glasschüsseln oder -gefäßen auf dem Tisch bedeutet, dass das Restaurant *gŏo·ay dĕe·o* (Reisnudelsuppe) serviert. Normalerweise enthalten die Gefäße vier Zutaten für die Suppe: *nám sôm prík* (grüne Chilistückchen in Essig), *nám ʾblah* (Fischsauce), *prík ʾbòn* (getrocknete rote Chilis in kleinen Stückchen oder fast pulverförmig gemahlen) und *nám·ɗahn* (einfacher weißer Zucker).

In typischer Thai-Manier kann man seine Nudelsuppe damit schärfer machen – und zwar scharf und sauer, scharf und salzig oder einfach nur scharf – oder man kann sie süß verspeisen.

Der Profi peppt seine Suppe mit einen Teelöffel von jeder dieser Zutaten auf, mit Ausnahme des Zuckers: Von diesem wird im süßschnäbeligen Bangkok gewöhnlich ein ganzer Esslöffel verwendet. Wer nicht an diese starken Gewürze gewöhnt ist, sollte aber immer nur wenig auf einmal hinzugeben und die Suppe ständig probieren, damit es nicht zuviel wird.

Thai Food Tonight (www.
thaifoodtonight.com)
bietet u. a. Kochvideos
und detaillierte Rezepte.

Chilis ersetzt, außerdem kommen getrocknete Gewürze wie Kreuzkümmel und Koriander hinein (was eher ungewöhnlich ist). Für zusätzliches Aroma sorgen *bai má·gròot* (Kaffernlimettenblätter), *bai hŏh·rá·pah* (Thai-Basilikumblätter) und *nám ʼblah* (Fischsauce), die jeweils kurz vor dem Servieren zugefügt werden können.

Die meisten *gaang* werden in einem heißen Topf mit Kokoscreme verrührt, bevor die restlichen Zutaten (Fleisch, Geflügel, Meeresfrüchte und/oder Gemüse) hineinkommen; verdünnte Kokosmilch verdünnt und verfeinert das *gaang* noch weiter. In manchen Rezepten fehlt die Kokosmilch aber auch, etwa beim *gaang ʼbàh* („Dschungelcurry"), einer feurigen Suppe aus einer Gemüse-Fleisch-Mischung.

Die meisten Thailänder essen Currys nur zum Frühstück oder mittags, und Curry-Lokale sind in der Regel nur zwischen 7 und 14 Uhr geöffnet. Die Einheimischen finden es seltsam, Currys am Abend zu essen, daher steht es in den meisten Restaurants (Touristenrestaurants ausgenommen) nicht auf der abendlichen Speisekarte.

Eine weitere beliebte thailändische Speise in der Suppenkategorie ist *dôm yam*, die berühmte scharf-saure Suppe. Das Feuer unter ihrer oft samtigen Oberfläche ist frischen *prík kêe nŏo* (winzige Chilis) zu verdanken, alternativ auch einem halben Teelöffel *nám prík pŏw* (geröstete Chilipaste). Zitronengras, Kaffernlimettenblätter und Limettensaft (nicht zum Verzehr gedacht) verleihen *dôm yam* ihren charakteristischen Geschmack. Auch Galgant wird gerne hinzugefügt und dient ebenfalls einzig der Geschmacksverstärkung – ähnlich wie Lorbeerblätter. Wie alle Thai-Suppen und -Currys sollte auch *dôm yam* mit Reis gegessen, nicht pur geschlürft werden.

Von den verschiedenen *dôm-yam*-Varianten mögen westliche Traveller wohl die mildere *dôm kàh gài* (wörtlich „gekochtes Galgant-Hähnchen", oft übersetzt als „Hühnersuppe mit Kokos") am liebsten. Das scharfe Chili wird in dieser Suppe durch die Kokosmilch merklich gedämpft.

Kurzgebratenes & Frittiertes

Die einfachsten Stücke im kulinarischen Repertoire Thailands sind die verschiedenen kurzgebratenen Mahlzeiten *(pàt)*. Die Chinesen – die weltweit berühmt dafür sind, ganze Festessen in einem einzigen Wok brutzeln zu können – brachten sie ins Land.

Die Liste der *pàt*-Gerichte scheint endlos. Viele zeigen sich ihren chinesischen Wurzeln verbunden, etwa das allgegenwärtige *pàt pàk búng fai daang* (kurzgebratener Wasserspinat mit Knoblauch und Chili), dessen Zubereitung oft von einer beeindruckenden Stichflamme begleitet wird; manche sind thailändisch-chinesische Kreuzungen, z. B. *gài pàt prík kĭng*, bei dem Hähnchen mit Ingwer und Knoblauch (in beiden Küchen verwendete Zutaten) gebraten, aber mit Chilipaste und Fischsauce gewürzt wird.

Die wohl authentischste Version ist die berühmte Mittagsmahlzeit *pàt gá·prow*, kurzgebratenes Hähnchen oder Schweinefleisch mit Knoblauch, frisch geschnittenen Chilis, Soja- und Fischsauce und Unmengen von besonders würzigem indischem Basilikum. Für einen anderen Klassiker, *pàt*

BILDUNGSURLAUB

Wer mehr Zeit auf Märkten als in Tempeln verbringt oder vier und mehr Mahlzeiten am Tag verdrückt, ist prädestiniert für einen Kochkurs. Von formalen, am Zubehör orientierten Instruktionen bis zu einfachen Einführungen mit Schnipseln und Reden ist alles zu haben. In Bangkok, Chiang Mai und auf den beliebten Touristeninseln werden verschiedene Varianten angeboten, die meist einen Ausflug auf den Markt beinhalten. Weitere Infos liefern die Regionen- und Stadtkapitel.

DER SÔM·ĐAM-KULT

Der Papayasalat *sôm·đam* kommt ursprünglich wohl aus Laos, ist heute aber eines der beliebtesten Thai-Gerichte. Man nimmt grüne unreife Papayastücke und zerstößt sie zusammen mit Knoblauch, Palmzucker, grünen Bananen, Tomaten, Limettensaft, Fischsauce und einer schockierenden Menge frischer Chilis in einem Ton- oder Holzmörser. *Sôm·đam low*, die „Originalversion" des Gerichts, enthält reifere Papayastücke, Auberginenscheiben, gesalzene Flusskrabben und eine dicke, nicht pasteurisierte Fischsauce namens *blah ráh*. In Bangkok weitaus üblicher ist *đam tai*, das getrocknete Shrimps und Erdnüsse enthält und mit Fischsauce aus der Flasche gewürzt wird. Fast immer wird *sôm·đam* von Frauen zubereitet und auch überwiegend von diesen gegessen, oft eher als Snack denn als ganze Mahlzeit – die intensive Würze suggeriert dem Magen schneller, er sei voll.

---

pèt (wörtlich „scharf kurzgebraten"), werden die Hauptzutaten, meist Fleisch oder Fisch, mit roter Currypaste gebraten und mit Basilikum gemischt.

Tôrt (in Öl frittieren) ist die Art der Zubereitung von Snacks wie *glôo·ay tôrt* (frittierte Bananen) oder *bo·bée·a* (Frühlingsrollen). Fisch wird fast immer frittiert und heißt dann *blah tôrt*. Bei ein paar wenigen Gerichten werden die Zutaten in Teig getunkt und dann frittiert, z. B. bei *gài tôrt* (gebratenes Hähnchen) und *gûng chúp bâang tôrt* (Shrimps im Teigmantel).

Salate scharf & würzig

Ebenso landestypisch wie Currys ist der allgegenwärtige *yam*, ein scharfer, würziger „Salat" aus Meeresfrüchten, gebratenem Gemüse oder Fleisch.

Limettensaft verleiht die nötige Würze, die großzügige Verwendung frischer Chilischoten macht das Ganze scharf. Die weiteren Zutaten variieren stark, aber meist handelt es sich um blattreiches Gemüse und Kräuter, u. a. Kopfsalat (oft als Garnitur) und *kêun chài* (Sellerie). Die meisten *yam* werden auf Raumtemperatur serviert oder allenfalls von gekochten Zutaten erwärmt. Sie werden als Teil einer Mahlzeit verspeist oder auch alleine; dieser Snack heißt dann *gàp glâam* und ist beliebt auf nächtlichen Kneipentouren.

Die Krönung dieses Kochstils stellt sicherlich das *sôm·đam* aus dem Nordosten Thailands dar (s. Kasten oben).

> Thailänder gehören zu den ausschweifendsten Knoblauchkonsumenten weltweit.

Obst

Als tropisches Land kann Thailand mit wunderbaren Früchten punkten: *sàp·bà·rót* (Ananas), *má·lá·gor* (Papaya) und *daang moh* (Wassermelone) werden essensfertig an den allgegenwärtigen Ständen verkauft und oft mit einer Mischung aus Salz, Zucker und gemahlenen Chilis bestreut. Exotischere Früchte gibt es auf den Märkten. Die Königin der Früchte ist die stachelige *tú·ree·an* (Durian, auch Stinkfrucht), eine ätzend scharfe Delikatesse Südostasiens. Die Frucht riecht so stark, dass sie aus Flugzeugen, klimatisierten Bussen und einigen Hotels verbannt wurde. Andere saisonale Früchte, die man probieren sollte, sind die cremige *nóy nàh* (Zimtapfel, Rahmapfel), die Lychee-ähnliche, haarige *ngó* (Rambutan), die purpurne *mang·kút* (Mangostinfrucht) und die traubenförmigen *lá·mút* (Breiapfel) und *lam yai* (Longan).

Má·môo·ang (Mangos) gibt es in etlichen unterschiedlichen Sorten. Sie werden verschieden reif gegessen: Einige kommen grün und knackig auf den Tisch und schmecken nach Apfel, andere sind saftig-reif und werden als umwerfendes Dessert *kôw nĕe·o má·môo·ang* (Mangos und Klebreis) serviert.

Süßigkeiten

Auf englischsprachigen Speisekarten steht häufig eine Kategorie „Desserts", aber es gibt in Thailand eigentlich nur zwei leicht verschiedene Formen

---

MUITO OBRIGADO

Thai-Curry ohne Chilischoten, *pàt tai* ohne Erdnüsse, Papaya-Salat ohne Papayas? Viele der Zutaten, die Thailänder heute tagtäglich verwenden, sind relativ neue Errungenschaften, die europäische Händler und Missionare ins Land brachten. Im frühen 16. Jh., als spanische und portugiesische Forscher erstmals die Küsten Südostasiens erreichten, gab es auch auf dem amerikanischen Kontinent immer neue Expansionen und Entdeckungen. Vor allem die Portugiesen waren geübt darin, die aufregenden neuen Produkte aus der Neuen Welt im Osten zu vermarkten, und so wurden Tomaten, Kartoffeln, Mais, Salat, Kohl, Chilischoten, Papaya, Guave, Ananas, Kürbis, Süßkartoffeln, Erdnüsse und Tabak zu heute gängigen asiatischen Lebensmitteln.

Besonders die Chilischoten, die vermutlich mit den Portugiesen um 1550 erstmals in Ayutthaya ankamen, haben eingeschlagen wie eine Bombe. Davor bezogen die Einheimischen ihre Schärfe aus bitterscharfen Kräutern und Wurzeln wie Ingwer und Pfeffer.

Aber die Portugiesen brachten nicht nur einige entscheidende Zutaten mit, sondern auch einige noch heute übliche Zubereitungsarten, besonders für Süßspeisen. Das leuchtend gelbe Entenei und Leckereien auf Sirupbasis, die auf vielen thailändischen Märkten zu finden sind, sind direkte Abkömmlinge von portugiesischen Desserts, bekannt als *fios de ovos* („Eifäden") und *ovos moles*. Und in der Gegend um die Kirche Santa Cruz in Bangkok (S. 143), einer früheren portugiesischen Enklave, findet man immer noch das portugiesische *kà·nŏm fa·ràng*, einen brötchenartigen Snack, der über Kohlen gebacken wird.

---

davon. *Kŏrng wăhn* („süße Sachen") sind kleine, reichhaltige Süßspeisen, die oft einen leicht salzigen Nachgeschmack haben. Für *kŏrng wăhn* werden hauptsächlich geriebene Kokosnuss, Kokosmilch, Reismehl (aus weißem oder Klebreis), gekochter Klebreis (in ganzen Körnern), Tapioka, Mungobohnenstärke, gekochter Taro und verschiedene Früchte verwendet. Kokosmilch ist auch ein wichtiger Bestandteil einiger suppenähnlicher *kŏrng wăhn*, denen oft zur Abkühlung zerstoßenes Eis zugefügt wird. Auch Eigelb wird gerne für *kŏrng wăhn* verwendet, etwa das allgegenwärtige *fŏy torng* (wörtlich „goldene Fäden"); dies ist wahrscheinlich den Desserts und dem Gebäck aus Portugal zu verdanken, die während der frühen Ayutthaya-Ära (s. Kasten oben) eingeführt wurden.

Thailändische Süßigkeiten, die dem europäischen Gebäck entsprechen, werden *kà·nŏm* genannt. Auch hier stand die raffinierte portugiesische Küche Pate. Die wohl beliebteste *kà·nŏm*-Art sind mundgerechte, in Bananenblätter gewickelte Stückchen, vor allem *kôw đôm gà·tí* und *kôw đôm mát*. Beide bestehen aus in *gà·tí* (Kokosmilch) gedämpften Klebreiskörnern, die in ein Bananenblatt gewickelt sind und einen festen Toffee ähneln.

Ausländer können mit den meisten nationalen Süßspeisen nicht viel anfangen, aber ein Gericht mögen nur die wenigsten nicht: *ai·đim gà·tí*, Kokoseis auf Thai-Art. In traditionelleren Geschäften wird es mit Chilibohnen oder Klebreis garniert – ein super Snack an schweißtreibenden Tagen!

Auf www.austinbushphotography.com/category/foodblog, geschrieben und fotografiert vom Autor dieses Kapitels, erfährt man Einzelheiten zu Essen und Restaurantbesuchen in Thailand.

GETRÄNKE
Kaffee, Tee & Fruchtsäfte

Die Thailänder lieben Kaffee. Die nationalen Qualitätssorten Arabica und Robusta werden in den hügeligen Regionen im Norden und Süden Thailands angebaut. Traditionell wird Kaffee einfach nur durch einen feinen Stoffbeutel gefiltert, der an einem Stahlgriff befestigt ist: Durch den mit gemahlenem Kaffee gefüllten Beutel lässt man heißes Wasser durchlaufen, das Ergebnis heißt *gah·faa tŭng* (Beutelkaffee) oder *gah·faa boh·rahn* (traditioneller Kaffee). Der *gah·faa tŭng* wird normalerweise in Glas und mit Zucker und Kondensmilch serviert; wer das nicht will, sollte einen *gah·faa dam* (schwarzer Kaffee) bestellen und *mâi sài nám·dahn* (ohne Zucker) dazusagen.

Überall dort, wo es richtigen Kaffee gibt, ist auch heimischer oder importierter schwarzer Tee zu haben. *Chah thai* erhält seine orangerote Farbe durch den Zusatz von Tamarindensamen. *Chah rórn* (heißer Tee) und *chah yen* (Eistee) werden fast immer mit Kondensmilch und Zucker gesüßt.

Fruchtsäfte gibt's überall im Land. Sie sind die beste Alternative, wenn das Wasser ungenießbar ist und man trotzdem nicht verdursten will. Die meisten *nám pŏn·lá·mái* (Fruchtsäfte) werden mit etwas Zucker und Salz und viel Eis serviert. Viele Ausländer können mit dem Salz darin nichts anfangen, doch es hilft dem Körper, die tropischen Temperaturen auszuhalten.

Bier & Spirituosen

Es gibt verschiedene Biermarken in Thailand, die sich in Geschmack und Qualität jedoch kaum unterscheiden. Das Pilsener Singha, das wie alle anderen Marken auch relativ viel Alkohol enthält, gilt als das wahre Thai-Bier (ausgesprochen „sing", nicht „sın-gha"). Es überschäumt etwa die Hälfte des heimischen Markts und hat einen Alkoholgehalt von 6 %. Beer Chang kommt Singha in seinem hopfigen Geschmack nahe und hat sogar 7 % Alkoholgehalt. Bei anderen Biersorten, etwa Leo, kriegt man mehr „Stoff" fürs Geld. Die in den Niederlanden lizenzierte, aber in Thailand gebraute Marke Heineken und Tiger aus Singapur werden auch gern getrunken.

Thais trinken Bier selten aus der Flasche. Bei einem gängigen Trinkritual bekommt jeder ein Glas mit Eis, in das das flüssige Gold gefüllt wird. Ein Trinkspruch macht die Runde und die Jüngeren haben dafür zu sorgen, dass jedes Glas mit Eis und Bier gefüllt bleibt. Das Eis hält das Bier kühl und steuert der dehydrierenden Wirkung eines Katers entgegen.

Der billigere Reis-Whisky ist bei Arbeitern, armen Studenten und Familienzusammenkünften beliebt. Die meisten Reis-Whiskys werden mit destilliertem Zuckerrohrschnaps gemischt und schmecken scharf und süß, ähnlich wie Rum. Die bekanntesten Marken heißen Mekong und Sang Som, normalerweise werden sie in großen Flaschen *(glom)* oder als Flachmann *(bàan)* verkauft und mit Eis, Sodawasser und einem Schuss Cola gemixt.

Wenn sich Thais etwas gönnen wollen, bevorzugen sie Whisky, der aus Gerste gewonnen wird. Johnnie Walker ist sogar ein Statussymbol – dem kleineren Geldbeutel bleiben immer noch ein paar wenige Thai-Versionen (s. Kasten S. 98).

WOHIN ZUM ESSEN?

An jeder Ecke in Thailand bekommt man etwas zu essen, daher überrascht es nicht, dass die Einheimischen sehr häufig auswärts essen. In dieser Hinsicht fallen Besucher also überhaupt nicht auf.

IST DAS EIS IM DRINK GENIESSBAR?

Viele Gäste, die Thailand das erste Mal besuchen, machen sich Sorgen über die Qualität der Eiswürfel. Auch wenn es fatalistisch klingt, ist Eis beim ersten Besuch hier wahrscheinlich das kleinste Problem – irgendwann wird jeder mal krank, das ist fast sicher. Immerhin wird der Körper einer völlig anderen Küche und neuen, unvertrauten Bakterienstämmen ausgesetzt, und es ist nahezu unvermeidlich, dass er sich mit der Anpassung schwer tut.

Das Positive ist, dass man meist nur ein wenig Bauchgrummeln bekommt, das nach ein oder zwei Tagen überstanden ist. Ernsthaftere Beschwerden lassen sich zumindest anfangs vermeiden, wenn man nur beliebte Restaurants oder Garküchen aufsucht, wo das Essen nach Vorschrift zubereitet und Wasser nur aus Flaschen getrunken wird.

Und das Eis? Wir persönlich trinken unsere Getränke in Thailand schon immer mit Eis und haben bislang noch keine spezielle Unannehmlichkeit damit in Verbindung bringen können.

WHISKY TRINKEN

Thai-Bier ist in der Regel eher ein Fehlgriff als ein Treffer, also warum beim nächsten Abend in der Stadt nicht mal wie die Thais trinken und eine Flasche Whisky bestellen?

Erster Schritt: eine Marke wählen. Für eine ausgesprochen dekadente Nacht ist eine Flasche *bláak* (Johnny Walker Black Label) erste Wahl, wer etwas weniger ausgeben will, greift zu billigeren Import-Labels wie Red Label oder Benmore, und eine spaßige Nacht zu Tiefstpreisen garantieren einheimische Spirituosen wie 100 Pipers oder Sang Som. In vielen Thai-Bars ist es auch nicht unüblich, seine eigene Flasche mitzubringen, wobei manche dann vielleicht ein bescheidenes Korkgeld erheben.

Wie jeder Einheimische bestätigen kann, sind die Mischungen das Zweitwichtigste beim Trinken. Für Whisky wählt man wohl meist einige Flaschen Soda und eine oder zwei Flaschen Cola, zusammen mit einem Kübel Eis (den die meisten Bedienungen unaufgefordert mitbringen).

Das Mischen selbst erfordert wenig oder keine Mitwirkung des Gastes: Die geübte Bedienung wird die Gläser mit Eis füllen, dann einen Schuss Whisky, einen Spritzer Soda und obenauf etwas Cola hineinschütten und schließlich mit der Eiszange alles kurz umrühren.

Wer die Flasche nicht leer kriegt, sollte sich schämen, aber nicht ärgern – es ist vollkommen normal, sie an der Bar abzugeben und der Bedienung seines Vertrauens Bescheid zu sagen, damit sie Name und Datum draufschreibt und die Flasche bis zum nächsten Besuch aufbewahrt.

Thai Hawker Food von Kenny Yee und Catherine Gordon ist ein bebilderter Ratgeber, mit dessen Hilfe man thailändisches Essen an Straßenständen erkennen und bestellen kann.

Am liebsten essen die Thais auf ihren Märkten unter freiem Himmel oder in Garküchen. An den Angeboten der Verkaufswägen lässt sich wie an einer Sonnenuhr die Zeit ablesen: Am Vormittag säumen Stände, die Kaffee und die chinesische Donut-Variante verkaufen, die Wege der Berufspendler, mittags schnappen sich Hungrige einen Plastikstuhl vor einer Garküche für eine schlichte kurzgebratene Mahlzeit oder nehmen eine dampfende Schachtel Nudeln mit, die im Büro hinuntergeschlungen werden. In den meisten kleineren Städten sind Nachtmärkte das Äquivalent zur urbanen Restaurantmeile. Dann machen sich in der Stadtmitte Straßenhändler mit einem Haufen Garküchen, Metalltischen und Stühlen breit, und beim Verdauungsspaziergang kann man direkt noch etwas einkaufen.

Natürlich gibt's in Thailand auch Restaurants *(ráhn ah·hǎhn)* – von schlichter Nahrungsaufnahme bis zu hochformeller Dinnerveranstaltung ist alles geboten. Mittags ist die richtige Zeit für einen Stopp in einem *ráhn kôw gaang* („Reis-und-Curry"-Laden), der verschiedene Fertiggerichte verkauft. In den gewöhnlicheren *ráhn ah·hǎhn ɖahm sàng* („Essen auf Bestellung") bereiten die Köche nahezu jedes Gericht zu, das man sich wünscht – ein etwas schwieriges Unterfangen, wenn man kein Thai spricht. Man erkennt diese Läden oft an einer oder mehreren großen Kühlkabinen mit Klarsichtfenstern an der Vorderseite des Ladens, die mit vielen Basiszutaten (Chinakohl, Tomaten, Schweinehackfleisch, frischer oder getrockneter Fisch, Nudeln, Auberginen, Frühlingszwiebeln) für das Standardrepertoire an thailändischen und chinesischen Gerichten bestückt sind.

Lange feierten die Thais besondere Anlässe in einem auf Festessen oder auf Meeresfrüchte spezialisierten chinesischen Restaurant, dessen Küche als raffinierter galt als ihre eigene. In jüngster Zeit hat sich in Bangkok, Chiang Mai und anderen international beeinflussten Städten aber eine eher abendländisch orientierte Gastroszene mit schickem Dekor sowie importierter Küche oder Nouvelle Cuisine etabliert.

VEGETARIER & VEGANER

Vegetarismus ist in Thailand nicht sehr verbreitet, aber viele der Touristenrestaurants sind auf Vegetarier eingerichtet. Das bedeutet nun nicht, dass alle Thailänder überzeugte Fleischesser sind; es gibt auch im eigenen Land

entstandene vegetarische und veganische Ernährungsweisen, wurzelnd in einer strengen Auslegung des Buddhismus, wie sie Bangkoks Ex-Gouverneur Chamlong Srimuang populär machte. Deshalb findet man in Bangkok und in einigen Provinzhauptstädten gemeinnützige *ráhn ah·hǎhn mang·sà·wí·rát* (vegetarische Restaurants), die das Essen am Büffet servieren und sehr günstig sind. Das Angebot ist fast immer 100 % veganisch, d. h. kein Fleisch, Geflügel, Fisch, keine Fischsauce, keine Milch- oder Eierprodukte.

Während des vegetarischen Festivals, das chinesische Buddhisten im Oktober feiern, sind viele Restaurants und Straßenstände in Bangkok, Phuket und in den chinesischen Geschäftsvierteln der meisten thailändischen Städte einen Monat lang fleischfrei. Andere leicht zugängliche, wenn auch nicht so verbreitete Örtlichkeiten für vegetarische Mahlzeiten sind indische Restaurants, die meist entsprechende Angebote auf ihren Speisekarten haben.

„Ich bin Vegetarier/in" heißt auf thailändisch *pǒm gin jair* (für Männer) bzw. *dì·chǎn gin jair* (für Frauen). Frei übersetzt bedeutet das „Ich esse nur vegetarische Speisen", was in Thailand auch Eier- und Milchprodukte ausschließt – mit anderen Worten ist man hier automatisch Veganer.

ESSEN MIT KINDERN

Mit Kindern (und ganz besonders mit Kleinkindern) essen zu gehen, ist eine beglückende Erfahrung, denn Thais sind überaus kinderlieb. Man kann sicher sein, dass das Personal des Restaurants die Kleinen hofiert, mit ihnen spielt und sie in den meisten Fällen herumträgt. Die Eltern dürfen das als verdiente Atempause betrachten – und als kostenlosen Anschauungsunterricht in Sachen Kultur.

Weil thailändisches Essen häufig so würzig ist, bestellt man üblicherweise „sichere" Kindergerichte, und die allermeisten Thaiküchen sind hier mehr als entgegenkommend. So manches thailändische Kind ist mit einer „Diät" aus wenig mehr als *gaang jèut* (der schon erwähnten klaren Suppe chinesischen Ursprungs, die Schweinehackfleisch, weichen Tofu und eine Handvoll Nudeln enthält) aufgewachsen oder hat fast nur *kôw pàt*, gebratenen Reis, in allen Variationen bekommen. Weitere kinderfreundliche Gerichte sind etwa *kôw man gài* (hainanesischer Hähnchenreis) und *jóhk*, Reisbrei.

ESSKULTUR

Wie vieles innerhalb der thailändischen Kultur erscheinen auch die Konventionen beim Essen vordergründig entspannt und unkompliziert – doch

---

JENSEITS DER GARKÜCHEN

In jedem Zeitschriftenartikel über Essen in Thailand lassen sich überschwängliche Empfehlungen für die auf den Straßen angebotenen Mahlzeiten finden. Auch wenn das meiste, was von den Karren herunter oder in Garküchen verkauft wird, tatsächlich sehr gut schmeckt, kann sich auch das sonstige Speisenangebot durchaus sehen lassen. Tatsächlich sind die besten Orte zum Essen immer noch in alteingesessenen familiengeführten Restaurants zu finden, die typischerweise in den betagten sino-portugiesischen Kaufhallen untergebracht sind. Die Köche dort servieren wahrscheinlich seit einigen Jahrzehnten das gleiche Gericht oder eine begrenzte Auswahl von Speisen und wissen wirklich, was sie tun. Das Essen kostet vielleicht etwas mehr als auf der Straße, aber die Umgebung ist dafür meist auch komfortabler und sauberer, nicht zu reden von dem historischen Hintergrund, der jeden Biss begleitet. Solche Restaurants haben zwar selten englischsprachige Speisekarten, aber auf ein Bild oder ein Gericht zu zeigen, hilft meist weiter. Falls nicht, stehen auf S. 100 die nötigen thailändischen Brocken.

Auch wenn also die Bekanntschaft mit den Garküchen ein lustiger Teil der Thailand-Erfahrung ist, sollte man am Ende unbedingt einige Restaurants der alten Schule ausprobiert haben.

DAS RICHTIGE WERKZEUG

Wenn keine Stäbchen angeboten werden, sollte man auch nicht danach fragen: Thailändisches Essen isst man mit Gabel und Löffel, nicht mit Stäbchen, und *fa·ràng* (westliche Besucher), die nach Stäbchen fragen, verwirren nur die Restaurantbesitzer.

Mit Stäbchen isst man in Thailand nur Gerichte nach chinesischer Art aus Schüsseln oder im China-Restaurant. In jedem Fall liegen die Stäbchen bereit, ohne dass man sie bestellen muss. Anders als ihre Kollegen in den meisten westlichen Ländern gehen die Gastronomen in Thailand automatisch davon aus, dass die Gäste sie benutzen können.

---

stillschweigend herrschen viele Regeln. Essen ist nicht nur wichtiger sozialer Faktor, um sich mit Freunden zu treffen, sondern auch, um viele verschiedene Speisen miteinander zu teilen – je mehr Personen beteiligt sind, desto mehr Gerichte können probiert werden. Man wird nur sehr selten einen Thai sehen, der alleine isst; selbst alleine essen kann man in thailändischen „Fast-Food"-Restaurants, wo es einzelne Tellergerichte gibt.

Ob zu Hause oder im Restaurant: Tabletts und Teller kommen immer in der Reihenfolge auf den Tisch, wie sie in der Küche fertig werden. Ein anderer wichtiger Punkt beim thailändischen Essen ist die Ausgewogenheit zwischen Geschmacksrichtungen und Konsistenz. Normalerweise bestellt eine Gruppe ein Curry, ein gegartes oder gebratenes Essen, ein Gemüsegericht aus dem Wok und eine Suppe, um so die Wahl zwischen Mildem und Scharfem, Saurem und Süßem, Salzigem und Ungewürztem zu haben.

Alle Gerichte werden auf dem Tisch verteilt und jeder angelt sich etwas vom Tablett, anstatt es herumzureichen. Wenn das Tablett außer Reichweite ist, gibt man seinen Teller an den Nachbar weiter. Thais nehmen meist automatisch den Teller, wenn sie merken, dass man zu weit weg sitzt.

Sich mehr als einen Löffel voll vom Tablett zu nehmen, ist unhöflich. Wer seinen Teller mit allen Gerichten gleichzeitig vollstopft, kommt Thais, die mit westlichen Konventionen nicht vertraut sind, gefräßig vor.

Ursprünglich aßen die Einheimischen mit den Fingern, und in manchen Gegenden des Königreichs tun sie das noch immer. Anfang des 20. Jhs. begannen die Thailänder, ihre Tische mit Gabeln und Löffeln zu bestücken, um ein „königliches" Ambiente zu schaffen, und vor noch nicht allzu langer Zeit wurde das Essen mit Gabel und Löffel in Bangkok zur Norm und breitete sich von da über das ganze Königreich aus. Die Thais verwenden diese Werkzeuge, indem sie mit dem Servierlöffel oder ihrem eigenen Löffel einzelne Happen von dem Teller in der Mitte nehmen und diese über ihren Reis verteilen. Die Gabel wird verwendet, um den jetzt mit dem Essen getränkten Reis wieder auf den Löffel zu schieben, der das Ganze in den Mund befördert.

Das Beste aus dem Fundus der Lonely Planet Redaktion an kulinarischem Wissen hat Joe Cummings in World Food Thailand *zusammengefasst.*

SPRACHFÜHRER ESSEN

Es gibt einige Restaurants in Thailand, deren Speisekarten zumindest auch auf Englisch sind, aber die meisten haben keine speziellen Karten. Es ist also sinnvoll, einige Standardausdrücke parat zu haben, um ein *pàt tai* von einem *kôw pàt* unterscheiden zu können. Ausspracheregeln s. S. 859.

Was heißt ...?

IM RESTAURANT

Nicht zu würzig, bitte.	*kör mâi pèt mâhk*
Ich hätte gern ...	*kör ...*
ein Glas	*gâaou*
eine Tasse	*tôo·ay*

eine Gabel	*sôrm*
einen Löffel	*chórn*
einen Teller	*jahn ฿lòw*
eine Serviette	*grà·dàht chét ฿àhk*

| **Danke, das war köstlich.** | *kòrp kun mâhk, aròy mâhk* |
| **Die Rechnung, bitte.** | *kör bin* |

VEGETARISCHE & SPEZIELLE GERICHTE

Ich bin allergisch gegen …	*pöm/dì·chăn páa …*
Ich esse kein/e/n …	*pöm/dì·chăn gin … mâi dâi*
Fleisch	*néu·a sàt*
Geflügel	*gài*
Fisch	*฿lah*
Meeresfrüchte	*ah hăhn tá·lair*
Schweinefleisch	*mŏo*

Enthält dieses Gericht Fleisch?	*ah·hăhn jahn née sài néu·a sàt măi*
Bitte verwenden Sie keine Fischsauce.	*gà·rú·nah mâi sài nám ฿lah*
Bitte verwenden Sie kein Glutamat.	*gà·rú·nah mâi sài pŏng choo rót*
Bitte nicht salzen.	*mâi sài gleu·a*

Ess-Glossar
GRUNDNAHRUNGSMITTEL

ah·hăhn tá·lair	อาหาร ทะเล	Meeresfrüchte
jóhk	โจ๊ก	dicke Reissuppe oder Reisbrei
gài	ไก่	Hähnchen
kài	ไข่	Ei
kà·nŏm	ขนม	süßes Gebäck oder Dessert
kôw jôw	ข้าวเจ้า	weißer Reis
kôw glôrng	ข้าวกล้อง	brauner Reis
kôw pàt	ข้าวผัด	gebratener Reis
kôw ฿lòw	ข้าวเปล่า	blanker Reis
kôw	ข้าว	Reis
gŏo·ay ɗĕe·o	ก๋วยเตี๋ยว	Reisnudeln
gûng	กุ้ง	Auswahl von Shrimps, Garnelen und Hummer
mŏo	หมู	Schweinefleisch
néu·a	เนื้อ	Rindfleisch
฿èt	เป็ด	Ente
฿lah	ปลา	Fisch
฿lah mèuk	ปลาหมึก	Tintenfisch (Gattungsbegriff)
฿oo	ปู	Krabbe

GEMÜSE

pàk	ผัก	Gemüse
hèt	เห็ด	Pilze
má·kĕua	มะเขือ	Aubergine
má·kĕua·têt	มะเขือเทศ	Tomaten
man fa·ràng	มันฝรั่ง	Kartoffeln
ɗôw hôo	เต้าหู้	Tofu
tòo·a fàk yow	ถั่วฝักยาว	Brechbohne, grüne Bohne
tòo·a lĕu·ang	ถั่วเหลือง	Sojabohne
tòo·a ngôrk	ถั่วงอก	Mungobohnensprossen
ká·náh	คะน้า	Chinakohl
pàk bûng	ผักบุ้ง	Wasserspinat (knackiges grünes Gemüse)

GEWÜRZE & WÜRZMITTEL

kĭng	ขิง	Ingwer
gleu·a	เกลือ	Salz
nám jĭm	น้ำจิ้ม	Dips
nám ɓlah	น้ำปลา	Fischsauce
nám see·éw	น้ำซีอิ๊ว	Sojasauce
nám sôm săi chuu	น้ำส้มสายชู	Essig
nám ɗahn	น้ำตาล	Zucker
pàk chee	ผักชี	Korianderblatt
pŏng choo rót	ผึชูรส	Glutamat
prík	พริก	Chilischote
sà·rá·nàa	สะระแหน่	Minze

OBST

pŏn·lá·mái	ผลไม้	Obst
fa·ràng	ฝรั่	Guave
glôo·ay	กล้วย	Banane
má·kăhm	มะขาม	Tamarinden
má·lá·gor	มะละกอ	Papaya
má·môo·ang	มะม่วง	Mango
má·now	มะนาว	Limette
mang·kút	มังคุด	Mangostan
má·prów	มะพร้าว	Kokosnuss
ngó	โ้าะ	Rambutan
ɗaang moh	แต๋โม	Wassermelone

GETRÄNKE

bee·a	เบียร์	Bier
chah	ชา	Tee
gah·faa	กาแฟ	Kaffee
krêu·ang dèum	เครื่อดื่ม	Getränke
nám	น้ำ	Wasser oder Saft
nám ôy	น้ำอ้อย	Zuckerrohrsaft
nám dèum	น้ำดื่ม	Trinkwasser
nám kăang	น้ำแข็	Eis
nám sôm	น้ำส้ม	Orangensaft
nám ɗôw hôo	น้ำเต้าหู	Sojamilch
nom jèut	นมจืด	Milch

ZUBEREITUNGSARTEN

dìp	ดิบ	roh
nêung	นี่	gedämpft
pŏw	เผา	gebraten (nur für Chilis, Gemüse, Fisch und Shrimps)
pàt	ผัด	kurzgebraten
ɗôm	ต้ม	gekocht
tôrt	ทอด	frittiert
yâhng	ย่าง	gegrillt oder geröstet

Natur & Umwelt

GEOGRAFIE

Thailands Form wird gerne mit einem Elefantenkopf verglichen, dessen Rüssel die Malaiische Halbinsel bildet. Die Landesgrenzen umfassen 514 000 km², was in etwa der Größe Frankreichs entspricht. Die Hauptstadt Thailands, Bangkok, liegt auf 14° nördlicher Breite und damit auf gleicher Höhe mit Madras, Manila, Guatemala und Khartoum. Da das 1650 km lange Land von Norden nach Süden 16 Breitengrade umspannt, hat Thailand das abwechslungsreichste Klima in ganz Südostasien zu bieten.

Nordthailand wird vom Tenasserim-Gebirge beherrscht, einem Ausläufer des Himalaya, der sich nach Südosten erstreckt. Die tiefer gelegene, flache Zentralregion ist die „Reisschüssel der Nation". Die Flüsse, die die hiesigen Felder speisen, werden mindestens so verehrt wie die Herrscherfamilie. Der erhabenste Fluss Thailands ist der Chao Phraya, der von den nördlichen Zuflüssen von Ping, Wang, Yom und Nan gebildet wird – ehrwürdiger geht's nicht mehr. Die frühen Königreiche des Landes entstanden rund um das Chao-Phraya-Becken, und noch heute ist hier der Sitz der Monarchie. Am Flussdelta wird Landwirtschaft betrieben, je nach Jahreszeit findet man hier smaragdgrüne (Reisschößlinge) oder goldene Felder. Die eleganten Silberreiher, hübsche Farbtupfer auf den Äckern, sind praktisch die letzten wildlebenden Tiere in diesem hoch entwickelten Teil des Landes.

Der nördlichen und nordöstlichen Grenze Thailands folgt ein weiterer verehrter Fluss, der Mekong. Diese Hauptschlagader Südostasiens trennt Thailand einerseits physisch von seinen Nachbarn, verbindet es andererseits aber kulturell mit ihnen. Der Fluss wird wirtschaftlich genutzt: Man hat ihn mit Dämmen versehen, um Wasserkraft zu erzeugen. Je nach Niederschlagsmenge steigt oder sinkt sein Wasserspiegel. In der Trockenzeit pflanzen die Bauern am Flussufer in der schlammigen Ebene Gemüse an und ernten die Früchte ihrer Arbeit, bevor der Fluss sein Gebiet wieder zurückerobert.

Die Landschaft an der Landesgrenze im Nordosten wird von der trockenen Kohrat-Hochebene eingenommen, die sich bis zu 300 m über die Zentralebene erhebt. Das Land ist karg, nur selten fällt Regen und der rote Staub ist so zäh wie die Betelnüsse, die die Großmütter hier kauen.

Die Flüsse im Osten des Königreichs ergießen sich und ihre Sedimente in den Golf von Thailand. Das flache Becken grenzt an das benachbarte Südchinesische Meer. Das warme, seichte Wasser des Golfes ist ein idealer Nährboden für Korallenriffe, die in brillanten Farben schimmern. Sie regulieren die Kraft des Meeres, das sich oft brausend und tosend gebärdet.

Nach Süden erstreckt sich Thailands langer, schmaler Land-„Rüssel" bis hinüber zur Malaiischen Halbinsel, wo östlich der Golf von Thailand und westlich die Andamanesee angrenzen. Die andamanische Küste ist herrlich tropisch und bietet atemberaubend blaues Wasser und sagenhafte Kalksteininseln. Landeinwärts wird die Malaiische Halbinsel von Teilen des kaum noch vorhandenen Regenwalds und von sich immer weiter ausdehnenden Gummi- und Palmölplantagen beherrscht.

Der höchste Berg Thailands ist der Doi Inthanon (2565 m).

TIERE & PFLANZEN

Thailands Klima und seine Topografie sind sehr abwechslungsreich, und so beheimatet es natürlich auch eine bemerkenswerte Vielfalt von Tieren und Pflanzen. Was jedoch vielleicht überrascht, ist die noch immer intakte Umwelt hier – erst recht, wenn man bedenkt, wie lange das Land bereits seine Ressourcen ausbeutet, und dass es immer stärker dazu gedrängt wird,

THAILANDS SCHÖNSTE NATIONALPARKS: SCHWEISSTREIBENDE WANDERUNGEN & GRANDIOSE AUSBLICKE

▪ **Doi Inthanon** (S. 368) Riesige Granitberge, Ausblicke in neblige Täler und jede Menge Vögel; die beste Besuchszeit ist zwischen November und Mai.

▪ **Doi Phu Kha** (S. 437) Ein steiler Berggipfel bietet einen Blick über neblige Täler, Karsthöhlen und silbrige Wasserfälle; die beste Besuchszeit ist von November bis Mai.

▪ **Um Phang Wildlife Sanctuary** (S. 470) Der größte und schönste Wasserfall Thailands.

▪ **Thung Salaeng Luang National Park, Phetchabun/Phitsanulok** (S. 445) Riesige Blumenteppiche (nach der Regenzeit) und viele Arten von wilden Tieren und Vögeln.

▪ **Khao Yai** (S. 514) Der dichte Monsunwald ist berühmt für seine Wasserfälle und seine Bewoner (Vögel und Affen); die beste Besuchszeit ist zwischen November und April.

▪ **Phu Kradung** (S. 579) Der beliebte Bergwanderpfad lockt mit tollen Sonnenuntergängen und jeder Menge Lagerfeuerkameradschaft; die beste Besuchszeit ist von Januar bis Mai.

▪ **Kaeng Krachan** (S. 606) Ein Kräfte zehrender, 6 km langer Wanderweg führt zum Gipfel des Phanoen Tung, der einen atemberaubenden Blick auf Täler im Morgennebel bietet.

▪ **Khao Sok** (S. 701) Der unberührte Regenwald im Süden ist perfekt für Urwaldsafaris und Kajaktouren; in der Regel sieht man Affen, Nashornvögel und (bei gutem Timing) Rafflesien; die beste Besuchszeit ist zwischen Februar und Mai.

In den unglaublich üppigen Regenwäldern Thailands wurden auf einer Fläche von 100 m² 200 Baumarten gefunden.

neue Rohstoffe zu erschließen. Zum Teil ist dies der Verdienst von so mutigen Umwelt-Helden wie Seub Nakasathien (S. 109), zum Teil aber auch von Regierungs- und Umweltorganisationen, die gewissenhaft agieren.

Tiere

Im nördlichen Teil von Thailand werden die meisten einheimischen Spezies zoologisch als indochinesisch klassifiziert, d. h. sie stammen ursprünglich vom südostasiatischen Festland. Die Arten aus dem Süden gehören dagegen zur sundaischen Klasse, die für die Malaiische Halbinsel, Sumatra, Borneo und Java typisch ist. Ein ausgedehnter Überschneidungsbereich der beiden zoologischen und Vegetationszonen beginnt etwa bei Prachuap Khiri Khan auf der südlichen Halbinsel und erstreckt sich bis in den Norden nach Uthai Thani; hier haben Pflanzen und Tiere beider Klassen ihre Heimat.

In Thailand leben besonders viele Vögel. Mehr als tausend ziehende und nicht ziehende Arten wurden hier verzeichnet – das sind etwa 10 % aller Vogelarten weltweit! Die kühlen Berge im Norden beherbergen Berg- und Zugvögel wie Fliegenschnäpper und Drosselarten, die sonst nur im Himalaya vorkommen; die trockenen Wälder im Khao Yai National Park im Nordosten werden von Nashornvögeln bewohnt; Sumpfvögel bevorzugen die Feuchtgebiete der Zentralregion, und sundaische Arten wie die Pittas, die Gurney entdeckt hatte, lieben das nassere Klima im südlichen Landesteil.

Thai Birding (www. thaibirding.com) ist eine großartige, mit Erfahrungsberichten gespickte Quelle für Vogelbeobachter.

Neben zahlreichen Vögeln werden Besucher der hiesigen Nationalparks am wahrscheinlichsten Affen zu Gesicht bekommen. Thailand beheimatet fünf Makakenarten, vier Spezies der kleineren Schlankaffen und drei Arten Gibbons. Auch wenn Affen genau wie andere einheimische Arten vom Verlust ihres Lebensraums bedroht sind, überleben diese Tiere manchmal, indem sie sich vom Menschen etwas domestizieren lassen. Die langarmigen Gibbons wurden früher in ländlichen Dörfern regelrecht aufgezogen, und Makaken trifft man in kleinen, bewaldeten Fleckchen oder unbenutzten Tempeln inmitten menschlicher Siedlungen. Es wurden sogar Affen daran gewöhnt, im Familienverband Kokosnüsse zu ernten. Aber das Verhältnis

der Thais zu den Tieren schwankt zwischen Freigebigkeit und Grausamkeit: Domestizierte Affen werden häufig aus religiösen Gründen gefüttert, sozusagen als gute Tat, verkümmern aber auch oft unbeachtet in Käfigen.

Zu den weiteren Bewohnern der Parks und Schutzgebiete Thailands gehören der Gaur und das Banteng (Rinderarten), die Seraue (eine asiatische Ziege), der Sambar-Hirsch, das Muntjak, das Hirschferkel und der Tapir.

Sechs Giftschlangenarten gibt es im Land: die Gemeine Kobra, die Königskobra, die Krait, die gewöhnliche Bambusotter, die Malaien-Mokassinotter und die Kettenviper. Die relativ seltene Königskobra kann zwar bis zu 6 m lang werden, die größte Schlange des Landes aber ist die Python, eine Würgeschlange, die 10 m (!) erreicht. Unter den vielen Eidechsenarten findet man zwei auch in Wohnungen: den *dúk·gaa*, einen Gecko, der am frühen Abend seinen Namen hustet, und den *jîng·jòk*, eine muntere Eidechse, die an Decken und Wänden Käfer jagt. In einigen Wäldern des Südens lebt auch der wie ein Mini-Dino aussehende Schwarze Raunackenwaran.

Die Meere an der Malaiischen Halbinsel sind Heimat für Hunderte Korallenarten. Die von diesen winzigen Kreaturen geschaffenen Riffe bieten wiederum Hunderten Arten von Fischen, Schalentieren und winzigen Wirbellosen ideale Lebensbedingungen. Hier lebt z. B. der kleinste Fisch der Welt (die 10 mm lange Grundel) und der größte (der 18 m lange Walhai), zudem Riffbewohner wie der Clownfisch, der Papageifisch, Lippfische, Kaiserfische, Drücker- und Feuerfische; im tieferen Wasser sind größere Arten wie Zackenbarsche, Barracudas, Haie, Mantarochen, Marline und Thunfische zuhause. Auch Schildkröten, Wale und Delphine kann man treffen.

Die berühmtesten Tiere Thailands sind gleichzeitig die gefährdetsten: Der Indische Elefant zog einst in Herden durch die unberührten Wälder Indochinas. Dank seiner Größe und Intelligenz wurde er als Lasttier verwendet. Er ist auch heute noch ein Nationalsymbol. In Thailands Geschichte spielt er viele Rollen: als Kriegsmaschine, beim Roden von Wäldern, als Reittier der Könige, als Gott in den hinduistischen Mythen. Doch angesichts der Modernisierung Thailands stehen der wilde und der gezähmte Elefant vor dem Aussterben. Die Zahl von Wildelefanten in Thailand wird auf etwa 2000 geschätzt, aber oft grenzen landwirtschaftlich genutzte Flächen an ihre wenigen verbliebenen Lebensräume. Daraus entstehen Konflikte zwischen Bauern und Wildelefanten, die lieber die Felder plündern, als in den Wäldern nach Nahrung zu suchen. Trotz Artenschutz kommt es oft zu Wilderei, wenn verzweifelte Bauern sich nicht anders zu helfen wissen, um ihren Lebensunterhalt zu sichern. Gezähmte Elefanten werden in der modernen Gesellschaft immer weniger gebraucht. In der Forstwirtschaft überflüssig und nicht mehr in prachtvollen Prozessionen geehrt, ziehen diese Elefanten mit ihren Ma-

A Field Guide to the Birds of Thailand (2002) von Craig Robson ist der unverzichtbare Führer für Vogelfreunde.

Der Film *The Elephant Keeper* (1987; Regie: Prinz Chatrichalerm Yukol) erzählt die Geschichte eines ehrlichen Forstaufsehers, der den Wald vor illegalen Holzfällern schützen will. Ein tapferer Mahut und sein treuer Elefant helfen ihm.

THAILANDS SCHÖNSTE NATIONALPARKS: STRÄNDE & KORALLENRIFFE

- **Similan Islands** (S. 708) Das gut geschützte Reservat ist perfekt zum Schnorcheln und Tauchen; die beste Besuchszeit ist zwischen November und Mai.

- **Ko Tarutao** (S. 792) Die Reihe von Inseln reicht von „verlassen" bis „genug erschlossen" für Leute, die ihren Frieden in der Natur suchen; man kann Korallenriffexpeditionen machen und wandern; die beste Besuchszeit ist von November bis Mai.

- **Khao Lak/Lamru** (S. 704) Der Park an der Küste bietet weiße Strände, kristallklares Wasser zum Schnorcheln und Wanderwege im Regenwald; beste Besuchszeit ist von Januar bis Mai.

- **Ko Lanta** (S. 768) Hier kann man Wandern im Regenwald mit Strandurlaub kombinieren.

- **Khao Sam Roi Yot** (S. 617) Im Mangrovenwald an der Küste leben zahlreiche Vögel.

huts heute oft als Bettler durch die großen Städte. (Infos über Elefanten-Schutzprogramme stehen auf S. 56.)

Scheue wilde Tiger stolzieren durch das Hinterland zwischen Thailand und Myanmar, aber es werden immer weniger. Genau lässt sich nicht sagen, wieviele Tiere bis heute überlebt haben, aber Experten schätzen, dass es noch ca. 200 bis 300 Exemplare gibt. Das Jagen von Tigern und das Stellen von Fallen ist illegal, aber Wilderer töten die Katzen weiterhin wegen des lukrativen Handels mit Wildtieren nach Übersee.

Die seltene Gabelschwanzseekuh galt in Thailand als ausgestorben, bis man in ein paar kleinen Ecken, vor allem rund um Trang in Südthailand, einige Vertreter entdeckt hat. Doch auch sie drohen zunehmend ihren Lebensraum zu verlieren und die Propeller der Touristenboote sind eine tödliche Gefahr für die sanften Tiere.

Etwa 250 Tier- und Pflanzenarten Thailands stehen auf der Liste der Internationalen Union für Naturschutz und Nationale Ressourcen (IUCN), die vom Aussterben bedrohte und gefährdete Arten aufnimmt und vor allem Fische, Vögel und Pflanzen enthält. Die Regierung Thailands erkennt aber langsam die Bedeutung des Umweltschutzes, möglicherweise dank der Bemühungen und der Führung von Königin Sirikit. Viele nationale Zoos betreiben nun aktive Zucht- und Umweltschutzprogramme, und Organisationen zum Schutz der Wildtiere, z. B. das Phuket Gibbon Rehabilitation Centre, leisten Aufklärungsarbeit zur Situation einheimischer bedrohter Arten und initiieren Rettungs- und Rehabilitationsprogramme.

> Von den 280 Säugetierarten Thailands ist die kleinste die Schweinsnasenfledermaus und die größte der asiatische Elefant.

Pflanzen

Die Zeiten, als Thailand eine riesige Urwaldlandschaft war, sind lange vorbei. Die kultivierende Hand der Bauern und seit kurzem die Industrialisierung verwandelten Laubwälder in Felder und Städte. In den verbliebenen, geschützten Gebieten gibt's zwei Waldarten: Monsunwälder (Trockenzeit 3 Monate od. mehr) und Regenwälder (über 9 Monate Regen pro Jahr). Die am stärksten bewaldeten Provinzen sind Chiang Mai und Kanchanaburi.

Die Monsunwälder im nördlichen Teil des Landes bestehen aus Bäumen, die im Winter ihr Laub abwerfen. Sie sind während der Regenzeit grün und üppig, in der Trockenzeit staubig und blattlos. Der Teakbaum, mit die wertvollste Pflanze hier, existiert heute nur noch in begrenzter Zahl.

Im Süden gibt's über das ganze Jahr gleichmäßig verteilt jede Menge Regen. Die lokalen Wälder sind Regenwälder, in ein paar Gebieten stehen Monsunwälder. Eine bemerkenswerte Art, die in den südlichen Wäldern gefunden werden kann, ist *Rafflesia kerrii*. Die gedrungene Pflanze hat eine riesige Blüte, die im Durchmesser bis zu 80 cm erreicht. Man sieht sie im Khao Sok National Park (S. 701) in der Nähe von Surat Thani.

Die meisten Küstenregionen säumen Feuchtgebiete mit Mangroven, die bei dem unerwarteten Tsunami 2004 als hilfreiche Puffer fungierten. Thailand beherbergt beinahe 75 Arten dieser kleinen Bäume, die gerne am Rande von Salzwassergewässern leben und salzhaltiges Wasser verwerten können. Leider werden Mangrovenwälder oft als unnützes Land betrachtet und Städteerweiterungen und kommerzielle Landwirtschaft haben sie bereits stark dezimiert – obwohl die Wälder für viele vor und an den Küsten lebenden Fisch- und Tierarten eine wichtige Rolle als geschützte Brutstätte spielen.

In jedem Hinterhof, der groß genug ist, um Sonne abzukommen, gedeiht ein unglaubliches Spektrum von Obstbäumen (Mango, Bananen, Papaya, Jackfrucht und manchmal Durian). In den Wäldern finden sich meist 60 Bambusarten (mehr als in jedem anderen Land außerhalb Chinas), tropische Harthölzer und über 27 000 blühende Arten, z. B. 1300 Varianten der Orchidee, Thailands nationalem Blumensymbol. Kommerziell werden im

Süden Kokosnuss- und Ölpalmen sowie Kaschu- und Gummibäume angepflanzt; der Eukalyptus im ausgelaugten Nordosten soll die Erosion eindämmen und dient als billige, schnell nachwachsende Holzquelle. Leider jedoch haben alle diese Plantagen keinen ökologischen Mehrwert.

NATIONALPARKS & NATURSCHUTZGEBIETE

15 % der Land- und Meerflächen des Königreiches sind als Park oder Schutzgebiet ausgewiesen – das ist einer der höchsten Prozentsätze an geschützten Gebieten aller Länder Asiens. Es gibt über 100 Nationalparks und mehr als 1000 Naturschutzgebiete, Waldreservate, botanische Gärten, Baumschulen und Gebiete, in denen Jagen verboten ist. 26 Nationalparks sind Meeresparks, die Regionen an der Küste, Inseln und im offenen Meer schützen. Thailand begann 1960 aktiv mit Umweltschutzmaßnahmen, als es mit Hilfe des Gesetzes zum Schutz von Wildtieren ein landesweites System von Naturschutzgebieten gegründet hat; 1961 folgte das Nationalparkgesetz und der Khao Yai National Park war die erste Gegend, die diesen Status erhielt. 2005 erklärte die Unesco den Khao Yai sowie vier angrenzende Parks und Schutzgebiete zu einem Welterbe, das sich über 230 km erstreckt (vom Ta Phraya National Park in Kambodscha bis zum Khao Yai National Park in Thailand).

Trotz aller Versprechungen garantiert die offizielle Einstufung als Nationalpark oder Schutzgebiet aber nicht immer auch den Schutz des Lebensraums und der Tiere und Pflanzen: Einheimische Bauern, reiche Bauunternehmer und sonstige Geschäftsleute stellen ihre Interessen (ob legal oder illegal) immer wieder mühelos über den Umweltschutz in den Parks. Nur wenige Menschen halten sich an die Gesetze, und die Regierung hat zu wenig Durchsetzungskraft, um die Vorschriften zu verschärfen. Ko Chang, Ko Samet und Ko Phi-Phi etwa sind Küstenregionen, die massiv von Bauprojekten bedroht werden, obwohl sie Nationalparks sind.

Thailands Parks werden von **National Park, Wildlife & Plant Conservation Department** (DNP; www.dnp.go.th) verwaltet, das 2002 die Verwantwortung vom Royal Forest Department übernommen hat. Auf der Website kann man vorab Zeltplätze und Unterkünfte buchen und findet zahllose Infos zu den Parks.

Die Marine National Parks entlang der Andamanenküste (wie auch die ungeschützten Gebiete hier) zog der Tsunami 2004 unterschiedlich stark in Mitleidenschaft. Etwa 5–13 % der Korallen in den Riffen der Parks sind von den Wellen oder von angespülten Trümmern stark beschädigt worden. Kein Schaden war jedoch glücklicherweise groß genug, um die Arbeit der Parks länger zu behindern, und manche Riffe scheinen sich bereits zu erholen.

A Land on Fire: The Environmental Consequences of the Southeast Asian Boom (2003) von James David Fahn berichtet über die Ergebnisse des Umweltschutzes in Thailand und die Wandlung seiner Nachbarländer in moderne, auf Touristen eingestellte Länder.

UMWELTPROBLEME
Abholzung, Überflutung & Artensterben

Wie in jedem Land mit hoher Bevölkerungsdichte ist auch in Thailand das Ökosystem stark strapaziert. Natürliche Wälder nehmen heute ca. 32 % des Königreiches ein – vor 50 Jahren waren es noch 70 %. Das Verschwinden der Wälder geht mit der Hinwendung zur Moderne in Sachen Industrialisierung, Urbanisierung und kommerzieller Abholzung einher. Diese Statistiken sind alarmierend, doch laut den Zahlen, die die Weltbank 2008 veröffentlichte, hat sich der Verlust der Wälder seit der Jahrtausendwende auf ca. 0,2 % im Jahr verlangsamt.

Als Reaktion auf die zunehmende Zerstörung der Umwelt hat die Regierung Thailands seit den 1970ern viele Naturschutzgebiete eingerichtet und will bis zur Mitte des 21. Jhs. 40 % des Landes wieder bewaldet haben. 1989 wurde die Abholzung in Thailand komplett verboten, Folge eines Unglücks im Jahr zuvor, bei dem in der Provinz Surat Thani hunderte Tonnen ge-

---

DAS SOLL EIN PARK SEIN?

Manche Nationalparks wirken wie Touristenresorts: Der Umweltschutz gilt oft nur pro forma. Als die Wälder noch als natürliche Ressourcen betrachtet wurden, vergab die Königliche Forstverwaltung (RFD) lukrative Teak-Konzessionen. Es stellte sich die Frage, wie man ein profitables Unternehmen wie die Holzfällerei durch aufwendige Anstrengungen für den Naturschutz ersetzen soll. Ein Anfang wäre es, ausreichende Mittel zur Durchsetzung der neuen Ziele bereitzustellen, aber das geschah selten. Der Widerspruch zwischen Gesetzgebung und ökonomischer Realität verschärfte sich, als Ende der 1990er-Jahre wegen der asiatischen Währungskrise das Budget des RFD gekürzt wurde.

Ein weiteres Schlupfloch betrifft Landbesitz und Landnutzung: In vielen Parks leben Menschen, entweder an den Rand gedrängte ethnische Minderheiten oder auf Selbstversorgung angewiesene Bauern und Fischer, die alle schon hier lebten, bevor das Gebiet zum Park erklärt wurde. Sie missachten oft die Verordnungen zum Schutz des Waldes und praktizieren weiter althergebrachte Methoden wie Brandrodung oder sammeln Feuerholz. Manche bessern auch ihr Einkommen durch illegalen Wildtierfang auf. Noch gravierender sind die Probleme in den Meeresparks des Südens. Dort haben Fischer ihre Hütten in Bungalows für die aufkommende Tourismusindustrie verwandelt. Im Fall von Ko Chang wurde etwa die kommerzielle Erschließung des Parks von Geschäftsinteressen getrieben, die mit der Thaksin-Regierung zusammenhingen. Einst gab es auf der Insel eine ländliche Gemeinde mit ein paar einfachen Herbergen, Strom nur ab und an. In der Thaksin-Ära aber erhielt die Insel einen besonderen Wirtschaftsstatus und wurde als ein Modell des Ökotourismus angepriesen. Das Ergebnis waren beträchtliche Profite für Landkäufer mit politischen Verbindungen und ein Mini-Ko-Samui.

Es ist nicht schwer, Thailand für den sorglosen Umgang mit seinen Naturschätzen zu verurteilen, man sollte aber nicht vergessen, dass der Westen seine eigenen in vielen Fällen geplündert und verschachert hat. Noch immer sucht die thailändische Regierung nach einem Weg, die Umwelt zu schützen und mit den Problemen umzugehen, die die neue Einkommensquelle des Landes, der Tourismus, mit sich bringt – und sie hat ihn noch lange nicht gefunden.

---

schnittenes Holz die abgeholzten Hänge hinuntergespült wurden, die Dörfer unter sich begruben und mehr als 100 Menschen töteten. Heute ist es illegal, im Land gefälltes Holz zu verkaufen. Unglücklicherweise hat das aber nur dazu geführt, dass die lokalen Holzfällerfirmen in die Nachbarländer abgewandert sind, wo die Einschränkungen durch Umweltschutzgesetze weniger streng gehandhabt werden.

Saisonale Überflutungskatastrophen gibt's in Thailand regelmäßig, aber das Jahr 2006 war außergewöhnlich schlimm. In der Provinz Nan kam es nach tagelangem Dauerregen zu den schlimmsten Überflutungen seit 40 Jahren, und in Nord- und Zentralthailand sorgten Monsunregen für Überschwemmungen in 46 Provinzen. Im August 2008 wurden am Mekong mehr als 2200 Dörfer unter Wasser gesetzt, was in einigen Regionen als schlimmste Überflutung seit 100 Jahren eingestuft wird.

Ecology Asia (www.ecologyasia.com) sammelt Ökonews, auch aus Thailand.

Viele Experten vermuten, dass künstlich erzeugte Veränderungen von Flutbarrieren und Wasserläufen für die zunehmende Zahl zerstörerischer Überflutungen verantwortlich sind. Die häufiger werdenden Überschwemmungen entlang des Mekong werden mit den Bauprojekten weiter flussaufwärts (Dammbau, Beseitigung von Stromschnellen, um die Schifffahrt zu erleichtern) in Verbindung gebracht, sowie mit der steigenden Bevölkerungszahl in den Dörfern am Fluss. Abholzung und die Zerstörung von Feuchtgebieten und Flussufern tun ihr Übriges. Eine weitere sich abzeichnende Komponente ist der Klimawandel, der sich in stärkeren, jahreszeitlich bedingten Regenfällen äußert – das Ökosystem ist nicht fähig, solche Wassermassen aufzunehmen und abzutransportieren.

Thailand hat das Washingtoner Artenschutz-Abkommen (CITES) unterzeichnet. Wenn auch nicht ganz so krass wie bei den meisten seiner Nach-

barn behindert auch in Thailand Korruption die Versuche der Regierung, „exotische" Arten vor dem weltweiten Handel mit wilden Tieren – der nach nach Drogen und Waffenhandel den drittgrößten Schwarzmarkt bildet – zu schützen. Je sicherer die Grenze zwischen Thailand und Myanmar wird, desto leichter ist es für Wilderer und illegale Holzfäller, die „Ware" aus den unbeaufsichtigten Wäldern Myanmars auf die Märkte in Thailand und weiter hinaus zu schmuggeln. Südostasien ist wegen der Artenvielfalt der Region und der uneinheitlichen Durchsetzung der Schutzgesetze für Wildtiere ein wahres Paradies für Wilderer.

Wildtierexperten aber sind sich einig, dass die größte Gefahr für die Fauna Thailands nicht die Jagd oder der illegale Handel mit Wildtieren ist, sondern der Verlust von Lebensraum (und zwar weltweit). Prominente ausgestorbene Spezies sind z. B. das Kouprey (ein Wildrind), der Schomburgk-Hirsch und das Java-Nashorn, aber auch viele kleinere Arten sind verschwunden.

Küstenbebauung & Überfischung

Die Küstenbebauung wirkt sich massiv auf Thailands vielfältiges System an Korallenriffen und seine Meere aus. Man schätzt, dass ca. 40 % aller Riffe abgestorben sind und jährlich weitere 20 % zerstört werden. Die größte Bedrohung für die Riffe ist die Sedimentation durch neue Eigentumswohnungen, Hotels, Straßen und Häuser an den Küsten. Weitere Probleme sind die Verschmutzung durch ankernde Ausflugsboote, Müll und Abwasser, die im Meer entsorgt werden, und die Abwasser von Landwirtschaft und Industrie. Das künstliche Licht an den Küsten bedroht zudem die Brutzyklen der Meeresschildkröten, die einen nur vom Mond erhellten Nachthimmel brauchen.

> In Bangkok gibt`s über 5 Mio. angemeldete Autos.

Auch Fischerei im großen Stil, wie sie Thailand und seine Nachbarn betreiben, bedroht das Gleichgewicht des Meeres. Die Fischfänge in der asia-

EIN HELD DES WALDES: SEUB NAKASATHIEN

Ganz egal, wie fleißig sie sind – Beamte hinterlassen selten ein Erbe, dass breitere Beachtung findet. Seub Nakasathien aber hat aus seiner Position beim Royal Forest Departement (RFD) eine regelrechte Inspiration für Verwaltungsbeamte gemacht.

Mitte der 1970er-Jahre begann Seub Nakasathien in einem kleinen Naturschutzgebiet für Wildtiere in der Provinz Chonburi mit seiner Arbeit für die Wildlife Conservation Division des RFD. Hier begegneten ihm zum ersten Mal die Hindernisse, denen sich der Naturschutz in den nationalen Parks stellen musste: Unterbezahlte Mitarbeiter sollten die Wälder vor den ausbeuterischen Interessen schützen, die häufig von den Offiziellen der Forstwirtschaft protegiert wurden. Viele untergeordnete Angestellte gingen einem Konflikt (der nicht selten mit dem Tode endete) lieber aus dem Weg und sahen über die dreisten illegalen Aktivitäten hinweg. Seub nun zeigte einen Mittelweg auf, mit dem er sich den Respekt seiner Kollegen und auch seiner Gegner verdiente.

Nachdem er in Übersee den Master im Fach Umweltschutz erworben hatte, kehrte Seub nach Thailand zurück und wurde 1989 Manager des Huay Kha Khaeng Wildlife Sanctuary. Das abgelegene Schutzgebiet an der Grenze zu Myanmar gehörte zu den Hot-Spots in Sachen illegaler Abholzung und Wilderei. Um eine vom RFD unterstützte Holzfäller-Konzession zu verhindern, rief Seub die Unesco auf, das Thung Yai/Huay Kha Khaeng Wildlife Sanctuary zum Welterbe zu erklären.

Erst ein Jahr später bekam das Naturschutzgebiet den Weltkulturerbestatus, doch zu dem Zeitpunkt hatte Seub den Kampf schon aufgegeben: Er nahm sich im September 1990 das Leben (zumindest geht man davon aus, dass es Selbstmord war). Vor seinem Tod vermachte er seine Forschungsausrüstung einem Zentrum für Wildtiere und baute einen Schrein, der den Parkrangern gewidmet war, die für den Schutz des Huay Kha Khaeng ihr Leben gegeben hatten. In den 1990er-Jahren wurde er zum Märtyrer und Helden der Naturschutzbewegung. Die **Seub Foundation** (www.seub.or.th, Thai) erinnert an ihn, führt die Arbeit des Naturschutzes und schützt Park-Ranger, die sich gegen illegale Machenschaften einsetzen.

tischen Pazifikregion sind um bis zu 33 % zurückgegangen, und der obere Abschnitt des Golfs von Thailand ist längst nicht mehr so fruchtbar wie einst. Die meisten kommerziellen Fänge landen in Übersee statt auf einem Teller in Thailand. Die Meeresfrüchte, die im Land verkauft werden, kommen in der Regel von Fischfarmen, eine weitere große lokale Küstenindustrie.

Luft- & Wasserverschmutzung

Bangkok war einst eine der am meisten verschmutzten Städte der Welt, und mindestens 1 Mio. Bewohner hier litten an Atemproblemen oder an Allergien, die die Luft hervorrief. In den letzten Jahren hat Bangkok die Luftverschmutzung aber erheblich reduziert und hat dank seiner bemerkenswerter Bemühungen heute eine Vorbildfunktion in Asien. Es gibt zwar 40 % mehr Autos auf den Straßen von Bangkok, doch die durchschnittliche Luftverschmutzung konnte um 47 % reduziert werden. Damit hat die Luftqualität von Bangkok einen (fast) vertretbaren Standard erreicht.

Auch Chiang Mai, Thailands zweitgrößte Stadt, wird bald Luftverschmutzungsprobleme bekommen. Schuld ist der massive Verkehr; landwirtschaftliche Feuer und Müllverbrennung in den Haushalten tun ihr Übriges. Doch mit Bemühungen wie in Bangkok lässt sich das Blatt noch wenden.

Die Wasserverschmutzung ist regional unterschiedlich stark; am schlimmsten ist es in der Region um Bangkok wegen der relativ hohen Konzentration von Fabriken, besonders östlich der Stadt. Auch chemische Abwässer der Agrarindustrie, Krabbenfarmen an der Küste und ungefiltertes Abwasser verschmutzen das Grundwasser und die Küstenregionen.

UMWELTORGANISATIONEN

In Thailand arbeiten eine Reihe von Nichtregierungsorganisationen (NRO) an Projekten zum Schutz von Land und Wald. Der Schwerpunkt mit Blick auf die Bergstämme heißt ökologische Gerechtigkeit. Die internationalen Finanzierungs-, Forschungs- und Politikverbände haben ihren Sitz in der Regel in Bangkok. An der Golf- und Andamanenküste gibt's Dorfvereine, die das Meer als ihren persönlichen Hinterhof ansehen und in regelmäßigen Abständen Strandsäuberungen und Tierrettungen veranstalten. Folgende Aktivisten- oder Forschungsorganisationen beschäftigen sich mit Umwelt- und Naturschutzthemen; für Infos zu freiwilliger Mitarbeit, s. S. 56.

Bird Conservation Society of Thailand (☎ 0 2691 4816; www.bcst.or.th/eng) Arbeitet mit Hilfe von öffentlichen und Regierungsstellen am Erhalt von Stätten zur Vogelbeobachtung.

Friends of Asian Elephant (☎ 0 2509 1200; en.elephant-soraida.com) NRO, die im Mae Yao National Park (Provinz Lampung) ein Tierkrankenhaus für misshandelte, verletzte Elefanten betreibt.

Sanithirakoses-Nagapateepa Foundation (www.sulak-sivaraksa.org) Die Dachorganisation arbeitet an zahlreichen Projekten zum Naturschutz und zu sozialer Gerechtigkeit im Geiste von Sulak Sivaraksa, Träger des Alternativen Nobelpreises (Right Livelihood Award) von 1995.

Southeast Asia Rivers Network (Searin; ☎ 0 5340 8873; www.livingriversiam.org/indexE. htm) Die Aktivistengruppe arbeitet daran, den Zugang zu Flüssen und Wasserstraßen für die lokalen Gemeinschaften zu erhalten und wendet sich gegen den Bau groß angelegter Staudammprojekte, hauptsächlich am Mekong, am Mun und am Salween.

Thailand Environment Institute (TEI; ☎ 0 2503 3333; www.tei.or.th) Dieses Non-Profit-Forschungsinstitut hat sich der Nachhaltigkeit bei Erschließungsprojekten und der Unterstützung umweltbewusster Geschäftsmodelle verschrieben.

Wild Animal Rescue Foundation of Thailand (WAR; ☎ 0 2712 9715; www.warthai.org) Dies ist eine der führenden Umweltschutz-NROs, die mit Rehabilitationsprogrammen und Umweltschutzprojekten einheimische Arten schützt.

World Wide Fund for Nature (WWF; ☎ 0 2524 6128; www.wwfthai.org) Das in Thailand befindliche Büro hat die Aufgabe, den Umgang der Menschen mit den wildlebenden Elefanten konfliktfreier zu gestalten und das Ökosystem des Mekong und des Meeres zu schützen.

Bangkok

Bangkok, einst *die* Metropole Asiens, hat sich in den letzten Jahren dank einiger Schönheits-operationen zum verjüngten Starlet gewandelt, das einen kokett auffordert, sein Alter zu schätzen. Die Falten sind zwar nicht ganz weg, aber im stetig wachsenden öffentlichen Nah-verkehrssystem, den klimatisierten Mega-Einkaufszentren und den Restaurants, die internatio-nal locker mithalten, gehen sie ohnehin unter. Eine bunte, internationale Einwohnerschar, eine aufkeimende Kunstszene und ein neuer Flughafen machen den neuen Look so perfekt, dass sich selbst seine Fans fragen, was bloß aus dem Mädchen von einst geworden ist.

Aber keine Sorge, das „echte" Bangkok gibt's nach wie vor. Der Königspalast und der Wat Phra Kaew strahlen noch immer wie vor 200 Jahren, in den Shophouses in Banglamphu kann man noch immer klassische Lokalküche genießen, und weder Skytrain noch Metro konnten den Häusern am Kanal in Thonburi etwas anhaben. Das traditionelle Fachwerk ist noch immer allgegenwärtig und in der Nähe jeder beliebigen Skytrain-Station zu finden.

Dem heutigen Bangkok mit seinen zwei Gesichtern begegnet man am besten unvoreinge-nommen und neugierig. Die Metro bringt einen ins heiße, hektische Chinatown, das *klorng*-Boot zum schicken Einkaufszentrum Central World, und unterwegs wird man schnell merken: Der alte Charakter und das neue Gesicht ergeben zusammen eine verflixt heiße Braut.

HIGHLIGHTS

- Mit dem **Chao-Phraya-Express** zwischen den Attraktionen hin und her pendeln (S. 201)
- Die Straßen des alten Bangkok zu Fuß erkunden, z. B. **Ko Ratanakosin** (S. 153)
- In einer der zahlreichen **Kochschulen** (S. 156) die Zubereitung authentischer nationaler Gerichte erlernen
- In einer Dachbar, z. B. der **Moon Bar im Vertigo** (S. 184) oder der **Sirocco Sky Bar** (S. 184), Sternen und glitzernden Wolken-kratzern zuprosten
- Sich in einem der großartigen, günstigen **Massagesalons** (S. 151) der Stadt fachkun-digen Händen hingeben
- Sich auf den Straßen **Chinatowns** (S. 178) durch die Garküchen essen
- Die Stadt verlassen und das am Kanal gelegene **Amphawa** (S. 206) besuchen

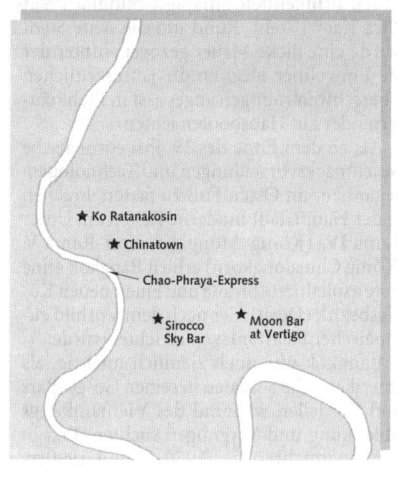

★ Ko Ratanakosin

★ Chinatown

Chao-Phraya-Express

★ Sirocco Sky Bar

★ Moon Bar at Vertigo

- BESTE REISEZEIT: NOVEMBER–FEBRUAR
- BEVÖLKERUNG: 7,7 MIO.

GESCHICHTE

Heute ist Bangkok der Regierungssitz und das kulturelle Zentrum Thailands, aber seine Entstehung während einer Zeit des Aufruhrs war ein historisches Wunder. Nach dem Fall von Ayutthaya im Jahr 1767 zerfiel das Königreich in Parteien, die sich gegenseitig militärisch bekämpften. General Taksin gelang es schließlich, das Land wieder zu vereinen. Seinen Stützpunkt verlegte er nach Thonburi am westlichen Ufer des Mae Nam Chao Phraya (Chao Phraya), einen für den Seehandel über den Golf von Thailand günstigen Standort. Taksin war ein militärischer Stratege, aber kein beliebter Herrscher. Später wurde er von einem anderen bedeutenden Militärgeneral, Chao Phraya Chakri, abgesetzt. 1782 verlegte dieser die Hauptstadt auf die gegenüberliegende Seite des Flusses an einen besser zu verteidigenden Ort, weil er einen Angriff der Birmanen erwartete. Sein Sohn folgte ihm 1809 in der Herrschaft nach – damit war die heutige Dynastie begründet und Chao Phraya Chakri wurde als Rama I. bezeichnet.

Der König setzte sich zum Ziel, in der neuen Hauptstadt die alte Pracht von Ayutthaya wiederauferstehen zu lassen. Im Sumpfland wurde ein Inselbezirk (Ko Ratanakosin) geschaffen, in dessen Zentrum der Königspalast (Grand Palace) und ein Tempel für den Glück bringenden Smaragd-Buddha (Wat Phra Kaew) steht. Rund um die neue Stadt wurde eine dicke Mauer gezogen, hinter der die Einwohner ideal an die jahreszeitlichen Überschwemmungen angepasst in Pfahlhäusern oder auf Hausbooten lebten.

Als ab dem Ende des 19. Jhs. europäische Geschmacksvorstellungen und Technologien begannen, im Osten Fuß zu fassen, brachen in der Hauptstadt moderne Zeiten an. Unter Rama IV. (König Mongkut) und Rama V. (König Chulalongkorn) erhielt Bangkok seine erste asphaltierte Straße und einen neuen Königsbezirk (Dusit), der nach dem Vorbild europäischer Palastanlagen errichtet wurde. Bangkok war noch ziemlich mickrig, als amerikanische Soldaten in seinen Go-go-Bars und Bordellen während des Vietnamkriegs Ablenkung und Vergnügen suchten. Erst in den Boomjahren der 1980er- und 1990er-Jahre verwandelte sich Bangkok explosionsartig in eine ausgewachsene Metropole mit kolossalen Hochhäusern und einem endlosen Strom aus Beton, der immer mehr Reisfelder und Grünflächen verschlang. Der wirtschaftliche Einbruch 1997 hat die Extravaganz der Stadt vorübergehend gezähmt. Die Folgen sind auch noch heute, ein Jahrzehnt später zu sehen: Überall stehen halbfertige Wolkenkratzer herum.

Seit einigen Jahren erfindet sich Bangkok wieder einmal neu – mit Projekten wie dem Skytrain oder der Metro rückt man endlich dem berüchtigten Verkehrsproblem der Stadt zu Leibe und verleiht ihr nebenbei ein moderneres Gesicht. Wegen einer Flut von gigantischen, klimatisierten Einkaufszentren fühlt man sich in einigen Teilen der Stadt wie in Singapur, und es ist nur noch eine Frage der Zeit, bis Bangkok dank der Modernisierung die anderen führenden Hauptstädte Asiens eingeholt hat.

ORIENTIERUNG

Bangkok liegt am östlichen Ufer des Mae Nam Chao Phraya und wird durch die Hauptstrecke der Nord-Süd-Bahn bis zur Endstation Hualamphong grob in zwei Hälften geteilt.

Zwischen der Flussbiegung und den Bahngleisen befindet sich das alte Bangkok, ein Stadtteil mit heiligen Tempeln, lebhaften Märkten und kleinen Familiengeschäften. Zu beiden Seiten des Bahnhofs liegt das rot, golden und neonfarben glitzernde, dicht bebaute Chinatown. Das Chaos von Chinatown verebbt in Ko Ratanakosin, der früheren königlichen Enklave, die heute das beliebteste Touristenziel in Bangkok ist. Nördlich flussaufwärts erstrecken sich das reizende Banglamphu und das Backpackermekka Th Khao San (Khao San Rd). Highlights der alten Stadt sind der Dusit, entworfen als Hommage an die großen europäischen Hauptstädte, und das lässige Viertel Thewet.

Östlich der Gleise liegt das neue Bangkok, eine moderne asiatische Stadt mit wenig Charme. Um den Siam Square herum eröffnet sich ein Universum von kastenförmigen Shoppingzentren, das die Herzen von modeversessenen Thai-Teenagern und Touristen höher schlagen lässt. Die Th Sukhumvit verläuft vom Stadtzentrum bis hinaus zum Golf von Thailand. Von ihr zweigen Nebenstraßen zu Siedlungen ausländischer Konzernangestellter und zur Go-go-Barszene an der Soi Cowboy und am Nana Entertainment Plaza ab. Bangkoks Finanzzentrum erstreckt sich entlang der Th Silom, die vom Fluss eine Schneise bis zum Lumphini Park schlägt. In der Nähe des Flusses kreuzt die Th Silom die

Th Charoen Krung, Bangkoks erste asphaltierte Straße, wo einst das Herz der Handelsschifffahrt schlug. Enge sois (Gassen) zweigen von ihr ab und führen durch die alten faràng-Viertel (die Viertel der Ausländer aus Europa), wo verfallene Zeugnisse aus viktorianischer Zeit, Kirchen und das berühmte Oriental Hotel stehen. Ganz gemäß der ablehnenden Haltung gegenüber Effizienz gibt es in der Stadt gleich zwei große Botschaftsviertel: die Th Withayu/Wireless Rd und die Th Sathon.

Auf der gegenüberliegenden (westlichen) Seite des Flusses liegt Thonburi. Vor der Gründung Bangkoks war es 15 Jahre lang die Hauptstadt Thailands. Fàng ton (das Thonburi-Ufer), wie es die Thais auch oft bezeichnen, ähnelt eher einer Provinzhauptstadt und hat nichts mit dem glitzernden Hochhauspanorama Bangkoks gemein.

Bangkoks wichtigster internationaler Flughafen, der Suvarnabhumi (ausgesprochen su·wan·na·puum), befindet sich 30 km östlich des Stadtzentrums. Einige Inlandsflüge werden nach wie vor über den Don Muang abgewickelt, der in nördlicher Richtung, aber gleich weit von der Stadt entfernt liegt. Nähere Infos, wie man die Flughäfen erreicht, gibt's auf S. 200.

Adressen in Bangkok

In jeder großen Stadt, die so schlecht geplant ist wie Bangkok, ist es schwierig, sich zurechtzufinden. Allein die Straßennamen schüchtern ein – und das Problem wird noch dadurch verstärkt, dass deren lateinische Transkription jedes Mal irgendwie anders aussieht. Zudem führt die verwirrende Vielzahl verwinkelter Straßen nie an den Ort, den man anhand des kühnen Stadtplans eigentlich erwartet hatte.

Das thailändische Wort thanön (Th) bedeutet Straße oder Allee und ziert als Kürzel jeden Straßennamen; es heißt also z. B. „Th Ratchadamnoen".

Eine soi ist eine kleine Straße oder eine Gasse, die von einer größeren Straße abzweigt. Die mit „48/3–5 Soi 1, Th Sukhumvit" angegebene Adresse etwa liegt abseits der Th Sukhumvit an der Soi 1. Alternativ kann man auch „48/3–5 Th Sukhumvit Soi 1" oder auch einfach „48/3–5 Sukhumvit Soi 1" angeben. Einige der sois von Bangkok sind mittlerweile so groß, dass sie genauso gut als thanön bezeichnet werden können (und auch werden), z. B. Soi Sarasin/Th Sarasin oder Soi Asoke/

Th Asoke). Ein noch kleineres Exemplar als eine soi ist eine trok (dròrk; Gasse).

Die Hausnummern sind ähnlich verwirrend. Die Ziffernreihe, die durch Schräg- und Bindestriche getrennt wird (z. B. 48/3–5 Soi 1, Th Sukhumvit), richtet sich eher nach der Grundstücksaufteilung als nach der geografischen Reihenfolge. Die Zahl vor dem Schrägstrich bezieht sich auf die ursprüngliche Grundstücksnummer, die Zahlen danach bezeichnen Gebäude (oder Eingänge), die sich auf dem Grundstück befinden. Die Zahlen vor dem Schrägstrich stehen übrigens in der Reihenfolge, in der sie in die Stadtpläne übernommen wurden, wohingegen die Zahlen dahinter der Willkür der Städteplaner zu verdanken sind.

Karten

Eine Karte ist unerlässlich, um sich in Bangkok zurechtzufinden. Die seit Jahren erscheinende und oft nachgemachte Karte Nancy Chandler's Map of Bangkok ist ein schematischer Straßenführer durch die Stadt, der auch abgelegene Orte, beliebte Restaurants und bunte Anekdoten über einzelne Stadtteile und Märkte enthält – ein durchaus unterhaltsamer Führer, der aber durch einen etwas nüchterneren ergänzt werden sollte, etwa die zweisprachige Karte Bangkok von Think Net (inkl. Software-Version). Um dem städtischen Bussystem Herr zu werden, sollte man sich die Bangkok Bus Map von Roadway zulegen. Das Thai Marine Department bringt die kostenlose Karte Boat to All Means heraus, in der sämtliche Wasserverkehrsstrecken der Stadt verzeichnet sind; sie ist an jeder größeren Fluss- oder Kanalanlegestelle erhältlich. Wer Restaurantbesuche für einen wichtigen Teil des Sightseeings hält, ist mit der Karte Good Eats von Ideal Map bestens versorgt, die legendäre Familienrestaurants in drei der kulinarischen Stadtviertel Bangkoks aufführt. Nachtschwärmer finden in der Bangkok Map 'n' Guide von Groovy Map einen idealen Partybegleiter.

Für Gebiete außerhalb des Stadtzentrums empfiehlt sich der Bangkok & Vicinity A to Z Atlas, in dem auch Autobahnen und die umliegenden Vororte zu finden sind.

PRAKTISCHE INFORMATIONEN
Bibliotheken

Bangkoks Bibliotheken begeistern vielleicht nicht unbedingt durch Auswahl, doch sie

BANGKOK IN ...

Für das ultimative Bangkok-Erlebnis sollte man die folgenden Optionen mischen.

einem Tag

Möglichst früh aufstehen und direkt in den **Chao Phraya Express** (S. 201) zum **Nonthaburi-Markt** (S. 195) steigen. Auf dem Rückweg kann man die antike Stätte in **Ko Ratanakosin** (S. 117) erkunden, dann wartet ein authentisches **Mittagessen in Banglamphu** (S. 174).

Wenn man sich ein bisschen frisch gemacht hat, eröffnet ein Cocktail bei Sonnenuntergang in einer der **Dachbars** (S. 184) der Stadt einen ganz neuen Blick auf Bangkok. Schließlich klingt der Tag bei einem thailändischen Abendessen im eher teuren **Bo.lan** (S. 181) oder mit der köstlichen internationalen Küche im **Cy'an** (S. 182) aus.

drei Tagen

Nachdem man mit dem **Skytrain** (S. 200) zu den unterschiedlichsten Kaufhäusern zum **Shoppen** (S. 190) gedüst ist, hat man sich das **Mittagsbüffet** (S. 182) in einem der Hotels der Stadt redlich verdient. Die letzten Stunden des Tages bieten sich an für eine **traditionelle Thai-Massage** (S. 151), nach der man sich etwaige lästige Kalorien in einem der Tanzschuppen des **RCA** (S. 187) umso gelöster wieder abtanzen kann.

einer Woche

Nun hat man sich an den Lärm, die Luftverschmutzung und den Verkehr gewöhnt und ist bereit für **Chinatown** (S. 154). Hier erwartet einen ein spannender Tag auf dem **Chatuchak-Wochenendmarkt** (S. 194) und man kann sich in einer **Kochschule** (S. 156) anmelden. Frischluftfanatiker entkommen dem Stadtmief auf **Ko Kret** (S. 208), einer autofreien Insel nördlich von Bangkok; auch ein Ausflug mit einem Longtail-Boot über **Thonburis Kanäle** (S. 152) ist eine tolle Idee.

---

bieten einen friedvollen Zufluchtsort vor Hitze und Lärm.

Nationalbibliothek (Karte S. 120 f.; ☎ 0 2281 5212; Th Samsen; Eintritt frei; ☺ Mo–Fr 9–18.30, Sa & So bis 17 Uhr; Fähre Tha Thewet) Ein paar fremdsprachige Bücher gibt es hier, aber die eigentliche Stärke dieser Bibliothek sind ihre astrologischen Bücher und Sternkarten, die Memoiren des Königs, die heiligen Schriften auf Palmblättern und die antiken Karten.

Neilson-Hays-Bibliothek (Karte S. 126 f.; ☎ 0 2233 1731; www.neilsonhayslibrary.com; 195 Th Surawong; Jahresmitgliedschaft Fam. 3300 B; ☺ Di–So 9.30–17 Uhr; Skytrain Surasak) Die älteste Bibliothek Thailands, die englischsprachige Bücher hat; bietet eine große Auswahl von Kinderbüchern und viel Material über Thailand.

Buchläden

Wer nach englischsprachigen Büchern und Zeitschriften sucht, findet in den Filialen von **Bookazine** (www.bookazine.co.th) und **B2S** (www.b2s. co.th), die in fast jedem Einkaufszentrum im Zentrum vertreten sind, eine recht große Auswahl. Fast alle unabhängigen Buchläden Bangkoks sind rund um Banglamphu angesiedelt, und drei Bookazine-Filialen gibt's auch. Die Th Khao San ist die einzige Straße in der ganzen Stadt, an der Läden für gebrauchte englischsprachige Bücher liegen; Schnäppchen kann man hier zwar nicht machen, aber die Auswahl ist wirklich gut.

Asia Books (www.asiabook.com) Soi 15 (Karte S. 130 f.; Soi 15, 221 Th Sukhumvit; Skytrain Asoke); Siam Discovery Center (Karte S. 128 f.; 4. Stock, Th Phra Ram I; Skytrain Siam) Im Emporium Shopping Centre auf der Th Sukhumvit (Karte S. 130 f.) gibt's auch eine Filiale.

Dasa Book Café (Karte S. 130 f.; 0 2661 2993; 710/4 Th Sukhumvit, zwischen Soi 26 & 28; Skytrain Phrom Phong) Secondhand-Bücher in verschiedenen Sprachen.

Kinokuniya Siam Paragon (Karte S. 128 f.; 0 2610 9500; www.kinokuniya.com; 3. Stock, Th Phra Ram I; Skytrain Siam) Emporium (Karte S. 130 f.; 0 2664 8554; 3. Stock, Th Sukhumvit; Skytrain Phrom Phong) Der größte Buchladen des Landes betreibt zwei Filialen in der Stadt; in beiden bekommt man Bücher in verschiedenen Sprachen, Zeitschriften und Kinderbücher.

RimKhobFah Bookstore (Karte S. 122 f.; 0 2622 3510; 78/1 Th Ratchadamnoen) Dieser Laden hat sich auf wissenschaftliche Veröffentlichungen des Fine Arts Department zu den Themen Kunst und Architektur spezialisiert.

Saraban (Karte S. 122 f.; 0 2629 1386; 106/1 Th Rambutri) Die größte Auswahl von internationalen Zeitungen (und Lonely Planet Führern) auf der Th Khao San.

Shaman Bookstore (Karte S. 122 f.; 0 2629 0418; D&D Plaza, 71 Th Khao San) Shaman hat zwei Filialen auf der Th Khao San und eine in der 127 Th Tanao und bietet die größte Auswahl an gebrauchten Büchern in der Gegend; man kann bequem am Computer nach einzelnen Titeln suchen.

Geld

Die regulären Geschäftszeiten der Banken in Bangkok sind von 10 bis 16 Uhr, Automaten gibt's überall in der Stadt. Viele thailändische Banken wechseln Geld, aber in den Skytrain-Stationen und in den meisten Touristenge-bieten finden sich auch Wechselstuben. 1000 B-Scheine am besten in 7-Eleven-Shops oder anderen renommierten Geschäften wechseln. Straßenverkäufer oder Taxifahrer können in der Regeln Scheine ab 500 B nicht wechseln.

Internetzugang

In Bangkok gibt's Internetshops en masse und alle wetteifern sie darum, die billigsten und schnellsten Verbindungen anzubieten. Die Preise variieren je nach Konkurrenzsituation und Zahl der Surfer – Banglamphu, wo eine Stunde teilweise nur 20 B kostet, ist entschie-den günstiger als Sukhumvit oder Silom. Viele Internetshops rüsten ihre Rechner mit Skype und Kopfhörern aus, sodass man überall auf der Welt anrufen kann und dabei nur fürs Surfen zu bezahlen braucht. Eine praktische Anlaufstelle für jegliche Kommunikationsbe-dürfnisse im Zentrum Bangkoks ist der **True-Move Shop** (Karte S. 128 f.; ☎ 0 2658 4449; www.truemove. com; Soi 2, Siam Sq; ☻ 7–20 Uhr; Skytrain Siam). Hier stehen Computer mit schneller Internetver-bindung und Skype, man kann Handys mit allem Drum und Dran kaufen und es gibt Informationen zu WLAN-Hotspots und Te-lefonen überall in der Stadt.

WLAN-Hotspots (meist kostenlos) sind in und um Bangkok mittlerweile fast all-gegenwärtig und an mehr öffentlichen Orten und in mehr Geschäften zu finden, als hier aufgelistet werden könnten. Eine relativ zu-verlässige Liste aller Hotspots gibt's auf www. bkkpages.com (unter „Bangkok Directory") oder auf www.stickmanbangkok.com.

Kulturzentren

Diverse internationale Kulturzentren in Bangkok organisieren Filmfestivals, Lesungen, Sprachkurse und andere Bildungspro-gramme. **Alliance Française** (Karte S. 132 f.; 0 2670 4200; www. alliance-francaise.or.th; 29 Th Sathon Tai; Metro Lumphini) **British Council** (Karte S. 128 f.; 0 2652 5480; www. britishcouncil.or.th; Siam Sq, 254 Soi Chulalongkorn 64, Th Phra Ram I; Skytrain Siam)

DAS WAHRE LEBEN IN BANGKOK

Einige Einwohner Bangkoks, Einheimische ebenso wie Ausländer, gestalten mit ihren Erfahrungen Blogs und Websites rund um das Leben in Bangkok. Zu den informativeren und unterhaltsameren zählen:

■ **2Bangkok** (www.2bangkok.com) Newshunter und Geschichtsfanatiker lassen sich über die Schlagzeilen von gestern und heute aus.

■ **Absolutely Bangkok** (www.absolutelybangkok.com) Neuigkeiten und Meinungen zu Bangkok sowie Links zu anderen guten Blogs und Websites.

■ **Austin Bush Food Blog** (www.austinbushphotography.com/category/foodblog) Der Blog vom Autor dieses Kapitels konzentriert sich auf Essen und Esskultur in Bangkok und anderswo.

■ **Bangkok Jungle** (www.bangkokjungle.com) Ein Blog über die Live-Musik-Szene der Stadt.

■ **Gnarly Kitty** (www.gnarlykitty.blogspot.com) Die in Bangkok geborene Autorin sieht ihre Stadt als Ort, an dem „es immer etwas gibt, über das man schwadronieren kann".

■ **Newley Purnell** (www.newley.com) Dieser in Bangkok lebende US-amerikanische, freiberufliche Autor kommentiert schlichtweg alles, ob Lokalpolitik oder seine Liebe für das kurzgebratene *pàt gà·prow*.

■ **Stickman** (www.stickmanbangkok.com) Einst wurde diese Site mit dem unanständigen Nachtle-ben Bangkoks in Verbindung gebracht, aber der Stickman von heute ist ein allgemein gehal-tener Blog über Leben, Lieben und Arbeiten in der Stadt.

Foreign Correspondents Club of Thailand (FCCT; Karte S. 128 f.; 0 2652 0580; www.fccthai.com; Penthouse, Maneeya Center, 518/5 Th Ploenchit; Skytrain Chitlom)

Goethe-Institut (Karte S. 132 f.; 0 2287 0942; www.goethe.de; 18/1 Soi Goethe, zw. Th Sathon Tai & Soi Ngam Duphli; Metro Lumphini)

Japan Foundation (Karte S. 130 f.; 0 2260 8560; Sermmit Tower, 159 Soi Asoke/21 Th Sukhumvit; Bus 136, 206)

Medien

Tageszeitungen sind an Kiosken erhältlich, monatlich erscheinende Zeitschriften bekommt man in den meisten Buchläden.

Bangkok 101 (www.bangkok101.com) Ein monatlich erscheinender Leitfaden durch die Stadt, mit Fotostrecken und Berichten zu Sehenswürdigkeiten, Restaurants und Unterhaltungsmöglichkeiten.

Bangkok Post (www.bangkokpost.net) Die führende englischsprachige Tageszeitung mit Freitags- und Wochenendbeilage, die alle Veranstaltungen in der Stadt listen.

BK Magazine (www.bkmagazine.com) Kostenloser, wöchentlich erscheinender Veranstaltungskalender für die jungen Wilden.

The Nation (www.nationmultimedia.com) Englischsprachige Tageszeitung mit Wirtschaftsschwerpunkt.

Medizinische Versorgung

Dank seiner hohen medizinischen Standards in den Krankenhäusern entwickelt sich Bangkok sehr schnell zu einem beliebten Ziel für Gesundheitstouristen, die hier zu günstigen Preisen Zahnprothesen, ausgewählte operative Eingriffe und kosmetische Behandlungen bekommen. Die Apotheker überall in der Stadt können die meisten kleineren Beschwerden (Magen-Darm-Infekte, Nasennebenhöhlen- und Hautinfektionen usw.) diagnostizieren und behandeln. Die folgenden Krankenhäuser bieten einen 24-Stunden-Notdienst an, und mit den aufgeführten Telefonnummern erreicht man einen Krankenwagen oder eine sofortige medizinische Versorgung. Die meisten Krankenhäuser haben zudem Tageskliniken mit englisch sprechendem Personal.

Christliches Krankenhaus Bangkok (Karte S. 126 f.; 0 2235 1000-07; 124 Th Silom; Skytrain Sala Daeng, Metro Silom)

BNH (Karte S. 126 f.; 0 2686 2700; 9 Th Convent, abseits Th Silom; Skytrain Sala Daeng, Metro Silom)

Bumrungrad-Krankenhaus (Karte S. 130 f.; 0 2667 1000; 33 Soi Nana Neua/3, Th Sukhumvit; Skytrain Ploenchit)

Samitivej-Krankenhaus (Karte S. 130 f.; 0 2711 8000; 133 Soi 49, Th Sukhumvit; Skytrain Phrom Phong)

St.-Louis-Krankenhaus (Karte S. 126 f.; 0 2675 9300; 215 Th Sathon Tai; Skytrain Surasak)

Rutnin-Augenklinik (Karte S. 130 f.; 0 2639 3399; 80/1 Soi Asoke/21, Th Sukhumvit; Skytrain Asoke, Metro Sukhumvit) Dieses Krankenhaus bietet die beste Versorgung bei einem Augen-Notfall.

Notfall

Bei medizinischen Notfällen und wenn man einen Krankenwagen braucht, sollte man eines der oben genannten Krankenhäuser mit englischsprechendem Personal kontaktieren. Polizei und Feuerwehr sind unter folgenden Rufnummern erreichbar:

Feuerwehr (199)

Polizei/Notrufnummer (191)

Touristenpolizei (1155; 24 Std.) Englischsprachige Einheit, die Verbrechen mit touristischen Opfern, z. B. Betrügereien mit Edelsteinen, untersucht. Fungiert auch als zweisprachige Vermittlung zu Bangkoks Polizei.

Post

Hauptpost (Karte S. 126 f.; Th Charoen Krung; Mo–Fr 8–20, Sa & So bis 13 Uhr; Fähre Tha Si Phraya) Die Abholstelle für postlagernde Sendungen und der Paketservice sind im Hauptgebäude. Geld oder Wertsachen nie als normale Briefpost versenden! Auch die anderen Filialen in der Stadt haben Postlager- und Paketservice.

Reisebüros

Bangkok ist voller Reisebüros, die Bus- und Flugtickets buchen können. Es gibt zuverlässige Anbieter wie auch windige Betrüger, die gefälschte Tickets anbieten und dubiose Dienstleistungsversprechen machen. Man sollte sich bei anderen Travellern umhören, bevor man bei einem Reisebüro eine größere Buchung tätigt. Allgemein kauft man Bus- und Zugtickets am besten direkt am Bahnhof und nicht bei irgendeiner Agentur.

Folgende Reisebüros gibt's schon sehr lange:

Diethelm Travel (Karte S. 132 f.; 0 2660 7000; www.diethelmtravel.com; 12. Stock, Kian Gwan Gebd. II, 140/1 Th Withayu/Wireless Rd; Skytrain Phloenchit)

STA Travel (Karte S. 126 f.; 0 2236 0262; www.statravel.co.th; 14. Stock, Wall Street Tower, 33/70 Th Surawong; Skytrain Sala Daeng, Metro Silom)

Vieng Travel (Karte S. 122 f.; 0 2280 3537; www.viengtravel.com; Trang Hotel, 97/3 Th Wisut Kasat; Bus 49)

Telefon & Fax

Die Vorwahl von Bangkok (02) ist bei allen Orts- und Ferngesprächen in allen Telefonnummern mit enthalten. Öffentliche Te-

lefonzellen für In- und Auslandsgespräche gibt's überall in der Stadt.

Communications Authority of Thailand (CAT; Karte S. 126 f.; ☎ 0 2573 0099; Th Charoen Krung; 🕑 24 Std.; Fähre Oriental) Neben der Hauptpost. Direktverbindung in die Heimat, Faxübermittlung und Telefonkarten.

Telephone Organization of Thailand (TOT; Karte S. 128 f.; ☎ 0 2251 1111; Th Ploenchit; Skytrain Chitlom) Ferngespräche und eine englischsprachige Ausgabe von Bangkoks *Gelben Seiten*.

Toiletten

Öffentliche Toiletten sind in Bangkok sehr rar, am besten sucht man direkt nach einem Einkaufszentrum, Hotel oder Fast-Food-Restaurant. In manchen Einkaufszentren kostet der Gang zur Toilette 2 bis 5 B; einige neuere Einkaufszentren haben auch behindertengerechte Toiletten. Entgegen den hartnäckigen Gerüchten sind Stehklos in Bangkok vom Aussterben bedroht.

Touristeninformationen

An den offiziellen Touristeninformationen gibt's Karten, Broschüren und Tipps zu Attraktionen und Aktivitäten. Eine andere Einrichtung sind die Lizenzreisebüros, die auf Provisionsbasis Touren und Transportmittel vermitteln. Häufig tragen Reisebüros Namen, die denen der offiziellen nationalen Touristenorganisationen (Tourism Authority of Thailand; TAT) sehr ähnlich sind, um die Traveller so zu verwirren.

UMWELTBEWUSST UND UMSONST

Green Bangkok Bike wurde 2008 ins Leben gerufen und ist ein von der Stadt unterstütztes Programm, das Besucher dazu animiert, Teile des alten Bangkoks mit dem Fahrrad zu erkunden. Die kleinen grünen Räder der Initiative kann man kostenlos ausleihen. Eine umfassende, deutlich ausgeschilderte Touristenroute führt an allen wichtigen Sehenswürdigkeiten der Gegend vorbei, daneben gibt's grün markierte Radwege. Zwischen Ko Ratanakosin und Banglamphu verteilen sich acht Stationen; als Start- bzw. Endpunkt empfiehlt sich die südwestliche Ecke von Sanam Luang (S. 138) gegenüber dem Haupteingang zum Wat Phra Kaew. Die Räder stehen zwischen 10 und 18 Uhr zur Verfügung; um eines auszuleihen, muss man nur einen Ausweis vorlegen.

Touristeninformationszentrum Bangkok (Karte S. 122 f.; ☎ 0 2225 7612-5; www.bangkoktourist.com; 17/1 Th Phra Athit; 🕑 9–19 Uhr; Fähre Tha Phra Athit) Information hauptsächlich für Bangkoktouristen, die Karten, Broschüren und Wegbeschreibungen anbietet. Die gelben Info-Kioske überall in der Stadt sind mit studentischen Aushilfen besetzt.

Tourism Authority of Thailand (TAT; ☎ Auskunft 1672; 🕑 8–20 Uhr; www.tourismthailand.org) Hauptbüro (Karte S. 120 f.; ☎ 0 2250 5500; 1600 Th Petchaburi Tat Mai; 🕑 8.30–16.30 Uhr; Skytrain City Air Terminal, Metro Phetburi); Banglamphu (Karte S. 122 f.; ☎ 0 2283 1555; Ecke Th Ratchadamnoen Nok & Th Chakrapatdipong; 🕑 8.30–16.30 Uhr) Gegenüber dem Boxstadion; Suvarnabhumi International Airport (☎ 0 2134 4077; 2. Stock, zw. Gate 2 & 5; 🕑 8–16 Uhr).

GEFAHREN & ÄRGERNISSE

In Bangkok wird einem das Geld viel wahrscheinlicher mit Charme abgenommen als mit Gewalt. Gewiefte Trickbetrüger setzen auf die berühmte thailändische Freundlichkeit und die Ahnungslosigkeit der Touristen. Die touristischsten Gebiete Bangkoks – Wat Phra Kaew, Wat Pho, Jim Thompson's House, Th Khao San, Erawan-Schrein – sind die beliebtesten Jagdgründe solcher Gauner. Am besten schützt man sich durch Wissen: Bevor man einen dieser Stadtteile besucht, sollte man sich erst einmal mit den gängigsten Betrugspraktiken vertraut machen (s. Kasten S. 134).

Wer einem Betrüger zum Opfer gefallen ist, kann sich an die Touristenpolizei wenden, die sehr wirksam gegen „unethische" Geschäftspraktiken und Delikte vorgeht. Allgemein sollte man sich darüber im Klaren sein, dass man bei Geschäften keinerlei Kundenschutz genießt und keinen Anspruch auf Entschädigung hat.

SEHENSWERTES
Ko Ratanakosin, Banglamphu & Thonburi

เกาะรัตนโกสินทร์/บางลำพู/ธนบุรี

Willkommen in der Wiege Bangkoks! Die weitläufige Stadt, die wir heute kennen, entstand aus Ko Ratanakosin, also gewissermaßen aus einer winzigen Insel („Ko"), die entstand, als am Mae Nam Chao Phraya gegen Ende des 18. Jhs. ein Kanal ausgegraben wurde. In dieser Gegend befinden sich die glänzenden Tempel und Paläste, die für die meisten Besucher Bangkok ausmachen, und am Flussufer

(Fortsetzung auf S. 134)

GROSSRAUM BANGKOK

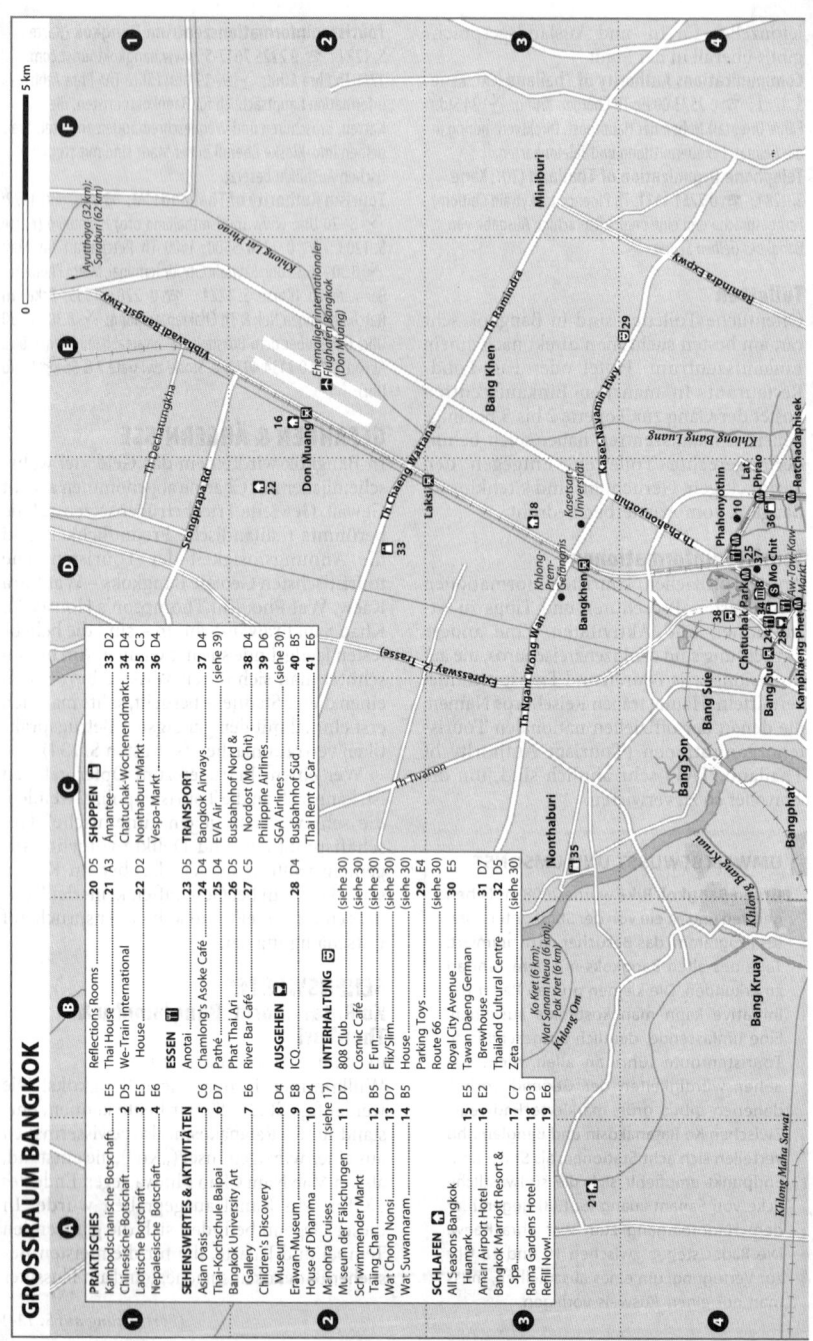

PRAKTISCHES

Kambodschanische Botschaft	**1** E5
Chinesische Botschaft	**2** D5
Laotische Botschaft	**3** E5
Nepalesische Botschaft	**4** E6

SEHENSWERTES & AKTIVITÄTEN

Asian Oasis	**5** C6
Thai-Kochschule Baipai	**6** D7
Bangkok University Art Gallery	**7** E6
Children's Discovery Museum	**8** D4
Erawan-Museum	**9** E8
House of Dhamma	**10** D4
Menóra Cruises	**(siehe 17)**
Museum der Fälschungen	**11** D7
Schwimmender Markt	**12** B5
Taling Chan	**13** D7
Wat Chong Nonsi	**14** B5
Wat Suwannaram	

SCHLAFEN

All Seasons Bangkok	**15** E5
Huamark	**16** E2
Amari Airport Hotel	
Bangkok Marriott Resort & Spa	**17** C7
Rama Gardens Hotel	**18** D3
Refill Now!	**19** E6

Reflections Rooms	**20** D5
Thai House	**21** A3
We-Train International House	**22** D2

ESSEN

Anotai	**23** D5
Chamlong's Asoke Café	**24** D4
Pathe	**25** D4
Phat Thai Ari	**26** D5
River Bar Café	**27** C5

AUSGEHEN

ICQ	**28** D4

UNTERHALTUNG

808 Club	**(siehe 30)**
Cosmic Café	**(siehe 30)**
E Fun	**(siehe 30)**
Flix/Slim	**(siehe 30)**
House	**(siehe 30)**
Parking Toys	**29** E4
Route 66	**(siehe 30)**
Royal City Avenue	**30** E5
Tawan Daeng German Brewhouse	**31** D7
Thailand Cultural Centre	**32** D5
Zeta	**(siehe 30)**

SHOPPEN

Amantee	**33** D2
Chatuchak-Wochenendmarkt	**34** D4
Nonthaburi-Markt	**35** C3
Vespa-Markt	**36** D4

TRANSPORT

Bangkok Airways	**37** D4
EVA Air	**(siehe 39)**
Busbahnhof Nord & Nordost (Mo Chit)	**38** D4
Philippine Airlines	**39** D6
SGA Airlines	**(siehe 30)**
Busbahnhof Süd	**40** B5
Thai Rent A Car	**41** E6

0 _____ 5 km

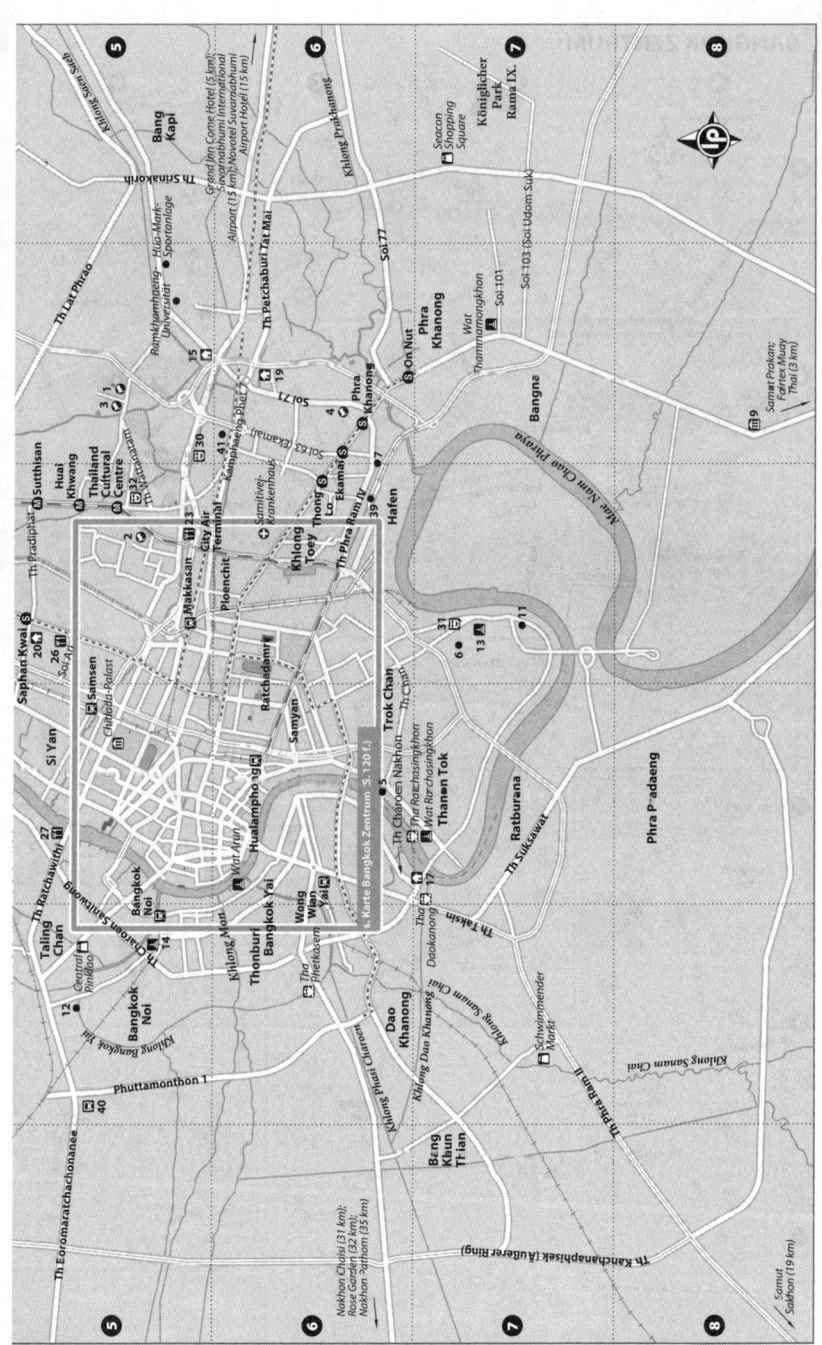

BANGKOK ZENTRUM

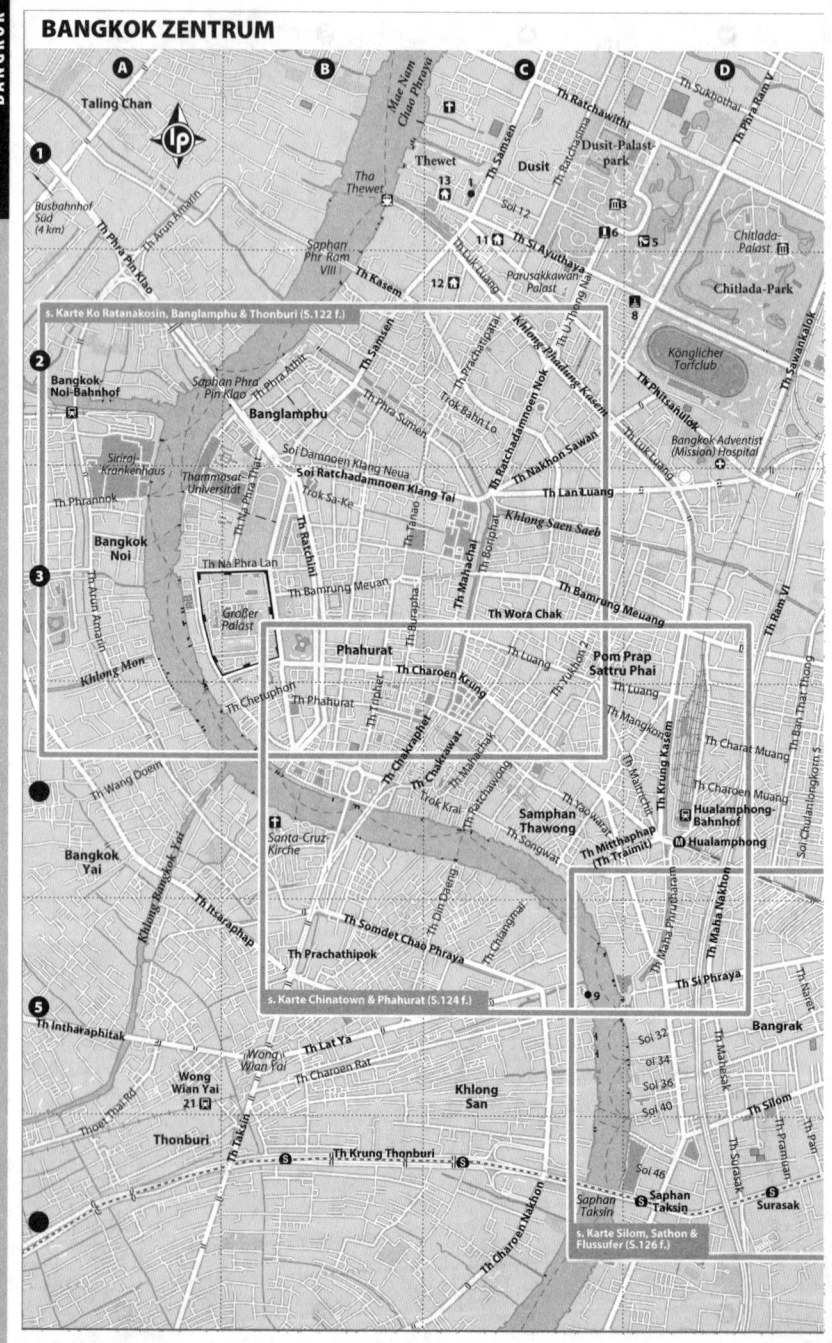

s. Karte Ko Ratanakosin, Banglamphu & Thonburi (S.122 f.)

s. Karte Chinatown & Phahurat (S.124 f.)

s. Karte Silom, Sathon & Flussufer (S.126 f.)

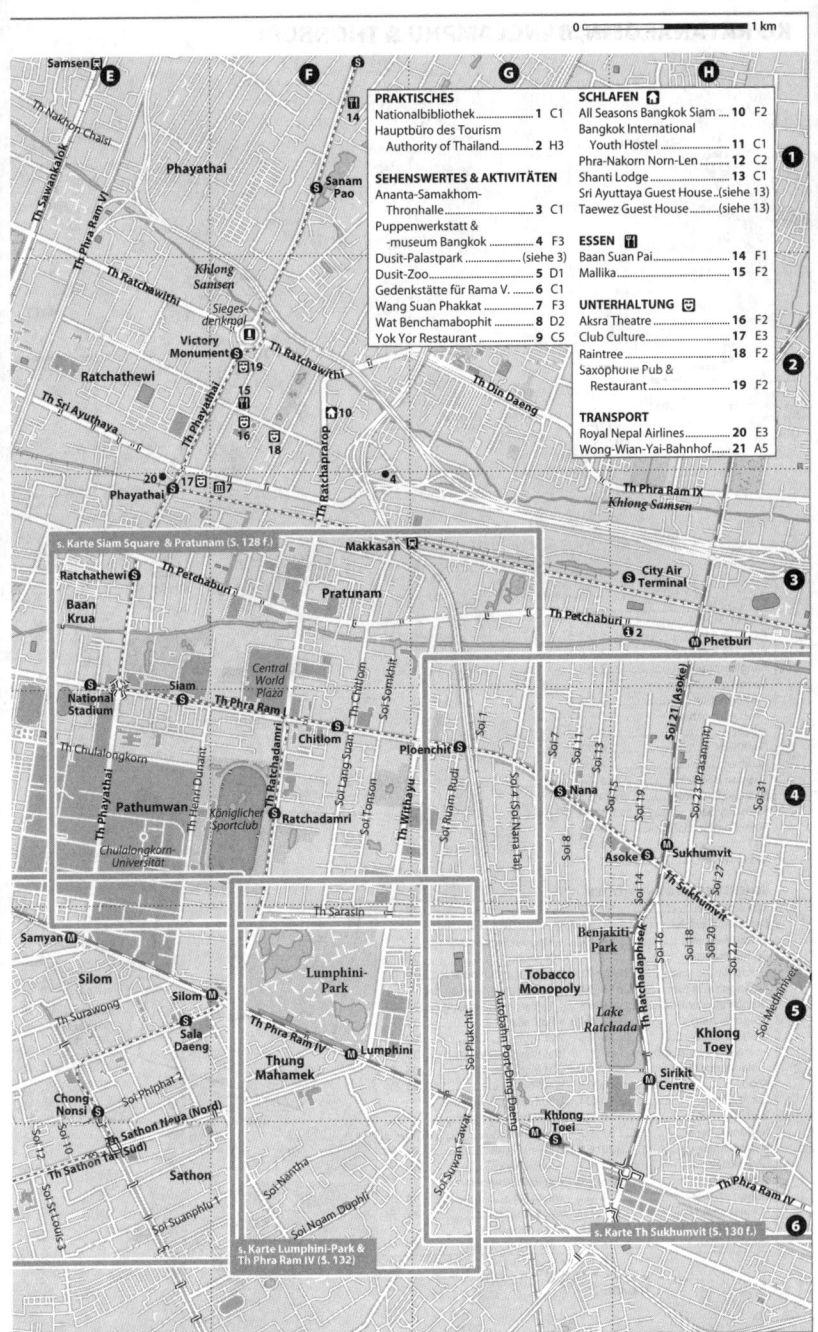

PRAKTISCHES
Nationalbibliothek.................................. **1** C1
Hauptbüro des Tourism
    Authority of Thailand.................. **2** H3

SEHENSWERTES & AKTIVITÄTEN
Ananta-Samakhom-
    Thronhalle.. **3** C1
Puppenwerkstatt &
    -museum Bangkok **4** F3
Dusit-Palastpark .... (siehe 3)
Dusit-Zoo... **5** D1
Gedenkstätte für Rama V. **6** C1
Wang Suan Phakkat **7** F3
Wat Benchamabophit **8** D2
Yok Yor Restaurant **9** C5

SCHLAFEN
All Seasons Bangkok Siam **10** F2
Bangkok International
    Youth Hostel **11** C1
Phra-Nakorn Norn-Len **12** C2
Shanti Lodge **13** C1
Sri Ayuttaya Guest House..(siehe 13)
Taewez Guest House ....(siehe 13)

ESSEN
Baan Suan Pai.. **14** F1
Mallika **15** F2

UNTERHALTUNG
Aksra Theatre **16** F2
Club Culture... **17** E3
Raintree **18** F2
Saxophone Pub &
    Restaurant **19** F2

TRANSPORT
Royal Nepal Airlines.................... **20** E3
Wong-Wian-Yai-Bahnhof....... **21** A5

BANGKOK

KO RATANAKOSIN, BANGLAMPHU & THONBURI

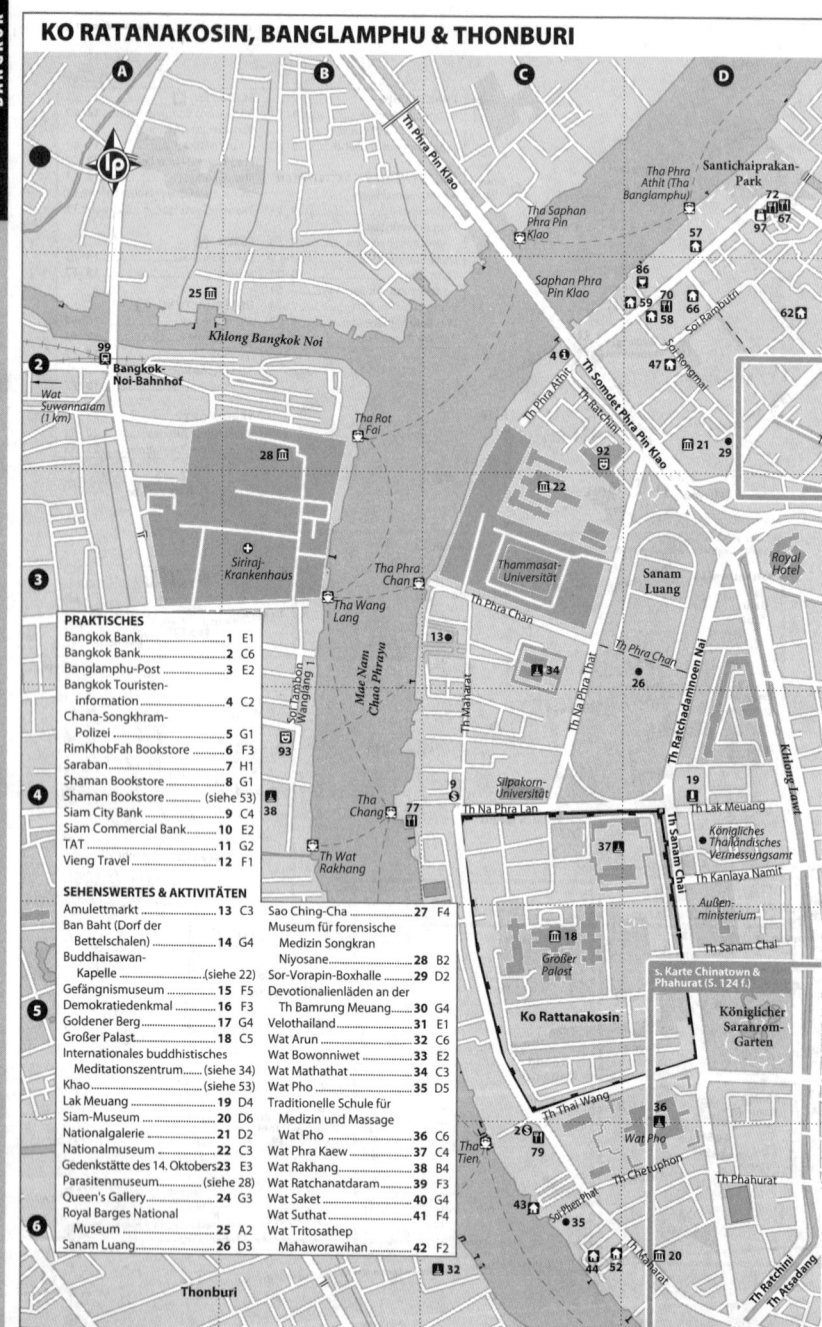

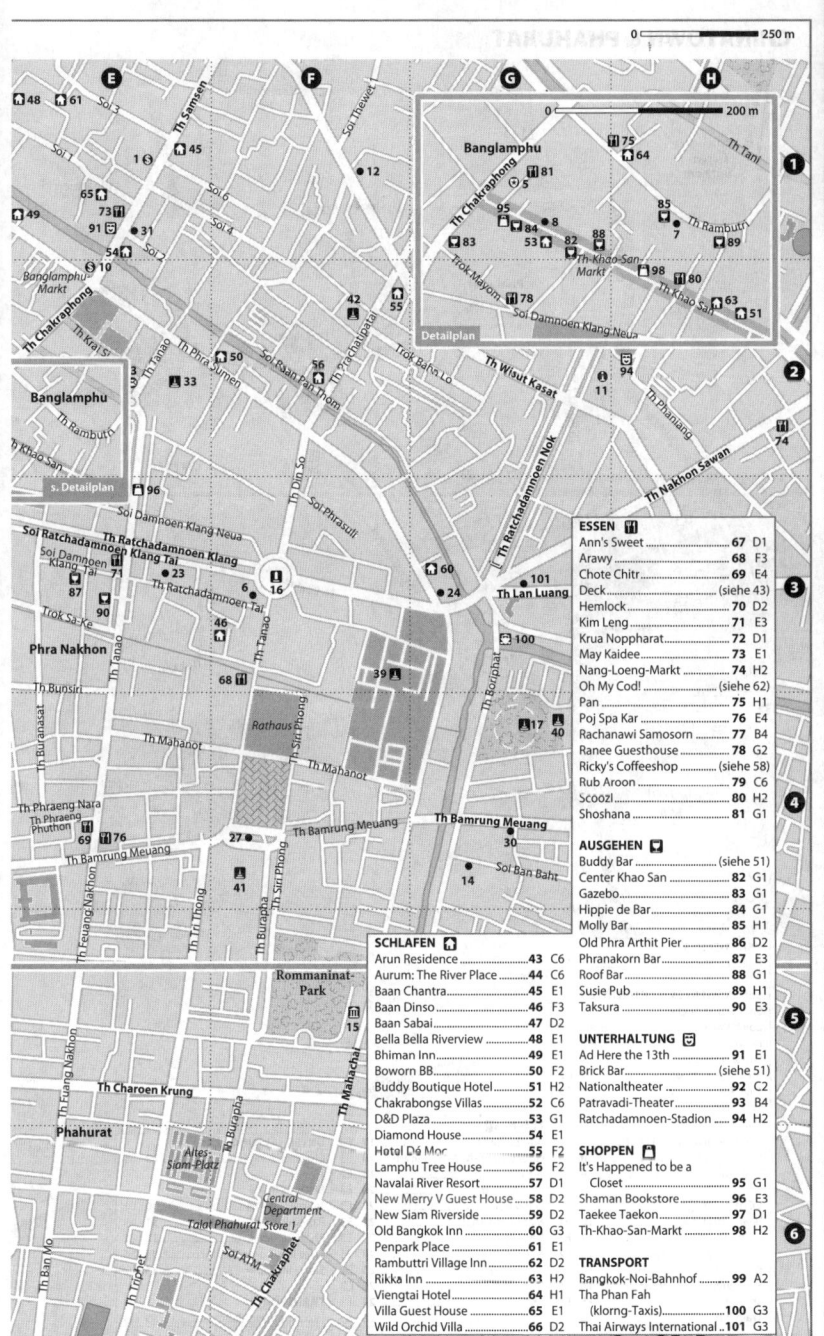

ESSEN
Ann's Sweet	**67** D1
Arawy	**68** F3
Chote Chitr	**69** E4
Deck	(siehe 43)
Hemlock	**70** D2
Kim Leng	**71** E3
Krua Noppharat	**72** D1
May Kaidee	**73** E1
Nang-Loeng-Markt	**74** H2
Oh My Cod!	(siehe 62)
Pan	**75** H1
Poj Spa Kar	**76** E4
Rachanawi Samosorn	**77** B4
Ranee Guesthouse	**78** G2
Ricky's Coffeeshop	(siehe 58)
Rub Aroon	**79** C6
Scoozi	**80** H2
Shoshana	**81** G1

AUSGEHEN
Buddy Bar	(siehe 51)
Center Khao San	**82** G1
Gazebo	**83** G1
Hippie de Bar	**84** G1
Molly Bar	**85** H1
Old Phra Arthit Pier	**86** D2
Phranakorn Bar	**87** E3
Roof Bar	**88** G1
Susie Pub	**89** H1
Taksura	**90** E3

UNTERHALTUNG
Ad Here the 13th	**91** E1
Brick Bar	(siehe 51)
Nationaltheater	**92** C2
Patravadi-Theater	**93** B4
Ratchadamnoen-Stadion	**94** H2

SHOPPEN
It's Happened to be a Closet	**95** G1
Shaman Bookstore	**96** E3
Taekee Taekon	**97** D1
Th-Khao-San-Markt	**98** H2

SCHLAFEN
Arun Residence	**43** C6
Aurum: The River Place	**44** C6
Baan Chantra	**45** E1
Baan Dinso	**46** F3
Baan Sabai	**47** D2
Bella Bella Riverview	**48** E1
Bhiman Inn	**49** E1
Boworn BB	**50** F2
Buddy Boutique Hotel	**51** H2
Chakrabongse Villas	**52** C6
D&D Plaza	**53** G1
Diamond House	**54** E1
Hotel Dé Moc	**55** F2
Lamphu Tree House	**56** F2
Navalai River Resort	**57** D1
New Merry V Guest House	**58** D2
New Siam Riverside	**59** D2
Old Bangkok Inn	**60** G3
Penpark Place	**61** E1
Rambuttri Village Inn	**62** D2
Rikka Inn	**63** H2
Viengtai Hotel	**64** H1
Villa Guest House	**65** E1
Wild Orchid Villa	**66** D2

TRANSPORT
Bangkok-Noi-Bahnhof	**99** A2
Tha Phan Fah (klorng-Taxis)	**100** G3
Thai Airways International	**101** G3

BANGKOK

CHINATOWN & PHAHURAT

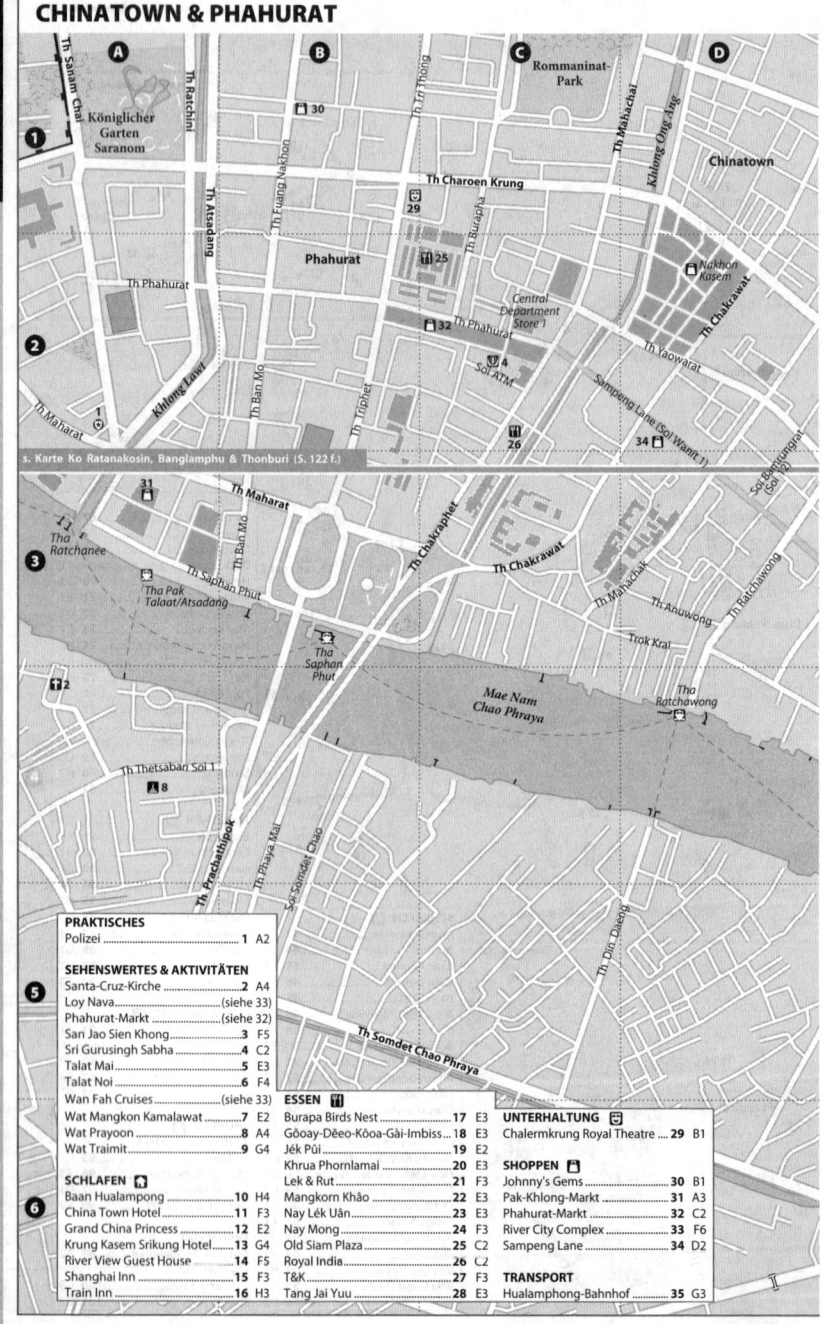

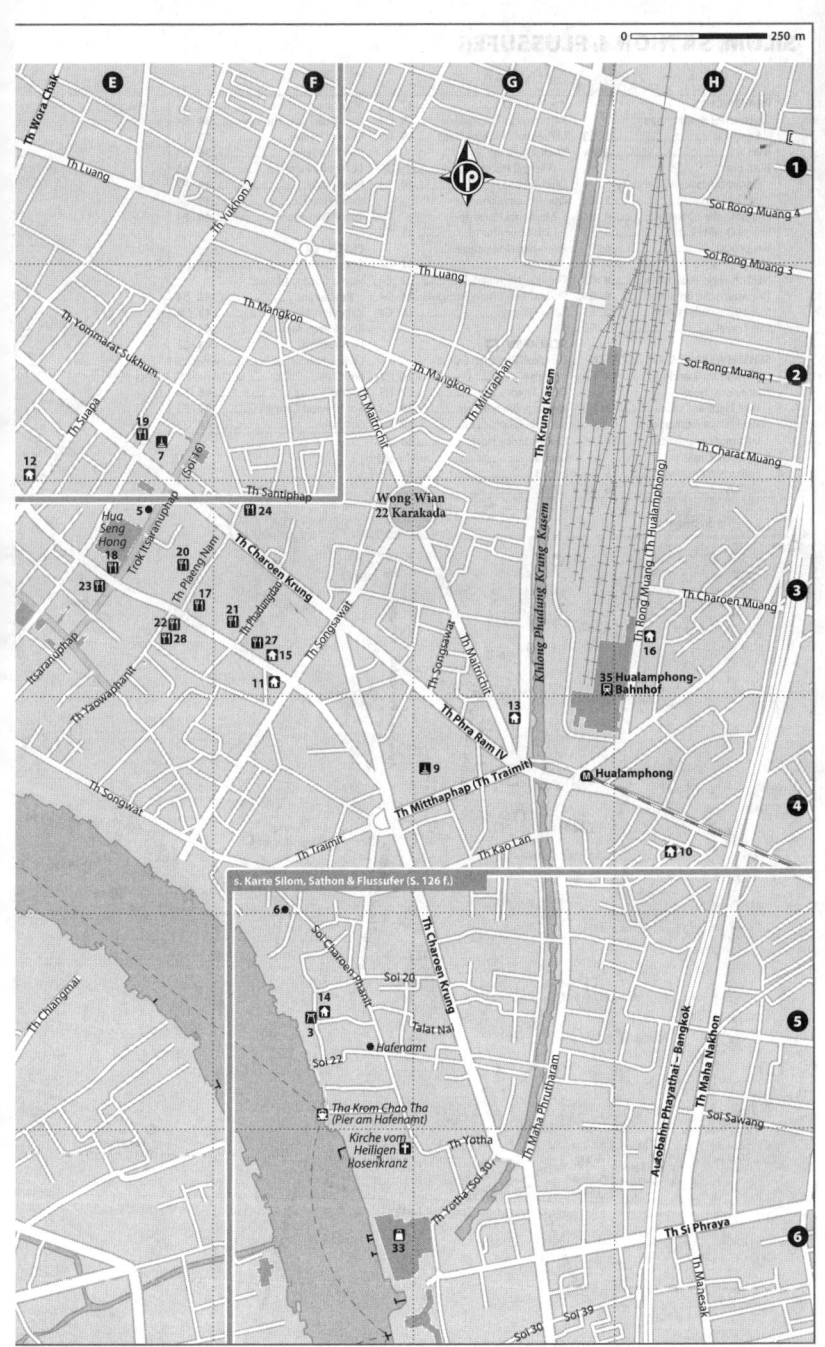

BANGKOK

SILOM, SATHON & FLUSSUFER

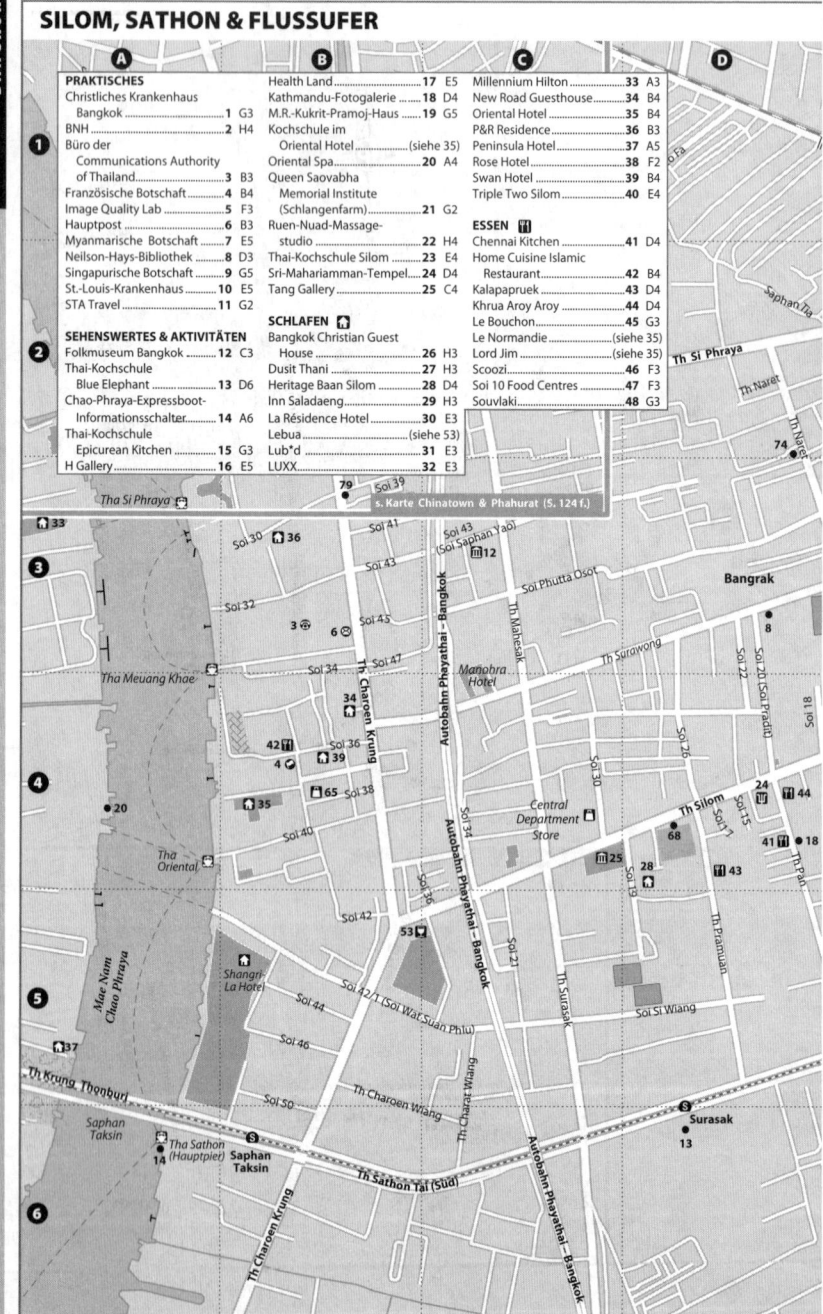

PRAKTISCHES
Christliches Krankenhaus
Bangkok **1** G3
BNH **2** H4
Büro der
Communications Authority
of Thailand **3** B3
Französische Botschaft **4** B4
Image Quality Lab **5** F3
Hauptpost **6** B3
Myanmarische Botschaft **7** E5
Neilson-Hays-Bibliothek **8** D3
Singapurische Botschaft **9** G5
St.-Louis-Krankenhaus **10** E5
STA Travel **11** G2

SEHENSWERTES & AKTIVITÄTEN
Folkmuseum Bangkok **12** C3
Thai-Kochschule
Blue Elephant **13** D6
Chao-Phraya-Expressboot-
Informationsschalter **14** A6
Thai-Kochschule
Epicurean Kitchen **15** G3
H Gallery **16** E5

Health Land **17** E5
Kathmandu-Fotogalerie **18** D4
M.R.-Kukrit-Pramoj-Haus **19** G5
Kochschule im
Oriental Hotel .... (siehe 35)
Oriental Spa **20** A4
Queen Saovabha
Memorial Institute
(Schlangenfarm) **21** G2
Ruen-Nuad-Massage-
studio **22** H4
Thai-Kochschule Silom **23** E4
Sri-Mahariamman-Tempel **24** D4
Tang Gallery **25** C4

SCHLAFEN
Bangkok Christian Guest
House **26** H3
Dusit Thani **27** H3
Heritage Baan Silom **28** D4
Inn Saladaeng **29** H3
La Résidence Hotel **30** E3
Lebua .... (siehe 53)
Lub*d **31** E3
LUXX **32** E3

Millennium Hilton **33** A3
New Road Guesthouse **34** B4
Oriental Hotel **35** B4
P&R Residence **36** B3
Peninsula Hotel **37** A5
Rose Hotel **38** F2
Swan Hotel **39** B4
Triple Two Silom **40** E4

ESSEN
Chennai Kitchen **41** D4
Home Cuisine Islamic
Restaurant **42** B4
Khrua Aroy Aroy **44** D4
Le Bouchon **45** G3
Le Normandie .... (siehe 35)
Lord Jim .... (siehe 35)
Scoozi **46** F3
Soi 10 Food Centres **47** F3
Souvlaki **48** G3

Kalapapruek **43** D4

s. Karte Chinatown & Phahurat (S. 124 f.)

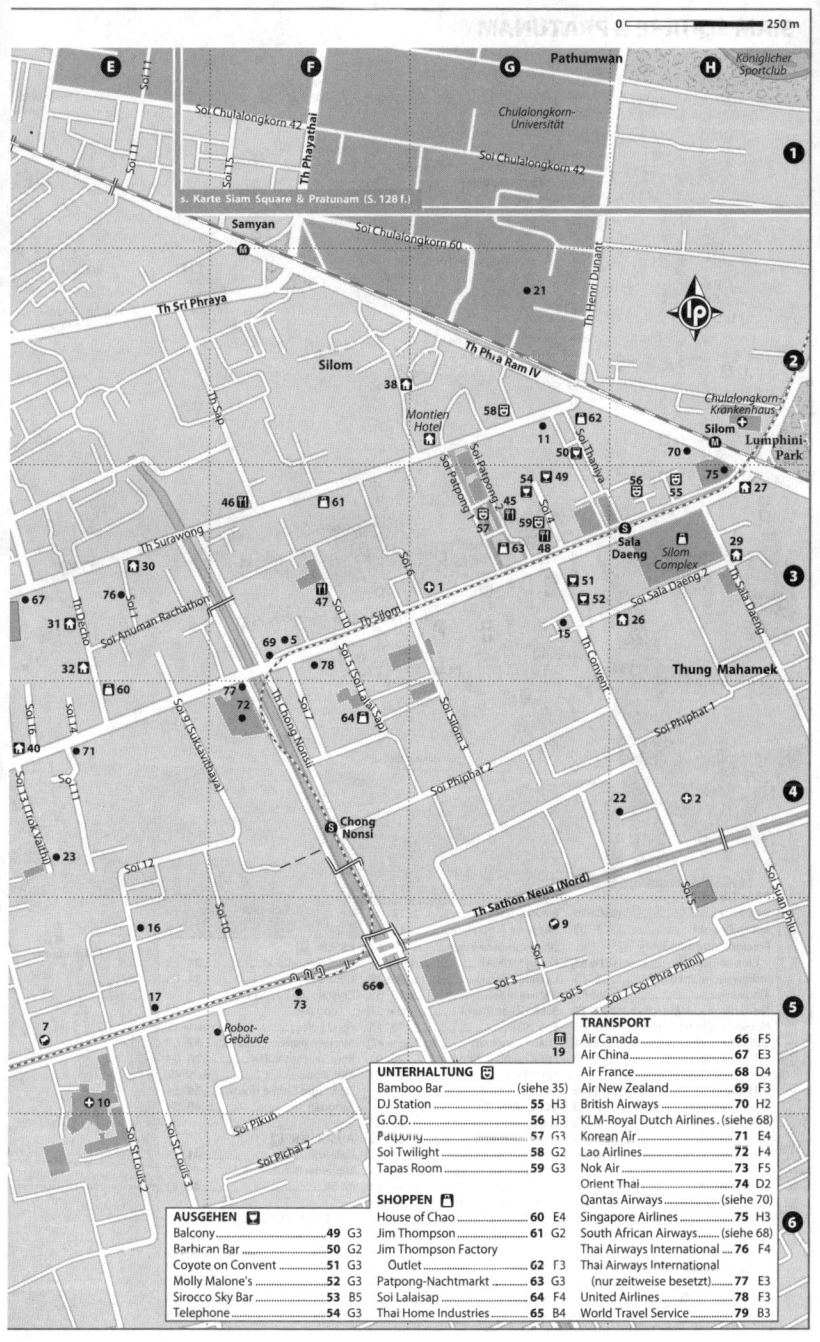

BANGKOK

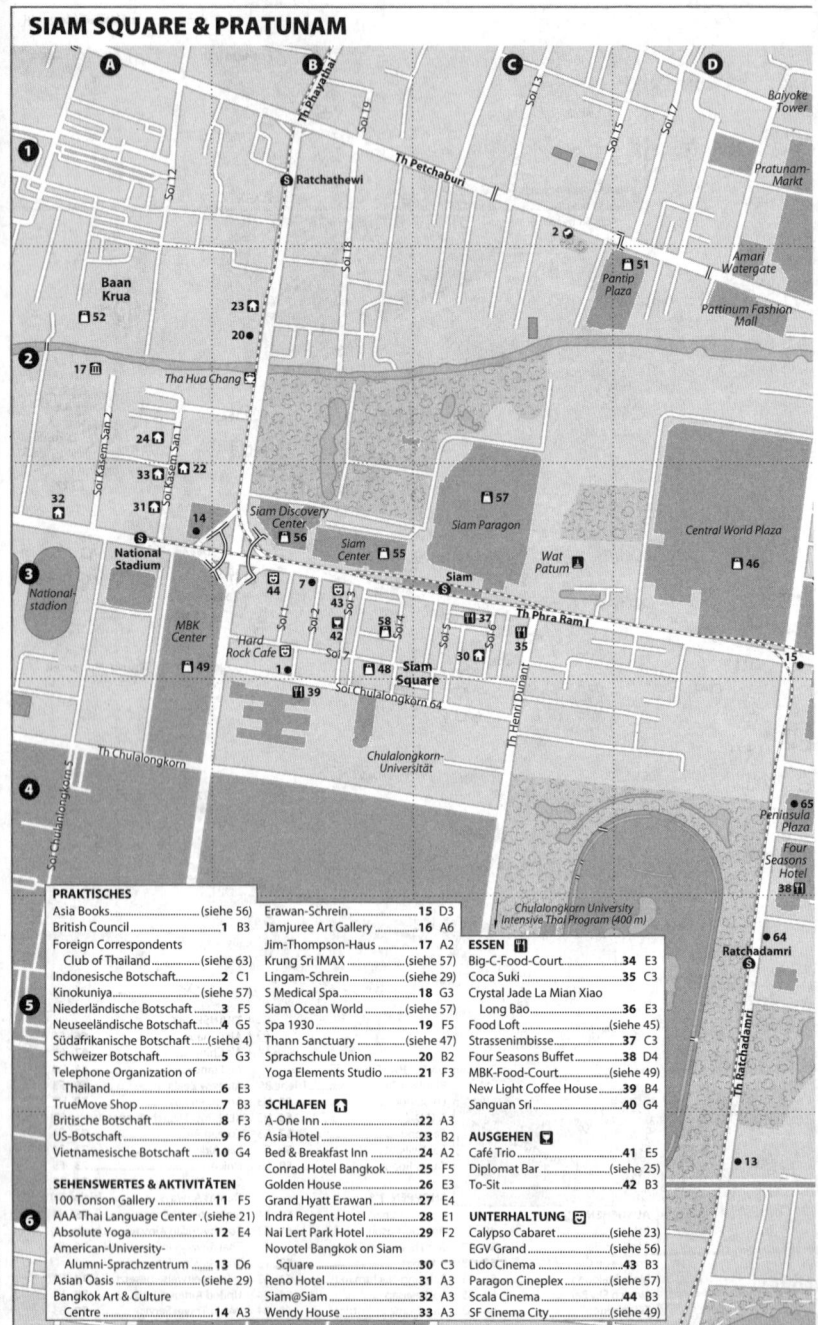

SIAM SQUARE & PRATUNAM

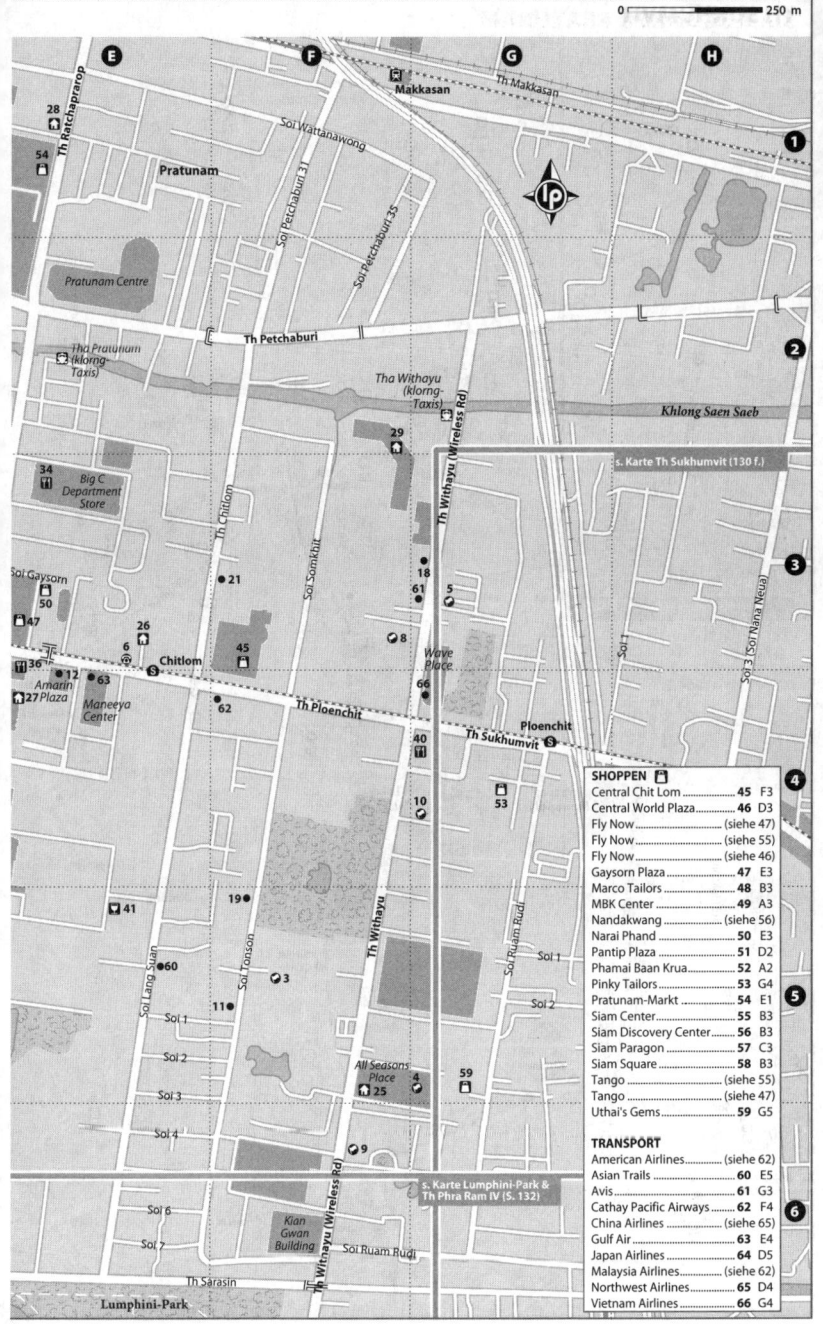

SHOPPEN 🛍️

Central Chit Lom	**45**	F3
Central World Plaza	**46**	D3
Fly Now	(siehe 47)	
Fly Now	(siehe 55)	
Fly Now	(siehe 46)	
Gaysorn Plaza	**47**	E3
Marco Tailors	**48**	B3
MBK Center	**49**	A3
Nandakwang	(siehe 56)	
Narai Phand	**50**	E3
Pantip Plaza	**51**	D2
Phamai Baan Krua	**52**	A2
Pinky Tailors	**53**	G4
Pratunam-Markt	**54**	E1
Siam Center	**55**	B3
Siam Discovery Center	**56**	B3
Siam Paragon	**57**	C3
Siam Square	**58**	B3
Tango	(siehe 55)	
Tango	(siehe 47)	
Uthai's Gems	**59**	G5

TRANSPORT

American Airlines	(siehe 62)	
Asian Trails	**60**	E5
Avis	**61**	G3
Cathay Pacific Airways	**62**	F4
China Airlines	(siehe 65)	
Gulf Air	**63**	E4
Japan Airlines	**64**	D5
Malaysia Airlines	(siehe 62)	
Northwest Airlines	**65**	D4
Vietnam Airlines	**66**	G4

BANGKOK

TH SUKHUMVIT

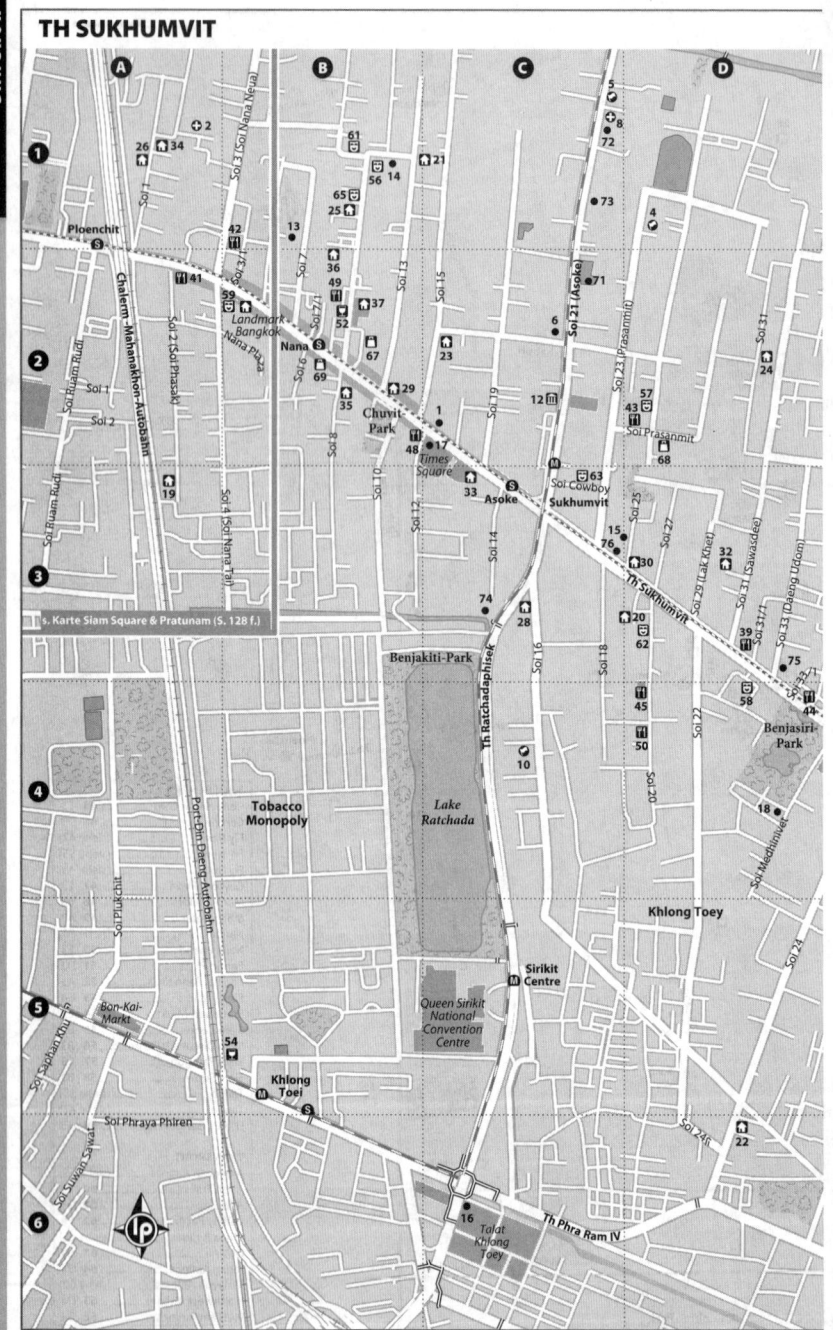

0 ————— 0.5 km

PRAKTISCHES
Asia Books ....(siehe 66)
Asia Books **1** C2
Bumrungrad-Krankenhaus **2** A1
Dasa Book Café **3** E4
Indische Botschaft **4** D1
Israelische Botschaft **5** C1
Japan Foundation **6** C2
Kinokuniya ....(siehe 66)
Philippinische Botschaft **7** E4
Rutnin-Augenklinik **8** C1
Samitivej-Krankenhaus **9** F3
Siam Society ....(siehe 12)
Spanische Botschaft **10** C4

SEHENSWERTES & AKTIVITÄTEN
ABC Amazing Bangkok
  Cyclists **11** E4
Ban Kamthieng **12** C2
Buathip Thai Massage **13** B1
Coran Boutique Spa **14** B1
Divana Spa **15** C3
Khlong-Toey-Markt **16** C6
Pro Language **17** C2
Thai Traditional Medical
  Services Society ....(siehe 14)
Thailand Creative &
  Design Center ....(siehe 66)
World Fellowship of
  Buddhists **18** D4

SCHLAFEN
Atlanta **19** A3
Baan Sukhumvit **20** D3
Citichic **21** C1

Davis **22** D6
Dream Bangkok **23** C2
Eugenia **24** D2
Federal Hotel **25** B1
Golden Palace Hotel **26** A1
HI-Sukhumvit **27** G5
Ma Du Zi **28** C3
Miami Hotel **29** B2
Nana Chart Hotel **30** D3
Napa Place Bed &
  Breakfast **31** F5
Seven **32** D3
Sheraton Grande
  Sukhumvit **33** C3
Soi 1 Guesthouse **34** A1
Stable Lodge **35** B2
Suk 11 .... **36** B2
Swiss Park Hotel **37** D2

ESSEN
AH! ....(siehe 19)
Arirang ....(siehe 48)
Bed Supperclub ....(siehe 56)
Bo.lan **38** E5
Duc de Praslin **39** D3
Emporium-Food-Hall .....(siehe 66)
Face **40** G6
Buffet im JW Marriott **41** A2
Nasser Elmassry **42** B1

Park Food Hall ....(siehe 66)
Pharani Home Cuisine **43** D2
Ramentei **44** D4
Rang Mahal **45** D4
Scoozi **46** G5
Soi-38-Nachtmarkt **47** G5
Sukhumvit Plaza **48** B2
Tapas Café **49** B2
Thonglee **50** D4

AUSGEHEN
Bull's Head **51** E3
Cheap Charlie's **52** B2
HOBS **53** G3
Rain Dogs **54** B5
Tuba **55** H2

UNTERHALTUNG
Bed Supperclub **56** B1
Glow **57** D2
Living Room ....(siehe 33)
Mambo Cabaret **58** D4
Nana Entertainment Plaza **59** B2
Nung-Len **60** H4
Q Bar **61** B1
Scratch Dog **62** D3
SFX Cinema ....(siehe 66)
Soi Cowboy **63** C3
Tokyo Joe's **64** E4
Twisted Republic **65** B1

SHOPPEN
Emporium Shopping
  Centre **66** E4
Manhattan Custom Tailor **67** B2
Nandakwang **68** D2
Th-Sukhumvit-Markt **69** B2

TRANSPORT
Busbahnhof Ost
  (Ekamai) **70** H6
Emirates **71** C2
Lufthansa Airlines **72** C1
Myanmar Airways
  International **73** C1
One-Two-Go **74** C3
PB Air **75** D3
Scandinavian Airlines **76** C3

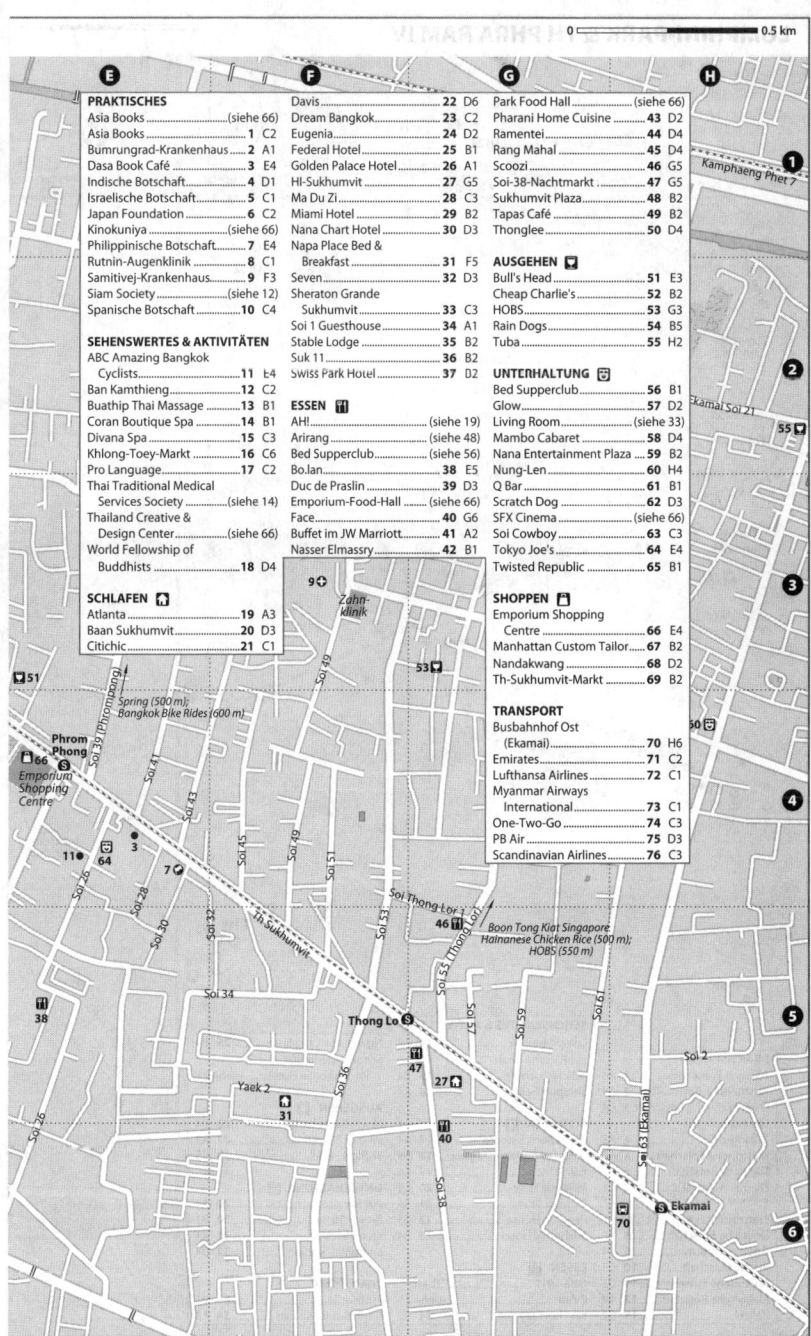

Kamphaeng Phet 7

Spring (500 m);
Bangkok Bike Rides (600 m)

Phrom Phong

Emporium Shopping Centre

Soi Thong Lor 3

Boon Tong Kiat Singapore
Hainanese Chicken Rice (500 m);
HOBS (550 m)

Th Sukhumvit

Thong Lo

Yaek 2

Soi 34

Ekamai

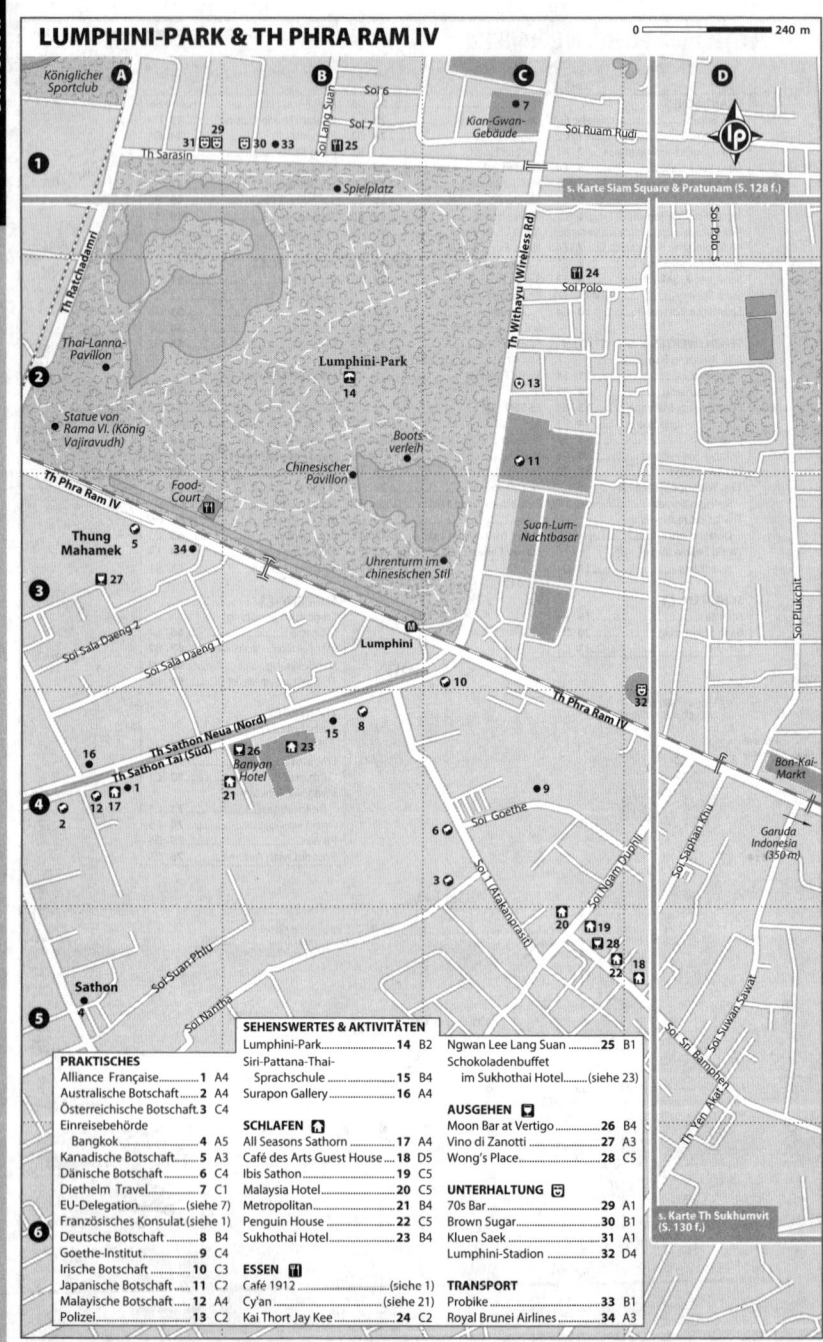

LUMPHINI-PARK & TH PHRA RAM IV

0 ⸺ 240 m

Königlicher Sportclub **A**   **B**   **C**   **D**

Soi 6

Th Sarasin

Th Ratchadamri

Thai-Lanna-Pavillon

Statue von Rama VI. (König Vajiravudh)

Food-Court

Thung Mahamek

Lumphini-Park

Boots-verleih

Chinesischer Pavillon

Uhrenturm im chinesischen Stil

Suan-Lum-Nachtbasar

Th Phra Ram IV

Th Sathon Neua (Nord)
Th Sathon Tai (Süd)

Banyan Hotel

Sathon

Sala Daeng 2
Soi Sala Daeng 1

Lumphini

Th Phra Ram IV

Sol Goethe

Soi Ngam Duphli

Soi Suan Phlu

Soi Nantha

Bon-Kai-Markt

Garuda Indonesia (350 m)

s. Karte Siam Square & Pratunam (S. 128 f.)

s. Karte Th Sukhumvit (S. 130 f.)

Kian-Gwan-Gebäude

Spielplatz

Th Withayu (Wireless Rd)

Soi Polo

Soi Ruam Rudi

SEHENSWERTES & AKTIVITÄTEN
Lumphini-Park	**14**	B2
Siri-Pattana-Thai-Sprachschule	**15**	B4
Surapon Gallery	**16**	A4

SCHLAFEN
All Seasons Sathorn	**17**	A4
Café des Arts Guest House	**18**	D5
Ibis Sathon	**19**	C5
Malaysia Hotel	**20**	C5
Metropolitan	**21**	B4
Penguin House	**22**	C5
Sukhothai Hotel	**23**	B4

ESSEN
Café 1912	(siehe 1)	
Cy'an	(siehe 21)	
Kai Thort Jay Kee	**24**	C2

Ngwan Lee Lang Suan	**25**	B1
Schokoladenbuffet im Sukhothai Hotel	(siehe 23)	

AUSGEHEN
Moon Bar at Vertigo	**26**	B4
Vino di Zanotti	**27**	A3
Wong's Place	**28**	C5

UNTERHALTUNG
70s Bar	**29**	A1
Brown Sugar	**30**	B1
Kluen Saek	**31**	A1
Lumphini-Stadion	**32**	D4

TRANSPORT
Probike	**33**	B1
Royal Brunei Airlines	**34**	A3

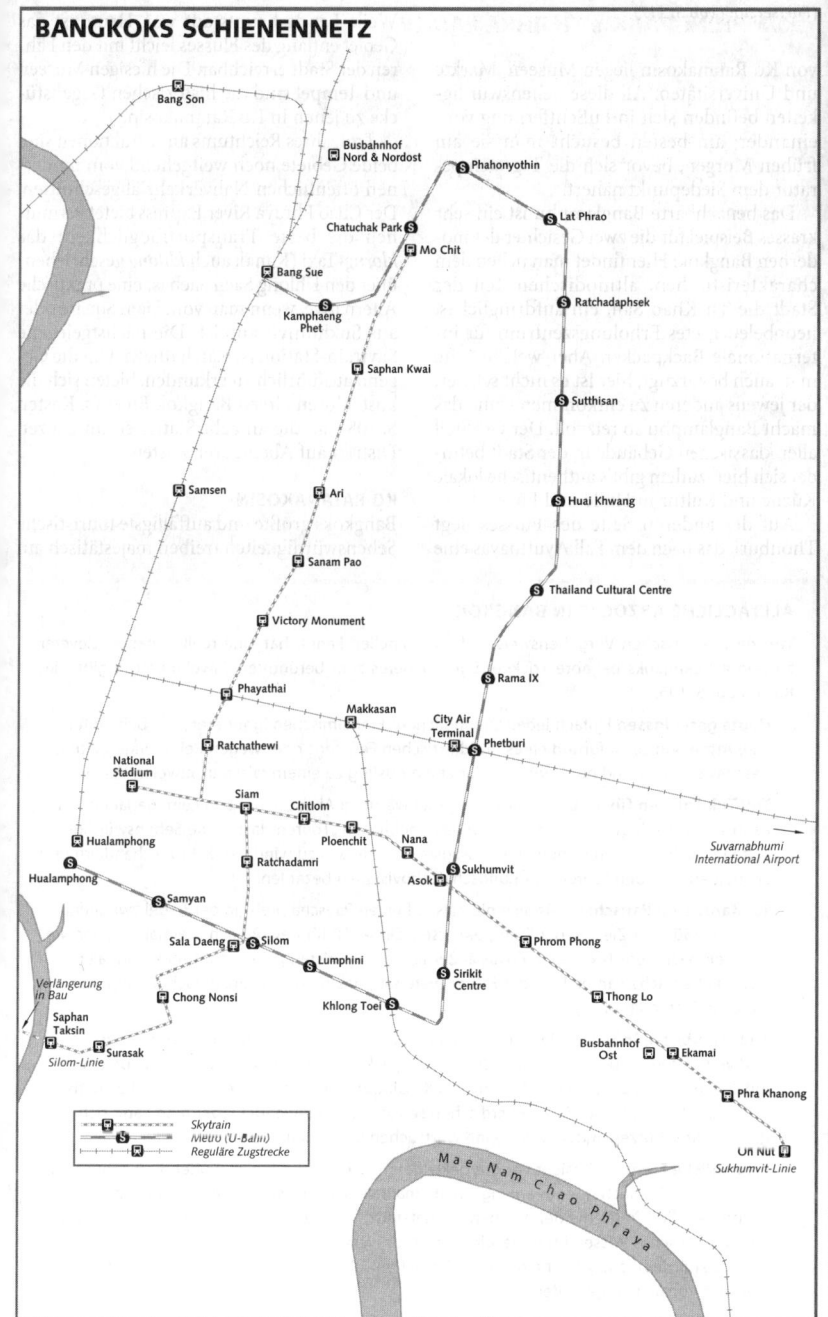

BANGKOKS SCHIENENNETZ

Bang Son

Busbahnhof
Nord & Nordost

Phahonyothin

Chatuchak Park

Lat Phrao

Mo Chit

Bang Sue

Ratchadaphisek

Kamphaeng
Phet

Saphan Kwai

Sutthisan

Samsen

Ari

Sanam Pao

Huai Khwang

Victory Monument

Thailand Cultural Centre

Phayathai

Rama IX

Makkasan

City Air
Terminal

Phetburi

Ratchathewi

National
Stadium

Siam

Chitlom

Ploenchit

Nana

Hualamphong

Ratchadamri

Asok

Sukhumvit

Hualamphong

Samyan

Suvarnabhumi
International Airport

Sala Daeng

Silom

Phrom Phong

Lumphini

Chong Nonsi

Khlong Toei

Sirikit
Centre

Thong Lo

Verlängerung
in Bau

Busbahnhof
Ost

Ekamai

Saphan
Taksin

Surasak

Phra Khanong

Silom-Linie

On Nut

Sukhumvit-Linie

Mae Nam Chao Phraya

Skytrain
Metro (U-Bahn)
Reguläre Zugstrecke

BANGKOK

(Fortsetzung von S. 117)

von Ko Ratanakosin liegen Museen, Märkte und Universitäten. All diese Sehenswürdigkeiten befinden sich in Fußentfernung voneinander; am besten besucht man sie am frühen Morgen, bevor sich die Tagestemperatur dem Siedepunkt nähert.

Das benachbarte Banglamphu ist ein sehr krasses Beispiel für die zwei Gesichter des modernen Bangkok: Hier findet man neben dem charakteristischen, altmodischen Teil der Stadt die Th Khao San, ein aufdringliches, neonbeleuchtetes Erholungszentrum für internationale Backpacker. Aber welche Seite man auch bevorzugt, hier ist es nicht schwer, der jeweils anderen zu entkommen – und das macht Banglamphu so reizvoll. Der Großteil aller klassischen Gebäude in der Stadt befindet sich hier, zudem gibt's authentische lokale Küche und Kultur in Hülle und Fülle.

Auf der anderen Seite des Flusses liegt Thonburi, das nach dem Fall Ayutthayas eine Weile Landeshauptstadt war. Heute ist das Gebiet entlang des Flusses leicht mit den Fähren der Stadt erreichbar. Die hiesigen Museen und Tempel sind die historischen Gegenstücke zu jenen in Ko Ratanakosin.

Trotz ihres Reichtums an Attraktionen sind beide Gebiete noch weitgehend vom modernen öffentlichen Nahverkehr abgeschnitten. Der Chao Phraya River Express bietet vermutlich die beste Transportmöglichkeit; das *klorng*-Taxi (Kanal; auch *khlong* geschrieben) über den Khlong Saen Saeb ist eine praktische Alternative, wenn man vom Siam Square oder aus Sukhumvit anreist. Die nächstgelegene Skytrain-Station ist Ratchathewi. Um die Gegend ausführlich zu erkunden, bieten sich die kostenlosen Green Bangkok Bikes (s. Kasten S. 108) an, die an acht Stationen im ganzen Distrikt auf Abenteurer warten.

KO RATANAKOSIN

Bangkoks größte und auffälligste touristische Sehenswürdigkeiten treiben majestätisch auf

---

ALLTÄGLICHE ABZOCKE IN BANGKOK

Wer diese klassischen Vorgehensweisen der Kriminellen kennt, hat eine reelle Chance, cleverer zu sein als Bangkoks begabte Trickbetrüger. Näheres zum berühmten Juwelenbetrug gibt's im Kasten auf S. 196.

■ **Heute geschlossen** Einfach jeden „freundlichen" Einheimischen ignorieren, der behauptet, eine Attraktion sei aufgrund eines buddhistischen Feiertags oder wegen Reinigungarbeiten geschlossen: Das sind nur Vorwände für einen Ausflug zu einem falschen Juwelen-Verkauf.

■ **Tuk-Tuk-Fahrten für 10 B** Wer dieser allgegenwärtigen Abzocke auf den Leim gegangen ist, kann sämtliche Tagespläne vergessen. Die angeblichen „Touren" lassen die Sehenswürdigkeiten links liegen und bringen die Passagiere stattdessen zu windigen Schmuckhändlern und Schneidern, die den Fahrern für Kundschaft Provisionen bezahlen.

■ **Taxifahrt zum Pauschalpreis** Sich niemals auf einen Pauschalpreis (in der Regel zwischen 100 und 150 B für Ziele in der Stadt) einlassen: Dieser ist für gewöhnlich dreimal so teuer wie der Preis nach dem Taxameter. Etwas außerhalb der Touristengebiete trifft man normalerweise auf ehrliche Fahrer. Falls der Fahrer „vergisst", das Taxameter anzumachen, sagt man einfach: „Meter, kha/khap."

■ **Touristenbusse in den Süden** Auf der langen Reise gen Süden haben die gut organisierten und vernetzten Diebe stundenlang Zeit, das Gepäck zu durchwühlen, Koffer aufzubrechen (und sie dann wieder zu verschließen) und Kreditkarten, Elektrogeräte und sogar Kosmetikartikel zu stehlen. Diese Masche wird schon seit Jahren angewendet, aber man kann sich ganz leicht schützen, indem man seine Wertsachen mit in den Bus nimmt.

■ **Freundliche Fremde** Vorsicht vor gut gekleideten Herren, die fragen, woher man kommt und wohin man will. Nach diesem anfänglichen Smalltalk folgt meist der Satz: „Mein Sohn/meine Tochter studiert in (Name der eigenen Heimatstadt)" – diese Männer scheinen ein geradezu enzyklopädisches Wissen über die wichtigsten Universitätsstädte zu besitzen. Wie die Tourismusbehörde uns sagte, ist ein solches Verhalten sehr untypisch für Thailänder und daher stets mit Vorsicht zu genießen.

DEM ANLASS ENTSPRECHEND GEKLEIDET

Die meisten der großen Touristenattraktionen Bangkoks sind tatsächlich heilige Stätten, und als Besucher sollte man sich daher angemessen benehmen und kleiden. Besonders am Wat Phra Kaew, am Großen Palast und im Dusit-Park wird einem der Zutritt verweigert, wenn der Körper nicht genug verhüllt ist. Kurze Hosen, ärmellose T-Shirts, Tops mit Spaghettiträgern, Caprihosen (also eigentlich alles, das mehr als die Arme – nicht die Schultern – und den Kopf erkennen lässt) sind nicht erlaubt – weder für Männer noch für Frauen. Im Zweifelsfall kann es passieren, dass man in eine Umkleide geleitet wird, in der man einen Sarong anziehen muss, bevor man hinein darf. Wer sich auf dem Innengelände bewegt, sollte Schuhe tragen, die Fersen und Zehen bedecken, auch wenn diese Vorschriften nicht so streng kontrolliert werden. Davon abgesehen sind die Schuhe stets auszuziehen, bevor eine wichtige *bòht* (Kapelle) oder ein *wí·hǎhn* (Altarraum) betreten wird. Wenn man vor einer Buddhadarstellung sitzt, setzt man sich am besten auf die Füße, um nicht die Füße in Richtung dieser hoch verehrten Figuren zu strecken, was als äußerst beleidigend verstanden wird.

dieser künstlichen Insel. Über den Pier der Fähre in Tha Chang erreicht man sie am besten.

Wat Phra Kaew & Großer Palast
วัดพระแก้ว/พระบรมมหาราชวัง

Der Tempel des Smaragd-Buddhas, umgangssprachlich **Wat Phra Kaew** (Karte S. 122 f.; ☎ 0 2224 1833; Eintritt 350 B; ⏰ 8.30–15.30 Uhr; Bus 508, 512, Fähre Tha Chang) genannt, ist eine riesige, märchenhafte Anlage, in der u. a. die ehemalige Residenz des thailändischen Monarchen, der Große Palast, untergebracht ist.

Das Gelände wurde 1782, im ersten Jahr Bangkoks als Hauptstadt, geweiht und ist heute die größte Touristenattraktion der Stadt und eine Pilgerstätte für ergebene Buddhisten und Nationalisten. Auf 94,5 ha stehen hier mehr als 100 Gebäude, die 200 Jahre königlicher Geschichte und architektonischer Experimente repräsentieren. Der Großteil der Architektur, royal wie sakral, ist im Ratanakosin- (oder „Alten Bangkok"-) Stil erbaut.

Der **Smaragd-Buddha**, untergebracht in einer fantastisch dekorierten *bòht* (Kapelle) und bewacht von zwei Paaren von *yaksha* (mythischen Riesen), ist die Hauptattraktion des Tempels. Er sitzt auf einem erhöhten Altar und ist unter all den goldenen Verzierungen kaum zu erkennen. Die winzige Figur trägt je nach Saison (heiß, kühl oder regnerisch) einen anderen königlichen Umhang, den der König (oder, wie in den letzten Jahren, der Kronprinz) zum Beginn jeder neuen Jahreszeit in einer feierlichen Zeremonie wechselt. Weitere Einzelheiten zu dieser heiligen Statue gibt's im Kasten auf S. 136. Kürzlich restaurierte **buddhistische Wandgemälde** zieren die

Mauern der *bòht*, und **Wandgemälde mit Ramakian-Szenen** (der thailändischen Version des indischen Epos *Ramayana*) schmücken die Innenwände der Tempelanlage. Letztere sind einst während der Herrschaft von Rama I. (1782–1809) entstanden und wurden ebenfalls vor Kurzem restauriert. Sie stellen das Epos in voller Länge dar: Die Geschichte beginnt am Nordtor und setzt sich im Uhrzeigersinn über die gesamte Anlage fort.

Von einem Vorraum hier und da einmal abgesehen, nutzt der König die Gebäude des **Großen Palastes** (Phra Borom Maharatchawong) heute nur noch für Zeremonien, etwa am Krönungstag (eigentlich wohnt er die meiste Zeit in Hua Hin).

Die **Borombhiman-Halle** (Ostende) hat einen französischen Touch und diente ursprünglich Rama VI. als Residenz. Heute werden ausländische Würdenträger für die Dauer ihres Besuchs hier untergebracht. Im April 1981 nutzte General San Chitpatima bei seinem Putschversuch das Gebäude als Hauptquartier. Der Bau im Westen ist die **Amarindra-Halle**; ursprünglich als Gerichtshalle angelegt, wird sie nun für Krönungszeremonien genutzt.

Der größte der Palastbauten ist der **Chakri Mahaprasat**, die Halle des Grand Palace. Britische Architekten ließen sie 1882 von thailändischen Arbeitern erbauen. Das Äußere ist eine eigentümliche Mischung aus italienischer Renaissance und traditioneller thailändischer Architektur. Man bezeichnet diesen Stil oft als *fa·ràng sài chá·dah* (Westler mit einer thailändischen Krone), da jeder Flügel von einem *mondòp* gekrönt ist – einer reich verzierten Spitze, die die thailändische Entsprechung eines hinduistischen *mandapa* (Schreins) dar-

DIE IRRFAHRTEN DES SMARAGD-BUDDHA

Trotz seiner Größe (gerade mal 66 cm) und seines Materials (wohl eher Jaspis oder Jade als Smaragd) spielt der Smaragd-Buddha (Phra Kaew Morakot) eine wichtige Rolle im Thai-Buddhismus. Tatsächlich war er nur eine unter vielen anderen Buddhafiguren ohne illustre Herkunft, bis er im 15. Jh. in Chiang Rai groß rauskam. Die Statue war mit Stuck überzogen (eine weit verbreitete Praxis zum Schutz wertvoller Buddhafiguren vor Diebstahl); als sie eines Tages zu Boden fiel, kam das grün glänzende Innere zum Vorschein. Nach einigen Stationen in verschiedenen Tempeln im nördlichen Thailand wurde die Statue in der Mitte des 16. Jhs. von laotischen Eindringlingen gestohlen und blieb 200 Jahre in deren Heimat.

1878 zog Thailands König Taksin in den Krieg gegen Laos, eroberte die Statue zurück und brachte sie in die neue Hauptstadt Thonburi. Später, als die Hauptstadt nach Bangkok verlegt wurde und General Chakri die Krone übernahm, wurde für den Smaragd-Buddha eines der prächtigsten Bauwerke des Landes errichtet, der Wat Phra Kaew.

---

stellt. Der höchste *mondòp* in der Mitte enthält die Asche von Chakri-Königen, die seitlichen *mondòps* die Asche der Chakri-Prinzen. Traditionell brachten die thailändischen Könige ihre riesigen Harems im Bereich des Inneren Palasts unter, wo sie von kampferprobten weiblichen Posten bewacht wurden.

Ganz am Ende (von Ost nach West) steht die **Dusit-Halle** im Ratanakosin-Stil, die früher als Ort für königliche Audienzen diente und später zur königlichen Begräbnishalle umgemodelt wurde.

Am Kartenhäuschen können auch Führer angeheuert werden; diejenigen, die draußen stehen, sollte man aber einfach ignorieren. Wat Phra Kaew und der Große Palast von Banglamphu aus am besten durch einen kurzen Spaziergang Richtung Süden über Sanam Luang oder mit einem Chao-Phraya-Expressboot nach Tha Chang erreichbar. Vom Siam Square aus nimmt man Bus 47 (vor dem MBK Center, Th Phra Ram I).

Im Eintrittspreis für die Anlage ist auch der Zugang zum **Dusit-Park** (S. 149) enthalten, in dem der komplett aus Teakholz gefertigte Vimanmek-Palast und der Abhisek-Dusit-Thronsaal zu bestaunen sind.

Wat Pho
วัดโพธิ์(วัดพระเชตุพน)
Hier trifft man deutlich weniger Touristen als am Wat Phra Kaew, aber **Wat Pho** (Wat Phra Chetuphon; Karte S. 122 f.; ☎ 0 2221 9911; Th Sanamchai; Eintritt 50 B; ☾ 8–17 Uhr; Bus 508, 512, Fähre Tha Tien) ist unser persönlicher Favorit unter Bangkoks größten Tempeln. Die Anlage kann ein paar Superlative für sich verbuchen: den größten liegenden Buddha, Thailands größte Sammlung an Buddhadarstellungen und das älteste Zentrum

für öffentliche Bildung im ganzen Königreich.

Der unglaublich eindrucksvolle **Liegende Buddha**, der 46 m lang und 15 m hoch und damit für sein Zuhause beinahe zu groß ist, veranschaulicht Buddhas Übergang ins Nirvana (also seinen Tod). Die Statue wurde mit Gips um einen Backsteinkern modelliert und mit Blattgold überzogen. Die Füße schmücken Perlmuttintarsien, die 108 verschiedene, Glück verheißende *lák·sà·nà* (Eigenschaften Buddhas) illustrieren.

Auch die **Buddhabilder** in den anderen vier *wíhǎans* (Heiligtümer) sind bewundernswert. Die besonders schönen Buddhas Phra Chinnarat und Phra Chinnachai in der westlichen und südlichen Kapelle stammen beide aus Sukhothai. In den Galerien zwischen den vier Kapellen hängen 394 vergoldete Buddhadarstellungen, von denen viele Merkmale des Ayutthaya- und des Sukhothai-Stils aufweisen. Im Sockel der Haupt-Buddhadarstellung im *bòht* sind die Überreste von König Rama I. verwahrt.

Der Wat Pho ist auch das nationale Zentrum für die Lehre und Erhaltung der traditionellen Thai-Medizin und Thai-Massagen. Rama III. hatte diese Einrichtung initiiert, als die Tradition vom Aussterben bedroht war. Die berühmte Massageschule verfügt über zwei nichtklimatisierte Pavillons auf dem Tempelgelände und klimatisierte Räume in der Trainingseinrichtung außerhalb des Tempels (S. 151). Bis heute erhalten geblieben sind die Inschriften im Stein der Tempelmauern ganz in der Nähe, die Yoga- und Massagetechniken zeigen und auch heute noch ihren ursprünglichen Zweck als optische Hilfsanweisungen erfüllen.

Das weitläufige Gelände des Wat Pho umfasst 8 ha Land. Die wichtigsten Attraktionen liegen nördlich der Th Chetuphon, die Klosteranlagen südlich.

Amulettmarkt

ตลาดพระเครื่องวัดมหาธาตุ

Der ebenso bizarre wie faszinierende **Markt** (Karte S. 122 f.; Th Maharat; 9–17 Uhr; Fähre Tha Chang) nimmt beide Bürgersteige entlang der Th Maharat und der Th Phra Chan in Beschlag und erstreckt sich über ein dichtes Netz überdachter Marktstände in der Nähe von Tha Phra Chan. Man bekommt hier hauptsächlich kleine Talismane, die vor allem bei Sammlern, Mönchen, Taxifahrern und Leuten mit gefährlichen Berufen beliebt sind. Die potenziellen Käufer tragen oft schon zahlreiche Amulette. Man sieht sie feilschen und durch Kataloge blättern, in denen nur Amulette sind, teilweise zu astronomischen Preisen.

Auch hübsche „Shophouses" finden sich hier, und Familienbetriebe für Kräuterheilmittel wechseln sich ab mit traditionellen Massageläden, vor denen Straßenhändler Secondhand-Bücher, Kassetten und (klingt komisch, ist aber so) Zahnprothesen anbieten.

Nationalmuseum

พิพิธภัณฑสถานแห่งชาติ

Es wird oft als das größte Museum Südostasiens gepriesen: Das **Nationalmuseum** (Karte S. 122 f.; ☎ 0 2224 1333; 4 Th Na Phra That; Eintritt 200 B; Mi–So 9–15.30 Uhr; Bus 503, 506, 507, 53, Fähre Tha Chang) beherbergt eine eindrucksvolle Sammlung religiöser Skulpturen, die man am besten bei einer der zweimal wöchentlich stattfindenden geführten **Touren** (Mi & Do 9.30 Uhr, auch auf Deutsch) kennenlernt.

Der Großteil des Gebäudes wurde 1782 als Palast für Prinz Wang Na, Vizekönig von Rama I., erbaut. Rama V. verwandelte es 1874 in ein Museum, das in verschiedenen Gebäuden drei Dauerausstellungen zeigt.

Der **Geschichtsflügel** präsentiert eine prägnante Chronologie von Ereignissen und Figuren aus prähistorischen Zeiten sowie aus der Sukhothai-, der Ayutthaya- und der Bangkok-Ära. Zu den Highlights zählen die beschriftete Steinsäule von König Ramakhamaeng (angeblich die älteste Aufzeichnung thailändischer Schrift), König Taksins Thron, der Rama V. gewidmete Bereich sowie König Prajadhipoks Film *The Magic Ring*.

In der **Abteilung für dekorative Kunst und Ethnologie** ist jede erdenkliche Art des Kunsthandwerks zu sehen: traditionelle Musikinstrumente, Keramik, Kleidung und Textilien, Holzschnitzereien, Insignien, Waffen. Der **Archäologie- und Kunstgeschichtsflügel** zeigt Ausstellungen, die von prähistorischen Zeiten bis zur Bangkok-Epoche reichen.

Neben den Hauptausstellungshallen sind in der **Buddhaisawan-Kapelle** einige gut erhaltene, originale Wandgemälde zu finden sowie eine der am höchsten verehrten Buddhadarstellungen des Landes, Phra Phut Sihing. Die Legende besagt, die Darstellung sei aus Sri Lanka nach Thailand gekommen, aber Kunsthistoriker datieren sie auf die Sukhothai-Epoche des 13. Jhs.

Siam-Museum

สถาบันพิพิธภัณฑ์การเรียนรู้แห่งชาติ

Dieses tolle neue **Museum** (Karte S. 122 f.; ☎ 0 2225 2777; Th Maharat; Eintritt frei; Di–So 10–18 Uhr; Bus 508, 512, Fähre Tha Tien) bedient sich verschiedener Medien, um die Ursprünge und die Kultur

---

WIE FAIR IST DAS NOCH?

Wer Thailändisch lesen kann, wird sehen, dass die Eintrittspreise zu vielen staatlich geführten Museen, Tempeln, Galerien und Nationalparks für Thailänder deutlich günstiger sind; bis vor Kurzem zahlten Ausländer meist doppelt so viel wie Einheimische. Schon in Ordnung, dachten wir, schließlich werden diese wichtigen Einrichtungen mit Baht aus den Inlandssteuern finanziert. Ende 2008 wurden die Preise jedoch dramatisch erhöht und Besucher bezahlen nun viermal so viel wie Einheimische. Auch wenn der Eintritt für Museen in der Regel noch immer niedriger ist als im Westen, überlegt man es sich als Besucher bei einem Preis von 100 oder gar 200 B sicher zweimal, ob das kleine Provinzmuseum oder der nicht ganz so bekannte Nationalpark das wert sind.

Ein Lichtblick in Bangkok ist das Kombiticket für das Königliche Barkassenmuseum, die Nationalgalerie und das Nationalmuseum, mit dem man alle drei Einrichtungen für 350 B besuchen kann (man spart 150 B). Der Eintrittspreis für den Wat Phra Kaew beträgt 300 B und berechtigt auch zum Besuch der zahlreichen unterschiedlichen Attraktionen im Park am Dusit-Palast (S. 149).

des thailändischen Volkes zu erkunden. Die Ausstellungen in dem Palast aus der Zeit von Rama III. sind geradezu hyper-interaktiv, gut zusammengestellt und sehr unterhaltsam. Zu den Highlights gehören die informativen, fesselnd erzählten Videofilme in jedem Raum sowie ein interaktives Kampfspiel aus der Ayutthaya-Ära. Wenn man die hinteren Ausstellungen erreicht, ist die Luft aber doch ein bisschen raus. Dennoch ist das Museum einen Besuch wert, besonders wenn man Kinder dabei hat.

Lak Meuang (Stadtsäule)
ศาลหลักเมือง

Als religiösen Grundstein Bangkoks stellte Rama I. 1782 bei der Gründungszeremonie die **Lak Meuang** (Karte S. 122 f.; Ecke Th Ratchadamnoen Nai & Th Lak Meuang; Eintritt frei; ⏰ 6.30–18.30 Uhr; Bus 506, 507, Fähre Tha Chang) auf. Heute steht die phallusartige, mit schimmerndem Blattgold verzierte Holzsäule in einem weißen, kreuzförmigen heiligen Schrein. In animistischer Tradition verkörpert die Säule den Wächtergeist der Stadt (Phra Sayam Thewathirat). Als Bezugspunkt der Straßenachsen der Stadt und für die Messung der Entfernungen zu anderen Städten erfüllt die Säule zugleich auch noch praktische Funktionen.

Früher gehörte sie zu einem Säulenpaar. Ihr größeres Gegenstück, das aus dem Holz des *chaiyá-préuk* (Baum des Sieges; auch Laburnum oder Goldregen genannt) geschnitzt worden war, wurde 1767 nach der birmanischen Einnahme von Ayutthaya symbolisch gefällt. Mithilfe einer Reihe buddhistisch-animistischer Rituale glaubte man, dass der gefällte Baum den Thais Kraft verleihen würde, die Birmanen im Kampf zu schlagen. Die Gründung der neuen Hauptstadt mit der Aufrichtung dieser Säule zu vollziehen, hatte also gerade mit ihrer Eigenschaft als Talisman zu tun. 2 m der insgesamt 4,7 m hohen Säule sind im Boden versenkt.

Mit etwas Glück kann man einen *lá·kon gâa bon* (bestellter Tanz) sehen: Als Dank an den Wächtergeist für den erfüllten Wunsch eines Gläubigen vollführen prächtig kostümierte Tänzerinnen raffinierte Bewegungen.

Sanam Luang
สนามหลวง

Die Grünfläche im Königsbezirk heißt **Sanam Luang** (Königliches Feld; Karte S. 122 f.; umgrenzt von Th Na Phra That, Th Na Phra Lan, Th Ratchadamnoen Nai, Th Somdet Phra Pin Klao; Eintritt frei; ⏰ 6–20 Uhr; Bus 30, 32, 47, 53, Fähre Tha Chang). Für die meisten Besucher ist sie nur ein staubiges Hindernis auf dem Weg zum Wat Phra Kaew oder zu anderen Sehenswürdigkeiten. Ihre interessanteren Seiten kommen eher in der offiziellen Funktion des Parks zum Ausdruck: bei der jährlich abgehaltenen Pflugzeremonie, mit der der König die Reispflanzsaison eröffnet. Während der Drachensaison (Mitte Feb.–April) ist das Feld zudem Schauplatz eines großen Wettbewerbs, bei dem die Thais Drachen steigen lassen.

Am nördlichen Ende des Sanam-Luang-Feldes steht in einem weißen Pavillon eine Statue von **Mae Thorani**, einer Erdgottheit analog zu Dharani in der hinduistischen Mythologie. König Rama V. (Chulalongkorn) ließ sie Ende des 19. Jhs. aufstellen; damals gehörte sie zu einem öffentlichen Trinkwasserbrunnen.

Nationalgalerie
หอศิลป์แห่งชาติ

Die bescheidene **Nationalgalerie** (Karte S. 122 f.; ☎ 0 2282 2639; Th Chao Fa; Eintritt 200 B; ⏰ Mi–So 9–16 Uhr; Fähre Tha Phra Athit) wird Thailands beeindruckender Tradition der schönen Künste nicht einmal annähernd gerecht. Die Wände des Gebäudes aus der frühen Ratanakosin-Ära zieren Werke zeitgenössischer Kunst, meist von Künstlern, die von der Regierung unterstützt werden. Die Dauerausstellung ist ziemlich veraltet und angestaubt, aber die wechselnden Ausstellungen, die in großen Hallen im hinteren Gebäudeteil zu sehen sind, überzeugen manchmal durchaus.

BANGLAMPHU

Banglamphus Sehenswürdigkeiten sind zwar nicht ganz so prachtvoll wie die seines Nachbarn, aber dennoch eine Art Fenster zum Bangkok von gestern – eine Stadt, die allmählich zu verschwinden beginnt …

Wat Saket & Goldener Berg
วัดสระเกศ/ภูเขาทอง

Auch wenn man meint, bald keinen *wat* (Tempel) mehr sehen zu können, sollte man den strammen Spaziergang zum **Wat Saket** (Karte S. 122 f.; ☎ 0 2223 4561; zw. Th Wora Chak & Th Boriphat; Eintritt zum Goldenen Berg 10 B; ⏰ 8–17 Uhr; Bus 508, 511, klorng-Taxi bis Tha Phan Fah) dennoch in Angriff nehmen. Wie alle ehrwürdigen Gipfel beherrscht auch der Goldene Berg (Phu Khao Thong) der Tempelanlage, der von der Th

---

TEMPEL VOLLER WANDGEMÄLDE

Aufgrund des relativen Reichtums der Stadt sowie ihrer Rolle als Kunst- und Kulturzentrum des Landes hat man nur die talentiertesten Maler engagiert, um die Wände der verschiedenen hiesigen Tempel zu verzieren. Und so zählen Bangkoks Tempelmalereien zu den besten in ganz Thailand. Hier einige besonders außergewöhnliche Werke:

■ **Wat Bowonniwet** (S. 140) Von einem Künstler namens In Kong während der Herrschaft von Rama II. angefertigt. Die Gemälde auf den Vertäfelungen der *ubosot* (Kapelle) dieses Tempels illustrieren die thailändischen Vorstellungen des westlichen Lebensstils zu Beginn des 19. Jhs. (möglicherweise dienten hier einschlägige Magazine als Vorlage).

■ **Wat Chong Nonsi** (Karte S. 118 f.; Th Nonsi, abseits Th Phra Ram III; ☯ 8–18 Uhr; erreichbar mit dem Taxi von der Metrostation Khlong Toei) Bangkoks älteste erhaltene Tempelmalereien stammen aus der späten Ayutthaya-Periode. Mittlerweile sind sie recht verblasst und einige Teile sind verloren gegangen, aber die Szenen aus dem Alltag im Land, darunter auch eine unzüchtige Illustration sexueller Praktiken, sind auf jeden Fall einen Besuch wert.

■ **Buddhaisawan-Kapelle** (s. S. 137) Obwohl der Bau dieses im Nationalmuseum untergebrachten Tempels im Jahr 1795 begann, wurden die Malereien vermutlich unter der Regentschaft von Rama III. (1824–1851) vollendet. Neben anderen Szenen zeigen die anmutigen Wandgemälde die Empfängnis, die Geburt und das frühe Leben Buddhas – häufige Themen der Wandgemälde in thailändischen Tempeln.

■ **Wat Suthat** (S. 139) Die Wandgemälde des Wat Suthat beeindrucken durch ihre schiere Größe fast ebenso wie durch ihre außerordentliche Qualität; sie zählen zu den Ehrfurcht einflößendsten des Landes. Blutrünstige Darstellungen der buddhistischen Hölle sind auf einer Säule direkt hinter der Buddhastatue zu finden.

■ **Wat Suwannaram** (Karte S. 118 f.; ☎ 0 2434 7790; 33 Soi 32, Th Charoen Sanitwong, Khlong Bangkok Noi; ☯ 8–18 Uhr; klorng-Taxi ab Tha Chang) Diese Gemälde in einem Tempel in Thonburi, der aus dem Ende der Ayutthaya-Ära stammt, zeigen ebenso fachmännische wie lebhafte Darstellungen von Kampfszenen und Ausländern, z. B. Chinesen und muslimische Krieger.

■ **Wat Tritosathep Mahaworawihan** (Karte S. 122 f.; Th Prachatipatai; Bus 12, 19, 56) Obwohl sie noch immer unvollendet sind, zählen Chakrabhand Posayakrits postmoderne Wandgemälde in diesem Tempel in Banglamphu schon jetzt zu den Meisterwerken der thailändisch-buddhistischen Kunst.

Ratchadamnoen aus zu sehen ist, ein Spiel der optischen Täuschung – er sieht näher aus, als er tatsächlich ist. Serpentinenartige Stufen schlängeln sich über einen künstlich angelegten Hügel, auf dem knorrige Bäume Schatten spenden (an einigen hängen Schilder in englischer Sprache), vorbei an Gräbern und Bildern reicher Wohltäter. Oben wird man mit einem 360-Grad-Panorama und Bangkok von seiner fotogensten Seite belohnt.

Als ein großer Stupa, mit dessen Bau unter Rama III. begonnen wurde, einstürzte, weil der weiche Boden ihn nicht tragen konnte, schuf man den künstlichen Hügel. Der so entstandene Dreck-und-Backstein-Hügel wurde von allerlei Gräsern überwuchert, bis Rama IV. einen kleinen Stupa auf seinem Gipfel erbaute. Rama V. ergänzte den Bau später durch eine Buddhareliquie aus Indien (eine

Gabe von der britischen Regierung), die er im Stupa aufstellte. Die Betonmauern wurden während des Zweiten Weltkriegs hinzugefügt, um eine Erosion zu verhindern. Jedes Jahr findet im November ein großes Festival auf dem Gelände des Wat Saket statt, bei dem auch eine Prozession zum Goldenen Hügel zieht.

Wer aus dem östlichen Teil der Stadt anreist, erreicht den Goldenen Berg über einen kurzen Spaziergang vom westlichen *klorng*-Bootsanleger in Tha Phan Fah.

Wat Suthat & Sao Ching-Cha
วัดสุทัศน์/เสาชิงช้า

Der Brahmanismus hat Thailand bereits vor dem Buddhismus erreicht, und seine Rituale wurden letztlich in die später dominierende Religion integriert. Dieser **Tempel** (Karte S. 122 f.; ☎ 0 2224 9845; Th Bamrung Meuang; Eintritt 20 B; ☯ 9–20

Uhr; Bus 508, klorng-Taxi bis Tha Phan Fah) ist das Hauptkloster der Brahmanenpriester, die im Mai die königliche Pflugzeremonie abhalten; er wurde unter Rama I. begonnen, aber erst unter späterer Regentschaft fertiggestellt. Der Wat Suthat protzt mit einer *wí·hǎhn* (Halle) mit vergoldeten Buddhadarstellungen aus Bronze – einschließlich Phra Si Sakayamuni, einer der größten noch erhaltenen Sukhothai-Bronzestatuen – und unglaublich umfangreichen *jataka*-Wandgemälden (die Geschichten aus Buddhas früheren Leben zeigen; s. Kasten S. 139). Der *wat* genießt außerdem den höchsten königlichen Tempelrang, genannt Rachavoramahavihan; die Asche von Rama VIII. (Ananda Mahidol, dem verstorbenen älteren Bruder des amtierenden Königs) wird in der wichtigsten Buddhadarstellung in der *wí·hǎhn* aufbewahrt.

Die Priester von Wat Suthat führen auch in zwei in der Nähe gelegenen Hinduschreinen Zeremonien durch: im Thewa Sathaan (Deva Sathan), in dem Bilder von Shiva und Ganesh zu sehen sind, und im kleineren Wischnu gewidmeten Saan Jao Phitsanu (Wischnu-Schrein).

Der grazile rote Bogen vor dem Tempel trägt den Namen **Sao Ching-Cha** (Große Schaukel); er ist ebenso ein Wahrzeichen Bangkoks wie der Wat Phra Kaew. An der Schaukel hielten einst die Brahmanen ein spektakuläres Fest zu Ehren von Schiwa ab, bei dem die Teilnehmer immer höher und höher schaukelten, um an einen Beutel voll Gold zu gelangen, der an einem 15 m hohen Bambuspfahl hing. Viele kamen bei ihren Versuchen ums Leben, und so wurde das Ritual während der Herrschaft von Rama VII. ausgesetzt. 2007 hat man die altersschwache Schaukel offiziell durch das heutige Modell ersetzt, das aus sechs speziell ausgewählten Teakholzstämmen aus der Provinz Phrae in Nordthailand gefertigt wurde.

Der Tempel liegt in Fußentfernung des *klorng*-Bootsanlegers in Tha Phan Fah.

Noch mehr Tempel

Der **Wat Bowonniwet** (Karte S. 122 f.; Ecke Th Phra Sumen & Th Tanao; 8–17.30 Uhr; Bus 15, 53, Fähre Tha Phra Athit) wurde 1826 gegründet und ist der wichtigste Tempel der klösterlichen Sekte Thammayut im Land. König Mongkut, der Gründer dieser Minderheitensekte, kam als Mönch hierher, genauer als Abt des Wat Bowonniwet, bevor er König wurde, und König Bhumibol,

Kronprinz Vajiralongkorn und weitere männliche Mitglieder der königlichen Familie lebten hier zeitweise als ordinierte Mönche. In der *ubosot* (Kapelle) sind einige interessante Wandgemälde zu sehen (s. Kasten S. 139). Aufgrund des königlichen Status des Tempels sollten Besucher besonders darauf achten, dass sie angemessen gekleidet sind – keine kurzen Hosen, keine ärmellosen T-Shirts (s. Kasten S. 135).

Vom Wat Saket aus auf der anderen Seite der Th Mahachai gelegen, stammt der **Wat Ratchanatdaram** (Karte S. 122 f.; 0 2224 8807; Ecke Th Ratchadamnoen Klang & Th Mahachai; 9–17 Uhr; Bus 56, 505, klorng-Taxi bis Tha Phan Fah) aus der Mitte des 19. Jhs. und beherbergt heute einen bekannten Markt, auf dem buddhistische *prá pim* (magische Talismane und Amulette) in allen erdenklichen Größen, Formen und Stilen verkauft werden. Auf den Amuletten sind nicht nur Bilder von Buddha zu sehen, sondern auch berühmte thailändische Mönche und indische Gottheiten. Auch Buddhabilder stehen zum Verkauf.

Th Bamrung Meuang
ถนนบำรุงเมือง

Die **Th Bamrung Meuang** (Karte S. 122 f.; Bus 508, klorng-Taxi bis Tha Phan Fah) war eine der ersten Durchgangsstraßen der Stadt (begonnen sei sie als Elefantenpfad, der zum Königspalast führte). Heute bilden ihre Ausläufer, die vom Wat Suthat aus direkt nach West und Ost verlaufen, ein Einkaufszentrum unter freiem Himmel, in dem man allen religiösen Krimskrams findet, den das Herz begehrt. In den Läden, die zum Bersten vollgestopft sind, kann man Care-Pakete kaufen, die typischerweise den Tempeln gespendet werden, zudem Modelle berühmter Mönche, Mönchskutten und andere Devotionalien. Die großen, zum Schutz in Plastik gehüllten Buddhastatuen sind besonders fotogen.

Ban Baht (Dorf der Bettelschalen)
บ้านบาตร

Wenn man gerade über die nachteiligen Auswirkungen des Tourismus meckern will, sollte man diesem **Kunsthandwerkerdorf** (Karte S. 122 f.; Soi Ban Baht, Th Bamrung Meuang; 10–18 Uhr; Bus 508, klorng-Taxi bis Tha Phan Fah) einen Besuch abstatten. Es ist das einzige noch erhaltene Dorf, das Rama I. gegründet hat, um *bàhts* (runde Schalen) herstellen zu lassen, in denen die Mönche jeden Morgen von gläubigen

Buddhisten Essen und Almosen erhalten. Heute stammen die meisten Mönchsschalen aus chinesischer Massenproduktion, doch dank der Touristen bleibt die traditionelle Herstellungstechnik in Ban Baht erhalten.

Etwa ein halbes Dutzend Familien hämmert die Schalen noch immer aus acht einzelnen Stahlteilen zusammen. Die Einzelteile, so sagen sie, repräsentieren die acht Stufen des Dharma, die wiederum für den Edlen Achtfachen Pfad des Buddhismus stehen. Die Teile werden im Holzfeuer erhitzt und unter Zugabe von etwas Kupfer miteinander verschmolzen. Die Schale wird dann poliert und mehrmals schwarz lackiert. So entsteht etwa eine Schale pro Tag. Kauft man sich eine Bettelschale, erklärt der Handwerker auch den Herstellungsprozess und die dafür notwendige Ausrüstung.

Demokratiedenkmal
อนุสาวรีย์ประชาธิปไตย

Eines der ersten städtischen Wahrzeichen, das bei der Fahrt nach Banglamphu auffällt, ist dieses große Art-déco-**Denkmal** (Karte S. 122 f.; Th Ratchadamnoen Klang, Th Din So; Bus 44, 511, 512, Fähre Tha Phra Athit) in der Mitte des Kreisverkehrs des Boulevards. Es wurde 1932 erbaut, um Thailands bedeutender Wandlung von der absoluten zur konstitutionellen Monarchie zu gedenken. Der italienische Künstler Corrado Feroci entwarf das Denkmal und begrub in seinem Fundament 75 Kanonenkugeln, die für das Jahr 2475 der Buddhistischen Zeitrechnung stehen (1932 n. Chr.). Bevor er nach Thailand zog, wo er zum „Vater der modernen Kunst" wurde, entwarf Feroci auch Denkmäler für den italienischen Diktator Benito Mussolini. In den letzten Jahren wurde das Denkmal zu einem symbolischen Austragungsort öffentlicher Demonstrationen, besonders während der antimilitärischen, prodemokratischen Proteste im Jahr 1992.

Gedenkstätte des 14. Oktobers
อนุสาวรีย์14ตุลาคม

Dieses friedvolle **Amphitheater** (Karte S. 122 f.; Kreuzung Khok Wua, Th Ratchadamnoen Klang; Bus 2, 82, 511, 512) erinnert an die zivilen Demonstranten, die am 14. Oktober 1973 (auf Thailändisch als Gedenktag *sìp-sèe dù-lah* bekannt, das Datum des Ereignisses) während einer prodemokratischen Kundgebung vom Militär getötet wurden. Über 200 000 Menschen versammelten sich am Demokratiedenkmal und entlang

der Th Ratchadamnoen, um gegen die Festnahme politischer Aktivisten zu demonstrieren und ihrem Missfallen gegenüber der andauernden Militärdiktatur Ausdruck zu verleihen; mehr als 70 Demonstranten wurden getötet, als die Panzer in die Menge rollten. Der Komplex ist eine interessante Abwandlung thailändischer Tempelarchitektur für säkulare, politische Zwecke. Ein zentraler *chedi* (Stupa) ist den Opfern gewidmet, und die Wände im Inneren ziert eine Ausstellung mit historischen Fotografien.

THONBURI
Am rechten Ufer des Mae Nam Chao Phraya ist es so ruhig, dass man meinen könnte, dieser Teil gehöre zu einer anderen Provinz – und bis 1971 war das auch so. Die Attraktionen hier lassen sich an einer Hand abzählen, aber in *Fàng ton* kann man prima ziellos durch grüne Straßen schlendern.

Wat Arun
วัดอรุณฯ

Der markante **Wat Arun** (Karte S. 122 f.; ☎ 0 2891 1149; Th Arun Amarin; Eintritt 20 B; ⏰ 9–17 Uhr; Fähre Tha Thai Wang) nimmt – neben dem Wat Phra Kaew und dem Wat Pho – eine martialische Stellung in der heiligen Trinität der Frühgeschichte Bangkoks ein. Nach dem Fall Ayutthayas übernahm König Taksin hier an einem örtlichen Schrein (der einst als Wat Jaeng bekannt war) feierlich die Macht und erbaute einen Königspalast und einen Tempel, in dem der Smaragd-Buddha untergebracht werden sollte. Der Tempel wurde nach dem indischen Gott der Morgendämmerung (Aruna) und zu Ehren der tatsächlichen und symbolischen Gründung eines neuen Ayutthaya umbenannt.

Erst als die Hauptstadt und der Smaragd-Buddha nach Bangkok verlegt wurden, erhielt der Wat Arun sein hervorstechendstes Merkmal – den 82 m hohen *prang* (Turm im Khmer-Stil). Rama II. begann mit dem ersten Hälfte des 19. Jhs. mit dem Bau des Turmes, der später von Rama III. vollendet wurde. Aus der Ferne sind die kunstvollen Blumenmosaiken nicht zu erkennen, die aus bunten Scherben chinesischen Porzellans gefertigt wurden – eine übliche Form der Tempelverzierung zu Beginn der Ratanakosin-Periode, als die chinesischen Schiffe, die den Hafen von Bangkok anfuhren, tonnenweise altes Porzellan als Ballast an Bord hatten.

Auch ins Innere des *bòt* sollte man einen Blick werfen. Die wichtigste Buddhadarstellung wurde angeblich von Rama II. persönlich entworfen. Die Wandgemälde stammen aus der Zeit von Rama V.; besonders beeindruckend ist eines, das Prinz Siddhartha zeigt, während er Erscheinungsformen der Geburt, des hohen Alters, der Krankheit und des Todes außerhalb der Mauern seines Palastes begegnet – eine Erfahrung, die ihn dazu brachte, sein weltliches Leben aufzugeben. Die Asche von Rama II. ist im Fundament der wichtigsten Buddhadarstellung begraben.

Von Tha Thien nach Tha Thai Wang fahren alle paar Minuten Fähren über den Fluss (3,50 B/Pers.), die einen auch zum Wat Arun bringen.

Bei Sonnenuntergang hat man vom anderen Ufer des Flusses von Tha Maharat oder von den Lagerhäusern am Flussufer entlang der gleichnamigen Straße aus einen tollen Blick auf die Tempelanlage. Auch die erhöhte Terrasse des Restaurants Deck (S. 176) ist ein prima Aussichtspunkt.

Royal Barge National Museum (Nationalmuseum der Königlichen Barkassen)

พิพิธภัณฑ์เรือพระที่นั่ง

Die königlichen Barkassen sind sehr schmale, aufwändig verzierte Boote, die für zeremonielle Prozessionen auf dem Fluss eingesetzt werden. Die Tradition reicht bis in die Ayutthaya-Ära zurück, als die meisten Reisen (sowohl des gemeinen Volkes als auch der Königsfamilie) noch per Boot unternommen wurden. Heute findet die königliche Barkassenprozession nur noch unregelmäßig statt, zuletzt im Jahr 2006 zum 60. Thronjubiläum des Königs. Wenn sie nicht benutzt werden, kann man die Barkassen in dem **Museum** (Karte S. 122 f.; ☎ 0 2424 0004; Khlong Bangkok Noi; Eintritt 100 B, Fotoerlaubnis 100 B; ⊗ 9–17 Uhr; Fähre Tha Saphan Phra Pin Klao) in Thonburi besichtigen.

Suphannahong, die persönliche Barkasse des Königs, ist das wichtigste aller Boote. Aus einem einzigen Holzstamm gefertigt, ist sie der größte Einbaum der Welt. Ihr Name bedeutet „Goldener Schwan", daher wurde ein riesiger Schwanenkopf in ihren Bug geschnitzt. Die Buge der weniger wichtigen Schiffe sind mit anderen mythologischen Figuren aus dem Hinduismus oder Buddhismus verziert, etwa mit einer *naga* (mythische Seeschlange) oder einer *garuda* (Wischnus Vogelreittier). Alte Fotografien lassen die grandiosen historischen Prozessionen lebendig werden, bei denen die größte Barkasse eine Rudermannschaft von 50 Mann benötigte, zudem sieben Sonnenschirmhalter, zwei Steuermänner, zwei Navigatoren sowie je einen Fahnenträger, einen Schlagmann und einen Sänger.

BIZARRES BANGKOK: AUSSERGEWÖHNLICHE MUSEEN

Wer weder dem Anblick ausgestopfter Tiger noch Buddhastatuen etwas abgewinnen kann, sollte über einen Besuch in einem dieser eher skurrilen Häuser nachdenken.

▪ **Ancient City** (Muang Boran; Karte S. 205; ☎ 0 2709 1644; www.ancientcity.com; 296/1 Th Sukhumvit, Samut Prakan; Erw./Kind 300/150 B; ⊗ 8–17 Uhr) Laut eigenen Angaben das größte Freilichtmuseum der Welt. Das Gelände umfasst über 80 ha friedvoller Landschaft, auf der Miniatur-Nachbauten von zahlreichen bekannten Denkmälern des Königreichs verstreut sind. Man kann wunderbar mit dem Fahrrad umherdüsen (Leihgebühr 50 B/Tag), da es normalerweise sehr ruhig und nie überfüllt ist. Ancient City liegt außerhalb der Provinz Samut Prakan, die mit Bus 511 (klimatisiert) vom Ostende der Th Sukhumvit aus bequem zu erreichen ist. Am Busbahnhof Pak Nam angekommen, steigt man in Minibus 36 um, der in der Nähe des Eingangs zu Ancient City hält.

▪ **Folkmuseum Bangkok** (Karte S. 126 f.; ☎ 0 2233 7027; 273 Soi Saphan Yao/43, Th Charoen Krung; Eintritt frei; ⊗ Mi–So 10–16 Uhr; Fähre Tha Si Phraya) Dieses familiengeführte Museum besteht aus drei Holzhäusern und gleicht einem Fenster, durch das man das Leben im Bangkok der 1950er- und 1960er-Jahre sieht. Besonders interessant ist die traditionelle thailändische Küche.

▪ **Gefängnismuseum** (Karte S. 122 f.; ☎ 0 2226 1706; 436 Th Mahachai; Eintritt frei; ⊗ Mo–Fr 9.30–16 Uhr; Bus 508, klorng-Taxi bis Tha Phan Fah) In diesem ehemaligen Gefängnis erfährt man alles über die schmerzvolle Welt der hiesigen Bestrafungskultur. Mit lebensgroßen Modellen werden schreckliche Exekutionen und Bestrafungen nachgestellt, sodass die meisten Besucher unaufgefordert schwören, für den Rest ihres Aufenthalts gesetzestreue Bürger zu bleiben.

- **Erawan-Museum** (Karte S. 118 f.; ☎ 0 2371 3135; www.erawan-museum.com; Soi 119, Th Sukhumvit; Erw./Kind 150/50 B; ☺ 8–17 Uhr) Das Herzstück hier ist eine fünf Stockwerke hohe Skulptur von Erawan, Indras dreiköpfigem Elefanten-Reittier aus der Hindumythologie, die vom selben Stifter und Bewahrer der Kultur erbaut wurde wie Ancient City (s. S. 145). Im Gebäude befindet sich eine Sammlung heiliger Antiquitäten. Das Museum liegt 8 km von Bangkoks Busstation Ekamai entfernt, und jeder Bus in Richtung Samut Prakan kann einen hier absetzen; einfach dem Fahrer sagen, wohin man möchte (Chang Sam Sian).

- **Museum der Fälschungen** (Karte S. 118 f.; ☎ 0 2653 5555; www.tillekeandgibbins.com/museum/museum.htm; Tilleke & Gibbins, Supalai Grand Tower, 1011 Th Phra Ram III; Eintritt frei; ☺ Mo–Fr 8–17 Uhr, nur nach Vereinbarung; Taxi von der Metrostation Khlong Toei) Diese Privatsammlung zeigt all die schönen Fälschungen, die die Anwaltskanzlei Tilleke & Gibbins in vielen Jahren gesammelt hat. Viele Fälschungen sind direkt neben den Originalen ausgestellt. Besuche nur nach Vereinbarung.

- **Songkran Niyosane Forensisches Medizinmuseum** (Karte S. 122 f.; ☎ 0 2419 7000; 2. Stock, Gebäude für Forensische Pathologie, Siriraj Hospital, Th Phrannok, Thonburi; Eintritt 40 B; ☺ Mo–Fr 8.30–16.30 Uhr; Fähre Tha Wang Lang) Diese blutrünstige Einrichtung zeigt diverse Körperteile und Überreste berühmter Morde, u. a. das blutige T-Shirt eines Opfers, das mithilfe eines Dildos erstochen wurde. Auch das angeschlossene Parasiten-Museum mit etwa demselben Charakter ist einen Besuch wert. Am einfachsten erreicht man das Museum mit der Fähre von Tha Chang oder Tha Phra Chan aus. Am Ende des Piers geht's rechts zum Siriraj Hospital; dann kann man den Schildern zum Museum folgen.

- **Thai-Museum der menschlichen Darstellungen** (Karte S. 205; ☎ 0 3433 2607; Nakhon Pathom; Eintritt 250 B; ☺ Mo–Fr 9–17.30, Sa & So 8.30–18 Uhr) Hier sind 120 lebensechte Fiberglas-Skulpturen ausgestellt. Angeblich hat eine Gruppe thailändischer Künstler zehn Jahre lang Modelle studiert und anschließend diese Figuren erschaffen, von berühmten buddhistischen Mönchen aus Thailand bis zu Winston Churchill. Das Museum befindet sich außerhalb der Stadt an der Kilometer-31-Markierung auf der Th Pinklao-Nakhon Chaisi. Jeder Bus von Bangkok nach Nakhon Pathom oder Salaya kann einen hier absetzen.

Am bequemsten erreicht man das Museum von Tha Saphan Phra Pin Klao aus mit dem Taxi (den Fahrer bitten, nach *reu·a prá têe nâng* zu fahren). Alternativ kann man vom Bahnhof Bangkok Noi (mit der Fähre nach Tha Rot Fai zu erreichen) aus zu Fuß gehen, aber der Spaziergang ist recht tückisch und unangenehm und man trifft jede Menge ungebetene Führer, die für ihre Dienste Geld verlangen. Es besteht außerdem die Möglichkeit, auf einem Longtail-Boot-Ausflug durch Thonburis Kanäle am Museum zu halten.

Santa-Cruz-Kirche
โบสถ์ซางตาครูส

Diese katholische **Kirche** (Karte S. 124 f.; ☎ 0 2466 0347; Th Kuti Jiin; ☺ Sa & So; Fähre von Tha Pak Talat/ Atsadang) stammt aus dem Jahr 1913. Wenn man sie nicht gerade an einem Sonntag besucht, ist sie nicht sonderlich interessant. Die Gegend rundum aber war in der Ayutthaya-Ära ein portugiesisches Viertel, und dank der altmodischen Atmosphäre entlang des Flussufers und der portugiesisch inspirierten Kuchen (*kà·nǒm fa·ràng*) ist sie allemal eine Erkundung wert.

Chinatown & Phahurat
เยาวราช(สำเพ็ง)/พาหุรัด

Vielleicht nur noch das Amazonasbecken ist ähnlich stark verästelt wie Bangkoks Chinatown (nach seiner Hauptschlagader Th Yaowarat auch Yaowarat genannt). Anders als die benachbarten Ko Ratanakosin bzw. Banglamphu ist der Höhepunkt hier kein niedlicher Tempel und kein Museum, sondern vielmehr das komplizierte Netz aus winzigen Gassen, überfüllten Märkten und Straßenständen voller Köstlichkeiten. Und im Gegensatz zu anderen Chinatowns weltweit ist die von Bangkok geradezu trotzig unbürgerlich, und sich darin zu verirren, ist vermutlich das Beste, was einem passieren kann. Wer sich mit einem Führer trotzdem sicherer fühlt, sollte sich vertrauensvoll an den Lonely-Planet-Stadtspaziergang wenden (s. S. 154).

Das Stadtviertel reicht bis ins Jahr 1782 zurück, als Bangkoks chinesische Bevölkerung – größtenteils Arbeiter, die zum Aufbau der neuen Hauptstadt angeheuert wurden – von der königlichen Regierung aus Ko Ratanakosin hierhin umgesiedelt wurde. Seither hat sich nur wenig verändert, man kann nach wie vor Unterhaltungen in den unterschiedlichsten chinesischen Dialekten lauschen, chinesische Heilkräuter kaufen und chinesische Gerichte kosten, die sonst in Thailand nirgendwo zu bekommen sind. Wer sich besonders für Letztere interessiert, dem sei der kulinarische Stadtspaziergang (s. S. 178) empfohlen.

Wer nach Chinatown kommt bzw. es verlassen möchte, muss gegen entsetzlichen Verkehr ankämpfen. Bislang war die Anreise mit dem Chao Phraya Express (Haltestelle Ratchawong) die einfachste Anreisemöglichkeit, aber seit es die Metro gibt, muss man nur noch einen kurzen Spaziergang von der Haltestelle Hualamphong in Kauf nehmen.

Am Westrand von Chinatown liegt ein kleiner, aber lebhafter indischer Distrikt, allgemein als Phahurat bekannt. Hier werden in Dutzenden von indischen Geschäften alle erdenklichen Arten von Stoffen und Kleidung verkauft.

TALAT MAI
ตลาดใหม่

Mit fast zwei Jahrhunderten Handelsgeschichte auf dem Buckel ist die Bezeichnung „Neuer Markt" für diesen **Markt** (Karte S. 124 f.; Trok Itsaranuphap/Soi 16; Fähre Tha Ratchawong, Metro Hualamphong) eigentlich etwas verfehlt. Im Prinzip besteht der Markt aus einer schmalen überdachten Gasse, die zwischen hohen Gebäuden verläuft, und auch wer sich nicht für Essen interessiert, wird von hier dank der hektischen Atmosphäre, die mit den exotischen Gegenständen und Düften rundum verschmilzt, eine surreale Sinneserfahrung mitnehmen. Man sollte möglichst früh da sein (am besten vor 8 Uhr morgens) und gut auf die Motorräder Acht geben, die sich ununterbrochen durch die Menschenmenge quetschen.

Auch wenn sich auf dem Markt fast alles um Zutaten für die gute Küche dreht, ist der Teil, der nördlich der Th Charoen Krung (auch Soi 21, Th Charoen Krung) liegt, vor allem bekannt für seine Stände mit Räucherstäbchen, Papierbildnissen und Naschwerk für feierliche Anlässe – die essentiellen Elemente eines traditionellen chinesischen Begräbnisses.

BANGKOKS CHINESISCHES GESICHT

Bangkok ist in vielerlei Hinsicht eine ebenso chinesische wie thailändische Stadt. Die Anwesenheit der Chinesen in Bangkok reicht bis in die Zeit vor der Gründung der Stadt zurück, als Thonburi Si Mahasamut nicht viel mehr als ein chinesischer Handelsaußenposten am Ufer des Chao Phraya war. In den 1780er-Jahren, während des Baus der neuen Hauptstadt unter Rama I., wurden Hoklo-, Han- und Hakka-Chinesen als Kulis und Arbeiter angeheuert. Die Chinesen, die bereits in diesem Gebiet lebten, wurden in die Bezirke Yaowarat und Sampeng (die heutige Chinatown) umgesiedelt.

Während der Herrschaft von König Rama I. brachten es viele Chinesen zu einem höheren Ansehen und größerem Reichtum. Sie kontrollierten viele Läden und Geschäftsbereiche in Bangkok, und dank der ausgeweiteten Handelsbeziehungen zu China ging auch die ungeheure Expansion der Marktwirtschaft Thailands auf ihr Konto. Europäische Besucher waren in den 1820ern über die Zahl der chinesischen Handelsschiffe auf dem Chao Phraya erstaunt und einige vermuteten sogar, die Chinesen stellten den Großteil der Bevölkerung Bangkoks.

Der neue Wohlstand gewisser chinesischer Handelsfamilien führte zur Bildung einer der ersten thailändischen Eliten, die nicht in direktem Zusammenhang mit der Krone stand. Als jōw sǒo·a bekannt, erhielten diese „Handelsherren" schließlich einen zusätzlichen Sonderstatus, als sie offizielle Ämter bekleideten und königliche Titel verliehen bekamen – und ihre Töchter der königlichen Familie anboten. Schätzungen zufolge hat heute etwa die Hälfte aller Einwohner Bangkoks chinesische Vorfahren.

Während der Regentschaft von König Rama II. übernahm die thailändische Hauptstadt viele chinesische Einflüsse, z. B. bei Essen, Design, Mode und Literatur. Die stetig wachsende Allgegenwart der chinesischen Kultur, gepaart mit der Praxis chinesischer Männer, thailändische Frauen zu heiraten und sich so in die nationale Kultur einzugliedern, hatte zur Folge, dass die Chinesen zu Beginn des 20. Jhs. nur noch relativ wenig von ihren thailändischen Mitbürgern unterschieden.

WAT MANGKON KAMALAWAT
วัดมังกรกมลาวาส

Duftwolken und Sangesklänge bilden den Hintergrund in diesem Mahayana-Buddhisten-**Tempel** (Neng Noi Yee; Karte S. 124 f.; Th Charoen Krung; 9–18 Uhr; Metro Hualamphong, Bus 73, 501, 507, Fähre Tha Ratchawong) im chinesischen Stil, der im Jahr 1871 erbaut wurde. Er ist das größte und wichtigste religiöse Gebäude in der Gegend, und während des jährlichen Vegetarierfests (s. Kasten S. 177) herrscht hier stets ein besonders lebendiges religiöses und kulinarisches Treiben.

WAT TRAIMIT
วัดไตรมิตร

Die größte Anziehungskraft des **Wat Traimit** (Tempel des Goldenen Buddha; Karte S. 124 f.; ☎ 0 2225 9775; Ecke Th Yaowarat & Th Charoen Krung; Eintritt 20 B; 9–17 Uhr; Metro Hualamphong, Bus 53) strahlt zweifellos die beeindruckende, 3 m hohe und 5,5 t schwere Buddhastatue aus massivem Gold aus, die glänzt wie – nun, wie Gold eben. Die eigentliche Statue, die im anmutigen Sukhothai-Stil gestaltet ist, wurde erst vor 40 Jahren unter einem Gipsmantel „entdeckt": Sie fiel von einem Kran, als sie in ein neues Gebäude innerhalb der Tempelanlage umziehen sollte. Man vermutet, dass der Mantel hinzugefügt wurde, um die Statue vor plündernden Horden zu schützen, entweder gegen Ende der Sukhothai-Ära oder später in der Ayutthaya-Ära, als die Stadt von den Birmanen belagert wurde. Der Tempel selbst stammt angeblich aus der Zeit des frühen 13. Jhs.

Dank zahlreicher Spenden und einem konstanten Touristenstrom wird am Tempel momentan ein immenser goldener Stupa gebaut, der irgendwann über Chinatown thronen wird.

TALAT NOI
ตลาดน้อย

Vom Fluss und den Straßen Th Songwat, Th Charoen Krung und Th Yotha begrenzt, bietet dieser antike Stadtteil ein faszinierendes Durcheinander aus winzigen Gassen, schmutzigen Werkstätten und traditioneller Architektur. Gegenüber dem River View Guest House (S. 165) steht der **San Jao Sien Khong** (Karte S. 124 f.; Eintritt gegen Spende; 6–18 Uhr; Fähre Tha Krom Chao Tha), der älteste chinesische Schrein der Stadt. Hier lässt sich auch das alljährliche Vegetarierfest (s. Kasten S. 177) in vollen Zügen genießen.

PHAHURAT-MARKT
ตลาดพาหุรัด

Versteckt hinter dem neuen, erstaunlich deplatzierten Einkaufszentrum India Emporium liegt der **Phahurat-Markt** (Karte S. 124 f.; Th Phahurat & Th Chakraphet; Bus 73, Fähre Tha Saphan Phut), ein endloser Basar, auf dem fotogene Händler *paan* (Betelnüsse zum Kauen) und farbenprächtige Bollywood-Stoffe verkaufen. In den Läden kann man köstliche Süßigkeiten nach indischer Art erstehen.

In einer Gasse abseits der Th Chakraphet befindet sich der **Sri Gurusingh Sabha** (Karte S. 124 f.; Th Phahurat; 9–17 Uhr; Bus 53, 73, Fähre Tha Saphan Phut), ein großer Sikh-Tempel, der an das Innere einer Moschee erinnert. Er ist der Verehrung des *Guru Granth Sahib* gewidmet, eines heiligen Buches der Sikh aus dem 16. Jh., das als „lebendiger" Guru und als letzter der zehn großen Lehrmeister der Religion gilt. Angeblich ist der Tempel der zweitgrößte Sikh-Tempel außerhalb Indiens. Besucher sind willkommen, müssen aber die Schuhe ausziehen.

Silom, Sathon & Flussufer
สีลม/สาธร/ริมแม่น้ำเจ้าพระยา

Der Geschäftsbezirk entlang der Th Silom bietet nur eine Handvoll Touristenattraktionen, die zwischen Firmenhotels, Bürotürmen und Restaurants (in denen auch guter Wein ausgeschenkt wird) verstreut liegen. Während man sich dem Fluss nähert, füllen allmählich Eindrücke und Düfte die Gegend, die die muslimischen und indischen Wurzeln ihrer Einwohner verraten. Wenn man der Th Charoen Krung nach Norden folgt, erreicht man das Gebiet entlang des Flussufers, das zu den Hochzeiten der Seefahrt in der Stadt der internationale Handelsplatz war. Heute befinden sich in den vielen kleinen Sois das eine oder andere zerfallende viktorianische Gebäude und ein paar Luxushotels.

Der Verkehr ist berühmt-berüchtigt, aber dank des Skytrain, der U-Bahn und des Chao Phraya Express hat sich die Lage etwas entspannt.

SRI-MAHARIAMMAN-TEMPEL
วัดพระศรีมหาอุมาเทวี (วัดแขกสีลม)

Dieser **Hindutempel** (Wat Phra Si Maha Umathewi; Karte S. 126 f.; Ecke Th Silom & Th Pan; Spenden üblich; 6–20 Uhr; Skytrain Surasak) sticht selbst unter all den goldenen *wat* in Bangkok noch heraus. In den 1860ern erbauten ihn tamilische Einwanderer

im Zentrum einer nach wie vor lebendigen ethnischen Enklave. Die Fassade des Gebäudes schmücken ineinander verflochtene Hindugottheiten in bunten Farben. In der Mitte des Hauptschreins befindet sich Jao Mae Maha Umathewi (Uma Devi, auch bekannt als Shakti, Schiwas Gefährtin), ihr Sohn Phra Khanthakuman (Subramaniam) ist rechts von ihr zu sehen, zu ihrer Linken ein anderer Sohn, der elefantenköpfige Phra Phikkhanet (Ganesh). Die linke Innenwand zieren Reihen mit Schiwa, Wischnu und anderen Hindugottheiten sowie einige Buddhas, sodass hier eigentlich so gut wie jeder nicht muslimische und nicht judäisch-christliche Asiat jemanden zum Anbeten findet.

Die Thailänder nennen diesen Tempel Wat Khaek. *Kàak* werden umgangssprachlich Menschen indischer Abstammung genannt, wörtlich übersetzt bedeutet es „Gast" – ein offener Euphemismus für eine Gruppe, die man sich eigentlich nicht als dauerhafte Einwohner wünscht, daher mögen die meisten Inder, die ständig in Thailand leben, den Ausdruck auch nicht.

M. R.-KUKRIT-PRAMOJ-HAUS

บ้านหม่อมราชวงศ์คึกฤทธิ์ปราโมช

Der Schriftsteller und Staatsmann M. R. (Mom Ratchawong, königlicher Ehrentitel) Kukrit Pramoj lebte einst in diesem hübschen landestypischen Haus, das heute als **Museum** (Karte S. 126 f.; ☎ 0 2286 8185; Soi Phra Phinij/7, Th Narathiwat Rachananakharin; Eintritt 50 B; ☺ Sa & So 10–17 Uhr; Skytrain Chong Nonsi) der Öffentlichkeit zugänglich ist. Obwohl er seine Bildung in Europa erlangte, war M. R. Kukrit ein überzeugter Thailänder, der sich aus beiden Welten das Beste aussuchte: fünf traditionelle Teakholz-Gebäude, thailändische Kunst, westliche Bücher, jede Menge impulsive Diskussionen. Wer den ehemaligen Bewohner, der über 150 Bücher schrieb und einst Premierminister von Thailand war, näher kennenlernen möchte, sollte sich einer Führung anschließen.

QUEEN SAOVABHA MEMORIAL INSTITUTE (SCHLANGENFARM)

สถานเสาวภา(สวนงู)

Schlangenfarmen muten oft eher karnevalistisch als humanitär an, aber das 1923 gegründete **Queen Saovabha Memorial Institute** (Karte S. 126 f.; ☎ 0 2252 0161; Ecke Th Phra Ram IV & Th Henri Dunant; Erw./Kind 200/50 B; ☺ Mo–Fr 9.30–15.30, Sa & So bis 13 Uhr; Skytrain Sala Daeng, Metro Silom) ist die große

Ausnahme. Hier werden Seren gegen Gifte verschiedener Schlangenarten – Gemeine Kobra, Königskobra, Gelbgebänderter Krait, Malayische Mokassinotter, Grüne Bambusotter und Kettenviper – hergestellt, indem das Gift der Schlangen gemolken und Pferden injiziert wird; Letztere produzieren ein Gegengift, das entnommen, gereinigt und schließlich zur Behandlung von Menschen mit Schlangenbissen verwendet wird.

Auf dem herrlich grünen Gelände werden auch einige Schlangen in Käfigen gehalten und man wird ständig mit westlicher Rockmusik beschallt, aber der Großteil der Attraktionen befindet sich im Simaseng-Gebäude im hinteren Teil des Anwesens: Im Erdgeschoss sind dort unterschiedliche Schlangenarten in Glaskäfigen zu sehen, und im zweiten Stock finden täglich **Schaumelken** (☺ 11 Uhr) und andere **Vorführungen mit Schlangen** (☺ Mo–Fr 14.30 Uhr) statt.

Siam Square & Pratunam

สยามสแควร์/ประตูน้ำ

Einkaufen (meist in den mehrstöckigen Mega-Einkaufszentren) ist das Hauptargument für einen Besuch in diesem Teil der Stadt, aber es gibt auch ein paar Sehenswürdigkeiten, für die man keine Baht braucht. Mit dem Skytrain oder dem *klorng*-Taxi sind die meisten Attraktionen gut zu erreichen.

JIM-THOMPSON-HAUS

บ้านจิมทอมป์สัน

Das **Jim-Thompson-Haus** (Karte S. 128 f.; ☎ 0 2216 7368; www.jimthompsonhouse.com; 6 Soi Kasem San 2; Erw./ Kind 100/50 B; ☺ 9–17 Uhr, Besuch nur mit Führung, englisch & französisch, alle 10 Min.; Skytrain National Stadium, Bus 73, 508, klorng-Taxi bis Tha Ratchathewi) ist eine überraschende und beeindruckende Präsentation thailändischer Architektur und südostasiatischer Kunst.

Das grüne Anwesen war einst das Heim eines amerikanischen Seidenhändlers und Kunstsammlers. Thompson, 1906 in Delaware geboren, arbeitete während des Zweiten Weltkriegs für kurze Zeit für das Office of Strategic Services (den Vorgänger der CIA) in Thailand. Nach dem Krieg ließ er sich in Bangkok nieder, wo er auf die handgemachte Seide seines Nachbarn aufmerksam wurde, und sein Geschäftssinn war geweckt. Er schickte Proben an Modehäuser in Mailand, London und Paris und baute sich allmählich weltweit einen festen Kundenstamm auf.

Neben exquisiter asiatischer Kunst sammelte Thompson auch Teile verschiedener landestypischer Häuser in Zentralthailand, die er 1959 an ihrem heutigen Standort wieder zusammenbauen ließ. Allerdings wurde jede Hauswand mit der Außenseite nach innen eingebaut, sodass das Balkensystem der Wände zu erkennen ist – ein auffälliger Bruch mit der Tradition. Die kleine, aber feine Sammlung asiatischer Kunst und Thompsons persönlicher Besitz sind im Haupthaus zu sehen.

Thompsons Geschichte endet jedoch nicht mit seiner informellen Herrschaft als am besten angepasster Ausländer Bangkoks. Bei einem nachmittäglichen Spaziergang im Jahr 1967 in den Cameron Highlands im Westen Malaysias verschwand Thompson spurlos, im selben Jahr wurde seine Schwester in den USA ermordet. Das lieferte Stoff für die unterschiedlichsten Verschwörungstheorien: Steckten kommunistische Spione dahinter? Oder geschäftliche Rivalen? Oder gar ein Menschen fressender Tiger? Die jüngste Theorie (für die es angeblich sogar handfeste Beweise gibt) besagt, dass Thompson von einem malaysischen Lkw-Fahrer überfahren wurde, der dann seine Leiche versteckte. *Jim Thompson: The Unsolved Mystery* von William Warren ist ein ausgezeichnetes Buch über die Karriere, das Leben in Thailand und das geheimnisvolle Verschwinden des Seidenmagnaten.

BAAN KRUA
บ้านครัว

Diese stimmungsvolle Gemeinde zwischen Khlong Saen Saeb, Th Phayathai und Th Phra Ram I zählt zu Bangkoks ältesten muslimischen Stadtteilen, und angeblich haben die hiesigen geschickten Seidenweber Jim Thompson dazu inspiriert, die Stoffe im Ausland anzubieten (s. S. 146). Heute wird größtenteils andernorts produziert, aber das Viertel hat seinen muslimischen Charakter behalten und mindestens einer der originalen Familienbetriebe, **Phamai Baan Krua** (☎ 0 2215 7458; klorng-Taxi bis Tha Hua Chang), webt heute noch Seide auf alten Teakholz-Webstühlen.

ERAWAN-SCHREIN
ศาลพระพรหม

Dieser belebte **Schrein** (San Phra Phrom; Karte S. 128 f.; Ecke Th Ratchadamri & Th Ploenchit; Eintritt frei; ☺ 8–19 Uhr; Skytrain Chitlom) präsentiert zu jeder Tageszeit eine perfekte Verschmelzung von Kommerz und Religion. Untergebracht in einer Ecke im Grand Hyatt Erawan Hotel, repräsentiert die vierköpfige Gottheit Brahma (Phra Phrom) den Schöpfungsgott der Hindus – ursprünglich wurde sie aufgestellt, um den Bau des ersten Erawan-Hotels unter einen guten Stern zu stellen (s. Kasten S. 148). Als dem Schrein später nachgesagt wurde, er könne Wünsche wahr werden lassen, wurde er später auch von Nichthindus gerne angenommen.

LINGAM-SCHREIN IM NAI-LERT-PARK
Zahllose gemeißelte Steine und hölzerne Phalli umgeben das Geisterhäuschen und den **Schrein** (Saan Jao Mae Thap Thim; Karte S. 128 f.; Nai Lert Park Hotel, 1h Withayu/Wireless Rd; Skytrain Ploenchit, klorng-Taxi bis Tha Withayu), die beide vom Millionär Nai Lert erbaut wurden. Sie ehren Jao Mae Thap Thim, eine weibliche Gottheit, die angeblich in der alten Banyanfeige auf diesem Grundstück lebt. Eine Frau, die dort einst eine Opfergabe hinterließ, bekam wenig später ein Kind, und seither zieht der Schrein einen regen Strom Gläubiger an – meist junge Frauen, die um Fruchtbarkeit bitten. Wenn man vor dem Hotel steht, folgt man dem Betonpfad rechts, der sich neben dem Parkplatz ins Innere des Gebäudes hinabschlängelt. Der Schrein steht am Ende des Gebäudes neben dem Kanal.

Sukhumvit
สุขุมวิท

Hier verbringt man wohl mehr Zeit mit Essen, Trinken und Schlafen als mit Sightseeing (es gibt seeehr viele Hotels). Der Skytrain ist das beste öffentliche Transportmittel.

BAN KAMTHIENG
บ้านคำเที่ยง

Das bezaubernde **Museum** Ban Kamthieng (Karte S. 130 f.; ☎ 0 2661 6470; Siam Society, 131 Soi Asoke/21, Th Sukhumvit; Erw./Kind 100/50 B; ☺ Mo–Sa 9–17 Uhr; Skytrain Asoke, Metro Sukhumvit) versetzt seine Besucher in ein Dorf im Norden Thailands und bietet informative Ausstellungen zu ländlichen Ritualen, Volksglauben und alltäglicher Hausarbeit, und all das im Inneren eines traditionellen Holzhauses. Dieses Museum wird von der Siam Society betrieben, mit der es sich auch die Räumlichkeiten teilt. Die Gesellschaft veröffentlicht das renommierte *Journal of the Siam Society* und streitet tapfer für den Erhalt der traditionellen thailändischen Kultur.

DAS WUNDER DES ERAWAN-SCHREINS

Zu den Klischees, die Touristen zu Bangkok einfallen, gehört jenes von aufwendig kostümierten klassischen Thai-Tänzern, die am Hinduschrein vor dem Grand Hyatt Erawan Hotel auftreten. Wie bei vielem in diesem Land ist jedoch auch hier der entscheidende Teil hinter einer gelassenen Fassade verborgen.

Der Schrein wurde im Jahr 1956 ursprünglich errichtet und war eine Art letzter verzweifelter Versuch, eine Unglückssträhne zu beenden, die mit dem Bau des Hotels begonnen hatte, das damals noch Erawan Hotel hieß. Nach diversen Vorfällen – von verletzten Arbeitern bis zum Untergang eines mit Marmor für das Hotel beladenen Schiffes – konsultierte man einen Brahmanenpriester. Da das Hotel nach Indras Elefanten-Reittier aus der Hindumythologie benannt werden sollte, bestimmte der Priester, dass Erawan einen Reiter bekommt, und er schlug Lord Brahma vor. Man errichtete also eine Statue, und siehe da: Die Pechsträhne war auf wundersame Weise zu Ende.

Obwohl das erste Erawan Hotel 1987 zerstört wurde, gibt's den Schrein noch heute, und er ist immer noch eine wichtige Pilgerstätte für die Einheimischen, vor allem für jene, die etwas materielle Unterstützung gebrauchen können. Wer an der Statue einen Wunsch äußern möchte, findet sich am besten zwischen 7 und 8 Uhr oder zwischen 19 und 20 Uhr ein und bringt eine Reihe ganz bestimmter Dinge als Gaben mit: Kerzen, Räucherstäbchen, Zuckerrohr, Bananen … (Fast) alles ist in einer Anzahl zu opfern, die einem Vielfachen von 7 entspricht. Besonders beliebt sind die Elefanten aus Teakholz; der Erlös aus ihrem Verkauf kommt einer wohltätigen Einrichtung zugute, die zum heutigen Hotel, dem Grand Hyatt Erawan, gehört. Worauf die Touristenbroschüren besonderen Wert legen: Man kann auch eine klassische Thai-Tanzvorführung buchen, die oft aus Dankbarkeit für die Erfüllung eines Wunsches abgehalten wird.

Nach 40 Jahren einer weitgehend gütigen Existenz rückte der Erawan-Schrein unerwünscht in den Mittelpunkt – am 21. März 2006, kurz nach Mitternacht, zerstörte der 27-jährige Thanakorn Pakdeepol die vergoldete Gipsdarstellung von Brahma mit einem Hammer. Pakdeepol, der seit Langem geisteskrank war und unter Depressionen litt, wurde daraufhin von zwei thailändischen Müllsammlern, die sich in der Nähe aufhielten, angegriffen und zu Tode geprügelt.

Obwohl die Regierung eine prompte Restaurierung der Statue anordnete, wurde der Zwischenfall zu einem entscheidenden Moment für die Anti-Thaksin-Bewegung, die damals ihre Blütezeit erlebte. Bei einer politischen Kundgebung am folgenden Tag verkündete der Protestführer Sondhi Limthongkul, der Premierminister habe die Zerstörung der Brahma-Statue veranlasst, um die Gottheit durch eine „dunkle Macht" zu ersetzen, die mit Thaksin im Bunde stehe. Gerüchte verbreiteten sich in der Stadt, Thaksin habe kambodschanische Schamanen angeheuert, die Pakdeepol mithilfe von Flüchen zu dieser unsäglichen Tat getrieben hatten. Als Antwort wurde Pakdeepols Vater mit den Worten zitiert, Sondhi sei „der größte Lügner, den ich je gesehen habe." Als Thaksin gebeten wurde, die Angelegenheit zu kommentieren, sagte er nur: „Das ist verrückt." Einen Monat später wurde eine neue Statue, u. a. aus Teilen der alten gefertigt, aufgestellt. Thaksin befand sich zum Zeitpunkt der Drucklegung im Exil und war noch nicht wieder zurückgekehrt.

KHLONG-TOEY-MARKT

Dieser **Großmarkt** (Karte S. 130 f.; Ecke Th Ratchadaphisek & Th Phra Ram IV; ☺ 5–10 Uhr; Metro Khlong Toei) ist einer der größten der Stadt, und zweifellos stammt viel von dem, was man in Bangkok zu sich nimmt, von hier. Man sollte früh herkommen, und (auch wenn nicht gerade alle Ecken des Marktes sehr fotogen sind) den Fotoapparat mitbringen: Die Käsefrüchte und die Fischhändler sind einen Schnappschuss wert.

THAILAND CREATIVE & DESIGN CENTER

Modernes Design ist der letzte Schrei in Bangkok, und dieses neue **Museum** (TCDC; Karte S. 130 f.; ☎ 0 2664 8448; www.tcdc.or.th; 6. Stock, Emporium Shopping Centre, Th Sukhumvit; Eintritt frei; ☺ Di–So 10.30–22 Uhr; Skytrain Phrom Phong) bietet wechselnde Ausstellungen zum Thema, einen tollen Laden und ein Café. Mitgliedern steht eine thematische Bibliothek voller Bücher, Computer und sonstiger Infoquellen zur Verfügung.

Lumphini-Park & Th Phra Ram IV

สวนลุมพินี/ถนนพระราม4

Hauptattraktion dieses Stadtteils ist Bangkoks größte Grünzone. Am besten erreicht man die Gegend mit der Metro, die am Lumphini, in Silom und an der Th Phra Ram IV hält.

LUMPHINI-PARK
สวนลุมพินี

Der **Lumphini-Park** (Karte S. 132 f.; Th Phra Ram IV, zw. Th Withayu/Wireless Rd & Th Ratchadamri; Eintritt frei; ☻ 5–20 Uhr; Bus 13, 505, Skytrain Sala Daeng, Metro Lumphini) ist nach Buddhas Geburtsort in Nepal benannt und der beste Ort, um der Stadt zu entkommen, ohne sie verlassen zu müssen. Schattige Pfade, ein großer künstlicher See und perfekte Rasenflächen lassen einen den dröhnenden Verkehr und die riesigen Betontürme für kurze Zeit vergessen.

Die beste Zeit für einen Parkbesuch ist vor 7 Uhr morgens, wenn die Luft (naja, zumindest für Bangkok-Verhältnisse) noch frisch ist und Heerscharen von Thai-Chinesen *taijiquan* (Tai Chi) betreiben. In den kühleren Abendstunden erwacht der Park erneut zum Leben, wenn Aerobic-Fans kollektiv zu Technorhythmen schwitzen. Spät in der Nacht flanieren rund um den Park Prostituierte, männliche ebenso wie weibliche.

Bangkok Zentrum
ใจกลางกรุงเทพฯ

Das Zentrum nimmt eine sehr große Fläche ein, aber nur wenige Plätze lohnen einen Besuch. Am schönsten ist noch der Stadtteil Dusit, der königliche Bezirk mit seinen weitläufigen Straßen, den Denkmälern und den Grünanlagen.

WANG SUAN PHAKKAT
วังสวนผักกาด

Ein oft übersehener Schatz ist der **Salatfarm-Palast** (Karte S. 120 f.; ☎ 0 2245 4934; Th Sri Ayutthaya; Eintritt 100 B; ☻ 9–16 Uhr; Skytrain Phayathai) in der Nähe der Th Ratchaprarop, fünf traditionelle thailändische Holzhäuser, die einst die Residenz der Prinzessin Chumbon von Nakhon Sawan waren – davor war hier eine Salatfarm, daher der Name. In den Pfahlbauten sind Kunst, Antiquitäten und Möbel ausgestellt, und das landschaftlich gestaltete Gelände ist eine friedvolle Oase mit Enten, Schwänen und einem halbgeschlossenen Garten.

Der kleine **Lacquer-Pavillon** im hinteren Teil des Anwesens stammt aus der Ayutthaya-Ära. Innen sind mit Blattgold bedeckte *jataka*- und *Ramayana*-Wandgemälde zu sehen, zudem Szenen aus dem alltäglichen Leben aus dieser Zeit. Das Gebäude stand ursprünglich in einer Klosteranlage am Mae Nam Chao Phraya, gleich südlich von Ayutthaya. Die größeren Wohngebäude vor der Anlage zeigen Ausstellungen von hinduistischer und buddhistischer Kunst im Khmer-Stil, Keramik aus Ban Chiang und eine sehr interessante Sammlung von historischen Buddhas, einschließlich einer wunderschönen späten Darstellung im U-Thong-Stil.

WAT BENCHAMABOPHIT
วัดเบญจมบพิตร (วัดเบญฯ)

Man kennt diesen **Tempel** (Marmortempel; Karte S. 120 f.; Ecke Th Si Ayutthaya & Th Phra Ram V; Eintritt 20 B; ☻ 8–17.30 Uhr; Bus 72, 503) aus weißem Carrara-Marmor von der Rückseite der 5-Baht-Münze. Der Wat Ben, wie er im Volksmund heißt, entstand im späten 19. Jh. unter Rama V. Die große kreuzförmige *bòht* ist ein Paradebeispiel für moderne thailändische Wat-Architektur. Im Fundament der zentralen Buddha-Statue, einer Kopie von Phra Phuttha Chinnarat in Phitsanulok, ist die Asche von Rama V. begraben. Im Hof hinter der *bòht* sind 53 Buddhabildnisse zu sehen (33 Originale, 20 Kopien), die berühmte Figuren und Stile aus ganz Thailand und anderen buddhistischen Ländern repräsentieren.

DUSIT-PALASTPARK
วังสวนดุสิต

Nach seiner ersten Europa-Rundreise im Jahr 1897 kehrte König Rama V. (der erste thailändische Monarch, der den Kontinent besuchte), mit Visionen von europäischen Schlössern in seinem Kopf nach Hause zurück. Er wandelte all die Baustile, die er gesehen hatte, so ab, dass sie in einer einzigartigen thailändischen Form zum Ausdruck kamen, die heute im **Dusit-Palastpark** (Karte S. 120 f.; ☎ 0 2628 6300; grenzt an die Th Ratchawithi, die Th U-Thong Nai & die Th Ratchasima; Erw./Kind 100/50 B od. frei mit Eintrittskarte zum Großen Palast; ☻ 9.30–16 Uhr; Bus 70, 510) zu bestaunen ist. Der Königspalast, die Thronhalle und die kleineren Paläste für die anderen Familienmitglieder wurden alle aus Ko Ratanakosin, dem antiken Königshof, hierher gebracht. Heute hat der amtierende König sogar noch ein weiteres Zuhause, und in diesem Anwesen sind ein Museum und verschiedene kulturelle Sammlungen untergebracht.

Der **Vimanmaek-Palast** wurde ursprünglich 1868 in Ko Si Chang erbaut und 1910 an seinen heutigen Standort versetzt. Er umfasst 81 Zimmer, Hallen und Vorräume und gilt als weltweit größtes vergoldetes Teakgebäude, das angeblich ohne einen einzigen Nagel erbaut wurde. Die Villa war das erste dauerhafte Ge-

NEWLEY PURNELL & KHUN JU

Ein Interview mit einem Studenten des Thailändischen und einem thailändischen Sprachlehrer.

Muss man wirklich Thailändisch sprechen können, wenn man nach Bangkok reist? Newley: Man kommt sicherlich auch ohne durch, aber ich persönlich finde es wichtig, dass man sich Mühe gibt, die Landessprache zu lernen – es ist ein Zeichen des Respekts.

Welche Fehler machen Ausländer normalerweise, wenn sie Thailändisch sprechen? Khun Ju: Viele Ausländer können die Laute „ng" und „d" am Wortanfang nicht richtig aussprechen, und sie sprechen in der falschen Tonlage.

Newley, haben Sie die Sache mit der Tonlage besser im Griff? So langsam, ja! Mit der Zeit ist es ganz natürlich, und je mehr man die Worte übt, desto besser wird es. Aber man ist sich nie ganz sicher.

Was ist – abgesehen von der Aussprache – das Schwerste, wenn man eine Sprache wie Thailändisch lernt? Newley: Man muss jedes neue Wort neu lernen, da sich verwandte Wörter im Thailändischen nicht voneinander ableiten lassen.

Welche Sprache ist schwieriger, die thailändische oder die englische? Khun Ju: Thailändisch ist wegen der verschiedenen Tonlagen schwieriger. Im Thailändischen kann dasselbe Wort, in verschiedenen Tonlagen ausgesprochen, verschiedene Bedeutungen haben.

Newley: Dafür ist die thailändische Grammatik sehr simpel. Verben werden z. B. nicht konjugiert, was es zumindest von der Grammatik her etwas einfacher macht als das Englische.

bäude auf dem Gelände des Dusit-Palastes und diente Rama V. zu Beginn des 20. Jhs. als Wohnsitz. Im Inneren der Villa sind Privatgegenstände des Königs und eine Schatzkiste früher Ratanakosin-Kunstobjekte und -Antiquitäten zu sehen. Ein Besuch ist nur im Rahmen einer (englischsprachigen) Tour möglich (ca. 1 Std., 9.30–15 Uhr, alle 30 Min.). In einem Pavillon neben der Villa finden um 10 und um 14 Uhr Vorführungen klassischer thailändischer Tänze statt.

Im **Antiken Tuchmuseum** ganz in der Nähe ist eine wunderschöne Sammlung traditioneller Seide und Baumwolle zu sehen, die zur königlichen Tuchsammlung gehören.

Die kleinere **Abhisek-Dusit-Thronhalle** wurde ursprünglich als Thronhalle für Rama V. erbaut und ist typisch für die zarte Architektur dieser Ära. Viktorianisch beeinflusste Zuckerbäcker-Architektur und maurische Säulenhallen verschmelzen zu einem beeindruckenden, ausgeprägt thailändischen Äußeren. In der Halle sind ausgezeichnete Ausstellungen regionalen Kunsthandwerks zu sehen, das von Mitgliedern der Stiftung Supplementary Occupations & Related Techniques (SUPPORT) angefertigt wurde; die Organisation wird von Königin Sirikit unterstützt.

In der Nähe des Eingangs an der Th U-Thong Nai stehen zwei große Ställe, in denen einst drei weiße Elefanten untergebracht waren – das Glück verheißende Albi-

nismus macht Tiere automatisch zum Eigentum der Krone. Heute ist hier das **Königliche Elefantenmuseum** untergebracht. In einem der Gebäude sind Artefakte und Fotografien zu sehen, die die Bedeutung der Elefanten in der thailändischen Geschichte beschreiben und ihren unterschiedlichen Status (der von ihren körperlichen Merkmalen abhängt) erklären. Im zweiten Stall sind die Skulptur eines noch lebenden königlichen Albinoelefanten untergebracht, der heute bei dem amtierenden thailändischen König im Chitlada-Palast lebt. In königliche Gewänder gehüllt, wird die Statue von thailändischen Besuchern mehr oder weniger als Schrein betrachtet.

Da dies ein königliches Anwesen ist, sollten Besucher lange Hosen oder lange Röcke (keine Caprihosen) und T-Shirts mit langen Ärmeln tragen.

GEDENKSTÄTTE FÜR RAMA V.

พระบรมรูปทรงม้า

Die Bronze-**Figur** (Karte S. 120 f.; Royal Plaza, Th U-Thong Nai; Bus 70, 510) eines militärisch gekleideten Führers mag als Schrein eher ungewöhnlich erscheinen, aber die Einwohner Bangkoks sind flexibel, wenn es darum geht, religiöse Ergebenheit zum Ausdruck zu bringen. Außerdem zeigt die Figur nicht irgendeinen längst vergessenen General, sondern Rama V. (König Chulalongkorn; 1868–1910), dem nach allgemeiner Ansicht zu verdanken ist, dass das Land in der Moderne angekommen

ist und dass Thailands Unabhängigkeit von den europäischen Kolonialmächten erhalten blieb. Darüber hinaus schaffte er Sklaverei und Corvée (jeder Bürger musste auf Befehl für staatliche Arbeiten zur Verfügung stehen) ab und gilt daher als Held des gemeinen Volkes. Seine Errungenschaften werden besonders von der Mittelschicht so hoch geachtet, dass seine Statue zahlreiche Verehrer anzieht (besonders dienstags, weil dies der Tag seiner Geburt ist), die Kerzen, Blumen (hauptsächlich rosa Rosen), Räuchermittel und Whiskyflaschen opfern. Am 23. Oktober, dem Todestag des Monarchen, finden an der Statue umfangreiche Feierlichkeiten statt.

Der neoklassizistische Kuppelbau hinter der Statue ist die **Ananta-Samakhom-Thronhalle**, die heute Teil des Dusit-Palastparks ist (S. 149), der zu Beginn des 19. Jhs. von italienischen Architekten im Stil europäischer Regierungsgebäude errichtet wurde. Die Thronhalle, die mittlerweile nur noch zu zeremoniellen Zwecken genutzt wird, war auch Schauplatz der ersten Sitzung des thailändischen Parlaments, bevor es in ein anderes Gebäude in der Nähe umzog. Besucher mit Eintrittskarten für den Dusit-Palastpark können auch die Architektur des Gebäudes bestaunen und die wechselnden Ausstellungen besuchen.

AKTIVITÄTEN
Traditionelle Massage

Eine gute Massage ist das Geburtsrecht jedes Bangkokers und die reinste Freude für Besucher. Dementsprechend sind Massagesalons an jeder Ecke zu finden; jedoch unterscheiden sie sich ziemlich in ihrer Qualität. Die Läden, die „Massagen" anbieten, befinden sich in den schäbigeren Gegenden der Stadt und werben mit spärlich bekleideten Damen.

Wer sich zum ersten Mal in die Hände eines thailändischen Masseurs begibt, sollte sich zunächst von allem freimachen, was er darüber gehört hat – die meisten Besucher empfinden eine Thai-Massage als gleichermaßen schmerzhaft und entspannend. Zu einer traditionellen Massage gehören oft auch heiße Kräuterumschläge (Ölbehandlungen kommen typischerweise bei „sexy" Massagen zum Einsatz).

Je nach Stadtteil variieren die gängigen Preise für eine Behandlung: meist zahlt man bis zu 250 B für eine Fußmassage und ca. 500 B für eine Ganzkörpermassage. Die meis-

ten der hier aufgeführten Spas bieten u. a. auch Massagebehandlungen an.

Buathip Thai Massage (Karte S. 130 f.; ☎ 0 2251 2627; 4/13 Soi 5, Th Sukhumvit; 1 Std. Massage 270 B, Füße 250 B; 🕙 10–24 Uhr; Skytrain Nana) In einem Stadtteil zu finden, in dem sich hinter „Massage" für gewöhnlich etwas anderes verbirgt, aber die Fachkräfte hier sind seriös und hoch angesehen. Das Buathip liegt in einem kleinen Nebenweg hinter dem Amari Boulevard Hotel.

Coran Boutique Spa (Karte S. 130 f.; ☎ 0 2651 1588; www.coranbangkok.com; 27/1-2 Soi 13, Th Sukhumvit; 1 Std. traditionelle Massage 400 B; 🕙 11–22 Uhr; Skytrain Nana) Bietet Thai-Massagen von Absolventen der benachbarten Thai Traditional Medical Services Society an, die u. a. spezifische Kurse dazu gibt (s. S. 157).

Ruen-Nuad-Massagestudio (Karte S. 126 f.; ☎ 0 2632 2662; Th Convent, Th Silom; 1 Std. traditionelle Massage 350 B, Füße 350 B; 🕙 10–22 Uhr; Skytrain Sala Daeng, Metro Silom) Untergebracht in einem umgebauten Holzhaus. Diese charmante Adresse ist weder dem Kitsch noch dem New Age verfallen (beides ist eigentlich charakteristisch für Massagesalons in Bangkok), außerdem sind die Preise erschwinglich.

Wat Pho Thai Traditional Medical and Massage School (Karte S. 122 f.; ☎ 0 2221 2974; Soi Pen Phat, Th Sanamchai; 1 Std. Massage 220 B; 🕙 8–22 Uhr; Fähre Tha Tien) Die erste Trainingsadresse für Masseure, die aus dem ganzen Land hierher kommen. Auf der Tempelanlage stehen auch Massagepavillons (s. S. 136).

Spas

Wer nicht gerade seinen gesamten Aufenthalt in einer klimatisierten Luftblase verbracht hat (was im Bangkok von heute kein Problem wäre), wird früher oder später das Bedürfnis haben, sich von den negativen Auswirkungen der urbanen Umgebung zu erholen. Dafür bietet sich entweder eine Massage an oder eine umfangreichere Behandlung, zu der eine individuell abgestimmte Auswahl von Aromen und Ölen, ein Team aus Fachkräften und oft sogar Akupunkturnadeln gehören. In Bangkok gibt's unzählige Spas, von denen viele in den teuren Hotels der Stadt untergebracht sind (und entsprechend hohe Preise verlangen). Auf www.spasinbangkok.com kann man sich vorab informieren, oder man besucht gleich eine der folgenden Adressen.

Divana Spa (Karte S. 130 f.; ☎ 0 2261 6784; www.divanaspa.com; 7 Soi 25, Th Sukhumvit; Spa-Anwendungen ab 2500 B; Skytrain Asoke, Metro Sukhumvit) Hat sich dank seiner intimen, beruhigenden Lage in einem Gartenhaus eine einzigartige landestypische Note erhalten

Health Land (Karte S. 126 f.; ☎ 0 2637 8883; www.healthlandspa.com; 120 Th Sathon Neua; Anwendungen ab

850 B; ⊙ 9–24 Uhr; Skytrain Chong Nonsi) Mithilfe einer gewinnenden Mischung aus erschwinglichen Preisen und fachmännischen Behandlungen hat sich Health Land in der ganzen Stadt ein kleines Imperium aufgebaut.

Oriental Spa (Karte S. 126 f.; ☎ 0 2659 9000, Durchwahl 7440; www.mandarinoriental.com/bangkok/spa; 48 Soi 38, Th Charoen Krung; Paketangebote ab 1650 B) Das Oriental Spa gilt als eine der führenden Wellnesseinrichtungen weltweit und hat Standards für Anwendungen im asiatischen Stil gesetzt. Es besteht seit 15 Jahren, wurde vor Kurzem renoviert und liegt super in einem Holzhaus am Ufer des Chao Phraya. Je nachdem, von wo aus man eingeflogen ist, sollte man über eine Jetlag-Massage nachdenken; alle Anwendungen müssen vorab gebucht werden.

S Medical Spa (Karte S. 128 f.; ☎ 0 2253 1010; www.smedspa.com; Th Withayu/Wireless Rd; Anwendungen ab 1000 B; Skytrain Ploenchit) Gehört zur neuen Spa-Generation in Bangkok, die alternative Medizin mit Entspannungstechniken und kosmetischen Behandlungen verknüpft. Das Zentrum bietet eine Lehrbuch-Auswahl möglicher Behandlungen, u. a. Akupunktur, Hydrotherapie, Ernährungsberatung und Fitnessprogramme.

Spa 1930 (Karte S. 128 f.; ☎ 0 2254 8606; www.spa1930.com; Soi Tonson, Th Ploenchit; Einzelanwendungen ab 1200 B, Pakete ab 3800 B; ⊙ 9.30–21.30 Uhr; Skytrain Chitlom) Erspart Entspannungssuchenden ein künstliches Ambiente aus New-Age-Musik und Dingen, die eher auf eine Dinner-Party gehören. Das Angebot ist übersichtlich (Gesichts- und Körperpflege, Körpermassage) und alle Cremes und Massageöle sind nach traditionellen thailändischen Kräuterheilrezepten hergestellt.

Thann Sanctuary (Karte S. 128 f.; ☎ 0 2658 0550; 3. Stock, Gaysorn Plaza, Ecke Th Ploenchit & Th Ratchadamri; Anwendungen ab 900 B; ⊙ 10–22 Uhr; Skytrain Chitlom) Dieses dämmrige Spa ist ein Ableger des Ladens für duftende Kräuterheilprodukte nebenan. Es bietet eine Vielzahl von Behandlungen und Erholungstherapien für Shopping-Geschädigte an. Eine weitere Filiale gibt's am Siam Discovery Center (Ecke Th Phra Ram I & Th Phayathai, Skytrain National Stadium).

Fluss- & Kanalfahrten

Noch heute kann man Bangkoks Vergangenheit als „Venedig des Ostens" erleben, auch wenn längst motorisierte Fahrzeuge die Boote verdrängt haben. Entlang des Flusses und des Kanals steht eine bunte Flotte aus Wasserfahrzeugen bereit, von Kanus bis zu Reisbarkassen. In diesem Teil der Stadt sind zahlreiche Wohnhäuser, Geschäfte und Tempel noch immer für das Leben am Wasser konzipiert und eröffnen einen faszinierenden Einblick in eine Vergangenheit, in der sich die Thailänder noch selbst als *jôw nám* (Herren des Wassers) bezeichneten.

Am einfachsten lassen sich die Attraktionen entlang des Flusses mit dem **Chao Phraya Express** (Karte S. 202; ☎ 0 2623 6001; www.chaophrayaboat.co.th; Fahrkarten 9–32 B) abklappern. Die meisten Boote in Richtung Norden fahren am Anleger Tha Nonthaburi ab, die meisten in Richtung Süden am Tha Sathon (auch Central Pier genannt) in der Nähe der Skytrain-Station Saphan Taksin; einige Boote fahren sogar bis zum Wat Ratchasingkhon im Süden. Näheres zu Bootsfahrten gibt's auf S. 201.

Wer die berühmten Kanäle der Stadt hautnah erleben möchte, kann in Tha Chang, Tha Tian oder Tha Phra Athit eines der zahlreichen Longtail-Boote chartern. Bei den meisten Ausflügen verbringt man eine Stunde auf den malerischen Nonthaburi-Kanälen **Khlong Bangkok Noi** und **Khlong Bangkok Yai** mit Halt am Royal Barge National Museum und am Wat Arun. Längere Ausflüge führen bis nach **Khlong Mon** zwischen Bangkok Noi und Bangkok Yai, wo die Kanallandschaft typischer ist; hier gibt's auch ein paar Orchideenfarmen. Ein ganzes Boot kostet in der Regel 1000 B pro Stunde, Eintrittspreise und diverse Ankergebühren nicht eingeschlossen. Die meisten Anbieter haben feste Tourrouten, aber auch Wunschziele werden berücksichtigt.

Details zu Dinner-Bootsfahrten auf dem Chao Phraya stehen auf S. 159.

Sporteinrichtungen

Wenn man trotz des erschöpfenden Klimas noch sportlich aktiv werden möchte, empfiehlt sich eine klimatisierte Einrichtung. Die meisten Spitzenklassehotels haben einen Fitnessbereich und einen Pool, der auch in vielen Fitnessstudios (in denen man Mitglied werden muss) zu finden ist. Einige Hotels bieten Tagespässe an, aber die Regelungen sind je nach Haus unterschiedlich.

Clark Hatch Physical Fitness Centers (www.clarkhatchthailand.com) ist eine erstklassige Einrichtung mit 14 Filialen überall in der Stadt. Alle bieten sie Hantelbänke, Aerobic-Kurse, Pools, Saunen und Massagemöglichkeiten. Weitere kommerzielle Fitnessstudios sind das **California Wow** (www.californiawowx.com) mit 13 Filialen und das **Fitness First** (www.fitnessfirst.co.th), das sieben Ableger unterhält.

Heutzutage greift Bangkok jeden erdenklichen Fitness-Trend auf, von Pilates über Kickboxen bis hin zu Salsakursen. Die meisten Möglichkeiten bieten sich im Geschäftsbezirk entlang der Th Ploenchit oder der Th

Sukhumvit, aber auch direkt auf der Th Khao San gibt's ein paar Studios.

Absolute Yoga (Karte S. 128 f.; ☎ 0 2252 4400; www. absoluteyogabangkok.com; 4. Stock, Amarin Plaza, Th Ploenchit; Skytrain Chitlom) bietet statt spiritistischem Yoga Action für Fitnessfans an, u. a. Hot Yoga, Pilates und Vinyasa.

Im **Yoga Elements Studio** (Karte S. 128 f.; ☎ 0 2655 5671; www.yogaelements.com; 23. Stock, 29 Vanissa Bldg., Th Chitlom; Skytrain Chitlom) bekommt man Vinyasa-Ashtanga-Unterricht. Die Preise für Einsteiger sind sehr attraktiv.

Eine der dienstältesten Sportorganisationen Bangkoks ist **Hash House Harriers** (www.bangkokhhh.com). Die Mitglieder sind sowohl stolz auf ihre Liebe zum Laufsport als auch auf ihre Fähigkeit, einer Dehydrierung mit Unmengen von Bier vorzubeugen. Wem es da in beiden Bereichen an Engagement mangelt, sollte lieber mit einer leichten Joggingrunde in einem der Parks beginnen, z. B. im Lumphini-(S. 159) oder im Sanam-Luang-Park (S. 138). Clubs, die sich populären Sportarten aus dem Westen – Softball, Eishockey (ehrlich!), Rugby oder Radfahren – widmen, ziehen scharenweise begeisterte Ausländer an, die ihren Heimatsport vermissen; die meisten Clubs haben informative Websites.

STADTSPAZIERGÄNGE
Ko Ratanakosin

Die meisten Sehenswürdigkeiten, die man in Bangkok auf keinen Fall verpassen darf, befinden sich im ehemaligen königlichen Distrikt Ko Ratanakosin. Darum haben wir einen Stadtspaziergang zusammengestellt, auf dem man alle an einem Tag (mit Zwischenstopps in ca. 5 Std.) sehen kann. Am besten ganz früh losgehen, bevor die Hitze unerträglich wird und die Menschenmassen einfallen. Man sollte sich angemessen kleiden (lange Hosen oder Röcke, T-Shirts mit Ärmeln, geschlossene Schuhe), um in die Tempel eingelassen zu werden, und Fremde, die einem Tipps zu Einkaufsmöglichkeiten und Sehenswürdigkeiten anbieten, einfach ignorieren.

Der Spaziergang beginnt am **Tha Chang (1)**, von wo aus man der Th Na Phra Lan nach Osten folgt, allerdings mit einem kleinen Umweg über die **Silpakorn-Universität (2**; Th Na Phra Lan). Thailands führende Kunsthochschule wurde ursprünglich als Schule der Schönen Künste vom italienischen Künstler Corrado Feroci errichtet. Ein alter Palast, der einst für König Rama I. erbaut wurde, ist ebenfalls

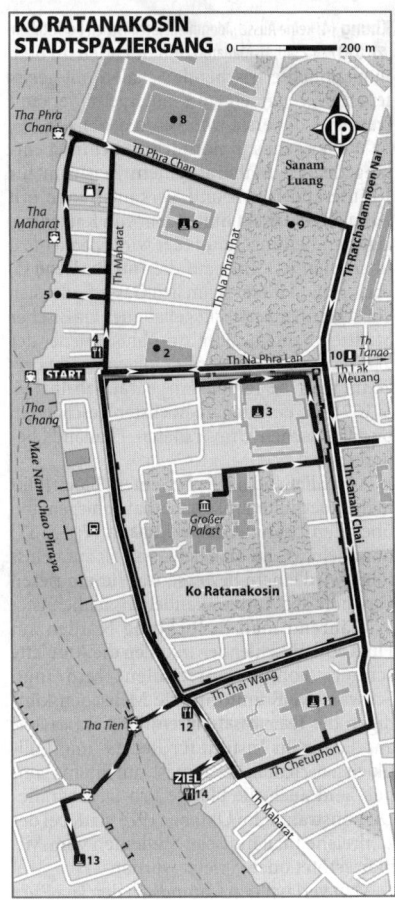

KO RATANAKOSIN STADTSPAZIERGANG

ROUTENINFOS

Start Tha Chang
Ziel Deck
Strecke ca. 5 km
Dauer 3 Std.

Teil des Campus; von ihm aus geht's in östlicher Richtung zum Haupttor und weiter bis zum **Wat Phra Kaew & zum Großen Palast (3**; S. 135), zwei der berühmtesten Attraktionen Bangkoks.

Dann kehrt man zurück auf die Th Maharat und biegt rechts ab. Wenn man der Westseite der Straße folgt, erreicht man an der vierten Eingangstür auf der linken Seite **Ah**

Khung (4; keine Ausschilderung in lateinischen Buchstaben; ☏ 0 81775 2540; Th Maharat), einen Laden, in dem unglaublich erfrischende Schalen mit geeistem *chōw góoay*, einem Kräutergelee, verkauft werden – der erste wohlverdiente Snack.

Weiter geht's in nördlicher Richtung entlang der Th Maharat, einem Zentrum für Kräuterapotheken und Verkaufsstände mit Amuletten. Direkt hinter dem von Katzen belagerten Zeitungsstand (der wirklich nicht zu übersehen ist) links auf die **Trok Tha Wang (5)** abbiegen: In dieser schmalen Gasse findet sich ein scheinbar versteckt gehaltener klassischer Stadtteil Bangkoks. Im Anschluss wieder der Th Maharat nach Norden folgen. Rechts erkennt man die Tempelanlage **Wat Mahathat (6**; S. 157), die eine der am höchsten geschätzten buddhistischen Universitäten Thailands beherbergt.

Anschließend nach etwa einem Block links in die überfüllte Trok Mahathat abbiegen und über den beengten **Amulettmarkt (7**; S. 137) bummeln. Wenn man der Gasse bis zum Fluss folgt, wird einem bewusst, was für ein riesen Geschäft der Amuletthandel tatsächlich ist.

Während man in Richtung Norden am Fluss entlangschlendert, werden die Amulette schnell von Essensständen verdrängt. Schwarz-weiß uniformierte Menschen kündigen die **Thammasat-Universität (8**; Th Phra Chan) an, die für ihr Institut für Rechts- und Politikwissenschaften bekannt ist; auf ihrem Campus fand auch die blutige Pro-Demokratie-Demonstration im Oktober 1976 statt, bei der zahlreiche thailändische Studenten vom Militär getötet oder verletzt wurden.

Man verlässt den Campus an der Tha Phra Chan, überquert die Th Maharat und spaziert weiter bis zum „Königlichen Feld" im Osten, dem **Sanam Luang (9**; S. 138). Jetzt den Sanam Luang überqueren und dabei ein Foto von der königlichen Skyline am Wat Phra Kaew schießen. Nachdem man die Th Ratchadamnoen Nai überquert hat, geht's weiter nach Süden zum Zuhause von Bangkoks Stadtgeist, **Lak Meuang (10**; S. 138), an dem meist lebhafte Anbetungsszenen zu beobachten sind, natürlich einschließlich brennender Räucherstäbchen und traditioneller Tänze.

Jetzt ist es Zeit fürs Mittagessen – wie gut, dass nur wenige Blocks westlich die Th Tanao, eine der besten kulinarischen Gegenden Bangkoks, liegt. Im Poj Spa Kar (S. 175) kommt man in den Genuss einer Klimaanlage, im Chote Chitr (S. 175) gibt's klassische Bang-

kok-Küche – beide sind in nur fünf Minuten zu Fuß auf der Th Kanlaya Lamit in östlicher Richtung zu erreichen.

Zurück auf der Th Sanamchai geht's weitere 500 m Richtung Süden und dann rechts auf die Th Chetuphon; hier steht der **Wat Pho (11**; S. 136) mit dem gigantischen Liegenden Buddha sowie ruhigen Ecken und Nischen.

Nachdem man sich im **Rub Aroon (12**; S. 175) ein erfrischendes Getränk oder einen Imbiss gegönnt hat, nimmt man am benachbarten Tha-Thien-Pier eine Fähre, die einen über den Fluss zum im Stil der Khmer gehaltenen **Wat Arun (13**; S. 141) bringt.

Dann wieder nach Bangkok übersetzen und den Tag mit einem oder zwei Drinks im **Deck (14**; S. 176) ausklingen lassen – hier genießt man einen der besten Blicke auf den Sonnenuntergang in ganz Bangkok.

Chinatown

Dieser Stadtspaziergang führt einen sowohl auf die hektischen Märkte und Hauptstraßen von Bangkoks überfülltestem Stadtteil als auch in weniger besuchte Gegenden entlang des Flusses; er dauert etwa drei Stunden (mit Zwischenstopps ca. fünf).

Mit der Metro geht's nach **Hualamphong (1)**. Hier ist der größte Bahnhof der Stadt zu bestaunen, wenn man nicht gerade direkt durch den Metroausgang 1 auf die Th Phra Ram IV ins Freie tritt. Auf der anderen Seite des *klorng* (Kanal) biegt man links auf die Th Traimit ab und erreicht nach 200 m das erste Ziel: den **Wat Traimit (2**; S. 145) mit seiner berühmten goldenen Buddhastatue.

Jetzt weiter auf der Th Traimit, am chinesischen Tor rechts und rüber zur Th Yaowarat, der Hauptverkehrsader von Chinatown. Auf der gegenüberliegenden Straßenseite steht der **Kuan-Im-Schrein (3)** aus dem Jahr 1902. Er zeigt eine antike Teakholz-Statue der namensgebenden buddhistischen Gottheit und ist darüber hinaus das Hauptbüro der wohltätigen Thian-Fah-Stiftung.

Auf der Th Yaowarat geht's in Richtung Norden, bis man an der Ecke zur Th Songsawat die **Chaloem-Buri-Kreuzung (4)** erreicht. Das Nordende der Th Yaowarat ist der beste Ort, um den bunten Wirrwarr aus Neonschildern, der häufig mit Bangkoks Chinatown assoziiert wird, live zu erleben.

Anschließend links auf die Th Phadungdao und dann an der T-Kreuzung rechts abbiegen; nach 50 m taucht auf der rechten Seite

CHINATOWN STADTSPAZIERGANG

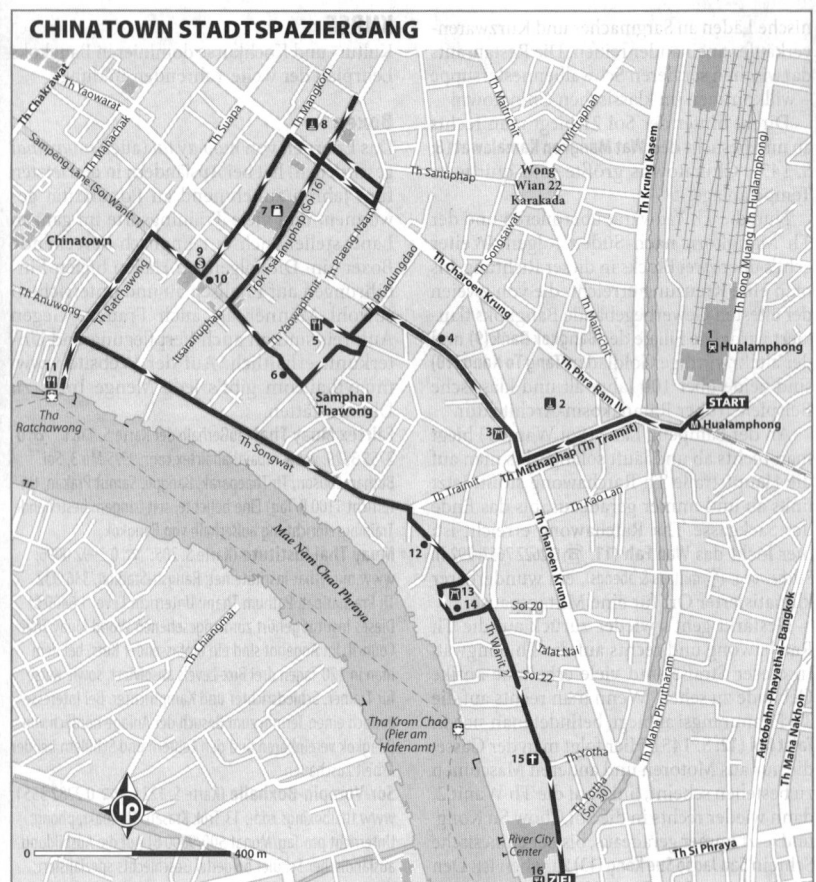

ROUTENINFOS

Start Metrostation Hualamphong
Ziel River City Center
Strecke ca. 5 km
Dauer 3 Std.

ein kleiner chinesischer Schrein auf. Gegenüber ist ein Laden mit Café, in dem ausschließlich alte chinesische Männer sitzen: **la
Sae** (**5**; Th Phat Say), eines der ältesten Kaffeehäuser der Stadt und der erste Boxenstopp, um
etwas zu essen oder zu trinken.

Wieder zurück auf die Th Phat Sai biegt
man auf die Trok Khao San ab und folgt dieser kleinen, stimmungsvollen Gasse, bis man
auf die erste große Kreuzung trifft; dies ist
Sampeng (**6**; Soi Wanit 1), Chinatowns belebteste
Marktstraße. Immer dem bunten Treiben
nach, bis man die zweite große Kreuzung erreicht, dann rechts und weiter Richtung Norden, wo man wieder auf die Th Yaowarat
stößt; man überquert sie und kommt auf die
Soi 6, eine Marktgasse, die die Einheimischen

Talat Mai (**7**; S. 144) nennen. Wenn man auf
der Th Charoen Krung wieder auftaucht,
geht's über die Straße und geradeaus weiter
in die Gasse, dann die erste rechts rein. Dieser Teil des Marktes ist für Opfergaben aus
Papier bekannt, die bei chinesischen Begräb-
nissen verbrannt werden. In einem Bogen
läuft man wieder zurück auf die Th Charoeng
Krung, wo sich Richtung Norden medizi-

nische Läden an Sargmacher und Kurzwarenverkäufer aneinander reihen. Die Restaurants dazwischen servieren Schwalbennestersuppe – willkommen im klassischen Chinatown!

Direkt hinter der Soi 21 biegt man rechts ab und besucht den **Wat Mangkon Kamalawat** (**8**; S. 145), Chinatowns größte und quirligste Tempelanlage.

Nun die Th Yaowarat überqueren und der Th Mangkorn nach Süden folgen. Weiter geht's über zwei Blocks in dieser Richtung, bis man eine Kreuzung erreicht, die von zweien der ältesten Gewerbegebäude Bangkoks flankiert wird: Die Filiale der **Bangkok Bank** (**9**) und der altehrwürdige Goldladen **Tang To Kang** (**10**) sind beide über 100 Jahre alt und klassische Beispiele früher Ratanakosin-Architektur.

An der Sampeng Lane (Soi Wanit 1) biegt man rechts ab und läuft solange, bis man auf die Hauptstraße Th Ratchawong stößt. Jetzt links ab und immer geradeaus, bis das Ende der Sackgasse Tha Ratchawong erreicht ist; hier lockt das **Wan Fah** (**11**; ☎ 0 2622 7657; 292 Th Ratchawong; ☯ mittags & abends), ein wunderbarer klimatisierter Ort für eine Mittagspause.

Gestärkt geht's wieder zurück auf die Th Ratchawong und rechts auf die Th Songwat. In dieser Straße sind viele erhaltene antike Gebäude zu sehen. Wenn man rechts auf die Th Phanurangsi abbiegt, befindet man sich in **Talat Noi** (**12**; S. 145). Hier folgt man der Gasse, die nur aus Motoren und anderen Maschinen zu bestehen scheint, links auf die Th Wanit 2, dann wieder rechts in die Soi Chow Su Kong, und jetzt immer geradeaus, bis der chinesische Schrein **San Jao Jo Sue Kong** (**13**) zu sehen ist. Den Wegweisern vom River View Guest House folgt man bis zu zwei großen Banyan-Feigen, die mit Opfergaben überladen und mit zahllosen Schleifen geschmückt sind. Der von Müll gesäumte Pfad hinter den Bäumen bringt einen zum **Haus von Chao Suas Sohn** (**14**), dem einzigen noch erhaltenen chinesischen Wohnhaus in ganz Bangkok.

Von hier führt ein Pfad in Richtung Süden wieder zurück zur Th Wanit 2 und passiert dabei das älteste christliche Gotteshaus der Stadt, die **Kirche zum Heiligen Rosenkranz** (**15**; Th Yotha). Nach den letzten 200 m endet der Stadtspaziergang durch Chinatown mit einem wohlverdienten Espresso und einer *tarte citron* im **Folies** (**16**; Captain Bush Lane); das französische Café unter freiem Himmel liegt zwischen dem River City Shopping Centre und dem Royal Orchid Sheraton.

KURSE

Kultur- und Kochkurse dominieren Bangkoks Lehrplan der weiterführenden Bildung.

Boxen

Das Erlernen von *moo-ay tai* (auch *muay thai* geschrieben) hat bei Ausländern in den letzten fünf Jahren zunehmend an Popularität gewonnen, und viele Trainingsorte im ganzen Land stellen sich auf Englisch sprechende Boxer ein. Die folgenden Hallen bieten Einführungen auf Englisch an und unterrichten sowohl Männer als auch Frauen. Gegen Aufpreis sind oft auch Verpflegung und Unterkunft erhältlich. Auf der Website www.muaythai.com gibt's jede Menge Infos zu Übungsstätten.

Fairtex Muay Thai (außerhalb der Karte S. 118 f.; ☎ 0 2755 3329; www.muaythaifairtex.com; 99/5 Mu 3, Soi Buthamanuson, Th Thaeparak, Bangpli, Samut Prakan; Unterricht 1100 B/Tag) Eine beliebte, seit Langem bestehende Trainingseinrichtung außerhalb von Bangkok.

Muay Thai Institute (Karte S. 205; ☎ 0 2992 0096; www.muaythai-institute.net; Rangsit-Stadion, 336/932 Th Prachatipat, Pathum Thani; Unterricht Level 1 6400 B) Dieses Institut gehört zum angesehenen World Muay Thai Council. Im Angebot sind ein umfassender Kurs, bei dem man in 120 Tagen drei Box-Levels absolviert, sowie Kurse für Trainer, Schiedsrichter und Kampfrichter. Bei Interesse einfach einen Termin zum Besuch der Anlage nördlich von Bangkok vereinbaren und den Lehrern und Schülern bei der Arbeit zuschauen.

Sor-Vorapin-Boxhalle (Karte S. 122 f.; ☎ 0 2282 3551; www.thaiboxings.com; 13 Trok Krasab, Th Chakraphong; Unterricht pro Tag/Monat 500/9000 B) Auf die Ausbildung ausländischer Schüler beiderlei Geschlechts spezialisiert; das Fitnessstudio ist nicht allzu weit von der Th Khao San entfernt, das härtere Training findet in einem Studio außerhalb der Stadt statt.

Kochen

Wäre es nicht toll, für seine Freunde zu Hause ein authentisches Thai-Gericht zaubern zu können? Der Besuch einer thailändischen Kochschule gilt schon fast als Muss für Bangkok-Reisende – und als ein absoluter Höhepunkt!

Die Kurse unterscheiden sich ziemlich in Preis und Qualität; ein typischer Halbtageskurs sollte zumindest eine einfache Einführung in die landestypischen Zutaten und Gewürze beinhalten, und man sollte bei den Vorbereitungen und beim Kochen selbst mit Hand anlegen dürfen. Die meisten Schulen bieten eine wechselnde Auswahl an Gerich-

ten, die sich täglich ändert, sodass man eine ganze Woche lang Kurse machen kann, ohne zweimal dasselbe zu kochen. Viele Unterweisungen schließen einen Besuch auf dem Markt mit ein, und bei fast allen erhält man eine Reihe ausgedruckter Rezepte. Meist endet der Unterricht mit einem gemeinsamen Mittagessen, das man selbst zubereitet hat. Auch viele Hotels der Stadt, vom opulenten Oriental Hotel (S. 168) bis zum bescheidenen Thai House (S. 174), bieten Kochkurse an.

Thai-Kochschule Baipai (Karte S. 118 f.; ☎ 0 2294-9029; www.baipai.com; 150/12 Soi Naksuwan, Th Nonsee; Kurse 1800 B; ❍ Di–So 9.30–13.30 & 13.30–17.30 Uhr) In einer ansehnlichen Vorort-Villa gibt ein kleines Team zweimal täglich Kurse, in denen je vier Gerichte zubereitet werden. Man kann sich im Hotel abholen lassen.

Thai-Kochschule Blue Elephant (Karte S. 126 f.; ☎ 0 2673 9353; www.blueelephant.com; 233 Th Sathon Tai; Kurse 2800 B; ❍ Mo–Sa 8.45–12.30 & 13.15–17 Uhr; Skytrain Surasak) Bangkoks abgehobenste thailändische Kochschule bietet täglich zwei Kurse an. Im dem morgens geht man u. a. kurz auf den Markt, nachmittags gibt's dafür eine detaillierte Einführung in die nationalen Zutaten.

Thai-Kochschule Epicurean Kitchen (Karte S. 126 f.; ☎ 0 2631 1119; www.thaikitchen.com; 10/2 Th Convent, Th Silom; Kurse 2000 B; ❍ Mo–Fr 9.30–13 Uhr; Skytrain Sala Daeng, Metro Silom) Diese überfüllte, traditionelle Schule bietet Tageskurse, bei denen man sage und schreibe acht Gerichte kocht (wahlweise kann man auch den „Schnellkurs" besuchen mit nur vier Gerichten).

Khao (Karte S. 122 f.; ☎ 0 89111 0947; khao cookingschool@gmail.com; D&D Plaza, 68–70 Th Khao San; Kurse 1200 B; ❍ Mo–Sa 8.30–12.30 & 14.30–18.30 Uhr) Die neue Kochschule liegt zwar direkt in der Mitte des myanmarisch geprägten Viertels Khao San, wurde aber von einer echten Autorität auf dem Gebiet der thailändischen Küche gegründet; sie bietet Kurse zu einer breiten Palette authentischer Gerichte und befindet sich direkt hinter dem D&D Inn.

Thai-Kochschule Silom (Karte S. 126 f.; ☎ 0 84726 5669; www.bangkokthaicooking.com; 68 Trok Vaithi/Soi 13, Th Silom; Kurse 1000 B; ❍ 9.30–13 Uhr; Skytrain Chong Nonsi) Die Ausstattung ist sehr einfach, aber bei Silom-Kursen besucht man einen Markt und kann sechs verschiedene Gerichte erlernen – und das alles in dreieinhalb Stunden! Nirgendwo bekommt man mehr für seine Baht. Man kann sich vom Hotel abholen lassen.

Massage

Thai Traditional Medical Services Society (Karte S. 130 f.; ☎ 0 2651 1587; www.school-thaimassage. com; Coran Boutique Spa, 27/1–2 Soi 13, Th Sukhumvit; Unterricht ab 7500 B; ❍ 11–22 Uhr; Skytrain Nana) Das

vom thailändischen Gesundheitsministerium autorisierte Institut hat eine ganze Reihe von Massagekursen und Kursen zu ganzheitlicher Medizin im Angebot, an deren Ende man ein Zertifikat erhält. Das Institut befindet sich im Coran Boutique Spa (S. 151).

Wat Pho Thai Traditional Medical and Massage School (Karte S. 122 f.; ☎ 0 2622 3533; www.watpomassage.com; 392/25-28 Soi Phen Phat; Unterricht ab 6500 B; ❍ 8–18 Uhr; Fähre Tha Tien) Bietet Anfänger- und Fortgeschrittenenkurse in traditioneller Massage an. Die Anfängerkurse dauern 30 Stunden bzw. fünf Tage und vermitteln entweder Ganzkörper- oder Fußmassagetechniken. Der Fortgeschrittenenkurs geht über 60 Stunden, zur Teilnahme ist der abgeschlossene Anfängerkurs nötig; hier lernt man therapeutische und Heilmassagetechniken. Weitere Fortgeschrittenenkurse decken Ölmassage und Aromatherapie bzw. Kinder- und Babymassage ab. Die Schule befindet sich außerhalb der Tempelanlage in einem renovierten Shophouse in der Nähe von Tha Thien, betreibt aber mittlerweile auch Außenstellen im Norden und Osten der Stadt und in Chiang Mai.

Meditation

Auch wenn Bangkok manchmal wie der am wenigsten buddhistische Ort der Welt wirkt, können sich Ausländer hier in Theravada-Meditation üben. Hintergrundwissen zum Buddhismus gibt's auf S. 71, zum angemessenen Verhalten in Tempeln s. S. 47.

House of Dhamma (Karte S. 118 f.; ☎ 0 2511 0439; www.houseofdhamma.com; 26/9 Soi 15, Th Lat Prao; Skytrain Mo Chit, Metro Phahonyothin) Dieses Meditationszentrum in einem nördlichen Vorort Bangkoks hält jeden Monat Einführungskurse ab, in denen die Meditation vorgestellt wird, die zu Vipassana führt. Auch Wochenendklausuren in Zusammenarbeit mit der Young Buddhist Association of Thailand finden hier statt.

International Buddhist Meditation Center (Karte S. 122 f.; ☎ 0 2623 5881; www.mcu.ac.th/IBMC; Vipassana-Abteilung Raum 106, Mahachula Bldg, Wat Mahathat, 3 Th Maharat; Bus 47, 53, 503, 508, 512, Fähre Tha Phra Chan) Im Wat Mahathat. Das Institut veranstaltet englischsprachige Lesungen zu buddhistischen Themen sowie Meditationskurse.

Wat Mahathat (Karte S. 122 f.; ☎ 0 2222 6011; 3 Th Maharat; ❍ 7–21 Uhr; Bus 47, 53, 503, 508, 512, Fähre Tha Phra Chan) Täglich zwischen 7 und 21 Uhr finden alle drei Stunden Meditationskurse statt. Es stehen auch Unterkünfte für Langzeitaufenthalte zur Verfügung; einfach vorbeischauen und ein Bewerbungsformular ausfüllen. Phra Suphe, der Mönch, der das Zentrum führt, spricht super Englisch, und oft sind westliche Mönche oder Langzeitbesucher anwesend, die dolmetschen können.

Wat Rakhang (Karte S. 122 f.; ☎ 0 81622 4507; Soi Wat Rakhang, Thonburi; ❍ 2. & 4. So im Monat

12.30–15.30 Uhr; Fähre Tha Wat Rakhang) Hier stehen regelmäßig englischsprachige Vorträge zur Dharma- bzw. Vipassana-Meditation auf dem Programm.

Eine weitere Informationsquelle ist **Dharma Thai** (www.dhammathai.org) mit seinem Überblick über verschiedene bedeutende Wat und Meditationszentren; oder man wendet sich an die **World Fellowship of Buddhists** (WFB; Karte S. 130 f.; ☎ 0 2661 1284; www.wfb-hq.org; 616 Benjasiri Park, Soi 24, Th Sukhumvit; ✆ Mo–Fr 8.30–16.30 Uhr; Skytrain Phrom Phong), die ebenfalls gelegentlich Meditationskurse anbietet.

Sprache

AAA Thai Language Center (Karte S. 128 f.; ☎ 0 2655 5629; www.aaathai.com; 6. Stock, 29 Vanissa Bldg, Th Chitlom; Skytrain Chitlom) AAA Thai wurde von einer Gruppe erfahrener Thailändischlehrer eröffnet und hat bereits eine treue Anhängerschar.

American University Alumni Language Centre (AUA; Karte S. 128 f.; ☎ 0 2252 8170; www.auathai. com; 179 Th Ratchadamri; Unterricht 102 B/Std.; Skytrain Ratchadamri) Eines der weltweit größten englischsprachigen Institute dieser Art. Für alle zehn Levels benötigt man insgesamt 200 Unterrichtsstunden; man kann sie fortlaufend absolvieren. Die Lehrmethode basiert auf der natürlichen Sprachauffassung von Kindern – zuerst hört man zu und versucht zu verstehen, dann lernt man sprechen und lesen.

Chulalongkorn University Intensive Thai Program (Karte S. 128 f.; ☎ 0 2218 4640; www.inter. chula.ac.th; Kunstfakultät, Chulalongkorn-Universität, Th Phayathai; Skytrain Siam) Thailändisch-Kurse auf drei unterschiedlichen Niveaus (Anfänger, Fortgeschrittene I, Fortgeschrittene II); jeder dauert fünf Wochen (100 Unterrichtsstunden). Fragen zu Unterricht, Anmeldung und Unterkünften beantwortet das Institut.

Pro Language (Karte S. 130 f.; ☎ 0 2250 0072; www. prolanguage.co.th; 10. Stock, Times Square Bldg, 246 Th Sukhumvit; Skytrain Asoke) Pro Language ist der Favorit berufstätiger Einwanderer. Man beginnt mit den Grundlagen, bis zum Fortgeschrittenen-Level steigt das Niveau langsam an, und am Ende setzt man sich sogar mit nationaler Literatur auseinander. Die Unterrichtseinheiten sind thematisch aufgebaut: Fragen stellen, Meinungen äußern, Thailändisch für Geschäftsleute usw.

Thai-Sprachschule Siri Pattana (Karte S. 132 f.; ☎ 0 2677 3150; siri_pattanathai@hotmail.com; Bangkok Insurance Bldg, 13 Th Sathon Tai; Unterricht ab 7500 B) Direkt vor dem YWCA-Gebäude gelegen. Man kann Thailändisch-Kurse à 30 Stunden (1–2 Std./Tag) sowie Vorbereitungskurse für das *bor hòk* (Lehrerexamen) belegen.

Sprachschule Union (Karte S. 128 f.; ☎ 0 2214 6033; www.unionlanguageschool.com; 7. Stock, 328 CCT

Office Bldg, Th Phayathai; Unterricht ab 7200 B; Skytrain Ratchathewi) Man ist allgemein der Ansicht, dass hier die strengsten Lehrer die besten Kurse anbieten (viele Missionare kommen als Schüler hierher). In den Vier-Wochen-Modulen zu je 80 Stunden werden struktur- und kommunikationsorientierte Lehrmethoden ausgewogen kombiniert.

BANGKOK MIT KINDERN

In Bangkok gibt's nicht allzu viele Attraktionen, die sich direkt an kleine Besucher wenden, aber dafür eine Menge Einwohner, die ihnen ihre Aufmerksamkeit schenken möchten. Die Website www.bambiweb.org ist eine große Hilfe für Eltern auf Bangkok-Reise.

Die **Puppenwerkstatt & -museum Bangkok** (Karte S. 120 f.; ☎ 0 2245 3008; 85 Soi Ratchataphan/Mo Leng; Eintritt frei; ✆ Mo–Sa 8–17 Uhr) zeigt eine bunte Sammlung neuer und alter traditioneller thailändischer Puppen. Leider ist die Einrichtung relativ schwer zu finden. Am einfachsten ist es noch über die Th Si Ayuthaya in Richtung Osten, dann unter der Autobahn durch, an der Kreuzung zur Th Ratchaprarop vorbei und schließlich rechts in die Soi neben dem Postamt abbiegen. Jetzt folgt man der Straße, bis man die Schilder sieht.

Im **Children's Discovery Museum** (Karte S. 118 f.; ☎ 0 2618 6509; www.bkkchildrenmuseum.com; Queen Sirikit Park, Th Kamphaeng Phet 4; Erw./Kind 70/50 B; ✆ Di–Fr 9–17, Sa & So 10–18 Uhr) werden die Lernstationen geschickt als Kinderspiele getarnt; die meisten Aktivitäten richten sich an Kinder im Grundschulalter. Im hinteren Teil des Hauptgebäudes gibt's auch einen Spielplatz für die Kleinsten. Gegenüber vom Chatuchak-Wochenendmarkt.

Das **Siam-Museum** (S. 137) ist zwar nicht speziell für Kinder gemacht, bietet aber jede Menge interaktiver Ausstellungen, die auch die Kleinen begeistern.

Das Gelände des **Dusit-Zoos** (Karte S. 120 f.; ☎ 0 2281 9027; www.zoothailand.org; Th Ratchawithi; Erw./Kind 100/50 B; ✆ Mo–Do 8–18, Fr–So bis 21 Uhr; Bus 18, 510) erstreckt sich über 19 ha und beherbergt mehr als 300 Säugetiere, 200 Reptilien und 80 Vögel in Käfigen, darunter so relativ seltene einheimische Arten wie Bantengs, Gaure und Gorale sowie Nashörner. Inmitten der schattigen Grünflächen liegt ein See, für den man Paddelboote ausleihen kann. Außerdem gibt's einen kleinen Kinderspielplatz und einen Nachtzoo (geöffnet Fr–So, 18–21 Uhr).

Mit der **Siam Ocean World** (Karte S. 128 f.; ☎ 0 2687 2000; www.siamoceanworld.co.th; UG, Siam Paragon, Th Phra

Ram I; Erw./Kind 350/250 B; ☺ 10–19 Uhr; Skytrain Siam) wurde in einem Einkaufszentrum ein Aquarium mit gigantischer Unterwasserwelt erschaffen. Hier kann man ein Unterwasserriff hinter Glas bestaunen und bei der täglichen Fütterung der Pinguine und Haie zusehen.

Der **Lumphini-Park** (Karte S. 132 f.; Th Phra Ram IV, zw. Th Withayu/Wireless Rd & Th Ratchadamri; Eintritt frei; ☺ 5–20 Uhr; Bus 13, 505, Skytrain Sala Daeng, Metro Lumphini) ist in den kühlen Morgenstunden ein Ort der Erholung, abends kann man hier (je nach Saison) prima Drachen steigen lassen oder Beinmuskeln und Lungen trainieren. Auf der benachbarten Schlangenfarm (S. 146), die Gegengifte produziert, können Kinder dabei zusehen, wie tödliche Schlangen – wenn auch unfreiwillig – zu tierischen Menschenfreunden werden.

Am **Tha Thewet** (Karte S. 120 f.; Th Samsen; ☺ 7–19 Uhr) kann man gemeinsam mit Mönchsnovizen und anderen Kindern winzige Kügelchen Fischfutter (die am Pier verkauft werden) in den Fluss werfen und so das matschige Gewässer in ein Gewusel aus „fliegenden" Fischen verwandeln.

In der Nähe des alten portugiesischen Stadtviertels in Thonburi liegt der **Wat Prayoon** (Karte S. 124 f.; Th Prachathipok, Ecke Thetsaban Soi 1; Eintritt frei; ☺ 8–18 Uhr; Fähre von Tha Pak Talaat/Atsadang), ein künstlicher Hügel, der mit Miniatur-Schreinen übersät ist. Man kann auf einem Pfad um einen Schildkrötenteich herum spazieren und die Schildkröten mit geschnittenem Obst füttern, das Händler hier verkaufen. Der Wat befindet sich in der Nähe der Memorial Bridge.

Im MBK Center (S. 192) und im Siam Paragon (S. 192) gibt's Bowlingbahnen, auf denen die größeren Kinder Spaß haben werden. Im **Krung Sri IMAX** (Karte S. 128 f.; ☎ 0 2129 4631; www.imaxthai.com; Siam Paragon, Th Phra Ram I; Erw./Kind 600/250 B) laufen Spezialeffekt-Versionen von Hollywood-Actionfilmen und Naturdokumentationen.

GEFÜHRTE TOUREN
Dinnerfahrten

Die perfekte Aktivität für verliebte Pärchen und abgekämpfte Familien! Man treibt auf dem Mae Nam Chao Phraya umher und kann in den blinkenden Lichtern der nächtlichen Stadt schwelgen, weit weg von Hitze und Lärm. Die Bootstouren reichen von bodenständig bis schick, das Essen von mittelmäßig bis „reden wir nicht darüber".

Loy Nava (Karte S. 124 f.; ☎ 0 2437 4932; www.loy nava.com; Menü zum Festpreis 1618 B; ☺ 18–20 & 20–22 Uhr) Seit 1970 im Geschäft und vermutlich das Original unter den Dinner-Bootsfahrten in Bangkok. Täglich gibt's zwei Touren, die beide am River City Complex starten; man bekommt auch ein vegetarisches Menü.

Manohra Cruises (Karte S. 118 f.; ☎ 0 2477 0770; www.manohracruises.com; Bangkok Marriott Resort & Spa, Thonburi; Cocktail-/Dinner-Tour 900/1990 B; ☺ Cocktail-Tour 18–19 Uhr, Dinner-Tour 19.30–22 Uhr) Manohra Cruises operiert mit einer Flotte umgebauter Reisbarkassen aus Teakholz, die majestätisch übers Wasser gleiten. Die Boote legen am Marriott Resort ab und sind über einen kostenlosen Bootsshuttle zu erreichen, der am Tha Sathon abfährt (nahe der Skytrain-Station Saphan Taksin).

Wan Fah Cruises (Karte S. 124 f.; ☎ 0 2222 8679; www.wanfah.in.th; Touren 1200 B; ☺ 19–21 Uhr) Das breite Holzboot, auf dem stilvoll mit thailändischer Musik- und traditionellen Tanzvorführungen unterhalten wird, legt am City River Complex ab. Beim Dinner kann man aus einem Standard- und einem Meeresfrüchtemenü wählen, und man kann sich vom Hotel abholen lassen.

Yok Yor Restaurant (Karte S. 120 f.; ☎ 0 2439 3477; www.yokyor.co.th; Abendessen 300–550 B; ☺ 20–22 Uhr) Dieses seit vielen Jahren geöffnete, schwimmende Restaurant auf der Thonburi-Flussseite bietet ebenfalls eine tägliche Dinnerfahrt sowie verschiedene Boote, die für Privatveranstaltungen gemietet werden können.

Bootstouren zum Bang Pa-In & nach Ayutthaya

Das etwas höhere Tempo im Vergleich zu den Zeiten der Segelschiffe tut der Romantik der Fahrt von Bangkok in den Norden zu den Ruinen der ehemaligen Hauptstadt Ayutthaya (S. 211) keinen Abbruch. Die meisten Ausflüge schließen eine geführte Tour in den Ruinen und einen Zwischenstopp am Sommerpalast von Bang Pa In (S. 221) mit ein. Normalerweise legt man nur eine Strecke an Bord des Schiffes zurück, die andere bewältigt man mit dem Bus.

Asian Oasis (Karte S. 118 f.; ☎ 0 2651 9101; www. asian-oasis.com; 2-Tages-Tour 9050–14 100 B, je nach Saison & Ziel) Inmitten einer Flotte aus restaurierten Reisbarkassen mit altmodischem Charme und modernen Annehmlichkeiten über den Chao Phraya treiben … Man fährt mit dem Schiff stromauf bzw. stromab nach bzw. ab Ayutthaya, für die andere Richtung gibt's einen Bus.

Chao Phraya Express Boat (Karte S. 126 f.; ☎ 0 2623 6001; www.chaophrayaboat.co.th; Erw./Kind 1400/1200 B) Dieser städtische Bootsbetreiber veranstaltet einmal im Monat eine geführte Tour nach Ayutthaya. Mehr Infos gibt's auf der Website oder am Informationsschalter am Tha Sathon (Skytrain Saphan Taksin).

Manohra Cruises (Karte S. 118 f.; ☎ 0 2477 0770; www.manohracruises.com; Bangkok Marriott Resort & Spa, Thonburi; 3-Tages-Tour 64 000 B) Die *Mahnora Song* ist das nautische Äquivalent des *Eastern & Oriental Express*-Zuges: eine restaurierte Reisbarkasse, die mit Antiquitäten und Perserteppichen dekoriert und mit vier luxuriösen Schlafkojen ausgestattet ist. Die Tour bis nach Ayutthaya dauert drei Tage und zwei Nächte, und im Preis ist außer Steuern und Service alles enthalten. Die noch luxuriösere *Manohra Dream*, auf der maximal zwei Paare Platz finden, kann man auch für längere Touren mieten.

Fahrrad- & Segway-Touren

Es gibt für Wagemutige ein paar Fahrradtouren in die sehr urbanen Teile der Stadt, doch die meisten haben den nahe gelegenen, herrlich grünen und unbebauten Distrikt Phra Pradaeng (Karte S. 118 f.) zum Ziel; hier führen schmale Spazierwege kreuz und quer über die Kanäle, die kleine Obstplantagen und einfache Dörfer mit Wasser versorgen.

Wer sich die Sehenswürdigkeiten des alten Bangkok mit einem kostenlosen Leihfahrrad anschauen möchte, findet im Kasten auf S. 177 interessante Informationen.

ABC Amazing Bangkok Cyclists (Karte S. 130 f.; ☎ 0 2665 6364; www.realasia.net; 10/5–7 Soi 26, Th Sukhumvit; Touren ab 1000 B; ☯ Touren starten täglich um 10 od. 13 Uhr; Skytrain Phrom Phong) Dieses Unternehmen gibt's seit über einem Jahrzehnt. Auf den Radtouren, die den erhöhten Wegen entlang der Kanäle der Stadt folgen, bekommt man einen Einblick in das „echte" Asien.

Bangkok Bike Rides (Karte S. 130 f.; ☎ 0 2712 5305; www.bangkokbikerides.com; 14/1-B Soi Phromsi 2, abseits Soi Phrompong/39, Th Sukhumvit; Touren ab 1000 B) Gehört zu Spice Roads und bietet unterschiedlichste Touren an, sowohl in der Stadt als auch auf dem Land.

Thailand Segway Tours (☎ 0 86890 5675; www.thailandsegwaytours.com; Touren 90 Min. ab 3100 B) Bloß nicht anstrengen bei diesem tropischen Klima? Segway organisiert verschiedene Touren mit den gleichnamigen, nicht motorisierten Gefährten durch Bangkoks Parks und zur antiken Stadt in Samut Prakan (S. 142).

Velothailand (Karte S. 122 f.; ☎ 0 89201 7782; www.velothailand.com; Soi 2, Th Samsen; Touren ab 1100 B) Das Tourprogramm dieses kleinen Unternehmens ist ungewöhnlich und beinhaltet z. B. eine Nachtfahrt durch Thonburi. In der Filiale in Banglamphu ist ein Fahrradverleih mit -verkauf und Werkstatt angeschlossen.

Stadtspaziergänge

Obwohl Luftverschmutzung und Hitze ziemlich anstrengend sein können, kann man das faszinierende Bangkok gut zu Fuß erkunden. Wer lieber einen ortskundigen Führer

an seiner Seite hat, findet einen bei **Bangkok Private Tours** (www.bangkokprivatetours.com; ganztägige Stadtspaziergänge 8000 B), die individuell zugeschnittene Touren (auch zu Fuß) anbieten.

FESTIVALS & EVENTS

Neben den Nationalfeiertagen gibt's in Bangkok auch sonst immer irgendwas zu feiern; auf den Websites von **TAT** (www.tourismthailand.org) oder vom **Touristeninformationszentrums Bangkok** (www.bangkoktourist.com) finden sich die genauen Termine. Die Kulturzentren der Stadt veranstalten außerdem die unterschiedlichsten Festivals.

Januar
Internationales Filmfestival Bangkok (www.bangkokfilm.org) Hier flimmern die Werke einheimischer Talente und internationale Independentproduktionen über die Leinwand. Wer es noch nicht wusste: Die Szene hat sich in Bangkok sehr rasant zu einer Mischung aus Bollywood- und Hongkong-Filmen entwickelt. Mitte Januar.

Februar/März
Chinesisches Neujahrsfest Thai-Chinesen feiern das Mond-Neujahr mit einer Woche Hausputz, Löwentänzen und Feuerwerk. Die meisten Feierlichkeiten finden rund um Chinatown statt. Der genaue Termin variiert.

März
Drachenflug-Saison Während der windigen Jahreszeit tragen bunte Drachen am Himmel über Sanam Luang und dem Lumphini-Park ihre Kämpfe aus.

April
Songkran Die Feierlichkeiten zum thailändischen Neujahr haben sich in eine Wasserschlacht verwandelt, bei der ahnungslose (und ahnungsvolle) Teilnehmer mit Hochleistungs-Wasserpistolen und Wasserbomben beschossen werden. Die heftigsten Schlachten finden auf der Th Khao San statt. Mitte April.

Mai
Königliche Pflugzeremonie Seine Majestät, der König, eröffnet die Reispflanz-Saison mit einer Zeremonie auf dem Sanam Luang. Termine variieren.

Miss Jumbo Queen Contest „Big is beautiful" scheint heute wieder zu gelten, daher veranstaltet auch Thailand einen Schönheitswettbewerb für kräftigere Damen (über 80 kg), die im Samphran Elephant Park in Nakhon Pathom anmutig über den Laufsteg pirschen. Anfang Mai.

Juni
Internationales Musik- & Tanzfestival Eine extravagante Veranstaltung rund um Kunst und Kultur, die vom

Thailand Cultural Centre unterstützt wird. Das Festival findet zweimal jährlich statt, im Juni und im September.

August

Geburtstag der Königin Der Geburtstag der Königin wird landesweit als Muttertag gefeiert. In Bangkok konzentrieren sich die Feierlichkeiten hauptsächlich auf der Th Ratchadamnoen und am Großen Palast. 12. August.

September/Oktober

Vegetarierfest Ein zehntägiges, chinesisch-buddhistisches Festival mit gelb beflaggten Straßenständen, die fleischlose Köstlichkeiten feilbieten. Die meisten Straßenhändler findet man in Chinatown. Termine variieren.

Oktober/November

Tag des Königs Chulalongkorn Rama V. wird an seinem Todestag auf der Royal Plaza in Dusit geehrt. Seine Bewunderer strömen scharenweise mit Räuchermitteln und Blumengirlanden herbei, um ihm zu huldigen. 23. Oktober.

November

Loi Krathong Ein wunderschönes Festival, bei dem in der Vollmondnacht kleine Boote aus Bananenblättern, die wie Lotusblüten aussehen und mit einer brennenden Kerze besetzt sind, auf dem Mae Nam Chao Phraya treiben. Anfang November.

Fat Festival Veranstaltet von Radio FAT 104.5FM. Auf diesem jährlichen Fest versammeln sich Bangkoks „indie-ste" Indie-Bands. Anfang November.

Bangkok Pride (www.utopia-asia.com) Die schwullesbischen Geschäfte und Organisationen der Stadt veranstalten dieses einwöchige Festival mit Paraden, Partys und Preisverleihungen. Mitte November.

Dezember

Geburtstag des Königs Die Einheimischen feiern den Geburtstag ihres Königs mit zahlreichen Paraden und Feuerwerken. 5. Dezember.

SCHLAFEN

Auf den ersten Blick scheint es ein schier unüberwindliches Hindernis, sich in Bangkok einen Schlafplatz auszusuchen – in wirklich jeder Ecke dieser riesigen Stadt gibt's zahllose Hotels. Was die Entscheidung aber etwas erleichtert, ist das persönliche Budget: Es klärt ganz rasch, in welcher Gegend der Stadt man sich ein Bett leisten kann. In Banglamphu und im Touristenghetto der Th Khao San liegen die meisten Budgetunterkünfte, aber von dort aus sind die anderen Stadtteile nicht ganz so leicht zu erreichen. Auf dem unteren Teil der Th Sukhumvit findet man ebenfalls günstige Optionen, wenn es einen nicht stört, dass man

vielleicht neben Sextouristen und anderen dubiosen Gestalten wohnt. Auch in Chinatown gibt's Hotels für den schmaleren Geldbeutel, die auch noch Anonymität garantieren. Und nicht zuletzt befinden sich ein paar günstige Unterkünfte auf dem Soi Ngam Duphli, in der Nähe der Th Sathon.

Wer bereit ist, ein bisschen mehr auszugeben, kann z. B. in Bangkoks Zentrum absteigen. Sowohl auf der Th Sukhumvit als auch auf der Th Silom gibt's jede Menge Mittelklassehotels, die oft nur ein paar Gehminuten von Skytrain und Metro entfernt sind, und die Häuser derselben Kategorie auf den Sois gegenüber dem Nationalstadion, in der Nähe des Siam Square, sind ebenfalls gut und in der Nähe von Skytrain-Stationen.

Am oberen Teil der Th Sukhumvit stehen viele Boutique- und teurere Designerhotels. Die berühmtesten Optionen sind fast alle am Flussufer nahe der Th Silom.

Ko Ratanakosin & Banglamphu

In Ko Ratanakosin, der touristischsten Gegend Bangkoks, gab's noch bis vor Kurzem kaum Unterkünfte, doch im Zuge des um sich greifenden Boutiquehotel-Wahnsinns werden nun einige Shophouses in charmante Touristennester verwandelt.

In Banglamphu – besonders in dem Teil, in dem die Backpacker-Straße Th Khao San liegt – gibt's die meisten Unterkünfte der Stadt. Das bedeutet nun nicht, dass dies der einzige oder gar der beste Ort ist, an dem man sein Lager aufschlagen kann, aber die Preise sind in der Regel niedrig und Annehmlichkeiten wie Internetshops, Reisebüros und Bierstände sind reichlich vorhanden, sodass man hier zumindest sehr praktisch wohnt.

In den letzten Jahren haben viele alteingesessene Pensionsbesitzer in Banglamphu ihre alten Schuppen in Hotels umgebaut, sodass einen nun ein großes Angebot von Mittelklassehotels mit gutem Preis-Leistungs-Verhältnis erwartet – auch wenn dies oft als Gentrifizierung der Th Khao San verschrieen wird.

Unabhängig vom Budget sollte man nicht vergessen, dass die Th Khao San nur eine einzige Straße in einem großen Stadtteil ist – auch in den umliegenden Straßen gibt's eine immer attraktivere Auswahl an Häusern in allen Preisklassen, etwa auf der Th Phra Athit entlang des Flusses, auf der grünen Soi Rambutri und im Wohngebiet abseits der Th Samsen.

ÜBERNACHTEN IN BANGKOK

In Bangkok sind Hotelzimmer in der Regel teurer als im übrigen Land. Man muss sich darüber aber nicht allzu sehr ärgern, denn dafür gibt's hier eine große Auswahl und zahlreiche Vergünstigungen, sodass die Unterkünfte im Großen und Ganzen ein gutes Preis-Leistungs-Verhältnis bieten. In diesem Buch sind die Zimmer in die folgenden Kategorien unterteilt:

Budgetunterkünfte unter 1000 B/Nacht
Mittelklassehotels 1000 bis 3000 B/Nacht
Spitzenklassehotels über 3000 B/Nacht

Die aufgeführten Preise entsprechen den Standardpreisen in der Hochsaison, aber online sind fast immer lohnende Vergünstigungen zu haben. Näheres zu empfohlenen Websites gibt's im Kasten auf S. 171.

Was bekommt man nun also für sein Geld? Im Bereich der **Budgetunterkünfte** sind die Tage der 50-Baht-Betten in Banglamphu gezählt, aber wer aufs Geld achten muss, bekommt für 150 bis 200 B noch immer ein von einem Ventilator gekühltes Bett in einem Schlafsaal (oder einem schrankähnlichen Raum) mit Gemeinschaftsbad. Je mehr man zu zahlen bereit ist, desto wahrscheinlicher stehen auch ein Handtuch, heißes Wasser und eine Klimaanlage bereit. Für ca. 700 B bieten annehmbare, wenn auch meist unpersönliche Zimmer Privatsphäre und ein eigenes Bad.

Die bunteste Mischung bietet das Segment der **Mittelklassehotels**. Es beginnt bei großartigen Pensionen und fällt dann langsam in eine mittelmäßige Grauzone ab. Ab 1000 B sehen die Hotels alle genauso aus wie die in der Heimat – ein Liftboy, uniformierte Portiers, eine hochglanzpolierte Lobby –, sind aber nicht genauso vorhersehbar. Wer sich eher im unteren Mittelklassebereich aufhalten möchte und nicht allzu viel Wert auf Ästhetik legt, kann schon für 1500 bis 2000 B ein sehr ordentliches Zimmer finden. Wenn das Budget etwas größer ist, lohnt es sich wirklich, im Netz zu suchen, denn die Rabatte bei Onlinebuchung vorab können enorm sein.

Bangkoks wachsende Zahl von **Spitzenklassehotels** prägen Annehmlichkeiten wie Pools, Spas, Fitnessstudios, Konferenzräume und überteuerte Internetverbindungen. Die bekannten Ketten bieten in der Regel viel Platz, während die Boutiquehotels mehr Wert auf Ambiente legen. Die Zimmerpreise der absoluten Topadressen beginnen bei 10 000 B, aber in den meisten Designer- und Boutiquehotels und einem Großteil der internationalen Ketten, die allesamt auch schon sehr luxuriös sind, bewegt man sich zwischen 6000 und 9000 B (abzüglich der möglichen deftigen Online-Rabatte). Bei aller Euphorie nicht vergessen: Hotels in dieser Kategorie erheben meist einen Servicezuschlag von 10 % auf die Rechnung, und es kommen noch 7 % Steuern dazu.

Es ist natürlich nicht möglich, hier sämtliche Unterkünfte in Banglamphu aufzulisten, darum haben wir ein paar ausgewählt, die unserer Meinung nach besonders hervorstechen; meist liegen sie abseits der Haupttouristenzonen, da es dort ziemlich laut werden kann. Wer Zeit hat, sollte sich ruhig ein bisschen umschauen und ein paar Pensionen in Augenschein nehmen, bevor er sich entscheidet; während der Hauptsaison (Dez.–Feb.) allerdings ist es kein Fehler, sich einfach das erste freie Bett zu schnappen, das man findet. Die größten Chancen, ein freies Zimmer zu finden, hat man zu den üblichen Check-Out-Zeiten, also gegen 10 oder 11 Uhr.

BUDGETUNTERKÜNFTE

Im Folgenden nur ein paar der Budgetoptionen auf der und rund um die Th Khao San

(hier nicht aufgeführte Häuser sind nicht schlecht, sondern wurden aus Platzgründen weggelassen). Wer Probleme hat, etwas Günstiges zu finden, kann sein Glück auch noch auf der Soi Rambutri und den Sois abseits der Th Samsen versuchen. Auch die Gasse, die parallel zwischen der Th Khao San und der Th Ratchadamnoen Klang verläuft, ist eine gute Idee: Hier gibt's die letzten verbliebenen altmodischen Holz-Gästehäuser.

LP Tipp **New Merry V Guest House** (Karte S. 122 f.; ☎ 0 2280 3315; 18-20 Th Phra Athit; Zi. 150–700 B; Bus 53, 506, Fähre Tha Phra Athit; 🕸 🖳) Das riesige Haus wirkt, als sei es innen kürzlich erst renoviert worden, aber tatsächlich ist es einfach nur außergewöhnlich gut geführt. Die günstigen Zimmer sind äußerst schlicht, dafür aber makellos rein und von natürlichem Licht durchflutet – und aus dem einen oder anderen hat

man sogar eine nette Aussicht. Die teureren Zimmer haben trotz ihrer Annehmlichkeiten kein so tolles Preis-Leistungs-Verhältnis.

Baan Sabai (Karte S. 122 f.; ☎ 0 2629 1599; baan sabai@hotmail.com; 12 Soi Rongmai; Zi. 190–600 B; Bus 53, 506, Fähre Tha Phra Athit; 🔀 🖳) Hier ist der Name („gemütliches Haus") Programm. Das großzügige alte Gebäude bietet Dutzende schlichter, aber gemütlicher Zimmer zu unterschiedlichsten Preisen und eine klassischaltmodische Atmosphäre, besonders in dem schönen Restaurant-/Bar-Bereich im Freien.

Wild Orchid Villa (Karte S. 122 f.; ☎ 0 2629 0046; www. wild-orchidvilla.com; 8 Soi Chana Songkhram; Zi. 280–950 B; Bus 53, 506, Fähre Tha Phra Athit; 🔀 🖳) Hier gibt's die winzigsten Budgetzimmer, die wir je gesehen haben, aber sie sind allesamt sauber und hübsch, und die Atmosphäre ist hell und freundlich. Dieses Haus wird immer beliebter, also am besten vorab buchen.

Rambuttri Village Inn (Karte S. 122 f.; ☎ 0 2282 9162; www.khaosan-hotels.com; 95 Soi Rambutri; Zi. 290–950 B; Bus 30, 53, 506, Fähre Tha Phra Athit) Wenn man einen Spießrutenlauf vorbei an aufdringlichen Schneidern („Excuse me, suit?") in Kauf nimmt, belohnt einen dieses relativ neue Hotel mit einer großen Auswahl von günstigen Zimmern. Die Restaurants und Geschäfte im Innenhof machen es außerdem praktisch und attraktiv.

Bella Bella Riverview (Karte S. 122 f.; ☎ 0 2628 8077; 6 Soi 3, Th Samsen; Zi. 300–570 B; Bus 53, 506, Fähre Tha Phra Athit; 🔀 🖳) Der Weg zu dieser Pension führt durch einen sehr atmosphärischen Stadtteil Bangkoks. Den Fluss sieht man zwar nur selten und die kargen Zimmer bieten fast keine Extras, aber wer in der Nähe der Th Khao San absteigen möchte, ohne gleich mittendrin zu sein, ist hier goldrichtig.

Villa Guest House (Karte S. 122 f.; ☎ 0 2281 7009; 230 Soi 1, Th Samsen; EZ/DZ 300/600 B; Bus 30, 53, 506, Fähre Tha Phra Athit) Ein ruhiges älteres Ehepaar hat sein hundert Jahre altes Teakholzhaus für Gäste geöffnet. Die zehn Zimmer haben Ventilatoren (alle mit Gemeinschaftsbad) sind mit antiken Möbeln ausgestattet, u. a. mit Himmelbetten. Mittlerweile sollten auch die neuen Zimmer fertig sein.

Penpark Place (Karte S. 122 f.; ☎ 0 2281 4733; www. penparkplace.com; 22 Soi 3, Th Samsen; EZ/DZ 350/400 B; Bus 53, 506, Fähre Tha Phra Athit; 🔀 🖳) Diese ehemalige Fabrik wurde zu einer tollen Budgetunterkunft umgebaut. Die Zimmer bieten nicht viel mehr als ein Bett und einen Ventilator, und nur eines hat ein eigenes Bad, aber sie sind alle makel-

los, und es gibt einen Gemeinschaftsbereich auf dem Dach. In nicht allzu ferner Zukunft sollen weitere Zimmer entstehen.

Boworn BB (Karte S. 122 f.; ☎ 0 2629 1073; www. bowornbb.com; 335 Th Phra Sumen; EZ/DZ 600/700 B; Fähre bis Tha Phra Athit; 🔀 🖳) Von außen betrachtet sieht dieses Haus aus wie eines der skurrilen Shophouses von Banglamphu. Das Innere jedoch bietet eine riesige Auswahl an schlichten, aber sauberen Zimmern. Im einladenden Dachgarten können alle Gäste gemeinsam entspannen.

Rikka Inn (Karte S. 122 f.; ☎ 0 2282 7511; www.rikka inn.com; 259 Th Khao San; EZ/DZ 600–950 B; Bus 53, 506, Fähre Tha Phra Athit; 🔀 🖳 🍴) Das neue Rikka wartet mit engen, aber ansprechenden Zimmern, einem Dachpool und einer zentralen Lage auf und ist eines von mehreren Hotels mit tollem Preis-Leistungs-Verhältnis, die der Th Khao San ein neues Gesicht verleihen.

Baan Dinso (Karte S. 122 f.; ☎ 0 2622 0560; www.baandinso.com; 113 Trok Sin, Th Dinso; Zi. 942–2000 B; Bus 53, 506, Fähre Tha Phra Athit; 🔀 🖳) Da es hier nur Gemeinschaftsbäder gibt, dürfte das Baan Dinso eigentlich nicht außergewöhnlich beliebt sein, aber das makellos renovierte, 85 Jahre alte Thai-Haus in einem klassischen Stadtteil bietet das wohl einzigartigste Unterkunftserlebnis der Stadt. Die neun Zimmer sind wirklich heimelig und die Bäder absolut tadellos.

MITTELKLASSEHOTELS

Dies ist das am schnellsten wachsende Preissegment der Gegend, und wer es sich leisten kann, bekommt eine Menge für sein Geld.

Bhiman Inn (Karte S. 122 f.; ☎ 0 2282 6171; www.bhimaninn.com; 55 Th Phra Sumen; Zi. 1000–1700 B; Bus 30, 53, 506, Fähre Tha Phra Athit; 🔀 🖳 🍴) Das Äußere verbindet Elemente einer Kirche mit Elementen eines Schlosses, den Innenbereich dominieren Spiegel und Bodenfliesen mit Pop Art – das Designkonzept hinter dem Ganzen ist schwer zu durchschauen. Die Zimmer sind etwas konventioneller eingerichtet; die billigsten sind kaum größer als ein Wandschrank. Ein einladendes Restaurant und ein Pool sind die Extras.

LP Tipp Lamphu Tree House (Karte S. 122 f.; ☎ 0 2282 0991; www.lamphutreehotel.com; 155 Wanchat Bridge, Th Prachatipatai; Zi. 1200–1800 B; klorng-Taxi bis Tha Phah Fah; 🔀 🖳 🍴) Trotz seines Namens steht dieses attraktive Haus mit beiden Beinen auf dem Boden und bietet ein wirklich tolles Preis-Leistungs-Verhältnis. Die Zimmer sind ansprechend und einladend, und dank Dach-

bar, Pool, Internet, Restaurant und ruhiger Lage hat man das Gefühl, hier nie wieder weg zu wollen.

New Siam Riverside (Karte S. 122 f.; ☎ 0 2629 3535; www.newsiam.net; 21 Th Phra Athit; Zi. mit Frühstück 1390–2390 B; Bus 53, 506, Fähre Tha Phra Athit; 🅇 💻 🅡) Eines der neuen Häuser entlang der Th Phra Athit, die von ihrer Lage am Fluss profitieren. Man nächtigt in gemütlichen Zimmern mit winzigen Bädern. So richtig großartig sind aber die Extras (Internet, Reisebüro, Restaurant) und die Umgebung, eine der schöneren Straßen der Stadt.

Hotel Dé Moc (Karte S. 122 f.; ☎ 0 2282 2831; www.hoteldemoc.com; 78 Th Prachatipatai; Zi. mit Frühstück 1500–1700 B; Bus 12, 56; 🅇 💻 🅡) Die Zimmer in diesem klassischen Hotel sind groß, haben hohe Decken und großzügige Fenster, aber die Möbel könnten wirklich mal runderneuert werden. Pluspunkte sind der kostenlose Transport zur Th Khao San und zum Wat Phra Kaew und der ebensolche Radverleih.

LP Tipp Diamond House (Karte S. 122 f.; ☎ 0 2629 4008; www.thaidiamondhouse.com; 4 Th Samsen; Zi. 2000–2800 B, Suite 3600 B; Bus 30, 53, 506, Fähre Tha Phra Athit; 🅇 💻) Dieses exzentrische, flippige Hotel teilt sich das Gebäude mit einem recht aufdringlichen chinesischen Tempel, hat aber dennoch seinen eigenen Stil gefunden. Die meisten Zimmer sind im Loft-Stil eingerichtet: Betten auf erhöhten Plattformen, Buntglas, kräftige dunkle Farben, schicke Möbel. Fenster sind Mangelware, und einige der Suiten sind nicht viel größer als die günstigeren Zimmer, aber die Sonnenterrasse auf dem Dach und der Whirlpool draußen entschädigen dafür.

Buddy Boutique Hotel (Karte S. 122 f.; ☎ 0 2629 4477; www.buddylodge.com; 265 Th Khao San; Zi. 2000–2600 B; Bus 53, 506, Fähre Tha Phra Athit; 🅇 💻 🅡) Der gigantische Komplex mit Pool, Fitnessbereich und (nun ja …) einer McDonald's-Filiale ist die wohl teuerste Unterkunft auf der Th Khao San. Die Zimmer sind mit traditionellen thailändischen Mustern dekoriert und verströmen die Atmosphäre einer tropischen Villa.

Viengtai Hotel (Karte S. 122 f.; ☎ 0 2280 5434; www.viengtai.co.th; 42 Th Rambutri; Zi. 2200–3000 B, Suite 5200 B; Bus 53, 506, Fähre Tha Phra Athit; 🅇 💻 🅡) Lange bevor die Th Khao San „entdeckt" wurde, war dies ein ganz gewöhnliches Hotel im chinesischen Stil in einer ruhigen Gegend. Nun hat es sich mit seinen ordentlichen, aber nicht sonderlich stylishen Zimmern ganz gelassen einen Platz in der Mittelklasse ergattert. Wer vorab bucht, bekommt Preisnachlässe.

Baan Chantra (Karte S. 122 f.; ☎ 0 2628 6988; www.baanchantra.com; 120 Th Samsen; Zi. mit Frühstück 2700–4000 B; Bus 30, 53, 506, Fähre Tha Phra Athit; 🅇 💻) Ein wunderschönes, umgebautes Haus, das sich mangels überzogener Ansprüche lieber auf Gemütlichkeit und viel Platz konzentriert als auf Modetrends und Schnickschnack. Viele seiner originalen Verzierungen aus Teakholz sind noch erhalten, und das Luxuszimmer lockt mit einer Sonnenterrasse.

SPITZENKLASSEHOTELS

Navalai River Resort (Karte S. 122 f.; ☎ 0 2280 9955; www.navalai.com; 45/1 Th Phra Athit; Zi. mit Frühstück 3000–4500 B; Bus 53, 506, Fähre Tha Phra Athit; 🅇 💻 🅡) Die neueste Topattraktion auf der lebhaften Th Phra Athit bietet 74 moderne Zimmer, viele mit Blick auf den Chao Phraya. Überall in dem schicken Hotel ist hübsches landestypisches Design zu entdecken, aber die Aussicht vom Dachpool verlockt dann vielleicht doch eher dazu, rauszugehen.

Old Bangkok Inn (Karte S. 122 f.; ☎ 0 2629 1787; www.oldbangkokinn.com; 609 Th Phra Sumen; Zi. mit Frühstück 3190–6590 B; Bus 2, 82, 511, 512, klorng-Taxi bis Tha Phan Fah; 🅇 💻) Zehn Zimmer hat dieses renovierte antike Shophouse, allesamt dekadent und üppig ausgestattet – satte Farben paaren sich mit massiven Holzmöbeln, in jedem steht ein Computer zur persönlichen Nutzung und manche haben Bäder, die halb im Freien liegen. Einfach perfekt für die Flitterwochen!

LP Tipp Arun Residence (Karte S. 122 f.; ☎ 0 2221 9158; www.arunresidence.com; 36–38 Soi Pratu Nok Yung, Th Maharat; Zi./Suite mit Frühstück 3500/5500 B; Fähre Tha Tien; 🅇 💻) Neben einer strategisch günstigen Lage gegenüber dem Wat Arun hat dieses mehrstöckige Holzhaus am Flussufer auch eine großartige Aussicht und noch vieles mehr zu bieten. Seinen sieben Zimmern gelingt das Kunststück, gleichzeitig heimelig und stilvoll zu sein; einige sind groß und loftartig, andere verbinden zwei Zimmer miteinander (am besten ist die Suite im obersten Stock mit dem eigenen Balkon). Außerdem gibt's einladende Gemeinschaftsräume, z. B. eine Bibliothek, eine Dachbar und das Restaurant Deck (S. 176).

Aurum: The River Place (Karte S. 122 f.; ☎ 0 2622 2248; www.aurum-bangkok.com; 394/27-29 Th Maharat; Zi. mit Frühstück 3950–4900 B; Fähre Tha Tien; 🅇 💻) Die zwölf modernen Zimmer spiegeln nicht gerade das klassisch-europäische Äußere dieses umgebauten Shophouse wider. Trotzdem sind sie gemütlich und gut ausgestattet, und die

meisten bieten einen weiten Blick über den Chao Phraya. Onlinebucher bekommen Rabatte.

Chakrabongse Villas (Karte S. 122 f.; ☎ 0 2622 3356; www.thaivillas.com; 396/1 Th Maharat; Zi. mit Frühstück 5000–5500 B, Suite mit Frühstück 10 000–25 000 B; Fähre Tha Tien; ⊠ ▣ ▣) Dieser Gebäudekomplex aus dem Jahr 1908 wurde gelegentlich von thailändischen Königen bewohnt. Heute beherbergt er ein einzigartiges Hotel mit drei üppigen, überladenen Zimmern, vier größeren Suiten und ein paar Villen. Es gibt einen Pool, dschungelartige Gärten und eine erhöhte Terrasse über dem Fluss, auf der man ein romantisches Abendessen genießen kann.

Chinatown & Phahurat

Yaowarat, Bangkoks Chinatown, ist nicht gerade der gastfreundlichste Teil der Stadt, aber wer gerne abseits der Massen nächtigt, findet hier eine Gegend, in der Reisende weitgehend ihre Ruhe haben. Es gibt eine gute Auswahl von Unterkünften, meist in direkter Nachbarschaft zu einer der geschäftigen Straßen (also immer zuerst den Lärmfaktor abklären, bevor man bucht!). Dem einstigen Albtraum der Anreise nach Chinatown hat die Hualamphong-Metrostation den Schrecken genommen.

Baan Hualampong (Karte S. 124 f.; ☎ 0 2639 8054; www.baanhualampong.com; 336/20 Soi 21, Th Charoen Krung; B/EZ 220/290 B, DZ 520–700 B; Metro Hualamphong; ⊠ ▣) Die Stammgäste dieser Pension schwärmen von ihrer heimeligen Atmosphäre und dem warmherzigen, persönlichen Service. Sie ist zu Fuß nur ein paar Minuten von der Hualamphong-Station entfernt und bietet eine Küche, Waschmaschinen, Computer und jede Menge Platz zum Entspannen.

River View Guest House (Karte S. 124 f.; ☎ 0 2234 5429; www.riverviewbkk.com; 768 Soi Phanurangsi, Th Songwat; DZ 250–950 B; Fähre Tha Krom Chao Tha; ⊠) Dieses große Gebäude ist vom Fluss aus mühelos auszumachen, aber auf dem Landweg erreicht man es etwas schwerer. Die Zimmer sind schlicht und passen zur Atmosphäre der Abgeschiedenheit des ganzen Hauses; nur die teureren Zimmer in den oberen Stockwerken haben Balkone mit Blick auf den Fluss. Von der Th Si Phraya folgt man der Th Charoen Krung in nördlicher Richtung, dann geht's links auf die Th Sangwat (vor dem Chinatown-Bogen) und dann nimmt man die zweite links auf den Soi Phanurangsi. Ab hier einfach den Schildern folgen.

Train Inn (Karte S. 124 f.; ☎ 0 2215 3055; www.the traininn.com; 428 Th Rong Muang/Hualamphong; Zi. 450–900 B; Metro Hualamphong; ⊠ ▣) Direkt hinter der Hualamphong-Station gelegen. Die saubere Pension ist prima für alle, die früh los müssen oder spät ankommen. Nur die teureren Zimmer haben eigene Bäder, aber kostenloses WLAN und hübsches Design bieten alle.

Krung Kasem Srikung Hotel (Karte S. 124 f.; ☎ 0 2225 0132; Fax 0 2225 4705; 1860 Th Krung Kasem; DZ 650–700 B; Metro Hualamphong; ⊠) Die Zimmer in diesem Oldtimer sind etwas gastfreundlicher als die Fassade und die Gegend vermuten lassen. Alle haben Balkone und von den Zimmern oben genießt man einen tollen Blick über Chinatown. Nur einen kurzen Spaziergang von der Hualamphong-Station entfernt.

China Town Hotel (Karte S. 124 f.; ☎ 0 2225 0204; www.chinatownhotel.co.th; 215 Th Yaowarat; Zi. 1390–1800 B, Suite 2200–2800 B; Fähre Tha Ratchawong; ⊠ ▣) Chinesische Touristen steigen hier gerne ab. Die Lobby spielt mit dem Motto, das der Name des Hotels vorgibt, aber in den Zimmern ist quasi kein Designkonzept zu erkennen. Einige Suiten wurden kürzlich renoviert und haben ein gutes Preis-Leistungs-Verhältnis.

LP Tipp **Shanghai Inn** (Karte S. 124 f.; ☎ 0 2221 2121; www.shanghai-inn.com; 479-481 Th Yaowarat; Zi. 2900–4000 B; Fähre Tha Ratchawong; ⊠ ▣) Mit Abstand die stilvollste Unterkunft in Chinatown (wenn nicht in ganz Bangkok). Das Boutiquehotel erinnert mit Buntglas, zahllosen Lampen, kräftigen Farben und ironischem Chinatown-Kitsch an Shanghai im Jahr 1935. Es gibt kostenloses WLAN, und wenn dieses Buch erscheint, werden ein paar Zimmer mehr zur Verfügung stehen. Wer nicht aufs Geld achten muss, sollte eine der größeren Unterkünfte zur Straße raus nehmen, die dank hoher Fenster stets von Sonnenlicht durchflutet sind.

Grand China Princess (Karte S. 124 f.; ☎ 0 2224 9977; www.grandchina.com; 528 Th Yaowarat; Zi. 4200–4800 B, Suite 8400–9000 B; Fähre Tha Ratchawong; ⊠ ▣ ▣) Dieses ebenso persönlichkeitslose wie saubere Hotel ist die konservativste Option in Chinatown. Die Zimmer sind riesig, und vom obersten Stock aus hat man einen tollen Ausblick. Der Dach-Pool und das sich drehende Restaurant profitieren ebenfalls von dem Blick auf die Sehenswürdigkeiten. Wer online bucht, kann kolossale Schnäppchen machen.

Silom, Sathon & Flussufer

Der Finanzdistrikt der Stadt entlang der Th Silom ist nicht unbedingt der charmanteste

Teil der Stadt, aber er liegt praktisch für Nachtschwärmer und bietet eine gute Skytrain- und Metroanbindung, sodass die modernen Viertel Bangkoks schnell zu erreichen sind. Rund um die Th Silom gibt's auffällig wenige Budgetoptionen, aber auf der Soi Sala Daeng findet man ein paar preisgünstige Mittelklasse-Boutiquehotels. Einige der berühmtesten Spitzenklassehäuser der Stadt stehen ebenfalls entlang des Flussufers; hin bringen einen die kostenlosen Hotelfähren am Tha Sathon.

Den Spitzenklassehotels entlang der Th Sathon fehlt es an Flair, und das Aufregendste hier ist die gleichnamige weitläufige Straße. Wer in dieser Gegend absteigen muss, sollte sich auch die Infos zu den Hotels entlang der unteren Th Sathon (S. 173) anschauen.

BUDGETUNTERKÜNFTE & MITTELKLASSEHOTELS

New Road Guesthouse (Karte S. 126 f.; ☎ 0 2630 6994; Fax 0 2237 1102; 1216/1 Th Charoen Krung; B Ventilator/Klimaanlage 130/220 B, DZ 280–1500 B; Fähre Tha Si Phraya; 🐾 💻) Dänen führen dieses Backpackerhostel, das gerade weit genug von der unheimlich lauten Th Charoen Krung (früher New Road) entfernt ist, um Ruhe bieten zu können. Man wählt aus einer breiten Palette einfacher, aber hübscher Zimmer, von denen die sauberen Zimmer mit Ventilator mit die günstigsten Unterkünfte der Stadt sind. Das angeschlossene JYSK-Reisebüro ist seriös.

LP Tipp **Lub*d** (Karte S. 126 f.; ☎ 0 2634 7999; www.lubd.com; 4 Th Decho; B/EZ/DZ 520/1280/1800 B; Skytrain Chong Nonsi; 🐾 💻) Der Name des Backpackerhostels ist ein Wortspiel mit dem thailändischen Ausdruck *làp dee* („gut schlafen"), aber wegen der freundlichen Atmosphäre hier möchte man eigentlich die ganze Nacht aufbleiben. Auf vier Stockwerke verteilen sich Schlafsäle und eine Handvoll Einzel- und Doppelzimmer (ein ganzer Flügel ist für Frauen reserviert), einige Zimmer haben ei-gene Bäder. Die Wände im Gemeinschaftsbereich zieren informative Karten, zudem gibt's kostenloses Internet, Spiele und eine Bar.

P&R Residence (Karte S. 126 f.; ☎ 0 2639 6091-93; pandrresidence@gmail.com; 34 Soi 30, Th Charoen Krung; Zi. 1000–1200 B; Fähre Tha Si Phraya; 🐾) In einer ruhigen Straße in der Nähe der alten portugiesischen Botschaft gelegen. Das P&R verzichtet zwar auf jeglichen Schnickschnack, aber die Zimmer sind gemütlich und sauber, und für diese angesagte Ecke der Stadt wohnt man hier re-

lativ günstig. Das Frühstück kostet 80 B extra, und man kann nur bar bezahlen.

Bangkok Christian Guest House (Karte S. 126 f.; ☎ 0 2233 2206; www.bcgh.org; 123 Soi Sala Daeng 2, Th Convent; EZ/DZ 1100/1540 B; Skytrain Sala Daeng, Metro Silom; 🐾 💻) Diese nüchterne Pension stammt aus dem Jahr 1926, gleicht heute jedoch jedem beliebigen modernen Gebäude in Bangkok. Sie eignet sich besonders für Familien, da einige der Zimmer einen Kinderspielbereich gibt. Es liegen jede Menge Infobroschüren aus.

La Résidence Hotel (Karte S. 126 f.; ☎ 0 2233 3301, www.laresidencebangkok.com; 173/8-9 Th Surawong; EZ/DZ 1200–2000 B, Suite 2700 B; Skytrain Chong Nonsi; 🐾 💻) Das La Résidence ist ein Boutiquehotel mit spielerischen, individuell gestalteten Zimmern. Die Standardräume sind sehr klein und passenderweise wie Kinderzimmer eingerichtet. Die nächstgrößeren Zimmer sind etwas „erwachsener" und großzügiger, mit tiefroten Wänden und einer Deko aus modernen Thai-Elementen.

LP Tipp **Swan Hotel** (Karte S. 126 f.; ☎ 0 2235 9271; www.swanhotelbkk.com; 31 Soi 36, Th Charoen Krung; EZ & DZ 1200–1500 B; Fähre Tha Oriental; 🐾 💻 🏊) Trotz seiner Ausmaße schafft dieses klassische Stadthotel eine gemütliche Atmosphäre. Ein Facelifting kürzlich ließ es neu erstrahlen, auch wenn die Möbel nach wie vor wirken, als wären sie in den 1970ern hängen geblieben. Der einladende Poolbereich ist etwas zeitloser. Das ganze Haus ist absolut makellos und eine ausgezeichnete Mittelklasseoption.

Inn Saladaeng (Karte S. 126 f.; ☎ 0 2637 5522; www.theinnsaladaeng.com; 5/12 Soi Sala Daeng; DZ 1400–1800 B; Skytrain Sala Daeng, Metro Silom; 🐾 💻) Von den vielen Boutiquehotels der Gegend ist das Inn das neueste und bietet noch dazu die beste Lage. Das helle Blumenmotiv der Lobby setzt sich in den 38 engen, aber gut ausgestatteten Zimmern fort, sodass man die fehlenden Fenster schnell verzeiht. Weitere tolle Extras sind kostenloses WLAN und das Frühstücksbüffet.

Rose Hotel (Karte S. 126 f.; ☎ 0 2266 8268-72; www.rosehotelbkk.com; 118 Th Surawong; Zi. ab 1800 B; Skytrain Sala Daeng, Metro Silom; 🐾 💻 🏊) Hinter der unauffälligen Fassade des alten Vietnamkriegs Veteranen warten dank einer kürzlichen Renovierung eine moderne Lobby und ebensolche Zimmer. Das Fitnessstudio, die Sauna und das Frühstück (inkl.) machen das Haus zu einem der besten Schnäppchen der Stadt.

Heritage Baan Silom (Karte S. 126 f.; ☎ 0 2236 8388; www.theheritagehotels.com; Baan Silom Shopping Centre, 669

NACHT-UND-NEBEL-AKTIONEN

Auf einem internationalen Flug, der gegen Mitternacht in Bangkok landet, kann man eine Menge Passagiere sehen, die nervös Nägel kauen. Gibt's noch Taxis in die Stadt? Gibt's noch freie Zimmer? Werde ich meine Familie je wiedersehen? An dieser Stelle etwas Beruhigendes: Die meisten internationalen Flüge landen erst spät in Bangkok, die Stadt ist ein sehr gastfreundlicher Ort, und es gibt nicht nur Taxis, sondern sogar einen Flughafen-Busservice (S. 200)!

Wer noch kein Hotel hat, sollte sich im unteren Teil von Sukhumvit nach einem Bett umschauen. Hier, direkt an der Autobahn zum Flughafen, sind die Hotels rund um die Soi Nana, etwa das **Swiss Park** (S. 171) oder das **Federal** (S. 171), auf Spätankömmlinge eingestellt und reißen einem auch nicht gleich ein Loch in die Reisekasse. Alternativ kann man es natürlich immer auch auf der Th Khao San versuchen, deren zahlreiche Hotels und Pensionen bis spät nachts geöffnet haben, weil der Strom der Eingeflogenen quasi nie abreißt und stets viele Traveller auf Unterkunftssuche sind.

Wenn man sich aus irgendeinem Grund nicht zu weit vom Flughafen entfernen will, bieten diese Häuser ein äußerst angenehmes Dach über dem Kopf:

Suvarnabhumi International Airport

Refill Now! Die nächstgelegene gute Budgetoption (s. S. 174).

Grand Inn Come Hotel (außerhalb der Karte S. 118 f.; ☎ 0 2738 8189-99; www.grandinncome-hotel.com; 99 Moo 6, Th Kingkaew, Bangplee; Zi. ab 2000 B; ✖ ⬜) Solides Mittelklassehotel, 10 km vom Flughafen entfernt; es gibt einen Flughafenshuttle und eine lebhafte Karaokebar.

All Seasons Bangkok Huamark (Karte S. 118 f.; ☎ 0 2308 7888; 5 Soi 15, Th Ramkhamhaeng; Zi. 2040 B; ✖ ⬜ ✖) Dieses Mittelklassehotel liegt nur 20 km vom Flughafen entfernt und hat 268 Zimmer zur Auswahl.

Novotel Suvarnabhumi Airport Hotel (außerhalb der Karte S. 118 f.; ☎ 0 2131 1111; www.novotel.com; Zi. ab 5000 B; ✖ ⬜) Über 600 Luxusbetten direkt am Flughafen.

Don Muang Airport

We-Train International House (Karte S. 118 f.; ☎ 0 2967 8550-54; www.we-train.co.th; 501/1 Th Dechatungkha, Don Muang; B 200 B, Zi. 800–1100 B; ✖ ✖) Von der Gesellschaft zur Förderung der Gleichberechtigung der Frauen geführt und nur eine kurze Taxifahrt vom Flughafen entfernt. Die Zimmer haben ein gutes Preis-Leistungs-Verhältnis.

Amari Airport Hotel (Karte S. 118 f.; ☎ 0 2566 1020; www.amari.com; 333 Th Choet Wutthakat; Zi. ab 2263 B; ✖ ⬜ ✖) Das beliebteste Flughafen-Hotel liegt direkt gegenüber vom Don Muang und bietet gut ausgestattete Tageszimmer.

Rama Gardens Hotel (Karte S. 118 f.; ☎ 0 2561 0022; www.ramagardenshotel.com; 9/9 Th Vibhavadi Rangsit; Zi. ab 4708 B; ✖ ⬜ ✖) Inmitten friedvoller Gärten kommt man in einem komfortablen Luxusflügel in den Genuss herrlich großer Badewannen. Shuttlebusse zum Flughafen gibt's auch.

Soi 19, Th Silom; Zi. 2750–3250 B; Skytrain Surasak; ✖ ⬜) Versteckt hinter einer „Lifestyle Arcade" (die nichts anderes ist als ein Einkaufszentrum), ist dieses Möchtegern-Spitzenklassehotel die moderne Interpretation eines englischen Herrenhauses aus der Kolonialzeit. Die Zimmer sind liebevoll mit attraktiven Holz- und Korbmöbeln ausgestattet, groß und luftig, und jedes hat ein eigenes Farbkonzept und besondere Wanddekorationen.

SPITZENKLASSEHOTELS

LUXX (Karte S. 126 f.; ☎ 0 2635 8800; www.staywithluxx. com; 6/11 Th Decho; Zi. 3300–6100 B; Skytrain Chong Nonsi; ✖ ⬜) Die Location in einer unspektakulären,

grünen Straße Bangkos tun der minimalistischen Coolness der 13 Zimmer keinen Abbruch. Dieses Hotel würde auch nach London oder New York passen. Einige Zimmer, die auf einen eingezäunten Innenhof blicken, haben Glaswände statt Fenster.

Triple Two Silom (Karte S. 126 f.; ☎ 0 2627 2222; www. tripletwosilom.com; 222 Th Silom; Zi./Suite 4800/5500 B; Skytrain Chong Nonsi; ✖ ⬜) Die Zimmer wirken wie moderne Büros – auf gute Art. Riesige Bäder und einladende Betten erscheinen dann aber doch eher zum Entspannen als zum Arbeiten. Gäste können den Dachgarten nutzen, aber für Pool und Fitnessstudio muss man ins Narai Hotel nebenan ausweichen.

Millennium Hilton (Karte S. 126 f.; ☎ 0 2442 2000; www.bangkok.hilton.com; 123 Th Charoen Nakorn, Thonburi; Zi. 6800–7300 B, Suite 12 000–26 000 B; Bootsshuttle ab River City & Tha Sathon/Central Pier; ✖ ☐ ✤) Sobald man die imposante Lobby betritt, wird offensichtlich, dass dies Bangkoks jüngstes, modernstes Hotel am Flussufer ist. Die Zimmer – alle mit Breitbild-Flusspanorama – sind dementsprechend mit verrücktem Mobiliar und thailändischen Momentaufnahmen eingerichtet. Der gläserne Aufzug und der künstliche Strand sind nur zwei der coolen Extras.

Lebua (Karte S. 126 f.; ☎ 0 2624 9999; www.lebua.com; State Tower, Ecke Th Silom & Th Charoen Krung; DZ/Suite ab 200/300 US$; Skytrain Saphan Taksin; ✖ ☐ ✤) Absolut unverwechselbar! Eines der höchsten Gebäude Bangkoks ist gleichzeitig ein Luxushotel. Die Suiten sind riesig (einige haben zwei Balkone), und bei Onlinebuchung gibt's manchmal Rabatte, die ebenso groß sind.

Dusit Thani (Karte S. 126 f.; ☎ 0 2200 9000; www.dusit.com; 946 Th Phra Ram IV; Zi. 10 000–17 000 B, Suite 19 500–79 000 B; Skytrain Sala Daeng, Metro Silom; ✖ ☐ ✤) Dieses altehrwürdige Luxushotel war einst im höchsten Gebäude des Landes untergebracht und beweist heute, wie sehr sich die Dinge in Bangkok in den letzten Jahren verändert haben. Die scheußliche Fassade aus den 1970er-Jahren birgt Zimmer und eine Lobby, die recht modern sind. Im riesigen Ballsaal feiert die örtliche High Society gerne Hochzeiten, und das Restaurant gehört zu den Favoriten der thailändischen Königsfamilie.

Oriental Hotel (Karte S. 126 f.; ☎ 0 2659 9000; www.mandarinoriental.com; 48 Soi Oriental/38, Th Charoen Krung; Zi. mit Frühstück 420–600 US$, Suite mit Frühstück 600–3000 US$; Bootsshuttle ab Tha Sathon/Central Pier; ✖ ☐ ✤) Ein authentisches Bangkok-Erlebnis verlangt nach einem Aufenthalt in diesem alten Hotel am Flussufer (im Kasten unten gibt's einen kurzen historischen Überblick dazu). Die meisten Zimmer sind im modernen New Wing untergebracht, aber der Garden bzw. Authors' Wing mit seinem Alte-Welt-Ambiente hat mehr Charme. Das dienstälteste Edelrestaurant der Stadt, Le Normandie (S. 178), ist hier angeschlossen, und am anderen Flussufer in Thonburi betreibt das Hotel eines der renommiertesten Spas der Region (S. 151) sowie eine Kochschule.

LP Tipp **Peninsula Hotel** (Karte S. 126 f.; ☎ 0 2861 2888; www.peninsula.com; 333 Th Charoen Nakhon, Thonburi;

BANGKOKS GRANDE DAME

Die Geschichte des Oriental Hotel begann im späten 19. Jh., als es noch ein einfaches Gasthaus für europäische Seefahrer war. Hans Niels Anderson, der Begründer der riesigen Ostasiatischen Gesellschaft (die zwischen Bangkok und Kopenhagen verkehrte), baute das Hotel um und machte es zu einer Adresse, die Aristokraten förmlich wie ein Magnet anzog. Er beauftragte einen italienischen Innenarchitekten mit dem Bau des Gebäudeflügels, der heute als Author's Wing – Schriftstellerflügel – bekannt ist. Es war damals das aufwendigste säkulare Gebäude der Stadt. Alle anderen architektonischen Meisterwerke waren vom König in Auftrag gegeben worden.

Mit seiner phantastischen Lage am Ufer des Mae Nam Chao Phraya zog das Luxushotel berühmte Gäste an und gewann dadurch immer mehr Ansehen. 1888 stieg hier z. B. ein polnischer Matrose ab, der später unter dem Namen Joseph Conrad berühmt wurde. Und als William Somerset Maugham über die Schwelle des Hotels stolperte, litt er unter Malaria im fortgeschrittenen Stadium, die er sich während seiner Überlandfahrt durch Birma zugezogen hatte. Zwischen den Fieberschüben hörte er, wie der deutsche Hotelmanager mit dem Arzt darüber sprach, dass ein Todesfall im Hotel dem Geschäft erheblichen Schaden zufügen würde. Maughams Genesung und der Abschluss seines Buches *Gentleman in the Parlour: A Record of a Journey from Rangoon to Haiphong* trugen dann aber dazu bei, den Ruf des Hotels nachhaltig zu stärken. Andere berühmte Gäste waren Noël Coward, Graham Greene, John le Carré, James Michener, Gore Vidal und Barbara Cartland. Einige zeitgenössische Autoren behaupten sogar, dass ein Aufenthalt im Oriental Hotel eventuelle Schreibblockaden überwinden helfe.

Wer ein wenig vom Flair der alten Bangkoker Seefahrertage erhaschen will, nimmt in der Bamboo-Bar einen Cocktail oder prostet von der Terrasse mit Blick auf den Fluss dem schnellen Strom zu. Abstinenzler kommen beim Nachmittagstee in der pompösen viktorianischen Lounge, in der Schwarz-Weiß-Fotografien von Rama V. hängen, voll auf ihre Kosten. Achtung: Um auch in unserer eher zwanglosen, profanen Zeit aristokratischen Ansprüchen zu genügen, herrscht in dem Hotel strikte Kleiderordnung (Shorts, ärmellose Shirts oder Sandalen sind tabu).

Zi. 12 000–15 000 B, Suite 20 000–120 000 B; Bootsshuttle ab Tha Sathon/Central Pier; 🍴 💻 🏊) Auch nach einem Jahrzehnt in Bangkok erscheint das Pen noch immer perfekt: perfekte Lage (über dem Fluss in Thonburi thronend), perfekter Ruf (bei der Wahl der besten Luxushotels der Welt stets vorne dabei), perfekter Service (der vielleicht umfassendste der Stadt). Wenn Geld keine Rolle spielt, sollte man möglichst weit oben übernachten (es gibt 38 Stockwerke), von wo aus Bangkok einem im wahrsten Sinne des Wortes zu Füßen liegt.

Siam Square & Pratunam

Wer nach einer zentralen Unterkunft sucht, ist nirgendwo besser aufgehoben als in der Gegend rund um den Siam Square. Hier kreuzen sich die beiden Skytrain-Linien, und man ist (je nach Verkehr) nur eine relativ kurze Taxifahrt von Banglamphu entfernt – besser geht's im stetig expandierenden Bangkok fast nicht. Einziges Manko: Es gibt quasi kein Nachtleben, aber auch das behebt eine kurze Taxifahrt, diesmal zum Geschehen in Silom oder Sukhumvit.

Wer weniger ausgeben, aber dennoch zentral unterkommen möchte, dem sei die entspannte Backpacker-Kommune entlang des Soi Kasem San 1 (gesprochen „gà·săirm"), gegenüber vom Nationalstadion, empfohlen.

BUDGETUNTERKÜNFTE & MITTELKLASSEHOTELS

Bed & Breakfast Inn (Karte S. 128 f.; ☎ 0 2215 3004; Soi Kasem San 1; EZ/DZ mit Frühstück 600/700 B; Skytrain National Stadium, klorng-Taxi bis Tha Ratchathewi; 🍴) Die labyrinthartige Pension bietet gewöhnliche, aber gemütliche Zimmer, Frühstück ist inklusive (wer hätt's gedacht, bei dem Namen …).

A-One Inn (Karte S. 128 f.; ☎ 0 2215 3029; www.aone inn.com; 25/13–15 Soi Kasem San 1; DZ ab 650 B; Skytrain National Stadium, klorng-Taxi bis Tha Ratchathewi; 🍴 💻) Die Lobby ist etwas chaotisch, aber ein Blick in die Zimmer beweist, dass man hier wirklich etwas für sein Geld bekommt. Hierher kommt man immer wieder gerne.

Wendy House (Karte S. 128 f.; ☎ 0 2214 1149; www.wendyguesthouse.com; 36/2 Soi Kasem San 1; DZ mit Frühstück ab 1000 B; Skytrain National Stadium, klorng-Taxi bis Tha Ratchathewi; 🍴 💻) Die Zimmer sind klein und schlicht, aber für den Preis gut ausgestattet (TV, Kühlschrank). Unten gibt's ein Café, und der Service ist ausgesprochen freundlich.

Reno Hotel (Karte S. 128 f.; ☎ 0 2215 0026; www.reno hotel.co.th; 40 Soi Kasem San 1; DZ 1280–1650 B; Skytrain Na-

tional Stadium, klorng-Taxi bis Tha Ratchathewi; 🍴 💻 🏊) Lobby und Fassade wurden offensichtlich renoviert, und einige Zimmer wirken zumindest so, aber das Café und der klassische Pool dieses Veteranen aus der Zeit des Vietnamkriegs stecken noch immer in der Vergangenheit fest.

Golden House (Karte S. 128 f.; ☎ 0 2252 9535; www. goldenhouses.net; 1025/5-9 Th Ploenchit; DZ 1650 B; Skytrain Chitlom; 🍴 💻) Mit Parkettboden und Einbaumöbeln aus Holz gleichen die 27 Zimmer hier eher modernen thailändischen Apartments als Hotelzimmern. Die Betten sind riesig, neigen aber dazu, durchzuhängen. Das Golden House liegt nur wenige Schritte von der Skytrain-Station Chitlom entfernt; nach dem Schild mit der Aufschrift „VIP Guest House" Ausschau halten.

Indra Regent Hotel (Karte S. 128 f.; ☎ 0 2208 0022-33; www.indrahotel.com; 120/126 Th Ratchaprarop; DZ ab 2720 B; Skytrain Chitlom, klorng-Taxi bis Tha Pratunam; 🍴 🏊) Dieser rußbeschmutzte Kasten aus den 1970er-Jahren macht von außen nicht allzu viel her, aber das Innere bietet eines der besten Preis-Leistungs-Verhältnisse in dieser Kategorie. Die kleineren Suiten werden als die besten Schnäppchen angepriesen.

Asia Hotel (Karte S. 128 f.; ☎ 0 2215 0808; www. asiahotel.co.th; 296 Th Phayathai; Zi. ab 2900 B; Skytrain Ratchathewi, klorng-Taxi bis Tha Ratchathewi; 🍴 💻 🏊) Der Inbegriff eines asiatischen Mittelklassehotels. Die einfachen, aber großen Zimmer haben großzügige Bäder, und Kitsch-Fans werden das Calypso Cabaret (s. Kasten S. 188) und die Elvis-Show lieben. Online kann man tolle Schnäppchen machen.

SPITZENKLASSEHOTELS

Novotel Bangkok am Siam Square (Karte S. 128 f.; ☎ 0 2255 6888; www.accorhotels-asia.com; Soi 6, Siam Sq; DZ ab 3655 B; Skytrain Siam; 🍴 💻 🏊) Das Novotel Siam in der Nähe des Skytrain und der Geschäfte liegt für Geschäftsreisende wie für Urlauber gleichermaßen praktisch. Die Zimmer sind typisch für ein Kettenhotel; die Luxusvariante ist für Geschäftsleute die beste Wahl.

Nai Lert Park Hotel (Karte S. 128 f.; ☎ 0 2253 0123; www.swissotel.com/bangkok-nailertpark; 2 Th Withayu/Wireless Rd; DZ ab 5300 B; Skytrain Ploenchit, klorng-Taxi bis Tha Withayu; 🍴 💻 🏊) Dieses Hotel hat in seiner 25-jährigen Geschichte schon einige Reinkarnationen durchlaufen, und die aktuelle ist echt super: Die Suiten nehmen das edle Design der Lobby auf, die günstigeren holzlastigen Zimmer wirken eher konservativ und „klassisch".

Allesamt sind sie riesig und bieten noch dazu Balkone.

Siam@Siam (Karte S. 128 f.; ☎ 0 2217 3000; www. siamatsiam.com; 865 Th Phra Ram I; Zi. 5700–8400 B; Skytrain National Stadium; ⊠ ▯ ▧) Die Lobby passt eher in einen Vergnügungspark als in ein Hotel, aber das ist ja grad das Tolle hier. Ein scheinbar willkürlicher Mix aus Farben und Materialien schafft eine Art „Schrottplatz"-Stil – in positivem Sinne natürlich. Die Zimmer ab dem 14. Stockwerk (bis hinauf zum 25.) führen dieses Motto fort; sie bieten einen sensationellen Ausblick sowie kostenloses WLAN und Frühstück. Außerdem gibt's ein Spa, ein Dachrestaurant und einen Pool im 8. Stock.

Conrad Hotel Bangkok (Karte S. 128 f.; ☎ 0 2690 9999; www.conradhotels.com; 87 Th Withayu/Wireless Rd; DZ ab 7062 B; Skytrain Ploenchit; ⊠ ▯ ▧) Als es 2003 erbaut wurde, war das Conrad eines der ersten Hotels in Bangkok, das sich bewusst an ein junges hippes Publikum wandte. Mittlerweile wurde es in dieser Gegend von anderen überholt, ist aber nach wie vor eine attraktive Option. Das Innere ist mit Jim-Thompson-Seide dekoriert und zaghaft asiatisch eingerichtet. In der angeschlossenen Diplomat Bar kann man sich bei Livejazz und einem Martini ausgezeichnet entspannen.

Grand Hyatt Erawan (Karte S. 128 f.; ☎ 0 2254 1234; www.bangkok.hyatt.com; Ecke Th Ratchadamri & Th Ploenchit; DZ ab 10 400 B; Skytrain Chitlom; ⊠ ▯ ▧) Dieser altgediente Luxustempel mitten in Bangkoks Gewerbegebiet bringt seine Gäste in 380 funktionellen, schönen Zimmern unter. Sie scheinen für Arbeitstiere entworfen zu sein, denn alle sind mit einladenden, gut positionierten Schreibtischen ausgestattet. Urlauber (und alle, die nicht aufs Geld achten müssen) kommen in den Genuss sechs neuer Spa-Cottages mit Balkon und Stadtpanorama, eines angeschlossenen Spas sowie kostenloser Massage und Wellness-Anwendungen.

Sukhumvit

An der scheinbar endlosen Durchgangsstraße, Bangkoks inoffizieller „Internationaler Zone", sind die meisten Unterkünfte der Stadt zu finden. Hier gibt's von allem ein bisschen – von einzelnen Backpackerhostels und Schuppen für Sextouristen (vor allem zw. Soi 1 & 4) bis zum Fünf-Sterne-Luxus (Soi 12).

Allgemein ist touristischer Service in Sukhumvit teurer als in Banglamphu, denn die meisten Besucher hier haben große Geldbeutel. Hübsche Nebeneffekte davon sind Kuli-

naria aus wirklich jeder Ecke der Welt, ein tolles Nachtleben und eine gute Anbindung an Skytrain und U-Bahn.

BUDGETUNTERKÜNFTE

Suk 11 (Karte S. 130 f.; ☎ 0 2253 5927; www.suk11.com; 1/33 Soi 11, Th Sukhumvit; B/EZ/DZ/Suite 250/500/750/2000 B; Skytrain Nana; ⊠ ▯) Diese außergewöhnlich gut geführte und außergewöhnlich beliebte Pension ist eine Oase aus Holz und Grün im urbanen Dschungel der Th Sukhumvit. Obwohl hier fast 100 Zimmer hineingepresst wurden, muss man trotzdem mindestens zwei Wochen vorab buchen.

HI-Sukhumvit (Karte S. 130 f.; ☎ 0 2391 9338; www. hisukhumvit.com; 23 Soi 38, Th Sukhumvit; B 300 B, EZ 550 600 B, DZ 800–850 B; Skytrain Thong Lo; ⊠ ▯) In einer ruhigen Wohnstraße und nur einen kurzen Spaziergang vom Skytrain entfernt gelegen. Das freundliche Hostel begeistert mit hübschen Schlafsälen und immensen Badezimmern, und es gibt jede Menge Infos für Touristen, eine Dachterrasse, Waschmaschinen und eine Küche.

Soi 1 Guesthouse (Karte S. 130 f.; ☎ 0 2655 0604; www.soi1guesthouse.com; 220/7 Soi 1, Th Sukhumvit; B 350 B; Skytrain Ploenchit; ⊠ ▯) Vier überfüllte Schlafsäle drängen sich in einem schmalen Gebäude, und wenn man nicht gerade draußen ist und dem etwas einschüchternden Motto des Hauses („Schau' Dir die Welt an, bevor sie dich überwältigt.") folgt, kann man sich auch drinnen „überwältigen" lassen – von einem geselligen Gemeinschaftsbereich mit Billardtisch, Fernseher und Computern.

Nana Chart (Karte S. 130 f.; ☎ 0 2259 4900; www.thai landhostel.com; Ecke Soi 25, Th Sukhumvit; B 390 B, Zi. 1200– 1800 B; Skytrain Asoke, Metro Sukhumvit; ⊠ ▯) Sauberes, recht neues Backpackerhostel. 90 schlichte, aber mehr als adäquate Budgetzimmer und ein paar bessere Schlafsäle mit eigenem Bad sind zu haben, außerdem gibt's ein Restaurant und ein Reisebüro.

Atlanta (Karte S. 130 f.; ☎ 0 2252 1650/6069; Fax 0 2656 8123; 78 Soi Phasak/2, Th Sukhumvit; Zi. 535–650 B, Suite 1820 B; Skytrain Ploenchit; ⊠ ▧) Dieses verfallende Juwel hat sich seit seinem Bau im Jahr 1952 nicht sonderlich verändert und ist heute provokativ antiquiert und etwas schäbig. Die opulente Lobby kompromittiert die einfachen Zimmer, aber der einladende Pool (der erste Hotelpool Thailands) und das herrliche Restaurant gleichen das aus. Wegen der ziemlich fanatisch durchgezogenen Anti-Sextouristen-Politik werden einheimische „Freunde" der

Gäste, egal ob männlich oder weiblich, gebeten, draußen zu warten.

Miami Hotel (Karte S. 130 f.; ☎ 0 2253 0369; www.thaimiami.com; 2 Soi 13, Th Sukhumvit; EZ/DZ 800/1000 B; Skytrain Nana; 🏊 🍴) Seine 40 Jahre sind dem Hotel deutlich anzusehen, und momentan ist es noch dazu von lauten Baustellen für größere Gebäude umgeben, aber dennoch ist hier noch immer altmodischer Bangkok-Charme zu spüren. Man sollte um eine der originalen Visitenkarten bitten, denn die wird's wohl nicht mehr so lange geben.

MITELKLASSEHOTELS

Golden Palace Hotel (Karte S. 130 f.; ☎ 0 2252 5115; www.goldenpalacehotel.com; 15 Soi 1, Th Sukhumvit; 1110–1350 B; Skytrain Ploenchit; 🏊 💻 🍴) Die unzähligen Spiegel in den Zimmern im Erdgeschoss verraten, dass dies einst ein Stundenhotel war; wer ein paar hundert Baht mehr hinlegt, kann in einem der schlichten, aber luftigen Zimmer oben nächtigen. Dank Pool, Café und Spa ganz in der Nähe muss man für ein bisschen Abwechslung nicht sehr weit gehen.

Federal Hotel (Karte S. 130 f.; ☎ 0 2253 0175; www.federalbangkok.com; 27 Soi 11, Th Sukhumvit; Zi. 1200–1500 B; Skytrain Nana; 🏊 💻 🍴) Außen sieht man es noch nicht, aber der „Club Fed" hat sich tatsächlich nach 40 Jahren endlich zu einer Renovierung entschlossen. Die oberen Zimmer sind gemütlich und beinahe modern, aber die im Erdgeschoss schreien immer noch laut „1967!". Die wahren Attraktionen sind der von Wachsblumen gesäumte Pool und das Café im amerikanischen Stil, das sich scheinbar in einer anderen Zeitschleife befindet.

Stable Lodge (Karte S. 130 f.; ☎ 0 2653 0017; www.stablelodge.com; 39 Soi 8, Th Sukhumvit; Zi. 1495–1695 B; Skytrain Nana; 🏊 💻 🍴) Ehrlich gesagt waren wir

etwas enttäuscht, dass der gefakte Tudorstil des Restaurants unten nicht auch die Zimmer oben beherrscht, aber sonst gab's hier nichts zu meckern. Eine kürzliche Renovierung hat ein bisschen Leben in die Bude(n) gebracht, und die großzügigen Balkone bieten nach wie vor einen tollen Blick über die Stadt.

Baan Sukhumvit (Karte S. 130 f.; ☎ 0 2258 5625; www.baansukhumvit.com; 392/38-39 Soi 20, Th Sukhumvit; EZ/DZ 1540/1760 B; Skytrain Asoke, Metro Sukhumvit; 🏊 💻) Eines von drei gleich teuren Hotels in einer kleinen Seitenstraße abseits der Soi 20. Die zwölf Zimmer verströmen ein heimeliges, gemütliches Flair. Ein neueres Tochterhotel steht an der Soi 18, gleich um die Ecke.

Swiss Park Hotel (Karte S. 130 f.; ☎ 0 2254 0228; 155/23 Soi Chaiyot/11, Th Sukhumvit; Zi. 1900–2350 B, Suite 3350 B; Skytrain Nana; 🏊 🍴) Die Zimmer hier sind unspektakulär und größtenteils nicht erinnerungswürdig, aber die praktische Lage und das freundliche, kompetente Personal machen dieses Haus zu einer guten Wahl.

Citichic (Karte S. 130 f.; ☎ 0 2342 3888; www.citichichotel.com; 34 Soi 13, Th Sukhumvit; Zi. 2700–3000 B; Skytrain Nana; 🏊 💻 🍴) Name über Lobby dieses stilvollen Mittelklassehotels strahlen reichlich Selbstbewusstsein aus – ganz zu Recht. Die Zimmer sind zwar etwas eng, aber super und mit Stil ausgestattet, inklusive Flachbildfernsehern und sonstigem Schnickschnack.

Napa Place Bed & Breakfast (Karte S. 130 f.; ☎ 0 2661 5525; www.napaplace.com; 11/3 Sap 2, Soi 36, Th Sukhumvit; DZ 2750–4800 B; Skytrain Thong Lo; 🏊 💻) Die Location ist ein Großstadtkomplex, wie man ihn in Bangkok an jeder Ecke sieht, aber im Inneren erwartet einen eine wohl gemütlichste Unterkunft der Stadt. Die zwölf großen Zimmer sind mit dunklem Holz eingerichtet, das aus dem ehemaligen Geschäft der Familie stammt, und die hellbraunen Stoffe wurden

---

WER FRÜHER BUCHT, SCHLÄFT GÜNSTIGER

Die in diesem Kapitel aufgeführten Preise entsprechen den Standardpreisen während der Hochsaison, d.h. dem höchsten Preis, den ein Hotel im Allgemeinen für ein Zimmer verlangt. Diesen muss man aber nicht tatsächlich bezahlen, besonders dann nicht, wenn man die genauen Daten seines Aufenthalts schon kennt. Wer Zimmer online bucht, kann in Bangkoks führenden Hotels 20 % (oder gar noch mehr) sparen. Reservierungen sind direkt auf den Hotelwebsites möglich oder auch auf **Lonely Planet's Hotels & Hostels** (www.lonelyplanet.com), die neben einem Buchungsservice auch ausführliche Rezensionen von Autoren und Traveller-Feedbacks bietet.

Es kann sich auch auszahlen, einfach mal im Hotel anzurufen und vorab zu reservieren; manchmal erhält das Personal jedoch eine Provision für Gäste, die vor Ort buchen, und gibt daher nur ungern Rabatte. Man kann dem aber ganz leicht durch einen Anruf vorbeugen, bei dem man sich vorab nach dem niedrigsten verfügbaren Preis erkundigt.

von den fähigen Händen einheimischer Weber gefertigt. Die Gemeinschaftsräume sehen dem elterlichen Wohnzimmer zuhause vermutlich sehr ähnlich.

SPITZENKLASSEHOTELS

Seven (Karte S. 130 f.; ☎ 0 2662 0951; www.sleepatseven. com; 3/15 Soi Sawasdee/31, Th Sukhumvit; Zi. 3296–6000 B; Skytrain Phrom Phong; 🖳 🖳) Dieses winzige Hotel schafft es, gleichzeitig schick und gemütlich, stilvoll und gemütlich, typisch thailändisch und sehr international zu sein. Jedes der sechs Zimmer ist in einer anderen Farbe eingerichtet, die in der thailändischen Astrologie eine Bedeutung hat, und aufmerksame Annehmlichkeiten gibt's zuhauf.

Davis (Karte S. 130 f.; ☎ 0 2260 8000; www.davisbang kok.net; Soi 24, Th Sukhumvit; DZ ab 5000 B; 🖳 🖳 🖳) Wenn es schwer fällt, das Designkonzept dieses jung wirkenden Hotels zu durchschauen, liegt das wahrscheinlich daran, dass es alle Geschmäcker bedient: Es gibt Zimmer im Stile Chinas, Japans, Myanmars und Balis, außerdem rund um einen Pool sieben Villen im Thai-Stil. Die Unterkunft liegt recht weit außerhalb, in der Nähe der Th Phra Ram IV, aber es gibt Tuk-Tuks (motorisierte Transportmittel, *„dúk dúk"* ausgesprochen), die einen rasant in die Zivilisation rund um die Th Sukhumvit katapultieren.

LP Tipp **Eugenia** (Karte S. 130 f.; ☎ 0 2259 9017-19; www.theeugenia.com; 267 Soi Sawasdee/31, Th Sukhumvit; Zi. 5800–7200B; Skytrain Asoke, Metro Sukhumvit; 🖳 🖳 🖳) Obwohl Thailand nie eine Kolonie war, hatte die Kolonialzeit doch einen deutlichen Einfluss auf das Design dieses charaktervollen Hotels, das mit antiken Möbeln und jeder Menge Tierfellen eingerichtet ist. Ein Aufenthalt hier gleicht einer Reise ins Myanmar von 1936. Aber keine Sorge, man muss keinen „Boy" bitten, ein Bad einzulassen, und auch die modernen Annehmlichkeiten wie Flachbildfernseher und kostenlose In- und Auslandsgespräche sind äußerst zeitgemäß (die Kupferbäder sind aber trotzdem wunderschön). Unbedingt nach dem Flughafen-Transportservice mit Oldtimer fragen.

Dream Bangkok (Karte S. 130 f.; ☎ 0 2254 8500; www. dreambkk.com; 10 Soi 15, Th Sukhumvit; Zi. ab 200 US$; Skytrain Asoke; 🖳 🖳 🖳) Wer unter einer tollen Inneneinrichtung ausgestopfte Tiger, reichlich Spiegel und glattes Leder versteht, wird sich hier garantiert zuhause fühlen. Dies ist die ideale Absteige für (echte und falsche) Rockstars auf Tour und Bangkoks abgefahrenste

Unterkunft. Die Standardzimmer sind recht beengt, aber mit jeder Menge skurriler Annehmlichkeiten ausgestattet, etwa unverkennbarem blauem Dream-Licht, das beim Einschlafen helfen soll.

Sheraton Grande Sukhumvit (Karte S. 130 f.; ☎ 0 2649 8888; www.sheratongrandesukhumvit.com; 250 Th Sukhumvit; Zi. ab 8700 B; Skytrain Asoke, Metro Sukhumvit; 🖳 🖳 🖳) Dieses auf Geschäftsreisende ausgerichtete Hotel bietet mit die geräumigsten Zimmer der Stadt, die noch dazu mit einer großzügigen Auswahl von Annehmlichkeiten gefüllt sind. Ein erhöhter Fußgängerüberweg verbindet das Hotel mit der Skytrain-Station Asoke. Eine praktische Wahl für alle mit dickem Geldbeutel.

Ma Du Zi (Karte S. 130 f.; ☎ 0 2615 6400; www.madu zihotel.com; Ecke Th Ratchadapisek & Soi 16, Th Sukhumvit; Zi. 17 200–33 000 B; Skytrain Asoke, Metro Sukhumvit; 🖳 🖳) Der Name bedeutet „Schau doch mal rein" und passt eigentlich nicht hierher, denn man bekommt nur mit Reservierung ein Zimmer. Hinter dem Tor erwartet einen ein attraktives, mittelgroßes Hotel, das in dunklen, edlen Tönen und schicken Designs gehalten ist. Die riesigen Badezimmer mit begehbarer Badewanne und minimalistischer Dusche haben es uns besonders angetan. Es gibt keinen Pool, aber im Preis sind Flughafentransport, Frühstück und Abendessen sowie In- und Auslandsgespräche inklusive.

Lumphini-Park & Th Phra Ram IV

Die Hippies der 1970er-Jahre hätten ihre Liebesperlen wohl in einer Pension auf der Soi Ngam Duphli abseits der Th Phra Ram IV niedergelegt, nicht allzu weit vom Lumphini-Park entfernt. Trotz der Jahrzehnte, die vergangen sind, gibt's hier noch immer jede Menge extrem günstige Unterkünfte, besonders entlang der Soi Sri Bamphen. Und dank der Metrostation in Lumphini kommt man jetzt ganz leicht hierher.

Café des Arts Guest House (Karte S. 132 f.; ☎ 0 2679 8438; 27/39 Soi Sri Bamphen; Zi. mit Ventilator/Klimaanlage 350/450 B; Metro Lumphini; 🖳 🖳) Von einem französisch-thailändischen Pärchen geführt. Hier gibt's hier allem Anschein nach weder ein Café noch Kunst, sondern vielmehr ein koreanisches Barbecue-Restaurant im unteren Stock und acht schlichte Zimmer oben.

Malaysia Hotel (Karte S. 132 f ☎ 0 2679 7127; www.ma laysiahotelbkk.com; 54 Soi Ngam Duphli; DZ 798–998 B; Metro Lumphini; 🖳 🖳 🖳) Das Malaysia war einst Bangkoks bekannteste Budget-Lodge, und

schon die „Eltern" von Lonely Planet, Maureen und Tony Wheeler, stiegen auf ihrer Jungfern-Budgetreise nach Südostasien hier ab. Soweit wir wissen, wohnen die beiden bei ihren Bangkokbesuchen nun woanders, aber das soll die allgemeine Freude am Malaysia mit den fairen Preisen und der in der Zeit eingefrorenen Atmosphäre nicht trüben.

Penguin House (Karte S. 132 f.; ☎ 0 2679 9991; www.geocities.com/penguinhouses; 27/23 Soi Sri Bamphen; Zi. 800–950 B, Mindestaufenthalt 2 Nächte; Metro Lumphini; 🗷) Das seltsam benannte Haus bringt eine frische Brise in diese Gegend voller müder Oldtimer. Die hinteren Zimmer sind ruhiger; ein paar der nach innen gehenden Räume bieten zwei Paaren Platz. Es gibt extra Preise für Wochen- und Monatsgäste.

All Seasons Sathorn (Karte S. 132 f.; ☎ 0 2343 6333; www.allseasons-sathorn.com; 31 Th Sathon Tai; Zi. 1800–2500 B; Metro Lumphini; 🗷 🖳) Das ehemalige King's Hotel mitten im Botschaftsdistrikt wurde als modernes, attraktives Haus wiedergeboren. Die Grundfarben und gewagte Designideen machen den Mangel an natürlichem Licht in einigen Zimmern wieder wett. Die Fotografien an den Wänden im Speisesaal illustrieren, wie das Hotel (und die Th Sathon) früher einmal aussahen.

Ibis Sathon (Karte S. 132 f.; ☎ 0 2659 2888; Soi Ngam Duphli; Zi. mit Frühstück 2040 B; Metro Lumphini; 🗷 🏮) Das Ibis nimmt gerne Geschäftsreisende auf und liefert Komfort und Zweckmäßigkeit, ohne dafür die bei einigen Ketten üblichen hohen Spesen zu veranschlagen.

Metropolitan (Karte S. 132 f.; ☎ 0 2625 3333; www.metropolitan.como.bz; 27 Th Sathon Tai, Zi. mit Frühstück 145–185 US$, Suite mit Frühstück 210–2000 US$; Metro Lumphini; 🗷 🖳 🏮) Die Fassade des ehemaligen YMCA hat sich kaum verändert, aber ein Blick ins Innere ist ein Blick in Bangkoks edelstes Hotel. Hier regiert urbaner Minimalismus (mit Ausnahme der zweistöckigen Suiten). Das Frühstück ist amerikanisch oder „bio", und das zugehörige Cy'an (S. 182) ist eines der besten Edelrestaurants in der Stadt.

Sukhothai Hotel (Karte S. 132 f.; ☎ 0 2344 8888; www.sukhothai.com; 13/3 Th Sathon Tai; Zi. 9500–10 700 B, Suite 12 900–100 000 B; Metro Lumphini; 🗷 🖳 🏮) Wie der Name vermuten lässt, sind auf dem Gelände dieses Hotels Ziegelstupas, Innenhöfe und antike Skulpturen zu finden, die eine historische, tempelartige Atmosphäre verströmen. Die Zimmer mit Hartholzboden und Bädern in der Größe von Kommandozentralen sind exquisit eingerichtet.

Bangkok Zentrum

Viele der hier genannten Hotels liegen außerhalb unserer Stadtviertel-Einteilung, sodass die Anreise manchmal etwas lästig sein kann. Dafür aber stehen die betreffenden Häuser in weniger hektischen Teilen der Stadt und eignen sich perfekt für alle, die lieber nicht mitten im Trubel nächtigen möchten. Thewet, der Bezirk nördlich von Banglamphu in der Nähe der Nationalbibliothek, ist eine angenehme Backpacker-Enklave, die besonders bei Familien und Travellern über 30 Jahren beliebt ist. Diese Gegend ist herrlich grün, aber während der Regenzeit oft von Überschwemmungen geplagt.

Bangkok International Youth Hostel (Karte S. 120 f.; ☎ 0 2282 0950; www.hihostels.com; 25/2 Th Phitsanulok, Dusit; B 170 B, Zi. 600–2400 B; Bus 16, 509, Fähre Tha Thewet; 🗷 🖳) Wenn man im ruhigen Gebiet rund um Dusit absteigen möchte, ist dieses kürzlich renovierte Hostel fast die einzige Option. Die Zimmer im Originalgebäude kosten weniger, die im Gebäudeteil mit Blick auf die Th Phitsanulok sind neu, aber auch überladen. Es gibt einen hübschen Dachbalkon und eine Bibliothek mit Reiseliteratur.

Shanti Lodge (Karte S. 120 f.; ☎ 0 2281 2497; 37 Soi Thewet, Th Si Ayutthaya, Thewet; B 200 B, Zi. 400–2950 B; Bus 30, 503, Fähre Tha Thewet; 🗷 🖳) Die familiengeführte Pension verströmt ein friedvolles Dharma-Flair. In diesem authentischen Gästehaus stolpert man schon mal über Körbe voller Schmutzwäsche, einen verstaubten Hometrainer und andere Dinge, die vom Alltag der Besitzer zeugen. Die Wände in den günstigeren Zimmern sind sehr dünn. Man hat die Wahl zwischen den unterschiedlichsten Unterkünften; vor der Buchung am besten schon mal eine Vorauswahl treffen.

Taewez Guest House (Karte S. 120 f.; ☎ 0 2280 8856; 23/12 Th Si Ayutthaya, Thewet; EZ/DZ 250/530 B; Bus 30, 503, Fähre Tha Thewet; 🗷) Ein Liebling französischer Reisender. Die günstigsten Zimmer sind karg und haben nur Gemeinschaftsbäder, bieten aber ein gutes Preis-Leistungs-Verhältnis.

Sri Ayuttaya Guest House (Karte S. 120 f.; ☎ 0 2282 5942; 23/11 Th Si Ayutthaya, Thewet; EZ 400 B, DZ 600–850 B; Bus 30, 503, Fähre Tha Thewet; 🗷 🖳) Das Design aus Holz und Ziegeln ist eine nette Abwechslung von den üblichen, weniger bodenständigen Looks für Pensionen. Auch die Zimmer (von denen die Hälfte nur ein Gemeinschaftsbad hat) wirken robust und einladend.

Phra-Nakorn Norn-Len (Karte S. 120 f.; ☎ 0 2628 8600; www.phranakorn-nornlen.com; 46 Soi 1, Th Thewet, The-

wet; EZ mit Frühstück 1800 B, DZ mit Frühstück 2200–2400 B; Bus 30, 503, Fähre Tha Thewet; 🍴 💻) Die weitläufige Gartenanlage um dieses helle, freundliche Hotel lässt das Bangkok von einst wieder lebendig werden. Die stimmungsvolle Unterkunft ist nicht unbedingt günstig, aber die schlichten Zimmer mit ihrer aufwendigen Ausstattung aus Antiquitäten und Wandgemälden, der Internetanschluss, Massagen und eine endlose Reihe von Möglichkeiten zur friedvollen Entspannung sind den Preis wert. Die Zutaten fürs Frühstück stammen direkt aus dem hauseigenen Bio-Dachgarten.

All Seasons Bangkok Siam (Karte S. 120 f.; ☎ 0 2209 3888; www.accorhotels.com/asia; 97 Th Ratchaprarop, Zi. mit Frühstück 2000 B; Skytrain Victory Monument, Bus 513; 🍴 💻) Teil einer Reihe neuer Hotels für Geschäftsreisende mit weniger üppigem Budget. Die Website offeriert tolle Sparangebote.

Großraum Bangkok
Wer in der Nähe eines Flughafens übernachten muss, findet im Kasten auf S. 167 die wichtigsten Informationen.

Refill Now! (Karte S. 118 f.; ☎ 0 2713 2044; www. refillnow.co.th; 191 Soi Pridi Banhom Yong 42/71, Th Sukhumvit, Phra Khanong; B/EZ/DZ 560/1085/1470 B; Skytrain Phra Khanong; 🍴 💻 🛋) Mit einem Design, das Stil mit Detailverliebtheit verbindet, ist dies wohl der Ort, an dem man sich vielleicht dazu überreden lässt, in einem Schlafsaal zu übernachten. Die makellosen weißen Zimmer und Schlafsäle haben hübsche Rollos zwischen den einzelnen Doppelstockbetten; Räumlichkeiten nur für Frauen gibt's auch, außerdem eine beinahe schmerzhaft hippe Chill-Out-Area und ein Massagezentrum im oberen Stock. Wer mal raus möchte, kann mit dem Tuk-Tuk zu den Skytrain-Stationen Thong Lo oder Phra Khanong fahren (30 B/Pers.).

Thai House (Karte S. 118 f.; ☎ 0 2903 9611; www.thai house.co.th; 32/4 Mu 8, Bang Yai, Nonthaburi; EZ/DZ 1500/ 1700 B) Nördlich von Bangkok in Nonthaburi ist diese Pension in einem umgebauten traditionellen Haus zwischen Obstbäumen untergebracht. Wegen einer Anfahrtsbeschreibung die Besitzer kontaktieren. Hier werden auch Kochkurse veranstaltet, die nicht nur Gästen offenstehen (s. S. 156).

Reflections Rooms (Karte S. 118 f.; ☎ 0 2270 3344; www.reflections-thai.com; 224/2-18 Th Pradiphat, Th Phaonyothin, Saphan Kwai; Zi. 2250–3250 B; Skytrain Saphan Kwai; 🍴 💻) Dieses Hotel ist an die laute Th Phradiphat umgezogen und vereint 34 Zimmer, die alle individuell und sehr verspielt eingerichtet sind. In einem der Zimmer, die wir gesehen haben, gab's einen mit Stofftieren beladenen Sessel und Graffiti an den Wänden. Hier erwartet einen jede Menge Spaß, und das Haus ist äußerst beliebt, also am besten vorab buchen.

Bangkok Marriott Resort & Spa (Karte S. 118 f.; ☎ 0 2476 0022; www.marriott.com; 257/1–3 Th Charoen Nakhon, Thonburi; DZ ab 5800 B; Bootsshuttle ab Tha Sathon & Tha Oriental; 🍴 💻 🛋) Südlich der Stadt am Ufer des Mae Nam Chao Phraya gelegen. „Resort" beschreibt dieses auf Entspannung ausgelegte Hotel ziemlich gut. Die Gärten und Pools geben einem das Gefühl, man befinde sich in einer anderen Provinz (was auch tatsächlich einmal so war), aber der hoteleigene Bootsshuttle nach Saphan Taksin sorgt für eine gute Anbindung an die restliche Stadt.

ESSEN
Essen, die absolut sicherste von Bangkoks berüchtigten fleischlichen Freuden, ist in dieser Stadt eine ernste Angelegenheit. Die lokale Küche zieht Besucher aus aller Welt an, aber auch Einheimische aus den entlegensten Teilen der Stadt nehmen für eine Schüssel Nudeln oder einen Teller Reis sogar Verkehr und Überschwemmungen fröhlich in Kauf.

Das Angebot ist riesig, von Ständen, die ihr Geschäft täglich neu aufbauen, bis zu schicken Speisesälen in Fünf-Sterne-Hotels ist alles dabei. Nach unserer Erfahrung findet man das leckerste Essen irgendwo dazwischen, in den familiengeführten Shophouse-Restaurants, die nur eine begrenzte Auswahl von Gerichten servieren.

Auch fremde Einflüsse sind deutlich zu spüren und münden in Kombinationen wie Thai-Chinesisch oder Thai-Muslimisch. Und auch die regionalen Küchen pfeffern Bangkoks Speiseplan. Wer der *gŏo·ay dĕe·o* (Reisnudeln) und Currys irgendwann müde wird, für den hält Bangkok eine stetig wachsende Auswahl von hochwertigen internationalen Restaurants bereit, von kleinen französischen Bistros bis zu authentischen japanischen Ramen-Lokalen.

Ko Ratanakosin & Banglamphu
Bangkoks Königsviertel biete unzählige Sehenswürdigkeiten, aber kaum Restaurants – ein Jammer, wenn man die potentielle Aussicht bedenkt!

Trotz seiner Nähe zu den gefälschten *pàt tai* und den milden *dôm yam*, die auf der Th

Khao San feilgeboten werden, gehört Banglamphu zu den sagenhaftesten Gegenden der Stadt, um essen zu gehen. Jahrzehntealte Restaurants und legendäre Straßenhändler säumen die Straßen in dieser grünen Ecke des Alten Bangkok und man kann ohne Probleme einen ganzen Tag lang einfach nur am südlichen Ende der Th Tanao herumnaschen.

Lokale Spezialitäten nimmt man lieber abseits der Massen zu sich, aber dank dem ausländischen Einfluss, der sich auf der Th Khao San ausbreitet, haben sich dort ein paar tolle Lokale mit internationaler Küche etabliert.

THAI
Nang-Loeng-Markt (Karte S. 122 f.; zw. Soi 8-10, Th Nakhon Sawan; ☺ Mo–Sa 10–14 Uhr; Bus 72) Dieser stimmungsvolle Markt, der schon seit 1899 stattfindet, ist vor allem für Thai-Süßigkeiten bekannt, aber zur Mittagszeit kann man sich hier auch prima mit Häppchen vollstopfen. Eine Schüssel handgemachter Eiernudeln bei Rung Reuang oder das wunderbaren Currys auf der anderen Seite bei Ratana probieren!

Chote Chitr (Karte S. 122 f.; ☎ 0 2221 4082; 146 Th Phraeng Phuthon; Gerichte 30–200 B; ☺ Mo–Sa mittags & abends; Bus 15, klorng-Taxi nach Tha Phan Fah) Dieses Shophouse-Restaurant in dritter Generation hat nur sechs Tische und ist ein echtes kulinarisches Wahrzeichen Bangkoks. Die Küche kann unbeständig sein, aber an guten Tagen sind Gerichte wie *mèe gròrp* (knusprige gebratene Nudeln) und *yam tòoa ploo* (Salat aus Flügelbohnen) eine Klasse für sich.

Kim Leng (keine Ausschilderung in lateinischen Buchstaben; Karte S. 122 f.; ☎ 0 2622 2062; 158-160 Th Tanao; Gerichte 40–100 B; ☺ Mo–Sa mittags & abends; Bus 15, klorng-Taxi nach Tha Phan Fah) Winziger Familienbetrieb, der auf Gerichte aus Zentralthailand spezialisiert ist. Der mürrische Besitzer spricht kein Englisch, also einfach auf das zeigen, was einem in der gut gefüllten Vitrine gefällt, oder die englische Speisekarte zu Hilfe nehmen.

Pan (Karte S. 122 f.; ☎ 0 83817 4227; Th Rambutri; Gerichte 50–90 B; ☺ 11.30–22 Uhr; Bus 30, 53, 506, Fähre Tha Phra Athit) Wer authentisches Thai-Essen sucht, sich aber nicht so weit von der Th Khao San entfernen will, ist in diesem Straßenlokal richtig. Einfach auf die rohen Zutaten seiner Wahl in den übervollen Schalen zeigen und alles von Pan braten lassen.

Rub Aroon (Karte S. 122 f.; ☎ 0 2622 2312; 310-312 Th Maharat; Gerichte 60–95 B; ☺ 8–18 Uhr; Fähre Tha Tien) Strategisch günstig gegenüber vom Wat Pho liegt dieses geschmackvoll sanierte Shophouse,

der perfekte Boxenstopp für Tempelforscher. Einfache Tellergerichte und erfrischende Getränke prägen die Speisekarte.

Krua Noppharat (Karte S. 122 f.; ☎ 0 2281 7578; 130-132 Th Phra Athit; Gerichte 60–100 B; ☺ Mo–Sa mittags & abends; Bus 30, 53, 506, Fähre Tha Phra Athit) Ein paar staubige Bilder sind die ganze Dekoration in diesem familiengeführten Restaurant. Wenn es jedoch um Geschmack geht, betreibt das Krua Noppharat wesentlich mehr Aufwand. Die tollen zentral- und südthailändischen Speisen werden auch ausländischen Gästen unverändert schaaaarf serviert.

Rachanawi Samosorn (Khun Kung Kitchen; Karte S. 122 f.; ☎ 0 2222 0081; 77 Th Maharat; Gerichte 70–150 B; ☺ 10–18 Uhr; Bus 508, 512, Bus 32, 53, Fähre Tha Chang) Das Restaurant der Royal Navy Association ist in einer der wenigen, begehrten Locations an diesem Abschnitt des Chao Phraya zuhause. Einheimische kommen wegen den günstigen, leckeren Meeresfrüchte-Gerichten, die man mit Blick auf den Fluss genießen kann. Der Eingang befindet sich in der Nähe der Geldautomaten an der Tha Chang.

Hemlock (Karte S. 122 f.; ☎ 0 2282 7507; 56 Th Phra Athit; Gerichte 60–220 B; ☺ 16–24 Uhr; Bus 30, 53, 506, Fähre Tha Phra Athit) Die gemütliche Lage in einem Shophouse ist der Trumpf dieses Lokals. Auf weißen Tischdecken wird eine hervorragende Einführung in Sachen Thai-Food präsentiert. Auf der riesigen Speisekarte stehen neben den üblichen Verdächtigen auch einige Gerichte, die man schwer anderswo findet, sowie eine gute Auswahl an vegetarischen Gerichten.

Poj Spa Kar (Karte S. 122 f.; ☎ 0 2222 2686; 443 Th Tanao; Gerichte 100–200 B; ☺ mittags & abends; Bus 15, klorng-Taxi nach Tha Phan Fah) Man spricht es „*pôht sà·pah kahn*". Das älteste Restaurant in Bangkok verlässt sich noch immer auf Rezepte, die ein ehemaliger Palastkoch hier eingeführt hat. Das einfache, aber leckere Zitronengras-Omelett bestellen oder die köstliche süß-saure *gaang sôm*, eine traditionelle Suppe aus Zentralthailand.

INTERNATIONAL
Shoshana (Karte S. 122 f.; ☎ 0 2282 9948; 88 Th Chakraphong; Gerichte 30–150 B; ☺ 10–23.30 Uhr; Bus 30, 53, 506, Fähre Tha Phra Athit) Die Preise sind seit der Eröffnung im Jahr 1982 zwar natürlich etwas gestiegen, aber noch immer stellt das Shoshana günstige, leckere israelische Gerichte zusammen. Man kann ruhig etwas Frittiertes bestellen (es ist hervorragend) und sollte unbedingt den Auberginen-Dip probieren.

Ricky's Coffeeshop (Karte S. 122 f.; ☎ 0 2629 0509; 18 Th Phra Athit; Gerichte 50–180 B; ⊙ 8–23 Uhr; Fähre Tha Phra Athit) Dieses gemütliche Cafe ist umgezogen (eine Tür weiter) und serviert jetzt mexikanisches Essen, zudem echte Kaffeegetränke, herzhaftes Frühstück und Baguettes.

Oh My Cod! (Karte S. 122 f.; ☎ 0 2282 6553; 95d Rambuttri Village Inn, Soi Rambuttri I; Gerichte 70–200 B; ⊙ morgens, mittags & abends; Bus 30, 53, 506, Fähre Tha Phra Athit) Fish & Chips, das Hausgericht, kommt als riesiges, aufgeblähtes Filet mit dicken Pommes und Erbsen auf den Tisch. Frühstück gibt's den ganzen Tag über und verdurstende Englandfreunde können im sonnigen Essbereich im Hof eine feine Tasse Tee genießen.

Ann's Sweet (Karte S. 122 f.; ☎ 0 86889 1383; 138 Th Phra Athit; Gerichte 75–150 B; ⊙ 11.30–20 Uhr; Bus 53, 506, Fähre Tha Phra Athit) Die Bangkokerin Ann hat gelernt, Cordon Bleu zuzubereiten und backt die authentischsten westlichen Kuchen in der ganzen Stadt. Lavazza-Kaffee und iBerry-Eiscreme runden ihr Angebot ab.

Deck (Karte S. 122 f.; ☎ 0 2221 9158; Arun Residence, 36-38 Soi Pratu Nok Yung, Th Maharat; Gerichte 170–690 B; ⊙ mittags & abends; Fähre Tha Tien) Das Ass im Ärmel des Deck ist die überragende Aussicht über Wat Arun. Da muss sich die kurze, aber abwechslungsreiche Speisekarte des Restaurants anstrengen und bietet dementsprechend alles, was das Herz begehrt, von Entenconfit bis Thai-Pampelmusensalat. Nach dem Abendessen kann man sich in der Open-Air-Dachbar des Hotels einen Drink gönnen.

Chinatown & Phahurat

Zum Stichwort „Chinatown" fällt den meisten Einheimischen sofort Straßenessen ein (die besten Adressen dafür sind im „Kulinarischen Spaziergang" auf S. 178 aufgeführt). Die Gegend ist auch berühmt als Hauptschauplatz des jährlichen Vegetarierfests (s. Kasten S. 177). Little India im Westen des Stadtviertels ist der Textilbezirk von Phahurat und gespickt mit kleinen indischen und nepale-

---

VEGETARISCH UNTERWEGS IN BANGKOK

Vegetarismus ist unter thailändischen Städtern immer mehr im Kommen, aber speziell darauf ausgelegte Restaurants muss man noch immer suchen.

Banglamphu hat dank der fleischlos essenden fa-ràng die größte Konzentration an vegetarierfreundlichen Restaurants zu bieten, meist einfache Brutzelbuden, die Ähnliches zubereiten wie das, was die Hippie-WG-Mitbewohner früher in der Küche gekocht haben. Beispiele sind u. a. **May Kaidee** (Karte S. 122 f.; ☎ 0 89137 3173; www.maykaidee.com; 33 Th Samsen; Gerichte 50 B; ⊙ mittags & abends; Bus 56, 506, Fähre Tha Phra Athit), das auch eine vegetarische Thai-Kochschule anbietet, und das **Ranee Guesthouse** (Karte S. 122 f.; 77 Trok Mayom; Gerichte 70–120 B; ⊙ morgens, mittags & abends; Bus 56, 506, Fähre Tha Phra Athit).

Eine einheimische Vegetarierbewegung findet man in den Ernährungszentren der Santi-Asoke-Gemeinschaft; diese asketische buddhistische Sekte praktiziert Selbstversorgung durch Landwirtschaft und eine strenge vegetarische Ernährung. Die Zentren werden gemeinsam mit Bangkoks früherem Gouverneur Chamlong Srimuang betrieben, der während seiner Amtszeit in den 1980er- und 1990er-Jahren sowohl die Sekte als auch den Vegetarismus populär machte (und gleichzeitig die Korruption verdrängte). Solche Zentren sind etwa **Baan Suan Pai** (Karte S. 120 f.; ☎ 0 2615 2454; Th Phahonyothin; Gerichte 25 B; ⊙ mittags & abends; Skytrain Ari), **Chamlong's Asoke Café** (Karte S. 118 f.; ☎ 0 2272 4282; 580-592 Th Phahonyothin, Chatuchak; Gerichte 20–30 B; ⊙ Sa & So mittags; Metro Chatuchak Park) und **Arawy** (Karte S. 122 f.; 152 Th Din So, Phra Nakhon; Gerichte 20–30 B; ⊙ 7–20 Uhr; Bus 15, klorng-Taxi nach Tha Phan Fah).

Gehoberneres vegetarisches Essen in thailändischem und italienischem Stil wird bei **Anotai** (Karte S. 118 f.; ☎ 0 2641 5366; 976/17 Soi Rama 9 Hospital, Rama 9; Gerichte 55–150 B; ⊙ Do–Di 10–21.30 Uhr; Metro Phra Ram 9) serviert, das auch einen Bio-Gemüsemarkt hat.

Indische Restaurants, insbesondere die mit südindischer Küche wie z. B. **Chennai Kitchen** (s. S. 178), tischen ebenfalls überwiegend Vegetarisches auf.

Im **MBK-Food-Court** (S. 180) gibt's einen leckeren vegetarischen Stand (Stand C8); hier muss man nach asiatischer Manier Schlange stehen, um zu bestellen.

Während des Vegetarierfests im Oktober ist die ganze Stadt verrückt nach Tofu (s. Kasten, gegenüber). Stände und Restaurants kennzeichnen ihre fleischlosen Menüs dann mit gelben Fahnen; in Chinatown findet man die meisten Stände.

DIE GELBE FAHNE WEHT WIEDER!

Während des jährlichen Vegetarierfests im September bzw. Oktober feiert Bangkoks Chinatown eine Orgie des fleischlosen Genusses. Die Feierlichkeiten konzentrieren sich auf Chinatowns Hauptstraße, Th Yaowarat, und die Gegend Talat Noi (s. S. 145), aber in der ganzen Stadt hängen Lebensmittelläden und Stände gelbe Fahnen hinaus, um ihre fleischlosen Angebote öffentlich zu machen.

Neben den chinesischen Volkszugehörigen feiern auch Thais, die die Spezialgerichte während des Festivals ebenfalls lieben. Die meisten Restaurants legen ihre normalen Speisekarten in dieser Zeit auf Eis und bereiten für übliche Thai-Gerichte wie *dôm yam* und *gaang kèe·o wǎhn* einen auf Soja basierenden Ersatz zu. Selbst regionale Thai-Spezialitäten werden fleischlos verkauft. Unter den speziellen Festivalgerichten finden sich kurzgebratene Gerichte mit gelben Nudeln im Hokkien-Stil, fleischigen Pilzen und großen Gemüsestücken.

Außer mit Fleischabstinenz wird das zehntägige Fest mit speziellen Besuchen im Tempel gefeiert, bei denen die Besucher weiß gekleidet sein müssen.

---

sischen Restaurants, die sich an der Soi bei der Th Chakraphet drängen.

Old Siam Plaza (Karte S. 124 f.; EG, Old Siam Plaza, Ecke Th Phahurat & Th Triphet; Gerichte 15–50 B; ☺ mittags; Fähre Tha Saphan Phut) Wer auf Zucker steht, sollte auf seiner kulinarischen Reise durch Bangkok unbedingt hier rasten. Im Erdgeschoss dieses Einkaufszentrums befindet sich ein Schlaraffenland traditioneller Thai-Süßigkeiten und Snacks, bei deren Herstellung man meistens live dabei sein kann.

Royal India (Karte S. 124 f.; ☎ 0 2221 6565; 392/1 Th Chakraphet; Gerichte 40–130 B; ☺ mittags & abends; Fähre Tha Saphan Phut) Ja, wir wissen es: Dieser legendäre Laden wird seit Beginn in jeder Ausgabe dieses Reiseführers genannt, aber er ist nunmal auch nach all den Jahren noch immer das zuverlässigste Lokal in Little India. Eine der leckeren Brotsorten oder ein reichhaltiges Curry probieren und mit einer hausgemachten Süßigkeit aus Punjab abschließen.

Tang Jai Yuu (keine Ausschilderung in lateinischen Buchstaben; Karte S. 124 f.; ☎ 0 2224 2167; 85-89 Th Yaowaphanit; Gerichte 120–500 B; ☺ mittags & abends; Metro Hualamphong, Fähre Tha Ratchawong) In Bangkok sind Polizisten und aufgedonnerte Frauen ein Hinweis auf gutes Essen, nicht auf verdächtige Aktivitäten. Dieser seit Langem beliebte Laden ist super für ein dekadentes Abendessen und hat sich auf Teo Chew und chinesisch-thailändische Spezialitäten rund um Meeresfrüchte spezialisiert.

Silom, Sathon & Flussufer

Auf der Th Silom gibt's von allem etwas, von wirklich traditioneller Thai-Küche bis zu vornehmen internationalen Adressen. Das westliche Ende der Straße, in der Nähe des Chao Phraya, beherbergt mehrere indische und thai-muslimische Restaurants.

THAI

Soi 10 Food Centres Karte S. 126 f.; Soi 10, Th Silom; Gerichte 20–60 B; ☺ Mo–Fr mittags; Skytrain Sala Daeng, Metro Silom) Diese beiden benachbarten Gebäude hinter der Soi 10 erinnern an Hangars, sind das Lieblingsziel der Büroangestellten dieser Gegend für die Mittagspause. Das Angebot umfasst südthailändisches *kôw gaang* (Currys auf Reis) und so gut wie alle Arten von Thai-Nudeln.

Khrua Aroy Aroy Karte S. 126 f.; ☎ 0 2635 2365; Th Pan; Gerichte 30–70 B; ☺ 6–18 Uhr; Skytrain Surasak) Hier ist es voll und heiß. Khrua Aroy Aroy („leckere, leckere Küche") wird seinem Namen eigentlich fast immer gerecht, wie die reichhaltigsten Currys Bangkoks oder eines der ständig wechselnden Tagesmenüs eindrucksvoll beweisen.

Home Cuisine Islamic Restaurant Karte S. 126 f.; ☎ 0 2234 7911; 196-198 Soi 36, Th Charoen Krung; Gerichte 45–130 B; ☺ Mo–Sa 11–22, So 18–22 Uhr; Fähre Tha Oriental) Restaurant im Bungalow-Stil, das leckeres thai-muslimisches Essen mit indischem Touch zubereitet. Man sitzt im luftigen Patio und futtert nahrhaftes saures Fischcurry – idealerweise mit einem (oder auch drei) knusprigen Roti (Fladenbroten).

Kalapapruek Karte S. 126 f.; ☎ 0 2236 4335; 27 Th Pramuan; Gerichte 60–120 B; ☺ 8–18 Uhr; Skytrain Surasak) Dieses ehrwürdige Thai-Lokal hat zahlreiche Filialen und Ableger in Einkaufszentren in der ganzen Stadt, aber wir mögen das gewissermaßen versteckte Originallokal noch immer am liebsten. Die facettenreiche Speisekarte besteht aus Thai-Spezialitäten aus so

KULINARISCHER SPAZIERGANG DURCH CHINATOWN

In diesem Stadtteil regiert das Straßenessen, und viele der besten Lokale Chinatowns haben weder Wände noch Dach – willkommen in der idealen Gegend für einen kulinarischen Spaziergang!

Viele Anbieter haben bis in die frühen Morgenstunden geöffnet, aber die beliebtesten Stände sind schnell ausverkauft, und die beste Zeit zum Essen ist etwa zwischen 19 und 21 Uhr. Montags braucht man eigentlich gar nicht herkommen, denn da machen die meisten Straßenhändler frei.

Der Spaziergang beginnt an der Kreuzung Th Yaowarat und Th Phadungdao, wo man gen Westen geht und rechts in die Th Plaeng Nam abbiegt. Auf der rechten Seite kann man bei **Burapa Birds Nest** (Karte S. 124 f.; ☎ 0 2623 0191; Th Plaeng Nam) gut Schwalbennestsuppe, das typische regionale Gericht, probieren. Genau gegenüber von Burapa steht ein Mann auf der Straße, der drei mit Kohle beheizte Herde betreibt; sein Stand **Khrua Phornlamai** (ครัวพรละมัย; Karte S. 124 f.; ☎ 0 81823 0397; Th Plaeng Nam) bietet tolle fettige, aber leckere Spezialitäten an, z. B. *pàt kêe mow* (gebratene breite Reisnudeln mit Meeresfrüchten, Chili und Horapa, eine Basilikumart).

Die Th Plaeng Nam weitergehen und die Th Charoen Krung überqueren, dann geradeaus. Nach etwa 50 m auf der rechten Seite erreicht man **Nay Mong** (นายหม; Karte S. 124 f.; ☎ 0 2623 1890; 539 Th Phlap Phla Chai), ein winziges Restaurant, das für seine leckeren *hŏy tôrt* (Muscheln oder Austern gebraten mit Ei in klebrigem Teig) berühmt ist.

Zurück auf der Th Charoen Krung, geht man nach rechts, biegt an der Th Mangkorn rechts ab und sieht gleich auf der linken Seite eine Menschenschlange sowie ein paar Leute auf Plastikstühlen, die in ihren Händen Teller voller Reis und Curry halten. Dieser Stand, **Jék Pûi** (เจ็กปุ้ย; Karte S. 124 f.; ☎ 0 81850 9960; Th Mangkorn), ist für seine Thai-Currys chinesischen Stils bekannt, bei deren Verzehr man auf einen Tisch verzichten muss.

ziemlich allen Regionen, Tagesgerichten und gelegentlich auch saisonalen Leckereien.

INTERNATIONAL

Chennai Kitchen Karte S. 126 f.; ☎ 0 2234 1266; 10 Th Pan; Gerichte 50–150 B; ☻ 10–15 Uhr; Skytrain Surasak) Dieses fingerhutgroße Restaurant serviert mit das beste vegetarische südindische Essen in der Gegend. Die armlangen Dosais (knuspriges Brot aus Südindien) sind immer eine gute Wahl, aber wer sich nicht entscheiden kann, sollte ein Thali bestellen, bei dem man so ziemlich alles bekommt, was die Küche hergibt.

Souvlaki Karte S. 126 f.; ☎ 0 2632 9967; 114/4 Soi 4, Th Silom; Gerichte 120–280 B; ☻ mittags & abends; Skytrain Sala Daeng, Metro Silom) Griechische Küche ist eine Rarität in Bangkok, aber dieses neue Lokal hat der Stadt endlich hellenistische Aromen beschert. Die Speisekarte spult Vorhersagbares wie griechisches Fast-Food und Vorspeisen ab, aber die Tagesgerichte sind echt interessant. Achtung: Die Portionen sind von olympischer Größe!

Scoozi Karte S. 126 f.; ☎ 0 2234 6999; 174 Th Surawong; Gerichte 150–350 B; ☻ mittags & abends; Skytrain Chong Nonsi) Scoozi hat mehrere Ableger in ganz Bangkok, aber wir finden die Holzofen-Pizzas hier im Originallokal noch immer am besten. Weitere Orte, um Heißhungerattacken

auf Italienisches zu überleben, sind die Th Khao San (Karte S. 122 f.; ☎ 0 2280 5280; 201 Soi Sunset) und Thonglor (Karte S. 130 f.; ☎ 0 2391 5113; Fenix Thonglor, Soi 1, Soi 55/ Thong Lor, Th Sukhumvit).

Le Bouchon Karte S. 126 f.; ☎ 0 2234 9109; Soi 2, Th Patpong; Gerichte 150–840 B; ☻ 12–15 & 18–24 Uhr; Skytrain Sala Daeng, Metro Lumphini) Die Adresse in Patpong verrät schon, dass dies alles andere als Haute Cuisine ist. Stattdessen ist das gemütliche Bistro ein Rückzugsort für Bangkoks französische Einwohner, die Heimweh haben. Man wählt ein Gericht von der Tafel, das das fröhliche Personal herumträgt. Die Froschschenkel in Knoblauch oder die wohlschmeckende Gänseleberpastete sind super!

Le Normandie Karte S. 126 f.; ☎ 0 2659 9000; www. mandarinoriental.com; 48 Soi Oriental/38, Th Charoen Krung; Gerichte 750–3900 B; ☻ mittags & abends; Bootsshuttle ab Tha Sathon/Central Pier) Als das Le Normandie 1962 öffnete, war es Bangkoks einzige Adresse für gepflegtes Dinieren. Seitdem sind mehr als vier Jahrzehnte vergangen und es hat sich nur wenig geändert. Die Speisekarte widmet einen kompletten Abschnitt nur Gänselebergerichten, und das zeigt es bereits: Dies ist klassische französische Küche, und nicht weniger als 20 Drei-Sterne-Köche haben geholfen, sie über die Jahre hinweg aufzubauen. Für ein umfassendes Geschmackserlebnis das Degusta-

Danach geht man die Th Charoen Krung wieder links runter und weiter Richtung Osten, bis man Trok Itsaranuphap (Soi 16) erreicht. Die enge Gasse, auch bekannt als **Talat Mai** (ตลาดใหม่; Karte S. 124 f.), ist der berühmteste Geschäftsabschnitt des Viertels. Morgens ist zwar die beste Zeit für einen Besuch, aber auch wenn man etwas später kommt, bekommt hier immer noch eine gute Vorstellung von den exotischen Zutaten, die diese Gegend charakterisieren.

Am Ende der Gasse brät ein Mann mit einem Löffel in der Hand in einem Messing-Wok Nudeln. Er macht **gŏo·ay ðĕeo kôoa gali** (ก๋วยเตี๋ยวคั่วไก่), ein einfaches, aber leckeres Gericht aus gebratenen Reisnudeln mit Hühnchen und Knoblauchöl.

Wenn man an der Th Yaowarat herauskommt, die Straße zur belebten Marktgegend überqueren. Der erste Verkäufer auf der rechten Seite betreibt einen der beliebtesten Imbisse in Bangkok, **Nay Lék Uan** (นายเล็กอ้วน; Karte S. 124 f.; ☎ 2224 3450; Soi 11, Th Yaowarat); hier bekommt man *gŏo·ay jáp nám săi*, eine dicke, intensiv gepfefferte Brühe, die Nudeln und Schweineinnereien enthält. Es gibt noch mehrere andere Stände hier, die von *pàt tai* bis Satay alles verkaufen.

Dann geht's die Th Yaowarat nach Osten hinunter, wo einen an der Ecke Th Yaowaphanit und Th Yaowarat ein Stand mit gelben Nudeln und gegrilltem Schweinefleisch erwartet. Das ist **Mangkorn Khâo** (มังกรขาว; Karte S. 124 f.; ☎ 0 2682 2352), ein angesehener Anbieter von *bà·mèe* (Weizennudeln nach chinesischer Art) und leckeren Wontons.

Wenn man nun die Th Yaowarat weiter hinuntergeht, kommt man wieder am Ausgangspunkt raus. Jetzt müsste in den beiden Meeresfrüchtelokalen gegenüber, **Lek & Rut** (Karte S. 124 f.; ☎ 0 81637 5039) und **T&K** (Karte S. 124 f.; ☎ 0 2223 4519), Hochbetrieb sein. Man kann inmitten von Touristen gegrillte Garnelen und gebratenen Reis zu sich nehmen, hat sich aber hoffentlich an diesem Punkt bereits mit dem sattgegessen, was Chinatown *wirklich* zu bieten hat.

tionsmenü (4400 B) wählen, zu dem man auch eine Auswahl von Weinen bekommen kann (7400 B).

Siam Square & Pratunam

Wen in diesem Teil des Stadtzentrums der Hunger überkommt, der ist zum größten Teil auf die Food-Courts und Kettenrestaurants in den Einkaufszentren angewiesen. Aber auch hier ist man immer noch in Thailand und das Essen ist oft ziemlich gut; die 08/15-Atmosphäre muss man ignorieren. Ein schnelles Essen (in nicht klimatisierter Umgebung) bieten die vielen **Imbissstände** (Karte S. 128 f.; zw. Sois 5 & 6, Siam Sq; Gerichte 30–40 B; 🕒 10–14 Uhr; Skytrain Siam) am Siam Square.

Sanguan Sri (Karte S. 128 f.; ☎ 0 2252 7637; 59/1 Th Withayu/Wireless Rd; Gerichte 60–150 B; 🕒 Mo–Sa 10–15 Uhr; Skytrain Ploenchit) In diesem traditionellen Thai-Lokal speist man in der Gesellschaft hungriger Büroangestellter der Gegend. Die englische Speisekarte ist nicht vollständig, daher ist es wahrscheinlich die bessere Strategie, einfach auf die leckeren Gerichte zu zeigen, die um einen herum verspeist werden.

Coca Suki (Karte S. 128 f.; ☎ 0 2251 6337; 416/3-8 Th Henri Dunant; Gerichte 60–200 B; 🕒 11–23 Uhr; Skytrain Siam) Extrem beliebt bei Thai-Familien. Die Spezialität ist *sù·gêe*, ein kochender Eintopf aus Brühe, in den man rohe Zutaten tunkt.

Coca ist einer der ältesten Anbieter dieses Gerichts; seine Filiale am Siam Square zeigt die Bemühungen des Unternehmens, moderner zu werden. Gewürzfans sollten unbedingt die scharfe *tŏm-yam*-Brühe bestellen.

New Light Coffee House (Karte S. 128 f.; ☎ 0 2251 9592; 426/1-4 Siam Sq; Gerichte 60–200 B; 🕒 8–23.30 Uhr; Skytrain Siam) In diesem altmodischen Diner, einem Liebling der Studenten der nahegelegenen Chulalongkorn-Universität, kann man eine Zeitreise ins Bangkok der 1960er-Jahre machen. Altmodische westliche Gerichte probieren, die mit weichen Brötchen und grünem Salat serviert werden, oder aus der umfassenden Thai-Speisekarte wählen.

Crystal Jade La Mian Xiao Long Bao (Karte S. 128 f.; ☎ 0 2250 7990; Urban Kitchen, UG, Erawan Bangkok, 494 Th Ploenchit; Gerichte 120–300 B; 🕒 mittags & abends; Skytrain Chitlom) Der komplizierte Name dieser tollen Singapurer Kette kommt von ihren typischen Weizennudeln (*la mian*) und den berühmten gedämpften Shanghaier Teigtaschen (*xiao long pao*). Die handgemachten Nudeln sollte man vom Personal mit einer Schere kleinschneiden lassen, sonst hat man am Ende Spuren seines Gerichts auf dem Shirt.

Sukhumvit

Wer genug hat von authentischem Thai-Essen, ist an diesem endlosen Straßenband

richtig. Von koreanisch bis Nahost sind hier fast alle Küchen dieser Welt vertreten. Es gibt auch ein paar Thai-Lokale (s. unten), aber das einheimische Essen in dieser Gegend ist meist eher nicht so toll; hierher sollte man wirklich kommen, um Aromen zu genießen, die nicht aus thailändischer Kochkunst stammen.

THAI

Soi-38-Nachtmarkt (Karte S. 130 f.; Soi 38, Th Sukhumvit; Gerichte 30–60 B; ☻ 20–3 Uhr; Skytrain Thong Lo) Nach einer langen Clubnacht hält man diese Ansammlung von einfachen thailändisch-chinesischen Straßenhändlerständen für eine Oase. Wer schon wieder nüchtern ist, sollte sich an die „berühmten" Verkäufer halten, die sich, wenn man in die Straße einbiegt, in einer Gasse auf der rechten Seite befinden.

Pharani Home Cuisine (Sansab Boat Noodle; Karte S. 130 f.; ☎ 0 2664 4454; Soi Prasanmit/23, Th Sukhumvit; Gerichte 35–200 B; ☻ 10–22 Uhr; Skytrain Asoke, Metro Sukhumvit) Dieses gemütliche Thai-Restaurant versucht sich ein bisschen an allem, von Ochsenzungeneintopf bis zu gebratenem Reis mit

Krabbenpaste. Der wahre Grund, hierher zu kommen, sind aber die reichhaltigen, fleischigen „Bootsnudeln", die einst von Booten herunter verkauft wurden, die auf den *klorngs* von Ayutthaya verkehrten.

Thonglee (Karte S. 130 f.; ☎ 0 2258 1983; Soi 20, Th Sukhumvit; Gerichte 40–70 B; ☻ 10–20 Uhr, 3. So im Monat geschl.; Skytrain Asoke, Metro Sukhumvit) Eines der wenigen verbliebenen familienbetriebenen Thai-Lokale auf der Sukhumvit. Die winzige Küche kreiert Gerichte, die man sonst nirgendwo findet, z. B. *mǒo pàt gà·bì* (in Krabbenpaste gebratenes Schwein) und *mèe gròrp* (süßscharfe, knusprige gebratene Nudeln).

Face (Karte S. 130 f.; ☎ 0 2713 6048; 29 Soi 38, Th Sukhumvit; Gerichte 190–680 B; ☻ Mo–Fr 18.30–22, Sa & So 18.30–23 Uhr; Skytrain Thong Lo) Dieser hübsche Restaurantkomplex besteht aus zwei sehr guten Restaurants in einem: Lan Na Thai serviert mit das beste gehobene Thai-Food der Gegend, Hazara versucht sich in exotisch klingender „nordindischer Grenzküche". Und Visage, die Café-Bäckerei nebenan, setzt noch eins drauf: Ihre hausgemachten Kuchen und

---

IM FOOD-COURT-RAUSCH

Jedes Bangkoker Einkaufszentrum, das seine Rolltreppen wert ist, hat einen Food-Court. In den letzten Jahren sind viele dieser Exemplare nobler geworden und Kulisse, Küche und Service wurden dementsprechend angehoben. Die folgenden gehören zu den besseren Adressen.

■ **Big-C-Food-Court** (Karte S. 128 f.; ☎ 0 2250 4888; 5. OG, Big C Department Store, 97/11 Th Ratchadamri; ☻ 9–22 Uhr; Skytrain Chitlom) Das Proletariat dieser Gattung. Die Auswahl wird einen nicht gerade dazu inspirieren, gen Osten zu ziehen, ist aber groß, günstig und repräsentativ für „Fast Food" auf Thailändisch. Um zu bezahlen, muss man erst an einem der Schalter Bargeld gegen eine temporäre Kreditkarte tauschen; das Wechselgeld erhält man am selben Schalter zurück.

■ **Food Loft** (Karte S. 128 f.; 6. OG, Central Chit Lom, 1027 Th Ploenchit; ☻ 10–22 Uhr; Skytrain Chitlom) Das Central Chit Lom hat dem Konzept eines gehobenen Food-Courts den Weg bereitet. Attrappen der angebotenen indischen, italienischen und singapurischen Gerichte erleichtern die Wahl. Am Eingang erhält man eine temporäre Kreditkarte und wird an einen Tisch geführt. Man muss zwar aufstehen, um zu bestellen, aber die Gerichte werden an den Tisch gebracht. Man bezahlt beim Rausgehen.

■ **MBK-Food-Court** (Karte S. 128 f.; 6. OG, MBK Center, Ecke Th Phra Ram I & Th Phayathai; ☻ 10–21 Uhr; Skytrain National Stadium) In dem Großvater aller Food-Courts verkaufen Dutzende von Händlern Essen aus so ziemlich jeder Gegend Thailands und darüber hinaus. Herausragend sind u. a. der Stand für Vegetarisches (Stand C8) und der eine, der Isaan-Essen verkauft (C22).

■ **Park Food Hall** (Karte S. 130 f.; 5. OG, Emporium Shopping Centre, 622 Th Sukhumvit, Ecke Soi 24; ☻ 10–22 Uhr; Skytrain Phrom Phong) Emporium vereint auf einer Etage einige der bekanntesten internationalen Restaurants der Stadt. Die Emporium Food Hall (im selben Stock) bietet günstigeres, meist chinesisches und thailändisches Essen an – in der ganzen Stadt wird man wohl kaum sonst wo billiger satt werden und gleichzeitig eine so tolle Aussicht bekommen. Man kauft an den Schaltern am Eingang Coupons, die man dann gegen Essen eintauscht. Diese unbedingt bis zum nächsten Tag in der Tasche lassen, so dass man keine Rückerstattung mehr dafür bekommt – das ist ein wichtiger Teil des wahren Food-Court-Erlebnisses!

Schokoladensorten gehören zu den besten Bangkoks.

LP Tipp Bo.lan (Karte S. 130 f.; ☎ 0 2260 2962; www. bolan.co.th; 42 Soi Rongnarong Phichai Songkhram, Soi 26, Th Sukhumvit; Menü 1500 B; ⊗ mittags & abends; Skytrain Phrom Phong) Gehobenes Thai-Essen ist normalerweise mehr Schein als Sein (Hauptsache, es sieht fein aus!), aber dieses schicke, neue Restaurant, das von zwei ehemaligen Chefköchen des Londoner Sterne-Hauses Nahm eröffnet wurde, serviert die Ausnahme. Bo und Dylan (das Wortspiel Bo.lan bedeutet auch „antik") gehen wissenschaftlich mit der Thai-Küche um, und heraus kommen perfekt zubereitete Menüs aus gut gewürzten, regionalen Gerichten.

INTERNATIONAL

Duc de Praslin (Karte S. 130 f.; ☎ 0 2258 3200; EG Fenix Tower, Soi 31/1, Th Sukhumvit; Gerichte 20–120 B; ⊗ 9–21 Uhr; Skytrain Phrom Phong) Dieser noble Chocolatier mit Café bringt einen ratz-fatz vom schweißtreibenden Bangkok ins Alte Europa. Außer perfekten Bonbons und gutem Kaffee gibt's heißen Kakao, der live zubereitet wird: Stücke von reichhaltiger Schokolade lösen sich in dampfender Milch auf – traumhaft!

AH! (Karte S. 130 f.; ☎ 0 2252 6069; Atlanta Hotel, 78 Soi Phasak/2, Th Sukhumvit; Gerichte 60–150 B; ⊗ morgens, mittags & abends; Skytrain Ploenchit) Das herrliche altmodische Diner im Atlanta Hotel ist einer der wenigen Orte, der sich sowohl durch Atmosphäre als auch durch Kochkunst hervortut. Man kann sich in „kontinentalen" Gerichten der 1950er wie ungarisches Gulasch oder Wiener Schnitzel verlieren oder gefeiertes vegetarisches Thai genießen.

Boon Tong Kiat Singapore Hainanese Chicken Rice (Karte S. 130 f.; ☎ 0 2390 2508; 440/5 & 396 Soi 55/Thong Lor, Th Sukhumvit; Gerichte 60–150 B; ⊗ mittags & abends; Skytrain Thong Lo) Ein Teller des gleichnamigen Gerichts zeigt eindrucksvoll, wie komplex schlichtes Essen sein kann. Und wenn man schon mal da ist, wäre man ja blöd, wenn man nicht auch gleich *rojak* probieren würde, den scharf-sauren Obst-„Salat", der hier „Singapore Som Tam" genannt wird.

Nasser Elmassry (Karte S. 130 f.; ☎ 0 2253 5582; 4/6 Soi 3/1, Th Sukhumvit; Gerichte 80–350 B; ⊗ 8–5 Uhr; Skytrain Nana) Eines von mehreren ähnlichen orientalischen Restaurants auf Soi 3/1. Das Nasser Elmassry lässt sich leicht an seinem beeindruckenden Edelstahl-Design erkennen, das alles dominiert. Orientalisches Essen bedeutet im Allgemeinen Fleisch, Fleisch und noch mehr Fleisch, aber hier gibt's daneben

---

RUHETAG

Fans von Straßenessen seien vorgewarnt: Montags haben in Bangkok alle Stände wegen obligatorischer Straßenreinigung (deren Ergebnis am Dienstagmorgen nicht mehr wirklich ersichtlich ist) geschlossen. Wer an diesem Tag in der Stadt ist, sollte aus der Not eine Tugend machen und eines der gehobenen Hotelrestaurants besuchen, die so gut wie nie geschlossen sind.

---

auch noch ein paar leckere Vorspeisen aus Gemüse.

Tapas Café (Karte S. 130 f.; ☎ 0 2651 2947; 1/25 Soi 11, Th Sukhumvit; Gerichte 90–550 B; ⊗ 11.30–23.30 Uhr; Skytrain Nana) Ordentliche Tapas, erfrischende Sangria und eine offene, leichte Atmosphäre erwarten die Gäste dieses neuen Spaniers im Block. Vor 19 Uhr kommen, denn dann bekommt man beim Kauf von zwei Tapas eine kostenlos dazu.

Ramentei (Karte S. 130 f.; ☎ 0 2662 0050; 593/23-24 Soi 33/1, Th Sukhumvit; Gerichte 120–300 B; ⊗ mittags & abends; Skytrain Phrom Phong) Genau in der Mitte des eigentlich japanisch geprägten Stadtviertels serviert diese durchschnittliche Ramen-Bude eine Vielfalt an authentischen Nudelgerichten für die japanische Gemeinde der Stadt. *Katsudon* (paniertes Schweinekotelett auf Reis) und andere einfache Gerichte bekommt man ebenso.

Sukhumvit Plaza (Korean Town; Karte S. 130 f.; Ecke Soi 12 & Th Sukhumvit; ⊗ mittags & abends; Skytrain Asoke, Metro Sukhumvit) Dieser mehrstöckige Komplex, in der ganzen Stadt als „Korean Town" bekannt, ist Bangkoks beste Adresse für echtes „Seoul"-Essen. Anwohner schwören auf Arirang (☎ 0 2653 0177, Gerichte 120–350 B) im ersten Stock, aber auch etwas günstigere Lokale sind vertreten.

Bed Supperclub (Karte S. 130 f.; ☎ 0 2651 3537; www. bedsupperclub.com; 26 Soi 11, Th Sukhumvit; So–Do 3-Gänge-Abendessen 1450 B, Fr & Sa 4-Gänge-Abendessen 1850 B; ⊗ So–Do 19.30–22.30, Fr & Sa ab 21 Uhr; Skytrain Nana) Der neuseeländische Chefkoch Paul Hutt und sein Heer talentierter thailändischer Maitres kreieren die innovativste Cuisine der Stadt. Die Geräte und Techniken, vom Einsatz von Flüssigstickstoff bis zum Sous-vide-Garen, haben zu Schöpfungen wie Tomatenbrühe mit einem Schuss Hopfen mit reinen Halloumikäsenudeln, Avocadoschnee und Basilikumöl geführt. Abendessen gibt's à la Carte, außer

freitags und samstags; dann serviert Hutt um Punkt 21 Uhr ein Vier-Gänge-Überraschungs-menü.

Lumphini-Park & Th Phra Ram IV

Kai Thort Jay Kee (Gegrilltes Hühnchen Soi Polo; Karte S. 132 f.; ☎ 0 2655 8489; 137/1-3 Soi Polo, Th Withayu/Wire-less Rd; Gerichte 30–150 B; ☯ morgens, mittags & abends; Skytrain Ploenchit, Metro Lumphini) Auch wenn das *sôm·đam* (scharfer Papayasalat), Klebreis und *lâhp* (ein „Salat" aus Hackfleisch im Thai-Stil) den Eindruck vermitteln, man orientiere sich hier an der Küche des nordöstlichen Thai-lands, stammt der frittierte Vogel, der als Namensgeber diente, eher aus dem Süden. Zugedeckt mit einer dicken Schicht knusp-rigem gebratenen Knoblauch ist aber auch er eine typische Bangkok-Erfahrung.

Café 1912 (Karte S. 132 f.; ☎ 0 2679 2056; Alliance Fran-çaise, 29 Th Sathon Tai; Gerichte 60–120 B; ☯ Mo–Sa 7–19, So bis 14 Uhr; Metro Lumphini) Teil des französischen Kulturzentrums. Dank einer guten einheimi-schen Bäckerei als Belieferer ist diese Cafete-ria ein toller Ort, um zu Kräften zu kommen, wenn man sich auf einem Botschaftsmara-thon befindet. Es gibt sowohl französische als auch thailändische Gerichte sowie Kaffee, le-ckere Kuchen und Süßigkeiten.

Ngwan Lee Lang Suan (Karte S. 132 f.; ☎ 0 2250 0936; Ecke Soi Lang Suan & Soi Sarasin; Gerichte 60–180 B; ☯ 10–2 Uhr; Skytrain Ratchadamri) Dieser riesige Speisesaal liegt zentral und hat lange geöffnet, was ihn zum perfekten Ziel nach einer durchtanzten Nacht macht. Hier kann man auch ruhigen

Gewissens Gerichte probieren, die man an-derswo nie zu bestellen wagen würde, z. B. *jàp chǎi*, gedämpftes Gemüse auf chinesische Art, oder leckeres *bèt đǔn*, Ente geschmort in chi-nesischen Gewürzen.

LP Tipp **Cy'an** (Karte S. 132 f.; ☎ 0 2625 3333; Metro-politan Hotel, 27 Th Sathon Tai; 9-Gänge-Menü abends 3100 B; ☯ mittags & abends; Metro Lumphini) Die besten Chef-köche der Stadt schwärmen von dieser in Tür-kis und Grau gehaltenen gastronomischen Freude – immer ein gutes Zeichen. Die dyna-mischen mediterranen und marokkanischen Aromen, eine gesunde Liebe zu edelsten Mee-resfrüchten und die elegante, trauliche Atmo-sphäre hier lässt man sich gerne etwas mehr kosten.

Zentrum & Großraum Bangkok

Phat Thai Ari (Karte S. 118 f.; ☎ 0 2270 1654; 2/1-2 Soi Ari/7, Th Phahonyothin; Gerichte 40–95 B; ☯ 11–22 Uhr; Skytrain Ari) Einer der bekannteren Läden für *pàt tai* liegt nur ein paar Schritte von der Skytrain-Station Ari entfernt. In einem innovativen „nudellosen" Gericht ersetzen lange Streifen knispriger grüner Papaya die traditionellen Reisnudeln von Chanthaburi.

Pathé (Karte S. 118 f.; ☎ 0 2938 4995; Ecke Th Lad Phrao & Th Viphawadee; Gerichte 40–120 B; ☯ 10–1 Uhr; Metro Phahonyothin) Die thailändische Antwort auf das American Diner der 1950er-Jahre. Dieses be-liebte Lokal bietet deftiges nationales Essen, eine heitere Atmosphäre und eine Jukebox, die zerkratzte Platten spielt. Unbedingt die frittierte Eiscreme kosten!

DIE WELT DER HOTELBÜFETTS

Der Sonntagsbrunch ist für die in Bangkok lebenden Ausländer zu einer Institution geworden, aber so gut wie jedes große Hotel in der Stadt stellt auch an allen anderen Tagen ein üppiges Büfett zusammen. Die folgenden Optionen sorgen für mehr als nur einen vollen Bauch.

Die hoch angesehenen Restaurants im **Four Seasons** (Karte S. 128 f.; ☎ 0 2250 1000; Four Seasons Hotel, 155 Th Ratchadamri; Büfett 2350 B; ☯ So 11.30–15 Uhr; Skytrain Ratchadamri) präsentieren ihren üppigen Brunch sonntags (Reservierung erforderlich) auf Warmhaltetischen. Selbst wer es sich nicht leisten kann, im Oriental Hotel abzusteigen, sollte wenigstens genug für das Meeresfrüchtebüfett im angeschlossenen **Lord Jim** Karte S. 126 f.; ☎ 0 2659 9000; www.mandarinoriental.com; 48 Soi Oriental/38, Th Charoen Krung; Büfett 1500 B; ☯ Mo–Sa 12–14, So 11–15 Uhr; Fähre Tha Oriental) am Fluss zurücklegen.

Das preisgekrönte Büfett im **JW Marriott** (Karte S. 130 f.; ☎ 0 2656 7700; EG, JW Marriott Hotel, 4 Soi Phasak/2, Th Sukhumvit; Büfett 1637 B; ☯ Sa & So 11–15 Uhr; Skytrain Nana) erinnert an ein ganzjähriges Erntedankfest, zu dem man All-You-Can-Drink-Angebote für Bier oder Wein nutzen kann. Das **Rang Mahal** (Karte S. 130 f.; ☎ 0 2261 7100; 26. OG, Rembrandt Hotel, 19 Soi 20, Th Sukhumvit; Büfett 848 B; ☯ So 11–14.30 Uhr; Skytrain Asok, Metro Sukhumvit) auf dem Dach des Rembrandt Hotel bietet jeden Sonntag ein indisches Büfett mit tollem Ausblick. Naschkatzen werden das einzigartige, auf Kakao basierende Schokoladenbüfett im **Sukhothai Hotel** (Karte S. 132 f.; ☎ 0 2344 8888; www.sukhothai.com; 13/3 Th Sathon Tai; Büfett 790 B; ☯ Fr–So 14–18 Uhr; Metro Lumphini) lieben.

FEIERN BIS ZUM MORGENGRAUEN

Da heute die meisten Kneipen und Tanzclubs gegen 1 Uhr zumachen, ist eine Nacht in Bangkok auch nicht mehr das, was sie einmal war. Zum Glück haben aber ein paar Orte in der Stadt die notwendige „Lizenz" und dürfen bis in die frühen Morgenstunden ausschenken.

Die seit langem existierende Backpackerkneipe **Wong's Place** (Karte S. 132 f.; 27/3 Soi Sri Bumphen, Th Phra Ram IV; 20 Uhr–open end; Metro Lumphini) abseits der Soi Ngam Duphli ist so lange geöffnet, dass man sich vor Mitternacht hier nicht blicken lassen muss. Das leicht orientalisch angehauchte **Gazebo** (Karte S. 122 f.; ☎ 0 2629 0705; 3. OG, 44 Th Chakraphong; 19 Uhr–open end; Fähre Tha Phra Athit) steht für die noble Seite der Th Khao San. Die gehobene Location der Bar scheint ihr eine etwas flexiblere Auslegung der strengen Sperrstunde zu ermöglichen.

Die „einzigartige" Lage unter einer gebührenpflichtigen Straße scheint auch **Rain Dogs** (Karte S. 130 f.; ☎ 0 817206 989; 16 Soi Phrya Phiren, bei Soi Sawan Sawat, bei Th Phra Ram IV; 19 Uhr–open end; Metro Khlong Toei) vor Polizeikontrollen zu später Stunde zu schützen; man findet allerdings nur schwer hierher. Die Hoteldisko **Scratch Dog** (Karte S. 130 f.; ☎ 0 2262 1234; Windsor Suites Hotel, 8-10 Soi 20, Th Sukhumvit; 20 Uhr–open end; Skytrain Asoke, Metro Sukhumvit) heizt Partygängern bis in die Morgenstunden mit Hip-Hop-Rhythmen ein.

Mallika (Karte S. 120 f.; ☎ 0 248 0287; 21/36 Th Rang Nam; Gerichte 70–180 B; Mo–Sa 10–22 Uhr; Skytrain Victory Monument) Authentisches Essen (in diesem Fall aus Südthailand), eine lesbare englische Speisekarte, guter Service und eine saubere Umgebung – ein Traum wird wahr! Die Preise sind für einen Familienbetrieb etwas hoch, aber dafür bekommt man ja auch Qualität.

River Bar Café (Karte S. 118 f.; ☎ 0 2879 1747; 405/1 Soi Chao Phraya, Th Ratchawithi, Thonburi; Gerichte 90–240 B; 17–24 Uhr; klorng-Taxi nach Tha Krung Thon Bridge Pier) Das River Bar Café bietet mit seiner bilderbuchmäßigen Lage am Fluss, gutem Essen und Livemusik alles, was für einen perfekten Abend in Bangkok nötig ist.

AUSGEHEN

Einst war Bangkok berühmt-berüchtigt für ein Nachtleben, das keine Tabus kennt. In den letzten Jahren jedoch beschränken strenge Auflagen den Verkauf von Alkohol und es gibt zunehmend konservative Sperrstunden. Trotzdem findet man noch immer eine abwechslungsreiche, spaßige Barszene vor und ein paar Locations schenken sogar nach 1 Uhr noch Alkohol an Partypeople aus.

Wichtig: Rauchen ist bei Veranstaltungen drinnen (und denen, die nur halb draußen stattfinden) seit 2008 verboten, und das wird – völlig untypisch für Thailand – streng durchgesetzt.

Ko Ratanakosin & Banglamphu

Tagsüber trifft man auf der Th Khao San so ziemlich jede Nationalität an – mit Ausnahmen von Thailändern. Erst abends scheint es

den Einheimischen sicher genug, um sich unter die Menge zu mischen und so der Gegend eine ganz andere Atmosphäre zu bescheren. Außer dem Hauptabschnitt ziehen auch die Th Rambutri und die Th Phra Athit Leute aus der ganzen Stadt und der ganzen Welt an, die ausgehen und Spaß haben wollen.

Hippie de Bar (Karte S. 122 f.; ☎ 0 2629 3508; 46 Th Khao San; Fähre Tha Phra Athit) Das bei den Einheimischen sehr beliebte Hippie bietet Spaß auf mehreren Etagen, drinnen und draußen. Es gibt Essen, Billardtische und einen Musikmix, den man nirgendwo sonst in Bangkok zu hören kriegt.

Old Phra Arthit Pier (Karte S. 122 f.; ☎ 0 2282 9202; 23 Th Phra Athit; Fähre Tha Phra Athit) Diese „Gastronobar" besteht aus einer attraktiven loungeähnlichen Bar aus Holz und einer Terrasse im Freien mit ein bisschen Aussicht auf den Fluss. Wie die selbst zugewiesene Gattungsbezeichnung schon ankündigt, gibt's hier auch was zu essen.

Taksura (Karte S. 122 f.; ☎ 0 2622 0708; 156/1 Th Tanao; klorng-Taxi nach Tha Phan Fah) Diese etwas verlassen wirkende, 100 Jahre alte Villa im Herzen des alten Bangkok ist nicht ausgeschildert, was die coolen Uni-Künstler, die das Lokal bevölkern, super finden. Sich draußen hinsetzen, das Ambiente in sich aufnehmen und dann wie die Thais zu den Drinks ein paar scharfe Häppchen ordern.

Phranakorn Bar (Karte S. 122 f.; ☎ 0 2282 7507; 58/2 Soi Damnoen Klang Tai; klorng-Taxi nach Tha Phan Fah) Um aus einem charakterlosen mehrstöckigen Gebäude diesen warmen, lustigen Ort zum Ausgehen zu machen, war sicherlich ein echter

Visionär vonnöten. Ein Publikum aus Studenten und Künstlern lässt die Phranakorn Bar mit ihrer vielseitigen Deko und den wechselnden Galerieausstellungen wie ein zweites Wohnzimmer wirken.

Oft werden Bars nur von Ausländern oder nur von Einheimischen besucht und führen so zu Gruppenbildungen, aber man muss diesem Trend ja nicht folgen. Hier ein paar beliebte Optionen:

Buddy Bar (Karte S. 122 f.; Th Khao San; Fähre Tha Phra Athit) Makellose Bar mit Kolonialthema; super, wenn man unbedingt eine Klimaanlage braucht.

Center Khao San (Karte S. 122 f.; Th Khao San; Fähre Tha Phra Athit) Hier lässt sich das Treiben auf der Th Khao San aus der ersten Reihe beobachten. In der Bar im Obergeschoss spielen gegen später Bands.

Molly Bar (Karte S. 122 f.; Th Rambutri; Fähre Tha Phra Athit) Am Wochenende gerammelt voll wegen der lokalen Bands, die hier auftreten; unter der Woche ruhiger mit Sitzmöglichkeiten im Freien.

Roof Bar (Karte S. 122 f.; Th Khao San; Fähre Tha Phra Athit) Der Live-Akustik-Soundtrack kommt zwar nicht immer so gut an, aber die Aussicht von diesem erhöhten Pub lässt einen das in Kauf nehmen.

Susie Pub (Karte S. 122 f.; 108/5-9 Gasse zw. Th Khao San & Th Rambutri; Fähre Tha Phra Athit) Thai-Pop und Billardtische.

Silom, Sathon & Flussufer

Sirocco Sky Bar Karte S. 126 f.; ☎ 0 2624 9555; The Dome, 1055 Th Silom; Skytrain Saphan Taksin) Bangkok scheint der einzige Ort auf der Welt zu sein, an dem es niemanden kümmert, wenn man auf das Dach eines Wolkenkratzers eine Bar baut. Man sollte diese Freiheit genießen, solange sie anhält, am besten mit einer der leckeren Getränke-Kreationen der Sky Bar. Unbedingt angemessen kleiden: Mit Shorts und Sandalen muss man unten bleiben.

Moon Bar at Vertigo (Karte S. 132 f.; ☎ 0 2679 1200; Banyan Tree Hotel, 21/100 Th Sathon Tai; Metro Lumphini) Die Moon Bar, die ebenfalls gefährlich auf dem Dach eines Wolkenkratzers balanciert, bietet eine etwas andere Vogelperspektive auf Bangkok. Zum Sonnenuntergang kann es hier ganz schön voll werden, also unbedingt ein bisschen früher kommen, um noch einen der besten Plätze zu ergattern.

Vino di Zanotti (Karte S. 132 f.; ☎ 0 2636 3366; 41 Soi Yommarat; Skytrain Sala Daeng, Metro Silom) Das Vino, ein Ableger des italienischen Restaurants mit demselben Namen in der Nähe, lässt es mit Livemusik, einer riesigen Weinkarte und jeder Menge leckerer Häppchen locker angehen.

Barbican Bar Karte S. 126 f.; ☎ 0 2234 3590; 9/4-5 Soi Thaniya, Th Silom; Skytrain Sala Daeng, Metro Silom) In der Umgebung liegen Massagesalons mit jugendlichen Schulballköniginnen, die sich japanischen Geschäftsleuten anbieten, aber diese Yuppi-Bar selbst ist sehr gesittet. Hierher kommen Büroangestellte, um nur schnell ein paar Happy-Hour-Drinks zu kippen – und dann doch zu bleiben, bis zugemacht wird.

Coyote on Convent Karte S. 126 f.; ☎ 0 2631 2325; 1/2 Th Convent, Th Silom; ☾ 11–1 Uhr; Skytrain Sala Daeng, Metro Silom) Die überteuerte Tex-Mex-Küche kann man vergessen, aber ein Besuch hier lohnt sich dennoch: Es gibt über 75 verschiedene Margaritas, und mittwochs von 18 bis 20 Uhr sowie samstags von 22 Uhr bis Mitternacht werden die eisigen Drinks an weibliche Besucher kostenlos verteilt.

Molly Malone's Karte S. 126 f.; ☎ 0 2266 7160; 1/5-6 Th Convent, Th Silom; ☾ 11–1 Uhr; Skytrain Sala Daeng, Metro Silom) Die jüngsten Veränderungen bringen dieses alteingesessene Lokal irischem Kitsch gefährlich nahe, aber das Publikum ist noch immer lustig und die Bedienung freundlich und schnell.

Siam Square & Pratunam

Diplomat Bar (Karte S. 128 f.; ☎ 0 2690 9999; Conrad Hotel, 87 Th Withayu/Wireless Rd; Skytrain Ploenchit) Eine der wenigen Hotellounges, die auch von Einheimischen besucht wird. Man kann aus einer langen Liste an innovativen Martinis wählen und diese zu Live-Jazz schlürfen, der höflich in Unterhaltungslautstärke gespielt wird.

To-Sit (Karte S. 128 f.; ☎ 0 2658 4001; Soi 3, Siam Sq, Th Phra Ram 1; Skytrain Siam) To-Sit bietet alles, was sich ein thailändischer Student beim Ausgehen wünscht: rührselige Thai-Musik und günstiges, scharfes Essen. Es gibt in der ganzen Stadt Filialen, aber die Location am Siam Square ist so ziemlich die einzige Option in dieser Gegend, die tagsüber geschäftig, aber abends so gut wie tot ist.

Café Trio (Karte S. 128 f.; ☎ 0 2252 6572; 36/11-12 Soi Lang Suan; Skytrain Chitlom) Nach einem Abend in dieser gemütlichen Jazz-Bar wird man nach Hause gehen und sich wie ein Einheimischer fühlen. In unregelmäßigen Abständen gibt's Livemusik – am besten vorher kurz anrufen und fragen, wer wann spielt.

Sukhumvit

Tuba (Karte S. 130 f.; ☎ 0 2622 0708; 30 Ekamai Soi 21, Soi Ekamai/63, Th Sukhumvit; Skytrain Ekamai) Teils Lagerraum für mehr als alte Möbel, teils freundliche

BANGKOK

BANGKOK FÜR SCHWULE & LESBEN

In Bangkok gibt es eine sehr große homosexuelle Community, die mit freizügigen Nachtlokalen und jährlichen Pride-Events eine beispiellose Toleranz genießt – wenn man die Haltung im Rest der Region bedenkt. Allerdings sind HIV und andere sexuell übertragbare Krankheiten unter Schwulen in Bangkok in den letzten Jahren stark angestiegen; man sollte also unbedingt auf Nummer sicher gehen und sich schützen, jederzeit.

Utopia (www.utopia-asia.com) ist eine Website für die südostasiatische Schwulen-Community, die über Veranstaltungsorte, Aktuelles und Stimmungen in Bangkok informiert und Reisedienstleistungen anbietet. **Dreaded Ned** (www.dreadedned.com) und **Fridae** (www.fridae.com) haben ebenfalls aktuelle Programmverzeichnisse und Events. Der **Lesbian Guide to Bangkok** (www.bangkoklesbian.com) ist das einzige englischsprachige Angebot für die Lesbenszene.

Sowohl Lesben als auch Schwule sollten Bangkok Mitte November besuchen, denn dann findet das kleine, aber fröhliche **Pride Festival** (www.bangkokpride.org) statt: Abendessen, Ausflugsfahrten, Clubbing und Wettbewerbe sind an der Tagesordnung. Details gibt's auf der Website.

Der **Bed Supperclub** (s. S. 181) veranstaltet sonntags eine super beliebte „rosarote" Nacht, und andere schicke Lokale geben oft eine Bühne für „Circuit Partys", die jeweils ein ganzes Wochenende dauern; **G Circuit** (www.gcircuit.com) weiß, wann und wo die nächste steigt.

Die ganze Soi 2 an der Th Silom ist voller Tanzclubs wie z.B. **DJ Station** Karte S. 126 f.; ☎ 0 2266 4029; 8/6-8 Soi 2, Th Silom; ☽ 22.30–2 Uhr; Skytrain Sala Daeng, Metro Silom), dessen Publikum eine Mischung aus Thai-Guppys (Professionellen), reichen Jungs und ein paar Ausländern ist. Nur eine halbe Soi weiter ist das **G.O.D.** (Guys on Display; Karte S. 126 f.; ☎ 0 2632 8032; Soi 2/1, Th Silom; Eintritt 280 B; ☽ 23.30 Uhr–open end; Skytrain Sala Daeng, Metro Silom), das, wie sein Name schon andeutet, nichts einzuwenden hat gegen ein bisschen Tanzen ohne Hemd. Auf der Soi 4 trifft man auf die Veteranen der Unterhaltungsbars, darunter das **Balcony** Karte S. 126 f.; ☎ 0 2235 5891; 86-88 Soi 4, Th Silom; Skytrain Sala Daeng, Metro Silom) und das **Telephone** Karte S. 126 f.; ☎ 0 2234 3279; 114/11-13 Soi 4, Th Silom; Skytrain Sala Daeng, Metro Silom). Die schwule Entsprechung zu Patpongs Go-Go-Bars befindet sich in der Nähe der Soi Anuman Ratchathon, die auch als Soi Twilight bekannt ist.

Th Sarasin, hinter dem Lumphini-Park, wird von loungeähnlichen Optionen gesäumt, z.B. der **70s Bar** (Karte S. 132 f.; ☎ 0 2253 4433; 231/16 Th Sarasin; Eintritt frei; ☽ 18–1 Uhr; Skytrain Ratchadamri), einem kleinen Tanzclub, der die Disko-Ära aufleben lässt, und dem **Kluen Saek** (Karte S. 132 f.; ☎ 0 2254 2962; 297 Th Sarasin; Skytrain Ratchadamri). Beide gehören zu einer Barmeile, die einstmals durch und durch „hetero", jeden Tag schwuler wird.

In der etwas einheimischeren Szene weiter draußen ist es von großem Vorteil, wenn man ein bisschen Thailändisch kann. In einigen Bars auf der Th Kamphaeng Phet, z.B. **ICQ** (Karte S. 118 f.; ☎ 0 2272 4775; Th Kamphaeng Phet, Chatuchak; Skytrain Mo Chit, Metro Kamphaeng Phet), erregt nicht einmal ein lautes, betrunkenes Benehmen Anstoß.

Nach so vielen Jahren hat Bangkok auch endlich so etwas wie eine Lesbenszene. **E Fun** (Karte S. 118 f.; Royal City Ave/RCA, bei Phra Ram IX; Eintritt frei; ☽ 22–2 Uhr; Metro Ram IX) und **Zeta** (Karte S. 118 f.; ☎ 0 2203 0994; 29 Royal City Ave/RCA, bei Phra Ram IX; Eintritt frei; ☽ 22–2 Uhr; Metro Ram IX) etwa sind entspannte Clubs für Frauen mit Coverbands, die thailändische und westliche Songs spielen. E Fun zieht ein etwas älteres Publikum an, junge Hippe halten sich eher an das schrillere Zeta.

Nachbarschaftskneipe. Dieser skurrilen Bar fehlt es nicht an Charakter. Alkoholisches am besten in Flaschen bestellen und unbedingt die leckeren Hähnchenflügel probieren.

Spring (Karte S. 130 f.; ☎ 0 2392 2747; 199 Soi Promsri 2, Soi Phrompong/39, Th Sukhumvit; Skytrain Phrom Phong) Die große Rasenfläche dieses intelligent umgebauten Hauses aus den 1970ern ist vermutlich die einzige Gelegenheit, um die Schönen von Bangkok dabei zu beobachten, wie sie sich freiwillig den Elementen aussetzen.

Cheap Charlie's (Karte S. 130 f.; Soi 11, Th Sukhumvit; ☽ Mo–Sa; Skytrain Nana) Hier gibt's nie genug Stühle und das Designkonzept lässt sich mit „Schrottplatz" wohl am treffendsten beschreiben, aber an den meisten Abenden ist diese Bierkneipe im Freien ein geselliger Ort, an dem man eine Menge Leute trifft, von Pauschaltouristen bis zu in Bangkok lebenden Englischlehrern.

Bull's Head (Karte S. 130 f.; ☎ 0 2259 4444; 595/10-11 Soi 33/1, Th Sukhumvit; Skytrain Phrom Phong) Bangkok

hat mehrere Pubs im englischen Stil, und dies ist vermutlich der „authentischste" von allen. Management und Personal sind sehr freundlich, zudem finden unzählige Events und Aktivitäten statt; hier kann man super neue Leute kennenlernen, vor allem Briten.

HOBS (House of Beers; Karte S. 130 f.; ☎ 0 2392 3513; 522/3 Soi 16, Soi Thong Lor/55, Th Sukhumvit; Skytrain Thong Lo) Belgisches Bier, unbestritten das beste Gebräu der Welt, gibt's schon seit einer Weile in Bangkok, aber in dieser neuen Kneipe hat es endlich ein ständiges Zuhause gefunden. Dazu knusprige *frites* bestellen, die im belgischen Stil mit Mayonnaise serviert werden.

UNTERHALTUNG

Wer sich in Bangkok langweilt, sollte sich was schämen, genau wie diejenigen, die glauben, dass sich die einzigen Unterhaltungsmöglichkeiten um „Go-go" drehen. Bangkoks Nachtleben ist so vielfältig wie das jeder modernen Stadt, aber viel günstiger. Selbst wenn man normalerweise um neun ins Bett geht, wird einen Bangkok mit interessanter Unterhaltung nach dem Abendessen davon abhalten – z. B. mit luxuriösen Kinos oder traditionellen Kulturveranstaltungen.

Livemusik

Musik gehört beim Ausgehen in Thailand einfach dazu und so ziemlich jede Kneipe, die ihre gesalzenen Erdnüsse wert ist, hat eine Hausband (von unterschiedlicher Qualität). Meist bekommt man flotte Thai-Pop-Cover oder müde internationale Standards auf die Ohren (wer abreist, ohne wenigstens einmal „Hotel California" live gehört zu haben, ist nicht wirklich in Bangkok gewesen), aber zunehmend heben sich Lokale mit so eigenartigen wie genialen Bands und Auftritten von der Masse ab. Das Programm der kleineren Veranstaltungsorte verrät der **Bangkok Gig Guide** (www.bangkokgigguide.com).

Brick Bar (Karte S. 122 f.; ☎ 0 2629 4477; Untergeschoss, Buddy Lodge, 265 Th Khao San; Fähre Tha Phra Athit) Diese höhlenartige Bar, die fast nur von Einheimischen besucht wird, lässt jeden Abend eine andere Liveband auftreten. Vor Mitternacht kommen, einen Tisch nur ein paar Zentimeter von der Bläserfraktion entfernt wählen und mit Teddy Ska, einem der dynamischsten Liveacts der Stadt, so richtig abrocken.

Living Room (Karte S. 130 f.; ☎ 02 649 8888; Level I, Sheraton Grande Sukhumvit, 250 Th Sukhumvit; Skytrain Asoke, Metro Sukhumvit) Nicht vom Aussehen täuschen

lassen! Diese farblose Hotellounge verwandelt sich jeden Abend in die beste Location für Livejazz in ganz Bangkok. Vorher informieren, welcher Saxofon-Meister oder Drummer gerade in der Stadt ist.

Parking Toys (Karte S. 118 f.; ☎ 0 2907 2228; 17/22 Soi Mayalap, Kaset-Navamin Hwy) Parking Toys, im Grunde genommen ein riesiger Schuppen voller alter Möbel, veranstaltet vielseitige Gigs für lustige Bands, von akustisch-klassischen Ensembles bis zu Electro-Funk-Jam-Gruppen. Ein Taxi von der Mo Chit Skytrain Station in Richtung Norden nehmen und dem Fahrer die Th Kaset-Navamin als Ziel nennen; nach der zweiten Ampel auf dieser Straße weist ein Heineken-Schild auf der linken Seite den Weg.

Saxophone Pub & Restaurant (Karte S. 120 f.; ☎ 0 2246 5472; 3/8 Th Phayathai; Skytrain Victory Monument) Dieser tragende Pfeiler im hiesigen Nachtleben bietet Bangkoks Livemusik-Szene die größte Bühne. Für ein erstes Date ist es ein bisschen zu laut, aber die Qualität und Vielfalt der Musik garantieren einen tollen Abend mit den musikbegeisterten Kumpels.

Raintree (Karte S. 120 f.; ☎ 0 2245 7230; 116/63-64 Soi Ruam Mit, Th Rang Nam; Skytrain Victory Monument) Diese stimmungsvolle Kneipe ist einer der wenigen Orte in der Stadt, an denen man noch „Songs aus dem wahren Leben" zu hören kriegt – Folkmusik, deren Wurzeln im kommunistischen Aufstand der 1960er- und 1970er-Jahre liegen.

Ad Here the 13th (Karte S. 122 f.; 13 Th Samsen; Fähre Tha Phra Athit) Neben dem Khlong Banglamphu gelegen. Ad Here ist eine Lokalkneipe par excellence: Es gibt zahlreiche Stammgäste, kaltes Bier und herzerwärmende Melodien von einer tollen Hausband, die um 22 Uhr zu spielen beginnt. Hier kennt jeder jeden, also einfach unter die Leute mischen und mitfeiern.

Tawan Daeng German Brewhouse (Karte S. 118 f.; ☎ 0 2678 1114; Ecke Th Phra Ram III & Th Narathiwat Ratchanakharin) In dieser Halle, die wie ein Hangar wirkt, ist das ganze Jahr Oktoberfest. Das thailändisch-deutsche Essen ist lecker, die hausgemachten Gebräue gehen runter wie Öl und abendliche Bühnenshows laden zum Mitsingen ein. Die Musik beginnt um 20.30 Uhr. Hin bringt einen ein Taxi.

Brown Sugar (Karte S. 132 f.; ☎ 0 2250 1825; 231/20 Th Sarasin; Skytrain Ratchadamri) Man setzt sich in eine Ecke in dieser gemütlichen, labyrinthartigen Kneipe und wippt zu den Sounds von Zaoza-dung, der neunköpfigen Hausband. Die

Tische stehen so eng beieinander, dass man fast zwangsläufig mit den anderen Gästen ins Gespräch kommt.

Bamboo Bar Karte S. 126 f.; ☎ 0 2236 0400; Oriental Hotel, 48 Soi Oriental/38, Th Charoen Krung; Fähre Tha Oriental) Die Bamboo Bar im Oriental ist berühmt für ihren Live-Lounge-Jazz, der in einer mit Rattan eingerichteten Hütte aus der Kolonialzeit unter breitblättrigen Palmen entspannte Fans begeistert.

Tanzclubs

Bangkoks Diskos sind zum Großteil kurzlebige Einrichtungen und dieser wirklich tolle Club, den man beim letzten Besuch vor zwei Jahren entdeckt hat, ist heute vermutlich schon wieder Geschichte. Um herauszufinden, was abgeht, empfehlen sich die Websites von **Dude Sweet** (www.dudesweet.org), einem Veranstalter von super beliebten monatlichen Partys, und von **Bangkok Recorder** (www.bangkokrecorder. com), die über wechselnde Themennächte und Gast-Star-DJs informiert.

Man bezahlt für Clubs und Diskos zwischen 250 und 600 B Eintritt, der meist ein Getränk beinhaltet. Vor 23 Uhr braucht man gar nicht aufzutauchen und man sollte immer einen Ausweis dabeihaben; die meisten Clubs schließen um 2 Uhr. Am Monatsanfang gehen mehr Thais aus als zu anderen Zeiten, denn dann war gerade Zahltag.

Tapas Room Karte S. 126 f.; ☎ 0 2234 4737; 114/17-18 Soi 4, Th Silom; Skytrain Sala Daeng, Metro Silom) Hier gibt's zwar kein Essen, aber den Namen rechtfertigt das spanisch-marokkanisch angehauchte Ambiente dieses Clubs auf mehreren Ebenen. Donnerstags bis samstags zieht ein Mix aus DJs und Livebands so viele Leute an, dass man kaum mehr umfallen kann.

Club Culture (Karte S. 120 f.; ☎ 0 89497 8422; Th Sri Ayutthaya; ☺ Mi, Fr & Sa 19 Uhr–open end; Skytrain Phayathai) In einem einzigartigen, 40 Jahre alten Gebäude im Thai-Stil untergebracht. In dem größten und eigenartigsten „Neuen" der lokalen Clubszene kann man zu den berühmtesten DJs und dem am meisten beworbenen Soundsystem der Stadt abhotten.

Glow (Karte S. 130 f.; ☎ 0 2261 3007; 96/4-5 Soi 23, Th Sukhumvit; Skytrain Asoke, Metro Sukhumvit) Das kleine Glow hat einen super Ruf dank unzähliger Wodkasorten, einem erst kürzlich verbesserten Soundsystem und Musikstile jeder Couleur, von Hip Hop (Fr) bis Electro (Sa).

Nung-Len (Karte S. 130 f.; ☎ 0 2711 6564; 217 Soi Ekamai/63; Skytrain Ekamai) Jung, laut, thailändisch: Nung Len (wörtlich „sitzen und chillen") ist eine unfassbar beliebte Location mit Livemusik auf der beliebten Th Ekamai, in die sich die Studenten zwängen wie Sardinen in eine Büchse. Man muss vor 22 Uhr hingehen, sonst kommt man nicht mehr rein.

Bed Supperclub (Karte S. 130 f.; ☎ 0 2651 3537; www. bedsupperclub.com; 26 Soi 11, Th Sukhumvit; Skytrain Nana) Dieser hell erleuchtete Schlauch ist bereits seit einer ganzen Weile ein buchstäbliches Highlight der Bangkoker Clubszene. Man sollte zeitig herkommen und noch das Abendessen mitnehmen (s. S. 181); wer nur Tanzen im Sinn hat, ist bei der beliebten Hip-Hop-Nacht dienstags genau richtig.

Soi 11 ist jetzt auch das Zuhause der seit vielen Jahren existierenden **Q Bar** (Karte S. 130 f.; ☎ 0 2252 3274; Soi 11, Th Sukhumvit; Skytrain Nana) und der neueren **Twisted Republic** (Karte S. 130 f.; ☎ 0 2651 0800; www.twistedrepublic.com; 37 Soi 11, Th Sukhumvit; Eintritt 300 B; Skytrain Nana).

Die **Royal City Avenue** (RCA; Karte S. 118 f.; nahe Th Phra Ram IX) ist ganz und gar Amüsiermeile. Früher eine Bastion der Teenies, ist dieser an Vegas erinnernde Streifen jetzt endlich erwachsen geworden, und in Clubs wie den folgenden werden Partys für alle Altersgruppen veranstaltet:

808 Club (Karte S. 118 f.; www.808bangkok.com) Momentan der Anführer der Club-Bande mit berühmten DJs und wahnsinnig überfüllten Events.

Cosmic Café (Karte S. 118 f.; ☎ 0 2641 5619) Irgendetwas zwischen Kneipe und Disko. Mittwoch abends legt der DJ Thai-Musik aus den 1980ern auf.

Flix/Slim (Karte S. 118 f.; ☎ 0 2203 0377) Der nobelste Schuppen auf der Straße mit hämmernden House-Beats und einem leicht ermattet wirkenden Publikum.

Route 66 (Karte S. 118 f.; ☎ 0 1440 9666; www.route 66club.com) Bedient mit neueren Beats aus Hip-Hop und R & B den „Osten" und wechselnden House-Nuancen den „Westen".

Go-Go-Bars

All die Dinge, die einem sein anrüchig lebender Onkel über Bangkok erzählt hat, sind wahr. Die Prostitution, eigentlich illegal, blüht in dieser Stadt, und das organisierte Verbrechen sowie solide Schmiergeldzahlungen werden dafür sorgen, dass die Gesetze noch eine ganze Weile mehr auf dem Papier als auf der Straße existieren. Entgegen der Meinung vieler westlicher Medien aber prägen Bangkoks Rotlichtvierteln nicht Illegalität und Ausbeutung (wenngleich es auch das gibt, zwangsläufig), sondern eher eine Aura der

Vulgarität und Langeweile. Gelangweilt schauende Frauen, die sagenhafte Kunststücke mit ihren Genitalien vollbringen, findet man in Patpong, und diese Shows zielen heute weitgehend auf Touristen ab; transsexuelle und geschlechtsumgewandelte Männer (sogenannte Ladyboys, *gà·teu·i*, auch *kàthoey* geschrieben) sind größtenteils zur Soi Cowboy oder Nana weitergezogen.

Patpong Karte S. 126 f.; Soi Patpong 1 & 2, Th Silom; Skytrain Sala Daeng, Metro Silom) Eines der berühmtesten Rotlichtviertel der Welt. Jeglicher „Charme", den das Viertel einmal hatte, wurde vom modernen Tourismus jedoch ausgelöscht und gefälschte Rolexuhren und Diesel-T-Shirts sind allgegenwärtiger als Fleisch. Natürlich findet hier auch jede Menge Unanständiges statt, das meiste davon jedoch im Obergeschoss und hinter verschlossenen Türen. Wer nicht verzichten will, sollte, bevor er eine der hiesigen „Pussy Shows" besucht, unbedingt einen Pauschalpreis vereinbaren, sonst wird höchstwahrscheinlich am Ende eine astronomische Rechnung fällig.

Soi Cowboy (Karte S. 130 f.; zw. Soi 21 & Soi 23, Th Sukhumvit; Skytrain Asoke, Metro Sukhumvit) Dieser einspurige Abschnitt mit dreckigen Bars stammt aus der Zeit nach dem Vietnamkrieg, in der die Soldaten hier Zerstreuung suchten. Unter blinkenden Neonlichtern dreht sich hier alles um käufliches Fleisch.

Nana Entertainment Plaza (Karte S. 130 f.; Soi 4/Nana Tai, Th Sukhumvit; Skytrain Nana) Genau wie die Soi Cowboy trennt dieser dreistöckige Komplex Sextouristen von neugierigen Urlaubern. Auch ein paar Bars für Ladyboys sind hier zu finden.

Soi Twilight (Soi Pratuchai; Karte S. 126 f.; Soi Pratuchai, Th Surawong; Skytrain Sala Daeng, Metro Silom) Patpongs schwuler kleiner Bruder. Man kann diverse Shows besuchen, von Muskelpaketen bis Ladyboys gibt's alles zu sehen.

Kinos

In einem der High-Tech-Kinos der Stadt entkommt man dem Smog und der Hitze. Alle großen Hollywood-Produktionen sowie eine stetige Auswahl von einheimischen Komödien und Horrorstreifen kommen zeitnah in Bangkoks Filmhäuser. Ausländische Filme werden manchmal vor dem Verleih von Thailands Zensoren verändert, z. B. werden Nacktszenen verdunkelt. Filmfans mögen das Angebot der ausländischen Kulturzentren in Bangkok vielleicht lieber; Kontaktdaten s.

GÀ·TEU·I-UNTERHALTUNG

Der neueste Trend unter Bangkok-Touristen ist es, irgendwelchen als Frauen verkleideten Männern beim Vortragen kitschiger Melodien zuzusehen. Sowohl das **Calypso Cabaret** (Karte S. 128 f.; ☎ 0 2653 3960; www.calypsocabaret.com; Asia Hotel, 296 Th Phayathai; Tickets 1200 B; ⊗ Shows 20.15 & 21.45 Uhr; Skytrain Ratchathewi) als auch das **Mambo Cabaret** (Karte S. 130 f.; ☎ 0 2259 5128; Washington Theatre, Th Sukhumvit, zw. Soi 22 & 24; Tickets 800 B; ⊗ Shows 20.30 & 22 Uhr; Skytrain Phrom Phong) veranstalten choreografierte Bühnenshows mit High Kicks wie am Broadway und Playback singenden Typen, die so gut ausgestattet sind, dass man es kaum glauben kann.

S. 115. Eine königliche Behandlung garantieren die VIP-Annehmlichkeiten, die nur Bangkok bietet (s. Kasten S. 189). Alle Filmvorführungen beginnen mit der königlichen Hymne, zu der sich jeder Zuschauer respektvoll erhebt.

In den folgenden Kinos werden englischsprachige Filme meist mit thailändischen Untertiteln gezeigt und eher nicht synchronisiert. Die Kinos in Einkaufszentren haben vornehme VIP-Angebote, Lido und Scala sind älter und künstlerischer. Das House war Bangkoks erstes „Kunstkino". Die Zeiten findet man bei **Movie Seer** (www.movieseer.com).

EGV Grand (Karte S. 128 f.; ☎ 0 2515 5555; Siam Discovery Center, Th Phra Ram I; Skytrain Siam)

House (Karte S. 118 f.; ☎ 0 2641 5177; www.houserama. com; UMG Bldg, Royal City Ave, nahe Th Petchaburi; Metro Phetburi)

Lido Cinema (Karte S. 128 f.; ☎ 0 2252 6498; Siam Sq, Th Phra Ram I; Skytrain Siam)

Paragon Cineplex (Karte S. 128 f.; ☎ 0 2515 5555; Siam Paragon, Th Phra Ram I; Skytrain Siam)

Scala Cinema (Karte S. 128 f.; ☎ 0 2251 2861; Siam Sq, Soi 1, Th Phra Ram I; Skytrain Siam)

SF Cinema City (Karte S. 128 f.; ☎ 0 2268 8888; 7. OG, MBK Center, Ecke Th Phra Ram I & Th Phayathai; Skytrain National Stadium)

SFX Cinema (Karte S. 130 f.; ☎ 0 2268 8888; 6. OG, Emporium Shopping Centre, Th Sukhumvit; Skytrain Phrom Phong)

Traditionelle Darstellungskunst

In Bangkok, Thailands kultureller Fundgrube, kann man eine Reihe von Tanz- und Theater-

aufführungen besuchen. Für Hintergrundinfos über diese antiken Traditionen s. S. 81 und S. 84.

Chalermkrung Royal Theatre (Sala Chaloem Krung; Karte S. 124 f.; ☎ 0 2222 0434; www.salachalermkrung.com; Ecke Th Charoen Krung & Th Triphet; Eintrittskarten 1000–2000 B; Fähre Tha Saphan Phut) Dieses Theater ist in einem thailändischen Art-Déco-Gebäude am Rande des Viertels Chinatown–Phahurat untergebracht und ein bemerkenswerter *köhn*-Veranstaltungsort (Tanzschauspiel mit Masken, basierend auf Geschichten aus dem *Ramakian*, der Thai-Version des *Ramayana*). Bei seiner Eröffnung 1933 war das vom König finanzierte Chalermkrung das größte und modernste Theater Asiens. *Köhn*-Aufführungen dauern etwa zwei Stunden (plus Pause); das Programm telefonisch erfragen. Das Theater verlangt, dass sich die Zuschauer respektvoll kleiden, also bitte keine Shorts, Tank Tops oder Sandalen tragen. Falls die Klimaanlage auf vollen Touren läuft, sollte man ein Tuch oder ein langärmliges Shirt mitnehmen.

Aksra Theatre (Karte S. 120 f.; ☎ 0 2677 8888, Durchwahl 5604; www.aksratheatre.com; King Power Complex, 8/1 Th Rang Nam; Eintrittskarten 800 B; ☯ Shows Di–Fr 19, Sa & So 13 & 19 Uhr; Skytrain Victory Monument) Das ehemalige Joe Louis Puppet Theatre ist umgezogen und hat als Aksra Hoon Lakorn Lek ein neues Leben begonnen. Jetzt werden in diesem modernen Theater zahlreiche Aufführungen veranstaltet. Das Highlight sind die *Ramakian*-Aufführungen: Die kniehohen Puppen werden mithilfe von drei Puppenspielern in menschenähnliche Haltungen gebracht.

Nationaltheater (Karte S. 122 f.; ☎ 0 2224 1352; Th Na Phra That; Eintrittskarten 50–100 B; Fähre Tha Phra Chan) Wenn die scheinbar endlosen Umbauarbeiten endlich einmal fertig sind, wird das Nationaltheater monatlich Aufführungen der königlichen Tanztraditionen *lá·kon* (klassisches Tanzschauspiel) und *köhn* veranstalten. Das nahegelegene Touristeninformationszentrum (S. 117) hat eine englischsprachige Programmübersicht.

Patravadi Theatre (Karte S. 122 f.; ☎ 0 2412 7287; www.patravaditheatre.com; 69/1 Soi Tambon Wanglang 1; Karten 500 B; Fähre ab Tha Maharat) Dieses Open-Air-Theater ist Bangkoks führender Veranstalter von avantgardistischem Tanz und Schauspiel. Der neue Anbau Studio 9 bietet freitags und samstags Abendessen und Theater. Eine kostenlose Shuttlefähre holt die Gäste in Tha Mahathat nahe der Silpakorn-Universität ab; man sollte für die Aufführungen reservieren.

Thailand Cultural Centre (Karte S. 118 f.; ☎ 0 2247 0028; www.thaiculturalcenter.com; Th Ratchadaphisek zw. Th Thiam Ruammit & Th Din Daeng; Metro Thailand Cultural Centre) Dieser Veranstaltungsort, der aus Konzerthalle, Kunstgalerie und Werkstätten im Freien besteht, beherbergt gelegentlich klassische Tanzaufführungen. Auch internationale Tanz- und Theatergruppen treten hier auf, vor allem während des International Festival of Music & Dance, das jeweils im Juni und September stattfindet. Für anstehende Events anrufen, da es auf der Website keine aktuelle Programmübersicht gibt.

Im Dusit-Palastpark (S. 149) finden täglich um 10 und um 14 Uhr klassische Tanzaufführungen statt.

Boxen

Das Beste vom Besten in Sachen Thai-Boxen bekommt man in den Boxstadien Bangkoks zu sehen, nämlich im **Lumphini-Stadion** (Sanam Muay Lumphini; Karte S. 132 f.; ☎ 0 2251 4303; Th Phra Ram IV; Karten 3./2. Klasse/Ring 1000/1500/2000 B; Metro Lumphini) und im **Ratchadamnoen-Stadion** (Sanam Muay Ratchadamnoen; Karte S. 122 f.; ☎ 0 2281 4205; Th Ratchadamnoen Nok; Karten 3./2. Klasse/Ring 1000/1500/2000 B; Bus 70, 503, 509). Die Karten für Ausländer sind nicht

---

GROSSES KINO IN BANGKOK

Ein Kinobesuch in Bangkok ist etwas Besonderes. Wohl kaum eine andere Stadt auf der Welt hat ein EGV-Gold-Class-Ticket, das einem Eintritt in ein Kino mit weniger als 50 Sitzplätzen gewährt; zudem werden Gold-Class-Besucher förmlich überhäuft mit Decken, Kissen und wärmenden Socken und (natürlich) gibt's einen Speisen- und Getränkeservice. Die Emperor Class im Major Cineplex verschafft einem einen Platz auf einer Art Sofa, das für Paare entworfen wurde. Und wem die 16 Leinwände und 5000 Sitze des Paragon Cineplex zu pobelig sind, der kann sich ja immer noch beim Enigma bewerben, dessen Kino nur Mitgliedern zugänglich ist.

Man sollte bedenken, dass man in den Kinos in Bangkok trotz der Hitze und der Luftfeuchtigkeit auf den Straßen unbedingt einen Pullover braucht, da die Klimaanlagen hier sehr strapaziert werden – es sei denn, man gönnt sich ein Gold-Class-Ticket …

gerade günstig und um ein Vielfaches teurer als die für Thais. Um noch eins draufzusetzen, gibt's für die überhöhten Preise keinen besonderen Service oder Sitze, und im Ratchadamnoen-Stadion werden Ausländer manchmal sogar in einen Bereich mit versperrter Sicht gepfercht. Wer bereits mental auf die finanziellen Schläge der Organisatoren vorbereitet ist, kann den eigentlichen Kampf vielleicht dennoch genießen.

Am Ring ist man nah am Geschehen, aber inmitten einer ziemlich beherrschten Menge, und Wetten ist hier verboten. Die Sitze der 2. Klasse sind voller Backpacker und Laufburschen, die Wetten von den Fans aufnehmen. Ähnlich wie an der Börse fliegen zwischen der 2. und 3. Klasse Handzeichen hin und her, die Wetten und Gewinnchancen mitteilen. Der 3.-Klasse-Bereich ist der Teil mit der meisten Action; er ist vom Rest des Stadions mit einem Zaun abgetrennt, und die meisten der eingefleischten Fans hier sind zu aufgeregt wegen des Kampfes (oder ihrer Wetten), um sich hinzusetzen. Wem die zwei Männer, die sich treten und schlagen, noch nicht genügen, wird von der 3. Klasse noch etwas mehr bespaßt.

Die ganze Woche werden Kämpfe ausgetragen, in beiden Stadien abwechselnd. Die Kämpfe im Ratchadamnoen sind montags, mittwochs und donnerstags um 18 Uhr und sonntags um 17 Uhr, im Lumphini sind es dienstags, freitags und samstags um 18 Uhr. Glaubt man den Fans, finden die besten Kämpfe dienstagabends im Lumphini und donnerstagabends im Ratchadamnoen statt. Es werden acht bis zehn Kämpfe mit jeweils fünf Runden ausgetragen. Die Stadien werden meist erst zu den Hauptkämpfen, die so gegen 20 oder 21 Uhr beginnen, richtig voll.

Vor dem Stadion steht Englisch sprechendes „Personal", das einen praktischerweise bei der Ankunft anspricht. Es gab zwar ein paar Berichte über Abzocke, aber die meisten dieser Leute leiten die Besucher zum Kartenschalter für Ausländer und reichen ihnen eine Übersicht über die Kämpfe; manchmal empfehlen sie einem auch die ihrer Meinung nach besten Kämpfe (z. B. die Weltergewichte zwischen 61,2 kg und 66,7 kg). Man sollte auf jeden Fall die Eintrittskarten am Kartenschalter und nicht bei irgendwelchen Straßenhändlern vor dem Stadion kaufen.

Als Vorbereitung auf den Kampf bei den Restaurants, die das Ratchadamnoen-Stadion umgeben, einen Teller *gài yâhng* (gegrilltes

Hühnchen) oder ein anderes Gericht aus dem Nordosten mitnehmen.

SHOPPEN

Willkommen auf einem echten Käufermarkt. Bangkok, die Heimat eines des weltweit größten Märkte im Freien, zahlreicher riesiger gehobener Einkaufszentren und die Gehwege verstopfender Basare auf fast jeder Straße, beeindruckt mit seinem umfangreichen Handel – ob man will oder nicht. Trotz dieser scheinbaren Weite und Vielfalt ist Bangkok shoppingtechnisch aber eigentlich nur in einem Bereich herausragend: billiges Zeug. Die Stadt ist nicht der richtige Ort, um eine neue Nikon SLR oder eine (echte) Fendi-Handtasche zu kaufen; damit sollte man lieber Online-Kaufhäuser belästigen oder auf die Sonderangebote in Hongkong warten. Keramik, spottbillige T-Shirts, Stoffe, asiatischer Nippes und (falls man mit den Schuldgefühlen fertig wird) raubkopierte Software und Musik sind das Zeug, mit dem man sich in Bangkok eindecken kann. Weitere lohnende Produkte sind u. a. Mode und Dekogegenstände, die vor Ort entworfen und produziert wurden. Der Kasten auf S. 198 empfiehlt ein paar Marken.

Die Schwierigkeit liegt darin, sich zurecht zu finden, denn das urbane Gewirr erschwert die Orientierung. Ein guter Einkaufsbegleiter ist *Nancy Chandler's Map of Bangkok* mit Kommentaren zu allen Arten von kleinen und versteckten Shoppinglocations und *dà·làht* (Märkte).

Antiquitäten

Echte thailändische Antiquitäten sind selten und teuer. Die meisten Bangkoker Antiquitätenläden halten jede Menge Pseudo-Zeug und traditionell gearbeitete Gegenstände, die wie Antiquitäten aussehen, bereit, aber auch ein paar authentische Stücke für Sammler sind darunter. Die meisten Ladenbesitzer geben recht ehrlich Auskunft darüber, was wirklich alt ist und was nicht.

River City Complex (Karte S. 124 f.; Th Yotha, bei Th Charoen Krung; Fähre Tha Si Phraya) Dieses mehrstöckige Einkaufszentrum in der Nähe des Royal Orchid Sheraton Hotel bietet die komplette Welt des alten Asiens. Im 3. und 4. Stock gibt's mehrere qualitativ hochwertige Kunst- und Antiquitätenläden. Old Maps & Prints verkauft einzigartige Karten und Illustrationen, hauptsächlich zu Asien. Die Qualität ist zwar

hoch, aber die Preise sind es auch, weil viele reiche Touristen hierher kommen. Viele Geschäfte haben sonntags zu. **Ámantee** (Karte S. 118 f.; ☎ 0 2982 8694; www.aman tee.com; 131/3 Soi 13, Th Chaeng Wattana; 🕑 9–20 Uhr; Taxi ab Skytrain Mo Chit) Diese „Fundgrube für orientalische und tibetische Kunst und Antiquitäten" ist vom Stadtzentrum aus ziemlich weit draußen, aber der Weg lohnt sich. Mehrere miteinander verbundene Thai-Holzhäuser präsentieren eine Vielfalt stilvoller Objekte. Auf dem friedvollen Gelände gibt's auch ein

Café (9–17 Uhr geöffnet) und Unterkünfte, gelegentlich finden Kultur-Events statt. Auf der Website kann man eine Karte auf Thai für den Taxifahrer herunterladen. **House of Chao** Karte S. 126 f.; ☎ 0 2635 7188; 9/1 Th Decho; 🕑 9–19 Uhr; Skytrain Chong Nonsi) Dieser dreistöckige Antiquitätenladen befindet sich passenderweise in einem antiken Haus und hat alles Notwendige, um seine Traumvilla im Kolonialstil zu dekorieren. Besonders interessant sind die verschiedenen verwitterten Türen, Tore, Pforten und Gitter, die sich in

KUNSTOFFENSIVE

Bangkoks hyperurbanes Milieu ist Wasser auf die Mühlen des Kunstbanausen in uns, aber auch hier gibt's eine bedeutende, wenn auch zurückhaltende Kunstszene. In den letzten Jahren scheinen jede Woche neue Galerien eröffnet worden zu sein, und Bangkok fungiert auch als eine Art Kunstzentrum, das Arbeiten aufstrebender Künstler aus Ländern wie Myanmar und Kambodscha unterstützt. Wer wissen will, was bei seinem Besuch wo los ist, kann ein kostenloses Exemplar der tollen *BAM!* (Bangkok Art Map) mitnehmen. Hier einige der besseren Galerien:

- **100 Tonson Gallery** (Karte S. 128 f.; ☎ 0 2684 1527; www.100tonsongallery.com; 100 Soi Tonson, Th Ploenchit; 🕑 Do–So 11–19 Uhr; Skytrain Chitlom) Diese stimmungsvolle Galerie präsentiert Arbeiten von nationalen und internationalen Malern, Bildhauern und Konzeptionskünstlern, ob gerade aufstrebend oder bereits bekannt.
- **Bangkok Art and Culture Centre** (BACC; Karte S. 128 f.; ☎ 0 2214 6630; www.bacc.or.th; Ecke Th Phayathai & Th Phra Ram 1; Skytrain Siam) Dieser brandneue staatliche Komplex in einem mehrstöckigen Gebäude mitten im Stadtzentrum kombiniert Kunst und Kommerz.
- **Bangkok University Art Gallery** (BUG; Karte S. 118 f.; ☎ 0 2350 3500; http://fab.bu.ac.th/buggallery; 3. OG, Bldg 9, City Campus, Th Phra Ram IV; 🕑 Di–Sa 9.30–19 Uhr) Diese geräumige neue Galerie befindet sich in Thailands derzeit innovativster Kunsthochschule. Die jüngsten Ausstellungen zeigten Arbeiten von nationalen Topleuten sowie von international anerkannten Künstlern.
- **H Gallery** Karte S. 126 f.; ☎ 0 1310 4428; www.hgallerybkk.com; 201 Soi 12, Th Sathon; 🕑 Mi–Sa 12–18 Uhr; Skytrain Surasak) Die führende gewerbliche Galerie für aufstrebende nationale Maler abstrakter Kunst.
- **Jamjuree Art Gallery** (Karte S. 128 f.; ☎ 0 2218 3708; Jamjuree Bldg, Chulalongkorn-Universität, Th Phayathai; 🕑 Mo–Fr 10–19, Sa & So 12–18 Uhr; Skytrain Siam) Hier sind moderne spirituelle Motive und tolle farbige Entwürfe von aufstrebenden Kunststudenten zu bewundern.
- **Kathmandu Photo Gallery** Karte S. 126 f.; ☎ 0 2234 6700; www.kathmandu-bkk.com; 87 Th Pan; 🕑 So–Fr 11–19 Uhr; Skytrain Surasak) Bangkoks einzige echte Fotogalerie befindet sich in einem restaurierten chinesisch-portugiesischen Shophouse. Die kleine Galerie oben beherbergt wechselnde Ausstellungen einheimischer und internationaler Künstler und Fotografen.
- **Queen's Gallery** (Karte S. 122 f.; ☎ 0 2281 5360; www.queengallery.org; 101 Th Ratchadamnoen Klang; Eintritt 20 B; 🕑 Di–Mo 10–19 Uhr; klorng-Taxi bis Tha Phan Fah) Dieses vom König finanzierte Museum präsentiert auf fünf Etagen wechselnde Ausstellungen von moderner und traditioneller Kunst.
- **Surapon Gallery** (Karte S. 132 f.; ☎ 0 2638 0033; www.rama9art.org/gallery/surapon/index.html; Tisco Tower, 1. OG, Th Sathon Neua; Skytrain Sala Daeng, Metro Silom) Einzigartige zeitgenössische Thai-Kunst.
- **Tang Gallery** Karte S. 126 f.; ☎ 0 2630 1114; UG, Silom Galleria, 919/1 Th Silom; 🕑 Mo–Sa 11–19 Uhr; Skytrain Surasak) Bangkoks wichtigster Veranstaltungsort für moderne Künstler aus China ist mittlerweile auch eine der besten zeitgenössischen Galerien der Stadt. Die Poster im Eingang der Galerie informieren darüber, was gerade zu sehen ist.

BANGKOK

dem überdachten Bereich hinter dem Ausstellungsraum befinden.

Kaufhäuser & Einkaufszentren

Bangkok selbst mag überfüllt und verschmutzt sein, aber seine Kaufhäuser sind moderne Oasen der Ordnung, geradezu eisig temperiert und sonntagnachmittags von einem Großteil der Einwohner bevölkert, die der Hitze zu entkommen trachten. Nicht von ungefähr haben die Skytrain-Stationen auch schattige überdachte Wege, die die Passagiere bis direkt in die nahegelegenen Geschäfte bringen, ohne dass diese auch nur einen Schritt gehen müssten. Die meisten Einkaufszentren sind von 10 oder 11 bis 21 oder 22 Uhr geöffnet.

Das Angebot der Einkaufszentren ist überraschend gut, aber man sollte keine Schnäppchen erwarten; die meisten Importprodukte kosten mehr als anderswo. Eine Eigenart ist, dass einem die Verkäufer von Regal zu Regal durch den ganzen Laden folgen – dies ist die thailändische Definition von „Service" und kein Hinweis darauf, dass man als Ladendieb verdächtigt wird. Man sollte mit dem Gegenstand, den man kauft, unbedingt zufrieden sein, denn Umtausch ist hier unüblich.

MBK Center (Mahboonkhrong; Karte S. 128 f.; ☎ 0 2217 9111; Ecke Th Phra Ram I & Th Phayathai; Skytrain National Stadium) Das riesige Einkaufszentrum ist zu einem eigenständigen Touristenziel geworden. Man hört hier ebensoviel Thai wie andere Sprachen, und am Wochenende durchstöbert halb Bangkok die zahllosen kleinen Stände und Läden. Dies ist der günstigste Ort, um Kon-

taktlinsen, Handys und Zubehör sowie Markenimitate zu kaufen, zudem kann man sich gut mit Kameraausrüstung (sowohl neuer als auch gebrauchter) eindecken.

Siam Center & Siam Discovery Center (Karte S. 128 f.; Ecke Th Phra Ram I & Th Phayathai; Skytrain National Stadium) In diesen miteinander verbundenen Zentren mit den leisen Gängen herrscht eine fast klösterliche Atmosphäre, verglichen mit dem frenetischen MBK gegenüber. Das Siam Discovery Center ist *die* Adresse für Wohnkultur und seine gesamte 3. Etage ist asiatisch-minimalistischen Stilen und mit Edelsteinen besetzten Stoffen gewidmet. Das angeschlossene Siam Center, Thailands erstes Einkaufszentrum aus dem Jahr 1976, hat sich vor Kurzem für einen jüngeren, hipperen Look unters Messer gelegt; sein Schwerpunkt liegt nun auf Jugendmode und in der 2. Etage finden sich mehrere einheimische Label.

Siam Paragon (Karte S. 128 f.; ☎ 0 2610 8000; Th Phra Ram I; Skytrain Siam) Das größte, neueste und glitzerndste der Einkaufszentren Bangkoks ist eigentlich mehr ein städtischer Park. Luxusmarken mit astronomischen Preisen nehmen die meisten Etagen ein, die Mehrheit der Käufer hängt im Atrium mit dem reflektierenden Wasserbecken oder im Food-Court unten ab. Auf der 5. Etage befindet sich Kinokuniya, der größte englischsprachige Buchladen in ganz Thailand.

Central World Plaza (Karte S. 128 f.; ☎ 0 2635 1111; Th Ratchadamri & Th Phra Ram I; Skytrain Chitlom) Weil ihm der Wettbewerb der Einkaufszentren zu hart wurde, hat sich dieser gigantische Kasten

---

DAS EINMALEINS DES FEILSCHENS

Beim Einkaufen in Bangkok ist meist eine alte Fähigkeit gefragt, die im Westen lange schon verloren gegangen ist: das Feilschen. Anders als das, was man täglich auf der Th Khao San sehen kann, ist das Feilschen (*gahn dòr rahkah*) im thailändischen Stil kein kurz angebundener Schlagabtausch aus Zahlen und Feindseligkeiten. Stattdessen versuchen normalerweise zwei Leute ganz freundlich, sich auf einen Preis zu einigen, der für beide fair ist.

Die erste Regel beim Feilschen lautet: einen Überblick über den Preis haben. Dazu kann man z. B. bei ein paar Händlern anfragen und sich so eine ungefähre Vorstellung verschaffen. Wenn man etwas kaufen möchte, ist es meist eine gute Strategie, am Anfang 50 % des geforderten Preises zu bieten und sich dann hochzuarbeiten. Wer mehrere Artikel von derselben Sorte kauft, hat bessere Chancen, einen niedrigeren Preis zu bekommen. Stimmt der Verkäufer dem ersten Preis, den man nennt, sofort zu, zahlt man vermutlich zuviel, aber es gehört sich nicht, dann nochmal zu feilschen. Freundliches, nachgiebiges Verhalten während des Geschäfts wirkt sich normalerweise fast immer zum eigenen Vorteil aus, und man sollte nur zu feilschen beginnen, wenn man den Gegenstand auch wirklich kaufen will. Das Wichtigste aber ist: Es gibt keinen Grund, wegen ein paar Baht wütend oder verärgert zu sein. Nicht einmal die Einheimischen regen sich da auf, und das, obwohl sie weniger Geld haben als die Touristen.

selbst demontiert und von einem langweiligen Einkaufszentrum in eine riesige „Lifestyle"-Location verwandelt. Ein Übergang verbindet das Einkaufszentrum mit dem Skytrain und mehreren anderen Mega-Einkaufszentren.

Gaysorn Plaza (Karte S. 128 f.; Ecke Th Ploenchit & Th Ratchadamri; Skytrain Chitlom) Hier gibt sich die Haute Couture ein Stelldichein. Mit sich in die Höhe schraubenden Treppen und komplett weißen Hallen fühlt man sich fast wie in einem Museum, das alle beliebten Modemacher beherbergt. Einheimische Spitzendesigner nehmen die 2. Etage ein, ganz oben kann man gehobene Wohnkultur erleben.

Central Chit Lom (Karte S. 128 f.; ☎ 0 2655 1444; 1027 Th Ploenchit; Skytrain Chitlom) Das Central gilt im Allgemeinen als bestes Einkaufszentrum, was Qualität und Auswahl angeht. Außer diesem extravaganten Mutterschiff gibt's 13 Filialen in Bangkok. Wen interessiert, was bei den Einheimischen so angesagt ist, der sollte sich an Lokaldesigner wie Tube und die thailändische Kosmetikmarke Erb halten.

Emporium Shopping Centre (Karte S. 130 f.; 622 Th Sukhumvit, Ecke Soi 24; Skytrain Phrom Phong) Auch wer kein Fan des Nachtlebens der Schönen und Reichen ist, kann in diesem Tempel des Brandaktuellen und Klassisch-Coolen ihre Konsumgewohnheiten beobachten. Die stabilen Löhne der hier lebenden Ausländer und Treuhänderfonds werden hier in Prada, Miu Miu, Chanel und thailändische Marken wie Greyhound und Propaganda umgesetzt.

Pantip Plaza (Karte S. 128 f.; 604 Th Petchaburi; Skytrain Ratchathewi) Nördlich vom Siam Square liegen diese fünf Etagen voller Computer- und Softwareläden, deren Angebote von „echt" bis „Trödel" reichen. Viele Einheimische kommen hierher, um raubkopierte Software und Computer-Peripheriegeräte zu kaufen, aber die Massen und die Schlepper („DVD Sex?") machen das alles ziemlich anstrengend.

Mode & Textilien

In den letzten Jahren hat sich Bangkok zu einer modebewussten und zunehmend auch Mode produzierenden Stadt gemausert. Einheimische Designer wie senada*, Fly Now und Tango haben gezeigt, dass die neue Modeszene auf den internationalen Laufstegen locker mithalten kann. Erschwinglichere Outfits werden von den hippen Teenagern der Stadt präsentiert, die in unverwechselbarem „Bangkok"-Look durch die verschiedenen Einkaufsgegenden tingeln.

LICHT IM (SHOPPING-)DUNKEL

Die Gaysorn Plaza (S. 193) ist vermutlich Bangkoks mondänstes Einkaufszentrum. Seine Auswahl von Luxusmarken hat wohl mehr als einen potenziellen Käufer überwältigt, denn das Einkaufszentrum bietet jetzt einen **Lifestyle-Consultant-Service** (☎ 0 2656 1177). Das Team, das nach Vereinbarung und kostenlos zur Verfügung steht, besteht aus einem einheimischen Modedesigner und einem Maskenbildner, die einem zum perfekten Outfit, zur perfekten Mascara oder zur perfekten Spa-Behandlung verhelfen.

Siam Square (Karte S. 128 f.; zw. Th Phra Ram I & Th Phayathai, Skytrain Siam) Dieses Universum für sich ist ein Netzwerk aus modischen kurzlebigen Boutiquen an zwölf verschiedenen Sois, von denen viele das erste Projekt junger Designer sind. Hier kann man Designs aufspüren, die mit Sicherheit nirgendwo sonst getragen werden. Zudem ist der beste Platz für urbane Forscher, die Bangkoker Teenies in ihrem natürlichen Lebensraum beobachten möchten.

It's Happened to be a Closet (Karte S. 122 f.; ☎ 0 2629 5271; 32 Th Khao San; ☺ 13–23 Uhr; Fähre Tha Phra Athit) Der Name ist grammatikalisch vielleicht nicht ganz korrekt, aber man kann sich hier großartig mit vor Ort entworfenen und produzierten Klamotten eindecken. Leuchtende Farben und schwungvolle Muster dominieren und es gibt auch noch ein Restaurant, ein Café, ein Haar- und Nagelstudio sowie private Filmvorführräume. Der schwarze Komplex befindet sich am selben Innenhof wie das Restaurant Tom Yam Kung.

Fly Now (Karte S. 128 f.; ☎ 0 2656 1359; 2. OG, Gaysorn Plaza, Ecke Th Ploenchit & Th Ratchadamri; Skytrain Chitlom) Fly Now, seit Langem schon einer der Anführer von Bangkoks Fashionszene, kreiert Damenmode, die bereits bei mehreren internationalen Shows aufgefallen ist. Auch erhältlich im Siam Center (S. 192) und im Central World Plaza (S. 192).

Tango (Karte S. 128 f.; ☎ 0 2656 1047; www.tango.co.th; Gaysorn Plaza, Ecke Th Ploenchit & Th Ratchadamri; Skytrain Chitlom) Die lokale Marke hat sich auf abgefahrene Lederwaren spezialisiert, aber unter den fröhlichen Stickereien und klobigen Edelsteinen erkennt man das Material oft nicht mehr. Auch im Siam Center (S. 192) erhältlich.

Jim Thompson Karte S. 126 f.; ☎ 0 2632 8100; 9 Th Surawong; ☺ 9–18 Uhr; Skytrain Sala Daeng, Metro Silom)

Dieses noch existente Geschäft des internationalen Förderers von Thai-Seide, der größte Jim-Thompson-Laden, verkauft farbige Seidentücher, Platzdeckchen, Stolen und Kissen. Gleich die Straße hoch bei 149/4-6 Th Surawong (Karte S. 126 f.; ☎ 0 2235 8931) gibt's ein Outlet, das Auslaufmodelle mit beträchtlichem Preisnachlass verkauft.

Kunsthandwerk & Dekor

Die Touristenmärkte bieten tonnenweise industriell hergestellte Stücke, die an den gängigen Reiserouten überall auftauchen. Die Einkaufszentren verkaufen Produkte von etwas besserer Qualität zu proportional höheren Preisen, aber die besten Dinge bieten noch immer die eigenständigen Läden. Der Kasten auf S. 198 nennt ein paar eher designorientierte Läden.

Thai Home Industries Karte S. 126 f.; ☎ 0 2234 1736; 35 Soi Oriental, Th Charoen Krung; Mo–Sa 9–18.30 Uhr; Fähre Tha Oriental) Ein Besuch dieses tempelähnlichen Gebäudes, ein ehemaliges Mönchsquartier, ist wie das Entdecken eines verlassenen Dachbodens mit asiatischem Beutegut. Dank des sonderbaren Sortiments (bei unserem letzten Besuch war von elegantem handgefertigten Besteck bis zu hölzernen Modellschiffen alles zu haben) und dem Chaos erwartet einen hier mehr Spaß als in den typischerweise gesichtslosen Kunsthandwerksläden Bangkoks.

Narai Phand (Karte S. 128 f.; ☎ 0 2656 0398; www.naraiphand.com; EG, President Tower, 973 Th Ploenchit; 10–20 Uhr; Skytrain Ploenchit) Kunsthandwerk in Souvenir-Qualität zu festen Preisen verkauft diese von der Regierung geführte, angenehm klimatisierte Einrichtung. Hier gibt's nichts, was es nicht auch auf allen Touristen-Straßenmärkten gibt, aber es ist eine gute Alternative zum Marktbesuch, wenn man nur wenig Zeit oder Angst vorm Feilschen hat.

Nandakwang (Karte S. 130 f.; ☎ 0 2258 1962; 108/2-3 Soi Prasanmit/23, Th Sukhumvit; Mo–Sa 9–18, So 10–17 Uhr; Skytrain Asoke, Metro Sukhumvit) Der Bangkoker Ableger eines Ladens, der in Chiang Mai sitzt, verkauft eine witzige, hübsche Mischung aus Stoff-, Holz- und Glasprodukten. Die fröhlichen handbestickten Kissen und Taschen sind besonders attraktiv. Im Siam Discovery Center (S. 192) gibt's noch eine Filiale.

Taekee Taekon (Karte S. 122 f.; ☎ 0 2629 1473; 118 Th Phra Athit; Mo–Sa 8.30–18 Uhr; Fähre Tha Phra Athit) Dieser reizende Laden, der Thailands wichtigste Seide produzierenden Regionen reprä-

sentiert, bietet wunderschöne Tischläufer und Wandbehänge. Außer Seidenprodukten gibt's auch kleine Exemplare von Seladon-Keramik und eine tolle Auswahl von Postkarten.

Edelsteine & Schmuck

Thailand ist bekanntermaßen eine Fundgrube für Edelsteine und Schmuck, aber man sitzt viel eher einem Gauner auf, als dass man ein Schnäppchen ergattert. Details zu Betrügereien hier stehen im Kasten auf S. 196.

Zwei langjährige und angesehene Edelsteinverkäufer:

Johnny's Gems (Karte S. 124 f.; ☎ 0 2224 4065; 199 Th Fuang Nakhon; Mo–Sa; Fähre Tha Saphan Phut) Der langjährige Favorit der in Bangkok lebenden Ausländer ist ein zuverlässiger Name in einem unzuverlässigen Geschäft.

Uthai's Gems (Karte S. 128 f.; ☎ 02 253 8582; 28/7 Soi Ruam Rudi; Mo–Sa; Skytrain Ploenchit) Uthai's feststehende Preise und der gute Service (einschließlich Rücknahmegarantie) machen ihn zu einer beliebten Adresse bei den hier lebenden Ausländern.

Märkte

Die klimatisierten Einkaufszentren haben die besseren PR-Abteilungen, aber die Märkte draußen sind das wahre Gesicht des Bangkok-Handels und bieten die besten Schnäppchen.

UNIVERSALMÄRKTE

Der **Chatuchak-Wochenendmarkt** (Talat Nat Jatujak; Karte S. 118 f.; Sa & So 9–18 Uhr; Skytrain Mo Chit, Metro Chatuchak Park), einer der größten Märkte der Welt, scheint alles zu haben, was man kaufen kann, von gebrauchten altmodischen Sneakern bis zu Babyeichhörnchen. JJ, wie er auch genannt wird, ist ideal, um Geschenke für die Lieben zu Hause zu kaufen, und natürlich auch ein oder zwei schöne Dinge für sich selbst. Der Markt ist grob in thematische Bereiche unterteilt, der beste Führer dafür ist *Nancy Chandler's Map of Bangkok*. Da der Chatuchak eine lokale Institution ist, spielt auch das Essen eine große Rolle: Es gibt zahlreiche Getränke- und Snackverkäufer sowie mehrere gute Restaurants am äußeren Rand des Marktes. Man sollte einen ganzen Tag einplanen, da es hier viel zu sehen, zu erleben und zu kaufen gibt. Unbedingt zeitig kommen, idealerweise gegen 9 oder 10 Uhr, um den Massen und der Hitze zu entgehen.

Bei den Chatuchak-Parkbüros, in der Nähe des nördlichen Endes der Markt-Sois 1, 2 und 3, gibt es ein Informationszentrum und eine

7-ELEVEN IN BANGKOK

Verabredungen der Art „Treffen wir uns am 7-Eleven" sind mit Vorsicht zu genießen, denn laut der Website des Unternehmens gibt's allein in Thailand 3912 7-Eleven-Ableger (und wenn dieses Buch erschienen ist, werden es sicher noch ein paar mehr sein) – das sind über 50 % der Filialen in den gesamten USA! In Bangkok ist 7-Eleven so allgegenwärtig, dass sich häufig zwei dieser Geschäfte direkt gegenüberstehen.

Der erste thailändische *sewên* wurde 1991 in Patpong eingerichtet. Die Marke schlug fast sofort ein, und heute rangiert Thailand im Hinblick auf die Gesamtzahl der Filialen in Asien gleich hinter Japan und Taiwan. Die Läden gehören entweder dem Unternehmen direkt oder sind Franchisenehmer, die von Privatpersonen besessen und geführt werden.

Das Unternehmen behauptet zwar, es gebe in seinen Läden mehr als 2000 Produkte, aber die frischen Aromen der Thai-Küche spiegeln sich im Angebot eines typischen Bangkoker 7-Eleven nicht wider; das Lebensmittelsortiment hier ist sogar noch minderwertiger als das seiner Kollegen im Westen. Wie in allen Geschäften des Landes gibt's Alkohol nur von 11 bis 14 und von 17 bis 23 Uhr, und die in der Nähe von Krankenhäusern, Tempeln und Schulen gelegenen 7-Eleven-Filialen verkaufen gar keinen Alkohol oder Zigaretten (ungesunde Snacks gibt's aber auch hier).

Wir mögen 7-Eleven wegen des großen Getränkeangebots – ein Lichtblick im drückend heißen Bangkok. Am Serviceschalter kann man bequem mit den meisten Geldscheinen zahlen und man bekommt Telefonkarten, Verhütungsmittel und „Literatur" (jedoch seltsamerweise kaum Zeitungen). Und manchmal ist auch die Klimaanlage Grund genug, um vorbeizuschauen. Aber unser absoluter Lieblingsartikel aus dem 7-Eleven sind die spottbilligen gekühlten, parfümierten Tücher, mit denen man sich vor der nächsten Verabredung den angesammelten Schmutz und Schweiß aus dem Gesicht wischen kann.

Bank mit Geldautomaten und Wechselschaltern. Lagepläne und Toiletten befinden sich überall auf dem Markt.

Unter der Woche gibt's morgens ein paar Stände und gegenüber der Südseite des Marktes einen täglichen Gemüse-, Pflanzen- und Blumenmarkt. Der als Or-Tor-Kor-Markt bekannte Teil hier verkauft fantastische riesige Früchte und Meeresfrüchte und hat auch einen ziemlich guten Food-Court.

Pak-Khlong-Markt (Karte S. 124 f.; Th Chakkaphet & Th Atsadang; ☼ 24 Std.; Fähre Tha Saphan Phut) Jede Nacht wird dieser Markt in der Nähe des Chao Phraya zum größten Lager der Stadt für den Blumengroßhandel. So spät wie nur möglich herkommen und unbedingt die Kamera mitbringen: Die farbenprächtigen Rosen, Lotusblumen und Gänseblümchen in Bewegung bieten einen unvergesslichen verschwommenen Anblick. Tagsüber ist der Pak Khlong ein Gemüsegroßmarkt.

Vespa-Markt (Karte S. 118 f.; Ecke Th Ratchadaphisek & Th Lad Phrao, Großraum Bangkok; ☼ Sa 18 Uhr–Mitternacht; Metro Lat Phrao) Dieser ausgedehnte Markt im Freien vereint Stadt-Cowboys, Hip-Hopper, Möchtegern-Mods und beleidigte Punks – ein wahrer Schmelztiegel der Jugendsubkulturen Bangkoks. Ursprünglich ging's hier mal um alte Autos, aber heute dominieren diesen lustigen Markt sonderbare T-Shirts, gebrauchte Turnschuhe und moderne Antiquitäten.

Nonthaburi-Markt (Karte S. 118 f.; Tha Nam Non, Nonthaburi; ☼ 5–8 Uhr; Fähre Tha Nonthaburi) Ein paar Schritte vom Nonthaburi-Pier, dem nördlichsten Halt des Chao-Phraya-Expressboote. Er ist einer der größten und authentischsten Obst- und Gemüsemärkte der Gegend, den man zeitig besuchen sollte: Die meisten Verkäufer sind um 9 Uhr schon wieder weg!

Pratunam-Markt (Karte S. 128 f.; Ecke Th Petchaburi & Th Ratchaprarop; ☼ 8–18 Uhr; klorng-Taxi nach Tha Pratunam) Pratunam, der größte Bekleidungsgroßmarkt der Stadt, ist ein enges Gewirr von Ständen, die sich bis weit in den Block hinein ziehen. Außer günstigen T-Shirts und Jeans gibt's hier Koffer, Hygieneartikel in Großpackungen und Souvenirs.

Soi Lalai Sap Karte S. 126 f.; Soi Lalai Sap/5, Th Silom; ☼ 8–18 Uhr; Skytrain Chong Nonsi) Auf der Straße, die das Geld dahinschmelzen lässt, verkauft eine Reihe von Verkäufern tagsüber alle Arten von günstigen Klamotten, Uhren und Haushaltswaren. Routinierte Schnäppchenjäger haben uns erzählt, die Markenprodukte hier seien oft mangelhaft.

Phahurat-Markt (Karte S. 124 f.; Th Phahurat & Th Triphet; Fähre Tha Saphan Phut) Gegenüber der Old Siam Plaza. Im indischen Textilbezirk bevor-

zugt man wilde Farben, Kunstpelz, Neonglitter und alles, was man für ein Faschingskostüm oder ein traditionelles Thai-Tanzschauspiel braucht. Weiter drinnen gibt's süße Kindersachen und gute Thai-Textilien.

Sampeng Lane (Karte S. 124 f.; Sampeng Lane/Soi Wanit 1, Chinatown; Fähre Tha Ratchawong) Dieser Großmarkt verläuft etwa parallel zur Th Yaowarat und teilt die beiden Stadtviertel Chinatown und Phahurat. Die enge Gasse an der Th Ratchawong betreten und ihr durch die verschiedenen Themenbereiche folgen: Handtaschen, Haushaltswaren, Haarschmuck, Aufkleber, japanisches Animationszubehör, piepsende Schlüsselketten aus Plastik … Wer nicht gerade für ein typisches Import-Export-Unternehmen shoppen geht, findet in Sampeng mehr Unterhaltung als Beute.

TOURISTENMÄRKTE

Die Souvenirverkäufer haben eine sehr feine Nase für das, was Neuankömmlinge nach Hause schleppen wollen. Immerwährende Lieblinge sind u. a. anzügliche T-Shirts, *mörn kwähn* (traditionelles thailändisches keilförmiges Kissen), CDs und synthetische Sarongs. Nicht alle Touristenmärkte sind gleich aufgebaut: Pornografisches ist auf der Th Khao San schwer zu finden, dafür gibt's das im Überfluss auf der Th Sukhumvit; und auf dem Patpong sucht man ein vergebens Klamotten aus Hanf.

Th-Sukhumvit-Markt (Karte S. 130 f.; Th Sukhumvit zw. Soi 2 & 12, 3 & 15; 11–22.30 Uhr; Skytrain Nana) Taschen- und Uhrenimitate, Porno-DVDs, chinesische Wurfsterne und andere fragwürdige Geschenke für den pubertierenden Bruder

überwiegen auf diesem Markt, der auf Pauschal- und Sextouristen abzielt.

Th-Khao-San-Markt (Karte S. 122 f.; Th Khao San; 11–23 Uhr; Fähre Tha Phra Athit) Der Abschnitt mit den meisten Pensionen in Banglamphu ist ein Tag-und-Nacht-Einkaufsbasar für echte Baht-Fuchser. Es gibt günstige T-Shirts, „raubkopierte" CDs, Holzelefanten, Hanfklamotten, Tahi-Fisherman-Pants und andere Dinge, die Backpacker ausflippen lassen.

Patpong-Nachtmarkt Karte S. 126 f.; Patpong Soi 1 & 2, Th Silom; 19–1 Uhr; Skytrain Sala Daeng, Metro Silom) Dieser Markt zieht mehr Menschen an als die „Ping-Pong-Shows" (Erotikshows). Hier wird mit einer Flut von Fälschungen, vor allem Uhren und Bekleidung, das verbotene Ambiente der Straße aufrechterhalten. Mit Entschlossenheit feilschen, denn die zuerst genannten Preise sind meist astronomisch!

Schneider

Bangkoks Diplomatenkorps bildet den festen Kundenstamm der etablierten Schneider hier, aber dank des ununterbrochenen Touristenstroms kriegen auch die weniger gewissenhaften Geschäfte jede Menge „Frischfleisch" ab. Von kommissionshungrigen Tuk-Tuk-Fahrern bis zu schlechter Verarbeitung und minderwertigen Stoffen lauern zahlreiche Gefahren. Gute Schneider müssen normalerweise keine Kunden anwerben – die kommen freiwillig.

Shirts und Hosen können in 48 Stunden oder weniger mit nur einer Anprobe fertiggestellt werden, aber egal, was der Schneider sagt: Für einen guten Anzug braucht man mehr als eine Anprobe und die meisten seri-

KAMPF DEN EDELSTEINABZOCKERN

Wer kein Schmuckhändler ist, sollte keine ungefassten Steine in Thailand kaufen. Punkt. Zahllose Touristen werden mit einer weit verbreiteten, routinierten Masche übers Ohr gehauen: Ein hilfsbereiter Fremder schleppt sie zu einem Laden, um sie dort wort- und gestenreich zum Kauf von einer Menge Steinen zu überreden, die sie dann in der Heimat angeblich mindestens für das Doppelte weiterverkaufen sollen. Die Betrugskünstler sind Experten (und Teil eines gut organisierten Kartells). Vertrauensvoll erzählen sie dem Touristen, dass sie einen Bürger aus dem Ausland brauchen, um die komplizierten Ausfuhrbestimmungen zu umgehen. Doch – welch Überraschung! – natürlich funktioniert der internationale Edelsteinhandel ganz anders und die gutgläubigen Touristen bekommen meist wertlose Imitate. Wenn sie das erkennen, hat der Laden meist geschlossen und seinen Namen geändert – und die Polizei hilft auch nicht wirklich weiter. Wer mehr wissen oder von einem Betrug berichten will, besucht auf www.2Bangkok.com die Rubrik „Gem Scam"; hier wird dem Phänomen seit fünf Jahren nachgegangen. Die Site der **Thai Gem Scam Group** (www.geocities.com/thaigemscam group) zeigt Fotos von bekannten Schleppern. Hin und wieder kann die Touristenpolizei bei der Aufklärung solcher dubioser Geschäfte helfen – man sollte aber keine Wunder erwarten.

AUF DIE MÄRKTE, FERTIG, LOS!

Märkte sind das Herz und die Seele des Bangkoker Handels, aber die endlosen Möglichkeiten können überwältigend sein. Dieser kurze Spickzettel mit den interessantesten Optionen soll dabei helfen, die Baht etwas effizienter zu verheizen.

- **Chatuchak-Wochenendmarkt** (S. 194) Sich mit Souvenirs eindecken oder in einen altmodischen Trainingsanzug investieren – hier ist alles möglich.
- **Nonthaburi-Markt** (S. 195) Der malerischste Frischemarkt der Gegend. Man muss sehr früh kommen, idealerweise vor 7 Uhr.
- **Pak-Khlong-Market** (S. 195) Die optische Poesie des nächtlichen Blumenmarktes kann man nur ganz spät bewundern.
- **Pratunam-Markt** (S. 195) Günstige Klamotten en masse, häufig für weniger Geld, als man zu Hause für ein Paar Socken bezahlt.
- **Vespa-Markt** (S. 195) Antike Fahrzeuge und urbane Hipster versammeln sich hier jeden Samstagabend.

ösen Schneider werden zwei bis fünf Anproben fordern.

Einige renommierte Schneider:

Pinky Tailors (Karte S. 128 f.; ☎ 0 2252 9680; www.pinkytailor.com; 888/40 Mahatun Plaza Arcade, Th Ploenchit; ☷ Mo–Sa 10–19.30 Uhr; Skytrain Ploenchit) Mr. Pinkys Spezialität sind seit 35 Jahren maßgeschneiderte Anzugsjacken. Hinter dem Mahatun-Gebäude.

Marco Tailors (Karte S. 128 f.; ☎ 0 2251 7633; 430/33 Soi 7, Siam Sq; ☷ Mo–Fr 10–17 Uhr; Skytrain Siam) Dieser alteingesessene, zuverlässige Schneider, der sich ausschließlich mit Männeranzügen befasst, hat eine große Auswahl von Wolle und Baumwolle in Bankeranzug-Qualität.

Manhattan Custom Tailor (Karte S. 130 f.; ☎ 0 2253 0173; 155/9 Soi 11/1, Th Sukhumvit; ☷ Mo–Sa 10–19 Uhr; Skytrain Nana) Einer von vielen Schneidern, die sich im unteren Teil von Sukhumvit befinden; hat einen guten Ruf.

AN- & WEITERREISE
Bus

Bangkok ist das Zentrum für Busverbindungen quer durch das ganze Königreich. Die Fahrkarten für Langstreckenfahrten zu beliebten Touristenzielen sollte man direkt bei den Busgesellschaften in den Busbahnhöfen kaufen, nicht bei den Reisebüros in den Touristenzentren, etwa auf der Th Khao San (s. Kasten S. 134 für weit verbreitete Ticketabzocke, auf die man achten muss).

BUSBAHNHÖFE

Es gibt drei große öffentliche Busbahnhöfe, von denen zwei lästig weit vom Stadtzentrum

weg sind; für die Fahrt von den meisten Teilen Bangkoks zu den Busbahnhöfen sollte man eine Stunde einplanen.

Am **Busbahnhof Ost** (Ekamai; Karte S. 130 f.; ☎ 0 2391 6846; Soi Ekamai/40, Th Sukhumvit; Skytrain Ekamai) fahren Busse nach Pattaya, Rayong, Chanthaburi und zu anderen Orten im Osten ab. Die meisten Leute nennen den Bahnhof *sà·tăh·nee èk·gà·mai* (Ekamai-Bahnhof).

Der **Busbahnhof Nord & Nordost** (Mo Chit; Karte S. 118 f.; ☎ für Routen nach Norden 0 2936 2852, Durchwahl 311/442, für Routen nach Nordosten 0 2936 2852, Durchwahl 611/448; Th Kamphaeng Phet) liegt gleich nördlich vom Chatuchak-Park. Er wird gemeinhin auch *kŏn sòng mŏr chít* (Mo-Chit-Bahnhof) genannt – nicht verwechseln mit der BTS-Station Mor Chit! Busse starten von hier zu allen Zielen im Norden und Nordosten. Busse nach Aranya Prathet (nahe der Grenze zu Kambodscha) fahren ebenfalls hier ab, nicht vom Ost-Busbahnhof, wie man vielleicht annimmt. Zum Busbahnhof nimmt man den Skytrain nach Mo Chit und steigt dort in den Stadtbus 3 oder in ein Motorradtaxi um.

Der neue **Busbahnhof Süd** (Sai Tai Mai; Karte S. 118 f.; ☎ 0 2435 1200; Ecke Th Bromaratchachonanee & Th Phuttamonthon 1, Thonburi) liegt ziemlich weit weg vom Stadtzentrum. Er wird gemeinhin *săi dâi mài* genannt und gehört zu den angenehmsten und saubersten im Land. Von hier aus starten alle Busse gen Süden sowie Verbindungen nach Kanchanaburi und Westthailand. Um zu diesem Busbahnhof zu kommen, nimmt man den Bus 503 von der Th Phra Athit oder steigt an der Th Ratchadamnoen in ein Taxi in Richtung Fluss.

Flugzeug

Bangkok hat zwei Flughäfen. Der **Suvarnabhumi International Airport** (Karte S. 205; ☎ 0 2723 0000; www. airportthai.com), 30 km östlich von Bangkok gelegen, nahm im September 2006 nach mehreren Jahren der Verzögerung den gewerblichen internationalen und nationalen Verkehr auf. Der Name des Flughafens wird *sù·wan·ná·poom* ausgesprochen; sein Kürzel BKK stammt noch von dem alten Flughafen in Don Muang. Die inoffizielle Website des Flughafens (www.bangkokairportonline.com) enthält Infos auf Englisch und Echtzeit-Angaben zu Landungen und Abflügen.

Bangkoks ehemaliger internationaler und nationaler **Don Muang Airport** (Karte S. 118 f.; ☎ 0 2535 1111; www.airportthai.co.th), 25 km nördlich vom Zentrum Bangkoks, wurde im September 2006 für den gewerblichen Verkehr stillgelegt, fünf Monate später aber wieder teilweise geöffnet, um die Überkapazitäten des Suvarnabhumi-Flughafens abzufertigen. Zur Zeit des Recherche kursierten Gerüchte von der unmittelbar bevorstehenden Schließung des Flughafens, aber bisher landen und starten hier noch immer Inlandsflüge. Die inoffizielle Website des Flughafens (www.donmuangairportonline.com) liefert Echtzeit-Angaben zu Landungen und Abflügen.

Hotels in der Nähe der Flughäfen stehen im Kasten auf S. 168; für Infos zum Transport von und zu den Flughäfen, s. S. 200.

FLUGLINIEN

Die folgenden Fluggesellschaften steuern nationale Ziele an; einige bieten auch internationale Flüge. Eine Liste internationaler Fluggesellschaften gibt's auf S. 834.

Air Asia (☎ 0 2515 9999; www.airasia.com; Suvarnabhumi International Airport) Von Suvarnabhumi nach Chiang Mai, Chiang Rai, Hat Yai, Krabi, Nakhon Si Thammarat, Narathiwat, Phuket, Ranong, Surat Thani, Ubon Ratchathani und Udon Thani.

Bangkok Airways (Karte S. 118 f.; ☎ 0 2265 5555; Callcenter 1771; www.bangkokair.com; 99 Moo 14, Th Viphawadee) Von Suvarnabhumi nach Chiang Mai, Phuket, Ko Samui, Sukhothai und Trat. Filiale im Suvarnabhumi International Airport.

Nok Air Karte S. 126 f.; ☎ 1318; www.nokair.co.th; 17 OG, Rajanakarn Bldg, Th Sathon) Diese Tochtergesellschaft von Thai Airways fliegt von Don Muang nach Chiang Mai, Hat Yai, Nakhon Si Thammarat, Phuket, Trang und Udon Thani. Nok Air betreibt auch Code-Sharing-Flüge mit PB Air von Suvarnabhumi nach Buriram, Lampang, Nakhon Phanom, Nan, Roi Et und Sakon Nakhon. Filialen gibt's in beiden Flughäfen.

One-Two-Go (Karte S. 130 f.; ☎ 0 2229 4260, Call-Center 1126; www.fly12go.com; 18 Th Ratchadaphisek) Der

---

EINHEIMISCHE MUST-HAVES

O.k., man hat also nun den bestickten Elefanten, einen seidenen Läufer und einen dieser quakenden Holzfrösche erstanden. Es gibt daneben aber noch jede Menge anderer einheimischer Produkte, die man vielleicht auch nächstes Jahr noch mit Stolz vorzeigt.

■ **D&O Shop** Diese Galerie unter freiem Himmel ist das erste Einzelhandelsunternehmen einer Organisation, die das Bewusstsein für thailändisches Design im Ausland stärken möchte. Die Artikel sind modern und abgefahren und geben dem Konzept von Thai-Design einen neuen Touch. Erhältlich bei Gaysorn (S. 193).

■ **Doi Tung/Mae Fah Luang** Dieses königlich finanzierte Projekt verkauft wunderschöne handgewebte Teppiche, elegante Keramik und Thailands beste einheimische Kaffeebohnen. Gibt's im Siam Discovery Center (S. 192).

■ **Harnn & Thann** Spa-Produkte auf pflanzlicher Basis, die einen zum Anbeißen gut riechen lassen – von Lavendel-Massagelotion über Reiskleie-Seife bis hin zu Jasmin-Kompressen. Die Produkte sind alle natürlich, haben ihren Ursprung in traditioneller Thai-Medizin und genug Stil, um mit Marken-Schönheitsprodukten mithalten zu können. Gibt's bei Gaysorn (S. 193).

■ **Niwat Cutlery** Das Unternehmen NV Aranyik ist ein Familienbetrieb aus der Provinz Ayutthaya, das auf eine antike Schwertmacher-Tradition zurückblicken kann. Es stellt unverwechselbares Thai-Edelstahlbesteck her. Gibt's bei Gaysorn (S. 193).

■ **Propaganda** Der thailändische Designer Chaiyut Plypetch ist der Vater des Maskottchens dieser Marke. Den teuflischen Mr P. gibt's nun als anatomisch korrekte Lampe und auf anderen Produkten. Erhältlich im Siam Discovery Center (S. 192) und im Emporium (S. 193).

Inlandszweig von Orient Thai; fliegt von Don Muang nach Chiang Mai, Chiang Rai, Hat Yai, Nakhon Si Thammarat und Phuket. Filiale im Don Muang Airport.

PB Air (Karte S. 130 f.; ☎ 0 2261 0222; www.pbair. com; UBC II Bldg, 591 Soi Daeng Udom/33, Th Sukhumvit) Von Suvarnabhumi nach Buriram, Chumphon, Lampang, Mae Hong Son, Nan, Nakhon Phanom, Roi Et und Sakon Nakhon. Filiale im Suvarnabhumi International Airport.

SGA Airlines (Karte S. 118 f.; ☎ 0 2664 6099; www.sga. co.th; 19/18-19 Royal City Ave/RCA, nahe Th Phra Ram IX) Eine Tochtergesellschaft von Nok Air (was sie zur Tochtergesellschaft einer Tochtergesellschaft macht). SGA fliegt mit winzigen Propellerflugzeugen von Suvarnabhumi nach Hua Hin und von Chiang Mai nach Chiang Rai, Mae Hong Son und Pai. Filiale im Suvarnabhumi International Airport.

Thai Airways International (THAI; ☎ 0 2356 1111; www.thaiairways.co.th) Silom Karte S. 126 f.; ☎ 0 2232 8000; temporäre Adresse EG, BUI Building, 175-77 Soi Anuman Rachathon, permanente Adresse 485 Th Silom); Banglamphu (Karte S. 122 f.; ☎ 0 280 0110; 6 Th Lan Luang) Betreibt Inlandsflüge in viele Provinzhauptstädte. Filialen in beiden Flughäfen.

Zug

Von Bangkoks **Hualamphong-Bahnhof** (Karte S. 124 f.; ☎ 0 2220 4334, allgemeine Informationen & Reservierung 1690; www.railway.co.th; Th Phra Ram IV; Metro Hualamphong) gehen die wichtigsten Zugverbindungen nach Süden, Norden, Nordosten und Osten. Auf S. 842 gibt's Infos über Klassen und Linien.

Reservierungen können vor Ort im Reservierungsbüro vorgenommen werden (einfach den Schildern folgen; 8.30–16 Uhr geöffnet). Die anderen Fahrkartenschalter verkaufen Tickets für den selben Tag, mehrheitlich der 3. Klasse. Von 5 bis 8.30 und von 16 bis 23 Uhr kann man auch an den Schaltern 2 bis 11 reservieren. Einen Zugfahrplan gibt's am Informationsschalter. Dem lächelnden „Informations"-Personal, das versucht, alle neuen Ankömmlinge in ein Reisebüro im Zwischengeschoss zu lenken, aus dem Weg gehen.

Im Hualamphong gibt's Duschen, eine Post, eine Gepäckaufbewahrung und Food-Courts. Um von Sukhumvit zum Bahnhof zu gelangen, die Metro bis zur Haltestelle Hualamphong nehmen; aus dem Westen (Banglamphu, Thewet) nimmt man Bus 53.

Der **Bangkok-Noi-Bahnhof** (Karte S. 122 f.; neben dem Siriraj-Krankenhaus, Thonburi) betreibt seltene (und für Ausländer überteuerte) Verbindungen nach Nakhon Pathom, Kanchanaburi und Nam Tok. Der Bahnhof kann mit der Fähre nach Tha Rot Fai erreicht werden. Fahrkarten bekommt man am Bahnhof.

UNTERWEGS VOR ORT

Bangkoks Verkehr zur Hauptstoßzeit ist der Stoff, aus dem Alpträume sind, doch auch zu jeder anderen Zeit kann ein scheinbar grundloser Dauerstau eine eigentlich kurze Fahrt endlos in die Länge ziehen. Wo möglich, ist das Fahren auf dem Fluss, dem Kanal oder mit dem Skytrain immer die beste Wahl; ansonsten muss man für die meisten Ausflüge mit einer 45-minütigen Fahrt rechnen.

Auto

Wer nur für kurze Zeit da ist, wird wohl eher keine Freude daran haben, in Bangkok Auto zu fahren und zu parken. Wenn man keine öffentlichen Verkehrsmittel nutzen möchte, ist es eine Option, über das Hotel ein Auto mit Fahrer oder einen Taxifahrer zu mieten, den man vertrauenswürdig findet. Ein seriöser Anbieter ist **Julie Taxi** (☎ 0 81846 2014; www.julie taxitour.com), das viele verschiedene Fahrzeuge und einen hervorragenden Service bietet.

Wer trotz allem lieber selbst fährt, kann in der ganzen Stadt Autos und Motorräder mieten, u. a. bei internationalen Ketten wie **Avis** (Karte S. 128 f.; ☎ 0 2255 5300; 2/12 Th Withayu/Wireless Rd) oder bei einheimischen Unternehmen, z. B. **Thai Rent A Car** (Karte S. 118 f.; ☎ 0 2737 8787; www. thairentacar.com; Th Petchaburi Tat Mai), das eine Filiale am Suvarnabhumi International Airport hat. Die Preise beginnen bei etwa 1000 B pro Tag, Versicherung exklusive. Für alle Mietautos braucht man einen internationalen Führerschein und seinen Pass.

Bus

Das öffentliche Bussystem der Stadt wird von **Bangkok Mass Transit Authority** (☎ 0 2246 4262; www. bmta.co.th) betrieben; die Website ist eine tolle Informationsquelle zu allen Busstrecken. Fahrpreise beginnen bei 12 B für klimatisierte Busse bzw. bei 7,50 B für normale Busse (mit Ventilator). Die kleineren privat betriebenen grünen Busse kosten 5 B.

Die meisten Linien verkehren zwischen 5 und 22 oder 23 Uhr, außer die Nachtbusse, die ab 3 oder 4 Uhr bis zum Vormittag fahren.

Die *Bangkok Bus Map* von Roadway, erhältlich bei Asia Books (S. 114), ist die aktuellste Streckenkarte, die es gibt. Folgende Buslinien sind nützlich für Leute, die zwischen Banglamphu und der Gegend um den Siam Square unterwegs sind:

Bus 15 Von Tha Phra, auf der Thonburi-Flussseite, nach Sanam Luang (Zugang zu Wat Phra Kaew) mit Stopps am

MBK Center (Übergang zum Skytrain) und der Th Ratchadamnoen Klang (Zugang zur Th Khao San).

Bus 47 Von Khlong Toei Port zum Department of Lands, an der Th Phahonyothin entlang, in Nord-Bangkok, mit Stopps entlang der Th Phra Ram IV, am MBK Center, an der Th Ratchadamnoen und an der Sanam Luang.

Bus 73 Von Huay Khwang nach Saphan Phut (Übergang zum Chao-Phraya-Express) mit Stopps am MBK Center, in Hualamphong (Übergang zu Zug oder Metro) und in Chinatown.

Vom/zum Flughafen

Zum Zeitpunkt des Schreibens waren in Bangkok zwei Flughäfen in Betrieb; die meisten Flüge werden an den brandneuen Suvarnabhumi verwiesen, aber manche Inlandlinien starten und landen noch vom alten Don Muang Airport. Wer zwischen den beiden umsteigen muss, sollte *mindestens* eine Stunde einplanen: Die beiden Flughäfen liegen an den entgegengesetzten Enden der Stadt.

Die folgenden Transportmittel dürfen direkt vom Flughafenterminal aus zu Zielen in der Stadt fahren: Taxis mit Taxameter, Hotellimousinen, der Airport-Express-Bus, Privatfahrzeuge und private Busse. Falls am Straßenrand keine Taxis mit Taxameter stehen oder die Schlange zu lang ist, kann man den Airport-Shuttle zum Taxistand am Zentrum für öffentliche Verkehrsmittel nehmen.

Das Zentrum für öffentliche Verkehrsmittel liegt 3 km vom Flughafenterminal entfernt und hat einen öffentlichen Busbahnhof, einen Stand für Taxis mit Taxameter, eine Autovermietung und einen Langzeitparkplatz. Ein kostenloser Airport-Shuttle, der eine normale und eine Expressroute bedient, pendelt zwischen dem Zentrum und den Fluggastterminals.

SUVARNABHUMI INTERNATIONAL AIRPORT
Airport-Shuttle

Airport Express betreibt vier nützliche Linien zwischen Suvarnabhumi und Bangkok. Sie fahren von 5 Uhr bis Mitternacht und kosten 150 B (ein Taxi ins Zentrum kostet zu zweit genauso viel, nach Banglamphu wird's etwas teurer). Der Airport-Express-Schalter ist in der Nähe von Eingang 8 auf Ebene 1. Die Linien halten an Skytrain-Stationen, großen Hotels und anderen wichtigen Punkten.

AE-1 nach Silom (über die Schnellstraße) Via Pratunam, Central World Plaza, Skytrain-Station Ratchadamri, Lumphini-Park, Th Sala Daeng, Patpong, Plaza Hotel und andere, Endhaltestelle an der Skytrain-Station Sala Daeng.

AE-2 nach Banglamphu (über die Schnellstraße) Via Th Petchaburi Soi 30, Demokratiedenkmal, Royal Hotel, Th Phra Athit, Th Phra Sumen und Th Khao San.

AE-3 nach Sukhumvit Via Soi 52, Busbahnhof Ost, Soi 34, 24, 20, 18, 10, 6, Central Chit Lom, Central World Plaza und Soi Nana.

AE-4 zum Hualamphong-Bahnhof Via Victory Monument, Skytrain-Station Phayathai, Siam Square, MBK und Chulalongkorn-Universität.

Minivan

Wer von Banglamphu zum Flughafen muss, kann sich dafür in den Hotels und Pensionen klimatisierte Minivans reservieren lassen. Diese holen einen ab und kosten pro Person ca. 180 B (mit dem Airport-Express-Bus ist man billiger dran).

Nahverkehr

Wer mehr Zeit als Geld hat, kann den Skytrain nach On Nut (40 B) nehmen und in der Nähe des Eingangs zum Markt gegenüber von Tesco in den BTS-Minivan (25 B, ca. 40 Min.; nach dem gelben BTS 522 Suvarnabhumi auf der Scheibe schauen) zum Flughafen steigen.

Mehrere andere klimatisierte Lokalbusse fahren zum Zentrum für öffentliche Verkehrsmittel am Flughafen (35 B); mit einem Shuttle-Bus von Suvarnabhumi fährt man die restlichen 3 km umsonst. Die nützlichsten Linien:

Bus 551 Siam Paragon Via Victory Monument.

Bus 552 Klong Toei Via Sukumvit 101 und Skytrain-Station On Nut.

Busse 554 & 555 Don Muang Airport

Bus 556 Busbahnhof Süd Via Demokratiedenkmal (zur Th Khao San) und Thammasat-Universität.

Überlandbusse, u. a. nach Pattaya, Rayong und Trat, halten am Zentrum für öffentliche Verkehrsmittel, das man vom Flughafen mit einem kostenlosen Shuttle erreicht.

Skytrain

Ab Ende 2009 wird eine neue Skytrain-Linie vom Flughafen zu einem riesigen neuen City Air Terminal im Zentrum Bangkoks, nahe Soi Asoke/21 und Th Petchaburi, fahren. Geplant sind eine Expressroute (pink), für die er 15 Minuten braucht, und eine lokale Verbindung (rot), die 27 Minuten benötigt.

Taxi

Beim Verlassen des Terminals die Schlepper und die gelben Schilder, die einen auf „Official Airport Taxis" (für pauschal 700 B) hinweisen, ignorieren. Stattdessen an der Lande-Ebene

nach draußen gehen und sich an der schnell vorangehenden Schlange für ein öffentliches Taxi anstellen. Die Taxis an diesem Schalter sollten immer ihr Taxameter einschalten, aber häufig muss man darauf bestehen und „Meter, please" sagen. Ein offizieller Flughafen-Aufschlag von 50 B und die Mautgebühren (üblicherweise ca. 60 B) kommen noch dazu; die Fahrer fragen immer um Erlaubnis, bevor sie die gebührenpflichtige Strecke benutzen. Je nach Verkehr sollte ein Taxi nach Asoke 200 bis 250 B, nach Silom 300 bis 350 B und nach Banglamphu 350 bis 425 B kosten; die Preise gelten pro Fahrzeug, nicht pro Person.

DON MUANG AIRPORT
Es gibt keine Express-Flughafenbusse mehr zum bzw. vom Don Muang Airport.

Bus
Der langsame, überfüllte Linienbus 59 hält an der Schnellstraße gegenüber vom Flughafen und fährt weiter nach Banglamphu, vorbei an der Th Khao San und dem Demokratiedenkmal; Gepäck ist nicht erlaubt. Die klimatisierten Busse sind schneller und man bekommt vielleicht sogar einen Sitzplatz. Nützliche klimatisierte Linien:

Bus 510 Victory Monument und Busbahnhof Süd.

Bus 513 Th Sukhumvit und Busbahnhof Ost.

Bus 29 Busbahnhof Nord, Victory Monument, Siam Square und Hualamphong-Bahnhof.

Taxi
Wie am Suvarnabhumi fahren öffentliche Taxis vor der Ankunftshalle ab, zum Taxameter-Fahrpreis kommt noch eine Flughafengebühr von 50 B hinzu. Eine Fahrt nach Banglamphu (inkl. Flughafen- und Mautgebühren) kostet etwa 400 B, bis Sukhumvit oder Silom bezahlt man etwas weniger.

Zug
Der Fußgängerweg vom Terminal 1 zum Amari Airport Hotel bietet auch Zugang zum Don-Muang-Bahnhof; ab hier fahren von 4 bis 11.30 Uhr jede Stunde bzw. alle 1½ Stunden und von 14 bis 21.30 Uhr stündlich (3. Klasse normal/Express 5/10 B, 1 Std.) Züge zum Hualamphong-Bahnhof.

Metro (MRT)
Bangkoks erste U-Bahn-Linie wurde 2004 eröffnet und wird von der **Metropolitan Rapid Transit Authority** (MRTA; ☎ 0 2624 5200; www.mrta.

co.th) betrieben. Thais nennen die Metro *rót fai fáh dâi din.*

Die 20 km lange blaue Linie verläuft vom Hualamphong-Bahnhof nach Bang Sue und hält an 18 Stationen, darunter vier, an denen man in den Skytrain umsteigen kann, und eine mit Anschluss an die Flughafenverbindung. Die Fahrt kostet 15 bis 39 B; Fahrkarten für Kinder und ermäßigte Tickets gibt's am Schalter. Die Züge fahren von 6 Uhr bis Mitternacht alle sieben Minuten, zu den Stoßzeiten – von 6 bis 9 Uhr und von 16.30 bis 19.30 Uhr – gar im Takt von weniger als fünf Minuten. Der Hauptvorteil für Besucher ist, dass jetzt die Totelgegend Sukhumvits mit dem Hualamphong-Bahnhof und Chinatown am einen Ende sowie mit dem Chatuchak-Wochenendmarkt und dem Busbahnhof Nord am Bang-Sue-Ende verbunden ist.

Es gibt ehrgeizige Pläne, die MRT um mehr als das Vierfache ihrer aktuellen Länge auszubauen, bis nach Nord-Bangkok, Samut Prakan und Th Ramkhamhaeng. Wenn man jedoch die Flughafenverbindung als Maßstab für die Umsetzung solcher Vorhaben nimmt, kann das noch sehr lange dauern.

Motorradtaxi
Freche nummerierte und vermummte Motorradtaxifahrer, die das moderne Bangkok prägen, findet man am Ende fast jeder langen Straße. Eine Fahrt zum Ende *(sùt soy)* oder Anfang *('bàhk soy)* einer durchschnittlichen Soi kostet meist 10 bis 15 B. Die Preise für längere Fahrten sollten vorher ausgehandelt werden und liegen bei 20 bis 100 B.

Helme gibt's gelegentlich auf Nachfrage, aber wenn man bedenkt, wie manche dieser Typen fahren, ist eigentlich jedes Körperteil in Gefahr. Die Beine einziehen – die Fahrer sind an Passagiere mit kürzeren Beinen als die des durchschnittlichen Abendländers gewöhnt. Frauen mit Rock sollten sich seitlich draufsetzen und den Stoff festhalten, damit er nicht in das Rad oder die Kette kommt.

Schiff/Fähre
Öffentliche Schiffe, einst die dominierenden Transportmittel in Bangkok, gibt's noch entlang des gewaltigen Mae Nam Chao Phraya und auf ein paar binnenländischen *klorng.*

FLUSSLINIEN
Der **Chao-Phraya-Express** (Karte S. 202; ☎ 0 2623 6001; www.chaophrayaboat.co.th) ist mit seinen Passagier-

CHAO-PHRAYA-EXPRESS & THONBURI-KANÄLE

0 ⸻ 2 km

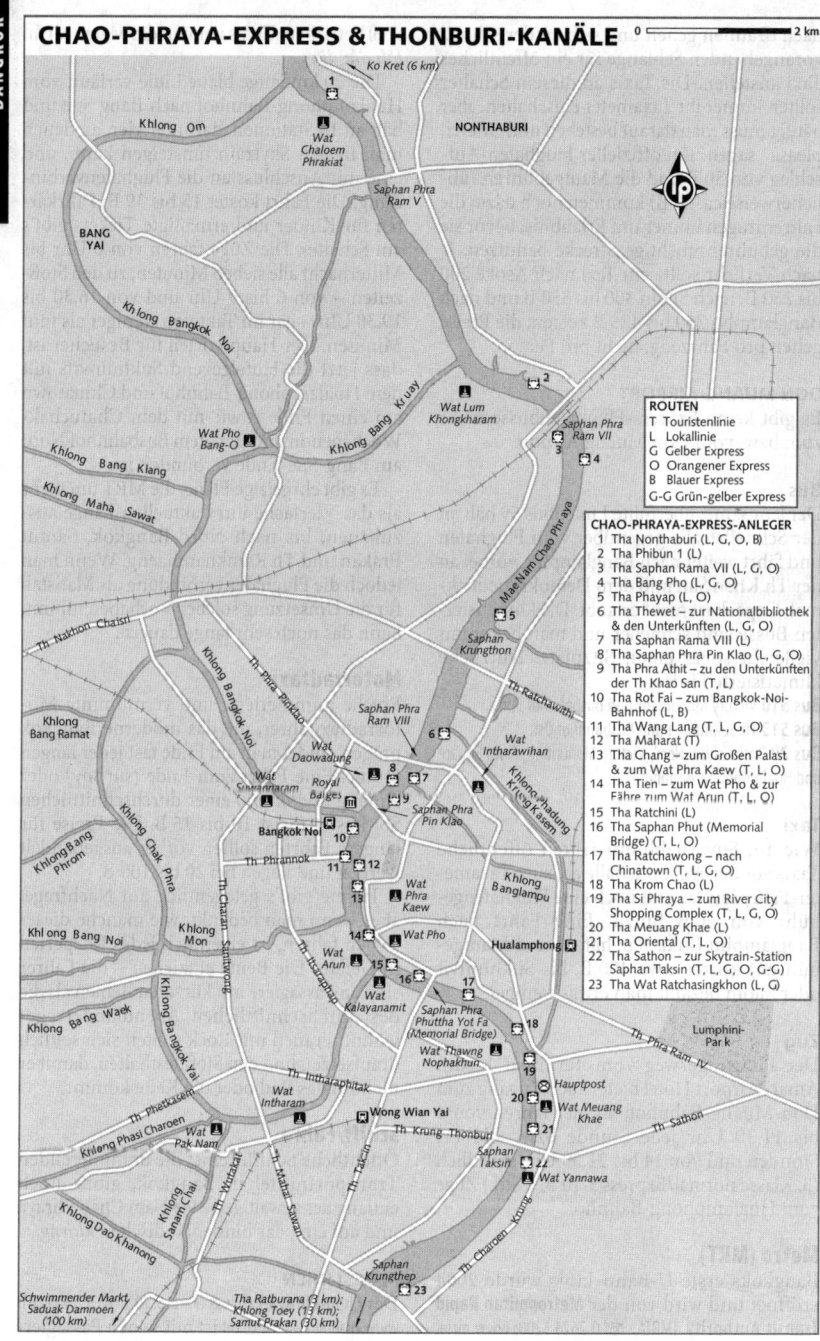

ROUTEN
T Touristenlinie
L Lokallinie
G Gelber Express
O Orangener Express
B Blauer Express
G-G Grün-gelber Express

CHAO-PHRAYA-EXPRESS-ANLEGER
1 Tha Nonthaburi (L, G, O, B)
2 Tha Phibun 1 (L)
3 Tha Saphan Rama VII (L, G, O)
4 Tha Bang Pho (L, G, O)
5 Tha Phayap (L, O)
6 Tha Thewet – zur Nationalbibliothek
   & den Unterkünften (L, G, O)
7 Tha Saphan Rama VIII (L)
8 Tha Saphan Phra Pin Klao (L, G, O)
9 Tha Phra Athit – zu den Unterkünften
   der Th Khao San (T, L)
10 Tha Rot Fai – zum Bangkok-Noi-
   Bahnhof (L, B)
11 Tha Wang Lang (T, L, G, O)
12 Tha Maharat (T)
13 Tha Chang – zum Großen Palast
   & zum Wat Phra Kaew (T, L, O)
14 Tha Tien – zum Wat Pho & zur
   Fähre zum Wat Arun (T, L, O)
15 Tha Ratchini (L)
16 Tha Saphan Phut (Memorial
   Bridge) (T, L, O)
17 Tha Ratchawong – nach
   Chinatown (T, L, G, O)
18 Tha Krom Chao (L)
19 Tha Si Phraya – zum River City
   Shopping Complex (T, L, G, O)
20 Tha Meuang Khae (L)
21 Tha Oriental (T, L, O)
22 Tha Sathon – zur Skytrain-Station
   Saphan Taksin (T, L, G, O, G-G)
23 Tha Wat Ratchasingkhon (L, G)

schiffen auf dem Mae Nam Chao Phraya, die zu Zielen im Süden und Norden Bangkoks fahren, eines der malerischsten (und effizientesten) Verkehrsmittel. Der zentrale Hafen ist als Tha Sathon oder als Saphan Taksin bekannt und mit der Skytrain-Station Saphan Taksin am Südende der Stadt verbunden. Die meisten Besucher fahren eher gen Norden zu den Haltestellen mit dem Vorzeichen N.

Tickets (13–34 B) werden auf dem Schiff verkauft; größere Stationen haben oft Fahrkartenschalter. Die Fahrkarte aufheben als Beweis dafür, dass man bezahlt hat!

Das Unternehmen betreibt Express- (zu erkennen an der orangefarbenen, gelben oder gelb-grünen Flagge), Lokal- (ohne Flagge) und Touristenlinien (größeres Schiff). Während der Hauptverkehrszeit gut auf die Farbe der Flagge achten, um nicht in einer Provinz zu landen, in die man gar nicht wollte. Die Karte auf S. 202 zeigt die Strecken und Piers; man kann auch an einem der größeren Piers um eine Karte bitten.

Lokallinie (☻ Mo–Fr 6–8.30 & 15–18 Uhr; 9–13 B) Die lokale Linie (ohne Flagge) fährt alle Piers des Unternehmens vom Wat Ratchasingkhon, im südlichen Zentrum Bangkoks, gen Norden nach Nonthaburi an und hält oft.

Touristenlinie (☻ 9.30–16 Uhr; 19 B, Tagesticket 150 B) Das teurere Touristenschiff bietet jede Menge Sitzplätze und englischsprachige Erläuterungen; es fährt von Tha Sathon zu zehn wichtigen Sightseeing-Piers, der nördlichste davon ist Tha Phra Athit (Banglamphu).

Orangener Express (☻ Mo–Fr 5.50–18.40, Sa & So 6–18.40 Uhr; 14 B) Diese meist frequentierte Linie pendelt zwischen dem Wat Ratchasingkhon und Nonthaburi und stoppt häufig.

Gelber Express (☻ Mo–Fr 6.10–8.40 & 15.45–19.30 Uhr; 19–28 B) Die gelbe Linie verkehrt zwischen Ratburana und Nonthaburi und hält an den wichtigsten Piers.

Grün-gelber Express (☻ Mo–Fr 6.15–8.05 & 16.05–18.05 Uhr; 11–32 B) Dieses Schiff fährt nur zur Hauptverkehrszeit und bringt Pendler zum Pakkret Pier, ganz im Norden von Bangkok.

Blauer Express (☻ Mo–Fr 7–7.30 & 17.35–18.05 Uhr; 11–32 B) Ein weiteres Schiff, das nur zur Hauptverkehrszeit fährt und Pendler direkt nach Nonthaburi bringt.

Es gibt auch plattbodige Fähren über den Fluss, die Thonburi und Bangkok miteinander verbinden. Diese Piers liegen normalerweise neben den Chao-Phraya-Express-Piers. Man bezahlt 3 B pro Überfahrt.

KANALLINIEN

Über die Jahre haben sich die Schiffsverbindungen entlang der *klorngs* von Bangkok und

Thonburi verringert, aber wegen der zunehmenden Verkehrsprobleme werden diese Wassernetze vielleicht wiederbelebt. Derzeit fahren Kanaltaxis auf dem Khlong Saen Saeb (Banglamphu bis Ramkhamhaeng), mit denen man gut von Banglamphu zum Jim-Thompson-Haus, zu den Einkaufszentren am Siam Square (jeweils in Tha Hua Chang aussteigen) und zu anderen Punkten weiter östlich in Sukhumvit gelangt – allerdings muss man in Tha Pratunam umsteigen. Die Schiffe werden überwiegend von Pendlern genutzt und fahren die Piers nur für ein paar Sekunden an – entweder man springt direkt auf oder man bleibt an Land. Kostenpunkt: 7 bis 20 B.

Skytrain (BTS)

Die bequemste Art, sich im „neuen" Bangkok (Silom, Sukhumvit, Siam Square) zu bewegen, ist der *rót fai fáh* (Skytrain), eine Hochbahn, die über die berüchtigten Staus der Stadt hinwegsegelt. Der Skytrain hat die Fortbewegung in den modernen Teilen der Stadt revolutioniert: Fahrten, für die man früher eine Stunde gebraucht hätte, dauern nun 15 Minuten. Zudem bietet der Skytrain eine tolle Vogelperspektive auf die Stadt und auf Grünflächen und historische Architektur, die man vom Boden aus nicht sieht.

Bisher hat das **Bangkok Mass Transit System Skytrain** (BTS; ☎ 0 2617 7300; www.bts.co.th) zwei Linien gebaut, die Sukhumvit- und die Silom-Linie.

Die Sukhumvit-Linie beginnt im Norden an der Skytrain-Station Mo Chit, neben dem Chatuchak-Park, folgt dann der Th Phayathai nach Süden zum Verkehrsknotenpunkt Siam bei der Th Phra Ram I und dreht schließlich nach Osten an der Th Ploenchit und Th Sukhumvit entlang, um an der Station On Nut, nahe der Soi 81, zu enden. Es haben bereits Ausbauarbeiten begonnen, die die Linie um 5,2 km verlängern werden; sie wird dann bei Soi 107, Th Sukhumvit, enden.

Die Silom-Linie beginnt an der Station National Stadium, nahe am Siam Square, macht kurz danach eine Drehung nach Südwesten, verläuft oberhalb der Th Ratchadamri, die Th Silom hinunter nach Th Narathiwat Ratchanakharin, und dann die Th Sathon hinaus, bis sie neben dem Fuß des Saphan Taksin am Ufer des Chao Phraya endet. Bauarbeiten an einem Projekt, das die Linie um 2 km verlängert, damit sie den Chao Phraya überquert und in Thonburi endet, haben bereits begonnen.

Beide Skytrain-Linien verkehren zwischen 6 Uhr und Mitternacht regelmäßig. Fahrkarten kosten, je nach Ziel, zwischen 10 und 40 B; die meisten Automaten nehmen nur 5-B- und 10-B-Münzen, aber an den Infoschaltern, wo man auch Mehrfahrtenkarten kaufen kann, gibt's Wechselgeld. Die Broschüren von den Infoschaltern geben Auskunft über die verschiedenen Pendler- und Touristentickets.

Taxi

Táak·see mee·dêu (Taxis mit Taxameter) wurden 1993 in Bangkok eingeführt und der aktuelle Grundpreis von 35 B ist seitdem nur leicht gestiegen, was die Frage aufwirft, wie diese Typen (und es gibt viele von ihnen) überhaupt Geld verdienen. Viele zögern beim ersten Besuch in Bangkok zwar, sie zu benutzen, aber prinzipiell sind die Autos neu und groß und die Fahrer höflich und hilfsbereit, was die Taxis zu einem tollen Transportmittel macht. Fahrten zu den meisten Orten innerhalb des Zentrums von Bangkok kosten 60 bis 80 B; die Mautgebühren (20–45 B, je nachdem, wo man losfährt) kommen noch dazu.

Über **Taxi Radio** (☎ 1681; www.taxiradio.co.th) oder andere 24-Stunden-„Funktaxi"-Dienste bestellte Taxis schlagen auf den Taxameterpreis noch 20 B drauf. Taxis findet man jede Menge, außer zu den Hauptpendlerzeiten, wenn die Bars schließen (1 bis 2 Uhr), bei Regen – und wenn die gewünschte Strecke viel Stau erwarten lässt.

Taxis, die in Touristengegenden rumstehen, weigern sich meist, das Taxameter einzuschalten, und verlangen unverschämte Preise. An einer Hauptverkehrsstraße sind die Chancen, ehrliche Fahrer zu finden, besser.

Tuk-Tuk

Eine Fahrt mit Thailands symbolischem dreirädrigen Fahrzeug ist vor allem bei Neuankömmlingen sehr angesagt, aber man merkt recht schnell, dass die meisten Ausländer zu groß sind, um außer dem niedrigen Dach irgendetwas zu sehen.

Tuk-Tuk-Fahrer haben eine Nase für Geld und bringen einen (mit der Geldbörse) unter Umständen viel weiter als bis zum gewünschten Ziel. Man sollte sich vor allem vor Fahrern in Acht nehmen, die für 10 oder 20 B eine Sightseeing-Tour anbieten – das ist eine Touristenfalle, um viel zu teure Ware an den Urlauber zu bringen. Eine kurze Fahrt mit einem Tuk-Tuk sollte mindestens 40 B kosten.

Die Tuk-Tuk haben aber abgesehen vom Nerven der Touristen doch einen sehr nützlichen Zweck: Einheimische nutzen sie, wenn der Grundpreis für ein Taxi mit Taxameter teurer wäre als die Tuk-Tuk-Fahrt oder der Verkehrskollaps ein wendigeres Fahrzeug erfordert. Leider beginnen wegen des jüngsten Anstiegs der Ölpreise die Preise für ein Tuk-Tuk oftmals erst bei 100 B, manchmal sogar erst bei 200 B.

RUND UM BANGKOK

Wer aus der Hauptstadt raus will, aber wenig Zeit hat, sollte einen Tagesausflug in eine der Nachbarstädte und -provinzen in Erwägung ziehen. Vor Bangkoks Tür liegen alle provinziellen Reize Thailands und man muss nicht weit fahren, um religiöse Denkmäler, schwimmende Märkte, architektonische Schätze und entspannte Fischerdörfer zu finden.

SCHWIMMENDE MÄRKTE

ตลาดน้ำ

Die Bilder von Thailands schwimmenden Märkten zeigen Holzkanus voller Früchte und Gemüsesorten in allen Farben, in denen indigofarben gekleidete Frauen mit breitkrempigen Strohhüten sitzen, und sind zu einem Symbol für das Königreich geworden. Dies ist gleichermaßen ein sentimentales Stück Geschichte. In den letzten 20 Jahren hat sich Thailand erneuert, Kanäle wurden durch Straßen und Schiffe durch Motorräder und Autos ersetzt – und die schwimmenden Märkte, einst lebhafte Handelsplätze für Obst- und Gemüsebauern und Hausfrauen, sind an Land gekrabbelt.

Der am meisten beworbene schwimmende Markt ist der **Damnoen Saduak** (⏱ Sa & So 7–16 Uhr), 104 km südwestlich von Bangkok zwischen Nakhon Pathom und Samut Songkhram. Er ist zwar kaum mehr als ein Souvenirmarkt für Touristen, aber von Bangkok aus supereinfach zu erreichen und ideal für alle, die die Koffer noch nicht mit Mitbringseln gefüllt haben. Die klimatisierten Busse 78 und 996 fahren direkt vom Busbahnhof Süd in Thonburi nach Damnoen Saduak (80 B, 2 Std., 6–21 Uhr alle 20 Min.); die meisten lassen die Touristen direkt an den Piers raus, die die Th Sukhaphiban 1 (die Landverbindung zum schwimmenden Markt) säumen. Der gängige Preis für den Bootsverleih beträgt

etwa 300 B pro Person und Stunde. Ein gelbes *sŏrng·tăa·ou* (auch *săwngthăew* geschrieben; 5 B) pendelt regelmäßig zwischen dem Markt und der Bushaltestelle im Ort.

Der **Taling Chan** (Karte S. 118 f.; ☺ Sa & So 7–16 Uhr), ein direkterer Nachfahre der ursprünglichen schwimmenden Märkte, ist weniger touristisch als der Damnoen Saduak. Von der Zugangsstraße zum Khlong Bangkok Noi aus sieht er aus wie jeder andere Frischemarkt voller Obst- und Gemüseverkäufer von nahe gelegenen Bauernhöfen. Aber die Überraschung erlebt man am Kanal: Mehrere schwimmende Docks dienen als Speisezimmer und die Küchen sind Kanus, die an die Docks gebunden sind. Viele einheimische Familien verspeisen hier gegrillte Krabben und Nudeln, die an Bord eines schaukelnden Boots zubereitet werden. Taling Chan liegt in Thonburi und ist von Bangkoks Th Ratchadamnoen Klang oder Th Ratchaprasong mit dem klimatisierten Bus 79 (16 B, 25 Min.) zu erreichen. Longtail-Boote können an jedem großen Pier in Bangkok für eine Fahrt nach Taling Chan und zum nahegelegenen Khlong Chak Phra gemietet werden.

Der **Don-Wai-Markt** (Talat Don Wai; ☺ 6–18 Uhr) ist eigentlich kein schwimmender Markt. Er belegt eine Stelle am Flussufer in der Provinz Nakhon Pathom und begann im frühen 20. Jh. als schwimmender Markt für Grapefruit- und Jackfruchtbauern und -händler. Wie bei vielen Attraktionen, die auf Einheimische ausgerichtet sind, ist Essen hier der Hauptmagnet. Man kann auf langen Schiffen, die über den Nakhon Chaisi (60 B, 1 Std.) fahren, z. B. Früchte, traditionelle Süßigkeiten und *bèt pálóh* (geschmorte Ente mit fünf Gewürzen) verputzen. Am einfachsten ist der Don-Wai-Markt mit einem Minibus (45 B, 35 Min.) zu erreichen, der neben Central Pinklao (Karte S. 118 f.) in Thonburi startet.

Der **Schwimmende Markt Amphawa** (Talat Náam Ampháwaa; ☺ Fr–So 16–21 Uhr), ca. 7 km nordwestlich von Samut Songkhram, liegt nahe Wat Amphawa (s. S. 206). Weitere schwimmende Märkte in der Nähe werden an besonderen Mondtagen morgens abgehalten, u. a. der **Tha Kha** (☺ Wochenenden am 2., 7. & 12. Tag zunehmenden & abnehmenden Mondes 7–12 Uhr). Dieser spielt sich entlang eines offenen, grünen *klorng* ab, der von alten Holzhäusern gesäumt ist.

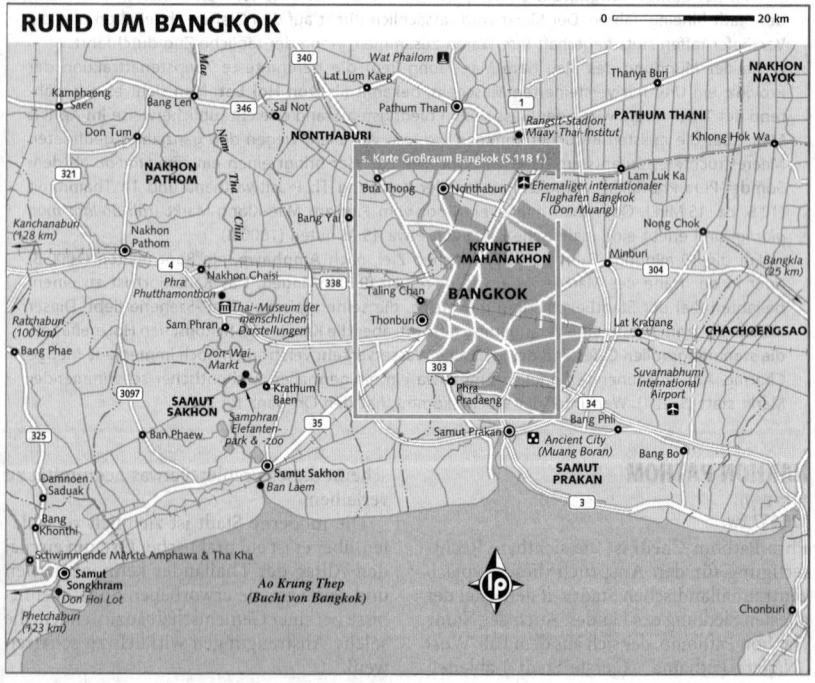

RUND UM BANGKOK

0 ————— 20 km

DER LANGE WEG NACH AMPHAWA

Das malerische Kanaldorf Amphawa in Samut Songkhram ist kaum 100 km von Bangkok entfernt, aber wer will, braucht für die Hinfahrt mit Zügen, Booten und einer kurzen Fahrt auf der Ladefläche eines Trucks mehrere Stunden. Warum? Weil der Weg hier genauso wichtig ist wie das Ziel.

Das Abenteuer beginnt damit, in Thonburi den **Wong-Wian-Yai-Bahnhof** (Karte S. 120 f.) zu finden. Gleich nach dem Kreisverkehr (Wong Wian Yai) tarnt ein durchschnittlicher Lebensmittelmarkt die kahle Endstation dieser Pendlerstrecke, die auch als Mahachai Shortline bekannt ist. In einen der stündlich fahrenden Züge (12 B) nach Samut Sakhon steigen und los geht´s.

Nach nur 15 Minuten weicht die dichte Stadt verstreuten Dörfern und kurzen Blicken auf Häuser, Tempel und Läden, die oft nur wenige Zentimeter von den Gleisen entfernt stehen. Etwas weiter säumen Palmen, kleine Reisfelder und Sumpfgebiete mit riesigen Elefantenohren und Blumenrohren die Strecke, unterbrochen von kleinen Provinzbahnhöfen. Die Sumpffarmen verschwinden schnell, wenn man **Samut Sakhon** erreicht, eine geschäftige Hafenstadt mehrere Kilometer vom Golf von Thailand entfernt und das Ende des ersten Streckenabschnittes.

Nachdem man sich durch etwas gekämpft hat, was einer der hektischsten Frischemärkte im Lande sein muss, kommt man zu einem riesigen Hafen voller Wasserhyazinthen und hölzernen Fischerbooten. Ein paar rostige Kanonen, die in Richtung Fluss zeigen, sind noch übrig von der zerfallenen Festung des Ortes, die erbaut wurde, um das Königreich vor Eindringlingen vom Meer zu schützen. Bis zum 17. Jh. nannte man den Ort wegen der vielen chinesischen Dschunken, die hier anlegten, Tha Jiin (chinesisches Pier). Die Fähre nach **Ban Laem** (3 B) nehmen.

Wenn man auf der gegenüberliegenden Seite ankommt, steigt man am Pier in ein Motorradtaxi (10 B) und fährt die 2 km zum **Wat Chong Lom**, wo der Jao-Mae-Kuan-Im-Schrein steht. Der 9 m hohe Brunnen hat die Form der Göttin der Gnade des Mahayana-Buddhismus. Gleich neben dem Schrein liegt der Bahnhof Tha Chalong, von dem am Nachmittag zwei Züge in Richtung des nächsten Ziels starten: nach Samut Songkhram (10 B, 13.30 & 16.40 Uhr).

Man hat **Samut Songkhram** erreicht, wenn es so aussieht, als sei man mitten in den Markt der Stadt hineingefahren. Der Markt wird tatsächlich direkt auf den Gleisen abgehalten und die Verkäufer raffen stets fieberhaft ihre Waren zusammen, wenn der tägliche Zug durchfährt.

An der Mündung des Mae Nam Mae Klong liegt die berühmteste Touristenattraktion der Provinz: ein Ufer mit versteinerten Muscheln, bekannt als **Don Hoi Lot**. Man sieht es nur während der Trockenzeit, wenn der Fluss seinen niedrigsten Stand erreicht (üblicherweise im April & Mai), aber die meisten Besucher kommen sowieso vor allem wegen den ganzjährig geöffneten Meeresfrüchterestaurants am Rand von Don Hoi Lot. Her bringt einen ein *sŏrng·tăa·ou* ab dem Somdet-Phra-Phuttalertla-Krankenhaus an der Kreuzung Th Prasitwatthana und Th Thamnimit (10 B, ca. 15 Min.). Oder man mietet ein Boot vom Pier am Mae-Klong-Markt (*tâh dà·làht mâa glorng*) und erlebt eine malerische Fahrt von etwa 45 Minuten (1000 B).

Für die 10-minütige Fahrt zum eigentlichen Ziel, nach **Amphawa**, ein Boot mieten (1000 B) oder in der Nähe des Marktes in ein *sŏrng·tăa·ou* (9 B) springen. Das Kanaldorf ist zu einem beliebten Ziel der Stadtbevölkerung geworden, die seine typische „Thai"-Szenerie liebt. Dieser urbane Zustrom hat für eine Veränderung gesorgt, aber die Kanäle, die historischen Holzgebäude, die stimmungsvollen Cafés und der idyllische Wasserverkehr verströmen noch immer jede Menge Charme. Am Wochenende findet in Amphawa ein einigermaßen authentischer schwimmender Markt statt (S. 204). Wer unter der Woche kommt, hat den Ort ganz für sich.

NAKHON PATHOM

นครปฐม

120 657 Ew.

Phra Pathom Chedi ist die sichtbare Rechtfertigung für den Anspruch dieser typisch zentralthailändischen Stadt auf den Titel der ältesten Siedlung des Landes. Auch der Name Nakhon Pathomo, der sich aus dem Pali-Wort „Nagara Pathama" („erste Stadt") ableitet,

scheint dieser Prahlerei etwas Legitimität zu verleihen.

Die moderne Stadt ist ziemlich verschlafen, aber es ist ein praktischer Ort, um einmal den Alltag der Thailänder kennenzulernen und seine gerade erworbenen Sprachkenntnisse bei einer Gemeinschaft anzuwenden, die solche Anstrengungen wirklich zu schätzen weiß.

Nur wenige Schritte von Amphawas zentralem Steg entfernt liegt der **Wat Amphawan Chetiyaram**. Den anmutigen Tempel, der am Platz des Familienhauses von Rama II. stehen soll, schmücken tolle Wandgemälde. Ein kurzer Spaziergang vom Tempel führt zum **King Buddhalertla (Phuttha Loet La) Naphalai Memorial Park** (Km 63, Route 35, Samut Songkhram; Eintritt 20 B; ☺ Park tgl. 9–18 Uhr, Museum Mi–So 9–18 Uhr); dieses Museum ist untergebracht in einer Ansammlung traditioneller zentralthailändischer Häuser, die auf 1,5 ha landschaftlich gestaltetem Boden stehen. Das Rama II. gewidmete Museum enthält eine Bibliothek mit seltenen thailändischen Büchern und Antiquitäten aus dem Siam des frühen 19. Jhs.

Nachts gleiten Longtail-Boote durch Amphawas stille Gewässer, um den sternenähnlichen Tanz der *hing hôy* (Leuchtkäfer) zu beobachten. Es gibt mehrere Touranbieter, u. a. **Niphaa** (☎ 0 81422 0726), eine erfahrene, gut ausgerüstete Truppe mit Sitz an der Kanalmündung, nahe dem Steg.

Schlafen & Essen

Amphawa ist beliebt bei Wochenendgästen aus Bangkok und so ziemlich jedes zweite Haus scheint als Privatunterkunft für Touristen zu dienen – ob nun mit wenig mehr als einer Matratze auf dem Boden und einem Moskitonetz oder als gehobene Unterkunft im Pensionsstil.

Baan Song Thai Plai Pong Pang (☎ 0 3475 7333; Amphawa) organisiert einfache Privatunterkünfte und ist für seine super Ökotourismus-Angebote bekannt. Ein gutes Mittelding ist **Reorn Pae Amphawa** (☎ 0 3475 1333; 139-145 Rim Khlong Amphawa; DZ 800 B; ✗), ein altes Holzhaus mit sauberen Zimmern. Etwas gehobener geht's bei **Baan Ku Pu** (☎ 0 3472 5920; Th Rim Khlong, Amphawa; DZ 1000 B; ✗) zu, einem selbst ernannten „Resort" mit Holzbungalows. Das **Baan Tai Had Resort** (☎ 0 3476 7220; www.baantaihad.com; 1 Moo 2, Th Tai Had, Samut Songkhram; Zi. 1750–5000 B; ✗ ✦), ein neues gepflegtes Resort am Fluss, hat jede Menge Aktivitäten zu bieten.

Das auf Meeresfrüchte spezialisierte **Tarua Restaurant** (☎ 0 3441 1084; Ferry Terminal Bldg, 859 Th Sethakit, Samut Sakhon; Gerichte 60–200 B) nimmt das eindrucksvolle Bootshaus ein und bietet Blicke über den Hafen sowie eine Speisekarte auf Englisch.

Im Meeresfrüchterestaurant **Khrua Chom Ao** (☎ 0 85190 5677; Samut Sakhon; Gerichte 60–200 B) speist man unter freiem Himmel und blickt über den Golf. Es hat eine treue einheimische Fangemeinde. Vom Wat Chawng Lom ist es ein kurzer Spaziergang die Straße hinab, die neben dem Tempel gegenüber der Statue der chinesischen Göttin Kuan Im verläuft.

Am Wochenende werden auf dem lustigen **Schwimmenden Markt Amphawa** (*dà·làht nám am·pá·wah*; Gerichte 20–40 B; ☺ Fr–So 16–21 Uhr) *pàt tai* und andere Nudelgerichte direkt von den Booten serviert.

An- & Weiterreise

Von Thonburis Wong-Wian-Yai-Bahnhof (Karte S. 120 f.) fahren ab 5.30 Uhr etwa stündlich Züge nach Samut Sakhon. Man muss vor 8.30 Uhr los, um Samut Songkhram per Zug zu erreichen.

Samut Songkhram ist die südlichste Station der Mahachai Shortline. Es gibt vier Züge von Ban Laem nach Samut Songkhram (10 B, 1 Std., ca. 7.30, 10.10, 13.30 & 16.40 Uhr) und vier zurück (6.20, 9, 11.30 & 15.30 Uhr).

Nach Amphawa fahren Busse alle 40 Minuten ab Thonburis Busbahnhof Süd (Karte S. 118 f.; 72 B), und regelmäßig ab Samut Sakhon (44 B) und Samut Songkhram (65 B). Eine Alternative ist der Bus nach bzw. von Damnoen Saduak (80 B), der auf der Schnellstraße nahe Amphawa fährt.

Sehenswertes

Der **Phra Pathom Chedi** im Zentrum ist mit 127 m das höchste buddhistische Bauwerk der Welt. Der Originalstupa unter der riesigen orange glasierten Kuppel wurde im frühen 6. Jh. von den Theravada-Buddhisten aus Dvaravati errichtet (wohl zur selben Zeit wie Myanmars berühmte Shwedagon-Stupa). Im frühen 11. Jh. eroberte aber der Khmer-König Suriyavarman I. von Angkor die Stadt und baute einen brahmanischen *prang* (Stupa im Hindi-/Khmer-Stil) über dem Heiligtum. Die Birmanen von Bagan, unter König Anawrahta, plünderten die Stadt 1057 und der *prang* lag in Trümmern, bis Rama IV. ihn 1860 restaurieren ließ. Den Tempel am besten am Wochenende besuchen, wenn viele einheimische Familien herkommen, um ihn zu würdigen.

Auf der Ostseite des Bauwerks, im *bòht*, befindet sich ein Buddha im Dvaravati-Stil und in einer Haltung, die der eines Buddhas im Wat Phra Meru (Ayutthaya) ähnelt. Möglicherweise stammt er sogar von dort.

Interessant sind auch die vielen chinesischen, in grünlichen Stein gehauenen Skulpturen, die als Ballast auf dem Boden einiger chinesischer Dschunken des 19. Jhs. nach Thailand kamen. Gegenüber vom *bòht* liegt ein **Museum** (Eintritt gegen Spende; ☺ Mi–So 9–16 Uhr) mit interessanten Dvaravati-Skulpturen und jeder Menge historischen Dingen. Der **Lablae Cave**, ein künstlicher Tunnel innerhalb des Chedi-Komplexes, beherbergt einen Schrein mit mehreren Buddha-Figuren.

Der Wat, der den Stupa umgibt, hat den höchsten Tempelrang des Königreichs inne (Rachavoramahavihan) und ist einer von nur sechs Tempeln in Thailand, denen diese Ehre zuteil wird. Die Asche von König Rama VI. liegt im Sockel des Phra Ruang Rochanarit, eines großen stehenden Buddhas aus der Sukhothai-Ära im nördlichen Wíhaan.

Südöstlich der Stadt befindet sich **Phra Phutthamonthon**, ein stehender Buddha im Sukhothai-Stil, der von Corrado Feroci entworfen wurde. Mit 15,8 m ist er angeblich der größte der Welt; ihn umgibt ein großer landschaftlich gestalteter Park voller Skulpturen, die die wichtigsten Etappen im Leben Buddhas darstellen (z. B. ein 6 m hohes Dharma-Rad, aus einer einzigen Granitplatte gehauen).

Alle Bangkok–Nakhon-Pathom-Busse passieren die Zufahrtsstraße zum Park bei Phra Phutthamonthon Sai 4; von dort kann man in den Park laufen, trampen oder ein *sŏrng·tăa·ou* anhalten. Von Nakhon Pathom kann man auch einen weiß-violetten Salaya-Bus nehmen; die Haltestelle liegt auf der Th Tesa gegenüber der Post.

Auch der **Don-Wai-Markt** an den Ufern des Mae Nam Nakhon Chaisi lohnt einen Besuch. Auf S. 205 gibt's Details zur Anreise.

Essen

In Nakhon Pathom gibt's entlang der Straße zwischen dem Bahnhof und Phra Pathom Chedi einen tollen Markt; sein *kôw lähm* (Klebreis und Kokosnuss in einem Bambusrohr gedünstet) soll das beste in Thailand sein. In dieser Gegend sind viele gute, günstige Essensstände und Restaurants.

An- & Weiterreise

Nakhon Pathom liegt 64 km westlich Bangkoks. Die Stadt hat keinen zentralen Busbahnhof, aber die meisten Transportmittel kommen in der Nähe des Marktes und des Bahnhofs an und fahren dort auch ab.

Am bequemsten und schnellsten bringt einen ein *rót dôo* (Sammelkleinbus) ab Central Pinklao (30 B) oder dem Victory Monument (60 B) nach Nakhon Pathom. Die Kleinbusse fahren los, sobald sie voll sind, normalerweise ab 6 bis etwa 18 Uhr.

Den ganzen Tag gibt's regelmäßige Zugverbindungen vom Hualamphong-Bahnhof (3./2./1. Klasse 14/31/60 B, 1 Std.). Nakhon Pathom liegt auch an der Nebenstrecke, die von Thonburis Bangkok-Noi-Station zu Kanchanaburis Nam-Tok-Station verläuft; da die Route jedoch als „Touristenstrecke" gilt, sind die Fahrpreise für Ausländer maßlos hoch.

BANGKOKS INSELTRIP

Erholung bietet ein Halbtagesausflug auf **Ko Kret**, eine autofreie Insel inmitten des Mae Nam Chao Phraya, an Bangkoks Nordrand. Die Insel, die künstlich geschaffen wurde (sie ist das Ergebnis des Ausbaggerns eines Kanals in einer scharfen Flusskurve), ist die Heimat einer der ältesten Siedlungen der Mon in Thailand. Die Mon waren zwischen dem 6. und 10. Jh. die herrschende Kultur in Zentralthailand und sind begabte Töpfer. Sie führen die antiken Traditionen handgetöpferter Tonwaren aus einheimischem Ko-Kret-Ton auf Ko Kret fort.

Unter der Woche hat man wohlmöglich die Insel für sich. Es gibt ein paar sehenswerte Tempel und einige Restaurants, aber das eigentliche Highlight ist die ländliche Atmosphäre am Flussufer. Am Wochenende ändern sich die Dinge und Ko Kret wird zum beliebten Ziel städtischer Thais. Man bekommt viel mehr Essen, Getränke und Waren, aber das lockt eben auch die Massen.

Die bequemste Anreise bieten ein Taxi oder Bus (33 von Sanam Luang) nach Pak Kret und von dort die Fähre über den Fluss, die am Wat Sanam Neua ablegt. Wer sich ein Wochenende hier antun will, kann eine der Touren buchen, die **Chao-Phraya-Express** (☎ 0 2623 6001; www.chaophrayaboat. co.th; Erw./Kind 300/250 B; ☺ Sa & So 10–16.45 Uhr) veranstaltet; Start ist an der Tha Sathon.

Zentralthailand

Die Zentralregion ist das geographische und kulturelle Herz des Königreichs und die Geburtsstätte des modernen Thailands. Könige herrschten hier, Imperien erblühten, und Kaufleute trieben Handel. Möglich war das durch die natürlichen Gegebenheiten: In den Gebirgen zwischen Thailand und Myanmar entspringen große Flüsse, dank denen die Ebenen fruchtbar sind. Die Region ist nicht nur von historischer Bedeutung, hier befinden sich auch die größten Naturschutzgebiete Südostasiens. Die Landschaft hat zwar durch Abholzung und Entwaldung gelitten, aber ein großer Teil des Gebiets ist noch immer von Dschungel und Gras bedeckt. Versteckt in der dichten Vegetation leben noch heute Tiger, Elefanten und Leoparden.

Nördlich von Bangkok liegt Ayutthaya, die Hauptstadt des früheren Königreichs Siam. Von der Metropole, die zu den weltweit großartigsten gehörte, zeugen heute noch Palast- und Tempelruinen. Zu ihrer Glanzzeit war sie ein wichtiges Handels-, Kunst- und Kulturzentrum. Heute geht's hier aber geruhsamer zu. Weiter nördlich befindet sich die Kleinstadt Lopburi, wo Affen ihr Spiel treiben und in den Ruinen im Khmerstil auf Plünderungstour gehen.

Nordwestlich von Bangkok liegt Kanchanaburi, die drittgrößte Provinz des Landes. Ihre Landschaft lockt Thais und Touristen an, die an den Wasserfällen baden, im Dschungel wandern oder auf den Flüssen paddeln. Kriegsveteranen gedenken hier ihrer Kameraden, die beim Bau der „Todesbahn" im Zweiten Weltkrieg starben. In den Bergen im Nordwesten liegen Thong Pha Phum und Sangkhlaburi. In und um diese grenznahen Orte leben verschiedene ethnische Gruppen. Nur wenige Traveller reisen so weit ins Land hinein, aber wer hier war, schwärmt von dem faszinierenden Mix der Kulturen und Religionen.

HIGHLIGHTS

- Die grasbewachsenen Ruinen von **Ayutthaya** (S. 214), UNESCO-Welterbe und einstige Hauptstadt von Siam, bestaunen
- Den siebenstufigen Wasserfall im **Erawan National Park** (S. 237) hinaufklettern
- In **Lopburi** (S. 222) Fotos von spitzbübischen Affen schießen
- Im ruhigen **Kanchanaburi** (S. 230) die Gedenkstätten des Zweiten Weltkriegs besuchen
- Im **Thong Pha Phum National Park** (S. 241) in Baumwipfeln wohnen und Naturpfade erkunden
- Morgens im verschlafenen **Sangkhlaburi** (S. 245) in einem Boot über das nebelverhangene Wasser gleiten

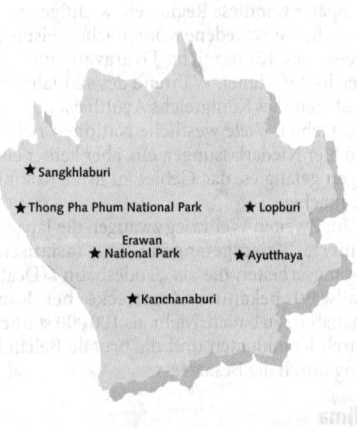

★ Sangkhlaburi

★ Thong Pha Phum National Park   ★ Lopburi

Erawan
★ National Park   ★ Ayutthaya

★ Kanchanaburi

- BESTE REISEZEIT: OKTOBER–DEZEMBER
- BEVÖLKERUNG: 2,3 MIO.

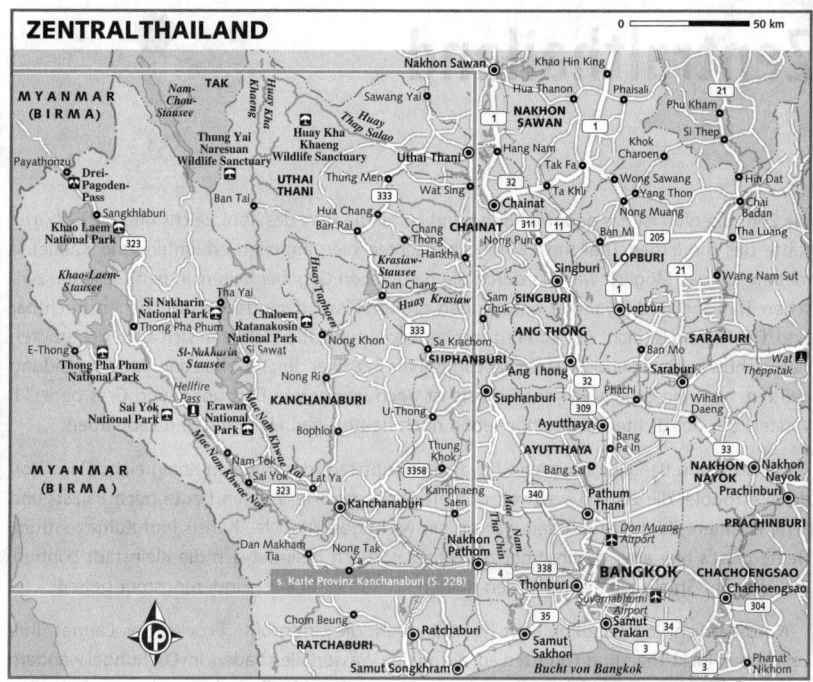

Geschichte

Zu den frühesten historischen Zeugnissen der Region zählen die Steinwerkzeuge und Waffen aus dem Neolithikum, die im Flussdelta des Mae Nam Khwae Noi und des Mae Nam Khwae Yai gefunden wurden.

Später war diese Region ein wichtiges Zentrum für verschiedene Königreiche, beispielsweise des Königreichs Dvaravati und des Reichs der Khmer. Während des 400-jährigen Bestehens des Königreichs Ayutthaya florierte das Gebiet. Viele westliche Nationen richteten hier Niederlassungen ein, aber keiner einzigen gelang es, das Gebiet zu ihrer Kolonie zu machen.

Im Zweiten Weltkrieg zwangen die Japaner alliierte Kriegsgefangene und asiatische Zwangsarbeiter, die als „Todesbahn" (Death Railway) bekannte Zugstrecke bei Kanchanaburi zu bauen. Mehr als 100 000 starben durch Krankheiten und die brutale Behandlung durch die Besatzer.

Klima

In Zentralthailand sind oft alle drei Jahreszeiten, die es in Thailand gibt, gleichzeitig zu spüren: Wenn Kanchanaburi in strahlenden Sonnenschein getaucht ist, kann es zur selben Zeit in Sangkhlaburi wie aus Eimern schütten. Zwischen Februar und Juni ist es heiß, zwischen Juni und Oktober regnerisch und zwischen Oktober und Januar (relativ) kühl. Aber eine Konstante bleibt: die Feuchtigkeit. Innerhalb der Region gibt es einige Unterschiede. Weil sie höher liegen, kann es in Sangkhlaburi und den angrenzenden Nationalparks deutlich kühler sein als in anderen Teilen des Areals. Ayutthaya und Lopburi liegen in einer weiten offenen Ebene, die die gleiche Menge Regen und Hitze abbekommt wie Bangkok.

Nationalparks

Den größten Teil der Provinz Kanchanaburi nehmen Wald, Grasland und Gebirgsketten ein. Diese Gebiete sind in einzelne Nationalparks unterteilt, von denen die bekanntesten der Erawan National Park und der Sai Yok National Park sind. Weniger Besucher zieht es in die Parks Si Nakharin, Chaloem Ratanakosin, Khao Laem und Thong Pha Phum. Aber auch hier gibt es Unterkünfte und Guides.

Sprache

Die Menschen in Zentralthailand sprechen einen gemeinsamen Dialekt. Er gilt als Standardthai, weil auch das Machtzentrum Bangkok zu dieser Region gehört. Man hört viel Chinesisch in den Städten der zentralen Provinzen, denn hier haben sich chinesische Einwanderer als Bauern, Arbeiter und später als Händler niedergelassen. In der Provinz Kanchanaburi lebt auch eine große Anzahl Mon und Karen. Exklaven von Lao und Phuan – Nachfahren der Kriegsgefangenen, die im Zuge der Thai-Raubzüge nach Laos über die Jahrhunderte hinweg zwangsumgesiedelt wurden – finden sich in den drei Provinzen Ayutthaya, Lopburi und Kanchanaburi.

An- & Weiterreise

Die meisten Traveller erobern die Region mit dem Bus oder Zug. Die Busse sind schneller, sauberer und in der Regel auch komfortabler; die Fahrt mit dem Zug dauert länger, ist aber malerischer und manchmal auch geselliger. Zentralthailand ist mit dem Norden und Nordosten durch Bahnlinien verbunden. Es gibt auch ein gutes Autobahnnetz, sodass es sich anbietet, ein Auto zu mieten und unabhängig zu reisen.

Unterwegs vor Ort

Lokalbusse und Züge sind eine billige und einfache Möglichkeit, von A nach B zu kommen. In den meisten Ortschaften kann man auch ein Samlor (auch *săhm·lór* od. *săamláw*; Fahrradriksha mit drei Rädern) oder Tuk-Tuk (ausgesprochen *dúk dúk*; Autoriksha) nehmen. Die für Einheimische angesetzten Preise werden Travellern wahrscheinlich nicht angeboten – daher unbedingt vorher den Preis aushandeln. Lopburi kann man zu Fuß erkunden, in Ayutthaya braucht man schon ein Rad und in Kanchanaburi ein eigenes Fahrzeug oder für den Besuch einiger der Stätten die Hilfe eines Tourveranstalters.

PROVINZ AYUTTHAYA

AYUTTHAYA

พระนครศรีอยุธยา

137 553 Ew.

Ayutthaya war früher ein Machtzentrum Asiens. Auch heute noch können Traveller hier einige verfallene Zeugnisse seiner majestätischen Vergangenheit besichtigen.

TOP FIVE: STÄTTEN IN AYUTTHAYA

- Wat Phra Si Sanphet
- Wat Phanan Choeng
- Wat Chai Wattanaram
- Wat Yai Chai Mongkhon
- Wihaan Mongkhon Bophit

Die ehemalige Königshauptstadt war ein wichtiger Handelshafen. Wenn die Winde günstig standen, wimmelte es in der Stadt von internationalen Fernhändlern. Viele Kaufleute erklärten Ayutthaya mit seinen gewaltigen Tempeln und Palästen voller Schätze zur schönsten Stadt, die sie je gesehen hatten. Doch nachdem die Stadt von einer einfallenden Armee geplündert worden war, verlor sie ihre Macht, sodass heute nur noch die Trümmer zu sehen sind.

Dank umfassender Renovierungs- und Restaurierungsarbeiten kann man sich heute ungefähr vorstellen, wie prachtvoll die Ruinen einst ausgesehen haben mögen.

Obwohl Ayutthaya ein beliebter Besuchermagnet ist, ist es relativ unverschandelt und hat einen ganz eigenen Charme. Die Landschaft abseits der grasbewachsenen Ruinen verändert sich jedoch: Man erkennt, dass die Landwirtschaft von der Industrie abgelöst wird, denn neue Fabriken verdrängen die Reisfelder von früher.

Ayutthaya ist eine kulturell hochinteressante Stadt. Wegen ihrer Nähe zu Bangkok ist sie ein beliebter Zwischenstopp für Traveller, die auf dem Weg in den Norden Thailands sind.

Geschichte

Ayutthaya war von 1350 bis 1767 die Hauptstadt des Königreichs Siam und hatte während dieser 417 Jahre gute Verbindungen zu mehreren europäischen Ländern. Zu seiner Blütezeit stand ein Gebiet unter seiner Herrschaft, das größer war als Großbritannien und Frankreich zusammen. Das Reich war ein Schmelztiegel der Kultur, der Kunst und des Handels. Seine Glanzzeit endete 1767, als die birmanische Armee in die Stadt einfiel und einen großen Teil der Schätze erbeutete.

Benannt ist die Stadt nach Ayodhya (sanskr.: „unbesiegbar"), der Heimatstadt von Prinz Rama aus dem indischen Epos Ramayana. Ay-

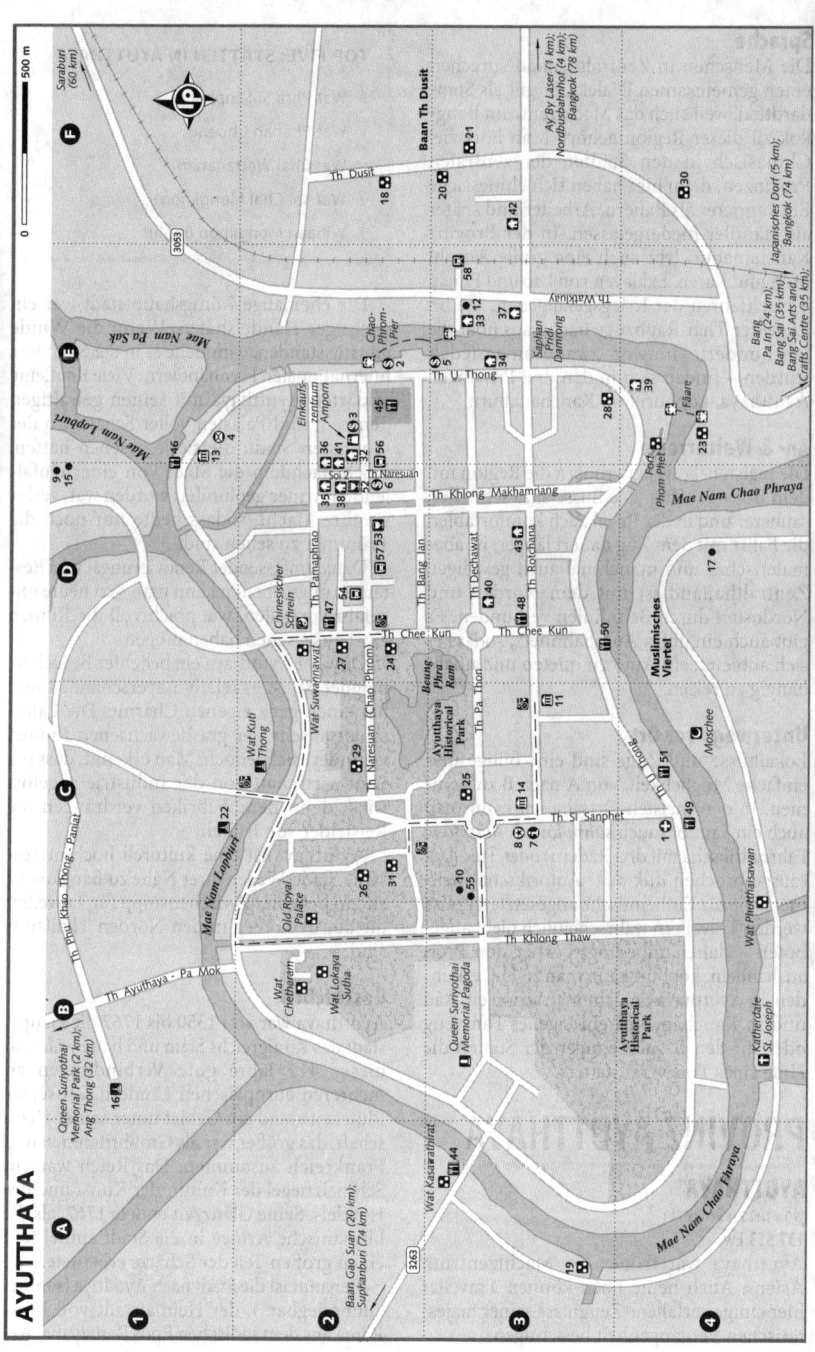

AYUTTHAYA

ZENTRALTHAILAND

utthaya war zunächst nur ein Außenposten der Khmer, bevor es zu einer der führenden Städte Asiens aufstieg. Als erste Europäer kamen 1511 die Portugiesen. Sie waren von der Schönheit der Stadt so angetan, dass sie sie „Venedig des Ostens" nannten.

Der französische Diplomat Abbé de Choisy schrieb 1685 über Ayutthaya: „Sie ist eine große Stadt auf einer Insel, die von einem Fluss umringt wird, der dreimal so groß ist wie die Seine und auf dem französische, englische, holländische, chinesische, japanische und siamesische Schiffe, unzählige Frachtkähne und golden schimmernde Galeeren mit 60 Ruderern schwimmen."

Ayutthaya hatte 33 Könige, die eher tolerant als durch Gewalt regierten. Und mit geschickter Diplomatie erreichten sie, dass keine westliche Macht je die Herrschaft über das Reich erlangte.

Nach der Plünderung der Stadt begann eine Periode der Instabilität, bis General Taksin an die Macht kam und die Hauptstadt nach Bangkok verlegte. Ayutthaya verkam daraufhin zu einer provinziellen Handelsstadt, und die einst prächtigen Bauten wurden Opfer des Verfalls und von Plünderungen. In den 1950ern begann die thailändische Kunstverwaltung mit der Restaurierung der Inselstadt, und seit 1991 gehört sie zum Welterbe der UNESCO.

Orientierung

Erbaut am Zusammenfluss dreier Flüsse (Mae Nam Chao Phraya, Mae Nam Pa Sak und Mae Nam Lopburi) ist das Zentrum von Ayutthaya quasi eine Insel. Die meisten der Tempelruinen befinden sich im nordwestlichen Quadranten der Insel, die meisten Unterkünfte und Transportmöglichkeiten im nordöstlichen. Ein paar große Ruinen findet man auch gleich jenseits der Insel. Die Th U Thong führt als Ringstraße rund um die Insel. Der Bahnhof und der Nordbusbahnhof für die Fernbusse liegen außerhalb der Insel im östlichen Teil der Stadt.

Praktische Informationen

GELD

Es gibt viele Geldautomaten, vor allem an der Th Naresuan in der Nähe des Einkaufszentrums Amporn.

Bank of Ayutthaya (Th U Thong nahe Th Naresuan)
Kasikorn Bank (Th Naresuan)
Siam City Bank (Th U Thong)
Siam Commercial Bank (Th Naresuan)

INTERNETZUGANG

Es gibt mehrere Läden rund um die Soi 2, Th Naresuan, in denen man für 30 B pro Stunde ins Internet kommt.

MEDIZINISCHE VERSORGUNG

Ayutthaya Hospital (☎ 0 3532 2555, Notfall 1669; Ecke Th U Thong & Th Si Sanphet) Mit Notfallzentrum und ein paar Englisch sprechenden Ärzten.

NOTFALL

Touristenpolizei (☎ Notfall 1155; Th Si Sanphet)

ZENTRALTHAILAND

POST
Hauptpost (Th U Thong; ☺ Mo–Fr 8.30–16.30, Sa & So 8–12 Uhr)

TOURISTENINFORMATION
Tourism Authority of Thailand (TAT; ☎ 0 3532 2730, 0 3524 6076; 108/22 Th Si Sanphet; ☺ 8.30–16.30 Uhr) Die Touristeninformation befindet sich im Erdgeschoss des großen, weißen Regierungsgebäudes. Hier bekommt man Stadtpläne und Landkarten. Im oberen Stockwerk gibt's eine kostenlose interaktive Ausstellung über die Geschichte von Ayutthaya zu sehen.

Gefahren & Ärgernisse

Die Hauptstraßen auf der Insel sind in gutem Zustand, doch ansonsten lauern Schlaglöcher, die einem den Tag verderben können. Wer mit dem Rad unterwegs ist, sollte seine Tasche immer am Körper tragen und nicht in den Fahrradkorb legen, wo sie leicht von vorbeifahrenden Dieben gestohlen werden könnte.

Achtung: Viele Kreuzungen haben keine Ampeln. Auf den Straßen Thailands gilt das Motto: Vorfahrt hat der mit der größeren, schnelleren Karre.

Nachts machen Horden streunender Hunde die Straßen unsicher. Blickkontakt vermeiden und Abstand halten, denn manche beißen, wenn man ihnen zu nahe kommt.

Sehenswertes

Von den einst 400 Tempeln Ayutthayas sind heute nur noch ein paar wenige übrig, aber auch anhand der kopflosen Buddhastatuen und der verfallenen Steintreppen kann man sich ein Bild davon machen, wie prachtvoll die Stadt einst gewesen sein muss.

Zur besseren Orientierung haben wir die Sehenswürdigkeiten nach ihrer Lage in „Auf der Insel" und „Nicht auf der Insel" unterteilt. Mit einem Fahrrad kommt man leicht von einer Stätte zur nächsten. Es lohnt sich aber, sich von einem Führer ein paar historische Details erklären zu lassen.

Die meisten Tempel sind zwischen 8 und 16 Uhr geöffnet. Bei den berühmteren Anlagen zahlt man Eintritt. Eine Tageskarte für die meisten Stätten auf der Insel erhält man für 220 B an den Museen oder Ruinen.

Die Ruinen sind Symbole des Königtums und religiöse Stätten, und das sind zwei wichtige Säulen der thailändischen Gesellschaft. Also unbedingt Respekt zeigen (s. S. 48)!

AUF DER INSEL
Die folgenden Sehenswürdigkeiten befinden sich im Zentrum Ayutthayas auf der Insel und können innerhalb von einem bis drei Tagen besichtigt werden.

Wat Phra Si Sanphet
วัดพระศรีสรรเพชญ์
Seine drei auffälligen *chedi* (Stupas) machen den **Wat Phra Si Sanphet** (Eintritt 50 B) zu einem Muss auf jeder Tempeltour. Der einst größte Tempel Ayutthayas wurde im späten 14. Jh. errichtet und von mehreren Königen genutzt.

AYUTTHAYA IN DREI TAGEN

Dieser Dreitagesplan deckt alle wichtigen Ruinen Ayutthayas ab, und man bekommt auch etwas von der malerischen Landschaft gleich außerhalb des Stadtzentrums zu Gesicht.

Tag eins
Da macht man die Radtour, die auf S. 217 beschrieben ist.

Tag zwei
Mit dem Zug geht's zum **Bang Pa In Palace** (S. 221) und dann weiter zum **Bang Sai Royal Arts & Crafts Centre** (S. 222). Nach dem Mittagessen kehrt man nach Ayutthaya zurück und legt unterwegs einen Zwischenstopp am **Wat Phanan Choeng** (S. 216) ein.

Tag drei
Man verlässt die Insel und besucht den **Wat Yai Chai Mongkhon** (S. 217) sowie die nahe gelegene **Portugiesische Siedlung** (S. 216). Am Nachmittag wirft man entspannt noch einen Blick auf **Baan Th Dusit** (S. 217). Dann heißt es, rechtzeitig wieder zur Insel zurückzukehren, damit man bei Sonnenuntergang noch eine Bootsfahrt (S. 218) machen und die Tempel von ihrer schönsten Seite sehen kann.

Zu der Anlage gehörte auch ein 16 m hoher stehender Buddha (Phra Si Sanphet), der mit 250 kg Gold überzogen war. Das wurde jedoch von den birmanischen Eroberern eingeschmolzen.

Wihaan Mongkhon Bophit
วิหารมงคลบพิตร

Neben dem Wat Phra Si Sanphet befindet sich diese Tempelhalle, in der einer der größten Bronzebuddhas Thailands steht. Die 17 m hohe Figur ist zugleich eine der robustesten, denn sie hat schon Blitzeinschläge und Brände überlebt.

Bei seinem Besuch 1955 spendete der birmanische Premierminister 200 000 B für die Restaurierung des Gebäudes – eine Art Wiedergutmachung für die Plünderungen durch sein Land knapp 200 Jahre zuvor.

Wat Phra Mahathat
วัดพระมหาธาตุ

Der **Wat Phra Mahathat** (Eintritt 50 B) wurde 1374 während der Regentschaft von König Borom Rachathirat I. gebaut. Der berühmteste Teil des Tempels ist der in das Wurzelgeflecht eines Baumes verwobene Kopf eines Buddhas. Die Verbindung eines heiligen Bildnisses mit der Natur gilt in Thailand als glücksverheißend, auch wenn niemand genau weiß, wie der Kopf dorthin gelangt ist. Einer Theorie zufolge wurde er nach der Plünderung Ayutthayas durch die Birmanen dort vergessen, und mit der Zeit wuchsen Bäume um ihn herum. Andere meinen, dass Diebe den Kopf stehlen wollten, ihn aber zurücklassen mussten, weil er ihnen zu schwer war. Ebenfalls sehenswert ist der noch erhaltene *prang* (Turm im Khmer-Stil).

Wat Ratburana
วัดราชบูรณะ

Diesen **Tempel** (Ratcha-burana; Eintritt 50 B) gleich nördlich des Wat Phra Mahathat schmückt einer der am besten erhaltenen *prang* der Stadt. Er wurde im 15. Jh. von König Borom Rachathirat II. an der Stelle errichtet, an der seine beiden Brüder eingeäschert worden waren, die beim Kampf gegeneinander um den Thron den Tod fanden.

1957 überfielen Plünderer die Stätte und stahlen viele Schätze. Einige der Schuldigen wurden gefasst. Bei der anschließenden offiziellen Ausgrabung wurden in der Krypta viele seltene Buddhafiguren entdeckt.

Wat Thammikarat
วัดธรรมิกราช

Westlich des Wat Ratburana liegt dieser Tempel, bei dem man wunderbar zwischen den Ruinen sitzen kann. Das auffälligste Merkmal der Anlage ist ein zentraler *chedi*, der rundum von *singha* (Löwenfiguren) bewacht wird. Die Einheimischen glauben, dass der Tempel noch aus der Zeit vor der Ayutthaya-Periode stammt, wofür aber architektonisch nichts spricht.

Wat Suwan Dararam
วัดสุวรรณดาราราม

Dieser Tempel im Südosten der Insel ist wegen seiner unterschiedlichen thailändischen Architekturstile sehenswert. König Rama I. gestaltete den Außenbereich des *uposatha* (das zentrale Gebäude einer Tempelanlage mit Buddhafiguren) in einem älteren Stil, während Rama III. den Innenbereich ausstatten ließ. Die leicht geschwungene Linienführung am Rand des Tempels und die relativ schmucklose Verkleidung sind typisch für diese Epoche. Direkt daneben befindet sich ein *wíhaan* (große Halle) aus der Zeit Ramas IV., an dessen Außenseite ein glänzendes Mosaik und innen Gemälde zum Leben von König Naresuan zu sehen sind.

Ayutthaya Historical Study Centre
ศูนย์ศึกษาประวัติศาสตร์อยุธยา

Die interessanten Modelle in dem **Zentrum** (☎ 0 3524 5124; Th Rotchana; Erw./Student 100/50 B; ⊙ Mo–Fr 9–16.30, Sa & So bis 17 Uhr) vermitteln Besuchern einen Eindruck davon, wie das Leben im alten Ayutthaya ausgesehen haben könnte. Die Ausstellungsstücke zeigen auch das Dorfleben und Aspekte der thailändischen Kultur mit vielen Details.

Chao Sam Phraya National Museum
พิพิธภัณฑสถานแห่งชาติเจ้าสามพระยา

Die meisten Schätze Ayutthayas wurden vor langer Zeit gestohlen bzw. eingeschmolzen. Einige Stücke blieben aber erhalten und wurden in diesem **Museum** (Eintritt 150 B; ⊙ Mi–So 9–16 Uhr) zusammengetragen. Zu den Ausstellungsstücken gehören Goldschätze aus den Krypten des Wat Phra Mahathat und des Wat Ratburana sowie eine riesige Bronzeplastik eines Buddhakopfes aus der U-Thong-Periode. Am Eingang des Museums gibt's verschiedene Bücher zur thailändischen Kunst und Architektur zu kaufen.

ZENTRALTHAILAND

Chantharakasem National Museum
พิพิธภัณฑสถานแห่งชาติจันทรเกษม

Das Gelände des **Nationalmuseums** (Th U Thong; Eintritt 100 B; ☺ Mi–So 9–16 Uhr) ist fast interessanter als seine Sammlung von Artefakten, Skulpturen und antiken Waffen. Das Museum nahe dem Ufer des Mae Nam Pasak liegt innerhalb der Anlage des Wang Chan Kasem (Chan-Kasem-Palast), der 1577 für König Naresuan von dessen Vater errichtet wurde.

Ayutthaya Fighting Show
Hinter dem Stand der „Elefantentaxis" findet die **Ayutthaya Fighting Show** (550 B) statt. Eine zehn Mann starke Truppe führt ihre 30-minütige Show um 10.30, 11.30, 13, 14 und 15 Uhr auf. Die Kämpfe mit Schwertern und Stöcken erinnern an die Kriegsführung von einst. Die Darbietungen gehen schnell und gekonnt vonstatten, und auch an Komik fehlt es nicht.

NICHT AUF DER INSEL
Auf der anderen Seite des Stadtgrabens, der das zentrale Ayutthaya umgibt, sind mehrere berühmte Tempel zu finden sowie ethnische Gemeinden, die von der Internationalität des früheren Königreichs zeugen. Einige dieser Stätten sind leicht mit dem Fahrrad zu erreichen, für andere braucht man ein Motorrad. Man kann auch eine abendliche Bootsfahrt rund um die Insel mitmachen, um die Sehenswürdigkeiten kennenzulernen (s. S. 218).

Wat Phanan Choeng
วัดพนัญเชิง

Der geschäftige, moderne **Tempel** (Eintritt 20 B) ist beliebt bei Thai-Chinesen, die hier beten oder sich wahrsagen lassen.

Im *wíhaan* befindet sich eine berühmte, 19 m hohe Buddhastatue (Phra Phanan Choeng), die von 84 000 Buddhabildern an den Wänden umringt ist. Da auf dem Gelände auch ein chinesischer Tempel steht, hört man ständig Feuerwerkskörper krachen. In der Ordinationshalle sitzen drei Buddhafiguren. Die mittlere ist im U Thong-Stil gearbeitet, die beiden anderen im Sukhothai-Stil.

Die meisten Menschen kommen hierher, um religiöse Verdienste zu erwerben. Viele Gläubige kaufen Beutel mit Fischen, die sie dann rituell in den Fluss freilassen.

Der Wat Phanan Choeng liegt südöstlich der Stadt. Von der Insel aus gelangt man am einfachsten mit der Fähre (5 B) hierher, die

von der Anlegestelle nahe der Festung Phom Phet ablegt. Das Fahrrad kann man bei der Überfahrt mitnehmen.

Portugiesische Siedlung
In der Zeit, als Ayutthaya am mächtigsten war, lebten bis zu 40 Volksgruppen in der Stadt. Als Erste kamen die Portugiesen, gefolgt von den Holländern, Briten und Japanern. Bis zu 2000 portugiesische Händler und Diplomaten lebten in dem Viertel, in dem es drei katholische Kirchen gab. Eine kleine Gruppe thailändischer Katholiken lebt auch heute noch in der Nähe.

Mit den Portugiesen kamen die Gewehre, und dank dieser modernen Waffe konnten die Thais 1520 die Birmanen schlagen. Nach dem Sieg erhielten die Portugiesen Land, auf dem sie bauen durften. 1767 brannten die birmanischen Invasionstruppen die Siedlung nieder. Erst seit 1985 kümmert sich eine portugiesische Stiftung um ihre Restaurierung.

In der Portugiesischen Siedlung gleich südlich der Insel sind in einer offenen Grube die Skelette von 40 portugiesischen Siedlern zu sehen. Toll sind das ungewöhnliche Geisterhaus mit Abbildern des hl. Joseph und des hl. Paulus und eine französische Karte, der zufolge die Gewässer der Stadt einst von Krokodilen wimmelten. Westlich der Portugiesischen Siedlung ist ein **muslimisches Viertel**.

Japanisches Dorf
Weitere 5 km südlich der Portugiesischen Siedlung befindet sich das **Japanische Dorf** (Erw./Kind 50/20 B; ☺ 8–17 Uhr). Die Japaner bildeten eine der größten Ausländergruppen im Reich; viele von ihnen waren Christen, die vor der Verfolgung in ihrem Heimatland in das tolerantere Ayutthaya geflohen waren. Eine Videopräsentation erläutert die Stätte. Auf der Videoleinwand sieht man in gewaltiger Vergrößerung ein holländisches Ölgemälde, das die Pracht der Stadt zur ihrer Blütezeit veranschaulicht. Draußen vor dem kleinen Ausstellungssaal befindet sich ein japanischer Garten.

Wat Chai Wattanaram
วัดไชยวัฒนาราม

Noch vor 40 Jahren war dieser **Tempel** (Eintritt 50 B) dicht mit Dschungel überwuchert. Heute ist er einer der meistfotografierten Ayutthayas – vor allem wegen des eindrucksvollen, 35 m hohen zentralen *prang* im Khmerstil. Der

Tempel wurde 1630 von König Prasat Thong zu Ehren seiner Mutter erbaut. Hier lässt sich wunderbar der Sonnenuntergang genießen. Die Stätte liegt westlich der Insel und ist mit dem Fahrrad über eine nahe gelegene Brücke zu erreichen.

Phu Khao Thong
เจดีย์ภูเขาทอง

Steigt man die 79 Stufen auf diesen *chedi* hinauf, hat man einen tollen Blick über die Stadt. Der *chedi*, dessen Name „Goldener Berg" bedeutet, wurde von den Birmanen in den 15 Jahren ihrer Besatzung errichtet; der Turmaufsatz wurde später von den Thais hinzugefügt. Die Statue vorn ist ein Denkmal für den immer siegreichen König Naresuan, der hier von einer ziemlich surrealen Armee von Kampfhähnen umgeben ist. Der Legende nach verschaffte sich Naresuan während seiner Zeit als Geisel am birmanischen Hof mit seinen unbesiegbaren Kampfhähnen Respekt.

Queen Suriyothai Memorial Park
พระบรมราชานุสาวรีย์สมเด็จพระศรีสุริโยทัย

Nahe dem Phu Khao Thong befindet sich dieser Park, der dem Andenken an die kriegerische Königin gewidmet ist, die 1548 hier in der Nähe im Kampf gegen die Birmanen fiel. Am besten besucht man das weitläufige Gelände am frühen Abend, wenn sich auch viele Thais hier erholen.

Wat Na Phra Meru
วัดหน้าพระเมรุ

Dieser **Tempel** (Phra Mehn; Eintritt 20 B) war einer der wenigen, die der Zerstörung durch die birmanische Armee bei dem Angriff von 1767 entgingen, weil die Birmanen ihn als Hauptquartier nutzten.

Im *bòht* (dem zentralen Heiligtum) zeigt eine beeindruckende mit Schnitzereien verzierte Decke die buddhistischen Himmel. Im Inneren des *wíhaan* steht ein seltener, aus Sri Lanka stammender Buddha aus grünem Sandstein. Er stammt aus der Dvaravati-Periode und ist rund 1500 Jahre alt. Die ausgeprägten Gesichtszüge und die zusammengewachsenen Augenbrauen sind typisch für den Stil dieser Zeit.

Elefantenkral
เพนียดคล้องช้าง

Einst wurden wilde Elefanten eingefangen und in diesem Kral gehalten. Jedes Jahr hat

---

WAS FÜR EIN ANBLICK!

Wer die Tempelruinen schon bei Tageslicht beeindruckend findet, sollte sie mal abends sehen. Einige der schönsten Ruinen Ayutthayas werden nach Sonnenuntergang spektakulär angestrahlt und leuchten in himmlischem Glanz.

Von 19 bis 21 Uhr werden der Wat Ratburana, der Wat Chai Wattanaram, der Wat Phra Ram und der Wat Mahathat angestrahlt. Zu dieser Zeit sind die Anlagen zwar bereits geschlossen, aber es lohnt sich, an den Tempeln einen keinen Spaziergang zu machen oder in einem nahe gelegenen Restaurant mit Blick auf die Tempel zu Abend zu essen.

---

man hier unter den Augen des Königs die besten Tiere ausgewählt, die als Arbeits- oder Kriegselefanten Dienst tun sollten. In dem restaurierten Kral stehen 980 Teakholzstämme. Er befindet sich 2 km außerhalb des Stadtzentrums.

Baan Th Dusit
บ้านถนนดุสิต

In dieser Ruinengruppe wird Ayutthayas beschaulichere Seite offenbar. In dem Gebiet direkt östlich der Insel gibt es hübsche Seen, an denen sich Angler die Zeit vertreiben.

In den **Wat Maheyong** kommen die Leute gern am Wochenende, um in dem grünen Hof nahe den Tempelruinen zu meditieren. Ein Stück weiter die Straße hinunter steht der **Wat Kudi Dao**, der ganz der Natur überlassen wurde und deshalb viel stimmungsvoll ist. Der **Wat Ayutthaya** stammt aus der frühen Ayutthaya-Periode. Hier findet an Mittwoch- und Samstagabenden ein kleiner Markt statt.

Wat Yai Chai Mongkhon
วัดใหญ่ชัยมงคล

Der 7 m lange, liegende, in eine lange, orangefarbene Robe gekleidete Buddha ist die Hauptsehenswürdigkeit in diesem **Tempel** (Eintritt 20 B). König U Thong errichtete das Kloster 1357 für Mönche aus Sri Lanka. Der *chedi* wurde später zu Ehren des Sieges von König Naresuan über die Birmanen gebaut.

Radtour

Die Radtour beginnt am **Ayutthaya Historical Study Centre** (S. 215) und führt dann die Th Rotchana runter zum **TAT-Büro** (S. 214), wo

ZENTRALTHAILAND

man sich die Videopräsentation anschauen kann. Beim Verlassen des Gebäudes geht's nach links und geradeaus durch den Kreisverkehr. Zur Rechten liegt der **Wat Phra Ram**, von dem aus man dann bis zum **Wat Phra Si Sanphet** (S. 214) weiterfährt. Zu Fuß durchquert man die Anlage und gelangt zum **Wíhaan Mongkhon Bophit** (S. 214). Von dort kehrt man zur Th Si Sanphet zurück und biegt am Kreisverkehr nach rechts in die Th Pa Thon ein. Über die kleine Holzbrücke fahren und dann rechts in die Th Khlong Thaw abbiegen. Links liegt der Eingang zum **Wat Chetharam** und zum **Wat Lokaya Sutha**. Danach geht es wieder zurück auf die Th Khlong Thaw und Richtung Norden. Nach rechts in die Th U Thong einbiegen und dem Flussverlauf nach Osten folgen. Dann geht's nach links über eine andere kleine Brücke, die zum **Wat Na Phra Meru** (S. 217) führt. Anschließend wieder auf die Th U Thong fahren und Osten ansteuern, dann in die Th Chee Kun einbiegen. Dort kann man noch dem **Wat Phra Mahathat** (S. 214) und dem benachbarten **Wat Ratburana** (S. 214) einen Besuch abstatten.

Geführte Touren

Bootsfahrten (ab 200 B/Std.) können am Pier in der Nähe des Nachtmarkts oder durch die Pensionen arrangiert werden. Mehrere Pensionen bieten nächtliche Touren durch die Ruinen (200 B/Pers.) an. Diese können allerdings in letzter Minute abgesagt werden, falls sich nicht genug Teilnehmer anmelden.

Wer mehr über die Geschichte Ayutthayas erfahren will, sollte bei der **TAT** (☎ 0 3524 6076; 108/22 Th Si Sanphet; ⊙ 8.30–16.30 Uhr) einen Guide engagieren.

Das an einer Nebenstraße der Th Rotchana gelegene **Ayutthaya Boat & Travel** (☎ 0 2746 1414; www.ayutthaya-boat.com) bietet eine Reihe von Radtouren auf und außerhalb der Insel an. Im Programm ist auch ein zweitägiger Ausflug durch das Umland mit Übernachtung bei einer einheimischen Familie und einer Rundfahrt auf dem Kanal.

ROUTENINFOS RADTOUR

Start Th Rotchana
Ziel Th Chee Kun
Strecke 10 km
Dauer 4 Std.

Festivals & Events

Im November ist das Bang Sai Arts & Crafts Centre (S. 222) der Austragungsort des **Loi Kratong**-Fests. Dann werden Hunderte von wundschönen kleinen Flößen in Lotusform mit Kerzen und Räucherstäbchen beladen und in den Fluss gesetzt. Jedes Jahr Ende Januar wird in dem Zentrum auch ein Jahrmarkt mit traditionellen Gesangs- und Tanzvorführungen abgehalten.

Die Thailand International **Swan-Boat Races** auf dem Mae Nam Chao Phraya am Bang Sai Arts & Crafts Centre finden im September statt.

Schlafen

Backpacker finden in der Soi 2, Th Naresuan, ein paar schlichte Pensionen. Mittel- und Spitzenklasseunterkünfte gibt's am etwas malerischeren Flussufer. In der Nebensaison (April–Nov.) sind erhebliche Rabatte drin.

BUDGETUNTERKÜNFTE

Baan Gao Suan (☎ 0 3526 1732; Ko Kert; Zi. 150–250 B) Wer in einem authentisch thailändischen Privathaus übernachten möchte, kann beim Ortsvorsteher wohnen, der auch ein paar Aktivitäten organisiert. Nähere Infos gibt's bei der TAT (S. 214).

Baan Are Gong (☎ 0 3523 5592; siriporntan@yahoo.com.sg; abseits der Th Rotchana; EZ/DZ 150/350 B; 🕸) In der Soi gegenüber vom Bahnhof befindet sich diese wundervolle, 100 Jahre alte Pension aus Teakholz, die von einer thai-chinesischen Familie geführt wird. Die Fähre (4 B) zur Insel legt nur ein paar Meter entfernt ab.

PU Guest House (☎ 0 3524 1213; 20/1 Soi Thaw Kaw Saw; Zi. 180–550 B; 🕸 💻) Alle Zimmer sind hell, freundlich und gemütlich. Manche haben auch Satelliten-TV, eine Minibar und eine Klimaanlage. Wer einen Japanisch sprechenden Einheimischen sucht, ist hier richtig.

Tony's Place (☎ 0 3525 2578; 12/18 Soi 2, Th Naresuan; Zi. 200–500 B; 🕸) Ständige Mund-zu-Mund-Propaganda bringt immer neue Kundschaft. Die Zimmer haben ein gutes Preis-Leistungs-Verhältnis, und der Service ist freundlich.

Baan Khun Phra (☎ 0 3524 1978; 48/2 Th U Thong; EZ/DZ 250/600 B) Das charmante Teakhaus wurde in der Zeit von König Rama VI. gebaut und steckt voller Überraschungen: Wo sonst würde man echte Thai-Schwerter neben seinem Bett finden? Die meisten Zimmer teilen sich ein Bad. Es gibt auch ein paar Gemeinschaftsschlafsäle.

HILFE FÜR DICKHÄUTER

Elefanten spielten in der thailändischen Geschichte eine wichtige Rolle. Sie wurden im Krieg und beim Städtebau eingesetzt und Könige nutzten sie als Reittiere.

Heute sind sie nicht mehr hoch angesehen, und es gibt auch nicht mehr so viele von ihnen. Oft sieht man sie in den Straßen der Städte um Bananen betteln. Nur noch 4000 zahme und wilde Elefanten leben in Thailand. Da ihr natürlicher Lebensraum immer kleiner wird und die Abholzung von Wäldern verboten ist und die Tiere so keine Aufgabe mehr haben, werden sie heute vorwiegend als Touristenattraktion eingesetzt.

Der **Ayutthaya Elephant Palace** (☎ 08 0668 7727; www.elephantstay.com) bemüht sich, das Ansehen der Tiere und ihrer Pfleger, der Mahuts, zu heben. Angeboten werden Ausritte rund um die Ruinen der Stadt. Daneben betreibt die Organisation ein erfolgreiches Zuchtprogramm und veranstaltet innovative Werbeaktionen. Elefanten aus diesem Kral spielten sogar in Filmen wie Oliver Stones *Alexander* und *In 80 Tagen um die Welt* mit Jackie Chan mit.

Einige der 90 Elefanten betätigen sich mit ihren Rüsseln auch als Künstler. Ihre Malereien sind so beeindruckend, dass man daraus Muster für Kleider machte, die auf einer New Yorker Modenschau gezeigt wurden. Selbst der Dung erfüllt einen Zweck: Man nutzt ihn für die Herstellung von Papier, Lesezeichen und Fotoalben.

Nach dem Tsunami von 2004 konnten die Elefanten aber auch wieder einmal ihre praktische Nützlichkeit beweisen: Man setzte sie in Phang Nga ein, um Leichen zu bergen, weil sie an Orte herankamen, die für Maschinen unerreichbar waren.

Das Zentrum bemüht sich, die verbliebenen Elefanten in Thailand zu schützen, indem es kranke oder misshandelte Tiere aufkauft. Selbst Elefantenbullen, die Dorfbewohner getötet hatten, wurden neu trainiert und tragen heute Touristen durch die Ruinen.

Laithongrien Meepan gründete das Zentrum 1996, nachdem er seiner Tochter einen Elefanten geschenkt hatte. Er setzte sich mit der Bedeutung des Tiers in der thailändischen Kultur auseinander und engagierte sich dafür, ihnen ihre einst so wichtige Stellung wiederzugeben. Die Australierinnen Michelle Reedy, eine frühere Zootierpflegerin, und Ewa Narkiewicz betreiben ein Elefanten-Homestay-Programm vor Ort (4000 B/Tag). Hier lernen die Besucher in einigen Tagen oder Wochen, wie man auf Elefanten reitet, sie badet und ihr Vertrauen gewinnt.

Die Elefantenhaltung ist nicht gerade billig, denn die Dickhäuter fressen pro Tag 150 kg Futter. Deshalb dienen die Elefantenausritte und das Homestay-Programm dazu, die Kosten für den Unterhalt zu decken. Ein Teil des Futters kommt von einer Farm, die allein für die Tiere eine besondere nährstoffreiche Grassorte anbaut. Aber auch Einheimische bringen oft Obst für die Elefanten vorbei.

Die gemeinnützige Organisation ist keine Touristenattraktion, bei der man einfach mal vorbeischaut. Wer sich etwas mehr Zeit für die Elefanten nimmt, wird lernen, dem thailändischen Nationaltier Respekt und Bewunderung entgegenzubringen.

Sherwood Guest House (☎ 08 6666 0813; 21/25 Th Dechawat; Zi. 280–380 B; 🛏 🖳 🖳) Die Zimmer sind vielleicht nicht gerade aufregend, aber es gibt hier einen Pool und der Besitzer ist ein Auswanderer, der einem gute Tipps geben kann, wie man die Stadt am besten erkundet. Auch wer nicht Gast des Hauses ist, darf den Pool gegen ein kleines Entgelt nutzen (Erw./Kind 50/35 B).

Chantana Guest House (☎ 0 3532 3200; chantanahouse@yahoo.com; 12/22 Soi 2, Th Naresuan; Zi. 350–450 B; 🛏) Eine gute Budgetunterkunft mit sauberen, komfortablen Zimmern und hilfsbereiten Angestellten. Am schönsten sind die Zimmer mit Balkon.

Wieng Fa Hotel (☎ 0 3524 3252; 1/8 Th Rotchana; Zi. 400–500 B; 🛏) Retro-Möbel und ein Innenhof prägen den Charakter des professionell betriebenen Hotels.

LP Tipp **Baan Lotus Guest House** (☎ 0 3525 1988; 20 Th Pamaphrao; Zi. 400–600 B; 🛏) Die charmante, von einer Familie geführte Pension ist schlicht die beste Adresse. Das Teakhaus war früher eine Schule und wurde umgebaut. Vor dem Haus ist ein kleiner Wald, hinter dem Haus ein Teich voller Lotusblumen.

MITTEL- & SPITZENKLASSEHOTELS

Die meisten Zimmer der Mittel- und Spitzenklassehotels sind von Pauschalreisenden be-

legt. Solche Unterkünfte findet man auf und jenseits der Insel. Viele der besseren Hotels mögen zwar altmodisch sein, bieten aber einen tollen Blick auf den Fluss.

Ayothaya Hotel (☎ 0 3523 2855; www.ayothaya hotel.com; 12 Soi 2, Th Naresuan; Zi. 650–3500 B; 🏋 🖳 🕿) Auch wenn das Ayothaya Hotel eine Renovierung vertragen könnte, hat es eine großartige Lage, große Zimmer und freundliche Angestellte. Die günstigeren Zimmer befinden sich in einem separaten Gästehaus im hinteren Bereich. In der Nebensaison nach Rabatten fragen!

U Thong Hotel (☎ 0 3521 2531; www.uthonginn.com; 210 Th Rotchana; Zi. ab 1200 B; 🏋 🖳 🕿) Eine gute Mittelklasseunterkunft mit tollem Service, vielen Service-Einrichtungen und komfortablen Zimmern. Ein Shuttlebus fährt kostenlos in die Stadt.

Krungsri River Hotel (☎ 0 3524 4333; www.krungsri river.com; 27/2 Th Rotchana; Zi. ab 1800 B; 🏋 🖳 🕿) Das vornehmste Hotel der Stadt besitzt eine malerische Lage am Fluss und große, stilvolle Zimmer.

River View Place Hotel (☎ 0 3524 1444; 35/5 Th U Thong; Zi. ab 2000 B; 🏋 🖳 🕿) Große, komfortable Zimmer und jede Menge Annehmlichkeiten zeichnen das beste Hotel auf der Insel aus.

Essen

Ayutthaya ist berühmt für seine süßen orientalischen Snacks, Currys und *nám prík* (würzige Dips). Die meisten Traveller sind rund um die Soi 2, Th Naresuan, unterwegs, wo man auch mehrere für den europäischen Gaumen geeignete Restaurants findet. Viele Restaurants am Flussufer haben sich auf Meeresfrüchte spezialiert und bieten einen tollen Blick auf die Tempel. Im geschäftigen, überdachten **Chao Phrom Markt** (Th Naresuan) werden thai-chinesische und orientalische Gerichte serviert.

LP Tipp **Hua Raw Night Market** (Th U Thong) Der Nachtmarkt ist ein toller Ort, um zu Abend zu essen. Es gibt einfache Sitzbereiche am Fluss und neben den üblichen Thai-Imbissen auch Stände mit orientalischen Gerichten, die an dem grünen Stern und dem Halbmond zu erkennen sind.

Roti Sai Mai Stalls (Th U Thong; ⏱ 10–20 Uhr) Die Spezialität in Ayutthaya ist eine orientalische Süßspeise namens *roti sai mai*. Man bereitet sich das supersüße Zeug selber zu, indem man geschmolzenen Palmzucker in dünne Fäden zieht, das Ganze zusammenrollt und in einen

roti wickelt. Stände, die diesen Süßkram verkaufen, findet man vor allem gegenüber dem Ayutthaya Hospital.

Lung Lek (Th Chee Kun; Gerichte 30–40 B; ⏱ 8.30–16 Uhr) Mit tollem Blick auf den Wat Ratburana sitzt man hier inmitten von Einheimischen und schlürft leckere Nudelsuppe.

Tony's Place (Soi 2, Th Naresuan; Gerichte 50–180 B) Das Restaurant der Pension Tony ist immer voll. Auf der Karte stehen ganz ordentliche thailändische und europäische Gerichte, darunter auch eine Menge vegetarische Kost.

Baan Watcharachai (abseits der Th Worachate; Gerichte 75–150 B) Das charmante, friedliche Restaurant befindet sich neben dem Wat Kasatrathirat. Man schnappt sich einen Platz auf dem Holzboot, das draußen vor Anker liegt, und genießt einen *yam plaa dùk fõo* (Salat mit knusprigem Wels).

Sombat Chao Phraya (Th U Thong; Gerichte 80–140 B; ⏱ 10–21.30 Uhr) Ein gemütliches Lokal am Fluss, das sich auf köstliche Meeresfrüchte spezialisiert hat.

Baan Khun Phra (☎ 0 3524 1978; Gerichte 80–140 B; 48/2 Th U Thong) Das am Ufer gelegene Restaurant hinter der gleichnamigen Pension hat ein angenehmes Ambiente und gute thailändische, europäische und vegetarische Gerichte.

Sai Thong (Th U Thong; Gerichte 80–140 B; ⏱ 10–22.30 Uhr) Das äußerst beliebte Restaurant am Fluss hat ein großes Angebot an Meeresfrüchten und wirkt altmodisch solide.

Rabieng Nam (Ecke Th Rotchana & Th Chee Kun; Gerichte 100–160 B; ⏱ 17–24 Uhr) Bei den Thais geht's beim Essen immer auch um Spaß. Und genau darum geht's auch hier, wenn die Einheimischen einander beim Essen mit improvisierten Karaoke-Runden unterhalten.

Ausgehen

In Ayutthaya ist das Nachtleben eher dürftig. Die meisten Backpacker hängen abends rund um die Soi 2, Th Naresuan, herum ab.

Jazz Bar (Soi 2) Die vier musikbegeisterten Betreiber sitzen oft selbst am Schlagzeug und am Bass.

Spin (Ecke Th Naresuan & Th Khlong Makhamriang) Junge Thais genehmigen sich in der urigen Straßenbar Wodka-Saft-Cocktails und gebratene Snacks.

Jenseits der Insel sind rund um den Nachtclub Ay By Laser (AY) nahe dem Nordbusbahnhof ein paar Karaokebars zu finden, in denen die Leute viel Spaß haben.

An- & Weiterreise

BUS

Ayutthaya hat zwei Busbahnhöfe. Der Fernbusbahnhof liegt 5 km östlich vom Zentrum und bedient Ziele nördlich der Stadt. Der Provinzbusbahnhof befindet sich an der Th Naresuan und ist zu Fuß von den meisten Unterkünften leicht zu erreichen. Die Busse aus Bangkok halten zwei Blocks vom Hauptbusbahnhof entfernt.

Die Busse zu Bangkoks Busbahnhof Nord (56 B, 1½ Std., alle 20 Min.) halten am alten Don Muang Airport. Wer direkt vom Suvarnabhumi International Airport kommt, nimmt den Bus zu Bangkoks nördlichem Busbahnhof Mo Chit (S. 197).

Es fahren auch Minivans vom und zum Victory Monument in Bangkok (65 B, 2 Std., 5–19 Uhr stündl.); Abfahrt in Ayutthaya ist an der Th Naresuan westlich des Hauptbusbahnhofs.

Auch die Busse nach Lopburi (40 B, 2 Std., alle 45 Min.) fahren am Busbahnhof an der Th Naresuan ab. Wer nach Kanchanaburi will, muss den Bus nach Suphanburi (60 B, 1½ Std., alle 30 Min.) nehmen und dort für 50 B in einen Bus Richtung Kanchanaburi steigen. Große Songthaeos (Pick-ups) fahren alle 20 Minuten nach Bang Pa In (25 B, 45 Min.).

Der Ticketschalter des Nordbusbahnhofs liegt fünf Minuten zu Fuß von selbigem entfernt. Von diesem Bahnhof fahren Busse u. a. nach Sukhothai (291–371 B, 6 Std., stündl.), Chiang Mai (463–596 B, 9 Std., 3-mal abends), Nan (444–571 B, 8 Std., 2-mal morgens & 3-mal abends) und Phitsanulok (256–329 B, 5 Std., regelm.).

SCHIFF/FÄHRE

Mehrere Tourunternehmen veranstalten Bootsfahrten über den Fluss nach Bangkok; s. Abschnitt Geführte Touren, S. 218. **Boat Step Travel** (☉ 08 9744 2672, 1500 B) legt täglich um 11.30 Uhr in Ayutthaya ab und in Bangkok um 16.30 Uhr an.

ZUG

Der Bahnhof liegt östlich vom Zentrum Ayutthayas und ist mit der Fähre (4 B) über den Fluss schnell zu erreichen.

Züge nach Ayutthaya verlassen Bangkoks Bahnhof Hualamphong (normal/Schnellzug/ Expresszug 15/20/315 B, 1½ Std.) den ganzen Tag über, mit häufigeren Abfahrten zwischen 7 und 11 Uhr sowie zwischen 18 und 22 Uhr.

Fahrpläne sind am Informationsschalter am Bahnhof Hualamphong erhältlich. Wer Zeit sparen will, fährt mit der Bangkoker U-Bahn bis zum Bahnhof Bang Sue und steigt dort in den Zug um.

Ab Ayutthaya fahren Züge Richtung Norden nach Chiang Mai (normal/Schnellzug/ Expresszug 586/856/1198 B, 6-mal tgl.) und Richtung Nordosten nach Pak Chong (normal/Schnellzug/Expresszug 23/73/130 B, regelm.). Letzterer liegt am Bahnhof, der dem Khao Yai National Park am nächsten ist. Außerdem gehen Züge nach Khon Kaen (normal/Schnellzug/Expresszug 173/265/375 B, 6 Std., 4-mal tgl.). Ein Songthaeo vom Bahnhof zum Zentrum kostet 60 B.

Unterwegs vor Ort

Fast an jeder Ecke stehen Samlors oder Tuk-Tuks und warten auf Fahrgäste. Die goldene Regel lautet: Vor dem Einsteigen den Preis aushandeln! Eine Fahrt auf der Insel dürfte zwischen 30 und 40 B kosten.

Die wichtigsten Ruinen liegen dicht beieinander, sodass man umweltfreundlich mit dem Fahrrad fahren oder auf einem Elefanten reiten kann. Viele Pensionen verleihen auch Fahrräder (30 B) und Motorräder (200 B). Man kann eine kleine Tour auf einem Elefanten (400–500 B) oder in einer Pferdekutsche (300 B) rund um die Tempel machen. Die Elefanten stehen in einem Kral an der Th Pa Thon.

Ausflüge mit Longtail-Booten rund um die Insel (ab 200 B/Std.) können am Pier in der Nähe des Nachtmarkts oder in den Pensionen arrangiert werden.

RUND UM AYUTTHAYA
Bang Pa In
บางปะอิน

Der **Königspalast Bang Pa In** (☎ 0 3526 1548; Eintritt 100 B; ☉ 8–15.30 Uhr) ist schon wegen seiner Mischung von verschiedenen Architekturstilen sehenswert. Auf den ersten Blick passen die europäischen, chinesischen und thailändischen Gebäude nicht wirklich zusammen, sie spiegeln aber genau die Einflüsse wider, die Rama V. (König Chulalongkorn, reg. 1868–1910) prägten. König Chula war ein fortschrittlicher Regent, der sich für die Traditionen Europas interessierte. Nach der Rückkehr aus Europa baute er den aus dem 17. Jh. stammenden Palast um. Heute findet man hier eine Replik der Tiberbrücke in Rom,

den **Wehut Chamrun** im chinesischen Stil, den viktorianischen **Withun Thatsana** und eine Parkanlage mit in Elefantenform zurechtgestutzten Sträuchern.

1880 ertrank Königin Sunanta bei einer Fahrt zu dem Palast. Die Adlige hätte gerettet werden können, aber die thailändischen Gesetze verboten es den Höflingen, die Königin anzufassen – deswegen unternahm auch niemand einen Rettungsversuch. Der tragische Unfall veranlasste König Rama V., das Gesetz zu ändern. Ein Marmorobelisk zum Gedenken an die Königin steht auf dem Palastgelände.

Der **Wat Niwet Thamaprawat** an der Rückseite des Parkplatzes am Palast ist der sonderbarste aller Tempel. Er ähnelt einer Kathedrale. Mit seinem gotischen Stil, den Glasmalereien und den Rittern in Rüstung steht er in deutlichem Kontrast zu den Buddhadarstellungen. Man kann kostenlos mit der von Mönchen betriebenen Seilbahn auf die andere Seite des Gewässers fahren.

Vom Provinzbusbahnhof an der Th Naresuan fahren öffentliche Songthaeos (25 B, regelm.) bis zur Haltestelle Bang Pa In. Dort geht's mit dem Motorradtaxi (30 B) weiter zum 4 km entfernten Palast. Man kann auch von Ayutthaya aus mit dem Zug fahren (3. Klasse, 3 B, 30 Min.). Der Bahnhof liegt näher am Palast als die Bushaltestelle; man braucht aber auch hier ein Motorradtaxi (20 B) für die letzte Etappe.

Das **Bang Sai Arts & Crafts Centre** (☎ 0 3536 6252; www.bangsaiarts.com; ☎ 9–17 Uhr) liegt 17 km südwestlich vom Palast. Das Zentrum wurde 1984 mit Unterstützung von Königin Sirikit eröffnet und widmet sich auf dem 180 ha großen Gelände der Bewahrung traditioneller thailändischer Handwerkskünste. Hier fertigen Bauern Produkte an, die in der Nebensaison als zusätzliche Einnahmequelle fungieren. Besucher können Werkstätten besichtigen, in denen Einheimische schnitzen, Seide färben oder Messer anfertigen. Im Sala Phra Ming Kwan-Pavillon gibt's Schmuck, Kleidung und Textilien zu kaufen, ebenso in dem eigens errichteten Kunsthandwerkerdorf.

Ein **Vogelpark** (Eintritt 20 B) und zwei riesige zylindrische **Aquarien** mit großen Süßwasserfischen aus Thailand halten auch den Nachwuchs bei Laune.

Zum Zentrum nimmt man zunächst den Zug oder ein Songthaeo bis Bang Pa In und von dort ein Motorradtaxi.

PROVINZ LOPBURI

LOPBURI
ลพบุรี

Das relaxte Lopburi ist eine charmante Kleinstadt mit Tempelruinen, Nudelständen und Straßenmärkten.

Im Rahmen von Spaziergängen kann man innerhalb von ein bis zwei Tagen locker die wichtigsten Sehenswürdigkeiten abklappern und die Geschichte der Stadt auf sich wirken lassen, die zur Zeit des Dvaravati-, Khmer-, Sukhothai- und Ayutthaya-Reichs eine wichtige Rolle spielte.

Auf den Märkten, die morgens und abends in den Straßen abgehalten werden, lernt man das Leben in einem thailändischen Provinzstädtchen kennen. Das gemächliche Treiben wird nur dann mal hektisch, wenn die Einheimischen Jagd auf ihre lästigsten Mitbewohner machen – eine Horde von Affen. Die Makaken hausen in den Ruinen – aber man darf auch nicht erschrecken, wenn einer dieser listigen kleinen Kerle plötzlich im Hotelzimmer auftaucht.

Das Städtchen ist bekannt für seine Sonnenblumenfelder, für Kokosnussgelee und Rattanmöbel. Angebaut werden überwiegend Zuckerrohr und Reis.

Lopburi liegt etwa 150 km nördlich von Bangkok. Die meisten Traveller sind auf ihrem Weg in den Norden des Landes hier nur auf der Durchreise.

Geschichte
Lopburi ist eine der ältesten Städte Thailands und erlangte in der Dvaravati-Epoche (6.–11. Jh.) Bedeutung.

Als sich das Khmer-Reich im 10 Jh. nach Osten ausbreitete, übte sein Stil starken Einfluss auf die Architektur und das Kunstschaffen von Lopburi aus. Viele ältere Gebäude wurden zerstört, sodass heute die noch erhaltenen Ruinen in der Stadt, vor allem der Prang Sam Yot und der Wat Phra Si Ratana Mahathat, deutliche Merkmale des Khmerstils aufweisen.

Lopburi, das damals Lavo hieß, war eine Grenzstadt des Khmer-Reichs und wurde zu einem Verwaltungs- und Handelszentrum. Mit dem Aufstieg des Sukhothai-Reichs sank der Stern von Lopburi, doch während der Ayutthaya-Epoche wurde es zur zweiten Hauptstadt des Reichs, in der viele einfluss-

reiche ausländische Würdenträger zu Gast waren. Diese Einflüsse von außen führten zu einem Aufschwung in den Bereichen Architektur, Astronomie und Literatur.

In der Mitte des 17. Jhs. ließ König Narai die Stadt befestigen, weil die Holländer mit einer Seeblockade drohten. 1665 errichtete er einen Palast in Lopburi, wo er 1688 starb.

Orientierung

Lopburi ist zweigeteilt: Die kompakte Altstadt liegt auf der einen Seite der Schienenstränge, die größere und entschieden weniger ansprechende Neustadt auf der anderen. Die Altstadt kann man leicht zu Fuß erkunden. Hier befinden sich auch alle wichtigen historischen Stätten.

Praktische Informationen

Es befinden sich mehrere Banken in der Altstadt, und es gibt eine ganze Reihe Internetcafés an der Th Na Phra Kan, in denen man etwa 20 B pro Stunde zahlt.

Communications Authority of Thailand (CAT; Th Phra Narai Maharat; ✆ 8.30–16.30 Uhr)

Krankenhaus (☎ 0 3662 1537-45; Th Ramdecho)

Nature Adventure (☎ 0 3642 7693; kkhumwong@ yahoo.com; 15-17 Th Phraya Kamjat) Organisiert Klettertouren nach Khao Chin Lae.

Polizei (☎ 0 3642 4515; Th Na Phra Kan)

Post (Th Phra Narai Maharat)

TAT (☎ 0 3642 2768-9; Th Phraya Kamjat; ✆ 8.30–16.30 Uhr) Hier bekommt man den exzellenten Stadtplan der TAT.

Zon Coffee Bar (Th Naresuan) Kostenloses WLAN.

LOPBURI

Maßstab 0 ⸻ 400 m
ungefähr

PRAKTISCHES
Communications Authority of
  Thailand..1 C4
Krankenhaus.....................................2 C4
Polizei..3 A3
Post...4 C4
Siam Commercial Bank......................5 A3
Büro der Tourism Authority
  of Thailand (TAT)............................6 A4

SEHENSWERTES & AKTIVITÄTEN
Chao Phraya Wichayen.......................7 A3
Phra Narai Ratchaniwet.......................8 A4
Prang Khaek.....................................9 A3
Prang Sam Yot.................................10 A3
San Phra Kan...................................11 B3
Wat Nakhon Kosa.............................12 B3
Wat Phra Si Ratana Mahathat............13 A4
Wat Sao Thong Thong.......................14 A3

SCHLAFEN
Lopburi Asia Hotel............................15 A3
Nett Hotel......................................16 A3
Noom Guest House...........................17 A4
Sri Indra Hotel.................................18 A3
Thepthani Hotel...............................19 C4

ESSEN
Zentraler Markt...............................20 A3
Chok Dee Dimsum Restaurant...........21 A3
Khao Tom Hor.................................22 A3
Thaisawang House...........................23 A4
White House....................................24 A3

AUSGEHEN
Jontrajao...25 A4
Noom Guest House...................(siehe 17)

TRANSPORT
Busbahnhof.....................................26 D4
Bahnhof..27 B4

Sehenswertes
PHRA NARAI RATCHANIWET
พระนารายณ์ราชนิเวศน์

Einen Spaziergang durch die Ruinen Lopburis beginnt man am besten beim alten **Königspalast** (Eingang an der Th Sorasak; Eintritt 150 B; ☯ Galerie Mi–So 8.30–16 Uhr, Palastgelände 7–17.30 Uhr).

Auf dem Palastgelände befindet sich das **Museum von Lopburi** (der offizielle Name lautet Somdet Phra Narai National Museum), in dem interessante Ausstellungsstücke die Geschichte der Provinz erläutern. Das Museum ist auf drei verschiedene Gebäude aufgeteilt. Im **Phiman-Mongkut-Pavillon** stehen Skulpturen und Kunstwerke aus den Lopburi-, Khmer-, Dvaravati-, U-Thong- und Ayutthaya-Epochen. Die **Chantara-Phisan-Thronhalle** zeigt Gemälde und Artefakte zum Andenken an König Narai, und das im europäischen Stil errichtete **Phra-Pratiab-Gebäude** präsentiert eine kleine Sammlung von traditionellem Kunsthandwerk und Jagdutensilien.

Französische und italienische Ingenieure halfen bei der Gestaltung des Palasts, der zwischen 1665 und 1677 errichtet wurde. Lopburi diente während der Regentschaft von Ayutthayas König Narai als zweite Hauptstadt. Der Monarch empfing hier ausländische Würdenträger und hielt sich während der Jagdsaison im Palast auf.

Nach dem Tod König Narais im Jahre 1688 stand der Palast leer, bis König Mongkut (Rama IV.) 1856 seine Restaurierung anordnete.

Das Haupttor des Palasts, **Pratu Phayakkha**, befindet sich an der Th Sorasak. Unmittelbar hinter dem Tor sieht man zur Linken die Reste der Trinkwasserspeichers und der Halle, in der einst ausländische Gesandte empfangen wurden.

Wenn man weitergeht, kommt man zu den Elefantenställen. Weiter hinten in der Anlage befindet sich die **Suttha-Sawan-Thronhalle**, in der König Narai starb. Hier kann man sich eine für alle Ruinen gültige Tageskarte (150 B) kaufen.

WAT PHRA SI RATANA MAHATHAT
วัดพระศรีรัตนมหาธาตุ

Gegenüber vom Bahnhof befindet sich dieser im 13. Jh. errichtete **Khmertempel** (Th Na Phra Kan; Eintritt 50 B; ☯ 7–17 Uhr). Er war früher das größte Kloster der Stadt und wurde aufwändig renoviert, sodass man hier gute Fotos schießen kann. Der zentrale Phra Prang hat ein sehenswertes Basrelief, das Szenen aus dem Leben Buddhas zeigt.

PRANG SAM YOT
ปรางค์สามยอด

Dieser **Schrein** (Th Wichayen; Eintritt 50 B; ☯ 8–18 Uhr) ist die bekannteste Sehenswürdigkeit und das am häufigsten fotografierte Motiv der Altstadt. Die drei miteinander verbundenen Türme symbolisierten ursprünglich die hinduistische Trimurti (Dreieinigkeit) von Shiva, Vishnu und Brahma. Heute enthalten zwei von ihnen zerstörte Buddhabildnisse im Lopburistil. Man kann die Türme besichtigen und sich ein wenig Erholung von der Hitze und den Affen gönnen.

Manchmal bieten junge Guides ihre Dienste für einen Rundgang an. Ihre Englischkenntnisse sind zwar nicht berauschend, aber mit ihren Katapulten halten sie die Affen auf Abstand. Das Monument ist das beste Beispiel der Khmer-Lopburi-Architektur und sieht vor allem nachts toll aus, wenn es angestrahlt wird.

CHAO PHRAYA WICHAYEN
บ้านวิชาเยนทร์

König Narai errichtete diesen thailändisch-europäischen **Palast** (Th Wichayen; Eintritt 50 B; ☯ 9–16 Uhr) als Residenz für ausländische Botschafter. Der berühmteste Bewohner des Palasts war der griechische Diplomat und Händler Konstantin Phaulkon. Dieser kannte sich gut in der europäischen Technologie aus und gehörte deshalb zum engsten Umkreis von König Narai. Missgünstigen Höflingen war Phaulkons Einfluss und Reichtum ein Dorn im Auge, und als König Narai im Sterben lag, wurde Phaulkon verhaftet und geköpft. Der Palast liegt nordöstlich des Wat Sao Thong Thong auf der anderen Straßenseite.

PRANG KHAEK
ปรางค์แขก

Dieser Turm aus dem 11. Jh. steht auf einem dreieckigen Grundstück, das im Norden von der Th Wichayen begrenzt wird. Das Gebäude hat Backsteinmauern im Khmerstil und war früher wohl ein Tempel für den Hindugott Shiva.

NOCH MEHR RUINEN

Direkt am Bahnhof stehen die Reste des im 12. Jh. errichteten **Wat Nakhon Kosa** (Th Na Phra

AFFENTHEATER

Wenn man in Lopburi Leute mit 2 m langen Stöcken und Katapulten rumlaufen sieht, dann sind das keine Verrückten – mit diesen Hilfsmitteln versuchen die Einheimischen nur, die Herrschaft nicht ganz den Affen zu überlassen. Diese Affen (eine Makakenart) prägen Lopburis Erscheinungsbild ganz entscheidend, und in der Altstadt ist es unmöglich, ihnen zu entkommen. Sie hangeln an Oberleitungen herum, bahnen sich ihren Weg über Wellblechdächer und streiten sich um ein Stück Mango. Kurz: Sie sind einfach überall.

Ihre beliebtesten Jagdgründe sind der **San Phra Kan** (Kala-Schrein; Th Wichayan) und der **Prang Sam Yot** (Th Wichayan). Beim Besuch dieser Stätten sollte man Wasserflaschen und alles, was die Affen für Futter halten könnten, in einer Tasche verstauen. Jede Flasche, die zu sehen ist, halten die Tiere für ihre legitime Jagdbeute. Die Affen treiben sich aber nicht nur in den Ruinen herum: Sie tauchen auch auf den Balkonen der Hotels auf oder hangeln an den Markisen der Läden entlang.

Die Einheimischen benutzen zwar Katapulte, um die Affen auf Abstand zu halten, achten aber darauf, sie nicht zu verletzen, weil der Buddhismus den Schutz aller Lebensformen gebietet. Außerdem betrachten manche Einwohner die Affen als „Kinder" der Hindugöttin Kali, und wenn man eins verletzt, würde einem das ein schlechtes Karma eintragen. In der letzten Novemberwoche wird den Affen im Prang Sam Yot ein Festschmaus bereitet – als Dank dafür, dass sie Wohlstand nach Lopburi bringen. Jedes Jahr steht etwas anderes im Mittelpunkt, mal Obst oder auch mal Eiscreme. Das Büfett wird sorgfältig mit allerlei Leckereien bestückt, und dann dürfen die Affen sich bedienen – wofür sie keine besondere Einladung brauchen. Damit die Affen die Touristen nicht zu sehr bedrängen, ist eine Futterstelle für sie eingerichtet: Um 10 und um 16 Uhr bekommen sie neben dem San-Phra-Kann-Schrein täglich Obst und Gemüse.

Eine stämmige Sicherheitsbeamtin bewacht mit ihrem Gummiknüppel eifrig den Eingang zum Schrein, damit kein Affe hineinkommt. Besonders skurril ist der Anblick der verwunderten wilden Affen, die zuschauen, wenn ihre in Gefangenschaft gehaltenen Artgenossen in einer Show auftreten. Die springen in einem kleinen Pavillon durch brennende Reifen und spielen mit Kokosnüssen Basketball.

In der Nähe der Affen sollte man vorsichtig sein. Sie sehen zwar süß aus, aber sind immer noch wilde Tiere. Wo man ein niedliches Affenbaby erblickt, ist immer auch die verteidigungsbereite Mutter nicht weit. Wer daran zweifelt, dass die Affen richtig zubeißen können, muss nur einen Blick auf die Arme der jungen Guides werfen.

Kan), der ursprünglich wohl ein hinduistischer Schrein war. Der Haupt-*chedi* wurde während der Dvaravati-Epoche gebaut, den *wíhaan* hat man später auf König Narais Befehl hinzugefügt. Auf der Rückseite des Schreins steht eine Sammlung von Buddhafiguren ohne Köpfe.

Der **Wat Sao Thong Thong** (Th Wichayen) nordwestlich vom Palastzentrum ist eigentlich nur wegen seiner ungewöhnlichen gotischen Fenster bemerkenswert. Man hat diese unter König Narai eingebaut, damit der Tempel als christliche Kapelle genutzt werden konnte. Das Gelände diente einst wahrscheinlich als Sitz für die persischen Botschafter.

Wat Phra Bat Nam Phu
วัดพระบาทน้ำพุ

Die Mönche dieses Tempels kümmern sich hier um HIV-Infizierte und AIDS-Kranke und sind auch in anderen sozialen Projekten engagiert. Der inmitten von nebelverhangenen Bergen und grünen Feldern gelegene Tempel bietet den Patienten die nötige erholsame Ruhe. Die buddhistische Lehre, dass der Tod ein Teil des Lebens sei und man sich nicht vor ihm zu fürchten brauche, wird besonders im „Museum des Lebens" verdeutlicht. Hier sind die Körper von Männern, Frauen und Kindern zu sehen, die der Krankheit bereits zum Opfer gefallen sind. Ebenfalls ausgestellt sind Skulpturen, die mit Knochenleim angefertigt wurden. In dem Tempel können Traveller auch Freiwilligenarbeit leisten. Wer hierher kommt, sollte sich immer vor Augen halten, dass der Tempel keine Touristenattraktion, sondern ein Heim für Patienten ist. Und das bedeutet: Respekt und Mitgefühl zeigen! Der Tempel liegt 4 km abseits der Th Phahol Yothin.

FLEDERMAUSHÖHLEN

Außerhalb des Ortes gibt es mehrere Höhlen und malerische Plätzchen. Am schönsten ist die Fledermaushöhle am **Khao Wong Kot**, 20 km nordwestlich von Lopburi. Bei Sonnenuntergang strömen Tausende von Fledermäusen aus der Höhle heraus und gehen auf die nächtliche Jagd. Man nimmt den Zug (5 B) von Lopburi Richtung Norden und steigt am Bahnhof Nong Sai Khao auf ein Motorradtaxi um. Der letzte Zug zurück nach Lopburi fährt um 16.45 Uhr.

Aktivitäten

KLETTERN

Am nahe gelegenen Khao Chin Lae gibt's mehr als 40 Kletterrouten – hier findet also jeder eine passende Strecke nach oben. Auf dem Berg angekommen, wird man mit einem tollen Blick auf die berühmten Sonnenblumenfelder Lopburis belohnt (vorausgesetzt man kommt zwischen November und Januar, wenn die Blumen blühen). Wer nur die Sonnenblumen sehen will, kann in Lopburi den Bus nach Ban Muang (18 B) nehmen und den Fahrer bitten, ihn am Khao Chin Lae abzusetzen.

Festivals & Events

Mitte Februar findet am Phra Narai Ratchaniwet drei Tage lang das **König-Narai-Festival** (www.thailandgrandfestival.com) statt. Die Einheimischen legen traditionelle Kleider an und halten eine farbenfrohe Parade zum früheren Palast ab. Zu den Highlights zählt eine Aufführung des *lá-kon ling* (ein traditionelles Theaterstück, das von Affen vorgeführt wird).

Echte Makaken stehen in der letzten Novemberwoche beim **Affenfestival** (s. Kasten S. 225) im Mittelpunkt. Den Affen wird ein eigenes Festmahl ausgerichtet, und Tausende Menschen beobachten das Gelage.

Schlafen

Die Übernachtungsmöglichkeiten in Lopburi beschränken sich auf einfache Budgetzimmer mit verblasster Wandfarbe. Wer in der Altstadt wohnt, hat die historischen Ruinen gleich vor der Haustür – aber auch die Affen. Wer auf das Affentheater vor dem Fenster verzichten kann, sollte sich ein Hotel weitab vom Prang Sam Yot nehmen. In der Neustadt gibt es Mittelklasseunterkünfte; dann ist man aber auf Verkehrsmittel angewiesen.

BUDGETUNTERKÜNFTE

Es ist fast unmöglich, in Lopburi etwas anderes als ein Budgetzimmer zu bekommen. Die Zimmer sind ziemlich heruntergekommen, liegen dafür aber direkt in der Altstadt.

Noom Guest House (☎ 0 3642 7693; kkhumwong@ yahoo.com; Th Phraya Kamjat; Zi. 150–300 B) Dank den Bungalows mit den Bambusdächern und Blick auf einen grünen Garten gehört diese Pension zu den angenehmeren Unterkünften. Die Zimmer im Obergeschoss teilen sich ein Gemeinschaftsbad.

Sri Indra Hotel (☎ 0 3641 1261; Th Na Phra Kan; Zi. 200–300 B; ▨) Vom Sri Indra gegenüber vom Bahnhof schauen Gäste auf den San Phra Kan-Schrein. Das Haus hat gepflegte Zimmer und einen tollen Service.

Lopburi Asia Hotel (☎ 0 3661 8894; Ecke Th Sorasak & Th Phraya Kamjat; EZ/DZ ab 250/450 B; ▨) Die Zimmer könnten einen neuen Anstrich vertragen, bieten aber TV, Klimaanlage und warmes Wasser. Bevor man ein Zimmer bucht, sollte man sich ein paar zeigen lassen.

Nett Hotel (☎ 0 3641 1738; 17/1-2 Th Ratchadamnoen; Zi. 300–500 B; ▨) Das Nett im Herzen der Altstadt hat renovierte Zimmer und das netteste Preis-Leistungs-Verhältnis.

Thepthani Hotel (☎ 0 3641 1029; Th Phra Narai Maharat; Zi. 400 B; ▨) Das Thepthani direkt vor der Altstadt wird vom Institut für Tourismus und Gastgewerbe der Universität Rajabhat betrieben. Die Zimmer sind ganz ordentlich und die Badezimmer makellos. Die blauen Busse, die zwischen der Altstadt und der Neustadt fahren, halten hier (10 B).

MITTEL- & SPITZENKLASSEHOTELS

Lopburi Inn Hotel (☎ 0 3641 2300; www.lopburiinnhotel. com; 28/9 Th Phra Narai Maharat; Zi. 700–950 B; ▨ ▨) Wer von Affen nicht genug kriegen kann, wird hier von einem 3 m großen Primaten aus Bronze und Dutzenden kleineren Affenstatuen begrüßt. Die Zimmer im Obergeschoss haben ein riesiges Bad.

Lopburi Inn Resort (☎ 0 3642 0777; www.lopburiinn resort.com; 144 Tambon Tha Sala; Zi. 950–1350 B; ▨ ▨) Das Thema Affen wird auch hier, im Schwesterunternehmen des Lopburi Inn Hotels, weitergeführt. Die Lage 5 km außerhalb der Stadt ist zwar nicht ideal, dafür ist das die schickste Unterkunft.

Essen & Ausgehen

Die Straßen in der Altstadt sind voller Imbissstände, an denen man alle möglichen Snacks

kaufen kann. Mittwochs findet an der Th Phraya Kamjat ein belebter Markt statt. Ansonsten ist jeden Abend an den Imbissen an der Th Na Phra Kan viel los.

Khao Tom Hor (Ecke Th Na Phra Kan & Th Ratchadamnoen, Gerichte 30–80 B) Abend für Abend bevölkern Einheimische dieses Lokal. Zu den thai-chinesischen Gerichten auf der Karte zählen das exzellente *plaa salid tôrd* (frittierter eingesalzener Fisch) und *pàd gàprow gài* (Hühnchen mit Kaprao-Blättern).

Thaisawang House (Th Sorasak; Gerichte 60–100 B; 8.30–20 Uhr) Das einfache thai-vietnamesische Restaurant serviert die wohl größten Portionen der Stadt. Besonders gut sind der Zitroneneistee und die gedämpften Eierkuchen. Einen Blick wert ist auch der von Spielzeugfiguren umgebene „Schrein" hinter dem Tresen.

Zentraler Markt (abseits der Th Ratchadamnoen & Th Surasongkhram; 6–17 Uhr) Hier schlendert man an Dutzenden von Ständen vorbei und kann die verschiedenen Snacks kosten. Empfehlenswert sind *kôw đom mùd* (in Kokosblätter gewickelter Reis), *đa·go peu·ak* (Taro-Pudding mit Kokosmilch) und *gài tôrt* (Brathähnchen). In der Mitte des Markts gibt's auch einen Pavillon, der vegetarische Gerichte anbietet.

White House (Th Phraya Kamjat; Gerichte 80–200 B; 17–22 Uhr) Das kolonial wirkende Restaurant hat ordentliche thai-chinesische Gerichte im Angebot. Beim Essen kriegt man vom freundlichen Khun Piak Reisetipps.

Chok Dee Dimsum Restaurant (Th Ratchadamnoen; Gerichte 16–22 B; 8.30–22 Uhr) Hier gibt's winzige, aber leckere Dinge wie Fleischklößchen und gedünstete Schweinefleischbällchen. Die Kellner sorgen für zusätzliche Stimmung, indem sie die Ankunft jedes Gerichts mit einem kurzen Schrei ankündigen.

In der Neustadt gibt es ein paar Restaurants und Bars, hauptsächlich an der Th Naresuan. Das beste unter ihnen ist das **Good View** (Th Naresuan; Gerichte 80–150 B; 17–1 Uhr). In der dreistöckigen Bar im Country-Stil ist eine große Auswahl an Meeresfrüchten im Angebot.

Wer abends noch ausgehen will, findet in der Altstadt nur das **Noom Guest House** (Th Phraya Kamjat), in dem in Thailand lebende Ausländer beim Bier sitzen, oder das **Jontrajao** (keine Ausschilderung in lateinischen Buchstaben; Th Sorasak) um die Ecke, wo Einheimische der Musik der Hausband im Stil der thailändischen Rockband Carabao lauschen. Die Bar erkennt man an der riesigen „Benmore"-Werbetafel auf dem Dach.

An- & Weiterreise
BUS
Lopburis **Busbahnhof** (Th Naresuan) ist fast 2 km von der Altstadt entfernt. Von hier aus fahren Busse nach Ayutthaya (32 B, 2 Std., alle 30 Min.), zu Bangkoks Busbahnhof Nord (120 B, 3 Std., alle 40 Min.) und nach Nakhon Ratchasima (Khorat; 136 B, 3½ Std., stündl.). Die Busse nach Ayutthaya fahren von der Haltestelle 21 ab. Ein Motorradtaxi vom Busbahnhof zur Altstadt kostet 30 B.

Wer nach Kanchanaburi fahren will, nimmt den Bus an Haltestelle 13 und steigt in Suphanburi (65 B, 3 Std., alle 90 Min.) in einen Ortsbus (50 B) um. Weitere nahe gelegene Ziele sind u. a. Singburi und Ang Thong.

ZUG
Der **Bahnhof** (Th Na Phra Kan) liegt in Gehweite von der Altstadt und den dortigen Pensionen.

Züge Richtung Süden nach Ayutthaya (normal/Schnellzug/Expresszug 13/20/310 B) und zu Bangkoks Bahnhof Hualamphong (normal/Schnellzug/Expresszug 28/50/344 B) fahren bis 14.50 Uhr fast jede Stunde und ein paar am frühen Abend. Die Fahrt mit dem Expresszug dauert etwa drei Stunden, die mit dem normalen Zug viereinhalb. Wer nach Bangkok möchte, spart Zeit, wenn er am Bangkoker Bahnhof Bang Sue aussteigt und dann mit der U-Bahn ins Stadtzentrum fährt.

Die Züge von Lopburi nach Norden halten in Phitsanulok (normal/Schnellzug/Expresszug 49/99/393 B). Es fahren regelmäßig Züge, außer zwischen 15 und 20 Uhr. Wer nur kurz einen Zwischenstopp macht, kann seine Sachen in die Gepäckaufbewahrung geben (10 B/Gepäckstück).

Unterwegs vor Ort
Songthaeos und Ortsbusse fahren zwischen der Altstadt und der Neustadt über die Th Wichayen und die Th Phra Narai Maharat (10 B/Pers.). Eine Fahrt mit dem Samlor innerhalb der Altstadt kostet 30 B.

PROVINZ KANCHANABURI

Kanchanaburi mag eine der größten Provinzen Thailands sein, gehört aber auch zu den am wenigsten erschlossenen. Große Gebirgsketten trennen die Provinz von Myanmar. Auf

ZENTRALTHAILAND

den fruchtbaren Feldern wird Reis, Zuckerrohr und Tapioka angebaut.

Die meisten Besucher kommen für ein paar Tage in die Provinzhauptstadt, besuchen die Gedenkstätten aus dem Zweiten Weltkrieg und gehen wandern. Gleich außerhalb der Hauptstadt finden sich tosende Wasserfälle, Höhlen und Wälder. Im Norden der Provinz liegen mehrere Nationalparks, in denen scheue Tiger, Elefanten und Gibbons leben. Die Parks erfreuen sich wachsender Beliebtheit bei Besuchern, die die Nähe zur Natur suchen.

Die Stadt Kanchanaburi ist der beste Ort, um Touren zu buchen und sie besitzt die größte Auswahl von Unterkünften und Aktivitäten. Wenn man Richtung Nordwesten

fährt, entdeckt man wenig besuchte Ortschaften, in denen Angehörige ethnischer Gruppen leben, die vor dem brutalen Regime im benachbarten Birma geflohen sind. In diesen Grenzorten, in denen das Leben so gemächlich dahinplätschert wie ein auf dem Fluss treibendes Fischerboot, verbringt man schnell mal mehr Zeit als geplant. Gegenden wie diese sind der Beweis, dass es in Thailand eben doch Stellen gibt, die von Tourismus und Verstädterung unberührt geblieben sind.

KANCHANABURI
กาญจนบุรี
63 112 Ew.

Die wundervolle Natur in und um Kanchanaburi lockt Traveller an, die eine Alter-

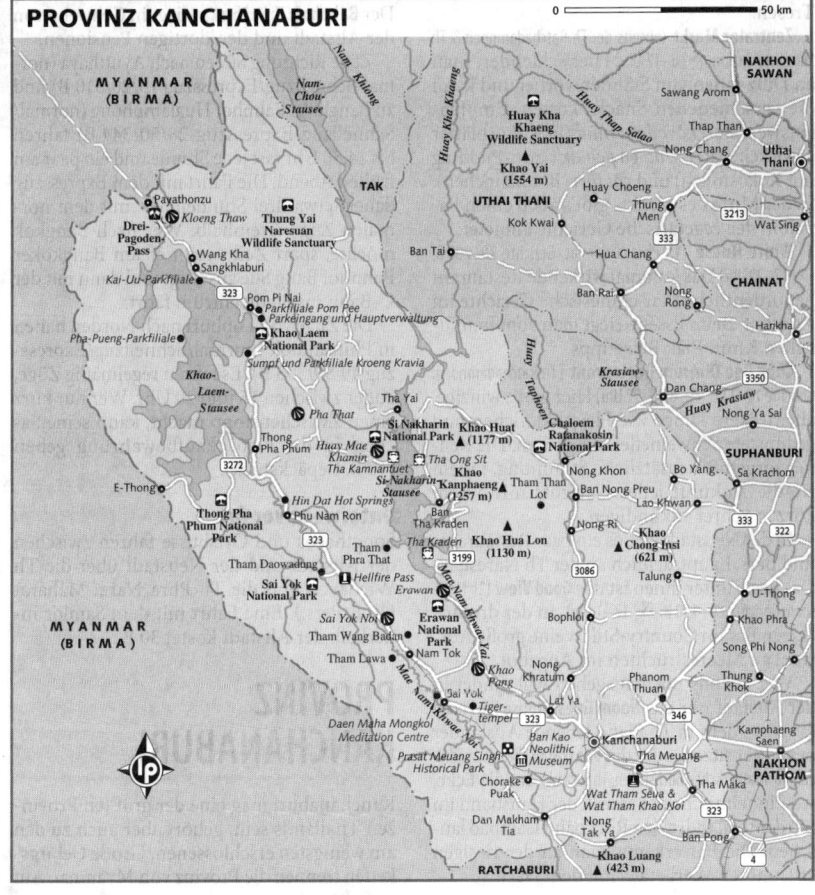

PROVINZ KANCHANABURI

native zum geschäftigen, 130 km entfernten Bangkok suchen. Aber am Wochenende kommen auch viele Stadtbewohner hierher, oft Lieder grölend auf protzigen Karaokeschiffen, und dann ist es mit der Ruhe augenblicklich vorbei.

Die Stadt liegt im leicht erhöhten Flusstal des Mae Nam Mae Klong und ist umgeben von Tapioka-, Zuckerrohr- und Maisfeldern. Wasserfälle, Flüsse und Dschungel im Norden und Nordosten sorgen für eine der malerischsten Kulissen, die Thailand zu bieten hat. Darüber hinaus verbergen sich in den Kalksteinbergen Tropfsteinhöhlen voller Stalaktiten, Stalagmiten und glitzernder Kristallformationen. Die Höhlen sind auch spirituelle Stätten für animistische Glaubensrichtungen; in ihnen sind viele buddhistische Bilder zu besichtigen.

Im Zweiten Weltkrieg erlebte die Stadt dunklere Zeiten. Die japanischen Streitkräfte setzten alliierte Kriegsgefangene und südostasiatische Zwangsarbeiter für den Bau einer Bahnlinie nach Myanmar ein. Diese erschütternde Geschichte schildert Pierre Boulle in seinem Roman *Die Brücke am Kwai*, der als Vorlage für den gleichnamigen Spielfilm von 1957 diente. Eben diese Brücke befindet sich in Kanchanaburi, und mehrere Friedhöfe und Museen rund um die Stadt erinnern an die Toten. Die Straßen im Hotelviertel tragen die Namen der Länder, die in den Konflikt verwickelt waren.

Geschichte

Kanchanaburi wurde von Rama I. an einer alten Invasionsroute, die über den Drei-Pagoden-Pass an der Grenze zwischen Thailand und Myanmar führte, als erste Verteidigungsbastion gegen die Birmanen errichtet.

An derselben Route, genauer vom Mae Nam Khwae Noi bis zum Pass, zwangen die Japaner im Zweiten Weltkrieg ihre alliierten Kriegsgefangenen zum Bau der berüchtigten „Todesbahn". Tausende von Gefangenen starben infolge der brutalen Behandlung. Während des Baus der Bahnlinie entdeckte der holländische Kriegsgefangene H. R. van Heekeren Überreste einer Zivilisation aus dem Neolithikum. Nach Kriegsende folgte ein thailändisch-dänisches Forscherteam den Spuren van Heekerens und fand heraus, dass es sich bei dessen Entdeckung um eine große neolithische Begräbnisstätte handelte. Die archäologischen Funde weisen darauf hin, dass es

hier schon vor 5000 Jahren eine größere Siedlung gegeben hat.

Orientierung

Kanchanaburi hat eine Mini-Ausgabe der Bangkoker Th Khao San: die in Gehweite vom Bahnhof gelegene Th Mae Nam Khwae. Die meisten Unterkünfte finden sich am Flussufer oder direkt auf dem Wasser. Die Einkaufsmeile ist die Th Saengchuto. Die Sehenswürdigkeiten der Stadt sind zu weit verstreut, um sie zu Fuß erkunden zu können; man braucht schon ein Fahrrad oder Motorrad.

Praktische Informationen

GELD

Mehrere große thailändische Banken findet man an der Th Saengchuto in der Nähe des Markts und des Busbahnhofs.

AS Mixed Travel (☎ 0 3451 2017; Apple's Guesthouse, 3/17 Th Chaokunen) Hier kann man auch außerhalb der Öffnungszeiten der Banken Geld wechseln.

Bangkok Bank (Th U Thong) Nahe der Kanakan Mall.

Krung Thai Bank (Th Saengchuto) In der Nähe der Death Railway Bridge.

Thai Military Bank (Th Saengchuto) In der Nähe des Busbahnhofs.

INTERNETZUGANG

Internetcafés gibt's an der Th Mae Nam Khwae (30 B/Std.).

MEDIZINISCHE VERSORGUNG

Thanakarn Hospital (☎ 0 3462 2366; Notfall 0 3462 2811; Th Saengchuto) Das Krankenhaus nahe der Kreuzung mit der Th Chukkadon ist am besten auf Ausländer eingestellt.

NOTFALL

Touristenpolizei (☎ 0 3451 2668/2795; Th Saengchuto)

POST

Hauptpost (Th Saengchuto; ◷ Mo–Fr 8.30–16.30, Sa & So 9–12 Uhr)

TELEFON

An der Th Mae Nam Khwae gibt's viele private Geschäfte, bei denen man Ferngespräche führen kann.

CAT (abseits der Th Saengchuto; ◷ Mo–Fr 8.30–16.30 Uhr) Das Büro hat einen internationalen Telefondienst.

TOURISTENINFORMATION

TAT (☎ 0 3451 1200; Th Saengchuto; ◷ 8.30–16.30 Uhr) Hat kostenlose Stadtpläne und Landkarten der

ZENTRALTHAILAND

Provinz und gibt Tipps, was man unternehmen und wo man unterkommen kann.

Sehenswertes

Eintägige Pauschaltouren zu den Wasserfällen und den Kriegsdenkmälern sind prima, um sich einen Überblick über die wichtigsten Attraktionen zu verschaffen, lassen einem aber kaum Zeit, alles etwas näher anzuschauen. Alle beliebten Ausflugsziele sind leicht zu erreichen. Man kann also auch auf eigene Faust per Bus oder Zug losziehen.

Die Kriegsmuseen und die meisten Höhlen kann man innerhalb von zwei Tagen besichtigen. Ein paar Tage mehr braucht man, wenn man auch die anderen Sehenswürdigkeiten mit dem Bus oder dem Zug ansteuern möchte. Ausländische Besucher zahlen in den meisten Parks und Höhlen einen Eintritt von 200 B. Die Eintrittskarte gilt als Tageskarte für alle ähnlichen Einrichtungen.

THAILAND-BURMA RAILWAY CENTRE

ศูนย์รถไฟไทย–พม่า

Das informative **Museum** (☎ 0 3451 0067; www. tbrconline.com; 73 Th Chaokunen; Erw./Kind 100/50 B; ☺ 9–17 Uhr) ist ideal, um sich die Rolle Kanchanaburis im Zweiten Weltkrieg vor Augen zu führen. In den neun Sälen des Museums wird anhand von Fotos, Artefakten und Modellen die Geschichte der Bahnlinie erläutert. Man sieht, wie die Kriegsgefangenen behandelt wurden und was mit der Bahnlinie nach ihrer Fertigstellung geschah. Besonders ergreifend ist das Video mit Aussagen von Überlebenden, durch das das ganze Ausmaß der Tragödie nicht nur in Zahlen und Statistiken deutlich wird.

ALLIED WAR CEMETERY

สุสานทหารสัมพันธมิตรดอนรัก

Gegenüber vom Museum, auf der anderen Straßenseite, liegt der **Allied War Cemetery** (Th Saengchuto; ☺ 8–18 Uhr), der von der War Graves Commission gepflegt wird. Von den 6982 Kriegsgefangenen, die auf dem Friedhof begraben wurden, waren nahezu die Hälfte Briten. Der Rest stammte überwiegend aus Australien und den Niederlanden. Man schätzt, dass insgesamt mindestens 100 000 Menschen beim Bau der Eisenbahnlinie starben, von denen die meisten Zwangsarbeiter aus benachbarten asiatischen Ländern waren. Wer hier nach einem bestimmten Grab sucht, findet im kleinen Büro neben dem

Friedhof eine Namensliste der hier bestatteten Soldaten und die genaue Lage ihrer Gräber.

DEATH RAILWAY BRIDGE (BRÜCKE AM KWAI)

สะพานข้ามแม่น้ำแคว

Die 300 m lange **Bahnbrücke** (Th Mae Nam Khwae) ist eine absolute Touristenfalle. Man sollte sich von den Straßenhändlern fernhalten und kann dann vorsichtig über die Holz- und Metallbretter gehen. Das Mittelstück der Brücke wurde 1945 von den Alliierten zerbombt, sodass heute nur noch die geschwungenen Teile an den beiden Enden der Brücke original sind. Auf der anderen Seite der Brücke angelangt, findet man ein paar Cafés und Grünflächen am Ufer vor.

Das Material für den Bau der Brücke stammte von einer demontierten Brücke auf der Insel Java. Die 1943 fertiggestellte erste Brücke war ganz aus Holz und wurde später durch eine Stahlbrücke ersetzt. Jedes Jahr in der letzten November- und der ersten Dezemberwoche erinnert eine abendliche Lichtshow mit Musik an den Angriff der Alliierten auf die „Todesbahn" im Jahre 1945. Dann sind Zimmer nur schwer zu bekommen – wer die Show miterleben will, sollte also im Voraus buchen.

Die Brücke führt über den Mae Nam Khwae Yai, der 2,5 km vom Zentrum Kanchanaburis entfernt liegt. Man kann also einfach von der Th Mae Nam Khwae bis hierher laufen oder mit einem Songthaeo (10 B) über die Th Saengchuto Richtung Norden fahren.

WWII MUSEUM (MUSEUM ZUM ZWEITEN WELTKRIEG)

พิพิธภัณฑ์สงครามโลกครั้งที่สอง

Dieses **Museum** (Eintritt 40 B; ☺ 8–18.30 Uhr) gehört zu den bizarrsten Stätten vor Ort. Man muss es schon wegen der vielen Dinge, die hier wahllos zusammengepfercht wurden, einfach gesehen haben.

Das Museum ist auf zwei Gebäude aufgeteilt. An der Vorderseite des kleineren Gebäudes stehen lebensgroße Skulpturen von Persönlichkeiten, die irgendwie in Zusammenhang mit dem Zweiten Weltkrieg stehen, u. a. Churchill, Hitler, Hirohito und Einstein. Im Gebäude befinden sich eine Ausstellung japanischer Waggons, die zum Transport der Gefangenen dienten, alte Fotos und geschmacklose Wachsfiguren von Kriegsgefangenen. An die Wänden wurden Fakten zur

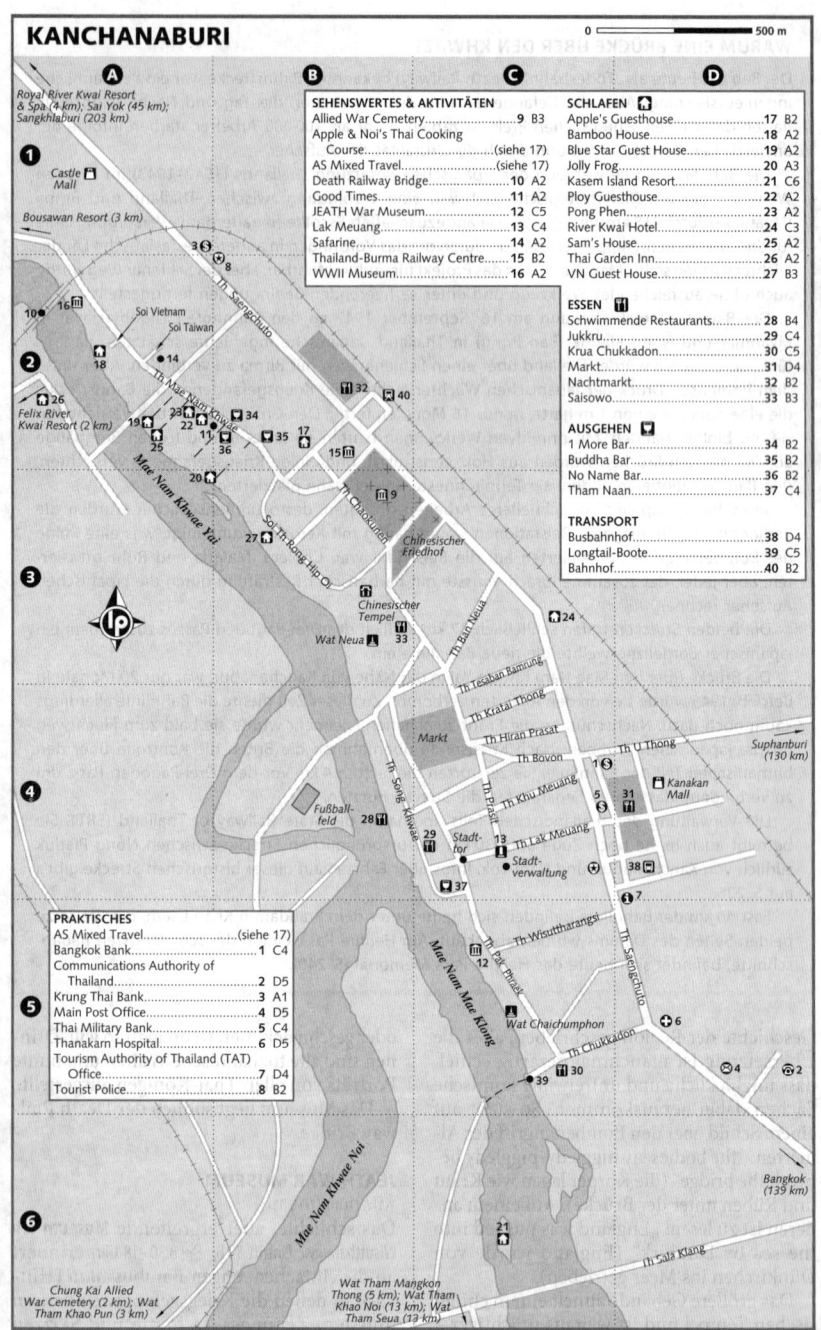

KANCHANABURI

0 ———— 500 m

SEHENSWERTES & AKTIVITÄTEN
Allied War Cemetery.......................**9** B3
Apple & Noi's Thai Cooking
  Course...................................(siehe 17)
AS Mixed Travel......................(siehe 17)
Death Railway Bridge...................**10** A2
Good Times.................................**11** A2
JEATH War Museum.....................**12** C5
Lak Meuang.................................**13** C4
Safarine.......................................**14** A2
Thailand-Burma Railway Centre.......**15** B2
WWII Museum..............................**16** A2

SCHLAFEN
Apple's Guesthouse......................**17** B2
Bamboo House.............................**18** A2
Blue Star Guest House...................**19** A2
Jolly Frog....................................**20** A3
Kasem Island Resort.....................**21** C6
Ploy Guesthouse..........................**22** A2
Pong Phen..................................**23** A2
River Kwai Hotel..........................**24** C3
Sam's House................................**25** A2
Thai Garden Inn...........................**26** A2
VN Guest House...........................**27** B3

ESSEN
Schwimmende Restaurants.............**28** B4
Jukkru.......................................**29** C4
Krua Chukkadon...........................**30** C5
Markt..**31** D4
Nachtmarkt.................................**32** A2
Saisowo.....................................**33** B3

AUSGEHEN
1 More Bar..................................**34** B2
Buddha Bar.................................**35** B2
No Name Bar...............................**36** B2
Tham Naan.................................**37** C4

TRANSPORT
Busbahnhof.................................**38** D4
Longtail-Boote.............................**39** C5
Bahnhof.....................................**40** B2

PRAKTISCHES
AS Mixed Travel.......................(siehe 17)
Bangkok Bank...............................**1** C4
Communications Authority of
  Thailand....................................**2** D5
Krung Thai Bank.............................**3** A1
Main Post Office............................**4** D5
Thai Military Bank...........................**5** C4
Thanakarn Hospital.........................**6** D5
Tourism Authority of Thailand (TAT)
  Office.......................................**7** D4
Tourist Police................................**8** B2

Royal River Kwai Resort
& Spa (4 km); Sai Yok (45 km);
Sangkhlaburi (203 km)

Castle
Mall

Bousawan Resort (3 km)

Soi Vietnam
Soi Taiwan

Felix River
Kwai Resort (2 km)

Th Saengchuto

Th Mae Nam Khwae

Mae Nam Khwae Yai

Soi Th Rong Hip Oi

Th Chaokunen

Chinesischer
Friedhof

Chinesischer
Tempel

Wat Neua

Th Ban Neua

Th Tesaban Bamrung

Th Kratai Thong

Th Hiran Prasat

Markt

Th Bovon

Th Khu Meuang

Th U Thong

Suphanburi
(130 km)

Kanakan
Mall

Th Prasit

Th Lak Meuang

Fußball-
feld

Th Song Khwae

Stadt-
tor

Stadt-
verwaltung

Th Wisutthrangsi

Th Saengchuto

Th Pak Phraek

Wat Chaichumphon

Th Chukkadon

Mae Nam Mae Klong

Wat Tham Mangkon
Thong (5 km); Wat Tham
Khao Noi (13 km); Wat
Tham Seua (13 km)

Mae Nam Khwae Noi

Th Sala Klang

Bangkok
(139 km)

Chung Kai Allied
War Cemetery (2 km); Wat
Tham Khao Pun (3 km)

ZENTRALTHAILAND

WARUM EINE BRÜCKE ÜBER DEN KHWAE?

Der Bau der heute als „Todesbahn" (Death Railway) bekannten Bahnstrecke war eine erstaunliche Ingenieursleistung. Aber die Gefangenen und Zwangsarbeiter, die Tag und Nacht schufteten, hatten dafür einen schrecklichen Preis zu zahlen. Mehr als 100 000 Arbeiter starben infolge der entsetzlichen Entbehrungen und durch die Brutalität der Aufseher.

Die Bahnlinie wurde während der japanischen Besatzung Thailands (1942–1943) im Zweiten Weltkrieg gebaut. Das strategische Ziel war, eine Verbindung zwischen Thailand und Birma (Myanmar) durch 415 km unwegsames Gelände zu schaffen. Es sollte eine alternative Versorgungslinie für die japanischen Truppen entstehen, durch die das Vordringen in andere westasiatische Länder leichter werden sollte. Manche hielten das Projekt für undurchführbar, aber der Schienenweg wurde auch ohne ausreichendes Werkzeug und unter verheerenden Bedingungen fertiggestellt.

Der Bau der Strecke begann am 16. September 1942 an den Bahnhöfen Thanbyuzayat in Myanmar und Nong Pladuk (Ban Pong) in Thailand. Japanische Ingenieure schätzten, dass es fünf Jahre dauern würde, Thailand über einen Schienenweg mit Birma zu verbinden. Aber unter dem immensen Druck der japanischen Wächter stellten die Kriegsgefangenen die Bahnstrecke, die eine Spurweite von 1 m hatte, in nur 16 Monaten fertig. Den Großteil der Arbeit verrichteten sie mit bloßen Händen. Mit primitiven Werkzeugen bauten sie Brücken und trugen Berghänge ab. Die meisten Brücken wurden aus Holz konstruiert, und einige Kriegsgefangene versuchten, den Bau zu sabotieren, indem sie Termitennester in der Nähe platzierten.

Je mehr die Japaner auf schnelleres Arbeiten drängten, desto unmenschlicher wurden die Bedingungen. Die mageren Reisrationen waren häufig mit Kerosin verunreinigt, was eine Folge der Bombenangriffe der Alliierten auf die Reisfelder war. Cholera, Malaria und Ruhr grassierten, aber jeder, der zusammenbrach, musste mit barbarischer Bestrafung durch die japanischen Aufseher rechnen.

Die beiden Strecken trafen schließlich 37 km südlich des Drei-Pagoden-Passes zusammen; ein japanischer Bordellzug weihte die neue Bahnlinie ein.

Die Brücke über den Mae Nam Khwae Yai in der Nähe von Kanchanaburi war nur 20 Monate in Betrieb; 1945 wurde sie von den Alliierten zerbombt. Zu dieser Zeit diente die Bahnlinie allerdings kaum noch dazu, Nachschub an die Front zu schaffen, vielmehr wurde sie bald zum Fluchtweg für die japanischen Truppen. Nach Kriegsende übernahmen die Briten die Kontrolle über den birmanischen Teil der Bahnlinie. Sie zerstörten die letzten 4 km vor dem Drei-Pagoden-Pass, um zu verhindern, dass Karen-Separatisten die Strecke nutzten.

Die Verwaltung des thailändischen Teils übernahm die State Railway of Thailand (SRT). Sie betreibt auch heute noch Züge auf 130 km der ursprünglichen Strecke zwischen Nong Pladuk südlich von Kanchanaburi und Nam Tok. Infos über Fahrten auf dieser historischen Strecke gibt's auf S. 236.

Fast 40 km der Bahnlinie befinden sich heute unter dem Staudamm Khao Laem; die Gleise zu beiden Seiten des Damms wurden abgebaut. Am Hellfire Pass, einem der schwierigsten Bauabschnitte, befindet sich heute das Hellfire Pass Memorial (S. 240).

Geschichte der Region geschrieben, aber die Übersetzung ist manchmal derartig schief, dass unglückliche und unfreiwillig komische Sachen dabei herauskommen. So steht auf einem Schild über den Bombenangriff der Alliierten: „the bodies lay higgledy-piggledy beneath the bridge" (die Körper lagen wie Kraut und Rüben unter der Brücke). Auf einem anderen ist zu lesen: „England was pushed into the sea by Dunkirk" (England wurde von Dünkirchen ins Meer getrieben).

Das größere Gebäude ähnelt einem chinesischen Tempel und ist weitaus prächtiger –

oder geschmackloser, wenn man so will. Drinnen sind alte thailändische Waffen und bunte Porträts von allen Thai-Königen ausgestellt.

Das Museum liegt südlich der Death Railway Bridge.

JEATH WAR MUSEUM

พิพิธภัณฑ์สัคราม

Das schlichte, aber ergreifende **Museum** (Th Wisuttharangsi; Eintritt 30 B; ☼ 8.30–18 Uhr) erinnert an die einfachen, engen Bambus-*atap* (Hütten), in denen die Kriegsgefangenen hausen mussten. Zeitungsausschnitte und Skizzen

verdeutlichen die brutalen Strafen, denen die alliierten Gefangenen der Japaner ausgesetzt waren. Man lernt z. B. die Geschichte des Chirurgen Sir Edward „Weary" Dunlop kennen, der Hunderten das Leben rettete, weil er verletzte Soldaten operierte und sich für die Verbesserung der grundlegenden hygienischen Bedingungen einsetzte. Das Museum wird von den Mönchen des Wat Chaichumphon (Wat Tai) betrieben und ist schon wegen des Tempels selber und der tollen Aussicht auf den Mae Nam Mae Klong einen Besuch wert. Der Name „JEATH" ist ein Akronym und verweist auf die Länder, die mit der Bahnstrecke zu tun hatten: Japan, England, Australien/Amerika, Thailand und Holland. Das Kriegsmuseum befindet sich am westlichen Ende der Th Wisuttharangsi (Visutrangsi).

LAK MEUANG (STADTPFEILER)
ศาลหลักเมือง

Der **Stadtpfeiler** (lák meuang; Th Lak Meuang) steht im Zentrum der Altstadt und gewährt den Stadtgeistern Unterschlupf. Läuft man auf der Straße etwas weiter, kommt man zu einer Statue von König Rama III. und zur restaurierten Stadtmauer, die ursprünglich mehr als 400 m lang war und sechs Bastionen hatte. Drei Originalkanonen sind noch erhalten.

CHUNG KAI ALLIED WAR CEMETERY
สุสานสัมพันธมิตรช่องไก่

Der Friedhof Chung Kai markiert die Stelle, an der sich im Zweiten Weltkrieg ein großes Kriegsgefangenenlager befand. Hier in der Nähe bauten sich die alliierten Gefangenen ein eigenes Krankenhaus und eine Kirche. Heute kommen recht wenig Besucher zu diesem abgelegenen Friedhof, in dem 1700 holländische, britische, französische und australische Soldaten ihre letzte Ruhestätte fanden. Die meisten Gräber haben kurze, bewegende Inschriften.

Der Friedhof liegt 4 km südlich vom Zentrum Kanchanaburis am anderen Flussufer des Mae Nam Khwae Noi. Mit dem Fahrrad oder dem Motorrad kommt man problemlos hierher.

WAT THAM KHAO PUN
วัดถ้ำเขาปูน

Geht man am Chung Kai Allied War Cemetery vorbei und über die Gleisüberführung, gelangt man zu diesem **Tempel** (Eintritt 20 B; 6–18.30 Uhr), der aus neun verschiedenen

Höhlen besteht. In der ersten und größten Höhle befindet sich ein liegender Buddha. In den anderen kann man außergewöhnliche Dinge wie die bis in die Höhle hineinhängenden Wurzeln eines Feigenbaums, eine Kristallsäule und eine Felsformation sehen, die wie die Meerjungfrau aus einem Werk des thailändischen Dichters Sunthorn Phu aussehen soll. Die genauen Ursprünge des Tempels sind unbekannt; bekannt ist aber, dass König Rama V. 1870 hier gewesen ist.

Die Höhlen haben auch schmachvolle Zeiten erlebt: Es heißt, dass die Japaner im Zweiten Weltkrieg manche Höhlen als Folterkeller für Kriegsgefangene nutzten. 1995 wurde hier ein britischer Tourist von einem drogensüchtigen Mönch ermordet.

WAT THAM SEUA & WAT THAM KHAO NOI
วัดถ้ำเสือ/วัดถ้ำเขาน้อย

Die beiden Klöster stehen auf einem Hügel, von dem aus man einen sagenhaften Blick über die grünen Felder und Berge hat. Der Wat Tham Khao Noi (kleines Hügelhöhlenkloster) besitzt eine aufwändig gestaltete Pagode chinesischen Stils. Im Wat Tham Seua (Tigerhöhlenkloster) auf der anderen Seite sind mehrere verschiedenartige *chedis* und ein mit einem goldenen Mosaik überzogener 18 m hoher Buddha zu sehen. Vor der Figur stehen kleine Silberschälchen auf einem Laufband, in die man als Spende 1 B legt. Man kann nach oben zu den Tempeln wandern oder einfach mit der Seilbahn (10 B) fahren.

Die Tempel liegen etwa 14 km südlich vom Stadtzentrum. Wer mit dem Motorrad unterwegs ist, nimmt bei Tha Meuang die rechte Abzweigung von der Autobahn, fährt nach rechts über den Kheuan Meuang (Stadtdamm) und auf der anderen Seite des Flusses wieder nach rechts. Mit dem Fahrrad kann man die Autobahn umgehen und die Nebenstraßen am Fluss entlang nehmen. Man folgt der Th Pak Phraek in Kanchanaburi Richtung Südosten und fährt über die Brücke Richtung Wat Tham Mangkon Thong, biegt auf der anderen Seite nach links ab und folgt der Straße parallel zum Fluss. Nach etwa 14 km sieht man den Kheuan-Meuang-Damm vor sich – von da an kann man zur Rechten Ausschau nach den Pagoden oben auf dem Hügel halten. Alle 20 Minuten fährt ein Bus (10 B) vom Busbahnhof in Kanchanaburi nach Ratchaburi. Am Tha Meuang Hospital aussteigen und von dort ein Motorradtaxi (40 B) nehmen.

Aktivitäten

THAILÄNDISCH KOCHEN

Wer ein *sôm·dam* nicht vom *dôm yam* unterscheiden kann, für den ist **Apple & Noi's Thai Cooking Course** (☎ 0 3451 2017; Apple's Guesthouse, Th Chaokunen; 1250 B) die richtige Anlaufstelle. Der eintägige Thai-Kochkurs beginnt mit einem Rundgang über den Markt und endet – fünf Gänge später – mit einem Abendessen.

TREKKING & RADFAHREN

Bei Tourveranstaltern kann man Elefantenritte, Ausflüge zu den Wasserfällen oder Raftingtouren buchen. Aber es gibt auch noch viele andere Dinge, die man hier tun kann.

Wer etwas mehr Zeit und Ausdauer hat, kann in Kanchanaburi Rad- oder Kanutouren oder aber Dschungelausflüge buchen. Einige der Hauptstraßen führen durch malerische Landschaften, die man am besten mit dem Rad erkundet. Querfeldein gelangt man zu wenig besuchten Wasserfällen und Höhlen. Manche Ausflüge beinhalten neben einer Rafting-, Trekking- oder Elefantentour eine Übernachtung in einem Mon- oder Karen-Dorf.

Wem weniger Zeit zur Verfügung steht, der kann mit dem Rad die Landschaft rund um Kanchanaburi erkunden, die wunderbare Panoramablicke bietet. Eine besonders malerische Strecke verläuft direkt hinter den Backpacker-Pensionen. Vom nördlichen Ende der Th Mae Nam Khwae über die Sutjai-Brücke fahren und rechts halten. Man kann auch das Baan Thamakham und das Baan Hua Hin erkunden, wo Zitronengras, Mais, Tapioka und Teakbäume wachsen und in der Ferne nebelverhangene Berge eine atemberaubende Kulisse bilden.

Beim Buchen von Pauschaltouren sollte man vorsichtig sein, denn manche Touren werden abgesagt, wenn sich nicht genug Teilnehmer anmelden. Die folgenden Agenturen haben einen guten Ruf:

KEINE WASSERBÜFFEL

Der Film *Die Brücke am Kwai* machte den Fluss berühmt, sorgte aber auch dafür, dass eine ganze Generation seinen Namen falsch aussprach. Der Fluss heißt Khwae (sprich: Kwäh) und nicht Kwai! Wenn man das falsch ausspricht, redet man von Wasserbüffeln. Das finden die Thais immer sehr lustig.

AS Mixed Travel (☎ 0 3451 2017; www.applenoi-kanchanaburi.com; Apple's Guesthouse, Th Chaokunen) Ein gut organisiertes, schon lange bestehendes Unternehmen. Hier kann man Touren arrangieren, die auf die eigenen Interessen und die eigene Geldbörse zugeschnitten sind.

Good Times (☎ 0 3462 4441; www.good-times-travel.com; 63/1 Tha Mae Nam Khwae) Hat alle Standard-Tagesausflüge sowie Abenteuertrips zu abgelegenen Gebieten im Programm. Radtouren werden hier ebenfalls organisiert.

KAJAKFAHREN

Die Fahrt in einem Kanu oder Kajak den Fluss hinunter ist eine tolle Art, die Gegend zu erkunden. Das von einem Franzosen geführte **Safarine** (☎ 0 3462 5567; www.safarine.com; Th Mae Nam Khwae) organisiert maßgeschneiderte Ein- oder Zweitagesausflüge.

Schlafen

An einem 1 km langen Abschnitt der Th Mae Nam Khwae gibt es zahlreiche Pensionen, die einfache Zimmer meist mit Blick auf das Flussufer anbieten. Auf der anderen Seite des Flusses sind Mittelklassehotels und Spitzenklasseresorts mit all dem üblichen Schnickschnack zu finden. Die ehemalige Backpackergegend um die Soi Th Rong Hip Oi ist dieser Tage etwas ruhiger geworden. Ursache sind die manchmal mit donnernder Karaokemusik vorüberziehenden Boote. Die nächtlichen Störungen haben allerdings inzwischen wieder abgenommen, und es gibt hier preiswerte Pensionen.

An der Th Saengchuto gibt es mehrere Mittelklassepensionen, aber die näher am Fluss gelegenen Unterkünfte sind billiger und haben mehr Charakter. Unter **Kanchanaburi Info** (www.kanchanaburi-info.com) kriegt man eine ganze Menge Adressen.

BUDGETUNTERKÜNFTE

Die besten Schnäppchen gibt's an der Th Mae Nam Khwae, wo immer mehr Unterkünfte wie Pilze aus dem Boden sprießen. Die Zimmer sind schlicht, bieten aber oft einen tollen Blick auf den Fluss. In der Spitzensaison und vor allem im Dezember sollte man vorher telefonisch ein Zimmer mit Ausblick buchen.

Jolly Frog (☎ 0 3451 4579; 28 Soi China; EZ 70 B, DZ 150–290 B; 🛜) Es fehlen zwar ein paar Annehmlichkeiten wie Handtücher und Toiletten mit Wasserspülung, aber die Backpacker, die von der Th Khao San hier reinschneien, scheint das nicht zu stören.

KARAOKE-BLUES

Die Flüsse durch Kanchanaburi sehen so friedlich aus, wie man es sich nur wünschen kann. Im Prinzip ist es hier auch still und beschaulich. Aber sobald es abends dämmert, drehen die Karaoke- bzw. Disko-Boote voll auf – und mit der Ruhe ist's vorbei.

Jedes Wochenende werden Leute aus Bangkok und viele asiatische Touristen in Bussen herangekarrt und auf Karaoke-Boote verladen. Früher waren die Pensionen an der Soi Rong Hip Oi deshalb sehr unattraktiv, aber heute kehren hier keine Feiernden mehr ein, die die Nacht zum Tag machen. Lästiger Lärm kommt also nur noch von den vorüberziehenden Booten.

Blue Star Guest House (☎ 0 3451 2161; 241 Th Mae Nam Khwae; Zi. 150–650 B; ⚡) Untergebracht werden Gäste hier in einfachen Backpackerstuben oder auch in komfortablen Zimmern mit Klimaanlage und TV. Das Holz, mit dem die Dächer der auf den Fluss blickenden Bungalows gedeckt sind, sieht toll aus.

Pong Phen (☎ 0 3451 2981; www.pongphen.com; Th Mae Nam Khwae; Zi. 150–900 B; ⚡ 🖳) Komfortable Zimmer, ein gutes Restaurant und ein Pool lassen das Pong Phen unter all den anderen hervortreten. Die meisten Zimmer liegen zum Pool hin, nicht zum Fluss.

Bamboo House (☎ 0 3462 4470; 3-5 Soi Vietnam, Th Mae Nam Khwae; Zi. 200–500 B; ⚡) In sicherer Entfernung zum Trubel der Stadt bekommt man hier ein Zimmer in einem auf dem Fluss schwimmenden Holzbungalow mit einem großen Garten.

Apple's Guesthouse (☎ 0 3451 2017; www.applenoi -kanchanaburi.com; 3/17 Th Chaokunen; Zi. mit Ventilator/Klimaanlage 450/650 B; ⚡ 🖳) Die neue Pension von Apple & Noi bietet die gleiche Gastlichkeit und Kompetenz wie die alte. Beliebt sind auch die eintägigen thailändischen Kochkurse (s. S. 234).

VN Guest House (☎ 0 3451 4082; www.vnguesthouse. net; 44 Soi Th Rong Hip Oi; Zi. 250–450 B; ⚡) Das schwimmende Holzhaus liegt abseits vom Trubel der Hauptstraße. Aus den Zimmern hat man den wohl schönsten Blick auf den Fluss. Dafür muss man aber die vorbeifahrenden Karaoke-Boot in Kauf nehmen.

Sam's House (☎ 0 3451 5956; www.samsguesthouse. com; Th Mae Nam Khwae; DZ 450–600 B; ⚡) Hell und luftig von der Rezeption bis zur Terrasse. Die

Zimmer sind schlicht, bieten aber einen wunderschönen Blick auf das mit Lotusblüten bedeckte Wasser. Ein besonders gutes Preis-Leistungs-Verhältnis haben die Zimmer mit Ventilator.

MITTELKLASSEHOTELS

Viele Mittelklasseunterkünfte bieten in der Nebensaison (April–Nov.) Rabatte an. Man sollte aber im Voraus reservieren.

Ploy Guesthouse (☎ 0 3451 5804; www.ploygh.com; 79/2 Th Mae Nam Kwai; Zi. 600–950 B; ⚡) Das stilvolle und schicke Gästehaus ist seinen Nachbarn haushoch überlegen. Die Badezimmer im Garten und eine hübsche Dachterrasse sorgen für Gemütlichkeit.

Thai Garden Inn (☎ 08 5819 1686; www.thaigarden inn.com; 74/1 M4 Baan Tamakahm; Zi. 650–850 B; ⚡ 🖳) Das friedliche Resort mit elf Bungalows liegt gleich hinter der geschäftigen Th Mae Nam Khwae. Die Zimmer sind geschmackvoll mit Möbeln aus natürlichen Materialien eingerichtet, und das Restaurant im Obergeschoss ist vor allem bei Sonnenuntergang eine Wucht.

Kasem Island Resort (☎ 0 3451 3359, in Bangkok 0 2255 3604; Zi. 800–1600 B; ⚡ 🖳) Das Resort liegt auf einer Insel im Mae Nam Mae Klong. Hier kann man auf dem Balkon sitzen und die Beine ins Wasser baumeln lassen. Von den Terrassen und den Pavillons aus hat man einen tollen Blick auf die umliegende Landschaft. Ein kostenloses Shuttleboot pendelt zwischen der Insel und der Th Chaichumphon.

Bousawan Resort (☎ 0 3451 4324; abseits der Th Mae Nam Khwae; Zi. 1000 B; ⚡) Das prächtige Resort im thailändischen Stil mit Bungalows und Zimmern in schwimmenden Holzhütten liegt auf einem riesigen Grundstück ein wenig abseits vom Trubel im Zentrum. Man braucht also ein Transportmittel.

SPITZENKLASSEHOTELS

Zwar fallen alle folgenden Unterkünfte preislich in die Kategorie Spitzenklassehotels, sind aber in ihrer Qualität recht unterschiedlich. Die meisten Resorts liegen nördlich der Brücke zu beiden Seiten des Flusses. Wer online bucht, kann Rabatte ergattern.

River Kwai Hotel (☎ 0 3451 3348; www.riverkwai. co.th; 284/3-16 Th Saengchuto; Zi. ab 1500 B; ⚡ 🖳) Die beste Option für diejenigen, die im Zentrum wohnen wollen. Die Zimmer sind aber nichts Besonderes. Zu dem Hotel gehört auch das „Glitzy", der einzige Nachtclub der Stadt.

Royal River Kwai Resort & Spa (☎ 0 3465 3297; 88 Kanchanaburi-Saiyok Rd; Zi. ab 2450 B; 🞩 🞩) Eine schöne Anlage und schicke Zimmer machen das Resort zu einem herrlichen Aufenthaltsort. In den Räumen des Spa kann man nicht nur den tollen Blick aufs Ufer, sondern auch eine Reihe von Anwendungen genießen.

Felix River Kwai Resort (☎ 0 3455 1000; www.felix hotels.com; Zi. ab 3500 B; 🞩 🞩) So langsam sieht man dem Großvater aller Resorts in Kanchanaburi sein Alter an. Trotzdem bietet die Anlage Luxus mit allem Drum und Dran.

Essen

Möglichkeiten, essen zu gehen, gibt es zuhauf in Kanchanaburi. Auf dem **Nachtmarkt** (Th Saengchuto; 🞩 Do–Di) beim Bahnhof gibt es viele Imbissstände, die Satays, Shakes und Sandwiches anbieten. Beim River Kwai Hotel an der Th Saengchuto finden sich mehrere Straßenimbisse. Geht man die Th Song Khwae hinunter, sieht man am Fluss ein paar gute schwimmende Restaurants, die in der Regel voller Pauschaltouristen sind. An der Th Mae Nam Khwae bieten viele Restaurants westliche Gerichte an. Der **Markt** (Th Saengchuto) in der Nähe des Busbahnhofs ist bekannt für seine exzellenten *hŏy tôrt* (frittierte Muscheln in Eierteig).

Saisowo (keine Ausschilderung in lateinischen Buchstaben; Th Chaokunen; Gerichte 20–30 B; 🞩 8–16 Uhr) Der seit Langem bestehende Nudelladen hat das leckerste *gŏo·ay dĕe·o mŏo* weit und breit.

Krua Chukkadon (keine Ausschilderung in lateinischen Buchstaben; Th Chukkadon; Gerichte 40–100 B) Das einfache schwimmende Restaurant nahe dem JEATH War Museum hat zwar keine große Auswahl, aber alle Gerichte sind absolut lecker. Die Karte ist zweisprachig, das Personal nicht, dafür aber durchweg liebenswürdig.

Jukkru (keine Ausschilderung in lateinischen Buchstaben; Th Song Khwae; Gerichte 50–120 B) Den Glamour der gegenüberliegenden schwimmenden Restaurants hat es zwar nicht, dafür serviert es tolle thailändische Küche. Hier findet man eine für thailändische Restaurants ungewöhnlich große Auswahl an vegetarischen Gerichten. Am schönsten sitzt man draußen an den blauen Tischen.

Ausgehen

Die meisten Traveller gehen auf ein Bier in die Th Mae Nam Khwae, wo es mehrere Bars gibt, darunter die Backpacker-Treffpunkte Buddha Bar und 1 More Bar. Am südlichen,

geschäftigeren Ende der Straße findet man auch Möglichkeiten, Poolbillard zu spielen, und sogar Prostituierte. Die Thais hingegen tummeln sich an der Th Song Khwae, in der es ein paar Restaurants und Bars gibt.

No Name Bar (Th Mae Nam Khwae) Eine Bar mit dem Versprechen „Get shitfaced on a shoestring" (in etwa: „Großer Suff für kleines Geld") an der Außenmauer muss man einfach lieben. Dementsprechend geht es drinnen auch zu; obendrein werden noch jede Menge Snacks, vegetarische Gerichte und Cocktails angeboten.

Tham Naan (Th Song Khwae) In entspannter Country-Atmosphäre spielt eine Thai-Band live. Whiskyliebhaber finden hier reichlich Auswahl.

An- & Weiterreise

BUS

Kanchanaburis **Busbahnhof** (☎ 0 3451 5907; Th Saengchuto) liegt südlich der Stadt. Von hier aus fahren Busse zum südlichen Bangkoker Busbahnhof (112 B, 3 Std., 3.30–20 Uhr alle 20 Min.) und zum Bangkoker Busbahnhof Nord (2./1. Klasse 108/139 B, 3 Std., 6.30–18 Uhr stündl.). Von Haltestelle 14 geht's über die alte Bangkok-Strecke nach Nakhon Pathom (50 B, 2 Std., 4–18.30 Uhr alle 15 Min.), nach Sangkhlaburi (2./1. Klasse 174/273 B, 4 Std., 7.30–16.30 Uhr regelm.) und nach Suphanburi (50 B, 2 Std., 4.50–18 Uhr alle 20 Min.), von wo man Anschluss nach Ayutthaya und Lopburi hat.

Wer in den Süden will, fährt nach Ratchaburi (50 B, 2 Std., regelm.) und steigt dort in einen Bus Richtung Hua Hin oder Phetchaburi um. Soll es Richtung Norden gehen, ist es am schnellsten, wenn man zurück zum Busbahnhof Nord in Bangkok fährt und dort in einen anderen Bus umsteigt.

ZUG

Kanchanaburis Bahnhof liegt etwa 2 km nordwestlich vom Busbahnhof. Kanchanaburi liegt an der Bahnlinie Bangkok Noi–Nam Tok, zu der auch ein Teil der historischen „Todesbahn" gehört, die im Zweiten Weltkrieg während der japanischen Besetzung Thailands von Kriegsgefangenen gebaut wurde. Die SRT vermarktet sie als historische Strecke und kassiert deshalb von ausländischen Zugreisenden auf dieser Strecke 100 B für eine einfache Fahrt, wobei gleichgültig ist,

wo sie ein- oder aussteigen. Wenn man im Bangkoker Bahnhof Noi (der in Thonburi liegt) einsteigt, dann sind 100 B angemessen, aber für kurze Strecken in Kanchanaburi ist das zu viel.

Der historische Teil der Strecke beginnt nördlich von Kanchanaburi, wenn der Zug die Death Railway Bridge überquert hat, und endet am Bahnhof Nam Tok. Bummelzüge fahren um 7.44 und 13.55 Uhr vom Bahnhof Bangkok Noi in Thonburi nach Kanchanaburi und von dort um 7.19 bzw. 14.44 Uhr wieder zurück. Die Fahrt dauert drei Stunden.

Die Züge, die den historischen Abschnitt der Bahnlinie mitnehmen, fahren um 5.57, 10.50 und 16.19 Uhr von Kanchanaburi nach Norden bis Nam Tok. Die Rückfahrt ab Nam Tok ist um 5.20, 12.50 und 15.15 Uhr. Eine Fahrt dauert etwa zwei Stunden. Vom Bahnhof Nam Tok kommt man zu Fuß bis zum Wasserfall Sai Yok Noi. Für die Rückfahrt kann man auch einen der häufig fahrenden Busse von Sangkhlaburi nach Kanchanaburi anhalten.

Die SRT betreibt einen **Touristenzug** (☎ 0 3451 1285), der täglich von Kanchanaburi nach Nam Tok (einfache Strecke 300 B) fährt. Das ist zwar derselbe Zug, in dem man sonst 100 B zahlt, aber für die zusätzlichen Baht wird man mit einem Zertifikat und einem Snack belohnt.

Unterwegs vor Ort

Die Fahrt vom Busbahnhof zu den meisten Unterkünften kostet mit einem Samlor 50 B und mit einem Motorradtaxi 30 B. Öffentliche Songthaeo fahren die Th Saengchuto rauf und runter (10 B/Pers.); wer in den Stadtteil mit den meisten Gästehäusern will, sollte am Friedhof aussteigen. Von den meisten Unterkünften kommt man problemlos zu Fuß zum Bahnhof.

In den Pensionen und den Shops entlang der Th Mae Nam Khwae kann man für 150 B pro Tag ein Motorrad und für 50 B ein Fahrrad mieten.

Die einfache Fahrt mit der Fähre über den Mae Nam Mae Klong kostet 5 B pro Person.

Mit Longtail-Booten kann man eineinhalbstündige Ausflüge zu verschiedenen Sehenswürdigkeiten am Flussufer machen. Die Preise beginnen bei 700 B, sind aber Verhandlungssache, je nachdem wie viele Teilnehmer es gibt. Die Boote legen am Pier an der Th Chukkadon oder am JEATH War Museum ab.

RUND UM KANCHANABURI

Bei einem Ausflug von der Kleinstadt aus lässt sich die wunderschöne Landschaft mit Bächen, Flüssen und Wasserfällen so richtig genießen.

Im größten Naturschutzgebiet Thailands kann man Höhlen voller glitzernder Kristalle erkunden, durch unberührten Dschungel wandern und abgelegene Dörfer besuchen. Schon auf einem eintägigen Ausflug von Kanchanaburi bekommt man ein paar der Highlights zu Gesicht. Aber generell gilt: Je weiter man nach Nordwesten zieht, desto schöner wird es.

Wer es bis nach Thong Pha Phum und Sangkhlaburi schafft, lernt das relaxte Leben in gänzlich unberührten Ortschaften kennen. Von dort aus kann man auch wunderbar die nahe gelegenen Nationalparks besuchen.

Die folgenden Stätten sind nach ihrer geografischen Lage an den wichtigsten Zufahrtsstrecken geordnet, damit man sich leichter orientieren kann, wenn man mit öffentlichen Verkehrsmitteln unterwegs ist.

Die beste Zeit für einen Besuch der Wasserfälle außerhalb von Kanchanaburi ist in der Regenzeit zwischen Juni und Oktober oder im November und Dezember, wenn der Wasserstand am höchsten ist.

Erawan National Park

อุทยานแห่งชาติเอราวัณ

Der siebenstufige Wasserfall ist die bekannteste Attraktion des 550 km² großen **Nationalparks** (☎ 0 3457 4222; Eintritt 200 B; ☯ 8–16 Uhr, Stufen 1–2 bis 17 Uhr). Es gibt hier aber auch noch ein paar andere Naturwunder zu besichtigen.

Die oberste Stufe des Wasserfalls trägt aufgrund ihrer Ähnlichkeit mit dem dreiköpfigen Elefanten aus der hinduistischen Mythologie den Namen Erawan. Bis zu den ersten drei Stufen des Wasserfalls zu gelangen, ist einfach, aber dann braucht man gute Wanderschuhe und etwas Ausdauer, um die restliche 1,5 km lange Strecke zu bewältigen. Besonders eindrucksvoll sind die Stufen zwei und vier, aber Achtung: Während man gerade ein erfrischendes Bad in den Becken nimmt, könnten Affen einem sämtliches Hab und Gut klauen!

In der Höhle **Tham Phra That** gibt's vielfältige Kalksteinformationen. Guides mit Petroleumlampen führen die Besucher durch die dunkle Höhle und zeigen ihnen lichtdurch-

lässige Felsen, glitzernde Kristalle und Grotten voller Fledermäuse. Auch für Geologen ist die Höhle wegen der deutlich sichtbaren Verwerfungslinie interessant. Um zu der Höhle 12 km nordwestlich vom Parkeingang zu kommen, braucht man ein eigenes Fahrzeug. Man kann aber auch mit den Parkangestellten eine Fahrt dorthin aushandeln. Die Strecke führt über eine unbefestigte Straße, und dann muss man noch einen schwierigen Aufstieg zu Fuß bis zum Höhleneingang bewältigen. Weitere 5 km Richtung Norden befindet sich der riesige und absolut malerische **Si-Nakharin-Stausee**.

Rund 80 % des Nationalparks Erawan ist Waldgebiet. Bei einem Marsch entlang der drei 1 bis 2 km langen Pfade sieht man die vielen verschiedenen Baumarten des Parks. Von den Campingplätzen und Beobachtungspfaden aus spähen Vogelbeobachter nach Nashornvögeln, Spechten und Sittichen. Die **Park-Bungalows** (☎ 0 2562 0760; www.dnp.go.th; Zelt 90–150 B, Bungalow 800–5000 B) bieten Platz für zwei bis 52 Personen.

Busse aus Kanchanaburi halten am Eingang zum Wasserfall Erawan (55 B, 1½ Std., 8– 17.20 Uhr stündl.). Der letzte Bus fährt um 16 Uhr zurück. Im Park kann man Fahrräder mieten (20–40 B/Tag).

Prasat Meuang Singh Historical Park
อุทยานประวัติศาสตร์ปราสาทเมืองสิงห์

In dem **historischen Park** (☎ 0 3459 1122; Eintritt 40 B; ☺ 8–17 Uhr) befinden sich die Ruinen eines Khmer-Außenpostens aus dem 13. Jh., der wohl ein Umschlagplatz für den Handel am Mae Nam Khwae Noi war. An den restaurierten Ruinen erkennt man den Architekturstil von Bayon. Das Gelände mit einer Fläche von 73,6 ha wurde 1987 zu einem historischen Park unter der Leitung der thailändischen Kunstverwaltung erklärt.

Alle Schreine im Park sind aus Laterit-Ziegeln gefertigt und stehen auf einem weitläufigen, grasbewachsenen Gelände, das von geschichteten Laterit-Festungswällen gesäumt ist. Teilweise sind noch sieben zusätzliche Erdwälle aufgeschichtet worden, die ein Hinweis auf die kosmologische Symbolik der Stadtanlage sind. In den Wällen und Stadtgräben lassen sich auch Hinweise auf ein komplexes Bewässerungssystem finden.

Die Stadt besteht aus vier Ruinenfeldern, von denen aber nur zwei ausgegraben und zu besichtigen sind. Der Hauptschrein **Prasat Meu-**

DUMM GELAUFEN

Die Tapioka-Felder rund um Kanchanaburi wecken bei manchen Besuchern unangebrachte Aufmerksamkeit. Reiseleiter berichten, dass manche Traveller verstohlen Blätter abreißen und in ihre Taschen stopfen. Die Guides müssen den Leuten dann in aller Ruhe erst einmal erklären, dass die Blätter zwar ähnlich aussehen wie die der Hanfpflanze, es sich aber wirklich nur um Tapioka handelt.

---

ang Singh steht im Zentrum des Parks und ist nach Osten gerichtet (die zentrale Ausrichtung der meisten Angkor-Tempel). In den Mauern um den Schrein befinden sich Tore in alle vier Himmelsrichtungen. Die drumherum angeordneten Teiche und Gräben symbolisieren die Kontinente und Ozeane. Eine Reproduktion einer Skulptur des Avalokitesvara steht drinnen an der Nordmauer und bezeugt, dass Meuang Singh ein wichtiges Zentrum des Mahayana-Buddhismus war. Das Original befindet sich im Nationalmuseum in Bangkok. Im Haupt-*prang* steht die Reproduktion einer Skulptur der Prajnaparamita, der mahayana-buddhistischen Göttin der Weisheit.

Nordöstlich des Haupttempels befinden sich die Überreste eines kleineren **Schreins**, dessen ursprünglicher Inhalt und Zweck unbekannt sind. Beim Haupteingang des Komplexes am Nordtor steht eine kleine **Ausstellungshalle**, in der man verschiedene Skulpturen von mahayana-buddhistischen Gottheiten und Stuckdekorationen sieht. Die meisten davon sind Reproduktionen.

Prasat Meuang Singh liegt 40 km westlich von Kanchanaburi und ist am besten mit eigenem Fahrzeug zu erreichen. Züge aus Kanchanaburi nach Nam Tok halten am nahe gelegenen Bahnhof Tha Kilen (100 B; Abfahrtszeiten s. S. 236), von denen man noch 1 km bis zum Eingang laufen muss. Am besten ist man auf dem weitläufigen Gelände allerdings nicht zu Fuß unterwegs.

Ban Kao Neolithic Museum
พิพิธภัณฑ์บ้านเก่ายุคหิน

Im Zweiten Weltkrieg grub der holländische Kriegsgefangene H. R. van Heekeren rund 7 km von Meuang Singh entfernt in Ban Kao einige uralte Steinwerkzeuge aus. Nach Ende

des Krieges kehrte der frühere Archäologe an die Stelle zurück und half bei den Ausgrabungen der Stätte. Vieles von dem, was dabei ans Licht kam, ist heute in diesem **Museum** (Eintritt 50 B; ☉ Mi–So 9–16 Uhr) ausgestellt.

Ein thailändisch-dänisches Forscherteam leitete die Ausgrabung der Funde und kam zu dem Schluss, dass das Gebiet eine bedeutende, etwa 5000 Jahre alte neolithische Begräbnisstätte ist.

Recht langweilig aufgemachte Schautafeln erläutern die Geologie und Geographie der Provinz. Viel interessanter ist die Sammlung ausgehöhlter Baumstämme, die in grauer Vorzeit wohl als Boote oder vielleicht auch als Särge gedient haben.

Ban Kao ist am besten mit eigenem Fahrzeug zu erreichen. Der Zug von Kanchanaburi nordwärts nach Nam Tok hält am 6 km entfernten Bahnhof Tha Kilen (100 B; Abfahrtszeiten s. S. 236). Manchmal stehen dort Motorradtaxis, mit denen man die restlichen 3 km bis zum Museum fahren kann.

Daen Maha Mongkol Meditation Centre
แดนมหามงคล

Wer sich schon immer nach einem Leben ohne Fernseher, Telefon und E-Mail gesehnt hat, ist in diesem **Meditationszentrum** (☉ 5–18 Uhr) richtig. Das 1986 gegründete Refugium ist bei den Einheimischen gut bekannt. Tamara, eine Engländerin, die hier seit mehreren Jahren lebt, kann einem bei den zweistündigen Meditationskursen zur Seite stehen, die um 4 und um 18 Uhr stattfinden. Es lohnt sich, vorbeizukommen und die Atmosphäre des Zentrums mit seinen gepflegten Anlagen auf sich wirken zu lassen. Hierher gelangt man über die Teakholzbrücke über den Mae Nam Khwae Noi; zuerst macht man dem Holzbuddha im Meditationspavillon seine Aufwartung.

Ungefähr 300 Menschen leben in dem Zentrum, 200 von ihnen ständig. Die meisten sind Nonnen, aber es gibt auch einen separaten Bereich für Männer. Der Besuch des Zentrums und selbst die Übernachtung hier sind kostenlos, aber Spenden sind erwünscht. Für diejenigen, die in das hiesige Leben eintauchen möchten, gibt es einfache Unterkünfte. Am Eingang werden kostenlos weiße Shirts und Hosen verteilt, die man anziehen muss.

Das Zentrum liegt 12 km vom Tigertempel entfernt an einer Abzweigung vom Hwy 323 und ist gut ausgeschildert. Wer mit dem Zug fährt, steigt am Bahnhof Maha Mongkol aus.

Tigertempel
(Wat Luang Ta Bua Yanna Sampanno)
วัดหลวงตาบัวญาณสัมปันโน

Kanchanaburis teuerste Touristenattraktion ist zugleich auch seine umstrittenste. Im **Kloster** (☎ 0 3453 1557; Eintritt 500 B; ☉ 12–15.30 Uhr) erwarten unglaubliche Fotomotive die Besucher, die hier ganz nah an die großen Katzen herankommen. Einige der 30 Tiger des Tempels posieren für Fotos in einer Schlucht, während die Besuchergruppen in schneller Folge an ihnen vorbeigetrieben werden.

Die Schlangen reißen nicht ab, aber die Attraktion wird trotzdem kritisiert. Einige Skeptiker wundern sich, warum die Tiger eigentlich so fügsam sind, andere schimpfen über die ständig steigenden Eintrittspreise. Abt Abbot Phra Chan, der die Anlage 1994 begründete, erklärte Lonely Planet gegenüber, dass die Tiger gesund seien und nie unter Drogen gesetzt würden. Über die Gründe der gestiegenen Eintrittspreise schwieg er sich aus. Eine Erklärung für das friedfertige Verhalten der Tiger ist, dass sie direkt vor ihren Auftritten gefüttert und trainiert werden. Überdies kommen sie nur während der heißesten Stunden ins Freie, wenn sie ohnehin träge sind.

Die Arbeiten an einem „Insel"-Gehege sind im Gang, aber es wird noch einige Zeit dauern, bis das 20 Mio. B teure Projekt fertiggestellt ist. Man hat nur selten die Gelegenheit, so nahe an derart eindrucksvolle Tiere heranzukommen. Trotzdem sollten Traveller sich selbst ein bisschen informieren und sich dann zu einem Besuch entschließen oder eben nicht. Wer kommt, trägt besser keine grellen Farben wie Rot oder Orange, durch die man die Tiger reizen könnte.

Der Tempel liegt 38 km von Kanchanaburi entfernt am Hwy 323. Mit dem Bus von Kanchanaburi nach Sangkhlaburi kann man bis zur Abzweigung zum Tempel fahren und von dort aus die 2 km bis zum Eingang laufen. Die meisten Traveller besuchen den Tempel im Rahmen eines von einem Tourunternehmen organisierten Nachmittagsausflugs.

Das Tempelpersonal wurde beschuldigt, mit den Tigern Geschäfte zu machen, die Tiere schlecht zu behandeln und trotz steigender Eintrittspreise mit dem Bau der Tigeranlage nicht voranzukommen. Der Tempel weist alle Anschuldigungen zurück. Unter www.careforthewild.org ist ein Bericht einer britischen Umweltschutzorganisation über den Tempel zu finden.

Wasserfall Sai Yok Noi

น้ำตกไทรโยค

Wer sehen möchte, wie sich Thais vergnügen, muss zu diesem Wasserfall kommen, der zum Sai Yok National Park gehört. Am Wochenende strömen die Thais in Scharen hierher, setzen sich auf Matten, mampfen *sôm·dam* (scharfen grünen Papaya-Salat) und schauen zu, wie das Wasser über die Felshänge herunterstürzt. Halbwüchsige klettern an den Felsen hoch und Kleinkinder plantschen in den flachen Wasserbecken.

Der Wasserfall liegt 60 km nordwestlich von Kanchanaburi am Hwy 323 und ist leicht mit dem Bus von Kanchanaburi nach Sangkhlaburi (45 B, 1 Std., regelm.) zu erreichen. Man muss nur den Fahrer darum bitten, einen am *nám dòk sai yôhk nóy* abzusetzen. Der letzte Bus zurück fährt um 17 Uhr. Der Bahnhof Nam Tok liegt 2 km entfernt (100 B; Abfahrtszeiten s. S. 236).

Hellfire Pass Memorial

ช่องเขาขาด

Das **Museum** (www.dva.gov.au/commem/oawg/thailand. htm; Eintritt gegen Spende; ☼ 9–16 Uhr) ist ein thailändisch-australisches Projekt, das auf schlichte und würdevolle Weise an die Tragödie um die „Todesbahn" erinnert. In dem Museum gibt es nur wenige Artefakte zu sehen – ganz einfach, weil den Gefangenen kaum Ausrüstung zur Verfügung stand. Stattdessen geben Schautafeln und Videos mit Berichten von Überlebenden einen Überblick über die Ereignisse. Ein 4 km langer Fußweg (hin & zurück 3 Std.) führt über das Originalgleisbett.

Nahe beim Beginn des Weges befindet sich die berühmteste der durch den Berg geschlagenen Schneisen: der **Hellfire Pass** (vor Ort als Konyu Cutting bekannt). Das Gebiet erhielt seinen Namen nach der mörderischsten Periode der Bauarbeiten an der Bahnstrecke, als die Gefangenen drei Monate lang in Schichten von 500 Arbeitern 16 bis 18 Stunden pro Tag hier schufteten. Im Schein der brennenden Fackeln wirkten die japanischen Aufseher und die ausgemergelten Gefangenen wie Gespenster aus Dantes *Inferno*.

Wegen der schlechten sanitären Verhältnisse, des Fehlens medizinischer Versorgung und der brutalen Misshandlung durch die Japaner verloren etwa 15 000 alliierte Kriegsgefangene und 100 000 zivile Zwangsarbeiter aus südostasiatischen Ländern ihr Leben.

Auf einem Marsch an der Strecke entlang eröffnet sich ein weiter Blick über das Khwae-Noi-Tal bis nach Myanmar und auf die **Pack of Cards**-Brücke, die so heißt, weil sie dreimal eingestürzt ist.

Eine Karte der Strecke und ein Audioguide sind erhältlich. Das Museum liegt 80 km nordwestlich von Kanchanaburi an Hwy 323 und kann mit dem Bus von Kanchanaburi nach Sangkhlaburi (50 B, 1½ Std., regelm.) erreicht werden. Der letzte Bus zurück nach Kanchanaburi kommt 16.30 Uhr vorbei.

Nationalparks

Nördlich von Kanchanaburi gibt es mehrere **Nationalparks** (☎ 0 2562 0760; www.dnp.go.th) voller tosender Wasserfälle, dichter Dschungel und Wildtiere. Sie gehören zum Western Forest Complex, einem der größten Naturschutzgebiete Asiens.

Ausländische Parkbesucher zahlen 200 B. An den meisten Stätten gibt es Bungalows und Campingeinrichtungen; man sollte aber im Voraus buchen.

In der Parkverwaltung bekommt man kostenlose Broschüren und Karten und kann für 200 bis 300 B einen Guide engagieren. Je nach Jahreszeit kann die Temperatur hier zwischen 8 und 45 °C liegen; also angemessene Kleidung mitbringen!

Manche Tourunternehmen in Kanchanaburi arrangieren geführte Touren durch die Parks (s. S. 234).

SAI YOK NATIONAL PARK

อุทยานแห่งชาติไทรโยค

Der 1400 km² große **Sai Yok National Park** (☎ 0 3451 6163; www.dnp.go.th; Eintritt 200 B) ist einfach zu erreichen. Hier können mehrere Wasserfälle und Höhlen besichtigt und einige besonders seltene Tierarten erspäht werden.

Der Park bildete die Kulisse für die berühmten Szenen aus dem Film *Die durch die Hölle gehen*, in denen die Gefangenen des Vietkong Russisches Roulette spielen müssen. Zu den im Park lebenden Wildtieren gehören Elefanten, Muntjaks, Furchenhornvögel, Gibbons sowie rote, weiße und blaue Königskrabben, die 1983 hier entdeckt wurden.

Nahe dem Haupteingang sind Kalksteinhöhlen, Reste einer Brücke der „Todesbahn" und japanische Kochstellen (eigentlich nur Ziegelhaufen) zu sehen. Der Park ist gut ausgeschildert. Die kostenlosen Broschüren informieren über Wanderwege und darüber, wo

man Kanus, Raftingboote oder Fahrräder mieten kann. Es gibt auch einen Radweg zu der Höhle, in der 1973 die Schweinsnasenfledermaus, das kleinste Säugetier der Welt, entdeckt wurde.

In der Nähe des Besucherzentrums befindet sich der Nam Tok Sai Yok Yai (Wasserfall Sai Yok Yai), der eigentlich mehr ein Wildbach als ein Wasserfall ist. Nahe bei einer Hängebrücke stürzt er in den Mae Nam Khwae Noi.

Die Forstverwaltung hat **Bungalows** (☎ 0 2562 0760; 800–2100 B), in denen bis zu sechs Personen übernachten können. In der Nähe der Hängebrücke dümpeln mehrere Hausboote, die als Pension fungieren und einen tollen Ausblick bieten. Eines der hübschesten unter ihnen ist das **Saiyok View Raft** (☎ 08 1857 2284; Zi. 800 B). Es hat Zimmer mit eigenem Bad und Blick auf den Fluss. Es gibt auch schwimmende Restaurants in der Nähe und viele Imbissstände am Besucherzentrum.

Der Parkeingang liegt etwa 100 km nordwestlich von Kanchanaburi und 5 km abseits vom Hwy 323. Man kann mit dem Bus von Kanchanaburi Richtung Sangkhlaburi (60 B, 2 Std., regelm.) bis zur Abzweigung fahren und dort ein Motorradtaxi bis zum Parkeingang nehmen. Dem Fahrer sagt man, dass man *nám dòk sai yôhk yài* will. Der letzte Bus zurück nach Kanchanaburi kommt um 16.30 Uhr vorbei.

Ungefähr 18 km südlich vom Sai Yok Noi liegt die 500 m lange **Lawa-Höhle** (Eintritt 200 B) mit fünf großen Grotten und imposanten Stalaktiten und Stalagmiten. Hierher kommt man am besten mit einem eigenen Fahrzeug. Wer keines hat, dem bleibt nur der Zug zum Bahnhof Nam Tok. Da muss man dann versuchen, ein Motorradtaxi zu finden.

Nahe der Hängebrücke kann man Longtail-Boote (800 B/Std., Preis Verhandlungssache) für Rundfahrten auf dem Fluss oder zur Höhle **Tham Daowadung** mieten. Man sollte einen Führer engagieren und sich eine Taschenlampe besorgen, ehe man die Tham Daowadung betritt.

THONG PHA PHUM NATIONAL PARK

อุทยานแห่งชาติทองผาภูมิ

In diesem **Park** (☎ 0 1382 0359; Distrikt Thong Pha Phum) befindet sich der Wasserfall Jorgrading. In **Baumhäusern** (☎ 0 2562 0760; www.dnp.go.th; Zi. 600–1200 B) findet man einfache, aber stimmungsvolle Übernachtungsmöglichkeiten.

Die 62 km lange Fahrt von Thong Pha Phum zum Park führt über eine kurvenreiche, aber gut ausgebaute und von bewaldeten Hängen gesäumte Straße. Der Wasserfall Jorgrading liegt 5 km vom Eingang entfernt.

Nach weiteren 8 km auf dem Hwy 3272 gelangt man in das Grenzdorf **E-Thong**, unter dessen Bewohnern 80 % Birmanen sind. Das **E-Thong Homestay** (☎ 08 7169 0394; Zi. 600–800 B) im Dorfzentrum kann bei Ausflügen behilflich sein. So ruhig es in diesem abgelegenen Grenznest auch ist, der üblichen Karaoke-Maschinerie kann man auch hier nicht entkommen.

KHAO LAEM NATIONAL PARK

อุทยานแห่งชาติเขาแหลม

Mit dem gigantischen Stausee Khao Laem in der Mitte ist dieser 1497 km² große **Park** (☎ 0 3453 2099; Distrikt Thong Pha Phum) einer der malerischsten des Landes. Die Parkverwaltung befindet sich 28 km südlich von Sangkhlaburi.

Mehr als 260 Tierarten wurden in dem Park gezählt, darunter Gibbons, Rehe und Wildschweine. Ornithologen strömen zum **Kroeng-Kravia-Sumpf**, wo u. a. asiatische Feenvögel und Grünschnabel-Malkohas leben. Um den Sumpf zu erreichen, fährt man bis zur Parkfiliale Kroeng Kravia 45 km südlich von Sangkhlaburi.

Mehrere Wasserfälle und gewaltige Kalksteinfelsen umgeben das große Wasserbecken. Der Wasserfall **Kra Teng Jeng** beginnt 400 m hinter dem Parkeingang. Ein schattiger Weg führt auf den Hauptfall zu. Für den Rest des 4 km langen Wegs braucht man einen Führer. Etwa 12 km südlich vom Parkeingang befindet sich der 15 m hohe Wasserfall **Dai Chong Thong**.

Etwa 1 km nördlich vom Parkeingang ist die **Parkfiliale Pom Pee** (☎ 0 2562 0760; www.dnp. go.th; Zi. ab 900 B) mit Campingstellen und Bungalows; im Hauptpark kann man nur zelten. Hier kann man Longtail-Boote mieten, um über den Stausee zu den Parkfilialen Pha Pueng oder Kai Uu überzusetzen oder zur Mon-Siedlung Wang Kha zurückzufahren. Der Preis für ein Longtail-Boot variiert, aber die Fahrt mit acht Personen dürfte 2000 B kosten.

Das Hausboot **Lake Safari** (www.insideasia.travel; Erw./Kind 15 400/10 780 B) legt vom Khao Laem National Park zu einem entspannten Viertagestrip nach Sangkhlaburi ab. Man kann auch das ganze Hausboot für sich mieten.

ZENTRALTHAILAND

SI NAKHARIN NATIONAL PARK

อุทยานแห่งชาติศรีนครินทร์

In dem 1500 km² großen **Park** (☎ 0 3451 6667; Distrikt Si Sawat) befindet sich der Si-Nakharin-Stausee. Der siebenstufige Wasserfall **Huay Mae Khamin** nahe dem Parkeingang gilt als einer der schönsten in Thailand. Das Wasser stürzt auf einer Strecke von mehr als 2 km in sieben Stufen über Kalksteinfelsen hinab.

Campingstellen und Bungalows (☎ 0 2562 0760; www.dnp.go.th; Zi. 150–600 B, Bungalow 900–2700 B) sind vorhanden.

Die Einrichtungen, die zur Parkverwaltung gehören, sind gut, aber die Hinfahrt ist ein Problem. Für die 40 km lange unbefestigte Straße nach Si Nakharin braucht man einen Geländewagen. Man kann auch die Autofähre nehmen, die zwischen Tha Ong Sit im Osten und Tha Kamnantuet im Westen über den Stausee pendelt. Die Fähre ist von 6 bis 20 Uhr unterwegs und legt ab, wenn sie voll besetzt ist. Man kann sie auch chartern (300 B/Fahrzeug). Die Überfahrt dauert 45 Minuten; von Tha Kamnantuet sind es noch 7 km bis zum Parkeingang. Es ist möglich, am Pier in Tha Kradan am Ostufer ein Schnellboot zu mieten (ca. 1500 B).

CHALOEM RATANAKOSIN NATIONAL PARK

อุทยานแห่งชาติรัตนโกสินทร์

Der relativ kleine **Park** (☎ 0 3451 9606; Distrikt Nong Preu) besitzt zwei Attraktionen: die Höhlen **Tham Than Lot Noi** und **Tham Than Lot Yai**. Erstere ist nicht weiter interessant; man gelangt durch sie aber zu einem hübschen 2,5 km langen Naturpfad. Am Ende dieses Pfads liegt die Tham Than Lot Yai, eine gewaltige Höhle mit zackenförmigen Stalaktiten.

Am **Wasserfall** kann man während der Regenzeit 20 m von oben nach unten rutschen – ein Spaß, den sich thailändische Kinder nicht entgehen lassen.

Zu den hier lebenden Tieren gehört der Asiatische Koel, ein langschwänziger Kuckuck, der für seine offenkundige Höhenangst berühmt ist: Er steigt selten höher als 10 m in die Lüfte. Außerdem leben in den dichten, trockenen Laubwäldern Tiger, Leoparden, Gibbons und Elefanten.

Vor Ort gibt es **Bungalows** (☎ 0 2562 0760; www. dnp.go.th; Zelt 300–500 B, Zi. 700–2700 B) und ein Restaurant. Wer in der Nähe übernachten möchte, kann das aber auch bei einer Karen-Familie im **Khao Lek Homestay** (☎ 08 7110 8445; 150 B/Pers.) tun.

Die meisten Besucher kommen mit eigenen Fahrzeugen über den Hwy 3086 in den 59 km² großen Park. Einmal pro Tag fährt ein Bus (75 B, 3 Std., 7.45 Uhr) die 97 km lange Strecke von Kanchanaburi nach Dahn Chang. Der Fahrer kann einen in Muang Tow absetzen, das 2 km vom Park entfernt ist. Von Muang Tow fahren um 6.20, 8.15 und 12.25 Uhr Busse nach Kanchanaburi.

THONG PHA PHUM

ทองผาภูมิ

Umgeben von dichten Wäldern und von Bergen, deren Gipfel in den Wolken verschwinden, liegt diese beschauliche, kleine Ortschaft. Thong Pha Phum ist für viele Traveller ein Zwischenstopp, die auf dem Weg nach Sangkhlaburi im Norden sind, aber auch ein guter Ausgangspunkt, wenn man die nahe gelegenen Naturattraktionen besichtigen möchte.

Hier kann man sich nicht verirren, denn es gibt nur eine Hauptstraße und den Marktplatz mitten im Zentrum. Der Mae Nam Khwae Noi fließt östlich vom Ort. Einrichtungen gibt es nicht viele, aber immerhin zwei Banken und ein paar Pensionen.

Am frühen Morgen kann man sich gut auf dem Markt unter die Leute mischen. Hungrige finden hier alle Mögliche von süßen Snacks bis zu Nudelgerichten. Nachts ist der **Tempel** auf dem Hügel beleuchtet und wirft einen goldenen Schein über die Ortschaft, in der bereits alles schläft. Wer sich den Tempel tagsüber anschauen will, folgt der Uferstraße in Richtung Schnellstraße, überquert eine Fußgängerbrücke und steigt dann bergauf.

Südlich von Thong Pha Phum liegen die **Thermalquellen Hin Dat** (Eintritt 40 B; ⊙ 6–22 Uhr). Wem die beiden Thermalbecken nicht reichen, der kann sich in einem nahe gelegenen Pavillon massieren lassen. In den Wasserbecken zu entspannen oder sich waghalsig in den reißenden Gebirgsbach nebenan zu stürzen, ist toll. Die *bòr nám rórn* (Thermalquellen) erreicht man mit dem Bus von Kanchanaburi nach Sangkhlaburi. Bei Km 105 am Hwy 323 aussteigen; von dort ist es noch 1 km bis zu den Thermalquellen.

An derselben Straße wie die Thermalquellen liegt auch der **Nam Tok Pha That** (Eintritt 200 B), ein hübscher mehrstufiger Wasserfall, zu dem nicht viele Besucher kommen. Es gibt Badestellen, aber aufgepasst: Auf den glitschigen Steinen rutscht man leicht aus!

Der **Kheuan Khao Laem**, vor Ort auch Vachiralongkorn-Staudamm genannt, steht 9 km nordwestlich der Ortschaft. Den Ausblick von oben genießt neben den Besuchern oft auch eine Affenhorde.

Schlafen & Essen

Es gibt mehrere Pensionen entlang der Hauptstraße und ein paar Hotels in der Nähe des Dammes.

Som Jainuk Hotel (☎ 0 3459 9001; 29/10 Mu 1; Zi. 200–500 B; ✷) Das nahe am Markt gelegene Hotel bietet einfache Zimmer mit Ventilator und Bungalows mit Steinwänden und Balkonen. Von June bekommt man unschätzbar wertvolle Reisetipps.

Barn Cha Daan (☎ 0 3459 9035; Mu 1; Zi. 450 B; ✷ ▣) Die Zimmer in der Unterkunft nahe dem Hauptzugang zum Ort sind auf zwei Stockwerke verteilt und mit TV, Warmwasser und Klimaanlage ausgestattet. Sie liegen rund um einen Hof voller Bäume.

Ban Suan (☎ 0 3459 98412; abseits des Hwy 3272; Zi. 650–1200 B; ✷) Vom Ban Suan außerhalb des Orts hat man einen tollen Blick auf den Damm. Außerdem gibt's hier gute Service-Einrichtungen und einen Manager, der Englisch spricht – und das ist eine Seltenheit in dieser Gegend.

Im Umkreis leben viele Birmanen und andere Volksgruppen – das spiegelt sich auch in den Restaurants wider: Die großen Metallschüsseln mit leckeren Currys sind typisch für die Mon. Das Restaurant Krua Tom Nam hinter dem Markt breitet sich über drei Terrassen aus, die Gästen einen tollen Flussblick ermöglichen. Ein paar Restaurants am Ortseingang servieren regionale Gerichte, aber abends sieht man hier normalerweise mehr Katzen als Menschen.

An- & Weiterreise

Busse mit Klimaanlagen fahren gegenüber der Siam City Bank an der Hauptstraße ab. Tickets sind hinten im Restaurant Krua Ngobah (☎ 0 3459 9377) erhältlich. Busse zum Busbahnhof Nord in Bangkok (202 B, 5 Std., alle 90 Min.) fahren bis 15.40 Uhr. Es gibt auch Busse nach Sangkhlaburi (67 B, 1½ Std., 4-mal tgl.). Die Lokalbusse fahren am Markt ab.

Unterwegs vor Ort

Um vor Ort herumzukommen, bietet es sich an, am Markt die Motorradtaxifahrer zu fragen, ob sie einem für rund 300 B pro Tag

ihr Motorrad vermieten. Außerdem fahren Songthaeos die Hauptstraße rauf und runter; eine Fahrt im Ort kostet weniger als 10 B.

SANGKHLABURI

สังขละบุรี

47 147 Ew.

Für die meisten Traveller ist hier Endstation, aber für viele der hiesigen Einwohner ist Sangkhlaburi ein Neuanfang. Viele sind aus wirtschaftlichen Gründen oder aus Angst vor der Militärdiktatur über die birmanische Grenze hierher geflüchtet. Nur in wenigen Orten Thailands findet sich eine solche ethnische Vielfalt wie in Sangkhlaburi, wo Birmanen, Karen, Mon, Thais und auch Lao zu Hause sind. Daraus ergibt sich eine Mischung aus verschiedenen Kulturen, Religionen und Sprachen.

Sangkhlaburi ist eine abgelegene Stadt mit Blick über den riesigen Kheuan Khao Laem (Khao-Laem-Stausee) und verdankt seine Existenz dem Wasser. Es wurde gegründet, nachdem ein altes Dorf in der Nähe des Zusammenflusses der drei Flüsse, die den Stausee speisen, überflutet wurde.

Mehrere Nichtregierungsorganisationen in der Stadt helfen dabei, das Überleben der verschiedenen Volksgruppen zu sichern und kämpfen für ihre wenigen Rechte. Deshalb werden hier immer freiwillige Mitarbeiter gesucht (s. S. 245).

Am **Mon National Day** in der letzten Juliwoche ist in der Stadt eine Menge los.

Praktische Informationen

In Geldangelegenheiten wendet man sich an die Siam Commercial Bank (mit Geldautomat) nahe dem Markt. Internetshops gibt's ebenfalls in der Nähe des Markts (25 B/Std.). Vor der Post an der Hauptstraße gibt's ein Auslandstelefon.

Sehenswertes & Aktivitäten

WANG KHA

วัคา

Gegenüber der angeblich längsten **Holzbrücke** (Saphan Mon) Thailands breitet sich diese Mon-Siedlung aus. Das Dorf wurde hierher verlegt, nachdem die ursprüngliche Siedlung dem Staudamm weichen musste. Wegen des ständigen kriegerischen Konflikte in Birma sind viele Mon ins benachbarte Thailand geflüchtet, und sie haben Wang Kha ihren Stempel aufgedrückt. Die Kinder spielen eine

HILFE FÜR DIE NATUR

Mit 6200 km² sind die Reservate **Thung Yai Naresuan** und **Huay Kha Khaeng** die größten auf dem Festland gelegenen Naturschutzgebiete Südostasiens. Die Reservate wurden 1991 zum Welterbe der UNESCO erklärt und beherbergen eine unglaublich vielfältige Flora und Fauna.

Die Reservate nehmen die nordöstliche Ecke der Provinz Kanchanaburi ein und erstrecken sich bis in die Nachbarprovinzen. Das Gelände ist überwiegend eine gebirgige Wildnis, in der Flüsse und kleinere Bäche durch grasbedecktes Tiefland und Täler fließen.

In den letzten 50 Jahren sind die natürlichen Urwälder in Thailand drastisch geschrumpft. Aber im Zuge des erwachenden Umweltbewusstseins bemüht man sich nun um mehr Erhaltungsmaßnahmen und weniger Zerstörung. Die Reservate sind Naturschutzgebiete, aber keine Nationalparks, d. h. Besucher brauchen eine Genehmigung, um sie betreten zu dürfen. Trotzdem verschaffen sich immer noch unwillkommene Besucher Zugang, um illegal Bäume zu fällen oder zu jagen.

Die beiden Reservate gehören zu den letzten natürlichen Lebensräumen von etwa 700 Tigern. Laut einer kürzlich veröffentlichten Studie könnten in dem Gebiet bei effektivem Schutz bis zu 2000 dieser Tiere leben. Der **Western Forest Conservation Club** (WFCC; www.thungyai.org) beobachtet die Tiger, mit denen sich viele andere Tiere den Lebensraum teilen. Bei der letzten Zählung lebten hier 400 Vogel-, 96 Reptilien- und 120 Säugetierarten, darunter Leoparden, Gaur, Bären und sogar Java-Nashörner. Insgesamt gibt es in den Schutzgebieten 34 international anerkannte bedrohte Arten. Schenkt man Berichten Glauben, soll in dem Gebiet um den Drei-Pagoden-Pass sogar eine ungeheuer seltene Affenart gesichtet worden sein, die wegen ihres angeblichen medizinischen Nutzens bei Wilderern sehr begehrt ist.

Das Reservat Thung Yai Naresuan (großes Feld) verdankt seinen Namen der großen Grasebene in seinem Zentrum und der Tatsache, dass König Naresuan in dem Gebiet einst ein Armeelager hatte. Zu den ungewöhnlicheren Dingen, die man hier sieht, gehören Kalkstein-Dolinen, die bis zu 2 km lang und 30 m tief sind. Archäologen glauben, dass in dem Gebiet Fossilien aus dem Pleistozän zu finden sein könnten, aber bislang sind keine größeren Ausgrabungen erfolgt.

Im Reservat Huay Kha Khaeng gibt es ein paar mehr Einrichtungen und auch Campingplätze, allerdings ebenfalls keine Restaurants oder Bungalows. In der Regenzeit sind hier Überflutungen häufig; deswegen sollte man sich nach den Bedingungen vor Ort erkundigen, bevor man sich auf den Weg macht. In dem Gebiet befindet sich der Naturpfad **Khao Hin Daeng**, der über Uthai Thani zu erreichen ist, sofern man ein eigenes Fahrzeug hat. Man nimmt den Hwy 333 und dann den Hwy 3438. Der 6 km lange Naturpfad hat einen schönen Aussichtspunkt bei Pong Thian. Außerdem kann man auf dem Weg viele Vögel beobachten.

Die beiden Campingplätze im Huay Kha Khaeng sind die Cyber Ranger Station und Huay Mae Dee. Die Cyber Ranger Station liegt 7 km von der Parkverwaltung entfernt. In Wanderentfernung gibt es mehrere Wasserfälle und Täler. Der Campingplatz Huay Mae Dee ist nach einer 37 km langen Fahrt auf einem unbefestigten Pfad zu erreichen, er liegt mitten in dichtem Wald. Der Pfad führt durch ein Karen-Dorf. An beiden Plätzen kann man Führer engagieren, die allerdings thailändisch sprechen. Das Zelten kostet 30 B, aber sämtliche Ausrüstung muss selbst mitgebracht werden.

Die Parkverwaltung ist am besten mit dem eigenen Fahrzeug erreichbar. Der nächste Bus- oder Bahnanschluss ist in Lan Sak, 35 km von der Parkverwaltung entfernt.

Die Reservate sind gerade deswegen so wertvoll, weil sie so unberührt sind und den Tourismus nicht unterstützen. Die paar hundert Besucher, die jedes Jahr kommen, sind in der Regel Teilnehmer wissenschaftlicher Exkursionen. Alle anderen müssen sich zunächst eine Genehmigung vom Royal Thai Forestry Department holen.

Art Kricket in den Straßen, die Frauen rauchen dicke Stumpen und viele schminken sich der Tradition entsprechend ihr Gesicht weiß. Aber auch hier ist die Moderne im Anmarsch: Es gibt immerhin ein Internetcafé.

Auf dem **Markt** im Dorfzentrum bekommt man köstliches Mon-Curry. Nördlich vom

Markt befindet sich der **Wat Wang Wiwekaram** (Wat Mon), das religiöse Zentrum der Mon in Thailand. Der Tempel besteht aus zwei 600 m voneinander entfernten Komplexen. Rechts von der T-Kreuzung steht der *wíhaan* mit seinem Stufendach, den schweren Holztüren mit Schnitzereien und den Marmorge-

ländern. Links der T-Kreuzung erhebt sich der **Chedi Luang Phaw Uttama**. Er ähnelt, was den Stil betrifft, dem Mahabodhi-*chedi* im indischen Bodhgaya. Abends wird die mit 6 kg Gold überzogene Kuppel angestrahlt. Männer können die paar Stufen bis zur Spitze hochgehen, Frauen ist das verboten. Auf demselben Gelände befinden sich noch ein recht alter *chedi* und ein Markt, auf dem Kunsthandwerk verkauft wird.

Der Tempel ist berühmt, weil hier der hochverehrte Mönch Luang Phaw Uttama lebte. Er wurde 1910 in Birma geboren, floh 1949 vor dem Bürgerkrieg nach Thailand und wurde eine der wichtigsten Stützen der hiesigen Mon-Gemeinde. Durch seine Hilfe erhielten die Mon dieses Gebiet, als ihr ursprüngliches Dorf in den Fluten des Stausees versank. Im Jahr 2006 starb er mit 97 Jahren im Srirat Hospital in Bangkok; die Krankenhausrechnung wurde von der thailändischen Königin bezahlt.

KHAO-LAEM-STAUSEE
เขื่อนเขาแหลม

Der riesige See entstand nach dem Bau des **Vachiralongkorn-Staudamms** (Khao-Laem-Staudamms), der seit 1983 das Wasser des Mae Nam Khwae Noi aufstaut. Das Dorf, das am Zusammenfluss der drei Flüsse Khwae Noi, Ranti und Sangkhalia lag, versank im See. In der Trockenzeit ragt die Spitzen des **Wat Sam Prasop**, des Dorftempels, immer noch aus dem Wasser.

Auf dem See sind Kanus, Longtail-Boote und leider auch Jetboote unterwegs. Am frühen Morgen, wenn der Nebel und die Geräusche der Natur über dem Wasser schweben, ist es hier zauberhaft. Von den Pensionen werden Ausflüge auf dem See angeboten.

Freiwilligenarbeit

Das große orangefarbene Gebäude über dem Ort ist das **Baan Unrak** (House of Joy; www.baanunrak. org), das sich um verwaiste oder ausgesetzte Kinder verschiedener ethnischer Gruppen kümmert. Seit seinen Anfängen 1991 ist das Haus gewachsen; mittlerweile leben hier 140 Kinder. Neben dem Kinderheim betreibt die Organisation auch ein Webereizentrum, um Frauen aus der Gegend ein Einkommen zu ermöglichen. Außerdem unterstützt sie alleinstehende Mütter und ihre Kinder und arbeitet mit HIV-Infizierten bzw. AIDS-Patienten. Die meisten Kinder im Baan Unrak sind Karen.

Die neohumanistische Philosophie des Heims legt Wert auf vegetarische Ernährung, universelle Liebe und Meditation.

Wegen der hohen Flüchtlingszahlen in Sangkhlaburi besteht ein großer Bedarf an solchen Einrichtungen, und freiwillige Mitarbeiter werden immer gebraucht. Das Heim akzeptiert in der Regel nur Helfer, die sich auf mindestens sechs Monate verpflichten, aber Besucher sind jederzeit willkommen. Jeden Mittwoch um 18 Uhr führen die Kinder im Heim Yogaübungen vor.

Wer sich kürzere Zeit engagieren möchte, kann im abgelegenen **Hilltribe Learning Centre** (Kontakt über das P Guest House; ☎ 0 3459 5061) seine Englischkenntnisse weitergeben und mit anpacken (s. S. 52).

Schlafen

Burmese Inn (☎ 0 3459 5146; www.sangkhlaburi.com; 52/3 Mu 3; Zi. 120–800 B; 🖳) Die billigste Absteige im Ort, und das aus gutem Grund. Es gibt windschiefe Einzelzimmer am Hang und auch größere Bungalows.

P Guest House (☎ 0 3459 5061; www.pguesthouse. com; 8/1 Mu 1; Zi. 252–909 B; 🖳) Eine solide Unterkunft mit Englisch sprechendem Personal und Zimmern mit tollem Blick auf den See. Die Zimmer mit Ventilator sind einfach und teilen sich das Bad. Das P Guest House organisiert auch Ausflüge und vermietet Motorräder, Fahrräder und Kanus.

Samprasob Resort (☎ 0 3459 5050; www.samprasob. com; 122 Mu 3; Zi. 600–3000 B; 🖳) Ein bisschen mehr Komfort bietet dieses elegante Resort mit allem von kompakten Doppelzimmern bis hin zu zweistöckigen Häusern für größere Gruppen von Thailändern, die am Wochenende vorbeischauen. Frühstück ist inklusive.

Essen

Wegen ihrer malerischen Lage am Wasser gehen die Leute abends zum Essen am liebsten in die Pensionen. Wie in den meisten thailändischen Orten gibt's auch auf dem hiesigen Markt eine große Auswahl von Leckereien. Unbedingt die thailändischen und birmanischen Currys (20 B) probieren.

Baan Unrak Bakery (Snacks 25–90 B) Vegetarier werden dieses Café lieben, in dem nicht nur die exzellenten Backwaren, sondern auch die thailändischen Gerichte garantiert fleischlos sind. Der Donut mit Käse und roten Bohnen ist absolut spektakulär. Die Bäckerei gehört zur Organisation Baan Unrak (s. linke Spalte).

WER SIND DIE MON?

Die Mon haben eine stolze Geschichte. Sie haben nicht nur den Theravada-Buddhismus in die Region gebracht, sondern vom 6. bis 11. Jh. auch das Königreich Dvaravati gebildet, das einen großen Teil der zentralen Ebenen von Thailand und Birma einnahm.

Mittlerweile sind viele Mon vor dem Militärregime in Birma nach Thailand geflohen und leben als Flüchtlinge in der Gegend rund um Sangkhlaburi. Knapp eine Million der Mon sprechen noch ihre Muttersprache, und sie kämpfen um die Erhaltung ihres kulturellen Erbes, ihres Glaubens und ihrer Unabhängigkeit.

Zwischen den Birmanen und den Mon schwelt ein jahrhundertealter Konflikt. Die Briten nutzten diese Spannungen zwischen den beiden Volksgruppen aus und versprachen den Mon als Gegenleistung für deren Unterstützung bei der Kolonialisierung Birmas Unabhängigkeit. Als Birma 1948 seine Unabhängigkeit erlangte, strebten die Mon ihre Selbstbestimmung an. Doch nachdem ihre Anführer getötet und ihre Dörfer zerstört worden waren, verstummten die laut gewordenen Stimmen schnell wieder. 1974 wurde der teilautonome Mon-Staat geschaffen und 1996 ein Waffenstillstand ausgerufen, aber auch heute kommt es noch zu Zusammenstößen.

Viele Mon flüchten vor der Gewalt über die Grenze nach Thailand, hauptsächlich in das Gebiet um Sangkhlaburi. Von den 47 000 Einwohnern dieser Stadt gehören 23 800 verschiedenen Minderheitenvölkern an. Thailand tut nur wenig mehr, als ihre Anwesenheit zu dulden. Die Mon bekommen thailändische Ausweise, die ihnen aber praktisch keine Rechte verschaffen. Ihre Reisefreiheit ist eingeschränkt, und rund um Sangkhlaburi und den Drei-Pagoden-Pass finden sich überall Kontrollpunkte. In diesen Gebieten leben viel Mon und Karen, die meisten verdienen höchstens 100 B pro Tag. Aus Angst vor Geldstrafen, Deportation oder Angriffen verstecken sie sich, so gut sie können.

Zu einem Durchbruch kam es im Jahr 2006, als die thailändische Regierung 2000 Mon-Kindern aus Sangkhlaburi, die dort auch zur Welt gekommen waren, die thailändische Staatsbürgerschaft gewährte.

Mit dem gewalttätigen Vorgehen der birmanischen Militärdiktatur gegen Demonstranten im Jahre 2008 und den Verwüstungen, die der Tropensturm Nargis über Birma brachte, strömte eine neue Flüchtlingswelle nach Thailand. Auch weiterhin werden die Mon in Birma unterdrückt; es gibt viele Berichte über Vergewaltigungen, körperliche Misshandlungen und Verhaftungen. Die Mon haben nur die Wahl zwischen einem Land (Myanmar), in dem sie unterdrückt werden, und einem anderen (Thailand), wo sie wenig Rechte haben. Deswegen besteht die reale Gefahr, dass dieses Volk mit seiner alten Kultur sich schließlich vollständig anpasst und seine stolzen Traditionen für immer verloren gehen.

Shoppen

Besucher, die an Webarbeiten der Karen interessiert sind, könnten in dem kleinen Laden in der Baan Unrak Bakery oder in dem Geschäft vor dem P Guest House fündig werden. Die Produkte werden von Frauen der Baan Unrak-Weberei-Kooperative hergestellt.

An- & Weiterreise

Direkt gegenüber vom Markt liegt ein Streifen Brachland, der Sangkhlaburi als Busbahnhof dient. Der normale Bus 8203 fährt um 6.45, 8.15, 9.45 und 13.15 Uhr von Sangkhlaburi nach Kanchanaburi (130 B, 5 Std.). Es gibt auch Busse mit Klimaanlage, die um 7.30, 9, 10.30 und 14.30 Uhr zum Busbahnhof Nord in Bangkok (1./2. Klasse 333/259 B, 4 Std.) fahren. Auf ihrem Weg nach Süden halten

diese auch in Sai Yok und Kanchanaburi. Im hinteren Bereich des Markts befindet sich ein Minivan-Büro, in dem man Tickets nach Kanchanaburi (180 B, 3-mal tgl.) buchen kann. Die Minivans halten u. a. auch in Thong Pha Phum (80 B). Ein Motorradtaxi zu den Pensionen kostet etwa 15 B.

Die Entfernung zwischen Kanchanaburi und Sangkhlaburi beträgt rund 230 km, die zwischen Thong Pha Phum und Sangkhlaburi 74 km.

RUND UM SANGKHLABURI
Drei-Pagoden-Pass

ด่านเจดีย์สามองค์

Dieser Grenzort liegt zwar noch in Thailand, wirkt aber schon ziemlich birmanisch – schon wegen der Pagoden (Phrá Jedii Săam Ong),

nach denen er benannt ist. Viele Besucher kommen hierher, um mit einem Tagesvisum einen Blick in das geheimnisvolle Myanmar zu werfen.

Jenseits der Grenze liegt die Ortschaft Payathonzu mit einem **Souvenirmarkt** und ein paar **Teehäusern**. Bevor man sich zur Grenze aufmacht, sollte man sich bei Einheimischen nach der aktuellen Lage erkundigen, weil die Regierung von Myanmar immer wieder die Grenze dicht macht, wenn Kämpfe zwischen der birmanischen Armee und Aufständischen aufflammen.

Wenn die Grenze geschlossen ist, findet man auf dem **Markt** auf der thailändischen Seite immerhin noch Händler, die birmanischen Whisky, Schmuck, Zigarren und bizarre Arzneimittel, darunter Ziegenköpfe, zum Kauf anbieten. Am Eingang zu einem Nudelrestaurant befindet sich eine Zeitkapsel, die 1995 von alliierten Kriegsgefangenen anlässlich des 50. Jahrestages der „Todesbahn" hier vergraben wurde. Wer zufällig am 20. April 2045 in der Gegend sein sollte, kann miterleben, wie sie geöffnet wird.

Wenn die Grenze geöffnet ist, können sich Ausländer ein nicht verlängerbares Tagesvisum besorgen. Man hinterlegt seinen Pass und ein Passbild bei der thailändischen Einreisebehörde. Bei der Einreisebehörde von Myanmar zahlt man eine Einreisegebühr von 500 B bzw. 10 US$ und legt eine Kopie der Seite des Passes mit dem Foto sowie ein weiteres Passbild vor. Bei der Rückreise nach Thailand erhält man seinen Pass zurück. Die nötigen Kopien kann man in einem Laden in der Nähe der thailändischen Einreisebehörde machen.

Zur Zeit ist es hier einigermaßen friedlich, aber früher gab es wegen der Passkontrollen regelmäßig Kämpfe zwischen aufständischen Karen und Mon und der birmanischen Armee. Mit Zöllen, die die Aufständischen auf die Schmuggelwaren erhoben, finanzierten sie ihre Widerstandsbewegung. Auch heute noch ist der Pass eine wichtige Route für Drogenschmuggler; geschmuggelt werden hauptsächlich Amphetamine.

Zu Redaktionsschluss war die Grenze schon über ein Jahr lang geschlossen.

An- & Weiterreise

Vom Busbahnhof in Sangkhlaburi fahren Songthaeos hierher (40 B, 6.40–17.20 Uhr alle 45 Min.). Die 28 km lange Fahrt Richtung Norden dauert etwa 40 Minuten.

Die Grenze liegt von der Haltestelle der Songthaeos am Drei-Pagoden-Pass nur einen kurzen Fußmarsch entfernt.

ZENTRALTHAILAND

Südostthailand

In Südostthailand ist nichts normal. Die auf Pauschaltouristen und Hippies gleichermaßen eingestellte Region repräsentiert die ganze Anziehungskraft Thailands – in allen Extremen. Da ist das vor Testosteron strotzende Pattaya, wo die Röcke kurz und die Absätze hoch sind. Die Stadt will sich zwar ein familienfreundlicheres Image geben, aber noch ist Pattayas Nachtleben das reinste Sexparadies. Am geografisch und touristisch anderen Ende der Region befindet sich der Meeres-Nationalpark Mu Ko Chang mit vielen Inseln, die mitten in glasklarem Wasser liegen.

Und dann gibt's noch alles dazwischen.

Das laute Geschrei der Edelsteinhändler lockt auf die Märkte von Chanthaburi. Mindestens ebenso verlockend sind die weißen Strände von Ko Samet. Zusammen mit dem türkisblauen Wasser gaben sie der Insel einst den Namen große „Juweleninsel". Am Wochenende wird sie von den Einwohnern Bangkoks gestürmt, die hier ihre Alltagssorgen vergessen. Weit unauffälliger, aber genauso interessant sind die bescheidenen Überreste des alten Siam, wie die Teakholzhäuser und Molengebäude an der Küste. Vom Pier in Si Racha blickt man über den Hafen voller Frachtschiffe hinüber nach Ko Si Chang. Die ruhige Insel mit ihren Bergtempeln wird von den Wochenendurlaubern aus Bangkok kaum beachtet. Die malerisch am Fluss gelegene Provinz Trat bietet ausgezeichnete Budgetunterkünfte. Hier können Rucksacktouristen auf ihrem Weg zu den Inseln von Mu Ko Chang oder nach Kambodscha erst einmal durchatmen.

Einige Nationalparks runden das Angebot ab. Im Norden, rund um Prachinburi, kann man sich beim Rafting und Mountainbiken austoben, während man sich in kleineren Parks bei einer Wanderung zu schönen Wasserfällen von der Hektik in den Städten erholen kann.

HIGHLIGHTS

- Mit einem aufgemotzten Tuk-Tuk zu den Tempeln und Schreinen auf **Ko Si Chang** (S. 252) fahren

- In zwei Welten leben – nachts in die Kabaretts und Clubs von **Pattaya** (S. 254), tagsüber mit der Familie an den Strand gehen

- Die Strände und Bungalowanlagen an der Ostküste von **Ko Samet** (S. 267) ausprobieren

- In der Hängematte über das faule Leben am Strand der friedlichen Insel **Ko Mak** (S. 294) sinnieren

- Nach einer schweißtreibenden Wanderung durch den gebirgigen Dschungel auf **Ko Chang** (S. 281) in einem kühlen Wasserfallbecken plantschen

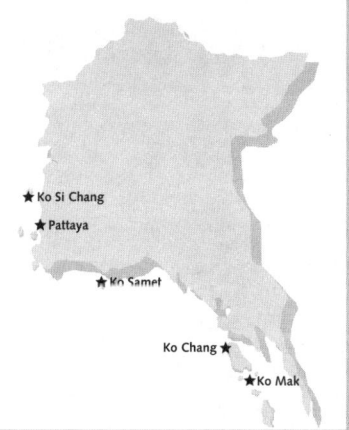

- BESTE REISEZEIT: NOVEMBER–MAI
- BEVÖLKERUNG: 3,6 MIO.

Klima

Südostthailand hat ein Monsunklima mit drei Jahreszeiten: Auf eine relativ kühle Trockenzeit im November und Dezember folgt eine heiße Trockenzeit von Januar bis Mai. Eine heiße Regenzeit schließt sich von Juni bis Oktober an.

In der Regenzeit bleibt Ko Samet ungewöhnlich trocken und ist damit die „monsunsicherste" Insel.

Nationalparks

Die Inseln Ko Samet (S. 267) und Ko Chang (S. 281) gehören zu Nationalparks (dem Khao Laem Ya/Mu Ko Samet National Park bzw. dem Mu Ko Chang National Marine Park) und sind gleich nach Pattaya die größten Joker der Region. Ko Chang ist mit dichtem, unberührtem Wald bedeckt, und während die Küstenlinie schnell zugebaut wird, bleibt das Inselinnere wild und unberührt.

Die Nationalparks Khao Chamao/Khao Wong (S. 266), Khao Khitchakut (S. 276) und Nam Tok Phlio (S. 276) halten weniger Überraschungen bereit, sind aber ebenfalls ziemlich gut für eine Auszeit vom Küstenbetrieb geeignet.

An- & Weiterreise

Für die meisten Touristen heißt eine Reise nach und durch Südostthailand, sich von Bangkok aus östlich Richtung Hat Lek an der Grenze zu Kambodscha aufzumachen. Klimatisierte Busse verbinden die Hauptstadt mit allen größeren Städten, und außerdem gibt es Flüge von Phuket und Ko Samui nach Pattaya sowie von Bangkok nach Trat. Einmal täglich verkehrt ein Zug zwischen Bangkok und Pattaya.

Wer aus dem Nordosten kommt, kann regelmäßig in klimatisierten Bussen von Khorat und Ubon Ratchathani nach Rayong und Pattaya fahren.

Unterwegs vor Ort

In Südostthailand ist das Reisen sehr unkompliziert, zumal es zwischen allen Sehenswürdigkeiten gute Bus- und regelmäßig auch Minivan-Verbindungen gibt. Das ganze Jahr über laufen stündlich Fähren die Hauptinseln der Region an, wohingegen die Verbindungen zu den entlegenen Inseln des Ko-Chang-Archipels während der Regenzeit eingeschränkt sind.

PROVINZ CHONBURI

SI RACHA

ศรีราชา

141 400 Ew.

Si Racha ist eine wilde Mischung aus Fischerdorf und Zuwandererstadt. Das Labyrinth aus morschen Piers und Pontonbrücken stammt noch aus der Zeit des alten Siam, während die glitzernden und glänzenden Sushi-Restaurants und Karaokebars auf die japanischen und koreanischen Einwanderer der Neuzeit verweisen. Die Fischer im Hafen, die im letzten Licht des tropischen Tages ihre Netze flicken, sind ebenso selbstverständlich wie die Hundertschaften von Aerobictreibenden. Schiffe, die auf das Anlegen im modernen Hafen von Si Racha warten, sind am Horizont zu sehen, aber weit genug weg, um die Illusion der guten alten Zeit nicht zu zerstören.

In Si Racha ist die berühmte Gewürzsauce *nám prík sẽe rah·chah* zu Hause, die den Genuss der ausgezeichneten Meeresfrüchte der Stadt erst perfekt macht.

Praktische Informationen

Coffee Terrace (94 Th Si Racha Nakorn 1; ☺ 12–23 Uhr). Hier gibt's Kaffee (45 B) und Internetanschluss (25 B/Std.).

Krung Thai Bank (Ecke Th Surasak 1 & Th Jermjompol)

Post (Th Jermjompol), ein paar Blocks nördlich der Krung Thai Bank.

Das **Samitivej Sriracha Hospital** (☎ 0 3832 4111; Th Jermjompol, Soi 8) gilt als das beste Krankenhaus in Si Racha.

Sehenswertes

Die Arbeiterstadt Si Racha bietet kaum Sehenswertes, doch die chaotische Atmosphäre der Piers am Meer ist durchaus einen zweiten Blick wert. Im Norden des Strandes von Si Racha beginnt der lange Steg, der zur kleinen Felseninsel **Ko Loi** hinüberführt. Dort gibt's neben einem **thailändisch-chinesischen buddhistischen Tempel** (☺ bei Tageslicht) ein bisschen Volksfestatmosphäre mit Essensständen. In den riesigen Teichen schwimmen Schildkröten jeglicher Größe, von winzigen Jungtieren bis hin zu uralten Senioren. Südlich des Verbindungssteges nach Ko Loi befindet sich der **Health Park**, in dem man überflüssige Pfunde wegjoggen – oder den anderen dabei zusehen kann. Auf dem **Night Square**, weiter im Landesinneren, wird ein Nachtmarkt abgehalten, der ziemlich langweilig, aber eine gute Orientierungshilfe ist.

SÜDOSTTHAILAND

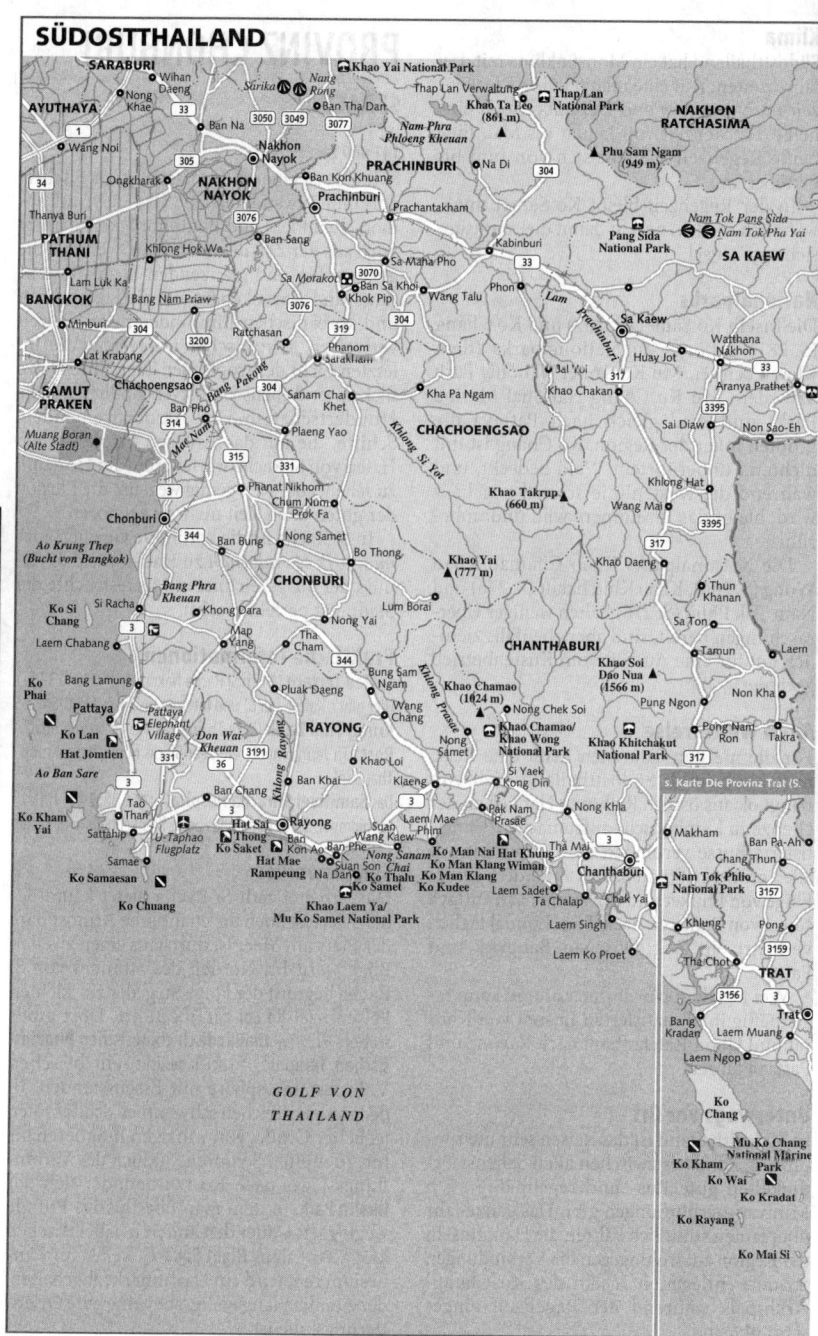

SÜDOSTTHAILAND

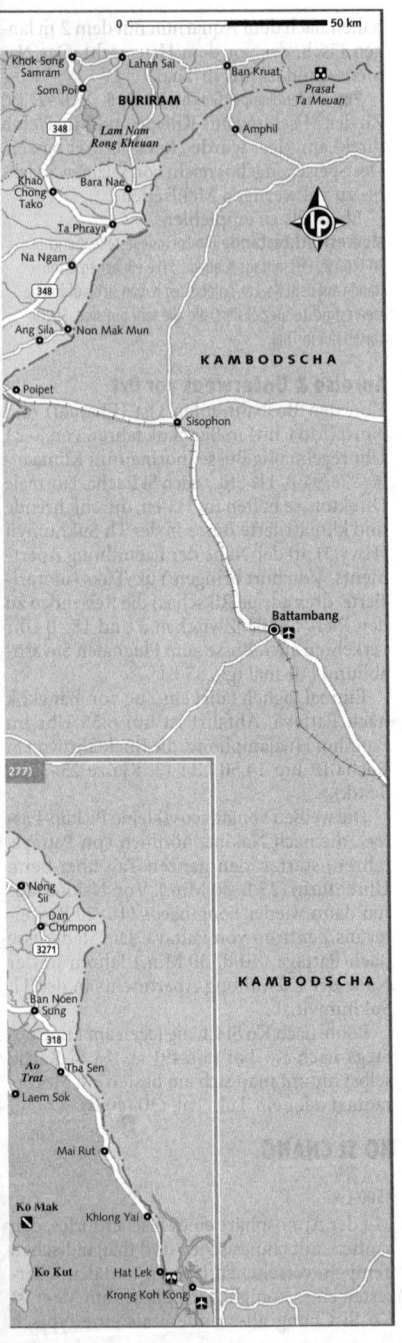

Schlafen

Die originellsten (gemeint ist: die einfachsten) Unterkünfte sind die Holzhäuser auf den Piers. Ein paar bessere Hotels gibt's im Landesinneren.

Siriwatana Hotel (☎ 0 3831 1037; 35 Th Jermjompol; EZ/DZ 160/200 B) Das Hotel aus Holz steht hoch über dem Meer. Vom Guckloch der Stehtoilette sieht man direkt aufs Wasser. Einfach, aber preiswert.

Samchai (☎ 0 3831 1800; Soi 10; Zi. 300–450 B; ⊠) Ähnliche Ausstattung wie im Siriwatana Hotel, aber mit etwas Fährhafenatmosphäre: Auf kahlen Zementböden winden sich gelbe Linien durch das riesige Gebäude. Zum Zeitpunkt der Recherche erhielten einige Zimmer neue gerade Fußböden und einen frischen Anstrich, beides in Türkis. Wer die teuersten Zimmer bucht, sollte damit auch Anrecht auf Klimaanlage und Warmwasser haben.

Seaview Sriracha Hotel (☎ 0 3831 9000; 50–54 Th Jermjompol; Zi. 890–1150 B; ⊠ ▯) Die hübschen Zimmer sind groß und gemütlich, einige mit herrlichem Blick auf Meer und Pier. Die Zimmer zur Straße hin können etwas laut sein, aber in Si Racha ist nicht wirklich viel los und die Bürgersteige werden früh hochgeklappt.

City Hotel (☎ 0 3832 2700; www.citysriracha.com; 6/126 Th Sukhumvit; Zi. ab 2300 B; ⊠ ▯ ▯) Das beste Hotel in Si Racha bietet WLAN, Schwimmbad und Fitnessraum. Das Personal ist aalglatt, aber freundlich, und die recht nüchternen Zimmer sind mit asiatisch angehauchter Einrichtung und Marmorwaschbecken aufgepeppt.

Essen & Ausgehen

Si Racha ist bekannt für seine Meeresfrüchte, die es ab 17 Uhr auch auf dem großen Nachtmarkt in der Th Si Racha Nakorn 3 gibt.

Picha Bakery (☎ 0 3832 4796; Ecke Th Jermjompol & Th Surasak 1; Kaffee 40 B; Snacks 20–40 B; ⓨ morgens, mittags & abends) Leckere Backwaren, ausgezeichneter Kaffee und eine kühlende Klimaanlage machen das Café zu einem herrlichen Ort, um sich von dem geschäftigen Treiben in den Straßen von Si Racha zu erholen. Besonders gut ist der Eiskaffee.

Lahp Ubon (südöstlich des Night Square; Gerichte 20–80 B; ⓨ morgens, mittags & abends) In dem Isan-Restaurant gibt's den leckeren *nám dòk mŏo* (würziger Salat mit Schweinefleisch). Die Speisekarte ist ebenso wie das Namensschild nur in Thai, dafür aber bebildert. Also einfach das aussuchen, was am besten aussieht.

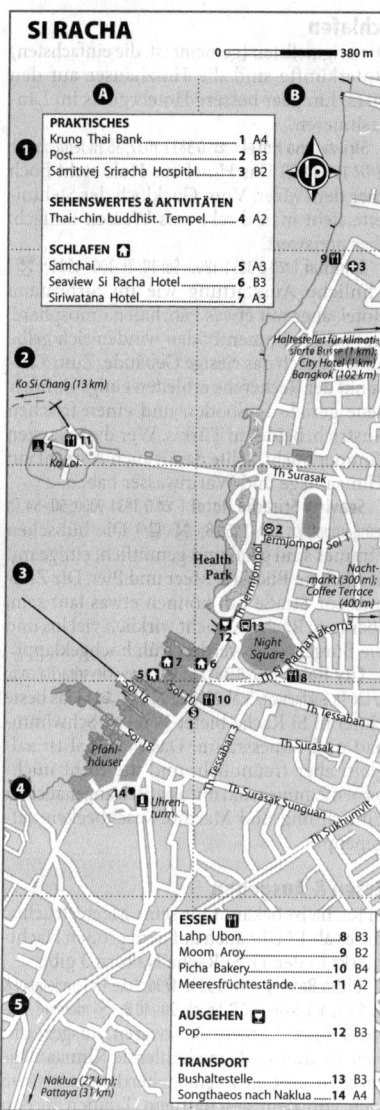

SI RACHA

0 ____ 380 m

PRAKTISCHES
Krung Thai Bank.................................1 A4
Post..2 B3
Samitivej Sriracha Hospital.............3 B2

SEHENSWERTES & AKTIVITÄTEN
Thai.-chin. buddhist. Tempel...........4 A2

SCHLAFEN
Samchai...5 A3
Seaview Si Racha Hotel....................6 B3
Siriwatana Hotel...............................7 A3

Ko Si Chang (13 km)

Ko Loi

Haltestelle für klimatisierte Busse (1 km);
City Hotel (1 km);
Bangkok (102 km)

Th Surasak

Jermjompol Soi

Health Park

Nachtmarkt (300 m);
Coffee Terrace (400 m)

Th Chakrabongse

Night Square

Th Si Racha Nakorn

Pfahlhäuser

Th Tessaban 1

Th Surasak 1

Uhrenturm

Th Surasak Sunguan

Th Sukhumvit

Naklua (27 km);
Pattaya (31 km)

ESSEN
Lahp Ubon...8 B3
Moom Aroy...9 B2
Picha Bakery....................................10 B4
Meeresfrüchtestände.......................11 A2

AUSGEHEN
Pop..12 B3

TRANSPORT
Bushaltestelle..................................13 B3
Songthaeos nach Naklua................14 A4

Moom Aroy (Gerichte 100–350 B; ⏲ mittags & abends)
Das Restaurant, gegenüber des Samitivej Hospital, heißt übersetzt „köstliche Ecke", was voll und ganz zutrifft. Weiches Licht, mehrere Sitzebenen mit Blick auf den Pier und zum Trocknen aufgehängte Tintenfische – das große Restaurant ist eines der besten in Si Racha. Am Krankenhaus links gehen und Ausschau

halten nach dem Aquarium mit dem 2 m langen Fisch, das vor dem Haus steht. Das Namensschild ist nur in Thai.

Pop (Th Jermjompol; Gerichte 60–220 B; ⏲ 17–23 Uhr)
Zu der Mischung aus Kneipe und Musikclub direkt am Meer würde „Rock" besser passen. Das Speisenangebot reicht von salzigen Snacks bis zu vollwertigen Mahlzeiten.

Ebenfalls zu empfehlen:
Meeresfrüchtestände (Ko Loi Anlegestelle; Gerichte 40–160 B; ⏲ mittags & abends) Die einfachen Essensstände auf dem Ko-Loi-Anlegesteg haben sich auf frische Meeresfrüchte spezialisiert, die alle sehr gut sind. Speisekarten nur in Thai.

Anreise & Unterwegs vor Ort

Von den Busbahnhöfen Ost (Ekamai) und Nord (Mo Chit) in Bangkok fahren von 5–21 Uhr regelmäßig Busse (normal/mit Klimaanlage 73/94 B, 1¾ Std.) nach Si Racha. Normale Direktbusse halten im Hafen, durchfahrende und klimatisierte Busse in der Th Sukhumvit (Hwy 3), in der Nähe der Laemthong Apartments. Von dort bringen Tuk-Tuks (motorisierte, dreirädrige Rikschas) die Reisenden zu den Piers (40 B). Zwischen 6 und 18.40 Uhr verkehren auch Busse zum Flughafen Suvarnabhumi (10-mal tgl., 85 B).

Einmal täglich fährt ein Zug von Bangkok nach Pattaya. Abfahrt ist um 6.55 Uhr im Bahnhof Hualamphong, die Rückfahrt von Si Racha ist um 14.50 Uhr (3. Klasse 25–35 B, 3 Std.).

Die weißen Songthaeos (kleine Pickup-Laster), die nach Naklua, nördlich von Pattaya, fahren, starten den ganzen Tag über beim Uhrenturm (25 B, 30 Min.). Von Naklua fahren dann wieder Songthaeos (10–20 B) weiter ins Zentrum von Pattaya. Die Stadtbusse nach Pattaya (40 B, 30 Min.) fahren in der Nähe der Laemthong Apartments in der Th Sukhumvit ab.

Boote nach Ko Si Chang legen am Ende des Stegs nach Ko Loi (S. 249) ab. In Si Racha selbst nimmt man sich am besten ein Motorradtaxi oder ein Tuk-Tuk (30–40 B).

KO SI CHANG
เกาะสีชัง
4500 Ew.

Mit der Atmosphäre eines Fischerdorfes, den sanften, mit chinesischen und thailändischen Tempeln versehenen Hügeln und den Überresten eines königlichen Palastes am Meer ist Ko Si Chang alles andere als eine typisch

thailändische Insel. Endlose Sandstrände und Kokospalmenwäldchen sucht man hier ebenso vergebens wie Massen von Touristen.

Die Kalksteinhöhlen des Klosters von Tham Yai Phrik Vipassana laden zur Meditation ein. Wer lieber den Körper fordern möchte, paddelt im Kajak auf die nahegelegene Fledermausinsel, wo man auch gut schnorcheln kann.

Unter der Woche ist es ruhig und einsam auf der Insel, ganz im Gegensatz zum Wochenende, wenn die Erholungssuchenden aus Bangkok anreisen.

Orientierung & Praktische Informationen

Das einzige Dorf auf der Insel befindet sich auf der Seite, die zum Festland blickt. Dort befindet sich auch die Anlegestelle für die Fähre. Eine holprige Straße führt vom Dorf zu allen Sehenswürdigkeiten der Insel.

Die **Kasikornbank** (99/12 Th Atsadang) hat einen Geldautomaten und tauscht Geld um.

Post (Th Atsadang) in der Nähe des Piers.

www.koh-sichang.com ist eine ausgezeichnete Quelle für Informationen zur Insel.

Sehenswertes & Aktivitäten

Das buddhistische Kloster **Tham Yai Phrik Vipassana** (☎ 0 3821 6104; Sonnenaufgang–Sonnenuntergang) wurde um einige Meditationshöhlen in der zentralen Kalksteinhügelkette der Insel herum errichtet und bietet von der chedi (Stupa) auf dem Hügel aus einen schönen Blick. Mönche und *mâe chee* (Nonnen) kommen aus ganz Thailand, um das friedliche Umfeld der Höhlen zu nutzen, aber auch Ausländer, die das Mönchsleben testen wollen, sind willkommen. Die Exerzitien im Kloster sind kostenlos (vorher anrufen, um einen Platz zu reservieren, und den Pass nicht vergessen), aber es wird erwartet, dass man dem strengen Verhaltenskodex des Klosters folgt. Ob man nun eine Stunde oder einen Monat bleibt: Man sollte dem Mönch oder der Nonne, die einen herumführen, eine angemessene Spende geben (etwa den Preis für einfaches Essen und Unterkunft, wenn man länger bleibt). Die Führung dauert ziemlich lange, und wer sich etwas für den Buddhismus interessiert, wird begeistert sein.

Auf der Westseite der Insel liegen einige brauchbare Badestrände. Am einfach ausgestatteten **Hat Tham Phang** im Südwesten kann man Liegestühle und Sonnenschirme mieten.

Ein Strand an der Küste beim Hat-Tha-Wang-Palast (s. unten) ist bei den Einheimischen beliebt; am besten schwimmen kann man auf der Insel bei **Hat Sai Kaew** im Süden.

Am westlichen Ende der Insel (2 km vom Pier entfernt) kann man den **Hat-Tha-Wang-Palast** (Th Chakra Pong; Eintritt frei; 9–17 Uhr) besichtigen. Der sorgsam gepflegte Rasen ist ein bei Besuchern aus Bangkok beliebter Picknickplatz. Sie teilen sich die Gärten mit weißen Eichhörnchen auf Futtersuche. Der Palast wurde einst von Rama V. (König Chulalongkorn) in den Sommermonaten genutzt, aber aufgegeben, als die Franzosen 1893 die Insel kurz besetzten. Der Hauptthronsaal – eine wunderbare Struktur aus vergoldetem Teakholz, die Vimanmek Teak Mansion genannt wird – wurde 1910 nach Bangkok gebracht (S. 149). Das Ministerium der Schönen Künste hat seither die verbliebenen Palastgebäude restauriert.

Über Hat Tha Wang blickt eine große weiße Stupa hinweg, in der der **Wat Atsadang Nimit** (bei Tageslicht) liegt, ein kleiner, geweihter Raum, in dem Rama V. zu meditieren pflegte. Das einzigartige Buddhabildnis darin wurde vor über 50 Jahren von einem hier ansässigen Mönch geschaffen. In der Nähe findet sich ein Stein, der in heilige Gewänder gehüllt ist. Er heißt Glockenfels, weil er wie eine Glocke klingt, wenn man ihn anschlägt.

Nahe von Wat Atsadang Nimit gräbt sich eine große Kalksteinhöhle, **Tham Saowapha** (Eintritt frei; bei Tageslicht), tief in die Insel. Wer eine Taschenlampe hat, sollte hineinsehen.

Kurz vor dem Palast befindet sich das **Cholatassathan Museum** (Eintritt gegen Spende; Di–So 9–17 Uhr), das vom Meeresforschungsinstitut geführt wird. Die Ausstellung ist recht klein, zeigt aber einige interessante Exemplare aus den Gewässern der Gegend.

Die beeindruckendste Sehenswürdigkeit der Insel ist der kunstvoll verzierte chinesische Tempel **San Jao Phaw Khao Yai** (bei Tageslicht). Seinetwegen strömen die Chinesen des Festlandes zum chinesischen Neujahrsfest im Februar auf die Insel. Höhlenschreine, verschiedene Ebenen und der schöne Blick aufs Meer machen ihn zu einem der interessantesten chinesischen Tempel in Thailand. Er liegt östlich der Stadt, auf einem Hügel hoch über dem Meer.

Einige Einheimische bieten **Schnorcheltouren** auf die Fledermausinsel Koh Khang Khao an, die vor der Südspitze von Ko Si Chang liegt. Der Ausflug mit einem Boot für 10 Per-

sonen kostet rund 2500 B. Infos gibt's im Restaurant Pan & David (S. 254) und im Tiewpai-Park Resort (S. 254).

Seekajaks können am Hat Tham Phang für 150 B pro Stunde gemietet werden. Eine schöne Paddeltour führt an der Küste entlang nach Koh Khang Khao, wo man auch gut schnorcheln kann. Für Erholung sorgt danach das **Si Chang Healing House** (☎ 0 3821 6467; 167 Mu 3 Th Makham Thaew; ⏰ Do–Di 8–18 Uhr), das seine Massagen und Kosmetikbehandlungen (400–800 B) in einem Gartenlabyrinth gegenüber des Restaurants Pan & David anbietet.

Schlafen
Rim Talay (☎ 0 3821 6237; 38/3 Mu 2 Th Devavongse; Zi. 500–800 B, Hausboot 1000–1500 B; ❄) Das Hotel am Strand, hinter dem Restaurant Pan & David, hat einfache, saubere Zimmer mit Klimaanlage und einige bunte Fischerboote, die zu kleinen Apartments für bis zu fünf Personen umgebaut wurden.

Sripitsanu (☎ 0 3821 6034; 38/3 Moo 2 Th Devavongse; Zi. 550–1000 B; ❄) Die Zimmer sind schlicht und einfach, bieten aber einen fantastischen Blick aufs Meer. Das Rauschen der Wellen unterhalb des Hotels singt die Gäste in den Schlaf. Einige der Zimmer mit Klimaanlage sind in den Hügel hineingebaut und – innen wie außen – komplett mit Muscheln verkleidet.

Sichang View Resort (☎ 0 3821 6210; Zi. 600–1400 B; ❄ 🖳) Um von hier aus die Insel zu erkunden, ist ein fahrbarer Untersatz unerlässlich. Die Zimmer sind großzügig und das Gelände sanft gewellt, wenn auch sehr felsig. Ein schöner Ort, um zu entspannen und spektakuläre Sonnenuntergänge zu genießen. Im Hotelrestaurant, auf einer Klippe hoch über dem Meer, gibt's ausgezeichnete Meeresfrüchte für 180–300 B. Um zu der Anlage zu kommen, folgt man der Straße, die hinter dem chinesischen Tempel den Hügel hinaufführt, bis das Hotel auf der rechten Seite auftaucht.

Sichang Palace (☎ 0 3821 6276; Th Atsadang 81; Zi. 1200–1400 B; ❄ 🖳) Die Eingangshalle prunkt mit Holzmöbeln und -schnitzereien, aber die modernen Zimmer sind sonnendurchflutet – goldene Tapeten sorgen für zusätzlichen Glanz – und haben alle einen Balkon. Meerblick kostet 200 B extra, und auch Nicht-Gäste dürfen für 50 B im Swimmingpool plantschen.

Ebenfalls zu empfehlen:

Tampang Beach Resort (☎ 0 3821 6179; Zi. ab 450 B; ❄) Das Personal spricht kaum Englisch, aber die Lage am Strand ist fantastisch. Einfache Zimmer.

Tiewpai-Park Resort (☎ 0 3821 6084; tom_tiewpai@ hotmail.com; Th Atsadang; Zi. 200–850 B; ❄) Die Anlage, die sich in zentraler Lage auf einer ruhigen Lichtung im Wald befindet, hat äußerst einfache Zimmer mit Gemeinschaftsbad, aber auch Mehrfamilienunterkünfte. Das Hotel in der Nähe des Landungsstegs ist eine gute Quelle für Infos zur Region und organisiert auch Schnorcheltouren.

Essen
In der Stadt gibt's einige kleine Restaurants, in denen man am besten die einfach zubereiteten Meeresfrüchte isst.

LP Tipp **Pan & David Restaurant** (☎ 0 3821 6629; 167 Mu 3 Th Makham Thaew; Gerichte 40–260 B; ⏰ Mi–Mo morgens, mittags & abends) Bei Hühnchen aus Freilandhaltung, hausgemachter Eiscreme – besonders lecker: Wal- und Pekannüsse –, frischem Kaffee aus der French Press, einer guten Weinkarte und toller Thaiküche kann man hier nichts falsch machen. Deshalb ist auch telefonische Reservierung erforderlich.

An- & Weiterreise
Zwischen 7 und 20 Uhr fährt die Fähre nach Ko Si Chang stündlich vom Ko-Loi-Anlegesteg in Si Racha ab (60 B). Abfahrt in Ko Si Chang ist ebenfalls stündlich, allerdings von 6 bis 18 Uhr. Die Fähren legen pünktlich ab. Die Fahrt mit dem Tuk-Tuk von einem der Strandhotels in Si Racha zum Fähranleger kostet 30 B.

Unterwegs vor Ort
Die Tuk-Tuks auf Ko Si Chang sind groß und schlecht, fahren aber für 40–60 B überall hin. Eine Rundfahrt um die Insel sollte nicht mehr als 300 B kosten, meistens ist Handeln angesagt. Das Tiewpai-Park Resort vermietet Motorräder für 250 B pro Tag. Fahrräder kann man in verschiedenen Läden in der Th Atsadang für 120–150 B pro Tag mieten.

PATTAYA
พัทยา
117 000 Ew.

Pattaya, das sexverrückte, schwitzende Vermächtnis profitgieriger Vergnügungssüchtiger, lockt seit fast 40 Jahren Touristen an, und noch ist kein Ende in Sicht. Während frühere Besucher nun eher elegantere thailändische Urlaubsorte favorisieren, weihen Neulinge aus Russland und Osteuropa ihre neuen Pässe mit einem Abstecher in Asiens erstes und führendes Sündenbabel ein.

Die Besetzung mag sich entwickeln, aber Kulisse und Soundtrack bleiben. Der pracht-

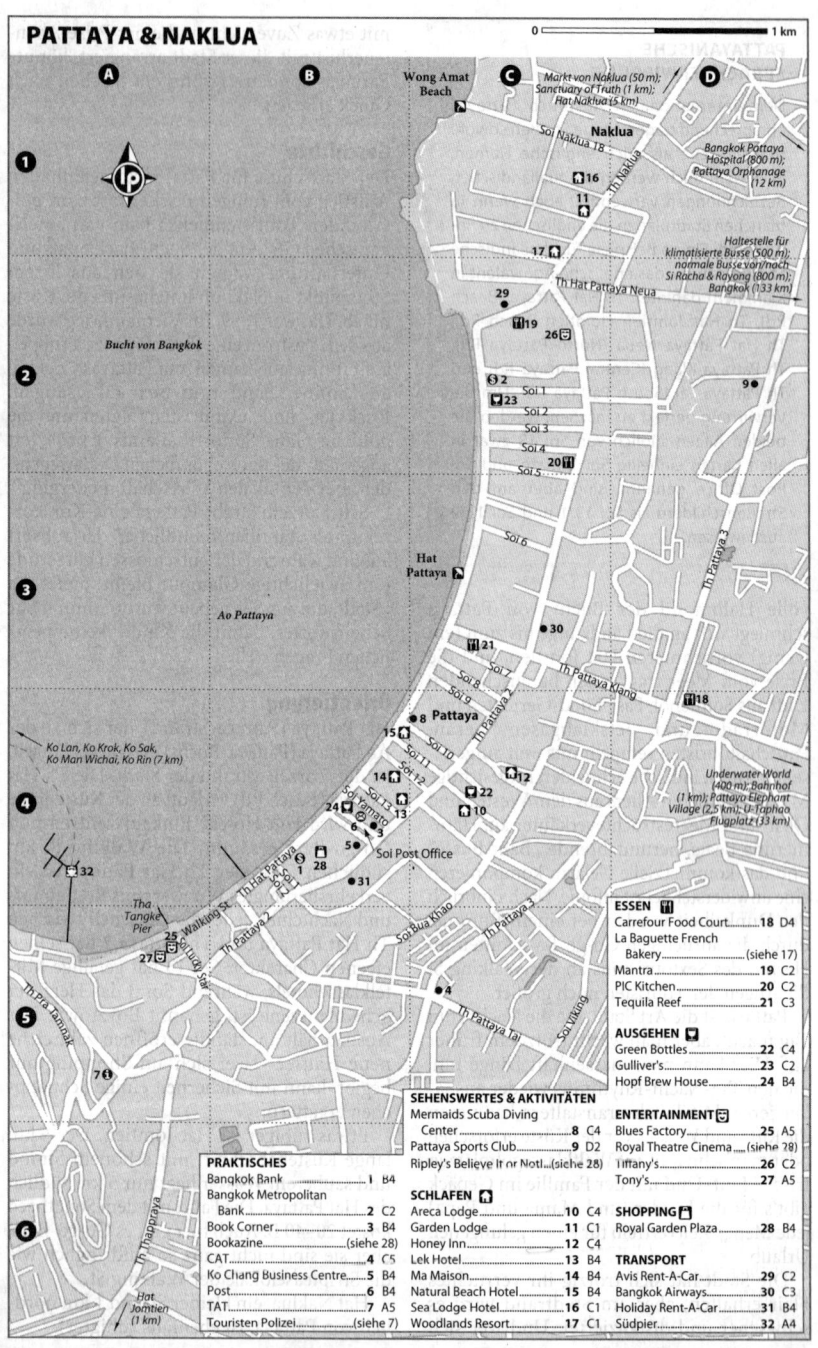

PATTAYA & NAKLUA

0 —————————— 1 km

SÜDOSTTHAILAND

Bucht von Bangkok

Ao Pattaya

Ko Lan, Ko Krok, Ko Sak,
Ko Man Wichai, Ko Rin (7 km)

Tha
Tangke
Pier

Hat
Jomtien
(1 km)

Wong Amat
Beach

Naklua

Markt von Naklua (50 m);
Sanctuary of Truth (1 km);
Hat Naklua (5 km)

Bangkok Pattaya
Hospital (800 m);
Pattaya Orphanage
(12 km)

Haltestelle für
klimatisierte Busse (500 m);
normale Busse von/nach
Si Racha & Rayong (800 m);
Bangkok (133 km)

Hat
Pattaya

Underwater World
(400 m); Bahnhof
(1 km); Pattaya Elephant
Village (2,5 km); U-Taphao
Flugplatz (33 km)

Pattaya

Soi Post Office

PATTAYANISCHE SPRACHVERWIRRUNG

Dem internationalen Anspruch Pattayas entsprechend tragen einige Straßen sowohl thailändische als auch englische Namen. In diesem Buch werden die thailändischen Bezeichnungen verwendet, auch wenn in manchen Stadtplänen die englischen zu finden sind. Einige Beispiele für thailändische Straßennamen, das englische Äquivalent in Klammern dahinter: Th Hat Pattaya (Beach Rd), Th Hat Jomtien (Jomtien Beach Rd), Th Hat Pattaya Neua (North Pattaya Rd), Th Pattaya Klang (Central Pattaya Rd) und Th Pattaya Tai (South Pattaya Rd). Um die Verwirrung perfekt zu machen, werden die beiden Alleen südlich von Soi 13 zwar in allen Karten einhellig Soi Yamato und Soi Post Office genannt, sind aber auf den Straßenschildern als Soi 13/1 und Soi 13/2 ausgewiesen.

volle Halbmond der Bucht von Pattaya schmiegt sich an die Landzunge bis zum (ein wenig) vornehmeren Hat Jomtien, und die Brise vom Meer trägt einen berauschenden Duft aus Sonnenöl, Fast-Food-Gerichten und Motorrad- und Jetskiabgasen heran. Pauschaltouristen rempeln mit weit aufgerissenen Augen indische Schneider, rotgesichtige Männer mittleren Alters aus dem Westen und Obst- und Meeresfrüchteverkäufer an. Hämmernde Beats, herumfahrende „Baht-Busse" und das kommerzielle Gelärm komponieren eine unwiderstehliche Sinfonie. Nach Einbruch der Dunkelheit werden bei einem Bummel durch die anrüchigen Go-go-Bars mitten im Herzen des Sextourismus an der Walking St die Augen der Touristen noch größer.

Pattaya ist die Art Stadt, die die Nacht zum Tag macht, aber man wacht trotzdem früher auf. Hier kann man massenhaft Dinge tun, die den Tag-Nacht-Rhythmus wieder ausbalancieren. Mit Tauchveranstaltern kann man die Riffe und Wracks vor der Küste erforschen oder man schnappt auf Weltklassegolfplätzen frische Luft. Und mit der Familie im Gepäck gibt's für die Kinder (und Mama und Papa) jede Menge Zeitvertreib für einen gelungenen Urlaub.

Die Stadt hat sich trotzig ihr verruchtes Flair erhalten, aber am Stadtrand wird es schwächer und distanzierter. Und wer sich

mit etwas Zuversicht und einer Prise Abenteuerlust mit dieser Stadt arrangiert, könnte Pattayas sonnenverwöhntem Streben nach Glück erliegen.

Geschichte

Der Startschuss für Pattayas kometenhaften Aufstieg vom ruhigen Fischerdorf zum pulsierenden Touristenmekka kam von amerikanischen GIs: Auf der Suche nach Spaß und Unterhaltung wagten sie sich aus ihrem Stützpunkt in Nakhon Ratchasima die Küste hinab. Das war 1959. Im Vietnamkrieg wurde aus dem Zustrom eine Flut, als ganze Truppen auf Fronturlaub kamen, um Pattayas Cocktail aus Sonne, Sand und Sex aufzusaugen. Rucksack- und Sextouristen folgten, und die goldene Gans Südostthailands wurde fett angesichts des unerschöpflichen Dollarregens, der über den lokalen Wirtschaft niederg.

Seit Kurzem strebt Pattaya eine Kurskorrektur als „familienfreundlicher" Urlaubsort an, und während der entschlossen glitzernde und zwielichtige Glamour bleibt, bietet die „Stadt, die aus Sex gebaut wurde", nun mehr Sehenswertes, damit die Kinder keine peinlichen Fragen stellen.

Orientierung

Hat Pattaya (Pattaya-Strand), der sich an der Ao Pattaya (Pattaya-Bucht) entlangschlängelt, ist der Vorzeigestrand der Stadt. Die Th Hat Pattaya (Beach Rd) verläuft an der Küstenlinie und wird von Hotels, Einkaufszentren und Go-go-Bars gesäumt. Die Walking St am südlichen Ende der Th Hat Pattaya ist ein verkehrsberuhigtes Wirrwarr aus Restaurants und Nachtclubs. Jedes der Gässchen zwischen Th Hat Pattaya und Th Pattaya 2 hat seinen eigenen Charakter: Soi 13 hat gefällige Mittelklassehotels, während Soi 3 das Herz der Schwulenszene ist, genannt Boyztown. Der Ausbau hält an, ständig eröffnen zahlreiche neue Häuser – wer sich auf Shoppingtour begibt, kann mit Sicherheit einige Schnäppchen ergattern.

Etwas ruhiger ist Hat Jomtien. Der 6 km lange Küstenabschnitt mit schönem Strand und sauberem Wasser liegt nur 5 km südlich des Hat Pattaya. Die Fahrt mit dem Songthaeo kostet 20–40 B. Auch hier gibt es Go-go-Bars, aber sie sind nicht ganz so aufdringlich wie die Stripteaselokale der Walking St.

Hat Naklua, ein kleiner Strand 1 km nördlich von Pattaya, ist ebenfalls ruhig(er).

KARTEN & STADTPLÄNE
Das kostenlose Stadtmagazin *Explore Pattaya*, das auch einen guten Stadtplan enthält, ist bei der Touristeninformation erhältlich.

Praktische Informationen

BUCHLÄDEN
Book Lovers (Karte S. 259; Soi 3; ☺ Mo–Sa 10–18 Uhr) Gute Auswahl an gebrauchten Taschenbüchern in Englisch und Deutsch zu vernünftigen Preisen.
Book Corner (Karte S. 255; Soi Post Office; ☺ 10–22 Uhr) bietet englischsprachige Romane und Reiseführer.
Bookazine (Pattaya Karte S. 255; im 1. Stock des Einkaufszentrums Royal Garden Plaza, Th Hat Pattaya; ☺ 11–23 Uhr; Hat Jomtien Karte S. 259; Th Hat Jomtien, ☺ 11–23 Uhr) Reiseführer, Literarisches und Zeitschriften.

GELD
Überall in Pattaya und Hat Jomtien gibt's Banken, die alle über Geldautomaten und Wechselstuben verfügen. Sie sind bis spätabends, normalerweise bis 20 Uhr geöffnet.
Bangkok Bank (Karte S. 255; Th Hat Pattaya)
Bangkok Metropolitan Bank (Karte S. 255; Th Hat Pattaya)

INTERNETZUGANG
Internetcafés gibt's rund um die Soi Post Office, die auch Soi Praisani genannt wird, im Einkaufszentrum Royal Garden Plaza und in der Th Pattaya 2. In Hat Jomtien eröffnen ständig neue Internetcafés in der Th Hat Jomtien.

MEDIEN
Das alle zwei Wochen erscheinende, kostenlose Stadtmagazin *Explore Pattaya*, das über Veranstaltungen und Sehenswürdigkeiten informiert, hat auch ein Hotel- und Restaurantverzeichnis. *What's On Pattaya* ist dasselbe in Grün, erscheint aber nur einmal im Monat. Die Wochenzeitung *Pattaya Mail* (www.pattaya-mail.com) berichtet über die berühmt-berüchtigten Leiden der Gesellschaft in Pattaya. Die ebenfalls wöchentliche *Pattaya People* (www.pattayapeople.com) erzählt die gleichen Stories mit noch mehr pikanten Details.

MEDIZINISCHE VERSORGUNG
Bangkok Pattaya Hospital (☎ 0 3842 9999; www.bph.co.th; 301 Mu 6, Th Sukhumvit, Naklua; ☺ 24 Std.) Erstklassige medizinische Versorgung.

NOTFALL
Touristenpolizei (Karte S. 255; ☎ 0 3842 9371, Notruf 1155; tourist@police.go.th; Th Pattaya 2) Die Zentrale

befindet sich in der Th Phra Tamnak, neben dem Büro der Tourism Authority of Thailand. Polizeistände gibt's an den Stränden von Pattaya und Jomtien.

POST
Post (Karte S. 255; Soi 13/2)

REISEBÜROS
Bei den Reisebüros der Stadt kann man Aktivitäten und Unterkünfte in ganz Thailand buchen.
Ko Chang Business Centre (Karte S. 255; ☎ 0 3871 0145; Soi Post Office; ☺ 9–24 Uhr) hat sich auf Touren nach Ko Chang und Ko Samet spezialisiert, organisiert aber auch alles andere.

TELEFON
Die vielen privaten Telefonbüros verlangen für Auslandsgespräche nach Europa 12 B pro Minute. In den meisten Internetcafés kann man auch mit Skype telefonieren.
Communications Authority of Thailand (CAT; Karte S. 255; ☎ 0 3842 5301; Ecke Th Pattaya Tai & Th Pattaya 3; ☺ Mo–Fr 8.30–16.30, Sa 9–12 Uhr) Südöstlich des Zentrums von Pattaya.

TOURISTENINFORMATION
Tourism Authority of Thailand (TAT; Karte S. 255; ☎ 0 3842 8750; tatchon@tat.or.th; 609 Mu 10, Th Phra Tamnak; ☺ 8.30–16.30 Uhr) Das Büro befindet sich an der nordwestlichen Ecke des Parks Rama IX. Das hilfsbereite Personal hält viel Informationsmaterial bereit, darunter auch den ausgezeichneten Stadtplan *Bigmap Pattaya*.

Gefahren & Ärgernisse
In Pattaya boomt nach wie vor der Sextourismus, und so scheinen große Teile der Stadt nur aus Go-go-Bars und Stripteaselokalen zu bestehen. Diese negative Seite von Pattaya ist, vor allem abends, kaum zu umgehen. Wer mit Kindern unterwegs ist, sollte deshalb auf peinliche Fragen gefasst sein.

Zu vorgerückter Stunde kann es in Pattaya durchaus hoch hergehen, und auch wenn es nicht wirklich gefährlich ist, kann man schon mal in eine Schlägerei zwischen sturzbetrunkenen Westeuropäern geraten. Wenn's brenzlig wird, einfach weitergehen oder den Knopf im Songthaeo drücken und sofort aussteigen. Die Polizei ist immer schnell vor Ort.

Sehenswertes & Aktivitäten

STRÄNDE
Hat Pattaya ist der Vorzeigestrand der Stadt mit sportelnden Sonnenanbetern, Souvenir-

verkäufern sowie dröhnenden Jetskis und Speedbooten. Der Sand ist recht sauber und das Wasser ruhig. Wer sich langweilt, kann auf der anderen Straßenseite gut einkaufen.

Hat Jomtien, etwa 1 km südlich von Pattaya, erstreckt sich auf 6 km Länge und ist ruhiger als sein nördlicher Nachbar. Backpacker fahren mit dieser Wahl besser: Man ist relativ weit weg von Pattayas Sexszene, aber immer noch nah genug (nur eine kurze Songthaeo-Fahrt entfernt) am wilden Nachtleben. Am Nordende des Strandes findet sich mit **Hat Dongtan** ein Eldorado für schwule Reisende.

Hat Naklua, ein kleinerer Strand nördlich von Pattaya, ist ruhig und für Familien gut geeignet.

Die Inseln **Ko Lan, Ko Krok** und **Ko Sak** liegen etwa 7 km vor der Küste und haben einige beliebte Strände – besonders **Hat Ta Waen** auf Ko Larn. Zwischen 8 und 16.30 Uhr legen alle zwei Stunden (30 B) am **Südpier** von Pattaya (Karte S. 255) Fähren ab. Die letzte Rückfahrt von Ko Lan ist um 17 Uhr. Ein Tagesausflug inklusive Trip auf einem Glasbodenboot kostet etwa 150 B.

WASSERSPORT

Obwohl sich hier nicht die besten Tauchgründe Thailands befinden, ist Pattaya dank seiner Nähe zu Bangkok ein beliebter Ort für Unterwassersport. Überfischung und starker Schiffsverkehr führen aber dazu, dass in den Tauchrevieren nahe Pattaya kaum etwas zu sehen ist. Die nahen Inseln Ko Lan, Ko Sak und Ko Krok eignen sich für Anfänger, während geübtere Taucher die entlegeneren Inseln **Ko Man Wichai** und **Ko Rin** mit ihrer besseren Sicht und artenreicheren Meeresfauna vorziehen. Fast überall kann man mit guter Sicht zwischen 3 und 9 m rechnen, an abgeschiedeneren Orten auch zwischen 5 und 12 m.

Weiter im Süden haben sich an den **Schiffswracks** *Petchburi Bremen* vor Sattahip und *Hardeep* vor Samae künstliche Riffe gebildet. Die HMS *Khram*, ein versenktes Schiff der Thai-Marine, liegt in 30 m Tiefe vor Ko Phai, und viele Betreiber bieten Exkursionen zum Wrack an.

Einer der besten Tauchspots ist ein alter Munitionsabladeplatz der US-Marine, das **Samaesan Hole** südlich von Pattaya, nahe Sattahip. Dieser Spot für Fortgeschrittene fällt an einem sanften Korallenhang bis auf 87 m Tiefe ab; man kann Barrakudas und Rochen sehen. An guten Tagen sieht man bis zu 20 m weit.

Eine Exkursion mit zwei Tauchgängen kostet zu den meisten Spots durchschnittlich 3000 B. Schnorchler dürfen für 600 bis 1000 B mit. Den PADI-Tauchschein (3–4 Tage) kann man für 12 000 bis 15 000 B machen.

Mermaids Scuba Diving Center (www.mermaiddive. com; Hat Jomtien Karte S. 259; ☎ 0 3823 2219; Soi White House, Hat Jomtien; Pattaya Karte S. 255; ☎ 0 3871 0726; Siam Bayview Hotel, Th Hat Pattaya) Das beliebte Tauchzentrum unterhält insgesamt vier Tauchbasen an den Stränden von Hat Naklua, Hat Pat-

---

SÜNDENPFUHL PATTAYA

Pattaya ist berüchtigt für seinen Sextourismus, der im Rotlichtviertel Pattayas rund um die Scharen von Diskos, Open-Air-Bars und Go-go-Clubs am südlichen Ende des Strandes zu Hause ist. Es ist als *The Village* bekannt und zieht viele Prostituierte an, darunter auch *gà·teu·i* (Transvestiten), die sich als Huren ausgeben und sich ihre Freier aus den Horden von *fa·ràng* (westlichen) Sextouristen aussuchen. In Pattaya gibt es auch eine große Schwulenszene für käuflichen Sex, besonders im nahen Hat Dongtan. Sie springt jedem Besucher ins Auge; weniger offensichtlich ist aber der schattenhafte und widerliche Sexhandel mit Kindern, und traurigerweise sieht man nicht selten westliche Männer in Begleitung von Thai-Jungen und -Mädchen: auf S. 54 stehen Details zur Verhinderung von Kindersex-Tourismus in Thailand.

Ursprünglich konzentrierte sich die Sexszene um die Walking St, aber jedes Jahr macht eine Vielzahl neuer Kneipen auf. Ein Schild am Beginn der Walking St verkündet „Internationaler Treffpunkt", und das ist kein Witz. In Pattaya kann man weiße Prostituierte aus Rumänien und Moldawien (sie sind die Favoriten der asiatischen Sextouristen) und schwarze Stricher aus Nigeria (sie stehen vor allem den japanischen Sextouristinnen zu Diensten) haben. Und im wachsenden Einfluss des organisierten Verbrechens aus dem fernen Russland wird die Globalisierung sichtbar.

Natürlich ist hier die Prostitution genauso illegal wie überall in Thailand. Aber wenn Millionen von Baht aus Geldwäsche, Drogen- und Diamanthandel im Umlauf sind, ist es allenfalls – sagen wir mal – hin und wieder möglich, das Gesetz anzuwenden.

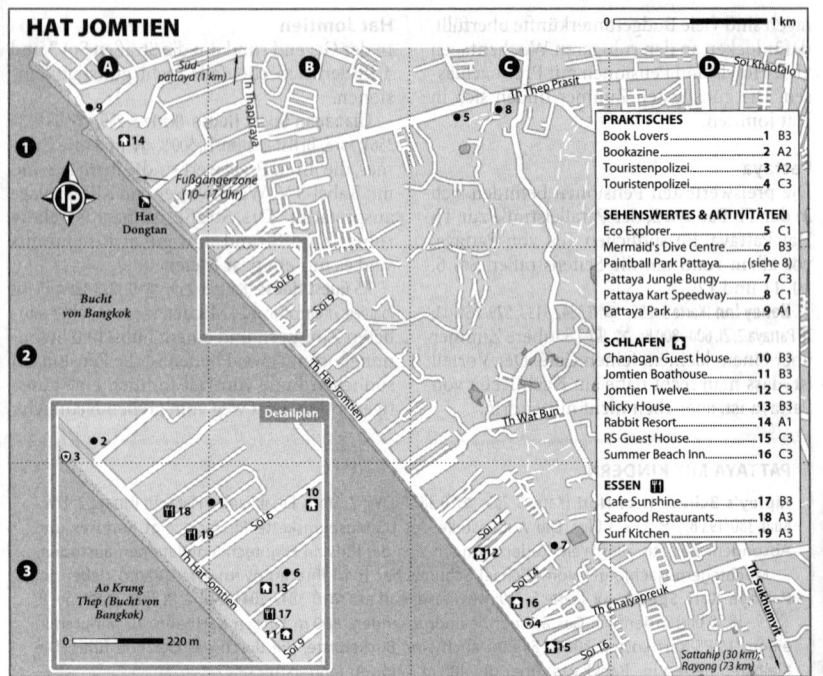

HAT JOMTIEN

0 ————— 1 km

PRAKTISCHES		
Book Lovers.................................1	B3
Bookazine...................................2	A2
Touristenpolizei.........................3	A2
Touristenpolizei.........................4	C3

SEHENSWERTES & AKTIVITÄTEN		
Eco Explorer...............................5	C1
Mermaid's Dive Centre...............6	B3
Paintball Park Pattaya.........(siehe 8)	
Pattaya Jungle Bungy.................7	C3
Pattaya Kart Speedway...............8	C3
Pattaya Park...............................9	A1

SCHLAFEN		
Chanagan Guest House.............10	B3
Jomtien Boathouse...................11	B3
Jomtien Twelve.........................12	C3
Nicky House.............................13	B3
Rabbit Resort............................14	A1
RS Guest House.........................15	C3
Summer Beach Inn....................16	C3

ESSEN		
Cafe Sunshine..........................17	B3
Seafood Restaurants.................18	A3
Surf Kitchen.............................19	A3

SÜDOSTTHAILAND

taya and Hat Jomtien. Das riesige Angebot reicht vom Tagesausflug bis zum PADI-Tauch-lehrerschein.

Pattaya und Jomtien gehören zu den besten Wassersportgebieten Thailands. **Wasserski-fahren** kostet 200 B pro Stunde, **Windsurfen** 300–400 B pro Stunde. 10–15 Minuten **Para-sailing** kosten 250–350 B. Hat Jomtien ist zum Windsurfen am besten geeignet, weil dort nicht ganz so viel Parasailing betrieben wird und weniger Jetskis unterwegs sind.

SANCTUARY OF TRUTH

Die surreale **Erfahrung im Heiligtum der Wahrheit** (☎ 0 3836 7229; www.sanctuaryoftruth.com; 206/2 Mu 5 Th Naklua; Eintritt 500 B; ☼ 8–18 Uhr) beginnt mit einer Pferdekutschfahrt und endet in einer wunder-vollen Kathedrale, die ganz aus Holz, aber ohne einen Nagel oder eine Schraube zu ver-wenden, gebaut wurde. Besonders beeindru-ckend sind die kunstvollen Schnitzereien.

SPORT

Wer sich in Pattaya sportlich betätigen möchte, hat die Qual der Wahl: **Bowling, Boccia, Billard, Bogen- und Scheibenschießen, Softball,**

Reiten, Tennis usw. Die meisten Sportarten werden im **Pattaya Sports Club** (Karte S. 255; ☎ 0 3836 1167; www.pattayasports.org; 3/197 Th Pattaya 3) angeboten oder von den Hotels organisiert. Golfer können bei **East Coast Travel & Golf Orga-nisation** (☎ 0 3830 0927; www.pattayagolfpackage.com) ihren Golfurlaub in Pattaya buchen.

FREIWILLIGENARBEIT

Das **Pattaya Orphanage** (☎ 0 3824 1373; volunteer@ redemptorists.or.th) braucht Freiwillige, die mehr als 50 Waisenkinder unter drei Jahren beauf-sichtigen, älteren Kindern Englisch beibringen oder in einer Anlaufstation für Straßenkinder mitarbeiten. Das gut geführte Waisenhaus ist ein wohltuender Lichtblick in den sündigen Straßen von Pattaya. Von den Freiwilligen wird erwartet, dass sie sich für mindestens sechs Monate verpflichten. Über kürzere Einsätze wird von Fall zu Fall entschieden. Kost und Logis werden gestellt.

Schlafen
BUDGETUNTERKÜNFTE

Pattaya bietet jede Menge Übernachtungs-möglichkeiten. An Wochenenden und Feier-

tagen sind viele Budgetunterkünfte überfüllt, dafür locken an den ruhigeren Wochentagen viele Hotels und Pensionen mit Preisnachlässen. Die günstigsten Zimmer finden sich in Hat Jomtien.

Pattaya

Die preiswertesten Pensionen befinden sich in der Th Pattaya 2, der Parallelstraße zur Th Hat Pattaya, im südlichen Teil von Pattaya, vor allem rund um die Seitenstraßen Soi 6, 10, 11 und 12.

Honey Inn (Karte S. 255; ☎ 0 3842 9133; 529/2 Soi 11, Th Pattaya 2; Zi. 600–800 B; 🞉 🖳) Saubere Zimmer über einem kleinen, feinen Café. Der Vorteil ist, dass man recht nahe am Nachtleben von Pattaya ist, aber eben nicht mittendrin.

Hat Jomtien

In der Gegend rund um die Straßen Soi 3 und 4 finden sich ebenfalls recht günstige Pensionen.

Chanagan Guest House (Karte S. 259; ☎ 08 9834 3561; Soi 6, Th Hat Jomtien; Zi. 500 B; 🞉) Große Zimmer, die ihren Preis wert sind – denn sie sind mit Kabel-TV, Warmwasser und Klimaanlage ausgestattet. Die Straße ist nachts relativ ruhig. Zum Strand und guten Restaurants sind es nur ein paar Meter.

RS Guest House (Karte S. 259; ☎ 0 3823 1867; Th Hat Jomtien; Zi. ab 650 B; 🞉) Mit den kleinen, aber sauberen Zimmern und einem hübschen Swimmingpool auf zwei Ebenen ist die Pension am südlichen Ende von Hat Jomtien eine günstige Option, weit weg vom grellen Neonlicht.

PATTAYA MIT KINDERN

Ripley's Believe It or Not! (Karte S. 255; ☎ 0 3871 0294; 2. Stock, Royal Garden Plaza, Th Pattaya 2; Erw./Kind 380/195 B; 🕘 11–23 Uhr). Die Außenstelle der US-Museumskette Ripley's zeigt Kurioses und Absonderliches aus aller Welt. Zudem können sich die Kids an Hightech-Simulationen austoben.

Möchtegern-Nachfolger von Michael Schumacher (und ihre autovernarrten Väter) geben im **Pattaya Kart Speedway** (Karte S. 259; www.easygokart.net; ☎ 0 3842 2044; 248/2 Th Thep Prasit, Soi 9; 🕘 9–18.30 Uhr) ordentlich Gas auf der beeindruckenden, 800 m langen Kartbahn. 10 Minuten in einem 10 PS-Kart kosten 300 B. Es gibt auch eine Buckelpiste, die durch das Gelände führt. Die Kleinsten heizen in „Babykarts" über die 400 m lange Anfängerstrecke.

Im nahegelegenen **Paintball Park Pattaya** (Karte S. 259; ☎ 0 3830 0608; 248/10 Mu 12, Th Thep Prasit; 50 Kugeln ab 400 B; 🕘 9–18 Uhr) können sich ältere Kids ihren Frust über den Urlaub mit den total uncoolen Eltern von der Seele schießen.

Pattaya Jungle Bungy (Karte S. 259; ☎ 08 6378 3880; www.thaibungy.com; Mu 12, Th Hat Jomtien; Sprung 1800 B; 🕘 9–18 Uhr). Wenn die Kinder sich allzu sehr daneben benehmen, bringt sie vielleicht ein Sprung aus 50 m Höhe wieder zur Vernunft.

Den 55 Stockwerke hohen Turm im **Pattaya Park** (Karte S. 259; ☎ 0 3836 4129; www.pattayapark. com; 345 Th Hat Jomtien; Erw./Kind 100/50 B; 🕘 9–18 Uhr) kann man auf drei verschiedene Arten verlassen. Haben sich die Kinder (und ihre Eltern) vom Adrenalinstoß wieder erholt, geht's weiter zu Achterbahn und Autoscooter im Vergnügungspark Funny Land, der sich wie das riesige Erlebnisbad Water Park ebenfalls auf dem Parkgelände befindet.

Wer von Hitze und Sonne genug hat, taucht ein in **Underwater World** (☎ 0 3875 6879; Th Sukhumvit; Erw./Kind 450/250 B; 🕘 9–18 Uhr) und beobachtet im sicheren Plexiglas-Tunnel die Bewohner des Meeres. Das Aquarium befindet sich 200 m hinter dem Tesco-Lotus-Einkaufszentrum, an der Hauptstraße in Richtung Süden.

Das **Pattaya Elephant Village** (☎ 0 3824 9853; www.elephant-village-pattaya.com) ist ein gemeinnütziges Aysl für ehemalige Arbeitselefanten. Bei der Vorführung um 14.30 Uhr (Erw./Kind 500/400 B) wird gezeigt, wie die Elefanten ausgebildet und trainiert werden. Außerdem werden einstündige (Erw./Kind 900/700 B) und 3½-stündige (Erw./Kind 1900/1300 B) Elefantentouren angeboten. Das Elefantendorf befindet sich an der Th Sukhumvit, 7 km von Pattaya entfernt.

Man kann auch, von einem halben Tag bis zu vier Wochen, den Mahuts bei ihrer Arbeit mit den Elefanten helfen, die sich von ihren Arbeitseinsätzen in der Stadt erholen. Das *Elephant Mahout Project* steht unter der Federführung von **Eco Explorer** (Karte S. 259; ☎ 08 4561 8873; www. theelephantmahoutproject.com; 217/7 Soi 15, Th Thep Prasit; ½ Tag inkl. Mittagessen 27 €). Ein durchschnittlicher Arbeitstag beginnt sehr früh mit dem Baden und Füttern der Elefanten. Danach folgt die Unterweisung in den Fähigkeiten eines Mahut.

Im Preis inbegriffen ist ein Frühstück für zwei Personen.

MITTELKLASSEHOTELS
Der harte Wettbewerb unter den vielen Mittelklassehotels in Pattaya sorgt dafür, dass der Standard hoch und die Preise (relativ) niedrig sind. Da die Hotels in Pattaya schnell Patina ansetzen, lohnt es sich, nach den letzten Neueröffnungen mit möglichen Sonderangeboten Ausschau zu halten.

Pattaya
Natural Beach Hotel (Karte S. 255; ☎ 0 3842 9239; naturalbeach@excite.com; 216 Mu 10, Soi 11; Zi. 750–950 B; ❄ ☎) Die zurückhaltend entspannte Atmosphäre des Hotels ist so wohltuend anders als der Trubel vor seinen Türen. Geboten werden ein hübscher Garten, ein schattiger Swimmingpool und saubere Zimmer, die, offensichtlich ungewollt, an die 1970er-Jahre erinnern.

Lek Hotel (Karte S. 255; ☎ 0 3842 5552; lek_hotel@hotmail.com; 284/5 Th Pattaya 2; Zi. 850–1200 B; ❄ ☎) Langsam wäre es an der Zeit, den leuchtend roten Teppichboden in den Fluren – und den leuchtend blauen Teppichboden in den Zimmern – zu ersetzen. Der Beliebtheit des Hotels tut dies keinen Abbruch, denn die Gäste kommen immer wieder gern wegen der zentralen Lage und dem guten, günstigen Frühstück (110 B). Die Zimmer nach hinten sind ruhiger.

Ma Maison (Karte S. 255; ☎ 0 3871 0433; www.mamaison-hotel.com/e_index; Soi 13; Zi. 1180–1480 B; ❄ ☐ ☎) Durch und durch französische Oase, wo Pastis am *piscine* (Swimmingpool) geschlürft wird. Die französische Hotelleitung kann zu Nicht-Französischsprechenden recht schnippisch sein, aber die Cocktailbar direkt am Pool macht das locker wett. Zudem kann man mit dem Laptop das hoteleigene WLAN nutzen.

Areca Lodge (Karte S. 255; ☎ 0 3841 0123; www.arecalodge.com; 198/23 Mu 9, Soi 13, Th Pattaya 2; Zi. inkl. Frühstück 2000 B; ❄ ☐ ☎) Mit den eleganten Zimmern und zwei Swimmingpools gehört das Hotel eigentlich zur Spitzenklasse, aber das hat sich noch nicht bis zu den Besitzern herumgesprochen. Von Februar bis November kostet ein Zimmer sogar nur 1300 B – ein echtes Schnäppchen in Pattaya.

Naklua
Garden Lodge (Karte S. 255; Th Naklua; ☎ 0 3842 9109; Fax 0 3842 1221; Zi. 850–1300 B; ℗ ❄ ☎) In einem der besten Mittelklassehotels der Stadt ist

nichts vom sexgetriebenen Rummel Pattayas zu spüren – es geht doch nichts über einen ruhigen Garten mit Fischteichen und lauschigen Pavillons. Wem das zu langweilig ist, bucht an der Rezeption einen der vielen, dort angebotenen Tagesausflüge.

Sea Lodge Hotel (Karte S. 255; ☎ 0 3842 5128; 170/1 Moo 5 Soi 18/2, Th Naklua; Zi. ab 1000 B; ❄ ☐ ☎) Wer im Hotel Garden Lodge kein Zimmer mehr bekommt, versucht es im gegenüberliegenden Sea Lodge Hotel, das (fast) das gleiche Ambiente und saubere Bungalows bietet.

Hat Jomtien
Das südliche Ende des Strands ist ruhiger und familienfreundlicher. Sehr beliebt ist der Strand bei thailändischen Touristen, die am Wochenende kommen, um frische Meeresfrüchte zu genießen.

Nicky House (Karte S. 259; ☎ 0 3823 2000; 75/2–3 Moo 12, Th Hat Jomtien; Zi. 650–950 B; ❄ ☐) Neues Hotel mit freundlichem Personal und einem guten Internetcafé im Erdgeschoss. Einige der Zimmer haben aber statt eines Fensters nur ein Guckloch.

Summer Beach Inn (Karte S. 259; ☎ 0 3823 1777; Th Hat Jomtien; Zi. 650–1500 B; ❄) Günstige Zimmer in einem nagelneuen Gebäude mit Fenstern vom Boden bis zur Decke. Einige der preiswertesten Zimmer, die sich im alten Gebäude befinden, stinken nach kaltem Rauch. Deshalb vor der Entscheidung erst einmal schnuppern!

Jomtien Twelve (Karte S. 259; ☎ 0 3875 6865; 240/13 Soi 12, Th Hat Jomtien; Zi. 1100–1500 B; ❄ ☐) Die Eingangshalle verspricht schickes Design von Welt, aber die Zimmer halten das Versprechen nicht ganz. Immerhin ist das Frühstück im Preis enthalten. Sehr beliebt bei gutsituierten Wochenendurlaubern aus Bangkok.

Jomtien Boathouse (Karte S. 259; ☎ 0 3875 6143; www.jomtien-boathouse.com; 380/5–6 Th Hat Jomtien; Zi. 1200–1400 B; ❄) Tadellose Zimmer, wenn auch nichts Besonderes. Die Zimmer mit Blick aufs Meer haben einen Balkon und sind erstaunlich ruhig. Recht beliebt ist das maritim angehauchte Restaurant im Erdgeschoss.

SPITZENKLASSEHOTELS
Da Pattaya bei Pauschaltouristen und Kongressteilnehmern gleichermaßen beliebt ist, gibt's jede Menge Spitzenhotels. Bei Buchungen über ein Reisebüro in Bangkok oder das Internet sind die Zimmer oft günstiger zu haben. Von den vielen Standardbettenburgen heben sich die folgenden drei angenehm ab:

Naklua

Woodlands Resort (Karte S. 255; ☎ 0 3842 1707; www. woodland-resort.com; 164/1 Th Naklua; Zi. inkl. Frühstück 2900–7600 B; 🕸 🖳 🛋) Die zurückhaltende, aber exklusive Ferienanlage inmitten eines tropischen Parks hat zwei Swimmingpools und eignet sich hervorragend für Familien. Die hellen, luftigen Zimmer sind mit Teakmöbeln, CD- und DVD-Playern ausgestattet und bieten schnellen Internetzugang. Mehrere Restaurants sorgen für das leibliche Wohl.

Hat Jomtien

Rabbit Resort (Karte S. 259; ☎ 0 3830 3303; www.rabbitre sort.com; Dongtan Beach, Hat Jomtien; Zi. 6900–7500 B, Haus für bis zu 4 Pers. 13 500–15 000 B; 🕸 🖳 🛋) Die wunderschönen Bungalows und Ferienhäuschen der Anlage stehen in einem Wäldchen, direkt am nördlichen Ende des Strands von Jomtien. Mobiliar und Wandschmuck sind ganz im thailändischen Stil gehalten. Laut Schild an der Rezeption sind auch „weiche Matratzen erhältlich". In den besonders stilvollen Badezimmern setzen Flusssteine und Granit interessante Akzente.

Essen

Das kulinarische Pattaya ist fest in westlicher Hand. Es gibt zwar auch zahllose thailändische Restaurants, deren Küche ist aber nicht wirklich typisch thailändisch. Wer Schnitzel, indische Samosas oder schwedisches Smörgasbord sucht, wird auf jeden Fall fündig.

Gute Meeresfrüchte servieren die Restaurants in den Seitenstraßen Soi 6 und 7 der Th Hat Jomtien sowie die rund um die Walking St im südlichen Pattaya.

Carrefour Food Court (Karte S. 255; Th Pattaya Klang; 🕑 11–22 Uhr) Da es keinen richtigen Nachtmarkt gibt, muss man auf den Food Court im Untergeschoss des Carrefour-Supermarkts ausweichen. Hier sind die Gerichte, die gerade einmal ab 30 B kosten, echt thailändisch gewürzt.

Surf Kitchen (Karte S. 259; ☎ 0 3823 1710; Th Hat Jomtien; Gerichte 80–180 B; 🕑 morgens, mittags & abends) Das lebhafte Restaurant gehört zu den besten Adressen in Hat Jomtien, um in entspannter Atmosphäre gut zu essen. Die thailändischen Gerichte sind genau richtig gewürzt. Das äußerst talentierte Küchenpersonal kann aber auch westlich kochen.

Das **Cafe Sunshine** (Karte S. 259; Th Hat Jomtien; Gerichte 100–300 B; 🕑 morgens, mittags & abends), das sich in einem schattigen Garten befindet, wird vor allem für sein Frühstück gelobt. Wer es geschickt anstellt, bleibt bis zur Happy Hour, die hier schon um 10 Uhr morgens beginnt.

PIC Kitchen (Karte S. 255; ☎ 0 3842 8374; 10 Soi 5, Th Pattaya 2; Gerichte 110–290 B; 🕑 mittags & abends) Elegantes, stimmungsvolles Restaurant mit Teakholzverkleidung, Sitzkissen an niedrigen Holztischen und einer umfangreichen Wein- und Cocktailkarte. Hauptattraktion aber ist die ausgezeichnete Thai-Küche. Im Jazz Pit im Untergeschoss sorgen jeden Abend ab 20 Uhr Jazzbands für Unterhaltung. Ein herrlicher Ort zum Entspannen.

La Baguette French Bakery (Karte S. 255; ☎ 0 3842 1707; 164/1 Th Naklua; Crepes ab 120 B; 🕑 morgens, mittags & abends; 🖳) In dem schicken französischen Café, das zum Woodlands Resort gehört, gibt's leckere Backwaren, guten Espresso und noch bessere Crêpes. Außerdem ist WLAN vorhanden.

Tequila Reef (Karte S. 255; ☎ 0 3841 4035; Soi 7, Th Hat Pattaya; Gerichte 220–310 B; 🕑 mittags & abends) Geschäftige Mischung aus mexikanischer Cantina und kalifornischem Surfladen. Hier werden die besten Margaritas in Pattaya gemixt. Besonders beliebt bei Angehörigen der amerikanischen Marine, die wohl etwas von Burritos verstehen dürften.

Mantra (Karte S. 255; ☎ 0 3842 9591; Th Hat Pattaya; Gerichte 240–800 B; 🕑 Mo–Sa abends, So Brunch & Abendessen; 🕸) Meterhohe Decken und Personal, das seine Gäste mit Namen begrüßt: Das Mantra ist einfach klasse, auch wenn man sich nur einen der edlen Cocktails leisten kann. Die Bar ist mit Rohseide verkleidet, der riesige Speisesaal mit dunklem Holz. Neben der Speisekarte mit japanischen, thailändischen und indischen Gerichten gibt's eine riesige Cocktailkarte und mehr als 20 offene Weine.

Ausgehen

Trotz des Überangebots an lauten, immer gleichen Kneipen, Go-go-Bars und Nachtclubs in Pattaya gibt's doch ein paar Lokale, in denen man, ganz ohne nackte Tatsachen, etwas trinken kann.

Hopf Brew House (Karte S. 255; ☎ 0 3871 0650; Th Hat Pattaya 219; 🕑 So–Fr 15–1, Sa 16–2 Uhr; 🕸) Das mit dunklem Holz verkleidete Brauhaus kann schon etwas trübsinnig stimmen, ist aber bei Biertrinkern im besten Alter und trinkfreudigen Rucksacktouristen aus Skandinavien sehr beliebt. Der starke Hopfengeruch beweist, dass im Haus tatsächlich ein recht gutes Pils und ein Weizenbier gebraut werden.

Dazu gibt's riesige Holzofenpizzas und fast ebenso große Schnitzel.

Gulliver's (Karte S. 255; ☎ 0 3871 0641; Th Hat Pattaya; ⏰ 11.30–2 Uhr; ✦ 🖥) Der feudale, reich verzierte Swimmingpool vor der Tür passt so gar nicht zur lässigen Sportsbarstimmung im Inneren. Zum Angebot des höhlenartigen Lokals im Norden von Pattaya gehört neben einer Vielzahl an thailändischen und westlichen Gerichten auch kostenloser Internetzugang über WLAN. Bis 19 Uhr ist Happy Hour mit günstigem Bier und Cocktails.

Green Bottles (Karte S. 255; ☎ 0 3842 9675; 216/6–20 Th Pattaya 2; ⏰ 11–2 Uhr; ✦) Seit 1988 gibt es das charmant-gemütliche Green Bottles im Retrostil (man kann bei der Band sogar seinen Lieblingssong bestellen); es ist einer der traditionelleren Pubs von Pattaya. Bei gedimmtem Licht und einem frühabendlichen Katerbier kann man entspannt eine weitere durchzechte Nacht einläuten.

Unterhaltung

Unter Amüsement fällt in Pattaya, abgesehen von der Sexszene, alles vom Herumhängen in einer Videobar bis zum Abtanzen in einer Disko in Süd-Pattaya. Am besten startet man auf der Th Hat Pattaya. Am Südende wird daraus die Walking St, eine verkehrsberuhigte Zone mit Bars und Clubs für jeden Geschmack. Das nahe „Pattaya Land" umfasst die Soi 1, 2 und 3 und ist brechend voll mit Go-go-Bars. Die vielen Schwulenbars an der Soi 3 kündigt das Schild „Boyztown" an. Um Hat Dongtan am nördlichen Ende von Hat Jomtien entsteht gerade eine zweite Schwulenszene.

CLUBS & CABARETS

Tony's (Karte S. 255; ☎ 0 3842 5795; www.tonydisco.com; 139/15 Walking St; Eintritt frei; ⏰ 20.30–2.30 Uhr; ✦) Man liebt es oder man hasst es: Der neueste Tempel im Nirwana des nächtlichen Vergnügens ist eine dröhnende, im Neonlicht flimmernde Diskothek mit weißen Plastikbänken, Karaokebühne und Billardtischen. Dazu gibt's ein recht ordentliches Buffet, starke Cocktails und auch Livemusik.

Tiffany's (Karte S. 255; ☎ 0 3842 1700; www.tiffany-show.co.th; 464 Mu 9, Th Pattaya 2; Eintritt 500–800 B; ⏰ ab 18 Uhr; ✦) Pattayas 1974 gegründetes, führendes Travestiekabarett ist eine bemerkenswert keusche Angelegenheit, die den Showbiz-Charme der alten Schule versprüht und in einer hektischen, 75 Minuten langen Show

den ganzen Globus abhandelt. Die absolut fabelhafte Parade mit Pomp und Pauken beginnt um 18, 19.30 und 21 Uhr.

The Blues Factory (Karte S. 255; ☎ 0 3830 0180; www.thebluesfactorypattaya.com; Soi Lucky Star; Eintritt frei; ⏰ ab 20.30 Uhr; ✦) Pattayas beste Adresse für geradlinige Livemusik bietet mindestens zwei Bands pro Abend und eine ungezwungene Atmosphäre unweit ein paar aufgeregterer Nachbarn.

KINOS

Royal Theatre Cinema (Karte S. 255; ☎ 0 3842 8057; Shop C30, 2. Stock, Royal Garden Plaza, Th Pattaya 2; Eintritt 200 B) Den Standbesitzern mit ihrer gefälschten Designerware entkommt man am besten, indem man sich in das jüngste Produkt der Traumfabrik Hollywood flüchtet.

Shoppen

Die Thanon Hat Pattaya ist gesäumt von Ständen, die einfach alles verkaufen – von fragwürdigen DVDs und gefälschten CDs bis hin zu T-Shirts und Schmuck. Seriöser einkaufen kann man an der **Royal Garden Plaza** (Karte S. 255; Th Pattaya 2; ⏰ 11–23 Uhr).

An- & Weiterreise

BUS

Von den Busbahnhöfen Ost (Ekamai) und Nord (Mo Chit) in Bangkok fahren von 6 bis 21 Uhr klimatisierte Busse nach Pattaya (100–140 B, 2 Std., alle 30 Min.). Von Pattaya zurück verkehren die Busse nach Ekamai ebenfalls halbstündlich zwischen 9.30 und 23 Uhr, nach Mo Chit zwischen 16.30 und 21 Uhr. Die klimatisierten Busse halten in Pattaya in der Th Hat Pattaya Neua, nahe der Kreuzung mit der Th Sukhumvit. Am Busbahnhof von Pattaya warten rote Songthaeos, um die Reisenden für 30–40 B zur Hauptstraße am Strand zu bringen. Die Busse, die vom Busbahnhof Ekamai nach Hat Jomtien fahren, sind oft 2.-Klasse-Busse. Schneller geht's mit dem 1.-Klasse-Bus nach Nord-Pattaya und weiter mit einem Songthaeo nach Hat Jomtien.

Einige Hotels und Reisebüros fahren mit Minibussen zu bestimmten Adressen in Bangkok oder nach Ko Samet und Ko Chang im Osten. Eine Fahrt kostet ab 200 B. Infos gibt's im Hotel oder im Ko Chang Business Centre (S. 257).

Vom Flughafen Suvarnabhumi in Bangkok fährt ein Direktbus nach Pattaya und Hat Jomtien (120–150 B, 2 Std.).

SÜDOSTTHAILAND

In Si Racha steigt man in der Th Sukhumvit in einen Stadtbus mit Fahrtziel Pattaya (60 B, 30 Min.) ein und an der Ecke Th Sukhumvit und Th Pattaya Neua wieder aus. Dort hält man dann einen der nach Rayong (80–90 B, 1½ Std.) fahrenden Busse an.

Wer nach Ko Si Chang will, nimmt am Markt von Naklua ein weißes Songthaeo nach Si Racha (25 B, 30 Min.) und dort ein anderes Songthaeo bis zum Uhrenturm (s. S. 252).

FLUGZEUG

Bangkok Airways (Karte S. 255; ☎ 0 3841 2382; www.bangkokair.com; 179/85–212, Mu 5, Th Pattaya 2; ☺ Mo–Fr 8.30–16.30, Sa 8.30–12 Uhr) fliegt täglich vom **U-Taphao Flugplatz** (☎ 0 3824 5599), 33 km südlich von Pattaya, nach Ko Samui und Phuket (einfache Strecke ab 3200 B).

ZUG

Ein Zug pro Tag verkehrt zwischen Pattaya und dem Bahnhof Hualamphong in Bangkok (3. Klasse 40 B, 3¾ Std.). Abfahrt ist montags bis freitags um 6.55 Uhr in Bangkok und um 14.20 Uhr geht's von Pattaya aus in Gegenrichtung los.

Da sich der Fahrplan schnell ändern kann, sollte man sich vor der Abfahrt am **Bahnhof von Pattaya** (☎ 0 3842 9285), in der Nähe der Th Sukhumvit, nördlich der Th Hat Pattaya Neua, über die aktuellen Zeiten infomieren.

Unterwegs vor Ort

AUTO & MOTORRAD

Avis Rent-A-Car (Karte S. 255; ☎ 0 3836 1628; www.avisthailand.com; Th Hat Pattaya Neua; ☺ 8–21 Uhr) hat ein Büro im Dusit Thani Resort.

Holiday Rent-A-Car (Karte S. 255; ☎ 0 3842 6203; www.pattayacar-rent.com; Th Pattaya 2; ☺ 9–17 Uhr) Die örtliche Autovermietung, gegenüber dem Einkaufszentrum Royal Garden Plaza, ist auch mit Vollkasko-Versicherung günstiger als Avis. Der Mietpreis für einen Toyota Vios mit 1500 cm³ Hubraum beginnt bei 1250 B pro Tag. Bei längerer Mietdauer gibt's Rabatt.

Die örtlichen Reisebüros vermieten Suzuki-Jeeps (ab 1000 B/Tag), bei einem Unfall zahlt man sich aber dumm und dämlich.

Ein Motorrad mit 100 cm³ kostet zwischen 150 und 250 B pro Tag, eine Maschine mit 125–150 cm³ etwa 350 B. Für große Maschinen mit 750–1000 cm³ werden 500–1000 B pro Tag fällig. Motorradvermietungen gibt's in der Th Hat Pattaya und Th Pattaya 2.

SONGTHAEO

Die in Pattaya auch „Baht-Busse" genannten Songthaeo fahren regelmäßig die Th Hat Pattaya und Th Pattaya 2 entlang. Einfach einsteigen, bezahlt wird beim Aussteigen, irgendwo zwischen Naklua und dem südlichen Pattaya 10 B, im südlichen Jomtien 40 B. Auf den in den Fahrzeugen ausgehängten Listen ist der Höchstpreis verzeichnet, den der Fahrer für eine bestimmte Strecke verlangen darf.

Lonely Planet Leser haben sich beschwert, dass sie, obwohl sie mit demselben Songthaeo die gleiche Strecke wie einheimische Fahrgäste zurückgelegt hatten, statt der 10 B einen höheren „Charterpreis" von 20–50 B bezahlen mussten. Deshalb den Fahrpreis vor dem Einsteigen festlegen – und nicht in ein leeres Songthaeo einsteigen, das am Straßenrand wartet, denn der Fahrer könnte behaupten, man hätte das ganze Fahrzeug „gechartert".

PROVINZ RAYONG

Von Pattaya ziehen die meisten Reisenden schnell weiter, die Küste entlang nach Ko Samet, wo es unter der Woche herrlich ruhig und am Wochenende ziemlich chaotisch ist. Der kleine Hafenort Ban Phe ist das Sprungbrett auf die Insel, aber manchmal muss man auch in Rayong umsteigen. Wer sowieso nach Ko Samet möchte, sollte sich nicht lange an den Stränden des Festlandes aufhalten. Wer sich aber an die unbekannteren Strände und auf die kleineren Inseln in der Umgebung traut, wird dort kaum westliche Besucher treffen.

Infos zu Reisen von und nach Rayong und Ban Phe gibt's auf S. 265.

RAYONG

ระยอง

106 700 Ew.

Die staubige Ansammlung von Banken, Märkten und Motorradverleihern, die sich Rayong nennt, hält keine Überraschungen bereit. Die meisten Touristen finden den Weg in die Stadt nur, weil sie ein wichtiger Verkehrsknotenpunkt ist. Wer aber den Anschluss an eine Fähre nach Ko Samet verpasst, hat ein paar ganz ordentliche Hotels zur Auswahl.

Praktische Informationen

Krung Thai Bank (144/53–55 Th Sukhumvit) ist nur eine der vielen Banken in der Th Sukhumvit, der Hauptstraße von Rayong, die Geldautomaten hat und Geld umtauscht.

Tourism Authority of Thailand (TAT) (☎ 0 3865
5420; tatyong@tat.or.th; 153/4 Th Sukhumvit; ☯ 8.30–
16.30 Uhr) Das Büro liegt am Hwy 3, etwa 7 km östlich
von Rayong, und lohnt einen Besuch, sofern ein fahrbarer
Untersatz vorhanden ist.

Schlafen & Essen

Preiswertes Essen gibt's auf dem Markt neben
dem Thetsabanteung-Kino sowie in den
Restaurants und Garküchen in der Th Taksin
Maharat, südlich des Wat Lum Mahachai-
chumphon. Die Essensstände rund um den
Busbahnhof sind ebenfalls sehr gut.

Rayong President Hotel (☎ 0 3861 1307; Th Sukhumvit; Zi. inkl. Frühstück ab 550 B; ☒ 🖳) Freundliches
und nachts ruhiges Hotel, in dem aber kaum
jemand Englisch spricht. Vor dem Busbahnhof die Hauptstraße Th Sukhumvit überqueren. Das Hotel befindet sich in der Seitenstraße, die bei der Siam Commercial Bank
beginnt. Ausschau nach dem Schild halten.

Anreise & Unterwegs vor Ort

Von 4 Uhr morgens bis 22 Uhr starten vom
Busbahnhof Ost (Ekamai) in Bangkok klimatisierte Busse nach Rayong (132 B, 2½ Std.,
alle 30 Min.). Nicht ganz so häufig fahren
Busse von Rayong zu den Busbahnhöfen Nord
(Mo Chit) und Süd, zu ähnlichen Zeiten und
Preisen. Eine Fahrt mit dem Bus von Rayong
nach Chanthaburi kostet 80 B und dauert
2½ Std. Wer von Pattaya nach Rayong (nor-
mal/mit Klimaanlage 60/80 B, 1½ Std.) will,
hält an der Ecke Th Sukhumvit und Th Pattaya
Neua einen Bus an, der in Richtung Süden
fährt. Blaue Songthaeo fahren direkt vom
Busbahnhof in Rayong nach Ban Phe (25 B).

BAN PHE

บ้านเพ

Den kleinen Hafen von Ban Phe gibt's nur,
weil er das Sprungbrett zur vorgelagerten
Insel Ko Samet ist. Dabei ist der geschäftige
Meeresfrüchtemarkt beim Fährhafen durchaus
einen Besuch wert, ebenso die Strände in der
Umgebung, die unter der Woche herrlich
ruhig sind.

In einer kleinen Straße gegenüber dem Fähr-
hafen ist das **Tan Tan Cafe** (☎ 08 1925 6713; Soi 2; 1 B/
Min.; ☯ 7.30–19 Uhr), in dem man E-Mails abrufen und ins Ausland telefonieren kann. Einen
Geldautomaten gibt's vor dem 7-Eleven-Laden,
gegenüber Christie's Guesthouse. Gegenüber
dem Fähranleger bietet **Blue Sky Books** (☎ 0 3865
1885; Soi 1; ☯ 10–19 Uhr) eine gute Auswahl an eng-

lischsprachigen Büchern, von einem echten
Bücherfreund streng nach literarischer Gat-
tung sortiert. Das Angebot an Lonely Planet
Reiseführern ist sehr antiquarisch.

Bei der **Post** (Th Ban Phe), östlich des Anlegers
von Ban Phe, gibt's auch eine Filiale der Western Union, für finanzielle Notfälle.

Schlafen

In unmittelbarer Nähe des Fähranlegers in
Ban Phe befinden sich ein paar Hotels.

Hotel Diamond (☎ 0 3865 1826; Fax 0 3865 1757;
286/12 Mu 2; Zi. 350–500 B; ☒) Die Zimmer sind
nicht die saubersten, aber das dürfte einge-
fleischte Budgetreisende nicht abschrecken.
Den Fährhafen nach links verlassen und noch
150 m die Hauptstraße entlang gehen. Ganz
in Ordnung für eine Nacht, wenn man die
letzte Fähre verpasst hat.

Christie's Guesthouse (☎ 0 3865 1976; Fax 0 3865
2103; 280/92 Soi 1; Zi. ab 500 B; ☒ ☒) Schöne Zimmer und ein beliebtes Restaurant mit Bar im
Untergeschoss machen Christies Pension zur
gemütlichsten Unterkunft rund um den Fähranleger. Direkt daneben kann man sich in
einer guten Pizzeria oder einem Second-
Hand-Buchladen die Zeit bis zur nächsten
Fähre vertreiben.

M@c Garden (☎ 0 3865 1150; 280/153 Th Ban Phe Mu
2; Zi. 700 B; ☒ 🖳) Neues, freundliches Hotel mit
wunderschönen Teakholzbungalows (1200 B)
und kleinen Zimmern, die einfach, aber sauber und nagelneu sind. Das Hotel ist 50 m
vom Hotel Diamond entfernt.

Das **Tan Tan Cafe** (☎ 08 1925 6713; Soi 2; 500 B) vermietet ebenfalls saubere Zimmer mit Klimaanlage.

Essen

Christie's Bar and Restaurant (☎ 0 3865 1976; 280/92
Soi 1; ☯ morgens, mittags & abends) In dem Lokal mit
funkiger Musik und freundlichem Personal
treffen sich alle, die auf die nächste Fähre
warten. Die lecker belegten Baguettes sind
auch zum Mitnehmen. Die Bar ist die Stamm-
kneipe der ausländischen Englischlehrer in
der Stadt.

An- & Weiterreise

In Ban Phe gibt's zwei Bushaltestellen für
klimatisierte Busse, die zum Busbahnhof Ost
(Ekamai) in Bangkok fahren. 50 m westlich
des Fähranlegers von Ban Phe fahren ab 12.30
Uhr viermal täglich normale Busse ab. Ebenso
häufig verkehren Busse von Bangkok nach

Ban Phe, aber schon ab 7 Uhr morgens (138 B, 2½ Std.). Etwas häufiger, dafür aber langsamer sind die Busse unterwegs, die 100 m östlich des Fähranlegers, gegenüber des Piers von Nuan Tip, nach Bangkok (Ekamai) abfahren, und zwar stündlich zwischen 4 und 19 Uhr (167 B, 4 Std.). Abfahrt in Ekamai ist ebenfalls stündlich zwischen 5 und 20.30 Uhr.

Einfacher, aber auch teurer ist die Fahrt mit einem der Minivans für Touristen, die zwischen Ban Phe und verschiedenen Reisezielen verkehren – z. B. Pattaya (200 B/Pers.), dem Victory Monument oder der Th Khao San in Bangkok (300–450 B/Pers.) und dem Pier von Laem Ngop, wo die Fähre nach Ko Chang ablegt (300 B/Pers.). Gebucht werden können die Minivans über die Pensionen auf Ko Samet, in den Reisebüros beim 7-Eleven-Laden gegenüber dem Fähranleger in Ban Phe und den Reisebüros in Pattaya.

Infos zu den Fähren von und nach Ko Samet gibt's auf S. 273.

RUND UM RAYONG & BAN PHE
Khao Chamao/Khao Wong National Park
อุทยานแห่งชาติเขาชะเมา–เขาวง

Der nicht einmal 85 km² große **Khao Chamao/Khao Wong National Park** (☎ 0 3889 4378; reserve@dnp.go.th; Eintritt 200 B; ☼ 8.30–16.30 Uhr) ist weithin bekannt für schroffe Kalksteinfelsen, tiefe Höhlen, dichte Wälder und rauschende Wasserfälle. Versteckt in der ursprünglichen Landschaft leben Tiger, Bären und wilde Elefanten. Beim Parkhauptquartier gibt's neben der Besucherinformation ein paar Essensstände und einen kleinen Laden sowie einen Campingplatz und Bungalows zum Übernachten. Der Park befindet sich landeinwärts von Ban Phe, 17 km nördlich von Kilometer 274 am Hwy 3. Mit öffentlichen Verkehrsmitteln ist der Park nicht zu erreichen. Eine Fahrt mit dem Taxi von Ban Phe kommt auf gut 1500 B.

Eine Nacht auf dem Campingplatz kostet 50 B/Person, ein Bungalow für 2 Personen 600–800 B. Im Internet kann man unter www.dnp.go.th buchen – telefonisch unter ☎ 0 2562 0760.

Inseln & Strände

Die Inselchen **Ko Man Klang**, **Ko Kudee** und **Ko Man Nok** sowie **Ko Man Nai** im Westen gehören alle zum **Khao Laem Ya/Mu Ko Samet National Park** (☎ 0 3865 3034; reserve@dnp.go.th; Eintritt Erw./Kind 200/100 B; ☼ 8.30–16.30 Uhr). Der damit verbundene Schutzstatus konnte die Bebauung allerdings nur etwas einschränken und nicht vollständig verhindern. Ko Kudee bietet einen hübschen kleinen Sandstrand, klares Wasser zum Schnorcheln und einen netten Wanderweg. Auf Ko Man Nai befindet sich das **Rayong Turtle Conservation Centre** (☎ 0 3861 6096; ☼ 9–16 Uhr), ein geschützter Brutplatz für die vom Aussterben bedrohten Seeschildkröten, über die das kleine Besucherzentrum ausführlich informiert. Der einfachste Weg auf die Insel ist im Rahmen einer Bootstour von Ko Samet aus (S. 273).

Man kann in dem Zentrum auch ehrenamtlich arbeiten, wenn man sich an **Starfish Ventures** (www.starfishventures.co.uk; 2 Wochen inkl. Unterbringung ab 900 £) wendet. Zu den Aufgaben gehört es, die Schildkröten zu überwachen, die Jungen im Ozean freizulassen und das Projekt den Tagesausflüglern zu erklären, die von Ko Samet herüberkommen. Untergebracht wird man in einem Fischerdorf und fährt jeden Tag in einem Speedboot hinüber nach Ko Man Mai zur Arbeit. Das Ganze ist ziemlich locker – man sollte an vier Tagen die Woche von 8 Uhr bis 13 Uhr arbeiten –, und in der freien Zeit kann man die guten Strände in der Nähe erkunden.

Ko Saket, eine kleine Insel nahe Rayong, liegt mit dem Boot 20 Minuten von Hat Sai Thong entfernt (an der Kilometermarke 208 von Hwy 3 nach Süden abbiegen).

Suan Son (Pinienpark), von Ban Phe aus 5 km über den Highway, ist bei den Thais als Picknickplatz beliebt.

Suan Wang Kaew, 11 km östlich von Ban Phe, hat mehr Strände. Bei **Ko Thalu**, gegenüber Suan Wang Kaew, gibt's ordentliche Tauchmöglichkeiten, einen hübschen Strand und einen Wanderweg durch den Wald, der bis zu einem Aussichtspunkt hinauf führt.

Weitere Erholungsgebiete an der Küste von Rayong sind **Laem Mae Phim** und **Hat Sai Thong**. **Hat Mae Rampeung**, ein 10 km langer Sandstreifen zwischen Ban Taphong und Ban Kon Ao (11 km östlich von Rayong), ist ebenfalls Teil des Khao Laem Ya/Mu Ko Samet National Park. Relativ häufig fahren Songthaeos vom östlichen Rand Ban Phes aus diese Strände an. Am Wochenende sind diese Gebiete voller Thai-Ausflügler, aber während der Woche hat man sie für sich allein. In Laem Mae Phim gibt's die besten Möglichkeiten zum Essen und Schlafen.

Schlafen

Für Ko Man Klang und Ko Man Nok werden hochwertige Übernachtungspakete mit Vollpension inklusive Bootstransfer vom Festland angeboten, die im Voraus telefonisch gebucht werden müssen.

Mun Nork Island Resort (Büro in Bangkok ☎ 0 2860 3025; www.munnorkislandresort.com; Komplettpaket 3990–4390 B/Pers.; 🔀) Die schicke Ferienanlage auf Ko Man Nok bietet Rundumsorglos-Pakete für eine oder zwei Nächte in einem der zahlreichen hübschen Bungalows an. Die Insel liegt 15 km vor Pak Nam Prasae, 53 km östlich von Ban Phe.

Raya Island Resort (Büro in Bangkok ☎ 0 2316 6717; Komplettpaket für 1 Nacht oder 2 Tage 1400–2500 B/Pers.; 🔀 🔊) Die gemütliche, absolut ruhige Anlage mit 15 Bungalows befindet sich auf Ko Man Klang, 8 km vor Laem Mae Phim, 27 km östlich von Ban Phe.

An- & Weiterreise

Die Fahrt zu den Anlegestellen der Boote nach Ko Man Klang und Ko Man Nok muss in Ban Phe organisiert werden. An Wochenenden und Feiertagen fahren meistens Songthaeos zu den Piers, ansonsten chartert man am Markt ein Fahrzeug für 100 B (einfache Strecke) – und vereinbart mit dem Fahrer auch gleich die Rückfahrt.

KO SAMET

เกาะเสม็ด

Was kann aus einer Insel, die mit 14 strahlend weißen Sandstränden gesegnet ist und nur eine halbe Tagesreise von der südostasiatischen Megastadt Bangkok entfernt liegt, schon anderes werden als das bevorzugte Ziel für einheimische Wochenendurlauber und Reisende aus aller Welt? Ihre Beliebtheit wird noch gesteigert durch die Tatsache, dass die Insel weitgehend vom Monsunregen verschont bleibt. Wer am Wochenende auf Ko Samet ankommt, muss mit Preisaufschlägen von bis zu 100 % bestraft und muss sich zudem vor wild gewordenen Beach-Volleybällen und Bananenbooten in Acht nehmen.

Unter der Woche entspannt sich die Lage wieder, und die Besucher erleben die Insel noch so wie die ersten Rucksacktouristen vor zehn, 20 Jahren.

Offiziell ist Ko Samet ein Nationalpark, aber zumindest an der zugebauten Nordostküste fällt es ziemlich schwer zu erkennen, wofür der Parkeintritt von 200 B pro Person

verwendet wird. Besonders enttäuschend sind die Unmengen von Müll, die oft an den Wegen und Stränden herumliegen. Das Ökosystem der Insel ist schon jetzt überfordert. Deshalb ist es unumgänglich, dass die Besucher Wasser sparen und möglichst wenig Müll verursachen.

In den atemberaubend schönen Buchten weiter im Süden der Insel, die noch kaum entwickelt sind, herrscht dagegen noch die ursprüngliche, herrlich entspannte Atmosphäre.

Geschichte

Seitdem der thailändische Dichter Sunthorn Phu die Insel zum Schauplatz seines klassischen Epos *Phra Aphaimani* machte, hat Ko Samet einen festen Platz in der thailändischen Literatur. Die Geschichte erzählt die Qualen eines Prinzen, der in ein unterseeisches Königreich verbannt wird, in dem eine liebestolle Riesin herrscht. Eine Meerjungfrau hilft dem Prinzen, sich auf Ko Samet zu flüchten. Dort besiegt er die Riesin durch sein Spiel auf einer magischen Flöte. Ursprünglich hieß die Insel Ko Kaew Phitsadan oder „Große Juweleninsel" – nach den strahlend weißen Sandstränden. Ihr heutiger Name geht auf den Cajeputbaum zurück, der hier in rauen Mengen wächst und als Lieferant der ätherischen Öls sowie als Brennholz in ganz Südostasien begehrt ist. Die Einheimischen bauen auch ihre Boote aus dem Holz des Cajeputbaums.

Orientierung

Ko Samet hat ungefähr die Form eines großen T. Die besten (und am stärksten erschlossenen) Strände befinden sich an der Ostküste der Insel. An der Westküste gibt's entlang des schönen Strands von Ao Prao ein paar noblere Hotels. Na Dan, der größte Ort auf Ko Samet und Anlegestelle der Fähre aus Ban Phe, liegt an der dem Festland gegenüberliegenden Nordküste. Günstige Übernachtungsmöglichkeiten gibt's vor allem an der hübschen und ruhigen Nordküste. Dort sind die Strände aber nicht so toll.

Praktische Informationen

Der Eintritt zum Nationalpark Ko Samet (Erw./Kind 200/100 B) ist im Hauptbüro des Nationalparks zu entrichten. Die Songthaeos vom Fähranleger halten automatisch am Tor. Unbedingt die Eintrittskarte für spätere Kontrollen aufbewahren.

Auf Ko Samet gibt's einen Geldautomaten am Pier und zwei weitere in der Nähe des Hauptbüros des Nationalparks.

Internetcafés finden sich an der Straße von Na Dan nach Hat Sai Kaew, am besten ist das Miss You Cafe (S. 272).

E-Mails abrufen kann man auch in Jep's Bungalows (S. 270) und den Naga Bungalows (S. 270) in Ao Hin Khok sowie in einigen anderen Unterkünften entlang des Strands von Ao Wong Deuan. Der Preis beträgt immer stolze 2 B pro Minute.

Ein Satellitentelefon für Auslandsgespräche steht vor dem Besucherzentrum beim Hauptbüro des Parks zur Verfügung.

Ko Samet Health Centre (☎ 0 3861 1123; ☿ Mo–Fr 8.30–21, Sa & So 8.30–16.30 Uhr) An der Hauptstraße zwischen Na Dan und Hat Sai Kaew. Für Notfälle außerhalb der Sprechzeiten sind Handynummern ausgehängt.

Hauptbüro des Nationalparks (zwischen Na Dan & Hat Sai Kaew). Ein weiteres Büro befindet sich am Strand von Ao Wong Deuan.

Polizei (☎ 1155) An der Hauptstraße zwischen Na Dan und Hat Sai Kaew. Am Strand von Ao Wong Deuan gibt's ebenfalls einen Polizeiposten.

Post Die Naga Bungalows in Ao Hin Khok sind zugleich das Postamt der Insel. Außerdem werden gebrauchte Bücher verliehen und verkauft.

Samed Travel Service (☎ 08 1664 8563; ☿ 8.30–17 Uhr) Das Reisebüro gegenüber dem Fährhafen verkauft Fahrkarten (auch für die Eisenbahn) und vermittelt Unterkünfte.

Gefahren & Ärgernisse

Ko Samet war früher einmal Malariagebiet. Das örtliche Krankenhaus beteuert zwar, das Problem unter Kontrolle zu haben, doch wird die Insel nach wie vor von Moskitos heimgesucht. Da helfen nur Moskitonetze und Unmengen von Insektenabwehrmitteln.

Besondere Vorsicht ist rund um die Straße geboten, die hinter den Sea Breeze Bungalows in Ao Phai vom Strand wegführt, da dort schon Touristen überfallen und beraubt wurden.

Es kam auch schon vor, dass Reisenden auf dem Festland eine Schnellbootfahrt für 800 B pro Person angedreht wurde. Dabei kostet eine einfache Fahrt mit dem Schnellboot überall zwischen 1500 und 2500 B und zwar für *das ganze Boot*, egal wieviele Leute mitfahren. Infos zu Preisen und Fahrplänen finden sich auf S. 273.

Aktivitäten

Surfbretter, Bodyboards, Reifen und Schnorchelausrüstungen werden an den Stränden von Hat Sai Kaew, Ao Hin Khok und Ao Phai verliehen. Verschiedene Veranstalter bieten Ausflüge zu den Tauchgründen der Gegend an, wobei das beste Tauchgebiet, Hin Pholeung, in der Mitte zwischen Ko Samet und Ko Chang liegt. Das einsame Revier, das weit genug vom störenden Fährverkehr entfernt ist, zeichnet sich durch zwei meterhohe Felsnadeln unter Wasser und eine ausgezeichnete Sicht (bis zu 30 m) aus. Zu sehen gibt's riesige Meerestiere wie Mantarochen, Barrakudas, Haie und mit ein bisschen Glück auch Walhaie.

Zu den seriösen Veranstaltern auf der Insel gehören **Ploy Scuba Diving** (☎ 0 3864 4212; www.ploy scuba.com) in Hat Sai Kaew und **Ao Prao Divers** (☎ 0 3864 4100–3; aopraodivers@hotmail.com) mit Tauchbasen in Saikaew Villa und dem Ao Prao Resort.

Bei Naga Bungalows (S. 270) kann man im Boxring am Strand *moo·ay tai* (oder auch *muay thai*) lernen. Es gibt auch spezielle Kurse für Frauen, die recht beliebt sind.

Geführte Touren

Jimmy's Tours (☎ 08 9832 1627) organisiert Ausflüge rund um Ko Samet und die Inseln in der Umgebung. Eine sechsstündige Bootstour (10–16 Uhr) zu den Nachbarinseln, bei der auch das Rayong Turtle Conservation Centre (S. 266) auf Ko Man Nai besucht wird, kostet 1500 B pro Person (für Gruppen ab 10 Pers.).

Schlafen

Ko Samet war einmal ein preiswertes Paradies für Rucksacktouristen, aber diese Zeiten sind vorbei. Heute sind die meisten alten Backpacker-Unterkünfte entweder abgerissen oder zwischen Bungalowanlagen der mittleren und gehobenen Preisklasse kaum mehr auszumachen. Viele Ferienanlagen bieten Zimmer in allen drei Kategorien, was die großen Preisspannen bei den im Folgenden aufgeführten Unterkünften erklärt. Eine einfache Hütte kostet normalerweise 350 B, einen Bungalow mit Klimaanlage gibt's ab 1200 B.

Bei den genannten Preisen handelt es sich um Durchschnittspreise für eine Woche Aufenthalt, die aber an Wochenenden und Feiertagen gut doppelt so hoch sein können – ganz nach dem Gesetz von Angebot und Nachfrage. Wer am Wochenende anreist, sollte ab Montag auf dem günstigeren Wochentarif bestehen – das wird oft und gerne übersehen. Bei Ankunft unter der Woche un-

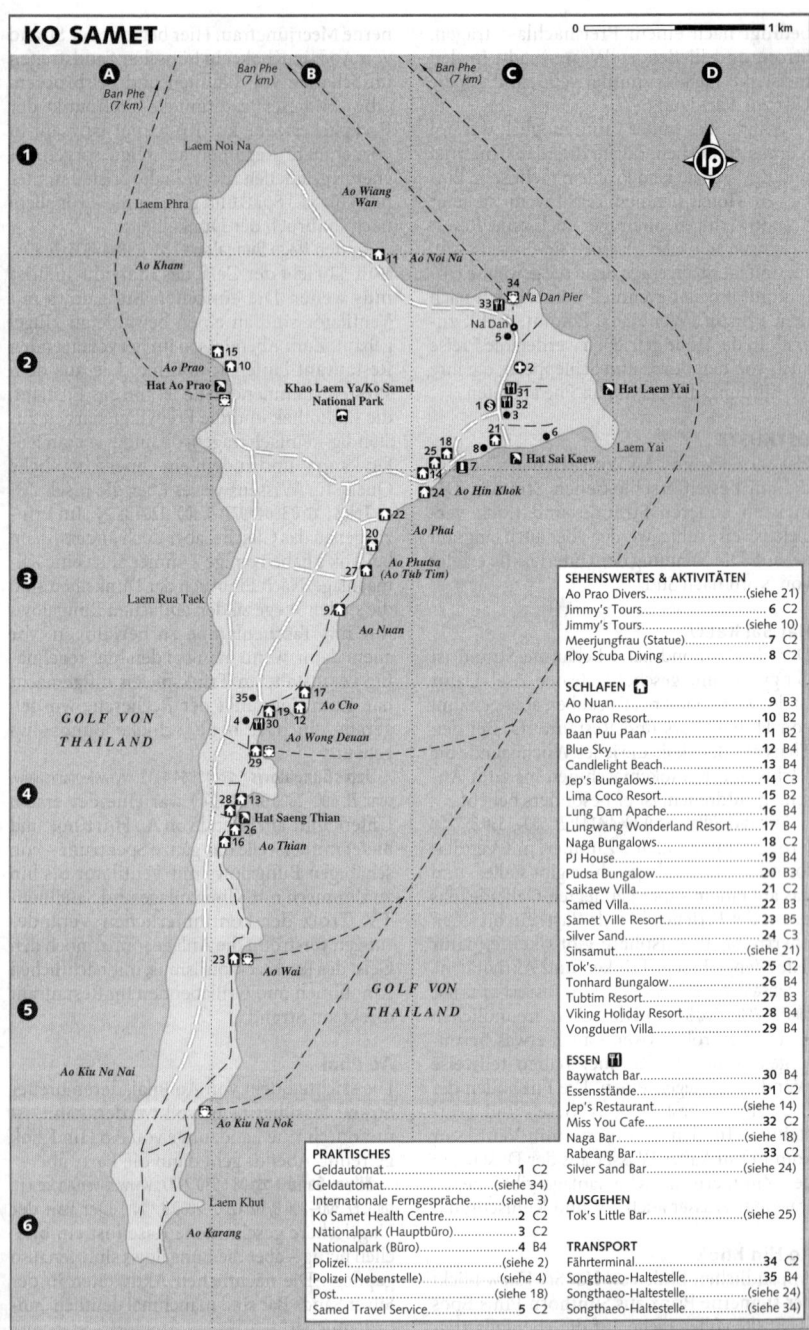

KO SAMET

SEHENSWERTES & AKTIVITÄTEN

Ao Prao Divers	(siehe 21)
Jimmy's Tours	**6** C2
Jimmy's Tours	(siehe 10)
Meerjungfrau (Statue)	**7** C2
Ploy Scuba Diving	**8** C2

SCHLAFEN

Ao Nuan	**9** B3
Ao Prao Resort	**10** B2
Baan Puu Paan	**11** B2
Blue Sky	**12** B4
Candlelight Beach	**13** B4
Jep's Bungalows	**14** C3
Lima Coco Resort	**15** B2
Lung Dam Apache	**16** B4
Lungwang Wonderland Resort	**17** B4
Naga Bungalows	**18** C2
PJ House	**19** B4
Pudsa Bungalow	**20** B3
Saikaew Villa	**21** C2
Samed Villa	**22** B3
Samet Ville Resort	**23** B5
Silver Sand	**24** C3
Sinsamut	(siehe 21)
Tok's	**25** C2
Tonhard Bungalow	**26** B4
Tubtim Resort	**27** B3
Viking Holiday Resort	**28** B4
Vongduern Villa	**29** B4

ESSEN

Baywatch Bar	**30** B4
Essensstände	**31** C2
Jep's Restaurant	(siehe 14)
Miss You Cafe	**32** C2
Naga Bar	(siehe 18)
Rabeang Bar	**33** C2
Silver Sand Bar	(siehe 24)

AUSGEHEN

Tok's Little Bar	(siehe 25)

TRANSPORT

Fährterminal	**34** C2
Songthaeo-Haltestelle	**35** B4
Songthaeo-Haltestelle	(siehe 24)
Songthaeo-Haltestelle	(siehe 34)

PRAKTISCHES

Geldautomat	**1** C2
Geldautomat	(siehe 34)
Internationale Ferngespräche	(siehe 3)
Ko Samet Health Centre	**2** C2
Nationalpark (Hauptbüro)	**3** C2
Nationalpark (Büro)	**4** B4
Polizei	(siehe 2)
Polizei (Nebenstelle)	(siehe 4)
Post	(siehe 18)
Samed Travel Service	**5** C2

bedingt nach einem Preisnachlass fragen. Strom und fließendes Wasser steht in den meisten Bungalows mittlerweile rund um die Uhr zur Verfügung.

Während es früher kaum möglich war, im Voraus zu buchen, dürfte dies dank Internet und E-Mail bald kein Problem mehr sein. Einfachere Hotels nehmen, selbst wenn sie über Telefon verfügen, oft immer noch keine Reservierungen an – oder beachten sie einfach nicht. Flexibilität ist angesagt, denn die gewählte Unterkunft arbeitet eventuell immer noch nach dem Prinzip „Wer zuerst kommt, mahlt zuerst". In die Höhe getrieben werden die Preise auch von den Büros und Schleppern, die ihre Vermittlungsdienste in Ban Phe anbieten.

OSTKÜSTE

Hat Sai Kaew und Ao Wong Deuan sind hier die am besten erschlossenen Strände. Die meisten anderen Strände sind noch vergleichsweise ruhig, werden aber auch langsam bebaut. Die Nennung der Unterkünfte erfolgt von Nord nach Süd.

Hat Sai Kaew

Der als Diamond Sand bekannte Strand ist der größte und geschäftigste der Insel. Dafür ist der weiße Sand relativ sauber, aber gesäumt von Hotels, Bars und Restaurants. Bei den Thais aus Bangkok, die jedes Wochenende die Jetskis und Karaokemaschinen bis zum Anschlag aufdrehen, ist er besonders beliebt.

Saikaew Villa (☎ 0 3864 4144; Zi. 500–1550 B; 🔀) Große Zimmer, kleine Zimmer, mit Ventilator oder Klimaanlage – hier gibt's alles, und das auf einem super gepflegten Gelände, das es mit der Ferienclubidylle (fast) ein bisschen übertreibt. Privatsphäre gibt's keine, dafür jede Menge Essen, Trinken und Aktivitäten.

Sinsamut (☎ 0 3864 4207; www.sinsamut-kohsamed. com; Zi. 800–1300 B; 🔀) Die hellen, freundlichen und farbenfrohen (wenn auch etwas heruntergekommen) Zimmer haben teilweise Wände aus Ziegelsteinen. Die Fußböden der Badezimmer bestehen aus Kiesel- und Trittsteinen. In den Zimmern mit Ventilator kommt nur kaltes Wasser aus der Dusche, in den Zimmern mit Klimaanlage gibt's neben warmem Wasser auch TV und Kühlschrank.

Ao Hin Khok

Am südlichen Ende von Hat Sai Kaew blickt der steinerne Prinz aus Sunthorn Phus Epos (s. S. 88) voller Liebe auf die ebenfalls steinerne Meerjungfrau. Hier beginnt der Strand von Ao Hin Khok, ein hübscher Sandstreifen im Schatten von Bäumen und Felsbrocken. Obwohl dieser traditionelle Treffpunkt der Backpackerszene auf Ko Samet langsam in vornehmere Regionen aufsteigt, sorgen die energiegeladenen Individualtouristen immer noch für viel Spaß und gute Laune – vor allem nach Einbruch der Dunkelheit.

In den **Naga Bungalows** (☎ 0 3864 4035; Zi. 350–600 B; 🖵) lebt der Geist des Individualtourismus weiter. Die einfachen Bungalows mit Ventilator sind an einen bewaldeten Hügel gebaut. Zum Abendessen im hervorragenden Restaurant laufen Kinofilme. Die aus dem Westen stammende Sue ist für das Postamt, die Bibliothek und die Freiwilligenarbeit zuständig – einfach fragen, ob und wie man helfen kann – und zudem eine unerschöpfliche Quelle für Wissenswertes über die Insel.

Tok's (☎ 0 3864 4072; Zi. 300–1200 B; 🔀) Im Prinzip genau das Gleiche, aber doch anders, denn bei Tok's haben einige Zimmer auch eine Klimaanlage. Nach Einbruch der Dunkelheit sind die steilen Wege zu den einfachen Bungalows nur mit Taschenlampe zu bewältigen, vor allem dann, wenn man bei den hier regelmäßig veranstalteten Trinkspielen mitgemacht hat. Zum Zeitpunkt der Recherche wurden gerade ein paar neue, schicke Bungalows gebaut.

Jep's Bungalows (☎ 0 3864 4112; www.jepbungalow. com; Zi. 600–2600 B; 🔀 🖵) war eine der ersten Unterkünfte am Strand von Ao Hin Khok und bietet mittlerweile das ganze Spektrum – von schäbigen Bungalows mit Ventilator bis hin zu Zimmern mit Klimaanlage und Satelliten-TV. Trotz der kontinuierlichen Veränderungen verströmt die Anlage immer noch den Geist des Rucksacktourismus, mit nächtlichen Kinofilmen und Grillabenden im Restaurant direkt am Strand.

Ao Phai

Die seichte Bucht von Ao Phai, deren breiter Strand tagsüber recht voll werden kann, ist nur durch eine Landzunge von Ao Hin Khok getrennt. Abends geht dann die Party ab.

Silver Sand (☎ 08 6530 2147; www.silversandresort. com; EZ 300–800 B, DZ 1200–2000 B; 🔀) Der mit der Nagelschere geschnittene Rasen ist ein bisschen heftig – aber die Bungalows sind genauso gepflegt. Die nächtlichen Aktivitäten in der Silver Sands Bar sind manchmal deutlich „unordentlicher".

Samed Villa (☎ 0 3864 4094; www.samedvilla.com; Zi. 1800–4000 B; ❄) Dass die Samed Villa einem Schweizer gehört, ist nicht zu übersehen. Alles ist blitzblank, und die Architekten gaben sich viel Mühe, die Inneneinrichtung der Zimmer ebenso nobel zu gestalten wie die restliche Anlage.

Ao Phutsa

In die auch Ao Tub Tim genannte, kleine, abgeschiedene Bucht kehren Touristen und in Bangkok lebende Ausländer immer wieder gern zurück.

Tubtim Resort (☎ 0 3864 4025; www.tubtimresort.com; Zi. 600–1500 B; ❄) Eine Reihe von Bungalows, nur mit Ventilator oder mit allem Drum und Dran ausgestattet, stehen in einem Garten, der langsam zum Dschungel verwildert. Die preiswertesten Hütten sind nur mit Moskitospiralen bewohnbar, da die Fußböden voller Löcher und Spalten sind.

Pudsa Bungalow (☎ 0 3864 4030; Zi. 600–1500 B; ❄) Die schöneren Bungalows in Strandnähe sind mit Treibholz „verziert", liegen aber direkt am Hauptverbindungsweg zwischen Ao Phai und Ao Phutsa. Da muss man sich dann schon mal spätnachts das Gegröle der nach Hause torkelnden Betrunkenen anhören. Ganz o. k., wenn das Tubtim Resort voll ist.

Ao Nuan

Wer die Einsamkeit sucht und nicht bis zum südlichsten Ende der Insel fahren will, ist an dem winzigen Strand richtig.

Ao Nuan (Zi. 700–1500 B) Der absolut beste Ort zum Chillen und Relaxen auf Ko Samet. Die einfachen Holzhäuschen sind der üppigen Vegetation kaum zu entdecken. Bücher und gute Musik gibt's in der flippigen Bar mit Terrasse und Restaurant, wo Gemeinschaft groß geschrieben wird. Telefonische Reservierung ist nicht möglich, also einfach auf gut Glück vorbeikommen. Auf jeden Fall ausreichend Insektenschutzmittel mitbringen.

Ao Cho

Fünf Gehminuten von Ao Nuan entfernt liegt der hübsche Sandstrand von Ao Cho, über dem eine riesige Ferienanlage thront.

Lungwang Wonderland Resort (☎ 0 3864 4162; www.samedlungwang.com, in Thai; Zi. 500–3000 B; ❄) Das Gelände ist sehr ungepflegt und die Zimmer mit Klimaanlage überteuert, aber die einfachen Bungalows, die mit fröhlichen Farben und hellen, bunt zusammengewürfelten Flie-

sen ausgestattet sind, sind in Ordnung. Kajaks werden für 200 B pro Stunde vermietet.

Ao Wong Deuan

In der halbkreisförmigen Bucht wird der Abend entspannt angegangen und dann bis spätnachts ordentlich gefeiert. Tagsüber rasen Jetskis und Rennboote lautstark übers Wasser. Fähren (einfache Strecke 70 B) verkehren regelmäßig von und nach Ban Phe, am Wochenende häufiger.

PJ House (☎ 0 3864 4182; Zi. 500 B; ❄) Die kleine Pension neben der Baywatch Bar ist recht einfach, aber für 500 B gibt's ein Zimmer mit Klimaanlage. Der Billardtisch im Untergeschoss ist fest in der Hand der Kids aus der Nachbarschaft.

Blue Sky (☎ 08 1509 0547; Zi. 600–800 B; ❄) Eine der letzten Budgetunterkünfte in Ao Wong Deuan. Die einfachen Bungalows verteilen sich auf einer felsigen Landzunge, das Restaurant serviert leckere Meeresfrüchte.

Vongduern Villa (☎ 0 3864 4260; www.vongduernvilla.com; Zi. 1200–3000 B; ❄) Die entlang des südlichen Endes der Bucht verstreuten Bungalows stehen entweder nahe beim Strand oder, wegen der besseren Aussicht, oben auf den Klippen. In der Beach Front Bar trifft man sich zum feuchtfröhlichen Sundowner. Verliebte Pärchen dürften das dezentere Rock Front Restaurant bevorzugen.

Ao Thian

Der mit Felsvorsprüngen durchsetzte Sandstrand von Ao Thian ist besser unter dem Namen Candlelight Beach bekannt. Um hierher zu kommen, setzt man mit der Fähre nach Ao Wong Deuan über und überquert die Landzunge in Richtung Süden. Von hier aus führt auch ein kurzer, markierter Weg an die Westküste der Insel. Er beginnt bei den Tonhard Bungalows.

Candlelight Beach (☎ 08 1762 9387; Zi. 700–1200 B; ❄) Bungalows aus naturbelassenem Holz, mit Ventilator oder Klimaanlage, direkt am Strand.

Lung Dam Apache (☎ 08 1659 8056; Zi. 800–1200 B; ❄) Die eigenartigen Bungalows scheinen aus Wrackteilen errichtet zu sein. Einige haben eine Veranda und Panoramafenster.

Tonhard Bungalow (☎ 08 1435 8900; Zi. 700–1500 B; ❄) Ruhige, freundliche und recht persönliche Anlage in einem Wäldchen am Sandstrand. Jeder Bungalow ist irgendwie anders. Am südlichen Ende des Candlelight Beach gelegen.

SÜDOSTTHAILAND

Viking Holiday Resort (☎ 0 3864 4353; Zi. ab 2000 B; ✖) Von den großen, luxuriösen Zimmern gibt's leider nur neun, deshalb unbedingt im Voraus buchen.

Ao Wai

Die Südspitze von Ko Samet ist praktisch noch unberührt. Nur wenige Hotels stehen an der kilometerlangen Küste. Die schöne Bucht von Ao Wai ist nur 1 km von Ao Thian entfernt, kann aber auch mit einem in Ban Phe gecharterten Schnellboot (1500 B/2 Pers.) angefahren werden.

Samet Ville Resort (☎ 0 3865 1682; www.samet villeresort.com; Zi. inkl. Frühstück 2000–5300 B; ✖) Äußerst abgeschiedene Anlage unter grünem Blätterdach, bestens geeignet für traute Zweisamkeit. Wem danach nicht zumute ist, tobt sich bei den angebotenen Wassersportaktivitäten aus oder paddelt einen Tag lang mit dem Kajak herum. Bei Sonnenuntergang trifft man sich dann in der Strandbar zum Cocktail bei dezenter Musik. Großes Angebot an verschiedenen Zimmern mit Ventilator oder Klimaanlage in allen Preisklassen.

WEST- & NORDKÜSTE
Ao Prao

Passend zu den fantastischen Sonnenuntergängen an der Westküste entstanden in Ao Prao einige schicke Hotels für die oberen Zehntausend. Im Preis enthalten ist (natürlich) der Transfer mit dem Schnellboot vom Festland.

Lima Coco Resort (☎ 0 2938 1811; www.limacoco.com; Zi. 2600–7000 B; ✖) Zimmer mit weiß getünchten Wänden wirken entweder mediterran oder – langweilig. Diese Zimmer sind auf jeden Fall freundlich und ein bisschen anders als die anderen.

Ao Prao Resort (☎ 0 2437 7849; www.samedresorts. com; Zi. ab 6300 B; ✖ 🖳) Als die Ferienanlage in den 1990er-Jahren eröffnet wurde, war sie die erste Nobelherberge auf Ko Samet und hat sich über die Jahre ganz gut gehalten. Die großzügigen Bungalows mit hohen Decken stehen, weit voneinander entfernt, an einem Hügel, oberhalb des atemberaubenden Strands. Das Restaurant ist hervorragend.

Ao Noi Na

Der Strand von Ao Noi Na, nordwestlich von Na Dan, ist nichts Besonderes, aber von wohltuender Einsamkeit. Ein paar gute Unterkünfte gibt's auch.

Baan Puu Paan (☎ 0 3864 4095; Zi. 700–1200 B; ✖) Ein paar freistehende Hütten oberhalb des Meeres, am Ende des Piers, unter englischer Leitung. Am besten ein dickes Buch mitbringen – und mal richtig abschalten.

Essen & Ausgehen

Zu den meisten Unterkünften gehört ein Restaurant, das sich bei Sonnenuntergang in eine Bar verwandelt. Das Essen haut einen nicht vom Hocker, ist aber o. k. Die üblichen thailändischen und westlichen Gerichte kosten zwischen 80 und 130 B. Die größte Auswahl an Restaurants bieten Hat Sai Kaew, Ao Hin Khok, Ao Phai und Ao Wong Deuan, aber auch die Hotels an den abgelegeneren Stränden sorgen dafür, dass ihre Gäste nicht hungrig ins Bett gehen. Vor allem in Ao Hin Khok und Ao Phai werden an den Abenden Barbecues am Strand angeboten.

Zum abendlichen Trinken locken viele Kneipen mit Münzwurfspielen. Dabei entscheidet Kopf oder Zahl, ob man sein Getränk bezahlen muss oder nicht. Ao Wong Deun ist ein wenig vornehmer, aber wirklich nur ein wenig.

Richtig preiswert und gut sind die Essensstände, die am späten Nachmittag an der Straße von Na Dan nach Hat Sai Kaew aufgebaut werden.

Rabeang Bar (Na Dan; Gerichte 30–100 B; ⏰ morgens, mittags & abends) Das Lokal beim Fährhafen, direkt am Wasser, bietet sich an, um noch etwas zu essen, bevor die nächste Fähre zum Festland ablegt.

Miss You Cafe (Kaffee 40–90 B; ⏰ morgens, mittags & abends; ✖ 🖳) Das Café neben dem Hauptbüro des Nationalparks serviert 13 verschiedene Arten von Kaffee und fast ebensoviele Kuchen und Eissorten. Zum Latte Macchiato gibt's WLAN fürs Laptop.

Jep's Restaurant (☎ 0 3864 4112; Ao Hin Khok; Gerichte 40–150 B; ⏰ morgens, mittags & abends) Auf die Tische, die direkt auf dem Sand stehen, kommen thailändische, indische, mexikanische, japanische und europäische Gerichte. Außerdem gibt's regelmäßig Barbecue am Strand.

Naga Bar (☎ 0 3864 4035; Ao Hin Khok; Gerichte 60–150 B) Riesige Speisekarte mit thailändischen Menüs, sodass man von allem etwas probieren kann. Außerdem gibt's Fleischpasteten, echten Kaffee und ofenfrische Backwaren. Die Bar ist auf der anderen Straßenseite, neben dem *moo·ay tai*-Boxring, in dem sich die Gäste um die nächste Runde schlagen können.

In der **Silver Sand Bar** (☎ 0 6530 2417; Ao Phai; Gerichte 60–180 B; ☾ morgens, mittags & abends) gibt's zusätzlich zur normalen Speisekarte auch frisch gebackene, süße und salzige Crêpes, eine Saftbar und jeden Abend Kino. Ist der Film zu Ende, geht's mit Cocktails aus dem Eimer und Feuerwerk am Strand weiter (oder eher abwärts?). Statt Mitternachtssuppe gibt's dann noch Hamburger.

Baywatch Bar (☎ 08 1826 7834; Ao Wong Deuan; Fleischspieße 190–290 B; ☾ morgens, mittags & abends) Mehrere Podeste zum Relaxen unter Bambusschirmen, Knautschsessel am abendlichen Strand, starke Cocktails und jede Menge fröhliche Menschen.

Tok's Little Bar (☎ 0 3864 4072; Ao Hin Khok) im Strohhüttendesign, in der sich Einheimische als Frauenhelden aufspielen und mit Trinkspielen amüsieren, gilt nicht gerade als anspruchsvolle Cocktailbar. Hier gibt's auch etwas zu essen (60–150 B).

An- & Weiterreise

Fähren nach Ko Samet (einfache Strecke/hin & zurück 50/100 B, 40 Min.) verkehren stündlich zwischen 7 und 17 Uhr. In Ban Phe legen sie am Saphan Nuan Tip Pier, gegenüber dem 7-Eleven-Laden ab, wo sich auch die Haltestelle für Busse und Songthaeos befindet. Fahrkarten sind bei der kleinen **Touristeninformation** (☎ 0 3889 6155; ☾ 7–17 Uhr), direkt auf dem Pier, erhältlich. Ebenfalls stündlich, von 7 bis 17 Uhr, fahren die Fähren von Na Dan nach Ban Phe zurück. Fahrkarten gibt's am Fähranleger in Na Dan. Touristen wird manchmal erzählt, sie könnten nur Hin- und Rückfahrkarten kaufen, aber das stimmt nicht.

Zweimal täglich, um 9 und 12 Uhr, verkehrt auch eine Fähre von Ban Phe nach Ao Wong Deuan (einfache Strecke/hin & zurück 70/110 B, 1 Std.). Zurück geht's um 8.30 und 12 Uhr. In der Hauptsaison fahren die Boote auch andere Buchten an – sofern sich genug Interessenten finden. Oder man chartert ein Schnellboot und lässt sich direkt zum gewünschten Strand schippern. Die Schnellboote sind zwar recht teuer (1200 B nach Na Dan bzw. 1600 B nach Ao Wai), da jedoch bis zu 10 Personen mitfahren können, lohnt es sich, sich zu Gruppen zusammenzuschließen.

Fahrkarten sind am Kassenhäuschen erhältlich und sollten nicht bei den Schleppern gekauft werden, die rund um den Fährhafen herumlungern und versuchen, den Touristen Bootsfahrkarten zu überhöhten Preisen anzudrehen und teure Unterkünfte zu buchen. Solche Betrügereien sind eine bekanntes Ärgernis in Ban Phe (s. S. 265).

Wer Ko Samet möglichst schnell verlassen will, chartert ein Schnellboot, und zwar entweder im Hotel oder bei **Jimmy's Tours** (☎ 08 9832 1627). Ein Boot ab Na Dan kostet ab 1200 B.

Unterwegs vor Ort

Ko Samet ist klein und lässt sich hervorragend zu Fuß erkunden. Ein Netz von unbefestigten Straßen verbindet den einzigen Strand an der Westküste mit den meisten Buchten im Süden, die alle auf Fußwegen über Felsblöcke und Landzungen zu erreichen sind.

Von Na Dan nach Hat Sai Kaew sind es nur 15 Gehminuten. Wer aber mit Gepäck unterwegs ist oder weiter in den Süden will, sollte mit einem der grasgrünen Songthaeos fahren, die die ankommenden Fähren am Anleger abpassen und ihre Passagiere zu jedem Ort der Insel bringen. Eine Tafel mit den Fahrpreisen ab Na Dan hängt an einem Baum, vor dem Hafen von Na Dan. Allerdings hält sich kaum jemand daran. Eine Fahrt sollte nicht mehr als 20–50 B kosten. Finden die Fahrer nicht genügend Passagiere für eine Fahrt, fahren sie entweder nicht los oder verlangen von den Fahrgästen, das ganze Vehikel für 200–500 B zu chartern. Songthaeos stehen auch am Silver Sand Resort und hinter dem Strand von Ao Wong Deuan.

In der Nordhälfte der Insel werden fast überall Motorräder vermietet. Die Preise liegen bei 300 B pro Tag bzw. 100 B pro Stunde. Die unbefestigten Straßen sind holperig und ziemlich bergig, sodass man fast lieber zu Fuß geht. Vor der endgültigen Entscheidung auf jeden Fall die Bremsen testen.

PROVINZ CHANTHABURI

CHANTHABURI

จันทบุรี

86 400 Ew.

Die „Stadt des Mondes" beweist, dass nicht alles Gold ist, was glänzt. Hier funkeln Edelsteine, und wenn die Händler es richtig anstellen, machen sie gute Gewinne. Käufer aus ganz Südostasien kommen hierher, um Saphire und Rubine zu erwerben, und von

Freitag bis Sonntag ist die Stadt hektisch und international. An den anderen Tagen verschnauft Chanthaburi, und die facettenreiche Geschichte der Stadt mit den französischen, chinesischen und vietnamesischen Einflüssen findet einen Nachhall in den ruhigen Straßen am Fluss – als beruhigender Gegenpol zum Geschiebe und Gedränge ihrer kaufmännischen Seite.

Geschichte

Die vietnamesische Gemeinde der Stadt entstand im 19. Jh., als christliche Flüchtlinge hier ankamen, um der religiösen und politischen Verfolgung im damaligen Cochinchina (südliches Vietnam) zu entkommen. Eine zweite Welle folgte dann in den 1920er- und 1940er-Jahren, infolge der Flucht vor der französischen Herrschaft und eine dritte kam schließlich nach 1975, als die Kommunisten Südvietnam übernahmen.

Zwischen 1893 und 1905 besetzten die Franzosen Chanthaburi, während sie mit den Siamesen über die Grenzen von Laos und Kambodscha verhandelten. Auch sie hinterließen ihre Spuren in der Stadt.

Orientierung

Die Th Si Chan oder Gems Road („Edelsteinstraße"), die parallel zum Fluss verläuft, bildet das Geschäftszentrum von Chanthaburi. Hier sind die berühmten Edelsteinläden. Busbahnhof und King Taksin Park befinden sich 800 m weiter westlich.

Praktische Informationen

Banken mit Wechselstuben und Geldautomaten gibt's überall in der Stadt.

Bank of Ayudhya (Th Khwang)

Chanthaburi Bangkok Hospital (☎ 0 3935 1467; Th Tha Luang; ☒ 6–21 Uhr) für Notfälle. Das Krankenhaus gehört zur Bangkok Hospital Group.

Om.com (134 Th Si Chan; 10 B/Std.; ☒ 9–22 Uhr) Vermutlich der günstigste Internetzugang in ganz Thailand.

Sehenswertes & Aktivitäten

Die größte lebende Sehenswürdigkeit von Chanthaburi sind die Edelsteinhändler, die in den **Edelsteinläden** der Th Si Chan und der Th Thetsaban 4 die kostbaren Steine durch ihre Lupen betrachten. Den ganzen Freitag und Samstag sowie sonntagmorgens hallen die Straßen wider vom Gefeilsche und Gezeter

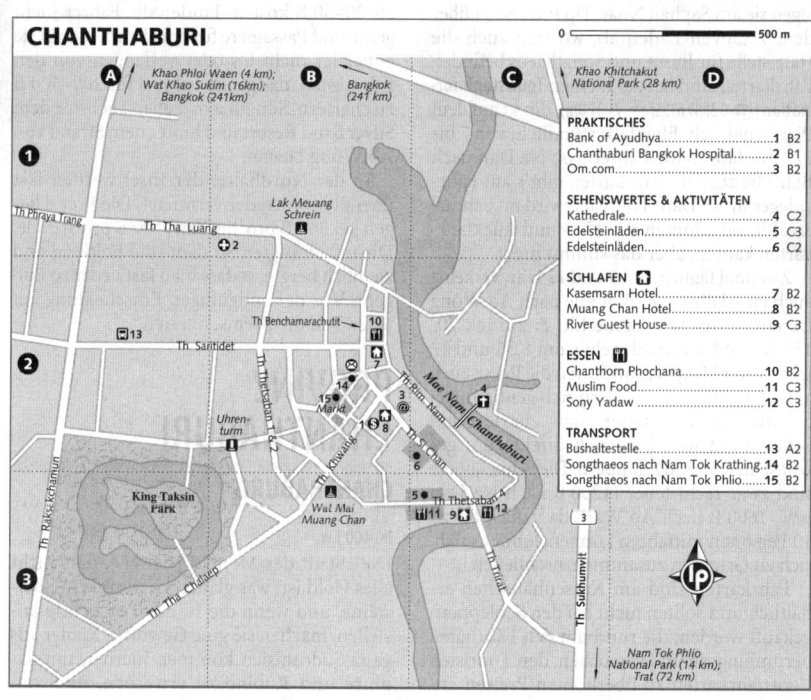

CHANTHABURI

0   500 m

Khao Phloi Waen (4 km);
Wat Khao Sukim (16km);
Bangkok (241km)

Bangkok (241 km)

Khao Khitchakut
National Park (28 km)

Th Phraya Trang

Lak Meuang
Schrein

Th Tha Luang

Th Benchamarachutit

Th Santidet

Th Ratchanidut

Th Thetsaban 2 & 3

Uhren-
turm

Markt

Th Khwang

Mae Nam Chanthaburi

Th Si Chan

King Taksin
Park

Wat Mai
Muang Chan

Th Thetsaban 4

Th Trat

Th Sukhumvit

Th Tha Chalaep

Nam Tok Phlio
National Park (14 km);
Trat (72 km)

PRAKTISCHES	
Bank of Ayudhya	1 B2
Chanthaburi Bangkok Hospital	2 B1
Om.com	3 B2

SEHENSWERTES & AKTIVITÄTEN	
Kathedrale	4 C2
Edelsteinläden	5 C3
Edelsteinläden	6 C2

SCHLAFEN	
Kasemsarn Hotel	7 B2
Muang Chan Hotel	8 B2
River Guest House	9 C3

ESSEN	
Chanthorn Phochana	10 B2
Muslim Food	11 B2
Sony Yadaw	12 C3

TRANSPORT	
Bushaltestelle	13 A2
Songthaeos nach Nam Tok Krathing	14 B2
Songthaeos nach Nam Tok Phlio	15 B2

der Käufer und Verkäufer. Touristen wird überall das „Geschäft ihres Lebens" angeboten, doch wer sich nicht wirklich auskennt, sollte dann schleunigst weitergehen – hier sollte man nur beobachten. Die großen Geschäfte werden von den Fachleuten gemacht, den Amateuren werden vermutlich nur völlig wertlose Steine angedreht. Das Geld gibt man besser bei einem der Essensstände aus, die rund um das geschäftige Treiben ihre Waren feilbieten – und ihre Kunden garantiert zufriedenstellen. Wer unbedingt etwas kaufen möchte, geht besser in einen der klimatisierten Edelsteinläden; die sind zwar teurer, aber auch etwas vertrauenswürdiger.

Die Vietnamesen und Franzosen haben Chanthaburi ihren unauslöschlichen Stempel aufgedrückt. Knarzende **Shophouses** entlang des Flusses an der Th Rim Nam und herausgeputzte **chinesische Tempel** prägen die Stadt. Die **Kathedrale** (☺ bei Tageslicht) im französischen Stil, über eine Fußgängerbrücke von der Th Rim Nam aus zu erreichen, ist das architektonische Highlight. Hier wurde 1711 eine kleine Missionskapelle errichtet, doch nach vier Umbauten zwischen 1712 und 1906 (die letzte durch die Franzosen) ist dies heute das größte Gebäude seiner Art in Thailand.

Der **King Taksin Park** (☺ 24 Std.) ist die Hauptoase der Stadt und voller picknickender Familien. Nach manchem Gesichtsausdruck zu urteilen, müssen auch Leute darunter sein, die auf dem Edelsteinmarkt Geld verloren haben. Ein angenehmer Ort für einen ruhigen, bedächtigen Spaziergang.

4 km nördlich der Stadt liegt an der Rte 3249 der **Khao Phloi Waen** (Ring-Saphir-Berg; Eintritt frei; ☺ bei Tageslicht), der nur 150 m hoch ist, aber einen sri-lankischen *chedi* trägt, der unter Rama IV. gebaut wurde. Die Tunnel in der Hügelflanke sind ehemalige Schächte der Edelsteinmine.

Der **Wat Khao Sukim** (☺ bei Tageslicht) dient zugleich als Meditationszentrum und liegt 16 km nördlich von Chanthaburi an der Rte 3322. Das **Museum** (Spenden erwünscht) auf dem Gelände des Wat zeigt Wertgegenstände, die dem Tempel gespendet wurden, darunter Jadeschnitzereien, Keramiken und antike Möbel, aber auch Harzfiguren einiger der meistverehrten Mönche Thailands.

Festivals & Events

Anfang Dezember findet jedes Jahr ein **Edelsteinfestival** statt, zu dem es in Chanthaburi sehr voll wird. Zu den Highlights des Festivals gehören Edelsteinschauen und ein Wettbewerb in Edelsteindesign. In der ersten Juniwoche bietet das jährlich stattfindende **Obstfestival** von Chanthaburi eine gute Gelegenheit, um die hervorragenden Erzeugnisse der Region zu probieren, vor allem Rambutan-, Mangostan- und geruchsintensive Durianfrüchte.

Schlafen

Die Unterkünfte in Chanthaburi können oft ausgebucht sein, vor allem von Freitag bis Sonntag, wenn die Edelsteinhändler in der Stadt sind. Deshalb sollte man möglichst im Voraus buchen.

River Guest House (☎ 0 3932 8211; 3/5–8 Th Si Chan; Zi. inkl. Frühstück 150–350 B; 🐾 🖳) Die freundliche Pension mit sauberen, in sanftem Taupe und Beige gestrichenen Zimmern und einem gemütlichen Aufenthaltsbereich direkt am Fluss ist ein echtes Juwel. Zwar ist der Verkehrslärm von der Schnellstraße etwas zu hören, er wird aber von der Klimaanlage übertönt. Die preiswertesten Zimmer haben Gemeinschaftsbäder.

Muang Chan Hotel (☎ 0 3932 1073; Fax 0 3932 7244; 257–259 Th Si Chan; Zi. 250–600 B; 🐾) Ein bisschen heruntergekommen – die schreiend grünen Wände könnten mal wieder gestrichen werden – , aber superfreundlich. Ganz o. k., wenn das River Guest House voll ist.

Kasemsarn Hotel (☎ 0 3931 1100; kasemsarnhotel@ yahoo.com; Th Benchamarachutit 98/1; Zi. 1300–1500 B; 🐾) Entlang der außenliegenden Korridore ranken sich Grünpflanzen, das Personal ist sehr aufmerksam, die Zimmer sind groß, und bei Preisnachlässen von bis zu 45 % unter der Woche ist das Hotel eine ziemlich günstige Option.

Essen

Die berühmten Nudeln von Chanthaburi (*gŏo·ay dĕe·o sên jan*) probiert man am besten im chinesisch-vietnamesischen Teil der Stadt, der sich entlang des Mae Nam Chanthaburi erstreckt. Das einfache Reisnudelthema wird hier köstlich variiert, beispielsweise zu gebratenen Nudeln mit Krabben. Die Früchte aus dieser Gegend sind in ganz Thailand berühmt. Frühmorgens auf dem Markt ist die Auswahl am besten.

Muslim Food (☎ 08 1353 5174; 19/5 Th Thetsaban 4; Gerichte 25–50 B; ☺ 9.30–21 Uhr) Ob Paratha-Brot, Biryani, Curries oder indischer Tee, in dem

winzigen Lokal schmeckt wirklich alles ausgezeichnet.

Sony Yadaw (Th Si Chan; Gerichte 30–100 B; ☽ morgens, mittags & abends) Für die vielen Edelsteinhändler aus Indien und Sri Lanka, die ihre Geschäfte in Chanthaburi tätigen, ist dieses kleine vegetarische Restaurant ihre zweite Heimat. Der freundliche indische Inhaber hält aber auch Heineken-Bier bereit, für alle, die nicht ganz so gesund und tugendhaft leben wollen.

Chanthorn Phochana (☎ 0 3931 2339; 102/5–8 Th Benchamarachutit; Gerichte 30–120 B; ☽ morgens, mittags & abends) Zu dem wunderbaren Angebot an thailändischen und chinesischen Gerichten gehören auch Spezialitäten wie gebratene Papaya und Mangostanwein aus der Region. Lecker sind auch die vietnamesischen Frühlingsrollen und klein geschnittenen Durianfrüchte aus der Region, die besser schmecken als man denkt und, in der Tüte mitgenommen, einen tollen Snack für unterwegs abgeben.

An- & Weiterreise

Zwischen 4.30 und 23.30 Uhr verkehren die Busse im 30-Minuten-Takt zwischen Chanthaburi und dem Busbahnhof Ost (Ekamai) in Bangkok (200 B, 4½ Std.). Vom Busbahnhof Nord (Mo Chit) in Bangkok fahren die Busse regelmäßig von 6 bis 20.45 Uhr. Von Chanthaburi aus fahren auch Busse nach Rayong (80 B, 2½ Std., 5-mal tgl.) und Trat (55–70 B, 1½ Std., stündl.). Wer nach Ko Chang möchte, kann mit dem Bus bis nach Laem Ngop fahren.

Oder man steigt in einen der Busse, die nach Norden bis Sa Kaew und weiter nach Osten bis Aranya Prathet, an der Grenze nach Kambodscha, fahren (150 B, 4½ Std.). Die Busverbindungen von Sa Kaew in Richtung Osten sind recht gut. Nach dem Grenzübergang nimmt man in Poipet auf der kambodschanischen Seite ein Sammeltaxi und fährt dann bis nach Siem Reap (in der Nähe von Angkor Wat).

NATIONALPARKS IN DER NÄHE VON CHANTHABURI

In der Nähe von Chanthaburi gibt's zwei kleine Nationalparks, die sich hervorragend für einen Tagesausflug eignen. Da in beiden Malariagefahr besteht, sind die üblichen Vorsichtsmaßnahmen zu treffen.

Der **Khao Khitchakut National Park** (☎ 0 3945 2074; reserve@dnp.go.th; Eintritt 400 B; ☽ 8.30–16.30 Uhr), 28 km nordöstlich der Stadt, an der Rte 3249 gelegen, ist mit 59 km² einer der kleinsten Nationalparks in Thailand. Er grenzt jedoch an das Khao Soi Dao Wildlife Sanctuary, das seinerseits an ein weiteres Schutzgebiet angrenzt, und soll große Herden wilder Elefanten beheimaten.

Hauptattraktion des Khao Khitchakut National Park aber sind die Wasserfälle von **Nam Tok Krathing**. Die dreizehn Stufen, über die das Wasser einen hohen Berg hinabstürzt, sind von der Straße aus zu sehen. Ein Wanderweg führt entlang der durchnummerierten Stufen den Berg hinauf – vorbei an türkisblauen Badebecken, von denen sich Nummer 1, 7 und 8 am besten zum Baden eignen. Ab Stufe Nummer 9 wird der Weg sehr steil.

An **Unterkünften** (☎ 0 2562 0760; reserve@dnp.go.th) bietet der Park einen grasbewachsenen Campingplatz an einem See (50 B/Pers.) oder Bungalows für zwei Personen (600 B/Haus). Beides kann telefonisch oder online gebucht werden.

Den Khao Khitchakut National Park erreicht man mit Songthaeos, die neben dem Postamt, an der Nordseite des Markts von Chanthaburi stehen (35 B, 45 Min.). Die Songthaeos fahren auf der Rte 3249 bis 1 km vor die Hauptverwaltung des Parks. Von dort aus müssen die Besucher zu Fuß weitergehen. Auf ein Songthaeo für die Rückfahrt wartet man schon mal bis zu einer Stunde lang.

Der **Nam Tok Phlio National Park** (☎ 0 3943 4528; reserve@dnp.go.th; Eintritt 400 B; ☽ 8.30–16.30 Uhr) am Hwy 3, 14 km südöstlich von Chanthaburi, ist wesentlich beliebter, wie auch die vielen Essensstände an der Straße zum Parkeingang beweisen. Ein angenehmer, 1 km langer Naturlehrpfad führt rund um die eher kleinen Wasserfälle. Ebenfalls zu sehen sind der moosbedeckte Stupa des Phra Nang Ruar Lom (um 1876) und der Along Khon *chedi* (um 1881).

Übernachten kann man auf einem Campingplatz (Stellplatz 10 B zzgl. 50 B/Pers.) oder in einem Bungalow für sechs Personen (1800 B/Haus). Buchungen per Internet oder telefonisch bei der **Parkreservierung** (☎ 0 2562 0760; www.dnp.go.th).

Songthaeo zum Park fahren an der Nordseite des Marktes von Chanthaburi ab (30 B, 30Min.). Die Passagiere werden in 1 km Entfernung vom Parkeingang abgesetzt.

Eine Fahrt mit dem Motorradtaxi innerhalb der Stadt kostet 20–30 B. Direkt am Markt ist die Haltestelle der Songthaeos, die die verschiedensten Ziele, einschließlich der Nationalparks (s. S. 276), ansteuern.

PROVINZ TRAT

In der Provinz Trat ist der Edelsteinhandel die bevorzugte Methode, Reis auf den Tisch zu bringen – es überrascht also nicht, dass es vor *dà·làht ploy* (Edelsteinmärkte) wimmelt. Eine Nebenwirkung des Edelsteinschürfens war die Zerstörung weiter Landstriche: Der Mutterboden wurde entfernt, und viele Hektar rot-orangefarbenen Schlamms blieben zurück.

Es gibt dennoch viel zu bestaunen. Bevor es an die Strände des rauen Ko Chang oder seiner lieblicheren Inselnachbarn geht, sollte man in die Stimmung des traditionellen Trat am Fluss eintauchen. Wer es nicht eilig hat, ostwärts nach Kambodscha zu reisen, kann sich an den weitläufigen Stränden entspannen, die träge die Küste bis zur Grenze säumen. Hat Sai Si Ngoen, Hat Sai Kaew, Hat Thap Thim und Hat Ban Cheun sind einen Seitenblick wert.

TRAT

ตราด

20 100 Ew.

Zu viele Reisende sehen von Trat nur den niegelnagelneuen Busbahnhof, bevor sie sich in ein Songthaeo zur Ko-Chang-Fähre oder in einen Minibus Richtung Osten zur kambodschanischen Grenze bei Hat Lek schubsen lassen.

Wer aber wenigstens eine Nacht bleibt, den packt die relaxte Atmosphäre der Stadt. An verschlungenen Fußwegen stehen jahrhundertealte Teakhäuser mit Pensionen und Restaurants, die Reisende freundlich aufnehmen, und man verbringt mehr Zeit als geplant auf den geschäftigen Märkten.

Wenn man nach Ko Chang unterwegs ist, sollte man die Schlepper am Busbahnhof ignorieren, die zur Eile drängen, weil angeblich gerade die letzte Fähre auf die Insel ablege. Wer drauf reinfällt, sollte mit inflationären Songthaeo-Preisen vom Pier in Ko Chang rechnen. Da die Pensionen in Trat so günstig sind, sollte man besser noch eine Nacht bleiben (den Nachtmarkt nicht verpassen!) und am nächsten Morgen weiterreisen.

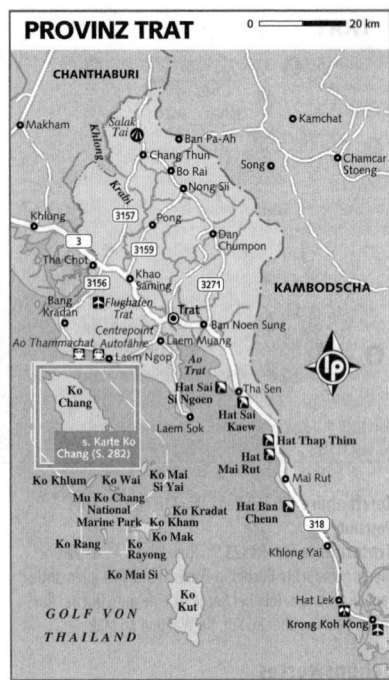

PROVINZ TRAT

0 ■■■■ 20 km

Orientierung & Praktische Informationen

Der neue Busbahnhof von Trat liegt ungefähr 1,5 km nördlich des Stadtzentrums. Die Fahrt mit dem Songthaeo oder einem Motorradtaxi zu einer der üblichen Pensionen kostet 30–40 B.

Die quer durch die Stadt verlaufende Th Sukhumvit wird oft auch als Th Ratanuson bezeichnet.

Das **Bangkok Trat Hospital** (☎ 0 3953 2735; Th Sukhumvit; ☽ 24 Std.) bietet die beste medizinische Versorgung in der Region. Es befindet sich 400 m nördlich des Zentrums.

Koh Chang TT Travel (☎ 0 3953 1420; 109 Th Sukhumvit; ☽ 8–17 Uhr)

Die **Krung Thai Bank** (Th Sukhumvit) hat einen Geldautomaten und tauscht Geld um.

Polizei (☎ 1155; Ecke Th Santisuk & Th Wiwatthana) Nur einen kurzen Fußmarsch vom Stadtzentrum von Trat entfernt.

Post (Th Tha Reua Jang) Östlich des Geschäftszentrums von Trat.

Sawadee@Cafe Net (☎ 0 3952 0075; Th Lak Meuang; 1 B/Min.; ☽ 10–22 Uhr) Hier kann man im Internet surfen und mit Skype telefonieren.

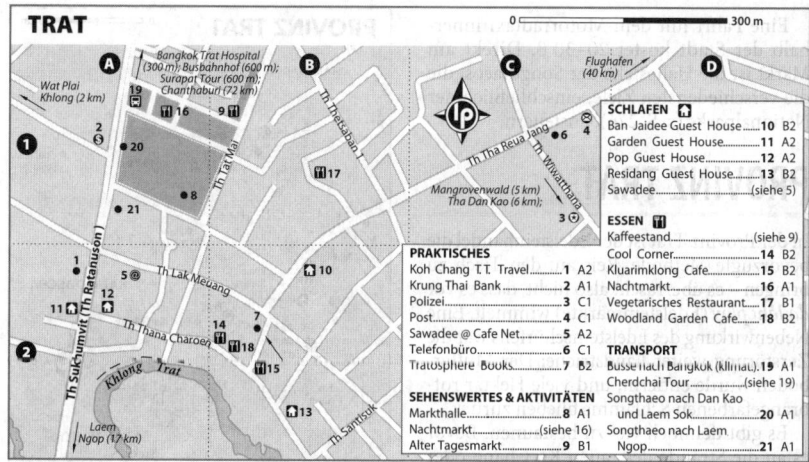

TRAT

0 |———————| 300 m

SCHLAFEN
Ban Jaidee Guest House........10 B2
Garden Guest House............11 A2
Pop Guest House................12 A2
Residang Guest House..........13 B2
Sawadee..........................(siehe 5)

ESSEN
Kaffeestand.......................(siehe 9)
Cool Corner.......................14 B2
Kluarimklong Cafe................15 B2
Nachtmarkt........................16 A1
Vegetarisches Restaurant......17 B1
Woodland Garden Cafe.........18 B2

PRAKTISCHES
Koh Chang T.T. Travel............1 A2
Krung Thai Bank...................2 A1
Polizei...............................3 C1
Post.................................4 C1
Sawadee @ Cafe Net.............5 A2
Telefonbüro.........................6 C1
Tratosphere Books.................7 B2

TRANSPORT
Busse nach Bangkok (klimat.)..19 A1
Cherdchai Tour...................(siehe 19)
Songthaeo nach Dan Kao
und Laem Sok..................20 A1
Songthaeo nach Laem
Ngop............................21 A1

SEHENSWERTES & AKTIVITÄTEN
Markthalle..........................8 A1
Nachtmarkt.......................(siehe 16)
Alter Tagesmarkt...................9 B1

Telefonbüro (Th Tha Reua Jang) In der Nähe des
Postamtes.

Tratosphere Books (23 Soi Rimklong; 8–22 Uhr)
bietet gebrauchte Bücher in Englisch und fast allen anderen Sprachen an. Inhaber Serge ist eine gute Quelle für
Informationen über Ko Kut, Ko Wai und Ko Mak.

Sehenswertes

Im ruhigen **Wat Plai Khlong** (Wat Bupharam; 9–17
Uhr) kann man sich (unter der Woche) vom
lauten Treiben im Zentrum von Trat erholen.
Die große Halle (*wíhaan*), der Glockenturm,
die Wohnungen der Mönche (*gù·dì*) und
weitere Holzbauten stammen aus der späten
Ayuthaya-Zeit. Die heiligen Relikte und
Buddha-Darstellungen, mit denen der *wíhaan*
geschmückt ist, stammen noch aus der eigentlichen Ayuthaya-Zeit oder noch älter. Der
Wat ist 2 km westlich des Stadtzentrums.

Trat scheint nur aus Märkten zu bestehen.
Die Markthalle unter dem städtischen Einkaufszentrum unweit der Th Sukhumvit, der
alte Markt in der Nähe der Th Tat Mai und
der Tagesmarkt daneben sind alle einen Besuch wert. Letzterer verwandelt sich am
Abend zu einem ausgezeichneten Nachtmarkt.

Die Stadt ist auch bekannt für *nám·man
lĕu·ang*, ein mit Kräutern versetztes „gelbes
Öl", das von Arthritis bis Magenproblemen
angeblich alles heilen kann. Hergestellt wird
das Wunderöl von der ortsansässigen Mae
Ang-Ki (Somthawin Pasananon) nach einem
geheimen Apothekerrezept, das in ihrer chi-
nesisch-thailändischen Familie von Genera-

tion zu Generation weitergegeben wird. Es
heißt, wer die Stadt ohne ein paar Flaschen
nám·man lĕu·ang im Gepäck verlässt, der war
nicht wirklich in Trat. Am besten gleich ein
paar Tropfen auf die Handflächen geben, gut
verreiben und kräftig einatmen. Es hilft auch
gegen alle möglichen Wehwehchen sowie
gegen Insektenstiche und Pickel. Verkauft
wird es in den Apotheken der Stadt sowie bei
Tratosphere Books (s. linke Spalte).

Am südlichen Ende der Altstadt führt ein
Spazierweg direkt am Fluss entlang, der zwar
einen schönen Einblick in das Leben am Fluss
gewährt, aber leider nur eine hässliche Beton-
piste ist.

Ein wesentlich schönerer Fußweg schlängelt sich, 5 km außerhalb der Stadt, in Richtung Tha Dan Kao, durch einen **Mangrovenwald**. Bei Sonnenuntergang beginnt die Show
der Glühwürmchen.

In entgegengesetzter Richtung, hinter dem
Wat Plai Khlong, befindet sich ein kleiner **See**.
Auch wenn der See selbst nicht so toll ist,
kann man, vielleicht von einem der Restaurants aus, den Sonnenuntergang beobachten
oder eine schöne Runde mit dem Fahrrad drehen. Infos zum Fahrradverleih gibt's in den
Pensionen oder im Restaurant Cool Corner
(S. 279).

Schlafen

In den alten Holzhäusern an und in der Nähe
der Th Thana Charoen sind viele preiswerte
Hotels untergebracht. Teure Unterkünfte sind
in Trat kaum zu finden. Der Wettbewerb

unter den Pensionsbesitzern in der Stadt wird immer härter, wie das Gedränge am Busbahnhof beweist. Dort wurden den Touristen schon Zimmer mit Klimaanlage angeboten, von denen sie dann vor Ort feststellen mussten, das es diese gar nicht gab. Da man sie dann aber schon zu der Pension gebracht hatte, mussten sie wohl oder übel die preiswertere, minderwertigere Unterkunft akzeptieren. Um nicht auf so etwas hereinzufallen, bittet man die Schlepper, in der Pension anzurufen, und versucht dann, mit dem Empfangspersonal zu klären, ob die angebotene Zimmerkategorie tatsächlich verfügbar ist.

Garden Guest House (☎ 0 3952 1018; 87/1 Th Sukhumvit; Zi. 120 B) Die jungen thailändischen Muskelmänner, die vor dem Haus Gewichte stemmen, wirken ziemlich abschreckend, aber die Zimmer gehen nach hinten hinaus, sind ruhig und garantiert frei von Anabolika. Von den acht Zimmern hat nur eines ein eigenes Bad (200 B). Die Pension befindet sich in der Th Sukhumvit, gegenüber der Altstadt.

Ban Jaidee Guest House (☎ 0 3952 0678; 6 Th Chaimongkol; Zi. 150–200 B) Die entspannte Pension hat einfache Zimmer mit Gemeinschaftsbädern. Das ganze, typisch thailändische Haus ist voller Gemälde und Holzskulpturen, die einer der künstlerisch tätigen Besitzer angefertigt hat. Da die Unterkunft sehr beliebt ist, muss man unbedingt im Voraus buchen.

Residang Guest House (☎ 0 3953 0103; www.trat -guesthouse.com; 87/1–2 Th Thana Charoen; Zi. 260–500 B; ⊠) Große Betten mit guten Matratzen und schöne Badezimmer mit Warmwasser – was will man mehr? Die Zimmer mit Ventilator sind recht frisch und haben Balkon, teilweise mit Blick auf den Fluss.

Ebenfalls zu empfehlen:

Sawadee (☎ 0 3951 2392; sawadee_trat@yahoo.com; 90 Th Lak Meuang; Zi. 100–300 B) Einfache, aber blitzsaubere Zimmer mit Ventilator und Gemeinschaftsbad.

Pop Guest House (☎ 0 3951 1152; popson1958@hotmail.com; 1/1 Th Thana Charoen; Zi. 100–500 B; ⊠ ▯) Die Zimmer der Pension verteilen sich über das ganze Stadtviertel. Mittlerweile müsste auch ein neues Haus am Fluss, einige Kilometer außerhalb der Stadt, fertig sein. Die Inhaber sind sehr freundlich – manchmal aber auch zu freundlich: Lonely Planet Leser berichteten, dass sie und die ortsansässigen Schlepper am Busbahnhof die Touristen massiv bedrängten.

Essen & Ausgehen

Dank der vielen Märkte in Trat ist man nie mehr als ein paar Meter von etwas Essbarem

entfernt. Im Food Court der Markthalle unter dem Einkaufszentrum gibt's von morgens bis abends preiswerte Nudel- und Reisgerichte. Günstig frühstücken kann man an dem nostalgischen Kaffeestand im alten Markt in der Th Tat Mai.

Der Nachtmarkt, der sich selbstbewusst als Food Safety Street anpreist, ist die beste Adresse für preiswertes Essen. Vom ersten Morgengrauen an serviert ein namenloses **vegetarisches Restaurant** (Gerichte 20 B; ☿ 6–11 Uhr), östlich des Nachtmarktes, leckeres vegetarisches Essen zu Dumpingpreisen. Dafür schließt es meistens schon vor 12 Uhr wieder – wenn das Essen alle ist.

Cool Corner (☎ 08 4159 2030; 49–51 Th Thana Charoen; Gerichte 50–150 B; ☿ morgens, mittags & abends) Seit das ursprüngliche Eckhaus 2008 abbrannte, spiegelt der Name falsche Tatsachen vor, aber die hippe Besitzerin und Künstlerin (s. Kasten S. 280) sorgt weiter für tolle Stimmung, klasse Musik und superleckere Mango-Lassies.

Kluarimklong Cafe (☎ 0 3952 4919; Soi Rimklong; Gerichte 70–90 B; ☿ morgens, mittags & abends; ⊠) Überzeugende Kombination aus köstlicher Thai-Küche und modernem Ambiente. Angesichts der schicken Einrichtung sind die Gerichte überraschend günstig.

Ebenfalls zu empfehlen:

Woodland Garden Cafe (53 Th Thana Charoen; ☿ 18–24 Uhr) Erste Adresse für gute Cocktails und kühles Bier. Der Inhaber hat das Lokal vor kurzem neu gestaltet und müsste nun auch französische Küche anbieten.

An- & Weiterreise

BUS

Die Busse von **Cherdchai Tour** (☎ 0 3951 1062; Th Sukhumvit; ☿ 6–23.30 Uhr) fahren stündlich vom Busbahnhof in Trat zu den Busbahnhöfen Ost (Ekamai) und Nord (Mo Chit) in Bangkok. Sie sind jeweils 5½ Std. unterwegs, eine Fahrt kostet 223–260 B. Ebenso oft fahren Busse von Bangkok nach Trat. Für die Heimreise ist es gut zu wissen, dass die meisten Busse mit Fahrtziel Mo Chit auch am Flughafen Suvarnabhumi außerhalb Bangkoks halten. So spart man sich die Fahrt bis nach Bangkok. Am Busbahnhof bietet ein weiteres Unternehmen, **Suparat Tour** (☎ 0 3951 1481), ebenfalls Busverbindungen nach Ekamai und Mo Chit an. Hier kostet eine Fahrt 257–266 B. Die klimatisierten Busse von Cherdchai und Suparat Tours halten jeweils auch in Chanthaburi (55–70 B, 1¼ Std.). Nur 200 B kostet die Reise mit den normalen Bussen der staatlichen

Transportgesellschaft, die ebenfalls stündlich von und zum Busbahnhof Ost in Bangkok fahren.

Alle 45 Minuten starten am Busbahnhof Minibusse, die direkt von Trat nach Hat Lek (120 B, 1 Std.) fahren. Natürlich fahren auch Songthaeos (50 B) vom Busbahnhof nach Hat Lek, aber erst, wenn genug Leute auf den Bänken der Ladefläche sitzen.

Songthaeos nach Laem Ngop und zum Centrepoint Pier (40–60 B) fahren in Trat am Busbahnhof und an einem Stand vor der Apotheke in der Th Sukhumvit ab (nicht zu verwechseln mit den Fahrzeugen, die vor einem Häuserblock weiter nördlich, neben dem Markt, stehen und die man komplett chartern muss). Tagsüber verkehren sie regelmäßig, nach Einbruch der Dunkelheit muss für das ganze Fahrzeug bezahlt werden (250–300 B).

FLUGZEUG

Bangkok Airways (☎ Flughafen Trat 0 3952 5767, Bangkok 0 2265 5555; www.bangkokair.com) fliegt dreimal täglich von und nach Trat und Bangkok (einfache Strecke/hin & zurück 2575/5150 B). Der Flughafen von Trat liegt 40 km außerhalb der Stadt. Minibusse und Taxis richten sich nach den Flugzeiten. In der Hochsaison unbedingt im Voraus buchen.

Unterwegs vor Ort

Eine Fahrt mit dem Motorradtaxi innerhalb der Stadt kostet 20 B.

RUND UM TRAT
Laem Ngop

แหลมงอบ

Laem Ngop ist das Sprungbrett auf die Insel Ko Chang (s. S. 281). Ein Informationsbüro von **TAT** (☎ 0 3959 7259; tattrat@tatr.or.th; 100 Mu 1, Th Trat-Laem Ngop; ☻ 8.30–16.30 Uhr) befindet sich direkt neben dem Fähranleger. Weiter nördlich, an der Straße nach Trat, hat die **Einreisebehörde** (☎ 0 3959 7261; Th Trat-Laem Ngop; ☻ Mo–Fr 8.30–12 & 13–16.30 Uhr) ihren Sitz. Sie ist für die Verlängerung von Visa zuständig.

Zwischen den beiden Büros hat die **Kasikornbank** (Th Trat-Laem Ngop) eine Wechselstube.

Infos zur Anreise nach Laem Ngop s. linke Spalte.

SCHLAFEN & ESSEN

Eigentlich gibt's keinen Grund, in Laem Ngop zu verweilen. Den ganzen Tag über fahren Boote nach Ko Chang, und Trat ist nur 20 km entfernt. Wer doch bleiben muss, kann im **Laem Ngop Inn** (☎ 0 3959 7044; EZ/DZ 300/600 B; ☒) in einem der einfachen Zimmer mit Ventilator oder Klimaanlage übernachten. Pension an der Straße nach Trat sind es fünf bis sieben Gehminuten.

In den Restaurants am Pier in Laem Ngop isst man Meeresfrüchte mit Blick aufs Meer und die Inseln.

Strände

Der schmale Streifen Land der Provinz Trat, der sich im Südosten entlang der kambod-

---

MORN LAPKEON

Die Autorin, Künstlerin, Weltenbummlerin und Café-Besitzerin Samorm „Morn" Lapkeon bringt etwas von der Weltstadt Bangkok in das kleine Trat. Sie hat eine Vorliebe für farbenfrohe Stirnbänder und viel zu große Shorts. Wenn sie dann noch mit ihrem silberfarbenen Klappfahrrad unterwegs ist, sieht sie wesentlich jünger als 37 aus. Dass sie das Café Cool Corner (s. S. 279) mit soviel Perfektion und feinem Gespür führt, liegt an ihrer Lebenserfahrung.

Morn ist in Ayuthaya geboren und aufgewachsen. Nach ihrem Abschluss in Kommunikation und Kunst an der Bangkok University arbeitete sie eine Zeitlang in den Castingabteilungen der Filmindustrie. Als die Konjunktur nachließ, verlor sie ihren Job und begab sich nach Trat. „Dort hatte ich Freunde, die eine Pension betrieben", erklärt sie. „Zuerst wollte ich sie nur besuchen, aber dann gefiel es mir so gut, dass ich blieb." Morn war so angetan von der „überschaubaren Größe der Stadt, dem guten Essen, den freundlichen Menschen" und der Nähe zu Bangkok, dass sie beschloss, das Cool Corner zu eröffnen.

Auf die Frage, warum sich ihr Café speziell an Reisende richte, antwortet Morn, dass sie gern Englisch lerne, sich aber, was kaum zu glauben ist, früher nicht getraut habe, mit Fremden zu sprechen. Außerdem reist sie selbst gern und viel. „So können wir unsere Erfahrungen austauschen", meint sie. „Die Traveller kommen, um zu sehen, wie ich lebe, und erzählen mir dann über das Leben in Europa oder Indien. Da bekomme ich Lust, auch ihr Leben kennenzulernen."

schanischen Grenze erstreckt, hat einige Strände am Golf von Thailand zu bieten. **Hat Sai Si Ngoen** (oder Silver Sand Beach) erstreckt sich beispielsweise nördlich der Kilometermarke 41 des Hwy 3. Der Strand ist gut zum Baden (wenn die See ruhig ist) und zum Beobachten des Sonnenuntergangs geeignet. Daneben befindet sich bei Kilometermarke 42 **Hat Sai Kaew** (Crystal Sand Beach) und bei Kilometermarke 48 **Hat Thap Thim**, der auch Hat Lan genannt wird. Beide sind ideal für Strandspaziergänge und Picknicks im Schatten von Kasuarinen- und Eukalyptusbäumen. Die einzige Unterkunft an den Stränden ist die Bungalowanlage **Sun Sapha Kachat Thai** (Thailändisches Rotes Kreuz; ☎ 0 3950 1015; Zi. 800 B). Die gemütlichen Häuschen sind mit den üblichen Annehmlichkeiten ausgestattet. Ein Restaurant gibt's ebenfalls.

Eine weitere Unterkunft befindet sich am **Hat Ban Cheun**, einem langen, sauberen Sandstrand bei Kilometermarke 63. Die 6 km lange Straße, die zum Strand führt, passiert ein ehemaliges kambodschanisches Flüchtlingslager. Auf einem sumpfigen Gelände hinter dem Strand stehen einfache Bungalows (300 B) und ein kleines Restaurant unter Kasuarinen- und Eukalyptusbäumen.

VON HAT LEK NACH KAMBODSCHA

Der kleine, thailändische Grenzposten von Hat Lek ist der südlichste Zipfel auf dem Festland der Provinz Trat. Abgesehen von einem kleinen Markt, direkt vor dem Grenzübergang, und Massen von Schleppern, die die Touristen durch den Dschungel der Grenzformalitäten führen wollen, ist hier nicht viel los.

Eine Fahrt mit dem Motorrad- oder Autotaxi von Hat Lek nach Kambodscha kostet 50–60 B. Auf der Insel Krong Koh Kong in Kambodscha gibt's zwar Übernachtungsmöglichkeiten, aber ansonsten nichts Interessantes zu sehen. Da lohnt sich schon eher die vierstündige Bootsfahrt (15 US$) nach Sihanoukville. Das einzige Boot am Tag legt bereits um 8 Uhr morgens ab. Wer es nicht schafft, so früh über die Grenze zu kommen, muss die Nacht auf Krong Koh Kong verbringen. Um es an einem Tag mit dem Boot von Trat nach Sihanoukville zu schaffen, muss man um 6 Uhr morgens den Minibus von Hat Lek nehmen und spätestens um 7 Uhr mit dem Pass in der Hand am Grenzübergang stehen. Von der Insel Krong Koh Kong fahren auch Mi-

nibusse nach Sihanoukville (550 B) und Phnom Penh (650 B), die jeweils um 9 Uhr starten.

Touristenvisa für Kambodscha werden für 1200 B an der Grenze ausgestellt (Passfoto nicht vergessen), aber man sollte sich erst bei der kambodschanischen Botschaft in Bangkok nach den aktuellen Bestimmungen erkundigen. Obwohl an anderen Grenzübergängen 20 US$ für ein Touristenvisum für Kambodscha zu zahlen sind, werden hier nur Baht akzeptiert. Verhandeln ist zwecklos.

Ein Tagesausflug nach Kambodscha kann auch zur Neuausstellung eines Visums für Thailand genutzt werden. Allerdings sind Visa, die an der Landesgrenze ausgestellt werden, nur noch 15 Tage lang gültig. Weitere Informationen auf S. 836. Dieser Grenzübergang schließt um 20 Uhr.

Infos zur Anreise nach Hat Lek gibt's auf S. 280.

KO CHANG

อุทยานแห่งชาติเกาะช้าง

Mit dichtem Dschungel bedeckte Berggipfel, die von strahlend weißen Sandstränden umgeben sind – die grüne Insel Ko Chang ist die tropische Insel schlechthin. Das hat sich herumgesprochen. Nachdem sie vor wenigen Jahren zum „zweiten Phuket" erklärt worden war, hallt die Insel nun von Motorsägen und Hammerschlägen wider. Große Teile der Westküste von Ko Chang sind bereits komplett erschlossen. Nun beginnt der Bauboom auch in den abgelegeneren Gebieten der zweitgrößten Insel Thailands.

Wer aber ins bergige Hinterland von Ko Chang entkommt, wird auf eine verlorene Welt mit wilden Wasserfällen, undurchdringlichem Dschungel und einer Arche Noah an Wildtieren stoßen, darunter Stummelschwanzmakaken, kleine indische Zibetkatzen und Netzpythons. Aus dem Wald ragen isolierte Aussichtspunkte mit Blick auf Strände auf, die für Möchtegern-Robinsons wie geschaffen sind. Und wer schon ein paar Tage zu viel an thailändischen Stränden herumgelegen hat, kann auf Ko Chang ziemlich aktiv werden und die Spinnweben des Nichtstuns abstreifen.

Nach all der redlichen Ertüchtigung tankt man in einer zunehmend internationalen Reihe von Bars und Restaurants wieder auf und entspannt sich in Unterkünften von einfachen Strandbungalows bis hin zu Fünf-Sterne-Lu-

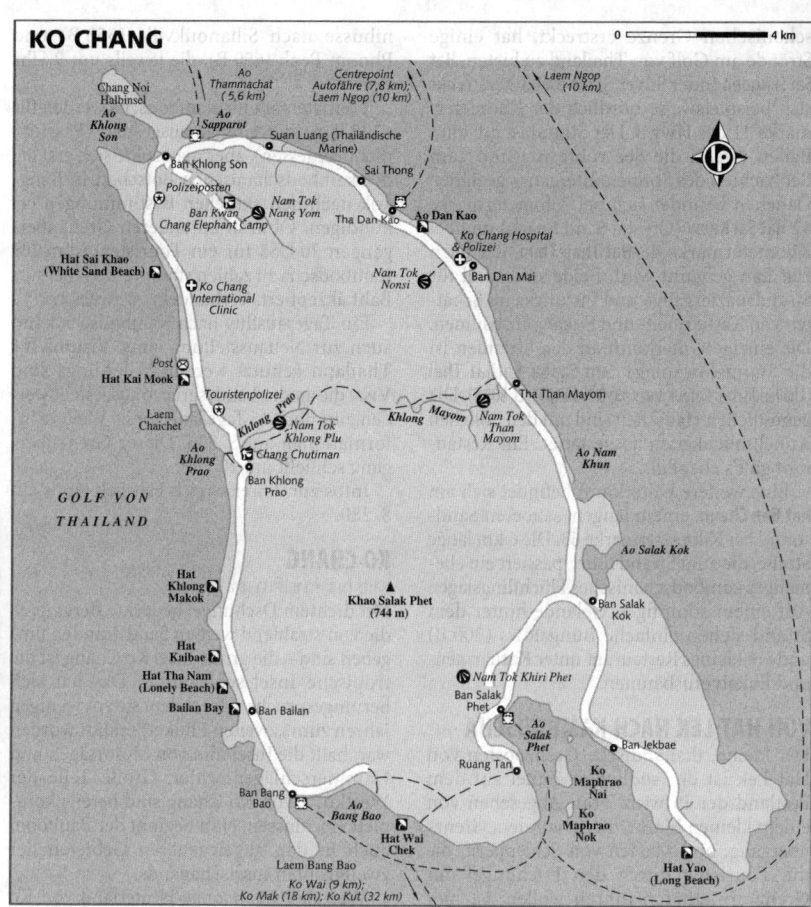

KO CHANG

0 — 4 km

xusresorts. Jeder Strand auf Ko Chang hat seinen eigenen Stil: vom familienfreundlichen Flair von Hat Sai Khao und Hat Kai Mook zur perfekten Partystimmung des Hat Tha Nam (Lonely Beach). Und obwohl es stimmt, dass es immer schwerer wird, auf Ko Chang ein noch unberührtes Stück Sand zu finden, sollte es mit etwas Zeit und dem Forscherdrang des Reisenden doch möglich sein.

Nach Ko Chang geht's weiter auf die anderen nahen Inseln des Mu Ko Chang National Marine Park. Auf Inseln wie Ko Kut, Ko Mak und Ko Wai kann man weniger unternehmen, aber nach ein paar Tagen voller Outdoor-Aktivitäten sowie Nächten voller Cocktails und Strandbarbecues auf Ko Chang braucht man sowieso eine Pause.

Orientierung

Der **Nationalpark** (☎ 0 3955 5080; reserve@dnp.go.th; ; Eintritt 200 B; ☻ 8–17 Uhr) ist in vier Gebiete unterteilt, mit Büros in Ban Khlong Son, Tha Than Mayom, Ban Salak Phet und gleich im Westen von Nam Tok Khlong Plu. Den Eintritt kann man an jedem der vier Parkbüros bezahlen; die Quittung aufbewahren, da die Ranger Besucher, die keine haben, nochmals zur Kasse bitten.

Nur die Westküste wurde für den Tourismus erschlossen; 75 % der Insel bestehen noch immer aus unberührtem Regenwald. Die Pflasterstraße an der Westküste ist eine Maßnahme des fortgesetzten Ausbaus von Ko Chang. Vor ein paar Jahren ging sie nur bis Hat Tha Nam; derzeit reicht sie bis Bang Bao,

aber es ist geplant, dass sie einmal die Insel ganz umrunden soll.

Hat Sai Khao im Norden ist der längste Strand und er hat auch die meisten Unterkünfte, Bars und Restaurants pro Kilometer aufzuweisen. Weiter im Süden ist Hat Kai Mook eine ruhigere Alternative mit preiswerten, familienfreundlichen Bleiben. Ao Khlong Phrao liegt an einer felsigen Landzunge von Hat Kai Mook und konzentriert sich eher auf die gehobenere Klientel, während sich Hat Kaibae, weiter südlich, gerade von einem relaxten Strand zum geschäftigen Touristenzentrum mausert.

Der stetig weiter ausgebaute Lonely Beach braucht bald einen neuen englischen Namen; er ist für jüngere Reisende der Mittelpunkt der Insel in Sachen Nachtleben. Dennoch gibt's gleich nördlich und südlich des nächtlichen Vergnügens von Lonely Beach immer noch ruhigere Buchten mit relativ verlassenen Stränden. Bang Bao im äußersten Süden ist eine kleine Fischersiedlung mit einigen Unterkünften, guten Meeresfrüchterestaurants und einem betriebsamen Pier mit Tauchveranstaltern, Bootsunternehmern und Souvenirshops. Und der Ausbau geht weiter: Während unseres Besuchs wurde gerade eine neue Luxuswohnanlage gebaut.

Die Ostküste ist noch weitgehend unberührt. Hier gibt's nur eine Handvoll einfacher Bungalowanlagen. Der Strand von Hat Yao ist immer noch einer der schönsten auf der Insel, auch wenn ein paar neue Anlagen die einstige Einsamkeit zunichte machten. Ao Salak Phet im Südosten der Insel hat die Atmosphäre eines Fischerdorfes, mit guten Meeresfrüchte-Restaurants und einigen ruhigen Unterkünften hoch über dem Meer.

Praktische Informationen
GELD
Banken mit Geldautomaten und Wechselstuben gibt's überall in Hat Sai Khao. Weitere Geldautomaten stehen an allen Stränden der Westküste.

INTERNETZUGANG
Entlang der Westküste findet man leicht einen Internetzugang, der bis zu 2 B pro Minute kostet.
BW Cafe (Hat Sai Khao; kostenloses WLAN; ☹ 9 Uhr–open end) Das Internetcafé, das abseits der Straße mitten in Hat Sai Khao liegt, bietet auch ofenfrische Backwaren und eine nette Happy Hour von 18–21 Uhr.

Earthlink (Hat Sai Khao; 1 B/Min.; ☹ 10–23 Uhr) Am nördlichen Ende von Hat Sai Khao gibt's tollen Kaffee zum Skype.
iSite (Ban Khlong Prao; www.i-sitekohchang.com; 2 B/Min.; ☹ 9.30–21.30 Uhr) bietet Skype, WLAN, ordentlichen Kaffee und betätigt sich auch als Reisebüro.

MEDIZINISCHE VERSORGUNG
Bang Bao Health Centre (☎ 0 3955 8088; Ban Bang Bao; ☹ 8.30–18 Uhr) Für einfachere Fälle.
Ko Chang Hospital (☎ 0 3952 1657; Ban Dan Mai) Südlich des Hauptfähranlegers
Ko Chang International Clinic (☎ 0 1863 3609, 0 3955 1151; Hat Sai Khao; ☹ 24 Std.) Das Krankenhaus, das zur Bangkok Hospital Group gehört, kann die meisten kleineren Notfälle behandeln und hat auch einen eigenen Krankenwagen.

NOTFALL
Polizei (☎ 0 3958 6191; Ban Dan Mai)
Touristenpolizei (☎ 0 3957 7255, Notfall 1155) Nördlich von Ban Khlong Prao. Kleinere Polizeiposten gibt's auch in Hat Sai Khao und Hat Kaibae.

POST
Ko Chang Post (☎ 0 3955 1240; Hat Sai Khao) Ganz am südlichen Ende von Hat Sai Khao.

TOURISTENINFORMATION
Die nächstgelegene Touristeninformation befindet sich in Laem Ngop (S. 280). Das kostenlose Inselmagazin *Koh Chang, Trat & the Eastern Islands* ist praktisch überall auf Ko Chang erhältlich und randvoll mit nützlichen Adressen und Informationen. Die Internetseite des Magazins – www.whitesandsthailand. com – ist eine ausgezeichnete Planungshilfe im Vorfeld der Reise. Vom gleichen Verlag stammt auch der Führer *Koh Chang Restaurants and Bars*.

Die alles erschlagende Website www.iamkohchang.com ist das Steckenpferd eines respektlosen Briten, der seit langem auf der Insel lebt. Die Rubrik *KC Essentials A–Z* ist vollgepackt mit subjektiven Berichten, Informationen und Definitionen von A–Z.

Gefahren & Ärgernisse
Während des Monsuns (Mai–Sept.) warnen Schilder an den westlichen Stränden oft vor kabbeliger See und gefährlichen Unterströmungen. Dann sollten Badewillige nur bis zu den Knien ins Wasser gehen. In Hat Tha Nam, Hat Sai Khao und Ao Khlong Prao kam es schon zu tödlichen Badeunfällen.

SÜDOSTTHAILAND

BEDECKEN AUF KO CHANG

Nacktbaden und Oben ohne sind im Mu Ko Chang National Marine Park gesetzlich verboten. Das gilt somit für alle Strände auf Ko Chang, Ko Kut, Ko Mak und allen anderen Inseln.

Die Polizei führt regelmäßig Drogenrazzien in den Unterkünften der Insel durch. Wer mit Rauschgift erwischt wird, zahlt hohe Geldstrafen oder landet sogar im Gefängnis.

Die mittlerweile asphaltierte Inselstraße ist an manchen Stellen extrem steil und hat einige scharfe Haarnadelkurven. Besonders schlimm ist es am südöstlichen Ende der Insel, wo große Teile der Straße unterspült sind. Auf diese Abschnitt sollten sich nur absolut sattelfeste Motorradfahrer wagen.

Selbst auf relativ ruhiger See ruckeln und schaukeln die kleineren Schnellboote zum Erbrechen. Um auf der Überfahrt zu einer der kleineren Inseln nicht seekrank zu werden, sollte man entsprechende Medikamente einnehmen und sich einen Platz im hinteren Teil des Bootes suchen.

Aktivitäten

ELEFANTENTOUREN

Auf Ko Chang gibt's mehrere Elefantencamps, in denen ehemalige Arbeitselefanten von Touristen verwöhnt werden dürfen. Das mit dem Öko-Preis für gemeinschaftliches Engagement der TAT 2007 ausgezeichnete **Ban Kwan Chang Elephant Camp** (☎ 08 1919 3995; changtone@yahoo.com; ☻ 8.30–17 Uhr), in der Nähe von Ban Khlong Son, ist eindeutig das beste. In wunderbarer Umgebung legt der Besitzer viel Wert darauf, die Elefanten in ihrer natürlichen Umgebung zu präsentieren. Dazu bietet er informative und lehrreiche Führungen an. Das einstündige „Erfahrungsprogramm" mit Füttern, Baden und Reiten eines Elefanten kostet 900 B, ein 40-minütiger Ritt 500 B.

Chang Chutiman (☎ 08 9939 6676; Ban Khlong Prao; ☻ 8–17 Uhr) bietet ein ähnliches Programm, aber in einer weit weniger schönen Umgebung. Hier kostet der einstündige Ritt 500 B, zwei Stunden 900 B. Kinder bis fünf Jahre reiten kostenlos. Das Camp ist in Ban Khlong Prao, gegenüber dem Blue Lagoon Resort.

Die Fahrt zum Camp ist im Preis enthalten. Unbedingt im Voraus buchen. Die meisten Unterkünfte können diese Elefantentou-

ren innerhalb eines Tages für ihre Gäste organisieren.

FREIWILLIGENARBEIT

Auf Ko Chang wird man wahrscheinlich weniger streunende Tiere als an anderen Orten Thailands bemerken. Das ist den Bemühungen der **Koh Chang Animal Foundation** (☎ 08 9042 2347; www.kohchanganimalfoundation.org; Khlong Son) zu verdanken, die im Jahr 2000 von der Amerikanerin Lisa McAlonie gegründet wurde. Die Stiftung finanziert sich nur durch Spenden und bietet den Tieren der Einwohnern Ko Changs kostenlose veterinärmedizinische Versorgung und den Streunern auf der Insel eine Zuflucht und Fürsorge. Freiwilligenbesuche von reisenden Tierärzten und Tierarzthelferinnen werden besonders gern gesehen, aber die Stiftung heißt auch Tagesbesucher willkommen, die ein paar Streicheleinheiten für misshandelte Kreaturen übrig haben, die gebadet und an den Menschen gewöhnt werden müssen.

KAJAKFAHREN

Die **Salak Kok Kayak Station** (☎ 08 1919 3995; Ban Salak Kok), in einem traditionellen Pfahlbaudorf im Südosten der Insel, verleiht Kajaks zur Erkundung der Mangrovenwälder in der Bucht. Die Miete für ein Kajak beträgt 100 B/Std., eine 90-minütige Tour kostet 200 B. Bei der dreistündigen „Dinner Cruise" (1200 B/Pers.) schippert man bei Sonnenuntergang durch die Mangroven und genießt dabei das hausgemachte Essen.

Ganz in der Nähe schlängelt sich ein erhöhter Betonweg durch die Mangroven. Auch wenn der Weg selbst nicht gerade spannend ist, das faszinierende Ökosystem drumherum ist es umso mehr.

Viele Pensionen vermieten Kajaks. Die Preise liegen im Allgemeinen bei 100 B pro Stunde und 300–500 B pro Tag.

KURSE

Die **Koh Chang Thai Cookery School** (☎ 08 1940 0649; Ao Khlong Prao) im Blue Lagoon Resort bietet witzige Kochkurse für alle Jene an, die ihre Lieblingsgerichte auch zu Hause genießen möchten. Ein fünfstündiger Kurs, bei dem normalerweise vier Gerichte gekocht werden, kostet 1000 B. Im Voraus buchen.

KaTi (☎ 08 1903 0408; Ban Khlong Prao; Kurs 1300 B/Pers.) In ihren Kochkursen geben Mutter und Tochter alte Familienrezepte preis. Die Kurse

finden montags bis samstags von 10 bis 15 Uhr statt. Ebenfalls im Voraus buchen.

Jungle Way (☎ 08 9223 4795; www.jungleway.com) erteilt Unterricht in der hohen Kunst des Reiki, einer japanischen Heilmethode. Der achtstündige Kurs, der in entspannter Atmosphäre im Wald stattfindet, kostet 5000 B. Jungle Way veranstaltet auch verschiedene Yoga- und Massagekurse. Die genauen Daten finden sich auf der Internetseite.

Besonders angenehm lassen sich neue Wissensgebiete in einer herrlichen Lagune erlernen. In Ao Khlong Prao veranstaltet **Baan Zen** (☎ 08 6530 9354; www.baanzen.com) verschiedene Kurse in Yoga und natürlichen Heilmethoden in einem luftigen Pavillon am Wasser (Wochenendkurs 4000 B, 3-Tages-Kurs 5500 B).

TAUCHEN & SCHNORCHELN

Vor der südlichen Landspitze der Insel erstreckt sich zwischen Ko Chang und Ko Kut unter Wasser eine Felskette, die eine neue Dimension des Tauchens in Thailand eröffnet. **Hin Luk Bat** und **Hin Lap** sind felsige, korallenüberzogene Abhänge mit Tiefen zwischen 18 und 20 m und beherbergen ganze Fischschwärme. **Hin Phrai Nam** und **Hin Gadeng** (zwischen Ko Wai und Ko Rang) bestehen aus spektakulären Felstürmen und Korallen, die bis zu 28 m tief zu sehen sind. Südwestlich von Ao Salak Phet kann man um das riffgesäumte **Ko Wai** in Tiefen von 6 bis 15 m eine große Zahl von bunten Hart- und Weichkorallen bestaunen.

Aber bei Weitem am besten tauchen kann man um **Ko Rang**. Dieses Tauchrevier ist durch seinen Status als Meerespark vor Fischerei geschützt und beherbergt einige der unberührtesten Korallenbänke Thailands. Die Sicht ist hier viel besser als um Ko Chang und beträgt durchschnittlich zwischen 10 und 20 m. **Ko Yak** und **Ko Laun** in derselben Gegend sind seichte Tauchspots und damit perfekt für Anfänger wie Fortgeschrittene geeignet. Diese beiden felsigen Inselchen können umrundet werden; sie haben viele Korallen, Fischschwärme, Kugelfische, Muränen, Barrakudas, Rochen und gelegentlich auch Schildkröten zu bieten. An der östlichen Flanke von Ko Ran liegt **Hin Kuak Maa** (auch bekannt als „Drei-Finger-Riff"), wahrscheinlich der Topspot und Heimstatt einer korallenüberzogenen Wand, die von 2 bis 14 m abfällt und Schwärme marinen Lebens anzieht.

Tauchausflüge umfassen üblicherweise zwei Tauchgänge inklusive Tauchführer, Transport, Ausrüstung und Verpflegung und kosten um 3500 B. Der PADI-Open-Water-Tauchschein kostet 11 500 B pro Person.

Viele Tauchbasen schließen in der Nebensaison (Juni–Sept.), da dann die Sicht und die Wasserverhältnisse schlecht sein können. Die folgenden gehören zu den beliebteren Veranstaltern:

BB Divers (☎ 0 3955 8040; www.bbdivers.com) Das Hauptbüro befindet sich in Bang Bao, ein weiteres ist in Hat Tha Nam.

Scuba Evolution (☎ 08 7926 4973; www.scuba-evolution.com) Die recht neue Tauchschule unterhält jeweils ein Büro in Hat Sai Khao, Hat Kaibae und Hat Tha Nam. Die Tauchlehrer haben einen ausgezeichneten Ruf.

WANDERN

Das steile Berggelände und Flüsse, die das ganze Jahr über Wasser führen, sind verantwortlich für die vielen herrlichen Wasserfälle auf Ko Chang. Der aus insgesamt drei Wasserfällen des Flusses Khlong Mayom bestehende **Nam Tok Than Mayom** (Parkeintritt 200 B; ☺ 8–17 Uhr) im Inneren der Insel ist über Tha Than Mayom oder Ban Dan Mai an der Ostküste zu erreichen. Der Blick von oben ist atemberaubend. Ganz in der Nähe sind Inschriftsteine mit den Initialen von Rama V., Rama VI. und Rama VII. zu sehen.

Nam Tok Khlong Plu (Parkeintritt 200 B; ☺ 8–17 Uhr), ein weiterer beeindruckender – und äußerst beliebter – Wasserfall ist vom an der Westküste liegenden Ao Khlong Prao aus zugänglich. Ein gut markierter, nur 600 m langer Trampelpfad führt zu dem dreistufigen Wasserfall inmitten einer fantastischen, üppig grünen Dschungellandschaft. Nach der kleinen Anstrengung kann man sich in einem Becken wieder abkühlen.

Nam Tok Khiri Phet ist ein kleiner Wasserfall an der Südostküste, 2 km entfernt von Ban Salak Phet. Nach 15 Gehminuten steht der Wanderer vor einem kleinen, tiefen Becken am Fuß der kleinen Kaskade. Hier ist in der Regel weniger los als an den größeren Wasserfällen.

Am südöstlichen Ende von Ao Bang Bao, auf der Landzunge vor Ao Salak Phet, erstreckt sich der schöne, abgelegene Strand von **Hat Wai Chek**. Nur Wanderer mit Dschungelerfahrung und ausreichendem Orientierungssinn sollten den ganzen Weg von Bang Bao nach Ao Salak Phet laufen, denn die vielen

SÜDOSTTHAILAND

Berge und miteinander verbundenen, aber unmarkierten Wege sind sehr verwirrend. Wer den richtigen Weg findet, ist fünf bis sechs Stunden unterwegs, von denen jede einzelne sich lohnt. Unbedingt genügend Essen und Trinken für eine Übernachtung mitnehmen. Wer sich verirrt, folgt irgendeinem Fluss oder Bach, der ihn entweder zu einem Dorf oder zum Meer führt. Dort kann man nach dem Weg fragen oder der Küste folgen.

Die Rangerstationen auf der Insel sind keine große Hilfe für Wanderer, die alleine unterwegs sind, aber **Evolution Tour** (☎ 0 3955 7078; www.evolutiontour.com; Khlong Prao) vermittelt entsprechende Führer. Lek von **Jungle Way** (☎ 08 9223 4795; www.jungleway.com) wandert mit Touristen für einen (800 B) oder zwei Tage (950 B) ins Landesinnere der Insel. Die eintägige Tour zur Halbinsel Chang Noi im Norden von Ko Chang ist nur etwas für Geübte. Die **Salak Phet Kayak Station** (☎ 08 7834 9489) bietet eine Tour mit Übernachtung (eine Nacht 1500 B) zum höchsten Berg auf Ko Chang an, dem 744 m hohen Khao Salak Phet, von wo man sowohl den Sonnenaufgang als auch den Sonnenuntergang beobachten kann. Geschlafen wird im Zelt oder unter freiem Himmel. Im Westen der Insel bietet der unabhängige Führer Mr. Tan (☎ 08 9645 2019) ebenfalls recht anstrengende Touren an, für die er die Wege oft selbst freigeschlagen hat. Im Angebot sind Wanderungen von einem halben (600 B) bis zu einem ganzen Tag mit Elefantentour (1300 B). Für Vogelbeobachter organisieren **Trekkers of Koh Chang** (☎ 08 1578 7513) ein- und zweitägige Touren (1000–2000 B) in den Nationalpark.

NOCH MEHR AKTIVITÄTEN

Einige der Pensionen in Hat Sai Khao, Hat Kai Mook und Hat Kaibae vermieten aufblasbare Strandflöße, Surfbretter, Bodyboards, Taucherbrillen und Schnorchel. Mountainbikes sind an mehreren Orten auf der Insel für 150 B pro Tag zu mieten, vor allem in Hat Sai Khao und Hat Kaibae. Die meisten Unterkünfte organisieren auch Tagesausflüge (200–1000 B) und Touren mit Übernachtung (1500–2000 B) zu Inseln in der Nähe.

Bailan Herbal Sauna (☎ 08 6252 4744; Ban Bailan; ☻ 16–20 Uhr) ist eine runde Erdsauna mitten in üppigem Grün, in der verschiedene Kräutermixturen für Gesundheit und Wohlbefinden sorgen (200 B). Außerdem kann man sich mit einer Lao-Massage (350 B) oder Gesichtsbe-

handlung (40–60 B) mit Pflanzenstoffen aus der Region verwöhnen lassen. Für Abkühlung sorgt die Saftbar.

Der von vielen als der beste Massagesalon der Insel bezeichnete Salon **Sima Massage** (☎ 08 1489 5171; Ao Khlong Prao; Massage 250 B/Std.; ☻ 8–22 Uhr) ist bei sportverletzten oder stressgeplagten Einheimischen besonders beliebt. Es stehen männliche und weibliche Masseure zur Verfügung. Außerdem im Angebot: After-Sun-Körperbehandlung (600 B) zur Besänftigung der Haut nach einem (oder fünf) Tagen am Strand. Der Massagesalon befindet sich direkt neben der Kochschule KaTi.

Schlafen

Immer mehr schicke Schlafquartiere werden jedes Jahr hier eröffnet, aber trotzdem sind die rustikalen Backpackerbungalows noch lange nicht verschwunden. Das Angebot, das sich daraus ergibt, sollte jeden Geschmack zufriedenstellen.

Der Ausbau ist weitgehend auf die Westküste beschränkt, sodass sich dort die meisten Schlaf- und Essmöglichkeiten befinden. Ko Chang zieht auch zunehmend Pauschaltouristen aus Europa an und ist an den Wochenenden und Feiertagen nach wie vor bei den thailändischen Besuchern beliebt.

Während der Regenzeit (April–Okt.) schließen einige Unterkünfte. Dann fahren auch die Fähren nur bis Ao Sapparot und Tha Dan Kao. Achtung: Während heftiger Regenfälle kann das Brandungsgebiet an der Westküste weiter im Süden unpassierbar sein.

Im Folgenden sind die Hochsaisonpreise aufgelistet. Von April bis Oktober kann man mit Nachlässen von bis zu 40 % rechnen. Viele Unterkünfte haben mittlerweile auch Websites und E-Mail-Adressen; in der Hochsaison (Nov.–März), an Wochenenden und höheren Feiertagen sollte man vielleicht besser vorab buchen, da die Insel schnell überlaufen ist.

Die Unterkünfte sind nach den Regionen von Norden nach Süden aufgeführt.

BAN KHLONG SON

Auf der Nordspitze der Insel liegt das größte Dorf, Ban Khlong Son, das neben einem Gewirr von Landungsstegen an der Mündung des Kanals (*klorng* oder auch *khlong*) auch über einen Wat, eine Schule, mehrere Garküchen, ein Krankenhaus und einen Geldautomaten verfügt.

Jungle Way (☎ 08 9223 4795; www.jungleway.com; Zi. 200–400 B) Die Bungalows auf Pfählen und das flippige Restaurant mit Aussichtspunkt zum Beobachten wilder Tiere stehen mitten im Dschungel, in der Nähe des Elefantencamps von Ban Kwan Chang. Der Strand ist weit weg, aber es werden Wanderungen angeboten (s. S. 286). Das Personal ist freundlich und gut drauf.

HAT SAI KHAO

Der lange Strand von Hat Sai Khao ist zwar nicht der beste der Insel, aber aufgrund des großen Angebots an Restaurants und Unterkünften, und vor allem wegen des regen Nachtlebens, sehr beliebt. Seit in den letzten Jahren immer mehr Pauschaltouristen kommen, sind die Hotelpreise hier höher als anderswo auf der Insel.

Im Norden des Strands existiert auch noch eine Backpacker-Enklave, die aber nur zu Fuß zu erreichen ist. Am 7-Eleven-Laden vor dem KC Grande in Richtung Strand gehen, dort dann nach rechts abbiegen und noch 500 m weitergehen. Es ist nicht zu verfehlen.

Independent Bo's (☎ 0 3955 1165; Zi. 250–500 B) Die farbenfrohe Anlage, die sich den dicht bewaldeten Hügel hinaufzieht, sieht aus, als ob ein Schweizer Robinson Crusoe sie im Drogenrausch gebaut hätte. Jeder Bungalow ist einzigartig abgefahren, aber blitzsauber. Die preiswertesten Zimmer sind ganz weit weg im Dschungel.

Das **Rock Sand Beach Resort** (☎ 0 8712 0044; Zi. 400–1500 B; 🆒), direkt hinter Bo's, ist eine etwas feinere Budgetunterkunft. Es gibt einfache Bungalows mit Ventilator und Gemeinschaftsbad, aber auch teure Zimmer mit Klimaanlage und Blick aufs Meer. Die familienfreundliche Anlage hat sogar einen Spielplatz. Das Restaurant hoch über dem klaren, blauen Meer ist sehr beliebt.

Logan's Place (☎ 0 3955 1451; Zi. ab 1500 B; 🆒) liegt an der Straße gegenüber dem Strand. Einrichtung und Service des Boutiquehotels unter schwedischer Leitung sind nordisch kühl und frisch. Leider befindet sich im Untergeschoss eine Westernkneipe – mit mechanischem Bullen.

Cookies Hotel (☎ 0 3955 1056; www.fly.to/cookieshotel; Zi. 2000–3500 B; 🆒 🍴) Aus einfachen Hütten für Rucksacktouristen sind zwei große Gebäude diesseits und jenseits der Hauptstraße am Strand geworden. Die Zimmer in dem gedrungenen Gebäude auf der Strandseite kos-

ten zwar anderthalbmal soviel, sind aber hübscher als die anderen. Im Strandgebäude gibt's außerdem einen Pool und eine Bar.

KC Grande Resort (☎ 0 3955 1199; www.kcresortkochang.com; Zi. 3000–6300 B; 🆒 🖥 🍴) Auch diese ehemalige Bleibe für Backpacker hat sich in eine noble Ferienanlage verwandelt. Leider blieb dabei der ursprüngliche rustikale Charme auf der Strecke. Heute herrscht hier eher die Atmosphäre eines All-Inclusive-Ferienclubs. Willkommen in der Zukunft von Ko Chang.

Neben Bo's Independent und Rock Sand gibt's noch die etwas klapprigen Bungalows von Pan's und Star Beach, die sich auch im Preis kaum unterscheiden.

HAT KAI MOOK

Der entspannte Strand von Hat Kai Mook (oder Pearl Beach) ist die ruhigere Alternative zu Hat Sai Khao. Die Unterkünfte gehören überwiegend zur mittelteuren Kategorie. Sie befinden sich zumeist auf dem kleinen, felsigen Strand, weit weg von der geschäftigen Hauptstraße.

Saffron on the Sea (☎ 0 3955 1253; Zi. 1200–1800 B; 🆒) Die freundliche Boutiquepension, die einem aus dem hektischen Bangkok geflüchteten Künstler gehört, ist herrlich unkonventionell. Die individuell gestalteten Hütten sind in warmen Farbtönen gestrichen, auf dem Gelände stehen Rattanmöbel zwischen einheimischen Blumen und Pflanzen. Es gibt keinen richtigen Strand, und das macht den Ort so ruhig und gemütlich.

Penny's Bungalow Resort (☎ 08 1595 9750; www.penny-thailand.com; Zi. inkl. Frühstück 1600–3500 B; 🆒 🖥 🍴) Damit genug Platz für den Swimmingpool blieb, wurden die Bungalows ziemlich dicht aneinander gebaut. Trotzdem ist die ruhige, gut geführte, familienfreundliche Anlage eine echte Alternative zu den glanzvolleren Anlagen am nicht weit entfernten Hat Sai Khao. Es gibt auch größere Bungalows, in denen eine ganze Familie bequem unterkommt.

Remark Cottage (☎ 0 3955 1261; www.remarkcottage.com; Zi. 2000–3500 B; 🆒) Versteckt in einem verwilderten Garten stehen 15 Bungalows im balinesischen Stil, die auf den ersten Blick recht einfach aussehen, tatsächlich aber mit interessanten Details aufwarten. Außerdem kann man herrlich im hölzernen Wellness-Pool entspannen oder sich einen Kurs in Dauerbrausentherapie gönnen. Grün und gesund.

AO KHLONG PRAO

4 km südlich von Hat Sai Khao entwickelt sich Ao Khlong Prao zum Zentrum des Luxustourismus, aber ein paar günstige Unterkünfte gibt's dann doch noch.

Tiger Huts (☎ 08 1762 3710; Zi. 300–600 B) Umgeben von noblen Ferienanlagen halten die „Tigerhütten" unbeirrt am kostengünstigen Angebot fest. Die 40 schlichten Hütten mit Strohdach, die direkt am Sandstrand stehen, sind in zwei Kategorien unterteilt: mit Gemeinschaftsbad oder eigenem Bad. Einfach, aber (relativ) preiswert.

LP Tipp Blue Lagoon Resort (☎ 08 1940 0649; Zi. 600–1000 B; ☒) Die weiß getünchten Bungalows mit gestreiften Vorhängen und eigener Terrasse stehen direkt oberhalb einer ruhigen Lagune. In einem schattigen Wäldchen dahinter verteilen sich zweigeschossige Bungalows mit Klimaanlagen. Ein Holzplankenweg führt zum Strand, ein Floß wird noch von Hand über's Wasser gezogen. In der außerordentlich freundlichen Anlage finden auch thailändische Kochkurse statt (S. 284).

Aana (☎ 0 3955 1539; www.aanaresort.com; Zi. ab 7000 B; ☒ ☐ ☒) Freistehende Villen thronen malerisch über dem Wald und dem Khlong Prao. Das Aana hat überaupt nichts gemein mit anderen Ferienanlagen in den Tropen. Runde Wände und die kühle, klare Ausstattung sorgen für einzigartige Frische. Die Zimmer sind auf ungezwungene Art romantisch, einige haben sogar einen eigenen Whirlpool. Zweifellos eines der besten Hotels auf der Insel.

HAT KAIBAE

Südlich der Lagune entstehen in Hat Kaibae immer mehr Mittelklassehotels, während ehemalige Quartiere für Rucksacktouristen in die gehobenen Preisklassen streben. Vor allem an den Wochenenden in der Hauptsaison kommt es zum Verkehrschaos, wenn Unmengen von Autos und Motorräder sich durch die enge Hauptstraße quälen.

Kaibae Beach (☎ 0 3955 7142; Zi. 700–2000 B; ☒) Die bei thailändischen Urlaubern sehr beliebte Bungalowanlage hat einfache Holzhütten mit Ventilator und gut geschnittene Betonhäuser mit Klimaanlage. Im großen Restaurant unter freiem Himmel wird jeden Abend der Grill angeworfen.

KB Resort (☎ 0 1862 8103; www.kbresort.com; Zi. 1150–2600 B; ☒ ☐ ☒) Aus dem ehemaligen Tummelplatz für Rucksacktouristen ist ein

nobles, familienfreundliches Hotel geworden, das mit einer Wasserrutsche für die Kleinsten und einem winzigen Spielplatz mit Holzgeräten punktet. Die Ausstattung ist zwar ganz nett, aber alles einen Tick überteuert.

Garden Resort (☎ 0 3955 7260; www.gardenresort kohchang.com; Zi. 2200 B; ☒ ☐ ☒) In einer ruhigen Umgebung, abseits der geschäftigen Hauptstraße, bietet das Garden Resort individuell gestaltete Bungalows mit eigenem Internetzugang. Bambusrohre an den Waschbecken und Duschen setzen künstlerische Akzente. Der Besitzer hatte sichtlich seinen Spaß bei der Planung des Hotels, wie der Fuß aus massivem Zement zeigt, der aus dem Brunnen herausragt.

HAT THA NAM (LONELY BEACH) & BAILAN BAY

Südlich von Hat Kaibae erstreckt sich Hat Tha Nam, besser bekannt als Lonely Beach. Am ehemaligen Lieblingsstrand der Backpackerszene werden die Ferienanlagen immer nobler, und in dem winzigen Dorf herrscht ein reges Nachtleben. Wer Ruhe und Einsamkeit sucht, ist hier völlig fehl am Platze. Doch schon die nächste Bucht in Richtung Süden, Bailan Bay, ist noch angenehm günstig.

Paradise Cottages (☎ 08 5831 4228; Hat Tha Nam; Zi. 300–500 B; ☐) Die einfachen Hütten mit Strohdach und kaltem Wasser stehen nicht einmal direkt am Strand, aber mit der hippen und dennoch beruhigend entspannten Umgebung macht das „Paradies" seinem Namen alle Ehre. Das Restaurant besteht aus Einzelpavillons mit Hängematte und Blick aufs Meer. Ein schicker Brunnen hebt das Niveau zusätzlich. Auch dudelt hier nicht die übliche Beachparty-Musik von Jack Johnson und Bob Marley. Das Publikum hier ist eher etwas abgeklärter.

P & Nico Guest House (☎ 08 4362 6673; Hat Tha Nam; Zi. 400–800 B) Kleine, saubere Hütten in frischem Blau und Gelb, die durch die Straße vom Strand getrennt sind, aber in unmittelbarer Nähe von Bars und Restaurants liegen.

Magic Garden (☎ 08 3756 8827; www.magicgarden resort.com; Hat Tha Nam; Zi. 500–750 B; ☐) Man nehme die typischen thailändischen Strandbungalows, gebe ordentlich Partystimmung à la Ibiza dazu und würze das Ganze mit einer Prise amerikanischen Burning Man Festival. Der „Zaubergarten" ist sicherlich nicht jedermanns Sache, aber der ideale Ort für amüsierfreudige Neo-Hippies des 21. Jhs. Die zweigeschos-

sigen, runden Bungalows erinnern an Baumhäuser. Die kleineren Hütten sind noch das einfache Backpacker-Modell, haben aber alle ein eigenes Bad mit Warmwasser.

Siam Beach Resort (☎ 08 9161 6664; www.siambe achkohchang.com; Hat Tha Nam; Zi. 1000–2500 B; ✖ ▯ ▣) Die großzügigen, etwas heruntergekommenen Hütten mit Klimaanlage und Blick aufs Meer sind die preiswerteste Unterkunft in Hat Tha Nam. Direkt am Strand gibt's etwas teurere Bungalows mit Ventilator und Klimaanlage, die neuen „Luxuszimmer" mit Klimaanlage stehen ganz vorn am Wasser. Mit den **Siam Huts**, etwas weiter südlich an der Küste, betreibt der Besitzer auch die Variante für Sparsame. Hier schaukeln Rucksacktouristen noch träge in ihren Hängematten, die auf den kleinen Verandas der einfachen, baufälligen Hütten (500–700 B) hängen.

Mangrove (☎ 08 1949 7888; Bailan Bay; Zi. 1000 B) Wer meint, alle Bungalowanlagen seien gleich gebaut, hat diese runden, großzügigen Häuser mit Glasdach und Falttüren nicht gesehen, die sich den Hügel hinab zu einem Privatstrand mit architektonisch wertvollem Restaurant erstrecken. Freilichtbadezimmer im balinesischen Stil komplettieren das entspannte Dschungelparadies.

White House (☎ 08 1409 8307; www.whitehousekoh chang.com; Bailan Bay; Zi. 1200–1500 B; ✖ ▣) Strahlend weiße Bungalows säumen den kleinen Pool in dieser mittelgroßen Anlage am Strand. Die Betten sind riesig, aber der Hit sind die sauberen, weiß gefliesten und tiefer gelegten Badezimmer. Die günstigeren Zimmer sind weiter weg von Pool und Strand, bekommen dafür aber weniger Lärm vom Restaurant ab.

Warapura Resort (☎ 08 9122 9888; Hat Tha Nam; Zi. inkl. Frühstück 1500–3500 B; ✖ ▣) Für eine, wenn auch begrenzte, Aufwertung von Hat Tha Nam sorgen diese strahlend weiß getünchten Bungalows aus Beton, die alle eine offene Veranda haben. Manche bieten auch Blick aufs Meer. Das schicke Restaurant besteht aus einzelnen Pavillons, die mit den traditionellen, niedrigen thailändischen Tischen und teilweise sogar mit Hängematte ausgestattet sind. Der Swimmingpool wurde eben erst fertig gestellt. Nur der Fußboden aus Holzimitat in der Eingangshalle passt so gar nicht zu diesem richtig noblen Hotel.

BAN BANG BAO

Auch wenn der letzte Rest des ursprünglichen Fischerdorfes von Tauchläden, Pensionen und Meeresfrüchte-Restaurants verdrängt wurde, ist Bang Bao immer noch sehr malerisch und einen Besuch wert. Die mitten im Wasser stehenden Pfahlbauten sind in der goldenen Abendsonne besonders schön. Gerade auf dem Weg zu den kleineren Inseln südlich von Ko Chang lohnt es sich, hier eine oder zwei Nächte zu verbringen. Die Unterkünfte sind gut und ruhig, denn die Tagesausflügler sind am frühen Abend wieder verschwunden.

Bang Bao Cliff Cottage (☎ 08 5904 6706; www.cliff -cottage.com; Zi. 300 B) Ein paar Dutzend Hütten mit Strohdach, die sich über einen grünen Hügel oberhalb des Nirvana Resort verteilen. Die meisten bieten einen tollen Blick auf die kleine Bucht unterhalb des Hügels, einige sogar bis weit aufs Meer hinaus. Im seichten Wasser lässt es sich herrlich schnorcheln.

Ocean Blue (☎ 08 1889 2348; www.oceanbluethailand. com; Zi. 700 B) Einfache Zimmer mit Ventilator, die einen langen, holzvertäfelten Korridor in einem traditionellen Haus auf dem Pier säumen. Die Toiletten sind zwar äußerst primitiv und es gibt nur kaltes Wasser, aber die Zimmer sind sauber und man hört das Rauschen der Wellen unter dem Pier. Das junge Team, das die Pension führt, ist etwas seltsam, aber witzig.

Bang Bao Sea Hut (☎ 08 1285 0570; Zi. 2000 B; ✖) Die individuellen Bungalows, die sich weit in den Hafen von Bang Bao hinein erstrecken, gehören zu den bezauberndsten Unterkünften auf Ko Chang. Die eleganten Hütten mit Strohdach, die wesentlich schicker sind als es sich anhört, haben alle eine eigene Terrasse und Fensterläden aus Holz, die den frischen Seewind hereinlassen.

Nisa Cabana Resort (☎ 0 3955 8161; www.nisacabana kohchang.com; Zi. 4650–13 500 B; ✖ ▯ ▣) Für die nagelneuen, luxuriösen Bungalows, die mitten im Dschungel stehen, wurde kein Baum mehr als absolut notwendig gefällt. Die schicke asiatische Architektur der ruhigen, sehr privaten und abgeschiedenen Anlage sorgt für viel Licht in den Räumen. Strand gibt's keinen, aber ein unendlich großer Swimmingpool auf mehreren Ebenen schwebt direkt über dem Golf von Thailand.

Nirvana (☎ 0 3955 8061; www.nirvanakohchang.com; Zi. 5900–9900 B; ✖) Das beste Resort auf Ko Chang, das sich auf einer ruhigen Halbinsel verbirgt, ist inmitten der üppigen Vegetation kaum auszumachen. „Balinesischer Stil" war die ursprüngliche Designvorgabe und doch ist jeder Bungalow ein klein wenig anders ein-

gerichtet. Alle aber sind in sanften Erdtönen mit dezenten asiatischen Akzenten gehalten.

OSTKÜSTE

In diesem Teil der Insel können sich westliche Touristen ein wenig verloren vorkommen, denn die meisten Ferienanlagen sind auf thailändische Gäste eingerichtet. Ein paar Ausnahmen von der Regel gibt's aber doch. Die Verkehrsmittel sind äußerst begrenzt.

Eine Straße führt südlich vom Judo Resort nach Hat Yao (Long Beach), einem ruhigen, unberührten Sandstreifen, der kaum erschlossen ist. Die Straße, die für etwas Entwicklung in der Gegend gesorgt hat, war zum Zeitpunkt der Recherche in einem sehr schlechtem Zustand. Nur wem es nichts ausmacht, sein Motorrad über weite Strecken zu schieben, sollte sich auf diese Piste wagen.

Treehouse Lodge (☎ 08 1847 8215; www.tree-house. org; Hat Yao; Zi. 300 B) Das „Baumhaus" stand ursprünglich in Hat Tha Nam und zum Zeitpunkt der Recherche war für 2009 eine weitere Neueröffnung auf Ko Pha Ngan geplant. Die neuen Besitzer haben nicht nur den Namen, sondern auch den Geist der legendären Treehouse Lodge übernommen. Kein Wunder, dass die Gäste oft länger als geplant in diesem Backpacker-Paradies bleiben. Die einfachen Hütten mit noch einfacherem Gemeinschaftsbad verteilen sich auf einem Hügel, der sich über einem weichen Sandstrand erhebt.

Salak Phet Homestay (☎ 08 1294 1650; Ban Salak Phet; Zi. inkl. Mahlzeiten 300 B) In die Bungalows, die direkt auf dem Pier stehen, verirren sich weit weniger Touristen als z. B. in die Pierhäuser von Bang Bao, aber gerade deshalb ist das Salak Phet noch viel ursprünglicher. Die Unterkunft besteht aus einer Schlafmatte, die auf dem Boden des kleinen Raumes ausgerollt wird, und einem sehr einfachen Gemeinschaftsbad. Gegessen wird mit der Inhaberfamilie, in der Regel gibt's frische Meeresfrüchte. Die **Salak Phet Kayak Station** (☎ 08 7834 9489) ist bei der Buchung des Aufenthalts behilflich.

Zion Guest House (☎ 08 1947 8179; yann espinosa@ yahoo.fr; Hat Yao; Zi. 300–400 B) Direkt hinter der Treehouse Lodge befindet sich das Zion, das von dem völlig entspannten Yann geleitet wird. Obwohl bereits gut ein Dutzend Hütten mit eigenem Bad fertig ist, will er die Anlage direkt am Strand noch erweitern. Wem die Treehouse Lodge nicht abgeklärt genug ist, kommt hierher.

Amber Sands (☎ 0 3958 6177; www.funkyhut-thai land.com; Ao Dan Kao; Zi. 1600–1850 B; ▓ ▢ ▥) Das ehemalige Funky Hut Resort hat einen neuen Besitzer und ist bei weitem nicht mehr so ausgeflippt wie früher, dafür aber wesentlich gemütlicher. Nach der umfassenden Renovierung, zu der auch die Verschönerung der Außenanlagen gehörte, riechen die einladend geräumigen, preiswerten Bungalows immer noch nach frischer Farbe. Die herzlichen Besitzer Cheryl und Julian holen ihre Gäste gern an der Fähre ab, wenn diese sich zuvor anmelden.

Essen & Ausgehen

Praktisch alle Unterkünfte auf der Insel haben ein eigenes Restaurant, es entwickelt sich aber auch eine echte Restaurantszene.

HAT SAI KHAO

Die meisten Restaurants gibt's in Hat Sai Khao.

Thor's Palace (☎ 08 1927 2502; Hauptgerichte 70–170 B; ☽ morgens, mittags & abends) Der göttliche Thor serviert ausgezeichnetes Essen zu toller Musik. Die prächtige Umgebung zieren Erinnerungen an seine Reisen in die ganze Welt. Vom Tempel des guten Geschmacks, der Thor im Blut liegt, hat man einen fantastischen Blick auf Hat Sai Khao. Leider ist das Restaurant nur in der Hauptsaison geöffnet.

Tonsai (☎ 08 9895 7229; Gerichte 40–150 B; ☽ mittags & abends) In dem Baumhaus-Restaurant, das in einen riesigen Banyanbaum (dôn sai auf Thai) hineingebaut ist, sitzt man auf witzigen Kissen. In angenehm entspannter Atmosphäre wird eine gute Auswahl an thailändischen und westlichen Gerichten serviert. Ideal für einen faulen Nachmittag.

Oodie's Place (☎ 0 3955 1193; Pizza 170–260 B; ☽ mittags & abends) Der einheimische Musiker Oodie ist verantwortlich für diese nette Mischung aus hervorragender französischer Küche, leckeren thailändischen Spezialitäten und Livemusik ab 22 Uhr.

Invito (☎ 0 3955 1326; Gerichte 250–550 B; ☽ mittags & abends) Das teure, aber ursprüngliche Restaurant ist vermutlich die beste Möglichkeit, auf der Insel richtig viel Geld loszuwerden. Holzofen-Pizza und selbstgemachte Pasta sind die Spezialitäten des Hauses und der Weinkeller ist immer gut gefüllt. Italienischer Kaffee und saftiges Tiramisu runden das Mahl ab. Das Lokal befindet sich im Süden von Hat Sai Khao.

AO KHLONG PRAO

In der Bucht des Khlong Prao gibt's ein paar ordentliche Restaurants, die teilweise auch Kochkurse anbieten.

Blue Lagoon Resort (☎ 08 1940 0649; Gerichte 60–220 B; ☺ morgens, mittags & abends) Wenn das Hotel auch Kochkurse veranstaltet, muss das Essen gut sein. Aber noch besser sind die individuellen Esspavillons, die über die ganze Lagune verteilt und über Holzplankenwege zu erreichen sind. Das Personal ist freundlich und die Gerichte sind fantasievoll angerichtet.

KaTi (☎ 08 1903 0408; Gerichte 60–120B; ☺ mittags & abends) bietet ebenfalls Kochkurse an – man geht also auch hier kein Risiko ein. Das thailändische Essen ist genauso, wie man es von jemandem erwartet, der anderen das Kochen beibringt. Der Wunsch nach „echt thailändisch gewürzt" wird hier voll und ganz erfüllt. Ebenfalls im Angebot sind einmalige Fruchtshakes mit Lychees, Limonen, Pfefferminze und vielem mehr. Das Lokal liegt an der Hauptstraße, 50 m vom Eingang zum Blue Lagoon Resort entfernt, auf der anderen Straßenseite.

Barracuda Bar (☎ 08 1448 2187; Gerichte 70–150 B; ☺ morgens, mittags & abends) Kleines, beständig gutes Restaurant, das bei ortsansässigen Ausländern sehr beliebt ist. Da die meisten Gäste aus den nahegelegenen Ferienanlagen kommen, ist es etwas teuer, aber nicht überteuert. Die Handvoll Tische am Strand weisen den Weg.

HAT KAIBAE

Auch in Hat Kaibae entwickelt sich eine gute Restaurant- und Kneipenszene. Zum Zeitpunkt der Recherche gab es unter anderem ein französisches, ein muslimisch-vegetarisches und ein indisches Restaurant mit guten Currys. Seitdem dürften einige dazugekommen sein.

Kharma (☎ 08 1663 3286; ☺ morgens, mittags & abends) Bunt gemischte Musik, ein weit gespanntes Angebot an thailändischen, mexikanischen und vegetarischen Gerichten sowie ein paar aufgeblasene Kugelfische sind gute Gründe, um das schwulenfreundliche Lokal aufzusuchen. Die Cocktails sind auch nicht zu verachten.

BAN BANG BAO

Eine Handvoll ausgezeichneter Meeresfrüchte-Restaurants säumen den Fähranleger in Bang Bao.

Ruan Thai (☎ 08 7000 162; Gerichte 80–300 B; ☺ mittags & abends) Die Meeresfrüchte sind ziemlich teuer, aber superfrisch – bei der Bestellung schwimmen sie noch im Aquarium am Eingang – und werden in großen Portionen serviert. Das hingebungsvolle Personal ist mehr als außergewöhnlich, sie helfen sogar beim Aufbrechen der Garnelen.

Neben dem Ruan Thai haben das Chow Talay und das Bay ein ähnliches Angebot.

An- & Weiterreise

Fähren nach Ko Chang legen an drei Piers in Laem Ngop ab. Der wichtigste ist Tha Laem Ngop, am Ende der Straße aus Richtung Trat, der auch Tha Krom Luang Chumporn oder Naval Battle Monument Pier genannt wird. Der Tha Ko Chang Centrepoint Pier befindet sich 4 km nordwestlich von Laem Ngop. Noch weiter westlich von Laem Ngop, am Strand von Ao Thammachat, ist der Tha Thammachat Pier.

In der Hochsaison legen die meisten Fähren, die zu den vielen Inseln des Meeres-Nationalparks Ko Chang übersetzen, am Tha Laem Ngop Pier ab. Ein rostiges, altes Fischerboot verkehrt als Passagierfähre (für Rucksacktouristen) stündlich nach Ko Chang (100 B, 1 Std.). Die Fähre ist oft überladen und nicht die sicherste Alternative.

Vom Tha Ko Chang Centrepoint Pier fahren zwischen 6 und 19 Uhr stündlich Fähren von und nach Tha Dan Kao auf Ko Chang (einfache Strecke/hin & zurück 80/160 B, 45 Min.). Es verkehrt auch eine Autofähre. Mit jedem zahlenden Passagier fährt ein Auto oder Motorrad kostenlos mit. Diese Fähre ist wesentlich schneller, billiger und sicherer als die reine Passagierfähre. Zudem legt sie näher an den wichtigsten Stränden an. Eine Fahrt mit dem Songthaeo von Trat zum Tha Ko Chang Centrepoint Pier kostet rund 60 B pro Person. Es gibt allerdings Fahrer, die ihre Passagiere nicht direkt zum Fähranleger bringen, sondern unterwegs anhalten, damit die Passagiere ihre Fahrkarte in einem Reisebüro kaufen können. Dort sind sie aber etwas teurer als am Pier.

Eine andere Möglichkeit, nach Ko Chang überzusetzen, ist die stündlich in Tha Thammachat ablegende Autofähre. Bei rauer See ist diese Fähre (60/120 B pro Pers./Auto, 30 Min.), die in Ao Sapparot im Norden von Ko Chang anlegt, manchmal die einzige, die überhaupt in See sticht.

Unterwegs vor Ort

AUTO & MOTORRAD

In den Bungalowanlagen an der Westküste kann man für 200–300 B pro Tag ein Motorrad mieten. Ansonsten sind Motorradvermietungen auf der Insel Mangelware. Die bergigen und kurvigen Straßen auf Ko Chang sind recht gefährlich und daher eigentlich nur für ziemlich erfahrene Biker geeignet. Es gab schon mehrere tödliche Unfälle, an denen westliche Touristen beteiligt waren. In der Hochsaison werden auch Jeeps für 2000 B pro Tag vermietet.

SCHIFF/FÄHRE

Charterfahrten zu den Inseln der Umgebung kosten 600–900 B für einen halben Tag und 1200–2000 B für einen ganzen Tag. Vorher klarstellen, dass im Charterpreis alle „Benutzungsgebühren" auf den Inseln enthalten sind. So mancher Bootsführer kassiert, zusätzlich zum Charterpreis, 200 B für die „Benutzung" des Strands.

Im Süden von Ko Chang können Langboote oder Fischerboote gechartert werden, die für 2000 B – oder 250 B pro Person, wenn die Gruppe groß genug ist – zwischen Hat Kaibae und Ao Bang Bao hin- und herschippern. Ähnliche Charterfahrten werden zwischen Ao Bang Bao und Ao Salak Phet angeboten.

Eine Bootsfahrt auf dem Khlong Prao bis zu den Wasserfällen kostet rund 50 B pro Person und kann zumeist von den Bungalowbesitzern arrangiert werden.

SONGTHAEO

Die Fahrt mit einem *Songthaeo* vom Fähranleger in Tha Dan Kao oder Ao Sapparot kostet pro Person nach Hat Sai Khao 60 B, nach Ban Khlong Prao 70 B, nach Hat Kaibae 80 B und nach Hat Tha Nam 100 B. Eventuell ist Verhandeln angesagt. Daneben fahren auch unregelmäßig *Songthaeos* nach Bang Bao, die Fahrt kostet aber rund 120–150 B pro Person. Der übliche Preis für Fahrten zwischen Tha Dan Kao und Ban Salak Phet beträgt 50 B pro Person, Touristen zahlen meistens mehr.

RUND UM KO CHANG

Im Mu Ko Chang National Marine Park gibt's einige kleinere, teilweise unbewohnte Inseln, die die Touristen mit fantastisch schönen Bilderbuchstränden empfangen. Die Fahrt zu diesen Inseln ist immer noch recht aufwendig, wird aber von Jahr zu Jahr einfacher. Im Vergleich zu Ko Chang und Ko Samet sind die Kosten für Verkehrsmittel, Essen und Unterkunft dort immer noch recht hoch.

In der Hauptsaison ist es einfacher, auf die Inseln zu kommen und dort zu bleiben. In der Nebensaison, von Mai bis September, stellen viele Boote den Fährverkehr ein und die Bungalowanlagen schließen. An den Wochenenden und Feiertagen der Hochsaison stürmen thailändische Kurzurlauber die Anlagen auf Ko Kut, Ko Wai und Ko Mak, aber unter der Woche ist es auf den Inseln ruhig und entspannt.

Serge bei Tratosphere Books (S. 278) in Trat, ist eine zuverlässige Quelle für aktuelle Informationen über die Unterkunfts- und Transportsituation auf und zu den Inseln.

Ko Kut

Ko Kut, die viertgrößte Insel Thailands, ist halb so groß wie Ko Chang. Auf der mit dichtem Dschungel bedeckten Insel gibt's nur Schotterpisten, dafür aber glasklares Wasser, schattenspendende Palmen und erstklassige Strände. Irgendeine Art von Nachtleben sucht man ebenso vergebens wie Restaurants, aber genau deshalb kommen immer mehr Besucher.

ORIENTIERUNG & PRAKTISCHE INFORMATIONEN

Es gibt weder Banken noch Geldautomaten, aber in den großen Resorts kann man auch Geld umtauschen. Ein kleines **Krankenhaus** (☎ 0 3952 5748; ⏰ 8.30–16.30 Uhr), das leichtere Notfälle behandeln kann, befindet sich in Ban Khlong Hin Dam im Landesinneren. Die **Polizei** (☎ 0 3952 5741) ist gleich daneben. Internetzugang ist noch recht selten, doch viele Resorts kümmern sich derzeit darum.

Fantastische Strände mit tiefblauem Wasser finden sich an der Westküste, in Hat Taphao, Hat Khlong Chao, Ao Bang Bao und Hat Khlong Yai Ki. Eine asphaltierte Straße verbindet Ban Khlong Hin Dam, den Hauptort der Insel an der Westküste, mit Ao Khlong Chao, weiter im Süden, und dem Fischerdorf Bang Ao Salat an der Nordostküste, wo die Fähre anlegt. Südlich von Ao Khlong Chao wird die Straße zur staubigen Schlaglochpiste, die teilweise so schmal ist, dass gerade noch zwei Motorräder aneinander vorbei fahren können. Weitere Orte auf der Insel sind Ban Ta Poi, Ban Laem Kluai und Ban Lak Uan.

AKTIVITÄTEN

Im glasklaren Wasser der kleinen Buchten auf Ko Kut kann man herrlich **schnorcheln** und **Kajakfahren**. Die meisten Ferienanlagen halten dazu die nötige Ausrüstung bereit.

Zwei schöne, kurze Wanderungen führen zu den beiden Wasserfällen der Insel. Der größere und bekanntere **Nam Tok Khlong Chao** ist sehr breit und stürzt malerisch in ein riesiges Becken, in dem, vor allem am Wochenende, die Massen plantschen. Ein kurzer Dschungelpfad führt zum Fuß des Wasserfalls, oder man paddelt mit dem Kajak den Khlong Chao hinauf. Weiter nördlich befindet sich der kleinere Wasserfall **Nam Tok Khlong Yai Ki**, der aber ebenfalls ein großes Becken zum Abkühlen bietet.

Das Koh Kood Ngamkho Resort (s. rechte Spalte) vermietet **Mountainbikes** (150 B/Tag), mit denen sich die hügelige Insel recht angenehm, wenn auch etwas staubig, erkunden lässt.

SCHLAFEN

Ko Kut hat keinerlei Verkehrsinfrastruktur, und die meisten Ferienanlagen sind auf Pauschaltouristen ausgerichtet. Ist man erst einmal auf der Insel, gestaltet sich die Zimmersuche sehr schwierig, obwohl alle im Folgenden genannten Anlagen auch Zimmer an Individualtouristen vermieten. Es empfiehlt sich daher auf jeden Fall, vorher anzurufen. Die meisten Schnellbootfahrer setzen die Gäste dann direkt am Landungssteg ihres Hotels ab.

Koh Kood Ngamkho Resort (☎ 08 1825 7076; www.kohkood-ngamkho.com; Ao Ngam Kho; Hütte/Bungalow 300/650 B) Die schattigen Hütten stehen an einem bewaldeten Hügel am hübschen Strand von Ao Ngam Kho, nördlich von Bang Bao. Die von „Uncle Joe" geführte Anlage ist riesengroß und die beste Budgetunterkunft in der Gegend. Die Hütten sind zwar rustikal-einfach, mit farbenfrohen Fliesen und Mosaiken aber witzig gestaltet. Die äußerst einfachen Hütten, in denen nur eine Matratze unter einem Moskitonetz liegt, sind kaum besser als ein Zelt, aber heimelig.

Mangrove Bungalows (☎ 08 5279 0278; www.kohkoodmangrove.com; Ban Khlong Chao; Zi. 600–1200 B; ✷) Abseits vom Strand, dafür aber am mangrovenbestandenen Ufer des Khlong Chao, stehen die nagelneue Bungalows mit glänzend polierten Holzfußböden und Warmwasser. Das Restaurant schwebt förmlich über den Kanal,

den man in einem der angebotenen Kajaks hinaufpaddeln kann.

Dusita (☎ 08 1523 7369; Ao Ngam Kho; Zi. 700–1200 B; ✷) Feiner Sandstrand, üppig grüne Vegetation, Pavillons und Restaurants, in denen man den leichten Seewind genießen kann – die Bungalows mit Ventilator oder Klimaanlage sind ihr Geld wert. Am Wochenende ist immer viel los, vor allem in der Hauptsaison.

Siam Beach (☎ 08 1945 5789; Ao Bang Bao; Zi. 800–1500 B; ✷ 🖳) In den mehr als einfachen Hütten mit Ventilator liegen die Matratzen direkt auf dem Boden. Die teureren Bungalows mit Klimaanlage stehen am schönsten Teil des Strands von Ao Bang Bao. Auch wenn einige einen schönen Blick aufs Meer bieten, sind die Hütten überteuert.

Koh Kood Resort & Spa (☎ 08 1829 7751; www.kohkoodholiday.com; Ao Bang Bao; Zi. inkl. Frühstück 1000–1800 B; ✷) Wer auf die Klimaanlage verzichtet, bekommt die mitten im Dschungel stehenden, geräumigen Bungalows mit weißgetünchten Duschen im Freien zu einem vernünftigen Preis. Auch wenn es nicht wirklich einen „Spa"-Bereich gibt, stehen jede Menge Möglichkeiten zum Entspannen zur Verfügung. Jeder Bungalow hat eine große Terrasse und vor den hohen Fenstern hängen vom Boden bis zur Decke hübsche, dünne Vorhänge. Nicht zu verwechseln mit dem Ko Kut Resort & Spa, das sich in einem anderen Teil der Insel befindet.

Beach Natural Resort (☎ 08 6999 9420, Bangkok 0 2222 9969; www.thebeachkohkood.com; Ao Bang Bao; Zi. inkl. Frühstück 1200–2600 B; ✷ 🖳) Bungalows im balinesischen Stil ducken sich unter üppiger Vegetation an einer ruhigen Bucht, die sich bestens zum Kajakfahren eignet. Das Personal ist noch freundlicher als sonst in Thailand und das Restaurant ist das beste an diesem Strand. Pavillons auf dem Sandstrand laden zum Entspannen ein. Da die Thais das Hotel am Wochenende zu einer Karaoke-Bar umfunktionieren, sollte man unter der Woche kommen und die Ruhe genießen.

Shantaa (☎ 08 1817 9648; www.shantaakohkood.com; Hat Khlong Yai Ki; Zi. inkl. Frühstück 5000 B; ✷) Die stilvollen Bungalows auf einer sonnigen Klippe gehören zum wohl nobelsten Hotel auf der Insel. Hier ist alles purer Luxus, aber das Beste sind die Badezimmer. Über Steinstufen geht's in einen umschlossenen Garten, in dem zwei Außenduschen mit grünen Pflanzenwänden oder eine kreisrunde Badewanne stehen. Toilettenartikel mit Kräuterzusätzen machen

das einzigartige Badeerlebnis perfekt. Zu weiteren Annehmlichkeiten gehören Stereoanlage, Riesenbetten, Privatstrand und – endlich mal kein Fernseher.

ANREISE & UNTERWEGS VOR ORT
Seit die Inseln immer beliebter werden, verbessern sich auch die Transportmöglichkeiten. Im Folgenden findet sich eine Übersicht der diversen Fährverbindungen. In der Hauptsaison fahren die Boote häufiger und zu weiter entlegenen Stränden. In der Nebensaison kann der Fährverkehr zu den Inseln komplett eingestellt werden.

Zwischen Bang Bao auf Ko Chang und den anderen Inseln verkehrt in der Hauptsaison zweimal täglich eine „Schnellfähre" von **Bang Bao Boats** (☎ 08 7054 4300). Auf Ko Kut legt sie um 9 Uhr ab und kommt um 11 Uhr in Bang Bao an (900 B). Von Ko Chang zurück geht's um 12 Uhr. Die Alternative, das (langsame) „Holzboot" nach Ko Chang, verlässt Ko Kut um 9 Uhr (700 B, 5 Std.). In umgekehrter Richtung legt ein Boot um 9 Uhr in Bang Bao ab und nimmt Kurs auf Ko Kut.

Das Schnellboot von **Siriwite Speedboat** (☎ 08 6126 7860) legt am Pier von Laem Sok ab, 22 km (oder 45 Minuten) südöstlich von Trat. Es fährt einmal täglich um 13 Uhr nach Ko Kut (600 B, 1¼ Std.). Zurück von Ko Kut geht's um 9.30 und 13 Uhr. Ebenfalls in Laem Sok starten die Boote von **Ninmungkorn Express Boat** (☎ 08 6126 7860; Laem Sok). Abfahrt auf dem Festland ist um 12 Uhr und auf Ko Kut um 10 Uhr (350 B, 2¼ Std.). Im Fahrpreis enthalten ist der Sammeltaxitransport von und nach Laem Sok.

Das Schnellboot von Dan Kao verlässt Tha Dan Kao, 5 km östlich von Trat (nicht zu verwechseln mit Tha Dan Kao auf Ko Chang) täglich um 9 Uhr, allerdings nur in der Hauptsaison (550 B, 1¼ Std.). Abfahrt von Ko Kut zum Festland ist um 13 Uhr.

Auf der Insel gibt es praktisch keine Verkehrsmittel, am besten mietet man sich ein Motorrad oder ein Mountainbike (s. S. 293). Motorräder sind überall auf Ko Kut zu bekommen, der Mietpreis liegt bei 300–500 B für 24 Std.

Ko Mak

Die hübsche kleine Insel Ko Mak ist nur 16 km² groß und hat keine mit Dschungel bedeckten Berge und Täler wie Ko Chang oder Ko Kut. Aber gerade weil sie so klein und unspektakulär ist, geht es hier wesentlich

ruhiger und entspannter zu. Palmengesäumte Strände, an die seichte Wellen schlagen – ein tropisches Inselparadies wie aus dem Bilderbuch. 30 % der Inselfläche sind mit Regenwald bedeckt, Kokosnuss- und Kautschukplantagen nehmen 60 % ein. Nur wenige Straßen sind asphaltiert.

ORIENTIERUNG & PRAKTISCHE INFORMATIONEN
Es gibt weder Banken noch Geldautomaten auf der Insel, deshalb genügend Bargeld mitbringen. Die Hauptanlegestelle befindet sich in Ao Nid, an der Ostküste der Insel. Das gleichnamige kleine Dorf liegt weiter im Landesinneren. Ein Netz von Straßen, die zumeist nicht asphaltiert sind, verbindet die Strände miteinander.

Ball's Cafe (☎ 08 1925 6591; Ao Nid Pier; 1 B/Min.; 9–18 Uhr) bietet Internetzugang und hilft bei der Buchung von Unterkünften und Touren.

Ko Mak Health Centre (☎ 08 9403 5986; in der Nähe des Ao Nid Pier, an der Straße, die quer durch die Insel führt; 8.30–16.30 Uhr) Für erste Hilfe bei Notfällen und Krankheiten.

Polizei (☎ 0 3952 5741) In der Nähe des Krankenhauses.

AKTIVITÄTEN
Die kurvigen Schotterpisten, die sich über die flache Insel ziehen, sind ideal zum **Mountainbiken**. **Chan Chao** (☎ 08 9728 0703), in der Nähe des Krankenhauses, vermietet stabile Räder (50/150 B pro Std./Tag) und bietet auch ausgearbeitete Routenvorschläge. Viele Pension vermieten ebenfalls Fahrräder.

Die meisten Bungalowbesitzer können **Schnorchel- und Tauchausflüge** arrangieren. Einen guten Ruf hat die Tauchschule **Kok Mak Divers** (☎ 08 3297 7724), an der Straße hinter den Island Huts, die sich auch für den Schutz der Korallen einsetzt. Ein Schnorchelausflug inklusive Mittagessen und Transport kostet 650 B, ein Tauchgang 2300 B.

SCHLAFEN & ESSEN
Neben den vielen Resorts gibt's auf Ko Mak auch einige bezaubernde Pensionen, insbesondere am Strand von Ao Khao, in denen das Leben noch seinen langsamen, für eine thailändische Insel typischen Gang geht. Die genannten Preise gelten in der Hauptsaison. In der Nebensaison bieten die Häuser, die nicht schließen, Nachlässe von bis zu 50 %.

Die ganze Insel, einschließlich der Pensionsbesitzer, ist vor Ort, wenn die tägliche

Fähre vom Festland anlegt. Also: Keine Angst, die Wirte finden ihre Gäste.

Island Huts (☎ 08 7139 5537; Ao Khao; Hütte 300–350 B) Farbenfrohe Holzhütten mit gemütlichen Hängematten, die an einem kleinen, halbprivaten Strand stehen, sprechen für diese nette Budgetunterkunft – wären da nicht die brettharten Matratzen.

Buri Huts (☎ 08 9752 5285; www.kohmakburihut.com; Baan Lang; Zi. 500–1300 B; 🔀 🔳) Die afrikanisch anmutenden Hütten stehen auf den Terrassen eines steilen Felsens, der aus dem Meer an der Ostküste ragt. Die billigsten Hütten sind mit Stroh gedeckt, die runden Betonhäuschen schmücken leuchtend blaue Dächer. Rund um den erdfarbenen Swimmingpool stehen gemütliche Liegestühle. Ein Schild an der Anlage verspricht, dass es am Strand „keine Sandflöhe" gibt.

Monkey Island (☎ 08 9501 6030; www.monkeyisland kohmak.com; Ao Khao; Zi. 600–3000 B; 🔀 🔳 🔳) Die vermutlich beste Unterkunft für Backpacker auf der Insel bietet für jeden Geldbeutel etwas. Die strohgedeckten Lehmziegel- oder Holzhütten werden in drei „affigen" Versionen angeboten: Pavian, Schimpanse und Gorilla. Während Erstere nur Gemeinschaftsbad haben, verfügen Letztere über ein eigenes Badezimmer im Freien und eine großzügige Terrasse. Allen gemeinsam sind witzige Details: Wo gibt's schon dunkellila Bettwäsche? Ein Restaurant und eine Bar sorgen für ein bisschen Nachtleben auf der verschlafenen Insel. Der Mini-Swimmingpool ist eher ein Kinderplantschbecken.

Baan Koh Maak (☎ 0 3952 4028; www.baan-koh-mak. com; Ao Khao; Zi. 700–1400 B; 🔀) Die flippig-freundlichen Bungalows bewerben sich um den Titel der schicksten und stilvollsten Herberge für Backpacker auf Ko Mak. Weiße Lattenzäune geben der Anlage das Aussehen eines thailändischen Bilderbuch-Vororts – aber die neongrün und violett gestrichenen Bungalows wirken, als ob darin eher rebellische Hippies wohnen. Die Matratzen sind weicher als die üblichen Budget- bis Mittelklassemodelle. Der Besitzer betreibt auch die Koh Mak Cottages nebenan, wo ein einfacher Bungalow mit Ventilator 550 B kostet.

Ko Mak Coco-Cape (☎ 08 1937 9024; www.kohmak cococape.com; Zi. 1000–4500 B; 🔀 🔳) Die weitläufige Anlage gehört einem Architektenpaar aus Bangkok, was nicht zu übersehen ist. Die schicken Bungalows und Häuser mit kühlen, weißgetünchten Wänden könnten zum Club

Ko Med gehören. Am preiswertesten sind die etwas wackeligen Bambushütten, die über Gezeitentümpeln stehen, aber auch sie kosten, nur mit Ventilator und Gemeinschaftsbad ausgestattet, ab 1000 B aufwärts. Der kleine Badestrand ist nur wenige Gehminuten entfernt.

Makathanee Resort (☎ 08 7600 00374; www.maka thanee.com; Ao Khao; Zi. 2500–3000 B; 🔀 🔳 🔳) In den noblen Bungalows gewähren die Fenster vom Boden bis zur Decke freien Blick aufs Meer. Die Räume sind großzügig, die Matratzen herrlich weich. Obwohl die Aussicht nicht beeinträchtigt werden wird, verdirbt das neue Hotel, das in unmittelbarer Nähe, direkt hinter dem Resort, gebaut wird, doch irgendwie die Stimmung.

Food Garden (Ao Khao; Gerichte 30–80 B; 🕙 16–22 Uhr) Der „Essensgarten", gegenüber der Bungalowanlage Monkey Island, macht seinem Namen alle Ehre: ein eingezäuntes Gelände mit Tischen, die von unzähligen Essensständen umgeben sind. Ein Kellner nimmt die Bestellung auf, sodass man nicht selbst die Stände abklappern muss, es sei denn, man möchte genau das tun. Absolut zu empfehlen ist *höy tôrt*, gebratene Muscheln mit süß-pikanter Chilisauce (50 B). Lecker!

ANREISE & UNTERWEGS VOR ORT

Verschiedene Schnellbooteigner bieten häufige Verbindungen zwischen Ko Mak und dem Festland an. Am besten bucht man sie in den Pensionen. Die Schnellboote von Panan Speedboat legen am Landungssteg des Ko Mak Resort, im Nordwesten der Insel, um 8 und 13 Uhr ab. Abfahrt in Laem Ngop ist um 10 und 16 Uhr (450 B, 1 Std.). Die Boote von Leelawadee Speedboat fahren vor dem Makathanee Resort ab, und zwar um 8, 10.30 und 12 Uhr. In Laem Ngop legen sie jeweils um 10.30, 14 und 15 Uhr ab (450 B, 1¼ Std.).

Die langsame Fähre, die über Ko Wai nach Tha Laem Ngop schippert, startet an der Ao Nid Pier auf Ko Mak um 8 Uhr. Vom Festland zurück geht's um 15 Uhr (300 B, 3 Std.).

Außerdem legen alle Fähren, die vom Festland und Ko Chang nach Ko Kut übersetzen, einen Zwischenstopp auf Ko Mak ein. Hier nur drei Beispiele: das Schnellboot von Bang Bao Boat, das um 12 Uhr in Bang Bao im Süden von Ko Chang ablegt (550 B, 1 Std.); das Holzboot, das Ko Chang um 9 Uhr verlässt (400 B, 2 Std.); und das Schnellboot von Siriwite Speedboat, das um 13 Uhr in Laem

Ngop abfährt (450 B, 1 Std.). Weitere Informationen zu den Schnellbooten gibt's auf S. 294. Die Fahrt von Ko Kut nach Ko Mak kostet 200–400 B.

Einmal auf der Insel angekommen, bewegt man sich mit dem Fahrrad weiter (s. S. 293) oder aber erkundet sie zu Fuß, da sie nicht allzu groß ist. Der Mietpreis für ein Motorrad beträgt 60–80 B pro Stunde und 300–450 B pro Tag.

Weitere Inseln

Noch ein paar weitere kleine Inseln bieten Abgeschiedenheit, azurblaues Wasser und Übernachtungsmöglichkeiten. Die meisten Schnellboote halten dort auf Wunsch.

KO WAI

Ko Wai ist winzig klein und recht primitiv, aber mit herrlichen Korallenriffen gesegnet. Mittlerweile gibt's im Norden der Insel einige Unterkünfte. Nachmittags fallen regelmäßig die Tagesausflügler ein, doch abgesehen davon herrscht Ruhe und Frieden.

Ao Yai Ma (☎ 08 1841 3011; Zi. 200–350 B) Billige und einfache Unterkunft. Die teureren Hütten haben jeweils ein eigenes Bad.

Ko Wai Paradise (Zi. 300 B) Beliebte Anlage mit einfachen Holzbungalows direkt am Strand. In den Korallenriffen direkt vor dem Haus tummeln sich regelmäßig Massen von schnorchelnden Tagesausflüglern.

Good Feeling (☎ 08 8503 3410; Zi. 300 B) Einfache Hütten mit Strohdach und Gemeinschaftsbad.

Grand Mer (Zi. 400 B) Sechs Hütten und ein kleines Restaurant auf einem schönen, ruhigen Strand an der Nordostküste der Insel.

Ko Wai Pakarang (☎ 08 4113 8946; www.kohwaipakarang.com; Zi. 800–2500 B; ✗ ▢) Die Betonbungalows mit Klimaanlage sind so schick, wie es auf Ko Wai eben geht. Neben einem Restaurant mit Bar betreiben die Besitzer auch, eher halbherzig, ein Koralleninformationszentrum und eine Schildkrötenzucht.

KO KHAM

Das Inselchen nordwestlich von Ko Mak ist ein schönes Tauchrevier. Genau wie vor Ko Wai erforschen auch hier Scharen von Tagesausflüglern die Unterwasserwelt. Unterkunft gibt's hier nur eine einzige, das **Ko Kham Resort** (☎ 08 1393 1229; Zi. 400–2000 B), das winzig, einfach und leicht überteuert ist. Die Anreise auf die Insel erfolgt mit einem Schnellboot (70 B),

das am Ko Mak Resort ablegt, oder mit einem der anderen Boote, die auf Wunsch die Insel ansteuern. Oder man paddelt mit dem Kajak von Ao Suan Yai auf Koh Mak nach Ko Kham.

KO RAYANG

Rayang Island Resort (☎ 0 3950 1000; www.rayang-island.com; Zi. 2400–3360 B) Eine winzige Ferienanlage auf einer winzigen Insel vor Ko Mak. Die 15 frisch renovierten Bungalows gibt's einem und mit zwei Schlafzimmern. Die wunderbare Ruhe der Insel wird auch nicht durch Tagesausflügler gestört. Wer selbst Krach machen will, kann die ganze Insel für 500 € pro Tag mieten. Bei einer Übernachtung im Resort ist die Anreise im Preis enthalten. Ansonsten nimmt man ein Schnellboot für 150 B.

PROVINZEN PRACHIN-BURI & SA KAEW

Die Stadt Prachinburi ist wegen ihres interessanten Krankenhauses einen Abstecher wert. Außerdem ist die Gegend eine gute Ausgangsbasis für die Erkundung des südlichen Teils des Khao Yai National Park (S. 514). Entlang der Abhänge am südlichen Rand des Khorat-Plateaus erstrecken sich die benachbarten Nationalparks, Thap Lan und Pang Sida.

Die ländlichen Gebiete der Provinzen Prachinburi und Sa Kaew sind gespickt mit vielen kleineren Dvaravati- und Khmer-Ruinen. Sa Kaew bedeutet „Juwelenbecken", in Anspielung auf die vielen Wasserspeicher der Mon-Khmer in dieser Gegend. Die meisten dieser losen Haufen aus Lateritblöcken sind aber für normale Besucher nicht weiter interessant. In der östlichen Verlängerung der Rte 33, im kambodschanischen Angkor Wat gibt's (bekanntlich) weit Großartigeres zu sehen.

PRACHINBURI

Das **Chaophraya Abhaibhubejhr Hospital** (☎ 0 3721 3610; www.adhaibhubejhr.org; 32/7 Moo 12, Ih Prachin-Ahuson) in Prachinburi ist in ganz Thailand bekannt für die Entwicklung von Naturheilmitteln unter Einsatz von traditioneller Medizin. Im Laden des Krankenhauses, der von 8.30 bis 20.30 Uhr geöffnet ist, werden Arzneimittel und Pflegeprodukte zu vernünftigen Preisen verkauft. Die ausgezeichneten Seifen

duften unter anderem nach Ingwer oder Mangostan. Der Färberdisteltee soll den Cholesterinspiegel senken. Hier kann man sich mit den Originalprodukten eindecken, bevor sie von Body Shop oder Starbucks als Massenware vermarktet werden.

Zum Krankenhaus gehört auch ein seriöser Massagesalon. Eine 60-minütige Massage kostet 160 B, zuvor wird aber immer der Blutdruck des Patienten gemessen. Das barocke Gebäude nebenan wurde vom Gründer des Krankenhauses, dem siamesischen Gouverneur Chao Phraya Abhaibhubejhr, errichtet. Heute ist es ein Museum für Naturheilkunde. Die Fahrt mit dem Tuk-Tuk zum Krankenhaus kostet vom Busbahnhof in Prachinburi 40 B, vom Bahnhof 60 B.

An- & Weiterreise

Die Busse nach Prachinburi (95–115 B) fahren am Busbahnhof Nord (Mo Chit) in Bangkok ab. Viermal täglich fährt auch ein Zug (42–110 B, 2–3 Std.) vom Bahnhof Hualamphong in Bangkok nach Prachinburi.

RUND UM PRACHINBURI

In der Umgebung der Stadt sind zahlreiche Fundamente von Lateritbauten zu sehen, die aus der Dvaravati- und Angkor-Zeit stammen. Über die Rte 319 und Rte 3070 südöstlich von Prachinburi kommt man zu dem Ort Ban Sa Khoi, der sich zwischen Khok Pip und Sa Maha Pho an der Rte 3070 befindet. Dort lässt sich die Talsperre von **Sa Morakot** (Emerald Pool; Eintritt frei; ◷ bei Tageslicht) aus der Angkor-Zeit bewundern, ein wichtiger Wasserspeicher der Khmer während der Regentschaft des Angkor-Königs Jayavarman VII. Die Originalschleuse aus Lateritblöcken ist ebenso erhalten wie verschiedene *säir·mah* (Grenzsteine), *naga*-Skulpturen (das mythische Schlangenwesen mit Zauberkräften), Podeste und ein Lingam aus Sandstein. Das Wasser gilt als heilig und wird bei der Krönungszeremonie des thailändischen Königs benutzt. Öffentliche Verkehrsmittel fahren nicht bis hierher.

Die Stadt Nakhon Nayok, weiter westlich an der Rte 33, ist bei den Thais aus Bangkok ein beliebter Ausgangspunkt für Outdooraktivitäten – vor allem Rafting, das hier das ganze Jahr über möglich ist. **Sarika Adventure Point** (☎ 0 3732 8432; Nakhon Nayok) bietet eine Kombination aus Raftingtour auf dem nahegelegenen Stausee von Tha Dan und Mountainbiken (1800 B/Tag). „Abseiling" ist ebenfalls im Angebot (1500 B/Tag). Das Büro von Sarika befindet sich in der Nähe der Kreuzung der Rte 3049 mit der Rte 3050, 11 km außerhalb der Stadt. Outdoorfanatiker können auch Felsen hochklettern und wandern. Die **Tourism Authority of Thailand** (☎ 0 3731 2284; 182/88 Suwannason Rd) in Nakhon Nayok gibt Auskunft über die Wege und Strecken und hilft bei der Buchung. Am Wochenende treten weitere Tourenveranstalter auf den Plan.

Die Rte 3077, nördlich von Prachinburi, führt direkt zum Südeingang des **Khao Yai National Park** (S. 514). Die Palm Garden Lodge (s. unten) in Ban Kon Khuang organisiert Tagesausflüge (1700 B/Pers.) in den Khao Yai National Park. Das Hotel ist nur 7 km vom Parkeingang entfernt.

Schlafen

Am Wochenende sind die familiengeführten Bungalows in Nakhon Nayok, entlang der Soi Suan Lung Nai, unweit der Rte 3029, komplett mit thailändischen Ausflüglern belegt, aber unter der Woche ist hier gar nichts los. Von den Bungalows blickt man auf nebelverhangene Berge und ein Gewirr von kleinen Flüssen. Die meisten Anlagen vermieten Mountainbikes und Kajaks. Englisch wird kaum gesprochen, öffentliche Verkehrsmittel gibt's nicht. Nur Taxis fahren vom Busbahnhof in Nakhon Nayok, eine Fahrt kostet rund 200 B.

Der Ort Ban Kon Khuang an der Rte 33, in der Nähe des ruhigeren, südlichen Ende des Nationalparks gelegen, bietet einige gute Unterkünfte. Der Parkeingang ist nicht weit entfernt.

Mai Ked Homestay (☎ 08 1458 9531; Nakhon Nayok; EZ ab 100 B) Freundliche Pension auf einer kleinen Obstplantage mit einem Dutzend verschiedener Obstbaumsorten und einem Fischteich. Frühstück, Mittag- und Abendessen kosten jeweils 50 B, 80 B und 100 B zusätzlich. Geschlafen wird auf Matratzen, die auf dem Boden eines gemeinsamen Schlafraumes liegen. Das Büro der **Tourism Authority of Thailand** (☎ 0 3731 2284) in Nakhon Nayok ist bei der Buchung behilflich, die Mitarbeiter sprechen aber kaum Englisch.

Palm Garden Lodge (☎ 08 9989 4470; www.palmgalo.com; Moo 10, Ban Kon Khuang, Prachinburi; Zi. 400–650 B, Bungalow 1200 B; 🐾) Der freundliche Familienbetrieb, der wirklich in einem schattigen Palmengarten liegt, hat Zimmer mit Ventilatoren oder Klimaanlagen. Das Essen ist fantastisch,

SÜDOSTTHAILAND

und die Besitzer haben jede Menge Ideen, was ihre Gäste in der Gegend unternehmen könnten. Sie organisieren auch den Transport zum ausgezeichneten Nachtmarkt und zum Chao Phraya Abhaibhubejhr Hospital in Prachinburi (rund 300 B). Motorräder werden ebenfalls vermietet (250 B/Tag). Nicht vergessen, den Leguan des Hauses zu begrüßen.

Anreise & Unterwegs vor Ort
Vom Busbahnhof Nord (Mo Chit) in Bangkok fahren oft Busse nach Nakhon Nayok (75–95 B). Auf Wunsch legen die Busse, die auf der Rte 33 von Mo Chit nach Aranya Prathet unterwegs sind, einen Stopp in Ban Kon Khuang ein. Die Besitzer der **Palm Garden Lodge** (www.palmgalo.com) holen ihre Gäste in Nakhon Nayok ab und vermieten auch Motorräder (250 B/Tag).

Die Straßen der Region sind ausgezeichnet und gut mit einem Mietwagen zu befahren.

THAP LAN & PANG SIDA NATIONAL PARKS
Der 2235 km² große **Thap Lan National Park** (☎ 0 3721 9408; reserve@dnp.go.th; 400 B; ☼ 8–17 Uhr) ist der zweitgrößte Nationalpark Thailands. Bekannt ist er vor allem für die beeindruckend schöne *dôn lahn* (Talipot-Palme), die hier reichlich vorkommt. Im Park leben auch Elefanten, Tiger, Gaurs (Wildrinder), Sambar-Hirsche, Muntjaks, Fleckenmusangs, Nashornvögel und Gibbons. Es ist zu hoffen, dass der Kouprey, eine seltene, urzeitliche Rinderart, noch dort lebt. Offiziell beobachtet wurde er zuletzt vor mehr als 30 Jahren. Illegales Abholzen hat dem Park stark geschadet, aber durch die Wiederaufforstung wird das natürliche Gleichgewicht langsam wieder hergestellt.

Die Infrastruktur im Park ist minimal. Wer ins Innere vordringen möchte, sollte sich mit den Rangern der **Parkverwaltung** (☎ 0 3721 9408) in Thap Lan in Verbindung setzen. Sie können Touren durch den Park organisieren und eine Campingerlaubnis (50 B/Pers.) ausstellen. Im Park stehen drei Bungalows (1500 B) mit je sechs Betten zur Verfügung, die unter der E-Mail-Adresse des Thap Lan National Park zu buchen sind.

Zum Parkeingang, der sich 32 km nördlich von Kabinburi an der Rte 304 (die Straße nach Nakhon Ratchasima) befindet, fahren keine öffentlichen Verkehrsmittel.

Der **Pang Sida National Park** (☎ 0 3724 6100; reserve@dnp.go.th; 200 B; ☼ 8–17 Uhr) in der Nähe von Sa Kaew, rund 30 km südöstlich des Thap Lan National Park, ist kleiner und hügeliger. Der Park ist vor allem für seine malerischen Wasserfälle Nam Tok Pang Sida und Nam Tok Na Pha Yai in der Nähe der Parkverwaltung und die schwieriger zu erreichenden Kaskaden von Suan Man Suan Thong und Nam Tok Daeng Makha bekannt. Vom Busbahnhof in Sa Kaew fahren Minibusse für 50 B zum Park.

ARANYA PRATHET
อรัญประเทศ
15 800 Ew.
Die Grenzstadt Aranya Prathet (auch Aran genannt) war lang ein Magnet für Flüchtlinge, die der turbulenten Berg-und-Tal-Fahrt Kambodschas im 20. Jh. entkommen wollten. Vertriebene Kambodschaner überschwemmten die Gegend nach der Machtübernahme der Roten Khmer 1975 und der darauf folgenden vietnamesischen Invasion von 1979. Die willkürlichen Scharmützel zwischen den Guerillas der Roten Khmer und der Regierung in Phnom Penh hielten bis 1998 an, aber die Stadt ist heute sicher und der meistfrequentierte Grenzübergang für Touren zwischen Thailand und Angkor Wat in Kambodscha.

Razzien gegen das Glücksspiel in Phnom Penh haben dazu geführt, dass eine wahre Flut von Casinos in Poipet gebaut wurde. Die meisten sind auf Thais aus Bangkok ausgelegt, und der Kontrast zwischen Thai-Gästen und armen Khmer, die wackelige Karren schieben, ist erschreckend.

Teile des Gebiets sind immer noch stark vermint – also auf gar keinen Fall die markierten Straßen und Wege verlassen.

Sehenswertes
Der große Grenzmarkt von **Talat Rong Kluea** am Nordrand der Stadt zieht eine bunte Menge Kambodschaner an, die über die Grenze kommen, um mit den wohlhabenderen Thais zu handeln. Traditionell wurden hier Edelsteine, Kunsthandwerk und Textilien verkauft, aber nun liegt der Schwerpunkt auf Secondhandware aus den entwickelten Ländern. Es sind hauptsächlich abgetragene Klamotten, aber wenn man Converse-, Prada- oder Gucci-Imitate oder ehemalige Taekwandokleidung des südkoreanischen Nationalteams sucht, ist der Markt definitiv einen Pirschgang wert. Am besten erkundet man das Labyrinth aus über 3000 Läden mit einem geliehenen

Fahrrad (20 B). Auch wer nichts kauft, wird von dem steten Strom der Kambodschaner fasziniert sein, die mit riesigen, von Hand gezogenen und mit Waren überladenen Karren über die Grenze kommen.

Schlafen & Essen

Einfache Hotelzimmer (ab 200–300 B) gibt's an der Abzweigung zum Markt, kurz vor der Grenze nach Kambdoscha. Einfach nach dem Pepsi-Cola-Schild in Thai Ausschau halten.

Market Hotel (☎ 0 3723 2302; 105/30–32 Th Rat Uthit; Zi. 250–400 B; 🖫 🖾) Der Service lässt zu wünschen übrig, aber das Hotel ist backpackerfreundlich.

Ban Ratanatam (Zi. 350 B) Einfache Zimmer mit Klimaanlage, an der Straße aus Richtung Talat Rong Kluea. Niemand spricht Englisch. Dafür gibt's ein Café zum Online-Spielen und Essensstände.

Aran Mermed Hotel (☎ 0 3722 3655; Fax 0 3722 3666; 33 Th Tanawithi; Zi./Suite 1200/2500 B; 🖫) Großzügige und gemütliche Zimmer mit Klimaanlage in einem Hochhaus, das so gar nicht in eine thailändische Grenzstadt passen will. Das Aran Mermed findet man direkt hinter dem Busbahnhof.

Genau wie das Schild gegenüber der Kasikorn Bank in Talat Rong Kluea verkündet, gibt's hier Kaffee, Steaks, Internet – serviert auf einer schattigen Holzterrasse mit roten Sonnenschirmen.

An den Essensständen rund um den Markt wird man für wenig Geld satt.

Anreise & Unterwegs vor Ort

Normale Busse vom Busbahnhof Nord (Mo Chit) in Bangkok nach Aranya Prathet (125 B, 5 Std.) verkehren stündlich von 5.30 bis 16.30 Uhr; Busse mit Klimaanlage (215 B, 4¼ Std.) fahren von 5.30 bis 10.30 Uhr und von 12 bis 17 Uhr stündlich ab. Für Reisende ins nordöstliche Thailand gibt's normale Busse von Aranya Prathet nach Khorat (200 B, 5 Std.).

Es hat auch eine direkte Busverbindung vom Bangkoker Flughafen Suvarnabhumi zur kambodschanischen Grenze den Betrieb aufgenommen (190 B, 4 Std.).

Täglich verlassen zwei Züge (5.55 & 13.05 Uhr) den Hualamphong-Bahnhof in Bangok Richtung Aranya Prathet (nur 3. Klasse, 48 B, 6 Std.).

Vom Busbahnhof fährt ein Regionalbus (15 B) nach Talat Rong Kluea, von wo aus man zu Fuß zur Grenze gehen kann. Der Bahnhof liegt nahe am Busbahnhof, und ein Tuk-Tuk entweder von der Grenze oder dem Markt aus kostet 60 bis 80 B. Motorradtaxis kosten nur halb so viel wie Tuk-Tuks und fahren einen ebenfalls zum Markt.

Grenzübergang (Kambodscha)

Die Grenze zu Kambodscha ist täglich von 7 bis 20 Uhr geöffnet. Zunächst passiert man die thailändische Einreisebehörde und geht zu Fuß über die Grenze zur kambodschanischen Einreisebehörde. Man braucht ein Foto und 1200 B (oder 25 US$). Man kann sich aber auch im Voraus in Bangkok bei der kambodschanischen Botschaft ein kambodschanisches Visum besorgen. Ein Touristenshuttlebus vor der kambodschanischen Einreisebehörde befördert Passagiere kostenlos zum Taxistand von Poipet, von wo aus man die Weiterreise organisiert. Zum Zeitpunkt der Recherche wurde die Straße von Poipet gerade endlich befestigt. Nun braucht man für die Fahrt nur noch die Hälfte der Zeit und erreicht so in zwei Stunden Siem Reap. In der Trockenzeit ist es eine Vier-Stunden-Fahrt, in der Regenzeit dauert's erheblich länger. Mehr Informationen gibt's im englischen Lonely Planet Band *Cambodia*.

Achtung: An diesem Grenzübergang geht's an den Wochenenden ziemlich lebhaft zu, wenn die Thais in die Casinos von Poipet fahren. Grenzbeamte empfehlen, früh zu kommen, um Verzögerungen zu vermeiden.

SÜDOSTTHAILAND

Provinz Chiang Mai

Die nebelverhangenen Berge der Provinz Chiang Mai locken schon seit langem Besucher an, die den südlichen Teil des faszinierenden Himalajas entdecken möchten. Touristen zieht es zwar eher in den immergrünen Urwald weiter im Norden, um dann von Chiang Mai, das Verkehrsknotenpunkt und lässige Kulturhauptstadt in einem ist, doch positiv überrascht zu sein. Interesse wecken auch indigene Stämme, die in hochgelegenen Tälern leben und darum kämpfen müssen, ihre kulturelle Identität zu bewahren. Die Provinz wird von einem der großen asiatischen Handelswege, einem südlichen Ausläufer der Seidenstraße, durchquert. Sie entwickelte sich deshalb zum Knotenpunkt für den Handel und zu einer Schnittstelle der verschiedenen Kulturen aus dem heutigen China, Laos und Myanmar. Kaufleute, die sich in Karawanen zusammenschlossen, handelten hier einst mit Opium, Holz und Seide. Letztere ist die einzige noch heute gängige Handelsware; und Pferdekutschen sind längst Geschichte. Stattdessen hat sich die Provinz den Erfordernissen der modernen Wirtschaft angepasst.

Chiang Mai gehört zu den größten Städten Thailands, hat sich dabei jedoch den Charme einer Kleinstadt bewahrt. Sie ist Dreh- und Angelpunkt für den Tourismus, den öffentlichen Verkehr, das Bildungswesen und den internationalen Handel im Norden des Landes. Außerhalb der Hauptstadt ist Chiang Mai dicht mit Wäldern bewachsen – so dicht wie keine andere Provinz im Norden. Darüber hinaus erheben sich hier der Doi Inthanon (2565 m) und der Doi Chiang Dao (2195 m), zwei der höchsten Berge Thailands. Naturliebhaber können die Gegend auf Schusters Rappen, einem Fahrrad oder vom Elefantenrücken aus erkunden oder beim Beobachten wild lebender Vögel und Raftingtouren spaßige Urlaubstage erleben.

PROVINZ CHIANG MAI

HIGHLIGHTS

- Die heiligen Tempel **Wat Phra Singh** (S. 309), **Wat Chedi Luang** (S. 309) und **Wat Chiang Man** (S. 313) besichtigen

- Sich dem bunten Treiben auf Chiang Mais **Samstags-Straßenmarkt** (S. 318) und **Sonntags-Straßenmarkt** (S. 314) hingeben

- Bei einem **Kochkurs** (S. 330) lernen, wie man ein thailändisches Festmahl zubereitet

- Sich den Pilgern zum **Wat Phra That Doi Suthep** (S. 324) anschließen

- Bei einem Wochenendtrip nach **Chiang Dao** (S. 361) die Landschaft genießen

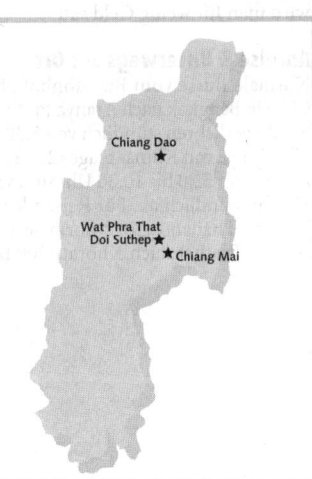

Chiang Dao ★

Wat Phra That Doi Suthep ★
★ Chiang Mai

- BESTE REISEZEIT: NOVEMBER–FEBRUAR
- BEVÖLKERUNG: 1,65 MIO.

Klima

Den meisten Besuchern sollte das Klima während der kühlen Jahreszeit, also grob von November bis Februar, am ehesten entgegenkommen. Dann sind die Temperaturen mild und Niederschläge selten. Die Landschaft ist in Folge der vorhergegangenen monatelangen Regenfälle immer noch saftig grün. Und bei etwas kühleren Temperaturen ist man an manchen Abenden besonders in höheren Lagen mit einer Jacke gut beraten.

In der heißen Jahreszeit von März bis Juni erlebt Chiang Mai dagegen oft eine regelrechte Feuerperiode – dann legt sich ein dichter Schleier aus Staub und Rauch, der von umliegenden niederbrennenden Reisfeldern aufsteigt, über die Stadt. Meist ist es gnadenlos heiß, die zuvor grünen Wälder trocknen aus und verfärben sich braun. In höheren Lagen, auf dem Chiang Dao oder dem Doi Inthanon, sind die Temperaturen jedoch deutlich angenehmer.

Die alljährlichen Monsunregenfälle dauern meist von Juni bis Oktober an und sind in Chiang Mai weniger heftig als in Zentral- und Südthailand. In manchen Jahren fallen sie zwar stärker aus und können dann schon mal die äußeren Gebiete Chiang Mais überfluten, sollten jedoch eigentlich kein Reisehindernis darstellen.

An- & Weiterreise

Der Chiang Mai International Airport ist ein wichtiger regionaler Flughafen für inländische und internationale Flüge. Chiang Mai dient als Verkehrsknotenpunkt für ganz Nordthailand; auch die im Norden verlaufende Eisenbahnlinie endet in der Provinzhauptstadt.

Unterwegs vor Ort

Von Chiang Mais Busbahnhof Chang Pheuak fahren regelmäßig Busse und Songthaeos in Städte und Dörfer in der gesamten Provinz. Individualreisende können verschiedene Transportmittel mieten.

CHIANG MAI

เชียงใหม่

174 000 Ew.

Chiang Mai liegt zu Füßen des Vorgebirges Nordthailands. Eine angenehme Mischung aus städtischem Flair und ländlicher Gemütlichkeit macht die Stadt zu einem beliebten Rückzugsgebiet. Hier trifft man auf Künstler und Handwerker, Universitätsprofessoren und Studenten, Idealisten und Kulturinteressierte – und genau diese Mischung macht das gemütlich-kreativ-spirituelle Flair dieser Stadt aus. Das Leben ist entspannter als in der riesigen Metropole Bangkok. Wohl auch deswegen träumen viele Thais aus anderen Provinzen davon, in Chiang Mai ihre alltäglichen Sorgen zu vergessen und die Seele baumeln zu lassen.

Die Stadt beeindruckt durch die vielen Elemente aus der Lanna-Kultur, die hier immer noch lebendig ist: malerische von Mauern umgebene Stadtviertel voller Tempelanlagen und die von Mythen und Legenden umrankten Berge, die die Stadt einrahmen. Fast 300 Tempel untermauern die Spiritualität der Stadt – 121 befinden sich innerhalb der Stadtgrenzen –, die es damit fast mit Bangkok aufnehmen kann, dem religiösen Zentrum des Landes.

Dabei ist Chiang Mai keineswegs in der Zeit stehengeblieben und bemüht sich nicht krampfhaft darum, an Altem festzuhalten. Die Stadt ist dynamisch und modern und bewahrt sich zugleich ihren bodenständigen Charme. Natürlich gibt es eine Menge Verkehr, Umweltverschmutzung und hässliche Betonbauten, die die Vorstellung eines alten, gemütlichen Städtchens mit Straßen voller Fahrräder etwas relativieren. Doch die Annehmlichkeiten von Supermärkten im westlichen Stil, flächendeckendem Internetzugang und einer cleveren, auf das internationale Geschäft ausgerichteten Tourismusindustrie fordern eben ihren Tribut. Zu dem Bild einer modernen, facettenreichen Stadt tragen außerdem die Studenten bei, die mit ihrem Indie-Style der Stadt ein junges Gesicht geben. Die Zahl der hier lebenden Ausländer ist relativ gering und den meisten fällt hier die Integration (und das Erlernen der Sprache) leichter als den Neuzugezogenen in Bangkok. Für den Durchschnittstouristen ist es somit einfacher, Einblicke in das alltägliche Leben der Thais zu gewinnen, ohne dabei auf kulturelle Hindernisse zu stoßen. Außerdem haben die Einwohner Chiang Mais einen bemerkenswerten Sinn für Humor, mit dem sich erste Hürden leichter überwinden lassen.

Nun aber genug der Lobeshymnen und zu der Frage, was kann man in Chiang Mai unternehmen? Erstmal glücklich darüber sein, keine Erstickungsanfälle wie in Bangkok zu

CHIANG MAI

A   **B**   **C**   **D**

1

700-Year Anniversary Stadium (8 km);
Huay Teung Thao Reservoir (12 km);

Khuang
Sing

Doi Suthep-Pui National Park (8 km)

● 19

81

15

● 18

34

12

23

9

Hwy 11 (Th Superhighway)

Haupteingang
zur Chiang Mai
University

10 ●

54

49

Th Huay Kaew

Soi Viangbua

2

● 13
Chiang Mai
University

Th Khlong Chonprathan

Th Santitham

s. Detailplan

Soi 1

Soi 5

65

78

62

Soi 9

45

28

76

Soi 13

Th Huaikaeo

3

30

44

Soi 17

66

60

58

40

59

29

Galare Lake (1 km);
Galare Restaurant (1 km);
Palaad Tawanron (1,5 km)

Th Suthep

Th Khlong Chonprathan

Th Nimmanhaemin

31

Th Sirimankhalajan

14

Th Bunruangrit

Th Arak

47

53

56

74

Soi Wat Padaeng

25

Th Suthep

Th Sailom

Th Singharat

4

Wat
U Mong
(500 m)

Northern Insight
Meditation Centre (3 km);
Royal Flora Ratchaphruek (4,5 km);
Chiang Mai Night Safari (5 km);
Doi Kham (6 km);
Ban Kaew Heuan Kam (7 km);
Implaphao Restaurant (8 km);
Sai Ua Gao Makham (8 km)

Th Thiphane

55

5

61

26

38

Th Huay Kaew

Chiang Mai
International
Airport

Airport
Business
Park

Th Mahidon

Th Hai Ya

79

77

71

68

73

72

82

10

Soi 1

67

Soi 20

20

21

Soi Siwalai
Kromarat

Th Mahidon

75

3

Zoll

1

41

27

69

83

Th Wualai

6

70

37

Soi 5

50

35

Soi 7

33

57

64

Soi 9

Soi 13

36

Soi 11

Th Sirimankhalajan

Hang Dong (14 km);
Ban Wan (15 km);
Ban Thawai (17 km)

0 — 200 m

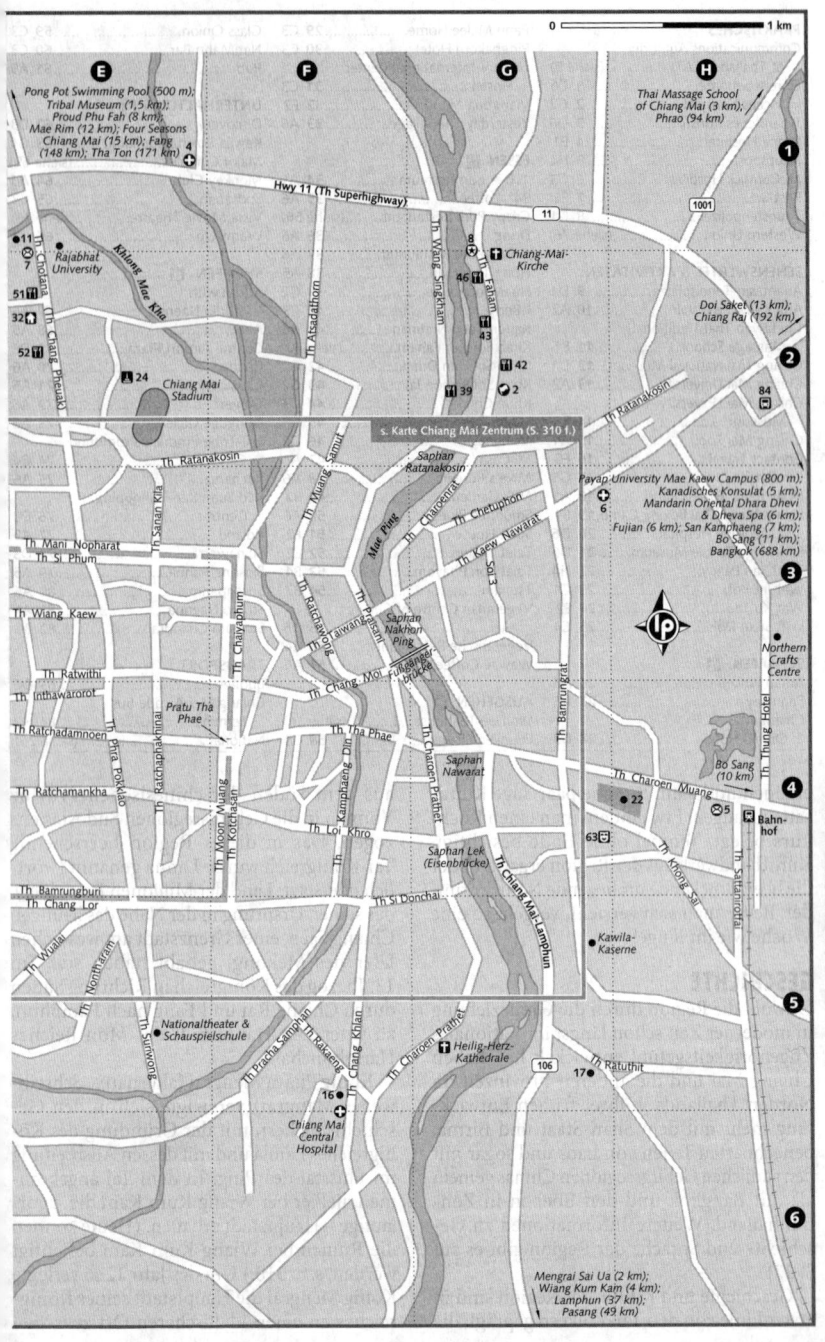

0 ————— 1 km

E **F** **G** **H**

Pong Pot Swimming Pool (500 m);
Tribal Museum (1,5 km);
Proud Phu Fah (8 km);
Mae Rim (12 km); Four Seasons
Chiang Mai (15 km); Fang
(148 km); Tha Ton (171 km)

Thai Massage School
of Chiang Mai (3 km);
Phrao (94 km)

1

Hwy 11 (Th Superhighway)

11

1001

Rajabhat
University

11
7

51

32

52

Th Chiang Pheuak

Th Wang Singkham

8

46 Th Faham

43

39 42 2

Chiang-Mai-
Kirche

24 Chiang Mai
Stadium

Doi Saket (13 km);
Chiang Rai (192 km)

2

84

Th Ratanakosin

s. Karte Chiang Mai Zentrum (S. 310 f.)

Th Ratanakosin

Saphan
Ratanakosin

Th Muang Samut

Mae Ping

Th Charoenrat

Th Chetuphon

Payap University Mae Kaew Campus (800 m);
Kanadisches Konsulat (5 km);
Mandarin Oriental Dhara Dhevi
& Dheva Spa (6 km);
Fujian (6 km); San Kamphaeng (7 km);
Bo Sang (11 km);
Bangkok (688 km)

6

3

Th Mani Nopharat
Th Si Phum

Th Wiang Kaew

Th Ratwithi

Th Inthawarorot

Th Ratchadamnoen

Th Ratchamankha

Th Bamrungburi
Th Chang Lor

Pratu Tha
Phae

Th Tha Phae

Th Kaew Nawarat

Saphan
Nakhon Ping

Th Chang Moi

Th Bamrungrat

Saphan
Nawarat

Th Charoen Prathet

Th Loi Khro

Saphan Lek
(Eisenbrücke)

Th Si Donchai

Th Charoen Muang

22

Th Chiang Mai-Lamphun

Kawila-
Kaserne

Northern
Crafts
Centre

Bo Sang
(10 km)

5

63

Bahn-
hof

Th Thung Hotel

Th Satanothai

4

5

Nationaltheater &
Schauspielschule

Th Pracha Samphan

16

Chiang Mai
Central
Hospital

Heilig-Herz-
Kathedrale

106

17

Th Ratuthit

6

Mengrai Sai Ua (2 km);
Wiang Kum Kam (4 km);
Lamphun (37 km);
Pasang (49 km)

**PROVINZ
CHIANG MAI**

PROVINZ CHIANG MAI

erleiden und dann für eine paar Tage Kultur satt aufsaugen: Etwa indem man einen Kochkurs belegt, Tempel ohne Ende besichtigt, Kunsthandwerk aus der Region ergattert oder die beeindruckende umliegende Natur erkundet. Bevor man sich versieht, vergeht so eine Woche wie im Fluge!

GESCHICHTE

Obwohl die Region durch die Grenzziehung in moderner Zeit schon längst ihr nationales Zugehörigkeitsgefühl entwickelt hat, haben Chiang Mai und die anderen Provinzen im Norden Thailands in ihrer frühen Entwicklung mehr mit dem Shan-Staat und Birma, benachbarten Teilen von Laos und sogar mit den südlichen Gebirgsregionen Chinas gemein als mit Bangkok und den Ebenen in Zentralthailand. Weitere Informationen zu Geschichte und Sprache der Region gibt es auf S. 371.

Geschichte und Kultur der Region sind in erster Linie von den Tai-Völkern geprägt, die

aus dem Süden der chinesischen Provinz Yunnan in die Gebirgsregionen Südostasiens zogen. Das in dieser Region herrschende Tai-Königreich wurde Lanna genannt (wörtlich übersetzt: Land der Millionen Reisfelder), das seinen Ursprung in der Nähe des heutigen Chiang Saen, einer Grenzstadt am westlichen Ufer des Mekong, gehabt haben soll. Im 13. Jh. zog das Königreich in Richtung Süden durch Chiang Rai und Fang nach Lamphun, zu jener Zeit Hauptstadt des Mon-Reiches Hariphunchai.

König Phaya Mengrai (alternative Schreibweise: Mangrai) verewigte sich in den Geschichtsbüchern mit der Gründung des Königreiches Lanna und mit dessen Ausbreitung im Flusstal des Ping. In dem Tal angekommen, ließ er bei Wiang Kum Kam die – vorläufige – Hauptstadt erbauen. (Heute können die Ruinen bei Wiang Kum Kam besichtigt werden, s. S. 318.) Um das Jahr 1296 verlegte König Mengrai die Hauptstadt seines Königreiches an einen idyllischeren Ort zwischen

dem Doi Suthep und Ping und gab der vielversprechenden Stadt den klangvollen Namen Nopburi Si Nakhon Ping Chiang Mai (oder kurz Chiang Mai für „Neue Stadt"). Überreste der Originalbefestigungsmauern von 1296 kann man noch heute an der Th Kamphaeng Din in Chiang Mai bewundern.

Mengrai war außerdem als fähiger Diplomat bekannt, der Bündnisse mit potenziellen Gegnern in den benachbarten Königreichen Sukhothai und Phayao schloss. Diese Kooperation zwischen den drei nördlichen Königreichen trug – unterstützt von geographischen Gegebenheiten – dazu bei, dass sich die Region im 13. Jh. erfolgreich gegen die Expansion der Mongolen zur Wehr setzen konnte. Im 14. und 15. Jh. dehnte sich das Königreich Lanna bis nach Kamphaeng Phet im Süden und bis ins laotische Luang Prabang im Norden aus. Zu dieser Zeit mauserte sich Chiang Mai zu einem wichtigen kulturellen und religiösen Zentrum; 1477 etwa wurde hier das achte Konzil zum Theravada-Buddhismus abgehalten.

Bald musste sich Lanna gegen den mächtigen Stadtstaat Ayutthaya behaupten, der sich in den Ebenen Zentralthailands prächtig entwickelt hatte und der die Region später unter siamesischer Herrschaft vereinen sollte – ein wichtiger Schritt in der Findung einer gemeinsamen thailändischen Identität. Schließlich waren es jedoch die Birmanen, die die Stadt und das Königreich 1556 eroberten und 200 Jahre lang besetzten.

1767 fiel auch Ayutthaya an die Birmanen, was einen weiteren Wendepunkt in der Geschichte Chiang Mais einleiten sollte. Die besiegte thailändische Armee schloss sich südlich von Ayutthaya im heutigen Bangkok unter der Führung von Phraya Taksin wieder zusammen und startete einen Feldzug gegen die Truppen der birmanischen Besatzungsmacht. Der Anführer Chao Kavila (bekannt als *jôw meu·ang*) aus dem benachbarten Fürstentum Lampang half dabei, Nordthailand von der „Fremdherrschaft" zu befreien, was schließlich dazu führte, dass Lanna in das expandierende thailändische Königreich mit Sitz in Bangkok eingegliedert wurde.

Unter Kavila wurde Chiang Mai zu einem wichtigen regionalen Handelszentrum. 1800 ließ er die monumentalen Ziegelsteinmauern rund um Chiang Mais Stadtkern errichten und erweiterte die Stadt in südliche und östliche Richtung, indem er am Ende der heutigen Th Tha Phae (*tha phae* bedeutet „Floßanlegestelle") einen Binnenhafen anlegte. Viele der im Shan- und birmanischen Stil errichteten Tempel wurden von wohlhabenden Teakholzhändlern erbaut, die während dieser Zeit aus Birma emigriert waren. Es wurden helfende Hände gebraucht, um die vom Krieg zerstörte Stadt wiederaufzubauen und so wurden viele Arbeiter aus dem Shan-Staat und anderen Regionen nach Chiang Mai verschleppt, wo sie Frondienste zu verrichten hatten.

Eine Reihe von politischen und technologischen Faktoren war schließlich für den endgültigen Untergang des unabhängigen Königreiches Lanna verantwortlich. Die Regierung in Bangkok erklärte Chiang Mai 1892 während der Expansion ihrer kolonialer Herrschaft in den benachbarten Ländern Birma und Laos zu einer Verwaltungseinheit. Durch die Fertigstellung der nach Chiang Mai führenden Nordbahn 1921 waren der Norden des Landes und Zentralthailand endlich miteinander verbunden. 1927 ritten König Rama VII. und Königin Rambaibani an der Spitze eines 84 Elefanten umfassenden Zuges in die Stadt ein und waren somit das erste Königspaar der Bangkok-Periode, das den Norden besuchte. 1933 schließlich wurde Chiang Mai offiziell zu einer siamesischen Provinz erklärt.

Im 20. Jh. war Chiang Mai ein wichtiges Zentrum für das Töpfer-, Web-, Silber- und Holzschnitzhandwerk der Region. Mitte der 1960er-Jahre löste allerdings der Tourismus den Handel als einträglichste Einnahmequelle Chiang Mais ab. Über die Jahre hinweg setzte sich die thailändische Regierung für die Modernisierung der Region ein, indem sie Projekte im Bildungswesen und zur Verbesserung der Infrastruktur förderte und Maßnahmen gegen den Opiumanbau im Hochland der Provinz ergriff. 2001 wurde der in Chiang Mai geborene Thaksin Shinawatra Premierminister. Er nahm sich vor, Chiang Mai zu einem der wichtigsten thailändischen Zentren in der IT-Branche zu machen. Zu diesem Zweck sollte auch der Flughafen ausgebaut und riesige Schnellstraßen aus dem Boden gestampft werden. Thaksins ehrgeizige Plänen sahen vor, Größe und Wohlstand der Stadt zu verdoppeln. Es sollten Fünf-Sterne-Hotels entstehen, die als Veranstaltungsort für internationale Konferenzen und Anziehungspunkt für wohlhabende Touristen gedacht waren.

Der Niedergang der Thaksin-Regierung wurde 2006 durch einen Militärputsch besiegelt. Die verfahrene politische Situation in Bangkok hat den anfänglichen Enthusiasmus für eine gründliche Generalüberholung Chiang Mais gedämpft. Die 2008 ausgebrochene weltweite Finanzkrise hat die Unsicherheit noch weiter anwachsen lassen. Die Stadt forcierte jedoch weiterhin den Bau eines internationalen Messe- und Tagungszentrums, das Ende 2009 fertiggestellt werden soll. Und die Hotelbesitzer sind nach wie vor zuversichtlich, dass sich die Stadt als wichtiger Veranstaltungsort für Tagungen und Konferenzen etablieren kann.

ORIENTIERUNG

Ganz im Gegensatz zu Bangkok findet man sich in Chiang Mai recht leicht zurecht. Das Motorrad ist das bevorzugte Transportmittel der Einwohner; sie nutzen es im Alltag, um auch noch so kurze Entfernungen zurückzulegen.

Besucher sollten sich am besten in der Altstadt ein Quartier suchen. In den Sois, die auf die Th Moon Muang am östlichen Rand der Altstadt führen, gibt es zahlreiche Unterkünfte für Rucksacktouristen. Auf die bekanntesten Tempel wiederum stößt man entlang der Th Ratchadamnoen. Die Altstadt lässt sich wunderbar zu Fuß oder auf dem Fahrrad erkunden.

In den neueren Stadtteilen Chiang Mais kann man sich an den Hauptstraßen orientieren, die die Stadt in die vier Himmelsrichtungen aufteilen. Manche Richtungsweiser orientieren sich an den verschiedenen Stadttoren, durch die der Verkehr zwischen der von Mauern umgebenen Altstadt und den neueren Stadtteilen verläuft.

Durch das östlichste dieser Tore, das Pratu Tha Phae, gelangt man in die bei Touristen beliebte Th Tha Phae. Diese wiederum führt zum Mae Nam Ping (dem Fluss Ping) und dem berühmten Talat Warorot. Ganz in der Nähe befindet sich der Nachtbasar von Chiang Mai. Am östlichen Flussufer (hier im Abschnitt „Ufergegend" zusammengefasst) gibt es viele tolle Restaurants und ein lebendiges Nachtleben. Weiter östlich davon befinden sich der Bahnhof und der Fernbusbahnhof.

Durch das Pratu Suan Dok verlässt man in westliche Richtung die Altstadt. Man gelangt zur Th Suthep und Th Huay Kaew, zwei be-

lebten Verkehrsstraßen, die die Altstadt mit den Grünflächen rund um die Chiang Mai University und den Doi Suthep weiter westlich verbinden. Die Studentenszene Chiang Mais trifft sich vor allem in der Th Nimmanhaemin.

Das nördliche Stadttor ist das Pratu Chang Pheuak; die Th Chang Pheuak führt von hier aus am Provinzbusbahnhof mit gleichem Namen vorbei. Das südliche Tor ist das Pratu Chiang Mai. Um die Außenbezirke der Stadt herum führt in einem weit gezogenen Bogen die Ringstraße der Rte 121 (auch als *klorng* bekannt). Im Südosten zweigt davon der Th Superhighway ab, der als „halbe" Ringstraße konzentrisch zur Rte 121 verläuft.

Karten & Stadtpläne

Eine Ausgabe von Nancy Chandlers *Map of Chiang Mai*, erhältlich in allen Buchläden, ist eine Investition, die man sicher nicht bereut. In dieser sind auch die wichtigsten Sehenswürdigkeiten und Einkaufsmöglichkeiten eingezeichnet, außerdem einige Kuriositäten, die man sich nicht entgehen lassen sollte. Die ebenfalls in Buchläden erhältliche *Groovy Map Chiang Mai Map'n'Guide* enthält zusätzlich thailändische Schreibweisen und noch ein paar Ausgehtipps mehr.

PRAKTISCHE INFORMATIONEN
Buchläden

Die meisten Buchläden Chiang Mais findet man auf der Th Chang Moi Kao. Geöffnet sind sie üblicherweise von 9 bis 21 Uhr.

Backstreet Books (Karte S. 310 f.; ☎ 0 5387 4143; 2/8 Th Chang Moi Kao) Netter Laden zum Stöbern; er liegt direkt neben Gecko Books.

Book Zone (Karte S. 310 f.; ☎ 0 5325 2418; Th Tha Phae) Gegenüber des Wat Mahawan. Book Zone hat aktuelle Reiseführer, Reiseliteratur und zeitgenössische Romane im Sortiment.

Gecko Books (Karte S. 310 f.; ☎ 0 5387 4066; Th Chang Moi Kao) Gecko Books gehört zu einer regionalen Buchladenkette mit verschiedenen Filialen, u. a. in der Th Ratchamankha oder der Th Loi Kroh. Die Auswahl umfasst neue und Secondhand-Bücher, verpackt in nervigen Plastikhüllen.

Lost Book Shop (Karte S. 310 f.; ☎ 0 5320 6656; 34/3 Th Ratchamankha) Große Auswahl an gebrauchten Büchern ohne Plastikhüllen (Schmökern erlaubt); gleicher Besitzer wie Backstreet Books.

On the Road Books (Karte S. 310 f.; ☎ 0 5341 8169; 38/1 Th Ratwithi) Alteingesessener Buchladen mit einer kleinen, aber feinen Auswahl an gebrauchten Büchern.

KARAWANEN IN NORDTHAILAND

Spätestens ab dem 15. Jh. benutzten chinesisch-muslimische Karawanen aus der chinesischen Provinz Yunnan Chiang Mai als „Hintertür" für den internationalen Seehandel zwischen China und dem Indischen Ozean.

Hauptransportmittel der Karawanen aus Yunnan waren Ponys und Maultiere, ein Erbe der Mongolen, die im 13. Jh. in Yunnan eingefallen waren. Wegen ihrer seltsamen Lasttiere nannten die Thais die Fremdem *jiin haw* (galoppierende Chinesen).

Die wichtigsten Handelsgüter entlang der südlichen Route waren Seide, Opium, Tee, getrocknete Früchte, Lacke, Moschus, Ponys und Maultiere, während die Karawanen, die in Richtung Norden zogen, Gold, Kupfer, Baumwolle, essbare Vogelnester, Betelnuss, Tabak und Elfenbein transportierten. Ende des 19. Jhs. hatten sich viele Handwerker aus China, Nordbirma und Laos in der Gegend angesiedelt, um Produkte für den steten regionalen Handelsstrom zu liefern. Der ursprüngliche Umschlagplatz für den Handel war das Marktviertel Ban Haw, einen Steinwurf vom heutigen Nachtbasar (S. 354) entfernt.

Suriwong Book Centre (Karte S. 310 f.; ☎ 0 5328 1052; 54 Th Si Donchai) Der Buchladen in Chiang Mai schlechthin. Er führt hauptsächlich Bücher in thailändischer Sprache, doch es gibt eine kleine solide Auswahl an englischsprachigen Sachbüchern über Thailand und Südostasien.

Kulturzentren

Alliance Française (Karte S. 310 f.; ☎ 0 5327 5277; 138 Th Charoen Prathet) Jeden Freitag um 20 Uhr werden hier französische Filme mit englischen Untertiteln gezeigt.

American University Alumni (AUA; Karte S. 310 f.; ☎ 0 5327 8407, 0 5327 7951; 73 Th Ratchadamnoen) Verfügt über eine kleine Bibliothek mit englischsprachiger Literatur und bietet beliebte Thailändischkurse an (s. S. 330).

British Council (Karte S. 310 f.; ☎ 0 5324 2103; 198 Th Bamrungrat) Verfügt über eine kleine englischsprachige Bibliothek.

Payap University (☎ 0 5324 1255, Durchwahl 7242; http://ic.payap.ac.th; Th Superhighway, Mae Kaew Campus) Donnerstagabends werden Vorlesungen auf Englisch („Payap Presents" genannt) über verschiedene Themen rund um Südostasien gehalten.

Geld

Alle größeren thailändischen Banken verfügen über mehrere Filialen und Geldautomaten, die auf ganz Chiang Mai verteilt sind; viele davon befinden sich auf der Th Tha Phae.

Western Union (Karte S. 302 f.; ☎ 0 5322 4979) Schneller, direkter Geldtransfer; Schalter gibt es bei der Central Airport Plaza, im Einkaufszentrum Kad Suan Kaew, auf der Th Huay Kaew und in jedem Postamt.

Infos im Internet & Medien

1 Stop Chiang Mai (www.1stopchiangmai.com) Hier findet man Infos zu allen möglichen Sehenswürdigkeiten der Stadt; der Schwerpunkt liegt auf Tagesausflügen und Aktivitäten im Freien.

Chiang Mai 101 Vierteljährlich erscheinende Zeitschrift im Reiseführerstil mit Tipps über Sehenswertes in und um Chiang Mai.

Chiangmai Mail (www.chiangmai-mail.com) Wöchentlich erscheinende englischsprachige Zeitung; gute Quelle für lokale und regionale Nachrichten.

City Now (www.city-now.com) Alle zwei Wochen bringt die Zeitschrift *City Life* diesen Kalender mit verschiedenen Veranstaltungstipps und Workshops heraus.

Citylife (www.chiangmainews.com) Lifestyle-Magazin mit Restauranttipps und Infos zu den Themen Kultur, Politik und Menschen in Chiang Mai.

Guidelines (www.guidelineschiangmai.com) Monatlich erscheinende Zeitschrift mit interessanten historischen Artikeln über den Norden des Landes.

Irrawaddy News Magazine (www.irrawaddy.org) Angesehene Tageszeitung mit Nachrichten über Myanmar, Nordthailand und andere Teile Südostasiens.

Internetzugang

Die meisten Unterkünfte in Chiang Mai bieten ihren Gästen einen kostenlosen, oft auch kabellosen Internetzugang. Außerdem gibt es entlang der Th Tha Phae, Moon Muang und Ratchamankha eine Vielzahl von Internetcafés.

Medizinische Versorgung

Chiang Mai Ram Hospital (Karte S. 310 f.; ☎ 0 5322 4861; www.chiangmairam.com; 8 Th Bunreuangrit) Die meisten Ausländer empfehlen dieses Krankenhaus, das modernste der Stadt.

Lanna Hospital (Karte S. 302 f.; ☎ 0 5335 7234; Th Superhighway) Eine der besseren Kliniken Chiang Mais und günstiger als das Chiang Mai Ram.

Malaria Centre (Karte S. 310 f.; ☎ 0 5322 1529; 18 Th Bunreuangrit) Bietet bei Malariaverdacht kostenlose Blutuntersuchungen an.

PROVINZ CHIANG MAI

Mungkala Traditional Medicine Clinic (Karte S. 310 f.; ☎ 0 5327 8494; 21–27 Th Ratchamankha; ⏰ 9–12.30, 14.30–19 Uhr) Staatlich anerkannte Klinik, die Akupunktur, Massagen und chinesische Heilkräuter anbietet.
McCormick Hospital (Karte S. 302 f.; ☎ 0 5326 2200; 133 Th Kaew Nawarat) Das frühere Missionskrankenhaus ist eine gute Anlaufstelle bei kleinen Wehwehchen.

Notfall
Touristenpolizei (Karte S. 302 f.; ☎ 0 5324 7318, 24-Std.-Notfallhotline 1155; Th Faham; ⏰ 6–24 Uhr) Das mehrsprachige Team besteht aus ehrenamtlich tätigen ausländischen Ortsansässigen. Einige Mitarbeiter halten außerdem auf dem Sonntags-Straßenmarkt die Stellung.

Post
Hauptpost (Karte S. 302 f.; ☎ 0 5324 1070; Th Charoen Muang; ⏰ Mo–Fr 8.30–16.30, Sa & So 9–12 Uhr) Weitere Filialen: Th Singharat/Samlan, Th Mahidon am Chiang Mai International Airport, Th Charoen Prathet, Th Phra Pokklao, Th Chotana und Chiang Mai University.

Telefon
Viele Internetcafés haben ihre Rechner mit Headsets ausgestattet, sodass man Internettelefonie à la Skype nutzen kann. In touristischen Gegenden gibt es außerdem einige Telefonzentren, in Läden und Bars in der ganzen Stadt zahlreiche Kartentelefone.
Communications Authority of Thailand (CAT; Karte S. 302 f.; ☎ 0 5324 1070; Th Charoen Muang; ⏰ 24 Std.) Etwas ab vom Schuss; neben der Hauptpost.

Touristeninformation
Tourism Authority of Thailand (TAT; Karte S. 310 f.; ☎ 0 5324 8604; tatchmai@tat.or.th; Th Chiang Mai-Lamphun; ⏰ 8.30–16.30 Uhr) Das englisch sprechende Personal versorgt einen mit Stadtplänen und informiert über geführte Touren; Hotelreservierungen können nicht vorgenommen werden.

GEFAHREN & ÄRGERNISSE
Im Vergleich zu Bangkok kann man sich als Tourist in Chiang Mai entspannt zurücklehnen. Songthaeo- und Tuk-Tuk-Fahrer sind zwar etwas aufdringlich, aber kein wirkliches Ärgernis. Unter „Unterwegs vor Ort" (S. 357) gibt es Richtlinien für angemessene Transportpreise vom Bahnhof und Busbahnhof aus.

Vorsicht ist bei Bus- oder Minivanfahrten angebracht, die von der Th Khao San in Bangkok aus angeboten und mit einer kostenlosen Übernachtung in Chiang Mai beworben werden, sofern man ein Ticket von Bangkok nach Chiang Mai kauft. Nach der Ankunft in diesen angeblich kostenlosen Pensionen muss man dann meist irgendeine Tour buchen. Bessere Unterkünfte beteiligen sich erst gar nicht an diesem Spiel. In den Bussen, die von der Th Khao San in Bangkok aus abfahren, sollte man sich außerdem vor Langfingern in Acht nehmen.

In vielen günstigeren Pensionen in Chiang Mai kann es passieren, dass Gäste, die keine Trekkingtouren buchen, nicht gern gesehen sind. In den meisten Unterkünften ist man jedoch entgegenkommender und bietet Gästen, die keine Tour buchen, für einen begrenzten Zeitraum Zimmer an.

SEHENSWERTES
Altstadt
In Chiang Mais historischem Stadtteil sind die alten Zeiten noch deutlich sichtbar, wenngleich auch hier die Moderne Einzug gehalten hat. Auf den zweispurigen Straßen fahren nun zwar Autos und Motorräder statt Fahrräder und Kutschen, doch die Uhren ticken weiterhin im gemächlichen Tempo früherer nicht motorisierter Zeiten. Die Häuser sind niedrig gebaut und ihre Dächer werden von den Stupas der Tempel überragt, die mit Geld aus dem Teakholzhandel errichtet wurden. Das traditionsreiche, von den Ressourcen des Waldes abhängige Geschäft spiegelt sich in dem Bau der Tempel wider: Es dominieren gedämpfte erdige Rottöne, die mit kunstvollen Blattgoldverzierungen harmonieren. Kleine Glöckchen schmücken die Traufen und klimpern im Morgenwind, bevor der Lärm der Motorräder die Straßen erfüllt. Inmitten all dieser Tempel fällt einem die Errettung der eigenen Seelen sicher leichter als die Erledigung weltlicher Angelegenheiten, wie beispielsweise das Besorgen von Toilettenartikeln.

Auf den schmalen Gehwegen tummeln sich in regelmäßigen Abständen Touristenscharen, die die Tempel besichtigen möchten. Zudem wird man regelmäßig Mönchen in orangefarbenen Gewändern begegnen, denen man immer den Vortritt lassen sollte (Frauen werden überdies gebeten, ihnen auszuweichen, um versehentliche Zusammenstöße zu vermeiden). Abseits der Hauptstraßen schlängeln sich gewundene Gassen durch Wohngebiete voller Gärten und duftender Blumen.

Unzählige Straßen führen zur alten Stadtmauer, die teilweise gut erhalten ist bzw. wiederaufgebaut wurde, teilweise aber auch dem

Zahn der Zeit überlassen wurde und dann eher einer sich sonnenden Eidechse ähnelt. Ein gewisses Großstadtflair versprühen die Einbahnstraßen rund um den Stadtgraben, auf denen sich blauen Rauch ausstoßende Motorräder tummeln.

WAT PHRA SINGH
วัดพระสิงห์

Chiang Mais meistbesuchte Tempelanlage, der **Wat Phra Singh** (Karte S. 310 f.; ☎ 0 5381 4164; Th Singharat; Spende erwünscht), verdankt ihren Ruf dem Umstand, dass man hier die am meisten verehrte Buddhafigur der Stadt, den Phra Singh (Löwenbuddha), und überdies schöne klassische Kunst und Architektur im Lanna-Stil bewundern kann.

Trotz ihres besonderen Status ist nur wenig über die Herkunft der Phra-Singh-Figur bekannt. Der Legende nach stammt sie zwar aus Sri Lanka, doch ist ihr Stil nicht gerade typisch singhalesisch. Tatsache ist, dass die Figur als herrlichstes Beispiel religiöser Kunst im Lanna-Stil gilt, was sie ihrer menschenähnlichen Gestalt und dem lotusblütenförmigen Haarknoten verdankt. Wie jeder berühmte Buddha hat auch dieser eine lange Reise hinter sich: Vor Plünderern in Sicherheit gebracht oder als Kriegsbeute zur Schau gestellt, machte Phra Sing in Sukhothai, Ayutthaya, Chiang Rai und Luang Prabang Halt. In Nakhon Si Thammarat und Bangkok gibt es zwei fast identische Buddhafiguren, man kann also weder mit Sicherheit sagen, ob die in Chiang Mai tatsächlich die echte ist, noch ihre tatsächliche Herkunft klären. Dagegen steht allerdings fest, dass die Figur in den 1360er-Jahren in die Stadt gebracht wurde und heute ein unentbehrliches Element in den religiösen Zeremonien beim Songkran-Fest darstellt.

Phra Singh befindet sich im Wihaan Lai Kham, einer kleinen Kapelle neben dem *chedi* hinter der Tempelanlage. Außen weist die Kapelle typische Lanna-Elemente auf: ein dreistufiges Dach und geschnitzte Giebel. Im Inneren zieren den Tempel üppige Goldmuster (*lai·krahm*), die in die innere Rückwand eingearbeitet sind. Auf der nach Norden zeigenden Mauer erzählt ein altes Wandbild das thailändische Märchen „Sangthong"; es handelt von einem Prinzen, der in die Verbannung geschickt und daraufhin von seiner Mutter in einer Muschelschale versteckt wird. Ein kleines Bild über einem der Fenster soll angeblich ein Selbstporträt des Künstlers darstellen, eines folkloristischen Malers aus China. Die auf der südlichen Wand abgebildete Szene erzählt die bekannte nordthailändische Geschichte von Suwannahong, einem goldenen Schwan.

Wat Phra Singhs Haupt-*chedi* ist mit seinem achteckigen Fundament vom klassischen Lanna-Stil geprägt. König Pa Yo ließ ihn 1345 zu Ehren seines Vaters erbauen. In der Nähe des Eingangs befindet sich das Haupt-*wihaan*, in dem man eine noch größere, aber weniger wichtige Buddhafigur mit Namen Thong Thip bewundern kann. In diesem Tempel herrscht königliches Flair: An der Vorderseite des Haupt-*wihaan* ist ein Garuda, das Emblem des thailändischen Königs, abgebildet.

In der Nähe des Eingangs gibt es eine kleine Bibliothek mit heiligen Schriften. Sie befindet sich auf einer erhöhten Plattform, die mit wunderschönen Lanna-Elemente verziert ist, darunter die Giebel schmückende Glasmosaike, kunstvolle Holzschnitte und klangvolle an den Traufen befestigte Glocken.

WAT CHEDI LUANG
วัดเจดีย์หลวง

Eine weitere äußerst sehenswerte Tempelanlage ist der **Wat Chedi Luang** (Karte S. 310 f.; ☎ 0 5327 8595; Th Phra Pokklao; Spende erwünscht). Er wurde um einen teilweise verfallenen im Lanna-Stil erbauten *chedi* errichtet, der aus dem Jahr 1441 stammt und eines der höchsten Bauwerke im alten Chiang Mai gewesen sein soll. Es ist nicht ganz sicher, ob er bei einem Erdbeben im 16. Jh. oder bei einem Kanonenbeschuss durch König Taksin 1775 während der Zurückeroberung des von Birmanen besetzten Chiang Mais zerstört wurde. Der berühmte Phra Kaew (Smaragd-Buddha), der heute in Bangkoks Wat Phra Kaew (s. S. 135) zu bewundert werden kann, hatte 1475 hier in der nach Osten gerichteten Nische seinen Platz. Heute befindet sich an gleicher Stelle eine Nachbildung aus Jade, die der thailändische König sponserte. Gefertigt wurde sie 1995 anlässlich des (geschätzten) 600. Jahrestags des Baus des *chedi* und des 700. Geburtstags der Stadt.

Der *chedi* wurde mit Geldern der Unesco und der japanischen Regierung restauriert. Trotz guter Absichten sind die Restaurationsarbeiten leicht auszumachen: neue Säulengänge und als Wächter dienende *nagas* (mythische Schlangenwesen) sowie neue Buddhafiguren in drei der vier in die Himmelsrichtungen weisenden Nischen. Die Gie-

CHIANG MAI ZENTRUM

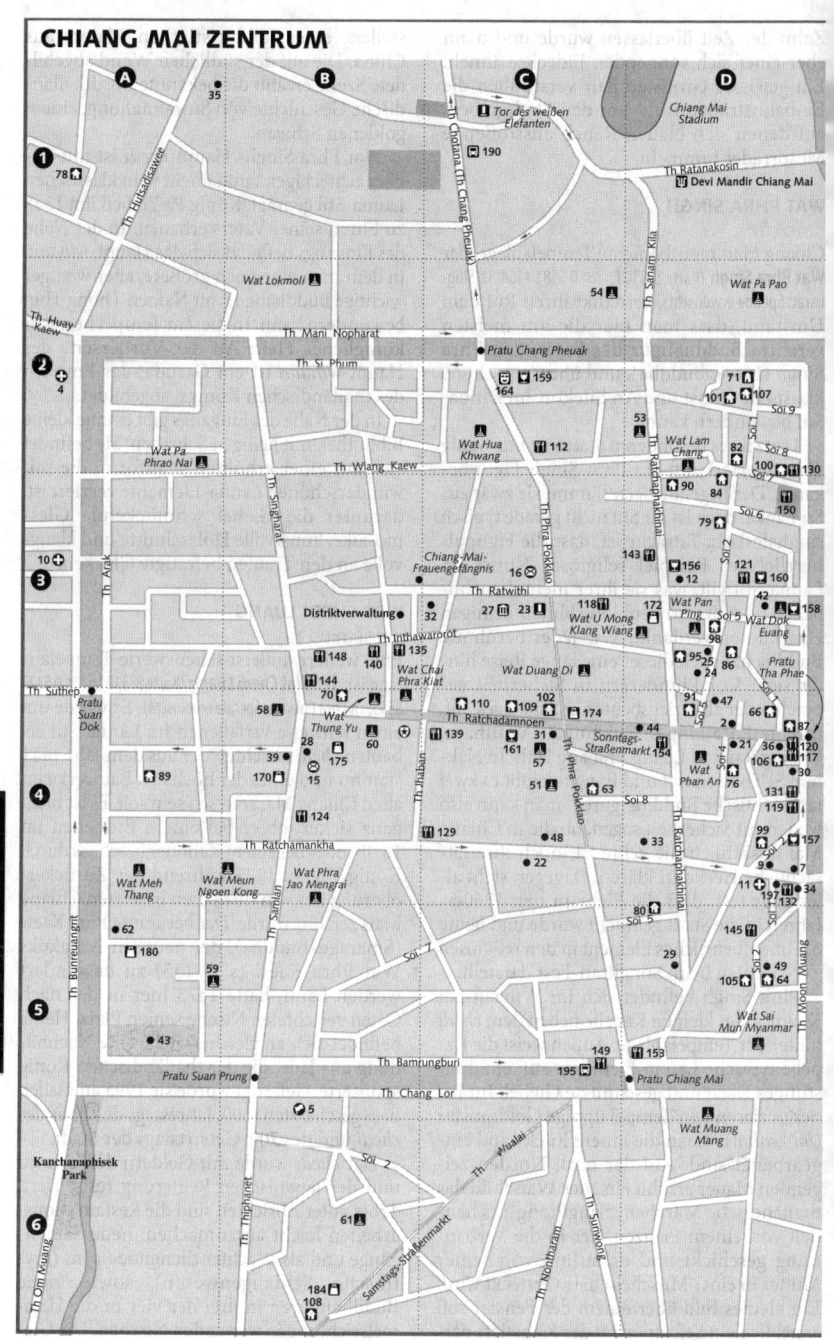

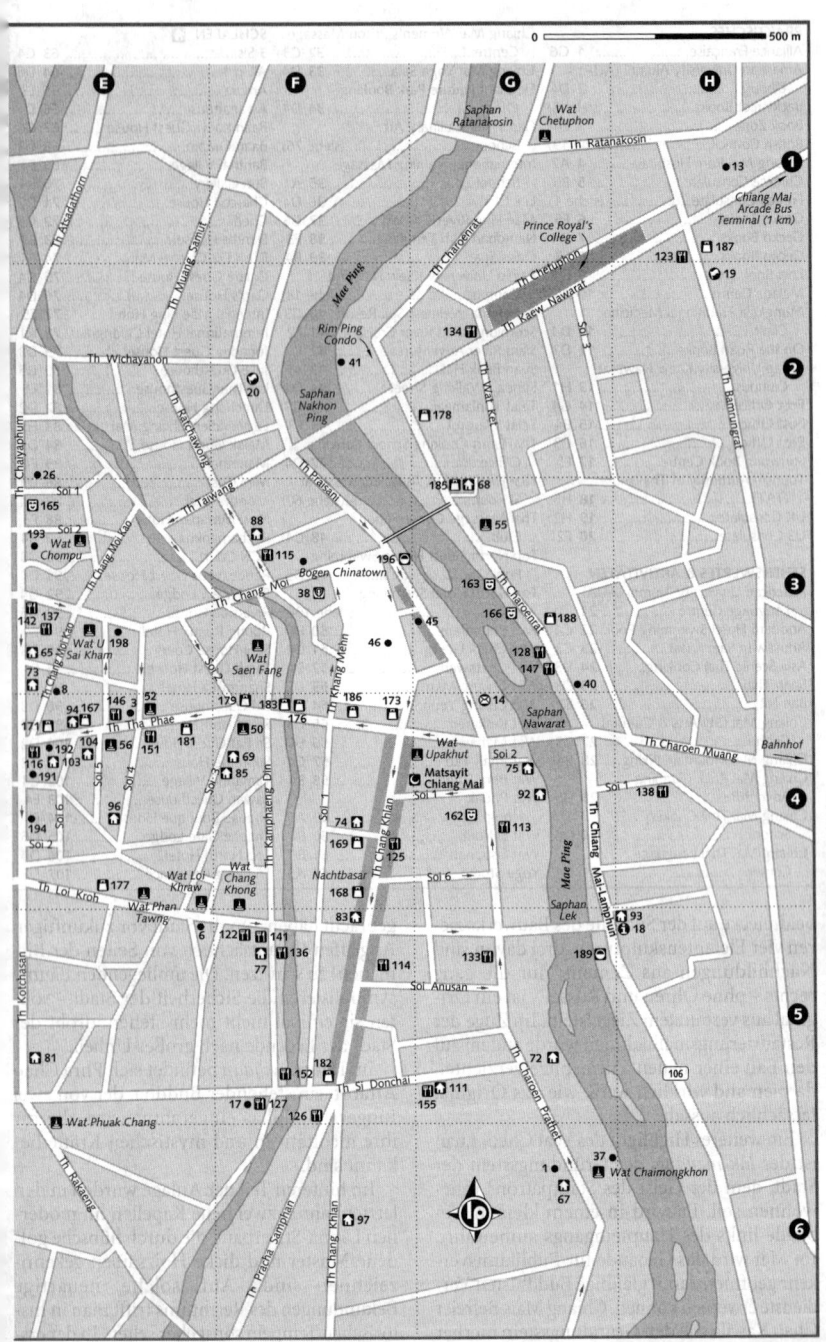

beldreiecke auf der Südseite des Bauwerks zieren vier Elefantenskulpturen, drei davon sind Nachbildungen aus Zement; nur die ganz rechts – ohne Ohren und Rüssel – ist ein Original aus verputztem Ziegelstein. Im Zuge der Restaurierungsmaßnahmen wurde zudem auf den Bau einer neuen Turmspitze verzichtet, da niemand wirklich weiß, wie das Original tatsächlich aussah.

Ein weiteres Highlight des Wat Chedi Luan ist der *làk meuang*, der Gründungsstein der Stadt, dem der Geist des Stadtpatrons innewohnen soll. Er wird in einem kleinen Gebäude links des Haupteingangs aufbewahrt. Im Mai wird das Gebäude für Publikumsverkehr geöffnet, damit gläubige Buddhisten Verdienste erwerben können. Chiang Mais Befreier Chao Kawila soll den Gründungsstein hierher

gebracht haben, um die Stadt vor zukünftigen Angriffen (hauptsächlich von Seiten der Birmanen) zu schützen. Die umliegenden Bäume symbolisieren die Sicherheit der Stadt – sollten sie einmal nicht mehr stehen, droht der Stadt der Legende nach großes Unheil.

Im Haupt-*wihaan* befindet sich Phra Chao Attarot, ein stehender Buddha, der von zwei Jüngern Buddhas eingerahmt wird, die für ihre meditativen und mystischen Kräfte bekannt sind.

Im hinteren Teil der Anlage wurden in den letzten Jahren zwei neue Kapellen im modernen Lanna-Stil erbaut, die durch hübsche goldene Muster und dicke Holzsäulen gekennzeichnet sind. Auf solche neuartige Bekundungen des Reichtums trifft man in historischen Tempeln sonst eher selten. In der ers-

ten Kapelle steht eine Wachsstatue von Ajahn Mun Bhuridatta, ehemaliger Abt des Wat Chedi Luang und einer der Begründer der thailändischen Waldtradition. Die andere Kapelle wurde aus Palisander und Teakholz erbaut; hier gibt es hinter Glas aufbewahrte Reliquien und eine Wachsfigur von Luang Ta Maha Bua zu sehen, einem ehemaligen Jünger von Ajahn Mun Bhuridatta, der während der Währungskrise 1997 Spenden sammelte, um Goldreserven für die Nationalbank zu kaufen.

Wenn man schon mal hier ist, sollte man sich einen Plausch mit den Mönchen nicht entgehen lassen (s. Kasten S. 316).

WAT PHAN TAO
วัดพันเตา

Ganz in der Nähe des Wat Chedi Luang trifft man zum **Wat Phan Tao** (Karte S. 310 f.; ☎ 0 5381 4689; Th Phra Pokklao; Spende erwünscht) mit seinem wunderschönen alten aus Teakholz erbauten *wihaan*, der früher als königliche Residenz

diente und heute zu einem der weniger bekannten Schmuckstücke Chiang Mais gehört. Er besteht fast vollständig aus verzierten Teakholztafeln, die von 28 gewaltigen Teakholzsäulen gestützt werden. Das Dach ist mit *nagas* verziert, die Einlegearbeiten aus farbigem Mosaik schmücken. Im Inneren sind alte Tempelglocken, Keramikarbeiten, vergoldete, im nördlichen Stil gefertigte Holzbuddhas und alte Schränke mit Palmblatthandschriften ausgestellt. Die vordere Wand des Gebäudes schmückt ein verspiegeltes Mosaik, das einen von einem Pfau bewachten Hund zeigt, der für das Geburtsjahr des letzten königlichen Bewohners steht und den Tempel somit zu einer Pilgerstätte für im Jahr des Hundes Geborene macht.

WAT CHIANG MAN
วัดเชียงมั่น

Der **Wat Chiang Man** (Karte S. 310 f.; ☎ 0 5337 5368; Th Ratchaphakhinai; Spende erwünscht) gilt als ältester Wat

der Stadt; er soll vom Gründer Chiang Mais, Phaya Mengrai, erbaut worden sein. Für die nordthailändische Tempelarchitektur typische Elemente zeichnen seinen Baustil aus.

Im kleineren Klostergebäude rechts neben der Hauptkapelle werden in einer Glasvitrine zwei wichtige Buddhafiguren aufbewahrt. Der Phra Sila ist ein etwa 30 cm großer im Flachrelief dargestellter Buddha aus Marmor, der einer Legende zufolge vor 2500 Jahren aus Sri Lanka oder Indien hierher gebracht wurde. Da es allerdings Statuen oder Bilder von Buddha erst seit 2000 Jahren gibt, muss er in Wirklichkeit später nach Chiang Mai gekommen sein. Der bekannte Phra Setang Khamani, ein sitzender Buddha aus Bergkristall, hatte wie auch der Smaragd-Buddha seinen Platz mal in Thailand, mal in Laos. Er stammt angeblich aus Lavo (dem heutigen Lopburi), wo er vor 1800 Jahren gefertigt wurde, und ist gerade mal 10 cm groß. Die Kapelle mit den beiden tief verehrten Buddhafiguren ist zwischen 9 und 17 Uhr geöffnet.

Den Innenraum der größeren Kapelle schmücken rot-goldene Wandbilder, die 1996 anlässlich der Feier zum 700. Geburtstag der Stadt fertiggestellt wurden. Sie zeigen Szenen aus dem Leben des Stadtgründers Phaya Mengrai. Vom Eingangstor aus erzählen sie im Uhrzeigersinn von Mengrais Geburt, seiner Zeit als Herrscher über Chiang Rai und den verschlungenen Fluss und die Ausdehnung seines Reiches bis zur befestigten Stadt Lamphun. Eine andere Tafel zeigt ihn bei der Jagd auf dem Doi Suthep und wie er – von Göttern geleitet – seine neue Stadt gründet. Die letzte Tafel erzählt schließlich von seinem Tod durch einen Blitzschlag.

Vor dem *bot* (Heiligtum) befindet sich eine Steintafel aus dem Jahr 1581; sie ist das älteste historische Relikt, das von der Gründung der Stadt 1296 zeugt.

CHIANG MAI CITY ARTS & CULTURAL CENTRE
หอศิลปวัฒนธรรมเชียงใหม่

Das **Chiang Mai City Arts & Cultural Centre** (Karte S. 310 f.; ☎ 0 5321 7793; www.chiangmaicitymuseum.org; Th Ratwithi; Erw./Kind 90/40 B; ☺ Di–So 8.30–17.30 Uhr) gibt einen tollen Überblick über die Geschichte Chiang Mais. Im ersten Stock, in dem eine Klimaanlage für angenehme Temperaturen sorgt, gibt es interessante Ausstellungen über die Religion und Kultur Nordthailands. Der zweite Stock ist zwar nicht klimatisiert, dafür

wurden die Räume zu historischen Schauplätzen umgebaut: einem Dorf aus der frühen Lanna-Zeit, einem Tempel und einem Zug. Vom zweiten Stock kann man die gesamte Pracht dieses postkolonialen Gebäudes genießen, das einst als Verwaltungszentrale der Provinz Chiang Mai diente und 1924 gebaut wurde. 1999 verlieh die Royal Society of Siamese Architects dem Kunst- und Kulturzentrum einen Preis für die architektonischen Restaurierungsmaßnahmen.

ANUSAWARI SAM KASAT
อนุสาวรีย์สามกษัตริย์

Das **Dreikönigsdenkmal** (Karte S. 310 f.; Th Phra Pokklao) aus Bronze zeigt drei mit Stolz die ihnen gebührenden Gewänder des 14. Jhs. tragende Könige; es erinnert an das Bündnis, das bei der Gründung Chiang Mais zwischen den drei nordthailändischen und laotischen Königen – Phaya Ngam Meuang von Phayao, Phaya Mengrai von Chiang Mai und Phaya Khun Ramkhamhaeng von Sukhothai – geschlossen wurde. Das Denkmal ist eines der spirituellen Zentren der Stadt und für Einheimische eine heilige Stätte. Sie spenden regelmäßig Blumen, Weihrauch und Kerzen hierher, um den Segen der machtvollen Seelen der drei Könige zu erhalten.

WAT PHUAK HONG
วัดพวกหงส์

Ganz in der Nähe, hinter dem Suan Buak Hat (Buak Hat Park), befindet sich dieser **Wat** (Karte S. 310 f.; ☎ 0 5327 8864; abseits der Th Samlan; Spende erwünscht). Hier steht der von Einheimischen sehr verehrte Chedi Si Pheuak. Der mehr als 100 Jahre alte *chedi* sieht aus wie ein Stapel aus immer kleiner werdenden Kreisen. Dieser Baustil ist sonst nur im Wat Ku Tao zu bewundern und wurde wahrscheinlich vom Stil der Thai Lü aus dem Bezirk Xishuangbanna (Alternativschreibweise: Sipsongpanna) im chinesischen Yunnan beeinflusst.

SONNTAGS-STRASSENMARKT
ถนนเดินวันอาทิตย์

Ein Muss für alle Shoppingfans ist der **Sonntags-Straßenmarkt** (Karte S. 310 f.; Th Ratchadamnoen; ☺ So 16–24 Uhr). Die Qualität der angebotenen Waren ist besser als der Durchschnitt, einen Einblick in die Kultur der Einheimischen gibt es obendrein umsonst. Hier lebt außerdem die alte chinesische Tradition umherziehender Händler weiter. Kommt man früh genug – also dann,

wenn die Th Ratchadamnoen für den Straßenverkehr gesperrt wird –, kann man die Verkäufer beobachten, wie sie ihre fest verschnürten Bündel auspacken und ihre Waren möglichst einladend platzieren. Dem ersten erfolgreichen Geschäft des Abends folgen oft kleine Rituale oder Gebete, in der Hoffnung, es möge weiterhin viel verkauft werden.

Vom Platz vor dem Pratu Tha Pae reihen sich die Verkaufsstände die gesamte Th Ratchadamnoen bis zum Wat Phra Singh und noch einige Häuserblöcke weiter auf beiden Seiten der Th Phra Pokklao auf. Viele der angebotenen Waren wie Baumwolltücher, Ledersandalen und Holzschnitzereien sind handgemacht und kommen aus Chiang Mai und Umgebung. Auf diesem Markt präsentiert sich die Stadt mit dem breiten Angebot an Accessoires im Ethno-Look, ungefärbten T-Shirts aus Baumwolle und Leinentaschen mit „Save the planet"-Aufdrucken als Hippie.

In den Tempeln entlang der Einkaufsstraße bieten Stände thailändische Gerichte und andere Leckereien an, mit denen man sich vor oder nach dem Einkaufen stärken kann. In der Nähe der Anlage des Wat Chedi Luang an der Th Phra Pokklao gibt es leckere, in Tonschalen servierte *kôw soy*-Kreationen.

Vor 18 Uhr dürfte der Einkaufsbummel am entspanntesten sein – es ist dann noch nicht ganz so voll und es wird die Nationalhymne gespielt. Andererseits hat das Ganze nach Einbruch der Dunkelheit einen gewissen Reiz, wenn Straßenmusiker kleine Bereiche des Gehwegs abstecken und die Menge mit alten Klassikern und neuen Hits unterhalten. Wer genug vom Bummeln hat, kann seine erschöpften Glieder auf einem der Massagestühle mal so richtig durchkneten lassen.

Wer nicht an einem Sonntag in der Stadt ist, kann den **Samstags-Straßenmarkt** (S. 318) auf der Th Wualai testen.

Östlich der Altstadt & die Ufergegend

Durchquert man das Pratu Tha Phae, gelangt man in eine typische Einkaufsgegend mit mehrspurigen, dichtbefahrenen Straßen und mit den für Südostasien charakteristischen zweistöckigen Shophouses aus Beton. Die Th Tha Phae mit ihren vielen interessanten Kunsthandwerksläden und einigen denkmalgeschützten Gebäuden, die einst britischen und birmanischen Teakholzhändlern gehörten, ist bei Touristen sehr beliebt. Hier geht es etwas praktischer zu als in der Altstadt:

In ganz normalen Läden gibt es alles Mögliche, in anderen, fast verfallenen alles Unmögliche zu kaufen. Südlich des Talat Warorot auf der Th Chang Khlan befindet sich der Chiang Mais Nachtbasar (S. 354). Der gewundene Mae Ping ist ein weiteres Highlight, das man in der Gegend rund ums östliche Ufer auch gut mit dem Rad erkunden kann.

WAT CHETAWAN, WAT MAHAWAN & WAT BUPPARAM
วัดเชตวัน/วัดมหาวัน/วัดบุปผาราม

Diese drei Wats an der Th Tha Phae zeichnen sich durch die reich verzierten *wihaans* und *chedis* aus, die von birmanischen und Shan-Handwerkern entworfen wurden. Das Geld für ihren Bau stammt von birmanischen Teakholzhändlern, die sich vor einem Jahrhundert oder noch früher in Chiang Mai niederließen. Der Einfluss der Birmanen und Shan zeigt sich deutlich am allgegenwärtigen Pfauensymbol (ein Symbol für die Sonne, das in der Tempelarchitektur der Birmanen und Shan weit verbreitet ist) und an den im Mandalay-Stil gefertigten stehenden Buddhas in den Wandnischen.

TALAT WAROROT
ตลาดวโรรส

Folgt man der Th Chang Moi in Richtung Fluss, stößt man auf emsiges Treiben rund um den ältesten und bekanntesten Markt Chiang Mais, den **Talat Warorot** (Karte S. 302 f.; Ecke Th Chang Moi & Th Praisani; 6–17 Uhr). Eigentlich sieht er wie jeder andere Markt aus, wenn auch etwas verwahrloster und voller. Doch dieser unauffällige Ort ist ein Überbleibsel der frühen Handelsgeschichte Chiang Mais. Seine Lage direkt neben dem Fluss ist keineswegs ästhetischen Überlegungen geschuldet, sondern einer historischen Notwendigkeit: Der Wasserweg war für den Transport von Waren, die auf dem Land produziert und dann in den Süden nach Bangkok verschifft wurden, sehr wichtig. Im nordthailändischen Dialekt wird der Markt auch *gàht lŏo-ang* (nordthailändisch für „großer Markt") genannt.

Eigentlich besteht der Markt aus zwei mehrstöckigen Gebäuden. Um diese herum herrscht allerdings ein so geschäftiges Treiben, dass die tatsächlichen Grenzen des Talat Warorot nur schwer zu bestimmen sind. Außerhalb der Markthallen verkaufen Obst- und Gemüsehändler spezielle Sorten aus dem Hochland, die von den Bewohnern Zen-

---

GESPRÄCHE MIT MÖNCHEN

Man kann durch ganz Thailand reisen, ohne dabei groß über den Sinn des Lebens zu sinnieren, in Chiang Mai aber sollte man die Chance nutzen, seinen Horizont zu erweitern. Manche Tempel helfen bei diesem Vorhaben und bieten Gesprächsrunden an, bei denen Mönche und Novizen Fragen von Ausländern beantworten. Dieser Austausch gibt ihnen die Möglichkeit, ihre Englischkenntnisse anzuwenden; man selbst erfährt einiges über ihr Alltagsleben, buddhistische Lehren oder einfach nur, wie sie ihre Wickelgewänder anziehen. Man sollte sich in Klöstern aber immer angemessen mit bedeckten Schultern und Knien kleiden. Frauen sollten besonders darauf achten, die Mönche oder deren Habseligkeiten nicht zu berühren oder ihnen direkt etwas in die Hand zu geben.

Das **Wat Suan Dok** (Karte S. 302 f.; ☎ 0 5380 8411-3; Th Suthep; ⏰ Mo, Mi & Fr 17–19 Uhr) verfügt über einen Extraraum, in dem Ausländer sich mit den Novizen des Klosters unterhalten können. Um zu dem Raum zu gelangen, betritt man den Wat durch den Haupteingang und läuft dann etwa 100 m in die Anlage hinein.

Der **Wat Chedi Luang** (Karte S. 310 f.; ☎ 0 5327 8595; Th Phra Pokklao; ⏰ Mo–Fr 13–18 Uhr) und der **Wat Sisuphan** (Karte S. 310 f.; ☎ 0 5320 0332; 100 Th Wualai; ⏰ Di, Do & Sa 17.30–19 Uhr) bieten an bestimmten Tagen Gesprächsrunden mit Mönchen an.

---

tralthailands als exotisch angesehen werden. Ganz in der Nähe bieten Samlor-Fahrer, die inzwischen in Bangkok aus den Straßen verschwunden sind, ihre Dienste an; sie fahren mit Einkäufen beladene Marktbesucher nach Hause.

Gelingt es einem, sich einen Weg durch die zahllosen Marktstände zu bahnen, gelangt man in das Innere des Marktes. Hier werden eingelegte Lebensmittel, vorgekochte Currygerichte und abgepackte *kâap möos* (Schweinehautchips) verkauft. Im Erdgeschoss der Hauptmarkthalle gibt es eine Vielzahl von Ständen, an denen typische Nudelgerichte serviert werden. Wer auf der Suche nach günstigen Kleidern, Stoffen und Küchenutensilien, nach billigen Kosmetikartikeln und erschwinglichem Kunsthandwerk ist, wird hier auf jeden Fall fündig.

Vis-à-vis des Flussufers befindet sich der wichtigste Frischblumenmarkt der Stadt, der **Talat Tonlamyai** (Karte S. 310 f.; Th Praisani; ⏰ 24 Std.), von den Einheimischen *gàht dòrk mái* genannt. Die in riesigen Sträußen verkauften Astern, Rosen und Mädchenaugen gedeihen im kühleren Klima des umliegenden Hochlandes und werden nachts auf den Markt gebracht, um sie nicht der tagsüber brütenden Hitze auszusetzen. Andere Pflanzen, die wie das Weidenkätzchen noch kühlere Temperaturen mögen, werden von Bergvölkern in hoch gelegenen Dörfern angepflanzt. Außerdem gibt's da noch die üppigen tropischen Blumen, wie Jasmin, Orchideen und Lotusblüten, die bei heißen Temperaturen gedei-

hen. Die Blumen werden an Großhändler für den Weitertransport nach Bangkok und in andere Städte der Provinz verkauft, außerdem als Kränze für Beerdigungen oder auch in kleineren Mengen an Thais, die sie für religiöse Rituale benötigen. Auf dem Blumenmarkt ist immer etwas los, der Trubel erreicht jedoch zur Zeit der alljährlichen Stadtfeste wie dem Loi Krathong und natürlich dem Blumenfest seinen Höhepunkt.

Westlich des Marktes erstreckt sich entlang der Th Chang Moi die kleine **Chinatown**, die man sofort an einem farbenprächtigen chinesischen Torbogen und den für Südostasien typischen zweistöckigen Shophouses erkennt. Die meisten Geschäfte werden von Familien betrieben, die Haushaltsprodukte und Schmuck aus Gelbgold verkaufen. Es gibt auch noch ein paar alte Apotheken, in denen es nach Baumrinde und getrockneten Kräutern riecht. Außerdem stehen in Chinatown zwei chinesische Tempel und Clanhäuser. Und alljährlich wird hier das Chinesische Neujahrsfest gefeiert. In dem Viertel wohnt eine kleine Sikh-Gemeinschaft, die sich auf den Verkauf von Stoffen spezialisiert hat. Sie beten im nahegelegenen **Namdhari-Sikh-Tempel** (Karte S. 310 f.; Th Ratchawong) und sind Anhänger der sikhistischen Namdhari-Sekte.

MAE PING & WAT KETKARAM
แม่ปิง/วัดเกตการาม

In früheren Zeiten war der Zugang zu Wasserwegen für thailändische Städte und deren Bewohner überlebenswichtig. Flüsse spielten

eine elementare Rolle im alltäglichen Leben und wurden so oft nicht nur als Transportwege und Wasserquellen gesehen, sondern als heilige Wesen verehrt. Ihnen zu Ehren finden jährliche Feste wie das Loi Krathong statt. Chiang Mais bedeutendster Fluss ist der **Mae Ping** (Karte S. 310 f.), der in den Bergen Chiang Daos entspringt und sich durch das Hochland seinen Weg in das fruchtbare Tal von Mae Sa, dem Handelszentrum Chiang Mais und schließlich durch das Ping-Tal, das größte fruchtbare Tal der nördlichen Provinzen, bahnt. In Nakhon Sawan mündet er dann in den Chao Phraya, der bis nach Bangkok fließt und in den Golf von Thailand mündet. Der Ping ist 569 km lang und versorgt auf seinem weiten Weg zahllose Reisfelder, Kaffeeplantagen, Lamyai-Gärten, Erdbeerfelder und Blumengärten mit Wasser.

Der Mae Ping spielte außerdem eine wichtige Rolle beim Aufstieg Chiang Mais zu einem blühenden Handelszentrum im frühen 19. Jh. Damals war der Fluss gewaltiger und stärker befahren, unterlag jedoch jahreszeitbedingten Schwankungen. Die Boote waren an den niedrigeren Wasserstand während der Trockenzeit angepasst; sie hatten eine flache Unterseite und ein hohes gegabeltes Heck, oft auch Skorpionschwanz genannt, was ihnen mehr Stabilität und Auftriebskraft gab. Heute wird diese Art Boot nur noch für touristische Bootsausflüge eingesetzt (S. 319). Von den am östlichen Flussufer gelegenen Restaurants (S. 345) hat man einen wunderschönen Ausblick auf die Umgebung.

Am östlichen Flussufer gegenüber vom Talat Warorot lebten früher chinesische Händler und westliche Missionare. Heute wird das Viertel Wat Ket, Spitzname des in der Nähe liegenden Tempels **Wat Ketkaram** (Karte S. 310 f.; ☎ 0 5326 2605; Th Charoenrat), genannt. Der Tempel wurde im 15. Jh. erbaut und beherbergt ein facettenreiches Museum mit Schätzen im attischen Stil. An der Th Charoenrat stehen viele Überbleibsel aus alten Zeiten, z. B. Missionarskrankenhäuser und alte chinesische Shophouses, in denen heute Restaurants und Antiquitätenläden untergebracht sind. Gäbe es an der Th Charoenrat Fußgängerwege, könnte die Gegend der Altstadt in puncto altehrwürdige Atmosphäre und Beliebtheit bei Touristen echte Konkurrenz machen – doch so wird die schmale Straße leider vom Straßenverkehr in Beschlag genommen. Die kleinen Gassen abseits der Th Charoenrat hinter dem Tempel eignen sich schon viel besser zur Erkundung der Gegend.

Weiter südlich befindet sich der **Talat San Pakoy** (Karte S. 302 f.; abseits der Th Charoen Muang), ein unauffälliger, von Touristen eher unbeachteter Markt, in dem alles Mögliche angeboten wird. Der San Pakoy öffnet gegen 4 Uhr mor-

DER KAMPF GEGEN DIE (REIS-)PFUNDE

In Chiang Mai gibt es zwar keinen zentralen Stadtpark wie in Bangkok, doch es gibt einige Grünanlagen, in denen Einheimische sich abends auf eher sanfte thailändische Weise sportlich betätigen.

Der **Suan Buak Hat** (Karte S. 310 f.; Th Bamrungburi) ist der einzige Park in der Altstadt mit einem gut befestigten Joggingweg, auf dem man – vorbei an dahinschlendernden Thais – seine Runden ziehen kann. Außerdem gibt es einen Fischteich, einen Stand, an dem Fischgerichte verkauft werden, und einen kleinen Spielplatz.

In der Gegend rund um die Chiang Mai University gibt es viele Grünflächen, darunter den **Huay Kaew Fitness Park** (Karte S. 302 f.; Th Huay Kaew) mit Fitness-Parcour und den nahegelegenen **Ang-Kaew-Stausee**. Man kann sich auch auf den Weg zum **Galare-See** (abseits der Th Suthep) machen, der einen mit einem tollen Blick auf die Stadt belohnt; die Strecke powert nicht wirklich aus, was aber die Studenten, die sich in ungezwungener Runde treffen, offensichtlich nicht stört.

Am südlichen Bergfuß des Doi Suthep hebt sich der **Royal Flora Ratchaphruek** (abseits der Rte 121/Th Klorng Chonprathan; Eintritt frei; ☺ Sonnenaufgang–Sonnenuntergang) von der umliegenden wilden Natur ab; das Gelände wurde 2006 zunächst als Gartenausstellung zu Ehren des 60. Thronjubiläums des Königs eröffnet. Seit 2008 sind die Landschaftsgärten auch für die Öffentlichkeit zugänglich; aus Ermangelung an schattigen Plätzen sollte man das Gelände zur heißen Mittagszeit allerdings eher meiden. Die gleiche Zufahrtsstraße führt zum **Doi Kham**. Sie ist eine beliebte Joggingstrecke, die sich an heiligen Kühen vorbei bis zum Gipfel hochschlängelt. Um hierher zu gelangen, ist ein eigenes Transportmittel von Vorteil – ein Taxi kommt einen jedenfalls ziemlich teuer zu stehen.

gens; bis etwa 10 Uhr herrscht hier ein lebhaftes Treiben. Ganz in der Nähe verläuft inmitten hochaufragender Bäume eine kleine Soi; die Anwohner haben ihre Hütten um die dicken Baumstämme herum errichtet, da ihnen das Land nicht gehört und sie den Mietpreis von etwa 900 B pro Jahr nicht zahlen können.

WIANG KUM KAM
เวียงกุมกาม

Die **freigelegten Ruinen** (8–17 Uhr) bieten sich bestens für einen entspannten Ausflug in die Umgebung an. Macht man sich in einem der altmodischen Pferdewagen (200 B) auf den Weg, kann man sich schon während der gemächlichen Fahrt auf einen erholsamen Tag einstellen. Meistens halten die Fahrer ein Schwätzchen mit den Einheimischen, die zwischen den alten Ruinen leben. Die halb begrabenen Backsteinfundamente erstrecken sich über mehr als 3 km². Rein äußerlich geben die Ruinen nicht allzu viel her, ihre historische Bedeutung und das angrenzende friedliche Dorf machen den Ort jedoch zu einem lohnenden Ausflugsziel.

Wiang Kum Kam war als eine der ersten Siedlungen in der Region Chiang Mai von den Mon als Außenposten des Königreichs Hariphunchai gegründet worden. 1286 wurde der Ort von Phaya Mengrai erobert und diente dann vor dem Bau Chiang Mais zehn Jahre lang als Hauptstadt Lannas. Im 16. Jh. kam es zu schweren Überschwemmungen, als sich der Flusslauf des Mae Ping änderte und die Stadt aufgegeben werden musste. Geblieben sind lediglich der viereckige im Mon-Stil erbaute *chedi* des Wat Chedi Si Liam und das geschichteten Backsteingiebel des Wat Kan Thom (letzterer wurde nur von den Mon so genannt, die Thai bezeichneten den Tempel als Wat Chang Kham). Der ähnliche *chedi* des Wat Kukut in Lamphun diente angeblich als Vorlage für den Bau des Chedi Si Liam.

Auf dem Gelände wurden über 1300 beschriftete Steinplatten, Backsteine, Glocken und *chedi* freigelegt. Als wichtigster archäologischer Fund gilt eine vierteilige mit Inschriften versehene Steintafel, die mittlerweile im Chiang Mai National Museum ausgestellt ist. Die Inschriften stammen aus dem frühen 11. Jh. und beweisen, dass die Thai-Schrift rund 100 Jahre älter ist als König Ramkhamhaengs berühmte Sukhothai-Inschrift von 1293.

Man kann Wiang Kum Kam auch mit einem Leihfahrrad besichtigen. Dazu folgt man zunächst der Th Chiang Mai-Lamphun (Hwy 106) in südöstlicher Richtung. Nach rund 3 km weist dann rechts ein Schild zu den Ruinen. Ab dieser Abzweigung sind es noch weitere 2 km. Alternativ kann man für diese Strecke auch ein Tuk-Tuk oder einen der roten Songthaeos für rund 100 B (einfache Strecke) mieten. Wer mit dem eigenen fahrbaren Untersatz unterwegs ist, kann den Besuch von Wiang Kum Kam wunderbar mit einer Besichtigungstour des Wat in Lamphun kombinieren.

Südlich der Altstadt

Der Süden der Stadt ist ein Mix aus idyllischen alten Stadtvierteln und unpersönlichen modernen Gebäuden und Plätzen. Früher siedelten sich vor den Stadtmauern meist Ausländer an. Manche von ihnen kamen freiwillig, so z. B. chinesische Händler und westliche Missionare, die sich am Ostufer des Flusses niederließen, andere wurden von ihren Heimatländern dazu gezwungen, nach Beendigung der birmanischen Besetzung beim Wiederaufbau der zerstörten Stadt mitzuhelfen. Vor etwa 200 Jahren wurde das Volk der Tai Khoen, die aus dem heutigen Kengtung im Shan-Staat Myanmar stammen, von Truppen der Siamesen und Lanna gefangengenommen und auf diesem Gebiet angesiedelt. Die handwerklich begabten Tai Khoen, ein Volk der Schmiede und Steinmetze, leisteten mit ihren technischen Fertigkeiten einen wichtigen Beitrag zum Wiederaufbau der Stadt.

Heute ist die Th Wualai für die vielen Silberschmuckläden bekannt; der hämmernde Klang der Schmiedearbeiten, der meist die Straße erfüllt, zeugt von der Herstellung der silbernen Kunstwerke (die oft genug allerdings aus Aluminium bestehen). Der beste Zeitpunkt für einen Bummel auf der Th Wualai ist zu Beginn des Samstags-Straßenmarkts: Dann werden die Straßen für den Verkehr gesperrt.

SAMSTAGS-STRASSENMARKT
ถนนเดินวันเสาร์

Der **Samstags-Straßenmarkt** (Karte S. 310 f.; Th Wualai; Sa 16–24 Uhr) hat sich mit der Zeit den Ruf erworben, weniger kommerziell zu sein und authentischeres Kunsthandwerk anzubieten als der Sonntags-Straßenmarkt. Das scheint jedoch etwas übertrieben – die meisten

Händler verkaufen ihre Waren auf beiden Märkten. Allerdings versprüht die atmosphärische Gegend mit ihren Silberschmieden und älteren in thailändische Seide gehüllten Damen ihr ganz eigenes altehrwürdiges Flair.

WAT SISUPHAN
วัดศรีสุพรรณ

Von dem 1502 erbauten **Wat** (Karte S. 310 f.; ☎ 0 5320 0332; Soi 2, Th Wualai; Spende erwünscht) ist bis auf ein paar Teakholzsäulen und Dachbalken im *wihaan* nur wenig im Original erhalten geblieben. Die Wandmalereien im Inneren weisen eine interessante Mischung taoistischer, zenbuddhistischer und theravada-buddhistischer Elemente auf. Der angrenzende *ubosòht* wurde zum Zeitpunkt der Recherchen restauriert; man sagt, er sei der einzige Tempelraum aus Silber in Thailand (genau genommen wurden Aluminium, eine Silberlegierung und echtes Silber verwendet). In dem Tempel gibt es die Möglichkeit, Gespräche mit den Mönchen zu führen oder Meditationstechniken zu erlernen (s. S. 316). Der Wat Sisuphan gehört zu den wenigen Wats in Chiang Mai, in denen man Ende März das Fest Poy Luang (bzw. Poy Sang Long) erleben kann; dann werden kleine Jungen nach der Shan-Tradition zu buddhistischen Mönchen ordiniert.

SBUN-NGA-TEXTILMUSEUM
พิพิธภัณฑ์ผ้าโบราณสบันงา

Im toll gestalteten **Sbun-Nga-Textilmuseum** (Karte S. 302 f.; ☎ 0 5320 0655; www.sbun-nga.com; Chiang Mai Cultural Centre, 185/20 Th Wualai; Eintritt 100 B; ⏰ Do–Di 10.30–18.30 Uhr) sind Textilien aus Nordthailand ausgestellt, außerdem erfährt man einiges über die verschiedenen Lanna-Kulturen Tai Lue, Tai Kaun, Tai Yai und Tai Yuan. Muster und Farben variieren von Volksstamm zu Volksstamm und erzählen in faszinierender Weise die Geschichte der ersten Einwohner Chiang Mais und Nordthailands. Außerdem sind Textilien der Tai Lao zu bewundern.

Das Spektrum reicht von alltäglichen Sarongs bis hin zu prächtigen Königsgewändern, darunter die Tracht von Prinzessin Dararasmi (Prinzgemahlin Ramas V.) mit Mustern im Lanna- und Birma-Stil sowie das juwelenbesetzte Krönungskleid eines Thai-Yai-Prinzen. Die gut dokumentierten Exponate können mit einem englischsprachigen Audioguide besichtigt werden. Die Ausstellung ist das Ergebnis der mittlerweile 20-jährigen Sammelleidenschaft des Besitzers Akarat Nakkabunlung.

Westlich der Altstadt

Die Th Huay Kaew ist die Hauptverkehrsstraße im Westen der Stadt, in dem die Chiang Mai University (auf Thai mit „Mor Chor" abgekürzt) das pulsierende Zentrum darstellt. Alternativ angehauchte Studentengrüppchen bevölkern hier die hübschen gemütlichen Cafés, düsen auf ihren Oldtimer-Vespas in der Gegend herum und geben ihr Erspartes für Partys an den Wochenenden aus. Die Th Nimmanhaemin, eine Mischung aus Bangkoks Siam Square und Banglamphu, ist die schickste Straße der Stadt. Von der viel befahrenen mehrspurigen Straße zweigen viele kleinere Straßen ab; dort wurden die Gartenhäuser aus den 1970er-Jahren im Dienste des

---

BOOTSAUSFLÜGE

Die Landschaft um den Mae Ping präsentiert sich mit den grasbewachsenen Ufern und den kleinen Stelzenhäusern am Wegesrand über weite Strecken in ländlichem Gewand. Es werden sowohl tagsüber als auch nachts verschiedene Bootstouren angeboten.

Bei den Touren mit **Scorpion Tailed River Cruise** (Karte S. 310 f.; ☎ 08 1960 9308, 0 5324 5888; www. scorpiontailed.com; Th Charoenrat; Ticket 500 B) steht Historisches im Mittelpunkt. Es kommen traditionelle Skorpionschwanz-Boote zum Einsatz. Täglich gibt es fünf informative Ausflüge, die eine bis eineinhalb Stunden dauern. Die Boote legen an der Anlegestelle beim Wat Srikhong in der Nähe vom Rim Ping Condo ab und machen eine kleine Snackpause im Scorpion Tailed Boat Village.

Mae Ping River Cruises (Karte S. 310 f.; ☎ 0 5327 4822; www.maepingrivercruise.com; Wat Chaimongkhon, Th Charoen Prathet) veranstaltet Tagestouren (450 B, 2 Std.) in überdachten Long-Tail-Booten. Nach einer Fahrt durch die ländliche Gegend wird bei einer kleinen Farm ein Zwischenstopp eingelegt, um sich mit verschiedenen Früchtesnacks zu stärken. Beim Thai-Dinner-Cruise (550 B, 2 Std., tgl. um 19 Uhr) wird ein mehrgängiges Menü serviert.

Nach dem Abendessen bietet auch das **Riverside Bar & Restaurant** (S. 338) einen Bootsausflug an.

Tourismus ordentlich aufgepeppt und größtenteils zu Bars und Clubs umfunktioniert. Passend zum zurückhaltenden Charakter Chiang Mais geht's dort allerdings weder übertrieben edel noch exklusiv zu.

WAT SUAN DOK
วัดสวนดอก

Der 1373 auf dem Gelände eines ehemaligen Blumengartens erbaute **Tempel** (Karte S. 302 f.; ☎ 0 5327 8967; Th Suthep; Spende erwünscht) macht architektonisch betrachtet nicht so viel her wie die Tempel in der Altstadt, punktet dafür jedoch mit einer wahrhaft fotoreifen Kulisse: Die weiß getünchten *chedis* zeichnen sich malerisch von den blauen Gipfeln des Doi Suthep und des Doi Pui im Hintergrund ab. Wer auf der Jagd nach dem perfekten Foto ist, sollte frühmorgens, wenn die Berge noch von Nebelschwaden umgeben sind, sein Glück versuchen.

Spirituell gesehen ist der Wat Suan Dok mit dem Tempel auf dem Doi Suthep verbunden. Grund dafür ist ein glücksverheißendes Relikt, das Phra Sumana Thera, ein Mönch aus Sukhothai, mitgebracht hatte. (Der Tempel wurde tatsächlich nur wegen seines Besuches bei dem sechsten Lanna-König Phaya Keu Na errichtet.) Der Legende nach soll sich die Reliquie auf wundersame Weise verdoppelt haben; die eine wird im großen Zentral-*chedi* aufbewahrt, den seit Kurzem eine dünne Goldschicht schmückt, die andere diente als eine Art Wünschelrute für den Bau des Wat Doi Suthep (auf S. 324 gibt's die ganze Geschichte). Der Haupt-*chedi* ist ein Musterbeispiel für die Epoche, in der die Lanna-Architektur allmählich von Sukhothai-Elementen beeinflusst wurde. Im anderen *chedi* wird die Asche verschiedener Mitglieder des Lanna-Königshauses aufbewahrt.

Die weitläufige offene Gebetshalle wurde 1932 von Khruba Siwichai neu erbaut. Der bekannte Lanna-Mönch war außerdem für den Bau der Straße, die zum Wat Doi Suthep hinführt, und anderer wichtiger Bauwerke verantwortlich. In der Halle trifft man häufig Einheimische beim Meditieren an.

In einem kleinen *bòt* auf der Anlage wird eine 500 Jahre alte Buddhastatue aus Bronze namens Phra Chao Kao Tu aufbewahrt; eigentlich war sie für den Wat Phra Singh vorgesehen, konnte aber wegen ihres Gewichts nicht transportiert werden. Die Wände zieren lebendige *jataka*-Malereien, auf denen Geschichten aus dem Leben Buddhas erzählt werden.

Heute lebt im Wat Suan Dok eine große Anzahl von Mönchen und Novizen, von denen viele an der Mahachulalongkorn Buddhist University des Klosters studieren. Viele Besucher schätzen die beliebten Gespräche mit den Mönchen (s. S. 316) und die englischsprachigen Meditationskurse und Klausuraufenthalte.

CHIANG MAI UNIVERSITY (CMU)
มหาวิทยาลัยเชียงใหม่

Die größte staatliche **Universität** (Karte S. 302 f.; ☎ 0 5384 4821; Th Huay Kaew) der Stadt wurde 1964 als erste thailändische Universität außerhalb Bangkoks gegründet. Heute ist die Universität mit 107 Fachbereichen, 26 800 Studenten und 2165 Dozenten die angesehenste Bildungseinrichtung Nordthailands. Die CMU kann es zwar nicht mit so alteingesessenen Bangkoker Universitäten wie der Silpakorn, Chulalongkorn oder Thammasat aufnehmen, hat sich jedoch mit ihren Fakultäten für Ingenieurswissenschaften und Medizintechnik einen Namen gemacht. Einer ihrer namhaftesten Absolventen ist Apirak Kosayothin, ehemaliger Gouverneur von Bangkok.

Der Hauptcampus etwas 2 km westlich der Innenstadt erstreckt sich inmitten grüner Wälder über eine Fläche von 2,9 km². Die Gebäude, die rußbefleckten Kästen ähneln, sind zwar nicht sonderlich bemerkenswert, die grüne Kulisse schafft jedoch ein ganz eigenes idyllisches Universitätsflair. Zwei Haupteingänge führen von der Th Suthep bzw. der Th Huay Kaew auf den Campus. Thais nennen das Universitätsgelände um die Th Suthep meist als *läng mor* (hinter der Universität), das um die Th Huay Kaew als *nâh mor* (vor der Universität). In der Nähe beider Eingänge gibt es abends kleine Basare, in denen abgebrannte Studenten auf der Suche nach günstigem Essen und erschwinglichen Kleidern fündig werden.

Das **Chiang Mai University Art Museum** (Karte S. 302 f.; ☎ 0 5394 4833; Th Nimmanhaemin; Eintritt frei; ☉ Di–So 9–17 Uhr) in der Nähe der Kreuzung Th Suthep und Th Klorng Chonprathan ist eine Möglichkeit, tief ins akademische Ambiente einzutauchen. In dem Museum kann man zeitgenössische thailändische und internationale Kunst bewundern. Es hat keine eigene Kunstsammlung; die Wechselausstellungen sind von unterschiedlicher Qualität. Das Din Dee Teahouse eignet sich übrigens wunderbar für eine kleine Erholungspause nach dem

Museumsbesuch; das kleine einfache Häuschen auf dem Museumsgelände ist für seine verschiedenen Kräutertees bekannt.

CHIANG MAI ZOO
สวนสัตว์/แหล่เพาะพันธุ์ไม้ป่าเขตร้อนเชียงใหม่

Am Fuße des Doi Suthep liegt inmitten eines grünen Parks, in dem sich meist einheimische Familien und Schulklassen tummeln, der **Chiang Mai Zoo** (Karte S. 302 f.; ☎ 0 5335 8116; www. chiangmaizoo.com; Th Huay Kaew; Erw./Kind 100/50 B; ⊙ 8–18 Uhr, Tickets bis 17 Uhr erhältlich). Er wartet mit einer ganz beträchtlichen Artenvielfalt auf, die beiden Hauptattraktionen (Pandas und ein Aquarium) kosten allerdings extra.

Das Pandagehege (Eintritt Erw./Kind 100/50 B) wird von den reizenden Pandapärchen Chuang-Chuang und Lin-Hui bewohnt; sie leben in einem speziell konstruierten klimatisierten Gebäude und sind für die Schulkinder Chiang Mais kleine Stars. Das neue 600 Mio. B teure Aquarium (Erw./Kind 450/350 B) soll zu einer Touristenattraktion werden. Angeblich wurde hier der längste Glastunnel Asiens (113 m) errichtet. Man kann die nachgebaute Unterwasserwelt Thailands bewundern – von den Flüssen im Norden über Mangrovensümpfe und Küstenozeane – aber auch das Amazonasbecken.

Wenn man sich einigermaßen früh auf den Weg macht, kann man die interessantesten Tiere – Löwen, Giraffen, Tiger und Vögel, alle in der Nähe des Eingangs – bei einem gemütlichen Spaziergang anschauen. Mit Ausnahme der Elefanten und Orang-Utans machen die meisten Tiere einen besseren Eindruck als in anderen Zoos. Auch zu den Koalas kommt man bequem zu Fuß, das Aquarium ist jedoch etwas zu weit entfernt. Offene Busse (Erw./Kind 20/10 B) und eine Hochbahn (Erw./Kind 100/50 B) kutschieren Besucher über das Gelände, allerdings sind die Wartezeiten ziemlich lang. Bus- und Bahntickets gelten für den gesamten Zoobesuch – gut aufbewahren, da man sie mehrmals vorzeigen muss. Wer kleine Kinder im Schlepptau hat, sollte einen Kinderwagen dabeihaben.

Im Parkhaus des Zoos kann man für 10 B Fahrräder und Motorräder, für 50 B Autos und Vans abstellen.

WAT U MONG
วัดอุโมงค์

Wer vorher noch nie ein **Waldkloster** (☎ 0 5327 3990; Soi Wat U Mong; Th Khlong Chonprathan; Spende erwün-

scht) besichtigt hat, sollte sich den Wat U Mong nicht entgehen lassen. Dieser punktet nicht nur mit seiner abgeschiedenen Lage und idyllischen Umgebung – wichtige Faktoren für die Tradition der Waldkloster-Meditation – sondern auch mit den beeindruckenden Verbindungstunneln unter der Terrasse des Haupt-*chedi*.

Der Tempel wurde erstmals zur Zeit Phaya Mengrais im 14. Jh. genutzt. Angeblich wurden die mit Ziegelstein verkleideten Tunnel um das Jahr 1380 für den Mönch Thera Jan errichtet, dem hellseherische Kräfte nachgesagt wurden. Später wurde das Kloster aufgegeben, um erst ab den 1940er-Jahren wieder seinen Zweck zu erfüllen, als sich ein ortsansässiger Thai-Fürst um die Restaurierung des Wats kümmerte. Der inzwischen verstorbene Ajan Buddhadasa Bhikkhu, ein bekannter Mönch und Lehrmeister im südthailändischen Wat Suanmok, entsandte in den 1960er-Jahren einige Mönche, um die Klostergemeinschaft von U Mong wiederzubeleben.

Auf dem Gelände über dem Tunnelsystem ist die schaurig-wunderbar Figur des fastenden Buddhas in allen Einzelheiten – Rippen, Adern usw. sind en détail dargestellt – zu bewundern. Daneben liegen ein großer sehr heiliger *chedi* und ein kleiner künstlich angelegter See, an dessen Ufer *gù·dì* (Klosterhütten) errichtet wurden.

Sonntagnachmittags um 15 Uhr halten ausländische Mönche am See Dhamma-Gespräche auf Englisch ab.

Unweit der Chiang Mai University führen mehrere kleine Straßen abseits der Th Suthep zum Wat U Mong – auf entsprechende Schilder achten. In Chiang Mai gibt es übrigens noch einen weiteren Tempel des gleichen Namens. Um Missverständnisse mit Songthaeo- oder Tuk-Tuk-Fahrern zu vermeiden, sollte man lieber den vollen Namen „Wat U Mong Thera Jan" als Fahrziel nennen.

CHIANG MAI NIGHT SAFARI
เชียงใหม่ไนท์ซาฟารี

Die exklusive **Night Safari** (☎ 0 5399 9050; www.chiangmainightsafari.com; Rte 121/Th Klorng Chonprathan; ⊙ Mo–Fri 13–24, Sa & So 10–24 Uhr) war eines der Prestigeprojekte des Expremiers Thaksin Shinawatra, der Chiang Mais Image kräftig aufpolieren und die Stadt für vermögende Touristen attraktiver gestalten wollte.

Der Park ist zwar auch tagsüber geöffnet, doch wirklich interessant wird es erst nachts

während der „Predator Prowl" und der „Savannah Safari" (Erw./Kind 500/300 B), wenn die Besucher auf offenen Bussen quer durch die Parklandschaft gekarrt werden. Außerdem gibt es etwa zweistündige auf Englisch kommentierte Touren per Bahn, die jeweils um 19.45 und um 21.30 Uhr beginnen. Die Night Safari unterscheidet sich von der im Chiang Mai Zoo, die hier einige Tiere wie Gnus, Giraffen, weiße Nilpferde und Zebras frei herumlaufen und den Bussen manchmal ziemlich nahe kommen. Die Tiere, die man während der „Predator Prowl" zu sehen bekommt – Tiger, Löwen, Asiatische Schwarzbären und Krokodile –, werden mittels tiefer Gräben auf sichere Distanz gehalten.

Tagsüber kann man den „Jaguar Trail" (Eintritt Erw./Kind 100/50 B) erkunden, einen 1,2 km langen Weg, der um den Schwanensee herumführt. Hier sind über 50 verschiedene Tierarten (z. B. Hasen und Kraniche) zu bewundern. Die meisten von ihnen werden nicht in Käfigen gehalten – das Tier, das dem Weg seinen Namen gibt, ist dabei natürlich ausgenommen.

Das Gelände der Night Safari ist etwa 12 km vom Zentrum Chiang Mais entfernt; eine Fahrt mit dem Songthaeo kostet ca. 100 B. Man kann die Touren auch über einen Veranstalter buchen, der sich dann um den Transfer vom Hotel aus kümmert. Als der Safaripark gebaut wurde, wurden viele kritische Stimmen laut, da das Gelände 1,3 Mio. km² des Doi Suthep National Park einnimmt und die Schäden für die Umwelt noch nicht abzuschätzen sind.

Nördlich der Altstadt

In die Gegend nördlich der Altstadt gelangt man durch das Pratu Chang Pheuak, das Tor des weißen Elefanten, benannt nach dem Dickhäuter, der die heiligen Relikte auf den Doi Suthep brachte. Diese Ecke der Stadt wird von Touristen nicht groß beachtet, was ihr allerdings gut zu Gesicht steht. Die Sehenswürdigkeiten verteilen sich auf ein ziemlich großes Gebiet, das man kaum zu Fuß ablaufen kann, man sollte sich also besser ein Transportmittel leihen.

WAT CHIANG YEUN
วัดเชียงยืน

Nordöstlich des Pratu Chang Pheuak stößt man auf einen weiteren der vielen imposanten Tempel Chiang Mais, den **Wat Chiang Yeun** (Karte

S. 310 f.; Th Mani Nopharat) aus dem 16. Jh. Neben dem großen im nordthailändischen Stil errichteten *chedi* gehören ein Tor und ein Pavillon im birmanischen Kolonialstil zu den Highlights. Sie befinden sich auf der Ostseite des Schulgeländes, das zum Wat gehört. In dieser Gegend siedelten sich früher die Shan an, was sich in den Läden und Geschäften immer noch widerspiegelt; Tempelbesucher aus Birma und dem Shan-Staat werden hier mit typischen Produkten wie eingelegten Teeblättern (auf Thai *miang*) und Shan-Nudelgerichten versorgt.

WAT KU TAO
วัดกู่เต้า

Nördlich des Stadtgrabens steht der 1613 erbaute **Wat Ku Tao** (Karte S. 302 f.; ☎ 0 5321 1842; Soi 6, Th Chang Pheuak). Der einzigartige *chedi* ähnelt einem Stapel immer kleiner werdender Kugeln – ein Baustil, der bei den Thai Lü im chinesischen Yunnan weit verbreitet ist. In dem *chedi* soll angeblich die Asche von Tharawadi Min aufbewahrt werden, einem Sohn des birmanischen Königs Bayinnaung, der von 1578 bis 1607 über Lanna herrschte.

WAT JET YOT
วัดเจ็ดยอด

Echte Liebhaber buddhistischer Tempel werden vom **Wat Jet Yot** (Karte S. 302 f.; ☎ 0 5322 1947; Th Superhighway) begeistert sein. Er wurde für das achte buddhistische Konzil 1477 errichtet, das von großer Tragweite für die Lanna-Hauptstadt war. Im hinteren Bereich befinden sich die Ruinen des alten *wihaan*, für den der Mahabodhi-Tempel im indischen Bodhgaya als Vorbild diente. Die Proportionen stimmen allerdings nicht ganz, weshalb manche Experten davon ausgehen, dass der Bauplan des Tempels von einer kleinen Weihtafel kopiert wurde, auf der Mahabodhi verzerrt abgebildet war.

Auch wenn große Teile des dekorativen Stucks nicht mehr erhalten sind, sind die *jèt yôrt* (sieben Spitzen) immer noch gut erkennbar. Sie symbolisieren die sieben Wochen, die der Buddha nach seiner Erleuchtung in Bodhgaya verbracht haben soll. Vom ursprünglichen Stuckrelief sind an den Außenwänden ein paar Abbildungen der Bodhisattva erhalten geblieben, Heilige, die meist mit dem Mahayana-Buddhismus in Zusammenhang gebracht werden.

Direkt daneben steht ein *chedi*, dessen Alter man nicht genau bestimmen kann. In der

Nähe des Eingangs ist außerdem ein funkelnder *wihaan* zu bewundern. Ihn schmücken relativ moderne Wandbilder, in denen Szenen aus dem alltäglichen Leben im modernen Autozeitalter aufgegriffen werden.

CHIANG MAI NATIONAL MUSEUM
พิพิธภัณฑสถานแห่งชาติเชียงใหม่

Das 1973 gegründete **Chiang Mai National Museum** (Karte S. 302 f.; ☎ 0 5322 1308; www.thailandmuseum. com; abseits der Th Superhighway; Eintritt 100 B; ◐ Mi–So 9–16 Uhr) wird vom Ministerium für bildende Künste betrieben. Der Schwerpunkt liegt hier eindeutig auf Lanna-Artefakten und der Geschichte Nordthailands. Das Museum ist eine schöne Ergänzung zum städtischen Chiang Mai City Arts & Cultural Centre (S. 314), denn hier finden sich noch viel mehr Kunstwerke und Artefakte; außerdem beschäftigen sich die Austellungen nicht nur mit der Stadt selbst. Weitere Nationalmuseen, in denen wichtige Artefakte aus dem Norden ausgestellt sind, gibt es in Lamphun, Chiang Saen und Nan; sie alle stehen unter der Leitung des Chiang Mai National Museum.

Der interessanteste Teil des Museums ist die toll gemachte Lanna-Kunst-Ausstellung, in der eine Auswahl verschiedener Buddhafiguren aller Stilrichtungen samt Erklärungen der verschiedenen Epochen und Einflüsse zu bewundern sind.

TRIBAL MUSEUM
พิพิธภัณฑ์ชาวเขา

Das achteckige am nördlichen Stadtrand gelegene **Stammesmuseum** (☎ 0 5321 0872; abseits der Th Chang Pheuak; Eintritt frei; ◐ Mo–Fr 9–16 Uhr) befindet sich an einem See in Suan Ratchamangkhala. Zu der Sammlung gehören Handwerksgegenstände, Trachten, Schmuck, Ornamente, Haushaltswaren, landwirtschaftliche Werkzeuge, Musikinstrumente und Zeremonienzubehör. Ergänzt wird das Ganze durch interessante Ausstellungen über Geschichte und Kultur der wichtigsten Bergstämme Thailands. Eine der Ausstellungen beschäftigt sich mit dem Engagement des thailändischen Königshauses für die Bergstämme. Außerdem können sich Besucher über Forschungs- und Entwicklungsprojekte informieren, die von staatlichen und nicht staatlichen Organisationen gefördert werden. Von 10 bis 14 Uhr laufen Videoshows (20–50 B). An gesetzlichen Feiertagen ist das Museum geschlossen.

HUAY TEUNG THAO RESERVOIR
อ่างเก็บน้ำห้วยตึงเฒ่า

Die Thais verbringen ihre Freizeit sehr gerne nah am Wasser – und so dient der weitläufige **Stausee** (Eintritt 20 B; ◐ 8 Uhr–Sonnenuntergang), nordwestlich des Parkes Doi Suthep-Pui mittlerweile nicht mehr nur seinem eigentlichen Zweck. Am Ufer treiben schwimmende Bambushütten (10 B/Pers.), in denen sich Einheimische ihre frittierten Käfer schmecken lassen, sich in geselliger Runde eine Flasche Whisky genehmigen und der Kunst der perfekten Entspannung hingeben. An heißen Tagen sorgt ein Sprung vom eigenen Steg aus für Kühlung. Außerdem kann man sich sein eigenes Mittagessen angeln – Angeln ist erlaubt.

Ganz in der Nähe gibt es ein paar kleine Restaurants, in denen man die lokale Spezialität *kûng tên* (Durban-Tanzgarnelen) probieren kann. Die Süßwassergarnelen werden bei lebendigem Leibe in einer pikanten Soße aus Limettensaft und *prík lâap*, einer aus Nordthailand stammenden Mischung aus scharfen Gewürzen und Chilis, serviert.

Der Stausee liegt etwa 12 km nordwestlich von Chiang Mai. Mit dem Auto oder dem Motorrad folgt man der Rte 107 10 km in nördlicher Richtung (die Schilder nach Mae Rim weisen den Weg), fährt dann 2 km westlich an einem Armeestützpunkt vorbei und gelangt schließlich zum Stausee. Radfahrer nehmen am besten die Th Klorng Chonprathan (auch *klorng* genannt) bzw. den neben ihr verlaufenden Feldweg. Vom nordwestlichen Teil der Stadtmauer aus benötigt man mit dem Fahrrad ca. eine Stunde.

Doi Suthep-Pui National Park
อุทยานแห่งชาติดอยสุเทพ–ปุย

Der Doi Suthep (1676 m) und der Doi Pui (1685 m), Chiang Mais heilige Berge, scheinen mit schützender Hand über die Stadt zu wachen. Ihre Gründer nutzten die Berge als eine Art zeigender Kompass, der ihnen eine glücksverheißende Position bestimmte. Der Suthep ist nach dem Einsiedler Sudeva benannt, der viele Jahre lang an den Berghängen lebte. Hier wurde Chiang Mais heiliger Tempel erbaut, der Wat Phra That Doi Suthep.

Zum Teil liegen die Berge in einem 265 km² großen **Nationalpark** (☎ 0 5321 0244; Erw./Kind bis 14 Jahre 200/100 B; ◐ 8 Uhr–Sonnenuntergang), in dem man auf unberührte Natur, Dörfer der Bergvölker und Touristenattraktionen wie den Wat

Phra That Doi Suthep trifft. Trotz der Erschließung des Gebietes eignet sich der Park noch immer ausgezeichnet als erholsames Rückzugsgebiet für gestresste Städter. Die meisten Besucher laufen die übliche Route entlang der Hauptstraße ab, besichtigen den Tempel, den Winterpalast und eines der touristischen Hmong-Dörfer – und verpassen dabei die grünen Wälder abseits der Hauptroute.

Die östliche Hangseite des Berges ist fast das ganze Jahr über grün bewachsen und es herrschen kühle Temperaturen. Die schwülwarmen Ebenen am Fuß des Berges gehen in höheren Lagen langsam in kühlere (manchmal sogar kalte) von Wolken durchzogene Gefilde über; dort sind die Bordsteine von Moos überzogen und über die Straße ziehen Nebelschwaden. In den unterschiedlichen Klimazonen sind über 300 Vogelarten und fast 2000 verschiedene Farne und Blütenpflanzen beheimatet. In der Regenzeit gesellen sich zu der Blumenpracht zahllose Schmetterlinge.

Es gibt Wander- und Mountainbikewege, außerdem kann man zelten, Vögel beobachten oder Wasserfälle besichtigen. Einer der imposantesten Wasserfälle ist der **Nam Tok Monthathon** (das Eintrittsgeld für den Park kann u. a. hier entrichtet werden); er liegt 2,5 km abseits der befestigten Straße zum Doi Suthep. Die Becken unter dem Wasserfall sind zwar ganzjährig mit Wasser gefüllt, doch während der nach dem alljährlichen Monsunregen eignen sie sich am besten zum Schwimmen. Für den **Nam Tok Wang Bua Bahn** in der Nähe des Bergfußes muss man keinen Eintritt zahlen. Er ist zwar kein richtiger Wasserfall, sondern eher eine Ansammlung von Stromschnellen, doch die Scharen vergnügter Einheimischer haben dennoch ihren Spaß.

Man kann auf eigene Faust durch den Park wandern, muss sich allerdings auf einige Herausforderungen einstellen: Es gibt kaum Transportmittel und die Wege sind eher dürftig ausgeschildert. Will man mit dem Mountainbike ins Gelände, gibt es spezielle einspurige Wege, die früher von den Bewohnern der Bergdörfer als Jagd- und Transportwege genutzt wurden. Sie sind nie stark befahren – Downhiller kommen auf ihre Kosten. Da die Wege nicht gut ausgeschildert sind, empfiehlt es sich aber, eine geführte Tour zu buchen; weitere Informationen gibt es unter „Aktivitäten" auf S. 328.

Den Eintritt für den Park zahlt man an verschiedenen Wasserfällen. Für die Besichtigung der Attraktionen entlang der Hauptstraße werden vor Ort Extragebühren kassiert.

Zu den **Übernachtungsmöglichkeiten** (www.dnp. go.th; Camping 60–90 B, Bungalows 500–300 B) im Park zählen hübsche Bungalows, die sich etwa 1 km nördlich des Tempels bei der Parkverwaltung befinden, und der Campingplatz von Doi Pui in der Nähe des Gipfels.

Der Park beginnt etwa 16 km nordwestlich von Chiang Mai. Am besten erreicht man ihn mit den Songthaeos, die am Haupteingang der Chiang Mai University auf der Th Huay Kaew abfahren. Eine einfache Fahrt ist ab 40 B zu haben, wobei sich der Preis nach dem genauen Fahrtziel und der Zahl der Passagiere richtet. Alternativ kann man sich für rund 600 B Songthaeo chartern; ein Mietmotorrad ist allerdings sehr viel günstiger. Die Songthaeos fahren auch am Pratu Chang Pheuak und vor dem Chiang Mai Zoo ab. Den 13 km langen Anstieg zum Tempel kann man auch mit dem Fahrrad bewältigen; in den frühen Morgen- oder späten Abendstunden herrscht am wenigsten Verkehr.

WAT PHRA THAT DOI SUTHEP
วัดดอยสุเทพ

Der **Wat Suthep** (Eintritt 30 B) ist einer der heiligsten Tempel des Nordens. Er thront majestätisch auf dem Gipfel des Doi Suthep. Thailändische Pilger kommen in Scharen, um das im hübschen goldenen *chedi* aufbewahrte buddhistische Heiligtum anzubeten. In dem Tempel gibt es außerdem eine interessante Ausstellung über Kunst und Architektur der Lanna. Bei guter Sicht hat man zudem einen tollen Blick auf die Stadt.

Der Tempel wurde 1383 unter der Herrschaft des Königs Keu Naone errichtet. Um die Entstehungsgeschichte rankt sich ein geheimnisvoller Mythos: Ein Mönch aus Sukhothai beauftragte den Lanna-König damit, das identische Gegenstück einer sagenumwobenen Reliquie – sie befindet sich im Wat Suan Dok – auf den Berg zu bringen und dort einen Tempel zu errichten. Die Reliquie wurde auf den Rücken eines weißen Elefanten geladen, der frei umherwandernd eine Stelle zur Aufbewahrung der Reliquie bestimmen sollte. Der Elefant ließ sich am Doi Suthep, 13 km westlich von Chiang Mai, nieder und starb. An dieser Stelle wurde im Jahr der Ziege dann der Tempel erbaut.

An der Hauptstraße in der Nähe des Eingangs zur Zahnradbahn (s. S. 325) steht ein

Schrein zu Ehren von Kruba Siwichai, einem hoch verehrten Lanna-Mönch, der im frühen 20. Jh. lebte. Er gilt als eine Art Schutzpatron der Nordthailänder und setzte sich für den Wiederaufbau vieler baufälliger Tempel in der Region ein. Außerdem sammelte er Spenden, um eine Verbindungsstraße von Chiang Mai zum Wat Suthep zu bauen.

Über einen von einer *naga*-Balustrade gesäumten Treppenaufgang führen 306 Treppen hoch zum Tempel – eine schweißtreibende Angelegenheit und die perfekte Kombination aus Meditation und Konditionstraining. (Wer nicht ganz so sportbegeistert ist, kommt für 20 B mit einer kleinen Zahnradbahn hoch). Zunächst gelangt man auf eine offene Terrasse voller bedeutsamer Statuen und Heiligtümer, die die Geschichte des Tempels dokumentieren. In der Nähe eines Jackfrucht-Baumes steht ein Schrein zu Ehren von Sudeva, des Eremiten, der auf dem Berg gelebt hatte, und eine Statue des weißen Elefanten, der die Reliquie den Berg hochtrug. Folgt man dem Gehweg im Uhrzeigersinn, gelangt man zu einem Aussichtspunkt und einem kleinen Altarraum; dieser ist dem König gewidmet, der den Tempel erbauen ließ. Das Gebäude wird von zwei *moms* bewacht, mythischen Mischwesen, die einem Löwen, einem Chamäleon und einem Fisch ähneln.

Ein zweiter Treppenaufgang führt zum Hauptkreuzgang und dem als Fotomotiv so beliebten vergoldeten *chedi,* der von einem fünfstufigen Schirm gekrönt wird. Er wurde zu Ehren der Unabhängigkeit der Stadt von Birma und der Vereinigung mit Thailand errichtet. Auch im Wat Suthep gibt es eine Buddhastatue, doch die meisten Pilger zieht es zu dem *chedi* und der darin aufbewahrten heiligen Buddhareliquie. Ihn schmücken viele Lanna-Elemente, beispielsweise das Tor am Eingang, das viereckige sägezahnförmige Podest und der achteckige Glockenturm. Eingerahmt wird der *chedi* von mehreren *wihaans*, in denen im Lanna-Stil gefertigte Buddhastatuen mit ihren typisch Proportionen, nach oben gerichteten Fußsohlen, verkürzten Brustbändern und Haarknoten in Form einer Lotusblüte zu bewundern sind.

Auf dem Klostergelände befindet sich das International Buddhism Center, das verschiedene spirituelle Kurse, darunter Meditationskurse, für Besucher anbietet; mehr Informationen stehen auf S. 329 unter „Kurse".

PHRA TAMNAK PHU PHING
พระตำหนักภูพิงค์

Etwa 4 km hinter dem Tempel befindet sich der **Phra Tamnak Phu Phing** (Phu Phing Palace; Eintritt 50 B; ⏱ 8.30–11.30 & 13–15.30 Uhr), der Winterpalast der Königsfamilie, der von öffentlich zugänglichen Gärten eingerahmt wird. Ist die königliche Familie zu Besuch – was mittlerweile eher selten der Fall ist – wird der Palast geschlossen. In den Gärten werden in erster Linie Blumen angepflanzt, die in kälterem Klima gedeihen, z. B. Rosen. Diese sind für Thais echte Exoten, auf den westlichen Besucher wirken sie allerdings eher etwas blass und farblos. Interessanter ist der kleine See, den tanzende Fontänen schmücken, die sich zum Takt der vom König komponierten Musik bewegen. Auch der nahegelegene Farngarten ist eine kleine Erkundungstour wert. Die Gärten sind sicherlich kein absolutes Muss, wer schön gestaltete Landschaftsgärten zu schätzen weiß, kommt trotzdem auf seine Kosten.

HMONG-DÖRFER
หมู่บ้านชาวม้ง

Von der Straße, die am Palast vorbeiführt, führt eine Abzweigung nach links zum Gipfel des Doi Pui. Von hier aus gelangt man über eine ein paar Kilometer lange Straße nach **Ban Doi Pui,** einem Dorf des Hmong-Bergvolkes. Wer Einblicke in das alltägliche Dorfleben erwartet, wird enttäuscht – es handelt sich in erster Linie um einen Touristenmarkt, auf dem Kunsthandwerk und Souvenirs der Hmong verkauft werden. In einem winzigen **Museum** (Eintritt 10 B) erhält man Informationen über die Bergvölker und die Herstellung von Opium.

Interessanter ist das schon **Ban Kun Chang Kian**, ein Hmong-Dorf nördlich des Doi-Pui-Zeltplatzes. Um hierher zu gelangen, hält man sich an der Straße, die am Palast vorbeiführt, nicht links, sondern rechts. Bis kurz hinter dem Campingplatz ist die Straße befestigt, auf den letzten 500 m wird sie dann zu einem holprigen Feldweg. Wer seinen fahrbaren Untersatz nicht allzu sehr strapazieren möchte, kann beim Besucherzentrum des Zeltplatzes parken, den Rest per pedes zurücklegen und dabei die schöne Aussicht und die rosablühenden Blumen (auf Thai *pá·yah sěua krôhn* genannt) bewundern. Inmitten von Kaffeepflanzen, die im Januar geerntet werden, befindet sich ein einfaches von Dorfbewohnern geführtes Kaffeehaus. Ganz in der Nähe gibt's

eine einfache Unterkunft (ab 600 B) mit fantastischer Aussicht.

STADTSPAZIERGANG
Tempelspaziergang durch die Altstadt

Zu jedem Chiang-Mai-Besuch gehört ein Tag schweißtreibendes Tempel-Hopping einfach mit zum Programm. Dieser Stadtspaziergang führt zu den bekanntesten Tempeln der Altstadt (für den Wat Suthep plant man am besten einen Extratag ein, s. S. 324). Man sollte sich früh auf den Weg machen, bevor es richtig heiß wird – nur so erhält man Einblicke in das Alltagsleben der Tempelbewohner. Man sieht die Mönche kommen und gehen, kann die Pilger bei ihren Gebetsritualen beobachten und einen genauen Blick auf die Meditierenden werfen (ist einer von ihnen vielleicht schon eingeschlafen?). Man sollte sich immer angemessen kleiden, Schultern und Knie bedeckt halten, vor dem Betreten der Gebäude die Schuhe ausziehen und beim Betrachten eines Heiligtums den sogenannten Meerjungfrauensitz einnehmen (die angewinkelten Beine liegen seitlich des Körpers).

Los geht's mit einem absoluten Highlight, dem **Wat Phra Singh** (**1**; S. 309), einem Musterbeispiel für die Lanna-Architektur und Aufbewahrungsort der heiligsten Buddhastatue der Stadt (Phra Singh). Anschließend läuft man die Th Ratchadamnoen hinunter und biegt rechts in die Th Phra Pokklao ab, wo man auf einen weiteren ehrwürdigen Tempel, den **Wat Chedi Luang** (**2**; S. 309), trifft. Wer schon immer mal wissen wollte, was es mit dem ganzen Buddhismus so auf sich hat, kann sich an der Nordseite des *chedi* mit den Mönchen unterhalten. Geht man wieder ein kleines Stück zurück, steht man vor dem reizenden **Wat Phan Tao** (**3**; S. 313), einem Tempel aus Teakholz, der für Gläubige keine große Bedeutung hat, dafür umso hübscher anzusehen ist. Wenn es nicht zu heiß ist, kann man jetzt noch den ältesten Wat der Stadt besichtigen; dafür biegt rechts in die Th Ratchadamnoen und dann links in die Th Ratchaphakhinai ab – und schon steht man vor dem **Wat Chiang Man** (**4**; S. 313).

So viel Spiritualität macht hungrig, die guten Thai-Restaurants sind jedoch etwas weit weg. Wer allerdings sowieso genug von Reisgerichten hat und mal wieder Lust auf ein saftiges Sandwich hat, biegt zweimal rechts ab, zuerst in die Th Wiang Kaew und dann in die Th Phra Pokklao, um sich im **Amazing Sand-**

ROUTENINFOS

Start Wat Phra Singh
Ziel Chiang-Mai-Frauengefängnis
Länge 2,5 km
Dauer 2–3 Std.

STADTSPAZIERGANG

wich (**5**; S. 342) in der Gesellschaft vieler anderer Ausländer den Bauch vollzuschlagen. Dann folgt man in südlicher Richtung der Th Phra Pokklao, biegt rechts in die Th Ratwithi ab, wirft einen Blick auf das **Anusawari Sam Kasat** (**6**; S. 314), das Dreikönigsdenkmal, und geht weiter zum interessanten und klimatisierten **Chiang Mai City Arts & Cultural Centre** (**7**; S. 314).

Wenn die Füße schmerzen, folgt man einfach der Th Ratwithi weiter bis zum Frauengefängnis von Chiang Mai, wo sich das **Chiang Mai Women's Prison Massage Centre** (**8**; S. 332) befindet. Im eigentlichen Gefängnis haben Touristen nichts verloren – es sei denn, sie haben etwas ausgefressen. Stattdessen geht man auf der südlichen Straßenseite in das Gebäude mit dem „Prison Shop"-Schild.

AKTIVITÄTEN

In Chiang Mai gibt es eine riesige Auswahl an verschiedenen Erlebnistouren. Die umliegenden Berge, Flüsse und Wege sind das perfekte Terrain für alle möglichen aufregenden Trendsportarten, die das traditionelle Wandern allmählich in den Hintergrund drängen. Wem das zuviel Action ist und wer

lieber etwas für sein gutes Gewissen tun möchte, kann bei einer der von NGOs geleiteten Sprachenschulen auf ehrenamtlicher Basis Englischunterricht geben (natürlich vorausgesetzt, die eigenen Sprachkenntnisse reichen aus). Mehr dazu auf S. 51.

Elefantentouren

Chiang Mai ist in Thailand bekannt für einen regelrechten „Elefantentourismus". Früher waren die meisten Attraktionen mit den Dickhäutern zirkusähnliche Shows. Innerhalb der letzten zehn Jahre hat sich jedoch ein neues Bewusstsein hin zu einem artgerechteren Umgang mit den für Thailand sinnbildlichen sanften Riesen entwickelt und mittlerweile stehen bei den Angeboten Naturschutzgebiete und Mahout-Ausbildungszentren im Mittelpunkt.

Elephant Nature Park (Karte S. 310 f.; Buchungsbüro: ☎ 0 5320 8246; www.elephantnaturepark.org; 1 Soi 1, Th Ratchamankha; Tagestour 2500 B) Khun Lek (Sangduen Chailert) wurde für ihren Elefantenpark im Mae-Taeng-Tal, 60 km (1½-stündige Fahrt) von Chiang Mai entfernt, mehrfach ausgezeichnet. Das bewaldete Gebiet bietet Elefanten einen natürlichen Lebensraum, die aus nicht artgerechter Haltung gerettet wurden oder sich nach einem langen Arbeitsleben nun ihren ruhigen Lebensabend verdient haben. Derzeit leben hier 22 ausgewachsene und vier Babyelefanten. Die Besucher können dabei helfen, die Elefanten zu waschen, und die Herde beobachten, Shows oder Elefantenausritte gibt es keine. Die Gruppentouren sind auf 25 Personen beschränkt; im Tourpreis ist der Transfer vom Hotel eingeschlossen. Khun Lek leitet außerdem ein medizinisches Programm für die Dickhäuter und ist immer auf der Suche nach ehrenamtlichen Helfern.

Patara Elephant Farm (☎ 08 1992 2551; www.pataraelephantfarm.com; Tagestour 5800 B) Die teurere Alternative ist die Patara Farm: Die Besucher werden hier aktiver ins Geschehen eingebunden und auch der Fokus ist etwas anders als beim Elephant Nature Park. Das Hauptaugenmerk liegt darauf, mittels Zuchtprogrammen etwas gegen die stetig sinkende Elefantenpopulation in Thailand zu unternehmen und dieses Ziel mit sanftem Tourismus zu verbinden. Die sechs hier lebenden Elefanten werden von den Besuchern jeweils für einen Tag „adoptiert". Sie müssen ihren Schützling füttern und baden, lernen dabei Grundbefehle der Mahut und dürfen schließlich auf

PILGERNDE ERSTSEMESTER

Zu Beginn eines jeden akademischen Jahres im Juli treten die Erstsemester der Chiang Mai University zu Fuß die Pilgerfahrt zum Wat Suthep an. Der Marsch hat eine lange Tradition und so füllt sich die gewundene Bergstraße alljährlich mit bis zu 10 000 fröhlichen Studenten und Mitarbeitern der Uni. Zweck der Veranstaltung ist es, die neuen Studenten mit dem Geist der Stadt bekannt zu machen, der dem Berg innewohnen soll, und der heiligen Buddhareliquie im Wat Suthep Ehre zu erweisen. Gleichzeitig ist es natürlich eine gute Gelegenheit für die Studenten, sich kennenzulernen und Freundschaften zu schließen, die vielleicht ein Leben lang halten.

dem Elefanten zu einem Wasserfall reiten. Die Touren sind auf sechs Teilnehmer beschränkt, im Preis ist die Anreise vom Hotel aus enthalten. Die Farm liegt südlich von Chiang Mai in der Hang-Dong-Region, die Fahrt dauert etwa 30 Minuten.

Hochseilgarten

Flight of the Gibbon (☎ 08 9970 5511; www.treetopasia.com; Mae Kampong; Touren ab 2000 B) bietet eine ganz neue Art der Erlebnistour in Chiang Mai an: 1300 m über dem Meeresspiegel führt ein fast 2 km langes Netz aus gespannten Seilen durch die Baumkronen. Es gibt 18 Plattformen, von denen aus man auf eine Reise geschickt wird, während der man sich wie ein Gibbon auf seinem Weg durch die Berge fühlen soll. Man kann die Tour auch mit einer Wanderung zu einem Wasserfall oder einer Übernachtung bei einer Gastfamilie in Mae Kampong (s. S. 366) kombinieren, einem hübschen in luftigen Höhen gelegenen Bergdorf, das etwa eine Autostunde östlich von Chiang Mai liegt.

Das Unternehmen hat sich ehrgeizige Umweltschutzziele auferlegt. 10 % des Gewinns spendet es an Programme zum Schutz des auf der Route liegenden Regenwaldes und arbeitet außerdem daran, einen artgerechten Lebensraum für eine kleine Population von Makakenaffen zu schaffen.

Klettern & Abseilen

Beliebtes Kletterziel ist der Crazy Horse Buttress, eine beeindruckende Ansammlung von Kalksteinwänden. Sie befinden sich

hinter Tham Meuang On in der Nähe von Sankamphaeng, 45 km östlich von Chiang Mai. Die Landschaft ist zwar nicht so beeindruckend wie bei den Felswänden in Krabi, doch der Aufstieg wird mit idyllischen Ausblicken belohnt. Die folgenden Veranstalter haben Kletterkurse für Anfänger und für Fortgeschrittene im Angebot; im Preis sind jeweils Kletterführer, Ausrüstung, Hoteltransfer und Mittagessen enthalten.

Das **Chiang Mai Rock Climbing Adventures** (Karte S. 310 f.; ☎ 0 6911 1470; www.thailandclimbing.com; 55/3 Th Ratchaphakhinai; Kletterkurs 1800–6600 B) hat viele der Kletterrouten am Crazy Horse Buttress mit Bohrhaken versehen und kümmert sich um ihre Instandhaltung. Der ausländische Besitzer gibt außerdem einen Kletterführer für Nordthailand heraus. Zum Angebot gehören auch unterirdische Klettertouren in nahe gelegenen Höhlen. Im Tourbüro in der Th Ratchaphakinai kann man Ausrüstung kaufen oder leihen, einen Kletterpartner-Suchservice nutzen und an einer Kletterwand üben.

Das **Peak** (☎ 0 5380 0567; www.thepeakadventure.com; Kletterkurs 1500–2500 B) bietet Kletterkurse für Anfänger und Fortgeschrittene am Crazy Horse Buttress an. Zum Angebot gehören außerdem verschiedene Erlebnistouren: Abseilen am Nam Tok Wachiratan beim Doi Inthanon (S. 369), Wander- und Raftingtouren oder einen Überlebenskochkurs im Dschungel.

Radfahren, Mountainbiken & Motorradfahren

Landschaft und Berge rund um Chiang Mai eignen sich hervorragend für unvergessliche Ausflüge auf zwei Rädern. Im der Stadt am nächsten gelegene Naturpark Doi Suthep (S. 323) kann man tolle Mountainbike-Touren ins Gelände unternehmen. Für Motorradtouren oder längere Radtouren in die Berge bietet sich die beeindruckende Route Mae Sa–Samoeng (S. 359) an. Auch Chiang Mai selbst lässt sich gut per Fahrrad oder Motorrad erkunden; mehr Infos zum Fahrrad- und Motorradverleih gibt's unter der Rubrik „Unterwegs vor Ort" (S. 358).

Chiang Mai Mountain Biking (Karte S. 310 f.; ☎ 08 1024 7046; www.mountainbikingchiangmai.com; 1 Th Samlan; Touren 1450–1550 B) bietet geführte Mountainbike-und Radwandertouren rund um den Doi Suthep in allen möglichen Schwierigkeitsgraden an.

Click and Travel (☎ 0 5328 1553; www.clickand travelonline.com; Touren 950–1300 B) hat sich auf halb-

und ganztägige Fahrradtouren durch Chiang Mai spezialisiert. Die familienfreundlichen Ausflüge beinhalten viel Kultur wie die Besichtigung verschiedener Tempel und außerhalb der Innenstadt gelegener Sehenswürdigkeiten. Der Hoteltransfer ist im Preis inbegriffen; reservieren kann man online oder telefonisch.

Contact Travel (Karte S. 302 f.; ☎ 0 5320 4665; www. activethailand.com; 420/3 Th Chang Khlan; 1-tägige Touren 1800–2000 B, mehrtägige Touren ab 12 500 B) organisiert mehrtägige Mountainbike-Touren durch Nordthailand, hauptsächlich von Chiang Mai nach Chiang Dao oder Chiang Rai. Die Routen führen über schmale Landstraßen, mitunter geht es aber auch querfeldein.

Golden Triangle Rider (www.gt-rider.com) gibt Tipps zu Motorradtouren und -verleih und veröffentlicht detaillierte topographische Straßenkarten der populären Routen zum Golden Triangle, nach Mae Hong Son und Samoeng (und ins Mae-Sa-Tal).

Rafting

Der Mae Taeng verläuft nördlich von Chiang Mai und bahnt sich seinen Weg durch den Doi Chiang Dao National Park und den Huai Nam Dang National Park. Neun Monate im Jahr (ca. Juli–März) eignet sich die wilde Strömung des Flusses wunderbar zum Raften – ein erstaunlich langer Zeitraum für das hier herrschende Monsunklima. Die 10 km lange Raftingroute umfasst die Schwierigkeitsgrade II bis IV, auf Teilstrecken sogar Grad V. In einem besonders wilden Abschnitt fällt der Fluss auf einer Länge von nur 1,5 km um fast 60 Höhenmeter ab. Nach den starken Regenfällen besonders im September schwillt der Fluss so stark an, dass die Stromschnellen lebensgefährlich sein können! Bei der Wahl des Veranstalters sollte man sich also unbedingt nach den Sicherheitsstandards und dem Vorbereitungstraining erkundigen. Fallen die Antworten vage oder überhastet aus, ist man besser beraten, sich nach einem vertrauenswürdigeren Anbieter umzuschauen.

Siam River Adventures (Karte S. 310 f.; ☎ 08 9515 1917; www.siamrivers.com; Kona Cafe, 17 Th Ratwithi; Touren ab 1800 B) gilt als der sicherste Anbieter. Die Tourleiter haben Sicherheits- und Rettungskurse absolviert und an gefährlichen Flussabschnitten sind Mitarbeiter mit Seilen positioniert. Die Raftingtrips können mit Elefantentouren und Übernachtungen in den Dörfern kombiniert werden. Außerdem gehören Kajaktouren zum Programm.

Wandern

Tausende Wanderer machen sich jedes Jahr auf den Weg in die Berge Nordthailands, um fantastische Berglandschaften zu genießen, Einblicke in das Leben indigener Stämme zu erhalten und auf Elefanten zu reiten. Doch das Indiana-Jones-Feeling verfliegt oft schnell: Für die Route durch den Dschungel braucht man gerade mal eine Stunde, das Interesse der Bergbewohner an den Besuchern aus den niederen Gefilden ist eher gering und dann waren die anderen Wanderer auch noch langweilig.

Die meisten der Veranstalter, die Touren rund um Chiang Mai organisieren, bieten das gleiche Programm an: eine einstündige Fahrt in einem Kleinbus nach Mae Taeng oder Mae Wang (je nach Dauer der Tour), eine kurze Wanderung zu einem Elefantencamp, einen einstündigen Ritt auf einem Elefanten zu einem Wasserfall, dann eine ebenfalls einstündige Raftingtour und eine Übernachtung in oder in der Nähe von einem der Bergdörfer. Der Tag vergeht ziemlich rasch, während die Stunden bis zur Schlafenszeit, die man irgendwie mit den anderen Tourteilnehmern totschlagen muss, ziemlich lang werden können.

Versteht man sich allerdings gut mit den Anderen, kann die Gruppendynamik aus einer 08/15-Tour oft eine unvergessliche Erfahrung machen. Meist wird von den Tourveranstaltern der Kontakt mit den Bergvölkern übertrieben dargestellt, die Realität sieht oft anders aus.

Chiang Mai ist zwar nicht der einzige, aber sicherlich der praktischste Ausgangspunkt für Ausflüge in die Bergdörfer. In vielen Pensionen in Chiang Mai kann man Touren buchen; diese bekommen dafür natürlich eine Provision, die wiederum für die günstigen Zimmerpreisen verantwortlich sind. Eintägige Touren kosten meist um die 1500 B, mehrtägige Wanderungen (3 Tage & 2 Nächte) 2500 B. Im Preis sind jeweils Transport, Wanderführer und Mittagessen enthalten, bei mehrtägigen Touren auch die Übernachtungskosten.

Allgemeine Tipps zu Tourveranstaltern und Wanderwegen gibt's auf S. 812.

Yoga & Fitness

700-Year Anniversary Stadium (☎ 0 5311 2301; Th Klorng Chonprathan) Moderner Sportkomplex mit riesigem Schwimmbecken.

Anantasiri Tennis Courts (Karte S. 302 f.; abseits des Th Superhighway; ☼ tgl. 6–20 Uhr) Die besten öffentlichen Tennisanlagen in Chiang Mai.

Anodard Hotel (Karte S. 310 f.; ☎ 0 5327 0755; 57–59 Th Ratchamankha) In der Stadt gelegenes Hotel; das Schwimmbecken steht gegen Zahlung einer Gebühr auch Nicht-Gästen zur Verfügung.

Chiang Mai Yoga Sala (Karte S. 310 f.; ☎ 0 5320 8452; www.cmyogasala.com; 48 Th Ratchamankha; Kurse 250–300 B) Morgens stehen Hatha- und Mysore-Kurse für Anfänger auf dem Programm, abends Hatha-Kurse unterschiedlicher Schwierigkeitsgrade.

Gymkhana Club (Karte S. 302 f.; ☎ 0 5324 1035; Th Ratuthit) Idyllisch gelegener Club mit Squash-, Tennis- und Golfanlagen. Nicht-Mitglieder müssen eine Gebühr entrichten.

Pong Pot Swimming Pool (☎ 0 5321 2812; 73/22 Soi 4, Th Chotana) Öffentliches Schwimmbad.

Top North Guest House (Karte S. 310 f.; ☎ 0 5327 8900; 15 Soi 2, Th Moon Muang) Hotelpool; für Nicht-Gäste kostenpflichtig.

Top North Hotel (Karte S. 310 f.; ☎ 0 5327 9623; 41 Th Moon Muang) Hotelpool; für Nicht-Gäste kostenpflichtig.

Yoga Studio (Karte S. 310 f.; ☎ 08 6192 7375; www.yoga-chiangmai.com; 65/1 Th Arak; Kurse 250 B) Viermal die Woche gibt es morgendliche Schnupperkurse; donnerstagabends wird außerdem ein Meditationskurs angeboten.

KURSE
Buddhistische Meditation

In den folgenden Tempeln werden englischsprachige *vipassana*-Meditationskurse und Klausuraufenthalte angeboten. Teilnehmer sollten schlichte weiße Kleidung tragen, die man meistens in den Tempeln kaufen kann. Gemäß der buddhistischen Tradition werden keine Teilnehmergebühren erhoben, Spenden sind allerdings erwünscht. Auf den verschiedenen Websites gibt's alle nötigen Informationen zu den Kursen und dem alltäglichen Leben der Mönche.

International Buddhism Center (IBC; ☎ 0 5329 5012; www.fivethousandyears.org; Wat Phra That Doi Suthep) Das Zentrum befindet sich auf der Tempelanlage auf dem Doi Suthep. Besucher können hier vier bis 24 Tage in Klausur gehen und meditieren.

Northern Insight Meditation Centre (☎ 0 5327 8620; Wat Ram Poeng) Das Meditationszentrum liegt 4 km südlich von Chiang Mai und bietet einen intensiven 26 Tage (oder länger) dauernden Kurs an. Der Tag beginnt bereits um 4 Uhr morgens, Mahlzeiten werden schweigend eingenommen. Der offizielle Name des Wat Ram Poeng ist Wat Tapotaram.

Wat Sisuphan (Karte S. 310 f.; ☎ 0 5320 0332; 100 Th Wualai; Di, Do & Sa 19–21 Uhr) Hier kann man eine zweistündige Einführung in die Kunst der Meditation belegen; dabei man mit allen vier Positionen vertraut gemacht: der stehenden, laufenden, sitzenden und liegenden.

Wat Suan Dok (Karte S. 302 f.; ☎ 0 5380 8411 Durchwahl 114; www.monkchat.net; Th Suthep) In dem Wat kann man für zwei Tage (immer von Dienstag bis Mittwoch) in Klausur gehen. Zum Monatsende gibt es dreitägige Klausuren (Di–Do). Teilnehmer sollten sich im Voraus anmelden, Treffpunkt für den Transfer zum Meditationszentrum, das sich 15 km nordöstlich von Chiang Mai befindet, ist der Wat Suan Dok. Aktuelle Änderungen findet man auf der Website.

Kochen

Auch die kulinarische Weiterbildung kommt während eines Aufenthalts in Chiang Mai nicht zu kurz. Dutzende Kochschulen bieten Kurse an, die meist um die 900 B am Tag kosten und entweder in Chiang Mai selbst – z. B. in einem atmosphärischen alten Gebäude – oder außerhalb der Stadt in einem Garten oder auf einer Farm abgehalten werden. Die Kurse werden vier- bis fünfmal pro Woche angeboten, das Menü ändert sich meist von Tag zu Tag. Kursteilnehmer lernen etwas über thailändische Kräuter und Gewürze, besuchen einen lokalen Markt und bereiten ein mehrgängiges Menü zu. Natürlich kann man die thailändischen Köstlichkeiten zum Schluss selbst probieren, außerdem gibt's ein kleines Rezeptbuch zum Mitnehmen.

Asia Scenic Thai Cooking (Karte S. 310 f.; ☎ 0 5341 8657; www.asiascenic.com; 31 Soi 5, Th Ratchadamnoen) Die Besitzerin, Khun Gayray, spricht ausgezeichnet Englisch und hat selbst Backpacker-Erfahrungen gesammelt.

Baan Thai (Karte S. 310 f.; ☎ 0 5335 7339; www.baan thaicookery.com; 11 Soi 5, Th Ratchadamnoen) In der Kochschule mitten in der Stadt kann man sich selbst aussuchen, welche Gerichte man zubereiten möchte. In den Intensivkursen werden nordthailändische Spezialitäten zubereitet.

Chiang Mai Thai Cookery School (Karte S. 310 f.; ☎ 0 5320 6388; www.thaicookeryschool.com; Buchungsbüro, 47/2 Th Moon Muang) Eine der ersten Kochschulen in Chiang Mai. Kochkurse werden im Restaurant Wok und in ländlicher Umgebung außerhalb der Stadt abgehalten. In den sogenannten Master Classes wird ein mehrgängiges nordthailändisches Menü zubereitet.

Gap's Thai Culinary Art School (Karte S. 310 f.; ☎ 0 5327 8140; www.gaps-house.com; 3 Soi 4, Th Ratchadamnoen) Gehört zum Guesthouse Gap's House (dort können Reservierungen vorgenommen werden); die Kurse finden im Haus des Besitzers außerhalb der Stadt statt.

Thai Farm Cooking School (Karte S. 310 f.; ☎ 08 7174 9285, 08 1288 5989; www.thaifarmcooking.com; Buchungsbüro, 2/2 Soi 5, Th Ratchadamnoen) Die Kochkurse finden auf der zugehörigen Biofarm 17 km außerhalb Chiang Mais statt.

Sprache & Kultur

Wie es sich für eine Universitätsstadt gehört, gibt es in Chiang Mai ein breitgefächertes Angebot an Kursen zu thailändischer Sprache und Kultur.

American University Alumni (AUA; Karte S. 310 f.; ☎ 0 5327 8407, 0 5327 7951; www.learnthaiinchiangmai. com; 73 Th Ratchadamnoen; Gruppenunterricht 4200 B) Bietet sechswöchige Thai-Kurse an, zu denen Aussprache- und Konversationsübungen sowie das Erlernen einfacher Schreib- und Lesekenntnisse gehören. Der Unterrricht findet montags bis freitags statt und dauert jeweils zwei Stunden und 15 Minuten. Außerdem gibt es Privatunterricht.

Chiang Mai Thai Language Center (Karte S. 310 f.; ☎ 0 5327 7810; www.thaicultureholidays.com; 131 Th Ratchadamnoen; Gruppenunterricht 3000 B) Hat ein flexibles und breitgefächertes Angebot. Es gibt Kurse für Anfänger und Fortgeschrittene, außerdem Privatunterricht, Kurse in Business-Thai und nordthailändischen Dialekten. Man kann auch einen Kurs mit Aufenthalt in einer Gastfamilie in einem im Norden Chiang Mais gelegenen Dorf buchen. Die Kurse dauern drei Wochen.

Chiang Mai University (Karte S. 302 f.; ☎ 0 5394 1000; www.cmu.ac.th; Th Huay Kaew) An der **Faculty of Education** (International Relations Section; ☎ 0 5394 4274; Fax 0 5322 1283; kuku_cmu@hotmail.com; 42 000 B/Semester) kann man einen einjährigen Kurs in Thai als Fremdsprache belegen, der bei erfolgreicher Teilnahme mit einem Zertifikat abgeschlossen wird. Das Programm ist für Austauschstudenten der Partneruniversitäten der CMU und wissbegierige Ausländer gedacht. Es beinhaltet Konversations-, Schreib- und Lesetraining sowie Unterricht in thailändischer Kultur. Der Kurs wird in zwei aufeinanderfolgenden Semestern absolviert, pro Woche stehen etwa zehn Stunden auf dem Programm.

Payap University (Karte S. 302 f.; ic.payap.ac.th; Kaew Nawarat Campus, Th Kaew Nawarat) Die Privatuniver-

sität wurde von der thailändischen Church of Christ gegründet und bietet über den **Fachbereich für Fremdsprachen** (☎ 0 5324 1255, Durchwahl 7220) einen Thai-Studiengang an, der alle Leistungsstufen in 60- oder 120-stündigen Modulen (7500/19700 B) abdeckt. Außerdem gibt es das **Thai and Southeast Asian Studies Certificate Program** (☎ 0 5385 1478, Durchwahl 7227; thaistudies.payap.ac.th), das ein bis zwei Semester dauert; die Kurse beschäftigen sich mit thailändischer Sprache, Geschichte, Kultur und mit aktuellen südostasiatischen Themen.

Thai-Boxen

Lanna Muay Thai Boxing Camp (Kiatbusaba; Karte S. 302 f.; ☎ 0 5389 2102; www.lannamuaythai.com; 64/1 Soi Chang Khian, Th Huay Kaew; Tag/Monat 400/8000 B) Hier werden Kurse im *moo·ay tai* (Thai-Boxen, auch *muay thai* genannt) für Ausländer und Einheimische angeboten. Mehrere Lanna-Schüler haben bereits bei Stadionwettkämpfen gesiegt, darunter der berühmte Transvestit Parinya Kiatbusaba.

Traditionelle Massagen

Die folgenden Einrichtungen bieten alle staatlich anerkannte Kurse an, in denen die Grundlagen der professionellen Thaimassage vermittelt werden. Manche Schulen werden von internationalen Vereinigungen als Ausbildungsstätten anerkannt.

Die **Chetawan Thai Traditional Massage School** (Karte S. 302 f.; ☎ 0 5341 0360; www.watpomassage.com; 7/1–2 Soi Samud Lanna, Th Pracha Uthit; Kurse ab 6500 B) außerhalb der Stadt in der Nähe der Rajabhat University; gehört zur Massageschule Wat Pho in Bangkok.

Lek Chaiya (Karte S. 310 f.; ☎ 0 5327 8325; www. nervetouch.com; 25–29 Th Ratchadamnoen; Kurse ab 5200 B) Khun Lek lernte von ihrer Mutter *jàp sên* (wörtlich übersetzt „Nervberührung"), eine nordthailändische Massagetechnik, die der Akupressur ähnelt, und wurde zu einer anerkannten praktizierenden Lehrmeisterin. Mittlerweile hat sie sich zur Ruhe gesetzt und die Schule und ihre Massagetechniken an ihren Sohn weitergegeben. Ein Kurs dauert drei bis fünf Tage und entspricht zur Hälfte einem traditionellen Thaimassage-Kurs; die restliche Zeit wird den *jàp-sên*-Techniken und Kräuterbehandlungen gewidmet. Wer selbst in den Genuss einer *jàp-sên*-Massage kommen möchte, kann sich von einem Assistenten (500 B) oder von Leks Sohn Jack (950 B) durchkneten lassen.

Ein früherer Massagelehrer des Old Medicine Hospital hat mit der **International Training Massage School** (Karte S. 310 f.; ☎ 0 5321 8632; 17/6–7 Th Morakot; www.itmthaimassage.com; 3500–5000 B) seine eigene Schule eröffnet, in der er nordthailändische Massagetechniken unterrichtete. Es gibt vier verschiedene Leistungsstufen, die jeweils 30 Unterrichtsstunden beinhalten; im fünften und höchsten Level werden Lehrer ausgebildet. Außerdem gehören kürzere Kurse in verschiedenen Massagetechniken, Fußreflexzonenmassagen und Spa-Kuren zum Angebot.

Das **Old Medicine Hospital** (OMH; Karte S. 302 f.; ☎ 0 5327 5085, 0 5320 1663; www.thaimassageschool.ac.th; 78/1 Soi Siwaka Komarat, Th Wualai; Kurse 2500–5000 B) bietet traditionelle von nordthailändischen Elementen gefärbte Kurse an und war eine der ersten Einrichtungen, in denen Ausländer Massagekurse belegen konnten. Pro Monat gibt es zwei zehntägige Kurse, außerdem kürzere Fuß- und Ölmassagekurse. Von Dezember bis Februar sind die Kurse sehr gefragt, in den übrigen Monaten herrscht weniger Betrieb.

Die **Thai Massage School of Chiang Mai** (TMC; ☎ 0 5385 4330; www.tmcschool.com; 203/6 Th Chiang Mai-Mae Jo; Kurse 7000–7500 B) liegt im Nordwesten der Stadt und hat solide staatlich anerkannte Massagekurse im Angebot. Es gibt drei Basisniveaus und ein Intensivprogramm für Massagelehrer. Außerdem wird ein eintägiger Thai-Yogakurs angeboten.

Wer einfach mal ganz zwanglos in die Materie hineinschnuppern möchte, kann dies in den folgenden weniger professionellen Einrichtungen tun:

Thai Healing Arts Association at Wat Si Koet (Karte S. 310 f.; ☎ 0 4042 2452; Th Ratchadamnoen; Kurse 3000–6000 B) Befindet sich auf dem Tempelgelände; Khun Nek lehrt in drei- bis zehntägigen Kursen die Kunst der Körper- und Fußmassage.

Ban Nit (Karte S. 310 f.; ☎ 08 1035 2103; Soi 2, Th Chaiyaphum; Kurse 1000–4000 B) Khun Nit hat hier lange unterrichtet, sich dann aber im stolzen Alter von 76 Jahren zur Ruhe gesetzt. Heute gibt ihre Tochter Noy die eher informellen Kurse. Man kann einfach mal reinschnuppern und gucken, ob der Laden einem zusagt.

FESTIVALS & EVENTS

Chiang Mai ist für das Blumenfest, das Songkran-Wasserfest und das Loi Krathong bekannt; besucht man die Stadt während eines dieser Events, muss man früh reservieren.

Chiang Mai Red Cross and Winter Fair (Ende Dez.–Anfang Jan.) Das zehntägige Fest findet hinter dem Chiang

---

GANZ SANFT ... ODER DOCH RECHT GROB?

Die wirklich guten Spas in Chiang Mai kann man zwar an einer Hand abzählen, dafür wartet die Stadt mit einer etwas bescheideneren Entspannungsmethode auf: traditionellen Thaimassagen. Der Massageraum mag vielleicht nur mit ein paar auf dem Boden liegenden Matratzen ausgestattet sein, doch die Masseure brauchen ohnehin keine modernen Hilfsmittel, um einen so richtig schön durchzukneten.

In vielen Tempelanlagen in der Altstadt gibt es Massage-*săh·lahs* (meist *sala* geschrieben), die die Fortsetzung alter Traditionen repräsentieren– seit jeher gelten die Tempel als Stätten der Weisheit und der Heilung. In den Massageschulen (s. S. 331) gibt's für alle, die mal selbst Hand anlegen wollen, Unterricht in verschiedenen Massagetechniken.

Im **Chiang Mai Women's Prison Massage Centre** (Karte S. 310 f.; ☎ 08 1706 1041; 100 Th Ratwithi; ⏲ 8.30–16.30 Uhr; 150–200 B) werden tolle Ganzkörper- und Fußmassagen angeboten, die von den Gefängnisinsassen als Teil ihres Resozialisierungsprogramms durchgeführt werden. Die meisten von ihnen sind keine Berufskriminellen und bestrebt, mit den Fertigkeiten, die sie hinter den Gefängnismauern erlernt haben, ein neues Leben zu beginnen; diejenigen, die im Massagezentrum arbeiten, haben nur noch maximal sechs Monate abzusitzen. Mit den Einnahmen aus den Massagebehandlungen werden die Frauen nach ihrer Haftentlassung finanziell unterstützt. Bei anderen Resozialisierungsprojekten lernen die Insassen Nähen oder Kuchen backen – die entsprechenden Erzeugnisse sind im gleichen Gebäude zu bewundern.

Im **Ban Hom Samunphrai** (☎ 0 5381 7362; www.homprang.com; 93/2 Moo 12; Behandlungen 500–800 B), 9 km von Chiang Mai entfernt in der Nähe des McKean Institute gelegen, scheint die Zeit stehen geblieben zu sein. Maw Hom (die „Kräuterärztin") ist ausgebildete Kräuterkundlerin und Masseurin, die meisten ihrer Fertigkeiten hat sie aber von ihrer Großmutter gelernt, einer Hebamme und Kräuterexpertin, die nahe der birmanischen Grenze lebt. Mit ihrem traditionellen Kräuterdampfbad lässt Maw How alte ländliche Traditionen wieder aufleben. Außerdem gibt es traditionelle Thai-

---

Mai City Arts & Cultural Centre statt. Die Atmosphäre ähnelt der eines ländlichen Volksfestes, die Essensstände bieten nordthailändische Küche und kulturelle Einblicke.
Blumenfest (Anfang Febr.) Das ländlich geprägte Fest (*têt·sà·gahn mái dòrk mái brà·dàp* genannt) dauert drei Tage. Im Mittelpunkt stehen Ausstellungen von Blumengestecken, kulturelle Veranstaltungen und die Wahl zur Blumenkönigin. Highlight des Festes ist der Umzug, der am Saphan Nawarat beginnt, die Th Tha Phae herunterführt und sich schließlich seinen Weg bis zum Suan Buak Hat bahnt.
Chinesisches Neujahrsfest (Febr.) Das neue Jahr wird in Chiang Mais Chinatown mit chinesischem Essen und kulturellen Ausstellungen gefeiert.
Songkran (Mitte April) Das traditionelle thailändische Neujahrsfest wird in Chiang Mai mit einer solchen Inbrunst gefeiert, dass das Ganze fast schon in ein Chaos ausartet. Die feiernde Meute reiht sich entlang der Stadtgräben auf, um sich jederzeit mit neuer Munition versorgen zu können. In den fünf Tagen, die das Fest dauert, bleibt kein Auge – und auch sonst nichts – trocken.
Intakinfest (Mitte Mai) Das religiöse Fest (*ngahn tam bun sŏw in·tá·gin* gennant) wird im Wat Chedi Luang gefeiert, wobei sich das Geschehen rund um den *làk meu·ang* (Gründungsstein der Stadt) konzentriert. Der Stadtpatron soll milde gestimmt werden, damit sich der jährliche Monsun auch pünktlich einstellt.

Loi Krathong (Ende Okt.– Anfang Nov.) Zu dem Fest, das in Chiang Mai auch Yi Peng genannt wird, versammeln sich die Menschen an den Flussufern der Stadt und lassen zu Ehren des Flussgeistes kleine lotusförmige Boote schwimmen. Einige *kon meu·ang* (Thais aus dem Norden) lassen außerdem zylinderförmige Heißluftballons steigen, die den Nachthimmel mit Hunderten strahlender Punkte erleuchten.

SCHLAFEN

Chiang Mai hat für den kleinen Geldbeutel viel zu bieten, denn die enorme Konkurrenz unter den vielen Pensionen drückt die Preise nach unten. Mit den vielen neuen Luxushotels, die auf den einst eher dürftigen Markt der Mittel- und Spitzenklasseunterkünfte drängen, will sich die Stadt ein edleres Image schaffen, das auch für betuchtere Reisende attraktiv ist. Viele bleiben auch länger in Chiang Mai, um die Kultur der Stadt zu studieren; die meisten Unterkünfte bieten daher Wochen- oder Monatsrabatte oder auch monatliche Fixpreise an, bei denen Kosten für Wasser und Elektrizität extra berechnet werden.

Grundsätzlich gibt es zwei verschiedene Arten von Budgetunterkünften: umfunktionierte Familienhäuser oder mehrstöckige

Massagen, die kombiniert mit einem Dampfbad zu einem echten Spa-Erlebnis werden. Genaue Wegbeschreibung telefonisch erfragen.

Thai Massage Conservation Club (Karte S. 310 f.; ☎ 0 5390 4452; 99 Th Ratchamankha; Massage 150 B) Es scheint in der Massageszene Chiang Mais üblich zu sein, neu gegründete Clubs mit Erkennungsbannern und verschnörkelten Namen zu versehen. In diesem Massageclub werden blinde Masseure beschäftigt, die wegen ihres gut ausgebildeten Tastsinns zu Meistern auf dem Gebiet zählen.

Dheva Spa (☎ 0 5388 8888; www.mandarinoriental.com/hotel; Mandarin Oriental Dhara Dhevi, 51/4 Th Chiang Mai-San Kamphaeng; Behandlungen ab 3400 B) Das Deva ist das größte Spa ganz Chiang Mais und ein echtes architektonisches Juwel. Das Gebäude wurde dem alten birmanischen Palast in Mandalay nachempfunden und stellt – verglichen mit einer Übernachtung – die preiswertere Variante dar, einen Blick auf die exklusive und beeindruckende Anlage des luxuriösen Mandarin Oriental Dhara Dhevi Resorts zu werfen. Zum Angebot gehört u. a. die tok-sen-Massage, eine alte Lanna-Technik, bei der mit einem kleinen Holzhammer verspannte Stellen bearbeitet werden. Danach weiß man, wie man sich so als Holzstatue im Entstehungsprozess fühlt.

RarinJinda Wellness Spa Resort (Karte S. 310 f.; ☎ 0 5330 3030; www.rarinjinda.com; 14 Th Charoenrat; Behandlungen ab 1500 B) In dem Wellness Centre befindet sich das größte Becken für Hydrotherapien in Chiang Mai, außerdem gehören Vichy-Duschen und Dampf- und Infrarotsaunas zum Angebot. Die Spa-Pakete sind erstaunlich günstig und beinhalten das übliche Programm: Bodypeeling, Massagen und noch ein paar entspannende Extras wie tibetanische Musiktherapien.

Oasis Spa (Karte S. 310 f.; ☎ 0 5381 5000; www.chiangmaioasis.com; 4 Th Samlan; Behandlungen 1900–2500 B; ⏲ 10–22 Uhr) Hier werden in Privatvillen inmitten einer Gartenlandschaft, durch die erhöhte Stege führen, Einzel- oder Gruppenbehandlungen angeboten. Wer schon einmal in einem thailändischen Spa war, wird die Angebotspalette mit den vielen verschiedenen Massagetechniken und Ayurvedabehandlungen bekannt vorkommen.

Apartmenthäuser. Die alten Gebäude haben viel Flair, dafür kaum Privatsphäre, wohingegen die Apartmentblocks über solide, aber wenig atmosphärische Zimmer verfügen. Bei beiden ist die Einrichtung einfach – es gibt ein Bett und ein paar vereinzelte Möbel. Die meisten Pensionen verdienen ihr Geld mit Provisionen für die Vermittlung von Trekkingtouren, die die niedrigen Zimmerpreise erst ermöglichen. Bei der Ankunft wird meist gefragt, ob man an einer Tour interessiert ist – falls nicht, kann es sein, dass der Aufenthalt auf drei Nächte beschränkt wird.

In der Budget- und Mittelklassekategorie trifft man meist auf den klassischen thai-chinesischen Hoteltyp: mehrstöckige Gebäude, die in den 1980er-Jahren wohl richtig modern waren. Den meisten sieht man ihr Alter an – interpretiert man das Ganze als Retro-Look, haben sie allerdings einen gewissen Charme. Flashpacker, also Backpacker mit gut gefüllter Reisekasse, bekommen für ein paar Baht mehr Hotels mit tollem Preis-Leistungs-Verhältnis. Diese punkten mit stilvollen ruhigen Zimmern; an Service und Hotelpersonal wird jedoch oft gespart, um die Preise zu drücken. In dieser Kategorie sind üblicherweise die tägliche Zimmerreinigung, Klimaanlage, Kühlschrank und Kabelfernsehen inklusive. In den meisten Fällen ist im Preis das Frühstück enthalten.

In vielen Budget- und Mittelklasseunterkünften werden Motorräder und Fahrräder verliehen, außerdem gibt es meist freien Internetzugang inklusive WLAN. Bei telefonischer Voranmeldung bieten manche Unterkünfte einen kostenlosen Abholservice vom Bahnhof oder Busbahnhof an – allerdings nicht ganz ohne Hintergedanken, ersparen sie sich doch so Provisionszahlungen an den Fahrer.

In der Spitzenklassekategorie finden sich vorwiegend große Luxushotels mit der üblichen Ausstattung; viele gehören zu internationalen Ketten. Die interessantere Variante sind kleinere Luxusunterkünfte, in denen

PROVINZ CHIANG MAI

ÜBERNACHTEN IN CHIANG MAI

■ Budget – unter 1000 B

■ Mittelklasse – 1001–3000 B

■ Spitzenklasse – über 3000 B

Lanna-Einflüsse eine attraktive Liaison mit modernem Komfort eingehen. Richtig viel Geld kann man in den Erholungsresorts vor den Toren der Stadt lassen, in denen typische Dörfer inklusive Reisfelder und historischer Architekturelemente nachgebaut wurden. Bei den meisten Spitzenklasseunterkünften ist das Frühstück im Preis enthalten, Internet kostet allerdings oft extra. Manche bieten immer noch Raucherbereiche an.

In der mittleren und oberen Preisklasse sollte man immer im Internet nach Angeboten Ausschau halten, besonders in der Nebensaison.

Altstadt

In den Sois abseits der Th Moon Muang, besonders in den Sois 7 und 9, gibt es mittlerweile so viele Pensionen, dass die Straße von manch einem Einheimischen schon als Th Khao Muang bezeichnet wird – *kôw meuang* bedeutet auf Nordthai „klebriger Reis" und ist eine Anspielung auf Bangkoks bekannte Th Khao San, was soviel wie „ungekochter Reis" bedeutet. Weitere Unterkünfte gibt es am südöstlichen Rand der Altstadt abseits der Th Ratchamankha und in den niedrigen Hausnummern der Sois abseits der Th Moon Muang.

BUDGETUNTERKÜNFTE

Julie Guesthouse (Karte S. 310 f.; ☎ 0 5327 4355; www.julieguesthouse.com; 7 Soi 5, Th Phra Pokklao; B 70 B, Zi. 100–300 B) Mischung aus Pension und Hostel, die unter jungen Travellern extrem beliebt ist. Im Garten tummeln sich enthusiastische Backpacker-Neulinge, die begeistert von ihren Reiseerlebnissen erzählen. Abends konzentriert sich das Geschehen auf die gemütlichen Hängematten auf der überdachten Dachterrasse.

Malak Guest House (Karte S. 310 f.; ☎ 0 5322 4648; malakguesthouse@hotmail.com; 25 Soi 2, Th Ratwithi; Zi. 180–250 B; 🖳) Kürzlich renoviertes Apartmenthaus, das mit seinen sauberen Zimmern inklusive eigenem Badezimmer eine beliebte Adresse unter Backpackern ist.

Lamchang House (Karte S. 310 f.; ☎ 0 5321 0586; Soi 7, Th Moon Muang; Zi. 200 B) Das alte Gebäude aus Holz gehört zu Chiang Mais preisgünstigsten Optionen. Die Zimmer sind einfach, haben Ventilatoren und Gemeinschaftsbäder. Die Zimmer in der unteren Etage sind etwas dunkel, aber es gibt einen hübschen Vorgarten und ein angeschlossenes Restaurant.

Supreme House (Karte S. 310 f.; ☎ 0 5322 2480; 44/1 Soi 9, Th Moon Muang; Zi. 200–300 B) Das unauffällige dreistöckige Gebäude wird von Mr. Gordon geführt, einem ehemaligen Backpacker, der in Chiang Mai Wurzeln geschlagen hat. Die Atmosphäre ist entspannt und freundlich, im Erdgeschoss gibt es eine kleine Bibliothek.

Jonadda Guest House (Karte S. 310 f.; ☎ 0 5322 7281; 23/1 Soi 2, Th Ratwithi; Zi. 250–450 B; 🖭) Das mehrstöckige Gästehaus wird von einem australisch-thailändischen Pärchen geleitet und verfügt über makellose, wenn auch einfache Zimmer. Im Erdgeschoss gibt es ein gemütliches Café, in dem man bei Bedarf mit Informationen über Trekkingtouren versorgt wird.

Smile House 1 (Karte S. 310 f.; ☎ 0 5320 8661; www.smileguesthouse.com; 5 Soi 2, Th Ratchamankha; Zi. 250–700 B; 🖭 🖳) Mitten in einem kleinen Backpacker-Dorf steht dieses alte thailändische Haus mit einfachen Zimmern und Gemeinschaftsbad. Direkt nebenan steht ein zwielichtiges mehrstöckiges Gebäude, das nicht gerade zum Bleiben einlädt. Die einstöckigen Gebäude um den Pool herum sind hübscher und bei Familien beliebt. Die Atmosphäre ist herzlich, das Personal freundlich und hilfsbereit. Laut dem Besitzer diente das alte Haus früher Kun Sa, dem berüchtigten shan-chinesischen Drogenbaron, als Rückzugsgebiet.

Siri Guesthouse (Karte S. 310 f.; ☎ 0 5332 6550; Soi 5, Th Moon Muang; EZ/DZ 250/300 B) Freundliche Unterkunft. Die Zimmer sind angesichts des Preises recht stilvoll – mitunter zwar etwas dunkel, aber stets gemütlich und sauber.

Thapae Gate Lodge (Karte S. 310 f.; ☎ 0 5320 7134; 38/7 Soi 2, Th Moon Muang; EZ 250–350 B, DZ 300–400 B; 🖭 🖳) Das mehrstöckige Gebäude gegenüber vom All in 1 verfügt über saubere günstige Zimmer mit kleinen Terrassen; der freundliche Besitzer spricht Englisch.

Awanahouse (Karte S. 310 f.; ☎ 0 5341 9005; www.awanahouse.com; 7 Soi 1, Th Ratchadamnoen; Zi. 300–900 B; 🖭 🖳 🖳) Was einmal als kleine Pension begann, hat sich bis heute zu einem mehrstöckigen Standard-Apartmenthaus gemausert. Das Awana liegt in einer ruhigen Soi und hat große helle Zimmer, manche mit Balkon, Fernseher und Kühlschrank. In der unteren Preiskategorie gibt's Ventilatoren und Gemeinschaftsbad. Der winzige Pool eignet sich zum Planschen, nicht aber zum Sonnenbaden. Das Obergeschoss wurde in eine gemütliche Lounge mit Blick auf Stadt und Billardtisch verwandelt.

Rendezvous Guest House (Karte S. 310 f.; ☎ 0 5332 3763; rendezvousgh@hotmail.com; 3/1 Soi 5, Th Ratchadam-

noen; Zi. 350–500 B; 🏊) Das dreistöckige Gebäude mit Mauerblümchencharme verfügt über saubere und günstige Zimmer. Preisliche Unterschiede gibt es zwischen klimatisierten und mit Ventilatoren ausgestatteten Zimmern. Manche sind etwas schicker eingerichtet, alle mit Fernseher, Safe und Kühlschrank ausgestattet. Frühstück ist im Preis inbegriffen.

Safe House Court (Karte S. 310 f.; ☎ 0 5341 8955; www.safehousecourt.com; 178 Th Ratchaphakhinai; Zi. 350–550 B; 🏊) Das einfache Apartmenthotel befindet sich mitten in der Altstadt. In den Zimmern zur Straße wird man von Straßenlärm beschallt, in den Zimmern, die nach hinten gehen, von Mönchgesängen aus dem benachbarten Tempel.

Gap's House (Karte S. 310 f.; ☎ 0 5327 8140; www.gaps-house.com; 3 Soi 4, Th Ratchadamnoen; Zi. 350–800 B; 🏊 💻) Das Gap's House ist ein skurriles kleines Juwel inmitten eines dicht bewachsenen dschungelähnlichen Gartens, den Statuen, verschiedene Schränkchen voller Kitsch und ein *săh·lah* (offener Pavillon, meist *sala* geschrieben) schmücken. Die Zimmer mit Holzeinrichtung sind im Thaistil gestaltet und wirken trotz oder gerade wegen der alten Möbel, die sie mitunter zieren, etwas muffig. Die Wände sind sehr dünn. Die günstigeren und robusteren Zimmer sind einfacher ausgestattet. Man sollte Insektenspray im Gepäck haben. Das Gap's ist für seine thailändischen Kochkurse (S. 330) und das allabendliche vegetarische Büfett bekannt.

All In 1 (Karte S. 310 f.; ☎ 0 5320 7133; www.allin1gh.com; 31 Soi 2, Th Moon Muang; Zi. 400–500 B; 🏊 💻) Das ehemalige Baan Manee wurde kürzlich renoviert. Es hat saubere Zimmer mit Kabelfernsehen. Die Soi 2 zieht tendenziell ältere männliche Klientel an, außerdem schaukelt einen die Klänge der nahe gelegenen Mandalay Disco nicht gerade sanft in den Schlaf.

RCN Court (Karte S. 310 f.; ☎ 0 5341 8280-2; www.rcnguesthouse.com; 35 Soi 7, Th Moon Muang; Zi. 450–500 B; 🏊 💻) Die einfache Unterkunft bietet günstige Monatstarife (ab 6300 B) und eine ruhige zentrale Lage. Die Zimmer sind nichts spektakulär, haben aber Kabelfernsehen und Kühlschrank. Zum Zeitpunkt der Recherchen wurde der zweite Stock renoviert. Es gibt eine Gästeküche im Freien, eine kleine Veranda und einen Fitnessraum.

Tri Gong Residence (Karte S. 310 f.; ☎ 0 5321 4754; www.trigong.com; 8 Soi 1, Th Si Phum; Zi. 700–1000 B; 🏊 💻) Viele Pensionen haben einmal ganz klein angefangen: Kun Adam saß in seinem

Garten, als ein Traveller vorbeikam und nach einem Zimmer fragte. Heute hat er aus seinem Heim eine gemütliche Wohlfühl-Unterkunft gemacht. Die großen Zimmer verteilen sich rund um einen Hof und verfügen über Kabelfernsehen und Kühlschrank; die Einrichtung ist besser als der Durchschnitt. Pluspunkte gibt's für die Gemeinschaftsküche, kostenlosen Kaffee und einen enthusiastischen Besitzer.

Mini Cost (Karte S. 310 f.; ☎ 0 5341 8787; www.minicostcm.com; 19–19/4 Soi 1, Th Ratchadamnoen; EZ 550 B, DZ 750–1050 B; 🏊 💻) Das Mini Cost hat moderne Zimmer in sanften Farben mit bequemen Stühlen und Einrichtung im Thai-Stil. Die Zimmer der unteren Preiskategorie im Obergeschoss haben Gemeinschaftsbäder. Mit Ausnahme von ein paar Baustellen ist die Soi 1 eine angenehm ruhige Gegend, in der man sich vom Touristentrubel auf der Th Moon Muang erholen kann.

Montri Hotel (Karte S. 310 f.; ☎ 0 5321 1069/70; 2–6 Th Ratchadamnoen; Zi. 850 B; 🏊) Hotel im klassischen thai-chinesischen Stil, das in zentraler Lage an der belebten Ecke Th Moon Muang/ Th Ratchadamnoen beheimatet ist. Die Betten sind nicht gerade die neuesten Modelle, doch die Zimmer sind großzügig geschnitten und hell. Zu Redaktionsschluss wurde das Hotel gerade renoviert.

MITTELKLASSEHOTELS
Top North Hotel (Karte S. 310 f.; ☎ 0 5327 9623; www.topnorthgroup.com; 41 Th Moon Muang; Zi. 800–1200 B; 🏊 💻) Das altmodische hoch aufragende Gebäude in der Nähe des Pratu Tha Phae an der Th Moon Muang ist zentral gelegen. Hauptattraktion für sparsame Wasserratten ist der Pool. Die Zimmer wirken allerdings etwas schäbig.

LP Tipp **Sri Pat Guest House** (Karte S. 310 f.; ☎ 0 5321 8716; www.sri-patguesthouse.com; 16 Soi 7, Th Moon Muang; Zi. 1000 B; 🏊) Viele edlere Hotels sind bequem und komfortabel, dabei jedoch nicht gerade atmosphärisch und ziemlich austauschbar. Das Sri Pat hingegen hat eine gesundes Maß an Charakter. Die Zimmer haben Balkone mit schöner Aussicht, die Einrichtung punktet mit Seladonfliesen und volkstümlichen Baumwollvorhängen. Die klimatisierten Zimmer sind denen mit Ventilatoren eindeutig vorzuziehen – preislich macht es ohnehin kaum einen Unterschied.

3 Sis (Karte S. 310 f.; ☎ 0 5327 3243; www.3sis bedandbreakfast.com; 1 Soi 8, Th Phra Pokklao; Zi. 1350–

1650 B; ❄ 🖵) Neues unprätentiöses Edelhotel mit allen erdenklichen Extras. Die Zimmer im Hauptgebäude (der sogenannten „Vacation Lodge") haben große Betten, saubere weiße Wände, Kühlschrank und Kabelfernsehen. Die Zimmer im zweiten angeschlossenen Gebäude (auch „B&B" genannt) fallen etwas kleiner aus und sind mit Teppichböden ausgelegt, die sich in der Regenzeit nicht gerade als praktisch erweisen.

Charcoa House (Karte S. 310 f.; ☎ 0 5321 2681; www.charcoa.com; 4 Soi 1, Th Si Phum; Zi. 1400–3500 B; ❄ 🖵) Das neu eröffnete Luxushotel setzt sich ziemlich von seiner Backpacker-Umgebung ab. Das kleine, aber mehr als feine Charcoa hat zehn Zimmer im urig-eleganten Stil mit Holzbalken und weißen Wänden, die allerdings wirklich winzig sind. Angeschlossen sind eine Bäckerei und ein Restaurant, das bei wohlhabenderen Thais hoch im Kurs stehen.

Buri Gallery (Karte S. 310 f.; ☎ 0 5341 6500; 102 Th Ratchadamnoen; Zi. 1600–2000 B; ❄ 🖵) Hochgelobte Pension, die in einem umgebauten mit Lanna-Kunsthandwerk dekorierten Teakholzhaus untergebracht ist. Die meisten Zimmer im Untergeschoss haben keine Fenster und die Wände sind dünn und hellhörig. Die edlen Zimmer im oberen Stockwerk sind ruhiger und verfügen über kleine Terrassen und PCs mit Internetanschluss. Die Preise haben es zwar in sich, dafür ist der Service mit dem eines absoluten Tophotels vergleichbar.

SPITZENKLASSEHOTELS

Villa Duang Champa (Karte S. 310 f.; ☎ 0 5332 7199; www.duangchampa.com; 82 Th Ratchadamnoen; Zi. 2800–3800 B; ❄ 🖵) In dem Mini-Luxushotel trifft viktorianische Architektur auf modernen Minimalismus. Das Duang Champa ist in einem im Kolonialstil erbauten Gebäude untergebracht und hat lediglich zehn Zimmer, die so minimalistisch eingerichtet sind, dass sie fast etwas nackt wirken würden, wären da nicht die bequemen Matratzen und modernen technischen Extras. Die Luxuszimmer im oberen Stockwerk bieten tolle Ausblicke auf den Doi Suthep.

U Chiang Mai (Karte S. 310 f.; ☎ 0 5332 7000; www.uchiangmai.com; 70 Th Ratchadamnoen; Zi. ab 4500 B; ❄ 🖵 🐾) In dem luxuriösen Businesshotel im Herzen der Altstadt geben sich golfspielende Geschäftsleute die Klinke in die Hand. Die Zimmer sind um einen riesigen Pool angeordnet und in lila-schwarzen Farben gehalten, die modern, aber nicht gerade innovativ wirken. In den oberen Zimmern gibt es nur Duschen,

keine Badewannen. Das Hotel hat ein 24-Stunden-Checkout-System: Man reist zur selben Uhrzeit ab, zu der man gekommen ist.

Tamarind Village (Karte S. 310 f.; ☎ 0 5341 8896-9; www.tamarindvillage.com; 50/1 Th Ratchadamnoen; Zi. 6000–18 000 B; ❄ 🖵 🐾) Eines der ersten Hotels, das im Lanna-Stil erbaut wurde. Das Tamarind Village ist den spirituellen Rückzugsgebieten eines Tempels nachempfunden, die hübschen Häuser wurden inmitten von Gärten auf dem Gelände eines alten Tamarindengartens errichtet. Der mit Bambus überdachte Weg und die weißgetünchte Mauer schirmen die Gäste von der modernen Welt ab. Ein zusätzliches Plus sind die kulturellen und religiösen Aktivitäten im angrenzenden Tempel. Internet ist nur in öffentlichen Bereichen verfügbar.

Rachamankha (Karte S. 310 f.; ☎ 0 5390 4111; www.rachamankha.com; 6 Th Ratchamankha; Zi. 7000–9500 B; ❄ 🖵 🐾) Das einem alten Kloster in Lampang nachempfundene Rachamankha trägt die Handschrift des Architekten Ong-ard Satrabhandu, der auch das Tamarind Village entworfen hat. Die Anlage genießt einen guten Ruf, die Zimmer sind allerdings nicht gerade üppig ausgestattet und im oberen Stockwerk ziemlich klein. Die Luxusvarianten sind großzügiger geschnitten, haben Himmelbetten und riesige Badezimmer. Highlight des Hotels ist die Bibliothek, ein lichtdurchfluteter Raum, in dem es nach poliertem Holz und altem Papier riecht.

Östlich der Altstadt

Außerhalb der Altstadt ist das Verkehrsaufkommen ziemlich hoch und das Heulen der Motoren lässt einen manchmal vergessen, dass man sich im entspannten Chiang Mai befindet. Die Th Tha Phae While kann es zwar nicht mit dem Flair der Altstadt aufnehmen, eignet sich aber bestens als Ausgangspunkt für Besichtigungstouren und abendliche Partygänge und liegt zudem näher am Nachtbasar. Auch in exklusiveren Unterkünften ist man nicht vom alltäglichen Treiben auf den Straßen abgeschottet, was die Hotelgäste meist als Pluspunkt bewerten, denn die alten muffigen Häuser, umherdüsenden Motorräder und Frauen, die Kaffee und Nudelgerichte verkaufen, gehören schließlich zur Atmosphäre der Stadt dazu.

In den Straßen rund um Chiang Mais Nachtbasar findet man schicke, auf Geschäftsleute ausgerichtete Hotels im Business-Stil. Geschäfte und Läden haben ihr Angebot auf

eine etwas konservativere Klientel eingestellt. Früher hatten hier kleinere Hotels das Sagen, während es internationalen Hotelketten eher schwer fiel, Fuß zu fassen. Mittlerweile gibt es jedoch Pläne, Chiang Mai zu einem internationalen Zentrum für Tagungen und Konferenzen zu machen. Und so machen nun auch die großen Ketten nachdrücklich ihre Ansprüche geltend.

BUDGETUNTERKÜNFTE

Daret's House (Karte S. 310 f.; ☎ 0 5323 5440; 4/5 Th Chaiyaphum; Zi. 150–160 B) Alteingesessene Backpacker-Bleibe, die sich mit ihren einfachen verschlissenen Zimmern kaum von der einschlägigen Konkurrenz auf der Th Khao San unterscheidet. Der Besitzer Kun Daret ist jedoch ein netter Kerl, den man oft mit seinem handzahmen Vogel im Café antrifft. Warmes Wasser kostet extra.

Tawan Guesthouse (Karte S. 310 f.; ☎ 0 5320 8077; 4 Soi 6, Th Tha Phae; Zi. 240–500 B) Das einfache Gästehaus hebt sich von der Konkurrenz mit einem beeindruckenden Garten ab, den Springbrunnen, Koi-Teiche, blühende Bougainvilleen und ein großer Schatten spendender Baum mit dünnen verästelten Ranken schmücken. Die Zimmer sind nichts Besonderes und zum Teil in einem alten Holzhaus, zum Teil in einer nicht gerade robusten, ziemlich hellhörigen Bambushütte untergebracht. Auf Hygiene wird Wert gelegt, doch das Personal kann gelegentlich etwas mürrisch sein (vielleicht war aber auch nur unser Timing schlecht).

Sarah Guest House (Karte S. 310 f.; ☎ 0 5320 8271; http://sarahgh.hypermart.net; 20 Soi 4, Th Tha Phae; EZ 240–400 B, DZ 300–450 B; ☒ 💻) Alteingesessene Backpacker-Unterkunft inmitten eines ruhigen Gartens. Der englische Besitzer vermietet zwölf Zimmer mit klobigen Holzmöbeln und großen Badezimmern. Man hat die Wahl zwischen Ventilator und Klimaanlage.

New Mitrapap Hotel (Karte S. 310 f.; ☎ 0 5325 1262; Fax 0 5325 1260; 94/96 Th Ratchawong; Zi. ab 330 B; ☒) Das New Mitrapap in der Nähe des Talat Warorot scheint in der Zeit stehen geblieben zu sein – dafür sprechen zumindest die Preise und das klassische thai-chinesische Dekor. Die klimatisierten Zimmer mit Fernseher und Minikühlschrank sind ein guter Deal. Das Hotel ist um einen verglasten Innenhof gebaut – die Gänge sind so hell und freundlich.

Roong Ruang Hotel (Karte S. 310 f.; ☎ 0 5323 4746; Fax 0 5325 2409; roongruanghotel@yahoo.com; 398 Th Tha Phae; Zi. 400–800 B; ☒ 💻) Das in der Nähe des

Pratu Tha Phae gelegene Roong Ruang hat eine Toplage und ist für ein Hotel der alten Garde eine gute Wahl. Von außen macht es zwar nicht gerade viel her, doch drinnen ist man abgeschirmt vom Straßenlärm. Bucht man ein Zimmer im zweiten Stock, kann man es sich dort außerdem auf der gemeinschaftlich genutzten Terrasse gemütlich machen. Die teureren Zimmer sind klimatisiert, die billigeren haben Ventilatoren.

Lai-Thai Guesthouse (Karte S. 310 f.; ☎ 0 5327 1725; www.laithai.com; 111/4–5 Th Kotchasan; Zi. 440–750 B; ☒ 💻) Das nordthailändische Dekor gibt dem dreistöckigen Lai-Thai einen gewissen Ethno-Schick. Die Zimmer sind gemütlich – wenn auch etwas klein – und mit Kabelfernsehen und Minikühlschrank ausgestattet. Die billigsten Zimmer mit Gemeinschaftsbad befinden sich im obersten Stockwerk. Die Preise sind durchaus angemessen und es gibt einen Pool, Minuspunkte gibt es allerdings für die nicht gerade ruhige Lage direkt neben einer belebten, stets gut befahrenen Straße.

Thapae Boutique House (Karte S. 310 f.; ☎ 0 5328 5295; www.thapaeboutiquehouse.com; 4 Soi 5, Th Tha Phae; Zi. ab 750 B; ☒ 💻) Das hübsche stylishe Thapae Boutique House gehört zur Flashpacker-Klasse; hier gibt's bequeme Betten, Bambusdekor, nette Badezimmer und einen luftigen Sitzbereich unter freiem Himmel.

Baan Kaew Guest House (Karte S. 310 f.; ☎ 0 5327 1606; www.baankaew-guesthouse.com; 142 Th Charoen Prathet; Zi. 800 B; ☒) Abseits vom Touristentrubel in einem etwas vornehmeren Stadtteil Chiang Mais gelegen, gehört das Baan Kaew zu den Orten, an denen man es auch mal länger aushalten kann. Das zweistöckige Gebäude liegt abseits der Straße hinter dem Wohnhaus des Eigentümers. Die mit Minikühlschränken ausgestatteten Zimmer sind gepflegt, wenn auch etwas langweilig eingerichtet, außerdem gibt es Sitzbereiche im Freien. Der Chef spricht Englisch und opfert sich meist bereitwillig für ein Schwätzchen über die großen Fragen der Weltpolitik.

MITTEL- & SPITZENKLASSEHOTELS

Amora (Karte S. 310 f.; ☎ 0 5325 1531; www.amorahotels. com; 22 Th Chaiyaphum; Zi. 1900–2200 B; ☒ 💻 💧) Das Hotel ist dank netter Zimmern mit entsprechenden Betten und hoteltypischem Dekor eine solide Wahl. Pluspunkte gibt's für den Pool und den tollen Ausblick auf den Doi Suthep. Im Preis ist das Frühstück enthalten, Internet kostet allerdings extra.

Imperial Mae Ping Hotel (Karte S. 310 f.; ☎ 0 5328 3900; www.imperialhotels.com; 153 Th Si Donchai; Zi. ab 4000 B; ❄ 🖳 📶) Unter den großen kastenförmigen Hotels am Nachtbasar sticht das geschmackvollere Imperial Mae Ping mit seiner Kombination aus asiatischem Flair und modernen Elementen angenehm hervor. Nach und nach wird das Hotel renoviert, die nun hübschen modernen Zimmer im Obergeschoss wurden zum Zeitpunkt der Recherchen fertiggestellt. Ab dem fünften Stock gibt es traumhafte Ausblicke auf den Doi Suthep. Die Stockwerke sind in Raucher- und Nichtraucherbereiche eingeteilt.

LP Tipp Banthai Village (Karte S. 310 f.; ☎ 0 5325 2789; www.banthaivillage.com; 19 Soi 3, Th Tha Phae; Zi. ab 4500 B; ❄ 🖳 📶) Als nachgebaute Dörfer getarnte Luxushotels scheinen in Chiang Mai zu einem echten Trend zu werden. Das Banthai punktet mit 33 großzügig geschnittenen Zimmern, in denen man sich nicht dauernd irgendwo anstößt und die ein gesundes Maß an Privatsphäre bieten. Sie befinden sich in mit Lanna-Elementen geschmückten Reihenhäusern und haben große Betten und Badezimmer mit Glasfront und Minibadewannen.

Yaang Come Village (Karte S. 310 f.; ☎ 0 5323 7222; www.yaangcome.com; 90/3 Th Si Donchai; Zi. 6000–9000 B; ❄ 🖳 📶) Das Yaang Come Village ist eine gelungene Version der „Lanna-Imitate" und eine Hommage an ein Tai-Lue-Dorf, zu dessen Bau sich der Besitzer bei einer Reise durch die chinesische Yunna-Region inspirieren ließ. In der Hotelanlage spiegeln sich architektonische und kulturelle Elemente der Bergdörfer wider, verantwortlich hierfür sind beispielsweise der schreinähnliche Brunnen beim Eingang und die steil abfallenden Dachlinien der Gebäude. Die Zimmer sind groß und geschmackvoll mit Wandbildern, schönen Stoffen und Teakholzmöbeln eingerichtet. Verschlungene Wege und ein gepflegter Garten führen zu Pool und Restaurant.

Le Meridien Chiang Mai (Karte S. 310 f.; ☎ 0 5325 2666; www.starwoodhotels.com; 108 Th Chang Khlan; Zi. 6000 B; ❄ 🖳 📶) Das Meridien hat gerade erst seine Pforten geöffnet und gehört zu einer der drei internationalen Hotelketten, die sich im Zuge der Pläne, Chiang Mai als Konferenzzentrum zu etablieren, in der Gegend um den Nachtbasar angesiedelt haben – auf der Website wird diese als das zentrale Geschäftsviertel der Stadt bezeichnet wird.

Manathai (Karte S. 310 f.; ☎ 0 5328 1666; www.manathai.com; 39/9 Soi 3, Th Tha Phae; Zi. 7000–16 000 B;

❄ 🖳 📶) Im Manathai verschmelzen Lanna-Elemente und Kolonialstil miteinander. Herzstück der Dorfanlage ist der zentral gelegene Pool. Die Zimmer schmücken Teakholzmöbel und Schwarz-Weiß-Fotografien, die Badezimmer sind modern. Auch wenn alles professionellen aufgemacht ist und der Anspruch nach Exklusivität vollkommen erfüllt wird kann man in der intimen Atmosphäre mit romantischen Akzenten auch mal klaustrophobische Gefühle entwickeln.

Shangri-La Hotel (Karte S. 310 f.; ☎ 0 5325 3888, www.shangri-la.com/chiangmai; 89/8 Th Chang Khlan; Zi. ab 7000 B; ❄ 🖳 📶) Das wuchtige hoch aufragende Businesshotel scheint einer Weltmetropole entsprungen zu sein. Es gehört nicht gerade zu Chiang Mais romantischsten Unterkünften und wurde gebaut, um mehr Räume für Konferenzen und Meetings zu schaffen. Die Zimmer entsprechen dem Standard von Hotelketten, zu der Anlage gehören ein großer Pool und Tennisplätze. In der Lobby gibt es freies WLAN; auf den Zimmern ist die Internetnutzung kostenpflichtig.

DusitD2 Chiang Mai (Karte S. 310 f.; ☎ 0 5399 9999, www.dusit.com; 100 Th Chang Khlan; Zi. 8000 B; ❄ 🖳 📶) Das flippige D2 ist mit seinem lässig urbanen Charme ein echtes Unikum in Chiang Mai. Die mit orangefarbenen Akzenten und modernen Möbeln versehene Lobby lädt zum stilvollen Chillen ein. In den Zimmern wurde der Fokus dann auf Funktionalität gelegt. Im obersten Stockwerk gibt es ein Fitnessstudio mit Blick auf den Doi Suthep. Hotelrestaurant und Bar sind topmodern.

Am Flussufer

Riverside House (Karte S. 310 f.; ☎ 0 5324 1860; www. riversidehousechiangmai.com; 101 Th Chiang Mai-Lamphun; Zi. 500–900 B; ❄ 🖳) Das ruhige und einladende Hotel liegt direkt neben der Tourism Authority of Thailand und hat tolle preiswerte Zimmer, die um einen hübschen Garten angeordnet sind. Alle haben Kabelfernsehen, außerdem ist ein Kontinentalfrühstück im Preis enthalten. In den Zimmern für 700 B kann der Straßenlärm schon mal stören; im Inneren der Anlage wird gerade ein neuer Flügel mit Zimmern zu 900 B gebaut.

LP Tipp Galare Guest House (Karte S. 310 f.; ☎ 0 5381 8887; www.galare.com; 7/1 Soi 2, Th Charoen Prathet; Zi. 1100 B; ❄) Das am Fluss gelegene Galare erfreut sich großer Beliebtheit. Die Zimmer haben zwar keinen Ausblick auf den Fluss und sind etwas altmodisch eingerichtet, dafür

aber großzügig geschnitten und gehen außerdem auf eine weite gemeinschaftlich genutzte Veranda hinaus. Es gibt einen kleinen Parkplatz und der Nachtbasar ist nur einen kurzen Fußmarsch entfernt.

River View Lodge (Karte S. 310 f.; ☎ 0 5327 1109; www.riverviewlodgch.com; 25 Soi 4, Th Charoen Prathet; Zi. 1500–2200 B; ⊠ ⊡) Dank kleiner Schränkchen voll antikem Krimskrams, eines sich über zwei Ebenen erstreckenden Gartens mit Blick auf den Mae Ping und eines großen Pools sprüht das River View Lodge nur so vor Charme. Die Zimmer mit Aussicht auf den Fluss sind ziemlich schlicht, dabei jedoch hell und luftig. Auch hier gilt: Es gibt einen Parkplatz und der Nachtbasar ist nur einen kurzen Fußmarsch entfernt.

Baan Orapin (Karte S. 310 f.; ☎ 0 5324 3677; 150 Th Charoenrat; Zi. ab 2400 B; ⊠ ⊡ ⊡) Das familiengeführte Baan Orapin liegt inmitten einer hübschen Gartenanlage, auf dem ein stattliches Teakhaus steht, das seit 1914 im Familienbesitz ist. Die eigentlichen Unterkünfte sind in separaten modernen Gebäuden untergebracht, die sich über das komplette Gelände erstrecken. In den 15 großen, modern eingerichteten Zimmern herrscht ein intimes Ambiente.

Chedi (Karte S. 310 f.; ☎ 0 5325 3333; www.ghmhotels. com; 123 Th Charoen Prathet; Zi. 16 200–24 000 B; ⊠ ⊡ ⊡) Das Chedi ist Chiang Mais ambitionierteste Hommage an den Modernismus. Das frühere britische Konsulat wurde in ein minimalistisches Kunstwerk verwandelt, das mit eleganten Zimmern mit Glasfront und spirituellen Rückzugsgebieten in Form von Grünanlagen aufwartet. Die Clubsuiten bieten ein paar Extras mehr (Minibar, Waschservice und Flughafentransfer inklusive) als die kleineren Deluxe-Varianten. Obwohl das Chedi direkt am Fluss liegt, haben nur die Zimmer im oberen Stockwerk und Eckzimmer Blick auf den Mae Ping. Die ganze Anlage ist äußerst edel und stilvoll – angesichts des „stolzen" Preises sollte man das aber auch erwarten dürfen.

Westlich der Altstadt

An der Th Huay Kaew in der Nähe des Einkaufszentrums Kad Suan Kaew gibt es mehrere Businesshotels im Thaistil. In den Sois abseits der Th Nimmanhaemin haben einige neue „Guest-tels" (ein Mix aus Guesthouse und Hotel) eröffnet. Die Preise sind etwas höher als in Backpacker-Gegenden, dafür ist man näher an der Chiang Mai University.

Uniserv-International Center Hostel (Karte S. 302 f.; ☎ 0 5394 2881; abseits der Th Nimmanhaemin; Zi. 500–800 B; ⊠ ⊡) Auf der Suche nach einer Unterkunft direkt bei der Uni? Dann ist man bei diesem Hostel, das sich die Räumlichkeiten mit dem immer gut besuchten International Center der CMU teilt, an der richtigen Adresse. Die Zimmer sind schnörkellos und solide und mit Fernseher und Kühlschrank ausgestattet. Frühstück ist im Preis enthalten; es gibt spezielle Monatstarife.

Baan Say-La (Karte S. 302 f.; ☎ 08 1930 0187; www. baansaylaguesthouse.com; Soi 5, Th Nimmanhaemin; Zi. 500–950 B; ⊠) Das Guesthouse im Bohemian-Schick hat den gleichen Eigentümer wie das Yesterday the Village. Die Zimmer haben Himmelbetten, Rattanmöbel und Kabelfernsehen. Die Wände schmücken Schwarz-Weiß-Fotografien und in den öffentlichen Sitzbereichen stehen große gemütliche Sessel. Die Zimmer für 500 B gibt's nur mit Gemeinschaftsbad. Kleiner Nachteil: In direkter Nachbarschaft befindet sich das Fine Thanks, eine Musikbar, in der Livemusik gespielt wird – und die ist in den Zimmern mitunter mehr als deutlich zu hören.

International Hotel Chiangmai (Karte S. 310 f.; ☎ 0 5322 1819; www.ymcachiangmai.org; 11 Soi Sermsak, Th Hutsadisawee; Zi. 600–900 B; ⊠ ⊡ ⊡) Das YMCA-Hotel ist wohl in dem hässlichsten Gebäude im ganzen Land untergebracht, versteht es jedoch, mit exzellenten Schnäppchenpreisen für Zimmer mit Blick auf den Doi Suthep und Pool gegen die harte Konkurrenz zu behaupten. (Die überteuerten Schlafsälen sind aber kein guter Deal.) Ein weiteres Plus ist die Umgebung, eine schöne Wohngegend mit Blumengärten und Einfamilienhäusern. Außerdem liegt das Hotel praktischerweise zwischen Universität und Altstadt.

Pann Malee Home (Karte S. 310 f.; ☎ 0 5328 9147; www.pannmalee.com; abseits der Soi 17, Th Nimmanhaemin; Zi. 1000 B; ⊠) In der umgebauten Stadthalle gibt es vier Zimmer, in denen man sich fühlt, als hätte einen ein thailändischer Freund mit Sinn für geschmackvolles Ambiente nach Hause eingeladen. Irgendwie stimmt das ja auch – die Besitzerin hat bei der Einrichtung darauf geachtet, dass sich in jedem Zimmer die Persönlichkeit eines der Familienmitglieder widerspiegelt.

LP Tipp Pingnakorn Hotel (Karte S. 310 f.; ☎ 0 5335 7755; www.pingnakorn.com; 4 Soi 12, Th Nimmanhaemin; Zi. 1500–3000 B; ⊠ ⊡) Das mehrstöckige Hotel ganz am Ende der Soi eignet sich für längere

PROVINZ CHIANG MAI

Aufenthalte. Die Zimmer Typ Apartment sind schick und luftig und bieten den üblichen Komfort. Die Monatstarife starten bei 10 000 B, Wasser und Strom werden extra abgerechnet. Frühstück ist im Preis enthalten.

Yesterday the Village (Karte S. 310 f.; ☎ 0 5321 3809; 24 Th Nimmanhaemin; www.yesterday.co.th; Zi. ab 2000 B; 🍴 💻) Das Yesterday geht mit der Zeit und ist im angesagten Retro-Look gestaltet. Die öffentlichen Bereiche sind kunstvoll mit alten Fotos, Plattenspielern und altertümlichen Fernsehapparaten dekoriert. Die Deluxe-Zimmer haben etwas mehr zu bieten als die übrigen Zimmer, die Einrichtung ist jedoch bei beiden eher spärlich. In der Th Nimmanhaemin gibt es keine große Auswahl an Mittelklasseunterkünften und diese hier ist ziemlich überteuert.

Chiang Mai Orchid Hotel (Karte S. 302 f.; ☎ 0 5322 2091; www.chiangmaiorchid.com; 23 Th Huay Kaew; Zi. ab 2000 B; 🍴 💻 🍸) Das klassische etwas altmodische Chiang Mai Orchid ist zentral gelegen und hat sich auf Geschäftsreisende und Pauschaltouristen spezialisiert. Die kürzlich renovierten Zimmer haben einiges zu bieten. Es gibt Raucher- und Nichtraucherbereiche, außerdem ein Fitnessstudio und ein Business Center. Direkt nebenan befindet sich das Einkaufszentrum Kad Suan Kaew.

Amari Rincome Hotel (Karte S. 302 f.; ☎ 0 5322 1130; www.amari.com; 1 Th Nimmanhaemin; Zi. 2700–6600 B; 🍴 💻 🍸) Das solide Business-Hotel in der Nähe der Universität ist klassisch und geschmackvoll eingerichtet; einige Umbauarbeiten sorgen für einen modernen Touch.

Außerhalb des Zentrums

Viangbua Mansion (Karte S. 302 f.; ☎ 0 5341 1202; www.viangbua.com; 3/1 Soi Viangbua, Th Chang Pheuak; Zi. ab 900 B; 🍴 💻) Das nördlich vom Pratu Chang Pheuak gelegene mehrstöckige Hotel liegt nicht gerade in Sichtweite zu den Sehenswürdigkeiten, eignet sich jedoch perfekt für einen längeren Aufenthalt. Die Zimmer sind modern eingerichtet und haben Kleiderschrank, Kühlschrank, ein kleines Wohnzimmer, Kabelfernsehen und WLAN, einige sogar eine Küche. Außerdem gibt's ein Fitnessstudio, ein Restaurant und ein Café. Wöchentliche/monatliche Tarife starten bei 5600/12 000 B.

LP Tipp Tri Yaan Na Ros (Karte S. 310 f.; ☎ 0 5327 3174; www.triyaannaros.com; 156 Th Wualai; Zi. ab 3600 B; 🍴 🍸) Das winzige Luxushotel erfreut sich eines außerordentlich guten Rufs und ist der perfekte Kandidat für romantische Flitterwo-

chen. In dem kunstvoll renovierten Haus mit stilvollen Zimmern taucht man in frühere Zeiten ein. Schmale Wege führen zu verschiedenen gemütlichen Sitzbereichen. Die freundliche Besitzerin ist meist vor Ort. Ihr Sohn, ein Architekt, hat sein Büro über dem Hotelrestaurant.

Four Seasons Chiang Mai (☎ 0 5329 8181; www.fourseasons.com; Th Mae Rim-Samoeng Kao; Zi. ab 19 000 B; 🍴 💻 🍸) In Chiang Mais erstem Luxusresort nächtigt man in weitläufigen Pavillons im Lanna-Stil oder in Residenzen, die sich über die 8 ha große Anlage mit Landschaftsgärten und Reisfeldern verteilen, die von Wasserbüffeln beackert werden. Das Resort liegt nördlich der Stadt an den grünen Gebirgsausläufern und hat ein umfangreiches Unterhaltungsprogramm zu bieten: Es gibt eine Kochschule, ein preisgekröntes Spa, einen Pool und Tennisplätze.

Mandarin Oriental Dhara Dhevi (☎ 0 5388 8888; www.mandarinoriental.com; 51/4 Th Chiang Mai-San Kamphaeng; Zi. ab 20 000 B; 🍴 💻 🍸) Mit dem Dhara Dhevi ist ein eigenes kleines Reich entstanden. In dem wirklich überwältigenden Resort wurde ein komplettes Lanna-Dorf en miniature nachgebaut: Fußwege führen an von Mauern umgebenen Wohnanlagen und stufenartig am Hang angeordneten Reisfeldern vorbei. Die Architektur ist so beeindruckend, dass sich das Resort selbst als kulturelle Attraktion begreift und Touren und kunsthandwerkliche Vorführungen für Gäste anbietet. In den Zimmern ist natürlich alles vom Feinsten. Und auf der Anlage werden des Öfteren Hochzeitsfeiern ausgerichtet. Etwas günstiger und weniger imposant sind die Unterkünfte im Kolonialflügel.

ESSEN

Chiang Mais Restaurantszene hat erstaunlich bodenständiges und ausgewogenes Essen zu bieten. Gespeist wird meistens in einfachen familiengeführten Lokalen oder in Imbissen unter freiem Himmel. Außerdem gibt es eine Menge vegetarischer Restaurants, von Backpacker-Cafés bis hin zu religiös-spirituellen Lokalitäten. Die regionale Spezialität *kôw soy* (auch *khao soi* geschrieben) ist ein Curry-Nudelgericht, das seine Ursprünge im Shan-Staat und in Yunnan haben soll. Auf Märkten und in kleineren Läden wird es in der Regel mit eingelegtem Gemüse und einer dickflüssigen roten Chilisoße serviert. Mehr zur nordthailändischen Küche steht auf S. 381.

Die gehobene Küche ist im in dieser Hinsicht eher provinziellen Chiang Mai nicht allzu stark vertreten. Meist wird man in Hotelrestaurants fündig, es gibt aber auch ein paar eigenständige Edellokale, die vor allem Linie Ausländer und Geschäftsleute anziehen.

Altstadt

THAI

In der Th Ratchadamnoen gibt es ab der Polizeistation einige zur Mittagszeit immer gut gefüllte Lokale, in denen Gerichte nach Wunsch zusammengestellt werden *(rähn ah·hähn dahm sàng)*. Bei Einheimischen ist außerdem *gàp kôw* (vorgekochtes, mit Reis serviertes Gericht in verschiedenen Varianten) beliebt, das abends von Straßenverkäufern in der Th Samlan südlich der Th Ratchadamnoen angeboten wird.

LP Tipp **Tien Sieng Vegetarian Restaurant** (Karte S. 310 f.; ☎ 0 5320 6056; Th Phra Pokklao; Gerichte 20 B; 6.30–17 Uhr) Das Restaurant gehört zu einer buddhistischen Vereinigung und serviert würzige vorgekochte vegetarische Gerichte auf Reis. Die Speisen sind nach *jair*-Kriterien zubereitet, was bedeutet, dass sie kein Fleisch, keinen Knoblauch und keine Zwiebeln enthalten – dennoch lecker und zudem preiswert.

Mangsawirat Kangreuanjam (Karte S. 310 f.; Th Inthawarorot; Gerichte 20–35 B; 8–14 Uhr) Hier muss man schon ziemlich genau hingucken, um das versteckte Schild „Vegetarian Food" zu entdecken. Die vegetarischen und frischen thailändischen Speisen werden vor dem Restaurant in Schüsseln präsentiert.

Bang Moey Kaafae (Karte S. 310 f.; Th Ratwithi; Gerichte 25–30 B; Mo–Fr 9–15 Uhr) Hier kann man sein Mittagessen in ungewohnt atmosphärischem Ambiente verspeisen. Im Gegensatz zu den meisten Nudelimbissen, in denen die schlichte Einrichtung aus ein paar Tischen und Fliesen an den Wänden besteht, ist das Bang Moey Kaafae in einem mit antiken Metallarbeiten verzierten Holzhaus untergebracht.

Pak Do Restaurant (Karte S. 310 f.; Th Samlan; Gerichte 25–30 B; 7 Uhr–früher Nachmittag) Das Frühstückslokal liegt gegenüber vom Wat Phra Singh. Die Currys werden in großen Metallschüsseln vor dem Restaurant präsentiert. Man kann es einfach den Thais nachmachen, die die Deckel anheben, um den Inhalt zu begutachten. Wer sich einfach nicht an Reisgerichte am Morgen gewöhnen kann, wird hinterher froh sein, einen Blick in die Töpfe riskiert zu haben.

Kow Soy Siri Soy (Karte S. 310 f.; ☎ 0 5321 0944; Th Inthawarorot; Gerichte 30–35 B; Mo–Fr 7–15 Uhr) In dem einfachen Lokal wird *kôw soy* mit leckerer und gehaltvoller hausgemachter Brühe zubereitet und wahlweise mit oder ohne Hühnchen serviert. Außerdem steht das beliebte *kôw man gài* (Hühnchen & Reis) auf der Speisekarte.

Nayok Fa (Karte S. 310 f.; Th Ratchaphakhinai; Gerichte 30–35 B; 10–18 Uhr) Hier wird das Essen frisch in wuchtigen Woks direkt vor dem familiengeführten Lokal zubereitet. *Pàt see·éw* (im Wok zubereitete breite Nudeln, wahlweise mit Rind, Schwein oder Hühnchen serviert) oder Spanferkel mit Reis sind eine gute Wahl.

Sailomyoy (Karte S. 310 f.; Th Ratchadamnoen; Gerichte 30–80 B) In dem einfachen, etwas schmuddeligen Speiselokal wird den ganzen Tag über Frühstück serviert (praktisch für echte Langschläfer), zudem gibt es einfache thailändische Küche. Nicht gerade ein kulinarischer Hochgenuss, doch sowohl Essen als auch die Lage in der Nähe des Pratu Tha Phae sind günstig.

Si Phen Restaurant (Karte S. 310 f.; ☎ 0 5331 5328; 103 Th Inthawarorot; Gerichte 40–80 B; 9–17 Uhr) Das günstige Lokal in der Nähe des Wat Phra Singh hat sich auf nord- und nordostthailändische Speisen spezialisiert – es gibt z.B. *sôm·dam* (scharfer grüner Papayasalat).

AUM Vegetarian Food (Karte S. 310 f.; ☎ 0 5327 8315; 66 Th Moon Muang; Gerichte 50–140 B; 8–17 Uhr) Die gesunden und bekömmlichen Gerichte im AUM sorgen für körperliches Wohlbefinden. Es gibt Biokaffee aus Laos, Säfte der Saison und die verschiedensten vegetarischen Thai-Gerichte aus dem Wok. Die Atmosphäre ist herzlich und es gibt einen angeschlossenen Second-Hand-Buchladen und einen Essbereich, in dem man auf Kissen an niedrigen Tischen sitzt.

Heuan Phen (Karte S. 310 f.; ☎ 0 5327 7103; 112 Th Ratchamankha; Gerichte 60–150 B; 8–15 & 17–22 Uhr) In dem bekannten Restaurant gibt es nordthailändische Küche, viele Touristen und einen antik eingerichteten Speisesaal. Einheimische sind von der Qualität des Essens nicht wirklich überzeugt, für kulinarische Newbies sind Ambiente und Essen jedoch durchaus einen Besuch wert. Tagsüber werden die Speisen in einem großen Speisesaal vor dem Restaurant serviert.

Rachamankha (Karte S. 310 f.; ☎ 0 5390 4111; Rachamankha Hotel, 6 Th Ratchamankha; Gerichte 250–1100 B) Das Rachamankha liegt etwas versteckt hinter dem Wat Phra Singh auf der exklusiven Anlage des gleichnamigen Luxushotels. Die Gäste kom-

men nicht nur wegen des Essens, sondern auch wegen der hübschen weißen Leinen und des antiken Flairs. Die Küche ist thailändisch mit Einflüssen aus Myanmar, Yunnan und Europa. Wer nur ein einfaches Nudelgericht bestellen will, ist hier eher falsch – das bekommt man auf der Straße für etwa 30 B.

INTERNATIONAL

Bierstube (Karte S. 310 f.; ☎ 0 5327 8869; 33/6 Th Moon Muang; Gerichte 50–130 B; ⏲ 7–24 Uhr) Heimweh? Das urige holzgetäfelte Restaurant serviert bodenständige deutsche Küche. Mit den vielen Jahren, die es schon existiert, ist auch der Bauchumfang seiner Stammgäste stetig gewachsen. In Bangkok würden solche Dinosaurier nur schwer überleben, im familiären Chiang Mai gehört es mittlerweile einfach dazu.

Pum Pui Italian Restaurant (Karte S. 310 f.; ☎ 0 5327 8209; 24 Soi 2, Th Moon Muang; Gerichte 60–180 B; ⏲ 11–23 Uhr) Der romantische Garten und die preiswerten Gerichte machen das Pum Pui zu einer guten Wahl für frisch verliebte Pärchen. Auf der Speisekarte stehen typisch italienische Gerichte wie Antipasti. Und in der Regel sollte das Budget auch noch für einen leckeren italienischen Wein reichen.

Chiangmai Saloon (Karte S. 310 f.; ☎ 0 6161 0690; Th Ratwithi; Gerichte 80–300 B) Willkommen in der thailändischen Version des Wilden Westens, in der sich moderne Großstadt-Cowboys nochmal kräftig mit Hamburgern und Steaks stärken können, bevor sie sich dazu aufmachen, Bergdörfer zu erobern und Elefanten zu zähmen. Die Originalversion befindet sich in der Th Loi Kroh.

Amazing Sandwich (Karte S. 310 f.; 252/3 Th Phra Pokklao; Gerichte 90–150 B; ⏲ 8.30–20.30 Uhr) Nomen est omen: Das besonders bei Ausländern beliebte Amazing Sandwich ist der Rettungsanker für alle, die nach dem vielen Reis so richtig Heißhunger auf ein herzhaftes Sandwich haben.

Ginger Kafe (Karte S. 310 f.; ☎ 0 5341 9011; 199 Th Moon Muang; Gerichte 90–200 B; ⏲ 10–23 Uhr) Das Ginger Kafe befindet sich in direkter Nachbarschaft zum gleichnamigen Laden. Hier treffen sich vornehme Damen zum Mittagessen, außerdem werden aufstrebende Thais in die Gesellschaft eingeführt. Der helle Speisesaal ist in Gutshausmanier eingerichtet und der Küchenchef hält seine anspruchsvollen Gäste mit gehobener thailändischer und internationaler Küche bei Laune.

Juicy 4U (Karte S. 310 f.; ☎ 0 5327 8715; 5 Th Ratchamankha; Gerichte 95–135 B; ⏲ 8.30–17.30 Uhr) In dem

niedlichen Café gibt's Säfte für Katergeschädigte, vegetarische Sandwiches zum Selbstbelegen und typische thailändische Gerichte. Ein Buch kann sich hier als nützlicher Begleiter erweisen – die Küche lässt sich manchmal ziemlich viel Zeit.

LP Tipp Jerusalem Falafel (Karte S. 310 f.; ☎ 0 5327 0208; 35/3 Th Moon Muang; Gerichte 100–280 B) Wer für ein weiteres orientalisches Backpacker-Restaurant nur ein müdes Lächeln übrig hat, dem sei gesagt: Dieser exotische Import ist ein echtes Juwel. Das lebendige Restaurant eignet sich wunderbar für ein geselliges Treffen mit Freunden, wobei sich als kulinarische Begleiter Falafel, Schaschlik, Hummus und Tabouli anbieten. Joghurt, Halloumi und Fetakäse sind hausgemacht.

House (Karte S. 310 f.; ☎ 0 5341 9011; 199 Th Moon Muang; Gerichte 200–800 B; ⏲ 18–23 Uhr) Das Haus, in dem das Restaurant untergebracht ist, stammt aus dem 20. Jh. und gehörte einst einem im Exil lebenden birmanischen Prinzen. Heute schmücken es koloniale Elemente. Internationaler Küche wird ein thailändischer Touch verliehen, so wird z. B. Lamm oder Lachs – beides importiert – mit lokalen Gewürzen und Kochtechniken zubereitet. Wer nicht gleich ein ganzes Menü verspeisen möchte, kann in der marokkanisch angehauchten Bar im Freien ein paar Snacks probieren.

Östlich der Altstadt

THAI

Chiang Mais kleine Chinatown entlang der Th Chang Moi eignet sich in den frühen Morgenstunden wunderbar für kulinarische Streifzüge. Auf der Th Khang Mehn gibt es *kà·nŏm jeen* und andere Nudelgerichte. In der Gasse neben dem Top Charoen Optical Shop ist schon früh morgens einiges los, gibt es doch hier einen beliebten Verkaufsstand für *nám đow·hôo* (Sojamilch), in dem warme Sojamilch mit einer Art chinesischem Krapfen serviert wird.

Kuaytiaw Kai Tun Coke (Karte S. 310 f.; Th Kamphaeng Din; Gerichte 30–50 B; ⏲ Mo–Sa 8–16 Uhr) In dem kleinen Imbiss direkt gegenüber des Haupteingangs des Imperial Mae Ping Hotel wird ein einzigartiges *gŏoay đĕeo gài đün yah jeen* zubereitet. Dazu wird das Hühnchen über Nacht in Coca-Cola und Gewürzen mariniert, anschließend gedünstet und mit Reisnudeln serviert. Das Ganze ist ziemlich lecker und mittlerweile sogar in Bangkok bekannt.

Aomngurn (Karte S. 310 f.; ☎ 0 5323 3675; Th Ratchawong; Gerichte 30–100 B) In dem schlichten Lokal neben dem New Mitrapap Hotel kann man sich wunderbar vom Trubel auf dem Talat Warorot erholen. Auf der Speisekarte stehen thailändisch-chinesische Gerichte, außerdem gegrilltes Hühnchen und pikantes *yam* (thailändische Salate).

Ratana's Kitchen (Karte S. 310 f.; ☎ 0 5387 4173; 320–322 Th Tha Phae; Gerichte 30–150 B) Selbst in Chiang Mai, das für sein gemäßigtes Klima bekannt ist, wird es zur Mittagszeit ziemlich heiß. Dann heißt es: raus aus der Hitze und rein ins Ratana's. Das Lokal ist zwar nicht gerade eine kulinarische Offenbarung, doch Gerichte und Preise sind akzeptabel und mit seiner Toplage neben dem Pratu Tha Phae ist es ein beliebter Zufluchtsort für ausgedörrte Touristen.

Galare Food Centre (Karte S. 310 f.; Galare Night Bazaar, Th Chang Khlan; Gerichte 50–80 B; ☻ 18–24 Uhr) Das Galare Food Centre ist die stressfreie Variante eines nächtlichen Basars. Am Eingang kauft man Essensmarken, sucht sich dann ein Gericht von einem der Stände aus und lässt es sich dann in sauberer, angenehm ruhiger Umgebung schmecken. Es gibt außerdem ein nächtliches Unterhaltungsprogramm, so werden z. B. klassische thailändische Tanzvorführungen dargeboten.

Taste From Heaven (Karte S. 310 f.; ☎ 0 5320 8803; 237–239 Th Tha Phae; Gerichte 60–100 B) Das vegetarische Restaurant unterstützt den Elephant Nature Park (S. 327).

Just Khao Soy (Karte S. 310 f.; ☎ 0 5381 8641; 108/2 Th Charoen Prathet; Gerichte 100 B) Hier gibt's die Gourmetversion von *kôw soy*. Auf einer kunstvollen Holzpalette kann man sich aus verschiedenen Zutaten, darunter auch Kokosmilch zum Andicken, seine eigene Nudelsuppe zusammenstellen. Es gibt zwei verschiedene Nudelsorten: im Chiang-Mai- und im Mae-Salong-Stil.

Dalaabaa Bar & Restaurant (Karte S. 310 f.; ☎ 0 5324 2491; 113 Th Bamrungrat; Gerichte 110–350 B; ☻ 18–24 Uhr) Das Dalaabaa ist eines der ersten Restaurants Chiang Mais und ist mit Stil und Würde gealtert. Gedämpftes Licht und orangefarbene und rote Seide geben dem verglasten Speisesaal ein elegant-gemütliches Ambiente. Auch die thailändische Speisekarte macht etwas her und die Preise sind – gemessen an der edlen Umgebung – akzeptabel.

Antique House (Karte S. 310 f.; ☎ 0 5327 6810; 71 Th Charoen Prathet; Gerichte 130–260 B; ☻ 11–24 Uhr) Das Antique House ist in einem atmosphärischen zweistöckigen Teakholzhaus außerhalb der Stadt untergebracht, das mit seinem Garten voller antiquarischer Holzmöbel die perfekte Postkartenkulisse abgibt. Nachts komplettiert säuselnde Hintergrundmusik die romantische Szenerie. Auf der Speisekarte finden sich neben nordthailändischen Speisen auch zentralthailändische Klassiker – doch das Essen spielt in dieser idyllischen Atmosphäre eher eine untergeordnete Rolle.

Whole Earth Restaurant (Karte S. 310 f.; ☎ 0 5328 2463; 88 Th Si Donchai; Gerichte 130–300 B; ☻ 11–22 Uhr) Das hübsche Teakholzhaus schmückt ein Garten mit hängenden Weinreben, Koi-Teichen und herrlich blühenden Orchideen. Wirklich ein Ort für besondere Gelegenheiten: Vom Personal wird man wahrhaft königlich behandelt. Die Gerichte sind exotisch (thai-indisch und vegetarisch), jedoch nicht zu außergewöhnlich.

Anusan-Nachtmarkt (Karte S. 310 f.; Anusan-Nachtbasar, Th Chang Khlan; Gerichte 200–350 B; ☻ 18–24 Uhr) Das Anusan, etwas weiter südlich des Galare Food Centre, ist ein pulsierender Markt, der für seine thai-chinesischen Fischrestaurants bekannt ist. Die Stände sind um einen großen Essensbereich mit Tischen angeordnet, in dem jedes „Restaurant" seinen eigenen Abschnitt mit Kellnern hat. In der Nähe gibt es noch weitere Lokale, von denen manche ihren eigenen Garnelenteich haben; die Tierchen sind meist auch Spezialität des Hauses. Die Preise fallen hier etwas höher aus, doch für Thais sind diese Restaurants etwas für besondere Gelegenheiten.

INTERNATIONAL
Libernard Cafe (Karte S. 310 f.; ☎ 0 5323 4877; 36 Th Chaiyaphum; Gerichte 50–110 B; ☻ Di–So 8–17 Uhr) In dem gemütlichen Café wird frischer in Thailand angebauter Arabica-Kaffee gekocht. Zu den üblichen Backpacker-Reminiszenzen gehört der erstaunlich leckere Bananenpfannkuchen. Auch das leckere *gaang mát·sà·màn* (muslimisches Currygericht) sollte man probieren. Pong macht alles selbst – dementsprechend dauert alles etwas länger, kommt dafür aber von Herzen.

Tianzi Tea House (Karte S. 310 f.; ☎ 0 5344 9539; Th Kamphaeng Din; Gerichte 60–120 B; ☻ 10–22 Uhr) Solch ganzheitlich-gesundes Essen findet man sonst nur in etwas schäbigen Hippie-Läden. Das Tianzi weiß jedoch Askese mit Ästhetik zu verbinden. Im hübschen mit Blumen verzierten und von Sonnenlicht durchfluteten Freiluft-

CHIANG MAIS CAFEKULTUR

In Chiang Mais kreativer Atmosphäre hat das globale Phänomen der Cafékultur in Gestalt von örtlichen Kaffeehausketten und Arabica-Kaffee aus der Region einen fruchtbaren Nährboden gefunden. Stimuliert wird diese Entwicklung durch die vom Königshaus geförderten Agrarprojekte. Seit mittlerweile 30 Jahren dienen sie u. a. dem Zweck, die Bergvölker vom Opiumanbau abzubringen und diesen durch den Anbau von Kaffee zu ersetzen.

Einen großen Anteil am Vormarsch der Cafékultur in Chiang Mai hat das unprätentiöse **Libernard Cafe** (Karte S. 310 f.; ☎ 0 5323 4877; 36 Th Chaiyaphum; Di–So 8–17 Uhr). Pong, die Chefin des Ladens, röstet ihre Bohnen eigenhändig und stellt jeden Tag abhängig vom jeweiligen Wetter verschiedene Kreationen zusammen. Der Milchkaffee ist schön mild und muss kaum gesüßt werden.

In ganz anderem Gewand kommt das hippe **Black Canyon Coffee** (Karte S. 310 f.; ☎ 0 5327 0793; 1–3 Th Ratchadamnoen) vor dem Pratu Tha Phae daher. In dem immer gut besuchten Café lautet das Motto: sehen und gesehen werden. Die Kette unterhält mehrere Filialen in der ganzen Stadt.

Die Soi Kaafae (Coffee Lane auf der Soi 9, Th Nimmanhaemin) ist für sich genommen schon einen Besuch wert. Hier gibt es zwei geschäftige Cafés, die meist von emsig auf ihren Laptops tippenden Thais bevölkert werden. Das **Wawee Coffee** (Karte S. 302 f.; ☎ 0 5326 0125; Soi 9, Th Nimmanhaemin) ist eine örtliche Kette, die ihren ersten Laden beim Mae Sa Elephant Camp eröffnete und mittlerweile in Starbucks-Sphären aufgestiegen ist. (Ein zweites Wawee ist in der Th Ratchadamnoen in der Altstadt.) Auf der gegenüberliegenden Straßenseite befindet sich das **94° Coffee** (☎ 0 5321 0234; Soi 9, Th Nimmanhaemin).

Für Kaffeetrinker mit „Rettet den Planeten"-Anspruch ist das **Lanna Cafe** (Karte S. 302 f.; Th Huay Kaew; Mo–Sa 8–17 Uhr) die richtige Adresse. Es wird von einer NGO geleitet und kocht und verkauft Fairtrade-Kaffee, der von Bergvölkern angebaut wird.

In den Bergen im Norden wird außerdem Assam-Tee geerntet, der im viktorianisch angehauchten **Tea House** (Th Tha Phae; 9.30–18 Uhr) serviert wird (es teilt sich die Räumlichkeiten mit dem Siam Celadon). Das **House of Thai Coffee** (☎ 0 5327 7810; 131–133 Th Ratchadamnoen), ein Allerweltscafé mit vorwiegend ausländischer Kundschaft, hat eine tolle Auswahl an verschiedenen Teesorten aus Nordthailand, denen eine heilende Wirkung nachgesagt wird.

săh·lah hat man die Auswahl zwischen verschiedenen Bio- und makrobiotischen Köstlichkeiten wie etwa Tofu aus Yunna, Rote-Bete-Suppe und Kräuterkaffee.

Art Cafe (Karte S. 310 f.; ☎ 0 5320 6365; Ecke Th Tha Phae & Th Kotchasan; Gerichte 60–150 B) Das klassische Urlaubercafé scheint einem in die Jahre gekommenen Strandresort entsprungen zu sein. Die Speisekarte mit ihren thailändischen, italienischen, mexikanischen und amerikanischen Einschlägen gönnt dem Magen mal eine Verschnaufpause von den exotischen Eskapaden. Besonders lecker ist das Frühstück, darüber punktet das Art Cafe mit guter Lage und praktischen Öffnungszeiten.

Mike's Burgers (Karte S. 310 f.; Ecke Th Chaiyaphum & Th Chang Moi; Gerichte ab 130 B; 18–3 Uhr) Der Burgerstand versprüht amerikanisches Flair. Von den abgenutzten roten Hockern aus kann man wenig entfernt vom Verkehrsstrubel die brutzelnden Burger betrachten oder – andere Richtung – die Aussicht auf den Doi Suthep genießen. Weitere Stände gibt's in der Th Nimmanhaemin und nahe des Nachtbasars.

Giorgio Italian Restaurant (Karte S. 310 f.; ☎ 0 5381 8236; 2/6 Th Pracha Samphan; Gerichte 150–300 B; Mo–Sa 11.30–14 & 18–22.30 Uhr) Die allseits beliebte Trattoria in der Nähe des Nachtbasars hat alle möglichen Klassiker aus Bella Italia im Programm. In der Hochsaison gibt's auch sonntags Abendessen.

Moxie (Karte S. 310 f.; ☎ 0 5399 9999; DusitD2 Chiang Mai, 100 Th Chang Khlan; Gerichte 150–400 B; 6.30–1 Uhr) Das unheimlich hippe Restaurant im DusitD2 Hotel erlaubt den Einheimischen einen kleinen Einblick, was in echten Weltmetropolen so angesagt ist. Der Speisesaal ist in dunkelbraunen, orange- und cremefarbenen Tönen gehalten und wird von klaren geometrischen Formen bestimmt. Die Gerichte sind essbare Kunstwerke aus thailändischen, japanischen und italienischen Komponenten.

Favola (Karte S. 310 f.; ☎ 0 5325 3299; Le Meridien, 108 Th Chang Khlan; Gerichte 280–650 B; 11–23 Uhr) Das italienische Vorzeigerestaurant des Le Meridien wird von einem exzentrischen Küchenchef geleitet, der aus Mamas Rezepten eine Wissenschaft gemacht hat. Mit Methoden aus der Mo-

lekularküche bereitet er schaumige Soßen, parfümierte Öle und leckere Eiscreme zu. Vanillearomen und Kürbiskernöl geben den Fettuccini einen besonderen Touch, das Highlight sind jedoch die erstaunlich preiswerten Steinofenpizzas mit knuspriger Kruste.

Good Health Store (Karte S. 310 f.; ☎ 0 5320 6888; Th Si Donchai; 🕙 10–18 Uhr) Der Naturkostladen direkt neben dem Suriwong Book Centre verkauft zum größten Teil Naturbelassenes ohne chemische Zusätze: Vollkornprodukte, Honig und Nüsse und auf pflanzlicher Basis hergestellte Arzneimittel. Außerdem gibt's Fairtrade-Kaffee aus den Bergdörfern.

Am Flussufer

Die Gegend östlich des Flusses weiß auf verschiedene Weisen kulinarisch zu punkten. Nördlich der Saphan Nawarat (Nawarat-Brücke) trifft man auf eine Reihe von Uferrestaurants, in denen man mit Blick auf den Fluss sein Abendessen genießen kann. Wenn sich an den Wochenenden die Einheimischen hier von ihrer langen Arbeitswoche erholen, sind sie besonders gut besucht. Songthaeo- und Tuk-Tuk-Fahrer, die sich vor den Restaurants platzieren, verlangen nach Einbruch der Dunkelheit für die Rückfahrt in die Altstadt um die 100 B – also sehr viel mehr als sonst.

Jenseits der Saphan Nakhon Ping weiter im Norden liegt die Th Faham, die sich einen Namen als Chiang Mais *kôw soy*-Viertel gemacht hat. Hier findet man u. a. das **Khao Soi Lam Duan** (Karte S. 302 f.; Th Faham; Gerichte 35–60 B), in dem außerdem *kà·nǒm rang pêung* serviert wird (wörtlich übersetzt „Bienenkorbgebäck“, eine mit Kokos verfeinerte Waffel). Auch das **Khao Soi Samoe Jai** (Karte S. 302 f.; Th Faham; Gerichte 25–65 B) und das **Khao Soi Ban Faham** (Karte S. 302 f.; Th

Faham; Gerichte 30–55 B) haben hier ihr Zuhause *Kôw-soy*-Fans verbringen manchmal den ganzen Tag damit, die verschiedenen Lokale auf der Suche nach ihrem ultimativen Favoriten abzuklappern. Ganz in der Nähe befindet sich beim Prince Royal's College das **Khao Soi Prince** (Karte S. 310 f.; Th Kaew Nawarat; Gerichte 20–35 B; 🕙 9–15 Uhr).

Love at First Bite (Karte S. 310 f.; ☎ 0 5324 2731; Soi 1, Th Chiang Mai-Lamphun; Gebäck 40–80 B; 🕙 10.30–18 Uhr) Der bekannte Dessertladen liegt etwas versteckt in einer Wohngegend in einer Soi am Ostufer des Flusses und erfreut sich unter wohlhabenderen kuchenverrückten Thais großer Beliebtheit. Nicht wundern, hier wird oft vor der Dessertauslage posiert, um Erinnerungsfotos zu schießen – tatsächlich ist der Käsekuchen in kulinarischen Blogs mittlerweile eine kleine Berühmtheit.

Riverside Bar & Restaurant (Karte S. 310 f.; ☎ 0 5324 3239; Th Charoenrat; Gerichte 90–200 B; 🕙 10–1 Uhr) Die weitläufige Ansammlung von Holzgebäuden zählt seit über 20 Jahren zu den beliebtesten Restaurants am Flussufer. Das Essen – thailändisch, westlich und vegetarisch – ist lecker, eigentliches Highlight ist jedoch das uriggesellige Ambiente. Rockbands unterhalten die Gäste, eine Mischung aus Thais und *fa·ràngs*. Man kann drinnen und draußen und auch in dem schicken neuen Gebäude auf der anderen Straßenseite speisen. Ältere Herrschaften dinieren gerne auf dem angedockten Boot (90 B Aufschlag), bevor dieses um 20 Uhr zu einer nächtlichen Runde über den Fluss ausläuft.

Huan Soontaree (Karte S. 302 f.; ☎ 0 5325 2445; 46/2 Th Wang Singkham; Gerichte 100–150 B; 🕙 17–1 Uhr) Das rustikale Restaurant am westlichen Flussufer steht vor allem bei Urlaubern aus Bangkok

---

SOI BAN HAW

Die thai-muslimische Gemeinde von Chiang Mai ist in der Nähe des Nachtbasars entlang der Soi 1 abseits der Th Chang Khlan zu Hause. Sie ist ein Überbleibsel aus den Zeiten, in denen die Stadt eine Station der Seidenstraße war. Der **Matsayit Chiang Mai** (Karte S. 310 f.; Soi 1, Th Charoen Prathet), auch bekannt als Ban-Haw-Moschee, wurde vor 100 Jahren von *jiin haw* errichtet – der thailändische Begriff bezieht sich auf die „galoppierenden Chinesen", Karawanenhändler aus Yunnan. In den letzten zwei Jahrhunderten flohen Muslime vor den Unruhen in den Nachbarstaaten Laos und Myanmar in die Stadt, deren muslimische Gemeinde so weiter anwuchs.

Es gibt ein paar einfache Restaurants und Essensstände, in denen thai-muslimische Currygerichte wie *kôw soy* (Curryhuhn und Nudeln), *kôw mòk gài* (Biryani mit Hühnchen) und *néu·a òp hörm* („duftendes" getrocknetes Rindfleisch), eine Spezialität der yunnan-muslimischen Küche Chiang Mais, angeboten werden. Abends wird an einem Essensstand außerdem leckeres *roh·dee* (flaches indisches Brot) verkauft.

hoch im Kurs. Das liegt nur in zweiter Linie am Essen: Die eigentliche Attraktion ist die Besitzerin Soontaree Vechanont, eine nordthailändische Sängerin, die in den 1970er-Jahren bekannt wurde. An Wochenenden tritt sie selbst im Restaurant auf, unter der Woche überlässt sie anderen Musikern aus Chiang Mai und Umgebung die Bühne. Auf der Speisekarte findet sich eine leckere Mischung aus nord-, nordost- und zentralthailändischen Spezialitäten.

Good View (Karte S. 310 f.; ☎ 0 5324 1866; 13 Th Charoenrat; Gerichte 100–200 B; ☺ 10–1 Uhr) Das Good View liegt neben dem Riverside und macht seinem Namen mit dem Sitzbereich unter freiem Himmel in modernem Ambiente wirklich alle Ehre. Das Konzept ist ähnlich wie das des unmittelbaren Nachbarn. Die Küche konzentriert sich allerdings etwas mehr auf thailändische Gerichte und die Musik am Abend deckt ein breiteres Feld ab.

Mahanaga (Karte S. 302 f.; ☎ 0 5326 1112; 431 Th Charoenrat/Faham; Gerichte 250–600 B; ☺ 17.30–24 Uhr) Das Mahanaga ist die kleine Schwester des gleichnamigen Restaurants in Bangkok. Flackernde Kerzen, Gebäude im traditionellen Lanna-Stil und hoch gewachsene Bäume sorgen für ein stilvolles und romantisches Ambiente. Kulinarisch gesehen verschmelzen hier urbane thailändische Gerichte mit internationalen Einflüssen – und so finden sich auf der Speisekarte klassische, mit importiertem spitzenmäßigem Fleisch zubereitete, Gerichte, z. B. neuseeländisches Lamm in Currysoße.

Westlich der Altstadt
THAI

In der Gegend westlich des Wat Suan Dok gibt es entlang der Th Suthep etliche beliebte vegetarische (*ah·hǎhn jair*) Restaurants, die an ihren gelben Bannern zu erkennen sind. Wer's eher deftig mag, kommt in dem *mǒogròrp*-Restaurant mit knusprig gebratenem Schweinefleisch auf seine Kosten. Auch in der Th Nimmanhaemin wird man mittlerweile fündig; nahe dem Soi 9 trifft man dabei auf das beliebteste Restaurant in der Gegend; es hat nur abends geöffnet und serviert gegrilltes Scheinefleisch (*mǒo b̄ing*).

Milk Garden (Suan Nom; Karte S. 302 f.; ☎ 0 5381 1680; Th Huay Kaew; Gerichte 15–90 B; ☺ 11–21 Uhr) Brot wird in Thailand (wenn überhaupt) nur für Desserts verwendet. Dazu wird es getoastet und in süße Kondensmilch getunkt. Erhältlich sind die Leckereien an Essensständen und

auch in Milchbars wie dem hippen Milk Garden, die man meistens überall dort findet, wo viele Studenten unterwegs sind. Hier gibt's außerdem Getränke und Snacks.

Kanom Jeen Nimman (Karte S. 302 f.; Th Nimmanhaemin; Gerichte 25–30 B) Man muss sich nicht unbedingt auf den langen Weg zu einem der morgendlichen Märkte machen, um sich am intensiven Geschmackserlebnis eines *kà·nǒm jeen* (Currygericht mit weißen Reisnudeln) zu berauschen. In diesem Lokal unter freiem Himmel an der Hauptstraße wird man ebenfalls fündig.

Khun Churn (Karte S. 302 f.; ☎ 0 5322 4124; Soi 17, Th Nimmanhaemin; Gerichte 50–70 B) Wer vegetarisches Essen nicht gerade mit Schick verbindet, wird im Khun Churn mit seinem ultramodernen minimalistischen Essbereich eines Besseren belehrt. Highlight ist das umfangreiche tägliche Buffet (80 B); außerdem gibt's fruchtige Getränke, knusprige Reissnacks mit Kokosdip oder Pampelmusensalat. Am 16. jedes Monats bleibt das Lokal geschlossen.

Hong Tauw Inn (Karte S. 302 f.; ☎ 0 5322 8333; 95/17–18 Nantawan Arcade, Th Nimmanhaemin; Gerichte 50–150 B; ☺ 11–23 Uhr) Im Hong Tauw Inn schaffen alte Pendeluhren und anderes antiquarischen Inventar eine intime, urige Atmosphäre. Wer mal in die Lanna-Küche reinschnuppern möchte, ist hier richtig; u. a. gibt es Bananenblütensalat.

100% Isan Restaurant (Karte S. 302 f.; Th Huay Kaew; Gerichte 60–200 B; ☺ 17–23 Uhr) Das grell beleuchtete Lokal direkt gegenüber vom Haupteingang der CMU macht mit seinen nordöstlichen Klassikern – *sôm·dam*, *kôw nĕe·o* und *gài yâhng* – ein gutes Geschäft. Wer gerade aus der Uni herausmarschiert, scheint fast zwangsläufig vom dem für die Zubereitung von *sôm·dam* charakteristischen Mörsergeräusch einen knurrenden Magen zu bekommen.

Ban Kaew Heuan Kam (☎ 0 5381 1616; 96/8 Th Klorng Chonprathan; Gerichte 65–185 B; ☺ 17–22 Uhr) Im Ban Kaew Heuan Kam, das in einem hübschen Teakholzgebäude außerhalb der Stadt in der *klorng*-Straße seine Heimat hat, geht es durch und durch thailändisch zu (sogar die Speisekarte gibt's nur auf Thai). Es eignet sich also hervorragend dafür, einen Thailändisch sprechenden Freund zum Essen einzuladen. Für alle, die keinen Übersetzer dabei haben: Auf den ersten zwei Seiten der Speisekarte finden sich vornehmlich nordthailändische Speisen (Nr. 1008 ist z. B. Froschschenkelsalat, Nr. 1014 gedünstetes Hühnchen im Panda-

nusblatt, Nr. 2003 ein Currygericht nach birmanischer Art und Nr. 2012 ein Fischcurry
mit Wildgemüse).

Implaphao Restaurant (☎ 0 5380 6603; Rte 121;
Gerichte 80–160 B) Die Lage nah am Wasser machen das scheunenähnliche Implaphao bei
Thais beliebt, die sich hier *Ƀlah pŏw* (gegrillten Fisch gefüllt mit aromatischen Kräutern) und *dôm yam gûng* schmecken lassen.
Es ist nicht ganz einfach hierher zu gelangen:
Das Restaurant befindet sich 10 km südwestlich von Chiang Mai gegenüber dem Talat
Mae Huay. Wer den Weg auf sich genommen
hat, wird mit einem authentischen thailändischen Ambiente belohnt.

Dong (Karte S. 302 f.; ☎ 0 5322 2207; Soi 13, Th Nimmanhaemin; Gerichte 90–200 B; ⏱ 11–15 Uhr) Im Dong
gibt es nordthailändische Küche und Lanna-
Spezialitäten wie *nám prík nùm, lâhp kôo·a*
und *gaang hang·lair*. Bei der schlichten Einrichtung hat man angenehmerweise Zurückhaltung bewiesen, was für Chiang Mai – hier
herrscht eine regelrechte Obsession für hölzernen Krimskrams – ziemlich ungewöhnlich
ist. Der Service ist so langsam, dass man sich
schon einmal fragt, ob die Gerichte direkt aus
Birma geholt werden müssen.

Galare Restaurant (☎ 0 5381 1041; 65 Th Suthep;
Gerichte 90–200 B; ⏱ 17–23 Uhr) Im Galare vor den
Stadttoren Chiang Mais speist man im Freien
direkt neben einem kleinen See bei einem
Park mit Blick auf die Stadt. Die hölzernen
Picknicktische liegen inmitten von Blumen-
wiesen. Auf der Speisekarte finden sich in erster Linie nordthailändische Gerichte. Diese
sind zwar nicht gerade spektakulär, das fällt
bei der idyllischen Umgebung jedoch kaum
ins Gewicht.

Palaad Tawanron (☎ 0 5321 6039; Th Suthep; Gerichte
90–350 B; ⏱ 11.30–24 Uhr) Das Restaurant liegt in
den Wäldern nahe des Doi Suthep und ist
wegen des thailändischen Essens und der
spektakulären Aussicht auf Chiang Mai bei
Thais und Ausländern gleichermaßen beliebt.
Wer echt thailändisch speisen möchte, bestellt
sich ein Mittelstück gegrillten Fischs mit
nordthailändischen Currys und Salaten. Hierher gelangt man durch den Hintereingang des
Chiang Mai Zoo.

INTERNATIONAL

I-Berry (Karte S. 302 f.; ☎ 0 5389 5181; Sub-Soi abseits des
Soi 17, Th Nimmanhaemin; Gerichte ab 50 B) Das Eiscafé
im hübschen Holzdekor gehört zu einer
Bangkoker Kette und ist mittlerweile zu einem

hippen Phänomen geworden. Hier tummeln
sich mit einer Kamera bewaffnete Studenten
und Einheimische, die einen Blick auf den
bekannten Besitzer werfen wollen, den Co-
median Udom Taepanich (Spitzname: „die
Nase"). Wenn er gerade nicht im Haus ist,
versammeln sich seine Fans um die große
gelbe Skulptur vor dem Laden, die das Erken-
nungszeichen des Stars nachbilden soll – seine
große Nase. Die Eiscreme ist ziemlich gut,
Chiang Mais Fangemeinde zu beobachten
noch besser.

Tsunami (☎ 08 7189 9338; Th Huay Kaew; Gerichte 60–
180 B; ⏱ 17.30–23.30 Uhr) Unter den Studenten
der CMU sind Gerichte nach Kyotoer Mach-
art und Sushiläden, von denen entlang der Th
Huay Kaew immer mehr ihre Pforten öffnen,
gerade äußerst angesagt. Das bekannteste ist
das Tsunami, hier muss man selbst während
der *Ƀit teum* (Semesterferien) Wartezeiten in
Kauf nehmen. Wer keinen Platz ergattert,
macht sich auf den Weg zum Na Mor Sushi
etwas weiter nördlich; es hat kein Schild, ist
aber an dem großen Wok vor der Tür zu erkennen.

Smoothie Blues (Karte S. 302 f.; Th Nimmanhaemin;
Gerichte 90–140 B; ⏱ 7.30–21 Uhr) Das rundum gesunde Café ist der Treffpunkt hier lebender
Ausländer und scheint einem Yuppie-Viertel
irgendeiner westlichen Stadt entsprungen zu
sein. Obwohl etwas ab vom Schuss, ist das
Smoothie Blues bekannt für sein Frühstück
seine Sandwiches, Baguettes und – wie sollte
es anders sein – Smoothies.

Mi Casa (Karte S. 302 f.; ☎ 0 5381 0088; Soi Wat Padaeng,
Th Suthep; Gerichte 200–500 B; ⏱ 11–14 & 18–22 Uhr) In
dem temperamentvollen Restaurant hinter der
Chiang Mai University wird man in die mediterrane Küche eingeführt. Der Küchenchef
kommt aus Nordspanien und bereitet aus frischen lokalen und importierten Produkten Ta-
paklassiker und kunstvolle Vorspeisen zu.

Außerhalb des Zentrums

Chiang Mais chinesisches Erbe spiegelt sich
in den allgegenwärtigen Schweinefleischge-
richten wider, besonders in der nordthailändischen Spezialität *sâi òo·a* (Wurst aus
Schweinefleisch). Kenner sagen, eine gute *sâi
òo·a* sollte pikant und kräftig mit Zitronengras, Ingwer und Kurkuma gewürzt sein. Mit
der Wurstherstellung einen Namen gemacht
haben sich das **Mengrai Sai Ua** (Th Chiang Mai-Lamphun) in der Nähe des Holiday Inn am östlichen
Flussufer und das **Sai Ua Gao Makham** (Rte 121),

ein kleiner Essensstand auf dem Talat Mae Huay (Mae-Huay-Markt), ein paar Kilometer südlich der Night Safari auf dem Weg nach Hang Dong.

Vegetarian Centre of Chiang Mai (Karte S. 302 f.; ☎ 0 5327 1262; 14 Th Mahidol; Gerichte 15–30 B; ☻ Mo–Fr 6–14 Uhr) Träger des cafeteriaähnlichen Lokals ist die Asoke Foundation, eine asketisch eingestellte Buddhistenbewegung. Sie serviert preiswerte vegetarische Gerichte. Der Gründer der Vereinigung ist ein führender Kopf der oppositionellen PAD-Bewegung; das Restaurant wurde dann auch in letzter Zeit wegen Demonstrationen in Bangkok des Öfteren geschlossen.

Spirit House (Karte S. 302 f.; ☎ 08 4803 4366; Soi Viangbua, Th Chang Pheuak; Gerichte 100–200 B) Manchmal sind die charmantesten Restaurants einfach nur die Spielwiese einer exzentrischen Persönlichkeit. In dem mit Antiquitäten vollgestopften Speisesaal des Spirit House hat sich der amerikanische Besitzer – ein Mann der vielen Talente, vom Händchen für Antiquitäten bis zur klassischen Musik – seiner Kreativität freien Lauf gelassen. Der ehemalige Küchenchef eines Restaurants in New Orleans sagt, er liebe die Kunst der Improvisation: Das tägliche Menü richtet sich nach dem, was ihn auf dem Markt gerade so anspricht. Hier findet jeden Monat ein klassisches Konzert statt, weshalb sich das Restaurant bei Chiang Mais Musikprofessoren und -studenten großer Beliebtheit erfreut. In der Nebensaison hat es zwischen 17.30 und 22.30 Uhr geöffnet.

Fujian (☎ 0 5388 8888; Mandarin Oriental Dhara Dhevi Hotel, Th Chiang Mai-San Kamphaeng; Gerichte ab 400 B; ☻ 11.30–14.30 & 18.30–22.30 Uhr) Thais feiern besondere Anlässe traditionell gerne in chinesischen Restaurants – das luxuriöse Fujian beim Dhara Dhevi Hotel bietet sich dafür besonders gut an. Hier stehen erstklassige Dim Sums auf der Speisekarte, zudem kommen kantonesische und Szechuan-Gerichte, serviert in feinem Porzellan, auf den Tisch.

AUSGEHEN

Wer sich in Chiang Mai Gläschen genehmigen will, kann im Wesentlichen aus drei verschiedenen Typen von Lokalitäten wählen: den Backpacker-Bars in der Th Moon Muang und der Th Ratwithi, den Studentenbars und -clubs in der Th Nimmanhaemin und den am Fluss gelegenen Restaurants mit Livemusik. In Chiang Mai geht es nachts um einiges gesitteter zu als in Bangkok; alteingesessene Bars

erfreuen sich großer Beliebtheit, auch wenn sie vielleicht nicht zu den hippsten gehören. Ein weiteres Plus ist, dass die Thais in Chiang Mai auch gegenüber Ausländern recht kontaktfreudig sind, weshalb das Publikum in den Bars und Clubs bunter gemischt ist als in Bangkok.

In der Th Ratwithi nahe der Kreuzung mit der Th Ratchaphakhinai an einem Parkplatz reihen sich mehrere gedrungene Bars mit blinkender Beleuchtung und fast ohrenbetäubender Musik aneinander. Das Ganze soll wohl bald abgerissen werden, mehr war über das Ganze aber nicht herauszufinden. Bob-Marley-Fans werden sich im Babylon (Karte S. 310 f.) und im Heaven Beach (Karte S. 310 f.) wohlfühlen, das immer gut gefüllte Cafe del Sol (Karte S. 310 f.) lockt außerdem mit günstigen Cocktails.

Writer's Club & Wine Bar (Karte S. 310 f.; ☎ 08 1928 2066; 141/3 Th Ratchadamnoen) Der Besitzer der bescheidenen Urlauberbar hat früher als Auslandskorrespondent gearbeitet. Freitagabends versammeln sich hier in informeller Runde Chiang Mais Journalisten und Schriftsteller. Kleine Snacks schaffen die nötige Grundlage für alkoholische Getränke.

UN Irish Pub (Karte S. 310 f.; ☎ 0 5321 4554; 24/1 Th Ratwithi) Die zweistöckige Bar mit Restaurant ist beliebter Backpacker-Treffpunkt, vor allem donnerstags beim Pub-Quiz. Das einzig typisch Irische sind allerdings die trinkfesten Gäste.

John's Place (Place on the Corner; Karte S. 310 f.; Th Moon Muang) Eine weitere urige Kneipe an der Ecke Th Ratchamankha/Soi 2, in der Neonlichter und Bierbäuche den Ton angeben. Die Treppe hoch an den verblassten thailändischen Landschaftspostern vorbei gelangt man auf die Dachterrasse, auf der man sich unter dem Nachthimmel in geselliger Runde vergnügt oder eine Runde „Bier -órng" mitmacht (einer Variation des thailändischen Spiels, bei dem der Jüngste in der Runde dafür verantwortlich ist, die Getränke nachzufüllen).

Pinte Blues Pub (Karte S. 310 f.; 33/6 Th Moon Muang) Vor dem Pub muss man allein deshalb den Hut ziehen, weil es schon so lange im Geschäft ist, obwohl sich das Konzept in den 20 Jahren nie verändert hat: Espresso, Bier und Blues. Das Pinte Blues ist leicht zu übersehen, am besten lässt man sich also von seinem Gehör leiten.

Kafe (Karte S. 310 f.; Th Moon Muang) Die gemütliche Bar neben der Soi 5 wird in der Regel selbst dann von Backpackern und Thais be-

völkert, wenn überall sonst nichts los ist. Das Erfolgsrezept ist simpel: billiges kaltes Bier und effizienter Service.

Khan-Asa (Karte S. 310 f.; ☎ 08 1681 0037; 84 Th Si Phum) Wer zu faul ist, sich auf den Weg zur Th Nimmanhaemin zu machen, aber trotzdem eine kleine Pause vom Backpacker-Dasein braucht, ist im stylishen Khan-Asa an der richtigen Adresse. Es gibt preiswerte thailändische Küche, die das Bier-Budget nicht in Gefahr bringt. Und musikalisch gesehen ist man der Konkurrenz – in Chiang Mai hat man ein seltsames Faible für Phil Collins und Jack Johnson – um Lichtjahre voraus.

Pub (Karte S. 302 f.; ☎ 0 5321 1550; 189 Th Huay Kaew) Das Pub ist in einem Haus im Tudorstil abseits der Straße untergebracht und ist eine echte Institution in Chiang Mai. Hier wurde (mit eher mäßigem Erfolg) versucht, die Atmosphäre einer englischen Dorfkneipe zu imitieren. Bei der freitäglichen Happy Hour versammeln sich alteingesessene Ausländer, die von sich behaupten, noch auf einem Elefantenrücken in die Stadt gekommen zu sein.

Drunken Flower (Karte S. 302 f.; ☎ 0 5389 4210; 28/3 Soi 17, Th Nimmanhaemin) Der Klassiker unter den Bars hat zwar seinen Standort gewechselt, doch die Stammkundschaft – eine Mischung aus Bohemians von der CMU und Ausländern – ist bei der Stange geblieben. In der winzigen Bar herrscht eine urig-intime Atmosphäre, hier hat sicherlich schon mehr als ein partyfreudiger Student sein sauer Erspartes gelassen.

Mix Bar (Karte S. 310 f.; ☎ 0 5399 9999; DusitD2 Chiang Mai, 100 Th Chang Khlan) Lust auf ein wenig Weltstadtflair? Dann verbringt man den Abend am besten in der hippen Cocktailbar des DusitD2, dem krassen Kontrastprogramm zum Nachtmarkt. Am letzten Wochenende jedes Monats finden Schwulenpartys statt.

NimMahn Bar (Karte S. 302 f.; Th Nimmanhaemin) Früher hat man sich in der Open-Air-Bar für den Warm-Up Club (S. 349) in Stimmung gebracht. Seit in den klimatisierten Clubs Rauchverbot herrscht, hat es sich allerdings zu einem beliebten Rauchertreff entwickelt.

Glass Onion (Karte S. 302 f.; ☎ 0 5321 8479; Rooms Boutique Mall, Th Nimmanhaemin) Etwas versteckt an anderen Ende der Straße liegt diese kleine Lounge-Bar im Stil der 1960er-Jahre. Während die ausgelassene Partymeute in den Clubs in der Th Nimmanhaemin das Tanzbein schwingt, geht es hier bei Cocktails und gepflegten Unterhaltungen gesitteter zu. Die

Bar hat zudem in der Schwulenszene einen guten Ruf.

UNTERHALTUNG
Livemusik

Riverside Bar & Restaurant (Karte S. 310 f.; ☎ 0 5324 3239; 9–11 Th Charoenrat) Das Riverside ist mit seiner tollen Lage direkt am Mae Ping eine der altgedientesten Livemusikbars in Chiang Mai. Hier machen Coverbands, bestehend aus gealterten einheimischen Hippies, die Bühne unsicher und beschallen die Gäste mit dem typischen Repertoire an klassischem Rock. Die Bar ist das perfekte Gegenprogramm für Elektromusik-Geschädigte.

Good View (Karte S. 310 f.; ☎ 0 5324 1866; 13 Th Charoenrat) Wem es im Riverside zu rustikal zugeht, der ist im Good View nebenan gut aufgehoben – das Musikprogramm ist etwas abwechslungsreicher und moderner.

Le Brasserie (Karte S. 310 f.; ☎ 0 5324 1665; 37 Th Charoenrat; 🕑 23.15–1 Uhr) Das beliebte Le Brasserie befindet sich nördlich der am Fluss gelegenen Restaurants und ist immer gut gefüllt mit Fans des Gitarristen Took. Legendäre Rock- und Bluesrythmen geben hier den Ton an. In der Bar oder hinterhinaus beim Fluss kann man außerdem Essen bestellen.

Tha Chang Gallery (Karte S. 310 f.; Th Charoenrat) In der winzigen Musikbar direkt neben dem Restaurant Gallery finden abends tolle Jazz- und Bluskonzerte statt. Zum Zeitpunkt der Recherchen war die Bar gerade wegen Umbaus geschlossen.

North Gate Jazz Co-Op (Karte S. 310 f.; Th Si Phum) Der gemütliche Jazzclub ist vor allem in Musikerkreisen sehr beliebt, besonders wegen der Open-Mic-Night, die dienstags stattfindet.

Sudsanan (Karte S. 302 f.; ☎ 08 5038 0764; Th Huay Kaew) Eine Zufahrtsstraße hinunter schräg gegenüber dem Kad Suan Kaew stößt man auf das Sudsanan, das in einem einladenden Holzhaus untergebracht ist und viel lokales Flair versprüht. Langhaarige Thais und Zugewanderte (die wissen wie ein Stehklo funktioniert) lauschen hier versierten akustischen Darbietungen, die von Samba bis hin zu *pleng pêu·a chee·wít* (Lieder fürs Leben) reichen. Bei besonders rührseligen Liedern wird schon mal die ein oder andere Träne verdrückt.

Clubs

Warm-Up (Karte S. 302 f.; ☎ 0 5340 0676; 40 Th Nimmanhaemin) Im Warm-Up, dem Dauerbrenner tanzverrückter Party-People, ist für jeden

KULINARISCHE MARKTFREUDEN

Auf Chiang Mais überdachten Essens- und Lebensmittelmärkten gibt es alles, was das hungrige Marktliebhaberherz begehrt, von den Frühstücksnudeln über den Mittagssnack bis zur abendlichen Suppe. Außerdem wird hier der typisch thailändische Snack *man gâa·ou* verkauft, eine geröstete eichelähnliche Nuss, die am Ende der Regenzeit geerntet wird.

Talat Somphet (Karte S. 310 f.; Soi 6, Th Moon Muang; 🕑 6–18 Uhr) Auf dem Markt nördlich der Kreuzung Th Ratwithit bekommt man alle Zutaten für ein thailändisches Menü, z. B. vorgekochte Currygerichte, Süßes und Früchte. Viele der Kochschulen machen hier ihre Markttouren. Leider hat die Nähe zum touristischen Zentrum die Obsthändler zu ziemlich hohen Preisen inspiriert.

Talat Pratu Chiang Mai (Karte S. 310 f.; Th Bamrungburi; 🕑 4–12 & 18–24 Uhr) Schon am frühen Morgen versorgt der Markt die Stadt mit Lebensmitteln und vorgekochten Gerichten. Wer den Mönchen huldigen möchte, sollte früh aufstehen, denn dann trifft man auf eine Frau, die vorgefertigte Essensspenden (20 B) verkauft und das entsprechende Ritual erklärt. Gegen Mittag geht es zunächst ruhiger zu, bevor gegen Abend wieder Fahrt aufgenommen wird: Dann öffnet auf der anderen Seite ein großer und immer gut besuchter Nachtmarkt seine Pforten.

Talat Thanin (Karte S. 302 f.; abseits der Th Chang Pheuak; 🕑 5 Uhr–früher Abend) Auf dem Talat Thanin, der wohl zu den ordentlichsten Märkten ganz Thailands gehört, geht es effizient und sauber zu. Die Fleischverkäufer haben – zur Freude sensibler Mägen – ihren eigenen verglasten Bereich. Die Gemüse- und Obststände sind wunderschön in Tropen-Manier arrangiert. In der Sektion für fertige Gerichte trifft man auf Chiang Mais neueste kulinarische Trends: Sushi und *fahin*-Salat (eine Salatbar nach thailändischem Stil, u. a. gibt's Tapioca). Weiter innen, im überdachten Essensbereich, hat man die Wahl zwischen nach Wunsch zubereiteten Nudel- und Wokgerichten.

Talat Warorot (Karte S. 310 f.; Th Chang Moi; 🕑 6–17 Uhr) Dank der günstigen Preise für Küchenutensilien ist auf dem „großen Markt" (so die Übersetzung) immer noch eine Schüssel Nudeln drin, die in der Haupthalle des inneren Gebäudes serviert wird. Auf dem Nachtmarkt kann man nach Einbruch der Dunkelheit günstig und direkt am Fluss speisen.

Talat Ton Phayom (Karte S. 302 f.; Th Suthep) Der **Talat Ton Phayom** ist sowohl lokaler Markt als auch beliebter Souvenirstopp für thailändische Touristen aus anderen Provinzen. Im immer gut gefüllten Essensbereich gibt es jede Menge kulinarische Geschenke zu erstehen (etwa Tüten mit *kâap mŏo* oder *sâi òo·a*), die eine Reise nach Chiang Mai erst richtig abrunden. Da Studenten der CMU einen Großteil der Kundschaft ausmachen, sind die Preise recht niedrig.

---

etwas dabei. Im Innenhof gibt es einen Sitzbereich, in dem man sich von der Hüpferei erholen kann. Auf den voneinander abgetrennten Tanzflächen bedienen die DJs verschiedene Musikrichtungen, von Lounge und Breakbeats bis hin zu Rock. Wer jung und angesagt ist, wirft sich hier in seine coolsten Klamotten – momentan gehören Röhrenjeans, stylishe Punkfrisuren und Highheels zum neuesten Trend. Allerdings trifft man hier auch junggebliebene *fa·ràngs* und ab und an spielen thailändische Bands.

Monkey Club (Karte S. 302 f.; ☎ 0 5322 699 / ; Soi 9, Th Nimmanhaemin) Im Monkey Club kann man nicht nur speisen, sondern auch tanzen. Hier tummeln sich thailändische Studenten und auch ein paar Ausländer, die es sich entweder im Gartenbereich gemütlich machen oder sich in der komplett verglasten strahlend weißen Clubbar vergnügen. Für Nachtschwärmer eine gute Alternative zum Warm-Up.

Discovery (Karte S. 302 f.; ☎ 0 5340 4708; 12 Th Huay Kaew) Um hier Spaß zu haben, muss man nicht hip sein. Der Club ist groß, laut und ziemlich vergammelt – die perfekte Mischung, um sich unter die tanzende Meute zu begeben. Das Discovery befindet sich gegenüber vom Kad Suan Kaew.

Bubbles (Karte S. 310 f.; Pornping Tower Hotel, Th Charoen Prathet). Das Bubbles ist zwar etwas schäbig, bei Ravern und anderen Partygängern jedoch gleichermaßen beliebt. Auf der Tanzfläche geben neben den vielen Touristen auch ein paar Profitänzer ihre Künste zum Besten.

Spicy (Karte S. 310 f.; Th Chaiyaphum; 🕑 21–5Uhr) Wenn alle anderen Clubs bereits geschlossen haben, zieht es die Partymeute ins Spicy in der Nähe des Pratu Tha Phae. Der Laden ist zwar ziemlich heruntergekommen, eignet sich aber um 2 Uhr jedoch ganz gut dazu, eine durchfeierte Nacht ausklingen zu lassen. Ganz in der Nähe

gibt es außerdem einen fahrbaren Cocktailstand für die ewigen Nachtschwärmer.

Kinos

Im **Major Cineplex** (Karte S. 302 f.; ☎ 0 5328 3939; Central Airport Plaza, 2 Th Mahidol; Tickets 80–160 B) und im **Vista Movie Theatre** (Karte S. 302 f.; Kad Suan Kaew Shopping Centre, Th Huay Kaew; Tickets 70–90 B) werden mittelmäßige Hollywoodstreifen und unter jungen Thais angesagte Teenagerfilme gezeigt.

Chiang Mai University Art & Culture Center (Karte S. 302 f.; Faculty of Media Art & Design; Eintritt frei; ☉ So 18.30 Uhr) Kultur pur gibt's hingegen bei den wöchentlichen Filmvorführungen an der Uni; meist werden hier ausländische Filme gezeigt, die manchmal in Themenabende eingebunden sind. Die Vorführungen finden im Audimax statt, der Eintritt ist frei.

Thai-Boxen

Thapae Boxing Stadium (Karte S. 310 f.; ☎ 08 6187 7655; Th Moon Muang; Eintritt 400 B; ☉ Do 21 Uhr) Das Stadion befindet sich im Herzen der Backpacker-Szene und die Vorführungen inklusive künstlerischer Einlagen richten sich an ein ausländisches Publikum.

Kawila Boxing Stadium (Karte S. 302 f.; abseits der Th Charoen Muang; Eintritt 600 B; ☉ Mi & Fr 20 Uhr) Das Stadion in der Nähe des Talat San Pakoy unterhält mit seinen *moo·ay tai*-Vorführungen (manchmal auch *muay thai* geschrieben) vorwiegend einheimisches Publikum.

SHOPPEN

Chiang Mai ist Thailands Handwerkszentrum und als solches von kleinen Manufakturen und Werkstätten umgeben. Ähnlich wie Bali und Kathmandu liegt die Stadt außerdem an einer viel genutzten Handelsroute, weshalb man hier Textilien und Antiquitäten aus kleinen Dörfern in Laos, Südchina, Myanmar und Vietnam findet. Vor noch etwa 20 Jahren verkauften die Dorfbewohner selbst die alten Kunstgegenständen und Textilien aus den Bergdörfern auf Märkten in und um Chiang Mai, inzwischen aber haben sich professionelle Händler der Schätze angenommen. Auch das Angebot der Antiquitätenmärkte hat sich stark verändert. Die meisten thailändischen Antiquitäten befinden sich heute in privaten Sammlungen und mittlerweile haben sich antike Möbel aus Birma ihren Platz eingenommen.

In der Stadt gibt es mehrere gute Einkaufsgegenden: den Nachtmarkt von Chiang Mai (S. 354) östlich der Altstadt, den Samstags-Straßenmarkt auf der Th Wualai (S. 318) und den Sonntags-Straßenmarkt auf der Th Ratchadamnoen (S. 314). Wer sich für Kunsthandwerk aus den Bergdörfern interessiert, ist östlich der Altstadt auf der Th Tha Phae an der richtigen Adresse. Die Th Chang Moi Kao ist die Buchladenmeile der Stadt (s. S. 306). Und in der Th Nimmanhaemin westlich der Altstadt bei der CMU gibt es ein paar moderne Boutiquen, die bei trendbewussten Thais hoch im Kurs stehen.

Vor den Toren der Stadt in südlicher und östlicher Richtung liegen einige Dörfer, die sich mit Kunsthandwerk einen Namen gemacht haben. Hang Dong (S. 367) ist für seine schönen Möbel bekannt. In San Kampaeng und Bo Sang (S. 366) findet man alles andere rund ums Kunsthandwerk.

Altstadt

Mengrai Kilns (Karte S. 310 f.; ☎ 0 5327 2063; www.mengraikilns.com; 79/2 Th Arak) Das Mengrai Kilns in der südwestlichen Ecke des inneren Stadtgrabens hat sich auf alte Seladon-Traditionen spezialisiert.

HQ Paper Maker (Karte S. 310 f.; ☎ 0 5381 4717; www.hqartgallery.com; 3/31 Th Samlan) Der kleine Laden vertreibt in erster Linie Kunstdruckpapier, daneben wird aber auch eine kunsthandwerkliche Spezialität Chiang Mais verkauft: handgefertigtes Maulbeerbaumpapier (*săh*). Es gibt verschiedene Farben und Designs, darunter eine Variante, die mit dem thailändischen Alphabet bedruckt ist. Außerdem sind Bilder und Holzschnitte lokaler Künstler ausgestellt, die mit dem raufasrigen Papier arbeiten.

Herb Basics (Karte S. 310 f.; ☎ 0 5341 8289; Th Ratchadamnoen; ☉ Mo–Sa 9–18, So 14–21 Uhr) All die wohlriechenden Produkte wie Lippenbalsam, Seife und Shampoo – alle auf pflanzlicher Basis hergestellt – kommen aus Chiang Mai.

Östlich der Altstadt

Die meisten Geschäfte entlang der Th Tha Phae öffnen um 9 Uhr.

Elements (Red Ruby; Karte S. 310 f.; ☎ 0 5325 1750; 400–402 Th Tha Phae) Das Elements neben dem Roong Ruang Hotel hat bestickte Taschen, bunten Schmuck und verschiedenen anderen Krimskrams im Angebot.

Angel (Karte S. 310 f.; ☎ 0 5323 2651; 370 Th Tha Phae; ☉ 10–18 Uhr) Thailand hat seinen Ruf als Hersteller fein gearbeiteten Silberhandwerks nicht zu Unrecht: Hier wird echter Silberschmuck in modernen Designs verkauft.

PROVINZ CHIANG MAI

Nova (Karte S. 310 f.; ☎ 0 5327 3058; www.nova-collection.com; 201 Th Tha Phae; ◷ Mo–Sa 9–20.30, So 12.30–20.30 Uhr) Das Nova fertigt von Hand moderen qualitativ hochwertigen Schmuck. In den verschiedenen Ringen, Anhängern und Ohrringen werden Silber, Gold und Edelsteine verarbeitet. Auf Wunsch werden die kleinen Kunstwerke, derer sich keine Braut schämen muss, auch individuell angefertigt.

Lost Heavens (Karte S. 310 f.; ☎ 0 5325 1557; 228–234 Th Tha Phae; ◷ 10–18 Uhr) Das Geschäft hat sich auf hochwertige Stammeskunst spezialisiert, darunter Textilien, Teppiche und Antiquitäten sowie rituelle Artefakte vom Stamm der Yao (auch als Mien bekannt).

Kesorn (Karte S. 310 f.; ☎ 0 5387 4325; 154–156 Th Tha Phae) Der vollgestopfte Laden handelt schon seit Jahren mit Antiquitäten und steht bei Sammlern hoch im Kurs. Der Fokus liegt auf Textilien, Glasperlen und Kunsthandwerk von den Bergvölkern; das neueste Steckenpferd des Besitzers sind jedoch auf Stoff gedruckte Schutztätowierungen (sàk yan), auf denen Symbole der Tierkreiszeichen und der Numerologie ihre Wirkung entfalten sollen.

Sun Gallery (Karte S. 310 f.; ☎ 0 5387 4028; 86–88 Th Tha Phae) Na Chanok Siemmai (Spitzname „Sun") leitet die einladende Kunstgalerie, in der man kein kauffreudiger Sammler sein muss, um sich in Ruhe umsehen zu können. Die Werke – von Abstraktem bis hin zu 3-D-Collagen – stammen von ihm selbst oder von befreundeten Künstlern. Für Anhänger kleinformatiger Kunst gibt's Fotopostkarten.

Siam Celadon (Karte S. 310 f.; ☎ 0 5324 3518; 158 Th Tha Pae) Das renommierte Unternehmen verkauft in einem hübschen Teakholzgebäude kunstvolle glasierte Seladon-Keramik. Im angeschlossenen Teehaus (S. 344) lässt sich das viktorianisch anmutende Ambiente bei einer Tasse echtem englischen Tee noch ein bisschen länger genießen.

Gong's Shop (Karte S. 310 f.; ☎ 0 5323 3235; Th Wichayanon) In dem tropischen Klima kann man nie genug leichte Leinenklamotten haben. Da es im Gong's Größen für Europäer gibt, können auch längere Zeitgenossen zuschlagen.

Under the Bo (Karte S. 310 f.; ☎ 0 5381 8831; Gebäude des Chiang-Mai-Nachtbasar, Th Chang Khlan) In dem Inneneinrichtungsgeschäft findet man einzigartige Werke der Stammeskunst, darunter Möbel, Figuren aus Holz und Bronze, Holzschnitzereien und Webhandwerk. Im Einkaufszentrum Kad Farang auf der Straße nach Hang Dong gibt's eine zweite Filiale.

KukWan Gallery (Karte S. 310 f.; ☎ 0 5320 6747; 37 Th Loi Kroh) Das charmante Teakholzgebäude etwas abseits der Straße hat meterweise naturbelassene Baumwolle und Seide auf Lager; die Schals, Bettwäsche und Tischtücher in dezenten Farben eignen sich hervorragend als Mitbringsel.

Pantip Plaza (Karte S. 310 f.; Th Chang Khlan) In dem schicken Einkaufszentrum in der Nähe des Nachtbasars geht es etwas geordneter und offizieller zu als in seinem Namensvetter in Bangkok. Lizenzierte Händler bieten Elektroartikel wie Computer und Kameras zum Verkauf an, Verkäufer von Raubkopien sind dagegen weit und breit nicht zu sehen.

Am Flussufer

La Luna Gallery (Karte S. 310 f.; ☎ 0 5330 6678; www.lalunagallery.com; 190 Th Charoenrat) In der anspruchsvollen Galerie, die in einem der alten Shophouses am östlichen Flussufer zu Hause ist, wird eine feine Auswahl an Werken aufstrebender südostasiatischer Künstler ausgestellt. Manche Bilder greifen soziale Themen auf und erlauben dem Betrachter zudem Einblicke in verschiedene regionale Stilrichtungen. Außerdem gibt's leicht transportierbare Kunst zum Mitnehmen: In dem Kunstkalender sind jeden Monat Werk und Biographie eines anderen Künstlers dargestellt.

Vila Cini (Karte S. 310 f.; ☎ 0 5324 6246; www.vilacini.com; 30–34 Th Charoenrat) In der Villa Cini werden hochwertige manuell gefertigte Seide- und Baumwolltextilien verkauft, die an die Marke Jim Thompson erinnern. Eigentliches Highlight ist jedoch das atmosphärische Ambiente; das Geschäft ist in einem wunderschönen Teakholzhaus mit Marmorböden und einem schmalen, wackeligen Treppenaufgang untergebracht, der in einen Innenhof führt.

Sop Moei Arts (☎ 0 5332 8143; www.sopmoeiarts.com; 150/10 Th Charoenrat) Das Sop Moei Arts sticht aus den vielen Geschäften heraus, die Kunsthandwerk der Bergvölker verkaufen, es ist doch dem traditionellen Handwerk der Pwo Karen, einem Bergvolk aus der Provinz Mae Hong Son, ein modernes Design verpasst. Die Besitzer haben mit der Zusammenarbeit vor ca. 30 Jahren im Rahmen eines Gesundheitsprojekts begonnen – seitdem sind die Handwerkstraditionen des Webens und Korbflechtens zu einem wirtschaftlichen Entwicklungsprojekt geworden (über 60 % des Reinerlöses gehen an das Dorf, der Gewinn fließt in ein Stipendienprogramm).

Thai Tribal Crafts (Karte S. 310 f.; ☎ 0 5324 1043; 208 Th Bamrungrat) In dem Laden in der Nähe des McCormick Hospital sind kunstvoll verzierte Handarbeiten verschiedener Bergvölker zu bewundern. Im Thai Tribal Crafts haben die Künstler selbst das Sagen, außerdem gelten Fairtrade-Prinzipien.

Südlich der Altstadt

Die historische Th Wualai südlich des Pratu Chiang Mai ist für ihre Silberschmieden bekannt (Karte S. 310 f.).

Central Airport Plaza (Karte S. 302 f.; Th Mahidon) Das Einkaufszentrum gehört zu einem Robinson-Warenhaus und ist, verglichen mit dem Kad Suan Kaew (unten), mit seiner großen Auswahl an internationalen Marken und der gehobeneren Klientel etwas schicker. Im Northern Village in der zweiten Etage werden hochwertige Souvenirs zu Fixpreisen verkauft.

Seide und Kleider von der Stange sind lohnende Investitionen.

Westlich der Altstadt

Die Th Nimmanhaemin in der Nähe der Chiang Mai University gilt als Trendviertel Chiang Mais. Hier gibt es mehrere Einkaufszentren mit schicken Klamottenläden und Geschenkläden. Ein Muss sind die Läden in der Soi 1 abseits der Th Nimmanhaemin, in denen Kunst und Handwerk verkauft wird; zudem findet hier im Dezember ein Kunst- und Designfestival statt. Die Geschäfte in der Gegend öffnen zwischen 10 und 11 Uhr.

Kad Suan Kaew Shopping Centre (Karte S. 302 f.; Th Huay Kaew; ☉ 10–21.30 Uhr) Das klimatisierte Einkaufsparadies lockt vor allem mit dem Central Department, das seine Hauptfiliale in Bangkok hat. Im Tops Marketplace gibt's westliche Lebensmittel, Mobiltelefone und

EIN ORT FÜR KÜNSTLER

„Erwarte dir nicht zu viel von *The Land,* viel gibt es dort nicht zu sehen", waren Ajahn Kamin Lertchaipraserts warnende Worte, als wir auf der *klorng* zu dem Stück Land unterwegs waren, das seit 1998 Schauplatz eines einzigartigen thailändischen Kunstexperiments ist. Tatsächlich handelt es sich um ein unscheinbares kleines Reisfeld, das von einem Bauer und seinen zwei Wasserbüffeln bewirtschaftet wird. Es gibt weder Strom noch fließendes Wasser. Man sieht keine Ausstellungsflächen oder großartige Kunstwerke, nur ein paar offene Hütten auf Stelzen und einen *sala* mit einer wellenförmigen Tür. Doch um real sichtbare Ergebnisse geht es bei dem Projekt auch gar nicht.

„Dieser Ort ist weder eine Galerie noch ein Unterrichtsraum", schrieb Ajahn Kamin 2005 nach Beendigung eines der sogenannten One Year Projects, auf ein Jahr angelegte gemeinschaftliche Wohnprojekte. Alle zwei bis drei Jahre kommen Teilnehmer aus der ganzen Welt, um auf „The Land" zu leben und sich an den Meditations-Workshops und Diskussionen über Kunst zu beteiligen. Einige der teilnehmenden Künstler haben architektonische Projekte verwirklicht. Ein paar der Stücke sind immer noch brauchbar, andere purer Schrott. „Es ist ein Experiment des Lebens. Die Künstler können hier machen, was sie möchten", sagt Ajahn Kamin. Die Künstler, die inspiriert von *The Land* Kunstwerke geschaffen haben, organisieren hinterher Wanderausstellungen in Chiang Mai und verschiedenen Galerien in Bangkok.

„Mein Partner und ich hatten bei dem Experiment drei zentrale Elemente im Kopf: natürliches Landleben, *vipassana*-Meditation und künstlerische Zusammenarbeit", erklärt er. „Niemand besitzt *The Land.* Ich habe lediglich dabei geholfen, dem Land Leben einzuhauchen, doch inzwischen hat es ein Eigenleben entwickelt." Da Ajahn Kamin heute ein viel gefragter Künstler ist, hat er die Leitung an eine Gruppe ehemaliger Studenten übertragen, die bei ihm an der CMU gelernt haben. „Sie kümmern sich gemeinschaftlich um *The Land.* Es gibt keine einzelne Person, die alleine das Sagen hat." So erklärt er einen weiteren fundamentalen Bestandteil des Lebens auf *The Land,* der auf dem buddhistischen Leitsatz beruht, das eigene Ego zurückzustellen.

In vielerlei Hinsicht ist *The Land* die künstlerische Version eines thailändischen Tempels: Kunstprojekt wie Stätte zur Andacht stehen jedem offen. Menschen kommen her, um zu interagieren – sei es durch Meditation, den Austausch von Ideen oder indem sie den Ort mit Projekten und ihrer kreativen Energie bereichern. „Dann geht es also um den Prozess und nicht um das Produkt?" frage ich ihn. „Du sprichst wie ein echter Künstler", antwortet er in waschechter thailändischer Höflichkeitsmanier.

Zubehör im Obergeschoss, Kleiderboutiquen findet man unten. Abends ist das Kad Suan Kaew ein beliebter Studententreff, donnerstags und freitags postieren sich draußen kleinere Verkaufsstände.

Hill-Tribe Products Promotion Centre (Karte S. 302 f.; ☎ 0 5327 7743; 21/17 Th Suthep) In dem vom Königshaus finanzierten gemeinnützigen Projekt werden handgemachtes Kunsthandwerk und Souvenirs von den Bergvölkern verkauft. Die bestickten Puppen und kleinen Geldbeutel geben tolle Mitbringsel für die Nichten zu Hause ab. Die gesamten Gewinne fließen in ein Förderprogramm für Bergvölker.

Sipsong Panna (Karte S. 302 f.; ☎ 0 5321 6096; Nantawan Arcade, 6/19 Th Nimmanhaemin) In dem schicken Laden gegenüber dem Amari Rincome Hotel gibt es Schmuck aus Thailand, Laos, Myanmar und Südwestchina.

Srisanpanmai (Karte S. 302 f.; ☎ 0 5389 4717; 6 Soi 1, Th Nimmanhaemin) Wenn ein Ausflug ins Sbun-Nga-Textilmuseum (S. 319) einen bleibenden Eindruck hinterlassen hat, wird man sich hier wohlfühlen; in den Schaukästen des Textilgeschäftes sind die verschiedensten Lanna-Gewänder ausgestellt. Das Srisanpanmai hat sich auf die Herstellung von Seidengewändern nach alter Tradition spezialisiert; das Repertoire reicht von den farbenprächtigen Regenbogenmustern aus Birma bis hin zu den weiten Kleidern im Chiang-Mai-Stil.

Adorn with Studio Naenna (Karte S. 302 f.; ☎ 0 5389 5136; 22 Soi 1, Th Nimmanhaemin) Die sanften Farben der biologisch gefärbten Seide und Baumwolle scheinen von der Berglandschaft inspiriert. Herstellung und Verkauf der Stoffe sind Teil eines Bergvolkprojekts, das von Patricia Cheeseman ins Leben gerufen wurde. Die Expertin für Stoffe aus Laos und Thailand hat bereits Bücher zu dem Thema veröffentlicht. Das in Chiang Mai liegende Adorn ist der Laden, außerhalb der Stadt kann man sich im Studio (unten) den Herstellungsprozess angucken.

Studio Naenna (Karte S. 302 f.; ☎ 0 5322 6042; www.studio-naenna.com; 138/8 Soi Chang Khian, Th Huay Kaew) Wenn einen bereits das Adorn beeindruckt hat, kann man sich im Studio Naenna außerhalb der Stadt noch ein viel besseres Bild von der Genossenschaft machen.

Shinawatra (Karte S. 302 f.; ☎ 0 5322 1638; www.shinawatrathaisilk.co.th; 16 Th Huay Kaew) Der altehrwürdige Familienbetrieb hatte sich schon einen Namen als Seidengeschäft gemacht, bevor Thaksin Shinawatra, der Neffe der Besitzer, viel umstrittener Premierminister wurde. Farben und Design sind für den ausländischen Geschmack etwas altbacken, zum Bürgermeister Chiang Mais mögen diese schon eher passen.

Classic Model (Karte S. 302 f.; ☎ 0 5321 6810; 95/22 Th Nimmanhaemin) Gewagte geometrische Schnitte sind charakteristisch für das Kleiderlabel des Modedesigners Sumate Phunkaew, der aus Nan stammt. Die Erfolgsstory vom Jungen aus der Provinz hat zwar was für sich, die Kleider dagegen sind mehr als gewöhnungsbedürftig. Wer lange genug sucht, mag vielleicht irgendwann etwas Akzeptables finden.

Koland (Karte S. 302 f.; ☎ 0 5321 4715; Soi 1, Th Nimmanhaemin) Im hippsten Laden der Gegend werden lokale Keramikarbeiten und kitschige Kunst aus China verkauft.

PROVINZ CHIANG MAI

HANDEL BEI NACHT

Der **Chiang-Mai-Nachtbasar** (Karte S. 310 f.; Th Chang Khlan; 🕒 19–24 Uhr) ist besonders für Familien eine der Hauptattraktionen der Stadt zu fortgerückter Stunde und außerdem das moderne Erbe der Handelskarawanen Yunnans, die hier auf der alten Route zwischen Simao in China und Mawlamyaing am Golf von Martaban an der birmanischen Küste einst Station machten. Heute werden auf dem Nachtbasar die üblichen Touri-Souvenirs verkauft, die man in ähnlicher Form auch auf Bangkoks Straßenmärkten findet. Die Marktstände reihen sich auf dem Fußgängerweg auf der Th Chang Khlan über die Th Tha Phae bis zur Th Loi Kroh auf. Dazwischen stehen verschiedene Gebäude mit Geschäften, die vornehmlich Antiquitäten und Kunsthandwerk verkaufen. Auf der anderen Straßenseite werden auf dem Galare-Nachtbasar elegante Kleider und Einrichtungsdekor verkauft. Hinter den verschiedenen Läden befindet sich das Galare Food Centre (S. 343). Auf dem Anusan-Markt geht es weniger klaustrophobisch zu; hier werden Strickmützen, geschnitzte Seifenstücke und verschiedene Baumwollprodukte angeboten. Im Inneren des Marktes befindet sich das Anusan Food Centre (S. 343). Weder Qualität noch die Preise können wirklich überzeugen, doch Vielfalt und Menge der angebotenen Waren sind ziemlich beeindruckend. Und man benötigt ein gute Portion Geschick und Geduld, um sich hier durchzukämpfen.

SHOPPEN FÜR EINEN GUTEN ZWECK

Chiang Mai ist in gewissem Sinne Thailands Gewissen. Die Stadt ist eine Art Auffangbecken für Einwanderer aus Birma und den Bergdörfern, die ohne eine thailändische Staatsbürgerschaft kaum Zugang zu Bildung, gut bezahlten Jobs und medizinischer Versorgung haben. Die schwierige Situation dieser Menschen hat viele Mitbürger dazu veranlasst, nicht mehr nur Mitleid zu empfinden, sondern zur Tat zu schreiten; so gibt es eine Vielzahl von NGOs, die den Einwanderern bei Ausbildung und Jobsuche unter die Arme greifen.

In der **Dek Gallery** (Karte S. 310 f.; ☎ 08 9859 6683; Th Samlan) werden Handwerksarbeiten von Straßenkindern verkauft, die von den Children Development Foundation gefördert werden. Die private Organisation leitet ein Waisenhaus und Ausbildungsprogramme für Kinder, die kein Zuhause haben. Der Gewinn aus den Verkäufen fließt zum Teil direkt an die jungen Künstler, zum Teil in die Ausbildungsprogramme und künftige Projekte.

Oder wie wär's mit einer ganz neuen Idee wie einem Geschenk, das man nicht mit nach Hause nehmen muss? Im **Freedom Wheel Chairs Workshop** (Karte S. 310 f.; ☎ 0 5321 3941; www.freedomwheel chairs.org; 133/1 Th Ratchaphakhinai) kann man einen Rollstuhl kaufen (9500 B), der dann einer behinderten Person gestiftet wird, die nicht über das nötige Geld verfügt, um sich selbst einen zu kaufen. In dem Workshop, den eine von einer Polio-Erkrankung genese Thailänderin und deren Mann leiten, werden Rollstühle und andere Mobilitätshilfen für Körperbehinderte angepasst und verkauft.

Mit viel Stil etwas Gutes tun kann im Studio Naenna (S. 354). In dem Verkaufsraum in der Stadt kann man Webarbeiten eines Dorfprojektes erstehen, das jungen Frauen des Distrikts Chom-Thong in der Provinz Chiang Mai die Möglichkeit gibt, ein wirtschaftlich unabhängiges Leben zu führen, ohne dabei in die Stadt ziehen und damit ihre Familien verlassen zu müssen. Außerdem werden traditionelle Webtechniken am Leben gehalten. Und durch die Verwendung organischer Stoffe und Färbemittel wird auf eine umweltfreundliche Herstellung geachtet.

In der Stadt gibt es noch weitere Verkaufsräume für Erzeugnisse aus ähnlichen Projekten, z. B. die Kukwan Gallery (S. 352), das Sop Moei Arts (S. 352), das Thai Tribal Crafts (S. 353) und das Hill-Tribe Products Promotion Centre (S. 354).

Kachama (Karte S. 302 f.; ☎ 0 5321 8495; www. kachama.com; Soi 1, Th Nimmanhaemin) Wer Stoffe zum Aufhängen und nicht zum Anziehen sucht, ist im schicken Kachama an der richtigen Adresse; die Wandvorhänge werden mittels traditioneller Webtechniken hergestellt.

Gongdee Gallery (Karte S. 302 f.; ☎ 0 5322 2230; 30 Soi 1, Th Nimmanhaemin) Das Gongdee hat einen der größten Ausstellungsräume in der Gegend und ist das Sprungbrett für junge talentierte Künstler. Hier gibt's einen bunten Mix aus Wohnkultur, Möbeln und Gemälden. Besonders eindrucksvoll sind die ikonenähnlichen Buddhas und Altare, die von Barinya, einem Künstler aus Chiang Mai, bemalt wurden.

Suriyam Chandra (Karte S. 302 f.; ☎ 0 5322 7480; www.suriyanchandra.com; Soi 1, Th Nimmanhaemin) Der gleichnamige Künstler entwirft putzige Terrakotta-Figürchen beleibter thailändischer Damen ganz in der Tradition des Kolumbianers Fernando Botero.

Aka (Karte S. 302 f.; ☎ 0 5389 9425; www.aka-aka.com; Soi 1, Th Nimmanhaemin) Der thailändische Künstler Eakrit Pradisuwana gibt seinen kunstvollen Möbeln und Einrichtungsgegenständen ein modern-asiatisches Design. Die Möbel sind schick und minimalistisch, haben dabei jedoch den gewissen fernöstlichen Touch.

Chabaa (Karte S. 302 f.; www.atchabaa.com; Nimman Promenade, 14/32 Th Nimmanhaemin) Im Chabba gibt's die passende Mode zur Putumayo-Musik – das ist internationaler Ethno-Schick. Zur Angebotspalette gehören farbenprächtige bestickte Oberteile und Röcke sowie auffällige Schmuckdesigns.

Ginger (Karte S. 302 f.; ☎ 0 5321 5635; 6/21 Th Nimmanhaemin) Wer auf der Suche nach etwas Ausgehtauglichem ist, könnte im nicht ganz billigen Ginger mit seinen schimmernden Kleidern, funkelnden Pantoletten, farbenfrohen Accessoires und seinem märchenhaften Schmuck fündig werden. Im dritten Stock befindet sich der Verkaufsraum.

AN- & WEITERREISE
Bus

Das **Arcade Bus Terminal** (Karte S. 302 f.; ☎ 0 5324 2664; Th Kaew Nawarat), Chiang Mais Fernbusbahnhof, liegt etwa 3 km von der Altstadt entfernt. Von der Innenstadt aus sollte eine Fahrt hierher

mit dem Tuk-Tuk oder Songthaeo nicht mehr als 40 bis 60 B kosten.

Von Chiang Mais Arcade Bus Terminal aus verkehren zwischen 7 und 10. 30 Uhr und zwischen 19 und 21 Uhr stündlich Busse nach Bangkok. Green Bus Thailand, der größte Anbieter im Arcade Terminal, fährt zwischen 7 bis 16 Uhr stündlich Chiang Rai an. Busse nach Mae Sai, Mae Sot und Chiang Saen verkehren zweimal täglich. Von 6.30 bis 17. 30 Uhr fahren außerdem regelmäßig Busse über Phayao nach Chiang Khong, von 6.30 bis 18.30 Uhr stündlich nach Lampang, Phrae und Nan.

Tickets nach Pai, Mae Hong Son und Mae Sariang gibt's am Schalter hinter dem Hauptterminal. Zwischen 12 und 20 Uhr fahren täglich fünf Busse nach Udon Thani.

Die verlässlichsten Anbieter ab/nach Bangkok fahren Bangkoks Busbahnhof Mo Chit an. Busunternehmen, die Bangkoks Touristenzentren wie die Th Khao San bedienen, sind nicht zu empfehlen – sie versprechen meistens viel und halten wenig. Ungeheuerlichstes Beispiel dafür ist ein Vorfall im November 2008, als Fahrer und Personal, die von einem Reiseveranstalter auf der Khao San für die Strecke Bangkok-Chiang Mai angeheuert wurden, den Passagieren Wertgegenstände im Wert von 150 000 B abnahmen und dann irgendwo vor Ayutthaya Bus und Traveller sich selbst überließen.

Busse, die Ziele innerhalb der Provinz Chiang Mai anfahren, starten im **Chang Pheuak Bus Terminal** (Karte S. 310 f.; ☎ 0 5321 1586; Th Chang Pheuak) nördlich der Altstadt; eine Fahrt mit dem Songthaeo hierher sollte etwa 20 B kosten. Vom Chang Pheuak Terminal verkehren u. a. Busse nach Chiang Dao (50 B, 1½ Std., alle 30 Min.), Chom Thong (41 B, 2 Std., alle 20 Min.), Fang (105 B, 3 Std., alle 30 Min.), Hang Dong (15 B, 30 Min., alle 20 Min.) und Tha Ton (115 B, 4 Std., alle 2 Std.).

Außerdem gibt es eine Songthaeo-Haltestelle auf der Th Praisani zwischen dem Talat Warorot und dem Mae Ping, von der aus man nahegelegene Städte wie Lamphun, Bo Sang, San Kamphaeng und Mae Rim ansteuern kann. Am östlichen Ufer in der Nähe des Saphan Lek stehen Songthaeos und Busse bereit, die Lamphun, Lampang und Chiang Rai (über eine ältere und längere Strecke) anfahren.

Flugzeug

Der **Chiang Mai International Airport** (Karte S. 302 f.; ☎ 0 5327 0222) 3 km südlich des Altstadtkerns hat einen regen Betrieb. Wenn nicht anders angegeben, nutzen die hier aufgelisteten Fluggesellschaften für ihre Flüge ab/nach Bangkok den Suvarnabhumi Airport.

Air Asia (☎ 0 2515 9999; www.airasia.com) Fliegt nach Bangkok (1660 B, 6-mal tgl.) und Kuala Lumpur (ab 4000 B, 1-mal tgl.).

Bangkok Airways (☎ 0 2265 5556; www.bangkokair. com) Fliegt nach Bangkok (3400 B, 2-mal tgl.) und weiter nach Samui (7300 B).

China Airlines (☎ 0 5320 1268; www.china-airlines. com) Fliegt nach Taipei (12 000 B, 2-mal wöchentl.).

Lao Airlines (☎ 0 5322 3401; www.laoairlines.com) Fliegt nach Vientiane (8400 B, 2-mal tgl.) und Luang Prabang (5600 B, 1-mal tgl.).

Nok Air (☎ 1318; www.nokair.com) Die Tochtergesellschaft von THAI steuert den Bangkoker Don Muang Airport an (2440 B, 4- bis 5-mal tgl.); bietet mit SGA Codesharing-Flüge von Chiang Mai nach Pai (660 B, 1-mal tgl.) und Mae Hong Son (1090 B, 1-mal tgl.) an.

One-Two-Go (☎ 1141, Durchwahl 1126; www.fly12go. com) Fliegt Bangkoks Don Muang Airport an (1950 B, 3-mal tgl.).

Siam GA (SGA; ☎ 0 5328 0444; www.sga.co.th) Hat Code-Shared-Flüge mit Nok Air nach Pai (660 B, 1-mal tgl.) und Mae Hong Son (1090 B, 1-mal tgl.) im Angebot.

Silk Air (☎ 0 5390 4985; www.silkair.com) Fliegt einmal täglich nach Singapur (16 000 B).

Thai Airways International (THAI; ☎ 0 5321 1044/7; www.thaiair.com) Fliegt nach Bangkok (1700 B); täglich gehen zwei Flüge zum Don Muang Airport und acht zum Suvarnabhumi Airport. Fliegt außerdem nach Mae Hong Son (1300 B, 3-mal tgl.).

Zug

Im **Bahnhof** (Karte S. 302 f.; ☎ 0 5324 5364, 0 5324 7462; Th Charoen Muang) etwa 2,5 km östlich der Altstadt Chiang Mais gibt es einen Geldautomaten, eine Gepäckaufbewahrung (10 B/Stück) und neben dem Ticketschalter (24 Std. geöffnet) auch noch ein Büro, das Vorabbuchungen annimmt. Infos zu Fahrplänen und Preisen holt man am besten direkt am Bahnhof oder bei der **Thailändischen Staatsbahnen** (☎ kostenlose Hotline 1690; www. railway.co.th; ⏰ 24 Std.) in Verbindung.

Züge von der Hauptstadt nach Chiang Mai fahren vom Bahnhof Hualamphong in Bangkok aus ab. Zum Zeitpunkt der Recherche verkehrten täglich sechs Züge von Bangkok nach Chiang Mai (und in die umgekehrte Richtung), die Fahrt dauerte zwischen 12 und 15 Stunden. Im Folgenden werden Preise für klimatisierte Abteile als solche gekennzeichnet; ist nichts angegeben, handelt es sich um Abteile mit Ventilatoren.

BUSSE AB CHIANG MAI ARCADE BUS TERMINAL							
Ziel	**Klasse**	**Preis (B)**	**Dauer (Std.)**	**Ziel**	**Klasse**	**Preis (B)**	**Dauer (Std.)**
Bangkok	1. Klasse	596	9½	Mae Sariang	Ventilator	106	4–5
	VIP	695			2. Klasse	191	
Chiang Khong	2. Klasse	239	6½	Mae Sot	2. Klasse	280	6–6½
	1. Klasse	308			1. Klasse	347	
Chiang Rai	Ventilator	110	3–4	Nan	2. Klasse	235	6
	2. Klasse	150			1. Klasse	302	
	1. Klasse	190			VIP	578	
	VIP	295		Pai	Ventilator	84	4
Chiang Saen	Ventilator	126	3½–4		2. Klasse	118	
	1. Klasse	220		Phayao	Ventilator	97	2½–3
Khon Kaen	1. Klasse	578	12		2. Klasse	107	
Khorat	1. Klasse	643	12		1. Klasse	164	
	VIP	750		Phrae	2. Klasse	155	3½–4
Lampang	Ventilator	37	2		1. Klasse	200	
	2. Klasse	71			VIP	310	
	1. Klasse	105		Phitsanulok	2. Klasse	155	5–6
Lamphun	Ventilator	20	1		1. Klasse	306	
Mae Hong Son	Ventilator	150	7–8		VIP	350	
	2. Klasse	210		Sukhothai	2. Klasse	249	5–6
Mae Sai	2. Klasse	188	5		1. Klasse	320	
	1. Klasse	241		Udon Thani	1. Klasse	601	12
	VIP	375			VIP	801	

Ab Bangkok verkehren Schnellzüge, die um 14.30 Uhr abfahren und am nächsten Tag um 5.10 Uhr in Chiang Mai ankommen. Sitzplätze in der 2./3. Klasse kosten 391/231 B, im Schlafwagen der 2. Klasse zahlt man unten/oben 541/491 B.

In Bangkok startet um 22 Uhr ein Expresszug, der am folgenden Tag um 12.45 Uhr in Chiang Mai ankommt. Sitzplätze der 2./3. Klasse kosten 431/271 B, klimatisierte Sitzplätze in der 2. Klasse 541 B, eine untere/obere Liege im Schlafwagen der 2. Klasse 581/531 B bzw. klimatisiert 821/751 B.

Sprinterzüge (dieselbetriebene Expresszüge) fahren um 8.30 bzw. 19.20 Uhr in Bangkok ab und kommen um 20.30 bzw. 7.40 Uhr in Chiang Mai an. Tickets für Sitzplätze der klimatisierten 2. Klasse kosten 611 B.

Spezialexpresszüge machen sich um 18 bzw. 19.20 Uhr auf den Weg und erreichen ihr Ziel um 7.15 bzw. 9.45 Uhr des Folgetages. Für einen klimatisierten Schlafwagen der 1. Klasse zahlt man 1253 B, der 2. Klasse 881/791 B (unten/oben).

Folgende Zugtypen bedienen die Strecke von Chiang Mai nach Bangkok: Express (Abfahrt 14.50 Uhr, Ankunft 5.10 Uhr), Spezialexpress (Abfahrt 16.30 bzw. 17.50 Uhr, An-

kunft 5.30 bzw. 7 Uhr), Sprinter (Abfahrt 21 bzw. 8.45 Uhr, Ankunft 9.10 bzw. 20.25 Uhr) und Schnellzüge (Abfahrt 6.45 Uhr, Ankunft 21.10 Uhr).

Schlafwagen muss man mittlerweile sehr zeitig reservieren; Tourgruppen buchen manchmal komplette Wagen, in der Ferienzeit rund um Songkran (Mitte April), Chulalongkorn (Okt.) und das Chinesische Neujahrsfest (Ende Febr.–Anfang März) ist es noch schwieriger, einen Platz zu ergattern. Informationen zu Reservierungen gibt es im Kapitel „Verkehrsmittel & -wege" (S. 832).

UNTERWEGS VOR ORT
Auto & Lastwagen

Private Transportmittel können bei verschiedenen Anbietern in der ganzen Stadt geliehen werden, die meisten davon finden sich entlang der Th Moon Muang. Man sollte sich auf jeden Fall vergewissern, dass das jeweilige Fahrzeug (haftpflicht-)versichert ist, wobei bei Schadensfällen normalerweise ein Selbstbehalt von 5000 B fällig wird. Personenschäden und damit verbundene medizinische Behandlungen deckt die Versicherung grundsätzlich nicht ab. Man sollte sich die Versicherungspolice genau durchlesen, damit

PROVINZ
CHIANG MAI

man über die entsprechenden Leistungen informiert ist.

Zu den renommiertesten Autovermietern gehören **North Wheels** (Karte S. 310 f.; ☎ 0 5387 4478; www.northwheels.com; 70/4–8 Th Chaiyaphum) und **Journey** (Karte S. 310 f.; ☎ 0 5320 8787; www.journeycnx.com; 283 Th Tha Phae). Beide Anbieter bringen einem die Mietfahrzeuge zum Hotel und holen sie dort auch wieder ab. Zum Angebot gehören außerdem Pannenhilfe rund um die Uhr und umfassender Versicherungsschutz. Bei Journey gibt's bei Bedarf sogar Babysitze.

Im Durchschnitt zahlt man pro Tag für einen Toyota Vios etwa 1200 B, für einen Toyota Sportrider etwa 1800 B. Es gibt auch Wochen- und Monatstarife; Benzinkosten sind nicht im Preis eingeschlossen. Die meisten Anbieter in der Stadt haben ähnliche Preise, Unterschiede gibt's allerdings beim Zustand der Fahrzeuge.

Mit tollen Angeboten lockt das äußerst empfehlenswerte **Alternative Travel** (☎ 08 1784 4856, 08 9632 6556; noree9000@hotmail.com). Hier gibt es maßgeschneiderte Touren mit englischsprachigen Fahrern in Limousinen, Allradfahrzeugen oder Vans (1500–2000/Tag plus Benzin). Winai gibt weitere Auskünfte.

Ansonsten gibt's in Chiang Mai noch folgende Autovermieter:

Budget Car Rental (Karte S. 302 f.; ☎ 0 5320 2871; 201/2 Th Mahidol) Gegenüber vom Central Airport Plaza.

National Car Rental (Karte S. 302 f.; ☎ 0 5321 0118; Amari Rincome Hotel, 1 Th Nimmanhaemin)

Bus

Nach zähen Verhandlungen und mehreren Studien zu einem Nahverkehrssystem, das Chiang Mais verstopfte Straßen entlasten sollte, wurde schließlich ein neues Busnetz kreiert, nur um es kurz darauf wieder ad acta zu legen. Die städtischen weißen Busse sind klimatisiert und verkehren täglich zwischen 6 und 21 Uhr, Fahrkarten kosten 15 B. Angeblich soll es noch drei verschiedene Buslinien geben, doch die von der Verwaltung beschriebenen Routen konnten bei der Recherche in der Praxis so nicht nachvollzogen werden. Wer vom Arcade Bus Terminal zum Chang Pheuak Bus Terminal fahren möchte, kann mit der Buslinie 6, die über den Superhighway (Rte 11) führt, in jedem Fall nichts falsch machen.

Fahrrad

Mit dem Fahrrad kommt man in Chiang Mai wunderbar zurecht. Klapprige Citycruiser mit

einem Gang kann man in Pensionen oder bei verschiedenen Anbietern entlang des östlichen Stadtgrabens für etwa 50 B pro Tag mieten. Die Bremsen der älteren Modelle sind nicht immer die besten. **Chiang Mai Mountain Biking** (Karte S. 310 f.; ☎ 0 5381 4207; Th Samlan; ☯ 8–17 Uhr) vermietet tageweise gut gepflegte Mountain- und Citybikes.

Wer ein Fahrrad kaufen oder sein eigenes reparieren lassen möchte, ist mit dem von einem Kanadier geführten **Top Gear Bike Shop** (Karte S. 310 f.; ☎ 0 5323 3450; 173 Th Chang Moi) in der Nähe der Soi 2 gut beraten.

Vom/Zum Flughafen

In Chiang Mai gibt es nur einen einzigen lizenzierten Flughafen-Taxiservice, der einen Festpreis von 150 B verlangt. Die Buslinie 6 (15 B) fährt vom Flughafen aus in Richtung Westen zur CMU und ist so für eine Fahrt in die Altstadt keine wirklich praktische Option. Viele Pensionen und Hotels unterhalten einen Shuttleesrvice zum Flughafen.

Von überall in der Stadt kommt man mit einem Tuk-Tuk oder einem der roten Songthaeos für 60, 70 B zum Flughafen.

Motorrad

Das Motorrad ist unter Individualreisenden eines der beliebtesten Transportmittel. Anbieter entlang der Th Moon Muang und sogar ein paar Pensionen vermieten z. B. eine Honda Dream mit 100 ccm Hubraum und Kickstarterautomatik für ca. 150/200 B pro Tag. Hondas oder Yamahas von 125 bis 150 ccm sind für etwa 250 B pro Tag zu haben. Einige wenige Anbieter haben außerdem Motorräder mit 400 ccm im Angebot (600–900 B).

Die meisten Agenturen bieten eine Versicherung für etwa 50 B pro Tag an; dabei sollte man sich aber stets erkundigen, was dieser tatsächlich beinhaltet. Manche kommen bei Pannen für Reparaturen auf, bei Unfällen beträgt der Selbstbehalt allerdings 1500 B, bei Diebstahl 10 000 B.

Wer Motorradtouren in die Gegend rund um Chiang Mai unternehmen möchte, findet bei **Golden Triangle Rider** (www.gt-rider.com) Tipps und Infos zu verschiedenen Routen.

Zu den renommierteren und zuverlässigeren Motorradverleihen gehören:

Dang Bike Hire (Karte S. 310 f.; ☎ 0 5327 1524; 23 Th Kotchasan)

Mr. Mechanic (Karte S. 310 f.; ☎ 0 5321 4708; 4 Soi 5, Th Moon Muang) Gibt's noch zweimal in der Altstadt.

Pop Rent-A-Car (Karte S. 310 f.; ☎ 0 5327 6014; Th Kotchasan, nahe Soi 2)

Tony's Big Bikes (Karte S. 310 f.; ☎ 0 5320 7124; 17 Th Rachamankha) Vermietet gut gewartete und offiziell zugelassene Motorräder mit einem Hubraum von 125 bis 400 ccm. Zum Angebot gehören außerdem Fahrstunden, Routentipps und Reparaturen.

Songthaeo, Tuk-Tuk & Săamláw

Einheimische ohne eigenes Transportmittel greifen meistens auf die altbewährten roten Songthaeos (auch „rót daang" genannt) oder Tuk-Tuks zurück.

Die Songthaeos funktionieren nach dem Prinzip eines Sammeltaxis: Man hält eines an und nennt sein Fahrziel; wenn die Richtung stimmt, wird mit dem Kopf genickt, wenn nicht derselbe geschüttelt. Auf dem Weg steigen dann eventuell noch weitere Personen mit dem gleichen Ziel zu. Kürzere Fahrten sollten etwa 20 B pro Person kosten, längere das doppelte. Für die Fahrt vom Pratu Tha Phae zum Nachtbasar zahlt man etwa 20 B, vom Wat Phra Singh zum Nachtbasar ca. 40 B. Die meisten Songthaeo-Fahrer nennen angemessene und faire Preise. Und es scheint unter den Fahrern eine Art Tradition zu sein, sich abends und am Wochenende von der Ehefrau auf dem vorderen Sitz Gesellschaft leisten zu lassen.

Tuk-Tuks werden gemietet und schlagen pro Fahrt mit etwa 20 B mehr zu Buche als Songthaeos. Ein Preis von rund 60 B ist ein fairer Deal. In Amüsiervierteln verlangen Tuk-Tuk-Fahrer nachts meist um die 100 B.

In Chiang Mai sind immer noch ein paar Samlors (Fahrradrikschas) unterwegs; die meisten warten am Talat Warorot. Eine Fahrt kostet normalerweise zwischen 20 und 30 B.

Taxis mit Taxameter

Der Fahrpreis liegt für die ersten zwei Kilometer bei 40 B, für jeden weiteren werden zusätzlich 5 B fällig. Es ist jedoch nicht leicht, in Chiang Mais Straßen ein Taxi mit Taxameter anzuhalten; man kann jedoch eins telefonisch bei **Taxi Meter** (☎ 0 5327 1242/9291) bestellen.

NÖRDLICHES CHIANG MAI

Nördlich von Chiang Mai zur Grenze mit Myanmar hin wird die Landschaft bergiger und schroffer. Zu den Highlights zählen hier das wunderschöne Mae-Sa-Tal und die grünen Gipfel rund um Chiang Dao.

MAE-SA-TAL & SAMOENG

น้ำตกแม่สา/สะเมิง

Eine der einfacheren Bergtouren ist die Schleife von Mae Sa nach Samoeng, die einen von den weiten Ebenen bis hoch in die grünen Bergregionen führt. Die 100 km lange Strecke eignet sich – einen eigenen fahrbaren Untersatz vorausgesetzt – gut als Tagestour; wer mal so richtig ausspannen möchte, kann auch eine Übernachtung in Samoeng dranhängen. Bei **Golden Triangle Rider** (www.gt-rider.com) gibt's eine detaillierte Karte der Region.

Von Chiang Mai aus folgt man in Richtung Norden der Rte 107 (Th Chang Pheuak) in Richtung Mae Rim und fährt dann links auf die Rte 1096. Hier wird die Straße etwas holpriger, was die touristischen Attraktionen am Straßenrand – Orchideen-, Schmetterlings- und Schlangenfarmen – allerdings wieder wettmachen.

Nur 6 km von der Abzweigung nach Mae Rim entfernt liegt der **Nam Tok Mae Sa** (Eintritt Erw./Kind 100/50 B) im Doi Suthep-Pui National Park. Der Wasserfall ist ein tolles Ziel für einen Tag im Grünen oder ein idyllisches Picknick und am Wochenende unter Einheimischen sehr beliebt.

Nach dem Wasserfall wird die Straße steiler und kurviger. Einen kleinen Halt sollte man beim **Maesa Elephant Camp** (☎ 0 5320 6247; www.maesaelephantcamp.com; Rte 1096; Eintritt Erw./Kind 120/80 B) einlegen; es gehört auf der Route zu den besseren Attraktionen mit Elefanten, die hier allem Anschein nach anständig behandelt werden und entsprechend einen glücklichen Eindruck machen. Bei der einstündigen Show (tgl. 8 & 9.40 Uhr, HS auch 13.30 Uhr) werden die üblichen Zirkuskunststückchen vorgeführt. Wenn gerade keine Vorführung läuft, kann man sich die schöne Anlage ansehen, die Elefanten mit Zuckerrohr oder Bananen füttern oder einen Elefantenritt in den Dschungel unternehmen (für 2 Pers. 30 Min./ 1 Std. 800/1200 B).

2 km hinter dem Elefantencamp liegen die **Queen Sirikit Botanic Gardens** (☎ 0 5384 1000; www. qsbg.org; Rte 1096; Eintritt Erw./Kind 40/10 B; 8.30–17 Uhr), die sich über eine Fläche von 227 ha an einem kahlen Berghang erstrecken; die dort wachsenden exotischen und heimischen Pflanzen stehen unter Naturschutz und dienen zudem Forschungszwecken. Highlight ist

PROVINZ CHIANG MAI

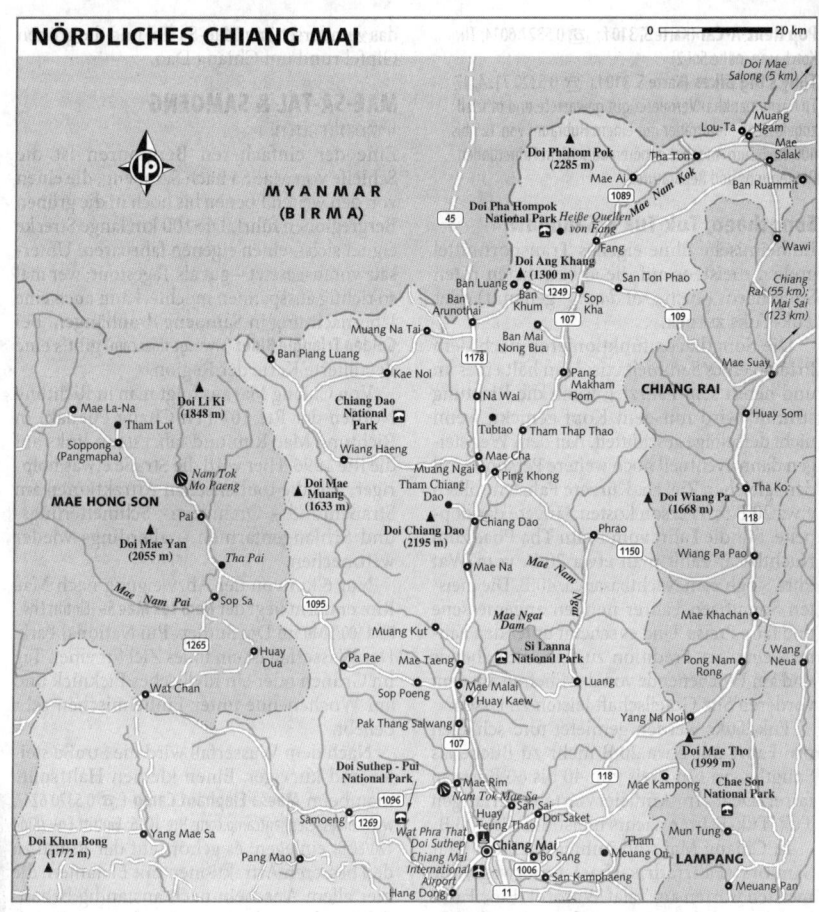

NÖRDLICHES CHIANG MAI   0 20 km

die Glashausanlage in der Nähe des Berggipfels. Man kann das Gelände entweder mit bereitgestellten Bussen (30 B) oder dem eigenen Fahrzeug (100 B) erkunden. Motorräder sind nicht zugelassen.

Nach den botanischen Gärten schlängelt sich die Straße hoch in das fruchtbare **Mae-Sa-Tal**, in dem einst Mohn zur Opiumherstellung angebaut wurden. Mittlerweile haben sich die Bauern der Bergvölker auf süße Paprika, Kohl und Früchte verlegt, die dann mittels der unter königlicher Schirmherrschaft stehenden Doi Kham-Agrarprogramme verkauft werden. Eines dieser Projekte läuft in dem Hmong-Dorf Nong Hoi, das in einer Höhe von 1200 m liegt – im Dorf Pong Yeang der Abzweigung folgen.

Am westlichen Rand des Tales zeigt das **Proud Phu Fah** (☎ 0 5387 9389; www.proudphufah.com; bei Km 17, Rte 1096; Zi. 4500–7000 B; ⚅ ▯ ▣) den Weg in die Zukunft. In den komfortablen Villen des kleinen Luxusresorts sollen die Gäste der freien Natur möglichst nahe kommen. Im Open-Air-Restaurant mit Panoramablick auf das Tal wird gesunde thailändische Küche serviert (Gerichte 90–150 B).

Nach dem Proud Phu Fah macht die Straße einen Schlenker um den Bergkamm herum und bahnt sich dann ihren Weg bis hoch in die Nadelwälder. Von hier oben hat man einen wunderschönen Blick auf die bergige Landschaft. Schließlich schlängelt sich die Straße runter bis nach **Samoeng**, einem hübschen kleinen Dorf. Für eine Übernachtung eignet sich

das einfache **Samoeng Resort** (☎ 0 53 48 7074; www.
samoengresort.com; Rte 6033; Zi. 300–400 B; ⌘), rund
2,5 km außerhalb des Dorfes, mit seinen 15
soliden von Gärten eingefassten Bungalows.

An- & Weiterreise
Nur ein Teil der Strecke lässt sich mit öffent-
lichen Verkehrsmitteln erkunden. Songthaeos
fahren vom Chang Pheuak Bus Terminal in
Chiang Mai aus zweimal täglich zu früher
Stunde nach Samoeng (70 B, 2¾ Std.). In
Samoeng steigt man in der Nähe des Marktes
gegenüber vom Samoeng Hospital aus.

CHIANG DAO
เชียงดาว
Chiang Dao ist die gediegenere Version von
Pai und eignet sich mit seiner wunderschönen
Berglandschaft und dem ländlichen Flair
wunderbar als Ausflugsziel für Familien und
Traveller, die ihren wilden Zeiten hinter sich
haben. Hauptattraktion ist der dicht bewach-
sene Doi Chiang Dao, angeblich Thailands
höchster Kalksteinberg. In den Höhlen im
Bergesinneren ist ein heiliger Schrein in das
Gestein eingelassen; darüber hinaus eignen
sich die Wege hier bestens zum Wandern und
Vögel beobachten.

Das eigentliche Ortszentrum besteht aus
nicht viel mehr als einer staubigen Kreuzung;
hier findet der farbenfrohe **Dienstagsmorgen-
Markt** (7–12 Uhr) statt, auf dem Dorfbewohner
ihre Waren verkaufen. Der hübschere Teil des
Ortes befindet sich 5 km weiter westlich an der
Straße, die zum Tham Chiang Dao (Höhlen
von Chiang Dao) führt. Hier schmiegen sich
die Häuschen und Unterkünfte an die Berge.

Von Chiang Daos Hauptkreuzung zweigen
Straßen in vier Richtungen ab. Wer mit dem
eigenen fahrbaren Untersatz unterwegs ist,
kann sich in Richtung Osten in die Dörfer
Lahu, Lisu und Akha aufmachen, die alle
nicht mehr als 15 km von Chiang Dao entfernt liegen. Ungefähr 13,5 km östlich der Rte
107 befindet sich das Lisu-Dorf Lisu Huay Ko,
in dem es ein paar einfache Unterkünfte gibt.
Wer auf öffentliche Verkehrsmittel angewiesen ist, kann in den Pensionen in Chiang Dao
Touren in die Bergdörfer buchen.

Sehenswertes
Von den meisten Pensionen in Chiang Dao
aus kommt man zu Fuß zu den Höhlen und
ins benachbarte Dorf. Der Nachteil ist, dass
man für weiter entfernte Ziel ein eigenes

Transportmittel benötigt. Einige Pensionen
schaffen (nicht gerade günstige) Abhilfe – sie
vermieten für 100 B am Tag Fahrräder.

THAM CHIANG DAO
ถ้ำเชียงดาว
Vor der Mittagshitze flüchtet man am besten
an den kühlsten Ort in der Gegend, die **Chiang-
Dao-Höhlen** (Eintritt 20 B), die angeblich 10 bis
14 km ins Innere des Doi Chiang Dao reichen
sollen. Es gibt vier öffentlich zugängliche
Höhlen, die alle miteinander verbunden sind.
Tham Phra Non (360 m) ist die erste Höhle;
sie ist elektrisch beleuchtet und kann auf eigene Faust erkundet werden. In ihr befinden
sich mehrere religiöse Schreine, die ein typisches Merkmal thailändischer Höhlen
darstellen und als heilige Meditationsorte
genutzt werden. Außerdem sind surreale
Stalaktitenformationen zu bewundern, die an
ein Dali-Gemälde erinnern.

Für die Besichtigung der anderen Höhlen
– Tham Mah (735 m), Tham Kaew (474 m)
und Tham Nam (660 m) – kann man für
Gruppen mit maximal fünf Personen einen
Guide mit Gaslampen anheuern. Die Touren
kosten 100 B und werden von Dorfbewohne-
rinnen geleitet, von denen man die Namen
der verschiedenen Felsformationen erfährt.

Einer Legende zufolge war die Höhlenan-
lage mehr als 1000 Jahre lang die Behausung
eines weisen *rüsii* (Eremiten). Er soll mit der
Götterwelt so vertraut gewesen sein, dass er
einige *thewádaas* (die buddhistische Version
von Engeln) dazu bewegen konnte, sieben magische Wunder in den Höhlen zu schaffen:
einen Strom, der dem Fuß einer goldenen
Buddhastatue entspringt, einen Lagerraum mit
heiligen Textilien, einen mystischen See, eine
Stadt der *nagas* (mythische Schlangen), einen
heiligen unsterblichen Elefanten und das Grabmal des Eremiten. Die fantastischen Wunder
sollen sich tief im Inneren des Berges verbergen, jenseits der erschlossenen Höhlen.

Vor den Höhlen befinden sich eine Tempelanlage und ein Bach mit gewaltigen Karpfen und Welsen, die man füttern darf. An den
Verkaufsständen am Parkplatz kann man
Heilmittel aus Wurzeln und Kräutern aus den
umliegenden Wäldern kaufen.

DOI CHIANG DAO
ดอยเชียงดาว
Der 2195 m hohe Doi Chiang Dao, auch Doi
Luang genannt, gehört zum Doi Chiang Dao

National Park. Der Gipfel ist in einer zweitägigen Wanderung zu erreichen und bietet ein spektakuläres Panorama. Der südliche Teil des Berges soll weltweit zu den Gebieten gehören, in denen man am besten Riesenkleiber und Burmafasane beobachten kann. Vogelbeobachtungstouren und Wanderungen mit Übernachtung werden von lokalen Pensionen organisiert.

Wer auf eigene Faust die Gegend erkunden möchte, folgt der Straße zu den Höhlen bis zu ihrem Ende, wo sich das **Samnak Song Tham Pha Plong** (Klosterzentrum Tham Pha Plong) befindet, ein Meditationsrefugium für buddhistische Mönche. Eine lange steile Treppe führt den Berg hoch zu einem großen von Wäldern und Kalksteinfelsen eingerahmten *chedi*.

Schlafen

Eine Reihe von Pensionen finden sich an der Straße zum Tham Chiang Dao. Die meisten punkten mit einem tollen Ausblick auf den Berg und Gärten voller Schmetterlinge.

Malee's Nature Lovers Bungalows (☎ 0 1961 8387; Zi. 300–1200 B) Malee ist die gute Seele des Städtchens: Sie hat eine der ersten Unterkünfte in Chiang Dao eröffnet und kennt einfach alles und jeden. Hier stehen Bungalows aus Ziegelsteinen mit Schilfdächern in verschiedenen Preislagen zum Angebot und man befindet sich in bester Backpacker-Gesellschaft.

Chiang Dao Rainbow (☎ 08 4803 8116; Zi. 380–750 B) Die zwei renovierten Teakholzbungalows mit spektakulärer Aussicht auf Reisfelder, einen Bach und den Doi Chiang Dao sind mit Himmelbetten, hübschen Möbeln und Terrasse ausgestattet. Im hinteren Haus gibt es günstigere Zimmer. Die Eigentümer, ein ehemaliger Oxford-Professor und seine Frau, veranstalten interessante und informative Touren in die Region.

Nature Guest House (☎ 08 9955 9074; Zi. 500–700 B) Das beschauliche Gästehaus inmitten eines hübschen Gartens mit Blick auf den Berg liegt näher an der Stadt als die Konkurrenz. Die einfachen, aber stilvollen Bungalows haben Terrassen.

Chiang Dao Nest (☎ 08 6017 1985; www.chiangdao. com; Zi. 695–995 B; 🖳 🞄) Das Nest ist der Globetrotter-Treffpunkt in Chiang Dao. Die von einem Garten umgebenen, A-förmigen Bungalows gehören einem freundlichen britisch-thailändischen Paar, das für eine herzliche Atmosphäre sorgt. Rechtzeitig reservieren!

Auch wenn man nicht über Nacht bleibt, sollte man das preisgekrönte Restaurant testen.

Chiang Dao Nest 2 (☎ 0 5345 6242; www.chiangdao. com; Zi. 695–995 B; 🖳) Wer im Chiang Dao Nest keinen Platz mehr gefunden hat, kann hier sein Glück versuchen. Die fünf Bungalows stehen rund 600 m hinter der Abzweigung zur Höhle auf der linken Straßenseite. Im Restaurant kommen hauptsächlich thailändische Gerichte auf den Tisch.

Weitere gute Adressen:

Hobby Hut (☎ 08 0034 4153; Zi. 250 B) Unterkünfte bei Gastfamilien in der Nähe der Stadt; Mittag-/Abendessen im Kreis der Familie kosten 55/85 B.

Chiang Dao Hut (☎ 08 7208 1269; www.chiangdaohut. com; Zi. 580 B) Zwei Holzbungalows unweit der Straße.

Essen

Dank der vom Königshaus geförderten Agrarprojekte in der Gegend gibt es in Chiang Dao eine große Auswahl an frischen Produkten, die meist völlig frei von chemischen Zusätzen sind.

Mon & Kurt Restaurant (Gerichte 40–280 B) Das thailändisch-westliche Restaurant ist eine kleine Institution in Chiang Dao. Nach der einjährigen Auszeit 2008 sollte es inzwischen wieder geöffnet haben.

Chiang Dao Rainbow (☎ 08 4803 8116; Gerichte 50–230 B) In dem sehr empfehlenswerten Restaurant gibt es thailändische und griechisch-mediterrane Küche. Den Schweinefleischeintopf nach Shan-Art und den Bananenblütensalat sollte man unbedingt probieren. Es gibt außerdem viele vegetarische Gerichte.

Baan Krating Chiang Dao (☎ 0 5345 5577; bei Km 63, Rte 107; Gerichte 60–130 B) Das Restaurant an der Rte 107 ca. 9 km südlich von Chiang Dao eignet sich bestens für einen kleinen Zwischenstopp. Man speist mit Blick auf hübsche gepflegte Gärten, Pampelmusenbäume und einen kleinen Bach. Serviert werden thailändische Klassiker und Sandwiches.

LP Tipp **Chiang Dao Nest** (☎ 0 6017 1985; www. chiangdao.com; Gerichte 300–500 B) Das Chiang Dao Nest lässt sogar Bangkoks Spitzenköche alt aussehen. Hier wird gehobene europäische Küche in gemütlichem Gartenambiente serviert. Wicha, die Besitzerin und Küchenchefin, hat ihre Kochausbildung in Großbritannien absolviert und verwendet für ihre Gerichte die besten saisonalen Zutaten aus der Region. Es gibt ein Kindermenü. Sonntagnachmittags herrscht immer ordentlicher Betrieb, abends geht es dann etwas ruhiger zu.

Abseits von Chiang Daos Hauptstraße findet täglich ein Lebensmittelmarkt statt. Besonders farbenfroh ist der Markt am Dienstagmorgen, wenn Angehörige der Bergstämme hier ihre Waren verkaufen.

An- & Weiterreise

Chiang Dao liegt 72 km nördlich von Chiang Mai an der Rte 107. Busse nach Chiang Dao (50 B, 1½ Std., alle 30 Min.) starten am Chang Pheuak Terminal in Chiang Mai. Die Busse fahren Chiang Daos neuen Busbahnhof an (wo sie auch wieder abfahren), am besten jedoch lässt man sich vor dem Pub absetzen und dann mit einem Songthaeo zu seiner Unterkunft bringen. Die meisten Fahrer verlangen 150 B für die Fahrt zu Pensionen, die an der Straße zu den Höhlen liegen. Außerdem gibt's Busse nach Fang (60 B).

DOI ANG KHANG

ดอยอ่างขาง

Die Berglandschaft ganz im Norden der Provinz wird wegen des kühlen Klimas und der tollen Bergkulisse oft als Thailands kleine Schweiz bezeichnet. Auf dem 1300 m hohen Doi Ang Khan wurde früher Opium angebaut, inzwischen aber gedeihen hier Blumen, Früchte und Gemüsesorten, die sonst nur in gemäßigteren Klimazonen vorkommen und in Thailand als exotisch gelten. Die Gegend ist unter Thais vor allem wegen der winterähnlichen Szenerie beliebt. Speziell im Januar halten sie nach Frost oder sogar ein bisschen Schnee Ausschau und nehmen dabei die seltene Gelegenheit wahr, sich mal so richtig in Winterklamotten einzumummeln. Der Doi Ang Khang grenzt außerdem an Myanmar, sodass man seinen Blick über das weite Grenzland schweifen lassen kann.

Bei der TAT in Chiang Mai bekommt man eine einfache Karte vom Doi Ang Khang, auf der Fahrrad- und Wanderwege zu den Bergdörfern eingezeichnet sind, von denen viele an den vom Königshaus finanzierten Agrarprojekten teilnehmen. Infos zum Doi Ang Khang gibt's auch im umweltbewusst geführten Angkhang Nature Resort (s. rechte Spalte), das Wanderungen, Rad- und Maultiertouren in die Bergdörfer organisiert.

Die Hauptstraße zum Gipfel, die Rte 1249, ist landschaftlich reizvoller als die Rte 1178, die sich entlang eines Bergkamms zu den westlichen Hängen des Berges schlängelt. Das Dorf **Ban Luang** ist wegen seiner Yunnan-At-

mosphäre ein lohnender Stopp. 19 km südlich der Kreuzung Rte1249/Rte 107 führt ein 12 km langer Abstecher nach **Ban Mai Nong Bua**, einem Kuomintang-Dorf mit altehrwürdigem Yunnan-Flair.

In der Nähe des Doi-Ang-Khang-Gipfels und des Yunnan-Dorfes **Ban Khum** gibt es mehrere Unterkünfte.

Das **Angkhang Nature Resort** (☎ 0 5345 0110; www.amari.com/ang khang; 1/1 Mu 5, Ban Khum, Tambon Mae Ngan, Fang; Zi. ab 4000 B; ▢ ☒) gehört zur Amari Hotel Group und überrascht mit edlem Luxus. Geräumige Bungalows verteilen sich über einen Hang, während die Steinkamine in der wunderschönen Lobby die elegant-gemütliche Winteratmosphäre perfekt machen. Zu der Anlage gehört ein Restaurant, das Bioprodukte aus der Region verwendet. Herr Macku, der Leiter der Anlage, kennt sich gut in der Gegend aus und organisiert alle möglichen Aktivitäten an der frischen Luft.

Naha Guest House (☎ 0 5345 0008; Ban Khum; Bungalows ab 2500 B) Hier gibt's geräumige Bungalows für fünf oder acht Personen mit Gemeinschaftsbad und -toilette; Warmwasser ist vorhanden.

Am Fuß des Hanges gibt es ein paar Freiluftrestaurants, die verschiedene Gerichte mit Focus auf thailändischer und Yunnan-muslimischer Küche servieren.

An- & Weiterreise

Etwa 20 km vor Fang zweigt von der Rte 107 die Rte 1249 zum Doi Ang Khang ab. Der Gipfel ist ca. 25 km von der Kreuzung entfernt. Man gelangt zwar mit öffentlichen Verkehrsmitteln zum Doi Ang Khang, doch in Gipfelnähe zu kommen ist etwas kompliziert. Zunächst nimmt man vom Chang Pheuak Terminal in Chiang Mai aus den Bus nach Fang (105 B, 3 Std., alle 30 Min.). Dann bittet man den Fahrer, einen an der Abzweigung der Rte 1249 etwa 20 km südlich von Fang aussteigen zu lassen. Von dort aus nimmt man schließlich ein Songthaeo nach Ban Khum (Mietpreis: 1500 B), einem Dorf in der Nähe des Gipfels mit Übernachtungsmöglichkeiten.

FANG & THA TON

ฝาง/ท่าตอน

Für die meisten ist Fang eine Art Durchgangsstadt auf dem Weg nach Tha Ton, dem Ausgangspunkt für Bootsausflüge nach Chiang Rai. Wer sich die Stadt dennoch angucken will, kann in den ruhigen Nebenstraßen

umherschlendern, vorbei an ein paar Holzhäusern, in denen kleine Geschäfte untergebracht sind. Zudem kann man einen Blick auf den im Shan-birmanischen Stil erbauten **Wat Jong Paen** (in der Nähe des New Wiang Kaew Hotel) werfen, dessen *wihaan* ein beeindruckendes Schichtdach aufweist. Die Stadt wurde im 13. Jh. von Phaya Mengrai gegründet, allerdings wurde der Ort schon vor 1000 Jahren von *jiin-haw*-Karawanen als Durchgangsstation genutzt. Wegen der Nähe zu Myanmar hat sich die Gegend zu einem Umschlagplatz für die Droge *yaa bâa* (Methamphetamin) entwickelt.

Entlang der Hauptstraße in Fang gibt es mehrere Banken mit Geldautomaten und -wechselstuben.

Tha Ton liegt an einer malerischen Biegung des Mae Nam Kok. Am Flussufer gibt es ein paar Restaurants; von der Anlegestelle machen sich Boote gen Chiang Rai auf.

In Tha Ton gibt es in der Nähe der Brücke auf der Seite des Bootsanlegers eine **Touristenpolizei** (☎ 1155; ⏰ 8.30–16.30 Uhr).

Sehenswertes & Aktivitäten

Die Thermalquellen *bòr nám rórn* (auf Nordthai *bor náam hórni*) im **Doi Pha Hompok National Park** (☎ 08 6430 9748; Eintritt Erw./Kind 200/100 B) befinden sich etwa 10 km westlich von Fang bei Ban Meuang Chom in der Nähe der Landwirtschaftsstation, abseits der Rte 107 am Ende der Rte 5054 (der Park wird manchmal auch Doi Fang oder Mae Fang National Park genannt). Am Wochenende bringen Songthaeos regelmäßig thailändische Ausflügler von Fang zu den Quellen, die mittags von Touristengruppen aus Chiang Mai und Chiang Rai bevölkert werden.

Von Fang und Tha Ton aus kann man Fuß, mit dem Mountainbike oder auf dem Motorrad in einem Umkreis von 20 km **Dörfer** der Palaung (einer Karen-Gruppe, die Anfang der 1990er-Jahre aus Myanmar flohen), Lahu, Akha und Yunnan-Chinesen besuchen. Wanderungen oder Raftingtouren werden von verschiedenen Hotels und Pensionen in Tha Ton organisiert.

Der **Wat Tha Ton** (☎ 0 5345 9309; www.wat-thaton.org) in Tha Ton liegt am Hang eines bewaldeten Hügels. Die Anlage besteht aus neun verschiedenen Ebenen mit Schreinen, Buddhastatuen und natürlich einem *chedi*. Von jeder Ebene hat man einen tollen Blick auf das Gebirgstal in Richtung Myanmar und die Ebe-

nen von Tha Ton. Für den 3 km langen Aufstieg bis zur neunten Ebene braucht man etwa 30 Minuten. Auf dem kurzen Spaziergang zur ersten Ebene kommt man an einer Statue Kuan Yins vorbei, der chinesischen Göttin des Mitgefühls. Außerdem hat hier ein Mönch, der für ausländische Besucher zuständig ist, sein Büro. Das Kloster bietet siebentägige *vipassana*-Meditationsklausuren an, die schweigend verbracht werden. Auf der Website erfährt man Details und aktuelle Termine und kann online buchen. Darüber hinaus gibt es ein medizinisches Zentrum, in dem traditionelle Massagen, Akupunktur und Saunas zum Programm gehören.

Von Tha Ton aus kann man eine halbtägige **Bootstour** (☎ 0 5345 9427; 350B; Abfahrt 12.30 Uhr) nach Chiang Rai unternehmen. Auf die normalen Passagierboote passen bis zu zwölf Personen. Diese Touren sind mittlerweile sehr touristisch geworden – unter den Passagieren finden sich normalerweise keine Einheimischen und in den Dörfern, die auf dem Weg liegen, werden Cola und Souvenirs verkauft. Die beste Zeit für solche Ausflüge ist Ende der Regenzeit im November, wenn der Flusspegel sehr hoch ist. Die Trips dauern drei bis fünf Stunden, je nach Bedingungen und Fahrkünsten des Kapitäns. Die Bootstour ist von Chiang Mai aus an einem Tag zu schaffen, wenn man direkt nach der Ankunft in Chiang Rai einen Bus nimmt – stressfreier ist der Ausflug aber mit einer Übernachtung in Tha Ton.

Manche Urlauber machen die Tour nach Chiang Rai in zwei oder drei Etappen. Zunächst fährt man nach Mae Salak (90 B), einem großen Lahu-Dorf, oder nach Ban Ruammit (300 B), einem Karen-Dorf. Beide Ortschaften sind zwar ziemlich touristisch, doch kann man von hier aus zu anderen Shan-, Thai- und Bergvolkdörfern wandern. Südlich von Mae Salak gibt es außerdem eine längere Route nach Wawi, einer multiethnischen Dorfgemeinschaft von *jiin haw*, Lahu, Lisu, Akha, Shan, Karen, Mien und Thais. In der Umgebung von Wawi liegen Dutzende von Dörfern mit den verschiedensten Ethnien, darunter die größte Akha-Gemeinschaft Thailands (Saen Charoen) und die älteste Lisu-Siedlung (Doi Chang). Alternativ kann man von Mae Salak Richtung Süden nach Mae Suay wandern und dort in einen Bus nach Chiang Rai oder Chiang Mai steigen.

Trotz der Stromschnellen kann man die Bootstour auch flussaufwärts von Chiang Rai

aus unternehmen – das dauert dann allerdings entsprechend länger. Darüber hinaus gibt es die Möglichkeit, ein komplettes Boot zu mieten (2500 B, 6 Pers.).

Schlafen

Die meisten Übernachtungsgäste suchen sich ihr Quartier in Tha Ton.

Thaton Garden Riverside (☎ 0 5345 9286; Zi. 300–600 B) Das blitzblanke Gästehaus direkt neben dem Thaton Chalet an der Brücke ist wirklich eine gute Wahl. Es gibt Zimmer mit Klimaanlage oder mit Ventilatoren – erstere sind den kleinen Aufpreis wert, haben sie doch eine Terrasse mit Blick auf den Fluss. Diesen gibt's auch vom Restaurant aus.

Apple Guest House (☎ 0 5337 3144; Zi. 350–600 B) Zweistöckiges Gebäude in komfortabler Lage gegenüber vom Bootsanleger. Die Zimmer sind geräumig und gut ausgestattet. Im Untergeschoss gibt's ein Restaurant.

Garden Home (☎ 0 5337 3015; Zi. 380–1500 B) Ruhige Unterkunft direkt am Fluss etwa 150 m von der Brücke entfernt. Die schilfgedeckten Bungalows werden von Litschi-Bäumen und Bougainvilleen eingerahmt. Außerdem gibt's ein paar Steinbungalows und drei größere und luxuriösere Varianten direkt am Fluss mit kleiner Veranda, Fernseher und Kühlschrank. Anreise: Nach der Brücke an dem Schild links abbiegen, das zum Thaton River View Hotel weist.

Baan Suan Riverside Resort (☎ 0 5337 3214; Fax 0 5337 3215; Zi. 700–1500 B; 🛇) Trotz der wunderschön gestalteten Anlage fallen die Preise zu hoch aus. Zur Auswahl stehen kleine Betonbungalows mit Terrasse (ohne Blick auf den Fluss) und ein paar direkt am Fluss liegende geräumige Holzbungalows, ebenfalls mit Terrasse.

LP Tipp **Thaton River View Hotel** (☎ 0 5337 3173; Fax 0 5345 9288; Zi. 1400 B; 🛇) Das ruhige Resort weiter flussaufwärts hat 33 Zimmer mit Ausblick auf den Mae Nam Kok, die über hölzerne, von Frangipani-Bäumen gesäumten Laufstege miteinander verbunden sind. Die Zimmer sind stilvoll eingerichtet und bieten einen tollen Blick ins Grüne. Das Restaurant zählt zu den besten in der Region.

Thaton Chalet (☎ 0 5337 3155/7; www.thatonchalet.com; 1400–2200 B; 🛇) Die Zimmer in dem vierstöckigen Hotel neben der Brücke sind etwas altmodisch. Drinnen gibt es ein Restaurant, draußen, direkt am Fluss, einen einladenden Biergarten.

Maekok River Village Resort (☎ 0 5345 9355; www.maekok-river-village-resort.com; Zi. 2600–4300 B; 🖳 🖳) Die weitläufige Ferienanlage liegt weiter flussabwärts auf der Seite des Bootsanlegers. Es gibt Familienzimmer mit vier Betten und Zwei-Bett-Zimmer zum Pool hinaus. Das Resort ist ein guter Ausgangspunkt für wissenschaftliche Streifzüge durch die Natur und daher jedes Jahr Basis internationaler Forschungsteams. Außerdem gibt es ein breitgefächertes Angebot an verschiedenen Aktivitäten, u. a. Wanderungen, Rafting-, Mountainbike- und Höhlentouren.

Essen

FANG

An den Essensständen auf dem Markt gibt es fast durchweg leckeres Essen. Ein paar Restaurants servieren außerdem Yunnan-Spezialitäten wie *khâo sawy, man·toh* (gedämpfte Brötchen, auf Mandarin *mantou*) und *khâo mòk kài*, kŭaytǐaw (Reisnudeln) und weitere Standardgerichte.

THA TON

Die Restaurants der meisten Spitzenklassehotels liegen direkt am Fluss. Am Bootsanleger gibt es ein paar einfache **thailändische/chinesische Restaurants** (Gerichte 25–35 B) und den **Coffee Cup** (Gerichte 60–90 B; ☙ 7.30–16.30 Uhr), ein flippiger Laden, der neben einem leckeren Frühstück und verschiedenen Sandwiches auch heiße und kalte Kaffee- und Teegetränke serviert.

An- & Weiterreise

BUS & SONGTHAEO

Busse nach Fang (105 B, 3 Std., alle 30 Min.) starten am Chang Pheuak Bus Terminal in Chiang Mai. Zusätzlich sind klimatisierte Minibusse (150 B, 3 Std., alle 30 Min.) unterwegs, die hinter dem Chang Pheuak Bus Terminal Ecke Soi Sanan Kila abfahren.

Die 23 km von Fang nach Tha Ton kann man mit den gelbfarbenen Songthaeos (25 B) bewältigen; Abfahrt zwischen 5.30 und 17 Uhr am Markt, Fahrtdauer 40 Minuten.

Viele Ziele nördlich von Tha Ton lassen sich nicht nur per Boot erreichen. Die Straße entlang des Bergkamms zu dem Dorf Mae Salong in der Provinz Chiang Rai gehört zu einer der schönsten Routen in ganz Thailand. Gelbe Songthacos fahren vom nördlichen Flussufer in Tha Ton nach Mae Salong (70 B, 1½ Std., zw. 8 & 12.30 Uhr alle 2 Std.).

Um direkt nach Mai Sai (70–90 B) oder Chiang Rai (95–105 B) zu gelangen, nimmt man am besten den Bus, der nachmittags an der Brücke abfährt.

Wer auf dem Weg nach Westen in die Provinz Mae Hong Son ist, muss für die Weiterreise nicht unbedingt nach Chiang Mai im Süden fahren. An der Mae Malai, der Kreuzung zwischen der Rte 107 (Hwy Chiang Mai–Fang) und der Rte 1095, fahren Busse nach Pai (65 B). Auf dem Weg von Pai nach Fang im Norden muss man an dieser Kreuzung umsteigen.

MOTORRAD

Mit dem Motorrad kann man von Tha Ton über eine vollständig geteerte, aber tückische Straße zum 48 km nordöstlich gelegene Doi Mae Salong fahren. An der Strecke liegen ein paar Lisu- und Akha-Dörfer. Die rund 27 km zwischen dem Dorf Muang Ngam und dem Doi Mae Salong sind sehr steil und kurvig – besonders in der Regenzeit sollte man also vorsichtig fahren. Bei guten Bedingungen dauert die Tour etwa eineinhalb Stunden.

SÜDLICHES CHIANG MAI

Südlich von Chiang Mai befindet sich das Ping-Tal, eine fruchtbare landwirtschaftlich genutzte Ebene. In der Region gibt es einige Dörfer, in denen bemerkenswertes Kunsthandwerk hergestellt wird. Weiter im Südwesten liegt der Doi Inthanon, der höchste Berg Thailands.

BO SANG & SAN KAMPHAENG

ปอสร้าง/สันกำแพง

Bo Sang südöstlich von Chiang Mai ist im ganzen Land als „Schirmdorf" bekannt. Fast das ganze Dorf ist ein einziger Touristenmarkt voller Kunsthandwerksläden, in denen bemalte Schirme (oft aus auswärtiger Produktion), Fächer, Silberarbeiten, Statuen, Seladon-Keramik und Lacke verkauft werden. Vieles findet man auch auf dem Nachtbasar von Chiang Mai, doch hier ist die Auswahl größer.

Zum Bo Sang Umbrella Festival (têtsàkaan rôm) Ende Januar findet tagsüber ein farbenprächtiger Schirmumzug und nachts eine Laternenprozession statt. Das mag touristisch klingen, tatsächlich feiern hier jedoch hauptsächlich Einheimische. Ein Highlight sind die vielen nordthailändischen Musikgruppen, die vor den Läden in der Hauptstraße von Bo Sang spielen.

Weiter runter auf der Rte 1006 liegt San Kamphaeng, das für seine Baumwoll- und Seidenweberei bekannt ist. Entlang der Hauptstraße findet sich ein Stoffladen nach dem nächsten, die eigentliche Arbeit geschieht jedoch in den Nebenstraßen in kleinen Fabriken, in die man übrigens einen Blick werfen kann.

An- & Weiterreise

Tagsüber fahren regelmäßig weiße Songthaeos von Chiang Mai nach Bo Sang (20 B) und San Kamphaeng (20 B), Abfahrt in Chiang Mai am Songthaeo-Sammelplatz auf der Th Praisani in der Nähe des Talat Warorot. Bo Sang ist 10 km von Chiang Mai entfernt, San Kamphaeng 14 km.

MAE KAMPONG

แม่กำปอง

Die Rte 1317 durch das Ping-Tal führt an Reisfeldern und saftigen Wiesen vorbei, wird dann in Richtung Distrikt Mae On zunehmend steil und schmal und arbeitet sich schließlich in die bewaldeten Hügel von Mae Kampong hoch. In letzter Zeit zieht die Region aufgrund der attraktiven Kombination von Natur und Kultur immer mehr Besucher an, die meistens ein- oder zweitägige Ausflüge unternehmen. Viele Touristen machen auf den eintägigen Touren durch den Hochseilgarten von **Flight of the Gibbons** (S. 327) das erste Mal Bekanntschaft mit der Region.

Das Thai-Dorf **Ban Mae Kampong** liegt auf einer Höhe von 1300 m und ist für die Herstellung von mêeang (eingelegten Teeblättern) bekannt, der nordthailändischen Betelnuss-Version. Die meisten Dorfbewohner leben vom Geschäft mit den Teeblättern, die sie in den umliegenden Wäldern sammeln. Am frühen Morgen legen die Teepflücker beim Tempel einen kleinen Stopp ein, wo sie von einem Mönch mit einem stärkenden Trank aus medizinischen Kräutern versorgt werden. Das Dorf selbst ist ein Labyrinth aus kleinen der Höhe trotzenden Hütten, die sich eng an den steilen Hang anschmiegen. Die Blumen wiegen sich im kühlen Wind, während die Insekten in den Wäldern ihr eigenes kleines Konzert zum Besten geben. Mehrere Familien bieten einfache **Privatunterkünfte** (☎ 0 5322 9526; 980 B pro Pers.) inklusive drei Mahlzeiten an.

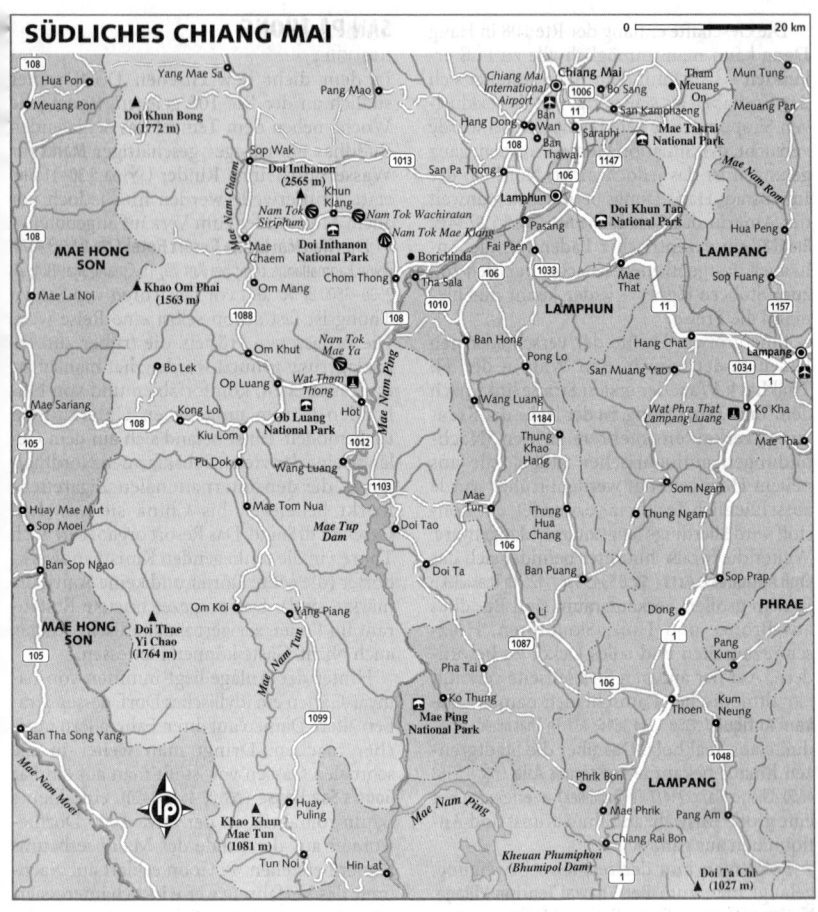

SÜDLICHES CHIANG MAI

Die enge Straße, die durch den Ort verläuft, führt erst hoch zum Berggipfel und schlängelt sich dann runter zum **Chae Son National Park** (s. S. 385), dessen Attraktion Wasserfälle und Thermalquellen sind.

Wer sich in der abgeschiedenen Natur wohlfühlt, kann ein paar Tage in den Natur-Lodges südlich des Dorfes verbringen. Durch das Areal der **Tharnthong Lodge** (☎ 0 5393 9472; www.tharnthonglodges.com; Zi. 1200–4000 B) plätschert ein Bach, über den sich eine Holzbrücke spannt, die wiederum zu den sechs auf dem Gelände verteilten Häusern führt. Wer nicht über Nacht bleiben will, sollte einen kleinen Stopp im Restaurant einlegen, das gute und preiswerte thailändische Speisen (Gerichte 70–180 B) serviert. Näher am Ort liegt das **John's**

House Bed & Breakfast (☎ 0 9813 2559; www.johnhouse thailand.com; Zi. 1500 B), das auf Stelzen über einer tiefen Schlucht gebaut wurde.

Mae Kampong liegt 48 km östlich von Chiang Mai: der Rte 1317 in Richtung San Kamphaeng folgen und an der T-Kreuzung bei Ban Huay Kaew rechts abbiegen (Schilder nach Ban Mae Kampong).

HANG DONG, BAN WAN & BAN THAWAI

หางดง/บ้านวัน/บ้านถวาย

Etwa 15 km südlich von Chiang Mai verläuft der „Möbel-Highway" mit Läden und Werkstätten, die sich auf kunstvolle Einrichtungsgegenstände, Holzschnitzereien, Antiquitäten und moderne Möbel spezialisiert haben.

Die Geschäfte entlang der Rte 108 in Hang Dong kann man unmöglich alle zu Fuß erkunden – selbst mit dem Auto gestaltet sich das Vorhaben als schwierig. Mit der exklusiven Shoppingzone **Gâht Farang** (Rte 108) wurde versucht, der Situation Herr zu werden, ganz gelungen ist das jedoch nicht. Nördlich der Innenstadt Hang Dongs befindet sich unweit des Amarin das **Siam Lanna Art** (☎ 0 5382 3419; Rte 108), ein exzentrischer Laden für alle Anhänger des gepflegten Kitschs, der sich toll zum Stöbern eignet – leider kennt nur niemand die Preise.

Eine größere Dichte der verschiedensten Läden findet man in Ban Wan in der Th Thakhilek Wan, der ersten Straße links nach dem Talat Hang Dong. In der Nähe der Kreuzung verkaufen mehrere Läden Nachbildungen antiquarischer Möbel, die aus neuem Holz gefertigt werden; früher wurde ausschließlich Teakholz verwendet, der Rohstoff wird allerdings langsam zur Mangelware. Weiter die Straße hinunter befindet sich das **Chili Antiques & Arts** (☎ 0 5343 3281; 125 Th Thakhilek); in dem großen Verkaufsraum sind Buddhas aus Bronze und Holz, Skulpturen, Holzschnitzarbeiten und edles Dekor zu bewundern. Auf der anderen Straßenseite verkauft ein altmodischer Ramschladen namens **Jirakarn Antique** (☎ 0 5344 1615; 137 Th Thakhilek) Produkte aus Teakholz. Das über die Stadtgrenzen hinaus bekannte **Crossroads Asia** (☎ 0 5343 4650; Chaiyo Plaza, 214/7 Th Thakhilek) wiederum hat eine große Auswahl an Ethno-Kunst und Antiquitäten aus ganz Asien.

Folgt man nun der rechten Abzweigung, gelangt man zum **Ban Thawai Tourism Village**, einem fußgängerfreundlichen Markt, auf dem sich auf einer Länge von 3 km verschiedene Läden aneinanderreihen, in denen alle möglichen Einrichtungsgegenstände verkauft werden. Hinter der Zone 5 befindet sich die Werkstatt Sriboonmuang, die daran erinnert, wofür Ban Thawai eigentlich bekannt ist. In dem kleinen Betrieb schleifen und polieren Arbeiter ganze Armadas von Holzelefanten, Steckenpferden und Puppen.

Viele der Geschäfte verkaufen ihre Waren sowohl an Groß- als auch an Einzelhändler und bieten an, sich um den Versand der Artikel zu kümmern. Am besten kommt man mit eigenem fahrbaren Untersatz, allerdings fahren vom Pratu Chiang Mai aus auch Songthaeos nach Hang Dong (10 B) und Ban Thawai (15 B).

SAN PA THONG
สันป่าตอง

In dem dicht bewachsenen Dorf, weiter südlich an der Rte 108 gelegen, findet jede Woche neben dem Tempel des Schlafenden Buddhas ein riesiger geschäftiger **Markt** für Wasserbüffel und Rinder (☺ Sa 5.30–11 Uhr) statt. Mittlerweile werden hier jedoch vor allem Motorräder zum Verkauf angeboten.

Das **Kao Mai Lanna Resort Hotel** (☎ 0 5383 4470; www.kaomailanna.com; bei Km 29, Th Chiang Mai-Hot; Zi. 2500–3500 B; ⌘ ⌘) vor den Toren von San Pa Thong ist fast schon selbst eine Reise wert. Die verlassenen Hütten, die früher zur Tabaklagerung genutzt wurden, hat man zu atmosphärischen, komfortablen und von blühenden Gärten umgebenen Unterkünften umgemodelt. Einst befand sich auf dem Gelände eine der vielen Tabakfarmen Nordthailands, die den internationalen Zigarettenmarkt belieferte, bis China sie aus dem Geschäft drängte. Das Resort organisiert auch Touren in die umliegenden Kunsthandwerkdörfer (die echte Dörfer und keine Souvenirmärkte sind). Das ausgezeichnete Restaurant im Freien serviert thailändische Küche; auch Nicht-Gäste können hier essen.

Hinter der Anlage liegt inmitten von Lamyai-Gärten ein idyllisches Dorf, dessen Straßen ältere Damen auf ihren Fahrrädern unsicher machen. Dringt man weiter in die schmalen Gassen vor, stößt man auf das **Pee Goon's Saa House** (☎ 08 4613 8450), eine kleine Baumwollfabrik, in der etwa 1000 Dorfbewohner aus der Rinde des Maulbeerbaums Papier herstellen. Pi Goon erklärt auf Nachfrage das Verfahren; wer wirklich interessiert ist, sollte jemanden im Schlepptau haben, der Thai spricht.

In der Nähe des Pratu Chiang Mai warten Busse und Songthaeos, die nach San Pa Thong fahren.

DOI INTHANON NATIONAL PARK
อุทยานแห่งชาติดอยอินทนนท์

Der Doi Inthanon (meist Doi In genannt) ist der höchste Berg Thailands. Seine 2565 m sind für das Land wirklich eine staatliche Höhe, mit den Riesen des Himalaja kann er sich aber freilich nicht messen. Um den Berg herum liegt der 1000 km² große **Nationalpark** (☎ 0 5328 6730; Erw./Kind 200/100 B, Auto/Motorrad 30/20 B; ☺ 8 Uhr–Sonnenuntergang) mit seinen Wanderwegen, Wasserfällen und zwei monumentalen Stupas, die zu Ehren des Königs-

paars errichtet wurden. Der Park ist von Chiang Mai aus ein beliebtes Ausflugsziel für Touristen und Einheimische; letztere sind vor allem rund um die Jahreswende zahlreich vertreten, wenn hier der so exotische Frost zu sehen ist.

Am Berg entspringen insgesamt acht Wasserfälle. Der **Nam Tok Mae Klang** (bei Km 8) ist der höchste und am leichtesten zugängliche.

Ein beliebter Zwischenstopp ist auch der **Nam Tok Wachiratan** (bei Km 20,8), an dem das Wasser 50 m in die Tiefe stürzt; am Fuß des Wasserfalls bieten Essensstände Stärkungen an. Wer das ganze nicht nur von außen betrachten möchte, kann sich auch an den Wasserfällen abseilen lassen; entsprechende Angebote gibt's bei Peak (S. 328). Von dem Hmong-Dorf Ban Mong Khun Klang aus betrachtet wirkt der **Nam Tok Siriphum** (bei Km 30) wie ein silberner Fluss. Im Februar bauen die Dorfbewohner kleine Holzwagen, mit denen sie dann einen steilen Abhang hinunter Rennen veranstalten. An der Straße zum Gipfel liegen stufenförmig in den Hängen angebaute Reisfelder und Gewächshäuser, die von den Hmong und Karen bewirtschaftet werden.

Etwa 3 km vor dem Gipfel liegen bei Kilometer 41/42 der **Phra Mahathat Naphamethanidon** und der **Nophamethanidon** (Eintritt 20 B), zwei *chedis*, die von der Royal Thai Air Force 1989 bzw. 1992 jeweils anlässlich des 60. Geburtstage des Königs und der Königin errichtet wurden. Im Sockel des achteckigen *chedi* steht eine Buddhastatue aus Stein.

Für die meisten (einheimischen) Besucher ist die Hauptattraktion des Parks das kalte Klima. Am Gipfel bietet sich einem so ein ziemlich amüsantes Spektakel: Thais mummeln sich genussvoll in ihre Jacken und Mützen ein und posieren vor Nadelbäumen und Rhododendren. Fast auf dem höchsten Punkt des Gipfels befindet sich ein *chedi*, der zu Ehren einer der letzten Lanna-Könige (Inthawichayanon) erbaut wurde. Dahinter liegt der 360 m lange **Ang Kan Trail**, der über einen Steg durch ein mit Moospflanzen bewachsenen Sumpf führt.

Das Panorama vom Doi Inthanon aus ist in der kühleren Trockenzeit von November bis Februar am schönsten. Am Gipfel angelangt, sollte man sich allerdings keine spektakuläre Aussicht erwarten – fast das ganze Jahr über ist dieser in Nebel gehüllt, der sich aus der warmen feuchten Luft der unteren Gefilden bildet und für eine schaurig-schöne At-

mosphäre sorgt. In Gipfelnähe kann es ziemlich kalt sein, eine Jacke oder einen Pulli ist also sicher kein unnötiger Ballast.

Der Park ist das Eldorado Südostasiens für Naturliebhaber und Ornithologen. An den nebelbedeckten oberen Hängen wachsen Orchideen, Flechten, Moose und Epiphyten, zudem leben hier fast 400 Vogelarten, mehr als in jedem anderen Habitat in Thailand. Der Berg ist schließlich Heimat für assamesische Makakken, Phayres-Linguren und andere seltene und weniger seltene Affen und Gibbons, indische Zibetkatzen, Muntjaks und riesige Gleithörnchen – insgesamt kann man 75 unterschiedliche Säugetierarten begegnen. Die meisten Vogelarten leben auf einer Höhe von 1500 bis 2000 m. Der beste Zeitraum für die Beobachtung des Federviehs ist von Februar bis April; die günstigsten Plätze sind die *beungs* (Moore) in der Nähe des Gipfels.

Übernachten kann man hier in den komfortablen Bungalows (ab 1000 B) neben dem Informationszentrum und dem Restaurant bei Kilometer 31. Außerdem gibt es vor dem Informationszentrum und beim Nam Tok Mae Pan Zeltplätze (60–90 B). Unter www. dnp.go.th kann man online reservieren.

An- & Weiterreise

Die meisten Besucher kommen mit eigenen Fahrzeugen oder haben von Chiang Mai aus eine organisierte Tour gebucht; man gelangt jedoch auch mit öffentlichen Verkehrsmitteln in den Park. Vom Chang Pheuak Terminal aus fahren Busse und vom Pratu Chiang Mai aus gelbe Songthaeos nach Chom Thong (61 B) und wieder zurück; der Ort liegt dem Park am nächsten und ist etwa 58 km von Chiang Mai entfernt. Manche Busse fahren direkt zum Parkeingang in der Nähe des Nam Tok Mae Klang, andere verkehren weiter nach Hot und lassen einen in Chom Thong aussteigen.

Von Chom Thong aus verkehren regelmäßig Songthaeos bis zum Parkeingang bei Tok Mae Klang (30 B), das etwa 8 km nördlich liegt. Von Mae Klang aus fahren bis zum späten Nachmittag fast stündlich Songthaeos zum Gipfel des Doi Inthanon (80 B).

Anstatt direkt nach Chiang Mai zurückzufahren, kann man sich auf den Weg nach Hot machen, von wo aus Busse in westliche Richtung nach Mae Sariang oder Mae Hong Son verkehren. So spart man Zeit, wenn man über Nacht geblieben ist.

DIE PROVINZ CHIANG MAI

Nordthailand

Der Ruf Nordthailands, „Bergland" zu sein, mag den Bewohnern Montanas oder Nepals nur ein Lächeln entlocken. Aber die fruchtbaren Flusstäler zwischen den Hügeln waren die Wiege des Volks der Thais und von vielen Elementen der thailändischen Kultur. Die Berge mögen nicht hoch sein, doch ihre Bedeutung ist immens. Obwohl Jahrhunderte vergangen sind, seit die ersten Thais aus Südchina kamen, ist sich Nordthailand seiner Wurzeln bewusst, und viele Thais betrachten die Region als das „wahre" Thailand. Der Dialekt und die Ernährung der Thais aus dem Norden sind seit Langem unverändert; Traditionen spielen hier eine große Rolle.

Der Norden ist zudem der ethnisch vielfältigste Landesteil, da hier neben den Thais viele andere Völker leben, z. B. Bergvölker wie die Hmong und Akha, die einzigartige chinesische Gemeinde von Mae Salong oder die muslimischen Gemeinden in Mae Hong Son. Insgesamt sind diese uralten Hügel ein perfektes Ziel für alle, die ein besonderes kulturelles Erlebnis suchen. Einen buddhistischen Tempel in Phrae erkunden, ehrenamtliche Arbeit in einer Flüchtlingsklinik in Tak leisten, auf dem Nachtmarkt in Lampang essen – die Attraktionen Nordthailands sind nicht spektakulär, hinterlassen aber nachhaltige Eindrücke. Auch wer Lust auf Aktivitäten hat, kommt dank der geografischen Bedingungen und des Klimas auf seine Kosten, z. B. beim Raften in Nan, in einem Nationalpark in Phitsanulok oder bei einer Autotour nach Phayao.

HIGHLIGHTS

- Einen der vielfältigen Nationalparks der Region erkunden, z. B. den **Phu Hin Rong Kla National Park** (S. 444) in Phitsanulok oder den **Salawin National Park** in Mae Hong Song (S. 500)

- In Um Phang wandern und raften, wo die Straße am **Nam Tok Thilawsu** (S. 470), Thailands schönstem Wasserfall, endet

- Im **Elephant Conservation Center** (S. 383) in Lampang Mahut werden

- Bei einem Besuch in malerischen nordthailändischen Städten wie **Phayao** (S. 414) ausgetretene Pfade verlassen

- Zu den prachtvollen Ruinen aus Thailands „Goldenem Zeitalter" im **Sukhothai Historical Park** (S. 447) und im **Si Satchanalai-Chaliang Historical Park** (S. 454) radeln

- Den legendären **Mae Hong Son Loop** (S. 478) oder die faszinierende Straße von **Chiang Khong** nach **Phayao** (S. 415) abfahren

- BESTE REISEZEIT: NOVEMBER–MÄRZ

- BEVÖLKERUNG: 7,8 MIO.

Geschichte

Die Geschichte Nordthailands ist von der wechselnden Vormachtstellung verschiedener selbständiger Fürstentümer geprägt. Einer der wichtigsten frühen kulturellen Einflüsse im Norden ging vom Mon-Königreich in Hariphunchai (heute Lamphun) aus, das vom späten 8. bis ins 13. Jh. das Sagen hatte. Einen ganz eigenen Charakter besitzt die Hariphunchai-Kunst mit ihren Buddhadarstellungen; viele gute Beispiele finden sich im Hariphunchai-Nationalmuseum in Lamphun.

Die Thais, die wahrscheinlich etwa seit dem 7. Jh. aus China einwanderten, vereinten im 13. Jh. mehrere Fürstentümer unter sich – es entstand Sukhothai, das den Mon schließlich Hariphunchai entriss. 1238 erklärte sich Sukhothai zu einem unabhängigen Königreich, das unter seinem ersten König Si Intharathit schnell seine Einflusssphäre ausweitete. Deswegen und wegen des Einflusses, den das Königreich auf die moderne thailändische Kunst und Kultur hatte, gilt Sukhothai bei den Thais als das erste wirkliche Thai-Königreich. Im Jahr 1296 gründete König Mengrai die Stadt Chiang Mai, nachdem er das machtvolle Mon-Reich von Hariphunchai unterworfen hatte.

Später wurde Chiang Mai, das im 14. und 15. Jh. eine Allianz mit Sukhothai bildete, ein Teil des größeren Königreichs Lan Na Thai (Land der Millionen Reisfelder), kurz Lanna. Dieses Reich erstreckte sich im Süden bis nach Kamphaeng Phet, im Norden bis nach Luang Prabang in Laos. Das goldene Zeitalter Lannas war das 15. Jh. Für eine kurze Zeit wurde die Hauptstadt von Sukhothai nach Phitsanulok (1448–1486) verlegt und Chiang Mai wurde ein wichtiges religiöses und kulturelles Zentrum. Doch im 16. Jh. schwand die Macht vieler Thai-Allianzen. Die Schwäche machten sich die Birmanen zu Nutze, die Chiang Mai im Jahr 1556 eroberten und danach Lanna zwei Jahrhunderte lang beherrschten. Erst nachdem die Birmanen 1767 Ayutthaya erobert hatten, gruppierten sich die Thais neu und eroberten 1774 unter König Kawila Chiang Mai zurück, während die Birmanen in den Norden zurückgedrängt wurden.

Im späten 19. Jh. unternahm König Rama V. von Bangkok Anstrengungen, die Nordregion mit dem Kern Thailands zu verbinden, um so die koloniale Bedrohung abzuwehren. Die Fertigstellung der nördlichen Bahnlinie nach Chiang Mai im Jahr 1921 verstärkte diese Verbindungen, sodass die Nordprovinzen schließlich im frühen 20. Jh. ein Teil des Königreichs Siam wurden.

Klima

Die Berge in Nordthailand beeinflussen das Klima. Im Hochland um die Stadt Mae Hong Son kann es sehr kalt werden, und über der Provinz Tak hängen die Regenwolken manchmal regelrecht fest. Das Wetter in den Ebenen um Sukhothai ist weniger wechselhaft.

Nationalparks

Für viele Traveller ist der Besuch der Nationalparks im Norden eines der absoluten Highlights ihrer Tour. Diese Region erhebt sich teilweise auf bis zu 2000 m. In der einzigartigen Landschaft leben auch einige der seltensten Tiere Thailands. Der Chae Son National Park (S. 385) ist bekannt für seine Wasserfälle und Thermalquellen. Doi Luang (S. 385) und Thung Salaeng Luang (S. 445) bemühen sich um den Artenschutz. Dagegen ist Phu Hin Rong Kla (S. 444) vor allem wegen seiner Verbindungen zur Kommunistischen Partei Thailands interessant. Im Norden liegen außerdem der Salawin National Park (S. 492) mit seinem felsigen Fluss und Doi Phu Kha (s. S. 437) mit seinen über 2000 m hohen Gipfeln. Für alle Naturliebhaber, die es gerne ruhig und friedlich haben, sind die zahlreichen Nationalparks dieser Gegend die lange Reise auf jeden Fall wert.

Sprache

Die regionalen Dialekte Thailands unterscheiden sich stark und können sogar für Muttersprachler des Thai, die aus einer anderen Region stammen, unverständlich sein. *Gäm méuang,* der Dialekt des Nordens, ist da keine Ausnahme. Außer einem ganz anderen Tonsystem als das Standard-Thai besitzt er eine Menge Wörter, die in anderen Dialekten nicht vorkommen. Allgemein hat das Nordthailändische einen langsameren Rhythmus als die drei Hauptdialekte, was gut zu der relaxten, lässigen Art der Leute passt.

Das Nordthailändische besitzt sogar eine eigene Schrift. Die basiert auf einer alten Mon-Schrift, die ursprünglich nur zur Aufzeichnung buddhistischer Texte verwendet wurde. In der Zeit des Lanna-Reiches wurde diese Schrift so populär, dass sie von den Thai Lü in China, den Khün im östlich gelegenen Shan-Staat und von weiteren Thai-Kadai sprechenden Gruppen übernommen wurde, die

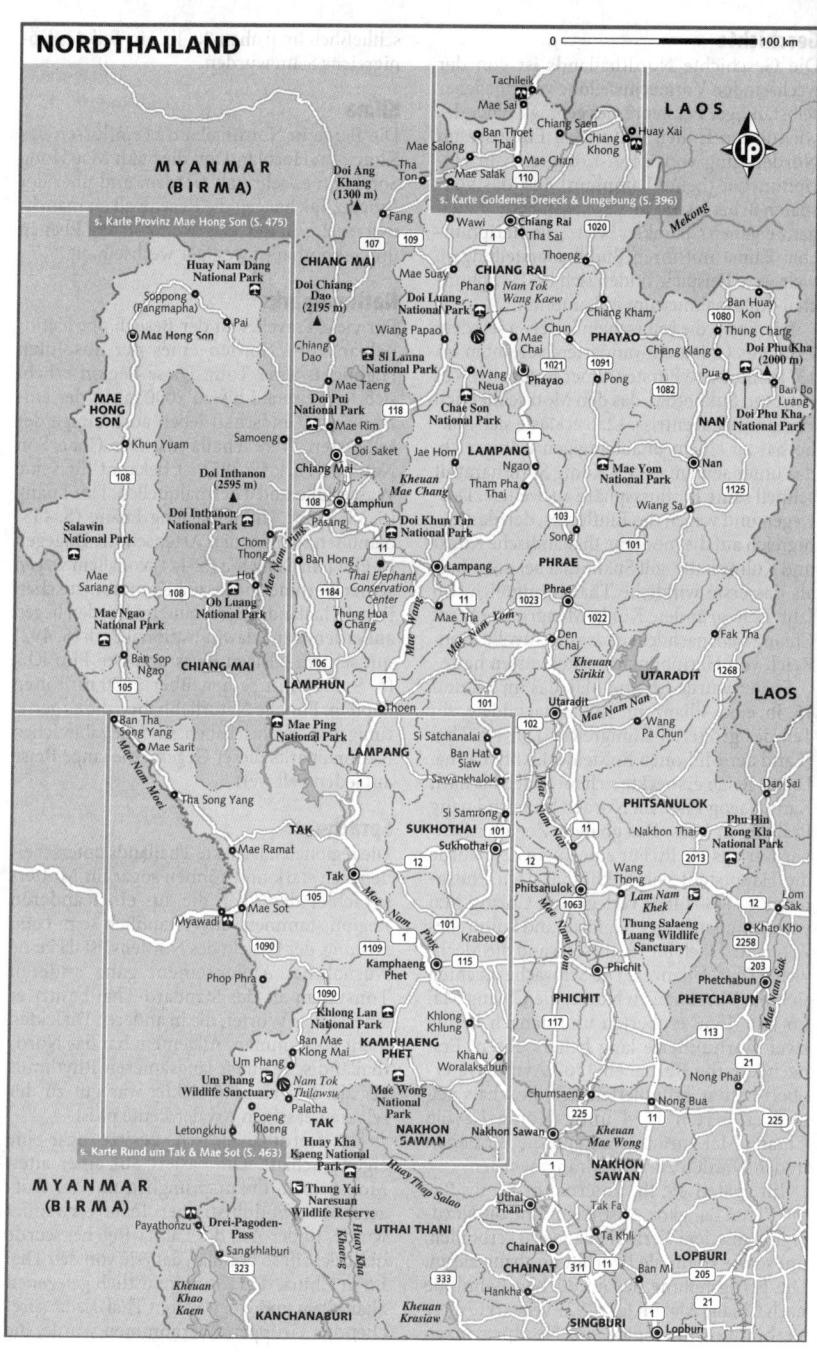

NORDTHAILAND

0   100 km

LAOS

MYANMAR (BIRMA)

s. Karte Provinz Mae Hong Son (S. 475)

Tachileik

Mae Sai

Ban Thoet Thai

Mae Salong

Chiang Saen

Chiang Khong

Huay Xai

Mae Chan

Doi Ang Khang (1300 m)

Tha Ton

Mae Salak   110

s. Karte Goldenes Dreieck & Umgebung (S. 396)

Fang

107   109

Wawi

Chiang Rai

Tha Sai   1020

Mekong

CHIANG MAI

Huay Nam Dang National Park

Soppong (Pangmapha)

Pai

Mae Hong Son

Doi Chiang Dao (2195 m)

Mae Suay

Phan

CHIANG RAI

Nam Tok Wang Kaew

Doi Luang National Park

Chiang Kham

Ban Huay Kon   1080

Thung Chang

Chiang Dao

Wiang Papao

Mae Chai   1021

Chun

PHAYAO

Chiang Klang

Doi Phu Kha (2000 m)

Pua

Ban Bo Luang

Si Lanna National Park

Wang Neua

Phayao   1091

Pong   1082

Doi Phu Kha National Park

MAE HONG SON

Mae Taeng

Doi Pui National Park

Mae Rim

Chae Son National Park

LAMPANG

NAN

Nan   1125

Khun Yuam

Samoeng

Doi Saket

Jae Hom

Ngao

Mae Yom National Park

Doi Inthanon (2595 m)

Chiang Mai

Lamphun

Kheuan Mae Chang

Tham Pha Thai

Wiang Sa

108

Doi Inthanon National Park

108

Pasang

Doi Khun Tan National Park

103

Song

101

Salawin National Park

Chom Thong

Ban Hong

11

PHRAE

Mae Sariang

108

Hot

Lampang   1184

Thai Elephant Conservation Center

11

Mae Tha   1023

Phrae   1022

Fak Tha   1268

Mae Ngao National Park

Ob Luang National Park

Thung Hua Chang

106

Den Chai

Kheuan Sirikit

UTARADIT

LAOS

Ban Sop Ngao

CHIANG MAI

LAMPHUN

1

Thoen

101

Utaradit

102

Mae Nam Nan

Wang Pa Chun

105

Ban Tha Song Yang

Mae Ping National Park

LAMPANG

Si Satchanalai

Ban Hat Siaw

Dan Sai

Mae Sarit

Sawankhalok

Mae Nam Moei

Tha Song Yang

TAK

1

Si Samrong

SUKHOTHAI

Si Samrong   101

PHITSANULOK

Nakhon Thai

Phu Hin Rong Kla National Park

Mae Ramat

Tak

12

Sukhothai

12

Wang Thong

2013

Lom Sak

Mae Sot

105

Phitsanulok   1063

12

Khao Kho

Myawadi

1090

1109

Mae Nam Ping

101

Krabeu

Lam Nam Khek

2258

203

Phop Phra

1

Kamphaeng Phet

115

Phichit

Phetchabun

PHICHIT

1090

Khlong Lan National Park

Khlong Khlung

PHETCHABUN

Um Phang

Ban Mae Klong Mai

KAMPHAENG PHET

117

113

21

Um Phang Wildlife Sanctuary

Nam Tok Thilawsu

Mae Wong National Park

Khanu Woralaksaburi

Nong Phai

Poeng Kloeng

Palatha

NAKHON SAWAN

Chumsaeng

Nong Bua

225

Letongkhu

Huay Kha Kaeng National Park

Nakhon Sawan

Kheuan Mae Wong

225

TAK

s. Karte Rund um Tak & Mae Sot (S. 463)

1

NAKHON SAWAN

MYANMAR (BIRMA)

Thung Yai Naresuan Wildlife Reserve

Huay Thap Salao

Uthai Thani

Tak Fa

Payathonzu

Drei-Pagoden-Pass

Ta Khli

Sangkhlaburi

323

UTHAI THANI

Chainat

LOPBURI

Kheuan Khao Kaem

333

CHAINAT

311   11

Ban Mi   205

21

KANCHANABURI

Kheuan Krasiaw

Hankha

SINGBURI

1

Lopburi

zwischen Lanna und China lebten. Heute können aber nur noch wenige Bewohner des Nordens diese oft als „Lanna-Schrift" bezeichnete nordthailändische Schrift lesen, man findet sie aber gelegentlich auf Schildern, was die Besonderheit der hiesigen Kultur betonen soll.

Das Sprachkapitel dieses Führers behandelt nur den zentralthailändischen Dialekt; einige nützliche nordthailändische Wörter und Redewendungen sind im Kasten unten zusammengestellt.

An- & Weiterreise

Manche Traveller legen in der Region Zwischenstopps auf ihrer 700 km langen Reise von Bangkok nach Chiang Mai ein. Andere benutzen bloß Chiang Mai als Sprungbrett zu anderen Zielen – beides sind gute Strategien. Eine Zugfahrt ist wohl die bequemste Art, in den Norden zu reisen, obwohl es nur eine Bahnlinie gibt und es vergleichsweise langsam vorwärts geht. Wer es eiliger hat, findet in fast jeder größeren Stadt Nordthailands mittlerweile auch Flughäfen. Und natürlich fahren in fast der gesamten Region Busse (oder Kleinbusse) – außer zu den Gemeinden an der Grenze zu Myanmar (Birma), die man

aber in der Regel mit einem Songthaeo (Pickup mit Bänken auf der Ladefläche) erreicht.

Unterwegs vor Ort

Mit öffentlichen Verkehrsmitteln kommt man in Nordthailand fast überall hin. Es gibt sie massenweise und sie sind zuverlässig, wenn auch etwas langsam. In den meisten Städten gibt es Autovermietungen. Wer Motorrad fahren kann, kann hier eines mieten. Und wer es nicht kann: Es ist einfach, und das Fahren macht echt Spaß. Infos zu Motorradtouren im Norden gibt's im Kasten auf S. 374.

PROVINZ LAMPHUN

LAMPHUN

ลำพูน

56 800 Ew.

Lamphun ist für kulturell interessierte Chiang-Mai-Traveller wirklich einen Besuch wert. Die ruhige Provinzhauptstadt liegt an den Ufern des Mae Kuang, eines Nebenflusses des Mae Ping, und macht von der Tatsache, dass sie eine der ältesten Städte Thailands ist, wenig Aufhebens. Die Festungsmauern und Tempel sind

---

NORDTHAILÄNDISCH

Die Menschen in Nordthailand reagierten früher beleidigt, wenn Außenstehende versuchten, sie auf *gǎm méuang* anzusprechen. Dieses Verhalten ging auf die Zeit zurück, als die Zentralthailänder ihre Landsleute aus dem Norden als zurückgeblieben betrachteten und sich über ihre Sprache lustig machten. Heute sind die meisten Nordthais stolz auf ihre Sprache, und es gibt sogar eine beliebte, in Bangkok produzierte Fernsehserie, in der die meisten Figuren den nördlichen Dialekt sprechen.

Hier ein kleiner Sprachführer für alle, die selbst versuchen möchten, die Einheimischen mit ein paar Floskeln ihrer Sprache für sich zu gewinnen.

■ *Pǒm ôo gǎm méuang bòr jâhng.*	Ich kann kein Nordthailändisch.
■ *A yǎng gór?*	Was haben Sie gesagt?
■ *An née tôw dai?*	Was kostet das?
■ *Mee kôw nêung bòr?*	Haben Sie Klebreis?
■ *Lám ɗáa ɗáa*	köstlich
■ *Mâan lâ*	ja/richtig
■ *Bòr mâan*	nein
■ *Sow*	20
■ *Gàht*	Markt
■ *Jôw*	(Eine von Frauen benutzte Höflichkeitspartikel, die dem zentralthailändischen *ka* entspricht)
■ *bàht só! Nôrng née ngáhm kànàht!*	Sie sind wirklich nett!

NORDTHAILAND

Überbleibsel aus Lamphuns Vergangenheit als nördlichster Vorposten des Mon-Dvaravati-Reiches; die Stadt hieß damals Hariphunchai und war ein eigenes kleines Königreich (750–1281 n. Chr.). Hier regierte Chama Thewi, eine Mon-Königin, die unter den historischen Herrschern Thailands legendär ist.

Die 26 km lange Straße zwischen Chiang Mai und Lamphun gehört zu den Hauptattraktionen. Auf der hübschen Landstraße fährt man teilweise unter dem dichten Blätterdach hoher Flügelfruchtgewächse.

Sehenswertes

WAT PHRA THAT HARIPHUNCHAI

วัดพระธาตุหริภุญชัย

Dieser **Tempel** (Th Inthayongyot; Eintritt 20 B) hat einen besonderen Rang, weil er noch aus der Mon-Zeit stammt. Errichtet wurde er 1044 (bzw. nach anderen Datierungen 1108 oder 1157)

an der Stelle des früheren Palasts der Königin Chama Thewi. Er bröckelte vor sich hin, bis ihn Khru Ba Srivichai, ein berühmter Mönch aus Nordthailand, in den 1930er-Jahren renovierte. Zum Tempel gehören einige interessante Bauten, ein paar schöne Buddhastatuen und zwei alte *chedi* (Stupas) im ursprünglichen Hariphunchai-Stil. Der höchste der alten *chedis*, der Chedi Suwan, stammt von 1418 und ist ein schmaler, spitzer, 21 m hoher Backsteinturm. Etwas neuer ist der 46 m hohe Phra Maha That Chedi, der mit seiner Glockenform auf einem quadratischem Sockel als ein Musterbeispiel der Lanna-Architektur des 15. Jhs. gilt.

Hinter dem Tempel liegt der **Kad Khau Moon Tha Singh**, ein kleiner Souvenirmarkt auf einer überdachten Brücke. Hier gibt's die Erzeugnisse des OTOP-Programms („One Tambon, One Product"/„Ein Dorf, ein Produkt"), da-

---

EASY RIDER

Immer mehr Besucher erkunden Nordthailand mit einem gemieteten Motorrad. Zwar sind mit dem Fahren in Thailand unbestreitbar Risiken verbunden, aber kann man das Land auf diese Weise gut in einem selbst gewählten Tempo kennenlernen und hat jederzeit die Gelegenheit, die ausgetretenen Pfade zu verlassen.

Wenn man nicht gerade querfeldein fahren oder in der Regenzeit auf unbefestigten Pisten unterwegs sein möchte, braucht man die großen Geländeräder, die in Chiang Mai vermietet werden, nicht wirklich. Die 110- bis 150-cm³-Fahrzeuge mit Automatikgetriebe, die man in ganz Thailand findet und die Mopeds ähneln, sind für die meisten Straßen schnell und stark genug. Wer für längere Strecken eine etwas größere und bequemere Maschine haben möchte, ist mit der in Thailand hergestellten 200 cm³ Honda Phantom gut bedient.

Die Preise beginnen in Chiang Mai mit ungefähr 150 B pro Tag für eine 125 cm³ Honda Wave/Dream und gehen rauf bis auf 1200 B pro Tag für eine Honda CB1000. Allgemeine Infos zum Mieten eines Fahrzeugs und zu Sicherheitsfragen sind auf S. 838 zu finden.

Eine gute Einsteigerstrecke in Nordthailand ist der 100 km lange Samoeng Loop, den man in einem halben Tag bewältigen kann. Er verläuft nördlich von Chiang Mai über die Rte 107, 1096 und 1269, führt durch eine landschaftlich schöne Gegend und hat reichlich Kurven, sodass man einen Vorgeschmack darauf bekommt, wie es sich im Norden fährt. Der 470 km lange Chiang Rai Loop, der auf den Rte 107, 1089 und 118 durch das malerische Fang und Tha Ton führt, ist ebenfalls sehr beliebt. Man kann die Fahrt auch für einen Aufenthalt in Chiang Rai unterbrechen. Der Klassiker im Norden ist der Mae Hong Son Loop (S. 478), eine 950 km lange Tour, die in Chiang Mai beginnt. Hierbei lernt man die 1864 Kurven der Rte 1095 kennen und kann in Pai, Mae Hong Son oder Mae Sariang übernachten, ehe es über die Rte 108 wieder nach Chiang Mai zurückgeht. Eine weniger bekannte, aber gleichermaßen unterhaltsame Tour führt von Chiang Khong in der Provinz Chiang Rai über die Rte 1155 und 1093 in die wenig besuchte Ortschaft Phayao (S. 414). Bei diesem Tagesausflug fährt man durch eine der dramatischsten Gebirgslandschaften Thailands.

Die beste Informationsquelle zum Thema Motorradfahren in Nordthailand, mal abgesehen von der Reihe sehr guter Tourenkarten für Biker, ist **Golden Triangle Rider** (GT Rider; www.gt-rider.com). Auf der Website gibt's Unmengen von Infos über das Mieten von Motorrädern (mit Empfehlungen zu Vermietern in Chiang Mai und Chiang Rai) und über Motorradversicherungen, außerdem eine Menge Tourempfehlungen mit Streckenplänen sowie ein interaktives Forum.

runter getrocknete *lam yai* (Longanfrüchte) und Seide.

HARIPHUNCHAI NATIONAL MUSEUM
พิพิธภัณฑสถานแห่งชาติลำพูน

Gegenüber dem Wat Phra That Hariphunchai findet sich auf der anderen Straßenseite das informative **Hariphunchai National Museum** (☎ 0 5351 1186; Th Inthayongyot; Eintritt 100 B; Mi–So 9–16 Uhr). Das von der staatlichen Kunstverwaltung betriebene Museum zeigt eine Reihe von Artefakten aus der Mon- und Lanna-Zeit sowie Buddhafiguren aus dem Dvaravati-Reich. In einem Saal sind Steininschriften in Mon- und in Lanna-Schrift ausgestellt. Die Begeisterung des Kurators für sein Museum und das kulturelle Erbe Lamphuns sind echt ansteckend. Interessant sind auch die wechselnden Ausstellungen, die sich mit neueren Themen wie etwa der Ansiedlung der Yong in Lamphun beschäftigen. Der kleine Buchladen des Museums hat auch einige englischsprachige Titel.

WAT CHAMA THEWI
วัดจามเทวี

Ein weiterer ungewöhnlicher Hariphunchai-*chedi* ist im Wat Chama Thewi (im Volksmund kurz Wat Kukut genannt) zu bestaunen. Der Chedi Suwan Chang Kot entstand ursprünglich wohl im 13. Jh., wurde seither aber viele Male restauriert, sodass er heute einen Mix verschiedener Architekturstile aufweist und insgesamt als eines der jüngsten Beispiele der Dvaravati-Architektur gilt. Das gestufte Äußere zeigt eine bemerkenswerte Ähnlichkeit zu dem aus dem 12. Jh. stammenden Satmahal Prasada in Polonnaruwa auf Sri Lanka. Jede Seite des *chedi* ist mit fünf Reihen à drei Buddhafiguren geschmückt, die nach oben hin immer kleiner werden. Die stehenden Buddhas sind relativ neu, aber im Dvaravati-Stil gehalten.

Der Tempel ist ungefähr 1,5 km vom Wat Phra That Hariphunchai entfernt; vom Museum aus kann man mit einem Motorradtaxi (30 B) hinfahren.

Festivals & Events

In der zweiten Augustwoche steht Lamphun beim jährlichen **Lam-Yai-Festival** ganz im Zeichen der Longanfrucht, des wichtigsten landwirtschaftlichen Erzeugnisses der Gegend. Man sieht Festwagen, die über und über mit den Früchten geschmückt sind, und natürlich

wird auch eine Miss Lam Yai gewählt. Beim **Songkran** (Mitte April) geht es hier gemütlicher und traditioneller zu als in Chiang Mai – wer es nicht ganz so nass und derb mag, schaut sich das Fest besser in Lamphun an.

Schlafen & Essen

Weil Lamphun so nah bei Chiang Mai liegt, werden die wenigsten hier übernachten. Wenn es aber klemmt, kann man es im **Si Lamphun Hotel** (☎ 0 5351 1176; Soi 5, Th Inthayongyot; EZ/DZ 200/300 B) südlich des Wat Phra That oder im **Supamit Court** (☎ 0 5353 4865; Fax 0 5353 4355; Th Chama Thewi; EZ/DZ 250–600 B;) gegenüber dem Wat Chama Thewi versuchen.

An der Hauptstraße südlich des Wat Phra That findet man eine Reihe bescheidener **Nudel- und Reisläden** (Th Inthayongyot).

An- & Weiterreise

Blaue Songthaeos und weiße Busse fahren von Chiang Mai aus nach Lamphun (20 B, alle 30 Min.). Sie starten an einer Haltestelle in der Th Praisani vor dem Talat Warorot und an einer weiteren östlich des Flusses an der Th Chiang Mai-Lamphun, gleich südlich des Büros der Tourist Authority of Thailand (TAT). Auch an Chiang Mais Busbahnhof Chang Pheuak hat man Anschluss. In Lamphun kann man sich von allen Verkehrsmitteln in der Th Inthayongyot an der Haltestelle vor dem Nationalmuseum oder dem Wat Phra That Hariphunchai absetzen lassen.

Von Lamphun zurück nach Chiang Mai fährt man von der Haltestelle vor dem Nationalmuseum oder vom Busbahnhof an der Th Sanam.

RUND UM LAMPHUN
Pasang
ป่าซาง

Das Baumwollspinnerdorf der Provinz, Pasang (nicht zu verwechseln mit Bo Sang), liegt südwestlich von Lamphun an der Rte 106. Ein Einkaufsort ist es zwar nicht, aber man kann in den Werkstätten zuschauen, wie der Stoff gewebt wird.

Der **Wat Chang Khao Noi Neua** am südlichen Ortsende abseits der Rte 106 besitzt einen tollen vergoldeten *chedi* im Lannastil.

Ein paar **Baumwollläden** finden sich in der Nähe des örtlichen Hauptmarkts gegenüber dem Wat Pasang Ngam. Einige wenige Stände auf dem Markt bieten auch Baumwolltextilien und Souvenirs feil. Das Dorf feiert alljähr-

lich im Dezember seine Webereitradition mit einem Jahrmarkt und einer Ausstellung.

Mit einem Songthaeo kommt man für 15 B von Lamphun nach Pasang. Wer mit dem eigenen Auto nach Süden in die Provinz Tak fahren möchte, sollte nicht den Hwy 11 nach Lampang, sondern die meist weniger befahrene Rte 106 nach Thoen nehmen – so kommt man auch in den Genuss des kurvenreichen, 10 km langen und landschaftlich reizvollen Abschnitts nördlich von Thoen. Beide Fernstraßen treffen im Süden mit dem Hwy 1 zusammen, über den man dann direkt in die Hauptstadt von Tak kommt.

Wat Phra Phutthabaht Tak Phah

วัดพระพุทธบาทตากผ้า

Der an einem Hang gelegene, in der Region berühmte Tempel gehört der beliebten Mahanikai-Sekte und ist ein Schrein für Luang Pu Phromma, einen der am höchsten verehrten Mönche im Norden. Er liegt ungefähr 9 km südlich von Pasang bzw. 20 km südlich von Lamphun abseits der Rte 106 in Tambon Ma-Kok (der Rte 1133 1 km nach Osten folgen). Der Wat enthält ein aus Harz gefertigtes, lebensecht wirkendes Abbild des in Meditationshaltung sitzenden Mönchs.

Hinter dem weitläufigen Grundstück gibt es einen Park und einen steilen Berg, auf dessen Gipfel sich ein *chedi* erhebt. Der Wat ist nach dem Schrein für eine Buddhafußspur (*prá pút·tá·bàht*) in der Mitte des unteren Tempelgeländes und nach einer weiteren Stelle benannt, wo Buddha angeblich seine Gewänder (*dàhk pâh*) trocknete.

Ein Songthaeo von Lamphun zum Wat kostet 30 B.

Doi Khun Tan National Park

อุทยานแห่งชาติดอยขุนตาล

Dieser 225 km² große **Park** (☎ 0 5354 6335; Eintritt 200 B) ist keine extra Anreise wert, aber wenn man in der Gegend ist, sollte man ihn schon besuchen. Er liegt im Bergland zwischen den Provinzen Lamphun und Lampang und erstreckt sich vom mit Bambuswald bedeckten, auf 350 m über dem Meeresspiegel gelegenen Tiefland bis hinauf zum mit Kiefern bewachsenen Gipfel des Doi Khun Tan in 1363 m Höhe. Wildblumen, darunter Orchideen, Ingwer und Lilien, wachsen hier in Hülle und Fülle. Bei der Parkverwaltung gibt es Karten, auf denen die gut markierten Wege verzeichnet sind. Kurze Wanderstrecken rund um die

---

> **ÜBERNACHTEN IN NORDTHAILAND**
>
> Im Folgenden sind die Standardpreise für die Hauptsaison angegeben. Weitere Details zu den verschiedenen Unterkunftskategorien gibt's im Kasten auf S. 162.
>
> ■ Budget (unter 600 B)
> ■ Mittelklasse (600–1500 B)
> ■ Spitzenklasse (über 1500 B)

Verwaltungszentrale sind darunter, aber auch lange Wege zu den vier Berggipfeln; eine Strecke führt sogar nach **Nam Tok Tat Moei** (hin & zurück 7 km). Durch die Berge führt Thailands längster Eisenbahntunnel (1352 m). Tausende Arbeiter aus Laos schufteten hier sechs Jahre lang, bevor der Tunnel 1921 in Betrieb genommen wurde – mehrere Arbeiter sollen angeblich Tigern zum Opfer gefallen sein.

Bungalows (☎ 0 2562 0760; www.dnp.go.th; Bungalow 1500–2700 B) zum Übernachten stehen in der Nähe der Parkverwaltung. Bei den Bungalows gibt es auch ein Restaurant. An Wochenenden während der kühlen Jahreszeit ist der Park gut besucht.

Einzigartig ist, dass der Hauptzugang zum Park gleichzeitig ein Bahnhof ist. Von Bahnhof Khun Tan aus – täglich fahren Züge von Chiang Mai (2./3. Klasse 33/15 B, 1½ Std., 5-mal tgl., letzte Rückfahrt 13.35 Uhr) hierher – überquert man die Gleise und folgt einem steilen, markierten Pfad 1,3 km weit bis zur Parkverwaltung. Wer mit dem Auto unterwegs ist, folgt der Autobahn von Chiang Mai nach Lampang bis zur Abzweigung Mae Tha und fährt dann auf einer 18 km langen, steilen und unbefestigten Straße den Ausschilderungen nach.

PROVINZ LAMPANG

LAMPANG

ลำปาง

148 199 Ew.

Schwerfällige Elefanten, elegante Villen früherer Holzbarone, eindrucksvolle Tempel aus der Lanna-Ära, viele davon aus Holz – Lampang scheint (auf freundliche Art) alle Klischees über Nordthailand zu bestätigen. Trotzdem wirkt die Stadt „unentdeckter" als so mancher stärker auf Touristen eingestellte

Ort im Norden, weil nur wenige Besucher den Weg hierher finden.

Geschichte

Zwar wurde die Provinz Lampang bereits während der Dvaravati-Periode im 7. Jh. besiedelt, aber Legenden berichten davon, dass die Stadt Lampang vom Sohn der Hariphunchai-Königin Chama Thewi gegründet wurde. Diese spielt eine wichtige Rolle in der Geschichte des Hariphunchai-Königreichs (8.–13. Jh.).

Wie Chiang Mai, Phrae und andere ältere Städte des Nordens wurde auch das moderne Lampang als Rechteck angelegt, mit einer Stadtmauer umgeben und entlang eines Flusses (hier dem Mae Wang) gebaut. Am Ende des 19. und zu Beginn des 20. Jhs. war Lampang zusammen mit dem nahe gelegenen Phrae ein wichtiger Umschlagplatz für den nationalen und internationalen Teakhandel. Eine große britische Holzgesellschaft engagierte birmanische Vorarbeiter, die mit der Teakholzindustrie Birmas vertraut waren. Diese sollten birmanische und thailändische Holzfäller aus der Gegend ausbilden. Zusammen mit unabhängigen birmanischen Teakhändlern, die ebenfalls in Lampang ihren Geschäften nachgingen, sponserten diese gut bezahlten Vorarbeiter in der Stadt den Bau von mehr als einem Dutzend eindrucksvollen Tempeln. In einigen der beeindruckendsten Wats Lampangs lebt das Erbe dieser Handwerker bis heute fort.

Praktische Informationen

An der Th Boonyawat, insbesondere beim Wat Suan Dok, gibt es viele Banken mit Geldautomaten.

M@cnet (Th Chatchai; 15 B/Std.; ☻ 9–22 Uhr) Internetzugang.

Monkey Jump (Th Talat Kao; 15 B/Std.; ☻ 9–22 Uhr) Internetzugang.

Post (Th Pa Kham; ☻ Mo–Fr 8.30–16.30, Sa 9–12 Uhr)

Touristeninformation (☎ 0 5423 7237 Durchwahl 4103; Th Thakhrao Noi; ☻ Mo–Fr 8–12 & 13–16.30 Uhr) Von der Gemeinde betrieben. Man bekommt eine ordentliche Karte der Gegend und Infos zu lokalen Sehenswürdigkeiten.

Sehenswertes

WAT PHRA KAEW DON TAO

วัดพระแก้วดอนเต้า

Zwischen 1436 und 1468 beherbergte dieser **Wat** (Eintritt 20 B; ☻ 7–18 Uhr) den Smaragdbuddha.

Dieser war insgesamt in vier Wats in Nordthailand untergebracht, ehe er nach Bangkok in den Wat Phra Kaew (s. S. 135) kam. Der Haupt-*chedi* zeigt Hariphunchai-Einfluss, während der *mon·dòp* (der kleine, quadratische Schrein mit spitz zulaufendem Dach innerhalb eines Wat) daneben erst aus dem Jahr 1909 stammt. Der *mon·dòp* ist mit Glasmosaiken im typisch birmanischen Stil verziert und birgt ein Buddhabild im Mandalay-Stil. Eine Ausstellung von Lanna-Artefakten (vor allem religiöse Utensilien und Holzarbeiten) kann im Museum des Wat, dem **Lanna-Museum** (Eintritt gegen Spende; ☻ 7–18 Uhr) bestaunt werden.

Neben dem Tempelkomplex steht der hübsche, 1809 errichtete **Wat Suchadaram**, der nach Mae Suchada benannt ist, der zentralen Figur einer lokalen Legende (s. Kasten S. 379).

NOCH MEHR TEMPEL

Der **Wat Si Rong Meuang** und der **Wat Si Chum** wurden beide im späten 19. Jh. von birmanischen Kunsthandwerkern erbaut. In beiden gibt es Tempel im birmanischen „Stufenstil" mit Zinndächern und aufwändigen Schnitzgiebeln. Im Wat Si Rong Meuang erläutern auf Englisch beschriftete Tafeln ausführlich die Geschichte und die künstlerische Bedeutung des Tempels.

Obwohl er bei einer Renovierung vor Kurzem viel von seinem ursprünglichen Charakter verloren hat, ist der *mon·dòp* im **Wat Pongsanuk Tai** immer noch eines der wenigen verbliebenen hiesigen Beispiele für die alte Tempelarchitektur im Lanna-Stil, die offene Holzgebäude bevorzugte. Wer sich vor Augen führen will, wie er früher ausgesehen hat, schaut sich den mit Schnitzereien verzierten Holzdurchgang am Eingang zur nördlichen Treppe an.

Der **Wat Chedi Sao** (☎ 0 5432 0233), ungefähr 6 km nördlich der Stadt in Richtung Jae Hom, ist nach den *sow* (nordthailändisch für „20") geweißten *chedis* im Lanna-Stil auf seinem Gelände benannt. Doch der eigentliche Schatz des Wat ist eine aus dem 15. Jh. stammende Statue des sitzenden Buddha aus Massivgold, die in einem glasummantelten, über einem rechteckigen Teich errichteten **Pavillon** (☻ 8–17 Uhr) ausgestellt ist. Im Kopf der Statue soll ein Stück von Buddhas Schädel, in ihrer Brust ein goldenes Palmblatt mit einer alten Inschrift in Pali verborgen sein; Haar und Gewand des Bildnisses sind mit kostbaren Edel-

LAMPANG

0 ____ 500 m

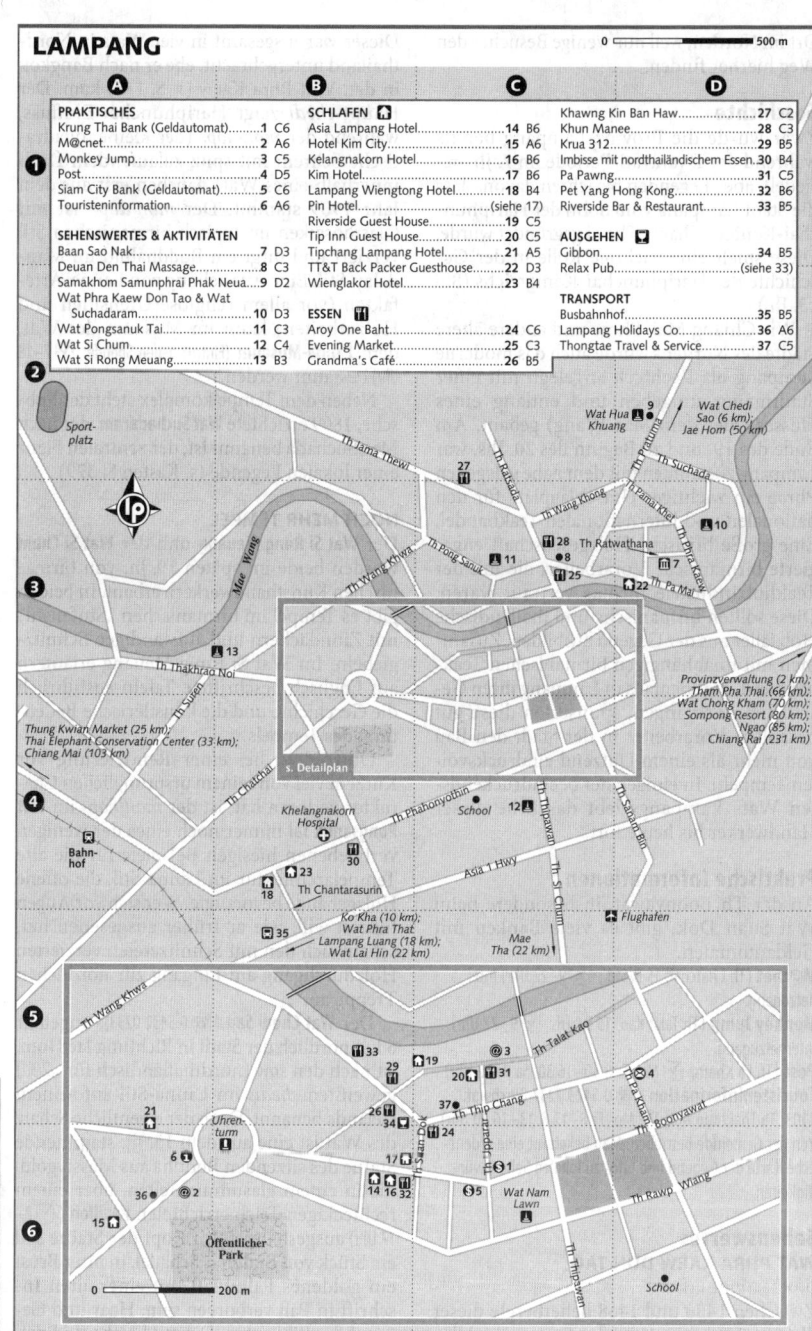

A

PRAKTISCHES
Krung Thai Bank (Geldautomat).........1 C6
M@cnet...................................2 A6
Monkey Jump............................3 C5
Post.......................................4 D5
Siam City Bank (Geldautomat).........5 C6
Touristeninformation....................6 A6

SEHENSWERTES & AKTIVITÄTEN
Baan Sao Nak............................7 D3
Deuan Den Thai Massage...............8 C3
Samakhom Samunphrai Phak Neua....9 D2
Wat Phra Kaew Don Tao & Wat
  Suchadaram..........................10 D3
Wat Pongsanuk Tai.....................11 C3
Wat Si Chum............................12 C4
Wat Si Rong Meuang...................13 B3

B

SCHLAFEN
Asia Lampang Hotel...................14 B6
Hotel Kim City.........................15 A6
Kelangnakorn Hotel...................16 B6
Kim Hotel..............................17 B6
Lampang Wiengtong Hotel............18 B4
Pin Hotel.........................(siehe 17)
Riverside Guest House................19 C5
Tip Inn Guest House...................20 C5
Tipchang Lampang Hotel.............21 A5
TT&T Back Packer Guesthouse.......22 D3
Wienglakor Hotel......................23 B4

ESSEN
Aroy One Baht.........................24 C6
Evening Market........................25 C3
Grandma's Café.......................26 B5

C

D

Khawng Kin Ban Haw..................27 C2
Khun Manee.............................28 C3
Krua 312.................................29 B5
Imbisse mit nordthailändischem Essen.30 B4
Pa Pawng................................31 C5
Pet Yang Hong Kong....................32 B6
Riverside Bar & Restaurant............33 B5

AUSGEHEN
Gibbon..................................34 B5
Relax Pub.........................(siehe 33)

TRANSPORT
Busbahnhof.............................35 B5
Lampang Holidays Co.................36 A6
Thongtae Travel & Service............37 C5

EIN HOCH AUF DIE MELONE

Der kleine Wat Suchadaram beim Wat Phra Kaew Don Tao soll an der Stelle stehen, an der sich einst das Melonenfeld (*dorn dôw*) von Mae (Mutter) Suchada befand, einer frommen Frau aus der Gegend. Während einer Hungersnot soll ein Mönch die Frau um eine Gabe gebeten haben und erhielt von ihr eine Melone von außergewöhnlicher Form. Als er die Melone öffnete, entdeckte er drinnen einen großen, grünen Stein und schuf aus diesem mit der Hilfe von Mae Suchada und dem Gott Indra ein Buddhabild. Die Dorfbewohner aber verdächtigten Mae Suchada, ein zu enges Verhältnis zu dem Mönch zu haben, und köpften sie in einem Anfall von Wut. Als sie später ihren Fehler entdeckten (denn die Untat verursachte eine erneute Hungersnot), errichteten sie zu Ehren der Frau einen Tempel. Das smaragdene Buddhabild befindet sich heute im Wat Phra That Lampang Luang.

---

steinen besetzt. Angeblich hat ein Bauer die Figur 1983 bei den nahe gelegenen Ruinen des Wat Khu Kao gefunden. Die Mönche des Wat Chedi Sao stellen Kräuterarzneien her und verkaufen sie: Das beliebte *yah mòrng* ähnelt dem bekannten Tigerbalsam.

BAAN SAO NAK
บ้านเสานัก

Das **Baan Sao Nak** (☎ 0 5422 7653; 85 Th Ratwathana; Eintritt 50 B; ☼ 10–17 Uhr) im alten Wiang-Neua-Bezirk (Nordstadt) wurde 1895 im traditionellen Lanna-Stil errichtet. In dem riesigen Teakhaus, das auf 116 quadratischen Teakpfeilern ruht, wohnte einst die *kun·yĭng* (so etwas wie die „Lady"im Englischen) des Dorfes. Jetzt dient es als Museum. Das gesamte Haus ist mit birmanischen und thailändischen Antiquitäten möbliert, aber das wirklich Sehenswerte ist das Haus selbst und der gepflegte Garten.

FUSSGÄNGERZONE

Vielleicht weil Lampang dem Erfolg von Chiang Mais in puncto Straßenmärkte nacheifern will, besitzt die Stadt jetzt eine eigene Fußgängerzone in der bezaubernden **Th Talat Kao** (auch Kat Korng Ta genannt), die von alten Shophouses im englischen, chinesischen und birmanischen Stil gesäumt ist. Samstags und sonntags wird die Straße von 16 bis 22 Uhr für den Verkehr gesperrt und füllt sich dann mit Souvenir-, Kunsthandwerks- und Imbissständen.

Aktivitäten
PFERDEKARREN

Lampang ist in ganz Thailand als Meuang Rot Mah, die „Pferdekarrenstadt", bekannt. Tatsächlich ist sie die einzige thailändische Stadt, in der es noch Pferdekarren gibt – allerdings

befördern die heute nur noch Touristen. Die grellbunten, mit Nylonblüten geschmückten Pferdewagen, die von Fahrern mit Stetsons gelenkt werden, sind unübersehbar. Eine 15-minütige Fahrt durch die Stadt kostet 150 B; für eine halbstündige Fahrt am Mae Wang entlang wird man 200 B los. Bei der einstündigen Tour für 300 B wird am Wat Phra Kaew Don Tao und am Wat Si Rong Meuang Halt gemacht. Pferdekarren finden sich in der Nähe der größeren Hotels sowie unmittelbar östlich des Marktes in der Th Boonyawat.

TRADITIONELLE MASSAGE

Das **Samakhom Samunphrai Phak Neua** (☎ 08 9758 2396; 149 Th Pratuma; Massage 200 B/Std., Sauna 100 B; ☼ 8–19.30 Uhr) neben dem Wat Hua Khuang im Viertel Wiang Neua hat traditionelle nordthailändische Massagen und Kräutersaunen im Angebot. Etwas näher beim Stadtzentrum kann man sich auch bei **Deuan Den Thai Massage** (☎ 08 7305 9838; 41/1 Th Phai Mai; ☼ 10–19 Uhr) mit traditionellen Massagen und anderen einfachen Anwendungen verwöhnen lassen.

Schlafen
BUDGETUNTERKÜNFTE

Tip Inn Guest House (☎ 0 5422 1821; 143 Th Talat Kao; Zi. 150–350 B; ⊠) Die billigeren Zimmer sind wirklich nicht mehr als Schuhkartons mit Betten drin. Trotzdem ist das Tip Inn eine gemütliche Alternative zu den absolut langweiligen Budgethotels der Stadt. Es ist zudem die einzige Herberge, die mitten an der historischen Th Talat Kao liegt.

TT&T Back Packer Guesthouse (☎ 0 5422 1303; 82 Th Pa Mai; Zi. 200–350 B; ⊠) Hier geht man am besten gleich in das neuere Gebäude hinten, wo man einen flüchtigen Blick auf den Mae Wang erhaschen kann. Die Zimmer teilen sich hier

zwar Gemeinschaftsbäder, aber dafür entschädigt der hübsche, komfortable Entspannungsbereich unten. Ein gutes Angebot für Pfennigfuchser.

Kim Hotel (☎ 0 5421 7721; 168 Th Boonyawat; EZ/DZ 250/350 B; ✗) Die Zimmer hier sind zwar absolut charakterlos, aber sauber, komfortabel und mit TV ausgestattet. Wenn das Haus ausgebucht ist, kann man es auf der anderen Straßenseite im praktisch identischen **Kelangnakorn Hotel** (☎ 0 5421 6137; 719-720 Th Suan Dok; EZ/DZ 230/290 B; ✗) versuchen.

LP Tipp Riverside Guest House (☎ 0 5422 7005; www.theriversidelampang.com; 286 Th Talat Kao; Zi. 300–800 B; ✗) Dieser Komplex aus aufgemöbelten, von Grün umgebenen Holzhäusern ist die bei Weitem angenehmste Unterkunft in Lampang und fällt preislich immer noch in den Budgetbereich. Am besten nimmt man eines der beiden Zimmer im Obergeschoss des Haupthauses, falls eins frei ist; sie haben große Balkone mit Blick auf den Mae Wang. Draußen gibt es viele Tische im Schatten, an denen man zum Schwatzen oder Essen sitzen kann. Zu den Extras für Traveller gehört u. a. eine Motorradvermietung.

Hotel Kim City (☎ 0 5431 0238-40; 274/1 Th Chatchai; Zi. inkl. Frühstück 400–900 B; Suite 1100 B) Wahrscheinlich werden einem erst mal die billigen Zimmer im Erdgeschoss angeboten, aber man sollte sich selbst den Gefallen tun, ein Zimmer oben zu verlangen, denn die unten sind total modrig. Kleingruppen, die mit knappem Budget reisen, finden hier eine Menge richtig großer Doppelzimmer mit Beistellbett.

Asia Lampang Hotel (☎ 0 5422 7844; www.asialampang.com; 229 Th Boonyawat; Zi. 490–550 B; ✗) Die billigeren Zimmer im Erdgeschoss sind kahl und ein bisschen dunkel, aber für einen kleinen Aufpreis gibt's ein paar Stockwerke höher richtig ordentliche holzgetäfelte Zimmer.

Pin Hotel (☎ 0 5422 1509; 8 Th Suan Dok; Zi 500–950 B; ✗ ▫) Die makellosen, geräumigen und ruhig gelegenen Zimmer bieten Kabel-TV, Minibar und große Bäder. Ein Reisebüro, das Inlands- und Auslandsflüge bucht, ist angeschlossen. Eine ausgezeichnete Wahl!

MITTEL- & SPITZENKLASSEHOTELS

Lampang Wiengtong Hotel (☎ 0 5422 5801/2; www.lampangwiengthonghotel.com; 138/109 Th Phahonyothin; Zi. 600–1200 B, Suite 2500 B; ✗ ▫) Lampangs größtes Hotel prahlt mit einigen der größten Zimmer, die wir je irgendwo gesehen haben. Allerdings wird leider nichts getan, um sie hübsch einzurichten. Die Budgetzimmer sind dafür überfüllt und überraschen mit wohl den kleinsten Badewannen außerhalb von Tokio.

Tipchang Lampang Hotel (☎ 0 5422 6501; www.tipchanghotel.com; 54/22 Th Thakhrao Noi; Zi. inkl. Frühstück 700–1400 B, Suite 1500–2000 B; ✗ ▫ ✗) Von außen wirkt das Hotel groß und imposant, aber die „stilechten" Zimmer aus den 1970er-Jahren müssten mal renoviert werden. Der Pool und die Aussicht aus den obersten Stockwerken rechtfertigen den Aufenthalt in dem Haus, das sich für Spitzenklasse hält.

Wienglakor Hotel (☎ 0 5431 6430-5; www.wienglakor.com; 138/35 Th Phahonyothin; Zi. 900–2400 B, Suite 2500 B; ✗ ▫) Für alle, die feudaler wohnen wollen, ist dieses Hotel die beste Alternative in Lampang. Die Lobby ist geschmackvoll mit Teakholz und nordthailändischen Tempelmotiven dekoriert, und diese Gestaltung setzt sich auch in den Zimmern fort. In den Deluxe-Zimmern gibt's zusätzlich einen Sitzbereich und einen Wandschrank. Ein weiteres nettes Element ist der Essbereich draußen mit dem Karpfenteich.

Essen

Für eine so kleine Stadt hat Lampang eine recht große Auswahl an Restaurants, die nordthailändische und westliche Küche bieten – oder ein Zwischending aus beidem.

Lampang ist für seine leckeren *kôw ðaan* bekannt, frittierte Reiskuchen mit Palmzucker; im **Khun Manee** (☎ 0 5431 2272; 35 Th Ratsada) können Gäste zuschauen, wie sie zubereitet werden.

Pa Pawng (☎ 08 5706 7748; 125 Th Talat Kao; Gerichte 20–30 B; ✗ Sa & So 7–22 Uhr) Wer am Wochenende in der Stadt ist, sollte unbedingt in diesem beliebten Treffpunkt vorbeischauen, wo es *kà·nõm jeen* (frische Reisnudeln mit verschiedenen Currys) gibt. Der Laden ist nicht zu verfehlen: einfach nach einer Reihe blubbernder Currys in Tontöpfen Ausschau halten. Um zu bestellen, deutet man auf das, was einem zusagt. Oma Pawngs Spezialität ist *kà·nõm jeen nám ngée·o*, eine köstliche nordthailändische Suppe mit Schweinefleisch und Tomaten.

LP Tipp Aroy One Baht (☎ 08 970 0944; Ecke Th Suan Dok & Th Talat Kao; Gerichte 20–90 B; ✗ 16–24 Uhr) An manchen Abenden ist es, als hätte sich ganz Lampang in diesem großen Holzhaus versammelt, was nur zu verständlich ist: Das Essen ist köstlich und extrem billig, die Bedienung

blitzschnell und das Ambiente in dem Holzhaus mit Balkon und Garten einfach toll.

Pet Yang Hong Kong (Th Boonyawat; Gerichte 25–60 B;
☻ 8–18 Uhr) Dies ist der beste Ort, um gebratene Ente mit Reis (oder Nudeln) zu verspeisen. Zu finden ist er gegenüber vom Kim

Hotel, in der Nähe mehrerer anderer Reis-
und Nudelimbissstände.

Grandma's Café (☎ 0 5432 2792; 361 Th Thip Chang;
Gerichte 30–40 B; ☻ 10–21 Uhr) Die alten Teakholz-
stühle und spitzenbedeckten Vorhänge dieses
trendigen Cafés wirken altmodisch, ganz im

SPEZIALITÄTEN AUS DEM NORDEN

Ähnlich wie bei der Sprache gibt es auch beim Essen in Thailand von Provinz zu Provinz kleine
Unterschiede. Die Küche der thailändischen Nordprovinzen ist da keine Ausnahme: Sie spiegelt das relativ kühle, von ausgeprägten Jahreszeiten bestimmte Klima und die Vorliebe für
Schweinefleisch, Gemüse und Frittiertes aller Art wider. Traditionell aßen die Nordthailänder
fast ausschließlich *kôw nĕe·o*, den Klebreis, der im hiesigen Dialekt *kôw nĕung* heißt. Kokosmilch
spielt in der nordthailändischen Küche kaum eine Rolle. Überhaupt ist diese Küche wohl unter
allen thailändischen Küchen diejenige, die am wenigsten auf Gewürze zurückgreift und sich oft
mit dem bitteren oder bitter-scharfen Aroma der Speisen begnügt.

Paradoxer- und unglücklicherweise ist es außerhalb von Chiang Mai und der anderen großen
Städte Nordthailands gar nicht so einfach, authentische regionale Gerichte zu bekommen. Nur
relativ wenige Restaurants servieren nordthailändische Gerichte; die große Mehrzahl authentischer Gerichte bekommt man nur an Ständen in Beuteln zum Mitnehmen. Wenn man aber
mal ein Restaurant findet, das regionale Kost anbietet, sollte man u. a. unbedingt die folgenden
Gerichte probieren:

■ *Gaang hang·lair* – dieses reichhaltige Schweinefleischcurry ist birmanischen Ursprungs (*hang*
   ist eine Verballhornung des birmanischen Wortes *hin* für Curry) und wird häufig bei Festen
   und Zeremonien zubereitet.

■ *Kâap mŏo* – frittierte Schweineschwarte ist eine übliche, köstliche Beilage in Nordthailand.

■ *Kôw gân jîn* – Reis mit Blut, gedämpft in einem Bananenblatt und serviert mit Knoblauchöl.

■ *Kôw soy* – dieses beliebte Currynudelgericht ist wahrscheinlich birmanischen Ursprungs und
   wurde wohl von durchreisenden chinesischen Händlern nach Thailand eingeführt.

■ *Ka·nŏm jeen nám ngée·o* – frische Reisnudeln, die wie Spagetti mit einer Sauce aus Schweinefleisch und Tomaten serviert werden.

■ *Lâhp kôo·a* – wörtlich „gebratenes *lâhp*". Hierbei wird der berühmte thailändische Hackfleisch-
   „Salat" mit einer Mischung aus örtlichen bitteren/scharfen getrockneten Gewürzen und
   Kräutern gebraten.

■ *Lôo* – rohes Blut mit einer Currypaste über frittierten Innereien und knusprigen Nudeln – das
   sicherlich gewöhnungsbedürftigste aller nordthailändischen Gerichte.

■ *Nǎam* – vergorenes rohes Schweinefleisch – eine saure Delikatesse, die besser schmeckt, als
   man erwarten würde.

■ *Nám prík nùm* – grüne Paprika, Schalotten und Knoblauch werden gebraten und dann zu
   einem Mus zerstampft, das mit Klebreis, kurz gegartem Gemüse und frittierter Schweineschwarte gereicht wird.

■ *Nám prík òrng* – ein Chili-Dip der Shan aus Tomaten und Schweinehack – nordthailändische
   Bolognese, wenn man so will.

■ *Sâi ò·a* – gebratene Schweinefleischwürstchen mit vielen frischen Kräutern.

■ *Ŧam sôm oh* – bei der nordthailändischen Variante des *sôm·ɖam* werden die grünen Papayas
   durch Pomelos ersetzt.

■ *Ɖôm yam* – in der nordthailändischen Version dieses beliebten thailändischen Gerichts kommen die gleichen bitteren/scharfen getrockneten Gewürze zum Einsatz wie beim *lâhp kôo·a*.

Gegensatz zu dem sonst hier herrschenden schiefergrauen Minimalismus. Man bekommt guten Kaffee und Reisgerichte, die kaum mal die 30-B-Grenze überspringen.

Krua 312 (Th Thip Chang; Gerichte 30–60 B; ☼ 10–21 Uhr) Dieses winzige, einfache Restaurant ist in einem charmanten hölzernen Shophouse untergebracht, die Wände sind mit Schwarzweißfotos von Lampang und dem König dekoriert. Zu essen gibt's gute Curry-, Nudel- und Reisgerichte.

Riverside Bar & Restaurant (☎ 0 5422 1861; 328 Th Thip Chang; Gerichte 45–225 B; ☼ 11–24 Uhr) Diese Holzbaracke, die aussieht, als würde sie jeden Augenblick in den Mae Wang stürzen, ist bei ortsansässigen und durchreisenden Ausländern extrem beliebt. Livemusik, die gut bestückte Bar und die große Auswahl an regionalen und westlichen Gerichten wirken als Publikumsmagneten. Am besten kommt man dienstags, donnerstags, samstags oder sonntags, wenn es abends hausgemachte Pizza gibt.

Khawng Kin Ban Haw (72 Th Jama Thewi; Gerichte 50–110 B; ☼ mittags & abends) Einen Abstecher wert ist dieses Lokal, das etwas außerhalb des Stadtzentrums liegt. Bei Einheimischen ist es besonders abends sehr beliebt, wenn die Flasche Whisky als typische „Beilage" auf dem Tisch steht. Hier kann man gut typisch nordthailändische Gerichte wie *gaang kaa gòp* (eine Froschsuppe mit vielen Kräutern) oder *lâhp kôo·a* probieren (*lâhp* mit Gewürzen der Region in der Pfanne gebraten).

Wer gerne an Imbissständen unter Einheimischen essen oder sich selbst versorgen möchte, sollte Lampangs **Abendmarkt** (Th Ratsada; ☼ 16–20 Uhr) besuchen, wo täglich Körbe mit dampfendem Duftreis und Dutzende Beilagen zum Dippen bereitstehen. Preiswertes und authentisches nordthailändisches Essen gibt's auch an den paar **Imbissständen** (Th Phahonyothin; Gerichte 20–30 B; ☼ 10–14 Uhr), die direkt gegenüber dem Khelangnakorn Hospital zu finden sind.

Ausgehen

Das Nachtleben von Lampang konzentriert sich in dem Abschnitt der Th Thip Chang, der dem Riverside Bar & Restaurant (s. oben) am nächsten liegt. Hier gibt's ein paar freundliche Freiluftrestaurants und Kneipen wie den **Relax Pub** (Th Thip Chang; Gerichte 50–150 B; ☼ 18–24 Uhr) und das **Gibbon** (Th Thip Chang; ☼ 19–24 Uhr) mit seinem seltsamen Namen.

An- & Weiterreise

BUS

Lampangs Busbahnhof liegt etwas außerhalb der Stadt an der Kreuzung des Asia 1 Hwy und der Th Chantarasurin. Die Fahrt dorthin mit einem Sammel-Songthaeo kostet 15 B.

Hier fahren zahlreiche Busse nach Chiang Mai (Normal/2. Klasse mit Klimaanlage/1. Klasse/VIP 56/76/97/150 B, 2 Std., 6–16 Uhr alle 45 Min.) und Phrae (2. Klasse/1. Klasse/VIP 88/113/175 B, 2 Std.).

Nach Chiang Rai gehen täglich drei Busse (162 B, 4 Std., 6.30, 9 & 15 Uhr). Recht häufig fahren auch Busse nach Nan (2. Klasse mit Klimaanlage/1. Klasse/VIP 169/218/335 B, 4 Std.) und Phitsanulok (2. Klasse mit Klimaanlage/1. Klasse/VIP 176/227/265 B, 4 Std.). Die Busse zu weiteren Zielen in Nordthailand starten meist zwischen 8 und 18 Uhr.

Nach Bangkok hingegen fahren die meisten Busse gegen 20 Uhr ab (2. Klasse mit Klimaanlage/1. Klasse/VIP 399/513/710 B, 8–9 Std.). **Thongtae Travel & Service** (☎ 0 5432 2813; 250/2 Th Thip Chang; ☼ 9–19 Uhr) bucht Bustickets nach Bangkok.

FLUGZEUG

Mehrere Reisebüros vor Ort, darunter **Lampang Holidays Co** (☎ 0 5431 0403; 260/17 Th Chatchai; ☼ 9–19 Uhr) besorgen Flugtickets und ersparen Travellern so die Fahrt zum Flughafen.

Nok Air (☎ landesweites Callcenter 1318; www.nokair. co.th; Flughafen Lampang) und **PB Air** (☎ 0 5422 6238, Bangkok ☎ 0 2261 0220; www.pbair.com; Flughafen Lampang) fliegen unter gleicher Flugnummer jeden Tag zwischen Lampang und Bangkok (3025 B, 1 Std., 3-mal tgl.).

ZUG

Lampangs historischer **Bahnhof** (☎ 0 5421 7024; Th Phahonyothin) stammt von 1916 und ist zu Fuß von den meisten Unterkünften ein ganz schönes Stück entfernt.

Der Zug ist ein recht langsames, aber bequemes Mittel für die Fahrt nach/von Chiang Mai (3./2. Klasse 23/50 B, 2–3 Std., 6-mal tgl.). Mehrmals täglich halten auch Züge in Lampang auf dem Weg nach/von Bangkok (3. Klasse mit Ventilator 256 B, 2. Klasse mit Klimaanlage/Ventilator 574/394 B, Schlafwagen 2. Klasse mit Ventilator oben/unten 494/544 B, Schlafwagen 2. Klasse mit Klimaanlage oben/unten 754/844 B, Schlafwagen 1. Klasse 1272 B, 12 Std., 6-mal tgl.), die meisten erreichen die Stadt zwischen 17 und 23 Uhr. Die aktuellen

Fahrpläne und Preise lassen sich telefonisch bei der **Thailändischen Staatsbahn** (☎ kostenlose 24-Std.-Hotline 1690; www.railway.co.th) erfragen oder auf deren Website recherchieren.

RUND UM LAMPANG
Wat Phra That Lampang Luang

วัดพระธาตุลำปางหลวง

Zu diesem uralten Tempelkomplex gehören mehrere interessante religiöse Bauten, darunter der wohl schönste Lanna-Tempel Nordthailands, der offene **Wíhaan Luang**. Der eindrucksvolle *wíhaan* stammt von 1476 und gilt als das älteste noch erhaltene Holzgebäude in Thailand. Mächtige Teakpfeiler tragen das dreistufige Holzdach. *Jataka*-Wandmalereien (Szenen aus den früheren Leben des Buddha) aus dem frühen 19. Jh. schmücken die Holztafeln an der Innenseite der oberen Umgangs des *wíhaan*. Ein riesiger, vergoldeter *mon·dòp* im hinteren Teil des *wíhaan* enthält ein Bildnis Buddhas, das 1563 gegossen wurde.

Der kleine und schlichte **Wíhaan Ton Kaew** nördlich vom Haupt-*wíhaan* wurde 1476 erbaut; der 45 m hohe *chedi* im Lanna-Stil hinter dem Haupt-*wíhaan* stammt von 1449 und wurde 1496 ausgebaut.

Der *wíhaan* nördlich des *chedi*, der **Wíhaan Nam Taem**, wurde im frühen 16. Jh. errichtet und zeigt erstaunlicherweise immer noch Spuren der ursprünglichen Wandmalereien, die damit zu den ältesten im Land gehören.

Das älteste Gebäude im Komplex ist der aus dem 13. Jh. stammende **Wíhaan Phra Phut** (Eintritt 20 B), der südlich des Haupt-*chedi* steht.

Leider ist es nur Männern erlaubt, das mit der Camera obscura erzeugte Abbild des *wíhaan* und des *chedi* im **Haw Phra Phutthabaht**, einem kleinen weißen Gebäude hinter dem *chedi*, zu betrachten. Das Bild wird (auf dem Kopf stehend) durch ein kleines Loch auf ein weißes Tuch projiziert; selbst die Farben der Gebäude sind genau zu erkennen.

Auf dem Gesims über dem Eingang zu dem Tempelkomplex beeindruckt ein Drachenrelief – derartige Reliefs waren einst in nordthailändischen Tempeln üblich, finden sich heute aber nur noch selten. Das Eingangstor stammt angeblich aus dem 15. Jh.

Im Arboretum vor den südlichen Toren des Wats befinden sich jetzt drei sehenswerte **Museen**. Eines zeigt hauptsächlich zeremonielle Gegenstände und einige Buddhafiguren. Ein anderes, Haus des Smaragdbuddhas genannt,

stellt Münzen, Banknoten, Buddhafiguren, silberne Betelnuss-Kästchen, Lackschnitzereien und andere völkerkundliche Artefakte aus, außerdem drei kleine, reich vergoldete Buddhas, die auf einem Altar hinter einer großen, mit Ornamenten verzierten Silberschale stehen. Das dritte kleine, aber feine Museum hat Regale voller Buddhafiguren, Lackschnitzereien, Manuskripte und Keramiken, die sowohl auf Thai als auch Englisch beschriftet sind.

Der Wat Phra That Lampang Luang liegt 18 km südwestlich von Lampang in Ko Kha. Mit öffentlichen Verkehrsmitteln erreicht man ihn von Lampang aus, indem man auf der Th Rawp Wiang ein Songthaeo (20 B) in Fahrtrichtung Osten anhält und dann vom Songthaeo-Halt in Ko Kha die restlichen 3 km bis zum Tempel mit dem Motorradtaxi (40 B) zurücklegt. Die Minibusse vor dem Tempel bringen einen für 30 B in die Stadt zurück.

Mit dem Auto oder Fahrrad geht es von Lampang über den Asia 1 Hwy Richtung Süden bis zur Ausfahrt Ko Kha, danach folgt man der Straße über eine Brücke und hält sich rechts. Nun 3 km der Ausschilderung folgen und über eine weitere Brücke fahren, dann kommt der Tempel zur Linken in Sicht.

Wenn man mit dem eigenen Auto oder Motorrad unterwegs ist, bietet sich auch ein Besuch des ebenfalls in Ko Kha gelegenen, wunderschönen **Wat Lai Hin** an. Von Ko Kha biegt man 1 km vor dem Wat Phra That Lampang Luang in die zum Tempel führende Straße ab (6 km). Der winzige Wat Lai Hin wurde von Künstlern aus Chiang Tung in Myanmar erbaut. Er ist einer der typischsten Lanna-Tempel in der Gegend und beeinflusste den Entwurf des Mandarin-Oriental Dhara Dhevi Hotel in Chiang Mai. Auch die Kulissenbauer für den thailändischen Kassenhit *Suriyothai* (2001) holten sich hier ihre Inspiration.

Thai Elephant Conservation Center & Umgebung

ศูนย์อนุรักษ์ช้างไทย

Im Amphoe Hang Chat, 33 km von Lampang entfernt, setzt sich diese einzigartige **Einrichtung** (TECC; ☎ 0 5424 7875; www.changthai.com; Erw./Kind inkl. Shuttlebus 70/30 B; ☼ Elefantenbad 9.45 & 13.15 Uhr, Vorführungen 10, 11 & 13.30 Uhr) für den Indischen Elefanten im Ökotourismus ein, pflegt kranke Elefanten aus ganz Thailand und gewährt ihnen kostenlose medizinische Versorgung. Weitere Infos über das Los der thailändischen Elefanten gibt's auf S. 56.

Die Elefantenshow in diesem 122 ha großen Zentrum ist weniger touristisch und lehrreicher als die meisten anderen. Man kann dabei zuschauen, wie Arbeitselefanten Baumstämme bugsieren, aber das übliche Bildermalen und Spielen auf Megaxylofonen gehören natürlich auch zum Programm. Außerdem gibt es eine Ausstellung zur Geschichte und Domestikation der Elefanten, eine Kunstgalerie zum Thema Dickhäuter, einen Elefantenfriedhof und – natürlich – **Ausritte** (100/400/800 B für 15/30/60 Min., ☺ 8–15.30 Uhr) auf dem Elefantenrücken durch den umliegenden Wald.

Unterkünfte im Zentrum gibt's in Form von Homestays, zu denen ein ganzer Haufen Aktivitäten gehört (s. Kasten unten). Dabei übernachtet man gemeinsam mit Mahuts in einfachen Hütten. Wer das nicht will, für den könnten die Bungalows im **Chang Thai Resort** (☎ 08 618 1545; Bungalow mit 1/2 Schlafzi. 1000/1500 B) das Richtige sein. Außerdem stehen auf dem Gelände des Zentrums drei Restaurants zur Verfügung.

Alle Einkünfte aus den Eintrittsgeldern und dem Souvenirverkauf gehen an das Elefantenhospital vor Ort, in dem alte, ausgesetzte und kranke Elefanten aus ganz Thailand gepflegt werden; außerdem werden mit den Mitteln verschiedene Forschungs- und Aufzuchtprogramme zur Erhaltung der thailändischen Elefanten unterstützt.

In der Nähe findet sich auch das (nicht zum TECC gehörende) **FAE-Elefantenhospital** (Friends of the Asian Elephant; ☎ 08 1914 6113; www.elephant-soraida.com; ☺ empfohlene Besuchszeit 8–13 Uhr), das behauptet, weltweit das erste seiner Art zu sein. Zwar sind Besucher willkommen und man kümmert sich auch um sie, es handelt sich aber um eine tierärztliche Einrichtung – geführte Touren oder etwa gar Elefantenkunststückchen darf man hier nicht erwarten. Spenden sind hoch willkommen. Im Juni 2008 feierte das Zentrum einen weiteren Premierenerfolg: Erstmals wurde einem verstümmelten Elefanten erfolgreich eine Beinprothese angepasst.

Beide Einrichtungen sind vom Hauptbusbahnhof in Lampang aus mit den Bussen oder Songthaeos (25 B) erreichbar, die nach Chiang Mai unterwegs sind. Wenn man dem Fahrer vorher Bescheid sagt, wohin man möchte, dann setzt er einen am Kilometerstein 37 ab. Das Zentrum liegt 1,5 km abseits der Fernstraße, Shuttlebusse bringen Besucher hin. Eine andere Möglichkeit ist, am Busbahnhof ein blaues Songthaeo für 350 bis 500 B zu chartern.

Wer mit eigenem Gefährt unterwegs ist, kann auf dem Weg zum Elefantencamp am 25 km von Lampang entfernten **Thung-Kwian-Markt**, der bei den Thais sehr beliebt ist, einen Crash-Kurs in nordthailändischem Essen und Kunsthandwerk einschieben. Hier gibt's alles von *rót dòo·an* (frittierte Würmer, eine nordthailändische Spezialität) bis zu den auffälligen Schalen in Hahnform aus Lampang.

Noch mehr Sehenswertes

Nördlich und östlich von Lampang liegen die Baumwollweberdörfer **Jae Hom** und **Mae Tha**. Beim Herumschlendern sieht man Webstühle im Einsatz; es gibt auch viele Läden entlang der Hauptstraßen.

MAHUT-TRAINING

Wer sich einmal näher mit den Dickhäutern befassen will, kann an der **Mahoutschule** (☎ 0 5424 7875; www.thaielephant.org; 1/2/3/6/10 Tage-Kurs 3500/8000/12 000/20 000/35 000 B) des TECC Trainingsprogramme von einem Tag bis zu einem Monat absolvieren, die alle das Ziel haben, einem die Kenntnisse zu vermitteln, die ein *kwahn cháhng* (Elefantenpfleger) oder Mahut braucht.

Bei dem beliebten eintägigen Kurs lernt man ein paar einfache Kommandos zum Führen eines Elefanten, experimentiert mit Dungpapier, unternimmt einen Elefantenausritt in den Dschungel und besucht das Elefantenhospital. Der schon anspruchsvollere Dreitageskurs mit zwei **Homestay-Übernachtungen** (☎ 0 5424 7875; 2/3 Tage 5800/8500 B) schließt alle Mahlzeiten, eine Übernachtung in einem gut ausgestatteten Holz- und Bambusbungalow und eine weitere in einem Dschungelcamp ein. Dieser Kurs vermittelt eine allgemeine Einführung in die Pflege und das Arbeiten mit Elefanten.

Die Pauschalangebote gelten für zwei oder mehr Personen; Verpflegung und Unterkunft werden gestellt. Die länger dauernden Kurse werden oft weit im Voraus gebucht, deshalb unbedingt vorher anrufen.

Der Bezirk **Ngao**, 85 km nördlich von Lampang, ist wegen seiner vielen kaum vermarkteten Attraktionen fast so etwas wie ein Geheimtip geworden. Allerdings sind die meisten ohne eigenes Fahrzeug nur sehr schlecht zu erreichen. Die **Tham Pha Thai** (Pha-Thai-Höhle) und der gleichnamige Nationalpark befinden sich 20 km südlich von Ngao. Neben den üblichen Höhlenformationen gibt's in der Tham Pha Thai ein großes Buddhabild zu sehen. Der **Wat Chong Kham**, 15 km südlich von Ngao, besitzt einen *wíhaan* aus Holz im birmanischen Stil mit einem siebenstufigen Dach. Im Tempel ist auch die größte buddhistische Schule Nordthailands untergebracht; tagsüber kann man hier Dutzende junger Mönche und Novizen beim Studium im Freien sehen. Auf einem Hügel gleich südlich der Abzweigung nach Ngao steht der **Wat Mon Sai Non**, von dem aus man einen prächtigen Blick auf die Umgebung hat. In der Ortschaft Ngao gibt es eine alte Hängebrücke. Die einzige Unterkunft in dem Gebiet ist das **Sompong Resort** (☎ 08 1746 5270; Asia 1 Hwy; Zi. 500 B) ungefähr 3 km südlich der Abzweigung nach Ngao, das sich als „Karaoke-Resort" anpreist.

Lampang besitzt eine ganze Menge Wasserfälle. Drei davon rauschen in Amphoe Wang Neua, rund 120 km nördlich der Provinzhauptstadt, in die Tiefe: der **Wang Kaew**, der **Wang Thong** und der **Than Thong** (Jampa Thong). Der Wang Kaew ist mit 110 Stufen der größte. Nahe dem Gipfel liegt ein Bergdorf der Mien. 1990 wurde diese Gegend Teil des 1172 km² großen **Doi Luang National Park** (☎ 0 5316 3363; Tambon Mae Yen, Amphoe Phan, Chiang Rai; Eintritt 200 B), in dem u. a. Seraue, Muntjakhirsche, Schuppentiere und Schweinsaffen leben.

Im Amphoe Meuang Pan, etwa auf halber Strecke zwischen Wang Neua und Lampang, befindet sich ein weiterer Wasserfall, der **Nam Tok Jae Sawn**, im 593 km² großen **Chae Son National Park** (☎ 0 5422 9000; Tambon Jae Son, Amphoe Muang Ban, Lampang; Eintritt 200 B). Die Gipfel im Park erreichen teilweise eine Höhe von über 2000 m. Der Jae Sawn besteht aus sechs Fällen, jeweils mit eigenem See; in der Nähe sprudeln neun Thermalquellen. In kleinen Hütten befinden sich runde, in den Boden eingelassene und mit Lehmziegeln eingefasste Bäder, die ständig mit dem Wasser der Quelle befüllt werden. Ein 20-minütiges Bad kostet 20 B; vorher und nachher gibt's eine belebende kalte Dusche.

In den beiden Nationalparks Chae Son und Doi Luang ist Campen gestattet. Der Chae Son hat zudem ein Besucherzentrum, zwölf Ferienbungalows und ein Restaurant, bei dem das Essen allerdings schon vor dem Besuch bestellt werden muss. Mehrere privat betriebene Imbissstände halten Besucher bei Kräften. Weitere Infos gibt das **Royal Forest Department** (☎ 0 2562 0760; www.dnp.go.th), bei dem man auch die Unterkünfte buchen kann.

PROVINZ CHIANG RAI

Chiang Rai, Thailands nördlichste Provinz, hat von allem etwas zu bieten: Die Berge im äußersten Osten der Provinz gehören zu den spektakulärsten des Landes und die tief gelegenen Flussebenen des Mekong im Nordosten ähneln denen, die man viel weiter südlich in Isan findet. Außerdem grenzt die Provinz an Myanmar und Laos, über das man relativ leicht nach China kommt.

Was die Einwohner betrifft, gehört Chiang Rai zu den ethnisch vielfältigsten thailändischen Provinzen. Es gibt hier eine beträchtliche Minderheit von Hügelvölkern, Shan und anderen Tai-Völkern sowie, seit relativ kurzer Zeit, ziemlich viele Zugewanderte aus China.

CHIANG RAI

เชียงราย

61 188 Ew.

In der Provinz Chiang Rai gibt es so viele Attraktionen, dass ihre Hauptstadt oft übersehen wird. Wer sich die Zeit nimmt, wird entdecken, dass Chiang Rai eine zwar kleine, aber hübsche Stadt mit entspannter Atmosphäre, ordentlichen Unterkünften und ein paar guten Restaurants ist. Sie ist außerdem der ideale Ausgangspunkt für Exkursionen in die abgelegeneren Ecken der Provinz.

Phaya Mengrai gründete Chiang Rai im Jahr 1262 als eine Stadt des laotisch-thailändischen Lanna-Reichs, Erst 1786 wurde Chiang Rai dem Königreich Siam zugeschlagen und erhielt 1910 den Status einer Provinz.

Praktische Informationen
BUCHLÄDEN
Gare Garon (869/18 Th Phahonyothin; ☽ 10–22 Uhr) Hauptsächlich neue Bücher, dazu ein paar übersteuerte gebrauchte. Außerdem gibt's hier Kaffee, Tee und etwas Kunsthandwerk.

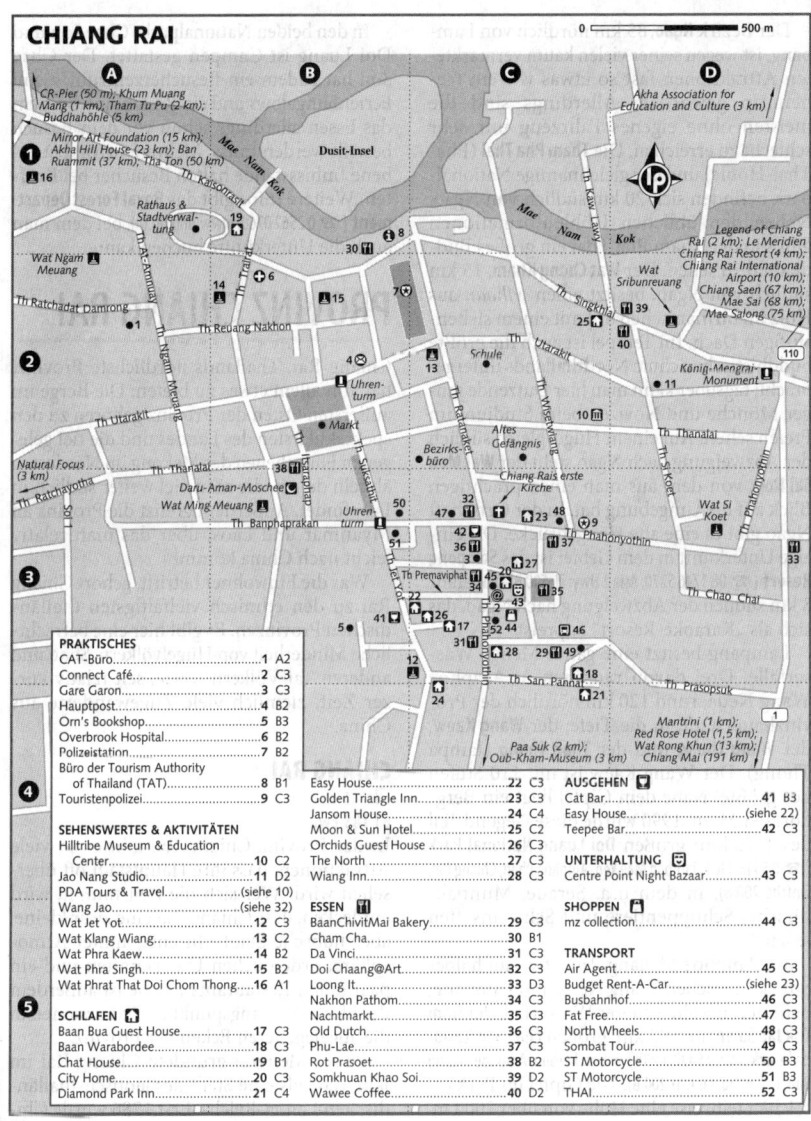

CHIANG RAI

0 ————— 500 m

CR-Pier (50 m); Khum Muang
Mang (1 km); Tham Tu Pu (2 km);
Buddhahöhle (5 km)

Mirror Art Foundation (15 km);
Akha Hill House (23 km); Ban
Ruammit (37 km); Tha Ton (50 km)

Akha Association for
Education and Culture (3 km)

Dusit-Insel

Legend of Chiang
Rai (2 km); Le Meridien
Chiang Rai Resort (4 km);
Chiang Rai International
Airport (10 km);
Chiang Saen (67 km);
Mae Sai (68 km);
Mae Salong (75 km)

Natural Focus
(3 km)

Mantrini (1 km);
Red Rose Hotel (1,5 km);
Wat Rong Khun (13 km);
Chiang Mai (191 km)

Paa Suk (2 km);
Oub-Kham-Museum (3 km)

PRAKTISCHES	
CAT-Büro	1 A2
Connect Café	2 C3
Gare Garon	3 C3
Hauptpost	4 B2
Orn's Bookshop	5 B3
Overbrook Hospital	6 B2
Polizeistation	7 B2
Büro der Tourism Authority of Thailand (TAT)	8 B1
Touristenpolizei	9 C3

SEHENSWERTES & AKTIVITÄTEN	
Hilltribe Museum & Education Center	10 C2
Jao Nang Studio	11 D2
PDA Tours & Travel	(siehe 10)
Wang Jao	(siehe 32)
Wat Jet Yot	12 C3
Wat Klang Wiang	13 C2
Wat Phra Kaew	14 B2
Wat Phra Singh	15 B2
Wat Phrat That Doi Chom Thong	16 A1

SCHLAFEN	
Baan Bua Guest House	17 C3
Baan Warabordee	18 C3
Chat House	19 B1
City Home	20 C3
Diamond Park Inn	21 C4

Easy House	22 C3
Golden Triangle Inn	23 C3
Jansom House	24 C4
Moon & Sun Hotel	25 C2
Orchids Guest House	26 C3
The North	27 C3
Wiang Inn	28 C3

ESSEN	
BaanChivitMai Bakery	29 C3
Cham Cha	30 B1
Da Vinci	31 C3
Doi Chaang@Art	32 C3
Loong It	33 D3
Nakhon Pathom	34 C3
Nachtmarkt	35 C3
Old Dutch	36 C3
Phu-Lae	37 C3
Rot Prasoet	38 B2
Somkhuan Khao Soi	39 D2
Wawee Coffee	40 D2

AUSGEHEN	
Cat Bar	41 B3
Easy House	(siehe 22)
Teepee Bar	42 C3

UNTERHALTUNG	
Centre Point Night Bazaar	43 C3

SHOPPEN	
mz collection	44 C3

TRANSPORT	
Air Agent	45 C3
Budget Rent-A-Car	(siehe 23)
Busbahnhof	46 C3
Fat Free	47 C3
North Wheels	48 C3
Sombat Tour	49 C3
ST Motorcycle	50 B3
ST Motorcycle	51 B3
THAI	52 C3

Orn's Bookshop (☎ 08 1022 0318; �9 8–20 Uhr) Der beste Second-Hand-Buchladen, betrieben vom exzentrischen, aber fachkundigen Peter. Tolle Auswahl!

NOTFALL

Touristenpolizei (☎ 0 5374 0249; Th Phahonyothin; �9 24 Std.) Auf der rund um die Uhr besetzten Wache versteht man Englisch.

INTERNETZUGANG

Internetzugang findet man in der ganzen Stadt problemlos; eine Stunde surfen kostet um die 30 B. Besonders groß ist das Angebot um den Nachtmarkt herum.

Connect Café (☎ 0 5374 0688; 868/10 Th Phahonyothin; �9 10.30–22.30 Uhr) Dieses malerische und abgefahrene Internetcafé serviert zum Surfen hausge-

machte Brownies und guten Kaffee. Angeboten werden ein Call-Service nach Übersee, das Brennen von Fotos auf CD sowie Bücher und Landkarten. Dazu spielt im Hintergrund Chill-Out-Musik.

MEDIZINISCHE VERSORGUNG

Overbrook Hospital (☎ 0 5371 1366; www.over brookhospital.com; Th Singkhlai) In diesem modernen Hospital versteht man Englisch.

GELD

Viele Banken und Geldautomaten finden sich in der Th Phahonyothin und in der Th Thanalai.

POST

Hauptpost (Th Utarakit; ☾ Mo–Fr 8.30–16.30, Sa, So & Feiertage 9–12 Uhr) Südlich des Wat Phra Singh.

TELEFON

Viele Internetcafés bieten einen internationalen Call-Service, darunter das Connect Café (s. S. 386).

Communications Authority of Thailand (CAT; Ecke Th Ratchadat Damrong & Th Ngam Meuang; ☾ Mo–Fr 7–23 Uhr) Das CAT-Büro bietet Auslandsgespräche, Internet- und Faxdienste an.

TOURISTENINFORMATION

Tourism Authority of Thailand (TAT; ☎ 0 5374 4674, 0 5371 1433; tatchrai@tat.or.th; Th Singkhlai; ☾ 8.30–16.30 Uhr) Zwar spricht hier keiner so wirklich gut Englisch, aber das Personal tut bei der Beratung sein Bestes. Außerdem gibt's eine kleine Auswahl von Karten und Broschüren.

Sehenswertes

WAT PHRA KAEW

วัดพระแก้ว

Der meistverehrte buddhistische Tempel der Stadt hieß ursprünglich im örtlichen Dialekt Wat Pa Yia (Bambuswaldkloster). Der Legende zufolge traf 1434 ein Blitz den achteckigen *chedi* des Tempels, der in sich zusammenfiel und den Phra Kaew Morakot (Smaragdbuddha; tatsächlich ist er aus Jade) freigab. Nach einer langen Reise, inklusive eines langen Zwischenstopps in Vientiane (Laos; s. Kasten S. 136), ruht dieser nationale Talisman jetzt in einem großen Tempel in Bangkok, der auch seinen Namen trägt.

1990 beauftragte Chiang Rai einen chinesischen Künstler, eine neue Skulptur aus kanadischer Jade anzufertigen. Sie bekam den Namen Phra Yok Chiang Rai (Chiang-Rai-

Jadebuddha) und ist ganz bewusst keine exakte Kopie des Phra Kaew Morakot in Bangkok. Sie misst 48,3 cm im Durchmesser und ist mit 65,9 cm Höhe nur 0,1 cm kürzer als das Original. Die Statue ist im eindrucksvollen Haw Phra Yoke untergebracht, dessen Wände mit wunderschönen, modernen Wandmalereien dekoriert sind. Einige von ihnen zeigen die Reise des original Phra Kaew Morakot, andere die feierliche Zeremonie, die man abhielt, als die derzeitige Statue in ihrer neuen Heimat Chiang Rai ankam.

Die hölzerne Struktur des mittelgroßen Haupt-*wihaan* ist gut erhalten, die Türen sind mit einzigartigen Schnitzereien verziert. Der *chedi* dahinter stammt aus dem 14. Jh. und ist typisch für den Lanna-Stil. Das angrenzende Holzgebäude ist ein **Museum** (☾ 9–17 Uhr), in dem Lanna-Gegenstände ausgestellt sind.

WAT PHRA SINGH

วัดพระสิงห์

Dieser Tempel wurde im späten 14. Jh. unter der Regentschaft von Chiang Rais König Mahaphrom errichtet und beherbergt die Kopie eines weiteren berühmten Buddhabildnisses. Er ist ein Schwestertempel von Chiang Mais Wat Phra Singh und seine Originalgebäude haben niedrige, geschwungene Holzdächer im typischen nordthailändischen Stil. Die beeindruckenden Holztore wurden angeblich von Künstlern aus der Gegend mit Schnitzereien verziert. Im Haupt-*wihaan* befindet sich eine Kopie des Phra-Singh-Buddhas aus Chiang Mai.

NOCH MEHR TEMPEL

Der siebentürmige *chedi* im **Wat Jet Yot** (Th Jet Yot) ähnelt dem gleichnamigen in Chiang Mai, hat allerdings keine Stuckverzierung. Von größerem ästhetischen Interesse ist die Holzdecke der vorderen Veranda des Haupt-*wihaan*, an der eine für Thailand einzigartige astrologische Malerei zu sehen ist.

Der **Wat Klang Wiang** (Ecke Th Ratanaket & Th Utarakit) wirkt völlig modern, ist aber schon mindestens 500 Jahre alt. Bei umfassenden Umgestaltungen in den frühen 1990er-Jahren hat man vielen Bauten im Tempel einen einheitlichen „modernen Lanna-Stil" verpasst, aber das elegante *hǒr drai* (Handschriftendepot) scheint sein ursprüngliches Aussehen bewahrt zu haben.

Der auf einem Hügel thronende **Wat Phra That Doi Chom Thong** gibt den Blick auf den Fluss

frei, von dem manchmal eine kühle Brise herüberweht. Der hiesige *chedi* im Lanna-Stil entstand wahrscheinlich zwischen dem 14. und 16. Jh. und könnte in seinem Inneren die Überreste eines älteren *chedi* der Mon bergen. König Mengrai, der Gründer von Chiang Rai, legte die Stätte für die künftige Siedlung von diesem Gipfel aus fest.

OUB KHAM MUSEUM

พิพิธภัณฑ์อูบคำ

Dieses private **Museum** (☎ 0 5371 3349; www. oubkhammuseum.com; 81/1 Military Front Rd; Eintritt Erw./ Kind 300/100 B; ☼ 8–17 Uhr) zeigt eine eindrucksvolle Sammlung von Gegenständen aus praktisch jeder Ecke des früheren Lanna-Reichs. Manche davon sind wirklich einzigartig. Sie reichen von einem Vorkostelöffel aus Affenknochen, den die Könige Lannas benutzten, bis hin zu einem bemerkenswerten geschnitzten Thron aus Chiang Tung in Myanmar. Besichtigen kann man das Museum nur im Rahmen einer (englischsprachigen) Führung. Dabei geht man auch durch eine vergoldete, künstliche Höhle, in der mehrere Buddhastatuen stehen – im Licht von Disko-Leuchten und künstlichen Fackeln! Überhaupt ist das gesamte Gelände ausgesprochen kitschig: Es gibt u. a. eine riesige vergoldete Statue einer *naga* (ein mythisches Schlangenwesen mit magischen Kräften) und unzählige Wasserfälle und Springbrunnen. Ein Besuch ist ein gleichermaßen lehrreiches wie bizarres Erlebnis.

HILLTRIBE MUSEUM & EDUCATION CENTER

พิพิธภัณฑ์และศูนย์การศึกษาชาวเขา

Dieses **Museum und Handwerkszentrum** (☎ 0 5374 0088; www.pda.or.th/chiangrai; 3. Stock, 620/1 Th Thanalai; Eintritt 50 B; ☼ Mo–Fr 8.30–18, Sa & So 10–18 Uhr) sollte man besuchen, ehe man eine Trekkingtour zu den Bergvölkern unternimmt. Das Zentrum, das von der gemeinnützigen Population & Community Development Association (PDA) betrieben wird, ist zwar optisch wenig ansprechend gestaltet, bietet aber unzählige Informationen über die verschiedenen Stämme in Thailand und alles, was damit zusammenhängt. Zu Beginn des Besuchs gibt's eine 20-minütige Diashow über die thailändischen Hügelvölker; die Ausstellung zeigt typische Kleidungsstücke von sechs wichtigen Völkern, Beispiele für die Bambusnutzung, handwerkliche Geräte der Völker und andere anthro-

pologische Objekte. Der Kurator des Museums ist leidenschaftlich bei der Sache und erzählt einem gern etwas über die verschiedenen Hügelvölker, ihre Geschichte, neue Entwicklungen und die Gemeinschaftsprojekte, die das Museum finanziell unterstützt. Die PDA bietet auch sehr empfehlenswerte Trekkingtouren an (s. S. 388). Es gibt einen Souvenirladen und eine Filiale von Bangkoks Cabbages & Condoms Restaurant auf dem Gelände.

THAM TU PU & BUDDHAHÖHLE

ถ้ำตูปู/ถ้ำพระ

Wenn man der Th Winitchaikul über die Brücke auf die Nordseite des Mae Nam Kok folgt, gelangt man zur Abzweigung nach Tham Tu Pu und zur Buddhahöhle. Zunächst geht es 1 km die Straße entlang, dann auf dem abzweigenden unbefestigten Weg 200 m bis zum Fuß einer Kalksteinklippe, wo eine steile Stufenfolge zur Hauptkammer mit einer staubigen Buddhastatue hinaufführt – das ist Tham Tu Pu. Fährt man auf derselben Straße noch 3 km weiter, erreicht man die Buddhahöhle, eine Höhle am Mae Nam Kok, in der sich ein winziger, aber regelmäßig benutzter buddhistischer Tempel befindet. Hier leben ein einsamer Mönch und mehrere Katzen. Der Tempel gehörte zu den Orten, die König Rama V. zu Beginn des 20. Jhs. bei einer Reise in diese Region seines Reiches besuchte.

Beide Attraktionen sind für sich allein genommen nicht so furchtbar überwältigend. Aber die Landschaft ist wunderschön, sodass der Abstecher sich für eine gemütliche Fahrradtour anbietet. Fahrräder mieten kann man bei Fat Free (S. 393).

Aktivitäten

LANNA-PORTRÄTS

Sich wie ein Angehöriger der Lanna-Herrscherfamilie ausstaffieren und für die Nachwelt so festhalten lassen: Für thailändische Besucher von Chiang Mai und Chiang Rai ist das ein Muss. Das **Jao Nang Studio** (☎ 0 5371 7111; 645/7 Th Utarakit; ☼ 10–19 Uhr) hat eine große Auswahl an Kostümen und Kulissen. Im angrenzenden Laden werden traditionelle nordthailändische Kleidung und Kunsthandwerksgegenstände aus der Region angeboten.

MASSAGE

Wang Jao (☎ 08 9787 0123; 542 Th Ratanaket; Massage 600 B; ☼ Mo–Sa 9–18, So 13–18 Uhr) Im selben Komplex wie das Doi Chaang@Art bietet

diese Wellnesseinrichtung traditionelle thailändische Anwendungen und Massagen an. Es gibt hier auch fünftägige Kurse in thailändischer Massage.

WANDERN & TREKKEN
Mehr als 30 Reisebüros, Pensionen und Hotels veranstalten Trekkingtouren, vor allem in den Gegenden um Doi Tung, Doi Mae Salong und Chiang Khong. Viele der ortsansässigen Reisebüros fungieren allerdings lediglich als Makler für die Führer, die direkt zu einem bestimmten Guesthouse gehören. Daher kann es preiswerter sein, die Tour direkt bei einer Pension vor Ort zu buchen. Wie überall in Nordthailand liefern die durch die TAT lizenzierten Tourguides meist die beste Qualität.

Die Preise für die Touren hängen von der Dauer, der Teilnehmerzahl und den Aktivitäten unterwegs ab. So ergibt sich eine Spanne von 950 B pro Person und Tag bei einer Gruppe von sechs oder mehr Personen bis 2300 B pro Person und Tag bei zwei Teilnehmern. Generell ist alles von Unterkunft über Transport und Verpflegung in diesem Preis inbegriffen.

Hinweise zu Verhaltensregeln und Tabus beim Besuch der Dörfer der Hügelvölker gibt's auf S. 49.

Die folgenden Agenturen haben den Ruf, ihre Trekking- und Kulturtouren verantwortungsvoll durchzuführen. In einigen Fällen fließen die Gewinne aus den Touren direkt in gemeindliche Entwicklungsprojekte ein.

Akha Hill House (☎ 08 9997 5505; www.akhahill. com) Diese Gesellschaft ist vollständig im Besitz von Angehörigen des Akha-Volks, die sie auch selber betreiben. Angeboten werden ein- bis siebentägige Treks, die mit einer Fahrt flussaufwärts mit dem Langschwanzboot beginnen. Danach geht es zu Fuß zum und in die Umgebung des gesellschaftseigenen Akha Hill House, das ungefähr 23 km von Chiang Rai auf einer Höhe von 1500 m liegt. Die Gewinne aus den Pensionen und den veranstalteten Aktivitäten gehen an die Hügelgemeinde und ihre Schule.

Mirror Art Foundation (☎ 0 5373 7412-3; www.mir rorartgroup.org; 106 Moo 1, Ban Huay Khom, Tambon Mae Yao) Diese gemeinnützige Nichtregierungsorganisation veranstaltet viele bewundernswerte Projekte für die Hügelvölker, von Bildungsarbeit bis hin zur Rechtsberatung bezüglich der Anerkennung als thailändische Staatsbürger. Auf Touren mit diesem Veranstalter kann man wirklich mit den Dorfbewohnern in Kontakt kommen.

Natural Focus (☎ 08 5888 6869; www.naturalfocus -cbt.com; 129/1 Mu 4, Th Pa-Ngiw, Soi 4, Rop Wiang) Die heute private Gesellschaft war früher ein Förderprojekt der Hill Area and Community Development Foundation (www.hadf.org). Auf dem Programm stehen ein- bis 15-tägige Touren, in deren Mittelpunkt die Natur und das Leben der Hügelvölker stehen.

PDA Tours & Travel (☎ 0 5374 0088; crpdatour@ hotmail.com; 620/1 Th Thanalai, Hilltribe Museum & Education Center; 620/1 Th Thanalai) Die kulturell verantwortungsbewussten Treks werden von Mitgliedern der Bergvölker geführt, die von der Population & Community Development Association geschult wurden. Im Angebot sind Ein- bis Dreitagestreks; die Einkünfte fließen in Gemeinschaftsprojekte u. a. zur AIDS-Prävention, zum Unterhalt mobiler Kliniken, zur Ausbildung und zur Schaffung dorfeigener Banken.

Von der Anlegestelle in Chiang Rai kommt man mit dem Boot flussaufwärts bis nach Tha Ton (s. S. 363). Eine Bootsfahrt von einer Stunde bringt einen von Chiang Rai ostwärts zu einem recht großen Karen-Dorf, nach **Ban Ruammit**. Von hier aus erreicht man zu Fuß auf eigene Faust innerhalb einer Stunde Dörfer der Lahu, Mien, Akha und Lisu. Ein weiteres beliebtes Gebiet für Wanderungen ohne Führer ist **Wawi** südlich des Uferstädtchens Mae Salak, nahe dem Ende der Flussroute.

Schlafen
Chiang Rai hat eine gute Auswahl von Unterkünften. Seit der letzten Auflage scheinen die Preise nur wenig gestiegen zu sein, sodass in der Stadt ein gutes Preis-Leistungs-Verhältnis herrscht. Die beiden wichtigsten Gebiete mit Unterkünften liegen im Zentrum rund um die Th Jet Yot sowie hinter der Th Phahonyothin.

BUDGETUNTERKÜNFTE
LP Tipp **Easy House** (☎ 0 5360 0963; 869/163-4 Th Premaviphat; Zi. 170 B) Die einfachen, aber einladenden Zimmer sind die attraktivste Alternative für Budgettraveller vor Ort. Die Zimmer teilen sich die sehr sauberen Bäder, das Personal ist hilfsbereit und freundlich, und es gibt ein munteres Restaurant, das auch als Kneipe fungiert. Die Unterkunft liegt zentral.

Baan Bua Guest House (☎ 0 5371 8880; www.baan buaguesthouse.com; 879/2 Th Jet Yot; Zi. 200–350 B; ☒ ▢) Das ruhige Gästehaus verfügt über 17 hellgrüne Zimmer rund um einen einladenden Garten. Der Führer, der hier die Touren durchführt, ist schon seit zehn Jahren dabei.

City Home (☎ 0 5360 0155; 868 Th Phahonyothin; Zi. 250–400 B; ☒ ▢) In einer winzigen *soi* mitten

in der Stadt bietet das ruhige, vierstöckige Hotel 17 große Zimmer. Die Zimmer mit Klimaanlage haben Holzböden und Kabel-TV und sind gut eingerichtet. Unten gibt es noch ein paar Zimmer mit Ventilator und Gemeinschaftsbad, die etwas muffig riechen.

Jansom House (☎ 0 5371 4552; 897/2 Th Jet Yot; Zi. 450 B; 🍴 💻) In diesem dreistöckigen Hotel übernachten Gäste in pieksauberen, geräumigen Zimmern, die sich um einen kleinen bepflanzten Hof verteilen. Extras sind bei diesem Preis eigentlich nicht zu erwarten, aber erstaunlicherweise sind die Zimmer hier alle mit Kabel-TV, gut geschnittenen Bädern und gefliesten Böden ausgestattet. Insgesamt ein super Angebot!

Orchids Guest House (☎ 0 5371 8361; www.orchids guesthouse.com; 1012/3 Th Jet Yot; Zi. 450 B; 🍴 💻) Zu dieser Pension in einem gerade mal zwei Jahre alten Wohnkomplex gehört eine Reihe supersauberer Zimmer, die nagelneu wirken. Zu den Extras gehören Internet und der Transport zum Flughafen (250 B).

The North (☎ 0 5371 9873; www.thenorth.co.th; 612/100-101 Sirikon Market; Zi. 450–650 B; 🍴 💻) Das nur einige Schritte vom Busbahnhof entfernt gelegene neue Hotel verleiht dem tristen Marktareal etwas Farbe. Die 18 Zimmer verbinden modernes mit thailändischem Design, die teureren öffnen sich zu einladenden Gemeinschaftsbereichen zum Ausspannen. Die Atmosphäre ist freundlich und familiär.

LP Tipp **Baan Warabordee** (☎ 0 5375 4488; 59/1 Th San Pannat; Zi. 500–700 B; 🍴 💻) Eine moderne, dreistöckige Thai-Villa wurde zu einem hübschen kleinen Hotel umgewandelt. Bei der Zimmergestaltung stehen dunkles Holz und helle, handgewebte Stoffe im Vordergrund. Die Betreiber sind freundlich und geben einem gern Auskunft zur Gegend. Das Hotel liegt fast am Ende der Wohnstraße Th San Pannat.

MITTELKLASSEHOTELS

Moon & Sun Hotel (☎ 0 5371 9279; www.moonandsun hotel.com; 632 Th Singkhlai; Zi. 800–1000 B, Suite 1100 B; 🍴 💻) Das helle und makellos saubere kleine Hotel hat große, moderne Zimmer. Einige sind mit Himmelbetten und alle mit Schreibtisch, Kabel-TV und Kühlschrank ausgestattet. Die Suiten verfügen über einen separaten, geräumigen Sitzbereich.

Golden Triangle Inn (☎ 0 5371 1339; www.golden chiangrai.com; 590 Th Phahonyothin; Zi. inkl. Frühstück 800 B; 🍴) Das Haus ähnelt eher einer großen thai-

ländischen Wohnung (inklusive der damit verbundenen gelegentlichen Unordnung). Die 39 Zimmer haben Fliesen- oder Holzböden und Holzmöbel. Zum Komplex gehören ein Restaurant, eine Budget-Autovermietung und ein effizientes Reisebüro. Das Haus ist beliebt, daher sollte man im Voraus reservieren.

Diamond Park Inn (☎ 0 5375 4960; www.diamond parkinn.com; 74/6 Moo 18, Th San Pannat; Zi. inkl. Frühstück 900–1050 B, Suite inkl. Frühstück 1500 B; 🍴 💻) Wenn man mal über die aggressive Reklame („In Chiang Rai unbedingt im Diamond Park Inn übernachten!") hinwegsieht, ist dieses neue Hotel eine tolle Mittelklasseoption. Die Zimmer sind groß, schön und mit modernen Möbeln ausgestattet; die Betten stehen auf erhöhten Plattformen. Die teuren Zimmer bieten Badewannen und große Balkone. Sie sind so groß, dass sie fast ein bisschen leer wirken.

LP Tipp **Red Rose Hotel** (☎ 0 5375 6888; www.red rosehotel.com; 14 Th Prachasanti; Zi. inkl. Frühstück 900–1050 B, Suite inkl. Frühstück ab 1600 B; 🍴 💻) Das Red Rose wirkt wie ein durchgeknalltes Disneyland und ist sicher die verrückteste Unterkunft in Nordthailand. Der Besitzer hat sich von US-amerikanischen Vergnügungsparks inspirieren lassen: Die Zimmer sind thematisch gestaltet (z. B. Ufos, Jungle House oder Love Boat). Wir empfehlen das Zimmer, das dem Thai-Boxen gewidmet ist – da steht das Bett im Ring und Sandsäcke hängen herum. Die coolen Gemeinschaftsbereiche mit Extras wie Tischtennis und Billard machen das Red Rose zu einem perfekten Aufenthaltsort für Familien und für Erwachsene, die nicht erwachsen werden wollen.

SPITZENKLASSEHOTELS

Mantrini (☎ 0 5360 1555-9; www.mantrini.com; 292 Moo 13, Robwiang am Superhighway; Zi. 2880–3290 B, Suite 9700 B; 🍴 💻 🏊) Hier sollten Traveller übernachten, denen Design über alles geht. Die Zimmer sind richtig schick, einige haben echt tolle eingebaute Badewannen. Ein Highlight sind die beiden „Sweet Rooms", die sich pseudo-viktorianisch geben und so verschiedenartige Deko-Elemente wie eine afrikanische Maske und ein Schaukelpferd miteinander kombinieren. Das Hotel liegt ungefähr 2 km außerhalb des Stadtzentrums, bietet aber einen Shuttleservice zur Innenstadt an.

Wiang Inn (☎ 0 5371 1533; www.wianginn.com; 893 Th Phahonyothin; Zi. 3296–3422 B; 🍴 💻 🏊) Die große, moderne Lobby stimmt Gäste auf dieses zentral gelegene Geschäftshotel ein. Die

Zimmer sind gepflegt und dezent landestypisch gestaltet, die günstigeren sind allerdings nur mit einem Doppelbett ausgestattet. In der Nebensaison sind die Preise deutlich günstiger.

LP Tipp **Legend of Chiang Rai** (☎ 0 5391 0400; www.thelegend-chiangrai.com; 124/15 Moo 21, Th Kohloy; Zi. 3900–5900 B, Villa 8100 B; 🛇 🖳 🕸) Dieses Resort der gehobenen Preisklasse mutet an wie ein traditionelles Lanna-Dorf und macht sich als eines der wenigen Hotels vor Ort die Lage am Fluss zunutze. Die Zimmer geben sich schlicht und romantisch und sind mit beruhigend cremefarbenen Rattanmöbeln ausgestattet. Alle Zimmer haben nette Sitzbereiche im Freien, Milchglas, das die Privatsphäre der Gäste schützt, und ein schickes Bad mit übergroßer Dusche, unter der man sich wie im Freien fühlt. Die Villen besitzen sogar einen eigenen kleinen Pool. Das Sahnehäubchen sind ein großer Pool und ein Wellness-Zentrum am Flussufer.

Le Meridien Chiang Rai Resort (☎ 0 5360 3333; www.lemeridien.com; 221/2 Moo 20, Th Kwaewai; Zi. 6800–9800 B, Suite 15 500 B; 🛇 🖳 🕸) Chiang Rais neueste Luxusherberge steht ungefähr 2 km außerhalb des Stadtzentrums an einem hübschen Abschnitt des Flusses Kok. Die Zimmer sind riesig und in Grau-, Weiß- und Schwarzschattierungen gehalten. Auf dem Gelände gibt es zwei Restaurants und einen großen Pool zusätzlich zu den Extras, die man bei einem Hotel in dieser Preisklasse erwarten darf.

Essen

Auf dem Nachtmarkt finden Hungrige eine gute Auswahl von Imbissständen mit Snacks und Gerichten von frittierten Won-Ton bis zu frischem Fisch. Man wählt ein Gericht und setzt sich dann an einen der Tische in der Nähe. Es gibt aber auch mehrere Restaurants in der Th Phahonyothin am Nachtmarkt und drum herum.

Paa Suk (keine Ausschilderung in lateinischen Buchstaben; ☎ 0 5375 2471; Th Sankhongnoi; Gerichte 10–25 B; 🕙 Mo–Sa 8–15 Uhr) Die Spezialität dieses superfreundlichen, in dritter Generation von derselben Familie geführten Restaurants ist *ka·nŏm jeen nám ngée·o*, eine dünne, für die Gegend typische Suppe aus Schweine- oder Rindfleisch und Tomaten, die über frische Reisnudeln gegossen wird. Das Restaurant liegt gleich hinter der ersten Ampel an der Th Sankhongnoi (die Straße heißt Th Sathan

Phayaban, wenn sie auf die Th Phahonyothin trifft) und ungefähr dem HI Saban-nga gegenüber.

Somkhuan Khao Soi (keine Ausschilderung in lateinischen Buchstaben; Th Singkhlai; Gerichte 25 B; 🕙 Mo–Fr 8–15 Uhr) Der freundliche Herr Somkhuan verkauft an einem einfachen Straßenstand unter zwei riesigen Bäumen Chiang Rais schmackhaftestes *kŏw soy*, ein Currygericht mit Nudeln.

Rot Prasoet (Muslimisches Essen; Th Itsaraphap; Gerichte 25–50 B; 🕙 7–20 Uhr) Dieses thailändisch-muslimische Restaurant neben der Moschee in der Th Itsaraphap serviert köstliche Gerichte der thailändischen Muslime, darunter *kŏw mòk gài*, die thailändische Version von Hähnchen-Biryani.

LP Tipp **Loong It** (Regionales Essen; Th Wat Phranorn; Gerichte 30–60 B; 🕙 8–15 Uhr) Wer wie die Einheimischen speisen möchte, ist in dieser rustikalen Hütte, die köstliches nordthailändisches Essen auf den Tisch bringt, genau richtig. An der Wand hängt auch eine englischsprachige Speisekarte. Auf keinen Fall sollte man sich das köstliche *lâhp gài* entgehen lassen, Hähnchenhackfleisch mit Kräutern, gekrönt von knusprig frittierten Schalotten und Knoblauch. Das Restaurant findet sich in der Th Phranorn in der Nähe der Kreuzung mit dem Superhighway. Nach dem Schild „Local Food" Ausschau halten!

Cham Cha (Th Singkhlai; Gerichte 35–100 B; 🕙 Mo–Sa 7–16 Uhr) Ein zwangloses kleines Lokal zum Frühstücken oder Mittagessen. Es bietet alle üblichen thailändischen und chinesischen Gerichte an, dazu ein paar Isan-Gerichte, die nicht auf der englischen Speisekarte stehen, z. B. *lâhp* (ein würziger Salat mit Hackfleisch) und *sôm·đam* (würziger Salat mit grünen Papayas). Außerdem gibt's hier Eiscreme.

Nakhon Pathom (keine Ausschilderung in lateinischen Buchstaben; Th Phahonyothin; Gerichte 40–60 B; 🕙 8–15 Uhr) Das nach einer zentralthailändischen Stadt benannte Nakhon Pathom ist wegen seines preisgünstigen *kôw man gài* (Reis mit Hühnchen) und *gŏo·ay đĕe·o ʾbèt yâhng* (gebratene Ente mit Reisnudeln) sehr beliebt.

Old Dutch (541 Th Phahonyothin; Gerichte 50–100 B; 🕙 8–24 Uhr) Das gemütliche, ausländerfreundliche Restaurant ist eine gute Wahl für alle, die sich noch nicht mit der authentischeren thailändischen Küche anfreunden können, die in anderen Lokalen angeboten wird. Es gibt hier Gerichte aus verschiedenen Küchen und außerordentlich billiges Bier vom Fass.

CAFÉKULTUR IM CHIANG-RAI-STIL

Für eine so kleine Stadt besitzt Chiang Rai eine ganze Menge sehr guter Cafés in westlichem Stil. Das liegt hauptsächlich daran, dass in den abgelegeneren Ecken der Provinz viele der besten Kaffees Thailands angebaut werden. Zu den interessanteren Lokalen gehören die folgenden:

■ **BaanChivitMai Bakery** (☎ 08 1764 7020; www.baanchivitmai.com; Th Prasopsuk; ☯ Mo–Sa 7–21, So 14–21 Uhr) Neben sehr gut zubereitetem lokal angebautem und verarbeitetem Kaffee können sich Schleckermäuler in dieser beliebten Bäckerei erstaunlich authentische Süßwaren nach schwedischer Art gönnen. Die Einnahmen gehen an BaanChivitMai, eine Organisation, die Wohnheime und Erziehungsprojekte für vernachlässigte, verwaiste oder HIV-infizierte Kinder ins Leben gerufen hat.

■ **Doi Chaang@Art** (☎ 0 5375 2918; 542/2 Th Rattanakhet; ☯ 7–22 Uhr) Doi Chaang ist die führende Kaffeemarke aus Chiang Rai, die auch in Kanada und Europa vertrieben wird. Neben Kaffee gibt es hier leckeres Gebäck. Nebenan befindet sich Doi Soong Cha, eine kleine Teestube, in der man Tees chinesischer Art probieren kann, die ebenfalls aus Chiang Rai stammen.

■ **Wawee Coffee** (Ecke Th Singkhlai & Th Si Koet; ☯ 7–22 Uhr) Eine weitere bekannte Adresse: Das große, moderne Café serviert kreative Kaffeespezialitäten aus in Chiang Rai angebautem Kaffee. Beim Trinken kann man auf den Widescreen-iMacs seine Mails checken oder eine Zeitung lesen, die man beim dazugehörigen Zeitungsstand gekauft hat.

Phu-Lae (☎ 0 5360 0500; 612/6 Th Phahonyothin; Gerichte 60–150 B; ☯ mittags & abends) Dieses Restaurant mit Klimaanlage ist wegen seiner leckeren nordthailändischen Gerichte bei thailändischen Touristen äußerst beliebt. Seltsamerweise sind aber genau diese Gerichte nicht auf der englischsprachigen Speisekarte verzeichnet. Da bleibt Travellern aus dem Ausland nichts weiter übrig, als auf das in der Glasvitrine zu deuten, was sie wollen. Zu den empfehlenswerten Gerichten aus der Region gehören *gaang hang·lair*, Schweinebauch mit einem gehaltvollen Curry auf burmesische Art, hier mit eingelegtem Knoblauch serviert, sowie *saï òo·a*, mit Kräutern gewürzte Würstchen.

Da Vinci (☎ 0 5375 2535; 879/4-5 Th Phahonyothin; Hauptgerichte 125–300 B; ☯ 12–23 Uhr) In dem etwas teureren, schicken Restaurant stehen verschiedene italienische Gerichte auf der Karte; die meisten Gäste kommen aber wegen der Pizza aus dem Holzofen.

Ausgehen & Unterhaltung

Die quirligsten Bars sind in der Th Jet Yot zu finden, während die zwielichtigen Go-Go-Bars am Ende der Th Jet Yot in einer L-förmigen Gasse liegen, die zur Th Banphaprakan führt.

Teepee Bar (Th Phahonyothin; ☯ 18.30–24 Uhr) Das Teepee ist ein Treffpunkt der Backpacker und Thai-Hippies und ein guter Ort, um Informationen auszutauschen.

Cat Bar (1013/1 Th Jet Yot; ☯ 17–1 Uhr) Unter den Bars an der Th Jet Yot ist diese dank freundlichem Service, dem kältesten Bier, das wir je in Thailand getrunken haben, und der Bob-Dylan-Musik die beste. Es gibt einen Billardtisch und täglich ab 22.30 Uhr Livemusik.

Easy House (☎ 0 5360 0963; Th Premaviphat; ☯ 11–24 Uhr) Im Erdgeschoss des Backpacker-Hostels an der Kreuzung Th Jet Yot und Th Premaviphat kriegt man Bier und was zwischen die Kiefer. Man sitzt an rustikalen Holztischen.

Centre Point Night Bazaar (abseits der Th Phahonyothin) Abends gibt's kostenlose nordthailändische Musik und Travestieshows.

Shoppen

Neben dem Busbahnhof und hinter der Th Phahonyothin liegt der **Nachtmarkt** (☯ 18–23 Uhr) von Chiang Rai. Er ist zwar viel kleiner als der in Chiang Mai, bietet aber ebenfalls allerlei Kunsthandwerk. Wer den Markt von der Th Phahonyothin aus betritt, sieht rechts die **mz collection** (☎ 0 5375 0145; www.mzcollection.net; 426/68 Kok Kalair). Dieser Laden führt ungewöhnlichen Schmuck aus Silber und Halbedelsteinen. Alle Stücke sind Unikate, absolute Schnäppchenpreise sucht man daher vergeblich.

Wenn man an einem Samstagabend vor Ort ist, sollte man unbedingt den **Kaat Jiang Hai Ramleuk** (☯ 16–22 Uhr) besuchen, einen großen Straßenmarkt, der auf alles aus Chiang Rai spezialisiert ist, von Kunsthandwerk

bis zu ortstypischen Gerichten. Der Markt nimmt die Th Thanalai vom Hilltribe Museum bis zum Morgenmarktgelände ein.

An- & Weiterreise

BUS

Chiang Rais Busbahnhof befindet sich im Stadtzentrum. Am Schalter von **Green Bus** (☎ 114 Durchwahl 8000; www.greenbusthailand.com) werden Tickets für mehrere gute Linien verkauft, z. B. für stündliche Fahrten nach Chiang Mai und Chiang Khong. Nach Bangkok fährt **Sombat Tour** (☎ 0 5371 4971; Th Prasopsuk), ein Unternehmen, das sein Büro gegenüber vom Busbahnhof hat.

Die Tabelle auf S. 392 informiert über Busfahrpreise und Fahrzeiten ab Chiang Rai.

FLUGZEUG

Der **Chiang Rai Airport** (☎ 0 5379 8000) liegt 8 km nördlich der Stadt. Die Taxifahrt vom Flughafen in den Ort kostet 200 B. Zum Flughafen raus kann man für ungefähr 250 B ein Tuk-Tuk nehmen. Im Terminal sind Restaurants, eine Wechselstube, eine Post (geöffnet 7–19 Uhr) und Schalter von Autovermietungen untergebracht.

In der Stadt bucht **Air Agent** (☎ 0 5374 0445; 863/3 Th Phahonyothin; ☼ 8–22 Uhr) Inlands- und Auslandsflüge vorab. Ansonsten kann man Flüge auch online, über die Websites oder in den Büros der unten aufgeführten Fluglinien buchen.

Air Asia (☎ 0 5379 3545/8275; www.airasia.com; Chiang Rai Airport) Fliegt dreimal täglich zwischen Bangkok und Chiang Rai (ab 1800 B, 1¼ Std.).

Nok Air (☎ Inlands-Callcenter 1318; www.nokair.co.th; Chiang Rai Airport) Veranstaltet über seine Tochtergesellschaft **SGA Airlines** (☎ 0 5379 8244; www.sga.co.th) Flüge mit Propellermaschinen zwischen Chiang Rai und Chiang Mai (ab 1690 B, 40 Min., 2-mal tgl.).

One-Two-Go (☎ Inlands-Callcenter 1126; www.fly12go. com; Chiang Rai Airport) Fliegt einmal täglich zwischen Bangkoks Don Muang Airport und Chiang Rai (ab 2100 B, 1¼ Std.).

THAI Stadtzentrum (☎ 0 5371 1179; www.thaiair.com; 870 Th Phahonyothin; ☼ Mo–Fr 8–17 Uhr); Flughafen (☎ 0 5379 8202/3; ☼ 8–20 Uhr) Drei Flüge täglich von bzw. nach Bangkok (3745 B, 1¼ Std.).

SCHIFF/FÄHRE

Chiang Rai ist von Tha Ton (s. S. 363) aus auch mit dem Schiff über den Mae Nam Kok zu erreichen.

Schiffe flussaufwärts fahren vom **CR-Pier** (☎ 0 5375 0009) im Nordwesten der Stadt ab. Passagierschiffe legen täglich um 10.30 Uhr ab. Man kann aber am Pier für 700 B auch ein ganzes Boot bis Ban Ruammit oder für die gesamte Strecke bis Tha Ton (2500 B) chartern.

Unterwegs vor Ort

Eine Fahrt mit dem Samlor (dreirädriges Fahrradtaxi) durch das Zentrum von Chiang Rai kostet rund 40 B. Tuk-Tuk-Fahrer verlangen oft das Doppelte. Einen Platz im Sammel-Songthaeo gibt's für 15 B pro Nase.

Ein Leihfahrrad vermittelt einem **Fat Free** (☎ 0 5375 2532; 542/2 Th Banphaprakan; Stadtrad/Mountainbike pro Tag 80/250 B; ☼ 9–20 Uhr). **ST Motorcycle** (☎ 0 5371 3652; Th Banphaprakan; Yamaha TTR-Motorrad

---

VON NORDTHAILAND NACH YUNNAN IN CHINA

Wer in der Provinz Chiang Rai ist und sich bereits ein Visum für China besorgt hat, dem bieten sich mehrere Möglichkeiten, von Thailand in die chinesische Provinz Yunnan zu reisen. Die Route verbindet das Goldene Dreieck mit dem autonomen Distrikt Xishuangbanna (in Thailand Sipsongpanna genannt) in Yunnan in Südwestchina. Die Thai, die Shan und die Lao betrachten Xishuangbanna alle als ihr kulturelles Ursprungsland.

Die kürzeste Verbindung ist der Mekong. Man kann ein Passagierboot von Chiang Saen in Thailand direkt nach Jinghong in China nehmen; die Fahrt dauert ungefähr 15 Stunden, wenn der Wasserstand ausreichend hoch ist. Nähere Einzelheiten stehen auf S. 407.

Ebenfalls fast auf direktem Weg zum Ziel führt die Reise über Laos. In Chiang Khong überquert man den Mekong und kommt in die laotische Ortschaft Huay Xai, wo dreimal wöchentlich Busse über die laotische Grenzstadt Boten nach Mengla in Xishuangbanna fahren. Von Mengla kommt man nach einer vierstündigen Busfahrt nach Jinghong, in die Bezirkshauptstadt des Distrikts Xishuangbanna, oder mit einem Nachtbus nach Kunming. Näheres s. S. 414.

Von Mae Sai, das ebenfalls in der Provinz Chiang Rai liegt, konnte man früher über Mong La in Myanmar nach China weiterreisen, aber dieser Grenzübergang ist seit 2005 geschlossen.

BUSSE AB CHIANG RAI

Ziel	Bus	Preis (B)	Dauer (Std.)	Ziel	Bus	Preis (B)	Dauer (Std.)
Bangkok	klimat.	546	12	Khorat	klimat.	508	13
	1. Klasse	706	11		1. Klasse	653	12
	VIP	733–1035	11		VIP	767	12
Ban Huay Khrai (zum Doi Tung)	normal	28	¾	Lampang	klimat.	162	5
				Mae Sai	normal	39	1½
Basang	normal	20	¾	Mae Sot	klimat.	270	12
Chiang Khong	normal	70	2		1. Klasse	347	12
Chiang Mai	normal	106	4	Nan	klimat.	188	6
	1. Klasse	191	3	Phayao	normal	49	2
	VIP	295	3		klimat.	69	1½
Chiang Saen	normal	38	1½		1. Klasse	88	1½
Fang	normal	95	2½	Phitsanulok	1. Klasse	367	7
Khon Kaen	klimat.	462	12		VIP	428	7
	1. Klasse	594	12	Phrae	1. Klasse	218	4

mit weniger als 115 cm³ 150–300 B/Tag, weniger als 250 cm³ 700–1000 B/Tag; ⊙ 8–18 Uhr) vermietet Motorräder. Es gibt noch eine zweite Filiale in der Th Wat Jet Yot, die Maschinen sind gut in Schuss. Auch viele Pensionen verleihen Motor- und Fahrräder.

Mehrere kleine Büros in der Nähe des Nachtmarkts vermieten Autos unterschiedlicher Art (800–1200 B/Tag) mit und ohne Fahrer.

Die folgenden Gesellschaften haben einen guten Ruf, verlangen aber auch etwas mehr:

Avis Rent-A-Car (☎ 0 5379 3827; www.avisthailand. com; Chiang Rai Airport)

Budget Rent-A-Car (☎ 0 5374 0442/3; www.budget. co.th; 590 Th Phahonyothin) Am Golden Triangle Inn.

National Car Rental (☎ 0 5379 3683; Chiang Rai Airport)

North Wheels (☎ 0 5374 0585; www.northwheels. com; 591 Th Phahonyothin; ⊙ 8–19 Uhr)

RUND UM CHIANG RAI
WAT RONG KHUN
วัดร่องขุ่น

13 km südlich von Chiang Rai befindet sich der ungewöhnliche und vielbesuchte **Wat Rong Khun** (☎ 0 5367 3579), der „Weiße Wat". Während die meisten Tempel auf eine jahrhundertelange Geschichte zurückblicken, hat man mit dem Bau dieses Wats erst 1997 begonnen. Sein Architekt ist der berühmte, vom Maler zum Architekten konvertierte thailändische Künstler Chalermchai Kositpipat.

Aus der Entfernung wirkt der Tempel, als bestünde er aus glitzerndem Porzellan. Bei nä-

herem Hinschauen entdeckt man, dass der Effekt durch eine Kombination aus weißer Tünche und Spiegelstückchen erzielt wird. Man betritt den heiligen Bereich des Wats über eine Brücke in Form ausgestreckter Arme (als Sinnbild des Verlangens). Im Tempel selber sind nicht die üblichen Szenen aus dem Leben Buddhas zu sehen, sondern Bilder aus der Gegenwart, die das *samsara* (den Kreislauf des Leidens und der Wiedergeburten) darstellen sollen. Szenen wie das Flugzeug, das in die Twin Towers rast, oder (seltsamerweise) Keanu Reeves als Neo aus dem Film *The Matrix* dominieren die eine vollendete Wand dieses Werks, das noch in Arbeit ist. Wer mag, kann sich in der angrenzenden Galerie Reproduktionen von Chalermchai Kositpipats stark dem New Age verpflichteten Werken kaufen.

Zum Tempel kommt man mit einem der Linienbusse von Chiang Rai nach Chiang Mai; man bittet den Fahrer, einen am Wat Rong Khun (15 B) aussteigen zu lassen.

MAE SALONG (SANTIKHIRI)
แม่สลอง (สันติคีรี)
25 428 Ew.

Um ein bisschen China zu schnuppern, ohne die Grenze zu überqueren, bietet sich dieses stimmungsvolle Dorf in den Hügeln hinter Chiang Rai an. Heute wird Mae Salong zwar viel besucht, aber seine Lage in den Hügeln, die chinesischen Einwohner, die vielen Bergvölker und die Teeplantagen ringsum machen den Ort immer noch zu einem ein-

maligen Ziel, das in Vielem an eine Kleinstadt in der südchinesischen Provinz Yunnan erinnert. Hier kann man gut ein paar Tage ausspannen, zumal die Umgebung zu Erkundungstouren verlockt.

Infos zu der ungewöhnlichen ethnischen Zusammensetzung des Ortes bietet der Kasten auf S. 397.

Praktische Informationen

Bei der Thai Military Bank gegenüber dem Khumnaiphol Resort befindet sich ein Geldautomat.

Sehenswertes

Ein kleiner, aber interessanter **Morgenmarkt** wird zwischen 6 und 8 Uhr an der T-Kreuzung in der Nähe des Shin Sane Guest House abgehalten. Der Markt lockt viele Städter und Angehörige der Hügelvölker aus den umliegenden Bezirken an. Ein **ganztägiger Markt** befindet sich am südlichen Ende der Stadt. Im Angebot sind Kunsthandwerk der Bergstämme und Tee, außerdem finden sich hier ein paar einfache Restaurants.

Um den großartigen Ausblick vom **Wat Santakhiri** zu genießen, muss man den Markt durchqueren und die 718 Stufen hinaufsteigen (oder das Auto nehmen). Dieser Tempel folgt der Mahayana-Tradition des Buddhismus und ist im chinesischen Stil gebaut.

Hinter dem Khumnaiphol Resort und ein Stück weiter den Hügel hinauf befindet sich ein **Aussichtspunkt** mit einigen Teegeschäften und dem **Grabmal** eines berühmten Generals der Kuomingtang (KMT). Manchmal wird die Anlage von ein Soldaten bewacht, der Besuchern (allerdings nur auf Thai oder Yunnan-Chinesisch) einiges über die Geschichte der nationalchinesischen Exilanten in der Region berichten kann. Südlich der Abzweigung zum Grabmal steht das **Chinese Martyr's Memorial Museum**, ein prachtvolles Gebäude im chinesischen Stil, das mehr Gedenkstätte als Museum ist.

Am Nordende der Stadt, gegenüber der Mae Salong Villa, befindet sich das **Agro Tourism Guide Center**, eine Quelle für Infos über die Gegend, die leider nur sporadisch sprudelt; häufiger geöffnet ist das Center in der Touristensaison (Nov.–Jan.).

Wandern & Trekken

Im Shin Sane Guest House ist eine kostenlose Karte erhältlich, die ungefähr den Weg zu den Dörfern der Akha, Lisu, Mien, Lahu und Shan in diesem Gebiet beschreibt. Die nahegelegenen Dörfer der Akha und Lisu sind zu Fuß in weniger als einem halben Tag erreichbar.

Die besten Wanderstrecken finden sich nördlich von Mae Salong zwischen Ban Thoet Thai und der Grenze zu Myanmar. Vor dem Aufbrechen sollte man aber besser Infos zur aktuellen politischen Lage einholen: Gelegentlich geraten in diesem Gebiet Truppen der Shan und der Wa aneinander, die um die Kontrolle dieses Teils der Grenzregion zwischen Thailand und Myanmar ringen. Durch mehrere Dörfer verläuft zudem eine Schmugglerroute, über die ständig Methamphetamin und in geringerem Ausmaß auch Heroin über die Grenze kommt.

Das Shin Sane Guest House (s. unten) veranstaltet vierstündige **Wanderritte** zu vier nahegelegenen Dörfern, was 500 B pro Tag kostet. Die 4 km bis zu einem Dorf der Akha kann man aber auch allein zu Fuß bewältigen. Dort bietet ein einfaches Gasthaus Unterkunft und Verpflegung.

Schlafen

Seit die Straße von Mae Salong nach Tha Ton eröffnet wurde, übernachten weniger Traveller in Mae Salong. Das Überangebot von Unterkünften sorgt für Verhandlungsspielraum, was die Preise angeht. In der Hauptsaison (Nov.–Jan.) hätte allerdings nicht einmal ein orientalischer Teppichhändler Erfolg beim Feilschen.

Shin Sane Guest House (☎ 0 5376 5026; 32/3 Th Mae Salong; EZ/DZ ab 50/100 B, Bungalow 300 B; 🖳) Mae Salongs erstem Hotel sieht man seine 40 Jahre zwar langsam an, aber es verströmt immer noch viel Atmosphäre. Die Zimmer sind kahl, aber geräumig und teilen sich die Bäder. Die Bungalows sind weitaus komfortabler und haben ein eigenes Bad und Kabel-TV. Das Personal hat Auskünfte zu Trekking-Strecken und eine gute Wanderkarte. Darüber hinaus werden hier auch Motorräder vermietet.

LP Tipp **Little Home Guesthouse** (☎ 0 5376 5389; www.maesalonglittlehome.com; 31 Moo 1, Th Mae Salong; EZ/DZ ab 50/100 B, Bungalow 600 B; 🖳) In dem hübschen Holzhaus neben dem Shin Sane gibt es ein paar einfache, aber gemütliche Zimmer und außerdem hinter dem Haus einige funkelnagelneue Bungalows. In dem angeschlossenen Restaurant wird regionales Essen serviert. Der Betreiber ist sehr freundlich und besitzt eine der genaueren Karten von diesem Gebiet.

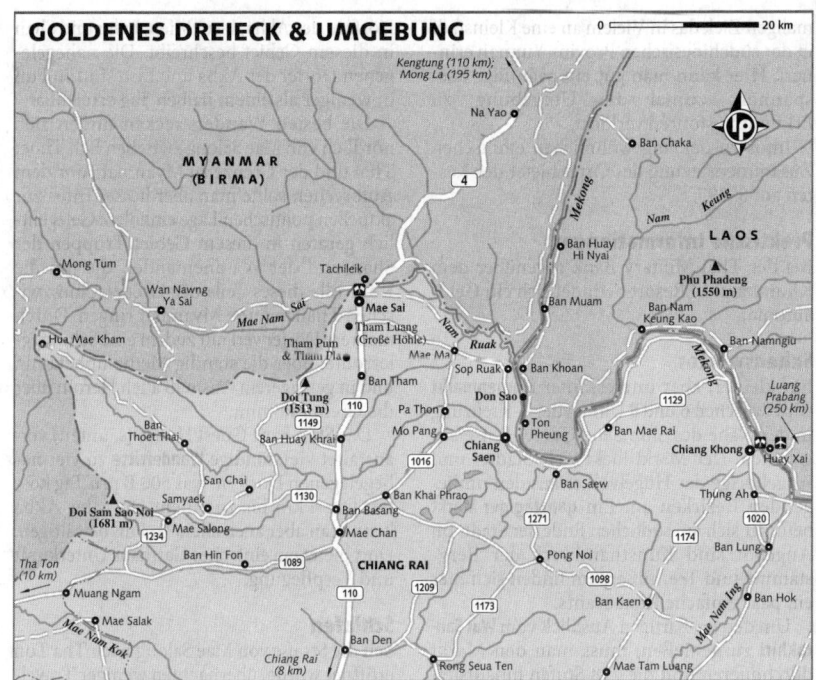

GOLDENES DREIECK & UMGEBUNG

Saeng A Roon Hotel (☎ 0 5376 5029; 25/3 Moo 1, Th Mae Salong; Zi. 300–500 B; 🍴 🖥) Neben dem gleichnamigen Teeladen befindet sich dieses neue Hotel, das freundliches Personal und geräumige, gefliese Zimmer mit tollem Ausblick ins Umland hat. Die günstigeren Zimmer teilen sich die Badezimmer, die Warmwasseranschluss haben und pieksauber sind.

Mae Salong Central Hills Hotel (☎ 0 5376 5113; 18/1 Moo 1, Th Mae Salong; Zi. 500 B) In dem direkt gegenüber dem 7-Eleven gelegenen großen Hotel wohnen Gäste in langweiligen, aber komfortablen Zimmern auf zwei Stockwerken. Im Obergeschoss gibt's ein (hauptsächlich während der Hauptsaison geöffnetes) Restaurant und auf dem Gelände ein Teegeschäft.

Maesalong Mountain Home (☎ 08 4611 9508; www.maesalongmountainhome.com; Bungalow 800–1500 B) Diese Anlage befindet sich an einer unbefestigten Straße 1 km östlich vom Ortszentrum (als „Maesalong Farmstay" ausgeschildert) und ist eine großartige Option, wenn man über einen eigenen fahrbaren Untersatz verfügt. Die neun neuen Bungalows stehen mitten auf einem Bauernhof. Sie sind hell und luftig und haben große Bäder. Ein weiterer

Pluspunkt ist die Lage in der Nähe einer Teeplantage. Dort stehen Löwenfiguren und eine gigantische Teetasse herum – ein bizarres, aber lustiges Fotomotiv.

Khumnaiphol Resort (☎ 0 5376 5001/4; Fax 0 5376 5004; 58 Mu 1; Zi. 600–900 B, Bungalow 1200–4000 B; 🍴) An der Straße nach Tha Ton 1 km südlich der Stadt, in der Nähe des Nachmittagsmarkts, klebt diese attraktive Bungalowanlage an einem Hang. Von den überdachten Veranden hat man einen großartigen Ausblick auf die darunterliegenden Teeplantagen. Außerdem gibt's hier hotelmäßige Zimmer.

Maesalong Flower Hills Resort (☎ 0 5376 5496; www.maesalongflowerhills.com; Zi. 1500 B, Bungalow 2000–2500 B; 🍴 🖥) Diese Huldigung an eine Landschaftsgestaltung, bei der die Blütenpracht im Vordergrund steht, 2 km östlich des Stadtzentrums kann man gar nicht verfehlen. Es gibt hier eine Reihe moderner und sauberer Unterkünfte im Bungalowstil, teilweise mit großartigem Ausblick. Die billigeren Zimmer haben Ventilatoren und ähneln Apartments. Der riesige Pool und einige größere Bungalows machen die Anlage zu einem idealen Urlaubsort für Familien mit Kindern.

Essen

Mit einem chinesischen Frühstück aus *ฺbah·tôrng·göh* (chinesichen Donuts) und heißer Sojamilch auf dem Morgenmarkt startet man gut in den Tag.

Tatsächlich kommen viele thailändische Touristen nur nach Mae Salong, um yunnanchinesische Gerichte wie *màn·tŏh* (gedämpfte chinesische Brötchen) mit geschmorter Schweinehaxe und eingelegtem Gemüse oder geschmortes Seidenhuhn mit chinesischen Kräutern zu essen. All das und mehr gibt's bei **Sue Hai** (keine Ausschilderung in lateinischen Buchstaben; ☎ 08 9429 4212; 288 Moo 1, Th Mae Salong; Gerichte 60–150 B; ☻ 7–21 Uhr) in dem hellblauen Gebäude 100 m westlich des Sweet Maesalong. Der familiengeführte Teeladen hat angeschlossenem Yunnan-Restaurant hat eine englischsprachige Karte, auf der regionale Spezialitäten stehen, u. a. gebratene Pilze der Region mit

Sojasauce oder köstliches luftgetrocknetes Schweinefleisch mit frischer Paprika. Das **Nong Im Phochana** (☎ 0 5376 5309; Th Mae Salong; Gerichte 60–150 B; ☻ mittags & abends), direkt gegenüber dem Khumnaiphol Resort, serviert ähnliche Gerichte; der Schwerpunkt liegt auf Gemüse aus der Region. Das authentischste YunnanEssen soll es im Restaurant der **Mae Salong Villa** (☎ 0 5376 5114; Th Mae Salong; Gerichte 60–150 B) geben, dazu gehört beispielsweise die köstliche, über Teeblättern geräucherte Ente.

Hausgemachte Weizen- und Eiernudeln sind eine weitere Spezialität von Mae Salong, sie werden mit einer Brühe aus Schweinefleisch und einer scharfen Chilipaste serviert. Das Gericht gibt's in mehreren Restaurants vor Ort.

Viele Teehäuser verkaufen Tees aus der Region (meist Ulong und Jasmintee) und bieten Verkostungen an. Wer mehr Koffein braucht,

---

EINE HEIMAT IN DER FREMDE

Ursprünglich wurde Mae Salong vom 93. Regiment der Kuomintang (KMT) gegründet, das nach der chinesischen Revolution von 1949 aus China nach Myanmar geflohen war. Als die Regierung in Rangun (Yangon) der KMT 1961 verbot, sich im Norden Myanmars aufzuhalten, mussten die Abtrünnigen das Land verlassen. Mit ihren Ponykarawanen zogen die ehemaligen Soldaten und ihre Familien nach Nordthailand, siedelten sich in den Bergdörfern an und bauten eine Gesellschaft auf, die jener glich, die sie in Yunnan verlassen hatten.

Nachdem die thailändische Regierung den KMT-Anhängern in den 1960er-Jahren einen Flüchtlingsstatus gewährt hatte, bemühte man sich, die KMT-Chinesen aus Yunnan und ihre Familien in die thailändische Nation zu integrieren. Das war aber bis in die 1980er-Jahre nicht von viel Erfolg gekrönt. Viele der ehemaligen KMT-Mitglieder blieben in den Opiumhandel des Goldenen Dreiecks verwickelt, und zwar in einer Dreierpartnerschaft mit dem Opiumkönig Khun Sa und der Shan United Army (SUA). Wegen des rauen, bergigen Geländes und weil keine befestigten Straßen dorthin führten, war die Außenwelt von den Vorgängen in Mae Salong weitgehend abgeschnitten. So konnten die Bewohner Yunnans die Versuche der thailändischen Behörden, den Opiumhandel zu unterbinden und die Region zu befreien, einfach ignorieren.

Der berüchtigte Khun Sa hatte sein Hauptquartier im nahegelegenen Ban Hin Taek (heute Ban Thoet Thai; S. 398), bis er in den frühen 1980er-Jahren von der thailändischen Armee endlich in die Flucht geschlagen wurde. Khun Sas Rückzug nach Myanmar erschien wie ein Zeichen des Wandels in den Köpfen der hiesigen Bevölkerung, und die Regierung konnte nun Fortschritte bei der Befriedung von Mae Salong und den umliegenden Gebieten verzeichnen.

Weil die Gegend ihren Ruf als Opiumdorado verlieren sollte, änderte die thailändische Regierung den offiziellen Namen des Dorfes von Mae Salong in Santikhiri (Friedenshügel). Wo bis in die 1980er-Jahre Packpferde Lasten den Berg nach Mae Salong hochschleppten, führt heute eine viel benutzte, asphaltierte 36 km lange Straße von Basang (nahe Mae Chan) in das Bergdorf. Doch trotz aller infrastrukturellen Fortschritte unterscheidet sich der Ort noch immer von allen anderen in Thailand. Noch immer ist das Yunnan-Chinesische die Verkehrssprache, die Einwohner sehen lieber das chinesische als das thailändische Fernsehen, und es gibt hier mehr chinesische als thailändische Restaurants.

Als Versuch, dem Opiumhandel und dem neueren Schmuggel von *yah bâh* (Methamphetamin) den Nährboden zu entziehen, hat die thailändische Regierung Programme aufgestellt, die die Bergvölker ermutigen sollen, Tee, Kaffee und Getreide anzubauen und Obstbäume zu pflanzen.

bekommt im **Sweet Maesalong** (☎ 08 1855 4000; 41/3 Moo 1, Th Mae Salong; Gerichte 45–90 B; ⊗ 8–20 Uhr), einem gemütlichen modernen Café, viele Kaffeespezialitäten aus regionalem Anbau. Es gibt hier auch Backwaren und einfache Gerichte.

An- & Weiterreise

Mae Salong ist auf zwei Routen erreichbar. Die ursprüngliche Straße, die Rte 1130, schlängelt sich westlich an Ban Basang vorbei. Die neuere Rte 1234 kommt aus Richtung Süden, sodass man von Chiang Mai eine einfachere Anfahrt hat. Die ältere Strecke ist aber definitiv spektakulärer.

Wer mit dem Bus nach Mae Salong fahren möchte, nimmt den Mae-Sai-Bus von Chiang Rai nach Ban Basang (20 B, 30 Min., 6–16 Uhr alle 15 Min.). Von Ban Basang fahren Songthaeos den Berg hinauf nach Mae Salong (60 B, 1 Std.). Um nach Basang zurückzufahren, nimmt man eines der parkenden Songthaeos in der Nähe des 7-Eleven. Nach etwa 17 Uhr fahren keine regulären Songthaeos mehr, man kann aber in beide Richtungen für rund 500 B eines chartern.

Mae Salong ist über die Straße auch von Tha Ton (s. S. 363) aus zu erreichen.

BAN THOET THAI
บ้านเทิดไทย

Wer an der Geschichte Khun Sas (s. Kasten S. 397) interessiert ist, sollte einen Abstecher in dieses Dorf der Yunnan-Shan machen. Es hieß einst Ban Hin Taek (Bruchsteindorf) und liegt bei Km 12 an der Straße zwischen Ban Basang und Mae Salong.

Viele der 3000 Einwohner Ban Thoet Thais – eine Mischung aus Shan, Yunnan, Akha, Lishu und Hmong – behaupten heute, gute Erinnerungen an den Mann zu haben, der einst von den Drogenfahndern westlicher Länder gejagt, doch niemals gefangen wurde. Das ehemalige Hauptquartier des Heroinbarons, eine einfache Ansammlung von Holz- und Ziegelbauten an einem Hügel über der Stadt, ist heute ein **Freilichtmuseum**. Es gibt keine Öffnungszeiten und der Eintritt ist frei – einfach nur einen der Wärter fragen, ob er die Ausstellungsräume öffnet.

Im Inneren hängen Landkarten des Shan-Staats und von Mong Tai (das ist der Name, den die Shan für die von ihnen angestrebte unabhängige Nation benutzen), ein Foto des früheren Kengtung-Palasts (Ost-Shan-Staat) und einige politische Plakate. Nur wenig er-

innert an Khun Sas Zeit (1976–1982) in dieser Gegend, und von Opium ist natürlich auch nie die Rede.

Ein geschäftiger **Morgenmarkt**, der die Shan United Army versorgen sollte, handelt mit Produkten aus Thailand, Myanmar und China. Khun Sa war auch verantwortlich für den Bau des **Wat Phra That Ka Kham**, eines Klosters im Shan-Stil nahe seinem ehemaligen Camp.

Unterkunft und Verpflegung findet man im **Rimtaan Guest House** (☎ 0 5373 0209; 15 Moo 1, Thoet Thai; Zi. 300–800 B), wo einige ordentliche Bungalows in einem Garten neben einem rauschenden Bach stehen.

Wer zwischen Mitte November und Dezember in der Gegend ist und über ein eigenes Transportmittel verfügt, kann 30 km weiter auf die Grenze zu Myanmar zu bis nach **Hua Mae Kham** fahren. Das pittoreske Dorf liegt an einem Hang, der dann ganz mit blühenden *dork booa torng*, einer örtlichen Wildblume, bedeckt ist. Auf dem Weg kommt man an Dörfern von Bergstämmen und an Reisfeldern in von Gebirgsbächen durchzogenen Tälern vorbei.

MAE SAI
แม่สาย

21 816 Ew.

Auf den ersten Blick scheint Mae Sai, Thailands nördlichste Stadt, nur wenig mehr zu sein als ein großer Freiluftmarkt. Doch die Stadt ist auch ein guter Ausgangspunkt, um das Goldene Dreieck, den Doi Tung, Mae Salong und – wegen der Nähe zu Myanmar – auch die Randgebiete des Shan-Staates zu erkunden.

Gelegentlich führen Kämpfe in Myanmar oder Streitigkeiten zwischen den Regierungen Thailands und Myanmars dazu, dass die Grenze zeitweilig geschlossen wird. Es empfiehlt sich also, die aktuelle Lage zu checken, ehe man sich zu einer Fahrt nach Mae Sai entschließt.

Praktische Informationen

Einreisebehörde (☎ 0 5373 3261; ⊗ 6.30–18.30 Uhr) An der Grenzbrücke.

Internetcafé (40 B/Std.) Hinter dem Wang Thong Hotel bzw. neben dessen Parkplatz.

Nino House (☎ 08 6911 4964; Soi 2, Th Phahonyothin; ⊗ 9–22 Uhr) Gleich hinter der Soi 2 bietet dieses Café/Restaurant kostenloses WLAN für alle, die einen eigenen Laptop dabei haben.

Overbrook Clinic (☎ 0 5373 4422; 20/7 Th Phahonyothin; ⏱ 9–15 Uhr) Diese kleine Klinik an der Hauptstraße steht in Verbindung zu dem modernen Krankenhaus in Chiang Rai; die Ärzte sprechen auch Englisch.

Touristenpolizei (☎ 115) Zu finden in dem Kiosk vor der Einreisebehörde am Grenzübergang.

Sehenswertes & Aktivitäten

Einen großartigen Ausblick über Mae Sai und hinüber nach Myanmar hat man, wenn man nahe der Grenze die Stufen auf den Hügel zum **Wat Phra That Doi Wao** hinaufgeht. Dieser Wat wurde angeblich zum Andenken an einige tausend birmanische Soldaten errichtet, die hier 1965 bei Kämpfen gegen die Kuomingtang fielen. (In der Stadt kursieren verschiedene Versionen, auch eine, in der die Soldaten der KMT die Helden sind.)

Schlafen
BUDGETUNTERKÜNFTE & MITTELKLASSEHOTELS

Chad House (☎ 0 5373 2054; abseits der Soi 11, Th Phahonyothin; DZ 80–120 B, Bungalow 250 B) Die Zimmer hier sind absolut einfach, aber das Haus ist eine freundliche und durchaus komfortable Option für Traveller mit kleinem Geldbeutel. Es gibt ein paar Bungalows mit eigenem Bad (nur kaltes Wasser). Am Ortseingang nach einem Schild zur Linken Ausschau halten.

Bamboo Guesthouse (☎ 08 6916 1895; 135/3 Th Sailomjoi; Zi. 150–200 B) Die Zimmer sind sehr schlicht, aber kühl und komfortabel. Die billigeren Quartiere teilen sich die Bäder, einige Zimmer sind mit Plakaten mit birmanischen Motiven dekoriert.

Maesai Hotel (☎ 0 5373 1462; 125/5 Th Phahonyothin; Zi. mit Ventilator/Klimaanlage 250/400 B) Untergebracht in einem grünen Gebäude gleich hinter der Th Phahonyothin. Die Zimmer mit Ventilator sind ein guter Deal, die Betten sind erhöht auf einem Betonsockel. Die teureren Zimmer mit Klimaanlage haben nur wackelige Betten und billige Möblierung.

Yeesun Hotel (☎ 0 5373 3455; 816/13 Th Sailomjoi; Zi. 400 B; ❄) In dem vierstöckigen Hotel in Familienbesitz wohnt man in sehr guten, nur etwas langweiligen Zimmern. Sie sind groß und mit guten Möbeln und Betten ausgestattet.

Maesai Guest House (☎ 0 5373 2021; 688 Th Wiengpangkam; Bungalow EZ 200–300 B, DZ 400–600 B) Am Ende der schmalen Gasse, die sich hinter dem

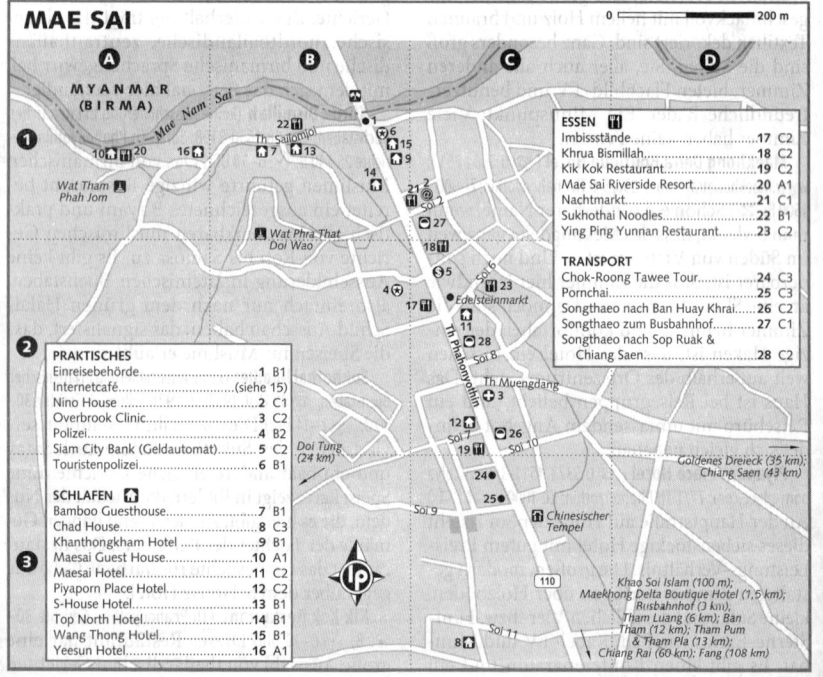

MAE SAI   0 —————— 200 m

MYANMAR (BIRMA)

Mae Nam Sai

Wat Tham Phah Jom

Wat Phra That Doi Wao

PRAKTISCHES
Einreisebehörde	1 B1
Internetcafé	(siehe 15)
Nino House	2 C1
Overbrook Clinic	3 C2
Polizei	4 B2
Siam City Bank (Geldautomat)	5 C2
Touristenpolizei	6 B1

SCHLAFEN
Bamboo Guesthouse	7 B1
Chad House	8 C3
Khanthongkham Hotel	9 B1
Maesai Guest House	10 A1
Maesai Hotel	11 C2
Piyaporn Place Hotel	12 C2
S-House Hotel	13 B1
Top North Hotel	14 B1
Wang Thong Hotel	15 B1
Yeesun Hotel	16 A1

ESSEN
Imbissstände	17 C2
Khrua Bismillah	18 C2
Kik Kok Restaurant	19 C2
Mae Sai Riverside Resort	20 A1
Nachtmarkt	21 C1
Sukhothai Noodles	22 B1
Ying Ping Yunnan Restaurant	23 C2

TRANSPORT
Chok-Roong Tawee Tour	24 C3
Pornchai	25 C3
Songthaeo nach Ban Huay Khrai	26 C3
Songthaeo nach Busbahnhof	27 C1
Songthaeo nach Sop Ruak & Chiang Saen	28 C2

Th Sailomjoi

Th Phahonyothin

Edelsteinmarkt

Th Muengdang

Doi Tung (24 km)

Chinesischer Tempel

Goldenes Dreieck (35 km); Chiang Saen (43 km)

110

Khao Soi Islam (100 m); Maekhong Delta Boutique Hotel (1,5 km); Busbahnhof (3 km); Tham Luang (6 km); Ban Tham (12 km); Tham Pum & Tham Pla (13 km); Chiang Rai (60 km); Fang (108 km)

Soi 11

NORDTHAILAND

Mai Sai Riverside Resort erstreckt, befindet sich diese Anlage mit A-förmigen Bungalows. Es gibt Unterkünfte von einfachen Zimmern mit Kaltwassergemeinschaftsdusche bis hin zu Bungalows am Fluss mit Terrasse und eigenem Bad. Vor Ort gibt's ein Uferrestaurant, das thailändische und westliche Gerichte serviert.

Top North Hotel (☎ 0 5373 1955; 306 Th Phahonyothin; DZ 400–600 B, 3BZ 900 B; 🍴 💻) Fünf Gehminuten von der Brücke nach Myanmar entfernt bietet dieses ältere Hotel geräumige Zimmer, die von freundlichem Personal verwaltet werden. Einige wirken neuer als die anderen und haben Kabel-TV; wenn möglich, sollte man jene an der Gebäuderückseite nehmen, weil man da nicht vom Straßenlärm belästigt wird.

S-House Hotel (☎ 0 5373 3811; s_house43234@yahoo.com; 384 Th Sailomjoi; Zi. 500–600 B; 🍴) Am Ende des überdachten Teils der Th Sailomjoi, abseits vom Grenzübergang, steht dieses Hotel mit geräumigen Zimmern und Balkonen mit Ausblick in die Hügel.

LP Tipp **Khanthongkham Hotel** (☎ 0 5373 4222; 7 Th Phahonyothin; Zi. 950 B, Suite 1190–1390 B; 🍴) Das brandneue Hotel hat sehr große Zimmer, die geschmackvoll mit hellem Holz und braunen Textilien dekoriert sind. Ganz besonders groß sind die Suiten. Sie, aber auch alle anderen Zimmer, bieten Flachbild-TV und benutzerfreundliche Bäder. Ein Minuspunkt: Viele Zimmer haben keine Fenster.

Maekhong Delta Boutique Hotel (☎ 0 5364 2517; www.maekhongtravel.com; 230/5-6 Th Phahonyothin; Zi. 900–1500 B; 🍴) Schon ein sonderbarer Name, wenn man bedenkt, dass das Mekongdelta ganz weit im Süden von Vietnam ist … Und noch sonderbarer ist, dass die Zimmer hier irgendwie an eine Skihütte erinnern. Dennoch sind die Zimmer heimelig und komfortabel; der einzige Haken ist, dass das Hotel ein bisschen weit außerhalb des Ortszentrums steht. Das Haus ist bei Reisegruppen beliebt, und ein Reisebüro mit umfassendem Angebot befindet sich gleich nebenan.

Piyaporn Place Hotel (☎ 0 5373 4511-3; www.piyaporn-place.com; 77/1 Th Phahonyothin; Zi. 1000 B; 🍴 💻) An der Hauptstraße auf Höhe der Soi 7 steht dieses siebenstöckige Hotel mit gutem Preis-Leistungs-Verhältnis. Die großen, modern gestalteten Zimmer verfügen über Holzböden, kleine Sofas und die üblichen Vier- bzw. Fünf-Sterne-Extras wie Bad, Kabel-TV und Minibar. Es gibt einen Konferenzraum und ein

schickes, stilvolles Restaurant, das thailändische und europäische Gerichte auftischt.

Wang Thong Hotel (☎ 0 5373 3389-95; www.wangthong-maesai.com; 299 Th Phahonyothin; Zi. 1200 B, Suite 4500 B; 🍴 💻 💻) Das neunstöckige Wang Thong ist eine komfortable Option in komfortabler Nähe zum Grenzübergang. Die Zimmer sind nichts Besonderes, aber geräumig und bieten alle Annehmlichkeiten, die man bei diesem Preis erwarten kann. Zusätzlich zum Pool gibt es einen Pub, eine Disco und ein beliebtes Restaurant. Außerhalb der Saison sind Preisnachlässe drin.

Essen
An jedem Abend schlägt ein bescheidener Nachtmarkt seine Stände in der Th Phahonyothin auf.

Khao Soi Islam (keine Ausschilderung in lateinischen Buchstaben; ☎ 0 5373 3026; 140 Th Phahonyothin; Gerichte 25–30 B; 🕐 7–17 Uhr) Das freundliche muslimische Restaurant serviert die üblichen Rindfleisch- und Hähnchenversionen des Nudelgerichts, von dem es seinen Namen hat. Etwas Ungewöhnlicheres ist ƀah·ƀah soy, khao soi mit dicken Nudeln aus ungeschältem Reis. Es gibt aber noch mehrere andere muslimische Gerichte. Zur Unterhaltung trägt das chinesische, nordthailändische, zentralthailändische und birmanische Sprachengewirr bei, mit dem sich das Personal hier verständigt.

Khrua Bismillah (keine Ausschilderung in lateinischen Buchstaben; ☎ 08 1530 8198; Soi 4, Th Phahonyothin; Gerichte 25–40 B; 🕐 6–18 Uhr) Das von birmanischen Muslimen geführte winzige Restaurant bereitet ein ausgezeichnetes Biryani und praktisch alle nur denkbaren muslimischen Gerichte von Roti bis Samosa zu. Es gibt keine Ausschilderung in lateinischen Buchstaben, also einfach nur nach dem grünen Halal-Schild Ausschau halten, das signalisiert, dass die Speisen für Muslime erlaubt sind.

Sukhothai Noodles (keine Ausschilderung in lateinischen Buchstaben; ☎ 08 1530 1997; 399/9 Th Sailomjoi; Gerichte 30–40 B; 🕐 7–14 Uhr) Dieses Freiluftrestaurant serviert neben den Sukothai-Nudeln auch Satay und ein paar andere einfache Gerichte. Eine Speisekarte zeigt in Bildern die Vielfalt der Nudeln, die es hier gibt. An der Wand hängen Gemälde der Tochter des Betreibers. Das Restaurant ist das gut besuchte rosafarbene Gebäude gegenüber dem S-House Hotel.

Kik Kok Restaurant (Th Phahonyothin; Gerichte 30–120 B; 🕐 6–20 Uhr) Dieses Restaurant hat eine große Auswahl von thailändischen Gerichten

und verfügt auch über eine englischsprachige Speisekarte. Eine gute Alternative fürs Abendessen, wenn man keine Lust hat, an einem Straßenstand zu essen!

Mae Sai Riverside Resort (☎ 0 5373 2630; Th Wiengpangkam; Gerichte 40–139 B) Zu empfehlen sind die thailändischen Gerichte, etwa der leckere gebratene Fisch mit Zitronengras. Weiterer Pluspunkt: die großartige Lage am Fluss mit Blick hinüber nach Myanmar.

Ying Ping Yunnan Restaurant (☎ 0 5373 2213; 132/3 Soi 6, Th Phahonyothin; Gerichte 100–300 B) Wer sich an einem Abend mal etwas Besonderes gönnen möchte, geht in dieses chinesische Bankettrestaurant. Auf der Karte steht eine Vielfalt exotischer Gerichte, die man anderswo nicht findet. Es gibt aber auch eine bescheidene Nudelsuppe auf Yunnan-Art.

Shopping

Der Handel ist in Mae Sai allgegenwärtig, allerdings ist der größte Teil des Angebots für Traveller nicht besonders interessant. Eine Ausnahme sind Edelsteine: Händler kommen selbst noch aus dem fernen Chanthaburi, um auf dem Juwelenmarkt gegenüber der Polizeiwache ihre Waren anzubieten. Bei einem Spaziergang in der Soi 6 sieht man viele Edelsteinhändler, die sorgsam am Straßenrand unter freiem Himmel Hunderte von winzigen Halbedelsteinen zählen.

An- & Weiterreise

An der Hauptstraße, der Th Phahonyothin steht auf Höhe der Soi 8 ein Schild „Bushaltestelle". Von hier aus fahren Songthaeos nach Sop Ruak (45 B, 9–14 Uhr alle 40 Min.) und weiter bis Chiang Saen (50 B).

Nach Doi Tung nimmt man eines der Songthaeos, die an der Soi 10 parken, und fährt damit bis Ban Huay Khrai (25 B), wo man in ein anderes Songthaeo nach Doi Tung (60 B, 1 Std.) umsteigt.

Mae Sais staatlicher **Busbahnhof** (☎ 0 5364 437) liegt 4 km südlich der früheren Einwanderungsbehörde an der Grenze. Eine Sammel-Songthaeo-Fahrt von der Kreuzung der Th Phahonyothin mit der Soi 2 kostet 15 B.

Zahlreiche Busse fahren nach Chiang Rai (normal 38 B, 1½ Std., 5.45–18 Uhr). Mit allen kommt man auch nach Mae Chan (30 B, 30 Min.).

Mehrere Busse fahren nach Chiang Mai (1. Klasse mit Klimaanlage/VIP 241/375 B, 4–5 Std.). Die 1.-Klasse-Busse fahren um 6.45,

9.45 und 14.30 Uhr, die VIP-Busse um 8.15 und 15.30 Uhr. Weitere Direktbusse fahren einmal täglich nach Fang (91 B, 2 Std., 7 Uhr) und Tha Ton (51 B, 1½ Std., 7 Uhr) und zweimal täglich nach Mae Sot (2. Klasse mit Klimaanlage/1. Klasse 442/569 B, 12 Std., 6.15 & 6.45 Uhr).

Fernbusse gehen nach Nakhon Ratchasima (2. Klasse mit Klimaanlage/1. Klasse/VIP 582/749/874 B, 15 Std., 6-mal tgl.) und Bangkok (2. Klasse mit Klimaanlage/1. Klasse/VIP 554/713/1105 B, 13 Std., 16–17.45 Uhr).

Chok-Roong Tawee Tour (keine Ausschilderung in lateinischen Buchstaben; ☎ 0 5364 0123) Hier kann man zum gleichen Preis wie am Busbahnhof Bustickets im Vorverkauf erwerben. Es gibt kein Schild mit lateinischen Buchstaben: Man muss nach dem großen roten Schild Ausschau halten, das besagt, dass man von hier in alle Welt telefonieren kann.

Unterwegs vor Ort

Fahrten mit dem Sammel-Songthaeo durch die Stadt kosten 15 B, Fahrten mit Motorradtaxis zwischen 20 und 30 B.

Honda Dreams werden von **Pornchai** (☎ 0 5373 1136; 4/7 Th Phahonyothin) für 150 B/Tag vermietet.

RUND UM MAE SAI
Höhlen

Es gibt einige interessante Höhlennetze gleich südlich von Mae Sai. **Tham Luang**, etwa 6 km südlich von Mae Sai, jenseits der Rte 110 erstreckt sich einige Kilometer weit in die Hügel, vielleicht noch weiter. Den ersten Kilometer geht es noch ziemlich leicht voran, doch dann muss man über haufenweise Felsen klettern, um weiterzukommen. Nun werden die Gesteinsformationen immer phantastischer und je nach Lichteinfall verändern kleine Kristalle ihre Farben. Für 40 B kann man am Eingang von den Wärtern eine Gaslampe leihen oder auch einen Führer anheuern (für diesen gibt es kein festgelegtes Honorar, also so viel geben, wie einem die Tour wert war). Es kann jedoch sein, dass diese Führer an Werktagen andere Dinge zu tun haben. Um nach Tham Luang zu kommen, in Mae Sai ein Songthaeo chartern oder ein Fahrrad leihen.

Weitere 7 km südlich, bei Ban Tham, liegen **Tham Pum** und **Tham Pla**, zwei Höhlen, in deren Innerem sich Süßwasserseen befinden. Zur Besichtigung eine Taschenlampe mitbringen, da keine Beleuchtung vorhanden ist. Eine

NORDTHAILAND

weitere Attraktion ist der einmalige, torten-artige *chedi* vor dem Höhleneingang. Der riesige, mehrstufige Bau unterscheidet sich stilistisch von anderen Bauwerken in Thailand.

In Ban Tham ist ein Polizei-Checkpoint, man muss also seine Papiere dabeihaben. Hin geht's mit dem Motorrad oder mit einem Songthaeo: bis zur Ausfahrt Ban Tham der Rte 110 fahren und von dort einem 1 km langen Fußweg hinunter zu den Höhlen folgen.

Doi Tung & Umgebung
ดอยตุง

Von der Rte 110 zweigt auf halber Strecke zwischen Mae Chan und Mae Sai ein Weg in westlicher Richtung zum **Doi Tung** ab. Der Name bedeutet Flaggengipfel, abgeleitet vom thailändischen Wort für Flagge *(dung)*. König Achutarat von Chiang Saen ließ vom Gipfel eine große Flagge herabsegeln, um den Ort zu markieren, wo dann 911 zwei *chedi* errichtet wurden; die *chedi* stehen immer noch und sind eine Pilgerstätte für Thais, Shan und chinesische Buddhisten.

Doch die Hauptattraktion des Doi Tung ist der Weg dorthin. Der „einfache" Weg führt über die Rte 1149, die bis zum Gipfel größtenteils asphaltiert ist. Doch Vorsicht: Sie ist kurvenreich, steil und schmal, darum extrem das Tempo drosseln, wenn man mit Motorrad oder Auto unterwegs ist.

In der Überzeugung, die örtlichen Hügelvölker würden sich durch die Anwesenheit eines Mitglieds der Königsfamilie so geehrt fühlen, dass sie auf den Opiumanbau verzichten, ließ die verstorbene Königinmutter die **Doi Tung Royal Villa** (☎ 0 5376 7011; www.doitung.org; Eintritt 70 B; ✆ 6.30–17 Uhr) bauen, einen Sommerpalast an den Hängen des Doi Tung nahe dem Stausee Pa Kluay, der heute der Öffentlichkeit als Museum zugänglich ist. Auf königliche Initiative wurden auch neue Anbaumethoden gelehrt, um der Brandrodung Herr zu werden. An die Stelle von Opium sind jetzt Produkte wie Kaffee, Macadamianüsse und verschiedene Früchte getreten. Der Rest des Geländes, darunter der **Mae Fah Luang Garden** und das **Mae Fah Luang Arboretum** (Eintritt 80 B; ✆ 7–17 Uhr), ist ebenfalls öffentlich zugänglich. Außerdem gibt's hier oben ein Spitzenklassehotel (s. rechte Spalte), ein Restaurant, einen Kaffeeausschank sowie einen Laden mit Kunsthandwerk aus Doi Tung. In der Nähe des Parkplatzes findet sich der **Doi Tung Bazaar**,

ein kleiner Freiluftmarkt, auf dem örtliche landwirtschaftliche Erzeugnisse, zubereitete Speisen und Kunsthandwerk der Bergstämme feilgeboten werden. Der gesamte Komplex ist bei Busreisegruppen sehr beliebt.

Der **Wat Phra That Doi Tung** auf dem Gipfel in 1800 m Höhe wurde um die Zwillings-*chedi* im Lanna-Stil herum errichtet. Zu Beginn des vorigen Jahrhunderts wurden die *chedi* von dem für seine kühnen Bauvorhaben berühmten Mönch Khruba Siwichai aus Chiang Mai renoviert. Die Pilger schlagen wie überall an die Tempelglocken, um so religiöse Verdienste zu erwerben. Obwohl der Wat an und für sich nicht besonders eindrucksvoll ist, lohnt sich der Trip wegen seiner Lage im Wald. Von einer ummauerten Ecke des Tempels aus hat man einen überirdischen Blick auf die gewundene Straße, die man gerade heraufgekommen ist. Ein Wanderweg neben dem Wat führt zu einer Quelle, auf anderen kurzen Wanderwegen kann man die Umgebung erkunden.

Etwas unterhalb des Gipfels liegt der kleinere **Wat Noi Doi Tung**, wo Händler Speisen und Getränke verkaufen.

SCHLAFEN & ESSEN

Wer übernachten will, findet im **Ban Ton Nam 31** (☎ 0 5376 7003; www.doitung.org; Doi Tung Development Project, Mae Fah Luang District; Zi. inkl. Frühstück 2500–3000 B; ✆ 🖵) 46 komfortable Zimmer in den früheren Wohnräumen der Bediensteten der Königinmutter. Die teureren Zimmer bieten den schöneren Ausblick. In dem **Selbstbedienungsrestaurant** (Gerichte 80–250 B; ✆ 7–21 Uhr) kann man sich mit Gerichten aus lokalen Produkten den Bauch vollschlagen, außerdem gibt's ein Doi-Tung-Café.

AN- & WEITERREISE

Busse fahren von Mae Chan oder Mae Sai für 15 B, Songthaeos von Mae Sai für 25 B nach Ban Huay Khrai an der Abzweigung zum Doi Tung. Von dort fahren Songthaeos zum Berg (60 B, 1 Std.).

Wer einen eigenen fahrbaren Untersatz hat, kann die 24 km lange befestigte Straße zwischen dem Doi Tung und Mae Sai nehmen, die allerdings sehr schwierig zu befahren ist, weil sie eng und kurvenreich ist. Von der Doi Tung Royal Villa folgt man einfach der Ausschilderung zum Wat Phrathat Doi Tung. Die Straße verläuft hinter den Kalksteinbergen, die man vielleicht von der Rte 10 aus gesehen

haben könnte, direkt an der Grenze zwischen Thailand und Myanmar und endet an der Soi 7 in Mae Sai. Unterwegs passiert man mindestens drei Militärkontrollen, deswegen ist es unerlässlich, einen Ausweis oder Pass dabeizuhaben.

Wenn man von Mae Sai aus eine ganze Schleife fahren möchte, nimmt man die Rte 110 südlich von Mae Sai und dann die Rte 1149 hinauf zum Doi Tung. Nachdem man sich auf dem Gipfel umgesehen hat, kehrt man auf dem zuvor erwähnten Weg nach Mae Sai zurück. Dabei fährt man die meiste Zeit bergab.

Von Mae Salong aus führt die Rte 1338 von steilen Hügeln in ein üppig grünes Tal hinab, ehe sie wieder ansteigt und auf die Rte 1149 zum Doi Tung trifft. Die Straße ist durchgehend asphaltiert und in gutem Zustand, aber an manchen Stellen sehr steil und außerdem kurvenreich.

Über die Grenze nach Tachileik & darüber hinaus

Normalerweise dürfen Ausländer die Brücke über den Nam Sai nach Tachileik überqueren. Dennoch sollte man sich darauf gefasst machen, dass die Brücke aus Sicherheitsgründen vorübergehend geschlossen sein könnte, weil die politische Lage zwischen Thailand und Myanmar wieder einmal aus dem Ruder läuft.

Die thailändische Einreisebehörde ist offiziell von 6.30 bis 18.30 Uhr geöffnet. Nach den üblichen Formalitäten geht man über die Brücke und zahlt bei der Einreisebehörde Myanmars eine Gebühr von 10 US$ oder 500 B. Bei der Einreisebehörde wird ein Passfoto für einen befristet gültigen Ausweis gemacht, mit dem man sich 14 Tage in Myanmar aufhalten darf; der Pass wird bis zur Ausreise von der Behörde einbehalten. Bei der Wiedereinreise nach Thailand erteilt einem die thailändische Einreisestelle an der Brücke ein neues Touristenvisum für 30 Tage (s. S. 830).

In **Tachileik** kann man wenig tun außer shoppen und birmanisch essen. Die Preise sind ungefähr die gleichen wie auf der thailändischen Seite, und überall werden Baht akzeptiert. Es gibt einen interessanten Morgenmarkt, und es kann Spaß machen, in den Teeläden herumzustöbern.

Wer weiter als bis Tachileik fahren möchte (über Kengtung und Mong La hinaus dürfen Ausländer aber nicht), begibt sich direkt zu

Myanmar Travel & Tours neben der Einreisebehörde. Auch hier zahlt man die Gebühr von 10 US$ bzw. 500 B. Drei Passfotos und eine Kopie des Passes sind nötig, um nach Angabe des Reiseziels eine befristet gültige Identitätskarte zu bekommen; diese wird an jedem Kontrollpunkt unterwegs abgestempelt. In dem Büro erhält man auch kostenlose, allerdings wenig detaillierte Stadtpläne von Kengtung und Mong La.

KENGTUNG

Kengtung (das von den Thais Chiang Tung genannt und von den Birmanen normalerweise Kyaingtong geschrieben wird), liegt 163 km weiter nördlich. Das verschlafene Nest ist die historische Hauptstadt der Khün-Kultur des Shan-Staates. Die Khün sprechen ein nordthailändisches Idiom, das mit dem Shan und dem Thai Lü verwandt ist, und verwenden eine Schrift, die der antiken Lanna-Schrift ähnelt. Kengtung ist China schon etwas näher als Thailand. Die Stadt wurde um einen kleinen See herum gebaut, ist mit alternden **buddhistischen Tempeln** und verfallenen britischen **Kolonialbauten** gesprenkelt, viel malerischer als Tachileik und überhaupt eine der interessantesten Städte im gesamten Shan-Staat von Myanmar.

Harry's Trekking House (☎ 21418; 132 Mai Yang Rd; Zi. 5–15 US$) ist die beste Übernachtungsoption für Budgetreisende. Das Haus liegt ungefähr 1 km nördlich des Sees im Dorf Kanaburoy. Die Gäste haben die Wahl zwischen einfachen holzverkleideten Zimmern hinten oder den etwas besseren Doppelzimmern mit Fernsehern im Anbau. Wanderungen aller Art werden angeboten; für 10 US$/Tag kann man auch ein Motorrad mieten. Das **New Sam Yweat Guest House** (☎ 21643; 21 Airport Rd; EZ/DZ ab 8/16 US$) liegt in der Nähe des Sees an der Straße zum Flughafen und ist auf Reisegruppen ausgerichtet. Das **Princess Hotel** (☎ 21319; kengtung@ mail4u.com.mm; EZ 20–25 US$, DZ 28–35 US$; 🖥) hat eine großartige Lage nahe dem Markt; die Zimmer sind mit TV, Klimaanlage, Kühlschrank und Telefon ausgestattet.

MONG LA

Ungefähr 85 km nördlich von Kengtung liegt Mong La (auch Mengla geschrieben), direkt an der Grenze zwischen Myanmar und China. Bis vor Kurzem war die Stadt Myanmars Version von Las Vegas mit Dutzenden von Kasinos, Luxushotels und Go-Go-Bars, die

von dem Strom der Glücksspiel- und Abenteuertouristen aus dem chinesischen Yunnan lebten. Die Blase platzte im Jahr 2005, als China die Ausreise ihrer Bürger nach Mong La verbot, um chinesische Verbrechersyndikate daran zu hindern, dort Millionen von Yuan (chinesische Währung) zu „waschen". Das Reiseverbot betrifft auch Ausländer, sodass Mong La heute kein legaler Grenzübergang nach China ist.

Seit die großen Kasinos dicht gemacht haben, sind die Hauptattraktionen der Stadt der große, geschäftige **zentrale Markt** sowie die hohe **Shwedagon-Pagode**, von der aus man einen prächtigen Blick über die Stadt und den chinesischen Grenzposten hat. In der Nähe befindet sich ein **Anti-Drogen-Museum** (Eintritt frei; ☻ tagsüber).

In Mong La gibt's mehrere moderne Hotels, aber keines ist auf englischsprachige Traveller eingestellt. Empfehlenswert sind das **Haung Faun Hotel** (Zi. 60 Yuan), ein Businesshotel am Markt oder das schick aussehende **Powerlong Hotel** (Zi. 150 Yuan) am Fluss.

Der beste Ort, um den Hunger zu bekämpfen, ist der zentrale Markt mit Dutzenden von Imbissständen.

Ausführlichere Infos zu Kengtung und Mong La gibt's im englischsprachigen Lonely Planet Band *Myanmar (Burma)*.

An- & Weiterreise

Von Tachileik fahren täglich zwei Busse (mit Klimaanlage) nach Kengtung (5000 Kyat, 4 Std., 9 & 13 Uhr). Tagsüber verkehren auch Sammeltaxis (Sitz vorn/hinten 500/700 B, 3 Std.) und Songthaeos (3000 Kyat, 4 Std.). Die Fahrt mit dem Motorradtaxi zum Busbahnhof kostet 20 B.

Von Kengtung aus fahren diverse Busse und Taxis nach Mong La (Bus/Sammeltaxi 7000/12 000 Kyat, 3–4 Std.), aber man darf nicht vergessen, dass man an das Reiseziel gebunden ist, das man bei der Einreise in Tachileik angegeben hat!

CHIANG SAEN

เชียงแสน

10 807 Ew.

Chiang Saen ist der Inbegriff eines verschlafenen Städtchens am Fluss, war aber einst die Stätte eines Thai-Königreichs, dessen Ursprünge im 7. Jh. liegen sollen. Die Überbleibsel dieses Reichs sind in der modernen Stadt verteilt – zu den noch erhaltenen Relikten

zählen mehrere *chedi*, Buddhabildnisse, *wihaan*-Säulen und Teile der Stadtbefestigung aus gestampftem Lehm. Später war Chiang Saen locker mit anderen nordthailändischen Königreichen verbunden, im 18. Jh. auch mit Myanmar, und wurde erst in den 1880er-Jahren ein Teil Siams.

Heutzutage gehen riesige Flusskähne mit Früchten, Maschinenteilen und allen möglichen Importgütern aus China in Chiang Saen vor Anker und sorgen so dafür, dass die alte Handelsroute zwischen China und Siam aktiv bleibt. Trotz dieser Handelsaktivitäten und der Kommerzialisierung des nahe gelegenen Sop Ruak hat sich die Stadt im letzten Jahrzehnt nicht großartig verändert und ist deswegen auch ein angenehmerer Aufenthaltsort als Sop Ruak.

Nur Einheimische dürfen über den Mekong hinüber in die laotische Grenzstadt Ton Pheung, aber Ausländer, die bereits im Besitz eines chinesischen Visums sind, können die Stadt als Ausgangspunkt für eine Flussfahrt nach Jinghong in der chinesischen Provinz Yunnan nutzen (s. S. 407).

Praktische Informationen

Chiang Saens Einreisebehörde hat zwei Büros: das Hauptbüro an der Südwestecke der wichtigsten Kreuzung in der Stadt sowie ein kleineres neben der Anlegestelle am Mekong (für Grenzübergänge nach Ton Pheung).

Chiang Saen Hospital (☎ 0 5377 7017-7035) Das staatliche Krankenhaus liegt gleich südlich des Wat Pa Sak. Das Personal spricht kaum englisch. Das beste Krankenhaus in der Gegend ist das in Chiang Rai (s. S. 387).

Internet (Th Phahonyothin; 20 B/Std.; ☻ 10–20 Uhr) Es gibt zwei Internetläden, die einander genau gegenüber liegen, einen Block östlich vom Wat Chedi Luang.

Post (Th Phahonyothin; ☻ Mo–Sa 8.30–16.30 Uhr) Ungefähr gegenüber dem Wat Chedi Luang.

Siam Commercial Bank (Th Phahonyothin) An der Hauptstraße, die von der Autobahn zum Mekong führt. Hat einen Geldautomaten und wechselt Devisen.

Touristeninformation (Th Phahonyothin; ☻ Mo–Sa 8.30–16.30 Uhr) Zeigt ein gutes Reliefmodell der Gegend mit den wichtigsten Ruinenstätten, außerdem Fotos der diversen *chedis* vor, während und nach ihrer Restaurierung.

Sehenswertes & Aktivitäten

Gleich beim Ortseingang ist das **Chiang Saen National Museum** (☎ 0 5377 7102; 702 Th Phahonyothin; Eintritt 100 B; ☻ Mi–So 8.30–16.30 Uhr) eine tolle Infoquelle zur Region, obwohl es nur relativ klein ist.

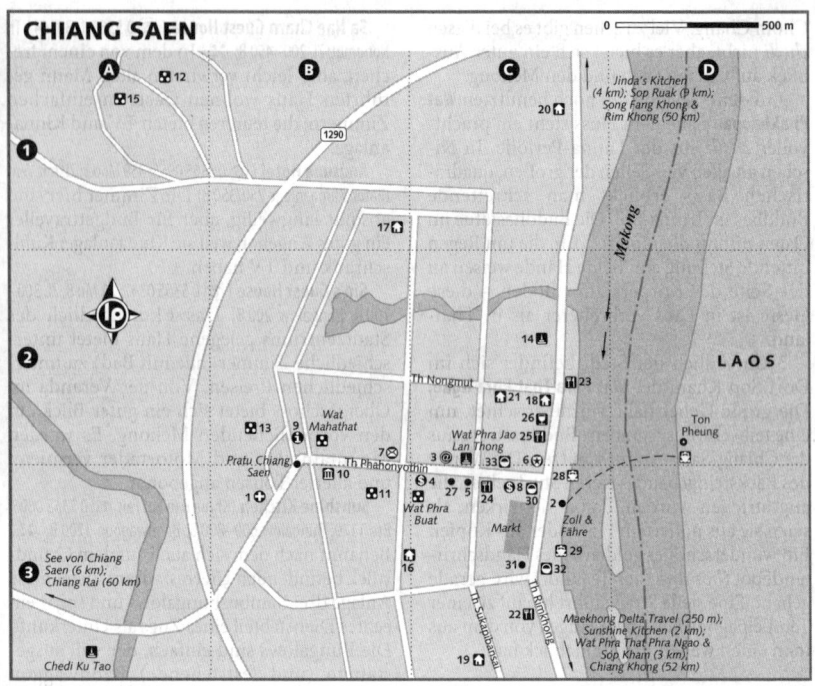

CHIANG SAEN

PRAKTISCHES		
Chiang Saen Hospital	1	B3
Einreisebehörde	2	C3
Internet	3	C2
Krung Thai Bank (Geldautomat)	4	C3
Einreisebehörde, Hauptbüro	5	C3
Polizei	6	C2
Post	7	B2
Siam Commercial Bank (Geldaut.)	8	C3
Touristeninformation	9	B2

SEHENSWERTES & AKTIVITÄTEN		
Chiang Saen National Museum	10	B3
Wat Chedi Luang	11	B3
Wat Chom Chang	12	A1
Wat Pa Sak	13	B2

Wat Phakhaopan	14	C2
Wat Phra That Chom Kitti	15	A1

SCHLAFEN		
Angsuna Hotel	16	B3
Chengsan Golden Land Resort	17	B1
Chiang Saen Guest House	18	C2
Chiang Saen River Hill Hotel	19	C3
Gin's Guest House	20	C1
Sa Nae Charn Guest House	21	C2

ESSEN		
Ah Ying	22	B3
Abendliche Essenverkäufer	23	C2
Imbissstände	24	C3
Kiaw Siang Hai	25	C2

AUSGEHEN		
2 be 1	26	C2

TRANSPORT		
Angpao		
Chiangsean Tour	27	C3
Boote nach Sop Ruak & Chiang		
Khong	28	C3
Boote nach Sop Ruak & Chiang		
Khong	29	C3
Bushaltestelle	30	C3
Chiang Saen Tour and Travel	31	C3
Sombat Tour	(siehe	4)
Songthaeos nach Chiang Khong	32	C3
Songthaeos nach Sop Ruak &		
Mae Sai	33	C2

Hinter dem Museum befinden sich in östlicher Richtung die Ruinen des **Wat Chedi Luang** mit seinen 18 m hohen, achteckigen *chedi* im klassischen Chiang-Saen- oder Lanna-Stil. Die Archäologen streiten sich noch über den genauen Entstehungszeitraum, der wohl irgendwann zwischen dem 12. und 14. Jh. liegt.

Etwa 200 m von der Pratu Chiang Saen, dem historischen Haupttor zum Westteil der Stadt, stehen die Überreste des **Wat Pa Sak**, wo die Ruinen von sieben Monumenten in einem **historischen Park** (Eintritt 50 B) zu sehen sind. Der

Haupt-*chedi* aus dem 14. Jh. verbindet den Hariphunchai- und Sukhothai-Stil – möglicherweise beeinflusst durch die historische Königsstadt Bagan – und zeigt noch hübsche Stuckarbeiten.

Die Überreste des **Wat Phra That Chom Kitti** und des **Wat Chom Chang** finden sich rund 2,5 km nördlich des Wat Pa Sak auf einem Hügel. Der runde *chedi* des Wat Phra That Chom Kitti soll noch vor der Gründung des Königreichs errichtet worden sein. Der kleinere *chedi* darunter gehörte zum Wat

Chom Chang. Viel zu sehen gibt es bei diesen *chedi* nicht, aber es bietet sich ein guter Ausblick auf Chiang Saen und den Mekong.

Auf dem Gelände des noch benutzten **Wat Phakhaopan** nahe dem Fluss steht ein prachtvoller *chedi* aus der Lanna-Periode. In Nischen an allen vier Seiten der großen, quadratischen Basis erblickt man schreitende Buddhas im Lanna-Stil. Die Buddhastatue im Osten nimmt die *mudra-*, d. h. die um Regen bittende Stellung ein: Beide Hände weisen an der Seite des Körpers zum Boden – diese Geste ist in Laos verbreiteter als in Thailand.

3 km südlich der Stadt befindet sich im Dorf Sop Kham der **Wat Phra That Phra Ngao.** Die große Gebetshalle wurde errichtet, um .eine teilweise ausgegrabene Buddhastatue aus der Chiang-Saen-Ära zu schützen. Die Wände des Backsteingebäudes zieren Stuckreliefs, die angestrichen wurden, damit sie wirken, als seien sie aus poliertem Holz oder aus Kupfer. Ein wunderschönes goldfarbenes Handschriftendepot (*hŏr drai*) aus Teakholz wird gerade gebaut. Eine steile Straße führt hinauf zu einer Tempelpagode auf einem Hügel, von dem aus man einen weiten Panoramablick hat.

TRIPS AUF DEM MEKONG

Schnellboote, die für sechs Passagiere ausgelegt sind, düsen nach Sop Ruak (einfache Strecke/hin & zurück pro Boot 500/600 B, 35 Min.) oder die ganze Strecke bis nach Chiang Khong (nur einfache Strecke 2000 B/Boot, 1½ Std.).

Wer sich bereits ein Visum besorgt hat, kann auch ein Passagierboot nach Jinghong in der chinesischen Provinz Yunnan nehmen; Einzelheiten gibt's auf S. 407.

Schlafen

Chiang Saen fehlt es an guten Unterkünften, ganz besonders an solchen im gehobenen Preissegment. Traveller, die mehr Service und einen höheren Standard genießen möchten, sollten besser im nahe gelegenen Sop Ruak übernachten.

Chiang Saen Guest House (☎ 0 5365 0196; 45/2 Th Rimkhong; Zi. 150–300 B, Bungalow 200 B) Diese Herberge gibt es schon seit Langem. Sie liegt günstig gegenüber dem Fluss und ist abends aufgelassen Ständen und bietet einfache, aber preiswerte Zimmer und A-förmige Bungalows. Visa und Schiffstickets nach China können hier besorgt werden (s. oben).

Sa Nae Charn Guest House (☎ 0 5365 1138; 641 Th Nongmut; Zi. 200–450 B; 🖳) In dem von einem frechen, aber leicht verwirrten alten Mann geführten Haus wohnen Gäste in einfachen Zimmern; die teureren bieten TV und Klimaanlage.

Angsuna Hotel (☎ 0 5365 0955; 359 Moo 3; Zi. mit Ventilator/Klimaanlage 250/350 B) Die Zimmer hier sind absolut langweilig, aber für Budgettraveller ein gutes Angebot, weil sie Klimaanlage, Kühlschrank und TV haben.

Gin's Guest House (☎ 0 5365 0847; 71 Mu 8; Zi. 300–700 B, Bungalow 200 B) Das 1 km nördlich des Stadtzentrums gelegene Haus bietet unterschiedliche Zimmer (alle mit Bad) zu unterschiedlichen Preisen. Von der Veranda im Obergeschoss bietet sich ein guter Blick auf den vorbeifließenden Mekong. Es werden Mountainbikes und Motorräder vermietet und allerlei Touren angeboten.

Sunshine Kitchen (Khrua Ban Rot Fai; ☎ 0 5365 0605; Rte 1129; Bungalow 600–800 B, Bahnwaggon 1200 B; 🖳) Benannt nach dem sich auch auf dem Grundstück befindenden Uferrestaurant bietet diese Anlage drei Bambusbungalows und sogar ein echtes Dienstabteil eines Zugs als Unterkunft. Die Bungalows sind einfach, der voll ausgestattete (und feststehende) Bahnwaggon scheint hingegen komfortabel zu sein. Der Betreiber ist freundlich und spricht Englisch.

Chengsan Golden Land Resort (☎ 0 5365 1100; www.chengsanresort.com; 663 Moo 2; Zi. 800 B, Bungalow 1200–2000 B; 🖳 🖳) Zur Auswahl stehen große, gut ausgestattete Zimmer in einem zweistöckigen Gebäude und mehrere hübsche Holzbungalows, die sich um einen Garten und einen überdachten Swimmingpool herum verteilen. Es gibt noch eine Zweigstelle dieses Betriebs mit zehn Bungalows zu ähnlichen Preisen im Dorf Sop Kham, 3 km weiter südlich am Mekong.

Chiang Saen River Hill Hotel (☎ 0 5365 0826; www.chiangsaenriverhill.net; 714 Th Sukapibansai 2; Zi. inkl. Frühstück 1200 B; 🖳) Obwohl die rosa Fassade und die Bodenfliesen nicht unbedingt zu der nordthailändischen angehauchten Möblierung passen, ist dies wahrscheinlich doch das beste Hotel vor Ort. Die Zimmer sind groß und mit Fernseher, Kühlschrank und einem kleinen Relax-Bereich ausgestattet.

Essen & Ausgehen

Billige Nudel- und Reisgerichte bekommt man an den Imbissständen auf oder nahe dem Markt an der Uferstraße sowie an der vom

Highway durch die Stadt führenden Hauptstraße in der Nähe der Bushaltestelle. An der Haltestelle versammeln sich abends die Verkäufer, deren Stände bis gegen Mitternacht geöffnet sind.

LP Tipp **Jinda's Kitchen** (keine Ausschilderung in lateinischen Buchstaben; ☎ 08 6654 3116; Rte 1290; Gerichte 20–50 B; �---- 7–20 Uhr) Dieses gemütliche Restaurant am Straßenrand serviert seit mehr als 50 Jahren regionale Speisen wie die berühmten nordthailändischen Nudelgerichte *kôw soy* und *kà·nŏm jeen nám ngèe·o*. Auf der englischsprachigen Karte stehen außerdem auch Currys und hausgemachte Würstchen. Jinda's Kitchen liegt ungefähr auf halber Strecke zwischen Chiang Saen und Sop Ruak nahe Km 31; am besten hält man nach dem Pepsi-Schild Ausschau.

Ah Ying (keine Ausschilderung in lateinischen Buchstaben; ☎ 08 9655 3468; 778/1 Th Rimkhong; Gerichte 25–60 B; �---- 7–22 Uhr) Das winzige, von einer Familie geführte Restaurant ist auf köstliche, handgemachte Nudeln spezialisiert. Zusammen mit würzigem Schweinehack ergeben sie ein großartiges Frühstück. Ein englisches Schild gibt es nicht – einfach nach den chinesischen Köchen Ausschau halten, die den Nudelteig auseinanderziehen und teilen.

Abendliche Essenverkäufer (Gerichte 30–60 B; �---- 16–23 Uhr) Während der trockenen Monate bieten diese Stände Duftreis, grünen Papayasalat, gebratenes Huhn, getrockneten Tintenfisch und andere Snacks an. Die Leute setzen sich auf Grasmatten am Flussufer vor dem Chiang Saen Guest House – eine wunderbare Art, den Abend zu verbringen. Zu den regionalen Spezialitäten gehören zwischen Bambusblättern gegrillter Fisch oder Hähnchen, dazu gibt's Duftreis und *sôm·dam* (grünen Papayasalat).

Kiaw Siang Hai (keine Ausschilderung in lateinischen Buchstaben; 44 Th Rimkhong; Gerichte 60–120 B; �---- 6.30–20.30 Uhr) Dieses authentische chinesische Restaurant wird von den Arbeitern von den chinesischen Schiffen besucht, die in Chiang Saen anlegen, und bereitet neben Nudel- und Wan-Tan-Gerichten noch eine ganze Menge anderer Speisen zu. Empfehlenswert sind die würzige gebratene Tofu nach Sechuan-Art oder die chinesischen Kräutersuppen.

2 be 1 (�---- 18–1 Uhr) Diese schrille Bar am Fluss hat drinnen und draußen Sitzplätze, dazu lange Lampen; gespielt wird House.

Song Fang Khong (Gerichte 40–100 B; �---- 11–23 Uhr) und **Rim Khong** (Gerichte 35–100 B; �---- 11–23 Uhr) sind

zwei *sŏo·an ah·hähn* (Gartenrestaurants) am Flussufer im nahen Sop Ruak, abseits der Uferstraße aus Chiang Saen. Beide haben lange Speisekarten mit vielen thailändischen, chinesischen und Isan-Gerichten. Es wird nur Thai gesprochen.

An- & Weiterreise

Tagsüber warten blaue Songthaeos am östlichen Ende der Th Phahonyothin, die einen nach Sop Ruak (20 B) und Mae Sai (50 B) bringen. Die grünen Songthaeos nach Chiang Khong (100 B) parken in der Th Rimkhong, südlich der Einreisebehörde, am Flussufer.

Chiang Saen hat keinen richtigen Busbahnhof. Es gibt aber eine überdachte Haltestelle am östlichen Ende der Th Phahonyothin, wo die Busse Passagiere aufnehmen und aussteigen lassen. Von dieser Haltestelle fahren zahlreiche Busse nach Chiang Rai (35 B, 1½ Std., 5.30–17.30 Uhr). Bei Bussen nach Chiang Mai (normal/mit Klimaanlage 126/227 B, 5 Std., 7.15/9 Uhr) unbedingt nach der *săi mài* (neuen Route) fragen, denn auf der *săi gòw* (alten Route) quält sich der Bus über Lamphun, Lampang und Phayao, eine Fahrt, die zwischen sieben und neun Stunden in Anspruch nimmt. Alternativ kann man auch erst einen Bus nach Chiang Rai nehmen und dort in einen nach Chiang Mai umsteigen (ca. 4½ Std.).

Der tägliche VIP-Bus von **Sombat Tour** (☎ 08 1595 4616; Th Phahonyothin) fährt nach Bangkok und bietet etwa zehn Sitzplätze (990 B, 12 Std., 17 Uhr). Abfahrt ist vor dem kleinen Büro neben der Krung Thai Bank. Wegen des begrenzten Platzangebots unbedingt vorab reservieren!

CHINA

Früher war es möglich, mit Lastkähnen von Chiang Saen nach Jinghong in China zu fahren, doch heute ist dies nur noch mit dem Passagierboot von **Maekhong Delta Travel** (☎ 0 5364 2517; www.maekhongtravel.com; 230/5-6 Th Phaholyothin, Mae Sai; einfache Strecke 820 Yuan/4000 B; �---- 8–17 Uhr) erlaubt. Die einfach ausgestattete Chiang-Saen-Filiale dieses Veranstalters aus Mae Sai befindet sich am südlichen Ende der Th Rimkhong, ungefähr 250 m südlich der großen Bootsanlegestelle. Um diese Fahrt zu machen, muss man sich zuvor ein Einreisevisum nach China ausstellen lassen (das ist in Chiang Mai oder Bangkok schneller erledigt). Das Personal im Chiang Saen Guest House (S. 406) bucht Tickets und kann einem bei

den Visumsformalitäten für China helfen. Es dauert zwei bis drei Tage, ehe man das Visum bekommt. Wer bereits eines hat, kann das Schiffticket direkt bei Maekhong Delta oder – noch bequemer – bei **Chiang Saen Tour and Travel** (☎ 0 5377 7051; manthana2425@yahoo.com; 64 Th Rimkhong; ✆ 10–20 Uhr) kaufen.

Die Fahrt von Chiang Saen nach Jinghong dauert bei günstigen Bedingungen 15 Stunden. In den trockneren Monaten braucht das Boot länger, da Felsen und Untiefen die Fahrt schwieriger machen. Sollte dies der Fall sein, wird in Guanlei übernachtet. Die Schiffe legen montags, mittwochs und samstags jeweils um 5 Uhr in Chiang Saen ab.

LAOS

Von Chiang Saen fahren auch Boote nach Laos. Der nächstgelegene für Ausländer geöffnete Grenzübergang befindet sich in Chiang Khong (s. S. 413).

Unterwegs vor Ort

Eine kurze Fahrt mit dem Motorradtaxi oder dem Samlor durch die Stadt kostet 20 B. Die Fahrzeuge warten gegenüber der Bushaltestelle.

Die Gegend um Chiang Saen und Mae Sai lässt sich gut auf zwei Rädern erkunden. Mountainbikes (50 B/Tag) und Motorräder (200 B/Tag) können in Gin's Guest House (S. 406) und bei **Angpao Chiangsean Tour** (☎ 0 5365 0143; www.angpao-r3a.com; Th Phahonyothin; ✆ 9–20 Uhr) ausgeliehen werden. Letzterer Veranstalter kann einem auch ein Fahrzeug mit Fahrer besorgen und bietet allerlei Touren in die Umgebung an.

RUND UM CHIANG SAEN
Sop Ruak

สบรวก

Myanmar, Thailand und Laos stoßen in Sop Ruak aufeinander, beim offiziellen „Mittelpunkt" des Goldenen Dreiecks am Zusammenfluss von Nam Ruak und Mekong.

Historisch bezieht sich der Begriff „Goldenes Dreieck" auf eine viel größere geografische Region, die sich über die Tausende von Quadratkilometern nach Myanmar, Laos und Thailand hinein erstreckt und in der Opiumhandel florierte. Clevere Hoteliers und Tourveranstalter haben aus dem Namen Kapital geschlagen und das nette, kleine Dorf Sop Ruak zum „Goldenen Dreieck" erklärt, um Phantasien von illegalen Abenteuern, exo-

tischen Grenzregionen und Opiumkarawanen wachzurufen.

Aber das ist Vergangenheit: Die einzige Karawane, die es hier zu sehen gibt, ist die der großen Reisebusse mit Pauschaltouristen. Opium gibt's heute nur in Museen und sogar die einst schöne Landschaft ist mittlerweile von Geldautomaten und unzähligen Ständen mit Touristenkram und durch lautes Marktgeschrei aus den verschiedenen Tempeln verschandelt.

Einen Besuch wert sind die beiden Opiummuseen, das House of Opium (s. unten) und die Hall of Opium (s. S. 409); außerdem kann man mit einem Bootsausflug nett eine Stunde zubringen. Aber eigentlich bleiben die meisten Traveller hier nur, wenn sie schon ein Zimmer in einem der herausragenden Luxushotels in dem Gebiet gebucht haben.

SEHENSWERTES & AKTIVITÄTEN

Die erste Sehenswürdigkeit, die in Sop Ruak ins Auge fällt, ist der **Phra Chiang Saen Si Phaendin** (✆ 7–21 Uhr), eine gigantische Buddhastatue, die von einer thailändisch-chinesischen Stiftung finanziert wurde. Die Statue thront auf einer bootsartigen Plattform; Besucher werden zum Spenden verführt, indem die Münzen von einer erhöhten Plattform hinter der Statue hinunterrollen gelassen werden.

Das **House of Opium** (Baan Phin; ☎ 0 5378 4060; www.houseofopium.com; Eintritt 50 B; ✆ 7–20 Uhr), ein kleines Museum mit historischen Artefakten zum Opiumanbau, lohnt einen Besuch. Ausgestellt sind neben Fotos und Landkarten (mit englischer Beschriftung) all die Utensilien, die man zum Anbau, zur Ernte, zum Genuss und zum Vertrieb des Harzes des Schlafmohns (*Papaver somniferum*) braucht, darunter Pfeifen, Waagen und Gewichte. Das Museum liegt am südöstlichen Ende von Sop Ruak, praktisch gegenüber dem Phra Chiang Saen Si Phaendin.

Neben dem House of Opium führen einige Stufen hinauf zum **Wat Phra That Pu Khao**, von wo aus man den besten Blick auf die Stelle im Mekong hat, wo Laos, Myanmar und Thailand aneinander stoßen.

Auf der birmanischen Seite steht das **Golden Triangle Paradise Resort** (☎ 053 652 111; Zi. 3500–4000 B, Suite 7000 B), ein riesiges Hotel und Kasino, für das thailändische und japanische Geschäftsleute fast 480 ha Land von der Regierung Myanmars gepachtet haben. Das Kasino ist rund um die Uhr geöffnet, besuchen

kann man es aber nur zwischen 8 und 18 Uhr, wenn die Einreisebehörden geöffnet sind. Im Hotel und im Kasino werden nur Baht und US-Dollars als Zahlungsmittel akzeptiert.

1 km südlich von Sop Ruak hat die Mah Fah Luang Foundation auf einem Grundstück von rund 40 ha Fläche gegenüber vom Anantara Golden Triangle Resort & Spa die 5600 m² große **Hall of Opium** (☎ 0 5378 4444; www.golden trianglepark.com; Mu 1 Baan Sobruak; Eintritt 300 B; ☯ 10– 15.30 Uhr) hochgezogen. Diese eindrucksvolle Einrichtung möchte die weltweit größte Ausstellungs- und Forschungsstätte zum Thema Rauschmittelgebrauch werden. Eine Multimediaausstellung beschreibt die Geschichte des Opiums und zeigt die Auswirkungen des Opiummissbrauchs auf das Individuum und die Gesellschaft. Die Präsentation ist ausgewogen und wirklich einen Besuch wert.

Fahrten auf dem Mekong (1 Std., max. 5 Pers., 400 B/Boot) mit Longtail-Booten bieten mehrere lokale Veranstalter im Ort und an den verschiedenen Pieren an. Die normale Tour umfasst die Fahrt rund um eine große Insel und flussaufwärts, bis sich ein herrlicher Blick auf das birmanische Kasinohotel bietet. Für einen Tagesaufenthalt auf die Kasinoinsel muss eine Gebühr von 700 B (500 B an Myanmar, 200 B an die Thais) entrichtet werden (man erhält den Einreise- und Ausreisestempel zur selben Zeit).

Auch in einem laotischen Dorf auf der großen Flussinsel **Don Sao**, ungefähr auf halbem Weg zwischen Sop Ruak und Chiang Saen, kann ein Zwischenstopp eingelegt werden. Die laotische Einreisebehörde lässt Tagesbesucher bereitwillig auch ohne laotisches Visum auf die Insel. Jeder Traveller muss eine Einreisegebühr von 20 B zahlen. Viel zu sehen gibt's hier allerdings nicht. Auf der Post kann man Briefe und Postkarten mit dem Stempel von Laos verschicken, einige Läden verkaufen T-Shirts und laotisches Kunsthandwerk, und im Sala Beer Lao kann man laotisches Bier trinken und dazu laotische Snacks probieren.

SCHLAFEN & ESSEN

Der einzige Grund, in oder im Umland von Sop Ruak zu übernachten, sind ein paar der besten Unterkünfte der gehobenen Klasse in Nordthailand. Wer als Budgettraveller unterwegs ist, nächtigt besser in Chiang Saen. Es gibt mehrere touristische Restaurants am Mekong.

Greater Mekong Lodge (☎ 0 5378 4450; www.mae fahluang.org; EZ/DZ 1600/1800 B; ✷ ▯) Dieses Hotel ist Teil des Hall-of-Opium-Komplexes. Es gibt 28 gut ausgestattete Zimmer mit Kabel-TV in einem höhlenartigen, tristen Hauptgebäude. Die 13 erhöht liegenden Bungalows sind die bessere Wahl – und kosten das Gleiche.

Imperial Golden Triangle Resort (☎ 0 5378 4001/5; www.imperialhotels.com; 222 Ban Sop Ruak; Zi. 4708–5290 B; ✷ ▯ ▣) Eine weitere erstklassige Option: Dieses große Hotel liegt nur einen kurzen Spaziergang von den Serviceangeboten für Traveller in Sop Ruak entfernt. Die Zimmer haben Balkone mit eindrucksvollem Blick auf den Fluss.

LP Tipp **Anantara Golden Triangle Resort & Spa** (☎ 0 5378 4084; www.anantara.com; Zi./Suite ab 10 900/15 200 B; ✷ ▯ ▣) Diese preisgekrönte Anlage befindet sich auf einem großen, wunderschön gestalteten Grundstück direkt gegenüber der Hall of Opium (s. linke Spalte). Die Zimmer verbinden thailändische und internationale Gestaltungsmotive und alle haben Balkone mit Blick auf den Mekong. Whirlpool, Squash- und Tennisplätze, Sporthalle, Sauna, Bibliothek, medizinische Behandlungseinrichtung und Wellnessbad runden das Luxusangebot ab. Zu den besonderen Attraktionen gehören das King's-Cup-Elefantenpolo-Turnier (im März) und ein- bis dreitägige Ausbildungskurse zum Mahut.

LP Tipp **Four Seasons Tented Camp** (☎ 0 5391 0200; www.fourseasons.com; Mindestaufenthalt 3 Tage 220 000 B; ✷ ▯ ▣) Dieses von Safaris inspirierte „Zeltlager" gehört zu den einzigartigsten Wohnerlebnissen in Thailand – wenn es denn die Zeit- und Budgetplanung nicht sprengt. Es befindet sich auf einem abgeschiedenen Stück des Uferdschungels außerhalb von Sop Ruak; eine kurze Bootsfahrt ist nötig, um den ausgedehnten Komplex mit den 15 an einem Hang gelegenen Zelten zu erreichen. Die Zelte sind luxuriös und mit Gegenständen ausgestattet, die an kolonialzeitliche Safaris erinnern. Dazu gehört vor allem die unglaublich einladende Badewanne aus Kupfer und Harz. Fernseher oder iPod-Anschlüsse gibt es nicht, die Gäste sollen die natürliche Landschaft auf sich wirken lassen (Tip: Zelt 15 hat Ausblick auf eine Elefantenbadestelle) und können sich dem täglichen Angebot von Aktivitäten widmen, das von der Ausbildung zum Mahut bis zu Bäderanwendungen reicht. Der Mindestaufenthalt beträgt drei Tage; im Preis ist alles enthalten – von der Abholung

vom Flughafen bis hin zu sämtlichem Essen und den Getränken.

AN- & WEITERREISE
Häufig fahren Songthaeos zwischen Chiang Saen und Sop Ruak (20 B, 7–17 Uhr alle 20 Min.). Aber auch die 9 km lange Fahrradfahrt von Chiang Saen nach Sop Ruak ist nicht anstrengend.

CHIANG KHONG
เชียงของ
12 311 Ew.
Abgelegener, aber lebendiger als die Nachbarstadt Chiang Saen ist Chiang Khong. Die Kleinstadt war ein wichtiger Markt für die Bergvölker in der Region und für den Handel mit Nordlaos. Einst gehörte sie zu Juon, einem kleinen *meuang* (Stadtstaat), der im Jahr 701 von König Mahathai gegründet wurde. Im Verlauf der Jahrhunderte zahlte Juon Tribut an Chiang Rai, dann an Chiang Saen und schließlich an Nan, ehe es in den 1880er-Jahren von Siam besetzt wurde. Das Territorium von Chiang Khong erstreckte sich bis in die chinesische Provinz Yunnan, aber 1893 vereinnahmten die Franzosen einen großen Teil des Nordufers des Mekong für ihre Provinz Französisch-Indochina.

Heute ist das Uferstädtchen bei Travellern als Zugang nach Laos beliebt. Von Huay Xai am anderen Ufer des Mekong kommt man im Rahmen einer zweitägigen, gemütlichen Bootsfahrt nach Luang Prabang. Und wer noch weiter möchte, erreicht von Huay Xai aus nach einer achtstündigen Busfahrt Boten. Dies ist ein legaler Grenzübergang nach bzw. von China – weiter Infos dazu gibt's auf S. 414.

Praktische Informationen
Si Ayuthaya, die Kasikornbank und die Siam Commercial Bank haben Filialen mit Geldautomaten und Wechselstuben in der Stadt.

Easy Trip (☎ 0 5365 5174, 0 8997 7246; www.discovery laos.com; 63/2 Moo 1, Th Sai Klang; ☺ 8–20 Uhr) Dieser sehr professionelle Reiseveranstalter organisiert Boots- und Bustouren nach Laos (s. S. 413) sowie Minibusfahrten nach Chiang Mai (250 B) und Pai (450 B). Auch Flüge innerhalb Thailands und nach Laos können hier gebucht werden. Viele Herbergen in Chiang Khong bieten ähnliche Dienstleistungen an.

Internet (Th Sai Klang; 30 B/Std.; ☺ 10–22 Uhr) An der Hauptstraße, ungefähr gegenüber vom Bamboo Mexican House (S. 412).

Sehenswertes
In Chiang Khong stehen ein paar Wats im nordthailändischen Stil, die allerdings nicht so furchtbar interessant sind. Der **Wat Luang** an der Hauptstraße war einst einer der wichtigsten Tempel in der Provinz Chiang Rai. Einer seiner *chedi* stammt aus dem 13. Jh. und wurde im Jahr 1881 restauriert.

Auf einem Hügel oberhalb der Stadt und des Flusses befindet sich der **Nationalist Chinese Soldiers Cemetery**, auf dem mehr als 200 KMT-Soldaten begraben liegen. Die Grabhügel sind so ausgerichtet, dass sie nach China blicken. In einem Schrein auf der Spitze des Hügels sind alte Fotos von KMT-Soldaten in Uniform zu sehen.

Das nahe gelegene Dorf **Ban Hat Khrai** ist berühmt als einer der wenigen Orte, wo gelegentlich noch *blah bèuk* (Mekong-Riesenwelse) gefangen werden. Während der *blah-bèuk*-Saison von Ende April bis Juni kann man das Kommen und Gehen der kleinen Fischerboote von **Tha Pla Beuk** aus beobachten, das ungefähr 1,5 km südlich von Chiang Khong am Mekong liegt. Die Abzweigung ist nahe Km 137. Weitere Infos zu diesem Fisch finden sich im Kasten auf S. 413.

Schlafen
Die große Mehrzahl der Unterkünfte in Chiang Khong verlangt Preise, die sich im Budgetrahmen bewegen.

LP Tipp **Baanrimtaling** (☎ 0 5379 1613; maleewan _th@yahoo.com; 99/4 Mu 3, Baan Sop Som; B 80 B, Zi. 160–350 B, Bungalow 450 B; ▢) Die Zimmer hier sind für diese Preisklasse ziemlich durchschnittlich und die Lage ist auch nicht gerade ideal, aber die heimelige Atmosphäre und der freundliche Service können schon dafür sorgen, dass man vielleicht etwas länger bleibt als geplant. Der großartige Blick auf den Fluss ist noch ein zusätzlicher Bonus, und Extras wie kostenloses WLAN, eine Kräutersauna im thailändischen Stil und Thai-Kochkurse sind auch nicht zu verachten.

Baan-Fai Guest House (☎ 0 5379 1394; 108 Moo 8, Th Sai Klang, Zi. 100–200 B) Die acht Zimmer befinden sich einem hübschen thailändischen Wohnhaus aus Holz, doch leider werden die Zimmer den Erwartungen, die man sich nach dem Anblick von außen macht, nicht gerecht. Sie sind aber sauber und durchaus eine annehmbare Option, wenn man knapp bei Kasse ist.

Boom House (☎ 0 5365 5136; www.boomhouseresort. com; 406/1 Moo 1, Th Sai Klang; Zi. 150–350 B; ▨) Dieses

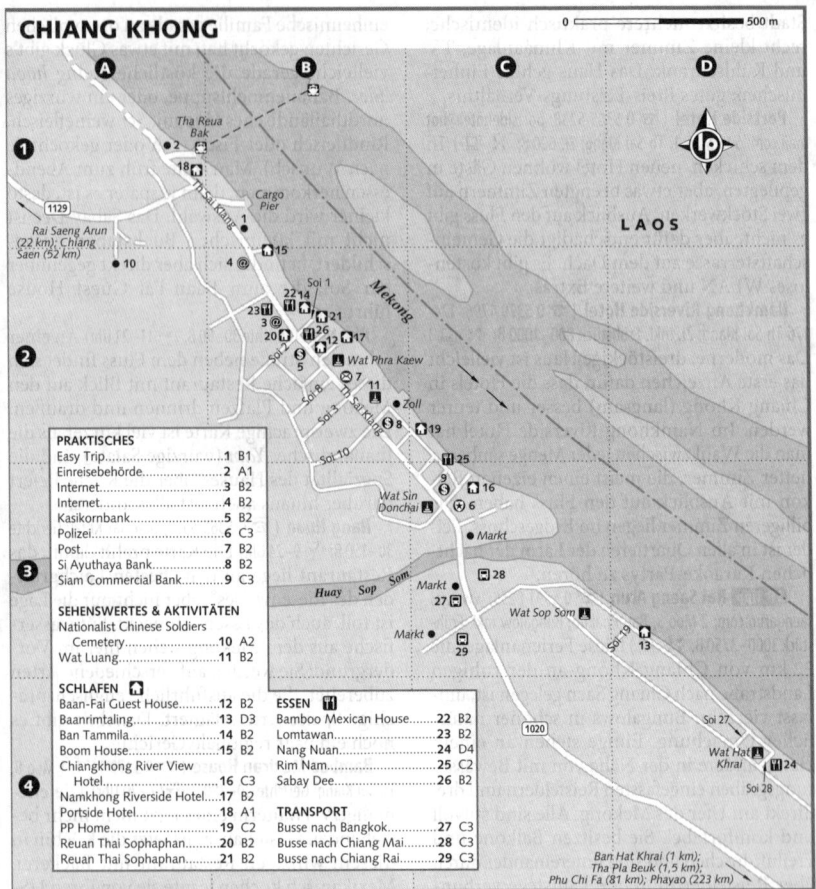

CHIANG KHONG

0 ————— 500 m

LAOS

Mekong

PRAKTISCHES
Easy Trip..................................1	B1
Einreisebehörde......................2	A1
Internet...................................3	B2
Internet...................................4	B2
Kasikornbank..........................5	B2
Polizei.....................................6	C3
Post..7	B2
Si Ayuthaya Bank....................8	B2
Siam Commercial Bank..........9	C3

SEHENSWERTES & AKTIVITÄTEN
Nationalist Chinese Soldiers Cemetery............................10	A2
Wat Luang............................11	B2

SCHLAFEN
Baan-Fai Guest House...........12	B2
Baanrimtaling.......................13	D3
Ban Tammila.........................14	B2
Boom House..........................15	B2
Chiangkhong River View Hotel..................................16	C3
Namkhong Riverside Hotel....17	B2
Portside Hotel.......................18	A1
PP Home...............................19	C2
Reuan Thai Sophaphan..........20	B2
Reuan Thai Sophaphan..........21	B2

ESSEN
Bamboo Mexican House........22	B2
Lomtawan.............................23	B2
Nang Nuan............................24	D4
Rim Nam...............................25	C2
Sabay Dee.............................26	B2

TRANSPORT
Busse nach Bangkok.............27	C3
Busse nach Chiang Mai.........28	C3
Busse nach Chiang Rai..........29	C3

Tha Reua Bak

Cargo Pier

Rai Saeng Arun (22 km); Chiang Saen (52 km)

Th Sai Klang

Soi 1

Soi 2

Soi 8

Soi 3

Wat Phra Kaew

Zoll

Soi 10

Wat Sin Donchai

Markt

Huay Sop Som

Markt

Wat Sop Som

Soi 19

Markt

Soi 27

Wat Hat Khrai

Soi 28

Ban Hat Khrai (1 km); Tha Pla Beuk (1,5 km); Phu Chi Fa (81 km); Phayao (223 km)

mehrstöckige Gebäude hat eine Menge einfacher, aber sauberer Zimmer. Die teureren verfügen über Klimaanlage, TV und Kühlschrank. Es gibt ein hübsches Restaurant direkt am Flussufer.

Reuan Thai Sophaphan (☎ 0 5379 1023; suka tungka@gmail.com; 83 Moo 8, Th Sai Klang; Zi. 300–600 B; 🖳) Das Zwischending aus Pension, Resort und Homestay befindet sich in einem schönen, mehrstöckigen Teakgebäude mit viel Charakter. Die Zimmer sind allerdings teilweise etwas düster, und aus keinem hat man einen richtig guten Blick auf den Mekong. Rabatte sind möglich. Billigere Zimmer gibt es in einem ebenfalls großen Komplex von Holzgebäuden auf der anderen Straßenseite, der von denselben Betreibern geführt wird.

Ban Tammila (☎ 0 5379 1234; baantammila@hotmail. com; 113 Mu 8 Th Sai Klang; Bungalow 350/450 B, Zi. 350 B) Das Äußere wirkt zwar ein bisschen heruntergekommen, aber die stilvollen Zimmer und die gut gestalteten Bungalows sind hübsch und in warmen Farben gehalten. Die Leiter der entspannten Anlage organisieren auch Fahrradtouren.

PP Home (Baan Pak Pon; ☎ 0 5365 5092; baanpakpon@ hotmail.com; 177/Moo 2; Zi. 350–500 B; 🖳) Eine der wenigen Unterkünfte, die noch Einheimischen gehören: Das attraktive Holzhaus hat große, holzgetäfelte Zimmer mit Blick auf den Fluss.

Chiangkhong River View Hotel (☎ 0 5379 1375; www.chiangkhong.com/riverviewhotel.htm; 141 Moo 12; Zi. 500 B; 🏊) Das große Gebäude am Südende der

Stadt besitzt mehrere praktisch identische, recht kleine Zimmer mit Klimaanlage, TV und Kühlschrank. Das Haus gehört Einheimischen; gutes Preis-Leistungs-Verhältnis.

Portside Hotel (☎ 0 5365 5238; portsidehotel@hot mail.com; 546 Moo 1, Th Sai Klang; Zi. 600 B; ✕ ⬚) In dem schicken, neuen Hotel wohnen Gäste in gepflegten, aber etwas beengten Zimmern auf zwei Stockwerken. Ausblick auf den Fluss gibt es nicht, aber dafür entschädigt die Gemeinschaftsterrasse auf dem Dach. Es gibt kostenloses WLAN und weitere Extras.

Namkhong Riverside Hotel (☎ 0 5379 1796; 174-176 Th Sai Klang; Zi. inkl. Frühstück 800–1000 B; ✕ ⬚) Das moderne, dreistöckige Haus ist vielleicht das erste Anzeichen dafür, dass die Hotels in Chiang Khong (langsam) besser und teurer werden. Im Namkhong Riverside Hotel hat man die Wahl zwischen jeder Menge sauberer, netter Zimmer, die meist einen eigenen Balkon mit Ausblick auf den Fluss haben. Die billigeren Zimmer liegen im Erdgeschoss. Leider ist in allen Quartieren der Lärm der nächtlichen Karaoke-Partys zu hören.

LP Tipp **Rai Saeng Arun** (☎ 0 5391 8255; www.rai saengarun.com; 2 Moo 3, Ban Phakub; Bungalow inkl. Frühstück 3000–3750 B; ✕ ⬚) Diese Ferienanlage, die 22 km von Chiang Khong an der ruhigen Landstraße nach Chiang Saen gelegen ist, umfasst vierzehn Bungalows in schöner natürlicher Umgebung. Einige stehen an einem Hang, andere in der Nähe von mit Bewässerungsgräben eingefassten Reisfeldern und drei direkt am Ufer des Mekong. Alle sind stilvoll und komfortabel. Sie besitzen Balkone und Freiluftduschen und sind untereinander durch über Reisfelder führende Laufstege verbunden. Vom Restaurant aus hat man Ausblick auf den Mekong. Serviert werden hier Gerichte, deren Gemüse und Kräuter von der Biofarm der Anlage stammen. Außerhalb der Saison lassen sich ordentliche Preisnachlässe rausschlagen.

Essen

LP Tipp **Sabay Dee** (keine Ausschilderung in lateinischen Buchstaben; ☎ 08 3594 0676; Th Sai Klang; Gerichte 15–20 B; ✕ 16–19 Uhr) Wenn man lange genug hier verweilt, hat man fast den Eindruck, ganz Chiang Khong käme an diesem Karren vorbei, von dem aus eine Familie Curry oder Chilidips zum Mitnehmen verkauft. Aber auch wer kein Einheimischer ist, kann Platz nehmen und wird freundlich bedient. Bei der Frage, was es gibt, ist man auf das angewiesen, was die

einheimische Familie gerade an ortstypischen Gerichten gekocht hat; mit etwas Glück gibt's vielleicht gerade die köstliche *gaang hŏoa 'blee*, Bananenmehlsuppe, oder ein würziges nordthailändisches *lâhp* mit Schweinefleisch, Rindfleisch oder Fisch (roh oder gekocht, je nach Wunsch). Man sollte früh zum Abendessen herkommen, denn je später es ist, desto kleiner wird die Auswahl. Das Sabay Dee ist nicht mit lateinischen Buchstaben ausgeschildert, befindet sich aber direkt gegenüber der Soi, die zum Baan-Fai Guest House führt.

Rim Nam (Gerichte 30–90 B; ✕ 11–21 Uhr) An einer schmalen Straße neben dem Fluss findet sich dieses einfache Restaurant mit Blick auf den Mekong und Plätzen drinnen und draußen. Die zweisprachige Karte ist viel kürzer als die thailändische: *Yam* (würzige Salate) sind die Spezialität des Hauses, aber die Küche liefert darüber hinaus auch fast alles andere.

Nang Nuan (☎ 0 5365 5567; Ban Hat Khrai; Gerichte 30–150 B; ✕ 9–24 Uhr) Die Karte prahlt damit, das Restaurant liege an den „besten Laichgründen des Riesenwelses", aber nicht nur die Lage ist toll, auch das Essen schmeckt. Süßwasserfische aus dem Mekong stehen hier im Vordergrund: Sie werden auf verschiedene Arten zubereitet, die die ausführliche englischsprachige Speisekarte erläutert. Daneben gibt es noch ein paar regionale Gerichte.

Bamboo Mexican House (☎ 0 5379 1621; 1 Moo 8, Th Sai Klang; Gerichte 30–180 B; ✕ 7–20 Uhr) Die ehemalige Verwalterin eines jetzt nicht mehr bestehenden Gästehauses ist jetzt die Köchin in diesem winzigen Restaurant mit Bäckerei. Mexikanisch kochen lernte sie von ihren US-amerikanischen und mexikanischen Gästen. Wie mexikanisch die Küche ist, konnten wir nicht überprüfen, weil wir bei den köstlichen selbstgemachten Broten und Kuchen hängen geblieben sind. Das Restaurant macht früh auf und bereitet auch Lunchpakete zu – toll, wenn man eine Bootsfahrt machen will!

Lomtawan (☎ 0 5365 5740; 354 Moo 8, Th Sai Klang; Gerichte 60–180 B; ✕ mittags & abends) Wer auch mal auf den Blick auf den Fluss verzichten kann, für den ist dieses gemütliche, mit Kerzen beleuchtete Wohnzimmer eine gute Alternative für ein Abendessen. Die englischsprachige Karte ist umfangreich; darauf stehen so kühne Gerichte wie grünes Curry mit Lachs. Abends wird die Musik aus der Konserve durch Livemusik abgelöst, und das Restaurant verwandelt sich in eine trauliche Bar.

DER MEKONG-RIESENWELS

Der Abschnitt des Mekong um Chiang Khong ist ein wichtiger Lebensraum für den 'blah bèuk (Mekong-Riesenwels, für Ichthyologen *Pangasianodon gigas*), den vielleicht größten Süßwasserfisch der Welt. Ein 'blah bèuk ist erst nach mindestens sechs, vielleicht auch erst nach zwölf Jahren (niemand weiß das genau) voll ausgewachsen; dann ist er zwischen 2 und 3 m lang und bringt bis zu 300 kg auf die Waage. Ausgewachsene Tiere findet man nur in bestimmten Abschnitten des Mekong, sie sollen aber in der Provinz Qinghai in Nordchina (wo der Mekong entspringt) geboren werden und dann den ganzen Weg bis zum mittleren Abschnitt des Mekong schwimmen, wo sie dann den größten Teil ihres Erwachsenenlebens verbringen.

In Thailand und Laos gilt ihr mildes Fleisch als Delikatesse. Die Fische werden zwischen Ende April und Juni gefangen, wenn der Fluss nur 3 bis 4 m tief ist und die Welse flussaufwärts ziehen. Bevor die thailändischen und laotischen Fischer ihre Netze auswerfen, feiern sie jedes Jahr eine besondere Zeremonie, um Chao Mae Pla Beuk, die Göttin der Riesenwelse, gnädig zu stimmen. Bei der Zeremonie werden auf den Fischerbooten u.a. sogar Hühner geopfert. Nach den Feierlichkeiten losen die Fischer aus, wer zuerst sein Netz auswerfen darf, und wechseln sich dann beim Fischen ab.

In den letzten Jahren wurden in einer normalen Fangsaison nur einige wenige Welse gefangen (in manchen Jahren auch gar keine). Die Gilde der Welsfänger besteht nur aus Leuten, die in Ban Hat Khrai geboren sind. Die Fischer verkaufen das Fleisch vor Ort für 500 B pro Kilogramm oder mehr; in Bangkok kann ein einzelner Fisch bis zu 100 000 B kosten. Das meiste Welsfleisch landet in Bangkok, weil die Restaurants in Huay Xai und Chiang Khong solche Preise nicht zahlen können.

Obwohl der 'blah bèuk auf der Roten Liste der bedrohten Arten (CITES) steht, wird darüber gestritten, wie bedroht er eigentlich ist. Weil er Gefahr läuft, ausgerottet zu werden, hat die Fischereibehörde Thailands 1983 ein Programm gestartet, das die Zucht der Welse in Gefangenschaft vorsieht. Wenn ein Weibchen gefangen wurde, hielt man es am Leben, bis ein männliches Tier ins Netz ging. Dann wurden die Eier (durch Massieren der Eierstöcke) entfernt und in einen Behälter gegeben. Vom Männchen wurde Samen entnommen, mit dem man die Eier in dem Behälter befruchtete. Das Programm war bis 2001 nicht sehr erfolgreich, dann überlebten 70 000 Jungfische. Die Tiere wurden auf Fischereizentren im Land verteilt, von denen einige kleinere Erfolge bei der Aufzucht der Welse erzielten, vor allem in den Fischteichen in der zentralthailändischen Provinz Suphan Buri. Deswegen steht 'blah bèuk heute wieder landesweit auf den Speisekarten.

Im Augenblick ist das Überleben des Mekong-Riesenwelses am stärksten durch die geplante Errichtung von elf Staudämmen im Mekong gefährdet, die den Fischzug verhindern würden. Aber auch die Beseitigung der Stromschnellen im chinesischen Teil des Mekong bedroht die Art, weil dadurch wertvolle Laichgründe für die Fische verloren gehen.

An- & Weiterreise

Zahlreiche Busse fahren nach Chiang Rai (70 B, 2½ Std., 4–17 Uhr stündl.) und von bzw. nach Chiang Saen.

Vormittags gehen ein paar Busse nach Chiang Mai (2. Klasse mit Klimaanlage/VIP 225/290 B, 6–11 Uhr).

Zur Fahrt nach Bangkok (2. Klasse mit Klimaanlage/1. Klasse/VIP 529/680/794 B, 12 Std., 15.30 Uhr) sollte man mindestens eine halbe Stunde vor Abfahrt kommen oder das Ticket im Vorverkauf im Büro oder bei Easy Trip (s. S. 410) kaufen.

Boote den Mekong hinauf, die bis zu zehn Passagiere aufnehmen, können gechartert werden. Die Fahrt von Chiang Khong nach Chiang Saen kostet rund 2000 B. Man kann die Schiffsbesatzung an der Anlegestelle für die Fähren nach Laos ansprechen.

GRENZÜBERGANG (LAOS)

Longtail-Boote nach Huay Xai in Laos (40 B, 8–18 Uhr) legen häufig vom Tha Reua Bak, einem Pier am nördlichen Ende von Chiang Khong, ab.

Ausländer können bei der Ankunft in Huay Xai für 30 bis 42 US$ (je nach Staatsangehörigkeit) ein 30 Tage gültiges Visum für Laos erwerben. Nach 16 Uhr und an Wochenenden wird eine zusätzliche Gebühr von 1 US$ oder 50 B fällig. Achtung: Unbedingt vor der Einreise nach Laos einen Ausreisestempel bei

den thailändischen Beamten holen! Traveller, die das vergessen, bekommen später Schwierigkeiten. Die Einreisebehörde stempelt einem bei der Rückkehr nach Thailand ein neues Touristenvisum in den Pass (s. S. 830).

Auf der laotischen Seite kann man die Reise auf der Straße nach Luang Nam Tha und Udomxai oder per Boot den Mekong hinunter nach Luang Prabang fortsetzen. Dreimal wöchentlich fliegt außerdem **Lao Airlines** (☎ 211026, 211494; www.laoairlines.com) von Huay Xai in die laotische Hauptstadt Vientiane (94 US$).

Wenn man die Zeit hat, sollte man gemütlich mit dem täglich verkehrenden langsamen Boot (900 B, 10 Uhr) nach Luang Prabang schippern. Die Reise dauert zwei Tage, übernachtet wird in dem Dorf Pak Beng. Die lärmenden Schnellboote (1450 B, 6–7 Std.), die von Huay Xai nach Luang Prabang pflügen, sollte man meiden, da es bei diesen Fahrten schon zu schlimmen Unfällen gekommen ist. Die Schiffstickets über ein Reisebüro wie Easy Trip (S. 410) zu buchen, kostet etwas mehr, aber die Büros reservieren einem das Ticket und sorgen für den Transport vom Gasthaus und über den Mekong. Ein Lunchpaket für die Bootsfahrt ist ebenfalls im Preis mit drin.

GRENZÜBERGANG (CHINA)

Wenn man bereits ein Visum für China besitzt, ist es inzwischen auch möglich, von Chiang Khong aus mehr oder weniger direkt nach China zu reisen. Nachdem man bei der Ankunft in Huay Xai ein Visum für Laos erhalten hat, nimmt man einfach den Bus (es fahren drei pro Woche), der direkt über die laotische Grenzstadt Boten nach Mengla fährt, eine Stadt im autonomen Bezirk Xishuangbanna der Volksrepublik China (700 B, 8 Std., Mo, Mi & Fr 8 Uhr). Von Mengla kommt man nach einer fünfstündigen Busfahrt nach Jinghong; das ist die Hauptstadt des autonomen Bezirks Xishuangbanna. Man kann aber auch mit dem Nachtbus nach Kunming fahren.

Unterwegs vor Ort

Ein Samlor vom Busbahnhof nach Tha Reua Bak, wo sich der Grenzübergang nach Laos befindet, kostet 30 B.

Mountainbikes kann man sich bei Ban Tammila (S. 411) und Easy Trip (S. 410) ausleihen.

PROVINZ PHAYAO

PHAYAO
พะเยา
19 118 Ew.

Nur wenige Menschen kennen diese ruhige, aber hübsche Kleinstadt im Norden, auch vielen Thais sagt sie nichts. Die übereifrigen Texter einer Werbebroschüre wollten dem wohl etwas entgegensetzen und nannten Phayao „das Wien Südostasiens". Das ist zwar ein bisschen übertrieben, aber Phayao ist zweifellos eine der hübscheren Ortschaften in Nordthailand. Durch ihre Lage am Kwan Phayao, einem ausgedehnten Feuchtgebiet, wirkt die Stadt naturnah, was man von den meisten anderen thailändischen Städten nun wirklich nicht behaupten kann. Die baumgesäumten Straßen, Tempel und alten Holzhäuser der „Innenstadt" von Phayao wecken Erinnerungen an das alte Thailand.

Die wenig besuchte Kleinstadt ist der perfekte Ort, um auf dem Weg nach oder von Chiang Rai einen Zwischenstopp einzulegen oder um hier die vorgeschlagene Autotour nach Chiang Khong (s. Kasten S. 415) ausklingen zu lassen.

Praktische Informationen
Internet@Cafe (Th Pratu Khlong; 20 B/Std.; ☒ 10–22 Uhr) Weitere Läden, die Internetzugang anbieten, finden sich in der Th Don Sanam.
Krungsri Bank (Th Phasart; ☒ 8.30–15.30 Uhr) Diese Bank nahe dem Stadtpfeiler hat einen Geldwechselschalter.
Post (Th Don Sanam; ☒ Mo–Fr 8.30–16.30, Sa & So 9–12 Uhr)

Sehenswertes & Aktivitäten
KWAN PHAYAO
กว๊านพะเยา
Dieses große Gewässer ist der größte Sumpf in Nordthailand und ein Symbol für Phayao. Der Sumpf ist zwar natürlichen Ursprungs, aber der Wasserspiegel wird künstlich reguliert, weil das Feuchtgebiet sonst außerhalb der Regenzeit austrocknen würde. Der inmitten von Bergen gelegene Sumpf ist weit malerischer, als man erwarten würde – hier kann man herrliche Sonnenuntergänge erleben. Abends sieht man Rudermannschaften auf der Wasserfläche trainieren, und von der Anlegestelle am südlichen Ende der Th Chai Kwan werden **Bootsfahrten** (20 B) zu den Überresten des **Wat Tiloke Aram** unternommen,

---

ABSTECHER: DER LANGE WEG NACH PHAYAO

Wer mit einem eigenen Fahrzeug in Chiang Khong unterwegs ist, hat die Gelegenheit, einen wundervollen Abstecher zu machen. Die Rtes 1155 und 1093 gehören zu den spektakulärsten Landstraßen Thailands. Der Weg führt an den steilen Berghängen an der thailändisch-laotischen Grenze entlang; unterwegs kommt man an Wasserfällen und Nationalparks vorbei und genießt eine tolle Aussicht. Wenn es unbedingt ein festes Ziel sein soll, kann man bis nach Phayao fahren. In der wenig besuchten Provinz und dem gleichnamigen Ort finden Traveller ordentliche Unterkünfte vor und werden mit gutem Essen versorgt.

Von Chiang Khong geht die Tour wie die Rte 1020 geradewegs nach Süden. Man folgt der Ausschilderung zum Phu Chi Fa, einem Nationalpark nahe der laotischen Grenze. Für thailändische Verhältnisse ist die Beschilderung überraschend eindeutig, eine gute Hilfe ist die Karte *Golden Triangle* von Golden Triangle Rider.

Beim hoch in den Bergen gelegenen Dorf Doi Pha Tang kann man einen kurzen Abstecher zum Pratu Siam in 1653 m Höhe machen, einem der eindrucksvollsten Aussichtspunkte in Thailand. Hier gibt's einfache Unterkünfte und Verpflegung.

Die Rte 1093 verengt sich und wird immer einsamer, je mehr man sich Phu Chi Fa nähert, einer Bergspitze, von der aus man einen weiten Blick hinüber nach Laos hat. Es gibt mehrere Routen zum Gipfel, die beliebteste führt über Ban Rom Fah Thai. Travellern stehen mehrere Unterkünfte und einige einfache Restaurants zu beiden Seiten des Phu Chi Fa zur Verfügung.

Nachdem man am Phu Chi Fa vorbei ist, bleibt man auf der Rte 1093 und folgt den Schildern nach Ban Huak. Das ist ein malerisches Dorf in der Provinz Phayao und liegt 2 km von der Grenze nach Laos entfernt. Hier wird am 10. und 30. jeden Monats ein Grenzmarkt abgehalten, außerdem gibt's Homestay-Unterkünfte im Ort. In der Nähe befindet sich der einmalige Nam Tok Phu Sang, ein Wasserfall mit heißem Wasser.

Von Ban Huak fährt man den Schildern Richtung Chiang Kham nach, nimmt dann die Rte 1021 nach Chun, von wo aus es direkt (über Dok Kham Tai) nach Phayao geht, das selbst ein lohnendes Ziel abgibt (s. S. 414).

Wer die ganze Strecke auf einmal fahren möchte, braucht mindestens sechs Stunden einschließlich Zwischenstopps zum Fotografieren, für einen Kaffee und eine Mahlzeit.

---

eines 500 Jahre alten, in den Fluten versunkenen Tempels. Es gibt ehrgeizige Pläne, den Tempel wieder aufzubauen, der nur eines von vielen Heiligtümern ist, die in Kwan Phayao in den Fluten verschwanden. Neben verlorenen buddhistischen Artefakten gibt es in den Gewässern mindestens 50 endemische Fischarten. In einem kleinen **Fischzuchtgebiet** kann man für 5 B die Fische füttern.

WAT SRI KHOM KHAM
วัดศรีโคมคำ

Phayaos wichtigster Tempel soll aus dem Jahr 1491 stammen, doch das heute sichtbare Gebäude wurde erst 1923 vollendet. Die riesige Gebetshalle beherbergt den Phra Jao Ton Luang, die mit 18 m Höhe größte Buddhastatue des Landes aus der Chiang-Saen-Ära. Einer Legende zufolge soll die Errichtung dieser Statue mehr als 30 Jahre in Anspruch genommen haben. Das Bildnis ist zwar nicht das schönste oder am besten proportionierte Buddhabild in Thailand, aber doch eindrucks-

voll. Die Ordinationshalle liegt erhöht über dem Kwan Phayao und ist mit anmutigen modernen Wandmalereien geschmückt. Ebenfalls auf dem Gelände des Wat befindet sich ein buddhistischer Skulpturenpark, in dem schreckliche überlebensgroße Darstellungen der buddhistischen Hölle zu sehen sind.

Gleich neben dem Tempel befindet sich die **Phayao Cultural Exhibition Hall** (☎ 0 5441 0058; Eintritt 40 B; ◷ Mo–Sa 8.30–17 Uhr), ein zweistöckiges Museum, das mit Artefakten und jeder Menge Infos zur örtlichen Geschichte und Kultur (auch auf Englisch) vollgestopft ist. Zu den Highlights gehören eine einzigartige „schwarze" Buddhastatue und zwei sich umschlingende versteinerte Krabben, die als „Wonder Lover" bezeichnet werden.

Noch mehr Sehenswertes

Gleich hinter der Rte 1 gegenüber der Abzweigung nach Phayao findet sich der **Wat Li** mit einem kleinen **Museum** (Eintritt gegen Spende;

NORDTHAILAND

🕑 9–15 Uhr). Hier sind einige Stücke zu sehen, die noch aus der Zeit vor der Chiang-Saen-Ära stammen. Der **Wat Phra That Jom Thong** ist ein hübscher *chedi* auf einer bewaldeten Hügelspitze in 3 km Entfernung vom Stadtzentrum.

Schlafen

Tharn Thong Hotel (☎ 0 5443 1302; 56-59 Th Don Sanam; DZ 150–350 B; ✖ 🖳) Im Hauptgebäude gibt's kahle Zimmer mit Ventilator, in dem Komplex dahinter komfortablere Zimmer mit Klimaanlage.

Wattana Hotel (☎ 0 5443 1203; 69 Th Don Sanam; Zi. mit Ventilator/Klimaanlage 150/280 B; ✖) Das neben dem Tharn Thong stehende Wattana hat fast das gleiche Angebot, nur dass die Zimmer nicht so sauber sind wie im Nachbarhotel.

Phuthong Place (☎ 0 5441 0505; 335 Moo 3, Th Pratu Khlong; Zi. 500 B; ✖ 🖳) Die Zimmer im Phuthong sind groß, pieksauber und komfortabel – damit ist das Hotel ein ausgezeichneter Deal. Es liegt zudem nur wenige Schritte vom Nachtmarkt in der Th Rob Wiang entfernt.

Phayao Northern Lake Hotel (☎ 0 5441 1123; 15/7 Th Rob Wiang; Zi. 400–600 B; ✖ 🖳) Das große Hotel steht nur einen kurzen Spaziergang vom Busbahnhof entfernt und bietet schon etwas betagte, aber komfortable Zimmer. Die billigeren Quartiere sind ziemlich klein, aber auch gut ausgestattet.

Gateway Hotel (☎ 0 5441 1333; 7/36 Soi 2, Th Pratu Khlong; DZ 800 B; Suite 1800 B; ✖ 🖳 🍽) Die Zimmer im teuersten Hotel der Stadt sind ein wenig verwohnt, aber die mit „Seeblick" in den obersten Etagen locken mit einem großartigen Ausblick auf den Kwan Phayao.

Essen & Ausgehen

Für eine so kleine Stadt hat Phayao ein erstaunliches Restaurant- und Verpflegungsangebot, und viele Lokale sind auch echt gut. Tagsüber bieten Dutzende von Ständen am nördlichen Ende der Th Chai Kwan eine ähnlich gute Auswahl an gebratenem Fisch und Salat mit grüner Papaya an. Der Kaat Boran, ein Nachtmarkt, auf dem hauptsächlich Essbares verkauft wird, findet täglich von 18 bis 22 Uhr rund um das König-Ngam-Muang-Denkmal statt. Ebenfalls jeden Abend schlägt auch an der Nordseite der Th Rob Wiang ein unglaublich großer Nachtmarkt die Stände auf.

Dutzende von Restaurants säumen das Ufer des Kwan Phayao von der Th Kwan bis hinunter zum öffentlichen Park. Experten für thailändische Küche rühmen darunter besonders das **Chuechan** (keine Ausschilderung in lateinischen Buchstaben; ☎ 0 5448 4670; Th Chai Kwan; Gerichte 60–120 B; 🕑 10–22.30 Uhr). Auf der langen Speisekarte (mit Abbildungen und englischer Beschriftung) stehen auch Gerichte, die man anderswo nicht findet, beispielsweise gefüllte Schweinshaxe oder süßsaurer Fisch mit Eiern. Es gibt kein Schild mit lateinischen Buchstaben; das Restaurant ist das höchste Gebäude in diesem Abschnitt der Th Chai Kwan.

Khao Soi Saeng Phian (keine Ausschilderung in lateinischen Buchstaben; Th Tha Kwan; Gerichte 25–40 B; 🕑 9–15 Uhr) In diesem von einer Familie geführten Restaurant bekommt man das beste *kôw soy* in dieser Ecke Nordthailands. *Ka·nŏm jeen nám ngée·o* und diverse andere Nudelgerichte gibt's auch. Fans nordthailändischer Gerichte dürfen sich freuen: Mindestens vier weitere Läden im Umkreis eines Blocks um die Kreuzung Th Kwan und Th Ratchawong bieten ähnliche Leckereien an.

Miracle Coffee (☎ 08 4047 7375; Ecke Th Chai Kwan & Th Ratchawong; Gerichte 25–60 B; 🕑 9–24 Uhr) Das zwanglose Café am Ufer wird abends zu einer bei Einheimischen beliebten, munteren Bar.

Laap Kai Tawan Daeng (keine Ausschilderung in lateinischen Buchstaben; ☎ 08 1033 2089; 37/2 Th Phasart; Gerichte 49–79 B; 🕑 11–24 Uhr) Die Spezialität hier ist das *lâhp gài*, gehacktes Huhn mit knusprig frittierten Kräutern auf nordthailändische Art. Das Restaurant ist besonders abends toll, dann wird es zu einem typischen nordthailändischen Pub mit Livemusik. Zu erkennen ist es an dem großen Hahn vor der Tür.

Tem Im (keine Ausschilderung in lateinischen Buchstaben; Ecke Th Harinsut & Th Pratu Khlong; 89 B/Pers.; 🕑 18–23 Uhr) Das bei Einheimischen beliebte Open-Air-Restaurant hat ein All-You-Can-Eat-Selbstbedienungsbarbecue. Man sucht sich die rohen Zutaten zusammen und brät sie über Kohlenfeuer an seinem Tisch. Ein *mŏo gà·tá* isst man nicht allein, sondern mit vielen Freunden und noch mehr Bier.

An- & Weiterreise

Phayaos Busbahnhof ist gut ausgelastet, weil die Stadt an der wichtigsten Nord-Süd-Autobahn liegt.

Täglich fahren zahlreiche Busse nach Chiang Rai (normal/2. Klasse mit Klimaanlage/1. Klasse/VIP 49/88/103/119 B, 2 Std., 7–17 Uhr alle 40 Min.) und zwei nach Nan (2. Klasse mit Klimaanlage 139 B, 4 Std., 8 & 13.30 Uhr). Wer nach Chiang Mai (2. Klasse mit Klima-

anlage/1. Klasse 127/164 B, 3 Std., 7.30–17.30 Uhr alle 40 Min.) möchte, sollte unbedingt einen Bus über die *săi mài* (neue Route) nehmen; die Busse über die *săi gòw* (alte Route) sind billiger (normal/2. Klasse mit Klimaanlage/VIP 73/102/239 B, 5 Std.), fahren aber eine längere Strecke mit vielen Umwegen.

Nach Bangkok fahren morgens und nachmittags ein paar Busse direkt ab Phayao (2. Klasse mit Klimaanlage/1. Klasse/VIP 461/592/920 B, 11 Std.), man kann aber am Bahnhof auch in einen der rund 40 Busse einsteigen, die von anderswo im Norden hier durchkommen.

PROVINZ PHRAE

Phrae ist eine ländliche, gebirgige Provinz, bei der man vor allem an Teakholz denkt. Trotz des landesweiten Verbots der Abholzung ist von den Teakwäldern nicht mehr viel übrig, und dieser Rest ist gefährdet (s. Kasten S. 418).

PHRAE

แพร่

17 971 Ew.

Bei einem Spaziergang in der Altstadt von Phrae verblüfft die Ähnlichkeit mit der historischen Stadt Luang Prabangin Laos: Viel Grün, traditionelle Holzgebäude und malerische Tempel prägen das Bild, und man sieht viele buddhistische Mönche auf den Straßen. Die Einwohner der Stadt zählen zu den freundlichsten Menschen in ganz Thailand, und wegen seiner Lage am Ufer des Mae Nam Yom und seines alten Befestigungswalls wird Phrae gern mit Chiang Mai verglichen. Trotzdem kommen nach Phrae nur wenige Besucher – gerade deshalb ist es für alle, die nicht mehr brauchen als ein paar kleinere Sehenswürdigkeiten, gutes landestypisches Essen und nette Gesellschaft, ein super Ziel.

Praktische Informationen

CAT (Th Charoen Meuang; ☺ 8–20 Uhr) An der Hauptpost. Ferngespräche und Internet-Zugang mit einer T-Card.

Government Savings Bank (Th Rong Saw; ☺ Mo–Fr 8.30–15.30 Uhr) Der Geldautomat befindet sich neben der Polizeiwache.

Krung Thai Bank (Th Charoen Meuang; ☺ Mo–Fr 8.30–15.30 Uhr) Geldwechsel und Geldautomat.

Modern (Th Charoen Meuang; 20B/Std.; ☺ 10–22 Uhr) Ein Internet-/Online-Games-Laden nahe dem Pratu Chai.

Nok Bin (☎ 08 9433 3285; www.nokbinphrae.th.gs; 24 Th Wichairacha; ☺ 10–18 Uhr) Khun Kung, eine einheimische Journalistin, und ihr Ehemann haben zwei nette Cafés aufgemacht, die zugleich als Infozentren für Besucher dienen. Das Paar produziert eine regelmäßig aktualisierte Karte von Phrae für Touristen und kann einem auch Leihfahrräder und -motorräder besorgen. Die zweite, kleinere Filiale des Nok Bin findet sich nahe dem Pratu Chai am Eingang zur Altstadt.

Phrae Hospital (☎ 0 5452 2444) Gleich östlich der Th Chaw Hae, südöstlich der Stadt.

Post (Th Charoen Meuang; ☺ Mo–Fr 8.30–16.30, Sa 9–12 Uhr)

Sehenswertes

WAT LUANG

วัดหลวง

Der älteste Wat in Phrae stammt wahrscheinlich aus der Gründungszeit der Stadt im 12. oder 13. Jh. **Phra That Luang Chang Kham**, der große achteckige *chedi* im Lanna-Stil, ruht auf einem quadratischen Fundament und wird auf allen vier Seiten von Elefanten getragen. So wie es auch andernorts in Phrae und Nan zu sehen ist, wird der *chedi* zuweilen mit Thai-Lü-Stoffen umhüllt.

Die Veranda des Haupt-*wihaan* ist im klassischen Luang-Prabang/Lan-Xang-Stil erbaut, wurde aber leider mit Laterit, rotem Verwitterungsboden, ummauert. Gegenüber der Vorderseite des *wihaan* befindet sich das **Pratu Khong**, ein Teil des ursprünglichen Stadttores. Es wird jedoch nicht mehr als Tor genutzt, sondern beherbergt die Statue des Chao Pu, eines frühen Lanna-Herrschers.

Auf dem Tempelgelände befindet sich außerdem ein **Museum**, das Tempelantiquitäten, Keramiken und religiöse Kunst aus den Perioden Lanna, Nan, Bago und Mon zeigt. Besonders erhaben ist der sitzende Buddha im 2. Stock, der im 16. Jh. in Phrae angefertigt worden ist. Es sind auch einige Fotos aus dem 19. Jh. ausgestellt; was sie zeigen, wird auf Schildern in englischer Sprache kurz erläutert. Abgebildet sind beispielsweise Szenen von grausamen Enthauptungen. Normalerweise ist das Museum nur an Wochenenden geöffnet, doch die Mönche machen auf Wunsch unter der Woche auch mal eine Ausnahme.

WAT PHRA NON

วัดพระนอน

Westlich des Wat Luang steht ein weiterer 300 Jahre alter Wat. Seinen Namen hat er von der

hoch verehrten liegenden Buddhastatue (*prá norn*) im Inneren. Der *bòt* (zentraler Altarraum) wurde vor rund 200 Jahren angelegt. Der Wat zeichnet sich durch ein eindrucksvolles Dach, einen separaten zweigeteilten Portikus und eine vergoldete und mit Schnitzereien von Ramayana-Szenen versehene Fassade aus. Der *wíhaan* hinter dem *bòt* beherbergt das Buddhabildnis, das in mit Perlen und Metallplättchen verzierte Thai-Lü-Stoffe eingehüllt ist.

WAT JOM SAWAN

วัดจอมสวรรค์

Der Tempel außerhalb der Altstadt an der Th Ban Mai wurde von ortsansässigen Shan zwischen dem Ende des 19. und dem Beginn des 20. Jhs. erbaut und verbindet birmanische und Shan-Einflüsse. Bei unserem letzten Besuch wurde der Tempel renoviert: Er sieht besser aus denn je, allerdings waren innen die Arbeiten noch nicht ganz abgeschlossen. Ein angrenzender kupfergekrönter *chedi* hat einen

---

DER TANZENDE TIGER

Mit Kaeng Sua Ten (Stromschnellen des tanzenden Tigers) werden Felsvorsprünge im Lauf des Mae Nam Yom im Bezirk Song der Provinz Phrae bezeichnet. Sie befinden sich im Mae Yom National Park und sind wild und schön, aber auch Gegenstand eines seit Längerem bestehenden Umweltkonflikts in Thailand.

Seit den frühen 1980er-Jahren hat die thailändische Regierung wiederholt angekündigt, bei Kaeng Sua Ten einen Damm im Mae Nam Yom errichten zu wollen. Die Bewohner des Dorfs Tambon Sa-lab, der den Kaeng Sua Ten am nächsten gelegenen Siedlung, haben sich diesen Plänen lautstark und gelegentlich auch gewalttätig in den Weg gestellt. Sie erklären, der Staudamm würde ihre traditionelle Lebensweise unwiederbringlich zerstören. Ungefähr 2700 Familien würden ihre Wohnstätten verlieren und 3200 ha Land würden überflutet, Land, auf dem die letzten in Thailand verbliebenen natürlichen Teakbaumvorkommen zu finden sind.

Viele Menschen in der Provinz Phrae und ganz Nordthailand erhoffen sich hingegen von einem Staudamm, dass die häufigen Überflutungen durch den Mae Yom in der Regenzeit eingedämmt werden könnten und während der häufigen Dürren Wasser zur Verfügung stünde. Die Politiker in Bangkok erklären, der Staudamm würde dem Land zusätzliche Energie und den Bauern der Provinzen südlich von Phrae Wasser liefern. Seit mehreren Jahrzehnten steht der Bau von Staudämmen zudem auf der Agenda des Königs, der damit die Entwicklung der ländlichen Gebiete voranbringen will. Noch 1995 hat sich der König öffentlich für die Errichtung dieses Staudamms ausgesprochen.

Von Seiten der Regierung wurden abwechselnd der Strombedarf und die Bewässerung als Begründung für das Projekt angeführt, je nachdem welches Argument gerade öffentlichkeitswirksamer war. Einmal hat die Weltbank die Finanzierung des Projekts schon abgelehnt, weil sie erklärte, die Bewertung der Umweltschäden seitens der Regierung sei unzureichend. Viele Staudammgegner verweisen auch darauf, dass der Standort genau auf einer Verwerfungslinie geplant sei.

Im Jahr 2008 setzte Ministerpräsident Samak Sundaravej den Plan wieder auf die politische Tagesordnung. Angesprochen auf die Befürchtungen hinsichtlich der Umweltauswirkungen des Staudamms, erklärte Samak, es gäbe dort keine Teakbäume, sondern nur „drei blöde Pfauen". Der Politiker gab diese Bemerkungen ausgerechnet am Weltumwelttag von sich und behauptete auch gleich noch, der Staudamm würde die Auswirkungen der globalen Erwärmung reduzieren. Die Dörfler in Sa-lab reagierten empört. Sie verbrannten ein Bild des Premiers und „weihten" mehrere Gold-Teakbäume in der Nähe von Kaeng Sua Ten, indem sie sie in orangefarbene Mönchsgewänder wickelten – eine Form des Umweltprotests, der die Bäume „heiligen" und ihre Abholzung zu einem religiösen Frevel machen soll.

Zur Zeit liegt das Staudammprojekt auf Eis, was aber nur der politischen Instabilität und nicht einer Kehrtwendung in der Regierungspolitik zu verdanken ist. Die Pläne, einen Damm bei Kaeng Sua Ten zu bauen, haben auf jeden Fall bei vielen Zweifel an den Entwicklungskonzepten für Thailand geweckt. Der Kampf zwischen den armen Thais in den ländlichen Gebieten, die bei der Entwicklung ihrer Regionen kaum ein Wort mitzureden haben, und der oft sehr autoritär auftretenden thailändischen Zentralregierung in Bangkok dürfte sich auch in Zukunft weiter fortsetzen.

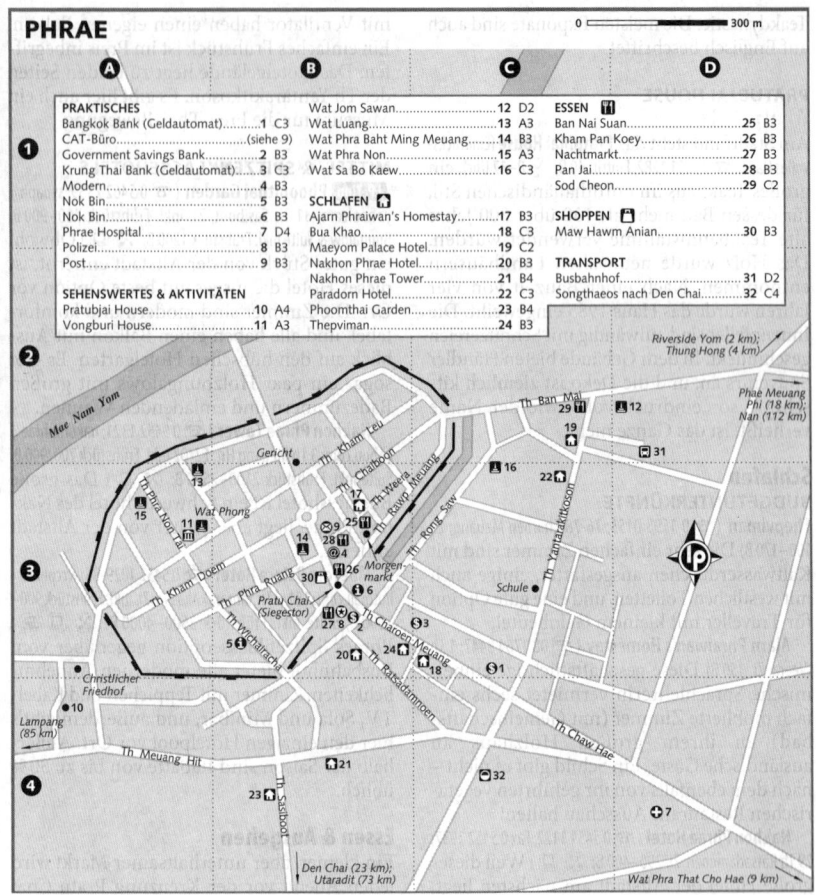

PHRAE

0 —————— 300 m

PRAKTISCHES
Bangkok Bank (Geldautomat)........**1** C3
CAT-Büro...........................(siehe 9)
Government Savings Bank..............**2** B3
Krung Thai Bank (Geldautomat)....**3** C3
Modern............................**4** B3
Nok Bin...........................**5** B3
Nok Bin...........................**6** B3
Phrae Hospital....................**7** D4
Polizei...........................**8** B3
Post..............................**9** B3

SEHENSWERTES & AKTIVITÄTEN
Pratubjai House..................**10** A4
Vongburi House...................**11** A3

Wat Jom Sawan....................**12** D2
Wat Luang........................**13** A3
Wat Phra Baht Ming Meuang........**14** B3
Wat Phra Non.....................**15** A3
Wat Sa Bo Kaew...................**16** C3

SCHLAFEN
Ajarn Phraiwan's Homestay.........**17** B3
Bua Khao.........................**18** C3
Maeyom Palace Hotel..............**19** C2
Nakhon Phrae Hotel...............**20** B3
Nakhon Phrae Tower...............**21** B4
Paradorn Hotel...................**22** C3
Phoomthai Garden.................**23** B4
Thepviman........................**24** B3

ESSEN
Ban Nai Suan.....................**25** B3
Kham Pan Koey....................**26** B3
Nachtmarkt.......................**27** B3
Pan Jai..........................**28** B3
Sod Cheon........................**29** C2

SHOPPEN
Maw Hawm Anian...................**30** B3

TRANSPORT
Busbahnhof.......................**31** D2
Songthaeos nach Den Chai.........**32** C4

---

großen Teil seines Stucks eingebüßt, sodass das kunstvolle Mauerwerk sichtbar ist.

NOCH MEHR TEMPEL

Gegenüber der Post in der Altstadt vereint der **Wat Phra Baht Ming Meuang** zwei früher getrennte Tempelgelände (in einem befindet sich ein gelegentlich geöffnetes Museum) und beherbergt eine buddhistische Schule, einen alten *chedi,* einen ungewöhnlichen, achteckigen Trommelturm aus Teakholz sowie den hoch verehrten Phra Kosai, der stark dem Phra Chinnarat in Phitsanulok ähnelt. Gleich außerhalb der nordöstlichen Ecke des Stadtgrabens steht der **Wat Sa Bo Kaew**, ein Tempel in einem Shan-birmanischen Mischstil ähnlich dem Wat Jom Sawan.

VONGBURI HOUSE
บ้านวงศ์บุรี

Das zweistöckige Teakhaus des letzten Fürsten von Phrae beherbergt heute ein privates **Museum** (☎ 0 5462 0153; 50 Th Kham Leu; Eintritt 30 B; ⏰ 8–17 Uhr). Das Gebäude wurde zwischen 1897 und 1907 für Luang Phongphibun und seine Frau Chao Sunantha errichtet, die damals eine profitable Teaklizenz besaßen. Die kunstvollen Schnitzereien an Giebeln, Traufen, Balkonen sowie Tür- und Fensterstürzen sind noch gut erhalten. In vielen der 20 Zimmer des Hauses sind Teakholzantiquitäten aus dem späten 19. Jh. ausgestellt, außerdem Dokumente (darunter Sklavereikonzessionen aus dem frühen 20. Jh.), Fotos und andere Artefakte aus der vergangenen Ära der

NORDTHAILAND

Teakdynastie. Die meisten Exponate sind auch auf Englisch beschriftet.

PRATUBJAI HOUSE
บ้านประทับใจ

Am Stadtrand steht das **Pratubjai House** (Eindrucksvolles Haus; ☎ 0 5451 1282; Eintritt 40 B; ☻ 8–17 Uhr), ein großes Teakhaus im nordthailändischen Stil, für dessen Bau mehr als 130 über 300 Jahre alte Teakbaumstämme verwendet wurden. Das Holz wurde neun alten Landhäusern entnommen. Nach einer Bauzeit von vier Jahren wurde das Haus 1985 eingeweiht. Die Innenpfeiler sind aufwändig mit Schnitzereien geschmückt. In dem Gebäude bieten Händler Souvenirs an, und die Deko ist ziemlich kitschig – so „eindrucksvoll", wie der Name verheißt, ist das Ganze nicht.

Schlafen
BUDGETUNTERKÜNFTE
Thepviman (☎ 0 1595 0153; 76-78 Charoen Meuang; Zi. 100–170 B) Die sehr einfachen Zimmer sind mit Kaltwasserduschen ausgestattet, einige auch mit westlichen Toiletten, und eine gute Option für Traveller mit kleinem Geldbeutel.

Ajarn Phraiwan's Homestay (☎ 08 1764 8447; 1 Th Weera; Zi. 150 B) Diese geschäftstüchtige einheimische Sprachlehrerin vermietet sechs einfach möblierte Zimmer (mit Gemeinschaftsbad) in ihrem großen Holzhaus an ausländische Gäste. Ein Schild gibt es nicht – nach dem ebenfalls von ihr geführten vegetarischen Restaurant Ausschau halten!

Nakhon Phrae Hotel (☎ 0 5451 1122; Fax 0 5452 1937; 29 Th Ratsadamnoen; Zi. 290–400 B; ☻ 🖳) Weil dieses große Hotel der Altstadt am nächsten liegt, ist es die beliebteste, aber nicht unbedingt die beste Option für Budgettraveller. Den Zimmern (mit winzigen Bädern) sieht man ihr Alter an, aber immerhin sind sie recht sauber und bequem.

Bua Khao (☎ 0 5451 1372; 8 Soi 1, Th Charoen Meuang; Zi. 350–600 B; ☻) Versteckt gleich hinter der Hauptstraße bietet dieses Monstrum aus Teakholz überwiegend winzige Zimmer, aber auch viel Ambiente. Der Service ist prima und es gibt einen einladenden Gemeinschaftsbereich (mit noch mehr Holzverzierungen) im Erdgeschoss.

Paradorn Hotel (☎ 0 5451 1177; www.phrae-paradorn.th.gs; 177 Th Yantarakitkoson; Zi. 360–650 B; Suite 800 B; ☻ 🖳) Die wahrscheinlich beste Budgetunterkunft vor Ort ist durch ihre Fassade im birmanischen Stil unverkennbar. Die Zimmer

mit Ventilator haben einen eigenen Balkon. Ein einfaches Frühstück ist im Preis inbegriffen. Das Hotelgelände liegt zu beiden Seiten der Th Yantarakitkoson. Es gibt hier auch ein Museum für die Free-Thai-Bewegung.

MITTEL- & SPITZENKLASSEHOTELS
LP Tipp **Phoomthai Garden** (☎ 0 5462 7359; svoaph@ yahoo.com; 31 Th Sasiboot; Zi. inkl. Frühstück 700–900 B, Bungalow & Suite inkl. Frühstück 1200 B; ☻ 🖳) Obwohl ein gutes Stück von der Altstadt entfernt, ist dieses Hotel die insgesamt beste Option vor Ort. Die Zimmer sind modern und komfortabel, und alle haben einen Balkon mit Ausblick auf den hübschen Hotelgarten. Es gibt sogar ein paar Holzbungalows mit großen Badezimmern und einladenden Wannen.

Nakhon Phrae Tower (☎ 0 5452 1321; nakornphrae@ yahoo.com; 3 Th Meuang Hit; EZ/DZ inkl. Frühstück 700/900 B, Suite inkl. Frühstück 2100–2500 B; ☻ 🖳) Das große Businesshotel ist ein Schwesterhotel des Nakhon Phrae, liegt aber weiter von der Altstadt entfernt.

Maeyom Palace Hotel (☎ 0 5452 1029-35; wccphrae@ hotmail.com; 181/6 Th Yantarakitkoson; Zi. inkl. Frühstück 900–2000 B, Suite inkl. Frühstück 3500–4000 B; ☻ 🖳 🖳) Phraes Spitzenklasseoption gegenüber vom Busbahnhof bietet alle modernen Annehmlichkeiten: Zimmer mit Teppichen und Kabel-TV, Sofa und Minibar, und außerdem gibt's hier den einzigen Hotelpool vor Ort. Außerhalb der Saison sind Rabatte von bis zu 30 % üblich.

Essen & Ausgehen
Ein kleiner, aber unterhaltsamer Markt wird jeden Abend an der Kreuzung Pratu Chai (Siegestor) abgehalten. Der Verkäufer vor dem chinesischen Schrein bietet leckere *sôm·dam* und winzige, aber leckere Portionen *kà·nǒm jeen nám ngée·o* (ein Gericht mit Reisnudeln) an. Außerdem kann man sich mit *kôw sôm* stärken, einem nordthailändischen Gericht mit Reis und Tomaten.

LP Tipp **Pan Jai** (keine Ausschilderung in lateinischen Buchstaben; ☎ 0 5462 0727; 2 Th Weera; Gerichte 20–40 B; ☻ 7–16 Uhr) Dieses Open-Air-Lokal hat all das, was zu einem guten Restaurant gehört: köstliche regionale Gerichte, eine attraktive Lage, guten Service und kleine Preise. Die Spezialität sind *kà·nǒm jeen*, frische Reisnudeln mit verschiedenen Currys und Kräutern, aber es gibt auch Nudelsuppen, Reisgerichte und mehr. Alles ist ausgestellt, man muss nur auf das deuten, was man möchte.

Kham Pan Koey (keine Ausschilderung in lateinischen Buchstaben; Ecke Th Rawp Meuang & Th Charoen Meuang; Gerichte 25–40 B; ☯ 10–22 Uhr) Das kürzlich renovierte Lokal gegenüber dem Pratu Chai bietet von allem etwas, von *sŏm·dam* bis zu Reis- und Nudelgerichten. Eiscreme und Getränke, die die Hitze erträglicher machen, gibt es hier auch.

Ban Nai Suan (Route Beat; Th Weera; Gerichte 30–40 B; ☯ 11–24 Uhr) Tagsüber gibt es in diesem „Haus im Garten" ein paar regionaltypische Gerichte. Abends verwandelt sich das Lokal in das Route Beat, dann wird zu Livemusik ein thailändisches Menü serviert.

Sod Cheon (Th Yantarakitkoson; Gerichte 30–90 B; ☯ 11–4 Uhr) An der Kreuzung 50 m nördlich vom Maeyom Palace Hotel befindet sich dieses einfache, aber sehr beliebte China- und Thairestaurant. Aus großen Töpfen werden chinesische Suppen geschöpft, außerdem gibt's die üblichen thailändischen Gerichte. Eine gute Wahl, wenn man spät etwas essen will! Die Karte ist allerdings nur auf Thai.

Mehrere Restaurants, in denen es ortstypische Gerichte gibt, liegen an der Rte 1022 kurz vor dem Wat Phra That Cho Hae (S. 421).

Shoppen

Phrae ist bekannt für das unverwechselbare *sêua môr hôrm*, das indigogefärbte Bauernhemd, das man überall in Thailand sieht. Der Stoff wird in Ban Thung Hong hergestellt, direkt von den Toren der Stadt. Eine gute Stelle, um in der Stadt *môr hôrm* zu kaufen, ist **Maw Hawm Anian** (keine Ausschilderung in lateinischen Buchstaben; 36 Th Charoen Muang; ☯ 7–20.30 Uhr), ein Laden ungefähr 60 m hinter dem südöstlichen Tor (Pratu Chai) zur Altstadt.

An- & Weiterreise

BUS

Phraes Busbahnhof liegt, anders als der der meisten thailändischen Städte, bequem in Gehentfernung von einigen Unterkünften.

Nachmittags fahren zahlreiche Busse nach Den Chai (15 B, 30 Min., 15.30–19 Uhr stündl.). Die Songthaeos nach Den Chai (40 B, 6–18 Uhr) starten neben der Berufsschule. In Den Chai hat man Anschluss an den Nordzug.

Zahlreiche Busse fahren auch nach Nan (normal/2. Klasse mit Klimaanlage/1. Klasse/VIP 65/88/112/174 B, 2 Std., 7–20.30 Uhr stündl.). Die Busse nach Chiang Mai (2. Klasse

mit Klimaanlage/1. Klasse/VIP 147/189/294 B, 4 Std.) halten unterwegs in Lampang und Lamphun. Viele Busse nach Chiang Rai (2. Klasse mit Klimaanlage/1. Klasse/VIP 160/205/239 B, 4 Std., 7–16 Uhr stündl.) fahren bis Mae Sai (2. Klasse mit Klimaanlage/1. Klasse/VIP 196/252/294 B, 5 Std.).

Schließlich gehen auch mehrere Busse nach Bangkok (2. Klasse mit Klimaanlage/1. Klasse/VIP 340/437/680 B, 8 Std.), Abfahrt ist zwischen 9.15 und 12 Uhr sowie zwischen 18.30 und 22.30 Uhr.

ZUG

Der **Bahnhof Den Chai** (☎ 0 5461 3260) ist 23 km von Phrae entfernt. Häufig pendeln blaue Songthaeos und rote Busse zwischen Phrae und dem Bahnhof (30–40 B).

Acht Züge halten täglich in Den Chai auf ihrem Weg nach Bangkok (3. Klasse mit Ventilator 256 B, 2. Klasse mit Klimaanlage/Ventilator 574/394 B, Schlafwagen 2. Klasse mit Ventilator oben/unten 494/544 B, Schlafwagen 2. Klasse mit Klimaanlage oben/unten 754/844 B, Schlafwagen 1. Klasse 1272 B, 12 Std.). Die meisten passieren den Bahnhof zwischen 17.30 und 23 Uhr. Aktuelle Infos zu Fahrplänen und Preisen gibt's telefonisch bei der **Thailändischen Staatsbahn** (☎ kostenlose 24-Std.-Hotline 1690; www.railway.co.th) oder auf deren Website.

Unterwegs vor Ort

Ein Samlor für eine Strecke in der Altstadt kostet 30 B; bei weiter entfernten Zielen wie etwa dem Pratubjai House kann der Preis auf bis zu 60 B steigen. Motorradtaxis warten am Busbahnhof; eine Fahrt von dort bis etwa zum Pratu Chai kostet rund 40 B.

Sammel-Songthaeos pendeln auf einigen Straßen (vor allem auf der Th Yantarakitkoson). Mitfahren kostet, je nach Entfernung, 10 bis 20 B.

RUND UM PHRAE

Wat Phra That Cho Hae

วัดพระธาตุช่อแฮ

Auf einem Hügel ungefähr 9 km südöstlich der Stadt steht abseits der Rte 1022 dieser Wat, der für seinen 33 m hohen, vergoldeten *chedi* berühmt ist. Cho Hae ist die Bezeichnung für den Stoff, den die Gläubigen um den *chedi* wickeln – eine Art Satin, der wohl ursprünglich aus Xishuangbanna (Sipsongpanna, „12 000 Reisfelder" auf Nord-Thai) in

China stammt. Wie der Wat Doi Suthep in Chiang Mai ist auch dieser Wat eine wichtige Pilgerstätte für die Thais im Norden. Geschichtete *naga*-Stufen führen zum Tempelkomplex hinauf.

Der *bòt* ist ziemlich geschmacklos mit einer vergoldeten Holzdecke, Rokokopfeilern und Lotusknospen-Wandmosaiken dekoriert. Dem Buddhabildnis **Phra Jao Than Jai**, das dem Phra Chinnarat in Phitsanulok ähnelt, bringen Frauen, die sich Kinder wünschen, Opfergaben dar.

Das Bild, das sich einem auf dem Weg zum Wat bietet, ist malerisch. Eine Menge Restaurants, die örtliche Gerichte auftischen, gibt es auch. Songthaeos verkehren häufig zwischen Phrae und Phra That Cho Hae (30 B).

Phae Meuang Phi
แพะเมืองผี

Der Name Phae Meuang Phi, „Geisterland", bezieht sich auf die merkwürdige geologische Formation, die ungefähr 18 km nordöstlich von Phrae nahe der Rte 101 zu sehen ist. Die Erosion hat bizarre Säulen aus Erde und Fels geschaffen, die wie riesige Pilze aussehen. Das Gebiet ist zu einem Provinzpark erklärt worden; einige Wanderwege und Aussichtspunkte wurden vor Kurzem eingerichtet. Im Park gibt es Picknickpavillons und Händler, die nahe beim Eingang *gài yâhng* (gegrilltes gewürztes Huhn), *sôm·dam* und Klebreis verkaufen.

Mit öffentlichen Verkehrsmitteln nach Phae Meuang Phi zu kommen, ist kompliziert; die Einzelheiten kann einem Khun Kung im Nok Bin (S. 417) verraten.

PROVINZ NAN

Ganz oben im nordöstlichen Winkel Thailands liegt die abgelegene Provinz Nan. Wegen ihrer herrlichen Natur ist sie einen Besuch wert. Interessant ist auch die ethnische Zusammensetzung der hiesigen Bevölkerung, die sich von der in den anderen Nordprovinzen deutlich unterscheidet. Außerhalb des Tals des Mae Nam Nan bilden die Mien das zahlenmäßig größte Bergvolk, gefolgt von den Hmong. In ganz Nan verstreut leben noch vier weniger bekannte Volksgruppen, die man außerhalb dieser Provinz kaum findet: die Thai Lü, die Mrabri, die Htin und die Khamu.

Ausländische Traveller, die im Besitz eines Visums für Laos sind, können heute über das Dorf Ban Huay Kon, 140 km nördlich von Nan, nach Laos einreisen. Infos dazu stehen auf S. 429.

NAN
น่าน
20 413 Ew.

Wegen seiner abgeschiedenen Lage ist Nan kein Ziel, über das man zufällig stolpert. Die großteils langweilige Innenstadt auch nichts, worüber man begeistert Postkarten nach Hause schreibt. Aber wer sich die Zeit genommen hat, hierherzukommen, wird mit einer vielfältigen Stadtgeschichte und jeder Menge Kultur belohnt. Viele der Bewohner Nans sind Thai Lü, Nachfahren von Einwanderern aus Xishuangbanna im Süden Chinas. Dieses kulturelle Erbe zeigt sich in der Kunst und Architektur der Stadt, insbesondere in ihren schönen Tempeln. Die Reste der alten Stadtmauer und mehrere alte Wats künden hingegen vom früheren Einfluss Lannas.

Geschichte
Jahrhundertelang war Nan ein isoliertes, unabhängiges Königreich mit wenigen Verbindungen zur übrigen Welt. Viele Funde weisen auf eine prähistorische Siedlung hin, doch erst als sich Mitte des 14. Jhs. mehrere kleine *meuang* zu Nanthaburi zusammenschlossen, wurde die Stadt eine ernstzunehmende Macht. Gegen Ende des 14. Jhs. wurde Nan zu einem der neun nordthailändisch-laotischen Fürstentümer, aus denen Lan Na Thai, das Lanna-Reich, bestand. Im 15. Jh. blühte die Stadt unter dem Namen Chiang Klang (mittlere Stadt) auf, der ihre Lage mitten zwischen Chiang Mai (neue Stadt) und Chiang Thong (goldene Stadt, das heutige Luang Prabang) bezeichnete. 1558 bemächtigten sich die Birmanen des Königreichs und verschleppten viele Bewohner als Sklaven nach Birma. Bis Westthailand den Birmanen wieder abgerungen werden konnte (1786), war die Stadt fast menschenleer. Dann erlangte die hiesige Dynastie wieder die volle Herrschaft über die Stadt, die halbautonom blieb, bis sie sich schließlich 1931 endgültig, wenn auch widerwillig Bangkok unterwarf.

Praktische Informationen
Bangkok Bank (Th Sumonthewarat) Nahe den Hotels Nan Fah und Dhevaraj. Geldwechsel und Geldautomaten.

CAT-Büro (Hauptpost, Th Mahawong; 🕑 7–22 Uhr) Von hier kann man direkt nach Hause telefonieren.

Hauptpost (Th Mahawong; 🕑 Mo–Fr 8.30–16.30, Sa, So & Feiertage 9–12 Uhr) Im Stadtzentrum.

Kan Internet (Th Mahayot; 15 B/Std.; 🕑 9–22 Uhr) Auch an anderen Stellen in der Stadt gibt's Internetzugang für rund 20 B pro Stunde.

Kasikornbank (Th Sumontheward) In der Nähe der Bangkok Bank; hier kann man ebenfalls Geld wechseln und sich am Automaten Bares holen.

Siam Commercial Bank (Th Anantaworarittidet) Geldautomat und -wechsel.

Touristeninformation (☎ 0 5471 0216; Th Pha Kong; 🕑 8–17 Uhr) Das neue Zentrum mit einem Kaffeeausschank liegt dem Wat Phumin gegenüber. Auch Fhu Travel ist eine gute Informationsquelle (S. 425).

Sehenswertes

WAT PHUMIN

วัดภูมินทร์

Nans berühmtester Tempel ist bekannt für seine feinen Wandmalereien, die im späten 19. Jh. von dem Thai-Lü-Künstler Thit Buaphan ausgeführt wurden. Über die historische Bedeutung der Wandmalereien informiert der Kasten auf S. 425.

Von außen hat der Tempel die Form eines kreuzförmigen *bòt*. Er wurde 1596 gebaut und unter der Herrschaft von Chao Anantavorapitthidet (1867–1874) restauriert. Der *bòt* ist ein Beispiel für die Architektur der Thai Lü. Der aufwändige, vierseitige Altar in der Mitte des *bôht* ist mit einem sitzenden Buddha im Sukhothai-Stil an jeder Seite geschmückt. Die Figuren nehmen die Pose *mahn wí·chai* („Sieg über Mara") ein, bei der eine Hand den Boden berührt und blicken dabei geradeaus.

NAN NATIONAL MUSEUM

พิพิธภัณฑสถานแห่งชาติน่าน

Das 1973 eröffnete **Museum** (☎ 0 5477 2777; Th Pha Kong; Eintritt 100 B; 🕑 9–16 Uhr) ist im 1903 erbauten Palast der letzten beiden Feudalfürsten von Nan untergebracht. Seine Ausstellungsstücke und Sammlungen machen es zu einem der besseren Provinzmuseen Thailands; die meisten Exponate sind auch in englischer Sprache beschriftet.

Im Erdgeschoss sind ethnologische Exponate zu den verschiedenen ethnischen Gruppen zu sehen, die in der Provinz leben. Ausgestellt sind u. a. Silberarbeiten, Textilien, traditionelle Gegenstände und Stammestrachten. Der zweite Stock widmet sich der Geschichte Nans, archäologischen Funden,

der regionalen Architektur, königlichen Insignien, Waffen, Keramiken und der religiösen Kunst. Die Buddhasammlung umfasst einige seltene Exemplare im Lanna-Stil, ferner einige im „langohrigen" regionalen Stil. Im zweiten Stock zeigt das Museum auch einen seltenen „schwarzen" Elefantenstoßzahn, den angeblich der Khün-Herrscher von Chiang Tung (Kengtung) vor über 300 Jahren dem Fürsten von Nan geschenkt hat.

WAT PHRA THAT CHAE HAENG

วัดพระธาตุแช่แห้ง

2 km hinter der Brücke über den Mae Nam Nan liegt südlich der Stadt dieser 1355 erbaute, heiligste Tempel der Provinz Nan. Er befindet sich auf einer quadratischen Einfriedung auf dem Gipfel eines Hügels, von wo aus man Nan und das Tal überblickt. Der *bòt* zeigt Thai-Lü-Einfluss, sein dreistufiges Dach besitzt geschnitzte Traufen und über den Türen befinden sich Drachenreliefs. Ein vergoldeter Lanna-*chedi* befindet sich auf einem großen Platz neben dem *bòt*, an dem man gegen später herkommt, glüht das Gebäude regelrecht in der Abendsonne.

WAT PHRA THAT CHANG KHAM

วัดพระธาตุช้างค้ำ

Die Entstehungszeit des nach dem Wat Phra That Chae Haeng zweitwichtigsten **Tempels** (Th Pha Kong) der Stadt ist unbekannt. Sein 1458 wieder aufgebauter Haupt-*wíhaan* enthält einen riesigen sitzenden Buddha und verblasste Wandbilder, die teilweise schon restauriert sind. (Es heißt, dass Mitte des 20. Jhs. ein Mönch die Bilder immer wieder übertünchen ließ, weil er dachte, sie würden die Gläubigen von seiner Predigt ablenken!)

Im *wíhaan* befinden sich auch einige Schriftrollen aus der Lanna-Periode (in Lanna-Schrift), die nicht nur die üblichen buddhistischen Inhalte verewigen, sondern auch über die Geschichte, das Rechtswesen und die Astrologie ihrer Zeit Auskunft geben. Seitlich davon steht ein *tam·mâht* (ein *dhamma*-Sitz, der von Mönchen beim Unterricht verwendet wurde).

Der *chedi* hinter dem *wíhaan* stammt aus dem 14. Jh., vielleicht die Entstehungszeit des Tempels. Wie die Stupas in Sukhothai und Si Satchanalai wird auch dieser von Elefanten getragen.

Neben dem *chedi* steht ein kleiner, unscheinbarer *bòt* aus derselben Zeit. Der Abt

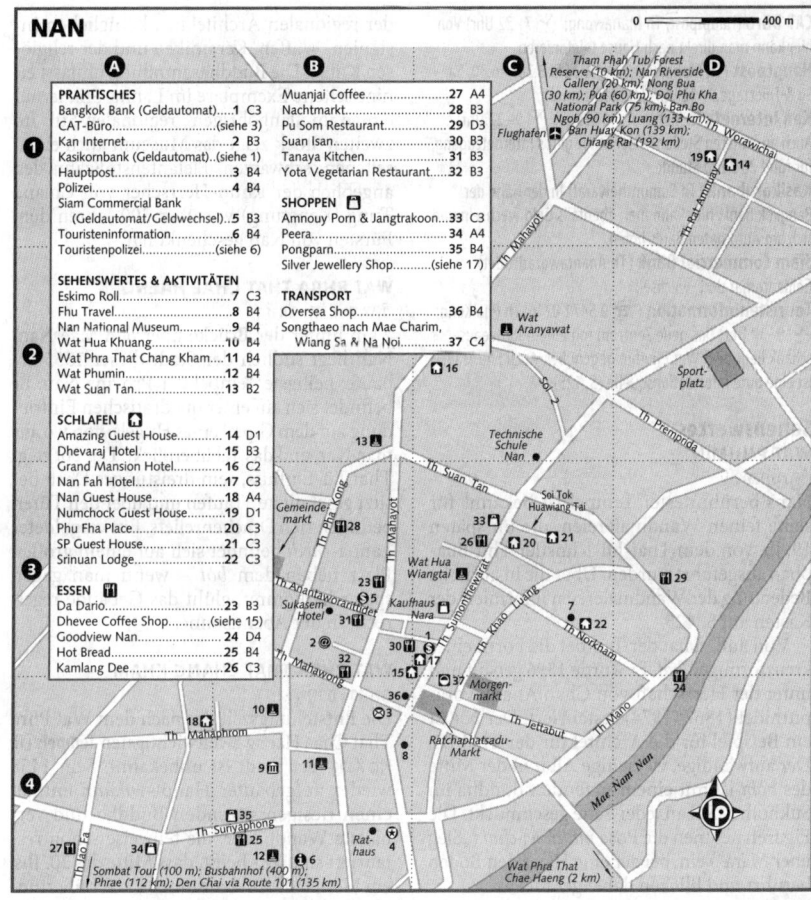

NAN

0 ———— 400 m

Tham Phah Tub Forest
Reserve (10 km); Nan Riverside
Gallery (20 km); Nong Bua
(30 km); Pua (60 km); Doi Phu Kha
National Park (75 km); Ban Bo
Ngob (90 km); Luang (133 km);
Ban Huay Kon (139 km);
Chiang Rai (192 km)

Flughafen

Wat Aranyawat

Sport-platz

Technische Schule Nan

Soi Tok Huawiang Tai

Gemeinde-markt

Wat Hua Wiangtai

Sukasem Hotel

Kaufhaus Nara

Morgen-markt

Ratchaphatsadu-Markt

Th Mahaphrom

Th Sunyaphong

Rat-haus

Sombat Tour (100 m); Busbahnhof (400 m);
Phrae (112 km); Den Chai via Route 101 (135 km)

Wat Phra That
Chae Haeng (2 km)

---

des Wat Chang Kham weiß eine interessante Geschichte über den *bòt* und das Buddhabildnis zu erzählen, das einst darin enthalten war. Demnach wollte 1955 der Historiker A. B. Griswold den 145 cm großen Buddha kaufen. Der schreitende Buddha schien eine plumpe Gipsfigur im Sukhothai-Stil zu sein. Nachdem Griswold dem Abt 25 000 B geboten hatte, begann er mit dem Abtransport des Buddhas – dabei bröckelte jedoch der Gips ab und offenbarte einen darunter liegenden, echten Sukhothai-Buddha aus purem Gold. Unnötig zu sagen, dass der Abt den Buddha – sehr zum Leidwesen Griswolds – nicht mehr gehen ließ. Vermutete Griswold, was sich unter dem Gips verbarg? Der Abt will es nicht verraten. Die Statue wird heute in einem Glas-

abteil im *hŏr đrai* (Tripitaka-Bibliothek) aufbewahrt, der sich neben dem *wí·haan* befindet; dieser ist der größte dieser Art in ganz Thailand.

NOCH MEHR TEMPEL

Der **Wat Hua Khuang** schräg gegenüber vom Wat Phra That Chang Kham hat einen markanten *chedi* im Lanna-/Lan-Xang-Stil mit vier Buddha-Nischen, einen hübschen hölzernen *hŏr đrai* und einen bemerkenswerten *bòt* mit einer beschnitzten Holzveranda im Luang-Prabang-Stil. Im Innern sind eine geschnitzte Holzdecke und ein großer *naga*-Altar zu sehen. Das Gründungsdatum des Tempels ist zwar unbekannt, doch dem Stil nach ist er einer der ältesten Wats der Stadt.

Der **Wat Suan Tan** (Th Suan Tan) wurde angeblich 1456 gebaut. Der tolle *chedi* aus dem 15. Jh. verbindet *prang-* (*chedis* im Hindu/Khmer-Stil) mit Lotusknospenmotiven, die den Einfluss Sukothais verraten. Der restaurierte *wíhaan* beherbergt einen sitzenden Bronzebuddha im frühen Sukhothai-Stil.

Aktivitäten

WANDERN, TREKKEN & RAFTEN

Nan hat nichts, das mit der organisierten Trekkingmaschinerie in Chiang Rai und Chiang Mai vergleichbar wäre. Die meisten Besucher, auch die Thais, bewegen sich hier lieber auf dem Wasser als zu Fuß. Wildwasser-Rafting auf dem Mae Nam Wa im nördlichen Nan ist nur zwischen September und Januar bei hohem Wasserstand möglich; die besten Bedingungen herrschen angeblich zu Beginn der Regenzeit. Die Stromschnellen reichen von Klasse I bis IV; auf der Fahrt kommt man durch unberührten Dschungel und gleitet an abgelegenen Dörfern vorbei.

Eskimo Roll (☎ 08 3902 6111; www.kayakraft.com; 40/1 Th Norkham; 2 Tage & 1 Übernachtung 3900 B/Pers., 3 Tage & 2 Übernachtungen 4500 B/Pers.). Der umgängliche Herr Boy veranstaltet zwei- bis dreitägige Rafting- und/oder Kajaktouren. Im Preis ist alles inklusive.

Fhu Travel (☎ 0 5471 0636, 08 1287 7209; www.fhu travel.com; 453/4 Th Sumonthewarat; min. 2 Pers. „sanfte" Treks 1 Tag 1200–1500 B/Pers., 2 Tage & 1 Übernachtung 2700 B/Pers., 3 Tage & 2 Übernachtungen 3500 B/Pers.) veranstaltet Touren zu Dörfern der Mabri, Hmong, Mien, Thai Lü und Htin, außerdem Elefanten- und Radtouren sowie Stadtführungen. Die Betreiber sind seit mehr als 20 Jahren im Tourgeschäft.

Schlafen

Amazing Guest House (☎ 0 5471 0893; 23/7 Th Rat Amnuay; EZ/DZ 120/350 B; 🖭) In der intimen Pension

---

DIE WANDMALEREIEN DES WAT PHUMIN

Der Wat Phumin ist die Sixtinische Kapelle Nordthailands: Die Motive seiner Wandmalereien findet man heute überall – auf Krimskrams vom Nachtmarkt in Chiang Mai genauso wie auf Postkarten, die in Bangkok verkauft werden. Die abgebildeten Szenen sind heiter, aber die Zeit, zu der die Malereien entstanden, war es keineswegs, denn Nan verlor damals seine Stellung als ein unabhängiges Königreich. So findet man in den Szenen auch hintergründige politische und soziale Kommentare, was sonst in der religiösen Kunst Thailands selten ist.

Die Wandmalereien wurden von Jao Suliyaphong in Auftrag gegeben, dem letzten König von Nan. Sie illustrieren u. a. die *Khaddhana Jataka,* eine relativ unbekannte Geschichte aus einem früheren Leben des Buddhas, die nach Aussage des Thai-Historikers David K. Wyatt (in seinem ausgezeichneten Buch *Reading Thai Murals)* nirgendwo sonst in der buddhistischen Welt dargestellt worden ist. Die Geschichte auf der linken Seite der nördlichen Tempelwand berichtet von einem Waisen, der seine Eltern sucht. Nach Wyatts Ansicht wurde genau diese Erzählung als Metapher für das Königreich Nan ausgewählt, das ebenfalls von einer Reihe von „Eltern", den Thai-Königreichen von Sukhothai, Chiang Mai und Ayutthaya, verlassen worden war. Zu ungefähr der Zeit, als die Wandmalereien entstanden, wurde Nan von König Rama V. vollständig in das Königreich Siam eingegliedert bzw. ein großer Teil seines Territoriums an Frankreich abgetreten. Die Unzufriedenheit mit dieser Entscheidung verdeutlicht eine Szene auf der Westwand. Hier versuchen zwei Affenmännchen, miteinander zu kopulieren; der Hintergrund erinnert – laut Wyatt nicht zufällig – an die französische Trikolore.

Die Wandmalereien sind aber auch allein schon wegen ihrer Schönheit bemerkenswert, die umso erstaunlicher ist, wenn man sich klarmacht, mit welch beschränkter Farbpalette der Künstler Thit Buaphan auskommen musste. Die Malereien faszinieren auch, weil sie das alltägliche Leben in Nan am Ende des 19. Jhs. so lebendig darstellen. Bei der Darstellung von drei Angehörigen eines Bergvolks an der Westwand sind Details wiedergegeben, z. B. der riesige Kropf des Mannes und der bellende Hund, der andeutet, dass diese Menschen Fremde sind. Vielfach sieht man Männer mit Frauenhals, die häufig traditionelle Frauenarbeiten verrichten. Diese Bilder gehören zu den frühesten Darstellungen von *gà·teu·i* (Transsexuellen). Seine Visitenkarte hat der Künstler auf der Westwand hinterlassen, wo man ihn mit einer Frau schäkern sieht. Wenn man bedenkt, dass Thit Buaphan mehr als zwanzig Jahre brauchte, um die Malereien zu vollenden, wird man ihm diese kleine Freiheit wohl verzeihen.

fühlt man sich so heimisch, als wäre man bei seinen thailändischen Großeltern untergekommen. Alle Zimmer haben Holzböden, saubere Betten und Gemeinschaftsduschen mit warmem Wasser. Zu den Zimmern im hinteren Betonanbau gehören eigene Badezimmer. Es werden Fahrräder und Motorräder verliehen, zudem holt das Personal Gäste kostenlos vom Busbahnhof ab.

Numchock Guest House (☎ 08 1998 1855; 37 Th Rat Amnuay; Zi. mit Ventilator/Klimaanlage 200/300 B; 🏵) Ebenfalls in der Th Rat Amnuay, gegenüber dem Amazing Guest House, vermietet eine weitere einheimische Familie Zimmer in ihrem sauberen Wohnkomplex. Die Zimmer sind gut ausgestattet, aber bis zum Stadtzentrum muss man ein ordentliches Stück laufen.

Nan Guest House (☎ 0 5477 1849; 57/16 Th Mahaphrom; Zi. 170–250 B; 🏵 💻) In einem ruhigen Wohnbereich unweit der meisten der berühmten Tempel von Nan bietet diese gepflegte Unterkunft pieksaubere, geräumige Zimmer überwiegend mit eigenem Bad und Warmwasser. Der australische Betreiber organisiert Touren, vermittelt Auslandsgespräche und verleiht Mountainbikes.

Grand Mansion Hotel (keine Ausschilderung in lateinischen Buchstaben; ☎ 0 5475 0514; 71/1 Th Mahayot; Zi. 230–500 B; 🏵 💻) In dem langgestreckten, zweistöckigen Gebäude stehen Gästen 71 um einen Innenhof verteilte Zimmer zur Verfügung. Sie sind zwar ziemlich fade, aber recht gut ausgestattet, und manche haben einen Balkon. Eine Schild mit lateinischer Beschriftung gibt's nicht – einfach nach dem hohen Holztor in der Th Mahayot hinter dem Wat Suan Tan Ausschau halten: Das Hotel liegt ungefähr 100 m abseits der Straße.

SP Guest House (☎ 0 5477 4897; Soi Tok Huawiang Tai; Zi. mit Ventilator/Klimaanlage 300/400 B; 🏵) Die kleine Pension wirkt heimelig. Die sechs Räume besitzen große, gut ausgestattete Schlafzimmer und Bäder, die Böden sind mit Dielen belegt oder gefliest. In allen gibt's Warmwasser und Kabel-TV sowie entweder einen Ventilator oder eine Klimaanlage. Zum Recherchezeitpunkt wurden gerade acht neue Zimmer gebaut.

LP Tipp **Phu Fha Place** (☎ 0 5471 0222; 237/8 Th Sumonthewarat; Zi. 350 B; 🏵 💻) Dieser brandneue Familienbetrieb ist die bei Weitem beste preisgünstige Hoteloption in der Stadt, wenn nicht gar in diesem Teil Nordthailands. Die riesigen Zimmer sind mit schönen Teakholzmöbeln ausgestattet, es gibt sogar die üppigen Betten,

die man normalerweise nur in Häusern findet, die zehnmal so viel kosten. Auch die Bäder sind sehr groß und wie die Zimmer mit hübschen Fliesen verkleidet. Der einzige Nachteil: Es gibt keine Fenster, also kein Sonnenlicht.

Nan Fah Hotel (☎ 0 5471 0284; Fax 0 5475 1087; 438-440 Th Sumonthewarat; EZ/DZ/3BZ 350/600/700B; 🏵) Das 80 Jahre alte Holzhaus ist ein Hotel, wirkt aber mit seinen gepflegten, großen Zimmern wie ein Apartmenthaus. Alle Zimmer bieten Kabel-TV, Kühlschrank und Warmwasserdusche. Angeschlossen ist ein gutes Restaurant; Fahrräder, Motorräder und Pick-ups werden vermietet.

Srinuan Lodge (keine Ausschilderung in lateinischen Buchstaben; ☎ 0 5471 0174; 40 Th Norkham; Zi./Suite 400/300 B; 🏵) Das zweistöckige Backsteingebäude hat 25 Zimmer, die mit Holzbalken, Bambus und folkloristischen Stoffen einen rustikalen Eindruck vermitteln sollen. Die Quartiere sind aber komfortabel. Das Haus liegt dem Mae Nam Nan am nächsten.

Dhevaraj Hotel (☎ 0 5471 0078; 466 Th Sumonthewarat; Zi. inkl. Frühstück 600–1200 B, Suite inkl. Frühstück 3500 B; 🏵 💻 📺) Von außen ist das Hotel eine langweilige Schachtel, aber wer reinschaut, entdeckt saubere, moderne Zimmer mit allen Annehmlichkeiten, die man bei diesem Preis erwarten kann. Seltsamerweise wirken die billigeren etwas hübscher, sie kriegen viel Sonne ab und haben hübsche Korbmöbel.

Essen & Ausgehen

Obwohl es sonst so charmant ist, ist Nan in Sachen Restaurants eine der am wenigsten inspirierenden Städte Nordthailands.

Yota Vegetarian Restaurant (Th Mahawong; Gerichte 10–35 B; 🕚 7–15 Uhr) Die Chefin ist superfreundlich und lässt keinen hungrig nach Hause gehen – das ist also die vielleicht beste Option in Nan. Der Laden ist beliebt; wenn das Essen nachmittags aufgegessen ist, gibt's keinen Nachschub mehr.

Kamlang Dee (keine Ausschilderung in lateinischen Buchstaben; Th Sumonthewarat; Gerichte 15–30 B; 🕚 11–19.30 Uhr) Dieses winzige, farbenfrohe Restaurant ist für *sôm·dam tòr t* bekannt, frittiertes *sôm·dam*, einen gleichermaßen knusprigen Snack. Außerdem gibt's hier großartige Frucht-Smoothies und andere einfache Gerichte.

Hot Bread (☎ 08 9635 9375; 38/1-2 Th Suriyaphong; Gerichte 20–80 B; 🕚 7–20 Uhr) Das nette, ausländerfreundliche Restaurant hat auch Frühstück

und Kaffee im Angebot. Auf der langen Karte steht sehr viel Vegetarisches. Der angeschlossene Nudelladen verkauft bis 17 Uhr *kâo soy* und andere Nudelgerichte.

LP Tipp **Pu Som Restaurant** (keine Ausschilderung in lateinischen Buchstaben; ☎ 08 1675 3795; 203/1 Th Mano; Gerichte 30–70 B; ⊙ 11–24 Uhr) Eine texanische Scheune am falschen Ort! Dieses beliebte Restaurant ist mit Cowboyhüten, Rinderschädeln, Pistolenhalftern und unzähligen Fotos des Marlboro-Mannes dekoriert. Passenderweise steht Rindfleisch hier im Mittelpunkt des Angebots. Das gibt's ortstypisch als *lâhp* oder als *néu·a nêung*, gedämpft über Kräutern und serviert mit einem unglaublich köstlichen Galgant- (Thai-Ingwer-) Dip. Die Speisekarte ist auf Thai, aber das engagierte Personal hilft gerne bei der Auswahl.

Tanaya Kitchen (☎ 0 5471 0930; 75/23-24 Th Anantaworarittidet; Gerichte 30–80 B; ⊙ 7–21.30 Uhr) Tanayas Kitchen ist adrett und nett. Es gibt eine Auswahl von kreativen Gerichten ohne Natriumglutamat und eine Vielzahl vegetarischer und nichtvegetarischer Optionen. Folglich ist das Lokal, das vor allem Traveller anspricht, für fast jedes Schleckermaul geeignet.

Suan Isan (☎ 0 5477 2913; Th Sumonthewarat; Gerichte 30–90 B; ⊙ 11–23 Uhr) Das Isan-Restaurant hat drinnen und draußen Sitzplätze. Es liegt in der Gasse, die hinter dem Bangkok Bank von der Th Sumonthewarat abgeht. Von der Kreuzung sind es 200 m.

Muanjai Coffee (☎ 08 9636 3970; 19/3 Th Jao Fa; Gerichte 35–45 B; ⊙ 7–19.30 Uhr) Mit seinem modernen Dekor und der fast militärisch organisierten Selbstbedienung ist dieses Café quasi das Starbucks von Nan. Es gibt guten Kaffee und für kühle Winterabende sogar einen Kamin.

Goodview Nan (☎ 08 1675 3795; 203/1 Th Mano; Gerichte 35–150 B; ⊙ 11–24 Uhr) Als eines der wenigen Restaurants vor Ort, die sich den Ausblick auf den Mae Nam Nan zunutze machen, ist das Goodview für ein anständiges Date genauso geeignet wie als Uferkneipe. Die Speisekarte gibt's auch auf Englisch. Abends gibt's Musik.

Dhevee Coffee Shop (☎ 0 5471 0094; Dhevaraj Hotel, 466 Th Sumonthewarat; Gerichte 40–140 B; ⊙ 6–2 Uhr) Das Restaurant des Dhevaraj Hotel ist bescheiden, sauber und verlässlich. Es hat gute Büfetts (Mittagsbüfetts 69 B), ein großes Speisenangebot und noch geöffnet, wenn viele andere Lokale schon zu sind.

Da Dario (☎ 08 7184 5436; Th Mahayot; Gerichte 40–160 B; ⊙ 9–17 Uhr) Dieses italienische Restaurant

bringt großartige Frühstücksgerichte, köstliche Pizza und Pasta sowie einige europäische und Thai-Gerichte auf den Tisch. Das Preisniveau ist anständig, der Service ausgezeichnet, die Atmosphäre gemütlich, und das Essen sorgt für viele Stammgäste.

Auf dem Nachtmarkt in der Th Pha Kong gibt's ein paar gute Imbissstände.

Shoppen

Nan ist ein großartiger Ort, um Souvenirs einzukaufen. Zu den guten Angeboten zählen lokal hergestellte Textilien, insbesondere Webarbeiten im Thai-Lü-Stil. Typische Thai-Lü-Stoffe zeigen rote und schwarze Blumenmuster, geometrische Motive oder Tiere auf weißem Baumwolluntergrund. Besonders beliebt ist das Muster *lai nám lǎi* (strömendes Wasser), dessen Stufen Bäche, Flüsse und Wasserfälle symbolisieren. Die Applikationen der örtlichen Hmong und die Stickereien der Mien sind von ausgezeichneter Qualität. Auch die aus Gras und Bambus geflochtenen Körbe und Matten der Htin sind einen Blick wert. Gute Adressen für Textilien sind Amnouy Porn und Jangtrakoon, die nebeneinander auf der Th Sumonthewarat zu finden sind; im gleichen Straßenabschnitt gibt es noch weitere Läden mit ähnlichem Angebot. **Pongparn** (☎ 0 5475 7334; www.pongparn.com; 10/4 Th Suriyaphong; ⊙ 8–19 Uhr) verkauft unweit des Wat Phumin in einem Laden örtliche Textilien und Kunsthandwerk. Ein Stück weiter die Straße runter bietet **Peera** (☎ 0 5475 7007; 26 Th Suriyaphong; ⊙ 8–19 Uhr) hochwertige vor Ort produzierte Textilien an, hauptsächlich Röcke und Blusen für Frauen. Im Nan Fah Hotel (s. S. 426) verkauft ein zugehöriger Laden Silberwaren.

An- & Weiterreise

BUS

Alle Busse in Nan, auch die von privaten Unternehmen, fahren vom Busbahnhof am südwestlichen Stadtrand ab. Ein Motorradtaxi vom Busbahnhof ins Zentrum kostet 25 B.

Zum Grenzübergang Ban Huay Kon muss man den Bus nach Ngob (85 B, 2½ Std.) nehmen; die Busse fahren tagsüber einmal stündlich. Genauere Infos über die Fahrt zur Grenze finden sich auf S. 437.

Zum Bahnhof Den Chai bei Phrae fahren Busse tagsüber fast stündlich (normal/2. Klasse mit Klimaanlage 71/99 B, 3 Std.).

Die komfortabelste Busstrecke nach Chiang Mai, die tagsüber regelmäßig bedient

wird, führt über Phrae und Lampang (2. Klasse mit Klimaanlage/1. Klasse/VIP 221/284/442 B, 5 Std.). Nach Chiang Rai fahren täglich zwei Busse (2. Klasse mit Klimaanlage 176 B, 5 Std., 9 und 9.30 Uhr).

Zahlreiche Busse fahren nach Bangkok (2. Klasse mit Klimaanlage/1. Klasse/VIP 414/523/829 B, 10–11 Std., 8–9 & 18.45–19.30 Uhr). Die privaten Busse von **Sombat Tour** (☎ 0 5471 1078) nach Bangkok halten an der Zufahrtsstraße zum Busbahnhof.

FLUGZEUG

Nok Air (☎ landesweites Callcenter 1318; www.nokair.co.th) und **PB Air** (☎ 0 5477 1729; www.pbair.com; Nan Airport) fliegen unter einem gemeinsamen Code von Nan zu Bangkoks Flughafen Suvarnabhumi (3440 B, 1⅓ Std., 1-mal tgl.).

SONGTHAEO

Pick-ups in Distrike im Norden der Provinz (Tha Wang Pha, Pua, Phah Tup) fahren vom Busbahnhof, Songthaeos Richtung Süden (nach Mae Charim, Wiang Sa, Na Noi) vom Parkplatz gegenüber dem Ratchaphatsadu-Markt in der Th Jettabut ab.

ZUG

Der Nordzug hat einen Haltepunkt in Den Chai. Dieser Bahnhof ist von Nan aus in einer dreistündigen Busfahrt zu erreichen. Einzelheiten zu den Zugverbindungen in Den Chai gibt es auf S. 421.

Unterwegs vor Ort

Mit einem Samlor durch die Stadt zu kutschen, kostet 20 bis 30 B.

Oversea Shop (☎ 0 5471 0258; 488 Th Sumonthewarat; Fahrräder 50–80 B/Tag; Motorräder 180–200 B/Tag; ☾ 8.30–17.30 Uhr) verleiht die besten Fahrräder und Motorräder in der Stadt. Auch Reparaturen werden durchgeführt.

RUND UM NAN
Tham Phah Tup Forest Reserve
ถ้ำผาตูบ

Dieses Kalksteinhöhlensystem etwa 10 km nördlich von Nan ist Teil eines relativ neuen Wildreservats. 17 **Höhlen** sind bekannt, von denen neun über angelegte (aber nicht markierte) Wege zu erreichen sind.

Von Nan fährt ein Songthaeo nach Pua oder Thung Chang. Mit dem fährt man bis zur Abzweigung zu den Höhlen (30 B). Los geht's am Busbahnhof.

Nan Riverside Gallery

20 km nördlich von Nan an der Rte 1080 zeigt diese private **Kunstgalerie** (☎ 0 5479 8046; www.nanartgallery.com; Km 20, Rte 1080; Eintritt 20 B; ☾ Mi–So 9–17 Uhr) zeitgenössische, von Nan inspirierte Kunst in einem friedvollen Ambiente. 2004 von dem Künstler Winai Prabipoo aus Nan geschaffen, beherbergt das zweistöckige Gebäude unten die interessanteren Wechselausstellungen mit Skulpturen, Keramiken und Zeichnungen und oben eine permanente Gemäldesammlung, deren Werke hauptsächlich von den Wandmalereien des Wat Phumin inspiriert zu sein scheinen. Bei dem Gebäude handelt es sich um eine lichtdurchströmte, umgebaute Reisscheune mit einem pfeilförmigen Türmchen. Der Shop hat auch ein Café mit Tischen direkt am Ufer des Mae Nam Nan. Der schön gepflegte Park lädt zum Spazierengehen ein. Von Nan aus fährt man mit einem Bus Richtung Norden (20 B) oder einem Songthaeo (30 B) bis zur Galerie.

Nong Bua
หนองบัว

Das nette, schmucke Thai-Lü-Dorf nahe der Ortschaft Tha Wang Pha liegt etwa 30 km nördlich von Nan und ist für den **Wat Nong Bua** im Lü-Stil bekannt. Mit dem typischen zweistufigen Dach und dem mit Schnitzereien verzierten Holztor ist der *bòt* zwar schlicht, aber eindrucksvoll. Sehenswert sind auch die geschnitzten *naga*-Köpfe an den Ecken des Dachs. Im *bòt* sind einige tolle *jataka*-Wandmalereien zu besichtigen, die von Thit Buaphan stammen sollen, dem Künstler, der auch den Wat Phumin ausmalte. Jeder Besucher sollte eine Spende für den Unterhalt des Tempels und seine Restaurierung am Altar lassen.

Direkt hinter dem Wat steht ein typisches Thai-Lü-Haus, in dem Weberinnen arbeiten. Hier kann man schöne vor Ort hergestellte Textilien erstehen.

Man klettert am Busbahnhof in Nan in einen Bus Richtung Norden oder nimmt ein Songthaeo (35 B) Richtung Tha Wang Pha und steigt in Samyaek Longbom, einer Dreiwegekreuzung vor Tha Wang Pha, aus. Zu Fuß geht's nach Westen über eine Brücke über den Mae Nam Nan und dann noch links. Diesem Weg über eine weitere Brücke folgen; dahinter liegt der Wat Nong Bua zur Rechten. Vom Highway aus sind es 3 km bis zum Wat.

(Fortsetzung auf S. 437)

KÖNIGREICH MIT CHARISMA

Der Kultcharakter, den Thailands dank seiner Buddhas und seiner Strände hat, ködert Kulturfreaks wie Sonnenanbeter gleichermaßen. Doch Thailand verabscheut Monotonie und wer der Meere und Tempel überdrüssig ist, findet hier eine Vielzahl an Attraktionen, die sich in einer dynamischen Kultur auf ganz normalen Marktplätzen genauso äußert wie auf landesweiten Festivals oder an Plastiktischen über dampfenden Nudelschüsseln.

Strände & Inseln

Thailands Strände sind für Sonne und Spaß bekannt, und sie präsentieren sich als Luxusresorts oder dörfliche Inseln, eine Unterscheidung, die immer mehr zugunsten der gehobenen Preisklasse verschwimmt. Und weiterhin verführen Traveller-Erzählungen Besucher zum Strand- und Inselhüpfen.

❶ Ko Phi-Phi

Phi-Phi (S. 761), wo das himmelblaue Meer an zerklüftete und bewaldete Klippen brandet, ist von atemberaubender Schönheit. Es ist ein berühmter Erholungsspielplatz der Wohlhabenden, aber Traveller können von ein paar Preis-Dellen profitieren.

❷ Phuket

Phuket (S. 712) begründete Thailands Ruf in den Kreisen der Sonnenanbeter. Die Insel hat genau die modernen Annehmlichkeiten (Flughafen und Brückenverbindungen), die unter Zeitmangel leidende Urlauber im 21. Jh. zur Erholung brauchen.

❸ Ko Samui

Samui (S. 631) ist die Resort-Insel der urlaubenden Massen, die sich kaum um kulturelle Anpassung kümmern. Aber jenseits der Menschenmassen in Chaweng gibt's immer noch ein paar verschlafene Reste, die an Samuis alten Spitznamen „Kokosnuss-Insel" erinnern.

❹ Ko Pha-Ngan

In dieser unkonventionellen Strandzuflucht (S. 653) kann man faul in der Hängematte liegen, und sie ist weit genug von den Türmen der Moderne entfernt, um idyllisch zu sein. In einer Ecke finden die berüchtigten Full Moon Partys statt, doch der Rest der Insel bietet schläfrige sonnentrunkene Tage.

❺ Ko Adang

Diese Insel (S. 799) in den südlichen Ausläufern der Andamanensee kennt man meist nur als Ort zum Schnorcheln – aber wer die Wildnis sucht, kann ein Zelt aufschlagen und sich auf die Natur einlassen.

❻ Ko Tao

Ko Tao (S. 669) ist ein Tauchparadies und in der Umgebung der billigste Ort, um die Tiefe zu erkunden. Die kleine „Schildkröteninsel" hat keinen berühmten Sandstrand, aber malerische, fischreiche Höhlen.

❼ Krabi

Die Besonderheit von Krabi (S. 748) sind nicht Sand und Meer. Die aus dem Ozean aufragenden Kalkfelsen sind der einzige Köder, den diese Halbinsel braucht, um Felskletterer anzulocken. Anfänger wie Profis finden hier anspruchsvolle Klettertouren.

❽ Ko Lanta

Die Westküste von Lanta (S. 768) ist eine langgezogene Sandfläche und war früher bekannt für ihr verschlafenes Hippie-Ambiente. Inzwischen ist die Partyszene hier angekommen, es gibt aber noch ruhige Orte.

❾ Khao Lak

Khao Lak (S. 703) ist einer der wenigen Strände auf dem Festland. Der Ort hat die Zerstörungen durch den Tsunami 2004 inzwischen überstanden und seine Vorrangstellung unter versierten Tauchern wieder erlangt. Von hier aus starten Bootstouren zu den Tauchgebieten der Surin & Similan Inseln.

❿ Surin & Similan Islands National Marine Parks

Diese Schutzgebiete (S. 707 & S. 708), die berühmt sind für klares Wasser, Walhaie und Korallengärten, lassen sich über und unter Wasser erforschen. Vom Festland kommen Boote hierher, auf denen man genug Zeit hat, diese großartige Inselwelt zu erforschen.

Himmlisches Streben

Religion durchdringt Thailand wie ein ständig brennendes Räucherstäbchen. Historische Reiche bauten bedeutende Monumente zwischen die himmlisch regierten Reisfelder. Die glitzernden buddhistischen Tempel sind die modernen Ruhestätten der göttlichen Herrscher, während die bescheideneren Hausschreine der mittleren Leitungsebene der geistigen Welt huldigen.

① Bangkok

Bangkok (S. 111) ist Regierungssitz, Sitz des Monarchen sowie buddhistisches Zentrum und beherbergt folglich das erhabenste Buddha-Bildnis in Wat Phra Kaew und einige schöne und bedeutende Tempel.

② Ayutthaya

Das sagenhafte untergegangene Ayutthaya (S. 211) war eine goldene Hauptstadt, die einst über Thailands Zentralebenen und darüber hinaus herrschte. Heute sind davon nur noch Ziegel- und Stuckruinen übrig, dazwischen ein paar kopflose Buddhas, die immer noch über den Gang der Geschichte und die Macht der Schwerkraft meditieren.

③ Sukhothai

Die alten Ruinen von Sukhothai (S. 446), eines der ursprünglichen thailändischen Königreiche, überstanden die Kriege mit weniger Narben als Ayutthaya und stehen heute in einem ruhigen, autofreien Geschichtspark, der ein idyllisches Ambiente schafft, in dem man über die Vergangenheit grübeln kann.

④ Chiang Mai

Chiang Mai (S. 301) ist tief in spirituellen Traditionen verwurzelt. Es wurde zu Füßen eines mythischen Berges gegründet, auf dem heute ein heiliges Relikt thront, und die Altstadt ist mit antiken Tempeln übersät, die denen in Myanmar ähnlicher sind als denen in den Zentralebenen Thailands.

⑤ Lopburi

Die imposanten Monumente des Khmer-Reiches liegen mitten in Lopburi (S. 222), eine der ältesten Städte Thailands. Die am besten erhaltene Ruine ist vor allem wegen ihrer Bewohner bekannt, einer Horde Javaneraffen, die die Architektur des Tempels zur Nebensache machen.

⑥ Phimai

Prasat Phimai (S. 511) ist fast 100 Jahre älter als Angkor Wat in Kambodscha und ein überwältigendes Beispiel, wie besessen das Königreich Angkor von Monumentalbauten war. Einer der schönsten erhaltenen Tempel aus dieser Ära in Thailand.

⑦ Phanom Rung

Das auf einem Hügel liegende Heiligtum (S. 517), nach Osten in Richtung Angkors Hauptstadt ausgerichtet, bietet einen Respekt einflößenden Ausblick über die einstige Westgrenze des Königreichs. Die Hindu-Reliefs und die kunstvolle, mit Nagas gesäumte Promenade des Tempels sind Markenzeichen der künstlerischen Glanzzeit Angkors.

⑧ Nong Khai

Der Sala Kaew Ku Skulpturenpark (S. 562) in Nong Khai bricht die Form der „spirituellen Räume" auf; eine dreidimensionale Reise durch die hinduistisch-buddhistische Mythologie, erschaffen von einem laotischen Einwanderer.

Outdoor-Abenteuer

Von den Bergen im Norden bis zu den Regenwäldern im Süden können Besucher beim Wandern, Klettern und Reisen in Thailand viel erleben. Affen und Vögel tummeln sich in den Bäumen, während Elefanten sich mit Ihrer Touristenfracht durchs Dickicht arbeiten.

❶ Kanchanaburi

Der Westen Thailands ist landschaftlich sehr reizvoll, drachenschuppenförmige Kalksteinberge schmücken sich mit silbrigen Wasserfällen und rauschenden Flüssen. Besucher können auf dem berühmten River Kwai (S. 234) Kajakfahren, den Wald vom Elefantenrücken aus erforschen oder den schmerzenden Körper in nahegelegenen heißen Quellen entspannen.

❷ Chiang Mai

Keine andere Stadt Thailands liegt näher an so vielen Outdoor-Aktivitäten als Chiang Mai (S. 301). Man kann den Doi Suthep mit dem Mountainbike hinunterfahren, zu Dörfern der Bergstämme wandern, ein Elefantenschutzgebiet besuchen oder sich in einem donnernden Wasserfall abseilen.

❸ Chiang Rai

Viele Agenturen haben Trekkingtouren zu den Dörfern der Bergstämme im Programm, aber nur wenige verschaffen diesen Gemeinschaften so viele wirtschaftliche Vorteile wie die ökologisch orientierten Anbieter in Chiang Rai (S. 385).

❹ Die Provinz Mae Hong Son

Diese Nordwest-Provinz (S. 474) liegt schon fast in Myanmar, und die Abgeschiedenheit wird nach der mörderischen Fahrt im Bus, der sich auf Serpentinen die Berge hochquält, noch deutlicher. Wandergruppen tauchen in die Wildnis ein, um Dörfer der Bergstämme zu besuchen und Wildwasserfahrer trotzen den Stromschnellen.

❺ Khao Yai National Park

Ein riesiger Monsunwald bedeckt Khao Yai (wörtlich „großer Berg"; S. 514) und noch weit mehr, was dem Park den Status Weltkulturerbe einbrachte. Die Natur in all ihrer Pracht ist das eigentliche Ziel, aber die Thais auf Tagesausflug stehlen ihr die Show.

❻ Khao Sok National Park

Ein tiefer und dunkler Dschungel umarmt die Mitte Südthailands. Dieser uralte Regenwald (S. 701) steht für lange schweißtreibende Wanderungen, Postkartenausblicke und Campen am Fluss.

❼ Elefantenzentren & Mahut-Training

Thailands geliebter Dickhäuter ist nicht länger ein arbeitsloses Lasttier. Zentren in Lampang, Pattaya und Chiang Mai bringen Touristen bei, wie Mahuts (Treiber) arbeiten, und im Elephant Nature Park (S. 327) nahe Chiang Mai dürfen domestizierte Elefanten wieder ins Herdenleben zurückkehren.

Thai-Küche

Die thailändische Küche ist vielfältig und souverän und eine
der versiertesten der Welt. Und
in ihrer angestammten Umgebung schmeckt sie umso besser
– wo die frischen und reichlich
vorhandenen Zutaten nahezu
gleichbleibend zelebriert werden.
Thais umgeben sich mit Essen,
von einfachen Snacks zu mehr-
gängigen Menüs.

❶ Currys

Die Suppe, die eine Mahlzeit ersetzt – thailändisches Curry (S. 93) ist scharf, feurig
und farbenfroh. Jede Region hat ihre eigene Variante, und viele Besucher könnten
nach ihren intensiven Feldversuchen in der
Beurteilung von Currys promovieren.

❷ Isaan-Spezialitäten

Das Gebiet im Nordosten ist berühmt für sein
Gerichte-Triumvirat (S. 504) aus *sôm·đam*
(Papaya-Salat), *gài yâhng* (gebratenes
Hähnchen) und *kôw něe·o* (Klebreis) – der
Treibstoff aller Baukolonnen des Landes.

❸ Thailändische Früchte

Bananen, die nicht wie Kreide schmecken,
eine Ananas, die gleichzeitig süß und sauer ist,
und essbare Seltsamkeiten, die aussehen wie
mittelalterliche Rüstungen oder Tennisbälle
mit Klettverschluss. Thailands Früchte (S. 95)
sind saftig, großzügig und häufig alleiniger
Bestandteil ganzer Gerichte.

(Fortsetzung von S. 428)

Doi Phu Kha National Park

อุทยานแห่งชาติดอยภูคา

Den Mittelpunkt dieses **Nationalparks** (☎ 0 5470 1000; Eintritt 200 B) bildet der 2000 m hohe Doi Phu Kha, der höchste Berg hier, der im Amphoe Pua und im Amphoe Bo Kleua im Nordosten der Provinz aufragt (rund 75 km von Nan entfernt). Im Park und seiner Umgebung gibt es mehrere **Dörfer** der Htin, Mien, Hmong und Thai Lü, außerdem eine Reihe von **Höhlen** und **Wasserfällen** sowie unendlich viele **Wanderwege** durch den Wald. Bei der Parkverwaltung ist eine einfache Wanderkarte erhältlich und man kann einen ortskundigen Führer für eine kurze Wanderung oder längere Ausflüge engagieren. Auch Raftingtouren auf dem Nam Wa werden angeboten. In der kühleren Jahreszeit ist es hier häufig kalt und in der Regenzeit sehr feucht.

Im Park stehen diverse **Bungalows** (☎ 0 2562 0760; www.dnp.go.th; 300–2500 B/2–7 Pers.) zur Verfügung, in der Nähe gibt es auch ein Restaurant und einen einfachen Laden.

Wer den Park mit öffentlichen Verkehrsmitteln anfahren möchte, muss erst nördlich von Nan einen Bus oder ein Songthaeo nach Pua (50 B) nehmen und dann den Highway überqueren, um eines der wenigen Songthaeos an der Parkverwaltung zu erwischen (40 B, 30 Min., 7.30, 9.30, 11.30 & 14 Uhr).

Ban Bo Luang

บ้านบ่อหลวง

4000 Ew.

Ban Bo Luang (auch Ban Bo Kleua, das Salzquellendorf) ist ein malerisches Dorf der Htin südöstlich des Doi Phu Kha National Park. Die Menschen hier leben von der Salzgewinnung aus den örtlichen Salzquellen. Die wichtigsten Salzquellen der Gemeinde sind leicht zu finden, sie liegen fast in der Dorfmitte.

Wenn man mit einem eigenen Transportmittel unterwegs ist, eignet sich das Dorf gut als Ausgangspunkt, um die nahe gelegenen Nationalparks Doi Phu Kha und **Khun Nan** (☎ 08 4483 7240; Eintritt frei) zu erkunden. Letzterer liegt einige Kilometer nördlich von Ban Bo Kleua. Vom Besucherzentrum führt ein 2 km langer Weg zu einem Aussichtspunkt, von dem aus man einen Blick auf die Dörfer der Gegend und hinüber nach Laos hat.

Phu Fah (☎ 0 5471 0610; Tambon Phu Fah), ein Entwicklungsprojekt von Prinzessin Sirindhorn,

befindet sich ungefähr 15 km südlich von Ban Bo Luang. Auf dem riesigen Gelände finden sich Teeplantagen und weitere landwirtschaftliche Anlagen. Es gibt hier einen Souvenirladen, der vor Ort erzeugte Produkte verkauft, sowie Unterkünfte (☎ 08 9557 5734; B 100 B, DZ 600–800 B) und ein Restaurant.

Wer in Ban Bor Luang einen Übernachtungsmöglichkeit sucht, wird im **Boklua View** (☎ 08 1809 6392; www.bokluaview.com; Ban Bo Luang; Bungalow 1500–1650 B) fündig, einer schönen, neuen und gut geführten Anlage auf einem Hügel, von wo aus man einen Blick auf das Dorf und den Nam Mang hat, der hindurchfließt. Das Resort hat seinen eigenen Garten und bietet leckeres Essen an (unbedingt das frittierte Hühnchen mit nordthailändischen Gewürzen von Chefkoch Toun probieren).

In Ban Bo Luang servieren ein paar kleine Restaurants einfache Gerichte.

Um Ban Bo Luang mit öffentlichen Verkehrsmitteln zu erreichen, muss man zunächst nördlich von Nan einen Bus oder ein Songthaeo nach Pua (50 B) nehmen und dann den Highway überqueren, um eines der wenigen Songthaeos zu kriegen, die in das Dorf fahren (80 B, 1 Std., 7.30, 9.30, 11.30 & 14 Uhr).

Ban Huay Kon

Das 140 km nördlich von Nan gelegene Ban Huay Kon ist ein sehr ruhiges Bergdorf nahe der laotischen Grenze. Am Samstagvormittag wird ein unterhaltsamer **Grenzmarkt** abgehalten, aber die meisten Leute kommen hierher, weil das Dorf seit Kurzem ein internationaler Grenzübergang nach Laos ist. Ein Schild nahe der Grenze verkündet stolz, dass es von dort nur 35 km bis in die laotische Stadt Hongsa, 152 km bis nach Luang Prabang (90 km mit dem Boot), 295 km bis in die chinesische Stadt Mengla und 406 km bis nach Dien Bien Phu in Vietnam sind.

Ban Huay Kon erreicht man von Nan aus mit dem Bus nach Ngob (85 B, 2½ Std., tagsüber stündl.). Dort steigt man in das Songthaeo um, das morgens und nachmittags die 30 km bergauf nach Ban Huay Kon fährt (50 B, 1 Std., 2-mal tgl.).

GRENZÜBERGANG (LAOS)

Um die Grenze bei Ban Huay Kon zu überqueren, muss man sich vorab ein Visum für Laos besorgt haben. Hat man dieses, gestattet einem die **thailändische Einreisebehörde** (☎ 0 5469

3530; 🕓 8–17 Uhr) 3 km außerhalb von Ban Huay Kon die Weiterreise zur laotischen Einreisebehörde und zum Dorf Meuang Ngoen in Laos, von wo aus sporadisch Verkehrsmittel weiter ins Land hinein fahren.

Zwischen dem Dorf und der Grenze gibt es einfache, bungalowartige Unterkünfte. Einzelheiten wissen die Dorfbewohner.

PROVINZ PHITSANULOK

PHITSANULOK

พิษณุโลก

80 254 Ew.

Nach Phitsanulok kommen relativ wenige Besucher auf eigene Faust, aber eine ganze Menge Pauschaltouristen, vielleicht weil die Stadt ein günstiger Ausgangspunkt ist, um die historischen Sehenswürdigkeiten von Sukhothai, Si Satchanalai und Kamphaeng Phet zu besuchen. Da große Teile der Stadt 1957 durch ein Feuer zerstört wurden, ist die vorhandene Architektur ziemlich uninteressant. Allerdings besitzt die lebendige, sympathische Stadt einige interessante Stätten und Museen, allen voran den Wat Phra Si Ratana Mahathat, in dem sich eine der am stärksten verehrten thailändischen Buddhafiguren befindet. Und wer auf eigene Faust losziehen will, kann die Stadt als Ausgangspunkt für einen Besuch der nahegelegenen Nationalparks und Reservate von Thung Salaeng Luang (S. 445) und von Phu Hin Rong Kla (S. 444), dem früheren strategischen Hauptquartier der Kommunistischen Partei Thailands (KPT), nutzen.

Praktische Informationen

Viele Läden rund um den Bahnhof, nahe dem Einkaufszentrum Topland Plaza und bei der Saphan Ekathotsarot am Westufer des Flusses bieten Internetzugang an. Mehrere Banken in der Stadt tauschen Geld und haben Geldautomaten. Außerdem stehen mehrere Geldautomaten im Komplex des Wat Phra Si Ratana Mahathat.

CAT (Th Phuttha Bucha; 🕓 7–23 Uhr) In der Post; bietet Telefon- und Internetdienste an.

Hauptpost (Th Phuttha Bucha; 🕓 Mo–Fr 8.30–16.30, Sa & So 9–12 Uhr)

Krung Thai Bank (35 Th Naresuan; 🕓 bis 20 Uhr) Schalter für Geldwechsel nach Bankschluss.

TAT (☎ 0 5525 2742/2743; tatphlok@tat.or.th; 209/7-8 Th Borom Trailokanat; 🕓 8.30–16.30 Uhr) Das Büro abseits der Th Borom Trailokanat hat hilfsbereites Personal,

das einem kostenlose Stadtpläne und ein Faltblatt mit Stadtspaziergängen aushändigt. Das Büro betreibt auch eine Sightseeing-Straßenbahn (s. S. 444) und ist zugleich das offizielle Informationsbüro für die Provinzen Sukhothai und Phetchabun. Wer von Phitsanulok nach Lom Sak fahren will, sollte sich nach der „Green Route"-Karte zum Hwy 12 erkundigen, auf der mehrere Nationalparks, Wasserfälle und Resorts entlang der Strecke verzeichnet sind.

Touristenpolizei (☎ 1155; Th Ekathotsarot) 300 m nördlich vom Topland Plaza.

Sehenswertes

WAT PHRA SI RATANA MAHATHAT

วัดพระศรีรัตนมหาธาตุ

Der vollständige Name dieses Tempels lautet Wat Phra Si Ratana Mahathat, aber die Einheimischen nennen ihn nur kurz Wat Phra Si oder Wat Yai. Der Haupt-*wíhaan* wirkt von außen klein, beherbergt aber den Phra Phuttha Chinnarat, eine der meistverehrten und -kopierten Buddhafiguren Thailands – nur dem Smaragdbuddha im Wat Phra Kaew in Bangkok kommt noch ein höherer Stellenwert zu als dieser berühmten Bronzestatue.

Es heißt, der Bau dieses Wat sei 1357 unter der Regentschaft von König Li Thai in Auftrag gegeben worden. Als der Wat fertiggestellt war, wollte Li Thai drei prächtige Bronzebuddhas in seinem Inneren sehen. Deshalb ließ er namhafte Bildhauer aus Si Satchanalai, Chiang Saen und Hariphunchai (Lamphun) sowie fünf brahmanische Priester kommen. Die ersten beiden Bronzegüsse klappten auf Anhieb, für den dritten – die herrlichste der drei Statuen – benötigte man aber drei Anläufe. Ein weiß gewandeter Weiser, der, so die Legende, aus dem Nichts erschienen sei, habe bei diesem entscheidenden Guss geholfen, um im nächsten Augenblick wieder zu verschwinden. Das Bild erhielt den Namen Chinnarat-Buddha (Siegreicher König) und wurde zum Prunkstück des *wíhaan*. Die andern beiden Statuen, Phra Chinnasi und Phra Si Satsada, wurden später nach Bangkok in den Wat Bowonniwet, den königlichen Tempel, gebracht.

Der Phra Phuttha Chinnarat ist im späten Sukhothai-Stil gehalten. Einzigartig aber ist der flammenartige Heiligenschein um Kopf und Brustkorb, der unten zu beiden Seiten der Statue in drachenähnliche Schlangenköpfe ausläuft. Der Kopf dieses Buddha ist etwas breiter als im Sukhothai-Stil eigentlich üblich: Dadurch wirkt die Statue ganz besonders majestätisch.

Ein Heiligtum an der einen Seite wurde in ein **Museum** (Mi–So 9–17.30 Uhr; Eintritt frei) umgewandelt, in dem uralte Buddhafiguren, Keramiken und weitere historische Artefakte ausgestellt sind.

Obwohl der Tempel so heilig ist, fordern ständig laute Lautsprecherdurchsagen zum Spenden auf. Thailändische Musiker, eine Reihe von Händlern, die von Kräutern bis zu Lotterielosen alles mögliche verhökern, mehrere Geldautomaten und Hunderte von Besuchern sorgen ebenfalls für eine hektische Atmosphäre. Man sollte früh kommen (am besten vor 7 Uhr), wenn man in Ruhe meditieren oder auch nur Fotos machen möchte. Und grundsätzlich immer in angemessener

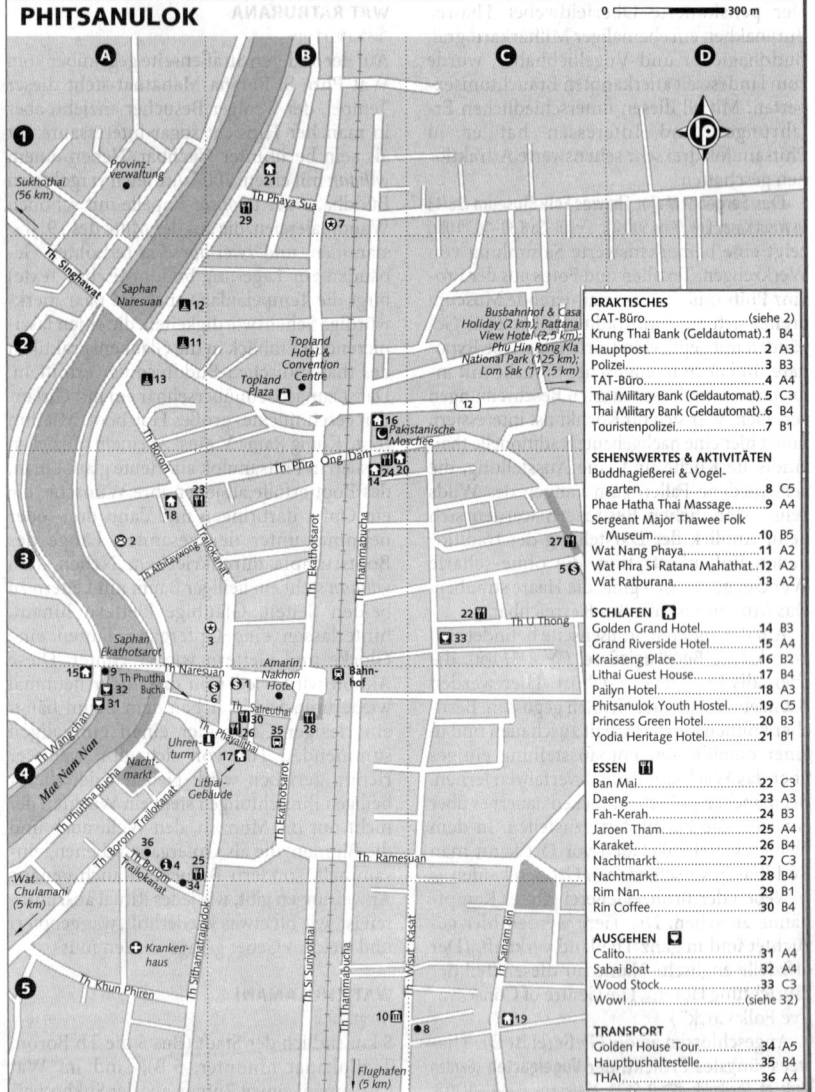

PHITSANULOK

0 ____ 300 m

Sukhothai
(56 km)
Provinz-
verwaltung
Th Phaya Sua
Th Singhawat
Saphan
Naresuan
Busbahnhof & Casa
Holiday (2 km); Rattana
View Hotel (2,5 km);
Phu Hin Rong Kla
National Park (125 km);
Lom Sak (117,5 km)
Topland
Hotel &
Convention
Centre
Topland
Plaza
Th Boром
Pakistanische
Moschee
Th Phra Ong Dam
SEHENSWERTES & AKTIVITÄTEN
Th Ekathotsarot
Th Thammabucha
Th Atthayawong
Th Jakrhat
Saphan
Ekathotsarot
Amarin
Nakhon
Hotel
Bahn-
hof
Th U Thong
Mae Nam Nan
Th Wangchan
Th Naresuan
Th Phutha
Bucha
Th Saleuthai
Th Phutthabucha
Uhren-
turm
Th Mahathat
Th Ekathotsarot
Nacht-
markt
Lithai-
Gebäude
Th Borom Trailokanat
Th Borom
Trailokanat
Th Ramesuan
Wat
Chulamani
(5 km)
Kranken-
haus
Th Khun Phiren
Th Sithamaraphidok
Th Si Sudyothai
Th Thammabucha
Th Wut Kasit
Sanam Bin
Flughafen
(5 km)

Kleidung erscheinen – keine Shorts oder ärmellose Oberteile tragen!

In der Nähe des Wat Yai steht auf derselben Uferseite ein weiterer Tempel aus dieser Epoche: der **Wat Nang Phaya**.

VOLKSKUNSTMUSEUM, BUDDHAGIESSEREI & VOGELGARTEN

พิพิธภัณฑ์พื้นบ้านนายทวี/โรงหล่อพระ/สวนนก

Der pensionierte Oberfeldwebel Thawee Buranakhet, ein ehemaliger Militärkartograf, Buddhagießer und Vogelliebhaber, wurde zum landesweit anerkannten Brauchtumsexperten. Mit all diesen unterschiedlichen Erfahrungen und Interessen hat er in Phitsanulok drei sehr sehenswerte Attraktionen geschaffen.

Das **Sergeant Major Thawee Folk Museum** (26/43 Th Wisut Kasat; Erw./Kind 50/20 B; ⊙ Di–So 8.30–16.30 Uhr) zeigt eine bemerkenswerte Sammlung von Werkzeugen, Textilien und Fotos aus der Provinz Phitsanulok. Das faszinierende Museum breitet sich auf fünf traditionellen Thai-Gebäuden mit gepflegten Gärten aus. Alle Exponate sind auch in englischer Sprache mit informativen und lesenswerten Beschreibungen versehen. Wer sich für Kochkunst interessiert, findet hier eine nachgebaute traditionelle thailändische Küche und eine Ausstellung, die verschiedene Fallen zum Fangen des Wilds zeigt. Männlichen Besuchern werden sich beim Anblick der Darstellung der traditionellen Bullenkastration, die ohne scharfe Werkzeuge vor sich ging, die Haare sträuben. Das Museum ist mit Bus 8 erreichbar.

Auf der anderen Straßenseite befindet sich eine kleine **Buddhagießerei** (⊙ 8–17 Uhr), die ebenfalls Dr. Thawee gehört. Hier werden Bronzebuddhas aller Größen gegossen. Besucher können bei der Arbeit zuschauen und in einer detaillierten Fotoausstellung einiges über das Wachsausschmelzverfahren lernen. Bei manchen größeren Stücken dauert es über ein Jahr, die Plastik fertigzustellen. In dem kleinen Geschenkeladen vor Ort kann man Buddhas in verschiedenen Größen kaufen.

Neben der Bronzegießerei gibt es Kampfhähne zu sehen. Die Tiere werden hier gezüchtet und in ganz Thailand verkauft. (Der offizielle englische Name für diesen Teil der Einrichtung lautet: „The Centre of Conservative Folk Cock".)

Angeschlossen an die Gießerei ist Dr. Thawees jüngstes Projekt, der **Vogelgarten** (Garden Birds of Thailand; ☎ 0 5521 2540; Erw./Kind 50/20 B;

⊙ 8.30–17 Uhr). In den Volieren leben in Thailand beheimatete Vögel, darunter einige bedrohte Arten wie die hübsche rosabrüstige Jamu-Fruchttaube und der prähistorisch aussehende Hornvogel. Leider sind die meisten Käfige ziemlich klein und vermitteln keinen Eindruck vom natürlichen Lebensraum der Tiere.

WAT RATBURANA

วัดราชบูรณะ

Auf der anderen Straßenseite gegenüber vom Wat Phra Si Ratana Mahathat steht dieser Tempel, der weniger Besucher anzieht, aber in mancher Hinsicht sogar interessanter ist als sein berühmter Nachbar. Neben einem *wíhaan* mit einem 700 Jahre alten vergoldeten Buddha, einer *ùbohsòt*-Kapelle mit schönen Wandmalereien, die aus der Mitte des 19. Jhs. stammen, und zwei *hŏr đrai* (erhöhten Gebäuden zur Lagerung buddhistischer Texte) birgt die Tempelanlage auch ein paar merkwürdige Sehenswürdigkeiten, die einen faszinierenden Einblick in die Glaubenspraktiken des thailändischen Buddhismus vermitteln. Da ist zunächst unübersehbar ein mit Girlanden geschmücktes großes Holzboot. Mit ihm reiste König Rama V. einst zu einem offiziellen Besuch in Phitsanulok an. Heute glaubt man, das Boot erfülle all jenen ihre Wünsche, die ein Opfer darbringen und dann drei- oder neunmal unter der gesamten Länge des Bootsrumpfs durchkriechen. Neben dem *wíhaan* steht ein heiliger Baum mit Leitern zu beiden Seiten. Gläubige klettern hinauf, hinterlassen eine Opfergabe, läuten eine Glocke und klettern wieder runter. Diese Aktion wird wiederum drei- oder neunmal wiederholt. Direkt neben dem Baum hängt ein riesiger Gong, der einen einmaligen summenden Ton von sich gibt, wenn er richtig gerieben wird. Neben jeder dieser heiligen Einrichtungen steht ein Wächter, der nicht nur die Münzen, den Weihrauch und die Blumen, die als Opfergaben dienen, einsammelt, sondern Besuchern auch genaue Anweisungen gibt, wie jedes Ritual auszuführen ist, wie oft etwas wiederholt, was geopfert und welches Gebet gesagt werden muss.

WAT CHULAMANI

วัดจุฬามณี

5 km südlich der Stadt (Bus 5 die Th Borom Trailokanat hinunter, 5 B), sind im Wat Chulamani einige Ruinen aus der Sukhothai-

Periode zu bestaunen. An den Überresten der verzierten Türme im Khmer-Stil wird deutlich, wie eindrucksvoll die Gebäude einst gewesen sein müssen. König Borom Trailokanat wurde hier einst zum Mönch geweiht, wie eine alte thailändische Inschrift an der Ruine des *wihaan* erklärt, die aus der Zeit König Narais des Großen stammt.

Heute ist kaum noch zu erahnen, wie hoch der Turm einst war, aber Türstürze im Khmer-Stil sind erhalten. Auf einem ist ein schreitender Sukhothai-Buddha und im Hintergrund ein *dhammacakka* (buddhistisches Gesetzesrad) dargestellt.

Aktivitäten
MASSAGEN
Entspannung in einer ganz neuen Form verspricht **Phae Hatha Thai Massage** (☎ 0 5524 3389; Th Wangchan; Massage pro Std. mit Ventilator/Klimaanlage 120/150 B; ⏰ 9–22 Uhr), denn dieses Thaimassagezentrum befindet sich auf einem schwimmenden Floß.

Schlafen
BUDGETUNTERKÜNFTE
Phitsanulok Youth Hostel (☎ 0 5524 2060; www.tyha.org; 38 Th Sanam Bin; DZ 120 B, Zi. 200–400 B; ▣) Ein eindeutiges Schild gibt es nicht; einfach nach der großen, außen vorn angebrachten „38" Ausschau halten. Hinten auf dem grünen Gelände gibt es mehrere Zimmer, die mit altem Teakholz verschalt sind. Die Zimmer haben zweifellos rustikalen Charme, aber etwas Pflege täte ihnen gut.

Lithai Guest House (☎ 0 5521 9626; 73 Th Phayalithai; Zi. 220–460 B; ▣) Das Haus ist so sauber, dass es glänzt. Die rund 60 lichtdurchfluteten Zimmer verströmen nicht viel Atmosphäre, sind aber in dieser Kategorie ein prima Angebot. Die meisten haben große eigene Bäder mit Warmwasser, Kabel-TV, viele Möbel und einen Kühlschrank. Im Preis inbegriffen sind Frühstück und Trinkwasser in Flaschen. Vor Ort gibt es ein Büro für Flugbuchungen, einen Coffee Shop und ein Restaurant.

Kraisaeng Place (☎ 0 5521 0509; 45 Th Thammabucha; Zi. 350–450 B; ▣ ▣) Das Haus wirkt eher wie ein kleines Apartmentgebäude als wie ein Hotel. Die gut ausgestatteten Zimmer bieten ein gutes Preis-Leistungs-Verhältnis. Am besten sind die riesigen Doppelzimmer mit zusätzlichem Sitzbereich – sie kosten nur wenig mehr. Störend ist allerdings der starke Verkehrslärm.

LP Tipp **Casa Holiday** (☎ 0 5530 4340; www.mycasa holiday.com; 305/2 Th Phichaisongkhram; Zi. 380–650 B; ▣ ▣) Dieser stimmungsvolle Komplex 2 km außerhalb der Stadt ist sehr zu empfehlen, wenn man ein eigenes Transportmittel hat. Mehrere der 42 hellen und luftigen Zimmer in dieser Ranch-artigen Anlage überraschen mit gestalterischen Extras wie Außenduschen oder „japanischen Betten" (Futons). Im oberen Stock gibt es einen großen Balkon mit Tischen und Stühlen als Gemeinschaftsbereich, unten ein Restaurant und jede Menge Computer mit Internetzugang.

Rattana View Hotel (☎ 0 5522 1999; 847 Th Mitraphap; Zi. 450–790 B; ▣ ▣) Das brandneue Hotel liegt einen Block östlich vom Hauptbusbahnhof und ist eine prima Alternative. Die hübschen Zimmer wirken frisch und sauber; alle haben große Balkone. Im Erdgeschoss gibt's ein Restaurant. Ein Wellnessbad findet sich im Amway Building direkt vor dem Hotel.

Princess Green Hotel (☎ 0 5530 4988; www.princess green.com; 8 Th Phra Ong Dam; Zi. 490 B; ▣ ▣) Das 28-Zimmer-Haus bietet geräumige, ordentliche, gut möblierte Quartiere mit Kabel-TV und Minibar. Der einzige Nachteil ist die Nähe zur Moschee der Stadt: Der Gebetsruf kann einen am frühen Morgen schon unsanft aus den Träumen reißen.

MITTEL- & SPITZENKLASSEHOTELS
Golden Grand Hotel (☎ 0 5521 0234; www.goldengrand hotel.com; 66 Th Thammabucha; Zi. 790–950 B; ▣ ▣) Minzgrün ist aus der Mode, aber das ist auch schon das einzige, was es am Golden Grand zu bemängeln gibt. Die Zimmer wirken so gepflegt, das man glauben könnte, man wäre der erste, der hier nächtigt. Das Personal ist freundlich und der Ausblick auf die Stadt von den oberen Stockwerken aus einfach fantastisch.

Pailyn Hotel (☎ 0 5525 2411; 38 Th Borom Trailokanat; EZ/DZ/Suite inkl. Frühstück 900/1000/3500 B; ▣) Das günstig gelegene, 13-stöckige Pailyn hat eine riesige Lobby, in der ein unglücklich wirkender Wels in einem kleinen Aquarium schwimmt. Die Zimmer haben Kabel-TV und Minibar, sind geräumig und – vielleicht abgesehen von den Batikverzierungen über manchen Betten – gut dekoriert. Einige bieten einen tollen Ausblick auf den Fluss. Unten gibt's mehrere Restaurants und Lounges. Das Personal ist freundlich und hilfsbereit.

Grand Riverside Hotel (☎ 0 5524 8333; www.tgr hotel.com; 59 Th Phra Ruang; Zi. 1500–1800 B; Suite 3000 B;

❄ ▯ ⛱) Dieses Hochhaushotel am Westufer des Mae Nam Nan bietet alle Annehmlichkeiten, die man von einem relativ neuen
Spitzenklassehotel erwarten darf. Die Deluxe-
Zimmer haben Flussblick und einen zusätzlichen Sitzbereich. Vor Ort gibt es ein Restaurant und ein Wellnessbad, der Pool und das
Fitnesscenter dürften inzwischen auch in Betrieb sein.

Yodia Heritage Hotel (☎ 08 1613 8496; www.yodia
heritage.com; Th Phuttha Bucha; Zi. 3750–6000 B, Suite
15 000 B; ❄ ▯ ⛱) Zum Zeitpunkt der Recherche war das Boutiquehotel noch im Bau, aber
es verspricht, die Krönung der Spitzenklasseunterkünfte in Phitsanulok zu werden. Es liegt
an einem ruhigen Abschnitt des Mae Nam
Nan, aber immer noch in bequemer Nähe
zum Zentrum. Die 21 Zimmer der Anlage
werden verschieden thematisch gestaltet sein,
aber allesamt Luxus bieten.

Essen

Phitsanulok nimmt seine Gastroszene ernst.
Nachtmärkte sind hier fast eine Obsession, es
gibt nicht weniger als drei an verschiedenen
Stellen der Stadt. Auf dem bekanntesten
Nachtmarkt Phitsanuloks (Gerichte 40–80 B;
☾ 17–3 Uhr) wird in erster Linie Kleidung angeboten, aber ein paar Restaurants am Ufer
sind auf *pàk bûng loy fáh* (wörtlich: morgens
durch die Luft segelnde Weinrebe) spezialisiert: Der Koch brät eine Ladung *pàk bûng* im
Wok an und wirft sie dann durch die Luft
einem wartenden Kellner zu, der sie mit einem
Teller auffängt. Wenn man Glück hat, erlebt
man, wie eine Touri-Gruppe versucht, das
„fliegende Gemüse" zu fangen, und alles mit
pàk bûng einsaut. Ein weiterer **Nachtmarkt**
(Gerichte 20–40 B; ☾ 17–24 Uhr) findet sich zu beiden
Seiten der Th Phra Ong Dam nördlich der Th
U Thong. Ein stadtbekannter Verkäufer lockt
hier mit frittierten Käfern.

Ein weiteres für Phitsanulok typisches Gericht ist *gǒoay·děe·o hôy käh* (wörtlich: Bau-
melnde-Beine-Nudeln). Der komische Name
kommt von der Art und Weise, auf die die
Leute am Ufer sitzen und die Beine baumeln
lassen. Das **Rim Nan** (☎ 08 1379 3172; 5/4 Th Phaya
Sua; Gerichte 20–35 B; ☾ 9–16 Uhr) nördlich vom Wat
Phra Si Ratana Mahathat ist eines von ein paar
einander ganz ähnlichen Restaurants an der
Th Phutta Bucha, in denen man die Nudeln
und die „etwas anderen" Sitzplätze bekommt.
Das Restaurant hat eine englischsprachige
Speisekarte mit Fotos; empfehlenswert ist

bà·mèe nám, Eigelb mit Weizennudeln in
einer Brühe aus Schweinefleisch.

Fah-Kerah (786 Th Phra Ong Dam; Gerichte 5–20 B;
☾ 6–14 Uhr) Mehrere thailändisch-muslimische
Cafés haben sich um die Moschee in der Th
Phra Ong Dam herum angesiedelt; das Fah-
Kerah gehört zu den beliebtesten. Dickes
roh·dee wird hier mit *gaang mát·sà·màn* (muslimischem Curry) serviert und täglich wird
frischer Joghurt zubereitet. Das *roh·dee gaang*
(*roh·dee* mit einer kleinen Schale Curry) ist
für 20 B fast geschenkt.

Jaroen Tham (Vegetarisches Essen; Th Sithamatraipidok;
Gerichte 15–20 B; ☾ 8–15 Uhr) Dieses einfache Restaurant liegt gleich beim TAT-Büro um die
Ecke. Im Angebot sind einige vegetarische Gerichte mit ungeschältem braunem Reis. Nach
dem Schild mit der Aufschrift „Vegetarian
Food" Ausschau halten!

Rin Coffee (☎ 0 5525 2848; 20 Th Salreuthai; Gerichte
20–85 B; ☾ Mo–Fr 7.30–21, Sa & So 9.30–21 Uhr) Das
lichtdurchflutete, verglaste Café ist bei jungen
Thais beliebt. Mehrere Seiten der Karte sind
diversen Grüntee-, Kaffee- und Schokola-
denkreationen gewidmet. Man sitzt auf farbenfrohen Stühlen oder hockt an der Bar und
macht sich über die Eiscreme, die herzhaften
Frühstücksgerichte, Waffeln, Sandwiches oder
Salate her.

Karaket (☎ 0 5525 8193; Th Phayalithai; Gerichte 25–
40 B; ☾ 13–20 Uhr) Gegenüber dem Lithai Guest
House bietet dieses einfache Restaurant verschiedene thailändische Currys, Suppen und
Kurzgebratenes an. Man zeigt hier einfach auf
das, was einem zusagt. An den Wänden hängen interessante Fotos von Phitsanulok vor
dem Feuer von 1957.

Daeng (☎ 0 5522 5127; Th Borom Trailokanat; Gerichte
40–120 B; ☾ mittags & abends) Gegenüber vom Pailyn Hotel befindet sich dieser kleine Laden,
der zu einer in Nong Khai entstandenen Kette
mit thailändischen und vietnamesischen Gerichten gehört. Auf jeden Fall die Spezialität
des Restaurants bestellen: *năam neu·ang*, gebratene Schweinefleischbällchen mit frischen
Kräutern in Reispapier!

LP Tipp Ban Mai (☎ 08 6925 5018; 93/30 Th U Thong;
Gerichte 70–140 B; ☾ 11 14 & 17 22 Uhr) Ein Abendessen in diesem bei Einheimischen beliebten
Restaurant ist wie ein Essen bei den Großeltern: Die Gäste äußern ihre Meinung zu allem
Möglichen, es gibt viele schöne Sitzgelegenheiten, und eine dicke Siamkatze scheint hier
über alles zu regieren. Hausmannskost kriegt
man allerdings nicht: Das Ban Mai ist auf un-

gewöhnliche, perfekt zubereitete Gerichte spezialisiert, die man anderswo nicht so leicht findet, etwa auf *gaang pèt 'bèt yâhng*, ein Curry mit geräucherter Ente, oder *yam dà·krái*, einen „Salat" aus Zitronengras.

Selbstversorger finden Snacks und alles Übrige in dem großen Supermarkt im Untergeschoss der Topland Shopping Plaza. Gleich südlich vom Bahnhof gibt es einen gut besuchten **Nachtmarkt** (Gerichte 20–60 B; 16–20 Uhr), auf dem man viele Gerichte zum Mitnehmen findet. Ein besonders beliebtes ist *kôw nĕe·o hòr*, kleine Bananenblätter, gefüllt mit Klebreis und verschiedenen Beilagen. Zwei einander gegenüber liegende Stände nahe dem Eingang zum Markt in der Th Ekathotsarot bieten dieses Gericht an.

Ausgehen & Unterhaltung

Ein paar schwimmende Kneipen finden sich auf dem Abschnitt der Th Wangchan direkt vor dem Grand Riverside Hotel, darunter **Sabai Boat** (Th Wangchan; Gerichte 40–140 B; 11–23 Uhr) und **Wow!** (Th Wangchan; Gerichte 50–150 B; 17–24 Uhr); auf beiden Booten bekommt man auch etwas zu essen. Das **Calito** (08 1953 2629; 84/1 Th Wangchan; Gerichte 70–100 B; 18–24 Uhr) steht auf festem Boden. Hier gibt's neben kaltem Bier vom Fass auch viele Thai-Gerichte.

Im **Wood Stock** (08 1785 1958; 148/22-23 Th Wisut Kasat; Gerichte 35–70 B; 17–24 Uhr) findet man schrille Möbel im Stil der 1960er- und 1970er-Jahre, Livemusik und eine kurze Karte mit billigen *gàp glâam* (thailändischen Knabbereien). Das Personal ist sehr freundlich; zwar verstehen die Leute kaum englisch, aber sie helfen, so gut sie können.

An- & Weiterreise

BUS

Phitsanulok ist ein Knotenpunkt der Buslinien nach Norden und Nordosten und bietet deshalb gute Verbindungen. Der Busbahnhof von Phitsanulok liegt 2 km östlich der Stadt am Hwy 12.

Nach Sukhothai fahren Direktbusse (normal 45 B, 1 Std., 7–17 Uhr alle 30 Min.), man kann dorthin aber auch mit jedem Bus fahren, der nach Chiang Rai fährt (2. Klasse mit Klimaanlage/1. Klasse/VIP 286/367/428 B, 5 Std.). Zahlreiche Busse steuern Lampang (2. Klasse mit Klimaanlage/1. Klasse/VIP 176/227/265 B, 4 Std.), Nan (2. Klasse mit Klimaanlage/1. Klasse 197/254 B, 2 Std.) und Phrae an (2. Klasse mit Klimaanlage/1. Klasse/

VIP 130/167/195 B, 3 Std.). Tagsüber fahren stündlich Busse nach Kamphaeng Phet (2. Klasse mit Klimaanlage/1. Klasse 60/81 B, 3 Std.) und Chiang Mai (2. Klasse mit Klimaanlage/1. Klasse/VIP 241/310/361 B, 6 Std.). Es gibt auch Busse nach Tak (2. Klasse mit Klimaanlage 101 B, 3 Std.) und einige Minivans nach Mae Sot (176 B, 4 Std.).

In Richtung Isan stehen Busse nach Nakhon Ratchasima (2. Klasse mit Klimaanlage/1. Klasse/VIP 280/360/420 B, 6 Std.) und Khon Kaen (2. Klasse mit Klimaanlage/1. Klasse 231/297 B, 7 Std.) bereit.

Auch an Bussen nach Bangkok (2. Klasse/1. Klasse mit Klimaanlage/VIP 246/317/490 B, 6 Std., 8–23.30 Uhr stündl.) herrscht kein Mangel. Die VIP-Busse fahren um 22 Uhr.

FLUGZEUG

Phitsanuloks **Flughafen** (0 5530 1002) liegt 5 km südlich der Stadt.

THAI (0 5524 2971-2; 209/26-28 Th Borom Trailokanat) fliegt zwischen Phitsanulok und Bangkok (3185 B, 55 Min., 2-mal tgl.). Tickets können auch beim Reisebüro im Lithai Guest House (S. 441) gebucht werden.

Golden House Tour (0 5525 9973; 55/37 Th Borom Trailokanat) hat am Flughafen eine Infotafel zu seinem Minivan-Service vom Flughafen zu den Hotels (150 B/Pers.). Die Fahrt mit dem Tuk-Tuk von der Stadt zum Flughafen kostet 150 B.

ZUG

Phitsanuloks Bahnhof liegt in Gehentfernung von vielen Unterkünften und besitzt eine Gepäckaufbewahrung. Der Bahnhof ist ein größerer Knotenpunkt: Praktisch alle Züge Richtung Norden und Süden halten hier. Es gibt zehn Züge nach Bangkok (3. Klasse mit Ventilator 219 B, 2. Klasse mit Ventilator/Klimaanlage 309/449 B, Schlafwagen 2. Klasse mit Ventilator oben/unten 409/459 B, Schlafwagen 2. Klasse mit Klimaanlage oben/unten 629/699 B, Schlafwagen 1. Klasse 1064 B, 6 Std.), die praktisch zu jeder Tages- und Nachtzeit abfahren; die aktuellen Fahrpläne und Preise kann man telefonisch bei der **Thailändischen Staatsbahn** (kostenlose 24-Std.-Hotline 1690; www.railway.co.th) oder auf deren Website in Erfahrung bringen.

Unterwegs vor Ort

Stadtfahrten mit den Darth-Vader-artigen Samlors gibt's ab 60 B. Vor dem Bahnhof

hängt ein Schild mit den Tuk-Tuk-Preisen zu den verschiedenen Zielen in der Stadt.

Fahrten mit den normalen städtischen Nahverkehrsbussen kosten 8 bis 11 B. Es gibt mehrere Linien, mit denen man vor Ort fast alles erreicht. Die Haupthaltestelle der Stadtbusse befindet sich neben dem Asia Hotel an der Th Ekathotsarot, auf dem Plan sind die verschiedenen Strecken auch auf Englisch verzeichnet.

Die vom TAT betriebene Phitsanulok Tour Tramway (PTT) ist eine gute Möglichkeit, schnell viele Sehenswürdigkeiten zu besuchen. Die Fahrt dauert rund 45 Minuten, die erste beginnt um 9, die letzte um 15 Uhr. Die **Straßenbahn** (Erw./Kind 30/20 B) fährt am Wat Yai ab, hält an 15 Sehenswürdigkeiten und kehrt dann zum Startpunkt zurück.

Budget (☎ 0 5530 1020; www.budget.co.th) und **Avis** (☎ 0 5524 2060; www.avisthailand.com) haben Autovermietungen am Flughafen; der Preis für ein Auto liegt bei 1350 B pro Tag.

PHU HIN RONG KLA NATIONAL PARK

อุทยานแห่งชาติภูหินร่องกล้า

Der Berg Phu Hin Rong Kla war zwischen 1967 und 1982 strategisches Hauptquartier der Kommunistische Partei Thailands (KPT) und ihres bewaffneten Arms, der People's Liberation Army of Thailand (PLAT). Der abgelegene, leicht zu verteidigende Gipfel war wie gemacht für die Rebellen. Die chinesische Provinz Yunnan ist nur 300 km entfernt; dort wurden die Kader der KPT in revolutionärer Taktik geschult. (1979 fand das jedoch ein Ende, nachdem sich die chinesischen mit den vietnamesischen Kommunisten überworfen hatten und die KPT auf die Seite Vietnams gewechselt war.)

Beinahe 20 Jahre lang galt das Gebiet um Phu Hin Rong Kla als Schlachtfeld zwischen Regierungs- und kommunistischen Truppen. 1972 startete die thailändische Regierung eine Großoffensive gegen die PLAT, mit der sie vergeblich versuchte, diese vom Berg zu fegen. Das Lager der KPT am Phu Hin Rong Kla wurde besonders aktiv, als die thailändische Armee im Oktober 1976 Hunderte von Studenten während des Arbeiter-Studenten-Aufstands in Bangkok tötete. Viele Studenten flohen daraufhin, schlossen sich der KPT an und gründeten ein Krankenhaus und eine Schule für politische und militärische Taktik. Nachdem die PLAT bis 1978 auf 4000 Mitglieder angewachsen war, startete die thailändische

Armee 1980 und 1981 einen neuen Angriff. Und diesmal gelang es ihr, der KPT Gebiete abzuringen. Doch der entscheidende Schlag gegen die KPT erfolgte erst 1982, als die Regierung allen Studenten eine Amnestie anbot, die nach 1976 den Kommunisten beigetreten waren. Dass die Studenten ihr den Rücken kehrten, brach der Bewegung, die mittlerweile dringend auf frische Kräfte angewiesen war, das Rückgrat. Ein letzter militärischer Vorstoß Ende 1982 zwang die PLAT zur Kapitulation. Zwei Jahre später wurde der Phu Hin Rong Kla zum Nationalpark erklärt.

Orientierung & Praktische Informationen

Der **Park** (☎ 0 5523 3527; Eintritt 200 B; ☽ 8.30–17 Uhr) erstreckt sich über 307 km² raue Berge und Wälder voller Felsen und Wildblumen. Das Zentrum befindet sich auf etwa 1000 m Höhe, weshalb man auch in der heißen Jahreszeit immer auf eine kühle Brise hoffen darf. Die Hauptattraktionen sind nicht allzu weit von der Hauptstraße entfernt. Zu ihnen gehören u.a. die Reste der Festung der KPT – eine einfache Versammlungshalle, die Schule für politische und militärische Taktik – und das Verwaltungsgebäude der Kommunisten. Gegenüber der Schule kann ein Wasserrad besichtigt werden, das Exilstudenten der Ingenieurwissenschaften entworfen haben.

Sehenswertes & Aktivitäten

Ein 1 km langer Pfad führt zum **Pha Chu Thong** (Felsen der gehissten Flagge, manchmal auch: Felsen der roten Flagge), auf dem die Rebellen nach militärischen Siegen ihre rote Flagge hissten. In dieser Gegend befinden sich auch ein **Luftschutzbunker**, ein **Wachposten** und die Überreste des **KPT-Hauptquartiers** – bevor die thailändische Regierung eine Straße anlegen ließ, war dieser Teil des Areals so gut wie unerreichbar. Die Gebäude des Parks sind alle aus Holz oder Bambus errichtet und haben weder eine Kanalisation noch Strom – das zeigt, wie rustikal die Lebensbedingungen waren.

Ein kleines **Museum** im Hauptquartier des Parks zeigt Relikte aus den Tagen der KPT, allerdings gibt es überhaupt keine englischsprachigen Beschriftungen. Am Ende der Straße in den Park liegt ein kleines **Dorf der weißen Hmong**.

Wer sich nicht so sehr für die Geschichte des Phu Hin Rong Kla interessiert, erkundet

die **Wasserfälle, Wanderwege** und **reizvollen Aussichtspunkte**. Interessant sind auch die Felsformationen – emporragende Felsen, **Lan Hin Pum** genannt, und eine tiefe Felsspalte namens **Lan Hin Taek** –, in denen sich die Truppen der PLAT verschanzten. Im Besucherzentrum (☼ 8.30–16.30 Uhr) gibt es Karten.

An den Wochenenden und an Feiertagen kann es im Park ziemlich voll werden, in der Mitte der Woche sollte man jedoch seine Ruhe haben.

Schlafen & Essen

Golden House Tour (☎ 0 5525 9973; 55/37 Th Trailokanat; ☼ 8–18.30 Uhr) Ist in der Nähe des TAT-Büros in Phitsanulok zu finden. Hier werden Buchungen für Unterkünfte vorgenommen.

Thailand's Royal Forest Department (☎ 0 2562 0760; www.dnp.go.th; Stellplatz 30 B, Zelt für 2–8 Pers. 150–600 B, Bungalow 800–2400 B) vermietet Bungalows für zwei bis acht Personen in drei verschiedenen Zonen des Parks. Man kann aber auch sein Zelt aufschlagen oder eines mieten. Schlafsäcke (30 B), Kissen (10 B) und Schlafmatten (20 B) sind ebenfalls vorhanden.

In der Nähe des Campingplatzes und der Bungalows gibt es Restaurants und Garküchen. Am besten sind die Duang Jai Cafeteria – empfehlenswert ist das berühmte Karotten-*sôm·dam* – und das Rang Thong.

An- & Weiterreise

Die Parkverwaltung befindet sich ungefähr 125 km von Phitsanulok entfernt. Um hinzukommen, steigt man in einen der frühen Busse nach Nakhon Thai (normal/mit Klimaanlage 53/73 B, 2 Std., 6–18 Uhr stdl.). Dort kann man in der Nähe des Marktes ein Songthaeo zum Park chartern (ca. 500–800 B). Ab Phitsanulok nimmt Golden House Tour (s. S. 445) 1700 B für ein Auto mit Fahrer; Benzin nicht inbegriffen. Reizvoll ist die Fahrt mit dem Motorrad, da die Strecke nicht stark befahren ist. Allerdings braucht man eine Maschine mit genügend Power, um die Hügel nach Phu Hin Rong Kla zu bewältigen.

VON PHITSANULOK NACH LOM SAK

พิษณุโลก/หล่มสัก

Der Hwy 12 zwischen Phitsanulok und Lom Sak, der parallel zum malerischen, von Stromschnellen unterbrochenen Lauf des Lam Nam Khek verläuft, ist unter dem Namen Green Route bekannt. Abseits der Strecke gibt es Wasserfälle, Resorts und die Nationalparks

Phu Hin Rong Kla (S. 444) und Thung Salaeng Luang (S. 445). Die Orte sind in der Regel an Wochenenden und Feiertagen stärker besucht.

Alle Resorts entlang des Hwy 12 organisieren **Wildwasserrafting** auf dem Abschnitt des Lam Nam Khek mit den meisten Stromschnellen, also ungefähr zwischen Km 45 und 52 der Straße.

Das TAT-Büro in Phitsanulok (S. 438) verteilt eine „Green Route"-Karte, auf der die Attraktionen entlang der 130 km langen Strecke verzeichnet sind. Die ersten beiden Wasserfälle, **Nam Tok Sakhunothayan** (bei Km 33) und **Kaeng Song** (bei Km 45), die an Wochenenden überlaufen sind, sollte man auslassen. Beim dritten, dem **Kaeng Sopha** (bei Km 72), handelt es sich genau genommen um ein größeres Areal mit kleineren Fällen und Stromschnellen: Man kann zwischen verschiedenen Gesteinsformationen umherwandern – abhängig von den Regenfällen der letzten Tage gibt es mal mehr, mal weniger Felsbrocken zu sehen. *Imbissstände* versorgen einen mit günstigem *sôm·dam* und *gài yâhng* (Papayasalat und gegrilltem Huhn). Zwischen den Fällen von Kaeng Song und Kaeng Sopha findet sich bei der Ausfahrt an Km 49 das **Dharma Abha Vipassana Meditation Center** (☎ 08 1646 4695; www.dhamma.org/en/schedules/schabha.htm), das regelmäßig zehntägige Meditationen anbietet.

Weiter östlich liegt an der Straße der 1262 km² große **Thung Salaeng Luang National Park** (☎ 0 5526 8019; Eintritt 200 B; ☼ 8–17 Uhr), eines der größten und wichtigsten Wildreservate Thailands. Der Nationalpark umfasst weite Wiesen, Immergrüne und Flügelfruchtbaumwälder, Kalksteinhügel und zahlreiche Flüsse. Im November und Dezember ziert ein Teppich aus Wildblumen die Wiesen, die neben den Teichen und Salzlecken die besten Plätze sind, um Wildtiere zu beobachten. In dem Park sind über 190 Vogelarten dokumentiert, eine der bedeutendsten ist der Siamesische Feuerrückenfasan. Ansonsten war auch Thung Salaeng Luang einst eine Hochburg der PLAT. Der Eingang befindet sich bei Km 80; hier erteilt die Parkverwaltung Auskünfte zu den Wanderwegen und zu den Unterkünften.

Wer mit dem eigenen Transportmittel unterwegs ist, biegt bei Km 100 südlich auf die Rte 2196 Richtung **Khao Kho** (Khow Khor) ab, einem weiteren Berglager der KPT aus den 1970er-Jahren. Etwa 1,5 km vor dem Gipfel

des Khao Kho auf die sehr steile Rte 2323 abbiegen. Auf dem Gipfel, 30 km von der Straße
entfernt, ragt ein **Obelisk** hoch in den Himmel.
Er wurde im Gedenken an die thailändischen
Soldaten errichtet, die während der Kämpfe
mit den Kommunisten ums Leben kamen. Als
weitere historische Mahnmale wurden am
Gipfel einige Gewehrstellungen und Spähpos-
ten belassen. An klaren Tagen ergibt sich vom
Gipfel aus ein phantastischer 360-Grad-Pano-
ramablick.

Nach diesem kleinen Umweg nach Khao
Kho fährt man entweder zurück auf den Highway oder von der Rte 2196 auf die Rte 2258,
bis sie in die Rte 203 mündet. Auf dieser kann
man dann entweder Richtung Norden nach
Lom Sak oder nach Süden bis Phetchabun
fahren. Auf der Rte 2258, etwa 4 km nach der
Route 2196, kommt man zum **Khao Kho Palast**,
einem der kleineren königlichen Paläste in
Thailand. Das einzig Nette an diesem relativ
uninteressanten, modernen Gebäudekomplex
ist der Rosengarten. Wer aber ohnehin schon
bis nach Khao Kho gefahren ist, kann ihn
auch noch mitnehmen.

Schlafen & Essen

Thung Salaeng Luang National Park (☎ 0 2562 0760;
www.dnp.go.th; Stellplatz 30 B, Zelt für 2–8 Pers. 150–600 B,
Bungalow 1000–5000 B) Im Park gibt es 15 gut
ausgestattete Holzbungalows für vier bis zehn
Personen. Sie liegen in der Nähe der Parkverwaltung und des Eingangs bei Km 80 sowie
in zwei anderen Zonen des Parks. Man kann
auch ein Zelt aufschlagen. Im Park gibt's ein
Restaurant und Essenverkäufer.

Rainforest Resort (☎ 0 5529 3085-6; www.rainforest
thailand.com; bei Km 42; Cottage für 2–6 Pers. 1600–4500 B;
😊) Es gibt mehrere Resorts am Hwy 12, von
denen dieses das beste ist. Die hübschen Cottages stehen auf einem Hügel im Dschungel
am Mae Nam Khek. Zum Resort gehört auch
ein Restaurant mit Plätzen drinnen und draußen und interessanten Gerichten.

Eine weitere gute Option ist das **Wang Thara
Health Resort & Spa** (☎ 0 5529 3411-4; www.wanathara.
com; Hwy 12; bei Km 46; Zi. 1600–3800 B; 😊), eine etwas
veraltete, aber immer noch hübsche Ferienanlage, die einen großen Vorteil hat: Es gibt
ein preisgünstiges Wellnessbad vor Ort. Budgetunterkünfte finden sich in der Nähe von
Kaeng Song, ungefähr bei Km 45. Eine davon
ist **Ban Kiang Num** (☎ 0 5529 3441; www.
bankiangnum.9nha.com; Hwy 12, bei Km 45; Zi. 600–1000 B),
das einfache, aber geräumige Zimmer mit

großen Balkonen und Blick auf die Song-
Stromschnellen anbietet.

Mehrere Restaurants liegen an den Ufern
des Nam Khek, von denen die meisten sich
den Ausblick und die frische Luft zunutze machen. Das **Ran Rim Kaeng** (☎ 0 5529 3370; Hwy 12,
bei Km 45; Gerichte 70–120 B; 🕐 11–22 Uhr) ist bekannt
für seine pikanten Gerichte und bei Einheimischen beliebt. Bei Km 45 in der Nähe von
Kaeng Song nach dem gelben Gebäude Ausschau halten. Ein paar Kilometer weiter, genauer bei Km 42, serviert das **Ran Thin Thai Lan
Lanthom** (☎ 08 3219 2822; Hwy 12, bei Km 42; Gerichte
30–90 B; 🕐 7–19 Uhr) neben vielen guten thailändischen Gerichten ausgezeichneten Kaffee, leckere hausgemachte Kekse und Apfel-Vanille-
Eiscreme. Das Schild für „Doi Tung"-Kaffee
weist den Weg.

An- & Weiterreise

Um flexibler zu sein, empfiehlt es sich, die
Tour mit einem eigenen fahrbaren Untersatz
zu machen. Busfahrten zwischen Phitsanulok
und Lom Sak kosten im normalen Bus/Bus
mit Klimaanlage 50/70 B (einfache Strecke).
Tagsüber kann man einfach einen Bus heran-
winken, wenn man weiterfahren möchte, aber
nach 16 Uhr ist das nicht mehr so einfach,
weil nicht mehr so viele fahren.

PROVINZ SUKHOTHAI

SUKHOTHAI

สุโขทัย

17 510 Ew.

Von der Mitte des 13. bis ins späte 14. Jh.
blühte das Königreich von Sukhothai (Wachsendes Glück) auf. Diese Epoche wird oft als
das „Goldene Zeitalter" der Thai-Kultur bezeichnet – die religiöse Kunst und Architektur
dieser Zeit werden als der klassische Stil
Thailands angesehen. Die *meuang gòw* (Altstadt) von Sukothai umfasst ein 45 km² großes
Gebiet mit teilweise wiederaufgebauten Ruinen, das zu den am stärksten besuchten antiken Stätten in Thailand gehört.

Die 12 km östlich des Geschichtsparks am
Mae Nam Yom gelegene Marktstadt Neu-Sukhothai ist nicht besonders interessant. Aber
es herrscht eine freundliche und entspannte
Atmosphäre, und wegen der guten Verkehrsverbindungen und der attraktiven Unterkünfte ist die Stadt ein guter Ausgangspunkt,
um die Ruinen der Altstadt zu besichtigen.

Geschichte

Sukhothai gilt als die erste Hauptstadt Siams, obwohl das nicht ganz stimmt (s. Kasten S. 450). Bis 1238 war das Gebiet Teil eines Khmer-Reichs, dann verbündeten sich die beiden Thai-Herrscher Pho Khun Pha Muang und Pho Khun Bang Klang Hao und schufen ein neues Thai-Königreich.

Die Sukhothai-Dynastie herrschte 200 Jahre lang; neun Könige stammen aus ihr. Der berühmteste war König Ramkhamhaeng, der von 1275 bis 1317 herrschte. Ihm wird die Entwicklung der ersten thailändischen Schrift zugeschrieben und seine Inschriften gelten als die erste thailändische Literatur überhaupt. Unter Ramkhamhaeng breitete sich das Königreich aus und umfasste am Ende ein Gebiet, das größer war als das heutige Thailand. Doch 1438, wenige Monarchen später, fiel Sukothai an Ayutthaya. Weitere Infos gibt's im Abschnitt über den Geschichtspark Sukothai (S. 447).

Praktische Informationen

Banken mit Geldautomat sind im gesamten Zentrum von Neu-Sukhothai verstreut, ein paar gibt es inzwischen auch in Alt-Sukhothai. Internetzugang ist in Neu-Sukhothai leicht zu finden, auch viele Pensionen bieten diesen Service. Die besten Infoquellen für Traveller in Sukhothai sind die Pensionen, insbesondere das Ban Thai (S. 451).

CAT (Karte S. 448; Th Nikhon Kasem; �9 7–22 Uhr) Für Auslandsgespräche; direkt an der Post.

Polizei (Karte S. 448; ☎ 0 5561 1010) In Neu-Sukhothai.

Post (Karte S. 448, Th Nikhon Kasem; �9 Mo–Fr 8.30–12, Sa & So 13–16.30, Feiertage 9–12 Uhr)

Sukhothai Hospital (Karte S. 448; ☎ 0 5561 0280; Th Jarot Withithong)

Touristenpolizei (Karte S. 449; Geschichtspark Sukhothai) Im Notfall 1155 anrufen oder die Wache der Touristenpolizei gegenüber dem Ramkhamhaeng National Museum aufsuchen.

Sehenswertes

GESCHICHTSPARK SUKHOTHAI
อุทยานประวัติศาสตร์สุโขทัย

Die **Ruinen von Sukhothai** (Karte S. 448; Eintritt 100–350 B, zzgl. Fahrrad/Motorrad/Auto 10/20/50 B; �9 6–18 Uhr) sind so ziemlich die eindrucksvollsten Weltkulturerbestätten, die Thailand zu bieten hat. Im Park sind innerhalb der alten Stadtmauern die Reste von 21 historischen Stätten und vier große Teiche zu bewundern; weitere 70 Stätten liegen in einem Umkreis von 5 km.

Die Ruinen sind in fünf Zonen eingeteilt – zentral, nördlich, südlich, östlich und westlich. Für jeden sind 100 B Eintritt fällig. Für 350 B gibt's ein Kombiticket. Das gilt für alle Stätten in Sukhothai und außerdem für das Sawanworanayok Museum (S. 456), das Ramkhamhaeng National Museum (s. unten) und den Geschichtspark Si Satchanalai-Chaliang (S. 454). Das Ticket ist 30 Tage lang gültig, aber theoretisch für nur jeweils einen Besuch einer bestimmten historischen Stätte.

Typisch für die Architektur der Tempel von Sukhothai ist der klassische Lotusknospen-*chedi* mit der konischen Spitze auf einer quadratischen Basis, die auf einem dreischichtigen Sockel ruht. An einigen Stätten lassen sich aber auch andere Architekturstile, die in dieser Epoche eingeführt und adaptiert wurden erkennen – z. B. den glockenförmigen singhalesischen und den zweistufigen Srivijaya-*chedi*.

Der Park ist zwar sehr gut besucht, aber auch sehr weitläufig, sodass man ihn normalerweise relativ ungestört erkunden kann. Einige der eindrucksvollsten Ruinen liegen außerhalb der Stadtmauern, man braucht schon ein Fahrrad oder Motorrad, wenn man sich alles gründlich anschauen will. Nähere Infos über eine ideale Tour durch den Park gibt's auf S. 454.

Ramkhamhaeng National Museum
พิพิธภัณฑสถานแห่งชาติรามคำแหง

Ein guter Startpunkt, um die historischen Ruinen des Parks zu besichtigen, ist das **Ramkhamhaeng National Museum** (Karte S. 449; ☎ 0 5561 2167; Eintritt 150 B; �9 9–16 Uhr). Inmitten einer eindrucksvollen Sammlung von Artefakten aus Sukhothai kann hier auch eine Replik der berühmten Ramkhamhaeng-Inschrift studiert werden, eines der wohl ältesten Beispiele für die thailändische Schrift.

Wat Mahathat
วัดมหาธาตุ

Sukhothais größter Wat stammt aus dem 13. Jh. Er ist von Ziegelmauern (206 m lang und 200 m breit) und einem Wassergraben umgeben – Letzterer soll den äußeren Rand des Universums und den kosmischen Ozean darstellen. Die *chedis* weisen das berühmte Lotusknospenmotiv auf, und zwischen den zerstörten Säulen des alten *wíhaan* thronen immer noch einige stattliche Buddhastatuen. Innerhalb der Klostermauern stehen 198

NORDTHAILAND

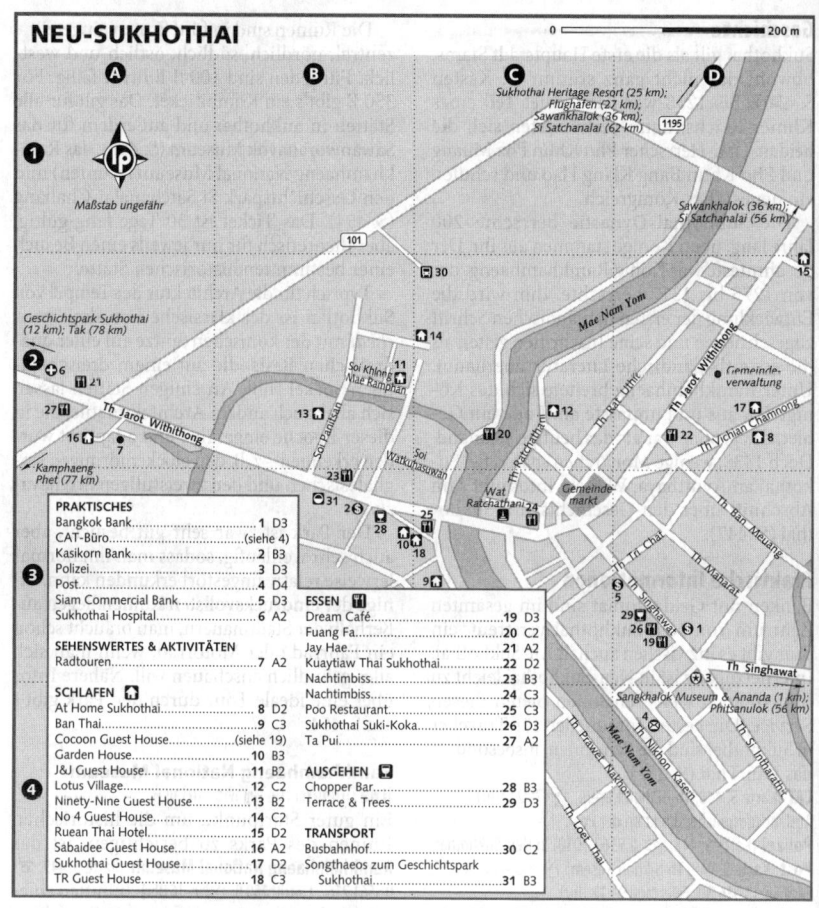

NEU-SUKHOTHAI

0 — 200 m

Maßstab ungefähr

Sukhothai Heritage Resort (25 km);
Flughafen (27 km);
Sawankhalok (36 km);
Si Satchanalai (62 km)

Sawankhalok (36 km);
Si Satchanalai (56 km)

Geschichtspark Sukhothai
(12 km); Tak (78 km)

Mae Nam Yom

Kamphaeng
Phet (77 km)

Wat
Ratchathani

Gemeinde-
verwaltung

Gemeinde-
markt

Th Jarot Withithong

Th Singhawat

Sangkhalok Museum & Ananda (1 km);
Phitsanulok (56 km)

Mae Nam Yom

PRAKTISCHES	
Bangkok Bank	1 D3
CAT-Büro	(siehe 4)
Kasikorn Bank	2 B3
Polizei	3 D3
Post	4 D4
Siam Commercial Bank	5 D3
Sukhothai Hospital	6 A2

SEHENSWERTES & AKTIVITÄTEN	
Radtouren	7 A2

SCHLAFEN	
At Home Sukhothai	8 D2
Ban Thai	9 C3
Cocoon Guest House	(siehe 19)
Garden Guest House	10 B3
J&J Guest House	11 B2
Lotus Village	12 C2
Ninety-Nine Guest House	13 B2
No 4 Guest House	14 C2
Ruean Thai Hotel	15 D2
Sabaidee Guest House	16 A2
Sukhothai Guest House	17 D2
TR Guest House	18 C3

ESSEN	
Dream Café	19 D3
Fuang Fa	20 C2
Jay Hae	21 A2
Kuaytiaw Thai Sukhothai	22 D2
Nachtimbiss	23 B3
Nachtimbiss	24 C3
Poo Restaurant	25 C3
Sukhothai Suki-Koka	26 D3
Ta Pui	27 A2

AUSGEHEN	
Chopper Bar	28 B3
Terrace & Trees	29 D3

TRANSPORT	
Busbahnhof	30 C2
Songthaeos zum Geschichtspark Sukhothai	31 B3

chedis! Viele halten diese Ruinen, innerhalb derer es viel zu entdecken gibt, für das geistige und administrative Zentrum der alten Stadt.

Wat Si Chum
วัดศรีชุม

Dieser Wat nordwestlich der Altstadt besitzt einen eindrucksvollen *mondòp* (Mandapa, Versammlungshalle) mit einem 15 m hohen, sitzenden Buddha aus Ziegeln und Stuck. Die eleganten, zugespitzten Finger des Buddhas sind ein beliebtes Fotomotiv. Archäologen mutmaßen, dass das Bildnis die in der berühmten Ramkhamhaeng-Inschrift erwähnte „Phra Atchana" darstellt. Ein nach oben führender Durchgang in der Mauer des *mondòp* wurde gesperrt, ein Blick auf die *ja-*

taka-Inschriften an der Tunneldecke bleiben einem daher verwehrt.

Wat Saphan Hin
วัดสะพานหิน

Dieser Wat liegt 4 km westlich der alten Stadtmauern in der Westzone. Es sitzt auf dem Gipfel eines etwa 200 m hohen Hügels. Der Name des Wats bedeutet „Steinbrücke" und bezieht sich auf den Pfad und die Treppen aus Schiefer, die zum Tempel führen und noch intakt sind. Prächtige Blicke über die Ruinen Sukhothais im Südosten und die Berge im Norden und Süden eröffnen sich von hier.

Alles was vom ursprünglichen Tempel übrig ist, sind einige *chedis* und die Ruine des *wíhaan*, die aus zwei Reihen von Lateritsäu-

NORDTHAILAND

len um einen 12,5 m hohen, auf einem Zie-
gelsockel stehenden Buddha besteht.

Wat Si Sawai
วัดศรีสวาย

Gleich südlich des Wat Mahathat befindet
sich dieser Schrein aus dem 12. und 13. Jh. Er
wurde ursprünglich von den Khmer als
Hindutempel gebaut und besteht aus drei
Türmen im Khmer-Stil und einem malerischen Wassergraben.

Wat Sa Si
วัดสระศรี

Der Wat Sa Si, auch bekannt als „Kloster des
heiligen Teichs", steht auf einer Insel westlich
des Bronzedenkmals von König Ramkhamhaeng (des dritten Königs Sukhothais). Es ist
ein einfacher Wat im klassischen Sukhothai-
Stil mit einem großen Buddha, einem *chedi*
und den Säulen des zerstörten *wíhaan*.

Wat Trapang Thong
วัดตระพังทอง

Dieser kleine, immer noch bewohnte Wat
neben dem Museum zeichnet sich durch seine

wunderbaren Stuckreliefs aus. Ein großer
Teich mit Lotusblüten umgibt den Wat, der
über ein Steg zugänglich ist. Dieses Reservoir,
der Originalschauplatz des **Loi Krathong Festivals**
(S. 450), versorgt die Gemeinde Sukhothai
mit dem Großteil des benötigten Wassers.

Wat Phra Phai Luang
วัดพระพายหลวง

Dieser Wat liegt etwas isoliert außerhalb der
Stadtmauern in der nördlichen Zone. Seine
drei Türme im Khmer-Stil aus dem 12. Jh.
sind größer als die des Wat Si Sawai. Möglicherweise war er das Zentrum Sukhothais, als
hier bis zum 13. Jh. die Khmer von Angkor
herrschten.

Wat Chang Lom
วัดช้างล้อม

Wat Chang Lom (wörtlich: das von Elefanten
umringte Kloster) liegt in der östlichen Zone
etwa 1 km östlich des Haupteingangs des
Parks am Hwy 12. Der große glockenförmige
chedi wird von 36 Elefantenskulpturen getragen, die aus seinen Basismauern heraus-
schauen.

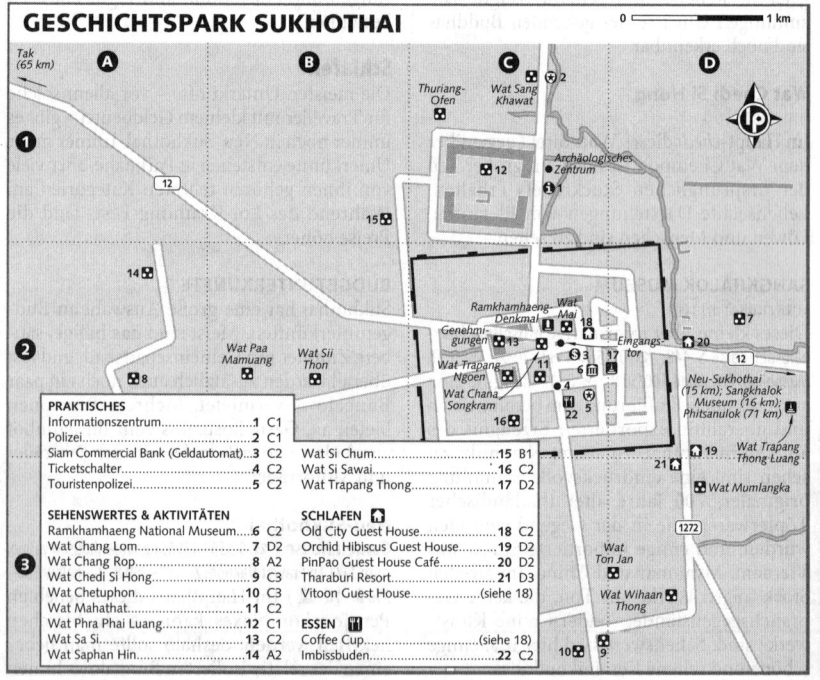

GESCHICHTSPARK SUKHOTHAI

0 _____ 1 km

NORDTHAILAND

DAS ERSTE THAI-REICH?

Die Gründung von Sukhothai im Jahr 1238 wird oft mit der Gründung des ersten Thai-Königreichs gleichgesetzt. Aber das Königreich von Chiang Saen (s. S. 404) wurde bereits rund 500 Jahre früher gegründet, und zur Zeit der Entstehung Sukhothais gab es andere Thai-Königreiche, z. B. die Reiche Lanna, Phayao und Chiang Saen. Der starke Einfluss, den Sukhothai auf die Kunst, Sprache, Literatur und Religion der modernen thailändischen Gesellschaft hat, und – nicht zu vergessen – die Größe des Reichs während seiner Blütezeit im frühen 13. Jh. haben sicher dazu beigetragen, dass sich diese bequeme, aber eigentlich falsche Ansicht ausbreiten konnte.

Wat Chetupon

วัดเชตุพน

Dieser 2 km südlich der Stadtmauern gelegene Tempel besaß einst einen vierseitigen *mondòp*, der auf jeder Seite einen Buddha in einer der vier klassischen Stellungen (sitzend, zurückgelehnt, stehend und gehend) zeigte. Die anmutigen Umrisse des gehenden Buddhas sind noch erkennbar.

Wat Chedi Si Hong

วัดเจดีย์สี่ห้อง

Im Haupt-*chedi* dieses Wats direkt gegenüber dem Wat Chetupon ist noch ein großer Teil der ursprünglichen Stuckreliefs erhalten. Lebensechte Darstellungen von Elefanten, Löwen und Menschen sind zu sehen.

SANGKHALOK MUSEUM

พิพิธภัณฑ์สังคโลก

Dieses kleine, aber informative **Museum** (außerhalb der Karte S. 448; ☎ 0 5561 4333; 203/2 Mu 3 Th Muangkao; Erw./Kind 100/50 B; ⏰ 8–17 Uhr) gibt eine ausgezeichnete Einführung zum berühmtesten und überallhin exportierten Erzeugnis des antiken Sukhothai, zu seiner Keramik. Zu sehen sind eine eindrucksvolle Sammlung originaler, 700 Jahre alter thailändischer Töpferwaren, die in der Gegend gefunden wurden, und einige importierte Stücke aus Vietnam, Myanmar und China. Im zweiten Stock folgen Werke aus Ton, die keine Gebrauchsgegenstände, sondern reine Kunstwerke sind. Sehenswert sind hier u. a. einige schöne und seltene Keramikbuddhas.

Aktivitäten

Der Belgier Ronny ist ein begeisterter Radsportler, der viele witzige und lehrreiche **Radtouren** (Karte S. 448; ☎ 0 5561 2519; www.geocities. com/cycling_sukhothai; halber/ganzer Tag 550/650 B, Fahrt in den Sonnenuntergang 250 B) durch die Gegend anbietet. Die Touren sind thematisch ausgerichtet. Es gibt beispielsweise die „Dharma & Karma Tour", zu der ein Besuch im bizarren Wat Tawet gehört, in dem Statuen die buddhistische Hölle versinnbildlichen, oder die „Historical Park Tour", bei der man auch weniger besuchte Wats und Dörfer anfährt. Auch Ausflüge zu Wunschzielen lassen sich arrangieren. Ronny lebt seit 15 Jahren in Sukhothai. Er ist in der Nähe des Sabaidee Guest House (S. 451) zu finden; Kunden werden auf Wunsch auch kostenlos abgeholt.

Festivals & Events

Jedes Jahr im November findet in Alt-Sukothai das fünftägige Fest **Loi Krathong** statt. Die Stadt ist eines der beliebtesten Ferienziele Thailands. Neben den zauberhaften schwimmenden Lichtern gibt es Feuerwerk, Volkstanzaufführungen und eine Sound-and-Light-Show zu bestaunen.

Schlafen

Die meisten Unterkünfte – vor allem solche für Traveller mit kleinem Geldbeutel – gibt es immer noch in Neu-Sukhothai. Immer mehr Unterkünfte entstehen in Parknähe, aber viele von ihnen gehören teureren Kategorien an. Während des Loi-Krathong-Fests sind die Preise höher.

BUDGETUNTERKÜNFTE

Sukhothai hat eine große Auswahl an Budgetunterkünften. Meist sind das billige, saubere Zimmer mit Gemeinschaftsbad, und fast überall werden zusätzlich auch noch ein paar Bungalows vermietet. Mehrere Pensionen bieten an, Gäste kostenlos vom Busbahnhof abzuholen, und viele verleihen auch Fahrräder und Motorräder.

Neu-Sukhothai

Garden House (☎ 0 5561 1395; tuigardenhouse@yahoo. com; 11/1 Th Prawet Nakhon; Zi. 150–200 B, Bungalow 300–350 B; ⏰ ☒ ☐) Im Haupthaus dieses beliebten Pensionskomplexes kann es ein bisschen hektisch werden, deshalb sollte man lieber einen der relativ isolierten Bungalows hinten

nehmen. Im Restaurant, das gleichzeitig als Gemeinschaftsbereich fungiert, werden abends Filme gezeigt.

No 4 Guest House (☎ 0 5561 0165; no4guesthouse@ yahoo.co.th; 140/4 Soi Khlong Mae Ramphan; EZ/DZ 200/300 B) Von außen wirkt das No 4 ein bisschen heruntergekommen, doch wer näher hinschaut, entdeckt den schattigen Garten mit mehreren durchaus charmanten Bungalows. In der Nähe liegt das Ninety-Nine Guest House (☎ 0 5561 1315; 234/6 Soi Panitsan; EZ/DZ 120/150 B), das dieselben Betreiber hat. Im Ninety-Nine wohnt man in einem zweistöckigen, von Gärten umgebenen Teakgebäude. Beide Herbergen bieten auch Kochkurse an.

Ban Thai (☎ 0 5561 0163; banthai_guesthouse@yahoo. com; 38 Th Prawet Nakhon; Zi. mit Gemeinschaftsbad 200 B, Bungalow 300–500 B; 🍴 🖳) Rund um einen hübschen Garten sind Zimmer und kleine Bungalows verstreut. Das Ban Thai zählt deshalb zu den beliebtesten Budgetunterkünften vor Ort. An sich sind die Zimmer nicht bemerkenswert, doch die Kombination aus freundlicher Atmosphäre und niedrigen Preisen macht's.

Sabaidee Guest House (☎ 0 5561 6303, 08 9988 3589; www.sabaidee-guesthouse.com; 81/7 Mu 1 Tambol Banklouy; Zi. 200–600 B; 🍴 🖳) Die nette Pension, die früher eine Privatunterkunft war, hat sich dem Trend angeschlossen, dem viele Budgetunterkünfte in Sukhothai folgen: Sie bietet nun auch fünf attraktive Bungalows an. Billiger wohnt man aber immer noch im Haupthaus. Außerdem werden Extras wie kostenloser Fahrradverleih und die ebenfalls kostenlose Abholung vom Busbahnhof angeboten.

TR Guest House (☎ 0 5561 1663; www.sukhothai budgetguesthouse.com; 27/5 Th Prawet Nakhon; Zi. 250–400 B, Bungalow 400 B; 🍴 🖳) Die Zimmer hier sind einfach, aber pieksauber. Wer mehr Platz braucht, findet hinten vier geräumige Bungalows. Richtig einladend ist die gemütliche Terrasse. Kurz: eine ausgezeichnete Budgetoption!

J&J Guest House (☎ 0 5562 0095; www.jj-guesthouse. com; 122 Soi Mae Ramphan; Zi. 300–500 B, Bungalow 700– 800 B; 🍴 🖳 🍷) Diese große, resortartige Herberge ist absolut gepflegt – kein Blatt wagt es, aus der Reihe zu tanzen. Unter den angebotenen Bungalows und geräumigen Zimmern ist etwas für fast jeden Geldbeutel. Weitere Entscheidungshilfen sind das hausgemachte Brot und der Swimmingpool.

Sukhothai Guest House (☎ 0 5561 0453; www.suk hothaiguesthouse.net; 68 Th Vichien Chamnong; Zi. 350–750 B; 🍴 🖳) Die seit Langem bestehende Herberge

hat zwölf Bungalows mit Terrassen, die in einem schattigen Garten stehen. Der Gemeinschaftsbereich ist ein wahres Sammelsurium von Schnickschnack. Die Betreiber sind freundlich und sehr hilfsbereit.

Cocoon Guest House (☎ 0 5561 2081; 86/1 Th Singhawat; Zi. 500 B; 🍴) Die vier einfachen Zimmer liegen hinter dem Dream Café an einem kleinen Weg in einem dschungelartigen Garten. Inzwischen dürften auch noch weitere Zimmer in einem schönen Holzgebäude fertiggestellt sein.

LP Tipp **At Home Sukhothai** (☎ 0 5561 0172; www. athomesukhothai.com; 184/1 Th Vichien Chamnong; Zi. 500– 750 B; 🍴 🖳) Das hübsche Gebäude, in dem der Betreiber seine Kindheit verbrachte, hat schon 50 Jahre auf dem Buckel, doch nach kürzlich vollzogenen Renovierungsarbeiten wirkt es wie neu. Die Original-Holzmöbel und die neu hinzugefügten Möbel passen wunderbar zusammen. In den einfachen, aber komfortablen Zimmern fühlt man sich wirklich wie zu Hause! Hinten am Lotusteich, alles andere – vom Essen bis zu Thaimassage – kriegt man vorne. Im Familienalbum des Besitzers kann man sich anschauen, wie das Haus früher aussah.

Geschichtspark Sukhothai

Die folgenden Unterkünfte liegen dem Geschichtspark gegenüber. Alle verleihen auch Fahrräder.

Old City Guest House (☎ 0 5569 7515; 28/7 Mu 3; Zi. 150–400 B; 🍴) In diesem großen Komplex gibt es eine Menge unterschiedlich gestalteter Zimmer zu unterschiedlichen Preisen: Man sollte sich ein paar anschauen, ehe man sich entscheidet. Das Haus ist eine gute Option für alle, die in der Nähe des Geschichtsparks wohnen möchten, doch leider gibt es keinen Garten zum Ausspannen.

Vitoon Guest House (☎ 0 5569 7045; 49 Mu 3; Zi. 300– 500 B; 🍴 🖳) Die Zimmer im Vitoon sind komfortabel, aber verglichen mit dem im benachbarten Old City zu vollgestopft.

PinPao Guest House Café (☎ 0 5563 3284; orchid_ hibiscus_guest_house@hotmail.com; Hwy 12; Zi. 500 B) Die mit dem Orchid Hibiscus Guest House (S. 452) verbundene Unterkunft bietet in einem großen Gebäude zehn der farbenfrohesten Zimmer, die wir überhaupt je gesehen haben. Viele haben aber keine Fenster und wirken deswegen düster. Die Herberge liegt am Hwy 12, direkt gegenüber der Abzweigung zur Rte 1272.

NORDTHAILAND

MITTELKLASSEHOTELS
Neu-Sukhothai

LP Tipp **Ruean Thai Hotel** (☎ 0 5561 2444; www.ruean thaihotel.com; 181/20 Soi Pracha Ruammit, Th Jarot Withithong; Zi. 1350–3200 B; ⚒ 🖵 ☎) Auf den ersten Blick könnte man diesen auffälligen Komplex für einen Tempel oder ein Museum halten. Die Zimmer im Obergeschoss wirken sehr thailändisch; mit ihren alten Teakholzmöbeln verströmen sie viel Atmosphäre. Die Zimmer am Pool sind etwas moderner, und hinten gibt es noch ein Betongebäude mit einfachen Zimmern mit Klimaanlage. Der Service ist freundlich und effektiv. Kostenloser Abholservice vom Busbahnhof.

Geschichtspark Sukhothai

Lotus Village (☎ 0 5562 1484; www.lotus-village.com; 170 Th Ratchathani; Zi. 790–1540 B; ⚒ 🖵) „Dorf" ist der passende Name für diese friedliche Anlage mit erhöht gebauten Holzbungalows. In einem schönen Holzgebäude stehen außerdem noch kleinere Zimmer zur Verfügung. Die gesamte Anlage ist birmanisch-indisch gestaltet. Das Wellnesscenter vor Ort bietet verschiedene Anwendungen an.

Orchid Hibiscus Guest House (☎ 0 5563 3284; orchid _hibiscus_guest_house@hotmail.com; 407/2 Rte 1272; Zi. 800 B, Bungalow 1200 B; ⚒ ☎) Die Zimmer und Bungalows verteilen sich über ein ruhiges, gepflegtes Gelände mit Swimmingpool. Die Zimmer sind heiter, makellos und voller hübscher Details und Gestaltungsakzente. Die Anlage liegt an der Rte 1272, ungefähr 600 m vom Hwy 12 entfernt – die Ausfahrt zwischen Km 48 und 49 ist die richtige.

SPITZENKLASSEHOTELS

LP Tipp **Tharaburi Resort** (Karte S. 449; ☎ 0 5569 7132; www.tharaburiresort.com; 321/3 Moo 3, Rte 1272; Zi. 1200–4200 B, Suite 5000–6500 B; ⚒ 🖵 ☎) Nahe dem Geschichtspark liegt dieses Boutiquehotel, in dessen drei Hauptgebäuden Gäste in 20 schönen und individuell gestalteten Zimmer und Suiten untergebracht werden. Einige Quartiere sind mit Antiquitäten, üppiger Seide und viel Sinn für Details als Themenzimmer (marokkanisch, japanisch, chinesisch) eingerichtet. Die billigeren Zimmer sind einfacher, aber in den Suiten fühlt man sich wie in einer kleinen Wohnung. Außerdem gibt es zwei Stockwerke umfassende Familienzimmer. Das ist das stilvollste Hotel vor Ort.

Ananda (außerhalb der Karte S. 448; ☎ 0 5562 2428-30; www.anandasukhothai.com; 10 Moo 4, Th Muangkao; Zi. 2500–3100 B; ⚒ 🖵) Die Bezeichnung „Museum Gallery Hotel" mag Zweifel wecken, was denn eigentlich hier vorgeht, aber dieses architektonisch auffällige Hotel ist wirklich schön. Es erinnert an eine Vorstadtkirche mit Sukhothai-Einflüssen. Die 32 Zimmer sind mit dunklem Holz und erdfarbener Seide edel eingerichtet, und ein Spa und ein Antiquitätenladen runden das Ganze ab. Das Ananda liegt rund 2 km außerhalb des Stadtzentrums gleich neben dem sehr guten Sangkhalok Museum (S. 450).

Sukhothai Heritage Resort (außerhalb der Karte S. 448; ☎ 0 5564 7564-574; www.sukhothaiheritage.com; 999 Moo 2; Zi. 3500–4500 B, Suite 10 000 B; ⚒ 🖵 ☎) Dieses neue Resort gehört Bangkok Airways, liegt in der Nähe des Flughafens und ist jetzt die schickste Unterkunft in der Gegend. Die flachen Backsteingebäude mit Spitzdach sind quasi als Fortsetzung des Geschichtsparks gestaltet und verteilen sich über ein Gelände mit Ruhe ausstrahlenden Lotusteichen, das wie ein Tempelbezirk wirkt. In den Zimmern versetzen einen Flachbildfernseher und moderne Möbel wieder zurück in die Gegenwart.

Essen

Sukhothais kulinarische Spezialität ist *gŏo·ay dĕe·o sù·kŏh·tai*, „Nudeln auf Sukhothai-Art". Die Nudeln werden mit einer leicht süßlichen Brühe mit verschiedenen Sorten Schweinefleisch, gemahlenen Erdnüssen und grünen Bohnen in dünnen Streifen serviert. Mehrere Restaurants vor Ort bieten dieses Gericht an, darunter das **Kuaytiaw Thai Sukhothai** (Karte S. 448; Th Jarot Withithong; Gerichte 20–30 B; ☯ 9–20 Uhr) ungefähr 200 m südlich der Abzweigung zum Ruean Thai Hotel. Viele Thais behaupten auch, man müsste in Sukhothai unbedingt die Nudeln im **Jay Hae** (Karte S. 448; ☎ 0 5561 1901; Th Jarot Withithong; Gerichte 25–40 B; ☯ 7–16 Uhr) probieren. Das sehr beliebte Restaurant serviert auch *pàt tai* und würzige Kaffeespezialitäten. Gleich gegenüber befindet sich das **Ta Pui** (Karte S. 448; Th Jarot Withithong; Gerichte 20–30 B; ☯ 7–15 Uhr). Das Lokal, das aus nur wenig mehr als einem Fliesenboden und einem Wellblechdach besteht, behauptet, als erstes Restaurant in Sukhothai das berühmte Nudelgericht angeboten zu haben.

Poo Restaurant (Karte S. 448; ☎ 0 5561 1735; 24/3 Th Jarot Withithong; Gerichte 25–80 B; ☯ morgens, mittags & abends) Das Restaurant wirkt schlicht, aber es bietet eine überraschende Auswahl von Frühstücksgerichten, Sandwiches und sogar ein

paar thailändische Gerichte. Der Laden ist zudem eine gute Infoquelle und Anlaufstelle für alle, die ein Motorrad mieten wollen.

Sukhothai Suki-Koka (Karte S. 448; Th Singhawat; Gerichte 30–90 B; ✆ 10–23 Uhr) Dies ist ein helles, gemütliches Restaurant, das sich auf *sukiyaki* thailändischer Art spezialisiert hat und ideal ist, wenn man mittags Hunger bekommt. Auf der Karte stehen viele thailändische Gerichte, aber auch Sandwiches und Pasta.

Coffee Cup (Karte S. 449; Mu 3, Old Sukhothai; Gerichte 30–150 B; ✆ 7–22 Uhr) Wer in der Altstadt wohnt oder Frühaufsteher ist, sollte zum Frühstücken hierher kommen: Der Kaffee ist stark und das Brot frisch. Ansonsten gibt's auch allerlei Snacks und prima Hamburger. Im Netz surfen kostet 30 B pro Stunde. Es gibt noch ein Coffee Cup 2, nur ein paar Türen weiter, da ist noch eine Bar mit drin.

Fuang Fa (Karte S. 448; ✆ 08 1284 8262; 107/2 Th Khuhasuwan; Gerichte 60–120 B; ✆ mittags & abends) Die Einheimischen, die sich auskennen, kehren in diesem Restaurant am Ufer ein, das sich auf die unzähligen, köstlichen Süßwasserfische in Sukhothai spezialisiert hat. Empfehlenswert sind die *ɓlah néua òrn tôrt grà·teeam*, kleine frittierte Süßwasserfische mit Knoblauch und reifen Sternfrüchten, sowie die vielen köstlichen Variationen von *ɗôm yam*-Suppen. Auf der englischsprachigen Karte steht nicht alles, darum sich unbedingt nach den Empfehlungen des Tages erkundigen!

LP Tipp **Dream Café** (Karte S. 448; ✆ 0 5561 2081; 86/1 Th Singhawat; Gerichte 80–150 B; ✆ mittags & abends) Im Dream Café zu essen, ist wie eine Mahlzeit in einem Museum oder einem Antiquitätengeschäft. Es gibt hier ein Sammelsurium geschmackvoller Möbel und jede Menge Schnickschnack, das Personal ist kompetent und freundlich, und – am wichtigsten – das Essen ist gut. Die hilfreiche Speiskarte erläutert die Grundzüge der Thai-Küche und erklärt, was man da bestellt und wie man es zu essen hat. Die gut zubereiteten *yam* („Salate" thailändischer Art) sowie die Gerichte mit Süßwasserfischen, die im Ort die Spezialität sind, sollte man unbedingt probieren.

Aber auch die Nachtimbissstände in Neu-Sukhothai sind einen Versuch wert. Die meisten Standinhaber sind den Umgang mit Travellern gewohnt und haben sogar zweisprachige Speisekarten. Dienstagabends stehen noch mehr von diesen munteren Ständen auf dem Platz gegenüber dem Poo Restaurant. Auch in der Nähe des Ticketschalters

im Geschichtspark gibt es eine ganze Reihe von Imbissständen und einfachen Open-Air-Restaurants.

Ausgehen

Chopper Bar (Karte S. 448; Th Prawet Nakhon; ✆ 17–0.30 Uhr) Traveller und Einheimische versammeln sich in dieser Bar unweit des kleinen Hotelviertels von Sukothai, um zu essen, sich einen Kater einzufangen, Livemusik zu hören und zu flirten.

Terrace & Trees (Karte S. 448; Th Singhawat; ✆ 17–0.30 Uhr) In der neuen Restaurantbar direkt hinter dem Sawasdipong Hotel wird Livemusik unterschiedlicher Qualität gespielt. Das Terrace & Trees gehört zu den angesagteren Locations für einen Drink – oder auch zwei.

An- & Weiterreise

BUS

Sukhothais Busbahnhof liegt fast 1 km nordwestlich vom Stadtzentrum an der Rte 101. Innerhalb der Provinz Sukhothai fahren zahlreiche Busse nach Sawankhalok (normal/2. Klasse mit Klimaanlage/1. Klasse 21/29/38 B, 45 Min., 6–18 Uhr stündl.) und Si Satchanalai (normal/2. Klasse mit Klimaanlage/1. Klasse 37/52/67 B, 1 Std., 6–18 Uhr stündl.). Der Bus um 9 Uhr nach Chiang Rai ist auch eine gute Möglichkeit, nach Sawankhalok zu kommen.

Folgende weitere Ziele in Nordthailand werden angefahren: Busse verkehren nach Phitsanulok (normal/2. Klasse mit Klimaanlage/1. Klasse 32/42/58 B, 1 Std., 7–17 Uhr alle 30 Min.), Tak (normal/2. Klasse mit Klimaanlage 43/60/77 B, 1½ Std., 7–17 Uhr alle 40 Min.) und Kamphaeng Phet (normal/2. Klasse mit Klimaanlage 44/62/79 B, 1½ Std., 7–17 Uhr alle 40 Min.), Phrae (2. Klasse mit Klimaanlage 132 B, 3 Std., 4-mal tgl.), Nan (2. Klasse mit Klimaanlage 210 B, 4 Std.) und Lampang (2. Klasse mit Klimaanlage/1. Klasse 185/238 B, 4 Std.).

Über Tak fahren zahlreiche Busse nach Chiang Mai (2. Klasse mit Klimaanlage/1. Klasse 249/320 B, 5½ Std., 7–2 Uhr), weniger häufig sind Busse nach Chiang Rai (2. Klasse mit Klimaanlage 284 B, 9 Std., 4-mal tgl.). Täglich rollen außerdem acht Minivans mit zwölf Plätzen nach Mae Sot (136 B, 3 Std., 8-mal, 8.15–16.15 Uhr).

Abends gehen ein paar Busse nach Khon Kaen (2. Klasse mit Klimaanlage/1. Klasse 267/344 B, 7 Std.).

NORDTHAILAND

Von Sukhothai aus kommt man mit dem Bus auch leicht nach Bangkok (2. Klasse mit Klimaanlage/1. Klasse/VIP 291/374/435 B, 6–7 Std., 8–23 Uhr alle 30 Min.).

FLUGZEUG

Der Flughafen, der als „Sukhothai Airport" bekannt ist, liegt an der Rte 1195 und ist 27 km von der Stadt und ca. 11 km von Sawankhalok entfernt. Er gehört Bangkok Airways und ist ein schön gestalteter kleiner Flughafen mit toller tropischer Architektur. **Bangkok Airways** (☎ 0 5564 7224; www.bangkokair.com) fliegt einmal täglich von Bangkok hierher (2870 B, 70 Min.). Zwischen dem Flughafen und Sukhothai pendelt ein Minivan (120 B).

Unterwegs vor Ort

Eine Samlor-Fahrt in Neu-Sukhothai sollte nicht mehr als etwa 40 B kosten. Songthaeos verkehren zwischen Neu-Sukhothai und dem Geschichtspark Sukhothai regelmäßig von 6.30 bis 18 Uhr (20 B, 30 Min.), Abfahrt ist in der Th Jarot Withithong in der Nähe des Poo Restaurant (S. 452). Das Schild steht zwar auf der Nordseite der Straße, tatsächlich aber fahren die Songthaeos von der südlichen Straßenseite ab.

Im Geschichtspark kommt man am besten mit dem Fahrrad herum. Die Läden vor dem Parkeingang vermieten Räder für 30 B pro Tag. Nicht gleich das erstbeste an der Bushaltestelle in Alt-Sukothai nehmen – bessere gibt's in den Läden um die Ecke näher beim Parkeingang. Der Park bietet sogar Straßenbahnrundfahrten an, aber die Bahnen fahren nur in unregelmäßigen Abständen.

Der Transport vom Busbahnhof ins Zentrum von Neu-Sukhothai kostet 60 B in einem gecharterten Fahrzeug oder 10 B pro Nase in einem Sammel-Songthaeo. Motorradtaxifahrer nehmen 40 B. Fahrten direkt nach Alt-Sukhothai kosten mit einem Songthaeo 100 B und mit einem Motorradtaxi 120 B.

Motorräder können im Poo Restaurant (S. 452) und bei vielen Herbergen in Neu-Sukhothai gemietet werden.

RUND UM SUKHOTHAI
Geschichtspark Si Satchanalai-Chaliang
อุทยานประวัติศาสตร์ศรีสัชนาลัย/ชะเลียง

Wer in wenig Zeit mitgebracht hat, sollte sich diesen Teil des UNESCO-Weltkulturerbes von Sukhothai ebenfalls anschauen. All diejenigen, die über Vorstellungskraft verfügen

und einen Sinn für Abenteuer haben, werden diese eher schlichte Ansammlung eindrucksvoller Ruinen lieben.

Die Ruinen der alten Städte Si Satchanalai und Chaliang aus dem 13. bis 15. Jh. liegen zwischen Hügeln eingebettet etwa 50 km nördlich von Sukhothai. Sie wurden in demselben schlichten Stil erbaut wie die Ruinen des historischen Parks von Sukhothai, aber die Umgebung ist hier friedvoller, beinahe unberührt. Der **Park** (Eintritt 220 B; für Besitzer des 350 B teuren, 30 Tage gültigen Sukhothai-Kombitickets frei; pro Fahrrad/Motorrad/Auto zzgl. 10/30/50 B; ☽ 8.30–17 Uhr) erstreckt sich über ca. 720 ha und ist von einem 12 m breiten Graben umgeben. Chaliang, 1 km südöstlich davon, ist die ältere der zwei Städte (11. Jh.). Ihre beiden Tempel stammen jedoch „erst" aus dem 14. Jh. Die hier beschriebenen Wats sind nur eine kleine sehenswerte Auswahl aus den zahlreichen Ruinen von Si Satchanalai.

Das **Informationszentrum** (☽ 8.30–17 Uhr) im Park verteilt kostenlose Lagepläne und zeigt eine kleine Ausstellung zur Geschichte des Orts und zu den größeren Sehenswürdigkeiten. Beim Eingangstor zum Park werden Fahrräder verliehen (20 B), die etwas besser sind als die Drahtesel, die an der Bushaltestelle an der Hauptstraße angeboten werden. Man kann auch eine Straßenbahnrundfahrt durch den Park machen (20 B).

Die nahegelegenen Städte Ban Hat Siaw (S. 456) und Sawankhalok (S. 457) sind die wichtigsten Versorgungszentren für die Gegend.

WAT CHANG LOM
วัดช้างล้อม

Der schöne Tempel – das Zentrum der alten Stadt Si Satchanalai – ist besser erhalten als sein Gegenstück in Sukhothai. Elefanten umgeben seinen glockenförmigen *chedi*. Einer Inschrift zufolge wurde der Tempel zwischen 1285 und 1291 von König Ramkhamhaeng erbaut.

WAT KHAO PHANOM PHLOENG
วัดเขาพนมเพลิง

Auf dem Hügel, von dem man nach rechts auf den Wat Chang Lom blickt, stehen die Überreste des Wat Khao Phanom Phloeng. Erhalten sind ein *chedi*, ein großer sitzender Buddha und Steinsäulen, die einst das Dach des *wihaan* trugen. Von diesem Hügel kann man sich einen Eindruck vom ursprünglichen

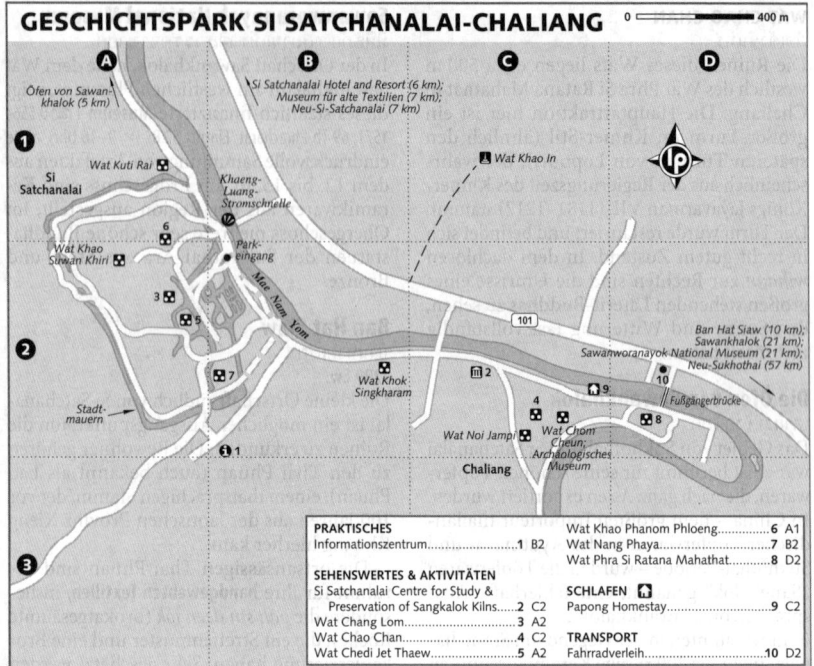

GESCHICHTSPARK SI SATCHANALAI-CHALIANG   0 ▭▭▭▭ 400 m

PRAKTISCHES	
Informationszentrum...................1 B2	
SEHENSWERTES & AKTIVITÄTEN	
Si Satchanalai Centre for Study &	
Preservation of Sangkalok Kilns.....2 C2	
Wat Chang Lom...............................3 A2	
Wat Chao Chan...............................4 C2	
Wat Chedi Jet Thaew.......................5 A2	

Wat Khao Phanom Phloeng...............6 A1	
Wat Nang Phaya...............................7 B2	
Wat Phra Si Ratana Mahathat...........8 D2	
SCHLAFEN	
Papong Homestay.............................9 C2	
TRANSPORT	
Fahrradverleih................................10 D2	

Aufbau dieser einst bedeutenden Stadt verschaffen. Auf der etwas höheren Erhebung westlich des Phanom Phloeng ragt ein großer *chedi* im Sukhothai-Stil in die Höhe – die einzigen Überreste des Wat Khao Suwan Khiri.

WAT CHEDI JET THAEW
วัดเจดีย์เจ็ดแถว

Neben dem Wat Chang Lom liegt die Ruine des Wat Chedi Jet Thaew. Hier stehen sieben Reihen von *chedis*, deren größter die Kopie eines *chedis* des Wat Mahathat in Sukhothai ist. Der *wíhaan* aus Ziegel und Mörtel ist ebenfalls sehenswert: Seine Gitterfenster wurden anscheinend aus gedrechseltem Holz gefertigt – eine alte indische Technik, die man in ganz Südostasien findet. Auf dem Dach drängen sich ein *chedi* und ein *prasat,* ein kleines, reich verziertes, kreuzförmiges Gebilde mit nadelförmigem Turm.

WAT NANG PHAYA
วัดนางพญา

Dieser *chedi* im singhalesischen Stil, südlich des Wat Chang Lom und des Wat Chedi Jet Thaew, stammt aus dem 15. oder 16. Jh. und ist folglich etwas jünger als die anderen Ruinen von Si Satchanalai. Die Stuckreliefs an dem großen Laterit-*wíhaan* vor dem *chedi* – der mittlerweile von einem Blechdach geschützt wird – stammen aus der Ayutthaya-Periode, in der Si Satchanalai als Sawankhalok bekannt war. Die Goldschmieden in der Umgebung fertigen noch immer *nahng pá·yah* an, ein Muster, das diesen Reliefs nachempfunden ist.

WAT PHRA SI RATANA MAHATHAT
วัดพระศรีรัตนมหาธาตุ

Diese Ruinen in Chaliang bestehen aus einem großen Laterit-*chedi* aus den Jahren 1448 bis 1488, der zwischen zwei *wíhaans* steht. Einer der *wíhaans* birgt einen großen, sitzenden Buddha im Sukhothai-Stil, einen kleineren, stehenden Buddha und ein Basrelief des berühmten schreitenden Buddhas, der so typisch für den fließenden, scheinbar knochenlosen Sukhothai-Stil ist. Der andere *wíhaun* enthält einige weniger bedeutende Bildnisse.

Der Eintritt zum Wat Phra Si Ratana Mahathat kostet 10 B extra.

WAT CHAO CHAN
วัดเจ้าจันทร์

Die Ruinen dieses Wats liegen etwa 500 m westlich des Wat Phra Si Ratana Mahathat in Chaliang. Die Hauptattraktion hier ist ein großer Turm im Khmer-Stil (ähnlich den späteren Türmen von Lopburi), der wahrscheinlich aus der Regierungszeit des Khmer-Königs Jayavarman VII. (1181–1217) stammt. Der Turm wurde restauriert und befindet sich in recht gutem Zustand. In dem dachlosen *wíhaan* zur Rechten sind die Umrisse eines großen stehenden Laterit-Buddhas zu sehen, den Sonne und Witterung fast vollständig zerbröselt haben.

Die Öfen von Sawankhalok
เตาเผาสังคโลก

Das Gebiet von Sukhothai und Si Satchanalai war einst berühmt für seine schönen Töpferwaren, die nach ganz Asien exportiert wurden. In China – dem größten Importeur thailändischer Töpferwaren in der Ayutthaya- und Sukhothai-Periode – wurden die Töpferwaren „Sangkalok" genannt, eine fehlerhafte Aussprache von „Sawankhalok".

Einst säumten in der Gegend um Si Satchanalai mehr als 200 riesige Keramikbrennöfen die Ufer des Mae Nam Yom. Das **Si Satchanalai Centre for Study & Preservation of Sangkalok Kilns** (Eintritt 100 B) hat sich der Erforschung und Erhaltung der Brennöfen von Sawankhalok gewidmet; einige wurden mittlerweile schon behutsam ausgegraben und können dort bewundert werden. Zwei verschiedene Ofengruppen sind für die Öffentlichkeit zugänglich: ein Brennofenzentrum in Chaliang mit ausgegrabenen Töpferwaren und einem Brennofen sowie der größere Ausgrabungsort Sawankhalok Kilns 5 km nordwestlich der Ruinen von Si Satchanalai. Trotz fehlender englischsprachiger Erläuterungen sind die Ausstellungsstücke an sich sehr interessant. Beide Ausstellungsorte können ohne Probleme mit dem Fahrrad erreicht werden. Der Eintritt ist in dem Kombiticket für 220 B bereits enthalten.

In dieser Region wird auch heute noch Keramik hergestellt, gleich mehrere Open-Air-Werkstätten können rund um das Brennofenzentrum in Chaliang besichtigt werden. Ein örtlicher Keramikkünstler brennt seine Stücke sogar immer noch in einem traditionellen unterirdischen, mit Holz befeuerten Brennofen.

Sawanworanayok National Museum
พิพิธภัณฑสถานแห่งชาติสวรรควรนายก

In der Ortschaft Sawankhalok, nahe dem Wat Sawankhalam am westlichen Flussufer, zeigt dieses staatlich finanzierte **Museum** (☎ 0 5564 1571; 69 Th Phracharat; Eintritt 50 B; ☺ 9–16 Uhr) eine eindrucksvolle Sammlung von Artefakten aus dem 12. bis 15. Jh. Im Erdgeschoss sind Keramikwaren aus der Region ausgestellt, im Obergeschoss mehrere sehr schöne Buddhastatuen der Sukhothai-Ära aus Stein und Bronze.

Ban Hat Siaw
บ้านหาดเสี้ยว
7299 Ew.

Die kleine Ortschaft südlich von Si Satchanalai ist ein möglicher Ausgangspunkt, um die Ruinen zu erkunden. Die Bewohner gehören zu den Thai Phuan (auch bekannt als Lao Phuan), einem thaisprachigen Stamm, der vor 100 Jahren aus der laotischen Provinz Xieng Khuang hierher kam.

Die ortsansässigen Thai Phuan sind berühmt für ihre **handgewebten Textilien**, insbesondere die *pâh sîn đeen jòk* (brokatgesäumte Röcke), die ein Streifenmuster und eine Brokatverzierung haben. Sehr geschätzt werden auch die *pâh ká·máh* (kurze Sarongs für Männer) aus Hat Siaw, die typischerweise dunkel kariert sind. Zwischen 80 und 100 Jahre alte Hat-Siaw-Textilien sind im **Museum für alte Textilien** (☎ 0 5536 0058; Eintritt frei; ☺ 7–18 Uhr) gegenüber dem Markt am nördlichen Ende der Ortschaft zu besichtigen.

Ein anderer Brauch der Thai Phuan sind **Elefantenprozessionen** bei Mönchsordinationen im Ort; diese finden in der Regel Anfang April statt.

Schlafen & Essen
In der Nähe des Parks gibt's nicht viele Unterkünfte und Restaurants. Besser ist es, sein Glück im nahe gelegenen Sawankhalok oder in Ban Hat Siaw zu versuchen.

GESCHICHTSPARK SI SATCHANALAI-CHALIANG
Papong Homestay (☎ 0 5563 1557, 08 7313 4782; Zi. 500 B; Chaliang; ☺) Die drei Zimmer in dem großen Wohnhaus eines freundlichen Einwohners liegen nur eine Minute vom Wat Phra Si Ratana Mahathat in Chaliang entfernt. Alle Zimmer haben eigene Bäder und sind sauber und komfortabel. Nur zu essen gibt es

nichts – das beschafft man sich am besten in der Nähe des Parkeingangs und zwar möglichst vor 18 Uhr.

Si Satchanalai Hotel and Resort (☎ 0 5567 2666; 247 Moo 2, Rte 101; Zi. 400 B, Bungalow 1200 B; 🖭) Diese Herberge sieht zwar weder aus wie ein Hotel noch wie ein Resort, ist aber praktisch die einzige offizielle Unterkunft in der Nähe des Geschichtsparks. Die Zimmer sind einfallslos, aber ordentlich. Die großen Bungalows wären gut für Familien geeignet. Die Anlage befindet sich ungefähr 6 km nördlich des Parks westlich der Rte 101.

BAN HAT SIAW

Zwar gibt es im Ort nur eine Unterkunft, aber immerhin mehrere Restaurants, sodass es sich anbietet, hier zu wohnen, wenn man in der Nähe des Geschichtsparks logieren möchte.

Hotel 59 (☎ 0 5567 1024; Zi. 200–500 B; 🖭) Dieses Hotel hat genau so viel Charakter, wie der Name vermuten lässt – keinen. Ins Schwärmen kommt man da sicher nicht. Wenn man aber relativ nahe beim Geschichtspark wohnen möchte, bietet es sich einfach an. Es liegt am Nordende der Ortschaft, an der Straße nach Utaradit.

Kulap (keine Ausschilderung in lateinischen Buchstaben; ☎ 0 5567 1151; 473 Moo 2, Rte 101; Gerichte 50–100 B) Das betagt wirkende Restaurant liegt am äußersten Nordende der Ortschaft auf der linken Seite. Obwohl es nicht so toll aussieht, gibt's hier wirklich ausgezeichnetes thailändisches Essen, mit dem sich das Lokal unter Einheimischen und Besuchern einen guten Ruf verdient hat. Wer es gern scharf mag, wird das *gaang ʾbàh* (Dschungelcurry) lieben, zu dem es wahlweise Fisch, Wildschwein, Frosch oder Garnelen aus der Region gibt. Milder ist das *ʾboo lòn*, ein Dip aus Krebsen, Schweinehack, Kokosmilch und frischen Kräutern, serviert mit frischem Gemüse.

Sawankhalok
สวรรคโลก
18 840 Ew.
Diese Kleinstadt befindet sich ungefähr 20 km südlich des Geschichtsparks und bietet einige Übernachtungsoptionen, z. B. das **Saengsin Hotel** (☎ 0 5564 1259/1424; 2 Th Thsaban Damri 3; EZ/DZ ab 220/360 B; 🖭) ca. 1 km südlich des Bahnhofs an der Hauptstraße, die durch den Ort führt. Die Zimmer sind sauber und komfortabel, vor Ort gibt es auch einen Coffeeshop. An der Hauptstraße sind noch weitere Unterkünfte.

Sawankhalok hat kulinarisch nicht viel zu bieten: Die meisten Lokale servieren Nudeln oder Currys und damit hat es sich. Jeden Abend findet in den Hauptstraßen ein Nachtmarkt statt.

An- & Weiterreise
BUS
Der Geschichtspark Si Satchanalai-Chaliang liegt abseits der Rte 101 zwischen Sawankhalok und dem heutigen Si Satchanalai. Von Neu-Sukhothai nimmt man einen Bus nach Si Satchanalai (38 B, 2 Std.) und bittet den Fahrer, einen an der *meuang gòw* (alten Stadt) aussteigen zu lassen. Wer will, kann auch morgens in den 9-Uhr-Bus nach Chiang Rai einsteigen – die Fahrt mit ihm kostet genauso viel, aber es gibt weniger Halte unterwegs. Der letzte Bus fährt um 16.30 Uhr zurück nach Neu-Sukhothai.

Auf der linken Seite des Highways gibt es zwei Stellen, an denen man aussteigen kann, wenn man zu den Ruinen im Park möchte. Von beiden aus muss man den Mae Nam Yom überqueren. Der erste – oben erwähnte – Weg führt auf einer Fußgängerbrücke über den Mae Nam Yom zum Wat Phra Si Ratana Mahathat in Chaliang; der zweite Übergang liegt rund 2 km nordwestlich hinter zwei Hügeln und führt direkt zu den Ruinen von Si Satchanalai.

ZUG
Sawankhaloks alter Bahnhof ist eine der örtlichen Sehenswürdigkeiten. König Rama VI. ließ extra eine 60 km lange Gleisstrecke von Ban Dara (einer kleinen Ortschaft an der Hauptbahnstrecke nach Norden) nach Sawankhalok bauen, um die Ruinen besuchen zu können. Erstaunlicherweise gibt's heute einen täglich verkehrenden Spezialexpress von Bangkok nach Sawankhalok (482 B, 7 Std., 10.50 Uhr). Der Zug fährt um 19.40 Uhr nach Bangkok zurück, wo er um 3.30 Uhr ankommt. Man kann mit diesem Zug auch nur bis Phitsanulok (50 B) fahren. Der Zug ist ein „Sprinter", d. h. er hat nur 2.-Klasse-Wagen mit Klimaanlage und keine Schlafwagen. Abendessen und Frühstück sind inklusive.

Unterwegs vor Ort
Fahrräder (20 B/Tag) verleihen ein Laden am Tor zum Wat Phra Si Ratana Mahathat und Anbieter in der Nähe der Imbissstände am Eingang zum Geschichtspark.

PROVINZ KAMPHAENG PHET

KAMPHAENG PHET

กำแพงเพชร

30 114 Ew.

Kamphaeng Phet liegt auf halbem Weg zwischen Bangkok und Chiang Mai. Der Name der einstmals befestigten Stadt bedeutet wörtlich „Diamantmauer", in Anspielung auf die Stärke ihrer Mauern. Diese Sicherheitsvorkehrungen waren auch nötig, da die Stadt eine wichtige Stelle in der Verteidigungslinie des Sukhothai- und später des Ayutthaya-Königreichs gegen Angriffe aus Birma und Lanna war. Teile der Mauern sind heute noch zu sehen, wie auch die eindrucksvollen Ruinen mehrerer religiöser Gebäude. Die moderne Stadt erstreckt sich an einem seichten Abschnitt des Mae Nam Ping und gehört zu den schöneren Provinzhauptstädten Thailands.

Praktische Informationen

Die meisten größeren Banken haben in den Hauptstraßen in der Nähe des Flusses sowie in der Th Charoensuk Filialen mit Geldautomaten. In der Th Thesa und der Th Ratchadamnoen gibt's ein paar Internetcafés, auch in der Hauptpost kommt man ins Netz.

Hauptpost (Th Thesa) Gleich südlich der Altstadt. Mit Internetzugang.

Polizei (☎ 0 5571 1199, Notfall 1155)

Touristeninformation (☼ 8–16.30 Uhr) Gegenüber dem Nationalmuseum; hat einige Karten und Broschüren im Angebot. Ein weiteres, stärker an der Stadtgeschichte orientiertes Zentrum befindet sich bei der Ruinengruppe nördlich der Stadtmauer.

Sehenswertes

GESCHICHTSPARK KAMPHAENG PHET

อุทยานประวัติศาสตร์กำแพงเพชร

Dieser **Park** (☎ 0 5571 1921; Eintritt 100–150 B, Fahrrad/Motorrad/Samlor/Auto 10/20/30/50 B; ☼ 8–17 Uhr) gehört zu den Welterbestätten der UNESCO. Die Ruinen der Gebäude stammen aus dem 14. Jh., also ungefähr aus derselben Zeit wie die bekannteren Bauten des Königreichs Sukhothai. An den buddhistischen Stätten Kamphaeng Phets wurde aber noch fast 200 Jahre lang weitergebaut, bis in die Ayutthaya-Epoche hinein, sodass sie von Stilelementen des Sukhothai- und des Ayutthaya-Stils gleichermaßen geprägt sind. Die hiesige

buddhistische Kunst unterscheidet sich also deutlich von der überall sonst in Thailand.

Der Park ist in zwei verschiedene Zonen aufgeteilt; mit dem oben genannten Ticket kann man beide besuchen. Die **Altstadt** (Eintritt 100 B) ist von einer Mauer umgeben (der „Diamantenmauer") und wurde früher von Mönchen der Sekte *gamavasi* („Leben in der Gemeinschaft") bewohnt. Dieses Gebiet wird vom **Wat Phra Kaew** dominiert, der neben dem (heute zur Ruine zerfallenen) Königspalast steht. Die Anlagen sind bei Weitem nicht so gut restauriert wie die in Sukhothai, dafür sind sie kleiner, traulicher und weniger stark besucht. Durch die Verwitterung haben die Buddhafiguren ein schlankes, poröses Aussehen, das manche Besucher an Plastiken Alberto Giacomettis erinnert. Ungefähr 100 m südöstlich des Wat Phra Kaew befindet sich der **Wat Phra That**, der sich durch einen großen, von Säulen umgebenen *chedi* mit rundem Sockel hervortut.

Die meisten Ruinen von Kamphaeng Phet liegen ein paar hundert Meter nördlich der Stadtmauern in einem Gebiet, in dem früher die Mönche der Sekte der *arani* („Leben im Wald") wohnten. Mit dem am Anfang des Abschnitts genannten Ticket kommt man auch hier hinein. Am Eingang steht ein ausgezeichnetes **Besucherzentrum** (Eintritt 100 B; ☼ 8.30–16.30 Uhr). In dem Gebiet gibt es mehr als 40 Tempelbereiche, darunter den **Wat Phra Si Iriyabot** mit den im klassischen Sukothai-Stil gearbeiteten Überresten verwitterter stehender, sitzender, gehender und sich zurücklehnender Buddhafiguren.

Nordwestlich davon befindet sich der **Wat Chang Rawp** („von Elefanten umringter Tempel"), der genau das ist, was der Name beschreibt: ein Tempel mit einer von Elefantenfiguren gekrönten Mauer. In derselben Gegend finden sich noch mehrere andere Tempelruinen, von denen man heute meist nicht mehr sieht als niedrige Backsteinfundamente mit einem verwitterten Buddhabild hie und da.

NOCH MEHR TEMPEL

Jenseits des Mae Nam Ping liegen die verwahrlosten Ruinen des **Wat Phra Borommathat** in einem Gebiet, das schon lange vor der Blütezeit von Kamphaeng Phet besiedelt war. Die noch sichtbaren Überreste stammen allerdings aus der postklassischen Sukhothai-Periode. Der Tempelkomplex hat einige kleine

chedis und einen großen *chedi* aus der späten Sukhothai-Periode. Letzterer ist von einem Schirmdach im birmanischen Stil bekrönt, das im frühen 20. Jh. hinzugefügt wurde.

Im **Wat Khu Yang** gibt es einen schönen *hŏr drai* aus Holz, der aus dem 19. Jh. stammt.

KAMPHAENG PHET NATIONAL MUSEUM
พิพิธภัณฑสถานแห่งชาติกำแพงเพชร

Im **Nationalmuseum** (☎ 0 5571 1570; Th Pindramri; Eintritt 100 B; ☯ Mi–So 9–12 & 13–16 Uhr) findet man unten die üblichen Ausstellungsstücke zu den thailändischen Kunstepochen. Im Obergeschoss werden Artefakte aus der Gegend von Kamphaeng Phet gezeigt, darunter eine gewaltige Shivastatue, die größte hinduistische Bronzeplastik in Thailand. Das Bildwerk

stand früher im nahegelegenen **San Phra Isuan** (Shivaschrein). 1886 stahl ein Tourist Kopf und Hände des Götterbilds (sie wurden später zurückgegeben). Im Schrein steht heute eine Replik.

KAMPHAENG PHET REGIONAL MUSEUM
พิพิธภัณฑ์เฉลิมพระเกียรติกำแพงเพชร

Das **Regionalmuseum** (☎ 0 5572 2341; Th Pindramri; Eintritt 10 B; ☯ 9–16 Uhr) besteht aus einer Reihe aufgestelzter Holzgebäude im Thai-Stil inmitten einer landschaftlich schön gestalteten Anlage. In den drei Hauptgebäuden des Museums finden sich Ausstellungen zur Geschichte und Vorgeschichte sowie zu den verschiedenen ethnischen Gruppen in der Provinz.

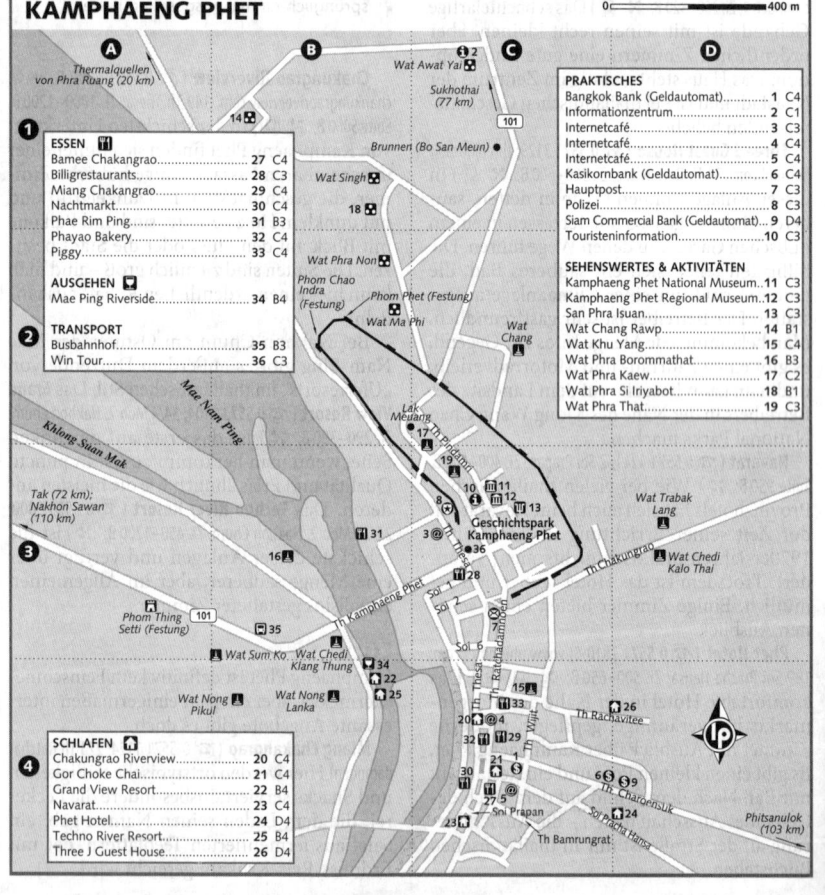

KAMPHAENG PHET

0 ———— 400 m

Thermalquellen von Phra Ruang (20 km)

Wat Awat Yai

Sukhothai (77 km)

Brunnen (Bo San Meun) ●

Wat Singh

Wat Phra Non

Phom Chao Indra (Festung)

Phom Phet (Festung)

Wat Ma Phi

Wat Chang

Mae Nam Ping

Khlong Suan Mak

Tak (72 km); Nakhon Sawan (110 km)

Lak Meuang

Geschichtspark Kamphaeng Phet

Wat Trabak Lang

Wat Chedi Kalo Thai

Phom Thing Setti (Festung)

Wat Sum Ko

Wat Chedi Klang Thung

Wat Nong Pikul

Wat Nong Lanka

Sni Prapan

Th Bamrungrat

Phitsanulok (103 km)

PRAKTISCHES
Bangkok Bank (Geldautomat)	1 C4
Informationszentrum	2 C1
Internetcafé	3 C3
Internetcafé	4 C4
Internetcafé	5 C4
Kasikornbank (Geldautomat)	6 C4
Hauptpost	7 C3
Polizei	8 C3
Siam Commercial Bank (Geldautomat)	9 D4
Touristeninformation	10 C3

SEHENSWERTES & AKTIVITÄTEN
Kamphaeng Phet National Museum	11 C3
Kamphaeng Phet Regional Museum	12 C3
San Phra Isuan	13 C3
Wat Chang Rawp	14 B1
Wat Khu Yang	15 C4
Wat Phra Borommathat	16 B3
Wat Phra Kaew	17 C2
Wat Phra Si Iriyabot	18 B1
Wat Phra That	19 C3

ESSEN
Bamee Chakangrao	27 C4
Billigrestaurants	28 C3
Miang Chakangrao	29 C4
Nachtmarkt	30 C4
Phae Rim Ping	31 B3
Phayao Bakery	32 C4
Piggy	33 C4

AUSGEHEN
Mae Ping Riverside	34 B4

TRANSPORT
Busbahnhof	35 B3
Win Tour	36 C3

SCHLAFEN
Chakungrao Riverview	20 C4
Gor Choke Chai	21 C4
Grand View Resort	22 B4
Navarat	23 C4
Phet Hotel	24 D4
Techno River Resort	25 B4
Three J Guest House	26 D4

NORDTHAILAND

THERMALQUELLEN VON PHRA RUANG

บ่อน้ำร้อนพระร่วง

20 km außerhalb von Kamphaeng Phet befinden sich natürliche **Thermalquellen** (☻ 8.30–16 Uhr) an der Straße nach Sukhothai, gewissermaßen die thailändische Version eines ländlichen Thermalbads. Das angeblich heilkräftige heiße Wasser wird in sieben einzelne Bäder geleitet (50 B), außerdem gibt es ein Außenbecken zum Wassertreten und mehrere Einrichtungen, die traditionelle thailändische Massage anbieten. Öffentliche Transportmittel zu den Thermalquellen gibt es nicht, aber im Three J Guest House (s. rechte Spalte) lässt sich ein Transport organisieren.

Schlafen

Gor Choke Chai (☎ 0 5571 1247; 19-43 Soi 8, Th Ratchadamnoen 1; Zi. 260–320 B; ☒ ▣) Das schachtelartige Gebäude ist mit seinen recht kleinen, aber ordentlichen Zimmern eine gute Budgetoption. Das Haus steht günstig im Zentrum der Neustadt und ist bei thailändischen Geschäftsreisenden beliebt.

Three J Guest House (☎ 0 5571 3129; threejguest@hotmail.com; 79 Th Rachavitee; Zi. 300–600 B; ☒ ▣) In dieser Anlage wohnen Gäste in netten, sauberen Holzbungalows mit Terrassen in einem hübschen Garten, zu denen Wege führen. Die billigsten teilen sich ein sauberes Bad, die teureren sind mit einer Klimaanlage ausgestattet. Der Betreiber ist sehr gastfreundlich. Man bekommt jede Menge Infos zur Gegend, es gibt einen Fahrrad- und Motorradverleih, und man kann Besuche auf dem Landsitz des Betreibers in der Nähe des Klong Wang Chao National Parks machen.

Navarat (☎ 0 5571 1211; 2 Soi Prapan; Zi. 400–500 B, Suite 950 B; ☒) Wie bei vielen thailändischen Provinzhotels hat sich auch beim Navarat seit der Zeit seiner Errichtung in den frühen 1970er-Jahren praktisch nichts mehr verändert. Trotzdem ist das Hotel sauber und gemütlich. Einige Zimmer bieten einen schönen Ausblick.

Phet Hotel (☎ 0 5571 2810-5; www.phethotel.com; 189 Soi Pracha Hansa; Zi. 500–650 B; ☒ ▣ ☒) Das komfortable Hotel in der Nähe des Morgenmarkts hat geräumige, gepflegte, moderne Zimmer mit Ausblick über Kamphaeng Phet. Es gibt einen kleinen Pool und ein Restaurant mit Bar. Nach dem Schild auf dem Dach des Gebäudes Ausschau halten – die Ausschilderung an der Straße ist nur in thailändischen Buchstaben.

Chakungrao Riverview (☎ 0 5571 4900-8; www.chankungraoriverview.com; 149 Th Thesa; Zi. 1000–1200 B, Suite 5000 B; ☒ ▣) In der schicksten Unterkunft von Kamphaeng Phet finden sich hinter einer unscheinbaren Fassade einige hübsche Zimmer, die geschmackvoll in Dunkelgrün und mit dunklem Holz gestaltet sind und Balkone mit Blick auf den Fluss oder die Stadt besitzen. Die Suiten sind ziemlich groß – und man kann hier einen ordentlichen Rabatt aushandeln!

Bei Nakhon Chum am Ostufer des Mae Nam Ping gibt es außerdem Dutzende von „Uferresorts" im thailändischen Stil. Das **Grand View Resort** (☎ 0 5572 1104; 34/4 Moo 2, Nakhon Chum; Zi. 290–390 B; ☒) ist das erste auf der linken Seite, wenn man herkommt; es ist in puncto Qualität und Preis ähnlich wie die meisten anderen. Das **Techno River Resort** (☎ 0 5579 9800; 27/27 Moo 2, Nakhon Chum; Zi. 450–1200 B; ☒) ist die schickste dieser Anlagen und verfügt über eine Menge sauberer, aber im Allgemeinen einfallslos gestalteter Zimmer.

Essen

Kamphaeng Phet ist definitiv kein Feinschmeckermekka, aber ein paar einigermaßen interessante Angebote gibt es doch.

Miang Chakangrao (☎ 0 5571 1124; 273 Th Ratchadamnoen) Hier werden ortstypische Süßigkeiten und Snacks serviert, insbesondere die Leckerei, die dem Laden seinen Namen gab: ein Salat aus fermentierten Teeblättern, der mit Erdnuss-Reis-Krokant gereicht wird.

Bamee Chakangrao (keine Ausschilderung in lateinischen Buchstaben; ☎ 0 5571 2446; Th Ratchadamnoen; Gerichte 25–30 B; ◷ 8.30–15 Uhr) Dünne Nudeln aus Weizen und Eiern (*bà·mèe*) sind eine Spezialität von Kamphaeng Phet; dieses bekannte Restaurant ist es eines der besten Lokale, um sie zu probieren. Die Nudeln werden täglich hinter dem Restaurant frisch zubereitet. Außerdem gibt's hier Schweinefleisch-Satay.

Phayao Bakery (Th Thesa 1; Gerichte 45–120 B; ◷ morgens, mittags & abends) Nicht von den dunkel getönten Scheiben irritieren lassen: Drinnen finden Gäste neben gutem Kaffee, diversen Backwaren und Eiscreme eine entspannte, familienfreundliche Atmosphäre vor. Die Klimaanlage sorgt bei großer Hitze für Abkühlung.

Piggy (keine Ausschilderung in lateinischen Buchstaben; Th Ratchadamnoen; 70 B/Pers.; ◷ 17–22 Uhr) *Mŏo gà·tá*, Schweinefleisch, das über einen Feuertopf gegart wird, gehört zu den beliebten Gerichten in diesem Landesteil. Man wählt seine Lieblingszutaten am Büffet aus, gart sein Fleisch und gibt Gemüse und andere Zutaten in die Brühe. Der Laden hat kein englisches Schild, liegt aber an der Straßenecke und außerdem sieht man meist schon mehrere Gäste, die Fleisch garen und essen.

Ein munterer Nachtmarkt wird jeden Abend in der Nähe des Flusses gleich nördlich vom Navarat Hotel abgehalten. Einige preisgünstige Restaurants gibt es auch in der Nähe des Rondells über die Hauptbrücke über den Mae Nam Ping. Zu ihnen gehört das außerordentlich beliebte **Kamphaeng Phet Phochana** (keine Ausschilderung in lateinischen Buchstaben; ☎ 0 5571 3035; Gerichte 25–50 B; ◷ 6–1 Uhr), wo es praktisch alle typischen Thai-Gerichte von *pàt tai* bis zu *kôw man gài* gibt. Hier kann man auch *chŏw gòoay*, Grasgelee, probieren, ein Produkt, das in Kamphaeng Phet hergestellt wird. Eine englische Ausschilderung ist nicht vorhanden, der Laden ist an der regenbogenfarbenen Fassade zu erkennen.

Ausgehen

Ein großer Teil des „Unterhaltungsangebots" in Kampaeng Phet hat mit Hostessen oder Karaoke zu tun. Wer eine Ausgehoption sucht, zu der die ganze Familie mitgehen kann, steuert am besten die verschiedenen Uferrestaurants mit Kneipen an. Im **Mae Ping Riverside** (☎ 0 5572 2455; 050/1 Moo 2, Nakhon Chum; Gerichte 40–120 B; ◷ mittags & abends) gibt's ordentliches Essen, eine Fass und Livemusik und eine kühle Brise vom Fluss.

An- & Weiterreise

Der Busbahnhof liegt ungefähr 1 km westlich der Stadt. Wer aus Sukhothai oder Phitsanulok kommt, sollte in der Altstadt oder am Kreisverkehr an der Th Tesa aussteigen, um sich das Songthaeo für die Fahrt zurück in die Stadt zu sparen.

Die meisten Besucher kommen aus Sukhothai (Songthaeo/2. Klasse mit Klimaanlage 50/62 B, 1½ Std.), Phitsanulok (normal/mit Klimaanlage 60/84 B, 2½ Std.) oder Tak (2. Klasse mit Klimaanlage 48 B, 1½ Std.).

Den ganzen Tag über fahren häufig Busse nach Bangkok (2. Klasse mit Klimaanlage/1. Klasse mit Klimaanlage 244/308 B, 5 Std.). Tickets sind im Vorverkauf bei **Win Tour** (☎ 0 5571 3971; Th Kamphaeng Phet) erhältlich.

Unterwegs vor Ort

Die preisgünstigste Art, vom Busbahnhof in die Stadt zu kommen, ist, ein Sammel-Songthaeo (15 B/Pers.) bis zum Kreisverkehr jenseits des Flusses zu nehmen. Von dort bringt einen ein Samlor für 20 bis 30 B zu jedem Ziel innerhalb der Stadt. Die Fahrt mit dem Motorradtaxi vom Busbahnhof zu den meisten Hotels in der Innenstadt kostet 40 B.

Um die Gebiete außerhalb der Altstadt zu erkunden, lohnt es sich, ein Fahrrad oder Motorrad zu mieten – man erhält beides im Three J Guest House (S. 460; Fahrrad/Motorrad pro Tag 50/200 B).

PROVINZ TAK

Die wilde, bergige Provinz Tak besitzt dank ihrer Nähe zu Myanmar eine komplexe Geschichte und weist einen einmaligen kulturellen Mix auf.

Der Großteil der Provinz ist bewaldet und bergig und damit ideal zum Wandern. Sowohl im Westen, als auch im Norden finden sich Siedlungen der Hmong, Musoe (Lahu), Lisu sowie der Weißen und der Roten Karen. In den 1970er-Jahren waren viele der Berge eine Brutstätte für kommunistische Guerillaaktivitäten. Seit den 1980er-Jahren beteiligt sich der frühere Führer der örtlichen Gruppe der KPT am Bau von Resorthotels. Der größte Teil von Tak ist für Besucher zugänglich, doch wirkt die Region immer noch rau und ursprünglich.

Insbesondere der Westen Taks steht unter starkem kulturellen Einfluss der Karen und

der Birmanen, weswegen er sich seit jeher deutlich von den anderen Teilen Thailands unterscheidet. In der Grenzregion zwischen Thailand und Myanmar (Mae Ramat, Tha Song Yang und Mae Sot) gibt es viele Flüchtlingslager, eine Folge der Gefechte zwischen der Karen National Union (KNU) und den birmanischen Regierungstruppen. Zum Zeitpunkt der Recherche lebten mehr als 121 000 registrierte Flüchtlinge aus Myanmar allein in der Provinz Tak.

Die gleichnamige Provinzhauptstadt selbst ist nicht sonderlich interessant. Seit sich in den letzten Jahren die Verkehrsanbindung an andere Teile der Provinz stark verbessert hat, müssen Traveller gar nicht mehr durch sie hindurch. Wenn man aber in der Gegend ist, bietet sich ein Besuch des **Wat Phra Borommathat** in Ban Tak an, das von Tak aus 25 km stromaufwärts am Mae Nam Tak liegt. Der Wat steht an der historischen Stätte eines *chedi*, der einer Legende zufolge unter der Herrschaft von König Ramkhamhaeng (1275–1317) zur Feier seines Sieges in einer Elefantenschlacht über König Sam Chon errichtet wurde. Dieser beherrschte ein unabhängiges Königreich, das sein Zentrum in oder nahe bei Mae Sot hatte. Hauptattraktion des Wats ist ein großer, schlanker, vergoldeter *chedi* im Shan-Stil, der von zahlreichen kleineren, ähnlich gestalteten *chedis* umgeben ist. Jede Woche strömen scharenweise Thais zum Tempel, die glauben, dass ihnen hier die richtigen Lottozahlen offenbart würden.

Etwa 45 km nördlich von Tak – über die Rte 1 und dann 17 km westwärts auf der Straße nach Sam Ngao (zwischen Km 463 und Km 464) – liegt der 154 m hohe **Kheuan Phumiphon** (Bhumibol-Staudamm), der größte Staudamm Südostasiens, der hier den Mae Nam Ping staut. Die Ufer und Inseln des Stausees sind beliebte Picknickplätze der einheimischen Thais.

MAE SOT
แม่สอด
41 158 Ew.

Obgleich Mae Sot abgelegen und relativ klein ist, gehört es zu den kulturell vielfältigsten Städten Thailands. In den Straßen herrscht ein bunter ethnischer Mix: Birmanen in ihren *longyi* (Sarongs), Hmong- und Karen-Frauen in den traditionellen Kostümen der Bergstämme, bärtige Muslime, thailändische Armeekommandos und ausländische Mitarbeiter

von Nichtregierungsorganisationen prägen das Stadtbild. Man hört hier mehr birmanisch und Karen als Thai, die Ladenschilder in den Straßen sind mit thailändischen, birmanischen und chinesischen Schriftzeichen beschriftet, und die Tempelarchitektur in Mae Sot sieht überwiegend birmanisch aus. Mae Sot ist außerdem zum wichtigsten Jade- und Edelsteinzentrum an der Grenze geworden; der Handel liegt überwiegend in den Händen chinesischer und indischer Einwanderer aus Myanmar.

Obgleich es in Mae Sot nicht viele echte Sehenswürdigkeiten gibt und die meisten Traveller eigentlich nur wegen einer Visaverlängerung kommen, bleiben viele doch länger als geplant. Der brummende Markt, mehrere gute Restaurants und das unterhaltsame Nachtleben sind daran nicht ganz unschuldig.

Praktische Informationen
Mehrere Banken im Zentrum haben Geldautomaten. Auslandsgespräche können im Restaurant Bai Fern (S. 467) und bei Se. Southeast Express Tours geführt werden. Mae Sot besitzt weder eine offizielle Touristeninformation noch ein TAT-Büro, aber das Ban Thai Guest House (S. 466) und Khrua Canadian (S. 467) sind gute Informationsquellen; das Restaurant hat eine Karte des Gebiets sowie die aktuellen Busfahrpläne samt Preisen.

Se. Southeast Express Tours (522/3 Th Intharakhiri; 20 B/Std.) Es gibt noch einige weitere Internetcafés weiter westlich.

Touristenpolizei (☎ 1155; 738/1 Th Intharakhiri) Unterhält Büros östlich vom Stadtzentrum sowie am Markt bei der Friendship Bridge.

Sehenswertes & Aktivitäten
GRENZMARKT & MYAWADI
ตลาดริมเมย/เมียวดี

Es gibt einen großen überdachten **Markt** auf der thailändischen Seite des Mae Nam Moei, auf dem legal Alltagsgegenstände aus Myanmar und billige chinesische Elektronik verkauft werden.

Die meisten Leute kommen allerdings hierher, um nach Myawadi in Myanmar (Birma) einzureisen. Die **thailändische Einreisebehörde** (☎ 0 5556 3000; ⏱ 6.30–18.30 Uhr) an der Friendship Bridge kümmert sich um die Formalitäten – wer hier Probleme hat, findet sein eine zweite Stelle im nahegelegenen Mae Moei Shopping Bazaar. Nach wenigen Minuten ist

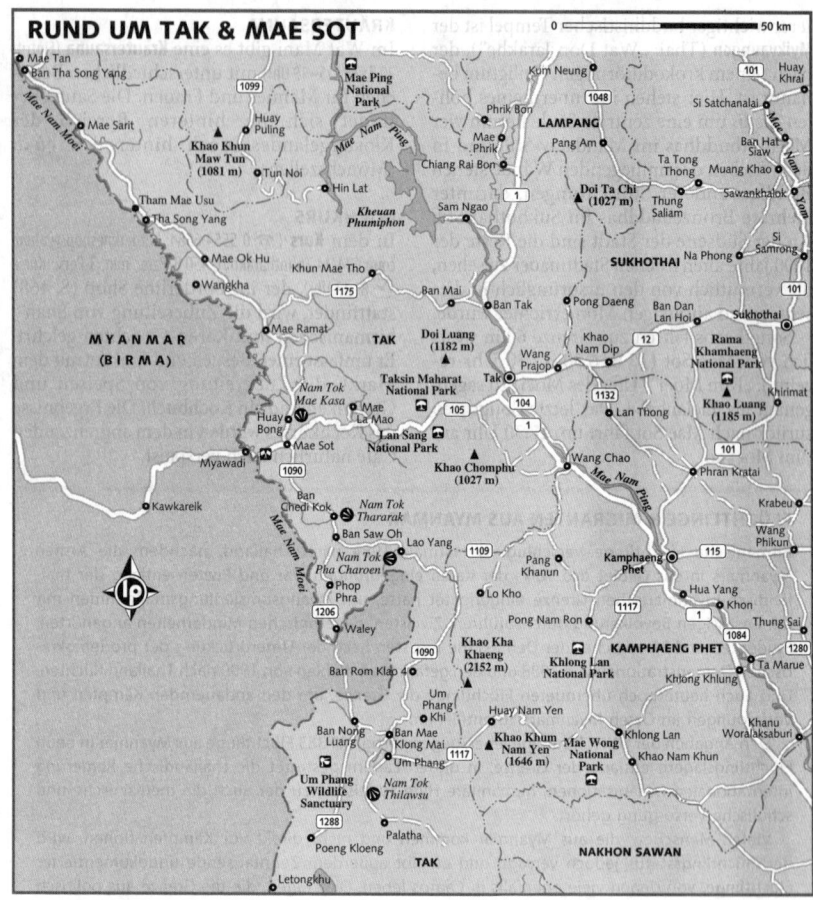

RUND UM TAK & MAE SOT

der notwendige Papierkram, um Thailand offiziell zu verlassen, erledigt und der Weg nach Myanmar über die 420 m lange, mit Bögen versehene Friendship Bridge frei.

Auf der anderen Seite der Brücke befindet sich die **Einreisebehörde von Myanmar.** Hier erhält man für 10 US$ oder 500 B ein Tagesvisum und hinterlegt seinen Pass als Pfand. Dann kann man den Tag in Myawadi verbringen, muss aber bis 17.30 Uhr Myanmar-Zeit (die eine halbe Stunde hinter der thailändischen hinterherhinkt) seinen Pass abgeholt und die birmanische Einreisestelle passiert haben. Bei der Rückkehr nach Thailand stellt die thailändische Einreisebehörde an der Brücke ein neues Touristenvisum aus (Infos zum Visa-Run gibt's auf S. 830).

Bevor man sich auf den Weg zur Friendship Bridge macht, sollte man sich in Mae Sot nach der Lage an der Grenze erkundigen. Zuweilen wird die Grenze wegen Spannungen zwischen Myanmar und Thailand ein paar Tage dicht gemacht. Sollte die Grenze geschlossen sein und das 30-Tage-Visum ablaufen, kriegt man bei der Einreisebehörde kostenlos eine Verlängerung für einen Tag. Für jeden weiteren Tag werden dann 500 B fällig.

Myawadi ist eine ziemlich typische birmanische Stadt mit ein paar Klöstern, Schulen und Geschäften. Der bedeutendste Tempel ist der **Shwe Muay Wan**, ein in traditioneller Glockenform errichteter *chedi,* der mit mehreren Kilo Gold überzogen und mit mehr als 1600 Edel- und Halbedelsteinen besetzt ist. Ein wei-

terer wichtiger buddhistischer Tempel ist der **Myikyaungon** (Thai: „Wat Don Jarakhe"), der nach seinem krokodilförmigen Heiligtum benannt ist. Hier stehen im Innern eines hohlen *chedis* um eine zentrale Säule herum vier Marmorbuddhas im Mandalay-Stil, und in den Nischen der umliegenden Wände stehen Buddhas anderer Stilrichtungen, darunter mehrere Bronzebuddhas im Sukhothai-Stil. An der Südseite der Stadt sind die Reste der 1000 Jahre alten irdenen Stadtmauer zu sehen, die vermutlich von den ursprünglich in dieser Gegend ansässigen Mon errichtet wurde.

Songthaeos fahren zur Grenze 6 km westlich von Mae Sot (15 B, 6.30–17.30 Uhr regelm.): „Rim Moei" (Ufer des Moei) zu sagen, genügt als Zielangabe. Das letzte Songthaeo zurück nach Mae Sot fährt um 17.30 Uhr am Rim Moei ab.

KRÄUTERSAUNA

Im Wat Mani gibt es eine **Kräutersauna** (Eintritt 20 B; ☯ 15–19 Uhr) mit unterschiedlichen Bereichen für Männer und Frauen. Die Sauna befindet sich im hinteren Bereich des Klostergeländes, noch hinter den *gù·dì* (Mönchszellen).

KOCHKURS

In dem **Kurs** (☎ 0 5554 6584; borderlineshop@yahoo. com; 674/14 Th Intharakhiri; 450 B/Pers., min. 3 Pers.; Kurse ☯ 8–13 Uhr), der im Borderline Shop (S. 468) stattfindet, wird die Zubereitung von Shan-, birmanischen und Karen-Gerichten gelehrt. Er umfasst einen Besuch und Einkauf auf dem Markt, die Zubereitung von Speisen und Getränken und ein Kochbuch. Die Ergebnisse des Kochkurses werden in dem angrenzenden Café natürlich auch verspeist.

FLÜCHTLINGE & MIGRANTEN AUS MYANMAR

Birmanische Flüchtlinge verschlug es erstmals 1984 nach Thailand, nachdem die Armee Myanmars in das Gebiet des Volks der Karen eingedrungen war und Posten entlang der thailändisch-myanmarischen Grenze eingerichtet hatte, um Zwangsumsiedlungsmaßnahmen mit der ansässigen Bevölkerung durchzuführen. Zivilisten, die ethnischen Minderheiten angehörten, Studenten und Fürsprecher der Demokratie mussten nach der Unterdrückung der prodemokratischen Demonstrationen von 1988 und den gefälschten Wahlen von 1990 nach Thailand flüchten. Und auch heute noch überqueren Flüchtlinge die Grenze, um den andauernden Kämpfen und Verfolgungen im Osten Myanmars zu entfliehen.

Den Angaben des UNHCR zufolge leben gegenwärtig 121 383 Flüchtlinge aus Myanmar in neun Flüchtlingslagern entlang der Grenze. In diesen Lagern gestattet die thailändische Regierung internationalen Organisationen, humanitäre Hilfe zu leisten, zu der auch die medizinische und schulische Versorgung gehört.

Vielen Menschen, die aus Myanmar kommen und nicht direkt vor Kämpfen flohen, wird der Flüchtlingsstatus jedoch versagt, und es gibt außerdem Zehntausende undokumentierter Flüchtlinge, von denen viele ebenfalls in Camps leben. Diejenigen, die die Grenze aus politisch verursachter wirtschaftlicher Not oder aufgrund von Menschenrechtsverletzungen überschreiten, werden dann häufig zu Gastarbeitern mit einem unsicheren politischen und rechtlichen Status. Nahezu 2 Mio. birmanische Gastarbeiter und ihre Familien leben in Thailand – häufig unter dem Existenzminimum. Sie arbeiten auf Farmen, in Fabriken, in der Fischerei, als Bauarbeiter oder Haushaltshilfen, werden häufig von ihren Arbeitgebern ausgebeutet oder von den Beamten ins Heimatland deportiert. Oft fehlt ihnen jeder Zugang zu grundlegenden Bildungseinrichtungen und medizinischer Versorgung.

Fremdarbeiter aus der Region können sich offiziell registrieren lassen. Sie erhalten dann einen Ausländerausweis und, wenn sie einen Job haben, auch eine Arbeitserlaubnis. Laut dem thailändischen Gesetz haben Migranten und registrierte Fremdarbeiter das Recht, eine nationale Krankenversicherung abzuschließen, und Migrantenkinder ein Recht auf Grundschulbildung. Aber wegen ihres rechtlichen Status gehen die meisten birmanischen Einwanderer den thailändischen Behörden lieber aus dem Weg. Heute liegen deshalb viele dieser Dienstleistungen in den Händen von internationalen Organisationen und Nichtregierungsorganisationen. Wer mithelfen will, findet auf S. 51 einen Überblick über die verschiedenen Möglichkeiten, in Nordthailand ehrenamtliche Arbeit zu leisten. Weitere Infos zu den Flüchtlingen und Migranten sowie zur Lage in Birma sind unter www.burmanet.org und www.irrawaddy.org zu finden.

MAE SOT

0 —————— 200 m

Wat Phra That
Doi Din Kiu
(Ji) (11 km)

Khao-Mao Khao-Fang (1,5 km);
Lan Sang National Parks (19 km);
Doi Muser Hilltribe Cultural Center (26 km);
Taksin Maharat National Park (28 km);
Markt der Bergstämme (29 km); Mae Ramat (33 km);
Um Phang (150 km);
Mae Sariang (221 km)

Th Asia

Tak (80 km)

PRAKTISCHES
Bangkok Bank (Geldautom./-wechsel)....**1** C3
Bank of Ayutthaya (Geldautomat).......**2** B3
Telefonzellen für Auslandsgespräche..(siehe 23)
Krung Thai Bank (Geldautomat).........**3** C3
Polizei..**4** C2
Post..**5** C3
Se. Southeast Express Tours.............**6** C2
Siam Commercial Bangkok
  (Geldautomat/-wechsel).................**7** C2
Verkehrspolizei...............................**8** B3

SEHENSWERTES & AKTIVITÄTEN
Kochkurs......................................(siehe 31)
Mae Sot Conservation Tour..............**9** C3
Max One Tour................................**10** C2
Wat Mani (Sauna)..........................**11** D2

SCHLAFEN
Bai Fern Guest House.......................**12** B2
Ban Thai Guest House......................**13** B2
Centara Mae Sot Hill Resort.............**14** D1
DK Mae Sot Square Hotel.................**15** C2
First Hotel....................................**16** C2
Green Guest House..........................**17** C2
No 4 Guest House...........................**18** B3
Phan Nu House..............................**19** B3
Rujira..**20** B4
Smile Guest House..........................**21** B3

Markt

Th Childwana

Touristenpolizei (150 m);
Poonnagunn Hotel (750 m)

Th Intharakhin

Wat
Aranyakhet

Th Sri Phanit

Th Tang
Kim Chiang

Th Si Wiang

Moschee

Th Prasat Withi

Schule

Mao Tao Clinic (Klinik von Dr. Cynthia) (700 m);
Busbahnhof (850 m);
Flughafen (1 km);
Wat Wattanaram (3 km);
Mae Nam Moei (Moei River) (7 km);
Friendship Bridge zw. Thailand & Myanmar (7 km);
Touristenpolizei (7 km)

Krankenhaus

Th Bun Khun

Pha-Waw
Hospital

ESSEN
Aiya...**22** B3
Bai Fern.......................................**23** B2
Casa Mia......................................**24** A3
Hazel Taste...................................**25** C3
Khrua Canadian.............................**26** C3
Lucky Tea Garden...........................**27** C3
Imbissstände auf dem Nachtmarkt....**28** C3

AUSGEHEN
Kung's Bar....................................**29** B2
Thaime's.......................................**30** A3

SHOPPEN
Borderline Shop.............................**31** B2
Städtischer Markt...........................**32** B3

TRANSPORT
Bushaltestelle................................**33** C2
Jit Motorcycle...............................**34** C3
Songthaeo nach Phop Phra, Waley &
  Um Phang..................................**35** C3
Songthaeo zum Rim Moei................**36** B3
Well Driving Service........................**37** A3

Geführte Touren

Mehrere Pensionen veranstalten auch Touren in die Umgebung. Das Personal im Khrua Canadian Restaurant (S. 467) führt Buch über die verschiedenen Tourangebote und ist eine gute Infoquelle. Wenn man nach Um Phang möchte, ist es empfehlenswert, direkt dort zu buchen, weil nur relativ wenige Veranstalter Büros in Mae Sot haben. Weitere Touroptionen ab Um Phang, s. S. 469.

Die im Folgenden genannten Unternehmen sind am längsten im Geschäft und am vertrauenswürdigsten:

Mae Sot Conservation Tour (☎ 0 5553 2818; maesotco@hotmail.com; 415/17 Th Tang Kim Chiang; 1-tägige Tour 1500 B/Pers.) Veranstaltet lehrreiche Touren zu Dörfern der Karen um Mae Sot.

Max One Tour (☎ 0 5554 2942; www.maxonetour.com; Mae Sot Sq, Th Intharakhiri; 3-tägiger Trek 5550 B/Pers.) Dieses Unternehmen veranstaltet auf abenteuerliche Erlebnisse ausgerichtete Touren, meist in der Gegend um Um Phang.

Se. Southeast Express (☎ 0 5554 7048; 522/3 Th Intharakhiri; 3-tägige Tour 6500 B/Pers.) Hat die üblichen drei- bis viertägigen Touren nach Um Phang und in die Umgebung sowie eintägige Touren rund um Mae Sot im Programm.

Festivals & Events

Im April findet eine große **thailändisch-birmanische Edelsteinmesse** statt. Ungefähr um die gleiche Zeit tragen Sportler beider Länder einen **Thai-Box-Wettkampf** im traditionellen Stil aus, der außerhalb der Stadt veranstaltet wird.

NORDTHAILAND

Die Kämpfe finden in einem kreisrunden Ring statt und gehen über fünf Runden; die ersten vier Runden dauern drei Minuten, die letzte hat kein Zeitlimit. Mit ihren mit Hanfstoff umwickelten Fäusten kämpfen die Boxer so lange, bis einer blutet oder k. o. geschlagen wird. Wo dieser jährliche Schlagabtausch stattfindet, ändert sich; wer es wissen will, muss herumfragen.

Schlafen
BUDGETUNTERKÜNFTE
Viele Unterkünfte in Mae Sot gehören zur Budgetkategorie und sind auf Mitarbeiter von Nichtregierungsorganisationen eingestellt, die länger bleiben.

Green Guest House (☎ 0 5553 3207; krit.sana@hotmail.com; 406/8 Neben-soi abseits der Th Intarahakhiri; B 100 B, Zi. 150–250 B) Eine Lehrerin und ihr Mann betreiben diese ruhige, freundliche Herberge. Das Haus hat eine Reihe recht großer Zimmer mit TV und guten Möbeln. Eine tolle, zentral gelegene Option mit schönem Garten.

Smile Guest House (☎ 08 5129 9293; smilemaesot@gmail.com; 738 Th Intarahakhiri; Zi. 100–300 B; 🐾 🖳) In dem großen Wohnhaus aus Holz gibt es ein paar einfache, aber saubere Zimmer. Die billigeren Unterkünfte teilen sich ein Gemeinschaftsbad. Längerfristige Aufenthalte sind möglich.

Bai Fern Guesthouse (☎ 0 5553 1349; www.bai-fern.com; Th Intharakhiri; Zi. 150–300 B; 🐾 🖳) Das große Haus steht nicht direkt an der Straße. Die Zimmer sind schlicht, aber ordentlich und haben gut ausgestattete Gemeinschaftsbäder. Der Service ist sehr freundlich. Im Gemeinschaftsbereich können Gäste eine Küche, einen Kühlschrank, WLAN und einen Fernseher nutzen.

DK Mae Sot Square Hotel (Duang Kamol Hotel; ☎ 0 5554 2648; 298/2 Th Intharakhiri; Zi. mit Ventilator od. Klimaanlage 250–450 B; 🐾 🖳) Würden die Betten, Handtücher und Bettlaken hier durch neue ersetzt, wäre das Haus eine phantastische Budgetoption. So können die großen Zimmer in dem dreistöckigen Hotel nur als durchschnittlich bezeichnet werden, aber das Haus hat immerhin eine günstige Lage.

Phan Nu House (☎ 08 1972 4467; 563/3 Th Intharakhiri; Zi. 250–500 B; 🐾 🖳) Diese neue Herberge bietet 19 große Zimmer in einem Wohnviertel gleich hinter der Straße. Die meisten sind mit Klimaanlage, Fernseher, Kühlschrank und Warmwasseranschluss ausgestattet und damit ein günstiges Angebot.

LP Tipp **Ban Thai Guest House** (☎ 0 5553 1590; banthai _mth@hotmail.com; 740 Th Intharakhiri; Zi. 250–950 B; 🐾 🖳) Der kleine Komplex aus fünf umgebauten thailändischen Häusern in einer von Hibisken gesäumten Gasse bietet geräumige, sehr stilvolle Zimmer mit viel Holz, Möbeln im Thai-Stil, Sitzkissen und thailändischen Textilien. Zu den billigeren Zimmern gehören in großer Zahl vorhandene Gemeinschaftsbäder; die teureren haben eigene Bäder, große Terrassen und manche auch eine Lounge bzw. einen Büroraum. In den Gemeinschaftsbereichen gibt es Kabel-TV, DVD-Player und WLAN. Fahrräder und Motorräder werden verliehen, zudem gibt's einen Wäscheservice. Die Unterkunft ist bei länger bleibenden Mitarbeitern von Nichtregierungsorganisationen beliebt, es empfiehlt sich deshalb, vorab zu reservieren.

First Hotel (☎ 0 5553 1233; Fax 0 5553 1340; 44 Th Intharakhiri; Zi. mit Ventilator/Klimaanlage 270/450 B; 🐾) Dieses Haus gehört zu den bizarreren, die wir bei unserer Recherche für diesen Reiseführer kennengelernt haben. Von außen wirkt es wie eine verlassene Bruchbude. Im Innern aber ist es ein Traum aus Teak mit aufwändigen Schnitzereien von Wasserspeiern bis zu Meerjungfrauen, die praktisch auf allen Flächen zu sehen sind. Die Zimmer sind sehr groß, haben Marmorböden, weitere Teakschnitzereien und sind echt komfortabel.

MITTEL- & SPITZENKLASSEHOTELS
Rujira (☎ 0 5554 4969; rujira_tom@hotmail.com; 3/18 Th Buakjoon; Zi. inkl. Frühstück 350–1000 B; 🐾 🖳) Diese großartige Unterkunft hat geräumige, apartmentartige Zimmer mit einem heimeligen Touch. Auch die Gemeinschaftsbereiche sind herrlich: Es gibt viele schattige Sitzbereiche draußen, ein Restaurant und einen schicken Coffeeshop. Der einzige Nachteil ist der lange Fußweg zum Stadtzentrum. Gäste können anrufen, wenn sie vom Busbahnhof abgeholt werden möchten (100 B).

Poonnagunn Hotel (☎ 0 5553 4732; www.poonnagunn.com; 10/3 Th Intharakhiri; Zi. inkl. Frühstück 1200–1500 B; 🐾 🖳) Das ist eines der Hotels, die man auf Reisen gern überall hätte: Die Zimmer sind groß, neu, geschmackvoll dekoriert und nett möbliert; eine kleine Veranda kommt noch hinzu. Das Hotel liegt ungefähr 750 m östlich der Stadt. Im Allgemeinen ist ein Rabatt von 20 % drin.

Centara Mae Sot Hill Resort (☎ 0 5553 2601; www.centarahotelsresort.com; 100 Th Asia; Zi. inkl. Frühstück 1800–

2000 B, Suite inkl. Frühstück 3000–3500 B; 🏊 🖥 🛏) Für diesen Preis sind die Zimmer ein wenig zu verwohnt. Doch wenn es einem nichts ausmacht, außerhalb des Stadtzentrums zu wohnen, und man auf Extras wie Pool, Tennisplätze, ein gutes Restaurant, eine Disco und eine Bar nicht verzichten will, gibt's keine Alternative.

Essen

Mae Sot ist eine Art kulinarisches Babel – hier ist eine so große gastronomische Vielfalt vertreten, wie sie in kaum einer anderen thailändischen Stadt zu finden ist. Toll frühstücken kann man in der Gegend unmittelbar südlich der Moschee, wo mehrere gut besuchte muslimische Restaurants süßen Tee, Roti und *nanbya*, Brot aus dem Tandoor, servieren. Auf dem brummenden Tagesmarkt gibt's birmanische Gerichte wie *mohinga*, das inoffizielle Nationalgericht der Region, oder Currys birmanischer Art mit Reis. Auf Mae Sots Nachtmarkt kriegt man hingegen hauptsächlich thailändische und chinesische Gerichte.

Lucky Tea Garden (Th Bun Khun; Gerichte 10–50 B; ⏰ 5.30–21 Uhr) Wer ein authentisches birmanisches Teelokal kennenlernen möchte, ohne nach Myawadi zu fahren, kann in diesem freundlichen Café einkehren und süßen Tee, herzhafte Snacks und – natürlich – schlechte birmanische Popmusik genießen. Hungrige können sich hier an den stadtweit besten Biryanis laben.

Hazel Taste (Th Intharakhiri; Gerichte 20–60 B; ⏰ 8–21 Uhr) Dieses moderne Café mit Klimaanlage bietet eine große Auswahl toller Kaffeespezialitäten, schmackhafte Süßwaren und Internetzugang an.

Casa Mia (☎ 08 7204 4701; Th Don Kaew; Gerichte 30–180 B; ⏰ 8–22 Uhr) Versteckt in einer Seitenstraße serviert dieses einfache Restaurant hausgemachte Pasta zu Minipreisen. Und sie schmeckt auch noch richtig gut. Daneben gibt's thailändische und birmanische Gerichte sowie ein paar ausgefallene Desserts, z. B. leckeren Banoffee-Pie (englische Süßspeise aus Bananen, Sahne und gesüßter Kondensmilch).

Aiya (☎ 0 5553 0102; 533 Th Intharakhiri; Gerichte 45–80 B; ⏰ 10–22 Uhr) Gegenüber dem Bai Fern Guest House liegt dieses einfache birmanische Restaurant mit phantastischer birmanischer Küche, das vor allem in Sachen vegetarische Gerichte die Nase vorn hat. Es gibt einen tollen birmanischen Teeblatt-Salat. Empfehlenswert sind auch alle Gerichte von der „One Dream One World"-Karte – von den Einnahmen der Gerichte auf dieser Karte gehen 20 % an die Organisation, von der der Laden seinen Namen hat. An einigen Abenden wird Livemusik gespielt.

Khrua Canadian (☎ 0 5553 4659; 3 Th Sri Phanit; Gerichte 40–280 B; ⏰ 7–21 Uhr) Hier kann man mal vergessen, dass man in Asien ist: Der Kanadier Dave braut seinen eigenen Kaffee und serviert hausgemachte Bagels, Delikatessandwiches mit Fleisch und Käse und eine große Palette von Frühstücksgerichten. Die Portionen sind groß, das Angebot ist abwechslungsreich, und wenn man sich schließlich erinnert, dass man sich ja in Thailand befindet, kriegt man hier auch noch Infos zur Region.

Bai Fern (☎ 0 5553 3343; Th Intharakhiri; Gerichte 50–350 B; ⏰ 8–22 Uhr) Das gemütliche, mit Holzmöbeln ausgestattete Bai Fern hat eine schöne Atmosphäre und ist den ganzen Tag über ein beliebter Treffpunkt. Die hier servierten Thai-Gerichte werden gerühmt, zusätzlich gibt's auch noch Steaks, Salate und birmanische Currys. Man kann aber auch einfach nur zu Kaffee und Kuchen vorbeischauen und dabei dann gemütlich Zeitung lesen.

LP Tipp **Khao-Mao Khao-Fang** (keine Ausschilderung in lateinischen Buchstaben; ☎ 0 5553 2483; 382 Mu 5, Mae Pa; Gerichte 80–220 B; ⏰ 11–22 Uhr) Es ist, als speise man in einer Luxusausgabe eines Dschungels, denn in dem von einem thailändischen Botaniker gestalteten Lokal gibt es statt Kandelabern Weinranken, Orchideen und viel fließendes Wasser. Auf den Tisch kommen sehr interessante Thai-Gerichte mit vor Ort erzeugten Zutaten wie Fisch aus dem Mae Nam Moei und Kräutern und Gemüse aus der Region. Unbedingt einen der köstlichen *yams* (scharfe Salate auf thailändische Art) mit Zutaten wie weißem Kurkuma oder Pilzen aus der Gegend probieren! Das Restaurant liegt nördlich der Stadt an der Straße nach Mae Ramat zwischen den Kilometersteinen 1 und 2.

Ausgehen & Unterhaltung

Mae Sot hat ein munteres Nachtleben; vor allem an den Wochenenden steppt der Bär. Die meisten Bars, auch die im Folgenden genannten, liegen in dem Abschnitt der Th Intharakhiri westlich des Wat Aranyakhet.

Kung's Bar (Th Intharakhiri) Die coole, bei NGO-Mitarbeitern beliebte Bar ist mit Wandmalereien geschmückt und mit einer seltsamen Mischung aus Antiquitäten und Kitsch deko-

riert. Auf der langen, ausführlichen Getränke-karte finden auch diejenigen etwas, die kein Bier mögen.

Thaime's (☎ 08 9649 9994; Th Intharakhiri; ❤ 15–24 Uhr) Das ist die einzige gemeinnützige Bar, die wir je kennengelernt haben. Die Einnahmen gehen nämlich an eine Schule für Migranten-kinder. Der Laden ist super zwanglos, und es gibt sogar eine kleine Snackkarte. Manchmal ist hier ein Job für einen Freiwilligen frei; wer sich dafür interessiert, sollte vorher anrufen und sich über die Einzelheiten informieren.

Shoppen

Mae Sots **städtischer Markt** gehört zu den größten und belebtesten in ganz Thailand. Neben den üblichen thailändischen Gemüsen und Textilien ist hier ein Haufen exotischer Waren aus Myanmar zu finden, darunter birmanische Bücher, *thanaka*-Stäbchen (daraus wird das gelbe Pulver gemacht, das sich hier die meisten Leute ins Gesicht schmieren), Beutel mit eingelegten Teeblät-tern, bizarre Kosmetik von jenseits der Grenze sowie Samthausschuhe aus Mandalay. Anders als auf die meisten thailändischen Märkte muss man auf diesen nicht schon um 6 Uhr kommen, denn hier ist es eigentlich den ganzen Tag etwas los. Prima birmanisch essen kann man auch.

Am bekanntesten ist Mae Sot für seinen Edelsteinhandel. Die Stadt ist der wichtigste Umschlagplatz für Jade und Edelsteine an der Grenze. Es macht Spaß, in den glitzernden Schätzen in den Läden und an den Ständen entlang der Th Prasat Withi, gleich östlich vom Markt, zu wühlen. Wer etwas kaufen möchte, sollte knallhart feilschen.

Borderline Shop (☎ 0 5554 6584; borderlinecollective. org; 674/14 Th Intharakhiri; ❤ Di–So 10–18 Uhr) Der Laden verkauft Kunsthandwerk, das von Flüchtlingsfrauen hergestellt wird. Die Ge-winne gehen an eine Fraueninitiative und an eine Stiftung, die Kindern hilft. Alle Produkte, darunter Taschen, Kleidungen und Haushalts-gegenstände, sind mit Schildern versehen, die besagen, an wen das Geld geht. Im oberen Stockwerk verkauft eine Galerie Gemälde. Im Haus wird außerdem der Kochkurs (s. S. 464) abgehalten und es gibt einen „Teegarten".

An- & Weiterreise

Orangefarbene Songthaeos nach Mae Sariang (200 B, 6 Std., 6–12 Uhr, 5-mal tgl.) fahren vom alten Busbahnhof nahe dem Stadtzent-rum. Die blauen Songthaeos nach Um Phang (120 B, 4 Std., 7.30–15.30 Uhr stündl.) fahren vor einem Büro in der Th Bun Khun ab. In derselben Straße ganz in der Nähe ist auch die Haltestelle der Songthaeos zum Rim Moei (15 B, 15 Min., 6–17.30 Uhr).

Alle Busse nutzen jetzt den Busbahnhof 850 m westlich des Stadtzentrums an der Th Intharakhiri. Häufig verkehren Minivans nach Tak (56 B, 7–18 Uhr, alle 30 Min.) sowie nach Sukhothai (140 B, 7–14.30 Uhr, 6-mal tgl.) und Phitsanulok (176 B, 7–14.30 Uhr, 6-mal tgl.).

Green Bus (☎ 114 ext 8000; www.greenbusthailand. com) fährt täglich zweimal nach Mae Sai (2. Klasse mit Klimaanlage/1. Klasse 388/499 B, 12 Std., 6 & 8 Uhr) mit Halt in Lampang (2. Klasse mit Klimaanlage/1. Klasse 181/232 B, 4 Std.), Chiang Mai (2. Klasse mit Klimaan-lage/1. Klasse 237/304 B, 6 Std.) und Chiang Rai (2. Klasse mit Klimaanlage/1. Klasse 354/455 B, 10 Std.).

Inzwischen gibt es auch täglich Busse nach Mukdahan (1. Klasse 675 B, 12 Std., 18 Uhr) und Laem Ngob (1. Klasse 750 B, 15 Std., 17 Uhr) in der Provinz Trat.

Mehrere Busse fahren jeden Tag nach Bang-kok (2. Klasse mit Klimaanlage/1. Klasse/VIP 328/421/655 B, 8 Std., 8–21.45 Uhr, 11-mal tgl.).

Unterwegs vor Ort

Mae Sot lässt sich gut zu Fuß erkunden. Re-gelmäßig verkehren Songthaeos zu den um-liegenden Gemeinden, z. B. nach Moei (15 B). Stadtfahrten mit Motorradtaxi oder Samlor kosten 20 B.

Mehrere Tourismusunternehmen vor Ort vermieten Fahrzeuge. Das Ban Thai Guest House (S. 466) verleiht Motorräder. Autos und Vans gibt's im Restaurant Bai Fern (S. 467) und Fahrräder (mitsamt einer Tour-empfehlung) im Borderline Shop (s. linke Spalte).

Jit Motorcycle (☎ 0 5553 2099; 127/4-6 Th Prasat Withi; Motorrad 150 B/Tag) vermietet Motorräder.

Well Driving Service (☎ 0 5554 4844; wdeacha@ yahoo.com; 764/7 Th Intharakhiri; Auto 1200–1500 B/Tag, mit Fahrer 1800–2500 B/Tag) bietet unterschiedliche Mietfahrzeuge mit und ohne Fahrer an.

RUND UM MAE SOT
Doi Muser Hilltribe Cultural Center
ศูนย์พัฒนาและสงเคราะห์ชาวเขาดอยมูเซอ

Oben auf dem Berg an der Straße nach Tak liegt dieses **Forschungs- und Kulturzentrum** (☎

0 5551 2131, 0 5551 3614; Km 26 der Th Tak–Mae Sot; Bungalow 200–700 B), dem man einen Tagesbesuch abstatten, in dem man aber auch übernachten kann. Hier werden Produkte wie Tee, Kaffee, Obst und Blumen angebaut und verkauft. Wer an einer Kulturveranstaltung teilnehmen will, sollte vorher anrufen. Im Winter können die Temperaturen bis auf 4 °C purzeln. Im November und Dezember blühen rund um das Zentrum *boo·a torng* (eine Art wilde Sonnenblumen).

Ein Stück weiter, bei Km 29, gibt es an der Straße einen **Markt der Bergstämme**. Dort werden eine Vielzahl landwirtschaftlicher Erzeugnisse und Kunsthandwerk der Bergstämme angeboten.

Taksin Maharat National Park & Lan Sang National Park

อุทยานแห่งชาติตากสินมหาราช/ลานสาง

An Wochenenden und Feiertagen verschlägt es einige Besucher in diese kleinen Nationalparks, doch an Wertagen ist hier so gut wie nichts los.

Der **Taksin Maharat National Park** (☎ 0 5551 1429; Eintritt 200 B) umfasst 149 km²; der Eingang ist 2 km entfernt vom Kilometerstein 26 an der Rte 105. Die Highlights hier sind der 30 m hohe, neunstufige Wasserfall **Nam Tok Mae Ya Pa** und ein Rekordhalter: ein 50 m hoher, 700 Jahre alter *dà·bàhk* (eine Flügelfruchtbaumart) mit einem Umfang von 16 m. Der Park eignet sich auch gut, um Vögel zu beobachten, denn hier lassen sich einheimische und Zugvögel wie Tigerwürger, Baumstelzen und Bacchusreiher erspähen.

Der 19 km von Tak entfernte **Lan Sang National Park** (☎ 0 5551 9278; Eintritt 200 B) schützt ein 104 km² großes Gebiet mit zerklüfteten, 1000 m hohen Granitfelsen, die zum Tenasserim-Gebirge gehören. Ein Netz von **Wegen** führt zu mehreren **Wasserfällen**, u. a. zum 40 m hohen Namensgeber des Parks.

Im Taksin Maharat National Park stehen **zweckmäßige Zimmer** (1000–2400 B) für vier bis zehn Personen sowie ein **Campingplatz** (Stellplatz 100 B) zur Verfügung. Im Lan Sang National Park werden rustikale **Bungalows** (400–4000 B) vermietet, in denen zwei bis 32 Personen unterkommen. Auch **Zelte** (100 B) für zwei Personen sind zu haben. In beiden Parks lässt sich ein Verpflegungsservice vereinbaren. Weitere Infos gibt's beim **Royal Forest Department** (☎ 0 2562 0760; www.dnp.go.th), wo man auch die Unterkünfte reservieren kann.

Am besten zu erreichen sind die Parks mit dem eigenen Auto. Der Bus von Mae Sot nach Tak setzt einen an der Straße ab, von der man leicht bis zum Parkeingang laufen kann. Mit dem Auto fährt man von der Rte 105 ab und folgt der Rte 1103 3 km nach Süden.

UM PHANG & UMGEBUNG

อุ้มผาง

Die Rte 1090 führt südlich von Mae Sot in das 150 km entfernte Um Phang. Diese Strecke wurde früher wegen der Guerillagruppen, die den Ausbau des Highways behinderten, Todeshighway genannt. Seit den 1980er-Jahren hat sich einiges geändert, aber Bremsversagen und tückische Kurven kosten auf dieser steilen Serpentinenstraße, die sich durch eine phantastische Berglandschaft schlängelt, noch immer viele Menschen das Leben.

Entlang der Strecke führen kurze Wanderungen vom Highway zu den beiden Wasserfällen **Nam Tok Thararak** (26 km von Mae Sot) und **Nam Tok Pha Charoen** (41 km von Mae Sot). Die raue Oberfläche der Kalksteinfelsen, über die der Nam Tok Thararak fließt, erleichtert das Klettern. Unterdessen ist das Gelände in eine Art Park verwandelt worden: Bänke mitten im Wasserfall sorgen für Abkühlung, es gibt Plumpsklos und am Wochenende Imbissstände.

Gleich hinter Ban Rom Klao 4 – ungefähr auf halber Strecke zwischen Mae Sot und Um Phang – liegt ein großes Dorf namens Um Piam, in dem birmanische und Karen-Flüchtlingen leben. Rund 20 000 Menschen, die aus Lagern in der Gegend von Rim Moei umgesiedelt wurden, haben hier ein neues Zuhause gefunden. Außerdem gibt es in der Gegend mehrere Dörfer der Hmong.

Um Phang, am Zusammenfluss von Mae Nam Klong und Huay Um Phang, ist ein zugewachsenes Dorf, in dem vorwiegend Karen zu Hause sind. In vielen der in dieser Gegend noch reicht archaischen Karen-Dörfer sind Elefanten kein ungewöhnlicher Anblick, besonders in **Palatha**, einem traditionellen Karen-Dorf 25 km südlich von Um Phang. Auf den Veranden der Häuser in der Umgebung sieht man daher viele *yaeng* (Elefantensattel) und anderes Sattel- und Zaumzeug zur Bändigung der grauen Riesen.

Eine interessante Wanderung, die nordöstlich des Dorfs beginnt, führt durch Reisfelder am Huay Um Phang entlang zu einigen kleineren Karen-Dörfern. In der Nähe der

thai-karenischen Dörfer Ban Nong Luang und Ban Huay an der Grenze zu Myanmar befindet sich ein **Flüchtlingsdorf**; die dort lebenden 500 Karen stammen aus dem Htikabler-Dorf auf der anderen Seite der Grenze.

Südlich von Um Phang in Richtung Sangkhlaburi in der Provinz Kanchanaburi erstreckt sich das **Um Phang Wildlife Sanctuary**, eine Stätte des UNESCO-Weltnaturerbes. Eine der beliebtesten Attraktionen dieses Reservats ist der Nam Tok Thilawsu (S. 470), der größte Wasserfall Thailands. Das Um Phang Wildlife Sanctuary steht in räumlicher Verbindung mit dem Thung Yai Naresuan National Park, dem Huay Kha Kaeng Wildlife Sanctuary (eine weitere Stätte des UNESCO-Weltnaturerbes) und den Nationalparks Khlong Lan und Mae Wong. Insgesamt ist das Gebiet Thailands größter geschlossener Lebensraum für Wildtiere und zugleich einer der größten unberührten Wälder Südostasiens.

Praktische Informationen

Mittlerweile gibt es zwei Geldautomaten in Um Phang, es empfiehlt sich aber immer noch, Bargeld mitzubringen. **Internetzugang** (20 B/Std.) gibt es in einem großen Café am Weg nach Ban Palatha. In der Post gibt es ein paar Telefone für Ferngespräche. Außerdem existieren eine Polizeiwache und eine kleine Filiale der **TAT** (☎ 0 5556 1338; ☺ 8.30–17 Uhr). Letztere liegt gegenüber der Schule an der Straße nach Mae Sot.

Sehenswertes & Aktivitäten

NAM TOK THILAWSU

น้ำตกทีลอซู

Dieser **Wasserfall** ist mit 200 m Höhe und – in der Regenzeit – einer Breite von bis zu 400 m der größte Thailands. Die Thais, die in dieser Hinsicht keinen Spaß verstehen, betrachten den Nam Tok Thilawsu als den schönsten Wasserfall in ihrem Land. Hinter dem Wasserfall befinden sich eine flache Höhle und mehrere Gumpen, in denen man schwimmen kann. Am schönsten ist es hier nach der Regenzeit (Nov. & Dez.), wenn die 200 m hohen und 400 m breiten Kalksteinfelsen am Mae Nam Klong von Wasser überströmt werden und sich der Nam Tok Thilawsu von seiner besten Seite zeigt.

Der Wasserfall befindet sich in der Nähe der Verwaltung des **Um Phang Wildlife Sanctuary** (☎ 0 5557 7318; Eintritt 200 B), die ungefähr 50 km von Um Phang entfernt ist. Der 2 km lange Weg von der Verwaltung bis zu dem Fall ist als Naturlehrpfad mit guten Erläuterungstafeln ausgebaut. Rund um den Wasserfall erstreckt sich zu beiden Seiten des Flusses der dichteste Urwald Thailands; die Wandermöglichkeiten in der Gegend sind absolut einmalig. Im Wald soll es mehr als 1300 Palmenarten geben, und auch Riesenbambus und Würgefeigen sind hier zu finden.

Bei der Parkverwaltung kann das ganze Jahr über **gezeltet** (50–100 B) werden, allerdings sollte man zwischen November und Januar, wenn der Wasserfall ein besonders beliebtes Reiseziel der Thais ist, besser vorab reservieren. Generell erhält man nur während dieser Zeit bei der Parkverwaltung auch Verpflegung, ansonsten muss man sich sein Essen selber mitbringen.

Die meisten Leute besuchen den Wasserfall im Rahmen einer organisierten Tour, man kann aber auch auf eigene Faust kommen. Wer mit dem eigenen Auto unterwegs ist, fährt unmittelbar nördlich von Um Phang auf die Rte 1167. Nach 12 km biegt man am Polizeikontrollpunkt links in die Rte 1288 ein. Nun geht's 6 km weiter bis zur Kontrollstelle des Reservats, wo man das Eintrittsgeld berappt. Danach sind es noch 30 km über eine schlechte Straße bis zum Sitz der Parkverwaltung.

Wer kein eigenes Auto hat, bucht irgendwo in Um Phang einen Truck (hin & zurück 1400–1600 B). Alternativ nimmt man ein Songthaeo Richtung Poeng Kloeng bis zum Kontrollpunkt des Reservats (30 B, 6.30–15.30 Uhr, stündl.) und organisiert seine Weiterfahrt von dort. Allerdings stehen da nicht immer Trucks bereit. Man kann auch noch südwärts von Um Phang in Richtung Ban Palatha fahren und bei Km 19 aussteigen: Von dort führt ein Dschungelpfad über das Dorf **Mo Phado** zu dem Wasserfall. Angeblich braucht man für die Strecke vier Stunden. Es ist aber dringend davon abzuraten, diesen unmarkierten Weg ohne ortskundigen Führer anzugehen.

RUND UM DEN NAM TOK THILAWSU

Von Ban Mae Klong Mai, das von Um Phang aus wenige Kilometer nördlich am Highway Richtung Mae Sot liegt, führt die Rte 1167 in südwestlicher Richtung an der thailändisch-birmanischen Grenze entlang. Am Weg liegt das ausgedehnte Höhlensystem **Tham Ta Khu Bi**, was in der Sprache der Karen „flache Mango"

POLAMAT, 30

Seit wann arbeiten Sie mit Elefanten? Seit ich 12 war. Ich begann damit, dass ich aushalf und die Tiere fütterte. Mit 15 oder 16 begann ich dann richtig zu arbeiten, z.B. indem ich Elefanten mit Touristen zu den Wasserfällen führte.

Werden die Elefanten in Ban Palatha immer noch zur Arbeit eingesetzt? Heute werden die Elefanten nur für die Touristen gebraucht. Manchmal lassen wir sie Brennholz sammeln, aber Bäume schleppen oder andere schwere Arbeit verrichten müssen sie nicht mehr.

Mit wievielen Elefanten arbeiten Sie? Ich kümmere mich um einen Elefanten, einen Bullen. Mein Vater war der erste, der diesem Elefanten als Pfleger zugeteilt war. Als er zu alt wurde, habe ich diese Arbeit übernommen.

Erzählen Sie etwas über diesen Elefanten. Er heißt Plona. Das bedeutet in der Sprache der Karen „gerissenes Ohr" – so wurde er schon geboren. Er ist jetzt ungefähr 23 Jahre alt. Für einen Elefanten ist das noch nicht alt. Er ist ein starker Bulle.

Ist es schwierig, sich um Elefanten zu kümmern? Mit den Bullen muss man vorsichtig sein, insbesondere wenn die Kühe in der Mast sind. Elefanten sind wie Menschen – manchmal eben schlecht drauf.

Wie sprechen Sie mit Ihrem Elefanten? Ich spreche Karen mit ihm. Manche Elefanten verstehen auch Thai, das hängt davon ab, wie sie trainiert wurden.

Wieviele Elefanten gibt es in Ban Palatha? Ungefähr 30. Wir haben die meisten Elefanten im Bezirk Um Phang.

Wollen Ihre Kinder auch mit Elefanten arbeiten? Mein Sohn ist erst neun, aber er sagt, er möchte später auch Mahut werden. Aber wer weiß? Vielleicht ändert er seine Meinung.

Polamat ist ein Mahout aus Ban Palatha, Bezirk Um Phang, Tak

bedeuten soll. Führer gibt's hier nicht, und man braucht eine Taschenlampe.

Nach 12 km biegt man links in die Rte 1288 ab, die einen zum Kontrollpunkt des Um Phang Wildlife Sanctuary bringt. Dahinter wird die Straße schlechter, setzt sich aber mehr als 70 km fort und endet in **Poeng Kloeng**, einem Handelsörtchen der Karen, Birmanen, Indo-Birmanen, Talaku und Thais, in dem es mehr Büffelkarren als Motorräder gibt. Allein die malerische Lage des Dorfes inmitten spitzer Felsen und Gipfel ist den Abstecher wert, selbst wenn man nicht weiter will. Von der Songthaeo-Haltestelle in Um Phang fahren häufig Fahrzeuge nach Poeng Kloeng (100 B, 3½ Std., 6.30–15.30 Uhr, stündl.).

Von Poeng Kloeng führt eine vierstündige Wanderung über eine holperige Piste (die nur in der Trockenzeit mit einem Jeep befahrbar ist) in das Dorf **Letongkhu**, das nahe der Grenze zu Myanmar am Ufer des Mae Nam Suriya bzw. am Fuß des Bergs Sam Rom liegt. Zwar sprechen die meisten Einwohner Karen, gehören aber, den wenigen anthropologischen Informationen zufolge, überwiegend der Lagu- oder Talaku-Sekte an, deren Buddhismus mit schamanischen und animistischen Elementen durchsetzt ist. Letongkhu ist eines von nur sechs Dörfern dieser Glaubensrichtung in Thailand; angeblich soll es noch rund 30 weitere in Myanmar geben. Jedes Dorf hat einen geistlichen und weltlichen Führer. Dieser *pu chaik* (die Thais nennen ihn *reu·sěe*, „Seher" oder „Weiser") trägt seine langen Haare normalerweise zu einem Knoten geschlungen und ist je nach Untergruppe der Sekte in weiße, gelbe oder braune Gewänder gehüllt.

Da evangelikale christliche Missionare sich der Gegend angenommen und versucht haben, die Talaku zu bekehren, sind die meisten Einheimischen Fremden gegenüber misstrauisch. Das Dorf liegt außerdem in einer „sensiblen" Grenzregion. Einigen ausländischen Travellern soll schon mal der Zugang zum Dorf verwehrt worden sein. Die örtlichen Behörden empfehlen, vor dem Besuch Kontakt zur **Grenzpolizei von Um Phang** (☎ 0 5556 1008) aufzunehmen und dort eine Genehmigung einzuholen. Im Dorf selber man darauf achten, keine Gebäude oder Einrichtungen ohne Erlaubnis oder Einladung zu betreten und nicht ungefragt zu fotografieren. Wer die Dorfbewohner respektvoll behandelt, sollte keine Probleme haben.

Sangkhlaburi (S. 243) liegt 90 km oder einen vier- bis fünftägigen Marsch von Poeng

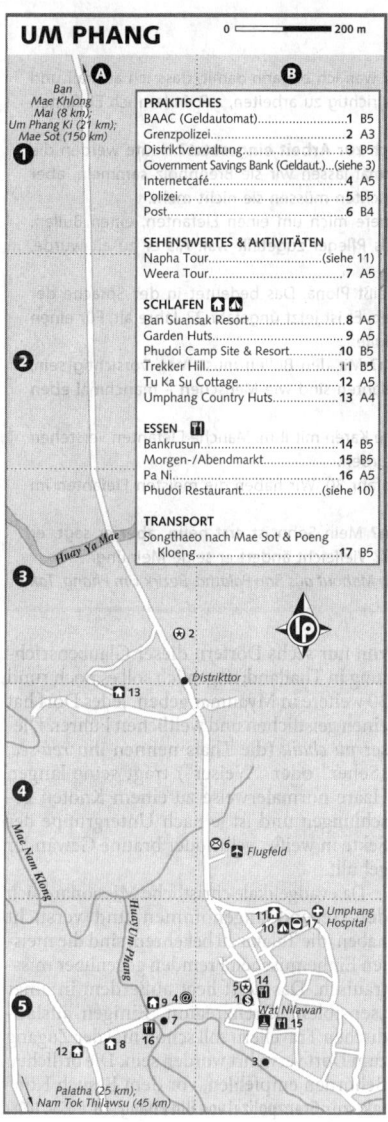

UM PHANG

0   200 m

PRAKTISCHES
BAAC (Geldautomat)..........................1 B5
Grenzpolizei......................................2 A3
Distriktverwaltung.............................3 B5
Government Savings Bank (Geldaut.)...(siehe 3)
Internetcafé.......................................4 A5
Polizei..5 B5
Post...6 B4

SEHENSWERTES & AKTIVITÄTEN
Napha Tour..................................(siehe 11)
Weera Tour..7 A5

SCHLAFEN
Ban Suansak Resort............................8 A5
Garden Huts......................................9 A5
Phudoi Camp Site & Resort...............10 B5
Trekker Hill.......................................11 B5
Tu Ka Su Cottage..............................12 A5
Umphang Country Huts......................13 A4

ESSEN
Bankrusun...14 B5
Morgen-/Abendmarkt........................15 B5
Pa Ni...16 A5
Phudoi Restaurant.......................(siehe 10)

TRANSPORT
Songthaeo nach Mae Sot & Poeng
   Kloeng..17 B5

Kloeng entfernt. Die Straße nach Sangkhlaburi hat mehrere Abzweigungen; die Hauptstrecke führt ein gewisses Stück durch Myanmar, ehe sie wieder nach Thailand zurückkehrt.

Vorsicht: Diese Grenzregion ist ein heikles Gebiet, wo die reale Gefahr besteht, sich zu verirren, verletzt zu werden oder zu erkranken. Südlich von Um Phang sollte man des-

wegen keinesfalls ohne einen Führer unterwegs sein. Wer Thai kann, könnte in Poeng Kloeng einen Führer in diese Region engagieren. Ansonsten arrangieren ein paar Reiseveranstalter in Mae Sot (S. 462) und Um Phang derartige Trips bei vorheriger Anmeldung. Die beste Zeit für diese Reise sind die Monate Oktober bis Januar.

WANDERN, TREKKEN & RAFTEN

Mehrere der Herbergen in Um Phang veranstalten in der Umgebung kombinierte Trekking- und Raftingtouren. Den typischen dreitägigen Ausflug mit zwei Übernachtungen gibt's für 3000 bis 4500 B pro Nase (min. 4 Pers.). Der Preis beinhaltet eine Bootstour, einen Ritt auf einem Elefanten, die Verpflegung und einen Guide. Die meisten Touren führen nach Nam Tok Thilawsu und darüber hinaus. Man kann aber auch längere und kürzere Trips oder Touren zu anderen Zielen in der Gegend vereinbaren.

Es gibt die verschiedensten Raftingtouren von eintägigen Exkursionen auf dem Mae Klong zwischen dem Um Phang und dem Nam Tok Thilawsu bis zu dreitägigen Touren von Palatha bis Nam Tok Thi Lo Re. Die meisten Raftingstrecken sind nur zwischen November und Mai befahrbar.

Um Phang Khi ist ein „neues" Raftinggebiet nordöstlich von Um Phang. Offiziell gibt es hier zum Höhepunkt der Regenzeit 47 (einige Raftinganbieter behaupten gar 67) Stromschnellen der Klassen III (mittelschwer) und IV (schwierig). Die Raftingsaison von Um Phang Khi ist kurz (Aug.–Okt.), da der Wasserstand während der übrigen Monate nicht hoch genug ist. Wer Raftingausflüge in Um Phang bucht, zahlt für eine dreitägige Tour mit zwei Übernachtungen üblicherweise 3500 B.

Die folgenden Veranstalter haben Guides, die auch Englisch können:

Napha Tour (☎ 0 5556 1287; www.naphatour.com; Th Pravitpaiwan; 3-tägige Tour 4500 B/Pers.) Der Veranstalter bietet eine Vielzahl von Touren an und hat englisch sprechende Guides.

Trekker Hill (☎ 0 5556 1090; 620 Th Pravitpaiwan; 3-tägiger Trek 3500–4000 B/Pers.) Dieser sehr empfehlenswerte Veranstalter hat die meisten englisch sprechenden Führer und bietet ein- bis viertägige Treks an.

Tu Ka Su Cottage (☎ 0 5556 1295; 40 Moo 6) Dieses Ferienresort veranstaltet ausgezeichnete Touren; zum Zeitpunkt der Recherche hatte es aber nur zwei englisch sprechende Führer.

Weera Tour (keine Ausschilderung in lateinischen Buchstaben; ☎ 0 5556 1368) Dieser gleich neben der Hauptstraße ansässige Veranstalter organisiert ausgezeichnete Touren. Er hat allerdings nur wenige englisch sprechende Guides.

Schlafen

Die meisten Herbergen in Um Phang sind auf große thailändische Reisegruppen eingestellt, ausländischen Individualreisenden begegnet man daher mit viel Verwirrung. Entsprechend sind auch viele der Zimmer vor Ort auf vier oder mehr Personen zugeschnitten. Singles oder Paare können deshalb niedrigere Preise aushandeln, vor allem während der Regenzeit klappt das gut.

Phudoi Camp Site & Resort (☎ 0 5556 1049; www. phudoi.com; 637 Th Pravitpaiwan; Zelt 150 B, Zi. 400 B; 🖳) Das Phudoi ist hauptsächlich auf Reisegruppen eingestellt, die im Voraus reservieren. Die Bungalows im Blockhausstil stehen auf einem gepflegten Hanggrundstück nahe dem Dorfzentrum; sie sind geräumig und haben Veranden. Einen Campingplatz und ein Lokal gleichen Namens (s. rechte Spalte) gibt's auch.

Garden Huts (Boonyaporn Garden Hut; ☎ 0 5556 1093; www.boonyapornresort.com; 8/1 Mu 6; Zi. 200–1500 B) Diese Anlage wird von einem netten älteren Ehepaar verwaltet. Man wohnt in Bungalows unterschiedlicher Größe und Ausstattung am Flussufer. Es gibt schöne Sitzbereiche und einen gepflegten Garten.

Trekker Hill (☎ 0 5556 1090; 620 Th Pravitpaiwan; Zi. 300 B) Rustikale Hütten (mit Warmwasser) stehen an einem steilen Hang mit Ausblick auf das Tal und Um Phang. Das Restaurant serviert drei Mahlzeiten pro Tag und hat Satelliten-TV.

Ban Suansak Resort (☎ 0 5556 1169, 08 9839 5308; Zi. 500–1500 B) Direkt außerhalb der Stadt an der Straße nach Palatha bietet dieses „Resort" 13 Zimmer in einem neuen, zweistöckigen Gebäude sowie drei Bungalows für drei bis zehn Personen. Die Betten sind ein bisschen dürftig, aber die Anlage ist sehr sauber und verfügt über ein eigenes Restaurant.

Umphang Country Huts (☎ 0 5556 1079; www.um phangcountryhut.com; Zi. 500–1500 B) Abseits des Highway, 1,5 km vor Um Phang, stehen diese Hütten auf einem bewaldeten Hügel. Einige der Zimmer der mittleren Preiskategorie gehen über zwei Stockwerke und haben Balkone mit Ausblick auf einen Bach. In den Bädern der billigsten Zimmer läuft nur kaltes Wasser aus der Leitung.

LP Tipp **Tu Ka Su Cottage** (☎ 0 5556 1295; www.tu kasu.net; 40 Moo 6; Zi. 600–1800 B; 🖳) Die Anlage ist die sauberste und gepflegteste Übernachtungsmöglichkeit in Um Phang. Die hübschen Mehrzimmercottages aus Stein und Backstein stehen in einem Garten voller Blumen und exotischer Früchte. Alle Bäder haben Warmwasserduschen mit Outdoor-Feeling. Auch die billigeren Bungalows sind groß und komfortabel und bieten ein erstklassiges Preis-Leistungs-Verhältnis. Der Betreiber hat eine Menge Infos über die Gegend. In der Anlage gibt's überall kostenlos WLAN.

Essen

Um Phang hat mehrere einfache Restaurants, Morgen- und Abendmärkte sowie ein paar kleine Läden.

Bankrusun (Gerichte 20–35 B; ☉ 6.30–20.30 Uhr) Der von einem thailändischen Musiker betriebene Souvenirladen mit Café bietet guten Kaffee, Getränke und einfache Frühstücksgerichte.

Pa Ni (keine Ausschilderung in lateinischen Buchstaben; ☎ 08 9676 3721; ☉ 7–21 Uhr) Das Lokal hat eine kurze englischsprachige Speisekarte, auf der auch ein paar vegetarische Gerichte stehen, die thailändische Karte ist aber wesentlich umfangreicher. Die Küche gilt als die beste der Stadt. Das Restaurant liegt gleich jenseits der Brücke an der Straße nach Ban Palatha.

Phudoi Restaurant (☎ 0 5556 1049; Gerichte 30–70 B; ☉ 8–22 Uhr) Wenn es geöffnet ist, serviert dieses Restaurant ordentliches Essen. Es gibt eine zweisprachige Speisekarte. Nach 21 Uhr ist es oft das einzige Lokal, wo man noch etwas zu beißen kriegt.

An- & Weiterreise

Songthaeos fahren häufig von Mae Sot nach Um Phang (120 B, 4 Std., 7.30–15.30 Uhr, stündl.), mittags wird zum Essen in dem Dörfchen **Ban Rom Klao 4** Halt gemacht.

VON MAE SOT NACH MAE SARIANG

แม่สอด/แม่สะเรียง

Die Rte 105 verläuft von Mae Sot aus nordwärts entlang der Grenze zu Myanmar bis nach Mae Sariang (226 km) in der Provinz Mae Hong Son. Die kurvenreiche, geteerte Straße führt durch die Dörfer **Mae Ramat**, **Mae Sarit**, **Ban Tha Song Yang** und **Ban Sop Ngao** (Mae Ngao). In den Wäldern hier finden sich noch vereinzelte Teakbaumbestände, und die in der Gegend ansässigen Karen verwenden gelegentlich noch Arbeitselefanten.

NORDTHAILAND

Der **Nam Tok Mae Kasa** zwischen Km 13 und
14 ist ein sehenswerter Wasserfall mit einer
Höhle. In dem nahegelegenen Dorf Mae Kasa
gibt es eine Thermalquelle.

In Mae Ramat sollte man sich den **Wat Don
Kaew** hinter der Bezirksverwaltung anschauen.
In ihm befindet sich ein großer Marmorbud-
dha im Mandalay-Stil.

Nach ein paar Straßensperren kommt man
bei Km 58 durch das riesige Flüchtlingsdorf
Mae La, in dem schätzungsweise 60 000 birmanische Flüchtlinge leben. Das Dorf ist mindestens 3 km lang; man braucht ein paar Minuten zum Durchfahren und begreift so, was für
ein großes Flüchtlingsproblem Thailand hat.

Bei Km 94, in der Nähe von Ban Tha Song
Yang (es gibt noch ein Dorf gleichen Namens
weiter nördlich), befinden sich die ausgedehnten Kalksteinhöhlen von **Tham Mae Usu**. Vom
Highway aus führt ein 2 km langer Fußmarsch
zur Tham Mae Usu. Achtung: In der Regenzeit verschließt der Fluss, der durch die Höhle
fließt, ihren Eingang.

Schließlich ist bei **Ban Tha Song Yang** das
nördliche Ende der Provinz Tak erreicht.
Dieses Karen-Dorf liegt wunderschön am
Rand von Kalksteinklippen am Ufer des Mae
Nam Moei. Es ist die letzte größere Siedlung
in Tak, ehe es bergauf in die dichten Dschun-
gel und Berge des Mae Ngao National Park in
Mae Hong Son geht.

Ban Sop Ngao, wenig mehr als ein Straßen-
dorf mit dem Sitz der Parkverwaltung, ist die
erste Ortschaft, die man in der Provinz Mae
Hong Son durchfährt. Von dort sind es weitere 40 km bis nach Mae Sariang (S. 497), wo
Verpflegung und Unterkünfte zur Verfügung
stehen.

Schlafen & Essen

Allzu viele Unterkünfte und Restaurants gibt
es an dieser Strecke nicht. Das geschickteste
Basislager ist Tha Song Yang (die Ortschaft
bei Km 90 – nicht das Dorf gleichen Namens
am Nordrand der Provinz Tak), weil es dort
ein paar Restaurants gibt. Auch in Mae Sarit
etwas weiter nördlich findet man einfache
Unterkünfte und Lokale.

Thasongyang Hill Resort (☎ 0 5558 9088; www.
thasongyanghill.9nha.com; Km 85, Rte 105, Ban Tha Song Yang;
Zi. 200–800 B) Diese Anlage nördlich von Tha
Song Yang bietet große moderne Zimmer in
einem langgestreckten Gebäude und schöne
Bungalows in einem mit Blumen bepflanzten
Garten. Es gibt noch ein paar ähnliche Hotels

in der Gegend, aber dieses ist das hübscheste
von allen.

Per-Pon Resort (☎ 08 1774 5624; 110 Moo 2, Mae Salit;
Bungalow 300 B) Gleich südlich von Mae Salit stehen ein paar rustikale Bungalows mit Ausblick auf den Mae Nam Moei.

Krua Ban Tai (Th Si Wattana, Ban Tha Song Yang; Gerichte
20–50 B; ☺ 8–21 Uhr) Das Restaurant hat seinen
Sitz in einem zweistöckigen Holzgebäude im
Zentrum von Ban Tha Song Yang, vom Haupt-
markt aus gleich um die Ecke.

An- & Weiterreise

Songthaeos nach Mae Sariang (200 B, 6 Std.,
6–12 Uhr, 5-mal tgl.) fahren in Mae Sot vom
alten Busbahnhof nahe dem Zentrum ab.

PROVINZ MAE HONG SON

Die abgelegenste Provinz Thailands ist nur
über unglaublich kurvenreiche Gebirgsstraßen
oder mit einem der gelegentlich stattfindenden
Flüge in die Provinzhauptstadt zu erreichen.
Zwar hat es in den letzten zehn Jahren so
etwas wie einen Minitourismusboom gegeben
und im Gebiet um die Hauptstadt sind viele
Resorts entstanden, aber nur wenige Besucher
kommen weiter als bis Pai.

MAE HONG SON

แม่ฮ่องสอน

6023 Ew.

Abgelegen inmitten der Berge – Mae Hong
Son entspricht genau den Vorstellungen, die
sich viele Traveller von einer typisch nordthailändischen Stadt machen. Der spürbare
birmanische Einfluss stört das Bild genauso-
wenig wie der raue Charakter der Grenzstadt,
denn schließlich bleibt man hier von Tuk-
Tuks und Schleppern weitgehend verschont.
Das heißt aber nicht, dass Mae Hong Son ein
völlig unerschlossenes Städtchen wäre: Reisegruppen kommen schon seit Jahren hierher.
Das große Angebot von Aktivitäten – von
Bäderanwendungen bis zu Trekkingtouren
– sorgt aber dafür, dass Traveller einmalige
Erfahrungen machen können.

Die Monate November bis März eignen
sich am besten für einen Besuch in Mae Hong
Son – dann zeigt sich das Städtchen von seiner schönsten Seite. Während der Regenzeit
(Juni–Okt.) ist das Reisen in die abgelegenen

Teile der Provinz beschwerlich, weil nur wenige Straßen geteert sind. Im Sommer liegt der Rauch, der durch die Brandrodung entsteht, über dem Mae-Pai-Tal. Wer im Winter kommt, muss auf ausgesprochen kalte Nächte vorbereitet sein: Mindestens ein dicker Pulli und warme Socken für morgens und abends sollten im Reisegepäck sein, außerdem ein Schlafsack oder mehrere Decken.

Geschichte

Mae Hong Son war die längste Zeit seiner kurzen Existenz geografisch, politisch und kulturell von Thailand getrennt. Die Stadt wurde im frühen 19. Jh. als Ausbildungslager für Elefanten gegründet und war lange wenig mehr, bis 1856 wegen der Kämpfe in Birma Tausende der Shan in die Region strömten. Später blühte Mae Hong Son als Zentrum der Holzgewinnung und blieb ein unabhängiges Königreich, das König Rama V. schließlich 1900 mit dem Königreich Siam vereinte.

Praktische Informationen

Die meisten Banken am Südende der Th Khunlum Praphat haben Geldautomaten. Die Bangkok Bank, die Kasikornbank und die Bank of Ayudhya tauschen Devisen.

Auslandstelefonate führt man entweder in der CAT-Filiale, die zur Post gehört (gleiche Öffnungszeiten) oder von dem Lenso-Kartentelefon vor der Post.

Ein paar Internetshops liegen rund um das südliche Ende der Th Khunlum Praphat.

Hauptpost (Th Khunlum Praphat; ☿ Mo–Fr 8.30–16.30 Uhr, Feiertage geschl.) Am südlichen Ende der Th Khunlum Praphat.

Mae Hong Son Internet (88 Th Khunlum Praphat; 30 B/Std.; ☿ 8–22 Uhr)

Srisangwal Hospital (☎ 0 5361 1378; Th Singhanat Bamrung) Rundumversorgung mit Notfallstation.

TAT (☎ 0 5361 2982; www.travelmaehongson.org; Th Khumlum Praphat; ☿ Mo–Fr 8.30–16.30 Uhr) Das Büro befindet sich in einem alten, zweistöckigen Holzgebäude gegenüber der Post. Das Personal ist hilfsbereit, Broschüren und Kartenmaterial sind auch vorhanden.

Touristeninformation (☎ 0 5361 4010; Th Khunlumpraphat; ☿ 8.30–24 Uhr) Grundinformationen für Traveller und Internetzugang (50 B/Std.).

Touristenpolizei (☎ 0 5361 1812; Notfall 1155; Th Singhanat Bamrung; ☿ 8.30–16.30 Uhr)

Sehenswertes

Angesichts der bunten Farben, der weißen Stupas und der glänzenden Zinkverzierungen der Tempel Mae Hong Sons, die im birmanischen und im Shan-Stil gebaut wurden, fragt sich manch einer, in welchem Land er sich eigentlich befindet.

WAT PHRA THAT DOI KONG MU
วัดพระธาตุดอยกองมู

Auf dem Doi Kong Mu, dem 1500 m hohen Berg westlich der Stadt, steht dieser von den Shan errichtete Wat, der auch als Wat Plai Doi bekannt ist. Der Blick auf das Nebelmeer, das jeden Morgen unten im Tal hängt, ist beeindruckend; wer später kommt, hat einfach nur Ausblick auf die Stadt. In zwei 1860 und 1874 errichteten Shan-*chedis* ruht die Asche von Mönchen aus dem Shan-Staat in Myanmar. An der Rückseite des Wat ragt ein großer, schlanker stehender Buddha auf. Von hier aus hat man eine prima Aussicht auf die Landschaft westlich des Felsgrats.

WAT JONG KHAM & WAT JONG KLANG
วัดจองคำ/วัดจองกลาง

Der Wat Jong Kham wurde vor fast 200 Jahren von den Thai Yai (oder Shan) erbaut, die zu dieser Zeit ungefähr die Hälfte der Einwohner

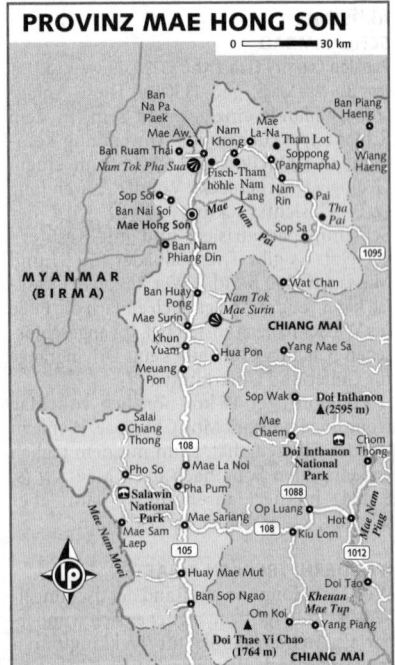

PROVINZ MAE HONG SON

0 ⸺ 30 km

Ban Na Pa Paek
Ban Piang Haeng
Mae Aw
Nam Khong
Mae La-Na
Tham Lot
Ban Ruam Thai
Soppong (Pangmapha)
Wiang Haeng
Nam Tok Pha Sua
Fisch-Tham höhle
Nam Lang
Nam Rin
Pai
Sop Soi
Nam Tuam Pai
Tha Pai
Ban Nai Soi
Sop Sa
Mae Hong Son
Ban Nam Phiang Din
1095
Wat Chan
MYANMAR (BIRMA)
Ban Huay Pong
Nam Tok Mae Surin
Mae Surin
CHIANG MAI
Khun Yuam
Hua Pon
Yang Mae Sa
Meuang Pon
Sop Wak
Doi Inthanon ▲(2595 m)
Salai Chiang Thong
Mae Chaem
Chom Thong
108
Doi Inthanon National Park
Pho So
Mae La Noi
1088
Salawin National Park
Pha Pum
Op Luang
Mae Sariang
108
Hot
Kiu Lom
Mae Sam Laep
105
1012
Huay Mae Mut
Mae Nam Ping
Ban Sop Ngao
Doi Tao
Khenan Mae Tun
Om Koi
Yang Piang
Doi Thae Yi Chao (1764 m)
CHIANG MAI
Mae Nam Moei

der Provinz Mae Hong Son ausmachten. Im Wat Jong Klang sind 100 Jahre alte *jataka*-Glasmalereien zu sehen. Im **Museum** (Eintritt gegen Spende; 8–18 Uhr) zeigen 150 Jahre alte Holzfigürchen aus Mandalay die unangenehmeren Aspekte des buddhistischen Lebensrads. Im Wat Jong Klang sind viele Bereiche für Frauen tabu – in Shan-birmanischen buddhistischen Tempeln ist das nichts Unübliches.

Die Tempel werden nachts angestrahlt und spiegeln sich im Jong-Kham-See. Bei Travellern ist das ein beliebtes Fotomotiv.

WAT HUA WIANG
วัดหัวเวียง

Dieser **Wat** (Th Phanit Wattana) östlich der Th Khunlum Praphat ist wegen seines *bòt* mit dem kunstvoll gestuften Holzdach und eines berühmten Bronzebuddhas aus Mandalay sehenswert.

NOCH MEHR TEMPEL

Weitere interessante Tempel sind der **Wat Kam Kor** mit dem einmaligen überdachten Weg und der **Wat Phra Non**, in dem der größte liegende Buddha der Stadt zu bewundern ist.

Aktivitäten
SCHLAMMBAD

Pooklon Country Club (0 5328 2579; www.pooklon. com; Ban Mae Sanga; 8–18.30 Uhr) Diese Anlage soll Thailands einziges Bad sein, in dem Schlammpackungen zur Anwendung kommen. Die Quelle wurde 1995 von einem Geologenteam entdeckt. Vor der Anwendung (z. B. Gesichtspackung 100 B) wird der Schlamm pasteurisiert und mit Kräutern versetzt. Es gibt Thermalbäder (60 B) und Massagen (200 B/Std.). Wer knapp bei Kasse ist, kann vor der Anlage auch einfach die Füße ins Wasser halten (kostenlos). Im angeschlossenen „Country Club" gibt's eine Drivingrange für Golfer und Unterkünfte.

Pooklon liegt 16 km nördlich von Mae Hong Son im Bezirk Mok Champae. Wer kein eigenes Fahrzeug hat, kann mit dem täglich verkehrenden Songthaeo nach Mae Aw (s. S. 484) hierher fahren, muss dann aber schauen, wie er wieder zurückkommt.

WANDERN, TREKKEN & RAFTEN

Weil Mae Hong Son am Rand der dschungelbedeckten Berge liegt, eignet es sich wunderbar als Ausgangspunkt für Trekkingtouren ins Hinterland. Wandern ist hier keine so große Freizeitindustrie wie anderswo: Traveller, die bereit sind, sich die Stiefel schmutzig zu machen, finden hier relativ unberührte Natur und abgelegene Dörfer. Trekkingtouren lassen sich mit mehreren Pensionen und Reiseveranstaltern vereinbaren.

Fahrten mit Longtail-Booten auf dem nahen Mae Pai werden immer beliebter. Angeboten werden sie von den Gästehäusern und Agenturen, die Trekkingtouren im Umland von Mae Hong Son organisieren. Die meisten Raftingtouren beginnen in **Tha Pong Daeng**, 4 km südwestlich von Mae Hong Son, oder am **Huay Due Port** in Ban Huay Deua, 2 km weiter. Die Boote fahren zunächst 15 km stromabwärts bis zum „Langhals"-Dorf **Huay Pu Keng** und dann weitere 5 km bis zur Grenzstadt **Ban Nam Phiang Din**, ehe sie zurückgeht. Die Fahrt nach Ban Nam Phiang Din dauert etwa eineinhalb Stunden und kostet 900 B ab Huay Due oder 800 B ab Tha Pong Daeng.

Eine weitere beliebte Strecke wird mit Bambusflößen befahren und führt von **Thung Kong Moo** (10 km nordwestlich der Stadt) zum Dorf **Soppong** im Westen (nicht zu verwechseln mit der größeren Shan-Handelsstadt gleichen Namens weiter im Osten).

Die hier angegebenen Preise gelten für zwei Personen; wie überall sonst in Thailand sinken bei größeren Teilnehmergruppen oder längeren Treks die Preise pro Tag erheblich.

Friend Tour (0 5361 1647; 21 Th Pradit Jong Kham; Trek pro Tag 700–900 B/Pers.) Der empfehlenswerte Veranstalter hat fast 20 Jahre Erfahrung. Im Programm sind Trekkingtouren, Elefantenausritte, Raftingtouren und Tagesausflüge.

Nature Walks (0 5361 1040, 08 9552 6899; www. trekkingthailand.com; natural_walks@yahoo.com) Die Trekkingtouren kosten hier mehr als anderswo, aber John, der aus Mae Hong Son stammt, ist auch der beste Guide vor Ort. Die Treks reichen von eintägigen Wanderungen durch die Natur (1000 B) bis zu mehrtägigen Touren quer durch die Provinz (pro Tag 2500 B/Pers.). John organisiert auch maßgeschneiderte Touren in die Natur, zwischen März und Mai z. B. eine Orchideentour. Der Guide hat kein Büro, man kann nur per E-Mail oder Telefon Kontakt mit ihm aufnehmen.

Rosegarden Tours (0 5361 1577; www.rosegarden -tours.com; 86/4 Th Khunlum Praphat; Touren pro Tag 1500 B/Pers.) Die englisch und französisch sprechenden Führer legen den Schwerpunkt ihrer Touren auf die Kultur der Region.

Tour Merng Tai (0 5361 1979; www.maehongson4u. com; 89 Th Khunlum Praphat; Touren pro Tag 1450 B/Pers.) Dieser Veranstalter führt hauptsächlich von der Stadt aus

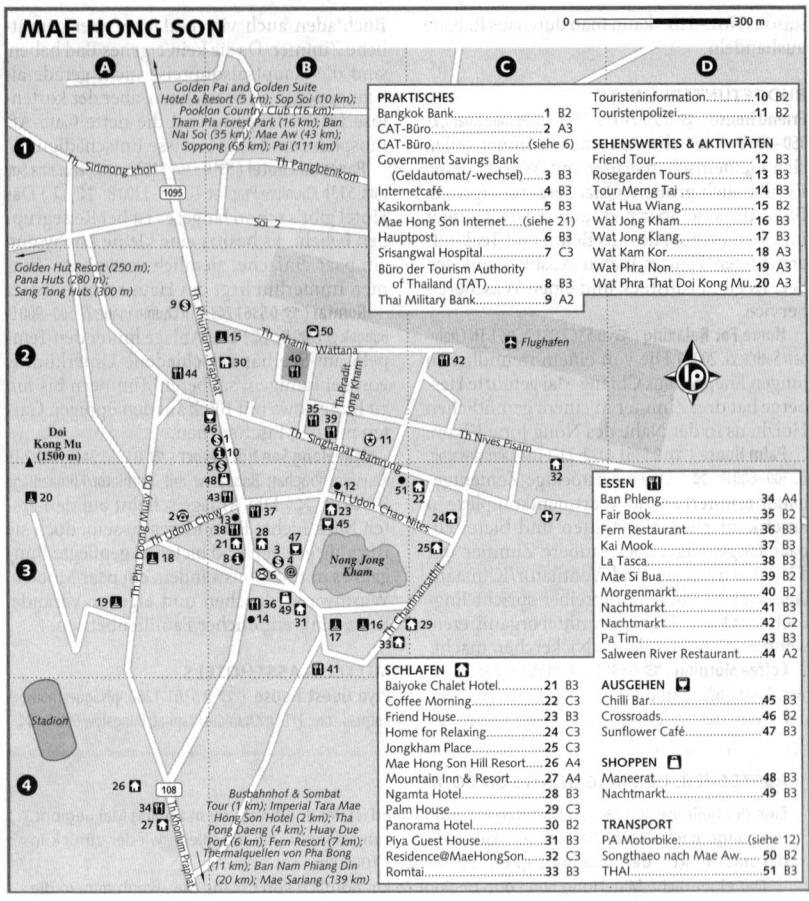

MAE HONG SON

0 — 300 m

PRAKTISCHES
Bangkok Bank.................................1 B2
CAT-Büro...2 A3
CAT-Büro...............................(siehe 6)
Government Savings Bank
 (Geldautomat/-wechsel).....3 B3
Internetcafé....................................4 B3
Kasikornbank.................................5 B3
Mae Hong Son Internet......(siehe 21)
Hauptpost.......................................6 B3
Srisangwal Hospital.....................7 C3
Büro der Tourism Authority
 of Thailand (TAT).....................8 B3
Thai Military Bank........................9 A2

Touristeninformation...............10 B2
Touristenpolizei..........................11 B2

SEHENSWERTES & AKTIVITÄTEN
Friend Tour....................................12 B3
Rosegarden Tours.......................13 B3
Tour Merng Tai.............................14 B3
Wat Hua Wiang............................15 B2
Wat Jong Kham...........................16 B3
Wat Jong Klang............................17 B3
Wat Kam Kor................................18 A3
Wat Phra Non...............................19 A3
Wat Phra That Doi Kong Mu.....20 A3

Golden Pai and Golden Suite
Hotel & Resort (5 km); Sop Soi (10 km);
Pooklon Country Club (16 km);
Tham Pla Forest Park (16 km); Ban
Nai Soi (35 km); Mae Aw (43 km);
Soppong (65 km); Pai (111 km)

Golden Hut Resort (250 m);
Pana Huts (280 m);
Sang Tong Huts (300 m)

Doi
Kong Mu
(1500 m)

Nong Jong
Kham

Flughafen

ESSEN
Ban Phleng..................................34 A4
Fair Book..35 B2
Fern Restaurant...........................36 B3
Kai Mook.......................................37 B3
La Tasca...38 B3
Mae Si Bua....................................39 B2
Morgenmarkt................................40 B2
Nachtmarkt...................................41 B3
Nachtmarkt...................................42 C2
Pa Tim...43 B3
Salween River Restaurant........44 A2

SCHLAFEN
Baiyoke Chalet Hotel.................21 B3
Coffee Morning............................22 C3
Friend House.................................23 B3
Home for Relaxing......................24 C3
Jongkham Place...........................25 C3
Mae Hong Son Hill Resort........26 A4
Mountain Inn & Resort...............27 A4
Ngamta Hotel...............................28 B3
Palm House....................................29 C3
Panorama Hotel............................30 B2
Piya Guest House.........................31 B3
Residence@MaeHongSon.........32 C3
Romtai...33 B3

AUSGEHEN
Chilli Bar..45 B3
Crossroads.....................................46 B2
Sunflower Café.............................47 B3

SHOPPEN
Maneerat.......................................48 B3
Nachtmarkt...................................49 B3

TRANSPORT
PA Motorbike.........................(siehe 12)
Songthaeo nach Mae Aw.........50 B2
THAI...51 B3

Stadion

Busbahnhof & Sombat
Tour (1 km); Imperial Tara Mae
Hong Son Hotel (2 km); Tha
Pong Daeng (4 km); Huay Due
Port (6 km); Fern Resort (7 km);
Thermalquellen von Pha Bong
(11 km); Ban Nam Phiang Din
(20 km); Mae Sariang (139 km)

Touren mit Kleinbussen durch, er organisiert aber auch Trekkingtouren.

Festivals & Events

Poi Sang Long (März) Die Wats Jong Klang und Jong Kham stehen im Mittelpunkt dieses Fests, bei dem Shan-Jungen in einer *boòat lôok gâaou* genannten Zeremonie zu Mönchsnovizen ordiniert werden. Wie es bei den Shan Brauch ist, tragen die Jungen dabei keine einfachen weißen Gewänder, sondern aufwendig verzierte Kostüme, Blumenkopfschmuck und Schminke.

Jong Para (Okt.) Dieses wichtige lokale Fest wird gegen Ende der buddhistischen Regenklausur gefeiert – drei Tage vor Vollmond im elften Mondmonat (das genaue Datum variiert entsprechend von Jahr zu Jahr). Zu Beginn des Fests bringen einheimische Shan den Mönchen in einer Prozession, bei der auf Stangen montierte Palastmodelle

getragen werden, Opfergaben in die Tempel. Ein wichtiger Bestandteil des Fests sind die Volkstheater- und Tanzvorführungen auf dem Gelände der Wats – einige davon bekommt man nur in Nordwestthailand zu sehen.

Loi Krathong (Nov.) An diesem nationalen Feiertag, bei dem normalerweise mit *grà-tong* (kleine Lotusflöße) auf den nächstgelegenen Teich, See oder Fluss gesetzt werden, lassen die Einwohner von Mae Hong Son auf dem Doi Kong Mu Ballons, sogenannte *grà-tong sà-wǎn* (Himmels-*grà-tong*) in den Himmel steigen.

Schlafen

Mae Hong Son mangelt es im Großen und Ganzen an schönen Unterkünften, es gibt nur ein paar akzeptable Mittelklassehotels. Da die Stadt ein Touristenziel ist, schwanken die Preise je nach Saison; außerhalb der Haupt-

NORDTHAILAND

saison (Nov.–Jan.) kann man durchaus Rabatte aushandeln.

BUDGETUNTERKÜNFTE

Friend House (☎ 0 5362 0119; 20 Th Pradit Jong Kham; Zi. 150–400 B) Die sehr einfachen Zimmer teilen sich Gemeinschaftsbäder mit Warmwasser. Es gibt auch größere Quartiere mit eigenem Bad. Alle sind aber pieksauber. Die Zimmer im Obergeschoss des aus Beton und Teakholz errichteten Hauses bieten Ausblick auf den See. Es gibt Frühstück und einen Wäscherei-Service.

Home For Relaxing (☎ 0 5362 0313; 26/1 Th Chamnan Sathit; Zi. 200 B) Die von einem freundlichen jungen Ehepaar aus Chiang Mai geführte Herberge hat drei Zimmer in einem gemütlichen Holzhaus in der Nähe des Nong Jong Kham.

Palm House (☎ 0 5361 4022; 22/1 Th Chamnansathit; Zi. 300–600 B; ⊠) Das zweistöckige Zementgebäude erinnert an die Apartmentkomplexe in amerikanischen Vorstädten und bietet ein paar langweilige, aber saubere Zimmer mit TV, Warmwasser und Ventilator/Klimaanlage. Der hilfsbereite Betreiber spricht Englisch und kann Transportmittel organisieren, wenn er nicht gerade ein Nickerchen macht.

Coffee Morning (☎ 0 5361 234; 78 Th Singhanat Bamrung; Zi. 400–600 B) In diesem alten Holzhaus findet man neben einem hübschen Café mit Buchladen auch vier einfache, aber gemütliche Zimmer. Da sie kein eigenes Bad haben, sind die Hauptsaisonpreise nicht gerade als Schnäppchen zu bezeichnen, aber der kostenlose Internetzugang und die nette Café-Atmosphäre sind eine gewisse Entschädigung.

Panorama Hotel (☎ 0 5361 1757; www.panorama.8m.com; 51 Th Khunlum Praphat; Zi. 400–1200 B; ⊠ ⌨) Das Hotel gibt's schon lange; es ist bei Reisegruppen beliebt. Es besitzt eine kleine Lobby und ein paar einfache, ziemlich verwohnte Zimmer. Immerhin liegt das Haus recht günstig.

Romtai (☎ 0 5361 2437; Th Chumnanatit; Zi. 500–900 B, Bungalow 1200 B; ⊠) Die Anlage hinter den Tempeln am See hat verschiedene Unterkünfte, von geräumigen, sauberen Zimmern bis hin zu Bungalows mit Blick auf den üppigen Garten mit den Fischteichen.

Mae Hong Son Hill Resort (☎ 0 5361 2475; 106/2 Th Khunlum Praphat; Bungalow mit Ventilator/Klimaanlage 500/600 B; ⊠) Die Anlage scheint auf den ersten Blick nichts Besonderes zu sein, doch sie ist ruhig gelegen und bietet 24 gepflegte Bungalows mit Bambuswänden, ein paar Möbeln, Warmwasserduschen und eigener Veranda. Kurz: ein freundlicher Familienbetrieb.

MITTELKLASSEHOTELS

Piya Guest House (☎ 0 5361 1260; piyaguesthouse@ hotmail.com; 1/1 Th Khunlum Praphat; Bungalow 600 B; ⊠)

ABSTECHER: DER MAE HONG SON LOOP

Eine der beliebtesten Motorradrouten in Nordthailand ist der Rundkurs, der in Chiang Mai beginnt, der Länge nach durch die Provinz Mae Hong Son und dann in einer Schleife wieder zurück in die Stadt führt – der gesamte Trip umfasst nahezu 1000 km.

Der eigentliche Mae Hong Son Loop beginnt 34 km nördlich von Chiang Mai, wenn man in die Rte 1095 einbiegt und die erste von 1864 Kurven fährt. Es geht langsam voran, und der Anstieg beginnt fast sofort. Glücklicherweise gibt es unterwegs eine Menge Übernachtungsmöglichkeiten – häufig liegen die Orte mit guten Unterkünften und Restaurants weniger als 70 km voneinander entfernt, sodass Motorradfahrer ausreichend Gelegenheit haben, die steif gewordenen Beine zu entspannen. Zu den guten Übernachtungsoptionen zählen Pai, das 130 km von Chiang Mai entfernt ist, das 40 km weiter weg gelegene Soppong sowie das noch einmal 65 km weiter entfernte Mae Hong Son.

Hat man Khun Yuam, 70 km südlich von Mae Hong Son, erreicht, hat man die Wahl, ob man die Rte 1263 nach Mae Chaem nehmen und dann über den Doi Inthanon, Thailands höchsten Gipfel, nach Chiang Mai zurückkehren oder aber die Fahrt weiter nach Süden bis Mae Sariang fortsetzen und dann über Hot auf der Rte 108 bis nach Chiang Mai brausen will. Auf dieser Strecke sind die Abschnitte zwischen den Ortschaften dann größer, deshalb sollte man besser mit einer stärkeren und bequemeren Maschine unterwegs sein.

Ein ausgezeichneter Wegbegleiter ist die *Mae Hong Son Loop Guide Map* von Golden Triangle Rider, die in den meisten Buchläden von Chiang Mai vorrätig ist. Die Karte zeigt die genauen Entfernungen zwischen den Ortschaften, weist auf mögliche Abstecher hin und bietet auch sonst hilfreiche Infos.

Die Bungalows wirken ein bisschen verwohnt und auch der Garten, in dem sie stehen, könnte etwas Pflege vertragen. Die Zimmer sind aber relativ groß und mit Holzböden, Klimaanlagen, Duschen mit Warmwasser und guten Möbeln ausgestattet. Vom Restaurant hat man einen schönen Blick auf den See.

Pana Huts (☎ 0 5361 4331; www.panahuts.com; 293/9 Moo 11 Th Makhasanti; Zi. & Bungalow 700–750 B) Die fünf etwas überteuerten Bambushütten stehen in einem Waldgebiet außerhalb der Stadt. Sie haben Badezimmer mit Warmwasser und Terrassen. Der Gemeinschaftsbereich gibt sich mit seinem Dach aus Teakbaumblättern, Holzbänken und der geschlossenen Feuerstelle für kühle Nächte wunderbar rustikal.

Golden Hut Resort (☎ 0 5361 4294; www.goldenhut. com; 253 Moo 11 Th Makhasanti; Zi. & Bungalow 700–1800 B; 🖾) Dieses „Resort" thailändischer Art liegt außerhalb der Stadt in der Nähe der Sang Tong Huts und kombiniert unechte römische Säulen mit Betonpandas. Die Anlage ist ungeniert kitschig, hat aber eine Reihe komfortabler und ruhiger Bungalows und Zimmer.

LP Tipp **Sang Tong Huts** (☎ 0 5362 0680; www.sang tonghuts.com; Th Makhasanti; Zi. 700 B, Bungalow 800–3000 B; 🐾) Diese beliebte Bungalowanlage in einem Waldgebiet außerhalb der Stadt gehört zu den Übernachtungsmöglichkeiten, die etwas mehr Atmosphäre verströmen. Es gibt eine große Auswahl unterschiedlicher Bungalows, die aber alle geräumig und gut gestaltet sind. Die leckeren Backwaren und der Pool entschädigen für die Entfernung zum Stadtzentrum. Die Anlage ist bei Gästen beliebt, die immer mal wieder nach Mae Hong Son kommen, deswegen besser vorab reservieren.

Jongkham Place (☎ 0 5361 4294; 4/2 Th Udom Chao Nites; Bungalow 800 B, Suite 2000 B; 🖾) In dem neuen Familienbetrieb am See wohnen Gäste in vier attraktiven Holzbungalows oder einer penthouseartigen Suite. Alle Unterkünfte haben TV, Kühlschrank und Klimaanlage.

LP Tipp **Residence@MaeHongSon** (☎ 0 5361 4100; www.theresidence-mhs.com; 41/4 Th Nives Pisarn; Zi. 900–1400 B; 🖾 🖳) Zu den neueren Unterkünften gehört dieses hübsche gelbe Gebäude mit acht stilvollen, einladenden Zimmern. Teakholzmöbel gibt's in Hülle und Fülle; viele Fenster sorgen für ein Menge Sonnenlicht. Alle Gäste dürfen die sonnige Dachterrasse nutzen. Der freundliche Betreiber spricht Englisch und verleiht kostenlos Fahrräder.

Baiyoke Chalet Hotel (☎ 0 5361 3132; trv1864@hot mail.com; 90 Th Khunlum Praphat; Zi. inkl. Frühstück 1280–1600 B; 🖾 🖳) Die Zimmer in diesem seit Langem bestehenden Mittelklassehotel sind zwar nicht ganz so schön wie die herrliche holzverkleidete Lobby, aber das Haus ist trotzdem eine ordentliche, komfortable Unterkunft. Manche der teureren Zimmer sind sehr groß; sie wurden umgestaltet und sind jetzt ein richtig guter Deal. Im Restaurant und in der Lounge kann es recht laut zugehen, weshalb ein Zimmer abseits der Straße oder in einem der oberen Stockwerke sicher die bessere Wahl ist. Außerhalb der Saison gibt's 50 % Rabatt.

SPITZENKLASSEHOTELS

Südwestlich des Orts, ein paar Kilometer Richtung Ban Huay Deua und Ban Tha Pong Daeng, finden sich am Fluss mehrere „Resorts" (was in Thailand einfach irgendein beliebiges Hotel in der Nähe eines mehr oder weniger ländlichen Gebiets sein kann). Außerhalb der Saison sind Rabatte von bis zu 40 % drin, außerdem gibt's das ganze Jahr über Rabatte, wenn man online bucht.

Ngamta Hotel (☎ 0 5361 2794; Th Khunlum Praphat; Zi. 1500–1800 B; 🖾) Die Zimmer in diesem neuen dreistöckigen Hotel bewegen sich preislich im Spitzenklassesektor, sind aber hinsichtlich Stil und Extras eher Mittelklasse. Dafür ist das Haus zentral gelegen, und man hat einen weiten Blick über den See und die Tempelanlagen. Außerhalb der Saison gibt's Rabatte.

Golden Pai and Golden Suite Hotel & Resort (☎ 0 5306 1114; www.goldenpaihotel.com; 285 Moo 1 Ban Pang Moo; Zi. & Bungalow 1500–2500 B; 🖾 🖳 🖾) Am Rand des ruhigen Shan-Dorfs Ban Pang Moo, 5 km außerhalb der Stadt abseits der Straße nach Pai, bietet dieser Komplex verschiedene nette Bungalows und Doppelzimmer. Die Quartiere sind groß, pieksauber und mit geschmackvollen Textilien dekoriert. Zu allen gehören Sitzbereiche im Freien. Das Restaurant liegt sehr schön am Fluss Pai.

Mountain Inn & Resort (☎ 0 5361 1802; www.mhs mountaininn.com; 112/2 Th Khunlum Praphat; Zi. inkl. Frühstück 2400–2800 B, Suite inkl. Frühstück 4500 B; 🖾 🖳) Dieses Hotel hat saubere, gemütliche Zimmer mit hübscher Thai-Deko. Im Hof befindet sich ein schöner Garten mit kleinen Teichen, Bänken und Sonnenschirmen. Die Standardzimmer, die eine Terrasse mit Ausblick zum Garten haben, bieten im Vergleich zu jenen der Luxusklasse ein besseres Preis-Leistungs-Verhältnis. Alle Zimmer verfügen über Kabelfernsehen.

NORDTHAILAND

LP Tipp **Fern Resort** (☎ 0 5368 6110; www.fern resort.info; 64 Moo 10 Tambon Pha Bong; Bungalow 2500–3500 B; ✕ 🗐 🔊) Das schon lange existierende umweltfreundliche Resort gehört zu den schöneren Unterkünften in Nordthailand. Die 40 Holzbungalows im Shan-Stil stehen inmitten von Reisfeldterrassen und zwischen Bächen. Die Innenräume sind stilvoll dekoriert. In der Nähe führen Naturpfade in den angrenzenden Mae Surin National Park. Weil der von der Gemeinde organisierte Tourismus unterstützt werden soll, stammen die meisten Angestellten aus den Dörfern der Umgebung. Das Resort liegt 7 km südlich der Stadt. Gäste können sich kostenlos vom Flughafen oder dem Busbahnhof abholen lassen, außerdem fahren regelmäßig Shuttles von hier zur Stadt – los geht's vor dem Fern Restaurant (S. rechte Spalte) – und zurück.

Imperial Tara Mae Hong Son Hotel (☎ 0 5368 4444-9; www.imperialhotels.com/taramaehongson; 149 Mu 8; Zi. inkl. Frühstück 4472 B, Suite inkl. Frühstück 5885–7768 B; ✕ 🗐 🔊) Die geschmackvoll eingerichteten Zimmer in dem exklusiven 104-Betten-Hotel sind alle mit Holzböden ausgestattet. Die Terrassen mit den Fenstertüren sind ein schöner Bruch des Businesshotel-Looks. Zu den Einrichtungen gehören eine Sauna, ein Swimmingpool und ein Fitnesscenter.

Essen

Mae Hong Sons Morgenmarkt ist ein faszinierender Ort und ideal zum Frühstücken. Mehrere Stände am Nordende des Markts servieren ungewöhnliche Gerichte wie *tòo·a òon*, ein birmanisches Nudelgericht mit dickem Kichererbsenbrei und gebratenem Gemüse, Kichererbsenküchlein und Tofu. Andere Stände im gleichen Abschnitt verkaufen eine lokale Version von *kà·nŏm jeen nám ngée·o*, oft zusammen mit *kahng pòrng*, einem Shan-Snack aus zerkleinertem gebratenem Gemüse.

In der Stadt gibt es außerdem zwei tolle Nachtmärkte. Der in der Nähe des Flughafens bietet überwiegend nordthailändische Gerichte zum Mitnehmen, der beim Nong Jong Kham hat typische Thai-Kost. Hier gibt's auch Tische und Stühle.

Fair Book (keine Ausschilderung in lateinischen Buchstaben; Th Nives Pisarn; Gerichte 20–30 B; ✆ 6–16 Uhr) Zwar hat dieser Laden null Atmosphäre, aber dafür richtigen Kaffee und die beste Auswahl von englischsprachigen Zeitungen, sodass er der beste Ort in der Stadt ist, um sich über das Weltgeschehen zu informieren. Außerdem gibt's gutes thailändisches Frühstück.

Mae Si Bua (☎ 0 5361 2471; 51 Th Singhanat Bamrung; Gerichte 20–30 B; ✆ 8.30–18.30 Uhr) Oma Bua bereitet täglich mehr als ein Dutzend verschiedener Shan-Currys, Suppen und Dips zu. Super ist das köstliche *gaang hang·lair*, ein unglaublich reichhaltiges Curry mit Schweinebauch, das geschmacklich ein wenig an amerikanische Barbecuesauce erinnert.

Pa Tim (Th Khunlum Praphat; Gerichte 25–80 B; ✆ 9–22 Uhr) Alle lieben dieses Restaurant wegen der großen Vielfalt günstiger thailändischer und chinesischer Gerichte.

LP Tipp **Ban Phleng** (Nordthailändisches Essen; ☎ 0 5361 2522; 108 Th Khunlum Praphat; Gerichte 30–60 B; ✆ 7–23 Uhr) Südlich der Stadt nimmt dieses beliebte Restaurant beide Seiten der Straße ein. Hier kriegen Gäste einen Crashkurs in authentischer nordthailändischer und örtlicher Shan-Küche: Mittags werden bis zu einem Dutzend verschiedener Gerichte angeboten; man deutet einfach auf das, was man möchte, oder greift zur englischsprachigen Speisekarte. Es gibt noch eine Filiale dieses Lokals in Pai (S. 491).

Salween River Restaurant (☎ 0 5361 2050; Th Singhanat Bamrung; Gerichte 50–160 B; ✆ 7–24 Uhr) Die Karte umfasst fast alles: von ausgezeichnetem Biokaffee der Bergstämme bis hin zu Backwaren, örtlichen Shan-Spezialitäten und kreativen europäischen Gerichten. Auch für Veggies gibt's zahlreiche Angebote. Die Betreiber sind sehr freundlich und haben eine Menge Infos auf Lager.

Fern Restaurant (Th Khunlum Praphat; Gerichte 60–120 B; ✆ 10.30–24 Uhr) Das Fern ist wahrscheinlich Mae Hong Sons schickstes Restaurant – aber es handelt sich halt nur um Mae Hong Son. Der Service ist jedenfalls professionell und das Essen gut. Auf der langen Karte stehen Thai-Gerichte, örtliche Spezialitäten und sogar ein paar spanische Gerichte. An manchen Abenden gibt es Livemusik.

Kai Mook (☎ 0 5361 2285; 23 Th Udom Chao Nites; Gerichte 60–170 B; ✆ 10–14 & 17–24 Uhr) Das Freiluftrestaurant gleich hinter der Hauptstraße hat ein großes Speisenangebot und eine muntere Atmosphäre. Empfehlenswert sind Gerichte wie *dôm yam* mit Fisch aus dem Mae Nam Pai oder Wildschwein gebraten mit Currypaste.

La Tasca (☎ 0 5361 1344; Th Khunlum Praphat; Gerichte 69–189 B; ✆ 10–22 Uhr) Das gemütliche Lokal serviert schon seit Urzeiten hausgemachte Pasta, Pizza und Calzone. Es ist eines der wenigen

Restaurants vor Ort, wo man einigermaßen authentische westliche Gerichte bekommt.

Ausgehen

Crossroads (☎ 0 5362 0221; 61 Th Khunlum Praphat; 8–24 Uhr) Wo sonst in Mae Hong Son bekommt man sein Bier von einem thailändischen Barkeeper, der fließend Spanisch spricht, während man sich mit einem Shan-Trekking-guide unterhält, der früher in Belgien gelebt hat? Das freundliche Barrestaurant ist tatsächlich in jeder Hinsicht eine „Kreuzung" – bezüglich der Lage an einer der wichtigsten Verkehrskreuzungen in Mae Hong Son genauso wie bezüglich der Kundschaft von Backpacker-Greenhorns bis zu wettergegerbten Einheimischen. Steaks gibt's außerdem.

Sunflower Café (☎ 0 5362 0549; Th Pradit Jong Kham; 7–24 Uhr) In diesem Open-Air-Lokal gibt's Bier vom Fass, Loungemusik live und einen schönen Blick auf den See. Das Sunflower serviert auch Essen (35–180 B) und veranstaltet Touren.

Chilli Bar (Th Pradit Jong Kham; 7–1 Uhr) Lauter Blues und ein Billardtisch prägen das Ambiente in dieser freundlichen Kneipe. Das aktuelle Speisenangebot (30–80 B), von Barsnacks bis zu Sandwiches, ist auf den Tafeln angeschrieben.

Shoppen

Von Oktober bis Februar verwandelt sich der Weg um den Jong-Kham-See am Abend in einen munteren **Markt** (17–22 Uhr).

Ein paar gut bestückte Souvenirläden finden sich beim Südende der Th Khunlum Praphat, darunter das **Maneerat** (☎ 0 5361 2213; 80 Th Khunlum Praphat; 8–21 Uhr), das eine große Auswahl von birmanischer und Shan-Kleidung sowie birmanischen Lackschachteln hat.

An- & Weiterreise

BUS

Mae Hong Sons Busbahnhof wurde 1 km vor die Stadt verlegt. **Prempracha Tour** (☎ 0 5368 4100) bietet Busfahrten innerhalb der Provinz an, z. B. gen Süden nach Khun Yuam (normal/mit Klimaanlage 70/110 B, 2 Std., 6, 8, 10.30, 20 & 21 Uhr) mit Weiterfahrt über Mae Sariang (normal/mit Klimaanlage 100/180 B, 4 Std.) nach Chiang Mai (normal/mit Klimaanlage 187/337 B, 8 Std.).

Die Busse Richtung Norden halten in Soppong (normal/mit Klimaanlage 60/80 B, 2 Std., 8, 10.30 & 0.30 Uhr) und Pai (normal/

mit Klimaanlage 80/100 B, 3 Std.), ehe sie in Chiang Mai (normal/mit Klimaanlage 143/210 B, 8 Std.) ankommen. Relativ häufig fahren auch Minivans diese Strecke: Auf dem Weg nach Chiang Mai (250 B, 6 Std.) halten sie in Soppong (150 B, 1½ Std., 7–14 Uhr, regelm.) und Pai (150 B, 2 Std.).

Sombat Tour (☎ 0 5361 3211) mit Sitz am neuen Busbahnhof fährt nach Bangkok (1. Klasse 718 B, 15 Std., 14 & 15 Uhr).

FLUGZEUG

Vielen Travellern ist die Zeit, die sie auf dem Weg von Chiang Mai nach Mae Hong Son sparen, wenn sie fliegen statt Bus zu fahren, die zusätzliche Ausgabe wert.

Nok Air (☎ landesweites Callcenter 1318; www.nokair.co.th; Mae Hong Son Airport) und ihre Tochtergesellschaft **SGA Airlines** (☎ 0 5379 8244; www.sga.co.th; Mae Hong Son Airport) haben Code-Sharing-Flüge von/nach Chiang Mai (1800 B, 35 Min., 1-mal tgl.).

THAI (☎ 0 5361 2220; www.thaiair.com; 71 Th Singhanat Bamrung; Mo–Fr 8.30–17.30 Uhr) fliegt ebenfalls von/nach Chiang Mai (1365 B, 35 Min., 2-mal tgl.), wo Anschlussflüge nach Bangkok starten (3600 B).

Unterwegs vor Ort

Das Zentrum von Mae Hong Son lässt sich leicht zu Fuß erkunden. Der Ort ist einer der wenigen in Thailand, in dem nicht an jeder Ecke ein Motorradtaxi steht. Einige finden sich aber am Busbahnhof sowie in der Nähe des Eingangs zum Morgenmarkt. Stadtfahrten kosten 20 bis 30 B, für eine Fahrt nach Doi Kong Mu und zurück verlangen die Fahrer 100 B. Es fahren auch ein paar Tuk-Tuks. Die meisten stehen an der Bushaltestelle. Damit kostet die Stadtfahrt 40 B und eine Fahrt vom bzw. zum Flughafen oder vom bzw. zum neuen Busbahnhof 80 B.

Da die meisten Attraktionen von Mae Hong Son außerhalb der Ortschaft liegen, lohnt es sich, ein Fahrzeug zu mieten.

PA Motorbike (☎ 0 5361 1647; 21 Th Pradit Jong Kham) gegenüber dem Friend House vermietet Motorräder (150–200 B/Tag), Autos und Jeeps (1000–2500 B/Tag).

RUND UM MAE HONG SON
Thermalquellen von Pha Bong

บ่อน้ำร้อนผาป่อง

Im Shan-Dorf Pha Bong, 11 km südlich der Hauptstadt, befindet sich dieser öffentliche Park mit **Thermalquellen** (Bad/Baderaum 50/400 B; 8 Uhr–Sonnenuntergang). Man kann hier einfach

baden oder sich einen Baderaum mieten, außerdem werden Massagen (150 B/Std.) angeboten. Die Quellen sind mit jedem Bus Richtung Süden zu erreichen.

THAM PLA FOREST PARK
อุทยานแห่งชาติถ้ำปลา

Das Zentrum dieses **Parks** (Eintritt frei; ⏱ 6–18 Uhr), der 16 km nördlich von von Mae Hong Son liegt, bildet die Tham Pla, die **Fischhöhle**. In dieser Wasserhöhle leben Hunderte Bachkarpfen einer Art, die bis zu 1 m lang wird und nur in den Provinzen Mae Hong Son, Ranong, Chiang Mai, Rayong, Chanthaburi und Kanchanaburi vorkommt. Die Fische ernähren sich von Pflanzen und Insekten, die Einheimischen halten sie aber für Vegetarier und füttern sie deshalb nur mit Obst und Gemüse (gibt's am Parkeingang zu kaufen).

Ein 450 m langer Weg führt vom Parkeingang zu einer Hängebrücke, die einen kleinen Fluss überspannt, und weiter zur Höhle. In der Nähe sieht man die **Statue** des Hindu-Weisen Nara, der die heiligen Fische vor Gefahr schützen soll. Einem Besuch hier fehlt vielleicht ein richtiger Höhepunkt, aber der Park ist idyllisch und schattig, und Imbissstände und Picknicktische fehlen auch nicht.

Die Busse nach Pai fahren am Park vorbei, das Mietmotorrad ist allerdings die bessere Alternative.

Die Dörfer der „Langhals"-Padaung
หมู่บ้านกะเหรี่ยงคอยาว

Diese Dörfer sind Mae Hong Sons bekannteste – und umstrittenste – Touristenattraktion. Der Spitzname „Langhals" entstand wegen der Gewohnheit einiger Frauen der Padaung (oder Kayan), schwere Messingspiralen um den Hals zu tragen. Diese Halsspirale drückt auf das Schlüsselbein und den Brustkorb, weshalb der Hals unnatürlich lang aussieht. Ein weit verbreiteter Irrglaube ist, dass der Hals der Frauen abknicken würde und die Frauen ersticken könnten, wenn sie die Spirale entfernten. In Wirklichkeit legen die Frauen die Spiralen aber ohne jedes Problem ab und an, und es gibt auch keinen Beweis dafür, dass die Halsdeformation ihre Gesundheit beeinträchtigt.

Niemand weiß, wie dieser Brauch zustande gekommen ist. Einer Theorie zufolge sollten die Spiralen die Frauen für Männer anderer Stämme unattraktiv machen, nach einer anderen sollten sie Tiger daran hindern, die

Frauen am Hals zu packen und fortzuschleppen. Wahrscheinlich aber handelt es sich einfach nur um ein modisches Accessoire. Bis vor Kurzem war der Brauch schon mehr oder weniger verschwunden, wurde aber wegen des Geldes, das die Touristen hereinbrachten und wohl auch im Auftrag der örtlichen Autoritäten, die von den Frauen profitieren wollen, wiederbelebt.

Die Dörfer stehen heute auf dem Programm vieler Tourveranstalter und sind ein wichtiger Touristenmagnet von Mae Hong Son. Viele bezeichnen die Dörfer – nicht ganz unberechtigt – als Menschenzoos, uns erinnern sie aber eher an bizarre ländliche Märkte, weil die Frauen das meiste Geld mit dem Verkauf von kitschigen Souvenirs und Getränken einnehmen. Die Padaung, mit denen wir gesprochen haben, behaupten, sie seien mit ihrer momentanen Situation ganz zufrieden, aber die Staatenlosigkeit, die sie mit allen anderen Flüchtlingen aus Myanmar gemein haben, ist sicher kein beneidenswerter Zustand. Die Bauern, die sich einst selbst versorgten, sind heute auf den Tourismus und auf Hilfe angewiesen.

Alle Reiseagenturen in Mae Hong Son bieten Touren zu den drei Padaung-Siedlungen an. Die bekannteste Siedlung ist **Kayan Tayar** in der Nähe des Shan-Dorfs Ban Nai Soi, 35 km nordwestlich von Mae Hong Son. Hier wird von Nicht-Thais ein Eintrittsgeld von 250 B pro Person gefordert. Eine weitere „Langhals"-Siedlung befindet sich in **Huay Pu Keng**; ein Besuch dort ist Bestandteil der Touren mit Longtail-Booten vom Huay Due Pier und von Tha Pong Daeng. Details zu Kosten und Anreise gibt's auf S. 476. Man kann Huay Pu Keng aber auch auf eigene Faust besuchen und im Dorf übernachten. Einzelheiten dazu finden sich unter www.huaypukeng.com.

Mae Aw & Umgebung
แม่ออ

Ein wunderbarer Tagesausflug führt von der Provinzhauptstadt nach Mae Aw. Das ist ein malerischer chinesischer Außenposten direkt an der Grenze zu Myanmar, 43 km nördlich von Mae Hong Son.

Die Straße nach Mae Aw ist schön. Sie führt zunächst durch hübsche Uferdörfer der Shan wie **Mok Champae** und nach einem plötzlichen Anstieg in vielen Kurven durch eine atemberaubende Berglandschaft. Um einen Zwischenstopp einzulegen, bieten sich der **Pha-Sua-Wasserfall**, ungefähr 5 km den Berg hinauf,

---

PUE-LEH, 78

Wie kamen Sie nach Thailand? Wir sind gelaufen. Das dauerte wohl etwa zehn Tage. Das ist schon so lange her, dass ich mich nicht mehr genau erinnere.

Wie lange sind Sie schon in Thailand? Seit 20 Jahren.

Haben Sie andere Gegenden in Thailand besucht? Nein, ich war nie irgendwo anders. Ich kann kein Thai, also kann ich nirgendwo hin.

Ist das Leben in Thailand besser als das in Birma? Hier ist es besser als in Birma. Die birmanischen Soldaten haben uns einfach Dinge weggenommen, Geld und Reis.

Würden Sie nach Birma zurückkehren, wenn es die Möglichkeit gäbe? Birma hat sich verändert. Ich könnte wohl nicht mehr zurückkehren.

Was halten Sie von den Touristen? Ich mag sie. Sie fotografieren und kaufen Sachen. Das hilft uns.

Geht es Ihnen nicht auf die Nerven, dauernd fotografiert zu werden? Nein, das nicht. Ich bin nur traurig, dass ich so alt bin und nicht mehr gut aussehe und dass ich mich mit den Touristen nicht auf Englisch unterhalten kann!

Sprechen Sie gar kein Englisch? Nur ein bisschen. Manchmal.

Pue-Leh ist eine „Langhals"-Padaung aus Ban Kayan Tayar, Mae Hong Son.

---

oder der **Pang-Tong-Sommerpalast**, eine wenig benutzte Königsresidenz ein paar Kilometer hinter dem Wasserfall, an.

Bei Ban Na Pa Paek besteht die Möglichkeit, einen interessanten Abstecher zu machen, wenn man links abbiegt und 6 km bis zu dem Shan-Dorf **Ban Ruam Thai** weiterfährt. In dem Ort gibt es mehrere einfache Unterkünfte und Restaurants. Die Straße endet 500 m weiter bei **Pang Ung**, einem friedlichen, von Kiefern umgebenen Bergstausee, der für thailändische Tagesausflügler so etwas wie die thailändische Schweiz ist.

Dann geht's auf der gleichen Strecke nach Ban Na Pa Paek zurück. Von dort sind es noch weitere 6 km nach Norden durch Hügel mit Tee- und Kaffeeplantagen, bis man Mae Aw erreicht hat. Der moderne thailändische Name der Ortschaft lautet Ban Rak Thai (Dorf der Thai-Freunde). Der Ort wurde von Kuomingtang-Kämpfern aus Yunnan gegründet, die 1949 vor den siegreichen Kommunisten geflohen waren. Mae Aw befindet sich am Rand eines großen Stausees. Die Gesichter der Einwohner und die Schilder wirken sehr chinesisch. Der Haupterwerbszweig ist inzwischen der Teeanbau. In zahlreichen Lokalen kann man das örtliche Gewächs probieren, außerdem servieren mehrere Restaurants Gerichte aus Yunnan.

Eine kurze, unbefestigte Straße führt zum Grenzübergang. Es wird dringend davon abgeraten, in dieser Gegend auf eigene Faust unterwegs zu sein, da hier eine Drogenschmuggelroute verläuft.

SCHLAFEN & ESSEN

Ban Din Guest House (☎ 08 4854 9397; Mae Aw/Ban Rak Thai; Zi. 300–750 B) Diese Herberge und ein paar ähnliche rund um den Mae Aws Stausee bieten Übernachtungsmöglichkeiten in schlichten Lehmziegelbungalows an.

Guest House and Home Stay (☎ 0 5307 0589, 08 3571 6668; Ban Ruam Thai; Zi. 400–1500 B) Beim ältesten Gästehaus in Ban Ruam Thai (es gibt inzwischen eine Menge „Homestays", die Unterkunft für 200 bis 400 B anbieten) können Gäste in mehreren einfachen Bambushütten übernachten, die umgeben von Kaffee- und Teesträuchern sowie Obstbäumen an einem Hang stehen. Selbst wer nicht hier wohnt, sollte auf einen Kaffee vorbeischauen: Der Betreiber hegt eine Leidenschaft für Kaffee, und es gibt sogar eine Röststube, wo Besucher selber Bohnen rösten und mahlen können.

Riverside Guest House (☎ 0 5306 1574, 08 6117 9623; Mok Champae; Zi. 750 B) Außerhalb der kleinen Ortschaft Mok Champae, am Fuß der Berge um Mae Aw, stehen Gästen vier attraktive Bungalows an einem rauschenden Wildbach zur Verfügung. Die Betreiber führen in der 1 km entfernten Ortschaft auch ein Restaurant.

Tha Law Sue Rak Thai Resort (☎ 08 9557 2258; Mae Aw; B 200 B, Zi. 600–1200 B) Am Rand des Stausees und am Ortseingang von Mae Aw befindet sich diese recht schicke Anlage mit großen Bambushütten (teilweise mit eigener Terrasse) direkt am Ufer. Das angeschlossene Restaurant serviert Gerichte aus Yunnan.

Jingmeay Restaurant (☎ 08 9985 5794; Mae Aw/Ban Rak Thai; Gerichte 20–180 B; ☼ 7–19 Uhr) Das Restau-

rant liegt 500 m vom Ortsrand von Mae Aw entfernt mitten auf dem Marktgelände. Angeboten werden Gerichte aus Yunnan, z. B. ausgezeichnete Nudelsuppe und ein köstlicher Salat aus jungen Teeblättern.

Gee Lee Restaurant (☎ 0 5307 2301; Mae Aw/Ban Rak Thai; Gerichte 40–250 B; ✆ 8–19 Uhr) Das Gee Lee war eines der ersten Lokale hier, in denen Besuchern die ortstypischen chinesischen Gerichte auf Yunnan-Art serviert wurden. Geschmorte Schweinehaxen mit gebratenem Gemüse sind die Spezialität. Das Restaurant liegt an einer Ecke des Sees, direkt an der Kreuzung, von der aus man zum Ortskern kommt.

AN- & WEITERREISE

Täglich fahren zwei Songthaeos Richtung Mae Aw: das eine hält in Ban Ruam Thai und fährt weiter bis Mae Aw (80 B, 9.30 Uhr), das zweite fährt nur bis Ban Ruam Thai (70 B, 15.30 Uhr). Beide starten in Mae Hong Son am städtischen Markt, aber nur wenn sie voll sind, was manchmal erst Stunden nach der regulären Abfahrtzeit der Fall ist. Deswegen empfiehlt es sich, eine Gruppe zusammenzutrommeln und gemeinsam ein Fahrzeug zu chartern. Jeder Tourveranstalter in Mae Hong Son organisiert für rund 1300 B ein Fahrzeug.

Die Strecke bietet sich aber auch für eine Motorradfahrt an. Dabei unbedingt genügend Sprit dabeihaben: Die einzige Tankstelle an der Strecke ist in Ban Na Pa Paek, am Ende eines sehr langen Anstiegs.

PAI
ปาย
2284 Ew.

Wer lange genug in Nordthailand ist, dem wird gewiss zu Ohren kommen, dass Pai die Khao San Rd des Nordens wäre. Letztere ist zwar eine Straße, aber davon abgesehen ähnelt der kleine Ort tatsächlich einer Travellerhochburg. Es scheint mittlerweile mehr Pensionen als Privathäuser im „Stadtzentrum" zu geben, überall hat man Internetanschluss, und nachts gibt's Livemusik und Partys.

Pai (das mehr wie „bei" ausgesprochen wird) ist jedoch nicht nur bei Ausländern, sondern auch bei Thais beliebt. In der Spitzensaison im Winter kommen Tausende Thais aus Bangkok in die Stadt – in manchen Gegenden hat man eher das Gefühl, sich auf dem Chatuchak-Markt zu befinden als in einer abgelegenen Talsiedlung in Mae Hong Son. In dieser Zeit sind Verkehrsstaus keine Seltenheit und die Unterkünfte so knapp, dass viele in Zelten übernachten müssen.

Trotz allem hat der Andrang dem Ort mit seiner Bilderbuchlage in einem Gebirgstal noch nichts anhaben können. Abseits der Hauptstraße gibt es viele ruhige Unterkünfte, eine Menge naturnaher, entspannter Aktivitäten halten die Besucher bei Laune, es existiert eine muntere Kunst- und Musikszene, und überall in den Tempeln, in den ruhigen Seitenstraßen und auf dem brummenden Nachmittagsmarkt ist spürbar, dass die Stadt in der Shan-Kultur verwurzelt ist.

Praktische Informationen

Überall in der Stadt gibt es Internetcafés, ganz besonders viele am östlichen Ende der Th Chaisongkhram (20–30 B/Std.).

Pai Post (www.paipost.com) ist das kostenlose englischsprachige Monatsblatt vor Ort. Es berichtet über kulturelle Ereignisse, Reiseziele, politische Themen und auch über einige Bar- und Restaurant-Neueröffnungen. Die Zeitung ist überall in Pai zu haben. Der *Pai Events Planner* (PEP) ist ein kostenloser monatlich erscheinender Plan, in dem ungefähr dieselben Events verzeichnet sind.

Neben den beiden unten genannten gibt es noch mehr Wechselstuben und Geldautomaten in der Th Rangsiyanon und der Th Chaisongkhram.

Bank of Ayudhaya (Th Rangsiyanon; ✆ 9–20 Uhr) Geldautomat und -wechsel.

Krung Thai Bank (Th Rangsiyanon) Geldautomat und -wechsel.

Siam Books (☎ 0 5369 9075; Th Chaisongkhram) Hat die größte Auswahl von neuen und gebrauchten Büchern im Ort.

Touristeninformation (☎ 0 5369 9935; ✆ 8.30–16.30 Uhr) Der kleine Kiosk nahe der Bezirksverwaltung ist mit Personal besetzt, das schlecht Englisch spricht, aber eine einfache Karte des Gebiets ausgibt.

Sehenswertes & Aktivitäten

Viele der Sehenswürdigkeiten Pais befinden sich gleich außerhalb des Ortszentrums und in den umliegenden Gebieten.

WAT PHRA THAT MAE YEN
วัดพระธาตุแม่เย็น

Von dem Tempel oben auf einem Hügel hat man einen schönen Ausblick ins Tal. Von der Hauptkreuzung aus geht es 1 km nach Osten, über einen Bach und durch ein Dorf zum Fuß der Treppe (353 Stufen), die zum Gipfel führt.

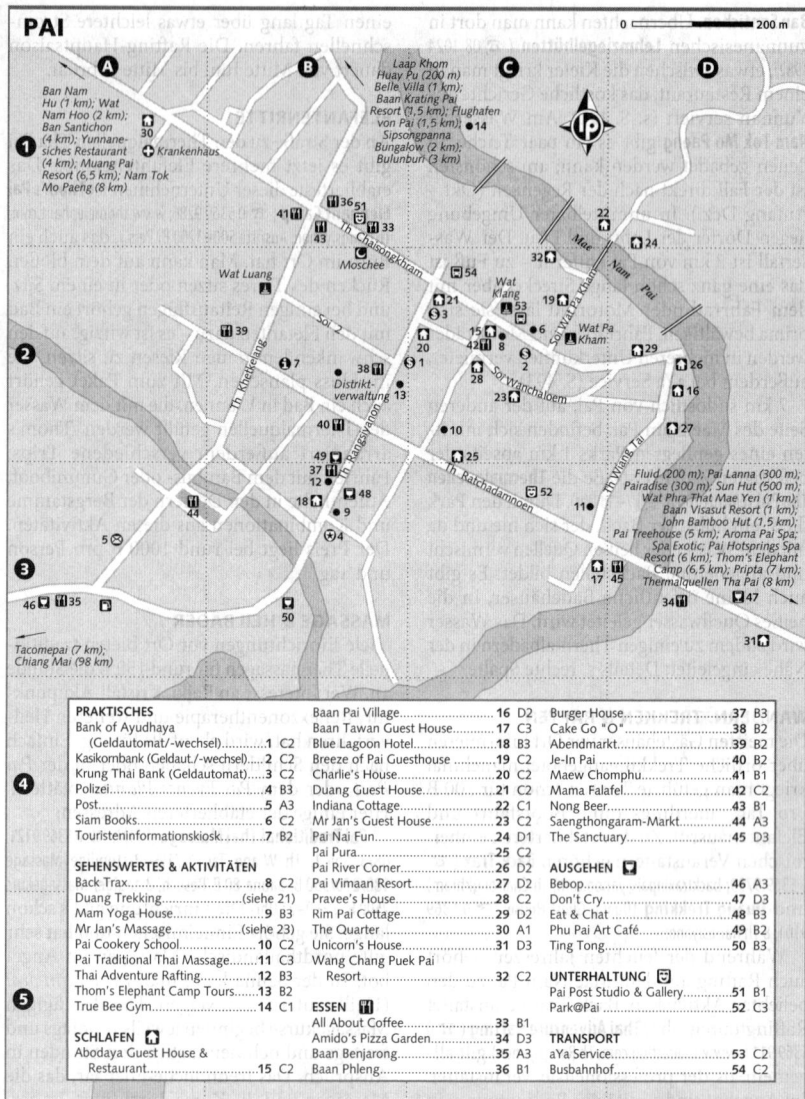

PAI

0 ————— 200 m

Ban Nam
Hu (1 km); Wat
Nam Hoo (2 km);
Ban Santichon
(4 km); Yunnane-
siches Restaurant
(4 km); Muang Pai
Resort (6,5 km); Nam Tok
Mo Paeng (8 km)

Laap Khom
Huay Pu (200 m)
Belle Villa (1 km);
Baan Krating Pai
Resort (1,5 km); Flughafen
von Pai (1,5 km); ●14
Sipsongpanna
Bungalow (2 km);
Bulunburi (3 km)

Wat Luang

Moschee

Th. Chaisongkhram

Sol 2

Th. Khetkelang

Distrikt-
verwaltung 13

Th. Rangsiyanon

Th. Ratchadamnoen

Wat
Klang

Wat Pa
Kham

Soi Wat Pa Kham

Soi Wanchaloem

Th. Wiang Tai

Nam Pai / Mae

Fluid (200 m); Pai Lanna (300 m);
Pairadise (300 m); Sun Hut (500 m);
Wat Phra That Mae Yen (1 km);
Baan Visasut Resort (1 km);
John Bamboo Hut (1,5 km);
Pai Treehouse (5 km); Aroma Pai Spa;
Spa Exotic; Pai Hotsprings Spa
Resort (6 km); Thom's Elephant
Camp (6,5 km); Pripta (7 km);
Thermalquellen Tha Pai (8 km)

Tacompai (7 km);
Chiang Mai (98 km)

PRAKTISCHES
Bank of Ayudhaya (Geldautomat/-wechsel)	**1** C2
Kasikornbank (Geldaut./-wechsel)	**2** C2
Krung Thai Bank (Geldautomat)	**3** C2
Polizei	**4** B3
Post	**5** A3
Siam Books	**6** C2
Touristeninformationskiosk	**7** B2

SEHENSWERTES & AKTIVITÄTEN
Back Trax	**8** C2
Duang Trekking	(siehe 21)
Mam Yoga House	**9** B3
Mr Jan's Massage	(siehe 23)
Pai Cookery School	**10** C2
Pai Traditional Thai Massage	**11** C3
Thai Adventure Rafting	**12** B3
Thom's Elephant Camp Tours	**13** B2
True Bee Gym	**14** C1

SCHLAFEN
Abodaya Guest House & Restaurant	**15** C2
Baan Pai Village	**16** D2
Baan Tawan Guest House	**17** C3
Blue Lagoon Hotel	**18** B3
Breeze of Pai Guesthouse	**19** C2
Charlie's House	**20** C2
Duang Guest House	**21** C2
Indiana Cottage	**22** C1
Mr Jan's Guest House	**23** C2
Pai Nai Fun	**24** D1
Pai Pura	**25** C2
Pai River Corner	**26** D2
Pai Vimaan Resort	**27** D2
Pravee's House	**28** C2
Rim Pai Cottage	**29** D2
The Quarter	**30** A1
Unicorn's House	**31** D3
Wang Chang Puek Pai Resort	**32** C2

ESSEN
All About Coffee	**33** B1
Amido's Pizza Garden	**34** D3
Baan Benjarong	**35** A3
Baan Phleng	**36** B1
Burger House	**37** B3
Cake Go "O"	**38** B2
Abendmarkt	**39** B2
Je-In Pai	**40** B1
Maew Chomphu	**41** B1
Mama Falafel	**42** C2
Nong Beer	**43** B1
Saengthongaram-Markt	**44** A3
The Sanctuary	**45** D3

AUSGEHEN
Bebop	**46** A3
Don't Cry	**47** D3
Eat & Chat	**48** B3
Phu Pai Art Café	**49** B2
Ting Tong	**50** B3

UNTERHALTUNG
Pai Post Studio & Gallery	**51** B1
Park@Pai	**52** C3

TRANSPORT
aYa Service	**53** C2
Busbahnhof	**54** C2

Man kann aber auch die 400 m lange, befestigte Straße zum Gipfel nehmen.

RUND UM PAI
Nordwestlich der Ortschaft führt die Straße Richtung Krankenhaus noch mehrere Kilometer weiter zu einem Shan-Tempel, einem KMT-Dorf und einem Wasserfall. Der Tempel namens **Wat Nam Hoo** liegt ungefähr 2 km außerhalb von Pai und beherbergt eine heilige Buddhafigur, aus deren Kopf einst heiliges Wasser ausgetreten sein soll. Diese Stätte ist bei thailändischen Besuchern beliebt; auf dem Gelände wird auch ein kleiner Markt abgehalten. Etwa 2 km weiter gibt es noch einen kleinen Markt in dem malerischen KMT-Dorf

NORDTHAILAND

Ban Santichon. Übernachten kann man dort in yunnanesischen **Lehmziegelhütten** (☎ 08 1024 3982), etwas zwischen die Kiefer kriegt man in einem Restaurant, das köstliche Gerichte aus Yunnan serviert (s. S. 491). Am Wasserfall **Nam Tok Mo Paeng** gibt es ein paar Teiche, in denen gebadet werden kann; am schönsten ist der Fall direkt nach der Regenzeit (Okt.– Anfang Dez.). In unmittelbarer Umgebung liegen Dörfer der Lahu und Lisu. Der Wasserfall ist 8 km von Pai entfernt – zu Fuß ist das eine ganz schön lange Strecke, aber mit dem Fahrrad oder Motorrad lässt sie sich prima bewältigen. Fahrräder und Motorräder werden in mehreren Unterkünften vermietet, außerdem bei aYa Service (S. 493).

7 km südöstlich von Pai, auf der anderen Seite des Mae Nam Pai, befinden sich inmitten eines gepflegten Parks 1 km abseits der befestigten Zufahrtsstraße die **Thermalquellen Tha Pai** (Eintritt 200 B; ☉ 7–18 Uhr). Durch den Park fließt ein hübscher Bach, der sich hie und da mit dem Wasser der heißen Quellen vermischt und angenehme Badestellen bildet. Es gibt auch kleine öffentliche Badehäuser, in die heißes Quellwasser geleitet wird. Das Wasser wird zudem zu einigen Thermalbädern in der Nähe eingeleitet; Details s. rechte Spalte.

WANDERN, TREKKEN & RAFTEN
Die meisten Gästehäuser vor Ort informieren über örtliche Trekkingangebote; manchmal kriegt man geführte Touren schon für 700 B pro Tag, allerdings ohne Bootsfahrt und Elefantenausritt. Zu den etablierteren einheimischen Veranstaltern gehören **Back-Trax** (☎ 0 5369 9739; bucktraxinpai@yahoo.com; Th Chaisongkhram) und **Duang Trekking** (Duang Guest House; ☎ 0 5369 9101; 8 Th Rangsiyanon).

Während der feuchten Jahreszeit gehört auch Rafting auf dem Mae Nam Pai zu den beliebten Aktivitäten. Back-Trax veranstaltet Raftingtouren, aber **Thai Adventure Rafting** (☎ 0 5369 9111; www.thairafting.com; Th Rangsiyanon) gilt allgemein als der professionellste Veranstalter. Im Angebot sind zweitägige Raftingtouren in stabilen Gummibooten von Pai nach Mae Hong Son für 2500 B pro Nase inklusive Verpflegung, Rafting- und Campingausrüstung, wasserdichter Taschen und Versicherung. Unterwegs kommt man an einem Wasserfall, einer Klippe mit Fossilienabdrücken und an Thermalquellen vorbei. Eine Nacht wird in dem fest eingerichteten Ufercamp des Unternehmens verbracht. Für 1500 B kann man einen Tag lang über etwas leichtere Stromschnellen fahren. Die Rafting-Hauptsaison dauert von Mitte Juni bis Mitte Februar.

ELEFANTENRITTE
An der Straße zu den Thermalquellen Tha Pai gibt es jetzt mehrere Elefantencamps. Das etablierteste dieser Unternehmen ist **Thom's Pai Elephant Camp** (☎ 0 5369 9286; www.thomelephant.com; Th Rangsiyanon; Ausritte 500–1200 B/ Pers.), das auch ein Büro im Ort hat. Man kann auf dem bloßen Rücken des Tieres sitzen oder in einem Sitz, und bei einigen Reitausflügen gehört ein Bad mit dem Elefanten dazu – es ist witzig, auf den schwankenden grauen Riesen zu sitzen, die im Fluss planschen. Mit zum Paket gehört auch ein Bad in Wannen, die mit dem Wasser der Thermalquellen gefüllt werden. Thom's arrangiert außerdem verschiedene Trips: Fahrten mit dem Bambus- oder Gummiboot, Aufenthalte in den Dörfern der Bergstämme und Kombinationen aus diesen Aktivitäten. Der Preis liegt bei rund 1000 B pro Person und Tag.

MASSAGE & HEILBÄDER
Viele Einrichtungen vor Ort bieten traditionelle Thaimassagen für rund 150 B die Stunde an. Wer Interesse an Reiki, Kristall-Akupunktur, Reflexzonentherapie und weiteren Heilverfahren hat, wird ebenfalls fündig. Einfach nach den Schildern schauen oder in der *Pai Post* oder dem *Pai Events Planner* blättern. Hier einige der etablierteren Adressen:

Pai Traditional Thai Massage (PTTM; ☎ 0 5369 9121; 68/3 Soi 1, Th Wiang Tai; 1-/1½-/2-stündige Massage 180/270/350 B, Sauna 80 B/Besuch, 3-tägiger Massagekurs 2500 B; ☉ 9–21 Uhr) Die Einrichtung gibt's schon lange. Sie gehört Einheimischen und hat sehr gute nordthailändische Massagen im Angebot. In der Sauna kann man in *sà·mün·prai* (Heilkräutern) schwelgen. Die dreitägigen Massagekurse beginnen jeweils montags und freitags und nehmen täglich drei Stunden in Anspruch. Das freundliche Ehepaar, das die Massagen und die Kurse durchführt, ist zertifiziert und hat seine Ausbildung in Chiang Mais Old Medicine Hospital absolviert.

Mr Jan's Massage (Mr Jan's Bungalows; Soi Wanchaloem 18; 150 B/Std.) Wer's „härter" mag, wird hier eine derbere shan-birmanische Massagetechnik kennenlernen.

Ein paar Anbieter in der Nähe der Thermalquellen Tha Pai setzen auf die heilende Kraft des Wassers. **Aroma Pai Spa** (☎ 08 7187 0791;

110 Moo 2, Ban Mae Hi; Thermalbad 50 B, Anwendungen ab 850 B; ⏱ 7.30–21 Uhr) bietet Bäder in Einzelräumen und einem Gemeinschaftsbecken sowie diverse Anwendungen an. **Spa Exotic** (☎ 0 5306 5722; www.spaexotic.com; 86 Moo 2, Ban Mae Hi) nebenan geht noch einen Schritt weiter und leitet das heiße Wasser in seine Bungalow-Bäder. Wer hier nicht wohnt, zahlt für ein Bad 100 B oder, kombiniert mit einer Thaimassage, 300 B. Das **Pai Hotsprings Spa Resort** (☎ 0 1951 2784; www.tha paispa.com; Ban Mae Hi; 1-stündige Massage 300 B, Thermalbad 50 B) ist ein Resorthotel, das auch Thermalbäder und Massagen anbietet.

SPORTEINRICHTUNGEN

Fluid (Ban Mae Yen; Eintritt 60 B; ⏱ 9–18 Uhr) ist ein Komplex mit Schwimmbad und Sporthalle gleich außerhalb der Stadt und liegt der Sun Hut gegenüber. Hier gibt's ein Kräuterdampfbad (80 B/Std.) und Yogalektionen (Mo, Mi & Fr 10 Uhr).

Kurse
KOCHKURSE

Pai Cookery School (☎ 08 1706 3799; Soi Wanchaloem; Kurse 750–1000 B/Tag) Dieser Anbieter hat fast zehn Jahre Erfahrung. Im Programm sind drei Kurse, in denen man die Zubereitung verschiedener Gerichte kennenlernt. Zu den Kursen gehören normalerweise der Einkauf der Zutaten auf dem Markt, das Erlernen der Zubereitung von fünf Gerichten und natürlich der Verzehr der Speisen. Ein kostenloses Kochbuch gibt's noch obendrauf. Im Angebot sind ein- bis dreitägige Kurse.

Viele Unterkünfte bieten ebenfalls Kochkurse an.

THAI-BOXEN

True Bee Gym (☎ 08 4704 4833; www.truebee.com; Ban Mae Hi; Unterricht halber/ganzer Tag 250/400 B) unterrichtet Interessierte gleich jenseits des Nam Pai im Thai-Boxen. Boxstunden finden zweimal täglich (8–10.30 & 16–18.30 Uhr) statt.

YOGA

Mam Yoga House (☎ 08 9954 4981; Th Rangsiyanon; 1-tägiger Kurs 200–550 B) Gleich nördlich der Polizeiwache; im Angebot sind Hatha-Yoga-Kurse und Kurse in Kleingruppen.

Schlafen

In Pai gab es früher außerordentlich preisgünstige Unterkünfte; damals bekam man einen Bungalow am Ufer schon für 50 B. Aber die Flut hat die meisten wirklich günstigen Herbergen weggespült, und sie wurden dann durch Anlagen der gehobenen oder mittleren Kategorie ersetzt. Es gibt allerdings noch ein paar günstige Unterkünfte außerhalb des Ortszentrums. Dort sollte man absteigen, wenn man in Pai in ländlicher Idylle wohnen möchte.

Am schnellsten wächst derzeit die Zahl der Spitzenklasseunterkünfte. Die meisten neuen Hotels entstehen ein paar Kilometer außerhalb des Ortszentrums. Viele dieser Häuser werden von Betreibern aus Bangkok geführt und sind hauptsächlich auf thailändische Touristen, nicht auf Traveller aus dem Ausland ausgerichtet.

Die Preise in Pai schwanken stark: Fast alle Mittel- und Spitzenklasseoptionen senken ihre Preise außerhalb der Saison, teilweise um bis zu 60 %.

Während der Spitzenzeiten der thailändischen Urlaubssaison (Dez.–Jan.) sind jede Menge Zelte für je rund 100 B verfügbar.

IN DER STADT
Budgetunterkünfte

Duang Guest House (☎ 0 5369 9101; 8 Th Rangsiyanon; Zi. & Bungalow 150–500 B) Das war wohl eine der ersten Unterkünfte in Pai: Die Zimmer sind karg, und man sieht ihnen ihr Alter an. Aber sie liegen zentral, es gibt eine gute Trekkingagentur und ein ordentliches Restaurant vor Ort.

Mr Jan's Guest House (☎ 0 5369 9554; Soi Wanchaloem 18; Zi. 200–400 B) Die Zimmer dieses Gästehauses, dessen Betreiber aus Pai stammt, liegen rund um einen Heilkräutergarten, sind aber teilweise sehr einfach und ein bisschen dunkel. In der Hauptsaison können Gäste saunieren und sich massieren lassen.

Charlie's House (☎ 0 5369 9039; Th Rangsiyanon; Zi. 200–600 B; 🐾) Bei dieser schon lange bestehenden, von Einheimischen geführten Unterkunft wohnt man in einem vorstädtisch wirkenden Wohnkomplex. Obwohl vor Kurzem neu gestrichen, sind die Zimmer immer noch etwas muffig. Pluspunkt: Charlie's House ist direkt im Zentrum.

Breeze of Pai Guesthouse (☎ 08 1998 4597; helen davis2@yahoo.co.uk; Soi Wat Pa Kham; Zi. 400–800 B) In der gepflegten Anlage in der Nähe des Flusses gibt es neun schöne, geräumige Zimmer und sechs große, im modernen thailändischen Stil ausgestattete Häuschen mit Dächern bis zum Boden, warmem Wasser in den Bädern und

Hängematten. Wer hier absteigt, ist nahe bei den Locations, wo etwas los ist, bleibt aber vom Lärm verschont. Der freundliche Betreiber, ein Brite, hat viele Infos über den Ort auf Lager.

Abodaya Guest House & Restaurant (☎ 0 5369 9041; Th Chaisongkhram; Zi. 500–600 B) Die modernen, sauberen Zimmer befinden sich hinter dem gleichnamigen Restaurant. Sie liegen zentral und verströmen eine gewisse Behaglichkeit – ein günstiges Angebot! Mit Kabel-TV und Warmwasserduschen.

Pravee's House (☎ 0 5369 9368; Soi Wanchaloem; Zi. mit Ventilator/Klimaanlage 500/600 B; 🔀) Versteckt in einer schattigen Ecke bietet diese Unterkunft einfache, aber saubere Zimmer mit ordent-

lichen Möbeln und kleinen Veranden. Nach vorne raus liegt ein kleiner Garten.

Baan Tawan Guest House (☎ 0 5369 8116/7; www. baantawan-pai.com; 117 Mu 4, Th Wiang Tai; Zi. 500–1500 B; 🔀 🖳) Die älteren, charmanteren, teureren zweistöckigen Bungalows am Ufer, die aus wiederverwertetem Teakholz gebaut wurden, sind die Highlights, aber auch die Zimmer in dem großen zweistöckigen Gebäude sind geräumig. Gäste können sich Motorräder und Reifenschläuche für eine Flussfahrt leihen.

Mittelklassehotels

Pai Pura (☎ 08 1891 1771; Th Ratchadamnoen; Zi. 600–1200 B; 🔀) Die Zimmer sind zwar nicht so

---

ÄRGER IM PAI-RADIES?

Im September 2005 wurde Pai durch eine Reihe von Erdrutschen und Überflutungen verwüstet, die ganze Ferienanlagen wegrissen und die Brücken der Stadt zerstörten. Es schien, als wäre in einigen wenigen Tagen die touristische Infrastruktur der Ortschaft, die sich seit den 1980er-Jahren stetig entwickelt hatte, stark zerstört, vielleicht auf immer vernichtet.

Aber die Erholungsphase dauerte nicht lange. Man schätzt, dass schon im nächsten Jahr 367 869 Besucher nach Pai kamen. Viele waren Ausländer, die wegen der billigen Unterkünfte und des Rufs der Stadt, ein friedlicher, naturnaher Erholungsort zu sein, anreisten. 2006 zählte man dann erstmals mehr thailändische als ausländische Besucher – die Thais ließen sich hauptsächlich von den thailändischen Liebesfilmen *Rak Jang* und *Happy Birthday* anlocken, die beide in Pai gedreht worden waren.

Obwohl es so beliebt ist, ist Pai im Großen und Ganzen ein positives Beispiel für die touristische Entwicklung in Thailand geblieben. Anders als an anderen Stellen des Landes haben die Bewohner von Pai eine bedeutende Rolle in der Entwicklung ihrer Stadt inne. Natur und Kultur zu schützen, ist seit Langem ein wichtiger Aspekt des Tourismus in Pai. Die Stadt ist ihren ländlichen Wurzeln treu geblieben. Sie sind die Grundlage für die lebendige Kunst- und Musikszene vor Ort, die die meisten Besucher begeistert.

Der Tourismus hat Wohlstand in die einst abgelegene bäuerliche Siedlung gebracht. Begehrte Grundstücke in der Stadt erzielen einen Preis von bis zu 16 US$ pro Quadratmeter. Viele Einheimische arbeiten heute in Jobs, die mit dem Tourismus zu tun haben oder bessern ihr Einkommen durch den Verkauf von Kunsthandwerk auf. Die Infrastruktur – vor allem die Straßen – wurde verbessert, und 2007 nahm der Zivilflughafen von Pai seinen Betrieb auf. Im Allgemeinen freuen sich die Einwohner über den Tourismus und die damit verbundenen Einkünfte.

Andererseits aber hat der große Besucherstrom nach Pai auch einige neue Probleme geschaffen. Die Stadt bekommt Schwierigkeiten mit der Müll- und Abwasserentsorgung. Die Einheimischen klagen, dass sie wegen der ständigen Livemusik und des Partylärms nicht zum Schlafen kommen. Partydrogen sind weit verbreitet. Zu allem Überfluss hat auch die Polizei der Stadt im Umgang mit dem Tourismus und den Touristen negative Schlagzeilen gemacht. Kurzzeitig war diese nämlich scharf gegen angeblich „illegale Tanzveranstaltungen" in den Bars der Stadt vorgegangen, und Anfang 2008 kam es zu einem umstrittenen Vorfall, bei dem ein kanadischer Tourist von der Polizei erschossen wurde.

In gewisser Hinsicht war die Flutkatastrophe im Jahr 2005 ein Weckruf für die Einwohner Pais. Die Sperrstunde in den Bars der Stadt wird nun strikter durchgesetzt, die Aufbereitung des Abwassers soll vorgeschrieben werden, und auch eine neue Müllkippe ist im Gespräch. Wenn Pai aber weiterhin so populär bleibt, muss sich erst noch herausstellen, ob es der Stadt gelingt, sich weiterhin auf dem hohen Niveau zu entwickeln, durch das sie einst zu einem so attraktiven Reiseziel wurde.

prachtvoll wie die Außenanlagen mit den Steinen, Ziegeln und Springbrunnen, aber doch ihren Preis wert. Ein Highlight ist die Kräutersauna mit dem angrenzenden Pool.

Das **Pai Nai Fun** (☎ 08 9123 5042; www.painaifun. com; Ban Mae Hi; Bungalow inkl. Frühstück 800–1800 B) und das angrenzende Indiana Cottage (☎ 08 1952 3340; www.indiana-cottage.com; Ban Mae Hi; Bungalow 1200 B) bieten ähnliche Übernachtungsmöglichkeiten gleich jenseits des Flusses. Die erstgenannte Anlage ist etwas ordentlicher, und hier haben die teureren Bungalows auch Fernseher. An diesem Abschnitt des Flusses sind noch weitere ähnliche Bungalowanlagen zu finden.

Blue Lagoon Hotel (☎ 0 5369 9998; Th Rangsiyanon; Zi. 900–1500 B; 🐾) Das zweistöckige Hotel mit dem Pool und den tropischen Pflanzen mutet städtisch an – man denkt eher an Las Vegas als an Pai. Das Haus ist eine gute Alternative für all jene, die eher auf einen eigenen Bungalow als auf Fernseher und Kühlschrank verzichten können. Für Familien gibt es hier auch große Zimmer.

LP Tipp **Baan Pai Village** (☎ 0 5369 8152; www. baanpaivillage.com; Th Wiang Tai; Bungalow 1000–1600 B; 🐾 🖥) Auf der gepflegten Anlage stehen Holzbungalows an geschwungenen Wegen. Die schönen Häuschen haben Schiebetüren vom Boden bis zur Decke, große, elegante Badezimmer, Rattanmatten und Sitzkissen zum Entspannen. Auf den riesigen Terrassen im Garten lässt es sich toll relaxen. Mehrere billigere, aber auch einfachere Bungalows am Flussufer finden sich in der zugehörigen Anlage Baan Pai Riverside.

Wang Chang Puek Pai Resort (☎ 0 5369 9796; www. wangchangpuek.com; Bungalow mit Ventilator/Klimaanlage 1200/2500 B; 🐾 🖥) Diese neue Anlage bietet für den Ort recht attraktive Uferbungalows der mittleren Preiskategorie. Die Zimmer sind geräumig und schön, auf den Balkonen kann man sich beim Blick auf den Fluss prima entspannen. Die Bungalows mit Ventilator unterscheiden sich sonst wenig von den teureren mit Klimaanlage; sie sind ein echt günstiges Angebot.

Spitzenklassehotels

LP Tipp **Rim Pai Cottage** (☎ 0 5369 9133; www.rimpai cottage.com; Th Chaisongkhram; Bungalow inkl. Frühstück 1500–5000 B; 🐾 🖥) Die gemütlichen Bungalows liegen an einem abgeschiedenen, herrlich bewaldeten Abschnitt des Nam Pai. In den Zimmern sorgen Moskitonetze und thailän-

dische Deko-Elemente für romantische Stimmung. Die offenen Badezimmer sind besonders nett. Es gibt zahllose behagliche Plätzchen zum Entspannen am Ufer, und die ganze Anlage wirkt wie ein idyllisches Dorf. Außerhalb der Saison ist das Rim Pai ein ausgezeichnetes Angebot, denn dann fallen die Preise dramatisch.

Pai River Corner (☎ 0 5369 9049; www.pairivercorner. com; Th Chaisongkhram; Zi. inkl. Frühstück 3270–6540 B; 🐾 🖥 🐾) Das Haus, das sich als „natürlich, frisch und privat" anpreist, hat neun Zimmer mit schönen thailändischen Möbeln, wundervollen Farben und vielen luxuriösen Details – definitiv die Bleibe für Designfans. Alle Zimmer haben Balkone zum Ufer, einige auch Lounges und Pools. Außerhalb der Saison gibt's Rabatte.

Pai Vimaan Resort (☎ 0 5369 9403; www.pai vimaan.com; Th Wiang Tai; Zi. 3500–4500 B, Suite 10 000 B; 🐾 🖥) Das ist die teuerste Unterkunft in der „Innenstadt" von Pai, aber andere Hotels bieten deutlich mehr Charakter. Die zweistöckigen Bungalows sind hell und luftig, vom oberen Stockwerk aus hat man einen großartigen Blick auf den Fluss. Zimmer gibt es auch in dem hölzernen Hauptgebäude.

The Quarter (☎ 0 5369 9423; www.thequarterhotel. com; 245 Moo 1 Th Chaisongkhram; Zi. 4800 B; 🐾 🖥 🐾) Das moderne Resort erinnert mehr an Ko Samui als an Pai und ist wohl die stylishste Herberge vor Ort. Die 36 Zimmer liegen um einen zentralen Pool und sind minimalistisch und gut ausgestattet zugleich. Das Hotel liegt gleich neben dem Krankenhaus von Pai.

AUSSERHALB DER STADT

Südöstlich der Stadt finden sich an der Straße zu den Thermalquellen in der Nähe des Wat Phra That Mae Yen einige Unterkünfte.

Budgetunterkünfte

Tacomepai (☎ 08 6112 3504; Ban Teen That; Bungalows 150–300 B) Wer Pai pur erleben will, sollte in dieser außergewöhnlichen Anlage 7 km südlich der Ortschaft an der Rte 1095 absteigen. Im Angebot sind acht rustikale Bungalows an einem bewaldeten Hang. Sandot, der Leiter der Anlage, ist ein enthusiastischer Einheimischer, der seine Gäste ermutigt, sich an örtlichen Festen oder auch an der Ernte zu beteiligen. Die Anlage ist vielleicht nicht die komfortabelste und schon gar nicht die am besten organisierte, aber dafür kann man hier schöne Urlaubserlebnisse sammeln.

Unicorn's House (☎ 0 5369 8068; Wiang Tai; Bungalow 250–350 B) Das ist eine der wenigen Stellen, wo man heute noch schlichte, billige Quartiere in Bambushütten findet. In dem Komplex mit 30 Bungalows auf Stelzen fühlt man sich fast wie in einem abgelegenen Bergdorf, dabei ist er nur einen Spaziergang vom Ortszentrum entfernt. Das Unicorn liegt gleich jenseits der Brücke östlich der Ortschaft. Es gibt auch noch eine Zweigstelle mit teureren, aber ziemlich kleinen Bungalows in der Th Ratchadamnoen.

John Bamboo Hut (☎ 08 1764 4427; www.johnbamboohut.9ha.com; Ban Mae Hi; Bungalow 400–2500 B) Hier gibt es viele einfache, aber gemütliche Bungalows. Einige stehen im Schatten der Bambusse, denen die Anlage ihren Namen verdankt, andere, darunter ein Familienferienhaus, befinden sich auf einem Hügel und bieten einen Blick ins Tal.

Baan Visasut Resort (☎ 08 3568 7979; Th Rangsiyanon; Bungalow 450–550 B) Gleich neben John Bamboo Hut gelegen. Gästen stehen fünf etwas dunkle, aber gemütliche Bungalows auf einem schattigen Grundstück zur Verfügung.

Sun Hut (☎ 0 5369 9730; www.thesunhut.com; 28/1 Ban Mae Yen; Zi. 350–1350 B) Die Anlage wirkt dschungelartig, und ein Bach fließt mitten hindurch. Die Bungalows stehen in einem angenehmen Abstand voneinander, die teureren haben Veranden und viel Charme. Der Service ist höflich und freundlich. Es gibt einen Biogarten, ein vegetarisches Restaurant sowie einen schönen Gemeinschaftsbereich voller Hängematten und dösender Gäste.

Mittelklassehotels

Pairadise (☎ 0 5369 8065; www.pairadise.com; 98 Mu 1, Ban Mae Hi; Bungalow 850–1350 B) Von dem auf einem Hügelkamm gleich außerhalb der Ortschaft gelegenen Resort, das bei Yoga- und Meditationsfans aus dem Westen beliebt ist, hat man einen tollen Blick über das Pai-Tal. Die Bungalows sind stilvoll und geräumig, mit vergoldeten Lotus-Wandmalereien verziert und mit schönen, rustikalen Badezimmern und Terrassen mit Hängematten ausgestattet. Sie stehen um einen von einem Wasserfall gespeisten Teich, der zum Baden geeignet ist. Das Pai Lanna (☎ 08 9691 3367; www.pailanna.com; 169 Mu 1, Ban Mae Yen; Bungalow inkl. Frühstück 900 B) gleich nebenan hat ähnliche, aber etwas einfachere Bungalows.

LP Tipp **Slpsongpanna Bungalow** (☎ 0 5369 8259, 08 1881 7631; 60 Mu 5, Ban Juang, Wiang Neua; Bungalow 1000–2500 B) Auf der munteren Anlage herrscht ein entspanntes Flair, das authentisch und nicht aufgesetzt wirkt. Die Lehmziegelbungalows am Ufer sind rustikal und ein bisschen skurril: Sie sind in bunten Farben gehalten, die Betten stehen erhöht, und die verglasten Schiebetüren öffnen sich zu großen Balkonen. Es gibt auch noch ein paar originale Holzbungalows, die aber nach und nach ersetzt werden. Vor Ort ist auch ein vegetarisches Café; es werden Kochkurse (thailändisch und vegetarisch) angeboten.

LP Tipp **Pai Treehouse** (☎ 08 1911 3640; www.paitreehouse.com; 90 Moo 2 Mae Hi; Bungalow 1000–5500 B; 🖳) Ein Kindertraum: An einem riesigen alten Baum kleben Holzhäuschen. Aber wenn es nicht gelingt, eines der drei immer begehrten Baumhäuser zu ergattern, gibt es hier noch einige andere schöne Bungalows, von denen viele nah am Fluss stehen. Auf dem weitläufigen Gelände leben Elefanten, und auf dem Mae Nam Pai schwimmen Flöße – kurz: Es herrscht eine familienfreundliche Atmosphäre. Das Resort liegt 6 km von Pai entfernt, kurz vor den Thermalquellen Tha Pai.

Spa Exotic Home (☎ 0 5306 5722; www.spaexotic.com; 86 Moo 2 Mae Hi; Bungalow inkl. Frühstück 1400–1800 B; ✂) Die charmanten Bungalows umgeben einen schönen Garten. Zu jedem gehört ein Bad halb unter freiem Himmel mit einem eigenen Badezuber, in dem Gäste sich mit dem Wasser der Thermalquelle verwöhnen können. Der Service ist aufmerksam, die Atmosphäre entspannt. Zwischen März und September gibt es einen Rabatt von 35 %.

Spitzenklassehotels

LP Tipp **Bulunburi** (☎ 0 5336 5440; www.bulunburi.com; 28 Moo 5 Ban Pong; Bungalow 1800–2800 B; ✂) Die verführerisch idyllische Lage in einem kleinen Tal mit Reisfeldern und Bächen ist genauso verlockend wie die tolle Unterkunft. Das auffälligste Bauwerk ist eine kegelförmige, nach oben offene Lobby mit hübschen Wandmalereien und einer Feuerstelle in der Mitte. In fast allen Bungalows setzt sich das durch die Lobby vorgegebene geschmackvolle Gestaltungsthema fort. Die Unterkünfte sind groß, gut ausgestattet und stilvoll.

Baan Krating Pai Resort (☎ 0 5369 8255, www.baankrating.com; 119 Th Wiang Nua; Bungalow 2500–3100 B, Suite 6000 B; ✂ 🖳) Diese auf Stelzen ruhenden Bungalows sind alle mit weißem Linnen, Rattan und Teakholz dekoriert; aus den großen Fenstern blickt man auf gepflegte Gärten oder

Reisfelder. Das nahe gelegene Restaurant serviert zu schmackhaften thailändischen Gerichten Jasminreis aus eigenem Anbau.

LP Tipp **Pripta** (☎ 0 5306 5750; www.pripta.com; 90 Moo 3 Mae Hi; Zi. 4800–6800 B; ✗ 🖵) Zu dem relativ neuen Komplex an einem Hang gehören acht schicke, weiße Bungalows, die am Rand des Pai-Tales thronen. Die Zimmer sind sehr groß und haben hohe Decken. Die Badebecken unter freiem Himmel werden von Wasser aus den nahen Thermalquellen gespeist. Die Möbel und die Gestaltung der Innenräume erreichen nicht immer das Niveau, das man von außen erwartet, trotzdem gehört die Anlage sicherlich zu den stylishsten in der Gegend. Das Pripta ist ungefähr 7 km von Pai entfernt und liegt zwischen den Thermalquellen und der Rte 1095.

Essen

Für einen so kleinen Ort hat Pai eine ganze Menge Restaurants, auch wenn die ausländische Küche, die hier geboten wird, nicht wirklich gut ist.

Tagsüber bekommt man Essen zum Mitnehmen auf dem **Saengthongaram-Markt** (Th Khetkelang). Leckere lokale Take-aways gibt's auf dem **Abendmarkt** (gàht láang; Th Ratchadamnoen), der jeden Nachmittag zwischen 15 Uhr und Sonnenuntergang abgehalten wird. Später am Abend stehen Stände und umgebaute VW-Busse in der Th Chaisongkhram und der Th Rangsiyanon. Da werden alle möglichen lokalen Gerichte und Getränke verkauft.

Maew Chomphu (keine Ausschilderung in lateinischen Buchstaben; Ecke Th Khetkalang & Th Chaisongkhram; Gerichte 20–50 B; ✓ 7–21 Uhr) In diesem Eckrestaurant wird leckeres asiatisches Frühstück serviert. Neben *dim sum* gibt's z. B. *kài gà·tá*, zwei im Wok gekochte Eier mit vietnamesischen Würstchen.

Cake Go "O" (Th Rangsiyanon; Gerichte 20–70 B; ✓ 8–20 Uhr) In dieser muslimischen Bäckerei kriegt man ordentliche Backwaren wie Hafermehl-Scones, außerdem Kaffee und Snacks. Es gibt noch ein paar weitere muslimische Bäckereien vor Ort, aber die anderen haben keine Schilder mit witzigen Hausregeln.

Je-In Pai (Vegetarisches Essen; Th Ratchadamnoen; Gerichte 25–80 B; ✓ 10–20 Uhr) Gegenüber der Bezirksverwaltung serviert dieses einfache Open-Air-Lokal schmackhafte, preisgünstige vegetarische und vegane Gerichte. Mittags wählt man zwischen den in Metallschalen ausgestellten Angeboten des Tages. Außerdem

werden hier gute Frucht- und Sojamilchshakes unters Volk gebracht.

LP Tipp **Yunnanesisches Restaurant** (keine Ausschilderung in lateinischen Buchstaben; ☎ 08 1024 3982; Ban Santichon; Gerichte 25–200 B; ✓ 8–22 Uhr) In dem Freiluftrestaurant in dem chinesischen Dorf Ban Santichon kommen traditionelle Gerichte der yunnanesischen Einwohner des Orts auf den Tisch. Typisch sind z. B. *màntŏ* (gedämpfte Brötchen), die hier knusprig gebraten und mit in chinesischen Kräutern gedämpfter Schweinehaxe serviert werden. Mehrere Gerichte werden aus lokalen Zutaten zubereitet. Auch Exotisches wie Seidenhühner bekommt man hier. Toll sind auch die hausgemachten Nudeln, die mit Schweinhack, Knoblauch und Sesam gereicht werden. Das Restaurant befindet sich in dem offenen Lehmziegelgebäude hinter dem großen Felsen in Ban Santichon, ungefähr 4 km westlich von Pai.

Nong Beer (☎ 0 5369 9103; Ecke Th Khetkalang & Th Chaisongkhram; Gerichte 30–60 B; ✓ 10–22 Uhr) Die Atmosphäre in diesem sehr beliebten Lokal ist wie die in einer Cafeteria: Man kauft Essenmarken und muss sich alles selbst holen. Dafür gibt es hier aber günstige und authentische Thai-Gerichte von *khâw soy* bis zu Currys mit Reis. Der Laden bleibt offen, bis alles aufgegessen ist – meist ungefähr bis 21 Uhr.

LP Tipp **Baan Phleng** (Lokales nordthailändisches Essen; Ecke Th Khetkalang & Th Chaisongkhram; Gerichte 30–60 B; ✓ 10–22 Uhr) Diese beliebte Filiale des gleichnamigen ausgezeichneten Restaurants in Mae Hong Son bietet einen Mix aus nordthailändischen und Mae-Hong-Son-Spezialitäten an. Typisch für diese Gegend sind „Farnsalat auf Mae-Hong-Son-Art" – zarter, kurz angeschmorter Farn mit einem Dressing aus Sesamöl, getrockneter Paprika und Knoblauch – oder „Schweinefleisch mit Tomaten-Paprika-Paste", das Shan-Gericht, das man vor Ort unter dem Namen *nám prík òrng* kennt. Wer mit den exotischen Speisen nicht so recht klarkommt, kann sich an den Fotos auf der englischsprachigen Speisekarte orientieren.

LP Tipp **Laap Khom Huay Pu** (keine Ausschilderung in lateinischen Buchstaben; ☎ 0 5369 9126; Ban Huay Pu; Gerichte 35–60 B; ✓ 9–22 Uhr) Dieses Restaurant ist das Richtige für alle, die den Rastalocken und Tofu-Essern mal entkommen wollen. Hier steht nämlich Fleisch auf der Karte. Die wärmstens empfohlene Spezialität des Hauses ist *lâhp kôoa*, Hackfleisch (vom Rind oder Schwein) mit örtlichen Kräutern und Gewür-

zen. Zusammen mit dem Körbchen Duftreis, einem Teller bitterer Kräuter und einem kalten Singha ist dieses Gericht das beste, das Pai zu bieten hat. Das Restaurant liegt etwa 1 km nördlich der Ortschaft an der ersten Straße hinter der Abzweigung nach Belle Villa und Baan Krating.

All About Coffee (☎ 0 5369 9429; Th Chaisongkhram; Gerichte 45–75 B; ⏰ 8.30–18.30 Uhr) Das Café in dem kleinen Holzhaus war wohl das erste, das auf den Boheme-Stil setzte, der heute in Pai vorherrscht. Hier gibt's Kaffeespezialitäten zum Munterwerden und den besten French Toast (mit selbstgebackenem Brot) vor Ort.

Burger House (☎ 0 5369 9093; Th Rangsiyanon; Gerichte 50–240 B; ⏰ 9–21 Uhr) Wer Appetit auf einen dicken, saftigen Burger hat, sollte hierher kommen. Super ist der extradicke Barbarian Burger mit 250 g Fleisch, zwei Lagen Käse und Spezialsauce. Und wer sich morgens richtig stärken will, greift zum Truck Driver Special, mit dem man dann wahrscheinlich den ganzen Morgen beschäftigt sein dürfte.

Mama Falafel (Soi Wanchaloem; Gerichte 60–90 B; ⏰ 11–20 Uhr) Seit 2002 serviert die freundliche, aus Pai stammende Besitzerin leckere Falafel, Hummus, Schnitzel und weitere typisch jüdische bzw. israelische Gerichte. Freitags und samstags gibt es Hamin, den jüdischen Eintopf, und dazu Challa-Brot.

Baan Benjarong (☎ 0 5369 8010; Th Rangsiyanon; Gerichte 60–150 B; ⏰ mittags & abends) Das umgebaute Wohnhaus, in dem zentralthailändische Küche auf den Tisch kommt, wird von Einheimischen besucht, wenn sie mal nett dinieren möchten. Die Gerichte, z. B. gedämpfte und eingesalzene Krabben in Kokosmilch oder würziger Bananenblütensalat sind köstlich. Von den Tischen hinten hat man einen Blick über die Reisfelder.

The Sanctuary (☎ 0 5369 8150; 115/1 Moo 4 Th Wiang Tai; Gerichte 80–290 B) Die überwiegend vegetarischen Gerichte mit Zutaten aus lokalem oder Bioanbau in diesem neuen Restaurant mit New-Age-Feeling sind nach hiesigem Maßstab ziemlich teuer, aber Kuchen und Kaffee schmecken, und neben kostenlosem WLAN gibt es hier sogar gratis Yogastunden (Di, Do & Sa 10.30 Uhr). An den meisten Abenden ist Livemusik unterschiedlicher Art angesagt.

Amido's Pizza Garden (Th Ratchadamnoen; Gerichte 80–320 B; ⏰ abends) Wenn man bedenkt, wie weit Pai von Neapel entfernt ist, kann man gegen die hiesige Pizza wirklich nichts sagen. Nach

vorheriger Reservierung werden sogar ganze Menüs, etwa mit Ziegenkeule oder Paella, angeboten. Das Restaurant liegt auf der anderen Seite der Brücke über den Mae Nam Pai.

Ausgehen & Unterhaltung

Pai hat eine kleine, aber muntere Livemusik-Szene.

Bebop (Th Rangsiyanon; ⏰ 18–1 Uhr) Dieser alte Kasten ist unter Travellern beliebt und ist abends (ab etwa 21.30 Uhr) Livemusik. Gespielt werden Blues, R & B und Rock.

Park@Pai (Th Ratchadamnoen; ⏰ 18–24 Uhr) Das Parking Toys (S. 186), eine der besten Livemusik-Locations Bangkoks, hat in Pai eine Filiale aufgemacht. Man swingt zur Musik der durchreisenden Bands, sitzt auf schrillen Möbeln und genießt die guten Snacks. Unbedingt den fantastischen „Salat mit knusprigem Hähnchen süß-scharf" probieren!

Ting Tong (Th Rangsiyanon; ⏰ 19–1 Uhr) In dem ausgedehnten Komplex gibt's Bambus- und Betontanzflächen, abgeschottete Tische und hohe Bäume. Er gehört zu den größeren Bars vor Ort. Häufig (aber nicht immer) wird Reggae bzw. Dub aufgelegt, gelegentlich gibt es auch Livemusik. Das Ting Tong findet sich gleich außerhalb des Zentrums an der Straße nach Chiang Mai.

Phu Pai Art Café (Th Rangsiyanon; ⏰ 17–24 Uhr) Dieses hübsche Holzhaus ist ein weiteres Highlight in der Livemusikszene von Pai. Die Musik beginnt um 20 Uhr; als wir hier waren, wurde sehr gute Gitarrenmusik gespielt.

Pai Post Studio & Gallery (Th Chaisongkhram; ⏰ 19.30–24 Uhr) Die meiste Zeit sitzen in diesem weißen Holzhaus die Macher der englischsprachigen Pai Post herum; vorn ist eine weiße Fläche der Fotografie gewidmet. Wenn aber abends die Computer heruntergefahren sind, ist ein unterhaltsamer Livemusik-Mix (überwiegend Rock und Jazz) oder eine andere Performance angesagt (letztens gab ein Bauchredner sein Können zum Besten).

Don't Cry (Th Ratchadamnoen; ⏰ 18 Uhr–open end) Gleich jenseits des Flusses findet sich diese Reggaebar, die an Ko Phangan erinnert. Der Laden ist total relaxt und geöffnet (still und leise), bis der letzte Gast sich trollt.

Eat & Chat (Th Rangsiyanon; ⏰ 18–24 Uhr) In diesem entspannten Laden gegenüber dem Blue Lagoon Hotel kann man gemütlich ein paar Bierchen zischen und sich unterhalten, ohne ein Gitarrensolo überschreien zu müssen. Die Musik swingt zwischen Jazz und Sinatra, an

den meisten Abenden gibt's Livemusik un-plugged und – wie der Name schon sagt – ver-hungern muss hier auch keiner.

An- & Weiterreise
BUS
Von Pai aus kommt man bequem nach Sop-pong (normal/mit Klimaanlage/Kleinbus 40/80/100 B, 1½ Std., 8.30–14 Uhr) und Mae Hong Son (normal/mit Klimaanlage/Kleinbus 80/100/150 B).

Einige normale Busse fahren von Pais Bus-bahnhof nach Chiang Mai (112 B, 4 Std., 8.30 & 10.30 Uhr). Auch Busse und Kleinbusse, die in Mae Hong Son starten, halten in Pai (normal/mit Klimaanlage/Kleinbus 80/100/150 B, 3 Std.).

Bei **aYa Service** (☎ 0 5369 9940; 22/1 Moo 3 Th Chai-songkhram) kann man sein Ticket im Voraus bu-chen. Das Unternehmen fährt mit Kleinbus-sen nach Chiang Mai (150 B, 3 Std., 7.30–16.30 Uhr, stündl.) sowie in größeren Abständen nach Chiang Rai (550 B, 5 Std.), Mae Sai (700 B, 6 Std.) und Chiang Khong (750 B, 10 Std.).

FLUGZEUG
Pais Flughafen liegt rund 2 km nördlich der Stadt an der Rte 1095.

SGA Airlines (☎ landesweite Hotline 0 2264 6099, 0 5369 8207; www.sga.co.th; Flughafen von Pai), eine Tochter-gesellschaft von Nok Air, fliegt mit Propeller-maschinen zwischen Pai und Chiang Mai (ab 1930 B, 30 Min., 2-mal tgl.).

Unterwegs vor Ort
Der größte Teil Pais lässt sich zu Fuß erkun-den. Motorradtaxis warten am Taxistand gegenüber dem Busbahnhof. Die Fahrpreise liegen bei 40 B nach Ban Santichon und bei 70 B nach Nam Tok Mo Paeng.

Für Ausflüge in die Umgebung kann man an mehreren Stellen in der Stadt Fahrräder oder Motorräder mieten, auch bei **aYa Service** (☎ 0 5369 9940; Th Chaisongkhram; Motorräder 100 cm³ 80 B/ Tag, größere 100–700 B/Tag). In unmittelbarer Nähe gibt es noch ein paar ähnliche Anbieter.

SOPPONG & UMGEBUNG
สบป่อง

Soppong, das manchmal auch Pangmapha genannt wird, was sich eigentlich auf den gesamten Distrikt bezieht, ist ein kleines Marktdorf und liegt ein paar Stunden nord-westlich von Pai und etwa 70 km von Mae

Hong Son entfernt. Viel zu sehen gibt es hier nicht, aber das umgebende Land ist von dichten Wäldern, rauschenden Strömen und dramatischen Kalksteinvorsprüngen geprägt. Vor allem aber ist dies die beste Gegend in Thailand, wenn es um **Höhlenwanderungen** geht. Die beste Infoquelle bezüglich Höhlen-wanderungen und Trekkingtouren ist der Besitzer der Cave Lodge (S. 495) bei der nahe gelegenen Höhle Tham Lot. Diese Höhle die am besten zugängliche in der Umgebung.

Außerdem gibt es hier noch mehrere **Dör-fer** der Shan, Lisu, Karen und Lahu, die gut zu Fuß erreichbar sind.

Soppong und Tham Lot sind beliebte Ziele für Kleinbustouren ab Pai und Mae Hong Son geworden, aber nur wenige Leute übernach-ten hier auch.

Wer am Dienstagvormittag im Ort ist, sollte den rustikalen **Markt** besuchen.

Praktische Informationen
Soppongs Polizeiposten befindet sich 1,5 km westlich des Ortes. Dort steht auch der einzige Geldautomat.

Aktivitäten
WANDERN, TREKKEN & RAFTEN
In der Cave Lodge (S. 495) in der Nähe der Tham Lot und 9 km von Soppong entfernt kann man erfahrene einheimische Führer anheuern. Tolle Kajak-, Trekking- und Höh-lentouren lassen sich hier auch arrangieren.

Der neue Veranstalter **Poodoi Namfaa Tour & Trekking** (☎ 08 9048 2886) hat alle möglichen Outdoor-Aktivitäten im Programm und be-schäftigt Angehörige der hier ansässigen Musoe, Lisu und Karen als Führer. Im Vor-dergrund stehen zweitägige Raftingtouren auf dem Nam Khong und Nam Pai (1500 B/ Pers., min. 4 Pers.). Zweitägige Trekking-touren gibt's ab 800 B pro Nase (mind. 2 Pers.). Das Büro liegt ganz im Westen der Ort-schaft.

Schlafen & Essen
Alle Unterkünfte sind deutlich durch Hin-weisschilder kenntlich gemacht; die meisten liegen an der Hauptstraße von Soppong. Praktisch jede Herberge verfügt über ein an-geschlossenes Restaurant, doch davon abge-sehen ist die Restaurantauswahl dürftig.

Rim Doi (☎ 08 9952 8870; Zi. & Bungalow 200–600 B) Gäste finden in dieser Ferienanlage etwa 2 km außerhalb von Soppong an der Straße zur

Tham Lot an einem grasbewachsenen Hang Bambushütten und etwas solider gebaute Zimmer. Letztere sind groß und komfortabel möbliert.

Lisu Hill Tribe Homestay (☎ 08 9998 4886, 08 5721 1575; www.lisuhilltribe.com; Zi. inkl. Verpflegung 300 B) Das von einem Amerikaner und seiner Frau, einer Lisu, geführte Unternehmen bietet Unterkunft samt Aktivitäten in dem Lisu-Dorf Nong Thong, das nur einen Spaziergang von Soppong entfernt ist. Für zusätzliche 700 B kann man an diversen Kunst- und Kulturkursen teilnehmen, ob nun an einer Einführung in die Musik der Lisu oder an einem Meditationskurs. Die Angebote kann man sich auf der Website anschauen. Wer vom Busbahnhof in der Ortschaft abgeholt werden will (20 B), sollte vorher anrufen.

Lemon Hill Guest House (☎ 0 5361 7039, 0 5361 7213; Zi. & Bungalow 300–1500 B; ✗) Wegen der Lage gegenüber vom Busbahnhof ist diese Unterkunft wohl die beliebteste im Ort, obwohl es schönere gibt. Angeboten werden diverse Zimmer und Bungalows – man sollte sich erst ein paar anschauen, bevor man eine Wahl trifft. Im Restaurant am Fluss gibt es leckere Gerichte, u. a. aus selbst angebautem Biogemüse.

LP Tipp **Soppong River Inn** (☎ 0 5361 7107; www.soppong.com; Bungalow 300 B, Zi. 700–1200 B; 🖳) Mit fünf Zimmern in einem großen Gebäude am Ufer und einer Handvoll frei stehender Bungalows ist diese Herberge die attraktivste in Soppong. Die Unterkünfte befinden sich in einem üppigen Garten mit gewundenen Wegen; sie haben viel Atmosphäre und sind alle ein wenig anders eingerichtet. Das River Rim Cottage mit dem eigenen Balkon direkt über dem Fluss ist besonders empfehlenswert. Alle Gäste können den Gemeinschaftsbalkon nutzen, von dem aus man in eine kleine Schlucht blickt. Das Soppong River Inn befindet sich am westlichen Ortsrand in Gehentfernung vom Busbahnhof.

LP Tipp **Little Eden Guesthouse** (☎ 0 5361 7054; www.littleeden-guesthouse.com; Zi. & Bungalow 450–2000 B; ✗ 🖳 ✎) Die neun A-förmigen Bungalows rund um einen hübschen aus Gras umgebenen Pool sind gepflegt und haben Warmwasserduschen. Das eigentlich Besondere sind jedoch die schönen, zweistöckigen „Häuser". Sie sind perfekt für Familien oder Gruppen, stilvoll dekoriert und verfügen über Wohnzimmer, lauschige Ecken und Winkel sowie mit Hängematten ausgestattete Terrassen. Die Eigentümerin spricht Thai, Englisch, Dänisch

und Deutsch und organisiert Aktivitäten aller Art in der Gegend.

Baan Café (☎ 0 5361 7081; khunjui@yahoo.com; Zi. 600 B, Bungalow 1200 B) Am Rand der Stadt nahe der Brücke. In einer Parkanlage am Nam Lang kommen Traveller in makellosen Zimmern und hausartigen Bungalows unter. Die Bungalows besitzen Kamine und Balkone mit Blick auf den Fluss und sind echte Schnäppchen. Das Baan Café ist zugleich eines der besseren Restaurants im Ort und serviert Kaffee aus lokalem Anbau.

Northern Hill Guest House (☎ 0 5361 7081; khunjui@yahoo.com; Zi. & Bungalow 600–1500 B) Mehrere recht kleine, aber saubere Bungalows stehen auf einem Hügel über Soppong. Einige der Quartiere haben TV und Kühlschrank. Das Northern Hill liegt am Ostende der Ortschaft, gegenüber der Abzweigung zur Tham Lot.

Hillside Cottage (☎ 0 5361 7107; www.sopponghills.com; Zi. & Bungalow 900–1200 B) Das Hillside liegt direkt gegenüber dem Soppong River Inn und bietet einige ordentliche, aber etwas zu teure Zimmer und Bungalows auf einem sehr gepflegten Hügelgrundstück. Abends wird an Ständen vor dem Tor nordthailändisches Essen zum Mitnehmen verkauft.

Baankeawmora (Coffee Cottage; ☎ 0 5361 7078; Gerichte 40–160 B; ☺ 8–18 Uhr) In dem hübschen Holzhaus an der Straße zur Tham Lot gibt's gutes Essen und echten Kaffee. Man kann hier auch ein frühes Frühstück oder ein spätes Abendessen im Voraus bestellen.

Border (☎ 0 5361 7102; ☺ 12–24 Uhr) Neben dem Lemon Hill bietet diese von einem englischthailändischen Paar geführte ehemalige Bierkneipe jetzt auch Kaffee und Speisen an. Das Border ist auch eine gute Infoquelle zu allem, was rund um Soppong vor sich geht. Kostenloses WLAN.

Tham Lot
ถ้ำลอด

Ca. 9 km nördlich von Soppong liegt die Tham Lot (auch bekannt als *tâm nám lôrt*), eine große Kalksteinhöhle mit eindrucksvollen Stalagmiten und Sargnischen (s. Kasten S. 495), durch die ein breiter Fluss fließt. Wie die Tham Nam Lang weiter westlich gehört sie zu den größten bekannten Höhlen in Thailand. Die Gesamtlänge der Höhle beträgt 1600 m; der Teil, durch den sich der Bach schlängelt, ist 600 m lang.

Beim **Nature Education Centre** (☺ 8–17.30 Uhr) am Eingang müssen Besucher sich für 150 B

eine Gaslaterne geben lassen und einen Führer engagieren (ein Guide führt höchstens vier Personen); die Besichtigung der Höhle ohne Führer ist verboten. Die Tham Lot ist ein gutes Beispiel für eine Tourismusindustrie, die auf dem Engagement der Gemeinde basiert, da alle Höhlenführer aus umliegenden Shan-Dörfern stammen.

Außer der Haupthöhle gibt es drei Nebenkammern – die Säulenhöhle, die Puppenhöhle und die Sarghöhle –, die über Leitern zugänglich sind. Um alles besichtigen zu können, muss man rund zwei Stunden einkalkulieren. Je nach Jahreszeit braucht man für einige Passagen oder auch für die gesamte Strecke ein Bambusboot. Wasserstandsabhängig können Teile der Höhle zwischen August und Oktober gesperrt sein.

Vom Eingang bis zum Ausgang kostet die Bootsfahrt (max. 4 Erw.) inklusive der Säulen-, Puppen- und Sarghöhle 400 B mit Rückfahrt, 300 B ohne. Im letztgenannten Fall legt man den Rückweg außerhalb der Höhle zu Fuß zurück (20 Min.), was aber nur in der Trockenzeit möglich ist. In der Trockenzeit kann man möglicherweise bis zur Puppenhöhle waten und von dort ein Boot bis zum Ausgang nehmen (hin & zurück/einfache Strecke 300/200 B). Wer bei Sonnenuntergang am Höhlenausgang ist, kann erleben, wie Hunderttausende Mauersegler in die Tham Lot fliegen und ihre Schlafplätze auf den Stalagmiten einnehmen.

SCHLAFEN & ESSEN

LP Tipp **Cave Lodge** (☎ 0 5361 7203; www.cavelodge. com; B 90–120 B, Zi. 250 B, Bungalow 300–2000 B) Die seit 1986 existierende Anlage gehört zu den legendären Übernachtungsmöglichkeiten in Nordthailand (und war wohl die erste Unterkunft in Mae Hong Son). Geführt wird sie von John Spies, dem inoffiziellen Experten für die ganze Gegend. Die elf Bungalows sind zwar einfach, aber einzigartig und sehr verschieden. Sie liegen wundervoll an einem bewaldeten Hang über dem Nam Lang, und an Optionen für Outdoor-Aktivitäten herrscht kein Mangel: Höhlenwanderungen, Kajaktouren, geführte

---

DIE HÖHLEN VON PANGMAPHA

Der 900 km² große Amphoe Pangmapha ist berühmt für seine vielen Höhlensysteme, von denen bislang mehr als 200 entdeckt wurden. Neben der Tham Lot ist die Tham Nam Lang, 20 km nordwestlich von Soppong in der Nähe von Ban Nam Khong, eine der berühmtesten. Sie ist 8,5 km lang und soll in puncto Volumen einer der größten Höhlenzüge weltweit sein.

Viele der Höhlen sind eigentlich unterirdische Flussläufe, einige sogar mit Wasserfällen, Seen und „Stränden". *Cryptotora thamicola*, ein augenloser, nur in stockdunklen Höhlen lebender Fisch, der Wasserfälle hinaufklettern kann und eine eigene Gattung bildet, kommt weltweit nur in zwei Höhlen vor, die beide im thailändischen Pangmapha liegen. In anderen Höhlen gibt es aufgrund toxischer Gase oder wegen Sauerstoffmangels wenig oder gar kein Leben.

In mehr als 85 der 200 Kalksteinhöhlen des Distrikts stehen uralte Särge, die aus ganzen Teakbaumstämmen gefertigt wurden. Die bis zu 9 m langen Särge ruhen meist auf Holzgerüsten in den Höhlen. Datierungsversuche mithilfe der Radiokarbonmethode haben ein Alter von 1200 bis 2200 Jahren ergeben. Die Sargenden sind oft mit Schnitzereien verziert; thailändische Archäologen haben mindestens 50 verschiedene Muster feststellen können. Tonscherben, die in den Sarghöhlen gefunden wurden, sind im Nature Education Centre (s. S. 494) der Tham Lot ausgestellt.

Die hiesigen Shan nennen diese Begräbnishöhlen *tâm pěe* (Geisterhöhlen) oder *tâm pěe maan* (Sarghöhlen). Man weiß nicht, wer die Särge hergestellt hat und warum sie in die Höhlen gebracht wurden; immerhin lässt sich aus der Tatsache, dass sich in den meisten Höhlen weniger als zehn Särge befinden, die Vermutung herleiten, dass nur bestimmte Personen das Recht auf eine so aufwendige Bestattung hatten. Ähnliche Särge wurden in Karstregionen westlich von Bangkok und auch auf Borneo, in China und auf den Philippinen gefunden. Mehr Särge aus jener Epoche als in Pangmapha findet man jedoch nirgendwo.

Am einfachsten zu besichtigen sind die Sarghöhlen direkt hinter dem Pangmapha Hospital 2 km westlich von Soppong sowie die Sarghöhlen in der 9 km von Soppong entfernten Tham Lot. Mehrere Sarghöhlen, die Wissenschaftler derzeit untersuchen, sind für die Öffentlichkeit gesperrt, aber John Spies von der Cave Lodge (s. oben) dürfte wissen, welche Höhlen gerade erkundet werden können. Sein Buch *Wild Times* ist ein großartiger Begleiter auf Höhlenwanderungen.

Wanderungen und Trekkingtrips auf eigene Faust (gute Karten sind vorhanden) stehen zur Wahl. Man kann aber auch einfach im schönen Gemeinschaftsbereich abhängen. Ein Gang in die traditionelle Shan-Kräutersauna ist ebenfalls ein Erlebnis. In den alten Öfen werden frisches Brot und andere leckere Speisen zubereitet. Die Tham Lot liegt in Gehweite.

Ein paar **Freiluftrestaurants** (Gerichte 15–40 B; ✹ 9–18 Uhr) vor dem Eingang zum Tham-Lot-Park bieten einfache thailändische Kost an.

Mae La-Na
แม่ละนา

Das in einem malerischen Gebirgstal 6 km abseits der Rte 1095 gelegene winzige Shan-Dorf ist wie eine andere Welt. Die berühmteste Attraktion vor Ort ist die **Tham Mae La-Na**, eine 12 km lange Höhle, durch die ein Bach fließt. Zwar bieten örtliche Guides an, einen durch die Höhle zu führen, aber wirklich auf Schaulustige eingerichtet ist man hier nicht: Besucher könnten fragile Höhlenformationen zerstören und den Lebensraum der empfindlichen Höhlenfische schwer beeinträchtigen. Besser besucht man nur die nahe gelegenen Höhlen **Tham Pakarang** (Korallenhöhle) und **Tham Phet** (Diamanthöhle), in denen es interessante Wandformationen zu sehen gibt. Führer (100 B) lassen sich tagsüber in der *säh·lah* (offenen, überdachten Versammlungshalle) sowie im Hauptladen des Dorfs anheuern. Manche Höhlen sind während der Regenzeit eventuell nicht zugänglich.

Mae La-Na ist auch ein guter Ausgangspunkt für interessante **Wanderungen**. Viele der schönsten Landschaften von Mae Hong Son liegen nur eine Tageswanderung entfernt, außerdem gibt es in der Nähe mehrere Dörfer der Roten und Schwarzen Lahu. Man kann auch eine 20 km lange halbe Schleife von Mae La-Na über die Tham Lot und Soppong abwandern und unterwegs in einem Dorf der Roten Lahu übernachten. Khun Ampha im Maelana Garden Home (s. rechte Spalte) hat eine einfache, kostenlose Karte und kann Travellern Ratschläge geben. Erfahrene Motorradfahrer können die Strecke auch mit einem robusten Geländebike bewältigen – aber nicht allein und nicht während der Regenzeit!

Die Abzweigung nach Mae La-Na liegt 13 km westlich von Soppong. Selten – morgens noch am ehesten – fahren Songthaeos von der Highwaykreuzung ins Dorf (30 B/Pers.). Auf dem Weg kommt man an Jabo vor-

bei, einem Dorf der Schwarzen Lahu, in dem es ebenfalls eine Sarghöhle gibt.

SCHLAFEN & ESSEN
Maelana Garden Home (☎ 0 5304 0016, 08 706 6021; Zi. 200–500 B) Am Rand der Ortschaft auf dem Weg zur Tham Mae La-Na steht dieser hübsche, bauernhofartige Komplex aus zwei Holzhäusern und einigen A-förmigen Bambusbungalows. Die Zimmer sind einfach, aber sauber und gemütlich. Authentische Shan-Gerichte werden angeboten (80 B/Pers.), und die Dame, die hier das Zepter in der Hand hat, spricht etwas Englisch. Sie ist eine gute Informationsquelle. Vorher anrufen oder im Dorfladen/an der Tankstelle nach Khun Ampha fragen.

Ein Dutzend Familien haben sich in Mae La-Na zu einem **Homestay-Programm** (Übernachtung 100 B/Pers.; Gerichte 70 B/Pers.) zusammengeschlossen; die Einnahmen fließen in den Gemeindefonds. Infos gibt's am sporadisch geöffneten Holzhaus am Ortseingang.

Ban Nam Rin
บ้านน้ำริน

In diesem Lisu-Dorf 9 km südlich von Soppong in Richtung Pai kann man in der **Lisu Lodge** (☎ 08 3582 4496, 08 3054 8497; lisulodge@gmail.com; Zi. 150–600 B) übernachten. Sie liegt ruhig in schöner Berglandschaft inmitten eines Gartens mit Obstbäumen. Es gibt einfache, A-förmige Bungalows mit Gemeinschaftsbad, aber auch Holz- und Steinbungalows mit Möbeln aus wiederverwertetem Teakholz, stilvoller thailändischer Deko und Terrassen. Auch ein Bungalow für die ganze Familie kann gemietet werden. Der deutsche Betreiber weiß alles über die zu besichtigenden Dörfer der Bergstämme in der Gegend und braut einen teuflisch guten Maulbeerlikör.

Anreise & Unterwegs vor Ort

Die Busse und Kleinbusse, die zwischen Pai und Mae Hong Son fahren, halten in Soppong; es verkehren sechs pro Tag für beide Richtungen. Von Pai nach Soppong (normal/mit Klimaanlage/Kleinbus 40/80/100 B) dauert die Fahrt ein bis zwei Stunden. Einzelheiten zur Fahrt nach/von Mae Hong Son stehen auf. S. 481.

Motorradtaxis stehen an der Bushaltestelle in Soppong. Sie bringen Fahrgäste für 70 B zur Tham Lot oder zur Cave Lodge; mit privaten Pick-ups kostet die Fahrt 300 B für bis zu sechs Personen.

NORDTHAILAND

Khun Yuam
ขุนยวม

6823 Ew.

Etwa auf halber Strecke zwischen Mae Sariang und Mae Hong Son – alle Busse Richtung Norden machen hier Pause – liegt das ruhige Bergstädtchen Khun Yuam, das eine nette Abwechselung zu den umliegenden, stärker besuchten Zielen ist. Hier gibt's Unterkünfte und ein paar gute Sehenswürdigkeiten.

Am Nordende der Stadt zeigen verrostete Militärlaster an, dass hier die **Thai-Japan Friendship Memorial Hall** (Eintritt 50 B; 🕓 8–16 Uhr) ist. Waffen, militärisches Gerät, persönliche Gegenstände und faszinierende Schwarzweißfotos erinnern an die Zeit, als die Japaner in den letzten Wochen des Krieges mit Birma Khun Yuam besetzt hielten. Nach Kriegsende blieben einige japanische Soldaten im Ort und heirateten hier. Der letzte der Japaner, die sich in der Gegend ansiedelten, starb im Jahr 2000.

Etwa 6 km westlich von Khun Yuam liegt an einem Bach der stimmungsvolle **Wat To Phae**, in dem es einen *chedi* im Mon-Stil und einen prima erhaltenen *wí·haan* im birmanischen Stil zu bestaunen gibt. Hinter den Vorhängen des Hauptaltars im *wíhaan* versteckt sich auf der einen Seite ein 150 Jahre alter birmanischer *kalaga*, ein bestickter, paillettenbesetzter Wandbehang, der eine Szene aus dem *Vessantara Jataka* zeigt. Die Einheimischen glauben, dass man durch seinen bloßen Anblick religiöse Verdienste erwirbt.

An den Hängen des Doi Mae U Khaw liegt, 25 km von Khun Yuam entfernt und erreichbar über die Rte 1263, das Hmong-Dorf **Ban Mae U Khaw**. Ende November ist das Gebiet ein einziges Blütenmeer, wenn die *dòrk booa torng*, die Mexikanischen Sonnenblumen, blühen. Die Thais sind so begeistert von diesem malerischen Anblick, dass in dieser Zeit alle Unterkünfte ausgebucht sind. Nach weiteren 25 km auf derselben Straße erreicht man den 100 m hohen **Nam Tok Mae Surin** (Eintritt 200 B; im Mae Surin National Park), den angeblich höchsten Wasserfall Thailands.

An der Hauptstraße von Khun Yuam sind ein paar Banken mit Geldautomaten und Unterkünfte zu finden. Einige Homestay-Unterkünfte gibt es auch in Ban To Phae, einem malerischen traditionellen Shan-Dorf 6 km westlich von Khun Yuam.

Ban Farang (☎ 0 5362 2086; janny5alisa@hotmail.com; 499 Th Ratburana; B 100 B, Bungalow 600–1400 B; 🏊) Diese Anlage liegt abseits der Hauptstraße im Norden des Ortes (nach den Schildern in der Nähe der Bushaltestelle Ausschau halten). Die sauberen Bungalows stehen an einem bewaldeten Hang. Die billigeren mit Ventilator sind einfach und dunkel, haben aber eine Terrasse. Die teureren bieten Klimaanlage, Kühlschrank, Kabel-TV und eine Terrasse. Gäste können sich eine Kräutermassage verpassen lassen. Das Restaurant ist ganz ordentlich.

Wenn sie fertiggestellt sind, wird man von den beiden Doppelhäusern des **Khun Yuam Resort** (☎ 08 9432 1032; www.khunyuamresort.multiply.com; 139 Moo 1 Ban To Phae; 1200–2000 B; 🏊) den besten Ausblick über das Tal haben. Die momentan vorhandenen Zimmer sind groß, aber langweilig und ziemlich überteuert.

An der Hauptstraße durch das Stadtzentrum liegt das **Mithkhoonyoum Hotel** (☎ 0 5369 1057; 61 Rte 108; Zi. 150–550 B; 🏊). Es hat einfache, saubere Zimmer, teilweise mit eigenem Bad.

Im Osten von Khun Yuam – und zwar an der Rte 108 in Richtung südliches Ortsende – finden sich ein paar einfache Reis- und Nudellokale. Die meisten schließen schon um 17 oder 18 Uhr.

Die Busse, die zwischen Mae Sariang und Mae Hong Song fahren, halten regelmäßig in Khun Yuam (normal/mit Klimaanlage 67/110 B, 2 Std.).

MAE SARIANG
แม่สะเรียง

10 012 Ew.

Das wenig besuchte Mae Sariang ist wunderschön am Ufer gelegen und wird als Ausgangspunkt für Trekkingtouren und als Ort, der nachhaltigen Tourismus fördert, langsam immer beliebter. Es gibt mehrere Siedlungen von Bergvölkern in der Gegend, vor allem um das 30 km nördlich der Stadt gelegene Mae La Noi herum. Die Region südlich von Mae Sariang ist überwiegend gebirgiges Dschungelgebiet und umfasst die beiden Nationalparks Salawin und Mae Ngao.

Praktische Informationen

In Mae Sariang finden sich mehrere Banken mit Geldautomaten und ein Büro der **Einreisebehörde** (☎ 0 5368 1339; Route 108), in dem das Visum um einige Tage verlängert werden kann, wenn die Zeit auf dem Weg zur Grenze knapp wird. Das Büro liegt gegenüber der Tankstelle an der Straße nach Mae Hong Son. **Internetzugang** (20 B/Std.) gibt's neben dem River House Hotel.

NORDTHAILAND

Sehenswertes & Aktivitäten

Es gibt ein paar bekannte Sehenswürdigkeiten in Mae Sariang. Gleich neben der Hauptstraße von Mae Sariang stehen zwei shan-birmanische Tempel, der **Wat Jong Sung** und der **Wat Si Bunruang**, die, wenn genügend Zeit ist, unbedingt besucht werden sollten. Der 1896 errichtete Wat Jong Sung ist der interessantere der beiden Tempel und hat schlanke *chedis* im Shan-Stil und Klostergebäude aus Holz.

Das Gebiet um Mae Sariang bietet einige der besten **Trekking-** und **Touroptionen** in Thailand. Das liegt nicht nur an der natürlichen Schönheit und kulturellen Vielfalt der Gegend, sondern auch daran, dass hier eine neue Generation von verantwortungsbewussten Tourveranstaltern am Werk ist, die auf einen nachhaltigen, gemeindeorientierten Tourismus setzt.

Dragon Sabaii Tours (☎ 08 9956 9897, 08 7190 4469; www.thailandhilltribeholidays.com; Th Mongkolchai; 1-tägige Tour 1800 B/4 Pers.) Im Vordergrund stehen Öko- und Kulturtourismus hauptsächlich im Gebiet von Mae La Noi gleich nördlich von Mae Sariang. Dieser neue Veranstalter hat unterschiedliche Touren im Programm, die einen echten Einblick in das Leben und die Kultur der Hügelvölker geben sollen. Man besucht die Dörfer der Bergstämme, ohne zu stören, kann aber auch Homestays mit Freiwilligenarbeit buchen, bei denen man mit Angehörigen dieser Stämme kocht oder auf den Feldern arbeitet. Alle Angebote sind so gestaltet, dass auch die örtlichen Gemeinden etwas davon haben.

Der „Mae Sariang Man", wie sich der Besitzer von **Mae Sariang Tours** (☎ 08 2032 4790; www.maesariangtravel.multiply.com; Th Laeng Phanit; 1-tägiger Trek 1200 B zzgl. Auslagen) gerne nennt, ist ein erfahrener Trekker, der umweltbewusste und gemeindeorientierte Wanderungen und Raftingtouren in den Dschungeln und Nationalparks rund um seine Geburtsstadt durchführt. Damit kein Zweifel bleibt, dass die Gemeinden das ihnen zustehende Geld auch wirklich erhalten, können Besucher die Auslagen (abgesehen vom Lohn für den Guide) auch gleich bei den Dorfbewohnern bezahlen.

Kanchana Tour (☎ 08 1952 2167; www.orchidhomestay.com; Fahrradtouren halber/ganzer Tag 600/1000 B) wird von einer ehemaligen Lehrerin geleitet. Sie bietet halb- und ganztägige Fahrradtouren

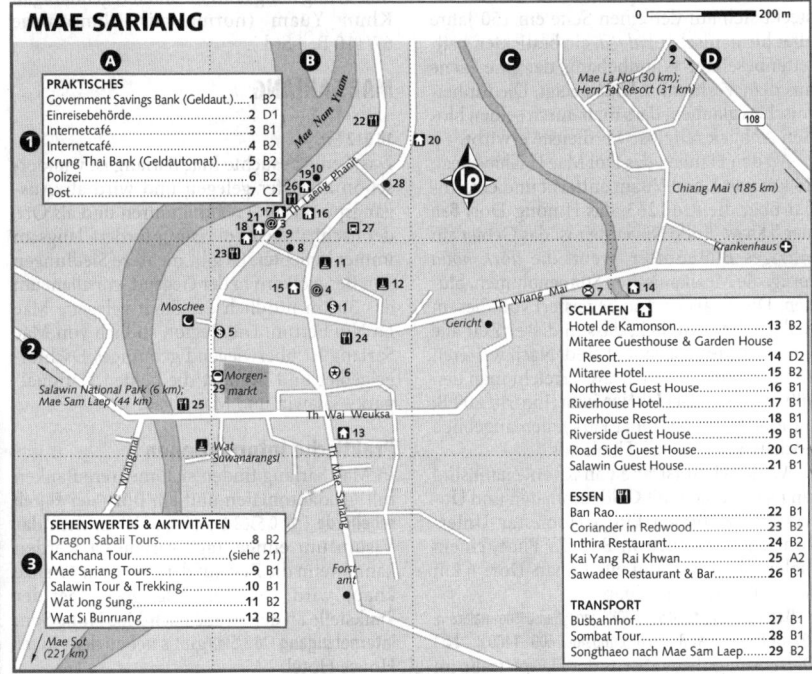

MAE SARIANG

0 — 200 m

PRAKTISCHES
Government Savings Bank (Geldaut.)....1 B2
Einreisebehörde...............................2 D1
Internetcafé.....................................3 B1
Internetcafé.....................................4 B2
Krung Thai Bank (Geldautomat)........5 B2
Polizei..6 B2
Post...7 C2

Mae La Noi (30 km);
Hern Tai Resort (31 km)

Chiang Mai (185 km)

Krankenhaus

Moschee

Gericht

Morgenmarkt

Salawin National Park (6 km);
Mae Sam Laep (44 km)

Th Wai Weuksa

Wat
Suwanarangsi

Forstamt

Mae Sot
(221 km)

SEHENSWERTES & AKTIVITÄTEN
Dragon Sabaii Tours.......................8 B2
Kanchana Tour..................(siehe 21)
Mae Sariang Tours..........................9 B1
Salawin Tour & Trekking................10 B1
Wat Jong Sung.............................11 B2
Wat Si Bunruang...........................12 B2

SCHLAFEN
Hotel de Kamonson.......................13 B2
Mitaree Guesthouse & Garden House
  Resort......................................14 D2
Mitaree Hotel...............................15 B2
Northwest Guest House..................16 B1
Riverhouse Hotel...........................17 B1
Riverhouse Resort..........................18 B1
Riverside Guest House....................19 B1
Road Side Guest House...................20 C1
Salawin Guest House......................21 B1

ESSEN
Ban Rao......................................22 B1
Coriander in Redwood....................23 B2
Inthira Restaurant.........................24 B2
Kai Yang Rai Khwan.......................25 A2
Sawadee Restaurant & Bar..............26 B1

TRANSPORT
Busbahnhof..................................27 B1
Sombat Tour.................................28 B1
Songthaeo nach Mae Sam Laep.......29 B2

rund um Mae Sariang und weitere Touren an, von Bootsausflügen auf dem Mae Nam Salawin bis zu Besuchen bei hiesigen Bergstämmen. In ihrer Wohnung 2 km außerhalb der Stadt können Besucher auch übernachten (Homestay). Sie ist häufig im Salawin Guest House (s. rechte Spalte) zu finden.

Herr Salawin und seine Brüder führen seit 16 Jahren Tourgruppen durch die Gegend. Zu den Touren von **Salawin Tour & Trekking** (☎ 08 2181 2303; Th Laeng Phanit; 1-/3-tägiger Trek 1300/2500 B) gehören normalerweise Elefantenausritte, Rafting und Wanderungen. Die Brüder unterhalten ein „Büro" neben dem Riverside Guest House und können sich auch auf Englisch verständigen.

Schlafen

Road Side Guest House (☎ 0 5368 2713; road-sidegh@ hotmail.com; 44 Th Mae Sariang; Zi. 200 B) Die sechs Zimmer sind thematisch dekoriert – der Wilde Westen lässt grüßen. Entsprechend rustikal sind sie eingerichtet, aber sauber und komfortabel. Der Besitzer ist ein erfahrener Trekking-Guide, der verschiedene Touren durch die Gegend anbietet

Northwest Guest House (☎ 0 5368 1956; www. northwestgh.blogspot.com; 81 Moo 12, Th Laeng Phanit; Zi. 200–400 B) Die Zimmer in diesem gemütlichen Holzhaus sind einfach (mit Matratzen auf dem Fußboden), bekommen aber Tageslicht ab und sind von ordentlicher Größe. Außerdem bietet die Herberge eine ganze Reihe von Dienstleistungen an, von Motorradvermietung bis zu einem Wäschereiservice.

Mitaree Guesthouse and Garden House Resort (☎ 0 5368 1109; www.mitareehotel.com; 24 Th Wiang Mai; Zi. 150–4000 B, Bungalow 600–800 B; ☷) Die Anlage liegt bei der Post und wird von denselben Betreibern geführt wie das Mitaree Hotel. Gäste finden hier ganz nette Zimmer und Bungalows mit Warmwasser, Klimaanlage und Kabel-TV vor.

Mitaree Hotel (☎ 0 5368 1110; www.mitareehotel. com; 256 Moo 2, Th Mae Sariang; Zi. 250–480 B; ☷) Mae Sariangs dienstältteste Unterkunft bietet Zimmer in einem alten, aus Holz gebauten sowie in einem neuen Flügel. Letztere verfügen über Warmwasserduschen.

Riverside Guest House (☎ 0 5368 1188; 85 Th Laeng Phanit; Zi. 250–550 B; ☷) Diese freundliche, aber schon etwas heruntergekommene Herberge wächst und wird wieder aufgemöbelt. In manchen Zimmern fühlt man sich ein bisschen beengt, aber die meisten Quartiere teilen sich große

Terrassen mit einem tollen Ausblick auf eine Flussbiegung und das dahinter liegende Tal.

Hotel de Kamonson (☎ 0 5368 1524; Th Mae Sariang; Zi. 350–700 B; ☷) Trotz des pompösen, sich französisch gebenden Namens hat dieses mehrstöckige Hotel nicht wirklich besonderen Stil zu bieten, aber immerhin saubere Zimmer – einige bekommen allerdings kein Tageslicht ab, deshalb sollte man sich unbedingt erst ein paar anschauen, ehe man seine Wahl trifft. Mit Englisch- oder gar Französischkenntnissen ist es hier nicht weit her.

Salawin Guest House (☎ 0 5368 1490; 2 Th Laeng Phanit; Zi. 400–480 B; ☷ ▯) Die Betten sind hart und die Handtücher dünn, aber das ältere Pärchen, das das Haus mit Internetanschluss führt, ist sehr freundlich und höflich. Die Zimmer sind sauber und haben Warmwasseranschlüsse im Bad. Toll gelegene Pension!

Hern Tai Resort (☎ 0 5368 9033; www.herntai.com; 420 Moo 1, Ban Mae La Noi; Zi. 400–800 B, Bungalow 1000 B) Toll inmitten malerischer Reisfelder gelegen ist diese Anlage in Ban Mae La Noi, 25 km nördlich von Mae Sariang. Neben großen Zimmern in einem Holzgebäude im Shan-Stil gibt es zwei geräumige Bungalows. Um hinzukommen die Abzweigung gleich hinter dem Aussichtspunkt/Café am südlichen Stadtende nehmen.

LP Tipp **Riverhouse Hotel** (☎ 0 5362 1201; www. riverhousehotels.com; 77 Th Laeng Phanit; Zi. inkl. Frühstück 1000–1300 B; ☷ ▯) Mit seiner Kombination aus nostalgisch wirkendem Teak und modischem Dekor ist dieses Hotel am Ufer das beste Haus in der Stadt. Die Zimmer mit Klimaanlage im 2. Stock haben große Balkone mit Ausblick auf den Fluss und Fenster vom Boden bis zur Decke. Die Zimmer mit Ventilator unten liegen ebenfalls zum Fluss hin; zu ihnen gehören Hängematten im Freien. Vor Ort gibt's ein gutes Restaurant.

Praktisch gleich nebenan befindet sich das **Riverhouse Resort** (☎ 0 5368 3066; www.riverhouse hotels.com; Th Laeng Phanit; Zi. inkl. Frühstück 1800–2800 B; ☷ ▯), das dieselben Betreiber hat und ganz ähnlich, aber nicht so charmant ist wie sein Nachbar. Am besten verlangt man ein Zimmer mit Flussblick, denn die mit Blick auf die Stadt kosten genauso viel. Auch hier gehört ein gutes Restaurant dazu.

Essen & Ausgehen

Ban Rao (☎ 0 5368 1743; Th Laeng Phanit; Gerichte 30–140 B; ☽ 17–22 Uhr) Ein authentisches, aber nicht zu scharfes Abendessen serviert dieses gemüt-

liche Restaurant am Fluss. Auf der englisch-sprachigen Karte steht so ziemlich alles von den üblichen Currys bis zu dem exotischeren *yam sôm oh*, einem Pomelosalat auf thailändische Art.

Inthira Restaurant (☎ 0 5368 1529; Th Wiang Mai; Gerichte 30–150 B; ⊗ 8–22 Uhr) Das wahrscheinlich beste Restaurant der Stadt hat eine große Auswahl an Gerichten mit einzigartigen Zutaten wie vor Ort geernteten Shiitake-Pilzen und Fisch aus dem Mae Nam Moei. Alles schmeckt, die Preise sind günstig, und das Ambiente ist gemütlich und zwanglos.

Kai Yang Rai Khwan (Gerichte 30–180 B; ⊗ 10–17 Uhr) In dem einfachen Lokal am Fuß der Brücke gibt's die typischen Isan-Gerichte: gegrilltes Hähnchen, Papayasalat und Duftreis.

Sawadee Restaurant & Bar (Th Laeng Phanit; Gerichte 40–150 B; ⊗ 8–24 Uhr) Dieses Lokal erinnert an eine Strandbar: Man kann sich wunderbar bei einem Bier entspannen und aufs Wasser schauen (auch wenn es nur der Mae Nam Yuam ist). Auf der langen Speisekarte finden sich auch viele Angebote für Vegetarier.

Coriander in Redwood (Th Laeng Phanit; Gerichte 40–180 B; ⊗ 12–22 Uhr) Das schickste Restaurant der Stadt residiert in einem schönen Holzgebäude und macht viel Wind um seine Steaks. Besser beraten ist man aber mit den thailändischen Gerichten, etwa den verschiedenen *nám prík* (Chili-Dips). Zur Abkühlung am Nachmittag bieten sich Eiscreme und Eiskaffee an.

Anreise & Unterwegs vor Ort

Mehrere Songthaeos fahren vom Busbahnhof nach Mae Sot (200 B, 6 Std., 6.30–12.30 Uhr, 7-mal tgl.). Los geht's immer dann, wenn ein Fahrzeug voll besetzt ist.

Prempracha Tour (☎ 0 5368 1347) mit Sitz am Busbahnhof betreibt Busse zwischen Mae Sariang und Mae Hong Song (normal/mit Klimaanlage 100/180 B, 4 Std., 7–17.30 Uhr, 5-mal tgl.) mit Halt auf halber Strecke in Khun Yuam (normal/mit Klimaanlage 70/110 B, 2 Std.). Andere Busse fahren auch nach Chiang Mai (normal/mit Klimaanlage 100/180 B, 4 Std., 7–15 Uhr, 5-mal tgl.).

Gleich nördlich vom Busbahnhof ist das Büro von **Sombat Tour** (☎ 0 5368 1532; Th Mae Sariang). Das Unternehmen fährt nach Bangkok (2. Klasse mit Klimaanlage/1. Klasse 508/653 B, 14 Std., 16–19 Uhr, 4-mal tgl.).

Im Sawadee Restaurant & Bar (S. 500) sowie im Northwest Guest House (S. 499) kann man Motorräder mieten.

Mit dem Motorradtaxi sind Traveller für 20 B in der Stadt unterwegs.

RUND UM MAE SARIANG
Salawin National Park & Mae Sam Laep
อุทยานแห่งชาติสาละวิน/แม่สามแลบ

Dieser **Nationalpark** (☎ 0 5307 1429; Eintritt 100 B) umfasst 722 km² geschütztes Land in den Bezirken Mae Sariang und Sop Moei. Der Park ist dicht bewaldet, Teakbäume, asiatische Rothölzer und Kirschbäume prägen das Bild. Hier steht u. a. auch der zweitgrößte Teakbaum Thailands. Es gibt viele Wanderwege, und man kann mit dem Boot auf dem Mae Nam Salawin bis zur Außenstation des Parks bei Tha Ta Fang fahren. Die Parkverwaltung ist 6 km von Mae Sariang entfernt. Hier stehen Bungalows (300–1200 B), die über das **Royal Forest Department** (☎ 0 2562 0760; www.dnp.go.th) gebucht werden können.

Das Handelsdorf **Mae Sam Laep** liegt am Fluss innerhalb des Parks, fast am Ende der kurvenreichen, 50 km langen Straße, die in Mae Sariang beginnt. Der Ort, in dem birmanische Flüchtlinge, größtenteils Muslime, leben, wirkt wie eine Grenzstadt und ist ein Ausgangspunkt für Bootsfahrten auf dem Mae Nam Salawin. Die Touren führen durch unberührten Dschungel, vorbei an ungewöhnlichen Felsformationen. Gelegentlich schippert man nach Myanmar rüber.

Am Pier in Mae Sam Laep kann man Boote Richtung Süden nach Huay Mae Ti (700 B), zum Karen-Dorf Ban Pu Tha (1200 B) und zum 25 km von Mae Sam Laep entfernten Sop Moei (1300 B, 2 Std.) chartern. Nach Norden führen Fahrten zur Außenstation des Salawin National Park bei Tha Ta Fang (1200 B, 1½ Std.) 18 km nördlich von Mae Sam Laep sowie nach Ban Mae Sakeup (2000 B) und in das Sop Ngae Wildlife Sanctuary (2500 B). Neben den Charterbooten gibt es auch Passagierboote, die aber nicht oft ablegen. Außerdem muss man schon Thai können, um zu erfahren, wohin die Reise geht.

Häufig fahren Songthaeos von Mae Sariang nach Mae Sam Laep (70 B, 6.30–17 Uhr, 10-mal tgl.); Abfahrt ist an der Th Laeng Phanit in der Nähe des Morgenmarkts.

NORDTHAILAND

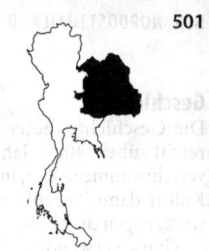

Nordost-
thailand

Der Nordosten ist für die meisten Touristen und auch für viele Thais das „Armenhaus" Thailands. Die 19 Provinzen der „Isaan" (*ie·sähn*) genannten Region vermitteln einen Eindruck des Landes aus früheren Zeiten: Reisfelder, so weit das Auge reicht, sich in Schlammlöchern suhlende Wasserbüffel, Seidenweberei als Heimarbeit, Personentransport in ursprünglichen Rikschas und Menschen, die ihr Glück in der Stadt suchen, aber ihren dörflichen Lebensstil beibehalten haben. In dieser grandiosen Ecke des Landes ticken die Uhren anders: langsam, gleichmäßig und mit tiefem Respekt vor Geschichte und Kultur des Landes.

Schon nach kurzer Zeit dürfte man erkennen, dass es hier ebenso viele Unterschiede wie Gemeinsamkeiten mit dem restlichen Thailand gibt. Sprache, Essen und Kultur sind eher laotisch als thailändisch geprägt und weisen zudem noch einen kräftigen kambodschanischen und vietnamesischen Einschlag auf.

Ein längerer Aufenthalt in dieser Gegend lohnt sich allemal. Wer authentische Erfahrungen genießt, für den ist das hier das Richtige: Ruinen von Angkor-Tempeln zeugen von der Größe des Khmer-Reichs. Herrliche Nationalparks schützen einige der unberührtesten Ecken Thailands. In verschlafenen Dörfern finden ausgelassene Feste statt. Und die Landschaft am Mekong ist über weite Strecken schlichtweg atemberaubend. Sicher, das Reisen in dieser Gegend ist sehr mühsam – kaum jemand hier spricht Englisch –, doch die fantastischen Sehenswürdigkeiten und die täglichen Begegnungen und Erlebnisse machen sie zu einem der Highlights auf einer Thailand-Reise.

HIGHLIGHTS

- In den Bergwäldern des **Khao Yai National Park** (S. 514) Elefanten, Tiger, Pythons, Affen und sonstiges Getier in freier Wildbahn erleben

- In das steinzeitliche Isaan aus der Angkor-Periode eintauchen und durch die restaurierten Tempelanlagen von **Phanom Rung** (S. 517) und **Phimai** (S. 512) schlendern

- Im verschlafenen **Chiang Khan** (S. 574) den Mekong an sich vorbeiziehen sehen

- Im **Skulpturengarten Sala Kaew Ku** (S. 562) von Nong Khai das Surreale erleben

- Klettern, klettern, klettern – und die Schönheit des **Phu Kradung National Park** (S. 579) genießen

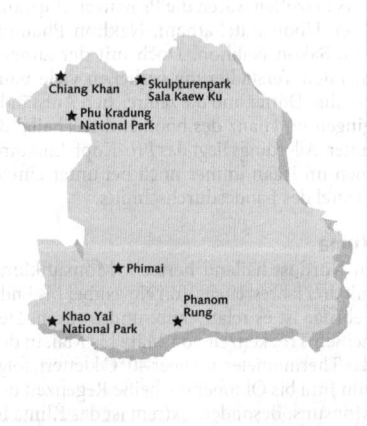

- BESTE REISEZEIT: NOVEMBER–FEBRUAR
- EINWOHNER: 22 MIO.

Geschichte

Die Geschichte dieser rätselhaften Region reicht über 4000 Jahre zurück in jene verschwommene Zeit, in der die Ban-Chiang-Kultur damit begann, mithilfe von Bronzewerkzeugen die Felder zu bestellen.

Thais verwenden den Namen ie·săhn (Isaan) sowohl für die Region *(pâhk ie·săhn)* als auch für die Bewohner *(kon ie·săhn)* und die Speisen *(ah hăhn ie·săhn)* des Nordostens von Thailand. Der Name stammt von Isana ab, dem Sanskritnamen für das frühe Mon-Khmer-Königreich, das seinerzeit in dem heutigen Gebiet Nordostthailands und Kambodschas das Sagen hatte. Nach 900 wurde diese Gegend vom Khmer-Reich unterworfen, das zahlreiche die sagenhaften Tempelanlagen errichtete, die die Region heute spicken.

Bis zur Ankunft der Europäer blieb der Isaan größtenteils unabhängig von den frühen Thai-Königreichen. Doch als die Franzosen die Grenzen ihrer Kolonie Laos absteckten, musste Thailand im Nordosten seine eigenen Grenzen festlegen. Langsam aber sicher wurde der Isaan so von Thailand geschluckt.

Der Nordosten, lange Thailands ärmste Gegend, wurde bald eine Brutstätte des Kommunismus. Ho Chi Minh hielt sich 1928/29 in der Region auf, um sie zu „missionieren"; in den 1940er-Jahren flohen viele indochinesische kommunistische Parteiführer aus Laos in den Isaan und halfen Thailands kommunistischer Partei auf die Sprünge. Zwischen 1960 und 1982, dem Jahr einer Amnesie, trieben Guerillas im Isaan ihr Unwesen; besonders betroffen waren die Provinzen Buriram, Loei, Ubon Ratchathani, Nakhon Phanom und Sakon Nakhon. Doch mit der zunehmenden Verstädterung verließen viele Bauern ihre Dörfer und die zahlreichen Aufstände gingen im Glanz des boomenden Thailands unter. Allerdings liegt das Pro-Kopf-Einkommen im Isaan immer noch bei unter einem Drittel des Landesdurchschnitts.

Klima

In Nordostthailand herrscht Monsunklima mit drei Jahreszeiten. Von November bis Ende Februar ist es relativ kühl und trocken. Der heißen Trockenzeit von März bis Mai, in der das Thermometer auf über 40 °C klettert, folgt von Juni bis Oktober die heiße Regenzeit des Monsuns. Besonders extrem ist das Klima in der Provinz Loei, in der die heißesten ebenso wie die kältesten Temperaturen Thailands gemessen werden. Teilweise gibt's sogar Minusgrade.

Nationalparks

In Nordostthailand gibt es 24 Nationalparks und 21 Waldparks. Der Khao Yai (S. 514), der einen Großteil des größten noch intakten Monsunwalds auf dem asiatischen Festland umfasst, ist sehr beeindruckend. Weitere Highlights sind etwa der Phu Kradung (S. 579), bekannt für seine guten Möglichkeiten zur Tierbeobachtung und seine Höhenwanderwege, der Phu Chong Nayoi (S. 539), der sich in einer der abgelegensten Ecken Thailands befindet, und der Phu Wiang (S. 550), ein absolutes Muss für Dino-Fans.

Sprache & Kultur

Eine Mischung aus Thai-, Laos- und Khmer-Einflüssen prägt Die Sprache und Kultur des Isaan: Die Khmer hinterließen in weiten Teilen des Landes Bauwerke im Stil des berühmten Angkor Wat, besonders in den Provinzen Buriram, Surin und Si Saket, und im laotischen Stil erbaute Tempel (der Wat Phra That Phanom ist besonders bemerkenswert) sind genauso verbreitet wie thailändische. Die Sprache im Isaan ist stark mit dem Laotischen verwandt und als Muttersprache immer noch häufiger zu finden als Thailändisch. Wahrscheinlich leben im Isaan mehr Menschen laotischer Abstammung als in ganz Laos. In vielen Dörfern ganz im Süden ist aber noch immer Khmer die erste Sprache.

Im restlichen Land sind die Bewohner des Isaan für ihre Freundlichkeit, ihren Fleiß und ihren ausgeprägten Sinn für Humor bekannt: Wer die Radiosender durchprobiert, hört garantiert Moderatoren, die über ihre eigenen Witze lachen. Die Einheimischen zeichnen sich zudem durch Respekt gegenüber anderen aus – und durch große Gastfreundschaft: Die meisten Dorfbewohner und viele Städter sind stolz darauf, das Wohl des Gastes über das eigene zu stellen, das beste Essen ist Mönchen und Gästen vorbehalten, und zur Bewirtung ausländischer Besucher schlachtet der Gastgeber mit Sicherheit eines seiner Hühner (Vegetarier sollten sich rechtzeitig ankündigen). Die Menschen im Isaan sind weit weniger konservativ als die meisten Thais, doch weil sich nur wenige Touristen hierher verirren, ziehen kurze Shorts und Spaghettiträger-Tops sehr viel mehr starrende Blicke auf sich als in anderen Regionen Thailands.

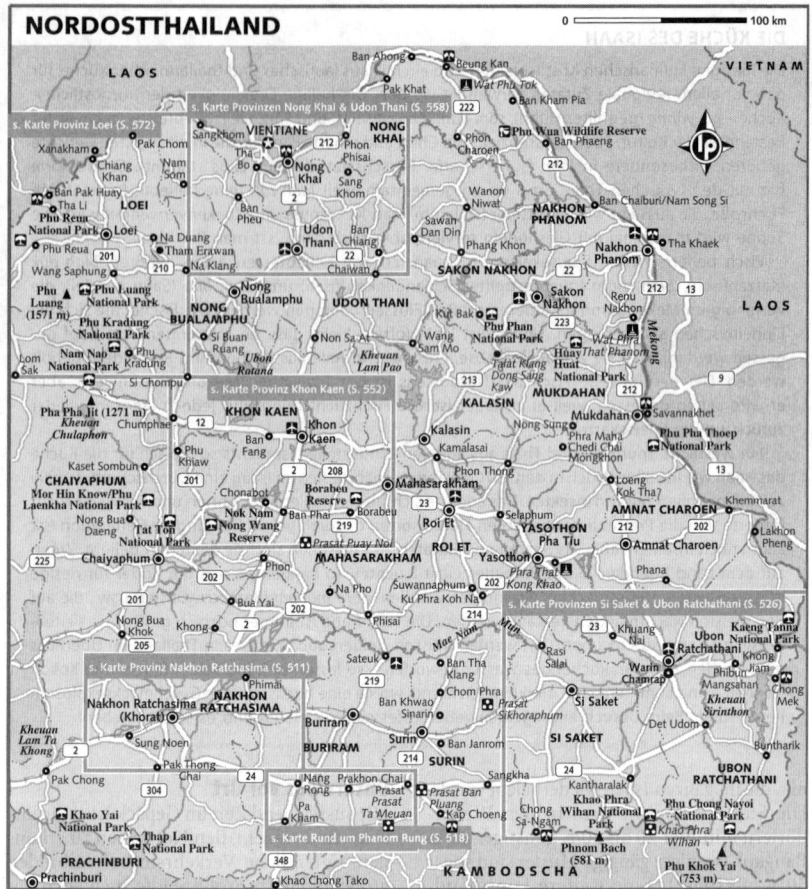

Materiell betrachtet mag der Nordosten mit Abstand die ärmste Region Thailands sein, doch laut dem neusten Wohlfühl-Index der Regierung leben hier dafür die glücklichsten Menschen. Als Gründe werden ein starkes Gemeinschaftsgefühl und enge Familienbande angeführt. In den Dörfern kann man auch beim besten Willen kaum erkennen, wer reich und wer arm ist, und ein großes Haus und schicke Kleidung beeindrucken niemanden.

Die Musik der Region hat ihre Wurzeln in einer unverwechselbaren Tradition und wird mit Instrumenten gespielt wie der *kaan* (aus Schilfrohr hergestelltes Instrument mit zwei langen Reihen aus Bambuspfeifen und einem Resonanzkörper aus Hartholz), dem *bohng·lahng* (eine Art Xylofon) und der *pin*

(kleine, dreisaitige Laute, die mit einem großen Plektron gespielt wird). Die beliebteste Musik heißt *lôok tûng* (wörtlich „Kinder der Felder"); sie klingt wesentlich rhythmischer als die herkömmlichen Sounds Zentralthailands.

Die beste thailändische Seide stammt aus dem Nordosten, vor allem aus Khon Kaen, Surin, Chaiyaphum und Nakhon Ratchasima. Auch Baumwollstoffe aus Loei, Nakhon Phanom und Udon Thani sind heiß begehrt. Für die Herstellung wird vor allem das *mát·mèe*-Verfahren (s. Kasten S. 543) verwendet, bei dem die Fäden vor dem Weben mit der Knüpfbatiktechnik eingefärbt werden. In den meisten Kaufhäusern bekommt man mit Naturfarben eingefärbte Stoffe, eine alte Tech-

DIE KÜCHE DES ISAAN

Die hiesigen kulinarischen Köstlichkeiten sind ein Mix aus laotischer und thailändischer Küche, für den vor allem regionale Zutaten verwendet werden. Die heilige Dreieinigkeit der nordöstlichen Küche – *gài yâhng* (gegrilltes Huhn), *sôm·dam* (Papayasalat) und *kôw nĕe·o* (Klebreis) – ist ein fester Bestandteil der Kultur, ebenso essenziell sind Chilis und scharfe Paprika, die in die meisten Gerichte gehören, insbesondere in *lâhp* (superscharfer Fleischsalat, der aus Laos stammt). *Gaang aòrm* hat mit den typischen Thai-Currys wenig gemeinsam, weil *b̃lah ráh* (eine beliebte fermentierte Fischsoße, die aussieht wie verrotteter Schlamm) statt Kokosnuss und Zucker verwendet wird. Die Suppe wird manchmal mit Glasnudeln serviert, aber auch dann isst man Reis dazu.

Fisch beherrscht die Speisekarten im Isaan. Zu den beliebtesten Arten gehören *b̃lah dùk* (Katzenfisch), *b̃lah chôrn* (quergestreifter Schlangenkopffisch) und *b̃lah boo* (Sandgrundel), die vorrangig im Mekong und in anderen großen Flüssen gefangen werden. Die Fische, die sich die Einheimischen selber fangen, sind meist klein (oft so klein, dass sie mit Gräten und Kopf gegessen werden), weil sie wie auch Krebse, Frösche und Aale aus Bächen und Reisfeldern geholt werden. Der berühmteste Fisch des Nordostens ist der *b̃lah bèuk* (Mekong-Riesenwels), aber er wird selten gegessen, weil er zu teuer ist. Die Fischzucht bringt ihn jedoch langsam wieder zurück auf die Speisekarte.

Für westliche Touristen und Thais aus anderen Landesteilen ist nichts so typisch für die Küche des Isaan wie Insekten. Noch in den 1970er-Jahren ernährte sich im Isaan eine Durchschnittsfamilie zu einem großen Teil von Insekten. Das änderte sich, als die Regierung Hühner- und Schweinezucht förderte und die Preise dieser beliebten Fleischsorten dadurch fielen. Die jüngere Generation isst kaum noch Insekten, aber als Snacks und Zutaten zu Chilisoßen sind sie weiterhin beliebt. Wenn auf dem Land irgendwo purpurfarbenes Licht leuchtet, so handelt es sich um Köder für riesige Wasserinsekten, Heuschrecken, Grashüpfer, Zikaden, *nôrn mái pài* (Bambuswürmer) usw., die auf den meisten Nachtmärkten verkauft werden. Die Nachfrage ist immer noch so groß, dass sie teilweise aus Kambodscha importiert werden müssen. Seidenraupen, die es in Thailand im Überfluss gibt, werden zuerst in kochendes Wasser geworfen – so lassen sich die Seidenfäden vom Kokon trennen – und kommen dann direkt in den Mund, wo sie eine buchstäbliche Geschmacksexplosion hervorrufen. Beim Besuch eines Seidenweberdorfes eine probieren und es selbst erleben!

---

nik, die im ganzen Isaan wiederbelebt wurde. Die Stoffe bekommt man in den Weberdörfern mitunter 20 bis 30 % günstiger als in Bangkok (weniger gängige Muster sind sogar 50 % günstiger). Eine weitere kunsthandwerkliche Besonderheit des Nordostens ist das *măwn kwăahn* (wörtlich „Axtkissen"), ein hartes dreieckiges Kissen, das beim Sitzen auf dem Boden als Armstütze verwendet wird. Reiskörbchen sind ebenfalls beliebte Souvenirs.

An- & Weiterreise

Die wichtigsten Bahn- und Busverbindungen in den Nordosten führen von Bangkok nach Nong Khai und Ubon Ratchathani. Auch aus kleineren Städten fährt mindestens einmal am Tag ein Bus direkt nach Bangkok. Von Nordthailand ist der Nordosten mit dem Bus über Phitsanulok erreichbar, wobei man zuerst nach Khon Kaen kommt. Viele Städte sind auch auf dem Luftweg mit Bangkok verbunden, doch die Anzahl der Flüge ist begrenzt.

Unterwegs vor Ort

Mit ausreichend Zeit im Gepäck ist es eigentlich kein Problem, den Nordosten zu erkunden. Öffentliche Verkehrsmittel verbinden große und mittelgroße Städte auch noch mit dem winzigsten Dorf; in den entlegensten Ecken fahren sie aber meist nur wenige Male am Tag. Wer es eilig hat, sollte bedenken, dass in diesem Teil Thailands die Entfernungen groß und die Busse oft langsam sind. Für den Besuch abgeschiedenerer Orte bieten sich ein Mietwagen oder Motorrad an, mit denen man die Region auch besser kennenlernt.

PROVINZ NAKHON RATCHASIMA

Die meisten Besucher Khorats (der ursprüngliche und immer noch geläufigste Name von Thailands größter Provinz) kommen hierher, um den Dschungel, von Khao Yai zu erkun-

den. Der älteste Nationalpark Thailands gehört seit Neuestem zum Unesco-Weltnaturerbe; seine ungeheure Größe und sein gesundes Ökosystem machen ihn zu einem der besten Orte in Südostasien für Tierbeobachtung und zu einem der tollsten Ziele in Thailand.

Auf Seide und Stein basiert die Tourismusindustrie in Nakhon Ratchasima, auch wenn der Khao Yai National Park eindeutig der Star ist. Modefans sollten die Geschäfte in Pak Thong Chai, der Heimat der Seidenweberindustrie von Nakhon Ratchasima, abklappern. Die Stadt ist dafür bekannt, bei Mode stets die Nase vorn zu haben. Geschichtsfreaks können die steinernen Überreste aus der Blütezeit der Angkor-Periode in der Region bestaunen. Khmer-Tempel aus dieser Zeit sind überall in der Provinz verstreut, nur leider ist von den meisten nicht viel mehr übrig als ein amorpher Steinhaufen. Die restaurierten Anlagen von Prasat Phimai bieten aber einen überwältigenden Einblick in alte Zeiten.

Die Stadt Khorat bietet als Reiseziel zwar wenig, doch die gute Auswahl an Hotels und die größte und vielfältigste Restaurantszene des Nordostens machen sie zu einem guten Basislager für einen Aufenthalt im Isaan.

NAKHON RATCHASIMA (KHORAT)

นครราชสีมา(โคราช)

215 000 Ew.

Khorat City ist nicht wirklich reizvoll und Neuankömmlinge zücken in dem schnoddrigen „Tor zum Nordosten" sicher nur dann ihren Fotoapparat, wenn sie eine dicke rosarote Brille auf der Nase haben. Der typische Lärm einer aufstrebenden Stadt mit wachsendem Wohlstand empfängt die Gäste. Der einstige Charme des historischen Khorat ist in einem zähen Einheitsbrei urbaner Entwicklung untergegangen.

Das heutige Khorat ist eine Stadt, die sich einem nur langsam erschließt. Mit einem ausgeprägten Sinn für die regionale Identität ist es aber immer noch typisch für den Isaan – und in ihren ruhigeren Ecken (z. B. im Osten der ehemaligen Befestigungsanlage) kann man ihre beste Seite sehen. Dort geht das Thai-Leben noch seinen eigenen, vom boomenden Tourismus fast unberührten Gang.

Praktische Informationen

GELD

Bangkok Bank (Th Jomsurangyat; ☻ 10–20 Uhr) Beim Klang Plaza 2 Shopping Centre. Tauscht nur Bargeld um.

Siam Commercial Bank (Th Mittaphap; ☻ 10.30–20 Uhr) Im 2. OG des Shopping Centre. Löst Reisechecks ein.

INTERNETZUGANG

Wer zwei oder drei Blöcke weit läuft, stößt mit Sicherheit auf ein Internetcafé. **Net Guru** (Th Phoklang; 15 B/Std.; ☻ 8.30–24 Uhr) hat länger geöffnet als die meisten anderen Optionen.

NOTFALL & MEDIZINISCHE VERSORGUNG

Bangkok Hospital (☎ 0 4426 2000; Th Mittaphap)
Touristenpolizei (☎ 0 4434 1777; Th Chang Pheuak) Gegenüber dem Busbahnhof 2.

POST

Post (Th Jomsurangyat; ☻ Mo–Fr 8.30–16.30, Sa & feiertags bis 12 Uhr) Hat ein Briefmarkenmuseum.

TOURISTENINFORMATION

Tourism Authority of Thailand (TAT; ☎ 0 4421 3666; 2102-2104 Th Mittaphap; ☻ 8.30–16.30 Uhr) Bietet auch Infos über die Provinzen Khorat und Chaiyaphum.

Sehenswertes & Aktivitäten

MAHA-WIRAWONG-NATIONALMUSEUM

พิพิธภัณฑสถานแห่งชาติมหาวีรวงศ์

Obwohl das kleine **Museum** (☎ 0 4424 2958; Th Ratchadamnoen; Eintritt 50 B; ☻ Mi–So 9–16.30 Uhr) eine interessante Sammlung von Kunstobjekten aus der Khmer- und Ayutthaya-Epoche, steinerne und bronzene Buddhas, Holzreliefs aus einem alten Tempel und verschiedene Gebrauchsgegenstände beherbergt, verirrt sich kaum ein Besucher hierher. Es liegt etwas abseits auf dem Gelände des Wat Suttha-chinda.

THAO-SURANARI-DENKMAL

อนุสาวรีย์ท้าวสุรนารี

Thao Suranari gilt in der Region als eine Art Wonderwoman. Sie war die Frau des Vizegouverneurs der Stadt und wurde 1826

WAS MAN IN NORDOSTTHAILAND ERWARTEN KANN

Im Nordosten gibt es kaum Gästehäuser, die meisten günstigen Zimmer befinden sich in Betonkästen im chinesischen Stil. Viele Unterkünfte bieten sowohl ältere und preiswerte als auch mitteltuere Zimmer (allerdings ohne jeden Schick) an. Die zumeist vorhandenen Spitzenklassehotels haben ein ausgezeichnetes Preis-Leistungs-Verhältnis.

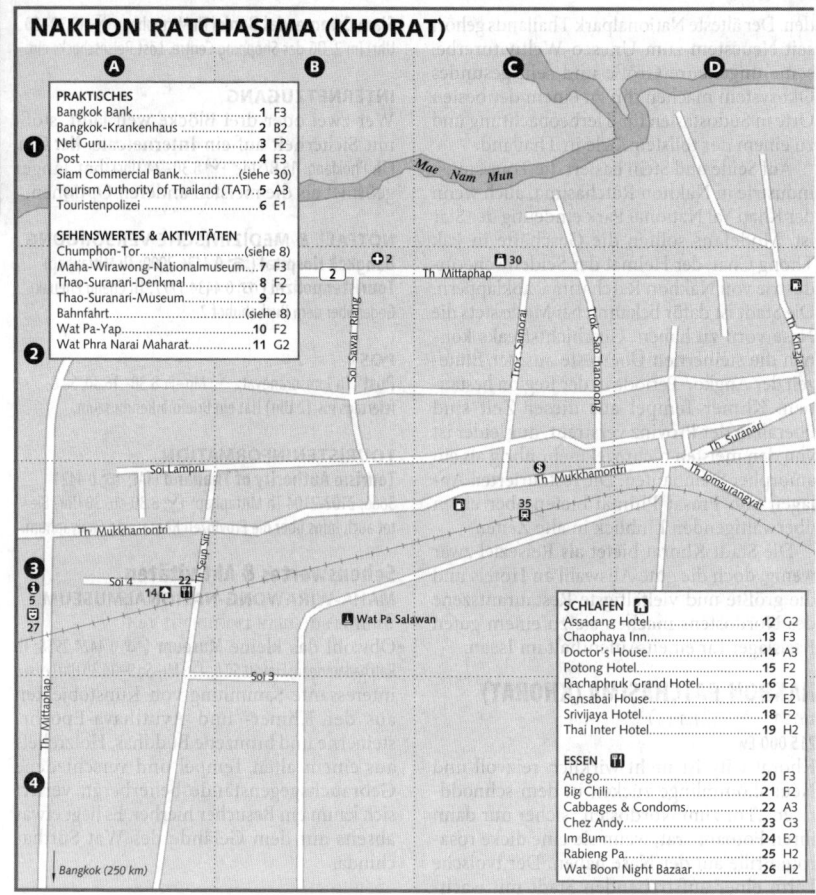

NAKHON RATCHASIMA (KHORAT)

PRAKTISCHES
Bangkok Bank.....................................1 F3
Bangkok-Krankenhaus 2 B2
Net Guru...3 F2
Post 4 F3
Siam Commercial Bank................(siehe 30)
Tourism Authority of Thailand (TAT)..5 A3
Touristenpolizei 6 E1

SEHENSWERTES & AKTIVITÄTEN
Chumphon-Tor............................(siehe 8)
Maha-Wirawong-Nationalmuseum....7 F3
Thao-Suranari-Denkmal.....................8 F2
Thao-Suranari-Museum.....................9 F2
Bahnfahrt.....................................(siehe 8)
Wat Pa-Yap.....................................10 F2
Wat Phra Narai Maharat.................11 G2

Mae Nam Mun

Th Mittaphap

Th Sawai Riang

Th Suranari

Soi Lampru

Th Mukkhamontri

Th Mukhamontri

Soi 4

Soi 3

Wat Pa Salawan

Th Mittaphap

Bangkok (250 km)

SCHLAFEN
Assadang Hotel..............................12 G2
Chaophaya Inn...............................13 F3
Doctor's House...............................14 A3
Potong Hotel...................................15 F2
Rachaphruk Grand Hotel...............16 E2
Sansabai House...............................17 E2
Srivijaya Hotel.................................18 F2
Thai Inter Hotel..............................19 H2

ESSEN
Anego...20 F3
Big Chili..21 F2
Cabbages & Condoms....................22 A3
Chez Andy......................................23 G3
Im Bum...24 E2
Rabieng Pa.....................................25 H2
Wat Boon Night Bazaar.................26 H2

---

während der Herrschaft von Rama III. berühmt, als sie eine aus Einheimischen zusammengewürfelte Armee zum Sieg gegen die zerstörerischen Truppen Chao Anuwongs aus Vientiane führte. Einige Wissenschaftler halten das für eine Legende, die bei der laotischen Bevölkerung in der Provinz eine „Thai-Indentität" schaffen soll. Den Einheimischen ist das jedoch egal: Sie verehren sie zutiefst und strömen in Scharen und in tiefer Ehrfurcht zu ihrem Schrein an der Th Ratchadamnoen. Um ihren Gebeten an Ya Mo („Großmutter Mo"), wie sie Thao Suranari auch nennen, Nachdruck zu verleihen, verbrennen die Menschen Weihrauch und hinterlassen Blumen und Essen als Opfergaben. Jene, deren Flehen erhört wurde, beweisen

ihre Dankbarkeit, indem sie Sänger anheuern, die auf einer Bühne auf der gegenüberliegenden Straßenseite des Schreins den *pleng koh·râht* (das traditionelle Volkslied von Khorat) singen.

Gleich nördlich des Schreins befindet sich das **Thao-Suranari-Museum** (Th Chumphon; Eintritt frei; Di–So 9–18 Uhr), das in einem kleinen weißen Gebäude untergebracht ist. Es beinhaltet ein tolles Diorama und noch tollere Wandplastiken von der berühmten Schlacht.

NOCH MEHR SEHENSWERTES & AKTIVITÄTEN
Direkt hinter dem Thao-Suranari-Denkmal liegt ein kleiner Teil der Stadtmauer mit dem **Chumphon-Tor**, dem einzigen noch erhaltenen

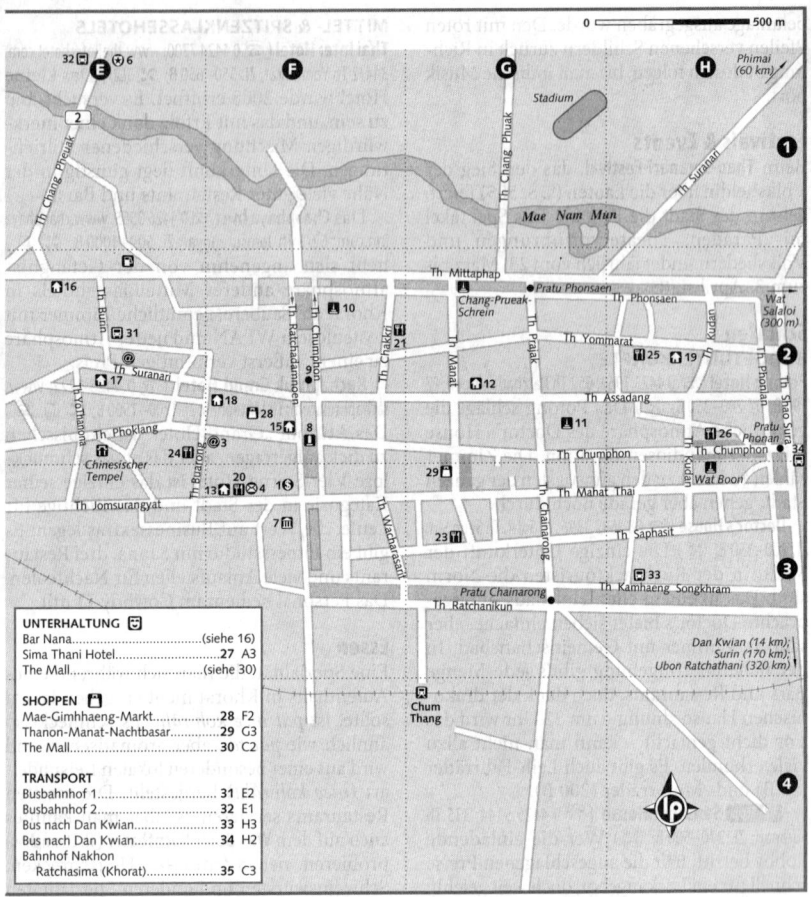

goldenen Tor (die anderen drei sind jüngere Repliken). Das Tor wurde 1656 auf Anordnung des Ayutthaya-Königs Narai von französischen Fachleuten errichtet.

Ein Abt des **Wat Pa-Yap** (Th Phonsaen; 🕙 8–18 Uhr) erfuhr einst, dass eine herrliche Höhle durch Sprengungen für einen Steinbruch in der Provinz Saraburi zerstört werden sollte und rettete einige Teile davon. Die Stalaktiten, Stalagmiten und weitere unglaubliche Felsformationen befestigte er dann in einen Raum unterhalb seines Wohnhauses und schuf so einen einzigartigen Schrein.

Thao Suranari und ihr Mann errichteten 1827 den **Wat Salaloi** (Th Thao Sura, Soi 1; 🕙 bei Tageslicht). Nach Thao Suranaris Tod setzte man ihre Asche hier bei. Viele Menschen engagieren

Sänger, die im Wat Salaloi für die Seele der Volksheldin singen. Der preisgekrönte, 1967 erbaute *bòht* erinnert an eine chinesische Dschunke und ist wie viele andere Gebäude des Tempels mit Keramik aus Dan Kwian (s. S. 510) verziert. Vor dem *bòht* steht eine kleine Statue der Heldin, die sie in einem Teich betend zeigt.

Die Wats Salaloi und Pa-Yap kann man bei der 90-minütigen **Bahnfahrt** (20 B/Pers.; 🕙 9–16.30 Uhr) sehen, die um den Wassergraben führt. Abfahrt ist am Thao-Suranari-Denkmal; los geht's, wenn zehn Passagiere mitfahren.

Der **Wat Phra Narai Maharat** (Th Chomphon; 🕙 8–20 Uhr) ist wegen der überaus heiligen Sandsteinskulptur von Phra Narai (Vishnu) aus der Khmer-Zeit interessant, die auf der Tem-

pelanlage ausgegraben wurde. Den mit roten Pfeilen versehenen Schildern zurück in Richtung Südosten folgen, bis man indische Musik hört.

Festivals & Events

Beim **Thao-Suranari-Festival**, das den Sieg der Volksheldin über die Laoten (s. S. 505) feiert, geht in der Stadt die Post ab. Das Spektakel mit Paraden, Theatervorführungen und Volksliedern findet jährlich vom 23. März bis zum 3. April statt.

Schlafen

BUDGETUNTERKÜNFTE

Potong Hotel (☎ 0 4425 1962; 652 Th Ratchadamnoen; EZ 190 B, DZ 240–350 B; ✖) Das Potong schlägt die gemütliche Atmosphäre des Doctor's House mit einer grandiosen Location. Die Zimmer zählen zu Recht zu den günstigsten der ganzen Stadt, gehen aber gerade noch durch.

Doctor's House (☎ 08 5632 3396; 78 Soi 4, Th Seup Siri; Zi. 200–350 B; ✖) Die einzige Unterkunft der Stadt, in der Rucksacktouristen die Norm sind. Das in einem alten Holzhaus untergebrachte Doctor's bietet sieben einfache, aber saubere Zimmer mit Gemeinschaftsbad. In der näheren Umgebung gibt's jede Menge Bars und Restaurants, doch dank der drakonischen Hausordnung – um 22 Uhr wird das Tor dicht gemacht – kann man nicht allzu viele erkunden. Es gibt auch Leih-Fahrräder (50 B) und -Motorräder (200 B).

LP Tipp Sansabai House (☎ 0 4425 5144; 335 Th Suranari; Zi. 270–500 B; ✖) Wer die einladende Lobby betritt, hält die angeschlagenen Preise schnell für ein Lockangebot, doch weit gefehlt: Sämtliche Zimmer sind hell und blitzsauber und mit guten Matratzen, Minikühlschrank und kleinem Balkon ausgestattet.

Srivijaya Hotel (☎ 0 4424 2194; 9-11 Th Buarong; Zi. 400–500 B; ✖ 💻) Das Srivijaya ist viel zu gewöhnlich für das „Boutiquehotel"-Etikett, das es sich selbst verliehen hat, aber seine komfortablen, blitzsauberen Zimmer garantieren einen angenehmen Schlaf.

Assadang Hotel (☎ 0 4424 2514; 315 Th Assadang; Zi. 400–500 B; ✖) Es lässt sich nicht leugnen: Das Assadan ist nur ein alter Betonklotz mit kleinen Zimmern. Immerhin sorgen die zweifarbige Bemalung und die verschiedenen kleinen Dekoelemente (z. B. der Stumme Diener für das Gepäck) für eine nette Abwechslung vom Üblichen, und der Besitzer ist äußerst freundlich.

MITTEL- & SPITZENKLASSEHOTELS

Thai Inter Hotel (☎ 0 4424 7700; www.thaiinterhotel.com; 344/2 Th Yommarat; Zi. 550–650 B; ✖ 💻) Das kleine Hotel wurde 2008 eröffnet. Es versucht, hip zu sein, und das mit Erfolg dank einer merkwürdigen Mischung verschiedener Stilrichtungen. Die Unterkunft liegt günstig in der Nähe viele guter Restaurants und Bars.

Das **Chaophaya Inn** (☎ 0 4426 0555; www.chaophaya inn.com; 62/1 Th Jomsurangyat; Zi. 500–1000 B; ✖ 💻) hebt sich angenehm von der Gefängnisatmosphäre anderer Mittelklassehotels in Khorat ab. Saubere, gemütliche Zimmer mit kostenlosem WLAN und netter Atmosphäre zu einem äußerst vernünftigen Preis.

Rachaphruk Grand Hotel (☎ 0 4426 1222; www.rachaphruk.com; Th Mittaphap; Zi. 1200–1500 B; ✖ 💻 🏊) Das Attribut „Grand Hotel" ist ein bisschen zu dick aufgetragen, aber das etwas schmucklose Vier-Sterne-Hotel ist das einzige seiner Kategorie in der Stadt und das Richtige für Leute, die Wert auf Businessextras legen: Es gibt ein Fitnessstudio mit Sauna, drei Restaurants und viele Anlaufstellen für Nachteulen. Das Personal bedient im Cowboy-Outfit.

Essen

Eine Spezialität, die man sich während eines Aufenthalts in Khorat nicht entgehen lassen sollte, ist *pàt mèe koh·râht*. Es schmeckt so ähnlich wie *pát tai*, aber aromatischer, und wird aus einer besonderen lokalen Reisnudelart (*mèe koh·râht*) hergestellt. Die meisten Restaurants servieren es, aber man kann es auch auf dem **Wat-Boon-Nachtbasar** (Th Chomphon) probieren, neben frittierten Heuschrecken, Schweinswürsten und anderen Spezialitäten des Isaan.

Im Bum (☎ 08 1725 6008; Th Buarong; Gerichte 25–130 B; ⏰ morgens & mittags) Die Speisekarte dieses freundlichen, holzverkleideten, vegetarischen Restaurants ist nur auf Thailändisch zu haben. Es werden Versionen der klassischen thailändischen und chinesischen Gerichte mit vegetarischen Fleischimitationen zubereitet – man bestellt einfach sein Lieblingsessen und bekommt das höchstwahrscheinlich dann auch. Alternativ kann man auch einfach auf etwas in der Buffettheke zeigen.

Cabbages & Condoms (☎ 0 4425 3760; 86/1 Th Seup Siri; Gerichte 35–200 B; ⏰ mittags & abends) Das allgemein beliebte Restaurant bietet eine Terrasse unter einem Blätterdach und eine Weinkarte (eine absolute Rarität in diesem Teil Thailands!). Unzählige Zeitungsausschnitte

preisen die Arbeit der gemeinnützigen Population & Community Development Association, an die alle Einnahmen gehen.

LP Tipp **Rabieng-Pa** (☎ 0 4424 3137; 284 Th Yommarat; Gerichte 45–220 B; ☾ abends) Nicht nur das günstigste und schönste Restaurant auf diesem Abschnitt der Th Yommarat (und wohl in ganz Khorat), sondern auch eines der unaufdringlichsten. Mit Hilfe der bebilderten Speisekarte kann man ganz risikolos Thai-Köstlichkeiten bestellen.

Chez Andy (☎ 0 4428 9556; Th Manat; Gerichte 80–1250 B; ☾ Mo–Sa mittags & abends) Das archetypische Stammlokal der in Khorat lebenden Ausländer wird von Schweizern geführt und ist passenderweise in einer abseits der Straße gelegenen rot-weißen Villa untergebracht. Die Speisekarte ist international: Fondue, Steaks, gebratener Reis…

Ebenfalls empfehlenswert:

Big Chili (☎ 0 4424 7469; 158/8 Th Chakkri; Gerichte 70–350 B; ☾ abends) Für thailändische Verhältnisse sehr gutes mexikanisches Essen.

Anego (☎ 0 4426 0530; 62/1 Th Jomsurangyat; Gerichte 50–600 B; ☾ abends) Authentisches japanisches Essen und italienische Pasta.

Ausgehen & Unterhaltung

In Khorat gibt's eine Unmenge an guten Bars. Zu den empfehlenswerten Amüsiergegenden zählen die Kreuzung Th Yommarat/Th Kudan, die Th Mahat Thai östlich der Th Manat und das Gebiet um die Kreuzung Th Seup Siri/Soi 3. In der **Bar Nana** (Th Mittaphap) beim Rachaphruk Grand Hotel gibt's die angesagteste Tanzfläche der Stadt; die Bar schließt um 2 Uhr und bis kurz vor Mitternacht ist hier noch nicht wirklich viel los.

Im erstklassigen **Sima Thani Hotel** (☎ 0 4421 3100; Th Mittaphap) werden für Reisegruppen oft Shows mit *bohng·lahng* (Isaan-Musik) und Tänze veranstaltet, aber auch andere Besucher sind willkommen.

In der Mall gibt's einen Mini-Aquapark und das beste Kino der Stadt.

Shoppen

In der Innenstadt von Khorat finden sich gleich zwei Nachtmärkte, die man am besten zwischen 18 und 22 Uhr besucht. Auch wenn er mit dem in Chiang Mai nicht ganz mithalten kann, ist ein Spaziergang über den **Thanon-Manat-Nachtbasar** (Th Manat) lustig. Man bekommt hier vor allem Kleider und Accessoires (kein Kunsthandwerk), die eine junge Kundschaft

ansprechen. Der kleinere Wat-Boon-Nachtbasar eignet sich eher zum Essen als zum Einkaufen.

The Mall (Th Mittaphap; ☾ Mo–Fr 10.30–21.30 Uhr, Sa & So ab 10 Uhr) ist das größte und schickste Kaufhaus im Isaan. Im **Mae-Gimhhaeng-Markt** (Th Suranari), einem traditionellen Einkaufszentrum, findet man jede Menge Imbissstände, einige Klamottenläden und noch ein paar andere Stände.

An- & Weiterreise

BUS

Khorat hat zwei Busbahnhöfe. Vom **Busbahnhof 1** (☎ 0 4424 2899; Th Burin) in der Stadtmitte fahren Busse nach Bangkok und in die Städte der Provinz Nakhon Ratchasima. Alle anderen Busse, darunter weitere nach Bangkok, starten vom **Busbahnhof 2** (☎ 0 4425 6006) unweit vom Hwy 2.

Auf einen Bus nach Bangkok wartet man nie lange (VIP/1. Klasse/2. Klasse/normal 198/189/154/75 B, 3 Std.), denn die meisten Busse in die Hauptstadt, die aus anderen Städten im Isaan kommen, passieren Khorat.

ZUG

Elf Züge starten täglich am **Bahnhof** in Khorat (☎ 0 4424 2044) in Richtung Bangkok (1./2./3. Klasse 230/115/50 B) und brauchen vier bis sechs Stunden hin (mit anderen Worten, auch

BUSFAHRPLAN KHORAT

Ziel	Klasse	Fahrpreis (B)	Dauer (Std.)
Chaiyaphum	normal	56	2
	2. Klasse	78	
	1. Klasse	101	
Chiang Mai	1. Klasse	560	13
	VIP	653	
Khon Kaen	2. Klasse	129	3
	1. Klasse	187	
Loei	2. Klasse	260	6
	1. Klasse	321	
Nang Rong	2. Klasse	70	2
	1. Klasse	85	
Nong Khai	2. Klasse	225	6
	1. Klasse	270	
Pattaya	1. Klasse	290	5
	VIP	310–410	
Surin	2. Klasse	120	4
	1. Klasse	178	
Ubon Ratchathani	2. Klasse	203	7
	1. Klasse	269	

NORDOSTTHAILAND

nicht viel länger als ein Bus). Es gibt auch sieben Züge (klimatisiert 2./3. Klasse 423/58 B, 4–6 Std.) nach bzw. ab Ubon Ratchathani.

Unterwegs vor Ort

Songthaeo (Pickups, die eine Art Kreuzung aus Bus und Taxi sind; auch *săwngthăew* geschrieben) tuckern auf festen Routen durch die Stadt, aber sogar die Einheimischen schimpfen auf das System, weil es verwirrend viele Nummern und Farben für die einzelnen Strecken enthält. Die meisten fahren über die Th Suranari nahe dem Mae-Gimhhaeng-Markt, man sollte also einfach diese Gegend aufsuchen und sich durchfragen, irgendjemand wird ihr helfen können. Das rosaweiße *songthaeo* 17 bietet die beste Verbindung zwischen Innenstadt und Busbahnhof 2 *(bor kör sör sörng)*. Das weiße *songthaeo* 1 mit den grün-gelben Streifen hält in der Nähe von Doctor's House (das niemand kennt, daher besser nach *tà nön sèup sì rì* fragen) und das gelbe *songthaeo* 1 mit dem weiß-grünen Streifen fährt an der Touristeninformation vorbei.

Innerhalb der Stadt kosten Tuk-Tuks („*dúk dúk*" gesprochen) und Motorradtaxis 30 bis 70 B. Vor dem Busbahnhof 2 gibt's zudem einen Taxistand. Auf der Ostseite der Th Suranari in der Nähe vom Busbahnhof 1 verleihen jede Menge Geschäfte Motorräder.

RUND UM NAKHON RATCHASIMA
Dan Kwian
ด่านเกวียน

Auch wer glaubt, kein Interesse an Keramik zu haben, sollte einen Abstecher nach Dan Kwian machen. In diesem Dorf, nicht weit von Khorat entfernt, werden seit Jahrhunderten Töpferwaren hergestellt, die für ihre raue Struktur und ihre rostrote Farbe bekannt sind; dies ist dem Kaolin (Porzellanerde) zu verdanken, das in der Gegend gewonnen wird. Unzählige Geschäfte, oft Kunstgalerie und Laden in einem, säumen die Straße, und man bekommt nicht nur Geschirr: Die Porzellanerde wird zu allem Möglichen verarbeitet – von Schmuck über Windklangspiele bis zu Nachbildungen von Khmer-Skulpturen.

Das Dorf war einst ein Zwischenstopp für Händler, die mit ihren Ochsenkarren zu den Märkten im alten Khorat fuhren (*dàan gwian* bedeutet frei übersetzt „Halte- und Kontrollpunkt für Ochsenkarren"). In dem baufälligen privaten **Kwian-Museum** (☎ 08 7877 0680; Eintritt

50 B; ☻ 8–17 Uhr) am nördlichen Ende der Straße sind einige alte Ochsenkarren aus dem ganzen Land, landwirtschaftliche Geräte und alte Gebrauchskeramik zu sehen.

Busse nach Dan Kwian (14 B, 30 Min.) fahren in Khorat am südlichen Stadttor, vor dem Osttor und vom Busbahnhof 2 ab.

Ban Prasat
บ้านปราสาท

Vor 3000 Jahren entwickelte sich bei Ban Prasat, an den Ufern des Mae Nam Than Prasat, eine primitive Agrar- und Keramikkultur, die fast 500 Jahre lang bestand. Die Menschen bauten Reis an, domestizierten Tiere, stellten farbige Töpferwaren her, webten Stoffe und schmiedeten in späteren Jahren sogar Werkzeuge aus Bronze. Die frühe Zivilisation gab ihre Geheimnisse erst durch umfangreiche Ausgrabungen preis, die 1991 abgeschlossen wurden. In drei **Ausgrabungsstätten** (Eintritt frei; ☻ 24 Std.), die sich mitten im Dorf befinden, können Skelette und Töpferwaren direkt am Fundort besichtigt werden. Ein kleines **Museum** (Eintritt frei; ☻ Mi–So 8–16.30 Uhr) beherbergt die interessantesten Funde und zeigt, wie die Menschen damals lebten.

Viele lokale Familien beteiligen sich an dem preisgekrönten **Gastfamilien-Programm** (☎ 08 1725 0791; inkl. 2 Mahlzeiten 400 B/Pers.): Sie nehmen Besucher in ihren Häusern auf und lassen sie an ihrem Tagwerk wie Korbflechten und landwirtschaftlicher Arbeit teilhaben. Reservieren muss man mindestens einen Tag im Voraus.

AN- & WEITERREISE

Ban Prasat liegt 45 km nordöstlich von Khorat, unweit von Hwy 2; dort halten bei Bedarf die Linienbusse nach Phimai (normal/2. Klasse 28/35 B, 45 Min.). Am Highway warten schon die Motorradtaxis, um einen für 50 B zu allen Sehenswürdigkeiten zu kutschieren, inklusive Zeit zur Besichtigung.

Liegender Sandstein-Buddha
พระพุทธไสยาสน์หินทราย

Im Tempel **Wat Dhammachakra Sema Ram** (☻ bei Tageslicht), den die Einheimischen Wat Phra Non (Tempel des Schlafenden Buddhas) nennen, befindet sich Thailands ältester liegender Buddha. Die 13,3 m lange Statue im Dvaravati-Stil stammt aus dem 7. oder 8. Jh. v. Chr. und ist so einzigartig, weil sie nicht mit der sonst üblichen Schicht aus Stuck und Tünche bedeckt ist. Sie ist also tatsächlich so

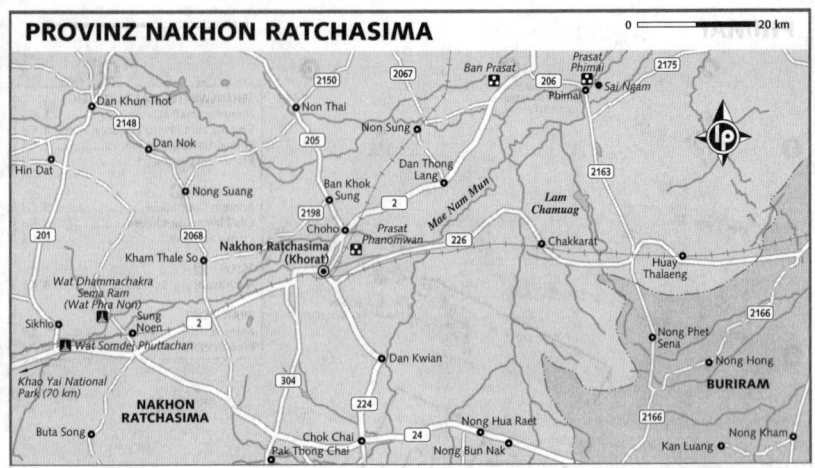

PROVINZ NAKHON RATCHASIMA

0 ━━━━━━ 20 km

alt, wie sie aussieht. Die etwas ungeschlachte, aber dennoch reizvolle Statue ruht wettergeschützt unter einem riesigen Dach. Im Tempel ist auch eine steinerne Version des buddhistischen Gesetzrades zu sehen, das vermutlich noch älter ist als der Buddha.

Der Tempel liegt 40 km südwestlich von Khorat in Sung Noen, an der Bahnstrecke nach Bangkok, doch die Nahverkehrszüge halten hier nur dreimal am Tag. Die Zugfahrt von Khorat dauert 40 Minuten und kostet 6 B. Der Wat ist auch mit dem Bus (21 B, 30 Min.) erreichbar; Busse fahren von beiden Busbahnhöfen in Khorat ab. In Sung Noen stehen für die letzten 4,5 km zum Wat Motorradtaxis zur Verfügung, die in der Regel für die Hin- und Rückfahrt 100 B verlangen.

Die große historische Stätte Mueang Sema, an der man auf dem Weg zum Liegenden Sandstein-Buddha vorbei kommt, besteht lediglich aus ein paar Grundmauern und den Überresten eines Wassergrabens. Sie ist also nur für Archäologen von Interesse – oder für Leute, die einen guten Picknickplatz suchen.

Pak Thong Chai
ปักธงชัย

Als Jim Thompson anfing, hier Seide zu kaufen (mehr Infos zu Thompson s. S. 146), wurde Amphoe Pak Thong Chai als ein Zentrum der thailändischen Seidenweberei berühmt. Heute gibt's hier zehn Seidenmanufakturen und in jedem Dorf der Region weben noch immer Tausende Familien zu Hause auf manuellen Webstühlen. Pak Thong Chai ha

den Ruf eines Modetrendsetters, doch einige Geschäfte verkaufen auch noch traditionelle Stoffe aus anderen Provinzen, z. B. *mát·mèe*.

Pak Thong Chai ist eine relativ große Stadt und ein Besuch hier ist nicht unbedingt so angenehm wie in den anderen Seidenzentren des Isaan wie Chonabot (S. 550) oder Ban Tha Sawang (S. 524), doch **Macchada** (☎ 0 4444 1684; ⏰ 8–17 Uhr) am südlichen Ende der Hauptstraße lohnt sich. Hier kann man den Webern bei der Arbeit zusehen. Am Highway ist groß ein Silk Cultural Centre ausgeschildert, aber das ist seit Jahren geschlossen.

Pak Thong Chai liegt 30 km südlich von Khorat an der Rte 304. Busse hierher (23 B, 40 Min.) fahren in Khorat alle halbe Stunde am Busbahnhof 1 ab.

Phimai
พิมาย

Mitten in der ansonsten eher langweiligen Kleinstadt Phimai steht eine der am besten erhaltenen Khmer-Tempelanlagen in ganz Thailand. Prasat Phimai, das stark an Kambodschas Angkor Wat erinnert, passierte einst eine bedeutende Handelsstraße, die die Khmer-Hauptstadt Angkor mit den nördlichen Gegenden des Königreiches verband. Gespickt mit Ruinen und umgeben von verfallenen Teilen der alten Stadtmauer, verströmt das heutige Phimai noch einen Hauch dieser einstigen Blütezeit.

Man kann hier außer einem Spaziergang durch die Ruinen nicht wirklich viel unternehmen, aber wer etwas Ruhe sucht, wird es

NORDOSTTHAILAND

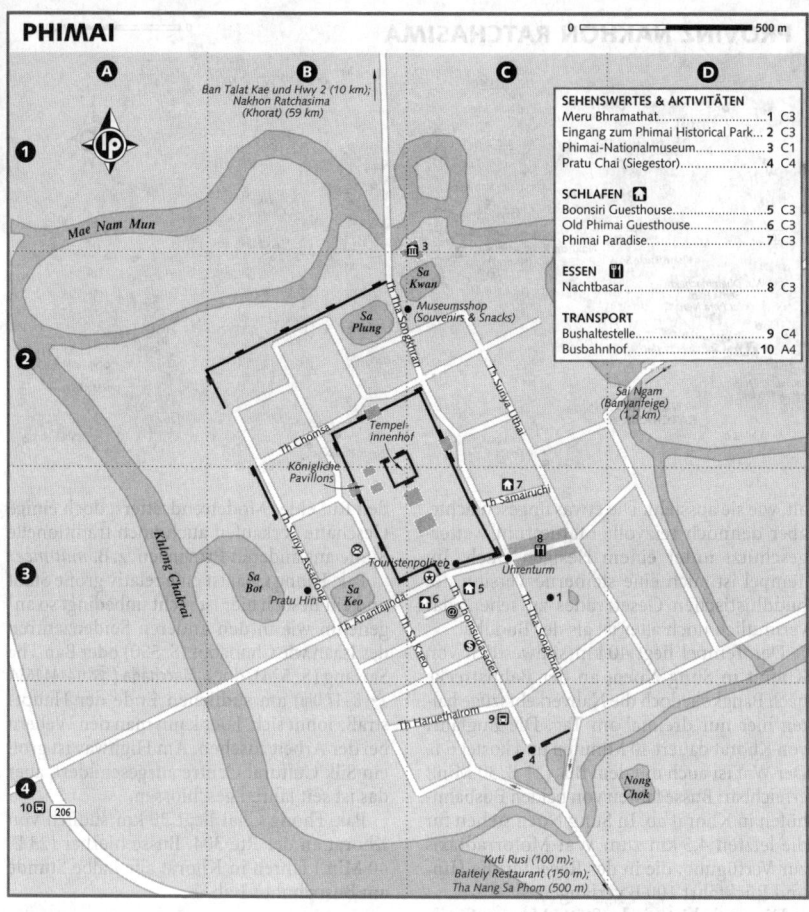

PHIMAI

0 ————— 500 m

SEHENSWERTES & AKTIVITÄTEN
Meru Bhramathat	1 C3
Eingang zum Phimai Historical Park	2 C3
Phimai-Nationalmuseum	3 C1
Pratu Chai (Siegestor)	4 C4

SCHLAFEN
Boonsiri Guesthouse	5 C3
Old Phimai Guesthouse	6 C3
Phimai Paradise	7 C3

ESSEN
Nachtbasar	8 C3

TRANSPORT
Bushaltestelle	9 C4
Busbahnhof	10 A4

Ban Talat Kae und Hwy 2 (10 km);
Nakhon Ratchasima
(Khorat) (59 km)

Mae Nam Mun

Sa Kwan

Museumsshop
(Souvenirs & Snacks)

Sa Plung

Th Tha Songkhran

Th Suriya Uthai

Sai Ngam
(Banyanfeige)
(1,2 km)

Tempel-
innenhof

Th Chomsa

Königliche
Pavillons

Th Suriya Asadorn

Klong Chakrai

Th Sämairuchi

Touristenpolizei

Uhrenturm

Sa Bot

Pratu Hin

Sa Keo

Th Anantajinda

Th Si Keo

Chomsudasadet

Th Tha Songkhran

Th Haruethairom

Nong Chok

206

Kuti Rusi (100 m);
Baiteiy Restaurant (150 m);
Tha Nang Sa Phom (500 m)

eine oder zwei Nächte in diesem verschlafenen Nest wahrlich genießen. Für alle, die mehr Action brauchen, ist ein Tagesausflug nach Phimai ab Khorat die bessere Wahl.

SEHENSWERTES
Phimai Historical Park
อุทยานประวัติศาสตร์พิมาย
Der Khmer-König Jayavarman V. (968–1001 n. Chr.) begann im späten 10. Jh mit dem Bau dieses Hindu-Mahayana-Buddhistentempels, den König Suriyavarman I. (1002–1049 n. Chr.) Anfang des 11. Jhs. beendete. Der Tempel strahlt eine Würde aus, die er nicht allein seiner Größe (das Haupttheiligtum ist 38 m hoch) verdankt. Obwohl **Prasat Phimai** (☎ 0 4447 1568; Th Anantajinda; Eintritt 100 B; ⏰ 7.30–18 Uhr)

100 Jahre vor Angkor Wat errichtet wurde, lassen sich verblüffende Übereinstimmungen zwischen den beiden feststellen, z. B. hinsichtlich der Dachkonstruktion. Und im Gegensatz zu den meisten Khmer-Tempeln blickt Prasat Phimai nach Süden. Vielleicht ist es Wunschdenken, aber zumindest die Broschüren sagen, er sei das Vorbild für Angkor Wat gewesen.

Anders als viele der Khmer-Tempel im Nordosten wurde der Prasat Phimai vom nationalen Fine Arts Department sorgfältig restauriert und ist nun eines der am besten erhaltenen Baudenkmäler der Gegend. Eine kostenlose Broschüre gibt einen Überblick über die Anlage und Englisch sprechende Führer bieten kostenlos ihre Dienste an (Trinkgeld wird erwartet).

Phimai-Nationalmuseum

พิพิธภัณฑสถานแห่งชาติพิมาย

Das **Museum** (☎ 0 4447 1167; Th Tha Songkhran; Eintritt 100 B; ☽ Mi–So 9–16 Uhr) liegt am Ufer des Sa Kwan, eines Wasserspeichers der Khmer aus dem 12. Jh. Es präsentiert eine schöne Sammlung von Khmer-Skulpturen aus Phimai, Phanom Rung und anderen Ruinenstädten sowie Keramik aus dem nahe gelegenen Ban Prasat. Der größte Schatz des Museums ist eine Steinskulptur des Angkor-Königs Jayavarman VII. aus dem Prasat Phimai, die aussieht wie ein sitzender Buddha. Es gibt auch Exponate zur Kultur des Isaan.

Noch mehr Sehenswertes

In und um Phimai sind noch weitere, aber sehr viel unbedeutendere Sehenswürdigkeiten zu entdecken (Eintritt frei). **Meru Bhramathat** (Th Tha Songkhran) ist ein aus der späten Ayutthaya-Ära stammender Backstein-*chedi* (Stupa). Sein Name geht auf eine Sage zurück, derzufolge an dieser Stelle König Bhramathat eingeäschert wurde. Von der Stadtmauer ist nicht mehr viel übrig, doch das **Pratu Chai** (Siegestor) gegenüber von Prasat Phimai am südlichen Ende der Stadt lässt erahnen, wie sie einst aussah. Südlich des Tores liegen das **Kuti Rusi** (Eremitenviertel), ein ehemaliger „Ort der Heilung", und **Tha Nang Sa Phom** (☽ bei Tageslicht), eine Bootsanlegestelle aus Laterit aus dem 13. Jh., auf der heute das Fine Arts Department untergebracht ist.

Ein paar Kilometer östlich der Stadt steht auf einer kleinen Insel mitten in einem großen Stausee die größte und älteste Banyanfeige Thailands, die über 350 Jahre alt ist. Die Einheimischen nennen sie **Sai Ngam** (Schöner Banyan; Eintritt frei; ☽ bei Tageslicht); mit seinen aus allen Ästen wuchernden Luftwurzeln wirkt er wie ein kleiner Wald.

FESTIVALS & EVENTS

Beim **Phimai-Festival**, das Mitte November stattfindet, lebt die Geschichte der Stadt mit kulturellen Darbietungen, Lightshows und Drachenbootrennen auf. Von Oktober bis April findet jeweils am letzten Samstag des Monats eine Mini-Lightshow statt.

SCHLAFEN & ESSEN

Old Phimai Guesthouse (☎ 0 4447 1918; www.phimaigh. com; 214/14 Th Chomsudasadet; B 90 B, EZ 150–350 B, DZ 180–450 B; ✖ 🖵) Das historische, in einer ruhigen Gasse gelegene Holzhaus ist eine beliebte

Backpacker-Unterkunft. Die freundlichen Hausherren bieten neben fundierten Infos über Phimai auch Tagestouren nach Phanom Rung zu vernünftigen Preisen an.

Boonsiri Guesthouse (☎ 08 9424 9942; www.boon siri.net; 228 Th Chomsudasadet; B 150 B, Zi. 400–500 B; ✖ 🖵) Auch wenn es von außen nicht so aussieht, bietet dieses Hotel jede Menge Zimmer mit gutem Preis-Leistungs-Verhältnis. Der Standard ist hoch (abschließbare Schränke in den Schlafsälen) und die Unterkünfte sind geräumig und luftig. Es gibt eine nette kleine Lounge im hinteren Bereich und in manchen Zimmern WLAN. Auch hier werden Exkursionen nach Phanom Rung angeboten.

Phimai Paradise (☎ 0 4428 7565; 100/2 Th Samairuchi; Zi. 400–500 B; ✖ 🖵) Der Neubauklotz ist nicht gerade schick, hat aber die besten Zimmer der Stadt.

Baiteiy Restaurant (☎ 0 4428 7103; Th Phimai-Chumpuang; Gerichte 45–200 B; ☽ morgens, mittags & abends) Das mit nachgebildeten Khmer-Reliefs passend dekorierte Restaurant 500 m südlich des Siegestores Pratu Chai serviert im Freien eine nette Auswahl von thailändischer, Isaan- und chinesischer Küche sowie ein paar internationale Gerichte.

Die meisten Imbissstände beim Sai Ngam sind zum Frühstück, Mittagessen und Abendessen geöffnet. Sie servieren einfache Gerichte der Thai- und Isaanküche, z. B. *pàt phimai*, das dem *pàt mèe koh râht* (S. 508) ähnelt, aber aus selbstgemachten Nudeln hergestellt wird. Phimai hat auch einen kleinen **Nachtbasar** (Th Anantajinda; ☽ 16–22 Uhr).

AN- & WEITERREISE

In Phimai gibt's einen Busbahnhof, den Traveller allerdings nicht brauchen: Alle Busse, die innerhalb der Stadt oder hinaus fahren, kommen beim Pratu Chai, dem Glockenturm und dem Museum vorbei. Von Khorats Busbahnhof 2 (normal/2. Klasse 45/50 B, 1¼ Std.) starten ab 19 Uhr alle halbe Stunde Busse nach Phimai. Da nur wenige Busse auf ihrem Weg gen Norden durch die Stadt fahren, nimmt man besser den Bus nach Khorat bis Ban Talat Kae (normal/2. Klasse 10/13 B, 15 Min.) an der Kreuzung mit dem Hwy 2 und fährt von dort weiter.

UNTERWEGS VOR ORT

Phimai ist klein genug, um gut zu Fuß erkundet zu werden, aber wer mehr von der Stadt und ihrer näheren Umgebung sehen will (z. B.

Sai Ngam), leiht sich am besten ein Fahrrad, entweder im Old Phimai (Std./Tag 20/80 B) oder im Boonsiri (Std./Tag 20/100 B).

KHAO YAI NATIONAL PARK

อุทยานแห่งชาติเขาใหญ่

Weit oben auf der Liste der bedeutendsten Nationalparks der Welt steht der **Khao Yai** (☎ 08 1877 3127; Eintritt 400 B), Thailands ältestes und meistbesuchtes Schutzgebiet. Auf einer Fläche von 2168 km² beheimatet er einen der größten unberührten Monsunwälder des gesamten asiatischen Festlands – Grund genug für die Unesco, ihn (als Teil des Dong-Phayayen–Khao-Yai-Waldes) zum Weltnaturerbe zu erklären. Das zumeist Englisch sprechende Personal des **Besucherzentrums** (⊗ 8–20 Uhr) ist freundlich und hilfsbereit.

Der 1351 m hohe Gipfel des Khao Rom ist die höchste Stelle des Parks, der fünf Vegetationszonen beherbergt: immergrünen Regenwald (100–400 m), halb-immergrünen Regenwald (400–900 m), Laubwald (an den Nordhängen auf 400–600 m), immergrünen Bergwald (über 1000 m) und schließlich Savanne und aufgeforsteten Wald in den Gebieten, in denen vor der Einrichtung des Nationalparks Land- und Holzwirtschaft betrieben wurde. Von Mitte Juni bis Ende Juli blühen unzählige Orchideen, weshalb man in der Regenzeit herkommen sollte.

Etwa 300 wilde Elefanten stampfen durch den Park, daneben leben hier weitere Säugetiere wie Muntjaks, Gauren, Bären, Tiger, Leoparden, Otter, verschiedene Gibbon- und Makakenarten sowie einige ziemlich große Pythons. Der Khao Yai ist auch die Heimat für Thailands größte Nashornvogel-Population, darunter der Doppelhornvogel (nók gòk oder nók kahaang), der Furchenhornvogel (nók grahm cháang; wörtlich „Elefantenstoßzahnvogel"), der Malabarhornvogel (nók kàak) und der Braunhornvogel (nók ngêuak sěe nám taan). Über 200 Vogelarten sind im Park dauerhaft zu Hause, doch beobachtet wurden bereits 315 verschiedene Arten, die sich hier zumindest zeitweise aufhalten.

Es gibt zwei Haupteingänge zum Park: Der nördliche Eingang liegt in der Provinz Nakhon Ratchasima, wobei die meisten Reisenden durch die Stadt Pak Chong einreisen (s. S. 516); der Südeingang, der sich in der Provinz Prachinburi (s. S. 297) befindet, liegt zwar näher an Bangkok, wird aber nicht so stark frequentiert.

Sehenswertes & Aktivitäten

Die am leichtesten erreichbare Attraktion – abgesehen von den **Aussichtspunkten an der Straße** (von denen Pha Diew Die, auf dem Weg zur Radarstation, am höchsten liegt) – ist der **Nam Tok Kong Kaew**, ein kleiner Wasserfall hinter dem Besucherzentrum. Der größte Wasserfall, der sich gut 1 km abseits der Straße im südlichsten Teil des Parkes befindet, ist der **Nam Tok Haew Narok**; er stürzt über drei Stufen 150 m in die Tiefe. Den Titel „Schönster Wasserfall" jedoch verdient der nur 25 m hohe **Nam Tok Haew Suwat**, dem Danny Boyle in seinem Film *The Beach* eine Hauptrolle gab; in dem Becken unter dem Fall kann man schwimmen. Dieses von dichtem Wald umgebene Kleinod ist mit dem Auto zu erreichen, aber eine Wanderung auf dem 8 km langen, etwas anspruchsvollen Trail 1 vom Besucherzentrum aus hierher lohnt sich wirklich. Der Weg, auf dem man sich manchmal zwischen umgestürzten Bäumen durchschlagen muss, führt auch noch zu weiteren Wasserfällen. Mit etwas Glück sieht man unterwegs Gibbons, Nashornvögel und vielleicht sogar Elefanten (auf den Straßen stehen die Chancen, auf Dickhäuter zu treffen, aber besser).

Am Besucherzentrum beginnt der 5,4 km lange Trail 5 zum **Aussichtsturm Nong Phak Chi**. (Näher am Zentrum steht ein zweiter solcher Turm.) Der Nong Phak Chi eröffnet einen schönen Blick auf einen kleinen See und eine Salzlecke für das Wild; er ist eine der besten Stellen im Park, um Tiere zu beobachten, und nur hier hat man die (zugegebenermaßen winzige, etwa im Bereich eines Lottogewinns liegende) Chance, einen Tiger zu erblicken. Der 3 km lange Trail 9 führt ebenfalls zum Turm, wird aber weniger genutzt, obwohl es hier mehr Tiere zu sehen gibt. Der kürzeste Weg zum Nong Phak Chi beginnt bei Kilometer 35, führt über 1 km an einem Bachbett entlang und eignet sich bestens für Wanderungen in den Morgen- und Abendstunden, der besten Zeit für Tierbeobachtungen.

Bei den meisten anderen Wanderwegen – einige sind von Tieren geschaffene Trampelpfade – ist es ratsam, einen Führer zu haben. Egal, für welchen Weg man sich entscheidet, man sollte auf jeden Fall Stiefel und lange Hosen tragen, da einige Wege recht uneben sind und die Blutegel (gegen die übrigens Mückenschutzmittel helfen) während der Regenzeit ziemlich lästig sein können. Das Personal im Besucherzentrum gibt Tipps zu Wande-

rungen (besonders wichtig in der Regenzeit) und verleiht **Fahrräder** (50 B/Std.). Auch die Ranger leiten Wanderungen, wenn sie Zeit haben; der Preis ist Verhandlungssache.

Außerhalb des Parks befindet sich in ca. 3 km Entfernung vom Nordeingang eine **Fledermaushöhle**, aus der gegen 17.30 Uhr Millionen der ansonsten seltenen Faltlippen-Fledermäuse ausschwärmen.

Die von vielen Hotels und Resorts rund um den Khao Yai angebotenen **Parktouren** sind wirklich die beste Art, das Gebiet zu erkunden. Allgemein beliebt sind die Touren der Khao Yai Garden Lodge (S. 516) und des Greenleaf Guesthouse (rechte Spalte) sowie die von **Wildlife Safari** (☎ 0 4431 2922; www.khaoyaiwildlife.com). Letzteres liegt jedoch etwas ungünstig 2 km nördlich von Pak Chong. Eine typische ganztägige Exkursion (1100–1300 B) besteht aus einigen einfachen Wanderungen, einem Besuch des Haew-Suwat-Wasserfalls und dem Rückweg bei Einbruch der Dunkelheit, wenn man mit hoher Wahrscheinlichkeit auf den Straßen Elefanten entdeckt. Beim Besucherzentrum kann man auch **Nachtsafaris** (mit Scheinwerfern) buchen. Die Preise beinhalten stets Mittagessen, Snacks, Trinkwasser und in der Regenzeit auch „Blutegelsocken"

(Stulpen), aber nicht immer auch den Parkeintritt – ein Preisvergleich lohnt sich daher. Bei Halbtagestouren (300–500 B) erkundet man normalerweise die Umgebung des Parks, besucht einen Höhlentempel und beobachtet Fledermäuse. Touren mit Vogelbeobachtung, Camping, Trekking und anderen speziellen Aktivitäten sind ebenfalls zu haben.

Schlafen & Essen

An den Straßen zum Park gibt's unzählige Unterkünfte und in der weniger hübschen Stadt Pak Chong am Eingang zum Park noch viele mehr. Wer eine günstige Unterkunft sucht, sollte sich an die hilfreichen Schlepper am Bahnhof und der Bushaltestelle halten (im Zweifel einfach das Hotel direkt anrufen; die meisten haben Englisch sprechendes Personal); sie bringen die Gäste kostenlos zur Rte 2090 (Th Thanarat), von wo aus man die schönsten Stellen des Nationalparks erreicht, die alle hier im Süden liegen. In der Spitzenklasse bekommt man während der Nebensaison (Mai–Okt.) meist einen Rabatt von bis zu 30 %; der Transfer nach bzw. von Pak Chong kostet bis zu 500 B.

LP Tipp **Greenleaf Guesthouse** (☎ 0 4436 5024; www.greenleaftour.com; Th Thanarat, Km 7,5; Zi. 200–300 B)

WEIT MEHR ALS WALD UND WIESEN

Der Khao Yai National Park und seine Umgebung sind ein beliebtes Ausflugsziel für Bangkoker, und vielen geht es dabei nicht um den Nationalpark: Die Straßen nach Khao Yai säumen Maisimbisse, Schießstände, Fabrikoutlets und andere Touristenfallen für Familien, die sich so das ganze Wochenende beschäftigen, ohne überhaupt an Natur zu denken. Einige Attraktionen am Straßenrand sind aber wirklich ganz nett.

Bei Weitem das beliebteste Ziel ist die **Farm Chokchai** (☎ 0 4432 8485; www.farmchokchai. com; Mittaphap Hwy, Km 159; ◷ Mo–Fr 8.30–20, Sa & So ab 7.30 Uhr), eine Molkerei, die auf 3200 ha Cowboykitsch präsentiert. Zum wachsenden Imperium gehören schon ein Eiscafé, ein Steakhaus, ein Souvenirladen und ein Safari-Zeltlager (Erw. Wochentag/Wochenende 3735/4270 B). Auf **geführten Touren** (2½ Std. 235/250 B; ◷ Di–Fr 10–14, Sa & So 9–15.40 Uhr) besucht man die Molkerei, einen Streichelzoo und eine Cowboyshow.

Thailand spielt eine Vorreiterrolle bei „New Latitude Wines" („Weine neuer Breitengrade"). Die ersten Tropfen dieser Art stammen zwar vom Chateau de Loei (S. 578), aber heute ist die Region von Khao Yai das Zentrum dieser zunehmend etablierenden Industrie. In der Gegend gibt's mehr als ein Dutzend Weingüter. Zwei der Marktführer sind an der Straße Pansuk-Kudkla ansässig, der Direktverbindung von Bangkok nach Khao Yai (Ausfahrt Km144): die **Khao Yai Winery** (☎ 0 3622 6416; www.khaoyaiwinery.com; ◷ So–Do 9–20, Fr & Sa bis 22 Uhr), die ihre erste Flasche 1998 abgefüllt hat, und **GranMonte** (☎ 0 3622 7334; www.granmonte.com; ◷ 11–20 Uhr), das ihr drei Jahre später folgte. Beide liegen landschaftlich schön, bieten Führungen (im Voraus reservieren) und Weinproben an und haben erstklassige Restaurants. Sie sind etwa 22,5 bzw. 16 km vom Parkeingang entfernt.

Der **Life Park** (☎ 0 4429 7668; Th Thanarat, Km 19,5; Aktivitäten 160–500 B), direkt neben dem Parkeingang beim Greenery Resort, ist einer von mehreren Abenteuerparks in der Gegend. Es gibt Gokarts, Kletterwände, Paintball, Ponyreiten und eine Menge mehr.

Die Gemeinschaftsräume sind ein bisschen chaotisch, doch von den tollen Zimmern (alle mit eigenem Bad) im hinteren Teil dieser seit vielen Jahren existierenden Unterkunft wird man begeistert sein. Das Greenleaf ist die einzige Budgetoption außerhalb Pak Chongs.

Khao Yai Garden Lodge (☎ 0 4436 5178; www.khao yai-gardenlodge.com; Th Thanarat, Km 7; Zi. 350–2600 B, FZ 3800–6800 B; 🕄 🖵 🐾) Die freundliche, coole Unterkunft unterscheidet sich sehr von den großen, schicken Resorts weiter oberhalb der Straße. Die Zimmer sind individuell gestaltet (außer die für 350 B mit Gemeinschaftsbad) und liegen inmitten eines üppigen Gartens. Die Garden Lodge ist zwar etwas in die Jahre gekommen, aber gemessen am Standard der Gegend absolut empfehlenswert. In der Lounge gibt's kostenlos WLAN.

Juldis (☎ 0 4429 7297; www.juldiskhaoyai.com; Th Thanarat, Km 17; Zi. 1760–4800 B, Bungalows 4800–7200 B; 🕄 🖵 🐾) Das feudale Hotel ist eines der Originale von Khao Yai, aber dank einer Renovierung im Jahr 2008 auf der Höhe der Zeit. Es ist exklusiver als die Konkurrenz in derselben Preisklasse, was in dieser Gegend bedeutet, dass man die Karaoke-Schnulzen nicht bis aufs Zimmer hört. Außerdem gibt's Tennisplätze, Wellnessbehandlungen und hübsche Gartenanlagen.

Kirimaya (☎ 0 4442 6000; www.kirimaya.com; Rte 3052; Zi. 7600–14300 B, Villas am Pool 15 400 B, Zeltvillas 22 200 B; 🕄 🖵 🐾) Die erste Reaktion auf diese luxuriöse Ferienanlage ist wohl „Wow!" (oder ehrfürchtiges Schweigen). Hinter den Eingangstüren aus massivem Holz wird man von einem hohen Turmrestaurant und anderen Gebäuden aus thailändisch-balinesischem Stilmix empfangen, die vor einer Bergkulisse über einem mit Lotus und Schilfgras bewachsenen Teich aufragen. Die Zimmer sind mit Bambusmöbeln, Balkonen und anderen modernen Extras ausgestattet. Auch wenn man den von Jack Nicklaus höchstpersönlich entworfenen 18-Loch-Golfplatz nicht in Anspruch nehmen will, ist das nur 7 km östlich vom Parkeingang gelegene Hotel ohne jeden Zweifel etwas ganz Besonderes.

Am besten ist es natürlich, direkt im Park zu übernachten, entweder auf den beiden **Campingplätzen** (im eigenen Zelt 30 B/Pers. , 2–4-Pers.-Zelt 150–250 B) oder in den zahlreichen **Zimmern und Bungalows** (☎ 0 2562 0760; www.dnp.go.th/parkreserve; 2–8 Pers. 800–3500 B).

Gutes Essen servieren die oben aufgeführten Unterkünfte und die hübschen Garten-

restaurants an der Th Thanarat. Im Park gibt's Restaurants an allen belebteren Plätzen sowie am Besucherzentrum, auf den Campingplätzen und an einigen Wasserfällen. Wer allerdings nicht hungrig zu Bett gehen will, sollte beachten, dass die Restaurants sehr früh schließen (gegen 19 Uhr), auch die der Campingplätze.

An- & Weiterreise

Nahezu alle Busse, die zwischen Bangkok (1./2. Klasse 139/108 B, 2 Std.) und Khorat (1./2. Klasse 74/59 B, 1 Std.) verkehren, halten in Pak Chong. Man kommt von Bangkok und Khorat auch mit dem Zug nach Pak Chong, doch die Fahrt dauert länger als mit dem Bus, vor allem ab Bangkok. Nach Ayutthaya fährt dagegen kein direkter Bus, so dass man besser den Zug (2. Klasse 203–333 B, 3. Klasse 173 B; 2 Std.) nimmt, der elf Mal täglich fährt.

Die 30 km von Pak Chong auf der Th Thanarat zum Nordeingang des Parks kann man auch mit dem *songthaeo* (40 B, 45 Min.) zurücklegen. Abfahrt ist alle halbe Stunde zwischen 6 und 17 Uhr vor dem 7-Eleven-Laden in der Nähe der Hirschstatue, etwa 500 m westlich des Busbahnhofs für die normale Klasse. Man sollte beachten, dass die meisten Busse vor dem Büro ihres jeweiligen Unternehmens in der Hauptstraße halten.

Vom Parkeingang sind es nochmal 14 km zum Besucherzentrum – die Ranger überreden den Fahrer gerne, die *fa·ràng* (westliche Touristen) dort hinzufahren. Einige vermieten als Nebenerwerb auch Motorräder für 500 B am Tag; ein paar Verleiher an der Hauptstraße in Pak Chong bieten ihre Fahrzeuge sogar schon für 300 bis 400 B an. Man muss den Preis mit Händen und Füßen aushandeln, da kaum jemand Englisch spricht.

PROVINZ BURIRAM

Eine Erkundung der Stadt Buriram lohnt sich eigentlich nicht. Auch wenn Meuang Buriram die Provinzhauptstadt ist, noch über die Hälfte ihres alten Festungsgrabens verfügt und zudem die einzige größere Stadt in der ganzen Provinz ist, lässt sie sich touristisch nur schwer vermarkten. Die Provinz Buriram ist jedoch ein geschichtsträchtiger Ort mit jeder Menge Tradition und mehr als 50 der insgesamt 259 Khmer-Ruinen Thailands liegen hier.

Das absolute Highlight ist Phanom Rung, eine wundervoll restaurierte Khmer-Tempelanlage, die auf dem Krater eines erloschenen Vulkans steht. Sie ist das spektakulärste Monument der Angkor-Ära in Thailand und beeindruckt auch jene noch, die eigentlich schon keine Tempel mehr sehen können.

NANG RONG
นางรอง
20 300 Ew.

Die Stadt Nang Rong ist noch öder als das 45 km weiter nördlich gelegene Buriram, eignet sich aber dank des vielfältigen Angebots an Hotels und Dienstleistungen super als Ausgangspunkt, z.B. für einen Besuch von Phanom Rung. Die Stadt drückt mit Schildern mit der Aufschrift „Nang Rong Province" ihr ehrgeiziges Ziel aus, Hauptstadt zu werden, aber derzeit sind das bloße Wunschträume.

Schlafen & Essen

LP Tipp **Honey Inn** (☎ 0 4462 2825; www.honeyinn.com; 8/1 Soi Si Kun; Zi. 200–400 B; ⊠ ☐) Das einladende Gästehaus, 1 km vom Busbahnhof entfernt, wird von einem gebildeten ehemaligen Englischlehrer betrieben. Die Zimmer sind schlicht, aber ordentlich, und beim Abendessen werden Reisetipps ausgetauscht. Zudem gibt's einen Motorradverleih, geführte Touren und (auf Bestellung) Mahlzeiten zu fairen Preisen. Vom Busbahnhof in Richtung Norden gehen und die Hauptstraße überqueren, dann weiter gen Osten, bis das Schild auftaucht. Oder für 30 B ein Tuk-Tuk nehmen.

LP Tipp **P California Inter Hostel** (☎ 0 4462 2214; www.nangronghomestay.com; 59/9 Th Sangkakrit; Zi. 250–700 B; ⊠ ☐) Freundliches, hilfsbereites Hostel mit Englisch sprechendem Personal. Es liegt im Osten der Stadt und ist etwas schöner als das Honey Inn, dafür sind einige der Zimmer ziemlich winzig. Khun Wicha, der viel über die Gegend weiß, verleiht Fahr- und Motorräder und leitet geführte Touren.

Cabbages & Condoms (☎ 0 4465 7145; Hwy 24; Zi. 240–1500 B; ⊠ ☐) Das von der Population & Community Development Association betriebene Resort liegt in einem Garten und ist von mehreren kleinen Seen umgeben. Die billigsten Zimmer (mit Gemeinschaftsbad) sind etwas in die Jahre gekommen; in der höheren Preisklasse bekommt man geräumige Zimmer mit Steinböden, die einen angenehmen Aufenthalt garantieren. Das Restaurant ist ausgezeichnet. Auf dem Gelände befindet sich

eine Bekleidungs- und Schuhfabrik (die auch Nikes verkauft); sie wurde gegründet, um die Arbeit von der Stadt ins Dorf zu holen. Das Resort liegt 6,5 km westlich der Stadt.

Phob Suk (keine Ausschilderung in lateinischen Buchstaben; ☎ 0 4463 1619; Hwy 24; Gerichte 50–360 B; ⊗ morgens, mittags & abends) Nang Rong bietet die übliche Auswahl an Essensständen und einfachen Restaurants, von denen viele die Spezialität der Stadt *käh mŏo* (Schweinebraten) servieren. Etwas hübscher ist das Phob Suk in der Nähe des Busbahnhofs. Seine bebilderte Speisekarte bietet den typischen Mischmasch aus Thai-, Isaan- und Chinagerichten. Man kann drinnen oder im lauten Garten essen. Es gibt kostenlos WLAN und einen Kinderspielplatz.

In Phanom Rung findet man ebenfalls einige Restaurants und einfache Imbissstände.

An- & Weiterreise

Nang Rongs **Busbahnhof** (☎ 0 4463 1517) liegt im Westen der Stadt. Für nähere Infos zur An- & Weiterreise, s. S. 519.

PHANOM RUNG HISTORICAL PARK
อุทยานประวัติศาสตร์เขาพนมรุ้ง

Die Lage des **Phanom Rung** (Großer Berg; ☎ 0 4478 2715; Eintritt 100 B; ⊗ 6–18 Uhr) ist umwerfend: Gut 70 Stockwerke über den Reisfeldern thront das Heiligtum auf einem erloschenen Vulkan. Im Südosten ist deutlich das Dongrek-Gebirge Kambodschas zu erkennen, wo auch die Hauptstadt des ehemaligen Reiches von Angkor lag. Die Tempelanlage von Phanom Rung ist das größte und am besten erhaltene Khmer-Bauwerk Thailands. Seine Restaurierung nahm 17 Jahre in Anspruch.

Der Phanom-Rung-Tempel wurde zwischen dem 10. und dem 13. Jh. erbaut, der größte Teil unter der Herrschaft von König Suriyavarman II. (1113–1150). Er markiert den Höhepunkt der Angkor-Baukunst. Die Anlage ist nach Osten ausgerichtet zur ursprünglichen Angkor-Hauptstadt hin. Besonders beeindruckend ist es, wenn die Sonne durch alle 15 Türen des Heiligtums scheint; dieses Schauspiel ist vom 3. bis 5. April und vom 8. bis 10. September bei Sonnenaufgang sowie vom 5. bis 7. März und vom 5. bis 7. Oktober bei Sonnenuntergang zu bewundern (in Schaltjahren jeweils einen Tag früher). Zu diesen Zeiten ist der Park länger geöffnet. Im April feiern die Einheimischen in der Tempelanlage das **Climbing Khao Phanom Rung Festi-**

val mit Sound- und Lightshows und Tanztheater. Dann darf man hier auch campen.

Unterhalb des Hauptheiligtums befindet sich hinter der langen Reihe von Souvenirläden das **Informationszentrum** (Eintritt frei; ⏲ 9– 16.30 Uhr), in dem eine Ausstellung zur Architektur und Restaurierung des Tempels sowie auf dem Gelände gefundene Gebrauchsgegenstände zu sehen sind. Im Zentrum gibt's eine kostenlose Broschüre; man kann auch Führer buchen (Bezahlung ist Verhandlungssache).

Architektur

Ein bemerkenswerter Aspekt der Architektur von Phanom Rung ist die Promenade zum Haupttor, die am besten erhaltene ihrer Art in Thailand. Sie beginnt an einem Abhang 400 m östlich des Hauptturmes und führt über drei Terrassen zu einer kreuzförmigen Plattform, auf dem wohl einst ein Holzpavillon stand. Rechts davon steht die steinerne **Rohng Chang Pheuak** („Halle des Weißen Elefanten"), in der die Königsfamilie vor Betreten der Tempelanlage rituell gewaschen und angekleidet wurde. Wahrscheinlich wurden hier auch Blumengirlanden als Opfergaben im Tempel angeboten. Hinter der Plattform erstreckt sich eine 160 m lange, mit Laterit- und Sandsteinblöcken gepflasterte **Promenade**, die Sandsteinsäulen mit Kapitellen in Form von Lotusknospen, vermutlich aus der frühen Angkor-Zeit (1100–1180), säumen; sie endet an der ersten und größten von drei **Naga-Brücken**. Diese wird von 16 fünfköpfigen *nagas* (mythische Schlangen mit magischen Kräften)

bewacht, die im klassischen, tatsächlich mit den Darstellungen im Angkor Wat identischen Angkor-Stil gehalten sind.

Hinter der Brücke führt eine Treppe hinauf zur prachtvollen Ostgalerie, die an das Hauptheiligtum anschließt. Der zentrale **ʾbrah·sàht** (Gebäude mit kreuzförmigem Grundriss und spitzem Turm) hat auf allen vier Seiten eine Galerie; der Eingang zu jeder dieser Galerien ist eine kleinere Version des Haupttturms. Die **Galerien** haben geschwungene Dächer und Fenster mit Scheinbalustraden. Im Inneren des Tempels verdienen die Galerien – hier vor allem die Türstürze der Säulengänge – und das Eingangsportal (**Gopura**) besondere Beachtung. Die Handwerkskunst stellt einen Höhepunkt im Schaffen der Khmer dar und steht der des kambodschanischen Angkor Wat in nichts nach.

Skulpturen

Der Phanom-Rung-Komplex ist ursprünglich als hinduistisches Monument mit Bildnissen zur Verehrung von Vishnu und Shiva erbaut worden. In den Stürzen und Giebeldreiecken, die über den Türen zu den Hauptmonumenten angebracht sind, ferner an verschiedenen anderen bedeutenden Stellen an der Außenseite des Parks kann man hervorragende Skulpturen der beiden Gottheiten Vaishnava und Shaiva bewundern. In der östlichen Säulenhalle des **mon·dòp** (eckiges Gebäude mit Turm) ist ein Nataraja (Tanzender Shiva) im späten Baphuan- oder frühen Angkor-Stil, auf dem Südeingang Überreste von Shiva und

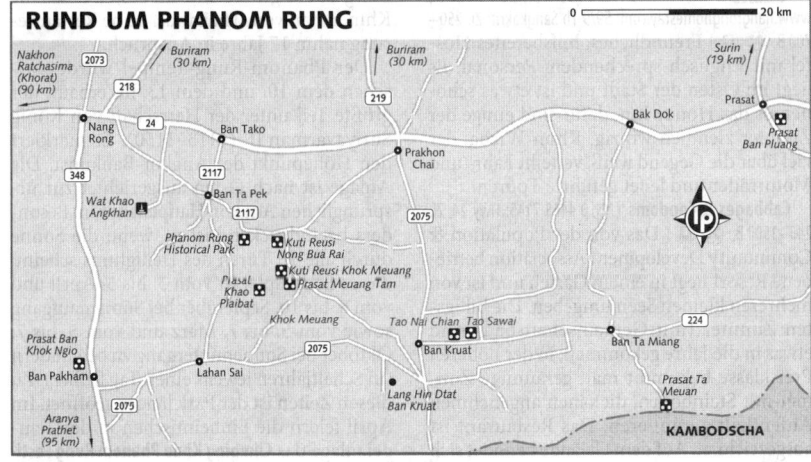

RUND UM PHANOM RUNG

0 ———————————— 20 km

Nakhon Ratchasima (Khorat) (90 km) — 2073
218
Buriram (30 km)
Buriram (30 km)
Surin (19 km)
219
Bak Dok
Prasat
Prasat Ban Pluang
Nang Rong — 24 — Ban Tako
Prakhon Chai
348
2117
Wat Khao Angkhan — Ban Ta Pek
2117
2075
Phanom Rung Historical Park — Kuti Reusi Nong Bua Rai
Prasat Khao Plaibat — Kuti Reusi Khok Meuang / Prasat Meuang Tam
Khok Meuang
Tao Nai Chian Tao Sawai
224
Prasat Ban Khok Ngio
2075
Ban Kruat
Ban Ta Miang
Ban Pakham
Lahan Sai
Prasat Ta Meuan
Aranya Prathet (95 km)
2075
Lang Hin Dtat Ban Kruat
KAMBODSCHA

Uma auf ihrem Reitbullen Nandi zu sehen. Den Mittelpunkt des *ั฿rah·sàht* bildet ein Shiva-Lingam (Phallus).

Verschiedene andere Stürze und Simse sind mit gehauenen Darstellungen von Vishnu und seinen Inkarnationen Rama und Krishna dekoriert. Die prächtigste dürfte der Phra-Narai-Sturz sein, ein Relief mit der Darstellung eines liegenden Vishnu (Narayana) aus dem hinduistischen Schöpfungsmythos. Aus seinem Nabel wächst ein Lotus, der sich in mehrere Blüten verzweigt; auf einer davon sitzt der Schöpfungsgott Brahma. Auf beiden Seiten des Kopfs Vishnus sind Köpfe von Kala, dem Gott der Zeit und des Todes, dargestellt. Vishnu schläft auf dem Milchozean, hier durch eine *naga* dargestellt. Den Sturz findet man über dem Osttor (dem Haupteingang) unterhalb des Shiva-Nataraja-Reliefs.

An- & Weiterreise

Wer von Nang Rong aus zu den Ruinen will, organisiert am besten eine Fahrt direkt vom Hotel (in der Regel zahlt man dafür um die 800 B). Ansonsten steigt man am alten Markt im Osten der Stadt in ein *songthaeo* (20 B, 45 Min.) nach Laan Jod Rod Kheun Khao Phanom Rung, einem Parkplatz am Fuße des Berges, der von Reisebussen benutzt wird. Dort warten wiederum jede Menge *songthaeo*, um die Touristen den Rest des Weges zu den Anlagen zu kutschieren. Pro Person bezahlt man 40 B. Los geht's, wenn alle 15 Plätze belegt sind; wochentags muss man möglicherweise etwas warten. Mit dem Motorradtaxi kostet es hin und zurück 100 B, einschließlich der Wartezeit für die Besichtigung der Anlage. Alternativ kann man auch den Bus nehmen, der von Nang Rong nach Chanthaburi fährt (20 B, 30 Min.) und Ban Ta Pek stündlich passiert. Dann nimmt man von Ban Ta Pek ein Motorradtaxi für etwa 150 B oder ein *songthaeo* für 500 B.

Wer von weiter her kommt, sollte einen Bus nach Ban Tako nehmen (s. Tabelle oben), das an einer gut ausgeschilderten Abzweigung

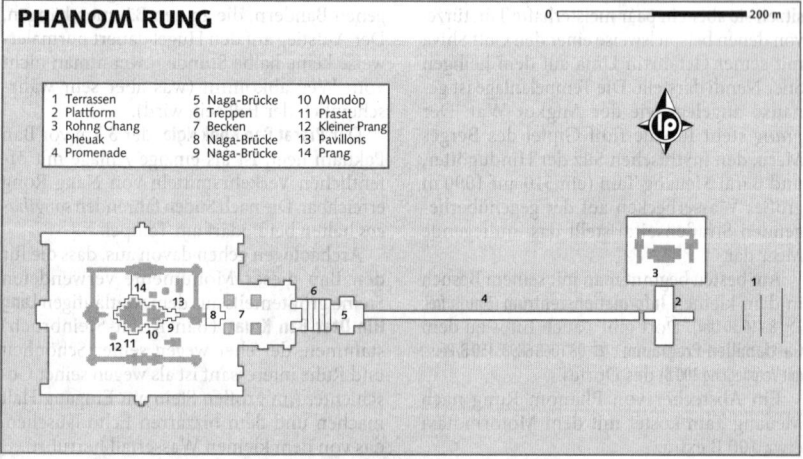

PHANOM RUNG

0 ▭▭▭▭ 200 m

1 Terrassen	5 Naga-Brücke	10 Mondòp
2 Plattform	6 Treppen	11 Prasat
3 Rohng Chang Pheuak	7 Becken	12 Kleiner Prang
	8 Naga-Brücke	13 Pavillons
4 Promenade	9 Naga-Brücke	14 Prang

rund 14 km östlich von Nang Rong liegt. Hier kann man entweder auf einen Bus oder ein *songthaeo* (10 B) aus Nang Rong warten und damit wie oben beschrieben weiterfahren oder man schnappt sich einfach ein Motorradtaxi (hin & zurück 300 B) bis nach Phanom Rung.

RUND UM PHANOM RUNG
Prasat Meuang Tam
ปราสาทเมืองต่ำ

Von Phanom Rung lohnt sich ein Abstecher zum **Prasat Meuang Tam** (Unterstadt; Eintritt 100 B; ☻ 7–18 Uhr). Der restaurierte Khmer-Tempel steht in dem kleinen Dorf Khok Meuang, das sich nur 8 km nordwestlich von Phanom Rung befindet. Er stammt aus dem späten 10. oder dem frühen 11. Jh. und wurde von König Jayavarman V. in Auftrag gegeben. Nach Phanom Rung, Phimai und Khao Phra Wihan ist er – aufgrund seiner Größe, seiner Atmosphäre und einer gelungenen Restaurierung – sicherlich der interessanteste Tempel im Isaan. Die gesamte Anlage (ein ehemaliger Schrein zu Ehren Shivas) ist von Lateritmauern umgeben. In ihrem Inneren befinden sich vier Wasserbecken, in denen Lotusblumen blühen und die jeweils von einer der seltsamen fünfköpfigen *naga* bewacht werden.

Die fünf *prangs* (Khmer-Türme auf Tempeln) sind von Sandsteingalerien und *gopuras* umgeben. Der Hauptturm konnte nicht restauriert werden, und die anderen ebenfalls aus Ziegeln erbauten *prangs* sind nicht annähernd so groß und beeindruckend wie der Sandsteinturm in Phanom Rung. Dafür besitzen sie aber ein paar meisterhafte Türstürze, von denen beispielsweise einer den Gott Shiva mit seiner Gefährtin Uma auf dem heiligen Stier Nandi darstellt. Die Tempelanlage ist genauso angelegt wie der Angkor Wat: Der *prang* steht für die fünf Gipfel des Berges Meru, den mythischen Sitz der Hindugötter, und Barai Meuang Tam (ein 510 auf 1090 m großes Wasserbecken auf der gegenüberliegenden Straßenseite) stellt das umliegende Meer dar.

Am besten beginnt man mit seinem Besuch in dem kleinen **Informationszentrum** (Eintritt frei; ☻ 8–16.30 Uhr). Dort gibt's auch Infos zu dem **Gastfamilien-Programm** (☎ 08 1068 6898; 150 B/Pers., mit Verpflegung 300 B) des Dorfes.

Ein Abstecher von Phanom Rung nach Meuang Tam kostet mit dem Motorradtaxi etwa 100 B extra.

Noch mehr Khmer-Ruinen

Wer sich an Ruinen von Khmer-Tempeln noch immer nicht sattgesehen hat, findet in der Gegend um Phanom Rung eine Vielzahl von weniger bekannten Anlagen, die zusammen einen Eindruck von der großen Bedeutung vermitteln, welche die Region im Khmer-Reich einst hatte. Zwar sind die Tempel selbst für Geschichtsfans nicht sonderlich interessant, doch eine Fahrt durch dieses riesige Reisanbaugebiet gewährt einen tiefen Einblick in das Leben auf dem Lande – garantiert eine Erleuchtung! Leider sind viele Straßen in grauenvollem Zustand.

Der Eintritt in die im Folgenden angeführten, tagsüber geöffneten Anlagen, die vom Fine Arts Department restauriert oder bis zu einem gewissen Grad stabilisiert wurden, ist kostenlos.

Kuti Reusi Nong Bua Rai liegt auf dem Weg zwischen Phanom Rung und Meuang Tam, **Kuti Reusi Khok Meuang** befindet sich gleich nordwestlich von Prasat Meuang Tam, gegenüber von Barai Meuang Tam. Wer in diese Richtung fährt, sollte hier haltmachen.

Von **Prasat Khao Plaibat** ist nicht mehr viel übrig, doch der Weg hin ist abenteuerlich und man wird mit tollen Aussichten auf den Phanom Rung und das Dangrek-Gebirge an der kambodschanischen Grenze belohnt. Der nur selten genutzte Weg beginnt am Wat Khao Plaibat, etwa 4 km von Prasat Meuang Tam entfernt. Man geht um das Tor neben der riesigen Buddhafigur herum, biegt an der *gù·dì* (Mönchsbehausung) rechts ab, schlüpft durch den Stacheldrahtzaun und folgt den orangenen Bändern, die an den Bäumen hängen. Der Aufstieg auf den Hügel dauert normalerweise keine halbe Stunde – wenn man nicht vom Weg abkommt (was aber sehr wahrscheinlich der Fall sein wird).

Der **Prasat Ban Khok Ngio**, der 3 km vor Ban Pakham liegt, ist als einzige Anlage mit öffentlichen Verkehrsmitteln von Nang Rong erreichbar. Die nach Süden fahrenden *songthaeos* halten bei Bedarf am Tempel.

Archäologen gehen davon aus, dass die für den Bau dieser Monumente verwendeten Steine größtenteils aus dem weitläufigen **Lang Hin Dtat Ban Kruat** (Ban-Kruat-Steinbruch) stammen, der eher wegen seiner Schönheit und Ruhe interessant ist als wegen seiner Geschichte. Am großen Stein am Eingang Halt machen und dem bizzarren Echo lauschen, das von dem kleinen Wasserfall herrührt.

Ganz in der Nähe von Ban Kruat befinden sich die Brennöfen **Tao Sawai** und **Tao Nai Chian**, die zwischen dem 10. und dem 12. Jh. fast das gesamte Khmer-Reich mit Keramikwaren versorgten. Heute sind sie kaum mehr als zwei überdachte Dreckhaufen.

Schließlich bietet sich noch ein Besuch des **Prasat Ta Meuan** (S. 524) an. Der abgelegene Khmer-Ruinenkomplex liegt an der Grenze zu Kambodscha in der Provinz Surin, ist aber von hier aus besser zu erreichen. Phanom Rung ist 55 km entfernt.

Wat Khao Angkhan
วัดเขาอังคาร

Obwohl die Dvaravati-Grenzsteine aus dem 8. oder 9. Jh. dem friedvollen Tempel, der auf einem erloschenen Vulkan steht, ein hohes Alter bescheinigen, ist es seine moderne Bauweise, die den **Wat Khao Angkhan** (☺ bei Tageslicht) so interessant macht. Der *bòht* und einige weitere Prachtbauten wurden erst 1982 in einem ungewöhnlichen Neo-Khmer-Stil errichtet. Die *jataka*-Malereien (Geschichten über die früheren Leben Buddhas) im *bòht* haben birmanische Künstler geschaffen (die Bildunterschriften sind in englischer Sprache). Der Wat beherbergt auch eine Pagode im chinesischen Stil und einen 29 m langen liegenden Buddha. Man hat einen fantastischen Blick auf Berge und Wälder.

Der Tempel ist sowohl von Nang Rong als auch von Phanom Rung 20 km entfernt. Der Weg hin ist recht gut ausgeschildert, an manchen Kreuzungen muss man aber jemanden fragen. Ein Motorradtaxi kostet von Ban Ta Pek aus 200 B, von Nang Rong aus 300 B.

PROVINZEN SURIN & SI SAKET

Die Provinzen Surin und Si Saket sind übersät mit Khmer-Ruinen aus der Angkor-Ära. Die meisten sind in einem recht traurigen Zustand, doch jene mit historischem Hintergrund lohnen einen Besuch. Besonders der Prasat Ta Meuan ist sehr eindrucksvoll und der Wíhaan Khao Phra gehört zu den besten Attraktionen des Nordostens, auch wenn sich die kambodschanische Regierung weigert, ihn zu renovieren. Der Einfluss der Khmer rührt nicht nur von der Vergangenheit, sondern auch von der Gegenwart her: Über ein Drittel der Einwohner dieser beiden eng miteinander verbundenen Provinzen sind ethnische Khmer und in vielen Dörfern ist die Khmer-Sprache auch die wichtigste Sprache.

Neben den Tempeln sind auch das Elefantendorf Ban Tha Klang und einige berühmte Kunsthandwerkszentren in der Provinz Surin zu Hause. Die Provinz Si Saket beherbergt zwei der ungewöhnlichsten Tempel in Thailand. Die Städte in diesen Gegenden sind eher uninteressant, doch Surin ist ein gutes Basislager; zudem findet hier jedes Jahr im November der spektakuläre Elefantenauftrieb statt.

SURIN
สุรินทร์
41 200 Ew.

Das ruhige Surin macht nicht viel von sich reden, aber im November beim **jährlichen Elefantenauftrieb** explodiert das Leben in der Provinzhauptstadt. Dann trampelt eine riesige Elefantenmeute durch die Stadt, die zehn Tage lang feiert (so viele gut gekleidete Dickhäuter hat man noch nie gesehen). Die riesige Menge kommt jedoch erst am letzten Wochenende zur Hauptveranstaltung, bei der 300 Elefanten zeigen, was sie drauf haben, und eine Schlachtszene nachstellen. Der Preis für die Eintrittskarten beginnt bei 40 B, doch für VIP-Plätze (am nahsten an der Aufführung, englischer Kommentar und garantierter Schatten) legt man mindestens 500 B hin. Der wohl beste Teil des Festes ist das „Elefantenbuffet" am Freitag vor der großen Show.

Praktische Informationen

Die meisten der größeren thailändischen Banken haben Filialen in der Th Thesaban südlich vom Bahnhof. Dort befindet sich auch das Postamt.

Microsys (Th Sirirat; Internet 15 B/Std.; ☺ 24 Std.) Gegenüber vom Thong Tarin Hotel.

OTOP (☎ 0 4451 4447; Th Jit Bamrung; ☺ 9–19.30 Uhr) Das Geschäft gegenüber vom Rathaus bietet die größte Auswahl an Kunsthandwerk und eine Touristeninformation mit Wissenswertem nur zur Stadt.

Ruampaèt-Krankenhaus (☎ 0 4451 3192; Th Thesaban 1)

Tourism Authority of Thailand (TAT; ☎ 0 4451 4447; tatsurin@tat.or.th; 355/3-6 Th Thesaban 1; ☺ 8.30–16.30 Uhr) Gegenüber vom Krankenhaus.

Sehenswertes & Aktivitäten

Seit das **Surin-Nationalmuseum** (☎ 0 4451 3358) vor zehn Jahren gebaut wurde, soll es „nächstes

Jahr" eröffnet werden. Die Ausstellung soll sich vor allem den in Surin lebenden Volksgruppen, einschließlich der Suai, der berühmten Elefantenwärter und -ausbilder, und den Khmer-Ruinen in der Provinz widmen. Das Museum liegt 5 km südlich der Stadt an der Rte 214; wer einfach mal vorbeischaut, dem wird vermutlich auch Einlass gewährt.

Im **Surin Agriculture Service Centre** (☎ 0 4451 1393; Hwy 226; Eintritt frei; ☺ Mo–Fr 8–16.30 Uhr), einem Forschungszentrum für Seidenraupenzucht 4 km westlich der Stadt, kann man sehr gut den Prozess der Seidenherstellung beobachten, von der Larve bis zum Webstuhl.

Surin ist ein guter Ort für Reisende, die dem Land etwas zurückgeben wollen. **Starfish Ventures** (☎ 08 1723 1403; www.starfishventures.com) leitet über ein Dutzend Hilfsprojekte, von Krankenpflege über Englischunterricht bis Hausbau. Die Arbeit wird in den umliegenden Dörfern geleistet und die freiwilligen Mitarbeiter wohnen in Privathäusern in der Stadt Surin. June Niampan, eine ehemalige Starfish-Angestellte, hat vor Kurzem LemonGrass (☎ 08 1977 5300; www.lemongrass-volunteering.com) gegründet, das Englischlehrer in Surin vermittelt.

Geführte Touren

Pirom von Pirom-Aree's House (s. unten) bietet unterschiedlichste Touren an, u. a. eine Halbtagestour nach Ban Tha Klang und in die Handwerksdörfer (bei 4 Teilnehmern 1400 B/Pers.) und eine Dreitagestour durch den Isaan (bei 4 Teilnehmern 2400 B/Pers.); auch Exkursionen zu den bekannten Khmer-Tempeln und vielen anderen Sehenswürdigkeiten werden arrangiert. Die Touren sind zwar teuer, aber sehr gut.

Saren Travel (☎ 0 4452 0174; 202/1-4 Th Thesaban 2; ☺ Mo–Sa 8.30–18 Uhr) bietet individuelle Tagestouren in und um die Provinz Surin an (1600 B).

Schlafen

Zum Elefantenauftrieb sind die Hotels schnell ausgebucht und die Preise schießen in die Höhe; für diesen Zeitraum sollte man also weit im Voraus buchen.

LP Tipp **Pirom-Aree's House** (☎ 0 4451 5140; Soi Arunee, Th Thungpo; EZ/DZ 120/200 B) Die seit Langem beliebten Budgetunterkunft liegt zwar ungünstig 1 km westlich der Stadt, dafür aber sehr ruhig. Aus den in zwei neuen Holzhäusern untergebrachten einfachen Zimmern (mit Gemeinschaftsbad) und dem schattigen

Garten blickt man auf ein Reisfeld. Aree ist ein ziemlich guter Koch und Pirom eine der besten Quellen für Infos über die Region.

New Hotel (☎ 0 4451 1341; 6-8 Th Tanasan; EZ 160–330 B, DZ 180–440 B; ☒) Die Unterkunft liegt direkt vor dem Bahnhof und ist so alt, dass der Name ironisch wirkt. Die Unterkunft ist aber sauber und bequem – am besten ein Zimmer in der vorderen Hälfte des Gebäudes nehmen, denn die haben europäische Toiletten.

Kritsada Grand Palace (☎ 0 4471 3997; Th Suriyarat; Zi. 400–450 B; ☒ ☐) Die unlängst eröffnete Unterkunft liegt in einer ruhigen Seitenstraße hinter dem Rathaus. Sie ist nicht gerade leicht zu finden, aber dafür bietet sie für Innenstadtverhältnisse sehr viel Ruhe. Die Zimmer sind ziemlich schlicht, aber preiswert. WLAN gibt's nur in der Lobby.

Treehouse Resort (☎ 08 9948 4181; sboonyoi@gmail.com; Hwy 226; Zi. 350–1000 B; ☒) Die seltsame Unterkunft, an der seit 1998 im Zeitlupentempo gebaut wird, ist eine Mischung aus Robinsonade und unaufgeräumtem Omakeller. Wenn das gut klingt, wird man das Haus lieben. Die Unterkunft liegt 3 km vom Zentrum entfernt, direkt am Stadtrand Surins. Khun Boonyai, der gutgelaunte Besitzer, hat es gern, wenn man im Voraus reserviert; dafür holt er einen dann kostenlos in der Stadt ab.

Maneerote Hotel (☎ 0 4453 9477; www.maneerote hotel.com; 11/1 Soi Poytango Th Krung Si Nai; Zi. 650–750 B; ☒ ☐) Das ziemlich neue, solide Drei-Sterne-Hotel liegt etwas abseits, westlich der Märkte. Die Unterkunft ist mit ein paar netten dekorativen Kleinigkeiten geschmückt und es gibt WLAN im ganzen Gebäude (in der Lobby ist es sogar umsonst).

Surin Majestic Hotel (☎ 0 4471 3980; 99 Th Jit Bamrung; Zi. 900–1200 B, Suite 1800–4500 B; ☒ ☐ ☒) Das prächtige Spitzenklassehotel liegt im Herzen der Stadt, direkt hinter dem Busbahnhof. Die Zimmer sind nichts Besonderes, aber für den Preis in Ordnung (die Junior-Suiten sind sogar echte Schnäppchen). Das Hotel lockt mit vielen Extras, z. B. einem eigenen Fitnessstudio. WLAN gibt's nur in der Lobby.

Essen & Ausgehen

Petmanee 2 (keine Ausschilderung in lateinischen Buchstaben; ☎ 08 4451 6024; Th Murasart; Gerichte 20–60 B; ☺ mittags) Das einfache Lokal zwischen dem Ruampaet-Krankenhaus und dem Wat Salaloi (erkennbar am Hühnchengrill davor) ist die beste Adresse der Stadt für *sôm dam* und *gài yâhng*. Der *sú̄b nòr mái* (Bambussalat) ist

ebenfalls empfehlenswert. Niemand spricht hier Englisch und die Speisekarte ist ausschließlich auf Thai, aber für das leckere Essen nimmt man gerne das eine oder andere Verständigungsproblem bei der Bestellung in Kauf. Das kleinere Original ist um die Ecke.

Surin Chai Kit (keine Ausschilderung in lateinischen Buchstaben; 297-299 Th Tanasan; Gerichte 25–60 B; ☽ morgens & mittags) In dem schlichten Restaurant gibt's leckeres Frühstück (unbedingt die Spiegeleier mit Isaan-Würstchen probieren!) und der Inhaber mit dem Dauergrinsen stattet *faràng* mit einem praktischen Stadtplan aus. Das Surin Chai Kit ist nur einen kurzen Fußweg vom Bahnhof entfernt, gen Süden und am Brunnen vorbei.

Larn Chang (☎ 0 4451 2869; 199 Th Siphathai Saman; Gerichte 35–200 B; ☽ abends) Serviert in einem alten Holzhaus leckere und günstige Thai- und Isaangerichte. Man speist mit Blick auf einen Überrest des alten Stadtgrabens, der wegen der allabendlich darin lustwandelnden Pärchen „Liebespark" (Sŭan Rak) heißt. Das Restaurant liegt ein paar Schritte südlich vom Stadtzentrum an der Ostseite des Parks.

Sumrub Tornkruang (☎ 0 4451 5015; unweit der Th Jit Bamrung; Gerichte 65–250 B; ☽ mittags & abends) Das überraschende Restaurant hinterm Busbahnhof ist durch und durch thailändisch und dabei elegant. Die Preise für die gut zubereiteten Thai- und Isaangerichte sind o. k.

Farang Connection (☎ 0 4451 1509; unweit der Th Jit Bamrung; Gerichte 50–750 B; ☽ morgens, mittags & abends) Das ebenfalls hinter dem Busbahnhof gelegene Restaurant mit dem passenden Namen ist in britischer Hand und erfüllt viele Traveller-Sehnsüchte. Die umfangreiche Speisekarte ist voller Lieblingsgerichte aus dem Ausland: Chicken Tikka Masala, Wiener Schnitzel, BLTs (Sandwiches mit Speck, Salat und Tomaten) … Genauso global gibt sich die Weinkarte und das nationale Essen ist ebenfalls gut. Oben gibt's ein Internetcafé und im Pub auf der anderen Straßenseite eine kleine Bücherbörse. WLAN ist kostenlos.

Coffee More (Th Tanasan; Cappuccino 25 B; ☽ morgens, mittags & abends) Das helle moderne Café direkt südlich vom Bahnhof serviert mit den besten Kaffee der Stadt. Eis und Snacks gibt's auch.

Der größte **Nachtmarkt** Surins (Th Krung Si Nai; ☽ 17–22 Uhr) befindet sich einen Block südlich des Brunnens und die Imbissstände mit den Uhrentürmen weiter westlich vor dem städtischen Markt sind bis mindestens 2 Uhr morgens in Betrieb. Auf beiden Märkten bekommt man ausgezeichnete Thai- und Isaangerichte, u. a. auch die typischen gegrillten Insekten.

Das überraschend wilde Nachtleben Surins spielt sich in der Soi Kola und in der Th Sirirat rund um das Thong Tarin Hotel ab.

An- & Weiterreise
BUS

An Surins **Busbahnhof** (☎ 0 4451 1756; Th Jit Bamrung) gibt's Busse von bzw. nach Si Saket (normal 60 B, 1½ Std.), Ubon Ratchathani (1./2. Klasse 212/144 B, 3 Std., stündl.), Roi Et (2. Klasse 98 B, 3 Std., stündl.), Khorat (1./2. Klasse 178/120 B, 4 Std., halbstündl.), Chiang Mai (2. Klasse/32-sitziger VIP-Bus 698/893 B, 14 Std., 6-mal tgl.) und Pattaya (2. Klasse/32-sitziger VIP-Bus 412/584 B, 8 Std., stündl.). Die meisten Busse nach Bangkok (1./2. Klasse 399/345 B, 7 Std.) starten ebenfalls an diesem Busbahnhof, darunter Busse mit 24 Sitzen (530 B, 21.30 Uhr) von **999 VIP** (☎ 0 4451 5344).

Wegen des Kasinos fahren jede Menge Minibusse (65 B, 1½ Std., halbstündl.) vom Busbahnhof zum kambodschanischen Grenzübergang (7–20 Uhr geöffnet) in Chong Chom; Visa bekommt man vor Ort (Details auf S. 830). Auf kambodschanischer Seite gibt's allerdings kaum Transportmöglichkeiten. Für die vierstündige Fahrt nach Siem Reap zahlt man für den Sitzplatz in einem Auto 500 B, aber wer spät am Tage kommt, muss eventuell 2500 B für ein ganzes Fahrzeug hinlegen.

ZUG

Surin liegt an der Strecke Bangkok–Ubon. Zehn Züge fahren täglich beide Städte an (Ubon 2./3. Klasse ab 150/81 B, 3 Std.; Bangkok Schlafwagen 1./2./3. Klasse ab 1149/389/183 B, 7–9 Std.). Details telefonisch am **Bahnhof Surin** (☎ 0 4451 1295) erfragen.

Unterwegs vor Ort

Surin ist eine gute Stadt für Reisende, denn man findet quasi alles, was man braucht, innerhalb weniger Blocks. Eine Tuk-Tuk-Fahrt innerhalb des Zentrums kostet 30 bis 40 B.

Pirom-Aree's House, Saren Travel und Farang Connection vermieten Autos, Farang Connection hat auch Motorräder.

RUND UM SURIN
Ban Tha Klang

บ้านตากลาง

Wer nicht gerade während der großen Festivitäten hier ist, kann die Elefanten von Surin

auch im **Elephant Study Centre** (☎ 0 4414 5050; Eintritt frei; ☺ 9.30–16.30 Uhr) in Ban Tha Klang 50 km nördlich von Surin sehen. Ein Museum informiert über die Elefanten und ihre Ausbildung. Einige der Dickhäuter, die beim jährlichen Elefantenfest ihren großen Auftritt haben, leben hier in traditionellen Suai-Häusern unter einem Dach mit den Menschen.

Täglich gibt's eine einstündige **Talentshow** (Spende erbeten; ☺ 10 & 14 Uhr, nicht während des Festivals), bei der die grauen Riesen neben vielen anderen Tricks zeigen, dass sie malen und Basketballspielen können. Nach der zweiten Show baden die Elefanten im Fluss. Wer den Tieren richtig nahe sein will, kann für 1000 B pro Person einen Mahut unterstützen; vorab buchen. Im Mai feiert das Dorf zu Vollmond die Ordinierung der Mönchsnovizen mit einer **Elefantenparade**, für die die Dickhäuter kunstvoll bemalt werden.

Beim **Gastfamilien-Programm** (☎ 08 1879 5026; 350 B/Pers.) von Ban Tha Klang bekommt man drei Mahlzeiten und verbringt Zeit mit den Elefanten.

Nach Ban Tha Klang verkehren *songthaeos* vom Busbahnhof in Surin (45 B, 2 Std., stündl.), der letzte fährt um 16 Uhr zurück. Mit dem Auto auf der Rte 214 in Richtung Norden fahren, nach 40 km auf die Rte 3027 abbiegen und den Schildern „Elephant Village" folgen.

Zentren des Kunsthandwerks

Rund um Surin gibt's jede Menge Seidenweberdörfer. Die besonderen Stoffe der Provinz – in erster Linie *pâh hoh,* ein engmaschig gewobener *mát·mèe* – lassen Khmer-Einflüsse erkennen. Es werden nur Naturfarben und die feinsten Seidenfäden aus dem Inneren der Kokons verwendet. Surin-Seide ist in anderen Teilen Thailands nur schwer erhältlich (in Bangkok bekommt man sie es aber mittlerweile etwas leichter) und vor Ort oft um mehr als die Hälfte billiger.

Mit Abstand das berühmteste Seidenweberzentrum ist Ban Tha Sawang, wo **Chansoma** (☎ 08 1726 0397; ☺ 8–17 Uhr) wertvolle Brokatstoffe *(pâh yók torng)* mit eingewebten Silber- und Goldfäden herstellt. Die Arbeit ist sehr beeindruckend: Vier Frauen sind gleichzeitig an einem Webstuhl beschäftigt, eine von ihnen muss auf dem Boden arbeiten, und zusammen schaffen sie gerade 4 cm am Tag. Viele der fertigen Stoffe sind für den königlichen Hof bestimmt, aber wer es sich leisten

kann, 30 000 B pro Meter zu zahlen, bekommt hier einen nach Maß gefertigten Stoff. Die anderen Geschäfte im Dorf verkaufen konventionellere Seidenstoffe an die Touristen, die kontinuierlich und in Massen in Reisebussen angekarrt werden. Das Dorf liegt 8 km westlich der Stadt an der Rte 4026. Auf eigene Faust ist es jedoch nicht so leicht zu finden, denn Schilder auf Englisch findet man nur sporadisch. Songthaeos (17 B, 20 Min.) fahren regelmäßig am Markt in Surin ab, ein Tuk-Tuk hierher kostet ca. 100 B.

Die benachbarten Dörfer **Ban Khwao Sinarin** und **Ban Chok** liegen 18 km von Surin entfernt (über die Rte 214 und die Rte 3036 in Richtung Norden) und sind für ihre Seiden- und Silberprodukte bekannt. Zu den Besonderheiten gehört der *yók dòrk,* ein Brokatstoff, der zwar sehr viel einfacher gewebt ist als die Stoffe in Ban Tha Sawang, dessen Herstellung aber spezielle Webstühle mit 35 Fußleisten erfordert. Bei Khun Manee, dem Besitzer des **Phra Dab Suk** (☎ 08 9865 8720) an der Hauptstraße, kann man für 100 B pro Person zusehen, wie die Seide gewoben wird. Zu den herausragenden Silberwaren zählt das *prakueam,* eine Art Perle im kambodschanischen Stil, die die Vorfahren der Einwohner Ban Choks vor vielen Jahrhunderten nach Thailand brachten. Die **Ban-Chok-Silberkooperative** (Glüm Krêung Ngeum Bâhn Chôhk; ☎ 08 1309 4352), die ihren Sitz südlich der Hauptstraße hat, stellt einzigartigen Silberschmuck her. Von Surin fahren stündlich *songthaeos* (25 B, 1½ Std.) nach Ban Khwao Sinarin.

Die Einwohner von **Ban Buthom**, 14 km östlich von Surin an der Rte 226 in Richtung Sikhoraphum gelegen, flechten stabile, unbehandelte Rattankörbe. Die flacheren Exemplare passen in jeden Rucksack.

Prasat Ta Meuan

ปราสาทตาเมือน

Die stimmungsvollsten (aber auch am schwierigsten zu erreichenden) Khmer-Ruinen der Provinz Surin sind die drei Heiligtümer in Tambon Ta Miang an der Grenze zu Kambodscha. Sie heißen **Prasat Ta Meuan** (Eintritt frei; ☺ bei Tageslicht) und liegen alle an der Straße, die einst Angkor Wat mit Phimai verband.

Der erste Tempel, der eigentliche **Prasat Ta Meuan**, wurde unter Jayavarman VII. (1181–1210 n. Chr.) als Raststation für Pilger gebaut. Das recht kleine Heiligtum mit nur zwei Türen und zehn Fenstern besteht aus Laterit-

blöcken. Ein einziger verzierter Sandsteinsturz ist noch erhalten.

Nur 300 m weiter südlich befindet sich der etwas größere **Prasat Ta Meuan Toht**, der als Andachtsstätte zu einem „Krankenhaus" gehört haben soll. Auch er wurde unter Jayavarman VII. erbaut. Die Überreste, *gopura*, *mondòp* und der Haupt-*prang*, sind von einer Lateritmauer umgeben.

Knapp 1 km weiter südlich befindet sich neben dem Armeestützpunkt am Ende der Straße der größte der drei Tempel. Der **Prasat Ta Meuan Thom** (der zwei Jahrhunderte älter ist als die beiden anderen) wurde zwar etwas planlos restauriert, lohnt aber am ehesten die Strapazen der Anreise. Die drei *prangs* und eine große Halle wurden aus Sandsteinblöcken auf einem Lateritfundament erbaut. Innerhalb der Mauer stehen noch verschiedene kleinere Gebäude. Der Haupt-*prang* ist reich mit Reliefs verziert, die schönsten wurden allerdings von den Roten Khmer, die das Gelände in den 1980er-Jahren besetzten, entfernt und an skrupellose thailändische Geschäftemacher verkauft. Eine Treppe an der Südseite endet auf kambodschanischem Gebiet. Im dichten Dschungel rund um die Anlage wimmelt es noch von Landminen und nicht gezündeten Handgranaten – auf die „Danger"-Schilder achten!

Die erste Ruine liegt 10,3 km südlich von Ban Ta Miang (an der Rte 224, 23 km östlich von Ban Kruat) und ist über eine kurvige Straße zu erreichen, auf der mehr Kühe als Autos unterwegs sind; öffentliche Verkehrsmittel fahren nicht hierher. Der Besuch vom Phanom Rung Historical Park (S. 517) aus gestaltet sich einfacher als von Surin aus.

Noch mehr Khmer-Tempelruinen

Entlang der kambodschanischen Grenze im südlichen Teil der Provinz Surin gibt's noch einige wenige bedeutende Ruinen aus der Angkor-Zeit, z. B. den **Prasat Ban Pluang** (Eintritt 30 B; 🕑 7.30–18 Uhr) aus dem 11. Jh., der 33 km südlich von Surin liegt. Dabei handelt es sich um einen einsamen Sandstein-*prang*, von dessen Turmspitze leider nicht mehr viel zu sehen ist. Dafür haben einige wunderbare Reliefs dem Zahn der Zeit getrotzt, u. a. eines am Türsturz über dem Eingang, das den Hindugott Indra auf seinem Reitelefanten Airavata zeigt. Der *prang* ist von einem hufeisenförmigen Wassergraben umgeben. Die Ruine befindet sich 600 m abseits der Rte 214;

die Abzweigung liegt 2,5 km südlich vom Hwy 24. Jedes Transportmittel nach Kap Choeng oder zur Grenze hält hier (25 B, 30 Min.).

Die etwas größere Khmer-Ruine **Prasat Sikhoraphum** (Eintritt 50 B; 🕑 8–17 Uhr) ist im gleichnamigen Ort 30 km nordöstlich von Surin zu besichtigen. Die fünf *prangs* von Sikhoraphum, von denen der größte 32 m hoch ist, wurden im 12. Jh. aus Ziegeln errichtet. Erhalten sind jedoch nur die Spitzen zweier *prangs*, darunter die des Hauptturms, dessen Eingänge Reliefs von Hindugottheiten im Stil von Angkor Wat zieren. Während des Elefantenauftriebs findet hier eine Sound- und Light-Show statt. Von Surin fahren Busse (25 B, 1 Std.) und Züge (7 B, 30 Min.) nach Sikhoraphum.

Wer schon einmal hier ist, kann auch beim 400 m von der Rte 226 entfernten **Prasat Muang Thi** (Eintritt frei; 🕑 bei Tageslicht) vorbeischauen. Nach Surin zurück sind es 15 km. Die drei noch erhaltenen Ziegel-*prangs* sind in bedauernswertem Zustand – einer scheint jeden Augenblick einzustürzen –, aber so klein, dass sie trotzdem ganz hübsch aussehen.

Der **Prasat Phumpon** (Eintritt frei; 🕑 bei Tageslicht) in Amphoe Sangkha stammt aus dem 7. oder 8. Jh. und ist somit der älteste Khmer-*prasat* in Thailand. Das ändert jedoch nichts daran, dass es außer dem einfachen Ziegel-*prang* enttäuschend wenig zu sehen gibt. Amphoe Sangkha liegt 9 km südlich des Hwy 24 an der Rte 2124 (an der Straßengabelung nach rechts durch das Dorf fahren).

SI SAKET
ศรีสะเกษ

42 800 Ew.

Das durch und durch langweilige Si Saket lohnt sich eigentlich nur als Ausgangspunkt für einen Besuch des Angkor-Tempelkomplexes Khao Phra Wihan.

Mittelpunkt der Stadt ist der Bahnhof. Der Busbahnhof befindet sich etwa 2 km südlich an der Th Kuang Heng. Es gibt jede Menge Banken und Internetcafés, erstere vermehrt im Geschäftsviertel der Stadt. Obwohl Si Saket absolut nichts zu bieten hat, schwärmt das Personal des **Si-Saket-Tourismusorganisationszentrums** (☎ 0 4561 1283; Ecke Th Lak Muang & Th Thepa; 🕑 Mo–Fr 8.30–16.30 Uhr) von der Stadt.

Die Hauptattraktion (und mehr oder weniger auch die einzige Attraktion) der Stadt ist das tolle Geschäft **Tak Khun Ampai Panich** (☎ 0 4561 2637; Ecke Th Ubon & Th Wijitnakorn; 🕑 9–20 Uhr),

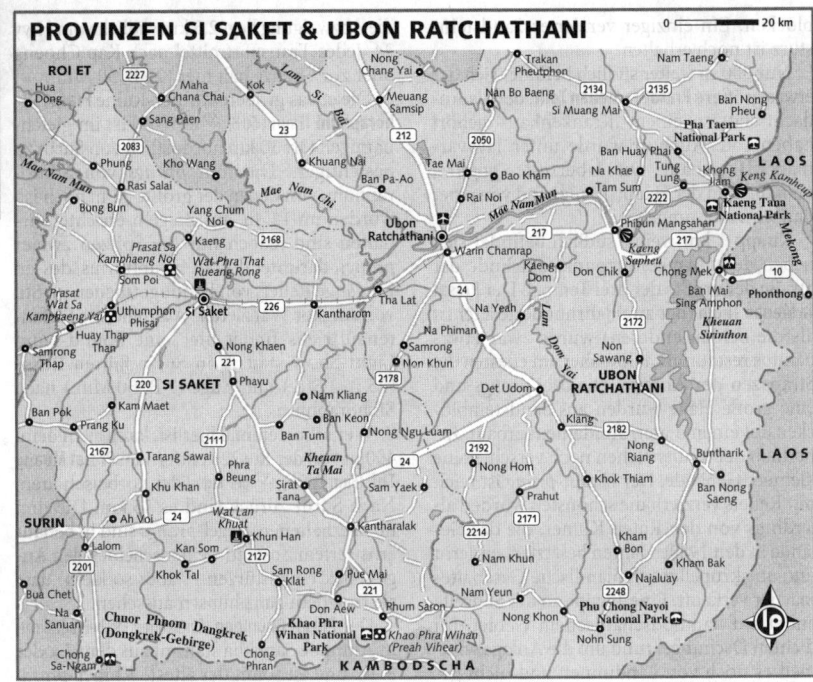

PROVINZEN SI SAKET & UBON RATCHATHANI

ein Holz-Stuck-Gebäude aus dem Jahre 1925. Jetzt ist ein OTOP-Center darin untergebracht, das Seide und Kunsthandwerk aus der Region verkauft. Im Obergeschoss entsteht ein kleines Museum mit ein paar Antiquitäten. Der Laden liegt zehn Gehminuten vom Bahnhof in südwestlicher Richtung.

Schlafen & Essen

Si Saket Hotel (☎ 0 4561 2582; 384/85 Th Si Saket; Zi. 150–250 B; 🕸) Die etwas primitive Unterkunft bietet ein gutes Preis-Leistungs-Verhältnis und liegt nur einen Steinwurf vom Bahnhof (in Richtung Norden) entfernt. Selbst die billigsten Zimmer haben Kabelfernsehen, doch das Geld dafür wäre in guten Matratzen sinnvoller angelegt gewesen.

Phrompiman Hotel (☎ 0 4561 2677; 849/1 Th Lak Meuang; Zi. 400–990 B; 🕸 🖳) Das Hotel westlich des Bahnhofs ist preiswert, besonders was die gehobeneren Zimmer angeht (die gibt's schon für 650 B), und daher ist das Haus auch oft ausgebucht. Zu den Annehmlichkeiten zählen ein eigenes Reisebüro, ein Bar, ein Snooker-Club, ein kleiner Supermarkt und zwei Restaurants.

Nördlich des Bahnhofs gibt's einige Restaurants, doch der kulinarische Rummel findet auf dem gleich südlich gelegenen herrlichen **Nachtmarkt** (🕑 16–23 Uhr) statt. Wer das Besondere liebt, sollte **Sisaket** (☎ 08 1593 2330; Th Thepa 1; Gerichte 20–100 B; 🕑 abends) ausprobieren: In diesem netten Gartenrestaurant diniert man unter strohgedeckten Sonnenschirmen. Die Spezialität des Hauses ist gedünsteter Fisch mit Chilipaste. Die Speisekarte ist zwar nur auf Thai, aber das Personal spricht etwas Englisch. Die Fahrt mit einem Tuk-Tuk vom Stadtzentrum aus kostet zwischen 40 und 50 B; wenn der Fahrer das Restaurant nicht kennt, sollte man ihm einfach sagen, dass man zum „Nörng Utai" will.

An- & Weiterreise

Ab Bangkok gibt's regelmäßig Busse von bzw. nach Si Saket (1./2. Klasse 434/329 B, 8½ Std.), die entweder am **Busbahnhof** (☎ 0 4561 2523) oder an der Th Si Saket gleich nördlich vom Bahnhof halten. Es gibt Busverbindungen von bzw. nach Ubon Ratchathani (normal/2. Klasse 40/59 B, 1¼ Std.) und Surin (normal 60 B, 1½ Std., stündl.). **999 VIP** (☎ 0 4561 2523)

schickt einen VIP-Bus mit 24 Sitzen (685 B) nach Bangkok; Abfahrt ist um 19.40 Uhr am Busbahnhof.

Zehn Züge fahren täglich vom **Bahnhof Si Saket** (☎ 04561 1525) nach Bangkok (2./3. Klasse 311/197 B, 8–11 Std.). Der Nachtexpress (1. Klasse im klimatisierten Schlafwagen 1236 B, 11 Std.) fährt in Bangkok um 20.20 Uhr und in Si Saket um 19.30 Uhr ab. Der Zugnach Ubon Ratchathani braucht eine Stunde (2./3. Klasse 29/13 B).

Die thailändisch-kambodschanische Grenze bei Chong Sa–Ngam ist offen. Visa sind erhältlich (Details s. S. 830), aber mit öffentlichen Verkehrsmittel kommt man nicht hin.

RUND UM SI SAKET
Khao Phra Wihan National Park
อุทยานแห่งชาติเขาพระวิหาร
KHAO PHRA WIHAN
เขาพระวิหาร

Khao Phra Wihan (auf Khmer Preah Vihear) ist eines der großartigsten Monumente der Angkor-Periode der Region. Der Tempel befindet sich zwar schon auf kambodschanischem Staatsgebiet, ist aber praktisch nur von Thailand aus zu erreichen. Die große Tempelanlage thront auf einem 600 m hohen Felsen des Dongrek-Gebirges (Dong Rek) und über dem Flachland von Kambodscha, das weitere schöne, geschichtsträchtige Ruinen spicken. Der Weg zum Tempel führt über eine Reihe steiler, mit *nagas* besetzter Treppen.

Aufgrund einer schlecht gezeichneten französischen Landkarte erhoben beide Länder Anspruch auf den Tempel. 1962 schließlich sprach ihn der Internationale Gerichtshof schließlich Kambodscha zu. Thailands Stolz ist wegen dieser Sache noch immer verletzt. Als die kambodschanische Regierung im Juni 2008 für die Tempelanlage den Weltkulturerbe-Status beantragte, entflammte ein Grenzstreit, der zu tödlichen Konflikten zwischen den Armeen beider Staaten führte. Aufgrund der ungelösten Situation war Besuchern der Zutritt zur Tempelanlage lange verwehrt.

Obwohl die Errichtung einer Seilbahn von kambodschanischer Seite zum Tempel (in Kombination mit einem Kasinokomplex) schon lange im Gespräch ist, gibt's immer noch nur einen einzigen Zugang, und zwar (wenn der Tempel offen ist) im **Nationalpark** (☎ 0 4581 8021; Eintritt 200 B, Fahrzeuggebühr 30 B) auf thailändischer Seite; ein Besucherzentrum weist den 1 km langen Weg hinauf zum Tempel (letzter Einlass ist 16 Uhr) und damit nach Kambodscha. Nachdem auf thailändischer Seite 5 B für einen Grenzpassierschein fällig werden, kassieren die kambodschanischen Behörden gleich hinter der Grenze nochmal 200 B (Gesamtkosten 405 B). Der Reisepass wird zwar nicht verlangt, sollte aber für alle Fälle mitgenommen werden.

Am Khao Phra Wihan selbst wurde drei Jahrhunderte lang gebaut. Begonnen hat ihn der Khmer-König Rajendravarman II. Mitte des 10. Jhs., fertiggestellt wurde er Anfang des 12. Jhs. unter dem Khmer-König Suryavarman II., der auch den Angkor Wat errichten ließ. Den Khmer-Hindus war der Tempelfelsen schon mindestens 500 Jahre vor Fertigstellung der Anlage heilig; bereits vor dem Bau des Tempels befanden sich dort kleinere Heiligtümer aus Ziegel.

Die Restaurierung der Tempelanlage wurde abgebrochen und Kambodscha scheint wenig Interesse an der Fortführung der Arbeiten zu haben. Vielleicht wäre der Internationale Gerichtshof mit einer Entscheidung zugunsten Thailands besser beraten gewesen. Während der Besetzung durch die Roten Khmer, die erst mit Pol Pots Tod im Jahre 1998 endete, wurden viele Kunstgegenstände gestohlen, vor allem Türstürze und Reliefs. Einige wurden aber wiedergefunden und sollen irgendwann zurückgebracht werden.

Unversehrt blieb eine 30 m lange *naga*-Balustrade. Die ersten beiden *gopuras* sind schon fast eingefallen und viele der Bauten haben kein Dach mehr, aber dafür sind unzählige Steinreliefs intakt und sichtbar. Die Eingänge zum dritten *gopura* sind toll erhalten; die innere, südwärts gerichtete Tür wird von einem schön gehauenen Steinsturz überwölbt, der Shiva und seine Gemahlin Uma zeigt, wie sie im Schatten eines symmetrisch gestalteten Baumes auf Nandi, Shivas Bullen, reiten. Ein Sturz mit einer Vishnu-Schöpfungsszene ist auf dem zweiten *gopura* zu erkennen – im Gegensatz zu dem berühmten Sturz in Phanom Rung, der dasselbe Thema darstellt, sieht man Vishnu hier aber einen gewundenen Ast hinaufklettern, anstatt sich auf dem Ozean darunter sinken zu lassen.

Der Hauptturm im letzten Hof muss erst noch umfassend restauriert werden, bevor er wieder im Glanz seiner früheren Pracht erstrahlen kann. Viele Steinreliefs, die einst den *prasat* schmückten, fehlen oder sind unter den Trümmerhaufen vergraben. Die Galerien

rund um den *prasat* hatten mehr Glück – sogar ihre Gewölbedächer sind erhalten.

In der Gegend rund um den Tempel lieferten sich die Rhoten Khmer heftige Kämpfe mit den Regierungstruppen von Phnom Penh. Noch heute ist der Dschungel voll von Landminen und Geschützteilen, vor denen die Totenkopfschilder rund um die Tempelanlage warnen. Man sollte deshalb unbedingt auf den gesicherten Wegen bleiben, auch wenn sich die Einheimischen nicht daran halten.

NOCH MEHR SEHENSWERTES

Der 130 km² große Nationalpark ist für Besucher noch immer geöffnet. Seine zahlreichen Sehenswürdigkeiten lohnen einen Besuch, bevor man über die Grenze marschiert, um Khao Phra Wihan selbst zu besichtigen (oder auch danach). In der Nähe des **Besucherzentrums** (7–17 Uhr), das einige interessante Exponate zur Geschichte des Tempels zeigt, befindet sich der Fels **Pha Mo-E-Daeng**, der nicht nur mit dem ältesten Flachrelief Thailands verziert ist, sondern auch eine herrliche Aussicht bietet. Das Relief zeigt drei Figuren, die unter einem grob gemeißelten Schwein (welches Vishnu darstellen könnte) sitzen. Die Identität der Figuren gibt Archäologen und Kunsthistorikern gleichermaßen Rätsel auf: Obwohl sie wie Götter, Engel oder Könige wirken, entspricht ihre Ikonographie keiner der bekannten Figuren der Thai-, Mon- oder Khmer-Mythologie. Stilistisch scheinen sie der Khmer-Kunst aus der Koh-Ker-Periode (921–45 n. Chr.) zuzuordnen zu sein, als König Jayavarman IV. von seiner Hauptstadt in Koh Ker regierte. Gegenüber vom Parkplatz befindet sich der Wasserfall **Nam Tok Khun Si**, dessen Wasser sich über eine Höhle von der Größe eines Orchestergrabens ergießt. In der Regel führt der Strom nur von Ende Juni bis Oktober Wasser. Man sollte ihn nur in Begleitung eines Rangers besichtigen, weil es in der Gegend wohl noch Landminen gibt.

SCHLAFEN & ESSEN

Im Park gibt's vier **Bungalows** (0 2562 0760; www.dnp.go.th/parkreserve; 4–6 Pers. 600–2000 B), die ein gutes Stück entfernt vom Besucherzentrum liegen, sowie einen **Campingplatz** (mit eigenem Zelt 30 B/Pers.; im gemieteten Zelt 150–600 B für 2–10 Pers.). Gegenüber dem Besucherzentrum fand man früher eine Menge Restaurants und in den Ruinen verkauften Imbissstände Snacks und Getränke.

Die nächste Stadt mit Übernachtungsmöglichkeiten ist Kantharalak, der ideale Ort, wenn man spät von der Besichtigung der Ruinen zurückkehrt oder diese früh am Morgen besuchen will. Die Zimmer des **SB Hotel** (0 4566 3103; 136 Th Anan Ta Pak Dee; Zi. 250–550 B;) sind zwar ziemlich trist, ansonsten aber ist die Unterkunft sauber und freundlich und dank des Coffeeshop-Internetcafés als auch gut Basislager geeignet. Sie liegt im Herzen der Stadt. Vom Busbahnhof in Kantharalak kostet die Fahrt mit einem Tuk-Tuk etwa 20 B.

AN- & WEITERREISE

Die Rte 221 führt von Si Saket über Kantharalak ins 95 km südlich gelegene Phum Saron, von da sind es noch 10 km bis zum Tempel. Mit dem Bus fährt man zunächst von Surin nach Kantharalak (45 B, 1½ Std.) und steigt dann in ein *songthaeo* nach Phum Saron (35 B, 40 Min.). Beide Gefährte verkehren bis 15 Uhr im 30-Minuten-Takt. Von Phum Saron bringen einen dann Motorradtaxis zum Nationalpark. In der Regel zahlt man für die Hin- und Rückfahrt 200 B, ein paar Stunden Wartezeit vor Ort inklusive. Die Fahrt in einem Lastwagen kostet um die 400 B. Die Fahrer in Phum Saron wissen nur allzu gut, dass die Touristen, die den weiten Weg auf sich genommen haben, unbedingt zu den Ruinen wollen, und versuchen, die Preise in die Höhe zu treiben. Zum Park trampen ist grundsätzlich möglich, kann aber lange dauern, besonders unter der Woche.

Von Ubon Ratchathani aus kommt man auch mit dem Bus nach Kantharalak (50 B, 1½ Std., alle 30 Min.).

Noch mehr Khmer-Ruinen

30 km westlich von Si Saket, an der Rte 226, befindet sich im Amphoe Uthumphon Phisai der **Prasat Wat Sa Kamphaeng Yai** (Eintritt frei; bei Tageslicht), ein zu Ehren Shivas gebauter Schrein. Zu sehen sind vier *prangs* und zwei *wíhaans* (große, normalerweise auch Laien zugängliche Halle eines thailändischen Tempels) aus dem 11. Jh. Den *prangs* – auch dem mit Ziegeln restaurierten Hauptturm – fehlt die Spitze, aber viele Türstürze und Reliefs sind noch erhalten. Die Ruine des Heiligtums steht auf dem Gelände des modernen Nachfolgers Wat Sa Kamphaeng Yai. Die Busse aus Si Saket (20 B, 30 Min.) und Surin (55 B, 1½ Std.) halten in der Nähe der Ruine, schneller und billiger geht's aber mit

dem Zug – der Bahnhof ist allerdings einige Kilometer entfernt.

8 km westlich von Si Saket steht nördlich der Straße nach Kamphaeng Yai ein Tempel, auf den kein englisches Schild hinweist. Es handelt sich um den **Prasat Sa Kamphaeng Noi** (Eintritt frei; ☯ bei Tageslicht). Wie viele andere Khmer-Tempel in der Gegend wurde auch dieser unter dem Angkor-König Jayavarman VII. als „Ort der Heilung" erbaut. Der Tempel, der für Ewigkeiten nur noch ein Geröllhaufen war, wurde endlich wieder restauriert, ist jedoch immer noch mittelmäßig.

Tempel

Offiziell heißt das Gebäude Wat Pa Maha Chedi Kaeo, doch mittlerweile nennen es alle **Wat Lan Khuat** (☯ bei Tageslicht), „Tempel der Millionen Flaschen". 1982 träumte der Vorsteher des Tempels von einem *prasat* im Himmel, der vollständig aus Glas bestand. Weil er wusste, dass Glas das Verlangen nach einem klaren Sinn für das Leben symbolisierte, entschloss er sich, seinen Traum umzusetzen, so gut es auf Erden eben ging. Er bedeckte sämtliche Flächen in allen Gebäuden seines Tempels mit Glasflaschen, nicht zuletzt in der Absicht, der Gemeinde eine Menge Geld für Farbe zu sparen. Je genauer man sich umsieht, umso passender erscheint einem der Name. Der Tempelvorsteher nutzte sogar die Kronkorken für einen großen Teil der Verzierung. Das Kunstwerk ist in Khun Han, 11 km südlich des Hwy 24 an der Rte 2111, zu bewundern; am Kreisverkehr im Stadtzentrum gen Westen abbiegen.

Auch der **Wat Phra That Rueang Rong** (☯ bei Tageslicht) ist nicht alltäglich. Ein ehemaliger Tempelvorsteher beklagte den Verlust des alten Brauchtums und baute daraufhin einen *bòt*, der einem von zwei riesigen Rindern gezogenen Karren ähnelt. Er errichtete zudem ein **Museum** (Eintritt frei; ☯ 7.30–17 Uhr), das alte Werkzeuge, Musikinstrumente und andere Gegenstände der vier in der Provinz ansässigen Volksgruppen (Laoten, Khmer, Suai und Yer) zeigt. Figuren aus Beton stellen die traditionelle Kleidung der Menschen zur Schau und überdimensionale Tiergestalten erteilen Lektionen fürs Leben: Wer z. B. in seinem Leben Böses tut, riskiert es, als Gorilla wiedergeboren zu werden. Der Wat liegt 7 km nördlich der Stadt; *songthaeos* der Linie 2 (12 B, 20 Min.) vor dem Bahnhof bringen einen hin.

PROVINZ UBON RATCHATHANI

Die in ganz Thailand für ihre Waldtempel bekannte, abwechslungsreiche Provinz liegt im von Dschungel bedeckten Ländereck Thailand–Laos–Kambodscha. Um das touristische Image aufzubessern, verpasste die nationale Tourismusbehörde (TAT) den südlichen Teilen der Region den Titel „Smaragddreieck", der einerseits die herrlich grünen Landschaften betonen und andererseits eine Parallele zum „Goldenen Dreieck" in Thailands Norden ziehen soll. Obwohl die Region dem rüstigen Wanderer viel zu bieten hat, blieb die erhoffte Besucherwelle aus.

Die Nationalparks Phu Chong Nayoi und Pha Taem gehören zu den abgelegensten im Land und Ubon ist eine der attraktivsten Städte der Region.

Geschichte

Vor vielen Jahrhunderten bewohnten Dvaravati- und Khmer-Kulturen das Einzugsgebiet der beiden Flüsse Mae Nam Mun und Mae Nam Chi. Nach dem Niedergang der Khmer-Herrschaft besiedelten im späten 18. Jh. laotische Völker die Gegend und gründeten die heutige Hauptstadt Ubon Ratchathani. In der frühen Ratanakosin-Zeit gehörte sie zum *monthon* Ubon, einem Satellitenstaat im südöstlichen Isaan, der die heutigen Provinzen Surin, Si Saket und Ubon sowie Teile des südlichen Laos umfasste und dessen *monthon*-Hauptstadt Champasak in Laos war. Heute dominiert der laotische über den Khmer-Einfluss.

UBON RATCHATHANI

อุบลราชธานี

115 000 Ew.

Wer den unvermeidlichen Stau auf den Zufahrtstraßen überstanden hat, dem zeigt Ubon Ratchathani sein schöneres Gesicht. Im südlichen Teil der Stadt – der direkt an Thailands zweitlängstem Fluss Mae Nam Mun gebaut ist – geht es so schwunglos und schwerfällig zu wie sonst kaum in den großen Ballungszentren der Region. Die Umgebung ist mit Tempeln gespickt. Obwohl die Modernisierung auch hier schnellen Schrittes vorangeht, kann man dem städtischen Gedränge leicht entkommen und vielerorts eine tiefe Verbun-

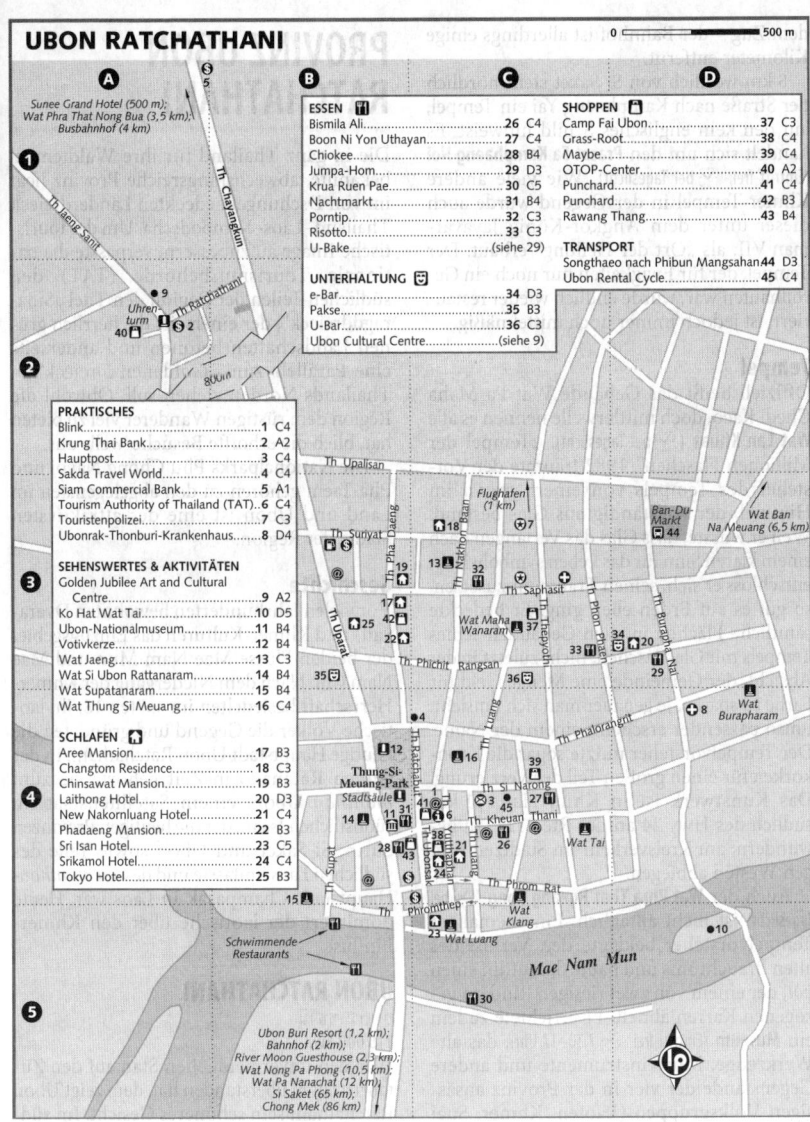

UBON RATCHATHANI

0   500 m

Sunee Grand Hotel (500 m);
Wat Phra That Nong Bua (3,5 km);
Busbahnhof (4 km)

ESSEN
Bismila Ali	26 C4
Boon Ni Yon Uthayan	27 C4
Chiokee	28 B4
Jumpa-Hom	29 D3
Krua Ruen Pae	30 C5
Nachtmarkt	31 B4
Porntip	32 C3
Risotto	33 C3
U-Bake	(siehe 29)

UNTERHALTUNG
e-Bar	34 D3
Pakse	35 B3
U-Bar	36 C3
Ubon Cultural Centre	(siehe 9)

SHOPPEN
Camp Fai Ubon	37 C3
Grass-Root	38 C4
Maybe	39 C4
OTOP-Center	40 A2
Punchard	41 C4
Punchard	42 B3
Rawang Thang	43 B4

TRANSPORT
Songthaeo nach Phibun Mangsahan	44 D3
Ubon Rental Cycle	45 C4

Uhren-
turm

PRAKTISCHES
Blink	1 C4
Krung Thai Bank	2 A2
Hauptpost	3 C4
Sakda Travel World	4 C4
Siam Commercial Bank	5 A1
Tourism Authority of Thailand (TAT)	6 C4
Touristenpolizei	7 C3
Ubonrak-Thonburi-Krankenhaus	8 D4

SEHENSWERTES & AKTIVITÄTEN
Golden Jubilee Art and Cultural Centre	9 A2
Ko Hat Wat Tai	10 D5
Ubon-Nationalmuseum	11 B4
Votivkerze	12 B4
Wat Jaeng	13 C3
Wat Si Ubon Rattanaram	14 B4
Wat Supatanaram	15 B4
Wat Thung Si Meuang	16 C4

SCHLAFEN
Aree Mansion	17 B3
Changtom Residence	18 C3
Chinsawat Mansion	19 B3
Laithong Hotel	20 D3
New Nakornluang Hotel	21 C4
Phadaeng Mansion	22 B3
Sri Isan Hotel	23 C5
Srikamol Hotel	24 C4
Tokyo Hotel	25 B3

Th Upalisan

Flughafen
(1 km)

Ban-Du-
Markt

Wat Ban
Na Meuang (6,5 km)

Wat Maha
Wanaram

Wat
Burapharam

Wat
Buddharangsi

Thung-Si-
Meuang-Park
Stadtsäule

Wat Tai

Wat Klang

Wat Luang

Schwimmende
Restaurants

Mae Nam Mun

Ubon Buri Resort (1,2 km);
Bahnhof (2 km);
River Moon Guesthouse (2,3 km);
Wat Nong Pa Phong (10,5 km);
Wat Pa Nanachat (12 km);
Si Saket (65 km);
Chong Mek (86 km)

---

denheit der Menschen mit dem Isaan spüren. Wenige Städte Thailands belohnen zielloses Herumwandern so reich wie Ubon.

Nachdem es im Vietnamkrieg als US-Luftwaffenstützpunkt diente, ist das Ubon des 21. Jhs. in erster Linie ein Finanz-, Bildungs- und Landwirtschaftszentrum des östlichen Isaan. Aufgrund des nahen Grenzübergangs

in Chong Mek nach Laos wird Ubon auch bei Travellern immer beliebter.

Orientierung & Praktische Informationen

Das Stadtleben in Ubon konzentriert sich nördlich des Mae Nam Mun und östlich der Nord-Süd-Hauptdurchgangsstraße Th Cha-

yangkun/Th Uparat. Der historische Kern der Stadt befindet sich unten am Fluss, unterhalb der Th Si Narong. Zwar sind viele der alten Holzhäuser, in denen Geschäfte untergebracht waren, aus der Gegend verschwunden, doch in der Th Yutthaphan finden sich noch ein paar hübsche Exemplare. Der Bahnhof liegt südlich vom Fluss in Warin Chamrap.

GELD
Banken gibt's im Stadtzentrum und in der Th Chayangkun. Sie sind zu den üblichen Geschäftszeiten geöffnet. Die im Folgenden genannten Banken haben längere Öffnungszeiten und wechseln Bargeld und Reiseschecks.

Krung Thai Bank (Th Ratchathani; ✆ 10–19 Uhr) Im Einkaufszentrum Ying Charoen Park.

Siam Commercial Bank (Tesco-Lotus, Th Chayangkun; ✆ 10.30–20 Uhr) Beim Kaufhaus Tesco-Lotus.

INTERNETZUGANG
Ubon ist nicht gerade mit Internetcafés übersät, aber man findet schnell eines.

Blink (105-107 Th Yutthaphan; Internet 15 B/Std.; ✆ 9–22 Uhr) Beim TAT um die Ecke.

NOTFALL & MEDIZINISCHE VERSORGUNG
Touristenpolizei (✆ 0 4524 5505; Th Suriyat) Einen Block hinter der normalen Polizeiwache.

Ubonrak-Thonburi-Krankenhaus (✆ 0 4526 0285; Th Phalorangrit) Notfallambulanz rund um die Uhr.

POST
Hauptpost (Th Luang; ✆ Mo–Fr 8.30–16.30, Sa, So & feiertags 9–12 Uhr)

REISEBÜROS
Sakda Travel World (✆ 0 4525 4333; www.sakdatour.com; Th Phalorangrit; ✆ Mo–Sa 9–18 Uhr) Bucht Flüge, vermietet Autos und organisiert Touren.

TOURISTENINFORMATION
Tourism Authority of Thailand (TAT; ✆ 0 4524 3770; www.tatubon.org; 264/1 Th Kheuan Thani; ✆ 8.30–16.30 Uhr) Hat hilfreiches Personal.

Sehenswertes & Aktivitäten
UBON-NATIONALMUSEUM
พิพิธภัณฑสถานแห่งชาติอุบลราชธานี
Unbedingt sehenswert ist das informative, im ehemaligen Rathaus untergebrachte **Ubon-Nationalmuseum** (✆ 0 4525 5071; Th Kheuan Thani; Eintritt 100 B; ✆ Mi–So 9–16 Uhr). Hier kann man detaillierte Hintergrundinformationen einholen, bevor man sich hinaus in die Provinz

wagt. Die vielen Ausstellungsstücke reichen von Grenzsteinen zur Markierung des heiligen Bezirks buddhistischer Tempel aus der Dvaravati-Zeit und einer 2500 Jahre alten bronzenen Dong-Son-Trommel bis zu Textilien und Utensilien rund ums Betelnusskauen. Wertvollster Besitz des Museums ist eine Ardhanarisvara-Statue aus dem 9. Jh., die die Verschmelzung Shivas mit seiner Gefährtin Uma zu einem Wesen verkörpert – von diesen besonderen Figuren wurden in ganz Thailand nur zwei gefunden.

Das Museum liegt am Rande des Thung-Si-Meuang-Park, dessen Hauptattraktion eine riesige, aufwendig gestaltete **Votivkerze** aus Beton ist. Sie erinnert an das alljährliche Kerzenfest von Ubon Ratchathani (s. S. 533).

GOLDEN JUBILEE ART & CULTURAL CENTRE
ศูนย์วัฒนธรรมอุบลฯ
Das **Museum** (✆ 0 4535 2000; Th Jaeng Sanit; Eintritt frei; ✆ 8.30–16.30 Uhr) im Erdgeschoss des bemerkenswerten Turmes der Rajabhat-Universität präsentiert den Stil des zeitgenössischen Isaan. Es ist chaotischer als das Nationalmuseum, bietet aber einige interessante Exponate, zum größten Teil Häuser und Kunsthandwerk. Auch Wachsskulpturen sind zu bewundern.

WAT THUNG SI MEUANG
วัดทุ่งศรีเมือง
Der **Wat Thung Si Meuang** (Th Luang; ✆ bei Tageslicht) wurde unter der Herschaft von Rama III. (1824–1851) erbaut und beherbergt eine gut erhaltene klassische *hŏr đrai* (Tripitaka-Bibliothek). Wie viele andere *hŏr đrai* steht auch diese auf hohen, angeschrägten Pfählen inmitten eines kleinen Teiches, dessen Wasser die kostbaren, auf Palmblätter geschriebenen Schriften vor Termiten schützt. Sie ist offen, so dass man einen Blick ins Innere werfen kann. In dem kleinen *bòt* nebenan illustrieren 200 Jahre alte Wandmalereien das Leben und die Kultur der damaligen Zeit.

WAT SI UBON RATTANARAM
วัดศรีอุบลรัตนาราม
Der *bòt* im **Wat Si Ubon Rattanaram** (Th Uparat; ✆ bei Tageslicht) erinnert an den Wat Benchamabophit in Bangkok. Die meisten Besucher zieht der lediglich 7 cm große Buddha aus Topas in seinem Innern an. Der Phra Kaew Butsarakham, der heiligste Besitz der Stadt, soll bei der Gründung von Ubon aus Vientiane

hergebracht worden sein. Er befindet sich unter Glas hoch oben an der Rückwand des Heiligtums. Mit bloßem Auge erkennt man ihn kaum, aber manchmal liegen Ferngläser bereit; außerdem steht direkt vor der größten Buddhastatue eine Nachbildung.

Eine schöne alte *săh·lah* (an den Seiten offene, überdachte Versammlungshalle oder Ruhesaal, oft *sala* geschrieben) aus Holz wurde in ein **Museum** (Eintritt frei; ⏱ 9–16 Uhr) für religiöse Objekte verwandelt. Das Highlight ist die Sammlung von *doô prá drai ʾbìdòk* aus dem 18. Jh., wunderschöne Kisten, in denen heilige Palmblatthandschriften verwahrt wurden. Wer Thai spricht, kann sich erklären lassen, wie die Verzierungen aus echtem Gold gemalt wurden.

WAT PHRA THAT NONG BUA
วัดพระธาตุหนองบัว

Der reich verzierte, 55 m hohe *chedi* des **Wat Phra That Nong Bua** (Th Thammawithi; ⏱ bei Tageslicht) ist fast eine originalgetreue Nachbildung des Mahabodhi-Stupa im indischen Bodhgaya. In allen vier Seitenwänden des *chedi* sind jeweils zwei Gruppen von vier Nischen zu finden, die Buddhastatuen in stilisierter Gupta- oder Dvaravati-Pose mit geschlossenem Gewand bergen. Dies ist der einzige viereckige Stupa der Provinz Ubon (abgesehen von dem noch älteren Stupa, über den dieser gebaut wurde, oder die vier ähnlichen, aber kleineren an den Ecken des Baus). Als wir den Wat besuchten, wurden die aufwendig gearbeiteten *jataka*-Reliefs an der Außenseite gerade renoviert. Der Tempel befindet sich am Stadtrand. Die *songthaeo*-Linie 10 fährt hin.

WAT BAN NA MEUANG
วัดบ้านนาเมือง

Der auch Wat Sa Prasan Suk genannte **Wat Ban Na Meuang** (⏱ bei Tageslicht) unterscheidet sich in vielerlei Merkmalen von anderen Tempeln. Am auffallendsten ist der *bòt* auf einem Schiff, einer mit Keramik verkleideten Nachbildung der Barke Suphannahong von König Rama IX. – inklusive der kompletten Crew. Der Sockel des *wíhaan* hat ebenfalls die Form eines Bootes, orientiert am Privatschiff des Prinzen, und steht in einem echten Teich. Das alles sind nicht nur künstlerische Bestleistungen: Das Wasser repräsentiert menschliche Begierden, die Boote stehen für ihre Beherrschung. Der Eingang zum Tempel schließlich wird bewacht von einer riesigen Statue von Airavata, dem dreiköpfigen Reitelefanten des Hindugottes Indra. Der Auftraggeber dieser Kreationen, Luang Pu Boon Mi, starb im Jahre 2001 und sein Leichnam (nicht zu verwechseln mit der lebensechten Wachsstatue) ruht unter Glas in der *săhlah* neben der königlichen Barke. Der Tempel steht 4 km nordwestlich der Stadt, 1 km von der Umgehungsstraße entfernt; *songthaeos* der Linie 8 fahren daran vorbei.

WAT JAENG
วัดแจ้ง

Der **Wat Jaeng** (Th Nakhon Baan; ⏱ bei Tageslicht) wurde zur Zeit der Stadtgründung erbaut und hat einen bezaubernden, im Lan-Xang-Stil erbauten *bòt* mit großen Kopfbändern an der Seite. Die Holzreliefs der Fassade zeigen Airavata mit zwei mythischen Löwen.

WAT SUPATANARAM
วัดสุปัฏนาราม

Der oft nur **Wat Supat** (Th Supat; ⏱ bei Tageslicht) genannte Tempel direkt am Fluss hat einen einzigartigen *bòt*. Er wurde zwischen 1920 und 1936 erbaut und vereinigt Elemente aus der Baukunst der Khmer mit thailändischem (Dach) und europäischem Stil. Im Gegensatz zu anderen Tempeln der Region besteht dieser *bòt* – wie die früheren Khmer-*prasats* – komplett aus Stein. In der Nähe hängt die größte Holzglocke Thailands.

KO HAT WAT TAI
เกาะหาดวัดใต้

In der heißen Trockenzeit von Februar bis Mai, wenn die Strände an den Küsten breiter werden, strömen die Massen zum Picknicken auf die Insel Mae Nam Mun. Eine provisorische Bambusbrücke verbindet die Insel mit dem nördlichen Ufer, wo sich schwimmende Restaurants angesiedelt haben.

TEMPEL IM AMPHOE WARIN CHAMRAP

Der berühmte Mönch und Meditationslehrer Luang Pu Cha (einst Schüler von Luang Pu Man), bekannt für seine einfache und direkte Lehrmethode, hat sich in dieser Gegend einen Namen gemacht. Neben den im Folgenden aufgeführten renommierten Waldklöstern gründete er weltweit noch viele andere.

Wat Nong Pa Phong
วัดหนองป่าพง

Das friedliche Waldkloster **Wat Nong Pa Phong** (⏱ bei Tageslicht) ist für seine ruhige Disziplin

und eine tägliche, mit Arbeit und Meditation erfüllte Routine, bekannt. Dutzende westlicher Ausländer haben in den letzten Jahrzehnten hier gelebt oder tun es immer noch. Zum Tempel gehören ein goldener *chedi*, in dem die sterblichen Überreste Luang Pu Chas beigesetzt wurden, und ein dreistöckiges **Museum** (Eintritt frei; ☺ 8–16.30 Uhr) mit merkwürdigen Ausstellungsstücken, die von Luang Pu Ajahn Chas weltlichen Besitztümern über Münzen und Geldscheine aus aller Welt bis zu einem Fötus in einem Glas reichen. Der Tempel ist vom Fluss 10 km entfernt. *Songthaeos* der Linie 3 halten 2 km vom Tempel entfernt; für ein Motorradtaxi zahlt man 20 B – falls man eines ergattert.

Wat Pa Nanachat
วัดป่านานาชาติบุ่งหวาย

Wat Pa Nanachat (www.watpahnanachat.org; Ban Bung Wai; ☺ bei Tageslicht) ist ein westlich orientiertes Tempelkloster, das 1975 vor allem für Nicht-Thais eröffnet wurde; hier wird durchweg Englisch gesprochen. Wer schon Erfahrung mit Meditation hat, kann sich schriftlich um einen Aufenthalt bewerben (an „Guest Monk, Wat Pa Nanachat, Ban Bung Wai, Amphoe Warin Chamrap, Ubon Ratchathani 34310"). Die Klosterregeln – nur eine Mahlzeit am Tag, Wecken um 3 Uhr morgens, Rasur von Kopf und Augenbrauen – gelten auch für Gäste.

Im Tempel gibt's eigentlich nichts zu sehen, Besucher sind dennoch jederzeit willkommen. Nach der täglichen Mahlzeit um 8 Uhr steht meist ein älterer Mönch für Fragen zur Verfügung, und bis 11 Uhr trifft man immer jemanden an. *Songthaeos* vom Warin-Markt oder Busse aus Si Saket halten bei Bedarf am Hwy 226, 500 m vom Eingang entfernt. Der Wat liegt im Wald hinter den Reisfeldern.

Festivals & Events

Ubons berühmtes **Kerzenfest** (Hae Tian) entstand unter der Herrschaft von König Rama V., nachdem der damalige Gouverneur das jährliche Raketenfest der Stadt für zu gefährlich erklärte. Aus den einst schlichten Basteleien sind heute riesige, aufwändig gearbeitete Wachsskulpturen geworden. Das Fest wird zusammen mit Khao Phansaa gefeiert, einem buddhistischen Feiertag, der den Beginn der buddhistischen Fastenzeit zum Monsunende (*wan òrk pan·säh*) im Juli markiert. Den Rest des Jahres kann man die Kerzen in verschiedenen Tempeln und im OTOP-Center (S. 535)

bewundern, bis sie vor dem nächsten Fest eingeschmolzen werden. Da zu dem Fest Thais aus dem ganzen Land anreisen, sind alle Hotels der Stadt um diese Zeit ausgebucht.

Schlafen
BUDGETUNTERKÜNFTE

River Moon Guesthouse (☎ 0 4528 6093; 21 Th Sisaket 2; EZ 120 B, DZ 150–180 B) Jedes Jahr wird es schwieriger, diese zerfallende alte Unterkunft zu empfehlen, die aber immer noch Traveller anzieht, die das Besondere suchen. Die Unterkunft liegt 300 m vom Bahnhof entfernt im ehemaligen Bahnarbeiterviertel und bietet rustikale Zimmer mit Gemeinschaftsbad.

New Nakornluang Hotel (☎ 0 4525 4768; 84-88 Th Yutthaphan; Zi. 170–320 B; ❄) Im Gegensatz zum River Moon, das in Würde altert, ist diese definitiv nicht mehr neue Unterkunft einfach nur eine Absteige. Wer aber möglichst wenig ausgeben und trotzdem im Stadtzentrum wohnen will, für den ist es o. k.

Tokyo Hotel (☎ 0 4524 1262; 360 Th Uparat; Zi. 200–600 B; ❄ ▣) Eigentlich ein beliebtes, wenn auch tristes Mittelklassehotel, das auch Budgetzimmer anbietet. Die teureren Zimmer befinden sich im neuen Turm, die einfachen mit Klimaanlage und Ventilator im alten. Das kostenlose WLAN verirrt sich manchmal bis in die alten Zimmer.

Aree Mansion (☎ 0 4526 5518; 208-212 Th Pha Daeng; Zi. 250–350 B; ❄ ▣) Mit einer angeschlagenen Reisekasse ist man hier richtig. Die Unterkunft kann ihr Alter zwar nicht leugnen, aber dass sie es versucht, verdient Anerkennung. Die hellen, frisch gestrichenen Zimmer sind geräumig und selbst in den preiswerteren mit Ventilator gibt's Warmwasser, Kühlschränke und kostenlos WLAN.

Changtom Residence (☎ 0 4526 5525; 216 Th Suriyat; Zi. 400 B; ❄ ▣) Die mittelgroße Unterkunft hat nicht nur saubere, gemütliche Zimmer – der freundliche, Englisch sprechende Besitzer holt einen sogar bei der Ankunft umsonst in der Stadt ab.

Phadaeng Mansion (☎ 0 4525 4600; 126 Th Pha Daeng; Zi. 400–500 B; ❄ ▣) Die Kopien klassischer Gemälde an den Wänden machen die 2008 eröffnete Unterkunft zwar nicht zu einer Nobelherberge, geben ihr aber eine nette Note. Die Zimmer sind kastenförmig, aber gut und haben einen kleinen Balkon. Kostenloses WLAN gibt's auf allen Zimmern.

Chinsawat Mansion (☎ 0 4524 1179; 164/4 Th Saphasit; Zi. 450 B; ❄ ▣) Mal abgesehen von den Mo-

nets unterscheidet sich das Chinsawat kaum vom Phadaeng, verströmt aber eine irgendwie gemütliche Atmosphäre, was in einer so typischen neuen Villa keineswegs selbstverständlich ist. Die Zimmer haben einen kleinen Balkon, aber eine eher unspektakuläre Aussicht.

Srikamol Hotel (☎ 0 4524 6088; 26 Th Ubonsak; Zi. 450–600 B; 🖭) Das Srikamol blickt auf einen lange Geschichte zurück, und überall trifft man noch auf Überbleibsel aus früheren Zeiten – vom Kronleuchter in der Lobby bis zum gefliesten Boden. Die Unterkunft zählte einst zu den besten in Ubon, und auch wenn diese Tage lange vorbei sind und es hier auch nicht besser ist als in den anderen Budgethäusern, werden Liebhaber der alten Schule das Hotel mögen.

MITTELKLASSEHOTELS

LP Tipp **Sri Isan Hotel** (☎ 0 4526 1011; www.sriisan hotel.com; 62 Th Ratchabut; Zi. 650–1400 B; 🖭 🖳) Dieser helle, freundliche Ort mit luftigem Innenhof ist die Ausnahme unter den durchweg langweiligen Mittelklassehotels, die so typisch sind für Ubon Ratchathani. Durch das Atrium flutet Sonnenlicht herein und lässt die Lobby erstrahlen. Die Zimmer sind zwar klein und etwas kitschig (ein gehäkelter Toilettenrollenbezug wäre hier durchaus passend), halten aber einen guten Standard, z. B. mit Orchideen auf dem Kopfkissen. Es gibt einen kostenlosen Abholservice vom Bahnhof und vom Flughafen, vom Busbahnhof jedoch zahlt man dafür 100 B.

Ubon Buri Resort (☎ 0 4526 6777; www.ubonburi hotel.com; Th Srimongkol; Zi. 1140–1330 B, Bungalows 1500 B, Suite 3000 B; 🖭 🖳 🖳) Das nette, abgeschottete Resort ist die richtige Unterkunft, wenn man nach Ubon will, aber nicht in der Stadt übernachten möchte. Die Zimmer und Bungalows liegen in einer riesigen Gartenanlage an einem schmalen Arm des Mun. Das Resort ist mit typischer Isaan-Volkskunst geschmückt und hat erstklassiges Personal, was es mit den teureren Spitzenklassehotels der Stadt locker mithalten lässt. Dafür gibt's aber nicht auf allen Zimmern WLAN.

SPITZENKLASSEHOTELS

Laithong Hotel (☎ 0 4526 4271; www.laithonghotel.net; 50 Th Phichit Rangsan; Zi. 1300–1900 B, Suite 3300 B; 🖭 🖳 🖳) Bei diesen Preisen erwartet man vielleicht etwas elegantere Zimmer, aber das super Personal macht das wieder wett. Die

Unterkunft bietet die üblichen „exklusiven" Einrichtungen wie z. B. ein japanisches Restaurant und unerwartete Isaan-Designattacken. Im dritten Stock befindet sich ein Schwimmbecken unter freiem Himmel.

Sunee Grand Hotel (☎ 0 4535 2900; www.sunee grandhotel.com; Th Chayangkun; Zi. 2800–3600 B, Suite 4800–25 000 B; 🖭 🖳 🖳) Das Sunee ist absolute Klasse. Es zählt zu den wenigen Hotels im Isaan, die sich auch in Bangkok halten könnten, ist dabei aber viel günstiger als die Kollegen in der Hauptstadt. Die Besitzer des 2008 eröffneten Hotels scheinen alles richtig gemacht zu haben, von der stilvollen Beleuchtung bis zur immer bereiten Belegschaft. Es gibt ein großes Business-Center, einen Klavierspieler in der Lobby und ein angeschlossenes Einkaufszentrum. Zur Zeit unseres Besuchs wurde an einem Wasserpark auf dem Dach und an einer Bowlingbahn gebaut.

Essen

Nachtmarkt (🕑 16–1 Uhr) Der Nachtmarkt von Ubon ist eher klein, hat sich aber in den letzten Jahren etwas gemausert.

Boon Ni Yon Uthayan (☎ 0 4524 0950; Th Si Narong; Teller 10–15 B; 🕑 Di–So morgens & mittags) Das von der asketischen Sisa-Asoka-Gruppe geleitete Restaurant bietet ein beeindruckendes vegetarisches Buffet. Die meisten Zutaten stammen aus biologischem Anbau außerhalb der Stadt.

Porntip (☎ 08 9720 8101; Th Saphasit; Gerichte 20–100 B, halbes Hähnchen 60–80 B; 🕑 9–18 Uhr) Das einfache Lokal sieht aus, als wäre gerade ein Tornado durchgefegt, aber die Köche sorgen für eine ganz andere Art von frischem Wind. Das Restaurant ist umgezogen und hieß früher Gai Yang Wat Jaeng. es gilt weithin als die beste Adresse in Ubon für *gài yâhng*, *sôm·dam*, Würste und andere regionale Gerichte.

Chiokee (☎ 0 4525 4017; 307-317 Th Kheuan Thani; Gerichte 25–160 B; 🕑 6–19 Uhr) Der Mix aus Orient (typisches dunkles Holz und ein dekorativer chinesischer Schrein) und Westen (Heinz-Ketchup und weiße Tischdecken) ist nicht ganz stimmig, aber die Speiseauswahl ist groß, von süßsaurer Aalsuppe bis hin zu Hamburgern. Das Chiokee ist sehr beliebt, besonders für sein Frühstück.

Bismila Ali (☎ 08 6871 5852; 177 Th Kheuan Thani; Gerichte 30–100 B; 🕑 7–21 Uhr) Das kleine Lokal serviert indische und thailändisch-muslimische Küche. Man sollte den „Fisch in drei Geschmacksrichtungen" – roter Buntbarsch in

Chilisauce – probieren. Außer auf das Roti vom Wagen vorne muss man auf alle Speisen lange warten, aber das lohnt sich wirklich.

LP Tipp **Krua Ruen Pae** (keine Ausschilderung in lateinischen Buchstaben; ☎ 0 4532 4342; Gerichte 40–300 B; ☻ mittags & abends) Das Krua Ruen Pae ist eines von mehreren Restaurants, die auf dem Mun schwimmen. Es tischt in entspannter Atmosphäre leckere Thai- und Isaangerichte auf, u. a. wundervolles *dôm kàh gài* (pikantes Hühnchencurry mit Galgant in Kokosnussmilch). Mit dem Auto verlässt man die Hauptstraße Richtung Westen und fährt unter der Brücke durch.

U-Bake (☎ 0 4526 5671; 49/3 Th Phichit Rangsan; Schokokuchen 60 B; ☻ mittags & abends) Eine von vielen guten Bäckereien in der Stadt. Das U-Bake liegt im selben Gebäude wie das hübsche Jumpa-Hom.

Risotto (☎ 08 1879 1869; Th Phichit Rangsan; Gerichte 80–300 B; ☻ mittags & abends) Was dem Speiseraum an Italien-Flair fehlt, macht die Küche wieder wett. Zu essen gibt's jede Menge Pasta, außerdem Lachssteaks und die beste Pizza im ganzen Isaan.

Das **Jumpa-Hom** (☎ 0 4526 0398; 49/3 Th Phichit Rangsan; Gerichte 55–1500 B; ☻ abends), das zu den elegantesten Restaurants der Stadt zählt, serviert auf einer herrlichen mit Pflanzen und Wasser verzierten Holzterrasse teure, aber leckere Thai-, Isaan- und Chinagerichte sowie Kreationen der westlichen Küche. Der Speisesaal ist auch schön – man kann auf Stühlen oder auf Kissen auf dem Boden sitzen.

Ausgehen & Unterhaltung

Ubon hat keine richtige Amüsiermeile, die wenigen Bars verteilen sich über die Stadt.

U-Bar (☎ 0 4526 5141; 97/8-10 Th Phichit Rangsan; ☻ 19–1 Uhr) Im Laufe der Jahre sind hier so viele Clubs aufgetaucht wie verschwunden, aber die U-Bar gehört nach wie vor zu den angesagtesten Locations für Studenten – nicht zuletzt, weil hier ab und zu DJs aus Bangkok auflegen. Wer herkommt, sollte den „Blue Kamikaze" probieren, der aus einer etwas unheimlichen Freezy-Maschine hinter der Bar gezapft wird.

e-Bar (Th Phichit Rangsan; ☻ 19–1 Uhr) Dieser neuere glamouröse Club, ein echter Konkurrent für die U-Bar, wird von seinem tanzverrückten Publikum für die Special-Angebote und die Gigs von Bangkoker Bands geliebt.

Pakse (keine Ausschilderung in lateinischen Buchstaben; Th Uparat; ☻ 18–0.30 Uhr) Eher eine Kneipe als eine Bar, nur mit lauter Musik, vielen gemütlichen Ecken, einem Billardtisch und einer richtigen Speisekarte – nicht schick, nur cool!

Im **Golden Jubilee Art & Cultural Centre** (☎ 0 4535 2000; Th Jaeng Sanit) finden Veranstaltungen mit Liedern und Tänzen aus dem Isaan statt.

Shoppen

Das Markenzeichen der Provinz Ubon sind die mit Naturfarben behandelten, handgewebten Baumwollstoffe. Man findet hier eine fantastische Auswahl von Kleidung, Taschen und Stoffen. Zunächst sollte man bei **Camp Fai Ubon** (☎ 0 4524 1821; 189 Th Thepyothi; ☻ 8–17 Uhr) vorbeischauen, wo unter dem Namen Peaceland ebenfalls handgewebte Baumwollstoffe verkauft werden. **Grass-Root** (☎ 0 4524 1272; 87 Th Yutthaphan; ☻ 9–17 Uhr) ist kleiner, aber ebenso gut, und **Maybe** (☎ 0 4525 4452; 124 Th Si Narong; ☻ 8–19 Uhr) bietet zwar weniger mit Naturfarben colorierte Stoffe an, ist aber ein empfehlenswertes Bekleidungsgeschäft mit vernünftigen Preisen.

Punchard (☎ 0 4526 5751; 156 Th Pha Daeng; ☻ 9–20 Uhr) verfügt über ein großes Sortiment an Kunsthandwerk sowie Baumwollstoffe aus Ubon, ist allerdings ziemlich teuer. In der Th Ratchabut gibt's eine **Punchard-Filiale** (☎ 0 4524 3433), die hauptsächlich Dekoartikel für Zuhause verkauft. Das neue, aber immer noch halbleere **OTOP-Center** (Th Jaeng Sanit; ☻ 8.30–17 Uhr) hat ebenfalls eine gute Auswahl.

Ganz anders als die zuvor genannten Läden ist das **Rawang Thang** (☎ 08 1700 7013; 301 Th Kheuan Thani; ☻ Mo–Sa 9–21 Uhr): Es verkauft lustige und coole T-Shirts, Postkarten, Bilderrahmen und allerlei Krimskrams, der zum größtenteils von dem freundlichen Besitzer-Ehepaar hergestellt wird. Sie können einem alles Wissenswerte über Ubon erzählen und wollen bald am Fluss ein Gästehaus eröffnen.

An- & Weiterreise

BUS

Der **Busbahnhof** (☎ 0 4531 6085) von Ubon liegt im Norden der Stadt; *songthaeos* der Linien 2, 3 und 10 bringen einen ins Zentrum.

Busse verkehren regelmäßig von Ubon nach Bangkok (1./2. Klasse 473/396 B, 8 Std.), wobei die meisten morgens und abends und nur einer gegen Mittag fahren. **999 VIP** (☎ 0 4531 4299; 24-Sitzer VIP 724 B; ☻ 18.30 & 19.30 Uhr) bietet den professionellsten Service, **Nakhonchai Air** (☎ 0 4526 9777; 32-Sitzer VIP 595 B; ☻ 10-mal tgl.) ist ebenfalls sehr gut. 999 VIP bietet auch Direkt-

BUSSE NACH/VON UBON

Fahrziel	Fahrpreis (B)	Dauer (Std.)
Khon Kaen	normal 137	5
	2. Klasse 212	
	1. Klasse 247	
Khorat	2. Klasse 203	7
	1. Klasse 269	
Mukdahan	normal 85	3½
	2. Klasse 119	
	1. Klasse 144	
Roi Et	normal 82	3
	2. Klasse 113	
	1. Klasse 148	
Sakon Nakhon	normal 125	5
	2. Klasse 175	
	1. Klasse 225	
Si Saket	normal 40	1¼
	2. Klasse 59	
Surin	2. Klasse 144	3
	1. Klasse 212	
Yasothon	normal 50	1½
	2. Klasse 70	
	1. Klasse 90	

verbindungen nach Pakse in Laos an (1. Klasse 200 B, 3 Std., 9.30 & 14 Uhr) und Nakhonchai Air fährt zusätzlich direkt nach Rayong (2. Klasse/32-Sitzer VIP 427/641 B, 14 Std., 11-mal tgl.) und Chiang Mai (2. Klasse/32-Sitzer VIP 595/893 B, 17 Std., 6-mal tgl.). Für weitere Ziele und Preise ab bzw. nach Ubon s. Tabelle oben.

Busse mit Ziel Phibun (35 B, 1½ Std., alle 20 Min.) und Khong Jiam (80 B, 3 Std., 10 Uhr) halten nach der Abfahrt am Busbahnhof auch noch beim Warin-Markt gegenüber vom Fluss, sind dort aber oft schon voll.

FLUGZEUG

THAI Airways (www.thaiairways.com) fliegt zweimal am Tag von bzw. nach Bangkok (einfach 2020 B), **Air Asia** (www.airasia.com) einmal täglich (1400 B).

ZUG

Der **Bahnhof** (☎ 0 4532 1588) ist in Warin Chamrap; *songthaeos* der Linie 2 bringen einen von Ubon aus hin. Der Nachtexpress nach Ubon verlässt Bangkok um 20.30 Uhr und kommt am nächsten Morgen um 7.25 Uhr an; der Zug in die Gegenrichtung fährt um 18.30 Uhr in Ubon ab und ist um 5.50 Uhr in Bangkok (1. Klasse im klimatisierten Schlafwagen/2. Klasse im Schlafwagen mit Ventilator/2. Klasse kli-

matisiert/3. Klasse 1180/471/551/245 B). Sechs weitere Züge fahren tagsüber und brauchen genauso lang wie der Nachtzug, nur der Expresszug um 5.45 Uhr von Bangkok und der Gegenzug um 14.50 Uhr von Ubon brauchen 8½ Std. Die Züge halten in Si Saket, Surin und Khorat (2. Klasse klimatisiert/3. Klasse 423/58 B, 4–6 Std.).

Unterwegs vor Ort

Nummerierte *songthaeos* (10 B) bewegen sich auf festen Routen durch die Stadt. Im kostenlosen Stadtplan des TAT-Büros sind die Strecken verzeichnet, die meist am TAT vorbeiführen. Eine durchschnittlich lange Tuk-Tuk-Fahrt kostet mindestens 40 B.

Ubon Rental Cycle (☎ 0 4524 4708; 115 Th Si Narong; ☯ Mo–Sa 8.30–18 Uhr) verleiht Fahrräder für 100 B pro Tag.

RUND UM DIE PROVINZ UBON RATCHATHANI

Ban Pa-Ao

บ้านเผ่าอ้าว

Ban Pa-Ao am Hwy 23, nordwestlich von Ubon Ratchathani gelegen, ist ein Seidenweberdorf, das allerdings besser bekannt ist für im Wachsausschmelzverfahren hergestellte Messing- und Bronzegegenstände. Es ist der einzige Ort in Thailand, in dem der gesamte Herstellungsprozess noch Handarbeit ist. In **Soon Thorng Leuang Ban Pa-Ao** (☯ 8–17 Uhr), einer Genossenschaft am anderen Ende des Dorfes, kann man Arbeitern bei der Produktion von Glocken, Schüsseln und anderen Dingen zusehen, und auf dem Weg in die Stadt findet sich eine Seidenweber-Genossenschaft.

Ban Pa-Ao bietet auch ein **Gastfamilien-Programm** (☎ 08 1076 1249; inkl. 2 Mahlzeiten 300 B/Pers.) an, bei dem sich die Gäste im Seidenweben und in der Bronzeherstellung versuchen können. Englisch wird aber kaum gesprochen.

Das Dorf liegt 3,5 km vom Highway entfernt. Busse von bzw. nach Yasothon fahren an der Ausfahrt vorbei, von dort nimmt man ein Motorradtaxi für etwa 20 B.

Phibun Mangsahan

อำเภอพิบูลมังสาหาร

Reisende stoppen in der staubigen Stadt Phibun Mangsahan nur, um die Stromschnellen von **Kaeng Sapheu** unterhalb der Brücke über den Fluss Mun zu sehen. Die Felseninselchen entwickeln sich von Februar bis Mai zu den „Python-Stromschnellen", doch der

schattige grüne Park lohnt das ganze Jahr über einen Abstecher. Dort gibt's einen chinesischen Tempel, einige einfache Restaurants, die hauptsächlich *tòrt nǎng gòp* (frittierte Froschhaut) servieren, und zahllose Souvenirläden. Viele der Fischer arbeiten hier und bieten Bootsfahrten (200 B/Std.) mit kleinen Longtail-Booten zu den Tempeln der Inseln an. Wer ein größeres Boot für bis zu 20 Personen möchte (Std./Tag 500/2000 B), wende sich ans Restaurant *dǎaw*.

Phibun Mangsahan hat auch eine **Einreisebehörde** (☎ 0 4544 1108; 🕑 Mo–Fr 8.30–16.30 Uhr), die Visa verlängert. Das Büro liegt 1 km südlich der Brücke an der Straße nach Chong Mek.

Die Dörfer am anderen Ende der Brücke an der Rte 2222 Richtung Osten nach Khong Jiam sind berühmt für das Schmieden von Eisen- und Bronzegongs, sowohl für Tempel als auch für klassische thailändische Musikbands. In vielen Werkstätten am Straßenrand kann man zuschauen, wie die Gongmacher die flachen Metallscheiben bearbeiten. Kleine Gongs bekommt man ab 500 B, 2 m große Monster können schon mal 200 000 B kosten. In der Gegend werden auch Trommeln und Becken hergestellt.

SCHLAFEN & ESSEN

Das **Phiboonkit Hotel** (☎ 0 4520 4872; 65/1-3 Th Phiboon; Zi. 200–350 B; ✺) liegt im Stadtzentrum auf halbem Wege zwischen Busbahnhof und Brücke und ist eine übliche, leicht chaotische Budgetunterkunft.

Tom Reung Ruang (keine Ausschilderung in lateinischen Buchstaben; 135 Th Luang; 🕑 morgens & mittags). Die klapprige Bude direkt an der Brücke ist für *sahlah'bow* (chinesische Brötchen) und *nǎng jip* (mit Schweinefleisch gefüllte kleine Wraps) bekannt. Thais auf dem Weg in den Pha Taem National Park und nach Khong Jiam decken sich hier mit den hiesigen Leckereien (jeweils 5 B) ein und unzählige Geschäfte in der Stadt und am Highway nutzen diesen Besucherstrom für sich selbst.

AN- & WEITERREISE

Phibuns Busbahnhof liegt hinter dem Markt. Von hier fahren alle 20 Minuten Busse zum Busbahnhof in Ubon (35 B, 1½ Std.) und alle 30 Minuten *songthaeos* (35 B, 1½ Std.) zum Talat Ban Du (Ban-Du-Markt) in der Nähe des Stadtzentrums. *Songthaeos* verbinden auch alle 20 Minuten mit Chong Mek (35 B, 1 Std.).

Kaeng Tana National Park

อุทยานแห่งชาติแก่งตะนะ

5 km vor Khong Jiam gelangt man über den Pak-Mun-Damm in den kleinen **Kaeng Tana National Park** (☎ 0 4540 6887; Eintritt 100 B). Der Mun passiert hier die dicht bewaldete, nur durch eine kleine provisorische Brücke mit dem Festland verbundene Don Tana (Insel Tana) und sprudelt dann über die wunderschönen Mun-Stromschnellen, die sich in der Regenzeit bilden. Zum Aussichtspunkt **Lan Pha Pheung** führt ein herrlicher, 1,5 km langer Wanderweg, und es gibt einen Kanuverleih (100 B/Std.). 5 km südlich des **Besucherzentrums** (🕑 8–16.30 Uhr) und nur 300 m von der Straße entfernt stürzt der breite Wasserfall **Nam Tok Tad Ton** in die Tiefe. Bei dem Stromschnellen gibt's einen **Campingplatz** (im eigenen Zelt 30 B/Pers., Zelt für 3/8 Pers. 150/225 B) und vier **Bungalows** (☎ 0 2562 0760; www.dnp.go.th/parkreserve; 5/10 Pers. 1000/ 2000 B). Das schlichte Restaurant ist nur tagsüber geöffnet.

Der Park liegt 14 km von Khong Jiam entfernt. Öffentliche Verkehrsmittel fahren nicht hin, doch man kann für 800 B von der Stadt mit dem Boot flussaufwärts bis zum Park fahren (wenn es der Wasserstand erlaubt). Die Boote warten sogar ein paar Stunden, damit man vor der Rückfahrt noch spazieren gehen kann.

Khong Jiam

โขงเจียม

Khong Jiam liegt auf einer malerischen Halbinsel am Zusammenfluss von Mekong und Nam Mun, am Mae Nam Song Si (Zweifarbenfluss), wie ihn die Thais nennen, weil man deutlich sehen kann, welches Wasser von welchem Fluss gekommen ist. In der Regenzeit ist das Farbenspiel vom Ufer aus zu sehen, aber im restlichen Jahr muss man mit einem Boot hinausfahren. Im April, kurz vor Beginn der Regenzeit, kann man sogar an die Stelle laufen. Ein großes Boot mit Sonnenschutz, in dem zehn Personen Platz finden, kostet 350 B, ein kleines Boot für zwei Personen schlägt mit 200 B zu Buche. Die großen Boote fahren auch zu den Nationalparks Kaeng Tana (800 B) und Pha Taem (1200 B).

Die lokalen Fischer benutzen große konische Reusen, die aussehen wie die Fischfallen auf den 3000 Jahre alten Wandmalereien von Pha Taem. Seit dem Jahr 2005 kann man hier *naga*-Feuerbälle (s. Kasten S. 566) erscheinen sehen.

Einheimische können über den Mekong nach Laos einreisen, Ausländer aber nicht. Im **Einwanderungsbüro** (☎ 0 4535 1084; 12/1 Th Kaewpradit; ☺ 8.30–16.30 Uhr) kann man aber immerhin sein Visum verlängern lassen.

SCHLAFEN & ESSEN

Nicht viele *fa·ràngs* verirren sich nach Khong Jiam, aber weil es bei Thailändern beliebt ist, findet man jede Menge Unterkünfte.

Apple Guesthouse (☎ 0 4535 1160; 267 Th Kaewpradit; Zi. 150–300 B; ✷ ▢) Das in einem winzigen Gässchen gelegene, abgewohnte Apple besteht aus Holzhäusern, die im Erdgeschoss Zimmer mit Betonwänden haben. Es ist spartanisch, aber sauber und die billigste Option hier.

Bon Pak Mongkhon Resort (☎ 0 4535 1352; www.mongkhon.com; 595 Th Kaewpradit; Zi. 200–800 B; ✷ ▢) Die Unterkunft in der Nähe des Highway ist sehr charaktervoll, von den einfachen Zimmern mit Ventilator bis zu ihren vier schönen Holzhütten. Auch die freundlichen Besitzer sorgen dafür, dass sich hier jeder wohlfühlt, ob mit großem oder kleinem Budget.

Khong Jiam Homestay (☎ 08 1977 2825; Zi. 300 B) Die sechs strohgedeckten Holzhütten befinden sich auf einem Waldstück gleich neben dem Tohsang Resort und sind der Inbegriff von Yin und Yang. Man nächtigt auf Matratzen auf dem Boden. Die Hütten haben ein eigenes Bad, das allerdings nicht überdacht ist. Es gibt keine Verpflegung, aber man kann über offenem Feuer selbst kochen oder im benachbarten Tohsang essen. Die Unterkunft ist nicht oft ausgebucht, außer es kommen Reisegruppen aus Bangkok; man sollte also vorher anrufen. Die Fahrt mit einem Tuk-Tuk aus der Stadt kostet um die 50 B.

Baansuanrimnam Resort (☎ 08 7460 0100; www.baansuan.th.gs; 505 Th Rimmoon; Zi. 700–1000 B; ✷) Das friedliche, schattige, ruhig gelegene Resort ist das letzte der paar Resorts, die sich am Mun niedergelassen haben. Die teuersten seiner bequemen Bungalows blicken durch eine Baumreihe auf den Fluss. An der Schule kurz vor dem Tempel rechts abbiegen.

Tohsang Khong Jiam Resort (☎ 0 4535 1174; www.tohsang.com; Zi. 2350–3890 B; Villa 3500–14 800 B; ✷ ▢ ▧) So pompös und glanzvoll wirkt dieses Wellness-Resorts in diesem ländlichen Gebiet etwas deplaziert, doch die prächtige Anlage bietet dafür alles, was man von einem Nobelhotel erwartet. Die Zimmer im 3. Stock haben die beste Aussicht. Das Resort liegt 3,5 km außerhalb der Stadt am Südufer des Flusses.

Am Mae Nam Song Si gibt's mehrere einfache Restaurants; die beiden gehobeneren schwimmen auf dem Mekong.

AN- & WEITERREISE

Alle öffentlichen Verkehrsmittel halten an der Kreuzung am Highway. Von Ubon Ratchathani (80 B, 3 Std., 10 Uhr) fährt nur ein Bus täglich nach Khong Jiam, der Bus in die Gegenrichtung startet um 13 Uhr. Wer ihn verpasst, fährt bis nach Phibun Mangsahan (S. 536) und steigt an der Brücke, die 1 km von der Bushaltestelle in Phibun entfernt ist (20 B mit dem Tuk-Tuk, in ein *songthaeo* (35 B, 1 Std., alle 1½ Std.).

Sowohl das Apple als auch das Mongkhon Guesthouse verleihen Fahrräder (100 B/Tag) und Motorräder (200 B/Tag).

Pha Taem National Park

อุทยานแห่งชาติผาแต้ม

Den Mekong flussaufwärts von Khong Jiam bildet eine eindrucksvolle Klippe das namensgebende Herzstück des **Pha Taem National Park** (☎ 0 4531 8026; Eintritt 200 B). Auf der Klippe sieht man weit hinüber nach Laos und erlebt den Sonnenaufgang in Thailand als Erster. Ein Wanderweg führt die Klippen hinunter zu prähistorischen Felsmalereien, die mindestens 3000 Jahre alt sind. Die Malereien stellen Fischreusen, *blah bèuk* (Mekong-Riesenwelse), Elefanten, menschliche Hände und geometrische Muster dar; die Piktogramme auf dem zweiten Plateau sind noch eindrucksvoller. Das **Besucherzentrum** (☺ 8–17 Uhr) auf der Klippe zeigt Exponate zu den Malereien und zur örtlichen Geologie.

Der 25 m hohe Wasserfall **Nam Tok Soi Sawan** führt nur von Juni bis Oktober Wasser. Mit dem Auto sind es vom Besucherzentrum 19 km, die letzten 500 m muss man zu Fuß gehen. Kürzer und schöner ist der 9 km lange Wanderweg (in Begleitung eines Rangers) entlang der Klippe. Das nach Aussage des Parkprospekts **größte Blumenfeld Thailands** (Hauptblütezeit ist im Dezember) liegt direkt unterhalb des Wasserfalls. Ganz im Norden des Parks, wo die Straßen in wirklich schlechtem Zustand sind, findet man weitere Wasserfälle und fantastische Ausblicke. Über der Klippe **Pa Cha Na Dai** lassen sich die ersten Sonnenstrahlen eines Tages in Thailand blicken und der herrliche **Nam Tok Saeng Chan** fließt durch ein Loch, das sich in dem überhängenden Felsen gebildet hat. Überall in dem

340 km² großen Nationalpark stehen pilzförmige Steinformationen (**Sao Chaliang**), die denen im Phu Pha Thoep National Park in Mukdahan gleichen.

In Pha Taem National Park gibt's **Campingplätze** (im eigenen Zelt 30 B/Pers., gemietetes Zelt 150–225 B), **Hütten** (4 Pers. 300 B) und fünf **Bungalows** (☎ 0 2562 0760; www.dnp.go.th/parkreserve; Bungalow mit Ventilator für bis zu 6 Pers. 1200 B, mit Klimaanlage für bis zu 5 Pers. 2000 B). Die Imbissstände beim Besucherzentrum verkaufen Snacks und Fast-Food.

Der Pha Taem National Park liegt an der Rte 2112, 18 km hinter Khong Jiam. Der Park ist mit öffentlichen Verkehrsmitteln nicht erreichbar. Am besten leiht man sich in Khong Jiam ein Motorrad (150–200 B).

Chong Mek
ช่องเม็ก

Südlich von Khong Jiam endet die Rte 217 an der kleinen Grenzstadt Chong Mek. Dies ist der einzige Ort in Thailand, wo *fa·ràng* auf dem Landweg (also ohne einen Umweg über den Mekong) nach Laos einreisen dürfen. Die Provinzhauptstadt Pakse im Süden von Laos ist etwa 45 Autominuten vom laotischen Grenzort Vangtao entfernt, wo man ein 30 Tage gültiges Visum erhält (Details s. S. 830). Der Grenzübertritt ist meistens kein Problem – Busse, die die Grenze passieren, warten, bis alle Formalitäten erledigt sind –, aber einige laotische Grenzbeamte versuchen immer noch, eine extra „Stempelgebühr" von 50 B abzuzocken.

Die Eröffnung der Brücke in Mukdahan hat den Verkehr auf dieser Strecke reduziert. Dem Chong-Mek-Markt, der sich bei den Einheimischen großer Beliebtheit erfreute, gingen dadurch viele Kunden verloren.

Wer nach Schließung des Grenzpostens ankommt, findet im **Nonthaveth & Ounchith Guesthouse** (☎ 0 4547 6144; Zi. 200–400 B; 🖳) eine saubere und freundliche, wenngleich auch etwas üb[er]teuerte Unterkunft.

Busse fahren nur sehr selten von Ubon nach Chong Mek (2./1. Klasse 80/100 B, 1½ Std.). Am besten fährt man zunächst nach Phibun Mangsahan und nimmt von dort ein *songthaeo* (35 B, 1 Std., alle 20 Min. bis 17 Uhr). Wer's eilig hat, nimmt einen Direktbus von bzw. nach Bangkok (2. Klasse/32-Sitzer VIP 421/632 B), die dreimal vormittags und zweimal nachmittags fahren. Zwischen Chong Mek und Khong Jiam verkehren keine öffentlichen Verkehrsmittel – entweder man steigt

in Phibun um oder nimmt ein Tuk-Tuk für ca. 350 B.

Wer weiter nach Pakse fahren will, nimmt auf der laotischen Seite einen Bus.

Phu Chong Nayoi National Park
อุทยานแห่งชาติภูจองนายอย

Im Herzen des „Smaragddreiecks" liegt der weitgehend unbekannte **Phu Chong National Park** (☎ 0 4541 1515; Eintritt 200 B). Er ist einer der ursprünglichsten und gesündesten Waldparks in Thailand. Hier leben Malaienbären, Muntjaks, Gibbons, Malaienhornvögel und die vom Aussterben bedrohten Malaienenten. Elefanten und Tiger halten sich hauptsächlich in Laos auf, kommen aber auch oft über die Grenze in den Park.

Die Hauptattraktion des Parks ist der Wasserfall **Nam Tok Huay Luang**, der über einen Felsen 40 m in die Tiefe stürzt und sich dabei in zwei parallele Wasserläufe teilt. Ein kleiner Pfad führt nach oben; nach unten geht's über 274 Stufen. 170 m weiter flussabwärts plätschert der kleinere, malerische Wasserfall **Nam Tok Jum Jim** vor sich hin. Die beiden Becken unter den Wasserfällen laden zum Schwimmen ein, trocknen aber im März aus. Die Ranger fahren Besucher auf kleinen Bambusflößen an den Wasserfällen entlang (Preis ist Verhandlungssache), wo man laut ihnen Pythons sehen kann; die Wasserstände sind jedoch oft zu hoch oder zu niedrig für solche Ausflüge, besonders von Februar bis April. Vom Gipfel des **Phu Hin Dang** am anderen Ende des 687 km² großen Parks hat man einen herrlichen Ausblick auf die umliegende Landschaft, der dem von der Klippe des Pha Taem National Park (S. 538) ähnelt – nur dass man am Fuße des Tales auf einen Dschungel statt auf den Mekong blickt. Vom Haupteingang des Parks sind es dorthin 50 km Autofahrt und noch einmal 2 km zu Fuß.

Sterngucker sollten in einem der drei **Bungalows** (☎ 0 2562 0760; www.dnp.go.th/parkreserve; Bungalow für 4/6 Pers. 600/1200 B) oder am **Campingplatz** (im eigenen Zelt 30 B/Pers., gemietetes Zelt 150–300 B) nächtigen. Die Restaurants sind nur am Wochenende und in den Ferien offen, doch für Übernachtungsgäste kocht das Personal der Parkverwaltung (vorbestellen). Snacks und Getränke gibt's immer zu kaufen.

An- & Weiterreise
Von Ubon Ratchathani fahren vormittags drei Busse nach Najaluay (60 B, 3½ Std.); von dort

bringen einen Tuk-Tuks für 300 B ins 20 km entfernte Tok Huai Luang und zurück (kurze Wartezeit inklusive).

PROVINZ CHAIYAPHUM

In Chaiyaphum trifft man eher auf einen Tiger als auf einen *fa·rang* – und hier leben nun nicht gerade besonders viele Tiger. Obwohl die Provinz mitten in Thailand liegt, ist sie doch sehr abgelegen und selbst für die Thais voller Geheimnisse. Eigentlich ist Chaiyaphum nur für Blumen bekannt – neben ein paar verstreuten Sehenswürdigkeiten gibt's nur Ruhe, Ruhe und nochmals Ruhe vom großen Trubel.

Geschichte

Ende des 18. Jhs. brachte ein laotischer Hofbeamter 200 Laoten aus Vientiane dazu, sich in dieser Gegend anzusiedeln, die 500 Jahre zuvor von den Khmer verlassen worden war. Die Gemeinde leistete Tributzahlungen an Vientiane, unterhielt aber auch gute Beziehungen zu Bangkok und Champasak. Als Prinz Anou von Vientiane Siam Anfang des 19. Jhs. den Krieg erklärte, war der laotische Vorsteher von Chaiyaphum, Jao Pho Phraya Lae, weise genug, seine Loyalität von Vientiane nach Bangkok zu verlagern, wohlwissend, dass Anous Armee keinerlei Chance gegen die viel mächtigeren siamesischen Truppen hatte. Zwar kam Jao Pho Phraya Lae 1806 in einer Schlacht um, doch waren die Siamesen schließlich in Vientiane siegreich und regierten fast den ganzen Westen von Laos, bis Ende des 19. Jhs. die Franzosen kamen. Heute steht am Eingang zur Hauptstadt von Chaiyaphum in der Th Bannakan eine Statue von Jao Pho Phraya Lae (von den Thais in Phraya Phakdi Chumphon umbenannt).

CHAIYAPHUM

ชัยภูมิ

55 500 Ew.

Chaiyaphum, praktisch eine Stadt mitten im Nirgendwo, ist ein guter Ausgangspunkt für die Besichtigung der Sehenswürdigkeiten in ihrer unmittelbaren Umgebung. Modefreaks werden sicher im westlich gelegenen Seidenweberdorf fündig und Naturliebhaber können die Berge erkunden. Es gibt mehrere Nationalparks in der Gegend, von denen der Tat Ton der schönste ist.

Praktische Informationen

Bangkok Bank (1. OG Tesco-Lotus, Th Sanambin; ☺ 10–20 Uhr) Einzige Bank der Stadt, die bis spätabends geöffnet hat; tauscht Geld ein.

Pat Pat (☎ 0 4483 0037; Th Tantawan; Internet 15 B/ Std.; ☺ 11–22 Uhr) Das freundliche Internetcafé ist eine gute Quelle für Infos über Chaiyaphum.

Sehenswertes

PRANG KU

ปรางค์กู่

Der Khmer-*prang* liegt gleich östlich der Stadt an der Th Bannakan. Er wurde unter der Herrschaft des letzten Angkor-Königs Jayavarman VII. (1181–1219) errichtet und diente als Andachtsstätte an einem „Ort der Heilung" auf der Angkor-Tempel-Route zwischen der Hauptstadt des Angkor-Reiches in Kambodscha und Prasat Singh in der Provinz Kanchanaburi. Die Buddhastatue im Inneren des *ku* (kleiner *chedi*) stammt angeblich aus der Dvaravati-Periode (6.–10. Jh.) Außer dem schlecht erhaltenen *prang* gibt's nicht viel zu sehen und der Tempel ist die Hauptattraktion der Provinz – kein Wunder also, dass historisch Interessante nicht gerade in Heerscharen in Chaiyaphum einfallen.

TAMNAK KEOW

ตำหนักเขียว

Die 1950 für den damaligen Gouverneur erbaute Villa ist heute das Museum **Tamnak Keow** (Grüner Saal; ☎ 0 4481 1574; Th Burapha; Eintritt frei). Gezeigt werden aus *mát·mèe*-Seide gefertigte Kleider und Fotos vom Besuch König Ramas IX. im Jahre 1955. Das Museum wird nur auf Voranmeldung geöffnet, lohnt die Mühen aber nicht.

Festivals & Events

Gleich zweimal im Jahr lassen die Bewohner Chaiyaphums neun Tage lang Jao Pho Phraya Lae hochleben (mehr über den Herrscher s. oben). Das Jao-Pho-Phraya-Lae-Fest, das an seinem Todestag, dem 12. Januar, beginnt, findet beim Rathaus (*săh·lah glahng*) in der Nähe seines Denkmals statt. Das zweite Ende April oder Anfang Mai stattfindende Event – die Jao-Pho-Phraya-Lae-Elefantenopfer-Zeremonie – spielt sich um einen Schrein herum ab, der 3 km südwestlich der Stadt an der Straße nach Ban Khwao an der Stelle errichtet wurde, an der der Herrscher getötet wurde. Beide Feste werden mit Musik und einer Elefantenparade gefeiert.

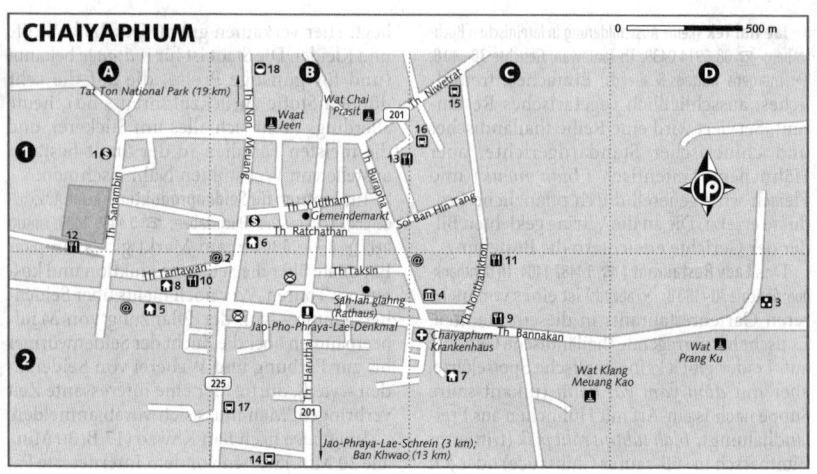

CHAIYAPHUM
0 ————— 500 m

Schlafen

Ratanasiri Hotel (keine Ausschilderung in lateinischen Buchstaben; ☎ 0 4482 1258; 667/19 Th Non Meuang; Zi. 200–500 B; ☒) Für Budgetreisende ist das riesige Hotel eine super Wahl. Wer aber 500 B ausgeben kann (und will), legt diese besser im Tonkoon Hotel an, denn im Ratanasiri werden die Zimmer mit steigendem Preis zwar größer, aber nicht besser. Das lächelnde Personal macht den Mangel an Atmosphäre wett.

Tonkoon Hotel (☎ 0 4481 7881; 379 Th Bannakan; Zi. 500 B; ☒ ☐) Die Zimmer erinnern eher an ein Studentenwohnheim, aber trotzdem ist das blitzsaubere Standardhotel klarer Favorit in dieser Preiskategorie. WLAN ist umsonst.

Deeprom Hotel (☎ 0 4482 2222; 339/9 Th Bannakan; Zi. 800–900 B; Suite 1800 B; ☒ ☐) Das erst 2008 eröffnete Hotel zieht durch eine verrückte Farbgebung und Prahlerei (sein Name bedeutet „gut in allem") Aufmerksamkeit auf sich. Die Zimmer sind nicht ganz so elegant wie das Hotel, aber für den Preis ordentlich, und sie haben alle kostenloses WLAN.

Siam River Resort (☎ 0 4481 1999; www.siamriver resort.com; Th Bannakan; Zi. 890–1500 B, Suite 2000 B, Hütte 3500 B; ☒ ☐ ☒) Noch strömen keine Massen nach Chaiyaphum, doch das etwas fehl am Platz wirkende Resort, abseits des eher geringen Trubels der Stadt, könnte dies bald ändern. Seinen Gästen stehen kostenlos Fahrräder und WLAN zur Verfügung.

Essen

Die Spezialität der Provinz ist *mahm* (saure Rindfleisch- und Leberwürstchen), ein etwas gewöhnungsbedürftiges Gericht, das man in nicht allzu vielen Restaurants bekommt. Die Imbissstände auf dem **Nachtbasar** (⊙ 16–23 Uhr) westlich des Stadtzentrums sind besser als die auf dem **Nachtmarkt** (⊙ 17–1 Uhr), der am Busbahnhof abgehalten wird.

Chor Ra Gah Lahb Gory (keine Ausschilderung in lateinischen Buchstaben; ☎ 08 7246 7951; 299/21 Th Bannakan; Gerichte 25–60 B; ⊙ morgens, mittags & abends) Betonboden, Wellblechdach und eine altmodische Küche, die z. B. das gleichnamige Gericht *góry* (rohes Rindfleisch mit Zitrone, Chilli und extra Blut) zaubert – das schlichte Isaan-Lokal versetzt die Gäste aufs Land. Die teilweise bebilderte Karte überbrückt Sprachbarrieren.

Jae Hai Tek (keine Ausschilderung in lateinischen Buchstaben; ☎ 08 6914 0439; Th Tantawan; Gerichte 30–40 B; ◌ morgens, mittags & abends) Einfaches, freundliches, ausschließlich vegetarisches Restaurant. Serviert wird eine Reihe thailändischer und chinesischer Standardgerichte, aber Hähnchen, Tintenfisch (*blah mèuk*) und Fleisch wird generell durch pflanzliche Produkte ersetzt. Die an die Vitrine geklebten Bilder der Gerichte erleichtern die Bestellung.

Das **Lady Restaurant** (☎ 0 4482 1404; Th Nonthankhon; Gerichte 30–180 B; ◌ abends) ist eines von mehreren Gartenrestaurants in diesem Stadtteil. Es tischt hervorragende thailändische Gerichte auf. Leider gibt's keine englische Speisekarte, aber mit *dôm yam gài bâhn* (pikant-saure Suppe mit Isaan-Art mit Hühnchen aus Freilandhaltung), *blah tábtim râht prík* (frittierter Buntbarsch in süß-saurer Chilisauce) oder *pàt gà rèe gûng* (Garnelen in indischer Currysauce) macht man nichts falsch.

An- & Weiterreise

Busse nach Khon Kaen (normal/2. Klasse 58/90 B, 2½ Std., stündl.) und Khorat (normal/1. Klasse 56/101 B, 2 Std., alle 30 Min.) fahren vom **Busbahnhof** (☎ 0 4481 1344) in Chaiyaphum ab, ebenso einige nach Bangkok (2. Klasse 196 B, 5 Std., vormittags alle 30 Min. & nachmittags alle 2 Std.). Die Busse von **Air Chaiyaphum** (☎ 0 4481 1556) und **Air Loei** (☎ 0 4481 1446) fahren häufiger nach Bangkok; beide kosten pro Fahrt in der 1. Klasse 252 B und im VIP-Bus mit 32 Sitzen 294 B und beide haben einen eigenen Busbahnhof. Air Loei bietet zudem eine Fahrt im 24-Sitzer mit VIP-Service (392 B), die um 24 Uhr startet.

Nakhonchai Air (☎ 0 4481 2522) verbindet sechsmal abends mit Ubon Ratchathani (2. Klasse/32-Sitzer VIP 234/347 B, 7 Std.) und mit Chiang Mai (2. Klasse/32-Sitzer VIP 377/716 B, 11 Std.), Abfahrt ist vom firmeneigenen Busbahnhof. Fahrkarten kann man hinter dem orangenen Tor kaufen.

Unterwegs vor Ort

Ein Tuk Tuk innerhalb der Stadt sollte nicht mehr als 30 B kosten.

RUND UM CHAIYAPHUM
Ban Khwao
บ้านเขว้า

Wer Chaiyaphum besucht, macht meist auch im Seidenweberdorf Ban Khwao Halt, das 13 km südwestlich der Stadt an der Rte 225

liegt. Hier verkaufen gut 50 Geschäfte Stoffe und Kleider. Die Stadt ist für *mát·mèe* bekannt (und für günstige Preise, die auf die sehr dünnen Stoffe zurückzuführen sind), heute allerdings dreht sich alles um Stickerei, und die meisten Familien in der Stadt besitzen anstelle von Webstühlen Nähmaschinen.

Im **Zentrum für Seidenproduktion** (keine Ausschilderung in lateinischen Buchstaben; ☎ 0 4489 1409; Eintritt frei; ◌ 8.30–16.30 Uhr) am Markt gibt's ein paar Exponate über die Seidenproduktion und kostenlose Touren. Wer noch nichts über Seidenherstellung – von der Pflanzung von Maulbeerbäumen über die Zucht der Seidenwürmer bis zur Färbung und Weberei von Seidenfäden – weiß, dürfte hier eine interessante Zeit verbringen. Man muss sich vorab anmelden.

Songthaeo nach Ban Khwao (17 B, 30 Min., alle 20 Min.) warten vor dem Internetcafé Pat Pat in Chaiyaphum.

Tat Ton National Park
อุทยานแห่งชาติตาดโตน

Das bekannteste Naturschutzgebiet von Chaiyaphum, der **Tat Ton National Park** (☎ 0 4485 3333; Eintritt 200 B), ist ein landschaftlich schönes Fleckchen am Rande der Bergkette Laenkha, 23 km nördlich der Stadt. Der 218 km² umfassende Tat Ton ist vor allem für seinen fotogenen gleichnamigen Wasserfall bekannt, der nur 6 m hoch ist, aber in der Regenzeit von Mai bis Oktober bis zu 50 m breit wird. Viele meinen, er sei zwischen Januar und April dennoch schöner, weil dann das Wasser klarer ist. An Wochentagen in der Schulzeit dürfte man an den kleineren Wasserfällen im Park der einzige Besucher sein. **Tat Fah** ist der zweitschönste und wird in der Regenzeit als 20 m lange Wasserrutsche genutzt.

Der Park verfügt über **Zeltplätze** (im eigenen Zelt 30 B/Pers., gemietetes Zelt 3/5 Pers. 320/525 B) und 15 **Bungalows** (☎ 0 2562 0760; www.dnp.go.th/parkreserve; 2–14 Pers. 600–3500 B), größtenteils am Fluss in der Nähe vom Nam Tok Tat Ton. Außerdem gibt's ein Restaurant und Imbissbuden.

Songthaeo (30 B, 1 Std., alle 30 Min.) ab Chaiyaphum fahren am Parkeingang vorbei (vom Wasserfall 1,5 km bergauf, wenn man wartet, nehmen einen die Ranger mit), aber nach 9.30 Uhr fahren sie selten auf dieser Straße auch wieder zurück. Man kann ein Stück nach Ban Tah Hin Ngin im Norden durchschlagen und von dort zurückfahren, aber es ist schneller und relativ unproblematisch, in die Stadt zu trampen.

Mor Hin Khow

มอหินขาว

Mor Hin Khow (Hügelchen mit weißen Felsen; ☎ 04481 0902; Eintritt frei) wird als „Thailands Stonehenge" angepriesen und ist die beliebteste Ecke des **Phu Laenkha National Park**. Fünf Natursteinsäulen namens **Grun Sao Hin** stehen hier in einer Reihe, die nach oben breiter werden und 15 m hoch sind. Zwischen ihnen und der **Pha Hua Nak** (Naga-Kopf-Klippe) – 2,5 km weiter oben am Berg und perfekt, um den Sonnenuntergang zu beobachten – befinden sich drei weitere, weniger dramatische, aber merkwürdig geformte Felsen.

Die gut ausgeschilderte Strecke besteht bis 21 km nordwestlich des Nationalparks aus ebenen neuen Straßen, aber die letzten 5,5 km sind unbefestigt. Zwischen den Felsen darf man umsonst zelten. Im kleinen Besucherzentrum gibt's Toiletten und Duschen, aber Essen muss man selber mitbringen. Es gibt keine öffentlichen Verkehrsmittel.

PROVINZ KHON KAEN

Die Provinz Khon Kaen, für Besucher aus Chiang Mai oder einem anderen Ort in Nordthailand das Tor zum Isaan, ist ein interessanter Mix aus Alt und Neu. Das Leben auf dem Land wird noch immer von Landwirtschaft und der Textilindustrie beherrscht, auf der anderen Seite boomt die Stadt Khon Kaen gewaltig – wer unbedingt eine Prise Großstadt braucht, sollte hier einen Zwischenstopp einlegen.

KHON KAEN

ขอนแก่น

145 300 Ew.

Khon Kaen ist das Lieblingskind des Wirtschaftsbooms im Isaan. Die Skyline wächst stetig, nachts flackert überall Neonlicht und die wachsende Mittelschicht amüsiert sich in unzähligen Bars und Restaurants. Als Standort der größten Universität des Nordostens und als bedeutendes Geschäfts- und Finanzzentrum strahlt die City jugendlichen Charme und Bildungsatmosphäre aus und ist immer in Bewegung.

Khon Kaen wächst rascher als die meisten anderen Städte des Isaan, was zu einem ziemlich hohen Verkehrsaufkommen und jeder Menge Betonbauten geführt hat. Wenn man so durch die belebten Straßen wandert, erinnern manchmal nur die umhertrottenden Elefanten daran, dass man in Thailand ist. Doch der eigenartige Charme des Isaan ist auch hier erhalten geblieben – man muss heute nur vielleicht etwas länger nach ihm suchen.

MÁT·MÈE

Das zunehmende Interesse von Thais und Ausländern verhalf der fast schon in Vergessenheit geratenen traditionellen *mát·mèe*-Technik, heute eines der bekanntesten Webverfahren Thailands, zu einem enormen Aufschwung. Ähnlich dem indonesischen *ikat* wird beim *mát·mèe*-Verfahren die Seide mit Knüpfbatiktechnik (*mát* bedeutet „binden", *mèe* „Strang") gefärbt, sodass sich geometrische Muster ergeben, die sich ständig wiederholen und ineinander laufen. Das lässt die Muster unscharf und leicht verschwommen wirken – und genau das macht die Stoffe so einzigartig.

Am Anfang spannen die Weberinnen den Faden – Seide oder Baumwolle – fest über einen Holzrahmen, der genauso breit sein muss wie der fertig gewebte Stoff. Die meist ohne Vorlage arbeitenden Weberinnen bündeln die Fäden dann zu Strängen und umwickeln sie mit Plastikstreifen (früher wurde die Rinde der Bananenstauden verwendet), um das gewünschte Muster zu erzielen. Dann wird der Rahmen in das Färbebad getaucht, das in der Regel chemische Farben enthält, allerdings immer öfter auch mit Naturfarbstoffen aus Blumen oder Baumrinde gefüllt wird. Die freiliegenden Fäden nehmen die Farbe auf, die umwickelten Stränge nicht. Der Prozess wird mehrmals wiederholt, bis das komplizierte Muster so weit vorbereitet ist, dass mit dem eigentlich Weben angefangen werden kann. Je mehr man über die aufwendige Technik erfährt, desto mehr kann einen das herrliche Produkt, das dabei entsteht, verblüffen.

Bei den meisten Mustern handelt es sich um abstrakte Darstellungen von Pflanzen und Lebewesen (z. B. Bäume oder Vögel), die von Generation zu Generation weitergegeben werden. Mittlerweile entwerfen jedoch immer mehr Designer in Zusammenarbeit mit Webgruppen moderne Muster, die wesentlich höhere Preise erzielen. Andererseits kostet dünne Seide mit einem einfachen Muster, die schnell fertig ist, schnäppchenverdächtige 100 B pro Meter.

NORDOSTTHAILAND

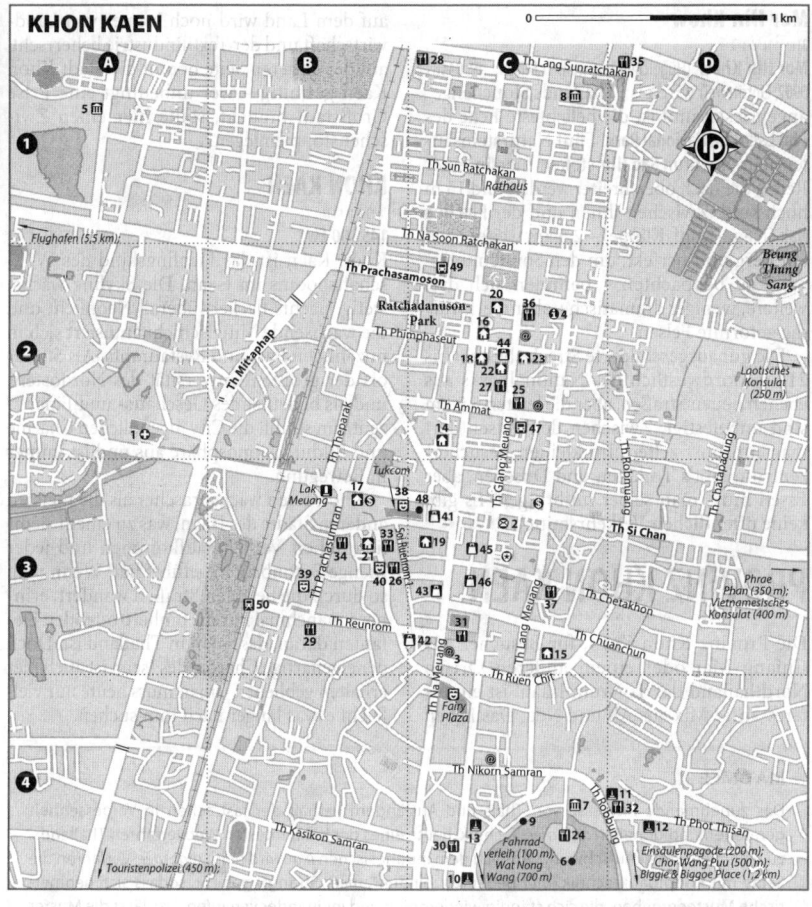

Geschichte

Mehreren Theorien zufolge verdankt die Stadt ihren Namen dem Phra That Kham Kaen (Reliquienschrein aus Tamarindenhartholz), einem ehrwürdigen *chedi* im Dorf Ban Kham, 30 km nordöstlich von Khon Kaen. Der Legende nach soll im letzten Jahrtausend eine Gruppe von Mönchen, die die Reliquien Buddhas zum Phra That Phanom (in der heutigen Provinz Nakhon Phanom) bringen wollten, in der Nähe eines toten Tamarindenbaums übernachtet haben, der danach auf wundersame Weise wieder zum Leben erwachte. Als die Mönche That Phanom erreichten, gab es dort keinen Platz mehr für die Reliquien, so dass sie sich unverrichteter Dinge auf den Heimweg machten. Beim Anblick des wieder zum Leben erwachten Baumes entschlossen sie sich, an dieser Stelle einen eigenen *tâht* (vierseitiger, gewundener Reliquienstupa) zu errichten. In der Nähe entstand eine Stadt, die allerdings mehrfach verlassen wurde, bis im Jahr 1789 ein Suwannaphum-Herrscher an dieser Stelle eine neue Stadt gründete, die er nach dem *chedi* Kham Kaen nannte – über die Jahrhunderte wandelte sich ihr Name zu Khon Kaen (Hartholz).

Orientierung & Praktische Informationen

In Khon Kaen gibt's zwei Tourismuszentren. Der ursprüngliche Stadtkern mit jeder Menge Budget-und Mittelklassehotels liegt an der Th Glang Meuang, zwischen den Busbahnhöfen.

PRAKTISCHES			Charoenchit House	15	C3	Tawantong	35	D1
Khon-Kaen-Ram-Krankenhaus	1	A2	First Choice	16	C2	Trajit	36	C2
KK Stawan	(siehe 16)		Grand Leo Hotel	17	B3	Turm-Rom	37	C3
Hauptpost	2	C3	Khon Kaen Hotel	18	C2			
S-Force	3	C3	Kosa Hotel	19	C3	UNTERHALTUNG		
Siam Commercial Bank	(siehe 38)		Piman Garden	20	C2	Kosa Bowl	38	B3
Tourism Authority of			Pullman Raja Orchid	21	B3	Rad Complex	39	B3
Thailand (TAT)	4	C2	Roma Hotel	22	C2	U-Bar	40	B3
			Saen Samran Hotel	23	C2			
SEHENSWERTES & AKTIVITÄTEN						SHOPPEN		
Universitätsmuseum für			ESSEN			Khon Kaen OTOP-Center	41	C3
Kunst & Kultur	5	A1	Bualuang Restaurant	24	C4	Naem Laplae	(siehe 22)	
Beung Kaen Nakhon	6	C4	Chokdee	25	C2	Prathamakhan	42	C3
Khon-Kaen-Stadtmuseum	7	C4	Dee Dee	26	B3	Rin Thai Silk	43	C3
Khon-Kaen-National-			First Choice	(siehe 16)		Sueb San	44	C2
museum	8	C1	Imbissstände	27	C2	Talat Banglamphu	45	C3
Markt am See	9	C4	Gai Yang Rabeab	28	C3	Talat Bobae	46	C3
Mhesak Spirit House	10	C4	Hom Krun	29	B3			
Wat Jeen Beung Kaen			Kosa Coffee Shop	(siehe 19)		TRANSPORT		
Nakhon	11	D4	Markt am See	(siehe 9)		Busbahnhof für klimatisierte Busse	47	C2
Wat Pho Ban Nontan	12	C4	Mud	30	C4	Narujee	48	C3
Wat That	13	C4	Nachtmarkt	31	C3	Busbahnhof für normale Busse	49	C2
			Plapanoy	32	D4	THAI	(siehe 21)	
SCHLAFEN			Pomodoro	33	B3	Bahnhof	50	B3
Chaipat Hotel	14	C2	Restaurant Didine	34	B3			

Die exklusiveren Unterkünfte sind etwas weiter südwestlich im Amüsierviertel der Stadt angesiedelt. In beiden Bezirken findet man gute Restaurants. Am See Beung Kaen Nakhon weiter südlich – der sich immer mehr zur abendlichen Ausgehmeile mausert, aber auch tagsüber toll ist – gibt's ebenfalls jede Menge guter Lokale.

GELD
Banken mit Wechselstube und Geldautomat finden sich überall in der Stadt. Die **Siam Commercial Bank** (Th Si Chan; 10.30–20 Uhr) im Tukcom Shopping Centre ist länger offen.

INTERNETZUGANG
In Khon Kaen gibt's viele Internetcafés, z. B. mehrere in der Nähe der Hotels an der Th Glang Meuang. Oder man geht zu **S-Force** (Th Na Meuang; 17 B/Std.; 9–22 Uhr).

KONSULATE
Laos (☎ 0 4324 2857; 171/102-103 Th Prachasamoson; Mo–Fr 8–12 & 13–16 Uhr) Die Bearbeitung eines Visumstrags dauert normalerweise drei Tage; für 200 B extra geht's aber auch sofort. Akzeptiert werden nur Baht, und das auch noch zu einem schlechten Kurs.
Vietnam (☎ 0 4324 1586; Th Chatapadung; Mo–Fr 8.30–11.30 & 14–16 Uhr) Visa werden bis zum nächsten Tag ausgestellt.

NOTFALL
Khon-Kaen-Ram-Krankenhaus (☎ 0 4333 3800; Th Si Chan) Rund um die Uhr geöffnete Notfallambulanz

Touristenpolizei (☎ 0 4322 6195; Th Mittaphap) Neben HomePro.

POST
Hauptpost (Th Glang Meuang; Mo–Fr 8.30–16.30, Sa, So & feiertags 9–12 Uhr)

REISEBÜROS
KK Stawan (☎ 08 9715 6137; kkstawan@yahoo.com; 18/8 Th Phimphaseut; Mo–Fr 9–20 Uhr) Beim First Choice Guesthouse.

TOURISTENINFORMATION
Tourism Authority of Thailand (TAT; ☎ 0 4324 4498; 15/5 Th Prachasamoson; 8.30–16.30 Uhr) Bietet Infos und Stadtpläne für Khon Kaen und umliegende Provinzen.

Sehenswertes
Auch wenn es auf den ersten Blick nicht danach aussieht: In Khon Kaen kann man mehr unternehmen, als nur Souvenirs einkaufen und ins Nachtleben abtauchen.

BEUNG KAEN NAKHON
บึงแก่นนคร
Der Beung Kaen Nakhon ist ein 100 ha großer See und der schönste Ort der Stadt. Am Ufer gibt's jede Menge Lokale, Wanderwege und ein paar interessante Sehenswürdigkeiten. Wer nicht laufen will, mietet ein Fahrrad, entweder am Markt am Seeufer oder noch besser unten am Westufer; es gibt auch Tandems (für 2 od. 3 Pers.; 20 B pro Std. & Sattel).

Am Südende des Sees steht eine der Hauptsehenswürdigkeiten von Khon Kaen, der **Phra Mahathat Kaen Nakhon** (☻ 6–17 Uhr), ein herrlicher neunstufiger *chedi* im Zentrum des **Wat Nong Wang** (Th Robbung; ☻ bei Tageslicht). Im Inneren lassen sich einige aufschlussreiche Wandmalereien zur Geschichte Khon Kaens bewundern sowie verschiedene historische Exponate. Eine Treppe führt auf den Turm hinauf.

Wer im Norden am Seeufer entlangspaziert, stößt auf das **Mhesak Spirit House** (Th Robbung), ein im Khmer-Stil errichteter *prang*, der dem Hindugott Indra gewidmet ist. Der **Wat That** (Th Robbung; ☻ bei Tageslicht) hier bietet einen hohen *bòt* und einen *chedi*.

Gegenüber vom Wat That befindet sich ein **Markt am See** mit Imbissbuden und kleinen Geschäften, von denen die meisten erst gegen Nachmittag öffnen. Tagsüber kann man hier neben Fahrrädern Paddelboote und Kanus ausleihen (30 B/30 Min.) und es gibt jede Menge Läden, in denen man selbst Keramik bemalen kann. Gleich östlich des Marktes auf der gegenüberliegenden Straßenseite befindet sich der **Wat Jeen Beung Kaen Nakhon** (Th Robbung; ☻ bei Tageslicht), der größte und schönste chinesische Tempel von Khon Kaen.

Um die Ecke, unweit vom See, liegt der friedvolle, von Bäumen umgebene **Wat Pho Ban Nontan** (Th Phot Thisan; ☻ bei Tageslicht). Er ist älter als die Stadt und hat ein *săh·lah*, das ihn von allen anderen Tempeln Thailands abhebt. Das Erdgeschoss zieren herrlich gemeißelte Bäume, Tiere und Darstellungen von Sprichwörtern des Isaan. Etwas weiter unten am Seeufer steht der Nachbau der **Einsäulenpagode** von Hanoi, die die vietnamesische Gemeinde Khon Kaens errichtet hat.

MUSEEN

Das **Khon-Kaen-Nationalmuseum** (☎ 0 4324 6170; Th Lang Sunratchakan; Eintritt 100 B; ☻ Mi–So 9–16 Uhr) bietet eine interessante Sammlung von Kunst- und Gebrauchsgegenständen, deren Ursprünge von prähistorischen Zeiten bis in die Gegenwart reichen. So ist neben den bemalten Töpferwaren aus Ban Chiang ein *săir·mah* (Tempelgrenzstein) aus Kalasin zu sehen, der aus der Dvaravati-Zeit stammt und zeigt, wie Prinzessin Pimpa mit ihren Haaren die Füße Buddhas wäscht.

Die haus- und landwirtschaftlichen Exponate vermitteln einen Eindruck davon, wie bis heute auf dem Land gearbeitet wird. Eine ausführlichere Einführung in den Isaan bietet allerdings das tolle **Khon-Kaen-Stadtmuseum** (Hong Moon Mung; ☎ 0 4327 1173; Th Robbung; Eintritt 90 B; ☻ Mo–Sa 9–17 Uhr), das die Besucher mit Dioramen und Schautafeln bis in die Zeit des Jura zurückversetzt.

Der Schwerpunkt des **Universitätsmuseums für Kunst & Kultur** (☎ 0 4333 2780; Eintritt frei; ☻ 10–19 Uhr) ist die Kunstgalerie, die Werke von Studenten und Malern zeigt. Das Bildungsmuseum bietet informative Exponate zur Geschichte und Kultur des Isaan, aber die paar interaktiven Bildschirme in englischer Sprache bringen einen auch nicht wirklich weiter, wenn man kein Thailändisch kann.

Festivals & Events

Die **Seidenmesse** und das **Phuk-Siaw-Festival** finden an zwölf Tagen Ende November gleichzeitig statt. Rund um das *săh·lah glahng* feiern die Einheimischen die Tradition des *pòok sèe·o*, ein Freundschaftsritual, bei dem man sich gegenseitig heilige Bändchen (*fâi pòok kăan*) ums Handgelenk bindet. Es ist mehr als nur ein symbolischer Akt, denn die Freunde erlangen mit der Zeremonie einen Status, der dem von Geschwistern gleicht. Außerdem gibt's Paraden, Isaan-Musik und jede Menge Gelegenheiten zum Shoppen.

Schlafen
BUDGETUNTERKÜNFTE
First Choice (☎ 08 1546 2085; firstchoicekhonkaen@lycos. com; 18/8 Th Phimphaseut; Zi. 150–200 B; 🖥) Die freundliche kleine Unterkunft ist der Prototyp eines Backpackerhostels. Im oberen Stock gibt's einfache Zimmer mit Gemeinschaftsbad und im Erdgeschoss ein budgetfreundliches Restaurant; Flugtickets, Massagen und Reiseinfos sind ebenfalls erhältlich.

Saen Samran Hotel (☎ 0 4323 9611; 55-59 Th Glang Meuang; EZ 170–200 B, DZ 250 B; 🖥) Das älteste Hotel der Stadt ist auch das charismatischste. Seine Holzfassade erinnert an den Ruhm vergangener Zeiten. Die Zimmer werden makellos sauber gehalten und sind für eine oder zwei Nächte ganz nett, zudem haben sie WLAN.

Roma Hotel (☎ 0 4333 4444; 50/2 Th Glang Meuang; EZ 230–500 B, DZ 250–500 B, Suite 800 B; 🐾🖥) Die Zimmer mit Klimaanlage sind günstig, sauber und gemütlich, jene mit Ventilator sind nun ja … günstig und gemütlich. Die „Suiten" weisen einige überraschende Stilelemente auf, aber das ist Schönfärberei. Leider hat das Hotel laute Nachbarn, so dass man mitunter auch noch ziemlich früh geweckt wird.

Grand Leo Hotel (☎ 0 4332 7745; 62-62/1 Th Si Chan; Zi. 380–480 B; ☒) Etwas altbackene, langweilige, aber zweckmäßige Unterkunft gleich um die Ecke vom Amüsierviertel. In den Zimmern schläft man gut, ganz egal, um welche Zeit man heimkommt.

Charoenchit House (☎ 0 4322 7300; www.chouse khonkaen.com; 20/11 Th Chuanchun; Zi. 400–500 B; ☒ ☐) Wer die beiden schlichten weißen Türme von außen sieht, erwartet von seinem Inneren sicher nicht allzu viel. Doch Fliesenböden in Schachbrettmuster, dekorative Kopfbretter und kostenloses WLAN sorgen dafür, dass die Zimmer für den Preis einigermaßen annehmbar sind. Die Lage ist nicht die beste, aber der See und das Amüsierviertel sind nur einen kurzen Fußmarsch entfernt.

Chaipat Hotel (☎ 0 4333 3055; 106/3 Soi Na Meuang; Zi. 400–600 B; ☒ ☐) Die ältere, aber ordentliche Unterkunft befindet sich in einer Seitengasse Th Na Meuang. Es gibt Marmorböden, WLAN in den Zimmern und unzählige Möbel in den kleinen Zimmern.

MITTELKLASSEHOTELS

Biggie & Biggoe Place (☎ 0 4332 2999; Th Robbung; Zi. 650–850 B; ☒ ☐) Wer lieber relaxt als Party macht, ist in diesem mittelgroßen Hotel am See an der richtigen Adresse. Die Zimmer sind schlicht und eher langweilig, aber da das Haus erst 2005 eröffnet wurde, muss man zumindest nicht auf die ärgerlichen Überraschungen älterer Hotels vorbereitet sein. WLAN ist kostenlos und das Restaurant ausgezeichnet.

LP Tipp **Piman Garden** (☎ 0 4333 4111; www.piman garden.com; 6/110 Th Glang Meuang; Zi. 650–950 B, Suite 1200 B; ☒ ☐) Das Piman umgibt einen kleinen Garten etwas abseits der Straße und trotz seiner zentralen Lage vermittelt es Ruhe und eine private Atmosphäre. Jedes der attraktiven Zimmer verfügt über Safe, Kühlschrank und kostenloses WLAN, die meisten haben außerdem einen Balkon oder eine Veranda.

Khon Kaen Hotel (☎ 0 4333 3222; 43/2 Th Phimphaseut; EZ 650 B, DZ 700–1200 B; ☒ ☐) Die ältere, siebenstöckige Unterkunft wirkt von außen und in den Gängen recht desolat, aber das angedeutete traditionelle Dekor der unlängst renovierten Zimmer verströmt etwas Flair. Für diese Klasse sind die Zimmer mit Balkon und kostenlosem WLAN überdurchschnittlich.

SPITZENKLASSEHOTELS

Kosa Hotel (☎ 0 4332 0320; www.kosahotel.com; 250-252 Th Si Chan; EZ 1900–2300 B, DZ 2100–2500 B, Suite EZ/DZ

3300/5500 B; ☒ ☐ ☒) Das relativ preiswerte Hotel (man bekommt fast immer 25 % Rabatt) ist etwas weniger glamourös als sein Nachbar, das Pullman, aber immer noch eine hervorragende Wahl. Die Ausstattung ist ausgezeichnet und der Service professionell.

Pullman Raja Orchid (☎ 0 4332 2155; www.pullman hotels.com; 9/9 Th Prachasumran; Zi. 3180–3950 B, Suite 6300 B; ☒ ☐ ☒) Die atemberaubende Lobby deutet an, was man hier, in einem der besten Hotels im Isaan, zu erwarten hat. Das Accor-Hotel im Stadtzentrum bietet internationalen Standard, reichlich Action, gut ausgestattete Zimmer, Wellnesseinrichtungen, ein Fitnesszentrum und sogar eine eigene Brauerei. Meist bekommt man einen Rabatt.

Essen & Ausgehen

Wer preiswert essen will, findet auf dem größten **Nachtmarkt** (Th Reunrom; ☻ 17–24 Uhr) der Stadt jede Menge Gelegenheiten dazu. Zwischen der Th Ammat und dem Roma Hotel finden sich ebenfalls jede Menge günstige **Imbissstände** (Th Glang Meuang; ☻ mittags & abends), die bis spät abends geöffnet haben. Auch am namenlosen **Markt am See** (☻ abends) im Park oben am Beung Kaen Nakhon stehen Essensstände, aber man kommt eher wegen der Atmosphäre hierher als wegen der Küche.

Gai Yang Rabeab (keine Ausschilderung in lateinischen Buchstaben; ☎ 0 4324 3413; Th Lang Sunratchakan; Gerichte 20–150 B; ganzes Hähnchen 110–130 B; ☻ mittags) Nach Meinung vieler Einheimischer gibt's in der Provinz Khon Kaen die besten gegrillten Hähnchen (*gài yâhng*) Thailands. Und dieses einfache Restaurant, das nur Isaan-Küche auftischt, hat angeblich die Besten der Besten.

LP Tipp **Dee Dee** (☎ 08 5006 3922; 348/25 Soi Reunrom 1; Gerichte 30–60 B; ☻ morgens, mittags & abends) Sieht aus wie ein gewöhnlicher Laden, aber der Koch Khun Jaang vollbringt am Wok wahre Wunder in Gestalt außergewöhnlicher Speisen, die zu den besten Thailands gehören. Außerdem hat er an der Erfindung eines neuen Thai-Gerichts mitgewirkt: *pàt tim* (gebratene Eiernudeln mit roter Currypaste).

Tawantong (☎ 0 4333 0389; 227/129 Th Lang Sunratchakan; Gerichte 40 B; ☻ morgens & mittags) Das große, vollkommen vegetarische Buffet befindet sich gegenüber vom Nationalmuseum. Das Essen ist so gut, dass sich sogar Fleischesser davon verführen lassen.

LP Tipp **Turm-Rom** (☎ 0 4322 1752; 4/5 Th Chetakhon; Gerichte 35–129 B; ☻ abends) Das großartige Restaurant nennt eine der besten Küchen der

Stadt sein Eigen, die man in einem ruhigen überdachten Garten genießt – willkommen in der Gourmetkneipe! An solch einem Ort bleiben die Gäste gerne bis spät in die Nacht. Im Zentrum der Speisekarte stehen Currys, scharfe Meeresfrüchte und Salate (*yam*), und das *hòr mòk tá·lair* (Meeresfrüchtecurry in Kokosnussschale) ist besonders gut. Wir wurden noch bei keinem unserer vielen Besuche enttäuscht.

Plapanoy (keine Ausschilderung in lateinischen Buchstaben; ☎ 0 4322 4694; Th Robbung; Gerichte 40–200 B; ❧ mittags & abends) In das große Freiluftrestaurant in der Nähe vom Beung Kaen Nakhon laden die Einheimischen ihre auswärtigen Gäste ein, um sie authentische Isaan-Gerichte probieren zu lassen. Die Spezialität des Hauses ist Fisch. Es gibt eine Speisekarte auf Englisch.

First Choice (☎ 08 1546 2085; 18/8 Th Phimphaseut; Gerichte 40–250 B; ❧ morgens, mittags & abends) Eine Seltenheit in Thailand: ein auf Traveller ausgerichtetes Guesthouse, das so gute thailändische Küche serviert, dass auch die Einheimischen manchmal hier essen. Speisen kann man drinnen oder auf einer kleinen, von Topfpflanzen eingerahmten Terrasse.

Restaurant Didine (☎ 08 7189 3864; Th Prachasumran; Gerichte 45–250 B; ❧ abends) Der Laden ist ebenso sehr Kneipe wie Restaurant, dank der dreiseitigen Getränkekarte und dem kostenlosen Billardtisch. Der französische Chef fährt mondäne *fa·ràng*-Gerichte auf, z. B. Schnapperfisch mit Safran, die nicht so recht zur einfachen Umgebung passen. Es gibt aber auch Kneipenessen, thailändische Klassiker sowie Italienisches und Indisches (wobei Letzteres lange nicht so gut ist).

Bualuang Restaurant (☎ 0 4322 2504; Th Rop Bueng-kaen Nakhon; Gerichte 55–800 B; ❧ mittags & abends) Wenn man den Abend mit Einheimischen verbringen will, landet man wahrscheinlich hier. Das Restaurant liegt auf einem Pier am Beung Kaen Nakhon und serviert die typische Mischung thailändischer und chinesischer Küche, größtenteils im Freien. Die Preise sind hoch, aber das Essen rechtfertigt das.

Chor Wang Puu (keine Ausschilderung in lateinischen Buchstaben; ☎ 0 4332 1178; Th Robbung; Gerichte 80–350 B; ❧ mittags & abends) Das Holzhaus mit Strohdach erinnert an ein Fischerdorf, und tatsächlich werden in den Teichen unterhalb des Restaurants Fische und Frösche gezüchtet. Natürlich nimmt Fisch einen übergeordneten Platz auf der Speisekarte mit thailändischen, chinesischen und Isaan-Gerichten ein. Abends

ist es hier wunderschön. Weit hinter dem See kann man vielleicht sogar die Sonne untergehen sehen. Wegen des kleinen Spielplatzes ist das Restaurant bei Familien sehr beliebt.

Die junge Bevölkerung von Khon Kaen hat für die Eröffnung vieler guter Cafés gesorgt. Wir mögen besonders **Hom Krun** (☎ 0 4327 0547; Th Reunrom; Gerichte 35–129 B; ❧ 9–24 Uhr, Kaffee nur bis 19 Uhr) mit seinem schattigen Innenhof und der Restaurantküche sowie das schicke **Mud** (☎ 0 4332 2131; 280/5 Th Glang Meuang; Cappuccino 50 B, Gerichte 60–140 B; ❧ 10–22 Uhr), in dem Kaffee, Tee, Saft, Sandwiches und Salate größtenteils bio sind. In beiden gibt's kostenloses WLAN.

Ebenfalls zu empfehlen:

Chokdee (☎ 0 4324; 2252; Th Glang Meuang; Gerichte 16–22 B; ❧ 24 Std.) Der Dim-Sum-Laden gehört zu einer landesweiten Kette und liegt neben dem Bahnhof für klimatisierte Busse.

Trajit (keine Ausschilderung in lateinischen Buchstaben; ☎ 0 4324 3610; 1/2 Th Glang Meuang; Gerichte 25–40 B; ❧ morgens & mittags) In dem netten, zerfallenden, historischen Shophouse bekommt man *kǎa mǒo* (Schweinebraten) im Nang-Rong-Stil.

Kosa Coffee Shop (☎ 0 4332 0320; 250-252 Th Si Chan; Gerichte 60–400 B; ❧ morgens, mittags & abends) Fährt ein hervorragendes Mittagsbuffet auf (229 B); abends sitzt man im Biergarten vorne sehr angenehm.

Pomodoro (☎ 0 4327 0464; abseits der Th Prachasumran; Gerichte 130–280 B; ❧ abends) Ganz klar der beste Italiener der Stadt.

Unterhaltung

Das überschwängliche Nachtleben von Khon Kaen hat sein Zentrum an der Th Prachasumran, wo es vor Clubs von zahm bis wild nur so wimmelt. In den meisten beginnt die Aktion gegen 22 Uhr. Der Mittelpunkt ist der **Rad Complex** (☎ 0 4322 5987; Th Prachasumran; ❧ 21–2 Uhr), mit Livemusik, DJs, Karaoke, Tänzerinnen – „Coyote Ugly" lässt grüßen – und Freiluftrestaurants. Die nahe gelegene **U-Bar** (☎ 0 4332 0434; unweit der Th Prachasumran; ❧ 20–2 Uhr), die fast ausschließlich von Studenten der Khon-Kaen-Universität frequentiert wird, ist schicker, aber genauso laut. In beiden treten gelegentlich gute Bands aus Bangkok auf.

Kosa Bowl (Th Si Chan; Spiel 50–65 B; ❧ 12–24 Uhr) über dem Tukcom Shopping Centre hat 30 Bowlingbahnen in petto.

Shoppen

Khon Kaens Geschäfte bieten eine ausgezeichnete Auswahl von Kunsthandwerk aus dem Isaan.

Prathamakhan (☎ 0 4322 4080; 79/2-3 Th Reunrom; ☻ 9–20 Uhr) Der bekannte Laden bietet die bei Weitem größte Auswahl von Textilien und Kunsthandwerk, alles zu vernünftigen Preisen. Den Krimskrams im hinteren Ladenbereich und die Kunsthandwerksausstellung nicht verpassen!

Phrae Phan (☎ 0 4333 7216; 131/193 Th Chatapadung; ☻ 8–18 Uhr) Das vom Handicraft Centre for Northeastern Women's Development geführte Geschäft verkauft zu äußerst günstigen Preisen mit Naturfarben colorierte, handgewebte Seiden- und Baumwollstoffe von ausgezeichneter Qualität, die in den Dörfern der Umgebung hergestellt werden.

Sueb San (keine Ausschilderung in lateinischen Buchstaben; ☎ 0 4334 4072; 16 Th Glang Meuang; ☻ 8–18.30 Uhr) Verkauft ebenfalls natürlich gefärbte Stoffe und ausgefallene Souvenirs aus dem Isaan, liegt aber etwas günstiger.

Rin Thai Silk (☎ 0 4322 0705; 412 Th Na Meuang; ☻ 8–18.30 Uhr) Hier decken sich die Einheimischen, vor allem Bräute, mit hochwertigsten Seidenstoffen ein.

OTOP-Center Khon Kaen (☎ 0 4332 0320; unweit der Th Si Chan; ☻ 9.30–20.30 Uhr) Der große Kunsthandwerksladen passt am besten zu den Top-Hotels, ist aber auch entsprechend teuer.

Naem Laplae (keine Ausschilderung in lateinischen Buchstaben; ☎ 0 4323 6537; 32 Th Glang Meuang; ☻ Mo–Do 6–21.30, Fr–So bis 22 Uhr) Die Nase wird einen zielsicher zu diesem traditionellen Isaan-Lebensmittelladen führen – wer Schnupfen hat, hält einfach nach seiner leuchtend gelbroten Fassade Ausschau. Im Naem Laplae (und in den anderen Lebensmittelgeschäften dieser Gegend) bekommt man einfach alles, von Süßigkeiten bis hin zu Würsten, z. B. gun chee·ang (rote Schweinewürste).

Souvenirs kauft man am besten bei der Handvoll Leute, die im **Talat Bobae** (Th Glang Meuang), versteckt zwischen Lebensmitteln und Haushaltswaren, traditionelle Körbe und Holzartikel verkaufen. Der direkt nördlich gelegene **Talat Banglamphu** (Th Glang Meuang) hat noch mehr Lebensmittel im Sortiment und ist eine Goldgrube für Secondhand-Klamotten.

An- & Weiterreise

BUS

Khon Kaen ist ein geschäftiger Verkehrsknotenpunkt und bietet direkte Verbindungen in nahezu alle Städte des Isaan und darüber hinaus. Der **Busbahnhof für normale Busse** (☎ 0 4333 3388; Th Prachasamoson) und der **Busbahnhof für klimatisierte Busse** (☎ 0 4323 9910; Th Glang Meuang) liegen zentral und günstig. Der für klimatisierte Busse sollte eigentlich „Bahnhof für 1.-Klasse- und VIP-Busse" heißen, denn die klimatisierten 2.-Klasse-Fahrzeuge (und selbst einige 1.-Klasse-Busse) benutzen den Bahnhof für normale Busse.

Außer nach Bangkok fahren die meisten Busse vom normalen Bahnhof ab; Infos zu Abfahrtszeiten und Preisen s. Tabelle S. 551. Für den Bus nach Vientiane braucht man offiziell bereits ein Visum für Laos, doch manchmal wird einem die Busfahrkarte auch ohne verkauft – wenn man verspricht, an der Brücke auszusteigen und sich von dort auf eigene Faust durchzuschlagen.

FLUGZEUG

THAI (☎ 0 4322 7701; www.thaiairways.com; Pullman Raja Orchid, 9/9 Th Prachasumran; ☻ Mo–Fr 8–17 Uhr) verkehrt drei Mal täglich zwischen Bangkok und Khon Kaen (einfache Strecke 2805 B, 55 Min.).

Der **Khon Kaen Airport** (☎ 0 4324 6345) liegt westlich der Stadt am Hwy 12. Das Pullman und das Kosa Hotel bieten zu jedem Flug einen Shuttleservice an; Nicht-Hotelgäste zahlen 80 bzw. 70 B für die Fahrt.

ZUG

Khon Kaen liegt an der Strecke Bangkok–Nong Khai. Expresszüge von Bangkok nach **Khon Kaen** (☎ 0 4322 1112) fahren um 8.20, 18.30 und 20 Uhr ab und brauchen etwa acht Stunden. Ab Khon Kaen fahren Expresszüge um 8.39, 20.11 und 21.05 Uhr nach Bangkok. (Sitzplatz 3. Klasse/Sitzplatz 2. Klasse/Schlafwagen 1. Klasse 227/399/1168 B).

Unterwegs vor Ort

In der Stadt verkehren farblich gekennzeichnete songthaeo-Linien für 8 B pro Fahrt. Nützliche Linien: 8 (hellblau), die auf der Th Glang Meuang am Wat Nong Wang vorbei zur westlich gelegenen Universität fährt; 10 (hellblau), die das laotische und das vietnamesische Konsulat passiert; 11 (weiß), die zwischen dem Bahnhof und dem Busbahnhof für klimatisierte Busse – der nur wenige Schritte von den Budgetunterkünften entfernt ist – pendelt; 21 (orange), die einen von der Th Glang Meuang zum Nationalmuseum bringt.

Ein Tuk Tuk kostet 40 bis 60 B für eine Fahrt durchschnittlicher Entfernung in der Stadt.

In der Umgebung des Pullman und des Kosa Hotels haben sich mehrere Autovermietungen angesiedelt. **Narujee** (☎ 0 4322 4220; unweit der Th Si Chan; ☺ 7–17 Uhr) verlangt 1500 B für ein Auto mit Fahrer und ist zuverlässig.

RUND UM KHON KAEN
Chonabot
ชนบท

Der kleine Ort Chonabot 55 km südwestlich von Khon Kaen gehört zu den erfolgreichsten Seidenweberdörfern Thailands und ist vor allem für die Herstellung von *mát·mèe*-Stoffen in Top-Qualität bekannt. Am besten kann man die Seidenstoffe im **Sala Mai Thai** (Thai-Seidenpavillon; keine Ausschilderung in lateinischen Buchstaben; ☎ 0 4328 6160; Eintritt frei; ☺ Mo–Fr 8–17, Sa & So ab 9 Uhr) bewundern, einem Seidenweberei-Museum auf dem Campus des Khon Kaen Industrial & Community Education College. Hier lernt man alles über die Herstellung von Seide und darf sogar selbst an den Webstuhl. Neben den einfachen Holzapparaturen, die dem Spinnen, Binden, Weben und Trocknen von Seide dienen, zeigt die Ausstellungshalle im Obergeschoss Kataloge mit traditionellen *mátmèe*-Mustern und einige typische Holzhäuser des Nordostens. Das Museum liegt 1 km westlich der Stadt an der Rte 229. Seidenstoffe können im Seidenpavillon oder in den Läden der **Th Sribunreung** (auch als Silk Rd bekannt) gekauft werden.

Busse, die in Khon Kaen vom Busbahnhof für normale Busse nach Nakhon Sawan fahren, halten in Chonabot (1./2. Klasse 53/44 B, 1 Std., 6 tgl.). Man kann auch jeden in Richtung Süden fahrenden Bus (1./2. Klasse 43/34 B, 1 Std.) oder den Zug (9 B, 30 Min., 7.50, 13.50 & 15.50 Uhr) nach Ban Phai nehmen und von dort mit einem *songthaeo* weiter nach Chonabot (10 B, 20 Min., alle 30 Min.) fahren.

Prasat Puay Noi
ปราสาทเปือยน้อย

Die Khmer-Tempelruine **Prasat Puay Noi** (Eintritt frei; ☺ bei Tageslicht) aus dem 12. Jh. ist die größte und interessanteste in Nord-Isaan, auch wenn sie mit den weniger bekannten Ruinen weiter südlich nicht konkurrieren kann. Von ihren Ausmaßen ist die aus Sandstein errichtete Tempelanlage mit dem Prasat Meuang Tam in Buriram vergleichbar, allerdings ist sie nicht so gut erhalten wie dieser. Das nach Osten ausgerichtete Heiligtum wird von einem teilweise eingefallenen *prang* überragt, ist von Lateritmauern mit zwei Toren umgeben und hat schön erhaltene Türstürze.

AN- & WEITERREISE
Mit öffentlichen Verkehrsmitteln geht's mit dem Bus (2./1. Klasse 34/43 B, 1 Std.) oder mit dem Regionalzug (9 B, 30 Min.) um 7.50 Uhr von Khon Kaen nach Ban Phai und von dort mit dem *songthaeo* bis Puay Noi (30 B, 30 Min.). Das letzte *songthaeo* zurück nach Ban Phai startet gegen 14 Uhr in Puay Noi.

Wer mit einem eigenen Fahrzeug unterwegs ist, fährt von Khon Kaen auf dem Hwy 2 gen Süden bis Ban Phai (40 km) und auf dem Hwy 23 (ausgeschildert nach Borabu) weitere 11 km nach Osten bis zur Abfahrt auf die Rte 2301; dieser und schließlich der Rte 2297 24 km südostwärts folgen, vorbei an malerischen Reisfeldern bis Ban Puay Noi.

Phu Wiang National Park
อุทยานแห่งชาติภูเวียง

Bergarbeiter einer lokalen Uranmine entdeckten 1976 die Kniescheibe eines Dinosauriers, und bei daraufhin eingeleiteten Grabungen förderten Paläontologen tatsächlich das 15 m lange Fossil eines Pflanzenfressers zutage, der *Phuwianggosaurus sirindhornae* genannt wurde (nach ihrer Königlichen Majestät, Prinzessin Sirindhorn). Das Dino-Fieber brach aus, was auch die vielen Dinofiguren in Khon Kaen erklärt, weitere Funde folgten und der **Phu Wiang National Park** (☎ 0 4335 8073; Eintritt 400 B) wurde eingerichtet.

An einer der eingezäunten **Ausgrabungsstätten** (☺ 8.30–16.30 Uhr) ist das unvollständige Skelett eines *Siamotyrannus isanensis*, eines frühen Vorfahren des *Tyrannosaurus rex*, zu sehen; sie sind vom Besucherzentrum und den in der Nähe angelegten Parkplätzen gut zu erreichen. Die Ranger, von denen einige ein paar Brocken Englisch sprechen, bieten nach telefonischer Absprache kostenlose Führungen zu den Knochenfundstätten an. Wer weiter in den Park vordringt (am besten per Auto oder Mountainbike), wird Fußabdrücke von Dinosauriern, Wasserfälle und prähistorische Höhlenmalereien entdecken.

5 km vom Park entfernt zeigt das **Phu-Wiang-Museum** (☎ 0 4343 8204; Eintritt frei; ☺ 9–17 Uhr) geologische und paläontologische Funde und lebensgroße Modelle der Dinosaurierarten, die einst in dieser Gegend lebten. Kids werden das Museum lieben.

BUSSE AB KHON KAEN

Fahrziel	Fahrpreis (B)	Dauer (Std.)	Häufigkeit
Vom Busbahnhof für normale Busse			
Chaiyaphum	normal 58	2½	stündl.
	2. Klasse 90		
Khorat	2. Klasse 129	3	halbstündl.
	1. Klasse 187		
Loei	2. Klasse 141	2½	halbstündl.
Mukdahan	2. Klasse 155	4½	halbstündl.
Nakhon Phanom	2. Klasse 227	5	6 tgl.
Nong Khai	2. Klasse 120	3½	stündl.
Phitsanulok	2. Klasse 223	5	stündl.
	1. Klasse 280		
Roi Et	2. Klasse 80	2	alle 20 Min.
Udon Thani	2. Klasse 83	2	alle 20 Min.
Vom Busbahnhof für klimatisierte Busse			
Bangkok	1. Klasse 383	6½	mindestens stündl.
	VIP 32 Sitze 414		von 8–24 Uhr
	VIP 24 Sitze 585		
Chiang Mai	1. Klasse 570	12	8 & 21 Uhr
Khorat	1. Klasse 187	3	stündl.
Nong Khai	1. Klasse 157	3½	3 tgl.
Suvarnabhumi Airport	1. Klasse 335	6½	22.30 Uhr
Ubon Ratchathani	1. Klasse 247	5	4 tgl.
Udon Thani	1. Klasse 104	2½	stündl.
Vientiane	1. Klasse 180	4	7.45, 13.30 & 15.15 Uhr

Im Park gibt's einen **Bungalow** (☎ 0 2562 0760; www.dnp.go.th/parkreserve; 1200 B) für maximal sechs Personen und einen **Campingplatz** (im eigenen Zelt 30 B/Pers., Zelt für 3/6 Pers. 225/450 B). Auch einfache Speisen kann man kaufen.

AN- & WEITERREISE

Der Parkeingang befindet sich 90 km westlich von Khon Kaen. Busse, die in Khon Kaen vom Busbahnhof für normale Busse starten, halten in der Stadt Phu Wiang (normal/2. Klasse 35/47 B, 1½ Std., alle 30 Min.). Am besten steigt man im Stadtzentrum aus (nicht am Busbahnhof) und fährt die restlichen 19 km bis zum Parkeingang mit dem Tuk-Tuk (einfach/hin & zurück 200/400 B) oder dem Motorradtaxi (einfach/hin & zurück 150/350 B). Wer nur die Hinfahrt bucht, riskiert es, nicht wieder in die Stadt zurückzukommen. Trampen ist fast aussichtslos.

Nam Nao National Park

อุทยานแห่งชาติน้ำหนาว

Einer der schönsten Nationalparks und der kostbarsten Naturreservate Thailands ist der **Nam Nao National Park** (☎ 0 5681 0724; Eintritt 400 B). Auf durchschnittlich 800 m Höhe erstreckt er sich entlang der Grenze zwischen den Provinzen Chaiyaphum, Phetchabun und Khon Kaen über eine Fläche von knapp 1000 km². Nachdem das abgelegene Gebiet bis in die frühen 1980er-Jahre eine Hochburg der thailändischen Volksbefreiungsarmee war, ist der Park inzwischen über den Hwy 12 leicht zu erreichen. Die Temperaturen sind das ganze Jahr über angenehm kühl, vor allem morgens und abends; im Dezember und Januar gibt's sogar gelegentlich Frost.

Markantes Kennzeichen des Parks sind die Sandsteinhügel des Phetchabun-Gebirges, die mit dichtem Laub- und immergrünem Wald bedeckt sind. Auf Hochplateaus und Hügeln ragen Flügelfruchtbäume auf und in den Flusstälern wachsen dichte Bambuswälder mit Bananenstauden. Die Ebenen dominiert eine Savannenlandschaft. In der Region entspringen die drei Flüsse Chi, Saphung und Phrom. Vom Besucherzentrum führt ein beachtliches Wegenetz zu verschiedenen Aussichtspunkten, Wasserfällen und Höhlen; einige sind

PROVINZ KHON KAEN

sehr bequem über den Highway mit dem Auto zu erreichen. Der höchste Berg des Nationalparks ist mit 1271 m der **Phu Pha Jit**, auf dessen Gipfel man früher campen konnte – der Weg ist jedoch vorübergehend gesperrt.

Das 1560 km² große **Phu Khiaw Wildlife Sanctuary** grenzt direkt an den Park. Die vielen hier lebenden Tiere sind wesentlich scheuer als die im nahe gelegenen Phu Kradung National Park und deshalb seltener zu sehen. Elefanten und Tiger kann man nur ganz selten beobachten. Sie leben hier in Gesellschaft von Malaienbären, Banteng (Wildrinder), Goldschakalen, Muntjaks, Gibbons, Schuppentieren und Gleithörnchen. Zudem bevölkern mehr als 200 Vogelarten den Park, darunter Papageien und Nashornvögel.

Im Schutzgebiet gibt's eine Auswahl von **Bungalows** (☎ 0 2562 0760; www.dnp.go.th/parkreserve; Bungalows 1000–5000 B), in denen bis zu 30 Personen übernachten können, einen **Campingplatz** (im eigenen Zelt 30 B/Pers., gemietetes Zelt für 2–6 Pers. 100–300 B) und einige einfache Restaurants beim Besucherzentrum.

Regelmäßig fahren Busse von Khon Kaen (90 B, 2½ Std., stündl.) nach Phitsanulok durch den Park. Vom Highway führt ein 1,5 km langer Fußweg zum Besucherzentrum.

Kobradorf Ban Khok Sa-Nga
โครงการอนุรักษ์งูจงอาง

Im selbsternannten „Königskobradorf" Ban Khok Sa-Nga dreht sich alles um die giftigen Reptilien: Die Einwohner züchten die Schlangen, die meist in Käfigen unter ihren Häusern leben, zu Hunderten. Alles begann damit, dass ein reisender Kräuterbauer namens Ken Yongla 1951 Schlangenshows veranstaltete, um Kunden anzulocken. Sein Plan ging auf, und seitdem wird hier die Kunst der Schlangenzucht und -dressur gepflegt. Heute veranstalten zwei Gruppen, die beide King Cobra Club of Thailand heißen, **Schlangenshows** (Spende erbeten; ☉ 8–17 Uhr), bei denen die Dresseure die Schlangen reizen und ihr Schicksal herausfordern – und sie verlieren oft, wie die vielen fehlenden Finger beweisen … Eine Gruppe befindet sich am Wat Si Thamma, die andere direkt davor an der Hauptstraße. Heilkräuter werden übrigens immer noch verkauft, und außerdem kann man andere Tiere in erschreckend kleinen Käfigen sehen.

Das Dorf liegt 50 km nordöstlich von Khon Kaen und ist über den Hwy 2 und die Rte 2039 zu erreichen. Mit dem Bus vom Busbahnhof für normale Busse Richtung Kra Nuan bis zur Abzweigung nach Ban Khok Sa-Nga fahren (normal/2. Klasse 28/35 B, 1 Std., alle 30 Min.) und von dort die restlichen 2 km mit dem Tuk-Tuk (20 B/Pers.) zurücklegen. Autofahrer aus Khon Kaen können das Kobradorf dank der vielen Schilder nicht verpassen.

PROVINZ UDON THANI

UDON THANI

อุดรธานี

227 200 Ew.

Udon Thani steht mit einem Bein auf der Autobahn und mit dem anderen in unwegsamem Gelände. Der Vietnamkrieg bescherte der Stadt durch eine in der Nähe stationierte US-Luftwaffe einen rasanten Aufschwung, doch diese Zeiten sind lange vorbei. Udon Thani ist heute zu einem lebhaften Handelszentrum und wichtigen Verkehrsknotenpunkt der Region geworden, und man muss tief hinter die Betonfassade des Wohlstands blicken, um Spuren der Vergangenheit zu finden. Da sie aber weder ein so respektlos-städtisches Flair wie Khon Kaen verströmt, noch touristisch so attraktiv ist wie Nong Khai, das sich ebenso als Ausgangspunkt für die Sehenswürdigkeiten in der Umgebung eignet, verschlägt es außer einer steigenden Zahl von Sextouristen nur wenige Traveller nach Udon Thani.

Praktische Informationen

Internationales Krankenhaus Aek Udon (☎ 0 4234 2555; 555/5 Th Pho Si) 24-Stunden-Notfallambulanz.

Fuzzy Ken's (☎ 08 6011 4627; Th Prajak Silpakorn; ☀ Mo–Sa 9–24 Uhr) Eines der besten Antiquariate im Isaan.

MT Coffee (300/4 Th Prajak Silpakorn; 30 B/Std.; ☀ 9–21 Uhr) Teurer, aber schneller Internetzugang in angenehmer Umgebung.

On Time (☎ 0 4224 7792; 539/72 Th Sai Uthit; ☀ Mo–Sa 8–17, So bis 14 Uhr) Eines der vielen Reisebüros in diesem Teil der Stadt.

Post (Th Wattananuwong; ☀ Mo–Fr 8.30–16.30, Sa, So & feiertags 9–12 Uhr)

Touristenpolizei (☎ 0 4221 1291; Th Naresuan)

GELD

In der Th Pho Si gibt's jede Menge Banken, die alle zu den üblichen Geschäftszeiten geöffnet sind.

Kasikornbank (Charoensri Complex, Th Teekathanont; ☀ 11–20 Uhr) Eine von vielen Banken in diesem Einkaufszentrum.

TOURISTENINFORMATION

Eine der besten Infoquellen über die Provinz Udon Thani ist der *Udon Thani Guide* (www.udonmap.com) und die *Udon Thani Map*, die beide kostenlos in auf Touristen ausgerichteten Geschäften zu haben sind.

Tourism Authority of Thailand (TAT; ☎ 0 4232 5406; Th Thesa; ☀ 8.30–16.30 Uhr) Bietet Infos über die Provinzen Udon Thani und Nong Khai.

Sehenswertes

UDORN SUNSHINE NURSERY

สวนกล้วยไม้หอมอุดรซันไชน์

Schon mal eine Pflanze tanzen gesehen? Hier ist das möglich! Ursprünglich war die **Udorn Sunshine Nursery** (☎ 08 5747 4144; 127 Th Udorn-Nong Samrong; ☀ 8–17 Uhr) nordwestlich der Stadt berühmt für die ersten Orchideen, aus denen Parfum gewonnen wurde. Mittlerweile züchtet die Gärtnerei eine Hybridpflanze, *Codariocalyx motorius ohashi leguminosae*, die zu Musik tatsächlich „tanzt". Ausgewachsene Pflanzen haben sowohl lange als auch kleine ovale Blätter, und wenn man ihnen mit hoher Stimme etwas vorspricht oder vorsingt (oder besser noch Saxophon oder Violine spielt), wiegen sich die kleinen Blätter vor und zurück. Das ist kein Trick – wir haben es mit eigenen Augen gesehen! Doch sollte man eher einen gemütlichen Walzer als einen feurigen Salsa erwarten. In der kühlen Jahreszeit, also von November bis Februar, sind die Pflanzen am aktivsten, und zwar morgens zwischen 7 und 9.30 Uhr und nachmittags zwischen 16.30 und 18.30 Uhr.

Die Pflanzen sind unverkäuflich, aber Besucher können einen aus der Pflanze gewonnenen „Udorn Dancing Tea" sowie die bekannteren Orchideen und Parfums von Miss Udorn Sunshine als Andenken erwerben. Das neueste Parfum der Gärtnerei heißt Udorn Toob Moob Maeng Kaeng und wird aus braunen Baumwanzen hergestellt.

Zur Gärtnerei der Rte 2024 bis nach Ban Nongsamrong folgen. Nach 150 m taucht schon das Schild „Udorn Sunshine Fragrant Orchid" auf. Busse der gelben Line und *Songthaeos* der Linie 5 und 16 fahren ebenfalls hierher. Ein Tuk Tuk vom Stadtzentrum in Udon aus sollte einen für etwa 80 B hierher bringen.

UDON THANI

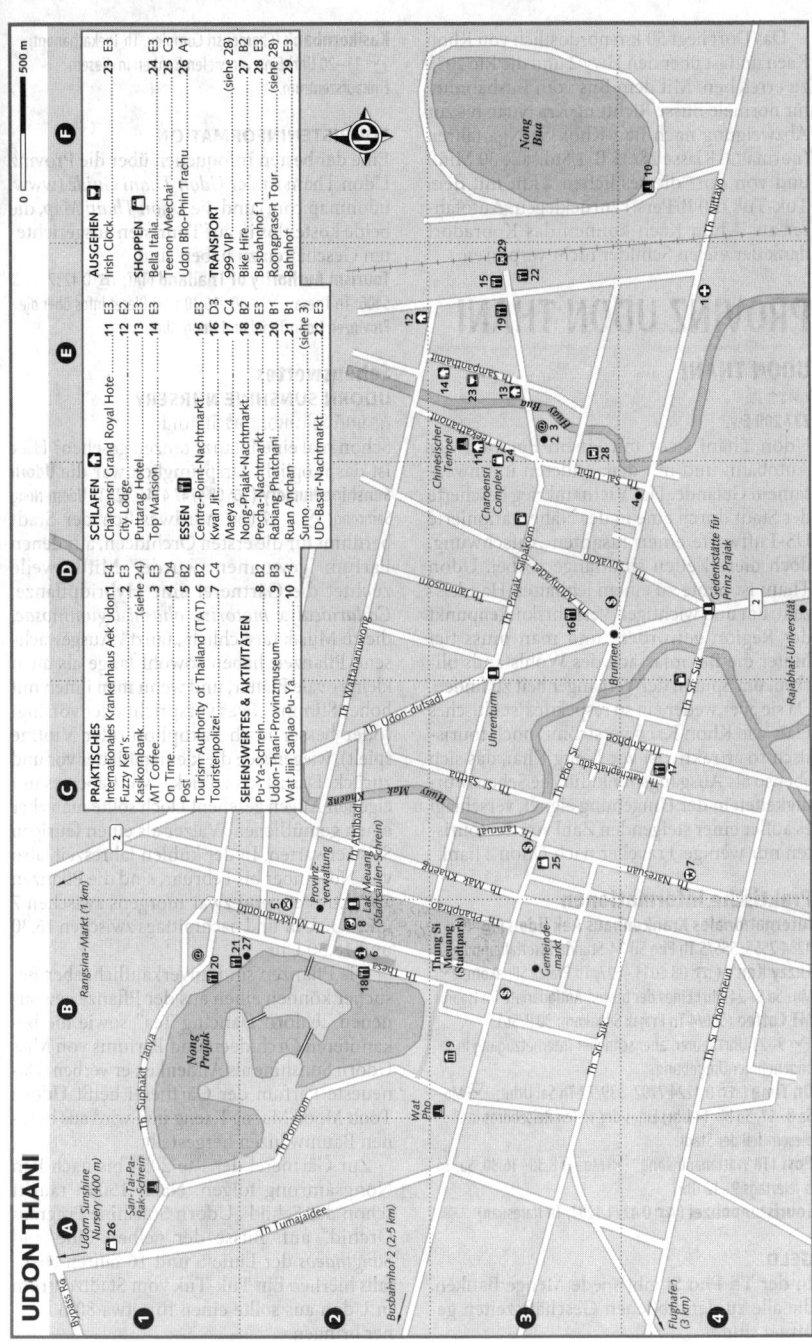

0 — 500 m

WAT JIIN SANJAO PU-YA
ศาลเจ้าปู่ย่า

Der farbenfrohe **Sanjao Pu-Ya** (Th Nittayo; ☺ bei Tageslicht) am südlichen Ufer des Nong Bua ist ein besonders großer chinesischer Tempel, der eindrucksvoll vom Reichtum der örtlichen thailändisch-chinesischen Händlerkaste zeugt. Im Inneren befindet sich der **Pu-Ya-Schrein** mit kleinen Figuren des Gottes und der Göttin der Barmherzigkeit.

Während des zehntägigen **Thung-Si-Meuang-Festivals** im Dezember, bei dem Drachentänze (am 1., 5. & 10. Dezember) sowie Musik- und Tanzvorstellungen des Isaan zu sehen sind, werden die beiden Figuren Pu (Großvater) und Ya (Großmutter) vorübergehend in einen Schrein in der nordwestlichen Ecke des stadtparks umgesiedelt.

UDON-THANI-PROVINZMUSEUM
พิพิธภัณฑ์เมืองอุดรธานี

In einem Gebäude im Kolonialstil der 1920er-Jahre, das auch schon eine Mädchenschule beherbergte, ist das **Udon-Thani-Provinzmuseum** (☎ 0 4224 5976; Th Pho Si; Eintritt frei; ☺ Mo–Fr 8.30–16, Sa & So ab 8 Uhr) untergebracht. Das Spektrum der interessanten Sammlung reicht von Geologie bis Kunsthandwerk.

Schlafen

Puttarag Hotel (☎ 0 4224 7032; 380/15 Th Prajak Silpakorn; Zi. 160 B) Die billige Absteige (es gibt nur kaltes Wasser) liegt mitten im Amüsierviertel von Udon. Die Holzböden verströmen einen Hauch von Geschichte, aber im Großen und Ganzen ist das Hotel einfach nur alt.

Top Mansion (☎ 0 4234 5015; topmansion@yahoo.com; 35/3 Th Sampanthamit; Zi. 350–490 B; ☺ 🖳) Angesichts der Qualität, der Lage und der gut ausgestatteten Zimmer ist dieser neue Hotelturm ein echtes Schnäppchen. Auf allen Zimmern gibt's WLAN, allerdings nicht kostenlos.

City Lodge (☎ 0 4222 4439; thecitylodge@yahoo.com; 83/14-15 Th Wattananuwong; Zi. 600–1000 B; ☺ 🖳) Die Unterkunft wird von Engländern geführt und ist ein gutes Beispiel für die neu entstandenen kleinen Hotels dieser Gegend, die stilvoll mehr fürs Geld bieten als ihre großen Kollegen. Die hellen und farbenfrohen Zimmer werden durch Korbmöbel und kostenloses WLAN noch attraktiver.

Das **Charoensri Grand Royal Hotel** (☎ 0 4234 3555; www.charoensrigrand.com; Th Teekathanont; EZ 1300–1900 B, DZ 1400–2000 B, Suite 2400–36 000 B; ☺ 🖳 🍴) war lange Zeit das beste Pferd im Stall der Top-Hotels von Udon. Die Zimmer sind klein, aber blitzblank, die Einrichtungen, z. B. Fitnessstudio und Wellnessbereich, erste Sahne und die Angestellten kompetent. Das angeschlossene Einkaufszentrum, der Charoensri Complex, bildet den Mittelpunkt der Stadt.

Essen & Ausgehen

Der farbenfrohe Precha und die **UD-Basar-Nachtmärkte** (Th Prajak Silpakorn; ☺ 16–23 Uhr) vor dem Bahnhof halten einem Vergleich mit Chiang Mai zwar nicht stand, bieten aber dennoch eine imposante Auswahl. Man kann hier essen, Kleider kaufen, auf Großleinwänden Fußball gucken und Live-Bands hören.

Auf dem **Nong-Prajak-Nachtmarkt** (Th Thesa; ☺ 5.30–22 Uhr) auf der „Sonnenuntergangsseite" des Nong-Prajak-Parks gesellen sich zahllose Massage- und Keramikstände zu den kleinen Garküchen. Der Markt ist so beliebt, dass er jetzt auch tagsüber stattfindet, allerdings ist abends noch immer am meisten los.

Kwan Jit (keine Ausschilderung in lateinischen Buchstaben; ☎ 08 6367 7565; Th Adunyadet; Gerichte 39–89 B; ☺ abends) Wer relaxte Atmosphäre sucht, ist in dieser eigenartigen, auf Sixties-Stil getrimmten Kneipe genau richtig. Im Hintergrund dudeln klassische Volkslieder, allerdings nur gerade so laut, dass man sich trotzdem noch gut unterhalten kann. Serviert werden hauptsächlich Isaan-Gerichte. Es gibt keine englischsprachige Speisekarte.

Maeya (keine Ausschilderung in lateinischen Buchstaben; ☎ 0 4222 3889; 79/81 Th Ratchaphatsadu; Gerichte 40–260 B; ☺ mittags & abends) Das labyrinthartige Maeya besteht aus einem Viertel Thai-Restaurant und drei Vierteln englischem Tearoom. Die Kellner tragen Abendgarderobe und die Speisekarte reicht von Sandwiches bis hin zu Wildschwein in roter Curry-Sauce. Die englische Übersetzung der Karte gibt einige Rätsel auf, ist aber dennoch hilfreich.

LP Tipp **Rabiang Phatchanee** (☎ 0 4224 1515; 53/1 Th Suphakit Janya; Gerichte 40–350 B; ☺ mittags & abends) Das noble Thai-Restaurant am Ostufer des Sees serviert auf der Terrasse oder in klimatisierten Speiseräumen eine sagenhafte Auswahl regionaler Gerichte, von denen man die meisten wahrscheinlich noch nie probiert hat, z. B. pikanten „Blinddarmsalat".

Irish Clock (☎ 0 4224 7450; 19/5-6 Th Sampanthamit; Gerichte 60–350 B; ☺ morgens, mittags & abends) Der holzgetäfelte Guiness-Pub ist eine Insel des Stils in einem Meer von Anmachschuppen. Die Speisekarte bietet Thai- und *fa·ràng*-Ge-

richte, es gibt kostenlos WLAN und oben ein paar Hotelzimmer.

Außerdem zu empfehlen:

Ruan Anchan (keine Ausschilderung in lateinischen Buchstaben; 10 B/Flasche; ☻ abends) Saft ist nicht gleich Saft, wie dieser super Stand am See beweist.

Bella Italia (☎ 0 4234 3134; Charoensri Complex, Th Teekathanont; Gerichte 80–700 B; ☻ mittags & abends) Der italienischste und schickste Laden von Udon.

Sumo (☎ 0 4222 4542; 300/6-8 Th Prajak Silpakorn; Gerichte 39–1800 B; ☻ mittags & abends) Ein empfehlenswerter Japaner.

Shoppen

Teenon Meechai (☎ 0 4222 2838; 206-208 Th Pho Si; ☻ Mo–Sa 14–17 Uhr) Dieser Souvenirladen ist viel zu extravagant für den üblichen Touristenkrimskrams.

Udon Bho-Phin Trachu (keine Ausschilderung in lateinischen Buchstaben; ☎ 0 4224 5618; Th Porniyom; ☻ 7–18.30 Uhr) Der Laden nordwestlich des Sees Nong Prajak hat eine Spitzenauswahl von Seide und Baumwollstoffen, auch mit Naturfarben behandelte. Nach einem Schild mit einem Holzdach Ausschau halten.

An- & Weiterreise

BUS

Busse zu den meisten Reisezielen, einschließlich Bangkok (1./2. Klasse 412/321 B, 8 Std., alle 30 Min.), starten im Stadtzentrum von Udon am **Busbahnhof 1** (☎ 0 4222 2916; Th Sai Uthit) oder auf der gegenüberliegenden Straßenseite. Ihre Bestimmungsorte sind u. a. Khorat (1./2. Klasse 248/207 B, 4½ Std., alle 30 Min.), Sakon Nakhon (normal/1. Klasse 73/148 B, 3½ Std., alle 30 Min.), Khon Kaen (1./2. Klasse 104/83 B, 2½ Std., alle 15 Min.), Pattaya (1./2. Klasse 470/419 B, 10 Std., 10-mal tgl.), Suvarnabhumi International Airport (418 B, 8 Std., 21 Uhr) und Vientiane (80 B, 2 Std., 6-mal tgl.; man braucht ein gültiges Visum für Laos). **999 VIP** (☎ 0 4222 1489) und **Roongprasert Tour** (☎ 0 4234 3616) schicken VIP-Busse mit 24 Sitzen (641 B) nach Bangkok, Abfahrt um 21 Uhr; Roongprasert fährt zusätzlich noch um 10 Uhr.

Am **Busbahnhof 2** (☎ 0 4224 7788) an der Ring Rd im Westen der Stadt (mit *songthaeos* der Linien 6, 7 & 15 sowie den Bussen der gelben Linie zu erreichen) fahren die Busse in Richtung Westen ab, also nach Loei (normal/1. Klasse 70/113 B, 3 Std., alle 30 Min.) und Chiang Mai (2. Klasse/32-Sitzer VIP 438/657 B, 12 Std., 5-mal tgl.).

Busse nach Nong Khai (normal/1. Klasse 25/47 B, 1 Std., alle 45 Min.) fahren von beiden Busbahnhöfen ab, am häufigsten aber von dem am Rangsina-Markt, zu erreichen mit den Bussen der weißen Linie oder mit *songthaeos* der Linie 6.

FLUGZEUG

THAI Airways (www.thaiairways.com), **Nok Air** (www.nokair.com) und **Air Asia** (www.airasia.com) fliegen jeweils zwei Mal täglich nach Bangkok (1 Std.). Ein einfaches Ticket kostet im Durchschnitt 2200 B, doch man bekommt oft sehr viel günstiger Sonderangebote. **Lao Airlines** (www.laoairlines.com) fliegt freitags und sonntags nach Luang Prabang, das einfache Ticket gibt's für 2600 B.

Das Charoensri Grand bietet einen Shuttleservice von und zum Flughafen für 30 B pro Person an.

ZUG

Udon Thani liegt an der Bahnstrecke von Bangkok nach Nong Khai. Am Bahnhof in Bangkok fährt um 8.20, 18.30 und 20 Uhr ein Expresszug ab, der zehn bis elf Stunden später den **Bahnhof von Udon** (☎ 0 4222 2061) erreicht. In die Gegenrichtung fahren die Expresszüge um 6.54, 18.40 und 19.20 Uhr in Udon ab (Schlafwagen 3./2./1. Klasse 245/369/1277 B).

Unterwegs vor Ort

Songthaeos (8 B) verkehren in der Stadt auf festen Routen. Es gibt auch zwei Stadtbusse (8 B): Die der gelben Linie verkehren auf der Th Pho Si nach Nittayo, die der weißen Linie nehmen den Hwy 2. Im kostenlosen Stadtplan von Udon Thani sind die Routen eingezeichnet. Eine kurze Fahrt mit dem Tuk-Tuk (das man hier „Skylab" nennt) kostet 40 B oder mehr, die Fahrt zum Flughafen 200 B.

Rund um den Charoensri Complex findet man jede Menge Filialen von Autovermietungen. Der Fahrradverleiher beim Nong-Prajak-Park verleiht nahezu neue Fahrräder und Tandems für zwei oder drei Personen für 20 bis 50 B pro Tag.

RUND UM UDON THANI

Ban Chiang

บ้านเชียง

Das Dorf 50 km östlich von Udon Thani war einst das Zentrum der Ban-Chiang Kultur, einer Agrargemeinschaft, die Jahrtausende lang im Nordosten Thailands lebte. Bei archä-

ologischen Ausgrabungen stieß man auf einen Schatz an Artefakten, die bis ins Jahr 3600 v. Chr. zurückreichen und so die bis dahin vorherrschende Theorie widerlegten, dass das damalige Kultur Südostasiens im Vergleich zu der von China und Indien rückständig war.

Die heute bedeutendste archäologische Stätte Südostasiens wurde 1966 durch Zufall entdeckt. Damals spazierte Stephen Young, ein junger Anthropologie-Student an der Universität Harvard, auf dem Gelände herum, stolperte, fiel – und fand den Rand eines Tongefäßes direkt unter seiner Nase. Er schaute sich um, entdeckte weitere Stücke und vermutete (mit Recht), auf eine Begräbnisstätte gestoßen zu sein. Die ersten planmäßigen Ausgrabungen fanden 1974–1975 statt und förderten Berge von Tonscherben und 126 menschliche Skelette zu Tage. Später entdeckten die Wissenschaftler die bis dahin ältesten Belege der Region für Ackerbau und die Herstellung von Metallwerkzeugen (man begann hier ca. 2000 v. Chr. mit der Bronzeverarbeitung), sieben Zivilisationsschichten wurden freigelegt; die berühmten Keramiken mit Spiralornamenten fand man in der dritten und vierten Schicht. Das Gebiet wurde 1992 zum Unesco-Weltkulturerbe erklärt.

Das ausgezeichnete, kürzlich erweiterte **Ban-Chiang-Nationalmuseum** (☎ 0 4220 8340; Eintritt 150 B; ☽ 8.30–16.30 Uhr) zeigt nicht nur Keramik aus allen Perioden der Ban-Chiang-Kultur, sondern auch Unmengen bronzener Gegenstände, z. B. Speerspitzen, Sicheln, Angelhaken, Schöpfkellen, Halsringe und Armreifen. Die Exponate (mit englischsprachiger Beschriftung) gewähren einen hervorragenden Einblick in die älteste Vergangenheit dieser Region und in die Enträtselung ihrer prähistorischen Geheimnisse. Beim 1 km östlich gelegenen Wat Pho Si Nai gibt's ein im Originalzustand belassenes **Grabungsfeld** (Eintritt im Museumseintritt inkl.; ☽ 8.30–18 Uhr) mit 52 einzelnen Gräbern aus der Zeit um 300 v. Chr. Hier kann man sehen, dass die Toten Tonwaren als Grabbeigabe bekamen; tote Kinder legte man sogar in die Tonkrüge hinein.

Die Website der **University of Pennsylvania Museum of Archaeology & Anthropology** (www.museum. upenn.edu) bietet ausführliche Infos über die Funde in Ban Chiang – einfach „Ban Chiang" ins Suchfeld eingeben.

Der Ort lebt immer noch hauptsächlich vom Reisanbau, doch das Souvenirgeschäft kommt gleich an zweiter Stelle. Viele Dörfer in der Region stellen Kunsthandwerk wie Korbflechtarbeiten her und Kleider, die aus dem unverwechselbaren rauen Baumwollstoff *fâi sên yài* (Stoffe aus dicken Fäden) gefertigt werden. Die Produkte kann man in den Geschäften gegenüber vom Museum kaufen. An der Straße vor dem Museum befindet sich eine Töpferei und auf dem Weg in die Stadt passiert man eine Baumwollweber-Genossenschaft. Die Einheimischen versuchen, einem Ban-Chiang-Artefakte anzudrehen, sowohl echte als auch gefälschte, aber die Ausfuhr von Antiquitäten ist nicht erlaubt. Wer es dennoch riskiert, wird am Flughafen eine Menge Ärger bekommen – man sollte sich also lieber nicht darauf einlassen.

Das **Besucherzentrum** (☽ Mo–Fr 8–16 Uhr) der Stadt in der Nähe des Museums verleiht Fahrräder für 20 B am Tag und kann die Unterkunft bei einer **Gastfamilie** organisieren.

SCHLAFEN & ESSEN

Das heimelige **Lakeside Sunrise Guesthouse** (☎ 0 4220 8167; Zi. 200 B; 🖳) liegt vor der malerischen Kulisse am Westufer des Sees, nicht weit entfernt vom Museum, und ist ein guter Grund, eine Nacht in der Stadt zu verbringen. Die sauberen Gemeinschaftseinrichtungen befinden sich im Erdgeschoss und oben gibt's eine riesige Veranda. Der nette Eigentümer ist ein wandelndes Lexikon in Sachen Ban Chiang, spricht Englisch und verleiht Fahrräder und Motorräder.

Gegenüber vom Eingang zum Nationalmuseum gibt's ein paar einfache Restaurants.

AN- & WEITERREISE

Aufgrund des hohen Benzinpreises haben die *songthaeos* die Direktfahrten von Udon nach Ban Chiang eingestellt; man kann aber ruhig nachfragen, ob die Fahrten wieder aufgenommen wurden. Alternativ nimmt man einen Bus Richtung Sakon Nakhon oder Nakhon Phanom und steigt an der Abfahrt Ban Nong Mek (35 B, 1 Std.) aus. Für die restlichen zehn Minuten nach Ban Chiang zahlt man für ein Tuk-Tuk oder ein Motorradtaxi 60 B pro Person.

Phu Phrabat Historical Park

อุทยานประวัติศาสตร์ภูพระบาท

Um den **Phu Phrabat Historical Park** (☎ 0 4225 1350; Eintritt 100 B; ☽ 8.30–16.30 Uhr) mit seinen bizarren Felsformationen ranken sich unzählige Le-

PROVINZEN NONG KHAI & UDON THANI

genden. Der Park ist eines der regionalen Highlights und geprägt von einer Ansammlung von symmetrisch geformten Felsen, Spitzen und riesigen Felsbrocken, in die bzw. um die herum mehrere Schreine und Wats gebaut wurden. Die prähistorischen Wandmalereien in den diversen Grotten zeigen wilde Tiere, Menschen und kryptische Symbole. Einige kleine, aber feine Felsreliefs mit Buddhadarstellungen stammen aus der Zeit, als die Mon und später die Khmer das Gebiet beherrschten. Der Aufstieg über die Felsformation **Pha Sa Dej** zur Kante der Steilwand wird mit einem fantastischen Blick hinunter ins Tal und hinüber zu den Bergen von Laos belohnt. Gut markierte Wege führen in einer Stunde an allen Sehenswürdigkeiten vorbei, es lohnt sich aber, mehr Zeit mitzubringen.

Die meisten Felsformationen des Parks spielen eine Rolle in der zauberhaften Legende um einen König (Phaya Kong Phan), seine wunderschöne Tochter (Nang Usa), einen Einsiedler (Rishi Chantra) und einen verliebten Prinzen aus einem anderen Königreich (Tao Baros). Die markanteste Felsformation, **Hoh Nang-Usa**, sieht aus wie ein auf dem Schaft

stehender Stiefel und beherbergt einen Schrein; in diesem „Turm" wurde die schöne Prinzessin von ihrem übervorsichtigen Vater eingesperrt wurde. Bei vielen Felsen ist der Name in Thai und Englisch angegeben, aber wer die Legende nicht kennt, wird damit nicht viel anfangen können. Eine Kurzversion der Geschichte gibt's im Museum, Gäste des Mut Mee Garden Guesthouse in Nong Khai (S. 564) können die ganze Story nachlesen.

Wer hier campen will, zahlt für ein kleines Zelt eine Gebühr von 20 B, für ein großes 50 B; man kann auch Zelte mieten (50–200 B). Im Park gibt's zudem drei Bungalows, die für bis zu fünf Personen 600 B und für bis zu zwölf Personen 1200 B kosten.

Gleich am Eingang befindet sich der **Wat Phra That Phra Phutthabaht Bua Bok,** dessen gleichnamiger *chedi* im laotischen Stil einen Fußabdruck Buddhas birgt. Die weiteren Gebäude in dem Komplex heben sich stilistisch von den anderen Bauten im Park nicht ab.

AN- & WEITERREISE

Der Park liegt 70 km von Udon Thani und Nong Khai bei dem kleinen Ban Pheu. Man

kann ihn von beiden Städten aus im Rahmen eines Tagesausflugs besuchen. Die 1½-stündige Fahrt mit dem Bus oder dem *songthaeo* vom Rangsina-Markt in Udon nach Ban Pheu kostet 30 B; vom Busbahnhof in Nong Khai kostet die Fahrt 45 B (2 Std.). In Ban Pheu geht's mit einem Motorradtaxi weiter zum Park (80–100 B). Es gibt auch Tuk-Tuks, doch die tun sich im Gebirge schwer.

Die aus Udon kommenden Fahrzeuge fahren weiter bis nach Ban Tiu, dem Dorf am Fuß des Berges. Von dort bringen einen Motorradtaxis für ca. 40 B die letzten 4 km zum Park (allerdings stehen nur wenige bereit).

Wer mit öffentlichen Verkehrsmitteln unterwegs ist, sollte den Park spätestens bis 15.30 Uhr wieder verlassen.

Ban Na Kha
บ้านนาข่า

Das Baumwollweberdorf Ban Na Kha, 16 km nördlich von Udon am Hwy 2, ist bekannt für seine *kít*-Stoffe. Aus diesen Brokatstoffen mit geometrischen Rautenmustern wurden früher nur Kissen und andere Dekogegenstände hergestellt, heute verwendet man sie auch zur Herstellung von Kleidungsstücken. Die Tradition ist jedoch vom Aussterben bedroht, da die Frauen mit Feldarbeit mehr verdienen als mit dem Weben dieser komplizierten Muster. Den Highway und die Hauptstraße der Stadt säumen Dutzende Geschäfte. **Maa Bah Pah Fahi** (☎ 0 4220 6104; ☽ 7–17.30 Uhr), gegenüber vom Tempeleingang, schmückt seine Wände mit Jahrhunderte altem *kít*.

Bevor man das Dorf wieder verlässt, sollte man einen Blick auf den **Wat Na Ka Taewee** (☽ bei Tageslicht) werfen, der noch älter ist als das Dorf. Ein Wandermönch gründete den Tempel: Er vernahm aus einem Loch das Gebrüll und den Rauch einer *naga*-Schlange, verschloss das Loch mit einem Felsbrocken und baute einen kleinen *bòt* darüber. In der Eingangshalle sind Keramiken, goldene Buddhas und menschliche Skelette zu sehen, die bei den verschiedenen Restaurierungsarbeiten am Tempel ausgegraben wurden.

Die Busse der weißen Linie fahren von Udon zum Dorf und können auf dem Hwy 2 angehalten werden.

Wat Pa Ban Tad
วัดป่าบ้านตาด

Der mittlerweile über 90 Jahre alte Mönch Luang Ta Maha Bua war ein Schüler von Luang Pu Man und wird heute in ganz Thailand hoch verehrt. Er genoss als Meditationslehrer schon lange höchstes Ansehen, wurde aber erst 1997 richtig berühmt, als er während der Wirtschaftskrise mehr als 10 000 kg Gold (aus eingeschmolzenem Schmuck) und Baht im Wert von 10 Mio. US$ sammelte, um bei der Tilgung der Auslandsschulden des Landes mitzuhelfen. Auch für wohltätige Projekte engagiert er sich sehr. 2005 kritisierte er in nie dagewesener Art und Weise den geflohenen Premierminister Thaksin. Im 16 km südlich von Udon gelegenen schlichten Waldkloster **Wat Pa Ban Tad** (☽ bei Tageslicht) leben mehr als 250 Mönche und *mâa chee* (Nonnen), die zusätzlich zu den gewöhnlichen 227 Geboten ein asketisches Gelübde abgelegt haben, darunter ein gutes Dutzend westlicher Ausländer.

Jeden Morgen kommen Hunderte Menschen, um Luang Ta Maha Buas Diskurse zum Buddhismus zu hören, und Hunderttausende verfolgen sie über das Radio (103.25 FM in Udon) oder auf www.luangta.com.

PROVINZ NONG KHAI

Die Provinz Nong Khai, die sich 320 km am Mekong entlang erstreckt, ist eine faszinierend schöne Gegend. Von ihrer Hauptstadt Nong Khai führt die Freundschaftsbrücke hinüber nach Laos; sie ist die zweite Brücke über den Mekong überhaupt (die erste steht in China) und machte Nong Khai zu einem der beliebtesten Reiseziele in Nordostthailand. Der surealistische Skulpturenpark Sala Kaew Ku war jedoch schon lange vor dem Bau der Brücke ein Muss für alle Besucher der Region.

Von der Hauptstadt aus erreicht man faszinierende Tempel und die Uferstädte am Mekong. Wer sich hier Zeit nimmt, kann tief in die authentische Isaan-Kultur eintauchen.

NONG KHAI
หนองคาย
61 500 Ew.

Die Stadt am Ufer des Mekong scheint auf der Sonnenseite des Lebens zu stehen. Als wichtige Zwischenstation auf dem Weg in den Norden profitiert Nong Khai vom ständigen Strom der Reisenden, für die ausgezeichnete Unterkünfte und Restaurants en masse eröffnet wurden. So ist die Stadt heute die einzige im Isaan mit einer echten, wenn auch noch im

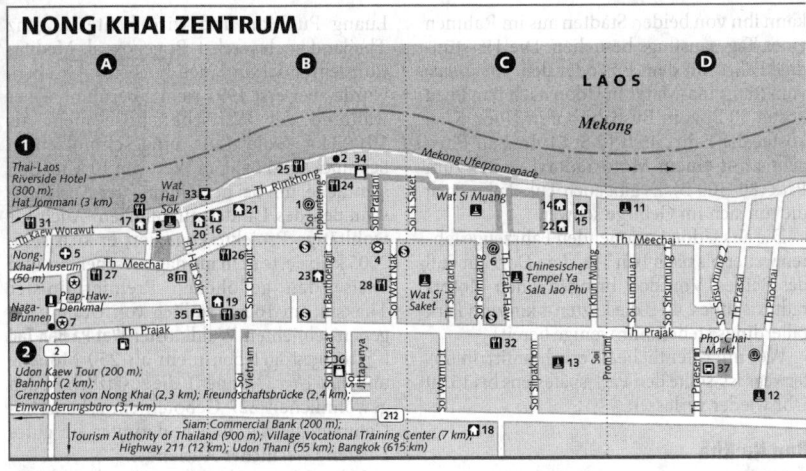

NONG KHAI ZENTRUM

Wachstum begriffenen Backpacker-Szene. Das beliebte Nong Khai verdankt seine Popularität nicht nur der Nähe zu Laos und dem großen Angebot an Bananenpfannkuchen – viele, die hier nur einen Zwischenstopp einlegen wollten, wurden von den rosafarbenen Sonnenuntergängen, dem gemächlich dahinfließenden Leben und den Sehenswürdigkeiten der Umgebung zum Bleiben verführt.

Schon so mancher Stadtplaner hat seine Betonfaust in die schönen Altstadtbezirke der Stadt gerammt, aber verglichen mit den anderen Provinzhauptstädten hat es Nong Khai dennoch geschafft, seiner Geschichte zumindest in großen Teilen verbunden zu bleiben. Hier und da stehen ein paar Villen aus der französischen Kolonialzeit und es gibt eine ganze Galaxie von Wats, und das Leben

scheint hier insgesamt etwas langsamer zu „passieren".

Geschichte

Zwischen beiden Ländern „eingeklemmt", ist Nong Khai nicht nur ein historischer, sondern auch ganz realer Brückenkopf zwischen Thailand und Laos. Früher gehörte Nong Khai zum Königreich von Vientiane (Vang Chan), das ständig zwischen Unabhängigkeit und Tributpflicht gegenüber dem laotischen Lan Chang (1353–1694) oder dem Königreich Siam (Ende 18. Jh.–1893) hin- und hergerissen war. 1827 gab Rama III. dem Thai-Fürsten Thao Suwothamma die Erlaubnis, Nong Khai an der Stelle der heutigen Stadt zu gründen. Der Fürst hatte den Ort gewählt, da die umgebenden Sümpfe (*nong*) die Verteidigung der

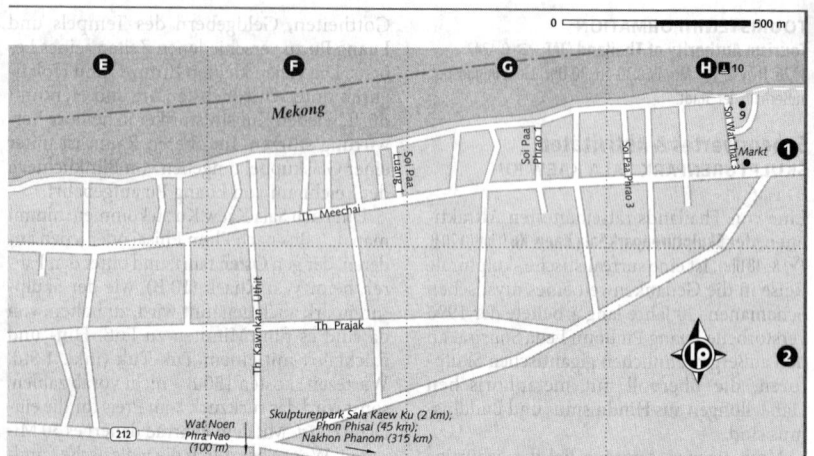

0 ——————————— 500 m

Mekong

Soi Paa Luang T.

Soi Paa Phao 7

Soi Paa Phao 3

Soi Wat Thut 3

Markt **1**

9

H **10**

Th Meechai

Th Kawnkan Uthit

Th Prajak

Wat Noen Phra Nao (100 m)

Skulpturenpark Sala Kaew Ku (2 km); Phon Phisai (45 km); Nakhon Phanom (315 km)

212

Stadt erleichterten. Unter Rama V. wurde Nong Khai 1891 die Hauptstadt des *monthon* Lao Phuan, eines frühen Satellitenstaats im Isan, zu dem die heutigen Provinzen Udon Thani, Loei, Khon Kaen, Sakon Nakhon, Nakhon Phanom und Nong Khai und Vientiane gehörten.

Die Gegend wurde im späten 19. Jh. von Yunnan-Plünderern *(jeen hor)* heimgesucht. Das Prap-Haw-Monument (*brahp hor* bedeutet „Sieg über die Haw"), das vor der damaligen Provinzverwaltung (heute ein College) errichtet wurde, erinnert an die Siege der Thais und der Laoten über die Haw bei der Invasion von 1886. Als der Westen Laos 1893 durch die Franzosen von Thailand abgespalten wurde, verlagerte sich die Hauptstadt des *monthon* nach Udon – aus Nong Khai wurde tiefste Provinz.

Die Eröffnung der 30 Mio. US$ teuren und 1174 m langen Freundschaftsbrücke (Saphan Mittaphap Thai-Lao) am 8. April 1994 markierte den Beginn der Entwicklung Nong Khais zum regionalen Handelszentrum und Verkehrsknotenpunkt. Seitdem streckte sich auch die Skyline kontinuierlich weiter gen Himmel.

Orientierung & Praktische Informationen

Nong Khai liegt nah am Mekong. Die meisten Hotels und Restaurants finden sich im Westen des Zentrums am Wasser, der Busbahnhof ist im Osten und Bahnhof und Freundschaftsbrücke liegen 3 km westlich des Zentrums.

BUCHLÄDEN
Hornbill Bookshop (☎ 0 4246 0272; unweit der Th Kaew Worawut; ◷ Mo–Sa 10–19 Uhr) An- und Verkauf englischsprachiger Bücher. Bester Buchladen für englischsprachige Lektüre im Isaan, sehr betriebsam.

EINREISE
Einreisebehörde (☎ 0 4242 3963; ◷ Mo–Fr 8.30–12 & 13–16.30 Uhr) Südlich der Freundschaftsbrücke; verlängert Thailand-Visa.

GELD
Siam Commercial Bank (Hwy 2, Big Jieng Mall; ◷ 10.30–20 Uhr) Wechselstube mit verlängerten Öffnungszeiten.

INTERNETZUGANG
Coffee Net (Soi Thepbunterng; 30 B/Std.; ◷ 10–24 Uhr) Wer surft, bekommt kostenlos Kaffee oder Tee.
Oxy.Net (569/2 Th Meechai; 20 B/Std.; ◷ 9–22 Uhr)

NOTFALL & MEDIZINISCHE VERSORGUNG
Nong-Khai-Krankenhaus (☎ 0 4241 1504; Th Meechai)
Touristenpolizei (☎ 0 4246 0186; Th Prajak) Neben dem *naga*-Brunnen.

POST
Hauptpost (Th Meechai; ◷ Mo–Fr 8.30–16.30, Sa, So & feiertags 9–12 Uhr)

REISEBÜROS
Go Thasadej (☎ 08 1592 0164; www.gothasadej.com; Mekong Promenade; ◷ 10–19 Uhr) Eines der verlässlichsten Reisebüros Thailands mit Rundum-Service.

NORDOSTTHAILAND

TOURISTENINFORMATION
Tourism Authority of Thailand (TAT; ☎ 0 4242
1326; Hwy 2; ◷ Mo–Fr 8.30–16.30 Uhr) Liegt ungünstig
außerhalb der Stadt.

Sehenswertes & Aktivitäten

SKULPTURENPARK SALA KAEW KU
ศาลาแก้วกู่

Eine von Thailands rätselhaftesten Attraktionen, der **Skulpturenpark Sala Kaew Ku** (Eintritt 20 B; ◷ 8–18 Uhr), ist eine surrealistische skulpturale Reise in die Gedankenwelt eines mystischen Schamanen. 20 Jahre lang arbeitete der 1996 verstorbene Luang Pu Boun Leua Sourirat an den außergewöhnlichen gigantischen Skulpturen, die übervoll mit metaphorischen Darstellungen aus Hinduismus und Buddhismus sind.

Nach eigenen Angaben fiel der gebürtige Lao Luang Pu als Kind in ein Loch, in dem der Asket Kaewkoo lebte. Kaewkoo weihte ihn in die mannigfaltigen Geheimnisse der Unterwelt ein und machte aus ihm einen brahmanischen Yogi-Priester und Schamanen. Luang Pu entwickelte seine ganz eigene Mischung aus hinduistischer und buddhistischer Philosophie, Mythologie und Ikonografie und fand eine große Anhängerschaft im Nordosten Thailands, den er nach der Machtübernahme der Kommunisten in Laos 1975 zu seiner Heimat ernannt hatte.

Der Park ist ein wirrer Haufen bizarrer Zementskulpturen, die Shiva, Vishnu, Buddha und alle anderen hinduistischen und buddhistischen Gottheiten sowie zahlreiche weltliche Persönlichkeiten darstellen sollen. Offensichtlich wurden sie von ungeübten Künstlern nach den Anweisungen von Luang Pu geschaffen. Einige der Skulpturen sind wirklich witzig. Vor allem Kinder werden etwa von dem Elefanten, der gelassen und würdevoll durch ein Rudel menschenähnlicher Hunde stapft, begeistert sein. Die mit 25 m höchste Statue ist ein Buddha, der auf einer hoch zusammengerollten naga unter einem Baldachin aus mehreren Schlangenköpfen steht. Sehr interessant ist auch das Rad des Lebens in einem riesigen Mund, das die Lebensphilosophie von Luang Pu auf eine einzige, leicht verwirrende Kreation reduziert. Eine Erklärung dazu liefert die Website des Mut Mee Garden Guesthouse (www.mutmee.com).

Der Hauptschrein – fast ebenso bizarr wie der ganze Skulpturenpark – hängt voller Bilder von hinduistischen und buddhistischen Gottheiten, Geldgebern des Tempels und Luang Pu zu verschiedenen Zeiten seines Lebens. Die vielen kleinen Bronze- und Holzfiguren unterschiedlichster Art und Herkunft dürften jeden Kunsthistoriker in heillose Verwirrung stürzen. Im oberen Raum ist unter einer Glaskuppel umgeben von Blinklichtern der Leichnam von Luang Pu aufgebahrt.

Um nach Sala Kaew Ku zu kommen, nimmt man den Bus nach Phon Phisai oder jeden anderen, der gen Osten fährt und bittet den Fahrer, beim Wat Khaek (10 B), wie der Skulpturenpark auch genannt wird, zu halten; von da sind es fünf Minuten zu Fuß. Hin- und Rückfahrt mit einem Tuk-Tuk (inkl. 1 Std. Wartezeit) kosten 150 B – nicht vorab zahlen, sonst wird das ruckzuck zum Preis für die einfache Fahrt. Mit dem Fahrrad dauert es 30 Minuten. Wer selber durch die malerische Landschaft fahren will, bekommt im Mut Mee Garden Guesthouse praktische Karten.

WAT PHO CHAI
วัดโพธิ์ชัย

Mitten im **Wat Pho Chai** (Th Phochai; ◷ 6–19 Uhr) sitzt Luang Pho Phra Sai, ein riesiger Buddha aus der Lan-Chang-Zeit, der über und über mit Gold, Bronze und Edelsteinen bedeckt ist. Der Kopf der Statue ist aus purem Gold, der Körper aus Bronze, Rubine schmücken den ùt·sà·nít (das Kopfornament in Flammenform auf einem Buddha). Der Altar, auf dem er sitzt, ist mit vergoldeten Holzreliefs und Mosaiken verziert, die Deckenbalken mit Holzrosetten aus der späten Ayutthaya-Zeit.

Ursprünglich gab es drei identische Statuen. Die Wandmalereien im bòht beschreiben ihre Reise aus dem Inneren Laos ans Ufer des Mekong, wo sie auf Flöße verladen wurden. Während eines Sturms versank eine der Statuen im Fluss, wo sie bis auf den heutigen Tag noch liegt. Da ein Mönch des Tempels behauptete, die nagas wollten sie behalten, wurde sie niemals geborgen. Die dritte Statue, Phra Soem, befindet sich im Wat Patum Wanaram in Bangkok.

WAT NOEN PHRA NAO
วัดเนินพระเนาว์

Das Waldkloster **Wat Noen Phra Nao** (◷ bei Tageslicht) im Süden der Stadt gibt vipassana-Meditationskurse unter schattenspendenden Bäumen. Das Zentrum dient als spiritueller Zufluchtsort für alle, die sich in einer persönlichen Krise befinden. Auch westliche Aus-

länder, die es ernst mit dem Meditieren meinen, sind willkommen. Die großzügig verzierte Tempelarchitektur mit dem verspieltesten Glockenturm der Welt steht in starkem Widerspruch zum sonst asketischen Charakter von Waldwats. Einige der Grabmäler auf dem chinesischen Friedhof hier würden auch in den Park von Sala Kaew Ku passen.

WAT LAM DUAN
วัดลำดวน

Der **Wat Lam Duan** (Th Rimkhong; ☼ bei Tageslicht) ragt dank des riesigen Buddhas auf dem Dach des Tempelheiligtums unübersehbar aus der Skyline von Nong Khai heraus. Wer (ohne Schuhe!) zum Buddha hochklettert, hat einen wundervollen Blick auf den Mekong.

WAT TUNG SAWANG
วัดทุ่งสว่าง

Das Heiligtum des **Wat Tung Sawang** (Soi Silpakhom; ☼ bei Tageslicht) ist zwar eines der kleinsten der Stadt, doch dank seiner künstlerischen Ausstattung auch eines der schönsten. An der Längsseite der Kapelle sitzen neun buddhistische und hinduistische Statuen auf phantasievoll gestalteten Podesten.

PHRA THAT NONG KHAI
พระธาตุหนองคาย

Der auch als Phra That Klang Nam (Heiliger Reliquienschrein in der Mitte des Flusses) bekannte laotische *chedi* ist im Mekong versunken und deshalb nur in der Trockenzeit zu sehen, weil dann der Flusspegel um 13 m sinkt. Mitte des 18. Jhs. wurde der *chedi* vom sich dahinschlängelnden Mekong verschluckt und dann 1847 zu Fall gebracht. Wenn die Wasserstände in der Trockenzeit niedrig genug sind, wird er mit bunten Fahnen geschmückt. **Phra That La Nong**, das an Land errichtete Replikat, ist nachts beleuchtet.

MUSEEN
Das 1926 in der französischen Kolonialzeit errichtete Haus wurde renoviert und zu einem Museum umfunktioniert. Das Äußere des **Governor's Mansion Museum** (Th Meechai; Eintritt frei; ☼ 8.30–18 Uhr) strahlt mehr als das Innere – und wird in der Dämmerung schön beleuchtet.

Das kleine, im ehemaligen Rathaus (1929) untergebrachte **Nong-Khai-Museum** (☎ 0 4241 3658; Th Meechai; Eintritt frei; ☼ Mo–Fr 9–16 Uhr) bietet wenig mehr als ein paar alte Fotografien – dafür kostet aber der Eintritt auch nichts.

FREIWILLIGENARBEIT
Während sich freiwillige Helfer sonst in der Regel längerfristig verpflichten müssen, kann man hier auch in nur wenigen Stunden eine Menge Gutes tun. An den Wochenenden kann man z. B. morgens Zeit mit den Aidsinfizierten Waisenkindern des von Pater Mike Shea geleiteten **Sarnelli House** (www.sarnelliorphanage.org) verbringen und mit ihnen spielen. Oder man gibt Englischunterricht. Interessierte melden sich beim Mut Mee Garden Guesthouse.

Die beiden landesweit arbeitenden Organisationen Open Mind Projects (S. 52) und Travel to Teach (S. 52) sind in Nong Khai stationiert und bieten jede Menge Möglichkeiten zur Freiwilligenarbeit.

Festivals & Events
Beim Neujahrsfest **Songkran** (S. 21) wird die kostbare Buddhastatue von Luang Pu Phra Sai aus der Lan-Xang-Zeit durch die Stadt getragen.

Wie viele andere Städte im Nordosten feiert auch Nong Khai das **Raketenfest** *(Bun Bâng Fai)*, das am Visakha-Puja-Tag (dem Tag der Geburt und der Erleuchtung Buddhas) Ende Mai bzw. Anfang Juni beginnt, sich aber nicht mit dem von Yasothon (S. 596) messen kann.

Zum Abschluss der buddhistischen Fastenzeit *(Okk Paan Saa)* Ende Oktober bzw. Anfang November findet ein großes **Ruderfest** mit Langbootrennen auf dem Mekong statt. Da es beim Oktober-Vollmond gefeiert wird, sind dann auch die **Naga-Feuerbälle** (s. Kasten S. 566) zu sehen.

Besonders amüsant ist das **Chinesische Drachenfest** von Nong Khai, das Ende Oktober bzw. Anfang November zehn Tage lang mit Drachentänzern, Akrobaten, Chinesicher Oper und jeder Menge Knallkörpern gefeiert wird – willkommen zum wahrscheinlich lautesten Festival der Welt!

Mit dem **Anou-Savari-Festival** am 5. März, dem größten Straßenfest der Stadt, wird das Ende der Aufstände der chinesischen Haw gefeiert.

Schlafen
BUDGETUNTERKÜNFTE
Nong Khais Budgetunterkünfte gehören zu den besten in der Region. Sie sind voll auf den nicht abreißenden Strom von Backpackern auf ihrem Weg über die Grenze eingerichtet.

Die folgenden Gästehäuser haben Zimmer, die sich hinter keiner Mittelklasseunterkunft verstecken müssen.

LP Tipp **Mut Mee Garden Guesthouse** (☎ 0 4246 0717; www.mutmee.com; unweit Th Kaew Worawut; B 100 B, Zi. 140–750 B; ⬛) Nong Khais Oldtimer unter den Budgetunterkünften liegt an einem ruhigen Abschnitt des Mekong. Der Garten, ein beliebter abendlicher Treffpunkt für viele Traveller, ist so entspannend, dass er einen geradezu berauscht. Zimmer der unterschiedlichsten Kategorien gruppieren sich um ein strohgedecktes Restaurant, in dem der Eigentümer Julian mit seinem Wissen über die Legenden der Gegend und seiner Leidenschaft für alles, was mit dem Isaan zu tun hat, Hof hält. Da niemand aufgefordert wird, sein Zimmer zu verlassen – die Gäste bleiben oft länger als geplant –, werden kaum Reservierungen angenommen. Der zum Mut Mee führende Weg ist mittlerweile zu einem eigenständigen Touristendorf mit Yoga-Angeboten und einem Buchladen geworden.

Rimkhong Guesthouse (☎ 0 4246 0625; 815/1-4 Th Rimkhong; EZ/DZ 140/200 B) Spärliche Zimmer, einige in einem windschiefen Holzhaus, Gemeinschaftsbäder und gaaaanz viel Ruhe machen dieses bescheidene Gasthaus aus. Ein gutmütiger alter Hund trottet gemächlich über den grünen Hof und der Eigentümer lässt es sich nicht nehmen, jeden Gast persönlich und freundlich zu begrüßen.

Sawasdee Guesthouse (☎ 0 4241 2502; 402 Th Meechai; EZ 140 B, DZ 200–450 B; ⬛ 🖵) Würde man Hotels nur nach ihrem Äußeren beurteilen, wäre das charismatische, ehemalige französisch-chinesische Kaufhaus unschlagbar. Die sauberen Zimmer (die preiswerteren mit Ventilator und Gemeinschaftsbad) sind zwar nicht so toll wie die Außenfassade und die Lobby, doch im Bewusstsein, dass man sich in einem Stück lebendiger Geschichte bettet, kann man hier sicher dennoch gut schlafen. Auf den Zimmern hat man WLAN (kostenlos).

E-San Guesthouse (☎ 08 6242 1860; 538 Th Khun Muang; Zi. 150–450 B; ⬛) Das hübsch restaurierte Holzhaus mit der langen Veranda liegt unweit des Mekong und ist eine sehr ruhige, stimmungsvolle Unterkunft. Die klimatisierten Zimmer (die einzigen mit eigenem Bad) sind im separaten neuen Gebäude untergebracht.

Das **Ruan Thai Guesthouse** (☎ 0 4241 2519; 1126/2 Th Rimkhong; Zi. 200–400 B, FZ 1000 B; ⬛ 🖵) entwickelte sich mit dem Tourismusboom vom kleinen Privat- zum angenehmen Gästehaus.

Das Angebot reicht von ordentlichen Zimmern mit einfachem Gemeinschaftsbad hinterm Haus bis zu Familienzimmern in einer kleinen Blockhütte. In Anbetracht des mit Blumen übersäten Gartens und des kostenlosen WLANs ist die Unterkunft insgesamt ein echter Treffer.

Jumemalee Guesthouse (☎ 08 5010 2540; 419/1 Th Khun Muang; Zi. 250 B) Das ebenfalls in einem Holzhaus untergebrachte Jumemalee ist weniger schön (und somit authentischer) als das benachbarte E-San, aber die Zimmer haben eigene Bäder. Die Familie betreibt die Unterkunft zu Ehren der Eltern, denen sie versprachen, das Guesthouse niemals zu verkaufen. Man sollte die modernen Zimmer im hinteren Bereich nehmen.

Khiang Khong Guesthouse (☎ 0 4242 2870; 541 Th Rimkhong; Zi. 300–400 B; ⬛ 🖵) Die Zimmer in dem neuen Betonbau sind blitzsauber. Man vermisst vielleicht etwas historisches Flair, aber die Aussicht auf den Fluss vom Balkon der Zimmer im 3. Stock und das eigene Bad entschädigen dafür. Auf den Zimmern gibt's kostenloses WLAN (im hinteren Bereich des Gebäudes ist der Empfang jedoch schlecht).

Thai Nongkhai Guesthouse (☎ 0 4241 3155; www.thainongkhai.com; 1169 Th Banthoengjit; Zi. 400–500 B, ⬛ 🖵) Die sieben funkelnagelneuen Zimmer (es gibt vier teurere Wohneinheiten in freistehenden Bungalows) der in einem Hinterhof liegenden Unterkunft sind ziemlich öde, doch die Besitzer machen das Haus heimelig. Kostenloses WLAN.

Thai-Laos Riverside Hotel (☎ 0 4246 0263; 51 Th Kaew Worawut; Zi. 500–700 B; ⬛) Die schlichte Unterkunft, die nur schlecht instand gehalten wird, ist bei Reisegruppen beliebt. Wer sich an ein paar Löchern im Teppich nicht stört, der kann hier eine schöne Aussicht genießen. Die 700 B teuren Zimmer haben einen eigenen kleinen Balkon an der zum Mekong hin gelegenen Seite des Hotels. Und wenn man auf heruntergekommene Hotelbars steht, findet man hier gleich drei davon.

MITTEL- & SPITZENKLASSEHOTELS

Pantawee Hotel (☎ 0 4241 1568; www.pantawee.com; 1049 Th Hai Sok; EZ 600–900 B, DZ 700–1000 B, 4BZ 1400–2200 B; ⬛ 🖵 🛋) Das gut geführte Pantawee ist fast schon ein Dorf. Es umfasst Unterkünfte verschiedener Kategorien, ein Wellnesscenter, ein Reisebüro und ein rund um die Uhr geöffnetes Restaurant. Die Preise sind vernünftig und die Zimmer (die für Nong Khai recht

teuer sind) bieten DVD-Player und PCs mit Internet. WLAN gibt's im ganzen Gebäude, sogar in den blumengeschmückten Garten-lounges.

Nong Khai Grand (☎ 0 4242 0033; www.nongkhai grand.com; Hwy 212; Zi. 1290–1700 B, Suite 2700–3700 B; ❄ ▯ ▣) Das schicke, moderne Hotel ist immer noch glanzvoll, auch wenn man ihm sein Alter langsam ansieht. Das besonders bei Geschäftsleuten beliebte Hotel bietet den entsprechenden Standard. Die noblen Suiten (meistens mit 40 % Rabatt zu haben) sind eher etwas für gehobene Ansprüche – und entsprechende Geldbeutel –, doch auch die Standard-zimmer sind geräumig und gut ausgestattet.

Essen

Schnelles, abwechslungsreiches Essen gibt's im **Food-Court im Krankenhaus** (keine Ausschilderung in lateinischen Buchstaben; Th Meechai; ❄ morgens, mittags & abends), wo ein Dutzend Köche den Kochlöf-fel schwingt, oder auf dem **Nachtmarkt** (Th Prajak; ❄ 16–23 Uhr) zwischen der Soi Cheunjit und der Th Hai Sok. Tagsüber servieren die **Res-taurants am Flussufer** (Th Rimkhong) hinter dem Tha-Sadet-Markt vor allem gegrillten Fisch.

Khrua Sukapap Kwan Im (☎ 0 4246 0184; Soi Wat Nak; Gerichte 30 B; ❄ morgens & mittags) Die Inhaber des schlichten vegetarischen Restaurants ma-chen viel Wirbel um ihre *fa·ràng*-Menüs und servieren thailändische und chinesische Stan-dard-Gerichte (an einer Theke und mit eng-lischsprachiger Speisekarte), und dazu ein paar ausgezeichnete Säfte.

Darika Bakery (☎ 0 4242 0079; 668-669 Th Meechai; Gerichte 30–60 B; ❄ morgens & mittags) Der sparta-nische, englischsprachige Laden ist was für Frühaufsteher. Ab 5 Uhr morgens bekommt man ein günstiges Frühstück mit Eiern, Toast, Bananenpfannkuchen, vietnamesischen Ba-guette-Sandwiches und vielem mehr.

Nung-Len Coffee Bar (☎ 08 3662 7686; 1801/2 Th Kaew Worawut; Gerichte 35–180 B; ❄ Frühstück, Mittag- & Abendessen) Der kleine Laden ist eine der freund-lichsten Adressen in Nong Khai. Er verkauft ausgezeichneten Kaffee und Säfte und bietet auf einer umfangreichen Speisekarte Thai- und *fa·ràng*-Essen und ein paar kombinierte Gerichte aus beiden, z. B. gebratene Spaghetti mit Chili und Huhn.

Daeng Namnuang (☎ 0 4241 1961; 526 Th Rimkhong; Gerichte 35–180 B; ❄ morgens, mittags & abends) Das vietnamesische Restaurant ist im Isaan zu einer Institution geworden und die Massen strömen von außerhalb hierher, um ganze

Kofferräume und Reisetaschen mit den köst-lichen vietnamesischen Frühlingsrollen mit Schweinefleisch (*nǎam neuang*) zu füllen. Am Flughafen von Udon Thani gibt's eine Filiale. Das Essen hier ist wirklich super!

Mut Mee Garden Guesthouse (☎ 0 4246 0717; un-weit der Th Kaew Worawut; Gerichte 40–130 B; ❄ morgens, mittags & abends) Das Essen im Mut Mee, beson-ders das Frühstück, erfreut sich großer Be-liebtheit, auch wenn oder gerade weil sich die thailändischen Gerichte dem europäischen Gaumen anpassen. Ob man's nun scharf mag oder nicht – die Lage direkt am Fluss haut jeden um. Zudem gibt's eine gute Auswahl von vegetarischen Gerichten, z. B. Pilz-*lâhp* (die vegetarische Version des superscharfen laotischen Fleischsalats).

Nagarina (☎ 0 4241 2211; Gerichte 40–250 B; ❄ mit-tags & abends) Auf dem Flussdampfer unterhalb des Mut Mee Garden Guesthouse bekommt man Chili satt. Fisch ist die Spezialität des Hauses, manchmal kommen außergewöhn-liche Spezies aus dem Mekong auf den Tisch. Es wird fast immer eine Sonnenuntergangs-bootsfahrt angeboten (100 B, ca. 17 Uhr).

Rom Luang (☎ 08 7853 7136; 45/10 Th Prajak; Gerichte 40–150 B; ❄ abends) Der „Gelbe Schirm" ist vor allem für seine Isaan-Spezialitäten wie Würst-chen und Schweinehals (*kor mǒo yâhng*) be-kannt, serviert aber auch Thailändisches. Handgefertigte Tische und Stühle sorgen für das passende Ambiente. Der Grill ist bis mor-gens um 5 Uhr in Betrieb.

Café Thasadej (☎ 0 4242 3921; 387/3 Soi Thepbun-terng; Gerichte 60–375 B; ❄ morgens, mittags & abends) Gehobene Restaurants haben in Nong Khai Seltenheitswert, und dieser kleine Laden ist so eine Rarität. Sowohl die Speise- als auch die Spirituosenkarte hat Weltformat. Gyros, Wiener Schnitzel, Fish & Chips, Lasagne, Thunfischsalat und geräucherter Lachs gehö-ren zu den hiesigen Lieblingen.

Bird's Eye View Terrace (☎ 0 4242 0033; Hwy 212; Gerichte 70–260 B; ❄ abends) Mit Blick auf die Stadt genießt man im Restaurant des Nong Khai Grand Hotel Spezialitäten aus dem Isaan.

Ausgehen

Gaia (☎ 0 4246 0717; unterhalb vom Mut Mee Garden Guesthouse; ❄ Mi–Mo 19 Uhr–spät) Das entspannte Lokal am Mekong wird vor allem von Gästen des Mut Mee und hier lebenden *fa·ràngs* aufgesucht. Es gibt eine tolle Getränkeaus-wahl, eine traumhafte Atmosphäre und manchmal Livemusik. Oft finden Wohltätig-

GROSSE FEUERBÄLLE

Massenhysterie? Methangas? Betrunkene Lao-Soldaten? Clevere Mönche? Oder doch der feurige Atem der heiligen *naga*, des schlangenähnlichen Wesens, das im Volksglauben alle Wasserwege in Südostasien bevölkert? Für viele Laoten und Thais, die am Mekong leben, ist das keine Glaubensfrage. Seit 1983 – und für viele auch schon immer – ist das Phänomen der *bâng fai pá yah náhk* (frei etwa: „*naga*-Feuerbälle") das Ereignis des Jahres. Zum Ende der buddhistischen Fastenzeit im Oktober, das mit dem 15. zunehmenden Mond des 11. Mondmonats zusammenfällt, schießen an einem Abend, kurz nach der Dämmerung, plötzlich kleine rötliche Feuerbälle aus dem Mekong in den dunklen Himmel hinauf und fliegen dort einige hundert Meter weit, bevor sie spurlos verschwinden. Viele behaupten, die *naga*-Feuerbälle seien völlig geräuschlos, andere meinen, ein Zischen zu hören, wenn sie aus dem Wasser des Mekong auftauchen. Die Menschen auf beiden Seiten des Mekong deuten das Phänomen als Zeichen, dass die im Fluss lebende *naga* das Ende der Fastenzeit feiert.

Noch bis vor Kurzem interessierte sich im restlichen Thailand niemand für die *naga*-Feuerbälle. Obwohl das Fernsehen seit Jahren das Ereignis in den Nachrichten vermeldete, musste erst 2002 eine Komödie rund um das Phänomen gedreht werden, damit man Notiz davon nahm. Als der Film *Sip Hâh Kâm Deuan Sip-èt* (wörtlich: Der fünfzehnte zunehmende Mond des elften Mondmonats) mit englischen Untertiteln kurz vor dem eigentlichen Event in die Kinos kam, blieb die erwartete Wirkung nicht aus. Tausende von Thais aus Bangkok und dem ganzen Land strömten zu den Ufern des Mekong in der Provinz Nong Khai, um das Spektakel zu sehen. Auch Regen konnte der fieberhaften Begeisterung keinen Abbruch tun, als sich die *naga*-Feuerbälle termingerecht aus dem Wasser erhoben.

---

keitsveranstaltungen zugunsten gemeinnütziger Projekte statt.

Warm Up (☎ 08 1965 7565; 476/4 Th Rimkhong; ☽ 19–2 Uhr) Die kleine Bar hebt sich von der Konkurrenz in diesem Teil der Th Rimkhong ab, im wörtlichen wie im übertragenen Sinn. Im bei Thais und Travellern gleichermaßen beliebten Warm Up kann man mit Blick auf den Mekong kostenlos Billard spielen.

Wer es authentischer mag, folgt der am Mekong entlang führenden Th Rimkhong in Richtung Osten bis hinter den Tha-Sadet-Markt. Dort trifft man auf Thais jeden Alters, die sich von neonbeleuchteten Restaurants und Bars am laufenden Band mit Essen und Getränken versorgen lassen.

Shoppen

Auf dem riesigen, fast den ganzen Tag geöffneten **Tha-Sadet-Markt** (Th Rimkhong) gibt's den üblichen Mix aus getrockneten Lebensmitteln, Elektrogeräten, Souvenirs und Nippes; die meisten Artikel sind Importartikel aus Laos und China.

Village Weaver Handicrafts (☎ 0 4242 2652; 1020 Th Prajak; ☽ 8–18 Uhr) Verkauft qualitativ hochwertige handgewebte Stoffe und Kleidung (Konfektionsware oder auf Bestellung Gefertigtes) und unterstützt damit Entwicklungsprojekte in der Region von Nong Khai. Vor

allem die *mátmèe*-Baumwollstoffe sind von höchster Qualität.

Village-Weaver-Werkstatt (☎ 0 4241 1236; 1151 Soi Jittapanya; ☽ Mo–Sa 8–17 Uhr) Die Werkstatt, in der ein Teil der Village-Weaver-Handicrafts-Stoffe produziert wird, bietet eine etwas andere Auswahl von Stoffen; vor allem gibt es viel mehr laotische Designs.

Village Vocational Training Center (☎ 0 4299 0613; ☽ Mo–Sa 8–17 Uhr) Auch wenn es nichts mit dem Village-Weaver-Projekt zu tun hat, geht dieses Ausbildungszentrum 7 km südlich der Stadt (auf dem Hwy 2 den Schildern gen Osten folgen) in dieselbe Richtung: Hier lässt sich besonders gut die Herstellung der *mátmèe*-Stoffe verfolgen. Außerdem gibt's eine Töpferwerkstatt und eine Pilzfarm.

An- & Weiterreise

BUS

Nong Khais **Busbahnhof** (☎ 0 4241 1612) befindet sich in der Nähe der Th Prajak, etwa 1,5 km von der Hauptansammlung der Unterkünfte am Mekong.

Udon Thani wird am häufigsten angefahren (normal/1. Klasse 25/47 B, 1 Std., alle 45 Min.), aber es gibt auch Busse nach Khon Kaen (2./1. Klasse 120/157 B, 3½ Std., stündl.) und Nakhon Phanom (normal/2. Klasse 175/220 B, 6 Std., 6-mal tgl.). Wer nach Chi-

Die Frage ist natürlich, was wirklich hinter diesen Feuerbällen steckt. Es gibt verschiedene Theorien. So behauptete eine Art Enthüllungsbericht im Thai-Fernsehen, dass laotische Soldaten auf der anderen Seite des Mekong gefeiert und in die Luft geschossen hätten. Interessanterweise hagelte es daraufhin heftige Proteste von beiden Seiten des Flusses. Einige meinen, die Mischung aus Methan- und Phosphangas, die sich im Schlamm auf dem Grund des Flusses bildet, erreiche zu dieser Jahreszeit eine kritische Temperatur und werde explosionsartig freigesetzt. Viele nehmen auch an, dass die Mönche einen Weg gefunden haben, dieses „Wunder" zu bewirken. Was auch immer die Ursache sein mag, kaum ein Thai hält die Feuerbälle für einen Schwindel.

Für die Provinz Nong Khai sind die *naga*-Feuerbälle ein gutes Geschäft. Jedes Jahr fallen gut 40 000 Menschen in Phon Phisai ein, dem kleinen Zentrum des eigentlichen Geschehens, während sich weitere Tausende auf Dutzende andere Dörfer am Fluss zwischen Sangkhom und Khong Jiam verteilen. Spezielle Busse (28 B) fahren nachts die Strecke hin und zurück, aber man sollte nicht versuchen, so lange wie möglich zu bleiben, denn dann riskiert man, nicht mehr zurück zu kommen. Einige Hotels setzen eigene Busse ein, in denen man auf jeden Fall einen Platz kriegt; außerdem schippert das Boot des Mut Mee Garden Guesthouse hin und zurück (2500 B, inkl. Mittag- & Abendessen).

Wer nicht mit der richtigen Einstellung hierher kommt, wird vielleicht enttäuscht sein. Das echte Happening ist weit mehr, als nur ein paar kleinen Lichtern zuzuschauen, wie sie aus dem Wasser aufsteigen. Das Erlebnis besteht vielmehr darin, die Thais zu beobachten, wie sie ein paar kleinen Lichtern beim Aufstieg aus dem Wasser zuschauen. Und selbst wer die *naga*-Feuerbälle nicht zu sehen bekommt – manchmal erscheinen sie mit einem Tag Verspätung, weil man nie genau berechnen kann, wann Vollmond ist –, ist sicher um eine interessante Erfahrung reicher.

ang Mai will, muss am neuen Busbahnhof in Udon Thani umsteigen.

Wer entlang des Mekong in Richtung Westen will, nimmt einen der normalerweise fünf täglich verkehrenden Busse nach Pak Chom und steigt dann in Sangkhom (55 B, 3 Std., bis 15 Uhr) oder unterwegs irgendwo aus. Normalerweise fährt nur der Bus um 7.30 Uhr ganz bis nach Loei (130 B, 7 Std.), doch wenn sich genug Passagiere finden, dann kommt man mitunter auch mit einem späteren hin.

Vor allem am späten Nachmittag und frühen Abend fahren viele Busse nach Bangkok (1./2. Klasse 350/450/350 B, 11 Std.). Die 24-Sitzer-VIP-Busse von **Roongprasert Tour** (☎ 0 4241 1447; ⏱ 19.45 Uhr) und **999 VIP** (☎ 0 4241 2679; ⏱ 19.30 & 20 Uhr) fahren täglich nach Bangkok (700 B, 10 Std.). Es gibt auch eine direkte Verbindung zum Suvarnabhumi International Airport (454 B, 9 Std., 20 Uhr).

Laos

Um aus Thailand in Richtung Laos auszureisen, nimmt man ein Tuk-Tuk zum Grenzübergang (50 B vom Busbahnhof), wo man einen thailändischen Ausreisestempel erhält. Von dort verkehren regelmäßig Minibusse, die Passagiere über die Brücke zum Grenzposten bringen (15 B; 20 B von 6–8.30 & von 16–21.30 Uhr), der 30-Tage-Visa ausstellt (nähere Infos

s. S. 830). Für die 22 km nach Vientiane warten dort dann jede Menge Busse, Tuk-Tuks und Taxis. Wer schon ein Visum für Laos hat, kann mit einem der sechs Busse, die täglich am Busbahnhof von Nong Khai abfahren, direkt nach Vientiane durchstarten (60 B, 1 Std.).

Es gibt eigentlich keinen Grund, die Visa-Büros in der Stadt zu nutzen, es sei denn, man ist in einer größeren Gruppe unterwegs.

FLUGZEUG

Der nächste Flughafen liegt in Udon Thani, 55 km in südlicher Richtung. Von dort heben regelmäßige Flieger nach Bangkok und einige nach Luang Prabang in Laos ab. Nähere Infos gibt's auf S. 556.

Zwischen dem Reisebüro **Udon Kaew Tour** (☎ 0 4241 1530; Th Pranang Cholpratan; ⏱ 8.30–17.30 Uhr) und dem Flughafen pendeln mehrere Kleinbusse (150 B/Pers.). Auf der Fahrt in die Stadt kann man an seinem Hotel oder an der Brücke aussteigen, aber die Busse zurück zum Flughafen fahren nur ab dem Büro. Am besten kauft man seine Fahrkarte im Voraus. Bei den meisten Reisebüros in der Stadt kann man für 700 B einen Privatchauffeur mieten.

ZUG

Vom Bahnhof in Bangkok fährt um 18.30 und um 20 Uhr ein Expresszug ab, der um 5.05

bzw. um 20.25 Uhr in Nong Khai ankommt. In der Gegenrichtung fahren die Expresszüge um 6 und um 18.20 in Nong Khai ab und erreichen Bangkok um 17.10 bzw. um 6.25 Uhr (Schlafwagen 1. Klasse/Sitzplatz 2. Klasse/Sitzplatz 3. Klasse 1317/388/253 B). Es gibt auch einen Schnellzug (2./3. Klasse 348/213 B), der um 18.40 Uhr in Bangkok abfährt und um 7.35 Uhr in Nong Khai ankommt bzw. um 19.15 Uhr in Nong Khai nach Bangkok (Ankunft 8 Uhr) abfährt.

Weitere Infos gibt's am **Bahnhof von Nong Khai** (☎ 0 4241 1592), 2 km westlich der Stadt.

Unterwegs vor Ort

Entweder die Unterkunft selbst oder irgendein anderer Laden in der Nähe verleiht Fahrräder (30 B) oder Motorräder (ab 150 B). Da Bremsen nicht zur Standardausrüstung gehören, sollte man die Angebote vergleichen.

Eine Tuk-Tuk-Fahrt vom Busbahnhof zur Gegend um Mut Mee kostet rund 30 B.

ÖSTLICH VON NONG KHAI

Die meisten Leute, die nicht nach Laos, sondern am Mekong entlang reisen, fahren in Richtung Westen, aber es lohnt sich, gegen den Strom zu schwimmen und nach Osten zu reisen. Unter anderem trifft man dort auf das beste Gastfamilien-Programm von Thailand und sehr interessante Tempel.

Ban Ahong

บ้านอาฮง

Ban Ahong ist ein hübsches Dorf am Fluss, an der Rte 212 bei Kilometer 115 gelegen. Der **Wat Ahong Silawat** (☺ bei Tageslicht) im Westen des Dorfes wurde zwischen rötlich schimmernden Felsen an einer Flußbiegung errichtet, die wegen ihrer starken, von Juni bis September auftretenden Strudel Sàdeu Nám-kong („Nabel des Mekong") genannt wird. Neben dem kleinen, schlichten *bòt* blickt eine 7 m hohe Nachbildung des Buddha Chinnarat von Phitsanulok auf den Mekong. Es soll Glück bringen, den letzten Abend der buddhistischen Fastenzeit (*wan òrk pan·säh*) in diesem Tempel zu verbringen, wo die rätselhaften *naga*-Feuerbälle (*bâng fai pá yah nâhk*) zum ersten Mal gesehen wurden (Details zu den Feuerbällen s. Kasten S. 566). Angeblich ist der Mekong hier auch am tiefsten und es gibt Legenden über Unterwasserhöhlen.

Das **Ahong Mekong View Hotel** (☎ 08 6227 0465; Zi./FZ 500/800 B; ✸) auf dem Tempelgelände am Fluss lebt hauptsächlich von Reisegruppen, so dass es entweder ausgebucht ist oder man fast allein hier nächtigt. Alle Einnahmen des Hotels gehen an den Tempel. Die Preise sind zwar gepfeffert, doch die 14 geräumigen Zimmer sind gut ausgestattet und haben Balkone. Die Mönche, die sich für eine friedliche Atmosphäre einsetzen, baten darum, die Zimmer nicht mit Fernsehern auszustatten.

Eine gute Alternative ist das **Gastfamilien-Programm** (☎ 08 7223 1544; inkl. Verpflegung 250 B/Pers.) des Dorfes, auch wenn die Familien kaum Englisch sprechen. In zwei Dutzend Häusern stehen Zimmer zur Verfügung und Gäste können nach Belieben am Dorfleben teilnehmen oder die Gastgeber beim Angeln und in den Gummiplantagen der Umgebung begleiten.

Die Busse von Nong Khai nach Beung Kan (normal/2. Klasse 80/100 B, 2½ Std., stündl. bis 16 Uhr) halten hier.

Beung Kan

บึงกาฬ

Beung Kan ist eine kleine ruhige Stadt am Mekong, 136 km östlich von Nong Khai. Trotz ihrer geringen Größe zählt sie zu den wenigen bedeutenden Zentren zwischen Nong Khai und Nakhon Phanom, so dass Traveller hier gerne rasten. Es gibt Banken, ein Internetcafé und die meisten anderen Einrichtungen, die Traveller so brauchen. Zudem hat sie eine schöne Uferpromenade zu bieten.

In der Trockenzeit zieht sich der Mekong von Beung Kan bis fast zur Grenze zu Laos zurück und auf der dabei entstehenden Sandbank picknicken dann die Einwohner. Die meisten Reisenden warten hier aber nur auf ihre Anschlussverbindung zum Wat Phu Tok.

Es gibt günstigere Adressen in Beung Kan als das **Maenam Hotel** (☎ 0 4249 1051; www.maenammhotel.com; 107/1 Th Chansin; Zi. 350–400 B; ✸) am Mekong, doch keine andere bietet solch eine Lage; die blitzsauberen Zimmer haben viele kleine Extras. Fast alle Restaurants in der Th Chansin servieren drinnen und draußen am Fluss (Letzteres kann angesichts der Mücken aber ein zweifelhaftes Vergnügen sein …).

AN- & WEITERREISE

Busse nach Nong Khai (normal/2. Klasse 80/110 B, 3 Std., stündl. bis 15.30 Uhr) halten vor dem Schönheitssalon Thai Beauty in der Nähe des Uhrenturms.

Auch wenn es sehr unüblich ist, kann man hier die laotische Grenze nach Paksan über-

queren – allerdings nur, wenn man im Besitz eines gültigen Visums ist. Die Überfahrt kostet 400 B.

Wat Phu Tok
วัดภูทอก

Der **Wat Phu Tok** (Isolierter Bergtempel; bei Tageslicht, 10.–16. April geschlossen) ist eines der Wunder dieser Region. Sechs Treppengänge führen vorbei an Schreinen und klösterlichen *gùdì*, die überall auf dem Berg, in Höhlen und auf Felshängen verteilt stehen. Ein siebter Gang bringt einen über Stock und Stein zum dichten Wald am Gipfel, von wo aus man einen herrlichen Blick auf die umliegende Landschaft hat und eine wirklich einschläfernde Atmosphäre genießt. Es ist die ruhige Einsamkeit dieses Klosters, die Mönche und Nonnen (*mâa chee*) aus ganz Thailand dazu bewegt, hier zu meditieren. Da dies viele auf dem Gipfel unter freiem Himmel tun, sollten sich die Besucher hier ruhig und respektvoll verhalten. Der Aufstieg auf den Berg symbolisiert, dass der Weg zur Tugendhaftigkeit persönliche Anstrengungen erfordert.

Dieser Wat war einst das Reich des berühmten Meditationsmeisters Luang Pu Juan, einem Schüler des Luang Pu Man (s. S. 590). Luang Pu Juan starb im Jahre 1980 bei einem Flugzeugabsturz gemeinsam mit einigen anderen hochverehrten Waldmönchen, die mit ihm nach Bangkok fliegen wollten, um an den Geburtstagsfeierlichkeiten von Königin Sirikit teilzunehmen. Seine Besitztümer und einige Knochenreste werden in einem Marmor-*chedi* unterhalb des Berges aufbewahrt.

Besucher, die die Mönche durch angemessene Kleidung und respektvolles Verhalten für sich gewinnen, dürfen auch über Nacht bleiben, wobei Männer und Frauen streng voneinander getrennt untergebracht werden.

AN- & WEITERREISE
Tuk-Tuks zum Wat Phu Tok fahren von Beung Kan ab, Hin- und Rückfahrt inklusive zwei Stunden Wartezeit am Wat kosten ca. 600 B. Noch besser ist es, den Bus der Linie 225 zu nehmen, der vom Uhrenturm in Beung Kan in Richtung Süden nach Ban Siwilai (20 B, 45 Min.) fährt; von hier aus zahlt man für ein Tuk-Tuk zum Tempel nur 200 B. Wer in Beung Kan einen frühen Bus erwischt, kann den Wat Phu Tok als Tagesausflug von Nong Khai aus besichtigen. Mit dem Auto oder Fahrrad führt der direkte Weg zum Kloster

von Beung Kan auf der Rte 212 nach Südosten. 27 km erreicht man Chaiyapon; dort rechts in die Rte 3024 abbiegen und den Schildern zu den Wasserfällen Chet Si und Tham Phra folgen. Die Wasserfälle liegen im Wildreservat Phu Wua und lohnen den Umweg wegen der seltsamen Steinformationen und der Kaskaden. Nach 17,5 km biegt man wieder rechts ab und fährt weitere 4 km.

Ban Kham Pia
บ้านขามเปี้ย

Im Isaan gibt's jede Menge Gastfamilien-Programme, die Travellern die Möglichkeit bieten, ins ländliche Leben einzutauchen. Die meisten sind auf thailändische Touristengruppen abgestimmt, doch dank des Open Mind Project (S. 52) und des englischsprachigen Khun Bunleud weiß **Kham Pia** (☎ 0 4241 3578, 08 7861 0601; www.thailandwildelephanttrekking.com; 200 B/ Pers., Gerichte 50–90 B) auch, wie man *fa·ràngs* willkommen heißt.

Das 186 km² große Naturschutzgebiet **Phu Wua Wildlife Reserve** ist von Ban Kham Pia aus zu Fuß erreichbar, so dass man neben den üblichen kulturellen Angeboten des Dorfes auch einige herrliche Wanderungen machen kann – auch das macht das hiesige Gastfamilien-Programm zu einem der besten in Thailand. Im Wald gibt's jede Menge Wasserfälle und zwei Dutzend Elefanten, denen man auf Wanderungen am Tage manchmal begegnet – im März und April stehen die Chancen am besten. Wer im Baumhaus übernachtet (nichts für ängstliche Gemüter), bekommt die Dickhäuter auch oft zu Gesicht.

Kham Pia liegt 190 km östlich von Nong Khai und nur 3 km von Hwy 212 entfernt. Die zwischen Nong Khai (180 B, 3½ Std.) und Nakhon Phanom (160 B, 2½ Std.) pendelnden Busse halten im 3 km von Kham Pia entfernten Ban Don Chik.

WESTLICH VON NONG KHAI
Die Menschen im Westen Nong Khais scheinen besessen vom **Heckenschnitt**: Entlang der Rte 211 sieht man Hecken und Büsche, die von ambitionierten Gärtnern in alle möglichen Formen gepresst wurden – von Elefanten bis hin zum Boxwettkampf ist alles dargestellt. Die Uferstraße (Th Kaew Worawut) ist umgeben von Schwemmlandebenen, auf denen Tabak, Tomaten und Chilischoten angebaut werden; sie ist die Alternativroute für die erste Etappe in Richtung Westen.

Fahrradfahrer sollten stets bedenken, dass die Straße keinen Randstreifen hat.

Das TAT-Büro in Nong Khai bietet Infos zu den verschiedenen Gastfamilien-Programmen (die meisten kosten 300 B inkl. Verpflegung) und organisiert auf Wunsch auch die Unterbringung.

Wat Phra That Bang Phuan
วัดพระธาตุบังเผือน

Der **Wat Phra That Bang Phuan** (Map p507; ☻ bei Tageslicht) mit dem wunderschönen alten *chedi* im indischen Stil ist eine der heiligsten Stätten der Region. Der *chedi* ähnelt dem originalen unter dem Phra-Pathom-*chedi* in Nakhon Pathom und soll aus einem der ersten Jahrhunderte nach Christus stammen, aber niemand weiß so genau, wann die beiden errichtet wurden.

1559 hat König Jayachettha von Chanthaburi (Wiang Chan – Vientiane – in Laos, nicht das heutige Chanthaburi in Thailand) seine Hauptstadt über den Mekong hinweg ausgeweitet und über dem ursprünglichen einen neuen, höheren *chedi* im laotischen Stil errichtet, um seinem Glauben Ausdruck zu verleihen (König Rama IV. folgte seinem Vorbild in Nakhon Pathom).

Aufgrund starker Regenfälle neigte sich der *chedi* gefährlich und stürzte 1970 letztlich ein. Das Fine Arts Department errichtete ihn von 1976–1977 wieder neu. Der jetzige *chedi* ist 34,25 m hoch und hat einen Sockel mit einer Fläche von 17,2 m²; drum herum stehen unbefestigte *chedis*, die dem Ganzen ein antikes Flair verleihen.

AN- & WEITERREISE
Der Tempel liegt 11 km von Nong Khai entfernt am Hwy 211. Die Busse nach Sangkhom halten auf Wunsch in Ban Bang Phuan (20 B, 40 Min.).

Tha Bo
ท่าบ่อ

16 000 Ew.

Das wohlhabende Tha Bo (Map p507) ist das bedeutendste Marktzentrum zwischen Nong Khai und Loei. Die Tische des überdachten Marktes, der sich bis in die umliegenden Straßen ausdehnt, sind voll beladen mit Produkten aus der Region. Hier leben viele Vietnamesen, die den Nudelmarkt beherrschen. Im Westen der Stadt, in der Nähe des Krankenhauses, sieht man Berge von *sên lék*

(flache Reisnudeln), die in der Sonne trocknen. Zwischen 5 und 10 Uhr morgens kann man den Arbeitern in den Fabriken bei der Nudelherstellung zusehen; etwa ab 14 Uhr werden diese in reiner Handarbeit zurechtgeschnitten.

Früher trockneten hier auf Bambusgestellen überwiegend Teigtaschen für Frühlingsrollen, doch Nudeln lassen sich besser exportieren, und so stellten viele Hersteller um. Das flussaufwärts, kurz vor Si Chiangmai und direkt am gegenüberliegenden Flussufer von Vientiane gelegene Ban Hua Sai hat die entstandene Lücke ausgefüllt und ist jetzt der Hauptproduzent in der Gegend für Frühlingsrollen-Teigtaschen.

Tha Bo wird meist im Rahmen eines Tagesausflugs besucht, aber es gibt einige preiswerte Gästehäuser, in denen man nächtigen kann.

AN- & WEITERREISE
Die „gelben Busse" verkehren regelmäßig zwischen Nong Khai und Tha Bo (25 B, 1 Std., alle 30 Min.) und fahren dabei direkt am malerischen Flussufer entlang. In Nong Khai halten die Busse am Busbahnhof und beim Food-Court im Krankenhaus in der Th Meechai. Alternativ kann man den Bus nach Sangkhom nehmen (25 B, 40 Min.).

Wat Hin Mak Peng
วัดหินหมากเป้ง

Der große **Waldtempel** (Map p507; ☻ bei Tageslicht) liegt mitten in einem kühlen Wald aus Bambusbäumen, der über den Mekong ragt. Der Tempel ist ruhig, friedvoll und herrlich am Fuß der Berge gelegen, die sich über den Fluss erheben. Er wurde auf drei gigantischen Felsbrocken errichtet, die eine hoch über den Fluss aufragende Klippe bilden. Von hier aus blickt man auf einen laotischen Waldtempel direkt auf der anderen Flussseite. Manchmal ziehen auf Hausflößen Fischer vorbei.

Die *tú-dong*-Mönche befolgen zusätzlich zu den 227 regulären Vorschriften noch weitere asketische Gelübde, essen beispielsweise nur einmal am Tag und tragen von Hand genähte Roben, die sie aus Stofffetzen zusammennähen. Es gibt viele Monumente zu Ehren von Luang Pu Thet, dem zutiefst verehrten Gründer des Klosters, u. a. einen glänzenden *chedi*, in dem seine wenigen irdischen Besitztümer aufbewahrt werden.

Die Äbte heute erwarten, dass Besucher sich angemessen kleiden, d. h. keine Shorts

oder ärmellose Tops tragen. Wer das nicht beachtet, darf auch nicht rein.

AN- & WEITERREISE

Der Tempel liegt auf halbem Weg zwischen Si Chiangmai und Sangkhom. Busse von Nong Khai (50 B, 2¼ Std.) nach Sangkhom halten in der Nähe des Wats, aber von der Haltestelle aus ist es noch ein ziemlich langer Weg.

Sangkhom

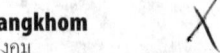

Die herrlich verschlafene Kleinstadt Sangkhom (Map p507), gegenüber der laotischen Insel Don Klang Khong gelegen, bietet sich als Zwischenstation an der Straße am Fluß (Rte 211) zwischen Nong Khai und Loei an. Ihre Hauptattraktion ist der Mekong. Daneben bietet die Gegend einige schöne Wasserfälle, unter denen der dreistufige **Nam Tok Than Thip** (Eintritt frei; ☻ bei Tageslicht), 13 km westlich von Sangkhom (2 km abseits der Rte 211), der größte ist. Die unterste Stufe hat eine Fallhöhe von 30 m, die mittlere, gut über Treppen erreichbare, eine Fallhöhe von 100 m. Die 70 m in die Tiefe stürzende oberste Stufe ist im Walddickicht kaum zu erkennen. **Nam Tok Than Thong** (Eintritt frei; ☻ bei Tageslicht), 11 km östlich von Sangkhom, ist nicht so hoch, aber breiter und stürzt in ein Naturschwimmbecken; im April trocknet der Fall aber aus. Der kurze Naturlehrpfad führt hinunter zum Mekong. Der Wasserfall von Than Thong ist besser zugänglich als der von Than Thip, kann deshalb aber an Wochenenden und Feiertagen auch sehr überlaufen sein.

Der im Wald gelegene **Wat Pa Tak Sua** (☻ bei Tageslicht) blickt von den Bergen im Osten auf die Stadt hinunter. Er liegt zwar nur 3 km Luftlinie entfernt – die Einheimischen kennen den Fußweg zum Gipfel, den auch die Mönche jeden Morgen benutzen –, aber über die Straße sind es 19 km (die Abzweigung gegenüber dem Nam Tok Than Thong nehmen). In den Sommermonaten kann man von hier aus atemberaubende Sonnenuntergänge über dem Mekong beobachten.

Sangkhoms altehrwürdige Lodge, das **Bouy Guesthouse** (☎ 0 4244 1065; Rte 211; Zi. 190–200 B; 🖳), hat, wie der stets gutgelaunte Buoy ankündigen wird, nur ein paar „einfache Hütten" (die günstigeren sind mit Gemeinschaftsbad), doch die Unterkunft ist nicht umsonst so beliebt. Die Holzterasse ist mit Hängematten

ausgestattet und die Location am Flussufer gleich westlich der Stadt hat großes Entspannungspotenzial. Man kann für 200 B auch Motorräder ausleihen.

Das herrliche **Poopae Ruenmaithai** (☎ 0 4244 1088; Rte 211; Zi. 500–1500 B; 🍴 🖳) liegt 1,5 km östlich der Stadt und bietet etwas schickere Zimmer. Die Fußwege sind aus Holz und das hübsche Mauerwerk macht zusätzliche Deko überflüssig. Die tolle Aussicht auf den Fluss wird zwar nicht optimal genutzt, doch wer sich nach Komfort sehnt, ist hier richtig. Die billigsten Zimmer vermitteln ein *Being-John-Malkovich*-Feeling, aber die meisten werden gerade so aufrecht stehen können. Das Restaurant ist gut, und es gibt einen Whirlpool für vier Personen, den man mieten kann (200 B/Std.).

AN- & WEITERREISE

Normalerweise fahren fünf Busse täglich nach Nong Khai (60 B, 3 Std.). Der allererste von ihnen fährt weiter bis in die Provinz Loei (70 B, 3½ Std.).

PROVINZ LOEI

Loei (wörtlich „bis zum Äußersten") erstreckt sich von der verschlafenen Biegung des Mekong bei Chiang Khan gen Süden bis zur riesigen Hochebene des Phu Kradung National Park. Die vielfältige, schöne Provinz ist vom Massentourismus noch weitgehend unberührt, obwohl sie eine Menge zu bieten hat. Man ist hier nicht gerade in der wildesten Gegend Thailands, auch wenn der Weg von der friedlichen Stille der Nationalparks (von denen es weit mehr tolle gibt, als wir hier nennen können) zum ausgelassenen Treiben des alljährlichen Phi-Ta-Khon-Festivals in Dan Sai mit Schlaglöchern übersät ist. Wenn Chiang Khan nicht in einer so abgelegenen Ecke Thailands liegen würde, hätte es sich bestimmt längst zu einem quirligen Backpacker-Magneten entwickelt.

Die Landschaft ist bergig und die Temperaturen schwanken von einem Extrem zum anderen – in der heißen Jahreszeit wird es wärmer als irgendwo anders in Thailand und im Winter kälter. Loei ist die einzige thailändische Provinz, in der die Temperaturen unter den Gefrierpunkt fallen können, worauf die Tourismusbroschüren gerne hinweisen. Im Dezember und Januar sorgt die schneidend

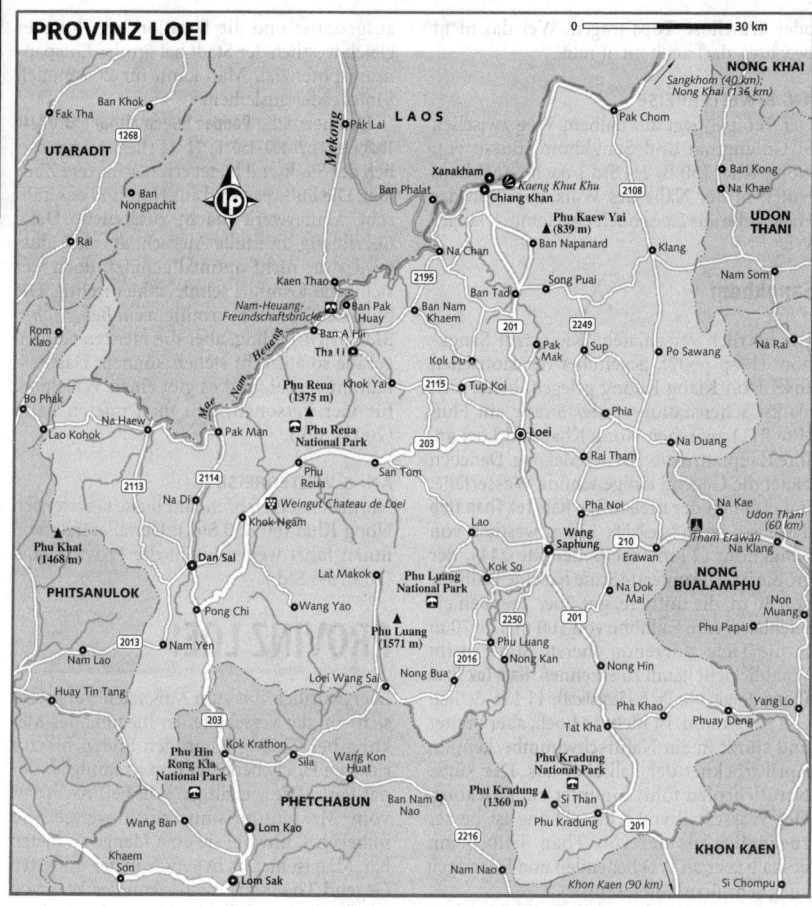

PROVINZ LOEI

kalte Luft in höheren Lagen dafür, dass sich die Blätter rot und gelb färben, vor allem rund um den Phu Kradung und den Phu Reua.

LOEI

เลย

33 000 Ew.

Wer vom verträumten Hinterland der Region in die Hauptstadt Loei kommt, wird schmerzlich daran erinnert, dass es noch immer Betonklötze und Verkehrsstaus gibt. Bemühungen zur Stadtverschönerung, beispielsweise der große See in der Stadtmitte, haben Loei geholfen, die touristische Flaute zu stoppen, aber sogar die TAT selbst gibt zu: „Die Stadt Loei hat wenig zu bieten, was für Reisende von Interesse wäre."

Praktische Informationen

Über das Stadtzentrum verteilen sich einige Internetcafés, und die meisten Banken findet man an der Th Charoenrat und in ihrer Umgebung, u. a. die **Krung Thai Bank** (Th Ua Ari; ☿ 8.30–16.30 Uhr), die Geld wechselt und auch am Wochenende geöffnet hat.

Die **Tourism Authority of Thailand** (TAT; ☎ 0 4281 2812; Th Charoenrat; ☿ 8.30–16.30 Uhr) bietet eine gute Karte der Provinz an und beschäftigt hilfsbereite Angestellte.

Sehenswertes

Das kleine **Loei-Kulturzentrum** (☎ 0 4283 5224; Rte 201; Eintritt frei; ☿ 8.30–16 Uhr) liegt 5 km nördlich der Stadt in der Nähe der Rajabhat-Universität. Es lohnt kaum die Anreise, aber wem es

nicht nach Dan Sai reicht, der kann sich hier Masken und Fotos vom Phi-Ta-Khon-Festival anschauen. Im Büro unten nachfragen, um in die Ausstellungsräume gelassen zu werden.

Festivals & Events

Auch wenn die Bauern der Stadt derzeit auf andere Pflanzen umstellen, ist die Provinz Loei noch immer der zweitgrößte Baumwollproduzent Thailands. Dazu passt das **Baumwollblüten- und Tamarindenfest** (1.–9. Februar), das mit einem Umzug mit baumwollgeschmückten Festwagen gefeiert wird.

Schlafen

Sugar Guesthouse (☎ 0 4281 2982; www.sugarguesthouse.blog.com; 4/1 Th Wisut Titep/Soi 2; Zi. 180–380 B; ✹) Die billigste Unterkunft ist zugleich auch die freundlichste hier. Die Zimmer mit Ventilator haben Gemeinschaftsbäder mit Warmwasser. Der Englisch sprechende Besitzer organisiert zu vernünftigen Preisen Ausflüge in die Provinz und vermietet Fahrräder (50 B) und Motorräder (250 B) an alle, die lieber auf eigene Faust unterwegs sind. Ein Tuk-Tuk vom Busbahnhof hierher kostet um die 60 B.

Thuang Sap Guesthouse (☎ 0 4281 5576; 22 Th Sathon Chiang Khan; Zi. 350 B; ✹) Die ruhige, preiswerte Unterkunft liegt versteckt in der Mitte des Blocks. Die Zimmer sind mit Kühlschrank und hochwertigen Matratzen ausgestattet und haben kleine Balkone, von denen aus es aber nichts zu sehen gibt. Die funkelnden Flächen sind Zeugnis dafür, dass hier hinter den Kulissen hart gearbeitet wird.

King Hotel (☎ 0 4281 1701; 11/8–12 Th Chumsai; Zi. 500–1000 B; ✹ ▢) Eines König würdig? Nein, auch wenn die Zimmer seit einer gründlichen Renovierung schlichten, attraktiven Stil haben. Wer nicht das Freizeitangebot großer Hotels braucht, kann hier angenehm übernachten. Es heißt, als nächstes werde der Hof renoviert.

Loei Palace Hotel (☎ 0 4281 5668; 167/4 Th Charoenrat; Zi. 1000–3000 B, Suite 5000 B; ✹ ▢ ✹) Loeis Vorzeigehotel erinnert an eine mehrstöckige Hochzeitstorte und punktet mit netter Belegschaft, einer Menge moderner Annehmlichkeiten und fetten Preisnachlässen in flauen Zeiten, die einem große Zimmer zu kleinen Preisen bescheren. WLAN gibt's nur auf den ersten beiden Etagen. Die Hochwassermar-

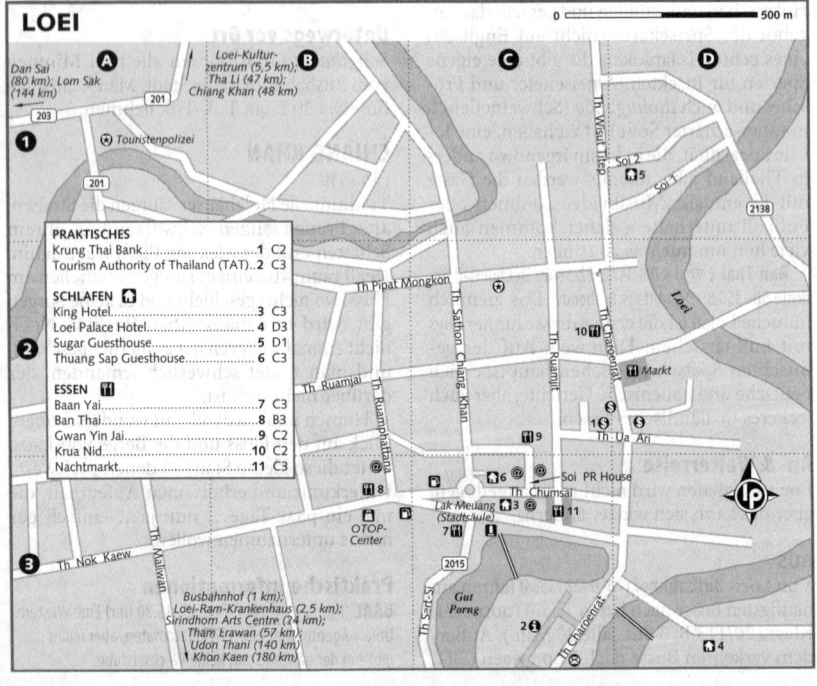

LOEI

0 — 500 m

kierung und die Fotos neben der Rezeption zeigen, was die Stadt im Jahr 2002 durchmachen musste.

Essen

Der wichtigste **Nachtmarkt** (☾ 16–22 Uhr) von Loei ist klein, aber fein.

Gwan Yin Jai (☎ 0 4281 4863; 34/25-26 Soi PR House; Gerichte 30–35 B; ☾ So–Fr morgens & mittags) Das nette vegetarische Restaurant serviert thailändische Imbissgerichte wie *kôw man gài* (Reis mit gedämpftem Huhn) mit Fleischersatz. Es gibt eine englischsprachige Speisekarte, aber die ist nicht immer auffindbar, weil sie selten gebraucht wird.

Krua Nid (keine Ausschilderung in lateinischen Buchstaben; ☎ 0 4281 3013; 58 Th Charoenrat; Gerichte 20–45 B; ☾ morgens, mittags & abends) Das einfache Lokal hat einen großen Glastresen, aus dem *hòr mòk* (in Bananenblättern gedämpftes, soufflèähnliches Curry) und andere zentralthailändische Gerichte serviert werden. Zu erkennen an der rot-weißen Markise.

Baan Yai (keine Ausschilderung in lateinischen Buchstaben; ☎ 0 4283 3361; Th Sert-Si; Gerichte 20–150 B; ☾ mittags & abends) In diesem großen Gartenrestaurant sitzt man an bunt zusammengewürfelten Holztischen und -stühlen und genießt das Angebot der Speisekarte (nicht auf Englisch) eines echten Isaanlokals: Es gibt eine eigene Sparten für Insekten, Ameiseneier und Frösche, und auch *dtòhng mòo* (Schweinefleisch in sauer-scharfer Soße) ist zu haben, eine lokale Spezialität, die es kaum irgendwo anders in Thailand gibt. Abends werden die Gäste mit Livemusik, Musikvideos, Filmen oder Fußball unterhalten, daher kommen auch viele her, um nur was zu trinken.

Ban Thai (☎ 0 4283 3472; 22/58-60 Th Chumsai; Gerichte 50–350 B; ☾ mittags & abends) Das ziemlich hübsche Lokal ist die erste Adresse für *fa·ràngs* mit kulinarischem Heimweh: Auf der gemischten Speisekarte stehen hauptsächlich deutsche und italienische Gerichte, aber auch leckeres thailändisches Essen.

An- & Welterreise

Loeis Flughafen wird nicht mehr angeflogen, aber das kann sich wieder ändern.

BUS

Von Loeis **Busbahnhof** (☎ 0 4283 3586) fahren am häufigsten Busse nach Udon Thani (normal/1. Klasse 70/113 B, 3 Std., alle 30 Min.). Außerdem verkehren Busse nach Khon Kaen (2./1.

Klasse 141/160 B, 2½ Std., alle 30 Min.), Khorat (2./1. Klasse 260/321 B, 6 Std., stündl.), Phitsanulok (2./1. Klasse 139/178 B, 4 Std., stündl.) und Chiang Mai (2. Klasse/32 Sitzer VIP 410/613 B, 10 Std., 6-mal tgl.). Meist lohnt sich nur der eine Bus nach Nong Khai (130 B, 7 Std.) um 6 Uhr, weil er die landschaftlich schöne Strecke am Mekong entlang nimmt. Schneller am Ziel ist man allerdings über Udon Thani.

Busse nach Bangkok (2. Klasse/32-Sitzer VIP 321/481 B, 11 Std.) fahren größtenteils am frühen Abend ab, einige auch früh morgens; VIP-Busse mit 24 Sitzen (640 B) schicken **Air Muang Loei** (☎ 0 4283 2042; ☾ 20.30 Uhr) und **999 VIP** (☎ 0 4281 1706; ☾ 20.40 Uhr) auf die Strecke.

LAOS

Ausländer können mittlerweile alle Einreiseformalitäten an der kaum genutzten Nam-Heuang-Freundschaftsbrücke im Amphoe Tha Li abwickeln, aber es fahren keine öffentlichen Verkehrsmittel dorthin und die Straße, die durch Laos nach Norden in Richtung Luang Prabang verläuft, ist ziemlich schlecht. Die Grenze ist täglich von 8 bis 18 Uhr offen.

Unterwegs vor Ort

Songthaeos (10 B) fahren alle fünf Minuten vom Busbahnhof in die Stadt. Man kann auch für etwa 30 B ein Tuk-Tuk nehmen.

CHIANG KHAN

เชียงคาน

Traditionelle Holzhäuser säumen die Straßen, alte Frauen sitzen schwatzend in ihrem Schatten und der Mekong fließt träge dahin. Der Traum von einem ruhigen Städtchen am Fluss, wo nichts geschieht und es keine Sorgen gibt, wird in Chiang Khan Realität. Noch nicht einmal 7-Eleven hat es hierher geschafft, und man findet schwerlich jemanden, der darüber nicht froh ist.

Hübsch und friedvoll, mit wunderschönem Blick auf den Fluss und die Berge von Laos, bietet diese kleine Stadt all denen preiswerte Unterkunft und erholsamen Aufenthalt, die mal ein paar Tage … nun ja … einfach gar nichts unternehmen wollen.

Praktische Informationen

BAAC (Rte 201; ☾ Mo–Fr 8.30–15.30 Uhr) Eine Western-Union-Agentur, hat einen Geldautomaten, aber leider gibt's in der ganzen Stadt keine Wechselstube.

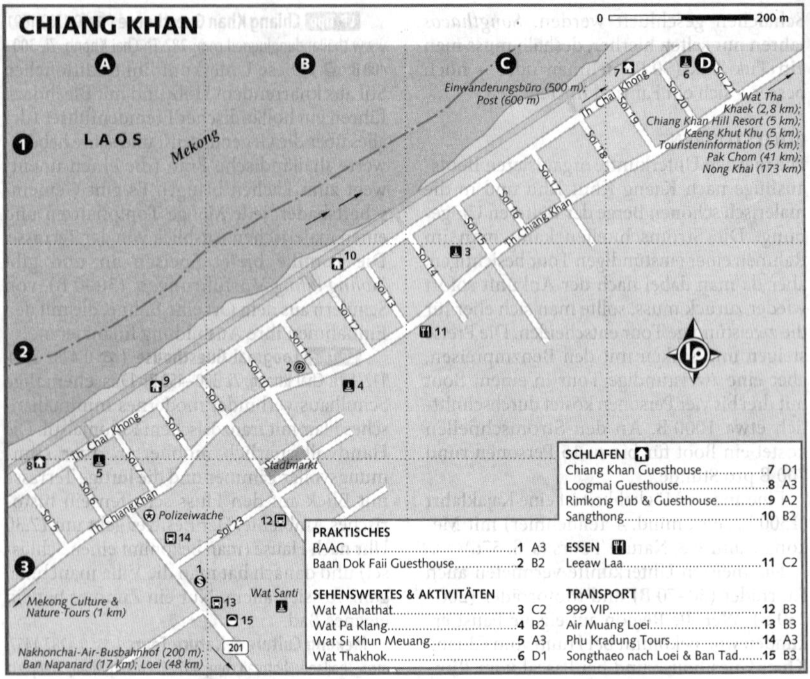

CHIANG KHAN

0 ⸺ 200 m

A **B** **C** **D**

1 LAOS Mekong

Einwanderungsbüro (500 m);
Post (600 m)

7 · 6

Wat Tha
Khaek (2,8 km);
Chiang Khan Hill Resort (5 km);
Kaeng Khut Khu (5 km);
Touristeninformation (5 km);
Pak Chom (41 km);
Nong Khai (173 km)

Th Chai Khong · Soi 20 · Soi 19 · Soi 18 · Soi 17 · Soi 16 · Soi 15 · Th Chai Khan

10 · 3

11

2 2 · 4

9 · Soi 8 · Soi 9

8 · 5 · Th Chai Khong · Th Chai Khan · Soi 5

Stadtmarkt

Polizeiwache 12 · 23

14

3 1

Mekong Culture &
Nature Tours (1 km)

Nakhonchai-Air-Busbahnhof (200 m);
Ban Napanard (17 km); Loei (48 km)

13 · 15 · Wat Santi · 201

SCHLAFEN	
Chiang Khan Guesthouse	7 D1
Loogmai Guesthouse	8 A3
Rimkong Pub & Guesthouse	9 A2
Sangthong	10 B2

PRAKTISCHES	
BAAC	1 A3
Baan Dok Faii Guesthouse	2 B2

SEHENSWERTES & AKTIVITÄTEN	
Wat Mahathat	3 C2
Wat Pa Klang	4 B2
Wat Si Khun Meuang	5 A3
Wat Thakhok	6 D1

ESSEN	
Leeaw Laa	11 C2

TRANSPORT	
999 VIP	12 B3
Air Muang Loei	13 B3
Phu Kradung Tours	14 A3
Songthaeo nach Loei & Ban Tad	15 B3

Baan Dok Faii Guesthouse (333/11 Soi 11; Internet 15 B/Std.; ☺ 9.30–21.30 Uhr) Hier checken die meisten Traveller ihre E-Mails.

Einwanderungsbüro (☎ 0 4282 1911; Soi 26 ☺ Mo–Fr 8.30–16.30 Uhr) Ausländer können von Chiang Khan aus nicht nach Laos einreisen, aber ihr Visum verlängern lassen.

Touristeninformation (Kaeng Khut Khu; ☺ 8–16.30 Uhr) Die eigene Unterkunft wird die besseren Infos liefern.

Sehenswertes & Aktivitäten
TEMPEL

Die Tempel Chiang Khans sind sehr schlicht, haben aber eine ganz eigene Architektur mit Säulen an der Vorderseite. Viele weisen breite Dächer im laotischen Stil und einen französischen Einschlag auf. Ein gutes Beispiel ist der **Wat Si Khun Meuang** (Th Chai Khong; ☺ bei Tageslicht) mit einem *chedi* und einem *bòt* im Laos-Stil, denen interessante Wandmalereien gegenüber liegen, sowie einem Formschnittgarten. Ähnliche Gebäude ohne Gärten findet man im **Wat Thakhok** (Th Chai Khong; ☺ bei Tageslicht) und im **Wat Pa Klang** (Th Chiang Khan; ☺ bei Tageslicht).

Der **Wat Mahathat** (Th Chiang Khan; ☺ bei Tageslicht) im Stadtzentrum ist der älteste Tempel in Chiang Khan. Dem 1654 errichteten *bòt* wurde ein neues Dach auf die alten Mauern gesetzt, deren Wandmalereien außen schon stark verblasst sind.

Wat Tha Khaek (☺ bei Tageslicht) ist ein verfallener, 700 Jahre alter Waldtempel, der drei je 300 Jahre alte Buddhastatuen beherbergt. Sie stehen auf einem Sims über einem größeren, modernen Buddha im noch unvollendeten *bòt*. 2 km vor Kaeng Khut Khu gelegen.

KAENG KHUT KHU
แก่งคุดคู้

Kaum ein Bangkoker kennt Chiang Khan, doch die tollen Stromschnellen von **Kaeng Khut Khu** (Eintritt frei; ☺ 24 Std.), rund 5 km flussabwärts von Chiang Khan, sind den meisten ein Begriff. In der heißen Trockenzeit sind sie besonders schön, aber auch den Rest des Jahres lohnt sich ein Ausflug hierher. Im umliegenden Park steht eine Armada von Straßenhändlern bereit, die bis zum frühen Abend Essen anbieten. Die lokale Spezialität sind Süßigkeiten aus Kokosmilch (*má·prów gàaw*). Angeboten werden auch *gûng dên* (tanzende Shrimps), lebende Garnelen, die aus kleinen

NORDOSTTHAILAND

Schälchen geschlürft werden. *Songthaeos* fahren nur selten hierher, deshalb muss man ein Tuk-Tuk (50 B) nehmen oder – noch besser – sich ein Fahrrad mieten.

BOOTSTOUREN
Die meisten Unterkünfte organisieren Bootsausflüge nach Kaeng Khut Khu und in die malerisch schönen Berge der weiteren Umgebung. Die Stromschnellen kann man im Rahmen einer einstündigen Tour besichtigen, aber da man dabei nach der Ankunft sofort wieder zurück muss, sollte man sich eher für die zweistündige Tour entscheiden. Die Preise steigen und sinken mit den Benzinpreisen, aber eine zweistündige Tour in einem Boot mit drei bis vier Personen kostet durchschnittlich etwa 1000 B. An den Stromschnellen kostet ein Boot für bis zu 15 Personen rund 700 B pro Stunde.

Eine andere Möglichkeit ist eine Kajakfahrt (1500 B/Pers., mind. 4 Teilnehmer) mit Mekong Culture & Nature Tours (s. S. 576).

Die meisten Unterkünfte vermieten auch Fahrräder (50–70 B) und Motorräder (200–250 B). Wer die Region auf eigene Faust erkunden will, bekommt bei Huub vom Chiang Khan Guesthouse und bei Pascal vom Rimkong Guesthouse Kartenmaterial.

Schlafen & Essen

Chiang Khan hat zwar keine echte Backpackerszene, aber es gibt viele auf Traveller ausgerichtete Häuser. Es ist ratsam, die Th Chai Khong entlang zu schlendern, bevor man sich für eine Unterkunft entscheidet.

Sangthong (☎ 0 4282 1305; thepbluesthai@hotmail. com; 162/1 Th Chai Khong; EZ/DZ 200/300 B; 💻) Nicht ganz die billigsten Zimmer am Mekong, aber fast. Auch wenn sie einfach sind und Gemeinschaftsbäder haben, sind diese doch viel netter als all die anderen günstigen Zimmer. Der chaotische Laden ist mit Kunstwerken des Besitzers gefüllt, und das Terrassenrestaurant gehört zu den schönsten der Stadt.

Rimkong Pub & Guesthouse (☎ 08 7951 3172; http:// rimkhong.free.fr; 294 Th Chai Khong; Zi. 200–500 B) Das glänzend polierte Teakholzhaus bietet gute Zimmer (mit Gemeinschaftsbad), die – im Gegensatz zu den Räumlichkeiten in den meisten alten Holzhäusern des Ortes – noch etwas historischen Charme versprühen. Der Franzose Pascal erzählt einem beim Frühstück oder bei einem Bier alles, was man über die Gegend wissen muss.

LP Tipp Chiang Khan Guesthouse (☎ 0 4282 1691; www.thailandunplugged.com; 282 Th Chai Khong; Zi. 300–400 B; 💻) Diese Unterkunft im traditionellen Stil aus knarrendem Holz und mit Blechdach führen ein holländischer Fremdenführer (der alles über die Gegend weiß) und seine liebenswerte thailändische Frau (die einen unentwegt zum Lachen bringt). Es gibt Gemeinschaftsbäder, jede Menge Topfpflanzen und einen malerischen Ausblick von der Terrasse. Die Familie bietet Speisen an und gibt *bohng-lahng*-Vorführungen (3000 B) von Schülern aus dem Ort eine Bühne, die mit den Einnahmen ihre Ausbildung finanzieren.

LP Tipp Loogmai Guesthouse (☎ 0 4282 2334; 112/1 Th Chai Khong; Zi. 300–450 B) Das ehemalige Schulhaus verbindet modernes minimalistisches Flair mit französischem Kolonialstil. Die Handvoll spärlich möblierter, aber stimmungsvoller Zimmer und die luftige Terrasse mit Blick auf den Fluss schaffen ein historisches Ambiente. Der Besitzer geht um 17.30 Uhr nach Hause (man bekommt einen Schlüssel) und danach hat man die Villa manchmal ganz für sich allein. Nur ein Zimmer hat ein eigenes Bad.

Mekong Culture & Nature Tours (☎ 0 4282 1457; mcn_thailand@hotmail.com; 407 Th Chiang Khan; Stellplatz 150 B/Pers., Zi. 800–2500 B; 💻) Wer typisch thailändische Gelassenheit sucht, findet sie 1 km stromaufwärts in diesen Bungalows mit Gemeinschaftsbad am Flussufer im Wald. Die Zimmer sind etwas überteuert, aber man zahlt auch für die einzigartige Lage; in der Nebensaison gibt's oft Rabatte. Wer mit dem Bus kommt, wird in der Stadt abgeholt.

Chiang Khan Hill Resort (☎ 0 4282 1285; www. chiangkhanhill.com; Zi. 800–3000 B; 🐾 💻) Den besten Blick auf Kaeng Khut Khu hat man vom einzigen schicken Resort der Stadt. Oberhalb der 800-B-Kategorie sind die Zimmer für den Preis sehr nett. Das Restaurant (Gerichte 25–250 B) bietet Thai- und Isaan-Küche und hat sich auf selbst angebaute Pilze und auf Fische aus dem Mekong spezialisiert.

Die Restaurants der Unterkünfte tischen westliche und thailändische Gerichte auf, aber authentischere Küche bekommt man im Allgemeinen an der Th Chiang Khan, beispielsweise im **Leeaw Laa** (keine Ausschilderung in lateinischen Buchstaben; ☎ 08 6240 2350; 127/5 Th Chiang Khan; Gerichte 30–200 B; 🕑 mittags & abends), ein einfacher Laden, in dem gekocht wird, was man sich gerade wünscht, und wo auch ein paar Klassiker auf der englischsprachigen Speisekarte stehen.

An- & Weiterreise

Songthaeos nach Loei (35 B, 1¼ Std.) fahren alle 20 Minuten an einer Haltestelle an der Rte 201 ab. Gut 250 m weiter südlich starten am Busbahnhof von Nakhonchai Air acht Busse (45 B, 45 Min.) pro Tag, die einen über Chaiyaphum (1./2. Klasse 212/165 B, 5 Std.) weiter bis nach Khorat (1./2. Klasse 297/231 B, 7 Std.) bringen.

Drei Busunternehmen fahren von ihren Büros aus direkt nach Bangkok (10 Std.): **Air Muang Loei** (☎ 0 4282 1317; Rte 211), dessen Büro an der Shell-Tankstelle ist, schickt um 8 und um 18.30 Uhr einen 1.-Klasse-Bus (479) in die Hauptstadt; die anderen Anbieter sind **999 VIP** (☎ 0 4281 1706; Soi 9), dessen VIP-Bus mit 24 Sitzen (694 B) wie auch der 2.Klasse-Bus (347 B) um 18.30 Uhr losfährt, und **Phu Kradung Tours** (☎ 08 7856 5149; Rte 201) mit einem 2.-Klasse-Bus um 18.40 Uhr (gleicher Preis).

Nach Nong Khai gibt's keine Direktverbindung. Am schnellsten ist man über Loei und Udon Thani, aber wegen der Landschaft sollte man die Route am Fluss entlang nehmen. Hierzu ein *songthaeo* Richtung Loei bis Ban Tad (20 B, 30 Min.) nehmen, um dort dann den Morgenbus von Loei nach Nong Khai anzuhalten. Da sich die Verbindungen auf dieser Strecke ständig ändern, sollte man sich in seiner Unterkunft nach dem aktuellen Stand erkundigen.

Wer motorisiert ist und nach Westen will, kann die selten genutzte Nebenstrecke am Mae Nam Heuang entlang nehmen, die schließlich in Dan Sai endet.

PHU REUA NATIONAL PARK

อุทยานแห่งชาติภูเรือ

Phu Reua bedeutet „Schiffsberg", und der Name bezieht sich auf einen Felsen, der aus dem Berggipfel ragt und einer chinesischen Dschunke ähnelt. Mit nur 121 km² gehört der **Phu Reua National Park** (☎ 0 4280 1716; Eintritt 200 B) nicht zu den imposantesten Parks in Thailand, aber der Ausblick vom Berggipfel auf die umgebende Landschaft ist traumhaft. Die meisten Besucher begnügen sich damit, auf dem einfachen Wanderweg durch einen Kiefernwald vom oberen Besucherzentrum in einer halben Stunde zum Gipfel (1365 m) aufzusteigen, wo die Temperaturen im Dezember und Januar nachts unter den Gefrierpunkt fallen können. Wer die Einsamkeit sucht, läuft jedoch besser am unteren Besucherzentrum los. Der wohl schönste Wasserfall im Park, der

30 m hohe **Nam Tok Huai Phai**, ist vom unteren Besucherzentrum einen leichten, 2,5 km langen Fußmarsch entfernt. Man kann auch zum Gipfel und zurück laufen.

Neben einem **Campingplatz** (im eigenen Zelt 30 B/ Pers., gemietetes Zelt für 3/4 Pers. 405/540 B) gibt's auch komfortable **Bungalows** (☎ 0 2562 0760; www.dnp. go.th/parkreserve; für 4/6 Pers. 2000/3000 B). Viele Resorts in der Umgebung des Parks bieten weniger Landschaft, dafür aber ein besseres Preis-Leistungs-Verhältnis.

An beiden Besucherzentren findet man Restaurants.

Der Park liegt an der Rte 203, rund 50 km westlich von Loei. Busse, die von dort aus in Richtung Westen unterwegs sind, halten zwar in der Stadt Phu Reua (2./1. Klasse 45/60 B, 1½ Std.), aber von dort muss man einen Pickup für rund 500 B (inkl. ein paar Stunden Wartezeit) bis zum Park nehmen.

DAN SAI

ด่านซ้าย

362 Tage im Jahr ist Dan Sai eine langweilige Kleinstadt, ein totes Nest an der Grenze, in dem sich das Leben rund um einen kleinen Markt und die staubige Hauptstraße abspielt. Die restlichen drei Tage jedoch verwandelt es sich zum Schauplatz für eines der lebendigsten und lautesten Feste des Landes.

Im vierten Mondmonat – in der Regel im Juni – feiert Dan Sai mit dem **Phi-Ta-Khon-Festival** (auch Bun Phra Wet genannt) das Bun Bang Fai (Raketenfest) zusammen mit dem Phra-Wet-Festival, bei dem die Zuhörer Geschichten aus früheren Existenzen des Buddha (*Mahavessantara Jataka*) lauschen und hoffen, ihre Chancen auf eine Wiedergeburt zu Lebzeiten des nächsten Buddha zu erhöhen. Die seltsame Mischung aus feuchtfröhlicher Karnevalstimmung und gespenstischer Halloween-Maskerade ist so typisch für den Isan, dass man es einmal erlebt haben muss.

Die Ursprünge des Phi Ta Khon sind nicht eindeutig auszumachen. Einige Aspekte des Fests scheinen im Zusammenhang mit Stammesritualen der Thais – vielleicht der Tai Dam – zu stehen. Dafür spricht, dass der jeweilige Termin vom einheimischen Medium Jao Phaw Kuan festgelegt wird, das auf Anweisung des Schutzgottes der Stadt handelt. Am ersten Tag vollzieht Jao Phaw Kuan ein Opfer, um Phra Upakud (einen erleuchteten Mönch mit übernatürlichen Kräften, die ihn in einen weißen Marmorblock verwandelten, als der er ewig

am Grund des Flusses Man lebt) in die Stadt zu bitten. Die Einheimischen tanzen, kostümiert, maskiert und von *lôw kŏw* (weißer Whisky) unterstützt, zwei zügellose Tage lang, bevor sie die Raketen abschießen und sich in die Tempel begeben, um die ganze Nacht hindurch bis in den dritten Tag hinein den Predigten zu lauschen.

Praktische Informationen

Die Hauptstraße durch die Stadt ist Th Kaew Asa. An ihrem Nordende befindet sich im *têt-sà·bahn* (Rathaus) ein **Informationszentrum** (☎ 0 4289 1231; www.tessabandansai.com; Th Kaew Asa; ⊙ 8.30–16.30 Uhr) mit Englisch sprechender Belegschaft und kostenlosem Internetzugang. Eine Post, die Bibliothek (ebenfalls mit kostenlosem Internetzugang sowie Fotos vom Festival) und der Stadtmarkt liegen ganz in der Nähe. Im Süden nahe der Kreuzung mit der Rte 2013 kann man bei der **Krung Thai Bank** (Rte 2013; ⊙ Mo–Fr 8.30–16.30 Uhr) Euro (immer) und Dollar (meistens) wechseln.

Sehenswertes & Aktivitäten

Der **Wat Phon Chai** (Th Kaew Asa; ⊙ bei Tageslicht) hinter dem großen weißen Tor spielt eine wichtige Rolle bei den Festlichkeiten von Phi Ta Khon. Auf dem Gelände befindet sich das **Dan-Sai-Folkmuseum** (Eintritt frei; ⊙ 8.30–16.30 Uhr) mit einer Sammlung von Kostümen, die während des Festivals getragen werden, einer Vorführung der Maskenherstellung und einem 20 Minuten langen Video über das Festival.

Der **Phra That Si Songrak** (Rte 2113; ⊙ 7–17 Uhr) ist der meistverehrte Stupa in der Provinz Loei. Sein weiß getünchter, 30 m hoher *chedi* im laotischen Stil wurde 1560–1563 als Zeichen des Bündnisses des laotischen Königreichs Wiang Chan (Vientiane) mit dem Thai-Königreich Ayutthaya gegen die Birmanen errichtet. In einem Pavillon vor dem *chedi* steht eine uralte Truhe, die einen noch älteren, rund 76 cm hohen Steinbuddha bergen soll. Man darf keine Schuhe, Hüte oder rote Kleidung tragen und weder Essen noch geöffnete Regenschirme bei sich haben, wenn man den *chedi* besteigt. Unterhalb befindet sich ein bescheidenes **Museum** (Eintritt frei; ⊙ 8.30–16 Uhr) mit einem Sammelsurium von Gegenständen, die von Einheimischen gespendet wurden.

Auf einem bewaldeten Hügel oberhalb von Phra That Si Songrak steht der **Wat Neramit Wiphatsana** (⊙ bei Tageslicht), ein prächtiges Meditationskloster (das fast aussieht wie ein Resort im buddhistischen Stil). Die meisten Gebäude bestehen aus unverputztem Laterit. Der berühmte thailändische Wandmaler Promote Sriphrom hat Jahre daran gearbeitet, die Innenwände des massiven *bòt* mit Bildern der *jataka*-Geschichten zu schmücken. Hier befindet sich auch eine Kopie des Buddha Chinnarat (S. 438) von Phitsanulok. Der Wat ist dem verstorbenen Luang Pu Mahaphan (Khruba Phawana) gewidmet, einem hochverehrten Mönch aus der Gegend.

Kawinthip Hattakham (☎ 0 4289 2339; 70/1 Th Kaew Asa; ⊙ 6.30–20 Uhr) verkauft echte Phi-Ta-Khon-Masken sowie jede Menge andere Souvenirs, die mit dem Festival zu tun haben. Es macht Spaß, sich hier ein wenig umzuschauen. Außerdem kann man sich Fahrräder ausleihen (100 B/Tag).

Chateau de Loei (☎ 0 4280 9521; www.chateaudeloei. com; ⊙ 8–17 Uhr), eines der angesehensten Weingüter des Landes, liegt 23 km von der Stadt entfernt (bei Km 60) an der Rte 203. Das Gut brachte 1995 den ersten kommerziellen Wein aus Thailand auf den Markt und erhielt auf der International Wine & Spirits Competition 2004 eine Silbermedaille für seinen Chenin Blanc. Besucher sind willkommen und dürfen hinten im Hauptgebäude Weine, Traubensäfte und Brandys probieren. An der Hauptstraße gibt's ein Restaurant und einen Gourmetshop.

Schlafen & Essen

Da außerhalb der Festivalzeit kaum Besucher in Dan Sai übernachten, ist das Angebot von Unterkünften begrenzt.

Gastfamilien-Programm (☎ 08 9077 2080; phita khon@yahoo.com; pro Pers. 150–200 B, Mahlzeit 50 B) Einige Dörfer in der Umgebung der Stadt organisieren seit vielen Jahren ein erfolgreiches Gastfamilien-Programm für *fa·ràngs*. Wenn sie nicht arbeiten müssen (die meisten der Englisch sprechenden Gastgeber sind Lehrer), beziehen sie die Gäste in ihre Alltagsaktivitäten ein. Der Kunsthandwerksladen Kawinthip Hattakham kann alles arrangieren.

Dansai Resort Hotel (☎ 0 4289 2281; Rte 2013; Zi. 300–450 B; ⊠ ▣) Das ursprüngliche Hotel von Dan Sai hat einfache, aber annehmbare Zimmer (die hinteren sind besser), aber in denen für 300 B gibt's kein warmes Wasser.

SB Resort Hotel (☎ 0 4289 1918; www.sbresort.net; Rte 2013; Zi. 450–600 B; ⊠ ▣) Trotz des großspurigen Namens handelt es sich wie beim Dan-

NORDOSTTHAILAND

sai um ein gewöhnliches Hotel, allerdings ist
es neuer und schöner.

Phunacome (☎ 0 4289 2005; www.phunacomeresort.
com; Rte 2013; Zi. 3800–5500 B; ❄ ▣ ▨) Das neue
Luxusresort vermarktet seine ländliche Lage
ziemlich gut und die Küche verwendet Reis
und Gemüse, die im eigenen Garten biologisch angebaut wurden. Das Hotel hat zwei-
erlei Arten von Zimmern, die entlang einiger
Teiche liegen: Standard-Hotelzimmer und
coole Holzhütten mit Strohdach im Isaan-Stil.
Beide Optionen sind schick und schön und
bieten einen tollen Blick. In der Lobby gibt's
eine Bibliothek, einen Massageservice und ein
Restaurant mit thailändischer und westlicher
Küche. Das Maskottchen des Hauses ist der
Büffel, von dem zwei Exemplare auf dem
Grundstück leben, wo auch artistische Darbietungen stattfinden.

Im Un (keine Ausschilderung in lateinischen Buchstaben;
☎ 0 4289 1586; Rte 2013; Gerichte 30–150 B; ❄ morgens,
mittags & abends) Unter einem Strohdach im Garten werden tolle Isaan-Klassiker wie *gaang
ʼbah* (Dschungelcurry) und *gaang aòrm* serviert. Das Restaurant liegt am Stadtrand,
900 m östlich der Hauptkreuzung.

Ein kleiner **Nachtmarkt** (Th Kaew Asa; ❄ 16.30–
21.30 Uhr) wird gegenüber vom Stadtmarkt abgehalten.

An- & Weiterreise

Busse, die zwischen Loei (2. Klasse 60 B,
1½ Std.) und Phitsanulok (normal/2. Klasse
67/94 B, 3 Std.) verkehren, halten etwa einmal
pro Stunde in Dan Sai, zusätzlich fahren ein
paar Busse ab Dan Sai in die beiden Städte.
Alle halten nahe der Kreuzung Th Kaew Asa
und Rte 2013.

KUNSTZENTRUM SIRINDHORN
ศูนย์ศิลป์สิรินธร
In Wang Saphung, 23 km südlich von Loei,
liegt das einzigartige **Kunstzentrum Sirindhorn**
(☎ 0 4284 1410; Rte 210; Eintritt frei; ❄ 8–18 Uhr). Das
Museum wurde zu Ehren von Sangkom
Thongmee errichtet, einem berühmten,
mittlerweile pensionierten Lehrer an der benachbarten Schule, dessen Schüler – zumeist
Bauernkinder – Tausende von Preisen für ihre
Arbeiten gewonnen haben. In der von Glas
beherrschten Galerie sind stets Arbeiten von
Schülern (und manchmal auch professionelle
Werke) zu sehen, die man gelegentlich auch
erwerben kann. Vor dem Gebäude befindet
sich ein netter Skulpturengarten.

PHU KRADUNG NATIONAL PARK
อุทยานแห่งชาติภูกระดึง
Ein Gipfel, der den Park überragt, gab ihm
seinen Namen. Der **Phu Kradung National Park**
(☎ 0 4287 1333; Eintritt 400 B; ❄ Weg zum Gipfel Okt.–Mai
7–14 Uhr) nimmt ein Hochplateau mit unzähli-
gen Felsen, Wasserfällen und Wanderwegen
ein. Obwohl es im zweitschönsten Nationalpark Thailands bis in die höchsten Regionen
auf 1361 m immer kühl ist (durchschnittliche
Jahrestemperatur 20 °C), ähnelt die Pflanzen-
welt eher der gemäßigter Breitengrade.
Weiter unten wächst neben Laubwald auch
immergrüner Regenwald und Nebelwald.

Das kleine Besucherzentrum am Fuß des
Berges hält ausführliches Kartenmaterial bereit und kassiert die Eintrittsgebühr; alles andere gibt's im Besucherzentrum weiter oben.
Für den 5,5 km langen **Hauptweg** auf den Phu
Kradung müssen drei bis vier Stunden einge-
plant werden. Die Wanderung ist anstrengend, aber nicht sehr anspruchsvoll, weil die
steilen Abschnitte aus Treppen bestehen, und
entlang des landschaftlich reizvollen Weges
finden sich nach etwa jedem Kilometer Rast-
plätze mit Imbissbuden. Nach dem Aufstieg
sind es noch 3 km bis zum **Hauptbesucherzen-
trum** (❄ 24 Std.) des Parks. Träger transportieren das Gepäck der Touristen an Bambusstan-
gen befestigt nach oben (15 B/kg).

Der 348 km² große Park ist der Lebens-
raum vieler Waldtiere, darunter Elefanten,
Goldschakale, Kragenbären, Sambarhirsche,
Seraue, Weißhandgibbons und ein paar Tiger.
Am besten beobachten kann man sie in dem
Wildschutzgebiet, das nur von Januar bis März
geöffnet ist. Rund um den Berg gibt's viele
Wasserfälle (u. a. den **Tham Yai** mit Höhle) und
Aussichtspunkte (von denen einige sowohl
für die Beobachtung des Sonnenaufgangs als
auch des Sonnenuntergangs ideal sind).

Eine Übernachtung auf dem Phu Kradung
gehört für viele thailändische Jugendliche zum
Initiationsritus, daher wird der Park in den
Schulferien (vor allem von März–Mai) unglaublich voll. In der Regenzeit (Juni–Sept.)
ist er für Besucher geschlossen, weil der Weg
zum Gipfel dann zu gefährlich ist.

SCHLAFEN & ESSEN
Oben auf dem Berg findet man **Campingplätze**
(im eigenen Zelt 30 B/Pers., gemietetes Zelt für 3 od. 6 Pers.
225–450 B), auf denen bis zu 5000 Personen
Platz finden, und jede Menge **Bungalows** (☎ 0
2562 0760; www.dnp.go.th/parkreserve; Bungalow für 6–12

Pers. 900–3600 B). Ein paar kleine Freiluftlokale servieren übliche Wokgerichte. Wer erst am Spätnachmittag in den Park kommt, kann am Fuß des Berges auf dem Zeltplatz, in einem Bungalow oder in einem der Resorts außerhalb des Parks übernachten.

AN- & WEITERREISE

Busse ab Loei fahren zur Bezirkshauptstadt Phu Kradung (50 B, 1½ Std., alle 30 Min.). Von dort nimmt man dann ein *songthaeo* (20 B) zum 10 km entfernten Besucherzentrum am Fuß des Berges; das letzte *songthaeo* fährt gegen 20 Uhr vom Berg zurück.

THAM ERAWAN

ถ้ำเอราวัณ

Hoch oben auf einem herrlichen Kalksteinberg befindet sich der **Tham Erawan** (☻ 6–19 Uhr), ein großer Höhlenschrein mit einem riesigen sitzenden Buddha. Von der Ebene aus, auf die er herunterblickt, ist der Buddha schon aus mehreren Kilometern Entfernung zu erkennen. Über eine gewundene Treppe mit 600 Stufen gelangt man zum Schrein, von wo aus sich ein fantastischer Ausblick bietet, vor allem bei Sonnenuntergang. Noch mehr Stufen und ein paar Lichter führen einen durch die geräumige Kammer zur anderen Seite des Berges. Man sollte eine Taschenlampe mitnehmen, denn wenn das Licht ausgeht, tappt man im Dunkeln – wir sprechen aus Erfahrung …

Der Tempel liegt an der Rte 210, unmittelbar hinter der Grenze zur Provinz Nong Bualamphu. Busse ab Loei (normal/2. Klasse 25/40 B, 11/4 Std., alle 20 Min.) nach Nong Bualamphu halten 2,5 km weiter weg; mit etwas Glück findet man hier ein Tuk-Tuk oder ein Motorradtaxi, das einen für ca. 25 B zum Tempel bringt.

PROVINZ NAKHON PHANOM

Laotische und vietnamesische Einflüsse prägen Nakhon Phanom, die mit schönen, viel verehrten Tempeln übersäte Provinz am Mekong. Obwohl so ziemlich alle Menschen, die auf den Reisfeldern arbeiten oder Büffelherden hüten, echte Thailänder sind, tragen viele von ihnen einen vietnamesischen Strohhut. Die Gegend ist nicht gerade reich an Sehenswürdigkeiten, bietet aber jede Menge malerische Flusslandschaften und interessante Aktivitäten. Der kolossale Wat Phra That Phanom ist ein bezaubernder Talisman der Isaan-Kultur.

Die dritte Freundschaftsbrücke wird derzeit 15 km nördlich der Hauptstadt errichtet und wird vielleicht noch 2011 eröffnet, aber sie dürfte dem verschlafenen Charakter der Stadt kaum etwas anhaben.

NAKHON PHANOM

นครพนม

31 700 Ew.

Nakhon Phanom bedeutet „Stadt der Berge", aber die sanft gewellten Zuckerhüte liegen allesamt am Flussufer gegenüber, in Laos. Man kann sie von hier aus also nur bewundern, nicht bezwingen, aber der Ausblick ist sehr schön, vor allem bei einem diesigen Sonnenaufgang. Nichts hier kommt an diese ferne Hügelkette heran, aber diejenigen, die den weiten Weg hierher auf sich genommen haben, finden dennoch eine Menge mehr zu sehen und zu tun. Die meisten thailändischen Besucher nehmen sich etwas Zeit und kaufen am Pier Silber.

Praktische Informationen

Bangkok Bank (Tesco-Lotus, Th Nittayo; ☻ 10–20 Uhr) An der Kreuzung Th Nittayo und Th Aphiban Bancha gibt's zwar unzählige Banken, aber nur in der Bangkog Bank kann man außerhalb der Geschäftszeiten ausländische Währungen (nur Bargeld) eintauschen.

Crab Technology (Th Si Thep; Internet 15 B/Std.; ☻ 8–22 Uhr)

Einwanderungsbüro (☎ 0 4251 1235; Th Sunthon Wijit; ☻ Mo–Fr 8.30–12 & 13–16.30 Uhr) Visaverlängerungen.

North By North-East Tours (☎ 0 4251 3572; www.north-by-northeast.com; 746/1 Th Sunthon Wijit; ☻ Mo–Sa 9–17 Uhr) Veranstaltet Kultur- und Ökotouren im Isaan und am anderen Flussufer in Laos. Ist auch bei der Vermittlung von Freiwilligenjobs in der Region behilflich.

Tourism Authority of Thailand (TAT; ☎ 0 4251 3490; Th Sunthon Wijit; ☻ 8.30–16.30 Uhr) Zuständig für die Provinzen Nakhon Phanom, Sakon Nakhon und Mukdahan.

Sehenswertes & Aktivitäten

TEMPEL

Die Tempel von Nakhon Phanom weisen einen besonderen Stil auf. Die Stadt hatte eine große Bedeutung, als sie zum Lan-Chang-Reich gehörte, und später entsandten die

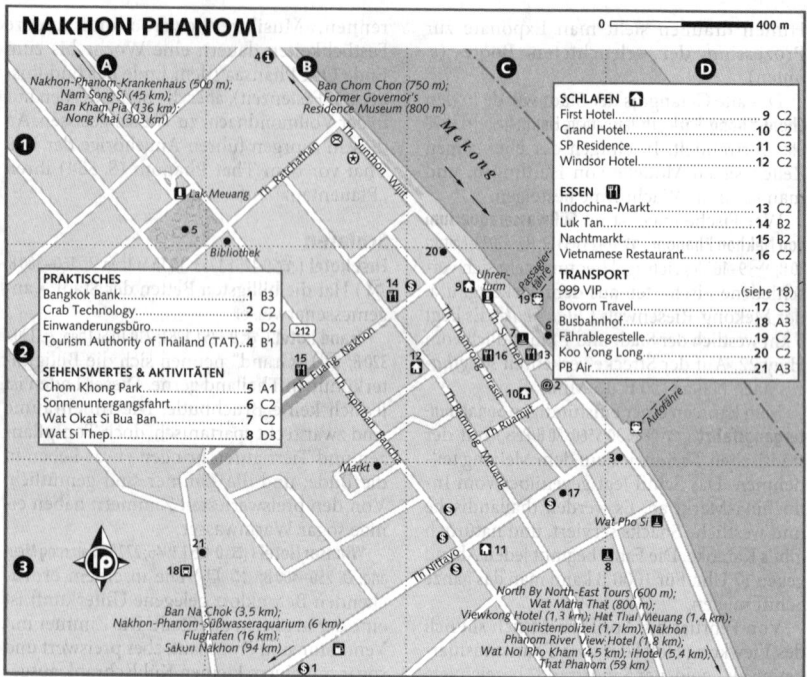

NAKHON PHANOM

0 — 400 m

Nakhon-Phanom-Krankenhaus (500 m);
Nam Song Si (45 km);
Ban Kham Pia (136 km);
Nong Khai (303 km)

Ban Chom Chon (750 m);
Former Governor's
Residence Museum (800 m)

SCHLAFEN
First Hotel.................................9 C2
Grand Hotel..............................10 C2
SP Residence.............................11 C3
Windsor Hotel...........................12 C2

ESSEN
Indochina-Markt........................13 C2
Luk Tan....................................14 B2
Nachtmarkt...............................15 B2
Vietnamese Restaurant...............16 C2

TRANSPORT
999 VIP..........................(siehe 18)
Bovorn Travel............................17 C3
Busbahnhof...............................18 A3
Fährlegestelle............................19 C2
Koo Yong Long...........................20 C2
PB Air......................................21 A3

PRAKTISCHES
Bangkok Bank..............................1 B3
Crab Technology...........................2 C2
Einwanderungsbüro.......................3 D2
Tourism Authority of Thailand (TAT)..4 B1

SEHENSWERTES & AKTIVITÄTEN
Chom Khong Park..........................5 A1
Sonnenuntergangsfahrt..................6 C2
Wat Okat Si Bua Ban......................7 C2
Wat Si Thep................................8 D3

Lak Meuang
Bibliothek
Uhrenturm
Markt
Wat Pho Si

Ban Na Chok (3,5 km);
Nakhon-Phanom-Süßwasseraquarium (6 km);
Flughafen (16 km);
Sakon Nakhon (94 km)

North By North-East Tours (600 m);
Wat Maha That (800 m);
Viewkong Hotel (1,3 km); Hat Thai Meuang (1,4 km);
Touristenpolizei (1,7 km); Nakhon
Phanom River View Hotel (1,8 km);
Wat Noi Pho Nam (4,5 km); iHotel (5,4 km);
That Phanom (59 km)

---

thailändischen Könige ihre besten Künstler hierher, um neue Bauten zu errichten. Danach gesellten sich Vietnamesen und Franzosen vom anderen Mekongufer hinzu und kreierten diese eigentümliche Stilmischung.

Ein gutes Beispiel ist der **Wat Maha That** (Th Sunthon Wijit; ☉ bei Tageslicht). Sein 24 m hoher, gold-weißer *chedi* Phra That Nakhon ähnelt dem in That Phanom errichteten Exemplar.

Wat Okat Si Bua Ban (Th Sunthon Wijit; ☉ bei Tageslicht) ist älter als die Stadt und weist chinesische Einflüsse auf. Im *wíhaan* befinden sich Phra Taew und Phra Tiam, zwei heilige Buddhafiguren aus Holz. Die erstaunliche Wandbemalung, die uns auf unserer Reise mit am besten gefallen hat (eine Art thailändisches „Wo ist Walter?" – man suche den Backpacker), illustriert die Geschichte von Phra Taew und Phra Tiam, die von Laos aus den Mekong überqueren.

Die Wandmalereien im Inneren des *bòt* von **Wat Si Thep** (Th Si Thep; ☉ bei Tageslicht) zeigen im oberen Teil *jatakas* und im unteren Könige der Chakri-Dynastie. Hinten im *bòt* befindet sich ein farbenfrohes Triptychon im modernen Stil. Das im Jahr 1921 erbaute Wohnhaus

des Abtes hat einmal einen Restaurationspreis gewonnen.

BAN NA CHOK
บ้านนาจอก

Die vietnamesische Gemeinde im 3 km westlich der Stadt gelegenen Ban Na Chok hat **Uncle Ho's House** (Eintritt frei; ☉ bei Tageslicht) restauriert, das einfache Holzhaus, in dem Ho Chi Minh lebte (1928–1929) und die Unabhängigkeitsbewegung konzipierte. Etwas weiter nordwestlich im Gemeinschaftszentrum **Friendship Village** (☎ 08 0315 4630; Eintritt frei; ☉ 8–16 Uhr) sind ein paar Exponate zu Ho Chi Minh zu sehen, von denen manche englisch beschriftet sind. Jedes Jahr am 19. Mai wird sein Geburtstag gefeiert.

NOCH MEHR SEHENSWÜRDIGKEITEN & AKTIVITÄTEN

Die neueste Sehenswürdigkeit von Nakhon Phanom ist das **Former Governor's Residence Museum** (☎ 08 5853 8503; Th Sunthon Wijit; Eintritt frei; ☉ MI–So 10–19.30 Uhr), eine unlängst restaurierte Villa von etwa 1925, die Fotos vom historischen und heutigen Nakhon Phanom zeigt.

Hinten draußen sieht man Exponate zur Prozession der erleuchteten Boote (s. unten).

Das alte Gefängnis der Stadt wurde in den **Chom-Khong-Park** (Th Ratchathan; Eintritt frei; ☉ 5–20 Uhr) verwandelt. In einigen der ehemaligen Zellen sitzen Modelle von Häftlingen, und man kann die Wachtürme besteigen.

Wer Fische mag, ist im **Süßwasseraquarium von Nakhon Phanom** (☎ 0 4251 5312; Hwy 2033; Eintritt 30 B; ☉ 9–16 Uhr) richtig. Hier tummeln sich verschiedene Fischarten aus dem Mekong, u. a. der Mekong-Riesenwels (*blah bèuk*). Es liegt 5 km westlich der Stadt und 1 km südlich vom Hwy 22. Auf der Strecke verkehren *songthaeos* nach Nakae (20 B, 15 Min.).

Man kann an einer einstündigen **Sonnenuntergangsfahrt** (☎ 08 6230 5560; 50 B/Pers.) mit dem städtischen *Thesaban 1* auf dem Mekong teilnehmen. Das Schiff legt gegenüber vom Indochina-Markt ab. Es werden thailändische und westliche Snacks serviert, und natürlich gibt's Karaoke. Die Fahrt beginnt jeden Abend gegen 17 Uhr. Für 1000 B kann man das ganze Schiff mieten.

Von Februar bis April erhebt sich südlich des Viewkong Hotel der vom Tourismusmarketing als „goldener Sandstrand" bezeichnete **Hat Thai Meuang**.

Festivals & Events

Nakhon Phanom ist berühmt für seine **Prozession der erleuchteten Boote** (*Lái Reua Fai*), die moderne Version der alten Tradition, Flöße voller Lebensmittel, Blumen und Kerzen als Opfer für die *naga* auf dem Mekong fahren zu lassen. Die riesigen Bambusflöße von heute fassen bis zu 16 000 handgefertige Laternen und ein paar Designer haben dem Ganzen etwas Abwechslung eingehaucht. Die Boots-

rennen, Musikwettbewerbe und andere Festlichkeiten dauern eine Woche bis zum Ende Ork Phansaa (dem Ende der buddhistischen Fastenzeit), aber die Boote werden nur in der Vollmondnacht zu Wasser gelassen. An diesem Morgen führen Angehörige der Phu Thai vor dem That Phanom (S. 584) ihren „Pfauentanz" auf.

Schlafen

First Hotel (☎ 0 4251 1253; 16 Th Si Thep; Zi. 160–300 B; ☒) Hat die billigsten Betten der Stadt – angemessenerweise.

Grand Hotel (☎ 0 4251 1281; 210 Th Si Thep; Zi. 190–320 B; ☒) „Grand" nennen sich die Billigunterkünfte in Thailand gerne. Dieser Laden ist jedoch keine Bruchbude. Die Innenräume sind zwar recht spartanisch, doch Topfpflanzen und Tierfiguren bringen etwas Leben in die Bude, und die Zimmer sind gemütlich. Von den preiswertesten Zimmern haben einige sogar Warmwasser.

Windsor Hotel (☎ 0 4251 1946; 272 Th Bamrung Meuang; Zi. 250–400 B; ☒ 💻) Die in einem erdrückenden Betonklotz gelegene Unterkunft ist eine der nettesten der Stadt. Die Zimmer mit Ventilator sind etwas laut, aber preiswert und sogar mit einem kleinen Kühlschrank ausgestattet.

SP Residence (☎ 0 4251 3505; 193/1 Th Nittayo; Zi. 450–800 B; ☒ 💻) Gut geführte Unterkunft mit einfachen, aber modernen und komfortablen Zimmern in guter Lage.

iHotel (☎ 0 4254 3355; Th Chayanghoon; Zi. 450–800 B; ☒ 💻) Das „i" ist eines der schicksten Hotels im Isaan und wartet mit guten Matratzen, „Powerduschen" (nur im Erdgeschoss), kostenlosem WLAN, einem Garten hinter dem Haus und einem künstlerischen Touch auf. Wenn es nicht 5 km entfernt von der Stadt

---

DER ZWEIFARBIGE FLUSS

Wenn man auf dem Hwy 212 von Norden kommt oder nach Norden fährt, sollte man in **Nam Song Si**, 45 km vor Nakhon Phanom entfernt, eine Pause einlegen. Hier fließt das grünliche Wasser des Huay Songkhram in den schlammbraunen Mekong. Die beiden Farben sind durch eine klare Linie voneinander getrennt, vor allem bei Wind oder Regen. Nicht von den Einheimischen verwirren lassen, die behaupten, so etwas gäbe es in Nakhon Phanom nicht und man wolle wohl nach Mae Nam Song Si in Ubon Ratchathani. Man muss einfach an einem Schild abbiegen, auf dem „The Bi-Coloured River" steht – dieser Zusammenfluss ist zwar weniger bekannt, aber trotzdem cool.

LP Tipp **Pak Nam Chaiburi** (keine Ausschilderung in lateinischen Buchstaben; ☎ 0 4257 3037; Gerichte 30–230 B; ☉ mittags & abends) serviert auf einer wackeligen Holzterrasse direkt am Zusammenfluss Fisch. Am besten genießt man die ländliche Atmosphäre hier beim Mittagessen. Die Küche und die Landschaft sind schlicht großartig.

und direkt am Highway läge, wäre es in Nakhon Phanom die beste Wahl.

Viewkong Hotel (☎ 0 4251 3564; www.viewkong hotel.com; 527 Th Sunthon Wijit; Zi. 700–900 B, Suite 2600 B; ✷ ▯) Das ehemals beste Hotel der Stadt hat weniger Flair und ist abgenutzter als der derzeitige Spitzenreiter (das 500 m flussabwärts gelegene Nakhon Phanom River View), dafür aber viel preiswerter und nicht so kalt. Es verfügt über eine angenehme Terrasse am Fluss und die üblichen Einrichtungen für Geschäftsreisende, außerdem gibt's Karaoke, Massage und all die anderen Dinge, ohne die thailändische Reisende nicht leben können. Die Zimmer mit Flussblick kosten auch nicht mehr, also möglichst so eines nehmen.

Essen

In der Innenstadt gibt's ein paar Restaurants und Kneipen, größtenteils an oder nahe der Th Fuang Nakhon; einige haben Terrassen am Mekong, die nur zum Abendessen geöffnet sind. Auf dem Balkon des Food-Court im ersten Stock des **Indochina-Markts** (Th Sunthon Wijit; ☽ morgens, mittags & abends) findet man hervorragende Plätze mit herrlichem Ausblick auf die Berge. Der tolle **Nachtmarkt** (Th Fuang Nakhon; ☽ 16–21 Uhr) bietet eine große Vielfalt an Speisen, aber kaum Sitzplätze, so dass man hier lieber auf Snacks im Stehen als auf ein gemütliches Abendessen spekulieren sollte.

Vietnamese Restaurant (keine Ausschilderung in lateinischen Buchstaben; ☎ 0 4251 2087; 165 Th Thamrong Prasit; Gerichte 30–120 B; ☽ morgens, mittags & abends) Bunte Beleuchtung und Ronaldinho-Poster sind die halbherzigen Bemühungen des kleinen Lokals, hip zu sein. Das Essen aber ist traditionell geblieben und wird nach über 50 Jahren alten Familienrezepten zubereitet. Man bekommt z. B. *năam neu·ang* (Frühlingsrollen mit Schweinefleisch, die man selbst zusammenrollt) und scharfe Thai-Salate.

Luk Tan (☎ 0 4251 1456; 83 Th Bamrung Meuang; Buffet 89 B; ☽ abends) Das freundliche kleine Lokal mutet dank der Tische, die aus ausrangierten Nähmaschinen gefertigt sind, und einer in die Wand eingebauten, sorgfältig konstruierten Modelleisenbahn etwas schräg an. Das ist aber noch gar nichts gegen das Essen – ein Buffet wie einer amerikanischen Kleinstadt mit Kartoffelpüree und Salattheke. Und Steak und Pizza gibt's auch.

Ban Chom Chon (keine Ausschilderung in lateinischen Buchstaben; ☎ 0 4252 0399; 124 Th Sunthon Wijit; Gerichte 59–249 B; ☽ abends) Das edle, aber nicht überteuerte Restaurant neben dem Museum und gegenüber vom Fluss ist berühmt für Fische aus dem Mekong, der unglaublich kreativ zubereitet wird, z. B. *blah chôrn lui sŏo·an* (frittierte Streifen vom Schlangenkopffisch, serviert mit reichlich Gemüse in Limonen-Chili-Soße). Essen und Service sind erstklassig und die Holzterrasse verleitet dazu, bis spät in die Nacht zu bleiben.

An- & Weiterreise

BUS

Der **Busbahnhof** (☎ 0 4251 3444; Th Fuang Nakhon) liegt östlich vom Stadtzentrum. Von hier fahren Busse nach Nong Khai (normal/2. Klasse 175/220 B, 6 Std., 6–11 Uhr stündl.), Udon Thani (1./2. Klasse 211/165 B, 5 Std., bis 15 Uhr alle 45 Min.) über Sakon Nakhon (1./2. Klasse 85/65 B, 1½ Std.) und Mukdahan (normal/1. Klasse 52/92 B, 2 Std., stündl.) über That Phanom (normal/1. Klasse 27/49 B, 1 Std., 5-mal tgl.). Die meisten Busse nach Bangkok (1./2. Klasse 569/442 B, 12 Std.) fahren zwischen 7 und 8 Uhr bzw. 16.30 und 18.30 Uhr ab. **999 VIP** (☎ 0 4251 1403) hat um 18 Uhr einen VIP-Bus mit 24 Sitzen (885 B).

FLUGZEUG

PB Air (☎ in Bangkok 0 4251 6300, 0 2261 0222; www.pbair. com; 327/12 Th Fuang Nakhon; ☽ Mo, Mi & Sa 8.30–17.30, Di, Do, Fr & So 8.30–14 Uhr) fliegt mindestens einmal täglich nach bzw. von Bangkok (einfach 3180 B, 1¼ Std.). Tickets gibt's auch beim günstiger gelegenen **Bovorn Travel** (☎ 0 4251 2494; Th Nittayo; ☽ Mo–Fr 8–17, Sa & So bis 13 Uhr). Der **Flughafenshuttle** (☎ 08 1872 1215) kostet 500 B (für das ganze Fahrzeug).

SCHIFF

Zwischen 8.30 und 18 Uhr kann man vom **Fährhafen** (Th Sunthon Wijit) mit dem Schiff (einfach 60 B, alle 30 Min.) über den Mekong nach Tha Khaek in Laos fahren. Ein 30 Tage gültiges Visum für Laos (s. S. 830) bekommt man inzwischen direkt an der Grenze.

Unterwegs vor Ort

Tuk-Tuk-Fahrer verlangen 30 B pro Person vom Busbahnhof zu den meisten Zielen in der Stadt. Eine Stunde kostet 200 B – so lange dauert die Besichtigung von Ban Na Chok.

Da es in Nakhon Phanom nicht viel Verkehr gibt, kann man hier super Rad fahren. **Koo Yong Long** (☎ 0 4251 1118; 363 Th Sunthon Wijit; Fahrrad 10 B/Std.; ☽ 8–18 Uhr) vermietet Drahtesel.

RENU NAKHON
เรณูนคร

Renu Nakhon ist bekannt für das Weben von Baumwolle, auch wenn in der Stadt heute kaum noch jemand selbst webt. Wer beim Weben zuschauen will, muss eines der Dörfer in der Nähe aufsuchen. Die Phu Thai, die die Mehrheit der Stadtbevölkerung bilden, entwerfen und vermarkten hier ihre Designs. Die fertigen Stücke werden auf dem großen **Kunsthandwerksmarkt** im **Wat Phra That Renu Nakhon** (☺ bei Tageslicht) sowie in einigen Läden in der Umgebung verkauft. Der 35 m hohe *tâht* des Tempels ist eine Replika des *chedi* von That Phanom und gilt als heilig.

Für Tourteilnehmer führen die Phu Thai gelegentlich auf der Bühne gegenüber vom Markt Volkstänze auf. Wer die Truppe anheuern will oder Fragen zur Kultur der Phu Thai hat, sollte sich an **Khun Gobgab** (☎ 08 6339 1600; gobgab1234@yahoo.co.th) wenden, der direkt hinter dem Markt wohnt und Englisch kann.

AN- & WEITERREISE

Die Abzweigung nach Renu Nakhon liegt nur 8 km nördlich von That Phanom. Von hier sind es dann noch einmal 7 km auf der Rte 2031 gen Westen. Es gibt keine öffentlichen Verkehrsmittel. Tuk-Tuk-Fahrer in That Phanom verlangen pro Person ca. 200 B hin und zurück (inkl. Wartezeit zum Besuch des *tâht* und zum Shoppen), aber letztlich hängt der Preis vom eigenen Verhandlungsgeschick ab. Bis zur Abzweigung zu fahren und erst dort mit einem Tuk-Tuk-Fahrer zu verhandeln, spart kaum Geld ein.

THAT PHANOM
ธาตุพนม

Der Turm des gewaltigen, im laotischen Stil gehaltenen *chedi* von Wat Phra That Phanom überragt die Stadt. Er gehört zu den bedeutendsten Symbolen der Region und ist eine der Hauptattraktionen des Isaan. Im Vergleich dazu ist das Städtchen That Phanom selbst eher nichtssagend. Der Ort wirkt sauber in zwei Teile geteilt, der ältere davon liegt direkt am Fluss. Hier findet man eine ruhige Basis für Erkundungstouren in die Umgebung.

Sehenswertes
WAT PHRA THAT PHANOM
วัดพระธาตุพนม

Der **Wat Phra That Phanom** (Th Chayangkun; ☺ 4–20 Uhr) ist imposant und wunderschön – selbst wenn man keine Tempel mehr sehen kann, wird man von ihm beeindruckt sein. Sein Herz ist ein *tâht*, der seinesgleichen sucht und von Buddhisten aus Laos wie aus Thailand sehr verehrt wird. Um Vollmond herum ist besonders viel los, weil die Menschen glauben, ein Besuch in dieser Zeit beschere ihrem Leben besonders viel Glück.

Der *tâht* hat eine Höhe von 53 m und ist fünfstufig und ein 16 kg schwerer, mit Edelsteinen besetzter Schirm als Gold macht ihn noch einmal 4 m höher. Viele Thais schenken der Legende Glaube, nach der Buddha selbst nach Thailand kam und verfügte, dass ein Stück seines Brustbeins als Reliquie in einem *chedi* aufbewahrt werde, der genau an dieser Stelle zu errichten sei. Dies soll acht Jahre nach seinem Tod, 535 v. Chr., geschehen sein. Einige Historiker datieren das älteste Bauwerk, einen kleinen **Satoop** (dessen Nachbildung in einem kleinen Teich vor dem Tempel steht), in die Dvaravati-Periode (6.–11. Jh.). Seither gab es ständig Baumaßnahmen, und vier große Bauwerke wurden errichtet. Der erste *tâht* war 24 m hoch und wurde im 1. Jh. v. Chr. errichtet; 1690 hat man ihn auf 47 m aufgestockt. Überall im Isaan begegnen einem Nachbildungen des Bauwerks. Die heutige Konstruktion stammt aus dem Jahr 1941, stürzte aber infolge starker Regenfälle 1975 ein und wurde 1978 wieder aufgebaut.

Hinter dem Kloster, das den *tâht* umgibt, befindet sich ein schattiger kleiner Park mit einer riesigen Trommel. Im Norden steht ein 30 m langes, 100 Jahre altes Langboot, das aus einem einzigen Stamm gefertigt wurde. Das nahe gelegene **Museum** (Eintritt frei; ☺ 8.30–16 Uhr) dokumentiert die Geschichte des *tâht* und zeigt darüber hinaus eine leicht chaotische Mischung aus Töpferwaren, Gongs, Gedenkmünzen amerikanischer Präsidenten usw.

NOCH MEHR SEHENSWERTES

Die kurze Straße zwischen dem Wat Phra That Phanom und der Altstadt am Mekong führt am **laotischen Triumphbogen** vorbei, einer etwas dürftigen Miniaturversion des Triumphbogens in Vientiane. Der Abschnitt der Th Kuson Ratchadamnoen zwischen dem Triumphbogen und dem Fluss ist interessant. Die zahlreichen franko-chinesischen Gebäude erinnern an das alte Vientiane oder Saigon und einige Geschäfte verkaufen vietnamesische Lebensmittel. Die Inneneinrichtungen sind teilweise eines Museums würdig.

Hunderte laotischer Händler kommen über den Mekong auf den lokalen **Markt** (�})Mo & Do 8.30–12 Uhr) nördlich vom Hafen. Hier gibt's so Exotisches wie laotische Heilkräuter, Wurzeln aus dem Urwald und Krebse. Besonders heftig geht es kurz vor Marktschluss zu, wenn die thailändischen Käufer die Lage der laotischen Händler ausnutzen, die ihre Waren nicht wieder mit nach Hause nehmen wollen.

Festivals & Events
Zum **That-Phanom-Festival** Ende Januar oder Anfang Februar strömen Besucher aus ganz Thailand und Laos herbei, um dem *tâht* zu huldigen. Dann füllen sich die Straßen mit Marktständen, hervorragende Gruppen geben *mŏr lam* (eine mit *lôok tûng* verwandte Musikrichtung aus dem Isaan) zum Besten, und die Stadt schläft zehn Tage lang nicht.

Schlafen
Nur wenige Touristen bleiben länger in der Stadt, daher sind die Unterkünfte spärlich und meist sehr alt. Zum That-Phanom-Festival schnellen die Preise in die Höhe und die Zimmer sind lange im Voraus ausgebucht.

Niyana Guesthouse (☎ 0 4254 0880; 65 Soi 33; Zi. 120–160 B) Die erste Backpackerunterkunft der Stadt war bei unserem letzten Besuch geschlossen, weil die Betreiber gemeinsam mit PAD-Demonstranten (s. S. 45) den Flughafen besetzt hielten, aber nun ist sie wieder geöffnet. In dem einfachen Haus ist im Erdgeschoss eine Englischschule untergebracht (was Vor- und Nachteile hat). Die Zimmer mit Gemeinschaftsbad sind recht spartanisch, aber die Besitzerin hat viel Wissenswertes zu berichten. Leihfahrräder gibt's für 40 B am Tag.

Chaivon Hotel (☎ 0 4254 1391; 38 Th Phanom Phanarak; Zi. 200–300 B; ✸) Das grüne Hotel aus Holz ist quasi der Inbegriff von „schäbig". Es ist nicht jedermanns Sache, aber so mancher kann sich mit einer Übernachtung in einem echten historischen Relikt sicher anfreunden.

Saeng Thong Rimkhong Guesthouse (keine Ausschilderung in lateinischen Buchstaben; ☎ 0 4254 1397; 507 Th Rimkhong; Zi. 250–400 B; ✸) Die einigermaßen annehmbare Unterkunft nahe dem Fluss vertritt die Mittelklasse am Ort. Sie ist weniger schick als Kritsada und Sawatdee und hat weniger Flair als Niyana und Chaivon. Die Zimmer sind unterschiedlich, daher sollte man sich

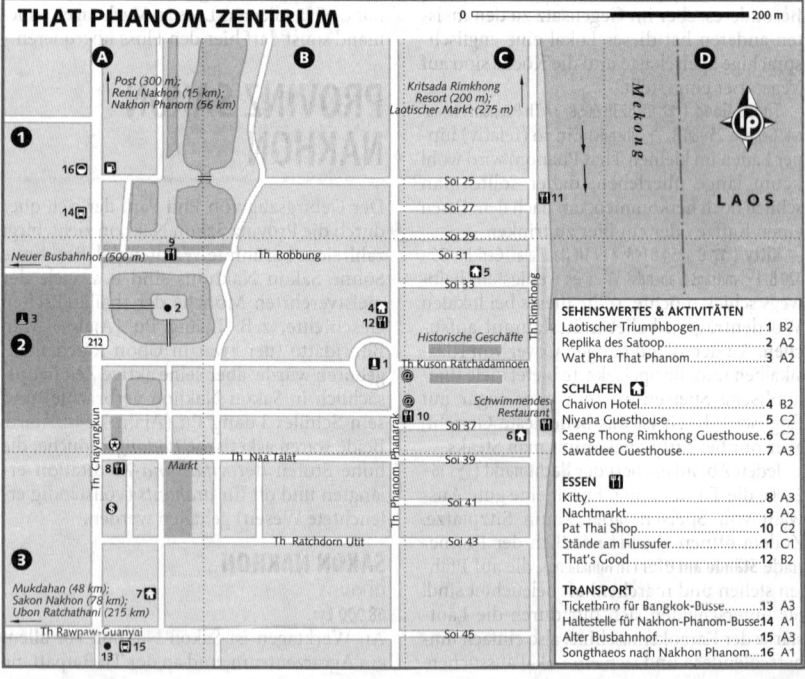

THAT PHANOM ZENTRUM

0 ————————— 200 m

Post (300 m);
Renu Nakhon (15 km);
Nakhon Phanom (56 km)

Kritsada Rimkhong Resort (200 m);
Laotischer Markt (275 m)

Mekong

LAOS

Neuer Busbahnhof (500 m)

Th. Röbbung

Soi 25
Soi 27
Soi 29
Soi 31
Soi 33
Soi 37
Soi 39
Soi 41
Soi 43
Soi 45

Th. Kuson Ratchadamnoen

Historische Geschäfte

Schwimmendes Restaurant

Th Chayangkun

Markt

Th. Náa Talat

Th. Ratchdorn Utit

Th Phanom Phanarak

Th Rimkhong

Mukdahan (48 km);
Sakon Nakhon (78 km);
Ubon Ratchathani (215 km)

Th Rawpaw-Guanyai

SEHENSWERTES & AKTIVITÄTEN	
Laotischer Triumphbogen	1 B2
Replika des Satoop	2 A2
Wat Phra That Phanom	3 A2

SCHLAFEN	
Chaivon Hotel	4 B2
Niyana Guesthouse	5 C2
Saeng Thong Rimkhong Guesthouse	6 C2
Sawatdee Guesthouse	7 A3

ESSEN	
Kitty	8 A3
Nachtmarkt	9 A2
Pat Thai Shop	10 C2
Stände am Flussufer	11 C1
That's Good	12 B2

TRANSPORT	
Ticketbüro für Bangkok-Busse	13 A3
Haltestelle für Nakhon-Phanom-Busse	14 A1
Alter Busbahnhof	15 A3
Songthaeos nach Nakhon Phanom	16 A1

ein paar anschauen, bevor man sich für eines entscheidet. Neue Zimmer sind in Planung.

Sawatdee Guesthouse (keine Ausschilderung in lateinischen Buchstaben; ☎ 08 1671 9717; Zi. 400–500 B; ⚡) Die neue Unterkunft nahe der Th Ratchadorn Utit im neuen Teil der Stadt hat eine Reihe etwas steriler, aber gut ausgestatteter Zimmer im Motelstil. Die beiden Zimmer für 400 B befinden sich auf der anderen Straßenseite.

Kritsada Rimkhong Resort (☎ 0 4254 0088; 90-93 Th Rimkhong; Zi. 400–600 B; ⚡ 🖥) Eher ein facettenreiches Hotel als ein Resort. Einige Zimmer hier sind einfach, andere geradezu attraktiv, aber alle sind sie komfortabel und mit jeder Menge Extras wie kostenlosem WLAN ausgestattet. Wenn man anruft und der Englisch sprechende Besitzer da ist, wird man kostenlos am Busbahnhof abgeholt; andernfalls zahlt man für ein Tuk-Tuk 30 B.

Essen

Pat Thai Shop (☎ 0 4254 0366; 39 Th Phanom Phanarak; Gerichte 30 B; ☯ morgens, mittags & abends) Der winzige Laden serviert lediglich ein paar einfache gebratene Gerichte wie *râht nâh* (Nudeln mit Soße) oder *pàt prík bai gà prow* (scharfe Pfanne mit Basilikumblättern). Sie sind nichts Besonderes, aber im Gegensatz zu den meisten anderen hat dieses Lokal eine englischsprachige Speisekarte und die Köche sind auf Vegetarier eingestellt.

That's Good (☎ 08 6230 6068; 37 Th Phanom Phanarak; Gerichte 25–80 B; ☯ abends) Ein so (relativ) hipper Laden im kleinen That Phanom wird wohl kaum lange überleben, daher sollte man schnell noch herkommen, um nach dem Essen einen Kaffee oder ein Bier zu trinken.

Kitty (☎ 0 4254 0148; 419 Th Naa Talat; Gerichte 35–420 B; ☯ mittags & abends) Wer es wenigstens halbwegs schick möchte, sollte dieses bei lokalen Würdenträgern beliebte Restaurant aufsuchen. An der Wand hängen Cover von Klassikalben und die Speisekarte bietet viele thailändische Speisen an (ein paar sogar auf Englisch). Fisch ist das beliebteste Gericht, aber nur bei Kitty's bekommt man Steaks.

Jeden Abend erobert der **Nachtmarkt** (☯ 16–22 Uhr) die Th Robbung. Er hat eine gute Auswahl von Speisen, aber kaum Sitzplätze. Zudem öffnen abends nördlich der Promenade **Stände am Ufer** (Th Rimkhong), die auf Pfählen stehen und märchenhaft beleuchtet sind. Sie unterscheiden sich nur durch die Lautstärke der Karaokemaschine, also einfach umherschlendern und sich ein Lokal aussuchen.

An- & Weiterreise

Vom neuen Busbahnhof, der ungünstig im Westen der Stadt liegt, starten Busse nach Ubon Ratchathani (normal/1. Klasse 102/184 B, 4½ Std., stündl.) via Mukdahan (normal/1. Klasse 28/50 B, 1 Std.) und nach Udon Thani (normal/1. Klasse 109/196 B, 4 Std., 5-mal tgl.) über Sakon Nakhon (normal/1. Klasse 38/68 B, 1¼ Std., stündl.) und Nakhon Phanom (normal/1. Klasse 27/49 B, 1 Std., 5-mal tgl.). Man kann Busse nach Nakhon Phanom auch vor der Schule am Hwy 212 abpassen; Alternativen sind die häufig verkehrenden *songthaeos* (35 B, 90 Min., alle 10 Min.), die weiter nördlich parken und bis 15 Uhr fahren.

Busse nach Bangkok (2./1. Klasse/24-Sitzer VIP 430/515/855 B, 10 Std.) fahren ebenfalls am Busbahnhof ab, aber derzeit muss man die Fahrkarten am alten Busbahnhof (oder in den Läden westlich davon) im Süden der Stadt kaufen – das kann sich allerdings schnell ändern! Einige der Busse fahren von hier ab, bevor sie zum neuen Busbahnhof fahren und weitere Passagiere einsammeln. Es gibt ein paar Morgenverbindungen, aber die meisten starten zwischen 17 und 19 Uhr.

Das Einwanderungsbüro der Stadt bedient nur die Händler aus Laos an Markttagen – niemand sonst darf hier den Fluss überqueren.

PROVINZ SAKON NAKHON

Der Gebirgszug von Phu Pan, der sich quer durch die Provinz Sakon Nakhon zieht, birgt zahlreiche berühmte Waldtempel. Berühmte Söhne Sakon Nakhons sind u. a. viele der meistverehrten Mönche der thailändischen Geschichte, z. B. Luang Pu (Ajahn) Man Bhuridatto (der zwar in Ubon Ratchathani geboren wurde, aber seine aktive Zeit hauptsächlich in Sakon Nakhon verbrachte) und sein Schüler Luang Pu (Ajahn) Fan Ajaro. Beide waren asketische *tú-dong*-Mönche, die hohe Stufen der *vipassana*-Meditation erlangten und oft für *arahants* (vollständig erleuchtete Wesen) gehalten werden.

SAKON NAKHON

สกลนคร
68 000 Ew.
An Werktagen ist Sakon Nakhon vor allem ein Agrarzentrum, und an der Th Ratpattana

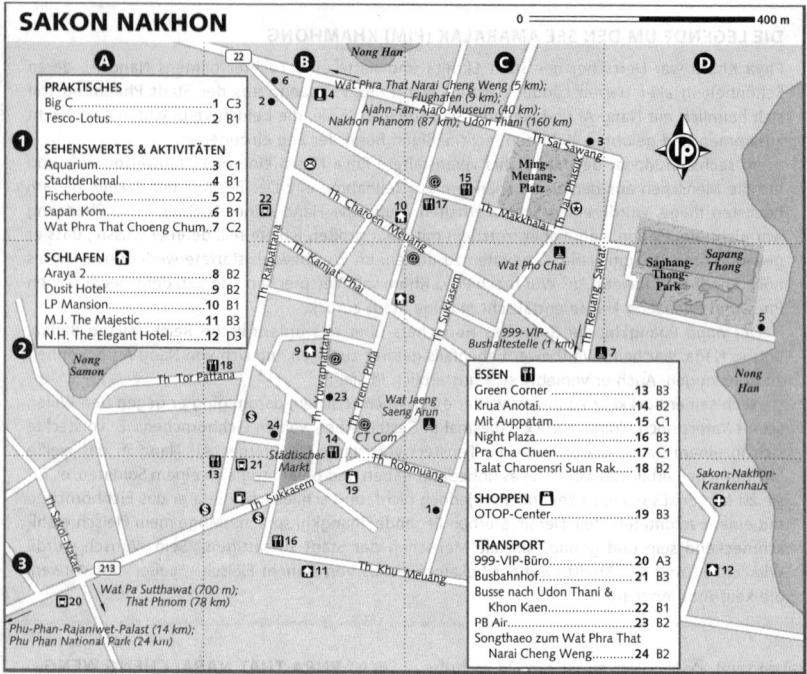

SAKON NAKHON

0 — 400 m

PRAKTISCHES
Big C 1 C3
Tesco-Lotus 2 B1

SEHENSWERTES & AKTIVITÄTEN
Aquarium 3 C1
Stadtdenkmal 4 B1
Fischerboote 5 D2
Sapan Kom 6 B1
Wat Phra That Choeng Chum ..7 C2

SCHLAFEN
Araya 2 ....8 B2
Dusit Hotel 9 B2
LP Mansion 10 B1
M.J. The Majestic 11 B3
N.H. The Elegant Hotel 12 D3

ESSEN
Green Corner 13 B3
Krua Anotai 14 B2
Mit Auppatam 15 C1
Night Plaza 16 B3
Pra Cha Chuen 17 C1
Talat Charoensri Suan Rak 18 B2

SHOPPEN
OTOP-Center 19 B3

TRANSPORT
999-VIP-Büro 20 A3
Busbahnhof 21 B3
Busse nach Udon Thani &
Khon Kaen 22 B1
PB Air 23 B2
Songthaeo zum Wat Phra That
Narai Cheng Weng 24 B2

Nong Han

Wat Phra That Narai Cheng Weng (5 km);
Flughafen (9 km);
Ajahn-Fan-Ajaro-Museum (40 km);
Nakhon Phanom (87 km); Udon Thani (160 km)

Ming-
Menang-
Platz

Wat Pho Chai

Saphang-
Thong-
Park

Sapang
Thong

999-VIP-
Bushaltestelle (1 km)

Nong
Samon

Nong
Han

Wat Jaeng
Saeng Arun

Städtischer
Markt

CT Com

Sakon-Nakhon-
Krankenhaus

Wat Pa Sutthawat (700 m);
That Phnom (78 km)

Phu-Phan-Rajaniwet-Palast (14 km);
Phu Phan National Park (24 km)

---

reihen sich unzählige Geschäfte aneineinander, die landwirtschaftliche Geräte verkaufen. Das Zentrum ist eine Betonwüste, aber in den ruhigen Vierteln am Stadtrand stehen viele alte Holzhäuser und die Tempel Wat Phra That Choeng Chum und Wat Pa Sutthawat, die beiden wichtigsten Sehenswürdigkeiten.

Praktische Informationen

Die meisten Banken finden sich an der Sukkasem und an der Ratpattana. Die Filialen der Bangkok Bank in den Einkaufszentren **Big C** (Th Jai Phasuk) und **Tesco-Lotus** (Th Makkhalai) haben täglich von 10 bis 20 Uhr geöffnet, tauschen aber nur Bargeld ein. In der ganzen Stadt gibt's jede Menge Internetcafés.

Sehenswertes

WAT PA SUTTHAWAT

วัดป่าสุทธาวาส

Der **Wat Pa Sutthawat** (🕐 bei Tageslicht) am Südwestrand der Stadt ist in erster Linie das Grabmal für zwei der bekanntesten Mönche Thailands. Besonders berühmt ist Luang Pu (Ajahn) Man Bhuridatto, der Mitbegründer des Tempels, der vor seinem Tod 1949 hier

lebte, allerdings nur noch kurz. Die letzte Ruhestätte der sterblichen Überreste von Ajahn Man, das **Ajahn-Man-Museum**, erinnert mit seinen Bögen und Buntglasfenstern auf groteske Weise an eine moderne christliche Kirche. Hinten steht auf einem Podest eine Bronzestatue von Ajahn Man, während Reliquien seiner Überreste nach der Einäscherung vorne in einem Glaskasten ausgestellt sind.

Luang Pu (Ajahn) Lui Chanthasaro, der 1989 starb, war einer der berühmtesten Schüler von Ajahn Man. König Rama IX. entwarf den *chedi*, in dem das **Ajahn-Lui-Museum** untergebracht ist. Man kann Ajahn Lui dort als lebensechte Wachsfigur sehen.

Beide Museen zeigen die weltlichen Besitztümer der Mönche sowie Fotos und Schilderungen ihres Lebens. Die Ausstellungsstücke über Ajahn Man sind auf Englisch beschriftet und vermitteln einen guten Eindruck vom typischen Mönchleben.

WAT PHRA THAT CHOENG CHUM

วัดพระธาตุเชิงชุม

Das gut sichtbare Highlight des **Wat Phra That Choeng Chum** (Stupa der gesammelten Fußabdrücke; Th

DIE LEGENDE UM DEN SEE AMARALAK (PIM) KHAMHONG

Phya Khom war Herrscher der Stadt Ekthita und hatte eine Tochter namens Nang Ai, deren Schönheit in aller Herren Länder bekannt war. Prinz Phadaeng aus der Stadt Phaphong traf sich heimlich mit Nang Ai und verliebte sich sogleich in sie, die beiden verbrachten eine Nacht zusammen und gelobten, bald den rechtmäßigen Bund der Ehe einzugehen.

Im sechsten Monat des Mondjahrs veranstaltete Phya Khom einen Raketenwettbewerb und lud die Menschen aus den Nachbarländern zur Teilnahme ein: Der Besitzer der Rakete, die am höchsten fliege, würde einen Schatz erhalten – und die Hand seiner Tochter. Prinz Phadaeng war nicht eingeladen, nahm aber trotzdem mit einer großen Rakete teil, denn er wusste, dass er gewinnen musste, um Nang Ai heiraten zu dürfen. Im Wettbewerb startete weder Phya Khoms noch Phadaengs Rakete. Aus Wut brach Phya Khom sein Versprechen und gab dem Sieger keinen Preis und Phadaeng kehrte enttäuscht in seine Stadt zurück.

Der *naga* Phangkhi, der Sohn des Herrschers über das unterirdische Reich Muang Badan, Suttho Naga, war beim Wettbewerb ebenfalls getarnt zugegen, um sich von Nang Ais Schönheit zu überzeugen. Auch er verliebte sich unsterblich in sie.

Nach seiner Rückkehr konnte er weder essen noch schlafen, darum ging er gegen den Willen seines Vaters noch einmal zurück – diesmal in Gestalt eines weißen Eichhörnchens. Er versteckte sich in einem Baum in der Nähe des Fensters von Nang Ais Zimmer. Als Nang Ai das weiße Eichhörnchen erblickte, wollte sie es unbedingt haben und befahl sogleich einem Soldaten, es für sie zu fangen. Es gelang dem Soldaten jedoch nicht, und schließlich tötete er das Eichhörnchen mit einem vergifteten Pfeil. Der im Sterben liegende Phangkhi sprach: „Möge mein Fleisch wohlschmeckend sein und genug, um alle Menschen der Stadt zu sättigen." Sein Wunsch wurde Wirklichkeit und alle Stadtbewohner bekamen etwas von seinem Fleisch – außer den Witwen, die kein Amt innehatten.

Reuang Sawat; ☺ bei Tageslicht) ist der 24 m hohe *chedi* im laotischen Stil, der in der Ayutthaya-Periode über einem kleineren Khmer-*prang* aus dem 11. Jh. errichtet wurde. Er steht auf vier Fußabdrücken des Buddha, die der thailändischen Legende zufolge von verschiedenen Buddha-Inkarnationen hinterlassen wurden. Zum *prang* gelangt man durch den angrenzenden *wihaan* (wenn die Tür zum *chedi* verschlossen ist, kann man einen der Mönche bitten, sie zu öffnen; dahinter sind *lôok ní·mít* (kreisförmige, wie Kanonenkugeln aussehende Grenzsteine des Ordinationsgebiets, vergraben unter den normalen Grenzsteinen, die die meisten *bòt* umgeben) aufgereiht.

Auf dem Gelände befinden sich auch ein *bòt* aus der Lan-Xang-Zeit und ein achteckiger *hŏr đrai*, in dem jetzt ein interessantes kleines Museum untergebracht ist. Auch hier holen die Mönche gerne den Schlüssel und lassen einen hinein. Die Spitze des Westtors erinnert an die Wachsschlösser, die man für die buddhistische Fastenzeit (s. rechte Spalte) anfertigt. Normalerweise steht in der Nordostecke des Geländes hinter einer grünen Sichtblende der Wagen, den das Kloster für Umzüge verwendet.

WAT PHRA THAT NARAI CHENG WENG
วัดพระธาตุนารายณ์แจงแวง

Im rund 5 km westlich der Stadt in Ban That gelegenen Wat (der Phra That Nawaeng heißt, eine Zusammenziehung von „Narai Cheng Weng") steht ein Khmer-*prang* aus dem 10. bis 11. Jh. im frühen Bapuan-Stil. Dem fünfstufigen *prang* aus Sandstein, der ursprünglich zu einem hinduistischen Komplex der Khmer gehörte, fehlt fast die komplette Spitze, aber es sind noch mehrere Schlusssteine zu sehen, u. a. ein ruhender Vishnu über dem nördlichen Vorbau und ein tanzender Shiva über dem östlichen. Der Tempel ist weder imposant noch inspirierend, dafür aber die am besten erhaltene Khmer-Ruine der Provinz.

Was öffentliche Verkehrsmittel angeht, fährt der *songthaeo* 3 (10 B) in der Nähe des Marktes und über die Th Ratpattana zum Tempel. Man steigt am Markt von Ban That Nawaeng aus und läuft 500 m gen Süden.

NOCH MEHR SEHENSWERTES
Das **Stadtdenkmal** (Th Ratpattana) in der Nordwestecke der Stadt erinnert ein wenig an den Triumphbogen in Vientiane. Vier dicke Säulen tragen ein Gewölbe, dass sich über einem mit *naga* gefüllten Becken erhebt.

Phangkhis Gefolge, das seinem Tod beigewohnt hatte, kehrte nach Muang Badan zurück und überbrachte Suttho Naga die Nachricht vom Tod des Sohnes. Dieser war so wütend, dass er sofort mit Zehntausenden Soldaten aufbrach, um Ekthita zu zerstören.

In der Zwischenzeit hatte sich Phadaengs Liebeskummer so gesteigert, dass er nicht mehr in seiner Stadt bleiben konnte. Er ritt zu Nang Ai, die ihn herzlich empfing und ihm etwas Eichhörnchenfleisch anbot. Phadaenge weigerte sich, davon zu essen, und erklärte ihr, dass das Eichhörnchen der getarnte Phangkhi gewesen sei, dass jeder, der von dem Fleisch gegessen hatte, sterben und dass ihre Stadt zerstört würde.

Suttho Nagas Armee erreichte Ekthita zur Dämmerung. Sie traktierten die Stadt, bis ihre Grundmauern einzustürzen begannen. Phadaeng befahl Nang Ai, die Ringe, den Gong und die Trommel der Stadt an sich zu nehmen, und die beiden flohen auf seinem Pferd. Als Suttho Naga erfuhr, dass Nang Ai entkommen war, verfolgte er sie. Die Erde brach ein, wo immer er vorbeikam. Da Nang Ai glaubte, dass Suttho Naga hinter den Gütern her war, die sie mitgenommen hatte, warf sie sie fort, aber er folgte ihnen immer noch. Als Phadaengs Pferd ermüdet war, holte Suttho Naga sie ein, ergriff Nang Ai und nahm sie mit nach Muang Badan.

Nach der Schlacht war die Region eingesunken und hatte sich in einen riesigen See verwandelt: Nong Han. Die Witwen, die kein Eichhörnchenfleisch gegessen hatten, waren gesund geblieben und ihre Häuser standen unbeschädigt auf einer kleinen Insel, die seither Don Hang Mai (Witweninsel) genannt wird.

Phadaeng kehrte nach Phaphong zurück, konnte den Verlust von Nang Ai aber nicht ertragen und zog es vor zu sterben, um weiter für sie kämpfen zu können. Nach seinem Tod kämpfte er mit einer Geisterarmee in Muang Badan gegen die *naga*. Der Kampf musste schließlich von Gott Indra beendet werden, und Nang Ai wartet bis heute auf Indras Entscheidung, wer sie heiraten dürfe.

Vom Denkmal aus gesehen am anderen Ende des Parks liegt der Nachbau der **Sapan Kom** (Khmer-Brücke; Th Sai Sawang), über die einst eine Straße der Khmer zum Wat Phra That Narai Cheng Wenig führte.

Im Norden und Osten begrenzt der 123 km² große **Nong Han** die Stadt; der größte natürliche See Thailands ist bei den Einheimischen dank einer Legende (s. Kasten oben) weithin bekannt. Die Fischer, deren Boote hinter dem Saphang-Thong-Park liegen, nehmen einen gerne auf eine Tour mit, bei der man auch die Mönche auf der größten Insel im See, **Ko Don Sawan** (Paradiesinsel), besucht; man bezahlt dafür meist ca. 500 B. Das Dusit Hotel (s. rechte Spalte) organisiert ebenfalls Bootsfahrten. Man sollte es den Fischern nicht gleichtun und im See schwimmen: Er ist voller Leberegel, die die furchtbare Krankheit Opisthorchiasis verursachen können.

Im **Süßwasseraquarium** (☎ 0 4271 1447; Th Sai Sawang; Eintritt frei; ☉ 8.30–16.30 Uhr) bei der Fischzuchtanlage schwimmen Fische aus dem Nong Han, dem Mekong und dem Songkhram.

Festivals & Events

Ork Phansaa (das Ende der buddhistischen Fastenzeit) im Oktober oder November wird in Sakon ausgelassen gefeiert. Höhepunkt ist die Schnitzerei und die Ausstellung von Wachsschlössern auf dem Ming-Meuang-Feld. Während des Festes wird auch *moo·ay boh·rahn* vorgeführt, eine ältere und gefährlichere Version des Thai-Boxens.

Schlafen

Araya 2 (☎ 0 4271 1054; 354 Th Prem Prida; Zi. 150–250 B) Das spartanische Betonloch ist abbruchreif, schont aber den Geldbeutel.

LP Mansion (keine Ausschilderung in lateinischen Buchstaben; ☎ 0 04271 5356; Th Charoen Meuang; Zi. 230–320 B; ❄) Das LP ist keine Schönheit, aber die paar Baht mehr sichern schon einen Aufstieg im Vergleich zum Araya. Die Zimmer sind einfach, aber groß und hell und sogar mit Minikühlschränken ausgestattet.

Dusit Hotel (☎ 0 4271 1198; www.dusitsakhon.com; 1784 Th Yuwaphattana; Zi. 350–900 B, Suite 3500 B; ❄ 💻) Der renovierte Oldtimer der Stadt hat die schönste Eingangshalle und das fröhlichste Personal. Die teuren Zimmer haben mehr Ambiente als die anderen, aber das Preis-Leistungs-Verhältnis ist in jeder Kategorie gut und alle Zimmer haben kostenloses WLAN. Das Restaurant ist gut und Besitzer Fiat ist eine super Quelle für Infos über die Stadt.

NH The Elegant Hotel (☎ 0 4271 3338; www.nhong hanhotel.com; 163/32 Th Robmuang; EZ/DZ 600/650 B; ✷ 🖳) Modisch trifft's besser als elegant, aber darum geht es hier nicht, sondern darum, dass die neuen, gut ausgestatteten Zimmer für den Preis eine Menge bieten, etwa Frühstück *und* Abendessen. Der größte Nachteil ist die Lage abseits vom Zentrum; dafür gibt's auf der anderen Straßenseite ein tolles Café.

MJ The Majestic (☎ 0 4273 3771; 399/2 Th Khu Meuang; Zi. 440–1440 B, Suite 2400–3440 B; ✷ 🖳) Der Komplex für Geschäftsreisende ist eindeutig die teuerste Unterkunft der Stadt. Die billigsten Zimmer sind größer als die im Dusit und im Elegant, aber nicht besser. Sie lohnen sich aber, wenn man auf die volle Breitseite abendlicher Unterhaltung steht (Cocktaillounge, Massage, Snooker, Karaoke), die ruhigere Hotels nicht bieten können.

Essen

Der größte Nachtmarkt von Sakon Nakhon, **Night Plaza** (Th Khu Meuang), bietet eine ausgezeichnete Auswahl an Speisen, die aber meist zum Mitnehmen sind. Gegen 20 Uhr ist hier schon fast nichts mehr los – wer also vor Ort essen und etwas länger aufbleiben will, geht besser zum **Talat Charoensri Suan Rak** (Charoensri-Liebespark-Markt; Th Tor Pattana; ✹ 17–2 Uhr) mitten im Amüsierviertel der Stadt.

Krua Anotai (keine Ausschilderung in lateinischen Buchstaben; ☎ 0 4271 1542; 1709/16-17 Th Prem Prida; Gerichte 25–60 B; ✹ mittags & abends) Der einst schicke Laden serviert thailändische und chinesische Imbissklassiker, u. a. Wok-Gerichte und Dim Sum.

Green Corner (☎ 0 4271 1073; 1773 Th Ratpattana; Gerichte 35–325 B; ✹ morgens, mittags & abends) Die erste Adresse für *fa·ràng*-Küche zeichnet sich durch Thai- und Isaan-Gerichte (Saft aus Bignaybeeren, Fisch-*lâhp* und Ameiseneieromelette) aus, die man selten bekommt in Restaurants mit englischsprachigen Speisekarten.

Mit Auppatam (keine Ausschilderung in lateinischen Buchstaben; ☎ 0 4271 1633; 37 Th Sukkasem; Gerichte 40–160 B; ✹ morgens, mittags & abends) Das traditionelle, einfache Lokal ist vor allem für sein Frühstück beliebt, zaubert aber auch tolle Omelettes. Später am Tag gibt's Currys, Steaks und andere Gerichte, die man hier nicht erwartet hätte. Das Essen ist so gut, dass sogar Prinzessin Sirindhorn 2008 unangekündigt vorbeikam. Leider kann hier niemand Englisch.

LP Tipp **Pra Cha Chuen** (keine Ausschilderung in lateinischen Buchstaben; ☎ 0 4271 1818; 382 Th Makkhalai; Gerichte 69–229 B; ✹ abends) Der nette, jugendliche Laden in einem alten Holzhaus ähnelt am ehesten von allen Restaurants in Sakon einer Kneipe. Das heißt aber nicht, dass man hier nichts essen sollte: Vom gebratenen Reis bis zum *ʰblah chôrn sá·mŭn·prai* (Schlangenkopffisch mit Kräutern, Mango und Chilisoße) ist alles einfach göttlich.

Shoppen

Das **OTOP-Center** (☎ 0 4271 1533; Th Sukkasem; ✹ 8.30–17 Uhr) in Sakon verkauft tolle handgewebte Seiden- und Baumwollstoffe sowie Kleidung, die mit Indigo oder anderen Naturfarben coloriert wurde. Es gibt auch Wein aus Bingaybeeren und schwarzem Ingwer.

An- & Weiterreise

PB Air (☎ 0 4271 5179; ☎ in Bangkok 0 2261 0222; www.pbair.com; 1438 Th Yuwaphattana; ✹ So–Fr 8.30–17.30, Sa 8.30–15 Uhr) fliegt ein- bis zweimal täglich von bzw. nach Bangkok (einfach 3015 B, 70 Min.).

Von Sakons zentral gelegenem **Busbahnhof** (Th Ratpattana) starten Verbindungen nach Ubon Ratchathani (normal/1. Klasse 125/225 B, 5 Std., 9-mal tgl.), That Phanom (normal/klimatisiert 38/68 B, 1¼ Std., stündl.), Nakhon Phanom (1./2. Klasse 85/65 B, 1½ Std., alle 45 Min.), Udon Thani (normal/1. Klasse 73/148 B, 3½ Std., alle 30 Min.), Khon Kaen (normal/1. Klasse 129/188 B, 4 Std., 5-mal tgl.) und Bangkok (1./2. Klasse 497/386 B, 11 Std., nur morgens & spätnachmittags).

Außerdem fahren Busse der 2. Klasse ab der Esso-Tankstelle nördlich vom Busbahnhof nach Udon Thani (109 B, alle 30 Min.) und Khon Kaen (155 B, 5-mal tgl.). **999 VIP** (☎ 0 4271 2860) schickt Busse mit 24 Sitzen nach Bangkok (773 B, 8.30, 19.30 & 19.45 Uhr) ab einer Haltestelle an der Th Reuang Sawat südlich der Stadt (gegenüber der Sakon-Nakhon-Pattana-Supsa-Schule). Wenn man einen Platz reservieren will, muss man das Ticket im Büro an der Th Sukkasem kaufen.

RUND UM SAKON NAKHON
Ajahn-Fan-Ajaro-Museum
พิพิธภัณฑ์พระอาจารย์ฝั้นอาจาโร

Luang Pu (Ajahn) Fan Ajaro, ein berühmter Schüler von Ajahn Man, lebte von 1964 bis zu seinem Tod 1977 im Wat Pa Udom Somphon in seinem Heimatbezirk Phanna Nikhom. Ein **Museum** (Eintritt frei; ✹ 8–17 Uhr) in einem *chedi*, der wie eine Lotusblüte aussieht, erinnert an

sein Leben mit der üblichen Sammlung von Relikten, Fotos und weltlichen Besitztümern. Im Gegensatz zum Wat Pa Sutthawat (S. 587), der sich zu einem *wát têe·o* (Touristentempel) entwickelt hat, ist dies immer noch ein der strengen Meditation gewidmetes Waldkloster. Der Tempel liegt 40 km von Sakon Nakhon entfernt in Richtung Udon Thani am Hwy 22, 2 km nördlich von Ban Phanna Nikhom an der Th Srisawadwilai.

Phu-Phan-Rajaniwet-Palast
พระตำหนักภูพานราชนิเวศน์

Das Gelände der **königlichen Residenz im Isaan** (☎ 0 4271 1550; Eintritt frei; ⏱ 8–16 Uhr) ist für Besucher geöffnet, wenn es nicht benutzt wird. Verglichen mit anderen Palästen handelt es sich um eine bescheidene Residenz, aber die Gärten sind schön und friedvoll. Man darf das Gelände nicht besichtigen, wohl aber das Elefantengehege. Bitte keine kurzen Hosen, Miniröcke oder freizügige Tops tragen!

Der Palast liegt 14 km südlich von Sakon Nakhon nahe der Rte 213. Hin kommt man mit einem Bus Richtung Kalasin (18–20 B, 20 Min., stündl.).

Phu Phan National Park
อุทยานแห่งชาติภูพาน

Der **Phu Phan National Park** (☎ 08 1263 5029; Eintritt frei) erstreckt sich über die dicht bewaldeten Hänge der wunderschönen Phu-Phan-Berge. Er ist noch immer relativ unerschlossen und isoliert – kein Wunder, dass die berühmten thailändischen Widerstandskämpfer von Seri Thai im Zweiten Weltkrieg und die Guerillakämpfer der Nationalen Befreiungsarmee (PLAT) in den 1970er-Jahren die Gegend einst als Rückzugsgebiet nutzten. So diente z. B. die Höhle **Tham Seri Thai** während des Zweiten Weltkriegs den Seri-Thai-Rebellen als Waffenlager und Vorratskammer. Muntjaks, Warane, Plumploris und Affen teilen sich seine 664 km² Fläche mit ein paar Elefanten.

Für Besucher sind zwei Gebiete besonders interessant. **Pha Nang Moen** ist ein 700 m vom Besucherzentrum entfernter Aussichtspunkt, von dem aus man zum 1,5 km entfernten Plateau **Lan Sao-E** hinunterklettern kann – ein großartiges Fleckchen bei Sonnenuntergang. Der **Nam Tok Kam Hom** ist einer von vier kleinen Wasserfällen auf einem 600 m langen Flussabschnitt, der nur von August bis Oktober Wasser führt. Die selten besuchte natürliche Felsbrücke **Tang Pee Parn** ist nur mit Jeeps

zu erreichen und auf Wanderungen in die herrliche Bergwelt im Süden des Parks sollte man sich nur mit einem Führer begeben.

Als Übernachtungsmöglichkeiten stehen ein **Campingplatz** (im eigenen Zelt 30 B/Pers., gemietetes Zelt für 3–6 Pers. 150–225 B) und fünf **Bungalows** (☎ 0 2562 0760; www.dnp.go.th/parkreserve; 500–600 B) für maximal vier Personen zur Verfügung.

Die beiden Hauptsehenswürdigkeiten liegen direkt an der Rte 213. Jeder Bus von Sakon Nakhon nach Kalasin hält hier auf Wunsch (18–20 B, 45 Min., stündl.).

Talat Klang Dong Sang Kaw
ตลาดกลางดงสร้างก่อ

Auf dem 25 km hinter dem Phu Phan National Park an der Rte 213 gelegenen **Talat Klang Dong Sang Kaw** (Sang-Kaw-Dschungelmarkt) bekommt man Zimtäpfel und andere Lebensmittel aus den kleinen Dorfgärten. Besser bekannt ist der Markt aber für die im Dschungel gesammelten Produkte wie Früchte, Wurzeln, Honig, Insekten, Vogelnester (als Glücksbringer, nicht wegen der Vögel) und Pilze. Man bekommt auch vor Ort destillierten Whisky und Bingaybeerenwein.

PROVINZ MUKDAHAN

MUKDAHAN
มุกดาหาร

34 300 Ew.

Am Ufer des Mekong, direkt gegenüber der laotischen Stadt Savannakhet, liegt Mukdahan, eine der netteren Städte dieser Region. Die Eröffnung der Freundschaftsbrücke 2 im Dezember 2006 förderte die Bedeutung Mukdahans als Handelszentrum, weil sie eine Straßenverbindung zwischen Thailand und Vietnam schuf, doch die Begeisterung der Einwohner dafür ist nicht so groß wie in Nong Khai. Und so profitierte die Wirtschaft in Savannakhet am meisten von dem Bau.

Über die Brücke hinaus ist Mukdahan besonders für seinen **Talat Indojin** (Indochina-Markt) am Ufer bekannt, die sich am Fluss entlang und unterhalb davon erstreckt. Die meisten Gruppen aus Thailand, die nach Laos und Vietnam reisen, kaufen hier billige Lebensmittel, Kleidung und Nippes.

Praktische Informationen

Bangkok Bank (Hwy 212, Tesco-Lotus; ⏱ 10–20 Uhr) Tauscht nur Bargeld, aber viele Banken im Stadtzentrum,

die zu den gewöhnlichen Geschäftszeiten geöffnet sind, lösen auch Reiseschecks ein.

Einwanderungsbehörde (☎ 0 4261 1074; 2 Th Song Nang Sathit; ☽ Mo–Fr 8.30–16.30 Uhr) Verlängert Thailand-Visa.

Huanam Hotel (☎ 0 4261 1137; 36 Th Samut Sakdarak; Internet 20 B/Std.; ☽ 6–24 Uhr) Hat eine schnelle Internetverbindung und vermietet Fahrräder (100 B/Tag).

Touristeninformationszentrum (☎ 0 4263 2700; Th Phitak Phanomkhet; ☽ Mo–Fr 8.30–16.30 Uhr) Die städtische Touristeninformation ist in einem Gebäude untergebracht, in dem es auch Internetzugang, traditionelle Thaimassagen und einen Kunsthandwerksladen gibt.

Sehenswertes

Ho Kaeo Mukdahan (☎ 0 4263 3211; Th Samut Sakdarak; Eintritt 20 B; ☽ 8–18 Uhr) ist ein 65 m hoher Turm, der zu Ehren des 50. Thronjubiläums von König Rama IX. errichtet wurde – und eines der deplatziertesten Wahrzeichen in Thailand. Das in seinem neuneckigen Sockel untergebrachte interessante Museum zeigt englisch beschriftete Ausstellungsstücke über das Dorfleben im Isaan und die acht Volksgruppen, die in der Provinz leben. Auf 50 m Höhe gibt's einen Panoramasaal, der einen herrlichen Rundumblick auf Mukdahan und den Mekong bietet, sowie weitere Exponate zur Geschichte. In der Kugel auf der Spitze des Turms befindet sich eine hochverehrte Buddhastatue, die aus reinem Silber sein soll.

Vom Gipfel des **Phu Manorom** (☽ 6–19 Uhr) weiter im Süden hat man einen noch besseren Blick auf Laos und den Mekong. Hier gibt's ein schönes Gärtchen und einen kleinen Tempel. Die Tourismusbehörde vermarktet den Sonnenuntergang, aber zumeist ist man mit ein paar Mönchen hier allein.

Laut einer der vielen Legenden, die sich um die 2 m hohe Buddhastatue Phra Chao Ong Luang im **Wat Si Mongkhon Tai** (Th Samron Chaikhongthi; ☽ bei Tageslicht) ranken, ist diese älter als die Stadt und wurde bei der Erbauung Mukdahans ausgegraben. Das mit Keramik versehene Nordtor des Tempels wurde 1954 zum Zeichen der Freundschaft von der vietnamesischen Gemeinde der Stadt errichtet. **Wat Yod Kaeo Sivichai** (Th Samron Chaikhongthi; ☽ bei Tageslicht) in derselben Straße wartet mit einem riesigen Buddha, der in einem *wihaan* mit Glaswänden steht, sowie zwei kleinen Kopien des Phra That Phanom auf.

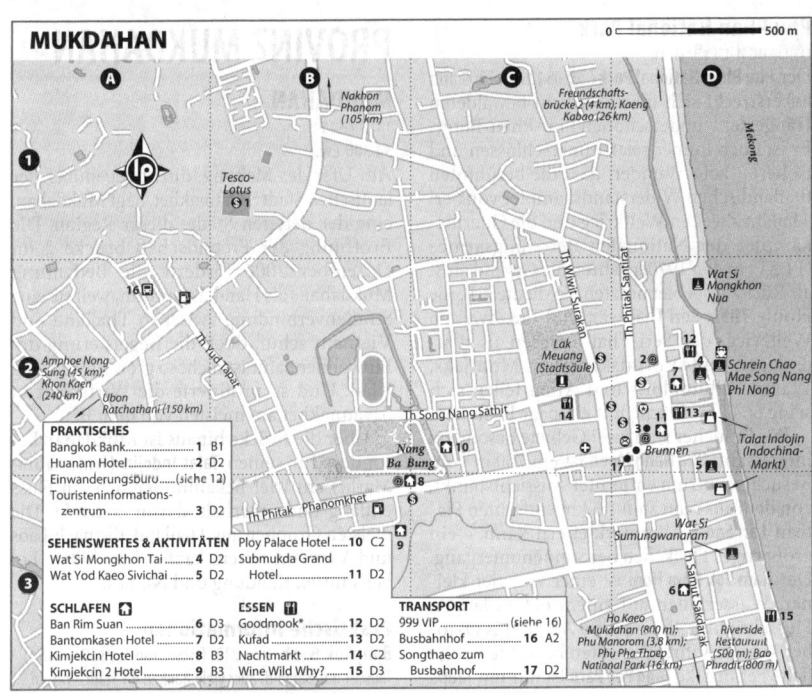

MUKDAHAN

0   500 m

Nakhon Phanom (105 km)

Freundschaftsbrücke (4 km); Kaeng Kabao (26 km)

Mekong

Tesco-Lotus ⑤1

Amphoe Nong Sung (45 km); Khon Kaen (240 km)

Ubon Ratchathani (150 km)

Th Wiwit Surakan

Th Phitak Santisuk

Wat Si Mongkhon Nua

Lak Meuang (Stadtsäule)

2@

Schrein Chao Mae Song Nang Phi Nong

Th Song Nang Sathit

Nang Ba Bung

Talat Indojin (Indochina-Markt)

Th Phitak – Phanomkhet

Brunnen

Wat Si Sumungwanaram

Ho Kaeo Mukdahan (800 m); Phu Manorom (3,8 km); Phu Pha Thoep National Park (16 km)

Riverside Restaurant (500 m); Bao Phradit (800 m)

Th Samut Sakdarak

PRAKTISCHES

Bangkok Bank	1 B1
Huanam Hotel	2 D3
Einwanderungsbüro	(siehe 12)
Touristeninformations-zentrum	3 D2

SEHENSWERTES & AKTIVITÄTEN

Wat Si Mongkhon Tai	4 D2
Wat Yod Kaeo Sivichai	5 D2

SCHLAFEN 🛏

Ban Rim Suan	6 D3
Bantomkasen Hotel	7 D2
Kimjekin Hotel	8 B3
Kimjekin 2 Hotel	9 B3

ESSEN 🍴

Goodmook*	12 D2
Kufad	13 D2
Nachtmarkt	14 C2
Wine Wild Why?	15 D3

Ploy Palace Hotel ... 10 C2

Submukda Grand Hotel ... 11 D2

TRANSPORT

999 VIP	(siehe 16)
Busbahnhof	16 A2
Songthaeo zum Busbahnhof	17 D2

Festivals & Events

Das **Mukdahan-Festival** findet im Dezember oder Januar auf dem Feld vor der *säh·lah glahng* statt. Hier kann man Tänze und Trachten aller acht in Mukdahan lebenden Volksgruppen sehen.

Schlafen

Bantomkasen Hotel (keine Ausschilderung in lateinischen Buchstaben; ☎ 0 4261 1235; 25/2 Th Samut Sakdarak; Zi. 150–300 B; ✹) Von außen der übliche Betonklotz, doch Lamellentüren und Holzfußböden verleihen dem Hotel altmodischen Charme. Und man bekommt schon für 170 B Warmwasser und Sitzklos und für 250 B eine Klimaanlage!

Kimjekcin 2 Hotel (☎ 0 4263 1310; 95/1 Th Phitak Phanomkhet; Zi. 280–380 B; ✹) Das Lieblingshotel der reisenden Händler ist total normal – abgesehen von den niedrigen Preisen, die dafür sorgen, dass es oft ausgebucht ist. Die Zimmer im Kimjekcin 1 auf der Straßenseite gegenüber sind zwar 30 B billiger, aber auch abgetakelter; dafür blicken seine klimatisierten Zimmer auf der Rückseite auf einen kleinen See hinaus.

Ban Rim Suan (☎ 0 4263 2980; Th Samut Sakdarak; Zi. 330 B; ✹ ▢) Der beste Deal der Stadt in der Budgetkategorie. Die Zimmer sind nicht schick, aber die Besitzer haben sich Mühe gegeben, sie etwas aufzuhübschen. Die Unterkunft liegt südlich vom Zentrum und damit günstig für die Kneipen und Restaurants am Fluss. Es gibt kostenloses WLAN.

Submukda Grand Hotel (☎ 0 4263 3444; 72 Th Samut Sakdarak; Zi. 400–500 B; ✹ ▢) Der funkelnde neue Turm wurde 2006 errichtet, um die vielen Reisegruppen aufzufangen, die nach Eröffnung der Brücke zu erwarten waren. Zimmer und Service sind mit dem Ban Rim Suan vergleichbar, aber von den Balkonen in den oberen Etagen kann man auch noch ein Stück vom Fluss sehen.

Ploy Palace Hotel (☎ 0 4263 1111; www.ploypalace. com; 40 Th Phitak Phanomkhet; Zi. 1050–1800 B; Suite 5500 B; ✹ ▢ ✺) Die Zimmer dieser gehobenen Unterkunft sind zwar etwas in die Jahre gekommen, aber dafür preiswert. Marmor und Holz erzeugen ein elegantes Ambiente, zudem gibt's eine nette Palette von Extras (u. a. WLAN in den Zimmern, eine Sauna, einen Swimmingpool und ein Dachrestaurant) sowie freundliches Personal. Etwas Ausgefallenes bieten die Zimmer im 8. und 9. Stock, vor deren Fenstern Bienenstöcke hängen.

Essen

Die Lokale im Zentrum sind nichts Besonders, aber draußen am Fluss findet man eine gute Auswahl. Die meisten haben sich natürlich auf Fisch spezialisiert.

Nachtmarkt (Th Song Nang Sathit; ☽ 16–22 Uhr) Auf dem Nachtmarkt von Mukdahan bekommt man vor allem klassische Isaan-Gerichte, z. B. *gài yâhng*, *sôm·đam* und frittierte Insekten, aber auch jede Menge vietnamesisches Essen wie *ȟòr ȟéea* (Frühlingsrollen), entweder *sòht* (frisch) oder *tôrt* (gebraten).

Kufad (keine Ausschilderung in lateinischen Buchstaben; ☎ 0 4261 2252; 36-37 Th Samut Sakdarak; Gerichte 25–100 B; ☽ morgens, mittags & abends) Das einfache vietnamesische Café ist zu Recht beliebt und eine gute Adresse für ein Frühstück. Die bebilderte Speisekarte schränkt das Rätselraten bezüglich der Gerichte ein, aber die Preise bleiben ein Geheimnis.

LP Tipp **Wine Wild Why?** (☎ 0 4263 3122; 11 Th Samron Chaikhongthi; Gerichte 40–150 B; ☽ mittags & abends) Das stimmungsvolle kleine Lokal serviert köstliche Thai- und Isaan-Gerichte in einem romantischen Holzhaus direkt am Fluss. Wein gibt's allerdings nicht mehr (auch wenn der Name anderes vermuten lässt). Die aus Bangkok stammenden Inhaber sind ebenso charmant wie das Ambiente.

Bao Phradit (keine Ausschilderung in lateinischen Buchstaben; ☎ 0 4263 2335; 123/4 Th Samron Chaikhongthi; Gerichte 40–200 B; ☽ mittags & abends) Ein gutes Stück südlich vom Stadtzentrum befindet sich dieses authentische Isaan-Restaurant, das viele seiner Zutaten im Dschungel sammelt. Gerichte wie *hŭa ȟèt yâhng* (gegrillter Entenkopf) und *gaang aòrm wăi* (Curry mit jungem Rattan) sind hier ebenso normal wie gedämpfter Fisch und gebratener Reis mit Schweinefleisch. Hier spricht niemand Englisch, also sollte man einen Thai mitbringen, um die kulinarischen Abenteuer voll auskosten zu können.

Riverside Restaurant (☎ 0 4261 1705; 103/4 Th Samron Chaikhongthi; Gerichte 45–150 B; ☽ mittags & abends) Rund 200 m vor dem Bao Phradit liegt dieses beliebte Restaurant mit Gartenterrasse, von der man einen tollen Blick hat. In Aquarien schwimmen Exemplare der Mekongfische, die in der Küche zubereitet werden. Wer die Tiere nicht verspeisen will, bekommt zumindest ein bisschen Biounterricht. Auf der Speisekarte stehen die zahlreichen Zubereitungsvarianten für die Grätentiere sowie Gerichte ohne Fisch, z. B. Wildschwein. Außerdem gibt's kostenlos WLAN.

Goodmook* (☎ 0 4261 2091; 414/1 Th Song Nang Sa-thit; Gerichte 70–380 B; ☺ morgens, mittags & abends) Der fröhliche Laden hat alles, was ein Café für Traveller braucht: eine Mischung aus thailändischen und westlichen Speisen (von *dôm yam* bis T-Bone-Steak), kostenloses WLAN, Kunst an den Wänden… Nur die vielen Traveller fehlen. Dafür landen hier früher oder später alle, die Mukdahan nicht nur zum Umsteigen von einem in den anderen Bus nutzen wollen. Ein Fahrrad kann man für 100 B am Tag mieten und die Geschäftsleitung will zukünftig auch geführte Touren anbieten.

An- & Weiterreise

Am **Busbahnhof** (☎ 0 4263 0486) von Mukdahan gibt's ein nettes Café, in dem man sich in der Wartezeit erfrischen kann; er liegt an der Rte 212 westlich der Stadt. Vom Zentrum aus fährt ein *songthaeo* (10 B, 6–18 Uhr) ab der Th Phitak Phanomkhet in der Nähe des Springbrunnens zum Busbahnhof. Es verkehren Busse nach Nakhon Phanom (normal/1. Klasse 52/92 B, 2 Std., stündl.) über That Phanom (normal/klimatisiert 28/50 B, 1 Std.) und nach Khon Kaen (2. Klasse 155 B, 4½ Std., alle 30 Min.), Ubon Ratchathani (normal/1. Klasse 80/144 B, 3½ Std., stündl.) und Yasothon (2./1. Klasse 81/104 B, 2 Std., 10-mal tgl.). Zwischen 8 und 9 Uhr fahren drei Busse nach Bangkok (1./2. Klasse 502/390 B, 10 Std.) und viele weitere zwischen 16.30 und 20.45 Uhr, u. a. ein VIP-Bus mit 24 Sitzen (818 B, 8.30, 20 & 20.15 Uhr) von **999 VIP** (☎ 0 4261 1478).

Nach Ubon Ratchathani braucht man auf dem Hwy 212 nur etwa drei Stunden, aber wenn man einen ganzen Tag Zeit hat, sollte man die Nebenstraßen am Mekong entlang nehmen, die durch ein herrliches, kaum touristisches Stück ländliches Thailand führen.

Es verkehren zudem Schiffe zwischen Mukdahan und Savannakhet in Laos, aber diese werden heutzutage nur von Thais und Laoten genutzt. Wer mit dem Bus nach Savannakhet (Wochentag/Wochenende 45/50 B, 45 Min., stündl. 7.30–19.30 Uhr) fährt, kann alle Grenzformalitäten bei der Überfahrt erledigen; der Schalter für den Grenzpass am Busbahnhof ist nur für Einheimische.

RUND UM MUKDAHAN
Phu Pha Thoep National Park

อุทยานแห่งชาติภูผาเทิบ

Mit nur 48 km² ist der **Phu Pha Thoep National Park** (☎ 0 4260 1753; Eintritt 100 B), auch Mukdahan

National Park genannt, eher ein Naturschutzfleckchen als ein -park, doch die hügelige Gegend besticht mit traumhaft schönen Landschaften und jeder Menge bizarren Felsformationen in Pilzform. Die eindrucksvollste Felsengruppe steht gleich hinter dem Besucherzentrum. Im Oktober und November blühen hier Wildblumen.

Neben den bizarren Felsformationen locken mehrere Aussichtspunkte, von denen aus man Wald sieht, so weit das Auge reicht. Der ebenfalls beliebte **Nam Tok Phu Tham Phra**, ein schöner Wasserfall (nur von Mai–Aug.), hat an seinem oberen Ende eine Grotte, in der sich Hunderte kleiner Buddhafiguren befinden. Ein gut markierter Wanderweg führt in wenigen Stunden an allen Sehenswürdigkeiten vorbei, die man zum Teil nur über Leitern erreicht. Die Höhle **Tham Fa Mue Daeng** mit ihren 5000 Jahre alten Wandmalereien liegt 8 km vom eigentlichen Park entfernt. Hin kommt man am besten mit dem Auto, aber wer lieber durch den Wald läuft, sollte einen Ranger mitnehmen.

Als Übernachtungsmöglichkeiten stehen ein **Campingplatz** (im eigenen Zelt 30 B/Pers., gemietetes Zelt für 3/5 Pers. 300/600 B) und **Bungalows** (☎ 0 2562 0760; www.dnp.go.th/parkreserve; 1800 B) mit drei Zimmern, in denen bis zu sechs Personen übernachten können, zur Verfügung.

Der Park liegt 15 km südlich von Mukdahan an der Rte 2034. *Songthaeos* (20 B, 30 Min.) zum Amphoe Don Tan, die alle halbe Stunde am Busbahnhof in Mukdahan abfahren, passieren die Abzweigung zum Parkeingang. Die restlichen 1,3 km zum Besucherzentrum legt man entweder trampend zurück oder man versucht, einen per *songthaeo*-Fahrer mit ein bisschen Extra-Cash zu überreden, dass er einen bis zum Park bringt (30 B sollten genügen). Die seltener verkehrenden Busse nach Kham Marat fahren ebenfalls am Parkeingang vorbei; der letzte zurück in die Stadt startet um 17 Uhr.

Alter Highway 212

Der alte Hwy 12 verläuft nördlich der Stadt und praktisch direkt am Mekong entlang. Die Strecke, die sich auch super zum Radfahren eignet, ermöglicht interessante Einblicke in das traditionelle Leben der Thai. Goodmook (s. linke Spalte) und das Huanam Hotel (S. 592) in Mukdahan verleihen Fahrräder. Es gibt keine durchgängige Straße, der man folgen könnte, man sollte einfach nur versu-

chen, so nahe wie möglich am Fluss zu bleiben. Außerhalb der Stadt geht's auf der Straße Non Ak-Na Po Yai an unzähligen Fischzuchtanlagen vorbei, bevor man die 1,6 km lange **Freundschaftsbrücke 2** erreicht – sie überquert den Mekong an seiner breitesten Stelle im thailändischen Grenzgebiet und ist dementsprechend 400 m länger als die Freundschaftsbrücke 1 in Nong Khai.

Nach weiteren 10 km (beim großen orangenen Pfeil abbiegen) mündet der grünliche Chanot in den schlammig-braunen Mekong. Mit etwas Glück kann man hier sehen, wie die Fischreusen geleert werden. Hier steht der **Wat Manophirom** (☯ bei Tageslicht), einer der ältesten Tempel in der Provinz Mukdahan. Der ursprüngliche *bòt*, der heute ein *wíhaan* ist, wurde 1756 im Stil der Lan-Chang-Zeit errichtet. Die Vorderseite zieren eine aufwendig gearbeitete Holzfassade und große bunt bemalte Dachstützen, im Innern stehen viele alte Buddha-Figuren, darunter acht aus Elfenbein geschnitzte.

Der **Wat Srimahapo** (☯ bei Tageslicht), der auch als Wat Pho Si bekannt ist, befindet sich 4,5 km nördlich in Ban Wan Yai. Von außen sieht der winzige *bòt*, der 1916 erbaut wurde, uninteressant aus, doch im Inneren sind kunstvoll geschnitzte Deckenbalken und naive Wandmalereien zu bewundern. Die Buddhas, die einen am Eingang begrüßen, waren einst mit Löchern über dem Herzen versehen, um Wohltaten zu empfangen. Das Wohnhaus der Mönche ist im klassisch französischen Stil erbaut. Hier werden zwischen den Rennen auch die Langboote aufbewahrt.

Nach weiteren 7 km erreicht man die moderne gläserne **Kirche Unserer Lieben Frau der Märtyrer Thailands** (☯ 8.30–16.30 Uhr, Messe So 7 Uhr), die von den Einheimischen Wat Song Khan genannt und fälschlicherweise oft als größte Kirche Südostasiens bezeichnet wird. Erbaut wurde sie 1995 zum Gedenken an sieben thailändische Katholiken, die von der Polizei getötet wurden, weil sie ihrem Glauben nicht abschwören wollten. Im hinteren Teil der Kirche sind die Wachsfiguren der Märtyrer und ihre Aschen unter Glas aufbewahrt.

Unmittelbar hinter der Kirche liegt **Kaeng Kabao**, ein Abschnitt aus Geröllstrand und Felsinselchen, der in der Regenzeit von reißenden Stromschnellen überflutet wird. Eine Vielzahl von Restaurants auf und am Fluss laden zur Rast ein, bevor man nach Mukdahan zurück oder weitere 20 km bis nach That

Phanom fährt. Am Ende der Trockenzeit, zwischen März und Mai, kann man an den wieder aufgetauchten Stränden schwimmen oder sich in alten Autoschläuchen auf dem Wasser treiben lassen.

Amphoe Nong Sung
อำเภอหนองสูง

Wer eine andere Kultur kennenlernen oder einfach nur ins thailändische Landleben eintauchen will, ist im Distrikt Nong Sung im äußersten Westen von Mukdahan genau richtig.

In der Provinz Mukdahan leben viele Phu Thai. Von allen Minderheiten im Isaan sollen sie (die ihre Ursprünge in Südchina nahe der Grenze zu Laos und Vietnam sehen) ihre Kultur am besten bewahrt haben. Die meisten Dorfbewohner folgen noch immer der Tradition und tragen bei Festen und Beerdigungen traditionelle Kleidung, genau wie die Kinder donnerstags in der Schule. Meist wird Phu Thai gesprochen. Hier begegnen jedem, ganz gleich, wie gut er Thai oder Isaan spricht, unbekannte Wörter.

Man findet vor Ort viele Seiden- und Baumwollwebdörfer. Die meisten Frauen stellen zwar der Nachfrage entsprechend die üblichen *mát·mèe*-Muster her, aber wer fragt, wird auch traditionelle Kleider und Stoffe der Phu Thai bekommen.

THAI HOUSE-ISAAN
เรือนไทยอีสาน

Das nette LP Tipp **Gasthaus** (☎ 08 7065 4635; www. thaihouse-isaan.com; Zi. 700–1500 B; ☒ ☐ ☲), das einem Australier gehört, ist der richtige Ort, um einen authentischen Eindruck vom Dorfleben zu bekommen. Der Übernachtungspreis beinhaltet den Besuch auf dem Bauernhof der Familie, eine Exkursion in den Dschungel und (gegen eine Spende an die Dorfschule) eine Tanzvorführung der Schüler. Tagestouren in die Gegend kosten 800 bis 900 B pro Person (Minimum 2 Pers.). Man kann auch ein Fahrrad (120 B/Tag) oder ein Motorrad (500 B/Tag) mieten und auf eigene Faust losziehen. Die Zimmer sind gemütlich und gut ausgestattet, besonders das „Chalet" im thailändischen Stil. Die Speisekarte mit den Gerichten vorwiegend aus Bio-Zutaten (70–295 B) bietet sowohl thailändische Gerichte als auch Klassiker aus der Heimat. Noi gibt Kochkurse; man kann auch gerne vorbeischauen, ohne hier zu übernachten.

Das Thai House-Isaan liegt 60 km von Mukdahan entfernt am Hwy 2042. Busse, die zwischen Mukdahan und Khon Kaen verkehren, setzen einen in Ban Kham Pok ab (ab Mukdahan 50 B, 70 Min., alle 30 Min. bis 16.30 Uhr).

BAN PHU
บ้านภู

Die Rte 2370 führt von Nong Sung ins 6 km südlich gelegene Ban Phu, ein idyllisches Dorf unterhalb des Phu Jaw Kor Puttakiri. Dank des gut organisierten **Gastfamilien-Programms** (☎ 08 9276 8961; inkl. Verpflegung 500 B/Pers.) kann man am Alltag der Gastgeber teilnehmen und z. B. beim Kochen, Weben und bei der landwirtschaftlichen Arbeit mithelfen. Wer neben der Kultur auch die Natur kennen lernen will, lässt sich den Berg hinauf zu einer Höhle führen. Die Dorfbewohner von Ban Phu sprechen kaum Englisch, aber Khun Puyai Pairit kann ein paar Brocken und hilft den *fa·ràng* bei der Unterbringung.

Unter den meisten der 300 Häuser im Dorf steht ein Webstuhl und in dem kleinen Geschäft vor dem Tempel kann man traditionell gewebte Stoffe erwerben.

Ab Steig 16 am Busbahnof in Mukdahan verbinden den ganzen Tag über alle zehn Minuten *songthaeos* nach Nong Sung (40 B, 1¼ Std.); etwa sechs davon fahren weiter bis Ban Phu (50 B), doch das liegt im Ermessen der Fahrer. Die Busse nach Khon Kaen halten ebenfalls in Nong Sung (2. Klasse 43 B, 1 Std., alle 30 Min. bis 16.30 Uhr), wo man dann für die letzten paar Kilometer bis Ban Phu auf ein Motorradtaxi (50–60 B) oder in ein *songthaeo* (ca. 100 B) hüpfen kann.

PROVINZEN YASOTHON & ROI ET

Yasothon und Roi Et gehören zu den ländlichsten Gegenden von Thailand und haben dem Durchschnittstouristen kaum etwas zu bieten. Sie eröffnen jedoch eine Seite des Landes, die selbst unter den Einheimischen kaum jemandem bekannt ist.

Wer die Kultur des Isaan hautnah erleben möchte, sollte den Phra That Kong Khao Noi besuchen und in Ban Si Than in der Provinz Yasothon eines der berühmten Kissen kaufen. Die Provinzstadt Yasothon sammelt für ihr all-

jährliches Raketenfest, eine der drei wichtigsten Isaan-Traditionen, unzählige Feuerwerkskörper. Die Provinz Roi Et hat ein paar riesige ungewöhnliche Attraktionen zu bieten, u. a. eine 68 m hohe Buddhastatue und ihre Hauptstadt ist, unter uns gesagt, viel hübscher als Yasothon.

YASOTHON
ยโสธร
23 000 Ew.

Außer dem Raketenfest Mitte Mai hat Yasothon wenig zu bieten und auf keinen Fall wirkt es wie eine Hauptstadt (ja, kaum überhaupt wie eine Stadt …).

Sehenswertes
Das Kernstück des **Wat Mahathat** (Th Wariratchadet; 🕐 bei Tageslicht) ist der Phra That Anon (auch Phra That Yasothon), ein hochverehrter *chedi* im laotischen Stil. Er soll aus dem Jahr 695 stammen und heilige Reliquien von Phra Anan (Ananda), Buddhas persönlichem Assistenten, bergen. Viel interessanter ist allerdings die niedliche *hŏr đrai*, die aus den 1830er-Jahren stammt und 2008 restauriert wurde. Sie steht auf Pfählen in einem Teich. Man kann einen Mönch um Einlass bitten.

Wat Singh Ta (Th Uthai-Rammarith; 🕐 bei Tageslicht) ist ziemlich durchschnittlich, aber der Block in der Südostecke wird von klassischen chinesischen Lagerhäusern dominiert. Er liegt 300 m abseits der Hauptstraße, westlich der Kasikorn Bank.

Festivals & Events
Das **Raketenfest** (Bun Bâng Fai) findet am zweiten Maiwochenende statt. Überall im Isaan werden Raketenfeste veranstaltet, um die Regenzeit einzuläuten, aber nirgendwo gibt's eine so wilde Party wie in Yasothon, bei der traditionelle Tänze, Paraden und Raketenwettbewerbe stattfinden. Die größten Raketen, *bâng fai săan* genannt, enthalten 120 kg Schießpulver. Wer einen selbstgebauten Blindgänger hat, wird zur Strafe in den Schlamm gestoßen.

Schlafen & Essen
In Town Hotel (keine Ausschilderung in lateinischen Buchstaben; ☎ 0 4571 3007; 614 Th Jangsanit; Zi. 220–380 B; 🛋) Das Haus an der Hauptstraße liegt so weit südlich, dass es den Namen kaum verdient, ist aber besser als die übrigen hier. Das Warotohn nebenan ist billiger, aber nicht ganz so gut.

Yasothon Orchid Garden (keine Ausschilderung in lateinischen Buchstaben; ☎ 0 4572 1000; 219 Th Prachasamphan; Zi. 400–450 B; 🞶 🖳) Die günstig neben dem Busbahnhof gelegene Mittelklasseunterkunft mit großen Zimmern ist schmucklos, aber annehmbar. Die Zimmer im Erdgeschoss verfügen über WLAN und das angeschlossene Restaurant hat bis Mitternacht geöffnet.

Green Park (☎ 0 4571 4700; Th Wariratchadet; Zi. 500–800 B; 🞶 🖳) Der Standard ist ähnlich wie im Orchid, aber moderner. Alle Zimmer haben WLAN, und für 60 B pro Tag kann man das zugehörige Fitnessstudio nutzen. Leider ist kein Restaurant in der Nähe. Der Nachtmarkt findet 1 km von hier an der Straße nach Mukdahan statt.

JP Emerald Hotel (☎ 0 4572 4848; 36 Th Prapa; Zi. 800–1000 B, Suite 1600 B; 🞶 🖳) Schöne Lobby, gemütliche Zimmer (die aber nicht so gut in Schuss sind wie der Rest des Hotels) – die beste Adresse in der Stadt. Für Unterhaltung sorgt eine Disko. Es liegt am Ortsrand in Richtung Roi Et.

Rim Chi (keine Ausschilderung in lateinischen Buchstaben; ☎ 0 4571 4597; Gerichte 50–270 B; 🕑 morgens, mittags & abends) Eine großartige Isaan- und Thai-Küche sowie einen tollen Blick auf den Chi kann man von der grünen Terrasse aus oder von einem Floß mit Strohdach genießen. Die bebilderte Speisekarte hilft bei der Auswahl. 900 m westlich der Krung Thai Bank.

Wer etwas mehr Lokalkolorit will, geht zum doppelt falsch benannten **Night Barza** (Th Jangsanit; 🕑 morgens, mittags & abends) im Norden der Innenstadt – die Hauptbetriebszeit hier ist mittags –, oder zum echten **Nachtmarkt** (Th Wariratchadet; 🕑 16–24 Uhr), einen Block weiter nordöstlich gelegen.

An- & Weiterreise

Yasothon hat einen **Busbahnhof** (☎ 0 4571 2965) an der Th Rattanakhet im Stadtzentrum, aber nur die Busse nach Khorat (2. Klasse 170 B, 4½ Std., alle 30 Min. bis 13.30 Uhr) und die von **999 VIP** (☎ 0 4571 2965) nach Bangkok (32-/24-Sitzer 483/644 B, 20/20.30 Uhr) steuern ihn an. Die meisten Busse nach Bangkok (1./2. Klasse 425/322 B, 9 Std.) halten an unterschiedlichen Stellen am Hwy 23 im nördlichen Teil der Stadt, und die häufigsten nach Ubon Ratchathani (1./2. Klasse 90/70 B, 1½ Std., stündl.) und Khon Kaen (1./2. Klasse 157/122 B, 3½ Std., stündl.) via Roi Et (1./2. Klasse 65/50 B, 1 Std.) halten 100 m südlich vom Busbahnhof neben TT&T. Einige Busse 2.

Klasse nach Ubon fahren morgens vor Mitsubishi am Hwy 23 ab.

RUND UM YASOTHON
Phra That Kong Khao Noi

พระธาตุก่องข้าวน้อย

Ein düsterer Mythos umgibt den aus Ziegel und Stuck errichteten **Phra That Kong Khao Noi** (Stupa des kleinen Reiskorbs; 🕑 bei Tageslicht), dessen *chedi* aus der späten Ayutthaya-Zeit stammt. Er befindet sich in Richtung Ubon 5 km außerhalb der Stadt am Hwy 23. Die Legende um ihn wird Schulkindern im ganzen Land als abschreckendes Beispiel für die Folgen eines unkontrollierten Gefühlsausbruches erzählt. Demnach schuftete ein junger, ausgehungerter Bauer den ganzen Tag in der mörderischen Sonne; als seine Mutter ihm nur ein winziges Körbchen mit Klebreis zum Essen brachte und auch noch zu spät kam, tötete er sie wutentbrannt. Über dem Leichnam seiner Mutter verzehrte er das Mitgebrachte und stellte fest, dass in dem kleinen Reiskörbchen viel mehr Reis war, als er jemals essen konnte. Um sein Verbrechen zu sühnen, errichtete er daraufhin diesen *chedi*.

Vielleicht war's aber auch ganz anders?! Einer anderen Legende zufolge nämlich wurde der *chedi* von Reisenden erbaut, die nach Phra That Phanom unterwegs waren, um Gold und Edelsteine in den Schrein dort zu legen. In Ban Tat Thong stellten sie fest, dass sie zu spät kommen würden, und bauten stattdessen aus ihrem Hab und Gut diesen *chedi*. Manche Einheimische vermischen beide Geschichten und behaupten, der reuige Sohn sei nicht in der Lage gewesen, den *chedi* aus eigener Kraft zu errichten, deshalb halfen ihm Pilger dabei.

Um die Sache noch zu verkomplizieren, sagen viele, der echte Stupa des Kleinen Reiskörbchens war etwas weiter nördlich hinter dem **Wat Ban Sadoa**, 7 km östlich von Yasothon an der Rte 202, aber nur sein Sockel sei noch übrig; denn als der ursprüngliche Turm kurz nach dem Tod des von seiner Schuld erlösten Sohnes einstürzte, bauten die Einheimischen daneben einen neuen kleinen *chedi*. Ein Mönch antwortete auf die Frage, warum die Thai-Touristen den anderen *chedi* besichtigen, einfach nur: *„Gahn meuang"* (Das ist Politik).

Ban Si Than

บ้านศรีฐาน

Die Einwohner von **Ban Si Than** können die Arbeit nicht außen vor lassen, wenn sie zu

Bett gehen: So ziemlich jeder in diesem Dorf (und in den meisten in der Umgebung) ist damit beschäftigt, die berühmten dreieckigen Kissen mit dem rautenförmigen *kít*-Mustern zu nähen, zu stopfen oder zu verkaufen. Am bekanntesten sind die dreieckigen *mörn kwähn* (wörtlich „Axtkissen"). Ohne die Verwendung von maschinell hergestellten Stoffen könnte die enorme Nachfrage nicht befriedigt werden, doch das Stopfen und Nähen ist immer noch größtenteils Handarbeit. Die Kissen kosten hier viel weniger als anderswo in Thailand, außerdem bekommt man praktisch nur hier die leeren Bezüge (*yung mâi sài nûn*; wörtlich „kein Kapok drin"), die als Souvenirs wesentlich besser nach Hause transportiert werden können.

Affen kann man in **Don Ling**, 4 km außerhalb der Stadt bei Ban Tao Hi, sehen.

Für Leute, die hier übernachten wollen, empfiehlt sich das **Gastfamilien-Programm** (☎ 08 7258 1991; inkl. Verpflegung 300 B/Pers.) von Ban Si Than. Zum Dorf geht es von Yasothon 20 km auf der Rte 202 bis Ban Nikom und dann 2,5 km gen Süden. Busse, die nach Amnat Charoen fahren (25 B, 45 Min.), halten an der Abzweigung; von dort fahren Motorradtaxis für 20 B ins Dorf.

ROI ET
ร้อยเอ็ด
36 000 Ew.
Roi Et ist seit mindestens 2800 Jahren bewohnt und damit eine der ältesten Städte im Isaan. Der Legende zufolge hatte es einmal elf Stadttore, und in der alten Schrift schrieb man „11" als „10 plus 1". Diese Wendung wurde zum Namen der Stadt, der „einhunderteins" bedeutet.

Außer langen Abschnitten der alten Stadtmauer ist im 21. Jh. nicht mehr viel von Roi Ets langer Geschichte zu sehen. Dennoch hat die Stadt einen gewissen Charme und eine besondere Identität. Sie ist sicher nicht verschlafen, folgt aber dem schreitenden Buddha auf der Insel im zentralen städtischen See und hat ihren ganz eigenen Rhythmus.

Die Provinz Roi Et ist für die Herstellung von *kaan*, Mundorgeln, bekannt – die musikalischen Wahrzeichen des Isaan. Es heißt, die besten *kaan* stammten aus dem Dorf Si Kaew (15 km nordwestlich von Roi Et), aber man kann sie – und andere traditionelle Musikinstrumente – in mehreren Läden an der Th Phadung Phanit in der Stadt kaufen.

Praktische Informationen
Überall in der Stadt findet man Banken, mehrere etwa am Nordende der Th Suriyadet Bamrung, wo auch die Hauptpost und die Polizei ansässig sind. Internetcafés gibt's wenige, ein paar aber um den Plaza Department Store herum.

Sehenswertes
Der gigantische stehende Buddha des **Wat Burapha** (Th Phadung Phanit; ☾ bei Tageslicht), der die Mini-Skyline der Stadt überragt, hört auf den Namen **Phra Phuttha Ratana Mongkon Mahamuni** (kurz Luang Po Yai). Er hat zwar keine allzu große künstlerische Bedeutung, ist aber nicht zu übersehen: Von Kopf bis Fuß misst er 59,2 m, vom Boden bis zur Spitze seines flammenden Kopfschmucks (*ùt·sà·nít*) 67,8 m.

Dem **Wat Neua** (Th Phadung Phanit; ☾ bei Tageslicht) im Norden der Stadt haftet etwas Antikes an. Er ist für seinen 1200 Jahre alten *chedi* (Phra Satup Jedi) aus der Dvaravati-Zeit bekannt, der eine für Thailand ungewöhnliche viereckige Glockenform aufweist. Rund um den *bòt* stehen ein paar alte Tempelgrenzsteine (*säir·mahs*) aus der Dvaravati-Zeit. Außerhalb der Tempelanlage steht eine Säule mit Inschrift, die die Khmer errichteten, als sie im 11. und 12. Jh. die Region beherrschten.

Spazierwege durchziehen die schöne, schattige Insel im See **Beung Phlan Chai** und locken Liebespaare, Jogger und Picknickfans. Die bekannte **Statue des schreitenden Buddhas** steht an der Nordseite des Sees und die **lak meuang** (Stadtsäule) an der Südseite des Sees. Dazwischen finden sich noch einige weitere interessante Monumente und Statuen.

Das interessante **Roi-Et-Nationalmuseum** (☎ 0 4351 4456; Th Ploenchit; Eintritt 100 B; ☾ Mi–So 9–16 Uhr) stellt historische Artefakte aus, die in der Region ausgegraben wurden, sowie Exponate zur Isaan-Kultur. Im 3. Stock wird gezeigt, welche Naturmaterialien erforderlich sind, um Stoffen alle erdenklichen Farben zu verleihen.

In dem kleinen **Roi-Et-Aquarium** (☎ 0 4351 1286; Th Sunthornthep; Eintritt frei; ☾ Mi–So 8.30–16.30 Uhr) ziehen einige seltsame Fische ihre Bahnen. Nett ist der Tunnel unter den Becken.

Schlafen & Essen
Phrae Thong Hotel (☎ 0 4351 1127; 45-47 Th Ploenchit; Zi. 180–350 B) Wer schlecht einschläft, wird unter dem Straßenlärm (und den Geräuschen aus

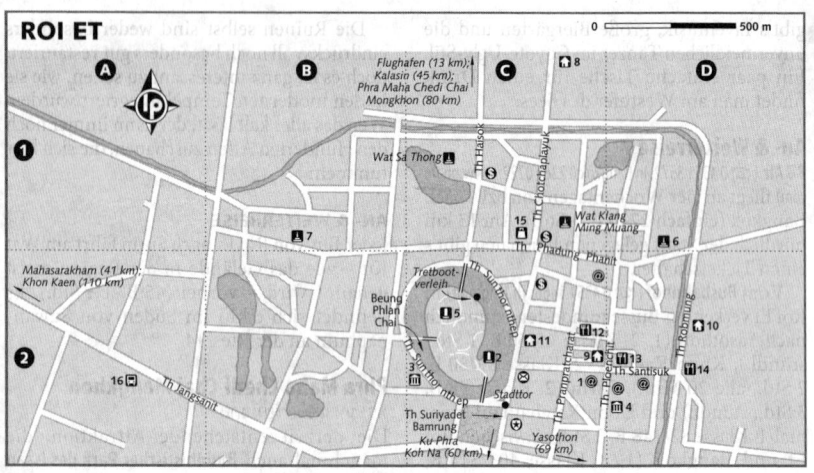

PRAKTISCHES
Plaza Department Store............. 1 C2

SEHENSWERTES & AKTIVITÄTEN
Lak Meuang............................ 2 C2
Roi-Et-Aquarium.....................3 C2
Roi-Et-Nationalmuseum............4 D2
Schreitender Buddha................5 C2
Wat Burapha.......................... 6 D1
Wat Neua...............................7 B1

SCHLAFEN
Phetcharat
  Garden Hotel........................ 8 C1
Phrae Thong Hotel....................9 C2
Poon Petch Sportclub.............. 10 D2
Saithip Hotel..........................11 C2

ESSEN
Nachtmarkt............................12 C2
Richi India Food.....................13 D2

White Elephant......................14 D2

SHOPPEN
Kunsthandwerksläden............. 15 C1

TRANSPORT
999 VIP..............................(siehe 16)
Busbahnhof............................16 A2

den Nachbarzimmern, die auch für nur drei Stunden vermietet werden) zu leiden haben, aber die einfachen, kleinen Zimmer sind sauber und hell.

Saithip Hotel (☎ 0 4351 1742; 133 Th Suriyadet Bamrung; Zi. 240–320 B;) Der Architekt hat sich vergeblich bemüht, dem einfachen Laden einen Hauch von Eleganz zu verleihen. Die Zimmer sind trotzdem jeden Baht wert, und es gibt sogar europäische Toiletten.

Poon Petch Sportclub (☎ 0 4351 6391; 52 Th Robmung; Zi. 370–438 B;) Die neu erbaute Unterkunft ist etwas charakterlos, hat aber blitzblanke Zimmer mit Kühlschrank und Balkon.

Phetcharat Garden Hotel (☎ 0 4351 9000; www.pet charatgardenhotel.com; Th Chotchaplayuk; Zi. 540–700 B, Suite 1740 B;) Für das echt schicke Design sollte das attraktive Hotel einen Preis bekommen. Die Eingangshalle mit den Holzfensterläden und der hohen Decke ziert ein heiteres „East meets West"-Dekor und das perfekt gestylte Personal ist ungemein aufmerksam. Die Zimmer spiegeln die Atmosphäre nicht wirklich wieder und zeigen langsam Alterserschei-

nungen, sind aber immer noch günstig. Zudem gibt's einen riesigen Pool und kostenloses WLAN.

White Elephant (☎ 0 4351 4778; Th Robmung; Gerichte 40–240 B; abends) Der schicke Laden unmittelbar hinter der alten Stadtmauer hat eine umfangreiche Speisekarte mit thailändischen Gerichten, aber die Spezialitäten des Hauses und sein Besitzer sind deutsch. Die Außenterrasse liegt mitten im Grünen.

Richi India Food (☎ 0 4352 0413; 37/1 Th Santisuk; Gerichte 50–250 B; mittags & abends) Das farbenfrohe Lokal erinnert mehr an einen Friseursalon als an ein Restaurant, und das Essen haut einen nicht gerade vom Hocker, aber da es im Isaan kaum Indisch gibt, freut man sich trotzdem darüber. Für Kunden ist WLAN kostenlos.

Der **Nachtmarkt** (17–24 Uhr) im Stadtzentrum ist überdacht, und zu jeder Zeit bekommt man an mindestens einem Stand etwas zu essen.

Ausgehen

Im Amüsierviertel an der Th Chotchaplayuk zwischen Kanal und Phetcharat Garden Hotel

gibt's Livemusik, große Biergärten und die unvermeidlichen Tänzer im Coyote-Ugly-Stil. Ein paar einfache Tische für einen Drink findet man am Westufer des Sees.

An- & Weiterreise

PB Air (☎ 0 4351 8572, in Bangkok 0 2261 0222; www.pbair. com) fliegt an vier Wochentagen von bzw. nach Bangkok (einfach 2740 B, 1 Std.). Am 13 km nördlich der Stadt gelegenen Flughafen gibt's einen Ticketschalter.

Vom **Busbahnhof** (☎ 0 4351 1466; Th Jangsanit) in Roi Et verkehren Busse mindestens stündlich nach Yasothon (1./2. Klasse 65/50 B, 1 Std., stündl.), Khon Kaen (1./2. Klasse 99/80 B, 2 Std., alle 20 Min.), Surin (2. Klasse 98 B, 3 Std., stündl.) und Ubon Ratchathani (normal/1. Klasse 82/148 B, 3 Std.). Zwischen Roi Et und Bangkok (1./2. Klasse 403/314 B, 8 Std.) gibt's viele Verbindungen, u. a. von **999 VIP** (☎ 0 4351 1466) mit seinen 24-Sitzer-VIP-Bussen (627 B, 7½ Std., 10.45 & 21.30 Uhr).

Der Busbahnhof ist 1 km vom Stadtzentrum entfernt. Von hier zum Phetcharat Garden kostet ein Tuk-Tuk 45 B.

RUND UM ROI ET
Ku Phra Koh Na

กู่พระโกนา

60 km südöstlich der Stadt Roi Et befinden sich die Ruinen von **Ku Phra Koh Na** (Eintritt frei; ☾ bei Tageslicht). Der Khmer-Schrein aus dem 11. Jh. besteht aus drei Ziegel-*prangs* auf einer Sandsteinterrasse, die nach Osten ausgerichtet und von einer Sandsteinmauer mit ehemals vier Toren umgeben sind. Der mittlere *prang* wurde 1928 neu verputzt und mit Buddha-Nischen versehen. Der Schrein über einem Fußabdruck Buddhas, der vor diesem *prang* errichtet wurde, ist mit *nagas* im traditionellen Baphuon-Stil des Khmer-Tempels verziert. Die beiden anderen *prangs* wurden zwar restauriert, behielten aber ihre ursprüngliche Form. Sie sehen allerdings nach wie vor recht baufällig aus. Im nördlichen *prang* sind ein Türsturz mit einem liegenden Narai (Vishnu) und ein *Ramayana*-Relief im inneren Giebel zu sehen.

Die Ruinen selbst sind weder besonders eindrucksvoll noch besonders gut restauriert, doch es ist ganz interessant zu sehen, wie sie in den modernen Tempel integriert wurden. Wen das alles kalt lässt, der kann immer noch den Hunderten Affen zuschauen, die sich hier tummeln.

AN- & WEITERREISE

Jeder Bus von Roi Et nach Surin fährt am Wat Ku – wie das Gelände in der Region meist genannt wird – vorbei (45 B, 1½ Std.). Es befindet sich 6 km im Süden von Suwannaphum an der Rte 214.

Phra Maha Chedi Chai Mongkhon

พระมหาเจดีย์ชัยมงคล

Die derzeit entstehende Attraktion, die manchmal auch **Buddhistischer Park des Isaan** (Eintritt frei; ☾ 7–18 Uhr) genannt wird, ist noch lange nicht fertig, hat aber schon jetzt eine Menge zu bieten. Das Zentrum des Parks bildet ein strahlend weißer *chedi* mit einer symbolischen Höhe von 101 m. Ihn umgibt ein 101 m breites Bauwerk, das 101 *râi* (16 ha) Grund einnimmt. Im Inneren befinden sich ein Feuerwerk aus goldener Farbe und Spiegelfliesen. Je nach Geschmack ist das entweder hübsch oder ausgeflippt, aber auf jeden Fall reizend. Der *chedi* liegt auf dem Khao Keeo (Weißer Berg); im umliegenden Pha Nam Yoi Forest Park sollen immer noch ein paar Tiger zuhause sein.

Man findet den *chedi* 80 km nordwestlich von Roi Et in der Nähe von Nong Phok. Ohne ein eigenes Fahrzeug ist die Anreise ziemlich beschwerlich: In Roi Et nimmt man zunächst ein *songthaeo* nach Phon Thong (40 B, 1 Std., alle 45 Min.) und steigt dort in den Bus, der von Khon Kaen nach Amnat Charoen fahren. Am *'brà·doo* Kong (Kong-Tor) in Ban Tha Saat muss man aussteigen (20 B, 20 Min., 10-mal tgl.) und von dort noch 5 km bergauf laufen.

Auch Trampen ist meist kein Problem. Alternativ bittet man ein Geschäft, ein Verkehrsmittel zu organisieren, für das man hin und zurück rund 300 B bezahlen wird.

Die nördliche Golfregion

Die meisten halten sich in der nördlichen Golfregion erst gar nicht auf, sondern fahren auf dem Weg zu den Stränden und Inseln im Süden nur hier durch – und das oft noch mitten in der Nacht. Auch wenn die Attraktionen der Region sicher nicht so spektakulär sind wie in den beliebteren Reisegebieten, so hat auch dieser schmale Streifen Thailands seinen Reiz: Heitere Städtchen am Meer und schicke Resorts laden zum Verweilen ein, der größte Nationalpark des Landes will erkundet werden, und überall stößt man auf Spuren der Geschichte.

Schon lange ist die Region ein Ziel thailändischer Feriengäste. In Cha-am, wohin sich kaum ein Tourist aus dem Westen verirrt, kann man sich unter die Thais mischen, die hier fröhlich das Wochenende genießen. Komfortable Hochhaushotels, Golfplätze von Weltklasse und Restaurants mit internationaler Küche bestimmen das Bild im modernen Hua Hin. Schon Rama VII. hat sich hier 1922 einen Palast errichten lassen. Den Spuren der Geschichte kann man überall in der Region folgen. Man findet Höhlentempel mit Buddhas, auf denen sich das Sonnenlicht spiegelt, sodass sie von innen zu leuchten scheinen. Die pittoreske Kulisse von Phetchaburi mit seinen Wats und Palästen eignet sich perfekt für einen Stadtspaziergang.

Fans von Natur und Outdooraktivitäten können auf den steilen Pfaden ihre Jeeps auf die Probe stellen. Unterwegs stößt man auf Wasserfälle, dichte Wälder, Savannen und weite Ausblicke hinaus aufs Meer. Findige Traveller nutzen den öffentlichen Nahverkehr, um sich zwischen den kleineren Ortschaften zu bewegen – eine gute Möglichkeit, mit den Thais Bekanntschaft zu schließen. Sicherlich ist diese Form des Reisens nicht so bequem wie die Fahrt mit dem Nachtzug, dafür aber viel interessanter.

HIGHLIGHTS

- Beim Dinner am Fluss in **Phetchaburi** (S. 606) das auf Bananenblüten servierte Essen genießen und dabei 2,5 m lange Bindenwarane beobachten

- Bei einer Runde Golf und noblem Essen im Ferienort **Hua Hin** (S. 612) Klasse beweisen

- Im lässigen **Bang Saphan** (S. 622) einen Tag am Dschungelstrand faulenzen

- Im am Meer gelegenen **Prachuap Khiri Khan** (S. 619) zwischen den Kalksteinhügeln umherschlendern

- Sich am Strand von **Cha-am** (S. 607) mitten unter thailändischen Urlaubern an einem Bananenboot festklammern

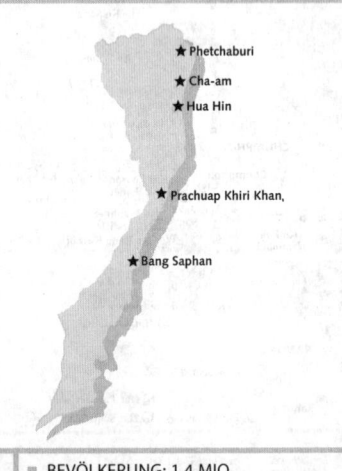

★ Phetchaburi
★ Cha-am
★ Hua Hin
★ Prachuap Khiri Khan
★ Bang Saphan

- BESTE REISEZEIT: FEBRUAR–JUNI
- BEVÖLKERUNG: 1,4 MIO.

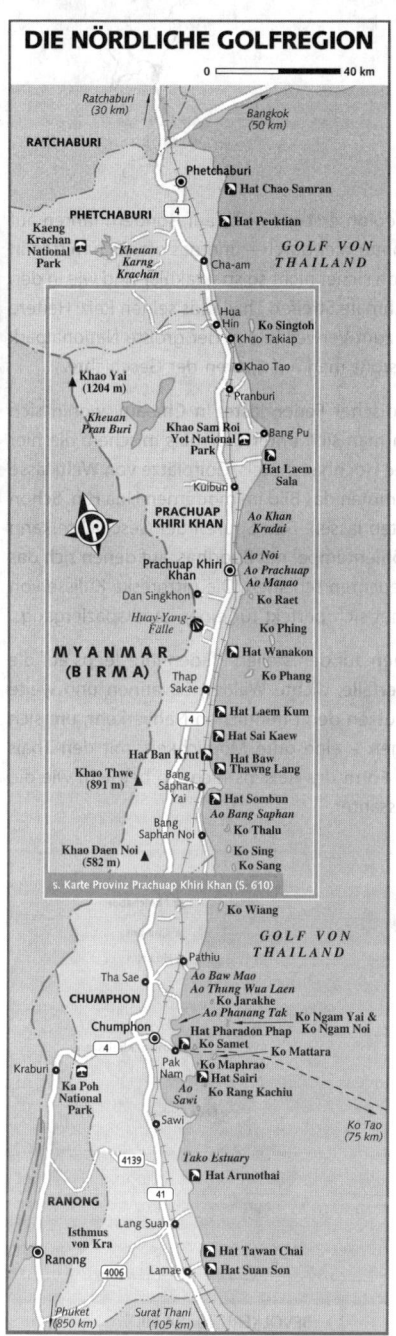

DIE NÖRDLICHE GOLFREGION

0 ————— 40 km

Ratchaburi (30 km)

Bangkok (50 km)

RATCHABURI

Phetchaburi

Hat Chao Samran

PHETCHABURI

Hat Peuktian

Kaeng Krachan National Park

Kheuan Karng Krachan

Cha-am

GOLF VON THAILAND

Hua Hin

Ko Singtoh

Khao Takiap

Khao Yai (1204 m)

Khao Tao

Pranburi

Kheuan Pran Buri

Khao Sam Roi Yot National Park

Bang Pu

Hat Laem Sala

Kuiburi

PRACHUAP KHIRI KHAN

Ao Khan Kradai

Ao Noi

Prachuap Khiri Khan

Ao Prachuap Ao Manao

Dan Singkhon

Ko Raet

Huay-Yang-Fälle

Ko Phing

MYANMAR (BIRMA)

Hat Wanakon

Thap Sakae

Ko Phang

Hat Laem Kum

Hat Sai Kaew

Hat Ban Krut

Hat Baw

Khao Thwe (891 m)

Bang Saphan

Thawng Lang

Hat Sombun

Bang Saphan Yai

Ao Bang Saphan

Ko Thalu

Khao Daen Noi (582 m)

Bang Saphan Noi

Ko Sing

Ko Sang

s. Karte Provinz Prachuap Khiri Khan (S. 610)

Ko Wiang

GOLF VON THAILAND

Pathiu

Tha Sae

Ao Baw Mao

Ao Thung Wua Laen

CHUMPHON

Ko Jarakhe

Ao Phanang Tak

Ko Ngam Yai & Ko Ngam Noi

Chumphon

Hat Pharadon Phap

Ko Samet

Ko Mattara

Kraburi

Pak Nam

Ko Maphrao

Hat Sairi

Ka Poh National Park

Ao Sawi

Ko Rang Kachiu

Sawi

Ko Tao (75 km)

4139

Tako Estuary

Hat Arunothai

RANONG

41

Lang Suan

Isthmus von Kra

Ranong

Lamae

4006

Hat Tawan Chai

Hat Suan Son

Phuket (850 km)

Surat Thani (105 km)

Geschichte

Dass die Region heute als Feriengebiet bei den Thais so beliebt ist, verdankt sie sicherlich der langen Reihe von Königen aus der jüngeren Vergangenheit, die hier ihre Spuren hinterlassen haben. Archäologische Funde sprechen allerdings dafür, dass die nördliche Golfregion schon seit der Dvaravati-Periode Besucher angelockt hat. Besonders in Phetchaburi lassen sich an den Gebäuden die verschiedenen Einflüsse, die nacheinander auf die Stadt einwirkten, fast schon tabellarisch ablesen.

Im 11. Jh. traten die Khmer auf den Plan, doch ihre Herrschaft währte nur kurz. Als das Khmer Reich an Macht verlor, wurde Phetchaburi zu einer strategischen Festung der Königreiche von Sukhothai und Ayutthaya – das Königreich Sukhothai war das erste größere Reich auf der Halbinsel, in dem die Thais die bestimmende Volksgruppe waren.

Als das Königreich Ayutthaya im Verlauf des 13. und 14. Jhs. Sukhothai absorbierte, blühte die nördliche Golfregion auf. Das Gebiet der heutigen Provinz Prachuap Khiri Khan erlebte ein langsames, aber stetiges Wachstum, und Phetchaburi wurde im 17. Jh. zu einem wichtigen Handelsposten zwischen Birma und dem Ayutthaya-Reich. Man bezeichnet die Stadt heute oft als ein „lebendiges Ayutthaya", denn während in der früheren Hauptstadt des Reiches vieles zerstört wurde, sind hier so manche Zeugnisse der stolzen Vergangenheit erhalten geblieben.

Als Ayutthaya 1767 von den Birmanen zerstört wurde, musste Prachuap Khiri Khan aufgegeben werden. Erst König Rama IV. baute den Ort wieder auf (1845) und gab ihm seinen heutigen Namen.

Prachuap Khiri Khan, genauer Ao Manao, war einer von sieben Punkten an der Golfküste, an denen japanische Truppen bei der Besetzung Thailands am 8. Dezember 1941 an Land gingen.

Klima

Die beste Reisezeit ist der warme und trockene Teil des Jahres (Feb.–Juni). Von Juli bis Oktober (Südwestmonsun) und Oktober bis Januar (Nordostmonsun) regnet es gelegentlich und der Wind kann recht stark werden. Da diese Region aber zwischen der Klimaregion mit drei Monsunen liegt, die im Norden, Nordosten und in Zentralthailand vorherrschen, und der Region mit zwei Monsunen, die im Süden des Landes vorherrschen, ist es

hier selbst in der Regenzeit trockener als in anderen Gegenden Thailands. In der Monsunzeit ist es in Badeorten wie Hua Hin und Cha-am zwar oft bewölkt, Regenfälle sind aber weitaus seltener als weiter im Süden, etwa auf Ko Samui oder Phuket.

Nationalparks
Der größte Nationalpark Thailands, Kaeng Krachan (S. 606), der für seine Wasserfälle bekannt ist, erstreckt sich fast über die halbe Provinz Phetchaburi. Er ist ein Paradies für Vogelbeobachter. Von den Gipfeln des Khao Sam Roi Yot (S. 617) hat man einen tollen Blick auf Golf, Küste und Kalksteinfelsen.

An- & Weiterreise
Klimatisierte Busse fahren regelmäßig von Bangkoks Busbahnhof Süd in alle wichtigen Städte der Region, darunter Phetchaburi, Hua Hin und Chumphon. Mindestens einmal täglich fahren klimatisierte Busse kleinere Orte wie Prachuap Khiri Khan, Hat Ban Krut und Bang Saphan Yai an. Die für Traveller interessantesten Städte im Süden sind von Bangkok aus per Zug zu erreichen. Die Boote nach Ko Tao starten in Chumphon. Es gibt täglich drei Flüge zwischen dem International Airport Suvarnabhumi in Bangkok und Hua Hin.

Unterwegs vor Ort
Das öffentliche Verkehrssystem ist hier zwar noch nicht so gut ausgebaut und organisiert wie weiter im Süden, dennoch lassen sich die meisten Orte relativ leicht erreichen. Zwischen den größeren Städten fahren Busse und Züge. Auf kürzeren Strecken sind Motorradtaxis und Songthaeos (Pick-up-Wagen) unterwegs. In die Nationalparks kommt man aber nur mit dem eigenen Fahrzeug, einem Taxi oder einem Songthaeo. Alternativ kann man auch an einer geführten Tour teilnehmen.

PROVINZ PHETCHABURI

PHETCHABURI (PHETBURI)
เพชรบุรี
40 259 Ew.
Die meisten Traveller kennen Phetchaburi (auch Phetburi genannt) nur von einem kurzen Tagestrip aus Bangkok oder durch das Bus- oder Bahnfenster auf dem Weg gen Süden. Ein etwas längerer Abstecher hierher bietet aber einen faszinierenden Einblick in die Vielfältigkeit der thailändischen Geschichte. Das alte Siam zeigt sich noch in den jahrhundertealten Häusern aus Teak und in vielen kulinarischen Leckerbissen. Unbedingt die feinen Desserts probieren! Toll sind auch die königlichen Paläste in der Gegend, die „das lebende Ayutthaya" genannt wird, und der buddhistische Schrein im Höhlenkomplex von Khao Luang.

Orientierung
Wer am Bahnhof ankommt, folgt der Straße südöstlich der Bahngleise bis zur Th Ratchadamnoen und biegt dort rechts ab. Weiter geht's auf der Th Ratchadamnoen nach Süden bis zur zweiten großen Kreuzung; hier links Richtung Zentrum abbiegen. Oder am Bahnhof ein Samlor (Dreiradtaxi mit Fahrradantrieb) für 20 B zur Saphan Chomrut (Chomrut-Brücke) nehmen. Der klimatisierte Bus hält beim Nachtmarkt nördlich des Zentrums.

Praktische Informationen
Es gibt keine offizielle Touristeninformation in der Stadt, aber eine gute Quelle für Infos über Phetchaburi und den Kaeng Krachan National Park (S. 606) ist das Rabieng Rim Nam Guest House (S. 607). Im Sun Hotel (S. 605) gibt's WLAN-Internet und ein Computerterminal (100 B/Std.).

Hauptpost (Ecke Th Ratwithi & Th Damnoen Kasem)
Polizei (☎ 0 3242 5500; Th Ratwithi) Nahe der Kreuzung Th Ratchadamnoen.
Siam Commercial Bank (2 Th Damnoen Kasem) Weitere Banken in der Nähe bieten Geldwechsel und Geldautomaten.
Telefonamt (Ecke Th Ratwithi & Th Damnoen Kasem; ☻ 7–22 Uhr) Im Obergeschoss der Post.

Sehenswertes & Aktivitäten
Es gibt unzählige Wats in der Stadt, die man entweder zu Fuß oder bei einer Rundfahrt erkunden kann. Wer sich für den Rundgang durch die Stadt entscheidet, findet in den meisten Hotels kostenlose einfache Stadtpläne; detailliertere Karten mit Beschreibungen hat der von der Phetchaburi Rajabhat University herausgegebene Stadtführer *Phetchaburi Attractions and Travelling Guide* (70 B). Man kann aber auch ein Samlor oder ein Motorradtaxi (ab ca. 300 B) nehmen. Motorräder vermietet das Rabieng Rim Guest House (S. 605), das auch eine eintägige Stadtrund-

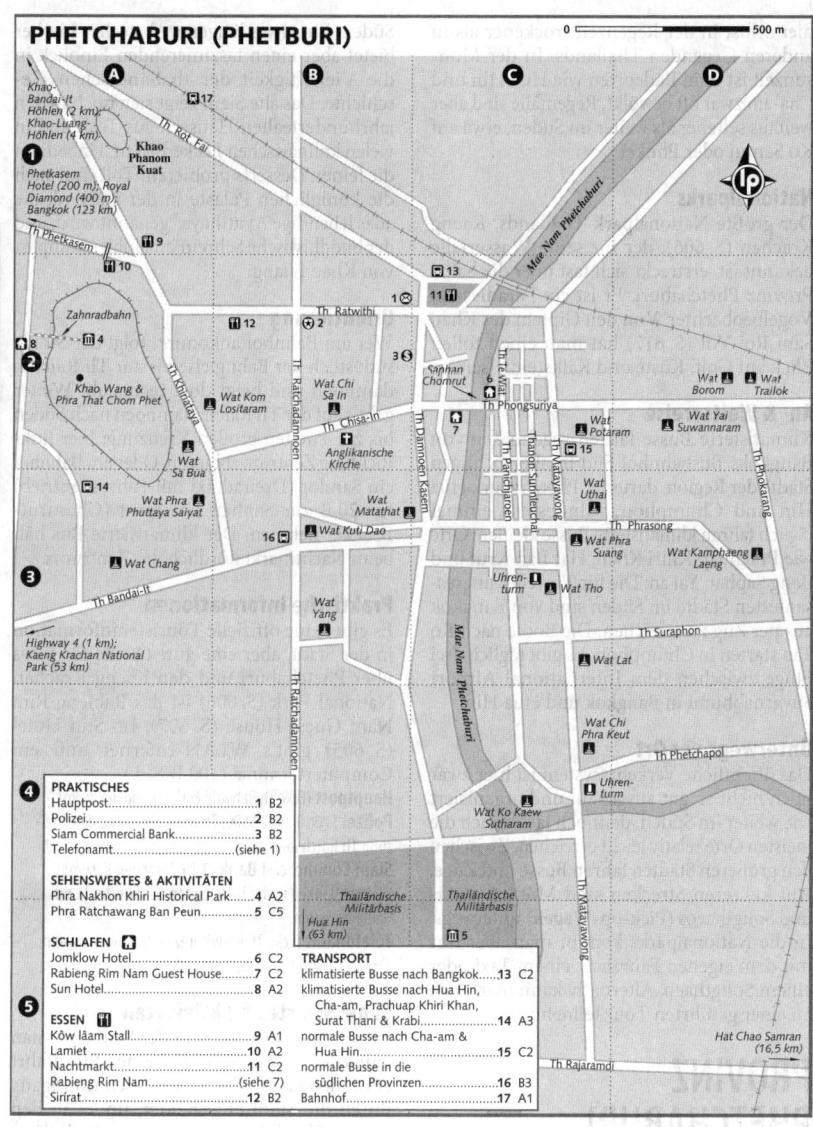

PHETCHABURI (PHETBURI)

fahrt anbietet, bei der man die Wats und Paläste (400–600 B/Pers.) besucht.

DIE HÖHLEN KHAO LUANG & KHAO BANDAI-IT
ถ้ำเขาหลวง

Die größte Grotte im Höhlenkomplex **Khao Luang** (Spende erwünscht; 8–18 Uhr) ist voller eindrucksvoller Stalaktiten. Hier findet man auch eine Menge alter Buddhastatuen, die größtenteils unter Rama IV. aufgestellt wurden. Das Sonnenlicht, das durch eine Öffnung in der Decke der Kammer auf die Figuren fällt, macht die ganze Szenerie zu einem tollen Fotomotiv. An der hinteren Seite der Hauptkammer liegt der Eingang zu einer dritten,

kleineren Kammer. Rechts vom Eingang befindet sich der Wat Bunthawi mit einem vom Abt persönlich gestalteten *sala* (Versammlungshalle) und einem *bòt* (zentralen Heiligtum), das beeindruckende Holztüren mit Reliefs hat. Rund um die Höhle tummeln sich freche Affen, die auf Almosen hoffen. Die Höhle befindet sich 4 km nördlich der Stadt.

Noch märchenhafter ist die Höhle **Khao Bandai-It** (Spende erwünscht; ⏰ 9–16 Uhr), 2 km westlich der Stadt. Ein Kloster thront majestätisch über dem Hügel, der von mehreren Grotten durchsetzt ist. Englisch sprechende Guides bieten Führungen durch die Höhlen an.

Von Phetchaburi aus sind die Höhlen mit einem Samlor (60–70 B) oder einem Motorradtaxi (40–50 B) zu erreichen.

KHAO WANG & PHRA NAKHON KHIRI HISTORICAL PARK

เขาวัง/อุทยานประวัติศาสตร์พระนครคีรี

Der Hügel Khao Wang (Palasthügel) ragt unübersehbar im Nordwesten Phetchaburis empor. Ihn schmücken ein paar Wats und auf der Spitze thront der Palast König Mongkuts, und die weiße Turmspitze des **Phra That Chom Phet** berührt fast den Himmel. Kopfsteingepflasterte Wege führen auf und um den Hügel zu tollen Aussichtspunkten, von denen man auf die mit Wats übersäte Skyline von Phetchaburi blickt.

Phra Nakhon Khiri (Hügel der Heiligen Stadt; ☎ 0 3240 1006; Eintritt 40 B; ⏰ 9–16 Uhr), das Palastgelände auf der Spitze des Hügels, wurde zum historischen Nationalpark erklärt und bietet einen tollen Blick auf die Stadt. Hier tummeln sich neugierige Affen, die einen beobachten (und versuchen, einem das Getränk oder gar die Tasche zu stibitzen). Der Aufstieg ist ziemlich anstrengend, vor allem bei Hitze. Einfacher geht's mit der **Zahnradbahn** (einfache Strecke Erw./Kind 70/30 B; ⏰ 8.30–17.30 Uhr).

Montags findet in den Straßen vor dem Khao Wang ein **Nachtmarkt** statt. Neben den gewöhnlichen Imbissbuden findet man hier auch einen Flohmarkt, den man prima durchstöbern kann.

PHRA RATCHAWANG BAN PEUN

พระราชวังบ้านปืน

Gut 1 km südlich des Stadtzentrums befindet sich auf dem Gelände einer thailändischen Militärbasis der europäisch angehauchte **Phra Ratchawang Ban Peun** (Ban-Peun-Palast; ☎ 0 3242 8083; Eintritt 50 B; ⏰ Mo–Fr 8–16 Uhr). Rama V. hatte den 1916 fertiggestellten Bau 1910, kurz vor seinem Tod, in Auftrag gegeben. Die für die Gestaltung des Palasts zuständigen deutschen Architekten nutzten die Gelegenheit, zeitgenössische Innovationen deutscher Baukunst und moderne Inneneinrichtungen einzubringen. Das Bauwerk ist typisch für das frühe 20. Jh. – zu der Zeit hegten die Thais eine Vorliebe für Gebäude im europäischen Stil, um mit der „modernen" Architektur der kolonialisierten Nachbarländer mitzuhalten. Von außen ist der zweistöckige Palast nicht wirklich berauschend, dafür lohnt sich ein Blick auf die schöne Fliesenverkleidung im Inneren.

Festivals & Events

Anfang Februar findet die neuntägige **Phra Nakhon Khiri Fair** statt. Zu den Feierlichkeiten auf dem Khao Wang und in den historischen Tempeln von Phetchaburi gehören auch eine Sound-and-light-Show im Phra-Nakhon-Khiri-Palast: in Licht getauchte Tempel und Vorführungen des *lá·kon chah·dree* (klassisches thailändisches Tanztheater), des *lí·gair* (thailändisches Folklore-Tanztheater) und von Geschichtsdramen in modernem Stil. Statt des sonst üblichen Schönheitswettbewerbs treten hier die Witwen von Phetchaburi gegeneinander an.

Schlafen

Jomklow Hotel (☎ 0 3242 5398; 1 Th Te Wiat; Zi. 130–170 B) Freundliches chinesisches Hotel am Fluss. Die äußerst einfachen Zimmer erinnern an etwas größere Gefängniszellen, aber erfahrene Budgettraveller stört das nicht.

Rabieng Rim Nam Guest House (☎ 08 9919 7446; Fax 0 3240 1983; 1 Th Chisa-In; EZ/DZ 120/240 B) Karge Zimmer in exzellenter Lage in einem Teakholzhaus am Flussufer. Obendrein gibt's noch ein tolles Restaurant, einen Wäscheservice, einen Fahrrad- und Motorradverleih und Ausflüge zum Kaeng Krachan National Park. Beliebt bei Backpackern.

Phetkasem Hotel (☎ 0 3242 5581; 86/1 Th Phetkasem; Zi. 250–400 B; 🞖) In dem ein wenig industriell daherkommenden Hotel, das versteckt unter einer Überführung liegt, begrüßen einen träge Hunde an der Rezeption. Die billigeren Zimmer haben keine Klimaanlage und die Möbel schon ein paar Jahre auf dem Buckel.

Sun Hotel (☎ 0 3240 0100; www.sunhotelthailand.com; 43/33 Soi Phetkasem; Zi. 800–1500 B; 🞖 🖵) Das Hotel gegenüber dem Eingang zum Phra Nakhon

DIE NÖRDLICHE GOLFREGION

Khiri hat große Zimmer mit guten Badezimmern und ist die beste Mittelklasseunterkunft der Stadt. Die Zimmer haben Kabel-TV und Kühlschränke; die zum Hügel hin sind weitaus angenehmer als die mit Blick auf eine Mauer. Unten gibt's ein gemütliches Café mit WLAN.

Royal Diamond (☎ 0 3241 1061; www.royaldiamond hotel.com; Mu 1, Th Phetkasem; Zi. 1200–1800 B; 🕸) Die mit Teppichen ausgelegten Zimmer sind ein wenig schmuddelig, dafür ist die Lobby protzig. Trotzdem ist das Hotel mit Zimmern mit TV und Kühlschrank durchaus in Ordnung.

Essen

Regionale Gerichte sind u. a. *kà·nŏm jeen tôrt man* (dünne Nudeln mit gebratenen scharfen Fischbällchen), das besonders im Sommer beliebte *kôw châa pét·bù·ree* (gekühlter, feuchter Reis, serviert mit Zuckerbrot) und *kà·nŏm môr gaang* (Eiercreme). Diese und eine Reihe thailändischer und chinesischer Standardgerichte bekommt man in mehreren guten Restaurants rund um den Khao Wang. Auf dem Nachtmarkt am nördlichen Rand des Stadtzentrums gibt's jede Menge preiswerte Imbisse.

Weitere gute Essgelegenheiten findet man an der Hauptstraße Th Panichjaroen, die zum Uhrenturm führt. Das Lamiet (keine Ausschilderung in lateinischen Buchstaben) nördlich des Khao Wang verkauft gute *kà·nŏm môr gaang* und *fŏy torng* (süßes Rührei). Gegenüber vom Khao Wang macht eine namenlose Imbissbude köstliches *kôw lăam* (Klebreis und Kokos, in Bambus gedämpft).

Sirirat (☎ 0 3242 6305; 85 Ratwithi; Gerichte 10–50 B; 🕑 morgens, mittags & abends) Serviert große Schalen glühend heißer Nudeln zum kleinen Preis. Auch zu erkennen an den schwarz-weiß karierten Tischdecken.

LP Tipp **Rabieng Rim Nam** (☎ 0 3242 5707; 1 Th Chisa-In; Gerichte 40–180 B; 🕑 morgens, mittags & abends) Das am Flussufer gelegene Restaurant aus Teakholz serviert tolle Gerichte mit einem Hauch von Klasse. Mit etwas Glück sieht man einen Bindenwaran durch den Fluss schwimmen. Die Karte ist verführerisch lang; da sollte man sich bei der Wahl seines Lieblingsgerichts (wie wär's mit dem köstlichen Bananenblütensalat) Zeit lassen.

An- & Weiterreise

Es gibt stündlich einen Bus vom/zum südlichen Busbahnhof in Bangkok (1./2. Klasse

133/119 B, 2 Std.); der Busbahnhof für Busse mit Klimaanlage von/nach Bangkok liegt beim Nachtmarkt. Außerdem gibt es Busse zwischen Phetchaburi und Cha-am (35–100 B, 40 Min.), Hua Hin (50–120 B, 1½ Std.), Prachuap Khiri Khan (80–115 B, 3 Std.) und Surat Thani (300 B, 8 Std.). Diese Ziele werden vom Busbahnhof gleich östlich des Khao Wang bedient. Wer aus dem Süden kommt, wird vielleicht an der Autobahn abgesetzt. Dort warten aber schon Motorradtaxis, die einen für rund 40 B in die Stadt fahren.

Normale Busse in die südlichen Provinzen fahren an der Kreuzung Th Bandai-It und Th Ratchadamnoen ab. Die Regionalbusse nach Hua Hin und Cha-am starten in der Th Matayawong im Stadtzentrum.

Häufig fahren Züge vom/zum Bangkoker Bahnhof Hualamphong. Die Preise hängen vom Zug und der Klasse ab (3. Klasse 74–115 B, 2. Klasse 143–358 B, 3 Std.).

Unterwegs vor Ort

Innerhalb der Stadt kommt man mit einem Samlor oder einem Motorradtaxi für 30 bis 40 B überall hin. Man kann sie auch für 300 B den ganzen Tag mieten. Ein Songthaeo in der Stadt kostet 10 B. Vom Bahnhof zum Stadtzentrum (1 km) sind es zu Fuß 20 Minuten.

Das Rabieng Rim Nam Guest House (S. 605) verleiht Fahrräder (120 B/Tag) und Motorräder (250 B/Tag).

KAENG KRACHAN NATIONAL PARK

อุทยานแห่งชาติแก่งกระจาน

Mit seinen 3000 km² ist dieser **Nationalpark** der größte Thailands (☎ 0 3245 9293; www.dnp.go.th; Eintritt 200 B; 🕑 Besucherzentrum 8.30–16.30 Uhr). In dem Park befinden sich die atemberaubenden Wasserfälle von Pa La-U sowie ausgedehnte Wanderwege, die sich – vorbei an Klippen, Höhlen und Bergen – durch Wälder und savannenartige Graslandschaften schlängeln. Zwei Flüsse, Mae Nam Phetchaburi und Mae Nam Pranburi, ein großer See und viel Regen sorgen dafür, dass es hier das ganze Jahr über grün ist. Im Park leben wilde Elefanten, Hirsche, Tiger, Bären, Gibbons, Wildschweine, Nashornvögel, Languren, Gaur, wild lebende Rinder und 400 Vogelarten.

Wer den Park besuchen will, braucht ein eigenes Fahrzeug. Die Mühe lohnt sich aber, denn dieser majestätische Ort ist fast touristenfrei. Die beste Zeit für einen Besuch ist zwischen November und April.

Sehenswertes

Am besten lässt sich der Park zu Fuß erkunden. Eine dreistündige Tour über 4 km führt von der Kilometermarke 36 auf der Parkstraße zu dem 18-stufigen Wasserfall **Nam Tok Tho Thip**. Eine längere Route (6 km) führt auf den Gipfel des **Phanoen Thung**, den höchsten Punkt des Parks. Von hier schweift der Blick in alle Richtungen auf üppig grüne Wälder. Besonders spektakulär kann die Aussicht im Spätherbst sein, wenn die umliegenden Täler im Frühnebel liegen. Dieser Wanderweg beginnt auf der Parkstraße bei der Kilometermarke 27. Einige Wege, so auch der Weg auf den Phanoen Thung, sind in der Regenzeit (Aug.–Okt.) gesperrt.

Weiter südlich, nahe beim La-U-Stausee, befinden sich die grandiosen Zwillingswasserfälle **Pa La-U Yai** und **Pa La-U Noi**. Das Wasser stürzt das ganze Jahr die 15 Stufen hinunter. Von Süden (aus Richtung Hua Hin) kommend, erreicht man die Wasserfälle mit einem Allradwagen über den Hwy 3219.

In der Nähe des Besucherzentrums befindet sich ein Stausee. Hier können für 400 B pro Stunde Boote gemietet werden.

Schlafen & Essen

Im Park gibt's viele **Bungalows** (☎ 0 2562 0760; reserve@dnp.go.th; Bungalow ab 1200 B). Die meisten liegen in der Nähe des Stausees und sind für vier bis sechs Personen geeignet. Die Häuser sind schlicht eingerichtet, haben aber Ventilator und Kühlschrank. Es gibt auch einige **Campingplätze** (60–90 B/Pers.), darunter ein besonders hübscher mit viel Gras nahe beim Stausee am Besucherzentrum (wo es auch ein einfaches Restaurant gibt). Zelte können für 225 bis 300 B beim Besucherzentrum ausgeliehen werden.

Auf der Straße zum Parkeingang gibt's einige einfache Unterkünfte und Bungalows. Ca. 3,5 km vor dem Besucherzentrum stehen die **A&B Bungalows** (☎ 08 9891 2328; Zi./Bungalow 650/1500 B) in schöner Umgebung. Hier übernachten Vogelbeobachter gern. Das gute Restaurant versorgt die Gäste auf Wunsch auch mit einem Lunchpaket.

An- & Weiterreise

Kaeng Krachan liegt etwa 52 km südwestlich von Phetchaburi entfernt, und der südliche Rand des Parks 35 km von Hua Hin. Von Phetchaburi fährt man 20 km über den Hwy 4 nach Süden bis zur Ortschaft Tha Yang. Dort rechts (nach Westen) einbiegen; nach 38 km erreicht man das Besucherzentrum.

Es gibt keine öffentlichen Verkehrsmittel, die direkt zum Park fahren. Songthaeos (75 B, 1½ Std.) fahren aber von Phetchaburi (in der Nähe des Uhrenturms) bis zum Dorf Ban Kaeng Krachan, 4 km vor dem Park. So früh wie möglich losgehen, denn das letzte Songthaeo fährt um 14 Uhr ab. Man kann auch ein ganzes Songthaeo für sich alleine mieten (einfache Strecke rund 600 B) – eine gute Alternative, wenn man in einer Gruppe unterwegs ist. Von Ban Kaeng Krachan fahren Motorradtaxis (40 B) bis zum Besucherzentrum. Es gibt auch die Möglichkeit, eine Tour ab Phetchaburi, Hua Hin oder Cha-am zu buchen. Das **Rabieng Rim Nam Guest House** (☎ 08 9919 7446; Fax 0 3240 1983; 1 Th Chisa-In) in Phetchaburi organisiert Ein- und Zweitagesausflüge (2600–4000 B), bei denen man auch Vögel und andere Tiere beobachten und wandern kann. Die meisten Reisebüros in Hua Hin und Cha-am bieten ebenfalls Tagestrips an (1200–2200 B).

CHA-AM

อำเภอชะอำ

46 000 Ew.

An Wochenenden und Feiertagen ist Cha-am ein Ausflugsort für Familien aus der Provinz und Studenten aus Bangkok. In ganzen Busladungen reisen die Kurzurlauber – aufgewärmt durch Partymusik – hierher, um ein paar Tage auszuspannen. Die Attraktionen sind Strandpartys unter Schatten spendenden Kasuarinen, frische Meeresfrüchte, ein kühles Bier im Liegestuhl und hin- und herrasende Bananaboats. Nichts Berauschendes, aber was ist falsch am Vergnügen nach Art der Thais?

Unter der Woche ist es in Cha-am sehr viel ruhiger. Die Stimmung ist relaxt und in den Gästehäusern und Mittelklassehotels sind sogar Schnäppchen möglich. Mit etwas Glück ist man mit den Shrimps- und Calamari-Verkäuferinnen fast allein am Strand.

Orientierung

Der Phetkasem Hwy führt direkt durch das geschäftige Zentrum von Cha-am. Hier befinden sich auch die Bushaltestelle, Banken, die Hauptpost, ein Freiluftmarkt und der Bahnhof. Etwa 1 km östlich liegt der lange Strandstreifen, der über die Hauptverbindungsstraße, die Th Narathip, zu erreichen ist. Die parallel zum Strand verlaufende Straße

heißt Th Ruamjit (mit vielen Strandunterkünften und Serviceangeboten). Die klimatisierten Busse aus Bangkok halten in der Th
Chao Lai, einer Parallelstraße zur Strandstraße.

Praktische Informationen

In der Th Ruamjit gibt's viele Banken mit
Geldautomaten und Geldwechselservice.
Communications Authority of Thailand (CAT; Th
Narathip) Hier kann man ins Ausland telefonieren.
CV Net (Th Ruamjit; 40 B/Std.; ⊕ 9–23 Uhr) Internetzu-
gang. An der Strandstraße kurz vor der Soi North 7.
Post (Th Ruamjit) Am großen Strand.
Tourism Authority of Thailand (TAT; ☎ 0 3247
1005; tatphet@tat.or.th; 500/51 Th Phetkasem; ⊕ 8.30–
16.30 Uhr) Am Phetkasem Hwy, 500 m südlich der Stadt.
Die Angestellten sprechen gut Englisch.

Festivals & Events

Beim kunterbunten **Cha-am Feast-Fish-Flock
Seafood Festival** gibt's jede Menge Imbissbuden
und kitschige Popmusik. Das Fest findet in
einem Biergarten vor dem Strand am östlichen
Ende der Th Narathip statt. Wer Ende September bzw. Anfang Oktober vor Ort ist, sollte
unbedingt vorbeischauen.

Schlafen

Cha-am bietet zwei Arten von Übernachtungsmöglichkeiten: minderwertige Hotels
im Apartmentstil an der Strandstraße (Th
Ruamjit) und teurere „Condotels" (Ferien-
wohnungen mit Küche). Echte Bungalows
gibt's kaum noch. Unter der Woche kann man
mit einer Ermäßigung von 20 bis 40% rechnen. Hier reicht das Geld länger als im
schillernden Hua Hin.

BUDGETUNTERKÜNFTE

Cha-am Villa Beach (☎ 0 3247 1241; www.chaamvilla
hotel.com; 241/2 Th Ruamjit; Zi. ab 500 B; ✖ ❑ ✚) Der
Charme des Hotels ist ein wenig verblichen,
es hat aber einen Pool, WLAN und Klimaanlagen. Die Zimmer mit Ventilator für 500 B
sind echte Schnäppchen.

Nirundorn 3 (☎ 0 3247 0300; 26/171 Th Ruamjit; Zi./
Bungalow 600/1000 B; ✖) Es gibt mehrere „Nirundorn"-Hotels. Dieses hier gewinnt durch gute,
hohe Matratzen und Veranden mit Polster-
sesseln und tollem Blick aufs Meer. Die Bungalows sind groß, stehen aber einander gegenüber – genauso gut kann man stattdessen auch
eines der billigeren Hotelzimmer mit Ausblick
nehmen.

LP Tipp **Charlie House** (☎ 0 3243 3799; Soi 1 North,
241/60-61 Th Ruamjit; Zi. 650–800 B; ✖) Das freundliche Haus besticht durch farbenfrohe Ausstattung und gute Beleuchtung: Es gibt pastellfarbene Lederstühle und akzentuiert
gesetzte Punktstrahler (selbst in den super gestalteten Badezimmern). Nicht verwechseln
mit dem Charlie Place oder dem Charlie TV,
die beide in derselben soi (Gasse) liegen.

MITTELKLASSEHOTELS

Nana Guesthouse (☎ 0 3243 3632; www.nanahouse.net;
208/3-4 Th Ruamjit; Zi. ab 900 B; ✖ ❑) Die eher einfachen Zimmer sind sauber und freundlich.
Frühstück ist im Preis inbegriffen. Das Haus
am Nordende des Strands erkennt man an
seiner lila- und pfirsichfarbenen Fassade.

Cha_Inn@Cha-am (☎ 0 3247 1879; www.cha-inn.com;
274/34 Th Ruamjit; Zi. 900–1500 B, Bungalow 900–1200 B;
✖) Modern und minimalistisch gibt sich
diese neueste und schnittigste Absteige Cha-
ams. In den Zimmern findet man Bambus-
matten auf den geschliffenen Zementböden,
echte Kunstwerke an den Wänden und entweder einen Sessel am Fenster oder eine Veranda.

Dee Lek (☎ 0 3247 0145; www.deelek.com; 225/30-33
Th Ruamjit; Zi. 1200–1500 B; ✖) Helle Zimmer mit
gestärkter Bettwäsche, geräumige Badezimmer und Polstermöbel machen das europäisch anmutende Hotel aus. Es gibt zwei Dee
Leks: Das Dee Lek 1 (in der Soi Long Beach
im Norden der Stadt) ist besser als das Dee
Lek 2 (in der Th Ruamjit).

Sweet Home (☎ 0 3241 1039; 279/1 Ruamjit; Bungalow 1500 B; ✖) Die traditionellen Holzbungalows des Sweet Home stehen in einem tropischen Garten. Innen ist es ein wenig eng,
aber der rustikale Charme lässt sich nicht
leugnen – schon gar nicht bei dem Preis.

Kaenchan Beach Hotel (☎ 0 3247 0777; 241/4 Th Ruamjit; Zi. 2150–3300 B, Bungalow 1550–3260 B; ✖ ✚)
Die in Kirschton gestrichenen Holzhäuser
sind recht alt, aber das etwas in die Jahre gekommene Poolgelände hat einen tollen Ausblick und wimmelt von Kids, die hier in den
Ferien viel Spaß haben.

SPITZENKLASSEHOTELS

Baan Pantai Resort (☎ 0 3243 3111; www.baanpantai.
com; 247/58 Th Ruamjit; Zi. ab 2200 B; ✖ ❑ ✚) Das
familienfreundliche Resort hat einen riesigen
Pool und ein kleines Fitnesscenter und befindet sich mitten im ganzen Trubel – man hört
vom Strand gegenüber sogar die Bananen-

boote übers Wasser brettern. Die Angestellten sprechen kaum Englisch, sind aber sehr freundlich.

Casa Papaya (☎ 0 3247 0678; www.casapapayathai. com; 810/4 Th Phetkasem; Zi. 3000–5000 B; 🛏 🚄) Mexikanischer Designerschick zeichnet die grandiose Bleibe direkt am Strand aus. Sie liegt 6 km außerhalb Richtung Hua Hin. Die Strandbungalows mit Meerblick haben in Sonnenlicht (bzw. Mondlicht) getauchte Dachterrassen, Zimmer mit riesigen Betten und Badezimmer in schönen Farben.

Essen

Strandverkäufer bieten gegrillte und frittierte Meeresfrüchte an. Preisgünstige Meeresfrüchte-Restaurants gibt's am Fischerpier am nördlichen Ende des Strands. Entlang der Strandstraße findet man einfache Thai-Restaurants, die vom Ambiente und den Preisen her ziemlich gleich sind. Die folgenden Restaurants bieten etwas Abwechslung.

Rang Yen Garden (☎ 0 3247 1267; 259/40 Th Ruamjit; Gerichte 50–180 B; 🕐 Nov.–April mittags & abends) Das hübsche Restaurant mit Innenhof liegt versteckt in einem üppigen Garten. Hier werden die Thai-Spezialitäten neben einem blubbernden Fischteich serviert. Das Restaurant ist nur in der Hauptsaison geöffnet.

Sea_Rocco (☎ 0 3247 1879; 274/34 Th Ruamjit; Gerichte 80–190 B; 🕐 morgens, mittags & abends) Das Sea_Rocco im Hotel Cha_Inn@Cha-am (S. 608) hat zwar das modernste Hotelflair Cha-ams, aber die Currys sind beruhigend würzig und die Preise vernünftig.

German Food House (☎ 08 7082 6252; 234/28-30 Soi Bus Station; Hauptgerichte 90–375 B; 🕐 morgens, mittags & abends) Das von einem Metzger und Bäcker geführte Haus ist vor allem bei den in Thailand lebenden Ausländern beliebt. In dem ganz auf Fleisch getrimmten Lokal stehen u. a. hausgemachte Würstchen und kunstvolle Brote auf der Karte.

Poom Restaurant (☎ 0 3247 1036; 274/1 Th Ruamjit; Gerichte 120–250 B; 🕐 mittags & abends) Ist etwas teurer als in den anderen Strandrestaurants, aber lohnt sich schon wegen der frischen Meeresfrüchte, die unter hohen Zuckerpalmen serviert werden. Außerdem ist es das Lieblingsrestaurant der Thais, die hier das Wochenende verbringen – immer ein gutes Zeichen.

An- & Weiterreise

Die meisten Hotels bieten einen Shuttleservice nach Hua Hin an. Die einfache Strecke kostet

150 B, hin und zurück 300 B. Eine Fahrt mit dem Taxi kostet 2500 B.

Busse (mit und ohne Klimaanlage) halten im Stadtzentrum auf dem Phetkasem Hwy. Einige klimatisierte Busse von und nach Bangkok fahren bis zum Strand. Sie halten in der Th Chao Lai einige Hundert Meter südlich der Kreuzung Th Narathip.

Es gibt viele Busverbindungen zwischen Cha-am und Bangkok (mit/ohne Klimaanlage 150/130 B, 3 Std.), Phetchaburi (100 B, 40 Min.) und Hua Hin (30 B, 30 Min.).

Der Bahnhof liegt im Landesinneren an der Th Narathip, westlich des Phetkasem Hwy. Von dort kostet ein Motorradtaxi zum Strand 30 B. In Bangkok fahren von zwei Bahnhöfen täglich Züge nach Cha-am: Hualamphong (9.20 & 15.35 Uhr) und Thonburi (7.25, 13.05 & 19.15 Uhr). Die Tickets kosten zwischen 60 und 150 B, die Fahrt dauert ca. vier Stunden. Achtung: Cha-am steht nicht auf dem englischsprachigen Zugfahrplan.

Unterwegs vor Ort

Vom Zentrum zum Strand ist es nur eine kurze Fahrt mit dem Motorrad (30 B) oder dem Songthaeo (20 B). Innerhalb der Stadt kostet eine Fahrt mit dem Motorradtaxi 30 B. Einige Fahrer versuchen, ihre Gäste in ein anderes Hotel zu bringen, wo sie Provision erhalten. Einfach hartnäckig bleiben.

In der Th Ruamjit können Motorräder gemietet werden (300 B/Tag). Fahrräder gibt's überall für 20 B pro Stunde bzw. 100 B pro Tag. Mit ihnen kommt man schnell und gut herum. Reisebüros vermieten Autos oder Jeeps für 1500 bis 2000 B pro Tag.

RUND UM CHA-AM

Auf halber Strecke zwischen Cha-am und Hua Hin liegt der **Phra Ratchaniwet Marukhathayawan** (☎ 0 3247 2482; Eintritt gegen Spende; 🕐 9–16.30 Uhr), ein Sommerpalast, der unter Rama VI. erbaut wurde. Die ein- und zweistöckigen Häuser aus Teakholz sind durch überdachte, auf Stelzen stehende Holzstege miteinander verbunden. Hohe Ziegeldächer und große Fenster mit Fensterläden sorgen für eine größtmögliche Luftzirkulation.

Im Gegensatz zum heutigen Sommerpalast, der weiter südlich bei Hua Hin liegt, ist dieser für Besucher geöffnet. Der Palast liegt mitten auf einer Militärbasis, dem Camp Rama VI. Man muss sich am Eingangstor anmelden. Wer mit einem der zwischen Cha-

am und Hua Hin verkehrenden Busse dort hin fährt, sollte den Busfahrer bitten, an der Straße zum Palast abgesetzt zu werden. Hier warten dann häufig Motorradtaxis. Zu Fuß sind es von hier noch 2 km.

PROVINZ PRACHUAP KHIRI KHAN

HUA HIN
อำเภอหัวหิน
48 700 Ew.

Das früher bescheidene Fischerdörfchen Hua Hin verdankt seinen Status als einer der prächtigsten Urlaubsorte Thailands König Rama VII. 1922 beauftragte er seinen italienischen Architekten, den Phra Ratchawang Klai Kangwon („Fern aller Sorgen"-Palast, also das Thai-Sanssouci) zu errichten. Auch heute noch fährt die königliche Familie regelmäßig in den Palast, um sich davon zu erholen, Armee und Politiker in Bangkok bei der Stange zu halten. Durch Rama VII. wurde Hua Hin zu *dem* Ort der Thai-Society und gleichzeitig (wie auch Cha-am) zu einem der beliebtesten Urlaubsorte der Thais.

Als in den 1980er-Jahren das Hua Hin Railway Hotel von der Luxushotelkette Sofitel renoviert wurde, erregte das auch in Übersee Aufsehen. Weitere Bauprojekte folgten. Heute sind alle großen Hotelketten in Hua Hin vertreten. In den letzten Jahren haben sich viele Ausländer in diesem Badeort, der bald zu den kosmopolitischsten Städten Thailands gehören wird, niedergelassen. Hochhäuser mit Eigentumswohnungen und ganze Gebäudekomplexe schießen im Hinterland wie Pilze aus dem Erdboden. Französische, italienische, deutsche und skandinavische Restaurants vermitteln den sonnenhungrigen, vor dem europäischen Winter fliehenden Urlaubern ein wenig das Gefühl, in der Heimat zu sein.

All dies hat auch Schattenseiten. Das Sex-Geschäft etabliert sich langsam in Hua Hin, und der früher an den Piers herrschende Fischerdorf-Charme wurde von Hotels, Restaurants und Schneidereien verschluckt. Die Hotels und Pensionen erstrecken sich bis weit ins Hinterland. Auf der Strandstraße kann es an einigen Abschnitten frustrierend sein, einen Blick aufs Meer erhaschen zu wollen.

Trotz dieser Entwicklung herrscht in Hua Hin noch immer die Strandatmosphäre, die

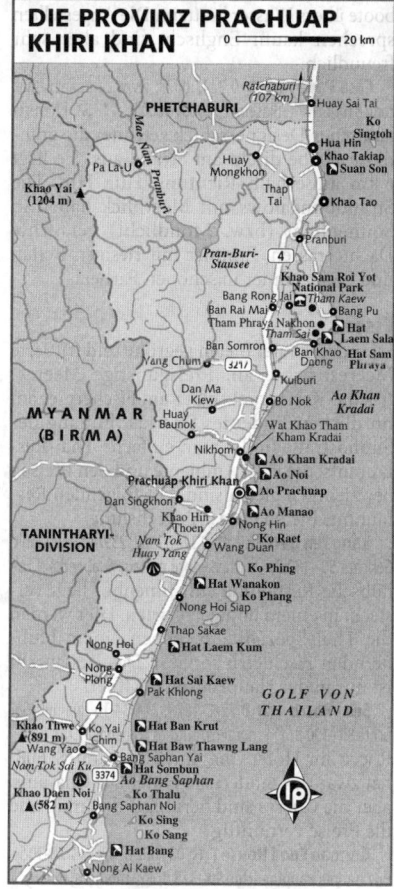

1922 alles ins Rollen brachte. Verglichen mit Pattaya, dem anderen großen Badeort in der Nähe von Bangkok, geht es in Hua Hin noch (relativ) gelassen zu. Vor allem Familien und ältere Traveller besuchen diesen Ort. Wer Backpacker-Partys sucht, ist hier falsch. Zum Zeitvertreib kann man Golf spielen oder einen Ausritt am Strand unternehmen. Nach Sonnenuntergang warten internationale Restaurants, Meeresfrüchterestaurants am Pier und Garküchen auf einem der besten thailändischen Nachtmärkte nur darauf, entdeckt zu werden. Der 5 km lange Strand von Hua Hin ist sauberer denn je und das Baden im Meer birgt keinerlei Gefahren. Darüber hinaus regnet es in Hua Hin im Vergleich zur restlichen Halbinsel kaum.

Orientierung

Aus der Ferne sieht Hua Hin mit seinen hoch aufragenden Hotels wie eine Ansammlung von Wolkenkratzern aus. Aber an der Strandstraße reihen sich kleinere Gästehäuser und Restaurants aneinander, und in den abzweigenden kleinen Gassen (*soi*) verstecken sich hübsche Pensionen, lebendige Bars und Reisebüros. Das Herzstück des Touristenzentrums ist die Th Naresdamri voller Souvenirstände, aufdringlicher Schneider und klasse Restaurants. Verliert man sich in den kleinen Gassen, braucht man sich nur nach dem Hilton Hotel umzuschauen – das über die kleineren Häuser im Zentrum aufragende Gebäude ist ein guter Orientierungspunkt. Die Th Naresdamri ist voller Leben; wer es lieber ruhiger hat, sollte anderswo absteigen.

Der beste Strand liegt vor und südlich des Sofitel Resorts. Den hübschen Sandstreifen zieren runde, glatte Felsen (Hua Hin bedeutet „Steinkopf"). Hier kann man das ganze Jahr über baden. Der Bahnhof liegt am westlichen Ende der Stadt und hat einen wunderschön restaurierten herrschaftlichen Wartesaal. Der **Flughafen** (www.huahinairport.com) befindet sich 6 km nördlich der Stadt.

Praktische Informationen

BUCHLÄDEN

Bookazine (☎ 0 3251 3060; 122 Th Naresdamri; ☻ 9–22 Uhr) Der an einen Kodak-Shop angeschlossene Buchladen hat ein paar englischsprachige Zeitschriften und Bücher.

Megabooks (☎ 0 3253 2071; 166 Th Naresdamri; ☻ 9–22 Uhr) Voller englischsprachiger Neuerscheinungen, darunter auch Lonely Planet Reiseführer.

GELD

An der Th Naresdamri gibt's Wechselstuben und Geldautomaten. Banken findet man nahe der Bushaltestelle in der Th Phetkasem.

Bank of Ayudhya (Th Naresdamri) Vom Strand aus am besten zu erreichen. Unweit der Ecke Th Damnoen Kasem.

INFOS IM INTERNET

www.huahinafterdark.com Eine gute Adresse für Nachtschwärmer.

INTERNETZUGANG

Überall in Hua Hin gibt's in Pensionen und Cafés Internetzugang.

Cups & Comp (☎ 0 3253 1119; 144/2 Th Chomsin; 40 B/Std.; ☻ 9–24 Uhr) Hier kann man im Internet surfen, drucken, faxen oder Auslandsgespräche führen.

Sidewalk Café (☎ 0 8438 5518-7; Soi Selakam; ☻ 8.30–1 Uhr) Kostenloser WLAN-Internetzugang.

World News Coffee (☎ 0 3253 2475; Th Naresdamri; 40 B/Std.; ☻ 8–23 Uhr) Schnelle Internetverbindung in komfortabler klimatisierter Umgebung.

MEDIEN

Kostenlose Stadtpläne, Prospekte und Broschüren gibt's in Restaurants und Hotels.

Hua Hin Observer (www.observergroup.net) Eine kostenlose, von in Thailand lebenden Ausländern herausgegebene Zeitschrift mit englisch- und deutschsprachigen Artikeln. Enthält auch Informationen über Restaurants, Kultur und Unterhaltung.

MEDIZINISCHE VERSORGUNG

Hospital San Paolo (☎ 0 3253 2576; 222 Th Phetkasem) Direkt südlich der Stadt, mit Notaufnahme.

NOTFALL

Touristenpolizei (☎ 0 3251 5995, Notruf 1155; Th Damnoen Kasem) Am östlichen Ende der Straße.

POST & TELEFON

Hauptpost (Th Damnoen Kasem) Mit CAT für internationale Telefonate.

REISEBÜROS

Es gibt hier viele Reisebüros. Die meisten bieten Tagesausflüge zu nahe gelegenen Zielen wie die Nationalparks Khao Sam Roi Yot (S. 617) und Kaeng Krachan (S. 606) an. Wer nicht in einer Gruppe unterwegs ist, muss vielleicht ein oder zwei Tage warten, bis sich genug Leute für die jeweilige Tour angemeldet haben – das sollte man beim Buchen berücksichtigen. Wer sich im Vorfeld mit anderen Travellern zusammentut, kommt schneller los.

Hua Hin Adventure Tour (☎ 0 3253 0314; www.huahinadventuretour.com; Th Naep Khehat; ☻ Mo–Sa 9–18 Uhr) Bietet mehr auf Freizeitaktivitäten ausgerichtete Touren als die anderen Reisebüros. Veranstaltet Kajaktrips in den Khao Sam Roi Yot National Park (2100 B) sowie Ausflüge in den Kaeng Krachan National Park.

Ken Diamond (☎ 0 3253 2271; www.travel-huahin.com; 162/6 Th Naresdamri; ☻ 8.30–19 Uhr) Hat Dutzende von Ausflügen zu nahe gelegenen Zielen im Angebot, darunter zu Wasserfällen und Nationalparks. Das Unternehmen organisiert auch Tauch- und Schnorchelausflüge und hat deutschsprachige Reiseleiter. Vermietet auch Autos.

Tuk Tours (☎ 0 3251 4281; www.tuktours.com; 33/5 Th Phunsuk; ☻ 10–19 Uhr) Hier kann man Aktivitäten und Transportmittel in ganz Thailand buchen.

TOURISTENINFORMATION

TAT-Büro (☎ 0 3251 3885; 39/4 Th Phetkasem; ☼ 8.30–16.30 Uhr) Nördlich vom Touristenzentrum. Die hilfsbereiten Angestellten des staatlichen Büros sprechen Englisch.

Touristeninformation (☎ 0 3251 1047; Ecke Th Phetkasem & Th Damnoen Kasem; ☼ 8.30–16.30 Uhr) Gibt Infos über Hua Hin und seine Umgebung und verkauft Bustickets. Eine zweite Filiale (☎ 0 3252 2797) befindet sich unter dem Uhrenturm an der Kreuzung Th Phetkasem und Th Naep Khehat.

Aktivitäten

Schon lange ist Hua Hin ein beliebter Golfurlaubsort der Thais, und in letzter Zeit entdecken auch immer mehr ausländische Golfer den Ort für sich. Das **Hua Hin Golf Centre** (☎ 0 3253 0476; www.huahingolf.com; 2/136 Nabkahards; ☼ 12–22 Uhr) verleiht Golfausrüstungen und organisiert Golftouren. Zahlreiche Infos bekommt man auch im **Bernie's** (☎ 0 3253 2601; Hua Hin-Basar, Th Damnoen Kasem).

Der **Royal Hua Hin Golf Course** (☎ 0 3251 2475; Greenfee 2000 B) ist der beste von mehreren Golfplätzen hier. Er liegt in der Nähe des Bahnhofs und hat ein schmuckes Golfgelände mit tollem Blick aufs Meer und die Tempel.

Am Ende der Th Damnoen Kasem kann man am Strand auch **reiten** (600 B/40 Min.). Die Reitstunden sind absolut solide.

Fans von *Moo-ay tai* (auch *muay thai*; Thaiboxen) kommen jeden Dienstag und Samstag um 21 Uhr im **Thai Boxing Garden** (☎ 0 3251 5269; 20/23 Th Phunsuk; Eintritt 350 B) auf ihre Kosten. Mittwochs und freitags finden die Kämpfe um 21 Uhr im **Grand Plaza** (☎ 08 9754 7801; Th Phetkasem; Eintritt 500 B) statt. Der im authentischen Thai-Stil gestaltete **Fitnessbereich** (www.huahin grandsport.com; Eintritt 180 B, Muay-Thai-Stunde 300 B; ☼ 9–21 Uhr) des Grand Plaza eignet sich hervorragend, um die Singha-Biere der letzten Nacht wieder auszuschwitzen. Hier gibt's eine Sauna, Yogastunden und eine Kaffeebar, wo man auch Protein-Shakes bekommt. Infos über weitere Aktivitätsangebote stehen auf der Website.

Angehende Meisterköche sollten die **Buchabun Art & Crafts Collection** (☎ 08 1572 3805; www.thai-cookingcourse.com; 22 Th Dechanuchit) besuchen, wo man sich für einen halbtägigen Kochkurs einschreiben kann. Der Kurs kostet 1500 B und umfasst auch einen Marktbesuch sowie ein Kochbuch zum Mitnehmen. Die Kurse finden nur statt, wenn genügend Teilnehmer zusammenkommen.

Freiwilligenarbeit

Wer Tiere liebt und harte Arbeit nicht scheut, kann im **Wildlife Friends of Thailand Rescue Centre** (☎ 0 3245 8135; Rettungszentrum www.wfft.org, Freiwilligenarbeit www.wildlifevolunteer.org) Hand anlegen. Das ist eine sinnvolle, lustige und einzigartige Möglichkeit, die Reise zu unterbrechen. Das Rettungszentrum befindet sich 35 km nordwestlich von Cha-am und kümmert sich um unzählige Tiere, die von Tiershows oder ihren ausbeuterischen Eigentümern gerettet werden konnten. An einem normalen Arbeitstag füttert man die Malaienbären, baut Gehege für die Makaken und Inselgehege für die Gibbons. Freiwillige müssen sich für mindestens drei Wochen verpflichten. Wer das Zentrum nur besuchen möchte, kann bei den Reisebüros in Cha-am und Hua Hin einen Tagesausflug (1200 B) buchen oder direkt beim Zentrum anrufen, damit die Angestellten die Hin- und Rückfahrt von/nach Hua Hin (650 B) oder Cha-am (950 B) organisieren. Ein Taxi von Cha-am bis zum Zentrum kostet etwa 400 B.

Die Organisation betreibt auch ein Elefantenasyl. Der Aufenthalt hier für 325 € pro Woche ist zwar etwas teuer; man lernt aber, mit geretteten Elefanten umzugehen.

Schlafen

Die aufgeführten Budgetunterkünfte sind in Hua Hin. In der Nebensaison kann man mit Rabatten von 20 bis 40 % rechnen. An Wochenenden und Feiertagen steigen die Preise.

BUDGETUNTERKÜNFTE

All Nations Guest House (☎ 0 3251 2747; www.geocities. com/allnationsguesthouse; 10-10/1 Th Dechanuchit; Zi. 200–550 B; ☒) In der freundlichen Pension mit billigem Bier und selbstgemachten Pies wimmelt es von Backpackern. Die billigeren Zimmer teilen sich das Bad. Außerdem gibt's hier eine Bar mit Fernsehern, wo den ganzen Tag lang Sport läuft.

Euro-Hua Hin City Hotel YHA (☎ 0 3251 3130; www. tyha.org; 15/15 Th Sasong; Zi. inkl. Frühstück 250–1000 B; ☒) Wie die großen Jugendherbergen bei uns auch wirkt diese hier komfortabel, aber auch anstaltsartig. Alle Zimmer sind klimatisiert, selbst die etwas beengten 6-Personen-Schlafsäle (250 B). Schnarcher sollten sich ein Einzelzimmer nehmen (1000 B). Wer kein HI-Mitglied ist, zahlt 50 B obendrauf.

LP Tipp Pattana Guest House (☎ 0 3251 3393; 52 Th Naresdamri; Zi. 350–550 B) Das restaurierte Fi-

HUA HIN

0 — 400 m

A — Anantara Resort & Spa (4,5 km); Phra Ratchaniwet Marukhathayawan Palace (15 km)

B — Phra Ratchawang Klai Kangwon (4 km)

C

D

PRAKTISCHES
Bank of Ayudhya	**1** C4
Bookazine	**2** C4
CAT-Büro	(siehe 8)
Cups & Comp	**3** B3
Reiten	**4** D4
Hospital San Paolo	**5** C5
Hua Hin Adventure Tour	**6** B4
Ken Diamond	**7** C4
Hauptpost	**8** C5
Megabooks	**9** C5
TAT-Büro	(siehe 45)
Touristeninformation	**10** B5
Touristeninformation (Filiale)	**11** B4
Touristenpolizei	**12** D4
Tuk Tours	**13** C5
World News Coffee	(siehe 46)

SEHENSWERTES & AKTIVITÄTEN
Buchabun Art & Crafts Collection	**14** B3
Hua Hin Golf Centre	**15** C4
Royal Hua Hin Golf Course	**16** A5
Thai Boxing Garden	**17** C4

SCHLAFEN
All Nations Guest House	**18** C3
Araya Residence	**19** C3
Baan Oum-or Hotel	(siehe 20)
Ban Somboon	**20** C5
Bird Guest House	**21** C4
Cha-ba Chalet	**22** B4
ChaLeLarn	**23** C3
Chomsin	**24** C3
Euro-Hua Hin City Hotel YHA	**25** B4
Jed Pee Nong	**26** C5
Mod	(siehe 30)
Pattana Guest House	**27** C3
Rajana Garden House	**28** B4
Sand Inn	**29** C4
Sirima	**30** C4
Sofitel Grand Resort and Villas	**31** D5
Supasuda Guest House	**32** C3
Tong-Mee House	**33** B3

ESSEN
Bamboo	**34** C3
Brasserie de Paris	**35** C3
Chalasai	**36** C3
Chatchai Market	**37** B4
Delizie Italian Delicatessen	**38** B4
Food Stalls	**39** B3
Maha Raja	**40** C3
Monsoon	**41** C3
Moon Smile	**42** C4
Nachtmarkt	**43** B4
Platoo	(siehe 42)
Meeresfrüchterestaurants	**44** C3
Sidewalk Café	**45** C4
World News Coffee	**46** C4

AUSGEHEN
Bernie's	**47** C4
el Murphy's Mexican Grill & Steakhouse	**48** C4
Hua Hin Brewing Company	**49** C4
Lord Nelson's	**50** C4
Mai Tai Cocktail & Beer Garden	**51** C4
No Name Bar	**52** C4
O'Neill's Irish Pub	**53** C4

TRANSPORT
klimat. Busse nach Bangkok	**54** B4
Bahnhof	**55** A5
Minivans nach Bangkok	**56** B3
normale Busse nach Phetchaburi & Cha-am	**57** B3

Tha Thiap Reua Pramong

Kaeng Krachan National Park (40 km); Wildlife Friends of Thailand Rescue Centre (55 km)

Th Phetkasem
Th Chomsin
Th Chomsin
Th Sasong
Th Dechanuchit
Th Naebkehat
Th Naresdamri
Th Amnuaysin
Soi Bintaban
Soi Kanjanomai
Th Lap Thang Rot Fai
Th Damnoen Kasem
Satukarn Platz
Soi Raumpown
Soi 63
Pavilion Village

Hat Hua Hin

Golfplatz

Grand Plaza (50 m); Jinning Beach (750 m); Thipurai (750 m); Baan Bayan (800 m); Hauptbusbahnhof (2 km); Chiva-Som International Health Resort (3,5 km); Khao Sam Roi Yot National Park (40 km); Prachuap Khiri Khari (87 km)

scherhaus hat zwar kleine Zimmer, aber viel Grün in der Bar und im Hof. Bemerkenswert sind die lustig beschnitzten Waschbecken aus Teakholz im Bad. Die Unterkunft ist sehr beliebt – also im Voraus buchen.

Tong-Mee House (☎ 0 3253 0725; tongmeehuahin@ hotmail.com; 1 Soi Raumpown; Zi. 450–550 B;) Das versteckt in einer ruhigen Wohnstraße gelegene boutique-artige Hotel ist das beste in der Stadt. Die Zimmer sind klein, aber gepflegt und haben Balkone. Der immer lachende Eigentümer ist stets freundlich.

Cha-ba Chalet (☎ 0 3252 1181-3; www.chabachalet. com; 1/18 Th Sasong; Zi. 600–700 B;) Die Zimmer sind recht geräumig, aber ein wenig muffig. Trotzdem ist die Unterkunft schon wegen

dem Zimmerpreis und der Nähe zum geschäftigen Nachtmarkt eine gute Wahl.

Supasuda Guest House (☎ 0 3251 3618; 1/8 Th Chomsin; Zi. 800–1000 B; ❂) Die großen Zimmer haben glänzende schwarze Möbel und Duschen mit Warmwasser. Die teureren Zimmer haben Veranden, bekommen aber auch mehr Straßenlärm ab.

Ban Somboon (☎ 0 3251 1538; 13/4 Soi Damnoen Kasem; Zi. 950–1200 B; ❂) Familienfotos, ein kleiner Garten und ein winziger Buddhaschrein machen diese Unterkunft aus, in der man sich wie bei seiner thailändischen Lieblingstante fühlt. Im Preis inbegriffen ist das Frühstück, das dem von der kleinen Bäckerei herüberziehenden Duft nach nach süßen Köstlichkeiten besteht. In derselben *soi* gibt's noch ein paar andere gute Pensionen.

Pensionen am Pier

In der Th Naresdamri gibt es mehrere Gästehäuser am Pier mit einfachen Zimmern und Meerblick. Diese Lage hat natürlich ihren Preis, und in den Gemeinschaftszimmern kann es etwas lauter zugehen. Aber unter seinen Füßen die Wellen rauschen zu hören, ist eine ganz eigene, wohltuende Erfahrung. Bei Ebbe hört man oft, wie das Duschwasser auf den Strand läuft – also biologisch abbaubare Seife verwenden.

Mod (☎ 0 3251 2296; Th Naresdamri; Zi. 200–450 B; ❂) Glücklicherweise ist das zweistöckige Haus innen besser als sein schäbiges Äußeres. Die Zimmer im OG sind teurer, aber auch luftiger und haben einen besseren Ausblick. Die billigsten Zimmer haben nur Ventilator.

Sirima (☎ 0 3251 1060; Th Naresdamri; Zi. 250–650 B; ❂) Das Sirima hat eine tolle Fassade mit Buntglasfenstern und lackiertem Holz. Ein langer Flur führt zur Gemeinschaftsterrasse mit Blick aufs Wasser. Die kleinen Zimmer haben blaue Teppiche und einfache Badezimmer – da bleibt man lieber auf der Terrasse.

Bird Guest House (☎ 0 3251 1630; 31/2 Th Naresdamri; Zi. 400–600 B; ❂) Das Bird ist kleiner und ruhiger als die anderen Gästehäuser am Pier, wenn auch ziemlich verfallen. Aber die Betreiberfamilie ist sehr freundlich, und es gibt eine einsame Terrasse am Ende des Piers.

MITTELKLASSEHOTELS

Hua Hins Mittelklassehotels sind klein, ruhig und modern und haben klimatisierte Zimmer mit Kühlschrank und Kabel-TV. Außerdem gibt es ein paar neu eröffnete Hotels. In der

Th Chomsin, in Gehweite zu einigen der besten Restaurants von Hua Hin, findet man einige Boutique-Unterkünfte.

Rajana Garden House (☎ 0 3251 1729; www.rajanahouse.com; 3/9 Th Sasong; Zi. 1000 B; ❂) Den Zimmern fehlt zwar der Designerlook der anderen Mittelklassehotels hier, dafür sind sie etwas billiger, und der klimatisierte Bus aus Bangkok hält in der Nähe. Um dem Lärm der geschäftigen Th Sasong zu entgehen, nach einem Zimmer nach hinten raus fragen oder für 1500 B den Bungalow im grünen Garten mieten.

Sand Inn (☎ 0 3253 2060; www.sandinn-huahin.com; 38/1-4 Th Phunsuk; Zi. 1000–1600 B; ❂ ❂) Hinter dem unscheinbaren Äußeren versteckt sich ein kunstvoll gestaltetes Inneres mit der witzigsten Korridorbeleuchtung, die wir in einem Mittelklassehotel gesehen haben. Manche Zimmer haben riesige Balkone. Der neue Pool sieht vielversprechend aus, wurde aber während unseres Besuchs kaum genutzt.

Baan Oum-or Hotel (☎ 0 3251 5151; 77/18-19 Th Phetkasem, Soi 63; Zi. ab 1200 B; ❂) Die Zimmer sind groß und hell, aber es gibt nur sieben – also im Voraus buchen.

ChaLeLarn (☎ 0 3253 1288; www.chalelarn.com; 11 Th Chomsin; Zi. 1200–1300 B; ❂ 💻) Das ChaLeLarn hat eine wunderschöne Lobby mit Holzboden, und in den Zimmern warten riesige Betten. Obendrein gibt's Veranden, Frühstück und kostenloses WLAN.

Chomsin (☎ 0 3251 5348; www.chomsinhuahin.com; 130/4 Th Chomsin; Zi. 1300 B; ❂ 💻) Das Chomsin in der Nähe von Strand und Nachtmarkt hat superkomfortable, wenn auch etwas kahle Zimmer mit Holzböden, sauberen Badezimmern und Kabel-TV. Manche der Zimmer in den unteren Etagen blicken auf die Mauern der Nachbargebäude.

Jed Pee Nong (☎ 0 3251 2381; www.jedpeenonghotel-huahin.com; 17 Th Damnoen Kasem; Zi. 1500–1800 B; ❂ 💻) Das familienorientierte Hotel hat einen kleinen kindgerechten Pool (Kids lieben die Wasserrutschen) und größere Dreibettzimmer für die ganze Familie. Die mit Cartoon-Helden verzierten Duschvorhänge sorgen für Spaß beim Baden. Von dem zentral gelegenen Hotel ist man in ein paar Minuten zu Fuß am Strand.

Araya Residence (☎ 0 3253 1130; www.araya-residence.com; 15/1 Th Chomsin; Zi. 1500–2000 B; ❂ 💻) Die Kombination von Holz und Beton schafft bei dem neuen Hotel eine rustikale und zugleich moderne Atmosphäre. Die Zimmer haben spezielle Extras wie Schreibtische und

DIE NÖRDLICHE GOLFREGION

Sofas, und die Flügeltüren führen zu geräumigen gekachelten Badezimmern. Absolut empfehlenswert.

Ungefähr 1 km südlich von Hua Hin liegt eine kleine Traveller-Enklave mit Gästehäusern mittlerer Preisklasse. Zimmerpreise (Juli–Sept. 600–900 B, Okt.–Juni 1000–1350 B) und Ausstattung (sauber, komfortabel, modern) sind bei allen etwa gleich. Empfehlenswert sind folgende Häuser (beide mit Pool und in Gehweite zum Strand):

Jinning Beach (☎ 0 3251 3950; www.jinningbeach guesthouse.com; Zi. 800–1700 B; ✷ ✉)

Thipurai (☎ 0 3251 2210; www.thirupai.com; Zi. 1350 B; ✷ ✉)

SPITZENKLASSEHOTELS
Hua Hin hat beeindruckend viele Luxushotels. Weitere Spitzenklassehotels findet man gleich nördlich bzw. südlich des Stadtzentrums.

Baan Bayan (☎ 0 3253 3544; www.beachfronthotel huahin.com; 119 Th Phetkasem; Zi. 6000–11 000 B; ✷ ✉) Das Anfang des 20. Jhs. im Kolonialstil errichtete Strandhaus ist perfekt für Traveller, die Luxus, aber nicht das Überangebot der großen Resorts haben wollen. Die luftigen Zimmer mit hohen Decken sind in entspannendem Buttergelb gestrichen, die Angestellten sind sehr aufmerksam, und die Lage könnte nicht strandnäher sein.

LP Tipp Sofitel Grand Resort & Villas (☎ 0 3251 2021, in Bangkok 0 2541 1125; www.sofitel.com; 1 Th Damnoen Kasem; Zi. ab 7000 B; ✷ 🖥 ✉) Das frühere Railway Hotel ist heute ein zauberhafter, zweistöckiger Palast im Kolonialstil mit drei Pools, weitläufigem Gelände am Strand, einem Spa und Sportangeboten. Die luxuriösen Zimmer mit europäischem Flair liegen entweder am alten kolonialzeitlichen oder im neuen, moderneren Flügel. Wochentags und in der Nebensaison sind Rabatte von bis zu 40 % möglich. Dasselbe gilt, wenn man über das Bangkoker Büro bucht. Einen Besuch wert ist auch das Café in der Lobby, das zugleich als Museum über die faszinierende Geschichte des Hotels fungiert. Das Café tauchte übrigens auch im Film *The Killing Fields – Schreiendes Land* von 1984 auf.

Anantara Resort & Spa (☎ 0 3252 0205; www.anantara.com; Zi. ab 7500 B; ✷ ✉) Etwa 4,5 km von der Stadt entfernt liegt diese 5,5 ha große, landschaftlich wunderschön gestaltete Anlage mit exquisiten Villen und Suiten im Thai-Stil. Das Anwesen schafft es mühelos, ungezwungen und luxuriös zugleich zu sein. In den herrlichen Teakholzbungalows verstecken sich tolle Wellnessbereiche, und aktivere Traveller können zwischen Tennis, Golf und einer Reihe Wassersportarten wählen.

Chiva-Som International Health Resort (☎ 0 3253 6536; www.chivasom.com; 74/4 Th Phetkasem; 3 Nächte ab 2070 US$; ✷ ✉) Das 3,5 km südlich der Stadt an einem Privatsee gelegene Chiva-Som ist das ultimative Refugium für überarbeitete, gestresste (und vielleicht auch überbezahlte) erfolgreiche Geschäftsleute und Berühmtheiten. Der thailändisch-sanskritische Name bedeutet „Zuflucht des Lebens", und die 200 Angestellten verbinden östliche und westliche Gesundheitskonzepte mit Ernährungsplanung und Stepp, Wasseraerobic und thailändischen, schwedischen oder Unterwassermassagen. Im Preis inbegriffen sind drei Mahlzeiten am Tag, Gesundheits- und Fitnessberatung, Massagen und all die anderen Aktivitäten. Es gibt auch Pauschalangebote für eine Woche, zehn Tage und zwei Wochen mit speziellen Entzugs- und Fitnessprogrammen.

Essen
Zu den großen Sehenswürdigkeiten von Hua Hin gehört auch der preiswerte Chatchai-Markt im Stadtzentrum. Hier versorgen die Straßenverkäufer allabendlich ganze Horden von Hungrigen mit frischen Meeresfrüchten. Auf dem Markt gibt's auch ausgezeichnetes thailändisches Frühstück: Sehr gut sind die Reissuppen *jóhk* und *kôw dôm* sowie die frisch frittierten, kleinen und knusprigen, aber nicht fettigen *ʼbah·tôrng·góh* (chinesische Donuts nach Hua-Hin-Art, 3 B/3 Stück). Einige Verkäufer bieten auch warme Sojamilch in Schalen (5 B) an – die Thais tauchen zum Frühstück ein paar *ʼbah·tôrng·góh* in Sojamilch. Ab 17 Uhr findet in der Th Dechanuchit ein wuseliger Nachtmarkt statt. Inzwischen gibt es hier zwar mehr DVD- und T-Shirt-Verkäufer als Imbissbuden, aber der Markt brummt trotzdem. Wer auf der Suche nach authentischem Thai-Essen ist, hält sich an die Imbissstände, die so gegen 17 Uhr in den Nebenstraßen der Th Chomsin aufmachen.

Zu den besten Meeresfrüchten in Hua Hin gehören *ʼblah säm·lee* (Cotton Fish oder Königsfisch), *ʼblah grà·pong* (Barsch), *ʼblah mèuk* (Tintenfisch), *hŏy má·laang pôo* (Muscheln) und *ʼboo* (Krebs). Frische Fische und Meeresfrüchte gibt's überall in der Stadt; die größte Auswahl hat man aber in der Th Naresdamri, wo man viele Fischrestaurants mit offenen

Sitzbereichen findet. Am Strand kann man sich ein kaltes Singha und leckere Krebse bestellen, ohne den Liegestuhl zu verlassen.

Chalasai (7 Th Naletmanley; Hauptgerichte 50–120 B; ☻ 9–21 Uhr) Das am Meer liegende Chalasai (gegenüber vom Monsoon; keine Ausschilderung in lateinischen Buchstaben) mit seinem kleinen Hof braucht seine Atmosphäre nicht zusätzlich aufzupeppen. So steckt es all seine Energie in die leckeren, preisgünstigen thailändischen Meeresfrüchte.

Sidewalk Café (☎ 0 8438 5518-7; Soi Selakam; Kaffee 50 B, Frühstück 70–130 B; ☻ 8.30–1 Uhr) Der herzliche Eigentümer Tim preist sein Café als das „wohl beste der Stadt" an – und er hat recht. Klasse sind auch das reichhaltige Rührei und der frisch gepresste Saft. Bei unserem Besuch war Tim gerade dabei, das Café auch als Nachtbar zu gestalten – nach der Eröffnung wird's hier sicher entspannt und freundlich zugehen.

World News Coffee (☎ 0 3253 2475; 130/2 Th Naresdamri; Gerichte 70–130 B; ☻ morgens, mittags & abends) Das nach dem Vorbild von Starbucks gestaltete Café serviert westliches Frühstück mit Bagels, Croissants und vielen Kaffeevariationen. Für 40 B pro Stunde kann man auch im Internet surfen. Außerdem kann man beim ersten Kaffee am Morgen Zeitschriften und Zeitungen durchblättern.

Moon Smile (Th Phunsuk; Gerichte 80–200 B; ☻ mittags & abends) In der Th Phunsuk gibt's eine ganze Reihe preisgünstiger Thai-Restaurants, wo man auf Wunsch sein Essen auch wirklich thailändisch scharf gewürzt bekommt. Das Moon Smile ist das beste (unser Tipp: gegrilltes Rindfleisch und Auberginensalat), aber auch das Platoo, ein paar Türen weiter, ist eine gute Wahl.

Bamboo (☎ 08 9164 3526; 27/1 Th Dechanuchit; Gerichte 80–210 B; ☻ 9–1 Uhr) Das beliebte Elmar heißt zwar inzwischen Bamboo (allerdings hing bei unserem Besuch draußen noch das alte Schild), aber die 15-jährige Tradition von exzellenten europäischen Gerichten und Hausmannskost wird weitergeführt. Hier gibt's tatsächlich u. a. Gulasch (125 B) und Wiener Schnitzel (210 B).

Maha Raja (☎ 0 3253 0347; 25 Th Naresdamri; Gerichte 90–200 B; ☻ mittags & abends) Die indische Küche kommt überall gut an; und das ist in diesem Bollywood-Schrein mit vernünftigen Preisen auch so.

Monsoon (☎ 0 3253 1062; 62 Th Naresdamri; Gerichte 120–300 B, Nachmittagstee 120 B; ☻ 14–24 Uhr) Eine ausgezeichnete Weinkarte und stimmungs-

volle Beleuchtung machen dieses vietnamesische Restaurant aus. Das in einem hübschen, restaurierten zweistöckigen Teakholzhaus untergebrachte Monsoon ist das romantischste (und teuerste) Restaurant in Hua Hin. Hier gibt's thailändische wie auch europäische Gerichte und ab 15 Uhr Nachmittagstee.

Delizie Italian Delicatessen (☎ 0 3253 0192; 1/13 Th Sasong; Gerichte 160–380 B; ☻ 9–21 Uhr) Hier kriegt man alles für ein italienisches Picknick: Oliven, Salami, Pesto, Baguettes. Und an den kleinen Bistrotischen drinnen kann man das authentisch italienische Ambiente genießen.

Brasserie de Paris (☎ 08 1826 6814; 3 Th Naresdamri; Gerichte 350–500 B) Frankreich lässt grüßen: Ein echter französischer Koch zaubert echte französische Gerichte, die man in dem hellen und luftigen Speisesaal im Obergeschoss an den Bistrotischen mit Meerblick genießen kann. Hervorragend sind die vor Ort gefangenen Krebse. Hier ist alles beruhigend teuer.

Ausgehen

Im Basar von Hua Hin gibt's einige von Europäern geführte *fa·ràng*-Bars. Manche bieten die typische Atmosphäre thailändischer Animierbars, andere sehen sich als „Sportbars" und haben Großbildfernseher. Die Soi Bintaban ist voller Striplokale, die um die Gunst der Passanten buhlen. Die Gegend an sich ist nicht gefährlich, gewährt aber einen Einblick in die zwielichtigen Seiten des Tourismus. Nahe der Th Naresdamri sind ein paar klassische Kneipen, wo es erträglicher zugeht.

O'Neill's Irish Pub (☎ 0 3251 1517; 5 Th Phunsuk; ☻ 8.30–24 Uhr) Obwohl man sich im O'Neill's (das frühere Crawford's) nicht direkt nach Dublin versetzt fühlt, ist es doch ein authentischer irischer Pub mit geselliger, stimmungsvoller Atmosphäre auf zwei Etagen mit vielen versteckten Ecken und Winkeln. Auf mehreren Fernsehern läuft Live-Sport. Außerdem werden deftige Gerichte aufgetischt, u. a. Fish & Chips. Montags bis donnerstags gibt's das Bier vom Fass billiger. *Slainte!*

Mai Tai Cocktail & Beer Garden (☎ 0 3253 3344; 33/12 Th Naresdamri; ☻ 12–1 Uhr) Die prima zum Leute beobachten geeignete Terrasse mit coolen Sesseln zieht massenweise lässige Traveller an. Ein gezapftes Chang-Bier kostet nur 45 B.

Bernie's (☎ 0 3253 2601; Hua-Hin-Basar, Th Damnoen Kasem) Der Inhaber ist ein großer Golffan und hat jede Menge Infos über die Golfplätze in der Gegend. Auf den riesigen Fernsehern läuft den ganzen Tag Sport – vor allem Golf.

Hua Hin Brewing Company (☎ 0 3251 2888; 33 Th Naresdamri; ☺ ab 17 Uhr) Hier wird zwar kein Bier mehr gebraut, aber abends spielen meistens Livebands, und danach legt ein ziemlich guter DJ auf. Drinnen ist es so dunkel wie im Bauch von Jonas' Wal – man sitzt lieber draußen auf den geräumigen Terrassen und beobachtet das bunte Treiben auf der Th Naresdamri.

el Murphy's Mexican Grill & Steakhouse (☎ 0 3251 1525; 25 Soi Selakam) Hier findet man eine ungewöhnliche Mischung aus Pints und mexikanischem Essen. Man kann mal kurz auf einen Longdrink reinschauen und das Abendessen sausen lassen, wenn man sich nicht auf eine irische Bar einlassen will, in der thailändische Köche versuchen, mexikanisch zu kochen.

In der Soi Selakam gibt's zwischen dem Sidewalk Café und dem el Murphy's mehrere Animierbars, aber manche ohne Animierdamen – das No Name und das Lord Nelson's sind zwei von ihnen.

An- & Weiterreise

Die **SGA** (☎ 0 3252 2300, in Bangkok 0 2134 3233; www. sga.co.th) fliegt mit einem Zwölfsitzer um 12.30 und 17.30 Uhr von Bangkoks Suvarnabhumi International Airport nach Hua Hin (einfache Strecke 3700 B, 40 Min.).

Klimatisierte Busse verkehren zwischen Bangkoks südlichem Busbahnhof und Hua Hin (140–165 B, 3 Std.). Abfahrt in Hua Hin ist 70 m nördlich des Rajana Garden House in der Th Sasong (vor dem Siripetchkasem Hotel, stündl. 4–22 Uhr).

Vom neuen großen Busbahnhof südlich der Stadt in der Th Phetkasem fahren klimatisierte Busse zu vielen Zielen im ganzen Land. Mindestens einmal am Tag fährt ein Bus nach Phetchaburi (85 B, 1½ Std.), Cha-am (45 B, 30 Min.), Prachuap Khiri Khan (60–80 B, 1½ Std.), Chumphon (160 B, 4 Std.) und Surat Thani (270 B, 7 Std.). Demnächst soll es auch einen Direktbus nach Chiang Mai geben.

Nichtklimatisierte Busse fahren häufig nach Phetchaburi (50 B, 1½ Std.) und Cha-am (25 B, 30 Min.); Abfahrt ist nahe der Kreuzung Th Chomsin und Th Phetkasem.

Regelmäßig fahren Minivans von Bangkoks Victory Monument zur Th Phetkasem (200 B).

Häufig fahren Züge von/zu Bangkoks Bahnhof Hualamphong (2. Klasse 292–382 B, 3. Klasse 100–234 B, 4 Std.) und zu anderen Bahnhöfen, die an der südlichen Bahnstrecke liegen.

Unterwegs vor Ort

Obwohl die Samlor-Tarife in Hua Hin von der Stadtverwaltung festgelegt sind, kommt man ums Feilschen meistens nicht rum. Eine Fahrt vom Bahnhof zum Strand kostet z. B. 50 B und vom Hauptbusbahnhof zur Th Naresdamri 40 bis 50 B (je nach Größe des Gepäcks). Die meisten Fahrer verlangen aber zunächst mindestens das Doppelte.

Motorräder (250–500 B/Tag) und Fahrräder (100 B/Tag) kann man in ein paar Läden in der Th Damnoen Kasem nahe dem Hotel Jed Pee Nong leihen. Wer ein Auto oder einen Geländewagen mieten will, kann sich auch an die meisten Reisebüros wie Ken Diamond (S. 611) wenden. Für einen Suzuki-Geländewagen zahlt man etwa 1500 B pro Tag und für ein kleines Auto ca. 2000 B pro Tag.

KHAO SAM ROI YOT NATIONAL PARK

อุทยานแห่งชาติเขาสามร้อยยอด

Gigantische Kreidefelsen, Höhlen und Strände bilden die dramatische Kulisse dieses 98 km² großen **Parks** (☎ 0 3282 1568; Erw./Kind 200/100 B), dessen Name nichts anderes bedeutet als „Dreihundert Berggipfel". Die Lagunen und das Küstenmarschland eignen sich ausgezeichnet zum Beobachten von Vögeln. Wer eine kleine Kletterpartie nicht scheut, wird mit traumhaften Ausblicken auf die Küstenlandschaft des Golfs belohnt.

Ein gutes Insektenschutzmittel ist absolut erforderlich – besonders in der Regenzeit (Juni–Nov.). Am 18. August 1868 versammelten sich hier Rama IV. und ein großes Gefolge aus thailändischen und europäischen Gästen, um eine totale Sonnenfinsternis zu erleben (angeblich vom Monarchen höchstpersönlich vorausgesagt). Ein französischer Chefkoch bereitete eigens zu diesem Anlass ein großes Festmahl vor. Zwei Monate später starb der König an Malaria, übertragen von Moskitos, die ihn hier gestochen hatten. Heutzutage ist das Malariarisiko im Park zwar gering, aber die Moskitos können dennoch ziemlich lästig sein.

Orientierung & Praktische Informationen

Der Park hat drei Hauptquartiere (Hat Laem Sala, Ban Rong Jai und Ban Khao Daeng) und drei Besucherzentren (Hat Laem Sala, Hat Sam Phraya und Ban Khao Daeng). Ein Naturlehrzentrum befindet sich am Ende der 1 km langen Straße, die von Ban Rong Jai nach

Norden führt. Auf der Straße südlich von Pranburi und auf der Straße östlich des Hwy 4 gibt's einige Kontrollpunkte. Hier ist der Eintritt zu bezahlen oder die bereits gekaufte Eintrittskarte vorzuzeigen.

Sehenswertes & Aktivitäten

STRÄNDE

Beide Strände des Parks sind recht gut ausgestattet: von Imbissständen bis hin zu Picknickplätzen und Toiletten.

Hat Laem Sala ist ein Sandstrand, der an drei Seiten von Kalksteinhügeln und Kasuarinen eingerahmt ist. Es gibt ein kleines Besucherzentrum, ein Restaurant, Bungalows und Campingplätze. In Bang Pu kann man Boote zum Strand für bis zu zehn Personen mieten (hin & zurück 250 B, 15 Min.). Von Bang Pu aus ist der Strand in ca. 20 Minuten zu Fuß über einen steilen Pfad zu erreichen.

Hat Sam Phraya, 5 km südlich von Hat Laem Sala, ist ein 1 km langer Strand mit Restaurant und Toiletten.

HÖHLEN

Im Khao Sam Roi Yot gibt es drei sehenswerte Höhlen. Die beliebteste unter ihnen ist **Tham Phraya Nakhon** – und das zu Recht: Hier befindet sich ein lichtgefluteter königlicher *sala* (Versammlungshalle), der 1890 für Rama V. gebaut wurde. Vom Hat Laem Sala führt ein 430 m langer, steiler, felsiger und manchmal rutschiger Weg (gutes Schuhwerk tragen) hinauf. Oben angelangt, findet man zwei große Grotten mit Dolinen – die Versammlungshalle ist die zweite der beiden.

Tham Kaew, 2 km hinter der Abfahrt nach Bang Pu, hat eine Reihe von Kammern, die durch enge Gänge miteinander verbunden sind. Man betritt die erste Grotte über eine Leiter. Hier gibt's jede Menge Stalaktiten und Kalksteinformationen, die mit glitzernden Kalzitkristallen übersät sind – daher auch der Name „Juwelenhöhle". Lampen kann man sich vor Ort ausleihen, aber besser ist es, man vertraut sich einem Parkranger an, denn es gibt einige gefährliche Stellen.

Tham Sai liegt in einem Hügel nahe Ban Khung Tanot, 2,5 km von der Hauptstraße entfernt zwischen den Stränden Laem Sala und Sam Phraya. An einem kleinen Stand in der Nähe des Höhleneingangs verleihen Dorfbewohner Lampen (40 B). Ein 280 m langer Weg führt hügelauf zur Höhle, die aus einer einzigen Grotte voller Stalaktiten und Stalag-

miten besteht. Vorsicht an den steilen Hängen im Inneren der Höhle.

WANDERN

Etwa 30 Minuten dauert die Wanderung auf dem Stufenpfad in der Nähe des Hauptquartiers in Ban Khao Daeng bis zur Spitze des **Khao Daeng**. Von hier aus bietet sich ein grandioser Blick auf die Kalksteinklippen und die zerklüftete Küste. Bei Sonnenuntergang läuft einem vielleicht sogar eine Seraue (asiatische Ziegenart) über den Weg. Alle, die etwas mehr Zeit und Energie haben, sollten weitere 605 m bis zur Spitze des **Khao Krachom** hinaufsteigen. Von dort oben ist die Aussicht fantastisch.

KAJAKFAHREN

Im Fischerdorf Ban Khao Daeng verleiht **Horizon Adventure** (☎ 08 1820 9091) Kajaks für 400 B pro Tag, in denen man die Mangrovenwälder voller Tiere nach Lust und Laune erforschen kann.

TIERE BEOBACHTEN

Zur Tierwelt gehören Muntjakhirsche, Javaneraffen, Faultiere, Malaiische Schuppentiere, Fischkatzen, Zibetkatzen, Otter, Serauen, Javanische Mungos, Warane und dunkle Languren. Wahrscheinlich ist es aber wegen des zunehmenden Tourismus eher selten, hier wirklich wilde Tiere anzutreffen.

Da sich über dem Park die ostasiatischen und australischen Vogelzugstrecken kreuzen, wurden hier bereits über 300 Arten von Zugvögeln und einheimischen Vögeln verzeichnet, darunter Chinadommeln, Zimtdommeln, Purpurhühner, Wasserrallen, Zimtsumpfhühner, Hindublatthühnchen, Graureiher, Buntstörche, Pfeifgänse, Schelladler und Schwarzhalsibisse. Der Park gehört zu den letzten drei Gebieten des Landes, in denen der Purpurreiher brütet. Zudem befindet sich hier Thailands größte Süßwassermarsch (mit Mangroven- und Wattgebieten).

Wasservögel sind am häufigsten zur kühleren Jahreszeit zu sehen. Das Eindringen der Krabbenfischer hat in dieser Gegend leider einen Großteil des Mangrovendickichts und andere Feuchtgebiete zerstört und damit den Vögeln einen wichtigen Lebensraum geraubt. Zwischen November und März lassen sich die Wasservögel am besten beobachten. Die Vögel kommen von weither, um hier zu überwintern – aus Sibirien, China und Nordeuropa.

In Khao Daeng können Boote gechartert werden, um auf einer **Bootsfahrt** (300 B, 1½ Std.) entlang des Kanals am Morgen oder am Nachmittag einige dieser Vögel zu entdecken. Es ist ratsam, sich etwas mit dem Bootsführer zu unterhalten bevor man losdüst, um zu prüfen, ob eine Verständigung möglich ist. Gute Bootsführer kennen die englischen Namen der Wasservögel und machen die Gäste auf die Tiere aufmerksam.

Schlafen & Essen

Es gibt Campingplätzen und Bungalows und ein paar private Unterkünfte im Resort-Stil.

Royal Forestry Department (☎ 0 2562 0760; www. dnp.go.th; Stellplatz 30 B/Pers., Bungalow 5–6 Pers. 1200–1400 B, 6–9 Pers. 1600–2200 B) Die Forstbehörde vermietet Bungalows am Hat Laem Sala und am Besucherzentrum in der Nähe des Aussichtspunkts Khao Daeng. Auf den Campingplätzen nahe des Khao-Daeng-Aussichtspunkts, am Hat Laem Sala oder am Hat Sam Phraya kann man sein Zelt aufschlagen. Überall dort gibt's auch einfache Restaurants.

Dolphin Bay Resort (☎ 0 3255 9333; www.dolphin bayresort.com; 227 Mu 4, Bungalow ab 1490 B; ✷ ▢ ▨) In der familienfreundlichen Anlage mit zwei großen Pools und einem exzellenten Restaurant wählt man zwischen hotelartigen Zimmern und gut eingerichteten Bungalows. Im Angebot sind eine ganze Reihe von Ausflügen zu den nahe gelegenen Inseln und zum Nationalpark. Zwischen Februar und Mai sieht man manchmal vor der Küste Chinesische Weiße Delfine.

Long Beach Inn (☎ 0 3255 9068; www.longbeach-thai land.com; 223/4 Mu 4, Phu Noi; Zi. 1950 B; ✷ ▢ ▨) Das Long Beach in Gehweite zum gleichnamigen Strand hat komfortable Zimmer mit Klimaanlage in neuen Villen rund um einen hübschen Pool.

LP Tipp **Brassiere Beach** (☎ 08 1734 4343; www. brassierebeach.com; 210 Mu 5, Cosy Beach; Villa 4200–9425 B; ✷) Die neun atemberaubenden Villen im Mexiko-Stil liegen in einer Privatbucht mit weißem Sandstrand. Die witzigen Eigentümer haben sie mit Retro-Möbeln, CD-Playern und verspielten Namen wie La Perla und Wacoal versehen. Die Einzigartigkeit des Brassiere Beach sollte unbedingt unterstützt werden!

An- & Weiterreise

Der Park liegt 40 km südlich von Hua Hin und ist am besten mit dem Auto zu erreichen. Von Hua Hin aus fährt man über den Hwy 4 (Th Phetkasem) nach Pranburi. Dort an der Hauptkreuzung links abbiegen und der Straße 2 km folgen. Wenn sich die Straße gabelt, rechts halten und ihr weitere 2 km folgen. An der Polizeistation rechts abbiegen. Von hier aus sind es noch 19 km bis zum Parkeingang und weitere 14 km bis zum Hauptquartier am Hat Laem Sala.

Wer von Süden kommt, kann den Eingang am Hwy 4 nehmen. Dazu an der Kilometermarke 286,5 vom Highway rechts abfahren (der Park ist hier auch ausgeschildert) und der Straße 13 km bis zum Hauptquartier in Ban Khao Daeng folgen.

Wer kein eigenes Auto hat, kann per Bus oder Zug nach Pranburi fahren und von dort ein Songthaeo (50 B, 8–16 Uhr alle 30 Min.) nach Bang Pu nehmen, einem kleinen Dorf im Park. Von Bang Pu ist der Hat Laem Sala zu Fuß zu erreichen, oder man nimmt ein Boot (hin & zurück 250 B, 15 Min.).

Für die Strecke von Pranburi zum Park kann man auch ein Songthaeo (350–500 B) oder ein Motorradtaxi (250 B) mieten. Als Ziel sollte *ù·tá·yahn hàang châht* (Nationalpark) und nicht Ban Khao Sam Roi Yot angegeben werden. Die meisten Reisebüros in Hua Hin (S. 611) organisieren Fahrten und Touren im Park. **Hua Hin Adventure Tour** (☎ 0 3253 0314; www.huahinadventuretour.com) hat die beste Auswahl an ausgefalleneren Aktivitäten.

PRACHUAP KHIRI KHAN

ประจวบคีรีขันธ์

27 700 Ew.

Das zwischen steilen Kalksteinfelsen und Inseln angesiedelte Prachuap Khiri Khan ist von Pastelltönen geprägt: Eine hellgelbe Uferpromenade folgt dem tiefliegenden Strand mit weichem Sand, und im seidenblauen Wasser tänzeln farbenfrohe Fischerboote. Mit etwas Fantasie könnte man meinen, man sei in Südfrankreich. Der verschlafene Küstenort ist zwar die Provinzhauptstadt, hat aber die entspannte Atmosphäre einer Kleinstadt. Attraktionen gibt's hier kaum. Man kann aber – umringt von einer Horde neugieriger Affen – zu dem auf einem Hügel gelegenen Wat hinaufklettern, gemütlich mit dem Motorrad zu den nördlich und südlich der Stadt gelegenen traumhaften Stränden fahren oder einige der frischsten (und günstigsten) Meeresfrüchte in ganz Thailand genießen.

In der Stadt erinnern noch einige Straßennamen an die Gefechte nach der Invasion der

japanischen Truppen am 8. Dezember 1941: Phithak Chat (sein Land verteidigen), Salachip (sein Leben opfern) und Suseuk (in der Schlacht kämpfen).

Praktische Informationen

Bangkok Bank (Ecke Th Maitri Ngam & Th Sarachip)

Polizei (Th Kong Kiat) Westlich der Th Sarachip.

Post (Ecke Th Maitri Ngam & Suseuk) Beim Telefonbüro.

Prachuap Video (Th Sarachip; 30 B/Std.; ☺ 9–21 Uhr) Internetzugang; nahe der Th Maitri Ngam.

Thai Farmers Bank (Th Phitak Chat) Nördlich der Th Maitri Ngam.

Touristeninformation (☎ 0 3261 1491; Th Chai Thaleh; ☺ 8.30–16.30 Uhr) Am nördlichen Stadtrand. Die Angestellten sprechen Englisch.

Sehenswertes & Aktivitäten

Der **Khao Chong Krajok** (Spiegeltunnelberg – nach dem Loch im Berg, das den Himmel widerzuspiegeln scheint) ist von fast überall in Prachuap Khiri Khan zu sehen. Am oberen Ende einer langen Treppe auf den kleinen Berg steht der **Wat Thammikaram**, den Rama VI. errichten ließ. Von hier oben bietet sich ein toller Blick auf die Stadt und die Bucht, selbst das 11 km entfernte Myanmar ist zu sehen. Horden von Affen tragen auf dem Weg nach oben zur Unterhaltung bei. Die anspruchsvolleren Gesellen unter ihnen nehmen ein Bad in dem kleinen Becken am Fuß des Berges.

Nach weiteren 4 km auf der Strandstraße in Richtung Norden erreicht man **Ao Bang Nang Lom**, ein kleines Dorf, in dem hölzerne Fischerboote noch immer nach traditionellen thailändischen Methoden gebaut werden. Die fleißigen Bewohner fangen hier einen Fisch namens *blah ching chang*, den sie trocknen und für Händler aus Sri Lanka lagern. Einige Kilometer nördlich der Ao Bang Nang Lom liegt in einer weiteren Bucht, der **Ao Noi**, mit einem kleinen Fischerdorf und dem komfortablen Aow Noi Sea View (S. 621).

6 km südlich der Stadt liegt die landschaftlich schöne und mit Inseln übersäte Bucht **Ao Manao**, gesäumt von sauberen, weißen Sandstränden. Ein thailändischer Luftwaffenstützpunkt bewacht den Zugang zur Bucht, die einmal wöchentlich mit militärischer Genauigkeit gereinigt wird. Es gibt einige *sala* sowie ein Hotel und ein Restaurant. Hier können Stühle, Schirme und Gummischwimmreifen ausgeliehen sowie Essen und Getränke gekauft werden. Auf einem Golfplatz mit dazugehöriger Driving Range relaxt die thailändische Mili-

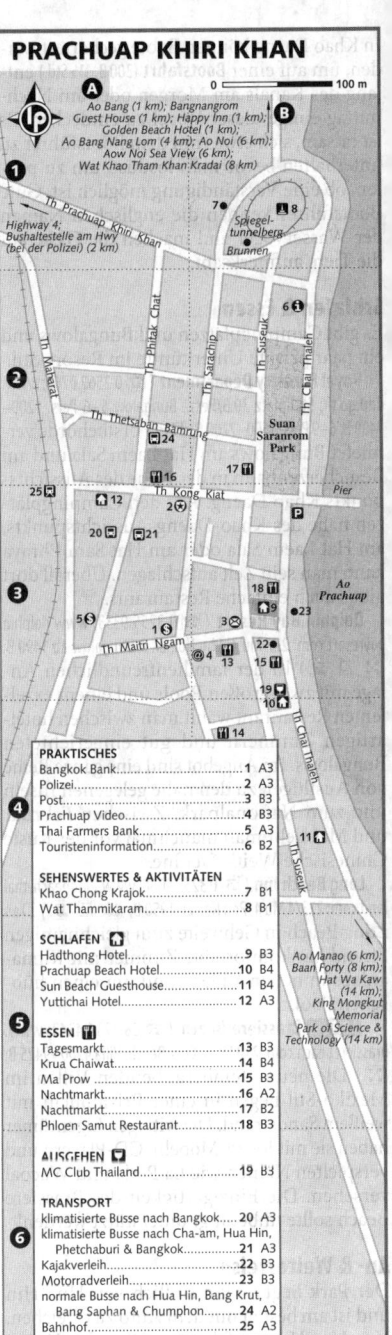

PRACHUAP KHIRI KHAN

0 — 100 m

Ao Bang (1 km); Bangnangrom Guest House (1 km); Happy Inn (1 km); Golden Beach Hotel (1 km); Ao Bang Nang Lom (4 km); Ao Noi (6 km); Aow Noi Sea View (6 km); Wat Khao Tham Khan Kradai (8 km)

Highway 4; Bushaltestelle am Hwy (bei der Polizei) (2 km)

Th Prachuap Khiri Khan

Spiegel-tunnelberg
Brunnen

Th Maharat • Th Phitak Chat • Th Sarachip • Th Suseuk • Th Chai Thaleh

Th Thetsaban Bamrung

Suan Saranrom Park

Th Kong Kiat

Pier

Ao Prachuap

Th Maitri Ngam

Th Chai Thaleh

Ao Manao (6 km); Baan Forty (8 km); Hat Wa Kaw (14 km); King Mongkut Memorial Park of Science & Technology (14 km)

tärelite. Der Strand selbst liegt etwa 3 km hinter dem Eingang zum Stützpunkt, wo man manchmal seinen Reisepass vorzeigen muss. Der Strand wird um 20 Uhr geschlossen.

Ungefähr 9 km südlich von Ao Manao liegt der **Hat Wa Kaw**, ein angenehmer, von Kasuarinen gesäumter Strand, der sogar noch ruhiger und sauberer ist als der von Ao Manao. Hier befindet sich der **King Mongkut Memorial Park of Science & Technology** (☎ 0 3266 1098; Eintritt frei; ☻ 8.30–16.30 Uhr), der an die Sonnenfinsternis von 1868 erinnert, zu der der König und sein 15-jähriger Sohn Prinz Chulalongkorn in den Süden gereist kamen. Englische Erklärungen sind leider rar – aber immerhin gibt's hier ein gutes Aquarium.

Schlafen

Nur langsam hält der Fortschritt Einzug in Prachuap, aber dank einiger neuer Gästehäuser hat sich die durchschnittliche Qualität verbessert. Steigt man statt in einer Budgetunterkunft in der Mittelklasse ab, bekommt man helle Zimmer mit Meerblick. Nördlich und südlich der Stadt findet man interessantere Unterkünfte an ruhigeren Stränden.

Yuttichai Hotel (☎ 0 3261 1055; 115 Th Kong Kiat; Zi. 150–200 B) Eine einfache Budgetunterkunft mit Kaltwasserduschen nahe dem Bahnhof. Die billigsten Zimmer teilen sich das Bad, und es gibt ein Zimmer mit Klimaanlage für 400 B. Das Café im Untergeschoss hat ordentlichen Kaffee und riecht nach Räucherstäbchen.

Hadthong Hotel (☎ 0 3260 1050; www.hadthong.com; 21 Th Suseuk; Zi. 700–1100 B; ☒ ▢ ☒) Einige der Zimmer des mehrstöckigen Hotels wurden mit neuem Fußboden aufgepäppelt, in den anderen liegen aber immer noch die alten Teppiche. Die freundlichen und sachkundigen Angestellten können Tipps geben, wie man den Tag verbringen kann. Ein Budgetzimmer im Keller gibt's für 500 B.

Sun Beach Guesthouse (☎ 0 3260 4770; www.sunbeach-guesthouse.com; 160 Th Chai Thaleh; Zi. 800–1000 B; ☒ ☒) Der neoklassische Stil und die gelbe Farbe bringen neues Leben in die Bude. Die Zimmer sind makellos sauber und haben große Veranden. Man kann im Pool oder Whirlpool herumtollen und dabei aufs Meer blicken.

Prachuap Beach Hotel (☎ 0 3260 1288; 123 Th Suseuk; Zi. 900–1000 B; ☒ ▢) Das neuste Hotel in der Stadt hat Zimmer mit gestärkter weißer Bettwäsche und farbbespritzten Wänden. Auf der einen Seite hat man einen tollen Blick aufs Meer, auf der anderen sieht man die Berge.

NÖRDLICH DER STADT

Gleich hinter der Brücke, 1 km nördlich der Stadt, liegt ein ruhiger Strand. Hierher kommen am Wochenende viele Thais.

Happy Inn (☎ 0 3260 2082; 149-151 Th Suanson; Bungalow 500 B) Einfache Bungalows (ohne Warmwasserduschen) stehen an einer Pflasterstraße. Die beiden am Ende haben den Charme von Holzhütten und hängen halb über dem Kanal. Neben dem zurückhaltenden, freundlichen Personal ist das Highlight ein Sitzbereich über dem von Mangroven gesäumten Ufer.

Golden Beach Hotel (☎ 0 3260 1626; 113-115 Th Suanson; Zi. 500–1200 B; ☒) Hier gibt's eine Reihe verschiedener Zimmer: Für 750 B bekommt man eins mit Panoramafenstern, von dem man das Meer und den Kanal sieht. Für 500 B blickt man nur auf die Garage. Alle Zimmer haben gefliste Duschen und Rattanmöbel.

Bangnangrom Guest House (☎ 0 3260 4841; 137 Th Suanson; Zi. 700–1000 B; ☒) Die sieben Zimmer haben helle Holzmöbel, Klimaanlage und Telefon. Die Wände der geräumigen Duschräume sind in Ziegeloptik bemalt.

AO-NOI-STRAND

5 km nördlich der Stadt liegt der Ao-Noi-Strand. Am südlichen Ende findet man einen kleinen Markt und viele blaue Fischerboote.

Aow Noi Sea View (☎ 0 3260 4440; www.aownoiseaview.com; 202/3 Mu 2; Zi. 800 B; ☒) Das dreistöckige Strandhotel mit Meeresbrise hat große Badezimmer, und draußen trocknet auf der Wäscheleine die Bettwäsche.

AO KHLONG WAN

Südlich der Stadt liegt Ao Khlong Wan.

Baan Forty (☎ 0 3266 1437; www.baanfortyresort.com; 555 Th Prachuap-Khlong Wan; Bungalow 800–1200 B; ☒) Hier verbringt man die Nächte in Betonbungalows am Privatstrand, und tagsüber relaxt man am Sandstrand oder im schattigen Garten, wo man auch mit riesigen Portionen Essen versorgt wird. Die freundlichen Eigentümer organisieren Touren und verleihen Fahrräder und Motorräder.

Essen & Ausgehen

Prachuap Khiri Khan ist berühmt für seine leckeren Meeresfrüchte; also gibt's hier viele Restaurants. Eine Spezialität ist *blah säm·lee dàat dee·o* – ein ganzer Cotton Fish, der der Länge nach aufgeschnitten und einen halben Tag lang zum Trocken in die Sonne gelegt, dann kurz frittiert und mit Mangosalat ser-

viert wird. Das klingt vielleicht eklig, schmeckt aber! An der Th Maitri Ngam findet ab dem frühen Morgen bis abends ein Markt statt. Außerdem gibt's noch zwei ausgezeichnete Nachtmärkte mit verschiedenen Ständen; der stimmungsvollere liegt gegenüber vom Pier.

Phloen Samut Restaurant (☎ 0 3261 1115; 44 Th Chai Thaleh; Gerichte 50–120 B; ☺ morgens, mittags & abends) Eins von mehreren Meeresfrüchteres-taurants an der Promenade. Es blickt aufs Meer und hat viele Meeresfrüchte im Angebot – eine gute Wahl. Der Service wäre sicher besser, wenn die Angestellten nicht dauernd Thai-Soaps im Fernsehen schauen würden.

Ma Prow (☎ 08 5293 7278; 48 Th Chai Thaleh; Gerichte 80–160 B; ☺ mittags & abends) In dem luftigen Holzpavillon gegenüber vom Strand bekommt man exzellenten 'blah säm·lee dàat dee·o. Im Hintergrund läuft ein faszinierender Mix aus westlicher und Thai-Musik – genauso sind die Gäste, die man hier am Wochenende sieht.

Krua Chaiwat (☎ 0 3260 4534; 143/1 Th Sarachip; Gerichte 80–220 B; ☺ morgens, mittags & abends) Mit hohen Decken und gestuften Böden was für Leute, die Atmosphäre und gutes Thai-Essen suchen. Der Kaffee ist auch nicht schlecht.

MC Club Thailand (Th Chai Thaleh; ☺ 12 Uhr–open end) Die halbherzig mit Motorradutensilien (man beachte das Rad) dekorierte Bar ist ein guter Ort, um einen langen Abend zu beginnen. In der Hauptsaison wächst der Club über die Promenade hinaus bis hin zum Strand

An- & Weiterreise

Klimatisierte Busse fahren häufig von/nach Bangkok (190–256 B, 5 Std.), Hua Hin (80 B, 1½ Std.), Cha-am (90 B, 2½ Std.) und Phetchaburi (95–105 B, 3 Std.). Abfahrt ist in der Th Phitak Chat nahe dem Zentrum. Wer Richtung Süden nach Phuket oder Krabi will, muss 2 km nach Nordwesten bis zur Polizei am Highway laufen, um dort einen vorbeifahrenden Bus zu nehmen. Wer nicht laufen will, nimmt ein Motorradtaxi (40–50 B). Normale (langsame) Busse fahren nach Hua Hin (60 B), Bang Krut (50 B), Bang Saphan Yai (60 B) und Chumphon (155 B, 3½ Std.); Abfahrt ist an der südostlichen Ecke der Kreuzung Th Thetsaban Bamrung/Th Phitak Chat.

Häufig gibt es Züge von/nach Bangkok (2. Klasse 210–357 B, 3. Klasse 168 B, 6 Std.). Ein Expresszug 1. Klasse startet um 19.30 Uhr am Hualamphong (1100 B, 5¼ Std.). Es fahren auch Züge nach Ban Krut (1 Std.), Bang Saphan Yai (1½ Std.) und Chumphon (2 Std.).

Unterwegs vor Ort

Prachuap ist so klein, dass alles zu Fuß erreichbar ist. Stadtfahrten im Motorradtaxi kosten 20 bis 30 B, eine Fahrt nach Ao Noi und nach Ao Manao 50 B. Am Ao Manao sind Motorräder jenseits des Tores nur erlaubt, wenn Fahrer und Beifahrer Helme tragen.

Motorräder kann man vor dem Hadthong Hotel für 250 B pro Tag ausleihen. Die Straßen in dieser Gegend sind sehr gut, eine Fahrt mit dem Motorrad ist genau das Richtige, um die umliegenden Strände zu entdecken.

Kajaks können in einer Zoohandlung beim Hadthong Hotel ausgeliehen werden. Ein Zweipersonenkajak kostet 100 B pro Stunde. Ein Ausflug zu den in der Nähe liegenden Inseln dauert etwa drei Stunden.

RUND UM PRACHUAP KHIRI KHAN
Wat Khao Tham Khan Kradai
วัดเขาถ้ำคานกระได

Etwa 8 km nördlich der Stadt führt die Straße jenseits der Ao Noi zu einem kleinen Höhlenwat, der am Ende der **Ao Khan Kradai** (auch Ao Khan Bandai genannt) liegt – einer langen, schönen Bucht. Ein Pfad am Fuß des Kalksteinhügels führt hinauf zu einer kleinen Höhle und dann zu einer größeren mit einem liegenden Buddha. Wer eine Taschenlampe dabei hat, kann in einen zweiten größeren Höhlensaal weitergehen, in dem sich ebenfalls Buddhastatuen befinden. Von diesem Pfad bietet sich ein guter Ausblick auf Ao Khan Kradai. Der Strand ist zum Baden geeignet und fast menschenleer. Eine Fahrt mit dem Motorradtaxi hierher kostet 50 B.

HAT BAN KRUT & BANG SAPHAN YAI
หาดบ้านกรูด/บางสะพานใหญ่

Die beiden unauffälligen Orte liegen ca. 80 bzw. 100 km südlich von Prachuap Khiri Khan. Sie sind an Wochenenden und in den Ferien beliebte Ziele thailändischer Touristen. Unter der Woche sind die Strände abgesehen von einigen Longtail-Booten fast leergefegt.

Der Hauptstrand von **Hat Ban Krut** liegt an einer Straße, sodass dieser 10 km lange Strand für Autos und Strandservice gut zu erreichen ist, was aber leider dem ansonsten absolut ruhigen Stranderlebnis etwas abträglich ist. Nördlich der Landzunge, an deren Spitze der **Wat Tan Sai** mit seinen Türmen à la Disneyland steht, liegt der **Hat Sai Kaew**. An diesem etwas abseits gelegenen Strand geht's ruhiger zu und man fühlt sich einfach wohler.

ABSTECHER: GRENZMARKT DAN SINGKHON

Südwestlich von Prachuap Khiri Khan, in der Nähe der schmalsten Stelle der ohnehin schon schmalen Taille Thailands (von der Küste bis zur Grenze sind's gerade mal 12 km), liegt der birmanische Grenzort Dan Singkhon. Früher war er ein strategisch wichtiger Militärstützpunkt, heute geht's hier friedlicher zu – und zwar mit dem Handel von Orchideen.

Schon beim Morgengrauen tauchen samstags fast wie aus dem Nichts Birmanen auf der Straße gleich hinter dem Checkpoint auf. Sie ziehen Handkarren mit den üblichen Marktwaren und natürlich Orchideen. Bald füllen dann auf Holzgestellen, in Töpfen und ausgebreitet auf Stoffplanen Orchideen in allen Stadien der Blüte das winzige Tal auf der thailändischen Seite der Grenze.

Hier gibt's für Touristen nicht viel zu kaufen, denn Pflanzen sind bekanntlich im Koffer schwer zu transportieren. Deswegen wird man sich vermutlich hier nur umschauen. Auf dem Markt herrscht Festivalstimmung: Laute Musik dröhnt, bunte Sonnenschirme säumen die Straße und spenden den unter Palmen versteckten Verkaufsständen Schatten. Um den Markt richtig genießen zu können, sollte man vormittags hier ankommen, denn er schließt mittags.

Nach Dan Singkhon gelangt man von Prachuap Khiri Khan aus über den Hwy 4 Richtung Süden. Nach mehreren Kilometern sieht man das Schild für die Ausfahrt nach Dan Singkhon; danach sind es noch mal ungefähr 15 km in westlicher Richtung, bis man die Grenze erreicht.

DIE NÖRDLICHE GOLFREGION

Bo Thong Lang ist eine kleine Bucht, wo das ruhige Gewässer das ganze Jahr über sauber ist – ideal zum Schwimmen. Es gibt einen kleinen Wat und ein paar Imbissbuden, aber der von der nahe gelegenen Fischerei herüberziehende Geruch ist schwer zu ignorieren.

Bang Saphan Yai, 20 km südlich von Ban Krut, erlebt gerade einen Aufschwung, und es gibt hier gute Budgetunterkünfte. Zu den Inseln südlich vor der Küste gehören **Ko Thalu** und **Ko Sing**, wo man von Ende Januar bis Mitte Mai prima schnorcheln und tauchen kann. Das Coral Hotel und das Suan Luang Resort (S. 624) in Bang Saphan Yai organisieren halbtägige Tauchausflüge zu den Inseln.

Es gibt ein paar Wasserfälle in der Gegend. Der **Nam Tok Sai Ku** fällt in ein Tal mit vielen Ananasplantagen.

Achtung: Bang Saphan Yai nicht mit Bang Saphan Noi verwechseln; das ist ein Fischerdorf, 15 km weiter südlich.

Schlafen

HAT BAN KRUT

Man muss sich schon ziemlich abmühen, wenn man hier wirklich preiswerte Unterkünfte finden will – aber an Wochentagen sind Nachlässe von 20 bis 30 % drin. Es können Fahrräder (100 B/Tag) und Motorräder (300 B/Tag) für Touren in die Umgebung ausgeliehen werden. Die meisten Unterkünfte organisieren auch Schnorcheltouren (350–450 B) zu den umliegenden Inseln.

Entlang der Strandstraße im Süden der von Wats übersäten Landzunge liegt das **Ban Klang**

Aow Beach Resort (☎ 0 3269 5086; www.baanklangaow resort.com; Bungalow inkl. Frühstück 2300–3800 B; 🔌 🖳 🌊). Dieses Resort weiter südlich am Strand bietet 79 Bungalows mit ein oder zwei Schlafzimmern und großen Veranden in tropischer Umgebung. Radel- und Kajaktouren sowie ein kühles Bad in einem der beiden Swimmingpools machen hungrig auf ein Essen im zugehörigen Restaurant.

Die folgenden Unterkünfte liegen am **Hat Sai Kaew** im Norden der Landzunge. Eine größere Auswahl an Restaurants befindet sich am Hauptstrand, der mit einem Motorradtaxi gut zu erreichen ist. Auch ein geliehenes Fahrrad oder Motorrad ist eine Alternative.

Ban Kruit Youth Hostel (☎ 0 3261 9103; www.thai landbeach.com; B 350–400 B, Bungalow 600–2600 B; 🔌 🌊) Eigentlich eher ein Resort als ein Hostel. Hier gibt's viele Bungalows unterschiedlicher Größe. Am billigsten sind die Holzhütten mit Gemeinschaftsbad, die nobleren Bungalows haben TV, Klimaanlage und Warmwasser. Im Hauptgebäude gibt's Betten in Schlafsälen. Der lange, menschenleere Strand ist umgeben von Grün. Der winzige Pool hat die Größe einer Briefmarke. Man bekommt jede Menge Aktivitäten geboten. Das Frühstück ist inklusive. YHA-Mitglieder bekommen Rabatt.

Bayview Beach Resort (☎ 0 3269 5566; www.bay viewbeachresort.com; Bungalow 1700–4800 B; 🔌 🌊) Das Bayview teilt sich den Strand mit dem Ban Kruit Youth Hostel und hat hübsche Bungalows und einen Swimmingpool in grüner, schattiger Umgebung. Die Unterkünfte sind brandneu und reichen von kleinen Holzbun-

galows bis hin zu großen Betonbungalows mit riesigen Fensterfronten zur Bucht.

BANG SAPHAN YAI
Unterkünfte gibt's an den Stränden nördlich und südlich der Stadt. Im Norden sind hauptsächlich Mittelklassehotels zu finden, im Süden gibt's ein Luxus-Resort und einige Budgetbungalows. Es lohnt sich, vor der Reise auf www.bangsaphanguide.com zu surfen.

Nördlich der Stadt
Van Veena Hotel (☎ 0 3269 1251; www.vanveena.com; Zi. 400–800 B; 🔀) Die Zimmer sind nichts Besonderes, aber sehr geräumig. Die Zimmer mit Teppichen riechen allerdings etwas merkwürdig. Im Untergeschoss ist ein gut bestückter kleiner Laden und auf der anderen Straßenseite ein Strandrestaurant.

Sailom Resort (☎ 0 3269 1003; www.sailombang spahan.com; Zi. 1900 B; 🔀 🐕) Sanfte Beleuchtung, Zimmerpflanzen und große Veranden, ein geschwungener Pool, schickes Dekor und ein Gelände, das aussieht wie ein Minigolfplatz – die hübscheste Unterkunft am Strand.

Südlich der Stadt
Diese Unterkünfte liegen ca. 5 km südlich der Stadt. Hier gibt's mehr Budgetunterkünfte als am Strand im Norden oder in Hat Ban Krut.

Patty Hut (☎ 08 6171 1907; Bungalow 300–700 B; 🔀) Abgefahrene Anlage direkt hinter dem Coral Hotel. Die teureren Zimmer sind ein Schnäppchen, die billigeren haben Matratzen auf dem Boden. Im Patty Hut kann man nicht nur mit der Familie zu Abend essen, sondern sich auch ein Tattoo machen lassen. Busservice für Gäste verfügbar.

Suan Luang Resort (☎ 0 3281 7031; www.suanluang. com; Bungalow 480–680 B; 🔀) Das von einer jungen, hippen Familie betriebene Suan Luang hat einfache Holzbungalows mit Ventilator und Betonbungalows mit Klimaanlage, TV und Warmwasser. Zum 700 m entfernten Strand läuft man eine ruhige, von Pflanzen überwucherte Straße hinab. Das exzellente Restaurant serviert Thai- und französische Gerichte. Das Resort bietet Tagesausflüge zu den Wasserfällen und zu den Parks an.

Coral Hotel (☎ 0 3281 7121; www.coral-hotel.com; 171 Mu 9; Zi. 1525 B, Bungalow 2700–5400 B; 🔀 💻 🐕) Das mitten in einem Kokospalmenhain gelegene Luxushotel mit einem französischen Manager befindet sich direkt am Strand. Es gibt einen riesigen Pool und drei Restaurants. Alle

Zimmer haben TV, Kühlschrank und warmes Wasser. Im Angebot sind Wassersportarten und organisierte Ausflüge. Für Familien gibt's auch Bungalows für vier Personen.

Am Strand nördlich des Coral Hotel finden sich mehrere einfache Bungalows. Eine einfache Hütte mit Wellblechdach bekommt man für rund 300 B.

Anreise & Unterwegs vor Ort
Zwischen dem Busbahnhof Süd in Bangkok und Ban Krut (315 B, 5 Std.) bzw. Bang Saphan Yai (315 B, 6 Std.) gibt es mindestens eine Busverbindung täglich. Wer keinen direkten Bus erwischt, muss am Hwy 4 (Th Phetkasem) aussteigen und von dort ein Motorradtaxi zum Strand nehmen (70 B). Von Prachuap Khiri Khan fahren viele Busse nach Ban Krut (50 B) und Bang Saphan Yai (60 B). Normale Busse (20 B) zockeln zwischen Ban Krut und Bang Saphan Yai hin und her.

Ban Krut und Bang Saphan Yai liegen an der Südstrecke der thailändischen Eisenbahn. Mindestens einmal täglich gibt es eine Zugverbindung zwischen Prachuap Khiri Khan und Chumphon, Hua Hin und Bangkok. Der Bahnhof von Ban Krut ist 4 km vom Strand entfernt, der von Bang Saphan Yai liegt im Zentrum. Die Weiterfahrt zum Strand erfolgt jeweils mit einem Motorradtaxi (ca. 70 B).

Zwischen den Stränden selbst verkehren keine öffentlichen Verkehrsmittel. Die meisten Unterkünfte vermieten Motorräder für ca. 300 B pro Tag, und die Straßen sind super.

DIE PROVINZ CHUMPHON

CHUMPHON
ชุมพร
48 571 Ew.
Chumphon liegt auf der Reiseroute vieler Traveller, die auf dem Weg nach Ko Tao oder in Richtung Westen nach Ranong und Phuket vorbeihuschen. In Chumphon, ca. 500 km südlich von Bangkok, beginnt Südthailand eigentlich erst richtig, was an den Moscheen und den anderen Dialekten festzustellen ist.

Die Stadt hat nichts Besonderes zu bieten, aber die Strände sind eine gute Gelegenheit, ein paar Tage Pause vom Backpacker-Dasein zu machen. Wind- und Kitesurfer können sich am **Hat Tha Wua Laen** (12 km nördlich der Stadt) austoben. Hier entwickelt sich allmählich eine Traveller-Szene, und es gibt bereits

einige gute Bungalows und Bars direkt am Strand. **Hat Sairi** (21 km östlich der Stadt) ist ein nettes, etwas traditioneller angehauchtes Strandresort, das auch Tagesausflüge zu den umliegenden Inseln organisiert.

Wenn's schließlich weitergehen soll, helfen die zahlreichen Reisebüros in Chumphon (s. unten) gern bei der Buchung eines Verkehrsmittels nach Ko Tao. Auch Busse und Züge in Richtung Süden nach Krabi und Surat Thani kann man hier buchen.

Praktische Informationen

Banken mit Geldautomaten und Geldwechselservice findet man in der Th Sala Daeng.

Bangkok Bank (Th Sala Daeng) Geldautomat vorhanden.

CAT-Büro (Th Poramin Mankha) Etwa 1 km östlich der Post. Hier gibt's auch internationale Telefonkarten.

CS Leisure Travel (☎ 0 7750 3001; www.cslchumphon. com; 68/10 Th Tha Taphao; ☺ 8–22 Uhr) Essen und Trinken, Reiseinfos und Internet. Die Website ist eine gute Infoquelle zu Chumphon und Umgebung.

DK Book Store (☎ 0 7750 3876; Soi Sala Daeng; ☺ 8–21 Uhr) Hat ein paar englische Titel im Angebot, darunter auch Lonely Planet Bände.

Hauptpost (Th Poramin Mankha) Im südöstlichen Teil der Stadt.

New Infinity Travel (☎ 0 7750 1937; new_infinity@ hotmail.com; 68/2 Th Tha Taphao; ☺ 8–22 Uhr) Die freundlichen und sachkundigen Angestellten verkaufen Taschenbücher, buchen für ihre Kunden Reisen und haben vier Zimmer zu vermieten. Hier gibt's auch WLAN und Computer mit Internetzugang.

Songserm (☎ 0 7750 6205; abseits der Th Tha Taphao) Direktbuchungen für den Songserm-Express.

Touristeninformation (☎ 0 7750 4833; Ecke Th Sala Daeng & Th Krom Luang Chumphon; ☺ 8.30–16.30 Uhr) Man spricht nicht besonders gut Englisch, hat aber gute Infos, vor allem zu Transportmitteln von/nach Chumphon.

Wiratsin Hospital (☎ 0 7750 3238; Th Poramin Mankha) Die Privatklinik behandelt auch Notfälle.

Festivals & Events

Mitte März bis Ende April findet das **Chumphon Marine Festival** mit Volkskunstausstellungen, kostenlosen Krabben, einem Windsurfwettbewerb am Hat Thung Wua Laen und einem Marathon statt. Im Oktober gibt's das fünftägige **Lang Suan Buddha Image Parade & Boat Race Festival** mit einer Tempelbootprozession und einem Bootsrennen auf dem Mae Nam Lang Suan, rund 60 km südlich von Chumphon.

Schlafen

Statt mit dem nächsten Boot nach Ko Tao oder dem Nachtzug zurück nach Bangkok zu fahren, kann man einen Abstecher an die Strände Hat Thung Wua Laen oder Hat Sairi machen. Weil die meisten, die in Chumphon übernachten, Backpacker auf dem Weg nach Ko Tao sind, liegen die meist guten Unterkünfte hier in der unteren Preisklasse. Fast alle Pensionen (und Restaurants) buchen auch Tickets nach Ko Tao – daher auch die verbreitete übliche Begrüßung „Hello, where you go?".

BUDGETUNTERKÜNFTE

Sanatavee New Rest House (☎ 0 7750 2147; 4 Soi Bangkok Bank; Zi. 150–250 B) Sollte das Suda zwei Häuser weiter voll sein, kriegt man vielleicht

---

DER THAI-KANAL

Ägypten hat den Suezkanal, der Panamakanal verbindet den Atlantik mit dem Pazifik, und seit mehr als 350 Jahren wird immer wieder über eine Wasserstraße zwischen dem Golf von Thailand und der Andamanensee gesprochen: An der engsten Stelle gleich südlich von Chumphon ist der Isthmus von Kra (eine Landenge, die den asiatischen Kontinent mit der malaiischen Halbinsel verbindet) nur 44 km breit. 1677 und 1793 hatten die thailändischen Könige die Idee, einen Thaikanal zu bauen. Aber damals war die Technik für ein solches Projekt noch nicht reif. Als Birma (das heutige Myanmar) 1863 unter britische Herrschaft fiel, kam die Idee erneut auf, und Ferdinand de Lesseps, der erfolgreiche Ingenieur und Erbauer des Suezkanals, besuchte 1882 die Gegend. Aber Singapur war um 1897 ein wichtiger regionaler Handelsplatz, und deshalb einigten sich Thailand und Großbritannien, die Kanalpläne, die Singapur direkt geschadet hätten, zurückzustellen.

Im 20. Jh. kam der Gedanke wieder ins Gespräch, wenn auch in abgewandelter Form. Der Kanal sollte nun weiter südlich gebaut werden und Nakhon Si Thammarat mit Trang verbinden. 1985 sah ein japanischer Plan sogar vor, die Ausgrabungsarbeiten mithilfe von 20 Atombomben vorzunehmen. Und kürzlich wollte China einen Thai-Kanal für 25 Mrd. US$ bauen, um sich so einen strategischen und kommerziellen Vorteil in dieser Region zu verschaffen. Die USA beobachten die Angelegenheit aufmerksam.

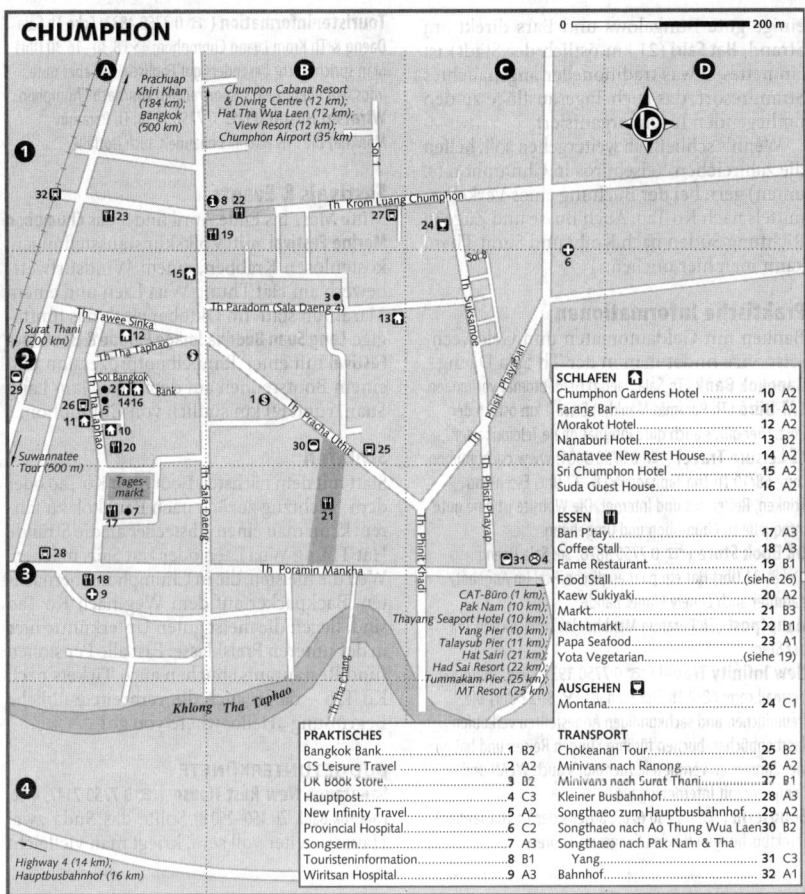

CHUMPHON

0 [   ] 200 m

| A | B | C | D |

Prachuap Khiri Khan (184 km); Bangkok (500 km)

Chumpon Cabana Resort & Diving Centre (12 km); Hat Tha Wua Laen (12 km); View Resort (12 km); Chumphon Airport (35 km)

Th Krom Luang Chumphon

Th Paradorn (Sala Daeng 4)

Th Tawee Sinka

Surat Thani (200 km)

Th Tha Taphao

Soi Bangkok

Bank

Suwannatee Tour (500 m)

Tages-markt

Th Sala Daeng

Th Poramin Mankha

Khlong Tha Taphao

CAT-Büro (1 km); Pak Nam (10 km); Thayang Seaport Hotel (10 km); Yang Pier (10 km); Talaysub Pier (11 km); Hat Sairi (21 km); Had Sai Resort (22 km); Tummakam Pier (25 km); MT Resort (25 km)

Highway 4 (14 km); Hauptbusbahnhof (16 km)

SCHLAFEN
Chumphon Gardens Hotel 10 A2
Farang Bar.................................... 11 A2
Morakot Hotel.............................. 12 A2
Nanaburi Hotel............................. 13 B2
Sanatavee New Rest House............. 14 A2
Sri Chumphon Hotel...................... 15 A2
Suda Guest House.......................... 16 A2

ESSEN
Ban P'tay...................................... 17 A3
Coffee Stall................................... 18 A3
Fame Restaurant............................ 19 B1
Food Stall.............................(siehe 26)
Kaew Sukiyaki............................... 20 A2
Markt... 21 B3
Nachtmarkt................................... 22 B1
Papa Seafood................................ 23 A1
Yota Vegetarian.....................(siehe 19)

AUSGEHEN
Montana....................................... 24 C1

PRAKTISCHES
Bangkok Bank..................................1 B2
CS Leisure Travel 2 A2
UK Book Store..................................3 D2
Hauptpost..4 C3
New Infinity Travel............................5 A2
Provincial Hospital............................6 C2
Songserm...7 A3
Touristeninformation.........................8 B1
Wiritsan Hospital..............................9 A3

TRANSPORT
Chokeanan Tour.............................25 B2
Minivans nach Ranong....................26 A2
Minivans nach Surat Thani..............27 B1
Kleiner Busbahnhof........................28 A3
Songthaeo zum Hauptbusbahnhof..29 A2
Songthaeo nach Ao Thung Wua Laen30 B2
Songthaeo nach Pak Nam & Tha
  Yang...31 C3
Bahnhof..32 A1

eins der vier Zimmer hier. Sie sind klein, aber sauber, haben Ventilatoren und Gemeinschaftsbad. Manchmal rösten die Eigentümer im Hinterhof Kaffee – das riecht penetrant.

Farang Bar (☎ 0 7750 1003; farngbar@yahoo.com; 69/36 Th Tha Taphao; Zi. 150–300 B; ☐) Eine einfache Backpackerabsteige. Viele Traveller finden sich nach einer nächtlichen Busfahrt von der Khao San Rd auf ihrem Weg nach Ko Tao für ein oder zwei Stunden hier wieder. Die Zimmer sind recht marode, aber die Duschen mit Steinboden (Nichtgäste 20 B) vermitteln ganz unerwartet (und mit Sicherheit auch ungewollt) das Feeling wie in einem Spa. Das Restaurant lohnt keine näheren Ausführungen.

LP Tipp Suda Guest House (☎ 0 7750 4366; 8 Soi Bangkok Bank; Zi. 200–500 B; ☒) Suda, die freund-

liche, Englisch sprechende Inhaberin, wirbt stolz mit dem Slogan aus einer älteren Ausgabe dieses Bandes: „Die wohl beste Pension der ganzen Stadt". Sie pflegt den tadellosen Standard ihrer sechs Zimmer mit Holzböden und ein paar guten Extras wie Seife in der Dusche – was bei den Zimmerpreisen nicht selbstverständlich ist. Die Unterkunft ist sehr beliebt; also vorher anrufen.

Sri Chumphon Hotel (☎ 0 7751 1280; Th Sala Daeng; Zi. 280–600 B; ☒) Dunkle Korridore wie Alcatraz bei Nacht, und die Zimmer sind etwas schmuddelig. Manche sind heiterer als die anderen und haben Holzböden und Holzmöbel – vorher also ein paar Zimmer anschauen.

Morakot Hotel (☎ 0 7750 3629; Fax 0 7757 0196; 102-112 Th Tawee Sinka; Zi. 420–540 B; ☒) Die etwas ge-

wöhnungsbedürftige Lage hinter einem Motorradhändler wird von den jungen, freundlichen Angestellten wieder wettgemacht. Die Zimmer sind ein bisschen verwohnt, aber hell, und von den oberen Etagen hat man einen hübschen Blick auf Chumphon und die umliegenden Hügel.

Chumphon Gardens Hotel (☎ 0 7750 6888; 66/1 Th Tha Taphao; Zi. 490 B; ☒) Kürzlich renoviertes Hotel mit tollem Preis-Leistungs-Verhältnis. Geräumige Zimmer und Kabel-TV. Klasse ist auch das Frühstück für 80 B.

View Resort (Hat Thung Wua Laen, Zi. 500–700 B; ☒) Das View ist die hübscheste unter den einfachen Bungalowanlagen am Hat Thung Wua Laen. Es gibt Zimmer mit Ventilator oder Klimaanlage und ein gutes Restaurant.

MITTELKLASSEHOTELS

Nanaburi Hotel (☎ 0 7750 3888; 355/9 Th Paradorn; Zi./Suite 700/1500 B; ☒) Chumphons neuestes Hotel ist exzellent, und zu den schicken, auf Hochglanz polierten Zimmern gibt's auch Frühstück. Das Dekor ist grau, schwarz und weiß, aber von den Zimmern in den oberen Etagen blickt man auf die grünen Hügel.

Had Sai Resort (☎ 0 7755 8028; www.hadsairesort.com; Hat Sairi; Bungalow 800–2000 B; ☒) Die Betonzimmer sind klein, aber es gibt auch ein paar Bungalows am Hang, in denen man sich wie in einem Baumhaus fühlt. Das Resort liegt am ruhigeren Ende des Hat Sairi. Von hier aus kann man auch gut Tagesausflüge zu den nahe gelegenen Inseln machen.

MT Resort (☎ 0 7755 8153; www.mtresort-chumphon.com; Hat Tummakam Noi; Bungalow inkl. Frühstück 950–1250 B; ☒) Die freundliche Unterkunft an einem ruhigen Strand neben der Fähranlegestelle Lomprayah eignet sich hervorragend für einen Zwischenstopp auf der Fahrt von/nach Ko Tao. Mit den kostenlosen Kajaks kann man die vor der Küste liegenden Inseln und die Mangroven des Mu Ko Chumphon National Park in der Nähe erkunden. Hier gibt's keine öffentlichen Verkehrsmittel; ein Taxi ab Chumphon kostet rund 350 B. Anrufen, dann wird der Transport organisiert.

Chumphon Cabana Resort & Diving Centre (☎ 0 7756 0245; www.cabana.co.th; Hat Thung Wua Laen; Zi. & Bungalow 1500–2300 B; ☒ ☒) Die Anlage wirkt mit ihrem Pflanzenwildwuchs und den barackenartigen Gebäuden nicht besonders nett, aber die Zimmer sind schick und makellos. Es gibt einen gigantischen Swimmingpool (und PADI-Tauchkurse) und einen kleinen für die

Kleinen. Von den 20 Bungalows sind zwei für Rollstuhlfahrer geeignet. Ein privater Shuttlebus (150 B) fährt von/nach Chumphon.

Essen & Ausgehen

Der von Straßenlaternen gut beleuchtete **Nachtmarkt** (Th Krom Luang Chumphon) von Chumphon ist einfach nur super und die Auswahl riesig. Der Besuch lohnt sich nicht nur wegen des leckeren Essens, sondern auch zum Fotografieren. Es gibt noch zwei Tagesmärkte.

Neben der Farang Bar in der Th Tha Taphao gibt's jeden Abend ab 16 Uhr einen namenlosen Imbissstand, zu erkennen an den weißen Plastikmöbeln. Currys mit Reis kosten 30 B. Nahe der Ecke Th Tha Taphao/Th Poramin Mankha verkauft ein Kaffeestand ab den frühen Morgenstunden chinesische Donuts (10 B).

Yota Vegetarian (Th Sala Daeng; Gerichte 20–90 B; ☺ 7–17 Uhr) Winziges Selbstbedienungslokal mit leckeren vegetarischen Gerichten neben dem Fame Restaurant. Je nach Lust und Laune kann man sein Essen selber mit vietnamesischer Minze, Thai-Basilikum oder Gurkenscheiben verfeinern.

Ban P'Tay (☎ 0 7757 0580; 45/9 Th Tha Taphao; Kaffee 40 B; ☺ morgens & mittags; ▯) Das klimatisierte kleine Café mit Bäckerei hat süße Köstlichkeiten, Eiskaffee und kichernde Angestellte im Teenie-Alter. Es gibt Internet-Terminals; man kann sich aber auch über WLAN einloggen.

Kaew Sukiyaki (☎ 0 7750 6366; Th Tha Taphao; Gerichte 40–240 B; ☺ morgens, mittags & abends) Die Spezialität sind Sukiyaki-Nudeln aller Art, die am Tisch zubereitet werden. Man isst drinnen im kühlen Raum oder draußen in dem großen Pavillon. Die Bar ist bei Einheimischen und Travellern gleichermaßen beliebt.

Papa Seafood (☎ 0 7750 4504; 2-2/1 Th Krom Luang Chumphon; Gerichte 70–150 B; ☺ mittags & abends) Das Essen (natürlich hauptsächlich Meeresfrüchte) in dem bei Einheimischen beliebten Lokal ist gut, aber nichts Außergewöhnliches. Nach dem Essen und ein paar Bierchen kann man gleich in der benachbarten funkelnden Disco Papa 2000 die Kalorien beim Tanzen wieder abarbeiten.

Fame Restaurant (☎ 0 7757 1077; 188/20 Th Sala Daeng; Gerichte 80–220 B; ☺ morgens, mittags & abends) Das Fame, auch Khao San Restaurant genannt, hat ausgezeichnetes westliches Frühstück, leckere Sandwiches aus frischem Brot und tollen Käse wie Mozzarella und Gorgonzola. Mmm. Ein Reisebüro ist angeschlossen.

Montana (☎ 0 7750 2864; 116 Th Suksamoe; ⌚ 18–1 Uhr) In der Bar mit relativ authentischer westlicher Einrichtung wie ausgestopften Tierköpfen (keine Angst, die sind nicht echt) und einer Budweiser-Neonreklame tritt abends ab 21.30 Uhr die Big Boss Blues Band auf. Die Küche mit ihren fantasievollen Thai-Gerichten macht aber keine Zugeständnisse an den Westen.

An- & Weiterreise

BUS

Der Hauptbusbahnhof befindet sich an der Autobahn, 16 km von Chumphon entfernt. Hierher gelangt man mit einem öffentlichen Bus oder einem Songthaeo (30 B) von der Th Nawaminruamjai. Es gibt noch einen kleinen Busbahnhof an der Th Poramin Mankha, aber der soll demnächst an den Bahnhof verlegt werden. Die Busse vom kleinen Busbahnhof halten auch am Hauptbusbahnhof.

Bequemer ist die Reise mit **Chokeanan Tour** (☎ 0 7751 1757; Th Pracha Uthit) im Zentrum, das sechs Busse pro Tag nach Bangkok (klimatisiert 375 B, VIP 419–550 B) haben, oder mit **Suwannatee Tour** (☎ 0 7750 4901), 700 m südöstlich des Bahnhofs, die zwölf Busse am Tag nach Bangkok schicken (2. Klasse/klimatisiert/VIP 310/398/464 B). Die meisten Busse aus Bangkok halten im Zentrum, bevor sie zum Busbahnhof fahren; wenn man gleich dort aussteigt, spart man sich die Fahrt mit dem Songthaeo in die Stadt. Am besten fragt man den Fahrer oder einen mitreisenden Einheimischen, wo man aussteigen soll.

Außerdem gibt es von Chumphon Busse u. a. nach Hua Hin (165–230 B, 5 Std.), Bang Saphan Yai (100 B, 2 Std.), Prachuap Khiri Khan (120–160 B, 3½ Std.), Ranong (100 – 110 B, 3 Std.), Surat Thani (170 B, 3½ Std.), Krabi (270 B, 8 Std.), Phuket (320 B, 7 Std.) und Hat Yai (310–350 B, 7 Std.). Fahrkarten erhält man bei Reisebüros.

SCHIFF/FÄHRE

Es gibt viele Möglichkeiten, zur kleinen Insel Ko Tao (S. 669) zu gelangen, da es mehrere Piers gibt, wo verschiedene Bootstypen anlegen. Die meisten Reisebüros bieten einen kostenlosen Transport zur jeweiligen Fährstelle, ausgenommen sind nur die langsamsten und billigsten Fähren. Hier eine Auflistung verschiedener Optionen:

Von Chumphon 10 km entfernt liegt die Anlegestelle Tha Yang, 1 km weiter Talaysub.

Talaysub wird oft mit Tha Yang in einen Topf geworfen. Von Tha Yang fährt um Mitternacht ein langsames Nachtschiff (200 B, 6 Std.) ab. Wer Lust hat, bei Mondschein auf dem Deck des langsamen Schiffs zu übernachten, wird die Überfahrt sehr genießen. Aber bei Regen oder starkem Seegang kann die Nacht auf dem Schiff recht lang und ungemütlich werden.

Um 23 Uhr legt eine Autofähre von Tha Yang ab (mit Kabine 300 B, 6 Std.). Auf dem Schiff kann man auch eine Koje oder eine Matratze bekommen, sodass diese Überfahrt komfortabler (und lustiger) ist als mit der anderen Nachtfähre.

Der Songsrem-Express (450 B, 2½ Std.) legt um 7 Uhr von Talaysub ab.

Der **Lomprayah Express-Katamaran** (www.lomprayah.com) fährt um 7 und um 13 Uhr von der Anlegestelle Tummakam (25 km von der Stadt entfernt) ab (550 B, 1½ Std.).

Seatran Discovery betreibt einen Katamaran, der um 7 Uhr von der Anlegestelle Pak Nam (oder Seatran Jetty), 10 km von Chumphon entfernt, ablegt (550 B, 2 Std.).

Ein Gemeinschaftstaxi zur Anlegestelle Tha Yang kostet 50 B. Mit dem Songthaeo kommt man für 30 B zu den Anlegestellen Tha Yang und Pak Nam.

Wer an der Anlegestelle Tha Yang gestrandet ist und nicht wieder nach Chumphon zurückfahren will, kann im **Thayang Seaport Hotel** (☎ 0 7755 3052; Zi. 200–450 B; ❄) übernachten.

ZUG

Häufig fahren Züge von/nach Bangkok (2. Klasse 292–382 B, 3. Klasse 235 B, 7½ Std.). Ein Platz im Schlafwagen kostet 440 bis 770 B.

Weniger häufig sind Schnell- und Expresszüge (die einzigen Züge mit 1. und 2. Klasse) Richtung Süden, und zwischen November und Februar bekommt man für sie in Chumphon nur schwer Tickets.

Unterwegs vor Ort

Ein Songthaeo oder ein Motorradtaxi kostet in der Stadt 30 B bzw. 20 B pro Fahrt. Für die Fahrt mit einem Songthaeo nach Hat Sairi und Hat Thung Wua Laen zahlt man 30 B.

Motorräder kann man bei Reisebüros und Gästehäusern mieten (200–250 B/Tag). Ein Mietauto von einem Reisebüro oder vom Suda Guest House (S. 626) kostet rund 1500 B pro Tag.

Die südwestliche Golfregion

Das ist wirklich ungerecht – es gibt über 200 Länder auf der Erde und Thailand hat es geschafft, unverhältnismäßig viele Traumstrände zu bekommen. Cremefarbene Sandstrände schlängeln sich entlang dieses schmalen Küstenstreifens, und davor liegen viele kleine Inselchen mit dschungelartigem Bewuchs. Für welches der honigfarben schimmernden Paradiese soll man sich nun entscheiden? Jeder Abschnitt bietet vielfältigste Möglichkeiten, sodass selbst der Wählerischste etwas finden wird.

Es ist ganz einfach. Wer sich nicht entscheiden kann, fährt in Thailands südwestliche Golfregion. Und wenn man dann diese Regeln beherzigt, ist man schnell im ultimativen Strandferien-Nirvana: 1. Zuallererst nachsehen, was unter Wasser los ist. Ko Tao ist genau der Ort, an dem man seine ersten Taucherfahrungen machen sollte. Flache, leuchtende Korallenriffe, an denen sich freche Riffhaie und hinterhältige Stachelrochen tummeln. 2. Nach dem Unterwasserabenteuer ist es Zeit für einen Drink. Ko Pha-Ngan ist seit Langem Synonym für weiße Nächte. Steht der Vollmond am Himmel, geht hier die ultimative Partynacht ab. Neonbunt bemalte Körper tanzen bis in die frühen Morgenstunden und die Drinks werden eimerweise serviert. 3. Nach der ausschweifenden Nacht ist Relaxen ein Muss. Ko Samui ist der Ort, um sich so richtig verwöhnen zu lassen. Das Zauberwort heißt Fünf-Sterne-Luxushotel.

Wem dieser Dreierpack im Golf von Thailand nicht wirklich zusagt, besucht eines der 40 einzigartigen Inselchen im Ang Thong Marine National Park. Jedes dieser felsigen Fleckchen Erde inmitten des azurblauen Wassers beherbergt Buchten mit weißem Sand, die behutsam entdeckt werden wollen. In dieser himmlischen Gegend, die jedem Backpacker unvergessen bleiben wird, kann man vor sich hin träumen und seiner Fantasie freien Lauf lassen.

HIGHLIGHTS

- Im Technicolor-Königreich vor der Küste von **Ko Tao** (S. 669) Nemo finden
- Im perlweißen Sand der unberührten Strände im **Ang Thong Marine National Park** (S. 684) die Seele baumeln lassen
- Zusammen mit anderen Partywütigen sich auf der Vollmondparty auf **Ko Pha-Ngan** (S. 653) eine Nacht lang in Trance tanzen
- Bei einer Fünf-Sterne-Massage auf **Ko Samui** (S. 631) wie ein Katze schnurren
- Beim Anblick eines der unglaublichen rosa Delfine an der Küste von **Ao Khanom** (S. 689) ins Schwärmen geraten

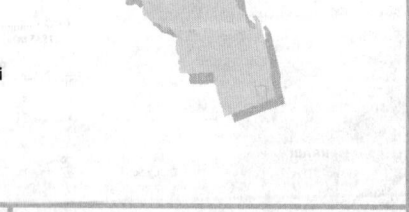

- BESTE REISEZEIT: DEZEMBER–APRIL
- BEVÖLKERUNG: 2,46 MIO.

DIE SÜDWESTLICHE GOLFREGION

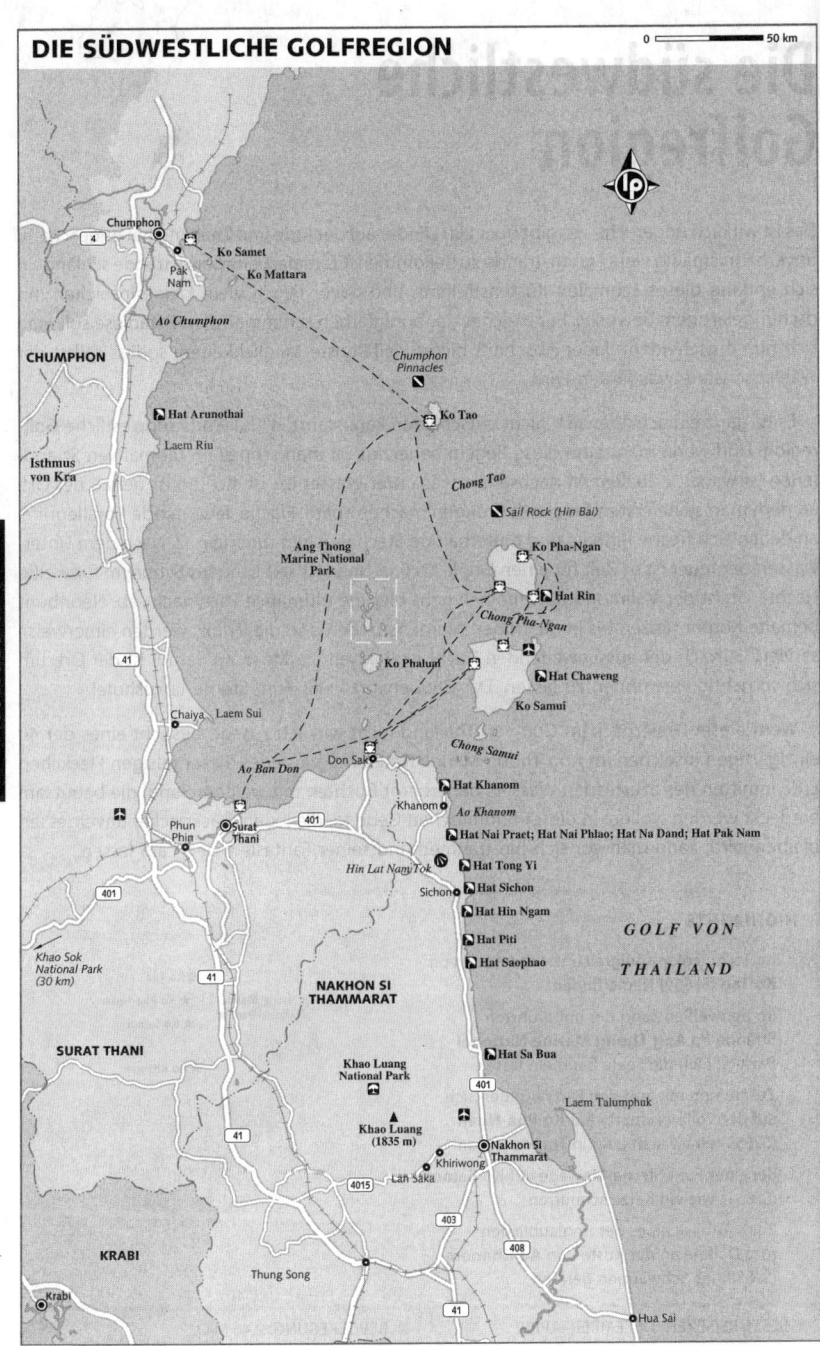

0 |========| 50 km

Chumphon
4
Pak
Nam
Ko Samet
Ko Mattara

Ao Chumphon

CHUMPHON

Chumphon
Pinnacles

Hat Arunothai
Laem Riu
Ko Tao

**Isthmus
von Kra**

Chong Tao

Sail Rock (Hin Bai)

Ang Thong
Marine National
Park
41

Ko Pha-Ngan

Hat Rin

Chong Pha-Ngan

Ko Phalui

Hat Chaweng

Chaiya Laem Sui

Ko Samui

Chong Samui

Ao Ban Don Don Sak

Hat Khanom
Khanom *Ao Khanom*

Phun
Phin Surat
Thani
401

Hat Nai Praet; Hat Nai Phlao; Hat Na Dand; Hat Pak Nam

Hin Lat Nam Tok Hat Tong Yi

401

Sichon Hat Sichon

Hat Hin Ngam

*Khao Sok
National Park
(30 km)* 41

Hat Piti

Hat Saophao

**NAKHON SI
THAMMARAT**

*GOLF VON

THAILAND*

SURAT THANI

Khao Luang
National Park

Hat Sa Bua

Khao Luang
(1835 m)
401

Laem Talumphuk

41

Nakhon Si
Thammarat
Khiriwong

4015 Lan Saka

403

KRABI

Thung Song
408

Krabi
41

Hua Sai

Klima

Die heiße und trockene Phase von Februar bis April ist zweifellos die beste Zeit, um die Samui-Inselgruppe zu besuchen. Zwischen Mai und Oktober (der Zeit des südwestlichen Monsuns) kann es immer wieder regnen. Während des nordöstlichen Monsuns von Oktober bis Januar herrscht manchmal wirklich starker Wind. Viele Traveller berichteten allerdings von sonnigem Wetter (und weniger Andrang) im September und Oktober. Der November bekommt etwas von dem Regen ab, der in dieser Zeit die Ostküste Malaysias heimsucht.

Südlich der Samui-Inselgruppe sind kaum Touristen anzutreffen. Das liegt daran, dass die (klimatisch) beste Reisezeit in der südwestlichen Golfregion die Monate April bis Oktober sind – also das genaue Gegenteil von Thailands Hauptsaison (d. h. im europäischen und nordamerikanischen Winter).

Nationalparks

Es gibt in dieser Region einige bemerkenswerte Parks.

Der Ang Thong Marine National Park (S. 684), Schauplatz des perfekten Strandes im Film *The Beach* (wobei der Film weitgehend auf Ko Phi-Phi Leh gedreht wurde, s. S. 767), ist ein beeindruckender Archipel von 40 kleinen, zerklüfteten Kalksteininseln.

Der Khao Luang National Park (S. 693) ist für seine wunderschönen Berg- und Waldwanderwege, Wasserfälle und Obstgärten bekannt. Außerdem ist er die Heimat von vielen zurückgezogen lebenden Tierarten – von Nebelpardern bis hin zu Tigern.

An- & Weiterreise

Die südwestliche Golfregion ist einfach und schnell zu erreichen. Von Bangkok aus ist es kein Problem, einen Bus oder Zug zu erwischen und dann per Fähre auf die Inseln im Golf zu gelangen. Es gibt täglich mehrere Flüge von Bangkok, Phuket und Pattaya nach Ko Samui. Busse und Züge ab Bangkok sind normalerweise preiswert und relativ zuverlässig. Sie verkehren meist über Nacht.

Unterwegs vor Ort

Zahlreiche Boote fahren zwischen Ko Samui, Ko Pha-Ngan, Ko Tao und Surat Thani hin und her, während Busse und Züge Surat Thani mit weiter südlich gelegenen Reisezielen verbinden. Wer vom Festland auf die Golfinseln möchte, sollte den Hafen in Chumphon (S. 624) als Ausgangspunkt nehmen.

ROVINZ SURAT THANI

In der Provinz Surat Thani liegen die Ferien-Highlights von Südthailand: Ko Samui, Ko Pha-Ngan und Ko Tao – drei idyllische Inseln zwischen Dutzenden von zerklüfteten Inselchen, die verstreut im wunderschönen Ang Thong Marine National Park liegen.

KO SAMUI

เกาะสมุย

45 800 Ew.

Auf den ersten Blick könnte man Ko Samui für einen riesigen Golfplatz mitten im Golf von Thailand halten. Perfekt gepflegte Greens, zahlreiche mit Sand gefüllte Löcher und hier und da ein Wasserhindernis. Herren mittleren Alters stolzieren in schneeweißen Polohemden herum, die einen strengen Kontrast zu ihren hochroten Köpfen bilden. Die Ausrüstung wird natürlich von angeheuerten Helfern herumgetragen. Aber Samui ist dennoch weit davon entfernt, ein Country-Club nur für Erwachsene zu sein. Bei genauerem Hinsehen entdeckt man auch dampfende Essensstände, nächtliche Jetset-Partys, abgelegene buddhistische Tempel und an ruhigen Sandstränden gelegene Hütten für Backpacker.

Auf Ko Samui findet jeder seinen Abenteuerspielplatz, jeder kann hier seinen Traumurlaub verwirklichen. Blick aufs Meer, tägliche Massagen, persönlicher Butler gewünscht? Alles kein Problem! Der Schlüssel für die Villa mit eigenem Pool wartet nur darauf, abgeholt zu werden. Wer gerade auf einem ganzheitlichen Trip ist, kann es sich vor der nachmittäglichen Darmspülung auf einer Yoga-Matte bequem machen. Feiern wie ein Rockstar? Na klar – nichts wie runter an den Strand, wo sich ganze Pulks Whisky trinkender Touristen tummeln.

Für interessierte Besucher hat die Insel aber außer der wilden Kulisse auch noch das ganz normale Leben der Einheimischen zu bieten. Die ersten Siedler auf Samui waren chinesische Kaufleute von der Insel Hainan und es gibt noch heute eine kleine Gemeinschaft, die sich hinter der glitzernden Urlaubsfassade im Verborgenen hält.

Orientierung

Ko Samui ist recht groß – die Ringstraße um die Insel misst fast 100 km. An allen vier Seiten kann die Insel mit malerischen Stränden aufwarten. Die überlaufensten sind Hat Chaweng (Karte S. 638) und Hat Lamai (Karte S. 641) an der Ostseite.

Die Strände Choeng Mon, Mae Nam, Bo Phut (Karte S. 644), Bang Po und Big Buddha Beach (Bang Rak) im Norden werden immer beliebter, aber noch sind die Preise hier annehmbar und auch einsame Eckchen kann man noch finden. Wer Ruhe sucht, fühlt sich an den entlegenen Stränden im Süden und an der Westseite südlich von Na Thon wohl.

Praktische Informationen

BUCHLÄDEN

Fast überall auf der Insel bekommt man das eine oder andere Taschenbuch, das man dann genüsslich in der Hängematte verschlingen kann. Viele Hotels haben auch einen Buchladen oder eine Buchhandlung.

Bookazine (Karte S. 638; ☎ 0 7741 3616; Hat Chaweng; ☻ 10–23 Uhr) Buchladenkette mit neuen Büchern, Zeitschriften und Unmengen Lonely Planet Reiseführern.

EINREISEBEHÖRDE

In der Hauptsaison gibt's im Bangkok Samui Hospital einen Einreiseschalter, an dem auch Touristen um wenige Tage verlängert werden können.

Einreisebehörde (Karte S. 644; ☎ 0 7742 1069; ☻ Mo–Fr 8.30–12 & 13–16.30 Uhr) Verlängert Touristenvisa um bis zu sieben Tage. Etwa 2 km südlich von Na Thon.

GELD

Geldwechsel ist im Osten und Norden sowie in Na Thon kein Problem. Es gibt mehrere Banken und Wechselstuben, die täglich geöffnet sind. Geldautomaten sind alle 100 m zu finden.

INFOS IM INTERNET

Auf den folgenden Websites steht Wissenswertes über Tauchbasen, Unterkünfte und geführte Touren. Auch die Fahrpläne der öffentlichen Verkehrsmittel sind hier zu finden.

Sawadee.com (www.samui.sawadee.com)

Tourism Association of Koh Samui (www.samui tourism.com)

INTERNETZUGANG

Auf der ganzen Insel kommt man an unzähligen Stellen ins Internet, selbst an wenig

bevölkerten Stränden. Berechnet werden zwischen 1 und 2 B pro Minute. Einige Restaurants bieten ihren Gästen auch kostenloses WLAN an.

MEDIEN & KARTEN

Die Siam Map Company bringt vierteljährlich erscheinende Broschüren heraus, u. a. den *Spa Guide*, den *Dining Guide* und ein Jahrbuch mit Tausenden von auf der Insel ansässigen Unternehmen und Hotels. Die großartige *Samui Guide Map* von der *Siam Map Company* ist kostenlos und überall auf der Insel erhältlich. *Essential* (www.essential-samui. com) ist ein Heft im Taschenbuchformat, in dem die verschiedenen auf Samui angebotenen Aktivitäten beschrieben werden. *Samui Guide* erinnert etwas an eine Illustrierte. Es werden vor allem Restaurants und Attraktionen vorgestellt.

MEDIZINISCHE VERSORGUNG

Auf Ko Samui gibt's vier private Krankenhäuser. Sie sind alle in der Nähe des Tesco-Lotus-Supermarkts an der Ostseite, wo sich die meisten Touristen aufhalten. Das Regierungskrankenhaus in Na Thon wurde in den letzten Jahren zwar stark aufgemöbelt, aber der Service lässt trotzdem noch zu wünschen übrig, da die Finanzierung auf der Zahl der auf Samui legal lebenden Menschen basiert (und dabei werden die vielen Burmesen, die hier illegal arbeiten, nicht berücksichtigt).

Bangkok Samui Hospital (Karte S. 638; ☎ 0 7742 9500, Notfall 0 7742 9555) Die beste Wahl bei Gesundheitsbeschwerden jeder Art.

Überdruckkammer (Karte S. 644; ☎ 0 7742 7427; Big Buddha Beach) Medizinische Hilfe bei Problemen nach Tauchgängen.

Samui International Hospital (Karte S. 638; ☎ 0 7742 2272; www.sih.co.th; Hat Chaweng) 24-Stunden-Notambulanz. Kreditkarten werden akzeptiert. In der Nähe des Amari Resorts in Chaweng.

NOTFALL

Touristenpolizei (Karte S. 644; ☎ 0 7742 1281, Notfall 1155) Am Südende von Na Thon.

POST

Auf der Insel gibt's hier und da private Poststellen, die eine kleine Bearbeitungsgebühr berechnen. Frankierte Postsachen können auch in der Unterkunft abgegeben werden.

Hauptpost (Na Thon) In der Nähe des TAT-Büros; nicht immer zuverlässig.

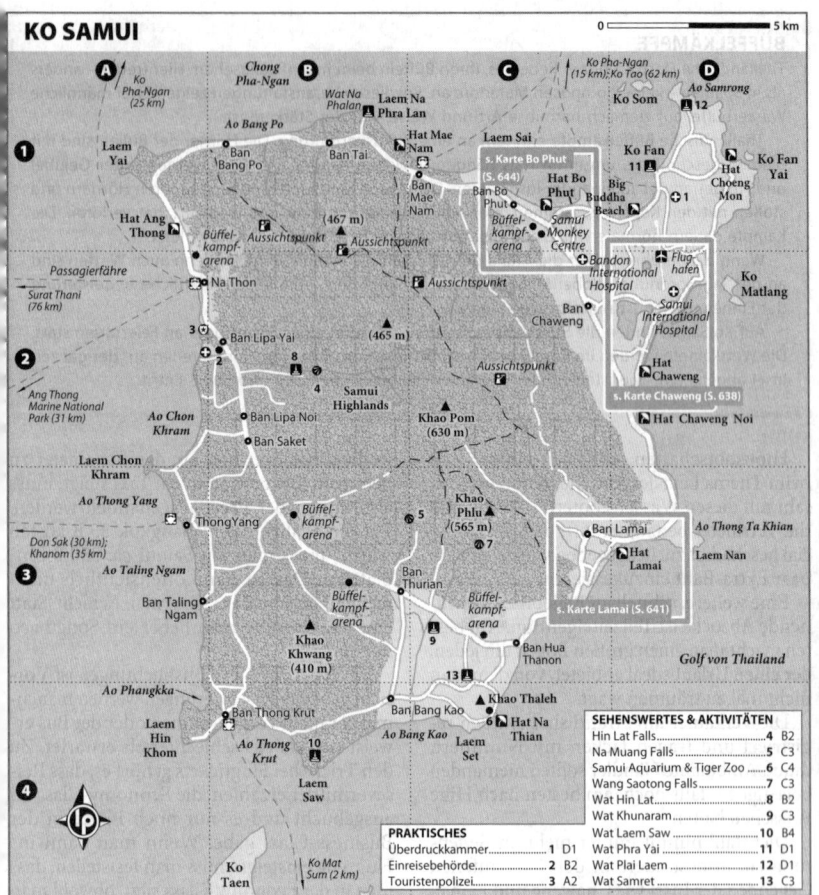

KO SAMUI

0 ━━━ 5 km

PRAKTISCHES
Überdruckkammer..................**1** D1
Einreisebehörde.....................**2** B2
Touristenpolizei.....................**3** A2

SEHENSWERTES & AKTIVITÄTEN
Hin Lat Falls...........................**4** B2
Na Muang Falls.....................**5** C3
Samui Aquarium & Tiger Zoo **6** C4
Wang Saotong Falls...............**7** C3
Wat Hin Lat...........................**8** B2
Wat Khunaram.......................**9** C3
Wat Laem Saw......................**10** B4
Wat Phra Yai.........................**11** D1
Wat Plai Laem.......................**12** D1
Wat Samret............................**13** C3

REISEBÜROS
So ziemlich jede Unterkunft bietet ein Reisebüro, in dem geführte Touren und Transportmittel gebucht werden können. Wer direkt
beim Veranstalter bucht, spart ein paar Baht.

TOURISTENINFORMATION
Tourist Authority of Thailand (TAT; ☎ 0 7742 0504;
Na Thon) Am nördlichen Ende von Na Thon. Freundliches,
hilfreiches Personal, das mit Broschüren und Karten hilft.

Gefahren & Ärgernisse
Genau wie auf Phuket ist die Zahl der Ver-
kehrstoten auf Samui relativ hoch. Dies liegt
hauptsächlich daran, dass viele Besucher der
Insel Motorräder ausleihen und die Gefahren
unterschätzen, die die kurvigen Straßen, die

plötzlichen tropischen Regenfälle und der
Wahnsinnsverkehr auf Samui mit sich bringen. Wer sich ein Motorrad ausleiht, sollte
ausschließlich mit aufgesetztem Helm unterwegs sein. Ein Plastikvisier darf keinesfalls
fehlen. Ein weiteres Muss sind feste Schuhe
und geeignete Kleidung – Jeans schützen vor
aufgeschürften Knien. Selbst wer unversehrt
zurückkehrt, muss möglicherweise mit
Schwierigkeiten rechnen. Einige Vermieter
behaupten, dass das zurückgebrachte Fahrzeug beschädigt sei und versuchen, ihren
Kunden Bares aus der Tasche zu ziehen. Auf
der Insel in einem Auto herumzufahren, ist
keine schlechte Idee. Das Fahrzeug sollte aber
bei einer seriösen, international bekannten
Autovermietung gemietet werden.

BÜFFELKÄMPFE

Thailändische Dorfbewohner lieben es, ihren Büffeln beim Kampf zuzusehen. Hier treten – anders als in Spanien – keine pompösen Matadore an. Bei diesen Veranstaltungen zeigen zwei männliche Wasserbüffel auf ziemlich harmlose Art und Weise, wer der Stärkere ist.

Thailändische Büffelkämpfe erinnern an eine Zirkusvorführung. Die Hörner der Bullen sind mit Blumen geschmückt, um ihren Hals hängen geweihte Bänder. Die Tiere werden unter Gejubel und Fußgetrampel aufeinander losgelassen. Die beiden Kandidaten ringen mit ihren Hörnern und stoßen mit den Köpfen zusammen. Wer sich als erster umdreht und wegläuft, hat verloren. Die Kämpfe dauern normalerweise nur Minuten und die Tiere werden selten verletzt.

Wenn ein berühmtes Tier die Arena betritt, spielt die Menge verrückt, denn auch Wetten sind an der Tagesordnung. Wobei Millionen Bath im Spiel sind – die leidenschaftliche Begeisterung der Einheimischen ist nur allzu verständlich.

Auf Ko Samui finden die Stierkämpfe meistens während eines Festes oder an Feiertagen statt. Die Wettkämpfe werden im Rotationssystem in mehreren einfachen Kampfarenen auf der ganzen Insel abgehalten. Touristen zahlen im Allgemeinen zwischen 200 und 500 B Entritt.

Hiobsbotschaften gibt's seit einiger Zeit beim Thema Leih-Jetskis. Die Verletzungsgefahr mit diesen Wasserscootern ist hoch, und die Vermieter behaupten oft, dass ihr Material beschädigt zurückgegeben wurde, um ein paar Extra-Baht einzukassieren.

Eine weitere, schnell an Beliebtheit gewinnende Abzocke ist Teilzeiteigentum. Am besten macht man einen großen Bogen um jeden, der einen Urlaubsdeal anbietet, von dem man nicht mal zu träumen wagt.

Die Verkäufer am Strand sind amtlich registriert und tragen Jacken mit Nummern drauf. Ambulante Händler sollten niemanden belästigen – falls doch, am besten nach Hilfe Ausschau halten.

Diebstahl nimmt immer mehr an Bedeutung zu, insbesondere in den überlaufenen Gegenden der Insel wie Chaweng und Lamai. Wer in einem Strandbungalow übernachtet, sollte seine Wertsachen an der Rezeption abgeben, bevor es auf einen Inselausflug oder an den Strand geht. Am besten eine Liste mit den hinterlegten Gegenständen quittieren lassen.

Und zu guter Letzt: nie den Reisepass als Sicherheit herausgeben. Wenn jemand ein Ausweispapier verlangt, sollte man den Führerschein oder irgendeinen anderen Identitätsnachweis hinterlegen. Betrüger versuchen, Geld zu erpressen oder wollen aus der Beantragung eines neuen Passes Profit schlagen.

TRANSPORT

Auf Ko Samui gibt's mehr als 400 registrierte Taxis, was zu einem erbitterten Kampf um Fahrgäste führt. Anders als in Bangkok lehnen es die Taxifahrer hier ab, den Taxameter zu benutzen. Bevor man in ein Taxi steigt, muss also immer der Preis ausgehandelt werden. Für eine Fahrt, die in Bangkok 35 B kosten würde, muss man auf Samui ca. 350 B hinblättern. Das ist ganz offensichtlich nicht rechtens, aber ändern kann man es nicht. Statt eines Taxis sollte man lieber ein Songthaeo nehmen.

Auch bei Zug- und Busbuchungen ist Vorsicht geboten: Reservierungen werden manchmal gar nicht vorgenommen oder der Bus erweist sich viel schlechter als erwartet. Zu den Tricks bei Flugtickets gehört es, dass Reisevermittler erzählen, die Economy-Class sei ausgebucht und es nur noch Plätze in der Business-Class gäbe. Wenn man dann ins Flugzeug einsteigt, muss man feststellen, dass man in der Economy-Class sitzt, obwohl man ein Ticket für die Erste Klasse bezahlt hat.

Sehenswertes

Auf der Insel gibt es mehr als 500 Resorts. Und hinter den 3 Mio. Kokospalmen der Insel versteckt sich so einiges Interessantes.

Ko Samui ist eine der thailändischen Top-Adressen bei Strandurlaubern. **Chaweng** ist der mit Abstand beliebteste Ort, denn hier befindet sich der längste und schönste Strand der Insel. Der Sand ist puderweich und das Wasser ist – trotz der vielen Boote und Badenden – erstaunlich klar. Die besten Fotos kann man vom südlichen Ende des Strandes schießen, von wo aus man einen atemberaubenden Blick auf die hügelige Landzunge im Norden hat.

Am Südzipfel von **Lamai**, dem zweitgrößten Strand, kann man die anrüchigen Steinforma-

tionen **Hin Ta** und **Hin Yai** (Karte S. 641), die auch als Opa- und Oma-Felsen bekannt sind, bewundern. Diese wie Genitalien geformten Felsen sorgen bei kichernden Thai-Touristen für viel Heiterkeit. In **Hua Thanon** lebt die dynamische muslimische Gemeinde. Ihre an dem hoch geschwungenen Bug zu erkennenden Fischerboote sind eine wahre Design-Galerie.

Die **Strände im Norden** haben nicht ganz so feinkörnigen Sand und sind nicht ganz so umwerfend wie die im Osten, andererseits herrscht hier eine relaxte Atmosphäre – außerdem kommt man in den Genuss eines traumhaften Blicks auf Ko Pha-Ngan. **Bo Phut** zeichnet sich durch das bezaubernde Fisherman's Village aus: eine Aneinanderreihung schmaler chinesischer Shophouses, die in trendige Resorts und Boutique-Hotels umgebaut wurden.

Viele Touristen verbringen einen Tag an den wilden, zerklüfteten Stränden im **Ang Thong Marine Park** (S. 684). Diese Inselgruppe beherbergt die wahrscheinlich schönsten Inseln Thailands.

WASSERFÄLLE

Mit 30 m ist der **Nam Tok Na Muang** (Karte S. 644) der höchste Wasserfall auf Ko Samui. Er befindet sich im Inselinneren, ca. 12 km von Na Thon entfernt. Das Wasser stürzt über rote Felsen hinunter in ein Wasserbecken, das sich ausgezeichnet für eine Abkühlung eignet. Es ist der malerischste und komischerweise am wenigsten besuchte Wasserfall der Insel. Ganz in der Nähe gibt's noch zwei weitere Wasserfälle: einen kleineren namens Na Muang 2 und den erst seit Kurzem durch den Bau einer besseren Straße zu erreichenden **Nam Tok Wang Saotong**. Diese Wasserfälle befinden sich direkt nördlich der Ringstraße in der Nähe von Hua Thanon.

Der **Nam Tok Hin Lat** (Karte S. 644) bei Na Thon lohnt den Abstecher nur, wenn man sich die Zeit am Nachmittag vor der Überfahrt zurück aufs Festland vertreiben muss. Ein Sprung ins Becken unterhalb der Wasserfälle entschädigt für die etwas anstrengende Wanderung durch Bäche und über Felsbrocken. Nach dem buddhistischen Tempel und seinen Schildern mit spirituellen Sprüchen über Moral und Erleuchtung Ausschau halten. Festes Schuhwerk erforderlich.

WAT

Tempelfans gefällt bestimmt der **Wat Laem Sor** (Karte S. 644) am Südende von Ko Samui in der Nähe von Ban Phang Ka mit seinem interessanten, viel verehrten alten Stupa im Srivijaya-Stil. Im Norden steht auf einer kleinen Felsinsel, die über einen Damm mit Ko Samui verbunden ist, der **Wat Phra Yai** (Tempel des großen Buddha; Karte S. 644). Der 1972 gebaute moderne Buddha (in Mara-Haltung) ragt 15 m in den Himmel. Seine Silhouette hebt sich wunderschön gegen den tropischen Himmel und das Meer ab. Nicht weit entfernt befindet sich der neue Tempel **Wat Plai Laem** (Karte S. 644) mit einem riesigen 18-armigen Buddha.

Im östlichen Teil von Ko Samui steht in der Nähe des gleichnamigen Wasserfalls der **Wat Hin Lat** (Karte S. 644; ☎ 0 7742 3146), ein Meditationstempel, in dem täglich *vipassana*–Kurse (buddhistische Meditation) abgehalten werden. Im **Wat Khunaram** (Karte S. 644), der südlich der Rte 4169 zwischen Th Ban Thurian und Th Ban Hua zu finden ist, und auch in einigen anderen Tempeln sind die mumifizierten Überreste frommer Mönche zu sehen. Der Mönch Luang Phaw Daeng ist schon über 20 Jahre tot, sein Körper ist aber noch erhalten. Er sitzt in Meditationshaltung da und trägt eine Sonnenbrille.

Im **Wat Samret** (Karte S. 644) nahe der Th Ban Hua befindet sich ein typischer sitzender Mandalay-Buddha, der aus Marmor gemeißelt wurde, was für Indien und Nordthailand nichts Besonderes, für den Süden aber eher eine Seltenheit ist.

Aktivitäten

TAUCHEN

Echte Tauchfreaks fahren nach Ko Tao, um dort ihrem Hobby zu frönen. Wer nicht genügend Zeit hat und auf Ko Samui bleiben will, findet aber auch hier zahlreiche Anbieter, die zu den gleichen Tauchspots fahren (was dann aber natürlich teurer ist). Es empfiehlt sich, die Tour bei einem Veranstalter mit eigenem (oder gemietetem) Boot zu buchen. Das kostet vielleicht etwas mehr, aber die Mehrausgabe lohnt sich. Bei Veranstaltern ohne eigenes Boot fährt man mit dem Passagier-Katamaran nach Ko Tao, wo man in ein anderes Boot umsteigen muss, um zum Tauchspot zu gelangen. Diese Ausflüge sind anstrengend und ziemlich unpersönlich. Außerdem sind keine Mahlzeiten enthalten.

Wer einen Tauchschein machen will, muss auf Ko Samui doppelt so viel bezahlen wie auf Ko Tao. Dies liegt vor allem am Spritver-

brauch, denn die winzige Insel Tao liegt erheblich dichter an den beliebten Tauchgebieten. Der Open-Water-Schein kostet zwischen
16 000 und 22 000 B. Für einen eintägigen
Tauchausflug muss man je nach Tauchspot
zwischen 3200 und 6200 B veranschlagen.

Die Überdruckkammer der Insel befindet
sich am Big Buddha Beach (Hat Bang Rak).
Die folgenden Tauchveranstalter sind besonders zu empfehlen:

100 Degrees East (☎ 0 7742 5936; www.100degrees
east.com; Hat Bang Rak) Äußerst empfehlenswert.

Calypso Diving (Karte S. 638; ☎ 0 7742 2437; www.
calypso-diving.com; Chaweng)

Discovery Dive Centre (Karte S. 638; ☎ 0 7741 3196;
www.discoverydivers.com; Hat Chaweng) Beim Amari
Resort.

Samui Planet Scuba (SIDS; Karte S. 638; ☎ 0 7723
1606; samuiplanetscuba@planetscuba.net; Chaweng)

NOCH MEHR WASSERSPORT

Wer Schnorcheln oder Kajakfahren möchte,
sollte einen Tagesausflug in den atemberaubend schönen **Ang Thong Marine National Park**
(S. 684) buchen. **Blue Stars Kayaking** (Karte S. 638;
☎ 0 7741 3231; www.bluestars.info) in Chaweng auf
Ko Samui veranstaltet geführte Kajaktouren
(2000 B) durch den Park.

Wem das alles nicht reicht, fährt nach Chaweng. Hier können Segelboote, Katamarane,
Schnorchelausrüstungen, Boote zum Wasserskilaufen und vieles mehr gemietet werden.
Achtung: Jetski-Abzocke, s. S. 634.

WELLNESS & YOGA

Auf Samui herrscht eine starke Konkurrenz
in puncto Fünf-Sterne-Hotels, was dazu geführt hat, dass die Wellness-Bereiche dieser
Hotels erstklassig sind. In der kostenlosen,
von der Siam Map Company herausgegebenen
Broschüre *Spa Guide* (www.siamspaguide.
com) stehen alle Top-Spas der Insel. In der
folgenden Liste sind einige der besten Spas
von Samui (wenn nicht gar der ganzen Welt)
aufgeführt.

Wer Lust auf etwas ganz Besonders hat,
sollte das Spa im Anantara (S. 644), das Hideaway Spa im Sila Evason Hideaway (S. 642)
oder das Wellness-Zentrum im Tamarind
Springs (S. 641) besuchen.

Das neu eröffnete **Absolute Sanctuary** (☎ 0
7760 1190; www.absoluteyogasamui.com) ist ein Well-
ness-Resort in der Nähe des Flughafens. Hier
werden Entschlackungskuren und alle Arten
von Yoga unter freiem Himmel angeboten.

Das Spa Resort (S. 640) in Lamai, die erste
Wellness-Einrichtung auf der Insel, ist noch
immer für seine wirklich „reinigenden" Fastenkuren bekannt.

Kurse

Das **Samui Institute of Thai Culinary Arts** (SITCA; Karte
S. 638; ☎ 0 7741 3434; www.sitca.net; Hat Chaweng) bietet
täglich Kochkurse für thailändisches Essen
und Unterricht in der hohen thailändischen
Kunst an, Obst und Gemüse in filigrane, florale
Dekorationen zu verwandeln. Der Vormit-
tagskurs beginnt um 11 Uhr, der Abendkurs
um 16 Uhr. Beide kosten 1850 B und dauern
drei Stunden. In dieser Zeit werden drei oder
mehr Gerichte gekocht. Selbstverständlich darf
man das zubereitete Produkt dann verspeisen
und auch noch einen Gast einladen. Außerdem
gibt's DVDs mit Thai-Kochlektionen, damit
man zu Hause weiterüben kann.

Das Health Oasis Resort (S. 645) bietet für
5500 bis 9000 B ein- bis achttägige Kurse mit
Zertifikat in Thai- und schwedischer Massage,
Aromatherapie, Reiki, Meditation und Yoga
an. Dauer und Unterricht aller Kurse können
individuell auf die Teilnehmer abgestimmt
werden.

Freiwilligenarbeit

Über Hilfe in Form von Zeit und/oder Geld
freut man sich bei **Dog Rescue Centre Samui**
(☎ 0 7741 3490; www.samuidog.org) mit dem überaus
passenden Namen ganz besonders. Die Organisation spielte eine wesentlich Rolle dabei,
die Hundepopulation auf der Insel durch ein
Sterilisierungs- und Kastrationsprogramm
unter Kontrolle zu bekommen. Im Zentrum
werden Hunde außerdem gegen Tollwut
geimpft. Freiwillige Helfer, die sich um die
Vierbeiner kümmern wollen, werden in den
Hundepflegestationen/-kliniken (in Chaweng
und Taling Ngam) mit offenen Armen empfangen. Weitere Einzelheiten hierzu gibt's
telefonisch direkt im Zentrum oder bei Wave
Samui (S. 637).

Infos über Freiwilligenarbeit in Thailand s.
S. 51 und S. 56.

Schlafen

„Superior", „Standard", „Deluxe", „Standard
Deluxe", „Deluxe Superior", „Superior Stan-
dard" – was soll dies dem Besucher sagen?
Der Versuch, Ko Samuis sagenhaftes Hotel-
Kauderwelsch zu dekodieren, kommt dem
Versuch gleich, die Sprache der alten Maya zu

DIE SÜDWESTLICHE GOLFREGION

entziffern – es ist eigentlich unmöglich. Die Auswahl an Übernachtungsmöglichkeiten auf der Insel ist überwältigend. In der folgenden, keineswegs erschöpfenden Auflistung sind einige besonders empfehlenswerte Unterkünfte angegeben.

Wer sein Geld mit vollen Händen ausgeben will, hat hier jede Menge Gelegenheit dazu. Es gibt unzählige Spitzenklasseresorts mit extravaganten Bungalows, traumhaften Wellness-Anlagen, privaten Infinity-Pools und erstklassigen Restaurants. In Bo Phut, im Norden der Insel, gibt's eine bezaubernde Ansammlung von Boutique-Unterkünften – genau das Richtige für all jene, die gern in Mittelklassehotels übernachten. Backpacker haben's da schon schwerer. Aber auch Budgetunterkünfte findet man hier und da an den Stränden.

Die Übernachtung in Privatvillen ist in den letzten Jahren immer beliebter geworden. Vermieter inserieren oft in den Touristenbroschüren, die auf der ganzen Insel erhältlich sind.

Dieser große Abschnitt ist wie folgt unterteilt: Los geht's mit Chaweng und Lamai an der beliebten Ostküste, dann geht's zu den kleineren Stränden – gegen den Uhrzeigersinn rund um die Insel. Diese winzigen Gebiete werden nach Lage zusammengefasst, so stehen Bo Phut und Choeng Mon beispielsweise unter „Strände an der Nordküste".

CHAWENG

Am meist besuchten Strand der Insel reihen sich soweit das Auge reicht Hotels und Bungalows aneinander. Die Hauptstraße im Zentrum von Chaweng sieht aus wie jede x-beliebige soi (Gasse) in Bangkok. Trotz des Chaos und Trubels auf der Hauptstraße sind der traumhafte Strand und die meisten Resorts gut gegen Straßenlärm geschützt. In den letzten Jahren erfährt der Strand eine Art Renaissance – neue Budgetunterkünfte (mit Preisen, die im Verhältnis zum Rest der Insel noch immer relativ hoch sind) öffnen ihre Pforten und einst heruntergekommene Gegenden werden aufgemöbelt. Am Südende des Strands bildet eine kleine Landzunge eine Trennung zwischen dem Sandstreifen Chaweng Noi und dem restlichen Treiben.

Budgetunterkünfte

Green Guest House (Karte S. 638; ☎ 0 7742 2611; www.greenguestsamui.com; Zi. 400–1000 B; ✜ 🖵) Pfennigfuchser sind hier richtig, denn es gibt keine

---

---

preiswertere Unterkunft als das Green. Viel Atmosphäre kann man daher aber nicht erwarten.

Wave Samui (Karte S. 638; ☎ 0 7723 0803; www.thewavesamui.com; Zi. ab 400 B; ✜) ist die einzige Bleibe in Chaweng mit echtem Backpacker-Feeling. Das Wave ist eine nette Unterkunft mit einigen gut gepflegten Zimmern im Obergeschoss. Das in hellblau gehaltene Restaurant ist gleichzeitig auch ein Buchladen. Früh buchen, denn die Zimmer sind äußerst beliebt!

Lucky Mother (Karte S. 638; ☎ 0 7723 0931; Zi. & Bungalows 500–1500 B; ✜) Der Name des Resorts gibt Anlass zum Kichern, und die alten, wackeligen Hütten gehören in Chaweng einer aussterbenden Gattung an. Aber es gibt auch moderne Hotelzimmer mit warmen Duschen, Klimaanlage und Blick auf einen Parkplatz.

P Chaweng (Karte S. 638; ☎ 0 7723 0684; Zi. 700 B; ✜) Diese preiswerte Unterkunft versucht nicht mal zu behaupten, sie liege in Strandnähe. Dafür sind aber die geräumigen, pink gefliesten Zimmer picobello (sieht man mal von ein paar Flecken und Kratzern an den Holzmöbeln ab). Wenn möglich, ein der Straße abgewandtes Zimmer nehmen, denn gewisse Leute steigen gern durch offene Fenster ein und nehmen das Eine oder Andere mit.

Queen Boutique Resort (Karte S. 638; ☎ 0 7741 3148; queensamui@yahoo.com; Soi Colibri; EZ/DZ ab 600/800 B; ✜ 🖵) Es ist kaum zu glauben, aber diese Zimmer kosten wirklich (wenn auch wahrscheinlich nicht mehr lange) weniger als 1000 B! Das Queen ist funkelnagelneu und ködert Neuankömmlinge mit Boutique-Zimmern zu Backpacker-Preisen.

Jungle Club (außerhalb der Karte S. 638; ☎ 0 1894 2327; Bungalows 600–2900 B, Villen 3500 B; ✜ 🖵 🏊) Die

DIE SÜDWESTLICHE GOLFREGION

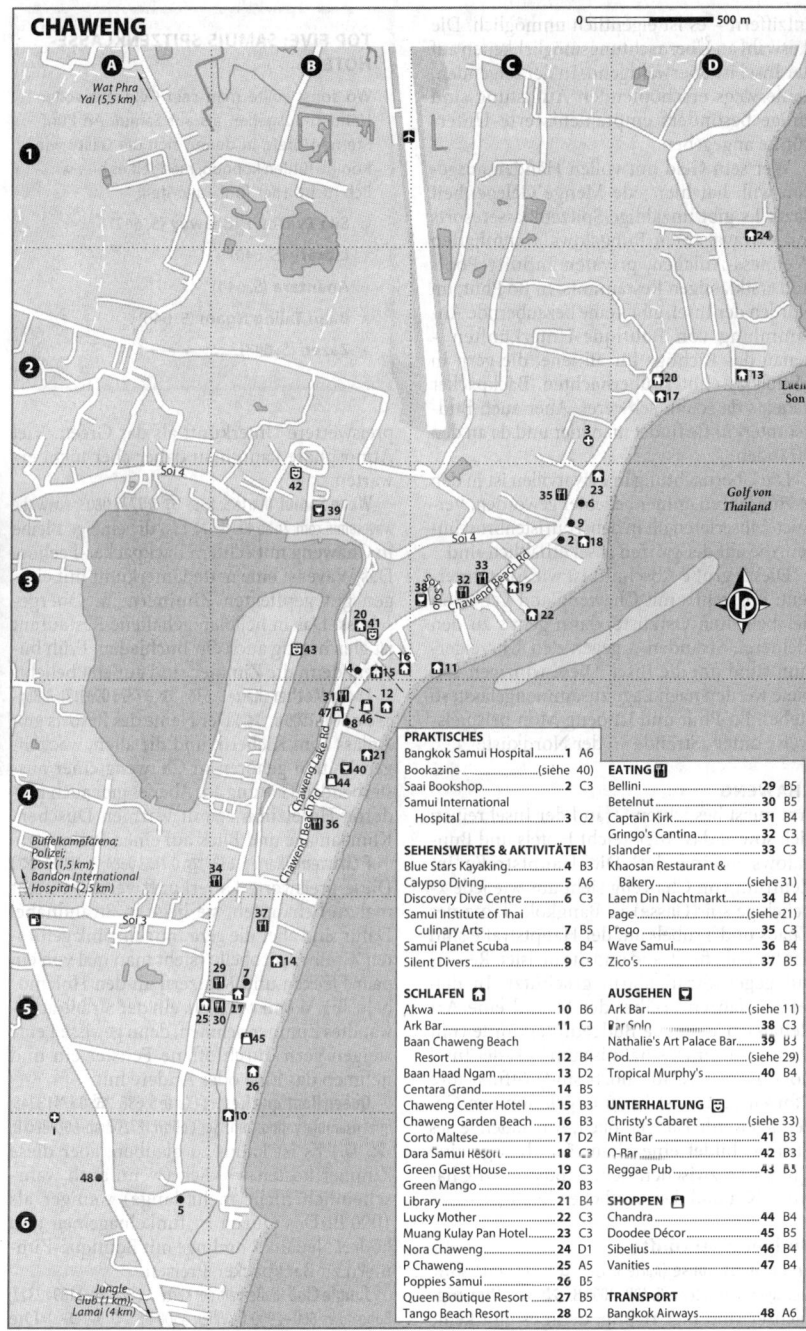

CHAWENG

0 — 500 m

Wat Phra Yai (5,5 km)

Laem Son

Golf von Thailand

Soi 4

Soi 4

Chaweng Beach Rd

DIE SÜDWESTLICHE GOLFREGION

Büffelkampfarena; Polizei; Post (1,5 km); Bandon International Hospital (2,5 km)

Soi 3

Chaweng Lake Rd

Chaweng Beach Rd

Jungle Club (1 km); Lamai (4 km)

PRAKTISCHES
Bangkok Samui Hospital	**1** A6
Bookazine	(siehe 40)
Saai Bookshop	**2** C3
Samui International Hospital	**3** C2

SEHENSWERTES & AKTIVITÄTEN
Blue Stars Kayaking	**4** B3
Calypso Diving	**5** A6
Discovery Dive Centre	**6** C3
Samui Institute of Thai Culinary Arts	**7** B5
Samui Planet Scuba	**8** B4
Silent Divers	**9** C3

SCHLAFEN
Akwa	**10** B6
Ark Bar	**11** C3
Baan Chaweng Beach Resort	**12** B4
Baan Haad Ngam	**13** D2
Centara Grand	**14** B5
Chaweng Center Hotel	**15** B3
Chaweng Garden Beach	**16** B3
Corto Maltese	**17** D2
Dara Samui Resort	**18** C3
Green Guest House	**19** C3
Green Mango	**20** B3
Library	**21** B4
Lucky Mother	**22** C3
Muang Kulay Pan Hotel	**23** C3
Nora Chaweng	**24** D1
P Chaweng	**25** A5
Poppies Samui	**26** B5
Queen Boutique Resort	**27** B5
Tango Beach Resort	**28** D2

EATING
Bellini	**29** B5
Betelnut	**30** B5
Captain Kirk	**31** B4
Gringo's Cantina	**32** C3
Islander	**33** C3
Khaosan Restaurant & Bakery	(siehe 31)
Laem Din Nachtmarkt	**34** B4
Page	(siehe 21)
Prego	**35** C3
Wave Samui	**36** B4
Zico's	**37** B5

AUSGEHEN
Ark Bar	(siehe 11)
Bar Solo	**38** C3
Nathalie's Art Palace Bar	**39** B3
Pod	(siehe 29)
Tropical Murphy's	**40** B4

UNTERHALTUNG
Christy's Cabaret	(siehe 33)
Mint Bar	**41** B3
O-Bar	**42** B3
Reggae Pub	**43** B3

SHOPPEN
Chandra	**44** B4
Doodee Décor	**45** B5
Sibelius	**46** B4
Vanities	**47** B4

TRANSPORT
Bangkok Airways	**48** A6

gefährliche Fahrt über die rutschige Schotterstraße lohnt sich, denn oben hat man einen großartigen Blick. Der alleinstehende Berg ist ein beliebtes Ausflugsziel bei Einheimischen und Touristen. Im Jungle Club herrscht eine relaxte Zurück-zur-Natur-Atmosphäre. Die Gäste können am fantastischen Pool chillen oder sich auf ein Nickerchen unter die Baldachine eines offenen *säh·lah* (auch *sala*) zurückziehen. Vorher anrufen und einen Termin zum Abholen vereinbaren, denn man will schließlich die wertvolle Dschungelzeit nicht im Gipskorsett verbringen.

Mittelklassehotels

Chaweng Center Hotel (Karte S. 638; ☎ 0 7741 3747; chawengcenter@hotmail.com; Zi. 1200 B;) Der Blick auf das gegenüber liegenden McDonald's ist zwar alles andere als schön, aber dafür sind die frisch renovierten Zimmer preiswert und vermitteln statt eines spartanischen Gefühls einen gewissen „Minimal-Chic".

Akwa (Karte S. 638; ☎ 08 4660 0551; www.akwaguesthouse.com; Zi. 999–2599 B;) Das Akwa ist eine bezaubernde Unterkunft im B & B-Stil. Die nur wenigen, funkigen Zimmer sind witzig eingerichtet und in leuchtenden Farben gehalten.

LP Tipp Ark Bar (Karte S. 638; ☎ 0 7742 2047; www.ark-bar.com;Bungalow 1600–2500 B;) Im Ark Bar trifft man auf die unterschiedlichsten Leute – echte Partylöwen, coole Hippies, Teenager, Leute in den Vierzigern und sogar Kanadier. Die himmelblauen Motel-Einheiten stehen entlang des schmalen Grünstreifens, der die an Bangkok erinnernden Straßen von Chaweng mit der extrem beliebten Restaurant-Bar am Strand verbindet.

Chaweng Garden Beach (Karte S. 638; ☎ 0 7796 0394; www.chawenggardnessamui.com; Zi. ab 1600 B;) Diese bei Flashpackern beliebte Unterkunft verfügt über viele verschiedene Zimmertypen. Äußerst freundliches Personal.

Nora Chaweng (Karte S. 638; ☎ 0 7791 3666; www.norachawenghotel.com; Zi. ab 2500 B;) Der Neuling in Chawengs Hotelgewirr steht zwar nicht am Strand, hat dafür aber ein ausgezeichnetes Preis-Leistungs-Verhältnis.

Corto Maltese (Karte S. 638; ☎ 0 7723 0041; www.corto-samui.com; Zi. 2000–4000 B, 3BZ 3000 B;) Das unter französischer Leitung stehende Hotel sieht aus als stamme es aus einem Comic-Heft – wie wär's mit *Tim und das Rätsel einer erstaunlich preiswerten Unterkunft in Chaweng?* Die Zimmer in freundlichen Pastellfarben sind mit hübsch verzierten Holzmöbeln und

hier und da auch mit Steinobjekten eingerichtet. Es ist vielleicht nicht die beste Unterkunft am Strand von Chaweng, aber mit Sicherheit eine, die lang in Erinnerung bleiben wird.

Tango Beach Resort (Karte S. 638; ☎ 0 7742 2470; www.tangobeachsamui.com; Zi. inkl. Frühstück 2650–6250 B;) Ein typisches Mittelklassehotel, das erst vor Kurzem fertiggestellt wurde. Geboten werden Bungalows, die an einem direkt am Strand beginnenden Teakholzweg angeordnet sind.

Spitzenklassehotels

Baan Chaweng Beach Resort (Karte S. 638; ☎ 0 7742 2403; www.baanchawengbeachresort.com; Bungalows 4000–7000 B;) Genau die richtige Wahl für all jene, die Spitzenklasseluxus zu annehmbaren Preisen wünschen. Das Baan Chaweng ist ein Newcomer mit relativ günstigen Preisen. Die einwandfreien Zimmer schimmern in allen nur erdenklichen Pfirsich- und Birnenfarben, sind mit Möbeln aus Teakholz eingerichtet und vermitteln deshalb sowohl einen modernen als auch einen traditionellen Eindruck.

Muang Kulay Pan Hotel (Karte S. 638; ☎ 0 7723 0849-51; www.kulaypan.com; Zi. inkl. Frühstück 4725–13 540 B;) Nein, das ist kein Riss in der Tapete – es ist so designt. Die Architekten sagen, sie hätten Zen- und Thai-Konzepte bewusst miteinander vermischt, aber das Ganze erscheint doch eher recht willkürlich. Die Bereiche direkt am Meer wurden absichtlich vernachlässigt, um diesem einzigarten Resort einen gewissen Touch von Chaos zu geben.

Baan Haad Ngam (Karte S. 638; ☎ 0 7723 1500, 0 7723 1520; www.baanhaadngam.com; Bungalows 6400–14 000 B;) Im betriebsamen Baan Haad Ngam wird auf das ansonsten übliche Teakholz und Hellbraun verzichtet. Die Bungalows sind außen in einem interessanten Grünton gestrichen, der an radioaktive Sellerie erinnert. Eine gestylte, klassische, traumhafte Unterkunft, für die aber auch einige Taler hingelegt werden müssen.

Poppies Samui (Karte S. 638; ☎ 0 7742 2419; www.poppiessamui.com; Zi. 7000–11 000 B;) Von der Marmorlobby gelangt man über eine schmale Treppe in ein tropisches Paradies, in dem nichts an das wuselige Chaweng erinnert. Die bezaubernden Bungalows verstecken sich in dichtem Grün – nur die übermäßig gewölbten Dächer schauen aus dem Dickicht heraus. Auf die Betten werden allabendlich kleine Geschenke – beispielsweise Designer-Seifenstücke – gelegt.

DIE SÜDWESTLICHE
GOLFREGION

Dara Samui (Karte S. 638; ☎ 0 7723 1323; www.darasa mui.com; Zi. & Bungalows ab 8160 B; ✖ ▣ ▣) Mitten zwischen all den Unterkünften in Chaweng macht das Dara einen etwas beengten Eindruck, aber die Zimmer sind elegant eingerichtet, und der Poolbereich erinnert an eine Szene aus einem Roman von Rudyard Kipling.

Centara Grand (Karte S. 638; ☎ 0 7723 0500; www.cen tralhotelsresorts.com; Zi. 8900–19 500 B; ✖ ▣ ▣) Das Centara ist eine große, nett gestaltete Anlage mitten in Chaweng. Das über und über mit Palmen bewachsene Grundstück ist so groß, dass man problemlos dem Straßenlärm entkommen kann. Die Zimmer befinden sich in einem hotelartigen Gebäude mit westlicher Themengestaltung und Dekor. Erwachsene können sich in den Wellnessbereich oder in eines der vier Restaurants verziehen. Ihre Sprösslinge planschen währenddessen unter den wachsamen Augen der hoteleigenen Babysitter in einem der vielen Pools.

LP Tipp **Library** (Karte S. 638; ☎ 0 7742 2407; www. thelibrary.name; Bungalows 9000–12 000 B; ✖ ▣ ▣) Diese Unterkunft ist wirklich cool und hat trotz des Namens nichts mit einer Schulbücherei zu tun. Das ganze Resort wirkt wie eine weiße Fata Morgana mit dekorativen schwarzen Akzenten und Lamellenvorhängen. Das Tollste in diesem Hotel ist neben dem futuristischen iMac in jeder „Seite" (die Zimmer hier werden als *pages* bezeichnet) das große monochromatische Wandkunstwerk, das abends hell leuchtet und dessen Farbe man je nach Stimmung ändern kann. Lebensgroße Statuen lesen in Büchern und sollen die Gäste anregen, auch zu einem Buch zu greifen. In der Hotelbibliothek gibt's eine beeindruckende Auswahl an farbenprächtigen Kunst- und Designbüchern. Der große rechteckige Pool ist genial – er ist in grellen Rottönen gefliest, wodurch das Wort „Blutbad" ganz unvermittelt eine positive Wendung bekommt.

LAMAI
Vor zehn Jahren pflegten Insider zu sagen: „Vergiss Chaweng, fahr nach Lamai". Aber diese Zeiten sind vorbei. Lamai ist jetzt das inoffizielle Zentrum von Samuis Girlie-Bar-Szene. Hua Thanon, südlich von Lamai, ist ein kleiner, ruhiger Strand mit einigen hervorragenden Resorts.

Budgetunterkünfte & Mittelklassehotels
New Hut (Karte S. 641; ☎ 0 7723 0437; newhut@hotmail. com; Lamai North; Hütten 200–500 B) New Hut ist eine der wenigen preiswerten Hotelanlagen direkt am Strand. Übernachtet wird in winzigen, zauberhaften Hütten. Die Holzhütten und das einladende Restaurant sind mit mehreren Schichten schwarzer Farbe gestrichen.

Beer's House (Karte S. 641; ☎ 0 7723 0467; Lamai North; Bungalows 200–550 B) Die winzigen, schattigen Bungalows stehen direkt am Strand dicht beieinander. Einige Hütten haben Gemeinschaftsbäder, aber alle sind geräumig genug, um eine Hängematte aufzuhängen und das Leben zu genießen. Wer eine Hütte mit Bad sein eigen nennt, kann sich an den frisch gefliesten Wänden erfreuen.

Sunrise Bungalow (Karte S. 641; ☎ 0 7742 4433; www. sunrisebungalow.com; Lamai South; Bungalows 400–1300 B; ✖) Das Sunrise ist nur wenige Schritte von Hin Ta und Hin Yai entfernt – den anrüchig wie Genitalien geformten Felsen, die zu peinlichem Gekicher Anlass geben. Es ist eine lockere Unterkunft für Budgettraveller. Der Betreiber lebt in der sechsten Generation auf Samui.

Amity (Karte S. 641; ☎ 0 7742 4084; Bungalows 350–1500 B; ✖) Das Amity hat verführerisch moderne Bungalows und einige preiswerte, heruntergekommene Hütten mit Gemeinschaftsbad. Ein bestimmtes Thema gibt's hier nicht, nur ein Mischmasch von Unterkünften, deren Preise sich nach der Ausstattung richten (die Hütten für 700 B sind ihr Geld wert). Die klimatisierten Hütten sind eine willkommene Alternative.

Spa Resort (Karte S. 641; ☎ 0 7723 0855; www.spasa mui.com; Lamai North; Bungalows 900–3500 B; ✖) Dieses Resort mit Wellnessbereich hat unzählige therapeutische Programme im Angebot und niemanden scheint es zu stören, dass die Unterkünfte gemessen am Standard in Lamai billig sind. Geboten werden u. a. Darmspülungen, Massagen, Entschlackungskuren, Schlaftherapien und Yoga. Die Badezimmer lassen etwas zu wünschen übrig, aber wer braucht schon eine Toilette, wenn man eine ganze Woche lang fastet! Das Resort ist oft ausgebucht. Es empfiehlt sich also, rechtzeitig (per E-Mail) zu reservieren. Am Wellnessprogramm können auch Nichtgäste teilnehmen.

Lamai Wanta (Karte S. 641; ☎ 0 7742 4550, 0 7742 4218; www.lamaiwanta.com; Zi. & Bungalows 1600–3400 B; ✖ ▣ ▣) Der Pool wirkt mit seinen beigeblau gemusterten Fliesen etwas altmodisch. Dahinter befinden sich aber moderne Hotelzimmer und Bungalows, die außen gerade einen schönen weißen Anstrich bekommen

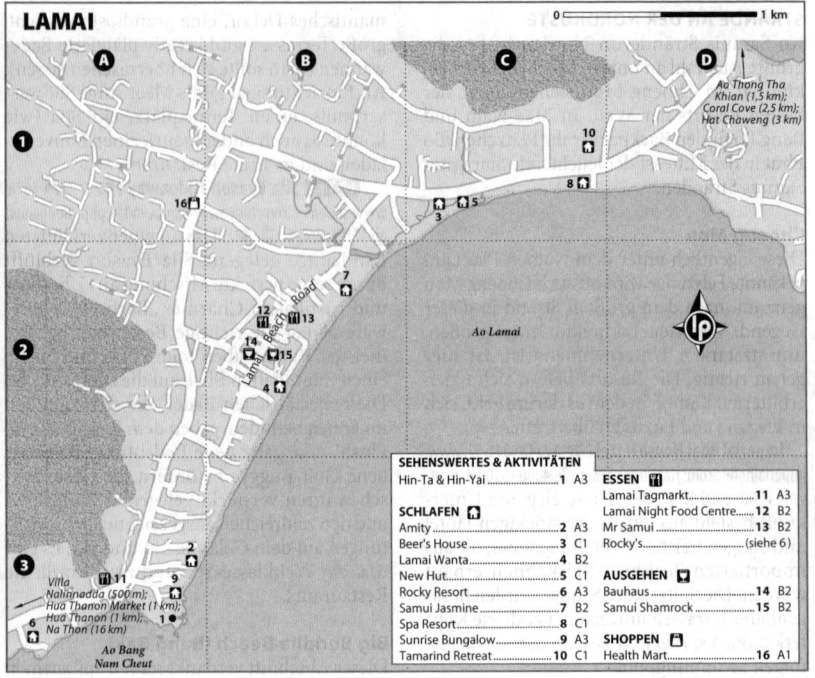

LAMAI   0 ———— 1 km

Ao Thang Tha
Khian (1,5 km);
Coral Cove (2,5 km);
Hat Chaweng (3 km)

Ao Lamai

Villa
Nalinnadda (500m);
Hua Thanon Market (1 km);
Hua Thanon (1 km);
Na Thon (16 km);
Ao Bang
Nam Cheut

SEHENSWERTES & AKTIVITÄTEN		ESSEN	
Hin-Ta & Hin-Yai 1 A3		Lamai Tagmarkt..............11 A3	
		Lamai Night Food Centre.....12 B2	
SCHLAFEN		Mr Samui 13 B2	
Amity 2 A3		Rocky's ....(siehe 6)	
Beer's House 3 C1			
Lamai Wanta 4 B2		**AUSGEHEN**	
New Hut............5 C1		Bauhaus............14 B2	
Rocky Resort............6 A3		Samui Shamrock 15 B2	
Samui Jasmine............7 B2			
Spa Resort............8 C1		**SHOPPEN**	
Sunrise Bungalow............9 A3		Health Mart............16 A1	
Tamarind Retreat............10 C1			

haben. Die Zimmer selbst sind irgendwo zwischen minimalistisch und karg eingerichtet.

Spitzenklassehotels

Samui Jasmine Resort (Karte S. 641; ☎ 0 7723 2446; www.samuijasmineresort.com; Zi. & Bungalows 3800–5000 B; 🅿 🛜) Wer im angenehmen Samui Jasmine am weißen Strand von Lamai übernachtet, macht wirklich kein schlechtes Geschäft. Die preiswerteren Zimmer haben meist einen fantastischen Blick aufs Meer und den langen kristallfarbenen Pool. Die Einrichtung besteht aus viel lackiertem Teakholz und netten Accessoires wie Rüschenkissen mit Lavendelduft.

Tamarind Retreat (Karte S. 641; ☎ 0 7723 0571; www.tamarindretreat.com; Villen 3500–11 600 B; 🅿 🛜) In einiger Entfernung vom Strand versteckt sich in einem ruhigen Kokosnusspalmenhain eine kleine Ansammlung von ganz unterschiedlich gestalteten Villen. In einigen sind Granitfelsen in Wände und Fußböden integriert, andere wiederum haben einen eigenen Teich und einfallsreich designte Bäder unter freiem Himmel. Der Mindestaufenthalt beträgt hier sieben Tage (in der Nebensaison drei Tage).

Und natürlich wird man ohne Aufpreis vom Flughafen abgeholt. Frühzeitiges Buchen ist ein Muss.

LP Tipp **Rocky Resort** (Karte S. 641; ☎ 0 7741 8367; www.rockyresort.com; Hua Thanon; Zi. 4200–14 000 B; 🅿 🛜) In dieser beliebten Unterkunft in Lamai (bzw. ein paar Schritte südlich von Lamai) herrscht genau die richtige Mischung aus exklusivem Ambiente und relaxter Geselligkeit. In den ruhigeren Monaten ist dieses Resort mit Blick aufs Meer ein Schnäppchen. Die modernen Zimmer sind mit wunderschönen Möbeln im Thai-Stil eingerichtet. Um den Pool befinden sich überall Felsblöcke, die den felsigen Strand in der Nähe imitieren (daher auch der Name des Resorts).

Villa Nalinnadda (außerhalb der Karte S. 641; ☎ 0 7723 3131; www.nalinnadda.com; Hua Thanon; Bungalows 6000–6500 B; 🅿 🛜) Die wellenförmigen aus Lehmziegeln gestalteten weißen Außenmauern der Villa Nalinnadda erinnern an das sprudelnde Wasser des rechteckigen Pools. Die sieben in Größe und Form völlig unterschiedlichen Suiten blicken zum wogenden Meer und bieten eine Mischung aus romantischer Einsamkeit gepaart mit gepflegter Geselligkeit.

STRÄNDE AN DER NORDKÜSTE

Ko Samuis Strände im Norden bieten die größte Auswahl an unterschiedlichen Unterkünften. In Choeng Mon stehen einige der besten Resorts der Welt. In Mae Nam und Bang Po finden Backpacker ihr Plätzchen. Bo Phut in der Mitte ist der leuchtende Star unter Samuis Stränden.

Choeng Mon

Diese eigentlich unter dem Namen Plai Lam bekannte Felszunge wird oft auch Choeng Mon genannt, nach dem größten Strand in dieser Gegend. Wer Generaldirektor eines großen, umsatzstarken Unternehmens ist, ist hier genau richtig. Die Resorts liefern sich einen erbitterten Kampf, in dem es darum geht, sich in Eleganz und Luxus zu übertreffen.

Imperial Boat House Hotel (☎ 0 7724 5041-52; www.imperialhotels.com; Hat Choeng Mon; Zi. 4000–5500 B, Bootsuite 6000–6700 B; ⬛ 🖳) Diese elegante Unterkunft besteht aus einem dreistöckigen Hotel und einigen freistehenden Bungalows, die aus importierten Teakholz-Reiskähnen erbaut wurden. Die Spitzen der Schiffe wurden in sagenhafte Terrassen umgebaut. Oxidierte Kupferkanonen spritzen Wasser in den schiffsförmigen Swimmingpool.

White House (☎ 0 7724 7921, 0 7724 5318; www.hotelthewhitehouse.com; Zi. 5000–6600 B; ⬛ 🖳) Angkor Wat kann man getrost von der Liste seiner Urlaubsziele streichen, denn im White House fühlt man sich wie in einem alten Kaiserreich, das versteckt in einem grünen Urwald liegt. Aus jeder Ritze der Sandsteintempel wächst üppiges tropisches Farnkraut und betende Götterstatuen verstecken sich im dichten Dschungel.

Sala Samui (☎ 0 7724 5888; www.salasamui.com; Bungalows 360–1100 US$; ⬛ 🖳) Achtung, das sind US-Dollar, nicht etwa Baht. Ist denn der saftige Preis gerechtfertigt? Wohl schon. Die Einrichtung ist zweifelsohne exquisit – überall majestätisches Weiß und lackiertes Teakholz. Zarte Türkistöne geben dem privaten Pool, der zu jeder Villa gehört, besondere Akzente.

Tonqsai Bay (☎ 0 7724 5480-5500; www.tongsaibay.co.th; Hat Choeng Mon; Suite 11 000–30 000 B; ⬛ 🖳) Auf dem weiten, sehr gepflegten, hügeligen Gelände wirken die Bungalows wie ein kleines Dorf. Die Gäste werden in Golf-Buggys zu den verschiedenen Aktivitäten – Massagen oder auch Abendessen – gefahren. Die todschicken Suiten haben alle Bereiche mit Tagesliegen zum Ausruhen, ein prachtvoll romantisches Dekor, eine grandiose Aussicht, große Terrassen und kreativ platzierte Badewannen (man sollte sich überraschen lassen). An Einrichtungen gibt's Meer- und Süßwasserpools, einen Tennisplatz, ein Spa (wie könnte es auch anders sein), einen Souvenirladen und mehrere Restaurants.

LP Tipp Sila Evason Hideaway (☎ 0 7724 5678; www.sixsenses.com/hideaway-samui/index.php; Bungalows ab 17 000 B; ⬛ 🖳 🖳) Das an einer zerklüfteten Landzunge gelegene Sila Evason verblüfft durch seine perfekte Mischung aus Überfluss und rustikalem Charme. „Barfuß-Eleganz" wäre genau die richtige Beschreibung. Die meisten Villen haben tolle Pools und bieten einen traumhaften Blick auf die ruhige Bucht. Die majestätischen Bäder, die sich zum Teil im Freien befinden, geben dem Begriff „Royal Flush" eine ganz neue Bedeutung. Beigefarbene Golf-Buggys befördern die Gäste zwischen ihren versteckt gelegenen Bungalows und den zahlreichen ausgezeichneten Einrichtungen auf dem Gelände hin und her. Es gibt u. a. ein Weltklasse-Spa und zwei exzellente Restaurants.

Big Buddha Beach (Bang Rak)

Dieser Abschnitt verdankt seinen Spitznamen dem riesigen goldenen Buddha, der von der nahen Insel Ko Fan herüberschaut. Die Nähe zum Flughafen bringt niedrigere Zimmerpreise mit sich.

Shambala (☎ 0 7742 5330; www.samui-shambala.com; Bungalows 600–1000 B; ⬛) Während die umliegenden Unterkünfte alle auf die Wünsche anspruchsvoller Touristen reagierten, bewahrte sich das relaxte, von Engländern betriebene Hotel einen leichten Hippietouch. Es gibt viele Gemeinschaftsbereiche mit Sitzkissen und ein tolles Sonnendeck. Die Bungalows sind hell und geräumig. Die Angestellten beglücken einen gleichermaßen mit Reisetipps und mit freundlichen Gesichtern.

Samui Mermaid (☎ 0 7742 7547; www.samui-mermaid.info; Zi. 400–2500 B; ⬛ 🖳 🖳) Das Samui Mermaid ist eine vortreffliche Wahl unter den Budgetunterkünften, denn es hat etwas von einem ausgewachsenen Resort. Es gibt zwei große Swimmingpools, viele Liegestühle und zwei beliebte Restaurants. Die Zimmer haben alle Kabel-TV. Die Landebahn des Flughafens von Samui ist nur einige Kilometer entfernt, sodass es manchmal recht laut werden kann. Der kostenlose Flughafenshuttle entschädigt aber für diese Unannehmlichkeit.

Maya Buri (☎ 0 7748 4656, 08 1539 4194; www.maya buri.com; Zi. inkl. Frühstück 1200–1600 B; ☒ 🖳 🖳) Die Lage des Maya Buri mitten auf der Insel in der Nähe des Flughafens bedeutet, dass die Boutique-Bungalows hier viermal so teuer wären, wenn sie irgendwo in Chaweng stünden. Das moderne Resort ist mit viel Finesse gestaltet. Die luftigen Zimmer mit Teakmöbeln sind um einen coolen Infinity-Pool angeordnet.

Ocean 11 (☎ 0 7741 7118; www.o11s.com; Bungalows 1900–3200 B; ☒) Etwas Luxus zu einem sehr angemessenen Preis bietet das Ocean 11, ein echtes Schnäppchen. Die nette Unterkunft mit modernen Designer-Details ist ein fantastisches Mittelklassehotel an einem relativ ruhigen Strandabschnitt. Kostenloses WLAN.

Prana (☎ 0 7724 6362; www.pranaresorts.com; Zi. 5600–8000 B; ☒ 🖳 🖳) Vegetarier dieser Welt vereinigt euch! Diese trendige Unterkunft ist die ultimative Bleibe für all diejenigen, die sich einem fleischlosen Lebensstil verschrieben haben. Die wunderschönen Zimmer liegen direkt am Meer zwischen Strand und Infinity-Pool.

Bo Phut

Der Strand ist zwar nicht atemberaubend, aber dafür gibt's in Bo Phut die ausgefallensten Unterkünfte von ganz Samui. Zahlreiche Boutique-Hütten reihen sich mitten im Wirrwarr des Fisherman's Village und weiter am Strand aneinander.

Khuntai (Karte S. 644; ☎ 0 7724 5118, 08 6686 2960; Zi. 600–850 B; ☒) Die klobige, orangefarbene Pension, die sich einen Block vom Strand entfernt am Rand des Fisherman's Village befindet, hat preiswerte, einfache Zimmer. Die im zweiten Stock werden von der Nachmittagssonne beschienen, die man dann draußen auf den Balkonen genießen kann.

Cactus (Karte S. 644; ☎ 0 7724 5565; cactusbung@hotmail.com; Bungalows 700–1590 B; ☒) Das Cactus schafft es, mit all den Boutique-Hotels in Bo Phut mitzuhalten, indem es ein höhlenartiges Mischmasch an Unterkünften anbietet, die in tiefen Rot- und Orangetönen leuchten. Die vielen Backpacker sind ein Zeichen dafür, dass die Zimmer eher einfach sind. Aber dennoch sind sie sauber, gemütlich und haben jede Menge Charme. In den Bädern mit Ventilator könnte ein Lufterfrischer allerdings gute Dienste leisten. Die Hütten mit Ventilator kosten in der Nebensaison nur die Hälfte.

Lodge (Karte S. 644; ☎ 0 7742 5337; www.apartment samui.com; Zi. 1350–1900 B; ☒ 🖳) Noch eine tolle Unterkunft in Bo Phut. Im Lodge fühlt man sich wie in einer Jagdhütte aus der Kolonialzeit: helle Wände und dunkle Holzbalken an den Decken. Die Wände in den Zimmern sind mit zahlreichen Wandbehängen geschmückt und von den dazugehörigen Balkonen genießt man den Blick auf den Strand. Die „Pent-Hütten" im obersten Stock sind sehr geräumig. Da diese Unterkunft anscheinend immer ausgebucht ist, ist eine frühe Reservierung ein absolutes Muss.

LP Tipp **L'Hacienda** (Karte S. 644; ☎ 0 7724 5943; www.samui-hacienda.com; Zi. 1400–3000 B; ☒ 🖳) Glänzendes Terrakotta und Bogengänge verleihen dem Eingang den Touch einer spanischen Mission. Ein ähnliches Dekor ist auch in den acht bezaubernden, individuell eingerichteten Zimmern zu finden. Die Wände in den Bädern sind mit Kieselsteinen verziert und haben schöne Bambuslampen. Auf dem Dach wartet eine Überraschung auf die Gäste.

Red House (Karte S. 644; ☎ 0 7742 5686; www.design-visio.com; Zi. 2000 B; ☒) Um zur kleinen Rezeption im hinteren Bereich zu gelangen, müssen die Gäste durch einen Schubladen gehen, der wie ein chinesisches Edelbordell aussieht. Die vier Zimmer sind ganz ähnlich dekoriert. Aufwendige orientalische Muster beleben die Wände, die Betten mit Baldachinen sind über und über mit weinroten und hellgrünen Bändern verziert. Auf der mit Topfpflanzen geschmückten Dachterrasse kann man es sich ganz wunderbar in einem Liegestuhl gemütlich machen.

B1 Villa Spa (Karte S. 644; ☎ 0 7742 7268; www.b1villa.com; Suite 3500–5000 B; ☒ 🖳) In dieser an einen Gasthof erinnernden Unterkunft am Strand in Fisherman's Village herrscht ein erfrischendes Ambiente. An den Wänden hängen ganz unterschiedliche Kunstwerke. Die Zimmer haben alle einen besonderen Spitznamen – die im ersten Stock heißen nach den Sternen des Oriongürtels. Oh ja, im B1 kann man wirklich „eins sein mit sich selbst" (engl. *be one*).

LP Tipp **Zazen** (Karte S. 644; ☎ 0 7742 5085; www.samuizazen.com; Zi. 5300–12 800 B; ☒ 🖳 🖳) Das Zazen ist *das* Boutique-Resort auf Samui – jeder Winkel dieser bezaubernden Unterkunft ist durchdacht und wahrhaft kreativ gestylt. Hier trifft asiatischer Minimalismus auf modernes Rokoko mit dunkelroten Akzenten an den Wänden, Terrakotta-Göttinnen, einen Touch Feng Shui und großzügig ausgelebten guten Geschmack. Die Gäste können am Pool auf bequemen Strandliegen unter Sonnenschir-

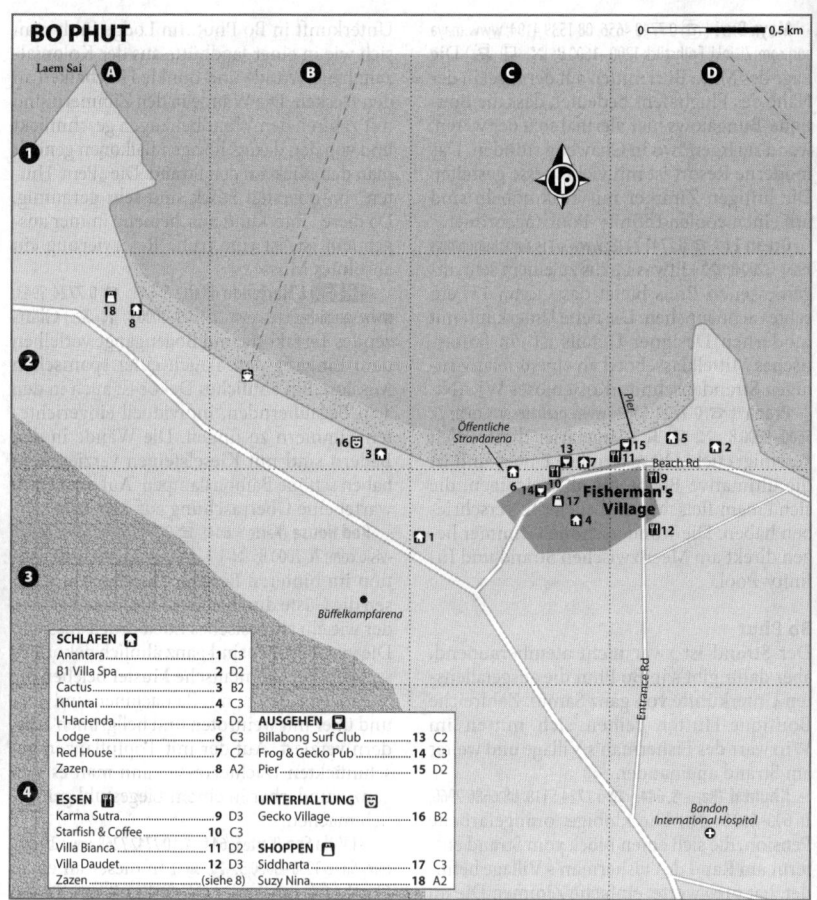

BO PHUT

0 ───── 0,5 km

Laem Sai **Ⓐ** **Ⓑ** **Ⓒ** **Ⓓ**

❶

Öffentliche Strandarena

Fisherman's Village
Beach Rd

Pier

❷

❸

Büffelkampfarena

❹

Entrance Rd

Bandon International Hospital

SCHLAFEN		
Anantara	1	C3
B1 Villa Spa	2	D2
Cactus	3	B2
Khuntai	4	C3
L'Hacienda	5	D2
Lodge	6	C3
Red House	7	C2
Zazen	8	A2

ESSEN		
Karma Sutra	9	D3
Starfish & Coffee	10	C3
Villa Bianca	11	D2
Villa Daudet	12	D3
Zazen	(siehe 8)	

AUSGEHEN		
Billabong Surf Club	13	C2
Frog & Gecko Pub	14	C3
Pier	15	D2

UNTERHALTUNG		
Gecko Village	16	B2

SHOPPEN		
Siddharta	17	C3
Suzy Nina	18	A2

men relaxen. Wer unangemeldet kommt, muss Furcht einflößende Preise in Kauf nehmen, also besser vorher reservieren.

LP Tipp Anantara (Karte S. 644; ☎ 0 7742 8300; www. anantara.com; Zi. 7000–15 000 B; 🅇 🖳 🅇) Der umwerfende, einer Sänfte ähnelnde Eingang des Anantara erweckt Träume an ein friedliches orientalisches Königreich. Bodenfackeln flackern unbeirrt in Reih und Glied vor sich hin und ihr Rauch hüllt die hohen Palmenwedel in einen leichten Dunst. Überall auf dem Gelände stehen Grimassen schneidende Dschungelkreaturen aus Ton und Kupfer herum. Die Gäste können in einer offenen Pagode einen Früchtetee probieren, in dem lagunenmäßig geformten Infinity-Pool schwimmen oder eine Wellness-Behandlung genießen.

Mae Nam

Mae Nam gehört zwar nicht zu den schönsten Stränden, bietet dafür aber im Vergleich zu den anderen preiswertere Unterkünfte.

Shangrilah (☎ 0 7742 5189; Bungalows 300–2000 B; 🅇) Ein wahres Shangri-La für Backpacker! Hier gibt's die billigsten Hütten weit und breit. Sie sind natürlich recht einfach.

Coco Palm Resort (☎ 0 7742 5095; Bungalows 1200 B; 🅇) Für den Bau der Bungalows wurde tonnenweise Rattan verwendet. Das Herzstück ist ein rechteckiger Pool am Strand. Und für eine Unterkunft mit Resort-Atmosphäre ist auch gegen den Preis nichts einzuwenden.

Maenam Resort (☎ 0 7742 5116; www.maenamre sort.com; Bungalows 1200–2700 B; 🅇 🖳) Die Hütten aus Palmenrinde stehen in mehreren Reihen

mitten in einem privaten, dschungelartig angelegten Garten. Sie sind mit Korb- und Holzmöbeln eingerichtet und haben je nach Entfernung vom Strand unterschiedliche Preise. Die Suiten sind für Familien ein echtes Schnäppchen.

Harry's (☎ 0 7742 5447; www.harrys-samui.com; Bungalows 1200–3000 B; 🏋 🖳) Auf den ersten Blick glaubt man, eine Tempelanlage zu betreten. In der Lobby dominiert poliertes Teakholz und die spitzen Dächer streben gen Himmel. Die niedlichen, gemütlichen Betonbungalows verteilen sich in einem üppigen Garten, sind aber nicht so extravagant wie der Eingangsbereich.

Sea Fan (☎ 0 7742 5204; www.seafanresort.com; Zi. 2200–2700 B; 🏋 🖳) Die großen strohgedeckten Holzbungalows, die mitten in dichter, bunter Flora stehen, sind über Laufstege aus Holz miteinander verbunden. Hier fühlen sich die Gäste wirklich wohl. Der schöne Pool am Strand hat einen kleinen Bereich für Kinder.

Bang Po

In dieser kleinen Enklave verstecken sich einige Budgetunterkünfte.

Sunbeam (☎ 0 7742 0600; Bungalows 500–1000 B) Das ruhige Sunbeam bietet knapp ein Dutzend rustikale Hütten am Meer. Sie sind geräumig und komfortabel und von der Terrasse kann man den Blick aufs Meer genießen. Durch den üppig grünen Garten schlängeln sich gepflasterte Wege und durch die Bar weht stets ein frisches Lüftchen.

Moon (☎ 0 7724 7740; Bungalows 600–1800 B) Das Moon erinnert an die Zeit, als es in Samui noch überall einfache Hütten am Strand gab. Vor Kurzem wurden aber auch hier einige moderne Betonhütten gebaut – sie sind gemütlich und sauber und beeinträchtigen keinesfalls die relaxte Dschungel-Strand-Atmosphäre. Das große Restaurant mit sichtbaren Holzbalken ist der Mittelpunkt des Geschehens.

Health Oasis Resort (☎ 0 7742 0124; www.healthoasisresort.com; Bungalows 800–4500 B; 🏋) Wer sich (egal ob Aura oder Darm) „reinigen" lassen möchte, ist hier richtig. Das Angebot an Heilpackungen reicht von Meditationssitzungen bis zu Fastenkuren. Die Bungalows sind modern und sonnendurchflutet. Außerdem gibt's ein Vegi-Restaurant (wen wundert's?).

Four Seasons Koh Samui (☎ 0 7724 3000; www.fourseasons.com/kohsamui; Villen 30 000 B) Das Four Seasons ist schon eher ein kleines Dorf als ein Resort. Die internationale Luxuskette hat die ganze Halbinsel am westlichen Zipfel von Bang Po gekauft und sie in eine hügelige Enklave umgewandelt. Die unzähligen Annehmlichkeiten und Einrichtungen führen dazu, dass man die Anlage höchstwahrscheinlich gar nicht verlässt. Jede Villa hat einen großen Privatpool und geräumige Sitzbereiche. Wer es etwas geselliger mag, geht einfach an den wunderschönen flachsfarbenen Strand mit Strandliegen und Wassersportangeboten.

WESTKÜSTE

Hier tummeln sich vor allem thailändische Touristen. Samuis Westküste hat zwar nicht die malerischsten Strände, aber dafür herrscht hier auch nicht der an der Ostküste übliche Rummel.

Na Thon

Die Hauptsiedlung der Insel wird von der Fähranlegestelle beherrscht und bietet kaum etwas zu sehen. Es gibt wirklich keinen Grund, ausgerechnet hier zu übernachten, wer's aber aus irgendeinem Grund nicht vermeiden kann, sollte es in einem der folgenden Hotels versuchen:

Jinta Hotel (☎ 0 7742 0630, 0 7723 6369; www.jintasamui.com; Zi. 500–650 B; 🏋 🖳) Die weißen Wände und Linoleumböden in den Zimmern im Jinta vermitteln zwar einen etwas institutionellen Eindruck, sind aber dennoch nicht zu verachten. Alle Zimmer mit Satelliten-TV.

Grand Sea View Hotel (☎ 0 7742 0441; www.grandseaviewbeachhotel.com; Zi. 1000–2000 B; 🏋 🖳) Na Thons beste Unterkunft ist das fünfstöckige Grand Sea View Hotel, das sich besonders bei Geschäftsleuten größter Beliebtheit erfreut. Die geräumigen Zimmer haben glänzend geflieste Fußböden, viel Holz, Klimaanlage und Kabel-TV. Von den Zimmern in den oberen Stockwerken hat man einen schönen Blick über die Stadt und das Meer.

Taling Ngam

Taling Ngam, südlich von Na Thon, ist ein bezauberndes Fleckchen mit einer malerischen Ortschaft ganz in der Nähe.

Wiesenthal (☎ 0 7723 5165; Fax 0 7741 5480; Bungalows inkl. Frühstück 1500–2500 B; 🏋) Der Name klingt nach einem alten deutschen Gasthaus, führt aber in die Irre. Denn die von Thais betriebene Unterkunft ist ein luftiges Paradies direkt am Strand. Hier sollte man sich nicht bescheiden zeigen, die Vorhänge aufziehen und Sonne und Meer durch die großen bis auf den

Boden reichenden Fenster willkommen heißen. Die loungigen Terrassenmöbel tragen zum gemütlichen, lockeren Ambiente im Open-Air-Restaurant und am Pool bei.

Ban Sabai (☎ 0 7742 8200; www.bansabaisunset.com; Bungalows 6800–25 000 B; ⌘) Das schöne Baan Sabai verfügt über 20 Zimmer an einem einsamen Strandabschnitt mit Palmen. Die Villen am Strand haben in mehrere Bereiche unterteilte Bäder mit einem Patchwork-Dach aus Stroh und Sternenhimmel. Die Badewannen werden über einen bezaubernden wasserfallartigen Hahn gefüllt. Die gemütlichen Gemeinschaftsbereiche und die Doppelbungalows sorgen dafür, dass man sich im Kreis von Freunden so richtig wohl fühlt.

LP Tipp **Baan Taling Ngam Resort** (☎ 0 7742 9100; www.baan-taling-ngam.com; Bungalows 8500–16 000 B; ⌘) Anders als die meisten Fünf-Sterne-Unterkünfte auf Samui ist das Baan Taling Ngam im „klassischen Thai-Stil" gehalten. Die luxuriösen Bungalows bieten eigens angefertigte Möbel im Thai-Stil. Der Service ist einmalig. Da das Resort nicht direkt am Strand liegt, gibt es einen Shuttleservice hin und zurück. Auch der Transport zum Flughafen und zum Fähranleger wird organisiert.

SÜDKÜSTE

Das südliche Ende von Ko Samui ist übersät mit felsigen Landzungen und kleineren Sandbuchten. Hier stehen vor allem Mittelklasse- und Spitzenklassehotels.

Laem Set Inn (☎ 0 7723 3299; www.laemset.com; Bungalows 1200–20 000 B; ⌘ ▢ ▣) Dieses abgelegene Paradies bietet Unterkünfte für jeden Geldbeutel. Die preiswerteren Hütten haben geflochtene Bambuswände, die Mittelklasseunterkünfte sind in Gruppen angeordnet und sind gemütlich. Die teuersten Optionen – authentische südthailändische Häuser, die demontiert und im Resort wieder errichtet wurden – sind mit schicken Polstermöbeln eingerichtet.

Centara Villas Samui (Central Samui Village; ☎ 0 7742 4020; www.centralhotelsresorts.com; Bungalows 4500–5500 B; ⌘ ▢ ▣) Das Centara Villas steht genau dort, wo das wilde Dickicht auf einen einsamen Strand mit vereinzelten Felsblöcken stößt. Gartenhäuschen und terrassenartig angelegte Fußwege über die felsige Landschaft verbinden die schicken Holzbungalows.

Essen

Wer sich bei dem Riesenangebot bei der Unterkunftssuche schwer tat, wird sich nun

wundern. Denn wenn es ums Essen geht, dann hat man wirklich die Qual der Wahl. Auf Samui gibt's wahrhaft alles – von gerösteten Grillen bis zu Beluga-Kaviar.

Durch den Einfluss des Festlands ist Samui übersät mit Läden, in denen es *kôw gaang* (Reis und Curry) gibt. Dabei handelt es sich meist nur um Holzbuden, in denen südthailändische Currys in großen Metalltöpfen zubereitet werden. Hier machen die Leute auf ihren Motorrädern Halt, schauen prüfend unter den Deckel und decken sich mit ihrem Mittagessen ein. *Kôw-gaang*-Buden sind vor allem in der Ring Rd (Rte 4169) zu finden, wo sie ihre Leckereien ab 13 Uhr anbieten. Eine größere Ansammlung einheimischer Motorrädern ist meist ein Zeichen für gutes Essen.

Teurere Optionen sind noch zahlreicher vorhanden. Das Angebot an italienischem Essen ist auf Ko Samui überwältigend, aber es gibt auch genügend Möglichkeiten, Delikatessen aus dem Rest der Welt zu finden. Die hohen Gehälter und das fantastische Wetter sind dafür verantwortlich, dass sich erstklassige Chefköche regelmäßig ein Stelldichein auf der Insel geben.

CHAWENG

Auf dem „Strip" gibt's Dutzende von Restaurants, die eine bunte Mischung aus thailändischen Speisen, internationalen Gerichten und vor Fett triefenden Fastfood anbieten. Die beste Atmosphäre findet sich abseits des Strips, unten am Strand, wo viele Bungalowbetreiber Tische im Sand aufgestellt haben und glitzernde Lichter allabendlich für ein stimmungsvolles Ambiente sorgen.

Laem Din Markt & Nachtmarkt (Karte S. 638; Gerichte ab 30 B; ⌚ 4–18 Uhr, Nachtmarkt 18–2 Uhr) Auf dem wuseligen, tagsüber geöffneten Markt, Laem Din, wimmelt es nur so von Ständen, die frisches Obst, Gemüse und Fleisch verkaufen, das dann in den Thai-Küchen zubereitet wird. Hier kann man sich 1 kg süße, grüne Orangen kaufen oder auch einfach nur herumwandern und versuchen herauszubekommen, welche Zutaten sich in dem gestern Abend verspeisten Curry versteckten. Abends sollte man dann den Nachtmarkt nebenan besuchen und das leckere, gebratene Hühnerfleisch à la Südthailand oder ein Curry probieren.

Khaosan Restaurant & Bakery (Karte S. 638; Gerichte ab 60 B; ⌚ morgens, mittags & abends) Hier gibt's wirklich alles: vom *filet mignon* bis zum Pfannkuchen. Dieses Restaurant ist besonders

beliebt bei Leuten mit kleinem Geldbeutel. Wer Lust hat, kann sich nach dem Essen noch einen der neuesten Filme auf dem großen Fernseher reinziehen. Was erwartet man anderes von einem Ort namens „Khaosan"?

Wave Samui (Karte S. 638; ☎ 0 7723 0803; Gerichte ab 60 B; ☿ morgens, mittags & abends) Jeder sagt, dass Ko Samui immer teurer und vornehmer wird. Aber die Restaurants, die abends am vollsten sind, sind noch immer die altmodischen, günstigen Restaurants wie das Wave Samui. Dieser Allrounder (Pension-Bar-Restaurant) serviert gutes Essen zu guten Preisen. Das Traveller-Ambiente wird noch unterstützt durch die hauseigene Bibliothek und eine beliebte Happy Hour (15–19 Uhr).

Islander (Karte S. 638; ☎ 08 1788 6239; Gerichte 100–250 B; ☿ 8–2 Uhr) Das beliebte Lokal im Pubstil bietet westliches und thailändisches Essen sowie Kindergerichte an. Es gibt Tische draußen, einen Billardtisch und Sport-TV – also für nahezu jeden Geschmack etwas. Das Frühstück ist (buchstäblich) ein Schlachtfest – haufenweise fettes Fleisch, das den Singha-Kater mit Sicherheit verjagt.

Gringo's Cantina (Karte S. 638; ☎ 0 7741 3267; Gerichte 140–280 B; ☿ 14–24 Uhr) Wie wär's mit einer Karaffe Sangria oder einer Frozen Margarita zum klassischen Tex-Mex-Essen? Besonders lecker sind die Chimichangas (vor allem deshalb, weil wir besonders gern „Chimichanga" sagen). Auf der Speisekarte stehen auch Burger, Pizzen und vegetarische Gerichte.

Captain Kirk (Karte S. 638; ☎ 08 1270 5376; Gerichte 140–480 B; ☿ abends) Nichts wie flott auf die Dachterrasse beamen lassen. In dem Dachgartenrestaurant wird eine große Auswahl internationaler Gerichte serviert. Nach dem Abendessen kann es sich dann auf Bambusstühlen mit Sitzkissen bei einem Cocktail gut gehen lassen.

Sibelius (Karte S. 638; ☎ 08 7466 6967; Gerichte ab 180 B; ☿ Mo–Sa abends) Das nach dem finnischen Komponist benannte Sibelius steht für Einfachheit in einem Meer übermäßiger Vielschichtigkeit. Nach skandinavischem Vorbild ist die Speisekarte nur klein. Die Stärke der Küche zeigt sich hauptsächlich in Gerichten aus frischem Fisch mit exquisiten Kräutersaucen.

Prego (Karte S. 638; ☎ 0 7742 2015; www.prego-samui. com; Hauptgerichte 200–700 B; ☿ abends) In diesem protzigen Essenstempel gibt's gediegene italienische Gerichte in cooler Umgebung, in der Marmor und moderne Geometrie vorherr-

schen. Platzreservierungen werden für 19 und 21 Uhr entgegengenommen.

Bellini (Karte S. 638; ☎ 0 7741 3831; www.bellini-samui. com; Gerichte ab 200 B; ☿ abends) Das gestylte Bellini auf der Soi Colibri ist in sanftes, stimmungsvolles Licht gehüllt. Natürlich steht Italienisches auf der Speisekarte, aber nicht die üblichen Pizzas und Pastagerichte, sondern Kalbfleisch, Hummer und eine große Auswahl an Antipasti.

LP Tipp **Page** (Karte S. 638; ☎ 0 7742 2767; Gerichte 180–850 B; ☿ morgens, mittags & abends) Wer sich nicht leisten kann, im ultra-edlen Library (S. 640) zu übernachten, sollte sich ein Essen in diesem Restaurant am Strand gönnen. Die Speisen sind (logischerweise) überteuert, aber dafür werden die Gäste hier von den Leuten am Strand vielleicht für Jetsetter oder Promis gehalten. Mittags geht's etwas lockerer zu und die Preise sind annehmbarer, leider fehlt dann aber die Designer-Beleuchtung.

Zico's (Karte S. 638; ☎ 0 7723 1560; Menüs 750 B; ☿ abends) Diese luxuriöse *churrascaria* versüßt das *carne* mit einem Spritzer Karneval. Nichts für Vegetarier, denn im Zico's gibt's Fleisch bis zum Umfallen – ein wahres brasilianisches Schlachtfest. Und natürlich fehlen auch die kessen Tänzerinnen in ihrem Pfauenfeder-Outfit nicht.

Betelnut (Karte S. 638; ☎ 0 7741 3370; Hauptgerichte 600–800 B; ☿ abends) Fusion-Küche kann verwirrend und oft auch enttäuschend sein. Aber nicht im Betelnut. Chefkoch Jeffrey Lords wurde amerikanisch erzogen und lernte in Europa alles über kulinarische Finessen. Am wichtigsten ist aber, dass er in San Francisco gelebt hat, denn diese Stadt ist die Geburtsstätte guter Fusion-Küche. Auf der Speisekarte steht ein pan-pazifischer Mix aus Currys und sämiger Fischsuppe, Papaya und Pancetta.

LAMAI

Lamai steht zwar in der Beliebtheitsskala an zweiter Stelle, hat aber verglichen mit dem benachbarten Chaweng nur ein erstaunlich begrenztes Restaurantangebot. Die meisten Gäste essen dort, wo sie auch wohnen.

Lamai Tagmarkt (Karte S. 641; Gerichte ab 30 B; ☿ 6–20 Uhr) Auf Lamais Markt, dem thailändischen Pendant zu einem Tante-Emma-Laden, brummt das Leben. Hier gibt's alles rund ums Essen und Imbissstände. Im überdachten Bereich wird frisches Obst verkauft und man kann den Verkäufern zusehen, wie sie Kokosnüsse

malträtieren, um an die Milch zu kommen. Ein Besuch des Eisverkäufers mit dem hausgemachten Kokosnusseis lohnt sich unbedingt. Man findet ihn neben der Tankstelle.

Hua Thanon Market (Karte S. 641; ☎ 0 7742 4630; Gerichte ab 30 B; ◷ 6–18 Uhr) Auf diesem Markt etwas südlich von Lamai bekommt man einen guten Einblick in den Umgang mit Nahrungsmitteln in Südthailand. Die Verkäufer verscheuchen die Fliegen vom rohen Fleisch, Hausfrauen stopfen bündelweise Gemüse in die Motorradkörbe, in denen sie auch ihre Kleinkinder transportieren. Der Marktstraße bis zu der Reihe mit den Essensbuden folgen. Hier kommt man in den Genuss südthailändischer Speisen: Hühnchen-Biryani, feurige Currys, gebratener Reis mit Kokosnuss, Sojabohnensprossen, Zitronengras und getrocknete Shrimps.

Lamai Night Food Centre (Karte S. 641; ☎ 0 7742 4630; Gerichte ab 30 B; ◷ abends) Die Essensaufnahme in Lamais Outdoor-Food-Centre neben dem 7-Eleven wird fast zur Nebensache. Die Verkaufsstände in alter thailändischer Manier sind allein schon die Attraktion. Und dann gibt's da auch noch die Animiermädchen, die in den Girlie-Bars die Musik aufdrehen, an der Stange tanzen oder ein paar Runden *moo·ay tai* (Thai-Boxen; auch *muay thai*) zum Besten geben.

Mr Samui (Karte S. 641; ☎ 0 7742 4630; Gerichte 100–180 B; ◷ mittags & abends) Zunächst geht's in den Laden Baan Soi Gemstones (nach dem „illy"-Schild Ausschau halten), weiter durch einen echten Garagen-Flohmarkt mit orientalischem Schnickschnack und schließlich steht man vor ein paar Tischen und Kissen. Hier kann man zwischen farbenprächtigen, chinesischen Gemälden, Kronleuchtern und bunten, geometrisch gemusterten Kissen (alles verkäuflich!) schmackhaftes Massaman Curry genießen.

Rocky's (Karte S. 641; ☎ 0 7741 8367; Gerichte 300–800 B; ◷ mittags & abends) Das Rocky's gehört gut und gern zu den Topadressen in Lamai. Die Gourmet-Gerichte sind ein wahres Schnäppchen, wenn man den Preis in Euro umrechnet. Wer das köstliche Rinderfilet mit Blauschimmelkäse verspeist, wird sich im siebten Pariser Himmel fühlen. Dienstags gibt's einen speziellen Thai-Abend mit lokalen Delikatessen.

STRÄNDE AN DER NORDKÜSTE
Einige der besten Restaurants Samuis befinden sich an der Nordküste. In Boho Bo Phut gibt's viele trendige Restaurants, in denen sich die Yuppies aus den Boutique-Hotels tummeln.

Choeng Mon & Big Buddha Beach (Bang Rak)

BBC (☎ 0 7742 5264; Gerichte 60–200 B; ◷ morgens, mittags & abends) Mit der BBC oder *Dr. Who* hat dieses Restaurant nichts zu tun – BBC ist die Abkürzung für Big Buddha Café. Das BBC ist ein beliebter Treffpunkt der hier lebenden Ausländer. Es gibt internationale Gerichte, die man auf der Veranda mit traumhaftem Blick aufs Meer verputzen kann.

Elephant & Castle (☎ 0 7743 0394; Gerichte 80–250 B; ◷ mittags & abends) Das ultimative Stammlokal aller unter Heimweh leidenden Briten ist die perfekte Nachahmung eines Londoner Pubs. Das Bier wird in Pint-Gläsern ausgeschenkt und die Rindfleisch-Nieren-Pastete macht für die nächsten Tage satt.

LP Tipp **Dining on the Rocks** (☎ 0 7724 5678; reservations-samui@sixsenses.com; Menüs ab 1500 B; ◷ abends) Ein Abendessen der besonderen Art kann man auf einer der neun großen Teakholz-Bambus-Veranden des Sila Evason (S. 642) mit spektakulärem Blick auf den Golf genießen. Nach Sonnenuntergang (und einem Gläschen Wein) fühlen sich die Gäste wie auf einem Holzboot, das über das sternenbeleuchtete Meer treibt. Die einzelnen Gerichte sind das Produkt experimentierfreudiger Köche, die immer wieder neue Geschmacksrichtungen, Konsistenzen und Temperaturen ausprobieren. Wer hier einen besonderen Anlass feiern möchte, sollte frühzeitig den „Tisch 99", den Hochzeitstisch, reservieren, denn der steht allein auf einer privaten Terrasse.

Bo Phut

Starfish & Coffee (Karte S. 644; ☎ 0 7742 7201; Gerichte 130–180 B; ◷ morgens, mittags & abends) Dieses Restaurant verdankt seinen Namen wahrscheinlich dem Song von Prince, denn auf der Speisekarte steht nichts mit Seesternen (dafür aber Kaffee en masse). Abends genießt man hier klassische Thaigerichte und den Sonnenuntergang mit Blick auf Ko Pha-Ngan.

Karma Sutra (Karte S. 644; Gerichte 130–260 B; ◷ morgens, mittags & abends) In diesem bezaubernden, in Purpurrottönen gehaltenen Lokal mitten in Bo Phuts Fisherman's Village kommen internationale und thailändische Speisen auf den Tisch. Die Speisekarte ist eine mit bunter Kreide beschriftete Schultafel. Es gibt auch eine Kleiderboutique namens Karma Sutra.

Villa Bianca (Karte S. 644; ☎ 0 7724 5041, 08 9873 5867; Gerichte ab 200 B; ⊙ mittags & abends) Fantastischer Italiener mit schneeweißen Tischdecken und Korbclubsesseln. Auch Korbmöbel können sexy sein.

Villa Daudet (Karte S. 644; Gerichte ab 130–380 B; ⊙ Mo–Sa mittags & abends) Die von Franzosen (das Essen muss also gut sein) betriebene Villa Daudet steht mitten in einem idyllischen Garten mit rankenden Pflanzen. Die Gemälde haben nur ein Thema: Elefanten.

Zazen (Karte S. 644; ☎ 0 7742 5085; Gerichte 550–850 B, Menüs ab 1300 B; ⊙ mittags & abends) Der Chefkoch beschreibt seine Gerichte mit den Worten „organisch und orgastisch", was die rechts und links zu hörenden „Hmms" bestätigen. Der Meerblick, die gedämpfte Kerzenbeleuchtung und die sanfte Hintergrundmusik machen aus dem Ganzen ein wahrhaft romantisches Plätzchen. Reservierung erforderlich.

Mae Nam & Bang Po

Angela's Bakery (☎ 0 7742 7396; Gerichte 80–200 B; ⊙ morgens & mittags) Kaum dass man diese beliebte, gastliche Bäckerei durch einen Vorhang von Hängepflanzen betreten hat, ist man auch schon umhüllt vom Duft des frisch gebackenen Brots. Angelas Sandwiches und Kuchen sind das Ein und Alles für hier ansässige Westler, die ansonsten im Land der Reisgerichte verkümmern würden.

LP Tipp **Ko-Seng** (☎ 0 7742 5365; Gerichte 100–300 B; ⊙ abends) Ko Samuis am besten gehütetes Geheimnis versteckt sich in einer Nebenstraße in der Nähe des chinesischen Tempels Mae Nam. Dieses Lokal ist eine willkommene Abwechslung zu den anderen Restaurants auf der Insel, die sich oft mehr um Dekor als um die Zubereitung der Speisen kümmern. Im Ko-Seng kommen erstklassig zarte Krebse und große, kurzgebratene Garnelen in scharfer Sauce auf den Tisch.

Bang Po Seafood (☎ 0 7742 0010; Gerichte ab 100 B; ⊙ abends) Eine Mahlzeit im Bang Po Seafood ist ein wahrer Gaumenkitzel. Es ist eines der wenigen Restaurants, in dem traditionelle Ko-Samui-Gerichte (hauptsächlich Fisch, kaum Fleisch) serviert werden. Die Zutaten sind roher Seeigelrogen, Baby-Tintenfische, Meerwasser, Kokosnüsse und Kurkuma.

WESTKÜSTE

An der ruhigen Westküste gibt's einige der besten Fischrestaurants von Ko Samui. In der Th Thawi Ratchaphakdi in Nathon wird tagsüber ein gigantischer Markt abgehalten. Hier kann man sich mit Proviant eindecken, bevor es auf die Fähre geht.

About Art & Craft Café (☎ 08 9724 9673; Na Thon; Gerichte 80–180 B; ⊙ morgens & mittags) In dieser Oase der Ruhe mitten im hektischen Na Thon gibt's eine gute Auswahl an gesunden Biogerichten, leckeren Kaffee und wie der Name schon sagt Kunst und Kunsthandwerksgegenstände, die von der Betreiberin und ihren Freunden hergestellt werden. Die Atmosphäre ist locker und freundlich. Treffpunkt der auf Ko Samui immer weniger werdenden Bohemiens und Künstler.

Wiesenthal (☎ 0 7723 5165; Taling Ngam; Gerichte 90–250 B; ⊙ morgens, mittags & abends) Das Wiesenthal ist ein lockeres Open-Air-Restaurant mit Blick über einen ruhigen Strand. Aus der Küche kommen internationale Gerichte, die die Gäste unter Bambusschirmen genießen.

Big John Seafood (☎ 0 7742 3025; www.bigjohn samui.com; Thong Yang; Gerichte 60–300 B; ⊙ morgens, mittags & abends) Big Johns Speisekarte sieht aus wie eine Enzyklopädie über das Leben im Meer. Die Meeresfrüchte werden jeden Tag vor der Küste Samuis frisch gefangen. Abends ist es hier besonders schön – die Liveunterhaltung beginnt um 6 Uhr, ziemlich genau dann, wenn die Sonne am Horizont verschwindet.

Five Islands (☎ 0 7741 5359, 08 1447 5371; www.the fiveislands.com; Taling Ngam; Gerichte 150–500 B, geführte Touren 5000–6500 B; ⊙ mittags & abends) Five Islands steht für „auswärts essen" und ist die einzigartigste Essenserfahrung, die man auf der Insel machen kann. Bevor es mit dem Essen losgeht, fährt man mit einem traditionellen Longtail-Boot hinaus aufs türkisfarbene Meer und besichtigt die unvergesslichen Five Sister Islands. Hier erfährt man alles über die alte und nur wenig bekannte Kunst, Vogelnester zu ernten, um daraus eine chinesische Delikatesse – die Vogelnestsuppe – zuzubereiten. Diese gefährliche Arbeit wird extrem gut bezahlt – das Kilo Vogelnester wird im Allgemeinen für 100 000 B (aber Hallo, das sind ja fünf Nullen) an Restaurants in Hongkong verkauft. Die Mittagstour startet um 10 Uhr, die Abendtour um 15 Uhr. Es sind auch Gäste gern gesehen, die nicht an der Tour teilnehmen sondern nur essen wollen.

Ausgehen & Unterhaltung

Samuis größte Partymeile ist zweifellos das laute Chaweng. Lamai und Bo Phut stehen an zweiter bzw. dritter Stelle. Auf dem Rest der

Insel geht's im Allgemeinen ruhiger zu, denn das Nachtleben spielt sich meist in den resort-eigenen Bars ab.

CHAWENG

Feiern ist in Chaweng eine der einfachsten Übungen. Die meisten Bars haben bis 2 Uhr und einige sogar die ganze Nacht lang geöffnet. In der Soi Green Mango gibt's unzählige Girlie-Bars. Auch in der Soi Colibri und der Soi Reggae Pub geht es hoch her.

Ark Bar (Karte S. 638; ☎ 0 7742 2047; www.ark-bar.com) Mittwochabends ist die Ark Bar die Anmache-Location Samuis. Die Drinks werden über eine bunte, mit Papierlaternen geschmückte Bar gereicht. Am Strand liegen pyramidenförmige Kissen für die Gäste bereit. Die Party geht so gegen 16 Uhr los.

Pod (Karte S. 638; ☎ 08 3692 7911, 08 4744 9207) In dieser winzigen In-Location fühlt man sich wie in einer geheimen Großstadtlounge, deren Anschrift nur den schicksten Jetsettern bekannt ist.

Bar Solo (Karte S. 638; ☎ 0 7741 4012) Wie in der Bar Solo könnte es bald überall aussehen. Chawengs zukunftsweisende Outdoor-Bierhalle mit dem schlichten kubistischen Dekor bietet eine Cocktail-Karte, die Normalos die Sprache verschlägt. Die Cocktail-Specials locken Schluckspechte an, die hier die lange Nacht der Dance-Clubs in der Soi Solo und der Soi Green Mango einläuten.

Tropical Murphy's (Karte S. 638; ☎ 0 7741 3614; Gerichte 50–300 B) Ein beliebter Treffpunkt der *fa·ràngs*. Das Tropical Murphy's serviert Rindfleisch-Nieren-Pastete, Fish and Chips, Lammkoteletts und Irish Stew. Wenn abends die Livebands loslegen, verwandelt sich das Murphy's in die beliebteste irische Bar auf Samui, (ja, es gibt tatsächlich mehrere!).

Nathalie's Art Palace Bar (Karte S. 638; ☎ 0 7723 1485) Eines muss man der deutschen TV-Produzentin und Lifestyle-Autorin Nathalie Gutermann lassen, sie kann sich wirklich unverfroren in Szene setzen. Sie verwandelte ein Apartment in Hanglage in ein Boutique-Hotel mit Bar. Hier stehen hauptsächlich ihr Kult und „legendärer" Lifestyle im Vordergrund. Wer jetzt neugierig geworden ist auf das Leben einer Zugereisten mit aristokratischen Wurzeln, stattet ihr einfach einen Besuch ab und genießt bei ihr einen Sundowner oder freitagabends ein Barbecue. Manchmal werden auch spezielle Party-Events organisiert.

Green Mango (Karte S. 638; ☎ 0 7742 2661) Diese Bar ist so beliebt, dass gleich die ganze soi nach ihr benannt wurde. Hier wird mächtig geschluckt, es ist sehr laut, und die *fa·ràngs* sind in der Überzahl. Das Green Mango wartet mit einer verblüffenden Beleuchtung, teuren Drinks und verschwitzten Gästen auf, die im Rhythmus der Musik die Hüften schwingen.

Q-Bar (Karte S. 638; ☎ 08 1956 2742; www.qbarsamui. com) Die Q-Bar mit Blick über den Chaweng Lake ist ein Stückchen bangkoker Nachtleben zwischen Kokospalmen. Die Lounge im Obergeschoss öffnet kurz vor Sonnenuntergang und bietet Cocktail-Kennern einige leckere Tröpfchen, die mit Blick auf Süd-Chaweng, d. h. auf Berge, Meer und Himmel, genossen werden können. Nach 22 Uhr verziehen sich die Nachteulen nach unten in den Club, in dem DJs mit Techno einheizen. Ein Taxi zur Q-Bar kostet zwischen 200 und 300 B.

Reggae Pub (Karte S. 638; ☎ 0 7742 2331) Diese Location bietet einen Open-Air-Dancefloor, der von ausländischen DJs zum Kochen gebracht wird. In dem großen zweistöckigen Gebäude gibt's lange Bars, Billardtische und Bühnen für Livemusik. Es ist ein regelrechter Bob-Marley-Schrein.

Mint Bar (Karte S. 638; ☎ 08 7089 8726) Die Szene auf der Straße ist zu unterhaltsam, als dass man Lust verspürt, sich an normalen Abenden länger in diesem stylischen Club aufzuhalten. Aber an manchen Abenden stehen im Mint hochkarätige DJs am Plattenteller. Diese Special Events sollte man nicht verpassen.

Christy's Cabaret (Karte S. 638; ☎ 0 1894 0356) Die schrille Kaschemme bietet dem gemischten Publikum beiderlei Geschlechts jeden Abend um 23 Uhr kostenloses *gà·teu·i* (oder *kâthoey* – Transvestiten) Cabaret. Vor der Tür locken Ladyboys die Gäste an.

LAMAI

Lamai ist zwar kleiner als Chaweng, hat aber mehr Girlie-Bars zu bieten.

Bauhaus (Karte S. 641; ☎ 0 7741 8387/8) In Lamais alteingesessenem Danceclub heizen DJs ein. In den Pausen werden Dragshows, Schaukämpfe im Thaiboxen und manchmal auch Schaumpartys geboten.

Samui Shamrock (Karte S. 641; ☎ 08 1597 8572) Das eher klassische als schicke Samui Shamrock ist ein nettes Pub, in dem die hauseigenen Bands Coversongs zum Besten geben. Die angeheiterten Gäste lassen es sich natürlich nicht nehmen, lauthals mitzusingen. Und irgend-

wann am späten Abend wird dann „Hotel California", der ultimative Song zu Ehren aller Ausländer, gespielt.

STRÄNDE AN DER NORDKÜSTE
In Bo Phut amüsiert man sich im:

Billabong Surf Club (Karte S. 644; ☎ 0 7743 0144) Im Billabong geht's australisch zu – im Fernseher läuft Sport und die Wände sind geschmückt mit Erinnerungsstücken aus Down Undah. Der Blick auf Ko Pha-Ngan ist fantastisch und die in großen Portionen aufgetischten Rippenstücke und Koteletts werden mit einem frisch gezapften Bier serviert.

Frog & Gecko Pub (Karte S. 644; ☎ 0 7742 5248) Dieser britische Pub in den Tropen ist berühmt für sein „Pub-Quiz" am Mittwochabend und die breite Musikauswahl. Sportereignisse werden live auf einem Großbildschirm gezeigt.

Pier (Karte S. 644; ☎ 0 7743 0681; Gerichte 200–390 B; ✹ mittags & abends) Diese gepflegte Location hebt sich von den schmalen chinesischen Wohnhäusern in Bo Phut ab. Es ist die hippste Adresse im Fisherman's Village. Hier gibt's Terrassen auf mehreren Ebenen, eine peppige Bar und viele bequeme Sitzgelegenheiten, von denen aus man sehen kann, wie die klapprigen Fischerboote in den Hafen kommen.

Gecko Village (Karte S. 644; ☎ 0 7724 5554) Electronica-Fans werden sich im Gecko Village wohlfühlen. Dieses Resort mit Bar direkt am Strand benutzt ihre Connections nach London, um internationale DJs in das Paradies Samui zu locken. Die Silvester- und Sonntagspartys sind dank der großen Namen am Plattenteller legendär.

Shoppen

Chandra (Karte S. 638; ☎ 08 6606 3639; Chaweng; ✹ 12–24 Uhr) Mit den bestickten Taschen aus alten Zeiten hat Ethno-Chic in Chaweng Einzug gehalten. Im Chandra gibt's zarte asiatische, (hauptsächlich balinesische) Kleider, die die frisch erworbene Sonnenbräune ganz besonders zur Geltung kommen lassen.

Doodee Décor (Karte S. 638; ☎ 08 1633 9160; Chaweng; ✹ 11–23 Uhr) Über den Namen sollte man einfach hinwegsehen, denn in diesem Laden gibt es viel mehr als nur Badeartikel. Hier kann man in hochqualitativen thailändischen Geschenk- und Dekoartikeln wie *dhana*-Vasen, in handgefertigtem Besteck aus Ayuthaya und in witzig bestickten Handtaschen stöbern.

Vanities (Karte S. 638; Chaweng; ✹ 11–22 Uhr) Zwei Modefreaks aus Bangkok haben diese Damen-

boutique für Urlauberinnen von Welt eröffnet. Geboten wird Schickes aus Bangkok, Hongkong und Indien – eine willkommene Abwechslung zu all den Hippie-Klamotten am Strand.

Health Mart (Karte S. 641; ☎ 0 7741 9157; Lamai; ✹ 8–17 Uhr) Im Verhältnis zu den vielen Fastenden auf der Insel gibt's nur wenige Geschäfte mit Wellnessartikeln. Der zum Spa Samui gehörende Health Mart ist nur 100 m vom Wat Lamai entfernt und hat verschiedene Bio-Pflege- und Beauty-Serien im Angebot. Hergestellt werden diese Artikel von Wirtschaftsentwicklungsprojekten, die von der königlichen Familie gesponsert werden. Besonders gut sind die pflanzlichen Duschgels und Shampoos von Khao Kho Talay Pu, der Gesichtsreiniger von Supaporn, die Tropicana Kokosnuss-Shampoos und der Power-of-Brown-Tea.

Siddharta (Karte S. 644; ☎ 0 7724 5014; Bo Phut; ✹ 10–21 Uhr) Eine französische Importfirma bringt ihre Schätze aus Bali und Nepal für Globetrotter nach Samui. In den Regalen stapeln sich coole, geometrisch gemusterte Strandpareos und Röcke mit Blumenmustern. Wer seinen Kofferinhalt nicht mehr sehen kann, findet hier bestimmt modischen Ersatz.

Suzy Nina (Karte S. 644; ☎ 0 7724 5221; Bo Phut; ✹ 11–21 Uhr) Samuis Version vom Pier One ist ein schön designter Laden, in dem Bettbezüge aus Seide und Naturbaumwolle sowie nach Kundenwünschen gefertigte Vorhänge verkauft werden. Ein Besuch der Abteilung mit den eleganten thailändischen und burmesischen Seidenstoffen ist sehr empfehlenswert.

An- & Weiterreise
BUS & ZUG
Ein Bus-Fähren-Kombiticket ist praktischer als ein Zug-Fähren-Ticket, denn man muss in Phun Phin (ein winziger Ort in der Nähe von Surat Thani) nicht umsteigen. Aber dafür sind die Züge wesentlich bequemer und man hat – vor allem nachts – viel mehr Platz. Wer mit dem Zug fährt, kann in Chumphon aussteigen und von dort die restliche Strecke mit dem Lomprayah-Katamaran zurücklegen.

Die Preise der staatlichen Busse ab Bangkoks Busbahnhof Süd schließen die Kosten der Fähre mit ein. Sie betragen in der 2. Klasse 500 B. Die meisten privaten Busse ab Bangkok nehmen rund 450 B für die gleiche Strecke, auch hier ist der Preis für die Fähre enthalten. In der Th Khao San in Bangkok kann man Kombitickets für Bus und Fähre schon

für 350 B bekommen, aber der Service ist unterdurchschnittlich, die Gefahr, bestohlen zu werden, dafür aber überdurchschnittlich. Falls eine Agentur in der Th Khao San behauptet, einen für noch weniger Geld nach Samui zu bringen, handelt es sich mit großer Sicherheit um Betrüger, denn bei so niedrigen Preisen würde kein Gewinn mehr abfallen.

FLUGZEUG

Der Flughafen von Samui (Karte S. 638) liegt im nordöstlichen Teil der Insel in der Nähe vom Big Buddha Beach. Bis Anfang 2008 hatte Bangkok Airways das Monopol für Flüge von und nach Samui. Jetzt fliegt auch Thai Airways International zwischen Samui und Bangkok hin und her. Weitere Gesellschaften werden wahrscheinlich dem Beispiel folgen.

Bangkok Airways (www.bangkokair.com) verkehrt ca. alle 30 Minuten zwischen Samui und Bangkok (2000–4000 B, 1–1½ Std.). **Thai Airways** (in Bangkok ☎ 0 2134 5403; www.thaiair.com) fliegt zwei Mal täglich von Bangkok nach Samui und zurück (5600 B). Beide Fluggesellschaften starten und landen auf Bangkoks Flughafen Suvarnabhumi.

Es gibt ein **Bangkok Airways Büro** (Karte S. 638; ☎ 0 7742 0512-9) in Chaweng und ein weiteres am **Flughafen** (☎ 0 7742 5011). Die ersten (6 Uhr) und die letzten Flüge (21 Uhr) sind die preiswertesten.

Bangkok Air hat auch Flüge von Samui nach Phuket (2000–3000 B, 1 Std., 3-mal tgl.), Pattaya (3000 B, 1 Std., 3-mal tgl.), Krabi (1600 B, 1 Std., 3-mal wöchentl.) und Chiang Mai (4500–6500 B, 2½ Std., 2-mal wöchentl.) im Angebot. Internationale Flüge gibt's von Samui direkt nach Singapur (4200–5400 B, 3 Std., tgl.) und Hongkong (12 000–6000 B, 4 Std., 5-mal wöchentl.).

In der Hauptsaison sind die Flüge schnell ausgebucht, sodass rechtzeitiges Buchen ein Muss ist. Wenn die Samui-Flüge voll sind, kann man von Bangkok aus auch erst nach Surat Thani fliegen und von dort ein Boot nehmen. Die Flüge nach Surat Thani sind meist preiswerter als Flüge direkt auf die Insel.

SCHIFF/FÄHRE

Sich im Fährengewühl zurechtzufinden, ist ziemlich kompliziert: Fahrpläne und Preise ändern sich ständig, es gibt unzählige Fähranleger auf Samui und auf dem Festland. Die Wahl des Bootes (und des Piers) hängt wahrscheinlich davon ab, welches als erstes in

Surat Thani abfährt (denn man will ja wohl nicht in der Stadt festsitzen). Die vier großen Fähranleger auf dem Festland sind in Ao Ban Don, Tha Thong, Don Sak und Khanom. Auf Ko Samui sind die meistbenutzten Häfen Na Thon, Mae Nam und Big Buddha. Auch die Qualität der einzelnen Schiffe ein und derselben Gesellschaft kann recht unterschiedlich sein – einige Schiffe sind heruntergekommene Rostlauben, andere sind modern und haben sogar Fernseher an Bord.

Es gibt täglich mehrere Schiffe, die zwischen Samui und Surat Thani verkehren. Am beliebtesten sind die stündlich abfahrenden Fähren von Seatran. Die Überfahrt kostet zwischen 110 und 190 B und dauert je nach Schiff ein bis drei Stunden. Einige Schiffe haben direkten Anschluss an die Züge in Phun Phin (Aufpreis 100–140 B). Das langsame Nachtschiff nach Samui (150 B) legt jeden Abend um 23 Uhr im Zentrum von Surat Thani ab und ist gegen 5 Uhr morgens in Na Thon. Von Na Thon geht's um 21 Uhr zurück nach Surat Thani, wo man gegen 3 Uhr eintrifft. Auf diesem Schiff unbedingt das Gepäck im Auge behalten.

Zwischen Samui und Ko Pha-Ngan gibt's jeden Tag fast ein Dutzend Fähren. Sie starten an den Piers in Na Thon, Mae Nam oder Big Buddha, die Fahrt dauert zwischen 20 Minuten und einer Stunde (130–250 B). Auf Ko Pha-Ngan befinden sich zwei Piers (Hat Rin und Thong Sala). Die Schiffe, die vom Big Buddha Pier ablegen, fahren zum Hat Rin, die anderen nach Thong Sala. Die Fähren von Mae Nam schippern die abgelegene Ostküste von Ko Pha-Ngan entlang. An den gleichen Fähranlegern legen täglich auch ca. sechs Schiffe von Samui nach Ko Tao ab. Die Fahrt dauert 1¼ bis 2½ Stunden und kostet zwischen 350 und 600 B.

Die Autofähren aus Don Sak und Khanom legen in Thong Yang an, etwa 10 km südlich von Na Thon. Von Samui nach Ko Pha-Ngan oder Ko Tao gibt's keine Autofähren.

Unterwegs vor Ort

Informationen über mögliche Abzocke bei Fahrten auf der Insel gibt's auf S. 634. Motorräder (und Fahrräder) können in fast jedem Resort auf der Insel gemietet werden. Die Preise liegen zwischen 200 und 300 B pro Tag. Wer sein Gefährt über einen längeren Zeitraum mieten möchte, sollte günstigere Konditionen aushandeln können.

Songthaeo–Fahrer versuchen gern, überhöhte Preise zu verlangen, deshalb am besten vorab Dritte nach den aktuellen Tarifen fragen, denn die können sich von Saison zu Saison ändern. Diese Verkehrsmittel fahren nur tagsüber regelmäßig. Fahrten entlang einer Küste kosten ca. 30 B, quer durch die halbe Insel kostet's nicht mehr als 75 B. Eine fünfminütige Fahrt mit einem Motorradtaxi schlägt mit etwa 20 B zu Buche.

VOM/ZUM FLUGHAFEN

Der Taxi-Service auf Samui ist ziemlich chaotisch, und die Preise richten sich nach der Laune des Fahrers. Viele Resorts bieten einen kostenlosen Flughafen-Shuttle an. Auch **Samui Shuttle** (www.samuishuttle.com) ist eine Option. Taxis vom/zum Flughafen kosten im Allgemeinen zwischen 300 und 500 B. Einige Reisebüros in Chaweng organisieren Minibus-Taxis, die dann weniger kosten.

KO PHA-NGAN

เกาะพะงัน
12 100 Ew.

Innerhalb der Gruppe der südlichen Golfinseln liegt die von kristallklarem Wasser umgebene Insel Ko Pha-Ngan zwischen Ko Samui, dem geschäftigen, cleveren, älteren Bruder, und der kleinen, bei Tauchern beliebten Insel Ko Tao, dem draufgängerischen, jüngeren Bruder. Ko Pha-Ngan ist das mittlere, relaxte Kind der drei Inselkinder. Hier tummeln sich lässige Strandfreaks mit Dreadlocks und chinesischen Tattoos und demonstrieren Gelassenheit. Und natürlich haben alle eine Vorliebe für weiße Nächte und Poolpartys.

Das idyllische Kap Hat Rin war in diesem Paradies mit der lockeren Atmosphäre lange *das* Lieblingsziel. Schon lang vor Alex Garlands *The Beach* fanden am Sunrise Beach die weltberühmten, von vielen Backpackern besuchten Vollmondpartys statt. Auch heute noch kommen Tausende an den petroleumgetränkten Strand, um sich in Trance zu tanzen. Irgendein Rausch ist sicher und sei es auch nur der Adrenalinrausch.

Aber wie jeder Teenager, so kann auch diese von Ängsten geplagte Insel nicht selbst entscheiden, was mal aus ihr werden soll, wenn sie groß ist. Bleibt sie eine Party-Location oder werden die atemberaubend schönen, abgelegenen Strände im Norden ihr Schattendasein verlassen und die Oberhand über Hat Rin gewinnen?

Mit Sicherheit wird auch in den nächsten Jahren Pha-Ngans relaxte Atmosphäre vorherrschen, aber ganz heimlich fängt die Insel schon an, sich ihren Weg in die gehobene Preisklasse zu bahnen. In jedem Jahr werden alte, klapprige Hütten abgerissen und durch knackig frische, moderne Unterkünfte ersetzt. Auf Hat Rin muss man lange suchen, bis man am Sunrise Beach ein Zimmer für unter 1000 B findet. Bald werden Ausdrücke wie „eigener Infinity-Pool" oder „privater Butler" in das inseleigene Lexikon Einzug halten und „Gib den Joint weiter" oder „Bitte noch einen Eimer Whisky" aus dem Sprachgebrauch verdrängen. Aber keine Sorge – noch gibt es unentdeckte Fleckchen und abgelegene Buchten, an denen man seine Hängematte aufhängen und das Auf und Ab der Wellen beobachten kann.

Orientierung

Ko Pha-Ngan, Thailands fünftgrößte Insel, liegt rund 20 km von Ko Samui und 100 km von Surat Thani entfernt.

Die meisten Inselbesucher bleiben auf der schmalen Halbinsel namens Hat Rin. Das bergige Kap ist an beiden Seiten von wunderschönen Stränden eingerahmt. Hier steigen jeden Monat die berühmten Vollmondpartys (s. Kasten, S. 657). Eine Detailkarte ist auf S. 660 zu finden. Auf dem Rest der Insel geht es deutlich ruhiger zu. Die allmählich zunehmende Bebauung hat aber zur Folge, dass sich an der West- und Südküste mehr und mehr Leute tummeln. An der Nordküste gibt's ein paar gute Strände mit modernen Annehmlichkeiten und relaxter, friedvoller Atmosphäre. Die ruhige Ostküste ist buchstäblich wie ausgestorben.

Etwa die Hälfte der Bevölkerung von Ko Pha-Ngan wohnt in der kleinen Hafenstadt Thong Sala und Umgebung. Hier legen auch die Fähren an, die von Ko Tao, Surat Thani und Ko Samui herüberkommen.

Praktische Informationen
BUCHLÄDEN

D's Books & Café (Karte S. 660; ☎ 08 4667 7730) Die Kopie des auf Ko Phi-Phi erfolgreichen Buchladens mit Café. Ein cooler Ort, um bei einem guten Buch einen Eiskaffee zu genießen.

GELD

Thong Sala, Ko Pha-Ngans „Finanzkapitale", hat etliche Banken, Wechselstuben und Wes-

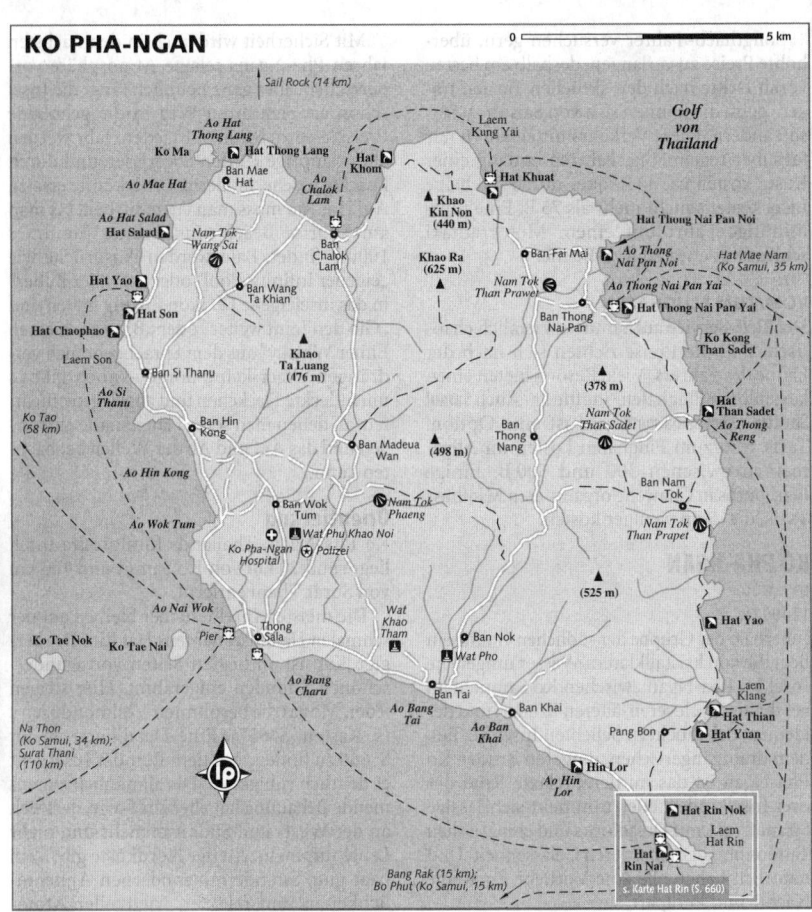

KO PHA-NGAN

0 — 5 km

tern-Union-Geschäftsstellen. Hat Rin bietet viele Geldautomaten und ein paar Banken an der Pier. Auch in Hat Yao, Chaloklum und Thong Nai Pan gibt's Geldautomaten.

INFOS IM INTERNET
Backpackers Thailand (www.backpackersthailand.com) Nützliche Website des Backpackers Information Centre der Insel, mit lokalen Nachrichten, Infos über Verkehrsmittel und Vollmond-Events.
Phangan Info (www.phangan.info) Die Online-Version der nützlichen Inselbroschüre, die in den meisten Unterkünften und am Thong Sala Pier erhältlich ist.

INTERNETZUGANG
Hat Rin und Thong Sala sind die Zentren für Internetaktivitäten, aber auch jeder Strand

mit einem Minimum an Infrastruktur hat einen Zugang. Die Preise liegen meist bei 2 B pro Minute (Hat Rin 3 B). Das Minimum sind 20 B (Hat Rin 30 B), für eine Stunde gibt's einen Nachlass. Wo der Internetzugang nur 1 B pro Minute kostet, muss man mit Verbindungen im Schneckentempo rechnen.

MEDIZINISCHE VERSORGUNG
Die medizinische Versorgung auf Ko Pha-Ngan ist nicht das Gelbe vom Ei: unbeständige Preise und unterqualifizierte Ärzte. Viele Kliniken verlangen vor der Behandlung eine „Eintrittsgebühr" von 3000 B. Bei ernsthaften medizinischen Problemen – auch bei Zahnschmerzen – sollte man zur Behandlung nach Ko Samui fahren.

Ko Pha-Ngan Hospital (Karte S. 654; ☎ 0 7737 7034; Thong Sala; ☯ 24 Std.) Etwa 2,5 km nördlich von Thong Sala. 24 Std. Notdienst.

NOTFALL
Polizei (Karte S. 654; ☎ 0 7737 7114) Ca. 2 km nördlich von Thong Sala. Die Polizei von Hat Rin (nahe der Hat Rin School) nimmt keine Anzeigen auf, dafür muss man nach Thong Sala.

POST
Die **Hauptpost** (Karte S. 660; ☯ Mo–Fr 8.30–16.30, Sa 9–12 Uhr) ist in Thong Sala. Auf Hat Rin gibt's eine kleinere Post ganz in der Nähe des Piers.

TOURISTENINFORMATION & REISEBÜROS
Auf Ko Pha-Ngan ist kein TAT-Büro. Informationen bekommt man in den lokalen Reisebüros und aus Broschüren. Auf der Halbinsel Hat Rin hat sich eine schon fast unchristliche Zahl von Reisebüros angesiedelt. Auch am Anlegerterminal in Thong Sala gibt's ein Reisebüro neben dem anderen. Der Wettbewerb hält die Preise relativ stabil (in Thong Sala sind sie geringfügig niedriger). Abzocke und fehlerhafte Buchungen sind überall an der Tagesordnung.

Etliche Miniheftchen informieren umfassend über Unterkünfte, Restaurants, Aktivitäten und Vollmondpartys. *Info* (www.phangan.info) ist recht empfehlenswert.

Backpackers Information Centre (Karte S. 660; ☎ 0 7737 5535; www.backpackersthailand.com; Hat Rin) Ein Muss für Traveller, die eine hochqualitative Tour (Tauchen, Tauchkreuzfahrten, Dschungelsafaris usw.) oder ein Transportmittel buchen möchten. Das Backpackers Information Centre ist nicht nur für Backpacker interessant. Bei diesem Reisebüro kann man nach der Buchung mit Sicherheit noch ruhig schlafen. Die freundlichen Inhaber – ein Ehepaar – sind durch ganz Thailand gereist und verbringen ihre Zeit damit, anderen bei der Entdeckung der Insel und Thailands behilflich zu sein. Sie betreiben auch den Crystal Dive Shop nebenan (s. S. 672) und eine gemütliche Internet-Lounge.

WÄSCHEREI
Wer nach einer wilden Vollmondparty neonleuchtende Body-Farbe an seinen Klamotten finden sollte, braucht die Kleidung gar nicht erst in die Reinigung zu geben, denn die Farbe ist für alle Zeiten drin. Für alle anderen Fälle von Schmutz gibt's unzählige Möglichkeiten. Die Preise liegen um die 40 B pro Kilo. In der Schnellreinigung muss man mit höchstens 60 B pro Kilo rechnen.

Gefahren & Ärgernisse
Der Aufenthalt auf Ko Pha-Ngan gehört bestimmt zu den tollsten Urlaubserinnerungen. Aber man darf keinesfalls vergessen, dass es auch Situationen geben kann, die die traumhaften Erlebnisse auf dieser heißblütigen Dschungelinsel trüben können.

DROGEN
Man relaxt gerade am Strand. Plötzlich kommt ein Einheimischer vorbei und bietet heimisches Gras zu einem lächerlich günstigen Preis an. Die Antwort sollte „Nein Danke" lauten, denn Drogenkonsum wird in Thailand hart bestraft. Die Verkäufer gehen dann noch weiter mit dem Preis runter und bieten den Stoff quasi für nichts an. Zu schön, um wahr zu sein? Offensichtlich – denn schon beim ersten Zug wird man vom Verkäufer verpfiffen, die Polizei kommt und man wird ins Gefängnis gesteckt, wo eine Strafe zu zahlen ist, die mit Sicherheit das Reisebudget sprengt. Dieses Szenario ist auf Ko Pha-Ngan keine Seltenheit. Eine verzichtbare Erfahrung.

Man darf auch nicht vergessen, dass die Reiseversicherung für Verletzungen oder Behandlungen aufgrund von Drogen nicht aufkommt. Schlechte Trips soll es tatsächlich geben – Partywütige haben aus erster Hand berichtet, dass man leicht in ein langanhaltendes Delirium fallen kann. Das psychiatrische Krankenhaus Suan Saranrom (Garten der Freuden) in Surat Thani muss in der Vollmondzeit zusätzliches Personal einstellen, um die *fa·ràngs* zu versorgen, die unter dem Einfluss von Magic Mushrooms, Acid oder anderen im Überfluss konsumierten Halluzinogenen durchgedreht sind.

FRAUEN UNTERWEGS
Frauen sollten beim Feiern auf der Insel besonders vorsichtig sein. Es gibt zahlreiche Berichte über Vergewaltigungen nach Alkohol- oder Drogenkonsum (und das nicht nur während der Vollmondpartys). Ein weiteres Ärgernis ist das skrupellose Benehmen der einheimischen Motorradtaxifahrer. In der Vergangenheit gab es wiederholt Beschwerden über Fahrer, die ihre weiblichen Fahrgäste begrapschen. Sogar sexuelle Nötigung soll es schon gegeben haben.

MOTORRÄDER
Auf Ko Pha-Ngan gibt es mehr Motorradunfälle als Böse-Buben-Streiche auf einer Voll-

mondparty. Obwohl es inzwischen einige befestigte Straßen gibt, so ist doch der größte Teil noch immer ein Labyrinth aus zerfurchten Dreck- und Matschwegen. Außerdem ist die Insel sehr hügelig und selbst wenn die Straße befestigt ist, ist sie für die Meisten kaum befahrbar. Die extrem steile Straße nach Hat Rin ist dafür ein Paradebeispiel. Seit einiger Zeit gibt es auf der Insel einen Krankenwagen, der überall herumfährt und verwundete Motorradfahrer einsammelt.

ABZOCKE

Auf Ko Pha-Ngan gibt es keine Touristenpolizei, was dazu führt, dass ein hoher Prozentsatz der Besucher Opfer verschiedener Tricks wird. Eine beliebte Abzocke ist es, ein „First Class" Bus- oder Schiffsticket zu verkaufen, das sich dann im Höchstfall als Zweite-Klasse-Ticket erweist, für das andere Reisende sehr viel weniger bezahlt haben. Es gibt sogar Phantom-Buchungen, d. h. der Ticketverkäufer hat keinerlei Reservierung vorgenommen. Viele Traveller haben über Probleme auf der Fahrt von Bangkok nach Ko Pha-Ngan berichtet. Die Fahrer sollen das Gepäck im Laderaum durchwühlt haben.

Sehenswertes

Wer es leid ist, ständig nur am Strand rumzuliegen, kann sich auf den Weg zu den Naturschönheiten dieser Dschungelinsel machen und Berge, Wasserfälle und spektakuläre Strände bestaunen.

STRÄNDE & WASSERFÄLLE

Im Inselinneren gibt es viele **Wasserfälle** (Karte S. 654), von denen vier das ganze Jahr über Wasser führen. Felsblöcke mit den Herrscherinsignien von Rama V, Rama VII und Rama IX finden sich am **Nam Tok Than Sadet**. Rama V liebte diesen versteckten Ort so sehr, dass er zwischen 1888 und 1909 mehr als ein Dutzend Mal hierher kam. Das Wasser des Khlong Than Sadet wird heute als heilig angesehen und für königliche Zeremonien benutzt. Ebenfalls nahe der Ostküste befindet sich der **Nam Tok Than Prawet**, mehrere kleine Wasserfälle, die sich über eine Strecke von ca. 2 km durchs Hinterland schlängeln.

Der in der Mitte der Insel gelegene **Nam Tok Phaeng** wurde zum Nationalpark erklärt. Er ist eine nette Entschädigung für die kurze aber anstrengende Wanderung. Weiter geht's zum **Khao Ra**, dem mit 625 m höchsten **Berg** der

Insel. Wer Argusaugen hat, entdeckt auf der Strecke bestimmt Krokodile, Affen, Schlangen, Rotwild und Wildschweine. Vom **Aussichtspunkt** ganz oben hat man einen tollen Blick – an klaren Tagen kann man sogar Ko Tao sehen. Der Aufstieg ist nicht beschwerlich, aber man sich doch leicht verlaufen. Daher empfiehlt es sich, in Ban Madeua Wan (nahe der Fälle) einen Begleiter anzuheuern. Die dort ansässigen Führer haben vor ihren Häusern einfache Hinweisschilder aufgestellt. Wenn sie gerade zu Hause sind, führen sie Wanderer für 500 B zum Gipfel. Leider sprechen die meisten von ihnen nur Thai.

Pha-Ngans traumhafte **Strände** sollte man unbedingt besuchen. Wer aber zu Fuß unterwegs ist, muss vorsichtig sein. Der „Green Dot"-Weg von Hat Rin nach Hat Yuan ist völlig zugewachsen, wie auch der größte Teil der Strecke zwischen Chalok Lam und Hat Khuat (Bottle Beach). Die Plackerei spart man sich besser und nimmt ein Wassertaxi.

Der **Hat Khuat**, auch bekannt als Bottle Beach, ist der Klassiker unter den Stränden. Hierher kommt man, um einen ganzen Tag lang zu relaxen, zu schwimmen und zu schnorcheln. Einige Leute übernachten auch in einem der Bungalows am Strand. Wer es noch abgeschiedener will, kann die einsamen Strände an der Ostküste besuchen, z. B. **Than Sadet**, **Hat Yuan**, **Hat Thian** und den winzigen **Ao Thong Reng**. Noch mehr zauberhafte Strände können auf einem Tagesausflug in den umwerfenden **Ang Thong Marine National Park** (S. 684) entdeckt werden.

WATS

Bevor man sich auf den Weg in einen der 20 **wáts** auf Ko Pha-Ngan macht, sollte man unbedingt das Strand-Outfit gegen angemessene Kleidung tauschen. Die meisten Tempel sind tagsüber geöffnet.

Der älteste Tempel der Insel ist der **Wat Phu Khao Noi**, in der Nähe des Krankenhauses in Thong Sala. Die Anlage kann den ganzen Tag über besichtigt werden, auf Mönche trifft man aber nur morgens. Der **Wat Pho** bei Ban Tai hat eine **Kräutersauna** (Eintritt 50 B), wobei unter Kräutern hier vorwiegend echtes Zitronengras zu verstehen ist. Das Dampfbad ist von 15 bis 18 Uhr geöffnet. Der **Chinese Temple** soll seinen Besuchern Glück bringen. Er wurde vor etwa 20 Jahren gebaut, nachdem eine Besucherin die Vision eines chinesischen Buddhas hatte, der sie anwies, ein Leuchtfeuer für die Insel

---

DIE ZEHN GEBOTE DER VOLLMONDPARTY

Niemand kann sich genau daran erinnern, wann und wie diese verrückten Partys entstanden sind – die erste soll 1987 oder 1988 als „Abschiedsparty" für irgendjemanden stattgefunden haben. Aber eigentlich ist das ja auch völlig egal. Was zählt ist, dass sich jetzt jeden Monat Tausende am Strand von Hat Rin Nok treffen, um sich durch die vom Mond beleuchtete und von DJs beschallte Nacht zu tanzen, zu schwitzen und zu trinken. In der Hauptsaison kommen schon mal bis zu 30 000 Feierwütige zusammen. Aber auch in der Nebensaison geben sich immer noch respektable 5000 Mondanbeter ein Stelldichein.

Auch wer es nicht einrichten kann, an einer Vollmondparty teilzunehmen, hat mehrere Gelegenheiten seinen Körper mit Leuchtfarben zu verzieren. Geschäftstüchtige Einheimische organisieren Schwarzmondpartys (am Ban Khai), Halbmondpartys (am Ban Tai), Mondsichelpartys (am Hat Chaophao) und Poolpartys (in den Coral Bungalows; S. 659), die überhaupt nichts mit einer Mondphase zu tun haben.

Kritiker sagen, dass die Party allmählich an Reiz verliert, insbesondere da die Inselbehörden versuchen, von den Partygängern 100 B Eintritt zu kassieren. Trotz der entmutigenden Pläne raffgieriger Inselbewohner findet in der Nacht, in der der Mond in seiner ganzen Schönheit erstrahlt, noch immer das Party-Event überhaupt statt. Und solange die zehn ungeschriebenen Gebote befolgt werden, ist ultimativer Vollmondspaß garantiert.

▪ Wer für die Vollmondparty eine Bleibe braucht, sollte mindestens drei Tage vor dem Event auf der Halbinsel eintreffen (Infos über Unterkünfte in Hat Rin s. S. 659).

▪ Die Party-Termine genau prüfen, denn sie können mit buddhistischen Feiertagen zusammenfallen und verschoben werden.

▪ Alle Wertsachen an einem sicheren Ort aufbewahren, vor allem wenn man in einer Budgetunterkunft wohnt.

▪ Bevor der eigentliche Trubel los geht, an der Chicken Corner (S. 666) eine leckere Grundlage schaffen.

▪ Immer Schuhe tragen, es sei denn, man ist scharf auf eine Tetanusspritze.

▪ Seinen Körper unbedingt mit Neonfarben bemalen lassen.

▪ Den Magic Mountain oder The Rock besuchen – der Blick auf die Menge ist genial.

▪ Finger weg von Drogen. Auf keinen Fall ins Wasser gehen, wenn man Alkohol getrunken hat.

▪ Vor allem Frauen sollten auf dem Heimweg am Ende der Feierei immer in einer Gruppe von zwei oder mehr Leuten bleiben.

▪ Alle obigen Gebote beachten und feiern und Spaß haben bis die Sonne aufgeht.

---

zu errichten. Der ebenfalls in der Nähe von Ban Tai stehende **Wat Khao Tham** liegt auf einem Hügel und wird von Nonnen bewohnt. Am Tempel gibt's eine Anschlagtafel mit Details über Meditationskurse, die von einem amerikanisch-australischen Paar geleitet werden. Wer weitere Infos wünscht, sollte sich vorab schriftlich wenden an: Wat Khao Tham, PO Box 8, Ko Pha-Ngan, Surat Thani 84280.

Aktivitäten
TAUCHEN & SCHNORCHELN
Neben Ko Tao, dem Tauchspot überhaupt, gibt's auch auf der nur wenige Kilometer entfernten Insel Ko Pha-Ngan eine Tauchszene. Hier geht es aber ruhiger und relaxter zu, man taucht eher zum Spaß und nicht, um einen Tauchschein zu machen. Auf Ko Tao sind die Preise für den Open-Water-Schein zwischen 2000 und 2500 B niedriger, dafür sind die Gruppen auf Ko Pha-Ngan aber meist kleiner, da es hier per se weniger Taucher gibt. Wie auch bei den anderen Inseln des Samui-Archipels befinden sich rund um Pha-Ngan mehrere kleine Riffe. Das absolute Schnorchel-Highlight ist **Ko Ma**, eine kleine Insel im Nordwesten, die mit Ko Pha-Ngan über eine Sandbank verbunden ist. An der Ostseite der Insel gibt's außerdem noch einige interessante Felsenriffe.

Eine ausgesprochen tolle Stelle für Taucher ist der nicht weit von Ko Pha-Ngan entfernte **Sail Rock** (Hin Bai), eine Felsspitze ungefähr 14 km nördlich der Insel. Hier befindet sich vielleicht der beste Tauchspot im ganzen Golf von Thailand. In einer Tiefe von 10 bis 30 m lassen sich eine Vielzahl von Korallen und tropische Fische beobachten, außerdem gibt es eine durchschwimmbare vertikale Öffnung, die *The Chimney* (Der Kamin) genannt wird.

Tauchshops auf Ko Tao bieten manchmal Touren zum Sail Rock an, der Schwerpunkt liegt aber auf Ausflügen zu flacheren Riffen (für Tauch-Novizen) und zum Chumphon Pinnacle, wo sich unzählige Haie tummeln. Die beliebtesten Trips ab Ko Pha-Ngan führen zu drei Tauchstellen: Chumphon Pinnacle, Sail Rock und eine weitere Top-Location in der Gegend (s. Kasten S. 674). Diese Ausflüge kosten um die 3800 B inklusive Mittag-essen. Für Fahrten zum Sail Rock und einem weiteren Tauchspot müssen ca. 2500 B hingelegt werden.

Die folgenden lokalen Tauchshops sind empfehlenswert:

Haad Yao Divers (☎ 08 6279 3085; www.haadyao divers.com) Der 1997 gegründete Tauchshop hat sich seinen guten Ruf durch einen gleichbleibend hohen Sicherheitsstandard und guten Kundenservice verdient.

Lotus Diving (☎ 0 7737 4142; www.lotusdiving.net) Angesehenes Tauchzentrum mit erstklassigen Tauchlehrern und zwei wunderschönen Booten (das sind immerhin zwei Boote mehr, als die meisten anderen Anbieter auf Ko Pha-Ngan haben). Die Ausflüge können im Büro in Chalok Lam oder im Backpackers Information Centre (S. 655) gebucht werden.

Sail Rock Divers (☎ 0 7737 4321; www.sailrockdivers resort.com) Das verantwortungsbewusste und freundliche Personal von Sail Rock überrascht mit sinnvollen Einrichtungen: Unterrichtsräume mit Klimaanlage und ein kleines Planschbecken. Die Tauchschule liegt quasi am nächsten beim Sail Rock, dem besten Tauchspot im Golf.

NOCH MEHR WASSERSPORT

Jamie gibt sein enormes Wissen übers Wakeboarden im **Wake Up** (☎ 08 7283 6755; www.wakeup wakeboarding.com; ☺ Jan.–Okt.) an neugierige Möchtegerne weiter. Seine kleine Wassersportschule befindet sich in Chalok Lam. Fünfzehn Minuten auf dem Brett kosten 1500 B (30 Minuten 2500 B). Das ist ein ausgezeichneter Preis, wenn man bedenkt, dass man einen Privatlehrer hat. Auch Kiteboarden, Wakeskaten und Wasserskilaufen

kann hier gelernt werden. Im Angebot sind außerdem Tagestouren rund um die Insel (2000 B/Per., mind. 6 Pers.).

Coral Bungalows (S. 659) vermietet viele verschiedene Wassersportgeräte, u. a. Jetskis und Kajaks. Das freundliche Personal im Backpackers Information Centre (S. 655) kann bei allen Fragen in Sachen Wassersport helfen.

YOGA & MASSAGE

Wer viel Geld für die Übernachtung ausgibt, kann die hoteleigenen Wellnessbereiche benutzen. Preiswerte Massagesalons gibt's en masse in Thong Sala, Hat Rin und natürlich auch an der Hauptstraße, die diese beiden Orte miteinander verbindet (Vorsicht vor den düsteren Buden, die ein „Happy End" anbieten).

Das Ananda Yoga Resort am Hat Chaophao, das unter der Leitung von **Agama Yoga** (☎ 08 1397 6280, 08 9233 0217; www.agamayoga.com; Hin Kong, Zi. 500 B, Bungalows 1200 B, Mindestaufenthalt 4 Nächte) steht, wird von Lonely Planet Lesern für seinen ganzheitlichen Ansatz bei der Lehre des tantrischen Yoga begeistert gerühmt. Zwischen September und Dezember bleibt die Einrichtung aber häufig geschlossen, weil die Lehrer in dieser Zeit in der Welt herumreisen, um das kosmische *om* zu verbreiten. Das Sanctuary (S. 666) an der Ostküste ist ebenfalls ein bekannter Treffpunkt für Yoga-Freaks.

NOCH MEHR AKTIVITÄTEN

Die äußerst beliebte **Eco Nature Tour** (☎ 08 4850 6273) hat eine „Best of"-Inseltour im Angebot – Elefantentrek, Schnorcheln und der Besuch des chinesischen Tempels, eines traumhaften Aussichtspunkts und des Phang-Wasserfalls. Die Tagestour, die 1500 B kostet, dauert von 9 bis ca. 15 Uhr. Buchen kann man im Büro in Thong Sala oder im Backpackers Information Centre (S. 655). **Pha-Ngan Safari** (☎ 0 7737 4159, 08 1895 3783) organisiert ähnliche Trips für 1900 B.

Eintägige Wander- und Schnorchelausflüge in den **Ang Thong Marine National Park** (S. 684) starten im Allgemeinen in Ko Samui. Seit Kurzem bieten die Veranstalter aber auch einen Shuttle-Service von Ko Pha-Ngan aus an. Am besten in der Unterkunft nach Details zu Bootsausflüge bitten, denn die Anbieter wechseln aufgrund der sich laufend ändernden Benzinpreise ständig.

Schlafen

Ko Pha-Ngans legendäre Geschichte relaxter Ausgelassenheit hat ihr den Ruf als *der* Tummelplatz für abenteuerlustige Backpacker eingebracht. Seit einiger Zeit kommen aber auch immer mehr anspruchsvollere Gäste auf die Insel und viele Bambushütten wurden abgerissen. An ihre Stelle sind neuere, edlere Unterkünfte für eine stetig wachsende Zahl von „Flashpackern" getreten.

In einigen Gegenden der Insel werden ganze Landstriche gerodet, um Platz für Fünf-Sterne-Resorts à la Samui zu schaffen. Aber keine Angst Backpacker: Es wird noch Jahre dauern bis der freakige Lifestyle von der Insel verschwunden ist. Momentan gibt's in Ko Pha-Ngan drei Arten von Unterkünften: billige Bretterbuden, trendige Mittelklasse- und edle Luxushotels.

Die meisten Inselbesucher wohnen auf der malerischen Halbinsel Hat Rin, wo die Partygänger zu den legendären Feten pilgern. Da die meisten von ihnen tagsüber schlafen, ist das Gebiet trotz der im Sand herumliegenden Bierflaschen noch immer recht pittoresk. Am südlichen Abschnitt des Sunrise Beach fängt es langsam an, nach Kerosin zu stinken. Schuld daran sind die nächtlichen Feuer-Spielereien in der Drop-In Bar. Sonnenbaden sollte man lieber an den ruhigeren Strandabschnitt weiter im Norden.

Auch Liebhaber totaler Abgeschiedenheit finden auf Pha-Ngan ein Plätzchen. Die Nord- und Ostküste bieten wahrhaft einsame Strände.

Die im Folgenden genannten Unterkünfte sind in fünf Abschnitte unterteilt: Los geht's auf Hat Rin, dann weiter entlang der Südküste über die Westküste bis zu den Stränden im Norden. Abschließend kommt die ruhige Ostküste.

HAT RIN

Die schmale Halbinsel Hat Rin hat drei Strände. Hat Rin Nok (Sunrise Beach) ist das Epizentrum der Vollmondpartys, Hat Rin Nai (Sunset Beach) ist der am wenigsten beeindruckende Sandstreifen an der anderen Seite der winzigen Landzunge, Hat Seekantang (auch als Hat Leela bekannt) direkt südlich vom Hat Rin Nai ist ein kleiner, intimer Strand. Alle drei sind durch Ban Hat Rin (Hat Rin Stadt), eine kleine Ansammlung von Restaurants und Bars im Hinterland, miteinander verbunden.

Eines ist klar: Die hier aufgeführten Preise verlieren bei Vollmond ihre Gültigkeit. In dieser Zeit erwarten die Bungalowbetreiber außerdem einen bestimmten Mindestaufenthalt. Wer beabsichtigt, am Tag der großen Party (oder auch am Tag davor) anzureisen, sollte seine Bleibe unbedingt im Voraus buchen. Ansonsten bleibt wohl nur der Strand (wo man letztendlich vielleicht sowieso schläft).

Budgetunterkünfte

Sea Garden (Karte S. 660; ☎ 0 7737 5281; www.seagarden_resort.com; Ban Hat Rin; Zi. 200–1500 B; 🏊) Das Sea Garden mit Bungalows und motelartigen Unterkünften bietet eine Vielzahl von Zimmern für jeden Geldbeutel (die verschiedenen Zimmertypen unbedingt anschauen, bevor man eincheckt). Wer während der Vollmondpartys nur einen Platz für sein Gepäck braucht, sollte eines der winzigen, billigen Zimmer nehmen.

Seaside Bungalow (Karte S. 660; ☎ 08 6940 3410, 0 87 266 7567; Hat Rin Nai; Bungalows 300–600 B; 🏊) Das Seaside hat viele treue Kunden, die wegen der angenehmen Atmosphäre, den billigen Drinks, den kostenlosen Billardspielen und den gemütlichen Holzbungalows direkt am Sunset Beach immer wieder hier übernachten. Die 500 B teuren Hütten sind mit Sicherheit die billigsten Hütten mit Klimaanlage, die es auf der Insel gibt.

Paradise Bungalows (Karte S. 660; ☎ 0 7737 5244; Hat Rin Nok; Bungalows 250–1200 B; 🏊) Diese heruntergekommene Bungalowanlage ist die Geburtsstätte der weltberühmten Vollmondpartys. Die Backpacker ziehen es noch immer hierher – vielleicht aus nostalgischen Gründen, denn die verfallene Anlage erinnert nur entfernt an ein Resort. Verlorenes Paradies.

Lighthouse Bungalow (Karte S. 660; ☎ 0 7737 5075; Hat Seekantang; Bungalows 350–800 B) Am äußersten Zipfel von Hat Rin versteckt sich eine Ansammlung einfacher, preiswerter Hütten auf einem abschüssigen Gelände mit hier und da einigen Palmen. Der Zugang zu dem abgeschieden gelegenen Resort führt durch die Bungalowanlage Leela Beach (die den Stopp nicht lohnt) und weiter über einen Holzpfad, der nach links (Richtung Südosten) um die vom Wasser umspülten Felsen führt.

LP Tipp Coral Bungalows (Karte S. 660; ☎ 0 7737 5023; www.coralhaadrin.com; Hat Rin Nai; Bungalows 500–800 B; 🏊 💻 🍴) Dieses Paradies für Partywütige steht mitten im Backpackerland und ist ein Muss für alle, die einen preiswerten Ur-

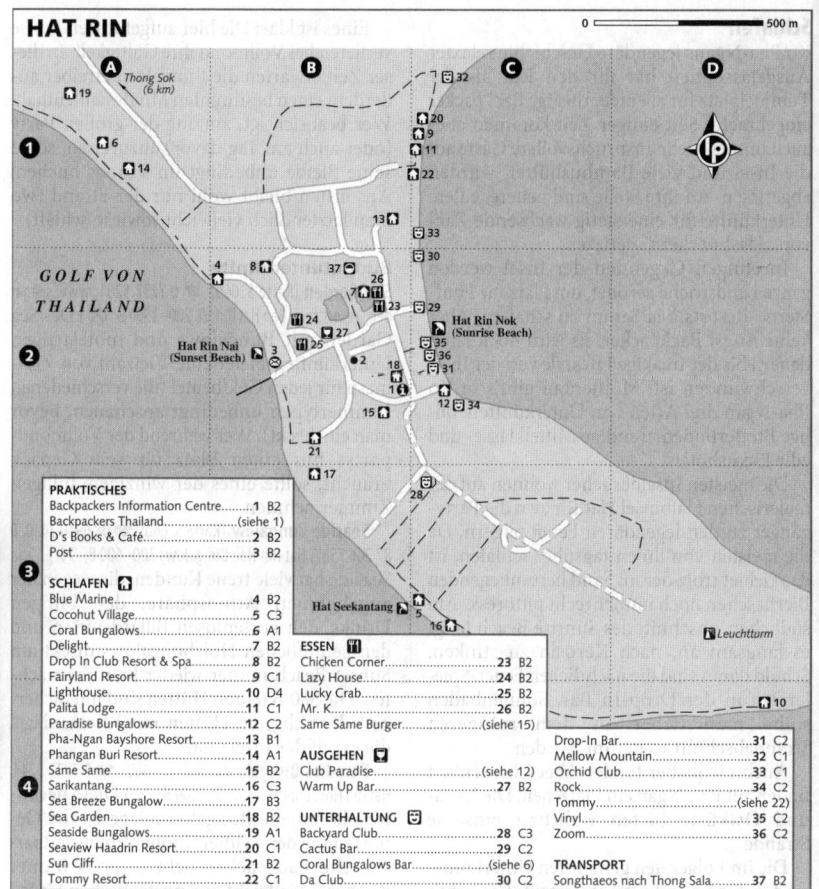

HAT RIN

0 ————— 500 m

GOLF VON
THAILAND

Thong Sok
(6 km)

Hat Rin Nok
(Sunrise Beach)

Hat Rin Nai
(Sunset Beach)

Hat Seekantang

Leuchtturm

PRAKTISCHES
Backpackers Information Centre......1 B2
Backpackers Thailand...............(siehe 1)
D's Books & Café......................2 B2
Post.................................3 B2

SCHLAFEN
Blue Marine..........................4 B2
Cocohut Village......................5 C3
Coral Bungalows......................6 A1
Delight..............................7 B2
Drop In Club Resort & Spa............8 B2
Fairyland Resort.....................9 C1
Lighthouse..........................10 D4
Palita Lodge........................11 C1
Paradise Bungalows..................12 C2
Pha-Ngan Bayshore Resort............13 B1
Phangan Buri Resort.................14 A1
Same Same...........................15 B2
Sarikantang.........................16 C3
Sea Breeze Bungalow.................17 B3
Sea Garden..........................18 B2
Seaside Bungalows...................19 A1
Seaview Haadrin Resort..............20 C1
Sun Cliff...........................21 B2
Tommy Resort........................22 C1

ESSEN
Chicken Corner......................23 B2
Lazy House..........................24 B2
Lucky Crab..........................25 B2
Mr. K...............................26 B2
Same Same Burger..................(siehe 15)

AUSGEHEN
Club Paradise.....................(siehe 12)
Warm Up Bar.........................27 B2

UNTERHALTUNG
Backyard Club.......................28 C3
Cactus Bar..........................29 C2
Coral Bungalows Bar................(siehe 6)
Da Club.............................30 C2

Drop-In Bar.........................31 C2
Mellow Mountain.....................32 C1
Orchid Club.........................33 C1
Rock................................34 C2
Tommy.............................(siehe 22)
Vinyl...............................35 C2
Zoom................................36 C2

TRANSPORT
Songthaeos nach Thong Sala..........37 B2

laub verbringen wollen. Tagsüber bevölkern
Sonnenanbeter die Strandliegen oder tummeln sich auf Jetskis. Nachts verwandelt sich
das Coral dann wie ein Superheld in ein anderes Ich: Eine Pool-Party steigt und die geselligen Angestellten mixen eimerweise
Wodka mit Red Bull (s. Kasten S. 668).

Same Same (Karte s. oben; ☎ 0 7737 5200; www.same
-same.com; Ban Hat Rin; Zi. 500–800 B; 🌐) Diese Backpackerunterkunft richtet sich an skandinavische Traveller. In diesem für Partys geeigneten Restaurant arbeiten die freundlichen
Angestellten rund um die Uhr und sorgen
dafür, dass hier viel gelacht (und getrunken)
wird. Die schlichten, sonnendurchfluteten
Motelzimmer im Obergeschoß könnten ein
Facelifting vertragen.

Delight (Karte S. 660; ☎ 0 7737 5527; www.delightre-
sort.com; Ban Hat Rin; Zi. 700–2000 B; 🌐 🔲) Das Delight versteckt sich hinter einem hellgelben
Kodak-Schild im Zentrum von Hat Hin. Es
bietet mit die besten Unterkünfte der Gegend.
Die blitzblanken Hotelzimmer sind mit un-
aufdringlichen Designer-Details (so z.B.
Pfauengemälde an den Wänden) geschmückt
und befinden sich zwischen einem einladenden Swimmingpool und einer ruhigen Lagune mit Seerosen.

Die folgenden Optionen sind ebenfalls
empfehlenswert:

Seaview Haadrin Resort (Karte S. 660; ☎ 0 7737
5160; Hat Rin Nok; Bungalows ab 500 B; 🔲) Die Bungalows stehen am Nordende des Sunrise Beach. Die preiswerteren Hütten haben Tatami-Wände.

Blue Marine (Karte S. 660; ☎ 0 7737 5079; Hat Rin Nai; Bungalows 600–1200 B; 🌐) Pedantisch saubere Betonbungalows mit blau schimmernden Dächern.

Sun Cliff (Karte S. 660; ☎ 0 7737 5134; Bungalows 250–2000 B; 🌐) Riesige Auswahl an unterschiedlichen Bungalows auf einer mit Palmen übersäten Anhöhe .

Mittelklasse- & Spitzenklassehotels

Sea Breeze Bungalow (Karte S. 660; ☎ 0 7737 5162; Bungalows 500–8000 B; 🌐) Diese Anlage wurde von unseren Lesern beurteilt, und wir sind derselben Meinung. Das Labyrinth aus lauschigen Hütten am Hang ist ein ideales Fleckchen für jeden Travellertyp. Viele Bungalows – einige davon auf Pfählen – bieten einen traumhaften Blick auf Hat Rin und das Meer.

Pha-Ngan Bayshore Resort (Karte S. 660; ☎ 0 7737 5227, 0 7737 5224; www.phanganbayshore.com; Hat Rin Nok; Zi. 800–5000 B; 🌐 🖥 🛁) Nach der wahrhaft nötigen Überholung ist diese Hotelanlage jetzt für die ständig steigende Zahl von Flashpackern in Hat Rin gewappnet. Der beeindruckende Blick über den Strand sowie ein gigantischer Swimmingpool machen das Pha-Ngan Bayshore zu einer der Topadressen am Sunrise Beach.

Tommy Resort (Karte S. 660; ☎ 0 7737 5215; www.phangantommyresort.com; Hat Rin Nok; Zi. 1800–2200 B; 🌐 🖥 🛁) Das Tommy ist eine trendige Adresse mitten in Hat Rin. Ein gutes Zwischending aus schickem Boutique-Hotel und heiterer Backpackerbleibe. Der rechteckige Swimmingpool ist schon was Besonderes, denn es scheint, als ob alle anderen von Menschenhand erzeugten Wasserflächen auf der Insel nierenförmig sind.

Fairyland Resort (Karte S. 660; ☎ 0 7737 5076, 08 5057 1709; www.haadrinfairyland.com; Hat Rin Nok; Bungalows ab 1400 B; 🌐) Obwohl der Name an ein Brettspiel für sechsjährige Mädchen erinnert, sind die überkorrekten Bungalows eine ernste Konkurrenz für die älteren Resorts am Sunrise Beach. Wer unangemeldet kommt, hat vielleicht das Glück, je nach Mondstand und Jahreszeit einen Rabatt von 60 % zu bekommen. Bevor man endgültig eincheckt, sollte man andere Gäste fragen, wie viel sie bezahlen.

LP Tipp **Sarikantang** (Karte S. 660; ☎ 0 7737 5055, 0 81 444 1322; www.sarikantang.com; Hat Seekantang; Bungalows 500–3500 B; 🌐 🛁) Man sollte nicht zu verbissen versuchen, den Namen des Resorts richtig auszusprechen – es reicht, wenn man diesen Ort Himmel auf Erden nennt. Die cremefarbenen Hütten mit Säulen und Balken aus Teakholz stehen zwischen Palmen und verwitterten Statuetten mit Flügeln. Die Zimmer gleichen einem Set, an dem gerade Aufnahmen für ein Innenarchitekturmagazin gemacht werden.

Palita Lodge (Karte S. 660; ☎ 0 7737 5172; www.palitalodge.com; Hat Rin Nok; Bungalows 1500–4500 B; 🌐 🛁) Das Palita befindet sich mitten im Geschehen und ist eine Hommage an die niemals enden wollende Party an Hat Rins Sunrise Beach. Geräumige Betonbungalows mit Holzkomponenten und modernen Designelementen stehen in Reih und Glied an einem mit Büschen übersäten Strandabschnitt. Wer hier die Vollmondparty erleben will, muss wochenlang im Voraus buchen.

Cocohut Village (Karte S. 660; ☎ 0 7737 5368; www.cocohut.com; Hat Seekantang; Zi. 600 B, Bungalows 1900–10 000 B; 🌐 🖥 🛁) In dieser supergeselligen Unterkunft vergessen die Gäste schnell, dass sie nur wenige Meter vom Tohuwabohu am Sunrise Beach entfernt sind. Die Unterkünfte für Backpacker mit an Umkleideräume erinnernden Gemeinschaftsbädern sind ihr Geld nicht unbedingt wert. Die teureren Optionen wie die Villen an der Klippe und die Bungalows am Strand gehören dafür zum Besten, das man in Hat Rin ergattern kann.

Ebenfalls empfehlenswert sind:

Drop In Club Resort & Spa (Karte S. 660; ☎ 0 7737 5444; www.dropinclubresortandspa.com; Bat Hat Rin; Zi. 1500–12 000 B; 🌐 🛁) Ständig expandierendes Resort mitten in Hat Rin.

Phangan Buri Resort (Karte S. 660; ☎ 0 7737 5481; www.phanganburiresort.com; Hat Rin Nai; Bungalows ab 2700 B; 🌐 🛁) Vornehme, leicht steife Unterkunft.

STRÄNDE AN DER SÜDKÜSTE

Die Unterkünfte an der Südküste bieten die besten Deals, die man auf Ko Pha-Ngan machen kann, und der Blick auf die Inseln des Ang Thong Marine National Parks ist im Preis enthalten. Aber leider ist das Wasser im Süden nicht so traumhaft kristallklar, wie man vielleicht erwartet. Der hier beschriebene Abschnitt beginnt am Hafen in Thong Sala und folgt der Küste in Richtung Osten bis nach Hat Rin.

Thong Sala

Es gibt eigentlich keinen Grund, in Thong Sala zu übernachten, es sei denn, man hat Angst, die Fähre am nächsten Morgen zu verpassen oder man fühlt sich krank und braucht ärztliche Hilfe.

Bua Kao Inn (☎ 0 7723 7226; buakao@samart.co.th; EZ & DZ ab 450–850 B; 🌐) Wer Stadtatmosphäre

einem Stückchen Strand vorzieht, ist im Bua Kao genau richtig. Die Betten sind bequem und die Zimmer gut in Schuss (auch wenn es in einigen etwas nach kaltem Zigarettenrauch riecht). Unten gibt's ein Restaurant, in dem sich geschwätzige Ausländer tummeln.

Pha-Ngan Chai Hotel (☎ 0 7737 7068, 0 7737 7286; Zi. 700–1200 B; 🕸 🖳) „Sowjetische Mietskaserne trifft Ferien in den Tropen" – mithilfe dieser Beschreibung erkennt man dieses schäbige Monster sofort, wenn man am Pier in Thong Sala anlegt. Die zweckmäßige Lage ist das Beste an diesem Hotel. Wenn man aber zum Schwimmen an einen Strand will, muss man ein paar Baht für ein Taxi hinblättern.

Ban Tai

Das Wasser in Ban Tai ist besonders in der Nebensaison flach und trüb. Die Unterkünfte sind, verglichen mit denen in anderen Teilen der Insel, recht preiswert. Und Hat Rin ist auch nicht weit weg.

Lifestyle Bungalows (☎ 08 5916 3852; Bungalows 250–600 B; 🕸) Der Betreiber, der von Beruf „Hautkünstler" ist, hat jeden der mit Ventilator ausgestatteten Bungalows mit auffälligen Tattoos in den verschiedensten Formen und Farben geschmückt. Hier findet man das wahre Ko Pha-Ngan – keinerlei kapitalistische Auswüchse, nur ein Schild mit der Aufschrift „Essen, Trinken und Chillen".

Chokana (☎ 0 7723 8085; Bungalows 400–1200 B; 🕸) Das Chokana hat die größten Hütten überhaupt. Die Holzbungalows am Strand sind riesig. Der temperamentvolle Betreiber kümmert sich wirklich um seine Gäste. Die Hütten haben alle eine persönliche Note, z. B. Holzschnitzereien und Mosaike. Hier fühlt man sich schnell wie zu Hause.

Coco Garden (☎ 0 7737 7721, 08 6073 1147; www.cocogardens.com; Bungalows 500–1000 B; 🕸) Das Coco Garden ist die beste Budgetunterkunft an der Südküste und übertrifft die in der Nähe gelegenen Resorts mit seinen gepflegten Anlagen und glitzernden, fast klinisch sauberen Bungalows. Kostenloses WLAN.

Phangan Great Bay Resort (☎ 0 7723 8659; Fax 0 7723 8697; Bungalows 1250–2000 B; 🕸 🖳 🖲) Hier kann man zwischen Motelzimmern in einem hellvioletten Gebäude und gemütlichen, etwas abgelegenen, karottenroten bis limonengelben Bungalows wählen. Das Phangan ist ein ideales Plätzchen, um den ganzen Tag lang zu faulenzen und zu versuchen, an dem witzig geformten Schwimmingpool menschliche

Züge zu entdecken. Im Restaurant werden auch Filme gezeigt.

Milky Bay Resort (☎ 0 7723 8566; www.milkybay.com; Bungalows 1400–5000 B; 🕸 🖳 🖲) Große schwarze Steine säumen das Gelände mit den milchig weißen Bungalows. Wege schlängeln sind durch das ganze Resort und führen von den luftigen, strohgedeckten Bungalows zum Meer. Das Personal in diesem familienfreundlichen Unterkunft ist außergewöhnlich professionell. Das Milky Bay würde die höchstmögliche Punktzahl bekommen, wenn da nicht die übertrieben hohen Preise im Restaurant wären, auch wenn das Essen lecker ist.

Ban Khai

Auch hier sind die Strände nicht wirklich umwerfend, aber dafür sind die Unterkünfte preiswert und man hat einen schönen Blick auf den Ang Thong Marine National Park.

Lee's Garden (☎ 08 5916 3852; Bungalows 250–600 B) Hätte Lee's Garden einen Soundtrack, so wäre es wahrscheinlich einer der Greatest Hits von Bob Marley. Die gemütlichen Holzhütten erinnern an Zeiten, in denen noch mutige Backpacker nach Pha-Ngan kamen, die keinen Wert auf warme Duschen und Klimaanlagen legten.

Boom's Cafe Bungalows (☎ 0 7723 8318; www.boomscafe.com; Bungalows 300–1000 B; 🕸) Im Boom's fühlt man sich wie zuhause bei seiner thailändischen Familie, von der man zuvor gar nicht wusste, dass man sie hat. Die freundlichen Betreiber pflegen ihr sandiges Grundstück mit viel Liebe und verwöhnen die stets zufriedenen Gäste. Es scheint niemanden zu stören, dass es keinen Pool gibt, denn das Meer reicht fast bis an die Bungalows. Das Boom's befindet sich am äußersten Ostzipfel von Ban Kai in der Nähe von Hat Rin.

Mac Bay (☎ 0 7723 8443; Bungalows 500–1500 B; 🕸 🖲) Hier ist die Heimat der Black Moon Party (ein weiterer Grund dafür, dass Ko Pha-Ngan ausflippt). Das Mac Bay liegt an einem sandigen Abschnitt von Ban Khai. Selbst die billigen Bungalows sind picobello. Wenn es Zeit für einen Sundowner ist, sollte man sich ein schattiges Plätzchen im Sand suchen und das Spiel der Sonne über den Inseln des Ang Thong Marine National Parks in der Ferne bewundern.

Morning Star (☎ 0 7737 7756; morningstarkpn@yahoo.com; Bungalows 1190–2490 B; 🕸 🖲) Die Zimmer in dieser Ansammlung von Holz- und Betonbungalows blitzen vor Sauberkeit. Einige sind

mit kunstvoll verschnörkelten Kommoden und Schminktischen eingerichtet, in anderen herrschen dezente Möbel aus dunklem Holz vor. Um den zauberhaften, nierenförmigen Pool stehen weiße Strandliegen aus Holz.

STRÄNDE AN DER WESTKÜSTE

Seit es zwei gute Straßen zwischen Thong Sala und Chalok Lam gibt, wird an der Westküste viel gebaut. Die Atmosphäre hier ist ein Mix aus der ruhigen Abgeschiedenheit der Ostküste und der Geselligkeit von Hat Rin. Die Strände an der Westküste sind aber nicht ganz so malerisch wie andernorts.

Von Nai Wok bis nach Srithanu

In der Nähe von Thong Sala wechseln sich die Resorts mit Abschnitten mit knorrigen Mangroven ab. Wirklich ansprechende Strände fehlen hier, aber dafür sind die Preise niedrig und die Sonnenuntergänge unvergesslich.

Cookies Bungalows (☎ 0 7737 7499; cookies_bungalow@hotmail.com; Bungalows 300–1000 B; 🅇) Der freundliche Service im Cookies unterscheidet diese Bungalowanlage von den anderen. Die Unterkünfte sind aber nur Standard: Bambus-, Stroh- und Holzhütten.

Sea Scene (☎ 0 7737 7516; www.seascene.com; Bungalows 500–1700 B; 🅇) Die großen Bungalows stehen an einem Wirrwarr aus alten Mangroven. Hier kann man den Sonnenuntergang über dem Ang Thong Marine National Park an vorderster Front genießen.

Grand Sea Resort (☎ 0 7737 7777; www.grandsearesort.com; Bungalows 1200–3000 B; 🅇 🅁) Eine gute Wahl für all jene, die sich nach einem Krümel Sand in der Nähe von Thong Sala sehnen. Das Grand Sea erinnert an eine Ansammlung von thailändischen Geisterhäusern aus Holz.

Hat Chaophao

Wie auch der Hat Yao weiter im Norden ist dieser sichelförmige Strand von Bungalow-Unterkünften gesäumt. Etwas weiter im Süden gibt's einen Binnensee und ein 7-Eleven, wo man alles bekommt, um den Heißhunger auch noch um Mitternacht zu stillen.

Sunset Cove (☎ 0 7734 9211; www.thaisunsetcove.com; Bungalows 1500–3350 B; 🅇 🖳 🅁) Die zwischen Bäumen stehenden Boutique-Bungalows strahlen einen Hauch von Zen aus. Hohe Bambuspflanzen stehen ordentlich aufgereiht rechts und links der Kieselsteinwege und wanken zwischen Gebüsch und Felsbrocken hin

und her. Die äußerst eleganten Domizile am Strand haben hohe rechteckige Fenster und Badewannen in Form von Fässern.

Pha-Ngan Paragon (☎ 08 4728 6064; www.phanganparagon.com; Bungalows 2500–13 000 B; 🅇 🖳 🅁) Ein winziges Refugium mit nur sieben Zimmern. Überall sind stilistische Elemente aus dem alten Kambodscha, Indien und Thailand zu entdecken, ohne dass dabei auf moderne Annehmlichkeiten verzichtet wird. Der „Royal Bedroom" muss extra hervorgehoben werden: Das Himmelbett soll ein Direktimport aus Kaschmir sein.

Hat Yao & Hat Son

Hat Yao ist einer der belebteren Strände an der Westküste, der sich gut zum Schwimmen eignet. Es gibt zahlreiche Resorts und Annehmlichkeiten wie Geldautomaten und Mini-Märkte.

Ibiza (☎ 0 7734 9121; www.ibizabungalows.com; Bungalows 150–1300 B; 🅇) Im Ibiza herrscht eine junge Backpacker-Atmosphäre, fast so wie in den Unterkünften von Hat Rin. Die Bungalows ohne jeden Schnickschnack sind einfach. Die Anlage ist bei Travellern mit kleiner Geldbörse wegen der freundlichen Angestellten, des hübschen Gartens in der Mitte und natürlich der günstigen Preise beliebt.

Tantawan Bungalow (☎ 0 7734 9108; www.tantawanbungalow.com; Bungalows 450–550 B; 🅁) Das kleine Tantawan oben auf einem Hügel erinnert an ein Baumhaus im Dschungel. Von den rustikalen Bungalows hat man einen umwerfenden Blick auf das Meer. Die Gäste können sich in dem trapezförmigen Swimmingpool abkühlen oder den Sonnenuntergang auf der kleinen Bambusveranda genießen. Unbedingt im hoteleigenen Restaurant eines der schmackhaften französischen oder thailändischen Gerichte probieren.

High Life (☎ 0 7734 9114; www.highlifebungalow.com; Bungalows 500–2000 B; 🅇 🅁) Es ist schwer zu sagen, was beeindruckender ist: der spektakuläre Blick vom Infinity-Pool hinaus aufs Meer oder die offenkundige Zweideutigkeit des Namens dieses Resorts. Getreu dem Namen stehen die 25 Bungalows unterschiedlichster Form und Größe hoch über dem blauen Meer auf einem mit Palmen bewachsenen Granitfelsen. Wer im Voraus bucht, muss einen Aufschlag von 200 B zahlen.

Haad Son Resort (☎ 0 7734 9104; www.haadson.info; Bungalows 1000–8000 B; 🅇 🖳 🅁) Das Wort „Komplex" ist in diesem großen Resort dop-

peldeutig. Wer jemals beabsichtigt, seine Unterkunft wiederzufinden, sollte Brotkrumen auf der sich wie Serpentinen dahinschlängelnden Wegen verstreuen. Die edelsten Zimmer sind ihr Geld nicht wert. Die preiswerteren Unterkünfte sind zwar einfach, aber man kommt dennoch in den Genuss aller Annehmlichkeiten, die das Resort bietet.

Haad Yao Bay View (☎ 0 7734 9193; www.haadyao -bayviewresort.com; Zi. & Bungalows 2000–5000 B; ✖ ▢ ▣) Die frisch renovierten Bungalows und hotelartigen Unterkünfte erscheinen am Nordende der Landzunge von Hat Yao wie eine tropische Fata Morgana. Mehr oder auch weniger bekleidete Gäste tummeln sich am großen türkisfarbenen Swimmingpool, genießen die Sonne oder machen ein Nickerchen. Andere wiederum machen es sich in ihren privaten Suiten mit Hartholzfußböden auf Rattanliegen bequem.

Hat Salad

Hat Salad ist einer der besten Strände der Insel und zudem gibt's hier eine Reihe ausgezeichneter Unterkünfte direkt am Strand.

Cookies Salad (☎ 0 7734 9125, 08 3181 7125; www. cookies-phangan.com; Bungalows 1500–3000 B) In dem Resort mit dem knusprig-knackigen Namen findet man geschmackvolle Bungalows in balinesischem Stil, die um einen zweistufigen, in vielen Blauschattierungen gefliesten Pool angeordnet sind. Struppige Strohdächer und sattes Tropengrün verleihen dieser Anlage einen rustikalen Charme – auf Komfort muss man aber trotzdem nicht verzichten.

Green Papaya (☎ 0 7737 4182; www.greenpapaya resort.com; Bungalows 4000–7500 B; ✖ ▢ ▣) Die schicken Holzbungalows des Green Papaya sind tatsächlich was Besonderes an dem wunderschönen Strand von Hat Salad – das hat aber auch seinen Preis.

Ao Mae Hat

Vom nordwestlichen Zipfel der Insel bietet sich ein fantastischer Blick aufs Meer. Die kleine Insel Ko Ma ist mit Pha-Ngan über eine schöne Sandbank verbunden.

Royal Orchid (☎ 0 7737 4182; royal_orchid_maehaad@ hotmail.com; Bungalows 300–800 B; ✖ ▢) Die hübschen Backpacker-Bungalows sind in dem schmalen Garten wie ein großer Reißverschluss angeordnet. Von den meisten kann man einen kurzen Blick auf den ruhigen Strand und die idyllische Sandbank, die bis nach Ko Ma reicht, erhaschen.

Pha-Ngan Utopia Resort (☎ 0 7737 4093; www. phanganutopia.com; Bungalows 1500–3000 B; ✖ ▢ ▣) Es ist schon ziemlich dreist, ein Resort „Utopia" zu nennen. Den Betreibern ist es aber gelungen, ein idyllisches Dschungelrefugium hoch über dem Meer zu schaffen. Die besten Unterkünfte – die zweistöckigen Villen – stehen am Hang und haben einen extragroßen Jacuzzi, der eine ganze Ebene einnimmt.

STRÄNDE AN DER NORDKÜSTE

Die dramatische Nordküste erstreckt sich von Chalok Lam bis nach Thong Nai Pan und ist ein wilder Dschungel mit etlichen traumhaften, einsamen Stränden. Hier befindet sich der malerischste Küstenabschnitt der ganzen Insel.

Chalok Lam (Chaloklum) & Hat Khom

Das kleine Fischerdorf Ban Chalok Lam sucht seinesgleichen auf Ko Pha-Ngan. Die Ansammlung von Buden und Teakhütten macht deutlich, dass es hier und da doch noch Fleckchen gibt, zu denen von Globalisierung noch nichts zu merken ist. Von hier aus fahren regelmäßig Songthaeo nach Thong Sala (ca. 100 B/Pers.). Eine Schotterstraße verbindet Chalok Lam mit Hat Khom. Für 50 bis 100 B stehen auch Wassertaxis zur Verfügung.

Sarisa Place (Bungalows ab 250 B) Hier baumeln witzige Muschelschalen an den Veranden. Im Sarisa übernachtet man in billigen, schlichten Bungalowhälften. Die Gäste können sich kostenlos Motorräder ausleihen, um die Insel zu erkunden – fürs Benzin muss man aber bezahlen.

Fanta (☎ 0 7737 4132; fantaphangan@yahoo.com; Bungalows 300–700 B) Bitte nicht mit dem Fantasea nebenan verwechseln. Das Fanta befindet sich am östlichen Ende von Chaloklum. Die in mehreren Reihen aufgestellten, typischen Pha-Ngan-Bungalows (viel verblichenes Holz und Stroh) nehmen einen guten Teil der Uferfront ein.

Coral Bay (☎ 0 7737 4245; Bungalows 150–600 B) An einer kleinen Landzunge zwischen Chaloklum und Hat Khom befindet sich das Coral Bay, eine abgelegene Backpacker-Unterkunft, die ohne Schwierigkeiten über die Straße oder per Wassertaxi von Chaloklums Zentrum aus zu erreichen ist.

Mandalai (☎ 0 7737 4316; www.mymandalai.com; Zi. 2750–5600 B; ✖ ▢ ▣) Das kleine Boutique-Hotel ragt wie ein verblasstes Riad aus einem

fernen arabischen Land über den Ort mit den vielen Fischerhütten hinaus. Durch die von der Decke bis zum Boden reichenden Fenster kann man den Blick auf die orangeroten Fischerboote in der Bucht genießen. Im Innenhof versteckt sich ein kleiner Pool.

Bottle Beach (Hat Khuat)

Diese abgelegene Düne hat den Ruf eines preiswerten Urlaubsorts und ist inzwischen ziemlich beliebt geworden. In der Hauptsaison sind die Unterkünfte schnell voll, sodass möglichst frühes Ankommen angesagt ist. Hin kommt man für 50 bis 120 B (je nachdem wie viele Leute mitfahren) mit einem Longtail-Taxiboot von Chalok Lam aus.

Bottle Beach II (☎ 0 7744 5156; Bungalows 350–400 B) In dieser Unterkunft am östlichen Ende des Strandes können Pfennigfuchser ihre Fantasien ausleben.

Smile (☎ 08 1956 3133; smilebeach@hotmail.com; Bungalows 400–700 B) Das Smile am westlichen Zipfel des Strandes bietet einige Holzhütten am Hang eines bewaldeten Hügels. Am besten sind die zweistöckigen Bungalows (700 B).

Haad Khuad Resort (☎ 0 7744 5153; www.geocities.com/haadkhuad_resort; Zi. 1800–2200 B; ✘) Dieses kleine Hotel ist zwar erheblich teurer als die anderen Unterkünfte am Bottle Beach, ist aber sein Geld wert. Die Zimmer mit Blick auf die himmelblaue Bucht sind makellos sauber. Die Fenster reichen vom Fußboden bis zur Decke.

Thong Nai Pan

Das beiden halbrunden Buchten in Thong Nai Pan erinnern irgendwie an Pobacken: Ao Thong Nai Pan Yai (yai bedeutet „groß") liegt im nördlichen Abschnitt, Ao Thong Nai Pan Noi (noi bedeutet „klein") direkt darunter. Die beiden Strände haben in den letzten Jahren sehr an Beliebtheit gewonnen und sind eine gute Alternative zum lauten Hat Rin. Infos über Verkehrsmittel nach Thong Nai Pan s. S. 669.

LP Tipp Dolphin (Bungalows 500–1300 B; ✘) Sorry Dolphin, aber wir müssen die Katze aus dem Sack lassen ... du bist die beste Unterkunft auf der Insel. Das abgelegene Hotel bietet Yuppie-Travellern die Möglichkeit, einfach zu leben und Müsli-Essern, die relaxte Atmosphäre à la Vollste zu genießen. Hier kann man ruhige Nachmittage auf den bequemen Kissen in einer der im Dschungel versteckten Pagoden verbringen. Die Unterkünfte werden nach dem Motto „Wer zuerst kommt, mahlt zuerst" vergeben.

Havana (☎ 0 7744 5162; www.phanganhavana.com; Zi. 3000–4500 B, Suite 7000–8000 B; ✘ 🖳) Die Zimmer in der neuesten Unterkunft in Thong Nai Pan sind mit psychedelischen, vom Meer inspirierten Wandmalereien geschmückt. Die an Apartmenthäuser erinnernden Gebäude sind um einen einladenden Swimmingpool herum angeordnet.

Santhiya (☎ 0 7723 8333; www.santhiya.com; Bungalows ab 10 000 B; ✘ 🖳) Das schöne Santhiya hat mit dem kleineren, heruntergekommenen Bruder auf Ko Samui nicht viel gemeinsam. Auf Ko Pha-Ngan lebt man in Bambushütten und ist nicht an Zimmerservice und untertriebenen Gesten à la Siam gewöhnt.

STRÄNDE AN DER OSTKÜSTE

Robinson Crusoe würde sich hier wie zuhause fühlen, denn die Ostküste ist der ultimative Ort für Einsiedler. Die meisten Strände sind nur per Boot zu erreichen. Wassertaxis gibt's in Thong Sala und Hat Rin. Zu einigen der einsamen Strände kommt man aber auch mit der Fähre, die zwischen Thong Nai Pan und Mae Nam auf Ko Samui (s. S. 669) verkehrt.

Than Sadet & Thong Reng

Die ruhigen Orte Than Sadet und Thong Reng, die Geheimtipps für alle, die auf der Suche nach Einsamkeit sind, können mit Geländewagen und farbenfrohen Taxibooten erreicht werden.

Treehouse (treehouse.kp@googlemail.com; Bungalows ab 200 B) Der legendäre Backpacker-Treff Ko Changs hat vor Kurzem einen Ableger im abgeschiedenen Thong Reng aufgemacht. Von Than Sadet den witzigen Plastikblumen über den Hügel folgen. Die äußerst einfachen Unterkünfte sind in hellen Farben gehalten.

Plaa's (☎ 0 7744 5191; Bungalows 600 B; 🖳) Plaa's farbenfrohe Bungalowanlage mit Blick auf die darunter liegende Bucht befindet sich am nördlichen Zipfel von Than Sadet. Hier muss man sich einfach ein Corona genehmigen, denn man ist ja schließlich an dem perfekten Set für eine Bierwerbung am idyllischen Strand.

Mai Pen Rai (☎ 0 7744 5090; www.thansadet.com; Bungalows 600 B; 🖳) „Mai pen rai" ist das thailändische Äquivalent zu „don't worry, be happy" – und das ist nicht allzu verwunderlich, denn diese Bucht macht die Besucher

glücklich. Die Bungalows stehen neben denen des Plaa's auf der hügeligen Landspitze und haben Giebeldächer aus Stroh.

Hat Thian

Geographisch gesehen ist der Hat Thian nicht weit vom Hat Rin entfernt, aber es gibt keine Straßen und der holperige Fußweg dorthin ist lang und unübersichtlich. Taxiboote von Hat Rin gibt's für ca. 150 B.

Beam Bungalows (☎ 0 7927 2854, 08 6947 3205; Bungalows 300–500 B) Das Beam liegt nicht direkt am Strand, es versteckt sich in einem Kokospalmenhain: bezaubernde Holzhütten mit Hängematten davor. Durch die großen Fenster vorbei an den wogenden Palmen kann man den Blick aufs Meer genießen.

Sanctuary (☎ 08 1271 3614; www.thesanctuarythailand.com; B 120 B, Bungalows 400–3800 B) Eine nette Enklave zum Relaxen. Die einladende Oase bietet Luxus und Ganzheitliches: von Yogasitzungen bis hin zu Entgiftungskuren. Übernachtet wird in ganz unterschiedlichen Unterkünften, die inmitten von viel Grün liegen. Hier möchte man für immer bleiben.

Hat Yuan

Am Hat Yuan gibt's ein paar Bungalowanlagen. Der kleine Strand ist ziemlich einsam, da von hier aus keine Straße nach Hat Rin weiter im Süden führt.

Barcelona (☎ 0 7737 5113; Bungalows 200–600 B) Die rustikalen Holzhütten kommen in zwei Outfits daher: in Naturholz oder cremefarben gestrichen. Sie stehen hinter einem Palmengarten am Abhang auf Stelzen und bieten eine schöne Aussicht. Das Personal ist ausgesprochen freundlich.

Essen

Ko Pha-Ngan hat in puncto Kulinarischem nicht wirklich Besonderes zu bieten, vor allem da sich die meisten Besucher hier schnell an das faule Leben gewöhnen und dann fast nur noch in ihren Unterkünften essen. Wer Appetit auf Neues hat, sollte auch mal in Thong Sala und an der Südküste der Insel essen gehen.

HAT RIN

Auf der wuseligen Halbinsel gibt's die größte Ansammlung von Restaurants und Bars der Insel – die meisten sind aber recht mies. Die berühmt-berüchtigte „Chicken Corner" (Karte S. 660) ist eine beliebte Kreuzung mit mehreren Geflügelhändlern, die versprechen, den Heißhunger bei Tag und Nacht zu stillen.

Mr. K (Karte S. 660; ☎ 0 7737 5470; Gerichte 50–80 B; 🕐 24 Std.) ist ein beliebtes Lokal an der Chicken Corner, in dem die ganze Nacht über einheimische Gerichte serviert werden. Kitschige thailändische Soaps flimmern über den Bildschirm. Das Bier ist extrem billig.

Same Same Burger (Karte S. 660; ☎ 0 7737 5200; www.same-same.com; Burger 180–230 B; 🕐 mittags & abends) Das hellrote Burgerlokal wird von denselben Leuten betrieben wie die *same same* Backpacker-Unterkunft und hat das gleiche Angebot wie McDonald's.

Lazy House (Karte S. 660; ☎ 0 7737 5432; Gerichte 90–270 B; 🕐 mittags & abends) Früher war dieses Lokal das Wohnhaus des Betreibers. Da alle seine Kochkünste bewunderten, hat er sich entschlossen, seine Wohnung in ein Restaurant umzubauen. Jetzt ist das Lazy House genau das Richtige, um bei einem Spielfilm einen leckeren Shepherd's Pie zu verputzen.

Lucky Crab (Karte S. 660; Gerichte 100–400 B; 🕐 mittags & abends) Das Lucky Crab ist die beste Wahl für alle, die in Hat Rin Meeresfrüchte essen wollen. Die frisch gefangenen Tierchen werden allabendlich in Mini-Longtail-Booten auf Eis präsentiert. Man muss sich nur sein Lieblingstier aussuchen und es sich dann an einem der Tische zwischen herunterhängenden Pflanzen und bezauberndem Steinschmuck gemütlich machen.

STRÄNDE AN DER SÜDKÜSTE
Thong Sala

LP Tipp **Nachtmarkt** (Gerichte 25–180 B; 🕐 18.30–22.30 Uhr) Thong Salas Nachtmarkt bietet eine faszinierende Mischung aus dampfenden Töpfen und Einheimischen, die hier eine Kleinigkeit zu sich nehmen. Ein Muss für jeden, der nicht nur preiswert essen sondern auch etwas Lokalkolorit in sich aufnehmen will. Das beste günstige Essen gibt's an dem Stand in der Ecke hinten rechts mit der großen weißen Fahne. Nebenan werden schmackhafte Meeresfrüchteplatten angeboten, z. B. Red Snapper auf einem riesigen Nudelberg. Zum Nachtisch gibt's Bananenpancakes und Obstsmoothies.

Vantana Restaurant (☎ 0 7723 8813; Gerichte 80–150 B; 🕐 morgens, mittags & abends) Das Vantana in der Soi Krung Thai Bank hat eine gute Auswahl an englischen Gerichten. Der sättigende Sunday Brunch (260 B) ist das perfekte Heilmittel für heimwehkranke Briten.

Kaito (☎ 0 7737 7738; Gerichte ab 130 B ⊗ Do–Mo 15–21 Uhr) Hier gibt's authentische japanische Gerichte (aber kein Sushi). Im Angebot sind u. a. scharfer Seetangsalat und *tonkatsu* (Schweineschnitzel) – dazu ein Asahi. Auf den oberen Ebenen kann man es sich auf weichen Kissen gemütlich machen, im Hauptsitzbereich liegen *manga* und japanische Romane im Taschenbuchformat zum Schmökern herum.

A's Coffee Shop & Restaurant (☎ 0 7737 7226; Gerichte 80–260 B; ⊗ Mo–Sa morgens, mittags & abends) in der Soi Krung Thai Bank ist der perfekte Ort für britisches Pub-Essen, wenn man in der Stadt festhängt und auf die Fähre wartet.

Pizza Chiara (☎ 0 7737 7626; Pizza 180–320 B; ⊗ mittags & abends) Die karierten Tischdecken bestätigen es (falls der Name irgendwelche Fragen offen lassen sollte): Pizza Chiara ist gleichzusetzen mit guten italienischen Speisen. Die Pizza Cecco ist übervoll mit Schinken, Salami, Pilzen und *cotto*-Käse.

John's Bar & Bistro (☎ 08 7345 5417; Gerichte ab 195 B ⊗ mittags & abends) John, von Beruf Koch und von Geburt Engländer, bereitet fabelhaften Braten und feine europäische Gerichte. Dienstags ist Quiz-Abend.

Ban Tai & Ban Khai

Wie auch in Thong Sala gibt's in den Dörfern am Ban Tai und Ban Khai einige gediegene Lokale.

Ando Loco (☎ 08 6780 7200; Gerichte ab 59 B ⊗ abends) Dieses mexikanische Outdoor-Restaurant erinnert an einen klassischen Hanna-Barbera-Zeichentrickfilm mit kitschigem Schnickschnack wie Kakteen aus Pappmaché. Hier gibt's riesige Margaritas. Am Strand kann man zeigen, was man in puncto Beach Volleyball so alles drauf hat.

Somtum Inter (☎ 0 7737 7334; Gerichte 40–80 B ⊗ morgens, mittags & abends) In dem luftigen Open-Air-Pavillon neben dem Boat Ahoy (das von derselben Familie betrieben wird, s. S. 667) sagt der Name schon, was die Spezialität des Hauses ist: pikanter Papayasalat (*sôm·dam*). Auch die anderen Gerichte aus Nordostthailand, z. B. kross gebratenes Rindfleisch, sind hier exzellent.

Maew Hot Pan BBQ (☎ 08 1970 4077; Buffet 110 B; ⊗ abends) Das beste Do-it-yourself-Restaurant der Insel. Im Maew ist All-you-can-eat angesagt. Die Gäste brutzeln sich in blubbernden Feuertöpfen Fleisch, Gemüse und Wachteleier (eine Spezialität der Insel). Das Maew ist

etwas schwer zu finden. Es befindet sich in Ban Tais Hauptstraße (Wasserseite) beim 7-Eleven.

LP Tipp Boat Ahoy (☎ 0 7723 8759, 0 7737 7334; Gerichte 100–180 B ⊗ morgens, mittags & abends) In den mit Mahagonibrettern geschmückten Open-Air-Pavillons ist jeden Abend was los. Nach dem Genuss der sensationellen asiatischen Speisen (der Rindfleischsalat und das Hähnchenfleisch mit Cashew-Nüssen sind besonders lecker) kann man sich an der bootsförmigen Bar einen Drink genehmigen oder in einer der Karaoke-Suiten die Songs der Spice Girls zu neuem Leben erwecken.

STRÄNDE AN DER WESTKÜSTE

Tantawan (☎ 0 7734 9108; Hat Son; Gerichte 60–200 B; ⊗ mittags & abends) Bezaubernde Teakholzhütte mit glitzernden Kronleuchtern aus pfirsichfarbenen Korallen und khakifarbenen Muscheln inmitten von Palmen. Die Gäste sitzen in einem Kissenmeer und genießen einige der schmackhaftesten thailändischen und französischen Gerichte der Insel.

Absolute Island (☎ 0 7734 9109; Hat Yao; Gerichte 60–250 B; ⊗ morgens, mittags & abends) Der Name klingt wie die Reklame für einen schwedischen Wodka und wie es der Zufall so will, stehen auf der Speisekarte einige skandinavische Klassiker. Praktisch jeder Traveller wird hier ein Gericht aus seinem Heimatland finden, denn die Speisekarte des Absolute ist so riesig, dass ihr ein Inhaltsverzeichnis nicht schaden würde.

Ausgehen

Immer wenn Vollmond ist, wird gefeiert. Partyfreaks tanzen sich in Trance, schreien, kreischen und bemalen ihre Körper mit Leuchtfarben. Ganze Pulks von Feierwütigen und Feuertänzern treffen sich am berühmt-berüchtigten Sunrise Beach (Hat Rin Nok) und feiern und trinken bis in die frühen Morgenstunden.

Aber es gibt auch andere Orte auf der Insel, an denen es nicht ganz so hoch hergeht.

HAT RIN

Hat Rin ist das absolute Zentrum der legendären Vollmondpartys. Hier ist auch ohne Vollmond immer einiges los. Die folgenden Party-Locations liegen im Süden und Norden von Hat Rins berühmtem Sunrise Beach.

Rock (Karte S. 660; ☎ 0 7737 5244) Toller Blick auf die Party.

DIE SÜDWESTLICHE GOLFREGION

VOLLE EIMER

Lust darauf, sich schnell einen auszutrinken? Auf Ko Pha-Ngan wurde die Mutter aller Alkoholbomben erfunden: der Red-Bull-Bucket – ein Gemisch aus Coke, Red Bull (ein thailändisches Produkt) und einem großen Schuss Wodka oder Saeng Som (einheimischer Whisky). Das Gebräu wird ohne jedes Brimborium in Plastikeimern gemischt und mit unzähligen Strohhalmen kredenzt, damit auch jeder etwas abbekommt. Die Mixtur geht leicht runter (viel zu leicht) und katapultiert die Trinkenden von einem leicht angetüddelten Zustand in einen … nun ja … Nach einer Eimernacht kommen die Worte meist nur schwer und unsortiert aus dem Mund.

Club Paradise (Karte S. 660; ☎ 0 7737 5244) Das Paradise aalt sich in seinem Promistatus als Ursprungsort der Vollmondpartys.

Drop-In Bar (Karte S. 660; ☎ 0 7737 5374) In diesem Tanzschuppen werden die Charts, die wir insgeheim doch alle lieben, rauf und runter gedudelt. Aber auch wenn der Mond nicht kreisrund ist, geht es hier ähnlich wild zu.

Zoom (Karte S. 660) Hier tanzt man sich nach ohrenbetäubender Musik in Trance.

Vinyl (Karte S. 660) Das Vinyl ist größer als das Zoom. Die Musik wummert aus einem gewaltigen Sound System.

Cactus Bar (Karte S. 660; ☎ 0 7737 5308) Direkt am Hat Rin Nok. Aus den Lautsprechern kommt ein gesunder Mix aus altbekannten Melodien, Hip-Hop und R & B.

Da Club (Karte S. 660) Ein neuer Club am Strand. Trance-Beats lassen die mit Graffiti bemalten Wände wackeln.

Orchid Club (Karte S. 660) Drum & Bass statt der üblichen Trance-Beats.

Tommy (Karte S. 660; ☎ 0 7737 5215) Das Tommy gehört zu den größten Veranstaltungsorten am Hat Rin und zieht die Massen mit Schwarzlicht und Trance-Musik an.

Mellow Mountain (Karte S. 660; ☎ 0 7737 5347) auch „Mushy Mountain" genannt (wenn man erst mal da ist, weiß man warum). Diese abgefahrene Location befindet sich am Nordende von Hat Rin Nok und bietet einen traumhaften Blick auf das Geschehen weiter unten.

Diese Bars sind nicht am Sunrise Beach.

Die **Coral Bungalows Bar** (Karte S. 660; ☎ 0 7737 5023) liegt am Hat Rin Nai (Sunset Beach). Die Pool-Feten sind so laut, dass sie die Vollmondpartys fast in den Schatten stellen.

Im **Backyard Club** (Karte S. 660) trennen sich die Geister – nur wirklich Hartgesottene feiern hier nach der Vollmondparty weiter. Wenn frühmorgens am Hat Rin Nok Schluss ist, wanken die letzten „Mondanbeter" hierher, um

sich bei weiteren Beats zu amüsieren. Und schließlich weiß ja jeder, dass es nichts Besseres gegen den Kater gibt als ein kühles Bier.

Warm Up Bar (Karte S. 660; ☎ 08 9652 1778) Hier gibt's Beats vom Plattenteller und Billardtische. Genau der richtige Ort mitten in Hat Rin Stadt, um das wilde Nachtleben einzuläuten.

ANDERE STRÄNDE

Eagle Pub (☎ 08 4839 7143; Hat Yao) Dieser Pub am Südende vom Hat Yao ist vorn in den Fels gebaut und hat eine Terrasse mit lindgrünen Sitzmöbeln. Überall gibt's Neongraffitis von all den Personen, die nach zu vielen Caiparinhas Gleichgewichtsprobleme haben.

Amsterdam (☎ 0 7723 8447; Ao Plaay Laem) Das Amsterdam beim Hat Chaophao an der Westküste zieht Touristen und Einheimische von der ganzen Insel an, die den Sonnenuntergang mit einem Sundowner in der Hand genießen wollen.

Pirates Bar (☎ 08 4728 6064; Hat Chaophao) Die beliebte, schrullige Pinte ist die in die Klippen gehauene Kopie eines Piratenschiffs. Sitzt man bei Flut an Deck (und hat einige Drinks intus), könnte man fast glauben, auf hoher See zu sein. Hier werden drei Tage vor der Vollmondparty die gut besuchten Moon Set Partys organisiert.

Sheesha Bar (☎ 0 7737 4161; Chalok Lam) Hier geht's ganz anders zu als am lässigen Hat Rin. Statt eimerweise bechern, genießt man in der Sheesha Bar Designer-Drinks. Das hübsche Patchwork aus beigefarbenem Sandstein und horizontalen Lamellen aus Mahagoni passt wunderbar zum arabisch angehauchten Mandalai Hotel auf der gegenüberliegenden Straßenseite (es wird übrigens von derselben Familie betrieben).

Mason's Arms (☎ 08 5884 7271; Thong Sala; ☸ 10.30–23.30 Uhr) Urplötzlich taucht ein klotziges Haus zwischen den Palmen auf. Ein Cottage im Tudor-Stil, das auch in Stratford-upon-Avon stehen könnte. Das an eine Lodge erinnernde Gebäude ist schon fast so etwas wie eine offizielle britische Kolonie.

An- & Weiterreise

Wie überall, so ändern sich auch hier die Preise und Abfahrtszeiten ständig. Von Oktober bis Dezember werden die Überfahrten häufig wegen zu rauer See gestrichen. Achtung: In Bangkok und Surat Thani verkaufen Reisebüros gefälschte Kombitickets für Zug und Boot.

BANGKOK, HUA HIN & CHUMPHON

Lomprayah (www.lomprayah.com) und **Seatran Discovery** (www.seatrandiscovery.com) bieten Bus-Boot-Kombipacks ab Bangkok über Chumphon an. Relativ problemlos ist auch die Zugfahrt von Bangkok nach Chumphon, von wo aus es dann mit der Fähre weitergeht (der Preis ist ungefähr gleich). Weitere Infos über Chumphon s. S. 628 und S. 683. Reisende nach Bangkok können in Hua Hin einen Zwischenstopp einlegen.

KO SAMUI

Es gibt fast 10 Fahrten täglich zwischen Ko Pha-Ngan und Ko Samui (200–350 B). Die Boote verkehren tagsüber von 7 bis 16 Uhr und brauchen für die Überfahrt zwischen einer halben und einer ganzen Stunde. Alle starten entweder in Thong Sala oder Hat Rin auf Ko Pha-Ngan und kommen in Na Thon, Mae Nam oder an der Anlegestelle Bang Rak auf Ko Samui an. Wem ein spezieller Ankunftshafen wichtig ist, der sollte sein Ziel beim Ticketkauf nennen.

Die *Haad Rin Queen* (200 B) verkehrt zwischen Hat Rin und dem Big Buddha Beach. Am Anleger Mae Nam auf Samui legen die Fähren um 12 Uhr ab, fahren die Ostküste von Ko Pha-Ngan lang und stoppen in Hat Thian, Than Sadet und Thong Nai Pan. Boote in die andere Richtung fahren um 9 Uhr in Nai Pan ab.

Autofähren gibt's zwischen Ko Pha-Ngan und Ko Samui nicht. Wer sein Auto mitnehmen will, muss zurück aufs Festland und von dort ein anderes Boot nehmen.

KO TAO

Die Fähren von Lomprayah und Seatran Discovery in Richtung Ko Tao fahren von Ko Pha-Ngan um 8.30 und um 13 Uhr ab. Sie kommen um 9.45 bzw. 14.15 Uhr auf Ko Tao an. Songserm startet in Ko Pha-Ngan um 12 Uhr und ist um 13.45 Uhr am Ziel. Der Fahrplan der Katamaranfähren ändert sich ständig, sodass man vorab in einem Reisebüro nachfragen sollte.

SURAT THANI & DIE ANDAMANENKÜSTE

Kombitickets für Boot und Bus sind in jedem Reisebüro erhältlich. Man braucht nur den gewünschten Zielort anzugeben und schon bekommt man die entsprechenden Tickets. Die meisten Traveller fahren durch Surat Thani, wenn sie von der einen zur anderen

Küste wollen. Raja Car Ferry, Songserm und Seatran verkehren ca. sechsmal täglich zwischen Ko Pha-Ngan und Surat Thani (220–350 B, 2½ Std.). Die Boote legen in Thong Sala tagsüber zwischen 7 und 20 Uhr ab. Je nach Wetterlage fährt auch abends um 23 Uhr ein Boot in Surat ab. Von Ko Pha-Ngan geht's in die entgegengesetzte Richtung um 22 Uhr los. Detaillierte Abfahrtzeiten zu Orten an der Andamanenküste bekommt man auf der Website des Backpackers Information Centres (S. 655).

Unterwegs vor Ort

Wichtige Infos über die Gefahren bei Erkundungstouren über die Insel mit dem Motorrad stehen auf S. 655. Motorräder kann man auf der ganzen Insel für 150 bis 250 B pro Tag mieten. Und bitte immer einen Helm aufsetzen – das ist auf Ko Pha-Ngan vorgeschrieben und die Polizei achtet auch darauf. Vom Radfahren wird abgeraten, es sei denn man kann es mit Lance Armstrong aufnehmen. Autos kosten pro Tag ca. 1000 B.

Einige Orte, z. B. der Bottle Beach, und einige Abschnitte der Ostküste sind nur mit einem Boot zu erreichen. Wenn man auf einen Weg entdeckt, sollte man bedenken, dass diese oft zugewuchert sind und es sich nicht empfiehlt, hier alleine langzulaufen.

Songthaeo tuckern über die Hauptstraßen. Nach Sonnenuntergang kosten sie das Doppelte. In der Unterkunft nachfragen, ob ein kostenloser oder verbilligter Shuttle-Service angeboten wird, wenn man die Insel verlassen will. Die Fahrt von Thong Sala nach Hat Rin kostet 50 B, zu weiter entfernten Stränden muss man um die 100 B hinblättern.

Von Thong Sala, Chalok Lam und Hat Rin fahren Longtail-Boote zu vielen unterschiedlichen Zielen, u. a. zum Hat Khuat (Bottle Beach) und zur Ao Thong Nai Pan. Eine kurze Fahrt kostet ab 50 B, eine längere bis zu 300 B. Ein privates Boot für die Fahrt von einem Strand zum anderen zu chartern, macht ungefähr 150 B pro 15 Minuten Fahrzeit.

KO TAO

เกาะเต่า

5000 Ew.

Erst gab's Ko Samui, dann Ko Pha-Ngan und nun gibt's den Kult um Ko Tao (wie wär's mit „Ko Taoismus"?) in Thailands kristallklaren Gewässern der Golfküste. Das türkisfarbene Wasser zieht Tausende von Besuchern auf die

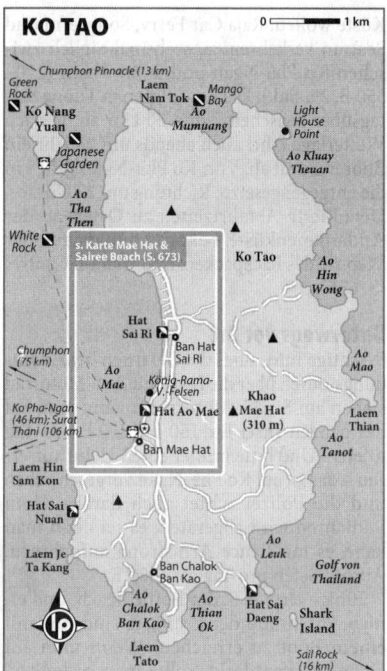

KO TAO

Insel und nicht wenige bleiben ganz hier. Was ist nun das Geheimnis an Ko Taos unstrittigem Reiz? Die Insel ist zwar nur 21 km² groß, weiß aber wie sie es anpacken muss, um für jeden das gewisse Etwas zu bieten; und das im Übermaß: Taucher können sich mit Haien und Rochen zwischen leuchtenden Korallen tummeln. Wanderer und Einsiedler fühlen sich im feuchten Küstendschungel wie in einer Episode von *Lost*. Und wer vom Leben à la Robinson Crusoe genug hat, stürzt sich in die Bar-Szene und feiert bis zum Morgengrauen.

Es ist nun schon viele Jahre her, dass der erste Backpacker auf dieser vom Urwald überwucherten Insel gelandet ist und sie im Namen aller Traveller, die etwas auf sich halten, in Besitz genommen hat. Aber diesem ganz besonderen Club kann man auch heute noch beitreten, denn es wird wohl noch ein paar Jahre dauern bis Bulldozer die einfachen Hütten platt machen und Resorts an ihre Stelle gebaut werden. Auch unterhält man sich hier noch nicht (und das wird wohl auch noch eine Weile so bleiben) über Börsengeschäfte, sondern über die Tiere, die man auf dem letzten Tauchgang gesehen hat.

Orientierung

In Mae Hat auf der Westseite der Insel legen die Fähren an und ab. In diesem Ort gibt's alles, was Touristen brauchen: Reisebüros, Hotels, Tauchshops, Restaurants, Internetcafés und Motorradvermietungen. Der größte Ort auf der Insel ist Sairee Beach (auch Hat Sai Ri genannt) ca. 2 km weiter im Norden. Hier werden dieselben Annehmlichkeiten geboten, wenn auch in größerer Zahl. Chalok Ban Kao an der Südküste ist der drittgrößte Ort der Insel.

Die Küsten im Osten und Norden sind im Verhältnis zur wuseligen Westküste noch ziemlich unerschlossen. Es gibt aber an jeder der kleinen Buchten ein paar Bungalowanlagen. Eine befestigte Straße verbindet die Westküste mit Tanote Bay. Wer die anderen Straßen der Gegend erkunden will, benötigt einen Geländewagen.

Die fast einzige historische Sehenswürdigkeit auf der Insel ist ein großer Felsblock, in den König Rama V. zur Erinnerung an seinen Besuch 1899 seine Initialen eingravieren ließ.

Praktische Informationen

GELD

Bei jedem 7-Eleven auf der Insel gibt's auch Geldautomaten, die rund um die Uhr in Betrieb sind. Am Fähranleger in Mae Hat befinden sich fünf Geldautomaten und eine Wechselstube, eine zweite ist in Sairee bei Choppers. Am Ortsrand von Mae Hat nahe der Post an der Inselhauptstraße gibt's mehrere Banken.

INFOS IM INTERNET

Koh Tao Community (www.kohtao-community.com) Ein Forum mit Infos über alles, was auf der Insel los ist.
Koh Tao Online (www.kohtaoonline.com) Die Online-Version der nützlichen Broschüre *Koh Tao Info*.
Just Koh Tao (www.justkohtao.com) Ein Blog übers Tauchen und Naturschutz.

INTERNETZUGANG

Die Preise betragen im Allgemeinen 2 B pro Minute, mindestens aber 20 B. Wer sich eine Stunde und länger einloggt, bekommt einen Preisnachlass. In Internetcafés, die an ein Reisebüro angeschlossen sind, sind einige für Touristen nützliche Websites geblockt.

MEDIEN

In der überall erhältlichen Broschüre *Koh Tao Info* sind die Geschäfte aufgelistet. Auch er-

fährt man vieles über Geschichte, Kultur und soziale Probleme auf der Insel. *Sabai Jai* ist ein neues Heftchen im Taschenbuchformat mit Themen über Öko-Tourismus.

MEDIZINISCHE VERSORGUNG

Jeder Taucher muss vor dem ersten Tauchgang eine Gesundheitserklärung unterschreiben. Wer Probleme hat, die die Tauchfähigkeit einschränken könnten (dazu gehört auch leichtes Asthma), muss das bei einem Arzt auf Ko Tao checken lassen. Es ist keine schlechte Idee, vor der Abreise einen Arzt aufzusuchen, denn auf der Insel gibt's kein offizielles Krankenhaus und nur wenige qualifizierte Mediziner. Auch sollte man sich vorab vergewissern, ob die Reiseversicherung auch Tauchunfälle abdeckt.

Bangkok Samui Hospital (Karte S. 673; ☎ 0 7742 9500; Hat Sai Ri; ☻ 24 Std. Rufbereitschaft) Kompetente medizinische Hilfe hinter einer großen Glasfassade.

Diver Safety Support (SSS Recompression Chamber Network; Karte S. 673; ☎ 0 7745 6572, 08 1083 0533; kohtao@sssnetwork.com; Mae Hat; ☻ 24 Std. Rufbereitschaft) Provisorische Überdruckkammer und Notfallwagen.

NOTFALL

Polizei (☎ 0 7745 6631) Am Nordende von Mae Hat in Strandnähe.

POST

Post (☎ 0 7745 6170; ☻ Mo–Fr 9–17, Sa 9–12 Uhr) 10 bis 15 Minuten zu Fuß vom Anleger entfernt, an der Kreuzung von Ko Taos Inselhauptstraße und dem Mae Hat Boulevard.

TOURISTENINFORMATION & REISEBÜROS

Auf Ko Tao gibt's kein staatliches TAT-Büro. Verkehrsmittel und Unterkünfte können in den zahlreichen Reisebüros gebucht werden, die aber alle eine Provision für ihre Dienste nehmen.

WÄSCHEREI

Nach ein paar Tauchgängen ist es sicherlich an der Zeit, die Schwimmklamotten zu waschen (vor allem, wenn man sich aus Angst beim Anblick eines Hais „versehentlich" in den Neoprenanzug gemacht hat). Fast alle Bungalowanlagen (und selbst einige Restaurants) bieten einen Wäschedienst an. 1 kg liegt bei 30 B, je näher am Strand, desto höher der Preis (40 B). Die Tauchlehrer können mit Sicherheit auch einen Tipp geben, wo man seine Sachen waschen lassen sollte, denn es

ist in der Vergangenheit schon das eine oder andere gute Stück verloren gegangen. Express-Service kostet meistens 60 B pro 1 kg.

Gefahren & Ärgernisse

Es gibt nichts Ärgerlicheres: Da hat man sich mit Freunden zu einem Tauchkurs angemeldet und kann nicht dran teilnehmen, weil man nach einem Motorradunfall aufgeschrammte Knie hat. Mit Ausnahme der Hauptstraße, die Sairee Beach mit Chalok Ban Kao verbindet, sind die Straßen auf Ko Tao ein Albtraum. Mit dem Moped durch die Gegend zu fahren ist zwar äußerst bequem, aber hier ist sicher nicht der Ort, um die ersten Motorradfahrstunden zu nehmen. Die Schotterwege auf der Insel sind mit unzähligen, abrupt abfallenden Hügeln und plötzlich auftauchenden Sandgruben gespickt. Selbst wer das Motorradabenteuer unbeschadet überstanden hat, bekommt danach vielleicht Ärger mit dem Bike-Shop – denn es wird oft behauptet, dass das Gefährt beschädigt sei, will heißen, dass man dem Kunden zusätzlich Geld aus der Tasche ziehen will.

Aktivitäten
TAUCHEN

Noch nie getaucht? Dann ist Ko Tao *der* Ort, um es zu lernen. Auf der Insel werden mehr Tauchscheine ausgestellt, als irgendwo sonst auf der Welt. Das bedeutet, dass die Preise niedrig sind und die Qualität hoch ist, denn Dutzende von Tauchshops wetteifern um Kunden und Baht. Die flachen Buchten eignen sich hervorragend für Anfänger und deren ersten Unterwassererfahrungen. Mehr als 40 Tauchunternehmen bieten die für Tauchgänge erforderlichen Gerätschaften und dreieinhalbtägige Open-Water-Kurse an. Ja, ja, schon klar: Urlaub und Schulbank – das passt nicht wirklich zusammen, aber der Wettbewerb unter den Tauchschulen ist so stark, dass die Preise für die Zertifikate unschlagbar niedrig sind. Und natürlich ist auch der Service erstklassig.

Es ist also nicht verwunderlich, dass der Unterwassertummelplatz bei Anfängern außerordentlich beliebt geworden ist. Das Wasser ist kristallklar und badewannenwarm. Außerdem gibt's unzählige bunt leuchtende Korallen. Die besten Tauchspots befinden sich in einem Umkreis von 20 km vor der Insel (s. Kasten S. 674). Erfahrene Tauchaholics werden aber wahrscheinlich lieber an der Anda-

manenküste in die Tiefe gehen. Rund um Ko Tao trifft man unter Wasser Zackenbarsche, Muränen, Fledermausfische, Wimpelfische, Barracudas, Riesen-Drückerfische, Kaiserfische, Clownfische (d. h. Nemos), Stechrochen, Riffhaie und natürlich auch die mächtigen Walhaie.

Wer am Pier in Mae Hat ankommt, wird von Schleppern umlagert, die mit dem Satz „Special price for you" („Spezialpreis für Sie") auf Kundenfang sind. Es gibt Dutzende von Tauchzentren auf der Insel, sodass man sich vorher die Namen einiger seriösen Tauchschulen einprägen sollte. Wer ausreichend Zeit hat, tut gut daran, erst mal einige Tage auf der Insel zu verbringen, bevor er sich für eine Tauchschule entscheidet. In dieser Zeit trifft man mit Sicherheit zahllose Taucher und Tauchlehrer, die einem gern mit Rat und Tat beiseite stehen. Man sollte auch nicht vergessen, dass der Erfolg beim Tauchen (vor allem, wenn man noch lernt) in großem Maße davon abhängt, ob man seinen Tauchlehrer mag oder nicht. Es sollte ebenso berücksichtigt werden, wie groß die Tauchgruppen sind und in welchem Zustand die Geräte und Tauchspots sind. Und das ist bestimmt noch nicht alles, was es zu bedenken gilt.

Die Preise fürs Tauchen sind auf der ganzen Insel im Großen und Ganzen gleich – es lohnt sich also gar nicht, nach den günstigsten Angebot zu suchen. Ein **PADI** (www.padi.com) Open Water Kurs kostet 9800 B, ein **SSI** (www.ssithailand.com) Open Water Kurs ist mit 9000 B etwas billiger, da keine Gebühren für Lehrmaterial anfallen. Für ein Advanced Certificates müssen 8500 B, einen Rettungskurs 9500 B und für das Divemaster-Programm schlappe 25 000 B hingelegt werden. Einzelne Tauchgänge kosten 1000 B, die Zehnerkarte gibt's für 7000 B. In diesen Preisen sind Geräte, Boot, Ausbilder und Snacks enthalten. Wer sein eigenes Material mitbringt, bekommt meistens einen Preisnachlass. Vorsicht vor Tauchzentren, die zu viele Rabatte geben wollen – Sicherheit sollte das oberste Gebot sein. Ein Tauchshop, der ungewöhnlich gute Preise anbietet, knappst bestimmt anderswo.

Die meisten Tauchschulen besorgen auch preiswerte (oder sogar kostenlose) Unterkünfte. Von Dezember bis April ist mit vielen Tauchwütigen zu rechnen. Und nach den Vollmondpartys auf Ko Pha-Ngan nimmt die Anzahl der Möchtegerntaucher ebenfalls immer zu.

Die nachstehend genannten Tauchschulen gehören zu den Besten auf der Insel und unterstützen alle die Initiative „Save Koh Tao" (s. S. 675).

Ban's Diving School (Karte S. 673; ☎ 0 7745 6466; www.amazingkohtao.com; Hat Sai Ri) Die ständig größer werdende, gut geschmierte Maschinerie stellt mehr Zertifikate aus als jede andere Tauchschule der Welt. Der theoretische Unterricht findet in relativ großen Gruppen statt, im Wasser wird aber jeder Schüler aufmerksam betreut. Die Vielzahl internationaler Lehrer bedeutet, dass die Schüler in ihrer Muttersprache unterrichtet werden können. Das dazugehörige Resort (S. 677) ist bei Partygängern recht beliebt.

Big Blue Diving (Karte S. 673; ☎ 0 7745 6415; 0 7745 6772; www.bigbluediving.com; Hat Sai Ri) Wenn Goldlöckchen tauchen lernen wollte, dann wahrscheinlich hier. Das mittelgroße Unternehmen (nicht zu groß, nicht zu klein, also genau richtig) verdient besondere Anerkennung wegen der geselligen Atmosphäre, die mit hohem Standard verbunden ist. Taucher jeder Stufe können im dazugehörigen Resort (S. 676) sehr preiswert übernachten.

Buddha View (☎ 0 7745 6074; www.buddhaview -diving.com; Chalok Ban Kao) Auch dieses große Tauchunternehmen bietet zu Standardpreisen Zertifikate und Sonderprogramme für das sogenannte technische Tauchen an (über das normale Maß hinausgehendes Unterwasserabenteuer). In dem netten Resort (S. 678) bekommt man einen Preisnachlass.

Crystal Dive (☎ 0 7745 6107; www.crystaldive. com; Mae Hat) ist die Meryl Streep unter den Tauchunternehmen, d. h. dass dieser Schule alle nur denkbaren Auszeichnungen für die beste Leistung verliehen wurden. Es ist die größte Tauchschule auf der Insel (und der Welt). Die äußerst qualifizierten Lehrer und die kleinen Klassen vermitteln ein recht familiäres Ambiente. Mehrsprachiges Personal, klimatisierte Unterrichtsräume und schuleigene Swimmingpools machen die ganz Sache noch attraktiver. Crystal bietet sowohl in Mae Hat als auch in Sairee (s. S. 678) Unterkünfte an.

New Heaven (☎ 0 7745 6587; www.newheavendive school.com; Chalok Ban Kao) Die Betreiber dieser kleinen Tauchschule widmen einen Großteil ihrer Zeit dem Schutz der natürlichen Schönheiten von Ko Taos Unterwasserwelt. Sie führen regelmäßige Riffchecks durch und unterstützen die Bemühungen, die Riffe instandzusetzen. Momentan leiten sie die „Save Koh Tao"-Gruppe, die sich dem Umweltschutz verschrieben hat. Neben dem normalen Unterrichtsprogramm und den üblichen Tauchgängen wird auch ein spezielles Zertifikat der Coastal Preservation & Development Foundation (CPAD) für Forschungstauchen angeboten.

New Way Diving (Karte S. 673; ☎ 0 7745 6527, 08 60440 0822; www.newwaydiving.com, www.scubadiving kohtao.com; Hat Sai Ri) Die winzige Schule verdankt ihren

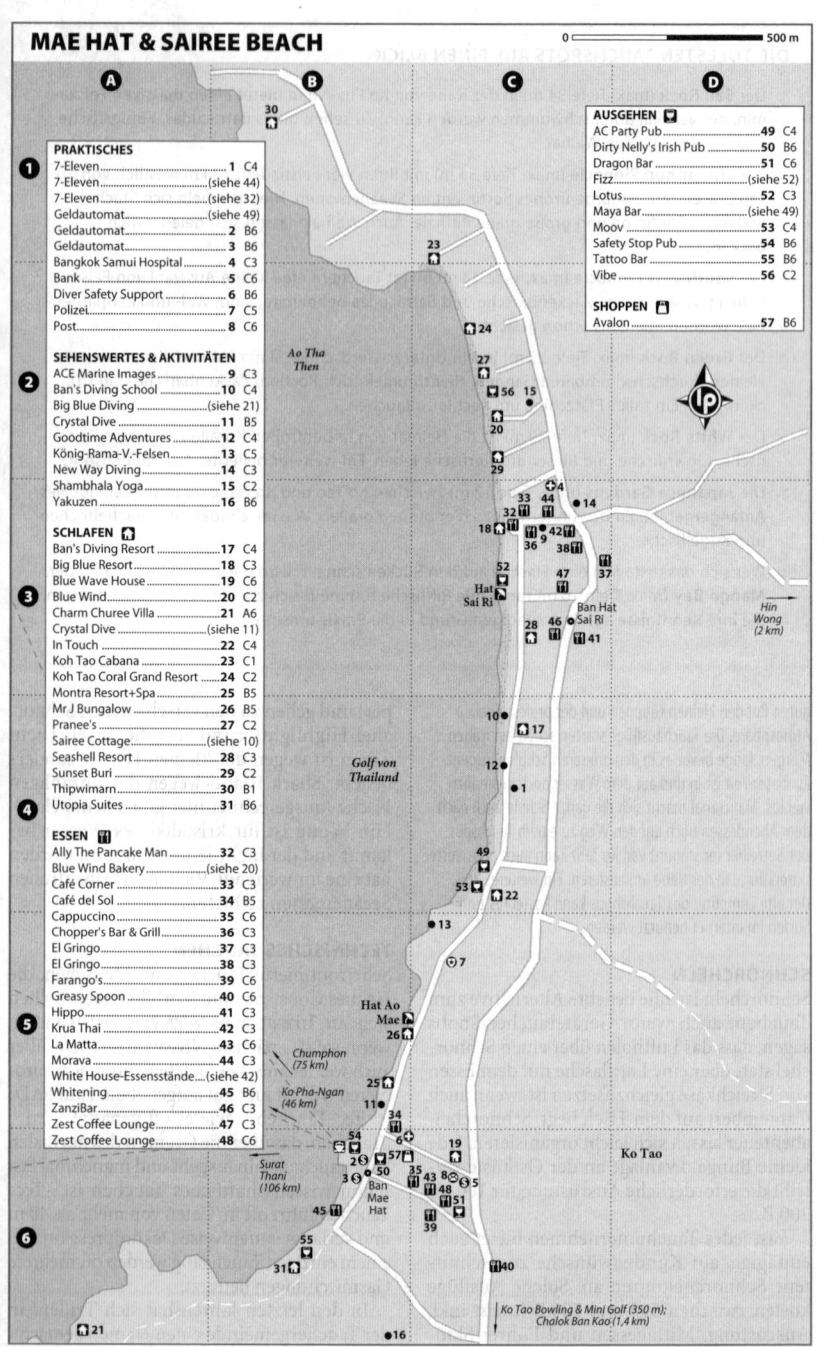

MAE HAT & SAIREE BEACH

0 —— 500 m

PRAKTISCHES
7-Eleven	**1** C4
7-Eleven	(siehe 44)
7-Eleven	(siehe 32)
Geldautomat	(siehe 49)
Geldautomat	**2** B6
Geldautomat	**3** B6
Bangkok Samui Hospital	**4** C3
Bank	**5** C6
Diver Safety Support	**6** B6
Polizei	**7** C5
Post	**8** C6

SEHENSWERTES & AKTIVITÄTEN
ACE Marine Images	**9** C3
Ban's Diving School	**10** C4
Big Blue Diving	(siehe 21)
Crystal Dive	**11** B5
Goodtime Adventures	**12** C4
König-Rama-V.-Felsen	**13** C5
New Way Diving	**14** C3
Shambhala Yoga	**15** C2
Yakuzen	**16** B6

SCHLAFEN
Ban's Diving Resort	**17** C4
Big Blue Resort	**18** C3
Blue Wave House	**19** C6
Blue Wind	**20** B5
Charm Churee Villa	**21** A6
Crystal Dive	(siehe 11)
In Touch	**22** C4
Koh Tao Cabana	**23** C1
Koh Tao Coral Grand Resort	**24** C2
Montra Resort+Spa	**25** B5
Mr J Bungalow	**26** B5
Pranee's	**27** C2
Sairee Cottage	(siehe 10)
Seashell Resort	**28** C3
Sunset Buri	**29** C2
Thipwimarn	**30** B1
Utopia Suites	**31** B6

ESSEN
Ally The Pancake Man	**32** C3
Blue Wind Bakery	(siehe 20)
Café Corner	**33** C3
Café del Sol	**34** B5
Cappuccino	**35** C6
Chopper's Bar & Grill	**36** C3
El Gringo	**37** C3
El Gringo	**38** C3
Farango's	**39** C3
Greasy Spoon	**40** C6
Hippo	**41** C3
Krua Thai	**42** C3
La Matta	**43** C6
Morava	**44** C3
White House-Essensstände	(siehe 42)
Whitening	**45** B6
ZanziBar	**46** C3
Zest Coffee Lounge	**47** C3
Zest Coffee Lounge	**48** C6

AUSGEHEN
AC Party Pub	**49** C4
Dirty Nelly's Irish Pub	**50** B6
Dragon Bar	**51** C6
Fizz	(siehe 52)
Lotus	**52** C3
Maya Bar	(siehe 49)
Moov	**53** C4
Safety Stop Pub	**54** B6
Tattoo Bar	**55** B6
Vibe	**56** C2

SHOPPEN
Avalon	**57** B6

Ao Tha
Then

Ao Tha
Then

Hat
Sai Ri

Ban Hat
Sai Ri

Hin
Wong
(2 km)

Golf von
Thailand

Hat Ao
Mae

Chumphon
(75 km)

Ko-Pha-Ngan
(46 km)

Surat
Thani
(106 km)

Ban
Mae
Hat

Ko Tao

Ko Tao Bowling & Mini Golf (350 m);
Chalok Ban Kao (1,4 km)

DIE SÜDWESTLICHE GOLFREGION

DIE TOLLSTEN TAUCHSPOTS AUF EINEN BLICK

■ Der **Sail Rock** (max. Tiefe 34 m) in der Nähe von Ko Pha-Ngan bietet einen massiven Felskamin, der vertikal durchschwommen werden kann. Zu sehen gibt's Barracudas, Königsfische und ab und zu einen Walhai.

■ Die **Chumphon Pinnacle** (max. Tiefe 36 m) mit ihren vier Felsnadeln 13 km westlich von Ko Tao präsentiert ein farbenfrohes Sortiment an Seeanemonen. Hier tummeln sich Stachelmakrelen, Tunfische und große graue Riffhaie. Auch Walhaie lassen sich gelegentlich blicken.

■ Die **Southwest Pinnacle** (max. Tiefe 33 m) bietet Tauchern eine kleine Auswahl von Felsnadeln, in denen riesige Zackenbarsche und Barracudas beheimatet sind. Wal- und Leopardenhaie wurden ebenfalls schon gesichtet.

■ Der **Green Rock** (max. Tiefe 25 m) ist ein Unterwasserdschungel mit Höhlen, Kammern und kleinen durchschwimmbaren Gängen. Hier tummeln sich Rochen, Zackenbarsche und Drückerfische. Ein tolles Plätzchen, um nachts zu tauchen.

■ Der **White Rock** (max. Tiefe 29 m) ist die Heimat von farbenfrohen Korallen, in denen Kaiserfische, Clownfische und Riesendrückerfische leben. Ein weiterer beliebter Nachttauchspot.

■ Die **Japanese Gardens** (max. Tiefe 12 m) zwischen Ko Tao und Ko Nang Yuan sind ein ideales Anfängergebiet. Zu bewundern gibt's hier bunte Korallen, Wasserschildkröten, Stachelrochen und Kugelfische.

■ Wer sich das erste Mal eine Flasche auf den Rücken schnallt, wird dies wahrscheinlich in der **Mango Bay** (max. Tiefe 16 m) tun. Faule Rifffische tummeln sich zwischen den Tauchnovizen, die ihre Kenntnisse auf dem sandigen Grund in die Praxis umsetzen.

guten Ruf den kleinen Gruppen und der professionellen Atmosphäre. Die Tauchausflüge starten schon am frühen Morgen, lange bevor es in den größeren Schulen losgeht. Zu dieser Zeit ist in und auf dem Wasser noch nicht allzu viel los. Manchmal macht sich die ganze Schule auch nach dem Abendessen noch auf den Weg zu einem Tauchspot. Der Betreiber (er stammt von Ko Tao) kann auch preiswerte Unterkünfte in der Nähe organisieren. Ein weiteres Plus: Der alte Computer des Tauchshops kann kostenlos zum Surfen im Internet benutzt werden.

SCHNORCHELN

Schnorcheln ist eine beliebte Alternative zum Tauchen, auch wenn Gerätetaucher-Snobs sagen, dass das Luftholen über einen Schnorchel statt über eine Luftflasche mit dem Essen von Streichkäse gleichzusetzen ist, wenn auch Camembert auf dem Tisch liegt. Schnorchelabenteuer lassen sich leicht organisieren. Jede kleine Bungalowanlage an der Ostküste verleiht die erforderliche Ausrüstung für 100 bis 200 B.

Fast jedes Tauchunternehmen bietet auch eintägige, auf Kundenwünsche zugeschnittene Schnorcheltouren an. Solche Ausflüge kosten zwischen 500 und 700 B (meist inkl. Ausrüstung, Mittagessen und Führer/Skipper) und gehen zu den verschiedenen Schnorchel-Highlights rund um die Insel. Laem Thian ist wegen der kleinen Haie besonders beliebt, Shark Island wegen der unzähligen Fische (ausgerechnet hier gibt's keine Haie). Hin Wong ist für kristallklares Wasser bekannt und der Light House Point im Norden hat eine umwerfende Vielfalt an farbenfrohen Seeanemonen zu bieten.

TECHNISCHES TAUCHEN

Sehr routinierte Taucher und Menschen, die Jacques Cousteau zum Vorbild haben, sollten sich an **Trident** (www.techthailand.com) wenden, wenn sie das nächste Niveau anstreben. Aber auch wer technisches Tauchen nur mal ausprobieren will, ist hier gut aufgehoben. Laut PADI ist Tec-Tauchen – wie es so oft genannt wird – „Tauchen, das über die Grenzen des normalen Sporttauchens hinausgeht und manchmal fast schon wissenschaftliches Tauchen ist". Tec-Tauchen führt oft in Tiefen von mehr als 40 m und verlangt stufenweise Dekompression. Bei einem einzigen Tauchgang werden oft mehrere Gasmischungen benutzt.

In den letzten Jahren hat sich Trident in der Tauchergemeinde einen Namen gemacht,

denn sie haben Dutzende von bis dahin unentdeckten Wracks im Golf von Thailand ausfindig gemacht. Die bekannteste Neuentdeckung ist die USS *Lagarto*, ein amerikanisches Kriegsschiff, das im Zweiten Weltkrieg gesunken ist. Der Golf stellte lange Zeit eine bedeutende Handelsroute dar und es werden ständig neue Wracks entdeckt – von alten chinesischen mit Keramik beladenen Wracks bis hin zu japanischen *marus* (Handelsschiffe).

Samstags bietet Buddha View (S. 672) eine kostenlose Einführung in die Welt des Tec-Tauchens an. Am „Wrack-Mittwoch" kann man sich mit Trident in die Tiefe stürzen.

UNTERWASSERFOTOS & -VIDEOS
Wer eine mit PADI-Zertifikaten gefüllte Brieftasche hat, kann **ACE Marine Images** (Karte S. 673; ☎ 0 7745 7054; www.acemarineimages.com; Sairee Beach), eines der führenden Studios für Unterwasservideoaufnahmen in Thailand, einen Besuch abstatten. Viele Gerätetauchschulen heuern Profi-Filmer an, die bei den Open-Water-Prüfungen Videos machen. Wer sich dafür interessiert, sollte hier an einem Unterwasservideo- oder -fotokurs teilnehmen. Der interaktive Kurs besteht aus acht Tauchgängen (30 000 B) und Einzelunterricht im Schneideraum – am Ende gibt's ein Zertifikat. Wer im wahrsten Sinne des Wortes tiefer in die Materie eintauchen will, kann ein Praktikum absolvieren. Die ACE-Belegschaft bietet noch viele andere Projekte an, wie das Auffinden und Identifizieren von Walhaien und einen speziellen Foto-Workshop in der Zwischensaison. Weitere Infos gibt's auf der Website. Man kann sich der Gruppe auch über Facebook anschließen.

WELLNESS
Nach all der Liebäugelei mit Haien hat man wohlmöglich Rückenschmerzen. Was gibt es da Besseres als „Après"-Wellness? (Hier ist jedoch Vorsicht geboten: Eine Massage unmittelbar nach einem Tauchgang kann gefährlich sein, denn die Stickstoffreste werden durch den ganzen Körper gedrückt). Wer mehr als 2500 B für den Bungalow bezahlt, kann wahrscheinlich die in der Unterkunft angebotenen Spa-Angebote kostenlos nutzen. Aber auch für Budgettraveller, die sich verwöhnen lassen wollen, gibt es mehr als genug Orte, an denen sie ihre Baht los werden können.

Jamahkiri Resort & Spa (☎ 0 7745 6400/1; www.jamahkiri.com), hoch oben auf einem Gipfel der Insel, bietet Aloe-Vera-Packungen (hervorragend gegen Sonnenbrand), Massagen und kosmetische Gesichtsbehandlungen an – anrufen, um den Transport zu organisieren oder einfach im Laden mit der Holzfront in der Nähe der Mae Hat Anlegestelle vorbeischauen.

Charm Churee Villa (Karte S. 673; ☎ 0 7745 6393; www.charmchureevilla.com; Mae Hat) Verjüngungskuren in balinesischem Dekor. Die Villa steht dicht am Wasser an einem schroffen Felsabhang.

Yakuzen (☎ 0 7745 6229, 08 4837 3385; Mae Hat; ☽ 17–22 Uhr, Mi geschl.) Das japanische Badehaus in Mae Hat und die einzigartige Form des Relaxens sind mal was Anderes. 60 Minuten baden kostet 700 B.

YOGA
Das **Shambhala** (Karte S. 673; ☎ 08 4440 6755), Ko Taos einziges Fulltime-Yogazentrum, ist in einem schönen *säh·lah* aus Holz auf dem waldigen Gelände des Blue Wind (s. S. 676) in Sairee Beach untergebracht. Die zweistündigen, von Kester, einem sehr dynamischen Yogi, geleiteten Sitzungen kosten 300 B.

NOCH MEHR AKTIVITÄTEN
Auf Ko Tao dreht sich in puncto Aktivitäten so ziemlich alles ums Wasser. Das freundliche Team von **Goodtime Adventures** (Karte S. 673; ☎ 08 7275 3604; www.gtadventures.com; Sairee Beach; ☽ 12–24 Uhr) bietet aber auch Aktivitäten an Land an, die das Blut in Wallung bringen: Wanderungen durch den Dschungel im Hinterland, Kletter- und Abseiltouren oder tollkühnes Kliffspringen am Nachmittag.

Ko Tao Bowling & Mini Golf (außerhalb der Karte S. 673; ☎ 0 7745 6316; ☽ 12–24 Uhr) An der Hauptstraße zwischen Mae Hat und Chalok Ban Kao. Selbst gezimmerte Bahnen, nach jedem Durchgang stellt das Personal die Kegel wieder auf (300 B/Std.). Es gibt auch einen Minigolfplatz mit 18 Bahnen, dessen Thema „berühmte Wahrzeichen" lautet – so muss der Ball z. B. durch Stonehenge oder über die Golden Gate Bridge ins Loch befördert werden.

Freiwilligenarbeit
Die von der Tauchschule New Heaven (S. 672) ins Leben gerufene **Save Koh Tao Group** (☎ 0 7745 7045; www.marineconservationkohtao.com) ist eine Initiative, die es sich zur Aufgabe gemacht hat, die Insel so ursprünglich wie nur möglich zu erhalten und einen umweltverträglichen Tourismus zu fördern. Es gibt zwar kein strukturiertes Freiwilligenprogramm, aber

dafür immer Projekte, die sowohl an Land als auch auf dem Wasser eine helfende Hand gebrauchen können. Save Koh Taos wichtigstes Projekt ist der Biorock, ein künstliches Riff, das vor der Landzunge am Nordzipfel von Sairee Beach angelegt wurde. Details s. Kasten S. 677.

Der **Secret Garden** (www.secretgarden-kohtao.com) bietet Arbeitsmöglichkeiten für Traveller, die an Naturschutz- und Bildungsprogrammen interessiert sind. Zu den Naturschutzprojekten gehören Aufräumungsarbeiten an den Stränden, Initiativen zur Erosionsvermeidung und Schutz der Wasserwelt. Englische Muttersprachler können sich als Lehrer betätigen und den Inselkindern Englisch beibringen oder beim jährlich stattfindenden Sommercamp aushelfen. Wer mehr über Freiwilligenarbeit erfahren möchte, kann direkt mit Secret Garden über die Website Kontakt aufnehmen.

Die regelmäßigen Strandaufräumaktionen ziehen viele Freiwillige an. Wer an einer Mitarbeit Interesse hat, kann man sich an Crystal Dive (S. 672) in Mae Hat, Big Blue (S. 672) in Sairee Beach, New Heaven (S. 672) in Chalok Ban Kao und Black Tip (S. 680) in Tanote Bay wenden.

Mehr über Freiwilligenarbeit in Thailand steht auf S. 51 und S. 56.

Schlafen

Wer beabsichtigt, während des Aufenthalts auf Ko Tao zu tauchen, sollte sich bei der jeweiligen Tauchschule nach einer Bleibe erkundigen. Sie bieten als kleines Surplus oft vergünstigte Unterkünfte an. Ein paar Schulen verfügen auch über eigene Zimmer oder haben mit nahegelegenen Bungalowanlagen eine Vereinbarung geschlossen. Aber Achtung, den Nachlass in Zusammenhang mit der Taucherei gibt's nur an den Tagen, an denen man auch wirklich taucht. Wer sich beispielsweise eine Karte für zehn Tauchgänge kauft und zwischendurch einen Tag blau macht, bekommt für diesen Tag keinen Rabatt. Auch ist guter Schlaf vor einem Tag unter Wasser wichtig. Man sollte sich die „tollen Zimmerschnäppchen" also vorher etwas genauer ansehen, denn einige sind wirklich das Grauen.

Viele Hotels haben absolut nichts mit der auf der Insel herrschenden Tauchkultur zu tun. An den einsamen Buchten an Ko Taos Ostküste gibt's noch immer atemberaubende Unterkünfte, die zwar wirklich Abgeschiedenheit bieten, aber wegen der desolaten Infrastruktur nicht immer leicht zu erreichen sind. Wer vorher anruft, kann in der Regel eine Abholung am Pier vereinbaren.

SAIREE BEACH (HAT SAI RI)

Der gigantische Sairee Beach ist der längste und erschlossenste Strand auf der Insel mit einer Reihe von Tauchshops, Bungalows, Reisebüros, kleinen Supermärkten und Internetcafés. Der schmale „Gelbe Ziegelsteinweg" führt den ganzen Strand entlang (Achtung: Motorräder!).

Budgetunterkünfte

Blue Wind (Karte S. 673; ☎ 0 7745 6116, 0 7745 6015; bluewind_wa@yahoo.com; Bungalows 300–900 B; 🕸) Das Blue Wind liegt versteckt zwischen großen Hotelanlagen und vermittelt den frischen Wind von erstklassigen Tauchresorts am Sairee Beach. Die robusten Bambushütten reihen sich an einem Schotterweg hinter der Strand-Bäckerei aneinander. Es gibt auch große, gefliese Hütten mit Klimaanlage und warmen Duschen und TV.

Big Blue Resort (Karte S. 673; ☎ 0 7745 6050; www.bigbluediving.com; Zi. 200–1000 B; 🕸 🖥) In diesem Resort für Taucher herrscht eine Atmosphäre wie in einem Sommercamp. Tagsüber dreht sich alles ums Tauchen, abends wird gemeinsam gegessen oder man sitzt gesellig am Feuer beisammen. Weder von den einfachen Bungalows mit Ventilator noch von den motelartigen Zimmern mit Klimaanlage hat man einen schönen Blick, aber wer hat schon Zeit zum Relaxen, wenn das Meer entdeckt werden will.

In Touch (Karte S. 673; ☎ 0 7745 6514; Bungalows 500–1200 B) Die älteren Bungalows sind ein Mischmasch aus Bambus und dunklem Holz. Die rundlichen Zimmer mit Klimaanlage sind höhlenartig gestaltet und erinnern sehr an die Unterkunft der Familie Feuerstein. Allerdings wurde der Elefantenrüssel durch Duschköpfe ersetzt.

Sairee Cottage (Karte S. 673; ☎ 0 7745 6126, 0 7745 6374; saireecottage@hotmail.com; Bungalows 400–1500 B; 🕸) Die klimatisierten Bungalows sind kaum zu übersehen, denn sie sind in verschiedenen fuchsienfarbenen Nuancen gestrichen. Diese Unterkunft ist oft ausgebucht – wen wundert's bei den Preisen. Wer eine der Backsteinhütten auf der grünen Anhöhe ergattern will, sollte früh eintreffen.

Mittelklassehotels

Pranee's (Karte S. 673; ☎ 0 7745 6080; Bungalows 500–2000 B) Ordentliche Budgetbungalows mit Holz- und Rattanwänden stehen im Schatten von Kokospalmen. Die neuen klimatisierten Unterkünfte sind ein wenig reizvoller Mix aus weißen und blauen Bungalows, von denen einige noch richtig neu riechen.

Ban's Diving Resort (Karte S. 673; ☎ 0 7745 6466, 0 7745 6061; www.amazingkohtao.com; Zi. 400–3000 B; ❄ ▯ 🏊) Party-Palast für Taucher mit vielen unterschiedlichen Unterkünften. Das Angebot reicht von einfachen Backpackerhütten bis hin zu schicken Villen am Berghang. Die Chill-Sessions nach einem Tag unter Wasser finden an dem tollen Strandabschnitt des Ban's oder an einem der beiden Pools mitten im Dschungel zwischen den beiden motelartigen Häusern statt. Die Abende verbringt man an der Bar, wo internationale Speisen serviert werden und der Alkohol in Strömen fließt.

Seashell Resort (Karte S. 673; ☎ 0 7745 6299; www.seashell-resort.com; Bungalows 450–3800 B; ❄) Einige Bungalows haben Veranden mit Blick aufs Meer (eine Seltenheit in Sairee). Andere wiederum stehen in dem gepflegten, mit bunten Pflanzen und Palmen geschmückten Garten. Im Seashell sind Taucher und Nichttaucher gleichermaßen gern gesehen.

Sunset Buri Resort (Karte S. 673; ☎ 0 7745 6266; Bungalows 700–2500 B; ❄ ▯ 🏊) An dem langen Weg am Strand stehen wunderschöne weiße Bungalows mit riesigen Fenstern und tempelartigen Dächern. Der Pool in Nierenform und die überall im Resort herumstehenden Strandliegen sind der Hit.

Spitzenklassehotels

Ko Tao Cabana (Karte S. 673; ☎ 0 7745 6250; www.kohtaocabana.com; Bungalows 3000–6300 B; ❄) Die Fachwerkvillen und die weißen Lehmhütten dieser erstklassigen Anlage am Strand stehen verstreut zwischen Felsbrocken. Dekorative Kleinigkeiten schmücken die farbenfrohen Bungalows. Wer in den nicht überdachten Bädern duscht, wird von unanständig grinsenden Steinwichteln beobachtet.

Koh Tao Coral Grand Resort (Karte S. 673; ☎ 0 7745 6431; www.kohtaocoral.com; Bungalows 3200–4500 B; ❄ 🏊) Die vielen pinkfarbenen Fassaden dieser familienfreundlichen Unterkunft erwecken ein wenig das Gefühl, etwas thailändischer Strandhaus sei direkt Barbies Träumen entsprungen. Innen sind die mit weißen Balken geschmückten Bungalows in fröhlichen

> **BIOROCK**
>
> Nach dem Erfolg eines kleinen Pilotprojekts vor der Ostküste der Insel hat die Save Koh Tao Group (S. 675) im Golf von Thailand den größten „Biorock" (d. h. ein künstliches Riff) in der Wasserstraße zwischen Ko Tao und der kleinen Insel Ko Nangyuan angelegt. Das gewaltige Gitterwerk, durch das ein sehr schwacher Strom fließt, um Fische und Korallen anzulocken, misst fast 1 km² und dient im Wesentlichen als Übungsrevier für Tauchanfänger.

Grundfarben gehalten. Die teureren Unterkünfte sind edel im Thaistil eingerichtet, haben glänzende, dunkle Zierleisten und mit Blattgold verzierte Kunstwerke. Die Gäste können an vielen Aktivitäten wie Angeln, Wandern und Trekken, Kajak- und Bootfahren teilnehmen. Aber oft ist es einfach zu schwer, sich von dem lockeren Resort und dem großen Pool am Meer loszureißen.

Thipwimarn (Karte S. 673; ☎ 0 7745 6409; www.thipwimarnresort.com; Bungalows 3100–4900 B; ❄ 🏊) Das Thipwimarn befindet sich nördlich der Action am Sairee an einem abgelegenen Küstenabschnitt. Von hier hat man einen schönen Blick über das ruhige, kristallklare Meer. In dem kreisrunden Restaurant mit prächtiger Aussicht werden die Speisen in intimer Atmosphäre an niedrigen Tischen serviert. Schöne Bungalows stehen verstreut zwischen Felsen und Grün am Hang. Sie sind über unzählige Stufen miteinander verbunden.

MAE HAT (HAT AO MAE)

Alle Fähren kommen am Pier im wuseligen Mae Hat an. Das Dorf ist mit Unterkünften übersät, die besten Optionen befinden sich am Sandstrand nördlich und südlich des Orts.

Nördlich des Piers

Mr. J Bungalow (☎ 0 7745 6066, 0 7745 6349; Bungalows 250–1000 B) Auch wenn Mr. J gelegentlich versucht, 50 B für seine Visitenkarte zu verlangen, so lohnt sich der Besuch hier trotzdem. Der exzentrische Betreiber verwickelt seine Gäste in philosophische Gespräche und versucht dabei, seine einfachen Bungalows anzupreisen. Wer ein paar besonders verschrobene Mutmaßungen hören will, sollte ihn fragen, was er von Reinkarnation hält.

Crystal Dive (☎ 0 7745 6107; www.crystaldive.com; Bungalows 800–1500 B; ❄ ☎ ☎) Die Bungalows und motelartigen Unterkünfte des Crystal sind für Taucher bestimmt. Kursteilnehmer zahlen erheblich weniger für die Übernachtung. Die Gäste können sich im Pool abkühlen – wenn es in ihm nicht gerade an allen Ecken und Kanten blubbert, weil sich Tauchanfänger darin tummeln. Zum Zeitpunkt der Recherchen wurden gerade neue, schickere Unterkünfte gebaut.

Blue Wave House (☎ 0 7745 6287; Zi. 1000/10 000 B pro Nacht/Monat; ❄) Wer von Ko Taos Tauchatmosphäre süchtig geworden ist und daran denkt, für immer auf der Insel zu bleiben, ist hier richtig. Die ordentlichen Zimmer mitten im Dorf Mae Hat sind eine gute Wahl, wenn man einen ganzen Monat bleiben will.

Montra Resort & Spa (☎ 0 7745 7057; www.kohtao montra.com; Zi. ab 3500 B; ❄ ☐ ☎) Mae Hats Neuling ist eine vornehme Unterkunft mit allem, was an modernem Schnickschnack dazugehört. Das Gebäude ist im Vergleich zu den bescheidenen Bungalows der benachbarten Resorts ziemlich imposant.

Südlich des Piers

Utopia Suites (☎ 0 7745 6729, 0 7745 6672; Zi./Suite ab 600/2000 B, ab 20 000 B/Monat) Das Utopia befindet sich in dem bezaubernden Fischerdorf und ist nur wenige Schritte vom Pier entfernt. Die apartmentartigen Unterkünfte sind ideal für Familien und Kleingruppen. Wer länger bleiben will, sollte nach einem Rabatt fragen.

LP Tipp **Charm Churee Villa** (☎ 0 7745 6393; www. charmchureevilla.com; Bungalows 3200–12 200 B; ❄ ☐ ☎) Die prächtigen Villen des Charm Churee verstecken sich unter hoch in den Himmel ragenden Palmen und sind mit extravaganten Details aus Fernost geschmückt. Goldfarbene orientalische Halbgötter stehen überall in verschiedensten Posen herum. Ihre leuchtenden Augen sind wie in Zen-Trance erstarrt. In Felsen gemeißelte Stufen führen den mit Palmen bestandenen Abhang hinunter und zu den verstreut herumstehenden Teakholzhütten. Der freie Blick auf das rauschende, indigoblaue Meer ist einfach ein Traum.

Die folgenden Unterkünfte liegen etwas weiter südlich und sind schnell mit einem Taxiboot zu erreichen.

Sai Thong Resort (☎ 0 7745 6868; www.saithong-re sort.com; Bungalows 300–2500 B; ❄ ☐ ☎) Wenn Mae Hat am Südwestufer langsam verschwindet, taucht das Sai Thong am sandigen Hat Sai Nuan auf. Die Bam-

bus- und Holzbungalows haben farbenfrohe Veranden mit Hängematten und Blick auf ein Palmenmeer. Nicht nur die Gäste, auch die Einheimischen lieben die Sonnenterrasse und das relaxte Ambiente.

Tao Thong Villa (☎ 0 7745 6078; Bungalows ab 500 B) Bei Langzeiturlaubern, die Ruhe und Frieden suchen, sehr beliebte Unterkunft. Die funkigen Bungalows ohne jeden Schnickschnack bieten einen atemberaubenden Blick. Das Tao Thong erstreckt sich an zwei winzigen Stränden eines zerklüfteten Kaps und liegt ziemlich genau in der Mitte von Mae Hat und Chalok Ban Kao. Die beiden benachbarten Badestellen sind perfekt geeignet für einen Nachmittag als Einsiedler.

CHALOK BAN KAO

Ao Chalok Ban Kao, die drittgrößte Ansammlung von Unterkünften auf Ko Tao, liegt entlang der Straße ca. 1,7 km südlich von Mae Hat. Es kann hier aber ziemlich überlaufen wirken, da der Strand bedeutend kleiner ist als der von Sairee und Mae Hat. Der Strand selbst ist nicht der Allerbeste, da er bei Ebbe oft matschig ist.

Budgetunterkünfte

Buddha View Dive Resort (☎ 0 7745 6074; www.buddha view-diving.com; Zi. 300–1500 B; ❄) Das Buddha View bietet Tauchern, genau wie die anderen großen Tauchveranstalter auf der Insel verbilligte Unterkünfte in supergeselliger Atmosphäre an. Wer länger bleiben möchte, sollte sich nach dem „Divers Village" auf der gegenüberliegenden Straßenseite erkundigen, wo es einfache Unterkünfte für etwa 4000 B pro Monat gibt.

Tropicana (☎ 0 7745 6167; www.koh-tao-tropicana -resort.com; Zi. ab 400 B) Wenn es um gute Budgetunterkünfte geht, setzt das Tropicana noch eins drauf. Von den niedrigen, in einem Garten verstreuten Hoteleinheiten kann man hier und da einen Blick durch die Palmenwedel auf das Meer ergattern.

JP Resort (☎ 0 7745 6099; Bungalows 400–700 B) Das kleine preiswerte Resort bietet eine farbenfrohe Sammlung pedantisch sauberer Zimmer im Motelstil. Sie stehen mitten in einem kleinen Dschungel auf der dem Meer abgewandten Seite der Küstenstraße. Die sonnendurchfluteten Zimmer haben glänzende, pastellfarbene Linoleumböden. Viele der gefliesten Bäder wurden kürzlich renoviert.

Freedom Beach (☎ 0 7745 6596; Bungalows 400–1500 B) Das Freedom mit seinem eigenen, abgelegenen Strand am Ostende der Ao Chalok Ban Kao hat etwas von einer klassischen Back-

packerbleibe, obwohl es hier verschiedenartigste Unterkünfte für verschieden große Geldbeutel gibt. Die wie eine Perlenkette aufgereihten Bungalows (von Bretterbuden bis hin zu rustikalen Hütten mit Klimaanlage) stehen zwischen der luftigen Bar am Wasser und dem Resort-Restaurant hoch oben auf den Klippen.

Mittelklasse- & Spitzenklassehotels

New Heaven Resort (☎ 0 7745 6422; newheavenresort@ yahoo.co.th; Zi. & Bungalows 1200–3900 B) Direkt hinter dem Durcheinander an der Ao Chalok Ban Kao bietet das New Heaven farbenfrohe Hütten mit Blick auf das unglaublich klare Wasser. Ein steiler Steinweg führt den mit Sträuchern bewachsenen Fels hinunter. Der Blick, der sich immer wieder auftut, könnte gut und gerne einer Seite des *National Geographic* entsprungen sein.

Ko Tao Resort (☎ 0 7745 6133; www.kotaoresort.com; Zi. & Bungalows 1600–3000 B; 🖾 🖳 🖭) Der Eingang sieht aus, als stamme er aus einer Zeit, in der Geschmack und Architektur nichts miteinander zu tun hatten (vielleicht aus den 1970er-Jahren?). Die Einrichtungen selbst entsprechen aber denen eines echten Resorts. Die Zimmer sind gut ausgestattet und für Wassersportaktivitäten ist ebenfalls gesorgt. Es gibt mehrere Bars, an denen fruchtige Cocktails gemixt werden.

Chintakiri Resort (☎ 0 7745 6133; www.chintakiri. com; Zi. & Bungalows 2900–4000 B; 🖾 🖳 🖭) Hoch oben über dem Golf mit Blick auf Chalok Ban Kao steht das Chintakiri – das klingt doch irgendwie fast wie das Spitzenklassehotel Jamahkiri. Es ist Ko Taos neueste Luxuserrungenschaft, die die Insel auf ihrem heimlichen Weg in die gehobene Preisklasse begleitet. Die im grünen Dschungel verteilten Zimmer haben schneeweiße, glänzende Wände.

STRÄNDE AN DER OSTKÜSTE

Die heitere Ostküste ist zweifellos eine der besten Gegenden, um seine Inselfantasien im Paradies auszuleben. Der Blick ist umwerfend, die Strände sind ruhig, für das leibliche Wohl bekommt man alles in nur zehn Minuten Entfernung. Die folgenden Unterkünfte sind in Nord-Süd-Richtung aufgeführt.

Hin Wong

Hier gibt's eine Felsenküste statt eines Sandstrands, aber das Wasser ist kristallklar. Die Straße nach Hin Wong ist zwar teilweise geteert, aber unerwartete Sandgruben und steil ansteigende Hügel können schnell dazu führen, dass man vom Motorrad geschleudert wird.

Hin Wong Bungalows (☎ 0 7745 6006, 08 1229 4810; Bungalows ab 300 B) Nette Holzhütten auf einem wilden, tropischen Gelände – fast wie auf *Gilligans Insel* (allerdings ohne die millionenschweren Schiffbrüchigen). Auf der anderen Seite des luftigen Restaurants befindet sich ein klappriges Deck. Genau der richtige Ort, die Seele baumeln zu lassen und die Sardinenschwärme dabei beobachten, wie sie durch das himmelblaue Wasser gleiten.

View Rock (☎ 0 7745 6548/9; viewrock@hotmail.com; Bungalows 300–400 B) Wenn man über die Schotterstraße nach Hin Wong kommt, einfach von den Hin Wong Bungalows aus den Schildern in Richtung Norden (links) folgen. View Rock hält, was der Name verspricht: Ausblicke und Felsen. Das Durcheinander von Holzhütten erinnert an ein abgelegenes Fischerdorf. Die Anlage befindet sich auf einer steilen Klippe, von der aus man einen genialen Blick über die Bucht hat.

Laem Thian

Laem Thian ist ein malerisches Kap mit einem kleinen Fleckchen Sand.

Laem Thian (☎ 0 7745 6477; Zi. & Bungalows 400–1500 B; 🖾) Dieses Resort fernab der Zivilisation in einem üppigen Dschungel mit vielen kleinen Felsblöcken ist die einzige Unterkunft am Laem Thian. Die modernen Zimmer machen einen etwas besseren Eindruck als die Bungalows. Von außen ist das Ganze aber eher hässlich. Die Straße hierher ist sehr schlecht. Wer vorher anruft, wird abgeholt.

Tanote Bay (Ao Tanot)

In der Tanote Bay ist etwas mehr los als in einigen der anderen Buchten an der Ostküste, aber trotzdem ist's noch ruhig und malerisch. Sie ist die einzige Bucht an der Ostküste, die über eine gepflasterte Straße zu erreichen ist. Preiswerte Taxis (80–100 B) fahren ständig zwischen Tanote Bay und Mae Hat hin und her. In der Unterkunft über den Fahrplan und den genauen Preis informieren.

Poseidon (☎ 0 7745 6735; poseidonkohtao@hotmail. com; Bungalows ab 300 B) Das Poseidon bewahrt die Tradition preiswerter Bambusbungalows gepaart mit einem Dutzend supereinfacher Hütten am Strand, die nur mit einer Matratze ausgestattet sind.

Bamboo Huts (☎ 0 7745 6531; Bungalows 300–500 B) Mitten in der Tanote Bay bietet das Bamboo auf rauen Felsenblöcken die üblichen preiswerten Bungalows für Pfennigfuchser. In dem geselligen Restaurant kann zwischen thailändischen und westlichen Gerichten gewählt werden.

Diamond Beach (☎ 0 7745 6591; Bungalows 300–1100 B; 🌶) Die Strandhütten stehen tatsächlich im Sand von Ao Tanot. Es gibt mehrere verschiedene Bungalowtypen und natürlich auch welche für kleine Geldbörsen.

Black Tip Dive Resort (☎ 0 7745 6488; www.black tip-kohtao.com; Bungalows 600–2800 B; 🌶 🖵) Als Teil eines Tauchshops und Wassersportzentrums vermietet das Black Tip eine Handvoll hübscher Bungalows mit Strohdächern. Das Tauchzentrum hat ein sonderbares, weißes Lehmziegeldesign mit seltsamen geometrischen Strukturen. Wer an einem Tauchkurs teilnimmt, bekommt einen Nachlass von 50 %, wer nur aus „Spaß an der Freude taucht", kommt immerhin noch in den Genuss von 25 % Rabatt.

Ao Leuk & Ao Thian Ok

Die Schotterstraßen nach Ao Leuk und Ao Thian Ok werden besonders gegen Ende immer steiler, holperiger und furchiger. Hier sollten sich nur Profis aufs Motorrad setzen. Beide Buchten sind wirklich fantastisch.

Ao Leuk Bungalows (☎ 0 7745 6692; Bungalows 400–1500 B) Die Unterkünfte des Ao Leuk kommen in verschiedenen Formen und Größen daher. Hier gibt es alles: Backpacker-Hütten genauso wie moderne, familienfreundliche Optionen. Flackernde Fackeln und das Gezirpe von neugierigen Zikaden verleihen den tiefschwarzen Nächten hier ein gewisses Etwas.

Jamahkiri Resort & Spa (☎ 0 7745 6400; www.ja mahkiri.com; Bungalows 6900–13 900 B) Das extravagante Dekor in dieser weiß getünchten Anlage ist entscheidend von Stammessymbolik geprägt. Hölzerne Wasserspeiermasken und steinerne Fruchtbarkeitsgöttinnen inmitten von geschwungenen Mosaiken und mehrarmigen Statuen. Wilde Affenrufe bestätigen das allumfassende Dschungelthema, wozu natürlich auch Strohdächer und Abendgesellschaften unter Tiki-Hütten gehören. Die anscheinend nie enden wollenden Treppen können schon etwas anstrengend sein. Daher ist es eine gute Sache, dass sich Ko Taos luxuriösestes Spa genau in diesem Resort befindet (S. 675).

NORDKÜSTE

In dieser abgeschiedenen, felsigen Bucht gibt's eine Übernachtungsmöglichkeit in grandioser Lage auf mit Felsblöcken übersäten Hügeln mitten zwischen Dschungelpflanzen.

Mango Bay Grand Resort (☎ 0 7745 6097; www. mangobaygrandresortkohtaothailand.com; Bungalows 1400–3000 B; 🌶) Die geräumigen Bungalows aus Mahagoni stehen auf Stelzen hoch über den aschfarbenen Felsbrocken, die die Bucht umsäumen. Schmale, mit Mosaiken geschmückte Wege schlängeln sich durch tropisches Gebüsch und verbinden die einzelnen Villen miteinander.

KO NANG YUAN

Das fotogene Inselchen Ko Nang Yuan vor Ko Tao ist leicht mit dem Lomprayah-Katamaran oder mit Wassertaxis von Mae Hat und Sairee aus zu erreichen.

Ko Nangyuan Dive Resort (☎ 0 7745 6088, 0 7745 6093; www.nangyuan.com; Bungalows 1500–7000 B; 🌶) Obwohl die obligatorischen 100 B beim Betreten der Insel alles andere als einladend sind (wie auch die 100 B fürs Wassertaxi, einfache Strecke), ist das Nangyuan Dive dennoch ein bezauberndes Plätzchen. Die bunte Sammlung von Holz- und Alubungalows steht auf drei konischen Inseln, die über eine idyllische, beigefarbene Sandbank miteinander verbunden sind. Zu dem Resort gehört außerdem auch noch das beste Restaurant der Insel … es ist das Einzige.

Essen

Man mag es kaum glauben, aber die malerische, kleine Insel Ko Tao steht in puncto Gastronomie in echter Konkurrenz zu dem großen Samui. Die meisten Resorts haben ihre eigenen Restaurants und in Sairee Beach und Mae Hat schießen Restaurants wie Pilze aus dem Boden. Die vielen Taucher unterschiedlicher Nationalitäten haben für ein internationales Angebot gesorgt, sodass mexikanische, französische, italienische, indische und japanische Restaurants nichts Besonderes sind. Auf der Suche nach dem leckersten Thairestaurant auf der Insel wird man feststellen, dass die besten Speisen in den kleinen, namenlosen Restaurants am Straßenrand serviert werden. Wen wundert's?

SAIREE BEACH (HAT SAI RI)

Sairee Beach ist Ko Taos inoffizielle kulinarische Hauptstadt mit einem beeindruckenden

DIE SÜDWESTLICHE GOLFREGION

Sortiment an internationalen Gerichten. Die klapprigen Essenswagen, die im ganzen Ort zu finden sind, haben Leckerbissen und schmackhaften Tee im Angebot. Unbedingt beim 7-Eleven neben dem Big Blue Resort vorbeigehen und Ally the Pancake Man (Karte S. 673) einen Besuch abstatten. Bei der Zubereitung der leckeren Desserts tanzt er herum wie ein italienischer Pizzabäcker. Inzwischen ist er hier schon zu einer Art Legende geworden und war auch schon auf YouTube zu sehen.

White House-Essensstände (Karte S. 673; Gerichte 30–70 B; ☽ mittags & abends) Mitten im wuseligen Sairee werden vor einem bescheidenen weißen Haus an diesen klappernden metallenen Essensständen großartige *sôm·dam* und Grillgerichte für die hungrigen Einheimischen zubereitet.

Café Corner (Karte S. 673; Hauptgerichte 30–100 B; ☽ morgens & mittags) Das luftig lockere *pain au chocolat* steht dem Pendant aus Paris in nichts nach. Die Gäste genießen die Desserts an dem Tresen aus rostfreiem Stahl. Auf dem Bildschirm des protzigen Plasma-TVs flimmern Filme. Am besten gegen 17 Uhr das Frühstück für den nächsten Tag besorgen. Das knusprige Brot bekommt man dann zum halben Preis, bevor es bei Sonnenuntergang weggeworfen wird.

Blue Wind Bakery (Karte S. 673; ☎ 0 7745 6116; Hauptgerichte 50–120 B; ☽ morgens, mittags & abends) Dieser Stand am Strand verkauft thailändische Leckereien, westliches Konfekt und frisch zubereitete Obstsäfte. Die dickflüssigen Fruchtsmoothies und das Blätterteiggebäck kann man relax auf einem der ramponierten Dreieckskissen genießen.

Krua Thai (Karte S. 673; ☎ 08 7892 9970; Gerichte 50–120 B; ☽ mittags & abends) Hier essen Touristen, die ihre Speisen „*fa·ràng*-scharf" und nicht „thai-scharf" haben möchten. Das Krua Thai hat eine große Auswahl an Klassikern, die in einem netten Laden serviert werden.

El Gringo (Karte S. 673; ☎ 0 7745 6323; Gerichte 80–150 B; ☽ morgens, mittags & abends) Als ob es noch nicht genügend Spitznamen für Weiße in Thailand gäbe! Dieses „funkige" (wie es die Betreiber nennen) mexikanische Lokal verkauft in zwei Läden am Sairee Beach und in einem dritten in Mae Hat Burritos fragwürdiger Authentizität.

Chopper's Bar & Grill (Karte S. 673; ☎ 0 7745 6641; Gerichte 60–200 B; ☽ morgens, mittags & abends) Ein nettes Plätzchen, um den Bierbauch zu pflegen. Das Chopper's bietet Livemusik, Großbildschirme mit Sportevents, Billardtische und im Obergeschoss einen klassischeren TV-Raum. Freitagabends ist hier besonders viel los, denn dann gibt's zwei Drinks zum Preis für einen und auch das Essen kostet nur die Hälfte. Jubelschreie über gefallene Tore sind hier genauso an der Tagesordnung wie übermäßig laute Beschreibungen der Lebewesen, die beim letzten Tauchgang gesichtet wurden.

LP Tipp **ZanziBar** (Karte S. 673; ☎ 0 7745 6452; Sandwiches 90–140 B; ☽ morgens, mittags & abends) Der schon fast yuppiehafte Sandwichladen legt einen Mix von unaussprechlichen Zutaten zwischen zwei Scheiben Vollkornbrot.

Hippo (Karte S. 673; ☎ 0 7745 6021; Gerichte 80–300 B; ☽ morgens, mittags & abends) Das neue, beliebte Hippo hat schmackhafte Gerichte im Angebot, die an die Heimat vieler Besucher hier erinnern: gebratene Steaks, Fish and Chips (die Besten auf der Insel!), Burger und Omeletts.

Morava (Karte S. 673; ☎ 0 7745 6270; Gerichte 200–350 B; ☽ morgens, mittags & abends) Dieses schicke Lokal hat die Konkurrenz in Sairee mit seinem stylischen Dekor und ebensolchen Gerichten ausgestochen. Auf der vor Kurzem aufgemotzten Speisekarte stehen Köstlichkeiten wie zarte Lammsteaks und Sashimi aus fangfrischem Fisch.

MAE HAT (HAT AO MAE)

Cappuccino (Karte S. 673; ☎ 08 7896 8838; Gerichte 30–90 B; ☽ morgens & mittags) Das Dekor im Cappuccino liegt irgendwo zwischen einem New Yorker Deli à la Seinfeld und einer französischen Brasserie. Hier kann man sich wunderbar mit einem Kaffee und einem Croissant stärken, bevor es auf die Fähre geht.

Zest Coffee Lounge (Karte S. 673; ☎ 0 7745 6178; Gerichte 70–190 B; ☽ morgens & mittags) Im Zest kann man Straßencafé-Flair genießen. Bis zum Sonnenuntergang naschen hier Müßiggänger Konfekt und schlürfen Kaffee. In Sairee gibt's noch ein zweites Zest.

LP Tipp **Whitening** (Karte S. 673; ☎ 0 7745 6199; Gerichte 90–160 B; ☽ abends) In diesem Zwischending aus Restaurant und Bar erfreuen sich Feinschmecker an den modernen Varianten thailändischer Gerichte. Biertrinker genießen das Strandambiente und die leise Lounge-Musik im Hintergrund. Die Speisekarte ist zwar Multikulti, Kenner sollten aber eines der hervorragenden Thai-Gerichte wählen: Riesengarnelen in Knoblauch oder langsam gedämpftes rotes Curry mit Entenfleisch.

Greasy Spoon (Karte S. 673; ☎ 08 6272 1499; englisches Frühstück 120 B; ⊙ 7–18 Uhr) Dieses Lokal hat zwar keinerlei Charakter, aber zum Frühstück kann man sich hier gut den Magen vollschlagen. Beim Anblick von Eiern, Wurst, Bratkartoffeln und gekochtem Gemüse steigen jedem Briten die Tränen in die Augen.

La Matta (Karte S. 673; ☎ 0 7745 6517; Gerichte 80–230 B; ⊙ mittags & abends) Seit Jahren stehen das La Matta und das Farango's (s. unten) in erbittertem Wettstreit. Beide bieten „authentische" (man beachte die Anführungszeichen) italienische Gerichte und sind im wahrsten Sinne des Wortes Nachbarn. Selbst treuen Farango's-Fans fällt es insgeheim schwer zu sagen, wo nun eigentlich der Unterschied zwischen den beiden Restaurants ist.

Farango's (☎ 0 7745 6205; Gerichte 80–230 B; ⊙ mittags & abends) Sehr zum Leidwesen vom La Matta (s. oben) kredenzt Ko Taos erstes *fa·ràng* Restaurant schmackhafte Steaks und italienische Speisen. Die beschwingte Atmosphäre wird durch viele Gelbtöne und Poster mit eleganten spanischen Matadoren unterstrichen.

Café del Sol (☎ 0 7745 6578; Gerichte 70–250 B; ⊙ morgens, mittags & abends) Auch die pingeligsten Esser werden von der großen Auswahl an Köstlichkeiten aus aller Welt begeistert sein. Der Schwerpunkt liegt auf europäischen (französischen und italienischen) Gerichten wie hausgemachter Pâté und Bruschetta sowie zarten Steaks aus Neuseeland. Kostenloses WLAN.

CHALOK BAN KAO

Tukta Thai Food (☎ 0 7745 6109; Gerichte 40–180 B; ⊙ morgens, mittags & abends) An der Hauptstraße am Eingang von Chalok Ban Kao bietet das Tukta eine solide thailändische Küche.

New Heaven Restaurant (☎ 0 7745 6462; Gerichte 60–350 B; ⊙ mittags & abends) Das Beste am New Heaven Restaurant ist der traumhafte Blick auf die Shark Bay (Ao Thian Ok), wenn sie unter der faulen Nachmittagssonne erstrahlt. Das türkisfarbene Wasser ist so klar, dass man vom Sitzplatz aus das geschwungene Riff bewundern kann. Auf der Speisekarte steht Internationales, und die Kissen vor den flachen Tischen sind so bequem, dass sie schon fast zu einem Nickerchen einladen.

Ausgehen

An erster Stelle steht auf Ko Tao das Tauchen, dicht gefolgt vom Feiern – und dem sind wahrhaft kaum Grenzen gesetzt. An der ganzen Westküste kleben an Bäumen und Wänden Flyer mit Infos zu geplanten Feten (die beiden 7-Elevens in Sairee sind eine gute Info-Quelle). Außerdem sollte man auf Poster achten, die für „Dschungelpartys" im Inselinneren werben. Die Gezeiten spielen ebenfalls eine wichtige Rolle im Nachtleben auf der Insel. Bei Flut sind die Abende am Sairee Beach nicht ganz so wild, denn es ist einfach nicht genügend Platz. Wer auf der Suche nach strukturiertem Feiern ist, sollte sich an Goodtime Adventures (S. 675) wenden und an den angebotenen Pub-Crawls oder Trinkkreuzfahrten teilnehmen.

Aber Achtung: auf gar keinen Fall betrunken tauchen!

SAIREE BEACH (HAT SAI RI)

Fizz (Dry Bar; Karte S. 673; ☎ 08 7887 9495) Auf weiß-grünen Kissen lümmeln, Designer-Cocktails schlürfen und Moby oder Enya lauschen. Begleitet wird das Ganze vom Rauschen des Meeres. Abends gibt's erstklassige Thunfischsteaks (200 B).

Lotus (Karte S. 673; ☎ 0 7745 6358) Diese Bar direkt neben dem Fizz ist *die* Location am Nordende von Sairee. Muskulöse Feuerspucker wirbeln mit ihren brennenden Stäben herum. Die Getränke sind so groß, dass eigentlich ein Rettungsschwimmer vor Ort sein müsste.

Vibe (Karte S. 673) Sairees Topadresse in puncto Sundowner. Das Vibe hat die größte (und beste) Cocktailkarte der Insel.

In den folgenden Locations am Südende des Sairee Beach ist fast jeden Abend Party-Time:

Moov (Karte S. 673; ☎ 08 4849 6648; www.moov-kohtao. com) Das Moov ist noch recht neu und äußerst beliebt. Details über die Partys sind auf der Website zu finden.

AC Party Pub (Karte S. 673; ☎ 0 7745 6197) Dienstags und donnerstags geht's hier richtig zur Sache.

Maya Bar (Karte S. 673; ☎ 0 7745 6195) Hier geht's montags und freitags hoch her.

MAE HAT (HAT AO MAE)

Dirty Nelly's Irish Pub (Karte S. 673; ☎ 0 7745 6569) Getreu dem Namen ist das Dirty Nelly's durch und durch irisch. Das Fassbier, die Manager und überhaupt alles (sieht man mal vom Wetter ab) wurden direkt aus dem Mutterland importiert.

Tattoo Bar (Karte S. 673; ☎ 08 9291 9416) Das zwanglose Tattoo mitten in Mae Hats altem Fischerdorf ist ein cooler Ort für ein kühles Blondes und einen Burger (150 B).

Dragon Bar (Karte S. 673; ☎ 0 7745 6423) Optimale Bar für alle, die eine schicke, trendige Umgebung suchen. Das Interieur wurde in einer Art „kommunistischem" Retrostil gestaltet. Das Licht ist gedämpft, die Atmosphäre stimmungsvoll und relaxt. In der Dragon Bar soll es die besten Cocktails der Insel geben. Unbedingt den Espresso Martini testen.

Safety Stop Pub (☎ 0 7745 6209) In diesem Pub am Pier, der wie ein tropischer Biergarten anmutet, tummeln sich heimwehkranke Briten. Sonntags kann man sich an Leckereien vom Grill vollfuttern. WLAN fehlt natürlich auch nicht.

Shoppen

Wer das Salz einfach nicht aus seinen Haaren herausbekommt, sollte zu **Avalon** (Mae Hat; ☽ Mo–Sa 10–19 Uhr) gehen und sich dort einige vor Ort handgemachte (umweltfreundliche) Body- und Haarpflegeprodukte besorgen.

An- & Weiterreise

Wie überall ändern sich Preise und Abfahrtszeiten auch hier ständig. Von Oktober bis Dezember werden die Fähren oft wegen zu schwerem Seegang gecancelt. Bei der Auswahl des Reisebüros in Bangkok und Surat Thani vorsichtig sein, denn viele verkaufen gefälschte Zug/Fähren-Kombitickets.

BANGKOK, HUA HIN & CHUMPHON

Kombinierte Bus-/Boottickets ab Bangkok kosten 900 bis 1000 B und sind in Reisebüros in der Th Khao San erhältlich. Sonderangebote für Bus/Boot-Kombitickets in entgegengesetzter Richtung gibt's manchmal schon für 700 B (Vorsicht vor Abzocke!). In Chumphon muss man dann ins Boot umsteigen. Reisende auf dem Weg nach Bangkok können in Hua Hin einen Zwischenstopp einlegen.

Der Zug ist eine bequemere Angelegenheit als der Bus, denn man kann seine Reise unabhängig planen. Zuerst geht's mit dem Boot nach Chumphon und von dort weiter mit dem Zug nach Bangkok (oder in jede x-beliebige Stadt an der Strecke). Gleiches ist natürlich auch in die Gegenrichtung möglich.

In Ko Tao startet der High-Speed-Katamaran nach Chumphon um 10.15 und 14.45 Uhr (550 B, 1½ Std.), Seatran legt um 16 Uhr (550 B, 2 Std.) ab und das Schnellboot von Songserm um 14.30 Uhr (450 B, 3 Std.). Bei starkem Seegang fallen möglicherweise Fahrten aus.

INSELSPRACHE

Dem ständigen Zustrom internationaler Reisenden ist es zu verdanken, dass fast überall Englisch gesprochen wird. Die Bewohner dieser Taucherinsel integrieren aber auch Taucherzeichen in ihren alltäglichen Sprachgebrauch – und dies vor allem in den Bars.

Nachstehend einige Gesten für den Hausgebrauch:

- **Ich bin o. k.** – Eine Faust machen und damit zweimal auf den Kopf klopfen.

- **Cool** – Zeigefinger und Daumen zu einem „O" formen.

- **Ich bin fertig/Wir können los** – Die Hand steif wie bei einem Karateschlag halten und senkrecht zum Hals schnell nach vorn und hinten schwingen.

Außerdem fährt um Mitternacht noch ein Boot in Chumphon (600 B) ab, das am frühen Morgen auf Ko Tao ankommt. Um 23 Uhr fährt es wieder zurück. Falls es nach Regen aussieht, macht man um diese Option besser einen großen Bogen – auf einigen Booten regnet es durch, alles wird feucht, man friert und fühlt sich miserabel. Weitere Informationen auf S. 628.

KO PHA-NGAN

Der Katamaran von Lomprayah fährt zweimal täglich von Ko Tao (9.30 und 15 Uhr) nach Ko Pha-Ngan, wo er gegen 10.50 bzw. 16.10 Uhr eintrifft. Die Seatran Discovery Fähre bietet einen ähnlichen Service an. Das Songserm Express Boat startet täglich um 10 Uhr und kommt auf Ko Pha-Ngan um 11.30 Uhr an. Der Abholservice der Hotels ist im Preis enthalten.

Die Lomprayah- und Seatran-Fähren nach Ko Tao fahren von Ko Pha-Ngan um 8.30 und um 13 Uhr ab und kommen um 9.45 bzw. 14.15 Uhr an. Songserm legt in Ko Pha-Ngan um 12 Uhr ab und ist dann um 13.45 Uhr am Ziel.

KO SAMUI

Der Lomprayah-Katamaran legt zweimal täglich – um 9.30 und um 15 Uhr – in Ko Tao ab und erreicht Samui gegen 11.30 bzw. 16.40 Uhr. Die Seatran Discovery Fähre fährt zu ähnlichen Zeiten. Das **Songserm Express Boat**

DIE SÜDWESTLICHE GOLFREGION

(www.songserm-expressboat.com) startet täglich um 10 Uhr und kommt um 12.45 Uhr in Ko Samui an. Der Abholservice der Hotels ist im Preis enthalten.

Die Lomprayah- und Seatran-Fähren nach Ko Tao fahren in Samui um 8 und um 12.30 Uhr ab. Am Ziel sind sie dann um 9.45 bzw. 14.15 Uhr. Songserm startet in Samui um 11 Uhr und kommt um 13.45 Uhr an.

SURAT THANI & ANDAMANENKÜSTE

Kombitickets für Boot und Bus sind in jedem Reisebüro erhältlich. Man braucht nur den gewünschten Zielort anzugeben und schon bekommt man die entsprechenden Tickets. Die meisten Traveller fahren durch Surat Thani, wenn sie von der einen zur anderen Küste wollen. Die täglich verkehrenden Busse zum Songserm Express Boat starten in Surat Thani um 8 Uhr (6½ Std.) und kommen um 14.30 Uhr an. In umgekehrter Richtung geht's um 10 Uhr in Ko Tao los, die Ankunft in Surat ist um 16.30 Uhr. Je nach Wetterlage verkehrt auch abends ein Boot zwischen Surat Thani (Tha Thong) und Ko Tao (9 Std.). In Surat fahren diese Nachtboote um 23 Uhr, in Ko Tao um 20.30 Uhr ab.

Unterwegs vor Ort

Bei der Ankunft der Boote in Mae Hat wimmelt es am Pier nur so von Songthaeo. Wer allein unterwegs ist, muss für die Fahrt nach Sai Ri und Chalok Ban Kao 100 B hinblättern. Gruppen von zwei oder mehr Personen zahlen 50 B pro Kopf. Fahrten von Sai Ri nach Chalok Ban Kao kosten 80 B pro Person oder 150 B für Alleinreisende. Diese Preise sind nicht verhandelbar. Außerdem muss man warten, bis das Taxi voll besetzt ist, bevor es losfährt. Wenn ein Taxi leer ist, wird man aufgefordert, das ganze Gefährt zu bezahlen (300–500 B). Für Fahrten an die Ostküste werden die doppelten Preise verlangt. Sind die Straßen nach einem Regenguss schwerer zu befahren, steigen die Preise ebenfalls. Wenn man weiß, wo man übernachten möchte, sollte man besser vorher anrufen und sich abholen lassen.

Wer wirklich fit im Umgang mit Motorrädern ist, kann damit den wilden Dschungel der Insel erkunden. Sie gibt's fast an jeder Ecke zu mieten, aber Vorsicht, Abzocke ist hier an der Tagesordnung (s. S. 671). Das von einem seit langem lebenden Ausländer betriebene **Lederhosenbikes** (☎ 08 1752 8994; www.cycling-koh-tao.

com; Mae Hat; ☉ Mo–Sa 8.30–18 Uhr) hat eine große Auswahl an guten Maschinen und verspricht ehrlichen Service. Die Tagesmieten beginnen für Motorroller bei 150 B, mit Automatik bei 200 B. Größere Motorräder kosten 350 B aufwärts. Wer vier Räder bevorzugt, muss 500 B hinblättern. Quads für vier Personen schlagen mit 1800 B zu Buche. Die Tankfüllung für ein Moped kostet um die 45 B.

Wassertaxis fahren in Mae Hat, Chalok Ban Kao und dem Nordteil des Hat Sai Ri (in der Nähe von Pranee's, S. 677) ab. Die Fahrt nach Ko Nang Yuan kostet mindestens 100 B. Longtail-Boote können für rund 1500 B pro Tag gechartert werden, der genaue Preis hängt von der Zahl der mitfahrenden Passagiere ab.

ANG THONG MARINE NATIONAL PARK

อุทยานแห่งชาติหมู่เกาะอ่างทอง

Die über 40 schroffen Dschungelinseln des Ang Thong Marine National Park liegen wie smaragdgrüne Perlen im himmelblauen Meer – jedes Inselchen ist ein jungfräuliches Reich aus kahlen Kalksteinklippen, versteckten Lagunen und perfektem pfirsichfarbenem Sand. Diese Inseln, bei deren Anblick man leicht ins Träumen gerät, inspirierten Alex Garland zu seinem Kultklassiker The Beach, der von Abenteuer suchenden und Dope rauchenden Backpackern handelt.

Februar, März und April sind die besten Monate für einen Besuch dieses himmlischen Naturschutzgebietes. Während des Monsuns und der damit einhergehenden hohen Wellen ist der Park im November und Dezember quasi immer geschlossen.

Sehenswertes

Jede geführte Tour macht Halt bei der Parkverwaltung auf **Ko Wua Talap**, der größten Insel des Archipels. Den Blick, den man vom **Aussichtspunkt** der Insel hat, gehört zu den schönsten Thailands. Von oben haben die Besucher eine überwältigende Aussicht auf die zerklüfteten, göttlichen Inseln im ruhigen, türkisfarbenen Wasser. Die Wanderung zum rund 450 m hoch gelegenen Aussichtspunkt ist anstrengend und dauert ungefähr eine Stunde. Die Wanderer sollten festes Schuhwerk tragen und auf die scharfen felsigen Spitzen aus Kalkstein achten. Ein zweiter Weg führt zur **Tham Bua Bok**, einer Höhle mit lotusförmigen Stalagmiten und Stalaktiten.

Der **Emerald Sea** (auch Inner Sea genannt) auf **Ko Mae Ko** ist ebenfalls ein beliebtes Ziel.

Der große, minzgrüne See mitten auf der Insel hat eine Größe von 250 auf 350 m. Man darf ihn sich nur anschauen, aber nicht berühren – die Lagune ist für verunreinigte menschliche Körper streng verboten. In der Nähe befindet sich am Ende einer Reihe von Treppen ein zweiter grandioser **Aussichtspunkt**.

Die von der Natur geschaffenen Steinbögen auf **Ko Samsao** und **Ko Tai Plao** sind abhängig von Gezeiten und Wetter sichtbar oder auch nicht. Da das Wasser um die Inselkette mit maximal 10 m Tiefe recht flach ist, konnten sich außer an einigen wenigen geschützten Stellen an der Südwest- und Nordostseite keine großen Korallenriffe entwickeln. Ein flaches Korallenriff befindet sich in der Nähe von Ko Tai Plao und Ko Samsao. Hier sind die Schnorchelmöglichkeiten ganz gut, aber eben nicht hervorragend. Zudem gibt's noch mehrere besonders für Anfänger geeignete Tauchspots, wo flache Höhlen und bunte Korallengärten erforscht werden können. Mit etwas Glück bekommt man auch gestreifte Seeschlangen und Wasserschildkröten zu Gesicht. **Ko Tai Plao**, **Ko Wuakantang** und **Ko Hintap** sind von Stränden mit wunderschön weichem Sand gesäumt.

Geführte Touren

Am besten kann man Ang Thong auf einer der vielen geführten Touren von Ko Samui und Ko Pha-Ngan aus erkunden. Im Preis enthalten sind normalerweise Mittagessen, Schnorchelausrüstung, Hoteltransfer und ein sachkundiger Führer (Daumen drücken soll helfen). Luxushotels haben meistens ein eigenes Boot für Touren. Auch einige Mittelklassehotels und Budgetunterkünfte verfügen über eigene Boote. Falls nicht, können sie Touren mit anderen Veranstaltern arrangieren. Tauchzentren auf Ko Samui und Ko Pha-Ngan organisieren Tauchtrips im Park. Ang Thong bietet aber keine Weltklasse-Tauchspots wie Ko Tao.

Aufgrund der sich oft extrem ändernden Benzinpreise kommt es zu einem häufigen Wechsel der Touranbieter. Am besten man bittet die Unterkunft um eine Liste mit Veranstaltern, s. auch S. 636.

Schlafen

Im Nationalpark gibt's keine Resorts. Aber auf Ko Wua Talap hat die Parkverwaltung fünf Bungalows errichtet, in denen jeweils zwischen zwei und acht Personen übernachten können. Die Verwaltung des Parks erlaubt Campern,

in bestimmten, genau festgelegten Gebieten Zelte aufzustellen. Buchen kann man vorab bei **National Parks Services** (☎ 0 7728 6025, 0 7728 0222; www.dnp.go.th; Bungalows 500–1400 B). Auch Online-Buchungen sind möglich. In diesem Fall muss aber innerhalb von zwei Tagen nach Reservierung eine Anzahlung geleistet werden. Weitere Infos stehen auf der Website.

Anreise & Unterwegs vor Ort

Die einfachste Möglichkeit, in den Park zu kommen, ist mit einer privaten Tagestour von Ko Samui oder Ko Pha-Ngan aus (28 bzw. 32 km entfernt). Die Inseln liegen zwischen Ko Samui und dem Hauptpier von Don Sak. Die Fähren legen hier aber keinen Zwischenstopp ein. Offiziell muss für den Park Eintritt bezahlt werden (Erw./Kind 400/200 B), der normalerweise im Preis für die Tour enthalten sein sollte. Man kann sich auch privat ein Boot chartern, was dann aber wegen der hohen Benzinpreise recht teuer wird.

SURAT THANI

อ.เมือง สุราษฎร์ธานี

111 900 Ew.

Die wuselige Stadt ist für Waren und Menschen gleichermaßen ein Verkehrsknotenpunkt. Traveller sind hier kaum anzutreffen, denn die Stadt wird nur als Zwischenstopp benutzt, um zu den schöneren Orten zu kommen, nämlich zu den beliebten Inseln Ko Samui, Ko Pha-Ngan und Ko Tao. Wer auf der Suche nach echter Thai-Kultur abseits der ausgetretenen Pfade ist, sollte sich dafür eine andere Stadt aussuchen.

Praktische Informationen

Unmengen von Touristen fahren täglich durch die Stadt. Wen wundert es da, dass ständig neue Reisebüros eröffnet werden, die sich skrupellose Abzockemöglichkeiten ausdenken – schlechte Busse, Phantombuchungen und wundersame „Extra"-Gebühren sind keine Seltenheit. Aber nicht jeder ist ein Gauner. Man muss eben einfach immer viele Fragen stellen und sollte auf seinen Bauch hören. Die Reisenden sind in Surat Thani in beide Richtungen unterwegs. Wenn man also Traveller trifft, die in die entgegengesetzte Richtung unterwegs sind, sollte man sie nach ihren Erfahrungen fragen.

In der Innenstadt gibt's in der Th Na Meuang buchstäblich an jeder Ecke eine Bank. Wer weiter außerhalb wohnt, kann sich Bares

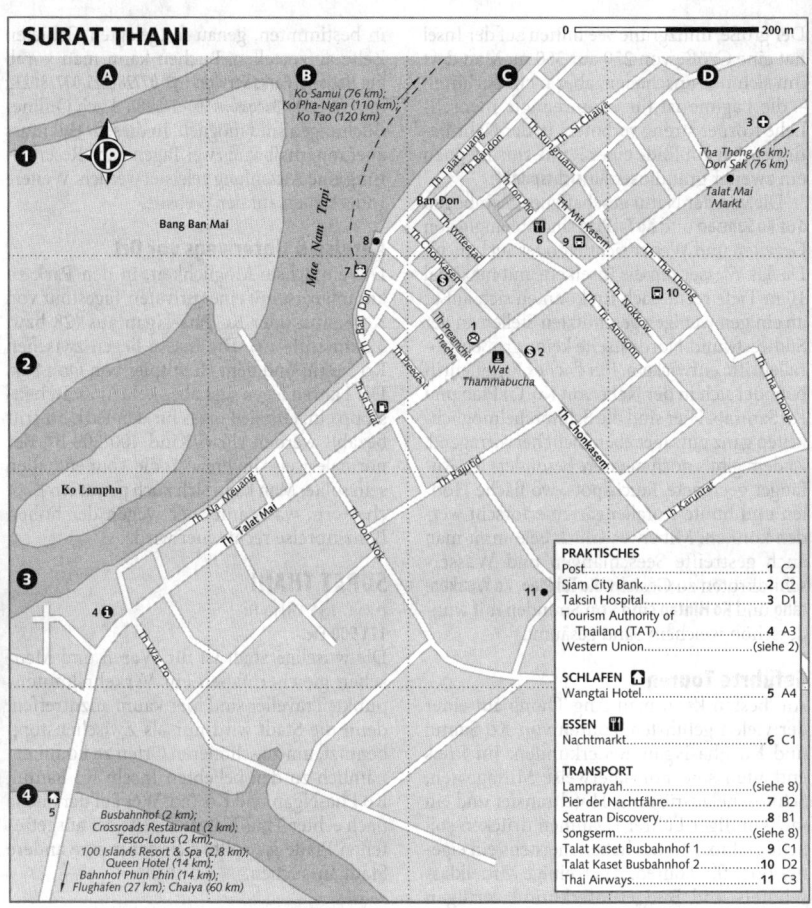

SURAT THANI

Ko Samui (76 km);
Ko Pha-Ngan (110 km);
Ko Tao (120 km)

Bang Ban Mai

Ban Don

Tha Thong (6 km);
Don Sak (76 km)

Talat Mai
Markt

Wat
Thammabucha

Ko Lamphu

Busbahnhof (2 km);
Crossroads Restaurant (2 km);
Tesco-Lotus (2 km);
100 Islands Resort & Spa (2,8 km);
Queen Hotel (14 km);
Bahnhof Phun Phin (14 km);
Flughafen (27 km); Chaiya (60 km)

an den Geldautomaten beim Tesco-Lotus besorgen.

Post (☎ 0 7727 2013, 0 7728 1966; Th Talat Mai) Gegenüber vom Wat Thammabucha.

Siam City Bank (Th Chonkasem) verfügt über eine Western Union Zweigstelle.

Taksin Hospital (☎ 0 7727 3239; Th Talat Mai) Das professionellste der drei Krankenhäuser von Surat. Direkt beim Talat Mai Market in nordöstlichen Teil der Innenstadt.

Tourist Authority of Thailand (TAT; ☎ 0 7778 8817-9; tatsurat@samart.co.th; 5 Th Talat Mai; ✆ So–Fr) Im Südwesten der Stadt. Hier gibt's viele nützliche Broschüren und Karten. Die netten Angestellten sprechen sehr gut Englisch.

Schlafen

Wer in Surat eine behagliche Nacht verbringen will, sollte die schmuddelige Innenstadt verlassen und mit einem Songthaeo in Richtung des Phang-Nga-Distrikts fahren. Beim Einsteigen dem Fahrer sagen, dass man zum „Tesco-Lotus", dem klobigen Shoppingcenter ca. 2 bis 3 km außerhalb der Stadt, will. Rund um das Einkaufszentrum gibt's mindestens vier Hotels mit angemessenen Preisen und modernen Annehmlichkeiten.

Unterkünfte in der Innenstadt sind preiswerter. Hierbei handelt es sich aber häufig um Stundenhotels, sodass es wegen des ständigen Hin und Hers etwas lauter zugehen kann. Wer nur ein schmales Budget hat, sollte die Stadt schnell hinter sich lassen und die Nachtfähre nehmen (s. S. 687). Bei gutem Wetter schläft es sich auf dem Boot möglicherweise sogar besser als in einem lauten Hotel. Sollte aller-

dings Regen angesagt sein, ist Vorsicht geboten, denn das könnte mit einer nassen, schlaflosen Nacht auf dem Boot enden.

Wer an der schrecklichen Phun Phin Kreuzung im Stau steckt oder einen sehr frühen Zug nehmen will, bevor die Busse in Surat fahren, kann in einem der folgenden recht annehmbaren Hotels übernachten.

Queen Hotel (☎ 0 7731 1003; 916/10-13 Th Sri Sawat, Phun Phin; Zi. 200–400 B; ✷) Das Queen Hotel liegt nur einen Block vom Bahnhof in Phun Phin entfernt. Es ist zwar keine Luxusherberge, aber besser als auf der Straße zu übernachten. Am besten schaut man sich ein paar Zimmer an, bevor man eine Entscheidung trifft, denn es gibt einige, die geräumiger und nicht ganz so schmuddelig sind.

100 Islands Resort & Spa (☎ 0 7720 1150; www.roikoh.com; 19/6 Moo 3, Bypass Rd; Zi. 590–1200 B; ✷ ▢ ▣) Das 100 Islands gegenüber vom Tesco-Lotus ist nicht besser und nicht schlechter als andere Hotels, die man in Thailand für unter 600 B bekommen kann. Der Palast aus Teakholz steht zwar an einer Schnellstraße, die in die Vororte führt, die Zimmer sind aber einwandfrei. Außerdem gibt's einen üppig grünen Garten und einen Lagunenpool.

Wangtai Hotel (☎ 0 7728 3020; www.wangtaisurat.com; 1 Th Talad Mai; Zi. 790–2000 B; ✷ ▢ ▣) Das Wangtai gegenüber vom TAT auf der anderen Flussseite versucht, die Atmosphäre eines Businesshotels zu vermitteln. Höfliches Empfangspersonal und Hotelpagen im Smoking tummeln sich in der großen Lobby. Die nichtssagend eingerichteten Zimmer bieten zumindest von den oberen Stockwerken aus einen guten Blick über die Stadt.

Essen & Ausgehen

Restaurants sind in Surat Thani Mangelware. Auf dem Nachtmarkt in der Th Ton Pho werden gebratene, gedämpfte, gegrillte und sautierte Delikatessen verkauft. Unbedingt die knusprigen Insekten probieren, sie sollen reich an Proteinen sein. Tagsüber kann man gut an einem der vielen Essensstände in der Nähe der Busbahnhöfe essen. Das *kôw gài òp* (mariniertes, gebackenes Hähnchenfleisch auf Reis) ist sehr lecker.

Das **Crossroads Restaurant** (☎ 0 7722 1525; Bypass Rd; Gerichte 50–200 B; ✷ 11–1 Uhr) im Südwesten von Surat gegenüber vom Tesco-Lotus vermittelt eine altmodische, bluesartige Atmosphäre. Bei schummriger Beleuchtung wird Livemusik geboten. Unbedingt die Austern

probieren – Surat Thani ist berühmt für die riesigen Weichtiere, und der Preis ist unschlagbar.

GM Pub (30/16 Th Karunrach; Gerichte 40–140 B; ✷ mittags & abends) Das GM wird von Einheimischen und *fa·ràng* (hauptsächlich Englischlehrern) gleichermaßen gern besucht. In heiterem Ambiente werden schmackhafte internationale Gerichte und viele verschiedene Biersorten und Cocktails serviert.

An- & Weiterreise

Wer aus Bangkok oder Hua Hin nach Ko Samui, Ko Pha-Ngan oder Ko Tao will, sollte sich ein kombiniertes Boot/Bus-Ticket über Chumphon und nicht über Surat besorgen. So spart man Zeit, außerdem ist die Fahrt angenehmer. Es besteht auch die Möglichkeit, mit dem Zug in Richtung Süden nach Chumphon zu fahren und dort in einen Katamaran umzusteigen. Wer von der Andamanen- zur Golfküste oder zurück möchte, ist höchstwahrscheinlich im Besitz eines Kombi-Tickets und muss sich in Surat Thani keine weitere Fahrkarte kaufen.

BUS & MINIVAN

Die meisten öffentlichen Fernverkehrsbusse starten an den Busbahnhöfen Talat Kaset 1 und 2. Klimatisierte Minivans fahren am Talat Kaset 2 ab. Sie verkehren in der Regel häufiger und sind meistens teurer.

Tickets für klimatisierte Busse und Minivans nach Khao Sok (2 Std.) können über Reisebüros gebucht werden. Sie sollten nicht mehr als 100 B kosten. Man kann aber auch an beiden Busbahnhöfen in die Busse in Richtung Phuket einsteigen und erklären, dass man in Khao Sok abgesetzt werden will – das ist eine bessere Variante, da einige unverschämte Minivanfahrer sich als Schlepper für Hotels in Khao Sok betätigen.

FLUGZEUG

Thai Airways International (☎ 0 7727 2610; 3/27-28 Th Karunrat) fliegt zweimal täglich für ca. 3000 B (70 Min.) nach Bangkok.

SCHIFF/FÄHRE

In der Hauptsaison gibt's in der Regel direkt vom Bahnhof einen Bus-/Boot-Service nach Ko Samui und Ko Pha-Ngan. Dieser Service kostet nicht mehr als die Buchung in Surat Thani und kann einem ziemlich viel Wartezeit ersparen. Es verkehren auch mehrere Fähren

und Schnellboote zwischen Surat Thani und Ko Tao, Ko Pha-Ngan und Ko Samui. Weitere Details hierzu finden sich unter dem Abschnitt An- und Weiterreise des jeweiligen Zielorts.

Von Surat gehen spätabends Fähren nach Ko Tao (500 B, 8 Std.), Ko Pha-Ngan (200 B, 7 Std.) und Ko Samui (150 B, 6 Std.). Alle legen um 23 Uhr am zentralen Pier für Nachtfähren ab. Es sind Lastkähne und keine Luxusboote – also Verpflegung und Wasser mitbringen und auf das Gepäck aufpassen. Wenn Thais die zugewiesene Koje belagern, sollte man sich einfach eine andere Koje in der Nähe suchen, statt darum zu bitten, dass die eigene frei gemacht wird.

ZUG

Wer mit dem Zug anreist, muss in Phun Phin aussteigen, einer schmuddeligen Stadt ca. 14 km westlich von Surat Thani. Von dort aus fahren Busse über Takua Pa, einem Verkehrsknotenpunkt weiter westlich, nach Phuket, Phang-Nga und Krabi. Von Surat fahren die Busse zwar häufiger, aber es lohnt sich dennoch, zuerst den Fahrplan in Phun Phin zu checken, denn mit etwas Glück bleibt einem die langsame Fahrt zwischen den beiden Orten erspart. In Phun Phin halten die Busse direkt südlich des Bahnhofs. Nach einer weißen Mauer mit einem Pepsi-Symbol Ausschau halten. Orangefarbene Nahverkehrsbusse pendeln alle 10 Minuten zwischen Phun Phin und Surat (15 B, 25 Min.) hin und her.

Von Bangkok aus kosten Plätze in der 3. Klasse mit Ventilator/Klimaanlage 297/397 B und in der 2. Klasse 438/578 B. Für ein Bett oben in der 2. Klasse zahlt man 498/758 B, für eins unten 548/848 B. Für ein Bett in der 1. Klasse müssen 1279 B hingelegt werden. Wenn man in Bangkok einen Zug am frühen Abend nimmt, ist man am nächsten Morgen am Ziel.

Am Bahnhof gibt's eine rund um die Uhr geöffnete Gepäckaufbewahrung, die Gebühr beträgt 20 B pro Tag. Der Vorverkaufsschalter ist täglich von 6 bis 18 Uhr geöffnet (irgendwann zwischen 11 und 13.30 Uhr ist 1 Std. Mittagspause).

Unterwegs vor Ort

Klimatisierte Vans vom/zum Flughafen von Surat Thani kosten dic 70 B pro Person. Sie setzen einen Hotel ab. Tickets sollte man in Reisebüros oder am Schalter der **Thai Airways** (☎ 0 7727 2610; 3/27-28 Th Karunarat) kaufen. Die Boote nach Samui fahren alle vom Anleger Don Sak ab (mit Ausnahme der Nachtfähre). Im Ticket sind auch die Kosten für den Bustransfer enthalten.

Stadtfahrten mit dem Songthaeo kosten 10 bis 30 B, mit dem Samlor (dreirädrige Fahrzeuge) zwischen 30 und 40 B.

Orangefarbene Busse fahren alle zehn Minuten vom Bahnhof Phun Phin nach Surat Thani (15 B, 25 Min.). Für die gleiche Strecke nehmen Taxis 150 B. Taxipreise zu anderen Zielen sind unmittelbar nördlich des Bahnhofs (an der Fußgängerbrücke aus Metall) angeschlagen.

RUND UM SURAT THANI
Chaiya

ไชยา

12 500 Ew.

Es ist kaum zu glauben, dass Chaiya, die verschlafene Stadt 60 km nördlich von Surat Thani, früher einmal ein bedeutender Sitz des Srivijaya-Reichs war. Heute besuchen die meisten Leute den Ort, um an den ausgezeichneten Meditationsveranstaltungen in dem progressiven Kloster Suan Mokkhaphalaram teilzunehmen.

Der **Wat Suan Mokkhaphalaram** (Wat Suanmokkh; www.suanmokkh.org) – sein Name bedeutet „Garten der Befreiung" – steht mitten in einem üppig grünen Wald. Die zehntägigen Programme kosten 1500 B inklusive Essen, Unterkunft und Einweisung (wobei der „Unterricht" eigentlich nichts kostet). Englischsprachige Meditationssitzungen beginnen am ersten Tag eines jeden Monats. Einschreiben kann man sich am Vorabend. Der Gründer war Ajan Buddhadasa Bhikkhu, der wohl berühmteste Mönch Thailands. Seine Philosophie war ökumenisch geprägt und bestand aus Elementen des Zen, Taoismus und christlichen Glaubens sowie dem traditionellen Theravada-Schema.

Zum 7 km außerhalb von Chaiya gelegenen Tempel kommt man entweder mit einem der Nahverkehrszüge 3. Klasse vom Bahnhof Phun Phin (10–20 B, 1 Std.) oder mit einem Songthaeo (40–50 B, 45 Min.) vom Busbahnhof Talat Kaset 2 in Surat. Wer mit dem Zug von Bangkok nach Surat Thani fährt, steigt einfach vor Surat Thani an dem kleinen Bahnhof in Chaiya aus. Von dort geht's für 40 B mit einem Motorradtaxi weiter.

PROVINZ NAKHON SI THAMMARAT

Die Provinz Surat Thani mit den ultimativen Urlaubsparadiesen stiehlt Nakhon Si Thammarat zwar die Show, dafür tummeln sich hier aber thailändische Urlauber, die an den *fa·ràng*-freien Stränden relaxen und die bedeutenden Wats in der Provinzhauptstadt besuchen. Außerdem ist hier der Khao Luang National Park zu finden, ein ruhiges Fleckchen Erde, das für seine wunderbaren Berg- und Waldwanderwege bekannt ist.

AO KHANOM
อ่าวขนอม

Das kleine Ao Khanom auf halber Strecke zwischen Surat Thani und Nakhon Si Thammarat liegt wunderschön ruhig am blauen Wasser des Golfs. Diese unberührte, auch nur Khanom genannte Region, die von Touristen auf ihrem Weg zu den nahen Dschungelinseln meist nicht beachtet wird, lohnt den Besuch für all diejenigen, die ruhige Strände ohne die sonst dort herrschende Geschäftigkeit suchen.

Praktische Informationen

Polizei und Krankenhaus befinden sich direkt südlich von Ban Khanom an der Kreuzung zum Kho Khao Beach. Mitten in Ban Khanom gibt's einen 7-Eleven (mit Geldautomat).

Sehenswertes

Die Besonderheit von Khanom sind **rosa Delphine**, eine seltene Art von rosafarbenen Albino-Delphinen. Sie können in der Morgen- und Abenddämmerung regelmäßig vom alten Fährpier und vom E-Werk aus bewundert werden.

Auch landschaftlich hat diese Gegend einiges zu bieten: **Wasserfälle** und **Höhlen**. Der größte Wasserfall, der als **Samet Chun** bekannt ist, hat Becken mit lauwarmem Wasser. Der Blick von hier auf die Küste ist grandios. Von Ban Khanom erreicht man den Wasserfall, indem man Richtung Süden läuft und dann am blauen Schild mit der Aufschrift Samet Chun nach links abbiegt. Auf dieser Straße geht's ca. 2 km weiter. Nachdem man einen Bach überquert hat, die nächste Möglichkeit rechts abbiegen und auf der Schotterstraße den Berg hinauf wandern. Nach einem 15-mi-

nütigen Fußmarsch müsste man dann den Wasserfall hören und Ausschau nach einem schmalen Weg auf der rechten Seite halten. Der malerische **Nam Tok Hin Lat** ist der kleinste und gleichzeitig auch der am leichtesten zu erreichende Wasserfall. Es gibt hier Pools zum abkühlen und ein paar Hütten, die Schatten spenden. Der Wasserfall befindet sich südlich von Nai Phlao.

Es gibt außerdem noch zwei schöne **Höhlen** an der Hauptstraße (Hwy 4014) zwischen Khanom und Don Sak. In der Höhle **Khao Wang Thong** werden die Besucher mit einer Lichterkette durch das Gewirr von Kammern und engen Wegen geführt. Der Eingang ist durch ein Metalltor versperrt. Den Schlüssel bekommt man (gegen eine kleine Spende) in dem Haus unten am Hügel. Zur Höhle **Khao Krot** kommt man, wenn man von der Schnellstraße auf die Rd 4142 nach rechts abbiegt. Zur Besichtigung der beiden großen Höhlenräume braucht man eine Taschenlampe.

Einen Postkartenblick auf die geschwungene Küste kann man vom **Dat Fa Mountain** werfen, etwa 5 km westlich der Küste am Hwy 4014. Der Hügel und der Weg hinauf sind meistens menschenleer, sodass man wahrhaft tolle Fotos machen kann.

Schlafen & Essen

Vor einigen Jahren gab es auch hier den Startschuss zu Neuem. Aber von einem Bauboom kann man noch lange nicht sprechen, obwohl schon große Anlagen geplant sind. Die Zunahme der Bohrinseln im Golf hat dazu geführt, dass viele Bauunternehmer ein Auge auf Khanom als möglichen Ferienort für die in der Umgebung tätigen Mitarbeiter geworfen haben.

Preiswerte Lokale gibt's am Kho Khao Beach am Ende der Rd 4232. Die dampfenden Barbecue-Buden bieten Leckereien wie *mŏo nám dòk* (pikanter Schweinesalat) und *sôm·dam*. Mittwochs und sonntags findet weiter im Hinterland in der Nähe der Polizei ein Markt statt.

Talkoo Beach Resort (☎ 0 7552 8397, 08 3692 2711; Bungalows 800–1500 B; ⚡ ⚍) Die bezaubernde Unterkunft bietet Dutzende schicke, weiße Bungalows mit witzigen Details, z. B. Waschbecken aus ausgehöhlten Baumstämmen.

Khanom Hill Resort (☎ 0 7552 9403; Bungalows 800– 1800 B; ⚡ ⚍) Von der hügeligen Anlage kann man das Meer aus verschiedenen Perspektiven sehen. Die sieben kleinen Bungalows mit

den roten Dächern sind mit schönen Korbmöbeln eingerichtet. Zum Zeitpunkt der Recherche wurde gerade ein Pool gebaut.

Racha Kiri (☎ 0 7552 7847; www.rachakiri.com; Bungalows 3500–12 500 B; 🕸 🏊) Khanoms Luxusunterkunft ist eine wunderschöne, weitläufige Villenanlage. Die hohen Preise bedeuten wenige Gäste, was recht angenehm sein kann. In der Nebensaison wirkt das Ganze dann aber irgendwie übertrieben und deplaziert.

LP Tipp One More Beer (☎ 08 1396 4447; www.1mo rebeer.net; Bungalows 800–1000 B; 🕸 🖥) Im One More Beer kann man eine schmackhafte internationale Küche genießen. Die winzigen Bungalows und das freundliche *fa·ràng*-Personal machen das One More Beer zu einer lohnenswerten Alternative, auch wenn die Unterkunft nicht direkt am Strand liegt.

An- & Weiterreise

In Surat Thani kann man jeden Bus in Richtung Nakhon nehmen. Dem Fahrer Bescheid sagen, dass man an der Kreuzung nach Khanom aussteigen will. Die restliche Strecke kann dann mit einem Motorradtaxi (70 B) zurückgelegt werden. Ein Sammeltaxi vom Sammeltaxistand in Nakhon Si Thammarat nach Khanom Stadt kostet 85 B. Von hier kommt man mit einem Motorradtaxi für etwa

60 B an die Strände. Es gibt drei Bushaltestellen in der Umgebung. Den Busfahrer bitten, dass er in der Nähe des Obstmarkts oder des Krankenhauses hält, denn von dort ist man am schnellsten am Strand. Motorräder gibt's für 300 B pro Tag bei One More Beer.

NAKHON SI THAMMARAT

อ.เมืองนครศรีธรรมราช

118 100 Ew.

Die wuselige Stadt Nakhon Si Thammarat (meist nur kurz „Nakhon" genannt) würde bei einem Schönheitswettbewerb wohl kaum den ersten Preis bekommen. Traveller, die in dieser historischen Stadt Halt machen, können sich kulturell bilden, denn hier stehen einige der bedeutendsten Wats des Königreichs. Vor Hunderten von Jahren war die Überlandroute zwischen den Häfen Trang im Westen und Nakhon Si Thammarat im Osten eine wichtige Handelsverbindung zwischen Thailand und dem Rest der Welt. Dieser Einfluss ist der Stadt noch heute anzumerken – an Kochrezepten, Tempeln und Museen.

Orientierung

Nakhons Geschäftsviertel (Hotels, Banken und Restaurants) liegt im nördlichen Teil der Innenstadt. Südlich der Turmuhr ist der

---

JATUKHAM RAMMATHEP

Auch wer erst 24 Stunden in Thailand ist, hat höchstwahrscheinlich schon jemanden gesehen, der ein Jatukham Rammathep um den Hals hängen hat – die runden Amulette sind allgegenwärtig.

Das Tragen eines Jatukham Rammathep soll Glück bringen und vor allem vor Unheil schützen. Der Ursprung des Namens dieses Amuletts ist bis heute ein Mysterium. Eine beliebte Theorie ist, dass Jatukham und Rammathep andere Namen für die beiden Srivajaya-Prinzen waren, die vor mehr als 1000 Jahren Reliquien unter Nakhons Wat Phra Mahathat Woramahawihaan (S. 691) vergraben haben.

Ein berühmt-berüchtigter thailändischer Polizeibeamter trug das wertvolle Kultobjekt als erster. Er glaubte fest daran, dass ihm die Schutzgeister bei der Lösung eines besonders komplizierten Mordfalls geholfen hatten und er versuchte, das Amulett bekannt zu machen. Ein Verkaufsschlager wurde es aber erst nach seinem Tod im Jahre 2006. Tausende, selbst der Kronprinz, kamen zu seiner Beerdigung und damit begann der Kult um das Jatukham-Rammathep-Amulett.

Da der Talisman im Mahathat Tempel verkauft wird, boomt die Wirtschaft in Südthailand seit einigen Jahren. Das erste Amulett wurde 1987 für 39 B verkauft. Heute werden jede Woche (!) mehr als 100 Mio. Baht in der Stadt für Amulette ausgegeben. Die Nachfrage nach den runden Jatukham Rammatheps ist so enorm geworden, dass eine Frau auf dem Tempelgelände von den Massen erdrückt wurde (sie trug ihren Talisman nicht um den Hals). Die Menschen waren gekommen, da ein Amulett-Sonderverkauf groß angekündigt worden war.

Jeden Tag fahren Lastwagen durch die Hauptstraßen von Nakhon und verkünden mit dröhnender Musik, dass neue Lieferungen angekommen sind. Die ständig wummernden Beats haben den Boden unter dem Tempel zum Beben und – was einen durchaus ironischen Unterton hat – die Hauptspitze des Mahathat in Schieflage gebracht.

historische Teil mit dem viel besuchten Wat Mahatat. Die Th Ratchadamnoen ist die Hauptdurchgangsstraße, auf der unzählige, preiswerte Songthaeo in beide Richtungen fahren.

Praktische Informationen

In der Th Ratchadamnoen im Norden der Innenstadt reihen sich mehrere Banken und Geldautomaten aneinander. Im zweiten Obergeschoss der Robinson Ocean Shopping Mall befindet sich ein englischer Buchladen.

Bovorn Bazaar (Th Ratchadamnoen) Einkaufszentrum mit einigen Internetcafés.

Polizei (☎ 1155; Th Ratchadamnoen) Gegenüber der Post.

Post (Th Ratchadamnoen; ⏰ 8.30–16.30 Uhr)

TAT (☎ 0 7534 6515) Das Büro ist in einem klassischen Gebäude aus 1926 am Nordzipfel des Sanam Na Meuang (Stadtpark) untergebracht. Hier sind einige nützliche englischsprachige Broschüren erhältlich. Die Zweigstelle von One Tambon One Product (OTOP) befindet sich nur einen Block entfernt an der Westseite des Sanam Na Meuang Parks.

Sehenswertes

Wat Phra Mahathat Woramahawihaan, der größte Wat in Südthailand (oft auch nur Mahathat genannt), ist ein gewaltiger Komplex mit 77 *chedis* (Stupas) und einem beeindruckenden 77 m hohen *chedi* mit Goldspitze. Der Legende nach haben Königin Hem Chala und Prinz Thanakuman vor über 1000 Jahren Reliquien hierher nach Nakhon gebracht und eine kleine Pagode gebaut, um die wertvollen Gegenstände darin aufzubewahren. Nach und nach wurde die Anlage immer größer und jetzt strömen alltäglich die Massen hierher, um ein Jatukham-Amulett zu kaufen (s. Kasten S. 690). Mahathats Mönche leben auf der anderen Straßenseite im **Wat Na Phra Boromathat**.

Als das Königreich von Tampaling (auch als Tambralinga bekannt) Handel mit Indien, Arabien sowie den Dvaravati- und Champa-Reichen trieb, fanden viele Kunstwerke aus jenen Ländern ihren Weg in die Gegend von Nakhon. Viele davon sind heute hinter der heruntergekommenen Fassade des **Nationalmuseums** (Th Ratchadamnoen; Eintritt 30 B; ⏰ Mi–So 9–16 Uhr) zu sehen.

Die bemerkenswerten **Schattenpuppen** von Nakhon sollte man sich unbedingt anschauen. Traditionell gibt es zwei Arten von Puppen: *năng dà·lung* und *năng yài*. Die Größe des ersten Typs (unter 1 m) ähnelt malaysischen und

indonesischen Puppen. Sie haben bewegliche Gliedmaßen und Teile (einschließlich Geschlechtsorgane). Der zweite Typ ist fast lebensgroß, hat keine beweglichen Teile und ist nur in Thailand zu finden. Beide Arten werden kunstvoll aus Büffelhaut hergestellt. Aufführungen von Schattenpuppentheatern sind heutzutage selten und meist nur auf Festlichkeiten zu sehen.

Festivals & Events

In Nakhon Si Thammarat (genau wie in Songkhla und Surat Thani) findet jedes Jahr Mitte Oktober ein südthailändisches Festival namens **Chak Phra Pak Tai** statt. In Nakhon Si konzentriert sich das Geschehen auf die Gegend um den Wat Phra Mahathat. Es gibt Aufführungen von *năng đà·lung* und *lá·kon lék* sowie eine Prozession mit Buddhafiguren, bei der Spenden für die Tempel der Stadt gesammelt werden.

Im dritten Mondmonat (Feb.–März) feiert die Stadt das farbenprächtige **Hae Phaa Khun That**. Bei diesem Fest wird der Haupt-*chedi* des Wat Phra in Stoff gehüllt, der mit *jataka*-Malereien verziert ist.

Schlafen

Die Zahl der annehmbaren Unterkünfte in der Stadt ist recht beschränkt.

Thai Hotel (☎ 0 7534 1509; Fax 0 7534 4858; 1375 Th Ratchadamnoen; Zi. mit Ventilator 220–270 B, mit Klimaanlage 340–450 B, Suite 750 B; ❄) Zentraler als im Thai Hotel kann man nicht übernachten. Nach einem kleinen Schild (auf dem doch tatsächlich „Thai Hotel" auf thailändisch steht), das in eine quirlige Nebenstraße zeigt, Ausschau halten. Die Unterkunft ist ziemlich hellhörig, aber die Zimmer mit Klimaanlage sind ihren Preis trotzdem wert. Jedes Zimmer ist mit einem Fernseher ausgestattet. Von den Zimmern in den oberen Stockwerken hat man einen tollen Blick auf das städtische Treiben.

Nakorn Garden Inn (☎ 0 7532 3777; 1/4 Th Pak Nakhon; Zi. 445 B; ❄) Das Nakorn Garden Inn im Motelstil bietet eine nette Alternative zu den ansonsten üblichen Betonkästen. Die um einen sandigen Garten herum angeordneten Zimmer haben unverputzte, purpurfarbene Wände. Jede Wohneinheit ist identisch mit TV und Kühlschrank ausgestattet. Unbedingt versuchen, ein sonnendurchflutetes Zimmer zu bekommen.

Grand Park Hotel (☎ 0 7531 7666-73; Fax 0 7531 7674; 1204/79 Th Pak Nakhon; Zi. 700–1700 B; ❄) Die guten,

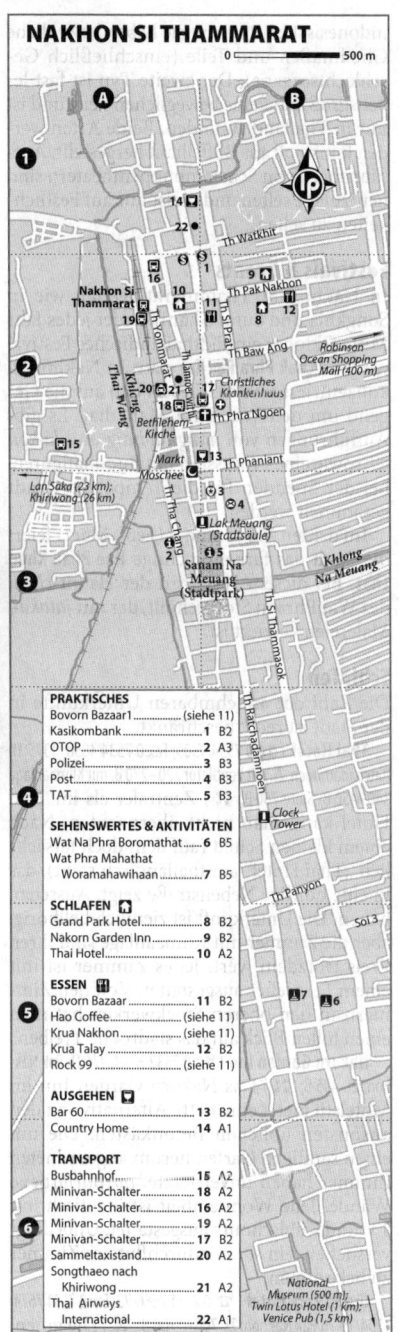

NAKHON SI THAMMARAT

0 — 500 m

PRAKTISCHES
Bovorn Bazaar1......................(siehe 11)
Kasikombank...............................1 B2
OTOP...2 A3
Polizei...3 B3
Post..4 B3
TAT...5 B3

SEHENSWERTES & AKTIVITÄTEN
Wat Na Phra Boromathat.......6 B5
Wat Phra Mahathat
   Woramahawihaan.................7 B5

SCHLAFEN
Grand Park Hotel.......................8 B2
Nakorn Garden Inn....................9 B2
Thai Hotel.................................10 A2

ESSEN
Bovorn Bazaar.........................11 B2
Hao Coffee..........................(siehe 11)
Krua Nakhon.......................(siehe 11)
Krua Talay.................................12 B2
Rock 99...............................(siehe 11)

AUSGEHEN
Bar 60..13 B2
Country Home...........................14 A1

TRANSPORT
Busbahnhof..............................15 A2
Minivan-Schalter......................18 A2
Minivan-Schalter......................16 A2
Minivan-Schalter......................19 A2
Minivan-Schalter......................17 A2
Sammeltaxistand.....................20 A2
Songthaeo nach
   Khiriwong...............................21 A2
Thai Airways
   International..........................22 A1

modernen Zimmer im Grand Park haben TV
und Kühlschrank, sind allerdings nicht gerade schick, geschweige denn luxuriös. Sie
sind über sieben Stockwerke verteilt und manche bieten einen weiten Blick über die Stadt.
Die Gäste halten sich gern in der großen
Lobby und im Restaurant auf.

Twin Lotus Hotel (☎ 0 7532 3777; www.twinlotusho
tel.net; 97/8 Th Phattanakan Khukhwang; Zi. 1100–3000 B;
❖) Obwohl man dem Twin Lotus langsam sein Alter ansieht, so ist es doch noch
immer ein nettes Örtchen, um sich in Nakhon ein wenig verwöhnen zu lassen. Das gut
ausgestattete Fitnessstudio des Hotels ist bei
den örtlichen Englischlehrern sehr beliebt.
Der 16-stöckige Klotz liegt einige Kilometer
südöstlich des Zentrums.

Essen & Ausgehen

In Nakhon sollte man die für den Süden
charakteristischen Speisen probieren. Abends
bieten die muslimischen Essensstände köstliche *kôw mòk gài* (Hähnchen-Biryani),
má·dà·bà (*murdabag*, indische Pfannkuchen
gefüllt mit Hähnchenfleisch oder Gemüse)
und *roti* an. Die Gegend um den Bovorn
Bazaar in der Th Ratchadamnoen ist mit
vielen guten Imbissständen übersät.

Tanzwütige treffen sich allabendlich im beliebten Venice Pub beim Twin Lotus Hotel.
Wer einen ruhigeren Abend bei einem Bierchen und Pub-Essen verbringen möchte, kann
in die Bar 60 (auch Bar Hok Sip genannt)
gehen. Sie befindet sich in der Nähe der Ecke
Th Ratchadamnoen und Th Phra Ngoen.

Hao Coffee (☎ 0 7534 6563; Bovorn Bazaar; Gerichte
30–60 B; ☼ morgens & mittags) Hier gibt's gutes
Frühstück ohne lange Wartezeiten. Auch der
Kaffee ist verdammt gut.

Rock 99 (☎ 0 7531 7999; 1180/807, Bovorn Bazaar; Gerichte 40–100 B; ☼ abends) Ein Lieblingstreff der
fa·ràngs in Nakhon. Das Rock 99 hat eine
große Auswahl an internationalen Gerichten
– von Taco-Salat über Steak-Sandwiches
bis hin zu Pizzen und Bratkartoffeln. Mittwoch-, freitag- und samstagabends wird Livemusik geboten. Aber nicht nur an diesen
Tagen trifft man hier mit Sicherheit freundliche Ausländer, die sich in Thailand auf
Dauer niedergelassen haben.

Krua Nakhon (☎ 0 7531 7197; Bovorn Bazaar; Gerichte 60–200 B ☼ morgens & mittags) In diesem Lokal
neben dem Hao Coffee gibt's eine große Auswahl an traditionellen Nakhon-Gerichten.
Am besten man bestellt eine der gemischten

Platten mit fünf verschiedenen Currys (einschließlich einer ungenießbaren scharfen Fischsauce) oder einen *kôw yam* (südthailändischer Reissalat). In der Robinson Ocean Mall gibt's eine Außenstelle.

Krua Talay (Th Pak Nakhon; Gerichte 40–300 B; ☽ mittags & abends) Das Krua Talay in der Nähe des Kukwang Markts ist die Topadresse für saftige Meeresfrüchte. Es ist hier zwar etwas teurer als in anderen, weniger touristischen Lokalen, aber selbst die Einheimischen sagen, dass die Gerichte ihren Preis wirklich wert sind.

Country Home (☎ 08 1968 0762; 119/7 Th Ratchadamnoen) Die saloonartige Bestuhlung und das seltsame Gemisch aus Strohhüten in der großen Open-Air-Bar erinnern etwas an den Wilden Westen. Abends ist das Lokal rappelvoll mit biertrinkenden Einheimischen, die der Livemusik lauschen.

An- & Weiterreise

Die ständig zunehmende Beliebtheit des Jatukham-Amuletts (s. Kasten S. 690) hat zu einem Boom an Reisemöglichkeiten nach Nakhon geführt.

Mehrere kleine Fluglinien (und Thai Airways) fliegen täglich von Bangkok nach Nakhon. Es gibt etwa sechs Flüge pro Tag. Der einstündige Flug kostet rund 3500 B.

Zwei Züge fahren täglich von Bangkok nach Nakhon (mit Zwischenstopps in Hua Hin, Chumphon und Surat Thani). Beides sind Nachtzüge, die 12 Stunden unterwegs sind. Sie starten um 17.35 und 19.15 Uhr in Bangkok, kosten in der 2. Klasse zwischen 590 und 890 B und fahren weiter bis nach Hat Yai und Sungai Kolok.

Etwa sieben Busse starten täglich in Bangkok entweder zwischen 6 und 8 Uhr oder 17.30 und 22 Uhr (1./2. Klasse 700/600 B, 12–13 Std.). Die normalen Busse nach Bangkok fahren am Busbahnhof ab. Es gibt auch ein paar private Busse, die direkt am Fahrkartenschalter in der Th Jamroenwithi losfahren.

Wer in Nakhon die Haltestelle für Minivans sucht, sollte nach kleinen Schaltern in den Innenstadtstraßen Ausschau halten (Minivans und wartende Fahrgäste sind ein Zeichen für eine Haltestelle). Am besten man fragt sich durch, denn die Busse fahren je nach

Fahrziel an verschiedenen Stellen los. Minivans nach Krabi und Don Sak starten an ein und derselben Haltestelle – man muss nur darauf achten, dass man nicht den falschen nimmt. Haltestellen befinden sich in der Th Jamroenwithi, Th Wakhit und Th Yommarat. Es gibt zahlreiche Verbindungen nach Krabi (180–240 B, 2½ Std.) und Phuket (175–275 B, 5 Std.), Surat Thani (100 B, 1 Std.), Khanom (85 B, 1 Std.) und Hat Yai (ca. 120 B, 3 Std.). Die Minivans fahren los, wenn sie voll sind.

Unterwegs vor Ort

Songthaeo fahren in Nord-Süd-Richtung die Th Ratchadamnoen und die Th Si Thammasok entlang und kosten 10 B (abends etwas mehr). Die Preise für Motorradtaxis liegen je nach Entfernung zwischen 20 und 50 B.

RUND UM NAKHON SI THAMMARAT
Khao Luang National Park

อุทยานแห่งชาติเขาหลวง

Mitten im **Khao Luang National Park** (☎ 0 7530 9644-7; Erw./Kind 400/200 B), der für seine wunderschönen Berg- und Waldwanderwege, kühlen Bäche, Wasserfälle und Obstgärten bekannt ist, erhebt sich der 1835 m hohe Berg Khao Luang. Die schnell ansteigende, an einen Urwald erinnernde Berglandschaft ist bis zu 1800 m hoch. In den Bergen entspringen zahlreiche Bäche und Flüsse und bilden eindrucksvolle Wasserfälle. Hier sind auch unzählige Vogelarten beheimatet. Ornithologen werden ihre wahre Freude haben. Pflanzenliebhaber können mehr als 300 Orchideenarten bewundern, von denen es einige sonst nirgendwo auf der Welt gibt.

Bungalows im Park für sechs bis 12 Personen kosten zwischen 600 und 1000 B pro Nacht. An dem Weg zum Gipfel kann man auch campen. Wer in den Park will, muss von Nakhon Si Thammarat mit einem Songthaeo (25 B) in das Dorf Khiriwong am Fuß des Khao Luang fahren. Der Parkeingang und die Büros des Royal Forest Department liegen 33 km von Nakhons Innenstadt entfernt an der Rte 4015. Eine Asphaltstraße führt über 2,5 km auf 400 m Höhe, wo sich das Büro befindet. Von hier aus sind es noch 450 m bis zum Parkplatz.

Andamanenküste

Da Flüge immer teurer werden und die Urlaubstage kostbar sind, stecken wir noch mehr Arbeit in unsere „Reisebibeln", in der Hoffnung, den besten Trip aller Zeiten zu kreieren. Eine gewaltige Aufgabe besonders für diejenigen unter uns, die auf der endlosen Suche nach dem -*st* sind. Zum Glück ist die Andamanenküste die ultimative Region der Superlative: Heimat der höch*sten* Karstformationen, der läng*sten* Strände, des weich*sten* Sandes, des blau*sten* Wassers … die Liste ließe sich fast endlos fortsetzen.

Entlang der Küste dümpeln Boote aus Khao Lak zwischen den Similan- und Surin-Inseln hin und her, von denen aus Tauchfans die großartig*sten* Tauchgründe weit und breit erkunden. Weiter im Süden ist Phuket die Ausgangsbasis für alle Hedonisten unter den Urlaubern. Die typischen zerklüfteten Gipfel der Andamanen erreichen dagegen in Krabi einen atemberaubenden Höhepunkt. Wie zu Festungen erstarrt thronen sie im Meer – jede scheinbar von einem Wall grell-bunter Riffe geschützt. Ko Phi-Phi Dons unvorstellbare Schönheit übertrifft selbst die höch*sten* Erwartungen. Die Ausblicke, die sich Kletterern bieten, werden für immer in Erinnerung bleiben. Ja die Kletterer selbst werden eins mit dieser sagenhaften Landschaft, während sie wie Glaskugeln an einem riesigen Weihnachtsbaum in den Felsen hängen. Tief im Süden vor Trang versinken die Kalksteinriesen dann wieder allmählich im Meer, nicht aber ohne vorher das küstennahe Gewässer mit kleinen Inseln zu sprenkeln, dem Angelrevier einheimischer Seenomaden. Man sollte sich diese Ecke für das Ende der Reise aufsparen – denn unser Ehrgeiz besteht ja darin, den besten Trip aller Zeiten zu kreieren.

HIGHLIGHTS

- An der Seite von neugierigen Kugelfischen die leuchtenden Korallen vor den **Trang-Inseln** (S. 780) erkunden
- Auf dem Motorrad herumdüsen und Märkte und einsame Strände auf **Ko Lanta** (S. 768) entdecken
- Auf **Phuket** (S. 738) die Geschmacksknospen mit einem berauschenden Mix aus Gourmetleckereien und Straßenessen herausfordern
- In der Morgendämmerung für einen Tauchgang ins Wasser gleiten – Tauchausflüge mit Basis in **Khao Lak** (S. 704) machen es möglich
- Farbenfrohen Tukanen und stolzierenden Affen zuschauen, während man im **Khao Sok National Park** (S. 701) herumpaddelt
- In türkisblauen Wasser baden, während man zu den eindrucksvollen Kalksteinfelsen auf **Ko Phi-Phi** (S. 761) hinauf blickt

★ Khao Sok National Park
★ Khao Lak

Phuket ★

★ Ko Phi Phi
★ Ko Lanta

★ Trang-Inseln

- BESTE REISEZEIT: DEZEMBER–APRIL
- BEVÖLKERUNG: 1,13 MIO.

ANDAMANENKÜSTE

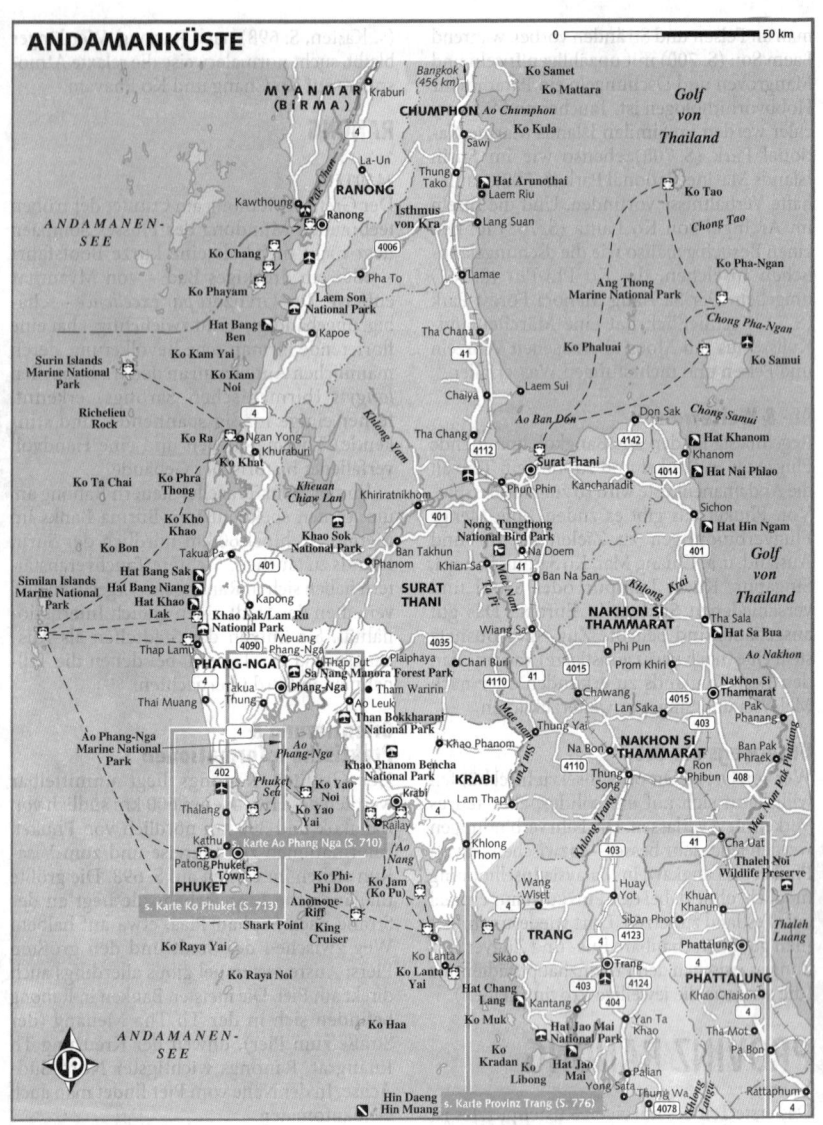

ANDAMANKÜSTE

ANDAMANENKÜSTE

Klima

Wichtigstes Kriterium für die Reiseplanung ist das Wetter. Die Andamanenküste bekommt mehr Niederschläge ab, als die südlichen Golfprovinzen – wobei es von Mai bis Oktober besonders heftig regnet. In diesem Zeitraum fahren dann auch Passagierboote seltener oder gar nicht (meist ganz im Süden).

Nationalparks

Nationalparks gibt es in dieser Region fast schon mehr als genug. Ao Phang-Ngas (S. 711) Kalkfelsen, Inseln und Höhlen können beim Meerkajakfahren, Sporttauchen oder Schnorcheln erkundet werden. In Khao Sok (S. 701) gibt's endlose Flächen prähistorischen Regenwalds. In Khao Lak/Lam Ru (S. 704) wandert

man an Felsen und Stränden vorbei, während Laem Son (S. 700) mit unzähligen Inseln und Mangroven und Dschungeln ein Paradies für Hobbyornithologen ist. Taucher und Schnorchler werden im Similan Islands Marine National Park (S. 708) ebenso wie im Surin Islands Marine National Park (S. 707) traumhafte Verhältnisse vorfinden. Und die Inseln im Archipel von Ko Lanta (S. 768) lohnen einen Besuch genauso wie die dschungelähnlichen Inselchen, die Ko Phi-Phi (S. 767) umgeben. Der Sa Nang Manora Forest Park (S. 712) schließlich hat eine Märchenland-Kulisse aus mit Moos überzogenen Wurzeln und Felsen und mehrstufigen Wasserfällen.

An- & Weiterreise

Regelmäßig landen aus Bangkok kommende Flugzeuge in Phuket und Krabi – ein Trip an die Andamanenküste wird so zum Kinderspiel. Von Phuket aus gibt es zudem eine Menge Flugverbindungen zu Zielen im In- und Ausland, u. a. Chiang Mai, Ko Samui, Pattaya, Singapur, Kuala Lumpur oder Seoul und verschiedenen Städten in Europa. Das gut ausgebaute und beliebte Zug- und Busnetz stellt eine (noch etwas günstigere) Variante dar, den Rest Thailands zu erkunden oder nach Malaysia und Singapur weiterzukurven.

Unterwegs vor Ort

Wer von Ort zu Ort oder Insel zu Insel hüpfen will, kann sich auf ein solides, aber teures Verkehrnetz verlassen. Die Fährverbindungen werden jedes Jahr besser – inzwischen ist von Phuket bis Langkawi in Malaysia Inselhopping möglich, ohne dabei den Fuß auch nur einmal aufs Festland zu setzen. Dort wiederum findet man gut überschaubare Bus- und Zugverbindungen zwischen den Provinzhauptstädten vor (die stets wie die jeweilige Provinz heißen).

PROVINZ RANONG

Das erste Teil des kurvigen Küstenpuzzles ist die am wenigsten besiedelte Region Thailands und zugleich die regenreichste – bis zu acht Monate im Jahr bekommt sie ordentliche Regengüsse ab. Als Ergebnis sind Ranongs Wälder saftig und grün (in der Nähe der Küste warten jedoch Sümpfe und Strände gibt's auf dem Festland fast gar nicht).

Die meisten Besucher verschlägt es nur für einen kurzen Visa-Run nach Victoria Point (s. Kasten, S. 698) nach Ranong. Wer länger bleibt, sucht normalerweise die relaxte Atmosphäre auf Ko Chang und Ko Phayam.

RANONG

ระนอง
24 500 Ew.

Der Grenzort Ranong am Ostufer der trüben teebraunen Mündung des Flusses Sompaen liegt nicht mehr als eine kurze Bootsfahrt – oder ein dreckiges Bad – von Myanmar entfernt. Der Grenzort *par excellence* – schäbig, ungebändigt, leicht zwielichtig – hat eine florierende birmanische Bevölkerung, deren männlichen Anteil man an den traditionellen *longyis* (birmanischen Sarongs) erkennt, ferner einige mäßig spannende (und stinkende) Thermalquellen und eine Handvoll verfallener historischer Gebäude.

Immer mehr Traveller steuern Ranong an, um an den spektakulären Burma Banks im Mergui-Archipel 60 km nördlich der Surin Islands zu tauchen. Mehrere Tauchveranstalter haben sich in Ranong niedergelassen und verleihen der Stadt einen Hauch Internationalität. Sie nutzen das Städtchen als Ausgangspunkt für Touren, bei denen die Teilnehmer an Bord übernachten.

Orientierung & Praktische Informationen

Der Großteil Ranongs liegt unmittelbar westlich des Hwy 4, etwa 600 km südlich von Bangkok und 300 km nördlich von Phuket. Informationen zur Einreise und zum Visa-Run stehen im Kasten auf S. 698. Die größte thailändische Einreisebehörde liegt an der Straße nach Saphan Plaa, etwa auf halbem Weg zwischen der Stadt und den größten Piers; Ausreisestempel gibt's allerdings auch direkt am Pier. Die meisten Banken in Ranong befinden sich in der Th Tha Meuang (der Straße zum Pier), unweit der Kreuzung Th Ruangrat, Ranongs wichtigster Nord-Süd-Achse. In der Nähe vom Pier findet man auch Geldautomaten.

J Net (☎ 0 7882 2877; Th Ruangrat; 40 B/Std.; ⏰ 9–21 Uhr)
Hauptpost (Th Chonrau; ⏰ Mo–Fr 9–16, Sa bis 12 Uhr)

Sehenswertes & Aktivitäten

THERMALQUELLEN

Ranong ist Thailands ländliche Version eines Badeortes – stinkend und ohne Charme. Man kann die Quellen im Wat Tapotaram testen,

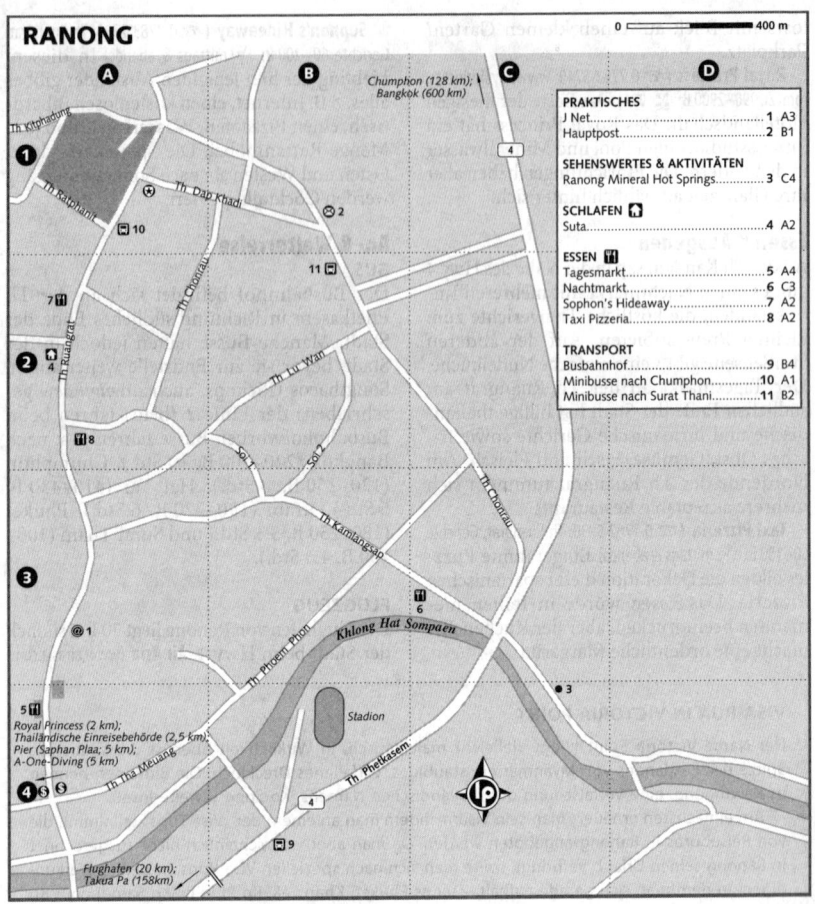

RANONG

0 _____ 400 m

Chumphon (128 km);
Bangkok (600 km)

PRAKTISCHES
J Net..1 A3
Hauptpost..2 B1

SEHENSWERTES & AKTIVITÄTEN
Ranong Mineral Hot Springs.............3 C4

SCHLAFEN
Suta..4 A2

ESSEN
Tagesmarkt..5 A4
Nachtmarkt.......................................6 C3
Sophon's Hideaway..........................7 A2
Taxi Pizzeria......................................8 A2

TRANSPORT
Busbahnhof.......................................9 B4
Minibusse nach Chumphon..............10 A1
Minibusse nach Surat Thani..............11 B2

Royal Princess (2 km);
Thailändische Einreisebehörde (2,5 km);
Pier (Saphan Plaa; 5 km);
A-One-Diving (5 km)

Stadion

Flughafen (20 km);
Takua Pa (158km)

wo die **Ranong Mineral Hot Springs** (Th Kamlangsap;
Eintritt 10 B; 8–17 Uhr) ein Wasserbecken haben,
in denen man Eier hartkochen könnte (65 °C).
Nach dem Märchen *Goldlöckchen und die drei
Bären* lassen sich die Namen der drei Quellen
als Vaterquelle, Mutterquelle und Babyquelle
übersetzen. Jede hat ihren eigenen unverwechselbaren und fürchterlichen Geruch.
Dafür soll das Quellwasser heilig sein und
wundersame Heilkräfte besitzen.

TAUCHEN
Tauchtrips mit Übernachtung an Bord steuern
Weltklasseziele vor der Küste Ranongs an,
u. a. die Burma Banks im Mergui-Archipel
und die Surin- und Similan-Inseln. Die Preise
beginnen bei etwa 16 000 B für ein viertägiges

Paket. Ein guter Anbieter ist **A-One-Diving**
(0 7783 2984; www.a-one-diving.com; 77 Saphan Plaa).
Auch Veranstalter in Khao Lak (S. 704) haben
inzwischen Touren inklusive Übernachtung
zu den atemberaubenden Burma Banks in ihr
Programm aufgenommen.

Schlafen
Wer den Visa-Run mithilfe einer Agentur
absolviert, wird von dieser in die Stadt rein-
und wieder rausgeschleust, ohne dass eine
Übernachtung notwendig wird.

Suta (0 7783 2707; Th Ruangrat; Zi. 350 B;) Eine
der bequemeren Optionen in Ranong, die bei
ausländischen Langzeiturlaubern im Zuge ihres
Visa-Run recht beliebt ist. Die Unterkunft abseits
der Straße hat ein paar einfache Bunga-

lows mit Blick auf einen kleinen Garten/ Parkplatz.

Royal Princess (☎ 0 7783 5240; www.royalprincess. com; Zi. 990–2900 B; ☒ ⚑) Das Beste der hiesigen Hotellandschaft. Das Royal Princess hat ein Fitnessstudio, einen Pool und Mineralwasser in den Bädern. Die Einrichtungen haben aber ihre Glanzzeit allmählich hinter sich.

Essen & Ausgehen

An der Th Kamlangsap in der Nähe des Hwy 4 gibt es einen Nachtmarkt mit mehreren Imbissständen, die köstliche Thaigerichte zum kleinen Preis anbieten. Auf der anderen Straßenseite gibt's eine einfache Nudelküche. Der Tagesmarkt an der Th Ruangrat am südlichen Ende der Stadt hat billige thailändische und birmanische Gerichte sowie frisches Obst, Gemüse, Fisch und Fleisch. Am Nordende der Th Ruangrat tummeln sich mehrere akzeptable Restaurants.

Taxi Pizzeria (☎ 0 7782 5730; Th Ruangrat; Gerichte 60–180 B; ☻ mittags & abends) Eingerahmte Puzzles bilden die Dekoration dieser spartanischen Pizzeria. Das Essen würde in Italien niemanden beeindrucken, aber der Küchenchef macht eine ordentliche Margarita.

Sophon's Hideaway (☎ 0 7783 2730; Th Ruangrat; Gerichte 60–200 B; ☻ mittags & abends) In diesem Liebling der hier lebenden Ausländer gibt es alles, z. B. Internet, einen kostenlosen Billardtisch, einen Pizzaofen, Wasserspiele und jede Menge Rattanmöbel. Die Speisekarte deckt Osten und Westen ab; nach Sonnenuntergang werden Cocktails serviert.

An- & Weiterreise

BUS

Der Busbahnhof befindet sich an der Th Phetkasem in Richtung südliches Ende der Stadt. Manche Busse halten jedoch in der Stadt, bevor sie zur Endstelle weiterfahren. Songthaeos (Pickups, auch *săwngthǎew* geschrieben) der Linie 2 (blau) fahren beim Busbahnhof vorbei. Busse fahren u. a. nach Bangkok (220–700 B, 10 Std.), Chumphon (120–150 B, 3 Std.), Hat Yai (410–430 B, 5 Std.), Krabi (190–220 B, 6 Std.), Phuket (180–250 B, 5½ Std.) und Surat Thani (100–200 B, 4½ Std.).

FLUGZEUG

Der Flughafen von Ranong liegt 20 km südlich der Stadt beim Hwy 4. **Air Asia** (www.airasia.com)

VISA-RUN IN VICTORIA POINT

Der Name Victoria Point klingt vielleicht majestätisch, in Wirklichkeit aber ist die südlichste Spitze des Festlandes von Myanmar ein staubiges, verfallenes Dreckloch. Die Birmanen nennen es Kawthoung, eine Verfälschung des thailändischen Namens, Ko Song (Zweite Insel).

Am einfachsten erneuert man sein Visum, indem man an einer der „Visa Trips" teilnimmt, die von Reisebüros in Ranong angeboten werden. Da man aber wahrscheinlich nicht ausgerechnet in Ranong seinen Urlaub verbringt, sollte man sich nach speziellen Visa-Runs an dem Ort erkundigen, in dem man sich gerade aufhält – sei es Phuket, Khao Lak, Ko Phi-Phi, Ko Samui oder Ko Pha-Ngan. Ist man bereits in Ranong, kann man das Visum auch auf eigene Faust erneuern. Man wird vielleicht günstiger und schneller unterwegs sein, muss jedoch darauf gefasst sein, dass man den ganzen Weg lang belästigt und belabert wird. Alleinreisenden werden Tabak kauende birmanische Bootsmänner versuchen, Packungen mit Viagra (um „hoch zu kommen") oder Valium (um „runter zu kommen") zu verkaufen – die Fahrt selbst ist schon Achterbahn genug.

Alle Traveller brauchen ihren Pass, eine Kopie des Passes und 10 US$. Organisierte Visa-Touren kümmern sich um die letzten beiden Sachen. Boote legen am Pier ab (Schilder in ganz Ranong weisen ihn gut aus), wo eine kleine Bude der **thailändischen Einreisebehörde** (☻ 8.30–18 Uhr) Ausreisestempel – und bei der Rückkehr Einreisestempel – erteilt. Die einstündige Fahrt mit dem Longtail-Boot zum birmanischen Checkpoint kostet 200 B (einfache Strecke). Wer an einem organisierten Visa-Run teilnimmt, wird auf eine Holzfähre gedrängt. Alleinreisende können diese Fähren für etwa 70 B pro einfache Strecke ebenfalls benutzen. Bevor man in Victoria Point ankommt, passiert das Boot zwei Checkpoints, an denen der Bootsmann den Beamten kurz den Pass zeigt.

Wer nur sein thailändisches Visum erneuern will, wird abhängig vom Transportmittel für das ganze Prozedere nicht mehr als eineinhalb bis zweieinhalb Stunden benötigen. Nicht vergessen: Die birmanischen Uhren sind 30 Minuten hinter der thailändischen Zeit zurück. Ach, und einen Hut und Wasser mitnehmen – es gibt sehr wenig Schatten auf der Fahrt.

fliegt drei- bis viermal pro Woche nach Bangkok (einfache Strecke ca. 1900 B).

Unterwegs vor Ort

Motorradtaxis bringen einen für 20 B in der Stadt fast überall hin. Zu den Hotels entlang der Th Phetkasem kostet es 25 B, zum Pier, an dem Schiffe nach Ko Chang, Ko Phayam und Myanmar ablegen, 50 B. **Pon's Place** (☎ 0 7782 3344; Th Ruangrat; ☯ 7.30–24 Uhr) kann beim Mieten von Motorrädern und Autos helfen.

KO CHANG

เกาะช้าง

Wer auf der Suche nach der großen Ko Chang ist, ist hier falsch. Wer aber den Koffer voller Romane hat und einen ruhigen Streifen Sand sucht, um sie zu lesen, ist genau richtig! Anders als auf den meisten Andamaneninseln heißt es auf Ko Chang „back to the roots" – es gibt keine Geldautomaten, kein Internet und keine Eile, sie einzuführen.

Wer seine Bücher durch hat, kann seine Zeit damit verbringen, das winzige Hauptdorf – es Hauptstadt zu nennen, wäre wahrlich übertrieben – zu erkunden oder auf einem der Trampelpfade umherzuwandern. Mit etwas Glück sieht man einen Seeadler, Andamanenmilane oder Nashornvögel, die hier allesamt nisten, über den Mangroven dahingleiten.

Bungalowbetreiber können Bootsausflüge nach Ko Phayam und zu anderen nahe gelegenen Inseln für etwa 200 B pro Person (inkl. Mittagessen) in einer Gruppen von sechs oder mehr Leuten organisieren. Tauchtrips sind ebenfalls möglich. **Aladdin Dive Cruise** (☎ 0 7782 0472; www.aladdindivecruise.de) auf Ko Chang veranstaltet PADI-Kurse und bietet eine Reihe von Tauchsafaris inklusive Übernachtung an Bord an.

SCHLAFEN & ESSEN

Bambus und Stroh sind die Norm auf der rustikalen Ko Chang. Die Unterkünfte sind größtenteils nur von November bis April geöffnet. Es gibt nur begrenzt Elektrizität, ein paar Orte nutzen jedoch Solarstrom.

Ko Chang Resort (☎ 0 7782 8177; Ao Yai; Bungalows 200–300 B) In leuchtenden Farben und mit viel Bambus thront diese Unterkunft auf den Felsen über einem pfirsichfarbenen Sandstreifen. Die teureren Bungalows haben Terrassen auf mehreren Ebenen; die Bäder sind mit die besten in der Gegend.

Cashew Resort (☎ 0 7782 4741; Ao Yai; Bungalows 200–600 B) Cashew ist Ko Changs ehrwürdigstes Resort. Man hat die Wahl zwischen günstigen Nurdach-Hütten oder größeren, robusteren Bungalows.

Sawadee (☎ 0 7782 0177; Ao Yai; Bungalows 300–400 B) Diese Unterkunft ist so edel, wie es auf der kleinen Ko Chang nur geht. Die Inneneinrichtung aus dunklem Holz steht in Kontrast zu den zugehörigen Badezimmern, die in einer Palette aus lebendigen Farben leuchten. Das Restaurant serviert unterm Sternenhimmel die üblichen thailändischen Gerichte.

AN- & WEITERREISE

Vom Stadtzentrum Ranongs fahren Songthaeos (15 B) oder Taxi (50 B) zur Pier Saphan Plaa. Von Mitte Oktober bis Mai legen dort jeden Morgen zwei Schiffe ab (150 B) – man sollte gegen 9 Uhr da sein, vorher geht es normalerweise nicht los. In der Hauptsaison (Nov.–April) schippert täglich auch mittags noch ein Boot zur Insel. Die Schiffe kehren um 8 Uhr am nächsten Tag nach Ranong zurück. Von Ko Phayam aus können für etwa 1000 bis 1200 B Longtail-Boote gechartert werden.

KO PHAYAM

เกาะพยาม

Die kleine Ko Phayam, die offiziell zum Laem Son National Park (S. 700) gehört, liegt inmitten anderer grüner Flecken aus Sand und Kalk. Der einladende Ort beheimatet eine zahlenmäßig kleine freundliche Bevölkerung, die sich aus Thais und Birmanen, Ausländern und einigen wenigen chow lairs (auch chao leh geschrieben; Seenomaden) zusammensetzt, die sich ihren Lebensunterhalt mit dem Garnelenfang oder dem Pflücken leckerer Cashewnüsse verdienen. Das Leben spielt sich entlang zweier großen Buchten ab, die von flachsfarbenen Sandstränden flankiert werden. Als Klangkulisse ist ein reizender Mix aus der Brandung und schreienden Nashornvögeln geboten.

Auf der Insel gibt es ein „Dorf" mit Hauptpier, ein paar einfachen Lokalen, kleinen Lebensmittelbuden und Bar. Von der Pier sausen Motorradtaxis zu den einfachen Bungalows, die am mitten durch die Insel verlaufenden Motorrad-„Highway" liegen.

Schlafen & Essen

Rustikale Bungalows mit Ventilator sind der Standard auf Ko Phayam; Elektrizität gibt's

normalerweise nur von Sonnenuntergang bis 22 oder 23 Uhr. Die meisten Bungalows können theoretisch das ganze Jahr über gebucht werden – die Rollläden klappen allerdings runter, wenn zu wenig los ist. Die meisten Unterkünfte haben auch Lokale, die die übliche Backpackerkost servieren.

Vijit (☎ 0 7783 4082; www.kohpayam-vijit.com; Ao Khao Fai; Bungalows 200–500 B; 🖳) Das Vijit am südlichen Ende der Bucht hat ein Dutzend einfacher Bungalows, die um ein sandiges, mit jungen Bäumen bestandenes Gelände drapiert sind. Die Bungalows sind unterschiedlich gestaltet, haben aber Schickimicki-Badezimmer drinnen und draußen. Bei Hochwasser dünnt der Strand aus. Für kostenlosen Transport ab Ranong das Personal kontaktieren.

Bamboo Bungalows (☎ 0 7782 0012; Ao Yai; Bungalows 300–500 B) Am besten ist man mit einem der teureren, aber stabileren (sprich: monsundichten) Bungalows aus Beton und Ziegeln beraten. Die von einem israelisch-thailändischen Paar geführte, atmosphärische Anlage zieht viele Backpacker an – wenn sie denn auf der Insel sind. Es gibt ein gutes Lokal und einen angenehmen, grünen Garten. Und wer Lust auf einen Boogie in der Brandung hat, kann Bodyboards ausleihen.

Mountain Resort (☎ 0 7782 0098; Ao Khao Fai; Bungalows 350 B) Befindet sich in einem schattigen Palmenhain und hat mit die glänzendsten und auch schönsten Bungalows auf der Insel. Da es nur eine Handvoll Quartiere sind, kann man mit viel Privatsphäre und jeder Menge Frieden und Ruhe rechnen. Das Mountain Resort liegt am Nordende der Bucht.

Weitere Optionen:

Mr Gao (☎ 0 7787 0222; www.mr-gao-phayam.com; Ao Khao Kwai; Bungalows ab 350 B) Klassische Bambusunterkünfte für Paare. Freundlichkeit ist hier jedoch auf ein Minimum begrenzt.

Coconuts (☎ 0 7782 0011; Ao Yai; Bungalows 350–500 B) Unterkunft ohne viel Gedöns; Eine Alternative, wenn das Bamboo voll ist.

Ausgehen

Strandbars säumen beide Sandstreifen der Insel; die meisten gleichen eher einem Haufen Treibgut.

Oscar's (☎ 0 7782 4236; Ao Khao Fai; ☉ 10–23 Uhr) Die moderne Bar befindet sich im Hauptdorf und wirkt in ihrer Provinzkulisse etwas deplatziert. Wer auf etwas Schabernack zu später Stunde aus ist, ist hier genau richtig – das Bier könnte sogar kalt sein.

An- & Weiterreise

Täglich fahren Boote gegen 9 und 14 Uhr (150 B, 1½–2 Std.) von Saphan Plaa zum Pier von Ko Phayam. Von Ko Phayam geht's um 8 und um 13 Uhr zurück nach Ranong. In der Hauptsaison kann es bis zu drei Verbindungen täglich geben. Ein Longtail-Boot zur Insel zu chartern, kostet 1500 bis 2000 B, nach Ko Chang etwa 1250 B.

Motorradtaxis sind das einzige Transportmittel auf Ko Phayam – noch gibt es keine Autos oder Laster und die Straßen haben angenehme Motorradbreite. Eine Fahrt zum Bungalow kostet 50 bis 100 B. Man kann auch laufen, die Entfernungen sind allerdings groß – vom Pier zur Ao Khao Fai, der nächst gelegenen Bucht, sind es ca. 45 Minuten.

Motorräder können bei **Oscar's** (☎ 0 7782 4236; etwa 250 B/Tag), der einzigen Bar im Dorf auf Ko Phayam, ausgeliehen werden – man kann sie nicht übersehen. Auch manche der größeren Unterkünfte organisieren eventuell eine Mietmaschine.

LAEM SON NATIONAL PARK
อุทยานแห่งชาติแหลมสน

Der 315 km² große **Park** (☎ 0 7782 4224; www.dnp. go.th; Erw./Kind 400/200 B) erstreckt sich über die Provinzen Ranong und Phang-Nga. Er umfasst auch etwa 100 km Küstenlinie an der Andamanensee und damit den längsten geschützten Küstenabschnitt des Landes sowie mehr als 20 idyllische Inselchen. Den Großteil der Küste prägen Mangrovensümpfe, die Heimat von verschiedenen Vogel- und Fischarten, Rehen und Affen sind (u. a. Javaneraffen). Letztere kann man oft beobachten, wenn man die Straße zum Hauptquartier des Parks entlangfährt.

Der am einfachsten zugängliche Strand ist der **Hat Bang Ben**, zu erreichen über die Straße, die von den rostigen Toren des Parks zum Wasser führt (Achtung: Die Parkgebühr muss nur bezahlt werden, wenn man hier den Park betritt). Der lange, sandige Strand mit schattigen Kasuarinen im Hintergrund ist ein toller Ort zum Baden. Vom Hat Bang Ben aus kann man mehrere der geschützten Inseln des Parks erspähen, u. a. die nahe gelegenen Ko Kam Yai, Ko Kam Noi, Mu Ko Yipun, Ko Khang Khao und – im Norden – Ko Phayam. Das Parkpersonal organisiert für 1500 B pro Boot und Tag Ausflüge zu jeder dieser Inseln. Private Touren sind aber meist wesentlich günstiger (s. Wasana Resort, S. 701).

Ko Khang Khao ist bekannt für den Strand am Nordende, der mit farbigen Kieselsteinen bedeckt ist. Auch wenn die Sicht unter Wasser nicht toll ist, übertrifft sie doch die vor Ko Chang, weil die Insel etwas weiter von der Mündung des Klongh Hat Sompen entfernt ist. Am Strand von **Ko Kam Noi** ist das Wasser ziemlich klar und eignet sich zum Schwimmen und Schnorcheln, im April ist es am klarsten. Außerdem gibt's das ganze Jahr über Süßwasser und zahlreiche Wiesen zum Zelten. Die Insel **Ko Kam Tok** (auch Ko Ao Khao Khwai genannt) liegt jenseits von Ko Kam Yai und ist vom Festland aus nicht zu sehen, obwohl sie nur 200 m von Ko Kam Yai entfernt ist. Wie Ko Kam Noi bietet sie einen netten Strand, Korallen, Süßwasser und einen Campingplatz. **Ko Kam Yai** liegt 14 km südwestlich vom Hat Bang Ben. Auf der großen Insel gibt's mehrere Unterkünfte (Camping & Bungalows) und einen schönen Strand, davor hervorragende Schnorchelgebiete.

Rund 3 km nördlich vom Hat Bang Ben erstreckt sich jenseits des Kanals der Strand **Hat Laem Son**. Da man ihn nur zu Fuß vom Hat Bang Ben aus erreichen kann, ist er fast immer menschenleer. In der entgegengesetzten Richtung liegt 60 km südlich vom Hat Bang Ben der ganz ähnliche **Hat Praphat**. Kasuarinen säumen den langen Strand, an dem Meeresschildkröten ihre Eier ablegen. Hier findet sich eine kleine Parkverwaltung, die über den Hwy 4 (Phetkasem Hwy) zu erreichen ist.

Schlafen & Essen

LP Tipp **Wasana Resort** (☎ 0 7786 1434; Bungalows 450–600 B; 🖭) Das Wasana Resort, unweit des Haupteingangs zum Park beim Hwy 4 gelegen, ist eine willkommene Alternative zu den schmutzigen (und zu teuren) Bungalows des Nationalparks. Das familiengeführte Resort ist schon seit Jahren ein Favorit unter unerschrockeneren Do-it-yourself-Backpackern. Um ein farbenfrohes Restaurant verteilen sich einige gemütliche Bungalows. Die Besitzer, ein holländisch-thailändisches Paar, haben jede Menge tolle Ideen für die Erkundung von Laem Son (nach der 10 km langen genialen Wanderung um die Landzunge fragen). Für 550 B pro Person gibt es einen Tagesausflug zu den Inseln (inkl. tollen Mittagessens; mind. 4 Pers).

An- & Weiterreise

Der Laem Son National Park liegt etwa 58 km südlich von Ranong – die Straße zweigt vom Hwy 4 (Phetkasem Hwy) zwischen Kilometer 657 und 658 ab. Busse, die von Ranong in Richtung Süden fahren, können einen hier absetzen (nach Hat Bang Ben fragen). Abseits des Highways muss man einen Pickup anhalten, der in Richtung Park fährt. Vielleicht wird man nicht ganz bis zum Parkeingang mitgenommen, der 10 km vom Hwy 4 entfernt ist. Am Polizeiposten an der Kreuzung kann man vielleicht ein Motorradtaxi für 50 B mieten; da die Straße asphaltiert ist, ist die Fahrt selbst ein Kinderspiel. Ein eigener fahrbarer Untersatz ist ohne Zweifel die beste Art, um sich in dieser Gegend fortzubewegen – lokale Autoverleiher verlangen 1000 B.

Detaillierte Informationen darüber, wie man sich im Festlandteil des Parks fortbewegt, gibt's unter www.vwvagabonds.com/Bike/CycleTouringRouteBangkokPhuket.html. Boote zu den verschiedenen Inseln können am Besucherzentrum des Parks gechartert werden; der Preis beträgt normalerweise 1500 B pro Tag.

PROVINZ PHANG-NGA

Wunden brauchen lange, bis sie verheilen – doch die Provinz Phang-Nga ist eindeutig auf dem Weg der Besserung. Auch wenn fünf Jahre nach dem verheerenden Tsunami noch immer die Geschichten von damals erzählt werden, so ist doch der Blick nach vorne gerichtet, da Hot Spots wie Khao Lak wieder zu Zielen auf der gut frequentierten Backpacker-Route wurden.

Von November bis April ist das Wasser sehr klar, die Sonne scheint und strahlend weiße Strände locken. In der Regenzeit machen dagegen viele Lokale dicht und die Gegend kann ein bisschen gespenstisch wirken. Die maritimen Nationalparks rund um die Surin- und Similan-Inseln vor der Küste nennen einige der besten Tauchspots der Welt ihr eigen.

KHAO SOK NATIONAL PARK

อุทยานแห่งชาติเขาสก

Willkommen im Jurassic Park – während man zwischen hoch aufragenden Karstformationen entlangfährt, hört man den Titelsong des Hollywoodstreifen in Surround-Qualität. Tänzelte jetzt noch ein Dino vorbei, wäre Thailands erstes Schutzgebiet ein Doppelgänger für Crichtons prähistorisches Disneyland.

ANDAMANENKÜSTE

Der fast schon triefend saftige Dschungel ist Teil des ältesten Regenwalds der Welt, in dem Schlangen, Affen und Tiger durch das Gewirr träger Lianen streifen.

Der **Khao Sok National Park** (☎ 0 7739 5025; www.khaosok.com; Eintritt 400 B) gehört offiziell zur Provinz Surat Thani, ist aber eher der Andamanensee zugewandt und hat auch die charakteristische Topografie der Küstenregion: farnbewachsene Felsen, die wie Krokodilzähne kerzengerade in die Luft ragen.

Orientierung & Praktische Informationen

Das **Parkbüro** (☎ 0 7739 5025) und das Besucherzentrum liegen 1,8 km abseits der Rte 401, etwa auf Höhe von Kilometer 109. Unzählige Touranbieter aus Phuket und Khao Lak bieten Tagesausflüge in die Wildnis des Parks an, die man aber auch auf eigene Faust unternehmen kann – der Highway ist gut beschildert.

Die beste Reisezeit ist die Trockenzeit zwischen Dezember und Mai. In der Regenzeit von Juni bis November können die Wege extrem rutschig und von Wasser durchtränkt sein und blitzartige, mitunter verhängnisvolle Überschwemmungen sind keine Seltenheit. Andererseits verlassen die Tiere während der Regenmonate ihre Verstecke, sodass man dann eher die vielfältige Fauna des Parks bewundern kann.

Sehenswertes & Aktivitäten

Khao Soks riesiges Gelände ist eines der letzten intakten Habitate **großer Landsäuger**, die ausreichend Platz benötigen, um sich zu ernähren. In den feuchteren Monaten kann man auf Bären, Wildschweine, Gaur, Tapire, Gibbons, Hirsche, wilde Elefanten und vielleicht sogar einen Tiger stoßen. Zudem bevölkern über 180 Vogelarten den Park, der auch die Heimat der größten Blume der Welt ist, der seltenen *Rafflesia kerrii*. Die **Riesenblumen** mit einem Durchmesser von bis zu 80 cm findet man nur in Khao Sok vor. Sie haben keine eigenen Wurzeln oder Blätter, sondern leben parasitär in den Wurzeln der Liane, einer Dschungel-Kletterpflanze.

Der atemberaubende **Chiaw-Lan-See** befindet sich etwa eine Autostunde östlich vom Besucherzentrum. Der See wurde 1982 durch den riesigen Ratchaprapha-Damm (auch Kheuan Ratchaprapha oder Kheuan Chiaw Lan) aus Schieferlehm geschaffen. Die Kalkstein-Formationen, die aus dem See herausragen, erreichen eine Höhe von bis zu 960 m, mehr als dreimal so hoch wie die Formationen in der Gegend um Phang-Nga.

In einer Höhle, der **Tham Nam Thalu**, verbergen sich eindrucksvolle Kalksteinformationen und unterirdische Flüsse, während in der **Tham Si Ru** vier Gänge aufeinander zulaufen, die zwischen 1975 und 1982 von kommunistischen Widerständlern als Versteck genutzt wurden. Die Höhlen können vom südwestlichen Ufer des Sees aus zu Fuß erreicht werden. Man kann außerdem von einheimischen Fischern Boote mieten, um die Buchten, Kanäle, Höhlen und abgeschlossenen Einbuchtungen am Seeufer zu erkunden.

Elefantentrekking, Kajak- und Raftingtouren sind beliebte Aktivitäten im Park. Man kann auch toll wandern oder an den Parktouren teilnehmen, die die Pensionen organisieren – dabei sollte man aber sichergehen, dass man einen offiziellen Führer bekommt (auf das offizielle Abzeichen achten). Mehrere Wanderwege führen vom Besucherzentrum u. a. zu den Wasserfällen **Sip-Et Chan** (4 km), **Than Sawan** (9 km) und **Than Kloy** (9 km).

Schlafen & Essen

An der Straße, die in den Park führt, stehen bezaubernde, mit Ventilatoren ausgestattete Bungalows, die in natürlicher Umgebung ein bequemes Quartier bieten. Nach Möglichkeit sollte man bei Tageslicht angekommen, um sich an der kurzen Straße zum Park eine Unterkunft aussuchen zu können.

Art's Riverview Jungle Lodge (☎ 0 7739 5009; Bungalows 350–550 B) Das Art's ein nettes Sortiment an einfachen, soliden und luftigen Zimmern mit Moskitonetz. Die teureren sind mit Veranda und Hängematten ausgestattet – alle befinden sich in einer wunderschönen, ruhigen und üppig bewachsenen Umgebung. Vom Restaurant am Fluss aus kann man Makaken beobachten.

Khao Sok Rainforest Resort (☎ 0 7739 5006; www.krabidir.com/khaosokrainforest; Bungalows 400–600 B) Die Pfahlhütten liegen am Ufer des sich dahinschlängelnden Flusses. Hauseigene Schutzprogramme sollen Wanderungen mit wenig Auswirkung auf die Natur ermöglichen und helfen, den Regenwald wiederaufzuforsten.

Morning Mist Resort (☎ 0 7885 6185; Bungalows 600 B) Eine Menge Zweige und Stroh, kombiniert mit Blick auf zerklüftete Felsformationen. Am besten bucht man über die Nationalparkverwaltung.

Cliff & River Jungle Resort (☎ 08 7271 8787; www. thecliffandriver.com; Bungalows 1800 B) Ein wunderschönes Grundstück gleich unterhalb zerklüfteter silberfarbener Klippen. Der Pool und das Dampfspa sind nette Extras.

Anreise & Unterwegs vor Ort

Khao Sok liegt etwa 100 km von Surat Thani entfernt. Die meisten Reisebüros in Surat organisieren den Transport zum Park per Minivan (80 B, 1 Std., mind. 2-mal tgl.), man sollte aber wissen, dass manche Minivan-Unternehmen mit Bungalow-Betreibern zusammenarbeiten und versuchen, Fahrgäste davon zu überzeugen, in deren Resorts zu übernachten. Man kann auch in Surat Thani in einen Bus in Richtung Takua Pa steigen, den man dann aber weit vor seinem Ziel wieder verlassen muss (dem Busfahrer den Haltewunsch „Khao Sok" mitteilen). Es ist auch möglich, von der Westküste per Bus anzureisen, jedoch muss man dann zuerst nach Takua Pa fahren. Busse von Takua Pa zum Park (25 B, 1 Std., 9-mal tgl.) setzen Reisende an der Autostraße ab, 1,8 km vom Besucherzentrum entfernt. Wenn keine Werber für Pensionen bereitstehen, muss man zur Unterkunft der Wahl laufen (50 m–2 km). Die Straßen in den zentralen Abschnitten des Parks sind gut asphaltiert, wer mit dem eigenen Fahrzeug unterwegs ist, sollte also keine Probleme haben.

Zum Chiaw-Lan-See fährt man vom Besucherzentrum auf der Rte 401 in Richtung Osten und nimmt bei Ban Takum die Abzweigung zwischen Kilometer 52 und 53. Von dort sind es noch 14 km bis zum See. Wer kein eigenes Auto hat, muss mit dem Bus nach Ban Takum fahren und dann auf eine Mitfahrgelegenheit zum See hoffen. Ohne eigenen fahrbaren Untersatz nimmt man am besten an einer Tour teil, die jede Unterkunft für 1000 B (2000–2500 B inkl. Übernachtung) vermittelt.

KHAO LAK & UMGEBUNG

เขาหลัก/บางเนียง/นางทอง

Khao Lak ist ein Provinznest, das alles auf eine Karte setzt: Der Tauchtourismus ist der Motor der hiesigen Wirtschaft, darüber hinaus gibt's allerdings nicht viel zu unternehmen – klar, der Strand ist nett, aber die Riffe sind eben schöner. Der absolute Renner sind daher Tauchausflüge mit Übernachtung an Bord, bei denen die atemberaubenden Similan- und

Surin-Archipele erkundet werden. In Khao Lak knistert daher die Luft vor lauter gespannter Vorfreude der Urlauber, die sich darauf vorbereiten, an der Seite exotischer Fische Unterwasserwelten zu erkunden.

Orientierung & Praktische Informationen

Khao Lak liegt an einem langen Küstenstreifen mit endlosen reizvollen Stränden. Der Hwy 4 verläuft etwa 1,5 km landeinwärts parallel zur Küste und verbindet mehrere kleine Ansammlungen von Läden und Unterkünften miteinander. Zu diesem Abschnitt gehören vier Strände, und zwar von Süd nach Nord: Khao Lak, Nang Thong, Bang Niang und Bang Sak. In Nang Thong herrscht am meisten Betrieb.

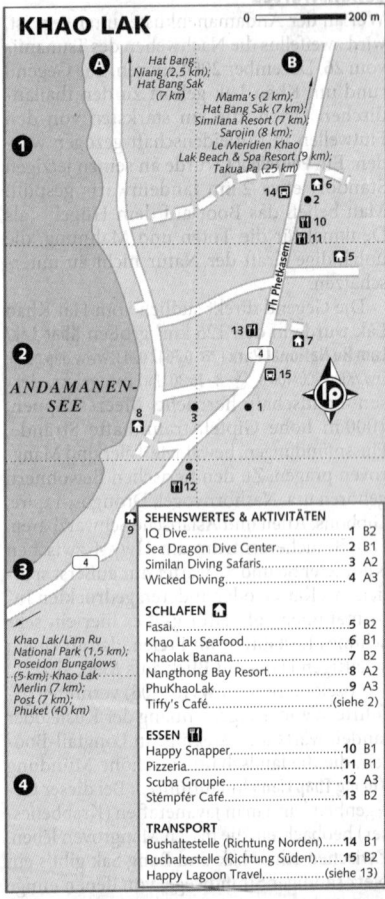

KHAO LAK   0 —— 200 m

SEHENSWERTES & AKTIVITÄTEN	
IQ Dive..1 B2
Sea Dragon Dive Center....................2 B1
Similan Diving Safaris........................3 A2
Wicked Diving...................................4 A3

SCHLAFEN	
Fasai...5 B2
Khao Lak Seafood.............................6 B1
Khaolak Banana................................7 B2
Nangthong Bay Resort.......................8 A2
PhuKhaoLak......................................9 A3
Tiffy's Café..............................(siehe 2)

ESSEN	
Happy Snapper................................10 B1
Pizzeria..11 B1
Scuba Groupie.................................12 A3
Stémpfer Café..................................13 B2

TRANSPORT	
Bushaltestelle (Richtung Norden)......14 B1
Bushaltestelle (Richtung Süden).......15 B2
Happy Lagoon Travel................(siehe 13)

ANDAMANEN-SEE

Hat Bang Niang (2,5 km); Hat Bang Sak (7 km)
Mama's (2 km); Hat Bang Sak (7 km); Similana Resort (7 km); Sarojin (8 km); Le Meridien Khao Lak Beach & Spa Resort (9 km); Takua Pa (25 km)

Th Phetkasem

Khao Lak/Lam Ru National Park (1,5 km); Poseidon Bungalows (5 km); Khao Lak Merlin (7 km); Post (7 km); Phuket (40 km)

Der Khao Lak/Lam Ru National Park liegt gleich südlich vom Hat Khao Lak.

Bei Tauchunfällen sollte man den Notruf der **SSS Ambulance** (☎ 08 1081 9444) wählen, der Verletzte schnell zur Behandlung nach Phuket bringt. Die Ambulanz hilft auch bei Auto- oder Motorradunfällen weiter. In Bang Niang gibt's eine Krankenschwester, die sich um Tauchverletzungen kümmert.

Es gibt unzählige Reisebüros, die sich weit verstreut auf die Gegend verteilen. Oft bestehen sie nur aus einem Tisch am Straßenrand – und die meisten waschen auch Wäsche und verleihen für etwa 250 B am Tag Motorräder. Die Post befindet sich in Tabla Mu in der Nähe des Khao Lak Merlin Resorts.

Sehenswertes

Wer an der Andamanenküste unterwegs ist, wird zweifellos die Nachwehen des Tsunamis vom 26. Dezember 2004 spüren. Die Gegend rund um Khao Lak gehört zu den thailändischen Orten, die am stärksten von den Flutwellen in Mitleidenschaft gezogen wurden. Ein **Polizeiboot** an seinen jetzigen Standort etwa 2 km landeinwärts gespült. Man beließ das Boot auf dem Hügel – als Denkmal für die Toten und Mahnung, die unbändige Kraft der Natur nicht zu unterschätzen.

Die Gegend direkt südlich vom Hat Khao Lak wurde in den 125 km² großen **Khao Lak/ Lam Ru National Park** (☎ 0 7642 0243; www.dnp.go.th; Erw./Kind 200/100 B; ⏰ 8–16.30 Uhr) integriert, dessen Landschaft herrliche Meeresklippen, 1000 m hohe Gipfel, traumhafte Strände, Flussmündungen, bewaldete Täler und Mangroven prägen. Zu den tierischen Bewohnern gehören u. a. Nashornvögel, Drongos, Tapire, Gibbons, Affen und Asiatische Schwarzbären. Das Besucherzentrum am Hwy 4 zwischen Kilometer 56 und 57 wartet nur äußerst spärlich mit Karten oder anderen gedruckten Informationen auf, dafür gibt es hier ein sehr schönes Restaurant im Freien, das an einem schattigen Hang mit Blick aufs Meer sitzt.

Poseidon Bungalows (S. 706) vermittelt geführte Wanderungen entlang der Küste oder landeinwärts und Ausflüge in Longtail-Booten, die die landschaftlich schöne Mündung **Khlong Thap Liang** hinaufführen. Bei dieser Gelegenheit kann man Javaneraffen (Krabbenesser) beobachten, die in den Mangroven leben. Zwischen Khao Lak und Bang Sak gibt's ein Netz sandiger Strandwege, von denen einige

zu einsamen Stränden führen – ob zu Fuß oder mit einem gemieteten Motorrad, es macht auf jeden Fall Spaß, sie zu erkunden. Die meisten Hotels in der Stadt vermieten Motorräder für 250 B am Tag.

Aktivitäten

TAUCHEN

Khao Lak ist das offizielle Tor zum Unterwasserparadies der Similan- und Surin-Inseln. Tagesausflüge zum Tauchen und Schnorcheln sind schon ziemlich beliebt, doch die Touren mit Übernachtung an Bord sind schlichtweg nicht von dieser Welt. Bei den zwei-, drei-, vier- oder fünftägigen Trips wird man von der Sonne wachgeküsst und gleitet bis zu viermal am Tag in die Fluten der Andamanensee, um mit glitschigen Riffhaien, listigen Rochen und mürrischen Barrakudas herumzutollen – zu Recht zählt man diese Tauchgründe zu den Top Ten weltweit. Bei längeren Ausflügen besucht mach auch den **Richelieu Rock** – das Nonplusultra der Region. Der hufeisenförmige Gipfel, der von Jacques Cousteau entdeckt wurde (o. k., er wurde von einheimischen Fischern dorthin geführt), steigt dramatisch vom Grunde des Ozeans auf. Nur ein Steinfinger schaut aus der aufgewühlten Oberfläche des Meeres hervor – wo sonst, wenn nicht hier, sollte man das Gefühl bekommen, am Ende der Welt zu tauchen. **Ko Bon** und **Ko Ta Chai** sind zwei weitere beliebte Spots. Die Gewässer dienen riesigen, anmutig im Wasser schwebenden Mantarochen als Putzerstationen, an denen Putzerlippfische sie von Parasiten und abgestorbener Haut säubern. Es gibt keine Garantie, dass man sie zu sehen bekommt (wir hatten Pech), doch in der Hauptsaison stehen die Chancen sehr gut. Tagesausflügler können sich normalerweise nach Ko Bon schippern lassen, bei den meisten Trips werden aber schnurstracks die Similan-Inseln angesteuert (S. 708).

Es scheint auf den ersten Blick schwierig, aus der Fülle der Angebote eine der Touren mit Übernachtung an Bord herauszupicken. Es gibt allerdings zwei wichtige Kriterien, die man dabei berücksichtigen sollte: das eigene Budget und die gewünschte Dauer des Trips. Die Auswahl reicht von dreitägigen Backpacker-Ausflügen für um die 12 000 B bis zu verschwenderischen Luxusjachten, für die man bei drei Tagen auf dem Meer 25 000 B aufwärts hinblättert. Ein Teil der Magie des Lebens an Bord besteht darin, Gleichgesinnte

kennenzulernen. Man sollte sich also nicht für Tauchschulen entscheiden, die bei ihren Ausflügen regelmäßig an Land zurückkehren, um Passagiere, mit denen man gerade erst ein paar Worte gewechselt hatte, wieder abzusetzen und neue an Bord zu holen. Bevor man bezahlt, sollte man den Veranstalter zudem fragen, ob noch zusätzliche Gebühren anfallen (etwa für Nationalparks, Leihausrüstung etc.); manche Anbieter verstecken eine Menge Kleingedrucktes, um mit ihren Preise konkurrenzfähig zu bleiben. Unter www.back packersthailand.com gibt's Informationen über mehrere Optionen mit Übernachtung an Bord. Wer einen flexiblen Zeitplan hat, sollte versuchen, einen Trip später in der Saison zu buchen – falls der Tourleiter oder Tauchlehrer in seiner ersten Saison auf den Similan-Inseln ist, sollte er die Riffs inzwischen besser kennen. Die Fluktuation ist ziemlich hoch, da Tauchen in der Gegend eine saisonale Sache ist (Ende Okt.–Mai; die Daten variieren je nach Jahr und den sich ständig ändernden Bestimmungen der Parkverwaltung).

Tauchanfänger können auch einen der vereinzelt angebotenen PADI-Kurse in Angriff nehmen, werden aber auf Ko Tao (S. 669) an der Golfküste günstiger wegkommen; die Tauchgründe liegen hier auch näher an der Küste. Der PADI-Open-Water-Kurs kostet in Khao Lak ca. 16 000 B – das Tauchermekka ist also eher was für alle, die einfach nur Spaß beim Tauchen haben oder an einem Tauchlehrertraining teilnehmen wollen.

Wer nur schnorcheln möchte, kann bei ausgewählten Tauchausflügen oder Trips mit Übernachtung an Bord für einen Rabatt von etwa 40 % mitfahren; Veranstalter in der ganzen Stadt bieten zudem noch günstigere Schnorchelausflüge an, die etwa 2500 B aufwärts kosten, aber oft überfüllt und von mieser Qualität sind.

Khao Lak hat zwei Dutzend Tauchunternehmen, die um die sauer verdienten Bahts der Touristen wetteifern. Die folgenden Tauchschulen werden sehr empfohlen:

IQ Dive (☎ 0 7648 5614; www.iq-dive.com; Th Phetkasem) Ein Qualitätsunternehmen, das auf Tauch- und Schnorchel-Tagesausflüge spezialisiert ist. Eintägige Tauchausflüge kosten 5100 B aufwärts (alles inkl.). Die Website enthält gute Informationen über die ganze Bandbreite an Trips mit Übernachtung an Bord, die es in der Region gibt.

Sea Dragon Diver Center (☎ 0 7648 5420; www. seadragondivecenter.com; Th Phetkasem) Eines der älteren Unternehmen in Khao Lak. Sea Dragon hat über die Jahre hohe Standards eingehalten und bietet erstklassige Tagesausflüge und Trips mit Übernachtung an Bord an. Drei Tage mit Übernachtung an Bord für Sparfüchse kosten 11 800 B (Parkgebühren und Ausrüstung gehen extra).

Similan Diving Safaris (☎ 0 7648 5470; www. similan-diving-safaris.com) Der Besitzer Joe ist halb Jamaikaner, halb Chinese und halb Brite (ja, das ist was für Mathefreaks). Er hat eine Einstellung zum Leben wie ein Rastafari, der der Laozi-Philosophie anhängt. Die Spezialität hier ist der erstklassige viertägige Ausflug (alles inkl. 17 800 B), der von Stammkunden immer wieder gebucht wird. Erfahrenes Personal und tolles Essen setzen noch eins drauf. In puncto mehrtägige Trips dürfte Joe das beste Preis-Leistungs-Verhältnis anbieten. Auch Tagesausflüge sind im Programm. Das Büro befindet sich in der Seitenstraße zum Happy Lagoon.

Wicked Diving (☎ 0 7648 5868; www.wickeddiving. com; Hwy 4) Das Wicked ist in Khaos Tauchszene relativ neu, heimste aber bereits viel Lob ein für sein wirklich tolles Personal, gut durchgeführte Ausflüge und einen umweltfreundlichen Tourismusansatz (nach dem Walhai-Erkundungsprojekt fragen). Der dreitägige Trip (15 900 B; plus Ausrüstung à 300 B/Tag und Parkgebühren) ist der Verkaufsschlager hier. Zudem ist der Veranstalter eine lustige und nette Option, um den PADI-Kurs zu absolvieren. Es gibt auch Tagesausflüge.

Freiwilligenarbeit

Es gibt in der Gegend ein paar unorganisierte Projekte, die sich den Nachwehen des Tsunamis widmen. Wer sich jedoch für Freiwilligenarbeit interessiert, die etwas bewegt, sollte **Grassroots HRED** (☎ 0 7642 0351; www.ghre.org) in Takua Pa 25 km nördlich von Khao Lak kontaktieren. Die Menschenrechtsorganisation bemüht sich, Birmanen in Thailand, die vor allem in vom Tsunami betroffenen Gebieten leben, zu helfen. Ihre erfolgreichen Sommercamp-Programme sind eine tolle Möglichkeit, mit anzupacken.

Schlafen

Khao Lak hat eine großartige Auswahl an Backpacker-Buden und Spitzenklasseresorts – wer eine Mittelklasseunterkunft sucht, muss sich für das eine oder andere entscheiden.

BUDGETUNTERKÜNFTE

Für die günstigsten Unterkünfte in der Stadt zum Sea Dragon Diver Center (s. linke Spalte) gehen und nach den Betten im Schlafsaal in Tiffy's Café fragen, die 180 B die Nacht kosten.

Fasai (☎ 0 7648 5867; 7i. 500–700 B; 🏠) Die beste Budgetunterkunft in Khao Lak hat tadellose

ANDAMANENKÜSTE

Zimmer im Motel-Stil und lächelndes Personal, das so schüchtern kichert wie Geishas.

Khaolak Banana (☎ 0 7648 5889; www.khaolak banana.com; Zi. 500–1200 B) Die bezaubernden kleinen Bungalows haben auf die Zementböden gemalte Wirbel und sonnendurchflutete Indoor/Outdoor-Bäder. Ein niedlicher Pool mit Liegestühlen setzt noch einen drauf. Bevor man eincheckt, die anderen Gäste fragen, wieviel sie zahlen – die Preisschwankungen sind ein wenig dubios.

Khao Lak Seafood (☎ 0 7642 0318; Zi. 600 B) Die jugendlich frischen Bungalows gehören zum Restaurant selben Namens und sind eine gute Wahl bei kleinem Geldbeutel.

Poseidon Bungalows (☎ 0 7644 3258; www.similan tour.com; Bungalows ab 900 B) Ruhiges Plätzchen auf der anderen Seite der Landzunge, das in der Nähe des Khao Lak/Lam Ru National Park etwa 5 km südlich von Hat Khao Lak liegt. Angeboten werden einige Hütten, die im Küstenwald verteilt sind.

Außerdem empfehlenswert:

PhuKhaoLak (☎ 0 7648 5141; Bungalows 600–1800 B; ✖ 🖵 🌊) Serviceorientiertes Unternehmen mit bequemen Hütten und tollem Essen. Fünf Minuten zu Fuß vom Zentrum von Khao Lak.

MITTEL- & SPITZENKLASSEHOTELS

LP Tipp Nangthong Bay Resort (☎ 0 7648 5088; Bungalows 2000–3000 B; ✖ 🖵 🌊) Das Nangthong ist eine tolle Unterkunft – und es ist kein Geheimnis, dass sie oft ausgebucht ist. Die Zimmer wirken mit ihrer minimalistischen Schwarz-Weiß Deko eher schick, als spartanisch. Aus Terrakottaskulpturen schießen Wasserfontänen in den himmelblauen Swimmingpool, während zufriedene Urlauber Ebbe und Flut betrachten. Alle Zimmertypen haben ein tolles Preis-Leistungs-Verhältnis.

Similana Resort (☎ 0 7648 7166; www.similanaresort. com; Zi. ab 3000 B; ✖ 🖵 🌊) Jeder Bungalow ist ein kleines Kunstwerk mit handgearbeiteten Möbeln, dunklen Holzböden, gesteppten Überdecken, Fenstern zur Bucht und privaten Terrassen mit Panoramablick. Man sollte das von Travellern empfohlene Baumhaus testen, von dem aus man einen herrlichen Blick auf den Strand hat.

Khao Lak Merlin (☎ 0 7642 8300; www.merlinphuket. com; Hwy 4; Zi. ab 6800 B; ✖ 🖵 🌊) Das riesige Resort 7 km südlich der Stadt besitzt ein Labyrinth aus Swimmingpools und Zimmern im Kolonialstil, das sich über ein 6 ha großes Areal mit saftigen tropischen Gärten erstreckt.

LP Tipp Le Meridien Khao Lak Beach & Spa Resort (☎ 0 7642 7500; www.khaolak.lemeridien.com; Hwy 4; Zi./ Bungalows ab 7000 B; ✖ 🖵 🌊) Khao Laks Hotel der Le-Meridien-Kette, das sich am abgelegenen Strand von Bang Sak befindet, wurde während des Tsunami komplett zerstört. Neu aufgebaut präsentiert es sich besser als je zuvor. Das weitläufige Resort von epischer Größe hat Hunderte von Zimmern, die sich um mehrere unterschiedliche Swimmingpools (u. a. einen für Familien) verteilen. Eine schier endlose Strandfront wird von tropischen Gärten und privaten Villen flankiert.

LP Tipp Sarojin (☎ 0 7642 7900; www.sarojin.com; Zi. ab 12 500 B; 🌊) Der Stil des ruhigen Refugiums mischt japanische Nüchternheit mit üppigem thailändischen Dekor. So ist ein Resort entstanden, das sowohl elegant als auch intim ist. Wir lieben vor allem den Pool mit den eleganten Hütten zum Faulenzen, die wie kleine Inseln auf dem kristallblauen Wasser treiben. Das Sarojin befindet sich in Bang Sak.

Essen & Ausgehen

Man sollte keine kulinarischen Highlights erwarten, doch es gibt schon ein paar beliebte Plätzchen, an denen sich Reisende versammeln, um die Geschichten des Tages noch einmal durchzukauen. Taucher, die frühmorgens in den Tag starten wollen, werden Schwierigkeiten haben, vor 8.30 Uhr ein Lokal zu finden, in dem sie einen Snack essen können.

Takua Pa Markt (5–18 Uhr) Der farbenfrohe Markt 25 km nördlich der Stadt eignet sich toll für Snacks. Viele Regenwaldtouren, die in Khao Lak starten, machen hier einen Stopp, bevor sie in den Dschungel eintauchen.

Stémpfer Café (Th Phetkasem; Gerichte 90–150 B; 🕒 9–22 Uhr) Toller Kaffee, leckere Sandwiches und eine schnelle drahtlose Internetverbindung – was braucht ein E-Mail-Junkie mehr?

Happy Snapper (☎ 0 7642 3540; Th Phetkasem; Gerichte 90–290 B; 🕒 morgens, mittags & abends) Still und starr betrachten Holzstatuen Stammgäste, wie sie sich zur nächtlichen Livemusik abzappeln. Zur Bar gehört eine kleine Thai-Kantine, die leckere Klassiker serviert.

Pizzeria (☎ 0 7648 5271; Gerichte 200–300 B; 🕒 mittags & abends) Laut Giorgio sind diese italienischen Gerichte überragend! Wer einmal die authentische Kost wie hausgemachte Gnocchi oder Pizza mit dünnem Boden probiert hat, wird garantiert ein zweite Mal vorbeikommen.

Außerdem empfehlenswert:
Mama's (Hauptgerichte 40–120 B; morgens, mittags & abends) Mama zaubert grundehrliche, selbst gekochte Mahlzeiten. Neben dem 7-Eleven in Bang Niang.
Scuba Groupie (☻ 16.30–1 Uhr) Freundlicher Barkeeper, der nach dem Tauchen Drinks ausschenkt. Befindet sich im Erdgeschoss des „großen gelben Gebäudes" (man kann es nicht übersehen).

An- & Weiterreise

Alle Busse, die den Hwy 4 zwischen Takua Pa (50 B, 45 Min.) und Phuket (80 B, 2 Std.) entlangfahren, halten am Hat Khao Lak, wenn man den Fahrer darum bittet. Aufpassen, dass man nicht in Kokloi (etwa 40 km südlich von Khao Lak) aussteigt – das soll auch schon vorgekommen sein. VIP-Busse sausen am frühen Morgen (6–8 Uhr) in beide Richtungen durch die Stadt, während normale Busse jede Stunde vorbeifahren. VIP-Schlafbusse fahren täglich um 17, 19, 20 und 21 Uhr direkt nach Bangkok und kosten 750 bis 1100 B. Busse halten auch in der Nähe des Merlin Resort und am Verwaltungsgebäude des Khao Lak/Lam Ru National Park. Alle Fragen rund um öffentliche Verkehrsmittel werden im Zentrum im Happy Lagoon Travel am Hwy 4 (zwei Türen neben dem Stémpfer Café) mit einem Lächeln beantwortet.

SURIN ISLANDS MARINE NATIONAL PARK

อุทยานแห่งชาติหมู่เกาะสุรินทร์

Die fünf wunderschönen Inseln, aus denen dieser **Nationalpark** (www.dnp.go.th; Eintritt 400 B; ☻ Mitte Nov.–Mitte Mai) besteht, liegen etwa 60 km vor der Küste, gerade einmal 5 km von der Meeresgrenze zwischen Thailand und Myanmar entfernt. Intakter Regenwald, kleine geschützte Buchten mit weißem Sandstrand und felsige Landzungen im Ozean kennzeichnen diese Granitinseln. Glasklares Wasser und eine Sichtweite unter Wasser von oftmals bis zu 35 m laden zum Erkunden der fantastischen maritimen Lebenswelt ein. Die geschützten Gewässer der Inseln locken auch *chow lairs* (Seenomaden) an, die in der Regenzeit von Mai bis November in einem Dorf an der Küste leben. Hier werden sie nach dem einheimischen Wort *oken* (Salzwasser) als Moken bezeichnet.

Ko Surin Nuea (im Norden) und Ko Surin Tai (im Süden) sind die zwei größten Inseln. Die Parkverwaltung und alle Einrichtungen für Besucher befinden sich an der Ao Chong

Khad auf Ko Surin Nuea in der Nähe des Anlegestegs. Khuraburi ist das Tor zum Park. Der Pier liegt etwa 9 km nördlich der Stadt, ebenso die **Nationalparkverwaltung** (☎ 0 7649 1378; ☻ 8–17 Uhr) auf dem Festland, bei der das hilfsbereite Personal gute Infos und Karten bereithält.

Sehenswertes & Aktivitäten

MOKEN VILLAGE

In Ko Surin Tai, dem Moken-Dorf an der **Ao Bon**, freut man sich über Besucher; von der Parkverwaltung aus fahren Longtail-Boote (100 B). Nach dem Tsunami ließen die Moken sich in dieser geschützten Bucht nieder, wo im April eine große Zeremonie zu Ehren der Vorfahren (Loi Reua) stattfindet. Bemalte *law bongs* (beschützenden Totempfähle) stehen am Parkeingang.

TAUCHEN & SCHNORCHELN

Die Tauchgründe im Park, u. a. die **Ko Surin Tai** und **HQ Channel**, zwischen den zwei Hauptinseln. In der Nähe befindet sich auch der **Richelieu Rock**, ein Felsen im Meer, 14 km südöstlich gelegen; im März und April sind hier oft Walhaie zu beobachten. 60 km nordwestlich von den Surin-Inseln liegen die berühmten **Burma Banks**, ein System unterseeischer Berge im Mergui-Archipel. Getrennt geführte Tauchtrips mit Übernachtung an Bord besuchen diese unberührten Gewässer. Auf den drei größten Unterwasserplateaus – **Silvertip**, **Roe** und **Rainbow** – wachsen Korallengärten, in denen große ozeanische und kleinere Riff-Meerestierarten umherstreifen – ein Taucherlebnis, das fünf Sterne verdient!

Am besten erkundet man die 1A-Tauchgründe von Khao Lak aus im Rahmen einer mehrtägigen Tour mit Übernachtung an Bord (S. 704).

Weil die Riffe nur 5 bis 6 m unter der Wasseroberfläche liegen und die meisten Korallen den Tsunami heil überstanden haben, eignet sich die Gegend auch hervorragend zum Schnorcheln. Zweistündige Schnorcheltrips mit dem Boot (80 B/Pers.; Ausrüstung 150 B/Tag) legen täglich um 9 und 14 Uhr von der Inselverwaltung ab.

TIERE, PFLANZEN & WANDERN

Um die Gebäude der Parkverwaltung herum kann man in den Ausläufern des Waldes nach den rotzfrechen Javaneraffen (Krabbenessern) und 57 einheimischen Vogelarten Ausschau halten. Hier lebt z. B. die sagenhafte Nikoba-

ANDAMANENKÜSTE

rentaube, die nur an der Andamanensee vorkommt. An der Küste sieht man vielleicht den hellbraunen Brahminenweih aufsteigen und Riffreiher auf den Felsen sitzen. Auf den Inseln sind zwölf Fledermausarten zu Hause, darunter die in Bäumen lebenden Flughunde.

Ein schwieriger **Wanderweg** – nur was für Schwindelfreie! – schlängelt sich an der Küste entlang und durch den Wald zum Strand an der **Ao Mai Ngam**, wo man gut schnorcheln kann. Bei Ebbe kann man von der Parkverwaltung aus leicht am Strand zur Bucht marschieren.

Schlafen & Essen

Es ist wesentlich komfortabler, auf den Surins als auf den Similans zu übernachten. Die Unterkünfte im Park sind einfach und gut, mit aber aufgrund der kurzen, schmalen Strände der Insel *sehr* dicht aneinander gedrängt. Bei voller Belegung (etwa 300 Gäste) erwecken sie den Eindruck, böse überfüllt zu sein.

Übernachtungen im Park können online unter www.dnp.go.th oder bei der **Nationalparkverwaltung** (☎ 0 7649 1378) auf dem Festland in Khuraburi gebucht werden. **Bungalows** (mit Ventilator, Bad & Balkon 2000 B) und **Zelte** (für 1/2 Pers. 300/450 B) gibt's an der Ao Chong Khad; Zelte sind ebenfalls an der Ao Mai Ngam erhältlich. Man kann auch sein eigenes **Zelt** (80 B) aufstellen. Bis etwa 22 Uhr liefert ein Generator Strom. Ein **Parkrestaurant** (Gerichte ab 60 B) serviert authentisches Thai-Food.

Wer in Khuraburi übernachten muss, kann die einfachen Unterkünfte im **Tararin Resort** (☎ 0 7649 1789; Zi. ab 300–500 B; 🛏) oder das **Boon Piya Resort** (☎ 08 1752 5457; Bungalows 600 B; 🛏) neben Tom & Am Tour ansteuern. Eine etwas luxuriösere Option, das **Kuraburi Greenview Resort** (☎ 0 7640 1400; www.kuraburigreenview.co.th; DZ ab 1900 B; 🛏 🖵 🛒), liegt 15 km südlich der Stadt inmitten eines Waldes unweit von einem Fluss. Es hat bequeme Bungalows, die aus Schiefer und Steinen erbaut sind.

An- & Weiterreise

Ein „großes Boot" (hin & zurück 1200 B, einfache Strecke 2½ Std.) legt täglich um 9 Uhr vom Pier in Khuraburi ab und kehrt um 13 Uhr zurück (zum Zeitpunkt der Recherchen fuhr es jedoch nicht). Touranbieter betreiben Schnellboote (hin & zurück 1700 B, einfache Strecke 1 Std.) und nehmen auf ihren täglichen Fahrten auch Traveller mit, die auf eigne Faust unterwegs sind.

Mehrere Tourveranstalter haben alle in der Nähe des Piers ihren Stützpunkt. Sie organisieren Tages- und Übernachtungstouren (etwa 2800/3800 B) zum Park; Veranstalter in Khao Lak (S. 705) und Phuket (S. 724) können diese und andere Trips buchen. Die beliebten Tauchtrips mit Übernachtung an Bord und Start in Khao Lak steuern mehrere Inseln des Archipels an. In Khuraburi kann man auf gut Glück beim freundlichen Veranstalter **Tom & Am Tour** (☎ 08 6272 0588; www.surinislandtour.com) anfragen, ob noch eine Tour frei ist. Bei den Tourveranstaltern ist der Transfer von Khao Lak im Preis inbegriffen.

Täglich verkehren drei bis sechs Busse zwischen Phuket und Khuraburi (160 B, 3½ Std.) sowie zwischen Khuraburi und Ranong (60 B, 1½ Std.).

SIMILAN ISLANDS MARINE NATIONAL PARK

อุทยานแห่งชาติหมู่เกาะสิมิลัน

Der wunderschöne **Similan Islands Marine National Park** (www.dnp.go.th; Eintritt 400 B; ☼ Nov.–Mai) ist die bunt leuchtende Spielwiese von Khao Laks boomender Tourismusbranche, die sich auf Tauchtrips mit Übernachtung an Bord spezialisiert hat. Er liegt 70 km vor der Küste und bietet mit die besten Tauchmöglichkeiten in Thailand, wenn nicht sogar auf dem Planeten. Die glatten Granitinseln sind unter Wasser genauso beeindruckend wie darüber. Mit Regenwald bewachsen, werden sie von weißen Sandstränden und Korallenriffen eingefasst.

Auf zwei der neun Inseln, Ko Miang (Insel 4) und Ko Similan (Insel 8), gibt es Rangerstationen und Unterkünfte; die Parkverwaltung und die meisten Veranstalter befinden sich auf Ko Miang. „Similan" leitet sich im Übrigen vom malaiischen Wort *sembilan* ab, das neun bedeutet – obwohl jede Insel einen eigenen Namen hat, werden sie meist mit ihrer Zahl bezeichnet.

Das Sprungbrett zum Park ist der Pier in Thap Lamu (oder Tabla Mu), das etwa 10 km südlich von Khao Lak liegt. Das **Festlandbüro der Nationalparkverwaltung** (☎ 0 7659 5045; ☼ 8– 16 Uhr) liegt etwa 500 m vom Pier entfernt, allerdings erhält man dort keine englischsprachigen Informationen – am besten man fährt nach Khao Lak (S. 705), um alle Infos zusammenzutragen, die man zur Erkundung dieser neun zauberhaften Inselchen und der Riffe, die sie umgeben, braucht.

Sehenswertes & Aktivitäten

TAUCHEN & SCHNORCHELN

Mit Tiefen von zwei bis 30 m sind die außergewöhnliche Tauchgründe rund um die Similans für Anfänger wie Cracks geeignet. Zu sehen gibt es Unterwasserberge (**Fantasy Rocks**), Felsriffe (**Ko Payu**) und Durchbrüche (**Hin Pousar**, bekannt als „Elefantenkopf"). Es tummelt sich allerlei Meeresgetier, von winzigen Röhrenwürmern und Weichkorallen bis hin zu Schwarmfischen und Walhaien. Beliebt bei mehrtägigen Trips sind auch Abstecher zu East of Eden, West of Eden, Hide Away und Breakfast Bend. Die extrem populären Inseln **Ko Bon** und **Ko Ta Chai** nördlich der neun Similans dienen Mantas als Putzerstationen. Vor den sechs Inseln nördlich von Ko Miang erstrecken sich jeweils Tauchgründe; der südliche Teil des Parks ist für Taucher nicht zugänglich. Im Nationalpark selbst gibt's keine Einrichtungen für Taucher, man muss also eine Tauchtour buchen. Agenturen in Khao Lak (S. 705) und Phuket (S. 724) buchen mehrtägige Trips (3 Tage mit Übernachtung an Bord ab etwa 15 000 B).

An mehreren Stellen um **Ko Miang**, besonders in der Hauptrinne, kann man gut schnorcheln; Schnorchelausrüstung kann man im Park mieten (100 B/Tag). Tagestouren machen meist an drei oder vier verschiedenen Spots Station. Viele Tauchunternehmen und Reisebüros in Khao Lak organisieren reine Schnorchelausflüge (Tagesausflüge ca. 2500–3000 B).

TIERE, PFLANZEN & WANDERN

Im Wald rund um die Parkverwaltung auf Ko Miang gibt's ein paar Wanderwege und eine tolle Tierwelt. U. a. lässt sich die sagenhafte Nikobarentaube mit ihrer wilden grau-grünen Federmähne oft blicken; sie lebt ausschließlich an der Andamanensee und ist eine von 39 Vogelarten im Park. Außerdem sind regelmäßig Landkrebse mit haarigen Beinen und Flughunde zu sehen.

Der von Informationstafeln gesäumte **Small Beach Track** führt 400 m zu einer kleinen, zum Schnorcheln geeigneten Bucht. Von ihm zweigt der **Viewpoint Trail** ab. Nachdem man rund 500 m steil bergauf geklettert ist, hat man von oben einen Panoramablick. Der Weg zum **Sunset Point** führt 500 m durch einen Wald zu einer glatten Granitplattform, die – natürlich – gen Westen blickt.

Auf Ko Similan gibt es einen 2,5 km langen Wanderweg zu einem **Aussichtspunkt** und einen kürzeren, steilen Weg vom Hauptstrand zum Gipfel von **Sail Rock**.

Schlafen & Essen

Der Park bietet Unterkünfte für jeden Geldbeutel, aber keine davon ist besonders spektakulär. Buchen kann man unter www.dnp. go.th oder im **Festlandbüro der Nationalparkverwaltung** (☎ 07659 5045) in Khao Lak.

Auf Ko Miang gibt's **Bungalows** (Zi. 2000 B; ✗) mit Meerblick und Balkon, zwei dunkle **Langhäuser** (Zi. 1000 B) mit je fünf ventilatorgekühlten Zimmern aus Holz und Bambus und enge **Zelte** (2 Pers. 570 B). Strom gibt's von 18 bis 6 Uhr.

Zelte stehen auch auf Ko Similan bereit.

Ein **Restaurant** (Gerichte 100 B) in der Nähe der Parkverwaltung serviert einfache Thaigerichte.

An- & Weiterreise

Zum Park fahren keine öffentlichen Verkehrsmittel. Wer eine Unterkunft über den Nationalpark bucht, muss auf eigene Faust hingelangen. Agenturen in Khao Lak (S. 705) und Phuket (S. 724) organisieren Tages- und Übernachtungstouren (ab etwa 2500/3500 B) und mehrtägige Tauchtrips (3 Tage mit Übernachtung an Bord ab ca. 15000 B) – soviel würde man auch etwa bezahlen, wenn man versuchen würde, aus eigener Kraft auf die Inseln zu kommen. Man kann probieren, sich an einen Tauchausflug dranzuhängen und für den Ausflug ohne Tauchausrüstung zahlen, dies machen die Anbieter aber nur dann mit, wenn ihre Boote relativ leer sind.

PHANG-NGA & AO PHANG-NGA

พังงา/อ่าวพังงา

9700 Ew.

In Phang-Nga ist es denkbar einfach, den Unterschied zwischen einem Besucher und einem Einheimischen zu benennen – Erstere schauen nach oben. Atemberaubende Türme aus Kalkstein greifen nach den Nachmittagswolken und lassen die Betrachter vor Ehrfurcht erstarren – und mancher reibt sich verblüfft die Augen, wenn er merkt, dass die Einheimischen völlig unbeeindruckt von den himmlischen Geschenken ihren alltäglichen Dingen nachgehen. Wer nicht in dieser Region zu Hause ist, wird sich schwer tun, nicht stundenlang wie angewurzelt stehen zu bleiben und die Felsen anzustarren. Der Mix aus strahlend weißem Sand und zerklüftetem Stein wirkt einfach berauschend.

Ein Gastauftritt dieser Region in *Der Mann mit dem goldenen Colt* hat jede Menge James-Bond-Fans und Möchtegernspione in das ruhige Reich gelockt. Die Regierung sah sich deshalb zum Handeln veranlasst und stellte das Land unter den Schutz eines Nationalparks. Da es in der Ecke keine guten Unterkünfte gibt, ist man vielleicht besser beraten, sie nur im Rahmen eines Tagesausflug zu besuchen – es gibt haufenweise Touren von Phuket (S. 725) und Khao Lak aus; in einem der einheimischen Reisebüros fragen. Die meisten Touren werden auf Tafeln und Postern als Trips zur „James Bond Island" beworben. Touren kosten etwa 550 B aufwärts, je nach Saison und Nachfrage.

Praktische Informationen

Die Stadt Phang-Nga hat keine Touristeninformation, das Büro der **Tourism Authority of Thailand** (TAT; ☎ 0 7621 2213; www.tat.or.th; 73-65 Th Phuket; ☽ 8.30–16.30 Uhr) in Phuket hat allerdings Karten und gute Infos zur Gegend. Die Post liegt etwa 2 km südlich vom Zentrum. Es gibt unzählige Internetcafés in der Stadt, in denen man seinen Blog aktualisieren kann.

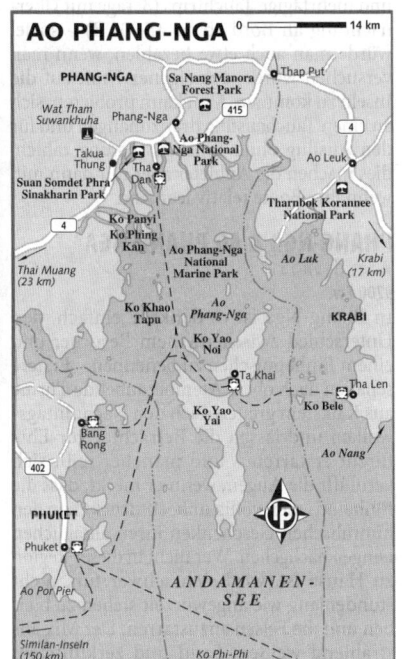

Einreisebehörde (☎ 0 7641 2011; ☽ Mo–Fr 8.30–16.30 Uhr) Ein paar Kilometer südlich der Stadt; allein wird man sie vermutlich niemals finden, daher lieber ein Motorradtaxi nehmen.

Siam Commercial Bank (Hwy 4; ☽ Mo–Fr 9–16 Uhr) An der Hauptstraße, die durch die Stadt führt; hat einen Geldautomaten und wechselt Geld.

Sehenswertes & Aktivitäten

In Phang-Nga prallen die Gegensätze aufeinander: auf der einen Seite eine verwahrloste, glücklose Stadt, auf der anderen eine grandiose Landschaft. Die Hauptstraße ist schäbig und ziemlich trostlos, ihre Kulisse bilden jedoch atemberaubende Kalksteinfelsen.

Etwa 8,5 km südlich des Stadtzentrums liegt **Tha Dan**. Dort kann man Boote ausleihen, um halb versunkene Höhlen, seltsam geformte Inseln und das muslimische Pfahldorf Ko Panyi zu besichtigen. Ferner gibt es geführte Touren zur **Ko Phing Kan** (James Bond Island), dem Felsen, der im 007-Streifen *Der Mann mit dem goldenen Colt* mit Roger Moore zu bewundern ist. Dabei wird auch ein Abstecher zum Ao Phang-Nga National Park (2- bis 3-stündige Tour 500–600 B/Pers.) gemacht. In **Takua Thung**, einem Hafen etwa 10 km westlich von Tha Dan, kann man zu ähnlichen Preisen auch Privatboote mieten – in den Restaurants nachfragen. Auch das Parkbüro des Ao Phang-Nga Marine National Parks bietet geführte Bootstouren an.

Wer nicht so gerne mit den Bootsleuten feilscht, kann die entspanntere und nicht allzu teure Alternative wählen und eine Tour in einem der Reisebüros in der Stadt buchen. **Sayan Tours** (☎ 0 7643 0348) bietet nun schon seit vielen Jahren geführte Touren zur Ao Phang-Nga an und erhält von Reisenden gute Kritiken. Halbtages-/Tagestouren kosten ab 500/800 B pro Person und schließen u. a. **Tham Lawt** (eine große Wasserhöhle), **Ko Phing Kan** und **Ko Panyi** ein. Verpflegung und sehr einfache Unterkünfte auf Ko Panyi sind Bestandteil der längeren Touren.

Ein Trip mit Übernachtung (2500 B) ist sicher die bessere Option: Man bekommt unendlich viel mehr zu sehen. Leider wurde uns aber auch berichtet, dass die Unterbringung in dem muslimischen Dorf äußerst dürftig war. Sayan Tours veranstaltet ebenfalls Kanuausflüge und geführte Touren zu Zielen in der Nähe, u. a. zum Sa Nang Manora Forest Park und zu verschiedenen Höhlen in der näheren Umgebung der Stadt.

Schlafen

Gute Unterkünfte sind in Phang-Nga rar – die meisten Traveller besuchen die Stadt im Rahmen eines Tagesausflugs.

Phang-Nga Inn (☎ 0 7641 1963; 2/2 Soi Lohakit; Zi. 400–1600 B; 🕸) Die umgebaute Villa ist die Trumpfkarte im Hotelpoker der Stadt. Hier erwarten einen ein angenehmes Umfeld, bequeme Betten und eine freundliche Begrüßung. Das Haus ist gut ausgestattet; draußen gibt's ein kleines Restaurant. Die Zimmer reichen von einfachen Unterkünften mit Ventilator bis zu schicken Suiten mit Klimaanlage.

Old Lukmuang Hotel (☎ 0 7641 2125; Fax 0 7641 1512; 1/2 Moo 1, Th Phetkasem; Zi. 450 B) Die Option ist ziemlich schmuddelig. Bond-Fans wird aber vielleicht interessieren, dass ein Teil der Filmcrew während der Dreharbeiten zu *Der Mann mit dem goldenen Colt* hier wohnte.

Essen

Mehrere Imbissbuden auf der Hauptstraße von Phang-Nga verkaufen leckere *kà nŏm jeen* (dünne Weizennudeln) mit Hähnchencurry, *nám yah* (scharfes Fischcurry) oder *nám prík* (scharfe Sauce). Dienstags, mittwochs und donnerstags gibt's auch einen kleinen Nachtmarkt unmittelbar südlich der Soi Lohakit.

Cha-Leang (☎ 0 7641 3831; Th Phetkasem; Gerichte 40–90 B; 🕙 mittags & abends) Das beste – und oft geschäftigste – Restaurant in der Stadt braut ein Sammelsurium an Seafood-Gerichten zu fairen Preisen zusammen. Tipp: die Muscheln mit Basilikumblättern und Chili oder den „Bananenblütensalat" probieren. Hinten raus gibt's eine schöne Terrasse.

Bismilla (☎ 08 1125 6440; Th Phetkasem; Gerichte 60–120 B; 🕙 mittags & abends) Wie könnte man bei Gerichten wie „lecker Fischlaich" zu einem Abend in diesem einfachen thailändisch-muslimischen Lokal Nein sagen? Das Essen ist gut, das Preis-Leistungsverhältnis top und die Menge ungestüm.

Anreise & Unterwegs vor Ort

Wer die Gegend rund um die Ao Phang-Nga von Krabi aus auf dem Hwy 4 ansteuert, hat die Wahl zwischen einer landschaftlich reizvollen und einer zeitsparenden Strecke: 2 km vor Thap Put kann man auf dem Hwy 4 (auch als Old Road bekannt) weiter geradeaus fahren oder links auf den Hwy 415 (New Road) abbiegen, der zwar die um 5 km kürzere und damit direkte Route darstellt, aber nicht so schön ist wie der schmale, kurvige Hwy 4.

Phang-Ngas Busbahnhof befindet sich unmittelbar abseits der Hauptstraße an der Soi Bamrung Rat. Normalerweise verkehren täglich sieben Busse zwischen Bangkok und Phang-Nga (380–740 B, 12 Std.).

RUND UM PHANG-NGA
Ao Phang-Nga Marine National Park

อุทยานแห่งชาติอ่าวพังงา

Der 1981 gegründete **Ao Phang-Nga Marine National Park** (☎ 0 7641 2188; 80 Moo 1, Ban Tha Dan; Eintritt 200 B) ist 400 km² groß. Der Park ist für seine klassische Karstlandschaft bekannt: Durch Verwerfungen wurden riesige Kalksteinblöcke in geometrische Muster geschoben. Diese Blöcke erstreckten sich nach Süden, hinein in die Ao Phang-Nga genannte Bucht der Andamanensee, und bildeten mehr als 40 Inseln mit steilwandigen Klippen. Das Festland an der Bucht ist von kleinen Gezeitenkanälen durchzogen, die ursprünglich mit dem Flusssystem der Region verbunden waren. Die größten Gezeitenkanäle – Khlong Ko Phanyi, Khlong Phang-Nga, Khlong Bang Toi und Khlong Bo Saen – fließen in Nord-Süd-Richtung durch riesige Mangrovenwälder und werden heute von Fischern und Inselbewohnern als Wasserstraßen benutzt. Die Wälder sind die größten ursprünglichen Mangrovenwälder Thailands. Gut 80 % der Wälder an der Andamanensee liegen innerhalb dieses Parks.

Das größte Touristenhighlight im Park ist die James-Bond-Insel, von den Thailändern **Ko Phing Kan** genannt (Insel, die sich an sich selbst anlehnt). Sie erlangte als Drehort für *Der Mann mit dem goldenen Colt* Berühmtheit. Heute wird die Insel von Händlern bevölkert, die Korallen und Muscheln, in Plastik gegossene Schmetterlinge, Skorpione und Spinnen verhökern.

Der thailändische Name bezieht sich auf eine flache Kalksteinklippe, die so aussieht, als ob sie zur Seite gekippt wäre und dort an einem ähnlichen Felsen lehnen würde, der die Mitte der Insel bildet. Auf einer Seite der Insel steht in einer seichten Bucht ein langer schmaler Kalksteinfinger, der scheinbar als gigantischer Felsdorn vom Himmel gefallen ist. Mehrere Höhlen sind begehbar. Die kleinen Sandstrandabschnitte sind leider oft mit dem Müll der Touristenbooten übersät. Das eigene Müllkarma kann man verbessern, indem man etwas herumliegenden Müll aufliest.

Die einzig positive Veränderung auf der Insel in den letzten Jahren ist ein Betonpier.

Die Touristenboote müssen also nicht mehr direkt am Strand anlegen – es sei denn, der Wasserstand ist zu hoch oder es liegen schon zu viele Boote am Pier vor Anker.

Zwei Waldarten herrschen im Park vor: Auf den Kalksteinfelsen wuchern wilde Strauchvegetation und immergrüne Regenwälder. Viele Reptilien fühlen sich hier wohl, u. a. der Bengalwaran, die Streifenruderschlange, verschiedene Seeschlangen, die Mangroven-Lanzenotter und die Malaiische Viper. Es lohnt sich auch, nach dem Bindenwaran *(Varanus salvator)* Ausschau zu halten. In Mangrovensümpfen schwimmend, ähnelt er einem Krokodil. Er wird bis zu 2,2 m lang und ist damit nur wenig kleiner als der Komodowaran, der größte aus der Familie der Varanidae. Wie sein größerer Bruder ist auch der Bindenwaran ein Fleischfresser. Thais fürchten oder hassen gar das Tier, das sie *hêea* nennen. Allerdings ernährt es sich lieber von Aas, als dass er lebende Tiere erlegt – was nicht heißt, das er es nicht gelegentlich tut.

Zu den Amphibien der Ao Phang-Nga gehören der Seefrosch, der Weißbart-Ruderfrosch und der Mangrovenfrosch. Interessante Könige der Lüfte sind Schildhornvögel (mit einer Körperlänge von bis zu 127 cm die größte von zwölf verschiedenen Nashornvogelarten in Thailand), Weißnest-Salangane *(Aerodramus fuciphagus)*, Fischadler, Seeadler mit weißen Bauch und Riffreiher.

In den Mangrovenwäldern und auf den größeren Inseln leben über 200 verschiedene Säugetierarten, dazu gehört der Weißhandgibbon, die Seraue, der Brillenlangur und Javaneraffen.

Informationen über die zum Ao Phang-Nga Marine National Park gehörende Ko Yao gibt es auf S. 747.

SCHLAFEN & ESSEN
National Park Bungalows (☎ 0 2562 0760; reserve@dnp. go.th; Bungalows 700–900 B; 🐾) Die günstigeren Bungalows bieten Platz für vier Personen und haben Ventilatoren; in den teureren Bungalows mit Klimaanlage können zwei Personen schlafen. Zum Zeitpunkt der Recherche war in bestimmten Gegenden innerhalb der Parkgrenzen das Zelten erlaubt. Da dies aber zuletzt andere Parks in der Gegend verboten haben, sollte man erst beim Bungalow-Büro um Erlaubnis fragen.

Ein kleines, sauberes Restaurant vor dem Bungalow-Büro hat Sicht auf die Mangroven.

ANREISE & UNTERWEGS VOR ORT
Vom Zentrum Phang-Ngas auf dem Hwy 4 etwa 6 km nach Süden fahren, dann links auf die Rte 4144 abbiegen und 2,6 km bis zur Parkverwaltung fahren; das Besucherzentrum liegt 400 m hinter dem „Tor". Auf S. 725 sind Tourveranstalter in Phuket genannt, die Tagesausflüge zum Park anbieten.

Sa Nang Manora Forest Park
สวนป่าสระนางมโนราห์
Die Märchenkulisse in diesem wunderschönen und kaum besuchten **Park** (Eintritt frei) ist grandios. Mit Moos überwucherte Wurzeln und Steine, dichter Regenwald und Rotangpalmen (Rattan) liefern einen herrlichen Hintergrund fürs Badevergnügen in von mehrstufigen Wasserfällen gespeisten Becken. Der Name des Parks leitet sich von dem einheimischen Volksglauben ab, dass die mythische Prinzessin Manora in den Teichen badet, wenn niemand in der Nähe ist.

Rustikale Wege schlängeln an den Wasserfällen vorbei (und manchmal auch hindurch), erklimmen Stufe um Stufe und scheinen ewig weiterzugehen – man kann ohne Probleme einen ganzen Tag wandern, ohne den selben Weg zweimal zu gehen. Viel Wasser mitnehmen – der Schatten und die Wasserfälle mildern zwar die Temperaturen, doch die Luftfeuchtigkeit im Park ist ziemlich hoch. Es gibt ein paar Picknicktische und ein kleines Restaurant.

Für die Anfahrt nimmt man ein Motorradtaxi von Phang-Nga aus (50 B). Wer einen eigenen fahrbaren Untersatz hat, verlässt die Stadt auf dem Hwy 4 Richtung Norden und biegt 3,2 km nach der Shell-Tankstelle links ab und folgt die kurvige Straße nochmals 4 km.

PROVINZ PHUKET

Die Provinz Phuket ist der Dino unter Thailands Stranderlaubszielen. Die riesige Insel ist die Absprungzone an den Andamanen für alle, die vollkommenen tropischen Spaß wollen.

DIE INSEL PHUKET
ภูเก็ต
83 800 Ew.
Die Insel Phuket sorgte lange für Missverständnisse. Zuallererst wird das „Ph" nicht wie ein „F" ausgesprochen – was vor allem bei

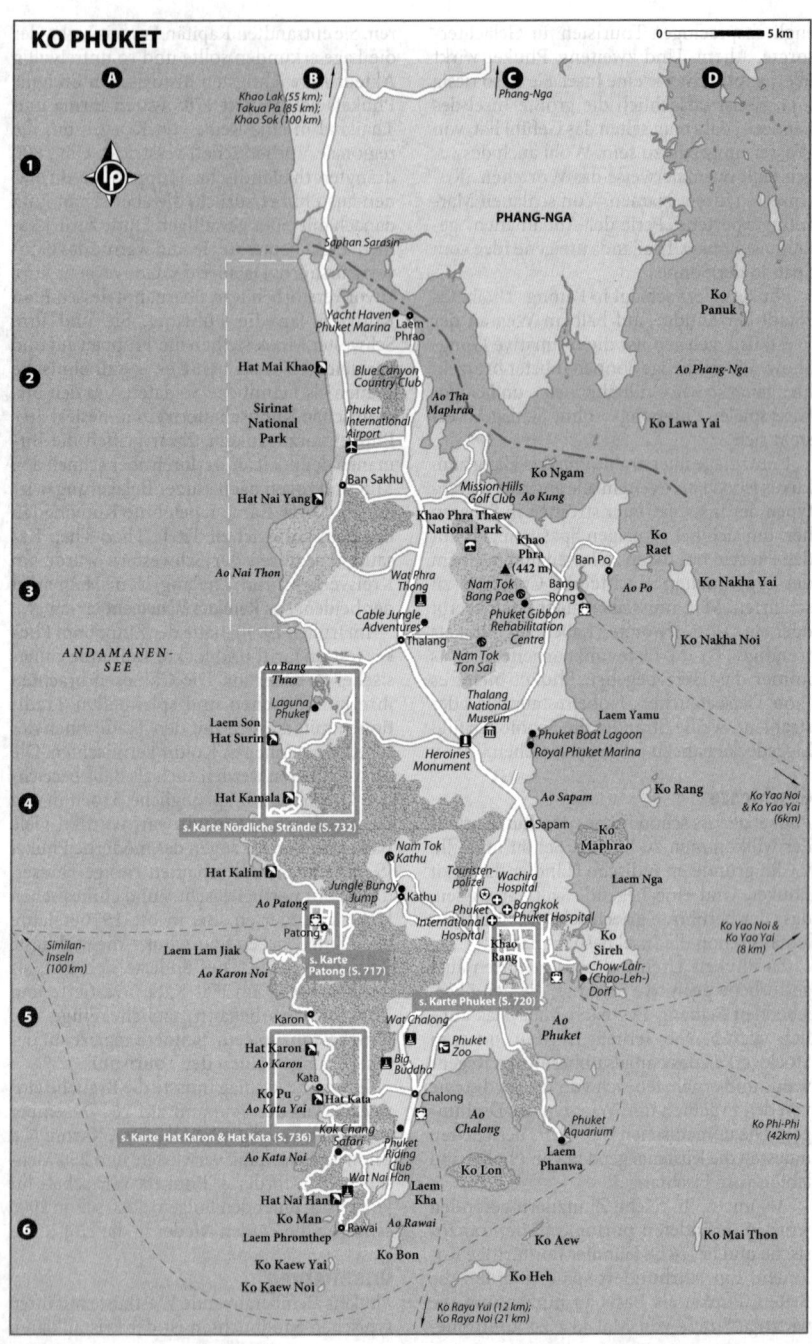

KO PHUKET

0 ⸺ 5 km

A   B   C   D

Khao Lak (55 km);
Takua Pa (85 km);
Khao Sok (100 km)

Phang-Nga

PHANG-NGA

Saphan Sarasin

Ko Panuk

Yacht Haven
Phuket Marina   Laem
Phrao

Hat Mai Khao

Ao Phang-Nga

Blue Canyon
Country Club

**Sirinat
National
Park**

Ao Thu
Maphrao

Phuket
International
Airport

Ko Lawa Yai

Hat Nai Yang

Ban Sakhu

Mission Hills
Golf Club   Ao Kung

Ko Ngam

Ko
Raet

**Khao Phra Thaew
National Park**

Khao
Phra
▲ (442 m)

Ban Po

*ANDAMANEN-
SEE*

Ao Nai Thon

Wat Phra
Thong

Nam Tok
Bang Pae

Bang
Bong

Ao Po

Ko Nakha Yai

Cable Jungle
Adventures

Phuket Gibbon
Rehabilitation
Centre

Thalang

Nam Tok
Ton Sai

Ko Nakha Noi

Ao Bang
Thao

Laguna
Phuket

Thalang
National
Museum

Laem Yamu

Laem Son
Hat Surin

Phuket Boat Lagoon
Royal Phuket Marina

Ko Rang

Ko Yao Noi
& Ko Yao Yai
(6km)

Heroines
Monument

Hat Kamala

Ao Sapam

Ko
Maphrao

Laem Nga

s. Karte Nördliche Strände (S. 732)

Nam Tok
Kathu

Sapam

Hat Kalim

Touristen-
polizei

Wachira
Hospital

Ao Patong

Jungle Bungy
Jump

Kathu

Bangkok
Phuket Hospital

Ko Yao Noi &
Ko Yao Yai
(8 km)

Similan-
Inseln
(100 km)

Patong

Phuket
International
Hospital

Khao
Rang

Ko
Sireh

Laem Lam Jiak

s. Karte
Patong (S. 717)

Chow-Lair-
(Chao-Leh-)
Dorf

Ao Karon Noi

s. Karte Phuket (S. 720)

Karon

Wat Chalong

Ao
Phuket

Hat Karon

Ao Karon

Kata

Big
Buddha

Phuket
Zoo

Ko Phi-Phi
(42km)

Ko Pu
Ao Kata Yai

Hat Kata

Chalong

Phuket
Aquarium

Ao
Chalong

s. Karte Hat Karon & Hat Kata (S. 736)

Kok Chang
Safari

Ao Kata Noi

Phuket
Riding
Club

Ko Lon

Laem
Phanwa

Ko Yao Noi

Wat Nai Han

Hat Nai Han

Laem
Kha

Ko Man

Ao Rawai

Rawai

Laem Phromthep

Ko Bon

Ko Aew

Ko Mai Thon

Ko Kaew Yai

Ko Kaew Noi

Ko Heh

Ko Raya Yui (12 km);
Ko Raya Noi (21 km)

ANDAMANENKÜSTE

englischsprachigen Touristen für Gelächtersorge. Ähem. Und zweitens, Phuket wirkt überhaupt nicht wie eine Insel. Sie ist so riesig – ja, sie ist tatsächlich die größte Insel des Landes –, dass man selten das Gefühl hat, von Wasser umgeben zu sein. Wohl auch deswegen fehlt normalerweise das Wörtchen „Ko" (Insel) in ihrem Namen. Von schlauen Marketingexperten „Perle der Andamanen" getauft, ist Phuket Thailands ureigene Idee vom Spaß in der Sonne.

Phukets Herz schlägt in Patong. Thailands „Stadt der Sünde", auf halbem Weg an der Westküste gelegen, ist die ultimative Gong-Show. Schwabbelige Sonnenanbeter brutzeln hier genauso wie Grillhähnchen – und Gogo-Girls spielen Pingpong… ohne Schläger, versteht sich…

Heutzutage überstrahlt Phukets Hang zum Luxus jedoch bei Weitem alle anderen Stereotypen der Insel. Jetsetter strömen in Scharen her, um sich bei protzigen Spasitzungen mit den Fäusten traktieren zu lassen und in einem der topaktuellen Nachtclubs Cocktails zu schlürfen. Man muss aber nicht reich geerbt oder ein Oscar gewonnen haben, um Phukets trendige To-do-Liste abzuarbeiten. Was immer das Herz begehrt, Phuket bietet es – ob Tiefseetauchen, Nobelrestaurants oder strahlend weiße Strände, die Schmöker und Liegedecke nahezu magisch anziehen.

Geschichte

Phuket genoss schon immer den Ruf, Ausländer willkommen zu heißen. Schon im 1. Jh. v. Chr. gründeten indische Händler die Stadt Phuket. Und eine Legende will gar wissen, dass der berühmte griechische Geograf Ptolemäus schon die Insel besucht hat.

Zu Phukets Ureinwohnern gehörten ausgestorbene primitive Stämme, die den überlebenden Semang-Pygmäen Malaysias ähnlich waren. Sie lebten in den unteren Stockwerken des damals unberührten Regenwalds und ernährten sich von der Jagd sowie von den Früchten und Wurzeln des Dschungels. Die nomadischen *chow lairs* besiedelten indessen die Küstengegenden von Phuket und lebten vom Fischfang.

Als im 16. Jh. reiche Zinnadern gefunden wurden, gründeten portugiesische, französische und britische Händler notdürftige Kolonien. Ein Jahrhundert später planten die Briten, Phuket als Basis zu nutzen, um die wichtige Straße von Malakka zu kontrollieren. Sie entsandten Kapitän Francis Light, der die Lage erkunden sollte und so unfreiwillig Akteur im wichtigsten historischen Ereignis Phukets wurde: Seit 1785 waren Birma und Thailand in eine Reihe von Kriegen um die regionale Vorherrschaft verstrickt. Um 1800 drängten thailändische Truppen die Birmanen aus Phuket zurück, die aber schon kurz danach mit einer gewaltigen Flotte zurückkamen. Light bemerkte sie und warnte das Gouverneursbüro. Da aber der Gouverneur kurz zuvor verstorben war, übernahm dessen Frau Kunying Jan die Führung. Sie und ihre Schwester Mook stellten die Truppen auf und verkleideten – so heißt es – einheimische Frauen als männliche Soldaten, um den birmanischen Kundschaftern ein unbesiegbares Phuket vorzugaukeln. Zwar griffen die Birmanen dennoch an, verloren aber schnell den Mut und zogen nach kurzer Belagerung wieder ab. König Rama I. belohnte Kunying Jan mit dem königlichen Titel „Thao Thep Kasattri"; zu Ehren der Schwestern wurde am Kreisverkehr von Thalang, dem Heimatort der beiden, das **Heroines Monument** errichtet.

Im frühen 19. Jh. hatte der Zinnboom Phuket fest im Griff und lockte Tausende chinesischer Arbeiter an. Die Chinesen brachten ihre kulinarischen und spirituellen Traditionen mit, die sich mit den Traditionen der Insel zu einer neuen Kultur vermischten. Die Thai-Chinesen werden auch als Baba bezeichnet. Obwohl ihr ursprüngliche Arbeit in den Bergwerken angesiedelt war, wurden viele Baba Händler. Sie zogen das moderne Phuket (S. 716) hoch und erbauten riesige Häuser, die sie mit portugiesischen und chinesischen Details verzierten. Bis in die 1970er-Jahre blieb Zinn – neben Kautschuk – die wichtigste Einnahmequelle. Dies änderte sich erst, als der Club Med am Hat Kata investierte und Thai Airways begann, tägliche Flüge von Bangkok anzubieten. Seitdem regiert auf der Insel unangefochten der Tourismus.

Einen Rückschlag musste die Branche einstecken, als der Tsunami am 26. Dezember 2004 auch Patong, Kamala, Kata, Karon, Nai Thon und Nai Yang verwüstete und 250 Menschenleben forderte. Phukets Wirtschaft litt kurzfristig unter den Folgen, doch schon 2006 schossen die Zahlen wieder in die Höhe.

Orientierung

Phukets atemberaubende Westküste mit ihren typischen Sandbuchten ist der kristallklaren

Andamanensee zugewandt. Knorrige Mangroven statt weicher Sand prägen die ruhigere Ostküste der Insel.

Patong, etwa auf halbem Weg an der Westküste gelegen, ist das Auge des Touristensturms, Phuket im Südosten der Insel die Provinzhauptstadt.

Der Phuket International Airport liegt im nördlichen Teil der Insel, die meisten Fernbusse kommen hingegen in Phuket an und fahren dort auch ab. Infos zu den Verkehrsverbindungen auf der Insel stehen auf S. 745.

Der Abschnitt „Schlafen" ist von Norden nach Süden unterteilt, beginnend mit den Nordstränden (südlich vom Hat Nai Thon bis zum Hat Kamala), weiter nach Patong und zu den südlichen Stränden (Karon, Kata, Nai Han und Rawai) und schließlich nach Phuket im Landesinneren. Der Abschnitt Essen ist ähnlich geordnet.

Praktische Informationen
BUCHLÄDEN
Bookazine Karon (Karte S. 736; ☎ 0 7633 3273; 23/7 Th Karon, Karon; ◷ 10–23 Uhr) Die Karon-Filiale der Bookazine-Kette führt englischsprachige Karten, Reiseführer, Zeitschriften und Zeitungen.

Bookazine Patong (Karte S. 717; ☎ 0 7634 5833; 18 Th Bangla, Patong; ◷ 9.30–23.30 Uhr) Falls die Strandlektüre ausgeht, findet man hier Nachschub: unzählige englischsprachige Titel – von Bestsellern bis zu regionaler Belletristik und Sachliteratur.

Books (Karte S. 720; ☎ 0 7621 1115; www.thebooks phuket.com; 53–55 Th Phuket, Phuket; ◷ 8.30–21.30 Uhr) Englischsprachige Zeitschriften, Reiseführer und Romane.

Kata Bookshop (Karte S. 736; ☎ 0 7633 0109; 82 Th Kata, Kata; ◷ 10–21 Uhr) Großes Angebot neuer und gebrauchter Bücher und hilfreicher Service.

GELD
Phuket ist mit Banken und Geldautomaten übersät, die meisten finden sich in Patong und Phuket – es sollte also keine große Sache sein, Geld abzuheben. In der Regel gibt es bei jedem 7-Eleven einen Geldautomaten.

INFOS IM INTERNET
Folgende Websites enthalten nützliche Informationen:

1 Stop Phuket (www.1stopphuket.com) Ein Mini-Reiseführer für Phuket im Internet.

Jamie's Phuket (www.jamie-monk.blogspot.com) Ein toller Blog mit jeder Menge Infos über Hotels und Aktivitäten auf der Insel.

Phuket.com (www.phuket.com) Anspruchsvolle und umfangreiche Sammlung nützlicher Informationen, u. a. zu Unterkünften auf der Insel.

Phuket-Info.com (www.phuket-info.com) Noch mehr Infos zur Provinz Phuket.

Phuket.Net (www.phuket.net) Ein Internetservice, der als Plattform für den Austausch zwischen Reisenden bzw. Geschäftsleuten dient; hat auch kleinere Verzeichnisse mit Reiseinformationen.

Phuket-online.de Deutschsprachiger Internetreiseführer mit jeder Menge praktischer Infos

Phuket Gazette (www.phuketgazette.net) Onlineportal der einheimischen Zeitung.

Saltwater Dreaming (www.saltwater-dreaming.com) *Die* Website für Surfinfos auf Phuket.

INTERNETZUGANG
WLAN-Hotspots sind auf Phuket weit verbreitet. Die meisten Hotels und Pensionen bieten ihren Gästen kostenloses drahtloses Internetsurfen an, ebenso einige Cafés (u. a. die Filialen der Starbucks-Armada) und Bars. Wer das Netbook zu Hause gelassen hat, sollte problemlos ein Internetcafé finden, die es quasi an jeder Ecke gibt. Eine Stunde Surfen kostet irgendetwas zwischen 40 und 150 B.

Phuket CAT-Büro (Karte S. 720; Th Phang-Nga, Phuket Stadt; 30 B/Std.; ◷ 8–24 Uhr)

TA Internet (Karte S. 717; ☎ 0 7634 9014; Th Bangla, Patong; 2 B/Min.; ◷ 9–15 Uhr)

MEDIZINISCHE VERSORGUNG
Die beiden genannten Krankenhäuser sind mit modernen Geräten, Notaufnahmen und Ambulanzen ausgestattet. Infos zur medizinischen Versorgung bei Tauchunfällen stehen auf S. 724.

Bangkok Phuket Hospital (abseits Karte S. 720; ☎ 0 7625 4425; Th Yongyok Uthit, Phuket) Angeblich der Favorit der Einheimischen.

Phuket International Hospital (Karte S. 713; ☎ 0 7624 9400; Notfall 7621 0935; Airport Bypass Rd, Phuket) Unter internationalen Ärzten das beste Krankenhaus der Insel.

NOTFALL
Polizei (Karte S. 720; ☎ 191, 0 7622 3555; Ecke Th Phang-Nga & Th Phuket, Phuket)

Touristenpolizei (Karte S. 717; ☎ 0 7634 0244; Th Thawiwong, Patong)

POST
DHL World Wide Express (Karte S. 720; ☎ 0 7625 8500; 61/4 Th Thepkasattri, Phuket) Schneller und zuverlässiger Kurierservice (Zustellung standardmäßig nach 2 Tagen), die Preise sind aber etwa 25 % höher als bei der Post.

ANDAMANENKÜSTE

Hauptpost (Karte S. 720; Th Montri, Phuket; 🕑 Mo–Fr 8.30–16, Sa 9–12 Uhr)
Post (Karte S. 736; Rte 4028, Kata; 🕑 Mo–Fr 9–16.30, Sa bis 12 Uhr)

TOURISTENINFORMATION
Die wöchentlich erscheinende englischsprachige *Phuket Gazette* (20 B) veröffentlicht jede Menge Infos zu Aktivitäten, Restaurants und Events sowie Veranstaltungstipps.
Einreisebehörde (Karte S. 717; ☎ 0 7634 0477; Th Hat Kalim, Patong; 🕑 Mo–Fr 10–12 & 13–15 Uhr) Verlängert Visa.
TAT-Büro (Karte S. 720; ☎ 0 7621 2213; www.tat.or.th; 73-65 Th Phuket, Phuket Stadt; 🕑 8.30–16.30 Uhr) Hat Karten, Infobroschüren sowie eine Liste mit den Fahrpreisen von Sammeltaxis zu verschiedenen Stränden und den empfohlenen Mietpreisen für Fahrzeuge.

Gefahren & Ärgernisse
Immer wieder passiert es, dass Urlauber an Phukets Stränden ertrinken, besonders an der Westküste (Surin, Laem Singh & Kamala). An den Stränden warnen rote Flaggen vor Unterströmungen und anderen gefährlichen Bedingungen. Wenn diese gehisst sind, sollte man auf das trügerische Badevergnügen verzichten. Besonders während des Monsuns von Mai bis Oktober sind die Wellen an der Westküste von Phuket mitunter zu gefährlich zum Schwimmen. Am Hat Rawai an der Südspitze der Insel sollte man sich aber normalerweise das ganze Jahr über in die Wellen stürzen können.

Im Wasser sollte man außerdem auf Jet-Skis achten. Die Wassermotorräder wurden zwar 1997 durch den Gouverneur von Phuket verboten, die Durchsetzung des Verbots wird mal mehr, mal weniger streng verfolgt.

Es kann ein hochriskantes Unterfangen sein, mit einem Motorrad unterwegs zu sein – Mietwagen sind die sicherere Option. Jedes Jahr werden auf Phukets Straßen Tausende verletzt oder getötet, darunter auch Traveller, die ihre Zweiräder nicht beherrschten und mit den Straßen- und Verkehrsbedingungen der Insel nicht vertraut waren. Wer dennoch nicht auf ein Motorrad verzichten will, sollte kein Fahranfänger sein und stets einen Helm tragen. Zuletzt hat auch die Zahl nächtlicher Überfälle auf Motorradfahrer zugenommen – bei Dunkelheit also besonders achtsam sein.

Sehenswertes
Genug am Strand gebrutzelt? Dann kann man problemlos ein bisschen Kultur oder Natur in den Urlaubsplan einbauen und einen thailändischen Tempel oder einen der Nationalparks der Insel besuchen.

PATONG
ป่าตอง
Viele nennen Patong (Karte S. 717) eine Stadt, wir nennen es eine Sehenswürdigkeit. Von Patongs Rausch der Neonlichter begeistert? Klasse! Ab S. 733 finden sich Unterkünfte, wenn man gar nicht mehr weg will. Man hasst es? Das überrascht uns nicht – Phukets Eldorado für Hedonisten ist nicht jedermanns Sache. Wie dem auch sei, misst man das Ausmaß der Globalisierung in Patong an den Starbucks- statt an den 7-Eleven-Filialen, muss man wohl zu dem Schluss kommen, dass sich das perfekte Strandparadies von den Postern der Reisebüros irgendwo anders auf der Insel befindet. Aber nicht, dass man uns jetzt falsch versteht: Auch wenn dieses Wunderland weniger ein Strandparadieses als vielmehr ein Zeugnis eines ungebändigten Tourismus ist, so sollte man es zweifellos gesehen haben. Denn abseits der vielen heiß diskutierten Geschmacklosigkeiten verheißt Patong auch Lächeln: farbenfrohe Kabaretts (S. 744), endloses Shoppen, wildes Thai-Boxen, Wassersport ohne Ende, Resorts mit Starattitüden und Gaumenfreuden, die in Blechhütten genauso wie in Schickimicki-Luxusrestaurants zubereitet werden (S. 740).

PHUKET
Lange vor der Ankunft von Boardshorts oder Flip-Flops war Phuket eine Insel der Gummibäume, Zinnminen und geldgierigen Händler. Die gleichnamige Stadt (Karte S. 720) zog Unternehmer aus fernen Regionen wie Arabien, China, Indien oder Portugal an. Sie entwickelte sich so zum Schmelztigel der Kulturen, der durch provisorische Kompromisse und Kooperation zusammengehalten wurde. Nach einem Besuch von Phuket kann man hinter der Rubrik Kultur auf der Insel-Checkliste ein Häkchen machen. Wer gern länger bleiben will, findet jede Menge erstklassige Unterkünfte (s S. 737), ganz zu schweigen von den unzähligen tollen Restaurants (S. 743).

Phukets historische **sino-portugiesische Architektur** ist die offensichtlichste Sehenswürdigkeit der Stadt: Bei einem Spaziergang entlang der Straßen Thalang, Dibuk, Yaowarat, Ranong, Phang-Nga, Rasada und Krabi kann man einen Blick auf einige der schönsten Ge-

PATONG

0 ━━━ 200 m

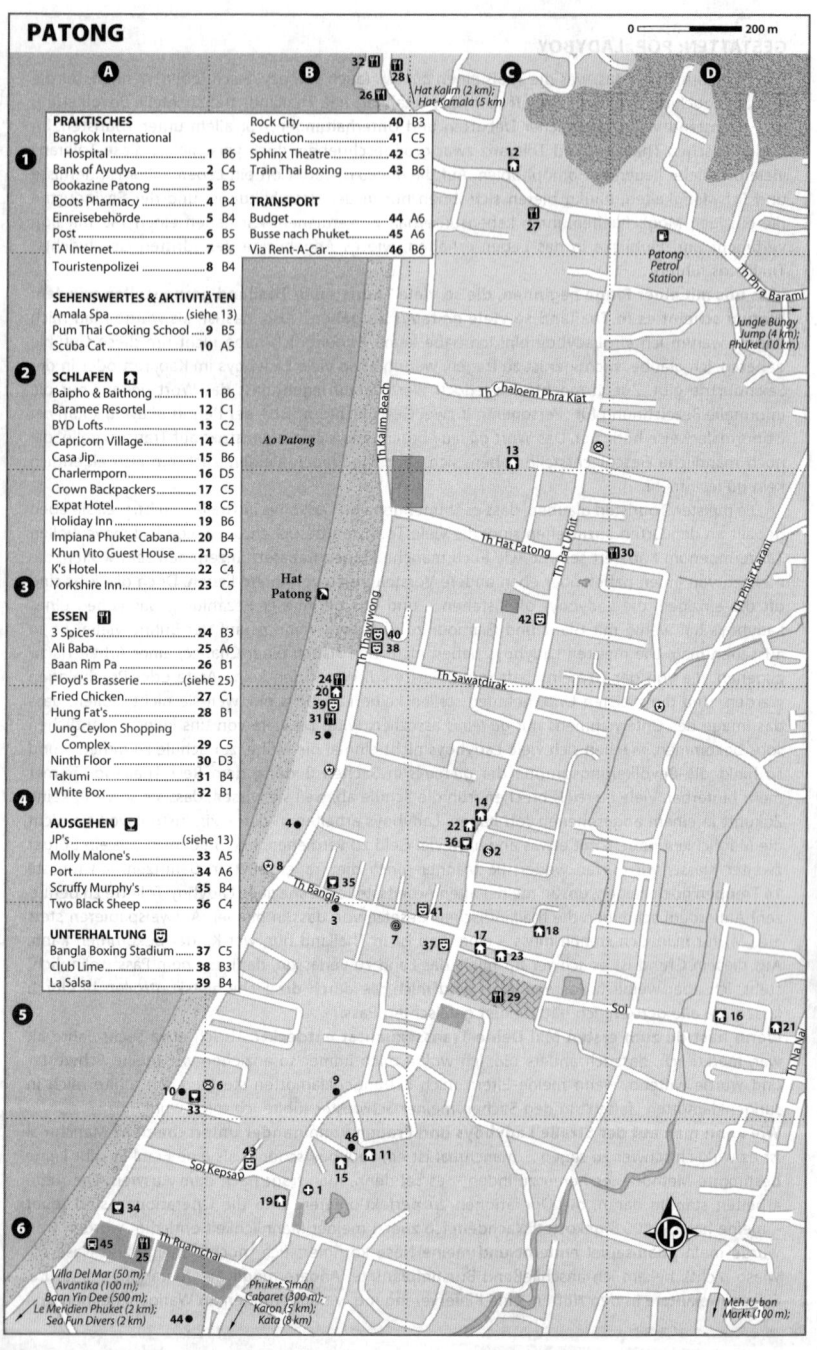

PRAKTISCHES
Bangkok International
　Hospital **1** B6
Bank of Ayudya **2** C4
Bookazine Patong **3** B5
Boots Pharmacy **4** B4
Einreisebehörde **5** B4
Post **6** B5
TA Internet **7** B5
Touristenpolizei **8** B4

SEHENSWERTES & AKTIVITÄTEN
Amala Spa .... (siehe 13)
Pum Thai Cooking School **9** B5
Scuba Cat **10** A5

SCHLAFEN 🏠
Baipho & Baithong **11** B6
Baramee Resortel **12** C1
BYD Lofts **13** C2
Capricorn Village **14** C4
Casa Jip **15** B6
Charlermporn **16** D5
Crown Backpackers **17** C5
Expat Hotel **18** C5
Holiday Inn **19** B6
Impiana Phuket Cabana **20** B4
Khun Vito Guest House **21** D5
K's Hotel **22** C4
Yorkshire Inn **23** C5

ESSEN 🍴
3 Spices **24** B3
Ali Baba **25** A6
Baan Rim Pa **26** B1
Floyd's Brasserie .... (siehe 25)
Fried Chicken **27** C1
Hung Fat's **28** B1
Jung Ceylon Shopping
　Complex **29** C5
Ninth Floor **30** D3
Takumi **31** B4
White Box **32** B1

AUSGEHEN 🍸
JP's .... (siehe 13)
Molly Malone's **33** A5
Port **34** A6
Scruffy Murphy's **35** B4
Two Black Sheep **36** C4

UNTERHALTUNG 🎭
Bangla Boxing Stadium **37** C5
Club Lime **38** B3
La Salsa **39** B4

Rock City **40** B3
Seduction **41** C5
Sphinx Theatre **42** C3
Train Thai Boxing **43** B6

TRANSPORT
Budget **44** A6
Busse nach Phuket **45** A6
Via Rent-A-Car **46** B6

Hat Kalim (2 km);
Hat Kamala (5 km)

Patong
Petrol
Station

Th Phra Barami

Jungle Bungy
Jump (4 km);
Phuket (10 km)

Th Chaloem Phra Kiat

Ao Patong

Th Kalim Beach

Th Hat Patong

Th Bat Uthit

Th Phisit Karani

Hat
Patong

Th Thawiwong

Th Sawatdirak

Sol

Th Bangla

Th Na Nai

Sol Kepsap

Th Ruamchai

Villa Del Mar (50 m);
Avantika (100 m);
Baan Yin Dee (500 m);
Le Meridien Phuket (2 km);
Sea Fun Divers (2 km)

Phuket Simon
Cabaret (300 m);
Karon (5 km);
Kata (8 km)

Meh-U-ban
Markt (100 m);

ANDAMANENKÜSTE

GESTATTEN: POP, LADYBOY

Pop, 45 Jahre alt, ist das, was die Thais einen *gà·teu·i* (auch *kàthoey* geschrieben) nennen, für die sich aber auch der englische Begriff „Ladyboy" etabliert hat. Thailands transsexuelle Bevölkerung ist Gegenstand vieler öffentlicher Debatten und Unterhaltungen, vor allem unter Touristen. Im buddhistischen Thailand wird Toleranz zwar großgeschrieben, doch verschleiert diese Toleranz vielerorts tiefer liegende Homophobien. Auf die *gà·teu·is* wartet oft ein Leben voller Hindernisse und Schwierigkeiten, häufig bieten sich ihnen nur in der Unterhaltungs- und der Sexindustrie die einzigen Möglichkeiten, ihren Lebensunterhalt zu verdienen. Wir haben einen Tag mit Pop verbracht und Einblicke in das Leben erhalten, wie es Angehörige des „dritten Geschlechts" Thailands führen.

Lass uns mit einer Frage beginnen, die so viele Touristen in Thailand gerne stellen würden: Warum scheint es in Thailand so viele *gà·teu·is* zu geben? Also, das ist, als würde man mich fragen, warum ich ein Ladyboy bin! Ich habe keine Ahnung. Ich habe nicht um diese Gefühle gebeten. Ich glaube, wichtiger ist zu fragen, warum es so viele Ladyboys im Kabarett oder in der Sexindustrie gibt. Zuerst möchte ich jedoch Wert darauf legen, dass das Wort *gà·teu·i* nur die informelle Bezeichnung für „Personen mit zwei Geschlechtern" ist – der Begriff *phuying kham pet* ist normalerweise höflicher. Das Wort *gà·teu·i* beschränkt sich zudem strikt auf Transsexuelle, die noch männliche Geschlechtsteile haben, sich aber wie Frauen kleiden – ich bin also eigentlich kein *gà·teu·i* mehr.

Die meisten Touristen glauben, dass es Unmengen von Ladyboys in Thailand gibt, weil sie eben geballt an den Orten anzutreffen sind, die viele Touristen besuchen. Ja, einige Ladyboys wollen Tänzerinnen im Kabarett sein, so wie auch manche Frauen Kabaretttänzerinnen sein wollen; die meisten von ihnen haben aber eben andere Vorstellungen von ihrem Leben. Doch die Jobs sind oft die einzigen, die Ladyboys offenstehen – und das bei mieser Bezahlung. Das Leben eines Ladyboys hat wenig mit Glanz und Glamour zu tun, auch wenn es auf der Bühne vielleicht so aussehen mag. Die meisten Ladyboys haben nicht den Hauch einer Chance, einer Arbeit nachzugehen, die von der Gemeinschaft respektiert wird. Wir dürfen keine Ärzte oder Psychologen werden. Und die meisten Unternehmen stellen keine Ladyboys ein, weil sie nicht wollen, dass das Image des Unternehmens mit *gà·teu·is* assoziiert wird. Da viele von uns keine ordentlichen Jobs bekommen, machen sich viele Ladyboys nicht einmal die Mühe, zur Schule zu gehen – und so hinkt die Bevölkerungsgruppe der *gà·teu·is* in Sachen Bildung dem Rest Thailands immer mehr hinterher. Viele *gà·teu·is* brechen früh die Schule ab, weil sie wissen, dass sie sowieso keine Zukunft in einem angesehenen Job haben. Ladyboys arbeiten in der Sexindustrie, weil sie nicht die Möglichkeit haben, mit etwas anderem viel Geld zu verdienen. Ich fühle mich wie ein Bürger zweiter Klasse; wir dürfen weder die Männer- *noch* die Frauentoiletten benutzen! Ich musste 14 Treppen hochsteigen, um an meiner alten Arbeitsstelle die spezielle Ladyboy-Toilette zu benutzen! Außerdem schreiben die thailändischen Gesetze vor, dass in meinen Ausweispapieren stets ein „M" für männlich stehen muss – eine Frau ist in Thailand nur, wer Kinder bekommen kann. Aus diesem Grund ist es schwer für mich, das Land zu verlassen, da in meinem Pass „männlich" steht, ich aber weiblich aussehe. Man wird mich nie durch die Sicherheitskontrollen hindurch lassen, da alle denken, ich hätte einen gefälschten Pass.

Wann hast du zum ersten Mal Deine Transsexualität entdeckt? Als ich etwa sechs Jahre alt war, merkte ich, dass ich anders bin. Ich wollte mich immer so anziehen wie meine Schwester und wurde wütend, wenn meine Eltern mich in Jungenklamotten steckten. Ich fühlte mich in Jungenklamotten „falsch". In den Sachen meiner Schwester fühlte ich mich wohl.

Wie kann man auf der Straße Ladyboys und Frauen voneinander unterscheiden? Manchmal ist es wirklich schwer zu sagen.., manchmal ist ein Ladyboy schöner als eine Frau! Es gibt keine bestimmte Methode, es herauszufinden – es sei denn, man fragt nach dem Ausweis. Die Ärzte arbeiten ständig daran, die Operationen zu perfektionieren. Und die Operationen sind teuer – meine hat 150 000 B gekostet! Nachdem ich zuerst meiner Männlichkeit entledigt worden war, wurde mein Adamsapfel entfernt und meine Nase korrigiert (ich mochte meine alte Nase sowieso nicht), bekam ich anschließend Brustimplantate. Andere mögliche Operationen sind u.a. Silikonimplantate in den Hüften, eine Kieferverengung, Veränderungen an Wangenknochen und

Kinn – so werden weibliche Rundungen geschaffen. Bevor man jedoch eine Operation machen lassen kann, muss man sich einer Psychoanalyse unterziehen. Die Operation war sehr schmerzhaft. Ich war sieben Tage im Krankenhaus und habe etwa zwei Monate gebraucht, um mich vollständig von ihr zu erholen. Bei jüngeren Patienten verläuft die Heilung schneller – Ich war ungefähr 40 Jahre, als ich mich operieren ließ.

Warum hast du dich nicht früher operieren lassen? Ich habe mich nicht früher „umgewandelt", weil ich meinen Job nicht aufgeben wollte und ich wusste, dass ich das nach der OP tun müsste. Ich arbeitete als Software-Dozent an einer Universität – und Universitätsdozenten dürfen nicht transsexuell sein. Ich wartete außerdem, bis mein Vater starb, weil so meine Familie meinen Schritt leichter akzeptieren konnte.

Wie ist deine Familie mit der Geschlechtsumwandlung umgegangen? Also, anders als viele Touristen glauben, *möchte* keine Familie wirklich ein transsexuelles Kind, selbst eine Familie, die nur Jungs hat. Manche meiner engsten Freunde reden nicht mehr mit ihren Familien. Meine Mutter war immer sehr verständnisvoll. Einen Monat vor meiner Operation sagte sie: „Du wirst immer mein Kind sein, aber lüge nie jemanden darüber an, wer du bist – akzeptiere, wer du bist." Ich habe zwei Adoptivsöhne, die jetzt schon ziemlich erwachsen sind. Und nach der Umwandlung kauften sie mir statt zum Vatertag zum Muttertag Geschenke – das fand ich sehr süß. Mein Vater jedoch hat mich nie sonderlich unterstützt. Als er herausfand, dass ich mit Männern schlafe, hat er … also … sagen wir mal so, trainierte er seine *moo-ay-tai*-Fähigkeiten an mir.

Was war das Erste, das dir in den Sinn kam, als du nach der OP aufgewacht bist? Wie war dein Leben seit der Operation? Ich erwachte mit einem breiten Lächeln. Das Leben ist toll. Ich bin glücklich, dass ich nach außen das sein kann, was ich im Inneren bin – ich kann aufhören, traurig zu sein, jedes Mal, wenn ich nach unten schaue! Es war schwer, nach meiner OP einen Job zu finden. Ich schrieb in meinen Lebenslauf „transsexuell Post-OP", um beim Vorstellungsgespräch böse Überraschungen zu vermeiden, hörte aber nie wieder von einem der Unternehmen. Oh, ein Unternehmen lud mich zum Vorstellungsgespräch ein, aber sie verbrachten das ganze Treffen damit, mir unangebrachte Fragen über mein Privatleben zu stellen. Es war sehr entmutigend. Schließlich fand ich ein schwulenfreundliches Unternehmen, wo ich als Software-Berater für das Gastgewerbe angestellt bin, was bedeutet, dass ich Hotels in ganz Thailand besuche und dem Personal an der Rezeption beibringe, wie das Computersystem des Hotels funktioniert. Ich liebe meinen Job.

Selbst jetzt, wo meine Operation schon einige Zeit zurückliegt, muss ich bis an mein Lebensende regelmäßig weibliche Hormone einnehmen. Ich nehme zweimal pro Woche eine Tablette, andere bekommen nach ihrer Geschlechtsumwandlung einmal im Monat eine Spritze (ich hasse Nadeln). Manche Leute reagieren am Anfang schlecht auf die Medikamente. Ich hatte Freunde, die eine Menge Pickel bekommen haben und richtig fett geworden sind. Es dauert manchmal eine Weile, bis man die richtige Hormonmenge kennt. Außer den Hormonen gibt es eine gewisse Menge an … Wartungsarbeiten … die gemacht werden müssen, damit meine neuen Teile funktionieren. Sagen wir mal so, wie wenn man sich Ohrlöcher stechen lässt und dann nicht regelmäßig Ohrringe trägt … also … Na egal, meine in die USA emigrierte Tante hat mich gefragt, ob ich nicht auch wegziehen will. Aber ich bin in Thailand glücklich. Auch wenn Transsexuelle hier nicht viele Rechte haben, glaube ich nicht, dass es woanders viel besser ist.

Und zum Schluss, was ist deiner Meinung nach der größte Irrtum über *gà·teu·is* in Thailand? Das ist eine leichte Frage. Absolut falsch ist, dass wir alle promiskuitive Huren und Lügner sind. Wie alle Menschen suchen wir einfach nur die Liebe. Es stimmt, dass viele Ladyboys versuchen, die Leute in ihrer Umgebung hereinzulegen – doch das tun sie, weil sie Angst davor haben, wegen ihres wahren Wesens abgelehnt zu werden. Viele von ihnen lügen auch, weil sie verzweifelt echte Frauen sein wollen, aber nie sein werden. Ich weiß das – deshalb zeige ich immer mein wahres Ich. Ich bin zufrieden damit, wer ich bin. Ich wünschte, es würde jedem so gehen.

Mehr Infos über Ladyboys in Thailand gibt's unter www.thailadyboyz.net (die Seite gibt's momentan nur auf thailändisch).

ANDAMANENKÜSTE

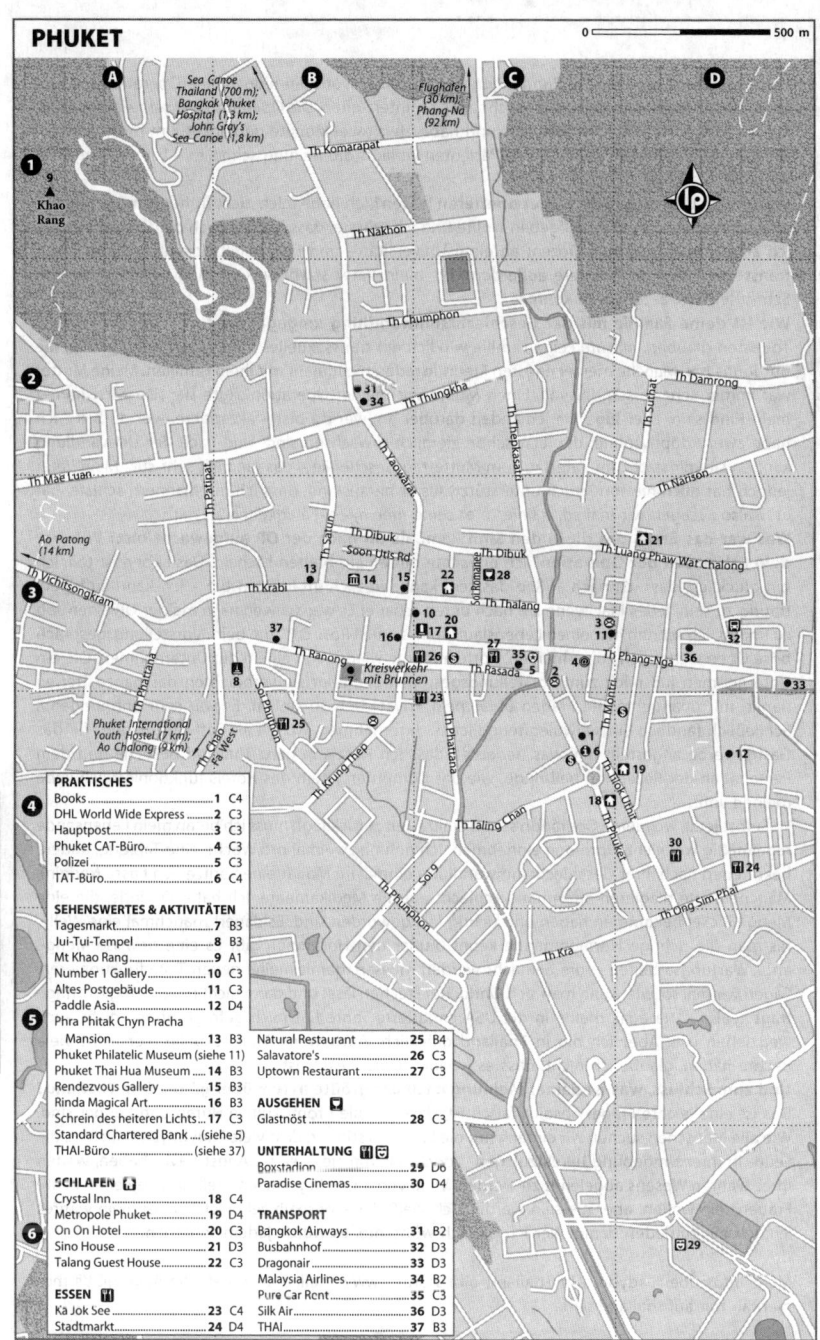

PHUKET

0 — 500 m

ANDAMANENKÜSTE

PRAKTISCHES
Books	1	C4
DHL World Wide Express	2	C3
Hauptpost	3	C3
Phuket CAT-Büro	4	C3
Polizei	5	C3
TAT-Büro	6	C4

SEHENSWERTES & AKTIVITÄTEN
Tagesmarkt	7	B3
Jui-Tui-Tempel	8	B3
Mt Khao Rang	9	A1
Number 1 Gallery	10	C3
Altes Postgebäude	11	C3
Paddle Asia	12	D4
Phra Phitak Chyn Pracha Mansion	13	B3
Phuket Philatelic Museum (siehe 11)		
Phuket Thai Hua Museum	14	B3
Rendezvous Gallery	15	B3
Rinda Magical Art	16	B3
Schrein des heiteren Lichts	17	C3
Standard Chartered Bank	(siehe 5)	
THAI-Büro	(siehe 37)	

SCHLAFEN
Crystal Inn	18	C4
Metropole Phuket	19	D4
On On Hotel	20	C3
Sino House	21	D3
Talang Guest House	22	B3

ESSEN
Ka Jok See	23	C4
Stadtmarkt	24	D4

Natural Restaurant	25	B4
Salavatore's	26	C3
Uptown Restaurant	27	C3

AUSGEHEN
Glastnöst	28	C3

UNTERHALTUNG
Boxstadion	29	D6
Paradise Cinemas	30	D4

TRANSPORT
Bangkok Airways	31	B2
Busbahnhof	32	D3
Dragonair	33	D3
Malaysia Airlines	34	B2
Pure Car Rent	35	C3
Silk Air	36	D3
THAI	37	B3

bäude werfen, die die Stadt zu bieten hat. Um nur die prächtigsten Beispiele zu nennen: die **Standard Chartered Bank** (Karte S. 720; Th Phang-Nga), Thailands älteste ausländische Bank, das **THAI-Büro** (Karte S. 720; Th Ranong) und das **alte Postgebäude**, in dem heute das **Phuket Philatelic Museum** (Briefmarkenmuseum; Karte S. 720; Th Montri; Eintritt frei; ☿ 9.30–17.30 Uhr) Briefmarken-Enthusiasten anlockt. Die am besten restaurierten Wohnhäuser befinden sich in der Th Dibuk und Th Thalang.

Phukets größter **Tagesmarkt** (Karte S. 720; Th Ranong) ist immer ein Besuch wert und die erste Adresse der Stadt, wenn man obligatorische thailändische oder malaiische Sarongs und sackartige Shan-Fischerhosen kaufen will.

Das neue, in einem alten sino-portugiesischen Haus untergebrachte **Phuket Thai Hua Museum** (Karte S. 720; www.thaihua.net; Th Krabi; Eintritt frei; ☿ Di–So 13–20 Uhr) würdigt das chinesische Erbe der Stadt. Es zeigt überwiegend alte und neue Schwarz-Weiß-Fotografien und finanziert sich größtenteils aus Spenden.

Ein paar chinesische Tempel setzen Farbtupfer. Die meisten sind unspektakulär. Lediglich der **Schrein des heiteren Lichts** (Karte S. 720; Saan Jao Sang Tham; ☿ 8.30–12 & 13.30–17.30 Uhr) sticht etwas aus der Masse heraus; er liegt versteckt am Ende einer 50 m langen Gasse in der Nähe der Bangkok Bank of Commerce in der Th Phang-Nga. An den Wänden sind taoistische Radierungen zu bewundern, während die gewölbte Decke von Weihrauchschwaden gezeichnet ist. Frische Blumen und flackernde Kerzen hauchen dem Altar Leben ein. Der restaurierte Schrein soll ursprünglich Mitte der 1880er-Jahre von einer einheimischen Familie errichtet worden sein und atmet ganz offenkundig Geschichte.

Dem Namensgeber des **Phra Phitak Chyn Pracha Mansion** (Karte S. 720; 9 Th Krabi) gehörte im frühen 20. Jh. eine Reihe von Zinnminen. In das heute einsam und verlassen dastehende ockerfarbene Haus würde ganz gut eine thailändische Scarlett O'Hara passen. Die Eisentore stehen normalerweise offen, man kann also auf eigene Gefahr hineingehen. Sollten die Hunde bellen, wenn man die Schwelle überschreitet, sollte man kein Angst bekommen: Sie knurren vermutlich bloß die Geister an …

Phuket ist auch für seine skurrilen Galerien bekannt, die sich hinter reizenden chinesischen Ladenfassaden verbergen. Bei **Rinda Magical Art** (Karte S. 720; ☎ 08 9289 8852; www.rinda magicalart.com; 27 Th Yaowarat; Eintritt frei; ☿ 10–19 Uhr) betritt man ein surreales Reich, das von einer gesprächigen Künstlerin regiert wird. Eindeutig moderne Interpretationen traditioneller Themen gibt's in der **Number 1 Gallery** (Karte S. 720; ☎ 08 7281 5279; www.number1gallery.com; 32 Th Yaowarat; Eintritt frei; ☿ 10.30–19.30 Uhr), der Filiale einer von Bangkoks am meisten geschätzten Kunstgalerien. Blattgold und Acryl bildeten bei unserem Besuch plastische Bilder von Lotusblüten und asiatischen Elefanten. Die **Rendezvous Gallery** (Karte S. 720; ☎ 0 7621 9095; 69 Th Yaowarat; ☿ 10–19 Uhr) stellt fantastisch-psychedelische buddhistische Kunst auf Leinwand, Batik, Papier und Holz aus.

Wer einen Blick aus der Vogelperspektive auf die Stadt werfen will, sollte den schönen **Khao Rang** (Phuket-Hügel; Karte S. 720) nordwestlich des Stadtzentrums hinaufkraxeln. Am besten plant man den Trip unter der Woche, wenn es am Gipfel oben ziemlich ruhig ist – man sollte jedoch die Rudel knurrender Hunde im Blick behalten. Wenn Phuket sich wirklich vom malaiischen Wort *bukit* (Hügel) ableitet, dann stand wahrscheinlich der Khao Rank Pate.

BIG BUDDHA

Der Big Buddha (Karte S. 713) auf einer Bergkuppe nordwestlich von Chalong ist von fast der Hälfte der Insel aus zu sehen und befindet sich am besten Aussichtspunkt auf Phuket. Anfahrt: von der Schnellstraße (Hwy 402) aus den roten Schildern folgen; eine Landstraße windet sich vorbei an terrassenförmigen Bananenpflanzungen und Dschungelgewirr nach oben. Dort angekommen kann man dem goldenen Schrein Respekt zollen und dann die Stufen zum prächtigen Plateau des großen Buddhas hochgehen, um in die vollkommene Bucht von Kata zu spähen, einen Blick auf den schimmernden Strand von Karon zu erhaschen und – auf der anderen Seite der Insel – den ruhigen Hafen Chalongs zu inspizieren. Von hier oben sehen die Kanalinseln wie Kieselsteine aus.

Man kann die Aussicht natürlich auch für ein paar Minuten vernachlässigen, um den einheimischen Handwerkern dabei zuzusehen, wie sie ihrem 60 Mio. Baht teuren, in birmanischem Alabaster gekleideten Buddha den letzten Schliff geben. In den letzten 20 Jahren wurde auf Phuket ohne Ende gebaut – es bedeutet also eine Menge, wenn die Einheimischen das Big-Buddha-Projekt als Phukets

ANDAMANENKÜSTE

wichtigstes Bauprojekt der letzten 100 Jahre bezeichnen.

Besucher können bei der Fertigstellung von Big Buddha helfen, indem sie kleine weiße Steintafeln für 200 B das Stück kaufen. Man kann auf dem Stein, der letztendlich in die Fassade zementiert wird, unterschreiben.

WATS

Phuket hat viele Zentren der buddhistischen Verehrung. Nicht vergessen: Man sollte nicht in Strandklamotten in die Tempelanlagen marschieren. Spenden werden in allen Wats dankend angenommen.

Einer unserer Favoriten auf Phuket, der **Wat Chalong** (Karte S. 713; Hwy 4021, Chalong; 6–18 Uhr), ist ein betriebsamer Stufentempel mit 36 Buddhas, die in den ersten beiden Etagen sitzen, liegen oder meditieren. Steinschlangen säumen die Geländer und den Lotusteich draußen. Die Anlage ist neueren Datums, entfaltet aber eine aufregend spirituelle Atmosphäre, vor allem wenn Gläubige ihre Aufwartung machen.

Der **Wat Phra Thong** (Karte S. 713; 6–18 Uhr) in der Nähe der Stadt Thalang ist als Tempel des Goldenen Buddhas bekannt. Die Statue befindet sich zur Hälfte unter dem Boden, sodass nur der Kopf und die Schultern sichtbar sind. Nach einer Legende erkrankten all diejenigen schwer, die den Versuch unternommen haben, das Bild auszugraben. Der Tempel wird besonders von Thai-Chinesen verehrt, von denen viele glauben, die Statue stamme aus China. Zur Zeit des chinesischen Neujahrfests ist der Tempel ein wichtiger Mittelpunkt für die Provinzen Phang-Nga und Krabi. Neben dem Phra Thong gibt's mehrere andere Buddhas, u. a. sieben Bildnisse, die die verschiedenen Wochentage darstellen, und einen Phra Praket (in ungewöhnlicher Haltung: der Buddha berührt seinen eigenen Kopf).

Die Architektur ist zwar nicht gerade inspirierend, dafür kann man im Kloster des **Wat Nai Han** (Karte S. 713; Hat Nai Han; 6–18 Uhr) zur Morgendämmerung den Mönchen bei der choralähnlichen Rezitation zuhören oder sogar daran teilnehmen. Unbedingt einen Tag vorher einen Mönch um Erlaubnis bitten.

Der etwas von der Straße zurückgesetzte **Wat Karon** (Karte S. 736; Th Patak East, Karon; 6–18 Uhr) ist eine relativ neue Tempelanlage mit einem kleinen Schrein und einem sitzenden Buddha aus schwarzem Stein. Dahinter liegt das eindrucksvolle Krematorium mit seinem abgestuften Dach, das nur an Feiertagen öffnet.

Die Anlagen sind üppig mit Bananenbäumen, Palmen und Mangobäumen bewachsen.

LAEM PROMTHEP
แหลมพรหมเทพ

Dass man hier sehr wahrscheinlich nicht allein sein wird, ist einem egal, wenn man erst einmal einen 270°-Panoramablick über die Andamanensee schweifen lässt und bemerkt, wie elegant sie sich an die Felsen des Kaps schmiegt, während einheimische Fischer ihre Netze auswerfen. Allenfalls der Big Buddha macht dem **Laem Phromthep** (Karte S. 713; Hwy 4233) noch Konkurrenz, wenn es darum geht, den besten Platz der Insel für einen Blick in die Abenddämmerung zu küren. In diesem Punkt darf man den Massen glauben, die mehrheitlich aus thailändischen Touristen bestehen. Sie bevölkern die Betonplattform, bringen am fantastischen Elefantenschrein Opfergaben und klettern auf den modernen, wie ein Krebs geformten Leuchtturm.

Wer unbedingt allein sein will, folgt den Handvoll Einheimischen einen Fischerweg hinab, der am Grat verläuft und auf den Felsen ein paar Meter über dem Meer endet. Was von hier oben aussieht wie ein schmaler Strand, ist der südlichste Punkt der Insel. Die Halbinsel dehnt sich ganz schön in die Breite, sodass man leicht eine Ecke für sich finden sollte.

THALANG DISTRICT
อำเภอถลาง

Wer sich für die Kolonialgeschichte der Insel interessiert, kann das **Thalang National Museum** (Karte S. 713; 0 7631 1426; Eintritt 40 B; 8.30–16 Uhr) besuchen. Das Museum enthält fünf Ausstellungshallen, die Themen wie die Geschichte von Thalang-Phuket und die Kolonialisierung der Andamanenküste beleuchten. Hauptmagnet des Museums ist der 2,3 m große Vishnu aus dem 9. Jh., der Anfang des 20. Jhs. in der Nähe von Takua Pa gefunden wurde.

Auf dem Weg zum Museum kommt man höchstwahrscheinlich an **Heroines Monument** (Karte S. 713) vorbei; auf S. 714 wird die Geschichte erzählt, die mit den Statuen verbunden ist. Ebenfalls im Distrikt Thalang liegt der Wat Phra Thong (S. 722).

KHAO PHRA THAEW ROYAL WILDLIFE & FOREST RESERVE
อุทยานสัตว์ป่าเขาพระแทว

Phuket besteht nicht nur aus Sand und Meer. Der Khao Phra Thaew (Karte S. 713) im

nördlichen Teil der Insel ist ein 23 km² großes Schutzgebiet für unberührten Regenwald. Mehrere schöne Dschungelwanderungen führen zu ein paar fotogenen Wasserfällen, besonders **Ton Sai** und **Bang Pae**. Die Wasserfälle besucht man am besten in der Regenzeit zwischen Juni und November; in den trockenen Monaten verkümmern sie zu einem Rinnsal. Der höchste Punkt im Reservat ist der 442 m hohe **Khao Phra**. Der Park besitzt königlichen Status, ist also besser geschützt als ein durchschnittlicher thailändischer Nationalpark.

Vor etwa 50 Jahren entdeckte ein deutscher Botaniker im Khao Phra Thaew eine seltene und einzigartige Palmenart. Die fächerförmige Pflanze, Weiße Elefantenpalme oder *langkow*-Palme genannt, wird 3 bis 5 m groß und gedeiht nur hier und im Khao Sok National Park (S. 701).

Einst durchstreiften Tiger, Malaienbären, Nashörner und Elefanten den Wald, inzwischen aber beschränken sich die anwesenden Säugetiere auf Menschen, Gibbons, Affen, träge Loris, Languren, Zibetkatzen, Flughunde, Eichhörnchen, Hirschferkel und andere kleinere Tiere. Vorsicht vor Kobras und Wildschweinen!

Das **Phuket Gibbon Rehabilitation Centre** (Karte S. 713; ☎ 0 7626 0492; www.gibbonproject.org; Eintritt gegen Spende; 9–16 Uhr) nahe Bang Pae ist ein Muss für Parkbesucher. Das von freiwilligen Mitarbeitern geführte Zentrum finanziert sich ausschließlich aus Spenden – die Pflege eines Gibbons kostet 1500 B pro Jahr. Es nimmt Gibbons bei sich auf, die in Gefangenschaft gehalten wurden, und wildert sie im nahegelegenen Wald aus, nachdem sie einen Partner gefunden haben und eigenständig nach Futter suchen können (Gibbons sind übrigens monogam). Einmal frei, schwingen sie sich mit rund 25 km/h von Ast zu Ast und ernähren sich von Früchten, Nüssen, Insekten und Eidechsen.

SIRINAT NATIONAL PARK
อุทยานแห่งชาติสิรินาถ
Der **Sirinat National Park** (Karte S. 713; ☎ 0 7632 8226; www.dnp.go.th; Eintritt 200–400 B; 8–17 Uhr) besteht aus den Stränden von Nai Thon, Nai Yang und Mai Khao sowie dem früheren Nai Yang National Park und dem Naturschutzgebiet Mai Khao. Er umfasst 22 km² Küstengebiet und 68 km² Meer und erstreckt sich von der westlichen Provinzgrenze mit Phang-Nga nach Süden bis zur Landzunge, die Nai Yang von Nai Thon trennt.

Am Hat Mai Khao, Phukets längstem Strand, gibt's ein Besucherzentrum mit Toiletten, Duschen und Picknicktischen. Kurze Wege führen vom Zentrum in die Mangroven und zu einem abschüssigen Strand hinab. Zwischen November und Februar verbuddeln Meeresschildkröten am Strand ihre Eier.

Das Gebiet zwischen Nai Yang und Mai Khao wird weitgehend für die **Krabbenzucht** genutzt. Es kann ganz interessant sein, den Züchtern bei ihrer Arbeit zuzuschauen. Zum Glück graben sie hier keine künstlichen Lagunen in den Strand oder die Mangroven (wie auf Ko Chang oder in Khao Sam Roi Yot), sondern diese Laiche in geschlossenen Betonbecken auf – eine Methode, die deutlich weniger umweltschädlich ist.

Der Park ist vom Phuket International Airport leicht erreichbar.

PHUKET AQUARIUM
Das **Phuket Aquarium** (Karte S. 713; ☎ 0 7639 1126; Erw./Kind 100/50 B; 8.30–16 Uhr) am Laem Phanwa zeigt in 32 Becken eine bunte Schar tropischer Fische und anderer Meereslebewesen. Bei einem Spaziergang durch einen Tunnel kann man das Unterwasserleben erkunden. Der Rte 4021 nach Süden folgen und außerhalb von Phuket auf die Rte 4023 abbiegen.

Aktivitäten
TAUCHEN
Von Phuket aus können viele Top-Tauchspots der Andamanen beneidenswert gut erreicht werden. Die von vielen Seiten gelobten Similans liegen im Norden, während im Süden Dutzende von Tauchgründen Ko Phi-Phi (S. 764) und Ko Lanta (S. 770) umzingeln. O. k., zugegeben, für die Trips von Phuket zu diesen fantastischen Zielen muss man ein paar Baht mehr investieren, da die Benzinkosten etwas höher sind. Alternativ bringen die meisten Anbieter auf Phuket Taucher auch zu den neun guten Spots direkt vor der Insel, z. B. Ko Raya Noi und Ko Raya Yai (auch Ko Racha Noi und Ko Racha Yai genannt) – diese erreichen jedoch auf dem Wow-o-Meter niedrige Werte. Das Riff vor der Südspitze von Raya Noi ist besonders für erfahrene Taucher ein gutes Ziel. Man kann recht tief abtauchen und an Felsbrocken haftende Weichkorallen und pelagiale Fischarten wie Barrakudas, Regenbogenmakrelen und Stachelmakrelen studie-

ANDAMANENKÜSTE

ren. Selbst Manta- und Marmorrochen werden hier oft gesichtet. Und mit etwas Glück sieht man vielleicht sogar auch einen Walhai.

Ein typischer Tagesausflug mit zwei Tauchgängen (inkl. Ausrüstung) zu Spots in der Umgebung kostet ca. 3000 bis 4000 B. Wer nicht tauchen oder nur schnorcheln will, bekommt oft einen satten Rabatt. Ein viertägiger PADI-Open-Water-Tauchkurs kostet etwa 12 500 bis 15 000 B. Die besten Monate fürs Tauchen sind Dezember bis Mai – dann ist das Wetter gut und das Meer besonders klar (ach ja, die Boote schwanken dann auch nicht so heftig hin und her).

Auf den ersten Blick könnte man meinen, es gäbe Hunderte von Tauchshops auf der Insel, in Wirklichkeit sind es aber viel viel weniger. Die meisten „Veranstalter" sind lediglich Buchungsagenturen, die eine saftige Gebühr einstreichen und dafür freie Plätze auf einem beliebigen Boot irgendeiner Tauchschule vermitteln. Da die Unternehmen nur eines im Sinn haben – nämlich Geld verdienen –, bleiben die Kunden meistens auf der Strecke. Auf Phuket ist man daher immer besser beraten, sich direkt an eine Tauchschule zu wenden, die ein eigenes Boot und eine Zulassung haben. Die Auswahl der passenden Tauchschule kann sich wie andernorts ganz schön schwierig gestalten. Tipps, wie man für ein ungetrübtes Tauchvergnügen den richtigen Anbieter findet, kann man im Abschnitt zur Ko Tao unter „Tauchen" (S. 671) nachlesen.

Die im Folgenden aufgeführten, empfehlenswerten Tauchveranstalter auf Phuket sind auf eine Vielzahl an Tagesausflügen zu Spots in der Umgebung spezialisiert. Infos über erstklassige mehrtägige Touren zu den Similan- und den Surin-Inseln stehen auf S. 705. Wer daran interessiert ist, die Unterwasserwelten von Hin Daeng/Hin Muang zu erkunden (und Zeit hat, zur Ko Lanta zu kurven) schlägt S. 770 auf.

Dive Asia (Karte S. 736; ☎ 0 7633 0598; www.diveasia. com; 24 Th Karon, Kata) Es gibt eine zweite Filiale; Adresse: 623 Th Karon, unweit vom Hat Karon.

Scuba Cat (Karte S. 717; ☎ 0 7629 3120; www.scuba cat.com; 94 Th Thawiwong, Patong)

Sea Bees (☎ 0 7638 1765; www.sea-bees.com; 69 1/3 Moo 9 Viset, Ao Chalong) Agiert auch von Khao Lak aus.

Sea Fun Divers (außerhalb der Karte S. 717; ☎ 0 7634 0480; www.seafundivers.com; 29 Soi Karon Nui, Patong) Ein überragendes und sehr professionelles Tauchunternehmen. Die Standards sind sehr hoch und der Service ist einwand-

frei. Es gibt ein Büro im Le Meridien Resort in Patong und eine zweite Filiale im Katathani Resort (S. 736) in Kata Noi.

Auf Phuket gibt es drei Druckkammern:

Bangkok International Hospital (Karte S. 717; ☎ 0 7634 2518; 231-233 Th Rat Uthit, Patong)

Phuket International Hospital (Karte S. 713; ☎ 0 7624 9400, Notfall 0 7621 0935) Gleich außerhalb von Phuket Stadt.

Wachira Hospital (Karte S. 713; ☎ 0 7621 1114) Außerhalb von Phuket.

SCHNORCHELN

Die schönsten Schnorchelreviere Phukets liegen vor der Westküste und dort vor allem vor den steinigen Landzungen zwischen den Stränden. Maske, Schnorchel und Flossen kann man für etwa 250 B am Tag ausleihen. Auch fürs Schnorcheln gilt: eine bessere Sicht und eine vielfältigeres Meeresfauna findet man vor den kleinen entlegenen Inseln wie Ko Raya Yai und Ko Raya Noi vor.

Gute Anbieter von Schnorcheltouren:

Offspray Leisure (☎ 08 1894 1274; www.offsprayleisure. com; 43/87 Chalong Plaza; Trips ab 2950 B) Der Veranstalter von Tauch- und Schnorcheltrips ist auf Touren zu den Riffen um Ko Phi-Phi spezialisiert. Hochgeschwindigkeitsboote bringen die Passagiere in 45 Minuten zum Ort des Interesses (normalerweise min. 1½ Std.) – so hat man mehr Zeit fürs Wesentliche. Die Gruppen sind zudem klein, was dem ganzen eine intime Atmosphäre verleiht – etwas, was bei den meisten anderen Tauchunternehmen auf Phuket fehlt.

Oi's Longtail (☎ 08 1978 5728; 66 Moo 3, Hat Nai Yang; Touren 1600 B) Oi ist auf zweistündige Schnorcheltouren an den Riffen um Ko Waeo spezialisiert. Schnorchelzubehör ist im Preis enthalten. Sitzt im Bank Restaurant gegenüber vom Hafen für Longtail-Boote.

SURFEN

Phukets Surfparadies ist noch ein recht gut gehütetes Geheimes. Sobald der Monsun Mitte des Jahres anschwillt, bildet das spiegelglatte Meer ordentliche Walzen. Die besten Wellen gibt's zwischen Juni und September, wenn sich der Hat Kata zum Surfermekka mausert. Jedes Jahr Ende August (manchmal Anfang Sept.) wird hier ein Wettbewerb veranstaltet. Vor Kata befinden sich die besten Wellen am Südende des Strands – sie erreichen bis zu 2 m. Auch Nai Han ist für riesige Breaks bekannt (max. 3 m), die sich meistens in der Nähe des Jachtclubs des Strandes auftürmen. Vorsicht: Sowohl vor Kata als auch vor Nai Han gibt es einen heimtückischen wie lebensgefährlichen Brandungsrückstrom (Undertow).

ANDAMANENKÜSTE

Vor dem geschützten Hat Kalim unmittelbar nördlich von Patong gibt es eine gleichmäßige Brandung mit bis zu 3 m hohen Wellen. Der **Phuket Boardriders Club** (www.phuketboardriders.com) richtet hier im August einen Wettkampf aus. Am nördlichsten Abschnitt des Hat Kamalas rollen tolle, bis zu 3 m hohe Wellen heran. Und vor dem Laem Singh, etwas weiter die Küste hoch beim Amanpuri Resort gelegen, erreichen hohe Breaks eine ordentliche Geschwindigkeit; außerdem ist der Surfspot dank der mächtigen Landzunge recht windgeschützt.

Am Hat Nai Yang hat es vielleicht die besten Wellen von ganz Phuket. Sie türmen sich mehr als 200 m vor der Küste auf – man muss also ein bisschen paddeln. Dafür sorgt das Riff beständig für Breaks. Die Wellen werden bis zu 3 m hoch, zudem gibt es keinen Brandungsrückstrom.

Da Surfen nicht die Top-Attraktion Phukets ist, wird man nicht gerade an jeder Ecke Surfschulen oder Boardshops finden. Wer aber seine eigene Ausrüstung und das entsprechende Können mitbringt und mit dem Wind ankommt, wird an der ganzen Westküste ganz gute Bedingungen vorfinden.

Empfohlene Anbieter:

Blujelly (Karte S. 732 f.; ☎ 08 5880 7954; www.blujelly.com; Bang Thao) Unterricht für Kinder und gute Infoquelle fürs Surfen um Bang Thao.

Phuket Surf (Karte S. 736; ☎ 08 1002 2496; www.phuketsurf.com; Kata) Surfunterricht ab 1500 B und Board-Verleih; an der südlichen Bucht von Kata Yais zu finden.

Saltwater Dreaming (Karte S. 732 f.; ☎ 0 7627 1050; www.saltwater-dreaming.com; Surin) Zweifellos der beste Surfshop der Insel; nach Surfkursen fragen und auf der Website vorbeischauen, um Antworten auf alle Fragen rund ums Surfen zu finden.

KITESURFEN

Wer diesen aufstrebenden Sport noch nie ausprobiert hat, kann die Chance jetzt am Schopf packen. Die Unterrichtsstunden von **Kiteboarding Asia** (außerhalb der Karte S. 732 f.; ☎ 08 1591 4593; www.kiteboardingasia.com; 74/10 Moo 3, Th Hat Nai Yang; Unterricht ab 4000 B) finden in der geschützten Bucht statt; die Preise beinhalten die gesamte Ausrüstung. Wer ein bisschen mehr Zeit und Geld investiert, kann ein Zertifikat der International Kiteboarding Organisation erwerben – dieses wird oft benötigt, um Ausrüstung leihen zu können. Bob, Betreiber und Lehrer in einer Person, erteilt in der Saison (Juni–Sept.) auch traditionelle Surfstunden und verleiht Bretter. Die Wellen sind hier keinen Deut schlechter als vor Kata und Nai Han, erzeugen aber keinen riskanten Brandungsrückstrom.

KAJAK- & KANUFAHREN

Mehrere Unternehmen mit Sitz in Phuket bieten Kanutouren durch die landschaftlich schöne Ao Phang-Nga (S. 709) an. Mit den Kajaks kann man Grotten erkunden, die für die typischen Longtail-Boote unzugänglich sind. Ein Tag Paddeln kostet etwa 3000 B pro Person, inklusive Mahlzeiten, Ausrüstung und Transfer vom/zum Hotel. Viele Ausrüster organisieren auch dreitägige All-inclusive-Touren (ab 13 000 B).

Anbieter mit Sitz in oder um Phuket:

John Gray's Sea Canoe (außerhalb der Karte S. 720; ☎ 0 7625 4505; www.johngray-seacanoe.com; 124 Soi 1, Th Yaowarat, Phuket Stadt; Trips 3950–57 800 B) Phukets ältester Veranstalter von Kajaktouren. John Gray und sein Team einheimischer Führer leiten Ökotouren zu den verborgenen Inseln, Lagunen und *hongs* (Grotten) der Ao Phang-Nga, bei denen die Teilnehmer etwas über das sensible Ökosystem lernen. Unvergesslich ist die Hong By Starlight Tour, ein geführter abendlicher Paddelausflug durch biolumineszente Fledermaushöhlen und Lagunen. Es gibt auch mehrtägige Touren, bei denen in Zelten übernachtet wird. Die Trips starten ab Ao Por.

Paddle Asia (Karte S. 720; ☎ 0 7624 0952; www.paddleasia.com; 19/3 Th Rasdanusorn, Phuket Stadt) Ist auf Anfänger und all diejenigen ausgerichtet, die nicht so gerne von lauten Tourgruppen umgeben sind. Die Gruppen sind klein (2–6 Pers.); es werden mehrtägige Touren angeboten.

Sea Canoe Thailand (außerhalb der Karte S. 720; ☎ 0 7621 2172; www.seacanoe.net; 367/4 Th Yaowarat, Phuket Stadt) Hat einen tollen Ruf und einen wenig originellen Namen.

JACHTAUSFLÜGE

Phuket gehört zu den Zielen in Südostasien, die besonders gern von Schiffen und Jachten angesteuert werden. Vor der Küste liegen die unterschiedlichsten Wasserfahrzeuge vor Anker – von 80 Jahre alten hölzernen Schaluppen, die aussehen, als könnten sie sich kaum über Wasser halten, bis zu den modernsten Kreuzern. An einigen Orten gibt es jachthafenähnliche Anlagen mit ganzjährigen Liegeplätzen. Die Hafenformalien sind aber eher kompliziert; die Jachthäfen kümmern sich um den Papierkram (gegen eine Gebühr natürlich), wenn man sie im Voraus über die Ankunft benachrichtigt.

Phuket Boat Lagoon (Karte S. 713; ☎ 0 7623 9055; Fax 0 7623 9056) Befindet sich an der Ostküste an der Ao Sapam, etwa 10 km nördlich von Phuket. Zum umschlossenen Jachthafen gehören ein Gezeitenkanalzugang, gewartete Ponton-Anlegeplätze, 60- und 120-Tonnen-Kräne, einen befestigten Abstellplatz sowie ein Resorthotel, Wäscherei, Café, Benzin, Wasser und schließlich Reparatur- und Wartungsdienste.

Rolly Tasker Sailmakers (☎ 0 7628 0347; www.rollytasker.com; 26/2 Th Chaofa, Ao Chalong) Wer ein Segel braucht, ist bei Rolly Tasker richtig. Takelage, Spiere und Eisenteile gibt's auch.

Royal Phuket Marina (Karte S. 713; ☎ 0 7623 9762; www.royalphuketmarina.com) Der 25 Mio US$ teure Jachthafen befindet sich gleich südlich von Phuket Boat Lagoon. Luxusvillen, Stadthäuser und ein Hotel gehören genauso dazu wie die 190 Liegeplätze und das Spa.

Yacht Haven Phuket Marina (Karte S. 713; ☎ 0 7620 6705; www.yacht-haven-phuket.com) Am Laem Phrao an der nordöstlichen Spitze der Insel gelegen, Yacht Haven hat 130 Liegeplätze und ein malerisches Restaurant und führt auch Wartungsarbeiten an den Yachten aus.

Das **TAT-Büro** (Karte S. 720; ☎ 0 7621 2213; www.tat.or.th; 73-65 Th Phuket, Phuket; ☺ 8.30–16.30 Uhr) in Phuket hat eine ausführliche Liste an Jacht-Charterunternehmen und Maklern. Will man ein Boot chartern, ist es ratsam, aus Versicherungsgründen zu überprüfen, ob es in Thailand registriert ist. In der Hauptsaison kostet eine gecharterte Jacht ohne Crew (Bareboat-Charter) 20 000 B pro Tag. Die folgenden Unternehmen können mit Infos zu Chartermöglichkeiten (ohne & mit Crew), Jachtverkäufen und -abgaben dienen:

Dream Yacht Charter (☎ 0 7620 6492; www.dreamyachtcharter.com; Yacht Haven Phuket Marina) Dieses französische Unternehmen vermietet große Katamarane mit und ohne Crew. Sie sind nicht günstig – doch wenn man zwischen den Karstformationen der Ao Phang-Nga hindurchsegelt segeln, weiß man, es hat sich gelohnt.

Faraway Sail & Dive Expeditions (☎ 0 7628 0701; www.far-away.net; 112/8 Moo 4, Th Taina, Hat Karon)

Sunsail Yacht Charters (☎ 0 7623 9057; www.sunsailthailand.com; Phuket Boat Lagoon)

Thai Marine Leisure (☎ 0 7623 9111; www.thaimarine.com; Phuket Boat Lagoon)

Yachtpro International (☎ 0 7623 2960; www.sailing-thailand.com; Yacht Haven Phuket Marina)

GOLF

Blue Canyon Country Club (Karte S. 713; ☎ 0 7632 8088; www.bluecanyonclub.com; 165 Moo 1, Th Thepkasatri; 18 Loch 5300 B) Ein Luxus-Countryclub mit zwei Championship-Golfplätzen, auf denen sich Tiger Woods zu

zwei spektakulären Turniersiegen und einem Platzrekord geputtet hat. Zum Gelände gehören auch ein prächtig ausgestattetes Wellness-Center, zwei Restaurants und Luxus-Apartments. Die Anlagen verbergen ihr Alter nicht, aber man ist schließlich wegen des Golfplatzes hier – und der ist gut. Clubmiete und Unterrichtsstunden erhältlich.

Dino Park (Karte S. 736; ☎ 0 7633 0625; www.dinopark.com; Th Patak West, Karon; Erw./Kind 240/180 B; ☺ 10–24 Uhr) In dem bizarren Park am Südende des Hat Karon trifft Jurassic Park auf Minigolf. Er wartet mit einem Labyrinth aus Höhlen, Lagunen, grünen Gärten, Dinosaurier-Statuen und – natürlich – Greens auf. Kinder werden am meisten darauf abfahren.

Mission Hills Golf Club (Karte S. 713; ☎ 0 7631 0888; www.missionhillsphuket.com; 195 Moo 4, Pla Khlok; 18 Loch 3800 B) Weitere 27 Löcher mit Weltklassenniveau findet man auf diesem von Jack Nicklaus entworfenen Golfplatz unweit der Ostküste. Zur Anlage gehören ein Wellness-Center, Hotelzimmer und zwei Swimmingpools.

Thailand Tours & Paradise Golf (☎ 084 8433677; www.golfinphuket.com; Centara Mall, Th Patak East) Das Unternehmen ist komplett in schwedischer Hand. Es organisiert maßgeschneiderte Golftrips und Tiefseeangelausflüge für Individualreisende. Golf-Fans aufgepasst: Diese Typen sind die absoluten Experten auf der Insel.

REITEN

Bangthao Beach Riding Club (Karte S. 732 f.; ☎ 0 7632 4199; 394 Moo 1, Th Hat Bang Thao; Ausritte zu Pferd ab 1000 B, Elefantenritte ab 350 B) Der treffend benannte Club bietet alles von halbtägigen Pferdeausritten durch Wald, Sumpf und entlang unberührter Strände bis zu seriös durchgeführten Reitstunden und zehnminütigen Elefantenausritten. Nahe dem Eingang zur Laguna Phuket.

Phuket Riding Club (Karte S. 713; ☎ 0 7628 8213; www.phuketridingclub.com; 95 Th Vises; Ausritte ab 650 B; ☺ 7–18.30 Uhr) Hoch zu Ross geht es über Dschungelwege und an weißen Stränden entlang. Die Ställe, die Ausrüstung und die Pferde sind top. Unterrichtsstunden gibt's auch.

ELEFANTENREITEN

Arawan Bukit Elephant Trekking (☎ 08 6809 4780; Th Patong-Karon; Touren 400–1200 B; ☺ 9–18 Uhr) Gulong, Peter und ihre Kameraden sind Überbleibsel der Holzindustrie. Sie schlafen fünf und fressen sechs Stunden pro Tag und tragen Besucher zu Stellen, von denen man einen Wahnsinnsblick auf die Ao Patong hat.

Kok Chang Safari (Karte S. 713; ☎ 08 9591 9413; 287 Moo 2, Hwy 4233; Touren ab 600 B; ☺ 8.30–17.30 Uhr) Dieses gut geführte, schöne Elefantencamp ist eines der besseren auf Phuket, wenn nicht sogar das beste. Die Tiere sind gesund. Die Touren dauern zwischen 20 Minuten und einer Stunde. Wer eine ganze Stunde reitet (1000 B), wird einen zauberhaften Panoramablick vom Gipfel des Berges

genießen können. Man kann die Elefanten aber auch Elefanten sein lassen und mit Charlie, dem zahmen und echt niedlichen Affen, was trinken. Er ist an der Bar zu finden.

Phuket Elephant Ride (☎ 08 4058 3276; 25/19 Moo 1, Hwy 4233; Elefantentouren ab 800 B, Schlangenshow 400 B, Affenshow 400 B; ⊗ 9–19 Uhr) Wer sich nicht dazu durchringen kann, die paar Kilometer zum überdurchschnittlich guten Camp Kok Chang Safari (s. S. 726) zu fahren, kann hier eine ähnliche Tour buchen. Die Ausritte dauern 20, 30 oder 60 Minuten. Das Camp veranstaltet auch eine Schlangenshow mit einer Königskobra als Star und eine ziemlich deprimierende Show mit einem dressierten Affen.

Phuket Zoo (Karte S. 713; ☎ 0 7638 1227; www. phuketzoo.com; 23/2 Moo 3 Soi, Th Phalai Chaofa, nahe Chalong; Eintritt 200 B; ⊗ 8.30–18 Uhr) Kleinen Tierfreunden wird die Elefantenshow gefallen.

MOO·AY TAI (THAIBOXEN)

Rawai hat mehrere renommierte *moo·ay tai-* (auch *muay thai-*) Schulen. Es gibt ein beliebtes (aber ziemlich touristisches) Trainingszentrum in Patong (S. 744).

Rawai Muay Thai (☎ 08 1078 8067; www.rawai muaythai.com; 43/42 Moo 7, Th Sai Yuan, Rawai; ⊗ 7.30–9.30 & 16–18 Uhr; Gruppen-/Einzelunterricht 500/800 B) Ein ehemaliger *moo·ay tai*-Meister eröffnete dieses Studio und Traveller aus aller Welt kommen hierher, um Seite an Seite mit professionellen thailändischen Kämpfern boxen zu lernen. Die meisten Lehrgangsteilnehmer sind Studenten, die in den angeschlossenen Wohnheimen wohnen, aber auch Besucher dürfen gern vorbeischauen. Aber Achtung: Das macht sofort süchtig!

Sinbi Muay Thai (☎ 08 3391 5535; www.sinbi -muaythai.com; 100/15 Moo 7, Th Sai Yuan, Rawai; ⊗ 7.30–9.30 & 16–18 Uhr; pro Tag/Woche/Monat 500/3000/10 000 B) Ein weiteres angesehenes Boxtrainingscamp in Rawai. Frauen wie Männer sind willkommen.

EXTREMSPORT

Cable Jungle Adventures (☎ 08 1977 4904; 232/17 Moo 8, Th Bansuanneramit; 1600 B/Pers.; ⊗ 9–18 Uhr) Ein Gewirr aus acht Seilrutschen zwischen den Klippen und uralten Feigenbäumen versteckt sich in den Hügeln hinter Ananasfeldern, Kautschukplantagen und Mangohainen. Die Seile sind zwischen 6 und 23 m hoch über dem Boden gespannt; die längste Strecke ist 100 m lang. Unbedingt geschlossene Schuhe anziehen!

Jungle Bungy Jump (Karte S. 713; ☎ 0 7632 1351; www.phuket.com/bungy; 61/3 Moo 6, Kathu; Sprung 1600 B) Bungeespringen kann man in Kathu, von Patong aus in Richtung Landesinneres. Den Jungle Bungy Jump gibt es seit 1992. Die Anlage wurde nach neuseeländischen Standards gebaut und wird auch so betrieben. Wer sich

in die Tiefe stürzen möchte, hat die Qual der Wahl: Darf es am Ende ins Wasser gehen? Lieber paarweise? Oder probiert man doch den „Rocket Man", bei dem man erst 50 m hoch in die Luft geschossen wird, bevor man am Bungee-Seil baumelt?

SPAS

Insiderinfos zu Spas gibt's im Kasten auf S. 728.

Amala Spa (Karte S. 717; ☎ 0 7634 3024; www.bydlofts. com; 5/28 Th Rat Uthit, Patong; Anwendungen ab 600 B; ⊗ 9–20 Uhr) Modern und luxuriös wie der Rest der BYD-Anlage (S. 734): In diesem Spa werden Thai-, Öl- und Reflexzonenmassagen, Ganzkörperpackungen mit weißem Ton und entgiftende Grüntee-Körperpeelings angeboten.

Amanpuri Spa (Karte S. 732 f.; ☎ 0 7632 4333; www.amanresorts.com; 118/1 Moo 3, Th Srisoonthorn, Surin; Anwendungen ab 3500 B; ⊗ 9–21 Uhr) Das Spa befindet sich in einem abgelegenen Kokosnusshain an den Klippen. Hier verschmelzen Therapie mit Luxus: Die Behandlungszimmer sind in Holz und Glas gehalten, und es gibt Dampfkammern und Meditationsgärten. Zur Anwendung kommen biologisch erzeugte Naturkosmetika der Hausmarke. Wer im Resort wohnt, kann den Tag mit einer Yogastunde am frühen Morgen beginnen.

Aspasia (Karte S. 736; ☎ 0 7633 3033; www.aspasia phuket.com; 1/3 Th Laem Sai; Anwendungen ab 1000 B; ⊗ 9–21 Uhr) Ein hervorragendes Wellnesscenter in einer einzigartigen Apartmentanlage auf der Landzunge zwischen Kata und Karon. Es ist sehr behaglich und zenmäßig gestaltet, z. B. trennen Schiebetüren aus Reispapier die Behandlungszimmer. Das rote, süße Bodypeeling, eine Mixtur aus Sesam, Honig und frischem Orangensaft, ist echt super. Oder vielleicht doch lieber das Kokos-Passionsfrucht-Peeling? Es gibt auch einen Kosmetiksalon, der alle üblichen Anwendungen im Programm hat, und eine Menge verschiedener Massagen.

Atsumi Healing (☎ 08 1272 0571; www.atsumi healing.com; 34/18 Soi Pattana, Rawai; Anwendungen ab 1000 B) Das Atsumi ist nicht nur ein Spa, es ist auch ein Fasten- und Entgiftungszentrum. Die meisten Gäste kommen her, um bei Wasser, Saft und/oder Kräutern mehrere Tage lang zu fasten. Massagen sind ebenfalls Teil des Programms. Gerne kann aber auch normal erholte Kundschaft Massagen buchen. Neben traditionellen Thai-, Öl- und Tiefengewebemassagen, sind eine einzigartige ThaiAtsu-Massage (soll heißen: Thai trifft Shiatsu) und sanfte, meditative Yogakurse mit ein bisschen Tai-Chi zu haben. Das Personal nennt das „Morgenritual".

Indigo Spa (☎ 0 7632 7006; www.indigo-pearl. com; Hat Nai Yang; Anwendungen ab 1500 B; ⊗ 9–21 Uhr) Das Indigo Spa gehört zum riesigen Indigo Pearl Resort (S. 730), das auch als avantgardistisches Denkmal für Phukets Zinnbergbau-Tradition fungiert. Mögliche Anwendungen in diesem fantastischen Spa sind u. a. ein

ANDAMANENKÜSTE

DIE BESTEN MASSAGEN

Auf Phuket scheint es in jeder *soi* einen Massagesalon mit einem eifrigen Angestellten am Eingang zu geben, der „Massaaaaaaaaaage!" schreit. Die meisten dieser Läden sind einfache Familienunternehmen, bei denen Massagen für 250 B zu haben sind und eine schnelle Maniküre samt Pediküre lumpige 100 B kostet. Die Qualität ist unterschiedlich und ändert sich dauernd, weil ständig Personal entlassen und wieder eingestellt wird. Am besten entscheidet man nach Bauchgefühl oder fragt andere Traveller – bei diesen Schnäppchenpreisen kann man zwar nicht viel falsch machen, aber einen Knaller erwarten darf man auch nicht.

Wer eine Wellnessbehandlung nach westlichem Standard möchte, wird in Phukets zahllosen Wellnessresorts fündig. Diese Spas gehören oft zu einem Nobelhotel (aber fast alle sind auch für Nichtgäste geöffnet) und sind todschick. Oft wurden sie zenmäßig eingerichtet und haben lange Listen mit Anwendungen. Die Preise hängen sehr davon ab, wo sich das Spa befindet, aber meist beginnen sie bei etwa 1000 B und steigen von da an hoch und höher.

Unsere drei Lieblings-Spas:

- Das **Banyan Tree Spa** (Karte S. 732 f.; www.banyantree.com) im Banyan Tree Phuket (S. 731) ist eindeutig der Gewinner. Das Spa hat eine weltberühmte Massageschule und alle Spezialisten im Zentrum haben den gesamten Lehrgang absolviert. Vor Kurzem wurden spezielle indische Energiebehandlungen auf die lange Liste der Anwendungen gesetzt. Wer sich hier behandeln lassen möchte, dem sei die dreistündige Royal-Banyan-Anwendung (195 US$) empfohlen. Sie beinhaltet ein Minzfußbad, ein Gurken-Zitronengras-Peeling, eine Thaimassage mit Kräutern und ein Bad in einer mit Blütenblättern gefüllten Badewanne.

- Das **Six Senses Spa** (www.sixsenses.com) im Evason Phuket Resort (S. 737) verfolgt, was Einrichtung und Lage betrifft, eher eine *Back to nature*-Philosophie, ist aber innovativ, was die Behandlungen angeht. Die „Sensory Spa Journey" (90 Min., 8000 B) ist toll: Dazu gehören eine vierhändige Massage (zwei Therapeuten), luxuriöse Fußbäder und eine Tüte mit Proben der Produkte, die bei der Behandlung verwendet wurden.

- Das **Hideaway Day Spa** (☎ 0 7627 1549; ⏰ 11–21 Uhr), eines von Phukets ersten Spas, hat noch immer einen hervorragenden Ruf. Das Hideaway ist etwas preisgünstiger als andere Spas und hat traditionelle Thaimassagen, Saunen und Schlammpackungen im Programm. Es liegt ruhig am Rand einer Lagune. Behandlungen kosten ab 1500 B.

Eine Auflistung weiterer Spas ist ab S. 727 zu finden.

feuchtigkeitsspendendes Schokoladenpudding-Peeling (hey, nicht essen!) und eine Perlenpackung mit Extrakten aus einheimischen Zuchtperlen.

Spa Royale (Karte S. 736; ☎ 0 7633 3568; www.villa royalephuket.com; 12 Th Kata Noi; Anwendungen ab 1200 B; ⏰ 9–20 Uhr) Eines der Top-Wellnesscenter im südlichen Phuket: Zum Einsatz kommen Biokosmetika, von den Behandlungszimmern aus hat man einen Blick aufs Meer und die Anwendungen werden von qualifizierten Therapeuten durchgeführt. Die 90-minütige Aromatherapiemassage ist unübertrefflich.

Kurse

Beach House Cooking School (Karte S. 732 f.; ☎ 089 6511064; Hat Surin; Unterricht 1900 B/Pers.; ⏰ 9–22 Uhr) Erst geht man die Speisekarte durch und kreist die leckersten Gerichte dieses schicken Strandcafés ein. Und dann lernt man in einem dreistündigen Kurs, der vom Besitzer/Chefkoch geleitet wird, wie man sie zubereitet.

Im Speisesaal ragen echte Bäume durchs Dach und von der Lehrküche aus ist das Meer zu sehen.

Mom Tri's Cooking Class (Karte S. 736; ☎ 0 7633 0015; www.boathousephuket.com; Th Patak West, Kata; 2 Unterrichtsstunden inkl. Mittagessen 3200 B; ⏰ Sa & So 10–13 Uhr) Tummanoon Punchun, der preisgekrönte Küchenchef des Boathouse, schaufelt ein bisschen Zeit in seinem Terminplan frei, um Interessierten die Grundlagen der thailändischen Kochkunst nahezubringen. Die Kurse finden neben dem Speisesaal des Boathouse statt, man kocht also bei herrlichem Ausblick.

Pum Thai Cooking School (Karte S. 717; ☎ 0 7634 6269; www.pumthaifoodchain.com; 204/32 Tha Rat Uthit, Patong) Betreibt tolle Thai-Restaurants in Phuket, Ko Phi-Phi und Frankreich. In der Niederlassung auf Phuket wird Haute Cuisine auf Thai-Art gelehrt – eine Unterrichtsstunde, in ein Gericht drankommt, kostet 450 B, 900 B zahlt man für zwei Gerichte und bis zu 4650 B für einen mehr als sechs Stunden umfassenden Kurs mit fünf Gerichten.

ANDAMANENKÜSTE

Geführte Touren

Die folgenden Touren richten sich an begeisterte Geländewagenfahrer:

Bang Pae Safari (☎ 0 7631 1163; 12/3 Moo 5, Th Srisoonthorn; Touren ab 800 B; ⊗ 7.30–17 Uhr) Dieser am Rand des Khao Phra Thaew Royal Wildlife & Forest Reserve ansässige Veranstalter organisiert Elefantenritte, Geländewagen- und Kanutouren und führt Gäste durch die nahen Kautschukplantagen und Kanäle. Die Tour ist nicht sehr abenteuerlich und in der Regenzeit noch am besten.

Phuket Paradise 4WD Tour (☎ 0 7628 8501; 24/1 Moo 1, Hwy 4233; Touren ab 1500 B; ⊗ 8.30–18 Uhr) Das ist *die* Gelegenheit, mit einem Geländewagen auf unbefestigten Straßen durch den Dschungel auf Phuket zu brettern, ob als Passagier oder als Fahrer. Es gibt ein- und zweistündige Touren.

Freiwilligenarbeit

Die **Soi Dog Foundation** (☎ 08 7050 8688; www.soidog.org) ist eine gut organisierte Vereinigung, die sich die Sterilisation und Betreuung von streunenden Hunden zum Ziel gesetzt hat. Es werden Freiwillige gebraucht, die die Hunde füttern, aber es hilft auch schon, wenn man Geld für die Projekte spendet. Aktuelles und Details sind auf der Website zu finden.

Starfish Volunteers (☎ 08 1723 1403; www.starfishvolunteers.com) hat drei Freiwilligenprojekte in Phuket: Kinderbetreuung, Hunderettung und Resozialisierung von Gibbons. Wer mit Kindern arbeitet, verbringt seine Zeit in einer Tagesstätte für Kinder unter fünf Jahren, deren Eltern unterhalb der Armutsgrenze leben. Im Hundezentrum wurden bereits mehr als 14 000 Hunde kastriert, aber es gibt noch immer jede Menge Arbeit, bis die Zahl der Tiere sich wirklich kontrollieren lässt. Im Gibbonzentrum arbeiten Freiwillige mit Tieren, die irgendwo Touristenattraktionen waren und gerettet wurden. Ziel ist, sie wieder in die freie Wildbahn entlassen zu können.

Festivals & Events

Das **Vegetarierfest** (www.phuketvegetarian.com) ist das wichtigste Event auf Phuket und findet normalerweise Ende September oder Oktober statt. Das TAT-Büro (S. 716) in Phuket veröffentlicht das Veranstaltungsprogramm des Fests; mehr Infos gibt's auf der Website und im Kasten unten.

Schlafen

Wenn es ums Übernachten geht, ergeben sich auf Phuket endlos viele Möglichkeiten. Für jeden Geldbeutel ist etwas dabei, vom todschicken Fünf-Sterne-Resort bis zum Schlafsaal,

---

HM … HEILEN DIESE WUNDEN WIEDER?

Schon mal ein Bild von Phukets jährlich stattfindendem Vegetarierfest gesehen? Falls ja, erinnert man sich auf jeden Fall daran – da gab's Dolche, die Wangen durchbohren, Rasierklingen, die in Zungen schneiden, also sämtliche Motive, die für Kinder zu einem Albtraum gehören. Eigentlich wird mit dem Fest der Beginn des taoistischen Fastenmonats gefeiert, in dem gläubige Chinesen auf Fleisch und Fleischprodukte verzichten. In Phuket findet das Fest in fünf chinesischen Tempeln statt, dem Jui-Tui-Tempel an der Th Ranong kommt dabei die größte Bedeutung zu.

Außer der Regel, dass kein Fleisch gegessen werden darf, gehören verschiedene Prozessionen zu dem Fest, die in unglaublicher Selbstkasteiung gipfeln: Da wird über heiße Kohlen gelaufen, die Haut mit scharfen Gegenständen durchbohrt etc. Die Besitzer der Läden entlang der Hauptstraßen Phukets stellen vor ihren Geschäften Altäre auf und bieten den neun obersten Göttern, die bei dem Festival angerufen werden, neun winzige Tassen Tee, Räucherstäbchen, Obst, Kerzen und Blumen dar. Diejenigen, die als Medium fungieren, versinnbildlichen die neun Gottheiten während des Fests auf der Erde, indem sie sich in Trance versetzen und ihre Wangen mit den unterschiedlichsten Gegenständen durchbohren – mit Ästen, Spießen, Zugposaunen und so weiter. Manche zerschnippeln sogar ihre Zungen mit Sägen oder Beilklingen …

Während der Straßenumzüge halten diese Medien an den Altären vor den Geschäften an. Entweder nehmen sie das angebotene Obst mit und stecken es auf die Gegenstände, mit denen sie ihre Wangen durchbohrt haben, oder sie geben es als Segen an die Zuschauer weiter. Sie trinken auch eine der neun Tassen Tee aus und schnappen sich ein paar Blumen, die sie in ihre Leibriemen stopfen.

Die Stimmung ist von religiöser Ekstase geprägt, ohrenbetäubende Böller gehen hoch, rituelle Tänze finden statt und überall sind blutige T-Shirts zu sehen. Seltsamerweise gibt es keine Belege für diese Art von Aktivitäten im Zusammenhang mit der taoistischen Fastenzeit in China …

der Bilder eines Waisenhauses aufkommen lässt. Bei mehr als 1000 Unterkünften scheint es ein schwieriges Unterfangen zu sein, die beste auszuwählen, aber in Wirklichkeit ist das ziemlich einfach.

Bei der Auswahl der Unterkunft, sollte man sich zunächst überlegen, welches geografische Gebiet es sein soll. Der Hat Patong (S. 733) ist die am stärksten besuchte Gegend mit den meisten Resorts. Er hat das beste Nachtleben, tolle Restaurants und die Strände sind den ganzen Tag über brechend voll (300 B bezahlt man für einen Liegestuhl und einen Sonnenschirm!). Hat Rawai und Hat Nai Han (S. 737) ganz im Süden sind eher ruhig. Hier gibt es jede Menge Imbissstände am Straßenrand, an denen Einheimische kochen. Hat Kata (S. 735) und Hat Karon (S. 734) sind vor allem auf skandinavische Pauschaltouristen ausgerichtet, das ist normalerweise ein lustiges, junges Völkchen. Katas Strände sind besonders schön, und es gibt einige tolle Boutiquehotels in der Gegend.

Der preisgünstige Hat Kamala (S. 732) gleich nördlich von Patong ist perfekt für Langzeitgäste und Selbstversorger. Der Hat Surin (S. 731) ist natürlich sehr schick. Er ist mit Fünf-Sterne-Resorts und edlen Strandrestaurants gesprenkelt – genau das Richtige für alle, die das nötige Kleingeld haben. Der Strand an der Ao Bang Thao (S. 731) ist atemberaubend; außerdem ist die Gegend ein seltsamer, aber irgendwie cooler Mix aus einem exklusiven Urlaubsparadies und einem ländlichen Fischerdorf – es ist nicht ungewöhnlich, dass Kühe auf den Grünanlagen eines Golfplatzes weiden.

Weiter oben an der Küste werden die Strände sogar noch besser und abgelegener. Wer auf der Suche nach einem ruhigen Zufluchtsort zum Barfußlaufen ist, kann es am Hat Nai Thon (S. 731), am Hat Nai Yang (s. rechte Spalte) oder am Hat Mai Khao (s. rechte Spalte) versuchen. Man kann es aber auch den Einheimischen gleichtun und das im Landesinneren gelegene Phuket (S. 737) wählen.

Wer sich für ein Gebiet entschieden hat, kann (mit Blick auf den Füllstand seines Geldbeutels) damit beginnen, die unzahligen Unterkünfte dort durchzusehen. Viele Websites und Buchungsseiten bieten eine Flut von Infos zu Unterkünften auf Phuket.

Es ist zwar immer am besten, im Voraus zu buchen, wenn man während der Hauptsaison anreisen möchte, aber die Insel ist langsam

ein bisschen überentwickelt und d. h., dass oft auch noch Last-Minute-Buchungen möglich sind. Das Überangebot von Hotelzimmern hat zu einer leichten Preissenkung geführt, aber die Insel ist noch immer eines der teuersten Urlaubsziele in Thailand.

In der etwas ruhigeren Nebensaison ist es üblich, ein bisschen zu feilschen, wenn man ohne Reservierung auftaucht. Man sollte höflich, aber bestimmt um einen Rabatt bitten. Wenn der Preis dann immer noch zu hoch ist, kann man nach einem Zimmer ohne Frühstück fragen; dann lässt sich das Personal vielleicht noch mal um 200 B runterhandeln.

NÖRDLICHE STRÄNDE

Mittlerweile rangieren Phukets traumhafte Nordstrände auf der Liste der Weltklasseresorts ganz oben. Aber keine Sorge, Pfennigfuchser – es gibt auch immer noch einige Budgetunterkünfte.

Hat Nai Yang & Hat Mai Khao

Sowohl der Hat Nai Yang als auch der Hat Mai Khao gehört zum sehr ruhigen Sirinat National Park (S. 723). Zelten ist an beiden Stränden auch ohne Genehmigung erlaubt. Restaurants in der Gegend sind ab S. 738 aufgelistet.

Nai Yang Beach Resort (☎ 0 7632 8300; www.nai yangbeachresort.com; Bungalow 1000–7000 B; 🔀) Diese Ferienanlage ist sauber, ruhig und in der Nähe des Strandes gelegen. Abends gibt's ein tolles Barbecue. Die günstigeren Quartiere sind mit Ventilatoren ausgestattet, die teureren schick im thailändischen Stil dekoriert.

Golddigger's Resort (☎ 08 1892 1178; www.airport -phuket.com; Zi. 1200–1500 B; 🔀 🖳 🛄) Trotz seines geschmacklosen Namens ist das Golddigger's eine der besten Mittelklasseoptionen an diesem Strand. Das Hotel unter Schweizer Leitung hat nur 16 Zimmer, deren Deko, Größe und Möblierung eine Stufe über den meisten Strandunterkünften in dieser Preiskategorie liegen.

LP Tipp **Indigo Pearl** (☎ 0 7632 7006; www.indigo -pearl.com; Zi./Bungalow 5600–26 000 B; 🔀 🖳 🛄) Das einzigartigste und angesagteste von Phukets Spitzenklasseresorts hat sich in puncto Design von der Zinnbergbautradition der Insel inspirieren lassen. So seltsam es klingt: Durch den Mix aus Industriellem und tropischem Luxus ist dies eine wunderschöne, relaxte Unterkunft geworden. Metallteile, z. B. Schraubzwingen, Waagen und andere Bergbaugeräte,

wurden in kleinen Details wiederverwertet – selbst die Toilettenpapierhalter sind aus übergroßen Bolzen hergestellt. Der Sonntagsbrunch (S. 739) hier ist super.

JW Marriott Phuket Resort & Spa (☎ 0 7633 8000; www.marriott.com; Zi. ab 8100 B; 🍴 💻 🏊) Nicht vom Namen abschrecken lassen: Dieses Marriott ist einst vom *Condé Nast Traveler* als eines der besten Hotels der Welt ausgezeichnet worden. Zu den am höchsten gelobten Vorzügen gehören die riesigen Zimmer mit tollem Meerblick, den erhöhte Freiluftpavillons, dreieckigen Rückenkissen, den Massagematten und den abgeschliffenen Holzböden. Eine Kochschule und eine Kneipe mit Livemusik runden das Ganze ab. Eine Massage im Spa ist ein Muss.

Hat Nai Thon

Dass die Infrastruktur zum Hat Nai Thon verbessert wurde, hat nur wenig Fortschritt zu diesem unberührten Sandstreifen mit der Kulisse aus Kasuarinen und Schraubenbäumen gebracht. Unten am Strand werden Schirme und Liegestühle angeboten. Man kann hier gut baden, außer wenn der Monsun das Land im Griff hat. Ein paar Korallen in der Nähe der Landzunge an den Enden der Bucht gibt's auch. Restaurants am Nai Thon sind auf S. 739 aufgelistet.

Naithon Beach Resort (☎ 0 7620 5379; Hütte 1000–1500 B; 🚫 Nov.–Mai; 🍴) Dieses Resort hat große, schön gestaltete Holzhütten. In der Regenzeit ist es geschlossen. Es liegt auf der anderen Seite der Zufahrtsstraße zum Strand.

Trisara (☎ 0 7361 0100; www.trisara.com; Villa ab 700 US$; 🍴 💻 🏊) Wer es sich leisten kann, hier zu übernachten, sollte das auch tun. Das Trisara ist eine ruhige Oase weit weg vom Trubel Patongs. Von den supereleganten Villen genießt man die atemberaubendsten Aussichten in ganz Phuket. Sie liegen idyllisch zwischen dem Dschungel und dem himmelblauen Meer. Flitterwochen gefällig?

Bang Thao

Wenn wir unseren Lieblingsstrand auswählen müssten, wäre es vermutlich Bang Thao – ein 8 km langer Streifen mit flachgelben Dünen, die in der tropischen Sonne glitzern. Die meisten von Bang Thaos luxuriösen Superhotels gehören zum Konzern Laguna Phuket. Das Ganze erinnert irgendwie an eine der schicken abgeschlossenen Wohnanlagen, die es in Kalifornien gibt. Wer die nötige Kohle hat und nicht scharf darauf ist, die einheimi-

sche Kultur kennenzulernen, für den ist Laguna Phuket genau das Richtige. Auf S. 739 gibt's Infos zu Restaurants um Bang Thao.

Sheraton Grande Laguna Phuket (Karte S. 732 f.; ☎ 0 7632 4101; www.starwoodhotels.com; Zi. ab 4000 B; 🍴 💻 🏊) Eine Stadt in der Stadt! Das Sheraton mit seinen 400 Zimmern ist bei Familien und aktiven Urlaubern beliebt. Dank vielen Wassersportangeboten, dem riesigen Strand und dem gigantischen Pool (der ist schon fast eine Lagune und der größte Swimmingpool Asiens) kommt keine Langeweile auf.

Andaman Bangtao Bay Resort (Karte S. 732 f.; ☎ 0 7627 0246; www.andamanbangtaobayresort.com; Bungalow inkl. Frühstück 5000–7000 B; 🍴 💻 🏊) Jeder Bungalow dieser hübschen kleinen Anlage, die einen Hauch Sommercampatmosphäre verströmt, hat Meerblick. Die Einrichtung ist sehr thailändisch, Holzschnitte zieren die Wände und Kokosnüsse hängen von den Dachtraufen. Für den Preis hätten wir allerdings ein bisschen mehr Luxus erwartet.

LP Tipp **Banyan Tree Phuket** (Karte S. 732 f.; ☎ 0 7632 4374; www.banyantree.com; Villa 550–2500 US$; 🍴 💻 🏊) Das Banyan Tree Phuket (auf dem Gelände von Laguna Phuket), eins von Asiens schönsten Hotels und das erste auf Phuket, das Bungalows mit eigenem Pool hatte, ist eine Oase voller ruhigem, dezentem Luxus. Untergebracht ist man in großen Villen, die dekadentesten unter ihnen sind die „Doppel-Pool-Villen" (prima für Verliebte …). Ein Besuch im Wellnesscenter ist ein Muss – es ist eines der schönsten des Kontinents (s. S. 728.) Wer das Kleingeld hat, um an einem Ort wie diesem abzusteigen, sollte sofort buchen – das Banyan Tree ist schnell voll.

Surin

Surin – gehoben und doch unprätentiös: Neben faulen, verwöhnten Urlaubern gibt es hier mehr Thailand-Feeling, weshalb Auswanderer diese Gegend vermutlich so sehr lieben. Bäume säumen die schöne Küste und Dutzende günstige Imbisse finden unter ihnen Schatten (Details zu Restaurants in und um Surin s. S. 740). Wer Fünf-Sterne-Luxus sucht, ist am richtigen Ort.

Capri Beach Resort (Karte S. 732 f.; ☎ 0 7627 0597; Zi. 1500–2900 B; 🍴) Hier wird dem italienischen Kitsch gehuldigt. Es gibt tolle Hausmannskost, gemütliche Zimmer und wahrscheinlich mehr Italiana, als man vertragen kann – soll heißen: Opern, riesige Pfeffermühlen und hohe Standards. Man ist schnell am Strand.

ANDAMANENKÜSTE

Surin Bay Inn (Karte S. 732 f.; ☎ 0 7627 1601; www.
surinbayinn.com; Zi. 2000 B; ☒ ◻) Direkt neben dem
Capri Beach steht noch ein einladendes Mittelklassehotel. Unten ist ein Lokal, das sagenhaftes Frühstück serviert, oben sind saubere,
geräumige Zimmer (Meerblick kostet aber
extra). Büchertausch gibt's auch.

Benyada Lodge (Karte S. 732 f.; ☎ 0 7627 1261; www.
benyadalodge-phuket.com; Zi. 2500–5000 B; ☒ ◻ ☒)
Die schicken, modernen Zimmer sind mit
schwarzen Schränken mit Lamellentüren, Ter-
rakottafliesen und pastellfarbenen Dekosei-
denkissen in der Loungeecke ausgestattet. Der
Service ist ausgezeichnet – die kleinen Auf-
merksamkeiten in der Luxusklasse, z. B. das
Eiswasser, das man immer kriegt, wenn man
irgendwo in der Lobby sitzt, sind herrlich.

Twin Palms (Karte S. 732 f.; ☎ 0 7631 6500; www.twin
palms-phuket.com; Zi. ab 6800 B; ☒ ◻ ☒) Das Twin
Palms ist die Audrey Hepburn unter Phukets
Hotels – es ist klassisch, aber zeitgemäß und
hat jede Menge Stil. Weite ist das dominierende Raumgefühl. Rund um die minimalistischen Designerswimmingpools stehen Fran-
gipanibäume mit zarten weißen Blüten. Selbst
die einfachsten Zimmer sind supergroß,
haben gigantische Badezimmer sowie extrem
bequeme Betten und verströmen Ruhe.

Chedi (Karte S. 732 f.; ☎ 0 7632 4017; www.ghmhotels.
com; Zi./Bungalow ab 17 000 B; ☒ ☒) Jedes Hotel,
das an einem so atemberaubenden Privatstrand liegt, wäre auf unserer Top-Picks-Liste,
und die Bungalows des Chedi mit ihren na-
turnahen Holzwänden verstärken die Garten-
Eden-Atmosphäre noch. Sie liegen an einem
Hang inmitten von Urwald. Wer in der Anlage herumlaufen möchte, muss gut in Form
sein, denn es kann ein ganz schöner Marsch
bergauf und über Holzstege sein, zu seinem
Bungalow zu kommen.

Amanpuri Resort (Karte S. 732 f.; ☎ 0 7632 4333;
www.amanresorts.com; Villa 750–10 000 US$; ☒ ◻ ☒)
Phukets Star-Magnet Nummer Eins, das
Amanpuri, bietet jede Menge Glanz und pa-
lastartigen Luxus (was sonst würde man vom
Architekten des Winterpalasts des früheren
iranischen Schas erwarten?). Dreieinhalb Angestellte kommen auf jeden Gast – da fühlt
man sich wahrhaft königlich betreut. Untergebracht ist man in Privatvillen, und man
kann einen eigenen Koch mitbuchen!

Kamala

Location, Location, Location. Der Hat Kamala
zwischen Patong und den ruhigen nördlichen

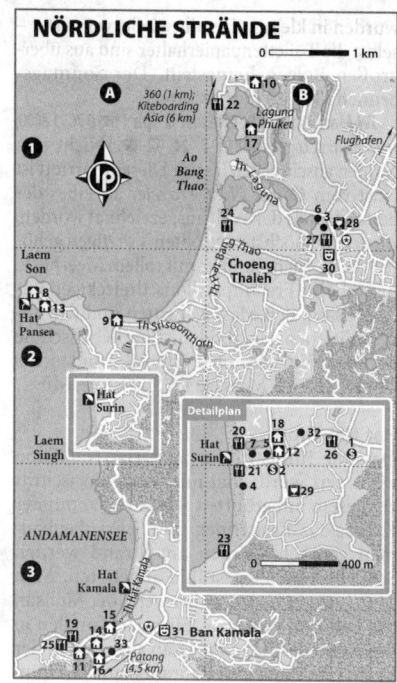

NÖRDLICHE STRÄNDE

Buchten ist der perfekte Ort für Traveller, die
das Frivole *und* das Schöne wollen. S. 740
informiert über Restaurants in Kamala.

Benjamin Resort (Karte S. 732 f.; ☎ 0 7638 5145; www.
phuketdir.com; Zi. inkl. Frühstück 1000–1500 B; ☒) Dem
freundlichen Benjamin, das um 1970 gebaut
wurde und direkt am Strand steht, sieht man
trotz der frischen Farbschichten sein Alter
langsam an. Alle Zimmer haben TV und Minikühlschrank. Wer Wert auf Aussicht legt,
muss einige Baht extra locker machen.

Orchid House (Karte S. 732 f.; ☎ 0 7638 5445; treepop
panat_kwan@yahoo.com; Zi. 1000–1500 B; ☒) Das Orchid House mit seinen gemusterten Fliesen
und den gerafften Gardinen ist sauber und
zuckersüß. Überall stehen blühende Topfpflanzen, und unten gibt's eine nette Café-
Bar. Besser als das Benjamin und nur 20 m
weiter vom Strand entfernt.

Kamala Dreams (Karte S. 732 f.; ☎ 0 7629 1131; www.
kamala-beach.net; Zi. 2500–3000 B; ☒) Das Kamala
Dreams ist nur einen großen Schritt vom
Meer entfernt. Alle Oberflächen hier glänzen
und die Zimmer sind sauber (wenn auch
etwas altmodisch). Sie haben geflieste Böden
und kalkweiße Wände. Die Anlage ist klein,

aber gut gepflegt und mit Blumen und Statuen von betenden Buddhas übersät.

Layalina Hotel (Karte S. 732 f.; ☎ 0 7638 5942; www.layalinahotel.com; Zi. inkl. Frühstück 5500–7700 B; ✳ ▯ ▣) Dieses winzige Boutiquehotel am Strand erzielt Bestnoten für die Maisonette-Suiten mit sehr privaten Dachterrassen, die perfekt sind, um romantische Sonnenuntergänge zu genießen. Die Deko ist sehr thailändisch, die Möbel sind aus honigfarbenem Holz. Die einzige Schattenseite ist der superkleine Pool – aber der türkisfarbene Ozean ist ja auch nur ein paar Schritte entfernt.

PATONG

Die Costa del Sol Phukets ist Patong, eine extrem stark besuchte Strandstadt, in der zwischen felsigen Landzungen Tausende von Hotelzimmern auf Gäste warten. Eine Auswahl guter Restaurants ist auf S. 740 zu finden. Wenn die summenden Neonlichter den Himmel erleuchten, nachdem die Sonne untergegangen ist, erwacht die Partymeile des Strandes zum Leben; Infos zu Unterhaltung jeglicher Art gibt's auf S. 744.

Budgetunterkünfte

Budgetunterkünfte kennt man hier fast nur noch aus grauer Vorzeit. Nur wenn man die *soi* hinter dem Jung-Ceylon-Einkaufszentrum entlangspaziert, könnte man noch etwas für unter 1000 B pro Nacht finden.

Crown Backpackers (Karte S. 717; ☎ 0 7634 2297; crown_hostel@yahoo.com; 169/3 Soi Sansabai; B im Frauenschlafsaal 250 B, Zi. ab 500 B; ✳) In diesem Hostel im Herzen von Patongs Barmeile muss frau mit einer Menge Lärm zu später Stunde rechnen. Die Unterkunft ist superschlicht.

Capricorn Village (Karte S. 717; ☎ 0 7634 0390; 2/29 Th Rat Uthit; Bungalow ab 700 B; ✳ ▣) Das Capricorn ist eine der wenigen Billigunterkünfte in Patongs überteuerter Hotellerie. Helle, kleine Bungalows mit Terrassen stehen um einen ruhigen Garten herum. Gäste dürfen im Pool des K's Hotel nebenan plantschen.

Casa Jip (Karte S. 717; ☎ 0 7634 3019; www.casajip.com; 207/10 Th Rat Uthit; Zi. 1000 B; ✳) Dieses Haus unter italienischer Führung und mit gutem Preis-Leistungs-Verhältnis hat sehr große und (für diesen Preis) luxuriöse Zimmer mit bequemen Betten und ein wenig thailändischer Deko. Es gibt Kabel-TV und sogar einen speziellen Frühstückszimmerservice.

In der Th Nanai befinden sich einige preisgünstige Unterkünfte. Die folgenden sind empfehlenswert:

Khun Vito Guest House (Karte S. 717; ☎ 0 7629 7061; www.khunvito.com; 74/7 Soi Nanai; EZ/DZ ab 600/1000 B; ✳) Im freundlichen Vito steht Gästen ein Dutzend blitzsauberer Zimmer zur Verfügung.

Chalermporn (Karte S. 717; ☎ 0 7629 6994; chalermporn9@hotmail.com; 74/32 Soi Nanai; Zi. 1000 B; ✳) Makellose Standardzimmer.

Mittelklassehotels

Expat Hotel (Karte S. 717; ☎ 0 7634 0300; expat@loxinfo.co.th; Zi. 890–3000 B; ✳) Dieses beliebte Haus am Ende einer Gasse voller Bars ist der Hit bei Ausländern, die nicht zimperlich sind – es herrscht eine freundschaftliche Atmosphäre zwischen Personal und Gästen. Monatspreise werden auch gemacht.

K's Hotel (Karte S. 717; ☎ 0 7634 0832; www.k-hotel.com; 180 Th Rat Uthit; Zi. ab 1500 B; ✳ ✳) Das K's ist überwiegend auf Deutsche ausgerichtet, aber jeder Gast wird herzlich willkommen gehei-

ANDAMANENKÜSTE

ßen. Bierfans werden den Biergarten lieben. Die Standardzimmer oben wurden mit Plasma-TVs und Badezimmern mit Steinfliesen aufgemotzt. Beliebt bei Familien.

Villa Del Mar (außerhalb der Karte S. 717; ☎ 0 7634 5698; www.villa-delmar.com; Zi. 1600–2800 B, Suite 3600–6300 B; 🏊) Wie ein verwitterter Mittelmeerkahn: Die Villa Del Mar hat eine Menge schäbig-schicken Charme, wirkt aber fast ein bisschen moderig.

Yorkshire Inn (Karte S. 717; ☎ 0 7634 0904; www.yorkshireinn.com; 169/16 Soi Saen Sabai; Zi. ab 1800 B; 🏊 💻) So thailändisch wie Queen Mum. Das Yorkshire Inn ist eine von einer ganzen Reihe unverfroren britischer Einrichtungen, die Traveller mit Heimweh umwerben. Hier herrscht eine gemütliche B & B-Atmosphäre, und morgens kommt ein ganzes englisches Frühstück auf den Tisch – nur der Yorkshire Pudding ist nicht ganz so gut. Die Zimmer sind makellos und haben Kabel-TV.

Baipho & Baithong (Karte S. 717; ☎ 0 7629 2074; www.baipho.com; 205/12 & 205/14 Th Rat Uthit; Zi. inkl. Frühstück 1800–3300 B; 🏊 💻) So viel Stil findet man in dieser Preisklasse normalerweise nicht – vor allem weil „schick" im Patong-Vokabular nicht wirklich vorkommt. Zendeko vermischt sich in den schwach beleuchteten, gemütlichen Zimmern dieser Zwillingshotels mit einem modernen urbanen Touch. Gäste können den Pool des hässlichen Montana Grand Phuket nebenan benutzen.

Baramee Resortel (Karte S. 717; ☎ 0 7634 0010; info@barameeresortel.com; 266 Th Phra Barami; Zi. 2700–3300 B, Suite 5700 B; 🏊) Das brandneue Baramee ist eines der besten Mittelklasseangebote in Patong. In den geräumigen Zimmern stehen frische, weiße Möbel, die einem schicken Spitzenklasseresort angemessen wären. Das Hotel befindet sich zwar nicht direkt am Strand, viele Zimmer haben jedoch Meerblick (die anderen gehen zu einem Parkplatz raus).

Spitzenklassehotels

Holiday Inn (Karte S. 717; ☎ 0 7634 0608; www.phuket.holiday-inn.com; Th Rat Uthit; Zi. ab 4500 B; 🏊 💻 🏊) Was? Ein Holiday Inn in einem Lonely Planet? Keine Sorge – dieses Hotel ist viel prächtiger als die normalen Holiday Inns am Flughafen. Alle Annehmlichkeiten von Strandresorts findet man auch hier, außerdem gibt's ein edles Spa, wo man seine Patong-Kampfwunden behandeln lassen kann.

BYD Lofts (Karte S. 717; ☎ 0 7634 3024; www.bydlofts.com; 5/28 Th Hat Patong; Apt. ab 5000 B; 🏊 💻 🏊) Stil und Komfort stehen im BYD unangefochten an erster Stelle. Die Apartments sind schick in Weiß gehalten (Böden, Wände, Vorhänge) – ein himmlischer Gegensatz zu Patongs zwielichtiger Straßenszene.

Baan Yin Dee (außerhalb der Karte S. 717; ☎ 0 7629 4104; www.baanyindee.com; 7/5 Th Muean Ngen; Zi. ab 6000 B; 🏊 💻 🏊) Auf einem Hügel mit Blick auf die Stadt steht Patongs führendes Boutiquehotel. Es ist klein, aber perfekt: Die Zimmer sind groß und haben Balkone, das Design ist zeitschriftenverdächtig und Möchtegernmodels, die im Bikini am Pool faulenzen, gibt's auch. Wer die ganze Nacht Party macht, kann hier wieder runterkommen (außerdem gibt's ein tolles Restaurant, das Leckereien serviert, die einen Kater kurieren können).

Le Meridien Phuket (außerhalb der Karte S. 717; ☎ 0 7634 0480; www.lemeridien.com; Zi. ab 8000 B; 🏊 💻 🏊) Nah beim Trubel Patongs und doch ruhig gelegen an einem eigenen (spektakulären) Strand: Das Le Meridien bietet alles, was das Herz eines Globetrotters begehrt. Es bildet einen hellgrünen Komplex, der sehr an die 1970er-Jahre erinnert (aber auf reizende Art). Tennisplätze und Swimmingpools sind reichlich vorhanden – ein tolles Hotel für Familien! Es ist immer noch eins von Phukets beliebtesten Zufluchtsorten.

Avantika (außerhalb der Karte S. 717; ☎ 0 7629 2802; www.avantika-phuket.com; 4/1 Th Thawiwong; Zi. 8900 B; 🏊) Dieses Resort mit Strandblick an der ruhigeren Südseite von Patong ist neu in der Spitzenklassekategorie Phukets und bietet die üblichen Spitzenklassehotelunterkünfte. Wer hier absteigt, wird zufrieden, aber nicht überwältigt sein. In der Nebensaison fallen die Preise auf 3800 B – das ist der große Pluspunkt des Avantika!

Impiana Phuket Cabana (Karte S. 717; ☎ 0 7634 0138; www.impiana.com; Th Thawiwong; Zi. ab 8900 B; 🏊 💻 🏊) …und der Preis in der Kategorie „beste Strandlage" geht an das Impiana! Diese Anlage mit gemütlichen Zimmern befindet sich praktisch mitten im Geschehen.

SÜDLICHE STRÄNDE

Die Strände südlich von Patong sind nicht so atemberaubend wie die im Norden, aber es gibt durchaus einige gute Angebote an diesen flachsgelben Sandstreifen.

Karon

Das zwischen Patong und Kata gelegene Karon hat ein bisschen was von jedem seiner

beiden Nachbarn. Wegen dieser relaxten, aber leicht schäbigen Atmosphäre kann der Strand auf die einen wunderbar friedlich und auf andere deprimierend provinziell wirken. Billigunterkünfte liegen meist nicht direkt am Strand. Ab S. 742 sind die Restaurants am Karon aufgelistet.

Karon Café (Karte S. 736; ☎ 0 7639 6217; www.karon -phuket-hotels.com; 526/17 Soi Islandia Park Resort; Zi. 800–1000 B; 🌂) Deutlich weniger sexy als seine Nachbarn. Das Karon Café bietet saubere, schnörkellose Zimmer über einem ganz netten Lokal.

Karon Living Room (Karte S. 736; ☎ 0 7628 6618; www.karonlivingroom.com; 481 Th Patak; Zi. Inkl. Frühstück 900–2000 B; 🌂 🖥) Das Karon Living Room hat blitzsaubere Zimmer mit Klimaanlagen, die auf Kühlschranktemperatur eingestellt sind. Die Zimmer haben nicht wirklich viel Charakter, aber das Haus ist eine gute Wahl am unteren Ende der Mittelklasse. Manche Zimmer sind deutlich zu teuer, man sollte rechtzeitig buchen und nach Rabatten fragen.

Casa Brazil (Karte S. 736; ☎ 0 7639 6317; www.phuket homestay.com; 9 Th Luang Pho Chuan; Zi. 1100–1600 B; 🌂 🖥) Die einfachen Zimmer haben einen *Carnivale*-Look, und das macht diese freundliche Herberge zu einer tollen Option. Im Erdgeschoss ist ein skurriles und sehr geselliges Café. Die 20 Quartiere sind geräumig und geschmackvoll dekoriert. Bis zu den Stränden Kata und Karon ist es nur ein Spaziergang.

Baan Suay (Karte S. 736; ☎ 0 7639 4633; www.baan suayphuket.com; 381 Th Patak; Zi. 1300–1900 B, Suite 3200–4300 B; 🌂 🖥 🍴) Das Baan Suay, das bei Tauchern beliebt ist, bietet gemütliche, moderne Zimmer, und ein wenig thailändisches Flair gibt's obendrauf. Es ist nicht die günstigste Unterkunft in der Gegend, aber der Service ist hervorragend und das Planschbecken ist super, wenn der Strand gerade zu voll ist. Kostenloses WLAN.

Mövenpick (Karte S. 736; ☎ 0 7639 6139; www.moeven pick-hotels.com; 509 Th Patak West; Zi. ab 8000 B; 🌂 🍴) Gäste wohnen in Villen mit genügend Privatsphäre. Den Tag bringt man hier damit zu, im eigenen Pool zu plantschen oder sich unter der Outdoor-Regenwalddusche abzukühlen, oder man chillt in den ultramodernen Zimmern mit den Fenstern, die vom Boden bis zur Decke reichen (manchmal nehmen sie zwei komplette Wände ein!). Außer durch seine erstklassige Location einem schönen Stück Strand gegenüber punktet das Mövenpick mit kunstvoller Deko, herrlicher Bettwä-

sche, einem großen Pool mit einer Schwimmbar und einem erstklassigen Spa.

Kata

Kata lockt mit seinen Shoppingmöglichkeiten, den Surfspots und dem belebten Strand Traveller aller Altersgruppen an, die nicht so auf den zwielichtigen Trubel in Patong weiter oben an der Küste stehen. Hier gibt's vielleicht nicht gerade einsame Strandschnitte, dafür aber jede Menge zu tun und viele lässige Leute, mit denen man ein Bierchen zischen kann. In der Gegend leben sehr viele skandinavische Auswanderer – man kann keine 50 m gehen, ohne irgendwo ein Logo mit einem Wikingerhelm zu sehen.

Der Strand ist in zwei Abschnitte unterteilt, die durch eine felsige Landzunge voneinander getrennt sind: in den Hat Kata Yai im Norden und den Hat Kata Noi im Süden. An beiden gibt es jede Menge hellen Sand und entspannte Strandgänger. Wie in Patong sind auch an diesen Stränden kaum noch Unterkünfte unter 1000 B zu finden, da die Gegend langsam immer vornehmer wird.

Lokale in Kata sind ab S. 742 genannt.

Lucky Guesthouse (Karte S. 736; ☎ 0 7633 0572; lucky guesthousekata@hotmail.com; 110/44 Moo 4 Th Taina; Zi. 450 B) Pfennigfuchser wohnen auf Phuket normalerweise im Lucky, das die Basics für einen Strandurlaub für wenig Geld bietet: ein Bett und ein Bad. Das freundliche Personal ist sehr bemüht und hat Insidertipps zur Insel.

Kata On Sea (Karte S. 736; ☎ 0 7633 0594; Bungalow 450–1000 B; 🌂) „On Sea"? Wohl kaum. Um zu den einfachen Bungalows zu kommen, muss man einen steilen, 100 m langen Anstieg bewältigen, die stehen auf einem ruhigen grünen Hügel. Aber bei dem Preis lohnt sich die Mühe. Die geräumigen Häuschen haben riesige Panoramafenster für eine super Sicht. Zimmer mit Klimaanlage gibt's ab 800 B.

Sugar Palm Resort (Karte S. 736; ☎ 0 7628 4404; www.sugarpalmphuket.com; 20/10 Th Kata; Zi. 1800–6000 B; 🌂 🖥 🍴) Das Resort im Miami-trifft-Thailand-Stil brüstet sich, eine „schicke, entspannte Welt" zu sein. Die gepflegten Zimmer vereinen Farbtupfer mit dem Schwarzweiß altmodischer Fotos. Draußen gibt's einen U-förmigen Pool mit schwarzem Boden – perfekt, um ein MTV-Musikvideo zu drehen.

CC Bloom's (Karte S. 736; ☎ 0 7633 3322; www.ccblooms hotel.com; 84/21 Th Patak; Zi. 3500–3900 B; 🌂 🖥 🍴) Dieses schwulenfreundliche Boutiquehotel unter amerikanischer Leitung (seltsamerweise

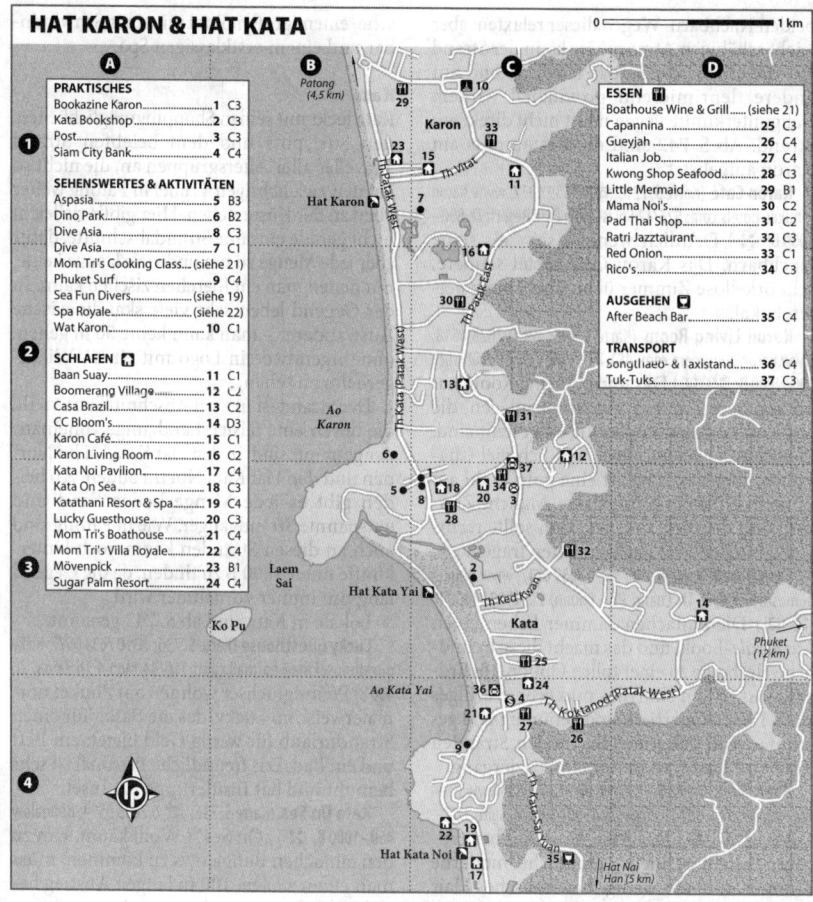

HAT KARON & HAT KATA

0 —————— 1 km

PRAKTISCHES
Bookazine Karon.................1 C3
Kata Bookshop....................2 C3
Post.....................................3 C3
Siam City Bank....................4 C4

SEHENSWERTES & AKTIVITÄTEN
Aspasia...............................5 B3
Dino Park...........................6 B2
Dive Asia............................8 C3
Dive Asia............................7 C1
Mom Tri's Cooking Class...(siehe 21)
Phuket Surf........................9 C4
Sea Fun Divers.................(siehe 19)
Spa Royale.......................(siehe 22)
Wat Karon........................10 C1

SCHLAFEN
Baan Suay.........................11 C1
Boomerang Village............12 C2
Casa Brazil........................13 C2
CC Bloom's........................14 D3
Karon Café........................15 C1
Karon Living Room............16 C2
Kata Noi Pavilion..............17 C4
Kata On Sea......................18 C4
Katathani Resort & Spa.....19 C4
Lucky Guesthouse.............20 C3
Mom Tri's Boathouse........21 C4
Mom Tri's Villa Royale......22 C4
Mövenpick........................23 B1
Sugar Palm Resort............24 C4

ESSEN
Boathouse Wine & Grill......(siehe 21)
Capannina.........................25 C3
Gueyjah............................26 C4
Italian Job.........................27 C3
Kwong Shop Seafood........28 C3
Little Mermaid..................29 B1
Mama Noi's.......................30 C2
Pad Thai Shop...................31 C2
Ratri Jazztaurant..............32 C3
Red Onion.........................33 C1
Rico's................................34 C3

AUSGEHEN
After Beach Bar.................35 C4

TRANSPORT
Songthaeo- & Taxistand......36 C4
Tuk-Tuks...........................37 C3

Patong (4,5 km)

Karon

Hat Karon

Ao Karon

Laem Sai

Hat Kata Yai

Ko Pu

Kata

Phuke (12 km)

Ao Kata Yai

Hat Kata Noi

Hat Nai Han (5 km)

nach Bette Midlers Figur im Film *Freundinnen* benannt) ist fantastisch gelegen und bietet Ausblick auf Kata. Die eleganten Zimmer sind in soften Gelbtönen gestrichen. Wer an den Strand will (das ist ein kleiner Marsch), nimmt den kostenlosen Shuttle, der mehrmals täglich hinfährt.

Katathani Resort (Karte S. 736; ☎ 0 7633 0124; www. katathani.com; 14 Th Kata Noi; Zi. ab 7000 B;) Das schicke Spa-Resort unten am ruhigeren Hat Kata Noi bietet alles Übliche in eleganter Umgebung: ein Spa, einige Pools, einen Schönheitssalon und viel Platz. In der Nebensaison lassen sich tolle Angebote rausschlagen.

Mom Tri's Boathouse (Karte S. 736; ☎ 0 7633 0015; www.theboathousephuket.com; 2/2 Th Patak West; Zi. 8000–20 000 B;) Für thailändische Politiker,

Popstars, Künstler und berühmte Schriftsteller gibt es auf Phuket keine Alternative zum intimen Boutiquehotel Boathouse. Nach dem Tsunami wurden die Zimmer renoviert. Sie sind geräumig und haben große, luftige Veranden. Manche klagen, dass das Boathouse etwas altmodisch sei, aber niemand bestreitet, dass man hier in erster Linie wegen des Essens übernachtet: Die drei angeschlossenen Restaurants sind die besten der Insel.

Mom Tri's Villa Royale (Karte S. 736; ☎ 0 7633 3568; www.villaroyalephuket.com; Suite inkl. Frühstück ab 10 000 B;) Die Villa Royale ist in einem Winkel von Kata Noi verborgen und bietet einen großartigen Ausblick. Das Hotel hat 2006 eröffnet und war sofort ein Erfolg. Der romantische Ort mit fabelhaftem Essen vermietet

wunderbare Zimmer, die direkt aus einem Hochglanzmagazin stammen könnten. Zu den harmlosen Vergnügungen zählen ein Spa und ein Salzwasserpool – eine gezähmte Version des echten Meeres, das nur wenige Schritte entfernt ist.

Außerdem empfehlenswert:

Kata Noi Pavilion (Karte S. 736; ☎ 0 7628 4346; www.katanoi-pavilion.com; Bungalow 1150–1500 B; 🍴) Etwas langweilige, aber blitzblanke Zimmer.

Boomerang Village (Karte S. 736; ☎ 0 7628 4480; www.phuket-boomerang.com; 9/11 Soi 10 Th Patak; Zi. ab 2000 B; 🍴 📶 🏊) Ein ungemein beliebtes Haus an einem Hang mit Blick über Kata (750 m vom Strand).

Nai Han & Rawai

Rawai war eine von Phukets ersten Touristensiedlungen, vor allem weil es so nah an Phuket liegt. Als man bessere Strände erschloss, verschwanden die Touristen aus Rawai. Heute ist es hier ruhig. Viele Besucher reden davon, dass sie das *chow lair*-Dorf hier besuchen wollen, aber das ist nicht wirklich sehenswert, außer wenn man auf bellende Hunde und alte Autoteile abfährt (die meisten Seenomaden sind weggezogen).

In Nai Han ist von Touristentrubel nichts zu spüren. Am Strand stehen viele Imbissbuden, an denen Einheimische Essen anbieten. Außer dem Jachtclub gibt's nicht viele Unterkünfte mit Strandblick. Restaurants in Nai Han und Rawai sind auf S. 743 aufgelistet.

Wer Ruhe braucht, nimmt ein Longtail-Boot zur nahe gelegenen Ko Heh und übernachtet im abgelegenen **Coral Island** (☎ 0 7628 1060; www.coralislandresort.com; Bungalow ab 2000 B; 🍴 🏊). Viele Tagesausflügler kommen zum Schnorcheln auf die Insel, aber nach Sonnenuntergang ist es hier still.

Nai Harn Garden Resort (☎ 0 7628 8319; www.naiharngardenresort.com; 15/12 Moo 1, Th Viset; Zi. 2000–8000 B; 🍴 📶 🏊) Dieses Resort hinter dem Strand an einem Stausee hat eine Reihe Bungalows und Villen in einer weitläufigen Gartenanlage. Die Atmosphäre ist ein bisschen vorstädtisch borniert, aber die Qualität ist hoch und es stehen jede Menge Masseurinnen zur Verfügung – die Massagen sind die Spezialität des Resorts. Die Preise sind o. k.

Sabana (☎ 0 7628 9327; www.sabana-resort.com; 14/53 Moo 1, Th Viset; Zi. 3500–8000 B; 🍴 📶 🏊) Das sozusagen gleich vor der Haustür des Jachtclubs gelegene Sabana ist eine preiswertere Alternative zu dem Edelclub. Grundfarben und thailändische Motive herrschen vor. Die güns-

tigeren Zimmer sind zwar ein bisschen langweilig, aber die teureren „Thai Sala"-Unterkünfte sind wunderschön gestaltet. Es gibt auch ein Spa.

Royal Phuket Yacht Club (☎ 0 7638 0200; www.phuket.com/yacht-club; 23/3 Moo 1, Th Viset; Zi. ab 7500 B; 🍴 📶 🏊) Als Le Meridien beschloss, diese Immobilie aufzugeben, änderten die Besitzer das „le" in „the" und machten weiter. Weit und breit ist zwar keine Jacht zu sehen, aber das Resort wirkt recht nobel, ein bisschen wie ein Countryclub. Wenn man sich den Nebensaisonrabatt erschnorrt, ist das Preis-Leistungs-Verhältnis wirklich super.

Evason Phuket Resort (☎ 0 7638 1010; www.sixsenses.com; 100 Th Viset; Zi. 7500–38 000 B; 🍴 📶 🏊) Dieses überragende Spa-Resort bietet jeden erdenklichen Luxus. Es ist angesagt und durchgestylt, also die Art von Hotel, die Rockstars und betuchten Stars gefällt. Es wimmelt nur so von schönen Menschen, die neben dem Pool, der sich bis in die Unendlichkeit fortzusetzen scheint, auf ihren schnurlosen elektronischen Spielzeugen rumtippen. Makelloses Personal sorgt dafür, dass sich alle wohlfühlen. Die Preise reichen von kostspielig bis zu abartig teuer – die opulenten Villen sind fast unerschwinglich.

PHUKET

In Phuket gibt es eine gute Sammlung von Budgetunterkünften. Man ist zwar nirgendwo in Strandnähe, aber Feinschmecker werden die erlesene Auswahl ausgezeichneter Restaurants (S. 743) zu schätzen wissen, die sich inmitten der architektonischen Reste von Phukets multikultureller Vergangenheit verstecken. Infos zu den Sehenswürdigkeiten in der Stadt gibt's auf S. 716.

On On Hotel (Karte S. 720; ☎ 0 7621 1154; 19 Th Phang-Nga; Zi. ab 200 B; 🍴) Dieser schlichte Klassiker ergatterte einen Gastauftritt in *The Beach* (2000): Er spielte eine üble Backpackerabsteige. Seit Leos Stippvisite hier sind schon zehn Jahre vergangen, aber die Traveller kommen noch immer, um sich die durchhängenden Betten, die quietschenden Ventilatoren und die Badezimmer mit einem Loch als Klo anzuschauen. Was hier so riecht? Ja, das ist der fiese Gestank von Thailands ursprünglicher Backpackerszene.

Phuket International Youth Hostel (außerhalb der Karte S. 720; ☎ 0 7628 1325; www.phukethostel.com; 73/11 Th Chao Fa, Ao Chalong; B 250 B, Zi. ab 600 B; 🍴) Die HI-Herberge ist modern und bietet komfortable

Übernachtungsmöglichkeiten in typisch sterilem Youth-Hostel-Flair. „Verlässlich" ist das treffende Schlagwort hier. Auch wenn einen keine tolle Deko vom Hocker haut, kann man in der Gewissheit ruhig schlafen, dass man nicht von Bettwanzen belästigt wird. Die Herberge liegt 7 km südlich von Phuket.

Talang Guest House (Karte S. 720; ☎ 0 7621 4225; talanggh@phuket.ksc.co.th; 37 Th Thalang; Zi. 250–420 B; ☒) Dieses baufällige Shophouse ist so etwas wie ein architektonischer Klassiker. Es gibt nicht viele Annehmlichkeiten, dafür umso mehr Charakter und Charme. Wer die Atmosphäre so richtig spüren will, sollte sich im Zimmer im 3. Stock mit Blick über die Straße einmieten. Es hat einen Ventilator und eine große Terrasse und ist toll für Nostalgiker.

Crystal Inn (Karte S. 720; ☎ 0 7625 6789; www.phuket crystalinn.com; 2/1-10 Soi Surin, Th Phuket; Zi. ab 1000 B; ☒ ☐) Es wird im Laufe der Jahre vielleicht nicht gerade schöner, aber im Moment ist es eine gute Mittelklasseoption. Mit seinen hübschen Rothko-mäßigen Wandgemälden ist es eine stylische Alternative zu den Mittelklasseabsteigen rundum.

Sino House (Karte S. 720; ☎ 0 7622 1398; www.sino housephuket.com; 1 Th Montri; Zi. 2000–2500 B; ☒ ☐) Aufgemacht wie ein protziges Bordell in Shanghai (im positiven Sinn!): Die Zimmer des Sino House sind riesig und spärlich beleuchtet, und die angeschlossenen Badezimmer sind mit handgefertigten Keramikbecken und mondsichelförmigen Badewannen ausgestattet. Das Personal ist freundlich und spricht hervorragend Englisch.

Metropole Phuket (Karte S. 720; ☎ 0 7621 5050; www.metropolephuket.com; 1 Soi Surin, Th Montri; Zi. ab 3000 B; ☒ ☐) Das Metropole bildet sich ein, der Chef im Ring zu sein, wirkt aber eher ein bisschen billig. Der Seepferdchenbrunnen ist ziemlich kitschig und die Zimmer sind etwas altmodisch (Vorhänge und Bettdecken mit Blumenprint sagen schon alles). Es ist aber eine gute Wahl, wenn man im Zentrum von Phuket wohnen möchte, und die Sicht aus der obersten Etage ist schlicht saucool.

Essen & Ausgehen

Auf Phuket ein Restaurant auszuwählen, kann enervierend sein. Zuerst wäre da mal die vielgepriesene Haute Cuisine der Insel – Designerlokale, erschaffen von einer ganzen Legion von Weltklasseköchen. In Patong (S. 740) gibt's eine Menge Restaurants mit jeder beliebigen Anzahl von Sternen, ebenso

> **TOP FIVE: PLÄTZCHEN FÜR EINEN SUNDOWNER**
>
> Man kann jeden hier lebenden Ausländer fragen: An Sundownern zu nippen, ist auf Phuket ein offizieller Sport. Jede Kneipe an der Westseite eignet sich dafür, aber nach sorgfältig durchgeführten Feldstudien haben wir fünf spezielle Plätzchen gefunden, wo man diesen 18-Uhr-Drink genießen kann.
>
> - **Rockfish** (S. 740)
> - **White Box** (S. 741)
> - **After Beach Bar** (S. 743)
> - **Watermark** (S. 744)
> - **360** (S. 739)

in Spitzenresorts in Bang Thao (S. 739) und Surin (S. 740) im Norden.

Eines der unzähligen Meeresfrüchterestaurants Thailands zu besuchen, ist ein Muss. Es gibt mindestens eines an jedem Strand (aber nicht auf die überteuerten Kaschemmen in Patong und Karon reinfallen!). Serviert werden Krebse, Fische und Garnelen, die gerade eben aus dem Wasser gezogen wurden. Oft kann man sein „Opfer" auswählen, wenn es noch in einem Becken rumschwimmt.

Und dann ist da noch das Essen auf der Straße. Man bekommt es auf Nachtmärkten, in dunklen, schwülen *sois* und in verqualmten, sandigen Hütten am Strand. Schluss mit den Bedenken (Magenverstimmungen kann man sich auch daheim holen) und auf zum Genuss! Bei muslimischem Brathuhn und *sôm dâm* (würzigem Papayasalat) aus Isan droht in der Regel keine Gefahr – und köstlich ist es auch noch. Aber warum eigentlich nicht mal die Eyeball-Soup probieren, die man skeptisch angestarrt hat (und die zurückstarrte)?

Viele Restaurants in Phuket sind gleichzeitig Bars. Es ist nicht ungewöhnlich, dass neben einer Truppe biertrinkender Touristen eine Familie sitzt, die sich just *pát tai*-Nudeln schmecken lässt. Wer seinem Urlaub ein wenig Schwung verpassen und sich ein bisschen in Fahrt bringen will, findet ab S. 744 eine Liste der Spitzen-Nachtclubs und der Bars, in denen man das Tanzbein schwingen kann.

NÖRDLICHE STRÄNDE

Wer an den Stränden im Norden Phukets abgestiegen ist, findet in nur einer Armlänge

Entfernung Dutzende von ausgezeichneten Restaurants.

Hat Nai Yang, Hat Mai Khao & Hat Nai Thon

Chao Lay Bistro (☎ 0 7620 5500; 9 Moo 4, Tambon Sakhu; Gerichte ab 100 B; ☻ 12–22.30 Uhr) In einem hippen Open-Air-Areal gibt's leckeres thailändisches Essen. Unbedingt die *pá·nang tá·lair*, Garnelen oder Tintenfisch in rotem Curry mit Limonenblättern und Kokosmilch probieren!

LP Tipp Indigo Pearl (☎ 0 7632 7006; Brunch 1300–1600 B; ☻ morgens, mittags & abends) Sonntags geht man nicht über Los und zieht keine 200 $ ein (brauchen wird man die eh nicht – die Rechnung wird viel kleiner ausfallen), sondern begibt sich gleich ins Indigo Pearl zum extrem angesagten Wochenendbrunch. Jedes erdenkliche köstliche Gericht – Sushi, Foie Gras, Lammbraten, grünes Curry, Krebsbeine, Brathähnchen, Pasta, Fondue, Schokoladenkuchen, Eiscreme – steht in dem kulinarischen Labyrinth, das zu den mit Martinis bestückten Tischen führt, zur Auswahl. Das wird ein unvergessliches Schlemmermahl!

Bang Thao

Auch wenn einige der Hoteliers vor Ort einen gern etwas anderes glauben machen wollen, bekommt man außerhalb der Luxushotels am Bang Thao durchaus auch gutes Essen.

Lotus Restaurant (Karte S. 732 f.; Gerichte 50–120 B; ☻ mittags & abends) Dieses Lokal hat auf einer Seite keine Wand und liegt 500 m westlich vom Eingang zum Banyan Tree Phuket. Es ist das erste von einer sich nach Süden erstreckenden Reihe thailändischer und Meeresfrüchterestaurants am Strand. Es ist sauber, luftig und nett und stellt eine erstaunliche Auswahl von lebenden Krebsen, Hummern, Shrimps, Fischen und anderen optischen und kulinarischen Schmankerln in gut gepflegten Becken zur Schau.

Tawai (Karte S. 732 f.; ☎ 0 7632 5381; Moo 1, Eingang zum Laguna Phuket; Gerichte ab 150 B; ☻ abends) Diese Perle von einem thailändischen Restaurant ist in einem tollen alten Haus untergebracht, das mit traditioneller Kunst dekoriert ist. Serviert werden die Klassiker, z. B. gebratene Ente mit Curry und Schweine-*larb* (Salat mit Schweinehack und Chili, Minze und Koriander), und außerdem gedämpfte, gegrillte oder gebratene Meeresfrüchte.

Rain-Hail (Karte S. 732 f.; ☎ 08 1979 1967; 21 Moo 2, Choeng Thaleh; Gerichte ab 180 B; ☻ 11.30–2 Uhr) Fans des Modernismus werden von dem Brunnen am Eingang mit dem schwarzem Boden begeistert sein. Er trennt den Speisesaal aus weißem Marmor und Kalkstein von der klassisch-modernen Lounge. Es gibt ausschließlich pazifische Küche, z. B. gerollte *tamago* mit Miso, Mango und Krabben und herrliches Blauflossen-Thunfisch-Tartar.

Tatonka (Karte S. 732 f.; ☎ 0 7632 4349; Th Srisoonthorn; Gerichte 250–350 B; ☻ Do–Di abends) Hier ist die „Globetrotter Cuisine" zu Hause. Sie wurde vom Besitzer und Koch Harold Schwarz entwickelt. Dazu nahm er frische Produkte aus der Region und kombinierte sie mit Techniken, die er in Europa, Colorado und Hawaii gelernt hatte. Zu der vielfältigen Auswahl im Tapas-Stil gehören vegetarische und Meeresfrüchtegerichte. Es gibt sogar etwas so Ausgefallenes wie Pizza mit Pekingente (230 B)! Ein Probiermenü (750 B/Pers., mind. 2 Pers.) ist auch erhältlich, da kann man von allem ein bisschen kosten. In der Hauptsaison sollte man reservieren. Das Tatonka organisiert einen kostenlosen Transport für Gäste aus dem Resort-Komplex.

LP Tipp Tre (Karte S. 732 f.; ☎ 0 7632 4374; Gerichte 550–3000 B; ☻ abends) Ein französisch-vietnamesisches Meisterstück an einer ruhigen Lagune im Herzen des Laguna's Banyan Tree Resort (S. 731): Zum Klang einer Leier kostet man perfekte saftige Steaks und Hummer. Nach Sonnenuntergang braucht man eine Taschenlampe (die natürlich gereicht wird), um die Speisekarte lesen zu können. Wenn die Umgebung langsam im Dunkel verschwindet, schmücken kleine Heißluftballons aus Stoff und glitzernde Sterne den Himmel. Wer während seines Besuchs in Phuket etwas Besonderes zu feiern hat, sollte das hier tun.

360 (außerhalb der Karte S. 732 f.; ☎ 0 7631 7600; Phuket Pavilions Resort) Die Open-Air-Terrasse mit ihren riesigen Rattanclubsesseln schwebt hoch über den knorrigen Dschungelbäumen. Der Litschi-Bellini bei Sonnenuntergang schmeckt fantastisch, wenn man dabei den Rundumpanoramablick über das gepflegte Laguna-Areal bewundert.

English Pub (Karte S. 732 f.; ☎ 0 8987 21398; Th Srisoonthorn) Diese Kneipe aus Holz und Reet, die auch „The Whispering Cock" genannt wird, kommt einem englischen Pub noch am nächsten – sogar die Toiletten riechen! Das Pub hat einen sonnigen Biergarten, eine gemütliche Einrichtung, eine gute Auswahl von Bieren und recht ordentliches Essen.

ANDAMANENKÜSTE

Surin

Patacharin (Karte S. 732 f.; ☎ 08 1892 8587; Gerichte ab 60 B; ☺ mittags & abends) Dieser Fischgrill wurde in die Landzunge am südlichen Ende von Hat Surin hineingebaut. Weitere Fischgrills und Cafés reihen sich von hier Richtung Norden aneinander wie Perlen an einer Schnur.

La Plage (Karte S. 732 f.; ☎ 08 1184 7719; Gerichte ab 150 B; ☺ 11–22 Uhr) Wenn zwei in Paris aufgewachsene, aus Laos stammende und in diversen Sprachen parlierende Menschen ein Fusion-Restaurant am Strand eröffnen, muss man doch vorbeischauen und gucken, was es damit auf sich hat. Es gibt einen feinen Salad Nicoise und ein köstliches grünes Curry mit Pfiff.

Silk (Karte S. 732 f.; ☎ 0 7627 1705; Hwy 4025; Gerichte ab 200 B; ☺ 11–23 Uhr) Dieses weitläufige, stilvolle Lokal ist eines von mehreren edleren Restaurants im Surin Plaza und ein Magnet für hier lebende Ausländer. Die Einrichtung ist ein hipper Cocktail aus weinroter Farbe, Holz und exotischen Blumen. Auf der Speisekarte stehen thailändische Spezialitäten, die wunderbar angerichtet werden.

Catch (Karte S. 732 f.; ☎ 0 7631 6500; Gerichte ab 250 B; ☺ 11–23 Uhr) Im Spaghettiträgerkleidchen oder im Leinenanzug fühlt man sich in diesem Lokal im Cabana-Stil direkt beim Strand superwohl. Es gehört zum Twin Palms (S. 732) und bietet in Sachen Ambiente und Speisen dieselbe erstklassige Qualität wie das Hotel. In der angeschlossenen Loungebar treten oft tolle Livebands auf.

Liquid Lounge (Karte S. 732 f.; ☎ 08 1537 2018; ☺ 16–1 Uhr) Die stilvolle Martini-Lounge im Loft-Stil hat super Spirituosen und WLAN. Gelegentlich gibt's auch Livejazz.

Kamala

Basilico (Karte S. 732 f.; ☎ 0 7638 5856; 125 Moo 3, Th Hat Kamala; Gerichte ab 180 B; ☺ abends) Dies ist eines der ständig neu eröffnenden italienischen Restaurants in Phuket. Es gibt gute Pizza aus dem Holzkohleofen. Unbedingt auch die gegrillten Riesengarnelen in einer Marinade aus Petersilie und Knoblauch probieren, serviert auf einem Kichererbsen-Rosmarin-Mus.

LP Tipp **Rockfish** (Karte S. 732 f.; ☎ 0 7627 9732; 33/6 Th Hat Kamala; Gerichte ab 240 B; ☺ abends) Das beste Restaurant Kamalas soll Gerüchten zufolge das Lieblingslokal der Popdiva Mariah Carey sein. Es befindet sich hoch über den dümpelnden Longtail-Booten und bietet seinen Gästen eine tolle Aussicht auf den Strand, die Bucht und die Berge. Die abwechslungsreiche

Fusion-Küche brachte ihm 2005 den Titel „Phukets Restaurant des Jahres" ein. Aber auch heute werden hier noch Leckereien wie gebratener Krebs oder Meeresfrüchte-Wan-Tans in Reis-Crêpes mit einem Kompott aus Äpfeln, Guaven und Zimt kreiert.

PATONG

Patong hat in Sachen Gastronomie einen Spitzenplatz inne und die größte Auswahl von erinnerungswürdigen Lokalen auf der Insel. Wir haben sie im Folgenden in zwei unterschiedliche Kategorien aufgeteilt: Restaurants und Bars. Viele Einrichtungen in Patong liegen allerdings irgendwo dazwischen. Auf S. 744 gibt's eine Liste der Tanz- und Nachtclubs.

Restaurants

Vom Straßenimbiss bis zum Sieben-Gänge-Menü – Patong hat Lokale mit jeder beliebigen Anzahl von Sternen und etwas für jeden Geschmack und jede Brieftasche zu bieten. Köstliche Meeresfrüchte bekommt man auf dem hiesigen Markt, der Meh U-Bon genannt wird und an der Th Nanai zu finden ist.

LP Tipp **Fried Chicken** (Karte S. 717; 63/5 Th Phra Barami; Gerichte ab 45 B; ☺ 10–19 Uhr) Der Name auf dem Schild lügt nicht (auch wenn er in thailändischen Buchstaben geschieben ist): In drei riesigen Fritteusen blubbern und spritzen die saftigen, knusprigen „Hofvögel" vor sich hin. Das Fried Chicken gehört Muslimen, deshalb ist das Lokal *halal* (sauber). Das Hähnchen wird mit einer scharf-würzigen Sauce und Klebreis serviert. Man kann das Fried Chicken eigentlich gar nicht genug loben. Wer Brathühnchen mag – also alle Nichtvegetarier –, muss hierher kommen.

Jung Ceylon Shopping Complex (Karte S. 717; Th Rat Uthit; Gerichte 60–160 B; ☺ mittags & abends) Wem die brütende Hitze am Strand zu viel wird, der macht sich auf zum klimatisierten Jung Ceylon Shopping Complex und verleibt sich leckere Standardgerichte ein.

Ali Baba (Karte S. 717; ☎ 0 7634 5024; 38 Th Ruamchai; Gerichte ab 70 B; ☺ mittags & abends) Bei den in Patong lebenden Indern ist das Ali Baba der Hit. In Wasserpfeifenrauch gehüllte Gäste bekommen köstliche Spezialitäten des Subkontinents vorgesetzt (die besten auf Phuket).

Takumi (Karte S. 717; ☎ 0 7634 1654; Th Thawiwong; Gerichte ab 160 B; ☺ mittags & abends) Dieser fantastische Laden mit seinem Sumoringer als Maskottchen ist auf *yakiniku* (japanisches Barbe-

cue) spezialisiert. Man sitzt rund um Granittische, in die Hibachi-Grills eingelassen sind, und brutzelt sich Krebse, Garnelen, Aal, Tintenfisch und hauchdünn geschnittenes Filet. Das Ganze wird mit kaltem Sake heruntergespült, davon gibt's nämlich viele Sorten. Eine Sushikarte ist auch vorhanden, aber das Grillen ist hier die Spezialität, und an die hält man sich am besten.

3 Spices (Karte S. 717; ☎ 0 7634 2100; Impiana Phuket Cabana; Gerichte 175–600 B; ☯ mittags & abends) Willkommen in diesem schicken asiatischen Fusion-Lokal am Patong! Zu den tollen Gerichten gehören Misosuppe mit Krabbenfleisch und im Wok gegrillter Schnapper mit Kokossauce.

Hung Fat's (Karte S. 717; ☎ 0 7629 0313; 314 Th Phra Barami; Gerichte 200–380 B; ☯ Di–So 18.30–24 Uhr) Das neueste von den Restaurants hinter dem Baan Rim Pa serviert Dim Sum und Gerichte aus dem südchinesischen Sichuan, gewürzt mit Livejazz. Zum Zeitpunkt der Recherche war es brandneu und gerade dabei, zu einen beliebten Treffpunkt zu werden.

Baan Rim Pa (Karte S. 717; ☎ 0 7634 4079; Gerichte 215–475 B; ☯ mittags & abends) In diesem Restaurant hoch über dem Dickicht der Mangroven sorgt sanfte Pianomusik abends für romantische Stimmung. Es gibt Tische mit atemberaubenden Meerblick. Die Küche ist auf thailändische Gerichte spezialisiert, die nur ganz wenig an ausländische Gaumen angepasst wurden. Unbedingt im Voraus buchen und auf jeden Fall im gebügelten Hemd kommen!

Floyd's Brasserie (Karte S. 717; ☎ 0 7637 0000; 18/110 Th Ruamchai; Gerichte 220–410 B; ☯ abends) Keith Floyd, einer der beliebtesten und gefeiertsten Köche Englands, ist der Mann hinter den Kulissen des beliebten Restaurants im Burasari Resort. Wem in Champagner geschmorte Entenburst, in Rotwein pochierte Eier und Hummer Thermidor das Wasser im Munde zusammenlaufen lassen, der ist hier richtig.

LP Tipp **White Box** (Karte S. 717; ☎ 0 7634 6271; 247/5 Th Phra Barami; Gerichte 280–480 B; ☯ mittags & abends) Wen interessiert es, ob das Essen im White Box gut ist oder nicht (es ist übrigens köstlich) – in diesem Supper-Club zu dinieren ist wie ein Abend im Raumschiff *Enterprise*. Das schicke Lokal befindet sich – da ist der Name Programm – in einem weißen Kasten, der auf der felsigen Küste balanciert.

Ninth Floor (Karte S. 717; ☎ 0 7634 4311; 47 Th Rat Uthit; Gerichte ab 300 B; ☯ abends) Um einen Eindruck davon zu bekommen, wie riesig Patong

inzwischen ist, muss man nur in den 8. Stock des Sky Inn Condotel fahren. Hier kann man sich das Lichtermeer durch Schiebetüren aus Glas ansehen, die vom Boden bis zur Decke gehen. Der aufsteigende Stern in der Restaurantszene von Phuket ist das am höchsten gelegene Open-Air-Lokal der Insel, und die perfekt zubereiteten Steaks und Chops machen es zu einer Institution am Hat Patong.

Bars

Auch wenn Patong einen gewissen Ruf hat, sind nicht alle Kneipen hier Gogo-Bars.

Port (Karte S. 717; Th Thawiwong, Baan Thai Resort) Diese Outdoor-Bar steht mitten im Geschehen. Im Port gibt's glitzernde blau-grüne Clubsessel, die zu den Designercocktails passen. Es brummt bis tief in die Nacht, und die ganze Zeit über werden gratis Barsnacks serviert.

Two Black Sheep (Karte S. 717; ☎ 08 9872 2645; 172 Th Rat Uthit) Dieses Pub der alten Schule gehört einem lustigen Aussie-Paar und ist ein echter Glückstreffer. Es gibt gutes Essen und jeden Abend Livemusik. Zwischen 20 und 22 Uhr spielt eine Acoustic-Combo. Dann kommt Chilli Jam, die Band des Hauses, auf die Bühne und rockt bis zur letzten Bestellung. In den frühen Morgenstunden trudeln Musiker aus der Region nach ihren Gigs hier rein und sorgen für spontane Jamsessions. Leichte Mädchen sind tabu, so bleibt alles jugendfrei.

Molly Malone's (Karte S. 717; ☎ 0 7629 2771; Th Thawiwong) Dieses Pub ist bei Travellern irre beliebt und lässt jeden Abend ab 21.45 Uhr irische Bands rocken. Die Stimmung ist gut und es gibt tolles Pub-Essen. Von den Tischen draußen kann man herrlich Leute gucken. Guinnes bekommt man für nur 349 B das Pint.

Scruffy Murphy's (Karte S. 717; ☎ 0 7629 2590; 5 Th Bangla) Ähnlich wie das Molly Malone's. Auch hier spielen Livebands, und auf der Großbildleinwand läuft Sport. Wenn man der Gogo-Barszene entkommen will, ist das hier eine der besseren Locations.

JP's (Karte S. 717; ☎ 0 7634 3024; 5/28 Th Rat Uthit) Die hippe Indoor- und Outdoor-Lounge im BYD Lofts (S. 734) sorgt für etwas Stil und Schwung in Patong. Es gibt eine niedrige Bar, Sofanischen im Freien, eine Happy Hour ab 22 Uhr (gratis Tapas!) und einmal die Woche DJ-Partys.

SÜDLICHE STRÄNDE

Von Karon bis Rawai gibt's an allen Stränden etwas in jeder Preisklasse. Man findet eine

Menge guter thailändischer Lokale und viele Restaurants, die hier lebenden Ausländern gehören.

Karon

Mit Patong oder Kata nebenan kann Karon in Sachen Gastronomie nicht mithalten. Wie üblich hat fast jede Unterkunft auch ein Restaurant, aber man muss schon suchen, um ein denkwürdiges zu finden.

Pad Thai Shop (Karte S. 736; Th Patak East; Nudeln ab 40 B; ☺ mittags) Dieser tolle Imbiss befindet sich an der lebhaften Hauptstraße hinter Karon, gleich nördlich der geschmacklosen Ping Pong Bar. Gekocht wird im Haus des Besitzers, ausgegeben wird das Essen dann auf dem Hof – aber nur mittags. Dann werden leere Mägen mit Hühnerschenkeleintopf oder Rinderknochensuppe abgefüllt. Und hier gibt's das beste *pàt tai* der Welt: würzig und süß, vollgepackt mit Garnelen, Tofu, Ei und Erdnüssen und in ein frisches Bananenblatt gewickelt. Schon Sekunden später ist man wieder hier – versprochen!

Mama Noi's (Karte S. 736; ☎ 0 7628 6272; Karon Plaza, 291/1-2 Moo 3, Th Patak East; Gerichte 50–190 B; ☺ morgens, mittags & abends) Die Stammkunden lieben dieses Lokal. In der Küche werden wie am Fließband fantastische thailändische Gerichte und italienische Pasta produziert. Es gibt z. B. ein ausgezeichnetes *gaeng som* (südthailändisches Curry mit Fisch und Garnelen), täglich frisch gebackene Baguettes und den besten Bananen-Shake auf der Insel.

Red Onion (Karte S. 736; ☎ 0 7639 6827; Gerichte 80–160B; ☺ 16–23 Uhr) Superleckeres Essen, aber wenig Atmosphäre: Dieser abgefahrene Imbiss befindet sich in einer Garage und lockt jede Menge hier lebende Ausländer an. Die Cocktails ergänzen die internationale Karte – und noch einer mehr lässt die schlechte Hintergrundmusik vergessen … Das Red Onion liegt etwa 300 m östlich vom Kreisverkehr. Um hinzukommen einfach nach den bunten Lichtern Ausschau halten.

Little Mermaid (Karte S. 736; ☎ 0 7639 6580; 643 Th Patak East; Gerichte 80–300 B; ☺ morgens, mittags & abends) Quasi die UN unter den Schnellimbissen. Das Little Mermaid hat eine sechssprachige Speisekarte und bietet gratis WLAN, herzhaftes Western-Frühstück und abends Barbecues an – wer in Karon absteigt, wird vermutlich mindestens eine Mahlzeit hier einnehmen. Montags gibt's Lammkoteletts, mittwochs Rippchen und sonntagabends Phuket-Hummer.

Kata

Anders als das nahe Karon, das vor sich hindämmert, was die Gastroszene betrifft, hat Kata einige ordentliche Lokale, in denen die Geschmacksknospen zu tun bekommen. Alle folgenden Optionen sorgen für tolle kulinarische Erlebnisse.

Kwong Shop Seafood (Karte S. 736; ☎ 08 1273 3707; Th Thai Na; Gerichte 40–130 B; ☺ mittags & abends) Kwong, der freundliche Besitzer, brüllt bei der Bestellung „o.k." (das ist mit ziemlicher Sicherheit das einzige englische Wort, das er kennt), und Minuten später erscheinen köstliche, thailändische Leckerbissen. Die Atmosphäre in dieser einfachen Kneipe ist zwar nicht so toll, aber Lächeln wird großgeschrieben.

Gueyjah (Karte S. 736; Gerichte ab 40 B; ☺ mittags & abends) Das Gueyjah liegt versteckt an einer Seitenstraße der Rte 4028 und ist ideal, wenn es thailändisches, schnelles und billiges Essen sein soll. Außerdem kennen es fast nur Einheimische.

Italian Job (Karte S. 736; 179/1 Th Koktanod; Gerichte ab 75 B; ☺ 7–21 Uhr) Zwar ist Charlize Theron nirgends zu sehen, aber die angesagte Coffee-Lounge bietet WLAN, recht gute Backwaren und köstlichen italienischen Espresso. Morgens kommt eine treue Stammkundschaft.

Rico's (Karte S. 736; Th Thai Na; Gerichte 120–350 B; ☺ mittags & abends) Das schickste Lokal hier serviert feine neuseeländische Steaks und Pizza. Dekoriert ist es mit einer Menge Schwarzweißschnappschüssen von Filmstars (sehr 1980er-mäßig!).

Ratri Jazztaurant (Karte S. 736; ☎ 0 7633 3538; Th Chalong-Karon; Gerichte ab 140 B; ☺ mittags & abends) Wer Jazz mag, sollte den Weg zu dieser Terrasse auf dem Berg auf sich nehmen. Einheimische und internationale Bands spielen hier. Besonders schön ist es bei Sonnenuntergang. Das Essen ist ebenfalls prima.

Capannina (Karte S. 736; Gerichte 150–350 B; ☺ mittags & abends) Die Köche in diesem hippen Open-Air-Bistro mit den Zementtischen und dem importierten Olivenöl auf den Tischen gehen schon früh am Tag an die Arbeit. Hier wird alles – von den Pastagerichten bis zu den Saucen – frisch zubereitet. In der Hauptsaison wird's voll, da sollte man reservieren.

LP Tipp Boathouse Wine & Grill (Karte S. 736; ☎ 0 7633 0015; Th Patak West; Gerichte 450–850 B; ☺ mittags & abends) Der perfekte Ort, um seine wählerische Begleitung zu begeistern: Das Boathouse steht auf den Listen der Kritiker schon seit einiger Zeit ganz oben. Die mediterrane Fusion-

Küche ist sagenhaft (z. B. in Wodka marinierter Hummer oder Foie gras mit Schwarztrüffelöl), die Weinkarte endlos und der Meerblick grandios. Ein schickes Plätzchen – hier kann man in Phuket am edelsten dinieren. Also weg mit dem Hawaiihemd!

LP Tipp After Beach Bar (Karte S. 736; ☎ 08 1894 3750; Hwy 4233; 🕙 11–00 Uhr) Es ist schwer – wenn nicht unmöglich –, zu viel von der sagenhaften Aussicht von dieser reetgedeckten Terrassenbar auf Stelzen, die an einer Klippe oberhalb von Kata klebt, zu schwärmen. Wenn dann noch Bob Marley aufgelegt wird, ist das hier die beste Reggae-Bar auf Phuket. Auf der Speisekarte stehen die üblichen thailändischen Gerichte. Der Sonnenuntergang ist die reinste Lightshow – und wenn der Feuerball schließlich versinkt, funkeln die Lichter der fernen Fischerboote am Horizont.

Nai Han & Rawai

Abgesehen von den Resortrestaurants gibt's in Rawai an der Straße in der Nähe des Hat Rawai Unmengen Imbisse, die Meeresfrüchte und Nudeln anbieten. Die folgenden Optionen haben auch Tische und Sitzgelegenheiten.

Rawai Seafood (Hat Rawai; Gerichte 60–340 B) Diese Ansammlung von Bänken und Tischen ist gleich neben dem städtischen Verwaltungsgebäude am Westende des Strandes zu finden und *das* Lokal, wenn man in Rawai frische Meeresfrüchte genießen möchte. Unbedingt aber auch die Phuket-typischen Gerichte probieren, z. B. Bohnen-Quark-Suppe und gedämpften Kohl!

Freedom Pub (☎ 0 7628 7402; Hat Rawai; Gerichte 80–200 B; 🕙 mittags & abends) Dieses Plätzchen ist eher eine Bar als ein Lokal und bietet Plätze im Freien, einen Pooltisch, am Wochenenden Livemusik und freitagabends Gratis-Barbecue. Merkwürdigerweise ist ein Tattoo-Studio angeschlossen.

Don's Mall & Café (☎ 0 7638 3100; 48-5 Soi Sai Yuan; Gerichte 100–650 B) Dieser von Texanern geführte Restaurant- und Unterhaltungskomplex veranstaltet ein richtiges amerikanisches Barbecue. Das herzhafte Fleisch wird über Mesquiteholz gegrillt. Es gibt auch eine lange Weinkarte und frische Backwaren. Das Don's ist etwa 3 km vom Strand Rawais entfernt.

Los Amigos (☎ 08 9472 9128; Nai Han; Gerichte 130–230 B) Das Essen hier kommt an echte Tex-Mex-Küche so nahe heran wie in Thailand nur möglich. Das Bestellte gibt's auch zum Mitnehmen.

Rum Jungle (☎ 0 7638 8153; 69/8 Th Sai Yuan; Gerichte ab 180 B; 🕙 Mo–Sa 17–23 Uhr) Im reetgedeckten Speisesaal patrouilliert eine lustige thailändische Crew, die sich ununterbrochen darum bemüht, dass man sich wie zu Hause fühlt. Ach ja, und das Essen ist auch super. Wer hätte gedacht, dass Penne mit Fleischbällchen oder Fish & Chips so lecker sein können? Das argentinische Filet ist ebenfalls göttlich, genauso wie die Weltmusik.

PHUKET

Essen gehen kostet in der Stadt selbst bis zu 50 % weniger als am Strand. Südöstlich vom Zentrum, an der Th Ong Sim Phai, befindet sich der städtische Markt, auf dem man frisches Obst und Gemüse bekommt.

LP Tipp Uptown Restaurant (Karte S. 720; ☎ 0 7621 5359; Th Tilok Uthit; Gerichte 30–60 B; 🕙 10–21 Uhr) Es sieht vielleicht nicht großartig aus, aber dieser luftige Treffpunkt ist ein Lieblingsplätzchen der „Hi-So" (High Society). Wer genau hinsieht, bemerkt, dass die Kellnerin die Bestellung auf einem schlanken Palm Pilot aufnimmt. Und an der Wand sind Fotos der thailändischen Berühmtheiten montiert, die im Uptown Station gemacht haben, um die spektakulären Nudeln zu schlürfen.

Natural Restaurant (Karte S. 720; ☎ 0 7622 4287; 62/5 Soi Phuthon; Gerichte 80–200 B; 🕙 mittags & abends) In dieser grellgrünen Kneipe in Phuket geht's in 80 Ländern um die Welt. Wer ein Fan des Schweizerischen Robinson ist, wird diese Mischung aus Baumhaus und Restaurant zu seiner neuen Lieblings-Location erklären.

Salavatore's (Karte S. 720; ☎ 08 9871 1184; 15 Th Rasada; Gerichte 140–620 B; 🕙 Di–So mittags & abends) Dieses echte italienische Restaurant (karierte Tischdecken, riesige Pfeffermühlen, Opernklänge und ein korpulenter Besitzer) tischt alle Lieblingsgerichte aus Mamas Küche auf, von der gemeinen Pizza bis zum Filetsteak.

LP Tipp Ka Jok See (Karte S. 720; ☎ 0 7621 7903; kajoksee@hotmail.com; 26 Th Takua Pa; Gerichte 180–480 B; 🕙 Di–So abends) Dieses stimmungsvolle kleine Lokal trieft nur so vom Charme des alten Phuket und ächzt förmlich unter dem Gewicht der berühmten Schmucksammlung des Besitzers. Es bietet herrliches Essen, erstklassige Musik und – wenn man Glück hat – sogar sensationelles Kabarett. Man genießt sein Abendessen, trinkt etwas Wein und tanzt dann die Nacht durch. Vorher reservieren!

Glastnöst (Karte S. 720; ☎ 08 4058 0288; 14 Soi Rommani) Der ungewöhnliche Untertitel „Law & No-

tary Public Bar" kommt daher, dass dieses Lokal gleichzeitig auch noch als Anwaltsbüro dient. Das sollte einen aber nicht davon abhalten, hier einen Stopp einzulegen. Ein lässigeres, traulicheres Plätzchen wird man kaum finden. Oft gibt's spontane Jazz-Jamsessions.

OSTKÜSTE

Die meisten Traveller wissen gar nicht, dass es auch an der Ostküste Phukets einige kulinarische Perlen gibt.

Kachang Floating Restaurant (Gerichte 90–320 B; ☺ mittags & abends) Das klapprige Kachang dümpelt in der Ao Phuket, nur ein paar Minuten östlich der Stadt Phuket, vor sich hin, liegt aber trotzdem weitab der ausgetretenen Touristenpfade. Kostenlose Longtail-Shuttles bringen die knurrenden Mägen zu dem von Fischschwärmen umgebenen schwimmenden Restaurant. Während die Sonne hinter den Hügeln versinkt, genießt man hier Krebse, die während der Häutung gefangen wurden.

Chalong Night Market (Hwy 402 nahe Chalong Circle; Gerichte ab 35 B; ☺ Mi 18–23 Uhr) Einer der beliebtesten Nachtmärkte auf der Insel: Unter den Gaslampen versammeln sich Verkäufer, Bauern und einheimischen Köche. Appetit mitbringen – das Kürbis-Curry sieht gut aus! Eine Einkaufstasche schadet auch nicht, denn eine Mango am Morgen ist etwas Feines.

Kan Eang (☎ 0 7638 1212; Chalong Pier; Gerichte 100–300 B; ☺ mittags & abends) Dieses Lieblingslokal der Thailänder liegt nur ein paar Schritte vom Chalong-Pier entfernt. Seit über 30 Jahren stellt es seine Kundschaft zufrieden. Das Ambiente ist modern und elegant, aber das Essen ist immer noch sehr authentisch.

Watermark (☎ 0 7623 9730; 22/1 Th Thepkrassartri, Phuket Boat Lagoon) Auch wenn es am Phuket-Boat-Boat-Lagoon-Jachthafen an der Ostküste liegt, ist das Watermark eine der besten Locations auf der Insel, um einen Sundowner zu trinken (weitere Vorschläge s. Kasten S. 738). Espresso-Martini und Passionsfruchtmargarita sind die Spezialitäten des Hauses. Aber auch die Weinkarte von der Dicke eines Romans ist toll. Der schicke Treffpunkt ist die Lieblingsadresse für die Jet-Setter der Insel, und in den letzten sechs Jahren wurde es im *Thailand Tatler* als eines der besten Restaurants des Landes geführt.

Unterhaltung

Phuket ist keine verschlafene Dschungelinsel irgendwo auf dem Meer; hier geht die Party noch lange weiter, wenn die Sonne untergegangen ist.

NÖRDLICHE STRÄNDE

Phuket Fantasea (Karte S. 732 f.; ☎ 0 7638 5000; www.phuket-fantasea.com; Eintritt mit/ohne Abendessen 1900/1500 B; ☺ Mi–Mo 17.30–23.30 Uhr) Die größte Unterhaltungsattraktion der Insel ist der 60 Mio. US$ teure „Kultur-Themenpark" gleich nördlich des Hat Kamala. Trotz des hohen Eintritts gibt's hier keine Fahrgeschäfte, stattdessen aber eine wirklich magische Show. Dabei werden die Farben und die Pracht der traditionellen thailändischen Tänze und Kostüme eingefangen und mit einer hochmodernen Licht- und Soundtechnik kombiniert, die jeder Las-Vegas-Show Konkurrenz machen könnte (ganze 30 Elefanten sind mit von der Partie). Das Ganze findet auf einer Bühne statt, die von dem Nachbau eines an Angkor Wat erinnernden Khmer-Tempels in Originalgröße dominiert wird. Vor allem Kids werden von dem Spektakel beeindruckt sein; Erwachsene könnten es eine Spur zu kitschig finden. Im Park gibt's ein paar gute Souvenirläden, die thailändisches Kunsthandwerk anbieten. Das thailändische Abendessen in Büfettform hat einen schlechten Ruf. Vielleicht ist es also besser, die Show anzuschauen, ohne dort auch zu essen. Tickets kriegt man bei den meisten Hotels und Tourenanbietern.

Wer ein bisschen was unternehmen möchte (und zu faul ist, nach Patong zu gehen), kann das **Jackie O** (Karte S. 732 f.; ☎ 08 9474 0431; ☺ 18–1 Uhr) am Eingang der Laguna Phuket ansteuern. Dreimal pro Woche gibt's hier Rockmusik live. Oder man nippt in der **Liquid Lounge** (Karte S. 732 f.; ☎ 08 1537 2018; ☺ 16–1 Uhr) der Jazz-Lounge von Surin, an einem Maritini.

PATONG

Ein nächtlicher Spaziergang durch Patong ist an sich schon ein Erlebnis. Das Herz des Getümmels schlägt an der Th Bangla. Hier plärrt laute Technomusik aus gebeutelten Lautsprechern, und die Go-Go-Girls zeigen auf den vom Bier glitschigen Tischen alles, was sie haben (und die Ladyboys geben vor, zu zeigen, was sie nicht haben). Thai-Boxen und Ladyboys-Kabarett ziehen eine Menge Touristen an. Im Kasten auf S. 718 steht Wissenswertes über Ladyboys.

Club Lime (Karte S. 717; ☎ 08 5798 1850; www.club lime.info; ☺ 22–2 Uhr) Der neue Hotspot kommt langsam in Fahrt. Die Location zieht schöne

Menschen und die verschiedensten thailändischen und internationalen DJs an.

La Salsa (Karte S. 717; ☎ 0 7634 0138; Eintritt 500 B; ⏲ 22–4 Uhr) Ein weiterer Hotspot von Patong befindet sich neben dem Impiana Resort. Bei einer kleinen Tanzauszeit kann man die Designercocktails und die köstlichen Tapas probieren.

Seduction (Karte S. 717; 39/1 Th Bangla; Eintritt 500 B; ⏲ 22–4 Uhr) Sein neuestes und beliebtestes Tanzlokal verdankt Patong einem finnischen Clubagenten. Er ist dafür bekannt, in Helsinki die besten Clubs zu kaufen, und eröffnete 2006 das Seduction. Seitdem tanzt hier das internationale Partyvolk zur Musik weltbekannter DJs.

Rock City (Karte S. 717; Th Kalim Beach Rd) Wegen der riesigen Gitarre vor dem Eingang sieht das Rock City aus wie ein Möchtegern-*Hard Rock Café*. Der Innenraum erinnert aber eher weniger daran. Die dunkle Höhle feiert den verblichenen Glanz der alten Rockstars.

Phuket Simon Cabaret (außerhalb der Karte S. 717; ☎ 0 7634 2011; www.phuket-simoncabaret.com; Eintritt 550 B) Das Cabaret liegt 300 m südlich der Stadt an der Th Sirirach und bringt unterhaltsame Transvestitenshows auf die Bühne. Das Theater mit seinen 600 Plätzen ist prachtvoll, die Kostüme sind großartig und die Ladyboys überzeugend. Das Haus ist fast immer voll. Die Shows beginnen jeden Abend um 19.30 und 21.30 Uhr – vorher reservieren!

Sphinx Theatre (Karte S. 717; ☎ 0 7634 1500; 120 Th Rat Uthit; Eintritt 350 B) Im Sphinx gibt's noch mehr Kabarett. Hier gehen die Shows jeden Abend um 21 und 22.30 Uhr los.

Bangla Boxing Stadium (Karte S. 717; ☎ 0 7275 6364; Th Bangla; Eintritt 1000 B) Jeden Abend werden um 20 Uhr Boxkämpfe veranstaltet.

Train Thai Boxing (Karte S. 717; ☎ 0 7629 2890; Soi Kepsap; ⏲ 8–21 Uhr) Im Train Thai Boxing kann man bei einem fesselnden Boxkampf zusehen oder selbst ein paar Schläge lernen. Eine 90-minütige Unterrichtsstunde kostet 300 B und einen Schlag für's Ego (und den Brustkorb).

PHUKET

Ein guter Mix von Locations zum Relaxen findet sich in der schmalen *soi* Rommani.

Paradise Cinemas (Karte S. 720; ☎ 0 7622 0174; Th Tilok Uthit; Tickets 80 B) Filmfreaks sehen sich im Paradise Blockbuster auf Englisch an.

Boxing Stadium (Karte S. 720; Tickets 500–1000 B) Dienstag- und freitagabends um 20 Uhr kann man sich hier Thai-Boxkämpfe ansehen. Der

Preis für's Ticket hängt davon ab, wo man sitzt und beinhaltet die Hin- oder Rückfahrt. Die Sportanlage liegt am Südrand der Stadt in der Nähe des Piers; ein Tuk-Tuk dorthin kostet 70 B. Tickets bekommt man im On On Hotel (S. 737).

An- & Weiterreise

FLUGZEUG

Der Phuket International Airport befindet sich am nordwestlichen Ende der Insel, 30 km von der Stadt Phuket entfernt. Von hier braucht man etwa 45 Minuten bis eine Stunde bis zu den Stränden im Süden. Auf Taxis mit Taxameter wartet man meist über eine Stunde; angeblich existieren sie, aber sie sind sehr selten. Am besten mietet man einen Privatwagen oder man zahlt 120 B und steigt in einen Minivan zur Altstadt Phukets. Für 180 B kommt man so auch nach Patong, Karon oder Kata. Die Minivans fahren erst ab, wenn zehn Passagiere da sind. Manchmal dauert das.

Thai Airways International (THAI; Karte S. 720; ☎ 0 7621 1195; www.thaiairways.com; 78/1 Th Ranong, Phuket) hat etwa zwölf Flüge täglich nach Bangkok (einfache Strecke 2800 B); es gibt auch regelmäßig Flüge zu/von elf weiteren Städten in Thailand und zu Zielen in der ganzen Welt wie Penang, Langkawi, Kuala Lumpur, Singapur, Hongkong, Taipeh und Tokio.

Bangkok Airways (Karte S. 720; ☎ 0 7622 5033; www.bangkokair.com; 58/2–3 Th Yaowarat, Phuket) fliegt täglich nach Ko Samui (einfache Strecke 2600 B) und nach Utapau (einfache Strecke 3100 B), wo es nach Pattaya weitergeht.

Nok Air (☎ 1318; www.nokair.co.th; Phuket International Airport) fliegt für 2000 B pro einfache Strecke von Phuket nach Bangkok, genauso wie **One-Two-Go** (☎ 1141, Durchwahl 1126; www.fly12go.com; Phuket International Airport) und die nur übers Internet kontaktierbare Gesellschaft **Air Asia** (www.airasia.com). Air Asia fliegt auch nach Kuala Lumpur (einfache Strecke ab 25 000 B) und Singapur (einfache Strecke 2500 B).

Weitere internationale Fluglinien mit Büros in der Altstadt Phukets:
Dragonair (Karte S. 720; ☎ 0 7621 5734; Th Phang-Nga)
Malaysia Airlines (Karte S. 720; ☎ 0 7621 6675; 1/8-9 Th Thungkha)
Silk Air (Karte S. 720; ☎ 0 7621 3891; www.silkair.com; 183/103 Th Phang-Nga)

MINIVAN

Minivanrouten (inkl. einer Fährfahrt) verbinden Phuket mit Ko Samui, Ko Pha-Ngan und

Ko Tao an der Golfküste. Es gibt auch klimatisierte Minivans nach Krabi, Ranong und Trang. Die Abfahrtsorte ändern sich ständig – das TAT-Büro (S. 716) in Phuket informiert darüber. Die Preise sind ein wenig höher als die der Busse (s. unten).

SCHIFF/FÄHRE
Fähren fahren von der Stadt Phuket aus um 8.30, 13.30 und 14.30 Uhr (400 B) zur Ko Phi-Phi. In Gegenrichtung legen die Boote um 9, 14.30 und 15 Uhr ab. Am Phuket International Airport kann man sich nach günstigen Bussen zum Fährhafen erkundigen.

Unterwegs vor Ort
Phuket ist ziemlich groß und der öffentliche Nahverkehr lässt eine Menge zu wünschen übrig. Deshalb mieten die meisten Besucher ein Auto (1200–1500 B/Tag) oder Motorrad (250–500 B/Tag). Beides ist preislich annehmbar, und die Vermietungen sind leicht zu finden. Man braucht nur einen gültigen Führerschein aus dem Heimatland, den man auch immer dabeihaben sollte, denn Kontrollpunkte schießen – vor allem in Patong – wie Pilze aus dem Boden. Für Motorradfahrer sind Helme vorgeschrieben, und wer keinen trägt (was in Anbetracht der Häufigkeit von Motorradunfällen auf Phuket unglaublich dämlich wäre), muss Strafe zahlen.

Es gibt auch regelmäßig verkehrende Songthaeos, die thailändische Version der Lokalbusse. Sie verkehren zwischen den Resort-gebieten und der Stadt Phuket. Die Fahrten sind billig, aber die Songthaeos sind oft sehr voll und sehr langsam. Eine Tour von Kata in die Altstadt Phukets dauert fast zwei Stunden. Wer einen eigenen Wagen hat, schafft das in 20 Minuten.

Taxis und Tuk-Tuks sind eine gute Alternative, aber die Fahrten sind überraschend teuer. Taxameter gibt es nicht, also muss man vor der Abfahrt einen Preis aushandeln. Die meisten Fahrten zwischen den Resortgebieten kosten mindestens 300 B, manchmal sogar bis zu 500 B die einfache Strecke. Es ist eigentlich kein Preisvorteil, wenn man statt des viel schnelleren und sichereren Autos ein Tuk-Tuk nimmt. Nur wer einmal Tuk-Tuk fahren möchte (die meisten wollen das … einmal), wählt ein Tuk-Tuk, sonst ist das Auto die bessere Alternative.

AUTO
In Phuket selbst zu fahren, scheint, wenn man nach einem langen Flug übernächtigt ankommt, kompliziert zu sein. Aber eigentlich ist es einfach. Die Hauptstraßen sind breit und die Kreisverkehre leicht zu durchfahren und Staus gibt's nur selten. Günstige Autovermieter haben Büros an der Th Rasada in Phukets Altstadt, in der Nähe von Pure Car Rent. Suzuki Jeeps und Toyota Sedans kosten pro Tag zwischen 1000 und 1500 B (inkl. Versicherung); in der Nebensaison können die Preise bis auf 750 B fallen. Wer für eine Woche oder länger mietet, zahlt am wenigsten.

Einige Vermietungsagenturen tragen internationale Namen wie Budget. Aber wer (statt direkt beim Vermieter) über eine Agentur bucht, muss das Geld bar auf den Tisch legen, um das Auto zu bekommen. Dafür wird das Auto in der Regel direkt zum Kunden gebracht. Egal wofür man sich entscheidet – reservieren ist immer eine gute Idee.

Andaman Car Rent (☎ 0 7632 4422; www.andaman carrent.com; Moo 2, Cheangtalay, Thalang)

Budget (☎ 0 7620 5396; www.budget.co.th; Phuket International Airport) Hat auch eine Filiale in Patong (Karte S. 717).

Phuket New Car Rent (☎ 0 7637 9571; www. phuketnewcarrent.com; 111/85 Moo 8, Th Tharua-Muang mai, Thalang)

Pure Car Rent (Karte S. 720; ☎ 0 7621 1002; www. purecarrent.com; 75 Th Rasada, Phuket Town)

Via Rent-A-Car (Karte S. 717; ☎ 0 7638 5718; www. via-phuket.com; 189/6 Th Rat Uthit, Patong) Es gibt auch eine Filiale in Kamala (Karte S. 732 f.).

BUSSE AB PHUKET

Ziel	Bus-typ	Preis (B)	Dauer (Std.)
Bangkok	klimat.	63013–14	
	VIP	970	13
Chumphon	klimat.	320	6½
Hat Yai	normal	250	8
	klimat.	370	6–7
Ko Samui	klimat.	500	8 (Bus & Schiff)
Krabi	klimat.	150	3½
Nakhon Si Thammarat	klimat.	300	7
Phang-Nga	klimat.	100	2½
Ranong	klimat.	240	5
Surat Thani	klimat.	200	5
Takua Pa	klimat.	120	3
Trang	klimat.	240	5

Auf der Insel sind viele Tankstellen vorhanden, aber nur eine in Patong (und dort ist immer viel los).

SCHIFF/FÄHRE
Longtail-Boote, mit denen man an abgelegene Stellen am Wasser kommt, lassen sich überall mieten. Außerdem fahren täglich Nahverkehrsschiffe von den Häfen in Bang Rong und Phuket nach Ko Yao.

SONGTHAEO & TUK-TUK
In Phuket fahren für 10 bis 70 B pro Person regelmäßig große Songthaeos von der Th Ranong in der Nähe des Tagesmarktes zu den verschiedenen Stränden. Sie verkehren zwischen 7 und 17 Uhr; zu anderen Zeiten muss man ein Tuk-Tuk chartern, um zu diesen Stränden zu kommen. Nach Patong zahlt man dann 250 B und 280 B nach Karon und Kata. Tuk-Tuks nach Nai Han und Kamala kosten 340 B. Für eine Fahrt in Phukets Altstadt dürften Tuk-Tuk-Fahrer etwa 30 B pro Stunde nehmen. In Patong sollte eine kurze Fahrt nicht mehr als 25 B kosten. Man kann mit einem Tuk-Tuk auch von einem Strandresort zum anderen fahren. Das kostet 300 bis 500 B.

TAXI
Wenn es in Phuket nur eine Flotte von Taxis mit Taxametern und festen Preisen gäbe! Stattdessen gibt es hier nur Privatwagen, deren Fahrer für eine zehnminütige Fahrt von Kata nach Rawai manchmal mehr verlangen als für die 20-minütige Fahrt von Rawai nach Phuket. Am besten versucht man gar nicht erst, das irgendwie sinnvoll aufzuschlüsseln, sondern spricht vor der Abfahrt einfach einen Preis ab. Die Fahrten kosten meist 300 bis 500 B pro einfache Strecke. Motorradtaxifahrten sind viel billiger und schlagen oft nur mit 30 B zu Buche. Aber die meisten rollen nur in Phukets Altstadt herum.

KO YAO
เกาะยาว
Die Ko Yao Yai (Große Lange Insel) und die Ko Yao Noi (Kleine Lange Insel) gehören eigentlich zum Ao Phang-Nga Marine National Park (S. 711). Sie sind aber von Phuket aus einfacher zu erreichen. Zusammen umfassen sie 137 km² Wald, Strände und felsige Landzungen mit Karst-Formationen, die für den Ao Phang-Nga Marine National Park charakteristisch sind.

Ko Yao Noi ist dichter besiedelt als ihre Schwester. Die besten Strände sind der **Hat Pa Sai** und der **Hat Tha Khao**, beide auf Yao Noi. **Ta Khai** ist die größte Siedlung auf der Insel und ein Verwaltungssitz. Hier können sich Traveller mit dem Allernötigsten eindecken.

Ko Yao Yai ist isolierter und ländlicher als ihre kleinere Nachbarin. Bitte unbedingt auf beiden Inseln die muslimische Kultur respektieren und abseits der Strände angemessene Kleidung tragen!

Zu den Nachbarinseln, zu Höhlen, in denen Vögel nisten, und zu *chow nám*-Begräbnishöhlen kann man Bootstouren machen. **Ko Bele** ist eine kleine Insel östlich der beiden Ko Yaos und hat eine große Lagune mit Gezeiten, drei weiße Sandstrände sowie leicht zugängliche Höhlen und Korallenriffe zu bieten. Wer Ko Yao besucht, sollte sich vergewissern, genügend Bargeld dabei zu haben. Es gibt nur einen Geldautomaten, und dem geht häufig das Geld aus.

Schlafen
KO YAO NOI
Koh Yao Noi Eco-Tourism Club (☎ 0 7659 7409, 0 1089 5413; www.koh-yao-noi-eco-tourism-club.com) Dieses Modellprojekt für Ökotourismus wurde in Zusammenarbeit mit dem Responsible Ecological Social Tours Project (REST), einer Nichtregierungsorganisation in Bangkok, ins Leben gerufen. Gäste wohnen bei einer Gastfamilie, lernen fischen und erfahren Wissenswertes über die Ökologie der Region. Von der Insel hat man Bilderbuchblicke auf die Kalksteinberge der Ao Phang-Nga. Der Club versucht, die Balance zwischen traditionellem Lebenstil und rasant wachsender Tourismusindustrie zu halten. Durch das Übernachten in Gastfamilien tragen Besucher etwas zur Wirtschaftsentwicklung der Insel bei, ohne die Atmosphäre des Dorfes zu stören. Eine Übernachtung kostet pro Person 400 B, Mahlzeiten eingeschlossen.

Sabai Corner Bungalow (☎ 08 1892 7827; www.sabai cornerbungalows.com; Bungalow 500–2000 B) Die Bungalows sind robust, aus Stroh und Holz gebaut und haben kleine Terrassen. Sie werden von einem schon lange hier lebenden Briten gemanagt. Das Restaurant ist ziemlich gut und bietet die hier übliche sagenhafte Aussicht.

Tha Khao Bungalow (☎ 08 1676 7726; www.kohyao bungalow.com; Bungalow 550–1200 B) Diese kleine Anlage befindet sich am Hat Tha Khao und bietet fünf solide Bungalows aus Holz und Stroh,

zwei davon in Familiengröße (mit drei Schlaf-zimmern). In dem kleinen Restaurant gibt's leckeres Essen, und man kann dort Fahrräder und Kajaks mieten – eine sehr empfehlens-werte Art, die Gegend zu erkunden.

Lom Lea (☎ 08 9868 8642; www.lomlae.com; Bunga-low 2100–5000 B) Die Bungalows von Lom Lea harmonieren perfekt mit der sie umgebenden Natur. Die Anlage grenzt an einen abgele-genen Strandabschnitt mit freiem Blick auf die idyllischen Kalkstein-Karstformationen der Ao Phang-Nga.

Koyao Island Resort (☎ 0 1606 1517; www.koyao. com; Villa ab 8000 B; 🕸 💻 🕱) Diese Ferienanlage hat so ziemlich die besten Betten auf der Insel und bietet einen super Service. Gäste wohnen in luxuriösen Villen, und an der Bar gibt's eine tolle Auswahl von Sundownern. Wer genug hat von der atemberaubenden Aussicht (sehr unwahrscheinlich), kann immer noch Satelliten-TV gucken und die Klimaanlage aufdrehen gehen.

KO YAO YAI

Halavee Bungalows (☎ 08 7881 1238; Bungalow 500–1000 B) Diese mittelmäßige Anlage befindet sich auf einem Hügel mit Panoramablick. Sie ist gut geführt und preiswert.

Yao Yai Island Resort (☎ 08 9471 9110; www.yaoyai resort.com; Bungalow ab 1200 B) Das Yao Yai Island Resort ist auf der Westseite der Insel zu fin-den. Wer in einem der Bungalows am Strand absteigt, hat Aussicht auf die spektakulären Sonnenuntergänge.

Anreise & Unterwegs vor Ort

Obwohl beide Inseln innerhalb der Provinz Phang-Nga liegen, lässt sich in den Provinzen Phuket und Krabi am einfachsten ein Schiff hierher finden. In der Stadt Phuket nimmt man vor dem Tagesmarkt (an der Ao Po) für 50 B ein Songthaeo nach Bang Rong. Vom öffentlichen Pier legen täglich zwischen 8 und 17 Uhr bis zu sechs Boote (50 B, 1 Std.) ab. Zwischen den Abfahrten und zu anderen Zeiten kann man auch für etwa 1500 B pro einfache Strecke ein Longtail-Boot chartern. Wenn man auf Ko Yao Noi angekommen ist, muss man noch einmal 70 bis 100 B bezahlen, um zur Ferienanlage zu kommen.

Um von Ko Yao Noi nach Ko Yao Yai zu gelangen, nimmt man von Tha Manaw ein Shuttle-Boot (20 B, 15 Min.). Auf den Inseln sorgen Tuk-Tuks für etwa 80 B die Fahrt dafür, dass man herumkommt.

PROVINZ KRABI

Wenn Traveller von der wundervollen Anda-manenküste erzählen, sprechen sie vermutlich von Krabi. Das Markenzeichen der Provinz sind die Karstformationen, die sich wie eine riesige Kalksteinfestung an der Küste entlang erstrecken. Bergsteiger werden in Railay (auch: Rai Leh) ein Paradies vorfinden. Wer Ruhe sucht, sollte sich dagegen nach Ko Lanta, Ko Phi-Phi oder zu einer der anderen 150 Inseln aufmachen, die vor den strahlend weißen Stränden liegen.

KRABI

กระบี่

27 500 Ew.

Die meisten Traveller sausen durch das Gewirr aus Reisebüros, Optikern und Hütten mit Krimskrams einfach durch und benutzen die Hauptstadt der Provinz nur als Ausgangs-punkt für die wundervollen Ziele in der Umgebung – Ko Lanta im Süden, Ko Phi-Phi im Südwesten und Railay im Westen.

Die Stadt liegt am Westufer des Mae Nam Krabi, etwa 1000 km von Bangkok und 180 km von Phuket entfernt. Das Ostufer ist dicht mit Mangroven bewachsen. Nördlich der Stadt liegen die beiden Kalksteinmassive des Khao Khanap Nam, die sich wie zwei Wal-buckel aus dem Wasser erheben. Die Bevöl-kerung besteht hauptsächlich aus Anhängern des daoistischen Konfuzianismus und Mus-limen. Außerdem ist Krabi ein wichtiger Transportknotenpunkt für Fähren zu den In-seln entlang der Küste.

Orientierung & Praktische Informationen

Die Th Utarakit ist die Hauptstraße, die in die Stadt Krabi hinein- und aus ihr herausführt. Die meisten interessanten Stellen befinden sich an den von ihr abzweigenden *soi*. Die Fähren nach Ko Phi-Phi und Ko Lanta legen an einem Passagierpier in Khlong Chilat, etwa 5 km nördlich der Stadt, ab. Der Busbahnhof von Krabi liegt nördlich des Stadtzentrums am Talat Kao, in der Nähe der Abzweigung von der Th Utarakit. Der Flughafen befindet sich 17 km in Richtung Süden. Viele der Gästehäuser und Restaurants in Krabi bieten Internetzugang für 40 bis 60 B die Stunde. Es gibt zahlreiche Banken und Geldautomaten in der Stadt.

Einreisebehörde (☎ 0 7561 1350; Th Chamai Anuson; 🕑 Mo–Fr 8.30–16 Uhr) Wickelt Visaverlängerungen ab.

Krankenhaus von Krabi (☎ 0 7561 1210; Th Utarakit) 1 km nördlich der Stadt.

Pakaran (☎ 0 7561 1164; 151 Th Utarakit; 🕑 9–20 Uhr) Ein guter Anlaufpunkt, um sich vor dem Aufbruch zu den Inseln mit Second-Hand-Büchern einzudecken.

Sehenswertes & Aktivitäten

In Thailand gibt es jede Menge Wats, aber der **Wat Tham Seua** (Tigerhöhlentempel) im Wald 8 km nordöstlich von Krabi ist einzigartig. Die Haupthalle ist in eine lange, flache Kalksteinhöhle hineingebaut. Auf beiden Seiten der Höhle, wurden Dutzende von *gùdì* (Mönchszellen) in verschiedene Klippen und Höhlen hineingeschlagen. Die große Höhle

zeigt Bilder von Ajahn Jamnien Silasettho (dem Abt dieses Wats, der sehr verehrt wurde) und Detailbilder von menschlichen Inneren und Organen, die Besucher an die Vergänglichkeit des Körpers erinnern sollen. Die am Boden herumliegenden Totenköpfe und Skelette dienen demselben Zweck. Ganze Truppen hungriger Affen bringen Leben in die bedrückende Stille. Fahrten mit Privattaxis von Krabi zum Wat kosten pro Strecke 250 B; Tuk-Tuk-Fahrer verlangen 200 B.

Sea Kayak Krabi (☎ 0 7563 0270; www.seakayak-krabi.com; 40 Th Ruen Rudee) hat eine große Auswahl von Kajaktouren auf dem Meer im Programm, z. B. zur Ao Thalane (halber/ganzer Tag 800/1400 B) mit ihren hoch aufragenden Klippen, zur für ihre smaragdgrüne Lagune be-

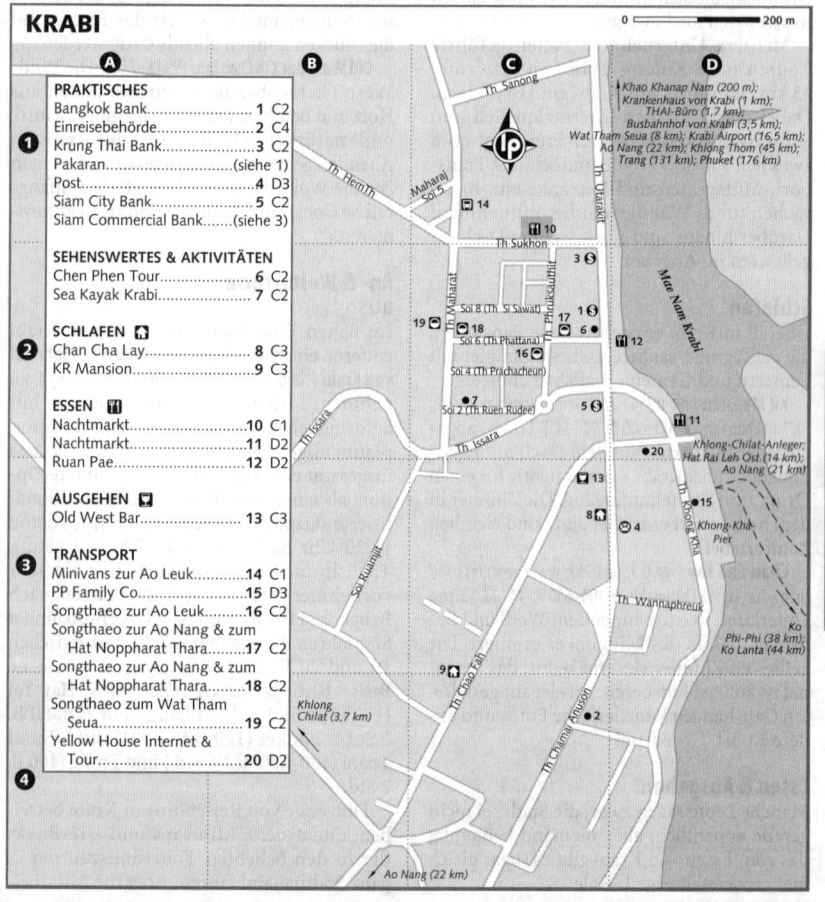

KRABI

0 ————— 200 m

PRAKTISCHES
Bangkok Bank........................**1** C2
Einreisebehörde....................**2** C4
Krung Thai Bank....................**3** C2
Pakaran................................(siehe 1)
Post......................................**4** D3
Siam City Bank......................**5** C2
Siam Commercial Bank.......(siehe 3)

SEHENSWERTES & AKTIVITÄTEN
Chen Phen Tour.....................**6** C2
Sea Kayak Krabi....................**7** C2

SCHLAFEN 🏠
Chan Cha Lay........................**8** C3
KR Mansion...........................**9** C3

ESSEN 🍴
Nachtmarkt..........................**10** C1
Nachtmarkt..........................**11** D2
Ruan Pae.............................**12** D2

AUSGEHEN 🍸
Old West Bar.......................**13** C3

TRANSPORT
Minivans zur Ao Leuk...........**14** C1
PP Family Co.......................**15** D3
Songthaeo zur Ao Leuk.........**16** C2
Songthaeo zur Ao Nang & zum
  Hat Nopphrat Thara........**17** C2
Songthaeo zur Ao Nang & zum
  Hat Nopphrat Thara........**18** C2
Songthaeo zum Wat Tham
  Seua.................................**19** C2
Yellow House Internet &
  Tour.................................**20** D2

Khao Khanap Nam (200 m);
Krankenhaus von Krabi (1 km);
THAI-Büro (1,7 km);
Busbahnhof von Krabi (3,5 km);
Wat Tham Seua (8 km); Krabi Airport (16,5 km);
Ao Nang (22 km); Khlong Thom (45 km);
Trang (131 km); Phuket (176 km)

Khlong-Chilat-Anleger;
Hat Rai Leh Ost (14 km);
Ao Nang (21 km)

Ko
Phi-Phi (38 km);
Ko Lanta (44 km)

Khong-Kha
Pier

Khlong
Chilat (3,7 km)

Ao Nang (22 km)

ANDAMANENKÜSTE

rühmten Ko Hong (ganzer Tag 1500 B) und zur Ban Bho Tho (ganzer Tag 1500 B), wo es in Höhlen am Meer 2000 bis 3000 Jahre alte Höhlenmalereien zu besichtigen gibt. In den genannten Preisen sind Führer, Mittagessen, Obst und Trinkwasser enthalten.

Geführte Touren

Chen Phen Tour (☎ 0 7561 2004; Th Utarakit) und andere Veranstalter organisieren Vogelbeobachtungstouren in den Mangrovenwäldern Krabis für rund 600 B pro Boot und Stunde. Die beste Zeit dafür ist der frühe Morgen. Man kann auch selbst an der Hauptanlegestelle ein Boot für 350 B pro Stunde mieten. Im Schlamm sieht man oft Winkerkrabben und Schlammspringer, eine Unterfamilie der Grundeln, die sich mithilfe ihrer muskulösen Brustflossen fortbewegen.

Mehrere Unternehmen bieten geführte Touren nach Khlong Thom an, das rund 45 km südöstlich von Krabi am Hwy 4 liegt. Dabei macht man an Thermalquellen und Süßwasserbecken Halt. Der Preis liegt etwa zwischen 950 und 1100 B und schließt Transport, Mittagessen und Getränke ein. Badesachen und Wanderschuhe mitnehmen! Darüber hinaus sind noch weitere Dschungeltouren im Angebot.

Schlafen

Überall in Krabi entstehen neue Pensionen, die meist große, saubere, geflieste Zimmer mit Fenstern und Gemeinschaftsbad anbieten.

KR Mansion (☎ 0 7561 2761; krmansion@yahoo.com; 52/1 Th Chao Fah; Zi. 300–600 B; 🍴 💻) Toller, abgefahrener Biergarten auf dem Dach mit Panoramablick über Krabi – genau richtig für einen Drink zum Sonnenuntergang. Die Zimmer in dem hellrosafarbenen Gebäude sind ziemlich komfortabel.

Chan Cha Lay (☎ 0 7562 0952; www.geocities.com/chan_cha_lay; 55 Th Utarakit; Zi. 300–650 B; 🍴 💻) Eine Unterkunft in entspannendem Weiß und Babyblau, das an das Mittelmeer erinnert. Die gefliesten Zimmer sind makellos, das Personal ist äußerst hilfsbereit. Im elegant gestalteten Café hängen künstlerische Fotos und andere Kunst. Großartig!

Essen & Ausgehen

Manche Leute sagen zwar, die Stadt sei nicht gerade appetitlich, aber niemand behauptet das vom Essen – in Krabi gibt es sogar gleich mehrere erstklassige Lokale.

Nachtmarkt (Th Khong Kha; Gerichte 20–50 B; 🕑 abends) Der Markt in der Nähe des Hafens von Khong Kha ist eine der besten Adressen, um etwas zu essen. Die Speisekarten sind auf Englisch, die Gerichte aber authentisch und echt gut. Die Stände verkaufen Papayasalat, gebratene Nudeln, *đôm yam gûng* (Suppe mit Garnelen, Zitronengras und Pilzen), frische Meeresfrüchte, alle Arten von Satayspießen und milchige thailändische Nachspeisen. Ein ähnlicher Nachtmarkt befindet sich etwas nördlich an der Th Sukhon in der Nähe der Kreuzung mit der Th Phruksauthit.

Ruan Pae (☎ 0 7561 1956; Th Utarakit; Gerichte 60–150 B; 🕑 mittags & abends) Das altmodische schwimmende Restaurant ist der ideale Ort, um zu beobachten, wie sich der Abendnebel über die Mangroven senkt. Allerdings ist die Atmosphäre manchmal besser als das Essen. Und die Mücken können abends lästig werden.

Old West Bar (Th Chao Fah; 🕑 13–2 Uhr) Die Wild-West-Themenbar ist innen wie außen aus Holz und Bambus. Jeden Abend gibt es Musik und natürlich Drinks. An den meisten Abenden geht es ziemlich lebhaft zu und man ist eine Weile damit beschäftigt, die umfangreiche Cocktailkarte hoch- und runterzuprobieren.

An- & Weiterreise

BUS

Im nahen Talat Kao, etwa 4 km von Krabi entfernt, einen staatlichen Bus vom **Busbahnhof von Krabi** (☎ 0 7561 1804; Ecke Th Utarakit & Hwy 4) zu nehmen, bedeutet, dass man weniger mit aufdringlichen Anwerbern zu kämpfen und planmäßige Abfahrten hat. Damit ist das insgesamt eine wesentlich entspanntere Option, als einen Privatbus zu nehmen. Klimatisierte staatliche Busse starten um 7, 16 und 17.30 Uhr nach Bangkok (700 B, 12 Std.). Täglich um 17.30 Uhr fährt auch ein sehr vornehmer VIP-Bus mit 24 Plätzen nach Bangkok (1100 B). Von Bangkoks Busbahnhof Süd fahren die Busse um 7.30 und zwischen 19 und 20 Uhr ab. Klimatisierte staatliche Busse bedienen auch regelmäßig Hat Yai (170–210 B, 3 Std.), Phang-Nga (70–80 B, 2 Std.), Phuket (120–140 B, 3½ Std.), Surat Thani (130–150 B, 2½ Std.) und Trang (100 B, 2 Std.).

Dutzende von Reisebüros in Krabi betreiben klimatisierte Minivans und VIP-Busse, die zu den beliebten Tourismuszentren in ganz Südthailand fahren. Aber die Mitarbei-

ter können sehr aufdringlich sein, und man endet möglicherweise Wange an Wange mit anderen Backpackern in einen Bus gequetscht.

FLUGZEUG

Die meisten Inlandfluglinien bieten Flüge zwischen Bangkok und dem Krabi International Airport an (einfache Strecke ca. 2400–3100 B, 1¼ Std.). **Bangkok Air** (www.bangkokair.com) hat einen Flug täglich nach Ko Samui, der etwa gleich viel kostet. Rabatte kann man bei den Reisebüros vor Ort und online ergattern. Auf www.domesticflightsthailand.com sind noch mehr Informationen zu finden.

MINIVAN

Minivans bucht man bei den Reisebüros in der Stadt. Die Preise sind sehr unterschiedlich; am besten sieht man sich etwas um. Es geht z. B. zur Ao Leuk (50 B, 1 Std.), zum Hat Yai (280 B, 3 Std.), zur Ko Lanta (250 B, 1½ Std.), nach Trang (280 B, 2 Std.) und Satun (400 B, 5 Std.). Die Minivans starten, wenn sie voll sind.

SCHIFF/FÄHRE

Die Schiffe nach Ko Lanta und Ko Phi-Phi legen am Passagierpier in Khlong Chilat ab, etwa 5 km nördlich von Krabi. Wer seine Fahrkarte bei einem Reisebüro kauft, wird gratis dorthin gebracht.

Das größte Schifffahrtsunternehmen ist **PP Family Co** (☎ 0 7561 2463; Th Khong Kha). Es hat einen Fahrkartenschalter in der Stadt direkt neben dem Pier. In der Hauptsaison fahren um 9, 10.30 und 14.30 Uhr Boote nach Ko Phi-Phi (450–490 B, 1½ Std.). In der Nebensaison fahren nur die um 9 und 14.30 Uhr.

Von September bis Mai legen in Krabi um 10.30 und 13.30 Uhr Boote zur Ko Lanta (450 B, 1½ Std.) ab. Sie können auch an der Ko Jam (1 Std.) einen Stopp einlegen (man muss allerdings den vollen Preis von 450 B zahlen); von dort pendeln Longtail-Boote zum Ufer. Während der Nebensaison werden die Schiffe zur Ko Lanta durch klimatisierte Vans (250 B, 2½ Std.) ersetzt. Sie starten um 9, 11, 13 und 16 Uhr.

Wer nach Railay möchte, macht sich zuerst mit dem Taxi (100 B) auf den Weg zur Ao Nang oder nimmt zwischen 7.45 und 18 Uhr vom Khong-Kha-Pier in Krabi ein Longtail-Boot zum Hat Rai Leh Ost (200 B, 45 Min.). Von hier sind es nur noch fünf Minuten zu Fuß über einen befestigten Weg zum schö-

neren Hat Rai Leh West. Die Bootsführer warten, bis zehn Leute in ihrem Boot sitzen, bevor sie ablegen; wer vorher starten möchte, kann auch für 2000 B das ganze Boot chartern.

SONGTHAEO

Praktischerweise fahren Songthaeos vom Busbahnhof ins Zentrum von Krabi und weiter bis zum Hat Noppharat Thara (40 B), zur Ao Nang (40 B) und zum Muschelfriedhof an der Ao Nam Mao (50 B). Sie verkehren zwischen 6 und 18.30 Uhr. In der Hauptsaison fahren ein paar Songthaeos weniger, und zwar für 70 B und bis 22 Uhr. Zur Ao Lenk (50 B; 1 Std.) rollt regelmäßig ein Songthaeo von der Ecke Th Phattana und Th Phruksauthit; das letzte fährt gegen 15 Uhr. Gelegentlich geht gegenüber dem 7-Eleven an der Th Maharat ein Songthaeo zum Wat Tham Seua; die Fahrt kostet 20 B.

Unterwegs vor Ort

Krabi Town lässt sich leicht zu Fuß erkunden, aber der Busbahnhof und der Flughafen liegen weit außerhalb des Zentrums. Ein Taxi vom Flughafen in die Stadt kostet 350 bis 500 B. In Gegenrichtung berechnen Taxi- und Tuk-Tuk-Fahrer 400 B. Anbieter in der Stadt lassen für 150 B Minivans zum Flughafen fahren. Ein Songthaeo zwischen dem Busbahnhof und der Innenstadt von Krabi kostet 20 B.

AUTO & MOTORRAD

Die meisten Reisebüros und Gästehäuser in der Stadt vermieten für etwa 150 B pro Tag Honda Dreams. **Yellow House Internet & Tour** (☎ 0 7562 2809; 5 Th Chao Fa) vermietet zuverlässige Bikes und sorgt auch für Helme. Ein paar der Reisebüros an der Th Utarakit haben für 1200 bis 2000 B pro Tag Kleinwagen mit Vierradantrieb im Angebot.

KHAO PHANOM BENCHA NATIONAL PARK

อุทยานแห่งชาติเขาพนมเบ็ญจา

Dieser 50 km² große **Nationalpark** (Eintritt 400 B) schützt ein atemberaubendes Gebiet voller jungfräulichem Urwald entlang dem Bergrücken des 1350 m hohen Khao Phanom Bencha, der nur 20 km nördlich von Krabi aufragt. Der Name bedeutet „der Berg, der an fünf Stellen niederkniet". Das bezieht sich auf das Profil des Berges, der einer Person ähnelt, die beim Beten mit Händen, Knien und dem Kopf den Boden berührt.

Der Park ist voller malerischer Wasserfälle wie dem elfstufigen **Nam Tok Huay To**, der nur 500 m von der Hauptverwaltung des Parks entfernt ist. Ganz in der Nähe und beinahe ebenso atemberaubend sind der **Nam Tok Huay Sadeh** und der **Nam Tok Khlong Haeng**. Auf dem Weg in den Park kann man die **Tham Khao Pheung** besuchen. In dieser fantastischen Höhle gibt es schimmernde Stalaktiten und Stalagmiten aus Mineralgestein zu sehen. Zahlreiche Pfade winden sich durch den Park, sodass sich tolle Wandermöglichkeiten bieten. Außerdem gilt es, weniger bekannte Flüsse und Wasserfälle zu entdecken.

Nebelparder, Schwarze Panther, Tiger, asiatische Schwarzbären, Muntjaks, Seraue, malaische Tapire, Schlankaffen, Gibbons und zahlreiche tropische Vögel wie der Schildschnabel, der Argusfasan und der extrem seltene Goldkehlpitta – sind hier zu Hause.

Zum Park fahren keine öffentlichen Verkehrsmittel, und es gibt auch keine Unterkünfte oder Restaurants. Aber mit einem gemieteten Motorrad kann man den Park von Krabi aus prima im Rahmen eines Tagesausflugs besuchen. Einfach an der Abzweigung vom Hwy 4 dem Hinweisschild folgen. Man kann auch für um die 400 B für Hin- und Rückweg ein Tuk-Tuk mieten.

AO NANG
อ่าวนาง

12 400 Ew.

Traveller sollten sich nicht von den Resorts und Pauschalurlaubsangeboten täuschen lassen. Ao Nang ist kein Rieseziel, sondern ein langweiliges Glied in der Transportkette (wie Unmengen von Reisebüros in der Stadt belegen). Die Hauptstraße der Stadt, die zu einem „L" wird, wenn sie auf den Strand trifft, wirkt wie eine lange Einkaufsmeile, auf der kitschige Souvenirs und Schneiderkostüme verhökert werden. Abends konkurriert der Schein der Neonlichter mit dem der untergehenden Sonne (der spektakuläre Sonnenuntergang gewinnt normalerweise). Dann werden an der Straße Cocktails gemixt, und die Einheimischen winken den hungrigen Passanten mit *moo·ay tai*-Tickets zu.

Ao Nang ist der wichtigste Ausgangspunkt nach Railay, das nur eine 20-minütige Fahrt mit dem Longtail-Boot entfernt liegt. In Railay übernachtet man fürs gleiche Geld um Vieles netter. Wer aber an den beliebten Island-Hopping-Touren oder einem Kajakaus-

flug auf dem Meer teilnehmen will, wird Ao Nang ganz praktisch finden, denn die meisten Anbieter sind hier ansässig. Wer zu seiner Mahlzeit außerdem unbedingt Alkohol trinken möchte, wird mit Ao Nang sehr viel besser beraten sein: Viele der Resorts in Railay gehören nämlich Muslimen, die in ihren Restaurants keinen Alkohol servieren (auch wenn man im Laden vor Ort Alkohol kaufen und ihn in die Restaurants mitnehmen kann, die keinen Alkohol anbieten).

Orientierung & Praktische Informationen

Die Einheimischen beschreiben Besuchern den Weg, indem sie McDonalds und Burger King als Orientierungshilfen verwenden, also ist ganz klar, dass Traveller alles, was sie so zum Leben brauchen, auch in Ao Nang finden werden – überall gibt's Internet, Geldautomaten, Schalter zum Geldwechseln usw. Die Polizei oder einen Arzt sucht man besser in Krabi auf. Wegen der großen Zahl von Reisebüros wird man hier eher freundlich und höflich bedient, denn der Wettbewerb unter den Anbietern ist erbittert. Traveller sollten die Angebote vergleichen und zu handeln versuchen – allerdings hat man bei den Schifffahrtsunternehmen selten das Glück, einen Rabatt zu ergattern.

Der Hwy 4203 führt in Richtung Westen in die Stadt, etwa 500 m weit am Strand Richtung Norden und geht dann wieder ein Stück ins Inland, bevor er beim Hat Noppharat Thara wieder zur Küste hin abbiegt.

Sehenswertes

Etwa 9 km östlich der Ao Nang, am Westrand der Ao Nam Mao, befindet sich der **Muschelfriedhof** (Eintritt 50 B; ⏰ 8.30–16.30 Uhr). Er ist auch als Gastropod Fossil oder Su-San Hoi bekannt. Hier kann man sich riesige Platten anschauen, die von Millionen winziger, 75 Mio. Jahre alter fossiler Muscheln gebildet wurden. Es gibt ein kleines Besucherzentrum mit geologischen Erklärungen und zahlreiche Stände, die Snacks verkaufen. Die Fahrt mit öffentlichen Verkehrsmitteln hierher kostet ca. 30 B.

Aktivitäten

Ao Nang bietet jede Menge Aktivitäten. Kinder unter zwölf Jahren kriegen normalerweise 50 % Rabatt. **Elefantenausritte** sind sehr beliebt und viele Touranbieter organisieren Dschungelexkursionen. Bevor man teilnimmt,

sollte man sich davon überzeugen, dass die Elefanten nicht misshandelt aussehen.

KAJAKFAHREN

Mindestens sieben Reiseveranstalter organisieren Kajaktouren zu den Mangrovenwäldern und den Inseln rund um Ao Nang. Zu den schönsten Zielen gehören die hohen Meeresklippen und die Mangrovenwälder mit ihren Wildtieren in Ao Thalane (Halbtages-/Ganztagestour 1000/1500 B), außerdem die Brandungshöhlen und die 2000 bis 3000 Jahre alten Felsmalereien in Ban Bho Tho (1500 B). In den Höhlen gibt es auch Schichten archäologisch wertvoller Muschelformationen zu sehen. Die Preise für die Touren beinhalten Mittagessen, Früchte, Trinkwasser, Kajaks und Führer. Die beiden besten Anbieter sind **Sea Canoe Thailand** (☎ 0 7569 5387) und die **Ao Nang Group** (☎ 0 7563 7660/1).

TAUCHEN & SCHNORCHELN

In Ao Nang gibt's zahlreiche Tauchschulen, die Tauchausflüge zum nahe gelegenen Laem Phra Nang vor Railay anbieten. Zwei Tauchgänge kosten etwa 2200 B. Zu den einzigarten Tauchgebieten zählt die Ko Mae Urai mit zwei unterseeischen Tunneln. Sie sind mit Weich- und Steinkorallen bewachsen. Andere Tauchausflüge führen zu Tauchgebieten rund um Ko Phi-Phi oder Hin Daeng und Hin Muang südwestlich von Ko Lanta (2 Tauchgänge ca. 4000 B). Ein PADI-Open-Water-Tauchkurs kostet zwischen 15 000 B und 18 000 B. Seriöse Tauchschulen sind beispielsweise **Phra Nang Divers** (☎ 0 7563 7064; www.pndivers.com) und **Aqua Vision Dive Center** (☎ 0 7563 7415; www.aqua-vision.net). Tauchschulen organisieren in der Gegend auch Schnorchelausflüge.

Kurse

Die **Krabi-Thai-Kochschule** (☎ 0 7569 5133; www.thaicookeryschool.net; 269 Moo 2, Ao Nang, Rte 4204) veranstaltet eintägige thailändische Kochkurse für 1000 B – die Abholung ist im Preis inbegriffen. Die Schule liegt 10 km von Ao Nang entfernt, zwischen dem Wat Sasi Thai und Ao Nam Mao.

Geführte Touren

Eine der beliebten Vier- oder Fünf-Insel-Touren (s. Kasten S. 754) kann man über

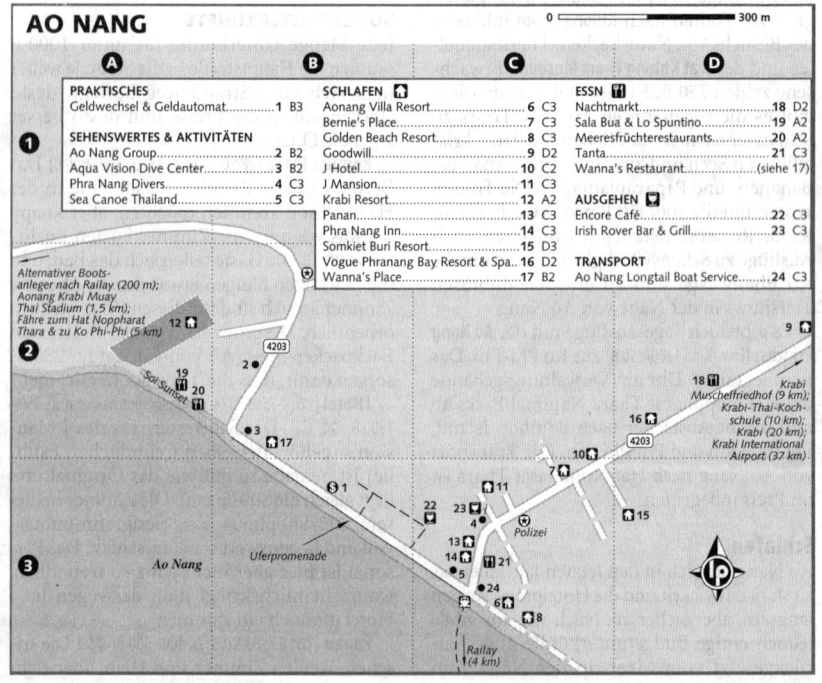

AO NANG

0 ————— 300 m

PRAKTISCHES	
Geldwechsel & Geldautomat..............**1** B3	
SEHENSWERTES & AKTIVITÄTEN	
Ao Nang Group.................................**2** B2	
Aqua Vision Dive Center.................**3** B2	
Phra Nang Divers............................**4** C3	
Sea Canoe Thailand........................**5** C3	

SCHLAFEN	
Aonang Villa Resort...........................**6** C3	
Bernie's Place....................................**7** C3	
Golden Beach Resort.........................**8** C3	
Goodwill..**9** D2	
J Hotel...**10** C2	
J Mansion...**11** C3	
Krabi Resort.....................................**12** A2	
Panan...**13** C3	
Phra Nang Inn..................................**14** C3	
Somkiet Buri Resort..........................**15** D3	
Vogue Phranang Bay Resort & Spa...**16** D2	
Wanna's Place..................................**17** B2	

ESSN	
Nachtmarkt..**18** D2	
Sala Bua & Lo Spuntino.......................**19** A2	
Meeresfrüchterestaurants..................**20** A2	
Tanta..**21** C3	
Wanna's Restaurant....................(siehe 17)	
AUSGEHEN	
Encore Café......................................**22** C3	
Irish Rover Bar & Grill.......................**23** C3	
TRANSPORT	
Ao Nang Longtail Boat Service..........**24** C3	

Alternativer Bootsanleger nach Railay (200 m); Aonang Krabi Muay Thai Stadium (1,5 km); Fähre zum Hat Noppharat Thara & zu Ko Phi-Phi (5 km)

Ao Nang

Uferpromenade

Railay (4 km)

Krabi Muschelfriedhof (9 km); Krabi-Thai-Kochschule (10 km); Krabi (20 km); Krabi International Airport (37 km)

ANDAMANENKÜSTE

ISLAND HOPPING BIS ZUM ABWINKEN

Ein absolutes Muss ist eine halb- oder ganztägige Inseltour. Dabei zischt man mit einem Longtail-Boot zu mehreren grünen Inseln, die von herrlichen Stränden umrahmt sind, schnorchelt inmitten leuchtender Korallen und erforscht beeindruckende Höhlen und Klippen – das ist ein perfekter Ausflugstag.

Im Rahmen der Touren besucht man die **Ko Hua Khwan** (Hühnerinsel) mit schönen Riffen zum Schnorcheln und einer Felsformation, die merkwürdigerweise wie ein Huhn aussieht, die **Ko Poda** mit dem herrlichen weißen Strand und die **Ko Taloo**, eine hohe Felsformation, unter der man hindurchschwimmen kann. Angesteuert werden auch die **Tham Phra Nang** (Prinzessinnenhöhle), das Haus einer Prinzessin, das von Einheimischen verehrt wird, die **Ko Hong** mit der versteckten, von Klippen umgebenen Lagune, die **Ko Lading** mit der besten Stelle zum Sammeln von Vogelnestern und tollen Stränden und die **Ko Daeng**, wo man noch einmal herrlich Schnorcheln kann. **Ko Rai** und **Ko Pakiba** sind weitere Perlen, die bei solchen Touren oft angefahren werden.

Von Ao Nang aus kann man beim **Ao Nang Longtail Boat Service** (☎ 0 7569 5474; www. aonanglongtailboatservice.com) ein Longtail-Boot zur Ko Hong, Ko Lading und Ko Daeng (2500 B) oder zur Ko Poda und zur Hühnerinsel inklusive Tham Phra Nang (2000 B) mieten. Die Preise stehen am Ticketschalter des Boat Service und gelten für maximal sechs Personen. Man benötigt seine eigene Ausrüstung. Alternativ kann man auch eine All-inclusive-Tour zu fünf Inseln bei den Tourenanbietern überall in Ao Nang, Railay und Krabi buchen, das kostet aber mehr (ca. 850 B/Pers.). Wer bereit ist, noch 200 bis 400 B draufzulegen, kann das Schnellboot nehmen und hat an jedem Ziel etwas mehr Zeit, um herumzustreifen.

jeden Reiseveranstalter buchen, der diesen Namen verdient. Die Tagestour kostet 400 bis 500 B. Einige Reiseveranstalter arrangieren geführte Touren nach **Khlong Thom** inklusive des Besuchs von Naturbecken, Thermalquellen und des **Wat Khlong Thom Museum**. Erwachsene zahlen 750 B, Kinder 400 B. Außerdem gibt es die sogenannten Mystery Tours zu Schlangenfarmen, ländlichen Dörfern, kristallklaren Seen und zu Kautschuk-, Ananas-, Bananen- und Papayaplantagen. Die Touren kosten um die 900/450 B pro Erwachsenem/Kind. Reiseveranstalter organisieren auch Ausflüge zu Sehenswürdigkeiten rund um die Ao Phang-Nga und zu etlichen dubiosen Tiershows in der Nähe von Ao Nang.

Es gibt auch Tagesausflüge mit der **Ao Nang Princess** (Erw./Kind 1100/850 B) zur Ko Phi-Phi. Das Boot legt um 9 Uhr am Verwaltungsgebäude des Hat Noppharat Thara National Parks ab und macht Abstecher nach Bamboo Island, Phi Phi Don und Phi Phi Leh. Der Transport von Ao Nang nach Hat Noppharat Thara ist im Preis inbegriffen.

Schlafen

Ao Nang hat sich in den letzten Jahren etwas zu stark entwickelt und die Hotelpreise steigen langsam, aber sicher an. Nach wie vor gibt's jedoch einige Budgetunterkünfte etwas zurückgesetzt vom Meer, in der Nähe vom

(ähem) McDonald's. In allen Hotels fallen die Preise in der Nebensaison um 50 %.

BUDGETUNTERKÜNFTE

Jede Menge Unterkünfte für unter 1000 B säumen die Hauptstraße in der Stadt; je weiter man sich vom Strand weg bewegt, desto stärker sinken die Preise und desto besser wird die Qualität.

Bernie's Place (☎ 0 7563 7093; Zi. 200–600 B) Das Bernie's ist das Richtige für alle, die in der Hauptsaison kommen möchten, aber knapp bei Kasse sind – die Zimmer kosten höchstens 600 B. Die Gäste teilen sich das Bad, und die Matratzen hängen etwas durch. Aber die Zimmer an sich sind für diesen Preis wirklich ordentlich. Die große Bar und das Buffet zum Backpacker-Preis (All-you-can-eat für 250 B) sorgen dafür, dass die Traveller herströmen.

J Hotel (☎ 0 7563 7878; j_hotelo@hotmail.com; Zi. 350–1800 B; 🖳 💻) Das Schwesterhaus des J Mansion's (gehört derselben freundlichen Familie) ist beinahe so gut wie das Original und liegt gleich die Straße rauf. Die Zimmer in diesem alten Shophouse sind riesig, stimmungsvoll und liebenswert schäbig-schick. Das Personal ist hier aber nicht ganz so freundlich, wahrscheinlich kriegt man deswegen im J Hotel oft noch ein Zimmer.

Panan (☎ 0 7563 8105; Zi. 400–500 B; 🖳) Die frischen, weißen Zimmer sind klein, aber rich-

tig stark klimatisiert. Satelliten-TV und der Ausblick auf die dahinziehenden Wellen sorgen für Unterhaltung. Insgesamt ist das Panan ein guter Deal.

J Mansion (☎ 0 7563 7876, 7569 5128; j_mansion10@ hotmail.com; Zi. 800–1000 B; 🍴 💻) Wenn ein Hotel auch in der Nebensaison ausgebucht ist, dann hat da wohl jemand etwas richtig gemacht. Die Zimmer im J Mansion sind groß, supersauber und schön hell; die im obersten Stock bieten Meerblick. Die Dachterrasse ist das Allerbeste: Bei ein paar Flaschen Bier lassen sich der Sonnenuntergang und die sagenhafte Aussicht hinüber nach Railay herrlich genießen (der stete Luftzug hier kühlt fast genauso wie ein Bad im Swimmingpool). Im Voraus zu buchen, ist ein absolutes Muss, denn häufig belegen Tourgruppen das ganze Hotel. Im J Mansion gibt es auch ein verlässliches Reisebüro mit fairen Preisen und die Möglichkeit, Tagestouren nach Ko Phi-Phi zu buchen.

MITTEL- & SPITZENKLASSEHOTELS

Nördlich vom McDonald's (auf der vom Strand abgewandten Seite) befinden sich mehrere brandneue Gebäude mit verschiedenen Zimmern von sehr guter Qualität. Sie bieten alle so ziemlich das Gleiche – Sauberkeit, TV, Klimaanlage und WLAN. Für alle, die sich nicht entscheiden können, ist das **Goodwill** (www.aonanggoodwill; Zi. 1550 B) eine sichere Sache. Seit Kurzem werden die Mittel- und Spitzenklasseresorts außerhalb des Ortskerns (in 1–4 km Entfernung) besser bewertet als die Unterkünfte in der Stadt. Auf S. 756 sind ein paar genannt; der Bauboom ist jedoch voll im Gang. Eine kurze Internetsuche wird also noch mehr ergeben.

Somkiet Buri Resort (☎ 0 7563 7320; www.somkiet buri.com; Zi. 2000–3000 B; 🍴 💻) Diese Anlage könnte einen zu einer Yogapose inspirieren … Das üppige bewachsene Dschungelareal ist voller Farne und Orchideen. Gäste laufen auf gewunden angelegten Holzstegen zwischen Teichen und Bächen hindurch zu den 26 großen und kreativ ausgestatteten Zimmern. Mitten auf dem Gelände ist ein toller Swimmingpool, und die Balkone der Zimmer liegen entweder zum Pool hin oder zu einem friedlichen Teich. Der Service ist erstklassig.

Vogue Phranang Bay Resort & Spa (☎ 0 7563 7635; www.vogueresort.com; Zi. 2100–6800 B; 🍴 💻) Die Zimmer haben große Fenster – nach einem mit Meerblick fragen! – und sind mit Fliesen

und Holzböden ausgestattet. Sie wirken wie eine Zen-Architekturcollage. Die Bäder haben abgetrennte Duschen (mit Türen – das ist hier selten). Der einzige Nachteil sind die weichen Matratzen. Das Gelände ist superschön – friedlich und sehr grün. Es gibt einen großen, runden Swimmingpool mit Blick aufs Meer und auf den Sonnenuntergang.

Phra Nang Inn (☎ 0 7563 7130; phranang@sun.phuket. ksc.co.th; Zi. inkl. Frühstück 2300–5500 B; 🍴 💻) Die schöne Inneneinrichtung – viel Bambus und eine kreative Deko aus Muscheln und Fliesen – ist der Pluspunkt des Phra Nang. Es gibt auch zwei Pools. Ein zweiter, ähnlich gestalteter Ableger befindet sich vom Original aus gesehen auf der anderen Straßenseite.

Krabi Resort (☎ 0 7563 7030; in Bangkok 0 2208 9165; www.krabiresort.com; Zi./Bungalow 4200–8900 B; 🍴 💻) Das erste Luxusresort von Ao Nang altert würdevoll. Gepflegte, hochwertige Zimmer und Luxusbungalows auf einem friedlichen, schön gestalteten Gelände erwarten die Gäste. Einige der Unterkünfte sind in Strandnähe. Auf dem Gelände gibt's eine Tauchschule, ein Restaurant und eine Bar.

Golden Beach Resort (☎ 0 7563 7870-4; www.krabi goldenbeach.com; Zi. 4500–6000 B, Bungalow 6000–10 000 B; 🍴 💻) Dieses schicke, moderne Resort besteht aus großen Hotelblocks und stilvollen Bungalows, die um einen großen Pool in einem gepflegten Garten angeordnet sind. Das Open-Air-Restaurant ist abends beleuchtet wie ein Weihnachtsbaum. Hier wird oft kitschige Livemusik gespielt (soll heißen: viel Keyboard und Titel aus den 1980er-Jahren).

Ebenfalls zu empfehlen:

Wanna's Place (☎ 0 7563 7322; www.wannasplace. com; Zi. 1875–1975 B, Bungalow 2290–2390 B; 🍴) Beliebt, aber nicht die erste Wahl.

Aonang Villa Resort (☎ 0 7563 7270; www.aonang villaresort.com; Zi. 3400–7500 B; 🍴 💻) Eine schicke Option am Meer.

Essen

Am Westende des Strandes befindet sich die Soi Sunset. In dieser schmalen Gasse gibt es eine ganze Reihe nahezu identischer Meeresfrüchterestaurants. Alle haben Bambussitzmöbel am Meer stehen und Modellboote am Eingang, in denen der Fang des Tages gezeigt wird.

Wanna's Restaurant (Gerichte 60–190 B; 🕐 morgens, mittags & abends) Leger und preiswert. Wegen der Vielfalt der angebotenen Speisen lohnt sich ein Stopp hier – es gibt alles Mögliche von

Burgern über eine Käseauswahl bis zu schweizerischen Spezialitäten, thailändischen Gerichten und Frühstück.

LP Tipp **Sala Bua & Lo Spuntino** (☎ 0 7563 7110; Gerichte 80–520 B; ☺ 10–23 Uhr) Dieses ausgezeichnete Restaurant am Ozean befindet sich mittendrin im Gewimmel der Lokale an der „Straße der Meeresfrüchte". Es serviert das Beste aus Ost und West und bietet dazu die verschiedensten Weine an. Ein hier lebender italienischer und ein thailändischer Koch zaubern in der mit Wasserdampf gefüllten Küche traditionelle Meisterwerke, während die Gäste Chardonnay trinken und den Sonnenuntergang betrachten. Einfache Gerichte wie Reis mit Gemüse werden genauso perfekt zubereitet wie die teureren Sachen, z. B. „Meeresfrüchtekörbe" (für zwei) und Filet Florentine.

Tanta (☎ 0 7563 7118; Gerichte 180–350 B; ☺ mittags & abends) Die Pizza mit dem dünnen Boden ist göttlich und nicht zu teigig, und der Service ist diskret (man bekommt sein Essen, wird aber nicht alle 10 Minuten gedrängt, noch etwas zu bestellen). Das Tanta bietet eine große Auswahl von thailändischen und internationalen Gerichten und ist ein beliebtes, modernes Lokal mit einer höher gelegenen überdachten Terrasse und Holzakzenten.

Ausgehen & Unterhaltung

Lust auf einen Drink? In Ao Nang mangelt es nicht an Bars und Kneipen.

Irish Rover Bar & Grill (☎ 0 7563 7607) Unsere Leser mögen diese typisch irische Kneipe, die außer Marken wie Singapore's Tiger und Thailands hochprozentigen (aber Kopfschmerzen verursachenden) Chang auch Guinness und Kilkenny anbietet. Sportfans werden den Fernseher zu schätzen wissen, auf dem Fußballspiele und Kricket übertragen werden. Außerdem gibt's hier Livemusik, tropische Cocktails und Poolbillard.

Encore Café (☺ in der Hochsaison 16–2 Uhr) Bei Thailändern auf Urlaub ist das Encore sehr beliebt. In dem modernden Livemusikclub geht es immer lustig zu. Es gibt Billardtische und Themenabende – von der Lady's Night bis Speed-Billard. Das Tex-Mex-Kneipenessen soll gut sein.

Aonang Krabi Muay Thai Stadium (☎ 0 7562 1042; Eintritt 500 B, Platz am Ring inkl. 1 Bier 1200 B) Wer die Strandbars und die raubkopierten Filme, die auf der Unterhaltungsmeile gezeigt werden, leid ist, kann sich hier an mehreren Abenden pro Woche ab etwa 20.45 Uhr wilde *moo·ay*

tai-Wettkämpfe ansehen. Ein kostenloses (und kaum zu verfehlendes) Songthaeo fährt vor den Kämpfen die Unterhaltungsmeile in Ao Nang ab und sammelt Interessierte ein.

Anreise & Unterwegs vor Ort

Eine Fähre nach Ko Phi-Phi (450–490 B, 2 Std.) fährt das ganze Jahr über um 9 Uhr ab. Im Preis ist der Transport von/zum Pier am nahen Hat Noppharat Thara enthalten.

Bei gutem Wetter fahren täglich Longtail-Boote in das Gebiet des Hat Rai Leh; die Fahrt kostet 80 B (nach 18 Uhr 120 B). Bei schlechtem Wetter kann man in der Ao Nam Mao ein Longtail-Boot (90 B) nehmen, das sogar fährt, wenn die See kabbelig ist.

Die Gegend erkundet man am besten mit einem Songthaeo. Die fahren u. a. nach Krabi (40 B), zum Hat Noppharat Thara (10 B) und zur Ao Nam Mao (20 B). Um mitzufahren, hält man an der Hauptstraße nach ihnen Ausschau. Taxifahrten von Ao Nang *zum* Flughafen von Krabi kosten 600 B (der Preis ist Verhandlungssache), aber *vom* Flughafen kann die Fahrt bis zu 900 B teuer sein.

RUND UM AO NANG
Hat Noppharat Thara
หาดนพรัตน์ธารา

Etwa 4 km von Ao Nang entfernt liegt am Ende der Rte 4203 der Hat Noppharat Thara. Früher war er ein eigenes Reiseziel, eine ruhigere Alternative zu dem touristischen Zentrum in der Nähe. Heute ist der von Kasuarinen gesäumte Strand ein kleiner Vorort, den sich das touristische Ao Nang immer weiter einverleibt. Wer von Ao Nang zu den Inseln unterwegs ist, wird wahrscheinlich an diesem kleinen Strand vorbeikommen. Das Hauptquartier des Ko Phi-Phi Marine National Park befindet sich hier. Einige Resorts werben fälschlicherweise damit, zentral in Ao Nang zu liegen. Wenn man das Kleingedruckte nicht genau studiert, findet man sich am Ende hier draußen wieder (obwohl die meisten Traveller sagen werden, dass man draußen am Noppharat Thara besser schläft als neben dem McDonald's mitten in der Stadt).

SCHLAFEN

Laughing Gecko (☎ 0 7569 5115; Bungalow 100–500 B) Dies ist eine von mehreren einfachen Bungalowanlagen an der Straße kurz vor der Nationalparkverwaltung. Die Anlage bietet Bungalows am Strand und ein kunstvoll de-

koriertes Restaurant voller schnatternder Backpacker (das All-you-can-eat-Büffet für unter 200 B ist bei allen mit kleiner Brieftasche der Hit).

Government Bungalows (☎ 0 7563 7200; Zelt für 2–6 Pers. 300 B, Bungalow für 2 Pers. 600 B, Bungalow für 6–8 Pers. 1200 B od. 200 B/Pers.) Die gepflegten Bungalows sind mit Ventilatoren, Bad und Moskitonetzen an den Fenstern ausgestattet. Wer auf echtes Camping-Feeling scharf ist, kann auch ein Zelt bekommen. Abends sorgt eine kleine Kantine für Essbares.

Am anderen Ende der Skala sind das **Red Ginger** (☎ 0 7563 7999; www.redgingerkrabi.com; Zi. 5450–9450 B; 🍽 📶 🏊) und das **Pakasai Resort** (☎ 0 7563 7777; www.pakasai.com; Zi. 6700–8000 B; 🍽 📶 🏊) angesiedelt. Es sind tolle, exklusive Anlagen, die mit allen Annehmlichkeiten aufwarten, die ein Luxusresorts so bieten sollte.

Rund um die Parkhauptverwaltung servieren mehrere Restaurants Snacks wie Brathähnchen und Papayasalat.

AN- & WEITERREISE

Ein zwischen Krabi und Ao Nang pendelndes Songthaeo hält am Hat Noppharat Thara; der Fahrpreis liegt bei 40 B von Krabi bzw. bei 10 B von Ao Nang aus. Von Oktober bis Mai fährt die *Ao Nang Princess* zwischen der Hauptverwaltung des Ko Phi-Phi Marine National Park und Ko Phi-Phi (450–490 B, 2 Std.) hin und her. Das Boot legt um 9 Uhr am Anleger im Nationalpark ab und kehrt von Ko Phi-Phi um 15.30 Uhr zurück. Es stoppt auch am Hat Rai Leh West in Railey. Man kann mit dem Boot auch Tagestouren nach Ko Phi-Phi machen. In der Hauptsaison gibt's außerdem ein Direktboot nach Phuket. Es fährt am selben Pier um 15.30 Uhr (450 B) ab. Das Direktboot nach Ko Lanta geht um 10.30 Uhr (450 B).

RAILAY
ไร่เล

Die märchenhaften Kalksteinklippen von Krabi sind bei Railay (auch Rai Leh) am spektakulärsten und die ultimative Hochburg für Kletterer. Zwischen den Felsen finden sich paradiesisch ruhige Strandabschnitte. Und obwohl Railey vom chaotischen Touristengewimmel in Ao Nang nur einen Katzensprung entfernt ist, herrscht hier eine unglaublich lässige Atmosphäre – der reinste Rasta-Thai-Himmel. In letzter Zeit sind viele Fünf-Sterne-Hotels entstanden, aber noch ist etwas Zeit,

um inmitten der anderen Traveller, die hier abhängen, die Sonne und die Ruhe zu genießen, bevor Railay total verbaut ist.

Praktische Informationen

In Railay gibt's jetzt ein paar Geldautomaten – einer befindet sich praktischerweise am Weg zwischen dem Hat Rai Leh West und dem Hat Rai Leh Ost. Einige der größeren Resort wechseln auch Bargeld und lösen Reisechecks ein. Einige Läden bieten Internetzugang für den Wucherpreis von 3 B die Minute an und die Verbindungen sind in der Regel nicht einmal gut – daher sollte man seine E-Mails besser in Ao Nang oder Krabi checken. Wer sich beim Klettern eine kleinere Verletzung zugezogen hat, findet im Railay Bay Resort am Hat Rai Leh West eine kleine Klinik. Mehr Infos zur Region gibt's auf www.railay.com.

Sehenswertes ✗

Hat Rai Leh West ist der faszinierendste Strand Railays und auch das beste Fleckchen, um den Sonnenuntergang zu betrachten (den Foto mitnehmen, die Sonnenuntergänge sind oft himmlisch!). Am langen, goldfarbenen Sandstrand reihen sich geschmackvoll entworfene Mittelklasseresorts aneinander, und Dutzende von Longtail-Booten fahren von hier zum nahe gelegenen Ao Nang oder setzten einen hier wieder ab. Das Wasser eignet sich hervorragend zum Schwimmen (sogar bei Ebbe ist es tief genug). Unser Tipp: sich auf dem Rücken treiben lassen und ein bisschen über das Leben nachdenken – das ist Zen pur.

Am südlichen Strandende befindet sich die mächtige Thaiwand Wall, ein steiler Kalksteinfelsen, der einige der anspruchsvollsten Kletterrouten von Railay bietet (s. S. 759).

Die Boote aus Krabi kommen am **Hat Rai Leh Ost** an. Der flache, schlammige Strand ist von Mangrovenwäldern gesäumt und eignet sich eher nicht zum Baden, aber es gibt hier jede Menge Bungalows, Bars und kleine Geschäfte am Strand. Wer gerade von Krabi kommt, muss aber nicht an diesem Strand bleiben, denn über Laem Phra Nang sind es nur wenige (weniger als fünf) Minuten zu Fuß zum Hat Rai Leh West.

Der **Hat Ton Sai** ist eine regelrechte Backpackerhochburg. Man erreicht sie mit dem Longtail-Boot (entweder direkt von Ao Nang oder vom Hat Rai Leh West) oder nach einer schweißtreibenden 20-minütigen Klettertour

ANDAMANENKÜSTE

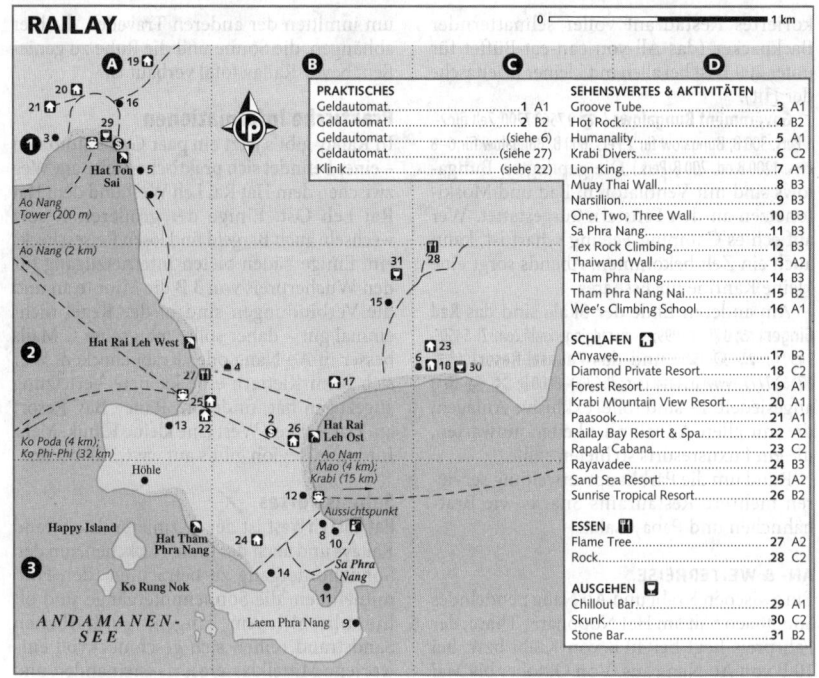

über Kalksteinfelsen. Der Strand ist nur mittelmäßig, doch Dutzende preisgünstige Bungalows und ausgezeichnete Zugänge zu den besten Klettertouren sorgen dafür, dass der Ort lebendig ist und viele Rucksackreisende und Kletterer anzieht. In der Hauptsaison steigen gelegentlich Vollmondpartys.

Der **Hat Tham Phra Nang** in der Nähe der Inselspitze ist ein zwischen emporragenden Felsen eingebetteter herrlicher Strandabschnitt mit feinem, weißem Sand. Wer nur sonnenbaden will, der ist hier genau richtig – es ist der schönste Strand der Gegend, nur ein paar Minuten vom Hat Rai Leh Ost entfernt. Das vornehme Rayavadee Resort prägt das östliche Strandende, aber der Rest vom Hat Tham Phra Nang ist unberührt. Am westlichen Strandende durchbricht eine riesige Höhle auf halber Höhe der Thaiwand Wall die Felsen. Unmittelbar vor der Küste liegen Happy Island und Ko Rung Nok (Vogelnestinsel) mit guten Schnorchelstellen.

Am Ostende des Hat Tham Phra Nang liegt die **Tham Phra Nang** (Prinzessinnenhöhle), ein bedeutender Schrein der einheimischen Fischer. Der Legende zufolge sank bei einem Sturm 300 v. Chr. eine königliche Barke. An Bord befand sich eine indische Prinzessin. Der Geist der ertrunkenen Prinzessin suchte sich die Höhle aus, um darin zu wohnen, und er versprach all jenen die Gunst der Prinzessin, die ihr hier Respekt zollen. Einheimische Fischer – Muslime und Buddhisten gleichermaßen – stellen in der Höhle geschnitzte Holzphalli auf und hoffen, dass der Geist ihnen einen guten Fang beschert.

Auf halber Strecke vom Hat Rai Leh Ost zum Hat Tham Phra Nang führt ein primitiver Weg hinauf zur vom Dschungel umgebenen Felswand und zur versteckten Lagune **Sa Phra Nang** (See der Heiligen Prinzessin). Die Aussicht von der nahe gelegenen Felsspitze über die Halbinsel ist atemberaubend. Aber eine Warnung ist nötig: Die Wanderung dorthin ist sehr anstrengend und führt über einige Abschnitte, die für alle mit Höhenangst mit sehr viel Stress verbunden sind.

Über dem Hat Rai Leh Ost befindet sich eine weitere große Höhle, die **Tham Phra Nang Nai** (Innere Prinzessinnenhöhle; Erw./Kind 20/10 B; ☉ 5–20 Uhr) heißt, aber auch als Diamantenhöhle bekannt ist. Ein Holzsteg führt an einer Reihe

beleuchteter Höhlen mit wunderschönen Kalksteinformationen vorbei, einschließlich eines herrlichen Steinwasserfalls aus golden funkelndem Quarzstein.

Aktivitäten

KLETTERN

Es ist kein Wunder, dass diese dramatischen Felsflächen, in die bisher etwa 700 Routen gebohrt wurden, zu den besten Kletterrevieren der Welt gehören. Einige Routen führen zu den Dächern von gewaltigen Höhlen und folgen Kaskaden von Stalaktiten bis zu 300 m hohen Felswänden. Es gibt unzählige Routen (und ständig werden neue „entdeckt“), angefangen bei Aufstiegen für Anfänger bis hin zu anspruchsvollen Touren, und man könnte Monate mit Erkundungs- und Klettertouren verbringen – was hier auch tatsächlich viele Traveller tun.

Die meisten Kletterer beginnen ihren Aufstieg an der **Muay Thai Wall** und der **One, Two, Three Wall** am Südende des Hat Rai Leh Ost. Dort gibt es mindestens 40 Routen der Schwierigkeitsgrade 4b bis 8b (nach der französischen UIAA-Skala). Die mächtige **Thaiwand Wall**, eine steile Kalksteinwand, befindet sich am Südende des Hat Rai Leh West und bietet die anspruchsvollsten Klettertouren. Der Kasten unten enthält eine Liste mit einigen der besten Aufstiege.

Der gängige Preis für Kletterkurse liegt zwischen 800 und 1200 B für einen Halbtageskurs und zwischen 1500 und 2200 B für einen Ganztageskurs. Der dreitägige Kurs (5000–6000 B) beinhaltet auch das Klettern am Seil (man sichert sich beim Aufstieg mit Karabinern an Haken in der Felswand) und Kletterrouten mit mehreren Seillängen. Erfahrene Kletterer können sich in jeder Kletterschule für 600/1000 B Ausrüstung für einen halben/ganzen Tag ausleihen. Die Standardausrüstung besteht normalerweise aus einem 60 m langen Seil, zwei Klettergurten, zwei Paar Kletterschuhen, einem Sicherheitskarabiner und zwölf Quick Draws. Man kann darüber nachdenken, ob man nicht lieber seine eigenen Kletterschuhe und eine Menge loser Schlingen und Haken mitbringt, um sich auf weniger gesicherten Abschnitten besser absichern zu können. Wer einzelne Teile seiner Ausrüstung zu Hause vergessen hat, kann bei allen Kletterschulen auch Markenkletterausrüstung nachkaufen.

Zahlreiche hier veröffentlichte Bücher beschreiben ausführlich die Klettermöglichkeiten in der Region, *Rock Climbing in Thailand* (1000 B) ist einer der beliebteren Führer.

Empfehlenswerte Kletterschulen:

Hot Rock (☎ 0 7562 1771; www.railayadventure.com; Hat Rai Leh West) Eindeutig die teuerste Kletterschule in Railay. Aber Hot Rock hat schon lange einen sehr guten Ruf, und das sorgt für ordentlich Kundschaft. Der Besitzer Luang ist so etwas wie eine Kletterlegende in Railay.

Tex Rock Climbing (☎ 0 7563 1509; Rai Leh East) Eine kleine, ehrwürdige Schule, deren Besitzer immer noch klettert und die Schule direkt vom Laden aus führt.

Wee's Climbing School (Hat Ton Sai) Ein freundlicher und professioneller Ausrüster.

TOP FIVE: KLETTERTOUREN

Angesichts der fast 700 Kletterfelsen ist es nicht so einfach, die besten zu finden – als Anhaltspunkt kann diese Liste dienen. Die Schwierigkeit ist nach der französischen UIAA-Skala angegeben.

Felsen	Schwierigkeit	Höhe	Beschreibung
Groove Tube	6a	25 m	Eine super Klettertour für Anfänger und Fortgeschrittene. Es gibt viele große Vorsprünge und Löcher zum Festhalten.
Humanality	6a–6b	120 m	Der Felsen mit unterschiedlichen Neigungen ist sehr beliebt, eventuell muss man sich vor dem Klettern anstellen.
Lion King	6b+	18 m	Ein guter, schwieriger Felsen mit leichtem Überhang und Zickzacktour über eine Spalte; erfordert viel Kraft und Energie.
Narsillion	6c+	30 m	Die Steilwand mit vielen kleinen Löchern ist nur bei Ebbe zugänglich. Der Strand unterhalb des Felsens ist super.
Ao Nang Tower	6b–6c	68 m	Diese Klettertour muss man von einem Longtail-Boot aus beginnen! Das letzte Stück der Kategorie 6c ist lang, man sollte also mit seiner Kraft haushalten.

ANDAMANENKÜSTE

WASSERSPORT
Mehrere Tauchunternehmen veranstalten Touren zur Ko Poda und zu anderen Stellen in der Gegend. **Krabi Divers** (☎ 0 7562 1686/7; www. viewpointresort66.com; Hat Rai Leh Ost) im Railay Viewpoint Resort berechnet 6000 B für Tauchgänge an den abgelegeneren Inseln.

Schnorcheltouren zur Ko Poda und zur Ko Hua Khwan (Hühnerinsel) kann man für 900 B mit dem Longtail-Boot oder für 1200 B mit dem Schnellboot machen. Buchen kann man bei allen Resorts. Längere Touren, auf denen mehrere Inseln angefahren werden, kosten 1000/1900 B pro halbem/ganzem Tag. Wer einfach vor Railay schnorcheln möchte, kann sich in den meisten Resorts für jeweils 150 B eine Brille und Flossen ausleihen.

Das Flame Tree (s. rechte Spalte) am Hat Rai Leh West vermietet für 200 B die Stunde **Kajaks fürs offene Meer**, genauso wie viele Mittel- und Spitzenklasseresorts rund um Railay. Wer will, kann auch bei den hiesigen Bootsbesitzern Ausflüge zu verlassenen Inseln mit Übernachtung arrangieren. Campingausrüstung und Verpflegung müssen dann aber selbst mitgebracht werden.

Schlafen & Essen
HAT RAI LEH WEST
Rai Leh West ist schön und die Unternehmer wissen das – hier gibt's nur Mittel- und Spitzenklasseresorts. In der Nebensaison fallen die Preise um bis zu 30 %. Mit keinem der Restaurants in den Resorts macht man etwas falsch.

Sand Sea Resort (☎ 0 7562 2170; www.krabisandsea. com; Bungalow 1800–6000 B; 🐾 🖳 🐟) Solide, gut ausgestattete Betonbungalows mit Terrassen säumen einen gewundenen, grünen Pfad. Ein Frühstücksbüffet mit allem Pipapo im Hotelrestaurant ist im Preis inbegriffen. Wer hier nicht wohnt, sollte mal zum Mittag- oder Abendessen vorbeischauen, denn das Essen ist ziemlich gut. Das Resort bietet die günstigsten Zimmer in der Gegend. Alkohol wird hier nicht ausgeschenkt.

Railay Bay Resort & Spa (☎ 0 7562 2571; www.railay bayresort.com; Bungalow 2900–10000 B; 🐾 🐟) Allein der Pool ist es wert, hier abzusteigen. Das wie eine Amöbe geformte glitzernde Becken grenzt an das schönste Stückchen Strand, man kann also prima zwischen Salz- und Süßwasser hin und her wechseln. Die gepflegte Anlage mit den zauberhaften Fachwerkbungalows erstreckt sich über den ganzen Weg bis

Rai Leh Ost. Es lohnt sich auch für Nichtgäste, einen Abstecher zum Restaurant und zum Spa auf dem Gelände zu machen.

Flame Tree (Gerichte 150 B) Das Flame Tree hat in Sachen Nachtleben in Rai Leh West so etwas wie eine Monopolstellung inne. Darum sind die Preise hoch und das Essen ist bestenfalls mittelmäßig. Aber wenn man Lust auf ein Bier mit den Kletterkumpels hat, ist es dennoch ein gutes Plätzchen zum Relaxen.

HAT RAI LEH OST
Häufig wird dieser mit knorrigen Mangroven durchsetzte und eher schlammige „Strand" auch als Sonnenaufgangsstrand bezeichnet. Doch er ist nicht das Ende der Welt, denn Hat Rai Leh West ist nur einen zehnminütigen Spaziergang entfernt. Die Ferienanlagen auf dem Hügeln oberhalb des Strands bekommen Seeluft ab, aber unten am Wasser kann es wie in der Sauna sein.

Rapala Cabana (☎ 08 6957 8096; Bungalow 200 B) Die Anlage ist super gelegen, tief im Dschungel und hoch oben in den Hügeln in einer Senke in den Klippen. Sie ist sehr rustikal und lässig und in Railay die günstigste Option.

Anyavee (☎ 08 1537 5517; www.anyavee.com; Zi./Bungalow 1500–3000 B) Das Anyavee weiß nicht so recht, was es sein möchte – einige Teile der Anlage verströmen Backpacker-Feeling, andere orientieren sich deutlich Richtung Oberklasse. Die Zimmer liegen qualitativ irgendwo in der Mitte und sind modern, komfortabel und mit Fliesen ausgestattet.

Diamond Private Resort (☎ 0 7562 1729; www.dia mondprivate-railay.com; Zi. 1800–3500 B; 🐾 🐟) Auch wenn der Name ein wenig nach Gogo-Bar klingt, ist das Diamond Private ein familienfreundliches Resort mit einem Swimmingpool. Es befindet sich hoch auf dem Berg und hat eine Terrasse, von der aus man einen herrlichen Blick auf die unten gelegene Bucht hat. Die Zimmer und Bungalows verfügen über TVs, Warmwasserduschen und Minibars und befinden sich in einem schönen Garten.

Sunrise Tropical Resort (☎ 0 7562 2599; www.sun risetropical.com; Bungalow 3500–5500 B; 🐾 🐟) Wenn man von Bord des Bootes aus Krabi geht, ist das Sunrise Tropical wahrscheinlich die erste Anlage, die man bemerkt (gleich hinter dem Anleger danach Ausschau halten). Sie besitzt stilvolle Thai-Villen mit schöner Einrichtung und sehr schicken Bädern. Das Frühstück ist im Preis inbegriffen. Im Restaurant wird kein Alkohol ausgeschenkt.

ANDAMANENKÜSTE

Rock (Gerichte 120 B; ☉ morgens, mittags & abends) Das beste Lokal in Railay für einen mittäglichen Snack steht auf einer kleinen Lichtung im mit Karstformationen durchsetzten Dschungel. Der Meerblick ist göttlich, und die riesige Auswahl von thailändischen Gerichten lässt keine Wünsche offen. An besonders heißen Tagen sind die Basilikum-Smoothies eine tolle Erfrischung. Die Do-it-yourself-Barbecues für 99 B sind sehr beliebt – wer mehr Infos will, schaut einfach vorbei.

HAT THAM PHRA NANG

Rayavadee (☎ 0 7562 0740; www.rayavadee.com; Zi. 30000–55000 B; 🛠 🖳 🐾) Doch, der Preis stimmt tatsächlich. Aber wer wirklich Bahts wie Heu hat, kann sie nirgendwo besser anlegen. Dieses exklusive Fünf-Sterne-Resort im Kolonialstil bietet sieben verschiedene Bungalowtypen auf einer atemberaubenden 10 ha großen Anlage am Strand. Alle Bungalows sind zweistöckig und wundervoll im traditionellen Thai-Stil eingerichtet. Champagnerfrühstück, Nachmittagstee zu leiser klassischer Musik und romantische Abendessen bei Sonnenuntergang sind hier die Regel.

HAT TON SAI

Am Hat Ton Sai sind alle Felsen mit Klettern übersät, deshalb ist er auch ein nettes Fleckchen für einen Aufenthalt. Der Strand ist nicht spektakulär, aber das gastfreundliche Backpacker-Feeling zaubert jedem ein Lächeln ins Gesicht. In der Nebensaison fallen die Preise für die Bungalows auf bis zu 150 B.

Forest Resort (☎ 08 9290 0262; Bungalow 300–500 B) Weit weg von den Kletterern liegt dieses freundliche Resort versteckt in den Wäldern. Die Ansammlung einfacher Bungalows breitet sich auf einem kleinen Hügel aus. Das indische Restaurant auf dem Gelände ist ein zusätzlicher Bonus.

Paasook (☎ 08 9645 3013; Bungalow 500 B) Am äußersten Westende des Strandes bietet das Paasook einfache Bungalows mit großen Panoramafenstern.

Krabi Mountain View Resort (☎ 0 7562 2610; Bungalow 1100–1900 B; 🛠) Fröhlich, absolut sauber und mit mintgrünen Wänden, Fliesenböden und frischer Bettwäsche – dies sind die günstigsten klimatisierten Zimmer am Ton Sai.

Ausgehen

In vielen der Resorts wird kein Alkohol ausgeschenkt, aber am Strand gibt's ein paar

Plätzchen, wo man die Kletterei des Tages mit einem (oder sieben) kalten Bierchen begießen kann.

Skunk (Hat Rai Leh Ost) Hier ist Reggae angesagt, während die lässigen Einheimischen die Rastalocken um die Finger wickeln.

Chillout Bar (Hat Ton Sai) Nach einem langen Tag auf den Felsen relaxen Kletterer hier gerne. Die Bar ist in Jamaika-Farben gehalten und schenkt ein kaltes Bier nach dem anderen aus.

Stone Bar (Rai Leh Ost) Hier kippt man in einer runden Laube unterhalb einer riesigen Kletterwand sein Tiger-Bier. Bei den Partys hier ist Ambient und Electronica angesagt und es wird oft spät.

Anreise & Unterwegs vor Ort

Wer sich nicht an Bord einer Fähre von Ao Nang nach Ko Phi-Phi Don befindet, hat nur die Möglichkeit, vom Strand in Ao Nang oder vom Khong Ka (Chao Fa) in Krabi mit dem Longtail-Boot nach Railay zu kommen. Die Boote von Krabi zum Hat Rai Leh Ost starten zwischen 7.45 und 18 Uhr (200 B, 45 Min.) alle eineinhalb Stunden (oder wenn 10 Passagiere zusammenkommen).

Solange es hell ist, fahren die Boote zum Hat Rai Leh West (80 B, 15 Min.) oder Ton Sai vom Ostende der Promenade in Ao Nang ab. Nach Einbruch der Dunkelheit zahlt man 120 B. Wenn das Meer sehr unruhig ist, starten die Boote in einer geschützten Bucht westlich vom Krabi Resort in Ao Nang. Man kann sich für den gleichen Preis auch am Hat Tham Phra Nang oder am Hat Ton Sai absetzen lassen.

Bei extrem hohem Seegang fahren die Boote sowohl von Ao Nang als auch von Krabi nicht mehr. Aber meist gibt es immer noch die Möglichkeit, vom Hat Rai Leh Ost zur Ao Nam Mao (90 B, 15 Min.) zu fahren, von wo aus man nach Krabi oder Ao Nang kommt.

KO PHI-PHI DON

เกาะพีพีดอน

Ko Phi-Phi ist unheimlich. Schon ein einziger Blick auf die Gipfel und Klippen, die aus einer anderen Welt zu stammen scheinen, und Unmenschen werden zu Dichtern und Skeptiker zu Gläubigen.

Die Ansammlung von Klippen, die hoch über einem schimmernden Teppich in Jade- und Smaragdgrün aufragt, wirkt wie ein Leuchtfeuer auf Backpacker aus aller Welt. Tagträumer können in den seichten Buchten

ANDAMANENKÜSTE

faulenzen und die steilen Klippen erklimmen. Von Aussichtspunkten aus bieten sich atemberaubende Ausblicke auf den sanduhrförmigen Isthmus, der Legionen von Besuchern und Genussüchtigen anzieht.

Auch wenn Ko Phi-Phi verglichen mit dem Rest von Thailand etwas teuer erscheint, wird man schnell erkennen, dass dieses Paradies im Vergleich zu anderen Trauminseln rund um den Globus verdammt günstig ist.

Orientierung & Praktische Informationen

Ko Phi-Phi Don (meist einfach nur Ko Phi-Phi genannt) ist Teil des Ko Phi-Phi Marine National Park. Dazu gehört auch das unbewohnte Ko Phi-Phi Leh gleich nebenan (S. 767).

Ko Phi-Phi Don besteht in Wirklichkeit aus zwei durch einen schmalen Isthmus miteinander verbundenen Inseln. Der Isthmus wird von der atemberaubenden **Ao Ton Sai** und herrlichen **Ao Lo Dalam** flankiert. Die Boote legen an dem großen Betonpier der Ao Tan Sai an. Ein schmaler Pfad, an dem sich Tourenbieter, Bungalows, Restaurants, Bars und Souvenirläden drängen, verläuft am Strand entlang bis zum **Hat Hin Khom**. Das Gewirr kleiner Straßen in der Mitte der Sandbank ist ebenfalls voller verschiedener Einrichtungen und als **Tonsai Village** (oder Touristendorf) bekannt. Der zum Baden einladende **Hat Yao** (Langer Strand) liegt Richtung Süden und hat einige der schönsten Korallen von Phi-Phi Don zu bieten. Die schönen ruhigen und langen Buchten **Hat Laem Thong** und **Ao Lo Bakao** im Osten sind für die Gäste zahlreicher Spitzenklasseresorts reserviert, aber an den kleineren Stränden **Hat Phak Nam** und **Hat Rantee** gibt's einige einfache und günstige Bungalowanlagen.

Tonsai Village ist eine Ansammlung von Reisebüros, Minimärkten, Restaurants, Internetcafés und Gästehäusern. An der Südspitze der Ao Ton Sai gibt's eine Western Union Bank und einen Geldautomaten.

MUSCHELN ZU VERKAUFEN

Zahlreiche Souvenir-Läden auf Ko Phi-Phi Don verkaufen Muscheln, die aus den Meeresparks in der Umgebung stammen. Diese einheimischen Muschelarten sind vom Aussterben bedroht, also bitte keine Souvenirs aus Muscheln kaufen!

Sehenswertes & Aktivitäten

Den anstrengenden und schweißtreibenden Aufstieg zum **Aussichtspunkt** von Phi-Phi auf sich zu nehmen, lohnt sich. Der Pfad den Berg hinauf beginnt in der Nähe des Phi Phi Casita (S. 765) und windet sich die steile Klippe hinauf. Die meisten werden eine kurze Verschnaufpause brauchen (Wasser nicht vergessen!). Aber wenn man einmal oben ist, hat man einen Bilderbuchblick auf die Zwillingsbucht, die Karstformationen und das ruhige Phi-Phi Leh in der Ferne. An einem dicken Baum hängt ein kleines Foto, dass nur Stunden nach dem Tsunami von hier aus gemacht wurde – eine Erinnerung an die Tragödie, an die die Inselbewohner ewig denken werden.

BERGSTEIGEN

Ja, auf Ko Phi-Phi gibt's gute Kalksteinklippen zum Klettern, und der Blick von oben ist spektakulär. Die wichtigsten Kletterreviere sind der **Ton Sai Tower** am Westrand der Ao Ton Sai und der **Hin Taak**, der eine kurze Fahrt mit dem Longtail-Boot um die Bucht erfordert. Es gibt eine Handvoll guter Kletterunternehmen auf der Insel. Die meisten verlangen um die 900 B für einen halben und 1600 B für einen ganzen Tag einschließlich Einführung und Ausrüstung. Der **Cat's Climbing Shop** (☎ 08 1787 5101; www.catsclimbingshop.com) in Tonsai Village ist ein von Franzosen geführtes Unternehmen, das von Travellern positiv bewertet wird. Über **Spider Monkey** (☎ 08 9728 1608) am Hat Hin Khom wird ebenfalls Gutes berichtet. Hardcore-Kletterfreaks sollten sich allerdings nach Railay (S. 759) aufmachen.

SCHNORCHELN

Rund um Ko Phi-Phi zu schnorcheln ist berauschend, vor allem auch rund um Ko Phi-Phi Leh. Es lohnt sich, die 800 bis 2000 B auf den Tisch zu legen (je nach Bootstyp und Länge der Tour) und sich einer Tagestour anzuschließen, im Rahmen derer die Riffe erkundet werden. Bei den meisten Touren ist das Mittagessen inklusive; es werden einige Stellen rund um den Marine Park angesteuert. Jedes Reisebüro auf der Insel organisiert Schnorchel-Tagestouren.

Wer auf eigene Faust los möchte, kann in den meisten Bungalowanlagen und Resorts Schnorchel, Brille und Flossen für 150 bis 200 B pro Tag ausleihen. Entlang der Ostküste

KO PHI-PHI DON

0 — 2 km

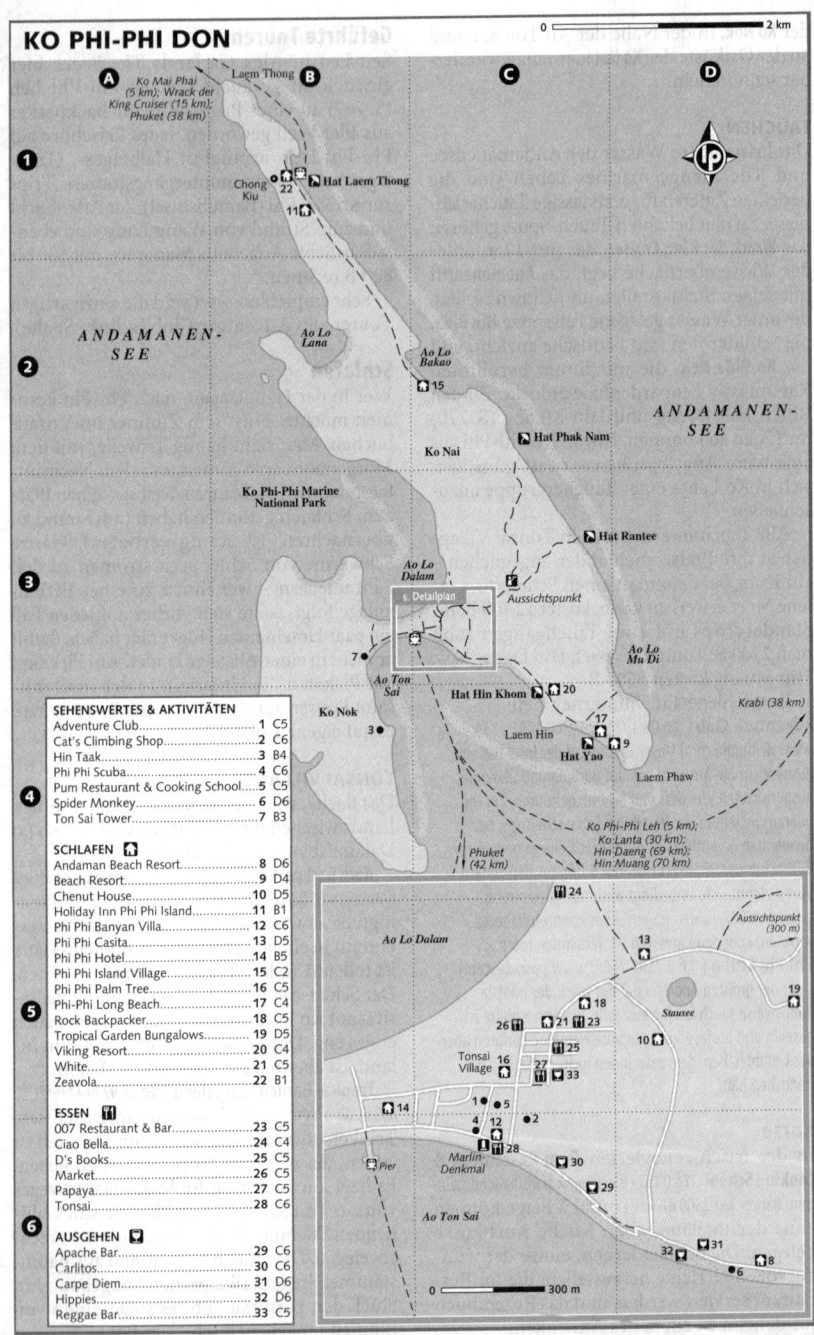

A Ko Mai Phai
(5 km); Wrack der
King Cruiser (15 km);
Phuket (38 km)

Laem Thong **B**

C

D

Chong
Kiu

22

11

Hat Laem Thong

*ANDAMANEN-
SEE*

Ao Lo
Lana

Ao Lo
Bakao

15

*ANDAMANEN-
SEE*

Hat Phak Nam

Ko Nai

Ko Phi-Phi Marine
National Park

Ao Lo
Dalam

Hat Rantee

5. Detailplan

Aussichtspunkt

Ao Lo
Mu Di

7

Ao Ton
Sai

Hat Hin Khom

20

Krabi (38 km)

Ko Nok

3

17

9

Laem Hin

Hat Yao

Laem Phaw

Phuket
(42 km)

Ko Phi-Phi Leh (5 km);
Ko Lanta (30 km);
Hin Daeng (69 km);
Hin Muang (70 km)

SEHENSWERTES & AKTIVITÄTEN
Adventure Club	1	C5
Cat's Climbing Shop	2	C6
Hin Taak	3	B4
Phi Phi Scuba	4	C6
Pum Restaurant & Cooking School	5	C5
Spider Monkey	6	D6
Ton Sai Tower	7	B3

SCHLAFEN
Andaman Beach Resort	8	D6
Beach Resort	9	D4
Chenut House	10	D5
Holiday Inn Phi Phi Island	11	B1
Phi Phi Banyan Villa	12	C6
Phi Phi Casita	13	D5
Phi Phi Hotel	14	B5
Phi Phi Island Village	15	C2
Phi Phi Palm Tree	16	C5
Phi-Phi Long Beach	17	C4
Rock Backpacker	18	C5
Tropical Garden Bungalows	19	D5
Viking Resort	20	C4
White	21	C5
Zeavola	22	B1

ESSEN
007 Restaurant & Bar	23	C5
Ciao Bella	24	C4
D's Books	25	C5
Market	26	C5
Papaya	27	C5
Tonsai	28	C6

AUSGEHEN
Apache Bar	29	C6
Carlitos	30	C6
Carpe Diem	31	D6
Hippies	32	D6
Reggae Bar	33	C5

24

Ao Lo Dalam

13

Aussichtspunkt
(300 m)

19

18

Stausee

26

21

23

25

10

Tonsai
Village

16

27

33

14

1

5

4

12

2

28

Marlin-
Denkmal

Pier

30

29

Ao Ton Sai

32

31

6

8

0 — 300 m

ANDAMANENKÜSTE

der **Ko Nok**, in der Nähe der Ao Ton Sai, und an der Ostküste der **Ko Nai** kann man wunderbar schnorcheln.

TAUCHEN

Das kristallklare Wasser der Andamanensee und jede Menge marines Leben sind die perfekten Zutaten für erstklassige Taucherlebnisse. Zu den beliebten Tauch-Spots gehören das **Wrack der King Cruiser**, das nur 12 m unter der Wasseroberfläche liegt, das **Anemonenriff** mit seinen Steinkorallen und Clownfischen, die unter Wasser gelegene Felsspitze **Hin Bida**, die Schildkröten und Fettfische anzieht, und die **Ko Bida Nok**, die mit ihrem berühmten Karstmassiv Leopardenhaie anlockt. Zu den Riffen Hin Daeng und Hin Muang (S. 770) im Süden zu kommen, ist von Ko Phi-Phi aus eine teure Angelegenheit – es ist günstiger, sich in Ko Lanta einer Tauchergruppe anzuschließen.

Alle Tauchunternehmen in Tonsai Village haben ihre Preise aneinander angeglichen – ein Kurs, bei dem man einen Schein fürs offene Meer erwerben kann, kostet 12 400 B, für Standardtrips mit zwei Tauchgängen zahlt man 2200 B. Touren bis nach Hin Daeng bzw. Hin Muang kosten 5500 B.

Empfohlene Tauchunternehmen:
Adventure Club (☎ 08 1970 0314, 08 1895 1334; www.divingphi.com) Unser Favorit auf der Insel hat eine ausgezeichnete Auswahl von auf Bildung und Ökologie ausgerichteten Wander- und Schnorcheltouren. Für die überaus beliebten Hai-Watching-Schnorcheltrips, bei denen man garantiert mit mindestens einem neugierigen Riffhai herumtollt, muss man um 6 Uhr aus den Federn, aber es lohnt sich. Unbedingt auch nach den streng geheimen 007-Touren fragen – wir könnten Näheres verraten, aber dann müssten wir jemanden töten ...
Phi Phi Scuba (☎ 0 7561 2665; www.ppscuba.com) Einer der größten Anbieter auf der Insel, der bootsladungsweise Tauchscheine ausstellt. Die Atmosphäre ist gesellig und professionell. Nervöse Neulinge könnten aber das Gefühl haben, dass man Ihnen nicht genügend das Händchen hält.

Kurse

In der frisch renovierten **Pum Restaurant & Cooking School** (☎ 0 1521 8904; www.pumthaifoodchain.com; ganzer Tag 2500 B) in Tonsai Village können Fans der thailändischen Küche Kochkurse belegen. Die Schüler lernen, einige der wundervollen Gerichte herzustellen, die im Restaurant serviert werden, und das Rezeptbuch für daheim ist ein nettes Andenken.

Geführte Touren

Seit Leo in Alex Garlands *The Beach* hier einen Joint geraucht hat, ist Phi-Phi Leh (S. 767) zu einer Pilgerstätte für Backpacker aus aller Welt geworden. Jedes Reisebüro auf Phi-Phi Don arrangiert Halbtages-, Ganztages- oder Sonnenuntergangstouren. Trips zur Ko Mai Phi (Bamubsinsel), zur Affenbucht und zum Strand von Wang Long sind ebenfalls beliebte Angebote. Man muss mit 500 bis 800 B rechnen.

Sehr empfehlenswert sind die einzigartigen Touren des Adventure Club (s. linke Spalte).

Schlafen

Wer in der Hauptsaison nach Phi-Phi kommen möchte, *muss* sein Zimmer im Voraus buchen. Man sieht häufig Traveller mit dem Morgenboot ankommen und dem Nachmittagsboot wieder abfahren, weil sie keinen Platz zum Schlafen gefunden haben (am Strand zu übernachten, ist streng verboten). Ganze Schwärme von Schleppern strömen zu den Fähranlegern – wer ihnen zu einer Ferienanlage folgt, sollte sich vorher auf jeden Fall ein paar Hotelnamen eingeprägt haben, damit er nicht in einer Absteige landet. Am Pier sind auf Plakaten die Unterkünfte der Insel mitsamt Preisen aufgelistet – nützlich, wenn man es auf eigene Faust versuchen will.

TONSAI VILLAGE

Das flache, wie eine Sanduhr geformte Stück Land zwischen der Ao Ton Sai und der Ao Lo Dalam ist voller Unterkünfte.

Rock Backpacker (☎ 0 7561 2402; therockbackpacker@hotmail.com; DZ/Zi. 350/800 B) Alleinreisende Pfennigfuchser werden es mögen – das ulkige Restaurant in einem aufgebockten Boot am Hang ist toll, um andere Traveller kennenzulernen. Der Schlafsaal mit 16 Betten ist eine echte Rarität auf Ko Phi-Phi. Es ist sauber, wenn auch etwas eng. Das Rock Backpacker steht im Inland, ist aber nahe an der Ao Lo Dalam.

Tropical Garden Bungalows (☎ 08 9729 1436; Zi. ab 800 B; 🏊) Wem es nichts ausmacht, zum Essen, Trinken oder Sonnenbaden zehn Minuten zu laufen, der wird das Tropical Garden lieben. Es liegt am äußersten Ende das Hauptweges von Ao Ton Sai in seinem kleinen Stück blühenden Dschungels am Hang und wirkt recht abgelegen. Die großen Hütten sind aus Baumstämmen im amerikanischen Stil gebaut. Ein Stück den Berg rauf gibt es sogar einen von Blumen umgebenen schicken Pool.

White (☎ 0 7560 1300; www.whitephiphi.com; Zi. 1600–1900 B; ✗ 🖵) Das White ist vor allem auf „Flashpacker" ausgerichtet und hat in Tonsai Village zwei Niederlassungen mit supersauberen Zimmern – alles in Weiß (logisch).

Phi Phi Casita (☎ 0 7560 1214; www.phiphi-hotel.com; Bungalow 2000–3000 B; ✗ 🖭) Diese Anlage, die etwas zurückgesetzt hinter dem Strand der Ao Lo Dalam liegt, wirkt wie ein klassisches Fischerdorf. Winzige Holzbungalows schweben auf verwitterten Planken über mit Blumen bepflanztem Wattgebiet. Gäste haben hier nicht viel Privatsphäre, aber der stilvolle Infinity Pool und die Nähe zum Strand sind Pluspunkte.

Phi Phi Banyan Villa (☎ 0 7561 1233; www.phiphi-hotel.com; Zi. 2500–2800 B; ✗ 🖭) Dieses gemütliche Quartier bietet alle modernen Annehmlichkeiten; einige Zimmer haben einen Balkon mit Blick über einen von Gärten gesäumten Pfad. Es gibt ein Restaurant am Wasser. Der Namensgeber des Hotels, eine große, knorrige Banyan-Feige, steht vor der Tür.

Phi Phi Palm Tree (☎ 0 7561 1233; www.phiphi-hotel.com; Zi. 3100–5400 B; ✗ 🖵 🖭) Das Palm Tree befindet sich in Tonsai Village und macht das Beste aus seiner Lage im Inland, indem es die Unterkünfte rund um einen ruhigen Innenhof und einen einladenden Swimmingpool angeordnet hat. Die Zimmer sind aufwendig dekoriert und mixen modernen Komfort mit einzigartigen Gemälden von einem der bekanntesten alten Meister Thailands.

Auch zu empfehlen:

Chenut (☎ 08 1894 1026; Bungalow ab 1000 B) Freundliche Anlage in Familienbesitz mit Fachwerkbungalows.

Phi Phi Hotel (☎ 0 7561 1233; www.phiphi-hotel.com; Zi. ab 1700 B; ✗ 🖭) Die Gäste lieben dieses Hotel. Es bietet einen sagenhaften Ausblick und alle Annehmlichkeiten eines Nobelresorts.

HAT HIN KHOM

Dieses ruhigere Fleckchen Sand liegt zwischen Hat Yao und Tonsai Village und ist eine gute Wahl, wenn man in der Nähe der Action sein möchte, aber dennoch Wert auf ruhigen Schlaf legt.

Viking Resort (☎ 0 7581 9399; tak_blobk@hotmail.com; Bungalow 800–2000 B; 🖵) Das Viking Resort verströmt jede Menge Tiki-Charme und liegt an einen tollen Strand zum Schwimmen und Sonnenbaden.

Andaman Beach Resort (☎ 0 7562 1427; www.andamanbeachresort.com; Bungalow 1650–4350 B; ✗ 🖭) Um eine große Rasenfläche sind in Hufeisen-form pistaziengrüne Hütten angeordnet. Der dickste Pluspunkt ist der kleine, amöbenförmige Pool, von dem aus man einen herrlichen Blick nach Phi-Phi Leh hat.

HAT YAO

Der Hat Yao (Langer Strand) ist eine kurze Bootsfahrt (80 B) oder einen langen, schweißtreibenden Marsch (45 Min.) von der Ao Ton Sai entfernt. Der Strand hier ist fantastisch und nicht so überfüllt wie der an den beiden Buchten rund um Tonsai Village.

Phi-Phi Long Beach (☎ 08 6281 4349; Bungalow 500–1000 B) Die Bungalows haben den üblichen Standard und sind nichts Besonderes, aber der Preis stimmt (günstig!). Und am Strand herrscht ein lässiges Backpacker-Flair.

Beach Resort (☎ 0 7561 8267; Bungalow 3950–5900 B; ✗ 🖵 🖭) Ein ständig wachsendes Resort mit einem schönen Pool und einer schicken Bar. Die Anlage wimmelt nur so von Pauschaltouristen, die auf der Suche nach Komfort sind (und ihn finden). Sie ist relativ neu, deshalb ist der Service mal gut und mal weniger. Aber das Management scheint bemüht, die Scharten auszuwetzen.

AO LO BAKAO

Ao Lo Bakao hat einen schönen, ruhigen Strand an Phi-Phis abgelegener Nordostküste. Das Resort hier organisiert den Transport für seine Gäste (es gibt einen schmalen Trampelpfad für Wanderer). Eine Fahrt mit dem Longtail-Boot von der Ao Ton Sai kostet 500 B (einfache Strecke).

Phi Phi Island Village (☎ in Phuket 0 7621 5014, in Bangkok 0 2276 6056; www.ppisland.com; Bungalow ab 6500 B; ✗ 🖵 🖭) Die Anlage ist wirklich ein Dorf hier: Die 104 Bungalows nehmen fast die ganze Strandfront ein, nur ein paar einsame Palmen wiegen sich dazwischen. Hier gibt's Komplett-Service und alle Extras – sie ist vor allem beim japanischen Jetset beliebt.

HAT LAEM THONG

Am Nordrand der Ko Nai finden sich am Hat Laem Thong die Sahnestücke unter den glitzernden Fünf-Sterne-Resorts von Phi-Phi. Es gibt auch eine kleine *chow lair*-Siedlung aus Wellblechhütten am Ende des Strandes. Eine Longtail-Boot-Fahrt von der Ao Ton Sai kostet 600 B. Die folgenden Resorts organisieren auf Wunsch den Transport.

Holiday Inn Phi Phi Island (☎ 0 7521 1334; www.phiphi-palmbeach.com; Bungalow 7500–9000 B; ✗ 🖭)

ANDAMANENKÜSTE

Diese geschmackvoll dekorierte Anlage befindet sich unter Kokospalmen am südlichsten Ende des Strandes. Die Bungalows im thailändisch-malaiischen Stil stehen auf 2 m hohen Stelzen. Auf dem Gelände gibt's Tennisplätze, ein Spa, ein Tauchzentrum, ein Restaurant und eine Bar auf dem Berggipfel.

Zeavola (☎ 0 7562 7024; www.zeavola.com; Bungalow 15 000–37 000 B; 🛇 🖳 🈂) Wer Geld wie Heu hat, kann es hier loswerden: Die herrlichen Teakholzvillen verbinden traditionellen Thai-Stil mit schlichtem, schickem und modernem Design. Jede Villa hat Glaswände an drei Seiten (ferngesteuerte Bambusfensterläden sorgen für Privatsphäre), schöne, an den 1940er-Jahren orientierte Armaturen, antike Möbel und eine Terrasse. Unvergleichlichen Service gibt's selbstverständlich auch. Zu einigen der Villen gehört ein eigener Pool.

Essen

Wer nach Ko Phi-Phi kommt, sollte Lust auf thailändisches oder italienisches Essen haben, denn das gibt's hier en masse. Wenn ein Schaufenster nicht zu einem Reisebüro gehört, wird dahinter vermutlich ein Essen verkauft. Der hiesige Markt, auf dem man Frisches bekommt, versteckt sich im Gewirr von Tonsai Village. Hier kann man sich prima für ein paar Cent was zu beißen besorgen.

D's Books (☎ 08 4667 7730; Kaffee 50–110 B; 🕑 morgens, mittags & abends) Mitten im Herzen von Tonsai Village bietet dieses noble Café erstaunliche Kaffeevariationen und stapelweise günstigen Lesestoff. Einen Platz zu finden, ist Glückssache – das kostenlose WLAN lockt E-Mail-Süchtige von der ganzen Insel an.

Papaya (Gerichte 80–180 B; 🕑 mittags & abends) In der Nähe der Reggae Bar gelegen. Hier kommt her, wer perfekt zubereitete thailändische Standardgerichte essen möchte.

Tonsai (☎ 0 7561 1233; Gerichte 80–300 B; 🕑 mittags & abends) Das beste Meeresfrüchterestaurant der Ao Ton Sai serviert eine köstliche Auswahl aus dem Fang des Tages.

007 Restaurant & Bar (Gerichte 120–200 B; 🕑 morgens, mittags & abends) Das 007 gehört einem redseligen Schotten namens James. Es ist mit ultramodernen Chromtischen, Nischen mit roten Kissen und natürlich mit allem nur erdenklichen Bond-Krimskrams ausgestattet. Es gibt eine große Auswahl von Fassbieren (einschließlich aller Lieblingsbiere der Briten) und in einer blitzsauberen Küche werden Speisen aus dem Heimatland zubereitet.

Ciao Bella (☎ 08 1894 1246; Gerichte 150–300 B; 🕑 morgens, mittags & abends) Das von Italienern geführte Ciao Bella ist schon lange ein Lieblingslokal von hier lebenden Ausländern und von Travellern. In romantischer Umgebung am Meer werden ausgezeichnete Pizzas und Meeresfrüchte serviert. Wer abenteuerlustig ist, wählt die Pasta, die der Koch nach seinem Geheimrezept kocht. Beim Dinner unter freiem Himmel sorgen schimmernde Kerzen und Sterne für Stimmung und die plätschernden Wellen liefern den Soundtrack. Das Ciao Bella liegt am Strand der Ao Lo Dalam und hat im hinteren Teil eine Reihe zauberhafter Bungalows.

Ausgehen & Unterhaltung

Phi-Phi macht Ko Pha-Ngan in Sachen Party ernsthaft Konkurrenz.

Reggae Bar (Tonsai Village) Der beliebteste Nachtclub hält die Rasta-Fahnen hoch. Wetttrinken, *moo·ay tai*-Boxkämpfe und gelegentliches *gà·teu·i*- (Ladyboy-) Kabarett reißen die Stammkunden von den Stühlen.

Carpe Diem (☎ 08 4840 1219; Hat Hin Khom) Hier sitzt man in der Lounge und sieht die Sonne versinken (den Einheimischen zufolge ist dies der beste Fleckchen für einen Sundowner). Im Carpe Diem gibt's Feuershows, Tanzpartys und Livemusik am Strand bis spät in die Nacht. Es ist sehr beliebt und für Alleinreisende toll, weil man hier viele Leute trifft.

Hippies (☎ 08 1970 5483; Hat Hin Khom) Das Hippies ist ein guter Ort, um den Abend ausklingen zu lassen. Auf den Tischen am Strand stehen Kerzen und aus den Lautsprechern schallt lässige Musik. Pro Monat werden mehrere Mondscheinpartys veranstaltet.

Apache Bar (Ao Ton Sai) Mit seiner seltsamen Indianer-Deko (im Village-People-Stil) und dem fluoreszierenden Licht ist dieser schon ewig beliebte Laden definitiv geschmacklos. Er ist schon früh voll und wackelt bis tief in die Nacht förmlich vor lauter Musik (sehr zum Ärger der Leute, die in der Nähe schlafen). In Tonsai Village gibt's auch einen neueren Ableger des Apache.

Carlitos (☎ 08 9927 3772; Ao Ton Sai) Diese märchenhaft beleuchtete Bar am Strand unterhält ihre Gäste mit beeindruckenden Feuershows und zieht *fa·ràngs* an, die auf einem Stuhl am Strand ein Bier zischen wollen. Im Carlitos kann es recht derb zugehen; wenn Party ist, ist es immer voll. Super: Das Carlitos trägt durch Recycling seinen Teil zum Umweltschutz bei.

An- & Weiterreise

Boote verbinden Ko Phi-Phi mit Krabi, Phuket, Ao Nang, Ko Lanta, den Trang-Inseln und Ko Lipe. Die meisten Boote liegen in Ao Ton Sai, obwohl ein paar aus Phuket den abgelegenen Pier im Norden bei Laem Thong nutzen. Die Phuket- und Krabi-Boote verkehren das ganze Jahr über. Die Boote nach Ao Nang, Ko Lanta, zu den Trang-Inseln und nach Ko Lipe dagegen nur in der Hauptsaison von November bis Mai.

In Krabi legen die Boote nach Ko Phi-Phi um 9, 10.30 und 14.30 Uhr ab (450–490 B, 1½ Std.). Von Phuket starten die Boote um 8.30, 13.30 und 14.30 Uhr und kehren von Ko Phi-Phi um 9, 14.30 und 15 Uhr zurück (400 B, 1¾–2 Std.). Schnelle Busverbindungen nach Phuket machen es möglich, schnurstracks vom Phuket International Airport hierher zu kommen. Vom Anleger der Hauptverwaltung des Ko Phi-Phi Marine National Park (nahe Ao Nang) legt um 9 Uhr ein Boot ab, das von Ko Phi-Phi (über Railay) um 15.30 Uhr zurückkehrt (450–490 B, 2 Std.). Die Preise sinken in der Nebensaison häufig um 50 B. Nach Ko Lanta (mit Anschluss zur Ko Lipe und zu den Trang-Inseln) starten die Boote auf Phi-Phi um 11.30 und 14 Uhr. Von Ko Lanta zurück fahren sie um 8 und 13 Uhr (450 B, 1½ Std.). Die Gerüchte sagen, dass zwischen Phi-Phi und der Ko Yao bald eine Fähre verkehren soll – man fragt sich am besten durch.

Unterwegs vor Ort

Auf Phi-Phi Don gibt's keine Straßen, also ist man meist zu Fuß unterwegs. Wer einen abgelegenen Strand besuchen will, kann an der Ao Ton Sai für 100 bis 500 B (je nach Streckenlänge) ein Longtail-Boot chartern. Die Miete für ein Longtail-Boot beträgt 1200 B für drei Stunden und 3000 B für den ganzen Tag.

KO PHI-PHI LEH

เกาะพีพีเล

Ko Phi-Phi Leh erhebt sich wie eine gigantische steinerne Krone aus dem Meer und ist wirklich eine Augenweide. Die kleinere und weniger gepflegte der Phi-Phi-Schwestern hat abgerundete Klippen, die aus kristallklarem Wasser mit traumhaften Korallenriffen emporwachsen. Im Inselinneren verbergen sich zwei herrliche Lagunen – **Pilah** an der Ostküste und die legendäre **Ao Maya** im Westen. Ao Maya hat 1999 das große Los gezogen, als „der perfekte Strand" für *The Beach*, die Filmversion von Alex Garlands Kultklassiker *Der Strand* herhalten zu dürfen. Die Besucherzahlen steigen weiterhin.

An der Nordostspitze der Insel befindet sich die **Wikingerhöhle** (Tham Phaya Naak; Eintritt 20 B), die für Schwalbennestsammler ein gutes Revier ist. Bambusgerüste reichen bis zur Höhlendecke. Geschickte Sammler klettern hinauf, um die hoch oben an den Klippen klebenden Nester einzusammeln. Bevor sie das Gerüst wieder hinuntersteigen, beten die Sammler und opfern den Höhlengeistern Tabak, Weihrauch und Schnaps. Ihren irreführenden Spitznamen hat die Höhle wegen der 400 Jahre alten Zeichnungen erhalten, die von den Besatzungen vorbeischippernder chinesischer Dschunken gemalt wurden.

Auf Phi-Phi Leh gibt's keine Übernachtungsmöglichkeiten. Die meisten Besucher kommen von Phi-Phi Don (S. 764) im Rahmen einer der beliebten Tagestouren hierher. Die Touren dauern drei bis acht Stunden und beinhalten Schnorchelstopps an verschiedenen Punkten rund um die Insel und Abstecher zur Wikingerhöhle und zur Ao Maya. Ein Trip mit dem Longtail-Boot kostet etwa 800 B; für eine Motorbootfahrt zahlt man 2000 bis 2500 B.

KO JAM & KO SI BOYA

เกาะจำ(ปุ)/เกาะศรีบอยา

Als wären sie Lantas zwei kleine Brüder, warten Ko Jam (auch Ko Pu genannt) und Ko Si Boya begierig darauf, dass Traveller auch ihre weißen Strände entdecken. Die Inseln haben ein entspanntes Flair. Besucher können durch freundliche muslimische Fischerdörfer wandern oder ihre Urlaubsnachmittage mit wohligem Nichtstun zubringen.

Schlafen & Essen

Weil es nicht allzu viele Transportmöglichkeiten gibt, sind die meisten Resorts gezwungen, zwischen Juni und Oktober zu schließen. Die meisten Unterkünfte haben ein Restaurant auf dem Gelände.

Siboya Bungalows (☎ 0 7561 8026; www.siboyabungalows.com; Bungalow 200–1200 B) Die schön gestalteten Hütten stehen auf einem üppig grünen Rasen und werden von ausladenden Palmen und Gummibäumen beschattet. Terrassen und Hängematten gehören zur Ausstattung. Außerdem gibt's eine Reihe Häuser für Selbstversorger, die sich wunderbar für einen Langzeitaufenthalt eignen.

Oon Lee Lodge (☎ 08 7200 8053; www.koh-jum -resort.com; Bungalow 700–3800 B) Die Holzbungalows des Resorts im Stil der Schweizerischen Robinsons (aber eigentlich sind die Besitzer eine französisch-thailändische Familie) stehen an den ruhigen Dünen des Ko-Pu-Teils von Ko Jam. Die Fusion-Küche, die im Restaurant serviert wird, ist der Wahnsinn.

Koh Jum Lodge (☎ 0 7561 8275; www.kohjumlodge. com; Bungalow 4000–5000 B) Eine Ökolodge mit Stil: jede Menge Hartholz und Bambus, Moskitonetze aus Gaze, ein gepflegtes Gelände und ein mit Hängematten gesprenkelter Streifen weißen Sandes davor. Herrlich!

An- & Weiterreise

Zwischen Dezember und April kann man sich von zwischen Krabi und Ko Lanta pendelnden Booten auf Ko Jam absetzen lassen, muss aber den kompletten Preis (450 B, 1 Std.) zahlen. Im November und Mai legt nur das Morgenboot hier einen Stopp ein. Man erreicht die Inseln mit dem Boot auch von Ban Laem Kruat aus. Dieses Dorf liegt etwa 30 km von Krabi entfernt am Ende der Rte 4036, einer Abzweigung des Hwy 4. Die Fahrt kostet 80 B nach Ko Si Boya und 100 B nach Ko Jam.

KO LANTA

เกาะลันตา

20 000 Ew.

Lang und dünn und mit ausgebleichten Flechten bedeckt – Ko Lanta ist das sexy Beach-Babe Krabis. Das relaxte Paradies ist die größte der mehr als 50 Inseln des hiesigen Archipels. Mit seinen viele Spitzenstränden an der Westküste – einer besser als die andere – ist sie ein klasse Plätzchen, für Budgettraveller genauso wie für Wohlhabendere.

Verglichen mit den Karstformationen ihrer Nachbarinnen ist Ko Lanta relativ flach. Deshalb kann man die Insel gut mit dem Motorrad erkunden. Auf einer schnellen Rundfahrt lernt man einen bunten Schmelztiegel der Kulturen kennen – Stände, die Brathähnchen verkaufen, stehen neben schlanken Minaretten, windschiefe *chow lair*-Dörfer kleben an den Seiten der Insel, und kleine thailändische Wats verstecken sich im grün braunen Gewirr der knorrigen Mangroven.

Orientierung & Praktische Informationen

Ko Lanta heißt eigentlich Ko Lanta Yai. Es ist die größte von 52 Inseln eines Archipels, der durch den Ko Lanta Marine National Park (s. unten) geschützt wird. Fast alle Boote legen in Ban Sala Dan an, einer staubigen Stadt mit zwei Straßen an der Nordspitze der Insel.

Im Dorf gibt's jede Menge Restaurants, Minimärkte, Internetcafés, Reisebüros, Tauchshops und Motorradvermieter. An der Westküste finden sich fünf 7-Elevens – alle haben Geldautomaten. Für Gäste, die nicht am Strand liegen, sondern die Insel erkunden wollen, ist die *Lanta Biker Map* (s. unten) ein Muss.

Krankenhaus von Ko Lanta (☎ 0 7569 7085) Das Krankenhaus liegt 1 km südlich von Ban Lanta (Altstadt).

Polizei (☎ 0 7569 7017)

Sehenswertes

BAN LANTA

Auf halber Strecke die Ostküste hinunter liegt **Ban Lanta**. Es war ursprünglich der Hafenort und das Wirtschaftszentrum der Insel. Für die arabischen und chinesischen Handelsschiffe, die zwischen den größeren Häfen von Phuket, Penang und Singapur pendelten, war es ein sicherer Hafen. Einige der eleganten, gepflegten Holzhäuser auf Stelzen und der Läden sind über 100 Jahre alt. Da macht Bummeln Spaß. Einige Restaurants am Pier bieten den Fang des Tages samt herrlichem Meerblick an. Ein Besuch im **Hammock House** (☎ 0 4847 2012; www.jumbohammock.com; ☺ 10–17 Uhr) lohnt sich: Die freundlichen Besitzer haben die größte Sammlung von Qualitätshängematten in Thailand zusammengetragen. Es gibt erstaunliche und einzigartige, von den einheimischen Bergstämmen gewebte Kreationen. Besucher sollten unbedingt ein Exemplar der tollen (und kostenlosen) *Lanta Biker Map* mitnehmen. In dem Heftchen sind für diejenigen, die mit dem Motorrad herumbrausen, einige der coolsten Stellen für einen Zwischenstopp aufgeführt.

Wer auf der Suche nach einem ruhigen Rückzugsort ist und nicht auf das turbulente Pauschalurlauber-Flair an einigen der Weststrände von Ko Lanta steht, findet in Ban Lanta sicher ein zauberhaftes Plätzchen zum Übernachten. Auf www.lantaoldtown.com gibt's mehr Infos darüber, was man hier so tun und sehen kann. Die Seite wurde von den hier lebenden Ausländern eingerichtet.

KO LANTA MARINE NATIONAL PARK

อุทยานแห่งชาติเกาะลันตา

1990 wurden 15 Inseln der Ko-Lanta-Gruppe, u. a. die Südspitze von Ko Lanta Yai, zu Be-

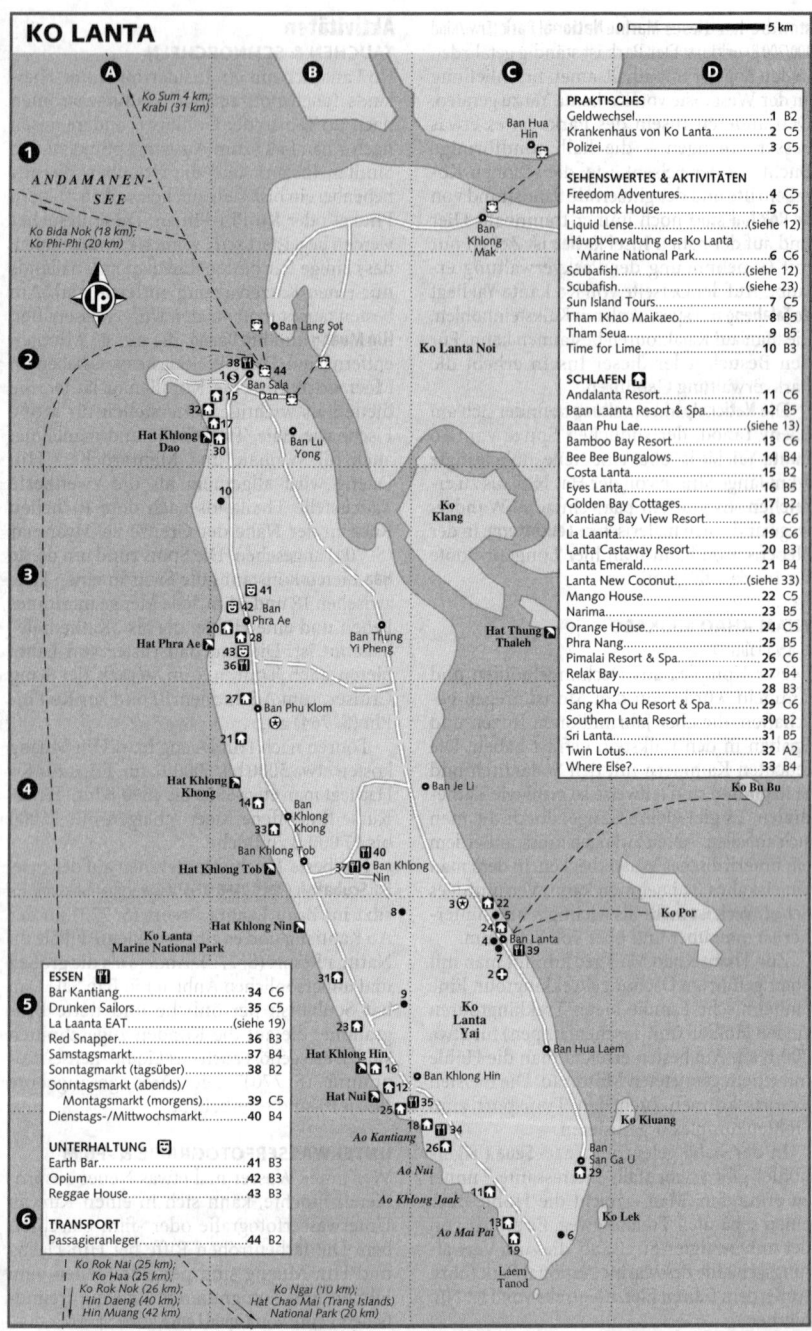

KO LANTA

0 ⸻ 5 km

ANDAMANEN-
SEE

Ko Sum 4 km;
Krabi (31 km)

Ko Bida Nok (18 km);
Ko Phi-Phi (20 km)

Ban Hua
Hin

Ban
Khlong
Mak

Ban Lang Sot

Ko Lanta Noi

Ban Sala
Dan

Ban Lu
Yong

Hat Khlong
Dao

Ko
Klang

Ban
Phra Ae

Hat Phra Ae

Ban Thung
Yi Pheng

Hat Thung
Thaleh

Ban Phu Klom

Hat Khlong
Khong

Ban
Khlong
Khong

Ban Je Li

Ko Bu Bu

Ban Khlong Tob

Hat Khlong Tob

Ban Khlong
Nin

Ko Por

Hat Khlong Nin

Ko Lanta
Marine National Park

Ban Lanta

Ko
Lanta
Yai

Hat Khlong Hin

Ban Khlong Hin

Ban Hua Laem

Hat Nui

Ko Kluang

Ao Kantiang

Ban
San Ga U

Ao Nui

Ao Khlong Jaak

Ko Lek

Ao Mai Pai

Laem
Tanod

Ko Rok Nai (25 km);
Ko Haa (25 km);
Ko Rok Nok (26 km);
Hin Daeng (40 km);
Hin Muang (42 km)

Ko Ngai (10 km);
Hat Chao Mai (Trang Islands)
National Park (20 km)

ANDAMANENKÜSTE

standteilen dieses **Marine National Park** (Erw./Kind 400/200 B) erklärt. Der Park ist ständig gefährdet, in den Sog der unaufhaltsamen Erschließung an der Westküste von Ko Lanta zu geraten. Den anderen Inseln des Parks ist es etwas besser ergangen – die halbmondförmige Bucht vor der Felsenküste, die schönen Korallenriffe und der glitzernde Sandstrand von **Ko Rok Nai** sind noch immer traumhaft. Hier und auf der nahen Insel **Ko Haa** ist Zelten nur mit Genehmigung der Parkverwaltung erlaubt. Auf der Ostseite von Ko Lanta Yai liegt **Ko Talabeng** mit spektakulären Kalksteinhöhlen, die man auf Kajaktouren bestaunen kann. Für den Besuch jeder dieser Inseln erhebt die Parkverwaltung Gebühren.

Die **Nationalparkverwaltung** befindet sich am Laem Tanod, der südlichen Spitze von Ko Lanta Yai. Sie ist über eine steile, unbefestigte 7 km lange Straße von der Hat Nui aus zu erreichen. Es gibt ein paar einfache Wanderwege und einen malerischen **Leuchtturm**; in der Nebensaison kann man hier Longtail-Boote für Inselausflüge mieten.

THAM KHAO MAIKAEO
ถ้ำเขาไม้แก้ว

Dieser Komplex aus Dschungelhöhlen und Tunneln wurde von den Monsunregen geschaffen, die über Jahrmillionen Ritzen und Spalten in den Kalkstein gefräst haben. Die feuchten Kammern mit den Stalaktiten und Stalagmiten sind teilweise so groß wie Kathedralen. Es gibt kleine Gänge, durch die man sich auf allen Vieren zwängen muss, außerdem ein unterirdisches Wasserbecken, in dem man ein eiskaltes Bad nehmen kann. Vernünftiges Schuhwerk ist mehr als wichtig – und hinterher ist man über und über voll Schlamm.

Zur Tham Khao Maikaeo kommt man mit einer geführten Dschungeltrekkingtour. Eine einheimische Familie bietet Trekkingtouren zu den Höhlen (mit Taschenlampen) für etwa 200 B an. Am besten erreicht man die Höhle mit einem gemieteten Motorrad. Die meisten Resorts können auch den Transport zum Höhlenkomplex organisieren.

In der nahe gelegenen **Tham Seua** (Tigerhöhle) gibt es ebenfalls interessante Tunnel zu erkunden. Man erreicht die Höhle über einen separaten Trekkingweg. Er zweigt von der unbefestigten Straße ab, die zum Verwaltungsgebäude des Marine National Park führt. Außerdem führen Elefantentreks von Hat Nui hierher.

Aktivitäten
TAUCHEN & SCHNORCHELN

Ko Lanta scheint ein Insidertipp unter Thailands Tauchspots zu sein. Neulinge strömen nach Ko Tao an der Golfküste, andere reisen nach Khao Lak (zum Ausgangspunkt zu den Similan-Inseln), und die Urlauber, die nur nebenbei ein bisschen tauchen wollen, steuern Phuket oder Ko Phi-Phi an. Diese Besucher werden begeistert sein, wenn sie herausfinden, dass einige der besten Tauchspots Thailands nur einen Katzensprung entfernt sind. Am besten taucht man bei den Unterwasserriffen **Hin Muang** und **Hin Daeng**, die nur 45 Minuten entfernt sind. Diese Weltklassespots haben im Meer noch einzelne Korallenausläufer. Sie dienen als wichtige Futterstellen für große Fische wie Haie, Thunfische und manchmal auch für Walhaie und Mantarochen. Hin Daeng wird allgemein als die zweitbeste Tauchstelle Thailands nach dem Richelieu Rock in der Nähe der Grenze zu Myanmar (S. 704) angesehen. Die Spots rund um die **Ko Haa** bieten konstant gute Sicht in einer Tiefe zwischen 18 und 34 m, jede Menge maritimes Leben und eine Höhle, die als „Kathedrale" bekannt ist. Die Tauchausrüster von Lanta bieten auch Touren zum Wrack der King Cruiser, zum Anemonenriff und zur Ko Phi-Phi (S. 764) an.

Touren nach Hin Daeng bzw. Hin Muang kosten etwa 5000 bis 6000 B, für Trips zur Ko Haa legt man etwa 3500 bis 4500 B hin. PADI-Kurse fürs offene Meer schlagen mit 14 000 bis 17 000 B zu Buche.

Das beste Tauchunternehmen auf der Insel ist **Scubafish** (☎ 0 7566 5095; www.scuba-fish.com). Es sitzt im Baan Laanta Resort (S. 773) an der Ao Kantiang und es gibt eine kleine Filiale im Narima Resort (S. 772). Anders als die großen und unpersönlichen Anbieter in Ban Sala Dan hat Scubafish persönliche und nette Programme, die auf die Kunden zugeschnitten sind. Dazu gehört auch das Liquid-Lense-Programm (S. 770). Die Dreitagesangebote (9975 B) sind sehr beliebt.

UNTERWASSERFOTOGRAFIE & -FILM

Wer unter Wasser mal etwas Neues ausprobieren möchte, kann sich in einen Kurs in Unterwasserfotografie oder -film einschreiben. Die farbenfrohen Riffe bei Hin Daeng und Hin Muang sind perfekte Stellen zum Filmen und Fotografieren, und die freundlichen Leute von **Liquid Lense** (www.liquidlense.co.uk)

zeigen Interessierten, wie man das am besten macht. Diese Akademie für digitale Bilder führt eine ganze Reihe von interaktiven Kursen durch, von eintägigen Seminaren mit zwei Tauchgängen (7100 B) bis zu sechstägigen Kursen mit neun Tauchgängen und einer Einführung in die Videografie (32 900 B). Der Kurs „Tipps & Tricks" (2700 B) ist eine beliebte Option für diejenigen, die bereits etwas Fotografiererfahrung haben.

Geführte Touren

Bootsausflüge sind eine beliebte Art, die ruhigeren Inseln rund um Ko Lanta zu erkunden. Empfehlenswerte Anbieter sind:

Freedom Adventures (☎ 08 4910 9132; www.free dom-adventures.net; Hat Khlong Nin) Dieses Unternehmen in Familienbesitz hat sich auf Tagestouren zu den Trang-Inseln (S. 780) spezialisiert. Touren kosten 1400 bis 1700 B. Für Touren mit Zeltübernachtung zur Ko Ngai, Ko Kradan und Ko Rok werden 2300 bis 2800 B verlangt.

Scubafish (☎ 0 7566 5095; www.scuba-fish.com; Baan Lanta Resort, Ao Kantiang) Dieser professionelle und freundliche Tauchanbieter bietet im Rahmen seines Aqua-logy-Programms eine interessante Auswahl von Ausflügen zu Sehenswürdigkeiten und Kursen zum maritimen Leben.

Sun Island Tours (☎ 08 7891 6619; www.lantalong tail.com; Ban Lanta) wird von einem Ehepaar geleitet. Die Touren sind von höchster Qualität und führen zu den Trang-Inseln oder den östlichen Inseln im Ko-Lanta-Archipel. Ein ganztägiger Trip kostet 1500 B pro Nase. Inbegriffen ist auch ein traditionelles thailändisches Essen. Auf Anfrage kann man auch Ausflüge mit Übernachtung zur Ko Nui machen.

Kurse

Time for Lime (☎ 0 7568 4590; www.timeforlime.net) am Hat Khlong Dao hat eine riesige, professionelle Küche mit jeder Menge Platz. Angeboten werden Kochkurse mit einer etwas aufregenderen Auswahl von Gerichten als bei den meisten Kochschulen in Thailand; für einen halbtägigen Kurs zahlt man 1400 bis 1800 B.

Schlafen

Auf Ko Lanta gibt's einige der schönsten Unterkünfte in Südthailand. Die Preise sind anständig, die Qualität ist hoch, und es gibt eine tolle Auswahl an Quartieren für jede Brieftaschendicke. In der Nebensaison bekommt man bis zu 50 % Rabatt.

HAT KHLONG DAO

Da es hier auf über 2 km Länge perfekt weißen Sand gibt, ist es kein Wunder, dass dieser einer der ersten Strände war, die Traveller und Bauunternehmer angelockt haben.

Golden Bay Cottages (☎ 0 7568 4161; www.golden baylanta.com; Bungalow 1200–2800 B; 🗙 💷) Die Bungalows umgeben einen grünen Hof. Die klimatisierten Zimmer sind für die paar Bahts der beste Griff.

Southern Lanta Resort (☎ 0 7568 4174-7; www. southernlanta.com; Bungalow inkl. Frühstück 1800–5000 B; 🗙 💷) Mit jeder Menge Schatten im tropischen Garten und einem großen Stück Strand. Der Pool hat eine Wasserrutsche, und die Bungalows sind mit TV, Warmwasserduschen und Minibar ausgestattet. Das Resort ist familienfreundlich. Auch Ausritte für 600 B die Stunde lassen sich organisieren.

Twin Lotus (☎ 0 7560 7000; www.twinlotusresort.com; Bungalow 5100–21 300 B; 🗙 💷 💷) Auch wenn es nicht ganz so außergewöhnlich ist wie das Costa Lanta nebenan, ist das Twin Lotus ein erstaunliches Resort. Seine Architektur ist im balinesischen Stil gehalten, weist aber einen modernen Dreh auf. Die Innenräume sind verschwenderisch mit lackierten dunklen Holzpanelen ausgestattet und die Dächer bestehen aus hochgetürmtem, flachsfarbenem Reet – das erinnert ein wenig an die Frisur von Marge Simpson. Der eckige Pool, der sich unendlich weit zu erstrecken scheint, ist mit Beton und Marmor gefliest – ein wundervolles Herzstück für ein tolles Resort.

Costa Lanta (☎ 0 2662 3550; www.costalanta.com; Zi. 6050–9460 B; 🗙 💷 💷) Diesen Versuch in innovativem Design liebt oder hasst man auf den ersten Blick. Das spartanische Grundstück und die fast schon militärischen Sicherheitsvorkehrungen verstärken die Nüchternheit, die die minimalistischen Betonbungalows verströmen. Sie wurden einfach mitten in den am Strand liegenden Wald gestellt. Die Wände der Häuschen lassen sich aufklappen, sodass die Bewohner ungehinderte Sicht aufs Meer (und andere Hütten) haben.

HAT PHRA AE

Der Strand Hat Phra Ae (Langer Strand) ist nur mittelmäßig, aber belebt. Ein großes Travellerdorf hat sich hier angesiedelt, und es gibt jede Menge auf *fa·ràng* eingestellte Restaurants, Strandbars, Internetcafés und Tourenanbieter.

Sanctuary (☎ 0 1891 3055; Bungalow 400–800 B) Eine tolle Übernachtungsoption: Das Sanctuary hat künstlerische Bungalows aus Holz und Stroh, viel Rasen und eine hippiemäßig

lässige und freundliche Atmosphäre. Im Restaurant wird neben den thailändischen Standardgerichten auch indisches und vegetarisches Essen angeboten. Im Resort kann man sogar Yogaunterricht nehmen, und es gibt eine kleine Kunstgalerie, die Werke von Talenten aus der Region zeigt.

Lanta Castaway Resort (☎ 0 7568 4851; www.lanta castaway.com; Bungalow 750–4000 B) Das Castaway ist eine gute Mittelklasseoption. Der mit kleinen Häuschen gesprenkelte Garten erstreckt sich vom Strand aus ins Inland. Die Bungalows sind supersauber und mit thailändischen Bildern und Wandmalereien dekoriert. Uns gefielen die Quartiere für 2000 B am besten.

Relax Bay (☎ 0 7568 4194; www relaxbay.com, Bungalow 900–1600 B; ⚹ 🖳) Die freundliche Anlage wird von Franzosen geführt, könnte aber mal etwas aufpoliert werden.

HAT KHLONG KHONG

An diesem eher felsigen Strand sollte man sich Richtung Nordende orientieren. Dort gibt's einige gute Unterkünfte für Backpacker.

LP Tipp Bee Bee Bungalows (☎ 08 1537 9932; www. diigii.de; Bungalow 300–700 B; ⚹ 🖳 🖳) Das ist auf jeden Fall die beste Budgetoption der ganzen Insel: Das superfreundliche Personal des Bee Bee kümmert sich um ein Dutzend balinesisch anmutender Hütten inmitten von Bäumen. Im Restaurant auf dem Gelände gibt's auch eine Bücherei mit abgegriffenen Taschenbüchern – damit man etwas zu tun hat, während man auf die köstlichen thailändischen Speisen wartet.

Lanta New Coconut (☎ 08 1537 7590; Bungalow 500 B) Einfache Hütten, umgeben von sich wiegenden Palmen. Viele Extras gibt's nicht, aber es ist sagenhaft günstig.

Lanta Emerald (☎ 7566 7037; www.lantaemerald resort.com; Bungalow ab 500 B; ⚹ 🖳 🖳) Das Lanta Emerald hat alle Merkmale eines Resorts, ist aber auf ein kleineres Budget zugeschnitten. In dem schön gestalteten Garten stehen klimatisierte Betonbungalows und eine Handvoll gemütliche Bambushütten. Die Anlage befindet sich 1 km südlich des 7-Eleven in Khlong Khong.

Where Else? (☎ 0 1536 4870; www.whereelse-lanta. com; Bungalow 500–1500 B) Hier liegt ein Hauch von Boheme in der Luft: Die Bungalows mögen etwas windschief sein, aber die Stimmung ist toll, und die Anlage wimmelt nur so von Backpackern. Das Restaurant ist ein Kunstwerk für sich, allerdings scheint der Krimskrams aus Bambus und Kokosnuss so langsam Überhand zu nehmen. Die teureren Bungalows sind einzigartige, mehrstöckige Unterkünfte für bis zu vier Personen.

HAT KHLONG NIN

Auf halber Strecke ins Binnenland gabelt sich die Asphaltstraße – man bewegt sich entweder Richtung Inland nach Ban Khlong Nin oder weiter nach Süden die Küste entlang zur Hauptverwaltung des Marine National Park bei Laem Tanod. Der erste Strand hier ist der wundervolle Hat Khlong Nin, der immer schöner wird, je weiter man nach Süden fährt.

Sri Lanta (☎ 0 7569 7288; www.srilanta.com; Villa ab 4000 B; ⚹ 🖳 🖳) Am südlichsten (und schönsten) Teil des Strandes breitet sich das Sri Lanta aus, eine anspruchsvolle (aber etwas überteuerte) Anlage mit geräumigen Holzvillen in einem Garten am Hang, ein Stück von der Küste zurückgesetzt. Es gibt ein stilvolles Strandareal mit einem Restaurant und einem Pool.

HAT NUI

In der Umgebung gibt's zahlreiche kleine Strände mit schickeren Unterkünften.

Narima (☎ 0 7566 2668; www.narima-lanta.com; Bungalow 1800–2900 B; ⚹ 🖳 🖳) Vor fünf Jahren war das Narima das Topresort von Ko Lanta – jeder Gast sagte „Bloss nichts verändern!" Tja, die netten Besitzer haben das ein bisschen zu wörtlich genommen. Die Atmosphäre ist von Ökoschick geprägt, aber die Bungalows fangen langsam an zu verwittern. Das hölzerne Restaurantgebäude wird von Laternen beleuchtet und ist mit urigen Holzmöbeln ausgestattet.

Eyes Lanta (☎ 0 7566 5119; www.eyeslanta.com; Bungalow 3800–5000 B; ⚹ 🖳 🖳) Das Eyes Lanta ist so neu, dass man quasi noch den Geruch eines neuen Autos wahrnimmt. Das selbstbenannte „Lifesyle-Resort" mixt traditionelle asiatische Einrichtungsstile (z. B. Zinngongs und von den balinesischen Giebeldächern baumelnde chinesische Papierlaternen) und schafft so ein wirklich einzigartiges Ambiente.

AO KANTIANG

Der großartige Strand dieser Bucht hat herrlichen Sand und ein paar exzellente Übernachtungsmöglichkeiten.

Kantiang Bay View Resort (☎ 0 1787 5192; Bungalow 400–1500 B; ⚹) Das Personal kann unglaub-

lich unhöflich sein und das Essen ist höchstens Mittelmaß, aber das Kantiang Bay View bleibt einfach eine beliebte Anlage für Backpacker. Wahrscheinlich liegt das daran, dass die Bungalows in Ordnung sind und direkt in der Mitte des atemberaubenden Strandes zu finden sind.

Baan Laanta Resort & Spa (☎ 0 7566 5091; www.baanlaanta.com; Bungalow 3500–4500 B; 🅰 🖳 🌊) Zwischen hölzernen Bungalows und rund um einen einladenden zentralen Pool erstreckt sich ein duftendes, grünes, hübsch gestaltetes Gelände. Die traumhaften Häuschen sind eindeutig thailändisch geprägt und mit riesigen Betten ausgestattet, die mit weißem Leinen bezogen sind. Die dazugehörigen Bäder mit polierten Armaturen und zauberhaften Handtuchhaltern aus Bambus sind supermodern. Die abendlichen Meeresfrüchte-Barbecues bekommen begeisterte Kritiken.

Phra Nang (☎ 0 7566 5025; www.vacationvillage.co.th; Zi. 8000 B; 🅰 🖳 🌊) Zauberhafte Quartiere im Mallorca-Stil – sie sind allerdings etwas zu teuer.

Pimalai Resort & Spa (☎ 0 7560 7999; www.pimalai.com; Zi./Bungalow 11 500–31 000 B; 🅰 🌊) Die weitläufigen Gärten sind mit herrlichen Wasserspielen und Brunnen gesprenkelt. Die thailändischen Villen sind mit schicken, modernen thailändischen Möbeln eingerichtet und bieten eine traumhafte Aussicht auf die schöne Bucht unterhalb. Auf dem Gelände gibt's mehrere Pools und Restaurants, ein Spa und eine kleine Bücherei.

AO KHLONG JAAK

Der fantastische Strand hier ist nach dem Wasserfall im Binnenland benannt.

Andalanta Resort (☎ 0 7566 5018; www.andalanta.com; Bungalow 2500–6500 B; 🅰 🖳 🌊) In der großen Anlage sind gemütliche und moderne klimatisierte Bungalows (einige mit Loft) zu finden, die alle zum Meer hin ausgerichtet sind. Der Garten ist ein Augenschmaus, es gibt ein verlockendes Restaurant, und der Wasserfall ist nur einen 30- bis 40-minütigen Spaziergang entfernt. Kurz: Das Andalanta ist eine der Topunterkünfte für Familien. Wer vorher anruft, wird in Ban Sala Dan abgeholt.

AO MAI PAI

An diesem herrlich einsamen Strand gibt's nur drei Resorts.

Bamboo Bay Resort (☎ 0 7561 8240; www.bamboobay.net; Bungalow 700–1700 B) Diese Anlage befin-

det sich oberhalb des Strandes der Ao Mai Pai am Hang und bietet eine Auswahl von erhöht stehenden Bungalows aus Backstein oder Beton und ein schönes Restaurant unten am Wasser. Die besten Bungalows verfügen über einen Balkon und bieten Ausblick – es lohnt sich, die paar zusätzlichen Bahts draufzulegen, um einen davon abzukriegen.

Baan Phu Lae (☎ 08 1201 1704; www.baanphulae.com; Bungalow 900–1200 B; 🅰) Das Restaurant und viele der Bungalows liegen direkt am halbprivaten Strand und haben einen tollen Blick auf den Sonnenuntergang. In den reetgedeckten Bungalows stehen Bambusbetten und draußen gibt's rustikale Terrassen, die wie dafür geschaffen sind, eine Hängematte aufzuhängen.

LP Tipp **La Laanta** (☎ 0 7566 5066; www.lalaanta.com; Bungalow 2900–6300 B; 🅰 🖳 🌊) Die am weitesten südlich gelegene Ferienanlage der Insel ist das La Laanta, und sie ist vielleicht auch die freundlichste Unterkunft im Land des Lächelns. Übertrieben wirkt hier aber nichts – die Besitzer sind Einheimische, die sich eifrig darum kümmern, dass alle Gäste ihren Aufenthalt genießen. Die Bungalows sind nicht die besten der Insel, aber der Preis ist in Ordnung für das, was man dafür bekommt: Die cremefarbenen Wände sind mit schnörkeligen Blumenmotiven bemalt, die bequemen Betten mit dicken Kissen bedeckt und die modernen Bäder mit stilvollen Schalenwaschbecken ausgestattet. Das Resort ist besonders bei Familien und Pärchen auf Hochzeitsreise beliebt.

OSTKÜSTE

Ko Lantas Ostküste wird oft zugunsten der Strände zur Andamanenküste hin links liegen gelassen. Doch wenn es nicht unbedingt honigfarbene Dünen sein müssen, findet man auch hier eine Reihe echter Perlen.

Ban Lanta

Diese Angebote befinden sich in alten chinesischen Shophouses in der Nähe des Piers.

Orange House (☎ 08 3104 3109; Bungalow 800–1200 B; 🅰) Wer in der alten Stadt übernachten möchte, sich aber ein Zimmer im Mango House nicht leisten kann, findet in dieser freundlichen Anlage ein paar ulkige Quartiere. Sie bieten Blick auf die Longtail-Boote, die am hölzernen Steg festgemacht herumdümpeln.

LP Tipp **Mango House** (☎ 08 1968 6477; Zi. 2000 B) Im Mango House gehören „Teak" und „Bou-

ABSTECHER: KO POR

Wer Ko Lantas Westküste ein wenig zu touristisch findet, kann für eine Dosis Kultur im Strandurlaub sorgen und auf **Ko Por** (☎ 08 7474 3247; sanae.yamae@yahoo.com) in einem Privathaus absteigen. Auf der kleinen Insel in Sichtweite von Ko Lanta steht ein winziges muslimisches Fischerdorf. Wer als Gast auf die Insel kommt, übernachtet bei einheimischen Familien und beteiligt sich an den alltäglichen Aufgaben – an der Kautschukgewinnung und am Krabbenfischen. Die Unterbringung kostet 350 B pro Tag, und Besucher werden freundlich gebeten, keinen Fusel und keine Bikinis auf die Insel zu bringen. Ein Longtail-Boot nimmt Gäste am Anleger in Ban Lanta auf und setzt sie hier auch wieder ab.

tique" zusammen: Die gut ausgestatteten Zimmer verströmen erkennbar Old-School-Charme. Es ist, als würde man in einem alten Fischerhaus übernachten, nur dass die Betten wolkenweich sind und die Bäder unter durchdachtem Einsatz von schicken Betonflächen und Edelstahlarmaturen modernisiert wurden. Das Frühstück genießt man auf der tollen Terrasse, die über dem Ozean hängt.

Ban Sang Ga U

LP Tipp **Sang Kha Ou Resort & Spa** (☎ 08 1443 3232; Bungalow 500–3500 B; ☒ ☒) Es fühlt sich an, als sei man Alice im Dschungelland – die Zimmer sind in den Bäumen und Bäume sind in den Zimmern. Alles ist wunderbar versponnen. Der ewig lächelnde Besitzer (ein Doppelgänger der Buddhastatue an der Rezeption) weiß, dass seine Ferienanlage ein wenig merkwürdig ist, und kichert vor sich hin, wenn Backpacker mit großen Augen durch die Fantasiewelt aus klassischen Statuen, Terracottakriegern und undefinierbaren Papiermachéobjekten stolpern. Je höher der Preis ist, desto langweiliger ist das Zimmer. Man sollte sich also am besten eines der Baumhäuser oder eines der in zweistöckige Suiten umgebauten Boote am Strand schnappen.

Essen

Die vielen Märkte auf Ko Lanta sind eine tolle Möglichkeit, günstig zu essen. Der tagsüber stattfindende Sonntagsmarkt der Insel ist in Ban Sala Dan, der sonntägliche Nachtmarkt

und der Morgenmarkt am Montag sind in Ban Lanta zu finden, dienstags und mittwochs ist Markt in Jae Lee, und der Samstagmarkt wird in der Nähe von Khlong abgehalten. Alle Resorts in Ko Lanta haben auch ein Restaurant – viele davon sind sehr gut. Wer sich dazu aufraffen kann, den Strand zu verlassen, für den gibt's die folgenden Möglichkeiten:

Bar Kantiang (Gerichte 50–150 B; ☾ abends) Aus der schon etwas heruntergekommenen Küche in der Nähe der Ao Kantiang kommt leckeres thailändisches Essen. Das Lokal ist bei den hier lebenden Ausländern sehr beliebt, die insgeheim wegen des Karaoke herkommen.

Red Snapper (☎ 0 7885 6965; Gerichte 90–240 B; ☾ abends) In den knallroten Pavillons unter freiem Himmel wird Fusion-Küche in Tapasform serviert.

Drunken Sailors (☎ 0 7566 5076; Gerichte 100–200 B; ☾ morgens, mittags & abends) In diesem angesagten, ultra-entspannten, achteckigen Lokal liegen überall Sitzsäcke herum. Die Kaffeegetränke sind klasse und passen gut zu interessanten Snacks wie Hühnchensandwich mit grünem Curry.

LP Tipp **La Laanta** (☎ 0 7566 5066; Gerichte 100–290 B; ☾ morgens, mittags & abends) Das La Laanta befindet sich im gleichnamigen Resort. Die Leute, denen das Restaurant gehört, kommen aus den verschiedensten Ländern Südostasiens und die Fusion-Küche spiegelt das wider, denn es gibt Gerichte nach allen möglichen geheimen Familienrezepten. Die Wantan-Suppe ist überirdisch, genauso wie die Frühlingsrollen und die Smoothies. Wenn man vorher anruft, wird man gratis an seinem Hotel abgeholt.

Ausgehen & Unterhaltung

Wer dröhnende Diskotheken liebt, sollte eine andere Insel wählen. Aber wer lässigere Bars mit Musik bis spät in die Nacht toll findet, der macht sich auf zur Ao Phar Ae. Dort gibt es eine Menge netter Locations wie das Opium, die Earth Bar oder das Reggae House.

An- & Weiterreise

Die meisten kommen mit dem Boot oder mit Flugzeug und Minivan nach Ko Lanta. Wer auf eigene Faust anreist, muss die zwischen Ban Hua Hin und Ban Khlong Mak (Ko Lanta Noi) pendelnden Autofahren benutzen und von dort nach Ko Lanta Yai weiterfahren. Die Fähren verkehren täglich mehrmals zwischen 7 und 20 Uhr (Motorrad/Auto 20/70 B).

ANDAMANENKÜSTE

MINIVAN

Einen Minivan zu nehmen, ist die beliebteste Art, nach Ko Lanta zu kommen bzw. es zu verlassen. Die Vans fahren das ganze Jahr über. Minivans nach Krabi verkehren täglich zwischen 7 und 8 Uhr (350 B, 1½ Std.). Es gibt auch Nachmittagsfahrten um 13 und 15.30 Uhr. Von Krabi fahren die Vans um 9, 11, 13 und 16 Uhr ab. Täglich gehen klimatisierte Vans nach Trang (250 B, 2 Std.).

SCHIFF/FÄHRE

In Ban Sala Dan gibt es zwei Anleger. Der für Passagiere ist etwa 300 m von der Haupteinkaufsstraße entfernt. Autofähren starten von einem zweiten Anleger aus, der mehrere Kilometer weiter östlich zu finden ist.

Die zwischen Krabis Passagieranleger Khlong Chilat und Ko Lanta pendelnden Passagierboote legen ab, wenn so viele Passagiere und Vorräte an Bord sind, dass es sich lohnt. Sie brauchen eineinhalb Stunden. Die Boote starten meist um 8 und 13 Uhr in Ko Lanta (450 B). In der Gegenrichtung legen die Boote um 10.30 und 13.30 Uhr ab.

Die Boote, die zwischen Ko Lanta und Ko Phi-Phi pendeln, fahren solange genug Passagiere da sind. D.h., dass in der Nebensaison immer weniger Boote fahren. Die Boote verlassen Ko Lanta in der Regel um 8 und 13 Uhr (450 B, 1½ Std.); in Gegenrichtung starten sie in Ko Phi-Phi um 11.30 und 14 Uhr.

Ko Lanta und Ko Lipe werden von zwei Hochgeschwindigkeitsfähren (S. 798; 1800 B) verbunden. Die Schiffe der einen Linie stoppen an Ko Ngai (600B), Ko Muk (1200 B) und Ko Bulon Leh (1600 B), die der anderen halten am Hat Yao in der Provinz Trang. Während der Hauptsaison fahren täglich Boote, die um 13 Uhr ablegen. Wenn wenig los ist, fahren die Boote alle zwei Tage.

Unterwegs vor Ort

Die meisten Resorts schicken Fahrzeuge zu den Fähren, und der Transport *zum* Resort ist oft kostenlos. Wer zurück zu den Fähren möchte, muss mit einem Fahrpreis von 80 bis 180 B rechnen. Motorräder kann man fast überall auf der Insel mieten. Immer nach einem Helm fragen! Der gängige Preis liegt bei 250 B pro Tag – manchmal ist ein bisschen Verhandlungsgeschick nötig. Die Straßen an der Westküste sind in ziemlich gutem Zustand. Damit ist Ko Lanta eine der Inseln, die sich zum Rumbrausen eignen.

PROVINZ TRANG

Mit seinen eigenen zerklüfteten, dschungelbewachsenen Karstformationen und den einsamen Inselchen im kristallklaren Wasser ist Trang eine Art „Krabi light". Doch in letzter Zeit entdecken immer mehr Traveller den Charme der Provinz. Es wird also nicht mehr lange dauern, bis die Region einen Tourismusboom erleben wird wie das benachbarte Krabi vor ein paar Jahren. Die Highlights Trangs sind die vielen berühmten Inseln vor der Küste, die man einfach als die Trang-Inseln kennt.

TRANG

ตรัง

64 700 Ew.

Als Startrampe zu den Inseln im nahen Hat Chao Mai National Park ist das bescheidene Trang ideal, es hat aber sonst nur wenig Sehenswertes. Feinschmecker können ein paar ausgezeichnete Märkte durchstreifen, und zwischen den Gebäuden in den verschiedensten importierten Architekturstilen finden sich Hokkien-Kaffeehäuser. Traveller, die zu den Inseln möchten, sollten einfach durchsausen – die Reisebüros vor Ort sind darauf spezialisiert, einem dabei zu helfen, so schnell wie möglich auf die Insel seiner Wahl zu kommen. Viele der Resorts auf den Trang-Inseln haben hier Büros, die Traveller bei der Buchung und beim Transport zu den Inseln unterstützen.

Praktische Informationen

An der Th Praram VI zwischen Bahnhof und Uhrenturm finden sich mehrere Banken.

Ani's (☎ 08 1397 4574; 285 Th Ratchadamnoen; ☽ 9–22 Uhr) Hier kann man sich mit Büchern auf Englisch und in anderen europäischen Sprachen eindecken.

Post (Ecke Th Praram VI & Th Kantang) Verkauft auch CAT-Karten für Telefonate ins Ausland.

TAT (☎ 0 7521 5867; tattrang@tat.or.th; Th Ruenrom) Die neue Touristeninformation befindet sich hinter dem Nachtmarkt.

Tosit (285 Th Visetkul; 20 B/Std.) Schnelle Computer, fachkundiges Personal und ein Café, das echten Kaffee serviert.

Sehenswertes

Trang ist eher ein Geschäftszentrum als ein Urlaubsort. Zum **Wat Tantayaphirom** (Th Tha Klang) gehört ein riesiger weißer *chedi* (Stupa), in dem ein Fußabdruck Buddhas verehrt wird.

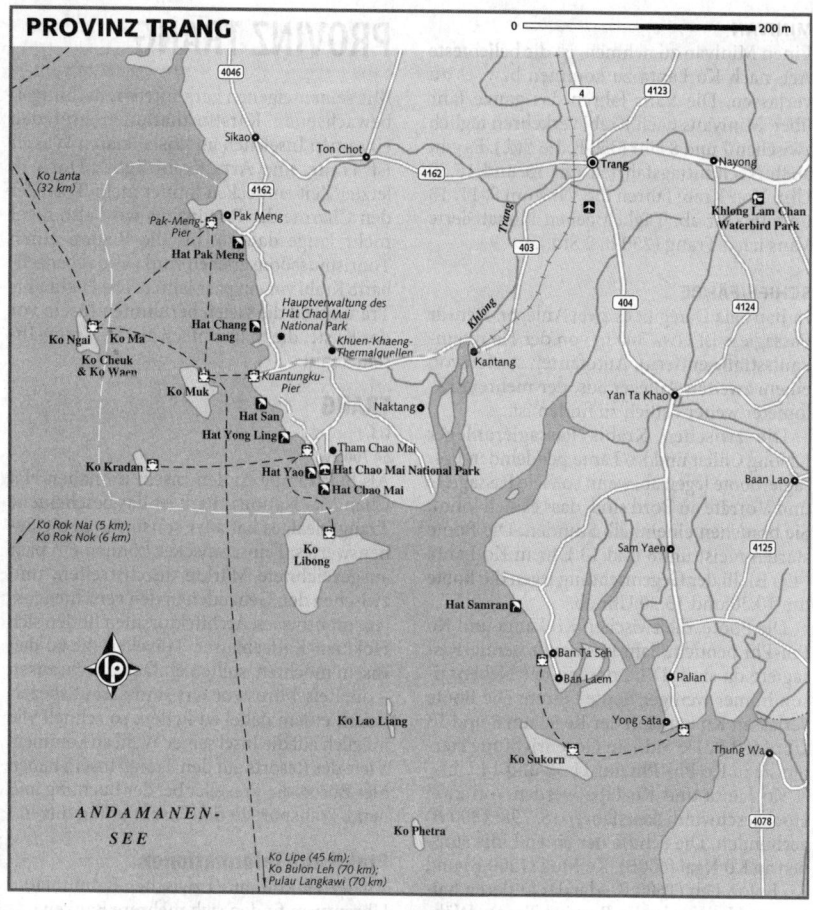

PROVINZ TRANG

0 ——————— 200 m

ANDAMANENSEE

ANDAMANENKÜSTE

Die Klosteranlage ist halbwegs interessant. Der chinesische **Meunram-Tempel** liegt zwischen Soi 1 und Soi 3 und veranstaltet manchmal Aufführungen von südthailändischem Schattentheater. Ein Bummel über die **Märkte** in der Th Ratchadamnoen und der Th Sathani lohnt sich ebenfalls.

Aktivitäten

Die Preise für **Bootstouren** zu den sagenumwobenen Trang-Inseln im Hat Chao Mai National Park beginnen bei 800 B pro Person inklusive Mittagessen und Getränke. Dabei besucht man Ko Muk, Ko Cheuk und Ko Kradan. Der Eintritt zum Nationalpark kostet extra. Es sind auch **Kajaktouren auf dem Meer** nach Tham Chao Mai (850 B) im Angebot.

Dort kann man Mangrovenwälder erforschen und unter eindrucksvollen Stalaktiten paddeln. **Schnorcheltrips** nach Ko Rok (1300–1500 B) können von vielen Anbietern ebenfalls arrangiert werden. Wer etwas Kultur braucht, kann einen Tag lang im Khao-Banthat-Gebirge **wandern** und Dörfer des Bergstammes der Sa Kai besuchen (1400 B).

Schlafen & Essen

Ko Teng Hotel (☎ 0 7521 8148; 77-79 Th Praram VI; Zi. 180–300 B; ❄) Dies ist zweifellos die kultigste Backpacker-Unterkunft in Trang. Wer hier absteigt, muss allerdings mit Abenteuergeist ausgerüstet sein, denn wer den im Bus vergessen hat, wird die etwas schäbigen Zimmer nicht allzu prickeln finden.

My Friend (☎ 0 7522 5447; 25/17-20 Th Sathani; Zi. 430 B; ✂ 🖵) Die komfortablen, modernen Zimmer haben Klimaanlagen und TV, aber nur einige besitzen Fenster – vorm Einziehen abchecken! Das Haus hat einige merkwürdige Deko-Elemente (z. B. seltsame griechische Säulen und ein ulkiges Aquarium), die einen grinsen lassen.

Nachtmarkt (Nudeln 20 B/Schüssel) Auf dem ausgezeichneten Markt gibt es Stände, an denen *kà·nŏm jeen* (chinesische Nudeln mit Curry), die Spezialität der Region, verkauft wird. Man kann zwischen drei scharfen Currysaucen wählen und die Suppe mit gehacktem Gemüse und Blättern aufpeppen.

Trang ist berühmt für seine Kaffeehäuser *(ráhn gah·faa* oder *ráhn goh·pée)*, die in der Regel von Hokkien-Chinesen geführt werden. Diese Läden verkaufen echten Filterkaffee und ein paar Snacks, meist chinesische Brötchen und Klöße, für Trang typische Süßigkeiten oder gegrilltes Schweinefleisch. Wenn man hier Kaffee bestellt, sollte man auf alle Fälle das Hokkien-Wort *goh-pée* und nicht das thailändische *gah-faa* verwenden, sonst wird man möglicherweise mit einem Instantkaffee abgespeist. Die **Bäckerei Sin Ocha** (Th Sathani; Gerichte 25–50 B) direkt neben dem Bahnhof ist gut. Oder man macht sich auf zur 183 Th Wisekkul, um im Haus von Mae Chuan Leekpai etwas wirklich Einzigartiges zu erleben (s. Kasten S. 779).

An- & Weiterreise

BUS
Öffentliche Busse starten an Trangs gut organisiertem **Busbahnhof** (Th Huay Yot). Klimatisierte Busse von Trang nach Bangkok kosten 600 bis 700 B (12 Std., morgens & nachmittags). Bequemer sind die VIP-Busse mit 24 Sitzplätzen. Sie fahren um 17 und 17.30 Uhr (1050 B) ab. In Bangkok starten die VIP-Busse und die klimatisierten Busse zwischen 18.30 und 19 Uhr. Busse nach Satun (130 B) und La-Ngu fahren am südlichen Busbahnhof an der Th Ratsada los.

Weitere Verbindungen bestehen u. a. nach Hat Yai (110–135 B, 3 Std.), Krabi (130–145 B, 2 Std.) und Phuket (240–265 B, 4 Std.)

FLUGZEUG
THAI und Air Asia unterhalten regelmäßige Flüge von Bangkok nach Trang (ca. 3000 B), aber bei Regen gab es auf Trangs Flughafen schon Probleme mit der Landung. Das **THAI-**

Büro (☎ 0 7521 9923; 199/2 Th Visetkul) hat nur an Werktagen geöffnet. Der Flughafen liegt 4 km südlich von Trang. Klimatisierte Minivans warten auf die Ankunft der Flüge und berechnen 80 B für die Strecke in die Stadt. In der umgekehrten Richtung kostet eine Taxi- oder Tuk-Tuk-Fahrt 100 bis 150 B.

MINIVAN & SAMMELTAXI
Vor den Bürogebäuden gleich westlich vom Busbahnhof in Trang fahren Sammeltaxis nach Krabi (180 B, 2 Std.) und klimatisierte Minivans nach Hat Yai (160 B, 2 Std.). Stündlich starten Vans nach Surat Thani (200 B, 2½ Std.), und zwar von einem **Depot** (Th Tha Klang) in der Th Tha Klang unmittelbar vor dem Bahnübergang. Es gibt auch Direktverbindungen zu den Inseln Ko Samui (220 B) und Ko Pha-Ngan (320 B). Abfahrt ist täglich um 12.30 und 15 Uhr vom selben Depot. **KK Tour & Travel** (☎ 0 7521 1198; 40 Th Sathani) gebenüber vom Bahnhof schickt täglich einige klimatisierte Vans nach Ko Lanta (220 B, 2 Std.).

An den Busbahnhöfen kann man auch Sammeltaxis anheuern, der Fahrpreis beträgt rund 500 B nach Pak Meng, 700 B zum Hat Yao oder Hat Chang Lang und 800 B zum Hat Samran.

Der öffentliche Nahverkehr besteht hauptsächlich aus klimatisierten Minivans, seltener aus Songthaeos. Richtung Ko Sukorn fahren klimatisierte Minivans von der Th Ratsada zum Pier von Palian (60 B). Alternativ kann man auch einen Minivan nach Yan Ta Khao (30 B) nehmen und dort in ein Songthaeo (50 B) nach Ban Ta Seh steigen. An der Küste bei Ta She können Boote gemietet werden.

ZUG
Nur zwei Züge fahren von Bangkok nach Trang: der Express 83, der um 17.05 Uhr am Bahnhof Hualamphong in Bangkok abfährt und am nächsten Tag um 7.35 Uhr in Trang ankommt, und der Schnellzug 167, der um 18.20 Uhr abfährt und um 10.11 Uhr ankommt. Von Trang fahren die Züge um 13.45 Uhr und 17.30 Uhr ab. Der Fahrpreis beträgt 1280/731 B im klimatisierten Schlafwagen 1./2. Klasse und 521 B im 2. Klasse-Schlafwagen mit Ventilator.

Unterwegs vor Ort
Tuk-Tuks stehen in der Nähe der Kreuzung Th Praram VI und Th Kantang. Fahrten innerhalb der Stadt kosten 30 B. Motorräder

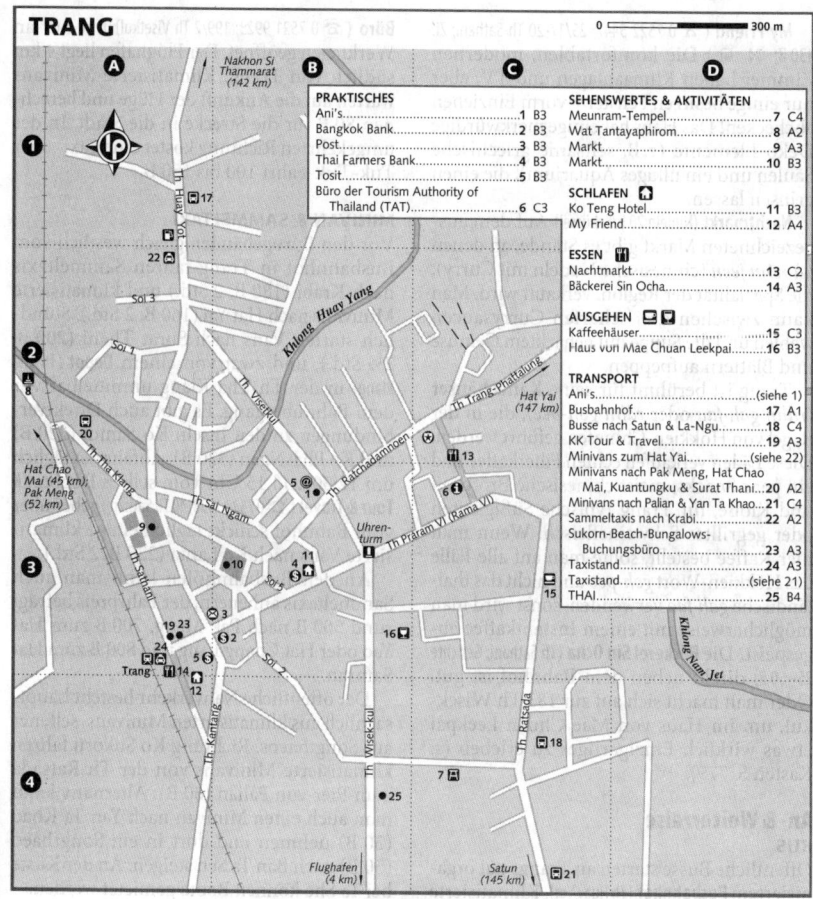

TRANG   0 ⸻ 300 m

PRAKTISCHES
Ani's.....................................1 B3
Bangkok Bank.........................2 B3
Post.......................................3 B3
Thai Farmers Bank...................4 B3
Tosit......................................5 B3
Büro der Tourism Authority of
   Thailand (TAT).....................6 C3

SEHENSWERTES & AKTIVITÄTEN
Meunram-Tempel....................7 C4
Wat Tantayaphirom.................8 A2
Markt.....................................9 A3
Markt...................................10 B3

SCHLAFEN
Ko Teng Hotel.......................11 B3
My Friend.............................12 A4

ESSEN
Nachtmarkt...........................13 C2
Bäckerei Sin Ocha.................14 A3

AUSGEHEN
Kaffeehäuser.........................15 C3
Haus von Mae Chuan Leekpai.........16 B3

TRANSPORT
Ani's.................................(siehe 1)
Busbahnhof...........................17 A1
Busse nach Satun & La-Ngu.....18 C4
KK Tour & Travel....................19 A3
Minivans zum Hat Yai..........(siehe 22)
Minivans nach Pak Meng, Hat Chao
   Mai, Kuantungku & Surat Thani..20 A2
Minivans nach Palian & Yan Ta Khao...21 C4
Sammeltaxis nach Krabi.........22 A2
Sukorn-Beach-Bungalows-
   Buchungsbüro....................23 A3
Taxistand..............................24 A3
Taxistand..........................(siehe 21)
THAI....................................25 B4

kann man bei Touranbietern oder bei **Ani's** (☎ 08 1397 4574; 285 Th Ratchadamnoen; ☻ 9–22 Uhr) für ca. 200 B pro Tag mieten. Ein Mietwagen kostet etwa 1100 bis 1500 B pro Tag. Die meisten Touranbieter sind auch bei der Autovermietung behilflich.

DIE STRÄNDE VON TRANG

Die ruhigen Strände der Provinz Trang sind der Ausgangspunkt, um auf die Trang-Inseln im türkisfarbenen Wasser der Andamanensee zu kommen.

Hat Pak Meng

หาดปากเม็ง

Der Hat Pak Meng liegt 39 km von Trang entfernt im Bezirk Sikao und ist der wichtigste Ausgangspunkt zu verschiedenen Trang-Inseln. Die Küste ist recht wild und hat einige gute Strandabschnitte, doch ein riesiger Betondamm verschandelt einen großen Teil der Küste. Der wichtigste Hafen liegt am Nordende des Strands, wo die Rte 4162 auf die Küste trifft. In der Nähe gibt's gute Restaurants, die frische Meeresfrüchte und Fisch servieren.

Zwei Anbieter am Hafen und das Lay Trang Resort organisieren ganztägige Bootstouren nach Ko Muk, zur Tham Morakot (Smaragdhöhle auf Ko Muk), nach Ko Cheuk, Ko Ma und Ko Kradan für 750 B pro Nase (mind. 3 Pers.) inklusive Mittagessen und Getränke. Es gibt auch ganztägige Schnorchelausflüge zur Ko Ngai (650 B) und Ko Rok (1000–1200 B zzgl. Nationalparkeintritt).

KAFFEEKLATSCH

Man muss sich einmal vorstellen, man käme nach London und erwartete, mit Tony Blairs Mutter eine Tasse Tee zu trinken. Das klingt ein wenig verrückt? Nun, in Trang ist es nicht ungewöhnlich, eine Tasse Kaffee mit der Mutter eines früheren Premierministers zu trinken. Nach zwei Legislaturperioden kehrte Chuan Leekpai, Thailands Premierminister von 1992 bis 1995 und von 1997 bis 2001 ins bescheidene Trang zurück, wo er entdeckte, dass Mae Chuan Leekpai (oder „Mama Chuan") ihren Kaffee immer noch genauso mit Freunden einnahm wie zu der Zeit, als er ein kleiner Junge war. Als Kind hat Chuan Leekpai auch oft Freunde auf ein Getränk eingeladen, und als er im Amt war, lud er das ganze Land ein.

Und die Einladung gilt noch immer. Jeder kann auf eine Tasse Kaffee mit Mama vorbeikommen. Aber nicht vergessen, ihr zum Geburtstag zu gratulieren! Sie ist fast 100 Jahre alt. Die Adresse lautet 183 Th Wisek-kul, Trang.

Das **Lay Trang Resort** (☎ 0 7527 4027/8; www. laytrang.com; Bungalow 1000–1500 B; 🖭) wird von einem loyalen Anhänger der Königsfamilie geleitet und vermietet nette, in einem gepflegten Garten stehende Bungalows. Zur Anlage gehört auch ein sehr gutes Freiluftrestaurant. Das kaum übersehbare **Yok Ya Restaurant** (Gerichte 40–300 B) liegt am Pier. Es ist bei den Einheimischen wegen seiner traditionellen regionalen Küche beliebt und das wohl berühmteste Restaurant in ganz Trang.

Mehrere Boote fahren täglich um 10 Uhr von Pak Meng nach Ko Ngai, von wo sie zwischen 8 und 9 Uhr zurückkehren. Man kann zwischen einer 30-minütigen Fahrt mit dem Schnellboot (400 B) oder einer Fahrt mit dem „Big Boat" wählen (150 B, 1 Std.).

Von der Th Kha Klang in Trang fahren regelmäßig klimatisierte Minivans nach Pak Meng (100 B, 45 Min.). Von der Kreuzung mit der Rte 4162 muss man eventuell ein Motorradtaxi zum Hafen nehmen. Von Pak Meng in Richtung Süden führt die Küstenstraße am Hat Chang Lang, am Hat Yao und am Hat Chao Mai National Park vorbei.

Hat Chang Lang
เกาะช้างหลัง

Der Hat Chang Lang ist vom Hat Pak Meng aus gesehen der nächste Strand, und auch hier gibt's von Kasuarinen gesäumte Dünen. Am südlichen Ende des Hat Chang Lang biegt die Küstenstraße ins Binnenland ab. Hier finden Traveller die Hauptverwaltung des **Hat Chao Mai National Park** (☎ 0 7521 3260; Erw./Kind 400/200 B; 🕑 6–18 Uhr).

Der 231 km² große Park erstreckt sich an der Küste entlang vom Hat Pak Meng bis nach Laem Chao Mai und umfasst auch die Inseln Ko Muk, Ko Kadran und Ko Cheuk (und eine Reihe kleinerer Inselchen). In verschiedenen Teilen des Parks können Besucher die gefährdeten Dugongs und den seltenen Riesenstorch erspähen, aber auch weniger seltene Tiere wie Seeotter, Makaken, Languren, Wildschweine, Schuppentiere, kleine Reiher, pazifische Riffreiher, Weißbauchseeadler und Warane.

Normalerweise muss man nur dann den Eintritt für den Nationalpark bezahlen, wenn man eine der Parkstationen, die Ko Kadran, den Hat San oder den Hat Yong Ling (die beiden nächsten Strände südlich des Hat Chang Lang), aufsucht.

Die **Hauptverwaltung des Nationalparks** (☎ 0 7521 3260, in Bangkok 0 2562 0760; www.dnp.go.th/index_ eng.asp; Campen frei, Zeltmiete 150 B, Zi. 800 B, Hütte 800–1500 B) ist der beste Platz zum Übernachten. Es gibt einfache Hütten, in denen man einzelne Zimmer mieten kann – sechs bis acht Personen passen rein, und sie sind mit Ventilatoren ausgestattet. Man kann auch an der Küste unter den Kasuarinen zelten. In der Nähe der Verwaltung befinden sich ein Restaurant und ein kleiner Laden.

Von der Th Kha Klang in Trang fahren regelmäßig Minivans nach Chao Mai (60 B, 1 Std.), oder man mietet von Trang aus für 650 B ein Taxi. Die Hauptverwaltung des Parks ist etwa 1 km von der Straße entfernt; hin kommt man über einen deutlich ausgeschilderten Pfad.

Hat Yao
หาดยาว

Das heruntergekommene Fischerdörfchen liegt gleich südlich des Hat Yong Ling. Hat Yao (Langer Strand) liegt eingezwängt zwischen dem Meer und beeindruckenden Kalksteinklippen. Die felsige Landzunge am Südrand Hat Yaos ist mit Höhlen durchsetzt,

und direkt vor der Küste rund um die Inseln kann man gut schnorcheln. Der schönste Strand der Gegend ist der winzige **Hat Apo** zwischen den Klippen. Hierher kommt man mit dem Longtail-Boot oder indem man von einem sandigen Ausläufer vor dem Sinchai's Chaomai Resort durchs Wasser watet.

Offenbar haben Piraten ihre Schätze südlich von Hat Yao in der **Tham Chao Mai** gehortet. Die riesige Höhle ist voller kristallklarer Kaskaden und beeindruckender Stalaktiten und Stalagmiten, die man vom Boot aus besichtigen kann. Um die Tham Chao Mai zu besuchen, mietet man am besten am Anleger in Yao ein Longtail-Boot für 400 B die Stunde. Das Haad Yao Nature Resort bietet Kajaktrips in die Höhle an, die inklusive Mittagessen etwa 700 bis 1100 B pro Person kosten. Da ist dann ein Guide dabei. Wer will, kann sich auch für 550 B ein Kajak ausleihen und die Höhle selbst erforschen (eine Karte ist inklusive).

Das **Haad Yao Nature Resort** (☎ 0 1894 6936; www.trangsea.com; Zi. 400–600 B, Bungalow 800 B; 🖳) wird von enthusiastischen Naturforschern geführt und hat eine Reihe Ökotouren in der Region im Angebot. Die Bewohner der sehr ordentlichen, gemütlichen Bungalows teilen sich Gemeinschaftsbäder. Die Bungalows für Selbstversorger sind dagegen mit Terrassen und netten Extras ausgestattet. Es gibt außerdem ein tolles Lokal am Anleger. Hier kann man bei leckerem thailändischem Essen den Fischern bei ihrer Arbeit zusehen.

Zum **Sinchai's Chaomai Resort** (☎ 0 7520 3034; Bungalow 300–1500 B; 🖳) gehören ein paar Bungalows, die sich am Nordrand von Hat Yao unter den felsigen Klippen verstecken. Die Familie, der das Resort gehört, organisiert Kajaktouren (600 B), vermietet Mountainbikes (100 B/Tag) und hat Pakete mit mehrtägigen Touren rund um Trang und an der Andamanenküste (Preise unterschiedl.) im Angebot.

Am Hat Yao kann man ein Longtail-Boot zur Ko Kradan chartern (1000 B, 1¼ Std.) oder eines der reguläre Longtail-Boote zur Ko Libong nehmen (50–100 B, 20 Min.). Wer das Boot zur Ko Libong chartern möchte, zahlt 300 B. Der Anleger der Longtail-Boote ist direkt vor dem neuen Pier in Yao.

Motorräder (200 B) lassen sich im Sinchai's Chaomai Resort mieten.

DIE TRANG-INSELN

Die legendären Trang-Inseln sind die letzten der charakteristischen Kalksteinformationen

der Andamanenküste, danach liegen die Felsen nur noch unter der Wasseroberfläche wie schlafende Riesen. Die atemberaubenden Inselparadiese sind geheimnisvoll und Gegenstand einheimischer Legenden (s. Kasten S.781). Hier gibt es umherziehende Seenomaden und Riffe, die in vielen Farben schimmern.

Ko Ngai
เกาะไหง(ไห)

Die Einheimischen können sich offenbar nicht entscheiden, ob sie die Insel Ko Ngai oder Ko Hai nennen, also haben wir einen Vorschlag – wie wäre es mit „Vollkommenheit"? Sie ist ein tolles Reiseziel mit einem spektakulären Dschungel im Inland und herrlich sauberen Stränden an der Ostküste. Auf der Insel gibt's keine einheimische Bevölkerung, aber ein paar schicke Resorts. Ein Ring aus leuchtenden Korallen, der sich wunderbar zum Schnorcheln eignet, umgibt Ko Ngai. Die Sicht in dem türkisfarbenen Wasser ist ausgezeichnet. Brillen, Schnorchel und Flossen lassen sich in den Resorts für jeweils 50 B mieten. Auch halbtägige Schnorcheltouren zu den nahen Inseln (850 B/Pers.) sind im Angebot. Schnellboot-Ausflüge zur Ko Rok Nok 29 km südwestlich von Ko Ngai kosten 1500 B (zzgl. Eintritt zum Nationalpark).

SCHLAFEN
Budgettraveller werden hier wenig Passendes finden; die meisten Unterkünfte sind eindeutig der Mittelklasse zuzuordnen und haben Restaurants und Stromversorgung rund um die Uhr. Der Bootsanleger befindet sich beim Koh Ngai Resort. Wenn man im Voraus bucht, organisieren die Resorts an den anderen Stränden aber den Transport.

Koh Ngai Resort (☎ 0 7520 6924; Bungalow 1500–15 000 B; 🖳 🖳 🖳) In einer separaten Bucht am Süden der Insel besitzt dieses Resort seine eigene Anlegestelle und elegante Holzbungalows mit sehr großen Terrassen. Der Garten ist riesig, und es gibt einen kleinen Strand nur für Resortgäste.

Coco Cottages (☎ 0 7521 2375; www.coco-cottage.com; Bungalow 1600–4500 B; 🖳) Der Strand hier ist ein bisschen schmal, aber der Rest ist exquisit: stilvolle Bungalows aus Kokosholz und Bambus, kunstvoll gestaltete Gärten und superfreundlicher Service. Künstlich hergestellte Materialen sind nirgendwo zu sehen. Massa-

gehütten sprenkeln den Strand, und eine tolle Mischung aus Restaurant und Bar ist an einem Fluss zu finden.

AN- & WEITERREISE
Auch wenn Ko Ngai eigentlich zur Provinz Krabi gehört, erreicht man die Insel am einfachsten von Pak Meng aus. Die Resorts lassen täglich um 10 Uhr ein Boot vom Hat Pak Meng nach Ko Ngai fahren, das zwischen 8 und 9 Uhr von Ko Ngai zurückkommt. Ein Transfer mit dem Schnellboot kostet 350 B (30 Min.), mit den langsameren „Big Boats" dagegen 150 B (1 Std.). Wer nicht im Koh Ngai Resort wohnt, muss für die Fahrt zu den Stränden (40 B) ein Longtail-Boot nehmen oder bei einem der anderen Resorts um den Transfer bitten. Wer will, kann für 900 B von Pak Meng aus auch privat ein Longtail-Boot chartern.

In der Hauptsaison ist Koh Ngai ein Haltepunkt auf der Route von Ko Lanta zur Ko Lipe (600 B). Die Boote Richtung Süden stoppen gelegentlich bei Ko Muk, Hat Yao und Ko Bulon Leh (aber nie auf einer Fahrt an allen drei Punkten) – wer plant, vor Ko Lipe auszusteigen, sollte das Personal seiner Unterkunft bitten, vorher beim Fährbetreiber anzurufen. Auf S. 798 gibt's mehr Infos.

Ko Muk
เกาะมุก

Die Perle von Trang (*muk* bedeutet „Perle") ist ein goldenes Paradies mit hohen Bäumen, in deren Schatten die hiesige Siedlung der *chowlair* liegt. Bislang hat das Charlie Beach Resort den weitläufigen weißen **Hat Farang** (Hat Sai Yao) an der Westküste fast völlig dominiert,

aber kürzlich hat eine Firma aus Bangkok den Rest der Resorts hier aufgekauft – mit sogar noch hochtrabenderen Plänen. Ein paar einfachere Unterkünfte weiter hinten im Busch bleiben aber bestehen. Das Inselinnere ist von hoch aufragenden Kautschukbäumen bedeckt. Besucher der Insel haben gute Chancen, hier mal bei der Kautschukgewinnung zusehen zu können. An der Ostküste stehen das Hauptdorf, eine Handvoll ruhiger Mittelklasseunterkünfte und das neueste und schickste Resort der Insel. Traveller sollten wissen, dass fast alles auf Ko Muk in der Nebensaison zumacht.

Vor der Küste kann man prima schnorcheln. Die Hauptattraktion des Archipels ist die **Tham Morakot** (Smaragdhöhle). Sie liegt versteckt am Nordende der Insel. Die Höhle besteht aus einem Kalksteintunnel, der über 80 m zu einer mintgrünen Lagune führt. Bei Flut muss man hier durchschwimmen, teilweise in absoluter Dunkelheit, und erreicht einen kleinen, versteckten, weißen Sandstrand. Er ist von hohen Kalksteinklippen umgeben, die einen Kamin bilden, durch den gegen Mittag ein Lichtstrahl hereinfällt. Bei Ebbe können Boote einfahren. Die Höhle steht bei den meisten Touren auf dem Programm; in der Hauptsaison kann sie recht überfüllt sein und auch mal nach Urin stinken.

Zwischen Ko Muk und Ko Ngai liegen die kleinen Karstinselchen **Ko Cheuk** und **Ko Waen**. Hier kann man gut schnorcheln, und es gibt kleine Sandstrände.

SCHLAFEN
Die folgenden Unterkünfte liegen einen kurzen Fußweg nördlich vom Anleger an einem flachen Strand.

DIE LEGENDE VON DEN TRANG-INSELN

Vor langer Zeit verliebte sich ein junger Fischer in ein schönes Mädchen aus einer wohlhabenden chinesischen Kaufmannsfamilie. Ihre Eltern lebten an der Küste von Trang, und als der Fischer und das schöne Mädchen heirateten, zog er bei ihrer Familie ein. Der Fischer sprach nie über seine Familie, denn die bestand aus armen Fischersleuten. Er hatte Angst, seine Frau würde sich schämen. Weil sie ihn aber darum bat, ihre Schwiegereltern einmal kennenlernen zu dürfen, gab der Fischer schließlich nach. Die beiden packten ihre wichtigste Habe in ein kleines Boot – ein Seil, eine Planke, eine Schnapsflasche, ihre Perle und seinen Ring – und fuhren an der Küste entlang. Als sie zu dem Fischerdorf paddelten, bekam er wieder Bedenken und wendete das Boot. Die Eltern des Fischers warteten am Strand auf ihren Sohn. Als sie sahen, dass er umdrehte, verfluchte seine Mutter das Paar aus Trauer und Wut. Stunden später fegte ein gewaltiger Sturm über Trang hinweg, versenkte das Boot des Fischers und tötete die beiden jungen Liebenden. Am Morgen waren nur noch ihre Habseligkeiten übrig, die auf dem Meer trieben: das Seil (*cheu*), die Planke (*kradan*), die Schnapsflasche (*ngai*), die Perle (*muk*) und der Ring (*wan*).

ANDAMANENKÜSTE

Mookies (Zelt 200 B) Das sind keine Bungalows, sondern „Zelt-alows"! Der australische Besitzer Brian behauptet, das kälteste Bier in Thailand zu verkaufen. Er checkt seine Vorräte regelmäßig, um sicher zu sein, dass das auch stimmt. Das Mookies ist das ganze Jahr über geöffnet und immer ein cooles Plätzchen, um zu essen oder einen Drink zu nehmen.

Ko Mook Resort (☎ in Trang 0 7520 3303; 45 Th Praram VI; Bungalow 500–1000 B) Diese komfortablen Hütten sind eine ausgezeichnete Wahl. Sie liegen versteckt in dichten bewachsenen Gärten mit wild wuchernden Farnen. Die Anlage ist schnörkellos gestaltet, und die tropische Abgeschiedenheit ist perfekt für Paare, die eine romantische Zuflucht suchen. Täglich fährt kostenlos ein Boot zum Hat Farang, und für 350 B lässt sich eine Schnorcheltour vereinbaren.

Charlie Beach Resort (☎ 0 7520 3281-3; www.koh mook.com; Bungalow 1000–4000 B; ⚇ 🖳) In diesem Resort hat man ganz schön Selbstbewusstsein – man wollte den Namen des Strandes von Hat Farang in Hat Charlie ändern. Es gibt eine Reihe verschiedener Bungalows, von einfachen Hütten bis hin zu noblen, klimatisierten Häuschen mit wenig Deko-Kram und großen Terrassen. Langsam wird es ein wenig zu voll hier, aber der Strand ist einfach herrlich. Das Personal nimmt Buchungen für Schnorcheltouren zur Tham Morakot und zu anderen Inseln für um die 1000 B entgegen. Die Anlage ist ganzjährig geöffnet.

Sivalai (☎ 08 9723 3355; www.komooksivalai.com; Bungalow 5500–9000 B) Wer vom Festland kommt, sieht das Sivalai schon lange, bevor er auf Ko Muk anlegt – es ist wundervoll gelegen, nämlich auf einer verschwenderisch mit weißem Sand bedeckten Halbinsel in Speerform. Wie viele der Resorts auf den Trang Inseln ist es etwas überteuert (die Gärten müssten mal bearbeitet werden), aber es steht auf unserer Liste weit oben.

AN- & WEITERREISE

Die Boote zur Ko Muk legen jetzt am Pier von Kuantungku ab, ein paar Kilometer südlich vom Hauptquartier des Nationalparks. Es gibt mehrere Fähren zur Ko Muk, die gegen Mittag starten und um 8 Uhr zurückkehren (55 B, 30 Min.). Ein Longtail-Boot von Kuantungku nach Ko Muk zu chartern kostet ab 700 B aufwärts (800 B bis Hat Farang). Die Chartergebühr für Longtail-Boote von Pak Meng beträgt um die 1000 B. Klimatisierte Vans

fahren regelmäßig von Trang für 100 B (1 Std.) nach Kuantungku. Man sollte rechtzeitig beim Resort anrufen und nach neuen Transportinfos und möglichen Rabatten oder Angeboten fragen (vielleicht wollen andere ebenfalls ein Longtail-Boot chartern).

Von November bis Mai ist Ko Muk einer der Stopps der Schnellboote, die von Ko Lanta zur Ko Lipe fahren; Details dazu gibt's auf S. 798.

Ko Kradan
เกาะกระดาน

Mit einem reizvollen Dschungel im Inland und dem besten Hausriff der Region (wenn nicht in ganz Thailand) ist die sandige Insel Ko Kradan die Gewinnerin des Schönheitswettbewerbs unter den Trang-Inseln. Die Schönheitskönigin wird durch den Hat Chao Mai National Park geschützt, deshalb wurden Neubauten auf eine Reihe Resorts beschränkt. Tagesausflüge hierher sind zwar beliebt, aber so richtig kann die natürliche Pracht der Insel nur erfassen, wer da ist, wenn die Sonne aufgeht und sich über den dann fast menschlich wirkenden Karstformationen am Horizont erhebt.

SCHLAFEN
Paradise Lost Resort (☎ 08 9587 2409/1391; www. kokradan.com; Bungalow 600–1200 B; ⚇) Wally, ein freundlicher Amerikaner, hat im Dschungel

---

NASSE HOCHZEIT

Jedes Jahr findet am Valentinstag auf Ko Kradan eine eher ungewöhnliche Hochzeitszeremonie statt. Etwa 35 Brautpaare steigen an diesem Tag in Tauchausrüstung hinab zu einem Unterwasseraltar inmitten der Korallenriffe – hier legen sie vor dem Bezirksbeamten von Trang ihr Ehegelöbnis ab. Wie genau es die Paare schaffen, unter Wasser „Ja, ich will" zu sagen, ist zwar bisher unbekannt, aber die Zeremonie hat es als größte Unterwasserhochzeit der Welt ins Guinnessbuch der Rekorde geschafft. Vor und nach der Trauung paradieren die Paare in einer Motorbootflotte vor der Küste auf und ab. All jene, die glauben, dass ihr großer Tag unter Wasser stattfinden sollte, finden auf der Webseite www.trangonline. com/underwaterwedding ausführliche Informationen.

im Innern der Insel ein Sommercamp mit rustikalen Bungalows aufgebaut. Die Einheimischen sagen, dass es in den Wäldern spukt. Aber alles, was wir nachts gehört haben, war fröhliches Gelächter und das Brutzeln der köstlichen Thai-Gerichte in den Tontöpfen. Wally lebt seit Ewigkeiten in der Gegend und hat tolle Tipps, wie man der Insel ihre Geheimnisse entlockt.

LP Tipp **Seven Seas** (☎ in Bangkok 0 2250 4526; www.sevenseasresorts.com; Zi./Bungalow 5000–10 000 B; 🍴 💻 🏊) Dieses kleine Luxusresort ist eine atemberaubende Neuheit auf der Insel. Es hat ultraschicke Zimmer mit riesigen Betten, in denen vier Leute Platz hätten (wer darauf steht…). Ausflüge mit dem Longtail-Boot zur Ko Kra Rok und zur Smaragdhöhle auf Ko Muk (um die 2000 B) sind beliebte Zeitvertreibe. Sonnenanbeter werden den Sandstreifen vorne vergöttern. Hier hängen Baumwollhängematten zwischen den Mangroven, die das Ufer sprenkeln. Das luftige Restaurant auf dem Gelände umgibt den samtschwarzen Infinity-Pool und serviert sowohl leckeres westliches Essen (Caesar Salad ist der große Hit) als auch exzellente Currys in südthailändischem Stil (scharf!). Insgesamt ist das Seven Seas etwas teuer, aber das supernette Personal macht das mehr als wett.

AN- & WEITERREISE
Der beste Weg, nach Ko Kadran zu kommen, ist, vorher mit der ausgewählten Unterkunft Kontakt aufzunehmen und nachzufragen, ob das Personal helfen kann – manchmal erwischt man eine Mitfahrgelegenheit auf einem Versorgungsschiff, oder andere Gäste kommen an, und man kann sich ein Longtail-Boot teilen. Einzelfahrten mit dem Longtail-Boot kosten von Pak Meng 1000 B und von Kuantungku etwa das gleiche. Wer sparen muss, kann die Fähre von Kuantungku nach Ko Muk (oder von Hat Yao zur Ko Libong) nehmen und die Reise dann mit dem Longtail-Boot beenden. Die „öffentlichen" Boote, mit denen Fischer zur Ko Muk und zur Ko Libong pendeln, fahren in der Regel nicht bis zur Ko Kradan raus – auf der Insel gibt's keine Einheimischen.

Ko Libong
เกาะลิบง
Die Thais glauben, dass man, wenn man die Tränen eines Dugong als Parfüm benutzt, seinen Seelenverwandten magisch anzieht.

Vielleicht kommen deshalb einige wenige unabhängig reisende Traveller auf Trangs größte Insel, die sonst weniger besucht wird als ihre Nachbarinnen. Denn Ko Libong ist eher für seine Seegrasgründe bekannt (dem Lebensraum des seltenen Dugong, der Gabelschwanzseekuh) als für seine Strände, die nicht gerade zu den atemberaubendsten in der Region zählen. Auf der Insel lebt eine kleine muslimische Fischergemeinde. Außerdem gibt's der einen einsamen Westküste ein paar Ferienanlagen. Die zurückhaltende Bebauung ist im Vergleich mit der der anderen Inseln in der Bucht eine echte Wohltat.

An der Ostküste von Ko Libong wird bei **Laem Ju Hoi** ein großes Gebiet mit Mangroven vom Botanical Department als **Libong Archipelago Wildlife Reserve** (☎ 0 7525 1932) geschützt. Die mit Gras gefüllten Meerinnen gehören zu den letzten verbliebenen Lebensräumen der Dugongs. Etwa 40 von ihnen weiden das Seegras ab, das in der Bucht wächst. Das Nature Resort am Hat Yao (S. 780) und hier auf Ko Libong bieten für etwa 1000 B Dugongtouren mit dem Kajak und erfahrenen Naturkennern als Führer an. Man kann in den meisten Resorts auch Hochseekajaks für 200 B die Stunde mieten.

Wer hier die Nacht verbringen möchte, findet im **Le Dugong Libong Resort** (☎ 0 7972 7228; www.libongresort.com; Bungalow 350–800 B) eine ordentliche, kleine Budgetunterkunft. Von den Dächern der vielen zauberhaften Bambushütten am Strand rieselt das Stroh. Jede Hütte ist von üppigem Grün und Palmen umgeben. Bäder, die halb innen, halb außen liegen, verstärken das Natur-Flair noch. Motorräder kann man für 300 B am Tag mieten.

Das **Libong Nature Beach Bungalow** (☎ 0 1894 6936; www.trangsea.com; Bungalow 600–1000 B; 🍴) gehört denselben freundlichen und umweltbewussten Leuten, die auch das Nature Resort in Hat Yao (S. 780) führen. Es ist in einem herrlichen, grasbewachsenen Garten angesiedelt und von Kautschukplantagen umgeben. Im einfachen Restaurant gibt's leckeres Essen, und die Besitzer veranstalten tolle Hochseekajaktouren zu den Mangroven. In der Nebensaison ist das Resort geschlossen.

AN- & WEITERREISE
Longtail-Boote nach Ban Ma Phrao an der Ostküste von Ko Libong legen tagsüber regelmäßig am Hat Yao ab (70–100 B/Pers.). Auf Ko Libong fahren Motorradtaxis für 70 B

hinüber zu den Resorts an der Westküste. Ein Longtail-Boot direkt zu einem der Resorts zu chartern, kostet um die 1000 B pro einfache Strecke.

Ko Lao Liang
เกาะเหลาเลียง

Zwei kleine Kalksteinfelsvorsprünge – Nong und Pi – bilden die herrliche Ko Lao Liang, die eigentlich zum Ko Phetra Marine National Park (S. 792) gehört. Die einzige Übernachtungsmöglichkeit ist **Laoliang Island** (☎ 08 4304 4077; www.laoliangisland.com; 3-Tage/2-Nächte-Paket 5500 B/Pers.), und bislang ist diese Anlage bei Thailändern beliebter als bei Travellern aus dem Westen. Man schläft in luxuriösen Zelten am Strand, die mit Matratzen, Ventilatoren und Stromanschlüssen ausgestattet sind. Es werden jede Menge Aktivitäten angeboten, z. B. schnorcheln durch tolle Hausriffe, klettern an den Karstklippen der Inseln und Kajakfahren vor einem kristallklaren Horizont. Abends öffnet eine kleine Bar, und im Restaurant werden manchmal Meeresfrüchte-Barbecues veranstaltet. Die Preise für die Übernachtungspakete beinhalten alle Mahlzeiten, Ausrüstung und einige Aktivitäten. Der Transport nach/von Hat Yao ist im Preis enthalten. Eine Fähre für 200 Personen verlässt den Hat Yao um 13 Uhr und startet auf der Insel um 12 Uhr.

Ko Sukorn
เกาะสุกร

Sukorn bedeutet „Schwein", was eine gewisse Ironie beinhaltet, da auf der Insel eine kleine muslimische Gemeinde lebt. Außer dieser Fischergemeinschaft gibt es hier vier Autos, drei Hunde (die Einheimischen mögen die nicht) und Hunderte von Wasserbüffeln. Ko Sukorn ist der ideale Ort, um sowohl die Kultur der Gegend kennenzulernen als auch ihre Schönheit. Die Strände sind von tiefgoldener Farbe und, obwohl sie nicht so auffallend sind wie die der beliebteren Inseln, traulich und perfekt zum Baden. Saubere und freundliche kleine Dörfer liegen im Inselinnern zwischen Kautschukplantagen und Reisfeldern sowie an der Küste zwischen

Feldern mit Wassermelonen und Kokospalmen verstreut.

Die Insel lässt sich am besten erkunden, indem man sich für einen Tag ein Mountainbike ausleiht (ca. 50 B) – die wenigen Hügel, das atemberaubende Panorama, jede Menge Schatten und viele Gelegenheiten, Einheimische zu treffen, sorgen sofort dafür, dass jeder sich dem langsamen Tempo anpasst, das das Leben hier prägt. Den Körper zu bedecken, wenn man den Strand verlässt, ist ein Muss. Dies ist eine streng muslimische Insel.

SCHLAFEN
Die Stromversorgung auf Sukorn ist eingeschränkt, nur abends gibt es Strom. Echte Backpacker können am Bootsanleger in Sukorn nach Übernachtungsmöglichkeiten bei Familien fragen. Das **Pawadee Guesthouse** (☎ 0 8988 74756; Zi. 100 B) ist empfehlenswert.

Sukorn Beach Bungalows (☎ 0 7520 7707; www.sukorn-island-trang.com; Bungalow 850–1950 B) Dies ist der am professionellsten geführte Platz auf der Insel. Die gemütlichen Bungalows aus Beton und Holz liegen perfekt, um Sonnenuntergänge wie aus dem Bilderbuch erleben zu können. Die freundlichen holländischen Besitzer haben Unmengen Infos und können tolle maßgeschneiderte Island-Hopping-Touren in der ganzen Gegend organisieren. Die Anlage ist ganzjährig geöffnet (in der Nebensaison fallen die Preise um 60 %). Beim Fahrkartenschalter in der Nähe des Bahnhofs von Trang kann man den Transport nach Sukorn und zu anderen Inseln organisieren.

AN- & WEITERREISE
Am einfachsten kommt man nach Sukorn, indem man für etwa 1800 B pro Nase die Ferienanlage seiner Wahl beauftragt, den Transport zu organisieren. Abenteuerlustige können nach Palian fahren (für 60 B mit den öffentlichen Verkehrsmitteln von Trang aus) und hier ein günstigeres Longtail-Boot für etwa 300 B nehmen.

Von Ko Sukorn aus kann man Longtail-Boote nach Ko Bulon Leh oder Ko Libong (2500 B) mieten, außerdem nach Ko Kradan, Ko Ngai oder Ko Muk (3000 B).

Der äußerste Süden

Es lohnt sich, einen genaueren Blick auf den Süden Thailands zu werfen. Nachdem er jahrelang ein Schattendasein fristete und andere tropische Reiseziele als schick galten, betritt er nun die Bühne und wirbt um Aufmerksamkeit. Ein sehr beliebtes Ziel hier ist der Ko Tarutao Marine Park, wo sandstrandgesäumte Inseln in einer Szenerie von unendlichem Blau und Jadegrün auftauchen. Am besten besucht man direkt die kleine Insel Ko Lipe, um dann mit einer Gruppe lokaler *chow lair* (Seenomaden) die Wildnis der Nachbarinseln zu entdecken.

Die Entdeckung des Festlandes ähnelt dem Öffnen einer Uhr – bei einem Ausflug nach Hat Yai sieht man, wie es hier jenseits des Tourismus aussieht. Dieser Handels- und Verkehrsknotenpunkt ist ein wildes Städtchen, das vom Verkehrslärm und dem Gefeilsche auf den überfüllten Märkten widerhallt. Im benachbarten Songkhla ist das Tempo ruhiger. Dort mischt sich der urbane Sound mit dem Rauschen der Gezeiten und den Rufen des Muezzins.

Seit einigen Jahren sind die Provinzen ganz im Süden (Yala, Pattani und Narathiwat) politisch instabil, und dort zu reisen kann sehr gefährlich sein. Oft gibt es Gewaltausbrüche zwischen verschiedenen Religionsgemeinschaften und Terroranschläge. Zwar hat man es nicht auf Touristen abgesehen, aber man sollte besser kein Risiko eingehen. Natürlich ist es schade, dass man diese stillen, verschlafenen Orte nicht besuchen kann, die auf eine 2000-jährige Geschichte geheimnisvoller Königreiche, duftender Gewürzmärkte und imperialistischen Unternehmergeist zurückblicken. Sollte sich bis zum Erscheinen dieses Buches die Situation beruhigt haben, lohnt es sich, einen Abstecher einzuplanen. Ansonsten gibt es am Ende dieses Kapitels weitere Infos über die vielen Gesichter, die das „Land des Lächelns" hat.

HIGHLIGHTS

■ Ein buntes Longtail-Boot fotografieren, das im perfekt himmelblauen Wasser um **Ko Lipe** hin- und herschwankt (S. 795)

■ Auf den Märkten von **Hat Yai** in einer endlosen Fülle von Waren von zweifelhafter Echtheit herumstöbern (S. 799)

■ Sich vom örtlichen *chow-lair*-Führer zu den versteckten Stränden auf **Ko Adang** und **Ko Rawi** bringen lassen (S. 799)

■ Die dampfenden Nudeln eines Imbissstands am Strand von **Songkhla** genießen (S. 804)

■ Auf einer der vielen Inseln im **Ko Phetra Marine National Park** in einer Baumwollhängematte schaukeln, während man den warmen Sand durch die Finger rieseln lässt (S. 792)

★ Songkhla
★ Hat Yai
Ko Phetra Marine ★
National Park
Ko Rawi ★ ★ Ko Adang
★ Ko Lipe

■ BESTE REISEZEIT: DEZEMBER–APRIL ■ BEVÖLKERUNG: 3,91 MIO.

DER ÄUSSERSTE SÜDEN

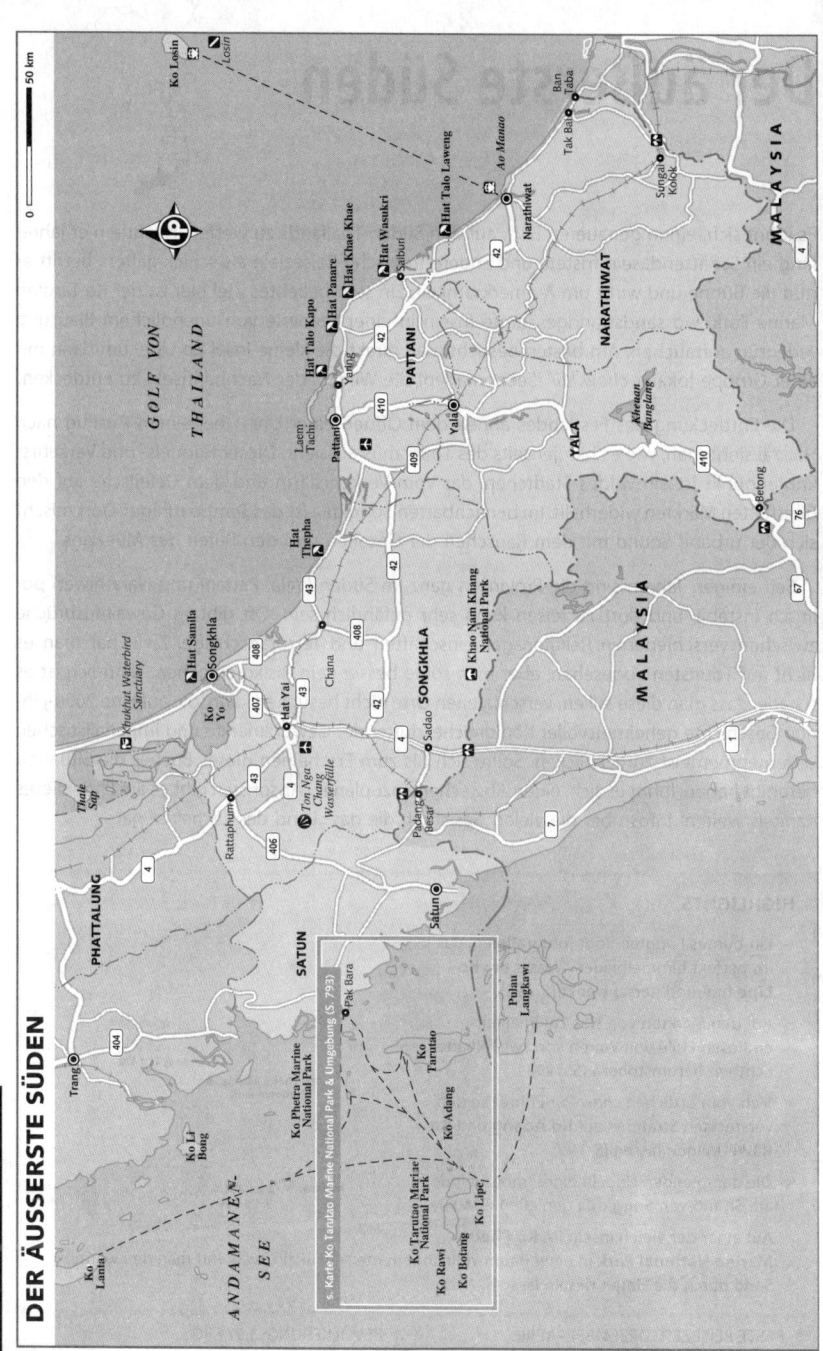

DER ÄUSSERSTE SÜDEN

DER ÄUSSERSTE SÜDEN

Geschichte

Um 600 v. Chr. besuchten erstmals indische Kaufleute die Region und brachten dabei den Hinduismus mit. Dieser entwickelte sich schnell zur hier vorherrschenden Religion. Um 230 v. Chr., als chinesische Kaufleute an den Küsten des Südens auftauchten, gehörten große Teile Thailands zum Königreich Funan, dem ersten Staat in Südostasien. Zu seiner Blütezeit umfasste Funan große Teile von Thailand, Laos, Kambodscha und Vietnam. Der Süden Thailands gehörte jedoch größtenteils zu einem Königreich namens Langka Suka, das an Kedah angrenzte (das heutige Malaysia). Die Region hatte immer eine stärkere Verbindung zu den malaysischen Königreichen als zu den vorthailändischen Königreichen.

Das Königreich Srivijaya auf Sumatra, eine Konföderation von Meeresanrainer-Staaten, annektierte Südthailand und Malaysia im 7. Jh. und beherrschte das Land bis zum 13. Jh. Das Königreich wurde steinreich, indem es Zölle auf den Schiffsverkehr in der Straße von Malakka erhob. Als das islamische Sultanat Kedah aufstieg und die Region nahe der heutigen thailändisch-malaysischen Grenze beherrschte, nahm Thailand (inkl. Tambralinga und benachbarte Staaten) größtenteils den Buddhismus an. Bis zum 14. Jh. war die Bevölkerung in der Region überwiegend zum Islam übergetreten. Dieser breitete sich bis zum heutigen Songkhla in den Norden aus. Der malaysische Dialekt Yawi entwickelte sich zur vorherrschenden Sprache des Südens und der Buddhismus wurde in der ganzen Region durch den Islam ersetzt. Diese religiöse und sprachliche Grenze verfestigte die große Kluft zwischen diesen zukünftigen Provinzen und dem nördlicheren Thailand.

Im 18. und 19. Jh. nach dem Fall von Ayuthaya agierte das malaysische Sultanat Pattani bis 1909 als unabhängige staatliche Einheit, als die umstrittenen Grenzen von Pattani und Kedah durch den Englisch-Siamesischen Vertrag festgelegt wurden. Pattani ging wie Narathiwat, Yala, Satun und Songkhla an den König von Siam. Der Rest der Region ging an die Briten und wurde später Teil von Malaysia. Diese Provinzen, die sich in kultureller Hinsicht vom restlichen Thailand unterschieden, wurden in den folgenden 50 Jahren von der Zentralregierung vernachlässigt. Islamische Traditionen und die Sprache Yawi wurden durch die nicht malaysische Verwaltung der Region zurückgedrängt und systematischer Machtmissbrauch führte zu zunehmenden separatistischen Tendenzen.

1957 erreichte der Groll der Moslems gegen die buddhistische Regierung seinen Höhepunkt und die Separatisten begannen einen Guerillakrieg, mit dem sie einen separaten Moslem-Staat in Südthailand erreichen wollten. Hinter dem bewaffneten Aufstand stand vor allem die Pattani United Liberation Organisation (PULO), die in den 1970er- und 1980er-Jahren Bombenattentate und andere Anschläge verübte. Die Bewegung verlor in den 1990er-Jahren an Boden, als Bangkok einen Friedensvertrag anbot, der größere kulturelle Freiheiten und politische Autonomie für den Süden vorsah.

Aktuelle Situation

Nach vielen Jahren, in denen es relativ friedlich war, reduzierte die thailändische Regierung ihren Druck auf Pattani, indem sie ihre polizeistaatsmäßige Kontrolle aufhob. 2004 erreichten die Spannungen schnell wieder einen Höhepunkt, als von Neuem separatistische Bestrebungen aufflammten. Die regierungsfeindliche Bewegung kam gleichzeitig mit einer zunehmenden Arbeitslosigkeit auf, da Familienbetriebe durch große Fischereiunternehmen geschädigt wurden. Die terroristischen Attentate hatten einen klaren kommunistischen Hintergrund, der an die Demonstrationen vor vielen Jahrzehnten erinnerte.

Das erste große Ereignis, das auf eine deutliche Zunahme regierungsfeindlicher Gefühle hinwies, geschah Ende April 2004. Damals gab es am frühen Morgen Bombenattentate auf elf staatliche Gebäude in der Region. Aufständische verschanzten sich in der Krua-Se-Moschee, bis das Militär nach einem langen, neunstündigen Kampf ihren Widerstand brach und alle Personen in der Moschee tötete. Nach Meinung von Kritikern war diese extreme Gewalt völlig unnötig und hätten vor dem Massaker Verhandlungen stattfinden sollen. Schon sechs Monate später, Ende 2004, vertiefte sich durch den Taik-Bai-Vorfall die Kluft zwischen der Regierung und den muslimischen Bürgern noch weiter. Nach der Verhaftung von sechs Männern aus dem Süden versammelten sich Gruppen von Jugendlichen, um deren Freilassung zu verlangen. Den Demonstranten wurde mit brutaler militärischer Gewalt begegnet; man trieb sie zusammen und brachte sie ins nahegelegene Pat-

---

THAILANDS ÄUSSERSTER SÜDEN: KANN MAN REISEN?

Wahrscheinlich denkt so mancher: „Warum sollte ich mein Leben riskieren, um einen von weniger *fa·ràng* bevölkerten Strand zu finden, wenn es so viele andere unglaubliche Strände in Thailand gibt?" Da ist durchaus etwas dran. Sicher will niemand vom tropischen Abenteuer im Sarg heimkommen. Trotzdem sollte der unerschrockene Reisende Thailands Süden nicht so schnell abtun. Schließlich gibt es viele Orte in der Region, wo der Terrorismus, über den in der Weltpresse berichtet wird, nie eine Rolle spielte.

Bevor wir auf die üblen Dinge zu sprechen kommen, nur kurz so viel: Wir können (natürlich) nicht versprechen, dass ein Reiseziel *immer* sicher ist (die Abschnitte „Gefahren & Ärgernisse" sind auch bei Thailands beliebtesten Reisezielen manchmal lang) – wenn wir einen Ort als touristenfreundlich bezeichnen, heißt das also, dass er ebenso sicher wie, sagen wir, Phuket oder Chiang Mai ist.

Die Provinz Satun war nie in das politische Chaos verwickelt, das in den Nachbarprovinzen herrscht. Das Glanzstück ist der Ko Tarutao Marine National Park, den man unbedingt gesehen haben muss (S. 792), eine Ansammlung von etwa 50 verwilderten Dschungelinseln. Die Provinz Songkhla ist genauso sicher, abgesehen von den vier südlichsten „Bezirken", die schon ins Visier des Polizeiradars gerieten. Die lebhafte Geschäftsstadt Hat Yai (S. 799) ist ein großartiges Ziel für Leute, die gerne auf Märkten herumlaufen, während in der Stadt Songkhla (S. 802) entspannte Menschen, die abseits ausgetretener Pfade reisen wollen, einen Zufluchtsort finden.

Und die anderen Provinzen? Sie sind unberührtes Hinterland, das in eine jahrtausendealte religiöse Geschichte getaucht ist. Aber es gibt ja, wie gesagt, viele andere Strände und Tempel, die darauf warten, fotografiert zu werden. Daher startet man vielleicht doch besser lieber woanders. Weitere Infos dazu auf S. 787. Wer einen Visa-Run über die malaysische Grenze erwägt, sollte darüber nachdenken, den Grenzübertritt auf der Inseltour Ko Lipe–Langkawi zu machen. Wenn man sich allerdings in einem Zug Richtung Butterworth befindet, kann man die Grenze auch an einer anderen Stelle passieren, ohne gleich bis ans Ende der Welt gehen zu müssen.

---

tani. Über 80 Menschen starben durch schwere Misshandlungen.

2006, als Premierminister Thaksin Shinawatra durch einen Staatsstreich gestürzt wurde, gab es in den Grenzprovinzen über 1400 Todesopfer. Leider brachte der plötzliche Regierungswechsel kein Ende der Gewalt im Süden. Bis Mitte 2007 hatte sich die Zahl der Todesopfer um etwa 2600 erhöht, und das obwohl in den südlichen Provinzen wieder ein eigenes Verwaltungszentrum errichtet worden war (das Thaksin 2002 abgeschafft hatte) und Surayud Chulanont, der neue Premierminister, sich bei der örtlichen muslimischen Bevölkerung für die Fehler der Thaksin-Regierung öffentlich entschuldigt hatte. Die zunehmende Gewalt im Süden richtete sich gegen Bildungsstätten – sie wurden als deutliches Zeichen der Gewalt empfunden, die die buddhistische thailändische Regierung in der Region ausübte. Bis 2008 hatten Rebellen über 200 Schulen angezündet und fast 80 Lehrer ermordet, sodass sich die Zahl der Todesopfer der letzten fünf Jahre auf 3500 erhöhte.

Auch heute kommt es immer wieder zu Demonstrationen und Gewalt. Die meisten Anschläge werden heute mit Bomben aus Feuerwerkskörpern und anderen kleinen explosiven Gegenständen verübt. Diese verletzen kaum jemanden, sorgen aber für Angst. Die Anschläge nehmen immer im November zu – direkt nach dem jährlichen Besuch des Premierministers in der Region. Die Opfer werden willkürlich ausgesucht: Männer, die in einem Café Karten spielen, werden auf die Straße geschleppt und erschossen. Ein Bauer wird bei der Arbeit in seinem Kautschukpflanzenfeld geköpft. Oder ein Kleinbus wird angehalten, die Fahrgäste werden durchsucht und so geschlagen, dass sie bis zur Unkenntlichkeit entstellt sind. Die absolute Willkür dieser Aktionen ist für die lokale Bevölkerung besonders schlimm. Die thailändischen Behörden haben ein wachsames Auge auf die Haupttäter – Yawi sprechende junge Männer, die von exzessiver Drogenabhängigkeit und einem Mangel an Bildung getrieben werden. Wenn die Behörden jedoch nicht aktiver gegen diese willkürlichen Gewalt vorgehen, wird in den Medien die Ursache für diese traumatischen Terroranschläge auch weiterhin in der mangelnden Kontrolle durch das Parlament gesehen werden und nicht in dem unberechenbaren Verhalten gewaltbereiter Separatisten. Auch wenn die Mo-

tive für die Gewalt unklar bleiben, glauben die meisten, dass sie erst dann aufhören wird, wenn alle Buddhisten aus der Region vertrieben sind und die Provinzen Yala, Pattani und Narathiwat das Sultanat wieder errichten können, das dort vor über 100 Jahren bestand.

Klima

Die Inseln in der Provinz Satun besucht man am besten zwischen Anfang November und Mitte Mai – in der Nebensaison ist der Seegang oft stark und der Fährverkehr wird drastisch eingeschränkt. Der Monsunregen macht das Reisen entlang der Andamanenküste zwischen Juni und Oktober ziemlich unattraktiv. Andererseits fällt in den am Golf von Thailand gelegenen Provinzen zwischen Oktober und Dezember der meiste Regen.

Nationalparks

Wilde Inseln, unberührte Strände und das tiefblaue Meer bieten viele Möglichkeiten zum Schnorcheln und Tauchen in den abgeschiedenen Ko Tarutao (S. 792) und Ko Phetra (S. 792) Marine National Parks.

Sprache

Etwa 3 Mio. Einwohner sprechen in Thailands äußerstem Süden Yawi. Der auch als Pattani-Malaysisch bezeichnete Dialekt wird üblicherweise in der muslimischen Gemeinschaft gesprochen, zu der rund 80 % der örtlichen Bevölkerung gehören.

Gefahren & Ärgernisse

Eine ununterbrochene Reihe gewalttätiger Vorkommnisse hat in den letzten Jahren das Reisen in den Provinzen Pattani, Yala und Narathiwat zu einem gefährlichen Unterfangen gemacht. Weitere Infos gibt es im Kasten auf S. 788 und auf S. 817.

Zwar wurden Touristen bisher nicht direkt von den Aufständischen angegriffen, aber aufgrund der oft unberechenbaren politischen Unruhen lässt sich nur schwer voraussagen, wo und wann es zu den nächsten Gewaltausbrüchen kommt.

An- & Weiterreise

Regulärer Flug-, Bus- und Eisenbahnverkehr verbindet Bangkok und Hat Yai (S. 802). Boote fahren zwischen Ko Lipe und Ko Bulon Leh und beliebten Reisezielen auf den Andamanen wie Phuket, Ko Phi-Phi und Ko Lanta. Aufgrund der strengen Sicherheitsvorschriften

in mehreren Provinzen der Region, durchqueren die meisten Reisenden, die einen Visa-Run über die Grenze machen, um ihr thailändisches Visum verlängern zu lassen, die Provinz Satun – besonders beliebt ist die Route von Ko Lipe nach Langkawi (S. 798).

Unterwegs vor Ort

In Thailands Süden unterwegs zu sein ist in den letzten Jahren ziemlich einfach geworden. Der Landverkehr wird durch Hat Yai (S. 801) geleitet, während der Schiffsverkehr entlang der Andamanenküste durch die Hafenstadt Pak Bara führt (S. 791). Der Seegang auf dem Golf von Thailand ist eher ruhig, was man über die Aktivitäten ausländischer Öl-Unternehmen nicht sagen kann. In der Regenzeit fahren normalerweise keine öffentlichen Verkehrsmittel in den Ko Tarutao Marine National Park.

PROVINZ SATUN

Wenn man nur eine Provinz im Süden besuchen kann, dann sollte man Satun (wird oft „Stuun" ausgesprochen) sehen. Die südlichste Region der Andamanenküste ist, verglichen mit dem Touristenrummel weiter nördlich, eher ruhig und das Highlight sind die Dutzende einsamen Inseln im türkisfarbenen Meer. Auch wenn es dort die für die Andamaneninseln typischen Kreidefelsenkarste nicht gibt, haben diese mit Dschungel bedeckten Inselchen die perfekten pfirsichfarbenen Strände, die man von den Ansichtskarten kennt.

In Satun ist von dem politischen Chaos, das in den Nachbarregionen Yala, Pattani und Narathiwat herrscht, fast nichts zu spüren.

SATUN

สตูล

33 400 Ew

Wenn man entlang der Küste Insel-Hopping macht, wird man eher in Satun haltmachen, das der Bezeichnung „Provinzhauptstadt" alle Ehre macht. Man wird es kaum bereuen, diesen Ort ausgelassen zu haben – Satun hat nur eine Sehenswürdigkeit, das **Ku-Den-Museum** (Satun Nationalmuseum; Soi 5, Th Satun Thanee; Eintritt gegen Spende; Mi–So 8.30–16.30 Uhr). Dieses tolle Museum ist in einem reizenden alten chinesisch-portugiesischen Herrenhaus untergebracht. Es wurde ursprünglich erbaut, um für König Rama V. als Unterkunft während

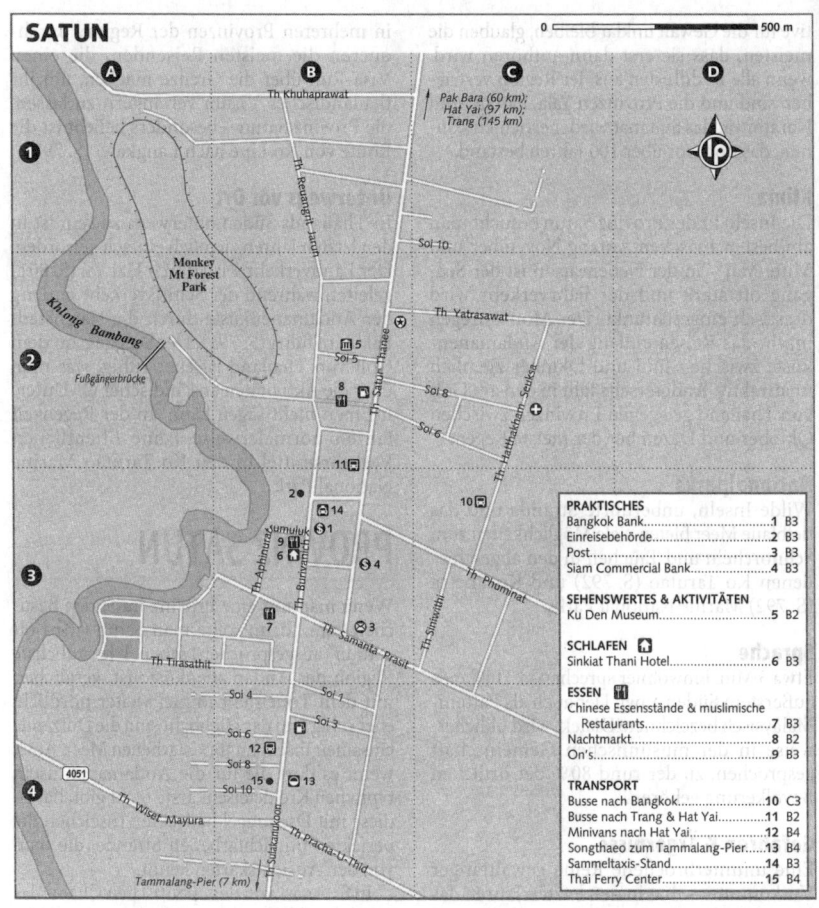

SATUN

0 — 500 m

Th Khuhaprawat

Pak Bara (60 km);
Hat Yai (97 km);
Trang (145 km)

Sol 10

Monkey
Mt Forest
Park

Th Yatrasawat

Khlong Bambang

Fußgängerbrücke

Sol 5

5

Sol 8

8

Sol 6

11

2

14

1

10

9

6

4

7

Th Samanta Prasit

3

Th Tirasathit

Th Phumenat

Sol 4

Sol 1

Sol 3

Sol 6

12

Sol 8

4051

Sol 10

15

13

Th Wiser Mayura

Th Pracha-U-Thit

Tammalang-Pier (7 km)

PRAKTISCHES
Bangkok Bank............................1 B3
Einreisebehörde.........................2 B3
Post..3 B3
Siam Commercial Bank...............4 B3

SEHENSWERTES & AKTIVITÄTEN
Ku Den Museum.........................5 B2

SCHLAFEN
Sinkiat Thani Hotel.....................6 B3

ESSEN
Chinese Essensstände & muslimische
Restaurants.............................7 B3
Nachtmarkt...............................8 B2
On's..9 B3

TRANSPORT
Busse nach Bangkok...................10 C3
Busse nach Trang & Hat Yai.........11 B2
Minivans nach Hat Yai................12 B4
Songthaeo zum Tammalang-Pier...13 B4
Sammeltaxis-Stand.....................14 B3
Thai Ferry Center.......................15 B4

eines geplanten Besuchs zu dienen, aber der Gouverneur schnappte sich die Immobilie, als der König doch nicht kam. Das Gebäude wurde liebevoll restauriert und es sind vertonte Dioramen zu sehen, die alle Aspekte muslimischen Alltagslebens im Süden zeigen.

Schlafen & Essen

Sinkiat Thani Hotel (☎ 0 7473 0255; 50 Th Burivanich; Zi. 663 B; ❄) Satuns bestes Hotel liegt mitten im Zentrum in einem hohen Haus, das große Zimmer mit viel modernem Komfort hat. Die besten Zimmer bieten fantastische Aussichten über die Stadt und den Dschungel.

On's (48 Th Burivanich; Gerichte ab 40 B; ❄ morgens, mittags & abends) Beliebt bei Jachties. Das On's ist ein westlich orientierter Laden mit internati-

onaler Küche. Es gibt Fassbier und viele Insidertipps vom freundlichen Personal.

Snacks aus der chinesischen und der muslimischen Küche kann man in der Th Burivanich und der Th Samanta Prasit probieren. Unbedingt an den chinesischen Ständen das „rote Schweinefleisch" mit Reis testen oder das auf südliche Art zubereitete Roti (Fladenbrot), das es in den meisten muslimischen Restaurants gibt (je ca. 50 B). Satuns **Nachtmarkt** (bei Th Satun Thanee) erwacht um etwa um 17 Uhr; dort gibt's tolle thailändische Currygerichte.

An- und Weiterreise

BUS

Busse nach Bangkok starten von einem kleinen Depot an der Th-Hatthakham Seuksa,

östlich des Zentrums. Sie sind mit Klimaanlage (820 B, 14 Std.) ausgestattet und starten
um 7 Uhr sowie um 14.30 Uhr. Ein einzelner
VIP-Bus fährt um 16.30 Uhr ab (1030 B).
Normale Busse mit Klimaanlage nach Hat Yai
(80 B, 2 Std.) und Trang (100 B, 1½ Std.)
fahren regelmäßig vor dem 7-Eleven an der
Th Satun Thanee ab.

MINIVAN & SAMMELTAXI

Regelmäßig fahren Minivans zum Bahnhof in
Hat Yai (150 B, 1 Std.) vom Depot in der Th
Sulakanukoon ab. Gelegentlich verkehren
Minivans nach Trang, aber viel öfter Busse.
Wenn man mit dem Boot am Tammalang-Pier
ankommt, gibt's direkte Vans mit Klimaanlage
nach Hat Yai (180 B), zum Flughafen Hat Yai
(220 B) und nach Trang (220 B).

Mit Sammeltaxis kann man nach Pak Bara
(400 B, 45 Min.) oder Hat Yai (400 B, 1 Std.)
fahren.

SCHIFF/FÄHRE

Boote nach Malaysia und Tarutao starten vom
Tammalang-Pier, entlang der Th Sulakanukoon
etwa 7 km südlich von Satun gelegen. Der
Fährverkehr in Satun wird immer geringer, da
Pak Bara (s. unten), weiter oben an der Küste,
sich allmählich zur größten Hafenstadt der
Region entwickelt. Große Longtail-Boote
fahren zwischen 8 und 14 Uhr regelmäßig nach
Kuala Perlis in Malaysia (200 B, 1 Std.). Von
Malaysia aus beträgt der Fahrpreis 20 RM.

Die Boote nach Pulau Langkawi in Ma-
laysia starten vom Tammalang-Pier täglich
um 9.30, 13.30 und 16.00 Uhr (250 B, 1½ Std).
In umgekehrter Richtung fahren die Boote ab
Pulau Langkawi um 8.30, 12.30 und 16.00
Uhr. Der Fahrpreis beträgt 27 RM. Zwischen
Thailand und Malaysia gibt's einen Zeit-
unterschied von einer Stunde.

Unterwegs vor Ort

Kleine orange Songthaeos zum Tammalang-
Pier (zu den Booten nach Malaysia) kosten
50 B und starten von 8 bis 17 Uhr etwa alle 20
Minuten von einem Depot gegenüber dem
Thai Ferry Centre. Ein Motorrad-Taxi aus
derselben Gegend kostet 60 B.

PAK BARA

ปากบารา

An Satuns ruhiger Küste gibt's einige kleine
Städte, die als Ausgangspunkt für die Inseln
im Ko Phetra und im Ko Tarutao Marine

National Park dienen. Der Fischerort Pak Bara
ist aber der wichtigste Verkehrsknotenpunkt.
Hier liegt eine Aufbruchsstimmung in der
Luft, da neue Geschäfte gegründet und die
Verkehrsverbindungen weiter ausgebaut
werden. Momentan ist geplant, einen Tief-
wasserkanal durch die Halbinsel von Pak Bara
nach Songkhla zu graben. Dann müssten
Schiffe, die vom Golf von Thailand zur Andamanensee wollen, nicht mehr zunächst
nach Singapur hinunterfahren. Sollten diese
Pläne realisiert werden, werden Pak Bara und
sein neuer Tiefwasserhafen einen wichtigen
Punkt auf der Landkarte darstellen. Momentan gibt es keine Geldautomaten in Pak Bara
(der nächste befindet sich in La-Ngu).

Wer die ruhigeren Inseln des Ko Tarutao
National Park besuchen will, sollte bei der
Parkverwaltung (☎ 0 7478 3485) direkt hinter dem
Pier haltmachen, wo man Unterkünfte bu-
chen und Campinggenehmigungen bekom-
men kann. Reisebüros am Pier verkaufen gern
Tickets für alle Ziele und oft werden auch
Kajak- und Schnorcheltagesausflüge angebo-
ten (ab 1500 B).

Pak Bara ist nicht unbedingt ein lohnendes
Ziel. Wer dennoch in der Stadt hängenbleibt,
wird einige geeignete Unterkünfte vorfinden,
darunter das **Best House Resort** (☎ 0 7578 3058;
Bungalows 590 B; 🏠), das dem Pier am nächsten
ist. Der freundliche Inhaber bietet einige Bungalows an, die um einen Teich herum gruppiert
sind. Wenn man auf sein Schnellboot wartet,
um zu einer der Inseln zu gelangen, gibt es einige muslimische Restaurants um den Pier
herum – das beste ist neben Andrew Tour.

An- & Weiterreise

Zwischen 7 und 16 Uhr fahren stündlich
Minibusse von Hat Yai, dem Hauptverkehrs-
knotenpunkt in Südthailand, zum Pier in Pak
Bara (150 B, 2 Std.). Es wird auch eine Rückfahrt angeboten. Ein privates Taxi von Hat Yai
kostet etwa 1500 B. Ein Taxi von Trang kostet
600 B und ein Taxi von Satun etwa 400 B.
Ebenso fahren Vans nach Trang (250 B,
1½ Std.) und Krabi (400 B, 4 Std.).

Die folgende Fähreninformation ist nur in
der Hochsaison (1. Nov.–15. Mai) relevant;
nur ganz wenige langsame Fähren fahren in
der Nebensaison. Wenn man auf dem Festland ist und nach Ko Lipe, Ko Bulon Leh oder
auf einige der anderen Nachbarinseln gelangen will, muss man durch Pak Bara. Ist man
bereits auf einer Insel (wie Ko Lanta, Ko Phi-

Phi oder Ko Ngai) und will zu diesen Inseln im Süden reisen, kann man mit einem Schnellboot direkt dorthin fahren. Eine Reihe von Fähren und Schnellbooten, die zu den Inseln im Ko Tarutao bzw. Ko Phetra Marine National Park fahren, starten um 11.30 Uhr und 15.30 Uhr in Pak Bara. Die Fähren nach Ko Bulon Leh kosten etwa 350 B, Schnellboote nach Ko Lipe mit einem Zwischenstopp auf Ko Tarutao 650 B (od. 1200 B hin & zurück).

KO PHETRA MARINE NATIONAL PARK
อุทยานแห่งชาติหมู่เกาะเภตรา

Obwohl der benachbarte Ko Tarutao Marine National Park bekannter ist, erwartet Besucher auch im **Ko Phetra Marine National Park** (☎ 0 7478 1582; Erw./Kind 400/200 B) eine atemberaubende Inselgruppe. Zu ihm gehören Ko Khao Yai, Ko Lao Liang (S. 784), Ko Bulon Leh (die einzige Insel im Park, auf der es Privatunterkünfte gibt; s. rechte Spalte) und 19 andere grüne Inseln.

Die Parkverwaltung befindet sich 3 km südöstlich von Pak Bara in Ao Nun. Unbedingt dort vorbeigehen, bevor man auf einer der verlassenen Inseln ein Zelt aufstellt.

Ko Bulon Leh
เกาะบุโหลนเล

Zwischen den Trang-Inseln und dem Ko-Tarutao Marine Park befindet sich Ko Bulon Leh (auch Bulon genannt). Die Insel ist von kristallklarem Wasser umgeben und hat feine Sandstrände. Sie ist bereits so weit touristisch erschlossen, dass genug Komfort zu finden ist, andererseits aber noch nicht so populär, dass man um sein eigenes Fleckchen Sand kämpfen müsste.

Im südlichen Teil der Insel befindet sich die landschaftlich schöne **Mango Bay**, im Norden eine Felsenbucht mit kleinen *chow-lair*-Siedlungen. Auf der Insel kann man tolle Wanderungen machen – im Inneren ist sie von mit Kautschukpflanzungen gesäumten Wegen durchzogen, in denen es von Vögeln wimmelt. Die meisten Ziele auf der Insel sind in einer halben Stunde erreichbar. Einige bizarre Felsformationen entlang der Küste erinnern an Gemälde von Salvador Dalí. Ein feiner, goldschimmernder Sandstrand erstreckt sich entlang der Ostküste, wo direkt vor der Küste schöne Korallenriffe liegen.

In den Resorts kann man für etwa 900 B Schnorchelausflüge zu anderen Inseln in der Ko-Bulon-Gruppe buchen, ebenso kann man

für 300 B pro Stunde zum Fischen hinausfahren. Masken und Schnorchel (100 B), Schwimmflossen (70 B) und Kajaks (150 B/ Std.) können vor Ort ausgeliehen werden.

SCHLAFEN & ESSEN
In der Regenzeit sind die meisten Unterkünfte geschlossen. Es gibt einige Restaurants und ein kleines Geschäft in dem muslimischen Dorf nahe dem Bulon Viewpoint.

Bulone Resort (☎ 08 1897 9084; www.bulone-resort. com; Bungalows 600–1200 B) Das Resort hat einen supertollen Strand und ist die erste Wahl, wenn man eine günstige Unterkunft sucht. Hier findet man einfache, luftige Hütten in verschiedenen Größen. Alle stehen im angenehmen Schatten der hohen Kasuarinen, die den nördlichen Teil des Strandes säumen.

Pansand Resort (☎ 0 7521 8035; www.pansand -resort.com; 82-84 Th Visetkul; Cottages inkl. Frühstück 1000– 1700 B) Das Pansand befindet sich am besten Stück Strand der Insel. Es gibt dort einladende Bungalows im Kolonialstil und ordentliche Cottages, die sich entlang von Grünflächen aneinanderreihen. Das Restaurant ist großartig. Beim Personal kann man Schnorchelausflüge nach White Rock Island buchen (max. 8 Pers., 1500 B). Das Resort ist immer gut besucht – im Voraus buchen.

AN- & WEITERREISE
In der Hochsaison fahren die Fähren häufiger. Daher am besten im Resort auf der Insel den aktuellen Fahrplan erfragen. Ein Schnellboot startet täglich in Pak Bara um 13.30 Uhr (400 B) und erreicht die Insel etwa um 15 Uhr. Boote in die andere Richtung fahren um 9 Uhr ab. Fähren nach Ko Bulon Leh starten von Ko Lipe um 14.30 Uhr (550 B); Fähren zur Ko Lipe fahren um 10 Uhr von Ko Bulon Leh ab. Bei entsprechender Nachfrage verkehren zusätzliche Schnellboote zwischen Ko Lipe und Ko Bulon Leh.

KO TARUTAO MARINE NATIONAL PARK
อุทยานแห่งชาติหมู่เกาะตะรุเตา

Bei jedem Geheimtipp ist es nur eine Frage der Zeit, bis jeder ihn kennt. Der atemberaubende Meerespark wurde bekannt, als der Produzent von *Survivor*, einer populären amerikanischen Reality-Show, ihn als Schauplatz für die fünfte Folge der Fernsehserie wählte. Zum Glück haben die strengen thailändischen Naturschutzgesetze den **Ko Tarutao Marine National Park** (☎ 0 7478 1285; Erw./Kind

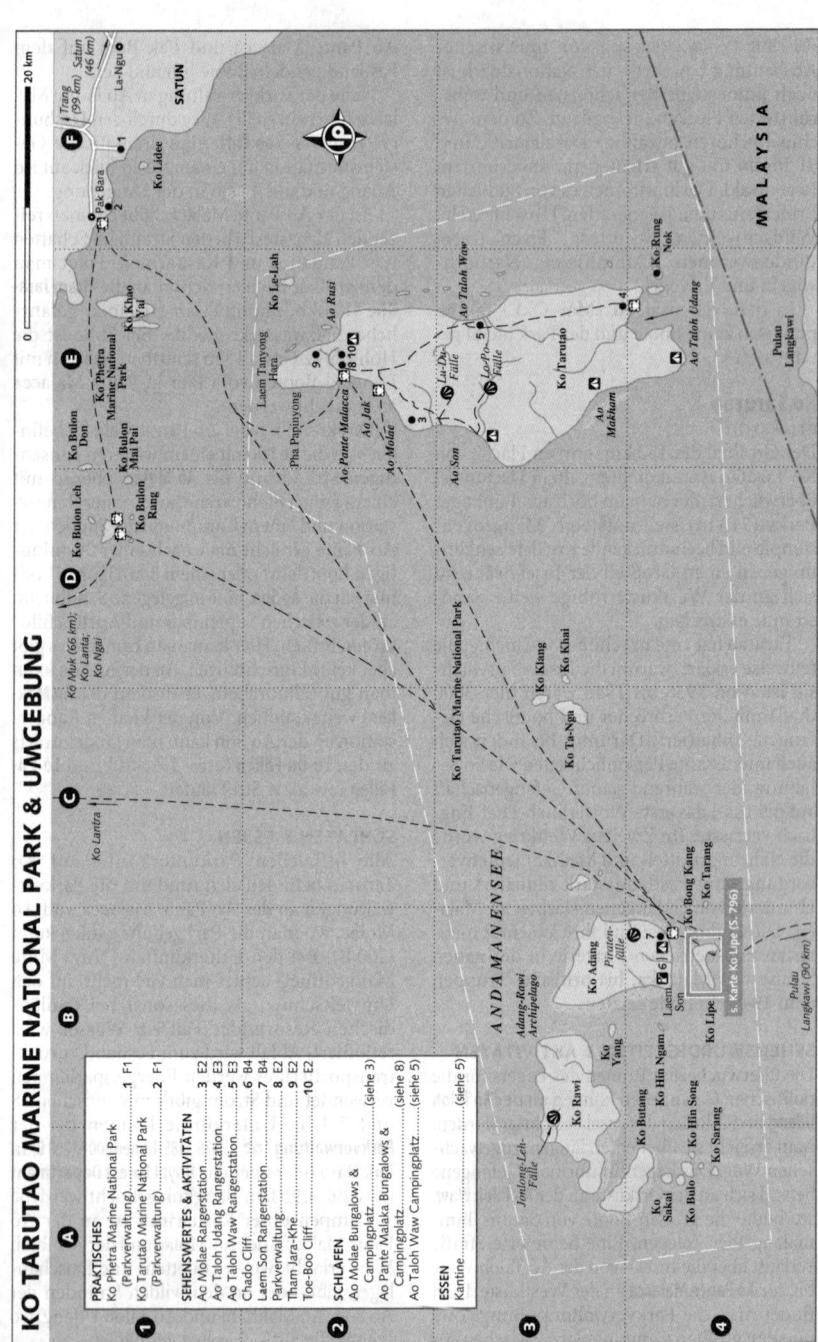

KO TARUTAO MARINE NATIONAL PARK & UMGEBUNG

PRAKTISCHES

Ko Phetra Marine National Park (Parkverwaltung)........................1	F1
Ko Tarutao Marine National Park (Parkverwaltung)........................2	F1

SEHENSWERTES & AKTIVITÄTEN

Ac Molae Rangerstation..................3	E2
Ao Taloh Udang Rangerstation........4	E3
Ao Taloh Waw Rangerstation...........5	E3
Chado Cliff.......................................6	B4
Laem Son Rangerstation.................7	B4
Parkverwaltung...............................8	E2
Tham Jara-Khe.................................9	E2
Toe-Boo Cliff..................................10	E2

SCHLAFEN

Ao Molae Bungalows & Campingplatz.......................(siehe 3)	
Ao Pante Malaka Bungalows & Campingplatz.......................(siehe 8)	
Ao Taloh Waw Campingplatz.......(siehe 5)	

ESSEN

Kantine..(siehe 5)	

400/200 B; ☺ Nov.–Mitte Mai) vor touristischer Ausbeutung bewahrt – der Nationalpark ist noch immer eine der schönsten und unberührtesten Flecken in Thailand. Zu dem Archipel gehören unzählige Korallenriffe und 51 Inseln mit gut erhaltenem, unberührtem Regenwald. Darin wimmelt es von Südlichen Brillenlanguren, Javaneraffen, Hirschferkeln, Wildschweinen, Seeottern, Fischkatzen, Bindenwaranen, Baumphytons, Nashornvögeln und Eisvögel.

In der Nebensaison (Mai–Okt.) fahren praktisch keine Boote und der Park bleibt geschlossen.

Ko Tarutao

เกาะตะรุเตา

Der Großteil der 152 km² großen Fläche von Ko Tarutao ist mit dichtem altem Dschungel überwuchert, der bis zum höchsten Punkt des Parks (713 m) steil aufsteigt. Mangrovensümpfe und beeindruckende Kreidefelsenkliffs umgeben einen Großteil der Insel, während sich an der Westküste ruhige weiße Sandstrände erstrecken.

Tarutao hat eine unschöne Geschichte, die teilweise erklärt, warum die Insel so urwüchsig ist. Von 1938 bis 1948 waren hier 3000 thailändische Verbrecher und politische Gefangene inhaftiert. Darunter befanden sich auch interessante Persönlichkeiten wie So Setabutra, der während seiner Gefangenschaft auf der Insel das erste Wörterbuch Thai-Englisch verfasste. Im Zweiten Weltkrieg wurde die Nahrungsmittel- und Medikamentenversorgung vom Festland stark reduziert und Hunderte von Gefangenen starben an Malaria. Die Gefangenen und ihre Wächter meuterten und betrieben Piraterie in der nahen Straße von Malakka, bis britische Truppen dem 1944 ein Ende setzten.

SEHENSWÜRDIGKEITEN & AKTIVITÄTEN

Die überwucherten Ruinen des Lagers für die politischen Gefangenen können an der **Ao Taloh Udang** im Südosten der Insel besichtigt werden. Man erreicht sie über einen langen, zugewachsenen Weg. Das Lager für normale Gefangene befand sich an der Ostküste an der **Ao Taloh Waw**, wo heute die großen Boote von Satuns Tammalang-Pier anlegen. Eine betonierte Straße verläuft über die Insel – von der Ao Taloh Waw bis zur **Ao Pante Malacca** an der Westküste. Dort findet man die Parkverwaltung, Bungalows und den größten Campingplatz. Zwischen der Ao Pante Malacca und Pak Bara auf dem Festland pendeln Boote hin und her.

Nahe der Parkverwaltung in Ao Pante Malacca führt ein steiler Weg durch den Dschungel zum **Toe-Boo Cliff**, eine dramatische Gesteinsformation mit einem tollen Blick auf Ko Adang und die Inseln in der Umgebung.

An der Ao Pante Malacca gibt es einen reizenden alabasterfarbenen Strand im Schatten von Pandanus und Kasuarinen. Folgt man dem großen Bach erreicht man die **Tham Jara-Khe** (Krokodilhöhle), einst Heimat gefährlicher Salzwasserkrokodile. Bei Ebbe ist die Höhle bis zu etwa 1 km schiffbar; sie kann mit Longtail-Booten vom Pier in Pante Malacca aus besucht werden.

Direkt südlich der Ao Pante Malacca befindet sich die **Ao Jak** mit einem weiteren feinsandigen Strand und die **Ao Molae**, ebenso mit einem feinen Standstrand sowie einer Rangerstation und einem Campingplatz. Südlich der Ao Pante erreicht man nach einer 30-minütigen Bootsfahrt oder einem 8 km langen Fußmarsch die **Ao Son**, eine abgelegene Sandbucht, an der zwischen September und April Schildkröten brüten. Hier kann man campen, es gibt aber keine Einrichtungen. An der Ao Son kann man gut schnorcheln, ebenso an der **Ao Makham** weiter südlich. Von der kleinen Rangerstation an der Ao Son kann man landeinwärts zu den **Lu-Du-Fällen** (etwa 1½ Std.) und **Lo-Po-Fällen** (etwa 2½ Std.) laufen.

SCHLAFEN & ESSEN

Alle offiziellen Parkunterkünfte auf Ko Tarutao befinden sich rund um die Parkverwaltungen an der Ao Pante Malacca und Ao Molae, wo man die Parkgebühr zahlen kann (400 B). Bei den Unterkünften (Nov.–Mitte Mai geöffnet) achtet man viel mehr auf den Umweltschutz, als dies sonst bei thailändischen Resorts der Fall ist. Wasser wird rationiert, Abfall wird zum Festland zurücktransportiert, es werden Energiesparlampen verwendet und Strom gibt's nur zwischen 18 und 7 Uhr. Unterkünfte können bei der **Parkverwaltung** (☎ 0 7478 3485; Hütten 600–1200 B) in Pak Bara oder über das **Royal Forest Department** (☎ 0 2561 4292/3) in Bangkok gebucht werden.

Campen unter Kasuarinen ist an der Ao Pante Malacca, der Ao Molae und der Ao Taloh Waw erlaubt, wo es Toiletten- und Duschanlagen gibt, oder an den wilden Stränden der Ao Son, Ao Makham und Ao Taloh Udang, wo man völlig auf sich selbst gestellt ist.

Die Parkverwaltung betreibt zwei **Kantinen** (Gerichte 40–120 B), eine befindet sich an der Ao Pante Malacca, die andere neben dem Pier an der Ao Taloh Waw.

AN- & WEITERREISE

Die Boote von Pak Bara zur Ko Lipe machen einen Zwischenstopp in Ko Tarutao; nähere Infos s. S. 798. Täglich fährt ein Boot von Satun (HS) um 11 Uhr; die Rückfahrt ist um 15 Uhr. Die Fahrtkosten sind etwa so hoch wie bei der Fähre (nicht das Schnellboot) von Pak Bara.

Longtail-Boote können vom Pier an der Ao Pante Malacca für Ausflüge nach Tham Jara Khae oder zur Ao Son für etwa 600 B gemietet werden. Zur Ao Taloh Udang zahlt man für Hin- und Rückfahrt etwa 1500 B.

Ko Khai & Ko Klang

เกาะไข่/เกาะกลาง

Zwischen Ko Tarutao und Ko Adang gibt es eine kleine Inselgruppe von drei Inseln, die zusammen **Muu Ko Klang** genannt werden. Am interessantesten ist Ko Khai, auf der es einen sehr schönen weißen Standstrand und einen beeindruckenden Felsbogen gibt. Das Korallenriff wurde hier durch die Anker von Booten etwas beschädigt, vor Ko Khai und Ko Klang findet man jedoch kristallklares Wasser, in dem man wunderbar schwimmen kann. Man kommt mit Longtail-Booten von der Ao Pante Malacca auf Ko Tarutao oder von Ko Lipe aus hin. Hin- und Rückfahrt kosten von beiden Ausgangspunkten etwa 1500 B.

Ko Lipe

เกาะหลีเป๊ะ

Wenn man darauf aus ist, das ultimative Foto eines orangeroten Longtail-Bootes zu schießen, wie es auf einem vollkommen türkisblauen Meer sanft hin- und herschaukelt, dann steuert man am besten schnurstracks Ko Lipe an! Doch in den letzten Jahren haben sich die Baufirmen einen Großteil der Grundstücke an der Küste unter den Nagel gerissen (und ebenso einen Teil des Dschungels). Auch wenn auf der kleinen Insel Lipe immer noch eine entspannte Stimmung herrscht, schrumpft das *chow-lair*-Dorf der Insel doch zunehmend. Neue Resorts tauchen auf und es gibt zunehmend Probleme mit dem Müll. Leider wird es wohl nicht mehr allzu lange dauern, bis die Urlauber die Insel in „Klein-Ko-Phi-Phi" umbenennen …

ORIENTIERUNG

Ko Lipe ist eine kleine, bumerangförmige Insel mit drei Hauptstränden: Sunset Beach, Sunrise Beach und Hat Pattaya, wo in der Hochsaison eine kleine Einreisebehörde geöffnet hat (S. 798). Eine Reihe von gepflasterten Wegen durchzieht die Insel, die alle drei Strände verbinden – abends sollte man eine Taschenlampe dabeihaben, um sich nicht zu verirren. Das Castaway Resort (S. 798) hat die beste Karte der Insel – sie ist einer Schatzkarte nachempfunden.

PRAKTISCHE INFORMATIONEN

Zum Zeitpunkt der Recherche gab es auf Ko Lipe noch keinen Geldautomaten. Einige Resorts der mittleren und oberen Preisklasse akzeptieren Kreditkarten, zur Sicherheit bringt man aber besser ausreichend Bargeld mit. Auf der Insel gibt's keinen 7-Eleven (s. Kasten S. 798). Daher werden die Kunden in den Läden oft mit völlig überhöhten Preisen über den Tisch gezogen – das Sonnenschutzmittel am besten vor der Ankunft auf Ko Lipe kaufen.

Fahrpläne bekommt man bei einem Mädchen namens Boi, bei der man auch Ausflüge buchen kann. Sie ist die Inhaberin des Reisebüros **Friends Travel** (Boi's Travel; ☎ 08 9464 5854; www. kohlipethailand.com), das sich an der gepflasterten Straße zwischen dem Hat Pattaya und Sunrise Beach befindet. Sie verkauft auch fantastische selbstgemachte Souvenirs von Ko Lipe.

Auf Ko Lipe kommt es hin und wieder zum Ausbruch von Denguefieber; weitere Infos dazu auf S. 850.

AKTIVITÄTEN

Die nahen Inseln Ko Adang oder Ko Rawi (S. 799) kann man auf eigene Faust mit dem Boot besuchen (Fahrten mit dem Longtail-Boot kosten 50 B/einfache Strecke) oder man nimmt an einer Tour teil (S. 797).

Taucher, die besonders für Lipe schwärmen, werden sagen, dass es Dutzende sehenswerter Plätze in der Gegend gibt. Sie werden aber verschweigen, dass man mit der Sicht oft ganz schön Pech haben kann – manchmal ist das Wasser kristallklar, manchmal sorgen starke Strömungen auch für Sandwolken. Dennoch ist Ko Lipe ein cooler Ort zum Gerätetauchen – es gibt Heerscharen von Tauchern (wie auf Phuket oder Ko Tao) und die Riffe sind in vergleichsweise gutem Zustand. Die beliebtesten Orte zum Tauchen in der Re-

DER ÄUSSERSTE SÜDEN

DER ÄUSSERSTE SÜDEN

KO LIPE

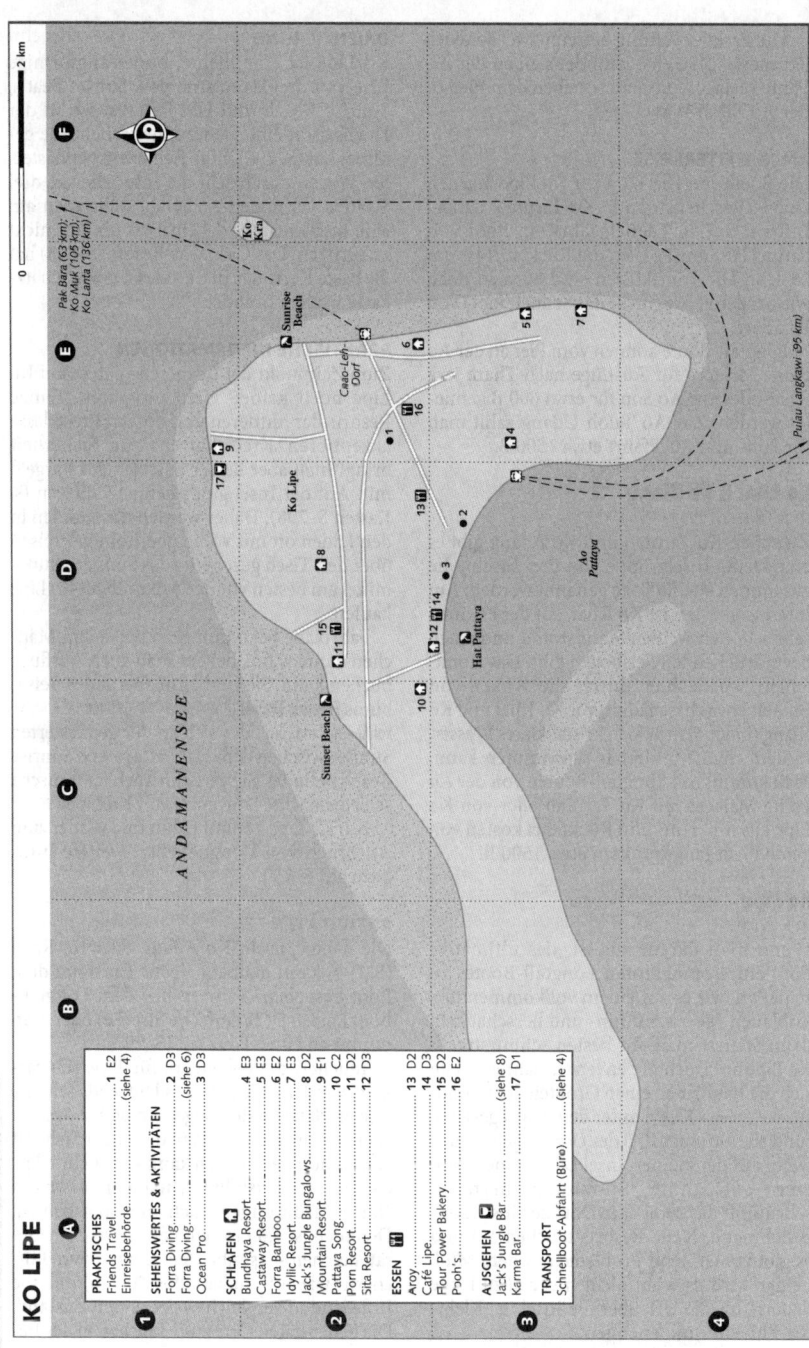

PRAKTISCHES
Friends Travel..........................1 E2
Einreisebehörde.................(siehe 4)

SEHENSWERTES & AKTIVITÄTEN
Forra Diving............................2 D3
Forra Diving.......................(siehe 6)
Ocean Pro..............................3 D3

SCHLAFEN 🏠
Bundhaya Resort......................4 E3
Castaway Resort......................5 E3
Forra Bamboo..........................6 E2
Idyllic Resort..........................7 E3
Jack's Jungle Bungalows...........8 D2
Mountain Resort......................9 E1
Pattaya Song..........................10 C2
Porn Resort.............................11 D2
Sita Resort.............................12 D3

ESSEN 🍴
Aroy.......................................13 D2
Café Lipe...............................14 D3
Flour Power Bakery..................15 D2
P>oh's....................................16 E2

AUSGEHEN 🍸
Jack's Jungle Bar................(siehe 8)
Karma Bar..............................17 D1

TRANSPORT
Schnellboot-Abfahrt (Büro)....(siehe 4)

ANDAMANENSEE

Sunset Beach

Ko Lipe

Sunrise Beach

Chao-Leh-Dorf

Ko Kra

Ao Pattaya

Hat Pattaya

Pak Bara (63 km);
Ko Muk (105 km);
Ko Lanta (136 km)

Pulau Langkawi (95 km)

0   2 km

gion sind u. a. der **Eight Mile Rock**, eine im Wasser liegende Felsspitze, die große pelagische Fische anlockt, das überwucherte **Yong-Hua-Schiffswrack** und **Ko Bu Tang** mit seiner Stingray City. Auch im Kanal zwischen Ko Adang und Ko Rawi sind schöne Tauchspots zu finden.

Die meisten Tauchschulen veranstalten von Anfang November bis Mitte Mai Tauchtrips. Kosten: etwa 2200 bis 2500 B für einen Ausflug mit zwei Tauchgängen. Ein PADI-Open-Water-Kurs kostet etwa 12 000 bis 13 500 B (das ist etwa 2500 B teurer als bei den Schulen auf Ko Tao; S. 671)

Die folgenden Tauchschulen sind empfehlenswert. Sie setzen eher richtige Boote als Longtail-Boote ein.

Forra Diving (☎ 08 4407 5691; www.forradiving.com) Freundliche Schule, die einem Franzosen gehört. Büros gibt's auf am Sunrise und am Pattaya Beach.

Ocean Pro (☎ 08 9733 8068; www.oceanprodivers.net) Professionelles und sachkundiges Personal, mit dem alles reibungslos läuft.

GEFÜHRTE TOUREN

Tagesausflüge und Trips zu den nahe gelegenen Inseln Ko Adang und Ko Rawi, bei denen über Nacht gecampt wird, wurden in den letzten Jahren immer beliebter. Die lokalen *chow lairs* bieten exzellente Ausflüge, bei denen die Touristen durch unberührte Riffe schnorcheln, an einsamen Stränden sonnenbaden und etwas über den einzigartigen Lebensstil der Seenomaden erfahren, indem sie deren Geschichten lauschen und ihre Gerichte testen. Zu den meisten Tagesausflügen gehören authentisch zubereitete Mahlzeiten mit Fisch, der über einem offenen Feuer zubereitet wird. Wenn einem so etwas gefällt, kann man auch einen *chow-lair*-Führer finden, der einen bei einem mehrtägigen Campingabenteuer begleitet. Es ist wichtig, im Vorfeld Erkundigungen einzuziehen, da die Qualität der Führer sehr unterschiedlich ist und es oft keine Büros gibt. Tagesausflüge kosten 400 B aufwärts.

Boi (S. 795) organisiert in ihrem Reisebüro auch erstklassige Schnorchelausflüge (550–650 B).

SCHLAFEN

Die Unterkünfte auf Ko Lipe sind stark überteuert. Bungalows, die auf anderen Inseln 300 B kosten, sind in der Hauptsaison auf Ko Lipe doppelt so teuer. Die meisten Resorts haben zwischen Mai und Oktober geschlossen. Dann wird das Meer nämlich ziemlich unru-

hig und es fahren keine Schnellboote mehr. Man kann praktisch in jedem Resort essen; und manche der von uns genannten Restaurants (S. 798) vermieten auch Bungalows.

Zum Zeitpunkt der Recherchen wurden gerade zwei Fünf-Sterne-Resorts gebaut. Wer also ein locker sitzendes Portemonnaie hat, kann sehen, ob er im Sita Resort oder im Idyllic Resort noch ein freies Plätzchen findet.

Porn Resort (☎ 08 9464 5765; Sunset Beach; Bungalows 700–800 B) Die etwas heruntergekommenen Bungalows stellen das einzige Resort am netten Sunset Beach dar. Die Bungalow-Veranden sind ideal, um von dort den Sonnenuntergang zu bewundern.

Forra Bamboo (☎ 08 4407 5691; www.forradiving.com; Sunrise Beach; Bungalows 700–1200 B) Riesige Bambusbungalows liegen auf einem von Dickicht überwucherten Fleckchen Land mit Blick auf den Sunrise Beach. Von dort hat man auch die typischen Ko-Lipe-Aussichten auf träge dahingleitende Longtail-Boote und weiter entfernte Dschungelinselchen. Wenn man mit Forra (s. linke Spalte) taucht, gibt's Rabatte.

Jack's Jungle Bungalows (www.jacksjunglebar.com; Bungalows 950 B) 150 m landeinwärts vom Sunset Beach stehen diese brandneuen Bungalows mitten in einem wild wuchernden Regenwald. Wenn man einen Blick aufs Meer haben möchte, ist man hier aber an der falschen Adresse; ansonsten bekommt man im Jack's Jungle aber noch etwas für sein Geld.

Pattaya Song (☎ 0 7472 8034; www.pattayasongresort.com; Bngalows 1200–1800 B) Diese von einem Italiener betriebene Unterkunft thront über den Felsen im Westen des Strandes. Dort gibt es ordentliche Holz- und Betonhütten, die sich entweder am Ozean oder ein Stück weit den Hügel hinauf aneinanderreihen. Das Restaurant Pattaya Seafood serviert ausgezeichnetes Essen und das Resort kann Ausflüge zum Fischen und zum Insel-Hopping in der Gegend organisieren.

Mountain Resort (☎ 0 7472 8131; Sunrise Beach; Bungalows 1600 B; 🐾) Dieses große Resort hat mit seiner Lage am Hügel eine großartige Aussicht auf Ko Adang. Gewundene Holzwege führen vom Strand hinauf, wo man ein terrassenförmig angelegtes Restaurant mit einem ebenso spektakulären Ausblick findet. In letzter Zeit gab es öfter Probleme mit der (nicht vorhandenen) Kanalisation. In einem Teil des Resorts riecht es deshalb streng und man sollte erst mal Witterung aufnehmen, bevor man seine Taschen irgendwo liegen lässt. Am Strand

DAS 7-ELEVEN-SPIEL

In Bangkok gibt's zahllose 7-Eleven-Supermärkte. Je weiter man aber in entlegenere Regionen vordringt, desto rarer werden die greifbaren Zeichen der Globalisierung – ein gutes Indiz dafür, wie weit man sich abseits ausgetretener Pfade bewegt.

Langweilt man sich auf einer langen Busfahrt, kann man das 7-Eleven-Spiel machen, indem man versucht, sich an die Zahl der Supermärkte in jedem besuchten Ort zu erinnern. Wir haben einen auf Ko Phi-Phi (den meistbesuchten in Thailand), vier auf Ko Tao und fünf auf Ko Lanta gezählt. Zum Glück gibt's (noch) keinen auf Ko Lipe...

kann man sich massieren lassen (300 B) und Schnorchelzubehör erwerben (50 B).

Bundhaya Resort (☎ 0 7475 0248; www.bundhaya resort.com; Hat Pattaya; Bungalows inkl. Frühstück 1600–4000 B; ☒ ▣) Das Bundhaya ist ein notwendiges Übel auf einer ruhigen Insel wie Ko Lipe. Das superordentliche Resort dient zugleich auch als Fahrkartenverkauf für Schnellboote und als Einreisebehörde. Die seelenlosen Holzbungalows sind zwar bequem, aber überteuert. Mit dem im Preis enthaltenen Frühstück bleibt man aber satt bis zum Mittagessen.

Castaway Resort (☎ 08 3138 7472; www.castaway-resorts.com; Sunrise Beach; Bungalows 3000–6250 B; ▣) Der eine oder andere wird sich fragen, warum es bei einem Zimmerpreis von 3000 B keine Klimaanlage gibt. Nun ja, das gehört alles zum schicken Bambuszauber. Alles im Castaway macht einen entschieden exklusiven Eindruck, vom Restaurant mit Kerzenlicht bis zu den luftigen, mit Teakholz geschmückten Schlafzimmern, die mit unzähligen Kissen ausgestattet sind.

ESSEN & AUSGEHEN

Flour Power Bakery (☎ 08 9464 5884; Backwaren ab 40 B; ☺ morgens & mittags) Die Bäckerei, die sich hinter Sabye Sport am Sunset Beach befindet, verwendet importierte Zutaten, um köstliche Kuchen und Brownies herzustellen – genau wie bei Muttern.

Café Lipe (☎ 0 7472 8036; www.cafe-lipe.com; Gerichte ab 90 B; ☺ morgens & mittags) Das von Schweizern betriebene Café Lipe, ein echter Insidertipp in puncto Frühstück, tischt am Morgen grandiose Mahlzeiten auf – das riesige Müsli ist voller frischer Früchte und bunter Zerealien. Ei-

nige brandneue Bambusbungalows (500 B; kein fließendes Wasser) liegen am Hinterhof.

Aroy (☎ 08 7621 9488; Gerichte 80–180 B) Dieses populäre Thai-Restaurant wird seinem Namen wirklich gerecht (*aroy* bedeutet „köstlich"). Es liegt an der Straße, die den Sunrise Beach mit dem Pattaya Beach verbindet. Es gibt nur ein kleines Schild, sodass man möglicherweise nach dem Weg fragen muss, aber wegen des guten Essens lohnt es sich auf jeden Fall.

Pooh's (☎ 0 7472 8019; www.poohlipe.com; Gerichte ab 120 B) Das Pooh's ist der Ort, an dem man alles bekommt, was man auf der Insel braucht: Es gibt ein lebhaftes Restaurant, eine Bar, Internet, ein Reisebüro und ein paar mittelprächtige Zimmer auf der Rückseite.

Wenn man ein paar Bierchen trinken will, sollte man die **Karma Bar** (☎ 08 5199 3101) probieren, ein traditionell beliebter Treffpunkt nahe dem Mountain Resort, oder **Jack's Jungle Bar** (www.jacksjunglebar.com), ein freundlicher Ort mitten im Dschungel, wo auch ein paar unschlagbare Currygerichte serviert werden.

AN- & WEITERREISE

Auf Ko Lipe gibt's keinen Pier. Die Fähren legen nahe dem Strand an (entweder am Hat Pattaya oder am Sunrise Beach) und man springt ans Ufer (bei schwerem Seegang wird man auch von einem Longtail-Boot abgeholt). In der Hochsaison (1. Nov.–15. Mai) verkehren täglich Boote ab Pak Bara (11.30 & 13.30 Uhr, 2½ Std., 600 B) und Pulau Langkawi (8 & 9 Uhr, 1½ Std., 600 B). Boote von Ko Lipe fahren nach Pak Bara um 9.30, 10 und 13.00 Uhr, nach Pulau Langkawi um 15.30, 16 und 16.30 Uhr. Wichtig: Wenn man einen Visa-Run von Ko Lipe nach Langkawi macht, muss man in Langkawi übernachten, bevor man nach Ko Lipe zurückkehrt. Die Boote, die zwischen Pak Bara und Ko Lipe verkehren, stoppen immer an den Inseln Ko Tarutao und Ko Bulon Leh.

Ein Schnellboot von Ko Phi-Phi startet um 8 Uhr und macht Zwischenstopps auf Ko Lanta (um 9.30 Uhr) und bei Hat Yao (12.30 Uhr), bevor es um 15.30 Uhr Ko Lipe erreicht. In umgekehrter Richtung verlassen die Boote Ko Lipe um 10 Uhr und erreichen Ko Phi-Phi etwa um 17.30 Uhr. Ein zweiter Schnellboot-Service besteht zwischen Ko Lanta und Ko Lipe mit Zwischenstopps bei Ko Bulon Leh, Koh Muk und Koh Ngai. Boote in Richtung Ko Lipe verlassen Ko Lanta um 13 Uhr; in die Gegenrichtung verlassen die Boote Ko Lipe

um 9 Uhr. Die Schnellboote, die zwischen den Inseln verkehren, kosten etwa 2000 B. Weitere Infos gibt's unter www.kohlipethailand.com.

UNTERWEGS VOR ORT

Die Motorrad-Taxis, die über die Insel jagen, bieten ihre Dienste für 50 B pro Person an (Ko Lipe ist autofrei); die Insel ist aber so klein, dass man nur mit schwerem Gepäck ein Taxi braucht. Zum gleichen Preis kann man auch Longtail-Taxis nehmen.

Ko Adang & Ko Rawi
เกาะอาดัง/เกาะราวี

Ko Adang und Ko Rawi erscheinen beinahe wie mächtige Riesen, die das kleine benachbarte Ko Lipe leicht zerquetschen könnten. Am besten erkundet man diese Inseln auf einer Bootstour mit einem ortsansässigen *chow lair*; weitere Infos dazu auf S. 797.

Ko Adang hat dunkle, dicht bewaldete Hügel und weiße Sandstrände. Es heißt, dass dort die Geister toter Elefanten spuken. Wenn die Bäume gespenstisch im Wind schwanken, erinnert das unheimliche Geräusch tatsächlich an das Trompeten eines Dickhäuters.

Fünf grandiose Strände, einer schöner als der andere, flankieren die Westküste der Insel. Im Inselinneren finden die Besucher ein Netz von Wegen, die zu landschaftlichen Schönheiten wie den **Piraten-Fällen**, früher eine Frischwasserquelle für Räuber, und dem **Chado Cliff** führen, von wo aus man einen tollen Blick auf die Dünen hat. In **Laem Son** findet man eine Rangerstation, die aber nicht immer besetzt ist. Unterkünfte kann man bei der **Parkverwaltung** (☎ 0 7478 3485; www.dnp.go.th) in Pak Bara abchecken (nähere Infos auf der Website). In dem zum Park gehörenden Restaurant sollte man unbedingt das *sôm·dam* (würziger Salat aus grünen Papayas) probieren.

Ko Rawi liegt 11 km westlich von Ko Adang und hat ähnliche Kalksteinfelsen und einen dichten Dschungel. Es gibt erstklassige Strände, große Korallenriffe vor der Küste und eine Rangerstation. Möchtegern-Robinson-Crusoes bezahlen 400 B, um das Innere der Insel zu erkunden. Wildcampen ist erlaubt – sehr zum Leidwesen des Rangers.

Andere exzellente Schnorchelspots sind der Norden von **Ko Yang** und das winzige Inselchen **Ko Hin Ngam**, das für seine einzigartigen gestreiften Kiesel bekannt ist. Die Steine sollen angeblich verflucht sein – es heißt, dass jeder, der einen Stein wegnimmt, so lange Unglück haben wird, bis der Stein wieder an seinen Ursprungsort zurückgebracht wird.

Longtail-Boote fahren von Ko Lipe nach Ko Adang und Ko Rawi (50 B/Pers.). Eventuell muss man ein wenig handeln.

PROVINZ SONGKHLA

Die Postleitzahl von Songkhla ist zwar 90210, aber wir sind nicht in Beverly Hills! Die zwei Haupthandelszentren der Provinz, Hat Yai und Songkhla, sind normalerweise von dem politischen Chaos, das in den weiter südlichen Städten herrscht, nicht betroffen. Unerschrockene Reisende können die anderen Besucher an einer Hand abzählen, wie sie über die Märkte spazieren, die Mischung aus muslimischer und thailändischer Küche genießen und sich an luftigen Stränden entspannen.

HAT YAI
หาดใหญ่

193 732 Ew.

Willkommen im Hinterland von Thailand, das seine ganz eigene Art des Großstadtlebens hat. Die lebhafteste Stadt der Provinz Songkhla war lang ein beliebtes Ziel für thailändische Männer, die sich am Wochenende mit Prostituierten vergnügen wollten. Inzwischen hat auch in Hat Yai die Globalisierung Einzug gehalten – Einkaufszentren im westlichen Stil gibt's überall in der Stadt. Dort finden die Teenager einen Platz zum Herumhängen und Damen mittleren Alters ihr Fitnessstudio. Touristen erhaschen meist nur einen flüchtigen Blick auf die leuchtenden Reklametafeln, wenn sie auf ihrer Fahrt über die Insel aus dem Fenster ihres Zugabteils schauen. Wer die Stadt jedoch erkundet, wird mit einer exzellenten Küche (die Stadt hat Hunderte von Restaurants), tollen Shoppinggelegenheiten (wie wär's mit DVDs?) und einem Nachtleben belohnt, bei dem sich gemütliche Kneipen und tolle Diskotheken ideal ergänzen.

Praktische Informationen

Bangkok Hatyai Hospital (☎ 0 7436 5780-9; bhhimc@bgh.co.th; 75 Soi, 15 Th Phetkasem) Eines der besten Gesundheitszentren im Süden Thailands; bietet umfassende medizinische Versorgung und hat Englisch sprechendes Personal.

Einreisebehörde (☎ 0 7425 7079; Th Phetkasem) In der Nähe der Eisenbahnbrücke; hier kann man sein Visum verlängern lassen.

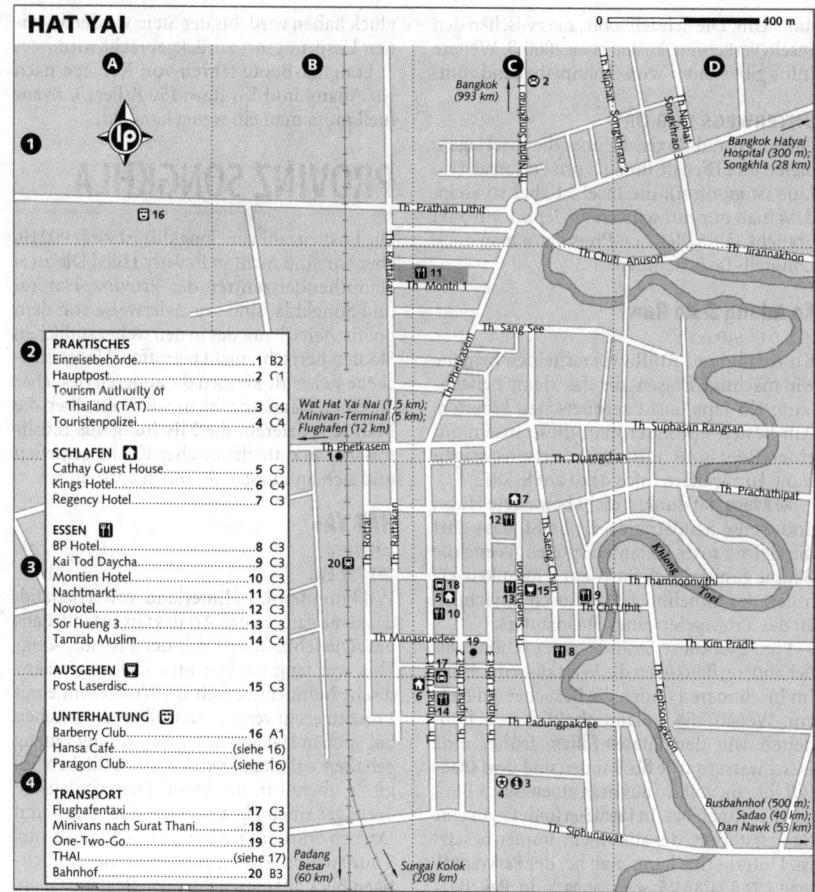

HAT YAI

0 — 400 m

PRAKTISCHES
Einreisebehörde...........................1 B2
Hauptpost....................................2 C1
Tourism Authority of
   Thailand (TAT)........................3 C4
Touristenpolizei...........................4 C4

SCHLAFEN
Cathay Guest House.....................5 C4
Kings Hotel..................................6 C4
Regency Hotel.............................7 C3

ESSEN
BP Hotel......................................8 C3
Kai Tod Daycha............................9 C3
Montien Hotel............................10 C3
Nachtmarkt................................11 C2
Novotel......................................12 C3
Sor Hueng 3...............................13 C3
Tamrab Muslim...........................14 C4

AUSGEHEN
Post Laserdisc............................15 C3

UNTERHALTUNG
Barberry Club..............................16 A1
Hansa Café........................(siehe 16)
Paragon Club.....................(siehe 16)

TRANSPORT
Flughafentaxi.............................17 C3
Minivans nach Surat Thani..........18 C3
One-Two-Go................................19 C3
THAI..................................(siehe 17)
Bahnhof.....................................20 B3

Bangkok
(993 km)

Bangkok Hatyai
Hospital (300 m);
Songkhla (28 km)

Wat Hat Yai Nai (1,5 km);
Minivan-Terminal (5 km);
Flughafen (12 km)

Padang
Besar
(60 km)

Sungai Kolok
(208 km)

Busbahnhof (500 m);
Sadao (40 km);
Dan Nawk (53 km)

DER ÄUSSERSTE SÜDEN

Tourism Authority of Thailand (TAT; ☎ 0 7424
3747; tatsgkhla@tat.or.th; 1/1 Soi 2, Th Niphat Uthit 3)
Sehr hilfsbereites Personal, das fließend Englisch spricht
und massig Infos über die Region bereithält
Touristenpolizei (☎ 0 7424 6733; Th Niphat Uthit 3;
🕐 24 Std.) Neben dem TAT-Büro

Sehenswürdigkeiten

Wer nicht auf Einkaufszentren und Kabaretts
abfährt, für den hat Hat Yai wenig Attraktionen zu bieten. Im **Wat Hat Yai Nai**, 1,5 km
außerhalb der Stadt, ist die 35 m große Statue
eines liegenden Buddhas (Phra Phut Mahata-
mongkon) zu sehen. Im gigantischen Sockel
des Standbildes befindet sich ein eigenartiges
kleines Museum und ein Mausoleum mit
einem Souvenirshop. Hin kommt man mit

einem Motorrad-Taxi (40 B), das nahe der
Straßenkreuzung Th Niphat Uthit l und Th
Phetkasem abfährt. Absteigen, nachdem man
den Fluss überquert hat. Kosten: etwa 15 B.

Schlafen

In Hat Yai gibt's Dutzende von Hotels die vom
Bahnhof zu Fuß erreichbar sind.

   Cathay Guest House (☎ 0 7424 3815; 93/1 Th Niphat
Uthit 2; Zi. 160–250 B) Extrem hilfsbereites Personal und jede Menge Infos zur Weiterreise sind
ein guter Ausgleich für die etwas grusligen
Zimmer dieser beliebten Billigherberge.

   Kings Hotel (☎ 0 7422 0966; 126-134 Th Niphat Uthit;
EZ/DZ 450/50 B; 🛁) Kein königlicher Palast, aber
das Kings bietet tadellose Zimmer, die mit
TV, Minibar und etwas veralteten Dekora-

tionen ausgestattet sind (Baujahr 1983). Es ist zwei Blocks vom Bahnhof entfernt.

Regency Hotel (☎ 0 7435 3333-47; www.regencyhatyai.com; 23 Th Prachathipat; Zi. 800–1400 B; ✿ ▢ 🖳) Dieses schöne Hotel hat den großartigen altertümlichen Charme, der heute so selten geworden ist. Die Zimmer im alten Flügel sind kleiner (und billiger) und mit attraktiven Holzmöbeln ausgestattet, während der neue Flügel unglaubliche Ausblicke bietet.

Essen, Ausgehen & Unterhaltung

Hat Yai ist die Hauptstadt der südthailändischen Küche. Hier gibt es muslimische Rotis und Currys, chinesische Nudeln und Dim Sum sowie auf thailändische Art zubereitete Meeresfrüchte aus dem Golf und der Andamanensee.

An der Th Niyomrat zwischen Niphat Uthit 1 und 2 findet man beginnend bei Tamrab Muslim eine Reihe einfacher und günstiger muslimischer Restaurants, die täglich von 7 bis 21 Uhr geöffnet haben. Die Mahlzeiten kosten dort zwischen 50 und 60 B. Der weitläufige **Nachtmarkt** (Th Montri 1) ist auf frische Meeresfrüchte und Hühnchen nach Hat-Yai-Art spezialisiert. Nachdem man sich am Essen von den Imbissständen gütlich getan hat, sollte man es mal mit einem der hochwertigeren Hotels probieren. Gut essen kann man im Montien Hotel, im BP Hotel und im Novotel, wo es sich samstagabends beim unglaublichen „All you can eat"-Sushi-Dinner wirklich lohnt, sein Geld zu verprassen (450 B).

Kai Tod Daycha (☎ 08 1098 3751; Th Chi Uthit; Gerichte 30–50 B; ✲ mittags & abends) Brathühnchen nach Hat-Yai-Art ist ein in ganz Thailand bekanntes Gericht. Und im Daycha soll es, zumindest wenn man die Einheimischen fragt, am besten sein. Den würzigen Flattermann am besten mit duftendem gelbem Reis genießen.

Sor Hueng 3 (☎ 08 1896 3455; 79/16 Th Thamnoonvithi; Gerichte 30–120 B; ✲ 16–3 Uhr) In dieser beliebten Kultgaststätte mitten in der ganzen Stadt gibt es haufenweise thailändisch-chinesische und südthailändische Köstlichkeiten. Einfach auf die lecker aussehenden Gerichte zeigen oder von der umfangreichen Speisekarte etwas frisch im Wok Gebratenes auswählen.

Post Laserdisc (☎ 0 7423 2027; 82/83 Th Thamnoonvithi; ✲ 9–1 Uhr) Mit seiner exzellenten Stereoanlage und den gut platzierten Bildschirmen ein toller Treffpunkt, um abends den neuesten Blockbuster anzusehen. Zwischen den Filmen werden Musikvideos gezeigt. An manchen Abenden spielen recht gute Rockbands. Hier kann man mit preiswertem Kneipenessen aus der asiatischen und der westlichen Küche den Alkohol unschädlich machen.

Kabarettfans sollten den Barberry Club, den Paragon Club oder das Hansa Café besuchen – sie sind alle nahe beieinander im Stadtzentrum zu finden.

An- & Weiterreise

BUS

Der Minibus-Bahnhof befindet sich 2 km südöstlich des Zentrums. Es halten aber auch

---

EIN VISA-RUN VON HAT YAI ZUR GRENZE

Die Grenze zu Malaysia ist etwa 60 km von Hat Yai entfernt – und viele Reisende kommen nur in die Stadt, um ihr thailändisches Visa verlängern zu lassen. Den Stempel für das Visum holt man sich in Padang Besar, der am nächsten gelegenen malaysischen Grenzstadt (man muss nicht nach Sungai Kolok). Am besten fährt man mit dem Bus, was 39 B kostet (2 Std., 6–21 Uhr, alle 25 Min.); Minivans kosten 50 B (1½ Std., 6–18 Uhr, stündl.).

Auf der thailändischen Seite ist die **Einreisebehörde** (☎ 0 7452 1020) täglich von 5 bis 21 Uhr geöffnet. Bei Dan Nawk südlich von Sadao (geöffnet von 6–18 Uhr) gibt's einen weitere Grenze, die man mit dem Minivan erreichen kann (50 B, 1½ Std.), jedoch gibt es auf dieser Route mehr Durchgangsverkehr als Tagesausflügler. Auf der thailändischen Seite ist die **Einreisebehörde** (☎ 0 7430 1107) täglich von 5 bis 23 Uhr geöffnet. Wenn man ein länger geltendes thailändisches Visum braucht, muss man sich an das thailändische Konsulat in Georgetown auf der Insel Penang wenden (erreichbar über die Festlandstadt Butterworth). Von Hat Yai nach Butterworth fahren Busse von privaten Reiseunternehmen ab einem Preis von 250 B (4 Std.). Züge von Hat Yai nach Butterworth sind länger unterwegs und fahren seltener. Wer es nicht eilig hat, seinen Pass stempeln zu lassen, kann seinen Visa-Run auf die stilvolle Art erledigen und die Fähre nehmen, die zwischen Ko Lipe und der malaysischen Insel Langkawi verkehrt; weitere Einzelheiten s. S. 798.

viele Busse in der Stadt. Ein Tuk-Tuk zum Busbahnhof kostet 50 B. Mit dem Bus sind von Hat Yai aus folgende Ziele zu erreichen: Bangkok (740–1075 B, 14 Std.), Krabi (235 B, 5 Std.), Ko Samui (kombinierte Bus-/Bootsfahrt 380 B, 8 Std.), Kuala Lumpur (350–450 B, 9 Std.) und Phuket (370 B, 8 Std.).

FLUGZEUG
Täglich gibt's zwölf Linienflüge zwischen Hat Yai und Bangkok (2800–3000 B). Zu den Fluglinien gehören **THAI** (☎ 0 7423 3433; 182 Th Niphat Uthit 1), **One-Two-Go** (☎ in Bangkok 0 2229 4260 Durchwahl 1126, von anderen Orten 1141; www.fly12go.com; New World Hotel, 152-156 Th Niphat Uthit 2), mit einem Flug pro Tag (1850 B), **Nok Air** (☎ 0 2900 9955; www.nokair.com) und **Air Asia** (☎ 0 2515 9999; www.airasia.com).

ZUG
Viermal täglich fährt ein Nachtzug ab/nach Bangkok (ca. 16 Std.). Die Preise reichen von 399 B in der 3. Klasse bis 1594 B für einen Schlafwagenplatz in der 1. Klasse. Täglich fahren auch Züge nach Sungai Kolok (43–284 B), Butterworth (180–322 B) und Padang Besar (57–272 B).

Am Bahnhof gibt's ein Buchungsbüro und ein Fundbüro. Öffnungszeiten täglich von 6 bis 18 Uhr.

Unterwegs vor Ort
Ein **Flughafentaxi** (☎ 0 7423 8452) fährt zum und vom Flughafen (80 B, 4-mal tgl., bis Sonnenuntergang). Ein privates Taxi kostet auf dieser Strecke etwa 300 B.

Songthaeos fahren an der Th Phetkasem ab und kosten 5 B pro Person. Eine Stadtrundfahrt mit dem Tuk-Tuk kostet normalerweise etwa 10 B. Allerdings versuchen die Fahrer oft, Fremden 20 B abzuknöpfen.

SONGKHLA & UMGEBUNG
สงขลา

87 822 Ew.

„Die große Stadt, die an zwei Meeren liegt" ist ein großartiges Fotomotiv. Vielen Reisenden wird man aber nicht begegnen. Zwar gab es in Songkhla keine gewalttätigen Ausschreitungen muslimischer Separatisten wie in den weiter südlich gelegenen Provinzen, doch die Stadt wird in der Presse trotzdem negativ dargestellt. Das ist wirklich schade, ist sie doch die einzige sichere Stadt, in der Reisende noch das einzigartige Flair des vorwiegend muslimischen äußersten Südens erleben können.

Die Bevölkerung ist eine bunte Mischung aus Thailändern, Chinesen und Malaien – und diese Vielfalt spiegelt sich überall in der lokalen Architektur und Küche wider.

Bekannte internationale Ölunternehmen, die hier Offshore-Bohrungen machen, sorgen für einen Zustrom multinationaler Arbeitskräfte (vor allem Briten und Kanadier) in die Region. Songkhla ist daher stark westlich geprägt und hat sich zu einer wohlhabenden Stadt mit relativ aufgeschlossenen Menschen entwickelt.

Orientierung
Die Stadt hat zwei verschiedene Gesichter: einerseits die bezaubernde Altstadt, die westlich der Th Ramwithi am Ufer liegt, andererseits eine moderne Mischung aus Geschäftsviertel und Vorstadt im Osten. Bei der Ankunft aus nördlicher Richtung bzw. beim Verlassen der Stadt in nördlicher Richtung fährt man über die Ko Yo und passiert die Tinsulanonda-Brücken – die längsten Betonbrücken in Thailand.

Praktische Informationen
Banken sind überall in der Stadt zu finden.
Einreisebehörde (☎ 0 7431 3480; Th Laeng Phra Ram; Mo–Fr 8.30–16.30 Uhr) Hier kann man sein Visum verlängern lassen.
Malaysisches Konsulat (☎ 0 7431 1062; 4 Th Sukhum)
Polizei (☎ 0 7431 2133)
Postamt (Th Wichianchom) Gegenüber dem Markt; internationale Telefongespräche im 1. Stock.

Sehenswertes
ZENTRUM
Songkhlas Topattraktion ist das exzellente **Nationalmuseum** (☎ 0 7431 1728; Th Wichianchom; Eintritt 40 B; Mi–So 9–16 Uhr, Feiertag geschl.). Das Museum wurde 1878 im Thai-chinesischen Architekturstil erbaut, der genauso wunderbar wie die ausgestellte Kunst ist. Zu den Designhighlights gehören die geschwungene Linie des Daches und dicke Wände. Das Gelände ist ruhig und schattig mit einem friedlichen Garten auf der Vorderseite – der perfekte Platz, um unter einem Baum zu sitzen und Einträge in sein Reisetagebuch zu machen. Im Inneren finden sich Ausstellungsstücke aus allen Stilperioden des Landes. Das faszinierendste, ein Shivalingam aus dem 7. bis 9. Jh., der in Pattani gefunden wurde, ist im Srivijaya-Stil gestaltet.

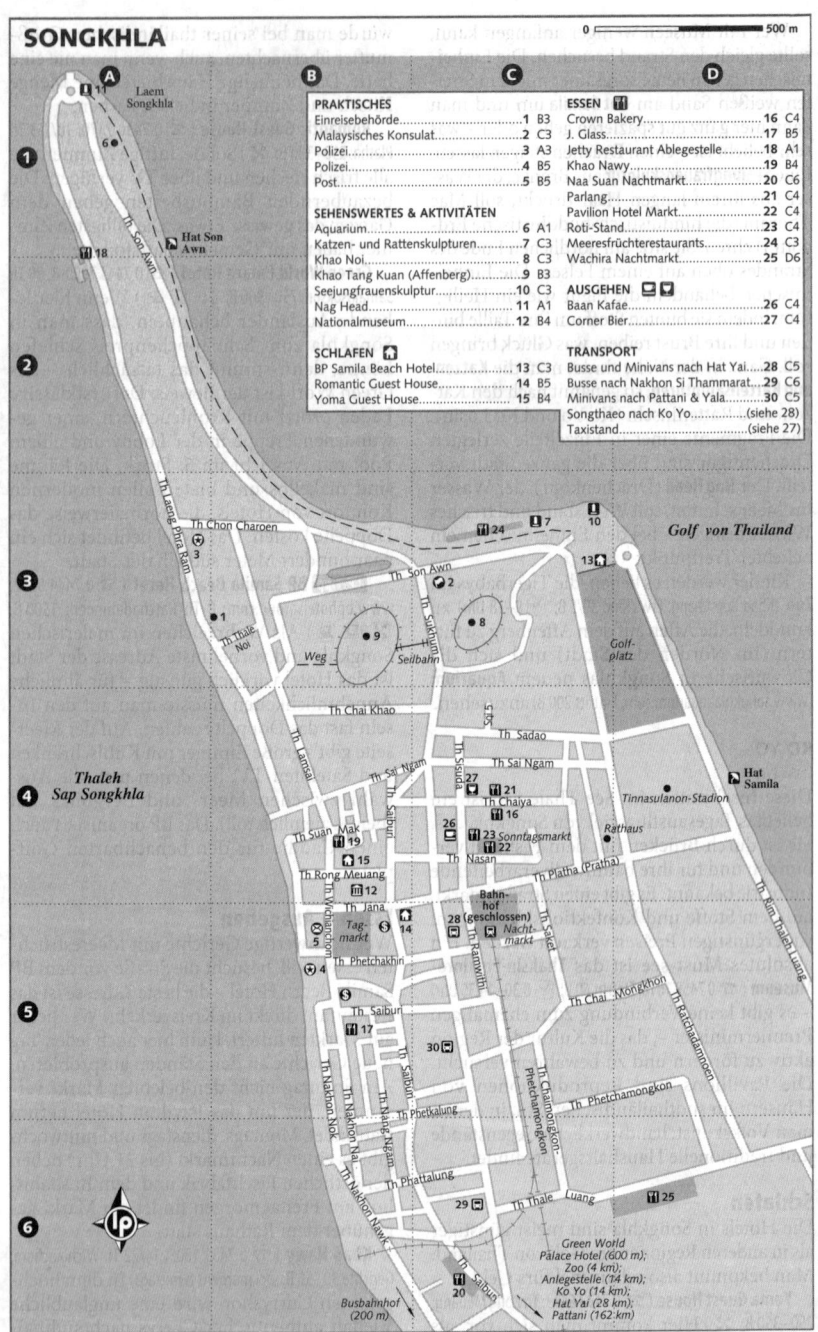

SONGKHLA

0 ——— 500 m

PRAKTISCHES
Einreisebehörde...................................1 B3
Malaysisches Konsulat..........................2 C3
Polizei..3 A3
Polizei..4 B5
Post...5 B5

SEHENSWERTES & AKTIVITÄTEN
Aquarium...6 A1
Katzen- und Rattenskulpturen..............7 C3
Khao Noi...8 C3
Khao Tang Kuan (Affenberg)...............9 B3
Seejungfrauenskulptur........................10 C3
Nag Head..11 A1
Nationalmuseum.................................12 B4

SCHLAFEN
BP Samila Beach Hotel.......................13 C3
Romantic Guest House........................14 B5
Yoma Guest House..............................15 B4

ESSEN
Crown Bakery.....................................16 C4
J. Glass..17 B5
Jetty Restaurant Ablegestelle..............18 A1
Khao Nawy...19 B4
Naa Suan Nachtmarkt.........................20 C6
Parlang...21 C4
Pavilion Hotel Markt...........................22 C4
Roti-Stand..23 C4
Meeresfrüchterestaurants....................24 C3
Wachira Nachtmarkt...........................25 D6

AUSGEHEN
Baan Kafae..26 C4
Corner Bier..27 C4

TRANSPORT
Busse und Minivans nach Hat Yai......28 C5
Busse nach Nakhon Si Thammarat.....29 C6
Minivans nach Pattani & Yala............30 C5
Songthaeo nach Ko Yo..............(siehe 28)
Taxistand....................................(siehe 27)

Laem Songkhla

Hat Son Awn

Golf von Thailand

Th Son Awn

Th Chon Charoen

Th Laeng Phra Ram

Th Thale Noi

Th Saiburi

Weg   Seilbahn

Th Chai Khao

Th Sadao

Th Sai Ngam

Th Sai Ngam

Th Sisuda

Thaleh Sap Songkhla

Th Lamai

Th Chaiya

Th Sai Ngam

Th Saiburi

Tinnasulanon-Stadion

Hat Samila

Th Suan Mak

Th Rong Meuang

Th Nasan

Sonntagsmarkt

Rathaus

Th Platha (Pratha)

Golf-platz

Th Jana

Tag-markt

Bahnhof

Th Wachira

Nacht-markt

28 (geschlossen)

Th Ramwithi

Th Phetchakhiri

Th Saket

Th Chai Mongkhon

Th Kim Thaeh Luang

Th Reichalamnon

Th Saibun

Th Phetchamongkon

Th Nakhon Nai

Th Nang Ngam

Th Nakhon Nawk

Th Chaimongkon-Phetchamongkon

Th Phetkalung

Th Phattalung

Th Thale Luang

Th Phetchamongkon

Green World Palace Hotel (600 m);
Zoo (4 km);
Anlegestelle (14 km);
Ko Yo (14 km);
Hat Yai (28 km);
Pattani (162 km)

Busbahnhof (200 m)

Wer mit Museen weniger anfangen kann, sollte gleich den Strand besuchen. Die Einheimischen gehen heute sorgsamer mit dem Streifen weißen Sand am **Hat Samila** um und man kann hier ganz gut spazieren gehen oder – was sehr beliebt ist – einen Drachen steigen lassen. Eine **Seejungfrauenskulptur** aus Bronze, die Wasser aus ihrem langen Haar drückt, soll Mae Thorani (die hinduistisch-buddhistische Erdgöttin) ehren. Sie sitzt am nördlichen Ende des Strandes oben auf einem Felsen. Die Einheimischen behandeln die Figur wie ein Heiligtum, indem sie bunten Stoff um ihre Taille binden und ihre Brust reiben, was Glück bringen soll. Ganz in der Nähe findet man die **Katzen- und Rattenskulpturen**, so genannt nach den Katzen- und Ratteninseln (Ko Yo und Ko Losin). Die Fragmente einer in Einzelteile zerlegten Drachenfigur sind über die ganze Stadt verteilt. Der **Nag Head** (Drachenkopf), der Wasser ins Meer schüttet, soll Wohlstand und frisches Wasser bringen – bei den Einheimischen ein beliebter Treffpunkt.

Kinder werden es lieben, die Tigerbabys im **Zoo** (Khao Rup Chang; Erw./Kind 30/5 B; ☺ 9–18 Uhr) zu knuddeln, die Affen auf dem Affenberg zu füttern (im Norden der Stadt) und sich die Clownfische in Songkhlas neuem **Aquarium** (www.songkhlaaquarium.com; Eintritt 200 B) anzusehen.

KO YO
เกาะยอ

Diese Insel mitten im See Thale Sap ist ein beliebtes Tagesausflugsziel von Songkhla aus. Sie ist durch Brücken mit dem Festland verbunden und für ihre baumwollverarbeitende Industrie bekannt. Es gibt einen Straßenmarkt, auf dem Stoffe und Konfektionskleidung zu supergünstigen Preisen verkauft werden. Ein absolutes Must-see ist das **Thaksin-Folklore-Museum** (☎ 0 7459 1618; Eintritt 60 B; ☺ 8.30–16.30 Uhr) – es gibt keine Verbindung zum ehemaligen Premierminister –, das die Kultur der Region aktiv zu fördern und zu bewahren versucht. Die Pavillions sind Reproduktionen von Häusern im südthailändischen Stil, in denen man Volkskunst, handwerkliche Gegenstände und traditionelle Haushaltsgeräte findet.

Schlafen

Die Hotels in Songkhla sind meist günstiger als in anderen Regionen am Golf von Thailand. Man bekommt also relativ viel fürs Geld.

Yoma Guest House (☎ 0 7432 6433; 1h Rong Meuang; 250–350 B; ☒) Hier kommt man sich vor, als

würde man bei seiner thailändischen Großmutter übernachten, auch wenn man nie eine hatte. Das heimelige Haus bietet eine Menge Kitsch und Zimmer in hellen Farben.

Romantic Guest House (☎ 0 7430 7170; 10/1-3 Th Platha; 250–380 B; ☒) Solide, luftige Zimmer, die alle frisch riechen und über TV verfügen. Die bezaubernden Bambusbetten geben dem Ganzen das gewisse Etwas. Die billigsten Zimmer haben nur Gemeinschaftstoiletten.

Green World Palace Hotel (☎ 0 7443 7900-8; 99 Th Samakisukson; 750–900 B; ☒ ☐ ☒) Wenn hier lebende Ausländer behaupten, dass man in Songkhla zum Schnäppchenpreis schlafen könne, dann stimmt das tatsächlich – das Green World ist der Beweis. Der erstklassige Laden protzt mit Kronleuchtern, einer gewundenen Treppe in der Lobby und einem Pool mit Aussicht im 5. Stock. Die Räume sind makellos und bieten allen modernen Komfort von Hotels, die normalerweise das Doppelte kosten. Das Hotel befindet sich ein paar hundert Meter südlich der Stadt.

LP Tipp **BP Samila Beach Hotel** (☎ 0 7444 0222; www.bphotelsgroup.com; 8 Th Ratchadamnoen; 1500 B; ☒ ☐ ☒) Als Wahrzeichen im malerischen Songkhla und vornehmste Adresse der Stadt ist das Hotel wirklich günstig – für ähnliche Annehmlichkeiten müsste man auf den Inseln fast das Doppelte zahlen. Auf der Meerseite gibt's große Zimmer mit Kühlschränken und Satelliten-TV, bei denen man die Auswahl zwischen Meer- und Bergblick hat (beides ziemlich toll). Das BP organisiert auch einen Caddie für den benachbarten Golfplatz.

Essen & Ausgehen

Wer hochwertige Gerichte mit Meeresfrüchten essen will, besucht die Straße vor dem BP Samila Beach Hotel – die beste Adresse ist das Restaurant direkt im Kreisverkehr. Wer lieber auf Märkten futtert, kann hier auch jeden Tag neue Gerichte an den Ständen ausprobieren. Am Sonntag nicht den belebten Markt versäumen, der um das Pavilion Hotel herum stattfindet. Montags, dienstags und mittwochs gibt es einen Nachtmarkt (bis 21 Uhr) neben der örtlichen Fischfabrik und dem Busbahnhof, am Freitagmorgen findet ein Markt gegenüber dem Rathaus statt.

Khao Nawy (☎ 0 7431 1805; 14/22 Th Wichianchom; Gerichte 30–50 B; ☺ morgens & mittags) In dem hochgelobten Curryshop wird eine unglaubliche Vielfalt authentischer Currys nach südthai-

ländischer Art serviert, ebenso Suppen, Kurz-gebratenes und Salate. Südlich des himmel-blauen Chokdee Inn nach der Vitrine Ausschau halten, in der auf Edelstahltabletts verschiedene Speisen ausgestellt sind.

J. Glass (☎ 0 7444 0888; Th Nakhon Nai; Gerichte 50–420 B; ☻ mittags & abends) Das J. Glass ist eines der beliebtesten *fa·ràng*-Stammlokale in der Stadt. Mittagessen gibt's nur im 1. Stock, während die Empfangsterrasse für das Abendessen re-serviert ist. Während man die Spezialitäten der Thai-Küche genießt (die zugegebenerma-ßen leicht verwestlicht wurde), kann man dabei zusehen, wie die schrulligen künstlichen Wasserfälle über die Fenster plätschern.

Jetty Restaurant (Gerichte 150–250 B; ☻ morgens, mittags & abends) Das Jetty bietet samstagabends ein besonderes Abendessen-Erlebnis. Um 18 Uhr werden die Gäste eingeladen, ein Boot zu besteigen, das vom Nag Head zur Ko Yo den Fluss hinauf- und wieder zurückfährt. Auf der Speisekarte stehen leckere Thai-Gerichte und internationale Spezialitäten. Die Kellner spre-chen ausgezeichnet Englisch, da die meisten von ihnen an der örtlichen Universität stu-dieren.

Wer ein paar freundliche Ausländer sucht, sollte in die Th Sisuda (nördlich der Palatha) gehen, wo man etliche hippe Läden findet, die von der ansässigen *fa·ràng*-Clique besucht werden. Corner Bier ist hier sehr beliebt, ebenso Parlang gleich daneben; der Inhaber vom Parlang stammt aus Isan, man sollte also die getrockneten Fleischstreifen oder das scharfe *sôm·đam* probieren. Die Crown Ba-kery auf der gegenüberliegenden Straßenseite ist der Ort in Songkhla, der am ehesten Star-buck-Charakter hat. Hier gibt's kostenloses WLAN und moderne Möbel, die einen Kreis um ein faszinierendes Aquarium bilden. Um die Ecke findet man Baan Kafae, wo man bei Kerzenlicht Tee schlürfen kann. Der beste Roti-Stand in der Stadt steht direkt auf der gegenüberliegenden Straßeseite.

AN- & WEITERREISE

Um die meisten weiter entfernten Ziele im Süden zu erreichen, muss man von Songkhla erst nach Hat Yai fahren (es verkehren keine Züge mehr durch die Stadt).

Der öffentliche Busbahnhof befindet sich einige hundert Meter südlich des Viva-Hotels. Drei Busse der zweiten Klasse fahren täglich nach Bangkok (593 B) mit Zwischen-stopps u. a. in Chumphon (312 B), Nakhon Si

Thammarat (136 B) und Surat Thani (207 B). Ein VIP-Bus nach Bangkok fährt um 17 Uhr ab (1125 B).

Busse (19 B) und Minivans (25 B) fahren in 40 Minuten nach Hat Yai. Sie fahren von der Th Ramwithi ab. Ebenso fahren von hier Songthaeos zur Ko Yo. Minivans nach Pattani (90 B) und Yala (100 B) fahren zwischen 6 und 17 Uhr vom südlichen Teil der Th Ram-withi ab.

Motorrad-Taxis gibt es überall in der Stadt. Sie kosten tagsüber etwa 20 B, nachts das Doppelte. Es gibt einen Taxi- und Motorrad-Taxi-Stand neben Corner Bier.

PROVINZ YALA

YALA

ยะลา

99 954 Ew.

Das ringsrum von Land umgebene Yala hat einen etwas anderen Charakter als die benach-barten Städte. Die riesigen Boulevards und das gut organisierte Straßennetz wirken deutlich westlich geprägt, vor allem da Yala eine Universitätsstadt ist. Die Stadt, die als „sauberste" Thailands bekannt ist, zieht kluge Köpfe aus dem ganzen Königreich an.

Yalas größte Attraktion ist der **Wat Kuha Pi Muk** (auch Wat Na Tham oder Tempel mit der Höhlenfront), 8 km westlich der Stadt an der Straße gelegen, die Yala mit Hat Yai (Hwy 409) verbindet. In diesem Höhlentempel aus der Srivijaya-Periode findet man einen liegenden Buddha von 757. Die Statue eines Riesen be-wacht den Eingang der Höhle und im Innern kann man im Licht, das durch kleine natür-liche Öffnungen im Dach der Höhle fällt, viele alte buddhistische Höhlenmalereien bewun-dern. Kuha Pi Muk ist eine der bedeutends-ten Pilgerstätten in Südthailand.

Wer eine Verschnaufpause vom Kunstge-nuss braucht, kann auch den größten Brief-kasten von Thailand kennenlernen, der 1924 im Ort Betong gebaut wurde.

Schlafen & Essen

Da es nur wenig Traveller hierher verschlägt, kann man ein gemütliches Bett zum Schnäpp-chenpreis ergattern.

Chang Lee Hotel (☎ 0 7324 4600; 318 Th Sirirot; 300 B; ☒ ☒) Zu Fuß 15 Minuten vom Bahnhof ent-fernt, hat das Chang Lee exklusive Zimmer, speziell für Geschäftsreisende. Zu den Ein-

ENTHÜLLUNGEN ÜBER DEN ÄUSSERSTEN SÜDEN

Bei einer Taxifahrt durch Thailands äußersten Süden hat unser Taxifahrer Yeats Chaiyarat uns mit Insiderwissen darüber versorgt, was wirklich los ist, wenn gerade keine Bomben explodieren.

Was gefällt Travellern deiner Meinung nach hier am besten? Ich denke, ein Besucher sollte vor allem die Kultur vor Ort und das Alltagsleben sehen – wie die Leute leben und arbeiten. Die Region ist zu 90 % muslimisch und die muslimischen Familien aus ganz Thailand schicken ihre Kinder zum Studieren auf die Universitäten in Yala, Pattani und Songkhla. Es gibt viele Universitätsstädte im äußersten Süden. Die Region hat auch wirklich eine faszinierende Geschichte. Bevor die Gegend zwischen Thailand und Malaysia aufgeteilt wurde, war sie als Pattani Darusalam bekannt – ein ganz eigenes Königreich. Und vor über 600 Jahren, als es noch kein Pattani gab, wurde die Region, zu der Penang und Langkawi gehörten, Langka Suka genannt. Heute hört man nicht viel über die Geschichte dieser Region, aber vor langer Zeit haben diese alten Königreiche Handel mit den bedeutendsten Großmächten der Welt getrieben.

Würdest du, abgesehen von den Zeugnissen der lokalen Kultur und Geschichte, irgendwelche Sehenswürdigkeiten empfehlen? Die heiligen Stätten der Region sind definitiv das Interessanteste, was man bei einer Reise in dieser Gegend sehen kann. Außerhalb von Pattani (etwa 5 km entfernt) stehen der chinesische Tempel San Jao Meh Lim und die Moschee Mas Jud Kreu-seh, die seit etwa 450 Jahren nebeneinander zerbröseln. Der chinesische Tempel wurde auf dem Grundstück erbaut, auf dem sich ein junges chinesisches Mädchen erhängte, als ihr Bruder zum Islam übertrat. Es gibt eine Statue der jungen Frau, die aus dem Holz desselben Baumes geschnitzt ist, an dem sie sich erhängt hatte. Der Wat Chang Hai, der berühmteste Tempel in der Region, befindet sich 30 km von Yala entfernt. Er ist berühmt, weil hier ein Mönch namens Luang Po Tuad lebte; viele Leute tragen ein Schutzamulett mit seinem Bild als Talisman. Es ähnelt dem Jatukham-Rumanthep-Amulett von Nakhon Si Thammarat (s. Kasten, S. 690). Ich mag auch den Wat Kuha Pi Muk (8 km von Yala; S. 805), ein alter Tempel, den die Einheimischen Wat Tham nennen – *tham* bedeutet Höhle. Ich mag Strände nicht wirklich, aber ich weiß, dass viele Leute zum Hat Narathat (S. 808), dem beliebtesten Strand von Narathiwat, gehen. Ehrlich gesagt ist es dort nicht so schön, aber es gibt keine *fa·ràng*-Touristen. Der Hat Samila (S. 804) in Songkhla ist vermutlich der beste Strand für Urlauber.

Was ist das größte Missverständnis hinsichtlich der thailändisch-malaysischen Grenze? Die meisten Reisenden denken wahrscheinlich, dass an der Grenze nichts los ist, aber die Grenze bei Sungai Kolok ist richtig überlaufen. Grundsätzlich stehen malaysische Männer in der Schlange, die wegen der Frauen und der Karaokebars über die Grenze nach Thailand kommen. Da in Malaysia das Benzin billiger ist, sieht man aber auch massenweise Leute in entgegengesetzter Richtung die Grenze überqueren.

Yeats Chaiyarat stammt aus der Provinz Phang-Nga. Er zog nach Yala, um an der dortigen Universität zu studieren. Heute arbeitet er als Taxifahrer.

richtungen gehören ein Karaoke-Nachtclub und ein Café.

Obwohl es im Landesinneren liegt, hat Yala diverse exzellente Meeresfrüchte-Restaurants – besonders viele davon gibt es rund um die Th Pitipakdee und die Th Sribumrung. Reis- und Nudelstände findet man massenweise rund um den Bahnhof.

An- & Weiterreise

Die Busse nach Hat Yai (150 B, 2½ Std.) halten mehrmals täglich an der Th Sirirot, vor dem Büro von Prudential TS Life. Auf der gegenüberliegenden Straßenseite ist die Haltestelle für andere Busse, die Kurz- oder mittellange

Strecken in Richtung Norden fahren. Von Yala fahren auch täglich Züge nach Bangkok (600–1700 B) und Sungai Kolok (3. Klasse 65 B).

PROVINZ PATTANI

PATTANI
ปัตตานี

44 800 Ew.

Wie ein rebellisches Kind, das sich immer wieder gegen seine Stiefmutter auflehnt, hat Pattani sich nie wirklich der Thai-Herrschaft unterworfen. Früher war es das Zentrum eines

großen muslimischen Fürstentums, zu dem die Nachbarprovinzen Yala und Narathiwat gehörten. Auch wenn die heutige politische Lage die Entwicklung der Region beeinträchtigt, hat Pattani doch eine 500-jährige Geschichte von Handelsbeziehungen zu vielen bekannten Großmächten aufzuweisen. Die Portugiesen gründeten hier 1516 einen Handelsposten, die Japaner machten 1604 Halt, die Holländer 1609. Und die Briten demonstrierten ihre koloniale Stärke 1612.

Orientierung & Informationen

Der Mae Nam Pattani (Fluss Pattani) trennt die Altstadt im Osten von der Neustadt im Westen. Entlang der Th Ruedi kann man sehen, was von der Architektur des alten Pattani geblieben ist – der chinesisch-portugiesische Stil, der in diesem Teil Südthailands einst so vorherrschend war. In der Th Arnoaru stehen etliche sehr alte, aber noch intakte Häuser im chinesischen Stil. Es gibt mehrere Banken am südöstlichen Ende der Th Pipit, nahe der Th-Naklua-Yarang-Kreuzung.

Internet Cafe (Ecke Th Pipit Talattewiwat 2 & Th Pipit; 20 B/Std.)

Le Rich Travel (☎ 0 7331 3699; Fax 0 7331 3911; 78/13 Th Makrut) Freundliches Reisebüro, das so ziemlich alles organisiert. Hier erfährt man auch, wo es sichere Strände gibt und wo man gut essen kann.

Pattani Hospital (☎ 0 7332 3411-14; Th Nong Jik)

Polizei (☎ 0 7334 9018; Th Pattani Phirom)

Sehenswürdigkeiten

Wären da nicht die politischen Unruhen in der Region, könnte Pattani eines der besseren Reiseziele in Südthailand sein. Leider kann ein Großteil der Region derzeit nicht gefahrlos bereist werden, während es eben auch viele hübsche Strände weiter im Norden gibt, die absolut sicher sind.

Die Einheimischen gehen gern zum **Laem Tachi**, einem sandigen Kap, das hinter dem nördlichen Ende der Ao Pattani hervorspringt. Man kann es mit dem Boot-Taxi vom Pier in Pattani erreichen. Der **Hat Talo Kapo** 14 km östlich von Pattani nahe Yaring Amphoe ist ein anderer toller Platz. Der **Bezirk Tepha** 35 km nordwestlich von Pattani befindet sich genau genommen schon in der Provinz Songkhla; hier finden sich die am besten entwickelten Strände in der Region. Es gibt

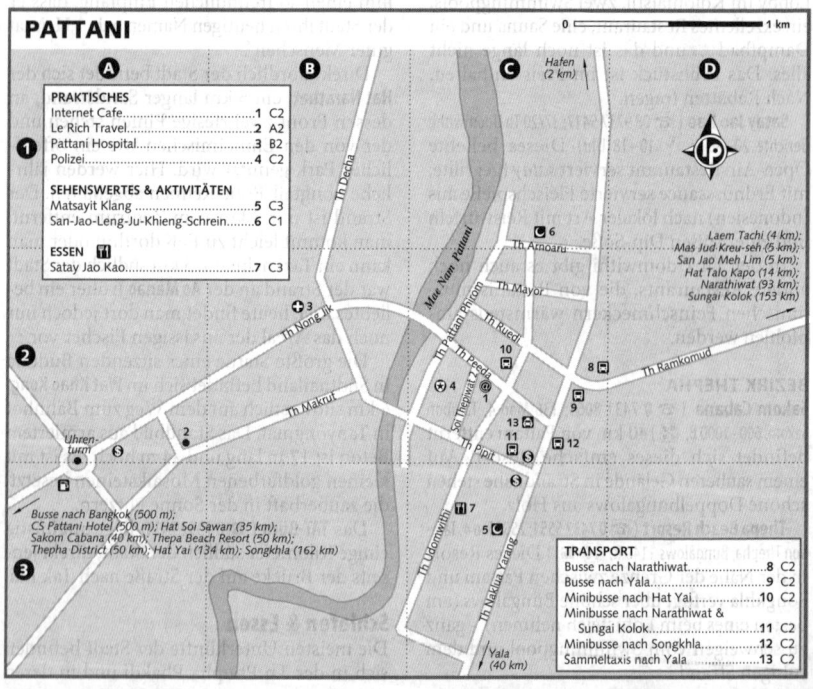

PATTANI

0 — 1 km

Hafen (2 km)

PRAKTISCHES
Internet Cafe	1 C2
Le Rich Travel	2 A2
Pattani Hospital	3 B2
Polizei	4 C2

SEHENSWERTES & AKTIVITÄTEN
Matsayit Klang	5 C3
San-Jao-Leng-Ju-Khieng-Schrein	6 C1

ESSEN 🍴
Satay Jao Kao	7 C3

Th Decha

Mae Nam Pattani

Th Arnoaru

Th Mayor

Th Ruedi

Th Nong Jik

Th Pattani Phirom

Th Peedi

Th Makrut

Th Ramkomud

Th Pipit

Th Udonmit

Th Naklua Yarang

Uhrenturm

Laem Tachi (4 km);
Mas Jud Kreu-seh (5 km);
San Jao Meh Lim (5 km);
Hat Talo Kapo (14 km);
Narathiwat (93 km);
Sungai Kolok (153 km)

Busse nach Bangkok (500 m);
CS Pattani Hotel (500 m); Hat Soi Sawan (35 km);
Sakom Cabana (48 km); Thepa Beach Resort (50 km);
Thepha District (50 km); Hat Yai (134 km); Songkhla (162 km)

Yala (40 km)

TRANSPORT
Busse nach Narathiwat	8 C2
Busse nach Yala	9 C2
Minibusse nach Hat Yai	10 C2
Minibusse nach Narathiwat & Sungai Kolok	11 C2
Minibusse nach Songkhla	12 C2
Sammeltaxis nach Yala	13 C2

dort einige leicht in die Jahre gekommene Resorts, die vor allem auf thailändische Gäste aus der Mittelschicht ausgerichtet sind. Am **Hat Soi Sawan** unweit der Grenze zwischen Songkhla und Pattani stehen einfache Strandrestaurants, die als Familienbetriebe geführt werden und bei Wochenendausflüglern beliebt sind. Um nach Thepha zu kommen, einfach in Pattani in irgendeinen Bus steigen, der Richtung Songkhla fährt (oder umgekehrt); man muss dem Busfahrer nur den Namen des Resorts sagen, zu dem man will; er wird einen dann an der Straße herauslassen, sodass man nur noch den kurzen Weg zum Strand gehen muss.

Wer sich genug in dem kristallklaren Wasser getummelt hat, findet im Kasten auf S. 806 einige Vorschläge für Kulturtrips in der Region.

Schlafen & Essen
PATTANI
CS Pattani Hotel (☎ 0 7333 5093/4; cspatani@cscoms.com; 299 Moo 4, Th Nong Jik; ab 1500 B; ✶ ▣ ▨) Hier kann man eine angenehme Nacht in Pattani verbringen. Das CS Pattani hat eine großartige Lobby im Kolonialstil, zwei Swimmingpools, ein exzellentes Restaurant, eine Sauna und ein Dampfbad … und das ist noch lange nicht alles. Das Frühstück ist im Preis enthalten. Nach Rabatten fragen.

Satay Jao Kao (☎ 08 9737 5417; 37/20 Th Udomwithi; Gerichte 20–30 B; ◷ 10–18 Uhr) Dieses beliebte Open-Air-Restaurant serviert *satay* (gegrillte, mit Erdnusssauce servierte Fleischspieße aus Indonesien) nach lokaler Art mit Reiswürfeln und einer süßen Dip-Soße.

In der Th Udomwithi gibt es auch noch andere Restaurants, die von Pattanis muslimischen Feinschmeckern wärmstens empfohlen werden.

BEZIRK THEPHA
Sakom Cabana (☎ 0 7431 8065; 136 Moo 4, Tambon Sakom; 600–1000 B; ✶) 40 km von Pattani entfernt befindet sich dieses einfache Resort. Auf einem sauberen Gelände in Strandnähe stehen schöne Doppelbungalows aus Holz.

Thepa Beach Resort (☎ 0 7432 5551; 255 Moo 4, Tambon Thepa; Bungalows 1140 B; ✶ ▨) Dieses Resort in der Nähe der Grenze zwischen Pattani und Songkhla verfügt über schöne Bungalows (am besten eines beim Lotusteich nehmen) – ganz zu schweigen vom Swimmingpool und dem ruhigen Strand.

An- & Weiterreise
Minivans sind das beliebteste Transportmittel in der Region und in Pattani gibt es verschiedene Stationen. Da sie regelmäßig den Standort wechseln, muss man sich nach den aktuellen Haltestellen erkundigen. Die Minivans fahren tagsüber. Busse nach Bangkok starten von einem kleinen Parkplatz neben einer Tankstelle in der Nähe des CS Pattani Hotel; unter der Nummer ☎ 0 7334 8816 kann man Tickets reservieren. Die Reise dauert 15 bis 16 Stunden und kostet je nach Qualität des Busses zwischen 650 B und 1200 B. Mit Taxis kann man für 10 B pro Person jeden gewünschten Ort in der Stadt erreichen.

PROVINZ NARATHIWAT

NARATHIWAT
นราธิวาส
44 200 Ew.
Ursprünglich unter dem Namen Ban Bang Nara bekannt, wurde diese kleine Provinzhauptstadt nach dem Besuch des Königs Rama VI. umbenannt. Die Einheimischen bereiteten ihm einen so freundlichen Empfang, dass sie der Stadt ihren heutigen Namen gab: „Heimat guter Menschen".

Direkt nördlich der Stadt befindet sich der **Hat Narathat**, ein 5 km langer Sandstrand, an dessen Front zwei riesige Pinien stehen und der von den Einheimischen wie ein öffentlicher Park genutzt wird. Hier werden jährliche Longtail-Boot-Rennen abgehalten. Der Strand ist nur 3 km vom Zentrum entfernt; man kommt leicht zu Fuß dorthin oder man kann ein Taxi nehmen. 5 km südlich der Stadt war der Strand an der **Ao Manao** früher ein beliebtes Ziel, heute findet man dort jedoch nur noch das Areal der ansässigen Fischer vor.

Die größte Statue eines sitzenden Buddha in Südthailand befindet sich im **Wat Khao Kong**, 6 km südwestlich auf dem Weg zum Bahnhof in Tanyongmat. Das Standbild aus armiertem Beton ist 17 m lang und 24 m hoch. Es ist mit kleinen goldfarbenen Mosaiksteinen besetzt, die zauberhaft in der Sonne glitzern.

Das **TAT-Büro** (☎ 0 7352 2411) liegt ungünstig einige Kilometer südlich der Stadt, direkt jenseits der Brücke auf der Straße nach Tak Bai.

Schlafen & Essen
Die meisten Unterkünfte der Stadt befinden sich in der Th Phupha Phakdi und in deren

DER ISLAM IN THAILAND

Mit einem Anteil von etwa 4 % der Bevölkerung bilden die Muslime die größte religiöse Minderheit in Thailand, die neben der Mehrheit der Theravada-Buddhisten lebt. Es gibt ca. 3000 Moscheen in Thailand – über 200 allein in Bangkok. Von diesen Moscheen bekennen sich 99 % zum sunnitischen Zweig des Islam (in dem die islamische Führung in Übereinstimmung mit der Umma, der muslimischen Gemeinschaft, ausgeübt wird) und 1 % dem schiitischen Zweig (in dem die religiöse und politische Autorität bei bestimmten Nachkommen Mohammeds liegt).

Der Islam wurde in Thailands Süden zwischen 1200 und 1500 unter dem Einfluss von indischen und arabischen Kaufleuten und Gelehrten eingeführt. Die Muslime konzentrieren sich im Süden und sind besonders stark in den Regionen Pattani, Narathiwat, Satun und Yala vertreten. Sie führen ihre Herkunft auf das frühere islamische Königreich Pattani zurück, dessen Territorium sich über das heutige thailändisch-malaysische Grenzgebiet erstreckte. So teilt der Süden nicht nur eine Grenze, sondern auch ein kulturelles Erbe mit seinem vorwiegend muslimischen Nachbarstaat Malaysia. Tatsächlich sind die meisten Muslime im südlichen Thailand ethnisch betrachtet Malaien, die neben Thai Malaysisch oder Yawi (einen malaysischen Dialekt, der in arabischer Schrift geschrieben wird) sprechen. Diese kulturellen Unterschiede, die durch die lange erlittene religiöse und sprachliche Diskriminierung verstärkt werden, haben bei einigen radikalen Muslimen im Süden zu einem Gefühl der Entfremdung von der buddhistischen Mehrheit geführt. Forderungen nach Abspaltung wurden laut, die auch in bewaffneten Aufständen mündeten.

Die richtige Etikette in thailändischen muslimischen Gemeinschaften ist einfach: Der Islam verbietet den Verzehr von Schweinefleisch und den Genuss von Alkohol. In besonders konservativen Gemeinschaften werden Männer und Frauen bei der Ankunft in getrennte Räume geführt. Wie auch beim Besuch eines Wats ist es nicht erlaubt, eine Moschee in kurzen Hosen oder mit Schuhen zu betreten. Frauen sollten keine kurzen Röcke, ärmellose Oberteile oder besonders freizügige Kleidung tragen – einfach konservativ denken. Ohne Einladung sollte man die Hauptgebetshalle der Moschee nicht betreten, da dies ein heiliger Ort ist, der Muslimen vorbehalten ist. Keine Kameras mitbringen und das Handy ausschalten!

Der Freitag entspricht unserem Sonntag. Es finden religiöse Handlungen statt, deren Höhepunkt zwischen 11 und 14 Uhr liegt. Einheimische sind meist zu beschäftigt, um am Freitag Besucher zu empfangen; die meisten Restaurants haben geschlossen.

Umkreis (ausgeschildert als „Puphapugdee") entlang des Bang-Nara-Flusses.

Ocean Blue Mansion (☎ 0 7351 1109; 297 Th Phupha Phakdi; 350–450 B; ❄) Recht neu und das einzige Hotel hier, in dem man wirklich den Blick auf den Fluss genießen kann. In den Zimmern gibt's große Kühlschränke und Kabel-TV.

Jay Sani (☎ 08 9657 1546; 50/1 Th Sophaphisai; Gerichte 30–60 B; ☺ morgens, mittags & abends) Hierher kommen die Einheimischen, um exzellente thailändisch-muslimische Speisen zu essen. Einfach auf irgendein leckeres Curry oder eine Chinapfanne zeigen. Keinesfalls die ausgezeichnete Rindfleischsuppe versäumen.

Jeden Abend wird nördlich des Uhrenturms ein gut besuchter **Nachtmarkt** (Th Pichitbamrung) aufgebaut.

An- & Weiterreise

Air Asia (☎ 0 2515 9999; www.airasia.com) bietet einen täglichen Flug nach/ab Bangkok an (3800 B, 11.10 oder 11.35 Uhr).

Klimatisierte Busse nach Bangkok und Phuket und die meisten Minivans starten nun vom Busbahnhof 2 km südlich der Stadt in der Th Rangae Munka. Die Busse nach Phuket (530 B, 12 Std.) fahren in Sungai Kolok ab, machen dreimal täglich Halt in Narathiwat (7, 9 & 18.30 Uhr) und setzen ihre Fahrt über Pattani, Hat Yai, Songkhla, Trang, Krabi und Phangan fort. Die Busse nach Bangkok (VIP/1. Klasse/2. Klasse 1295/833/669 B) brauchen mindestens 15 Stunden und fahren mehrmals täglich zu verschiedenen Zeiten ab.

Minivans mit den Zielen Hat Yai (150 B, 3 Std.), Pattani (100 B, 1½ Std.), Songkhla (150 B, 2 Std.), Sungai Kolok (70 B, 1 Std.) und Yala (100 B, 1½ Std.) verkehren zwischen 5 und 17 Uhr im Allgemeinen stündlich.

Narathiwat ist so klein, dass man dort gut zu Fuß unterwegs sein kann, eine Fahrt mit dem Motorrad-Taxi kostet jedoch nur 20 B. Auf die neuen Busse (9 B) achten, die Rundfahrten in der Stadt machen und beim Hat

DER ÄUSSERSTE SÜDEN

Narathat haltmachen. Entlang der Th Phupha Phakdi und der Th Pichitbamrung sind hellblaue Busstopp-Schilder zu sehen.

SUNGAI KOLOK

สุไหงโกลก

40 500 Ew.

Diese seelenlose Grenzstadt ist an sich kein lohnendes Ziel. Man kann sich einen Aufenthalt dort also wirklich sparen. Zudem kommt der einzige Zug, der hier hält, um 10 Uhr an, sodass man den größten Teil des Tages damit verbringen kann, einen Weg aus der Stadt zu finden (wie wir dieses kleine Städtchen doch lieben!). Sungai Kolok ist mehr oder weniger zu einem Klein-Pattaya geworden – tagsüber ist die Grenze, die um 5 Uhr öffnet und um 21 Uhr schließt (6 & 22 Uhr malaysischer Zeit), mit malaysischen Männern verstopft, die auf der Suche nach nachmittäglichen Vergnügungen die Ländergrenzen überschreiten. In der umgekehrten Richtung machen sich clevere Thais nach Malaysia auf, um dort billigeres Benzin zu tanken.

Praktische Informationen

Es gibt zwei Büros der Einreisebehörde in Sungai Kolok: eines an der **Grenze** (☎ 0 7336 1414; ☻ 5–21 Uhr) und ein größeres **Büro** (☎ 0 7361 1231; Th Charoenkhet; ☻ Mo–Fr 8.30–16.30 Uhr) gegenüber vom Merlin Hotel. Direkt an der Grenze gibt's ein Büro der Touristenpolizei. Man findet viele Banken mit Geldautomaten in der Stadt, ebenso Wechselstuben, die während der Öffnungszeiten der Grenze geöffnet sind.

CS Internet (Th Asia 18; Internet 20 B/Std.; ☻ 10–21 Uhr) Gegenüber dem Genting Hotel.

Schlafen

Wer in Sungai Kolok übernachten muss, hat eine große Auswahl an Hotels ... insbesondere an Stundenhotels.

Genting Hotel (☎ 0 7361 3231; 250 Th Asia 18; 550–1520 B; ☒ ☒) Das Genting, das vor allem auf Konferenzen ausgerichtet ist, bietet eine Kneipe und eine Karaoke-Lounge. Es gibt einige gute, nur leicht schäbige Räume der mitt-

leren Preisklasse. Weiterer Pluspunkt: das Hotel liegt fernab der zwielichtigeren Gegenden.

An- & Weiterreise

BUS & MINIVAN

Der **Fernbusbahnhof** (☎ 0 7361 2045) befindet sich östlich des Zentrums. Von dort fahren dreimal täglich klimatisierte Busse in 18 Stunden nach Bangkok (720 B–1400 B). In Bangkok fährt der VIP-Bus um 17.15 Uhr ab, drei Busse der 1. Klasse starten zwischen 21 und 22 Uhr und der Bus der 2. Klasse geht um 21 Uhr. Zwei Busse fahren am frühen Morgen in Richtung Phuket (580 B) ab, mit Zwischenstopp in Krabi (460 B). Minivans nach Narathiwat (80 B) fahren halbstündlich gegenüber vom Bahnhof ab. Minivans nach Pattani (120 B), Yala (90 B) und Hat Yai (180 B) starten tagsüber stündlich vor dem Genting Hotel.

ZUG

Züge von Bangkok nach Sungai Kolok fahren am frühen Nachmittag und brauchen 20 Stunden (180 B–1000 B) – man kommt etwa um 10 Uhr an, sodass man genug Zeit hat, um auch wieder aus der Stadt herauszukommen. Wenn man mit dem Zug von Thailand nach Malaysia (oder in umgekehrter Richtung) unterwegs ist, gibt es wirklich keinen Grund, hier auszusteigen. Täglich fahren Züge von Sungai Kolok nach Surat Thani, Nakhon Si Thammarat und Hat Yai und weiter nach Bangkok.

Von Rantau Panjang (malaysische Seite) kostet ein Sammeltaxi nach Kota Bharu etwa 8 RM pro Person (etwa 80 B) und etwa 30 RM, wenn man das ganze Taxi für sich allein haben will. Die Fahrt dauert etwa eine Stunde.

Unterwegs vor Ort

Die Grenze liegt etwa 1 km vom Zentrum von Sungai Kolok und vom Bahnhof entfernt. Motorrad-Taxis düsen in der Stadt herum – es kostet etwa 30 B, mit ihnen vom Stadtzentrum zur Grenze zu fahren.

Allgemeine Informationen

AKTIVITÄTEN

In Thailand gibt es ein vielfältiges Angebot an Freizeitunternehmungen, bei denen oft ressourcenschonende Abenteuer mit Sightseeing verbunden werden. Bei den meisten Touren klappert man einfach die Highlights in einem Kleinbus ab, bei einigen kann man sich aber auch durch den Dschungel kämpfen.

Kajakfahren & Rafting & Windsurfen

Die Andamanenküste ist definitiv das reizvollste Revier für Kajakausflüge. Man paddelt an unzähligen gezackten Kalksteinfelsen und Grotten vorbei, die teilweise unter dem Meeresspiegel liegen. Viele Kajaktouren erkunden die malerische Ao Phang-Nga (S. 710). Krabi (S. 749) wird sportlich veranlagten Travellern wärmstens empfohlen: Mit seetüchtigen Kajaks können sie smaragdgrüne Lagunen und Meereshöhlen erkunden. An der Golfküste bietet sich besonders der Ang Thong Marine Park (S. 684) vor der Küste von Ko Samui für eine Paddeltour an.

Wegen der hohen Wasser- und Lufttemperaturen in Thailand verwenden die meisten Touranbieter offene Kajaks. Wenn man sich für eine Tour entscheidet, sollte man aber erst einmal klären, ob der Guide oder man selber den Großteil der Paddelarbeit zu erledigen hat – bei manchen Touren geht's wohl eher um Sightseeing als um sportliche Betätigung.

Auf den Flüssen im Norden Thailands kann man während und nach der Monsunzeit atemberaubende Raftingausflüge unternehmen. Rafting-Anbieter sitzen in Pai (S. 486), Chiang Mai (S. 328) und in geringerem Umfang auch in der Provinz Nan.

Klettern

Lange vor der Steinzeit befand sich Thailand auf dem Boden eines gigantischen Ozeans, der gegen das Tibetische Plateau schwappte.

PRAKTISCH & KONKRET

- *Bangkok Post* und *Nation* veröffentlichen täglich nationale und internationale Nachrichten.

- Es gibt über 400 AM- und FM-Radiosender; Kurzwellenradios empfangen BBC, VOA, Radio Australia, Deutsche Welle und Radio France International.

- Sechs VHF-Fernsehnetze senden thailändische Programme, das TrueVision-UBC-Kabelfernsehen internationales Programm.

- Das gängige Videoformat ist PAL.

- Thailand verwendet 220-V-Wechselstrom; in die üblichen Steckdosen passen runde und flache zweipolige Stecker (Typ A, B & C).

- Thailand folgt dem metrischen Maßsystem. Gold und Silber werden in *bàat* (15 g) gewogen.

Als sich das Meer allmählich zurückzog, kam das Festland Südostasiens zum Vorschein. Infolgedessen bildete sich aus den Überresten des maritimen Lebens Kalkstein, der zu Höhlen und Klippen ausgewaschen wurde – Gesteinsformationen, die man in ganz Thailands bewundern kann. Während die Tibeter alle Surfspots in ihrem Hinterhof verloren, freuten sich die Thais über milchig-weiße, grobporige und mittelharte Felsen und Wände – ideal für Talkum-Finger und Scarpa-bestückte Füße. Mitte der 1980er-Jahre schlugen ausländische Backpacker erstmals Bolzen in den Stein; die Thais taten es ihnen bald nach. Klettern ist hier mittlerweile so populär, dass Thailand seine Bergfexe zu Amateurwettbewerben in die USA und nach Australien schickt.

Der Hat Railay (S. 757) und der Hat Ton Sai in Krabi machen Thailands „Kletter-Mekka" aus. Die gigantische Landzunge und die winzigen Inseln in der Nähe bestehen aus Kalkstein von hoher Qualität. Kletterer sehen sich hier mit Steilwänden voller Löcher und Überhängen konfrontiert. Gelegentlich hängen auch Stalaktiten über dem Abgrund. Doch es ist auch die Aussicht, die das Klettern hier so beliebt macht: Nach dem senkrechten Aufstieg an einer Steilwand kann man sich nicht nur brüsten, der Schwerkraft getrotzt zu haben – zusätzlich wird man mit einem tollen Blick aus der Vogelperspektive auf eine schimmernd blaue Bucht und bucklige Berge belohnt.

Wenn in Krabi zu viel Betrieb herrscht, sind Ko Phi-Phi oder Chiang Mai im Norden (S. 328) gute Alternativen.

Radfahren & Mountainbiken

Fernfahrten mit dem Rad sind ein beliebtes Tourangebot. Die Website **Biking Southeast Asia with Mr Pumpy** (www.mrpumpy.net) liefert mögliche Reiserouten, nützliche Tipps und Erfahrungsberichte von hartgesottenen Cyclisten. Landesweite Rad- und Mountainbiketouren bieten **SpiceRoads** (spiceroads.com) und Tourveranstalter in Bangkok und Chiang Mai an. In manchen Städten Thailands ist der Drahtesel eine prima Alternative zum öffentlichen Nahverkehr; Details zum Leihen von Fahrrädern stehen auf S. 841.

Surfen & Windsurfen

Windsurfen erfreut sich in Pattaya (S. 258) und auf Phuket (S. 712) einer gewissen Be-

liebtheit. Im Allgemeinen finden Surfer am Golf von Thailand die besten Windbedingungen von Mitte Februar bis April vor, an der Andamanenküste der Halbinsel von September bis Dezember. Zu bestimmten Zeiten im Jahr kracht auch die normalerweise ruhige Andamanensee mit solcher Wucht auf die Westküste Phukets, dass man ein paar Wellen reiten kann.

Tauchen & Schnorcheln

Thailand besitzt eine ewig lange Küstenlinie und zahllose Inseln. Begeisterte Tauchfans schätzen die warmen und ruhigen Gewässer und die farbenfrohe Meereswelt. Lonely Planets reich bebilderter Führer *Diving & Snorkelling Thailand* bietet wichtige Infos für alle, die untertauchen wollen.

Tauchgänge in den Riffen der Andamanenküste sind besonders faszinierend: In dem fruchtbaren maritimen Lebensraum sind Hunderte von Korallen- und Fischarten zu Hause. Die spektakulärsten Tauchspots liegen in den Meeresparks um die Similan- (S. 709) und die Surin-Inseln (S. 707). Die meisten Veranstalter bieten ab Phuket (S. 712) und Khao Lak (S. 703) Bootstouren an.

Nahezu vor der gesamten Golfküste kann getaucht werden. Die Kurse auf Ko Tao (S. 669) sind zwar mit die billigsten, jedoch werden die Teilnehmer wie am Fließband abgefertigt. Der Bangkok am nächsten gelegene Tauchspot befindet sich vor Pattaya (S. 254); hier können mehrere Schiffswracks erkundet werden, die Wasserbedingungen sind aber nicht die besten.

Vor den meisten Inseln gibt es leicht zugängliche Schnorchelreviere. In höchstens 2 m Wassertiefe kann man die Riffe studieren. Außerdem veranstalten Fischer Schnorchelausflüge für Gruppen, bei denen man sich den ganzen Tag lang an verschiedenen Stellen rund um die Inseln tummelt. Taucherbrillen, Schwimmflossen und Schnorchel kann man in den Strandgebieten überall bei Tauchzentren und in den Pensionen ausleihen. Wer allerdings auf qualitativ hochwertiges Equipment Wert legt, sollte Taucherbrille und Schnorchel von zu Hause mitbringen – die Ausrüstung zum Leihen ist oft eher minderwertig.

Wandern & Trekken

Wanderungen durch die Wildnis oder längere Trekkingtouren zählen zu den Hauptattrak-

SICHERHEITSRICHTLINIEN FÜRS TAUCHEN

Bevor es zum Tauchen oder Schnorcheln geht, sollten folgende Tipps beachtet werden, um Sicherheit und Spaß gleichermaßen zu gewährleisten:

- Für das Gerätetauchen ist ein gültiges Tauchzertifikat einer anerkannten Tauchschule nötig.

- Informationen über die physikalischen und ökologischen Bedingungen des Tauchspots sollten im Vorfeld eingeholt werden (z. B. bei einem seriösen lokalen Tauchbetrieb).

- Lokale Gesetze und Verhaltensregeln gegenüber der Unterwasserwelt und der Umwelt sind zu beachten.

- Nur an Orten tauchen, die dem eigenen Können entsprechen; falls möglich, sollten die Dienste eines kompetenten, professionellen Tauchers oder Tauchlehrers in Anspruch genommen werden.

- Die Unterwasserbedingungen können sich je nach Region und Tauchort gravierend voneinander unterscheiden. Zudem können sich die Verhältnisse auch saisonal ändern. Taucher müssen sich diesen Unterschieden mit Ausrüstung und Technik anpassen.

- Jeder Ort hat seine spezifischen Eigenheiten, die beim Tauchen zu berücksichtigen sind. Deshalb sollte man sich bei einheimischen Tauchern informieren, wie sie mit diesen Bedingungen umgehen.

tionen in Nordthailand. Auf manchen Routen marschiert man tagelang durch bewaldete Bergregionen, reitet auch mal auf einem Elefanten und übernachtet in Dörfern der Bergvölker – so kommen kulturell interessierte und naturbegeisterte Traveller gleichermaßen auf ihre Kosten. Chiang Mai und Chiang Rai sind die wichtigsten Ausgangspunkte für solche Touren. Wandertouren im Norden gibt es darüber hinaus u. a. auch in den Regionen von Mae Hong Son, Pai, Chiang Dao, Tha Ton, Nan und Um Phang. Von Bangkok aus besser zu erreichen sind die immer beliebter werdenden Wanderrouten rund um Kanchanaburi in Südwestthailand.

Wanderungen stehen bei vielen Travellern ganz oben auf der To-do-Liste, die Eindrücke sind dann aber letztlich oft eher zwiespältig. An den Touren zu den Bergvölkern kritisieren viele, dass die Menschen dort ausgebeutet und ihre Heimat geradezu von Touristen überschwemmt wird. Einige Veranstalter und Pensionen in weniger von Touristen besuchten Gebieten können allerdings durchaus die Erwartungen von Travellern erfüllen. Sie bekommen dann einen echten kulturellen Austausch mit den Dorfbewohnern geboten und können einmalige Erlebnisse im Dschungel machen. Bleibt die Frage, ob es wirklich so empfehlenswert ist, die entferntesten Ecken aufzusuchen, nur um zu erleben, dass die Menschen hier „leben wie anderswo, nur eben anders"?

Es ist schwierig, einen bestimmten Tourveranstalter zu empfehlen, arbeiten die Guides doch oft mal für den einen und dann für den anderen. Außerdem hängen natürlich alle Touren auch von der Zusammensetzung der Teilnehmer ab. Offiziell müssen alle Führer von der Tourism Authority of Thailand (TAT) lizenziert sein. Dafür müssen sie Ortskenntnis und eine Ausbildung im Überlebenstraining nachweisen. Außerdem sind diese offiziellen Guides registriert, was nützlich ist, sollten sich später Probleme ergeben. Jeder Guide sollte Lizenz und Zertifikat vorlegen können. Die grünen Lizenzen gelten nur für Wandertouren, die rosafarbenen nur für Sightseeingtouren und die silbernen für beides. Im Allgemeinen sind die Touranbieter heute zuverlässiger und werden auch besser kontrolliert als noch vor einiger Zeit. Dennoch sollte man sich immer bei anderen Travellern nach deren Erfahrungen erkundigen.

Wer keine Lust auf organisierte Wandertouren hat, kann nach Mae Salong (S. 394) reisen. Im Umfeld dieser interessanten Stadt im Hochland kann man auch gut auf eigene Faust losmarschieren.

Als Wanderer ist man am besten in der kühlen Jahreszeit (ca. Nov.–Feb.) unterwegs. Dann ist die Luft erfrischend kühl, das Land noch grün, die Wildblumen blühen und die Wasserfälle bieten dank des Monsunregens ein tosendes Spektakel. Zwischen März und Mai sind die Hügel dagegen ausgedörrt und

das Klima ist ziemlich heiß. Die zweitbeste Wanderzeit sind die Monate Juni und Juli, in die der Beginn der Regenzeit fällt – man kommt noch einigermaßen vorwärts, ehe die unbefestigten Straßen im Morast versinken.

Auf S. 49 erfährt man Wissenswertes zum verantwortungsbewussten Verhalten bei Besuchen von Bergvolkdörfern.

BOTSCHAFTEN & KONSULATE

Die ausländischen Botschaften befinden sich in Bangkok; einige Staaten unterhalten auch Konsulate in Chiang Mai.

China Bangkok (Karte S. 118 f.; ☎ 0 2245 7044; www.chinaembassy.or.th; 57 Th Ratchadaphisek); Chiang Mai (Karte S. 310 f.; ☎ 0 5327 6125; 111 Th Chang Lor) Konsulat in Chiang Mai.

Deutschland (Karte S. 132; ☎ 0 2287 9000; www.bangkok.diplo.de; 9 Th Sathon Tai, Bangkok)

Kambodscha (Karte S. 118 f.; ☎ 02957 5851-2; 518/4 Pracha Uthit/Soi Ramkamhaeng 39, Bangkok)

Laos (Karte S. 118 f.; ☎ 0 2539 6678; www.bkklao embassy.com; 502/1-3 Soi Sahakarnpramoon, Pracha Uthit/Soi 39, Th Ramakamhaeng, Bangkok)

Malaysia (Karte S. 132; ☎ 0 2679 2190-9; 35 Th Sathon Tai, Bangkok) In Songkhla gibt es auch noch ein Konsulat.

Myanmar (Birma; Karte S. 126 f.; ☎ 0 2233 2237, 0 2234 4698; www.mofa.gov.mm; 132 Th Sathon Neua, Bangkok)

Österreich (☎ 0 2303 6057; bangkok-ob@bmeia.gv.at, 14 Soi Nandha, abseits Soi 1, Sathorn Tai Rd, Bangkok)

Schweiz (☎ 0 2253 0156; 35 Th Withayu)

Singapur (Karte S. 126 f.; ☎ 0 2286 2111; www.mfa.gov.sg/bangkok; 129 Th Sathon Tai, Bangkok)

Vietnam (Karte S. 128 f.; ☎ 0 2251 5836-8; www.vietnamembassy-thailand.org; 83/1 Th Withayu, Bangkok)

ESSEN

Im internationalen Vergleich sind die meisten Preise der thailändischen Restaurants recht günstig, zudem bleiben sie das ganze Jahr hindurch stabil. Aufgrund des weltweiten Anstiegs der Ölpreise kam es 2007 allerdings zum ersten Mal seit fast zehn Jahren zu einer landesweiten Lebensmittelverteuerung: der Preis für eine Schale *gŏo·ay dĕe·o* stieg in Bangkok von 30 auf 35 B.

Ein typisches Gericht an einem Imbissstand sollte zwischen 25 und 40 B kosten; in einem typisch thailändischen familiengeführten Restaurant zahlt man für ein Gericht zwischen 80 und 150 B. Pensionen und Restaurants, die auf ein ausländisches Publikum ausgerichtet sind, verlangen in der Regel mehr als die von Einheimischen besuchten Restaurants. Eine ausführliche Beschreibung der thailändischen Küche und eine Übersicht über die vertretenen Restaurantkategorien findet sich ab S. 91.

FEIERTAGE

Behörden und Banken sind an den folgenden Tagen geschlossen:

1. Januar Neujahr

6. April Chakri-Tag, zum Gedenken an Rama I., den Gründer der Chakri-Dynastie

5. Mai Krönungstag, zur Erinnerung an die Krönung des Königspaars im Jahr 1946

Juli (Datum variiert) Khao Phansaa, der Beginn der buddhistischen Fastenzeit

12. August Geburtstag der Königin

23. Oktober Chulalongkorn-Tag

Oktober/November (Datum variiert) Ork Phansaa, das Ende der buddhistischen Fastenzeit

5. Dezember Geburtstag des Königs

10. Dezember Verfassungstag

FESTIVALS & EVENTS

Thailändische Feste haben meist mit den Zyklen in der Landwirtschaft oder mit buddhistischen Feiertagen zu tun. Der allgemeine Ausdruck für Festlichkeiten im Thailändischen ist *ngahn têt·sà·gahn*. Mehr Infos gibt's im Festkalender auf S. 21.

FOTO & VIDEO

Die Thais sind Technikfreaks, die in der Mehrheit digitale Kameras nutzen. Speicherkarten für Digitalkameras sind daher weithin erhältlich und in den Elektronikabteilungen der meisten Shoppingmalls zu finden. In den Touristengebieten bieten viele Internetcafés die Möglichkeit an, den ersten Schwung an Urlaubsfotos auf CDs zu brennen. Außerdem gibt es in den meisten Orten auch ausreichende Internetverbindungen, um die Bilder online zu speichern.

Analoge Negativfilme sind nach wie vor erhältlich, allerdings nicht mehr allerorts wie früher. Diafilme lassen sich außerhalb von Bangkok und Chiang Mai nur schwer auftreiben; mehreren Läden in Bangkok entwickeln Diafilme verlässlich, anderswo wird man wohl Pech haben. Das **Image Quality Lab** (IQ Lab; Karte S. 126 f.; ☎ 0 2266 4080; www.iqlab.co.th; 160/5 ITF Bldg, Th Silom, Bangkok) bietet die umfangreichste Palette an professionellen Dienstleistungen an, u. a. entwickelt es alle Arten von Filmen und druckt Digitalfotos aus.

Beim Fotografieren von Einheimischen sollte man sich in Zurückhaltung üben. Erst einmal höflich auf Thai fragen und ein (mehr oder weniger) genervtes zustimmendes Nicken abwarten. In einigen der vielbesuchten Heimatgebiete der Bergvölker erwarten die Leute eine Spende, wenn sie sich fotografieren lassen. Bei anderen Stämmen wiederum ist es überhaupt nicht erlaubt, die Kamera auf jemanden zu richten.

FRAUEN UNTERWEGS

Fast die Hälfte aller ausländischen Thailand-Besucher sind Frauen – prozentual gesehen weit mehr als im weltweiten Durchschnitt aller Reiseländer. Frauen sehen sich hier normalerweise nur mit wenigen Problemen konfrontiert. Thais bringen Frauen großen Respekt entgegen – und sie sollten in gleicher Weise darauf reagieren.

In den Provinzstädten sollten sich weibliche Traveller konservativ kleiden, d. h. Schultern, Bauchnabel und Hüften bedecken. Außerhalb von Bangkok gehen die meisten thailändischen Frauen nur vollständig bekleidet in die Sonne, da helle Haut als Schönheitsmerkmal gilt. Dass man im Westen auf knackige Bräune steht, sorgt immer wieder für Erheiterung und Verwirrung.

Belästigungen oder gar Vergewaltigungen sind in Thailand selten, kommen aber auch hier vor – besonders wenn der Angreifer leichte Beute wittert, nämlich betrunkene Touristinnen oder Frauen, die alleine unterwegs sind. Wer von einem Barbesuch allein ins Hotel zurückkehrt, sollte seine Sinne noch beisammen haben. Bei den regelmäßig stattfindenden Vollmondpartys auf Ko Pha-Ngan kommt es immer wieder zu Zwischenfällen. Weiblichen Reisenden wird empfohlen, niemals nachts zu einem Fremden ins Auto zu steigen oder in abgelegenen Gebieten alleine herumzureisen. Das sind eigentlich Selbstverständlichkeiten, doch in einer neuen Umgebung voller freundlicher Menschen wird man vielleicht nachlässig.

Während manche Männer in Bangkok ihr Vergnügen finden, stoßen Ausländerinnen an den thailändischen Stränden auf „Romeos". Wie so oft bestimmt die Nachfrage das Angebot. Frauen, die an solchen Techtelmechteln kein Interesse haben, sollten diesen Männern keine platonischen Motive unterstellen und frivoles Flirten nicht ermutigen, zumal es Thailänder als einen Gesichtsverlust betrachten könnten, wenn sie plötzlich links liegen gelassen werden. Wenn auch noch Alkohol im Spiel ist, kann die Sache eskalieren und in Gewalt ausarten.

GEFAHREN & ÄRGERNISSE

Allgemein gilt Thailand als sehr sicheres Reiseland. Dennoch sollten Traveller stets Vorsicht walten lassen – besonders wenn sie Kontakt zu Fremden (Thais & Ausländer!) aufnehmen oder alleine unterwegs sind. Höchstwahrscheinlich wird man eher abgezockt oder heimlich bestohlen, als dass man Opfer körperlicher Gewalt wird.

Abzocke

Thais können einem so freundlich und unaufdringlich begegnen, dass sich ein falsches Sicherheitsgefühl ausbreitet – und das öffnet der Abzocke Tür und Tor. Besonders viele Betrüger tummeln sich in Bangkok; sie lassen einen glauben, man habe einen neuen Freund gewonnen und ein Schnäppchen gemacht.

Die meisten Abzocker wählen die gleiche Masche: Ein freundlicher und gut gekleideter Thai, manchmal auch ein Ausländer, kommt auf sein Opfer zu und verwickelt sie in ein Gespräch. Das eigentlich anvisierte Ziel habe derzeit geschlossen oder werde gerade renoviert, doch er, der neue „Freund", könne mit diversen Alternativen aufwarten, etwa der Besichtigung von kleineren Tempeln oder einem Einkaufsbummel auf traditionellen Märkten. Sobald etwas Vertrauen aufgebaut ist, wird man in ein Edelstein- und Juweliergeschäft geschleppt, wo der Betrüger sich ein paar Stücke aussucht, bevor es weitergeht. Irgendwann unterwegs erzählt der Betrüger dann, er hätte einen Bekannten oder besser noch Verwandten in dem jeweiligen Heimatland des Travellers (na sowas?!), mit dem er einen regen Import-Export-Handel betreibe. Irgendwie wird das Opfer dann davon überzeugt, dass es sich lohne, selbst Juwelen einzukaufen und zu Hause weiterzuverkaufen. Und wie der Zufall will, bietet das Juwelengeschäft gerade keinen großzügigen Rabatt an – etwa weil ein staatlicher oder religiöser Feiertag ist, weil der Laden sein zehnjähriges Jubiläum feiert oder auch nur, weil einen der Ladenbesitzer so sympathisch findet.

Bei diesem Juwelen-Nepp gibt's unzählige Varianten, die fast alle damit enden, dass das Opfer kleine Steine von schlechter Qualität kauft und in sein Heimatland schickt. Zu Hause stellt

sich dann natürlich heraus, dass die „günstigen" Steine viel weniger wert sind, als man dafür bezahlt hat (etwa ein Zehntel bis die Hälfte).

Die thailändische Polizei ist keine Hilfe, da sie meint, Händler können schließlich für ihre Ware das verlangen, was sie wollen.

Kartentricks sind eine weitere Methode, Traveller um ihr Geld zu bringen. Ein freundlicher Fremder nähert sich einem einsamen Reisenden auf der Straße, fängt ein Gespräch an und lädt ihn anschließend zum Essen oder auf einen Drink zu sich nach Hause ein. Nach einem kurzen Smalltalk kommt ein Freund oder Verwandter hinzu; zufällig ist für den späteren Abend ein Kartenspiel um höhere Einsätze geplant. Wie die Juwelentour kennt auch die Kartenspielmethode zahlreiche Varianten. Am Ende werden dem Opfer einige Mogeltaktiken gezeigt, die er einsetzen kann. Dann gibt es ein paar Übungsrunden und schon ist man bei einem Spiel um hohe Einsätze. Wer nicht weiß, wie das endet, sollte sich den Film *Haie der Großstadt* anschauen. Auch hier hilft einem die Polizei nicht – Glücksspiel ist in Thailand illegal, weshalb man selber das Gesetz verletzt hat.

Kleinere Abzockereien werden von Tuk-Tuk-Fahrern, Hotelangestellten oder Bardamen versucht, die Neuankömmlinge zu einer Sightseeing-Tour durch die Stadt einladen. In fast allen Fällen landet man in Seiden-, Juwelier- und Kunsthandwerksgeschäften, in denen einem alles Mögliche aufgeschwatzt wird. Hier können die Abzocker nicht auf die Gier ihres Opfers, sondern nur auf ihr Verkaufstalent zählen.

Am besten folgt man der goldenen Regel des TAT: *Jegliche kostenlose Hilfe von Fremden bei Einkaufs- oder Sightseeingtouren ablehnen.* Für jeden Einkauf bekommen diese Leute eine Provision.

Bei Betrugsfällen im Handel sollte man sich an die **Touristenpolizei** (☎ 1155) wenden.

Diebstahl & Betrug

Traveller sollten ihre persönlichen Besitztümer besonders sorgfältig verwahren und ihr Hotelzimmer stets gut abschließen. Die wichtigsten Wertgegenstände – Reisepass, Geld und Kreditkarten – sollten direkt am Körper getragen werden. Gäste überlegen besser zweimal, bevor sie Wertsachen im Hoteltresor deponieren.

Dieselben Regeln gelten auf der Straße. Eine abgeschlossene Tasche wird Diebe in

Fernreisebussen kaum abschrecken, wenn man vor sich hindöst und die geübten Ganoven stundenlang mit dem Gepäck alleine sind. In manchen Touristenbussen sind solche Situationen an der Tagesordnung (vor allem bei Fahrten von der Khao San Rd zu den südlichen Stränden oder nach Chiang Mai im Norden).

Beim Bezahlen mit Kreditkarte sollte der Verkäufer das Plastikgeld stets unter Aufsicht des Kunden durch die Maschine ziehen. Skrupellose Geschäftsleute erschummeln sich bei einem einzigen Kauf möglicherweise drei oder mehr Abbuchungen. Manchmal werden die einzelnen Einzugsermächtigungen erst später im Abstand von einigen Wochen oder sogar Monaten bei einer Bank eingelöst, um zu verschleiern, dass ein Betrag gleich mehrmals vom gleichen Händler eingezogen wurde.

Ein plötzlicher Verlust des kompletten Reisekasse ist ein harter Schlag. Daher sollten Traveller grundsätzlich Kreditkarten verwenden, bei denen nicht direkt vom heimischen Bankkonto abgebucht wird. So haben Betrüger keinen direkten Zugriff auf vorhandene Geldmittel.

Drogenkonsum & -besitz

Die folgende Masche betrifft eher Sextouristen als Backpacker: Männliche Traveller berichten, flirtwillige Thailänderinnen hätten ihnen Zigaretten, Drinks oder ein Essen angeboten. Später seien sie dann mit einem Brummschädel erwacht und mussten feststellen, dass alle Wertsachen gestohlen waren. Wer eine Prostituierte ins Hotelzimmer mitnimmt, kann auf die gleiche Weise ausgeraubt werden.

Der Kauf, Verkauf oder Besitz von Opium, Heroin, Amphetaminen, halluzinogenen Pilzen und Marihuana ist in Thailand verboten. 2003 erklärte Ex-Premier Thaksin seinen „Drogenkrieg". Auf dem Höhepunkt der Kampagne filzte die Polizei die Nachtschwärmer in den Clubs von Bangkok – viele Drogenkonsumenten wurden kurzfristig aus Angst clean. Seit dem Putsch von 2006 hat die Wachsamkeit etwas nachgelassen, ein Drogen-Selbstbedienungsladen ist Thailand aber längst nicht mehr.

Trotz der locker-lässigen Atmosphäre stehen in Thailand hohe Strafen auf den Besitz und den Schmuggel von Drogen – und Ausländer sind davon nicht ausgenommen. Wer mit Drogen erwischt wird, kann damit rechnen, für mindestens ein Jahr hinter schwe-

dischen Gardinen zu landen. Drogenschmuggler ist nach thailändischer Definition jeder, der versucht, mit Drogen in seinem Besitz eine Grenze zu passieren. Auf Schmuggel stehen weit härtere Strafen – bis hin zur Hinrichtung – als auf Drogenbesitz.

Während stadtweiter Feste, etwa zu Neujahr in Bangkok oder während der Vollmondpartys auf Ko Pha-Ngan, errichtet die Polizei Straßensperren und Kontrollpunkte, um Drogendealer abzufangen und ihre Ware zu beschlagnahmen. In manchen Fällen werden die Drogengesetze allerdings missbraucht, um Bestechungsgelder zu erpressen. Die Polizei auf Ko Pha-Ngan ist berüchtigt für Aktionen, bei denen erst ein Dealer sein Geschäft mit einem Kunden abwickelt, dann plötzlich eine Razzia stattfindet und dem Drogenkonsumenten unter Androhung einer Verhaftung an Ort und Stelle 70 000 B abgeknöpft werden.

Im Partymekka Pai sind die aus der Thaksin-Ära bekannten polizeilichen Urintests wieder in Mode gekommen. Barbesucher, die mit Drogen im Urin erwischt werden, müssen sich mit 10 000 B „freikaufen". Überhaupt verfolgt die Polizei in Pai gegenüber den Partymachern eine Politik der Einschüchterung. Oft verhängen Polizisten Geldstrafen gegen Bars, wobei das Verbot von Unterhaltungsveranstaltungen kreativ ausgelegt wird. Oder sie lassen sich in den Bars mit deutlich sichtbarer Waffe blicken.

Gewalt im tiefen Süden

Gegenwärtig kommt es in den südlichsten Provinzen Thailands, in denen mehrheitlich Muslime leben – Yala, Pattani und Narathiwat –, häufig zu gewalttätigen Übergriffen. Hintergrund sind schwer durchschaubare, ethnisch-nationalistische Auseinandersetzungen. Seit 2002 ist die Gewalt eskaliert: Nachdem zunächst nur vermeintliche nationale Symbole und Einrichtungen wie Provinzbeamte, Soldaten, Lehrer und Mönche angegriffen worden waren, wurden nun auch normale Bürger ermordet (wenn auch vielleicht „nur" im Zuge von Racheakten). Zudem kam es vermehrt zu geplanten und koordinierten Bombenanschlägen auf Marktplätzen, in Banken und Bahnhöfen. Zwischen 2004 und 2007 wurden durchschnittlich 160 Gewalttaten pro Monat registriert. Da die Angreifer teilweise Guerillataktiken wählten und Schießereien in Gangstermanier anzettelten, ist es schwer, klare Gruppen zu erkennen und

ihre Absichten zu durchschauen. Die meisten Gewalttaten beschränken sich auf die drei Provinzen des äußersten Südens, dort wiederum vornehmlich auf ländliche Gebiete – allerdings gab es auch Bombenanschläge in den Zentren der Hauptstädte der Provinzen Yala und Pattani.

Wiederholt waren auch der südthailändische Geschäfts- und Verkehrsknotenpunkt Hat Yai und die Grenzdistrikte der Provinz Songkhla Ziel von Bombenanschlägen. Die thailändische Regierung will aus politischen Gründen die Gewalt im Süden gern mit globalen Terrornetzwerken wie Al Kaida und regionalen militanten Gruppen wie den Jemaah Islamiyah in Zusammenhang bringen – etliche Beobachter bezweifeln aber, dass die Aufständischen in der Region besonders enge Verbindungen zu diesen Gruppierungen haben.

Das Auswärtige Amt (www.auswaertigesamt.de) rät derzeit generell von Reisen in die südlichen Provinzen ab. Bis zum Zeitpunkt der Recherchen hatten sich zwar noch keine direkten Angriffe auf ausländische Touristen ereignet, wohl aber nehmen die Anschläge stetig zu, bei denen auch Zivilisten involviert sind. Es kann also nicht ausgeschlossen werden, dass ein nichtsahnender Traveller plötzlich zur falschen Zeit am falschen Ort ist. Es wird dringend davon abgeraten, den Zug über die thailändisch-malaysische Grenze bei Sungai Kolok zu nehmen – auch wenn der Übergang bei Touristen beliebt ist, die zu den Perhentian-Inseln in Malaysia unterwegs sind. Sicherer ist es, die Grenze auf der Westseite der Halbinsel zu überqueren, entweder per Bus oder Zug von Hat Yai oder per Boot von Satun aus.

Hat Yai gilt zwar als ein mögliches Ziel von Bombenanschlägen, ist aber zurzeit jedenfalls als Durchgangsstation für Traveller relativ sicher. Freilich sollte man die Lage genau im Auge behalten. Gleiches gilt für die Hauptstadt der Provinz Songkhla. Nach Einbruch der Dunkelheit sollte man zwischen Hat Yai und Songkhla besser nicht unterwegs sein.

Grenzgebiete

Thailand hat gegenwärtig viel bessere Beziehungen zu seinen Nachbarn als noch vor zehn Jahren. Viele Landgrenzen bieten heute zweckmäßige und sichere Durchgangsstationen für Menschen und Waren. Aufgrund der anhaltenden Gewalt im äußersten Süden (s. oben) besteht ein ernst zu nehmendes Risiko,

den einst beliebten Grenzübergang bei Sungai Kolok zu nutzen.

Die verbesserten Beziehungen zwischen Thailand und Myanmar in der Thaksin-Ära haben zu einer verstärkten Zusammenarbeit zwischen beiden Staaten geführt, mit dem Ergebnis, dass die thailändische Armee nun Widerstandsgruppen ethnischer Minderheiten innerhalb Myanmars keine Unterstützung mehr gewährt. Viele Grenzübergänge zwischen Thailand und Myanmar sind nur tagsüber geöffnet und werden gern von Travellern frequentiert, die ihre Visa erneuern oder sich auf den Grenzmärkten umschauen wollen. Mitunter hat die Regierung Myanmar die Übergänge ohne Vorwarnung plötzlich geschlossen, sodass Besucher, die mit einem Tagesvisum eingereist waren, an der Grenze hängen blieben. Wahrscheinlicher sind allerdings Grenzschließungen aufgrund politischer Ereignisse, wie das etwa beim thailändischen Putsch 2006 der Fall war. Es empfiehlt sich also, sich über die aktuelle politische Lage zu informieren, bevor man sich zur Grenze aufmacht und dort möglicherweise in Schwierigkeiten kommt.

Im äußersten Nordosten des Landes kam es 2007 wegen der seit Langem umstrittenen Zugehörigkeit des Khao Phra Wihan – im Kambodscha heißt der Tempel „Preah Vihear" – zu einem militärischen Aufmarsch und zu Scharmützel zwischen thailändischen und kambodschanischen Truppen. Die Lage hat sich seither zwar wieder entspannt, der Tempel ist aber nach wie vor für Besucher geschlossen.

Körperliche Angriffe

Körperliche Angriffe auf Touristen sind in Thailand zwar selten, kommen aber vor. Uns wurde beispielsweise über Schlägereien zwischen Travellern und jugendlichen Thais oder Mitarbeitern von Pensionen berichtet. In diesen Fällen trifft beide Parteien wohl gleich viel Schuld – und auch Alkohol ist oft im Spiel. Aber Achtung: Man sollte einen Thai keinesfalls dazu bringen, dass er „sein Gesicht verliert", also sich in der Öffentlichkeit bloßgestellt oder gedemütigt fühlt. Das könnte eine unerwartet heftige und gewalttätige Reaktion auslösen. Während im Westen schon mal ein paar Schimpfworte hingenommen werden, wenn einer seinem Ärger Luft machen will, könnte man von einem Thai einen Faustschlag, eine überraschende Attacke oder

Schlimmeres ernten. Gewalttaten mit Schusswaffen sind in Thailand äußerst selten, jedoch gab es vereinzelte Fälle, bei denen Ausländer mit Polizisten außer Dienst aneinandergerieten, die ihre Waffen zur Vergeltung einsetzten.

Angesichts der malerischen Lage überraschen die vielen körperlichen Übergriffe, die auf Ko Samui und Ko Pha-Ngan gezählt werden. Oft ist Alkohol der Katalysator bei eskalierenden Auseinandersetzungen. Immer ruppiger und explosiver geht es bei Vollmondpartys auf Ko Pha-Ngan zu – Schlägereien, Vergewaltigungen und Raubüberfällen sind leider keine Seltenheit mehr.

Frauen – besonders wenn sie in Samui oder Pha-Ngan allein unterwegs sind – sollten im Umgang mit dem anderen Geschlecht einen klaren und nüchternen Kopf behalten. Oft nutzen Täter die Gunst der Stunde, wenn zu viel Whisky im Spiel ist. Frau sollte sich dessen bewusst sein, dass ein scheinbar unschuldiger Flirt in einer anderen Kultur auch absolut missverstanden werden kann.

Schlepper & Provisionshaie

Schlepper und Provisionshaie haben in Asien eine lange Tradition. In Thailand sind sie zwar weniger häufig anzutreffen als beispielsweise in Indien, doch auch hier treiben sie ihr Unwesen.

In den beliebten Touristenorten wird man von Schleppern angesprochen oder gar umringt, die von Pensionen eine Provision erhalten, wenn sie potenzielle Gäste hinlotsen. Das mag von Traveller als extrem lästig empfunden werden, gilt aber bei kleineren Unternehmen als akzeptierte Geschäftsmethode. Den Aussagen des Schleppers sollte man immer mit einer guten Portion Skepsis begegnen – schließlich werden sie dafür bezahlt, einen bei der Pension oder dem Hotel abzuliefern (ob man nun eincheckt oder nicht). Und so lügen sie das Blaue vom Himmel herunter, um einen zum Mitkommen zu bewegen. Einige Unterkünfte weigern sich, Provisionen zu zahlen – aber die werden von den Schleppern natürlich gemieden. Die Praxis beschränkt sich übrigens keineswegs auf günstige Pensionen. Und selbst Reisebüros sind dafür berüchtigt, dass sie frisch angekommenen Travellern ungünstig gelegene und/oder überteuerte Hotelzimmer andrehen.

Schlepper von Reisebüros tarnen sich häufig als Mitarbeiter der TAT, der staatlich fi-

nanzierten Touristenbehörde. Sie tragen gefälschte Abzeichen oder schmücken die Schilder ihrer Geschäfte unerlaubterweise mit dem Schriftzug TAT: Nichtsahnenden Travellern werden in diesen Büros dann überteuerte Bus- oder Bahntickets angeboten. Also nicht vergessen: TAT-Filialen nehmen keine Buchungen für Unterkünfte oder Verkehrsmittel vor! Werden welche angeboten, ist man in einem getarnten Reisebüro gelandet.

Wer ein Verkehrsmittel buchen will, sollte mehrere Angebote vergleichen, da die Provisionsraten zwischen den einzelnen Büros stark variieren. Auch sollte man sich nicht drängen lassen, gleich ein Komplettpaket für Flug, Hotel, Touren und anderes abzuschließen. Und noch ein Tipp zum Schluss: Die ehrlichsten Thais sind meistens sehr zurückhaltende Leute und keine aufdringlichen Verkaufsgenies.

GELD

Die thailändische Währung ist der Baht. Ein Baht hat 100 Satang; Münzen gibt es im Wert von 25 und 50 Satang sowie 1, 2, 5 und 10 B. Auf älteren Münzen finden sich nur thailändische Zahlzeichen, auf neueren thailändische und arabische. Die 2-B-Münze wurde 2007 eingeführt und ähnelt in Größe und Gestalt der 1-B-Münze zum Verwechseln. Die beiden Satang-Münzen werden in der Regel nur in Supermärkten ausgegeben, anderswo werden die Preise auf den nächsten Baht aufgerundet.

Geldscheine gibt es im Wert von 20 B (grün), 50 B (blau), 100 B (rot), 500 B (purpur) und 1000 B (beige). In den 1990er-Jahren wurden die alten 10-B-Scheine gegen 10-B-Münzen ausgetauscht, es sind aber immer vereinzelt alte Scheine in Umlauf.

Fremde Währungen

Thailändisches oder ausländisches Geld kann in beliebig hohen Summen ins Land eingeführt werden.

Für die Einreise müssen Ausländer gegebenenfalls gewisse finanzielle Voraussetzungen erfüllen. Das erforderliche Vermögen ist an den jeweiligen Visumtyp gekoppelt, überschreitet aber normalerweise nicht den für die Reisekasse veranschlagten Betrag. In den seltensten Fällen muss man tatsächlich über seine finanziellen Verhältnisse Auskunft geben. Allerdings bestehen derartige Gesetze und könnten auch zur Anwendung kommen.

Auf seiner Website listet das **Außenministerium** (www.mfa.go.th) alle Summen exakt auf, die mit den jeweiligen Visa verbunden sind.

Bei der Ausreise dürfen ohne Sondergenehmigung maximal 50000 B pro Person ausgeführt werden. Für ausländische Währungen gibt's dagegen keinerlei Limit. Ausnahmeregelungen gelten für die Weiterreise nach Kambodscha, Laos, Malaysia, Myanmar oder Vietnam; bei diesen Ländern liegt die Obergrenze bei 500000 B.

Bei sämtlichen Geschäftsbanken Thailands können Konten in einer ausländischen Währung legal eröffnet werden. Solange das Geld außerhalb Thailands eingezahlt wird, existieren keinerlei Beschränkungen hinsichtlich Mindestguthaben oder Abhebungen.

Geldautomaten & Bargeldloses Bezahlen

Mit Kredit- und Bankkarten können Traveller an Geldautomaten im ganzen Land abheben (allerdings nur Baht). Die Beträge werden direkt vom heimischen Konto abgebucht. Geldautomaten gibt's nahezu an jeder Ecke. Einkaufswütige Touristen haben daher meist keinerlei Nachschubprobleme. An den Automaten von Wechselstuben mancher Banken kann man auch Baht kaufen.

Kreditkarten sind in vielen Läden, Hotels und Restaurants gern gesehene Zahlungsmittel. Dies gilt in erster Linie für Visa und MasterCard. American-Express-Karten werden normalerweise von Spitzenklassehotels und -restaurants akzeptiert.

Verlorene oder gestohlene Kreditkarten können in Bangkok über folgende Hotlines gemeldet werden:
American Express (☎ 0 2273 5544)
Diners Club (☎ 0 2238 3660)
MasterCard (☎ 001 800 11887 0663)
Visa (☎ 001 800 441 3485)

Geld umtauschen

Banken und private Wechselstuben – letztere sind seltener anzutreffen – gewähren die besten Wechselkurse. Am leichtesten lassen sich US-Dollar in Baht umtauschen, gefolgt von Britischen Pfund und Euro. Die meisten Banken erheben beim Einlösen von Reiseschecks eine Provisions- und Bearbeitungsgebühr.

Die aktuellen Wechselkurse sind in den Tageszeitungen *Bangkok Post* und *Nation* abgedruckt. Ansonsten marschiert man einfach zu

einer beliebigen Bank und lässt sich die aktuelle Kurstabelle zeigen.

Auf S. 18 stehen Informationen zu Kosten und Preisen bei Thailandreisen.

Trinkgelder

Allgemein erwarten Thais keinerlei Trinkgelder. Ausnahmen sind kleinere Beträge bei teuren Restaurantrechnungen: Falls das Essen z. B. 488 B kostet und mit einem 500-B-Schein bezahlt wird, verzichten thailändische Restaurantgäste oft auf die 12 B Wechselgeld. Sie haben nicht etwa ihre Spendierhosen an, sondern möchten vielmehr zum Ausdruck bringen: „Ich bin nicht so geldgierig, dass es mir auf jeden einzelnen Baht ankommt". Abgesehen davon ist es nicht üblich, Wechselgeld liegen zu lassen, wenn es weniger als 10 B beträgt.

Viele Hotelrestaurants und andere bessere Lokale erheben auf den Rechnungsbetrag eine Servicegebühr in Höhe von 10 %. In diesem Fall werden keine Trinkgelder erwartet. In Bangkok haben sich mittlerweile gewisse Standard-Trinkgelder eingebürgert (vor allem in Touristenrestaurants).

INTERNETZUGANG

Wer nicht in einer der vielen Pensionen und Hotels mit einem Internetzugang übernachtet, findet in den meisten Ortschaften und Städten mehrere Internetcafés vor. Der übliche Preis liegt zwischen 40 und 120 B pro Stunde, je nachdem, wie stark der Wettbewerb ist. Die Verbindungen sind in der Regel schnell, auch dank WLAN, das im ganzen Land, selbst im ländlichen Nordosten, schon ziemlich weit verbreitet ist. Nur in Bangkok lässt man sich Zeit damit, WLAN zu erschwinglichen Preisen zugänglich zu machen. In den meisten Pensionen darf man WLAN unentgeltlich nutzen, in Spitzenklassehotels nur in der Lobby gegen eine Gebühr.

KARTEN & STADTPLÄNE

ThinkNet (www.thinknet.co.th) veröffentlicht eine hochwertige Kartenserie, die Städte und Regionen abdeckt. Verfügbar ist auch eine Bangkok-CD mit interaktivem Stadtplan. GPS-Nutzer verwenden in Thailand meist die Geräte von Garmin mit den zugehörigen genauen und umfassenden Karten. Eine Weltkarte im Netz, die das thailändische Straßennetz adäquat darstellt, gibt's bei **Multimap** (www.multimap.com).

Wer gerne auf eigene Faust wandert oder sich leidenschaftlich für Geografie interessiert, könnte die topografischen Karten des thailändischen Militärs nützlich finden. Die Karten in verschiedenen Maßstäben enthalten Höhenangaben, Geländekonturen, Ortsnamen (in thailändischer und lateinischer Schrift) und das Straßennetz. Erhältlich sind sie beim **Royal Thai Survey Department** (Krom Phaen Thi Thahan; Karte S. 122 f.; ☎ 0 2222 8844; www.rtsd.mi.th/service; Th Kanlayana Maitri, Bangkok), zu finden gegenüber vom Innenministerium auf der Westseite der Th Ratchini in Ko Ratanakosin. Man kann die Karten des Vermessungsamts auch online einsehen.

KINDER

Thais lieben Kinder – oft wird der Nachwuchs mit Süßigkeiten überschüttet und bekommt so viel Aufmerksamkeit, als wäre er eine Berühmtheit. Bei praktisch jedem Zwischenstopp finden Kinder super leicht gleichaltrige Spielgefährten unter den Einheimischen. Auch „Aushilfskindermädchen" lassen sich normalerweise problemlos auftreiben. Thais sind so familienorientiert, dass sogar ansonsten ignorante Zeitgenossen den Kleinen in die Wangen kneifen und mit leicht zu begeisternden Babys „Kuckuck" spielen (das heißt auf Thailändisch *já äi*').

Um Kinder beim Umherreisen möglichst wenig zu stressen, lohnt sich ein Blick in *Travel with Children* von Lonely Planet. Mit Schwerpunkt auf Entwicklungsländern enthält dieses Buch nützliche Tipps zum Reisen mit Kindern.

Gesundheit & Sicherheit

Eltern müssen sich über Gesundheitsfragen meistens nicht allzu viele Gedanken machen. Wer ein paar Grundregeln befolgt (z. B. regelmäßiges Händewaschen), macht potenziellen Gesundheitsrisiken schnell den Garaus. Aber Achtung: Kinder sollten auf gar keinen Fall mit Tieren spielen! Die Tollwut ist in Thailand relativ weit verbreitet. Viele Hunde sind eher Kläffer und Müllschlucker als Haustiere. Ansonsten gelten hier die üblichen Vorsichtsmaßnahmen (s. S. 847).

Praktisch & Konkret

Eine kindgerechte Ausstattung – etwa Kindersitze im Auto, Hochstühle in Restaurants oder Wickelräume in öffentlichen Toiletten – ist in Thailand quasi nicht vorhanden.

Es bedarf also eines gewissen Erfindungsreichtums, um für entsprechenden Ersatz zu sorgen. Gegebenenfalls einfach dem Beispiel der thailändischen Familien folgen, die ihre Kinder die meiste Zeit auf ihrem Schoß sitzen lassen.

Babynahrung und Windeln bekommt man in den größeren Ortschaften und Städten in den Minmärkten und 7-Elevens, letztere aber normalerweise nur in den Größen klein, kleiner, am kleinsten. Größere Größen gibt's nur in den Läden von Tesco Lotus, Big C oder Tops Market. Cremes gegen Windeldermatitis bekommt man in den Drogerien.

Die Kleinen im Kinderwagen herumzubugsieren, kann in Thailand zur Qual werden. Die Fußwege sind oft einfach zu voll, um mit einem Wagen durchzukommen, schon gar nicht mit den heute gebräuchlichen sehr großen. Man sollte lieber einen kleinen Sportwagen mit Sonnenschirm wählen, den man auch noch zwischen dem Hydranten und dem Mangokarren hindurchzwängen, zusammenlegen und in ein Tuk-Tuk mitnehmen kann. Auch eine Tragschlaufe fürs Baby ist nicht schlecht – aber Achtung: Der Kopf sollte niemals höher sein als der eigene, da in Kopfhöhe alles Mögliche im Weg hängen kann!

Was Erwachsenen schmeckt, kann für Kinder unangenehm oder unverträglich sein. Thailändische Kinder essen vor dem Grundschulalter keine stark gewürzten Speisen, sondern überleben offenkundig einzig dank *kôw nĕe-o* und Gelees. Zu den weiteren, kinderverträglichen Speisen zählen Hähnchen in allen unscharfen Varianten: *gài yâhng* (Grillhähnchen), *gài tôrt* (gebratenes Hähnchen) oder *gài pàt mét má-môo-ang* (kurz gebratenes Hähnchenfleisch mit Cashewkernen), *kôw pàt* (gebratener Reis), *kài jee-o* (thailändische Omelettes) und *gŏo-ay dĕe-o* (Nudelsuppen). Weitere Infos auf S. 99.

Sehenswertes & Aktivitäten

Von Thailands unzähligen Attraktionen wird der Nachwuchs vor allem die Strände lieben. Die meisten liegen an ruhigen Buchten, die sich prima für kleine Schwimmanfänger eignen. Tierische Unterhaltungskünstler gibt's in Thailand jede Menge, aber die Lebensbedingungen und die Behandlung der Tiere sind nach westlichen Standards oft mangelhaft. Elefantenausritte, Trips mit Bambusflößen und andere Outdoor-Aktivitäten rund um

Chiang Mai und Kanchanaburi sind weitaus tier- und kinderfreundlicher. Für ältere Kinder ist die Ortschaft Khon Kaen (S. 543) in Nordostthailand vielleicht eine interessante Sache; neben Dinosaurierstatuen gibt's hier in einem Nationalpark sogar ein Museum mit echten, vor Ort gefundenen Dinofossilien. Bangkok wird angehende Bauingenieure begeistern: Die Stadt ist voll mit Kränen, Presslufthämmern und Betonmischmaschinen. Und Jungs mit dem Berufsziel Lokomotivführer werden vielleicht gerne mit einem Schlafwagen fahren. Sie können im Zug herumlaufen und bekommen die unteren Betten, wo man die vorbeifliegende Landschaft und die Bahnhöfe sieht. Weitere reizvolle Ziele stehen auf S. 28.

KLIMATABELLEN

Informationen über die beste Reisezeit stehen auf S. 18.

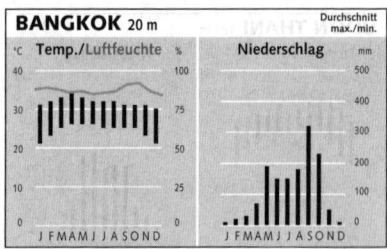

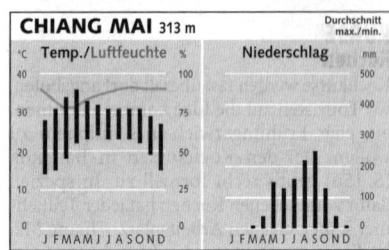

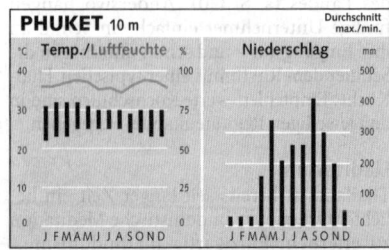

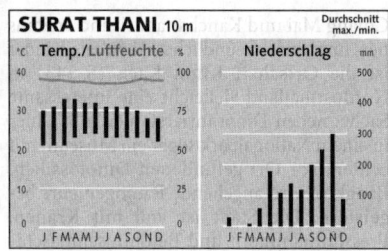

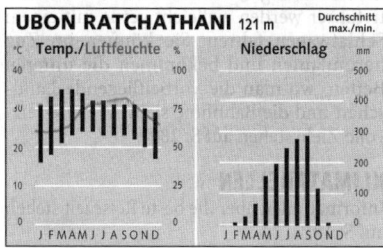

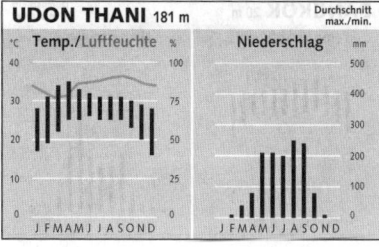

KURSE
Kochen

Kochkurse werden fast überall dort angeboten, wo Touristen auf die Idee kommen könnten, ein paar Frühlingszwiebeln schnippeln zu wollen. Bei den Kochkursen in Bangkok (S. 156) geht's recht formell zu. In speziell dafür vorgesehenen Küchen hat jeder Teilnehmer seinen eigenen Arbeitsplatz. Chiang Mai ist die unangefochtene „Kochkurshauptstadt" des Landes (s. S. 330). Anderswo hängen findige Unternehmer einfach ein Schild an ihre Eingangstür – und schon unterliegen die Schüler dem Rhythmus einer typischen Thai-Küche. Empfehlenswerte Kochschulen sind in den jeweiligen Regionenkapitel angegeben.

Meditation

Thailand ist bereits seit langer Zeit ein beliebter Ort, um die buddhistische Meditation zu erlernen. Einzigartig im Buddhismus, speziell im Theravada und einem weniger verbreiteten tibetischen Buddhismus, ist die *vipassana*-Meditation (Thailändisch: *wí·bàt·sà·nah*). Das Pali-Wort bedeutet grob übersetzt „Einsicht". Ausländer, die nach Thailand kommen, um *vipassana* zu studieren, können dies in zahlreichen Tempeln und in darauf spezialisierten Meditationszentren tun. Die Lehrmethoden sind unterschiedlich, doch das Hauptaugenmerk liegt eigentlich immer auf der intensiven Beobachtung der eigenen mental-physischen Prozesse. Der Unterricht wird in der Regel auf Thai abgehalten, an einigen Orten gibt's die Anweisungen auch auf Englisch.

Kontaktadressen der bekanntesten Meditationstempel sind unter den jeweiligen Zielorten in diesem Reiseführer angegeben. Unterricht und Übernachtung im Tempel sind kostenlos, Spenden werden jedoch erwartet.

Bei manchen Einrichtungen müssen Gäste weiße Kleidung tragen, wenn sie über Nacht bleiben wollen. Selbst bei Kurzbesuchen sollte man sich sauber und angemessen kleiden (z. B. mit langen Hosen oder Röcken; Schultern grundsätzlich bedecken).

Moo·ay Tai (Thai-Boxen)

Innerhalb des thailändischen Kurstourismus zählt *moo·ay tai* (Thaiboxen; auch: *muay thai*) zu den am schnellsten wachsenden Bereichen. Trainiert wird in Dutzenden von Camps im ganzen Land. Traditionelle *moo·ay-tai*-Camps (vor allem in Stadtgebieten) züchten gezielt Champions heran, die Prestige und Verdienst von Lehrer und Schule erhöhen. Die Trainingseinheiten sind mörderisch und die Ernährung beschränkt sich aufs Wesentliche. Die Einrichtungen umfassen meistens nicht viel mehr als einen staubigen Ring fürs Sparring und ein paar Gemeinschaftshütten, in denen man wohnen kann. Manche ausländischen Kämpfer mit Siegerpotenzial haben bereits in diesen Schulen trainiert. Allerdings wurden sie dort persönlich eingeführt und leben für ihren Sport.

Wer ohnehin kein Champion werden will und Thai-Boxen einfach aus Interesse betreibt, wendet sich am besten an Camps, die auf westliche Besucher spezialisiert sind. Viele dieser Einrichtungen sind besser ausgerüstet und engagieren englischsprachige Trainer. Solche Schulen finanzieren sich über saftige Unterrichtsgebühren. Der Trainingszeitraum reicht von eintägigen Kursen bis zu mehrwö-

chigen Einheiten. Achtung: Diverse Camps scheinen ausschließlich an der Kursgebühr interessiert zu sein. Daher lohnen sich umfangreiche Recherchen im Vorfeld ziemlich. In Bangkok und Chiang Mai gibt's renommierte Boxcamps, die ausländische Besucher willkommen heißen. Die Schulen in Phuket und in anderen Urlaubsorten lassen dagegen meistens zu wünschen übrig – hier trainieren hauptsächlich Schüler, die das Ganze nicht ganz so ernst nehmen.

Sprache

Die Universitäten in Bangkok (S. 158) und Chiang Mai (S. 330) unterstützen offizielle Sprachprogramme. In beiden Städten gibt's auch maßgeschneiderte kürzere Kurse für verschiedene Kommunikationszwecke (vom „Business Thai" bis zum Lesen und Schreiben der Schriftzeichen).

Thai-Massagen

Eine Thai-Massage ähnelt eher einer Yogastunde als einer Tiefenmassage. Laut der Theorie dieser Tradition verteilen sich diverse *sên* (Druckpunkte) entlang der Körperachsen. Durch gezielte Bearbeitung bestimmter Druckpunkte wird die Gesundheit gefördert, indem Energie gleichmäßig das gesamte Nervensystem durchflutet. Die Dynamik der Thai-Massage in Bezug auf Muskeln und Knochen lässt Vergleiche zur modernen Physiotherapie und Chiropraktik zu. In Bangkok und Chiang Mai können sich Besucher in die Kunst der Thai-Massage einweisen lassen. Der Wat Pho in Bangkok (S. 157) gilt als Institution für Massagekurse.

ÖFFNUNGSZEITEN

Die meisten Behörden haben unter der Woche von 8.30 bis 16.30 Uhr geöffnet. Manche Büros legen von 12 bis 13 Uhr eine Mittagspause ein, andere haben auch samstags geöffnet (9–15 Uhr). Die meisten Banken empfangen Kunden montags bis freitags von 9.30 bis 15.30 Uhr. Bankfilialen mit längeren Öffnungszeiten finden sich in großen Kaufhäusern wie Tesco Lotus oder Big C. Geldautomaten sind normalerweise rund um die Uhr in Betrieb.

Läden in Privatbesitz haben normalerweise täglich von 10 bis 17 Uhr geöffnet. Restaurants verköstigen Gäste größtenteils von 10 bis 22 Uhr (plusminus 1 Std.). Reine Frühstückslokale machen um 15 Uhr den Laden dicht.

ALLGEMEINE ÖFFNUNGSZEITEN

- Bars: 18–24 oder 1 Uhr (je nach lokaler Sperrstunde)
- Kaufhäuser: Mo–So 10–20 oder 21 Uhr
- Diskos: 20–2 Uhr
- Clubs mit Livemusik: 18–1 Uhr
- Restaurants: 10–22 Uhr
- Kleinere Läden: Mo–Sa 10–18 Uhr (teilweise auch So geöffnet)

Achtung: An öffentlichen Feiertagen (s. S. 814) haben sämtliche Behörden und Banken geschlossen.

POST

Die thailändische Post arbeitet sehr effektiv und verlangt für Inlandssendungen nur wenig Porto. Die meisten Postfilialen auf dem Land empfangen Kunden wochentags von 8.30 bis 16.30 Uhr sowie samstags von 9 bis 12 Uhr. Die größeren Hauptfilialen in den Provinzhauptstädten haben teilweise auch den halben Sonntag geöffnet.

Die meisten Postfilialen in den Provinzen verkaufen Versandkartons. Anschließend können Traveller entweder selbst zu Schere und Klebeband greifen oder sich ihre Sendungen gegen eine kleine Gebühr einpacken lassen. Achtung: niemals Bargeld oder andere Wertsachen auf dem Postweg verschicken!

Der Service für postlagernde Sendungen funktioniert allgemein sehr zuverlässig. Dennoch machen heutzutage nur wenige Touristen davon Gebrauch. Wer seine Post abholen möchte, muss seinen Reisepass vorlegen und etwas Papierkram erledigen.

RECHTSFRAGEN

Generell lässt die Polizei Ausländer – besonders wenn sie Touristen sind – in Ruhe. Sie tut viel dafür, Ausländern kleine Verkehrsdelikte durchgehen zu lassen und setzt darauf, dass eine Warnung ausreichend ist.

Drogen bilden allerdings eine gewichtige Ausnahme. Sie werden von den meisten thailändischen Polizisten entweder als soziale Plage angesehen, gegen die zu Felde gezogen werden muss, oder als Möglichkeit, den eigenen Geldbeutel über Bestechungsgelder steuerfrei zu füllen.

Wer wegen irgendeines Delikts verhaftet wird, darf bei der eigenen Botschaft oder einem Konsulat in Thailand anrufen. Es gibt eine ganze Reihe von Gesetzen, die Dauer und Umstände der Inhaftierung regeln. Die Entscheidungsbefugnis liegt allerdings oft im Ermessen der Polizei. Im Falle von Ausländern fällt dies oft zugunsten des Inhaftierten aus. Trotzdem gilt, wie überall sonst auf der Welt: Wer der Polizei nicht mit Respekt begegnet, macht die Sache nur noch schlimmer.

Das thailändische Gesetz kennt weder eine Unschuldsvermutung noch gelten Inhaftierte per se als Schuldige. Stattdessen werden sie als Verdächtige behandelt, über dessen Schuld oder Unschuld vor Gericht entschieden wird. Die Verhandlungen werden meistens schnell in Angriff genommen.

Bei Verhaftungen kann die **Touristenpolizei** (☎ 1155) äußerst hilfreich sein. Die Beamten haben allerdings keinerlei Entscheidungsgewalt bei Fällen, die in den Zuständigkeitsbereich regulärer Polizisten fallen. Dennoch kann die Touristenpolizei bei Verständigungsproblemen helfen und den Kontakt zur eigenen Botschaft erleichtern. Rund um die Uhr nimmt die Telefonhotline der Touristenpolizei neben allen möglichen Beschwerden auch Notrufe entgegen.

REISEN MIT BEHINDERUNGEN

Für Traveller mit Körperbehinderung ist Thailand immer noch ein gigantischer Hindernisparcours. Das gilt vor allem für Bangkok mit seinen hohen Bordsteinen, holperigen Bürgersteigen und dem hektischen Verkehr. Viele Straßen können nur auf Fußgängerbrücken überquert werden, zu denen steile Treppen hinaufführen. Busse und Boote halten nur so kurz, dass selbst körperlich Unversehrte kaum ein- oder aussteigen können. Rampen oder andere Zugangsmöglichkeiten für Rollstuhlfahrer sind selten.

Diverse teurere Spitzenklassehotels geben sich echte Mühe, den Zugang zu ihren Räumlichkeiten für Gäste mit Behinderungen zu erleichtern. Andere Luxushotels, bei denen genügend Angestellte pro Gast tätig sind, empfehlen sich auch, weil hier das Personal helfen kann, Barrieren zu überwinden. Überall sonst ist man ziemlich auf sich allein gestellt.

Entgegen dem Trend hat **Worldwide Dive & Sail** (www.worldwidediveandsail.com) Tauchprogramme für Taube und Hörgeschädigte mit Übernachtung an Bord im Programm.

Empfehlenswerte Organisationen und Websites, auf denen es Tipps für Reisen mit Behinderungen gibt, sind u. a.:
Mobility International Schweiz (☎ 062 206 88 35; www.mis-ch.ch; Froburgstrasse 4, CH-4600 Olten)
MyHandicap (☎ 049-089-2189 86950; www.my handicap.de/touristik.html; Mandlstr. 22, D-80802 München) wenden.
Nationale Koordinierungsstelle Tourismus für Alle e. V. (Natko; ☎ 049-6131-250410; www.natko.de; Kötherhofstr. 4, D-55116 Mainz)

SCHWULE & LESBEN

Die thailändische Kultur begegnet männlichen und weiblichen Homosexuellen relativ tolerant. Die Schwulen- und Lesbenszenen von Bangkok, Pattaya und Phuket sind ziemlich bekannt. In puncto Klamotten oder Verhalten werden Schwule und Lesben allgemein kommentarlos akzeptiert. Mit dem öffentlichen Austauschen von Zärtlichkeiten machen sich Heteros wie Homos allerdings keine Freunde. **Utopia** (www.utopia-asia.com) liefert jede Menge Thailand-Infos für Schwule und Lesben und gibt einen Reiseführer für Homosexuelle heraus.

SHOPPEN

Thailand ist ein Paradies für Schnäppchenjäger. Traveller sollten aber niemals zusammen mit Schleppern, Führern oder freundlichen Fremden auf Einkaufstour gehen. Diese Leute erhalten für jeden Kauf eine Provision und treiben die Preise in unvertretbare Höhen, worunter dann auch künftige Besucher zu leiden haben.

Antiquitäten

Ohne Genehmigung dürfen authentische Antiquitäten nicht aus Thailand ausgeführt werden. Für jede Buddhafigur, ob alt oder neu, ist stets eine Ausfuhrgenehmigung des Department of Fine Arts erforderlich (Infos dazu auf S. 831).

Thailändische Antiquitäten werden immer seltener. Heute verkaufen die meisten Händler Reproduktionen oder Stücke aus Myanmar. Bangkok und Chiang Mai sind die bei den Zentren des Handels mit Antiquitäten und Reproduktionen.

Bekleidung

Kleidung ist in Thailand zwar in der Regel billig, die Klamotten von der Stange sind allerdings meistens nicht so zugeschnitten, dass sie Westlern passen. In den Malls der Metro-

polen, etwa in Bangkoks MBK und dem Central Department Store, aber auch landesweit in touristischen Läden, werden zunehmend auch größere Größen geführt. Auf den Märkten findet man billige Alltagsklamotten – praktisch, wenn die eigenen Sachen schmutzig sind und man gerade keine Gelegenheit zum Waschen hat. Führend in schicker Designermode sind Bangkok und Ko Samui. Auch mit Schuhen in größeren Größen kann es Schwierigkeiten geben. Umtauschen ist in Thailand größtenteils unbekannt – man sollte sich also überzeugt haben, dass alles passt, ehe man den Laden verlässt.

Thailand hat eine lange Tradition in puncto Eleganz, die vor allem auf dem Wirken thailändisch-indischer Sikh-Familien beruht. Perfekt sitzende Sachen bekommt man am besten bei einem Schneider. Allerdings sind in diesem Gewerbe sehr viele Dumpinganbieter und Provisionshaie unterwegs. Um die rund um die Uhr geöffneten Schnellschneidereien sollte man einen Bogen machen: Hier bekommt man oft minderwertige Stoffe und schlechte handwerkliche Qualität angedreht. Am besten fragt man Einheimische oder lang ansässige Ausländer nach guten Schneidern und macht dann zwei oder drei Anproben.

Edelsteine & Juwelen

Thailand ist der weltgrößte Exporteur von Edelsteinen und Schmuck – nur Indien und Sri Lanka können da noch einigermaßen mithalten. Da die Rohedelsteinvorkommen in Thailand zunehmend verebben, werden die Steine heute aus Myanmar, Sri Lanka und anderen Ländern importiert und dann in Thailand geschliffen, poliert und verkauft.

Zwar gibt es viele Edelstein- und Schmuckläden in Thailand, aber es ist dermaßen schwer, Betrügern aus dem Weg zu gehen, dass man vom Kauf derartiger Waren abraten muss. Eine häufig versuchte Betrugsmasche wird auf S. 815 vorgestellt.

Gefälschte Produkte

In Bangkok, Chiang Mai und anderen Touristenzentren gibt es einen schwunghaften Schwarzmarkthandel mit gefälschten Designerwaren. Niemand behauptet, dass die Sachen echt sind – selbst die Verkäufer nicht. Eigentlich ist es in Thailand verboten, derartige Produkte herzustellen und zu verkaufen. Von Seiten internationaler Copyright-Schutzorganisationen wird immer wieder Druck auf das Land ausgeübt, diesen Handel ganz zu unterbinden. Aber selten zeigt eine Polizeirazzia bleibende Wirkung – die Händler verkaufen ihre Sachen danach eben noch mehr im Verborgenen, was dem Kauf dann etwas Verstohlenes und Gesetzloses gibt: Auf dem Patpong-Markt zeigt einem beispielsweise der Verkäufer ein Foto einer abgefahrenen Uhr. Man bezahlt, und der Verkäufer verschwindet um die Ecke, um die Uhr zu holen. In der Regel kommt er auch tatsächlich wieder, doch dauert es lange genug, dass einem Zweifel kommen können.

Keramik

Im gesamten Königreich werden handgemachte Töpferwaren aller Art (alte und neue Stücke) verkauft. Am bekanntesten sind die grünliche Seladon-Keramik, die braunroten Tongefäße aus Dan Kwian sowie die Stücke im *ben·jà·rong*- bzw. „Fünf-Farben"-Stil aus Zentralthailand. Letzterer basiert auf chinesischen Mustern, während die Seladon-Keramik in Thailand erfunden und dann in ganz China und Südostasien nachgeahmt wurde.

FEILSCHEN

Wenn an einer Ware kein Preisschild angebracht ist, ist der Preis Verhandlungssache. Das Essen ausgenommen, ist Feilschen auf den Straßenmärkten und auch in einigen kleinen Läden üblich. In Warenhäusern, Minimärkten, 7-Elevens usw. gelten Fixpreise.

Thais zollen guten Verhandlungskünsten Respekt. Immer erst den Verkäufer das erste Angebot machen lassen und darauf mit einem „Können Sie mit dem Preis heruntergehen?" reagieren. In aller Regel wird augenblicklich ein niedrigerer Preis genannt. Jetzt ist man selber an der Reihe, ein – stets niedriges – Gegenangebot zu machen. Man sollte aber überhaupt nur mit dem Feilschen anfangen, wenn man wirklich etwas kaufen will!

Von unendlichem Vorteil ist es, bei den Verhandlungen immer entspannt und freundlich zu blieben. Ein Lächeln kann Wunder wirken! Nicht aus der Rolle fallen und herumbrüllen – damit erreicht man gar nichts.

Auch raue, unglasierte Töpferwaren aus Nord- und Nordostthailand können sehr reizvoll sein. In Bangkok findet man viele Keramiken im modernen Stil, in Chiang Mai traditionelle Arbeiten.

Lackschnitzerei

Dank des Einflusses alter birmanischer Handwerkskunst werden in Nordthailand seit Langem originelle Lackschnitzeren angefertigt. Chiang Mai ist für seine goldenen Arbeiten auf schwarzem Untergrund bekannt. Möbel und dekorative Stücke wurden traditionell aus Bambus oder Teakholz angefertigt, heute dient jedoch oft Mangoholz als Untergrund. Das Lack des birmanischen Lackbaums (*Melanorrhea usitata*) wird mit der Asche von Reishülsen zu einer leichten, biegsamen und wasserdichten Deckmasse vermischt. Bei Stücken höchster Qualität besteht nur der Rahmen aus Bambus, um das Pferde- oder Eselshaar gewickelt wird. Bei Stücken minderer Qualität besteht das gesamte Objekt aus Bambus. Der Lack wird auf den Rahmen aufgezogen und trocknet. Nach einigen Tagen wird das Ganze mit Reishülsenasche poliert, anschließend eine weitere Lackschicht aufgetragen. Eine hochwertige Arbeit kann aus bis zu sieben teils verschiedenfarbigen Lackschichten bestehen, in die Muster und Bilder graviert werden. Abschließend wird das Ganze dann nochmals auf Hochglanz poliert.

Die Herstellung einer hochwertigen, bis zu fünffarbigen Lackarbeit dauert gut und gern fünf bis sechs Monate. Gute Stücke zeichnen sich durch Biegsamkeit aus: Bei einer hochwertigen Schüssel kann der Rand zusammengedrückt werden, bis sich die Seiten berühren, ohne dass sie dabei beschädigt wird. Ein weiteres wichtiges Qualitätsmerkmal ist die Schönheit und Präzision der Gravuren.

Möbel

Rattan- und Hartholzmöbel sind häufig günstig zu haben, auch maßgefertigt. Die meisten Möbel werden in Chiang Mai produziert, es gibt aber auch viele Filialen in Bangkok. Da das Fällen von Teakbäumen verboten ist und die Bestände an recyceltem Teakholz nahezu erschöpft ist, bestehen heute 70 % der in Thailand für den Export produzierten Möbel aus dem Holz alter Kautschukbäume, die gefällt werden, weil sie kein Latex mehr abgeben.

Stoffe

Jede Region Thailands hat ihre eigene Seidenwebertradition, anhand der Farbpalette ist überdies oft eine weitere Aufästelung bis hinunter zu einzelnen Dörfern zu erkennen. In alten Zeiten waren gewebte Textilien so etwas wie heutige Visitenkarten: Man konnte an den Mustern erkennen, wer zu welchem Stamm gehörte und oft auch, ob jemand verheiratet war. Die dörflichen Traditionen sind zwar durchaus noch lebendig, aber nicht mehr dermaßen regional eingeengt. Seidenläden im ganzen Land verkaufen Ware jeden Stils, von schimmernden, einfarbigen, glatten Seidestoffen bis zur naturgefärbten Rohseide mit ihrer knotigen Textur. Gewebte Seide verrät aber immer noch ihre Ursprungsregion.

Nordostthailand ist für *mát·mèe*-Tuch berühmt: Die dicken Baumwoll- oder Seidestoffe ähneln dem indonesischen *ikat* und werden mittels Knüpfbatiktechnik gefärbt. Die *mát·mèe*-Seide aus der Provinz Surin zeigt häufig Farben und geometrische Muster, die auf Khmer-Traditionen beruhen.

In Nordthailand zeigt sich an den Seiden der Einfluss der Lanna-Traditionen, die von diversen Thai-Stämmen nach Chiang Mai und in die umliegenden Berge gebracht wurden. Recht schöne *bah đé* (Batik) gibt es dagegen in Südthailand. In den Mustern ähnelt sie mehr malaysischer als indonesischer Batik.

Alle Bergvölker haben ihre eigenen Stickereitraditionen, die heute bei Taschen und Schmuckstücken zum Einsatz kommen. Viele der Artikel auf den Märkten sind allerdings maschinell hergestellt, wenngleich es auch etliche NGO-Kooperativen gibt, die Dorfbewohnern dabei helfen, handgefertigte Waren zu vermarkten. In Chiang Mai und Chiang Rai gibt es viele Läden mit authentischem Kunsthandwerk im Sortiment.

TELEFON

Das einst staatliche thailändische Telefonnetz wurde dereguliert und privatisiert. Den Telekommunikationssektor beherrschen die jetzt private TOT Public Company Limited (früher Telephone Organisation of Thailand, TOT) und die CAT Telecom Public Company Limited (früher Communications Authority of Thailand, CAT). Im Inlandsbereich sind die TOT und ihre Tochtergesellschaft TT&T die Hauptanbieter, bei internationalen Diensten stehen CAT und TOT miteinander im Wettbewerb.

Die Ländervorwahl für Thailand lautet ☎ 0066. Die unterschiedlichen Vorwahlen der thailändischen Provinzen wurden abgeschafft – alle Telefonnummern im Land sind achtstellig (bei Inlandsgesprächen muss eine ☎ 0 vorgewählt werden). Um der wachsenden Verbreitung von Handys Herr zu werden, hat Thailand die ☎ 8 als Vorwahl für alle Mobilnummern eingeführt, aus der ☎ 01 234 5678 ist also z. B. die ☎ 081 234 5678 geworden. Bei Anrufen aus dem Ausland ist sowohl bei Festnetz- wie bei Handynummern die ☎ 0 vor der Rufnummer wegzulassen.

Handys

Im thailändischen GSM-Netz sind als Anbieter u. a. AIS, DTAC und True Move (früher Orange) aktiv. Will man in Thailand mobil telefonieren, kauft man entweder ein Handy in Shoppingmalls wie Bangkoks MBK oder benutzt ein mitgebrachtes ohne SIM-Sperre. Die meisten Handybesitzer in Thailand nutzen den Prepaid-Service eines bestimmten Anbieters (AIS und DTAC sind am verbreitetsten). Zunächst kauft man eine SIM-Karte, der eine bestimmte Telefonnummer gleich zugeordnet ist. Sobald die SIM-Karte im Gerät aktiviert ist, kann man mit Prepaid-Karten das Guthaben aufladen. SIM- und Aufladekarten gibt's in den 7-Elevens landesweit zu kaufen. Es gibt zahlreiche Sonderangebote, normalerweise liegen die Preise überall in Thailand jedoch zwischen 2 und 3 B pro Minute, für Auslandsgespräche zwischen 5 und 7 B. SMS-Botschaften kosten einheitlich um die 5 B und sind damit oft die billigste Möglichkeit, kurze Nachrichten zu verschicken.

Internationale Gespräche

Will man von einem Telefonanschluss in Thailand ein Auslandsgespräch führen, wählt man zuerst einen internationalen Zugangscode, gefolgt von der Landesvorwahl und der Rufnummer des gewünschten Teilnehmers.

In Thailand gibt es verschiedene Zugangscodes mit unterschiedlichen Minutentarifen. Der Standard-Direkt-Zugangscode ist die ☎ 001. Er wird von der CAT betrieben und bietet die beste Gesprächsqualität; Verbindungen sind zu den meisten Ländern möglich, wenn auch vergleichsweise teuer. Etwas billiger ist die ☎ 007 der TOT; die Tonübertragung ist von verlässlicher Qualität. Noch preiswerter sind die ☎ 008 oder ☎ 009; hier werden die Gespräche via Voice over Internet Protocol (VoIP) geführt, die Tonqualität ist unterschiedlich, aber meist ausreichend.

Viele in Thailand lebenden Ausländer nutzen heute **DeeDial** (www.deedial.com), einen internationalen Online-Prepaid-Service für Festnetz- und Mobilanschlüsse. Am günstigsten sind „Ring back"-Gespräche, bei denen die Gegenseite die Gebühren bezahlen muss.

Es gibt eine Vielzahl von Telefonkarten für Auslandsgespräche, erhältlich bei der CAT (www.cthai.com) mit Sonderangeboten von bis zu 1 B pro Minute.

Für vermittelte Auslandsgespräche gilt die ☎ 100. Will man ein R-Gespräch führen, wählt man ebenfalls diese Nummer. Alternativ ruft man kostenlos die Vermittlung des Telefondienstes an oder versucht es von einem CAT-Telefon aus mit der ☎ 001 9991 2001 bzw. von einem TOT-Telefon aus mit der ☎ 1 800 000 120.

Öffentliche Telefone & Kartentelefone

Wenn man keinen Zugang zu einem privaten Festnetzanschluss hat, kann man landesweit auch ganz altmodisch in einigen Post- und CAT-Filialen vermittelte „Home Country Direct"-Gespräche führen. Per Knopfdruck wird man dann mit Telefonanbietern in aller Welt verbunden.

In den meisten Hotels wird für Auslandsgespräche ein Zuschlag erhoben (der teilweise bis zu 50 % über dem CAT-Tarif liegt); Ortsgespräche können dagegen oft kostenlos oder zum Standardtarif geführt werden. Manche Pensionen haben ein Handy oder einen Festnetzanschluss; Auslandsgespräche werden minutenweise abgerechnet.

Ferner gibt es diverse Münzfernsprecher für Ortsgespräche und öffentliche Telefone für Inlands- und Auslandsgespräche, die mit Prepaid-Karten funktionieren. Die Benutzung öffentlicher Telefone kann zur Tortur werden: Meistens stehen sie an großen Durchgangsstraßen, wo man von der Sonne gebraten wird und zudem sein eigenes Wort nicht versteht.

Die roten und blauen Apparate sind Münztelefone für Ortsgespräche – der Anruf kostet in der Regel 5 B. Dann gibt es unterschiedlichen Kartentelefone, die jeweils nur bestimmte Karten akzeptieren. Die grünen Telefone funktionieren mit TOT-Telefonkarten für Inlandsgespräche. Die gelben Telefone (Inlands- oder Auslandstelefone) nehmen nur Lenso-Telefonkarten, eben entsprechend für Inlands- oder Auslandsgespräche. Karten gibt's

in 7-Eleven-Filialen zu 300 und 500 B. Die Tarife liegen zwischen 7 und 10 B pro Anruf.

TOILETTEN

Wie in den meisten anderen Ländern Asiens sind – Hotels und Gästehäusern mit Touristen und Geschäftsleuten als Klientel ausgenommen – Hocktoiletten gang und gäbe. Diese sind mehr oder weniger bündig in den Boden eingelassen und haben Standflächen auf jeder Seite. Reisende, die noch nie eine solche Toilette benutzt haben, müssen sich sicherlich erst mal daran gewöhnen.

Man schöpft mit einer Plastikschüssel Wasser aus dem daneben stehenden Eimer, um sich – immer noch über der Toilette hockend – zu säubern. Die Exkremente werden dann mit ein paar weiteren Kellen Wasser in das Abwassersystem gespült.

Selbst wenn es Sitztoiletten gibt, ist das Abwassersystem oft nicht für Toilettenpapier ausgelegt. In diesem Fall steht der übliche Wasch- oder ein Abfalleimer bereit, in dem man das benutzte Toilettenpapier entsorgt.

TOURISTENINFORMATION

Die staatliche Touristenbehörde und Werbeagentur ist die 1960 gegründete **Tourism Authority of Thailand** (TAT; www.tourismthailand.org). Sie gibt ausgezeichnete Broschüren zu Sehenswürdigkeiten, Unterkünften, Verkehrsnetz und Transportmitteln heraus. Die Zentrale der TAT befindet sich in Bangkok; darüber hinaus gibt es 22 regionale Zweigstellen im ganzen Land. In den einzelnen Kapiteln ist nachzulesen, wo sich die TAT-Büros in den jeweiligen Städten befinden.

Auch im Ausland gibt es TAT-Büros; das für Deutschland, Österreich und die Schweiz zuständige sitzt in Frankfurt a. M.

Deutschland (☎ 069 138 1390; www.thailandtouris mus.de; Bethmannstraße 58, D-60311 Frankfurt/Main)

UNTERKUNFT

Thailand hat eine große Auswahl an Unterkünften: von billig und einfach bis teuer und luxuriös. Die genannten Preise gelten für die Hauptsaison (EZ od. DZ). Entsprechende Symbole weisen auf Internetzugang, Swimmingpools oder Klimaanlagen hin. Wenn kein Symbol dabeisteht, ist von Zimmern mit Ventilator auszugehen.

Bei den Preiskategorien (Budget, Mittel- & Spitzenklasse) herrschen zwischen Großstädten und Strandorten einerseits und kleineren

---

UNTERKÜNFTE ONLINE BUCHEN

Weitere Berichte zu Unterkünften und Empfehlungen gibt's im Online-Buchungsservice unter www.lonelyplanet. com. Hier findet man echte Insiderberichte über die besten Unterkünfte, wie immer gründlich und unabhängig recherchiert. Und außerdem kann online gebucht werden.

Ortschaften andererseits deutliche Unterschiede. In Großstädten und Strandorten fallen Übernachtungspreise unter 1000 B in den Budget-, bis 3000 B in den Mittelklasse- und über 3000 B in den Spitzenklassebereich. In den Kleinstädten werden Übernachtungspreise entsprechend bis 600 B, zwischen 600 und 1500 B und über 1500 B eingeteilt.

Versteht das Personal wenig oder gar kein Englisch, helfen folgende Ausdrücke: *hôrng pát lom* (Zimmer mit Ventilator) und *hôrng aa* (Zimmer mit Klimaanlage).

Diesen Arten von Unterkünften wird man in Thailand begegnen:

Hotels & Resorts

In den Provinzhauptstädten und kleineren Ortschaften gibt es häufig nur thailändisch-chinesische Hotels älteren Datums (wie sie früher in ganz Thailand Standard waren). Die meisten sind auf thailändische Gäste eingestellt; die Englischkenntnisse sind hier sehr eingeschränkt.

Diese Hotels sind mehrstöckige Gebäude. Die Zimmer gehören teils zur Mittelklasse (mit eigenem Bad, Klimaanlage & TV), teils sind es billigere mit Gemeinschaftsbad und Ventilator. In einigen der älteren Hotels gibt es nur Hocktoiletten und statt Duschen *klongs* (große Terrakottabehälter, aus denen man sich das Wasser zum Baden herausschöpft). Zwar haben die thailändisch-chinesischen Hotels viel ungewollten, alten Charme, sind aber – sofern nicht kürzlich aufgepeppt – einfach zu alt und schäbig, um im Vergleich zu den Pensionen ein gutes Preis-Leistungs-Verhältnis zu bieten.

In den letzten Jahren gibt es einen Trend, die Budgetlücke für alternde Backpacker oder jüngere, aufstrebende Traveller – je nach Perspektive – zu schließen, die das Ambiente einer Pension verbunden mit dem Komfort eines Hotels wünschen: In den größeren Tou-

ristenorten haben sich manche Budgetunterkünfte zu „Flashpacker-Hotels" gemausert, die modisches Dekor mit Bequemlichkeit kombinieren.

Internationale Hotelketten finden sich in Bangkok, Chiang Mai, Phuket und anderen Nobelstrandorten. Viele dieser Luxusresorts kombinieren traditionelle thailändische Architektur mit modernem Minimalismus.

Die meisten Spitzenklasseoptionen und manche Mittelklassehotels erheben zusätzlich eine Mehrwertsteuer in Höhe von 7 % und eine Servicegebühr in Höhe von 10 %. Die Zuschläge werden häufig als „plus plus" bezeichnet. Oft ist ein Frühstücksbuffet im Zimmerpreis enthalten. Falls das Hotel ein Frühstück im westlichen Stil serviert, handelt es sich dabei normalerweise um ein „ABF" (für American Breakfast).

Mittelklasse- und Kettenhotels, vor allem die in bekannten Ferienorten, nehmen Reservierungen im Voraus entgegen. Wer direkt über die Hotelwebsite oder ein Online-Reisebüro bucht, spart möglicherweise. In den Unterkünften werden die meisten Kreditkarten akzeptiert, American-Express-Karten nehmen jedoch nur Luxushotels.

In den meisten Ländern bezieht sich der Begriff Resort auf Hotels, die zusätzlich zu Kost und Logis diverse Freizeitaktivitäten (z. B. Tennis, Golf, Schwimmen, Segeln) anbieten. Im thailändischen Hoteljargon bezeichnet der Begriff aber lediglich ein Hotel, das sich außerhalb einer Stadt befindet. Deshalb nennen sich auch ein paar Strandhütten oder eine Ansammlung von Bungalows im Wald vollmundig Resort. Obwohl einige Orte in Thailand die Bezeichnung Resort völlig zurecht tragen – egal wie man ihn nun definiert –, zahlt es sich aus, sich vor dem Buchen über die Ausstattung zu informieren.

Pensionen

Generell sind Pensionen (Guesthouses) die günstigste Übernachtungsgelegenheit in Thailand; man findet sie überall dort, wo Backpacker stranden. In Gebieten Nordostoder Südostthailands sind Pensionen seltener, Traveller aber eben auch.

Die Preise variieren je nach Ausstattung. Sie reichen von hammermäßigen 150 B für ein Zimmer mit Gemeinschaftsbad und klapperndem Ventilator bis zu mehr als 600 B für ein Zimmer mit eigenem Bad, Klimaanlage und Fernseher. Viele Pensionen leben hauptsächlich von ihren eigenen Restaurants. Hier kommen Backpacker-Klassiker wie Bananenpfannkuchen und Fruchtshakes auf den Tisch. Diese Restaurants sind zwar bequem und darüber hinaus eine gute Gelegenheit, um mit anderen Travellern ins Gespräch zu kommen. Man sollte jedoch die thailändische Küche nicht anhand der Gerichte bewerten, die man in berüchtigt mittelmäßigen Pensionen vorgesetzt bekommen hat.

Viele Pensionen bieten ein travellerfreundliches Ambiente mit freundlichem und auskunftsfreudigem Personal sowie kleinen Extras wie Touristentipps und Büchertausch. Aber es gibt auch genügend Gästehäuser mit brummigen, übellaunigen Mitarbeitern, die die Gäste wissen lassen, dass ihnen ihr Job nicht gefällt.

Immer mehr Pensionen nehmen inzwischen auch Reservierungen entgegen, da aber Sauberkeit und Qualität durchaus nicht selbstverständlich sind, empfiehlt es sich, das Zimmer persönlich in Augenschein zu nehmen, ehe man sich einquartiert. Ist die gewünschte Pension besetzt, sollten sich zumindest in den Touristenzentren meist Dutzende andere in der Nähe finden. In Pensionen wird in der Regel nur Bargeld angenommen.

Eine Untergruppe der traditionellen Pensionen sind die Strandbungalows, die an den Backpackerzielen an der thailändischen Küste zu finden sind. Immer seltener werden die einfachen palmgedeckten Bambushütten, an ihre Stelle treten wetterfestere Bungalows aus Holz oder Beton. Ungeachtet der Qualität stehen viele Bungalows direkt am Strand oder an Hügelhängen mit Ausblick aufs Meer.

Unterkünfte in Nationalparks

Die meisten Nationalparks bieten für Übernachtungen Bungalows oder Stellplätze auf Campingplätzen an. Bungalows beherbergen in der Regel bis zu zehn Personen; die Preise liegen zwischen 800 und 2000 B, je nach Nationalpark und Größe des Bungalows. Die Unterkünfte sind bei thailändischen Großfamilien heiß begehrt – sie schleppen auch gleich so viele Vorräte heran, dass es bis zum Jüngsten Gericht reicht. In ein paar Parks stehen auch *reu·an tăa·ou* (Langhäuser).

In vielen Parks können Traveller für 60 B pro Nacht campen. Einige Parks vermieten auch Zelte (300 B/Nacht), andere Campingausrüstung; mitunter befindet sich das Zeug aber in einem jämmerlichen Zustand.

Die **Nationalparkverwaltung** (www.dnp.go.th/ parkreserve) betreibt inzwischen ein umfassendes, wenn auch etwas unhandliches Online-Buchungssystem für alle Parks. Achtung: Die Buchung für Stellplätze und für Bungalows befindet sich auf verschiedenen Seiten dieser Website. Gebucht werden kann bis zu einem Monat im Voraus, was bei beliebten Parks besonders an Wochenenden und Feiertagen auch dringend zu empfehlen ist.

VERSICHERUNG

Wahrscheinlich lohnt es sich, eine Reiseversicherung abzuschließen, um sich im Falle von Diebstahl, Verlust oder gesundheitlichen Problemen abzusichern. Die Versicherungen bieten unterschiedlich umfangreiche medizinische Leistungen an. Es gibt eine riesige Auswahl an Versicherungen, deshalb ist ein Blick ins Kleingedruckte empfehlenswert. Wichtig ist, dass die Versicherung im Notfall den Krankenwagen oder Flug nach Hause bezahlt.

Einige Versicherungen schließen gefährliche Aktivitäten wie Gerätetauchen, Motorradfahren oder sogar Trekking aus. Einen vor Ort erworbenen Motorradführerschein erkennen manche Versicherungen nicht an.

Eine Versicherung, die die Arztkosten und den Krankenhausaufenthalt sofort bezahlt und nicht erst im Nachhinein, kann ebenfalls sinnvoll sein. Um seine Ansprüche später geltend machen zu können, müssen sämtliche Unterlagen eingereicht werden.

Was bei Krankenversicherungen zu beachten ist, erfährt man auf S. 847, nähere Infos zur Fahrzeugversicherung stehen auf S. 840. Weltweiter Reiseversicherungsschutz wird auch unter www.lonelyplanet.com/travel_ services angeboten. Man kann online Versicherungen abschließen, den Schutz erweitern oder einen Schadensfall geltend machen – alles selbst wenn man bereits unterwegs ist.

VISA

Das **Außenministerium** (www.mfa.go.th) ist für alle Einwanderungs- und Visaangelegenheiten zuständig. Infos über Visaformalitäten und Kosten erhält man auf der Website oder bei der nächstgelegenen diplomatischen Vertretung Thailands (Botschaft oder Konsulat). In den letzten fünf Jahren gab es einige Änderungen bezüglich der Ausstellung und Verlängerung von Visa; unter **Thaivisa** (www.thaivisa. com) findet man Infos auf aktuellem Stand.

Non-Immigrant-Visa

Sogenannte Non-Immigrant-Visa haben eine Gültigkeit von 90 Tagen und sind für Ausländer vorgesehen, die in Thailand Geschäfte tätigen, studieren, im Ruhestand einen längeren Urlaub machen oder einen ausgedehnten Besuch bei Familienangehörigen machen wollen. In dieser Visakategorie gibt es vielfältige Einreisevisa. Die Chance, ein Visum für mehrfache Einreise zu erhalten, stehen für Europäer ganz gut. Wer eine thailändische Arbeitsgenehmigung beantragen will, muss bereits ein Non-Immigrant-Visum besitzen.

Touristenvisa & Freistellungen

Der thailändische Staat gewährt Bürgern aus 41 verschiedenen Ländern (darunter auch Deutschland, Österreich und die Schweiz) die kostenlose Einreise ohne im Voraus beantragtes Visum. Im Jahr 2008 wurden dabei Änderungen der zulässigen Aufenthaltsdauer eingeführt. Wer mit dem Flugzeug anreist, erhält eine 30 Tage gültige Aufenthaltsberechtigung, wer auf dem Landweg einreist, lediglich – anders als früher – eine 15 Tage gültige.

Besuchern, die kein Anschluss- oder Rückflugticket oder ausreichende Geldmittel für die geplante Aufenthaltsdauer vorweisen können, kann die Einreise versagt werden. In der Praxis werden aber selten entsprechende Fragen gestellt, wenn man nicht wie ein Bettler gekleidet bei der Einreisekontrolle erscheint.

Wenn man länger als 30 (bzw. 15) Tage in Thailand bleiben will, sollte man vor Antritt der Reise bei der thailändischen diplomatischen Vertretung (Botschaft oder Konsulat, www.thaiembassy.org) ein 60 Tage gültiges Touristenvisum beantragen – was besonders empfehlenswert ist, wenn man auf dem Landweg einreist. Man kann sein Visum auch in Thailand verlängern lassen (s. unten), ein vorab im Heimatland besorgtes Touristenvisum ist aber billiger und schont wertvolle Urlaubszeit. Über Antragsformalitäten und Kosten informiert die nächstgelegene thailändische diplomatische Vertretung.

Visum verlängern & erneuern

Traveller können ihr Visum bei jedem beliebigen Büro der thailändischen Einreisebehörde verlängern lassen. Die meisten Ausländer wenden sich an die Büros in **Bangkok** (Karte S. 132; ☎ 0 2287 3101; Soi Suan Phlu, Th Sathon Tai; ☉ Mo–Fr 9–12 & 13–16.30, Sa 9–12 Uhr) oder **Chiang Mai** (Karte S. 302 f.; ☎ 0 5320 1755-6; Th Mahidon;

☺ Mo–Fr 8.30–16.30 Uhr). Die übliche Gebühr für eine Visumsverlängerung beträgt 1900 B.

Wer eine Standardaufenthaltsdauer von 15 oder 30 Tagen hat, kann seine Aufenthaltsgenehmigung (je nach Einreisebehörde) um 7 bis 10 Tage verlängern lassen, wenn der Antrag vor Ablauf des Visums beantragt wird. Das 60 Tage gültige Touristenvisum kann um bis zu 30 Tage verlängert werden, wobei die Entscheidung im Ermessen der thailändischen Einreisebehörde liegt.

Eine andere Möglichkeit, sein Visum zu erneuern, ist die Aus- und Wiedereinreise über eine Landgrenze. Seit 2006 hat Thailand die Bestimmungen an diesen Grenzen verschärft, um gegen Ausländer vorzugehen, die illegal in Thailand leben und arbeiten (d. h., ohne im Besitz der erforderlichen Papiere zu sein). Deshalb erhalten seit 2008 Staatsbürger aus visumsbefreiten Staaten an Landgrenzen nur noch ein 15-Tage-Visum. Da diese Regelung nicht für den Flugverkehr gilt, buchen viele Expats jetzt zur Erneuerung ihres Thailand-Visums einen Flug ins nahe Kuala Lumpur. Kurzfristig existierte auch eine Beschränkung der Zahl der Wiedereinreisen über Landgrenzen, doch scheint diese Regelung nach die Einführung des 15-Tage-Visums wieder gekippt worden zu sein. Wenn man über eine Landgrenze nach Thailand einreisen und länger als 15 Tage bleiben will, sollte man vielleicht vorher ein thailändisches Touristenvisum beantragen. Einen solchen Antrag kann man bei den diplomatischen Vertretungen Thailands im Heimatland stellen oder auch in dem Land, in dem man sich gerade aufhält.

Für Visaverlängerungen benötigt man zwei Passfotos und eine Fotokopie der Bild- und der jeweiligen Visaseite des Reisepasses. Antragsteller sollten sich angemessen kleiden und alle erforderlichen Schritte persönlich unternehmen, d. h., keine Dritten damit betrauen.

Wer die Aufenthaltsdauer überschreitet, muss in der Regel ein Bußgeld von 500 B pro Tag – maximal 20 000 B – bezahlen. Das Bußgeld kann am Flughafen oder im Voraus bei einer Einreisebehörde bezahlt werden. Wer nur einen Tag überzogen hat, geht straffrei aus. Kinder unter 14 Jahren, die in Begleitung eines Erziehungsberechtigten reisen, sind von dem Bußgeld ausgenommen.

Ausländer, die in Thailand wohnen, müssen Visaverlängerungen bei der Einreisebehörde beantragen, die ihrem thailändischen Wohnort am nächsten liegt; diese Regelung ist neu – Einzelheiten dazu beim thailändischen Außenministerium erfragen.

ZEIT

Thailands Zeitzone liegt sechs Stunden vor der Mitteleuropäischen Zeit (während der europäischen Sommerzeit fünf Stunden). Behörden und Kinos verwenden häufig die im Militärwesen übliche Zeitangabe (z. B. „2300" für 23 Uhr).

Im Jahr 543 v. Chr. begann die buddhistische Ära (abgekürzt B. E. für Buddhist Era) und damit die offizielle Zeitrechnung in Thailand. So entspricht das Jahr 2009 dem Buddhistischen Jahr 2552, 2010 ist BE 2553 usw.

ZOLLBESTIMMUNGEN

Thailand verbietet den Import von Feuerwaffen und Munition (sofern nicht vorab bei der Polizei registriert), genauso von illegalen Drogen und pornografische Medien. Neben einer angemessenen Menge von Kleidern dürfen auch Hygieneartikel und berufliches Instrumentarium zollfrei eingeführt werden, ebenso maximal 200 Zigaretten und 1 l Wein oder Branntwein. Die thailändische **Zollbehörde** (www.customs.go.th) betreibt eine nützliche Website mit genaueren Informationen.

Bei der Ausreise muss eine Exportgenehmigung für sämtliche Antiquitäten oder Kunstobjekte vorgelegt werden. Dazu zählen auch frisch gegossene Buddhastatuen. Um eine Exportgenehmigung zu bekommen, müssen zwei Frontalaufnahmen der betreffenden Gegenstände vorgelegt werden. Zusammen mit einer Fotokopie des Reisepasses, dem Kaufbeleg und den jeweiligen Gegenständen wird das Ganze dann beim **Department of Fine Arts** (DFA; ☎ 0 2628 5032) eingereicht. Die Bearbeitung des Antrags und die damit verbundene Prüfung können drei bis fünf Tage in Anspruch nehmen.

Verkehrsmittel & -wege

INHALT

AN- & WEITERREISE

EINREISE

Die Einreiseformalitäten für Thailand sind sowohl per Flugzeug als auch auf dem Landweg erfrischend unkompliziert. Der Reisepass und die ausgefüllten Ankunft- und Abreisekarten, die normalerweise auf dem Hinflug verteilt werden, reichen aus (auf S. 830 stehen Infos zu den Visabestimmungen). Wer auf dem Landweg einreist, erhält die Karten blanco direkt am Einreiseschalter.

Eine Zollerklärung ist bei der Einreise nicht auszufüllen, außer es werden deklarationspflichtige Waren eingeführt; für diese hat der thailändische Zoll ein passendes Formular.

Die Reisekasse muss bei der Einreise offiziell einen bestimmten Mindestbetrag aufweisen. Zu den thailändischen Zollbestimmungen s. S. 819.

Flüge, geführte Touren und Bahntickets können auf www.lonelyplanet.com/travel_services gebucht werden.

AUF DEM LANDWEG

Thailand hat gemeinsame Landgrenzen mit Laos, Malaysia, Kambodscha und Myanmar. Die Reise in alle Nachbarländer auf dem Landweg über offizielle Grenzübergänge ist möglich, und dank des fortschreitenden Ausbaus der Fernstraßen werden auch Reisen zwischen Thailand und China über Land zusehends bequemer. Auf S. 836 findet man Details zu den einzelnen Grenzübergängen sowie Verkehrsmitteln und -wegen.

Bus, Auto & Motorrad

Es gibt Straßenverbindungen zu allen Nachbarstaaten Thailands, die man mit dem Bus, dem Sammeltaxi oder dem eigenen Auto nutzen kann. In einigen Fällen fährt man mit dem Bus zur Grenze, überquert die Einreisestelle zu Fuß und nimmt dann zur Weiterfahrt einen anderen Bus oder ein Sammeltaxi. Oder der Bus fährt über die Grenze hinaus zum Zielort wie z. B. an der Grenze zu Malaysia; dann werden die Grenzformalitäten im Bus abgewickelt.

Private Passagierfahrzeuge (Autos, Kleinbusse, Trucks, Motorräder) können zu touristischen Zwecken für bis zu sechs Monate nach Thailand eingeführt werden. Für die Einreise benötigt man einen gültigen internationalen Führerschein, seinen Pass, die Fahrzeugpapiere (bei einem geliehenen oder gemieteten Fahrzeug zudem die Erlaubnis des Eigentümers) und eine Bankgarantie oder Bargeld im Wert des Fahrzeugs, zuzüglich 20 %. Für die Einreise über den Hafen Khlong Toey oder den Suvarnabhumi International Airport wird ein Kreditbrief benötigt; bei der Einreise auf dem Landweg über Malaysia,

---

DIE DINGE ÄNDERN SICH

Die Informationen in diesem Kapitel sind besonders anfällig für Veränderungen. Alle relevanten Aspekte bezüglich Tickets und deren Kauf, Reiserouten und Sicherheitsbestimmungen im internationalen Reiseverkehr sollten vor dem Start mit der Fluglinie oder dem Reisebüro durchgesprochen werden. Und Augen auf beim Ticketkauf! Die Angaben in diesem Kapitel verstehen sich als Hinweise und sind kein Ersatz für die eigene, gründliche und aktuelle Recherche.

Kambodscha oder Laos genügt es, an der Grenze ein „Garantieformular" auszufüllen.

Fahrrad

Viele Besucher bringen ihr eigenes Fahrrad mit nach Thailand. Für die Einfuhr des Rads braucht man keine besondere Genehmigung; es kann jedoch passieren, dass der Drahtesel vom Zoll registriert wird, und wenn man dann ohne das Gefährt wieder ausreist, muss man Zoll bezahlen. Weitere Infos zum Reisen mit dem Rad gibt's auf S. 841. Ein gut bestückter Werkzeugkasten sollte dabei sein.

Zug

Wenn alles nach Plan läuft, wird Thailand bald eine neue, internationale Bahnverbindung nach Laos bekommen. Die 3,5 km lange Streckenerweiterung, die im April 2009 fertiggestellt sein sollte, führt vom Bahnhof Nong Khai über die Freundschaftsbrücke nach Ban Tanalaeng unmittelbar nördlich von Vientiane. Dem Personenverkehr wird die Linie wenig bringen, da die Grenzüberquerung auf der Straße schneller und einfacher ist, aber den Güterverkehr wird sie erleichtern.

Weitere grenzüberschreitende Bahnlinien gibt's zwischen Thailand und Malaysia im Westen der Malaiischen Halbinsel. Die Bahnlinien beider Länder treffen in Butterworth (93 km südlich der Grenze) zusammen. Von hier aus kommt man (per Schiff) nach Penang oder mit der malaysischen Eisenbahn nach Kuala Lumpur und Singapur.

Zu mehreren Grenzübergängen kommt man von thailändischer Seite mit dem Zug und setzt dann hinter der Grenze die Fahrt mit einem Bus fort. Von Bangkok aus fährt ein Zug bis in die Stadt Aranya Prathet an der kambodschanischen Grenze. Es existieren Pläne, die Bahnstrecke auf der kambodschanischen Seite bis nach Sisophon wiederherzustellen, aber bislang liegen sie noch auf Eis.

Eine weitere Bahnlinie führt an der Ostküste in den Ort Sungai Kolok an der malaysischen Grenze. Wegen der fortgesetzten Gewalttätigkeiten im äußersten Süden Thailands sollten Traveller diese Route unbedingt meiden.

FLUGZEUG
Flughäfen

Seit September 2006 ersetzt der neue Flughafen Suvarnabhumi (S. 198; ausgesprochen *sù·wan·ná·pum*) den Flughafen bei Don Muang. Hier starten und landen nun alle

---

> **AUSREISEGEBÜHR**
>
> Wer von Bangkoks Flughafen Suvarnabhumi ins Ausland fliegt, bezahlt keine gesonderte Ausreisegebühr mehr, aber bei Abflug in Ko Samui werden 300 B fällig.

Maschinen aus dem Ausland und einige aus dem Inland. Der Flughafen liegt im Gebiet Nong Ngu Hao der Provinz Samut Prakan – 30 km östlich von Bangkok und 60 km von Pattaya entfernt. Das Flughafenkürzel für Suvarnabhumi ist BKK.

Der alte internationale Flughafen in Bangkok, der Don Muang Airport (S. 198), wird heute für einige Inlandsflüge von Thailands nationaler Fluglinie Thai Airways International (THAI) sowie von Nok Air und One-Two-Go benutzt. Der Flughafencode lautet DMK. Wenn man Anschlussflüge bucht, sollte man immer checken, von welchem der beiden Flughäfen man startet.

Die meisten internationalen Flüge starten und landen in Bangkok, aber ein paar Routen bedienen auch Thailands andere internationale Flughäfen. Halbwegs aktuelle Informationen zu diesen Flughäfen gibt's auf www.airportthai.co.th. Zweitwichtigster Passagierflughafen des Landes ist der Phuket International Airport (S. 745). Von hier aus werden z. B. Ziele in Asien ohne Zwischenstopp in Bangkok angeflogen.

Weitere Flughäfen mit Verbindungen zu asiatischen Hauptstädten findet man in Chiang Mai (Flüge nach Taipeh, Singapur, Kuala Lumpur, Luang Prabang und Vientiane), Udon Thani (Flüge nach Luang Prabang), Ko Samui (Flüge nach Singapur und Hongkong) und Hat Yai (Flüge nach Kuala Lumpur).

Fluglinien mit Verbindungen nach/ab Thailand

Weltweit zählt Bangkok zu den preisgünstigsten Start- und Zielpunkten für Flugreisen. Das liegt zum einen an der lockeren Preispolitik der thailändischen Regierung und zum anderen an dem scharfen Wettbewerb der Fluglinien und Reisebüros. Die folgenden Fluglinien fliegen nach und ab Thailand:

Air Asia (☎ 0 2515 9999; www.airasia.com; Flughafen Suvarnabhumi)

Air Canada (Karte S. 126 f.; ☎ 0 2670 0400; www.aircanada.com; Suite 1708, River Wing West, Empire Tower, 195 Th Sathon Tai)

VERKEHRSMITTEL & -WEGE

KLIMAWANDEL & REISEN

Der Klimawandel stellt eine ernste Bedrohung für unsere Ökosysteme dar. Zu diesem Problem tragen Flugreisen immer stärker bei. Lonely Planet sieht im Reisen grundsätzlich einen Gewinn, ist sich aber der Tatsache bewusst, dass jeder seinen Teil dazu beitragen muss, um die globale Erwärmung zu verringern.

Fliegen & Klimawandel

Fast jede Art der motorisierten Fortbewegung erzeugt CO_2 (die Hauptursache für die globale Erwärmung), doch Flugzeuge sind mit Abstand die schlimmsten Klimakiller – nicht nur wegen der großen Entfernungen und der entsprechend großen CO_2-Mengen, sondern auch weil sie diese Treibhausgase direkt in hohen Schichten der Atmosphäre freisetzen. Die Zahlen sind erschreckend: Zwei Personen, die von Europa in die USA und wieder zurück fliegen, erhöhen den Treibhauseffekt in demselben Maße wie ein durchschnittlicher Haushalt in einem ganzen Jahr.

Emissionsausgleich

Die englische Website www.climatecare.org und die deutsche Internetseite www.atmosfair.de bieten sogenannte CO_2-Rechner. Damit kann jeder ermitteln, wie viel Treibhausgase seine Reise produziert. Das Programm errechnet den zum Ausgleich erforderlichen Betrag, mit dem der Reisende nachhaltige Projekte zur Reduzierung der globalen Erwärmung unterstützen kann, beispielsweise Projekte in Indien, Honduras, Kasachstan und Uganda.

Lonely Planet unterstützt gemeinsam mit Rough Guides und anderen Partnern aus der Reisebranche das CO_2-Ausgleichs-Programm von climatecare.org. Alle Reisen von Mitarbeitern und Autoren von Lonely Planet werden ausgeglichen.

Weitere Informationen gibt's auf www.lonelyplanet.com.

Air China (Karte S. 126 f.; ☎ 0 2634 8991; www.fly-airchina.com; Bangkok Union Insurance Bldg, 175-177 Th Surawong)

Air France (Karte S. 126 f.; ☎ 0 2635 1191; www.airfrance.fr; 20. Geschoss, Vorawat Bldg, 849 Th Silom)

Air New Zealand (Karte S. 126 f.; ☎ 0 2235 8280; www.airnewzealand.com; 11. Stock, 140/17 ITF Tower, Th Silom)

American Airlines (Karte S. 128 f.; ☎ 0 2263 0225; www.aa.com; 11. Stock, Ploenchit Tower, 898 Th Ploenchit)

Bangkok Airways (☎ 1771; www.bangkokair.com; Flughafen Suvarnabhumi)

British Airways (Karte S. 126 f.; ☎ 0 2627 1701; www.britishairways.com; 21. Stock, Charn Issara Tower, 942/160-163 Th Phra Ram IV)

Cathay Pacific Airways (Karte S. 128 f.; ☎ 0 2263 0606; www.cathaypacific.com; 11. Stock, Ploenchit Tower, 898 Th Ploenchit)

China Airlines (Karte S. 128 f.; ☎ 0 2250 9898; www.china-airlines.com; 4. Stock, Peninsula Plaza, 153 Th Ratchadamri)

Emirates (Karte S. 130 f.; ☎ 0 2664 1040; www.emirates.com; 2. Stock, BB Bldg, 54 Soi 21/Asoke, Th Sukhumvit)

Eva Air (Karte S. 126 f.; ☎ 0 2269 6288; www.evaair.com; 2. Stock, Green Tower, 3656/4-5 Th Phra Ram IV)

Garuda Indonesia (Karte S. 132; ☎ 0 2679 7371; www.garuda-indonesia.com; 27. Stock, Lumphini Tower, 1168/77 Th Phra Ram IV)

Gulf Air (Karte S. 128 f.; ☎ 0 2254 7931-4; www.gulfairco.com; 10. Stock, Maneeya Center, 518/5 Th Ploenchit)

Japan Airlines (Karte S. 128 f.; ☎ 0 2649 9520; www.jal.co.jp; 1. Stock, Nantawan Bldg, 161 Th Ratchadamri)

Jetstar Airways (Karte S. 205; ☎ 0 2267 5125; www.jetstar.com; Flughafen Suvarnabhumi)

KLM-Royal Dutch Airlines (Karte S. 126 f.; ☎ 0 2635 2300; www.klm.com; 20. Stock, Vorawat Bldg, 849 Th Silom)

Korean Air (Karte S. 126 f.; ☎ 0 2635 0465; www.koreanair.com; 1. Stock, Kongboonma Bldg, 699 Th Silom)

Lao Airlines (Karte S. 126 f.; ☎ 0 2236 9822; www.laoairlines.com; 1. Stock, Silom Plaza, 491/17 Th Silom)

Lufthansa Airlines (Karte S. 130 f.; ☎ 0 2264 2484, Reservierungen 0 2264 2400; www.lufthansa.com; 18. Geschoss, Q House, Soi 21/Asoke, Th Sukhumvit)

Malaysia Airlines (Karte S. 128 f.; ☎ 0 2263 0565; www.mas.com.my; 20. Stock, Ploenchit Tower, 898 Th Ploenchit)

Myanmar Airways International (Karte S. 130 f.; ☎ 0 2261 5060; www.maiair.com; 8. Stock, BB Bldg, 54 Soi 21/Asoke, Th Sukhumvit)

Northwest Airlines (Karte S. 128 f.; ☎ 0 2660 6999; www.nwa.com; 4. Stock, Peninsula Plaza, 153 Th Ratchadamri)

Orient Thai (Karte S. 126 f.; ☎ 0 2229 4260; www.orient-thai.com; 17. Stock, Jewellery Centre Bldg, 138/70 Th Naret)

Philippine Airlines (Karte S. 118 f.; ☎ 0 2633 5713; Manorom Bldg, 3354/47 Th Phra Ram IV)
Qantas Airways (Karte S. 126 f.; ☎ 0 2236 2800; www. qantas.com.au; Tour East, 21. Stock, Charn Issara Tower, 942/160-163 Th Phra Ram IV)
Royal Brunei Airlines (Karte S. 132; ☎ 0 2637 5151; www.bruneiair.com; 17. Stock, U Chu Liang Bldg, 968 Th Phra Ram IV)
Royal Nepal Airlines (Karte S. 120 f.; ☎ 0 2216 5691-5; www.royalnepal-airlines.com; 9. Stock, Phayathai Plaza Bldg, 128 Th Phayathai)
Scandinavian Airlines (Karte S. 130 f.; ☎ 0 2645 8200; www.scandinavian.net; 8. Stock, Glas Haus Bldg, Th Sukhumvit)
Singapore Airlines (Karte S. 126 f.; ☎ 0 2353 6000; www.singaporeair.com; 12. Stock, Silom Center Bldg, 2 Th Silom)
South African Airways (Karte S. 126 f.; ☎ 0 2635 1410; www.flysaa.com; 20. Stock, Vorawat Bldg, 849 Th Silom)
Thai Airways International (www.thaiair.com) Banglamphu (Karte S. 122 f.; ☎ 0 2356 1111; 6 Th Lan Luang); Silom (Karte S. 126 f.; ☎ 0 2232 8000; 1. Stock, Bangkok Union Insurance Bldg, 175-177 Soi Anuman Rajchathon, Th Surawong)
United Airlines (Karte S. 126 f.; ☎ 0 2353 3900; www. ual.com; 6. Stock, TMB Bank Silom Bldg, 393 Th Silom)
Vietnam Airlines (Karte S. 128 f.; ☎ 0 2655 4137-40; www.vietnamair.com.vn; 10. Stock, Wave Place Bldg, 55 Th Withayu)

Tickets

Tickets können im Internet über Buchungs-Websites oder über die Seiten der Fluglinien gekauft werden; dort findet man neben Preislisten auch spezielle Online-Angebote. In Thailand wird meist über Reisebüros gebucht. Diese sind in der Regel ehrlich und liquide, aber es gibt auch einige schwarze Schafe. Die größten Unterschiede betreffen die Höhe der Provision, die ein Anbieter nimmt – es lohnt sich also, Preise zu vergleichen. Wer mit Kreditkarte bezahlt, geht im Allgemeinen auf Nummer sicher: Die meisten Kartengesellschaften erstatten den Betrag, wenn der Karteninhaber beweisen kann, dass er die bezahlte Leistung nicht erhalten hat. Wenn Reisebüros nur Bargeld akzeptieren, sollte man sich die Tickets sofort aushändigen und keinesfalls auf morgen vertrösten lassen. Buchungen oder Anzahlungen lässt man sich am besten gleich telefonisch von der jeweiligen Fluglinie bestätigen.

In der Hauptsaison (Dez.–März) sind Flüge von und nach Bangkok zuweilen nur schwer

zu bekommen und ziemlich teuer. Wer in dieser Zeit nach Bangkok fliegen will, sollte darum so früh wie möglich buchen.

Außerdem sollte man bei der Ankunft in Thailand gleich das Rück- oder Weiterflugticket bestätigen, weil Reservierungen ansonsten hinfällig werden können.

ROUND-THE-WORLD-TICKETS (INTERKONTINENTALTICKETS)

Manchmal sind Interkontinentaltickets (RTWs), bei denen man mehrere Verbindungen und einen ermäßigten Pauschalpreis bezahlt, die günstigste Alternative.

Ein paar Online-Anbieter von RTW-Tickets sind:
Airtreks (www.airtreks.com)
Air Brokers International (www.airbrokers.com)
Around the Worlds (www.aroundtheworlds.com)
Avia Travel (www.aviatravel.com)

Asien

Von fast allen größeren Städten Asiens aus gibt's Flugverbindungen zum Flughafen Suvarnabhumi. Seit es Billigflieger gibt, jettet man locker mal kurz am Wochenende von Bangkok u. a. nach Kuala Lumpur, Singapur oder Hongkong. Die Billigfluglinien Air Asia und Dragon bieten häufig Sonderpreise an.

Zu den empfehlenswerten Reisebüros zur Buchung von Flügen in Asien zählt **STA Travel** (www.statravel.com), das Büros in Bangkok, Hongkong, Japan und Singapur hat. In Japan sollte man sich an **No1 Travel** (www.no1-travel.com), in Hongkong an **Four Seas Tours** (www.fourseastravel. com) und in Indien an **STIC Travels** (www.stictravel. com) halten – letzteres Unternehmen ist in Dutzenden indischen Städten vertreten.

Europa

Im deutschsprachigen Raum sind u. a. folgende empfehlenswerte Reisebüros ansässig:

Deutschland
Just Travel (☎ 089 747 3330; www.justtravel.de)
Lastminute (☎ 0 1805 284 366; www.lastminute.de)
STA Travel (☎ 0 6974 303 292; www.statravel.de)

Österreich
Expedia (www.expedia.at)
STA Travel (☎ 01 401 48 6000; www.statravel.at)

Schweiz
Helvetic Tours (☎ 044 277 42 00; www.helvetictours.ch)
STA Travel (☎ 058 450 40 20; www.statravel.ch)

VERKEHRSMITTEL & -WEGE

GRENZÜBERGÄNGE
China

Seit Beginn dieses Jahrtausends werden die Straßen- und Schienenverbindungen zwischen der Volksrepublik China und verschiedenen ASEAN-Staaten (Verband Südostasiatischer Nationen), u. a. Thailand, Laos, Myanmar und Vietnam, weiter ausgebaut, sodass eine Reise über Land von Südostasien in das Landesinnere Südchinas immer leichter wird.

Der China–Thailand-Highway (auch Rte 3 genannt) wurde Mitte 2008 offiziell eröffnet. Er folgt einem alten Pfad der Opiumschmuggler. Heute führen über 1800 km asphaltierte Straßen von Bangkok nach Kunming in der chinesischen Provinz Yunnan. Die einst unwegsamen Abschnitte, vor allem in Laos und Südchina, sind inzwischen so weit modernisiert, dass der Passagier- und Frachtverkehr reibungslos läuft. Die einzige Unterbrechung ist heute der Mekong an der thailändisch-laotischen Grenze (bei Chiang Khong–Huay Xai). Derzeit muss man hier noch per Fähre über den Fluss, aber die Brücke soll 2011 fertig sein. Weitere Infos zu diesem Grenzübergang stehen auf S. 414.

Ein ehrgeiziges Vorhaben ist der Bau des China–Myanmar-Highways, der streckenweise der alten Stillwell Rd (einer Straße, die die Alliierten im Zweiten Weltkrieg für den Einmarsch bauten) folgen würde; er soll die chinesische Provinz Yunnan über den Pangsaw-Pass mit dem indischen Bundesstaat Assam verbinden. Abschnitte der Straße sind zwar in funktionstüchtigem Zustand, aber wegen der unterschiedlichen politischen und wirtschaftlichen Interessen der drei Länder ist das Projekt zum Stillstand gekommen. Früher war es auch möglich, von der thailändischen Stadt Mae Sai über Myanmar und die Grenzstation bei Mong La bis ins chinesische Daluo zu fahren, aber dieser Grenzübergang ist seit 2005 geschlossen.

Außerdem kann man auch noch gemächlich mit einem Schiff auf dem Mekong von der nordthailändischen Stadt Chian Saen bis nach Jinghong in der chinesischen Provinz Yunnan schippern. Weitere Infos dazu finden sich auf S. 407.

Kambodscha

Bei einer Reise von Kambodscha nach Thailand (und umgekehrt) fahren die meisten Besucher über Poipet (Kambodscha) und Aranya Prathet (Thailand; S. 298), die direkteste Landverbindung zwischen Bangkok und Angkor Wat. Kambodschanische Visa erhält man bei Ankunft an der kambodschanischen Einreisestelle. Vorsicht: In Poipet sind in puncto Visa und Bustickets viele Betrüger unterwegs – über die am weitesten verbreiteten Maschen informiert man sich am besten vorab online bei Tales of Asia (www.talesofasia.com).

Von der südöstlichen Küste Thailands aus kann man von Hat Lek nach Koh Kong in Kambodscha gelangen, von wo aus es per Boot weiter nach Sihanoukville geht. Kambodschanische Visa erhält man bei der Ankunft; mehr Infos findet man auf S. 281.

Zwischen dem Südosten Thailands und dem südwestlichen Kambodscha existieren mehrere abgelegene Grenzübergänge, darunter O Smach–Chong Chom, Chong Sa Ngam–Anlong Veng, Ban Laem–Daun Lem, Ban Phakkat–Pailin sowie Ban Laem–Deun Lem. Die meisten dieser Übergänge sind nur mit eigenen oder gemieteten Fahrzeugen erreichbar; eine Ausnahme ist der bei Ban Phakkat, von wo aus Kleinbusse nach Chanthaburi fahren und ihn damit zu einem guten, kaum genutzten Weg nach Battambang machen.

Laos

Die Freundschaftsbrücke (1174 m) überspannt den Mekong zwischen der thailändischen Nong Khai und dem laotischen Tha Na Leng (in der Nähe von Vientiane); sie ist die wichtigste Verkehrsverbindung zwischen beiden Ländern. Über die Brücke kommt man mit privaten und öffentlichen Verkehrsmitteln. Für Mitte 2009 ist auch die Eröffnung einer Bahnverbindung über diese Brücke geplant, die aber Reisenden mit Vientiane als Ziel wenig Vorteile bringt. Außerdem braucht man dann für den Zug vorab ein laotisches Visum. Wenn man mit dem Bus oder Auto über die Brücke anreist, kann man das laotische Visum bei der Ankunft erhalten. Weitere Infos finden sich auf S. 567.

2006 wurde zwischen Mukdahan und Savannakhet eine zweite Brücke über den Mekong eröffnet, die Thailand via Laos mit Vietnam verbindet. Über diesen Übergang fahren Busse, das Visum für Laos erhält man bei der Ankunft. Viele in Bangkok lebende Ausländer benutzen diese Route, wenn sie ihr Thailand-Visum erneuern müssen. Mehr Infos dazu finden sich auf S. 594.

Ausländer dürfen an den folgenden Stellen legal von Thailand über den Mekong nach Laos

einreisen: Chiang Khong (gegenüber von Huay Xai), Nakhon Phanom (gegenüber von Tha Khaek) und Beung Kan (gegenüber von Pakson; wird allerdings wenig genutzt). Laotische Visa bekommt man bei der Ankunft in Huay Xai und Tha Khaek, nicht aber in Pakson.

Der einzige Landübergang zwischen beiden Ländern, der für Ausländer geöffnet ist, führt von Chong Mek in die laotische Stadt Vangtao. Auf thailändischer Seite erreicht man die Grenze am besten mit dem Bus ab Ubon Ratchathani; das Visum für Laos erhält man bei der Ankunft. Mehr Infos s. S. 538.

In der wenig besuchten Provinz Loei findet sich ein weiterer Grenzübergang: Eine Brücke verbindet die thailändische Ortschaft Thai Li mit dem laotischen Nam Hoeng. Ob man hier bei der Ankunft ein laotisches Visum bekommen kann oder schon eines haben muss, ist nicht eindeutig geklärt. Der Übergang ist ohnehin nur mit dem eigenen Auto oder einem gemieteten Fahrzeug erreichbar. Ausländer, die in der Gegend leben, nutzen den Übergang als Möglichkeit, ohne großes Gedränge ihr Thailand-Visum zu erneuern.

Malaysia

Die Bahnlinie, die von Bangkok nach Malaysia führt, teilt sich in Hat Yai: Eine Strecke führt dann westlich über Padang Besar nach Butterworth, dem Umstiegspunkt nach Penang und zu anderen Zielen an der Westküste Malaysias, die zweite ostwärts zur Grenzstadt Sungai Kolok. Diese war einst ein beliebter Grenzübergang für Traveller, die über das malaysische Kota Bahru zu den Perhentian-Inseln reisen wollten. Aufgrund der anhaltenden Unruhen in den thailändischen Südprovinzen ist vor Fahrten auf der östlichen Bahnstrecke zu warnen – man sollte lieber über die westliche Seite der Halbinsel reisen.

Busse und Kleinbusse bringen einen über die Grenze in die malaysischen Städte Padang Besar und Dan Nawk (südlich vom thailändischen Sadao). Von Satun oder Ko Lipe aus erreicht man per Boot Orte an der malaysischen Westküste, z. B. Pulau Langkawi. Mehr Infos gibt's auf S. 801. Es gibt zudem noch ein paar weniger benutzte Landübergänge; die hier genannten sind aber mit öffentlichen Verkehrsmitteln am leichtesten erreichbar.

Myanmar

An den meisten Grenzübergängen über Land zwischen Thailand und Myanmar ist eine offizielle Einreise nicht möglich, zudem werden sie immer wieder ohne Vorankündigung geschlossen – für Tage oder gar Jahre.

Der Grenzübergang bei Mae Sai–Tachileik ist der einzige, über den Ausländer weiter nach Myanmar hinein einreisen dürfen. Von der Grenze kann man bis Kengtung, genauer bis nach Mong La an der thailändisch-chinesischen Grenze, reisen (s. S. 403). Vor 2005 konnten Ausländer, die sich vorab ein Visum besorgt hatten, von dort nach China weiterreisen, doch das ist heute nicht mehr möglich. Interessanterweise diente die Brücke zwischen den beiden Grenzstädten früher Lo Hsinghan als Route für den Pium- und Heroinschmuggel durch das „Goldene Dreieck". Viele Traveller nutzen den Übergang heute, um ihr Thailand-Visum zu erneuern, vor allem jene, die in Chiang Mai oder Chiang Rai wohnen oder diese Städte gerade besucht haben.

Den Grenzübergang Mae Sot–Myawadi dürfen Ausländer nur für einen Tagesausflug zum birmanischen Grenzmarkt überqueren, obwohl die Straße über Kawkareik hinaus bis nach Mawlamyaing (Moulmein) führt. Auch dieser Übergang wird gern zur Erneuerung thailändischer Visa genutzt. Weitere Infos findet man auf S. 462.

Der Drei-Pagoden-Pass (S. 246) war einst ein Tor für Invasionsarmeen und eine wichtige Schmuggelroute. Seit 2006 ist dieser Übergang für Ausländer geschlossen. Vor der Schließung konnte man mit einem birmanischen Tagespass den Grenzmarkt besuchen, auf der thailändischen Seite wurden aber schon damals keine Visaverlängerungen oder -erneuerungen vorgenommen.

Im Süden Thailands kann man per Boot von Ranong aus die birmanische Insel Kawthoung besuchen, aber von dort kommt man nicht weiter aufs Festland von Myanmar. Viele Leute besuchen die Insel aber für einen Tag, um so ihr Thailand-Visum zu erneuern; weitere Infos gibt's im Kasten auf S. 698.

SCHIFF

Passagierschiffe verkehren zwischen der Westküste Malaysias und den thailändischen Häfen. Um das Visum zu verlängern, kann man per Schiff für einen Tag von Ranong an der Andamanenküste nach Kawthoung (Victoria Point) in Myanmar fahren.

Alle im Ausland registrierten privaten Wasserfahrzeuge sowie die Skipper und die Crew

müssen sich nach dem Erreichen der thailändischen Hoheitsgewässer so schnell wie möglich bei den zuständigen thailändischen Behörden anmelden. Die größeren Häfen in Thailand haben eigene Grenzstationen, aber die meisten Passagiere gehen in Phuket, Krabi, auf Ko Samui, in Pranburi oder Pattaya an Land. Bevor die Schiffe wieder ablegen, um Thailand zu verlassen, muss man die Ausreise- und Zollformalitäten erledigen und sich beim Hafenmeister abmelden.

UNTERWEGS VOR ORT

AUTO & MOTORRAD

Benzin & Ersatzteile

Moderne Tankstellen gibt's zuhauf an allen befestigten Straßen Thailands. In abgelegeneren ländlichen Regionen abseits großer Straßen kann man ben·sin/nám·man rót yon (Benzin) in der Regel an kleinen Ständen in den Dörfern oder am Straßenrand bekommen. Treibstoff ist in Thailand grundsätzlich bleifrei, Trucks und auch einige Autos fahren mit Diesel. Wegen des weltweiten Anstiegs des Ölpreises hat Thailand mehrere alternative Treibstoffe eingeführt, darunter Gasohol (eine Mischung aus Benzin und Äthanol mit verschiedenen Mischungsverhältnissen, 91 % oder 95 %) und komprimiertes Erdgas; letzteres kommt bei Taxis mit Hybridmotoren zum Einsatz. Die Website von **BKK Auto** (www. bkkautos.com) liefert aktuelle Infos zu Kraftstoffen und weitere News zum Thema Auto.

Wenn man eine Motorradfahrt von über 100 km plant, sollte man unbedingt genügend Motoröl mitnehmen – bei Zweitaktmotoren darauf achten, das richtige zu nehmen!

Wer mit dem eigenen Auto unterwegs ist, sollte wichtige Ersatzteile mitnehmen, da diese vor Ort vielleicht nicht verfügbar sind. Gleiches gilt für Motorräder, insbesondere für solche mit einem Hubraum über 125 ccm.

Das eigene Fahrzeug einführen

Auf S. 832 gibt's Infos über die Einfuhr eines privaten Fahrzeugs zu touristischen Zwecken nach Thailand.

Führerschein

Wer im Thailand-Urlaub Auto (oder Motorrad) fahren möchte, braucht einen internationalen Führerschein. Langzeitbesucher können über das Provinzbüro des **Department of Land Transport** (☎ 0 2272 3814) eine thailändische Fahrerlaubnis beantragen. Über das Hauptbüro lässt sich erfragen, welche Stelle für den jeweiligen Wohnort zuständig ist.

Mieten & Kaufen

In den meisten Großstädten und Flughäfen kann man neben normalen Autos auch Jeeps und Vans ausleihen, sowohl bei einheimischen als auch bei bekannten internationalen Autovermietern. Erstere sind meist etwas günstiger, allerdings sind ihre Fuhrparks häufig älteren Datums und schlechter in Schuss. Interessenten sollten auf jeden Fall das Reifenprofil kontrollieren und den Zustand des Fahrzeugs genauestens unter die Lupe nehmen.

In größeren Städten und vielen kleineren Touristenzentren verleihen Pensionen und kleine Familienbetriebe Motorräder. Es ist also kein Problem, ein Leihmotorrad zu bekommen, mit dem man die Umgebung super auf eigene Faust erkunden kann, vor allem im Norden und an den Stränden im Süden. Bei Tagesausleihen genügt meist der Reisepass als Pfand. Man sollte beim Verleiher grundsätzlich nach einem Helm fragen, da Helmpflicht besteht.

Viele unerfahrene Touristen verletzen sich bei Motorradunfällen in Thailand, weil sie die Fahrzeuge nicht richtig im Griff haben, Probleme mit den Verkehrsregeln haben oder den Straßenzustand falsch einschätzen. Eine vorausschauende, passive Fahrweise ist daher quasi Pflicht, um Sach- und Personenschäden so weit wie möglich zu vermeiden, ebenso eine angemessene Krankenversicherung. Greenhorns nehmen am besten 100-ccm-Bikes mit Kickstarter und Automatikgetriebe. Für eine bestmögliche Straßenlage sollte Gepäck so gleichmäßig wie möglich über den gesamten Rahmen verteilt werden.

Bei größeren Touren lohnt es sich vielleicht, ein neues oder gebrauchtes Motorrad zu kaufen und es vor der Abreise wieder zu verkaufen.

Verkehrsregeln & Gefahren auf der Straße

In Thailand herrscht Linksverkehr – jedenfalls prinzipiell. Abgesehen davon werden Verkehrsschilder und Tempolimits in aller Regel nicht beachtet.

Verkehrsregel Nummer eins: Das größere Fahrzeug hat stets Vorfahrt. So steht es zwar nicht in der thailändischen Straßenverkehrs-

ENTFERNUNGSTABELLE (KM)

	Aranya Prathet	Ayutthaya	Bangkok	Chiang Mai	Chiang Rai	Chumphon	Hat Yai	Hua Hin	Khon Kaen	Mae Hong Son	Mae Sai	Mukdahan	Nakhon Ratchasima	Nakhon Sawan	Nong Khai	Phitsanulok	Phuket	Sungai Kolok	Surat Thani	Tak	Trat
Ayutthaya	246																				
Bangkok	275	79																			
Chiang Mai	844	607	685																		
Chiang Rai	1014	777	775	191																	
Chumphon	727	531	452	1138	1308																
Hat Yai	1268	1072	993	1679	1849	555															
Hua Hin	458	262	183	869	1039	269	810														
Khon Kaen	432	397	440	604	774	902	1443	633													
Mae Hong Son	1013	767	800	225	406	1298	1839	1029	1107												
Mae Sai	1082	845	746	259	68	1376	1917	1107	842	313											
Mukdahan	601	524	680	917	1087	1029	1570	760	313	1142	1155										
Nakhon Ratchasima	239	204	257	744	914	709	1250	440	193	969	982	320									
Nakhon Sawan	409	163	242	444	614	694	1235	425	408	604	682	692	359								
Nong Khai	598	563	516	720	890	1068	1609	799	166	945	958	347	435	546							
Phitsanulok	535	298	420	309	479	829	1370	560	295	578	547	608	435	135	411						
Phuket	1125	929	862	1536	1706	412	474	667	1300	1696	1774	1427	1107	1092	1466	1227					
Sungai Kolok	1555	1359	1210	1966	2136	842	287	1097	1730	2126	2204	1857	1357	1522	1896	1657	761				
Surat Thani	927	731	635	1338	1508	214	401	469	1102	1498	1576	1229	909	894	1268	1029	286	1066			
Tak	581	335	435	280	460	866	1407	597	441	432	528	754	544	172	557	146	1264	1694	1066		
Trat	285	392	313	999	1169	765	1306	496	717	1397	1237	886	524	555	883	690	1163	1593	965	707	
Ubon Ratchathani	444	367	620	881	1051	872	1413	603	277	1106	1119	157	443	535	572	690	1270	1700	1072	727	729

ordnung, aber im ungeschriebenen Gesetz der Straße. Die erlaubte Geschwindigkeit liegt innerorts bei 50 km/h und auf den meisten Highways bei 80 bis 100 km/h, doch überall auf den Highways trifft man auch Schnecken mit 30 km/h und Raser mit 150 km/h. Radarfallen stehen vor allem am Hwy 4 im Süden und am Hwy 2 im Nordosten.

Man hupt, um das Überholen anzukündigen. Blinker werden gern benutzt, um vor entgegenkommendem Verkehr zu warnen: Ein Blinken nach links bedeutet, man kann überholen, ein Blinken nach rechts warnt vor Gegenverkehr. Wenn der Fahrer vor einem das Rücklicht aufblitzen lässt, heißt das ebenfalls, dass man nicht überholen soll.

Der Verkehr in Bangkok ist chaotisch. Die Straßen sind schlecht ausgeschildert, und allüberall können einem plötzlich Motorräder oder gar ganze Autolawinen auf der eigenen Fahrspur entgegenkommen.

Außerhalb der Hauptstadt ist das Haupthindernis beim Autofahren – abgesehen von der allgemeinen Missachtung der Verkehrsregeln – die Vielzahl der Fahrzeugtypen, mit denen man sich auf einer Straße herumschlagen muss: Riesentrucks mit 18 Rädern, Fahrräder, Tuk-Tuks (Motorradrikschas), Motorräder… Außerdem fahren viele auch noch ohne Licht. In ländlichen Gebieten ist der Verkehr zwar weniger dicht, dafür treiben sich aber hier freilaufende Hühner, Hunde und Wasserbüffel auf der Fahrbahn herum.

Versicherung

Alle registrierten Fahrzeuge, die auf Thailands Straßen unterwegs sind, müssen zumindest haftpflichtversichert sein. Die besseren Verleiher bieten Vollkaskoversicherungen für ihre Vehikel an. Bevor man den Mietvertrag unterschreibt, erkundigt man sich am besten genauestens nach der Haftpflichtversicherung und lässt sich die Originaldokumente inklusive Ausstellungsdatum zeigen, denn wer mit einem nicht versicherten Fahrzeug in einen Unfall gerät, hat ein richtiges Problem.

Lokale Versicherungsgesellschaften verkaufen günstige Autopolicen; verlässlich sind z. B. die **Bangkok Insurance** (☎ 0 2285 8888; www.bki.co.th) und die **AIA Thailand** (www.aiathailand.com).

BUS
Busgesellschaften

Das thailändische Busnetz ist gut ausgebaut und zuverlässig und sorgt für entspannte Touren durch die Landschaft in der Gesellschaft von Einheimischen. Die thailändische Regierung finanziert die **Transportgesellschaft** (bò·rí·sàt kön sòng; ☎ 0 2936 2841; www.transport.co.th), die üblicherweise als Baw Khaw Saw (BKS) abgekürzt wird. Jede Stadt und jeder Ort im Land mit Busanschluss hat eine BKS-Haltestelle, wenn auch vielleicht nur als unbefestigte Haltebucht am Straßenrand.

Am verlässlichsten sind in Thailand die Busgesellschaften, welche die staatlichen BKS-Haltestellen benutzen. Diese Gesellschaften sind teilweise staatlich und teilweise private Unternehmen mit Konzession.

Zu warnen ist vor Busunternehmen, die direkt von Tourismuszentren wie der Th Khao San in Bangkok abfahren, denn hier kommt es immer wieder zu Diebstählen. Der Abschnitt „Gefahren & Ärgernisse" im jeweiligen Regionenkapitel macht auf Probleme und Betrugsmaschen bei Busreisen aufmerksam.

BUSKLASSEN

Die billigsten, aber auch die langsamsten sind die *rót tam·má·dah* (normale Busse ohne Klimaanlage). Sie halten in jeder kleinen Ortschaft und überall, wo jemand am Straßenrand ein Handzeichen gibt. Mittlerweile sind nur noch in ländlichen Gebieten und im Nahverkehr ein paar dieser Oldtimer im Einsatz, überall sonst wurden sie von Bussen mit Klimaanlage abgelöst.

Die Hauptmasse des Busverkehrs bewältigen Fahrzeuge mit Klimaanlage, die schneller und bequemer sind und *rót aa* („Luftbus"), *rót bràp ah·gàht* (Bus mit Klimaanlage) oder *rót too·a* („Tourbus") genannt werden. Für längere Strecken gibt's zwei Klassen von Bussen mit Klimaanlage, 2. und 1. Klasse, letztere mit Toiletten. Die Busse der VIP- und Super-VIP-Klasse haben weniger Sitzplätze, sodass man mehr Bewegungsfreiheit hat. Diese Busse werden manchmal auch als *rót norn* („Schlafwagen") bezeichnet.

Vor allem bei längeren Fahrten sollte man immer eine Jacke dabeihaben – die Klimaanlage verwandelt den Bus manchmal in eine Gefriertruhe.

Der Service dieser Busse ist üblicherweise recht gut, auf bestimmten Strecken ist sogar eine uniformierte „Stewardess" dabei, die Getränke verteilt und Videos einlegt.

Bei Nachtfahrten wird unterwegs in der Regel irgendwo angehalten, die Passagiere verlassen den Bus und erhalten kostenlos ge-

BUSPREISE NACH BANGKOK				
Ziel	Entfernung von Bangkok	VIP	1. Klasse	2. Klasse
Chiang Mai	685 km	695 B	596 B	–
Kanchanaburi	130 km	-	139 B	112 B
Krabi	817 km	1100 B	700 B	–
Hat Yai	993 km	1075 B	740 B	–
Trat	313 km	-	260 B	223 B

bratenen Reis oder eine Reissuppe. Einige Gesellschaften servieren vor einer langen Nachtfahrt sogar eine richtige Mahlzeit.

GEFAHREN & ÄRGERNISSE

Die renommiertesten Busgesellschaften starten von den öffentlichen BKS-Busbahnhöfen. Private Busse und Minivans, die Fahrgäste an touristischen Hotspots wie der Th Khao San in Bangkok aufsammeln, sind häufiger verspätet und unzuverlässig. Auch Diebstähle treten hier vermehrt in Erscheinung. Manchmal holen diese auf Touristenfang eingestellten Busunternehmen die Gäste zwar an der Pension ab, setzen sie dann aber einfach nur am öffentlichen Busbahnhof ab, und oft erweist sich der angebliche VIP-Bus als überfüllter Kleinbus, der auch noch vier Stunden Verspätung hat.

Leser berichten immer wieder von Langfingern, die das Gepäck durchwühlen und Wertsachen mitgehen lassen. Wertgegenstände also immer am Körper tragen und nie im Gepäck verstauen, da selbst verschlossene Taschen keinen wirklichen Schutz gegen Ganoven bieten und man vielleicht erst Tage später bemerkt, dass etwas fehlt.

Reservierungen

An allen BKS-Busbahnhöfen kann man Fahrten mit klimatisierten BKS-Bussen reservieren, aber für die normalen, alten Busse mit Ventilator sind Vorabreservierungen nicht möglich. Über die meisten Hotels und alle Reisebüros können Plätze bei privaten Busunternehmen gebucht werden, aber Interessenten wenden sich besser an die Büros der einzelnen Gesellschaften. So geht man sicher, dass man auch das bekommt, wofür man bezahlt.

FAHRRAD

Außerhalb von Bangkok ist das Fahrrad ein ideales Fortbewegungsmittel: billig, umweltfreundlich und langsam genug, dass man sich alles genau anschauen kann.

Fahrradtouren quer durchs Land sind beliebt, denn die meisten Straßen sind befestigt und verfügen über breite Seitenstreifen. Zudem sind die Steigungen in den meisten Landesteilen gut zu bewältigen, allerdings nicht im äußersten Norden, vor allem in den Provinzen Mae Hong Son und Nan.

Räder können auch in Zügen transportiert werden. Das kostet pro Bike etwas weniger als ein Ticket für die 3. Klasse. Bei normalen, alten Bussen landen Drahtesel auf dem Dach, bei klimatisierten Bussen im Gepäckraum. Unter **Biking Southeast Asia with Mr Pumpy** (www.mrpumpy. net) findet man Vorschläge für Fahrradtouren, Tipps und Infos von Fahrradfans. Der 1959 gegründete **Thailand Cycling Club** (☎ 08 1555 2901; www.thaicycling.com) ist eine Informationsquelle für Radtouren und Fahrradclubs.

Informationen zur Einfuhr eines Fahrrads nach Thailand finden sich auf S. 833.

Mieten & kaufen

Räder werden vielerorts vermietet, vor allem von Pensionen; oft kostet die Ausleihe nur 50 B pro Tag und in aller Regel braucht man keine Kaution zu hinterlegen.

Da auf Fahrrädern ein hoher Importzoll liegt, ist es meist besser, sein eigenes Rad nach Thailand mitzubringen, statt eines im Land zu kaufen. Einer der besten Läden für Fahrradzubehör ist **Probike** (Karte S. 132; ☎ 0 2253 3384; www.probike.co.th; 237/1 Soi Sarasin) in Bangkok.

FLUGZEUG

Inlandsflüge werden in Thailand im Zuge der Liberalisierung der Fluglinien immer günstiger. Die meisten Maschinen starten in Bangkok, aber auch von Chiang Mai, Ko Samui und Phuket aus kommt man via Flieger in andere Städte im Land. Die Karte „Flugpreise & Zugverbindungen" (S. 843) gibt einen Überblick über Routen und Durchschnittspreise, die Kontaktadressen der Fluglinien findet man im entsprechenden Abschnitt der einzelnen Stadtkapitel.

VERKEHRSMITTEL & -WEGE

THAI bietet ab Bangkok viele Inlandsflüge in die Provinzhauptstädte an. Eine weitere, alteingesessene Linie für Inlandsverkehr ist Bangkok Air. Die Neulinge One-Two-Go, Nok Air und Air Asia bieten in der Regel günstigere Preise als ihre bereits etablierten Konkurrenten.

GEFÜHRTE TOUREN

Viele Reiseveranstalter rund um den Globus bieten geführte Touren durch Thailand an. Die meisten sind dabei nichts weiter als Broker für Unternehmen mit Sitz in Thailand, die ihre Touren von einem thailändischen Großhandelsunternehmen der Branche kaufen und sie dann unter verschiedenen Namen auf dem Reisemarkt ihres Einzugsgebiets anbieten. Verlässliche Tourveranstalter sind u. a.:

Asian Trails (Karte S. 128 f.; ☎ 0 2626 2000; www.asiantrails.net; 9. Stock, SG Tower, 161/1 Soi Mahatlek Leung 3, Th Ratchadamri, Bangkok)

Diethelm Travel (Karte S. 132; ☎ 0 2660 7000; www.diethelmtravel.com; 12. Stock, Kian Gwan Bldg II, 140/1 Th Withayu, Bangkok)

I-to-I (☎ 800 985 4852; www.i-to-i.com) Freiwilligenprogramme und Sightseeing-Touren.

Starfish Ventures (☎ 44 800 1974817; www.starfishvolunteers.com) Einjährige Freiwilligenprogramme mit Sightseeing-Tour.

World Travel Service (Karte S. 126 f.; ☎ 0 2233 5900; www.wts-thailand.com; 1053 Th Charoen Krung, Bangkok)

NAHVERKEHR
Motorradtaxi

In vielen thailändischen Städten gibt's auch *mor·deu·sai ráp jâhng*, 100–125 ccm starke Motorräder, die man samt Fahrer für kürzere Entfernungen mieten kann. Für Leute, die mehr als einen Rucksack oder einen kleinen Koffer dabei haben, sind sie nicht sehr praktisch, doch wenn man die Hände frei hat, bieten sie für kurze Strecken einen unschlagbar schnellen Transport. Neben dem fehlenden Platz für Gepäck haben Motorradtaxis aber auch den Nachteil, dass sie keinen Schutz vor Sonne und Regen bieten. Die meisten Fahrer fahren umsichtig und in angemessenem Tempo – nur nicht in Bangkok, das für seine Kamikazepiloten berüchtigt ist.

In den meisten Städten warten Motorradtaxis in der Nähe größerer Straßenkreuzungen und kurven nicht auf der Suche nach Fahrgästen durch die Straßen. In aller Regel haben die Fahrer eine Nummer auf ihrem Hemd.

Die Fahrpreise liegen je nach Entfernung zwischen 10 und 50 B.

Samlor & Tuk-Tuk

Samlor bedeutet „drei Räder", und genau darum handelt es sich auch – um ein dreirädriges Fahrzeug. Es gibt zwei Arten von Samlors: motorisierte und nichtmotorisierte.

Motorisierte Samlors (besser bekannt als Tuk-Tuks) finden sich im ganzen Land. Die kleinen Nutzfahrzeuge haben grässlich lärmende, meist mit Flüssiggas betriebene Motoren, und selbst wenn man unempfindlich gegenüber Krach und Gerüttel ist, werden die Abgasschwaden einem sicher zusetzen.

Die unmotorisierten Samlors, d. h. die Fahrradrikschas, gleichen denen in anderen Teilen Asiens. In Bangkok gibt's keine Fahrradrikschas, aber anderswo im Land. Bei Fahrten mit (motorisierten oder unmotorisierten) Samlors muss der Preis vor der Fahrt ausgehandelt werden.

Wer mehr über Geschichte und Aussehen der Fahrradtaxis wissen will, sollte einen Blick in den Bildband *Chasing Rickshaws* von Lonely Planet Gründer Tony Wheeler werfen.

Skytrain & Metro

Bangkok ist die einzige Stadt Thailands mit Schienennahverkehr über und unter der Erde. Der Skytrain (S-Bahn) und die Metro (U-Bahn) haben das permanente Verkehrschaos in der Hauptstadt etwas vermindert.

Stadtbus & Songthaeo

Bangkok besitzt das größte Stadtbusnetz im Land. Anderswo übernehmen vor allem Songthaeos auf festen Routen den Transport vor Ort; in Udon Thani und einigen anderen Provinzhauptstädten gibt's aber auch Stadtbusse.

Wer zusteigen will, winkt den Bus mit nach unten zeigender Handfläche heran. Bezahlt wird, wenn man seinen Platz eingenommen hat, oder beim Aussteigen.

Songthaeos (wörtlich: „zwei Reihen") sind kleine Pickup-Laster mit zwei Bankreihen auf den Längsseiten der Ladefläche. Sie fahren teilweise auf festen Routen wie Busse und teilweise als Sammeltaxis, die Fahrgäste aufnehmen, die ungefähr in die gleiche Richtung wollen. In touristischen Zentren kann ein Songthaeo auch wie ein reguläres Taxi gechartert werden, allerdings muss man den Fahrpreis vorher aushandeln. Es kommt vor, dass

FLUGPREISE & ZUGVERBINDUNGEN

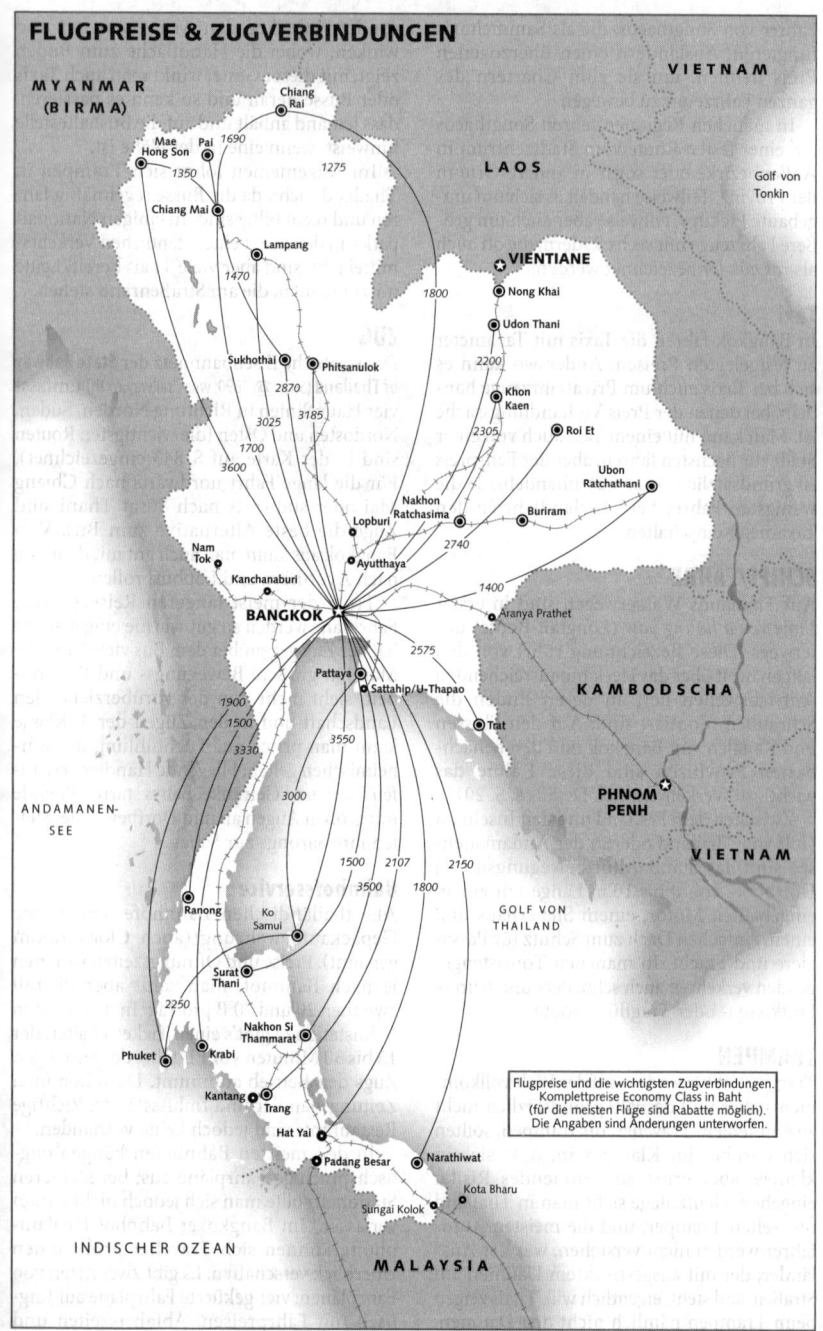

VIETNAM

MYANMAR (BIRMA)

Golf von Tonkin

LAOS

Chiang Rai

Mae Hong Son

Pai 1690

1350

Chiang Mai

1275

Lampang

1470

VIENTIANE

Nong Khai

1800

Udon Thani

2200

Sukhothai

Phitsanulok

2870

3025

3185

Khon Kaen

2305

Roi Et

1700

3600

Nakhon Ratchasima

Ubon Ratchathani

Lopburi

Buriram

Nam Tok

Ayutthaya

2740

Kanchanaburi

1400

BANGKOK

Aranya Prathet

2575

KAMBODSCHA

Pattaya

Sattahip/U-Thapao

1900

1500

3330

3550

Trat

3000

PHNOM PENH

ANDAMANEN-SEE

VIETNAM

1500 2107 2150

3500 1800

GOLF VON THAILAND

Ranong

Ko Samui

Surat Thani

2250

Nakhon Si Thammarat

Phuket

Krabi

Kantang

Trang

Hat Yai

Padang Besar

Narathiwat

Kota Bharu

Sungai Kolok

INDISCHER OZEAN

MALAYSIA

Flugpreise und die wichtigsten Zugverbindungen.
Komplettpreise Economy Class in Baht
(für die meisten Flüge sind Rabatte möglich).
Die Angaben sind Änderungen unterworfen.

VERKEHRSMITTEL &
-WEGE

Fahrer von Songthaeos, die als Sammeltaxis fungieren, Ausländern einen überzogenen Preis nennen, um sie zum Chartern des ganzen Fahrzeugs zu bewegen.

In manchen Regionen fahren Songthaeos auf einer festen Route vom Stadtzentrum in Außenbezirke oder sogar in andere Orte in der Provinz. Teilweise handelt es sich um umgebaute Pickups, teilweise aber auch um größere Fahrzeuge mit sechs Rädern, die oft auch als *rót hòk lór* bezeichnet werden.

Taxi

In Bangkok fahren die Taxis mit Taxameter zu festgelegten Preisen. Anderswo kann es sich bei Taxis auch um Privatfahrzeuge handeln, bei denen der Preis Verhandlungssache ist. Man kann mit einem Taxi auch von einer Stadt zur nächsten fahren, aber der Fahrpreis ist grundsätzlich vorab auszuhandeln, da die wenigsten Fahrer bei Überlandfahrten den Taxameter einschalten.

SCHIFF/FÄHRE

Auf Thailands Wasserwegen sind in erster Linie *reu·a hǎhng yow* (Longtail-Boote) unterwegs. Diese Bezeichnung rührt von den langen, weit über das Heck hinausreichenden Antriebswellen her, an deren Enden die Schrauben montiert sind. Auf den Flüssen und Kanälen von Bangkok und den benachbarten Provinzen sind diese Kähne das wichtigste Verkehrsmittel. Details s. S. 201.

Zwischen dem Festland und den Inseln im Golf von Thailand oder in der Andamanensee sind das Standardfortbewegungsmittel Holzboote von 8 bis 10 m Länge mit einem eingebauten Motor, einem Steuerhaus und einem einfachen Dach zum Schutz für Passagiere und Fracht. In manchen Touristengegenden verkehren auch schnellere und teurere Luftkissen- oder Tragflügelboote.

TRAMPEN

Trampen ist nirgendwo auf der Welt vollkommen sicher und deshalb grundsätzlich nicht zu empfehlen. Traveller, die trampen, sollten sich darüber im Klaren sein, dass sie ein kleines, aber ernst zu nehmendes Risiko eingehen. Heutzutage sieht man in Thailand nur selten Tramper, und die meisten Autofahrer werden nicht verstehen, was der Ausländer, der mit ausgestrecktem Daumen am Straßenrand steht, eigentlich will. Thais zeigen beim Trampen nämlich nicht den Daumen,

sondern strecken den Arm etwas aus und winken, wobei die Handfläche zum Boden zeigt; mit dieser Geste, winkt man auch Taxis oder Busse heran und so kann es passieren, dass jemand anhält und auf die Bushaltestelle hinweist, wenn eine in der Nähe ist.

Im Allgemeinen lohnt sich Trampen in Thailand nicht, da die Busse regelmäßig fahren und recht billig sind. In einigen Nationalparks, in denen es keine öffentlichen Verkehrsmittel gibt, sind aber viele Thais bereit, Leute mitzunehmen, die am Straßenrand stehen.

ZUG

Das staatliche Eisenbahnnetz der **State Railway of Thailand** (SRT; ☎ 1690; www.railway.co.th) umfasst vier Hauptlinien in Richtung Norden, Süden, Nordosten und Osten (die wichtigsten Routen sind in der Karte auf S. 843 eingezeichnet). Für die lange Fahrt nordwärts nach Chiang Mai oder südwärts nach Surat Thani sind Züge die beste Alternative zum Bus. Von Bangkok aus kann man auch gut mit dem Zug nach Ayutthaya und Lopburi rollen.

Trotz der meist längeren Reisezeit (die Fahrpläne werden so gut wie nie eingehalten) hat der Zug gegenüber dem Bus viele Vorteile: Man hat größere Bewegungs- und Beinfreiheit, sieht mehr von der vorüberziehenden Landschaft und in den Zügen der 3. Klasse kann man prima auf Tuchfühlung mit Einheimischen gehen: Fliegende Händler verkaufen Essen und Getränke, Babys starren Fremde mit großen Augen an und Dorfbewohner stellen ihre Sarongs zur Schau.

Bahnhofsservice

Alle thailändischen Bahnhöfe haben eine Gepäckaufbewahrung (auch Cloak Room genannt). Preise und Öffnungszeiten variieren je nach Bahnhof, man zahlt aber überall zwischen 20 und 70 B pro Tag. In den meisten Bahnstationen gibt's einen Ticketschalter, der 15 bis 30 Minuten vor Einfahrt des jeweiligen Zugs den Betrieb aufnimmt. Dazu kommen Zeitungshändler und Imbissstände. Richtige Restaurants sind jedoch keine vorhanden.

In den meisten Bahnhöfen hängen englischsprachige Fahrpläne aus; bei kleineren Stationen sollte man sich jedoch nicht darauf verlassen. Im Bangkoker Bahnhof Hualamphong können sich Traveller prima einen Überblick verschaffen. Es gibt zwei Arten von Fahrplänen: vier gekürzte Fahrpläne auf Englisch mit Fahrpreisen, Abfahrtszeiten und

Verbindungen für Schnell-, Express- und Spezialexpresszüge auf den vier Hauptstrecken sowie vier thailändische Fahrpläne für jede der vier Hauptstrecken mit Nebenlinien. Die letztgenannten Fahrpläne geben die Preise und Verbindungen für alle Züge an – normal, schnell und Express –, während die englischen Fahrpläne nur eine Auswahl der normalen Verbindungen zeigen. So tauchen hier z. B. die vielen normalen Züge nach Ayutthaya und in das weiter nördlich gelegene Phitsanulok gar nicht erst auf.

Fahrpreise

Die Fahrpreise berechnen sich aus einem Grundpreis mit Zuschlägen für Entfernung, Wagenklasse und Zugtyp (Spezialexpress, Express, schnell oder normal). Für *rót dòo·an* (Expresszüge) bezahlt man 150 B Zuschlag, für *rót re·ou* (Schnellzüge) 110 B. Diese Züge sind etwas schneller als die normalen Personenzüge, weil sie an weniger Bahnhöfen halten. In Schnell- und Expresszügen gibt's keine 3. Klasse. Für die *rót dòo·an pí·sèht* (Spezialexpresszüge), die zwischen Bangkok und Padang Besar sowie zwischen Bangkok und Chiang Mai verkehren, wird ein Zuschlag von 170 bis 180 B fällig.

Bei Entfernungen unter 300 km beträgt der Grundpreis 50 bis 80 B, darüber 110 B.

Manche Wagen der 2. und 3. Klasse haben eine Klimaanlage; der Zuschlag beträgt 60 bis 110 B. Für Schlafkojen in der 2. Klasse werden weitere 120 bis 240 B fällig.

Für einen Schlafwagenplatz in der 1. Klasse muss man zusätzlich 300 B (oben) bzw. 500 B (unten) hinlegen. Schlafwagen-Einzelabteile gibt's nicht, und wer allein unterwegs ist, wird daher vielleicht mit einem anderen Reisenden zusammengelegt. Die SRT achtet dabei aber sehr auf Geschlechtertrennung.

ESSEN IM ZUG

Essen kann man im *rót sà·beeang* (Speisewagen), und in Abteilen der 1. und 2. Klasse auch an seinem Platz. Die Speisekarte ändert sich ebenso häufig wie der Cateringservice der SRT. Für thailändische Verhältnisse sind die Mahlzeiten mit durchschnittlich 80 bis 200 B etwas überteuert. Viele Thais bringen daher lieber eigenen Proviant mit.

ZUGPÄSSE

Die SRT verkauft einen Thailand Rail Pass, der sich lohnt, wenn man die Bahn in einem relativ kurzen Zeitraum intensiv nutzen will. Den Pass bekommt man nur in Thailand, z. B. am Bangkoker Bahnhof Hualamphong.

Der Preis für 20 Tage unbegrenzte Zugfahrten in der 2. oder 3. Klasse beträgt 3000 B (Erw.) bzw. 1500 B (Kind), alle Zuschläge inklusive. Ebenfalls enthalten sind erforderliche Sitzplatzreservierungen, die an jedem SRT-Fahrkartenschalter vorgenommen werden können. Vor Antritt der ersten Fahrt ist der Pass am Bahnhof zu entwerten.

Reservierungen

Sitzplätze können frühestens 60 Tage und spätestens einen Tag vor dem geplanten Abfahrtstermin reserviert werden. Für die Schlafwagen auf der langen Fahrt von Bangkok nach Chiang Mai oder von Bangkok nach Surat Thani sollte man so weit wie möglich im Voraus reservieren – vor allem, wenn man an Feiertagen wie dem Songkran im April, dem chinesischen Neujahrsfest oder auch in den touristischen Spitzenmonaten Dezember und Januar reisen will.

Sämtliche Bahnhöfe nehmen Reservierungen entgegen. Landesweit haben die SRT-Ticketschalter werktags von 8.30 bis 18 Uhr, an Wochenenden und öffentlichen Feiertagen von 8.30 bis 12 Uhr geöffnet. Zugtickets kann man auch bei Reisebüros kaufen, doch kommt hier in der Regel noch eine Servicegebühr dazu.

Reservierungen sind personengebunden. Wenn man aus dem Ausland einen Fernzug buchen will, sendet man der **State Railway of Thailand** (passenger-ser@railway.co.th) mindestens zwei Wochen vor Reiseantritt eine E-Mail und bekommt (ebenfalls per E-Mail) eine Reservierungsbestätigung. Das Ticket holt man mindestens eine Stunde vor dem fahrplanmäßigen Abfahrtstermin am entsprechenden Bahnhof ab und bezahlt es.

Für einen Sitzplatz für eine kürzere Zugfahrt sollte man das Ticket mindestens einen Tag im Voraus kaufen (für Schlafwagenplätze nicht unbedingt).

Wenn etwas dazwischen kommt, ist eine partielle Fahrpreiserstattung möglich; je früher man die Fahrt cancelt, desto mehr Geld gibt's. Stornierungen sind im Reservierungsbüro des Bahnhofs vorzunehmen.

Wagenklassen

Die SRT bietet Passagierzüge mit drei Wagenklassen – 1., 2. und 3. Klasse –, bei denen es

aber je nach Art des Zuges (normal, schnell oder Express) erhebliche Unterschiede gibt.

3. KLASSE
Ein normaler Wagen der 3. Klasse hat zwei Bankreihen. Die Sitze sind paarweise gegenüber voneinander angeordnet. Jede Sitzbank ist eigentlich für zwei oder drei Personen vorgesehen. In einigen reinen 3.-Klasse-Zügen bestehen die Sitze aus harten Holzlatten, aber diese Exemplare werden langsam aus dem Verkehr gezogen. In Expresszügen sucht man dagegen eine 3. Klasse vergeblich. Dafür fallen sämtliche Pendlerzüge im Großraum Bangkok in diese Kategorie.

2. KLASSE
Die gepolsterten 2.-Klasse-Sitze in Großabteilen ohne Schlafmöglichkeiten sind ähnlich wie in Bussen allesamt paarweise in Fahrtrichtung montiert und lassen sich normalerweise ausklappen.

In Schlafwagen der 2. Klasse sind die Sitze paarweise gegenüber voneinander angeordnet. Wenn sie nach vorne gezogen werden, verwandeln sie sich in zwei übereinander liegende Kojen. Vorhänge sorgen für ein Minimum an Privatsphäre. Die Schlafplätze sind angenehm bequem und werden bei jeder Fahrt mit frischer Bettwäsche versehen. Unten hat man mehr Platz über dem Kopf als oben – allerdings bezahlt man für diese größere „Kopffreiheit" auch einen höheren Preis. Kinder fahren immer günstiger.

Nur Schnell- und Expresszüge haben eine 2. Klasse (heutzutage meist klimatisiert). Eine 2. Klasse ohne Klimaanlage (mit Ventilator) gibt's ausschließlich in Schnellzügen.

1. KLASSE
Jedes einzelne Abteil eines 1.-Klasse-Wagens hat eine individuell einstellbare Klimaanlage (in älteren Zügen gibt's auch elektrische Ventilatoren), ein Waschbecken und einen Spiegel, einen kleinen Tisch und lange Sitzbänke, die sich in Betten verwandeln lassen. Trinkwasser und Seife sind kostenlos. Eine 1. Klasse gibt es nur in Zügen der Kategorie schnell, Express und Spezialexpress.

Wichtigste Bahnhöfe & Zugstrecken
Fast alle Fernzüge fahren vom Bangkoker Bahnhof Hualamphong ab. Der zweite Bahnhof der Hauptstadt, Noi, bedient vor allem den Pendler- und Nahverkehr nach Kanchanaburi/Nam Tok und Nakhon Pathom. Nach Nakhon Pathom verkehren aber auch Züge vom Bahnhof Hualamphong. Vom Bahnhof Wong Wian Yai in Thonburi führt eine kurze Pendlerzuglinie nach Samut Songkhram.

Die vier Hauptstrecken nach Norden, Süden, Nordosten und Osten umfassen insgesamt 4500 km. Es gibt mehrere Nebenstrecken, etwa die wichtige Verbindung vom Bangkoker Bahnhof Noi in Thonburi (S. 199) nach Nam Tok (mit Halt in Kanchanaburi und Nakhon Pathom) sowie im Süden die Strecke zwischen Thung Song und Kantang (mit Halt in Trang). Die südliche Strecke teilt sich in Hat Yai: Der eine Zweig führt über Yala nach Sungai Kolok an der malaysischen Ostküste, der andere nach Padang Besar im Westen, das ebenfalls an der Grenze zu Malaysia liegt. Die Fahrt mit der Bahn von Bangkok nach Pattaya ist langsamer und unbequemer als mit dem Bus.

Gesundheit Dr. Trish Batchelor

Die Gesundheitsrisiken und die Qualität der medizinischen Einrichtungen sind je nachdem, wo in Thailand man sich aufhält, sehr unterschiedlich.

Die meisten Großstädte und die beliebten Touristenregionen sind gut versorgt, aber eine Fahrt in abgelegenere ländliche Gegenden kann das Risiko steigen lassen und man findet vermutlich nur eine unzulängliche medizinische Versorgung vor.

Traveller fürchten meist vor allem, bei einer Reise in die Tropen eine ansteckende exotische Krankheit zu bekommen. Aber in Wirklichkeit führen Infektionen viel seltener zu ernsthaften Erkrankungen oder Todesfällen bei Urlaubern als schon vorhandene medizinische Probleme, z. B. Herzkrankheiten oder Verletzungen durch einen Unfall (vor allem als Ergebnis eines Verkehrsunfalls).

Natürlich kann man auf der Reise trotzdem leicht krank werden; besonders groß sind in Thailand die Risiken für Atemwegserkrankungen, Durchfall und Denguefieber.

Glücklicherweise aber können die meisten Krankheiten entweder durch ein vernünftiges Verhalten verhindert oder mithilfe einer gut ausgestatteten Reiseapotheke zügig behandelt werden.

Die folgenden Ratschläge sollten nur als allgemeine Richtlinien verstanden werden. Sie ersetzen nicht den Rat eines auf Reisemedizin spezialisierten Arztes.

VOR DER REISE

Medikamente sind in klar beschrifteten Originalverpackungen mitzuführen. Zudem ist es ratsam, einen unterschriebenen und datierten Brief des Hausarztes dabeizuhaben, in dem der Gesundheitszustand und die einzunehmenden Medikamente beschrieben werden, einschließlich ihrer Generika (Nachahmungsprodukte); wenn man Spritzen oder Nadeln benötigt, sollte man unbedingt einen solchen Brief vorlegen können, falls man deren medizinische Verwendung belegen muss. Wer ein Herzleiden hat, sollte außerdem eine Kopie des letzten EKGs vor der Reise dabeihaben.

Von regelmäßig einzunehmenden Medikamenten sollte die doppelte benötigte Menge mitgenommen werden, falls etwas verloren geht oder gestohlen wird. In Thailand kann man viele Arzneimittel ohne Rezept kaufen, aber es kann schwierig werden, genau das zu bekommen, was man braucht. Daher ist es sicherer, genügend von daheim mitzubringen.

VERSICHERUNG

Auch wer fit und gesund ist, sollte nicht ohne Krankenversicherung reisen – Unfälle können immer passieren. Man sollte alle vorhandenen gesundheitlichen Probleme angeben – die Versicherungen werden auf jeden Fall überprüfen, ob das akute Problem schon vorher existierte, und wenn es nicht vorab angegeben wurde, besteht auch kein Versicherungsschutz. Abenteurer wie Bergsteiger oder Taucher benötigen unter Umständen eine Zusatzversicherung, genauso Motorroller- und Motorradfahrer. Gilt die bereits vorhandene Krankenversicherung nicht für das Ausland, ist eine spezielle Auslandskrankenversicherung unumgänglich. Wenn man nicht versichert ist, kann der Rücktransport teuer werden; Rechnungen von mehr als 80 000 € sind nicht ungewöhnlich. Die meisten Krankenhäuser fordern eine Garantiezahlung (die entweder der Versicherer oder man selbst

GESUNDHEIT

leisten muss), bevor sie Patienten überhaupt aufnehmen.

In vielen Ländern erwarten die Ärzte Barzahlung; man sollte alle Belege (medizinische Berichte, Rechnungen usw.) für spätere Rückforderungen aufheben. Einige Policen schreiben vor, dass man bei einer Zentrale im eigenen Land zurückruft (R-Gespräch), die dann eine sofortige Einschätzung des Problems vornimmt. Es ist grundsätzlich klug, die eigene Versicherung zu informieren, bevor man im Ausland medizinische Hilfe in Anspruch nimmt.

IMPFUNGEN

Auf Reisemedizin spezialisierte Kliniken sind die beste Informationsquelle; sie haben alle verfügbaren Impfstoffe vorrätig und führen in der Regel auch Reiseapotheken und andere nützliche Produkte, z. B. imprägnierte Moskitonetze. Die Ärzte werden bei ihren individuellen Empfehlungen mehrere Faktoren berücksichtigen, etwa bereits vorgenommene Impfungen, die Länge der Reise, geplante Aktivitäten vor Ort und den aktuellen Gesundheitszustand, z. B. eine Schwangerschaft.

Die meisten Seren garantieren erst etwa zwei Wochen nach der Impfung Immunität; im Idealfall sollte man sechs bis acht Wochen vor der Abreise einen Arzt aufsuchen, zu spät ist es nie. Man sollte seinen Arzt nach einem internationalen Impfpass („Gelbes Büchlein") fragen, in den alle vorgenommenen Impfungen eingetragen werden.

Empfohlene Impfungen

Folgende Impfungen empfiehlt die Weltgesundheitsorganisation (WHO) für Traveller, die nach Thailand reisen.

Diphtherie, Tetanus & Keuchhusten Einfache Auffrischungsimpfung, wenn man in den letzten zehn Jahren keine bekommen hat. Nebenwirkungen sind Schmerzen an der Einstichstelle und Fieber.

Hepatitis A Bietet bis zu einem Jahr lang fast 100 % Schutz, und wenn man sich sechs bis zwölf Monate später nachimpfen lässt, ist man sein Leben lang geschützt. Bei 5 bis 10 % der Geimpften kommt es zu leichten Nebenwirkungen wie Kopfweh und Schmerzen an der Impfstelle.

Hepatitis B Für die meisten Traveller bereits Routine; drei Impfungen, verteilt über sechs Monate. Ein Schnellprogramm gibt's auch, genau wie eine Kombiimpfung mit Hepatitis A. Die Nebenwirkungen sind schwach und kommen selten vor: Kopfweh und Schmerzen an der Stichstelle. 95 % aller Geimpften sind lebenslang geschützt.

Masern, Mumps & Röteln Man benötigt zwei Dosen des MMR-Impfstoffes, außer man hatte die Krankheiten irgendwann schon einmal. Manchmal kann eine Woche nach der Impfung eine kurze, grippeartige Erkrankung auftreten. Junge Erwachsene brauchen oft eine Nachimpfung.

Polio Es hat seit vielen Jahren keinen Polio-Fall mehr in Thailand gegeben, darum ist auch keine Nachimpfung nötig. Für einen lebenslangen Schutz ist bei Erwachsenen nur noch eine Impfdosis vonnöten.

Thyphus Unbedingt empfohlen, es sei denn, die Reise ist kürzer als eine Woche und führt nur in Großstädte. Der Impfstoff bietet etwa 70 % Schutz, der für zwei bis drei Jahre anhält. Dazu ist nur eine einzelne Spritze nötig. Man kann auch Tabletten nehmen, aber die Injektion zieht weniger Nebenwirkungen nach sich. Schmerzen an der Impfstelle und Fieber sind mögliche Nebenwirkungen.

Windpocken Wer noch keine Windpocken hatte, sollte wegen dieser Impfung mit dem Arzt sprechen.

Die folgenden Immunisierungen werden Travellern empfohlen, die länger unterwegs sind (über einen Monat) und besonderen Risiken ausgesetzt sind:

Grippe Wird besonders für Traveller im Alter von über 55 Jahren empfohlen sowie für jene mit einer Vorbelastung z. B. durch Diabetes oder ein Herzleiden. Grippe kann man aber in jedem Alter bekommen, daher sollte die Impfung von jedem Traveller in Erwägung gezogen werden.

Japanische Enzephalitis Es sind insgesamt drei Injektionen nötig; nach drei Jahren ist eine Auffrischung zu empfehlen. Schmerzen im Arm und Kopfschmerzen sind die häufigsten Nebenwirkungen, selten tritt bis zu zehn Tage nach den einzelnen Gaben eine allergische Reaktion mit Ausschlag oder eine Schwellung auf.

Tollwut Man bekommt insgesamt drei Injektionen. Für Reisen braucht man keine Auffrischung, aber wer sich dauerhaften Risiken aussetzt (z. B. Arbeit mit Tieren) sollte mit seinem Arzt über diese Möglichkeit reden. Nebenwirkungen (selten) sind Kopfweh und Schmerzen im Arm.

Tuberkulose Ein komplexes Thema: Erwachsene Traveller, die lange unterwegs sind, und in Thailand lebende Ausländer sollten statt einer Impfung einen TB-Hauttest oder einen Quantiferon-Bluttest machen. Für im Ausland lebende Kinder unter fünf Jahren ist die BCG-Impfung dringend zu empfehlen. Es genügt eine Impfung im Leben.

Erforderliche Impfungen

Die einzige international vorgeschriebene Impfung ist die gegen Gelbfieber. Eine Bescheinigung über die Impfung ist aber nur notwendig, wenn man innerhalb von sechs Tagen vor der Einreise nach Thailand ein Land in einer Gelbfieberregion besucht hat. Wer aus Afrika oder Südamerika einreist, sollte prüfen, ob ein Impfbeleg nötig ist.

REISEAPOTHEKE

Die persönliche Reiseapotheke sollte folgende Dinge beinhalten:

- Abführmittel, z. B. Lactulose
- Abschwellmittel
- Antibakterielle Salbe, z. B. Betaisodona
- Antibiotika gegen Hautentzündungen, z. B. Amoxillin-Clavulanat oder Cephalexin
- Antibiotika gegen Reisedurchfall, etwa Norfloxacin oder Ciprofloxacin, gegen bakteriellen Durchfall, z. B. Azithromycin, und gegen Giardiasis oder Tropenruhr, etwa Tinidazol
- Antihistaminika – es gibt mehrere Alternativen, z. B. Cetrizin für tagsüber und Promethazin für nachts
- Antiseptika, z. B. Betadine
- Antispasmika gegen Magenkrämpfe, z. B. Buscopan
- bei Neigung zu Blasenentzündung entsprechende Antibiotika
- DEET-haltiges Insektenschutzmittel
- Durchfallmedikamente wie Rehydrationslösungen (z. B. Gastrolyt), „Stopper" (z. B. Loperamid) und Medikamente gegen Übelkeit (z. B. Prochlorperazine)
- Erste-Hilfe-Bedarf wie Schere, Pflaster, Verbände, Gaze, Thermometer (ohne Quecksilber!), sterile Nadeln und Spritzen, Sicherheitsnadeln, Pinzette
- Fungizidsalbe, z. B. Clotrimazol
- Halstabletten
- Handwaschgel (mit Alkohol) oder alkoholhaltige Tücher für die Hände
- Ibuprofen oder andere Entzündungshemmer
- Mittel gegen Magenverstimmung, z. B. Maaloxan
- Migränemittel
- Paracetamol
- Permethrin zur Imprägnierung von Kleidung und Moskitonetzen, wenn nötig
- Medikamente gegen Pilzbefall oder Soor (Vaginaler Pilzbefall), z. B. Clotrimazolpessare oder Diflucantabletten
- Steroidhaltige Salbe gegen allergische Ausschläge, z. B. 1- bis 2 %-iges Hydrocortison
- Sonnencreme, Hut und Sonnenbrille
- Verhütungsmittel

INFOS IM INTERNET

Es gibt in Sachen Gesundheit auf Reisen eine Fülle von Tipps im Internet. Erste Informationen bietet **Lonely Planet** (www.lonelyplanet.com). Das ausgezeichnete von der WHO (www.who.int/ith) herausgegebene Buch *International Travel & Health* wird jährlich überarbeitet und ist online kostenlos zugänglich. Die Website von **Centers for Disease Control & Prevention** (CDC; www.cdc.gov) liefert gute allgemeine Informationen und länderspezifische Ratschläge.

Auf der Website des Auswärtigen Amtes des Heimatlands finden sich aktuelle Reisewarnungen. Wenn es möglich ist, sollte man seine Reise registrieren lassen – eine Registrierung hilft, vermisste Menschen zu finden, wenn es zu Katastrophen wie einem Tsunami kommt.

NOCH MEHR LEKTÜRE

Healthy Travel – Asia & India von Lonely Planet ist ein handliches Buch im Taschenformat voller guter Tipps zu den Planungen vor der Reise, zu Erster Hilfe im Notfall, Schutzimpfungen und Krankheiten sowie zum eigenen Verhalten, wenn man unterwegs krank wird. Weitere empfehlenswerte Bücher sind *Traveller's Health* von Dr. Richard Dawood und *Travelling Well* von Dr. Deborah Mills – auch die Website www.travellingwell.com.au ist nützlich.

Das thailändische Rote Kreuz gibt das ausgezeichnete Buch *Healthy Living in Thailand* heraus, das sich vor allem dann anbietet, wenn man länger im Land bleiben will.

UNTERWEGS

JETLAG & REISEKRANKHEIT

Ein Jetlag kommt bei Überquerung von fünf oder mehr Zeitzonen häufig vor; er äußert sich in Schlafstörungen, Müdigkeit, Unwohlsein und Übelkeit. Um einen Jetlag zu vermeiden, sollte man möglichst viel trinken (alkoholfrei) und leicht essen. Bei der Ankunft setzt man sich am besten natürlichem Sonnenlicht aus und passt seinen Tagesrhythmus (Mahlzeiten, Schlafphasen usw.) so schnell wie möglich der neuen Uhrzeit an; Melatonin kann dabei unter Umständen helfen, aber man bekommt es nicht in allen Ländern.

Beruhigende Antihistaminika wie Dimenhydrinat (Dramamine), Prochlorperazine (Phenergan) oder andere, je nach Heimatland, sind in der Regel die erste Wahl bei Reisekrankheit. Ihre Hauptnebenwirkung ist

Schläfrigkeit. Eine homöopathische Alternative ist Ingwer, der oft wie ein Zaubermittel wirkt; Scopolamin-Pflaster werden als effektivste Vorsorge angesehen, sind aber ebenfalls nicht in allen Ländern erhältlich.

THROMBOSE

Das „Touristenklasse-Syndrom" entsteht, wenn sich während langer Reisen im Flugzeug Blutgerinnsel in den Beinen bilden, vor allem bei längerer Nichtbewegung. Je länger die Reise ist, desto größer ist das Risiko. Die meisten Blutgerinnsel lösen sich ohne Folgen wieder auf. Es ist allerdings möglich, dass einzelne Blutgerinnsel durch die Venen zur Lunge gelangen, wo sie lebensbedrohliche Komplikationen auslösen können.

Wenn der Fuß, der Knöchel oder die Wade anschwillt oder schmerzt (meist nur auf einer Seite), ist die Gefahr, an einer Thrombose zu leiden, groß. Wandert das Blutgerinnsel in die Lunge, kann es Schmerzen in der Brust oder Atemnot verursachen. Traveller mit einem dieser Symptome sollten umgehend um medizinische Hilfe bitten.

Um das Thromboserisiko auf langen Flügen zu minimieren, sollte man viel in der Kabine herumgehen, isometrische Muskelübungen machen (die Beinmuskeln im Sitzen an- und entspannen), viel Flüssigkeit zu sich nehmen und Alkohol meiden. Wer weiß, dass er ein höheres Risiko hat, Thrombosen zu entwickeln, sollte mit seinem Arzt über besondere Prävention (z.B. durch Kompressionsstrümpfe oder Medikamente) sprechen.

IN THAILAND

MEDIZINISCHE VERSORGUNG & KOSTEN

Bangkok gilt in vielen Ländern Südostasiens (z.B. Kambodscha, Laos und Vietnam) als nächstgelegenes Zentrum für qualitativ hochwertige Medizin. Es gibt eine Reihe ausgezeichneter Krankenhäuser in der Stadt, von denen manche spezielles Personal für die Behandlung ausländischer Patienten haben. Diese Häuser sind dann in der Regel teurer als andere medizinische Einrichtungen, bieten aber auch einen weit besseren Pflegestandard; zudem sind sie eher darauf eingerichtet, mit Versicherungen Kontakt aufzunehmen. In diesem Buch sind solche Einrichtungen in den Stadtkapiteln unter „Praktische Informatio-

nen" zu finden. Im Vergleich mit westlichen Ländern sind die Kosten für die medizinische Versorgung in Thailand relativ niedrig – noch ein Grund, sich in eines der besseren Krankenhäuser zu begeben, wenn man die Hilfe eines Arztes braucht.

In den ländlichen Gegenden ist es jedoch immer noch schwierig, eine zuverlässige medizinische Versorgung zu finden. Die eigene Botschaft oder Versicherung können dabei eine große Hilfe sein.

Eine Eigenbehandlung kann angebracht sein bei kleineren Problemen (z.B. Reisedurchfall), wenn man die entsprechenden Medikamente bei sich hat oder wenn man keine Klinik besuchen kann. Wer glaubt, ernsthaft erkrankt zu sein, darf keine Zeit verschwenden (vor allem bei Malariaverdacht) und sollte sich sofort in der nächsten guten Einrichtung behandeln lassen. Eine ärztliche Untersuchung ist immer besser als Selbsttherapie.

Der Kauf von rezeptfreien Arzneien vor Ort ist nicht zu empfehlen, denn nicht selten sind diese nachgemacht, nicht in ausreichender Menge vorhanden oder abgelaufen.

INFEKTIONSKRANKHEITEN
Denguefieber

Diese von Moskitos übertragene Krankheit breitet sich in ganz Südostasien verstärkt aus, vor allem in den Städten. Da es keinen Impfstoff gibt, kann man sich nur schützen, indem man Moskitostiche verhindert. Die Moskitoart, die das Denguefieber überträgt, ist tagsüber unterwegs – also zu jeder Tageszeit vor den Insekten auf der Hut sein! Symptome sind hohes Fieber, starke Kopfschmerzen (vor allem hinter den Augen), Übelkeit und Gliederschmerzen (das Denguefieber hieß ursprünglich „Knochenbrecher-Fieber"), manche Patienten bekommen auch einen Ausschlag (der sehr stark jucken kann) und Durchfall. Auf den südlichen Inseln Thailands ist das Risiko besonders hoch. Es gibt keine spezielle Behandlung außer Ruhe und die Einnahme von Paracetamol. Kein Aspirin oder Ibuprofen nehmen – sie begünstigen etwaige Blutungen. Man sollte einen Arzt aufsuchen, der die Diagnose stellen und den Patienten beobachten kann. Das Denguefieber kann sich zu dem ernsteren und lebensbedrohlichen hämorrhagischen Denguefieber entwickeln, aber das kommt bei Touristen äußerst selten vor. Das Risiko wird deutlich größer, wenn man sich zunächst mit Dengue-

fieber infiziert und dann ein weiterer Virus hinzukommt.

Filariasis

Diese Krankheit wird durch Moskitos übertragen und ist unter den Einheimischen weit verbreitet, aber bis jetzt recht selten unter Travellern anzutreffen. Die üblichen Vorsichtsmaßnahmen gegen Moskitostiche sind das beste Mittel, um diese Krankheit zu vermeiden.

Geschlechtskrankheiten

Die in Thailand am häufigsten durch sexuelle Kontakte übertragenen Krankheiten sind Herpes, Warzen, Syphilis, Tripper und Chlamydien. Menschen, die diese Krankheiten in sich tragen, haben oft keine Krankheitssymptome. Kondome können zwar Tripper und Chlamydieninfektionen verhindern, nicht aber Warzen oder Herpes. Wer nach einem sexuellen Kontakt Ausschlag, Schwellungen, Ausfluss oder Schmerzen beim Wasserlassen bei sich feststellt, sollte unverzüglich medizinische Hilfe in Anspruch nehmen. Wenn man während der Reise sexuell aktiv war, sollte man sich nach der Ankunft zu Hause auf Geschlechtskrankheiten untersuchen lassen.

Hepatitis A

In Bangkok sinkt das Risiko, an Hepatitis A zu erkranken, aber im restlichen Land ist es immer noch ziemlich hoch. Verursacher ist ein Virus, das in Lebensmitteln oder Trinkwasser vorkommt. Es befällt die Leber und führt zu Gelbsucht (gelbe Haut und Augen), Lethargie und Übelkeit. Es gibt keine spezielle Behandlung von Hepatitis A, man muss der Leber Zeit lassen, sich zu erholen. In seltenen Fällen verläuft die Krankheit bei Patienten über 40 Jahren tödlich. Eine Impfung gegen Hepatitis A ist für Thailandreisende ein Muss.

Hepatitis B

Dies ist die einzige durch Geschlechtsverkehr übertragene Krankheit, die durch eine Impfung vermieden werden kann. Hepatitis B überträgt sich über Körperflüssigkeiten. In einigen Teilen Thailands sind bis zu 20 % der Bevölkerung mit Hepatitis B infiziert, ohne überhaupt davon zu wissen. Zu den Spätfolgen der Krankheit gehören Leberzirrhose, -krebs und Tod.

Hepatitis E

Verbreitet durch infiziertes Essen oder Wasser, zeigt Hepatitis E ähnliche Symptome wie Hepatitis A, kommt aber weit weniger häufig vor. Die Krankheit stellt eine ernsthafte Gefahr für schwangere Frauen dar, die schlimmstenfalls mit dem Tod von Mutter und Kind endet. Zurzeit gibt es keinen Impfstoff, zur Vorbeugung wird die Einhaltung der Vorsichtsmaßnahmen für sicheres Essen und Trinken empfohlen.

HIV

In Thailand ist HIV bei Menschen unter 50 Jahren die häufigste Todesursache. Hauptsächlich wird die Krankheit durch Sex unter Heterosexuellen übertragen. Man sollte keinen ungeschützten Sex haben, sich nicht tätowieren lassen und schmutzige Nadeln meiden.

Influenza

Influenza (Grippe) ist in den Tropen das ganze Jahr über präsent. Die Symptome sind hohes Fieber, Muskelschmerzen, eine laufende Nase, Husten und Halsschmerzen. Grippe ist die am besten durch Impfung vermeidbare Krankheit, die sich Traveller zuziehen können, darum sollte jeder über eine Impfung nachdenken. Es gibt keine spezielle Behandlung außer Ruhe und Paracetamol. Komplikationen wie Bronchitis oder eine Mittelohrentzündung können Antibiotikagaben nötig machen.

Japanische Enzephalitis

Traveller stecken sich in Südostasien sehr selten mit dieser Krankheit an, aber jährlich werden mindestens 50 000 Einheimische damit infiziert. Die Viruserkrankung wird von Moskitos übertragen, die meisten Fälle treten in ländlichen Gegenden auf. Eine Impfung wird allen Travellern empfohlen, die sich länger als einen Monat außerhalb der Städte aufhalten oder hier lange Zeit leben. Es gibt keine Behandlung; ein Drittel aller Infizierten stirbt, ein weiteres Drittel behält einen dauerhaften Hirnschaden zurück. Thailand gehört zu den Regionen mit hohem Infektionsrisiko.

Larva Migrans cutanea

Diese Krankheit, verursacht durch die Larve des Hakenwurms, tritt besonders häufig an Thailands Stränden auf. Der Ausschlag beginnt mit einer kleinen Schwellung und breitet sich linienförmig aus. Der damit verbundene

GESUNDHEIT

Juckreiz ist besonders nachts sehr stark. Die Krankheit ist medikamentös einfach zu behandeln; der Ausschlag sollte nicht herausgeschnitten oder vereist werden.

Leptospirose

Mit Leptospirose kann man sich durch den Kontakt mit verseuchtem Süßwasser infizieren – häufig tritt die Krankheit nach Rafting- oder Kajaktouren auf. Frühe Symptome wie Kopfschmerzen und Fieber sind denen einer Grippe sehr ähnlich. Der Krankheitsverlauf variiert von leichten Beschwerden bis zur lebensgefährlichen Erkrankung. Die Diagnose erfolgt durch einen Bluttest. Leptospirose kann gut mit Doxycyclin behandelt werden.

Malaria

Dafür, dass Malaria eine so ernsthafte und potenziell tödliche Krankheit ist, ist eine unglaubliche Menge an Fehlinformationen im Umlauf. Am besten professionellen Rat einholen, welches Risiko im Reisezeitraum besteht! In vielen Teilen Thailands, die von Travellern bereist werden – besonders in den Städten und Touristenzentren – besteht ein minimales Risiko. Die Gefahr, bei einer vorsorglichen Medikamenteneinnahme ernsthafte Nebenwirkungen zu entwickeln, kann hier schwerwiegender sein als das Risiko, Malaria zu bekommen. In vielen ländlichen Gebieten dagegen ist das Risiko so hoch, dass die Nebenwirkungen unwichtig erscheinen. Malaria kann lebensgefährlich sein! Vor der Reise sollten ärztliche Informationen über die individuell richtigen Medikamente und deren Dosierung eingeholt werden.

Malaria wird von einem Parasiten ausgelöst, der durch den Biss eines infizierten Moskitos übertragen wird. Das wichtigste Symptom ist Fieber, aber auch Kopfschmerzen, Durchfall, Husten oder Schüttelfrost können auftauchen – alles Symptome, die auch bei anderen Krankheiten auftreten können. Eine sichere Diagnose kann nur durch eine Blutprobe gestellt werden.

Zwei Strategien sollten kombiniert werden, um eine Malariainfektion zu vermeiden – Moskitostichen vorbeugen und Malariamedikamente einnehmen. Die meisten Menschen, die sich mit Malaria infiziert haben, nahmen unwirksame oder keine Malariamedikamente.

Moskitostiche lassen sich am besten wie folgt vermeiden:

- ein DEET-haltiges Insektenschutzmittel (20–30 % sind ideal) auf die nackte Haut auftragen, das man nachts abwäscht (vorausgesetzt, man schläft unter einem Moskitonetz); natürliche Schutzmittel wie Zitronenöl können auch effektiv sein, müssen aber häufiger aufgetragen werden als Produkte, die DEET enthalten;
- unter einem Moskitonetz schlafen, das im Idealfall mit Permethrin imprägniert ist;
- eine Unterkunft mit Fliegengittern und Ventilator wählen (wenn es keine Klimaanlage gibt);
- in besonders gefährdeten Regionen die Kleidung mit Permethrin imprägnieren;
- lange Ärmel und Hosen in hellen Farben tragen;
- Moskitospiralen verwenden;
- vor dem Essengehen das Zimmer mit Insektenmittel einsprühen.

Es stehen mittlerweile zahlreiche Medikamente zur Verfügung:

Artesunat Derivative von Artesunat sind als präventive Medikation nicht geeignet, dafür gut zur Behandlung unter ärztlicher Aufsicht.

Chloroquin & Paludrin Die Effektivität dieser Medikamentenkombination ist in Thailand eingeschränkt. Kann im Allgemeinen nicht empfohlen werden.

Doxycyclin Die täglich einzunehmende Tablette des Breitbandantibiotikums hat den positiven Nebeneffekt, dass sie gegen eine Vielzahl tropischer Krankheiten schützt – etwa Leptospirose, durch Zecken übertragene Krankheiten, Typhus und Meliodose. Potenzielle Nebenwirkungen sind Lichtempfindlichkeit (und eine Neigung zu Sonnenbrand), Vaginalpilz bei Frauen, Magenverstimmung, Übelkeit und Wechselwirkungen mit Verhütungsmitteln. Zu den erörterten Nebenwirkungen zählt die Gefahr eines Speiseröhrengeschwürs. Um diese Nebenwirkungen zu vermeiden, sollte die Tablette zusammen mit dem Essen und einem großen Glas Wasser eingenommen werden. Hinlegen sollte man sich frühesten eine halbe Stunde nach der Mahlzeit. Das Medikament muss nach einem Aufenthalt in einer gefährdeten Region noch vier weitere Wochen eingenommen werden.

Lariam (Mefloquin) Lariam hat eine Menge schlechte Presse bekommen; manche davon war berechtigt, andere nicht. Die wöchentlich einzunehmende Tablette vertragen viele Menschen. Ernsthafte Nebenwirkungen – wie Depressionen, Angstzustände, Psychosen oder Anfälle – sind selten. Wer mal unter Depressionen, Angstzuständen, anderen psychischen Beschwerden oder Epilepsie gelitten hat, sollte Lariam nicht nehmen. Im zweiten und dritten Drittel einer Schwangerschaft wird es als sicher angese-

hen. In Teilen Nordthailands gibt es jedoch signifikante Resistenzen. Die Tabletten müssen nach dem Verlassen des gefährdeten Gebiets noch vier Wochen eingenommen werden.

Malarone Dieses neue Medikament ist eine Kombination aus Atovaquone und Proguanil. Nebenwirkungen sind unüblich und leicht, etwa Kopfschmerzen und Übelkeit. Es ist das beste Medikament, allerdings sehr teuer, was einer Langzeiteinnahme entgegensteht. Es muss nach dem Besuch eines Risikogebiets noch eine weitere Woche eingenommen werden.

Alternativ zu vorbeugenden Medikamenten können auch Medikamente mitgeführt werden, die die Malaria direkt nach dem Auftreten der ersten Symptome behandeln. Dies ist jedoch sehr riskant. Sobald erste Fieberanzeichen auftreten, muss innerhalb von 24 Stunden mit der Medikamenteneinnahme begonnen werden. Wer diese Möglichkeit wählt, für den ist das effektivste und sicherste Medikament Malarone (drei Tage jeweils vier Tabletten). Riamet ist auch wirksam, aber man bekommt es nicht in allen Ländern. Andere Behandlungsmöglichkeiten sind Mefloquin und Quinin, aber die Nebenwirkungen dieser Medikamente machen ihre Verwendung weniger wünschenswert. Das Medikament Fansidar kann nicht mehr empfohlen werden.

Masern

Diese hochansteckende bakterielle Infektion wird durch Tröpfcheninfektion oder direkten Kontakt übertragen. Die meisten vor 1966 geborenen Menschen sind immun, weil sie die Krankheit in ihrer Kindheit hatten. Masern beginnen mit hohem Fieber und Ausschlag. Sie können durch Komplikationen wie Lungenentzündungen oder Hirnerkrankungen begleitet werden. Es gibt keine spezielle Behandlung. Man sollte unbedingt geimpft sein.

Meliodose

Diese Infektion wird durch den Kontakt der Haut mit Erde oder Oberflächenwasser übertragen. Unter Travellern ist sie selten, aber in manchen Teilen des Nordostens von Thailand sind bis zu 30 % der einheimischen Bevölkerung infiziert. Die Symptome ähneln denen, die ein an Tuberkulose (Tbc) erkrankter Patient hat. Es gibt keinen Impfstoff, aber die Krankheit kann mit Medikamenten behandelt werden.

Tollwut

Mit dieser stets tödlich verlaufenden Krankheit infiziert man sich, wenn man von einem infizierten Tier – meist einem Hund oder einem Affen – gebissen oder abgeleckt wird. Nach Tierbissen ist grundsätzlich ein Arzt aufzusuchen, der eine Nachbehandlung einleiten muss; wenn man sich vor der Reise hat impfen lassen, vereinfacht das die Prodezur erheblich. Wer von einem Tier gebissen wurde, sollte die Wunde sanft mit Wasser und Seife reinigen und ein jodhaltiges Antiseptikum auftragen. Ohne eine Impfung vorab muss so schnell wie möglich Tollwut-Immunglobulin verabreicht werden, zudem braucht man fünf Injektionen des Impfstoffs, verteilt über 28 Tage. Geimpfte Patienten brauchen nur drei Spritzen im Abstand von jeweils drei Tagen. Aber Vorsicht: Immunoglobulin ist meist nur in geringen Mengen vorhanden, und man muss womöglich bis nach Bangkok reisen, um es zu bekommen.

Tuberkulose

Bei Travellern ist Tuberkulose eine seltene Krankheit, aber medizinisches Personal und Entwicklungshelfer sowie Langzeit-Traveller, die engeren Kontakt mit der einheimischen Bevölkerung haben, sollten dennoch Vorkehrungen treffen. Eine Impfung erhalten in der Regel nur Kinder unter fünf Jahren, und für diese ist sie vor allem dann zu empfehlen, wenn sie länger als drei Monate in Thailand verbringen. Gefährdeten Erwachsenen wird ein TB-Test vor und nach der Reise empfohlen – entweder der Mantoux-Test oder der Quantiferon-Bluttest, je nach den Richtlinien des Heimatlandes. Die Hauptsymptome sind Fieber, Husten, Gewichtsverlust, nächtliche Schweißausbrüche und Müdigkeit. Die Behandlung besteht aus einer Langzeit-Kur mit mehreren Arzneien.

Typhus

Diese ernsthafte bakterielle Infektion verbreitet sich durch Essen und Wasser. Sie führt zu einem hohen und immer weiter ansteigendem Fieber und Kopfschmerzen. Sie kann von einem trockenen Husten und Magenschmerzen begleitet werden. Typhus wird durch Bluttests nachgewiesen und mit Antibiotika behandelt. Die Impfung wird für alle empfohlen, die länger als eine Woche in Thailand bleiben wollen. Achtung, die Impfung gewährt keinen hundertprozentigen

GESUNDHEIT

Schutz, Vorsicht ist weiterhin geboten bei allem, was man isst und trinkt!

Weitere Typhusarten

Murin-Typhus wird durch den Biss eines Flohs übertragen, während der Scrub-Typhus durch eine Milbe ausgelöst wird. Diese Krankheiten sind selten unter Travellern. Symptome sind Fieber, Muskelschmerzen und Ausschlag. Die Krankheiten können durch das Befolgen allgemeiner Schutzmaßnahmen vor Insektenstichen vermieden werden. Auch die Einnahme von Doxycyclin wirkt vorbeugend.

Vogelgrippe

Seit 2004 gibt's in Thailand insgesamt 25 registrierte Fälle der „Vogelgrippe" (die meisten davon traten im Jahr 2004 auf), aber von Januar 2007 bis zum Zeitpunkt der Recherche für diesen Führer wurden keine weiteren Fälle bekannt gemacht.

Das Risiko für Traveller, die Vogelgrippe zu bekommen, ist minimal – alle bislang infizierten Personen hatten engen Kontakt mit kranken oder toten Vögeln.

Um eine Vogelgrippe zu vermeiden, folgt man den folgenden Empfehlungen des CDC und der WHO:

- Direkten Kontakt mit Geflügel und wilden Vögeln vermeiden.
- Keine Vogelmärkte oder Geflügelfarmen besuchen.
- Nur durchgegartes Vogelfleisch bzw. durchgegarte Vogelprodukte (Huhn, Ente, Eier) essen.
- Die Hände regelmäßig mit alkoholhaltigem Handwaschgel waschen.
- Bei Fieber, Halsschmerzen und Husten sofort einen Arzt aufsuchen – vor allem nach einem Kontakt mit Vögeln.

Zwergfadenwurm

Dieser Parasit wird von der Erde auf die Haut übertragen und ist in Thailand häufig, befällt aber selten Traveller. Er verursacht einen ungewöhnlichen Ausschlag, *larva currens* genannt – ein linienförmiger Ausschlag auf dem Rumpf, der kommt und geht. Die meisten Menschen haben keine weiteren Symptome, bis irgendwann ihr Immunsystem erheblich geschwächt ist; dann kann der Parasit eine heftige Infektion auslösen. Diese kann aber mit Medikamenten behandelt werden.

DURCHFALLERKRANKUNGEN

Durchfallerkrankungen sind unter Travellern weit verbreitet – zwischen 30 und 70 % leiden in den ersten zwei Wochen ihrer Reise daran. In über 80 % der Fälle wird der Durchfall von Bakterien verursacht (es gibt zahlreiche potenzielle Missetäter). Diese Fälle lassen sich leicht mit Antibiotika behandeln. Der Einsatz von Antibiotika hängt von der jeweiligen Situation ab – wie krank man ist, wie schnell es einem besser gehen muss, wo man sich befindet usw.

Reisedurchfall ist durch mehr als drei wässerige Entleerungen in 24 Stunden gekennzeichnet. Hinzu kommt mindestens eins der folgenden Symptome: Fieber, Krämpfe, Übelkeit, Erbrechen oder allgemeines Unwohlsein.

Die Behandlung besteht darin, einer Dehydrierung entgegenzuwirken. Rehydrationsflüssigkeiten sind dafür am besten geeignet. Antibiotika wie Norfloxacin, Ciprofloxacin oder Azithromycin töten die Bakterien schnell.

Loperamid stoppt nur den Durchfall und beseitigt nicht die Ursache des Problems. Es kann trotzdem nützlich sein (z. B. wenn eine lange Busreise unternommen werden soll). Bei Fieber oder Blut im Stuhl sollte es nicht eingenommen werden. Medizinische Hilfe sollte beansprucht werden, falls ein herkömmliches Antibiotikum nicht anschlägt.

Amöbenruhr

Die Amöbenruhr kommt unter Travellern sehr selten vor, wird aber manchmal von weniger zuverlässigen Labors fälschlicherweise diagnostiziert. Die Symptome – Fieber, blutiger Stuhl und allgemeines Unwohlsein – ähneln dem bakteriell verursachten Durchfall. Bei Blut im Stuhl umgehend einen Arzt aufsuchen! Die Behandlung erfolgt mit zwei Medikamenten: Tinidazol oder Metronidazol tötet die Parasiten im Darm und ein zweites Medikament tötet die Zysten. Bleibt die Krankheit unbehandelt, können Leberabszesse entstehen.

Giardiasis

Giardia ist ein Parasit, der bei Travellern relativ häufig vorkommt. Symptome sind Übelkeit, Aufgedunsenheit, starke Blähungen, Müdigkeit und zeitweise auftretender Durchfall. Der Parasit verlässt den Körper möglicherweise ohne Behandlung, aber das kann

Monate dauern. Gut geeignet ist das Mittel Tinidazol, und Metronidazol ist eine weitere Option.

GESUNDHEITSRISIKEN
Essen

Die meisten Durchfallerkrankungen kommen vom Essen im Restaurant. Um sie zu vermeiden, sollte man nur frisch zubereitetes Essen zu sich nehmen und Schalentiere und generell Speisen meiden, die schon eine Weile auf dem Büffet liegen; Obst sollte geschält, Gemüse gekocht und Salat in jodiertem Wasser für mindestens 20 Minuten gewässert werden. Und am besten isst man in gut besuchten Restaurants.

Hautkrankheiten

Ausschläge durch Pilzbefall treten in feuchten Klimazonen häufig auf. Bei Travellern überwiegen zwei Arten. Die erste kommt vor allem in feuchten Hautregionen vor, etwa an der Leiste, in den Achselhöhlen und zwischen den Zehen. Sie beginnt mit roten Flecken, die sich langsam ausbreiten und normalerweise jucken, die Behandlung besteht darin, die Haut trocken zu halten, Wundreibung zu vermeiden und eine Fungizidsalbe wie Clotrimazol oder Lamisil zu benutzen. Die zweite, ebenfalls weit verbreitete Pilzart ist *Tinea versicolor* – sie verursacht kleine, blasse Flecken, meist auf dem Rücken, dem Brustkorb oder den Schultern. Ein Arzt kann hier weiterhelfen.

Auch Schnitte und Kratzer entzünden sich im feuchten Klima leicht. Eine akribische Pflege aller Schnitte und Kratzer ist empfehlenswert, um Komplikationen wie Abszesse zu vermeiden. Wunden sollten sofort mit sauberem Wasser ausgewaschen und mit einem Antiseptikum behandelt werden. Wer Anzeichen einer Infektion bemerkt (zunehmender Schmerz und Rötung), sollte einen Arzt aufsuchen. Taucher und Surfer sollten besonders bei Korallenschnitten vorsichtig sein, da sie sich leicht entzünden.

Hitze

In vielen Teilen Thailands ist es das ganze Jahr über heiß und feucht. Die meisten Leute brauchen mindestens zwei Wochen, um sich an das heiße Klima zu gewöhnen. Das Anschwellen der Füße und Knöchel ist üblich, genauso wie Muskelkrämpfe wegen des übermäßigen Schwitzens. Wer einer Dehydrierung entgegenwirkt und sich nicht zu viel in der Hitze bewegt, ist fast auf der sicheren Seite. Nach der Ankunft sollte man es langsam angehen lassen. Die Einnahme von Salztabletten wird nicht empfohlen (sie greifen den Darm an). Es hilft aber, Rehydrationsflüssigkeiten zu trinken und salzige Nahrung zu sich zu nehmen. Dadurch wird der Hitzeerschöpfung vorgebeugt. Krämpfen immer sofort entgegenwirken, etwa indem die Aktivität beendet, eine Ruhepause eingelegt, doppelt konzentrierte Rehydrationslösung getrunken und der Muskel vorsichtig gedehnt wird.

Ein Hitzschlag ist ein ernsthafter medizinischer Notfall und sollte sofort ärztlich behandelt werden. Die Symptome treten plötzlich auf – Schwäche, Übelkeit, ein heißer, trockener Körper mit einer Körpertemperatur von über 41 °C, Schwindel, Verwirrung, Koordinationsstörungen, Krämpfe und manchmal sogar Zusammenbruch und Bewusstlosigkeit.

Hitzebläschen treten in den Tropen häufig auf, denn diese Art von Hautausschlag wird von unter der Haut eingeschlossenem Schweiß verursacht. Bilden sich auf der Haut also juckende kleine Bläschen, meidet man am besten die Hitze, begibt sich für ein paar Stunden in einen klimatisierten Raum und nimmt kalte Duschen. Cremes und Salben verstopfen die Haut, darum sind sie nicht zu empfehlen, aber ein vor Ort gekaufter Puder gegen Hitzebläschen kann Linderung bringen.

Neurasthenie (Chronisches Erschöpfungssyndrom) tritt häufig bei lange in den Tropen lebenden Ausländern auf. Sie hat ihre Ursachen selten in einer Krankheit, sondern eher im Klima, in mangelnder Entspannung, exzessivem Alkoholgenuss und den Anforderungen der täglichen Arbeit in einer fremden Kultur.

Insektenstiche & -bisse

Wanzen übertragen keine Krankheiten, aber ihre Bisse jucken. Die Tierchen leben in den Ritzen der Möbel oder Wände und kriechen nachts in die Betten, um sich an den Travellern satt zu essen. Bisse können mit Antihistaminika behandelt werden. Läuse nisten auf verschiedenen Körperteilen, meistens auf dem Kopf und im Schambereich. Übertragen werden sie durch den nahen Kontakt zu einer befallenen Person. Mitunter sind sie recht hartnäckig und erst durch mehrfache Anwendung eines Läuseshampoos mit z. B. Permethrin richtig wegzubekommen. Läuse im

GESUNDHEIT

VORSICHT, QUALLE!

Es ist schwierig, für Thailand genaue Statistiken über das Vorkommen von ernsthaften oder tödlichen Quallenstichen zu bekommen. Sicher ist aber, dass es in den letzten 20 Jahren mindestens zehn Todesfälle unter Touristen gegeben hat, und zwischen Dezember 2007 und Mai 2008 kam es bei vier verschiedenen Vorfällen zu neun ernsthaften Vergiftungen an beliebten Touristenstränden (Ko Tao, Ko Samet, Ko Lanta und Pattaya), wobei eines der Opfer sogar starb.

Aber nicht alle Würfelquallen sind gefährlich, die Stiche der Tiere können sich ganz verschieden auswirken – sie können unbedeutend, aber auch tödlich sein. Als Faustregel sollte man jedoch davon ausgehen, dass eine Würfelqualle gefährlich ist, solange nicht das Gegenteil bewiesen ist.

Es gibt zwei Hauptarten von Würfelquallen: eine mit vielen Tentakeln und eine Spezies mit nur einem. In den Gewässern rund um Thailand findet man die Art mit den vielen Tentakeln – sie wird als die potentiell gefährlichste Quallenart angesehen. Eine ernsthafte Vergiftung kann einen Erwachsenen innerhalb von zwei Minuten töten. Man begegnet ihnen vor allem in den wärmeren Monaten an sandigen Stränden in der Nähe von Flussmündungen und Mangroven, aber generell sind sie das ganze Jahr über anzutreffen.

Es gibt viele Arten von Würfelquallen mit einem Tentakel, von denen eine bestimmte, die Irukandji, ernsthafte, als Irukandji-Syndrom bekannte Symptome verursachen können. Der Stich kann zu Anfang harmlos erscheinen, aber innerhalb von fünf bis 40 Minuten danach können ernste Leiden wie Rückenschmerzen, Übelkeit, Erbrechen, Schweißausbrüche, Atembeschwerden und Angstzustände eintreten. Es wurde auch von Todesfällen berichtet als Folge von Bluthochdruck, der – ausgelöst durch den Quallenstich – Schlag- oder Herzanfälle nach sich zog.

Es gibt noch viele andere Quallen in Thailand, die lästige Stiche verursachen, aber keine ernsten Folgen haben. Die einzig effektive Methode, diese Stiche zu vermeiden, ist eine Barriere zwischen der menschlichen Haut und der Qualle; diese legt man sich am besten in Form von Schutzkleidung zu. In den tropischen Gewässern von Australien wird beispielsweise das Tragen eines „Stinger Suit" empfohlen, eines Elasthan-Anzugs mit langen Beinen und Ärmeln. Netze an den Stränden, die die Tiere mit vielen Tentakeln abhalten sollen, sind ebenfalls effektiv, aber an thailändischen Stränden noch nicht verbreitet.

Erste Hilfe bei ernsthaften Stichen

Im Falle einer lebensbedrohlichen Vergiftung ist es das Allerwichtigste, dafür zu sorgen, dass die Person überlebt. Dazu sollte man bei dem Betroffenen bleiben, jemanden losschicken, um ärztliche Hilfe zu holen, und mit Wiederbelebungsmaßnahmen beginnen, falls der Betroffene bewusstlos ist. Wenn der Patient bei Bewusstsein ist, sollte man die Einstichstelle 30 Sekunden lang mit Essig begießen – einfacher Haushaltsessig eignet sich perfekt dafür. Der Bewusstseinszustand ist im Auge zu behalten und es ist dafür zu sorgen, dass sofort ärztliche Hilfe kommt. Bei einem Stich ohne Vergiftung gießt man ebenfalls sofort Essig auf die betroffene Stelle; je früher die Behandlung erfolgt, desto besser für den Patienten. Auch in diesem Fall sollte umgehend ein Arzt gerufen werden, denn innerhalb der folgenden 40 Minuten können weitere Symptome auftreten.

Australien und Thailand arbeiten eng zusammen, um die Quallenarten in den thailändischen Gewässern sowie die Wasserökologie zu erforschen– bleibt zu hoffen, dass dies bei der Bestimmung und Entdeckung der gefährlichen Quallen weiterhilft.

Ich danke Dr. Peter Fenner für die Informationen für diesen Kasten.

Schambereich holt man sich normalerweise durch sexuellen Kontakt.

Zecken bekommt man in ländlichen Gegenden schnell. Im Allgemeinen machen sie es sich hinter den Ohren, auf dem Bauch und in den Armbeugen gemütlich. Wer einen Zeckenbiss hat und Symptome wie Schwellungen, Fieber oder Muskelschmerzen beobachtet, sollte einen Arzt aufsuchen.

Doxycyclin wirkt gegen durch Zecken übertragene Krankheiten.

Blutegel finden sich in feuchten Regenwaldgebieten. Sie übertragen keine Krankheiten, aber ihre Bisse jucken meistens heftig und wochenlang und können sich leicht entzünden. Ein jodhaltiges Antiseptikum – auf den Blutegelbiss aufgetragen – hilft, Infektionen zu vermeiden.

Bienen- und Wespenstiche stellen eigentlich nur eine Gefahr für Menschen dar, die allergisch reagieren. Wer eine ausgeprägte Bienen- oder Wespenallergie hat, sollte für den Notfall eine Adrenalinspritze mit sich führen (z. B. Epipen). Für alle anderen ist der Schmerz das Hauptproblem – am besten den Stich mit Eis kühlen und Schmerzmittel einnehmen.

Luftverschmutzung

Der Verkehr in Bangkok ist entsetzlich, aber es gibt's dennoch eine gute Nachricht: Das Benzin ist in der Regel bleifrei. Luftverschmutzung bleibt aber wohl weiterhin ein Problem in der Hauptstadt, und wer ernsthafte Atemprobleme hat, sollte vor der Reise mit seinem Arzt sprechen. Die schmutzige Luft kann auch harmlosere Probleme wie Sinusitis, eine trockene Kehle oder Augenreizungen hervorrufen. Wer unter der Luftqualität zu sehr leidet, verlässt die Stadt besser für ein paar Tage und erholt sich an frischerer Luft.

Parasiten

Unter der einheimischen Bevölkerung sind zahlreiche Parasiten verbreitet, aber Traveller sind eher selten betroffen. Es gibt zwei Grundregeln, um Infektionen durch Parasiten zu vermeiden: immer Schuhe tragen und keine rohe Nahrung essen, vor allem keinen rohen Fisch, kein rohes Schweinefleisch und kein ungekochtes Gemüse. Einige Parasiten werden durch den Kontakt der Haut mit Erde oder Oberflächenwasser übertragen, wie die Strongyloiden, der Hakenwurm und die *larva migrans cutanea*.

Schlangen

In Thailand wurden über 175 Schlangenarten identifiziert, von denen 85 mindestens leicht giftig sind. Die meisten ernsthaften Vergiftungen gehen auf das Konto zahlreicher Exemplare, die zu den Vipern, den Kraits oder den Kobras gezählt werden. Am besten geht man davon aus, dass jede Schlange giftig ist, und unterlässt es tunlichst, eine zu fangen (schon der Versuch kann bestraft werden). In Gegenden, in denen es Schlangen geben könnte, sind immer Stiefel und lange Hosen zu tragen. Zu den Erste-Hilfe-Maßnahmen im Fall eines Schlangenbisses gehört es, das gebissene Körperteil am besten mithilfe einer elastischen Binde fest zu umwickeln; man beginnt dabei an der Hand bzw. am Fuß und arbeitet sich in Richtung Brust vor. Die Bandage darf dabei nicht so fest sitzen, dass die Blutzufuhr unterbrochen wird, und die Finger und Zehen sind freizulassen, damit die Durchblutung überprüft werden kann. Man stellt das Körperteil mit einer Schiene ruhig und bringt den Patienten zum Arzt – es ist sehr wichtig, dass dieser sich dabei nicht bewegen kann! Druckverbände sind zu vermeiden, genauso das Aussaugen des Gifts. Man belässt es bei der Bandage und sucht für eine Einschätzung das nächste Krankenhaus auf. Das Rote Kreuz in Thailand stellt Antiseren für das Gift vieler thailändischer Giftschlangen her, aber es wird nicht sofort ein Antiserum verabreicht; das Krankenhaus wird erst den Grad der Vergiftung untersuchen. Traveller werden nur selten von Schlangen gebissen.

Sonnenbrand

Auch an bedeckten Tagen kann schnell ein Sonnenbrand entstehen. Eine starke Sonnencreme (min. Schutzfaktor 30) benutzen und an ein erneutes Eincremen nach dem Baden denken! Während der heißesten Stunden des Tages (10–14 Uhr) nicht in die Sonne legen. Wer einen Sonnenbrand hat, sollte die Sonne meiden, bis sich die Haut erholt hat. Kalte Kompressen und Schmerzmittel helfen gegen Unwohlsein. Es schadet nichts, zweimal am Tag eine 1 %-ige Hydrocortisoncreme aufzutragen.

Tauchen & Surfen

Taucher und Surfer sollten vor der Reise speziellen Rat einholen, ob ihre Reiseapotheke alles Notwendige enthält. Dazu gehören Mittel gegen Korallenschnitte und tropische Ohrinfektionen. Taucher sollten sicherstellen, dass ihre Kranken- oder Unfallversicherung auch für tauchtypische Erkrankungen und Gesundheitsschäden aufkommt – gegebenenfalls sollte eine Spezialpolice abgeschlossen werden, etwa über das **Divers Alert Network** (DAN; www.danseap.org). Bevor man sein Heimatland verlässt, sollte man sich medizinisch hinsichtlich seiner Tauchtauglichkeit untersuchen lassen – es gibt bestimmte körperliche Bedingungen, die mit dem Tauchen unvereinbar sind.

MIT KINDERN REISEN

Thailand ist ein tolles Ziel, wenn man mit Kindern reist: Aus gesundheitlicher Sicht ist es relativ sicher, solange man sich nicht zu

GESUNDHEIT

weit von den ausgetretenen Pfaden entfernt. Vor der Reise sollte man einen Arzt aufsuchen, der auf Reisemedizin spezialisiert ist, um das Kind angemessen vorbereiten zu können. Kinder sind keine kleinen Erwachsenen, daher ist es ist wichtig, dass man eine Reiseapotheke speziell für ihre Bedürfnisse dabei hat. Vor allem Paracetamol und Tylenol-Sirup gegen Fieber, ein Antihistaminikum, eine Salbe gegen Juckreiz, Erste-Hilfe-Ausrüstung, ein Mittel gegen Windelausschlag und jede Menge für das Alter geeignete Sonnencreme und Insektenschutzmittel sollten drin sein. Auch ein gebräuchliches Antibiotikum (das man am besten nur nach Absprache mit einem Arzt einsetzt) ist nicht verkehrt, z. B. ein Präparat mit Azithromycin. Man bekommt es auf Rezept vom Kinderarzt und kann es bei bakteriellem Durchfall sowie Ohren-, Brust und Halsinfektionen einsetzen. Einige Medikamente, die vielleicht im Heimatland unüblich sind, werden in Asien häufig benutzt (z. B. Arzneien gegen Übelkeit). Wer seine eigene Reiseapotheke dabei hat, kann verhindern, auf nutzlose oder womöglich gefährliche Medikamente angewiesen zu sein, die man vor Ort bekommt. Gute Infos liefert Lonely Planets *Travel with Children*. Für längere Reisen empfiehlt sich das ausgezeichnete Buch *Your Child's Health Abroad* von Jane Wilson-Howarth.

FRAUEN & GESUNDHEIT

Schwangere Frauen sollten sich vor der Reise ärztlich beraten lassen. Der ideale Zeitpunkt zum Reisen ist das zweite Drittel der Schwangerschaft (zwischen der 16. und der 28. Woche). In dieser Zeit ist das Risiko, dass schwangerschaftsbedingte Probleme auftreten, am geringsten und schwangere Frauen fühlen sich am besten. Während des ersten Drittels der Schwangerschaft ist die Gefahr von Fehlgeburten am höchsten und im letzten Drittel können Komplikationen wie vorzeitige Wehen und Bluthochdruck auftreten. Schwangere sollten nicht allein reisen. Eine Liste mit den Adressen aller vertrauenswürdiger medizinischer Einrichtungen des Urlaubsziels, in denen die üblichen Vorsorgeuntersuchungen durchgeführt werden können, sollte mitgeführt werden. Reisen in ländliche Gegenden mit mangelnder medizinischer Versorgung und schlechten Verkehrsverbindungen vermeiden. Sehr wichtig ist es, sich zu erkundigen, ob die Kranken- oder Reisekrankenversicherung schwangerschaftsbedingte Kosten übernimmt, inklusive einer möglichen Frühgeburt.

Malaria ist sehr gefährlich für Schwangere, die WHO empfiehlt dieser Gruppe daher, *nicht* in Gegenden mit chloroquinresistenter Malaria zu reisen. Keines der effektiveren Medikamente gegen Malaria ist in der Schwangerschaft vollständig sicher.

Reisedurchfall kann schnell zu Dehydrierung und zu einer unzureichenden Durchblutung der Plazenta führen. Viele Medikamente zur Behandlung von Durchfallerkrankungen werden für Schwangere nicht empfohlen. Azithromycin gilt als sicher.

Hygieneartikel sind in den städtischen Gegenden Thailands fast überall erhältlich. Die Auswahl an Verhütungsmitteln ist begrenzt sein, ein angemessener Vorrat des gewohnten Präparats ist empfehlenswert. Hitze, Feuchtigkeit und Antibiotika können zu einem Pilzbefall führen. Die Behandlung wird mit Fungizidsalben und -pessaren wie Clotrimazol durchgeführt. Eine praktische Alternative ist die Einnahme einer Tablette Fluconazol (Diflucan). Infektionen des Blasentraktes können durch Dehydrierung oder lange Busreisen ohne Toilettenpausen ausgelöst werden – entsprechende Antibiotika einpacken!

Sprache

Ein wenig Thai zu lernen ist unentbehrlich für Reisen im Königreich. Es ist selbstverständlich: Je mehr Wörter man beherrscht, desto näher kommt man der thailändischen Kultur und den Menschen. Die ersten Versuche, Thai zu sprechen, werden wahrscheinlich von wenig Erfolg gekrönt sein – aber nicht aufgeben! Wer genau zuhört, wie Thais untereinander die verschiedenen Betonungen verwenden, hat den Dreh bald raus. Durch Gelächter über sprachliche Missgeschicke sollte man sich nicht beirren lassen – was wie Belustigung aussieht, ist tatsächlich ein Ausdruck der Wertschätzung. Besonders interessant ist es, sich mit thailändischen College- oder Universitätsstudenten zu treffen. Thailändische Studenten sind meistens wirklich interessiert an Kontakt zu Besuchern aus anderen Ländern. Sie können oft etwas Englisch, sodass die Verständigung nicht so schwierig ist wie mit Ladenbesitzern, Beamten usw., und sie sind im Allgemeinen gern bereit, einem nützliche Thai-Wörter und -Redewendungen beizubringen.

DIALEKTE

Thailands offizielle Sprache ist eigentlich jener Dialekt, der in Zentralthailand gesprochen und geschrieben wird und der es zur Lingua franca aller Thais und anderer ethnischer Gruppen im Königreich gebracht hat.

Alle Thai-Dialekte gehören zum Thai-Zweig der Thai-Kadai-Sprachfamilie. Als solche sind sie eng verwandt mit den Sprachen in Laos (Lao, Nord-Thai, Thai Lü), im nördlichen Myanmar (Shan, Nord-Thai), im nordwestlichen Vietnam (Nung, Tho), in Assam (Ahom) und in Exklaven im südlichen China (Zhuang, Thai Lü). Moderne Thai-Sprachwissenschaftler unterscheiden vier Hauptdialekte in Thailand: Zentral-Thai (gesprochen als erste Sprache innerhalb Zentralthailands und im Rest des Landes als Zweitsprache), Nord-Thai (gesprochen in der Provinz Tak im Norden an der Grenze zu Myanmar), Nordost-Thai (in den nordöstlichen Provinzen zur Grenze nach Laos und Kambodscha) und Süd-Thai (in der Provinz Chumphon im Süden bis zur malaysischen Grenze). Es gibt auch einige Dialekte von Minderheiten, darunter jene, die in Phu Thai, Thai Dam, Thai Daeng, Phu Noi, Phuan und von weiteren ethnischen Gruppen, die im Norden und Nordosten leben, gesprochen werden.

WORTGEBRAUCH

Wie die meisten Sprachen unterscheidet auch Thai zwischen einem höflichen und einem informellen Vokabular: *tahn* ist z. B. ein höflicheres Wort für „essen" als *gin,* und *sĕe-sà* für „Kopf" ist höflicher als *hŏo·a.* Wenn man die Wahl hat, lieber die höflicheren Varianten wählen – unbeabsichtigte Kränkungen sind dann weniger wahrscheinlich.

SCHRIFT

Die thailändische Schrift, im Vergleich zur gesprochenen Sprache noch recht jung, besteht aus 44 Konsonanten (mit nur 21 unterschiedlichen Zeichen) und 48 Vokalen und Diphthongen (nur 32 unterschiedliche Zeichen). Das Alphabet selbst zu lernen ist nicht schwierig, aber das Schriftsystem an sich ist recht komplex. Wer also keinen längeren Aufenthalt in Thailand plant, sollte sich auf die gesprochene Sprache konzentrieren. Die Namen der wichtigsten in diesem Buch genannten Orte und Lebensmittel sind sowohl in thailändischen als auch lateinischen Buchstaben angegeben, sodass die Namen der Ziele oder

SPRACHE

Gerichte zumindest entziffert werden können oder man auf sie zeigen kann, falls nötig.

BETONUNGEN

Im Thai kann sich die Bedeutung einer einzelnen Silbe durch verschiedene Betonungen ändern – im offiziellen Zentral-Thai gibt es fünf: eine tiefe, eine mittlere, eine fallende, eine hohe und eine steigende Betonung. Beispielsweise bedeutet die Silbe *mai* abhängig von der Betonung „neu", „brennen", „Holz", „nicht?" oder „nicht". Wenn man sich den Satz *mái mài mâi mâi mǎi* („Neues Holz brennt nicht, nicht?") vorstellt, beginnt man, die Bedeutung der Betonungen im gesprochenen Thai zu verstehen. Das macht Thai anfangs zu einer schwer zu lernenden Sprache. Auch wer weiß, wie die richtige Betonung sein sollte, wird durch das Bemühen, Gefühle über die Betonung zu vermitteln, durch den Akzent, die Fragebetonung usw. während der Aussprache an der richtigen Betonung gehindert. Deshalb ist die wichtigste Regel, wenn man Thai lernt, Gefühle und Sprechen zu trennen, zumindest bis man die thailändische Art, Gefühle auszudrücken, ohne dabei die Betonung zu ändern, gelernt hat.

Hier eine bildliche Verdeutlichung der relativen Betonungswerte:

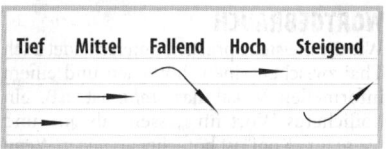

| Tief | Mittel | Fallend | Hoch | Steigend |

Nachfolgend findet sich ein Versuch, die Betonungen kurz zu beschreiben. Der einzige Weg, die Unterschiede wirklich nachzuvollziehen, ist einem Muttersprachler oder jemandem, der Thai fließend beherrscht, zuzuhören. Die Bandbreite aller fünf Töne ist abhängig von der Tonlage des einzelnen Sprecher; es gibt keine festen Tonhöhen, die der Sprache innewohnen.

Tiefe Betonung – Flach wie die mittlere Betonung, aber ziemlich am unteren Ende der Stimmenbandbreite ausgesprochen. Tief, gleichmäßig und ohne Tonveränderung, wie in *bàht* (Baht – die thailändische Währung).

Mittlere Betonung – Wird flach ausgesprochen, auf mittlerer Tonhöhe des Sprechers, wie in *dee* (gut); es wird kein Betonungszeichen benutzt.

Fallende Betonung – Beginnt hoch und fällt deutlich ab; klingt, als ob man ein Wort betont oder von sehr

weit weg den Namen von jemanden ruft, wie in *mâi* (nein/nicht).

Hohe Betonung – Normalerweise die schwierigste für Europäer. Sie wird am oberen Ende der eigenen Tonlage ausgesprochen, so gleichmäßig wie möglich, wie in *máh* (Pferd).

Steigende Betonung – Beginnt tief und steigt dann an; klingt wie die Betonung einer Frage im Deutschen – „Ja?", z. B. in *sǎhm* (drei).

AUSSPRACHE

Hier wird eine Einführung in das phonetische System gegeben, das für Wörter und Redewendungen in diesem Kapitel benutzt wird (und im Rest des Buches, um thailändische Wörter zu transkribieren). Die Punkte zeigen Silbentrennungen innerhalb der Wörter an, inklusive Bindevokale.

Konsonanten

Die Mehrzahl der Konsonanten entspricht ihren deutschen Gegenstücken. Einige wenige Ausnahmen:

g   ähnlich dem „g" in „gut", aber nicht aspiriert (also ohne einen nachfolgenden Luftausstoß); dem deutschen „g" recht ähnlich, aber stimmlos (also ohne dass die Stimmbänder vibrieren)

ʙ   wie das „p" in „Stopp", stimmlos und nicht aspiriert (nicht wie das „p" in „Paul"); liegt eigentlich näher am deutschen „b", dem stimmhaften Äquivalent

đ   wie das „t" in „heute", nicht aspiriert; ähnlich dem deutschen „d", aber stimmlos

k   wie „k" in „Kirche", aspiriert (also mit einem nachfolgenden hörbaren Luftstoß)

p   wie „p" in „Paul", aspiriert

t   wie „t" in „Tiger", aspiriert

ng   wie das „ng" in „hängen"; kann auch am Wortanfang stehen (zur Übung „hängen" ohne „hä" sagen)

r   ähnlich dem ersten „r" in „Ruder", aber die Zunge berührt dabei den Gaumen; klingt oft wie „l"

Vokale

i   wie das „i" in „Tip"

ee   wie das lange „i" in „Lied"

ai   wie das „ei" in „Leid"

ah   wie das „a" in „Vater"

a	halb so lang wie **ah**, wie das „a" in „Wasser"
aa	wie das „ä" in „Bären"
e	wie das „e" in „wenn"
air	wie das „eh" in „Wehr"
eu	wie das „ö" in „Föhn"
u	wie das „u" in „Mutter"
oo	wie das lange „u" in „Mut"
ow	wie das „au" in „Haus"
or	wie das „or" im englischen „torn" (aber ohne den „r"-Laut)
o	wie das „o" in „Holz"
oh	Wie das „o" in „Boot"
eu·a	eine Kombination aus „eu" und „a"
ee·a	ähnlich dem „ie" im französischen „rien"
oo·a	ähnlich wie in „Uhr"
oo·ay	hört sich an wie „u-äy"
ew	wie „ju"
ee·o	wie das „io" in „Rio"
aa·ou	hört sich an wie „äh-u"
eh·ou	wie „e-u"
oy	wie das „oi" in „Koi"

TRANSLITERATION

Thai in lateinischer Schrift zu schreiben, ist ein Dauerproblem – bis jetzt wurde kein völlig zufriedenstellendes System gefunden, um die Sprache wiederzugeben und gleichzeitig die Lesbarkeit zu gewährleisten. Die thailändische Regierung nutzt das Royal Thai General System für die Übersetzung offizieller Behördentexte und der meisten Straßenschilder ins Englische. Immer wieder tauchen lokale Variationen auf Hotel- und Straßenschildern sowie Speisekarten usw. auf, was für Verwirrung sorgt. Zudem hat auch das offizielle System seine Tücken.

Generell folgt dieses Buch den üblichsten Schreibungen oder kopiert einfach den in lateinischer Schrift vorhandenen Namen, unabhängig davon, auf welchen Abwegen diese Transliteration entstanden ist. Wenn die Transliteration von der aktuellen Aussprache abweicht, ist die übliche Aussprache in Klammern hinter der Transliteration angeführt (entsprechend dem in diesem Kapitel benutzten System). Wo es kein lateinisches Modell gab, wurden die Namen nach phonetischen Prinzipien direkt aus dem Thailändischen transliteriert.

GESUNDHEIT

Ich brauche ein/e/n (Arzt).
ต้องการ (หมอ)   *dôrng gahn (mŏr)*

NOTFÄLLE

Dort ist ein Unfall passiert.
มีอุบัติเหตุ   *mee ù·bàt·đì·hèt*

Ich habe mich verlaufen.
ฉันหลงทาง   *chăn lŏng tahng*

Hilfe!	ช่วยด้วย	*chôo·ay dôo·ay*
Gehen Sie weg!	ไปซิ	*bai sí*
Stopp!	หยุด	*yùt!*

Rufen Sie ...!	เรียก ...	*rêe·ak ...*
	หน่อย	*nòy*
einen Arzt	หมอ	*mŏr*
die Polizei	ตำรวจ	*đam·ròo·at*

Zahnarzt
หมอฟัน   *mŏr fan*

Krankenhaus
โรงพยาบาล   *rohng pá·yah·bahn*

Apotheke
ร้านขายยา   *ráhn kăi yah*

Ich bin krank.
ฉันป่วย   *chăn bòo·ay*

Hier tut es weh.
เจ็บตรงนี้   *jèp đrong née*

Ich bin schwanger.
ตั้งครรภ์แล้ว   *đâng kan láa·ou*

Mir ist schlecht.
รู้สึกคลื่นไส้   *róo·sèuk klêun sâi*

Ich habe Fieber.
เป็นไข้   *ben kâi*

Ich habe Durchfall.
ท้องเสีย   *tórng sĕe·a*

Ich habe/bin ...
ผม/ดิฉัน ...   *pŏm/dì·chăn...*

Asthmatiker
เป็นโรคหืด   *ben rôhk hèut*

Diabetes
เป็นโรคเบาหวาน   *ben rôhk bow wăhn*

Epileptiker
เป็นโรคลมบ้าหมู   *ben rôhk lom bâh mŏo*

Ich bin allergisch gegen ...
ผม/ดิฉันแพ้ ...   *pŏm/dì·chăn páa ...*

Antibiotika
ยาปฏิชีวนะ   *yah bà·đì·chee·wá·ná*

Aspirin
ยาแอสไพริน   *yah àat·sà·pai·rin*

SPRACHE

Bienengift
ตัวผึ้ง — đoo·a pêung
Erdnüsse
ถั่วลิสง — tòo·a li·sòng
Penicillin
ยาเพนิซิลลิน — yah pair·ní·sin·lin

Antiseptikum
ยาฆ่าเชื้อ — yah kâh chéu·a
Aspirin
ยาแอสไพริน — yah àat·sà·pai·rin
Kondome
ถุงยางอนามัย — tŭng yahng a·nah·mai
Medikamente
ยา — yah
Mückenschutzmittel
ยากันยุง — yah gan yung
Mückenspirale
ยากันยุงแบบจุด — yah gan yung bàap jùt
Schmerzmittel
ยาแก้ปวด — yah gâa bòo·at
Sonnencreme
ครีมกันแดด — kreem gan dàat
Tampons
แทมพอน — taam·porn
Verhütungsmittel
การคุมกำเนิด — gahn kum gam·nèut

KONVERSATION & NÜTZLICHES

Wenn man höflich sein will, beendet man einen Satz mit *kráp* (für Männer) oder *kâ* (für Frauen) – diese beiden kleinen Wörtchen drücken zum einen das Geschlecht des jeweiligen Sprechers aus, zum anderen verwendet man sie aber auch, um auf eine Frage mit „Ja" zu antworten oder um generell seine Zustimmung zu signalisieren.

Hallo.	สวัสดี	sà·wàt·dee
	(ครับ/ค่ะ)	(kráp/kâ)
Auf Wiedersehen.	ลาก่อน	lah gòrn
Ja.	ใช่	châi
Nein.	ไม่ใช่	mâi châi
Bitte.	ขอ	kŏr
Danke.	ขอบคุณ	kòrp kun
Bitte sehr.	ไม่เป็นไร/	mâi ben rai/
(Nichts zu danken.)	ยินดี	yin·dee
Entschuldigen Sie.	ขออภัย	kŏr à·pai
Tut mir leid.	ขอโทษ	kŏr tôht
Ich komme aus …	มาจาก …	mah jàhk …
Ich mag …	ชอบ …	chôrp …
Ich mag nicht …	ไม่ชอบ …	mâi chôrp …
Einen Moment.	รถเดี๋ยว	ror dĕe·o
Ich/mein (Männer)	ผม	pŏm
Ich/mein (Frauen)	ดิฉัน	dì·chăn

SCHILDER

ทางเข้า	Eingang
ทางออก	Ausgang
ที่ติดต่อสอบถาม	Information
เปิด	Geöffnet
ปิด	Geschlossen
ห้าม	Verboten
สถานีตำรวจ	Polizeiwache
ห้องน้ำ	Toiletten
ชาย	Herren
หญิง	Damen

Ich/mein (ugs.,		
Frauen & Männer)	ฉัน	chăn
Du (unter Gleichen)	คุณ	kun

Wie geht es Ihnen?		
สบายดีหรือ?		sà·bai dee rĕu
Mir geht es gut, danke.		
สบายดี		sà·bai dee
Wie heißen Sie?		
คุณชื่ออะไร?		kun chêu à·rai
Ich heiße …		
ผมชื่อ …		pŏm chêu … (Männer)
ดิฉันชื่อ …		dì·chăn chêu … (Frauen)
Woher kommen Sie?		
มาจากที่ไหน		mah jàhk têe năi
Bis bald.		
เดี๋ยวเจอกันนะ		dĕe·o jeu gan ná
Haben Sie …?		
มี … ไหม/ … มีไหม?		mee … măi/ … mee măi
(Ich) würde gerne … (+ Verb)		
อยากจะ …		yàhk jà …
(Ich) hätte gerne … (+ Substantiv)		
อยากได้ …		yàhk dâi …

MIT KINDERN REISEN

Gibt es (ein/e/n) …	ม … ไหม	mee … măi
Autokindersitz		
เบาะนั่งในรถสำหรับเด็ก		
bò nâng nai rót săm·ràp dèk		
Babymilch		
นมผงสำหรับเด็ก		
nom pŏng săm·ràp dèk		
(englischsprechenden) Babysitter		
พี่เลี้ยงเด็ก(ที่พูดภาษาอังกฤษได้)		
pêe lée·ang dèk (têe pôot pah·săh ang·grìt dâi)		
Hochstuhl		
เก้าอี้สูง		
gôw·êe sŏong		
Kinderbetreuung		
บริการเลี้ยงเด็ก		
bor·rí·gahn lée·ang dèk		

Kinderkarte
รายการอาหารสำหรับเด็ก
rai gahn ah·hǎhn sǎm·ràp dèk

Kinderwagen
รถเข็นเด็ก
rót kěn dèk

Töpfchen
กระโถน
grà·tǒhn

(Wegwerf-) Windeln
ผ้าอ้อม(แบบใช้แล้วทิ้ง)
pâh òrm (bàap chái láa·ou tíng)

Wickelraum
ห้องเปลี่ยนผ้าเด็ก
hôrng blèe·an pâh dèk

Dürfen Kinder mit hinein?
เด็กอนุญาตให้เข้าไหม   *dèk à·nú·yâht hâi kôw mǎi*

PAPIERKRAM

Name	ชื่อ	*chêu*
Nationalität	สัญชาติ	*sǎn·châht*
Geburtsdatum	เกิดวันที่	*gèut wan têe*
Geburtsort	เกิดที่	*gèut têe*
Geschlecht	เพศ	*pêt*
Pass	หนังสือเดิน	*nǎng·sěu deun*
	ทาง	*tahng*
Visum	วีซ่า	*wee·sâh*

SHOPPEN & SERVICE

Ich würde gerne ... kaufen.
อยากจะซื้อ ...   *yàhk jà séu ...*

Wie viel?
เท่าไร   *tôw rai*

Wie viel kostet das?
นี่เท่าไร/กี่บาท   *nêe tôw rai/gèe bàht*

Das gefällt mir nicht.
ไม่ชอบ   *mâi chôrp*

Darf ich es ansehen?
ดูได้ไหม   *doo dâi mǎi*

Ich schaue mich nur um.
ดูเฉยๆ   *doo chěr·i chěr·i*

Das ist günstig.
ราคาถูก   *rah·kah tòok*

Das ist zu teuer.
แพงเกินไป   *paang geun bai*

Ich nehme es.
เอา   *ow*

Kann ich es etwas billiger bekommen?
ลดราคาหน่อยได้ไหม
lót rah·kah nòy dâi mǎi

Können Sie den Preis noch etwas mehr senken?
ลดราคาอีกนิดหนึ่งได้ไหม
lót rah·kah èek nít·nèung dâi mǎi

Haben Sie etwas Billigeres?
มีถูกกว่านี้ไหม
mee tòok gwàh née mǎi

Geht es noch billiger?
ลดอีกได้ไหม
lót èek dâi mǎi

Wie wäre es mit ... Baht?
... บาทได้ไหม
... bàht dâi mǎi

Mehr als ... Baht zahle ich nicht.
จะให้ไม่เกิน ...บาท
jà hâi mâi geun ... bàht

Kann ich mit ... zahlen?   รับ ...ไหม   *ráp ... mǎi*
  Kreditkarte   บัตรเครดิต   *bàt krair·dìt*
  Reiseschecks   เช็คเดินทาง   *chék deun tahng*

mehr	อีก	*èek*
weniger	น้อยลง	*nóy long*
kleiner	เล็กกว่า	*lék gwàh*
größer	ใหญ่กว่า	*yài gwàh*
zu teuer	แพงไป	*paang bai*
günstig	ราคา	*rah·kah*
	ประหยัด	*brà·yàt*

Ich suche nach ...
ผม/ดิฉันกำลังหา ...   *pǒm/dì·chǎn gam·lang hǎh ...*

  einer Bank
   ธนาคาร   *tá·nah·kahn*

  der ... Botschaft
   สถานทูต ...   *sà·tǎhn tôot ...*

  dem Markt
   ตลาด   *dà·làht*

  dem Museum
   พิพิธภัณฑ์   *pí·pít·tá·pan*

  der Post
   ไปรษณีย์   *brai·sà·nee*

  einer öffentlichen Toilette
   ห้องน้ำสาธารณะ   *hôrng nám sǎh·tah·rá·ná*

  einem Restaurant
   ร้านอาหาร   *ráhn ah·hǎhn*

  dem Stadtzentrum
   ใจกลางเมือง   *jai glahng meu·ang*

  dem Telefoncenter
   ศูนย์โทรศัพท์   *sǒon toh·rá·sàp*

  einem Tempel
   วัด   *wát*

  der Touristeninformation
   สำนักงานท่อง   *sǎm·nák ngahn tôrng*
   เที่ยว   *têe·o*

Ich würde gerne ... wechseln.
ต้องการแลก ...   *dôrng gahn lâak ...*

  Geld
   เงิน   *ngeun*

Reisechecks
เช็คเดินทาง *chék deun tahng*

Kann ich/können wir hier Geld tauschen?
แลกเงินที่นี่ได้ไหม
lâak ngeun têe née dâi mäi
Wann wird geöffnet?
เปิดกี่โมง
bèut gèe mohng
Wann wird geschlossen?
ปิดกี่โมง
bìt gèe mohng

UHRZEIT & DATUM

Auf Thai die Uhrzeit anzugeben, kann für Ausländer eine echte Herausforderung sein. Es gibt zwar wie bei uns auch die 24-Stunden-Zeitangabe, gewöhnlich von der Regierung und in den Medien benutzt, aber auf der Straße hört man diese kaum, und während man z. B. in der deutschen Umgangssprache mit „vier Uhr" sowohl 4 Uhr nachts als auch 16 Uhr meinen kann, verwenden die Thais dafür zwei verschiedene Ausdrücke (genauso für alle anderen Uhrzeiten von 0 bis 12). In der Liste sind diese Ausdrücke aufgeführt:

Wie viel Uhr ist es?
กี่โมงแล้ว *gèe mohng láa·ou*

0 Uhr	หกทุ่ม/	*hòk tûm/*
	เที่ยงคืน	*têe·ang keun*
1 Uhr	ตีหนึ่ง	*dee nèung*
2 Uhr	ตีสอง	*dee sörng*
3 Uhr	ตีสาม	*dee sähm*
4 Uhr	ตีสี่	*dee sèe*
5 Uhr	ตีห้า	*dee hâh*
6 Uhr	หกโมงเช้า	*hòk mohng chów*
7 Uhr	หนึ่งโมงเช้า	*nèung mohng chów*
11 Uhr	ห้าโมงเช้า	*hâh mohng chów*
12 Uhr	เที่ยง	*têe·ang*
13 Uhr	บ่ายโมง	*bài mohng*
14 Uhr	บ่ายสองโมง	*bài sörng mohng*
15 Uhr	บ่ายสามโมง	*bài sähm mohng*
16 Uhr	บ่ายสี่โมง/	*bài sèe mohng/*
	(wörtl.: Mittag 4 Stunden)	
	สี่โมงเย็น	*sèe mohng yen*
	(wörtl.: 4 Stunden Abend)	
17 Uhr	ห้าโมงเย็น	*hâh mohng yen*
18 Uhr	หกโมงเย็น	*hòk mohng yen*
19 Uhr	หนึ่งทุ่ม	*nèung tûm*
20 Uhr	สองทุ่ม	*sörng tûm*
21 Uhr	สามทุ่ม	*sähm tûm*
22 Uhr	สี่ทุ่ม	*sèe tûm*
23 Uhr	ห้าทุ่ม	*hâh tûm*

Wenn man eine Zeit nach der vollen Stunde angeben möchte, fügt man einfach die entsprechende Anzahl der Minuten hinzu.

16.30 Uhr
บ่ายสี่โมงครึ่ง
bài sèe mohng krêung (wörtl.: 4 Nachmittag Stunden halb)
16.15 Uhr
บ่ายสี่โมงสิบห้านาที
bài sèe mohng sìp·hâh nah·tee
(wörtl.: 4 Nachmittag Stunden 15)

Wenn man eine Zeit nach der halben Stunde angeben möchte, nennt man die entsprechende Anzahl der Minuten vorher.

15.45 Uhr
อีกสิบห้านาทีบ่ายสี่โมง
èek sìp·hâh nah·tee bài sèe mohng
(wörtl: noch 15 Minuten 4 Nachmittag Stunden)

Wann?	เมื่อไร	*mêu·a·rai*
heute	วันนี้	*wan née*
morgen	พรุ่งนี้	*prûng née*
gestern	เมื่อวาน	*mêu·a wahn*

Montag	วันจันทร์	*wan jan*
Dienstag	วันอังคาร	*wan ang·kahn*
Mittwoch	วันพุธ	*wan pút*
Donnerstag	วันพฤหัสฯ	*wan pá·réu·hàt*
Freitag	วันศุกร์	*wan sùk*
Samstag	วันเสาร์	*wan sŏw*
Sonntag	วันอาทิตย์	*wan ah·tít*

Januar	มกราคม	*má·ga·rah·kom*
Februar	กุมภาพันธ์	*gum·pah·pan*
März	มีนาคม	*mee·naa·kom*
April	เมษายน	*mair·sáh·yon*
Mai	พฤษภาคม	*préut·sà·pah·kom*
Juni	มิถุนายน	*mí·tù·nah·yon*
Juli	กรกฎาคม	*ga·rák·gà·dah·kom*
August	สิงหาคม	*sïng·häh·kom*
September	กันยายน	*gan·yah·yon*
Oktober	ตุลาคม	*dù·lah·kom*
November	พฤศจิกายน	*préut·sà·jì·gah·yon*
Dezember	ธันวาคม	*tan·wah·kom*

UNTERKUNFT

Ich suche	ผม/ดิฉัน	*pöm/dì·chän*
ein/e …	กำลังหา …	*gam·lang häh …*
Pension	บ้านพัก/	*bâhn pák/*
	เกสต์เฮาส์	*gèt hów*
Hotel	โรงแรม	*rohng raam*
Jugendherberge	บ้าน	*bâhn*
	เยาวชน	*yow·wá·chon*

SPRACHE

Wo finde ich ein günstiges Hotel?
โรงแรมที่ราคาถูกอยู่ที่ไหน
rohng raam têe rah-kah tòok yòo têe nǎi

Wie lautet die Adresse?
ที่อยู่คืออะไร
têe yòo keu à-rai

Können Sie die Adresse bitte aufschreiben?
เขียนที่อยู่ให้ได้ไหม
kěe-an têe yòo hâi dâi mǎi

Haben Sie freie Zimmer?
มีห้องว่างไหม
mee hôrng wâhng mǎi

Ich hätte gerne ein ...
อยากได้ ...
yàhk dâi ...

Bett		
เตียงนอน	*đee-ang norn*	
Einzelzimmer		
ห้องเดียว	*hôrng dèe-o*	
Doppelzimmer		
ห้องคู่	*hôrng kôo*	
Zimmer mit zwei Einzelbetten		
ห้องที่มีเตียง	*hôrng têe mee đee-ang*	
สองตัว	*sŏrng đoo-a*	
Zimmer mit Bad		
ห้องที่มีห้องน้ำ	*hôrng têe mee hôrng nám*	
einfaches Zimmer (mit Ventilator)		
ห้องธรรมดา	*hôrng tam-má·*	
(มีพัดลม)	*dah (mee pát lom)*	
Bett in einem Schlafsaal		
พักในหอพัก	*pák nai hŏr pák*	

Wie viel kostet es ...?
... เท่าไร? ... *tôw rai*

pro Nacht	คืนละ	*keun lá*
pro Person	คนละ	*kon lá*

Kann ich das Zimmer bitte ansehen?
ดูห้องได้ไหม
doo hôrng dâi mǎi

Wo ist das Badezimmer?
ห้องน้ำอยู่ที่ไหน
hôrng nám yòo têe nǎi

Ich/wir reise(n) heute ab.
ฉัน/พวกเราจะออกวันนี้
chán/pôo-ak row jà òrk wan née

Toilette	ห้องส้วม/	*hôrng sôo-am/*
	ห้องน้ำ	*hôrng nám*
Zimmer	ห้อง	*hôrng*
heiß	ร้อน	*rórn*
kalt	เย็น	*yen*
Bad/Dusche	อาบน้ำ	*àhp nám*
Handtuch	ผ้าเช็ดตัว	*pâh chét đoo-a*

VERKEHRSMITTEL & -WEGE
Öffentliche Verkehrsmittel

Wann fährt der/das ... ab?
... จะออกกี่โมง ... *jà òrk gèe mohng*

Wann kommt der/das ... an?
... จะถึงกี่โมง ... *jà těung gèe mohng*

Bus (Reisebus)	รถทัวร์	*rót too-a*
Bus (Stadtbus)	รถเมล์/ถบัส	*rót mair/rót bát*
Flugzeug	เครื่องบิน	*krêu-ang bin*
Schiff	เรือ	*reu-a*
Zug	รถไฟ	*rót fai*

Ich möchte bitte ...
ผม/ดิฉันอยากได้ ... *pŏm/dì-chǎn yàhk dâi ...*

eine einfache Fahrkarte		
ตั๋วเที่ยวเดียว	*đŏo-a têe-o dee-o*	
eine Rückfahrkarte		
ตั๋วไปกลับ	*đŏo-a bai glàp*	
zwei Fahrkarten		
ตั๋วสองใบ	*đŏo-a sŏrng bai*	
1. Klasse		
ชั้นหนึ่ง	*chán nèung*	
2. Klasse		
ชั้นสอง	*chán sŏrng*	

Ich hätte gern einen Fahrschein.
อยากได้ตั๋ว *yàhk dâi đŏo-a*

Ich möchte nach ...
อยากจะไป ... *yàhk jà bai ...*

Der Zug fährt heute nicht.
รถไฟถูกยกเลิกแล้ว *rót fai tùk yók lêuk láa-ou*

Der Zug hat Verspätung.
รถไฟช้าเวลา *rót fai cháh wair-lah*

Flughafen		
สนามบิน	*sa-nǎhm bin*	
Busbahnhof		
สถานีขนส่ง	*sa-tǎh-nee kŏn sòng*	
Bushaltestelle		
ป้ายรถเมล์	*bâi rót mair*	
Taxistand		
ที่จอดรถแท็กซี่	*têe jòrt rót táak-sêe*	
Bahnhof		
สถานีรถไฟ	*sa-tǎh-nee rót fai*	
Bahnsteig Nr. ...		
ชานชาลาที่ ...	*chahn-chah-lah têe ...*	
Fahrkartenverkauf		
ตู้ขายตั๋ว	*đôo kǎi đŏo-a*	
Fahrplan		
ตารางเวลา	*đah-rahng wair-lah*	
der erste		
ที่แรก	*têe râak*	
der letzte		
สุดท้าย	*sùt tái*	

VERKEHRSSCHILDER

ให้ทาง	Vorfahrt achten
ทางเบี่ยง	Umleitung
ห้ามเข้า	Einfahrt verboten
ห้ามแซง	Überholen verboten
ห้ามจอด	Parken verboten
ทางเข้า	Einfahrt
ห้ามขวางทาง	Bitte freihalten
เก็บเงินทางด่วน	Maut
อันตราย	Gefahr
ขับช้าลง	Langsam fahren
ทางเดียว	Einbahnstraße
ทางออก	Ausfahrt

Eigene Verkehrsmittel

Ich würde gerne ein/e/n ... mieten.
ผม/ดิฉันอยากเช่า ...
pŏm/dì-chăn yàhk chôw ...

Auto
รถยนต์   *rót yon*
Geländewagen
รถโฟร์วีล   *rót foh ween*
Motorrad
รถมอเตอร์ไซค์   *rót mor-đeu-sai*
Fahrrad
รถจักรยาน   *rót jàk-gà-yahn*

Ist das die Straße nach ...?
ทางนี้ไป ...ไหม   *tahng née bai ... măi*
Wo finde ich eine Werkstatt?
ปั๊มน้ำมันอยู่ที่ไหน   *bâm nám man yòo têe năi*
Bitte volltanken.
ขอเติมให้เต็ม   *kŏr đeum hâi đem*
Ich hätte gern (30) Liter.
เอา(สามสิบ) ลิตร   *ow (săhm sìp) lít*
Diesel
น้ำมันโซล่า   *nám man soh-lâh*
bleifreies Benzin
น้ำมันไร้สารตะกั่ว   *nám man rái săan đà-gòo-a*
Darf ich hier parken?
จอดที่นี่ได้ไหม   *jòrt têe née dâi măi*
Wie lange darf ich hier parken?
จอดที่นี่ได้นานเท่าไร *jòrt têe née dâi nahn tôw-rai*
Wo muss ich bezahlen?
จ่ายเงินที่ไหน   *jài ngeun têe năi*
Ich brauche einen Mechaniker.
ต้องการช่าง   *đôrng gahn châhng*
Ich habe einen platten Reifen.
ยางแบน   *yahng baan*
Mir ist das Benzin ausgegangen.
หมดน้ำมัน   *mòt nám man*

Ich hatte einen Unfall.
มีอุบัติเหตุ   *mee ù-bàt-đì-hèt*
Das Auto/Motorrad ist kaputt (und steht in ...).
รถ/มอเตอร์ไซค์เสียท ...
rót/mor-đeu-sai sĕe-a têe ...
Das Auto/Motorrad springt nicht an.
รถ/มอเตอร์ไซค์สตาร์ดไม่ติด
rót/mor-đeu-sai sa-đáht mâi đìt

VERSTÄNDIGUNG

Sprechen Sie Englisch?
คุณพูดภาษาอังกฤษได้ไหม
kun pôot pah-săh ang-grìt dâi măi
Spricht hier jemand Englisch?
ที่นี่มีใครพูดภาษาอังกฤษได้ไหม
têe née mee krai pôot pah-săh ang-grìt dâi măi
Wie sagt man ... auf Thailändisch?
... ว่าอย่างไรภาษาไทย
... wâh yàhng rai pah-săh tai
Wie nennt man das auf Thailändisch?
นี่ภาษาไทยเรียกว่าอะไร
nêe pah-săh tai rêe-ak wâh à-rai
Was bedeutet ...?
... แปลว่าอะไร
... plaa wâh à-rai
Verstehen Sie mich?
เข้าใจไหม
kôw jai măi
Ein bisschen.
นิดหน่อย
nít nòy
Ich verstehe.
เข้าใจ
kôw jai
Ich verstehe nicht.
ไม่เข้าใจ
mâi kôw jai
Bitte schreiben Sie es auf.
ขอเขียนให้หน่อย
kŏr kĕe-an hâi nòy
Können Sie mir das (auf der Karte) zeigen?
ให้ดู(ในแผนที่) ได้ไหม
hâi doo (nai păn têe) dâi măi

WEGWEISER

Wie finde ich (das/die/den) ...?
... อยู่ที่ไหน?   *... yòo têe năi*
(Gehen Sie) geradeaus.
ตรงไป   *đrong bai*
Links abbiegen.
เลี้ยวซ้าย   *lée-o sái*
Rechts abbiegen.
เลี้ยวขวา   *lée-o kwăh*
an der Ecke
ตรงมุม   *đrong mum*

an der Ampel		
ตรงไฟแดง		*đrong fai daang*
hinter	ข้างหลัง	*kâhng lăng*
vor	ตรงหน้า	*đrong nâh*
weit	ไกล	*glai*
nah	ใกล้	*glâi*
nicht weit	ไม่ไกล	*mâi glai*
gegenüber	ตรงข้าม	*đrong kâhm*
links	ซ้าย	*sái*
rechts	ขวา	*kwăh*
auf dem Land	ชนบท	*chon·ná·bòt*
Berg	ภูเขา	*poo kŏw*
Brücke	สะพาน	*sà·pahn*
Dorf	(หมู่) บ้าน	*(mòo) bâhn*
Fluss	แม่น้ำ	*mâa nám*
Hügel	เขา	*kŏw*
Insel	เกาะ	*gò*
Kanal	คลอง	*klorng*
Meer	ทะเล	*tá·lair*
Palast	วัง	*wang*
Reisfeld	(ทุ่ง) นา	*(tûng) nah*
See	ทะเลสาบ	*tá·leh sàhp*
Stadt	เมือง	*meu·ang*
Strand	ชายหาด	*chai hàht*
Teich	หนอง/บึง	*nŏrng/beung*
Tempel	วัด	*wát*
Wasserfall	น้ำตก	*nám đòk*
Weg	ทาง	*tahng*

ZAHLEN

0	ศูนย์	*sŏon*
1	หนึ่ง	*nèung*
2	สอง	*sŏrng*
3	สาม	*săhm*
4	สี่	*sèe*
5	ห้า	*hâh*
6	หก	*hòk*
7	เจ็ด	*jèt*
8	แปด	*bàat*
9	เก้า	*gôw*
10	สิบ	*sìp*
11	สิบเอ็ด	*sìp·èt*
12	สิบสอง	*sìp·sŏrng*
13	สิบสาม	*sìp·săhm*
14	สิบสี่	*sìp·sèe*
15	สิบห้า	*sìp·hâh*
16	สิบหก	*sìp·hòk*
17	สิบเจ็ด	*sìp·jèt*
18	สิบแปด	*sìp·bàat*
19	สิบเก้า	*sìp·gôw*
20	ยี่สิบ	*yêe·sìp*
21	ยี่สิบเอ็ด	*yêe·sìp·èt*
22	ยี่สิบสอง	*yêe·sìp·sŏrng*
30	สามสิบ	*săhm·sìp*
40	สี่สิบ	*sèe·sìp*
50	ห้าสิบ	*hâh·sìp*
60	หกสิบ	*hòk·sìp*
70	เจ็ดสิบ	*jèt·sìp*
80	แปดสิบ	*bàat·sìp*
90	เก้าสิบ	*gôw·sìp*
100	หนึ่งร้อย	*nèung róy*
200	สองร้อย	*sŏrng róy*
1000	หนึ่งพัน	*nèung pan*
2000	สองพัน	*sŏrng pan*
10,000	หนึ่งหมื่น	*nèung mèun*
100,000	หนึ่งแสน	*nèung săan*
1 Million	หนึ่งล้าน	*nèung láhn*
1 Milliarde	พันล้าน	*pan láhn*

Glossar

Dieses Glossar enthält Wörter und Redewendungen aus den Sprachen Thai, Pali (P) und Sanskrit (S), die häufig in diesem Reiseführer verwendet werden. Erläuterungen zu Begriffen aus dem Bereich Essen und Trinken finden sich auf S. 100.

ah·hähn – Essen

ah·hähn bàh – „Dschungelessen", bezieht sich in der Regel auf Gerichte mit Wild

ajahn – *(adschahn)* respektvolle Anrede für einen Lehrer, abgeleitet aus dem Sanskritwort *acarya*

amphoe – Distrikt, die der Provinz untergeordnete Verwaltungseinheit

amphoe meu·ang – Provinzhauptstadt

ao – Bucht oder Golf

AUA – American University Alumni, Absolventen der American University

bâhn – *(ban)* Haus oder Dorf

baht – *(bàat)* die thailändische Währung

bàht – eine Gewichtseinheit, die 15 g entspricht; abgerundete Bettelschale der Mönche

bai sĕe – heilige Schnur, die von Mönchen oder Schamanen bei bestimmten Ritualen verwendet wird

ben·jà·rong – traditionelle fünffarbige Keramik aus Thailand

BKS – Boh Khoh Soh (thailändische Transportgesellschaft)

BMA – Bangkok Metropolitan Authority; die Stadtverwaltung von Bangkok

bodhisattva (S) – im Theravada-Buddhismus bezieht sich der Begriff auf die früheren Leben des Buddha vor seiner Erleuchtung

bòht – zentrales Heiligtum in thailändischen Tempeln, das dem Mönchsorden für offizielle Handlungen wie die Ordination von Mönchen vorbehalten ist. Abgeleitet von dem Pali-Wort *uposatha (ubohsòt)*; s. auch *wí·hähn*

bòr nám rórn – heiße Thermalquellen

Brahmanen – Angehöriger des Brahmanismus, der antiken Vorgängerreligion des Hinduismus in Indien; nicht mit den „Brahmanen", den Angehörigen der indischen Priesterkaste verwechseln!

BTS – Bangkok Transit System (Skytrain); auf Thai· *rót fui fáh*

bah·đé – Batik

bàk đâi – Südthailand

bèe·pâht – klassisches thailändisches Orchester

bohng·lahng – Marimba (Schlaginstrument) aus Nordostthailand, das aus kurzen Baumstämmen angefertigt wird

CAT – CAT Telecom Public Company Limited (früher Communications Authority of Thailand), thailändische Telefongesellschaft

chedi – s. *stupa*

chao – Volk, Menschen

chao leh – *(chao nám)* die Moken, eine austronesische Volksgruppe, die als Seenomaden lebt

chao nah – Bauer

doi – „Berg" im nordthailändischen Dialekt, tritt auch als Bestandteil in Eigennamen auf

đà·làht – Markt

đà·làht nám – Markt auf dem Wasser

đam·bon – *(tambol)* Bezirk, die dem *amphoe* untergeordnete Verwaltungseinheit

đròrk – *(trok)* Gasse, kleiner als eine *soi*

fa·ràng – „Franke", Europäer oder Menschen europäischer Abstammung; auch Guavenbaum

gà·teu·i – *(kàthoey)* Thailands „drittes Geschlecht"; in der Regel transsexuelle Männer oder männliche Transvestiten; werden auch „Ladyboys" genannt

gopura (S) – Eingangspavillon der traditionellen Hindu-Tempelarchitektur, der häufig in Tempelkomplexen aus der Angkor-Epoche zu finden ist

góo·ay hâang – Arbeitshemd chinesischer Art

grà·bèe grà·borng – traditionelle thailändische Kampfkunst, ausgeübt mit kurzen Schwertern und Stöcken

gù·đì – Mönchsbehausung

hàht – Strand; in Eigennamen „Hat" geschrieben

hǐn – Stein

hǒr đrai – eine Halle zur Aufbewahrung von Tripitaka (buddhistischen Schriften)

hǒr glorng – Trommelturm

hǒr rá·kang – Glockenturm

hôrng – *(hong)* „Zimmer"; in Südthailand bezieht sich der Begriff auf zur Hälfte unter Wasser stehende Inselhöhlen

hôrng tǎa·ou – Häuserzeile oder Ladenzeilen

Isan – allgemeine Bezeichnung für Nordostthailand

jâo meu·ang – Beherrscher eines Fürstentums; *jâo* steht für Herrscher, Fürst oder ein heiliges Wesen

jataka (P) – *(chah·dòk)* Erzählungen aus den früheren Leben Buddhas

jiin – Chinese

jiin hor – wörtlich „galoppierender Chinese"; Händler aus Yunnan, die zu Pferd reisen

kaan – Rohrblatt-Musikinstrument aus Nordostthailand
kàthoey – s. *gà·teu·i*
khao – Hügel oder Berg
khâo – Reis
klorng – Kanal; in Eigennamen „Khlong" geschrieben
köhn – Tanztheater mit Masken tragenden Tänzern; die Handlung der Stücke basiert auf Episoden aus dem Ramakian
kon ee·sähn – die „Menschen Nordostthailands"
KMT – Kuomintang, die frühere Staatspartei National- chinas
KNU – Karen National Union
KPT – Kommunistische Partei Thailands
kràbìi·kràbawng – s. *grà·bèe grà·borng*
ku – kleiner *chedi*, der teilweise hohl und offen ist
kúay hâeng – s. *góo·ay hâang*
kùtì – s. *gù·dì*

lăam – Umhang; in Eigennamen „Laem" geschrieben
làk meu·ang – „Stadtsäule" (mit einem Schrein)
lá·kon – klassisches thailändisches Tanzdrama
lék – klein (Größen); s. auch *noi*
lí·gair – volkstümliches thailändisches Tanzdrama
longyi – birmanischer Sarong
lôok tûng – thailändische Volksmusik
lôw kôw – weißer Whisky, häufig selbstgebrannter Reisschnaps
lôw tèu·an – illegal gebrannter Whisky

mâa chee – thailändische buddhistische Nonne
mâa nám – Fluss
Mahanikai – die größere der beiden Richtungen des Theravada-Buddhismus in Thailand
mahathat – *(má·hăh tâht)* verbreiteter Name für Tempel mit Buddhareliquien; abgeleitet aus Sanskrit-Pali: *mahadhatu*
má·noh·rah – das populärste traditionelle Tanzdrama Südthailands
masjid – *(mát·sà·yít)* Moschee
mát·mèe – dem indonesischen *ikat* verwandte Technik der Abbindefärbung von Seiden- und Baumwollfäden, die anschließend zu komplizierten Mustern verwebt werden; der Begriff wird auch auf die Muster angewendet
metta (P) – *(mêt·đah)* buddhistisches Verhalten der liebenden Güte
meu·ang – Stadt oder Fürstentum
mon·dòp – kleiner Platz, Gebäude mit Spitzturm in einem *wát*; von Sanskrit *mandapa*
moo·ay thai – *(muay thai)* Thai-Boxen
mör lam – eine Musiktradition des Isan, der *lôok tûng* ähnlich
mörn kwähn – keilförmiges Kissen, beliebt in Nord- und Nordostthailand
MRTA – Metropolitan Rapid Transit Authority, Bangkoks U-Bahn; auf Thai: *rót fai fáh đài din*

naga (P/S) – *(nâhk)* mythische Schlange mit magischen Kräften
ná·kon – Stadt; leitet sich vom dem Sanskrit-Pali-Wort *nagara* ab; in Eigennamen „Nakhon" geschrieben
nám – Wasser
nám đòk – Wasserfall; in Eigennamen „Nam Tok" geschrieben
năng đà·lung – thailändisches Schattenspiel
neun – Hügel; in Eigennamen „Noen" geschrieben
ngahn têt·sà·gahn – Fest
nibbana (P/S) – Nirwana; nach buddhistischer Lehre der Zustand der Erleuchtung, die Erlösung aus dem Kreislauf der Wiedergeburten; auf Thai: *níp·pahn*
noi – *(nóy)* klein (Mengen), wenig; s. auch *lék*
nôrk – außerhalb von; in Eigennamen „Nok" geschrieben

pâh ka·máh – Baumwollsarong für Männer
pâh mát·mìi – *mát·mèe*-Stoff
pâh sîn – Baumwollsarong für Frauen
pâhk glahng – Zentralthailand
pâhk nĕua – Nordthailand
pâhk tâi – s. *bàk đâi*
pĕe – *(pii)* Geist, Geistwesen
phuu khâo – Berg
phûu yài bâhn – Dorfvorsteher
pin – kleine, dreisaitige Laute mit großem Plektron
pìi·phâat – s. *bèe·pâht*
pík·sù – buddhistischer Mönch; abgeleitet vom Sanskrit- Wort *bhikshu* bzw. dem Pali-Wort *bhikkhu*
PLAT – People's Liberation Army of Thailand, Thailändische Volksbefreiungsarmee
pleng koh·râht – Volkslied der Khorat
pleng pêu·a chee·wít – „Lebenslieder", thailändischer Folk-Rock
ponglang – s. *bohng·lahng*
prá – „ehrwürdig", Bezeichnung von Mönchen, Adligen und Buddhabildern; in Eigennamen „Phra" geschrieben
prá krêu·ang – Amulette mit Bildern von Mönchen, Buddhas oder Gottheiten, die als Schutzzauber um den Hals getragen werden; werden auch als *prá pim* be- zeichnet
prá poom – Erdgeister oder Schutzgeister
prang – *(brahng)* Tempelturm im Khmer-Stil
prasada – geweihte Speise, die den Besuchern in Hindu- oder Sikh-Tempeln angeboten wird
prasat – *(brah·sàht)* kleines, reich verziertes Gebäude mit kreuzförmigem Grundriss und Spitzturm, das sich auf Tempelgelände befindet und religiösen Zwecken dient; Saal oder Wohnsitz, der religiösen Charakter hat oder mit der Königsfamilie verbunden ist
PULO – Pattani United Liberation Organization, Vereinigte Befreiungsorganisation von Pattani

râi – Maß: ein Landstück von 1600 m²
reu·a hăhng yow – Longtail-Boot

reu·an tăa·ou – Langhaus

reu·sĕe – *(reu sii)* ein Asket, Einsiedler oder Weiser (Hindi: *rishi*)

rót aa – blauweiß lackierter Bus mit Klimaanlage

rót ȟràp ah·gàht – Bus mit Klimaanlage

rót fai fáh – Bangkoks Skytrain

rót fai tâi din – Bangkoks U-Bahn

rót norn – Bus mit Schlafsitzen

rót tam·má·dah – normaler Bus oder Zug (ohne Klimaanlage)

rót too·a – Reisebus oder Bus mit Klimaanlage

săh·lah – offene, überdachte Versammlungshalle oder Ruheplatz; Lehnwort aus dem Portugiesischen: *sala*, „Zimmer"

săhn prá poom – Ahnenschrein

samlor – *(săhm·lór)* Dreirad-Rikscha

săm·nák sŏng – Mönchszentrum

săm·nák wí·ȟàt·sà·nah – Meditationszentrum

samsara (P) – buddhistische Lehre des Kreislaufs von Geburt, Tod und Wiedergeburt

sangha – (P) die buddhistische Gemeinschaft

satang – *(sà·đahng)* Untereinheit der thailändischen Währung: 1 Baht hat 100 Satang

sèe yâak – (sìi yâak) Kreuzung, häufig mit Richtungsweisern

sĕmaa – Grenzsteine zur Markierung von Flächen zur Mönchsweihe

serow – asiatische Bergziege

sêua môr hôrm – Bauernhemd aus blauer Baumwolle

soi – Nebenstraße, kleine Straße, Gasse

Songkran – das thailändische Neujahr Mitte April

Songthaeo – „zwei Reihen"; allgemeine Bezeichnung für kleine Pick-ups mit zwei Bänken auf der Ladefläche, die als Busse oder (Sammel-)Taxis eingesetzt werden; auch *săwngthăew* oder *sŏrng·tăa·ou* geschrieben

sŏo·an ah·hăhn – „Garten zum Essen"; Freiluftrestaurant, in dessen Nähe sich zumindest etwas Grün befindet

SRT – State Railway of Thailand, die thailändische Staatsbahn

Stupa – kegelförmiges buddhistisches Monument, in dessen Innerem buddhistische Sakralgegenstände verborgen liegen

sù·săhn – Begräbnisplatz

tâh – Kai, Bootslände; in Eigennamen „Tha" geschrieben

tâht – vierseitiger, verschnörkelter Buddha-Reliquienschrein, verbreitet in Nordostthailand; in Eigennamen „That" geschrieben

tâht grà·dòok – Reliquienschrein zur Aufbewahrung von Knochen eines Heiligen; kleiner *stupa*, in dem sterbliche Überreste eines Gefährten Buddhas aufbewahrt werden

tàlàat náam – s. *đà·làht nám*

tâm – Höhle; in Eigennamen „Tham" geschrieben

tam bun – der Erwerb spirituellen Verdienstes

tambon – s. *đam·bon*

TAT – Tourism Authority of Thailand, die thailändische Tourismusbehörde

têt·sà·bahn – Stadtbezirksverwaltung

THAI – Thai Airways International; Thailands staatliche Fluglinie

thammájàk – das buddhistische Gesetzesrad; abgeleitet vom Pali-Wort *dhammacakka*

Thammayut – eine der beiden Strömungen des thailändischen Theravada-Buddhismus; wurde von König Rama IV. begründet, als er noch ein Mönch war

thanŏn – *(tà·nŏn)* Straße; in Eigennamen „Thanon" geschrieben und als „Th" abgekürzt

T-pop – Teenie-Pop

tràwk – s. *dròrk*

trimurti (S) – die Einheit der drei hinduistischen Hauptgötter Brahma, Shiva und Vishnu

Tripitaka (S) – die Schriften des Theravada-Buddhismus; ableitet vom Pali- Wort *Tipitaka*

tú·dong – eine Abfolge von 13 Formen der Askese (z. B. nur eine Mahlzeit pro Tag essen, am Fuß eines Baumes wohnen), die von buddhistischen Mönchen praktiziert wird; ein Mönch, der sich diesen Übungen unterzieht; die Zeit, in der ein Mönch zu Fuß von Ort zu Ort zieht

Tuk-Tuk – *(đúk·đúk)* motorisiertes *samlor*

ùt·sà·nít – flammenförmiger Kopfschmuck an Buddhafiguren

vipassana (P) – *(wí·ȟàt·sà·nah)* buddhistische Meditationsform

wâi – thailändische Begrüßung durch Aufeinanderlegen der Handflächen

wan prá – buddhistische Feiertage, die jeden Monat mit den Hauptmondphasen zusammenfallen (Vollmond, Neumond und in der Mitte zwischen Voll- und Neumond bzw. Neu- und Vollmond)

wang – Palast

Wat – *(wát)* Tempelkloster; abgeleitet von dem Pali-Wort *avasa*, „Mönchsbehausung"

wá·tá·ná·tam – Kultur

wát ȟàh – Kloster in einem Wald

Wíhaan – *(wí·hăhn, viharn)* jede große Halle in einem thailändischen Tempel, die üblicherweise auch Laien offensteht; abgeleitet von dem Sanskrit-Wort *vihara*, „Behausung"

Yawi – traditionelle Sprache im malaiischen Teil Javas und Sumatras sowie auf der Malaiischen Halbinsel, die auch in den meisten thailändischen Südprovinzen weit verbreitet ist; die Sprache wird mit arabischen Schriftzeichen unter Hinzufügung von fünf weiteren Buchstaben geschrieben

yài – groß

yâhm – Schultertasche

Die Autoren

CHINA WILLIAMS
Hauptautorin, Bevor es losgeht, Festkalender, Reiserouten, Zu Gast in Thailand, Kultur, Kunst, Provinz Chiang Mai, Nordthailand (Provinz Lamphun), Allgemeine Informationen, Transport, Glossar

Jahrelang hüpfte China über den Pazifik, um für Lonely Planet Bangkokführer zu schreiben. Ein Baby hat 2007 dafür gesorgt, dass die Rucksäcke Windeln wichen. Nach einem Jahr Pause begibt sie sich nun wieder zweimal jährlich auf diese Reise, mit ihrem Sohn im Gepäck. Jedes Mal verliebt sich China in eine andere Region Thailands – gerade hängt ihr Herz an Chiang Mai, das ihrem Blumenkind-Charakter sehr entgegenkommt. Sie kam vor über zehn Jahren zum ersten Mal nach Thailand und unterrichtete in Surin Englisch. China lebt mit Mann Matt und Sohn Felix in Baltimore, Maryland, USA.

MARK BEALES
Zentralthailand

Mark gab 2004 sein Leben als Journalist in England auf und zog nach Thailand. Verschiedene Jobs, u. a. als Englischlehrer, Fernsehmoderator und freier Autor, gaben ihm die Möglichkeit, das Land in fast all seinen Facetten zu erkunden. Auf seinen Reisen ist Mark mit Walhaien geschwommen, von Blutegeln gebissen und von Gibbons angegriffen worden, die in sein Blockhaus einfallen wollten. Wenn Mark gerade einmal nicht unterwegs ist, gibt er in der Nähe von Bangkok Englischunterricht und versucht mit Hilfe seiner unendlich geduldigen Frau Bui, sein Thailändisch zu verbessern.

TIM BEWER
Nordostthailand

Als Kind ist Tim nicht viel gereist, mal abgesehen von der für Amerikaner obligatorischen Disney-World-Pilgerfahrt und dem einwöchigen Sommerurlaub am See. Darum hat er die meiste Zeit seines Erwachsenenlebens damit verbracht, alles aufzuholen, und seither über 50 Länder besucht, u. a. fast ganz Südostasien. Nach dem Studium arbeitete er kurz als Anwaltsgehilfe, bevor er das Leben im Capitol in Washington 1994 für eine Rucksacktour durch Westafrika aufgab; dabei kam ihm der Gedanke, als freier Reiseautor und Fotograf zu arbeiten, was er seither erfolgreich tut. Dies ist sein elfter Lonely Planet Band. Während der sechs Monate im Jahr, in denen er nicht aus beruflichen Gründen oder zum reinen Vergnügen mit einem Rucksack auf den Schultern durch die Weltgeschichte reist, lebt er in Khon Kaen.

DIE AUTOREN VON LONELY PLANET

Warum unsere Reiseführer die besten der Welt sind? Ganz einfach: Unsere Autoren sind unabhängige und leidenschaftliche Globetrotter. Sie recherchieren nicht einfach nur übers Internet oder Telefon und sie lassen sich nicht mit Werbegeschenken für positive Berichterstattung schmieren. Sie reisen weit – zu touristischen Highlights und entlegenen Orten. Sie schauen sich Tausende von Hotels, Restaurants, Cafés, Bars, Galerien, Schlössern und Museen höchstpersönlich an und beschreiben alles genau so, wie sie es vorfinden. Weitere Infos über die Arbeit der Autoren gibt's auf www.lonelyplanet.com.

DIE AUTOREN

CATHERINE BODRY — Südostthailand, Nördliche Golfregion

Catherine wuchs im Pacific Northwest auf und ging mit Anfang 20 nach Alaska – kein Wunder also, dass es sie regelmäßig in tropische Gefilde zog. Thailand besuchte sie zum ersten Mal im Rahmen ihrer Weltreise im Jahr 2004 (die sie allerdings nur in Länder führte, in denen die Temperatur konstant über 30 °C lag). Ein Jahr später kehrte sie zurück, um ihre Fähigkeiten im Feilschen zu perfektionieren und soviel Curry zu essen wie irgend möglich. Ihre Recherchen für diesen Band führten Catherine zum dritten Mal nach Thailand, und vermutlich schwitzt sie noch immer Curry aus. Wenn sie nicht in 2.-Klasse-Bussen herumlümmelt oder auf ihren Reisen für Lonely Planet lokale Slangausdrücke lernt, wandert sie normalerweise durchs Gebirge in der Nähe ihres Heimatorts Seward in Alaska.

AUSTIN BUSH — Essen & Trinken, Bangkok, Nordthailand

Nachdem Austin 1999 sein Linguistikstudium an der University of Oregon abgeschlossen hatte, erhielt er ein Thailändisch-Stipendium an der Chiang-Mai-Universität, und seitdem lebt er in Thailand. Nach mehreren Jahren gab er seine Festanstellung auf und traf die zweifelhafte Entscheidung, als freier Autor und Fotograf zu arbeiten, und dies hat ihn sehr weit weg, etwa bis zum Karakorum-Highway in Pakistan, aber auch ganz in die Nähe, z. B. zu Bangkoks Or-Tot-Kor-Markt, geführt. Am liebsten fotografiert und schreibt Austin zum Thema Essen, weil dies sehr viel über Land und Leute aussagt. Beispiele seiner Arbeit kann man sich unter www.austin bushphotography.com anschauen.

BRANDON PRESSER — Südwestliche Golfregion, Andamanküste, Äußerster Süden

Aufgewachsen in einem Land, in dem der Ausdruck „Bären-Umarmung" durchaus wörtlich zu nehmen ist, hat sich dieser wanderlustige Kanadier immer nach sich wiegenden Palmen und goldenen Stränden gesehnt. Als Teenager reiste er durch Südostasien – und wurde sofort infiziert! Er kehrte jedes Jahr zum Sporttauchen und Sonnenbaden zurück und gönnte sich jede Menge scharfen *sôm·đam* (Papayasalat). Brandon war also der perfekte Kandidat für einen Bericht über Thailands schönste Ferienziele, aber das war nicht immer nur Spaß: Es mussten Strände beurteilt, Currys gekostet und Kiteboards getestet werden. Brandon reist die meiste Zeit des Jahres schreibend quer durch die Welt; er hat an mehreren anderen Lonely Planet Bänden über Südostasien mitgewirkt, u. a. an *Thailand's Islands & Beaches* und *Malaysia, Singapore & Brunei*.

WEITERE AUTOREN

Dr. Trish Batchelor ist Ärztin für Allgemeinmedizin und Spezialistin für Reisemedizin. Sie arbeitet zurzeit in Canberra als medizinische Beraterin der Travel-Doctor-New-Zealand-Kliniken. Bis vor Kurzem war sie in Vietnam tätig, davor u. a. in Nepal und Indien. Trish unterrichtet an der University of Otago Reisemedizin, außerdem interessiert sie sich für Unterwasser- und Höhenmedizin sowie für die Auswirkungen von Tourismus auf das Gastland. Sie hat Südost- und Ostasien schon sehr ausführlich bereist.

David Lukas ist ein Naturliebhaber, der am Rande des Yosemite National Park lebt. Er hat bei fast 30 Lonely Planet Führern an den Umwelt- bzw. Naturkapiteln mitgewirkt, u. a. bei *Vietnam, Cambodia, Laos & the Greater Mekong, Thailand's Islands & Beaches, Bangkok* sowie am Umweltkapitel dieser Ausgabe des Thailand-Bandes.

Bhawan Ruangsilp hat das Kapitel zur Geschichte in diesem Band verfasst. Sie ist in Bangkok geboren und hat an der Chulalongkorn-Universität Arbeiten über die Ayutthaya-Zeit veröffentlicht. Bhawan ist von der westlichen Reiseliteratur über Siam aus dem 17. Jh. fasziniert und hat begeistert die Chance ergriffen, ihr Fachwissen über Thailand für diesen Lonely Planet zur Verfügung zu stellen.

Hinter den Kulissen

ÜBER DIESES BUCH

Dies ist die 3. deutsche Auflage von *Thailand*, basierend auf der mittlerweile 13. englischen Auflage von *Thailand*, recherchiert und geschrieben von China Williams (Hauptautorin), Mark Beales, Tim Bewer, Catherine Bodry, Austin Bush, Brandon Presser, Bhawan Ruangsilp, David Lukas und Trish Batchelor. Dieser Reiseführer wurde vom Lonely Planet Büro in Melbourne in Auftrag gegeben und vom folgenden Team betreut:

Verantwortliche Redakteurinnen Carolyn Boicos, Tashi Wheeler
Leitender Redakteur Nigel Chin
Leitender Kartograf Peter Shields
Leitender Layoutdesigner Aomi Hongo
Redaktion Geoff Howard
Kartografie David Connolly
Layoutdesignerin Sally Darmody
Redaktionsassistenz Janet Austin, Janice Bird, Monique Choy, Victoria Harrison, Rowan McKinnon, Anne Mulvaney, Diana Saad, Angela Tinson, Saralinda Turner
Kartografieassistenz Enes Bašić, Valeska Cañas, Corey Hutchison, David Kemp, Joanne Luke
Layoutassistenz Paul Iacono

Umschlagdesignerin Rebecca Dandens
Projektmanager Chris Love
Dank an Lucy Birchley, Nicholas Colicchia, Jessica Crouch, Bruce Evans, Chris Girdler, Nicole Hansen, Carol Jackson, Laura Jane, Indra Kilfoyle, Robyn Loughnane, Kirsten Rawlings, Erin Richards, Alison Ridgway, Kate Whitfield

DANK DER AUTOREN

CHINA WILLIAMS

Tausend Dank an Nong – ich bin so froh, dass ich dich getroffen habe. Danke auch an Pong, Pim, Andrew, Alex, Panupan, Pichai, Duen, Sara, Aidan, Olly, Tom und Ken sowie an Joon, Jane und alle in der Buri-Galerie. In Bangkok gebührt mein Dank Kaneungnit, Tom, Anne, Ruengsang, Mason, Jane und allen bei Seven. Noch mehr danke ich meinem Mann Matt und meinem Felix. Zu guter Letzt danke ich Tashi Wheeler, dem LP-Produktionsteam und den anderen Autoren dieser Glücksausgabe 13.

MARK BEALES

Vielen Dank an das gesamte Lonely Planet Team, besonders an Tashi, China und Brandon für ihre fantastische Unterstützung und Anleitung. In Ayutthaya danke ich Ajam Monthorn von Classic

---

DIE LONELY PLANET STORY

Am Küchentisch fing alles an – nachdem Tony und Maureen Wheeler 1972 eine lange, abenteuerliche Reise durch Europa, Asien und Australien unternommen hatten, trugen sie all ihre Informationen und Notizen zusammen. So entstand der erste Lonely Planet Reiseführer *Across Asia on the Cheap*.

Der Reiseführer wurde von Travellern geradezu verschlungen. Ermutigt durch ihren Erfolg, veröffentlichten die Wheelers weitere Bücher über Südostasien, Indien und andere Länder. Die Nachfrage war so ungeheuerlich groß, dass die Wheelers ihr Untenehmen erweiterten. Über die Jahre deckten sie mit ihrer Reiseliteratur den ganzen Globus ab und sie dehnten ihre Berichterstattung auf die virtuelle Welt von lonelyplanet.com und das Lonely Planet Messageboard Thorn Tree aus.

Lonely Planet wurde ein immer beliebterer Reisebuchverlag und Tony und Maureen konnten sich vor Aufträgen kaum mehr retten. Doch erst 2007 fanden sie einen verlässlichen Partner, bei dem sie sich sicher sein konnten, dass er dem Prinzip abenteuerlustiger, aber umweltbewusster Reisen treu blieb. Im Oktober erwarb BBC Worldwide 75 % der Anteile von Lonely Planet, mit dem Versprechen, die Grundsätze unabhängiges Reisen, vertrauenswürdige Auskünfte und redaktionelle Unabhängigkeit aufrechtzuerhalten.

Heute hat Lonely Planet Büros in Melbourne (Australien), London und Oakland (USA) mit über 500 Mitarbeitern und 300 Autoren. Tony und Maureen engagieren sich immer noch aktiv bei Lonely Planet. Sie reisen mehr als je zuvor und in ihrer Freizeit widmen sie sich wohltätigen Projekten. Das Unternehmen wird nach wie vor von der Philosophie von *Across Asia on the Cheap* getragen: „Wichtig ist, dass du dich entscheidest zu gehen, dann hast du den härtesten Teil geschafft. Also, los geht's!"

Tours für sein Fachwissen und Duncan Stearn für seine Hilfe. In Kanchanaburi haben mir Khun Chalee, Mickey, Airin und Noi von Good Times geholfen. In Lopburi bin ich dem Affen, der den Außenspiegel geklaut hat, sehr dankbar dafür, dass er ihn auch wieder zurückgebracht hat. Am meisten danke ich aber meiner Frau Bui für ihre Unterstützung und dafür, dass sie stets dafür gesorgt hat, dass ich keine Fakten durcheinanderbringe.

TIM BEWER

Ein herzliches *kòrp jai lǎi lǎi dêu* an die Menschen in Isan, die ihrem Ruf, besonders zuvorkommend und gastfreundlich zu sein, auch dann fast immer gerecht wurden, wenn ich sie mit meinen ständigen Fragen belästigte. Besonders danke ich Kritsada Kaewkheiw, Amaralak (Pim) Khamhong, Tommy Manophaiboon, June Niampan, Veena Puntace, Suphanuch Rathising, Nuan Sarnsorn, Supawadee Srifa, Naiyarat Techasetthawit, Julian Wright und Jinda Yatan, die eine große Hilfe und eine großartige Gesellschaft waren. Ein ganz spezieller Dank geht an Worapanyaporn Taranop.

CATHERINE BODRY

Zuerst ein riesiges Dankeschön an Carolyn Boicos, die mich engagiert hat, sowie an Tashi Wheeler. Vielen Dank auch an China Williams, die mir u.a einige nützliche thailändische Wörter beigebracht hat. Danke al meine Mitautoren für ihre Informationen, besonders an Brandon Presser und Mark Beales. Brett Atkinson hat mir einen großartigen Text zum Arbeiten hinterlassen. In Thailand haben mir mehr Menschen geholfen, als ich hier aufzählen könnte, aber ich muss besonders Tim und Pat in Hua Hin, Are und Suda in Chumphon, Morn in Trat, Kor und ihre Familie in Bang Saphan und alle bei der TAT in Nakhon Nayak hervorheben. Die Infos (und die Gesellschaft) der Reisenden, die ich getroffen habe, waren unbezahlbar: Alex und Jasmine, Stephanie und Sonia. Danke auch an Leif für sein After-Work-Unterhaltungsprogramm unterwegs. Last but not least danke ich Lael für seine buddhamäßige Geduld und bedingungslose Unterstützung.

AUSTIN BUSH

Vielen Dank an Carolyn Boicos und Tashi Wheeler, an China Williams, den Kartenexperten David Connolly und den Sprachen-Guru Bruce Evans, nicht zu vergessen natürlich an all die Menschen vor Ort hier in Thailand, u.a. Andrew Burke, Yuthika Charoenrungruang, Joe Cummings, Nick Grossman, Richard Hermes, Wes und Ann Hsu, Paul Hutt, Sivaporn Ngarmsittichoke, John Spies, Chenchira Suntharwirat und Maylee Thavat.

BRANDON PRESSER

Danke an Neal und Rashi für ein (Strand-)Zuhause fernab von Zuhause (herzlichen Glückwunsch zum kleinen Jorge!), an Tash, die mir bei meinen Recherchen in Phuket zu ein paar Martinis zuviel verholfen hat, an Songkran dafür, dass ich Trang und seine scharfe Küche kennenlernen durfte, und an Golf für die Großzügigkeit. Außerdem danke ich Wayne Lunt, Hans Ulrich, Robyn Hasson, Rene Balot, Joe Hue, Rick Gamble, Matt Bolton, Palm auf PP, Amar Mungcal, Paul Clammer, der JYSK, der TAT, und ein ganz spezieller Dankesgruß geht an Celeste Brash – meine Telefonfreundin in Abwesenheit. Zuletzt danke ich meinen Mitautoren – es war ein Vergnügen, mit Euch allen zu arbeiten, und China – tausend Dank für Deine Unterstützung und Deine Vorschläge. Ein dickes Dankeschön auch an Tashi Wheeler, Dave Connolly, Carolyn Boicos und den Rest der Lonely Planet Mannschaft.

DANK VON LONELY PLANET

Vielen Dank an alle Reisenden, die mit der letzten Ausgabe gereist sind und uns sehr hilfreiche Hinweise, nützliche Tipps und interessante Anekdoten geschickt haben:

A Daan Albers, Sara Alereza, Jeff Allen, Nic Allen, Myriam Altmeyer, Malin Andersson, Rockin' Angels, Jessica Arial, Shelley Arnoldi, Rahul Asave, Luc Assame, Jenny Austin B John Bailey, David Bailward, Cindy Bakker , Makarand Bakshi, Julien Balmer, Kristina Barker, Antony Barton, Andrew Bates, Mary Beaumier, Ronald Beck, Manfred Becker, Peter Bennetton, Angelique Berhault, Maurizio Bettini, Burjis Bhathena, Rudi Blacker, Andrew Bodman, Charlotte Boegh, Boudewijn Boers, Stacy Bold, Achim Boltz, Julie Booth, Stanley Bootsaraporn, David Boulding, Josephine Bradley, M Bradshaw, Barry Bravenboer, Anna Brechbuehl-Belart, Charlotte Breinersdorf, Anne Brock, David Brock, Matthew Brock, Jade Brockley, Adrian Brophy, Lena Brühne, Tobias Brühne, Joanne Burrell c Sandra Caillet, Duncan Cameron, Lara Cameron, Alison Campbell, Gianni Caramma, William Chambers, Christopher Chaw, Mason Cheyne, Stephen Chittum, Amelia Cleary, Jon Clements, Edward Cook, Catherine Cornish, Ursula Cornu, Jasmin Croome, Jennifer Cudnik, Sophie Curtis, Corey Cusson d Eric Danell, Nik Daum, Stuart Davie, Vaughan Davies, Ingrid De Vries, Petr Dedek, Brooke Dekker, Catherine Delahunty, Rj Demers, Brigette Dempsey, Sofie Depraeter, Jeroen Diederen, Anja Dijkema, John Dillard, James Dimond, Colette Dixon, Kate Dixon, Willem Dohmen, Chris Donnelly, Ben Dopkins, Ellen Douglas, Arne-Joost Douma, Roberto Jung Drebes, Fred Duprat e Marente En Tolik Smirnoff, Andreana Engler, Krister Errikson, Rachel Esse, Lucy Evans f Michael Falvella, Sebastien Ferenczi, Kristen Fitzgerald, Dianne Fleischer, Paul Foulkes, David Fowler, Lib Fox, Adrienne Frazer, Claudia Freeman G Gintare G, Dee Gadaria, Lubbe Garell, John Garretson, Ben Garrison, Ted Gault, Joaquin Gausachs, Michelle Gee, Lia Genovese, Helen Gerald, James Gibbs, Mary-Margaret Gibson, Tanja Gilb, David Gohla, Abigail Gonzalez, Sarah Jane Goodall,

HINTER DEN KULISSEN

HINTER DEN KULISSEN

Hans Goudriaan, Mary Grimson, Alain Grootaers, Mario Guajardo, Nadia Gunardisurya, Krishnan Guruswamy H Jano Ha, Friedemann Hagen, Glen Hall, Ari Halpern, Monica Hampton, Becky Hanke, Miriam Hanley, David Hanna, Nicole Hansen, William Hanson, Paul & Jo Harris, Jonathan Harth, Remo Hartmann, Fred Harvey, Richard Harvey, Tom Healy, Francois Hebrard De Veyrinas, Still Heel, Peter Heron, Martin Hine, Nina Holst, Sompong Hongbin, Erik Hoogcarspel, Anneloes Hoorneman, Johnny Hopper, Pien Huang, Raymond Hudson, Esmaralda Huijbregts, Jakobien Huisman, Zara Hulscher, Andrew Hunt I Amy Iacopi, Nabeel Ibrahim, Claire Ingram, Kate Introna, Dan Isander-Wahlberg j Sven Jacobs, J A Jarzabek, Cara Jedell, Gudrun Jehle, Rich Jenkins, Frank & Daan Jochems Verlag, Amanda Johnsen, Judith Johnson, Marissa Johnson, Marla Johst, Andrew Jones, Jeff Jones, Popelka Herzfeld Juan Carlos K Jamie Kadamani, Eva Kamenz, John Kennedy, Rob Kent, Philip Keulemans, Majid Khan, Kritsana Khumwonq, Joyce Kim, Sirinud Kitikan, Jesper Nicolaj Birger Kjolseth, Darl Kleinbach, Merel & Ian Kneepkens, Gösta Knochenhauer, Kendra Kreider, Ivar Sonbo Kristiansen, Mireille Kruse, Andrew Kukowski L Philippe Labonte, David Laine, Richard Lam, Claus Lang, Alexandre Langlois, Silke Lassen, Julie Lawson, James Lee, Patricia Lichtenberg, Chengxuan Liu, Silvia Lopes, Suzanne Lowrie, B Ludwig m Suzanne MacRae, Daniel Magliola, Gilles Maguin, Florent Mahieu, Karen Malaca, Farida Man-Nga, Lauren Marlow, Antonio Marreiros, Patsy Martin, Mr Mashore, Mrs Mashore, Steven Mathers, Sebastien Maury, Jo McArthur, John McAully, Rosemary McAully, Lianne McElhone, David McGee, Peter McIntosh, Patrick Meijer, Kathryn Merry, Ronald Meyerq, Andrea Mikleova, Jaime Milgram, Wouter Moerman, Dennis Mogerman, Marina Mogli, Nakaret Montienmanee, Mark Moore, Ivor Morgan, Jeffrey Morrisey, Debbie Morton, Melanie Mosa, Robbert Most, Susan Mulholland, Aoife Murtagh, Terry Murtha N Johannes Nagelhout, Naoko Nakagawa, Saowalax Nakagawa, Surajit Narang, Kim Nash, Ema Nate, Colette Nevin, Karola Noebel, Joachim Norum O Simon O'Brien, Richard O'Bryen, Susan O'Connor, Petra O'Neill, Sarah O'Sullivan, Lisa Oglesby, Ted Olander, Yvonne Oostrijk P Kate Palmer, Sarah Palmer, Romano Paparazzo, Sridhar Pappu, Tim Parkin, Martina Pasic, Trent Paton, Barry Peacock, Victoria Pearson, Terry Penney, Matthew Pepe, Dieter Petermichl, Vivian Peters, Dave Peterson, Gabriel Pilotto, John Piper, Marieke Pol, Patrakamon Pongsiriwan, Chanel Pranic, Isabelle Prentice, Jean Pugh Q Moin Qazi R Pascal Raats, Alexis Raimbault, Nickolay Rashev, Michael Raue, Leni Reeves, Stephanie Reid, Linda Renland, Natasha Reus, Allan Rickmann, Margaret Rickmann, Sarah Riordan, Renee Rivest, Eric Rochard, Nick Rogers, Vena Rosa, Mandelberg Roslyn, Nick Rowlands, Stacey Rudd, Barry Russell S Allon Sacks, Jintana Sakran, Gunilla Samuelsson, Matilda Sandén, Carrie Sauer, Simon Scheurer, Rose Marie Schillings-Hagen, Andreas Schmidt, Scholten family, Anne Schoone, John Schulpen, Rainer Schulze, Anna Schweizer, Irmi Seidl, Tim Severino, Jim Seymour, Bill Shaw, Wannee Shaw, Eddie Shroff, Aruna Singh, Jan Sisperda, Gemma Slate, Judith Slot, Gijsbert Smit, Sandy Smith, Doris Spiers, Sonya Spry, Lydia Stables, Anna Stenek, Peter Stripp, Anna Sumik, Lisa Sutcliffe, Du-Fung Suwa, Mark Swider, Lange Sylvie, Istvan Szucs T Dan Taylor, Ken Taylor, Geiser Thomas, Robin Thomsen, Alex Tidd, Katri Toivonen,

Cristina Topham, Christina Tunnah , Ed Turner, Jason Turner, Lee Tyson, Waltraud Tzschoeckel U Antoni P Uni V Andrej Valena, Cor Valk, Maike Van De Weijer, Marc Van Der Heijde, Bas Van Der Slikke, Monique Van Druten, Marte Van Haperen, Peggy Van Huis-Versteeg, Walter Van Paassen, Marja Van Weeren, Jazz Vanderbilt, Bruce Vanderkooi, Francine Vandersteen, Emma Varney, Roy Verbrugge, Dirk Verbruggen, Dirk Verlinde, Ubonpon Vibunsalanee, Adriano Vincenzi, Thomas Vogel, John Voight W Jay Wachrasetkul, Aine Wade, Linus Waerner, Melissa Wagstaff, Pitak Waiyasilpa, Vanessa Walker, Erlend Walseth, Jamie Waterhouse, Stephanie Weinzierl, Michael Weitzman, Kim Wejendorp, Dan Welch, Nicolas Welzl, Ben Wilks, Al Williams, Jabbar Williams, Wee Win, Moritz Winnen, Wai San Wong Y Nihat Yasartuerk, Aycan Yeniley, Deborah Young Z Karyn Zlatkovic, Marc Zonruiter, Anthony Zuza, Jord Zwaal.

QUELLENNACHWEIS

Vielen Dank an folgende Firmen für die Nutzung ihrer Inhalte:

Globus auf S. 1 ©Mountain High Maps 1993 Digital Wisdom, Inc. Alle anderen Fotografien sind von Lonely Planet Images, von den angegebenen Fotografen bzw. von Austin Bush; S. 430 (Nr. 3), S. 436 (Nr. 1); Michael Aw S. 431 (Nr. 2); Sean Caffrey S. 430 (Nr. 1); Tom Cockrem S. 429, S. 432 (Nr. 3); Paul Dymond S. 433 (Nr. 6); John Elk III. S. 435 (Nr. 5); Mick Elmore S. 434 (Nr. 1), (Nr. 3); Felix Hug S. 432 (Nr. 2).

Register

REGISTER

REGISTER

000 Verweise auf Karten
000 Verweise auf Fotos

REGISTER

REGISTER

000 Verweise auf Karten
000 Verweise auf Fotos